ABFALL RECHT

Sammlung wichtiger Vorschriften mit Kreislaufwirtschaftsgesetz

13. Auflage

VERKEHRSVERLAG FISCHER

ISBN 978 - 3 - 87841 - 940 - 2 · Bestell-Nr. 38101

Herstellung und Vertrieb:

VERKEHRSVERLAG FISCHER

Verkehrs-Verlag J. Fischer GmbH & Co. KG,
Corneliusstraße 49, D – 40215 Düsseldorf
Telefon: +49 (0)211 / 9 91 93 – 0
Telefax: +49 (0)211 / 9 91 93 – 27
E-Mail: vvf@verkehrsverlag-fischer.de
Internet: verkehrsverlag-fischer.de

Inhaltsverzeichnis

Vorwort

Diese Sammlung enthält eine Auswahl der in der betrieblichen Abfallpraxis besonders häufig benötigten Abfallvorschriften.

Mit dieser 13. Auflage wurde folgender Abschnitt aktualisiert:

- KrWG
- DepV
- EfbV
- ElektroG
- ElektroStoffV
- EMASPrivilegV
- EU-POP-V
- GewAbfV
- VerpackG

Die Änderungen gegenüber der 12. Auflage wurden g r a u unterlegt.

Die **Elektro- und Elektronik-Altgeräte-Behandlungsverordnung (EAG-BehandV)** wurde in dieser Ausgabe neu aufgenommen.

Für die „Akteure" der Entsorgung von Abfällen, also Erzeuger, Sammler, Beförderer, Händler, Makler und Entsorger, aber auch Zertifizierer, Überwachungsorgane und rechtsberatende Berufe ist das Abfallrecht kaum noch überschaubar. Ihnen will diese Sammlung helfen, den Überblick zu bewahren.

Düsseldorf im Juli 2021

Gesetz zur Förderung der Kreislaufwirtschaft und Sicherung der umweltverträglichen Bewirtschaftung von Abfällen

(Kreislaufwirtschaftsgesetz – KrWG)

Vom 24. Februar 2012 (BGBl. I S. 212),

zuletzt geändert am 9. Juni 2021 (BGBl. I S. 1699)

Inhaltsübersicht

Abschnitt 4
Öffentlich-rechtliche Entsorgung und Beauftragung Dritter

Teil 3
Produktverantwortung

Teil 4
Planungsverantwortung

Abschnitt 1
Ordnung und Durchführung der Abfallbeseitigung

Abschnitt 2
Abfallwirtschaftspläne und Abfallvermeidungsprogramme

Abschnitt 3
Zulassung von Anlagen, in denen Abfälle entsorgt werden

Teil 5
Absatzförderung und Abfallberatung

Teil 6
Überwachung

Teil 7
Entsorgungsfachbetriebe

Teil 8
Betriebsorganisation, Betriebsbeauftragter für Abfall und Erleichterungen für auditierte Unternehmensstandorte

Teil 9
Schlussbestimmungen

Teil 1
Allgemeine Vorschriften

§ 1 Zweck des Gesetzes

(1) Zweck des Gesetzes ist es, die Kreislaufwirtschaft zur Schonung der natürlichen Ressourcen zu fördern und den Schutz von Mensch und Umwelt bei der Erzeugung und Bewirtschaftung von Abfällen sicherzustellen.

(2) Mit diesem Gesetz soll außerdem das Erreichen der europarechtlichen Zielvorgaben der Richtlinie 2008/98/EG des Europäischen Parlaments und des Rates vom 19. November 2008 über Abfälle und zur Aufhebung bestimmter Richtlinien (ABl. L 312 vom 22.11.2008, S. 3; L 127 vom 26.5.2009, S. 24; L 297 vom 13.11.2015, S. 9; L 42 vom 18.2.2017, S. 43), die zuletzt durch die Richtlinie (EU) 2018/851 (ABl. L 150 vom 14.6.2018, S. 109) geändert worden ist, gefördert werden.

§ 2 Geltungsbereich

(1) Die Vorschriften dieses Gesetzes gelten für

1. die Vermeidung von Abfällen sowie
2. die Verwertung von Abfällen,
3. die Beseitigung von Abfällen und
4. die sonstigen Maßnahmen der Abfallbewirtschaftung.

(2) Die Vorschriften dieses Gesetzes gelten nicht für

1. Stoffe, die zu entsorgen sind
   a) nach dem Lebensmittel- und Futtermittelgesetzbuch in der Fassung der Bekanntmachung vom 22. August 2011 (BGBl. I S. 1770) in der jeweils geltenden Fassung, soweit es für Lebensmittel, Lebensmittel-Zusatzstoffe, kosmetische Mittel, Bedarfsgegenstände und mit Lebensmitteln verwechselbare Produkte gilt,
   b) nach dem Tabakerzeugnisgesetz vom 4. April 2016 (BGBl. I S. 569) in der jeweils geltenden Fassung,
   c) nach dem Milch- und Margarinegesetz vom 25. Juli 1990 (BGBl. I S. 1471), das zuletzt durch Artikel 2 des Gesetzes vom 18. Januar 2019 (BGBl. I S. 33) geändert worden ist, in der jeweils geltenden Fassung,
   d) nach dem Tiergesundheitsgesetz vom 22. Mai 2013 (BGBl. I S. 1324),
   e) nach dem Pflanzenschutzgesetz in der Fassung der Bekanntmachung vom 14. Mai 1998 (BGBl. I S. 971, 1527, 3512), das zuletzt durch Artikel 278 der Verordnung vom 19. Juni 2020 (BGBl. I S. 1328) geändert worden ist, in der jeweils geltenden Fassung sowie
   f) nach den auf Grund der in den Buchstaben a bis e genannten Gesetze erlassenen Rechtsverordnungen,
2. tierische Nebenprodukte, soweit diese nach der Verordnung (EG) Nr. 1069/2009 des Europäischen Parlaments und des Rates vom 21. Oktober 2009 mit Hygienevorschriften für nicht für den menschlichen Verzehr bestimmte tierische Nebenprodukte und zur Aufhebung der Verordnung (EG) Nr. 1774/2002 (Verordnung über tierische Nebenprodukte) (ABl. L 300 vom 14.11.2009, S. 1) in der jeweils geltenden Fassung, nach den zu ihrer Durchführung ergan-

genen Rechtsakten der Europäischen Union, nach dem Tierische Nebenprodukte-Beseitigungsgesetz vom 25. Januar 2004 (BGBl. I S. 82), das zuletzt durch Artikel 279 der Verordnung vom 19. Juni 2020 (BGBl. I S. 1328) geändert worden ist, in der jeweils geltenden Fassung,

3. Stoffe, die
   a) bestimmt sind für die Verwendung als Einzelfuttermittel gemäß Artikel 3 Absatz 2 Buchstabe g der Verordnung (EG) Nr. 767/2009 des Europäischen Parlaments und des Rates vom 13. Juli 2009 über das Inverkehrbringen und die Verwendung von Futtermitteln, zur Änderung der Verordnung (EG) Nr. 1831/2003 des Europäischen Parlaments und des Rates und zur Aufhebung der Richtlinien 79/373/EWG des Rates, 80/511/EWG der Kommission, 82/471/EWG des Rates, 83/228/EWG des Rates, 93/74/EWG des Rates, 93/113/EG des Rates und 96/25/EG des Rates und der Entschei dung 2004/217/EG der Kommission (ABl. L 229 vom 1.9.2009, S. 1; L 192 vom 22.7.2011, S. 71), die zuletzt durch die Verordnung (EU) 2018/1903 (ABl. L 310 vom 6.12.2018, S. 22) geändert worden ist, und
   b) weder aus tierischen Nebenprodukten bestehen noch tierische Nebenprodukte enthalten,
4. Körper von Tieren, die nicht durch Schlachtung zu Tode gekommen sind, einschließlich von solchen Tieren, die zur Tilgung von Tierseuchen getötet wurden, soweit diese Tierkörper nach den in Nummer 2 genannten Rechtsvorschriften zu beseitigen oder zu verarbeiten sind,
5. Fäkalien, soweit sie nicht durch Nummer 2 erfasst werden, Stroh und andere natürliche nicht gefährliche land- oder forstwirtschaftliche Materialien, die in der Land- oder Forstwirtschaft oder zur Energieerzeugung aus einer solchen Biomasse durch Verfahren oder Methoden verwendet werden, die die Umwelt nicht schädigen oder die menschliche Gesundheit nicht gefährden,
6. Kernbrennstoffe und sonstige radioaktive Stoffe im Sinne des Atomgesetzes oder des Strahlenschutzgesetzes,
7. Abfälle, die unmittelbar beim Aufsuchen, Gewinnen und Aufbereiten sowie bei der damit zusammenhängenden Lagerung von Bodenschätzen in Betrieben anfallen, die der Bergaufsicht unterstehen und die nach dem Bundesberggesetz vom 13. August 1980 (BGBl. I S. 1310), das zuletzt durch Artikel 237 der Verordnung vom 19. Juni 2020 (BGBl. I S. 1328) geändert worden ist, in der jeweils geltenden Fassung und den auf Grund des Bundesberggesetzes erlassenen Rechtsverordnungen unter Bergaufsicht entsorgt werden,
8. gasförmige Stoffe, die nicht in Behältern gefasst sind,
9. Stoffe, sobald sie in Gewässer oder Abwasseranlagen eingeleitet oder eingebracht werden,
10. Böden am Ursprungsort (Böden in situ), einschließlich nicht ausgehobener, kontaminierter Böden und Bauwerke, die dauerhaft mit dem Grund und Boden verbunden sind,
11. nicht kontaminiertes Bodenmaterial und andere natürlich vorkommende Materialien, die bei Bauarbeiten ausgehoben wurden, sofern sichergestellt ist, dass die Materialien in ihrem natürlichen Zustand an dem Ort, an dem sie ausgehoben wurden, für Bauzwecke verwendet werden,
12. Sedimente, die zum Zweck der Bewirtschaftung von Gewässern, der Unterhaltung oder des Ausbaus von Wasserstraßen sowie der Vorbeugung gegen Überschwemmungen oder der Abschwächung der Auswirkungen von Überschwemmungen und Dürren oder zur Landgewinnung innerhalb von Oberflächengewässern umgelagert werden, sofern die Sedimente nachweislich nicht gefährlich sind,

13. die Erfassung und Übergabe von Schiffsabfällen und Ladungsrückständen, soweit dies auf Grund internationaler oder supranationaler Übereinkommen durch Bundes- oder Landesrecht geregelt wird,
14. das Aufsuchen, Bergen, Befördern, Lagern, Behandeln und Vernichten von Kampfmitteln sowie
15. Kohlendioxid, das für den Zweck der dauerhaften Speicherung abgeschieden, transportiert und in Kohlendioxidspeichern gespeichert wird, oder das in Forschungsspeichern gespeichert wird.

(3) Die Vorschriften dieses Gesetzes gelten nach Maßgabe der besonderen Vorschriften des Strahlenschutzgesetzes und der auf Grund des Strahlenschutzgesetzes erlassenen Rechtsverordnungen auch für die Entsorgung von Abfällen, die infolge eines Notfalls im Sinne des Strahlenschutzgesetzes radioaktiv kontaminiert sind oder radioaktiv kontaminiert sein können.

§ 3 Begriffsbestimmungen

(1) Abfälle im Sinne dieses Gesetzes sind alle Stoffe oder Gegenstände, derer sich ihr Besitzer entledigt, entledigen will oder entledigen muss. Abfälle zur Verwertung sind Abfälle, die verwertet werden; Abfälle, die nicht verwertet werden, sind Abfälle zur Beseitigung.

(2) Eine Entledigung im Sinne des Absatzes 1 ist anzunehmen, wenn der Besitzer Stoffe oder Gegenstände einer Verwertung im Sinne der Anlage 2 oder einer Beseitigung im Sinne der Anlage 1 zuführt oder die tatsächliche Sachherrschaft über sie unter Wegfall jeder weiteren Zweckbestimmung aufgibt.

(3) Der Wille zur Entledigung im Sinne des Absatzes 1 ist hinsichtlich solcher Stoffe oder Gegenstände anzunehmen,

1. die bei der Energieumwandlung, Herstellung, Behandlung oder Nutzung von Stoffen oder Erzeugnissen oder bei Dienstleistungen anfallen, ohne dass der Zweck der jeweiligen Handlung hierauf gerichtet ist, oder
2. deren ursprüngliche Zweckbestimmung entfällt oder aufgegeben wird, ohne dass ein neuer Verwendungszweck unmittelbar an deren Stelle tritt.

Für die Beurteilung der Zweckbestimmung ist die Auffassung des Erzeugers oder Besitzers unter Berücksichtigung der Verkehrsanschauung zugrunde zu legen.

(4) Der Besitzer muss sich Stoffen oder Gegenständen im Sinne des Absatzes 1 entledigen, wenn diese nicht mehr entsprechend ihrer ursprünglichen Zweckbestimmung verwendet werden, auf Grund ihres konkreten Zustandes geeignet sind, gegenwärtig oder künftig das Wohl der Allgemeinheit, insbesondere die Umwelt, zu gefährden und deren Gefährdungspotenzial nur durch eine ordnungsgemäße und schadlose Verwertung oder gemeinwohlverträgliche Beseitigung nach den Vorschriften dieses Gesetzes und der auf Grund dieses Gesetzes erlassenen Rechtsverordnungen ausgeschlossen werden kann.

(5) Gefährlich im Sinne dieses Gesetzes sind die Abfälle, die durch Rechtsverordnung nach § 48 Satz 2 oder auf Grund einer solchen Rechtsverordnung bestimmt worden sind. Nicht gefährlich im Sinne dieses Gesetzes sind alle übrigen Abfälle.

(5a) Siedlungsabfälle im Sinne von § 14 Absatz 1, § 15 Absatz 4, § 30 Absatz 6 Nummer 9 Buchstabe b sind gemischt und getrennt gesammelte Abfälle

1. aus privaten Haushaltungen, insbesondere Papier und Pappe, Glas, Metall, Kunststoff, Bioabfälle, Holz, Textilien, Verpackungen, Elektro- und Elektronik-Altgeräte, Altbatterien und Altakkumulatoren sowie Sperrmüll, einschließlich Matratzen und Möbel, und
2. aus anderen Herkunftsbereichen, wenn diese Abfälle auf Grund ihrer Beschaffenheit und Zusammensetzung mit Abfällen aus privaten Haushaltungen vergleichbar sind.

Keine Siedlungsabfälle im Sinne des Satzes 1 sind

a) Abfälle aus Produktion,

b) Abfälle aus Landwirtschaft,

c) Abfälle aus Forstwirtschaft,

d) Abfälle aus Fischerei,

e) Abfälle aus Abwasseranlagen,

f) Bau- und Abbruchabfälle und

g) Altfahrzeuge.

(6) Inertabfälle im Sinne dieses Gesetzes sind mineralische Abfälle,

3. die keinen wesentlichen physikalischen, chemischen oder biologischen Veränderungen unterliegen,
4. die sich nicht auflösen, nicht brennen und nicht in anderer Weise physikalisch oder chemisch reagieren,
5. die sich nicht biologisch abbauen und
6. die andere Materialien, mit denen sie in Kontakt kommen, nicht in einer Weise beeinträchtigen, die zu nachteiligen Auswirkungen auf Mensch und Umwelt führen könnte.

Die gesamte Auslaugbarkeit und der Schadstoffgehalt der Abfälle sowie die Ökotoxizität des Sickerwassers müssen unerheblich sein und dürfen insbesondere nicht die Qualität von Oberflächen- oder Grundwasser gefährden.

(6a) Bau- und Abbruchabfälle im Sinne dieses Gesetzes sind Abfälle, die durch Bau- und Abbruchtätigkeiten entstehen.

(7) Bioabfälle im Sinne dieses Gesetzes sind biologisch abbaubare pflanzliche, tierische oder aus Pilzmaterialien bestehende

1. Garten- und Parkabfälle,
2. Landschaftspflegeabfälle,
3. Nahrungsmittel- und Küchenabfälle aus privaten Haushaltungen, aus dem Gaststätten-, Kantinen- und Cateringgewerbe, aus Büros und aus dem Groß- und Einzelhandel sowie mit den genannten Abfällen vergleichbare Abfälle aus Nahrungsmittelverarbeitungsbetrieben und
4. Abfälle aus sonstigen Herkunftsbereichen, die den in den Nummern 1 bis 3 genannten Abfällen nach Art, Beschaffenheit oder stofflichen Eigenschaften vergleichbar sind.

(7a) Lebensmittelabfälle im Sinne dieses Gesetzes sind alle Lebensmittel gemäß Artikel 2 der Verordnung (EG) Nr. 178/2002 des Europäischen Parlaments und des Rates vom 28. Januar 2002 zur Festlegung der allgemeinen Grundsätze und Anforderungen des Lebensmittelrechts, zur Errichtung der Europäischen Behörde für Lebensmittelsicherheit und zur Festlegung von

Verfahren zur Lebensmittelsicherheit (ABl. L 31 vom 1.2.2002, S. 1), die zuletzt durch die Verordnung (EU) 2017/228 (ABl. L 35 vom 10.2.2017, S. 10) geändert worden ist, die zu Abfall geworden sind

(7b) Rezyklate im Sinne dieses Gesetzes sind sekundäre Rohstoffe, die durch die Verwertung von Abfällen gewonnen worden sind oder bei der Beseitigung von Abfällen anfallen und für die Herstellung von Erzeugnissen geeignet sind.

(8) Erzeuger von Abfällen im Sinne dieses Gesetzes ist jede natürliche oder juristische Person,

1. durch deren Tätigkeit Abfälle anfallen (Ersterzeuger) oder
2. die Vorbehandlungen, Mischungen oder sonstige Behandlungen vornimmt, die eine Veränderung der Beschaffenheit oder der Zusammensetzung dieser Abfälle bewirken (Zweiterzeuger).

(9) Besitzer von Abfällen im Sinne dieses Gesetzes ist jede natürliche oder juristische Person, die die tatsächliche Sachherrschaft über Abfälle hat.

(10) Sammler von Abfällen im Sinne dieses Gesetzes ist jede natürliche oder juristische Person, die gewerbsmäßig oder im Rahmen wirtschaftlicher Unternehmen, das heißt, aus Anlass einer anderweitigen gewerblichen oder wirtschaftlichen Tätigkeit, die nicht auf die Sammlung von Abfällen gerichtet ist, Abfälle sammelt.

(11) Beförderer von Abfällen im Sinne dieses Gesetzes ist jede natürliche oder juristische Person, die gewerbsmäßig oder im Rahmen wirtschaftlicher Unternehmen, das heißt, aus Anlass einer anderweitigen gewerblichen oder wirtschaftlichen Tätigkeit, die nicht auf die Beförderung von Abfällen gerichtet ist, Abfälle befördert.

(12) Händler von Abfällen im Sinne dieses Gesetzes ist jede natürliche oder juristische Person, die gewerbsmäßig oder im Rahmen wirtschaftlicher Unternehmen, das heißt, aus Anlass einer anderweitigen gewerblichen oder wirtschaftlichen Tätigkeit, die nicht auf das Handeln mit Abfällen gerichtet ist, oder öffentlicher Einrichtungen in eigener Verantwortung Abfälle erwirbt und weiterveräußert; die Erlangung der tatsächlichen Sachherrschaft über die Abfälle ist hierfür nicht erforderlich.

(13) Makler von Abfällen im Sinne dieses Gesetzes ist jede natürliche oder juristische Person, die gewerbsmäßig oder im Rahmen wirtschaftlicher Unternehmen, das heißt, aus Anlass einer anderweitigen gewerblichen oder wirtschaftlichen Tätigkeit, die nicht auf das Makeln von Abfällen gerichtet ist, oder öffentlicher Einrichtungen für die Bewirtschaftung von Abfällen für Dritte sorgt; die Erlangung der tatsächlichen Sachherrschaft über die Abfälle ist hierfür nicht erforderlich.

(14) Abfallbewirtschaftung im Sinne dieses Gesetzes ist die Bereitstellung, die Überlassung, die Sammlung, die Beförderung sowie die Verwertung und die Beseitigung von Abfällen; die beiden letztgenannten Verfahren schließen die Sortierung der Abfälle ein. Zur Abfallbewirtschaftung zählen auch die Überwachung der Tätigkeiten und Verfahren im Sinne des Satzes 1, die Nachsorge von Beseitigungsanlagen und die Tätigkeiten, die von Händlern und Maklern durchgeführt werden.

(15) Sammlung im Sinne dieses Gesetzes ist das Einsammeln von Abfällen, einschließlich deren vorläufiger Sortierung und vorläufiger Lagerung zum Zweck der Beförderung zu einer Abfallbehandlungsanlage.

(16) Getrennte Sammlung im Sinne dieses Gesetzes ist eine Sammlung, bei der ein Abfallstrom nach Art und Beschaffenheit des Abfalls getrennt gehalten wird, um eine bestimmte Behandlung zu erleichtern oder zu ermöglichen.

(17) Eine gemeinnützige Sammlung von Abfällen im Sinne dieses Gesetzes ist eine Sammlung, die durch eine nach § 5 Absatz 1 Nummer 9 des Körperschaftsteuergesetzes in der Fassung der Bekanntmachung vom 15. Oktober 2002 (BGBl. I S. 4144), das zuletzt durch Artikel 8 des Gesetzes vom 22. Juni 2011 (BGBl. I S. 1126) geändert worden ist, in der jeweils geltenden Fassung steuerbefreite Körperschaft, Personenvereinigung oder Vermögensmasse getragen wird und der Beschaffung von Mitteln zur Verwirklichung ihrer gemeinnützigen, mildtätigen oder kirchlichen Zwecke im Sinne der §§ 52 bis 54 der Abgabenordnung dient. Um eine gemeinnützige Sammlung von Abfällen handelt es sich auch dann, wenn die Körperschaft, Personenvereinigung oder Vermögensmasse nach Satz 1 einen gewerblichen Sammler mit der Sammlung beauftragt und dieser den Veräußerungserlös nach Abzug seiner Kosten und eines angemessenen Gewinns vollständig an die Körperschaft, Personenvereinigung oder Vermögensmasse auskehrt.

(18) Eine gewerbliche Sammlung von Abfällen im Sinne dieses Gesetzes ist eine Sammlung, die zum Zweck der Einnahmeerzielung erfolgt. Die Durchführung der Sammeltätigkeit auf der Grundlage vertraglicher Bindungen zwischen dem Sammler und der privaten Haushaltung in dauerhaften Strukturen steht einer gewerblichen Sammlung nicht entgegen.

(19) Kreislaufwirtschaft im Sinne dieses Gesetzes sind die Vermeidung und Verwertung von Abfällen.

(20) Vermeidung im Sinne dieses Gesetzes ist jede Maßnahme, die ergriffen wird, bevor ein Stoff, Material oder Erzeugnis zu Abfall geworden ist, und dazu dient, die Abfallmenge, die schädlichen Auswirkungen des Abfalls auf Mensch und Umwelt oder den Gehalt an schädlichen Stoffen in Materialien und Erzeugnissen zu verringern. Hierzu zählen insbesondere die anlageninterne Kreislaufführung von Stoffen, die abfallarme Produktgestaltung, die Wiederverwendung von Erzeugnissen oder die Verlängerung ihrer Lebensdauer sowie ein Konsumverhalten, das auf den Erwerb von abfall- und schadstoffarmen Produkten sowie die Nutzung von Mehrwegverpackungen gerichtet ist.

(21) Wiederverwendung im Sinne dieses Gesetzes ist jedes Verfahren, bei dem Erzeugnisse oder Bestandteile, die keine Abfälle sind, wieder für denselben Zweck verwendet werden, für den sie ursprünglich bestimmt waren.

(22) Abfallentsorgung im Sinne dieses Gesetzes sind Verwertungs- und Beseitigungsverfahren, einschließlich der Vorbereitung vor der Verwertung oder Beseitigung.

(23) Verwertung im Sinne dieses Gesetzes ist jedes Verfahren, als dessen Hauptergebnis die Abfälle innerhalb der Anlage oder in der weiteren Wirtschaft einem sinnvollen Zweck zugeführt werden, indem sie entweder andere Materialien ersetzen, die sonst zur Erfüllung einer bestimmten Funktion verwendet worden wären, oder indem die Abfälle so vorbereitet werden, dass sie diese Funktion erfüllen. Anlage 2 enthält eine nicht abschließende Liste von Verwertungsverfahren.

(23a) Stoffliche Verwertung im Sinne dieses Gesetzes ist jedes Verwertungsverfahren mit Ausnahme der energetischen Verwertung und der Aufbereitung zu Materialien, die für die Verwendung als Brennstoff oder als anderes Mittel der Energieerzeugung bestimmt sind. Zur stofflichen Verwertung zählen insbesondere die Vorbereitung zur Wiederverwendung, das Recycling und die Verfüllung.

(24) Vorbereitung zur Wiederverwendung im Sinne dieses Gesetzes ist jedes Verwertungsverfahren der Prüfung, Reinigung oder Reparatur, bei dem Erzeugnisse oder Bestandteile von Erzeugnissen, die zu Abfällen geworden sind, so vorbereitet werden, dass sie ohne weitere Vorbehandlung wieder für denselben Zweck verwendet werden können, für den sie ursprünglich bestimmt waren.

(25) Recycling im Sinne dieses Gesetzes ist jedes Verwertungsverfahren, durch das Abfälle zu Erzeugnissen, Materialien oder Stoffen entweder für den ursprünglichen Zweck oder für andere Zwecke aufbereitet werden; es schließt die Aufbereitung organischer Materialien ein, nicht aber die energetische Verwertung und die Aufbereitung zu Materialien, die für die Verwendung als Brennstoff oder zur Verfüllung bestimmt sind.

(25a) Verfüllung im Sinne dieses Gesetzes ist jedes Verwertungsverfahren, bei dem geeignete nicht gefährliche Abfälle zur Rekultivierung von Abgrabungen oder zu bautechnischen Zwecken bei der Landschaftsgestaltung verwendet werden. Abfälle im Sinne des Satzes 1 sind solche, die Materialien ersetzen, die keine Abfälle sind, die für die vorstehend genannten Zwecke geeignet sind und auf die für die Erfüllung dieser Zwecke unbedingt erforderlichen Mengen beschränkt werden.

(26) Beseitigung im Sinne dieses Gesetzes ist jedes Verfahren, das keine Verwertung ist, auch wenn das Verfahren zur Nebenfolge hat, dass Stoffe oder Energie zurückgewonnen werden. Anlage 1 enthält eine nicht abschließende Liste von Beseitigungsverfahren.

(27) Deponien im Sinne dieses Gesetzes sind Beseitigungsanlagen zur Ablagerung von Abfällen oberhalb der Erdoberfläche (oberirdische Deponien) oder unterhalb der Erdoberfläche (Untertagedeponien). Zu den Deponien zählen auch betriebsinterne Abfall- beseitigungsanlagen für die Ablagerung von Abfällen, in denen ein Erzeuger von Abfällen die Abfallbeseitigung am Erzeugungsort vornimmt.

(28) Stand der Technik im Sinne dieses Gesetzes ist der Entwicklungsstand fortschrittlicher Verfahren, Einrichtungen oder Betriebsweisen, der die praktische Eignung einer Maßnahme zur Begrenzung von Emissionen in Luft, Wasser und Boden, zur Gewährleistung der Anlagensicherheit, zur Gewährleistung einer umweltverträglichen Abfallentsorgung oder sonst zur Vermeidung oder Verminderung von Auswirkungen auf die Umwelt zur Erreichung eines allgemein hohen Schutzniveaus für die Umwelt insgesamt gesichert erscheinen lässt. Bei der Bestimmung des Standes der Technik sind insbesondere die in Anlage 3 aufgeführten Kriterien zu berücksichtigen.

§ 4 Nebenprodukte

(1) Fällt ein Stoff oder Gegenstand bei einem Herstellungsverfahren an, dessen hauptsächlicher Zweck nicht auf die Herstellung dieses Stoffes oder Gegenstandes gerichtet ist, ist er als Nebenprodukt und nicht als Abfall anzusehen, wenn

1. sichergestellt ist, dass der Stoff oder Gegenstand weiter verwendet wird,
2. eine weitere, über ein normales industrielles Verfahren hinausgehende Vorbehandlung hierfür nicht erforderlich ist,
3. der Stoff oder Gegenstand als integraler Bestandteil eines Herstellungsprozesses erzeugt wird und
4. die weitere Verwendung rechtmäßig ist; dies ist der Fall, wenn der Stoff oder Gegenstand alle für seine jeweilige Verwendung anzuwendenden Produkt-, Umwelt- und Gesundheitsschutzanforderungen erfüllt und insgesamt nicht zu schädlichen Auswirkungen auf Mensch und Umwelt führt.

(2) Die Bundesregierung wird ermächtigt, nach Anhörung der beteiligten Kreise (§ 68) durch Rechtsverordnung mit Zustimmung des Bundesrates nach Maßgabe der in Absatz 1 genannten Anforderungen Kriterien zu bestimmen, nach denen bestimmte Stoffe oder Gegenstände als Nebenprodukt anzusehen sind, und Anforderungen zum Schutz von Mensch und Umwelt festzulegen.

§ 5 Ende der Abfalleigenschaft

(1) Die Abfalleigenschaft eines Stoffes oder Gegenstandes endet, wenn dieser ein Recycling oder ein anderes Verwertungsverfahren durchlaufen hat und so beschaffen ist, dass

1. er üblicherweise für bestimmte Zwecke verwendet wird,
2. ein Markt für ihn oder eine Nachfrage nach ihm besteht,
3. er alle für seine jeweilige Zweckbestimmung geltenden technischen Anforderungen sowie alle Rechtsvorschriften und anwendbaren Normen für Erzeugnisse erfüllt sowie
4. seine Verwendung insgesamt nicht zu schädlichen Auswirkungen auf Mensch oder Umwelt führt.

(2) Die Bundesregierung wird ermächtigt, nach Anhörung der beteiligten Kreise (§ 68) durch Rechtsverordnung mit Zustimmung des Bundesrates nach Maßgabe der in Absatz 1 genannten Anforderungen die Bedingungen näher zu bestimmen, unter denen für bestimmte Stoffe und Gegenstände die Abfalleigenschaft endet. Diese Bedingungen müssen ein hohes Maß an Schutz für Mensch und Umwelt sicherstellen und die umsichtige, sparsame und effiziente Verwendung der natürlichen Ressourcen ermöglichen. In der Rechtsverordnung ist insbesondere zu bestimmen:

1. welche Abfälle der Verwertung zugeführt werden dürfen,
2. welche Behandlungsverfahren und -methoden zulässig sind,
3. die Qualitätskriterien, soweit erforderlich auch Schadstoffgrenzwerte, für Stoffe und Gegenstände im Sinne des Absatzes 1; die Qualitätskriterien müssen im Einklang mit den geltenden technischen Anforderungen, Rechtsvorschriften oder Normen für Erzeugnisse stehen,
4. die Anforderungen an Managementsysteme, mit denen die Einhaltung der Kriterien für das Ende der Abfalleigenschaft nachgewiesen wird, einschließlich der Anforderungen
   a) an die Qualitätskontrolle und die Eigenüberwachung und
   b) an eine Akkreditierung oder sonstige Form der Fremdüberwachung der Managementsysteme, soweit dies erforderlich ist, sowie
5. das Erfordernis und die Inhalte einer Konformitätserklärung.

Teil 2
Grundsätze und Pflichten der Erzeuger und Besitzer von Abfällen sowie der öffentlich-rechtlichen Entsorgungsträger

Abschnitt 1
Grundsätze der Abfallvermeidung und Abfallbewirtschaftung

§ 6 Abfallhierarchie

(1) Maßnahmen der Vermeidung und der Abfallbewirtschaftung stehen in folgender Rangfolge:

1. Vermeidung,
2. Vorbereitung zur Wiederverwendung,
3. Recycling,
4. sonstige Verwertung, insbesondere energetische Verwertung und Verfüllung,

5. Beseitigung.

(2) Ausgehend von der Rangfolge nach Absatz 1 soll nach Maßgabe der §§ 7 und 8 diejenige Maßnahme Vorrang haben, die den Schutz von Mensch und Umwelt bei der Erzeugung und Bewirtschaftung von Abfällen unter Berücksichtigung des Vorsorge- und Nachhaltigkeitsprinzips am besten gewährleistet. Für die Betrachtung der Auswirkungen auf Mensch und Umwelt nach Satz 1 ist der gesamte Lebenszyklus des Abfalls zugrunde zu legen. Hierbei sind insbesondere zu berücksichtigen

1. die zu erwartenden Emissionen,
2. das Maß der Schonung der natürlichen Ressourcen,
3. die einzusetzende oder zu gewinnende Energie sowie
4. die Anreicherung von Schadstoffen in Erzeugnissen, in Abfällen zur Verwertung oder in daraus gewonnenen Erzeugnissen.

Die technische Möglichkeit, die wirtschaftliche Zumutbarkeit und die sozialen Folgen der Maßnahme sind zu beachten.

(3) Die Anlage 5 enthält eine nicht abschließende Liste von Beispielen für Maßnahmen und wirtschaftliche Instrumente zur Schaffung von Anreizen für die Anwendung der Abfallhierarchie von Verwertungsverfahren.

Abschnitt 2
Kreislaufwirtschaft

§ 7 Grundpflichten der Kreislaufwirtschaft

(1) Die Pflichten zur Abfallvermeidung richten sich nach § 13 sowie den Rechtsverordnungen, die auf Grund der §§ 24 und 25 erlassen worden sind.

(2) Die Erzeuger oder Besitzer von Abfällen sind zur Verwertung ihrer Abfälle verpflichtet. Die Verwertung von Abfällen hat Vorrang vor deren Beseitigung. Der Vorrang entfällt, wenn die Beseitigung der Abfälle den Schutz von Mensch und Umwelt nach Maßgabe des § 6 Absatz 2 Satz 2 und 3 am besten gewährleistet. Der Vorrang gilt nicht für Abfälle, die unmittelbar und üblicherweise durch Maßnahmen der Forschung und Entwicklung anfallen.

(3) Die Verwertung von Abfällen, insbesondere durch ihre Einbindung in Erzeugnisse, hat ordnungsgemäß und schadlos zu erfolgen. Die Verwertung erfolgt ordnungsgemäß, wenn sie im Einklang mit den Vorschriften dieses Gesetzes und anderen öffentlich-rechtlichen Vorschriften steht. Sie erfolgt schadlos, wenn nach der Beschaffenheit der Abfälle, dem Ausmaß der Verunreinigungen und der Art der Verwertung Beeinträchtigungen des Wohls der Allgemeinheit nicht zu erwarten sind, insbesondere keine Schadstoffanreicherung im Wertstoffkreislauf erfolgt.

(4) Die Pflicht zur Verwertung von Abfällen ist zu erfüllen, soweit dies technisch möglich und wirtschaftlich zumutbar ist, insbesondere für einen gewonnenen Stoff oder gewonnene Energie ein Markt vorhanden ist oder geschaffen werden kann. Die Verwertung von Abfällen ist auch dann technisch möglich, wenn hierzu eine Vorbehandlung erforderlich ist. Die wirtschaftliche Zumutbarkeit ist gegeben, wenn die mit der Verwertung verbundenen Kosten nicht außer Verhältnis zu den Kosten stehen, die für eine Abfallbeseitigung zu tragen wären.

§ 7a Chemikalien- und Produktrecht

(1) Natürliche oder juristische Personen, die Stoffe und Gegenstände, deren Abfalleigenschaft beendet ist, erstmals verwenden oder erstmals in Verkehr bringen, haben dafür zu sorgen, dass diese Stoffe oder Gegenstände den geltenden Anforderungen des Chemikalien- und Produktrechts genügen.

(2) Bevor für Stoffe und Gegenstände die in Absatz 1 genannten Rechtsvorschriften zur Anwendung kommen, muss ihre Abfalleigenschaft gemäß den Anforderungen nach § 5 Absatz 1 beendet sein.

§ 8 Rangfolge und Hochwertigkeit der Verwertungsmaßnahmen

(1) Bei der Erfüllung der Verwertungspflicht nach § 7 Absatz 2 Satz 1 hat diejenige der in § 6 Absatz 1 Nummer 2 bis 4 genannten Verwertungsmaßnahmen Vorrang, die den Schutz von Mensch und Umwelt nach der Art und Beschaffenheit des Abfalls unter Berücksichtigung der in § 6 Absatz 2 Satz 2 und 3 festgelegten Kriterien am besten gewährleistet. Zwischen mehreren gleichrangigen Verwertungsmaßnahmen besteht ein Wahlrecht des Erzeugers oder Besitzers von Abfällen. Bei der Ausgestaltung der nach Satz 1 oder 2 durchzuführenden Verwertungsmaßnahme ist eine den Schutz von Mensch und Umwelt am besten gewährleistende, hochwertige Verwertung anzustreben. § 7 Absatz 4 findet auf die Sätze 1 bis 3 entsprechende Anwendung.

(2) Die Bundesregierung bestimmt nach Anhörung der beteiligten Kreise (§ 68) durch Rechtsverordnung mit Zustimmung des Bundesrates für bestimmte Abfallarten auf Grund der in § 6 Absatz 2 Satz 2 und 3 festgelegten Kriterien

1. den Vorrang oder Gleichrang einer Verwertungsmaßnahme und

2. Anforderungen an die Hochwertigkeit der Verwertung.

Durch Rechtsverordnung nach Satz 1 kann insbesondere bestimmt werden, dass die Verwertung des Abfalls entsprechend seiner Art, Beschaffenheit, Menge und Inhaltsstoffe durch mehrfache, hintereinander geschaltete stoffliche und anschließende energetische Verwertungsmaßnahmen (Kaskadennutzung) zu erfolgen hat.

(3) (aufgehoben)

§ 9 Getrennte Sammlung und Behandlung von Abfällen zur Verwertung

(1) Soweit dies zur Erfüllung der Anforderungen nach § 7 Absatz 2 bis 4 und § 8 Absatz 1 erforderlich ist, sind Abfälle getrennt zu sammeln und zu behandeln.

(2) Im Rahmen der Behandlung sind unter den in Absatz 1 genannten Voraussetzungen gefährliche Stoffe, Gemische oder Bestandteile aus den Abfällen zu entfernen und nach den Anforderungen dieses Gesetzes zu verwerten oder zu beseitigen.

(3) Eine getrennte Sammlung von Abfällen ist nicht erforderlich, wenn

1. die gemeinsame Sammlung der Abfälle deren Potential zur Vorbereitung zur Wiederverwendung, zum Recycling oder zu sonstigen Verwertungsverfahren unter Beachtung der Vorgaben des § 8 Absatz 1 nicht beeinträchtigt und wenn in diesen Verfahren mit einer gemeinsamen Sammlung verschiedener Abfallarten ein Abfallstrom erreicht wird, dessen Qualität mit dem Abfallstrom vergleichbar ist, der mit einer getrennten Sammlung erreicht wird,

2. die getrennte Sammlung der Abfälle unter Berücksichtigung der von ihrer Bewirtschaftung ausgehenden Umweltauswirkungen den Schutz von Mensch und Umwelt nicht am besten gewährleistet,
3. die getrennte Sammlung unter Berücksichtigung guter Praxis der Abfallsammlung technisch nicht möglich ist oder
4. die getrennte Sammlung im Vergleich zur gemeinsamen Sammlung für den Verpflichteten unverhältnismäßig hohe Kosten verursachen würde; dabei sind zu berücksichtigen:
   a) die Kosten nachteiliger Auswirkungen auf Mensch und Umwelt, die mit einer gemeinsamen Sammlung und der nachfolgenden Behandlung der Abfälle verbunden sind,
   b) die Möglichkeit von Effizienzsteigerungen bei der Abfallsammlung und -behandlung und
   c) die Möglichkeit, aus der Vermarktung der getrennt gesammelten Abfälle Erlöse zu erzielen.

(4) Soweit Abfälle zur Vorbereitung zur Wiederverwendung oder zum Recycling getrennt gesammelt worden sind, ist eine energetische Verwertung nur zulässig für die Abfallfraktionen, die bei der nachgelagerten Behandlung der getrennt gesammelten Abfälle angefallen sind, und nur soweit die energetische Verwertung dieser Abfallfraktionen den Schutz von Mensch und Umwelt unter Berücksichtigung der in § 6 Absatz 2 Satz 2 und 3 festgelegten Kriterien am besten oder in gleichwertiger Weise wie die Vorbereitung zur Wiederverwendung oder das Recycling gewährleistet. § 7 Absatz 4 gilt entsprechend.

§ 9a Vermischungsverbot und Behandlung gefährlicher Abfälle

(1) Die Vermischung, einschließlich der Verdünnung, gefährlicher Abfälle mit anderen Kategorien von gefährlichen Abfällen oder mit anderen Abfällen, Stoffen oder Materialien ist unzulässig.

(2) Abweichend von Absatz 1 ist eine Vermischung ausnahmsweise zulässig, wenn

1. sie in einer nach diesem Gesetz oder nach dem Bundes-Immissionsschutzgesetz hierfür zugelassenen Anlage erfolgt,
2. die Anforderungen an eine ordnungsgemäße und schadlose Verwertung nach § 7 Absatz 3 eingehalten werden und schädliche Auswirkungen der Abfallbewirtschaftung auf Mensch und Umwelt durch die Vermischung nicht verstärkt werden und
3. das Vermischungsverfahren dem Stand der Technik entspricht.

(3) Sind gefährliche Abfälle in unzulässiger Weise vermischt worden, sind die Erzeuger und Besitzer der Abfälle verpflichtet, diese unverzüglich zu trennen, soweit die Trennung zur ordnungsgemäßen und schadlosen Verwertung der Abfälle nach § 7 Absatz 3 erforderlich ist. Ist eine Trennung zum Zweck der ordnungsgemäßen und schadlosen Verwertung nicht erforderlich oder zwar erforderlich, aber technisch nicht möglich oder wirtschaftlich nicht zumutbar, sind die Erzeuger und Besitzer der gemischten Abfälle verpflichtet, diese unverzüglich in einer Anlage zu behandeln, die nach diesem Gesetz oder nach dem Bundes-Immissionsschutzgesetz hierfür zugelassen ist.

§ 10 Anforderungen an die Kreislaufwirtschaft

(1) Die Bundesregierung wird ermächtigt, nach Anhörung der beteiligten Kreise (§ 68) durch Rechtsverordnung mit Zustimmung des Bundesrates, soweit es zur Erfüllung der Pflichten nach § 7 Absatz 2 bis 4, § 8 Absatz 1, der §§ 9 und 9a, insbesondere zur Sicherung der schadlosen Verwertung, erforderlich ist,

1. die Einbindung oder den Verbleib bestimmter Abfälle in Erzeugnisse/Erzeugnissen nach Art, Beschaffenheit oder Inhaltsstoffen zu beschränken oder zu verbieten,

2. Anforderungen an die getrennte Sammlung, die Behandlung, die Zulässigkeit der Vermischung sowie die Beförderung und Lagerung von Abfällen festzulegen,

3. Anforderungen an das Bereitstellen, Überlassen, Sammeln und Einsammeln von Abfällen durch Hol- und Bringsysteme, jeweils auch in einer einheitlichen Wertstofftonne oder durch eine einheitliche Wertstofferfassung in vergleichbarer Qualität gemeinsam mit gleichartigen Erzeugnissen oder mit auf dem gleichen Wege zu verwertenden Erzeugnissen, die jeweils einer verordneten Rücknahme nach § 25 unterliegen, festzulegen,

4. für bestimmte Abfälle, deren Verwertung auf Grund ihrer Art, Beschaffenheit oder Menge in besonderer Weise geeignet ist, Beeinträchtigungen des Wohls der Allgemeinheit, vor allem der in § 15 Absatz 2 Satz 2 genannten Schutzgüter, herbeizuführen, nach Herkunftsbereich, Anfallstelle oder Ausgangsprodukt festzulegen,

   a) dass diese nur in bestimmter Menge oder Beschaffenheit oder nur für bestimmte Zwecke in Verkehr gebracht oder verwertet werden dürfen,

   b) dass diese mit bestimmter Beschaffenheit nicht in Verkehr gebracht werden dürfen,

5. Anforderungen an die Verwertung von mineralischen Abfällen in technischen Bauwerken festzulegen.

(2) Durch Rechtsverordnung nach Absatz 1 können auch Verfahren zur Überprüfung der dort festgelegten Anforderungen bestimmt werden, insbesondere

1. dass Nachweise oder Register zu führen und vorzulegen sind,

   a) auch ohne eine Anordnung nach § 51, oder

   b) abweichend von bestimmten Anforderungen nach den §§ 49 und 50 oder einer Rechtsverordnung nach § 52,

2. dass die Entsorger von Abfällen diese bei Annahme oder Weitergabe in bestimmter Art und Weise zu überprüfen und das Ergebnis dieser Prüfung in den Nachweisen oder Registern zu verzeichnen haben,

3. dass die Beförderer und Entsorger von Abfällen ein Betriebstagebuch zu führen haben, in dem bestimmte Angaben zu den Betriebsabläufen zu verzeichnen sind, die nicht schon in die Register aufgenommen werden,

4. dass die Erzeuger, Besitzer oder Entsorger von Abfällen bei Annahme oder Weitergabe der Abfälle auf die Anforderungen, die sich aus der Rechtsverordnung ergeben, hinzuweisen oder die Abfälle oder die für deren Beförderung vorgesehenen Behältnisse in bestimmter Weise zu kennzeichnen haben,

5. die Entnahme von Proben, der Verbleib und die Aufbewahrung von Rückstellproben und die hierfür anzuwendenden Verfahren,

6. die Analyseverfahren, die zur Bestimmung von einzelnen Stoffen oder Stoffgruppen erforderlich sind,

7. dass der Verpflichtete mit der Durchführung der Probenahme und der Analysen nach den Nummern 5 und 6 einen von der zuständigen Landesbehörde bekannt gegebenen Sachverständigen, eine von dieser Behörde bekannt gegebene Stelle oder eine sonstige Person, die über die erforderliche Sach- und Fachkunde verfügt, zu beauftragen hat,

8. welche Anforderungen an die Sach- und Fachkunde der Probenehmer nach Nummer 7 zu stellen sind sowie
9. dass Nachweise, Register und Betriebstagebücher nach den Nummern 1 bis 3 elektronisch zu führen und Dokumente in elektronischer Form gemäß § 3a Absatz 2 Satz 2 und 3 des Verwaltungsverfahrensgesetzes vorzulegen sind.

(3) Wegen der Anforderungen nach Absatz 2 Nummer 5 bis 7 kann auf jedermann zugängliche Bekanntmachungen verwiesen werden. Hierbei sind

1. in der Rechtsverordnung das Datum der Bekanntmachung anzugeben und die Bezugsquelle genau zu bezeichnen,
2. die Bekanntmachung beim Deutschen Patent- und Markenamt archivmäßig gesichert niederzulegen und in der Rechtsverordnung darauf hinzuweisen.

(4) Durch Rechtsverordnung nach Absatz 1 Nummer 4 kann vorgeschrieben werden, dass derjenige, der bestimmte Abfälle, an deren schadlose Verwertung nach Maßgabe des § 7 Absatz 2 und 3, des § 8 Absatz 1, der §§ 9 und 9a auf Grund ihrer Art, Beschaffenheit oder Menge besondere Anforderungen zu stellen sind, in Verkehr bringt oder verwertet,

1. dies anzuzeigen hat,
2. dazu einer Erlaubnis bedarf,
3. bestimmten Anforderungen an seine Zuverlässigkeit genügen muss oder
4. seine notwendige Sach- oder Fachkunde in einem näher festzulegenden Verfahren nachzuweisen hat.

§ 11 Anforderungen an die Kreislaufwirtschaft für Bioabfälle und Klärschlämme

(1) *aufgehoben*

(2) Die Bundesregierung wird ermächtigt, nach Anhörung der beteiligten Kreise (§ 68) durch Rechtsverordnung mit Zustimmung des Bundesrates zur Förderung der Verwertung von Bioabfällen und Klärschlämmen, soweit es zur Erfüllung der Pflichten nach § 20 Absatz 2 Nummer 1, § 7 Absatz 2 bis 4 und § 8 Absatz 1 erforderlich ist, insbesondere festzulegen,

1. welche Abfälle als Bioabfälle oder Klärschlämme gelten,
2. welche Anforderungen an die getrennte Sammlung von Bioabfällen zu stellen sind,
3. ob und auf welche Weise Bioabfälle und Klärschlämme zu behandeln, welche Verfahren hierbei anzuwenden und welche anderen Maßnahmen hierbei zu treffen sind,
4. welche Anforderungen an die Art und Beschaffenheit der unbehandelten, der zu behandelnden und der behandelten Bioabfälle und Klärschlämme zu stellen sind sowie
5. dass bestimmte Arten von Bioabfällen und Klärschlämmen nach Ausgangsstoff, Art, Beschaffenheit, Herkunft, Menge, Art oder Zeit der Aufbringung auf den Boden, Beschaffenheit des Bodens, Standortverhältnissen und Nutzungsart nicht, nur in bestimmten Mengen, nur in einer bestimmten Beschaffenheit oder nur für bestimmte Zwecke in Verkehr gebracht oder verwertet werden dürfen.

Durch Rechtsverordnung nach Satz 1 können entsprechend Satz 1 Nummer 3 bis 5 auch Anforderungen für die gemeinsame Verwertung von Bioabfällen und Klärschlämmen mit anderen Abfällen, Stoffen oder Materialien festgelegt werden. Anforderungen nach Satz 1 Nummer 4 und 5, auch in Verbindung mit Satz 2, können nicht festgelegt werden, soweit die ordnungsgemäße und schadlose Verwertung von Bioabfällen und Klärschlämmen durch Regelungen des Düngerechts gewährleistet ist.

(3) Durch Rechtsverordnung nach Absatz 2 Satz 1 können auch Verfahren zur Überprüfung der dort festgelegten Anforderungen an die Verwertung von Bioabfällen und Klärschlämmen bestimmt werden, insbesondere

1. Untersuchungspflichten hinsichtlich der Wirksamkeit der Behandlung, der Beschaffenheit der unbehandelten und behandelten Bioabfälle und Klärschlämme, der anzuwendenden Verfahren oder der anderen Maßnahmen,
2. Untersuchungsmethoden, die zur Überprüfung der Maßnahmen nach Nummer 1 erforderlich sind,
3. Untersuchungen des Bodens sowie
4. Verfahren zur Überprüfung der Anforderungen entsprechend § 10 Absatz 2 Nummer 1 bis 9 und Absatz 3.

Durch Rechtsverordnung nach Absatz 2 Satz 1 Nummer 1 kann vorgeschrieben werden, dass derjenige, der bestimmte Bioabfälle oder Klärschlämme, an deren schadlose Verwertung nach Maßgabe des § 7 Absatz 2 und 3, des § 8 Absatz 1, der §§ 9 und 9a auf Grund ihrer Art, Beschaffenheit oder Menge besondere Anforderungen zu stellen sind, in Verkehr bringt oder verwertet,

1. dies anzuzeigen hat,
2. dazu einer Erlaubnis bedarf,
3. bestimmten Anforderungen an seine Zuverlässigkeit genügen muss oder
4. seine notwendige Sach- oder Fachkunde in einem näher festzulegenden Verfahren nachzuweisen hat.

(4) Die Landesregierungen können Rechtsverordnungen im Sinne der Absätze 2 und 3 für die Verwertung von Bioabfällen und Klärschlämmen und für die Aufbringung von Bioabfällen und Klärschlämmen auf Böden erlassen, soweit die Bundesregierung von der Ermächtigung keinen Gebrauch macht. Die Landesregierungen können die Ermächtigung nach Satz 1 durch Rechtsverordnung ganz oder teilweise auf andere Behörden übertragen.

§ 12 Qualitätssicherung im Bereich der Bioabfälle und Klärschlämme

(1) Zur Förderung der Kreislaufwirtschaft und zur Sicherstellung des Schutzes von Mensch und Umwelt bei der Erzeugung und Bewirtschaftung von Bioabfällen und Klärschlämmen nach Maßgabe der hierfür geltenden Rechtsvorschriften können die Träger der Qualitätssicherung und die Qualitätszeichennehmer eine regelmäßige Qualitätssicherung einrichten.

(2) Qualitätszeichennehmer ist eine natürliche oder juristische Person, die

1. gewerbsmäßig, im Rahmen wirtschaftlicher Unternehmen oder öffentlicher Einrichtungen Bioabfälle oder Klärschlämme erzeugt, behandelt oder verwertet und
2. in Bezug auf erzeugte, behandelte oder verwertete Bioabfälle oder Klärschlämme, auch in Mischungen mit anderen Abfällen, Stoffen oder Materialien, über ein Qualitätszeichen eines Trägers der Qualitätssicherung verfügt.

(3) Das Qualitätszeichen darf nur erteilt werden, wenn der Qualitätszeichennehmer

1. die für die Sicherung der Qualität der Bioabfälle oder Klärschlämme erforderlichen Anforderungen an die Organisation, die personelle, gerätetechnische und sonstige Ausstattung sowie an die Zuverlässigkeit und Fach- und Sachkunde seines Personals erfüllt,
2. die Anforderungen an die Qualitätssicherung, insbesondere zur Minderung von Schadstoffen, zur Gewährleistung der seuchen- und phytohygienischen Unbedenklichkeit erfüllt und
3. sich verpflichtet, die Erfüllung der Anforderungen nach den Nummern 1 und 2 im Rahmen einer fortlaufenden Überwachung gegenüber dem Träger der Qualitätssicherung darzulegen.

(4) Der Qualitätszeichennehmer darf das Qualitätszeichen nur führen, soweit und solange es ihm vom Träger der Qualitätssicherung erteilt ist.

(5) Ein Träger der Qualitätssicherung ist ein rechtsfähiger Zusammenschluss von Erzeugern oder Bewirtschaftern von Bioabfällen oder Klärschlämmen, Fachverbänden sowie von fachkundigen Einrichtungen, Institutionen oder Personen. Der Träger der Qualitätssicherung bedarf der Anerkennung der zuständigen Behörde. Die Erteilung des Qualitätszeichens erfolgt auf der Grundlage einer Satzung, eines Überwachungsvertrages oder einer sonstigen für den Qualitätszeichennehmer verbindlichen Regelung, die insbesondere die Anforderungen an die Qualitätszeichennehmer, an die von diesen erzeugten, behandelten oder verwerteten Bioabfälle oder Klärschlämme und an deren Überwachung festlegt.

(6) Der Träger der Qualitätssicherung hat sich für die Überprüfung der Qualitätszeichennehmer Sachverständiger zu bedienen, die die für die Durchführung der Überwachung erforderliche Zuverlässigkeit, Unabhängigkeit sowie Fach- und Sachkunde besitzen.

(7) Die Bundesregierung wird ermächtigt, nach Anhörung der beteiligten Kreise (§ 68) durch Rechtsverordnung mit Zustimmung des Bundesrates Anforderungen an die Qualitätssicherung von Bioabfällen und Klärschlämmen vorzuschreiben. In der Rechtsverordnung können insbesondere

1. Anforderungen an die Maßnahmen zur Qualitätssicherung, einschließlich deren Umfang bestimmt werden,
2. Anforderungen an die Organisation, die personelle, gerätetechnische und sonstige Ausstattung und die Tätigkeit eines Qualitätszeichennehmers bestimmt sowie ein ausreichender Haftpflichtversicherungsschutz gefordert werden,
3. Anforderungen an den Qualitätszeichennehmer und die bei ihm beschäftigten Personen, insbesondere Mindestanforderungen an die Fach- und Sachkunde und die Zuverlässigkeit sowie an deren Nachweis, bestimmt werden,
4. Anforderungen an die Tätigkeit der Träger der Qualitätssicherung, insbesondere an deren Bildung, Auflösung, Organisation und Arbeitsweise, einschließlich der Bestellung, Aufgaben und Befugnisse der Prüforgane sowie Mindestanforderungen an die Mitglieder dieser Prüforgane, bestimmt werden,
5. Mindestanforderungen an die für die Träger der Qualitätssicherung tätigen Sachverständigen sowie deren Bestellung, Tätigkeit und Kontrolle bestimmt werden,
6. Anforderungen an das Qualitätszeichen, insbesondere an die Form und den Inhalt, sowie an seine Erteilung, seine Aufhebung, sein Erlöschen und seinen Entzug bestimmt werden,
7. die besonderen Voraussetzungen, das Verfahren, die Erteilung und die Aufhebung der Anerkennung des Trägers der Qualitätssicherung durch die zuständige Behörde geregelt werden,

8. für die erforderlichen Erklärungen, Nachweise, Benachrichtigungen oder sonstigen Daten die elektronische Führung und die Vorlage von Dokumenten in elektronischer Form gemäß § 3a Absatz 2 Satz 2 und 3 des Verwaltungsverfahrensgesetzes angeordnet werden.

§ 13 Pflichten der Anlagenbetreiber

Die Pflichten der Betreiber von genehmigungsbedürftigen und nicht genehmigungsbedürftigen Anlagen nach dem Bundes-Immissionsschutzgesetz, diese so zu errichten und zu betreiben, dass Abfälle vermieden, verwertet oder beseitigt werden, richten sich nach den Vorschriften des Bundes-Immissionsschutzgesetzes.

§ 14 Förderung des Recyclings und der sonstigen stofflichen Verwertung

(1) Die Vorbereitung zur Wiederverwendung und das Recycling von Siedlungsabfällen sollen betragen:

1. spätestens ab dem 1. Januar 2020 insgesamt mindestens 50 Gewichtsprozent,
2. spätestens ab dem 1. Januar 2025 insgesamt mindestens 55 Gewichtsprozent,
3. spätestens ab dem 1. Januar 2030 insgesamt mindestens 60 Gewichtsprozent und
4. spätestens ab dem 1. Januar 2035 insgesamt mindestens 65 Gewichtsprozent.

(2) Die Vorbereitung zur Wiederverwendung, das Recycling und die sonstige stoffliche Verwertung von nicht gefährlichen Bau- und Abbruchabfällen mit Ausnahme von in der Natur vorkommenden Materialien, die in der Anlage zur Abfallverzeichnisverordnung mit dem Abfallschlüssel 17 05 04 gekennzeichnet sind, sollen spätestens ab dem 1. Januar 2020 mindestens 70 Gewichtsprozent betragen.

Abschnitt 3
Abfallbeseitigung

§ 15 Grundpflichten der Abfallbeseitigung

(1) Die Erzeuger oder Besitzer von Abfällen, die nicht verwertet werden, sind verpflichtet, diese zu beseitigen, soweit in § 17 nichts anderes bestimmt ist. Durch die Behandlung von Abfällen sind deren Menge und Schädlichkeit zu vermindern. Energie oder Abfälle, die bei der Beseitigung anfallen, sind hochwertig zu nutzen; § 8 Absatz 1 Satz 3 gilt entsprechend.

(2) Abfälle sind so zu beseitigen, dass das Wohl der Allgemeinheit nicht beeinträchtigt wird. Eine Beeinträchtigung liegt insbesondere dann vor, wenn

1. die Gesundheit der Menschen beeinträchtigt wird,
2. Tiere oder Pflanzen gefährdet werden,
3. Gewässer oder Böden schädlich beeinflusst werden,
4. schädliche Umwelteinwirkungen durch Luftverunreinigungen oder Lärm herbeigeführt werden,
5. die Ziele oder Grundsätze und sonstigen Erfordernisse der Raumordnung nicht beachtet oder die Belange des Naturschutzes, der Landschaftspflege sowie des Städtebaus nicht berücksichtigt werden oder
6. die öffentliche Sicherheit oder Ordnung in sonstiger Weise gefährdet oder gestört wird.

(3) Soweit dies zur Erfüllung der Anforderungen nach den Absätzen 1 und 2 erforderlich ist, sind Abfälle zur Beseitigung getrennt zu sammeln und zu behandeln. § 9 Absatz 2 und 3 und § 9a gelten entsprechend.

(4) Die Ablagerung von Siedlungsabfällen auf Deponien darf spätestens ab dem 1. Januar 2035 höchstens 10 Gewichtsprozent des gesamten Siedlungsabfallaufkommens betragen.

§ 16 Anforderungen an die Abfallbeseitigung

Die Bundesregierung wird ermächtigt, nach Anhörung der beteiligten Kreise (§ 68) durch Rechtsverordnung mit Zustimmung des Bundesrates zur Erfüllung der Pflichten nach § 15 entsprechend dem Stand der Technik Anforderungen an die Beseitigung von Abfällen nach Herkunftsbereich, Anfallstelle sowie nach Art, Menge und Beschaffenheit festzulegen, insbesondere

1. Anforderungen an die getrennte Sammlung und die Behandlung von Abfällen,
2. Anforderungen an das Bereitstellen, Überlassen, Sammeln und Einsammeln, die Beförderung, Lagerung und Ablagerung von Abfällen sowie
3. Verfahren zur Überprüfung der Anforderungen entsprechend § 10 Absatz 2 Nummer 1 bis 9 und Absatz 3.

Durch Rechtsverordnung nach Satz 1 Nummer 1 und 2 kann vorgeschrieben werden, dass derjenige, der bestimmte Abfälle, an deren Behandlung, Sammlung, Einsammlung, Beförderung, Lagerung und Ablagerung nach Maßgabe des § 15 auf Grund ihrer Art, Beschaffenheit oder Menge besondere Anforderungen zu stellen sind, in Verkehr bringt oder beseitigt,

1. dies anzuzeigen hat,
2. dazu einer Erlaubnis bedarf,
3. bestimmten Anforderungen an seine Zuverlässigkeit genügen muss oder
4. seine notwendige Sach- oder Fachkunde in einem näher festzulegenden Verfahren nachzuweisen hat.

Abschnitt 4
Öffentlich-rechtliche Entsorgung und Beauftragung Dritter

§ 17 Überlassungspflichten

(1) Abweichend von § 7 Absatz 2 und § 15 Absatz 1 sind Erzeuger oder Besitzer von Abfällen aus privaten Haushaltungen verpflichtet, diese Abfälle den nach Landesrecht zur Entsorgung verpflichteten juristischen Personen (öffentlich-rechtliche Entsorgungsträger) zu überlassen, soweit sie zu einer Verwertung auf den von ihnen im Rahmen ihrer privaten Lebensführung genutzten Grundstücken nicht in der Lage sind oder diese nicht beabsichtigen. Satz 1 gilt auch für Erzeuger und Besitzer von Abfällen zur Beseitigung aus anderen Herkunftsbereichen, soweit sie diese nicht in eigenen Anlagen beseitigen. Die Befugnis zur Beseitigung der Abfälle in eigenen Anlagen nach Satz 2 besteht nicht, soweit die Überlassung der Abfälle an den öffentlich-rechtlichen Entsorgungsträger auf Grund überwiegender öffentlicher Interessen erforderlich ist.

(2) Die Überlassungspflicht besteht nicht für Abfälle,

1. die einer Rücknahme- oder Rückgabepflicht auf Grund einer Rechtsverordnung nach § 25 unterliegen, soweit nicht die öffentlich-rechtlichen Entsorgungsträger auf Grund einer Bestimmung nach § 25 Absatz 2 Nummer 8 an der Rücknahme mitwirken; hierfür kann insbesondere eine einheitliche Wertstofftonne oder eine einheitliche Wertstofferfassung in vergleichbarer

Qualität vorgesehen werden, durch die werthaltige Abfälle aus privaten Haushaltungen in effizienter Weise erfasst und einer hochwertigen Verwertung zugeführt werden,

2. die in Wahrnehmung der Produktverantwortung nach § 26 freiwillig zurückgenommen werden, soweit dem zurücknehmenden Hersteller oder Vertreiber ein Feststellungs- oder Freistellungsbescheid nach § 26 Absatz 3 oder § 26a Absatz 1 Satz 1 erteilt worden ist,

3. die durch gemeinnützige Sammlung einer ordnungsgemäßen und schadlosen Verwertung zugeführt werden,

4. die durch gewerbliche Sammlung einer ordnungsgemäßen und schadlosen Verwertung zugeführt werden, soweit überwiegende öffentliche Interessen dieser Sammlung nicht entgegenstehen.

Satz 1 Nummer 3 und 4 gilt nicht für gemischte Abfälle aus privaten Haushaltungen und gefährliche Abfälle. Sonderregelungen der Überlassungspflicht durch Rechtsverordnungen nach den §§ 10, 16 und 25 bleiben unberührt.

(3) Überwiegende öffentliche Interessen nach Absatz 2 Satz 1 Nummer 4 stehen einer gewerblichen Sammlung entgegen, wenn die Sammlung in ihrer konkreten Ausgestaltung, auch im Zusammenwirken mit anderen Sammlungen, die Funktionsfähigkeit des öffentlich-rechtlichen Entsorgungsträgers, des von diesem beauftragten Dritten oder des auf Grund einer Rechtsverordnung nach § 25 eingerichteten Rücknahmesystems gefährdet. Eine Gefährdung der Funktionsfähigkeit des öffentlich-rechtlichen Entsorgungsträgers oder des von diesem beauftragten Dritten ist anzunehmen, wenn die Erfüllung der nach § 20 bestehenden Entsorgungspflichten zu wirtschaftlich ausgewogenen Bedingungen verhindert oder die Planungssicherheit und Organisationsverantwortung wesentlich beeinträchtigt wird. Eine wesentliche Beeinträchtigung der Planungssicherheit und Organisationsverantwortung des öffentlich-rechtlichen Entsorgungsträgers ist insbesondere anzunehmen, wenn durch die gewerbliche Sammlung

1. Abfälle erfasst werden, für die der öffentlich-rechtliche Entsorgungsträger oder der von diesem beauftragte Dritte eine haushaltsnahe oder sonstige hochwertige getrennte Erfassung und Verwertung der Abfälle durchführt,

2. die Stabilität der Gebühren gefährdet wird oder

3. die diskriminierungsfreie und transparente Vergabe von Entsorgungsleistungen im Wettbewerb erheblich erschwert oder unterlaufen wird.

Satz 3 Nummer 1 und 2 gilt nicht, wenn die vom gewerblichen Sammler angebotene Sammlung und Verwertung der Abfälle wesentlich leistungsfähiger ist als die von dem öffentlich-rechtlichen Entsorgungsträger oder dem von ihm beauftragten Dritten bereits angebotene oder konkret geplante Leistung. Bei der Beurteilung der Leistungsfähigkeit sind sowohl die in Bezug auf die Ziele der Kreislaufwirtschaft zu beurteilenden Kriterien der Qualität und der Effizienz, des Umfangs und der Dauer der Erfassung und Verwertung der Abfälle als auch die aus Sicht aller privaten Haushalte im Gebiet des öffentlich-rechtlichen Entsorgungsträgers zu beurteilende gemeinwohlorientierte Servicegerechtigkeit der Leistung zugrunde zu legen. Leistungen, die über die unmittelbare Sammel- und Verwertungsleistung hinausgehen, insbesondere Entgeltzahlungen, sind bei der Beurteilung der Leistungsfähigkeit nicht zu berücksichtigen.

(4) Die Länder können zur Sicherstellung der umweltverträglichen Beseitigung Andienungs- und Überlassungspflichten für gefährliche Abfälle zur Beseitigung bestimmen. Andienungspflichten für gefährliche Abfälle zur Verwertung, die die Länder bis zum 7. Oktober 1996 bestimmt haben, bleiben unberührt.

§ 18 Anzeigeverfahren für Sammlungen

(1) Gemeinnützige Sammlungen im Sinne des § 17 Absatz 2 Satz 1 Nummer 3 und gewerbliche Sammlungen im Sinne des § 17 Absatz 2 Satz 1 Nummer 4 sind spätestens drei Monate vor ihrer beabsichtigten Aufnahme durch ihren Träger der zuständigen Behörde nach Maßgabe der Absätze 2 und 3 anzuzeigen.

(2) Der Anzeige einer gewerblichen Sammlung sind beizufügen

1. Angaben über die Größe und Organisation des Sammlungsunternehmens,
2. Angaben über Art, Ausmaß und Dauer, insbesondere über den größtmöglichen Umfang und die Mindestdauer der Sammlung,
3. Angaben über Art, Menge und Verbleib der zu verwertenden Abfälle,
4. eine Darlegung der innerhalb des angezeigten Zeitraums vorgesehenen Verwertungswege einschließlich der erforderlichen Maßnahmen zur Sicherstellung ihrer Kapazitäten sowie
5. eine Darlegung, wie die ordnungsgemäße und schadlose Verwertung der gesammelten Abfälle im Rahmen der Verwertungswege nach Nummer 4 gewährleistet wird.

(3) Der Anzeige der gemeinnützigen Sammlung sind beizufügen

1. Angaben über die Größe und Organisation des Trägers der gemeinnützigen Sammlung sowie gegebenenfalls des Dritten, der mit der Sammlung beauftragt wird, sowie
2. Angaben über Art, Ausmaß und Dauer der Sammlung.

Die Behörde kann verlangen, dass der Anzeige der gemeinnützigen Sammlung Unterlagen entsprechend Absatz 2 Nummer 3 bis 5 beizufügen sind.

(4) Die zuständige Behörde fordert den von der gewerblichen oder gemeinnützigen Sammlung betroffenen öffentlich-rechtlichen Entsorgungsträger auf, für seinen Zuständigkeitsbereich eine Stellungnahme innerhalb einer Frist von zwei Monaten abzugeben. Hat der öffentlich-rechtliche Entsorgungsträger bis zum Ablauf dieser Frist keine Stellungnahme abgegeben, ist davon auszugehen, dass sich dieser nicht äußern will.

(5) Die zuständige Behörde kann die angezeigte Sammlung von Bedingungen abhängig machen, sie zeitlich befristen oder Auflagen für sie vorsehen, soweit dies erforderlich ist, um die Erfüllung der Voraussetzungen nach § 17 Absatz 2 Satz 1 Nummer 3 oder Nummer 4 sicherzustellen. Die zuständige Behörde hat die Durchführung der angezeigten Sammlung zu untersagen, wenn Tatsachen bekannt sind, aus denen sich Bedenken gegen die Zuverlässigkeit des Anzeigenden oder der für die Leitung und Beaufsichtigung der Sammlung verantwortlichen Personen ergeben, oder die Einhaltung der in § 17 Absatz 2 Satz 1 Nummer 3 oder Nummer 4 genannten Voraussetzungen anders nicht zu gewährleisten ist.

(6) Die zuständige Behörde kann bestimmen, dass eine gewerbliche Sammlung mindestens für einen bestimmten Zeitraum durchzuführen ist; dieser Zeitraum darf drei Jahre nicht überschreiten. Wird die gewerbliche Sammlung vor Ablauf des nach Satz 1 bestimmten Mindestzeitraums eingestellt oder innerhalb dieses Zeitraums in ihrer Art und ihrem Ausmaß in Abweichung von den von der Behörde nach Absatz 5 Satz 1 festgelegten Bedingungen oder Auflagen wesentlich eingeschränkt, ist der Träger der gewerblichen Sammlung dem betroffenen öffentlich-rechtlichen Entsorgungsträger gegenüber zum Ersatz der Mehraufwendungen verpflichtet, die für die Sammlung und Verwertung der bislang von der gewerblichen Sammlung erfassten Abfälle erforderlich sind. Zur Absicherung des Ersatzanspruchs kann die zuständige Behörde dem Träger der gewerblichen Sammlung eine Sicherheitsleistung auferlegen.

(7) Soweit eine gewerbliche Sammlung, die zum Zeitpunkt des Inkrafttretens dieses Gesetzes bereits durchgeführt wurde, die Funktionsfähigkeit des öffentlich-rechtlichen Entsorgungsträgers, des von diesem beauftragten Dritten oder des auf Grund einer Rechtsverordnung nach § 25 eingerichteten Rücknahmesystems bislang nicht gefährdet hat, ist bei Anordnungen nach Absatz 5 oder 6 der Grundsatz der Verhältnismäßigkeit, insbesondere ein schutzwürdiges Vertrauen des Trägers der Sammlung auf ihre weitere Durchführung, zu beachten.

(8) Der von der gewerblichen Sammlung betroffene öffentlich-rechtliche Entsorgungsträger hat einen Anspruch darauf, dass die für gewerbliche Sammlungen geltenden Bestimmungen des Anzeigeverfahrens eingehalten werden.

§ 19 Duldungspflichten bei Grundstücken

(1) Die Eigentümer und Besitzer von Grundstücken, auf denen überlassungspflichtige Abfälle anfallen, sind verpflichtet, das Aufstellen von zur Erfassung notwendigen Behältnissen sowie das Betreten des Grundstücks zum Zweck des Einsammelns und zur Überwachung des Getrennthaltens und der Verwertung von Abfällen zu dulden. Die Bediensteten und Beauftragten der zuständigen Behörde dürfen Geschäfts- und Betriebsgrundstücke und Geschäfts- und Betriebsräume außerhalb der üblichen Geschäftszeiten sowie Wohnräume ohne Einverständnis des Inhabers nur zur Verhütung dringender Gefahren für die öffentliche Sicherheit und Ordnung betreten. Das Grundrecht auf Unverletzlichkeit der Wohnung (Artikel 13 Absatz 1 des Grundgesetzes) wird insoweit eingeschränkt.

(2) Absatz 1 gilt entsprechend für Rücknahme- und Sammelsysteme, die zur Durchführung von Rücknahmepflichten auf Grund einer Rechtsverordnung nach § 25 erforderlich sind.

§ 20 Pflichten der öffentlich-rechtlichen Entsorgungsträger

(1) Die öffentlich-rechtlichen Entsorgungsträger haben die in ihrem Gebiet angefallenen und überlassenen Abfälle aus privaten Haushaltungen und Abfälle zur Beseitigung aus anderen Herkunftsbereichen nach Maßgabe der §§ 6 bis 11 zu verwerten oder nach Maßgabe der §§ 15 und 16 zu beseitigen. Werden Abfälle zur Beseitigung überlassen, weil die Pflicht zur Verwertung aus den in § 7 Absatz 4 genannten Gründen nicht erfüllt werden muss, sind die öffentlich-rechtlichen Entsorgungsträger zur Verwertung verpflichtet, soweit bei ihnen diese Gründe nicht vorliegen.

(2) Die öffentlich-rechtlichen Entsorgungsträger sind verpflichtet, folgende in ihrem Gebiet in privaten Haushaltungen angefallenen und überlassenen Abfälle getrennt zu sammeln:

1. Bioabfälle; § 9 Absatz 1 und 3 Nummer 3 und 4 sowie Absatz 4 gilt entsprechend,
2. Kunststoffabfälle; § 9 gilt entsprechend,
3. Metallabfälle; § 9 gilt entsprechend,
4. Papierabfälle; § 9 gilt entsprechend,
5. Glas; § 9 Absatz 1 und 3 Nummer 3 und 4 sowie Absatz 4 gilt entsprechend,
6. Textilabfälle; § 9 gilt entsprechend,
7. Sperrmüll; die öffentlich-rechtlichen Entsorgungsträger sammeln Sperrmüll in einer Weise, welche die Vorbereitung zur Wiederverwendung und das Recycling der einzelnen Bestandteile ermöglicht und
8. gefährliche Abfälle; die öffentlich-rechtlichen Entsorgungsträger stellen sicher, dass sich die gefährlichen Abfälle bei der Sammlung nicht mit anderen Abfällen vermischen.

Die Verpflichtung zur getrennten Sammlung von Textilabfällen nach Satz 1 Nummer 6 gilt ab dem 1. Januar 2025.

(3) Die öffentlich-rechtlichen Entsorgungsträger können mit Zustimmung der zuständigen Behörde Abfälle von der Entsorgung ausschließen, soweit diese der Rücknahmepflicht auf Grund einer nach § 25 erlassenen Rechtsverordnung oder auf Grund eines Gesetzes unterliegen und entsprechende Rücknahmeeinrichtungen tatsächlich zur Verfügung stehen. Satz 1 gilt auch für Abfälle zur Beseitigung aus anderen Herkunftsbereichen als privaten Haushaltungen, soweit diese nach Art, Menge oder Beschaffenheit nicht mit den in Haushaltungen anfallenden Abfällen entsorgt werden können oder die Sicherheit der umweltverträglichen Beseitigung im Einklang mit den Abfallwirtschaftsplänen der Länder durch einen anderen öffentlich-rechtlichen Entsorgungsträger oder Dritten gewährleistet ist. Die öffentlich-rechtlichen Entsorgungsträger können den Ausschluss von der Entsorgung nach den Sätzen 1 und 2 mit Zustimmung der zuständigen Behörde widerrufen, soweit die dort genannten Voraussetzungen für einen Ausschluss nicht mehr vorliegen.

(4) Die Pflichten nach Absatz 1 gelten auch für Kraftfahrzeuge oder Anhänger ohne gültige amtliche Kennzeichen, wenn diese

1. auf öffentlichen Flächen oder außerhalb im Zusammenhang bebauter Ortsteile abgestellt sind,
2. keine Anhaltspunkte für deren Entwendung oder bestimmungsgemäße Nutzung bestehen sowie
3. nicht innerhalb eines Monats nach einer am Fahrzeug angebrachten, deutlich sichtbaren Aufforderung entfernt worden sind.

§ 21 Abfallwirtschaftskonzepte und Abfallbilanzen

Die öffentlich-rechtlichen Entsorgungsträger im Sinne des § 20 haben Abfallwirtschaftskonzepte und Abfallbilanzen über die Verwertung, insbesondere die Vorbereitung zur Wiederverwendung und das Recycling, und die Beseitigung der in ihrem Gebiet anfallenden und ihnen zu überlassenden Abfälle zu erstellen; dabei werden die betriebenen und geplanten Systeme zur Getrenntsammlung, insbesondere der in § 20 Absatz 2 genannten Abfallarten, gesondert dargestellt. In den Abfallwirtschaftskonzepten und Abfallbilanzen sind zudem die getroffenen Maßnahmen zur Abfallvermeidung darzustellen. Bei der Fortentwicklung von Abfallvermeidungsmaßnahmen sind die Maßnahmen des Abfallvermeidungsprogramms nach § 33 zu berücksichtigen. Die Anforderungen an Abfallwirtschaftskonzepte und Abfallbilanzen richten sich nach Landesrecht.

§ 22 Beauftragung Dritter

Die zur Verwertung und Beseitigung Verpflichteten können Dritte mit der Erfüllung ihrer Pflichten beauftragen. Ihre Verantwortlichkeit für die Erfüllung der Pflichten bleibt hiervon unberührt und so lange bestehen, bis die Entsorgung endgültig und ordnungsgemäß abgeschlossen ist. Die beauftragten Dritten müssen über die erforderliche Zuverlässigkeit verfügen.

Teil 3
Produktverantwortung

§ 23 Produktverantwortung

(1) Wer Erzeugnisse entwickelt, herstellt, beoder verarbeitet oder vertreibt, trägt zur Erfüllung der Ziele der Kreislaufwirtschaft die Produktverantwortung. Erzeugnisse sind möglichst so zu ge-

stalten, dass bei ihrer Herstellung und ihrem Gebrauch das Entstehen von Abfällen vermindert wird und sichergestellt ist, dass die nach ihrem Gebrauch entstandenen Abfälle umweltverträglich verwertet oder beseitigt werden. Beim Vertrieb der Erzeugnisse ist dafür zu sorgen, dass deren Gebrauchstauglichkeit erhalten bleibt und diese nicht zu Abfall werden.

(2) Die Produktverantwortung umfasst insbesondere

1. die Entwicklung, die Herstellung und das Inverkehrbringen von Erzeugnissen, die ressourcen ressourceneffizient, mehrfach verwendbar, technisch langlebig, reparierbar und nach Gebrauch zur ordnungsgemäßen, schadlosen und hochwertigen Verwertung sowie zur umweltverträglichen Beseitigung geeignet sind,
2. den vorrangigen Einsatz von verwertbaren Abfällen oder sekundären Rohstoffen, insbesondere Rezyklaten, bei der Herstellung von Erzeugnissen,
3. den sparsamen Einsatz von kritischen Rohstoffen und die Kennzeichnung der in den Erzeugnissen enthaltenen kritischen Rohstoffe, um zu verhindern, dass diese Erzeugnisse zu Abfall werden sowie sicherzustellen, dass die kritischen Rohstoffe aus den Erzeugnissen oder den nach Gebrauch der Erzeugnisse entstandenen Abfällen zurückgewonnen werden können,
4. die Stärkung der Wiederverwendung von Erzeugnissen, insbesondere die Unterstützung von Systemen zur Wiederverwendung und Reparatur,
5. die Senkung des Gehalts an gefährlichen Stoffen sowie die Kennzeichnung von schadstoffhaltigen Erzeugnissen, um sicherzustellen, dass die nach Gebrauch der Erzeugnisse entstandenen Abfälle umweltverträglich verwertet oder beseitigt werden,
6. den Hinweis auf Rückgabe-, Wiederverwendungs-, Verwertungs- und Beseitigungsmöglichkeiten oder -pflichten und Pfandregelungen durch Kennzeichnung der Erzeugnisse,
7. die Rücknahme der Erzeugnisse und der nach Gebrauch der Erzeugnisse entstandenen Abfälle sowie deren nachfolgende umweltverträgliche Verwertung oder Beseitigung,
8. die Übernahme der finanziellen oder der finanziellen und organisatorischen Verantwortung für die Bewirtschaftung der nach Gebrauch der Erzeugnisse entstandenen Abfälle,
9. die Information und Beratung der Öffentlichkeit über Möglichkeiten der Vermeidung, Verwertung und Beseitigung von Abfällen, insbesondere über Anforderungen an die Getrenntsammlung sowie Maßnahmen zur Verhinderung der Vermüllung der Umwelt,
10. die Beteiligung an Kosten, die den öffentlichrechtlichen Entsorgungsträgern und sonstigen juristischen Personen des öffentlichen Rechts für die Reinigung der Umwelt und die anschließende umweltverträgliche Verwertung und Beseitigung der nach Gebrauch der aus den von einem Hersteller oder Vertreiber in Verkehr gebrachten Erzeugnissen entstandenen Abfälle entstehen sowie
11. eine Obhutspflicht hinsichtlich der vertriebenen Erzeugnisse, insbesondere die Pflicht, beim Vertrieb der Erzeugnisse, auch im Zusammenhang mit deren Rücknahme oder Rückgabe, dafür zu sorgen, dass die Gebrauchstauglichkeit der Erzeugnisse erhalten bleibt und diese nicht zu Abfall werden.

(3) Im Rahmen der Produktverantwortung nach den Absätzen 1 und 2 sind neben der Verhältnismäßigkeit der Anforderungen entsprechend § 7 Absatz 4 die sich aus anderen Rechtsvorschriften ergebenden Regelungen zur Produktverantwortung und zum Schutz von Mensch und Umwelt sowie die Festlegungen des Unionsrechts über den freien Warenverkehr zu berücksichtigen.

(4) Die Bundesregierung bestimmt durch Rechtsverordnungen auf Grund der §§ 24 und 25, welche Verpflichteten die Produktverantwortung nach den Absätzen 1 und 2 wahrzunehmen haben. Sie legt zugleich fest, für welche Erzeugnisse und in welcher Art und Weise die Produktverantwortung wahrzunehmen ist.

§ 24 Anforderungen an Verbote, Beschränkungen, Kennzeichnungen, Beratung, Information und Obhutspflicht

Zur Festlegung von Anforderungen nach § 23 wird die Bundesregierung ermächtigt, nach Anhörung der beteiligten Kreise (§ 68) durch Rechtsverordnung mit Zustimmung des Bundesrates zu bestimmen, dass

1. bestimmte Erzeugnisse nur ressourceneffizient, insbesondere in einer Form, die die mehrfache Verwendung, die technische Langlebigkeit und die Reparierbarkeit erleichtert, sowie in bestimmter, die Abfallbewirtschaftung spürbar entlastender Weise in Verkehr gebracht werden dürfen,
2. bestimmte Erzeugnisse nur in bestimmter Beschaffenheit oder Form oder für bestimmte Verwendungen in Verkehr gebracht werden dürfen, bei denen eine umweltverträgliche Verwertung oder Beseitigung der nach Gebrauch der Erzeugnisse entstandenen Abfälle gewährleistet werden kann,
3. bestimmte Erzeugnisse nur in bestimmter, die Abfallentsorgung spürbar entlastender Weise in Verkehr gebracht werden dürfen, insbesondere in einer Form, die die mehrfache Verwendung oder die Verwertung erleichtert,
4. bestimmte Erzeugnisse nicht in Verkehr gebracht werden dürfen, wenn
   a) bei der Verwertung oder Beseitigung der nach Gebrauch der Erzeugnisse entstehenden Abfälle die Freisetzung von Schadstoffen nicht oder nur mit unverhältnismäßig hohem Aufwand verhindert werden könnte und die umweltverträgliche Verwertung oder Beseitigung nicht auf andere Weise sichergestellt werden kann,
   b) ihre Verwendung in erheblichem Umfang zur Vermüllung der Umwelt beiträgt und dies nicht oder nur mit unverhältnismäßig hohem Aufwand verhindert werden kann,
5. bestimmte Erzeugnisse in bestimmter Weise zu kennzeichnen sind, um insbesondere die Erfüllung der Pflichten nach § 7 Absatz 2 und 3, § 8 Absatz 1 oder § 9 Absatz 1 und 3 im An Anschluss an die Rücknahme zu sichern oder zu fördern,
6. bestimmte Erzeugnisse wegen der im Erzeugnis enthaltenen kritischen Rohstoffe, sonstiger Materialien oder des Schadstoffgehalts der nach Gebrauch der Erzeugnisse entstehenden Abfälle nur mit einer Kennzeichnung in Verkehr gebracht werden dürfen, die insbesondere auf die Notwendigkeit einer Rückgabe an die Hersteller, Vertreiber oder bestimmte Dritte hinweist,
7. für bestimmte Erzeugnisse an der Abgabestelle oder der Stelle des Inverkehrbringens Hinweise zu geben oder die Erzeugnisse zu kennzeichnen sind im Hinblick auf
   a) die Vermeidung der nach Gebrauch der Erzeugnisse entstandenen Abfälle und die Wiederverwendbarkeit der Erzeugnisse,
   b) die Vermeidung der Vermüllung der Umwelt durch die nach Gebrauch der Erzeugnisse entstandenen Abfälle,

c) den Einsatz von sekundären Rohstoffen, insbesondere Rezyklaten, sowie die Recyclingfähigkeit der nach Gebrauch der Erzeugnisse entstandenen Abfälle,

d) die umweltverträgliche Verwertung und Beseitigung der nach Gebrauch der Erzeugnisse entstandenen Abfälle und

e) die Rückgabemöglichkeit im Falle einer verordneten Rücknahme- oder Rückgabepflicht nach § 25,

8. bestimmte Erzeugnisse, für die die Erhebung eines Pfandes nach § 25 verordnet wurde, entsprechend zu kennzeichnen sind, gegebenenfalls mit Angabe der Höhe des Pfandes,

9. für bestimmte Erzeugnisse, insbesondere solche, deren Verwendung in erheblichem Umfang zur Vermüllung der Umwelt beiträgt, die Öffentlichkeit über die Auswirkungen der Vermüllung der Umwelt, die Möglichkeiten der Vermeidung und der Bewirtschaftung der nach Gebrauch der Erzeugnisse entstehenden Abfälle zu beraten und zu informieren ist,

10. beim Vertrieb bestimmter Erzeugnisse, auch im Zusammenhang mit deren Rücknahme oder Rückgabe, dafür zu sorgen ist, dass die Gebrauchstauglichkeit der Erzeugnisse erhalten bleibt und diese nicht zu Abfall werden.

§ 25 Anforderungen an Rücknahme- und Rückgabepflichten, die Wiederverwendung, die Verwertung und die Beseitigung der nach Gebrauch der Erzeugnisse entstandenen Abfälle, Kostenbeteiligungen für die Reinigung der Umwelt; Obhutspflicht

(1) Zur Festlegung von Anforderungen nach § 23 wird die Bundesregierung ermächtigt, nach Anhörung der beteiligten Kreise (§ 68) durch Rechtsverordnung mit Zustimmung des Bundesrates zu bestimmen, dass Hersteller oder Vertreiber

1. bestimmte Erzeugnisse nur bei Eröffnung einer für den jeweiligen Bereich flächendeckenden Rückgabemöglichkeit sowie Sicherstellung der umweltverträglichen Verwertung oder Beseitigung abgeben oder in Verkehr bringen dürfen,

2. bestimmte Erzeugnisse zurückzunehmen und die Rückgabe sowie die umweltverträgliche Verwertung und Beseitigung durch geeignete Maßnahmen sicherzustellen haben, insbesondere durch die Einrichtung von Rücknahmesystemen, die Beteiligung an Rücknahmesystemen, die Erhebung eines Pfandes oder die Gewährung anderer wirtschaftlicher Anreize,

3. bestimmte Erzeugnisse an der Abgabe- oder Anfallstelle oder einer anderen vorgeschriebenen Stelle zurückzunehmen haben,

4. sich an Kosten zu beteiligen haben, die den öffentlich-rechtlichen Entsorgungsträgern und sonstigen juristischen Personen des öffentlichen Rechts für die Reinigung der Umwelt und die anschließende umweltverträgliche Verwertung und Beseitigung der nach Gebrauch der von einem Hersteller oder Vertreiber in Verkehr gebrachten Erzeugnisse gemäß Teil E des Anhangs zu der Richtlinie (EU) 2019/904 des Europäischen Parlaments und des Rates vom 5. Juni 2019 über die Verringerung der Auswirkungen bestimmter Kunststoffprodukte auf die Umwelt (ABl. L 155 vom 12.6.2019, S. 1) entstehen,

5. bestimmte Erzeugnisse nur bei Bestellung eines Bevollmächtigten in Verkehr bringen dürfen, der im Geltungsbereich dieses Gesetzes niedergelassen ist und für die mit der Produktverantwortung verbundenen Pflichten verantwortlich ist, die sich aus den auf Grund der §§ 24 und 25 erlassenen Rechtsverordnungen ergeben, wenn der Hersteller oder Vertreiber in einem anderen Mitgliedstaat niedergelassen ist,

6. bestimmter Erzeugnisse Systeme zur Förderung der Wiederverwendung und Reparatur zu unterstützen haben,
7. einen Nachweis zu führen haben
   a) über die in Verkehr gebrachten Erzeugnisse, deren Eigenschaften und Mengen,
   b) über die Rücknahme von Abfällen und die Beteiligung an Rücknahmesystemen sowie
   c) über Art, Menge und Bewirtschaftung der zurückgenommenen Erzeugnisse oder der nach Gebrauch der Erzeugnisse entstehenden Abfälle,
8. Belege nach Nummer 7 beizubringen, einzubehalten, aufzubewahren oder auf Verlangen vorzuzeigen haben sowie
9. zur Gewährleistung einer angemessenen Transparenz für bestimmte, unter die Obhutspflicht fallende Erzeugnisse einen Bericht zu erstellen haben, der die Verwendung der Erzeugnisse, insbesondere deren Art, Menge, Verbleib und Entsorgung, sowie die getroffenen und geplanten Maßnahmen zur Umsetzung der Obhutspflicht zum Inhalt hat; es kann auch bestimmt werden, ob und in welcher Weise der Bericht durch Dritte zu überprüfen, der zuständigen Behörde vorzulegen oder in geeigneter Weise zu veröffentlichen ist; die gültige Umwelterklärung einer in das EMAS-Register eingetragenen Organisation erfüllt die Anforderungen an den Bericht, soweit sie die erforderlichen Obhutspflichten adressiert.

(2) Durch Rechtsverordnung nach Absatz 1 kann zur Festlegung von Anforderungen nach § 23 sowie zur ergänzenden Festlegung von Pflichten sowohl der Erzeuger und Besitzer von Abfällen als auch der öffentlich-rechtlichen Entsorgungsträger im Rahmen der Kreislaufwirtschaft weiter bestimmt werden,

1. wer die Kosten für die Sammlung, Rücknahme, Verwertung und Beseitigung, die Kennzeichnung, die Datenerhebung und -übermittlung sowie die Beratung und Information nach § 24 Nummer 9 zu tragen hat,
2. wie die Kosten festgelegt werden, insbesondere, dass bei der Festlegung der Kosten der Lebenszyklus der Erzeugnisse zu berücksichtigen ist,
3. dass derjenige, der die Kosten zu tragen hat, einen Nachweis darüber zu erbringen hat, dass er über die erforderlichen finanziellen oder finanziellen und organisatorischen Mittel verfügt, um den Verpflichtungen im Rahmen der Produktverantwortung nachzukommen, insbesondere durch Leisten einer Sicherheit oder Bilden betrieblicher Rücklagen,
4. dass derjenige, der die Kosten zu tragen hat, eine geeignete Eigenkontrolle einzurichten und durchzuführen hat zur Prüfung und Bewertung

a) seiner Finanzen, einschließlich der Kostenverteilung, und

b) der Qualität der Daten, für die eine Nachweisführung nach Absatz 1 Nummer 7 verordnet wurde,

5. dass derjenige, der die Kosten zu tragen hat, eine Prüfung der Eigenkontrolle nach Nummer 4 durch einen von der zuständigen Behörde bekannt gegebenen Sachverständigen, eine von dieser Behörde bekannt gegebene Stelle oder eine sonstige Person, die über die erforderliche Fach- und Sachkunde verfügt, durchführen zu lassen hat,
6. dass die Besitzer von Abfällen diese den nach Absatz 1 verpflichteten Herstellern, Vertreibern oder nach Absatz 1 Nummer 2 eingerichteten Rücknahmesystemen zu überlassen haben,

7. auf welche Art und Weise die Abfälle überlassen werden, einschließlich der Maßnahmen zum Bereitstellen, Sammeln und Befördern und des jeweils gebotenen Umfangs sowie der Bringpflichten der in Nummer 6 genannten Besitzer von Abfällen,
8. dass die öffentlich-rechtlichen Entsorgungsträger im Sinne des § 20 durch Erfassung der Abfälle als ihnen übertragene Aufgabe bei der Rücknahme mitzuwirken und die erfassten Abfälle den nach Absatz 1 Verpflichteten zu überlassen haben,
9. welche Form, welchen Inhalt und welches Verfahren die Bestellung eines Bevollmächtigten nach Absatz 1 Nummer 5 oder eines freiwillig Bevollmächtigten einzuhalten hat,
10. welche Anforderungen an die Verwertung eingehalten werden müssen, insbesondere durch Festlegen abfallwirtschaftlicher Ziele, und
11. dass Daten über die Einhaltung der abfallwirtschaftlichen Ziele nach Nummer 10 sowie weitere Daten über die Organisation und Struktur der Rücknahmesysteme zu erheben und in geeigneter Weise zu veröffentlichen sind.

§ 26 Freiwillige Rücknahme, Wahrnehmung der Produktverantwortung

(1) Das Bundesministerium für Umwelt, Naturschutz und nukleare Sicherheit wird ermächtigt, nach Anhörung der beteiligten Kreise (§ 68) durch Rechtsverordnung ohne Zustimmung des Bundesrates Ziele für die freiwillige Rücknahme von Erzeugnissen und den nach Gebrauch der Erzeugnisse entstandenen Abfällen festzulegen, die innerhalb einer angemessenen Frist zu erreichen sind.

(2) Hersteller und Vertreiber, die Erzeugnisse und die nach Gebrauch der Erzeugnisse entstandenen Abfälle in eigenen Anlagen oder Einrichtungen oder in Anlagen oder Einrichtungen der von ihnen beauftragten Dritten freiwillig zurücknehmen, haben dies der zuständigen Behörde vor Beginn der Rücknahme anzuzeigen.

(3) Die im Sinne von Absatz 2 zuständige Behörde stellt auf Antrag des Herstellers oder Vertreibers fest, dass die angezeigte Rücknahme von Abfällen in Wahrnehmung der Produktverantwortung nach § 23 erfolgt, wenn

1. die Abfälle, die vom Hersteller oder Vertreiber zurückgenommen werden, von Erzeugnissen stammen, die vom Hersteller oder Vertreiber selbst hergestellt oder vertrieben wurden,
2. durch die freiwillige Rücknahme die Ziele der Produktverantwortung nach § 23 umgesetzt werden,
3. die umweltverträgliche Verwertung oder Beseitigung der Abfälle gewährleistet bleibt und
4. durch die Rücknahme die Kreislaufwirtschaft gefördert wird.

Eine Förderung der Kreislaufwirtschaft ist anzunehmen, wenn die geplante Rücknahme und Verwertung der Abfälle insgesamt mindestens so hochwertig erfolgen wie die Rücknahme und Verwertung, die von dem zuständigen öffentlichrechtlichen Entsorgungsträger, den von ihm beauftragten Dritten oder einer gemeinnützigen oder gewerblichen Sammlung im Entsorgungsgebiet angeboten wird. § 26a Absatz 3 gilt entsprechend.

(4) Auf Antrag des Herstellers oder Vertreibers wird die Feststellung der Wahrnehmung der Produktverantwortung auch auf nicht gefährliche Abfälle von Erzeugnissen erstreckt, die nicht von dem Hersteller oder Vertreiber selbst hergestellt oder vertrieben wurden, wenn

1. die Voraussetzungen des Absatzes 3 Satz 1 Nummer 2 bis 4 erfüllt sind,

2. die Erzeugnisse derselben Gattung oder Produktart angehören wie die vom Hersteller oder Vertreiber selbst hergestellten oder vertriebenen Erzeugnisse,
3. die Rücknahme in einem engen Zusammenhang mit der wirtschaftlichen Tätigkeit des Herstellers oder Vertreibers steht,
4. die Menge der zurückgenommenen Abfälle in einem angemessenen Verhältnis zur Menge der vom Hersteller oder Vertreiber hergestellten und vertriebenen Erzeugnisse steht und
5. sichergestellt ist, dass die Rücknahme und die Verwertung mindestens für einen Zeitraum von drei Jahren durchgeführt werden.

§ 26a Freistellung von Nachweispflichten bei freiwilliger Rücknahme gefährlicher Abfälle

(1) Soweit vom Hersteller oder Vertreiber in Wahrnehmung der Produktverantwortung die nach Gebrauch ihrer Erzeugnisse verbleibenden gefährlichen Abfälle in eigenen Anlagen oder Einrichtungen oder in Anlagen oder Einrichtungen der von ihnen beauftragten Dritten freiwillig zurückgenommen werden, soll die zuständige Behörde den Hersteller oder Vertreiber auf Antrag von der Nachweispflicht nach § 50 bis zum Abschluss der Rücknahme der Abfälle freistellen. Als abgeschlossen gilt die Rücknahme mit der Annahme der Abfälle an einer Anlage zur weiteren Entsorgung, ausgenommen Anlagen zur Zwischenlagerung der Abfälle, wenn im Freistellungsbescheid kein früherer Zeitpunkt bestimmt wird.

(2) Für die Freistellung nach Absatz 1 gelten die in § 26 Absatz 3 Satz 1 Nummer 1 bis 4 festgelegten Voraussetzungen entsprechend. Die Anträge auf Feststellung der Wahrnehmung der Produktverantwortung nach § 26 Absatz 3 und 4 und der Antrag nach Absatz 1 können mit der Anzeige nach § 26 Absatz 2 verbunden werden.

(3) Die Freistellung nach den Absätzen 1 und 2 und die Feststellung der Wahrnehmung der Produktverantwortung nach § 26 Absatz 3 und 4 gelten für die Bundesrepublik Deutschland, soweit keine beschränkte Geltung beantragt oder angeordnet wird. Die jeweils für die Freistellung oder Feststellung zuständige Behörde übersendet je eine Kopie des Freistellungs- und des Feststellungsbescheides an die zuständigen Behörden der Länder, in denen die Abfälle zurückgenommen werden.

(4) Erzeuger, Besitzer, Beförderer oder Entsorger gefährlicher Abfälle, die diese Abfälle an einen Hersteller oder Vertreiber zurückgeben oder in dessen Auftrag entsorgen, sind bis zum Abschluss der Rücknahme von der Nachweispflicht nach § 50 für diese Abfälle befreit, soweit der Hersteller oder Vertreiber von der Pflicht zur Nachweisführung für solche Abfälle freigestellt ist. Die zuständige Behörde kann die Rückgabe oder Entsorgung von Bedingungen abhängig machen, sie zeitlich befristen oder Auflagen für sie vorsehen, soweit dies erforderlich ist, um die umweltverträgliche Verwertung und Beseitigung sicherzustellen.

§ 27 Besitzerpflichten nach Rücknahme

Hersteller und Vertreiber, die Abfälle auf Grund einer Rechtsverordnung nach § 25 oder freiwillig zurücknehmen, unterliegen den Pflichten eines Besitzers von Abfällen.

Teil 4
Planungsverantwortung

Abschnitt 1
Ordnung und Durchführung der Abfallbeseitigung

§ 28 Ordnung der Abfallbeseitigung

(1) Abfälle dürfen zum Zweck der Beseitigung nur in den dafür zugelassenen Anlagen oder Einrichtungen (Abfallbeseitigungsanlagen) behandelt, gelagert oder abgelagert werden. Abweichend von Satz 1 ist die Behandlung von Abfällen zur Beseitigung auch in solchen Anlagen zulässig, die überwiegend einem anderen Zweck als der Abfallbeseitigung dienen und die einer Genehmigung nach § 4 des Bundes-Immissionsschutzgesetzes bedürfen. Die Lagerung oder Behandlung von Abfällen zur Beseitigung in den diesen Zwecken dienenden Abfallbeseitigungsanlagen ist auch zulässig, soweit diese nach dem Bundes-Immissionsschutzgesetz auf Grund ihres geringen Beeinträchtigungspotenzials keiner Genehmigung bedürfen und in einer Rechtsverordnung nach § 23 des Bundes-Immissionsschutzgesetzes oder in einer Rechtsverordnung nach § 16 nichts anderes bestimmt ist. Flüssige Abfälle, die kein Abwasser sind, können unter den Voraussetzungen des § 55 Absatz 3 des Wasserhaushaltsgesetzes vom 31. Juli 2009 (BGBl. I S. 2585), das zuletzt durch Artikel 1 des Gesetzes vom 6. Oktober 2011 (BGBl. I S. 1986) geändert worden ist, in der jeweils geltenden Fassung mit Abwasser beseitigt werden.

(2) Die zuständige Behörde kann im Einzelfall unter dem Vorbehalt des Widerrufs Ausnahmen von Absatz 1 Satz 1 zulassen, wenn dadurch das Wohl der Allgemeinheit nicht beeinträchtigt wird.

(3) Die Landesregierungen können durch Rechtsverordnung die Beseitigung bestimmter Abfälle oder bestimmter Mengen bestimmter Mengen dieser Abfälle außerhalb von Anlagen im Sinne des Absatzes 1 Satz 1 zulassen, soweit hierfür ein Bedürfnis besteht und eine Beeinträchtigung des Wohls der Allgemeinheit nicht zu besorgen ist. Sie können in diesem Fall auch die Voraussetzungen und die Art und Weise der Beseitigung durch Rechtsverordnung bestimmen. Die Landesregierungen können die Ermächtigung durch Rechtsverordnung ganz oder teilweise auf andere Behörden übertragen.

§ 29 Durchführung der Abfallbeseitigung

(1) Die zuständige Behörde kann den Betreiber einer Abfallbeseitigungsanlage verpflichten, einem Beseitigungspflichtigen nach § 15 sowie den öffentlich-rechtlichen Entsorgungsträgern im Sinne des § 20 die Mitbenutzung der Abfallbeseitigungsanlage gegen angemessenes Entgelt zu gestatten, soweit diese auf eine andere Weise den Abfall nicht zweckmäßig oder nur mit erheblichen Mehrkosten beseitigen können und die Mitbenutzung für den Betreiber zumutbar ist. Kommt eine Einigung über das Entgelt nicht zustande, wird es auf Antrag durch die zuständige Behörde festgesetzt. Auf Antrag des nach Satz 1 Verpflichteten kann der durch die Gestattung Begünstigte statt zur Zahlung eines angemessenen Entgelts dazu verpflichtet werden, nach dem Wegfall der Gründe für die Zuweisung Abfälle gleicher Art und Menge zu übernehmen. Die Verpflichtung zur Gestattung darf nur erfolgen, wenn Rechtsvorschriften dieses Gesetzes nicht entgegenstehen; die Erfüllung der Grundpflichten gemäß § 15 muss sichergestellt sein. Die zuständige Behörde hat von demjenigen Beseitigungspflichtigen, der durch die Gestattung begünstigt werden soll, die Vorlage eines Abfallwirtschaftskonzepts zu verlangen und dieses ihrer Entscheidung zugrunde zu legen.

(2) Die zuständige Behörde kann dem Betreiber einer Abfallbeseitigungsanlage, der Abfälle wirtschaftlicher als die öffentlich-rechtlichen Entsorgungsträger beseitigen kann, auf seinen Antrag

die Beseitigung dieser Abfälle übertragen. Die Übertragung kann insbesondere mit der Auflage verbunden werden, dass der Antragsteller alle Abfälle, die in dem von den öffentlichrechtlichen Entsorgungsträgern erfassten Gebiet angefallen sind, gegen Erstattung der Kosten beseitigt, wenn die öffentlich-rechtlichen Entsorgungsträger die verbleibenden Abfälle nicht oder nur mit unverhältnismäßigem Aufwand beseitigen können; dies gilt nicht, wenn der Antragsteller darlegt, dass es unzumutbar ist, die Beseitigung auch dieser verbleibenden Abfälle zu übernehmen.

(3) Die zuständige Behörde kann den Abbauberechtigten oder den Unternehmer eines Mineralgewinnungsbetriebs sowie den Eigentümer, Besitzer oder in sonstiger Weise Verfügungsberechtigten eines zur Mineralgewinnung genutzten Grundstücks verpflichten, die Beseitigung von Abfällen in freigelegten Bauen in seiner Anlage oder innerhalb seines Grundstücks zu dulden, während der üblichen Betriebs- oder Geschäftszeiten den Zugang zu ermöglichen und dabei, soweit dies unumgänglich ist, vorhandene Betriebsanlagen oder Einrichtungen oder Teile derselben zur Verfügung zu stellen. Die dem Verpflichteten nach Satz 1 entstehenden Kosten hat der Beseitigungspflichtige zu erstatten. Kommt eine Einigung über die Erstattung der Kosten nicht zustande, werden sie auf Antrag durch die zuständige Behörde festgesetzt. Der Vorrang der Mineralgewinnung gegenüber der Abfallbeseitigung darf nicht beeinträchtigt werden. Für die aus der Abfallbeseitigung entstehenden Schäden haftet der Duldungspflichtige nicht.

(4) Das Einbringen von Abfällen in die Hohe See sowie die Verbrennung von Abfällen auf Hoher See ist nach Maßgabe des Hohe-See-Einbringungsgesetzes vom 25. August 1998 (BGBl. I S. 2455), das zuletzt durch Artikel 72 der Verordnung vom 31. Oktober 2006 (BGBl. I S. 2407) geändert worden ist, verboten. Baggergut darf nach Maßgabe des in Satz 1 genannten Gesetzes unter Berücksichtigung der jeweiligen Inhaltsstoffe in die Hohe See eingebracht werden.

Abschnitt 2
Abfallwirtschaftspläne und Abfallvermeidungsprogramme

§ 30 Abfallwirtschaftspläne

(1) Die Länder stellen für ihr Gebiet Abfallwirtschaftspläne nach überörtlichen Gesichtspunkten auf. Die Abfallwirtschaftspläne stellen Folgendes dar:

1. die Ziele der Abfallvermeidung, der Abfallverwertung, insbesondere der Vorbereitung zur Wiederverwendung und des Recyclings, sowie der Abfallbeseitigung,
2. die getroffenen Maßnahmen zur Abfallvermeidung und die bestehende Situation der Abfallbewirtschaftung,
3. die erforderlichen Maßnahmen zur Verbesserung der Abfallverwertung und Abfallbeseitigung einschließlich einer Bewertung ihrer Eignung zur Zielerreichung sowie
4. die Abfallentsorgungsanlagen, die zur Sicherung der Beseitigung von Abfällen sowie der Verwertung von gemischten Abfällen aus privaten Haushaltungen einschließlich solcher, die dabei auch in anderen Herkunftsbereichen gesammelt werden, im Inland erforderlich sind.

Die Abfallwirtschaftspläne weisen Folgendes aus:

1. die zugelassenen Abfallentsorgungsanlagen im Sinne des Satzes 2 Nummer 4 sowie
2. die Flächen, die für Deponien, für sonstige Abfallbeseitigungsanlagen sowie für Abfallentsorgungsanlagen im Sinne des Satzes 2 Nummer 4 geeignet sind.

Die Abfallwirtschaftspläne können ferner bestimmen, welcher Entsorgungsträger vorgesehen ist und welcher Abfallentsorgungsanlage im Sinne des Satzes 2 Nummer 4 sich die Entsorgungspflichtigen zu bedienen haben.

(2) Bei der Darstellung des Bedarfs sind zukünftige, innerhalb eines Zeitraums von mindestens zehn Jahren zu erwartende Entwicklungen zu berücksichtigen. Soweit dies zur Darstellung des Bedarfs erforderlich ist, sind Abfallwirtschaftskonzepte und Abfallbilanzen auszuwerten.

(3) Eine Fläche kann als geeignet im Sinne des Absatzes 1 Satz 3 Nummer 2 angesehen werden, wenn ihre Lage, Größe und Beschaffenheit im Hinblick auf die vorgesehene Nutzung mit den abfallwirtschaftlichen Zielsetzungen im Plangebiet übereinstimmen und Belange des Wohls der Allgemeinheit der Eignung der Fläche nicht offensichtlich entgegenstehen. Die Flächenausweisung nach Absatz 1 Satz 3 Nummer 2 ist keine Voraussetzung für die Planfeststellung oder Genehmigung der in § 35 aufgeführten Abfallbeseitigungsanlagen.

(4) Die Ausweisungen im Sinne des Absatzes 1 Satz 3 Nummer 2 und Satz 4 können für die Entsorgungspflichtigen für verbindlich erklärt werden.

(5) Bei der Abfallwirtschaftsplanung sind die Ziele der Raumordnung zu beachten und die Grundsätze und sonstigen Erfordernisse der Raumordnung zu berücksichtigen. § 7 Absatz 4 des Raumordnungsgesetzes bleibt unberührt.

(6) Die Abfallwirtschaftspläne enthalten mindestens

1. Angaben über Art, Menge und Herkunft der im Gebiet erzeugten Abfälle und der Abfälle, die voraussichtlich aus dem oder in das deutsche Hoheitsgebiet verbracht werden, sowie eine Abschätzung der zukünftigen Entwicklung der Abfallströme,

2. Angaben über

a) bestehende Abfallsammelsysteme und bedeutende Beseitigungs- und Verwertungsanlagen, einschließlich spezieller Vorkehrungen für Altöl, für gefährliche Abfälle und für Abfälle, die erhebliche Mengen kritischer Rohstoffe enthalten, oder

b) Abfallströme, für die besondere Bestimmungen nach diesem Gesetz oder auf Grund dieses Gesetzes erlassener Rechtsverordnungen gelten,

c) Abfallströme, für die besondere Gesetze über das Inverkehrbringen und die Rücknahme bestimmter Abfallströme oder auf Grund dieser Gesetze erlassener Rechtsverordnungen gelten,

3. eine Beurteilung der Notwendigkeit der Stilllegung bestehender oder der Errichtung zusätzlicher Abfallentsorgungsanlagen nach Absatz 1 Satz 3 Nummer 1; die Länder stellen sicher, dass die Investitionen und andere Finanzmittel, auch für die zuständigen Behörden, bewertet werden, die für die im Einklang mit dem ersten Halbsatz ermittelten notwendigen Maßnahmen benötigt werden; die Bewertung wird in die entsprechenden Abfallwirtschaftspläne oder andere für das jeweilige Land geltende strategische Dokumente aufgenommen,

4. Informationen über die Maßnahmen zur Erreichung der Zielvorgaben entsprechend Artikel 5 Absatz 3a der Richtlinie 1999/31/EG des Rates vom 26. April 1999 über Abfalldeponien (ABl. L 182 vom 16.7.1999, S. 1), die zuletzt durch die Richtlinie (EU) 2018/850 (ABl. L 150 vom 14.6.2018, S. 100) geändert worden ist, oder die in anderen für das jeweilige Land geltenden strategischen Dokumenten festgelegt sind,

5. eine Beurteilung

a) der bestehenden Abfallsammelsysteme, einschließlich der Abfälle, die getrennt gesammelt werden, der geografischen Gebiete, in denen die getrennte Sammlung erfolgt, und der Maßnahmen zur Verbesserung der getrennten Sammlung,

b) der Darlegung der Voraussetzungen nach § 9 Absatz 3, sofern keine getrennte Sammlung erfolgt, und

c) der Notwendigkeit neuer Sammelsysteme,

6. ausreichende Informationen über die Ansiedlungskriterien zur Standortbestimmung und über die Kapazität künftiger Beseitigungsanlagen oder bedeutender Verwertungsanlagen,

7. allgemeine Abfallbewirtschaftungsstrategien, einschließlich geplanter Abfallbewirtschaftungstechnologien und -verfahren, oder Strategien für Abfälle, die besondere Bewirtschaftungsprobleme aufwerfen,

8. Maßnahmen zur Bekämpfung und Verhinderung jeglicher Form von Vermüllung sowie zur Reinigung der Umwelt von Abfällen jeder Art,

9. geeignete qualitative und quantitative Indikatoren und Zielvorgaben, auch in Bezug auf

a) die Menge des anfallenden Abfalls und seine Behandlung und

b) die Siedlungsabfälle, die energetisch verwertet oder beseitigt werden,

10. Maßnahmen, die zur Umsetzung der Artikel 4 bis 10 der Richtlinie (EU) 2019/904 getroffen wurden.

(7) Abfallwirtschaftspläne können weiterhin enthalten

1. Angaben über organisatorische Aspekte der Abfallbewirtschaftung, einschließlich einer Beschreibung der Aufteilung der Verantwortlichkeiten zwischen öffentlichen und privaten Akteuren, die die Abfallbewirtschaftung durchführen,
2. eine Bewertung von Nutzen und Eignung des Einsatzes wirtschaftlicher und anderer Instrumente zur Bewältigung verschiedener Abfallprobleme unter Berücksichtigung der Notwendigkeit, ein reibungsloses Funktionieren des Binnenmarkts aufrechtzuerhalten,
3. den Einsatz von Sensibilisierungskampagnen sowie Informationen für die Öffentlichkeit oder eine bestimmte Verbrauchergruppe,
4. Angaben über geschlossene kontaminierte Abfallbeseitigungsstandorte und Maßnahmen für deren Sanierung.

§ 31 Aufstellung von Abfallwirtschaftsplänen

(1) Die Länder sollen ihre Abfallwirtschaftsplanungen aufeinander und untereinander abstimmen. Ist eine die Grenze eines Landes überschreitende Planung erforderlich, sollen die betroffenen Länder bei der Aufstellung der Abfallwirtschaftspläne die Erfordernisse und Maßnahmen in gegenseitigem Benehmen miteinander festlegen.

(2) Bei der Aufstellung der Abfallwirtschaftspläne sind die Gemeinden und die Landkreise sowie ihre jeweiligen Zusammenschlüsse und die öffentlich-rechtlichen Entsorgungsträger zu beteiligen.

(3) Die öffentlich-rechtlichen Entsorgungsträger haben die von ihnen zu erstellenden und fortzuschreibenden Abfallwirtschaftskonzepte und Abfallbilanzen auf Verlangen der zuständigen Behörde zur Auswertung für die Abfallwirtschaftsplanung vorzulegen.

(4) Die Länder regeln das Verfahren zur Aufstellung der Pläne und zu deren Verbindlicherklärung. Die Absätze 1 bis 3 und § 32 bleiben unberührt.

(5) Die Pläne sind mindestens alle sechs Jahre auszuwerten und bei Bedarf fortzuschreiben.

§ 32 Beteiligung der Öffentlichkeit bei der Aufstellung von Abfallwirtschaftsplänen, Unterrichtung der Öffentlichkeit

(1) Bei der Aufstellung oder Änderung von Abfallwirtschaftplänen nach § 30, einschließlich besonderer Kapitel oder gesonderter Teilpläne, insbesondere über die Entsorgung von gefährlichen Abfällen, Altbatterien und Akkumulatoren oder Verpackungen und Verpackungsabfällen, ist die Öffentlichkeit durch die zuständige Behörde zu beteiligen. Die Aufstellung oder Änderung eines Abfallwirtschaftsplans sowie Informationen über das Beteiligungsverfahren sind in einem amtlichen Veröffentlichungsblatt und auf andere geeignete Weise bekannt zu machen.

(2) Der Entwurf des neuen oder geänderten Abfallwirtschaftsplans sowie die Gründe und Erwägungen, auf denen der Entwurf beruht, sind einen Monat zur Einsicht auszulegen. Bis zwei Wochen nach Ablauf der Auslegungsfrist kann gegenüber der zuständigen Behörde schriftlich Stellung genommen werden. Der Zeitpunkt des Fristablaufs ist bei der Bekanntmachung nach Absatz 1 Satz 2 mitzuteilen. Fristgemäß eingegangene Stellungnahmen werden von der zuständigen Behörde bei der Entscheidung über die Annahme des Plans angemessen berücksichtigt.

(3) Die Annahme des Plans ist von der zuständigen Behörde in einem amtlichen Veröffentlichungsblatt und auf einer öffentlich zugänglichen Webseite öffentlich bekannt zu machen; dabei ist in zusammengefasster Form über den Ablauf des Beteiligungs- verfahrens und über die Gründe und Erwägungen, auf denen die getroffene Entscheidung beruht, zu unterrichten. Der angenommene Plan ist zur Einsicht für die Öffentlichkeit auszulegen, hierauf ist in der öffentlichen Bekanntmachung nach Satz 1 hinzuweisen.

(4) Die Absätze 1 bis 3 finden keine Anwendung, wenn es sich bei dem Abfallwirtschaftsplan um einen Plan handelt, für den nach dem Gesetz über die Umweltverträglichkeitsprüfung eine Strategische Umweltprüfung durchzuführen ist.

(5) Unbeschadet der Beteiligung der Öffentlichkeit nach den Absätzen 1 bis 4 unterrichten die Länder die Öffentlichkeit über den Stand der Abfallwirtschaftsplanung. Die Unterrichtung enthält unter Beachtung der bestehenden Geheimhaltungsvorschriften eine zusammenfassende Darstellung und Bewertung der Abfallwirtschaftspläne, einen Vergleich zum vorangegangenen sowie eine Prognose für den folgenden Unterrichtungszeitraum.

§ 33 Abfallvermeidungsprogramme

(1) Der Bund erstellt ein Abfallvermeidungsprogramm. Die Länder können sich an der Erstellung des Abfallvermeidungsprogramms beteiligen. In diesem Fall leisten sie für ihren jeweiligen Zuständigkeitsbereich eigenverantwortliche Beiträge; diese Beiträge werden in das Abfallvermeidungsprogramm des Bundes aufgenommen.

(2) Soweit die Länder sich nicht an einem Abfallvermeidungsprogramm des Bundes beteiligen, erstellen sie eigene Abfallvermeidungsprogramme.

(3) Das Abfallvermeidungsprogramm

1. legt die Abfallvermeidungsziele fest; die Ziele sind darauf gerichtet, das Wirtschaftswachstum und die mit der Abfallerzeugung verbundenen Auswirkungen auf Mensch und Umwelt zu entkoppeln,
2. sieht mindestens die folgenden Abfallvermeidungsmaßnahmen vor:
   a) die Förderung und Unterstützung nachhaltiger Produktions- und Konsummodelle,

b) die Förderung der Entwicklung, der Herstellung und der Verwendung von Produkten, die ressourceneffizient und auch in Bezug auf ihre Lebensdauer und den Ausschluss geplanter Obsoleszenz langlebig, reparierbar sowie wiederverwendbar oder aktualisierbar sind,

c) die gezielte Identifizierung von Produkten, die kritische Rohstoffe enthalten, um zu verhindern, dass diese Materialien zu Abfall werden,

d) die Unterstützung der Wiederverwendung von Produkten und der Schaffung von Systemen zur Förderung von Tätigkeiten zur Reparatur und Wiederverwendung, insbesondere von Elektround Elektronikgeräten, Textilien, Möbeln, Verpackungen sowie Baumaterialien und ˜produkten,

e) unbeschadet der Rechte des geistigen Eigentums die Förderung der Verfügbarkeit von Ersatzteilen, Bedienungsanleitungen, technischen Informationen oder anderen Mitteln und Geräten sowie Software, die es ermöglichen, Produkte ohne Beeinträchtigung ihrer Qualität und Sicherheit zu reparieren und wiederzuverwenden,

f) die Verringerung der Abfallerzeugung bei Prozessen im Zusammenhang mit der industriellen Produktion, bei der Gewinnung von Mineralien, bei der Herstellung, bei Bau- und Abbruchtätigkeiten, jeweils unter Berücksichtigung der besten verfügbaren Techniken,

g) die Verringerung der Verschwendung von Lebensmitteln in der Primärerzeugung, Verarbeitung und Herstellung, im Einzelhandel und bei anderen Formen des Vertriebs von Lebensmitteln, in Gaststätten und bei Verpflegungsdienstleistungen sowie in privaten Haushaltungen, um zu dem Ziel der Vereinten Nationen für nachhaltige Entwicklung beizutragen, bis 2030 die weltweit im Einzelhandel und bei den Verbrauchern pro Kopf anfallenden Lebensmittelabfälle zu halbieren und die Verluste von Lebensmitteln entlang der Produktionsund Lieferkette einschließlich Nachernteverlusten zu reduzieren,

h) die Förderung

  aa) von Lebensmittelspenden und anderen Formen der Umverteilung von Lebensmitteln für den menschlichen Verzehr, damit der Verzehr durch den Menschen Vorrang gegenüber dem Einsatz als Tierfutter und der Verarbeitung zu sonstigen Erzeugnissen hat,

  bb) von Sachspenden,

i) die Förderung der Senkung des Gehalts an gefährlichen Stoffen in Materialien und Produkten,

j) die Reduzierung der Entstehung von Abfällen, insbesondere von Abfällen, die sich nicht für die Vorbereitung zur Wiederverwendung oder für das Recycling eignen,

k) die Ermittlung von Produkten, die Hauptquellen der Vermüllung insbesondere der Natur und der Meeresumwelt sind, und die Durchführung geeigneter Maßnahmen zur Vermeidung und Reduzierung des durch diese Produkte verursachten Müllaufkommens,

l) die Vermeidung und deutliche Reduzierung von Meeresmüll als Beitrag zu dem Ziel der Vereinten Nationen für nachhaltige Entwicklung, jegliche Formen der Meeresverschmutzung zu vermeiden und deutlich zu reduzieren,

m) die Entwicklung und Unterstützung von Informationskampagnen, in deren Rahmen für Abfallvermeidung und Vermüllung sensibilisiert wird, sowie

n) Maßnahmen, die zur Umsetzung der Artikel 4 bis 10 der Richtlinie (EU) 2019/904 getroffen wurden,

3. legt, soweit erforderlich, weitere Abfallvermeidungsmaßnahmen fest und
4. gibt zweckmäßige, spezifische, qualitative oder quantitative Maßstäbe für festgelegte Abfallvermeidungsmaßnahmen vor, anhand derer die bei den Maßnahmen erzielten Fortschritte überwacht und bewertet werden; als Maßstab können Indikatoren oder andere geeignete spezifische qualitative oder quantitative Ziele herangezogen werden.

(4) Bei der Festlegung der Abfallvermeidungsmaßnahmen ist Folgendes zu berücksichtigen:

1. die Verhältnismäßigkeit der Maßnahmen entsprechend § 7 Absatz 4,
2. andere Rechtsvorschriften zur Verwendung von Erzeugnissen, zur Produktverantwortung sowie zum Schutz von Mensch und Umwelt und
3. Festlegungen des Unionsrechts über den freien Warenverkehr.

(5) Bei der Erstellung des Abfallvermeidungsprogramms

1. sind die bestehenden Abfallvermeidungsmaßnahmen und ihr Beitrag zur Abfallvermeidung zu beschreiben,
2. ist die Zweckmäßigkeit der in der Anlage 4 angegebenen oder anderer geeigneter Abfallvermeidungsmaßnahmen zu bewerten und
3. ist, soweit relevant, der Beitrag zu beschreiben, den die in der Anlage 5 aufgeführten Instrumente und Maßnahmen zur Abfallvermeidung leisten.

(6) Das Abfallvermeidungsprogramm nimmt auf spezielle Programme zur Vermeidung von Lebensmittelabfällen Bezug und gibt deren Abfallvermeidungsziele und -maßnahmen an.

(7) Das Abfallvermeidungsprogramm kann sich auf andere umweltpolitische Programme oder stoffstromspezifische Programme beziehen. Wird auf ein solches Programm Bezug genommen, sind dessen Abfallvermeidungsziele und -maßnahmen im Abfallvermeidungsprogramm deutlich auszuweisen.

(8) Beiträge der Länder nach Absatz 1 oder Abfallvermeidungsprogramme der Länder nach Absatz 2 können in die Abfallwirtschaftspläne nach § 30 aufgenommen oder als eigenständiges umweltpolitisches Programm oder Teil eines solchen erstellt werden. Wird ein Beitrag oder ein Abfallvermeidungsprogramm in den Abfallwirtschaftsplan oder in ein anderes Programm aufgenommen, sind die Abfallvermeidungsmaßnahmen deutlich auszuweisen.

(9) Bestehende Abfallvermeidungsprogramme sind bis zum Ablauf des 12. Dezember 2025 an die Anforderungen nach Absatz 3 Nummer 2, den Absätzen 4 und 5 anzupassen, alle sechs Jahre auszuwerten und bei Bedarf fortzuschreiben. Bei der Aufstellung oder Änderung von Abfallvermeidungsprogrammen ist die Öffentlichkeit von der zuständigen Behörde entsprechend § 32 Absatz 1 bis 4 zu beteiligen. Zuständig für die Erstellung des Abfallvermeidungsprogramms des Bundes ist das Bundesministerium für Umwelt, Naturschutz, und nukleare Sicherheit oder eine von diesem zu bestimmende Behörde. Das Abfallvermeidungsprogramm des Bundes wird im Einvernehmen mit den fachlich betroffenen Bundesministerien erstellt.

Abschnitt 3
Zulassung von Anlagen, in denen Abfälle entsorgt werden

§ 34 Erkundung geeigneter Standorte

(1) Eigentümer und Nutzungsberechtigte von Grundstücken haben zu dulden, dass Beauftragte der zuständigen Behörde und der öffentlich-rechtlichen Entsorgungsträger zur Erkundung geeig-

neter Standorte für Deponien und öffentlich zugängliche Abfallbeseitigungsanlagen Grundstücke mit Ausnahme von Wohnungen betreten und Vermessungen, Boden- und Grundwasseruntersuchungen sowie ähnliche Maßnahmen durchführen. Die Absicht, Grundstücke zu betreten und solche Maßnahmen durchzuführen, ist den Eigentümern und Nutzungsberechtigten der Grundstücke rechtzeitig vorher bekannt zu geben.

(2) Die zuständige Behörde und die öffentlich-rechtlichen Entsorgungsträger haben nach Abschluss der Maßnahmen den vorherigen Zustand unverzüglich wiederherzustellen. Sie können anordnen, dass bei der Erkundung geschaffene Einrichtungen aufrechtzuerhalten sind. Die Einrichtungen sind zu beseitigen, wenn sie für die Erkundung nicht mehr benötigt werden, oder wenn eine Entscheidung darüber nicht innerhalb von zwei Jahren nach Schaffung der Einrichtung getroffen worden ist und der Eigentümer oder Nutzungsberechtigte dem weiteren Verbleib der Einrichtung gegenüber der Behörde widersprochen hat.

(3) Eigentümer und Nutzungsberechtigte von Grundstücken können für durch Maßnahmen nach Absatz 1 oder Absatz 2 entstandene Vermögensnachteile von der zuständigen Behörde Entschädigung in Geld verlangen.

§ 35 Planfeststellung und Genehmigung

(1) Die Errichtung und der Betrieb von Anlagen, in denen eine Entsorgung von Abfällen durchgeführt wird, sowie die wesentliche Änderung einer solchen Anlage oder ihres Betriebes bedürfen der Genehmigung nach den Vorschriften des Bundes-Immissionsschutzgesetzes; einer weiteren Zulassung nach diesem Gesetz bedarf es nicht.

(2) Die Errichtung und der Betrieb von Deponien sowie die wesentliche Änderung einer solchen Anlage oder ihres Betriebes bedürfen der Planfeststellung durch die zuständige Behörde. In dem Planfeststellungsverfahren ist eine Umweltverträglichkeitsprüfung nach den Vorschriften des Gesetzes über die Umweltverträglichkeitsprüfung durchzuführen.

(3) § 74 Absatz 6 des Verwaltungsverfahrensgesetzes gilt mit der Maßgabe, dass die zuständige Behörde nur dann an Stelle eines Planfeststellungsbeschlusses auf Antrag oder von Amts wegen eine Plangenehmigung erteilen kann, wenn

1. die Errichtung und der Betrieb einer unbedeutenden Deponie beantragt werden, soweit die Errichtung und der Betrieb keine erheblichen nachteiligen Auswirkungen auf ein in § 2 Absatz 1 des Gesetzes über die Umweltverträglichkeitsprüfung genanntes Schutzgut haben können, oder
2. die wesentliche Änderung einer Deponie oder ihres Betriebes beantragt wird, soweit die Änderung keine erheblichen nachteiligen Auswirkungen auf ein in § 2 Absatz 1 des Gesetzes über die Umweltverträglichkeitsprüfung genanntes Schutzgut haben kann, oder
3. die Errichtung und der Betrieb einer Deponie beantragt werden, die ausschließlich oder überwiegend der Entwicklung und Erprobung neuer Verfahren dient, und die Genehmigung für einen Zeitraum von höchstens zwei Jahren nach Inbetriebnahme der Anlage erteilt werden soll; soweit diese Deponie der Ablagerung gefährlicher Abfälle dient, darf die Genehmigung für einen Zeitraum von höchstens einem Jahr nach Inbetriebnahme der Anlage erteilt werden.

Die zuständige Behörde soll ein Genehmigungsverfahren durchführen, wenn die wesentliche Änderung keine erheblichen nachteiligen Auswirkungen auf ein in § 2 Absatz 1 des Gesetzes über die Umweltverträglichkeitsprüfung genanntes Schutzgut hat und den Zweck verfolgt, eine wesentliche Verbesserung für diese Schutzgüter herbeizuführen. Eine Plangenehmigung nach Satz 1 Nummer 1 kann nicht erteilt werden

1. für Deponien zur Ablagerung von gefährlichen Abfällen,
2. für Deponien zur Ablagerung von nicht gefährlichen Abfällen mit einer Aufnahmekapazität von 10 Tonnen oder mehr pro Tag oder mit einer Gesamtkapazität von 25 000 Tonnen oder mehr; dies gilt nicht für Deponien für Inertabfälle.

(4) § 15 Absatz 1 Satz 1 bis 4 und Absatz 2 des Bundes-Immissionsschutzgesetzes gilt entsprechend. Satz 1 findet auch auf die in § 39 genannten Deponien Anwendung.

(5) Für nach Absatz 4 anzeigebedürftige Änderungen kann der Träger des Vorhabens eine Planfeststellung oder eine Plangenehmigung beantragen.

§ 36 Erteilung, Sicherheitsleistung, Nebenbestimmungen

(1) Der Planfeststellungsbeschluss nach § 35 Absatz 2 darf nur erlassen oder die Plangenehmigung nach § 35 Absatz 3 darf nur erteilt werden, wenn

1. sichergestellt ist, dass das Wohl der Allgemeinheit nicht beeinträchtigt wird, insbesondere
   a) keine Gefahren für die in § 15 Absatz 2 Satz 2 genannten Schutzgüter hervorgerufen werden können,
   b) Vorsorge gegen die Beeinträchtigungen der in § 15 Absatz 2 Satz 2 genannten Schutzgüter in erster Linie durch bauliche, betriebliche oder organisatorische Maßnahmen entsprechend dem Stand der Technik getroffen wird und
   c) Energie sparsam und effizient verwendet wird,
2. keine Tatsachen bekannt sind, aus denen sich Bedenken gegen die Zuverlässigkeit des Betreibers oder der für die Errichtung, Leitung oder Beaufsichtigung des Betriebes oder für die Nachsorge der Deponie verantwortlichen Personen ergeben,
3. die Personen im Sinne der Nummer 2 und das sonstige Personal über die für ihre Tätigkeit erforderliche Fach- und Sachkunde verfügen,
4. keine nachteiligen Wirkungen auf das Recht eines anderen zu erwarten sind und
5. die für verbindlich erklärten Feststellungen eines Abfallwirtschaftsplans dem Vorhaben nicht entgegenstehen.

(2) Dem Erlass eines Planfeststellungsbeschlusses oder der Erteilung einer Plangenehmigung stehen die in Absatz 1 Nummer 4 genannten nachteiligen Wirkungen auf das Recht eines anderen nicht entgegen, wenn sie durch Auflagen oder Bedingungen verhütet oder ausgeglichen werden können oder der Betroffene den nachteiligen Wirkungen auf sein Recht nicht widerspricht. Absatz 1 Nummer 4 gilt nicht, wenn das Vorhaben dem Wohl der Allgemeinheit dient. Wird in diesem Fall der Planfeststellungsbeschluss erlassen, ist der Betroffene für den dadurch eingetretenen Vermögensnachteil in Geld zu entschädigen.

(3) Die zuständige Behörde soll verlangen, dass der Betreiber einer Deponie für die Rekultivierung sowie zur Verhinderung oder Beseitigung von Beeinträchtigungen des Wohls der Allgemeinheit nach Stilllegung der Anlage Sicherheit im Sinne von § 232 des Bürgerlichen Gesetzbuchs leistet oder ein gleichwertiges Sicherungsmittel erbringt.

(4) Der Planfeststellungsbeschluss und die Plangenehmigung nach Absatz 1 können von Bedingungen abhängig gemacht, mit Auflagen verbunden und befristet werden, soweit dies zur Wahrung des Wohls der Allgemeinheit erforderlich ist. Die zuständige Behörde überprüft regelmäßig sowie aus besonderem Anlass, ob der Planfeststellungsbeschluss und die Plangenehmigung

nach Absatz 1 dem neuesten Stand der in Absatz 1 Nummer 1 bis 3 und 5 genannten Anforderungen entsprechen. Die Aufnahme, Änderung oder Ergänzung von Auflagen über Anforderungen an die Deponie oder ihren Betrieb ist auch nach dem Ergehen des Planfeststellungsbeschlusses oder nach der Erteilung der Plangenehmigung zulässig. Die Bundesregierung wird ermächtigt, nach Anhörung der beteiligten Kreise (§ 68) durch Rechtsverordnung mit Zustimmung des Bundesrates zu bestimmen, wann die zuständige Behörde Überprüfungen vorzunehmen und die in Satz 3 genannten Auflagen zu erlassen hat.

§ 37 Zulassung des vorzeitigen Beginns

(1) In einem Planfeststellungs- oder Plangenehmigungsverfahren kann die für die Feststellung des Plans oder Erteilung der Plangenehmigung zuständige Behörde unter dem Vorbehalt des Widerrufs für einen Zeitraum von sechs Monaten zulassen, dass bereits vor Feststellung des Plans oder der Erteilung der Plangenehmigung mit der Errichtung einschließlich der Maßnahmen, die zur Prüfung der Betriebstüchtigkeit der Deponie erforderlich sind, begonnen wird, wenn

1. mit einer Entscheidung zugunsten des Trägers des Vorhabens gerechnet werden kann,
2. an dem vorzeitigen Beginn ein öffentliches Interesse besteht und
3. der Träger des Vorhabens sich verpflichtet, alle bis zur Entscheidung durch die Ausführung verursachten Schäden zu ersetzen und, sofern kein Planfeststellungsbeschluss oder keine Plangenehmigung erfolgt, den früheren Zustand wiederherzustellen.

Diese Frist kann auf Antrag um sechs Monate verlängert werden.

(2) Die zuständige Behörde hat die Leistung einer Sicherheit zu verlangen, soweit dies erforderlich ist, um die Erfüllung der Verpflichtungen des Trägers des Vorhabens nach Absatz 1 Satz 1 Nummer 3 zu sichern.

§ 38 Planfeststellungsverfahren und weitere Verwaltungsverfahren

(1) Für das Planfeststellungsverfahren gelten die §§ 72 bis 78 des Verwaltungsverfahrensgesetzes. Die Bundesregierung wird ermächtigt, durch Rechtsverordnung mit Zustimmung des Bundesrates weitere Einzelheiten des Planfeststellungs- und Plangenehmigungsverfahrens zu regeln, insbesondere

1. Art und Umfang der Antragsunterlagen,
2. nähere Einzelheiten für das Anzeigeverfahren nach § 35 Absatz 4,
3. nähere Einzelheiten für das Verfahren zur Feststellung der endgültigen Stilllegung nach § 40 Absatz 3 sowie
4. nähere Einzelheiten für das Verfahren zur Feststellung des Abschlusses der Nachsorgephase nach § 40 Absatz 5.

(2) Einwendungen im Rahmen des Zulassungsverfahrens können innerhalb der gesetzlich festgelegten Frist nur schriftlich erhoben werden.

§ 39 Bestehende Abfallbeseitigungsanlagen

(1) Die zuständige Behörde kann für Deponien, die vor dem 11. Juni 1972 betrieben wurden oder mit deren Errichtung begonnen war, für deren Betrieb Befristungen, Bedingungen und Auflagen anordnen. Sie kann den Betrieb dieser Anlagen ganz oder teilweise untersagen, wenn

eine erhebliche Beeinträchtigung des Wohls der Allgemeinheit durch Auflagen, Bedingungen oder Befristungen nicht verhindert werden kann.

(2) In dem in Artikel 3 des Einigungsvertrages genannten Gebiet kann die zuständige Behörde für Deponien, die vor dem 1. Juli 1990 betrieben wurden oder mit deren Errichtung begonnen war, Befristungen, Bedingungen und Auflagen für deren Errichtung und Betrieb anordnen. Absatz 1 Satz 2 gilt entsprechend.

§ 40 Stilllegung

(1) Der Betreiber einer Deponie hat ihre beabsichtigte Stilllegung der zuständigen Behörde unverzüglich anzuzeigen. Der Anzeige sind Unterlagen über Art, Umfang und Betriebsweise sowie die beabsichtigte Rekultivierung und sonstige Vorkehrungen zum Schutz des Wohls der Allgemeinheit beizufügen.

(2) Soweit entsprechende Regelungen noch nicht in dem Planfeststellungsbeschluss nach § 35 Absatz 2, der Plangenehmigung nach § 35 Absatz 3, in Bedingungen und Auflagen nach § 39 oder den für die Deponie geltenden umweltrechtlichen Vorschriften enthalten sind, hat die zuständige Behörde den Betreiber der Deponie zu verpflichten,

1. auf seine Kosten das Gelände, das für eine Deponie nach Absatz 1 verwendet worden ist, zu rekultivieren,
2. auf seine Kosten alle sonstigen erforderlichen Vorkehrungen, einschließlich der Überwachungs- und Kontrollmaßnahmen während der Nachsorgephase, zu treffen, um die in § 36 Absatz 1 bis 3 genannten Anforderungen auch nach der Stilllegung zu erfüllen, und
3. der zuständigen Behörde alle Überwachungsergebnisse zu melden, aus denen sich Anhaltspunkte für erhebliche nachteilige Auswirkungen auf Mensch und Umwelt ergeben.

Besteht der Verdacht, dass von einer endgültig stillgelegten Deponie nach Absatz 3 schädliche Bodenveränderungen oder sonstige Gefahren für den Einzelnen oder die Allgemeinheit ausgehen, so sind für die Erfassung, Untersuchung, Bewertung und Sanierung die Vorschriften des Bundes-Bodenschutzgesetzes anzuwenden.

(3) Die zuständige Behörde hat den Abschluss der Stilllegung (endgültige Stilllegung) festzustellen.

(4) Die Verpflichtung nach Absatz 1 besteht auch für Betreiber von Anlagen, in denen gefährliche Abfälle anfallen.

(5) Die zuständige Behörde hat auf Antrag den Abschluss der Nachsorgephase festzustellen.

§ 41 Emissionserklärung

(1) Der Betreiber einer Deponie ist verpflichtet, der zuständigen Behörde zu dem in der Rechtsverordnung nach Absatz 2 festgesetzten Zeitpunkt Angaben zu machen über Art und Menge sowie räumliche und zeitliche Verteilung der Emissionen, die von der Anlage in einem bestimmten Zeitraum ausgegangen sind, sowie über die Austrittsbedingungen (Emissionserklärung); er hat die Emissionserklärung nach Maßgabe der Rechtsverordnung nach Absatz 2 entsprechend dem neuesten Stand zu ergänzen. Dies gilt nicht für Betreiber von Deponien, von denen nur in geringem Umfang Emissionen ausgehen können. Die zuständige Behörde kann abweichend von Satz 1 eine kürzere Frist setzen, sofern dies im Einzelfall auf Grund besonderer Umstände erforderlich ist.

(2) Die Bundesregierung wird ermächtigt, durch Rechtsverordnung mit Zustimmung des Bundesrates zu bestimmen, für welche Deponien und für welche Emissionen die Verpflichtung zur Emis-

sionserklärung gilt, sowie Inhalt, Umfang, Form und Zeitpunkt der Abgabe der Emissionserklärung und das bei der Ermittlung der Emissionen einzuhaltende Verfahren zu regeln. In der Rechtsverordnung wird auch bestimmt, welche Betreiber nach Absatz 1 Satz 2 von der Pflicht zur Abgabe einer Emissionserklärung befreit sind.

(3) § 27 Absatz 1 Satz 2, Absatz 2 und 3 des Bundes-Immissionsschutzgesetzes gilt entsprechend.

(4) Die Verpflichtung nach Absatz 1, eine Emissionserklärung abzugeben, entsteht mit Inkrafttreten der Rechtsverordnung nach Absatz 2.

§ 42 Zugang zu Informationen

Planfeststellungsbeschlüsse nach § 35 Absatz 2, Plangenehmigungen nach § 35 Absatz 3, Anordnungen nach § 39 und alle Ablehnungen und Änderungen dieser Entscheidungen sowie die bei der zuständigen Behörde vorliegenden Ergebnisse der Überwachung der von einer Deponie ausgehenden Emissionen sind nach den Bestimmungen des Umweltinformationsgesetzes mit Ausnahme des § 12 des Umweltinformationsgesetzes der Öffentlichkeit zugänglich; für Landesbehörden gelten die landesrechtlichen Vorschriften.

§ 43 Anforderungen an Deponien

(1) Die Bundesregierung wird ermächtigt, nach Anhörung der beteiligten Kreise (§ 68) durch Rechtsverordnung mit Zustimmung des Bundesrates vorzuschreiben, dass die Errichtung, die Beschaffenheit, der Betrieb, der Zustand nach Stilllegung und die betreibereigene Überwachung von Deponien zur Erfüllung des § 36 Absatz 1 und der §§ 39 und 40 sowie zur Umsetzung von Rechtsakten der Europäischen Union zu dem in § 1 genannten Zweck bestimmten Anforderungen genügen müssen, insbesondere dass

1. die Standorte bestimmten Anforderungen entsprechen müssen,
2. die Deponien bestimmten betrieblichen, organisatorischen und technischen Anforderungen entsprechen müssen,
3. die in Deponien zur Ablagerung gelangenden Abfälle bestimmten Anforderungen entsprechen müssen; dabei kann insbesondere bestimmt werden, dass Abfälle mit bestimmten Metallgehalten nicht abgelagert werden dürfen und welche Abfälle als Inertabfälle gelten,
4. die von Deponien ausgehenden Emissionen bestimmte Grenzwerte nicht überschreiten dürfen,
5. die Betreiber während des Betriebes und in der Nachsorgephase bestimmte Mess- und Überwachungsmaßnahmen vorzunehmen haben oder vornehmen lassen müssen,
6. die Betreiber durch einen Sachverständigen bestimmte Prüfungen vornehmen lassen müssen
   a) während der Errichtung oder sonst vor der Inbetriebnahme der Deponie,
   b) nach Inbetriebnahme der Deponie oder einer Änderung im Sinne des § 35 Absatz 2 oder Absatz 5,
   c) in regelmäßigen Abständen oder
   d) bei oder nach der Stilllegung,
7. es den Betreibern erst nach einer Abnahme durch die zuständige Behörde gestattet ist,
   a) die Deponie in Betrieb zu nehmen,

b) eine wesentliche Änderung in Betrieb zu nehmen oder

c) die Stilllegung abzuschließen,

8. bei bestimmten Ereignissen der Betreiber innerhalb bestimmter Fristen die zuständige Behörde unterrichten muss, die erforderlichen Maßnahmen zur Begrenzung und Vermeidung von Beeinträchtigungen des Wohls der Allgemeinheit ergreifen muss oder die zuständige Behörde den Betreiber zu solchen Maßnahmen verpflichten muss,

9. die Betreiber der zuständigen Behörde während des Betriebes und in der Nachsorgephase unverzüglich alle Überwachungsergebnisse, aus denen sich Anhaltspunkte für erhebliche nachteilige Umweltauswirkungen ergeben, sowie bestimmte Ereignisse, die solche Auswirkungen haben können, zu melden und der zuständigen Behörde regelmäßig einen Bericht über die Ergebnisse der in der Rechtsverordnung vorgeschriebenen Mess- und Überwachungsmaßnahmen vorzulegen haben.

Bei der Festlegung der Anforderungen sind insbesondere mögliche Verlagerungen von nachteiligen Auswirkungen von einem Schutzgut auf ein anderes zu berücksichtigen; ein hohes Schutzniveau für die Umwelt insgesamt ist zu gewährleisten.

(2) In der Rechtsverordnung nach Absatz 1 kann bestimmt werden, inwieweit die nach Absatz 1 zur Vorsorge gegen Beeinträchtigungen der in § 15 Absatz 2 Satz 2 genannten Schutzgüter festgelegten Anforderungen nach Ablauf bestimmter Übergangsfristen erfüllt werden müssen, soweit zum Zeitpunkt des Inkrafttretens der Rechtsverordnung in einem Planfeststellungsbeschluss, einer Plangenehmigung oder einer landesrechtlichen Vorschrift geringere Anforderungen gestellt worden sind. Bei der Bestimmung der Dauer der Übergangsfristen und der einzuhaltenden Anforderungen sind insbesondere Art, Beschaffenheit und Menge der abgelagerten Abfälle, die Standortbedingungen, Art, Menge und Gefährlichkeit der von den Deponien ausgehenden Emissionen sowie die Nutzungsdauer und technische Besonderheiten der Deponien zu berücksichtigen. Die Sätze 1 und 2 gelten für die in § 39 Absatz 1 und 2 genannten Deponien entsprechend.

(3) Die Bundesregierung wird ermächtigt, nach Anhörung der beteiligten Kreise (§ 68) durch Rechtsverordnung mit Zustimmung des Bundesrates vorzuschreiben, welche Anforderungen an die Zuverlässigkeit, die Sach- und Fachkunde der für die Errichtung, Leitung oder Beaufsichtigung des Betriebes der Deponie verantwortlichen Personen und die Sach- und Fachkunde des sonstigen Personals, einschließlich der laufenden Fortbildung der verantwortlichen Personen und des sonstigen Personals zu stellen sind.

(4) Die Bundesregierung wird ermächtigt, durch Rechtsverordnung mit Zustimmung des Bundesrates

1. zu bestimmen, dass die Betreiber bestimmter Deponien eine Sicherheit im Sinne von § 232 des Bürgerlichen Gesetzbuchs leisten oder ein anderes gleichwertiges Sicherungsmittel erbringen müssen,

2. Vorschriften über Art, Umfang und Höhe der nach § 36 Absatz 3 zu leistenden Sicherheit im Sinne von § 232 des Bürgerlichen Gesetzbuchs oder eines anderen gleichwertigen Sicherungsmittels zu erlassen sowie

3. zu bestimmen, wie lange die Sicherheit nach Nummer 1 geleistet oder ein anderes gleichwertiges Sicherungsmittel erbracht werden muss.

(5) Durch Rechtsverordnung nach Absatz 1 können auch Verfahren zur Überprüfung der dort festgelegten Anforderungen bestimmt werden, insbesondere Verfahren entsprechend § 10 Absatz 2 Nummer 1 bis 9 und Absatz 3.

§ 44 Kosten der Ablagerung von Abfällen

(1) Die vom Betreiber für die Ablagerung von Abfällen in Rechnung zu stellenden privatrechtlichen Entgelte müssen alle Kosten für die Errichtung und den Betrieb der Deponie, einschließlich der Kosten einer vom Betreiber zu leistenden Sicherheit im Sinne von § 232 des Bürgerlichen Gesetzbuchs oder eines zu erbringenden gleichwertigen Sicherungsmittels, sowie die geschätzten Kosten für die Stilllegung und die Nachsorge für mindestens 30 Jahre abdecken. Soweit dies nach Satz 1 durch Freistellungen nach Artikel 4 § 3 des Umweltrahmengesetzes vom 29. Juni 1990 (GBl. I Nr. 42 S. 649), das durch Artikel 12 des Gesetzes vom 22. März 1991 (BGBl. I S. 766, 1928) geändert worden ist, gewährleistet ist, entfällt eine entsprechende Veranlagung der Kosten für die Stilllegung und die Nachsorge sowie der Kosten der Sicherheitsleistung bei der Berechnung der Entgelte.

(2) Der Betreiber hat die in Absatz 1 genannten Kosten zu erfassen und der zuständigen Behörde innerhalb einer von ihr zu setzenden Frist Übersichten über die Kosten und die erhobenen Entgelte zur Verfügung zu stellen.

(3) Die Gebühren der öffentlich-rechtlichen Entsorgungsträger richten sich nach Landesrecht.

(4) Die Absätze 1 bis 3 gelten entsprechend für die Abdeckung der Kosten von genehmigungsbedürftigen Anlagen zum Lagern von Abfällen im Sinne des Bundes-Immissionsschutzgesetzes, soweit in diesen Anlagen Abfälle vor deren Beseitigung jeweils über einen Zeitraum von mehr als einem Jahr oder Abfälle vor deren Verwertung jeweils über einen Zeitraum von mehr als drei Jahren gelagert werden.

Teil 5
Absatzförderung und Abfallberatung

§ 45 Pflichten der öffentlichen Hand

(1) Die Behörden des Bundes sowie die der Aufsicht des Bundes unterstehenden juristischen Personen des öffentlichen Rechts, Sondervermögen und sonstigen Stellen sind verpflichtet, durch ihr Verhalten zur Erfüllung des Zweckes des § 1 beizutragen.

(2) Die Verpflichteten nach Absatz 1 haben, insbesondere unter Berücksichtigung der §§ 6 bis 8, bei der Gestaltung von Arbeitsabläufen, bei der Beschaffung oder Verwendung von Material und Gebrauchsgütern, bei Bauvorhaben und sonstigen Aufträgen, ohne damit Rechtsansprüche Dritter zu begründen, Erzeugnissen den Vorzug zu geben, die

1. in rohstoffschonenden, energiesparenden, wassersparenden, schadstoffarmen oder abfallarmen Produktionsverfahren hergestellt worden sind,
2. durch Vorbereitung zur Wiederverwendung oder durch Recycling von Abfällen, insbesondere unter Einsatz von Rezyklaten, oder aus nachwachsenden Rohstoffen hergestellt worden sind,
3. sich durch Langlebigkeit, Reparaturfreundlichkeit, Wiederverwendbarkeit und Recyclingfähigkeit auszeichnen oder
4. im Vergleich zu anderen Erzeugnissen zu weniger oder schadstoffärmeren Abfällen führen oder sich besser zur umweltverträglichen Abfallbewirtschaftung eignen.

Die Pflicht des Satzes 1 gilt, soweit die Erzeugnisse für den vorgesehenen Verwendungszweck geeignet sind, durch ihre Beschaffung oder Verwendung keine unzumutbaren Mehrkosten entstehen, ein ausreichender Wettbewerb gewährleistet wird und keine anderen Rechtsvorschriften entgegenstehen. Soweit vergaberechtliche Bestimmungen anzuwenden sind, sind diese zu beachten. § 7 der Bundeshaushaltsordnung bleibt unberührt. Abweichend von der Pflicht des Satzes 1 ist bei der Beschaffung oder Verwendung von Material und Gebrauchsgütern und bei Bauvorhaben sowie sonstigen Aufträgen, die verteidigungs- oder sicherheitsspezifische Aufträge sind oder die Verteidigungs- und Sicherheitsaspekte umfassen sowie bei sonstigen Aufträgen, soweit diese für die Einsatzfähigkeit der Bundeswehr erforderlich sind, zu prüfen, ob und in welchem Umfang die in Satz 1 genannten Erzeugnisse eingesetzt werden können.

(3) Die Verpflichteten nach Absatz 1 wirken im Rahmen ihrer Möglichkeiten darauf hin, dass die Gesellschaften des privaten Rechts, an denen sie beteiligt sind, die Verpflichtungen nach den Absätzen 1 und 2 beachten.

(4) Die öffentliche Hand hat im Rahmen ihrer Pflichten nach den Absätzen 1 bis 3 Regelungen für die Verwendung von Erzeugnissen oder Materialien sowie zum Schutz von Mensch und Umwelt nach anderen Rechtsvorschriften zu berücksichtigen.

§ 46 Abfallberatungspflicht

(1) Die öffentlich-rechtlichen Entsorgungsträger im Sinne des § 20 sind im Rahmen der ihnen übertragenen Aufgaben in Selbstverwaltung zur Information und Beratung über Möglichkeiten der Vermeidung, Verwertung und Beseitigung von Abfällen verpflichtet. Zur Beratung verpflichtet sind auch die Industrie- und Handelskammern, Handwerkskammern und Landwirtschaftskammern.

(2) Für die Beratung über Möglichkeiten der Abfallvermeidung sind insbesondere die in § 33 Absatz 3 Nummer 2 genannten Vermeidungsmaßnahmen und die Festlegungen des geltenden Abfallvermeidungsprogramms des Bundes und des jeweiligen Landes zugrunde zu legen. Bei der Beratung ist insbesondere hinzuweisen auf

1. die Einrichtungen des öffentlich-rechtlichen Entsorgungsträgers und, soweit möglich, auf die Einrichtungen sonstiger natürlicher oder juristischer Personen, durch die Erzeugnisse, die kein Abfall sind, erfasst und einer Wiederverwendung zugeführt werden, und
2. die Verfügbarkeit von Mehrwegprodukten, insbesondere als Alternative zu den Einwegkunststoffprodukten nach Artikel 3 Nummer 2 der Richtlinie (EU) 2019/904.

(3) Im Rahmen der Beratung über die Abfallverwertung ist insbesondere auf die Pflicht zur getrennten Sammlung von Abfällen und die Rücknahmepflichten hinzuweisen. Die Beratung umfasst auch

1. die Beratung über die möglichst ressourcenschonende Bereitstellung von Sperrmüll,
2. die Information über die Auswirkungen einer Vermüllung oder einer sonstigen nicht ordnungsgemäßen Verwertung und Beseitigung von Abfällen auf die Umwelt, insbesondere die Meeresumwelt, und die Beratung über Maßnahmen zur Vermeidung dieser Vermüllung sowie
3. die Information über die Auswirkungen einer nicht ordnungsgemäßen Verwertung und Beseitigung von Abfällen auf Abwasseranlagen.

(4) Die zuständige Behörde hat den nach diesem Gesetz zur Beseitigung Verpflichteten Auskunft über geeignete Abfallbeseitigungsanlagen zu erteilen.

Teil 6
Überwachung

§ 47 Allgemeine Überwachung

(1) Die Vermeidung nach Maßgabe der auf Grund der §§ 24 und 25 erlassenen Rechtsverordnungen und die Abfallbewirtschaftung unterliegen der Überwachung durch die zuständige Behörde. Für den Vollzug der nach den §§ 24 und 25 ergangenen Rechtsverordnungen sind § 25 Absatz 1 und 3, § 26 Absatz 2 und 3, § 27 Absatz 1, § 28 Absatz 1 und 2 und Absatz 4 Satz 1 und 2 des Produktsicherheitsgesetzes vom 8. November 2011 (BGBl. I S. 2178, 2179) entsprechend anzuwenden. Die nach Satz 2 verpflichteten Personen sind verpflichtet, das Betreten von Geschäfts- und Betriebsgrundstücken und -räumen außerhalb der üblichen Geschäftszeiten sowie das Betreten von Wohnräumen zu gestatten, wenn dies zur Verhütung dringender Gefahren für die öffentliche Sicherheit oder Ordnung erforderlich ist. Das Grundrecht auf Unverletzlichkeit der Wohnung (Artikel 13 Absatz 1 des Grundgesetzes) wird insoweit eingeschränkt.

(2) Die zuständige Behörde überprüft in regelmäßigen Abständen und in angemessenem Umfang Erzeuger von gefährlichen Abfällen, Anlagen und Unternehmen, die Abfälle entsorgen, sowie Sammler, Beförderer, Händler und Makler von Abfällen. Die Überprüfung der Tätigkeiten der Sammler und Beförderer von Abfällen erstreckt sich auch auf den Ursprung, die Art, die Menge und den Bestimmungsort der gesammelten und beförderten Abfälle.

(3) Auskunft über Betrieb, Anlagen, Einrichtungen und sonstige der Überwachung unterliegende Gegenstände haben den Bediensteten und Beauftragten der zuständigen Behörde auf Verlangen zu erteilen

1. Erzeuger und Besitzer von Abfällen,
2. zur Abfallentsorgung Verpflichtete,
3. Betreiber sowie frühere Betreiber von Unternehmen oder Anlagen, die Abfälle entsorgen oder entsorgt haben, auch wenn diese Anlagen stillgelegt sind, sowie
4. Sammler, Beförderer, Händler und Makler von Abfällen.

Die nach Satz 1 zur Auskunft verpflichteten Personen haben den Bediensteten und Beauftragten der zuständigen Behörde zur Prüfung der Einhaltung ihrer Verpflichtungen nach den §§ 7 und 15 das Betreten der Grundstücke sowie der Geschäfts- und Betriebsräume zu den üblichen Geschäftszeiten, die Einsicht in Unterlagen und die Vornahme von technischen Ermittlungen und Prüfungen zu gestatten. Die nach Satz 1 zur Auskunft verpflichteten Personen sind ferner verpflichtet, zu diesen Zwecken das Betreten von Geschäfts- und Betriebsgrundstücken und -räumen außerhalb der üblichen Geschäftszeiten sowie das Betreten von Wohnräumen zu gestatten, wenn dies zur Verhütung dringender Gefahren für die öffentliche Sicherheit oder Ordnung erforderlich ist. Das Grundrecht auf Unverletzlichkeit der Wohnung (Artikel 13 Absatz 1 des Grundgesetzes) wird insoweit eingeschränkt.

(4) Betreiber von Verwertungs- und Abfallbeseitigungsanlagen oder von Anlagen, in denen Abfälle mitverwertet oder mitbeseitigt werden, haben diese Anlagen den Bediensteten oder Beauftragten der zuständigen Behörde zugänglich zu machen, die zur Überwachung erforderlichen Arbeitskräfte, Werkzeuge und Unterlagen zur Verfügung zu stellen und nach Anordnung der zuständigen Behörde Zustand und Betrieb der Anlage auf eigene Kosten prüfen zu lassen.

(5) Für die nach dieser Vorschrift zur Auskunft verpflichteten Personen gilt § 55 der Strafprozessordnung entsprechend.

(6) Die behördlichen Überwachungsbefugnisse nach den Absätzen 1 bis 5 erstrecken sich auch auf die Prüfung, ob bestimmte Stoffe oder Gegenstände gemäß den Voraussetzungen der §§ 4 und 5 nicht oder nicht mehr als Abfall anzusehen sind.

(7) Für alle zulassungspflichtigen Deponien stellen die zuständigen Behörden in ihrem Zuständigkeitsbereich Überwachungspläne und Überwachungsprogramme zur Durchführung der Absätze 1 bis 4 auf. Satz 1 gilt nicht für Deponien für Inertabfälle und Deponien, die eine Aufnahmekapazität von 10 Tonnen oder weniger je Tag und eine Gesamtkapazität von 25 000 Tonnen oder weniger haben. Zur Überwachung nach Satz 1 gehören insbesondere auch die Überwachung der Errichtung, Vor-Ort-Besichtigungen, die Überwachung der Emissionen und die Überprüfung interner Berichte, Folgedokumente sowie Messungen und Kontrollen, die Überprüfung der Eigenkontrolle, die Prüfung der angewandten Techniken und der Eignung des Umweltmanagements der Deponie. Die Bundesregierung wird ermächtigt, nach Anhörung der beteiligten Kreise (§ 68) durch Rechtsverordnung mit Zustimmung des Bundesrates die Einzelheiten zum Inhalt der Überwachungspläne und Überwachungsprogramme nach Satz 1 zu bestimmen.

(8) Die Länder übermitteln dem Bundesministerium für Umwelt, Naturschutz, und nukleare Sicherheit nach Anforderung Informationen über die Umsetzung der Richtlinie 2010/75/EU des Europäischen Parlaments und des Rates vom 24. November 2010 über Industrieemissionen (integrierte Vermeidung und Verminderung der Umweltverschmutzung) (Neufassung) (ABl. L 334 vom 17.12.2010, S. 17), insbesondere über repräsentative Daten über Emissionen und sonstige Arten von Umweltverschmutzung, über Emissionsgrenzwerte sowie über die Anwendung des Standes der Technik. Die Länder stellen diese Informationen auf elektronischem Wege zur Verfügung. Art und Form der von den Ländern zu übermittelnden Informationen sowie der Zeitpunkt ihrer Übermittlung richten sich nach den Anforderungen, die auf der Grundlage von Artikel 72 Absatz 2 der Richtlinie 2010/75/EU festgelegt werden. § 5 Absatz 1 Satz 3 und Absatz 2 bis 6 des Gesetzes zur Ausführung des Protokolls über Schadstofffreisetzungs- und -verbringungsregister vom 21. Mai 2003 sowie zur Durchführung der Verordnung (EG) Nr. 166/2006 vom 6. Juni 2007 (BGBl. I S. 1002), das durch Artikel 1 des Gesetzes vom 9. Dezember 2020 (BGBl. I S. 2873) geändert worden ist, gilt entsprechend.

(9) Die zuständige Behörde kann anordnen, dass der Betreiber einer Deponie ihr Daten zu übermitteln hat, die in einem Durchführungsrechtsakt nach Artikel 72 Absatz 2 der Richtlinie 2010/75/EU aufgeführt sind und die zur Erfüllung der Berichtspflicht nach Absatz 8 erforderlich sind, soweit der zuständigen Behörde solche Daten nicht bereits auf Grund anderer Vorschriften vorliegen § 3 Absatz 1 Satz 2 und § 5 Absatz 2 bis 6 des Gesetzes zur Ausführung des Protokolls über Schadstofffreisetzungs- und -verbringungsregister vom 21. Mai 2003 sowie zur Durchführung der Verordnung (EG) Nr. 166/2006 vom 6. Juni 2007 (BGBl. I S. 1002), das durch Artikel 1 des Gesetzes vom 9. Dezember 2020 (BGBl. I S. 2873) geändert worden ist, gelten entsprechend.

§ 48 Abfallbezeichnung, gefährliche Abfälle

An die Entsorgung sowie die Überwachung gefährlicher Abfälle sind nach Maßgabe dieses Gesetzes besondere Anforderungen zu stellen. Zur Umsetzung von Rechtsakten der Europäischen Union wird die Bundesregierung ermächtigt, nach Anhörung der beteiligten Kreise (§ 68) durch Rechtsverordnung mit Zustimmung des Bundesrates die Bezeichnung von Abfällen sowie gefährliche Abfälle zu bestimmen und die Bestimmung gefährlicher Abfälle durch die zuständige Behörde im Einzelfall zuzulassen.

§ 49 Registerpflichten

(1) Die Betreiber von Anlagen oder Unternehmen, die Abfälle in einem Verfahren nach Anlage 1 oder Anlage 2 entsorgen (Entsorger von Abfällen), haben ein Register zu führen, in dem hinsichtlich der Vorgänge nach Anlage 1 oder Anlage 2 folgende Angaben verzeichnet sind:

1. die Menge, die Art und der Ursprung sowie
2. die Bestimmung, die Häufigkeit der Sammlung, die Beförderungsart sowie die Art der Verwertung oder Beseitigung, einschließlich der Vorbereitung vor der Verwertung oder Beseitigung, soweit diese Angaben zur Gewährleistung einer ordnungsgemäßen Abfallbewirtschaftung von Bedeutung sind.

(2) Entsorger, die Abfälle behandeln oder lagern, haben die nach Absatz 1 erforderlichen Angaben, insbesondere die Bestimmung der behandelten oder gelagerten Abfälle, auch für die weitere Entsorgung zu verzeichnen, soweit dies erforderlich ist, um auf Grund der Zweckbestimmung der Abfallentsorgungsanlage eine ordnungsgemäße Entsorgung zu gewährleisten. Satz 1 gilt entsprechend für die weitere Verwendung von Erzeugnissen, Materialien und Stoffen, die aus der Vorbereitung zur Wiederverwendung, aus dem Recycling oder einem sonstigen Verwertungsverfahren hervorgegangen sind. Entsorger nach Satz 1 werden durch Rechtsverordnung nach § 52 Absatz 1 Satz 1 bestimmt.

(3) Die Pflicht nach Absatz 1, ein Register zu führen, gilt auch für die Erzeuger, Besitzer, Sammler, Beförderer, Händler und Makler von gefährlichen Abfällen.

(4) Auf Verlangen der zuständigen Behörde sind die Register vorzulegen oder Angaben aus diesen Registern mitzuteilen.

(5) In ein Register eingetragene Angaben oder eingestellte Belege über gefährliche Abfälle haben die Erzeuger, Besitzer, Händler, Makler und Entsorger von Abfällen mindestens drei Jahre, die Beförderer von Abfällen mindestens zwölf Monate jeweils ab dem Zeitpunkt der Eintragung oder Einstellung in das Register gerechnet aufzubewahren, soweit eine Rechtsverordnung nach § 52 keine längere Frist vorschreibt.

(6) Die Registerpflichten nach den Absätzen 1 bis 3 gelten nicht für private Haushaltungen.

§ 50 Nachweispflichten

(1) Die Erzeuger, Besitzer, Sammler, Beförderer und Entsorger von gefährlichen Abfällen haben sowohl der zuständigen Behörde gegenüber als auch untereinander die ordnungsgemäße Entsorgung gefährlicher Abfälle nachzuweisen. Der Nachweis wird geführt

1. vor Beginn der Entsorgung in Form einer Erklärung des Erzeugers, Besitzers, Sammlers oder Beförderers von Abfällen zur vorgesehenen Entsorgung, einer Annahmeerklärung des Abfallentsorgers sowie der Bestätigung der Zulässigkeit der vorgesehenen Entsorgung durch die zuständige Behörde und
2. über die durchgeführte Entsorgung oder Teilabschnitte der Entsorgung in Form von Erklärungen der nach Satz 1 Verpflichteten über den Verbleib der entsorgten Abfälle.

(2) Die Nachweispflichten nach Absatz 1 gelten nicht für die Entsorgung gefährlicher Abfälle, welche die Erzeuger oder Besitzer von Abfällen in eigenen Abfallentsorgungsanlagen entsorgen, wenn diese Entsorgungsanlagen in einem engen räumlichen und betrieblichen Zusammenhang mit den Anlagen oder Stellen stehen, in denen die zu entsorgenden Abfälle angefallen sind. Die Registerpflichten nach § 49 bleiben unberührt.

(3) Die Nachweispflichten nach Absatz 1 gelten nicht bis zum Abschluss der Rücknahme oder Rückgabe von Erzeugnissen oder der nach Gebrauch der Erzeugnisse verbleibenden gefährlichen Abfälle, die einer verordneten Rücknahme oder Rückgabe nach § 25 unterliegen. Eine Rücknahme oder Rückgabe von Erzeugnissen und der nach Gebrauch der Erzeugnisse verbleibenden Abfälle gilt spätestens mit der Annahme an einer Anlage zur weiteren Entsorgung, ausgenommen Anlagen zur Zwischenlagerung der Abfälle, als abgeschlossen, soweit die Rechtsverordnung, welche die Rückgabe oder Rücknahme anordnet, keinen früheren Zeitpunkt bestimmt.

(4) Die Nachweispflichten nach Absatz 1 gelten nicht für private Haushaltungen.

§ 51 Überwachung im Einzelfall

(1) Die zuständige Behörde kann anordnen, dass die Erzeuger, Besitzer, Sammler, Beförderer, Händler, Makler oder Entsorger von Abfällen, jedoch ausgenommen private Haushaltungen,

1. Register oder Nachweise zu führen und vorzulegen oder Angaben aus den Registern mitzuteilen haben, soweit Pflichten nach den §§ 49 und 50 nicht bestehen, oder
2. bestimmten Anforderungen entsprechend § 10 Absatz 2 Nummer 2 und 3 sowie 5 bis 8 nachzukommen haben.

Durch Anordnung nach Satz 1 kann auch bestimmt werden, dass Nachweise und Register elektronisch geführt und Dokumente in elektronischer Form nach § 3a Absatz 2 Satz 2 und 3 des Verwaltungsverfahrensgesetzes vorzulegen sind.

(2) Ist der Erzeuger, Besitzer, Sammler, Beförderer, Händler, Makler oder Entsorger von Abfällen Entsorgungsfachbetrieb im Sinne des § 56 oder auditierter Unternehmensstandort im Sinne des § 61, so hat die zuständige Behörde dies bei Anordnungen nach Absatz 1, insbesondere auch im Hinblick auf mögliche Beschränkungen des Umfangs oder des Inhalts der Nachweispflicht, zu berücksichtigen. Dies umfasst vor allem die Berücksichtigung der vom Umweltgutachter geprüften und im Rahmen der Teilnahme an dem Gemeinschaftssystem für das Umweltmanagement und die Umweltbetriebsprüfung (EMAS) erstellten Unterlagen.

§ 52 Anforderungen an Nachweise und Register

(1) Die Bundesregierung wird ermächtigt, nach Anhörung der beteiligten Kreise (§ 68) durch Rechtsverordnung mit Zustimmung des Bundesrates zur Erfüllung der sich aus den §§ 49 bis 51 ergebenden Pflichten die näheren Anforderungen an die Form, den Inhalt sowie das Verfahren zur Führung und Vorlage der Nachweise, Register und der Mitteilung bestimmter Angaben aus den Registern festzulegen sowie die nach § 49 Absatz 2 verpflichteten Anlagen oder Unternehmen zu bestimmen. Durch Rechtsverordnung nach Satz 1 kann auch bestimmt werden, dass

1. der Nachweis nach § 50 Absatz 1 Satz 2 Nummer 1 nach Ablauf einer bestimmten Frist als bestätigt gilt oder eine Bestätigung entfällt, soweit jeweils die ordnungsgemäße Entsorgung gewährleistet bleibt,
2. auf Verlangen der zuständigen Behörde oder eines früheren Besitzers Belege über die Durchführung der Entsorgung der Behörde oder dem früheren Besitzer vorzulegen sind,
3. für bestimmte Kleinmengen, die nach Art und Beschaffenheit der Abfälle auch unterschiedlich festgelegt werden können, oder für einzelne Abfallbewirtschaftungsmaßnahmen, Abfallarten oder Abfallgruppen bestimmte Anforderungen nicht oder abweichende Anforderungen gelten, soweit jeweils die ordnungsgemäße Entsorgung gewährleistet bleibt,

4. die zuständige Behörde unter dem Vorbehalt des Widerrufs auf Antrag oder von Amts wegen Verpflichtete ganz oder teilweise von der Führung von Nachweisen oder Registern freistellen kann, soweit die ordnungsgemäße Entsorgung gewährleistet bleibt,
5. die Register in Form einer sachlich und zeitlich geordneten Sammlung der vorgeschriebenen Nachweise oder der Belege, die in der Entsorgungspraxis gängig sind, geführt werden,
6. die Nachweise und Register bis zum Ablauf bestimmter Fristen aufzubewahren sind sowie
7. bei der Beförderung von Abfällen geeignete Angaben zum Zweck der Überwachung mitzuführen sind.

(2) Durch Rechtsverordnung nach Absatz 1 kann auch angeordnet werden, dass

1. Nachweise und Register elektronisch zu führen und Dokumente in elektronischer Form gemäß § 3a Absatz 2 Satz 2 und 3 des Verwaltungsverfahrensgesetzes vorzulegen sind,
2. die zur Erfüllung der in Nummer 1 genannten Pflichten erforderlichen Voraussetzungen geschaffen und vorgehalten werden sowie
3. den zuständigen Behörden oder den beteiligten Nachweispflichtigen bestimmte Angaben zu den technischen Voraussetzungen nach Nummer 2, insbesondere die erforderlichen Empfangszugänge sowie Störungen der für die Kommunikation erforderlichen Einrichtungen, mitgeteilt werden.

§ 53 Sammler, Beförderer, Händler und Makler von Abfällen

(1) Sammler, Beförderer, Händler und Makler von Abfällen haben die Tätigkeit ihres Betriebes vor Aufnahme der Tätigkeit der zuständigen Behörde anzuzeigen, es sei denn, der Betrieb verfügt über eine Erlaubnis nach § 54 Absatz 1. Die zuständige Behörde bestätigt dem Anzeigenden unverzüglich schriftlich den Eingang der Anzeige. Zuständig ist die Behörde des Landes, in dem der Anzeigende seinen Hauptsitz hat.

(2) Der Inhaber eines Betriebes im Sinne des Absatzes 1 sowie die für die Leitung und Beaufsichtigung des Betriebes verantwortlichen Personen müssen zuverlässig sein. Der Inhaber, soweit er für die Leitung des Betriebes verantwortlich ist, die für die Leitung und Beaufsichtigung des Betriebes verantwortlichen Personen und das sonstige Personal müssen über die für ihre Tätigkeit notwendige Fach- und Sachkunde verfügen.

(3) Die zuständige Behörde kann die angezeigte Tätigkeit von Bedingungen abhängig machen, sie zeitlich befristen oder Auflagen für sie vorsehen, soweit dies zur Wahrung des Wohls der Allgemeinheit erforderlich ist. Sie kann Unterlagen über den Nachweis der Zuverlässigkeit und der Fach- und Sachkunde vom Anzeigenden verlangen. Sie hat die angezeigte Tätigkeit zu untersagen, wenn Tatsachen bekannt sind, aus denen sich Bedenken gegen die Zuverlässigkeit des Inhabers oder der für die Leitung und Beaufsichtigung des Betriebes verantwortlichen Personen ergeben, oder wenn die erforderliche Fach- oder Sachkunde nach Absatz 2 Satz 2 nicht nachgewiesen wurde.

(4) Nachweise aus einem anderen Mitgliedstaat der Europäischen Union oder einem anderen Vertragsstaat des Abkommens über den Europäischen Wirtschaftsraum über die Erfüllung der Anforderungen nach Absatz 2 stehen inländischen Nachweisen gleich, wenn aus ihnen hervorgeht, dass die betreffenden Anforderungen oder die auf Grund ihrer Zielsetzung im Wesentlichen vergleichbaren Anforderungen des Ausstellungsstaates erfüllt sind. Gleichwertige Nachweise nach Satz 1 sind auf Verlangen der zuständigen Behörde im Original oder in Kopie vorzu-

legen. Eine Beglaubigung der Kopie sowie eine beglaubigte deutsche Übersetzung können verlangt werden.

(5) Hinsichtlich der Überprüfung der erforderlichen Fach- und Sachkunde nach Absatz 2 Satz 2 eines Anzeigenden aus einem anderen Mitgliedstaat der Europäischen Union oder einem anderen Vertragsstaat des Abkommens über den Europäischen Wirtschaftsraum gilt § 36a Absatz 1 Satz 2, Absatz 2 und 4 Satz 4 der Gewerbeordnung entsprechend; bei vorübergehender und nur gelegentlicher Tätigkeit eines in einem anderen Mitgliedstaat der Europäischen Union oder in einem anderen Vertragsstaat des Abkommens über den Europäischen Wirtschaftsraum niedergelassenen Dienstleistungserbringers gilt hinsichtlich der erforderlichen Fach- und Sachkunde § 13a Absatz 2 Satz 2 bis 5 und Absatz 3 der Gewerbeordnung entsprechend.

(6) Die Bundesregierung wird ermächtigt, nach Anhörung der beteiligten Kreise (§ 68) durch Rechtsverordnung mit Zustimmung des Bundesrates für die Anzeige und Tätigkeit der Sammler, Beförderer, Händler und Makler von Abfällen, für Sammler und Beförderer von Abfällen insbesondere unter Berücksichtigung der Besonderheiten der jeweiligen Verkehrsträger, Verkehrswege oder der jeweiligen Beförderungsart,

1. Vorschriften zu erlassen über die Form, den Inhalt und das Verfahren zur Erstattung der Anzeige, über Anforderungen an die Zuverlässigkeit, die Fach- und Sachkunde und deren Nachweis,
2. anzuordnen, dass das Verfahren zur Erstattung der Anzeige elektronisch zu führen ist und Dokumente in elektronischer Form gemäß § 3a Absatz 2 Satz 2 und 3 des Verwaltungsverfahrensgesetzes vorzulegen sind,
3. bestimmte Tätigkeiten von der Anzeigepflicht nach Absatz 1 auszunehmen, soweit eine Anzeige aus Gründen des Wohls der Allgemeinheit nicht erforderlich ist,
4. Anforderungen an die Anzeigepflichtigen und deren Tätigkeit zu bestimmen, die sich aus Rechtsvorschriften der Europäischen Union ergeben, sowie
5. anzuordnen, dass bei der Beförderung von Abfällen geeignete Unterlagen zum Zweck der Überwachung mitzuführen sind.

§ 54 Sammler, Beförderer, Händler und Makler von gefährlichen Abfällen

(1) Sammler, Beförderer, Händler und Makler von gefährlichen Abfällen bedürfen der Erlaubnis. Die zuständige Behörde hat die Erlaubnis zu erteilen, wenn

1. keine Tatsachen bekannt sind, aus denen sich Bedenken gegen die Zuverlässigkeit des Inhabers oder der für die Leitung und Beaufsichtigung des Betriebes verantwortlichen Personen ergeben, sowie
2. der Inhaber, soweit er für die Leitung des Betriebes verantwortlich ist, die für die Leitung und Beaufsichtigung des Betriebes verantwortlichen Personen und das sonstige Personal über die für ihre Tätigkeit notwendige Fach- und Sachkunde verfügen.

Zuständig ist die Behörde des Landes, in dem der Antragsteller seinen Hauptsitz hat. Die Erlaubnis nach Satz 1 gilt für die Bundesrepublik Deutschland.

(2) Die zuständige Behörde kann die Erlaubnis mit Nebenbestimmungen versehen, soweit dies zur Wahrung des Wohls der Allgemeinheit erforderlich ist.

(3) Von der Erlaubnispflicht nach Absatz 1 Satz 1 ausgenommen sind

1. öffentlich-rechtliche Entsorgungsträger sowie

2. Entsorgungsfachbetriebe im Sinne von § 56, soweit sie für die erlaubnispflichtige Tätigkeit zertifiziert sind.

(4) Erlaubnisse aus einem anderen Mitgliedstaat der Europäischen Union oder einem anderen Vertragsstaat des Abkommens über den Europäischen Wirtschaftsraum stehen Erlaubnissen nach Absatz 1 Satz 1 gleich, soweit sie ihnen gleichwertig sind. Bei der Prüfung des Antrags auf Erlaubnis nach Absatz 1 Satz 1 stehen Nachweise aus einem anderen Mitgliedstaat der Europäischen Union oder einem anderen Vertragsstaat des Abkommens über den Europäischen Wirtschaftsraum inländischen Nachweisen gleich, wenn aus ihnen hervorgeht, dass der Antragsteller die betreffenden Anforderungen des Absatzes 1 Satz 2 oder die auf Grund ihrer Zielsetzung im Wesentlichen vergleichbaren Anforderungen des Ausstellungsstaates erfüllt. Unterlagen über die gleichwertige Erlaubnis nach Satz 1 und sonstige Nachweise nach Satz 2 sind der zuständigen Behörde vor Aufnahme der Tätigkeit im Original oder in Kopie vorzulegen. Eine Beglaubigung der Kopie sowie eine beglaubigte deutsche Übersetzung können verlangt werden.

(5) Hinsichtlich der Überprüfung der erforderlichen Fach- und Sachkunde nach Absatz 1 Satz 2 Nummer 2 eines Antragstellers aus einem anderen Mitgliedstaat der Europäischen Union oder einem anderen Vertragsstaat des Abkommens über den Europäischen Wirtschaftsraum gilt § 36a Absatz 1 Satz 2, Absatz 2 und 4 Satz 4 der Gewerbeordnung entsprechend; bei vorübergehender und nur gelegentlicher Tätigkeit eines in einem anderen Mitgliedstaat der Europäischen Union oder in einem anderen Vertragsstaat des Abkommens über den Europäischen Wirtschaftsraum niedergelassenen Dienstleistungserbringers gilt hinsichtlich der erforderlichen Fach- und Sachkunde § 13a Absatz 2 Satz 2 bis 5 und Absatz 3 der Gewerbeordnung entsprechend.

(6) Erlaubnisverfahren nach Absatz 1 und 4 können über eine einheitliche Stelle abgewickelt werden. § 42a des Verwaltungsverfahrensgesetzes findet für das Verfahren nach den Absätzen 1 und 4 Anwendung, sofern der Antragsteller Staatsangehöriger eines Mitgliedstaates der Europäischen Union oder eines anderen Vertragsstaates des Abkommens über den Europäischen Wirtschaftsraum ist oder als juristische Person in einem dieser Staaten seinen Sitz hat.

(7) Die Bundesregierung wird ermächtigt, nach Anhörung der beteiligten Kreise (§ 68) durch Rechtsverordnung mit Zustimmung des Bundesrates für die Erlaubnispflicht und Tätigkeit der Sammler, Beförderer, Händler und Makler von gefährlichen Abfällen, für Sammler und Beförderer von gefährlichen Abfällen, insbesondere unter Berücksichtigung der Besonderheiten der jeweiligen Verkehrsträger, Verkehrswege oder Beförderungsart,

1. Vorschriften zu erlassen über die Antragsunterlagen, die Form, den Inhalt und das Verfahren zur Erteilung der Erlaubnis, die Anforderungen an die Zuverlässigkeit, Fach- und Sachkunde sowie deren Nachweis, die Fristen, nach denen das Vorliegen der Voraussetzungen erneut zu überprüfen ist,
2. anzuordnen, dass das Erlaubnisverfahren elektronisch zu führen ist und Dokumente in elektronischer Form gemäß § 3a Absatz 2 Satz 2 und 3 des Verwaltungsverfahrensgesetzes vorzulegen sind,
3. bestimmte Tätigkeiten von der Erlaubnispflicht nach Absatz 1 auszunehmen, soweit eine Erlaubnis aus Gründen des Wohls der Allgemeinheit nicht erforderlich ist,
4. Anforderungen an die Erlaubnispflichtigen und deren Tätigkeit zu bestimmen, die sich aus Rechtsvorschriften der Europäischen Union ergeben, sowie
5. anzuordnen, dass bei der Beförderung von Abfällen geeignete Unterlagen zum Zweck der Überwachung mitzuführen sind.

§ 55 Kennzeichnung der Fahrzeuge

(1) Sammler und Beförderer haben Fahrzeuge, mit denen sie Abfälle in Ausübung ihrer Tätigkeit auf öffentlichen Straßen befördern, vor Antritt der Fahrt mit zwei rückstrahlenden weißen Warntafeln gemäß Satz 3 zu versehen (A-Schilder). Satz 1 gilt nicht für Sammler und Beförderer, die im Rahmen wirtschaftlicher Unternehmen Abfälle sammeln oder befördern. Hinsichtlich der Anforderungen an die Kennzeichnung der Fahrzeuge gilt § 10 des Abfallverbringungsgesetzes vom 19. Juli 2007 (BGBl. I S. 1462) in der jeweils geltenden Fassung entsprechend.

(2) Die Bundesregierung wird ermächtigt, in einer Rechtsverordnung nach § 53 Absatz 6 oder § 54 Absatz 7 Ausnahmen von der Kennzeichnungspflicht nach Absatz 1 Satz 1 vorzusehen.

(3) Rechtsvorschriften, die aus Gründen der Sicherheit im Zusammenhang mit der Beförderung gefährlicher Güter erlassen sind, bleiben unberührt.

Teil 7
Entsorgungsfachbetriebe

§ 56 Zertifizierung von Entsorgungsfachbetrieben

(1) Entsorgungsfachbetriebe wirken an der Förderung der Kreislaufwirtschaft und der Sicherstellung des Schutzes von Mensch und Umwelt bei der Erzeugung und Bewirtschaftung von Abfällen nach Maßgabe der hierfür geltenden Rechtsvorschriften mit.

(2) Entsorgungsfachbetrieb ist ein Betrieb, der

1. gewerbsmäßig, im Rahmen wirtschaftlicher Unternehmen oder öffentlicher Einrichtungen Abfälle sammelt, befördert, lagert, behandelt, verwertet, beseitigt, mit diesen handelt oder makelt und

2. in Bezug auf eine oder mehrere der in Nummer 1 genannten Tätigkeiten durch eine technische Überwachungsorganisation oder eine Entsorgergemeinschaft als Entsorgungsfachbetrieb zertifiziert ist.

(3) Das Zertifikat darf nur erteilt werden, wenn der Betrieb die für die ordnungsgemäße Wahrnehmung seiner Aufgaben erforderlichen Anforderungen an seine Organisation, seine personelle, gerätetechnische und sonstige Ausstattung, seine Tätigkeit sowie die Zuverlässigkeit und Fach- und Sachkunde seines Personals erfüllt. In dem Zertifikat sind die zertifizierten Tätigkeiten des Betriebes, insbesondere bezogen auf seine Standorte und Anlagen sowie die Abfallarten, genau zu bezeichnen. Das Zertifikat ist zu befristen. Die Gültigkeitsdauer darf einen Zeitraum von 18 Monaten nicht überschreiten. Das Vorliegen der Voraussetzungen des Satzes 1 wird mindestens jährlich von der technischen Überwachungsorganisation oder der Entsorgergemeinschaft überprüft.

(4) Mit Erteilung des Zertifikats ist dem Betrieb von der technischen Überwachungsorganisation oder Entsorgergemeinschaft die Berechtigung zum Führen eines Überwachungszeichens zu erteilen, das die Bezeichnung „Entsorgungsfachbetrieb“ in Verbindung mit dem Hinweis auf die zertifizierte Tätigkeit und die das Überwachungszeichen erteilende technische Überwachungsorganisation oder Entsorgergemeinschaft aufweist. Ein Betrieb darf das Überwachungszeichen nur führen, soweit und solange er als Entsorgungsfachbetrieb zertifiziert ist.

(5) Eine technische Überwachungsorganisation ist ein rechtsfähiger Zusammenschluss mehrerer Sachverständiger, deren Sachverständigentätigkeit auf dauernde Zusammenarbeit angelegt ist. Die Erteilung des Zertifikats und der Berechtigung zum Führen des Überwachungszeichens durch die technische Überwachungsorganisation erfolgt auf der Grundlage eines Überwa-

chungsvertrages, der insbesondere die Anforderungen an den Betrieb und seine Überwachung sowie an die Erteilung und den Entzug des Zertifikats und der Berechtigung zum Führen des Überwachungszeichens festlegt. Der Überwachungsvertrag bedarf der Zustimmung der zuständigen Behörde.

(6) Eine Entsorgergemeinschaft ist ein rechtsfähiger Zusammenschluss von Entsorgungsfachbetrieben im Sinne des Absatzes 2. Sie bedarf der Anerkennung der zuständigen Behörde. Die Erteilung des Zertifikats und der Berechtigung zum Führen des Überwachungszeichens durch die Entsorgergemeinschaft erfolgt auf der Grundlage einer Satzung oder sonstigen Regelung, die insbesondere die Anforderungen an die zu zertifizierenden Betriebe und ihre Überwachung sowie an die Erteilung und den Entzug des Zertifikats und der Berechtigung zum Führen des Überwachungszeichens festlegt.

(7) Technische Überwachungsorganisation und Entsorgergemeinschaft haben sich für die Überprüfung der Betriebe Sachverständiger zu bedienen, die die für die Durchführung der Überwachung erforderliche Zuverlässigkeit, Unabhängigkeit sowie Fach- und Sachkunde besitzen.

(8) Entfallen die Voraussetzungen für die Erteilung des Zertifikats, hat die technische Überwachungsorganisation oder die Entsorgergemeinschaft dem Betrieb das von ihr erteilte Zertifikat und die Berechtigung zum Führen des Überwachungszeichens zu entziehen sowie den Betrieb aufzufordern, das Zertifikat zurückzugeben und das Überwachungszeichen nicht weiterzuführen. Kommt der Betrieb dieser Aufforderung innerhalb einer von der technischen Überwachungsorganisation oder Entsorgergemeinschaft gesetzten Frist nicht nach, kann die zuständige Behörde dem Betrieb das erteilte Zertifikat und die Berechtigung zum Führen des Überwachungszeichens entziehen sowie die sonstige weitere Verwendung der Bezeichnung „Entsorgungsfachbetrieb“ untersagen.

§ 57 Anforderungen an Entsorgungsfachbetriebe, technische Überwachungsorganisationen und Entsorgergemeinschaften

Die Bundesregierung wird ermächtigt, nach Anhörung der beteiligten Kreise (§ 68) durch Rechtsverordnung mit Zustimmung des Bundesrates Anforderungen an Entsorgungsfachbetriebe, technische Überwachungsorganisationen und Entsorgergemeinschaften zu bestimmen. In der Rechtsverordnung können insbesondere

1. Anforderungen an die Organisation, die personelle, gerätetechnische und sonstige Ausstattung und die Tätigkeit eines Entsorgungsfachbetriebes bestimmt sowie ein ausreichender Haftpflichtversicherungsschutz gefordert werden,
2. Anforderungen an den Inhaber und die im Entsorgungsfachbetrieb beschäftigten Personen, insbesondere Mindestanforderungen an die Fach- und Sachkunde und die Zuverlässigkeit sowie an deren Nachweis, bestimmt werden,
3. Anforderungen an die Tätigkeit der technischen Überwachungsorganisationen, insbesondere Mindestanforderungen an den Überwachungsvertrag sowie dessen Abschluss, Durchführung, Auflösung und Erlöschen, bestimmt werden,
4. Anforderungen an die Tätigkeit der Entsorgergemeinschaften, insbesondere an deren Bildung, Auflösung, Organisation und Arbeitsweise, einschließlich der Bestellung, Aufgaben und Befugnisse der Prüforgane sowie Mindestanforderungen an die Mitglieder dieser Prüforgane, bestimmt werden,

5. Mindestanforderungen an die für die technischen Überwachungsorganisationen oder für die Entsorgergemeinschaften tätigen Sachverständigen sowie deren Bestellung, Tätigkeit und Kontrolle bestimmt werden,
6. Anforderungen an das Überwachungszeichen und das zugrunde liegende Zertifikat, insbesondere an die Form und den Inhalt, sowie Anforderungen an ihre Erteilung, ihre Aufhebung, ihr Erlöschen und ihren Entzug bestimmt werden,
7. die besonderen Voraussetzungen, das Verfahren, die Erteilung und Aufhebung
   a) der Zustimmung zum Überwachungsvertrag durch die zuständige Behörde geregelt werden sowie
   b) der Anerkennung der Entsorgergemeinschaften durch die zuständige Behörde geregelt werden; dabei kann die Anerkennung der Entsorgergemeinschaften bei drohenden Beschränkungen des Wettbewerbes widerrufen werden,
8. die näheren Anforderungen an den Entzug des Zertifikats und der Berechtigung zum Führen des Überwachungszeichens sowie an die Untersagung der sonstigen weiteren Verwendung der Bezeichnung „Entsorgungsfachbetrieb" durch die zuständige Behörde nach § 56 Absatz 8 Satz 2 bestimmt werden sowie
9. für die erforderlichen Erklärungen, Nachweise, Benachrichtigungen oder sonstigen Daten die elektronische Führung und die Vorlage von Dokumenten in elektronischer Form gemäß § 3a Absatz 2 Satz 2 und 3 des Verwaltungsverfahrensgesetzes angeordnet werden.

Teil 8
Betriebsorganisation, Betriebsbeauftragter für Abfall und Erleichterungen für auditierte Unternehmensstandorte

§ 58 Mitteilungspflichten zur Betriebsorganisation

(1) Besteht bei Kapitalgesellschaften das vertretungsberechtigte Organ aus mehreren Mitgliedern oder sind bei Personengesellschaften mehrere vertretungsberechtigte Gesellschafter vorhanden, so ist der zuständigen Behörde anzuzeigen, wer von ihnen nach den Bestimmungen über die Geschäftsführungsbefugnis für die Gesellschaft die Pflichten des Betreibers einer genehmigungsbedürftigen Anlage im Sinne des § 4 des Bundes-Immissionsschutzgesetzes oder die Pflichten des Besitzers im Sinne des § 27 wahrnimmt, die ihm nach diesem Gesetz und nach den auf Grund dieses Gesetzes erlassenen Rechtsverordnungen obliegen. Die Gesamtverantwortung aller Organmitglieder oder Gesellschafter bleibt hiervon unberührt.

(2) Der Betreiber einer genehmigungsbedürftigen Anlage im Sinne des § 4 des Bundes-Immissionsschutzgesetzes, der Besitzer im Sinne des § 27 oder im Rahmen ihrer Geschäftsführungsbefugnis die nach Absatz 1 Satz 1 anzuzeigende Person hat der zuständigen Behörde mitzuteilen, auf welche Weise sichergestellt ist, dass die Vorschriften und Anordnungen, die der Vermeidung, Verwertung und umweltverträglichen Beseitigung von Abfällen dienen, beim Betrieb beachtet werden.

§ 59 Bestellung eines Betriebsbeauftragten für Abfall

(1) Betreiber von genehmigungsbedürftigen Anlagen im Sinne des § 4 des Bundes-Immissionsschutzgesetzes, Betreiber von Anlagen, in denen regelmäßig gefährliche Abfälle anfallen, Betreiber ortsfester Sortier-, Verwertungs- oder Abfallbeseitigungsanlagen, Besitzer im Sinne des § 27 sowie Betreiber von Rücknahmesystemen und -stellen, die von den Besitzern im Sinne des § 27 eingerichtet worden sind oder an denen sie sich beteiligen, haben unverzüglich einen oder meh-

rere Betriebsbeauftragte für Abfall (Abfallbeauftragte) zu bestellen, sofern dies im Hinblick auf die Art oder die Größe der Anlagen oder die Bedeutung der abfallwirtschaftlichen Tätigkeit, insbesondere unter Berücksichtigung von Art oder Umfang der Rücknahme der Abfälle und der damit verbundenen Besitzerpflichten, erforderlich ist wegen der

1. anfallenden, zurückgenommenen, verwerteten oder beseitigten Abfälle,
2. technischen Probleme der Vermeidung, Verwertung oder Beseitigung oder
3. Eignung der Produkte oder Erzeugnisse, die bei oder nach bestimmungsgemäßer Verwendung Probleme hinsichtlich der ordnungsgemäßen und schadlosen Verwertung oder umweltverträglichen Beseitigung hervorrufen.

Das Bundesministerium für Umwelt, Naturschutz, und nukleare Sicherheit bestimmt nach Anhörung der beteiligten Kreise (§ 68) durch Rechtsverordnung mit Zustimmung des Bundesrates die Betreiber von Anlagen nach Satz 1, die Besitzer nach Satz 1 sowie die Betreiber von Rücknahmesystemen und -stellen nach Satz 1, die Abfallbeauftragte zu bestellen haben. Durch Rechtsverordnung nach Satz 2 kann auch bestimmt werden, welche Besitzer von Abfällen und welche Betreiber von Rücknahmesystemen und -stellen, für die Satz 1 entsprechend gilt, Abfallbeauftragte zu bestellen haben.

(2) Die zuständige Behörde kann anordnen, dass Betreiber von Anlagen nach Absatz 1 Satz 1, Besitzer nach Absatz 1 Satz 1 und Betreiber von Rücknahmesystemen und -stellen nach Absatz 1 Satz 1, für die die Bestellung eines Abfallbeauftragten nicht durch Rechtsverordnung nach Absatz 1 Satz 2 und 3 vorgeschrieben ist, einen oder mehrere Abfallbeauftragte zu bestellen haben, soweit sich im Einzelfall die Notwendigkeit der Bestellung aus den in Absatz 1 Satz 1 genannten Gesichtspunkten ergibt.

(3) Ist nach § 53 des Bundes-Immissionsschutzgesetzes ein Immissionsschutzbeauftragter oder nach § 64 des Wasserhaushaltsgesetzes ein Gewässerschutzbeauftragter zu bestellen, so können diese auch die Aufgaben und Pflichten eines Abfallbeauftragten nach diesem Gesetz wahrnehmen.

§ 60 Aufgaben des Betriebsbeauftragten für Abfall

(1) Der Abfallbeauftragte berät den zur Bestellung Verpflichteten und die Betriebsangehörigen in Angelegenheiten, die für die Abfallvermeidung und Abfallbewirtschaftung bedeutsam sein können. Er ist berechtigt und verpflichtet,

1. den Weg der Abfälle von ihrer Entstehung oder Anlieferung bis zu ihrer Verwertung oder Beseitigung zu überwachen,
2. die Einhaltung der Vorschriften dieses Gesetzes und der auf Grund dieses Gesetzes erlassenen Rechtsverordnungen sowie die Erfüllung erteilter Bedingungen und Auflagen zu überwachen, insbesondere durch Kontrolle der Betriebsstätte und der Art und Beschaffenheit der bewirtschafteten Abfälle in regelmäßigen Abständen, Mitteilung festgestellter Mängel und Vorschläge zur Mängelbeseitigung,
3. die Betriebsangehörigen aufzuklären
   a) über Beeinträchtigungen des Wohls der Allgemeinheit, welche von den Abfällen oder der abfallwirtschaftlichen Tätigkeit ausgehen können,
   b) über Einrichtungen und Maßnahmen zur Verhinderung von Beeinträchtigungen des Wohls der Allgemeinheit unter Berücksichtigung der für die Vermeidung, Verwertung und Beseitigung von Abfällen geltenden Gesetze und Rechtsverordnungen,

4. hinzuwirken auf die Entwicklung und Einführung
   a) umweltfreundlicher und abfallarmer Verfahren, einschließlich Verfahren zur Vermeidung, ordnungsgemäßen und schadlosen Verwertung oder umweltverträglichen Beseitigung von Abfällen,
   b) umweltfreundlicher und abfallarmer Erzeugnisse, einschließlich Verfahren zur Wiederverwendung, Verwertung oder umweltverträglichen Beseitigung nach Wegfall der Nutzung, sowie
5. bei der Entwicklung und Einführung der in Nummer 4 Buchstabe a und b genannten Verfahren mitzuwirken, insbesondere durch Begutachtung der Verfahren und Erzeugnisse unter den Gesichtspunkten der Abfallbewirtschaftung,
6. bei Anlagen, in denen Abfälle anfallen, verwertet oder beseitigt werden, zudem auf Verbesserungen des Verfahrens hinzuwirken.

(2) Der Abfallbeauftragte erstattet dem zur Bestellung Verpflichteten jährlich einen schriftlichen Bericht über die nach Absatz 1 Satz 2 Nummer 1 bis 5 getroffenen und beabsichtigten Maßnahmen.

(3) Auf das Verhältnis zwischen dem zur Bestellung Verpflichteten und dem Abfallbeauftragten finden § 55 Absatz 1, 1a, 2 Satz 1 und 2, Absatz 3 und 4 und die §§ 56 bis 58 des Bundes-Immissionsschutzgesetzes entsprechende Anwendung. Das Bundesministerium für Umwelt, Naturschutz, und nukleare Sicherheit wird ermächtigt, nach Anhörung der beteiligten Kreise (§ 68) durch Rechtsverordnung mit Zustimmung des Bundesrates vorzuschreiben, welche Anforderungen an die Fachkunde und Zuverlässigkeit des Abfallbeauftragten zu stellen sind.

§ 61 Anforderungen an Erleichterungen für auditierte Unternehmensstandorte

(1) Die Bundesregierung wird ermächtigt, zur Förderung der privaten Eigenverantwortung für Standorte des Gemeinschaftssystems für das Umweltmanagement und die Umweltbetriebsprüfung (EMAS) durch Rechtsverordnung mit Zustimmung des Bundesrates Erleichterungen zum Inhalt der Antragsunterlagen in abfallrechtlichen Verfahren sowie überwachungsrechtliche Erleichterungen vorzusehen, soweit die entsprechenden Anforderungen der Verordnung (EG) Nr. 1221/2009 des Europäischen Parlaments und des Rates vom 25. November 2009 über die freiwillige Teilnahme von Organisationen an einem Gemeinschaftssystem für Umweltmanagement und Umweltbetriebsprüfung und zur Aufhebung der Verordnung (EG) Nr. 761/2001 sowie der Beschlüsse der Kommission 2001/681/EG und 2006/193/EG (ABl. L 342 vom 22.12.2009, S. 1) gleichwertig mit den Anforderungen sind, die zur Überwachung und zu den Antragsunterlagen nach diesem Gesetz oder den auf Grund dieses Gesetzes erlassenen Rechtsverordnungen vorgesehen sind oder soweit die Gleichwertigkeit durch die Rechtsverordnung nach dieser Vorschrift sichergestellt wird.

(2) Durch Rechtsverordnung nach Absatz 1 können weitere Voraussetzungen für die Inanspruchnahme und die Rücknahme von Erleichterungen oder die vollständige oder teilweise Aussetzung von Erleichterungen für Fälle festgelegt werden, in denen die Voraussetzungen für deren Gewährung nicht mehr vorliegen.

(3) Durch Rechtsverordnung nach Absatz 1 können ordnungsrechtliche Erleichterungen, insbesondere zu

1. Kalibrierungen, Ermittlungen, Prüfungen und Messungen,
2. Messberichten sowie sonstigen Berichten und Mitteilungen von Ermittlungsergebnissen,

3. Aufgaben des Betriebsbeauftragten für Abfall,
4. Mitteilungspflichten zur Betriebsorganisation und
5. der Häufigkeit der behördlichen Überwachung

nur gewährt werden, wenn der Umweltgutachter oder die Umweltgutachterorganisation im Sinne des Umweltauditgesetzes die Einhaltung der Umweltvorschriften geprüft hat, keine Abweichungen festgestellt hat und dies in der Validierung bescheinigt.

(4) Durch Rechtsverordnung nach Absatz 1 können unter den dort genannten Voraussetzungen Erleichterungen im Genehmigungsverfahren sowie überwachungsrechtliche Erleichterungen für Entsorgungsfachbetriebe gewährt werden.

Teil 9
Schlussbestimmungen

§ 62 Anordnungen im Einzelfall

Die zuständige Behörde kann im Einzelfall die erforderlichen Anordnungen zur Durchführung dieses Gesetzes und der auf Grund dieses Gesetzes erlassenen Rechtsverordnungen treffen.

§ 63 Geheimhaltung und Datenschutz

Die Rechtsvorschriften über Geheimhaltung und Datenschutz bleiben unberührt.

§ 64 Elektronische Kommunikation

Soweit auf Grund dieses Gesetzes oder einer auf Grund dieses Gesetzes erlassenen Rechtsverordnung die Schriftform angeordnet wird, ist auch die elektronische Form nach Maßgabe des § 3a des Verwaltungsverfahrensgesetzes zugelassen.

§ 65 Umsetzung von Rechtsakten der Europäischen Union

(1) Zur Umsetzung von Rechtsakten der Europäischen Union kann die Bundesregierung mit Zustimmung des Bundesrates zu dem in § 1 genannten Zweck Rechtsverordnungen zur Sicherstellung der umweltverträglichen Abfallvermeidung und Abfallbewirtschaftung, insbesondere zur ordnungsgemäßen und schadlosen Verwertung sowie zur umweltverträglichen Beseitigung von Abfällen erlassen. In den Rechtsverordnungen kann auch geregelt werden, wie die Öffentlichkeit zu unterrichten ist.

(2) Zur Umsetzung von Rechtsakten der Europäischen Union kann die Bundesregierung durch Rechtsverordnung mit Zustimmung des Bundesrates das Verwaltungsverfahren zur Erteilung von Genehmigungen und Erlaubnissen oder Erstattung von Anzeigen nach diesem Gesetz oder nach einer auf Grund dieses Gesetzes erlassenen Rechtsverordnung regeln.

§ 66 Vollzug im Bereich der Bundeswehr

(1) Im Geschäftsbereich des Bundesministeriums der Verteidigung obliegt der Vollzug des Gesetzes und der auf Grund dieses Gesetzes erlassenen Rechtsverordnungen für Material, das zur Verwendung für militärische Zwecke bestimmt ist, sowie für die Verwertung und Beseitigung militäreigentümlicher Abfälle sowie von Abfällen, für die ein besonderes militärisches Sicherheitsinteresse besteht, dem Bundesministerium der Verteidigung und den von ihm bestimmten Stellen.

(2) Das Bundesministerium der Verteidigung wird ermächtigt für Material, das zur Verwendung für militärische Zwecke bestimmt ist, sowie, für die Verwertung oder die Beseitigung von Abfällen

im Sinne des Absatzes 1 aus dem Bereich der Bundeswehr Ausnahmen von diesem Gesetz und den auf Grund dieses Gesetzes erlassenen Rechtsverordnungen zuzulassen, soweit zwingende Gründe der Verteidigung oder die Erfüllung zwischenstaatlicher Pflichten dies erfordern.

§ 67 Beteiligung des Bundestages beim Erlass von Rechtsverordnungen

Rechtsverordnungen nach § 8 Absatz 2, § 10 Absatz 1 Nummer 1 und 4, den §§ 24, 25 und 65 sind dem Bundestag zuzuleiten. Die Zuleitung erfolgt vor der Zuleitung an den Bundesrat. Die Rechtsverordnungen können durch Beschluss des Bundestages geändert oder abgelehnt werden. Der Beschluss des Bundestages wird der Bundesregierung zugeleitet. Hat sich der Bundestag nach Ablauf von drei Sitzungswochen seit Eingang der Rechtsverordnung nicht mit ihr befasst, so wird die unveränderte Rechtsverordnung dem Bundesrat zugeleitet.

§ 68 Anhörung beteiligter Kreise

Soweit Ermächtigungen zum Erlass von Rechtsverordnungen und allgemeinen Verwaltungsvorschriften die Anhörung der beteiligten Kreise vorschreiben, ist ein jeweils auszuwählender Kreis von Vertretern der Wissenschaft, der Betroffenen, der beteiligten Wirtschaft, der für die Abfallwirtschaft zuständigen obersten Landesbehörden, der Gemeinden und Gemeindeverbände zu hören.

§ 69 Bußgeldvorschriften

(1) Ordnungswidrig handelt, wer vorsätzlich oder fahrlässig

1. entgegen § 9a Absatz 1 gefährliche Abfälle vermischt,

1a. entgegen § 9a Absatz 3 Abfälle nicht oder nicht rechtzeitig trennt oder nicht oder nicht rechtzeitig behandelt,

1b. entgegen § 12 Absatz 4 oder § 56 Absatz 4 Satz 2 ein dort genanntes Zeichen führt,

2. entgegen § 28 Absatz 1 Satz 1 Abfälle zur Beseitigung behandelt, lagert oder ablagert,

3. ohne Planfeststellungsbeschluss nach § 35 Absatz 2 Satz 1 oder ohne Plangenehmigung nach § 35 Absatz 3 Satz 1 eine Deponie errichtet oder wesentlich ändert,

4. einer vollziehbaren Auflage nach § 36 Absatz 4 Satz 1 oder Satz 3, § 39 Absatz 1 Satz 1 oder Absatz 2 Satz 1, § 53 Absatz 3 Satz 1 oder § 54 Absatz 2 zuwiderhandelt,

5. einer mit einer Zulassung nach § 37 Absatz 1 Satz 1 verbundenen vollziehbaren Auflage zuwiderhandelt,

6. einer vollziehbaren Untersagung nach § 53 Absatz 3 Satz 3 zuwiderhandelt,

7. ohne Erlaubnis nach § 54 Absatz 1 Satz 1 gefährliche Abfälle sammelt, befördert, mit ihnen Handel treibt oder diese makelt oder

8. einer Rechtsverordnung nach § 4 Absatz 2, § 5 Absatz 2, § 10 Absatz 1 oder 4 Nummer 2, § 11 Absatz 2 Satz 1 oder 2 oder Absatz 3 Satz 1 Nummer 1 bis 3 oder Satz 2 Nummer 2, § 12 Absatz 7, § 16 Satz 1 Nummer 1 oder Nummer 2, § 24, § 25 Absatz 1 Nummer 1 bis 3 oder 5 oder Absatz 2 Nummer 5 bis 7 oder 10, § 28 Absatz 3 Satz 2, § 43 Absatz 1 Satz 1 Nummer 2 bis 5, 7 oder Nummer 8 oder § 57 Satz 2 Nummer 1 bis 7 oder Nummer 8 oder einer vollziehbaren Anordnung auf Grund einer solchen Rechtsverordnung zuwiderhandelt, soweit die Rechtsverordnung für einen bestimmten Tatbestand auf diese Bußgeldvorschrift verweist.

(2) Ordnungswidrig handelt, wer vorsätzlich oder fahrlässig

1. entgegen § 18 Absatz 1, § 26 Absatz 2, § 40 Absatz 1 Satz 1 oder § 53 Absatz 1 Satz 1 eine Anzeige nicht, nicht richtig, nicht vollständig oder nicht rechtzeitig erstattet,
2. entgegen § 34 Absatz 1 Satz 1 das Betreten eines Grundstücks oder eine dort genannte Maßnahme nicht duldet,
3. entgegen § 41 Absatz 1 Satz 1 in Verbindung mit einer Rechtsverordnung nach § 41 Absatz 2 Satz 1 eine Emissionserklärung nicht, nicht richtig, nicht vollständig oder nicht rechtzeitig abgibt oder nicht, nicht richtig, nicht vollständig oder nicht rechtzeitig ergänzt,
4. entgegen § 47 Absatz 3 Satz 1 eine Auskunft nicht, nicht richtig, nicht vollständig oder nicht rechtzeitig erteilt,
5. entgegen § 47 Absatz 3 Satz 2 oder Satz 3 das Betreten eines Grundstücks oder eines Wohn-, Geschäfts- oder Betriebsraumes, die Einsicht in eine Unterlage oder die Vornahme einer technischen Ermittlung oder Prüfung nicht gestattet,
6. entgegen § 47 Absatz 4 eine dort genannte Anlage nicht zugänglich macht oder eine Arbeitskraft, ein Werkzeug oder eine Unterlage nicht zur Verfügung stellt,
7. einer vollziehbaren Anordnung nach § 47 Absatz 4 oder Absatz 9 Satz 1, § 51 Absatz 1 Satz 1 oder § 59 Absatz 2 zuwiderhandelt,
8. entgegen § 49 Absatz 1, auch in Verbindung mit § 49 Absatz 3 oder einer Rechtsverordnung nach § 10 Absatz 2 Nummer 1 Buchstabe b oder § 52 Absatz 1 Satz 1 oder Satz 2 Nummer 3 oder Nummer 5, ein Register nicht, nicht richtig oder nicht vollständig führt,
9. entgegen § 49 Absatz 2 in Verbindung mit einer Rechtsverordnung nach § 52 Absatz 1 Satz 1 eine Angabe nicht, nicht richtig, nicht vollständig oder nicht rechtzeitig verzeichnet,
10. entgegen § 49 Absatz 4, auch in Verbindung mit einer Rechtsverordnung nach § 10 Absatz 2 Nummer 1 Buchstabe b oder § 52 Absatz 1 Satz 1 oder Satz 2 Nummer 3, ein Register nicht, nicht richtig, nicht vollständig oder nicht rechtzeitig vorlegt oder eine Mitteilung nicht, nicht richtig, nicht vollständig oder nicht rechtzeitig macht,
11. entgegen § 49 Absatz 5, auch in Verbindung mit einer Rechtsverordnung nach § 52 Absatz 1 Satz 2 Nummer 6, eine Angabe oder einen Beleg nicht oder nicht für die vorgeschriebene Dauer aufbewahrt,
12. entgegen § 50 Absatz 1 in Verbindung mit einer Rechtsverordnung nach § 52 Absatz 1 Satz 1, jeweils auch in Verbindung mit einer Rechtsverordnung nach § 10 Absatz 2 Nummer 1 Buchstabe b oder § 52 Absatz 1 Satz 2 Nummer 3, einen Nachweis nicht, nicht richtig, nicht vollständig oder nicht rechtzeitig führt,
13. entgegen § 55 Absatz 1 Satz 1 ein Fahrzeug nicht, nicht richtig, nicht vollständig oder nicht rechtzeitig mit Warntafeln versieht,
14. entgegen § 59 Absatz 1 Satz 1 in Verbindung mit einer Rechtsverordnung nach § 59 Absatz 1 Satz 2 und 3 einen Abfallbeauftragten nicht oder nicht rechtzeitig bestellt oder
15. einer Rechtsverordnung nach § 10 Absatz 2 Nummer 1 Buchstabe a, Nummer 2 bis 7 oder Nummer 8, jeweils auch in Verbindung mit § 11 Absatz 3 Satz 1 Nummer 4, § 16 Satz 1 Nummer 3 oder § 43 Absatz 5, nach § 10 Absatz 4 Nummer 1, § 11 Absatz 3 Satz 2 Nummer 1, § 25 Absatz 1 Nummer 7 oder 8 oder Absatz 2 Nummer 3, 9 oder 11, § 43 Absatz 1 Satz 1 Nummer 6 oder Nummer 9, § 52 Absatz 1 Satz 1 und Absatz 2 Nummer 2 oder Num-

mer 3, § 53 Absatz 6 Nummer 1, 2, 4 oder Nummer 5, § 54 Absatz 7 Nummer 1, 2, 4 oder Nummer 5 oder § 57 Satz 2 Nummer 9 oder einer vollziehbaren Anordnung auf Grund einer solchen Rechtsverordnung zuwiderhandelt, soweit die Rechtsverordnung für einen bestimmten Tatbestand auf diese Vorschrift verweist.

(3) Die Ordnungswidrigkeit nach Absatz 1 kann mit einer Geldbuße bis zu hunderttausend Euro, die Ordnungswidrigkeit nach Absatz 2 mit einer Geldbuße bis zu zehntausend Euro geahndet werden.

(4) Verwaltungsbehörde im Sinne des § 36 Absatz 1 Nummer 1 des Gesetzes über Ordnungswidrigkeiten ist das Bundesamt für Güterverkehr, soweit es sich um Ordnungswidrigkeiten nach Absatz 1 Nummer 6 bis 8 oder nach Absatz 2 Nummer 1, 7, 8, 10 bis 13 und 15 handelt und die Zuwiderhandlung im Zusammenhang mit der Beförderung von Abfällen durch Fahrzeuge zur Güterbeförderung auf der Straße in einem Unternehmen begangen wird, das im Inland weder seinen Sitz noch eine geschäftliche Niederlassung hat, und soweit die betroffene Person im Inland keinen Wohnsitz hat.

§ 70 Einziehung

Ist eine Ordnungswidrigkeit nach § 69 Absatz 1 Nummer 2 bis 7 oder Nummer 8 begangen worden, so können Gegenstände eingezogen werden,

1. auf die sich die Ordnungswidrigkeit bezieht oder

2. die zu ihrer Begehung oder Vorbereitung gebraucht worden oder bestimmt gewesen sind.

§ 23 des Gesetzes über Ordnungswidrigkeiten ist anzuwenden.

§ 71 Ausschluss abweichenden Landesrechts

Von den in diesem Gesetz oder auf Grund dieses Gesetzes getroffenen Regelungen des Verwaltungsverfahrens kann durch Landesrecht nicht abgewichen werden.

§ 72 Übergangsvorschrift

(1) Pflichtenübertragungen nach§ 16 Absatz 2, § 17 Absatz 3 oder § 18 Absatz 2 des Kreislaufwirtschafts- und Abfallgesetzes vom 27. September 1994 (BGBl. I S. 2705), das zuletzt durch Artikel 5 des Gesetzes vom 6. Oktober 2011 (BGBl. I S. 1986) geändert worden ist, gelten fort. Die zuständige Behörde kann bestehende Pflichtenübertragungen nach Maßgabe des § 13 Absatz 2 und der §§ 16 bis 18 des Kreislaufwirtschafts- und Abfallgesetzes vom 27. September 1994 (BGBl. I S. 2705), das zuletzt durch Artikel 5 des Gesetzes vom 6. Oktober 2011 (BGBl. I S. 1986) geändert worden ist, verlängern.

(2) Für Verfahren zur Aufstellung von Abfallwirtschaftsplänen, die bis zum Ablauf des 5. Juli 2020 eingeleitet worden sind, ist § 30 des Kreislaufwirtschaftsgesetzes vom 24. Februar 2012 (BGBl. I S. 212) in der bis zum 28. Oktober 2020 geltenden Fassung anzuwenden. Für Verfahren zur Aufstellung von Abfallwirtschaftsplänen, die bis zum Ablauf des 3. Juli 2021 eingeleitet worden sind, ist § 30 des Kreislaufwirtschaftsgesetzes vom 24. Februar 2012 (BGBl. I S. 212) in der bis zum Ablauf des 3. Juli 2021 geltenden Fassung anzuwenden.

(3) Eine Transportgenehmigung nach § 49 Absatz 1 des Kreislaufwirtschafts- und Abfallgesetzes vom 27. September 1994 (BGBl. I S. 2705), das zuletzt durch Artikel 5 des Gesetzes vom 6. Oktober 2011 (BGBl. I S. 1986) geändert worden ist, auch in Verbindung mit § 1 der Transportgenehmigungsverordnung vom 10. September 1996 (BGBl. I S. 1411; 1997 I S. 2861), die zuletzt

durch Artikel 5 des Gesetzes vom 19. Juli 2007 (BGBl. I S. 1462) geändert worden ist, gilt bis zum Ende ihrer Befristung als Erlaubnis nach § 54 Absatz 1 fort.

(4) Eine Genehmigung für Vermittlungsgeschäfte nach § 50 Absatz 1 des Kreislaufwirtschafts- und Abfallgesetzes vom 27. September 1994 (BGBl. I S. 2705), das zuletzt durch Artikel 5 des Gesetzes vom 6. Oktober 2011 (BGBl. I S. 1986) geändert worden ist, gilt bis zum Ende ihrer Befristung als Erlaubnis nach § 54 Absatz 1 fort.

Anlage 1
Beseitigungsverfahren

D 1 Ablagerungen in oder auf dem Boden (zum Beispiel Deponien)

D 2 Behandlung im Boden (zum Beispiel biologischer Abbau von flüssigen oder schlammigen Abfällen im Erdreich)

D 3 Verpressung (zum Beispiel Verpressung pumpfähiger Abfälle in Bohrlöcher, Salzdome oder natürliche Hohlräume)

D 4 Oberflächenaufbringung (zum Beispiel Ableitung flüssiger oder schlammiger Abfälle in Gruben, Teiche oder Lagunen)

D 5 Speziell angelegte Deponien (zum Beispiel Ablagerung in abgedichteten, getrennten Räumen, die gegeneinander und gegen die Umwelt verschlossen und isoliert werden)

D 6 Einleitung in ein Gewässer mit Ausnahme von Meeren und Ozeanen

D 7 Einleitung in Meere und Ozeane einschließlich Einbringung in den Meeresboden

D 8 Biologische Behandlung, die nicht an anderer Stelle in dieser Anlage beschrieben ist und durch die Endverbindungen oder Gemische entstehen, die mit einem der in D 1 bis D 12 aufgeführten Verfahren entsorgt werden

D 9 Chemisch-physikalische Behandlung, die nicht an anderer Stelle in dieser Anlage beschrieben ist und durch die Endverbindungen oder Gemische entstehen, die mit einem der in D 1 bis D 12 aufgeführten Verfahren entsorgt werden (zum Beispiel Verdampfen, Trocknen, Kalzinieren)

D 10 Verbrennung an Land

D 11 Verbrennung auf See[1]

D 12 Dauerlagerung (zum Beispiel Lagerung von Behältern in einem Bergwerk)

D 13 Vermengung oder Vermischung vor Anwendung eines der in D 1 bis D 12 aufgeführten Verfahren[2]

D 14 Neuverpacken vor Anwendung eines der in D 1 bis D 13 aufgeführten Verfahren

D 15 Lagerung bis zur Anwendung eines der in D 1 bis D 14 aufgeführten Verfahren (ausgenommen zeitweilige Lagerung bis zur Sammlung auf dem Gelände der Entstehung der Abfälle)[3]

---

1 Nach EU-Recht und internationalen Übereinkünften verbotenes Verfahren.

2 Falls sich kein anderer D-Code für die Einstufung eignet, kann das Verfahren D 13 auch vorbereitende Verfahren einschließen, die der Beseitigung einschließlich der Vorbehandlung vorangehen, zum Beispiel Sortieren, Zerkleinern, Verdichten, Pelletieren, Trocknen, Schreddern, Konditionierung oder Trennung vor Anwendung eines der unter D 1 bis D 12 aufgeführten Verfahren.

3 Unter einer zeitweiligen Lagerung ist eine vorläufige Lagerung im Sinne des § 3 Absatz 15 zu verstehen.

Anlage 2
Verwertungsverfahren

R 1 Hauptverwendung als Brennstoff oder als anderes Mittel der Energieerzeugung[4]

R 2 Rückgewinnung und Regenerierung von Lösemitteln

R 3 Recycling und Rückgewinnung organischer Stoffe, die nicht als Lösemittel verwendet werden (einschließlich der Kompostierung und sonstiger biologischer Umwandlungsverfahren)[5]

R 4 Recycling und Rückgewinnung von Metallen und Metallverbindungen

R 5 Recycling und Rückgewinnung von anderen anorganischen Stoffen[6]

R 6 Regenerierung von Säuren und Basen

R 7 Wiedergewinnung von Bestandteilen, die der Bekämpfung von Verunreinigungen dienen

R 8 Wiedergewinnung von Katalysatorenbestandteilen

R 9 Erneute Ölraffination oder andere Wiederverwendungen von Öl

---

[4] a) Hierunter fallen Verbrennungsanlagen, deren Zweck in der Behandlung fester Siedlungsabfälle besteht, nur dann, wenn deren Energieeffizienz mindestens folgende Werte hat:
aa) 0,60 für in Betrieb befindliche Anlagen, die bis zum 31. Dezember 2008 genehmigt worden sind,
bb) 0,65 für Anlagen, die nach dem 31. Dezember 2008 genehmigt worden sind oder genehmigt werden.
b) Bei der Berechnung nach Buchstabe a wird folgende Formel verwendet: Energieeffizienz = (Ep – (Ef + Ei)) / (0,97 x (Ew + Ef)).
c) Im Rahmen der in Buchstabe b enthaltenen Formel bedeutet:
aa) Ep die jährlich als Wärme oder Strom erzeugte Energie. Der Wert wird berechnet, indem Elektroenergie mit dem Faktor 2,6 und für gewerbliche Zwecke erzeugte Wärme mit dem Faktor 1,1 (Gigajoule pro Jahr) multipliziert wird;
bb) Ef der jährliche Input von Energie in das System aus Brennstoffen, die zur Erzeugung von Dampf eingesetzt werden (Gigajoule pro Jahr);
cc) Ew die jährliche Energiemenge, die im behandelten Abfall enthalten ist, berechnet anhand des unteren Heizwerts des Abfalls (Gigajoule pro Jahr);
dd) Ei die jährliche importierte Energiemenge ohne Ew und Ef (Gigajoule pro Jahr);
ee) 0,97 ein Faktor zur Berechnung der Energieverluste durch Rost- und Kesselasche sowie durch Strahlung.
d) Der Wert der Energieeffizienzformel wird mit einem Klimakorrekturfaktor (Climate Correction Factor, CCF) wie folgt multipliziert:
aa) CCF für vor dem 1. September 2015 in Betrieb befindliche und nach geltendem EU-Recht genehmigte Anlagen:
CCF = 1, wenn HDD > = 3.350
CCF = 1,25, wenn HDD < = 2.150
CCF = – (0,25/1.200) × HDD + 1,698, wenn 2.150 < HDD < 3.350;
bb) CCF für nach dem 31. August 2015 genehmigte Anlagen und für Anlagen gemäß Nummer 1 ab 31. Dezember 2029:
CCF = 1, wenn HDD > = 3.350
CCF = 1,12, wenn HDD < = 2.150
CCF = – (0,12/1.200) × HDD + 1,335, wenn 2.150 < HDD < 3.350.
(Der sich daraus ergebende CCF-Wert wird auf drei Dezimalstellen gerundet).
Der HDD-Wert (Heizgradtage) sollte dem Durchschnitt der jährlichen HDD-Werte für den Standort der Verbrennungsanlage entsprechen, berechnet für einen Zeitraum von 20 aufeinanderfolgenden Jahren vor dem Jahr, für das der CCF bestimmt wird. Der HDD-Wert sollte nach der folgenden Eurostat-Methode berechnet werden: HDD = (18° C – Tm) × d, wenn Tm weniger als oder gleich 15° C (Heizschwelle) beträgt, und HDD = null, wenn Tm über 15° C beträgt; dabei ist Tm der mittleren (Tmin + Tmax)/2 Außentemperatur über einen Zeitraum von d Tagen. Die Berechnungen sind täglich durchzuführen (d = 1) und auf ein Jahr hochzurechnen.
e) Diese Formel ist entsprechend dem Referenzdokument zu den besten verfügbaren Techniken für die Abfallverbrennung zu verwenden.

[5] Dies schließt Vergasung und Pyrolyse unter Verwendung der Bestandteile als Chemikalien ein.

[6] Dies schließt die Bodenreinigung, die zu einer Verwertung des Bodens und zu einem Recycling anorganischer Baustoffe führt, ein.

R 10 Aufbringung auf den Boden zum Nutzen der Landwirtschaft oder zur ökologischen Verbesserung

R 11 Verwendung von Abfällen, die bei einem der in R 1 bis R 10 aufgeführten Verfahren gewonnen werden

R 12 Austausch von Abfällen, um sie einem der in R 1 bis R 11 aufgeführten Verfahren zu unterziehen[7]

R 13 Lagerung von Abfällen bis zur Anwendung eines der in R 1 bis R 12 aufgeführten Verfahren (ausgenommen zeitweilige Lagerung bis zur Sammlung auf dem Gelände der Entstehung der Abfälle)[8]

[7] Falls sich kein anderer R-Code für die Einstufung eignet, kann das Verfahren R 12 vorbereitende Verfahren einschließen, die der Verwertung einschließlich der Vorbehandlung vorangehen, zum Beispiel Demontage, Sortieren, Zerkleinern, Verdichten, Pelletieren, Trocknen, Schreddern, Konditionierung, Neuverpacken, Trennung, Vermengen oder Vermischen vor Anwendung eines der in R 1 bis R 11 aufgeführten Verfahren.

[8] Unter einer zeitweiligen Lagerung ist eine vorläufige Lagerung im Sinne des § 3 Absatz 15 zu verstehen.

Anlage 3
Kriterien zur Bestimmung des Standes der Technik

Bei der Bestimmung des Standes der Technik sind unter Berücksichtigung der Verhältnismäßigkeit zwischen Aufwand und Nutzen möglicher Maßnahmen sowie des Grundsatzes der Vorsorge und der Vorbeugung, jeweils bezogen auf Anlagen einer bestimmten Art, insbesondere folgende Kriterien zu berücksichtigen:

1. Einsatz abfallarmer Technologie,
2. Einsatz weniger gefährlicher Stoffe,
3. Förderung der Rückgewinnung und Wiederverwertung der bei den einzelnen Verfahren erzeugten und verwendeten Stoffe und gegebenenfalls der Abfälle,
4. vergleichbare Verfahren, Vorrichtungen und Betriebsmethoden, die mit Erfolg im Betrieb erprobt wurden,
5. Fortschritte in der Technologie und in den wissenschaftlichen Erkenntnissen,
6. Art, Auswirkungen und Menge der jeweiligen Emissionen,
7. Zeitpunkte der Inbetriebnahme der neuen oder der bestehenden Anlagen,
8. für die Einführung einer besseren, verfügbaren Technik erforderliche Zeit,
9. Verbrauch an Rohstoffen und die Art der bei den einzelnen Verfahren verwendeten Rohstoffe (einschließlich Wasser) sowie Energieeffizienz,
10. Notwendigkeit, die Gesamtwirkung der Emissionen und die Gefahren für den Menschen und die Umwelt so weit wie möglich zu vermeiden oder zu verringern,
11. Notwendigkeit, Unfällen vorzubeugen und deren Folgen für den Menschen und die Umwelt zu verringern,
12. Informationen, die durch die Richtlinie 2009/31/EG (ABl. L 140 vom 5.6.2009, S. 114) geändert worden sind oder von internationalen Organisationen veröffentlicht werden,
13. Informationen, die in BVT-Merkblättern enthalten sind.

Anlage 4
Beispiele für Abfallvermeidungsmaßnahmen nach § 33

1. Maßnahmen, die sich auf die Rahmenbedingungen im Zusammenhang mit der Abfallerzeugung auswirken können:
   a) Einsatz von Planungsmaßnahmen oder sonstigen wirtschaftlichen Instrumenten, die die Effizienz der Ressourcennutzung fördern,
   b) Förderung einschlägiger Forschung und Entwicklung mit dem Ziel, umweltfreundlichere und weniger abfallintensive Produkte und Technologien hervorzubringen, sowie Verbreitung und Einsatz dieser Ergebnisse aus Forschung und Entwicklung,
   c) Entwicklung wirksamer und aussagekräftiger Indikatoren für die Umweltbelastungen im Zusammenhang mit der Abfallerzeugung als Beitrag zur Vermeidung der Abfallerzeugung auf sämtlichen Ebenen, vom Produktvergleich auf Gemeinschaftsebene über Aktivitäten kommunaler Behörden bis hin zu nationalen Maßnahmen.
2. Maßnahmen, die sich auf die Konzeptions-, Produktions- und Vertriebsphase auswirken können:
   a) Förderung von Ökodesign (systematische Einbeziehung von Umweltaspekten in das Produktdesign mit dem Ziel, die Umweltbilanz des Produkts über den gesamten Lebenszyklus hinweg zu verbessern),
   b) Bereitstellung von Informationen über Techniken zur Abfallvermeidung im Hinblick auf einen erleichterten Einsatz der besten verfügbaren Techniken in der Industrie,
   c) Schulungsmaßnahmen für die zuständigen Behörden hinsichtlich der Einbeziehung der Abfallvermeidungsanforderungen bei der Erteilung von Genehmigungen auf Grund dieses Gesetzes sowie des Bundes-Immissionsschutzgesetzes und der auf Grundlage des Bundes-Immissionsschutzgesetzes erlassenen Rechtsverordnungen,
   d) Einbeziehung von Maßnahmen zur Vermeidung der Abfallerzeugung in Anlagen, die keiner Genehmigung nach § 4 des Bundes-Immissionsschutzgesetzes bedürfen. Hierzu könnten gegebenenfalls Maßnahmen zur Bewertung der Abfallvermeidung und zur Aufstellung von Plänen gehören,
   e) Sensibilisierungsmaßnahmen oder Unterstützung von Unternehmen bei der Finanzierung oder der Entscheidungsfindung. Besonders wirksam dürften derartige Maßnahmen sein, wenn sie sich gezielt an kleine und mittlere Unternehmen richten, auf diese zugeschnitten sind und auf bewährte Netzwerke des Wirtschaftslebens zurückgreifen,
   f) Rückgriff auf freiwillige Vereinbarungen, Verbraucher- und Herstellergremien oder branchenbezogene Verhandlungen, damit die jeweiligen Unternehmen oder Branchen eigene Abfallvermeidungspläne oder -ziele festlegen oder abfallintensive Produkte oder Verpackungen verbessern,
   g) Förderung anerkannter Umweltmanagementsysteme.
3. Maßnahmen, die sich auf die Verbrauchs- und Nutzungsphase auswirken können:
   a) Wirtschaftliche Instrumente wie zum Beispiel Anreize für umweltfreundlichen Einkauf oder die Einführung eines vom Verbraucher zu zahlenden Aufpreises für einen Verpackungsartikel oder Verpackungsteil, der sonst unentgeltlich bereitgestellt werden würde,

b) Sensibilisierungsmaßnahmen und Informationen für die Öffentlichkeit oder eine bestimmte Verbrauchergruppe,

c) Förderung von Ökozeichen,

d) Vereinbarungen mit der Industrie, wie der Rückgriff auf Produktgremien etwa nach dem Vorbild der integrierten Produktpolitik, oder mit dem Einzelhandel über die Bereitstellung von Informationen über Abfallvermeidung und umweltfreundliche Produkte,

e) Einbeziehung von Kriterien des Umweltschutzes und der Abfallvermeidung in Ausschreibungen des öffentlichen und privaten Beschaffungswesens im Sinne des Handbuchs für eine umweltgerechte öffentliche Beschaffung, das von der Kommission am 29. Oktober 2004 veröffentlicht wurde (Amt für amtliche Veröffentlichungen der Europäischen Gemeinschaften, 2005),

f) Förderung der Wiederverwendung und Reparatur geeigneter entsorgter Produkte oder ihrer Bestandteile, vor allem durch den Einsatz pädagogischer, wirtschaftlicher, logistischer oder anderer Maßnahmen wie Unterstützung oder Einrichtung von akkreditierten Zentren und Netzen für Reparatur und Wiederverwendung, insbesondere in dicht besiedelten Regionen.

Anlage 5
(zu § 6 Absatz 3)

Beispiele für wirtschaftliche Instrumente und andere Maßnahmen zur Schaffung von Anreizen für die Anwendung der Abfallhierarchie

1. Gebühren und Beschränkungen für die Ablagerung von Abfällen auf Deponien und die Verbrennung von Abfällen als Anreiz für Abfallvermeidung und Recycling, wobei die Ablagerung von Abfällen auf Deponien die am wenigsten bevorzugte Abfallbewirtschaftungsoption bleibt,
2. verursacherbezogene Gebührensysteme, in deren Rahmen Abfallerzeugern ausgehend von der tatsächlich verursachten Abfallmenge Gebühren in Rechnung gestellt werden und die Anreize für die getrennte Sammlung recycelbarer Abfälle und für die Verringerung gemischter Abfälle schaffen,
3. steuerliche Anreize für die Spende von Produkten, insbesondere von Lebensmitteln und Textilien,
4. Produktverantwortung für verschiedene Arten von Abfällen und Maßnahmen zur Optimierung der Wirksamkeit, Kosteneffizienz und Steuerung dieser Produktverantwortung,
5. Pfandsysteme und andere Maßnahmen zur Förderung der effizienten Sammlung gebrauchter Erzeugnisse, Materialien und Stoffe,
6. solide Planung von Investitionen in die Infrastruktur zur Abfallbewirtschaftung, auch über die Unionsfonds,
7. ein auf Nachhaltigkeit ausgerichtetes öffentliches Beschaffungswesen zur Förderung einer besseren Abfallbewirtschaftung und des Einsatzes von recycelten Erzeugnissen, Materialien und Stoffen,
8. schrittweise Abschaffung von Subventionen, die nicht mit der Abfallhierarchie vereinbar sind,
9. Einsatz steuerlicher Maßnahmen oder anderer Mittel zur Förderung des Absatzes von Erzeugnissen, Materialien und Stoffen, die zur Wiederverwendung vorbereitet oder recycelt wurden,
10. Förderung von Forschung und Innovation im Bereich moderner Recycling- und Generalüberholungstechnologie,
11. Nutzung der besten verfügbaren Verfahren der Abfallbehandlung,
12. wirtschaftliche Anreize für Behörden, insbesondere zur Förderung der Abfallvermeidung und zur verstärkten Einführung von Systemen der getrennten Sammlung, bei gleichzeitiger Vermeidung der Förderung der Ablagerung von Abfällen auf Deponien und der Verbrennung von Abfällen,
13. Kampagnen zur Sensibilisierung der Öffentlichkeit, insbesondere in Bezug auf die Abfallvermeidung, die getrennte Sammlung und die Vermeidung von Vermüllung, sowie durchgängige Berücksichtigung dieser Fragen im Bereich Aus- und Weiterbildung,
14. Systeme für die Koordinierung, auch mit digitalen Mitteln, aller für die Abfallbewirtschaftung zuständigen Behörden,
15. Förderung des fortgesetzten Dialogs und der Zusammenarbeit zwischen allen Interessenträgern der Abfallbewirtschaftung sowie Unterstützung von freiwilligen Vereinbarungen und der Berichterstattung über Abfälle durch Unternehmen.

Verordnung über das Anzeige- und Erlaubnisverfahren für Sammler, Beförderer, Händler und Makler von Abfällen

(Anzeige- und Erlaubnisverordnung – AbfAEV)

Vom 5. Dezember 2013 (BGBl. I S. 4043)

Zuletzt geändert am 3. Juli 2018 (BGBl. I S. 1084)

Inhaltsübersicht

Anlage 1 Lehrgangsinhalte

(zu § 4 Absatz 3 Satz 1 und Absatz 5, § 5 Absatz 1 Satz 1 Nummer 2 und Absatz 3 Satz 2 sowie zu § 16 Absatz 2 und 5)

Anlage 2 Vordruck für die Anzeige

(zu § 7 Absatz 1 Satz 1 und Absatz 5, § 8 Absatz 1 Satz 1 Nummer 1 und § 16 Absatz 1 Satz 2)

Anlage 3 Vordruck für den Antrag auf Erlaubnis

(zu § 9 Absatz 1, § 11 Absatz 1 Satz 1 Nummer 1 und § 16 Absatz 1 Satz 2)

Anlage 4 Vordruck für die Erlaubnis

(zu § 10 Absatz 3 Satz 1)

Abschnitt 1
Allgemeine Vorschriften

§ 1 Anwendungsbereich

(1) Diese Verordnung gilt für

1. Anzeigen der Aufnahme der betrieblichen Tätigkeit durch Sammler, Beförderer, Händler und Makler von Abfällen nach § 53 Absatz 1 Satz 1 des Kreislaufwirtschaftsgesetzes und
2. Erlaubnisse für Sammler, Beförderer, Händler und Makler von gefährlichen Abfällen nach § 54 Absatz 1 Satz 1 des Kreislaufwirtschaftsgesetzes.

(2) Diese Verordnung gilt auch für anzeige- und erlaubnispflichtige Tätigkeiten, die auf dem Gebiet der Bundesrepublik Deutschland durchgeführt werden im Rahmen einer Verbringung von Abfällen im Sinne der Verordnung (EG) Nr. 1013/2006 des Europäischen Parlaments und des Rates vom 14. Juni 2006 über die Verbringung von Abfällen (ABl. L 190 vom 12.7.2006, S. 1, L 318 vom 28.11.2008, S. 15), die zuletzt durch die Verordnung (EU) Nr. 255/2013 (ABl. L 79 vom 21.3.2013, S. 19) geändert worden ist, in der jeweils geltenden Fassung.

§ 2 Begriffsbestimmungen

(1) Inhaber im Sinne dieser Verordnung ist diejenige natürliche oder juristische Person oder Personenvereinigung, die den die Sammler-, Beförderer-, Händler der Maklertätigkeit ausübenden Betrieb betreibt. Sofern es sich bei dem Inhaber um eine juristische Person oder Personenvereinigung handelt, kommt es für die Erfüllung der personenbezogenen Anforderungen dieser Verordnung an den Inhaber auf die nach Gesetz, Satzung oder Gesellschaftsvertrag zur Vertretung oder Geschäftsführung des Betriebes berechtigten Personen an.

(2) Für die Leitung und Beaufsichtigung des Betriebes verantwortliche Personen im Sinne dieser Verordnung sind diejenigen natürlichen Personen, die vom Inhaber mit der fachlichen Leitung, Überwachung und Kontrolle der vom Betrieb durchgeführten Tätigkeiten insbesondere im Hinblick auf die Beachtung der hierfür geltenden Vorschriften und Anordnungen beauftragt worden sind. Die Beauftragung setzt die Übertragung der für die in Satz 1 beschriebenen Aufgaben erforderlichen Entscheidungs- und Mitwirkungsbefugnisse voraus.

(3) Sonstiges Personal im Sinne dieser Verordnung sind diejenigen Arbeitnehmerinnen und Arbeitnehmer und anderen im Betrieb des Sammlers, Beförderers, Händlers oder Maklers von Abfällen beschäftigten Personen, die bei der Ausübung dieser betrieblichen Tätigkeiten mitwirken.

Abschnitt 2
Anforderungen an Sammler, Beförderer, Händler und Makler von Abfällen

§ 3 Zuverlässigkeit

(1) Die nach § 53 Absatz 2 Satz 1 und § 54 Absatz 1 Satz 2 Nummer 1 des Kreislaufwirtschaftsgesetzes erforderliche Zuverlässigkeit ist gegeben, wenn der Inhaber des Betriebes und die für die Leitung und Beaufsichtigung des Betriebes verantwortlichen Personen auf Grund ihrer persönlichen Eigenschaften, ihres Verhaltens und ihrer Fähigkeiten zur ordnungsgemäßen Erfüllung der ihnen obliegenden Aufgaben geeignet sind.

(2) Die erforderliche Zuverlässigkeit ist in der Regel nicht gegeben, wenn eine der in Absatz 1 genannten Personen

1. wegen Verletzung von Vorschriften

   a) des Strafrechts über gemeingefährliche Delikte oder Delikte gegen die Umwelt,

   b) des Immissionsschutz-, Abfall-, Wasser-, Natur- und Landschaftsschutz-, Chemikalien-, Gentechnik- oder Atom- und Strahlenschutzrechts,

   c) des Lebensmittel-, Arzneimittel-, Pflanzenschutz- oder Infektionsschutzrechts,

   d) des Gewerbe-, Arbeitsschutz-, Transport- oder Gefahrgutrechts oder

   e) des Betäubungsmittel-, Waffen- oder Sprengstoffrechts

   innerhalb der letzten fünf Jahre vor Anzeige der Aufnahme der betrieblichen Tätigkeit oder der Beantragung der Erlaubnis mit einer Geldbuße in Höhe von mehr als zweitausendfünfhundert Euro belegt oder zu einer Strafe verurteilt worden ist oder

2. wiederholt oder grob pflichtwidrig gegen die in Nummer 1 genannten Vorschriften verstoßen hat.

[Stand: 01.12.2019]

§ 4 Fachkunde von Anzeigepflichtigen

(1) Im Falle einer gewerbsmäßigen Tätigkeit des anzeigenden Sammlers, Beförderers, Händlers oder Maklers von Abfällen setzt die nach § 53 Absatz 2 Satz 2 des Kreislaufwirtschaftsgesetzes notwendige Fachkunde des Inhabers, soweit er für die Leitung des Betriebes verantwortlich ist, und der für die Leitung und Beaufsichtigung des Betriebes verantwortlichen Personen während einer zweijährigen praktischen Tätigkeit erworbene Kenntnisse über die vom Betrieb angezeigte Tätigkeit voraus. Abweichend von Satz 1 reichen während einer einjährigen praktischen Tätigkeit erworbene Kenntnisse über die vom Betrieb angezeigte Tätigkeit aus, wenn die betroffene Person auf einem Fachgebiet, dem der Betrieb hinsichtlich seiner Betriebsvorgänge zuzuordnen ist,

1. ein Hochschul- oder Fachhochschulstudium abgeschlossen hat,
2. eine kaufmännische oder technische Fachschul- oder Berufsausbildung besitzt oder
3. eine Qualifikation als Meister vorweisen kann.

(2) Die Voraussetzung des Absatzes 1 Satz 1 ist auch erfüllt, wenn sich im Falle der Anzeige einer gewerbsmäßigen Tätigkeit

1. des Sammelns oder Beförderns von Abfällen die erworbenen Kenntnisse des Betroffenen nicht auf die angezeigte, sondern auf die jeweils andere Tätigkeit beziehen,
2. des Handelns mit Abfällen die erworbenen Kenntnisse des Betroffenen nicht auf die angezeigte, sondern auf die Tätigkeit des Sammelns oder Beförderns beziehen oder
3. des Makelns von Abfällen die erworbenen Kenntnisse des Betroffenen nicht auf die angezeigte, sondern auf die Tätigkeit des Sammelns, Beförderns oder Handelns von Abfällen beziehen.

(3) Liegen die Voraussetzungen der Absätze 1 und 2 nicht vor, kann die nach § 53 Absatz 2 Satz 2 des Kreislaufwirtschaftsgesetzes notwendige Fachkunde auch durch den Besuch eines Lehrgangs, in dem Kenntnisse entsprechend der Anlage 1 vermittelt werden, erworben werden. Der Lehrgang nach Satz 1 muss vor Aufnahme der Tätigkeit abgeschlossen sein.

(4) Im Falle von im Rahmen wirtschaftlicher Unternehmen tätigen Sammlern, Beförderern, Händlern und Maklern von Abfällen setzt die nach § 53 Absatz 2 Satz 2 des Kreislaufwirtschafts-

gesetzes notwendige Fachkunde des Inhabers, soweit er für die Leitung des Betriebes verantwortlich ist, und der für die Leitung und Beaufsichtigung des Betriebes verantwortlichen Personen voraus, dass die betroffene Person über die für die vom Unternehmen im Hauptzweck ausgeübte Tätigkeit erforderliche berufliche Qualifikation verfügt.

(5) Soweit es zur Wahrung des Wohls der Allgemeinheit erforderlich ist, kann die zuständige Behörde zusätzlich in den Fällen der Absätze 1 bis 4 die Teilnahme an einem von der zuständigen Behörde anerkannten Lehrgang, in dem Kenntnisse entsprechend der Anlage 1 vermittelt werden, und eine regelmäßige entsprechende Fortbildung anordnen.

§ 5 Fachkunde von Erlaubnispflichtigen

(1) Die nach § 54 Absatz 1 Satz 2 Nummer 2 des Kreislaufwirtschaftsgesetzes notwendige Fachkunde des Inhabers, soweit er für die Leitung des Betriebes verantwortlich ist, und der für die Leitung und Beaufsichtigung des Betriebes verantwortlichen Personen setzt Folgendes voraus:

1. während einer zweijährigen praktischen Tätigkeit erworbene Kenntnisse über die Tätigkeit, für die der Betrieb die Erlaubnis beantragt, sowie
2. die Teilnahme an einem oder mehreren von der zuständigen Behörde anerkannten Lehrgängen, in denen Kenntnisse entsprechend der Anlage 1 vermittelt werden.

Abweichend von Satz 1 Nummer 1 reichen während einer einjährigen praktischen Tätigkeit erworbene Kenntnisse über die vom Betrieb beantragte Tätigkeit aus, sofern die betroffene Person auf einem Fachgebiet, dem der Betrieb hinsichtlich seiner Betriebsvorgänge zuzuordnen ist,

1 ein Hochschul- oder Fachhochschulstudium abgeschlossen hat,

2. eine kaufmännische oder technische Fachschul- oder Berufsausbildung besitzt oder
3. eine Qualifikation als Meister vorweisen kann.

(2) Die Voraussetzung des Absatzes 1 Satz 1 Nummer 1 ist auch erfüllt, wenn sich im Falle der Beantragung einer Erlaubnis für die Tätigkeit

1. des Sammelns oder Beförderns von gefährlichen Abfällen die erworbenen Kenntnisse des Betroffenen nicht auf die beantragte, sondern auf die jeweils andere Tätigkeit beziehen,
2. des Handelns mit gefährlichen Abfällen die erworbenen Kenntnisse des Betroffenen nicht auf die beantragte, sondern auf die Tätigkeit des Sammelns oder Beförderns von gefährlichen Abfällen beziehen oder
3. des Makelns von gefährlichen Abfällen die erworbenen Kenntnisse des Betroffenen nicht auf die beantragte, sondern auf die Tätigkeit des Sammelns, Beförderns oder Handelns von gefährlichen Abfällen beziehen.

(3) Der Inhaber, soweit er für die Leitung des Betriebes verantwortlich ist, und die für die Leitung und Beaufsichtigung des Betriebes verantwortlichen Personen müssen durch geeignete Fortbildung über den für ihre Tätigkeit notwendigen aktuellen Wissensstand verfügen. Dazu haben sie regelmäßig, mindestens alle drei Jahre, an von der zuständigen Behörde anerkannten Lehrgängen, in denen Kenntnisse entsprechend der Anlage 1 vermittelt werden, teilzunehmen und dies der zuständigen Behörde unaufgefordert nachzuweisen.

§ 6 Sachkunde des sonstigen Personals

Die Sachkunde des sonstigen Personals nach § 53 Absatz 2 Satz 2 und § 54 Absatz 1 Satz 2 Nummer 2 des Kreislaufwirtschaftsgesetzes erfordert, dass das sonstige Personal auf der

Grundlage eines Einarbeitungsplanes betrieblich eingearbeitet wird und über den für die jeweilige Tätigkeit notwendigen aktuellen Wissensstand verfügt. Den Fortbildungsbedarf des sonstigen Personals ermitteln der Inhaber, soweit er für die Leitung des Betriebes verantwortlich ist, oder die für die Leitung und Beaufsichtigung des Betriebes verantwortlichen Personen. Soweit es zur Wahrung des Wohls der Allgemeinheit erforderlich ist, kann die zuständige Behörde anordnen, dass der Einarbeitungsplan schriftlich erstellt und ihr vorgelegt wird.

Abschnitt 3
Anzeige durch Sammler, Beförderer, Händler und Makler von Abfällen

§ 7 Anzeigeverfahren

(1) Die Anzeige der Aufnahme der betrieblichen Tätigkeit durch Sammler, Beförderer, Händler und Makler von Abfällen nach § 53 Absatz 1 Satz 1 des Kreislaufwirtschaftsgesetzes ist bei der zuständigen Behörde zu erstatten; dabei ist der Vordruck nach Anlage 2 zu verwenden. Entsorgungsfachbetriebe, die nach § 54 Absatz 3 Nummer 2 des Kreislaufwirtschaftsgesetzes von der Erlaubnispflicht nach § 54 Absatz 1 Satz 1 des Kreislaufwirtschaftsgesetzes ausgenommen sind, haben der Anzeige das aktuell gültige Zertifikat nach § 56 Absatz 3 des Kreislaufwirtschaftsgesetzes beizufügen. Sammler, Beförderer, Händler und Makler von gefährlichen Abfällen, die einen Standort des Gemeinschaftssystems für das Umweltmanagement und die Umweltbetriebsprüfung (EMAS) betreiben, der nach § 32 Absatz 1 Satz 1 des Umweltauditgesetzes in der Fassung der Bekanntmachung vom 4. September 2002 (BGBl. I S. 3490), das zuletzt durch Artikel 2 Absatz 43 des Gesetzes vom 7. August 2013 (BGBl. I S. 3154) geändert worden ist, in der jeweils geltenden Fassung, in das EMAS-Register eingetragen ist, und die nach § 12 Absatz 1 Nummer 4 von der Erlaubnispflicht nach § 54 Absatz 1 Satz 1 des Kreislaufwirtschaftsgesetzes ausgenommen sind, haben der Anzeige die aktuell gültige Registrierungsurkunde beizufügen. Folgeregistrierungsurkunden sind der zuständigen Behörde unaufgefordert vorzulegen. *[Stand: 01. 12. 2019]*

(2) Hat der Anzeigende seinen Hauptsitz nicht im Inland, ist diejenige Behörde des Landes zuständig, in dessen Bezirk das Sammeln, Befördern, Handeln oder Makeln von Abfällen erstmals vorgenommen wird.

(3) Nach Eingang der Anzeige überprüft die zuständige Behörde deren Vollständigkeit. Die zuständige Behörde vergibt eine Kennnummer entsprechend § 28 der Nachweisverordnung, soweit eine solche Kennnummer noch nicht zugewiesen wurde. Außerdem vergibt die zuständige Behörde jeweils eine nicht personenbezogene Vorgangsnummer. Das Nähere über die bundesweit einheitliche Vergabe der Kennnummern entsprechend § 28 der Nachweisverordnung und der Vorgangsnummern regeln die Länder durch Vereinbarung.

(4) Sofern die Anzeige unvollständig ist, fordert die zuständige Behörde den Anzeigenden unverzüglich nach Eingang der unvollständigen Anzeige auf, die Angaben zu ergänzen.

(5) Die Bestätigung des Eingangs der vollständigen Anzeige durch die zuständige Behörde erfolgt durch Übersendung des ausgefüllten und unterschriebenen Anzeigevordrucks nach Anlage 2 an den Anzeigenden.

(6) Im Rahmen des Anzeigeverfahrens von der zuständigen Behörde gespeicherte Daten sind unverzüglich zu löschen, wenn sie zur Durchführung des Anzeigeverfahrens nicht mehr erforderlich sind. § 14 bleibt unberührt.

(7) Ändern sich wesentliche Angaben, so ist die Anzeige erneut zu erstatten. Die Vorlage der Folgezertifikate und Folgeregistrierungsurkunden nach Absatz 1 Satz 4 ist hiervon nicht betroffen.

(8) Soweit Hersteller oder Vertreiber auf Grund einer Rechtsverordnung nach § 25 des Kreislaufwirtschaftsgesetzes nicht gefährliche Abfälle als im Rahmen wirtschaftlicher Unternehmen tätige Sammler, Beförderer, Händler und Makler von Abfällen zurücknehmen, sind sie von der Anzeigepflicht ausgenommen.

(9) Sammler und Beförderer, die Abfälle im Rahmen wirtschaftlicher Unternehmen, aber nicht gewöhnlich und nicht regelmäßig sammeln oder befördern, sind von der Anzeigepflicht ausgenommen. Es ist anzunehmen, dass das Sammeln oder Befördern gewöhnlich und regelmäßig erfolgt, wenn die Summe der während eines Kalenderjahres gesammelten oder beförderten Abfallmengen bei nicht gefährlichen Abfällen 20 Tonnen oder bei gefährlichen Abfällen zwei Tonnen übersteigt.

§ 8 Elektronisches Anzeigeverfahren

(1) Zur elektronischen Erstattung der Anzeige stellen die Länder ein bundesweit einheitliches informationstechnisches System bereit, in dem

1. der Vordruck nach Anlage 2 in elektronischer Form vorgehalten wird; das Feld „Unterschrift" im Vordruck nach Anlage 2 entfällt; und
2. die Möglichkeit geschaffen wird
   a) für Entsorgungsfachbetriebe, der Anzeige das Zertifikat nach § 56 Absatz 3 des Kreislaufwirtschaftsgesetzes beizufügen und
   b) für Sammler, Beförderer, Händler und Makler von gefährlichen Abfällen, die einen EMAS-Standort betreiben, der Anzeige die Registrierungsurkunde beizufügen.

Die Länder sind befugt, Daten zu erheben, zu speichern und zu nutzen, die zur Durchführung des Anzeigeverfahrens erforderlich sind. Im Rahmen des elektronischen Anzeigeverfahrens von den Ländern gespeicherte Daten sind unverzüglich zu löschen, wenn sie zur Durchführung des Anzeigeverfahrens nicht mehr erforderlich sind. § 14 bleibt unberührt.

(2) Für das elektronische Anzeigeverfahren gilt § 7 Absatz 1 Satz 2 bis 4, Absatz 2 bis 5 und Absatz 7 entsprechend, § 7 Absatz 5 jedoch mit der Maßgabe, dass die Bestätigung des Eingangs der vollständigen elektronischen Anzeige durch die zuständige Behörde, sofern sie auf elektronischem Wege erfolgt, den Vorgaben an die elektronische Form nach § 3a Absatz 2 des Verwaltungsverfahrensgesetzes zu entsprechen hat.

(3) Die Länder stellen sicher, dass

1. jederzeit Anzeigen nach Absatz 1 Satz 1 über das informationstechnische System erstattet werden können und
2. nach den Artikeln 24, 25 und 32 der Verordnung (EU) 2016/679 des Europäischen Parlaments und des Rates vom 27. April 2016 zum Schutz natürlicher Personen bei der Verarbeitung personenbezogener Daten, zum freien Datenverkehr und zur Aufhebung der Richtlinie 95/46/EG (Datenschutz-Grundverordnung) (ABl. L 119 vom 4.5.2016, S. 1) entsprechende technische und organisatorische Sicherungsmaßnahmen ergriffen werden.

(4) Das Nähere über die Einrichtung und die Nutzungsbedingungen des informationstechnischen Systems regeln die Länder durch Vereinbarung.

Abschnitt 4
Erlaubnis für Sammler, Beförderer, Händler und Makler von gefährlichen Abfällen

§ 9 Antrag und beizufügende Unterlagen

(1) Der Antrag auf Erteilung einer Erlaubnis zum Sammeln, Befördern, Handeln und Makeln von gefährlichen Abfällen nach § 54 Absatz 1 Satz 1 des Kreislaufwirtschaftsgesetzes ist schriftlich bei der zuständigen Behörde zu stellen; dabei ist der Vordruck nach Anlage 3 zu verwenden.

(2) Hat der Antragsteller seinen Hauptsitz nicht im Inland, ist diejenige Behörde des Landes zuständig, in dessen Bezirk das Sammeln, Befördern, Handeln oder Makeln von gefährlichen Abfällen erstmals vorgenommen wird.

(3) Dem Antrag sind folgende Unterlagen beizufügen:

1. die Gewerbeanmeldung,
2. ein Auszug aus dem Handels-, Vereins- oder Genossenschaftsregister, sofern eine Eintragung erfolgt ist,
3. eine firmenbezogene Auskunft, Belegart 9, aus dem Gewerbezentralregister, sofern es sich bei dem Unternehmen um eine juristische Person oder Personenvereinigung handelt,
4. eine personenbezogene Auskunft, Belegart 9, aus dem Gewerbezentralregister für
   a) den Inhaber und
   b) die für die Leitung und Beaufsichtigung des Betriebes verantwortlichen Personen, sofern solche vorhanden sind,
5. ein Führungszeugnis, Belegart OG,
   a) des Inhabers und
   b) der für die Leitung und Beaufsichtigung des Betriebes verantwortlichen Personen, sofern solche vorhanden sind,
6. ein Nachweis über die Fachkunde
   a) des Inhabers, soweit er für die Leitung des Betriebes verantwortlich ist, und
   b) der für die Leitung und Beaufsichtigung des Betriebes verantwortlichen Personen, sofern solche vorhanden sind,
7. der Nachweis einer Betriebshaftpflichtversicherung und einer auf die jeweilige Tätigkeit bezogenen Umwelthaftpflichtversicherung, sofern solche Versicherungen vorhanden sind, sowie
8. der Nachweis der Kraftfahrzeug-Haftpflichtversicherung bei Sammlern und Beförderern von Abfällen, die gefährliche Abfälle auf öffentlichen Straßen befördern.

Die Pflicht zur Beifügung von Unterlagen nach Satz 1 entfällt, wenn die jeweiligen Unterlagen auf Veranlassung des Antragstellers von einem Dritten an die zuständige Behörde übersendet werden.

(4) Die dem Antrag beizufügenden Unterlagen nach Absatz 3 Satz 1 Nummer 1, 2, 6, 7 und 8 können als Kopie eingereicht werden. Bestehen Zweifel an der Echtheit der eingereichten Unterlagen, kann die zuständige Behörde die Einreichung von Originalen verlangen.

§ 10 Erlaubnisverfahren und -erteilung

(1) Nach Eingang des Antrages überprüft die zuständige Behörde die Vollständigkeit des Antrages. Sie stellt dem Antragsteller im Falle der Vollständigkeit unverzüglich nach Eingang des Antrages gemäß § 71b Absatz 3 Satz 1 des Verwaltungsverfahrensgesetzes eine Empfangsbestätigung aus. Die Empfangsbestätigung hat den Vorgaben des § 71b Absatz 3 Satz 2 des Verwaltungsverfahrensgesetzes zu entsprechen und insoweit folgende Angaben zu enthalten:

1. das Datum des Eingangs des vollständigen Antrages,
2. einen Hinweis auf die Genehmigungsfiktion nach § 54 Absatz 6 Satz 2 des Kreislaufwirtschaftsgesetzes in Verbindung mit § 42a des Verwaltungsverfahrensgesetzes,
3. das Datum des Beginns und des Endes der Frist für die Genehmigungsfiktion sowie
4. einen Hinweis auf mögliche Rechtsbehelfe im Zusammenhang mit der Erlaubnis.

(2) Sofern der Antrag unvollständig ist, teilt die zuständige Behörde dem Antragsteller nach § 71b Absatz 4 Satz 1 des Verwaltungsverfahrensgesetzes unverzüglich mit, welche Unterlagen nachzureichen sind. Nach § 71b Absatz 4 Satz 2 des Verwaltungsverfahrensgesetzes hat die Mitteilung nach Satz 1 den Hinweis zu enthalten, dass die Frist für die Genehmigungsfiktion nach § 54 Absatz 6 Satz 2 des Kreislaufwirtschaftsgesetzes in Verbindung mit § 42a des Verwaltungsverfahrensgesetzes erst mit Übersendung des vollständigen Antrages beginnt. Nach Übersendung des vollständigen Antrages ist Absatz 1 entsprechend anzuwenden mit der Maßgabe, dass nach § 71b Absatz 4 Satz 3 des Verwaltungsverfahrensgesetzes dem Antragsteller das Datum des Eingangs der nachgereichten Unterlagen mitzuteilen ist.

(3) Die Erlaubnis nach § 54 Absatz 1 Satz 1 des Kreislaufwirtschaftsgesetzes wird schriftlich unter Verwendung des Vordrucks nach Anlage 4 und unter Vergabe einer Kennnummer entsprechend § 28 der Nachweisverordnung, soweit eine solche Kennnummer noch nicht zugewiesen wurde, erteilt. Außerdem vergibt die zuständige Behörde jeweils eine nicht personenbezogene Vorgangsnummer. Das Nähere über die bundesweit einheitliche Vergabe der Kennnummern entsprechend § 28 der Nachweisverordnung und der Vorgangsnummern regeln die Länder durch Vereinbarung. Für die Bekanntgabe der Erlaubnis gilt § 71b Absatz 6 des Verwaltungsverfahrensgesetzes.

(4) Im Rahmen des Erlaubnisverfahrens von der zuständigen Behörde gespeicherte Daten sind unverzüglich zu löschen, wenn sie zur Durchführung des Erlaubnisverfahrens nicht mehr erforderlich sind. § 14 bleibt unberührt.

(5) Für die Erteilung von Auskünften gilt § 71c Absatz 2 des Verwaltungsverfahrensgesetzes.

(6) Ändern sich wesentliche Umstände, die der Erlaubnis zu Grunde liegen, so ist insoweit eine neue Erlaubnis erforderlich. Ändern sich die im Antrag angegebenen mit der Leitung und Beaufsichtigung des Betriebes beauftragten Personen, so ist dies der zuständigen Behörde anzuzeigen.

(7) Erfolgt die Verfahrensabwicklung gemäß § 54 Absatz 6 Satz 1 des Kreislaufwirtschaftsgesetzes über die einheitliche Stelle, gelten zusätzlich zu den Absätzen 1 bis 6 § 71b Absatz 1, 2 und 5, § 71c Absatz 1 und § 71d des Verwaltungsverfahrensgesetzes.

(8) Absatz 1 Satz 2 und 3 sowie Absatz 2 Satz 2 und 3 finden keine Anwendung, sofern der Antragsteller nicht Staatsangehöriger eines Mitgliedstaates der Europäischen Union oder eines anderen Vertragsstaates des Abkommens über den Europäischen Wirtschaftsraum ist oder als juristische Person in einem dieser Staaten seinen Sitz hat.

§ 11 Elektronisches Verfahren zur Erlaubniserteilung

(1) Zur elektronischen Stellung des Erlaubnisantrages stellen die Länder ein bundesweit einheitliches informationstechnisches System bereit, in dem

1. der Vordruck nach Anlage 3 in elektronischer Form vorgehalten wird und
2. für den Antragsteller die Möglichkeit geschaffen wird, die Unterlagen nach § 9 Absatz 3 Satz 1 beizufügen.

Die Länder sind befugt, Daten zu erheben, zu speichern und zu nutzen, die zur Durchführung des Erlaubnisverfahrens erforderlich sind. Im Rahmen des Erlaubnisverfahrens von den Ländern gespeicherte Daten sind unverzüglich zu löschen, wenn sie zur Durchführung des Erlaubnisverfahrens nicht mehr erforderlich sind. § 14 bleibt unberührt.

(2) Der Erlaubnisantrag hat den Vorgaben an die elektronische Form nach § 3a Absatz 2 des Verwaltungsverfahrensgesetzes zu entsprechen. Für das elektronische Erlaubnisverfahren gelten § 9 Absatz 2 bis 4 sowie § 10 Absatz 1 bis 3 und Absatz 5 bis 8 entsprechend, § 10 Absatz 3 Satz 1 jedoch mit der Maßgabe, dass die Entscheidung über die Erlaubniserteilung, sofern sie auf elektronischem Wege erfolgt, den Vorgaben an die elektronische Form nach § 3a Absatz 2 des Verwaltungsverfahrensgesetzes zu entsprechen hat. § 71e des Verwaltungsverfahrensgesetzes bleibt unberührt.

(3) Die Länder stellen sicher, dass

1. jederzeit Erlaubnisse nach Absatz 1 Satz 1 über das informationstechnische System beantragt werden können und
2. nach den Artikeln 24, 25 und 32 der Verordnung (EU) 2016/679 entsprechende organisatorische und technische Sicherungsmaßnahmen ergriffen werden.

(4) Das Nähere über die Einrichtung und Nutzung des informationstechnischen Systems regeln die Länder durch Vereinbarung.

§ 12 Ausnahmen von der Erlaubnispflicht

(1) Ungeachtet des § 54 Absatz 3 des Kreislaufwirtschaftsgesetzes, des § 2 Absatz 2 Satz 1 des Verpackungsgesetzes, des § 2 Absatz 3 Satz 1 des Elektro- und Elektronikgerätegesetzes und des § 1 Absatz 3 Satz 1 des Batteriegesetzes sind von der Erlaubnispflicht nach § 54 Absatz 1 Satz 1 des Kreislaufwirtschaftsgesetzes auch ausgenommen:

1. Sammler, Beförderer, Händler und Makler von gefährlichen Abfällen, die im Rahmen wirtschaftlicher Unternehmen tätig sind,
2. Sammler, Beförderer, Händler und Makler von gefährlichen Abfällen, die solche Abfälle sammeln, befördern, mit diesen handeln oder diese makeln, die von einem Hersteller oder Vertreiber freiwillig oder auf Grund einer Rechtsverordnung zurückgenommen werden,
3. Sammler, Beförderer, Händler und Makler von gefährlichen Abfällen, die Altfahrzeuge im Rahmen ihrer Überlassung nach § 4 Absatz 1 bis 3 der Altfahrzeug-Verordnung in der Fassung der Bekanntmachung vom 21. Juni 2002 (BGBl. I S. 2214), die zuletzt durch Artikel 3 der Verordnung vom 5. Dezember 2013 (BGBl. I S. 4043) geändert worden ist, in der jeweils geltenden Fassung, sammeln, befördern, mit diesen handeln oder diese makeln,
4. Sammler, Beförderer, Händler und Makler von gefährlichen Abfällen, die einen EMAS-Standort betreiben und bei denen der EMAS-registrierte Tätigkeitsbereich in Klasse 38.12 (Sammlung gefährlicher Abfälle), Klasse 38.22 (Behandlung und Beseitigung gefährlicher Abfälle)

oder Klasse 46.77 (Großhandel mit Altmaterialien und Reststoffen) des Anhangs I der Verordnung (EG) Nr. 1893/2006 des Europäischen Parlaments und des Rates vom 20. Dezember 2006 zur Aufstellung der statistischen Systematik der Wirtschaftszweige NACE Revision 2 und zur Änderung der Verordnung (EWG) Nr. 3037/90 des Rates sowie einiger Verordnungen der EG über bestimmte Bereiche der Statistik (ABl. L 393 vom 30.12.2006, S. 1), die durch die Verordnung (EG) Nr. 295/2008 (ABl. L 97 vom 9.4.2008, S. 13) geändert worden ist, in der jeweils geltenden Fassung, eingeordnet ist, wobei die Ausnahme jeweils nur für den Tätigkeitsbereich gilt, für den die EMAS-Registrierung vorliegt,

5. Sammler und Beförderer von gefährlichen Abfällen, die Abfälle mit Seeschiffen sammeln oder befördern, sowie
6. Sammler und Beförderer von gefährlichen Abfällen, die Abfälle im Rahmen von Paket-, Express- und Kurierdiensten sammeln oder befördern, soweit diese in ihren Beförderungsbedingungen Rechtsvorschriften berücksichtigen, die aus Gründen der Sicherheit im Zusammenhang mit der Beförderung gefährlicher Güter erlassen sind.

(2) Soweit es zur Wahrung des Wohls der Allgemeinheit erforderlich ist, kann die zuständige Behörde abweichend von Absatz 1 die Durchführung eines Erlaubnisverfahrens nach § 54 des Kreislaufwirtschaftsgesetzes anordnen.

Abschnitt 5
Gemeinsame Vorschriften

§ 13 Mitführungspflicht

(1) Soweit die Tätigkeit anzeigepflichtig ist, haben Sammler und Beförderer von Abfällen bei Ausübung ihrer Tätigkeit eine Kopie und im Falle einer elektronischen Anzeige einen Ausdruck der von der Behörde bestätigten Anzeige mitzuführen. Sofern die Behörde die Anzeige noch nicht bestätigt hat, ist dies von dem Anzeigenden auf der Kopie oder dem Ausdruck der Anzeige zu vermerken. In diesem Fall ist die mit dem Vermerk versehene Kopie oder der mit dem Vermerk versehene Ausdruck der Anzeige mitzuführen. Als Entsorgungsfachbetriebe zertifizierte Sammler und Beförderer von gefährlichen Abfällen, die nach § 54 Absatz 3 Nummer 2 von der Erlaubnispflicht nach § 54 Absatz 1 Satz 1 des Kreislaufwirtschaftsgesetzes ausgenommen sind, haben zudem eine Kopie des aktuell gültigen Zertifikats nach § 56 Absatz 3 des Kreislaufwirtschaftsgesetzes mitzuführen. Sammler und Beförderer von gefährlichen Abfällen, die einen EMAS-Standort betreiben und nach § 12 Absatz 1 Nummer 4 von der Erlaubnispflicht nach § 54 Absatz 1 Satz 1 des Kreislaufwirtschaftsgesetzes ausgenommen sind, haben zudem eine Kopie der aktuell gültigen Registrierungsurkunde mitzuführen.

(2) Soweit die Tätigkeit erlaubnispflichtig ist, haben Sammler und Beförderer von gefährlichen Abfällen eine Kopie oder einen Ausdruck der Erlaubnis mitzuführen. Im Falle des Eintritts der Genehmigungsfiktion nach § 54 Absatz 6 Satz 2 des Kreislaufwirtschaftsgesetzes in Verbindung mit § 42a des Verwaltungsverfahrensgesetzes ist eine Kopie des Antrags nach § 9 Absatz 1 oder ein Ausdruck des Antrags nach § 11 Absatz 1 und sofern die Behörde eine Bestätigung nach § 10 Absatz 1 Satz 2, auch in Verbindung mit § 11 Absatz 2 Satz 2, ausgestellt hat, auch diese als Kopie oder Ausdruck mitzuführen.

(3) Die Pflicht, Unterlagen nach den Absätzen 1 und 2 mitzuführen, entfällt, wenn Abfälle mittels schienengebundener Fahrzeuge gesammelt oder befördert werden.

(4) Die Pflicht, Unterlagen nach Absatz 1 mitzuführen, entfällt für den Landwirt, der Gülle von seinem landwirtschaftlichen Betrieb zu einer Biogasanlage befördert.

§ 13a Ausnahmen von der Kennzeichnungspflicht

Die zuständige Behörde kann Sammler und Beförderer von der Pflicht nach § 55 Absatz 1 des Kreislaufwirtschaftsgesetzes und § 10 Absatz 1 des Abfallverbringungsgesetzes, Fahrzeuge vor Antritt der Fahrt mit Warntafeln zu versehen, ganz oder teilweise freistellen, wenn

1. eine Anbringung der Warntafeln technisch nicht möglich ist oder
2. eine Kennzeichnung aus Gründen des Wohls der Allgemeinheit nicht erforderlich ist.

Die zuständige Behörde kann eine andere geeignete Kennzeichnung der Fahrzeuge verlangen.

§ 14 Behördenregister

(1) Die Länder führen ein bundesweit einheitliches elektronisches Register über die nach § 53 Absatz 1 Satz 1 des Kreislaufwirtschaftsgesetzes angezeigten Tätigkeiten und die nach § 54 Absatz 1 Satz 1 des Kreislaufwirtschaftsgesetzes erteilten Erlaubnisse für Sammler, Beförderer, Händler und Makler von Abfällen. Das Nähere über die Einrichtung und Führung des Registers regeln die Länder durch Vereinbarung.

(2) Die Länder sind befugt, Daten nach Absatz 1 zu erheben, zu speichern und zu nutzen, soweit dies zur Registerführung erforderlich ist. Im Register gespeicherte Daten sind unverzüglich zu löschen, wenn sie zur Registerführung nicht mehr erforderlich sind.

§ 15 Ordnungswidrigkeiten

Ordnungswidrig im Sinne des § 69 Absatz 2 Nummer 15 des Kreislaufwirtschaftsgesetzes handelt, wer vorsätzlich oder fahrlässig

1. einer vollziehbaren Anordnung nach § 4 Absatz 5 zuwiderhandelt oder
2. entgegen § 13 Absatz 1 Satz 1, 3, 4 oder 5 oder Absatz 2 eine dort genannte Kopie oder einen dort genannten Ausdruck nicht mitführt.

§ 16 Übergangsvorschriften

(1) Am 1. Juni 2014 bereits begonnene Verfahren zur Erstattung einer Anzeige nach § 53 Absatz 1 Satz 1 des Kreislaufwirtschaftsgesetzes oder auf Erteilung einer Erlaubnis nach § 54 Absatz 1 Satz 1 des Kreislaufwirtschaftsgesetzes sind nach den Vorschriften dieser Verordnung zu Ende zu führen. Die Verfahren können ohne Verwendung der in den Anlagen 2 und 3 enthaltenen Vordrucke durchgeführt werden.

(2) Sammler, Beförderer, Händler und Makler von Abfällen, die gewerbsmäßig tätig sind, und bei denen der Inhaber, soweit er für die Leitung des Betriebes verantwortlich ist, oder die für die Leitung und Beaufsichtigung des Betriebes verantwortlichen Personen zum 1. Juni 2014 die Anforderungen an die Fachkunde nach § 4 Absatz 1 bis 3 nicht erfüllen, haben sicherzustellen, dass die betroffenen Personen bis zum 31. Dezember 2014 an einem oder mehreren von der zuständigen Behörde anerkannten Lehrgängen, in denen Kenntnisse entsprechend der Anlage 1 vermittelt werden, teilnehmen und die Teilnahme der zuständigen Behörde nachzuweisen.

(3) Bis zum 30. September 2014 gestellte Anträge von Händlern und Maklern von gefährlichen Abfällen auf Erteilung einer Erlaubnis nach § 54 Absatz 1 Satz 1 des Kreislaufwirtschaftsgesetzes, darf die zuständige Behörde nicht deshalb ablehnen, weil der Inhaber, soweit er für die Leitung des Betriebes verantwortlich ist, oder die für die Leitung und Beaufsichtigung des Betriebes verantwortlichen Personen nicht an den nach § 5 Absatz 1 Satz 1 Nummer 2 erforderlichen Lehrgängen teilgenommen haben. Die zuständige Behörde hat die Erlaubnis in diesem Fall unter der

auflösenden Bedingung zu erteilen, dass die betroffenen Personen bis zu einem von der Behörde festgelegten Zeitpunkt an den entsprechenden Lehrgängen teilgenommen haben müssen.

(4) Bis zum 31. Mai 2014 besuchte Lehrgänge nach § 3 Absatz 1 Satz 2 Nummer 2 der Beförderungserlaubnisverordnung vom 10. September 1996 (BGBl. I S. 1411; 1997 I S. 2861) in der bis zum 1. Juni 2014 geltenden Fassung kann die Behörde als Lehrgänge im Sinne des § 4 Absatz 3 Satz 1 oder des § 5 Absatz 1 Satz 1 Nummer 2 gelten lassen.

(5) Die behördliche Anerkennung eines Lehrgangs nach § 3 Absatz 1 Satz 2 Nummer 2 der Beförderungserlaubnisverordnung vom 10. September 1996 (BGBl. I S. 1411; 1997 I S. 2861) in der bis zum 1. Juni 2014 geltenden Fassung gilt als Anerkennung eines Lehrgangs nach § 5 Absatz 1 Satz 1 Nummer 2 fort, sofern der Lehrgangsträger die Lehrgangsinhalte an die in der Anlage 1 genannten Inhalte anpasst und bis zum 30. September 2014 der zuständigen Behörde das überarbeitete Lehrgangsprogramm vorlegt.

Anlage 1
(zu § 4 Absatz 3 Satz 1 und Absatz 5, § 5 Absatz 1 Satz 1 Nummer 2 und Absatz 3 Satz 2 sowie zu § 16 Absatz 2 und 5)

Lehrgangsinhalte

Die Lehrgänge sollen Grundkenntnisse über folgende Bereiche vermitteln:

1. das Kreislaufwirtschaftsgesetz, insbesondere
   a) den Anwendungsbereich,
   b) die wichtigsten Begriffsbestimmungen,
   c) die Abfallhierarchie,
   d) die Grundpflichten (Vermeiden, Verwerten, Beseitigen),
   e) die Getrennthaltungspflichten und Vermischungsverbote,
   f) das Verhältnis des Abfallrechts zum Immissionsschutzrecht,
   g) das Verhältnis des Abfallrechts zum Chemikalienrecht,
   h) die Überlassungspflichten,
   i) das Anzeigeverfahren für gemeinnützige und gewerbliche Sammlungen,
   j) die Beauftragung Dritter,
   k) die Register- und Nachweispflichten,
   l) das Anzeige- und Erlaubnisverfahren für Sammler, Beförderer, Händler und Makler von Abfällen,
   m) die Kennzeichnung von Fahrzeugen und
   n) die Bußgeldvorschriften,
2. die auf Grund des Kreislaufwirtschaftsgesetzes ergangenen Rechtsverordnungen, insbesondere
   a) diese Verordnung,
   b) die Nachweisverordnung,
   c) die Entsorgungsfachbetriebeverordnung und
   d) die Abfallverzeichnis-Verordnung,
3. das Recht der Abfallverbringung,
4. Art und Beschaffenheit von gefährlichen Abfällen,
5. schädliche Umwelteinwirkungen und sonstige Gefahren, erhebliche Nachteile und erhebliche Belästigungen, die von Abfällen ausgehen können, und Maßnahmen zu ihrer Verhinderung oder Beseitigung,
6. sonstige Vorschriften des Umweltrechts, die im Zusammenhang mit der Sammlung, der Beförderung, dem Handeln oder dem Makeln von Abfällen von Bedeutung sind,
7. Bezüge zum Güterkraftverkehrs- und Gefahrgutrecht sowie
8. Vorschriften der betrieblichen Haftung.

Anlage 2
(zu § 7 Absatz 1 Satz 1 und Absatz 5, § 8 Absatz 1 Satz 1 Nummer 1 und § 16 Absatz 1 Satz 2)

Vordruck für die Anzeige

☐ Passer für EDV

Seite ① von ④

Formblatt Anzeige nach § 53 KrWG

Anzeige von Sammlern, Beförderern, Händlern und Maklern von Abfällen

Zutreffendes bitte ankreuzen ☒ oder ausfüllen.

☐ Erstmalige Anzeige

☐ Änderungsanzeige

Vorgangsnummer (sofern von der Behörde erteilt)

1 Anzeigender (Hauptsitz des Betriebes)

1.1 Firma / Körperschaft

1.2 Straße / Hausnr.

1.3 Bundesland (2-stellig) / PLZ / Ort

1.4 Staat (2-stellig)

1.5 Für Anzeigende, die keinen Hauptsitz im Inland haben: Ort der erstmaligen Sammler-, Beförderer-, Händler- oder Maklertätigkeit.
Bundesland (2-stellig) / PLZ / Ort

1.6 Telefon / Telefax / USt-Identnr.

1.7 Mobiltelefon / E-Mail

1.8 Gewerbeanmeldung / Datum der Anmeldung / zuständige Behörde / Aktenzeichen (sofern bekannt)

1.9 Eintrag in das Handels-, Vereins- oder Genossenschaftsregister (sofern ein Eintrag erfolgt ist) / Registernummer (HRA, HRB etc.) / Registergericht

Bitte verwenden Sie diese Schreibweise: A B C D E F G H I J K L M N O P Q R S T U V W X Y Z 1 2 3 4 5 6 7 8 9 0

2 Folgende abfallwirtschaftliche Tätigkeiten werden angezeigt:

2.1 ☐ Sammeln. Sammler- oder Beförderernummer nach § 28 NachwV (sofern bereits erteilt)

2.2 ☐ Befördern. Beförderernummer nach § 28 NachwV (sofern bereits erteilt)

2.3 ☐ Handeln. Händlernummer nach § 28 NachwV (sofern bereits erteilt)

2.4 ☐ Makeln. Maklernummer nach § 28 NachwV (sofern bereits erteilt)

BARCODEFELD 75x15mm

3 Art der Tätigkeit

3.1 ☐ Gewerbsmäßig.
Unternehmenszweck ist ganz oder teilweise das entgeltliche Sammeln, Befördern, Handeln oder Makeln von Abfällen für Dritte.

3.2 ☐ Im Rahmen wirtschaftlicher Unternehmen.
Unternehmenszweck ist eine anderweitige gewerbliche oder wirtschaftliche Tätigkeit, die nicht auf das Sammeln, Befördern, Handeln oder Makeln von Abfällen gerichtet ist.

4 Befreiung von der Erlaubnispflicht

4.1 ☐ Nur nicht gefährliche Abfälle (dann weiter unter 5)

☐ Auch gefährliche Abfälle (dann weiter unter 4.2)

Fortsetzung: 4 Befreiung von der Erlaubnispflicht - Seite 2

☐ Passer für EDV

Seite ② von ④ **Formblatt Anzeige nach § 53 KrWG**

4 Fortsetzung von Seite 1: Befreiung von der Erlaubnispflicht

4.2 Das Sammeln, Befördern, Handeln und Makeln von gefährlichen Abfällen ist nach § 54 Absatz 1 Satz 1 KrWG grundsätzlich erlaubnispflichtig. Der Betrieb ist auf Grund einer oder mehrerer der genannten Tatbestände aber von der Erlaubnispflicht befreit und daher nach § 53 Absatz 1 Satz 1 KrWG nur anzeigepflichtig:

4.2.1 ☐ auf Grund der Eigenschaft als öffentlich-rechtlicher Entsorgungsträger (§ 54 Absatz 3 Nummer 1 KrWG),

4.2.2 ☐ auf Grund der Eigenschaft als für die angezeigte Tätigkeit zertifizierter Entsorgungsfachbetrieb (§ 54 Absatz 3 Nummer 2 KrWG),

4.2.2.1 ☐ Zertifikat ist beigefügt

4.2.3 ☐ auf Grund der Eigenschaft als Sammler, Beförderer, Händler und Makler von Elektro- und Elektronikaltgeräten im Rahmen der Durchführung des Elektro- und Elektronikgerätegesetzes (§ 2 Absatz 3 Satz 1 ElektroG),

4.2.4 ☐ auf Grund der Eigenschaft als Sammler, Beförderer, Händler und Makler von Altbatterien im Rahmen der Durchführung des Batteriegesetzes (§ 1 Absatz 3 Satz 1 BattG),

4.2.5 ☐ auf Grund der Eigenschaft als Sammler, Beförderer, Händler und Makler von gefährlichen Abfällen, der im Rahmen wirtschaftlicher Unternehmen tätig ist (§ 12 Absatz 1 Nummer 1 AbfAEV),

4.2.6 ☐ auf Grund der Eigenschaft als Sammler, Beförderer, Händler und Makler von gefährlichen Abfällen, der solche Abfälle sammelt, befördert, mit diesen handelt oder diese makelt, die von einem Hersteller oder Vertreiber freiwillig oder auf Grund einer Rechtsverordnung zurückgenommen werden (§ 12 Absatz 1 Nummer 2 AbfAEV),

4.2.7 ☐ auf Grund der Eigenschaft als Sammler, Beförderer, Händler und Makler von Altfahrzeugen im Rahmen ihrer Überlassung nach § 4 Absatz 1 bis 3 der Altfahrzeug-Verordnung (§ 12 Absatz 1 Nummer 3 AbfAEV),

4.2.8 ☐ auf Grund der Eigenschaft als für die angezeigte Tätigkeit zertifizierter EMAS-Betrieb (§ 12 Absatz 1 Nummer 4 AbfAEV),

4.2.8.1 ☐ Registrierungsurkunde ist beigefügt

4.2.9 ☐ auf Grund der Eigenschaft als Sammler und Beförderer von gefährlichen Abfällen, der die Abfälle mittels Seeschiffen sammelt oder befördert (§ 12 Absatz 1 Nummer 5 AbfAEV),

4.2.10 ☐ auf Grund der Eigenschaft als Sammler und Beförderer von gefährlichen Abfällen, der im Rahmen von Paket-, Express- und Kurierdiensten Abfälle sammelt oder befördert (§ 12 Absatz 1 Nummer 6 AbfAEV).

Bitte verwenden Sie diese Schreibweise:
A B C D E F G H I J K L M N O P Q R
S T U V W X Y Z 1 2 3 4 5 6 7 8 9 0

5 Betriebsinhaber

5.1 Name | Vorname

5.2 Geburtsdatum | Geburtsort

Weiterer Betriebsinhaber (sofern vorhanden)

5.3 Name | Vorname

5.4 Geburtsdatum | Geburtsort

Für weitere Personen verwenden Sie bitte ein separates Beiblatt.

6 Für die Leitung und Beaufsichtigung des Betriebes verantwortliche Person (sofern nicht mit dem Betriebsinhaber identisch)

6.1 Name | Vorname

6.2 Geburtsdatum | Geburtsort

Weitere für die Leitung und Beaufsichtigung des Betriebes verantwortliche Person (sofern vorhanden)

6.3 Name | Vorname

6.4 Geburtsdatum | Geburtsort

Für weitere Personen verwenden Sie bitte ein separates Beiblatt.

BARCODEFELD 75x15mm

Passer für EDV

Seite ③ von ④ — Formblatt Anzeige nach § 53 KrWG

7 Frei für Vermerke des Anzeigenden (Angaben freiwillig)

7.1

8 Versicherung und Unterschrift

8.1 Es wird versichert, dass

- die Anzeige nach bestem Wissen ausgefüllt und unter dem unten genannten Datum an die zuständige Behörde übersandt wurde,
- bei der Tätigkeit des Sammelns, Beförderns, Handelns oder Makelns von Abfällen alle einschlägigen Vorschriften, insbesondere die Vorgaben des Kreislaufwirtschaftsgesetzes und der auf Grund dieses Gesetzes ergangenen Rechtsverordnungen, eingehalten werden,
- die Anforderungen an Sammler, Beförderer, Händler und Makler von Abfällen nach Abschnitt 2 der Anzeige- und Erlaubnisverordnung eingehalten werden.

8.2 Ort

Unterschrift

8.3 Datum (TT.MM.JJJJ)

Bitte verwenden Sie diese Schreibweise:

A	B	C	D	E	F	G	H	I	J	K	L	M	N	O	P	Q	R
S	T	U	V	W	X	Y	Z	1	2	3	4	5	6	7	8	9	0

BARCODEFELD 75x15mm

Passer für EDV

Seite ④ von ④

Formblatt Anzeige nach § 53 KrWG

9 Bestätigung des Eingangs der vollständigen Anzeige (von der Behörde auszufüllen)

Anzeigender

Bestätigende Behörde

Vorgangsnummer:

9.1 Hiermit wird der Eingang der vollständigen Anzeige bestätigt.

9.2 Es wird folgende Sammlernummer nach § 28 NachwV erteilt:

9.3 Es wird folgende Beförderernummer nach § 28 NachwV erteilt:

9.4 Es wird folgende Händlernummer nach § 28 NachwV erteilt:

9.5 Es wird folgende Maklernummer nach § 28 NachwV erteilt:

9.6 Frei für Vermerke der Behörde

9.7 Ort

Unterschrift

9.8 Datum (TT.MM.JJJJ)

Bitte verwenden Sie diese Schreibweise:

A B C D E F G H I J K L M N O P Q R

S T U V W X Y Z 1 2 3 4 5 6 7 8 9 Ø

BARCODEFELD 75x15mm

10 Hinweise

10.1 Je nach Landesrecht ist die behördliche Bestätigung des Eingangs der vollständigen Anzeige gebührenpflichtig. Ist dies der Fall, ergeht ein gesonderter Gebührenbescheid.

10.2 Sammler und Beförderer von Abfällen haben bei Ausübung ihrer Tätigkeit eine Kopie oder einen Ausdruck dieser von der Behörde bestätigten Anzeige mitzuführen, soweit sie nicht von der Mitführungspflicht befreit sind. Sofern die Behörde die Anzeige noch nicht bestätigt hat, ist dies von dem Anzeigenden auf der Kopie oder dem Ausdruck der Anzeige zu vermerken. In diesem Fall ist die mit dem Vermerk versehene Kopie oder der mit dem Vermerk versehene Ausdruck der Anzeige mitzuführen. Entsorgungsfachbetriebe haben zusätzlich eine Kopie des jeweils gültigen Zertifikats mitzuführen. EMAS-Betriebe haben zusätzlich eine Kopie der jeweils gültigen Registrierungsurkunde mitzuführen.

10.3 Ändern sich wesentliche Angaben, so ist die Anzeige erneut zu erstatten. Wesentliche Angaben sind die Felder 1.1 bis 1.4 und 2 bis 6.

Anlage 3
(zu § 9 Absatz 1, § 11 Absatz 1 Satz 1 Nummer 1 und § 16 Absatz 1 Satz 2)

Vordruck für den Antrag auf Erlaubnis

☐ Passer für EDV

Seite ① von ③

Formblatt Antrag Erlaubnis nach § 54 KrWG

Antrag auf Erteilung einer Erlaubnis für Sammler, Beförderer, Händler und Makler von gefährlichen Abfällen

Zutreffendes bitte ankreuzen ☒ oder ausfüllen.

☐ Erstmaliger Antrag

☐ Änderungsantrag

Vorgangsnummer (sofern von der Behörde erteilt) ☐

1 Antragsteller (Hauptsitz des Betriebes)

1.1 Firma / Körperschaft

1.2 Straße — Hausnr.

1.3 Bundesland (2-stellig) — PLZ — Ort

1.4 Staat (2-stellig)

1.5 Für Antragsteller, die keinen Hauptsitz im Inland haben: Ort der erstmaligen Sammler-, Beförderer-, Händler- oder Maklertätigkeit.
Bundesland (2-stellig) — PLZ — Ort

1.6 Telefon — Telefax — USt-Identnr.

1.7 Mobiltelefon — E-Mail

Bitte verwenden Sie diese Schreibweise:
A B C D E F G H I J K L M N O P Q R
S T U V W X Y Z 1 2 3 4 5 6 7 8 9 0

2 Folgende abfallwirtschaftliche Tätigkeiten werden beantragt:

2.1 ☐ Sammeln. Sammler- oder Beförderernummer nach § 28 NachwV (sofern bereits erteilt)

2.2 ☐ Befördern. Beförderernummer nach § 28 NachwV (sofern bereits erteilt)

2.3 ☐ Handeln. Händlernummer nach § 28 NachwV (sofern bereits erteilt)

2.4 ☐ Makeln. Maklernummer nach § 28 NachwV (sofern bereits erteilt)

3 Folgende Unterlagen sind dem Antrag beigefügt bzw. bei der zuständigen Stelle angefordert:

3.1 ☐ die Gewerbeanmeldung,

3.2 ☐ ein Auszug aus dem Handels-, Vereins- oder Genossenschaftsregister, sofern eine Eintragung erfolgt ist,

3.3 ☐ eine firmenbezogene Auskunft aus dem Gewerbezentralregister (Belegart 9), sofern es sich bei dem Unternehmen um eine juristische Person oder Personenvereinigung handelt,

3.4 ☐ der Nachweis einer Betriebshaftpflichtversicherung und einer auf die jeweilige Tätigkeit bezogenen Umwelthaftpflichtversicherung, sofern solche Versicherungen vorhanden sind,

3.5 ☐ der Nachweis der Kraftfahrzeug-Haftpflichtversicherung bei Sammlern und Beförderern von Abfällen, die gefährliche Abfälle auf öffentlichen Straßen befördern.

BARCODEFELD 75x15mm

Passer für EDV

Seite ② von ③

Formblatt Antrag Erlaubnis nach § 54 KrWG

4 Betriebsinhaber

4.1 Name | Vorname

4.2 Geburtsdatum | Geburtsort

4.3 Führungszeugnis (Belegart OG) Beantragt am: ☐ Wird unmittelbar an die Behörde übersandt.

4.4 Personenbezogene Auskunft aus dem Gewerbezentralregister (Belegart 9) Beantragt am: ☐ Wird unmittelbar an die Behörde übersandt.

4.5 Ein Nachweis der Fachkunde ist beigefügt (sofern der Betriebsinhaber selbst die Leitung und Beaufsichtigung des Betriebes wahrnimmt). ☐

Weiterer Betriebsinhaber (sofern vorhanden)

4.6 Name | Vorname

4.7 Geburtsdatum | Geburtsort

4.8 Führungszeugnis (Belegart OG) Beantragt am: ☐ Wird unmittelbar an die Behörde übersandt.

4.9 Personenbezogene Auskunft aus dem Gewerbezentralregister (Belegart 9) Beantragt am: ☐ Wird unmittelbar an die Behörde übersandt.

4.10 Ein Nachweis der Fachkunde ist beigefügt (sofern der Betriebsinhaber selbst die Leitung und Beaufsichtigung des Betriebes wahrnimmt). ☐

Für weitere Personen verwenden Sie bitte ein separates Beiblatt.

5 Für die Leitung und Beaufsichtigung des Betriebes verantwortliche Person (sofern nicht mit dem Betriebsinhaber identisch)

5.1 Name | Vorname

5.2 Geburtsdatum | Geburtsort

5.3 Führungszeugnis (Belegart OG) Beantragt am: ☐ Wird unmittelbar an die Behörde übersandt.

5.4 Personenbezogene Auskunft aus dem Gewerbezentralregister (Belegart 9) Beantragt am: ☐ Wird unmittelbar an die Behörde übersandt.

5.5 Ein Nachweis der Fachkunde ist beigefügt. ☐

Weitere für die Leitung und Beaufsichtigung des Betriebes verantwortliche Person (sofern vorhanden)

5.6 Name | Vorname

5.7 Geburtsdatum | Geburtsort

5.8 Führungszeugnis (Belegart OG) Beantragt am: ☐ Wird unmittelbar an die Behörde übersandt.

5.9 Personenbezogene Auskunft aus dem Gewerbezentralregister (Belegart 9) Beantragt am: ☐ Wird unmittelbar an die Behörde übersandt.

5.10 Ein Nachweis der Fachkunde ist beigefügt. ☐

Für weitere Personen verwenden Sie bitte ein separates Beiblatt.

Bitte verwenden Sie diese Schreibweise: A B C D E F G H I J K L M N O P Q R S T U V W X Y Z 1 2 3 4 5 6 7 8 9 0

BARCODEFELD 75x15mm

☐ Passer für EDV

Seite ③ von ③ **Formblatt Antrag Erlaubnis nach § 54 KrWG**

6 Frei für Vermerke des Anzeigenden (Angaben freiwillig)

6.1

Für weitere Vermerke verwenden Sie bitte ein separates Beiblatt.

7 Versicherung und Unterschrift

7.1 Es wird versichert, dass

- der Antrag nach bestem Wissen ausgefüllt wurde,
- bei der Tätigkeit des Sammelns, Beförderns, Handelns oder Makelns von Abfällen alle einschlägigen Vorschriften, insbesondere die Vorgaben des Kreislaufwirtschaftsgesetzes und der auf Grund dieses Gesetzes ergangenen Rechtsverordnungen, eingehalten werden.

7.2 Ort

Unterschrift

7.3 Datum (TT.MM.JJJJ)

Bitte verwenden Sie diese Schreibweise:

A B C D E F G H I J K L M N O P Q R

S T U V W X Y Z 1 2 3 4 5 6 7 8 9 0

BARCODEFELD 75x15mm

Anlage 4
(zu § 10 Absatz 3 Satz 1)

Vordruck für die Erlaubnis

☐ Passer für EDV

Seite ① von ②

Formblatt Erlaubnis nach § 54 KrWG

Erlaubnis für Sammler, Beförderer, Händler und Makler von gefährlichen Abfällen

Zutreffendes bitte ankreuzen ☒ oder ausfüllen.

Erlaubnisinhaber

Erlaubnis erteilende Behörde

Vorgangsnummer:

1. Erlaubniserteilung

Auf Grund des Antrags vom ____ (TT.MM.JJJJ) wird Ihnen gemäß § 54 Absatz 1 Satz 1 KrWG die Erlaubnis erteilt zum

1.1 Sammeln. ☐ Es wird folgende Sammlernummer nach § 28 NachwV erteilt:

1.2 Befördern. ☐ Es wird folgende Beförderernummer nach § 28 NachwV erteilt:

1.3 Handeln. ☐ Es wird folgende Händlernummer nach § 28 NachwV erteilt:

1.4 Makeln. ☐ Es wird folgende Maklernummer nach § 28 NachwV erteilt:

2. Beschränkungen und Nebenbestimmungen

3. Kostenentscheidung

Bitte verwenden Sie diese Schreibweise:

A B C D E F G H I J K L M N O P Q R

S T U V W X Y Z 1 2 3 4 5 6 7 8 9 0

BARCODEFELD 75x15mm

Passer für EDV

Seite ② von ②

Formblatt Erlaubnis nach § 54 KrWG

4. Rechtsbehelfsbelehrung

5. Hinweise

5.1 Sammler und Beförderer von gefährlichen Abfällen haben bei Ausübung ihrer Tätigkeit eine Kopie oder einen Ausdruck dieser Erlaubnis mitzuführen.

5.2 Ändern sich wesentliche Angaben, so ist die Erlaubnis erneut zu beantragen. Wesentliche Angaben sind die Felder 1.1 bis 1.4, 2, 4.1, 4.2, 4.6 und 4.7.

5.3 Ändern sich die im Antrag in Feld 5 angegebenen für die Leitung und Beaufsichtigung des Betriebes verantwortlichen Personen, ist dies der Behörde unverzüglich anzuzeigen.

5.4 Frei für Hinweise der Behörde

Ort

Datum (TT.MM.JJJJ)

Unterschrift

Bitte verwenden Sie diese Schreibweise:

A	B	C	D	E	F	G	H	I	J	K	L	M	N	O	P	Q	R
S	T	U	V	W	X	Y	Z	1	2	3	4	5	6	7	8	9	0

BARCODEFELD 75x15mm

Verordnung über Betriebsbeauftragte für Abfall – Gültig ab 1. Juni 2017 –

(Abfallbeauftragtenverordnung – AbfBeauftrV)

Vom 2. Dezember 2016 (BGBl. I S. 2770)

Zuletzt geändert am 5. Juli 2017 (BGBl. I S. 2234)

Inhaltsübersicht

Abschnitt 1 Allgemeine Vorschriften

§ 1 Anwendungsbereich

Diese Verordnung regelt den Kreis der zur Bestellung von Abfallbeauftragten Verpflichteten und die Anforderungen an Abfallbeauftragte.

§ 2 Pflicht zur Bestellung

Einen betriebsangehörigen Abfallbeauftragten zu bestellen haben

1. die Betreiber folgender Anlagen:
   a) genehmigungsbedürftige Anlagen, die in den folgenden Nummern des Anhangs 1 zur Verordnung über genehmigungsbedürftige Anlagen vom 2. Mai 2013 (BGBl. I S. 973, 3756), die durch Artikel 3 der Verordnung vom 28. April 2015 (BGBl. I S. 670) geändert worden ist, in der jeweils geltenden Fassung aufgeführt sind:
      aa) Anlagen nach den Nummern 1 bis 7 sowie den Nummern 9 und 10, soweit pro Kalenderjahr mehr als 100 Tonnen gefährliche Abfälle oder 2 000 Tonnen nicht gefährliche Abfälle anfallen, und

bb) Anlagen nach Nummer 8, für die in Spalte c die Verfahrensart G vorgesehen ist,

b) Deponien bis zur endgültigen Stilllegung,

c) Krankenhäuser und Kliniken, soweit pro Kalenderjahr mehr als 2 Tonnen gefährliche Abfälle anfallen sowie

d) Abwasserbehandlungsanlagen derGrößenklasse 5 gemäß Anhang I der Abwasserverordnung in der Fassung der Bekanntmachung vom 17. Juni 2004 (BGBl. I S. 1108, 2625), die zuletzt durch Artikel 1 der Verordnung vom 1. Juni 2016 (BGBl. I S. 1290) geändert worden ist, in der jeweils geltenden Fassung soweit Abfälle verwertet oder beseitigt werden,

2. folgende Besitzer im Sinne von § 27 des Kreislaufwirtschaftsgesetzes:

a) Hersteller und Vertreiber, die pro Kalenderjahr mehr als 100 Tonnen Transportverpackungen gemäß § 15 Absatz 1 Satz 1 Nummer 1 des Verpackungsgesetzes vom 5. Juli 2017 (BGBl. I S. 2234) in der jeweils geltenden Fassung zurücknehmen,

b) Hersteller und Vertreiber, die Verkaufs- und Umverpackungen gemäß § 8 Absatz 1 Satz 1 des Verpackungsgesetzes zurücknehmen, es sei denn, die von ihnen hierfür beauftragten Dritten haben einen Abfallbeauftragten bestellt,

c) Hersteller und Vertreiber, die pro Kalenderjahr mehr als 100 Tonnen Verkaufs- und Umverpackungen gemäß § 15 Absatz 1 Satz 1 Nummer 2 des Verpackungsgesetzes zurücknehmen,

d) Hersteller und Vertreiber, die pro Kalenderjahr mehr als 2 Tonnen Verkaufsverpackungen gemäß § 15 Absatz 1 Satz 1 Nummer 4 des Verpackungsgesetzes zurücknehmen,

e) Hersteller, die Elektro- und Elektronikaltgeräte gemäß § 19 des Elektro- und Elektronikgerätegesetzes vom 20. Oktober 2015 (BGBl. I S. 1739), das zuletzt durch Artikel 3 des Gesetzes vom 20. Oktober 2015 (BGBl. I S. 1739) geändert worden ist, in der jeweils geltenden Fassung zurücknehmen, es sei denn, die von ihnen hierfür beauftragten Dritten haben einen Abfallbeauftragten bestellt,

f) Vertreiber, die Elektro- und Elektronikaltgeräte gemäß § 17 Absatz 1 oder Absatz 2 des Elektro- und Elektronikgerätegesetzes zurücknehmen,

g) Hersteller von Fahrzeug- und Industriebatterien, die Fahrzeug- und Industrie-Altbatterien gemäß § 8 des Batteriegesetzes vom 25. Juni 2009 (BGBl. I S. 1582), das zuletzt durch Artikel 1 des Gesetzes vom 20. November 2015 (BGBl. I S. 2071) geändert worden ist, in der jeweils geltenden Fassung zurücknehmen, es sei denn, sie sind einem freiwilligen System für die Rücknahme von Fahrzeug- und Industrie-Altbatterien angeschlossen, das selbst über einen Abfallbeauftragten verfügt,

h) Vertreiber, die Fahrzeug- und Industrie-Altbatterien gemäß § 9 des Batteriegesetzes zurücknehmen, es sei denn, sie sind einem freiwilligen System für die Rücknahme von Fahrzeug- und Industrie-Altbatterien angeschlossen, das selbst über einen Abfallbeauftragten verfügt sowie

i) Hersteller und Vertreiber, die mehr als 2 Tonnen gefährliche Abfälle oder mehr als 100 Tonnen nicht gefährliche Abfälle pro Kalenderjahr freiwillig zurücknehmen,

3. Betreiber folgender Rücknahmesysteme:

a) Systeme, die Verpackungen gemäß § 14 Absatz 1 des Verpackungsgesetzes zurücknehmen,

b) herstellereigene Rücknahmesysteme, die Elektro- und Elektronikaltgeräte gemäß § 16 Absatz 5 des Elektro- und Elektronikgerätegesetzes zurücknehmen,

c) das Gemeinsame Rücknahmesystem, das Geräte-Altbatterien gemäß § 6 des Batteriegesetzes zurücknimmt,

d) herstellereigene Rücknahmesysteme, die Geräte-Altbatterien gemäß § 7 des Batteriegesetzes zurücknehmen sowie

e) Systeme, die Fahrzeug- oder Industrie-Altbatterien freiwillig zurücknehmen.

§ 3 Mehrere Abfallbeauftragte

Die zuständige Behörde kann anordnen, dass die zur Bestellung Verpflichteten mehrere betriebsangehörige Abfallbeauftragte zu bestellen haben; die Zahl der Abfallbeauftragten ist so zu bemessen, dass die sachgemäße Erfüllung der in § 60 Absatz 1 und 2 des Kreislaufwirtschaftsgesetzes bezeichneten Aufgaben sichergestellt ist.

§ 4 Gemeinsamer Abfallbeauftragter

Betreibt ein zur Bestellung Verpflichteter mehrere Anlagen, mehrere Betriebe als Besitzer im Sinne des § 27 des Kreislaufwirtschaftsgesetzes oder mehrere Rücknahmesysteme oder Rücknahmestellen, kann ein gemeinsamer betriebsangehöriger Abfallbeauftragter bestellt werden, wenn hierdurch die sachgemäße Erfüllung der in § 60 Absatz 1 und 2 des Kreislaufwirtschaftsgesetzes bezeichneten Aufgaben nicht beeinträchtigt wird.

§ 5 Nicht betriebsangehöriger Abfallbeauftragter

Die zuständige Behörde soll einem zur Bestellung Verpflichteten auf Antrag die Bestellung eines oder mehrerer nicht betriebsangehöriger Abfallbeauftragter gestatten, wenn hierdurch die sachgemäße Erfüllung der in § 60 Absatz 1 und 2 des Kreislaufwirtschaftsgesetzes bezeichneten Aufgaben nicht beeinträchtigt wird.

§ 6 Abfallbeauftragter für Konzerne

Ist die Anlage, der Betrieb eines Besitzers im Sinne des § 27 des Kreislaufwirtschaftsgesetzes, das Rücknahmesystem oder die Rücknahmestelle eines zur Bestellung Verpflichteten unter einer einheitlichen Leitung eines herrschenden Unternehmens zusammengefasst (Konzern), so kann die zuständige Behörde dem zur Bestellung Verpflichteten auf Antrag die Bestellung eines Abfallbeauftragten für den Konzernbereich gestatten,

1. wenn das herrschende Unternehmen dem zur Bestellung Verpflichteten gegenüber zu Weisungen hinsichtlich folgender Maßnahmen befugt ist:

   a) Maßnahmen gemäß § 60 Absatz 1 Satz 2 Nummer 4 und 6 des Kreislaufwirtschaftsgesetzes,

   b) Maßnahmen gemäß § 60 Absatz 3 Satz 1 des Kreislaufwirtschaftsgesetzes in Verbindung mit § 56 Absatz 1 des Bundes-Immissionsschutzgesetzes in der Fassung der Bekanntmachung vom 17. Mai 2013 (BGBl. I S. 1274), das zuletzt durch Artikel 3 des Gesetzes vom 26. Juli 2016 (BGBl. I S. 1839) geändert worden ist, in der jeweils geltenden Fassung und

2. wenn der zur Bestellung Verpflichtete eine oder mehrere Personen bestellt, deren Fachkunde und Zuverlässigkeit die sachgemäße Erfüllung der Aufgaben des betriebsangehörigen Abfallbeauftragten gewährleisten.

§ 7 Ausnahme von der Pflicht zur Bestellung eines Abfallbeauftragten

Die zuständige Behörde hat auf Antrag den zur Bestellung Verpflichteten von seiner Pflicht zu befreien, wenn die Bestellung im Einzelfall im Hinblick auf die Größe der Anlage, des Rücknahmesystems oder der Rücknahmestelle oder auf die Art oder Menge der entstehenden, angelieferten oder zurückgenommenen Abfälle nicht erforderlich ist.

Abschnitt 2 Anforderungen an Abfallbeauftragte

§ 8 Zuverlässigkeit

(1) Die nach § 60 Absatz 3 Satz 1 des Kreislaufwirtschaftsgesetzes in Verbindung mit § 55 Absatz 2 Satz 1 des Bundes-Immissionsschutzgesetzes erforderliche Zuverlässigkeit ist gegeben, wenn der Abfallbeauftragte auf Grund seiner persönlichen Eigenschaften, seines Verhaltens und seiner Fähigkeiten zur ordnungsgemäßen Erfüllung der ihm obliegenden Aufgaben geeignet ist.

(2) Die erforderliche Zuverlässigkeit ist in der Regel nicht gegeben, wenn die betroffene Person

1. wegen Verletzung der Vorschriften
   a) des Strafrechts über Eigentums- und Vermögensdelikte, Urkundenfälschung, Insolvenzstraftaten, gemeingefährliche Delikte oder Umweltdelikte,
   b) des Immissionsschutz-, Abfall-, Wasser-, Natur- und Landschaftsschutz-, Chemikalien-, Gentechnik- oder Atom- und Strahlenschutzrechts,
   c) des Lebensmittel-, Arzneimittel-, Pflanzenschutz- oder Infektionsschutzrechts,
   d) des Gewerbe-, Arbeitsschutz-, Transport- oder Gefahrgutrechts oder
   e) des Betäubungsmittel-, Waffen- oder Sprengstoffrechts

   innerhalb der letzten fünf Jahre mit einer Geldbuße in Höhe von mehr als fünfhundert Euro belegt oder zu einer Strafe verurteilt worden ist,
2. wiederholt oder grob pflichtwidrig
   a) gegen Vorschriften nach Nummer 1 Buchstabe b bis e verstoßen hat oder
   b) seine Pflichten als Abfallbeauftragter oder als Betriebsbeauftragter für Immissionsschutz oder Gewässerschutz, als Strahlenschutzbeauftragter oder als Störfallbeauftragter verletzt hat,
3. infolge strafgerichtlicher Verurteilung die Fähigkeit zur Bekleidung öffentlicher Ämter verloren hat, oder
4. sich nicht in geordneten wirtschaftlichen Verhältnissen befindet, es sei denn, dass dadurch die Interessen des zur Bestellung Verpflichteten nicht gefährdet sind.

§ 9 Fachkunde

(1) Die nach § 60 Absatz 3 Satz 1 des Kreislaufwirtschaftsgesetzes in Verbindung mit § 55 Absatz 2 Satz 1 des Bundes-Immissionsschutzgesetzes erforderliche Fachkunde ist gegeben, wenn der Abfallbeauftragte

1. auf einem Fachgebiet, dem die Anlage, der Betrieb eines Besitzers im Sinne des § 27 des Kreislaufwirtschaftsgesetzes, das Rücknahmesystem oder die Rücknahmestelle hinsichtlich der Anlagen- oder Verfahrenstechnik oder der Betriebsvorgänge zuzuordnen ist,

a) ein Hochschul- oder Fachhochschulstudium abgeschlossen hat,

b) eine kaufmännische, technische oder sonstige Fachschul- oder Berufsausbildung besitzt oder

c) eine Qualifikation als Meister vorweisen kann,

2. während einer einjährigen praktischen Tätigkeit Kenntnisse erworben hat über

a) die Anlage, den Betrieb eines Besitzers im Sinne des § 27 des Kreislaufwirtschaftsgesetzes, das Rücknahmesystem oder die Rücknahmestelle, für die der Abfallbeauftragte bestellt werden soll, oder über Anlagen, Betriebe oder Rücknahmesysteme, die im Hinblick auf die Erfüllung der Aufgaben des Abfallbeauftragten vergleichbar sind,

b) die Vermeidung und die Bewirtschaftung der in der Anlage, in dem Betrieb oder dem Rücknahmesystem anfallenden Abfälle und

c) die hergestellten Erzeugnisse sowie

3. an einem oder mehreren von der zuständigen Behörde anerkannten Lehrgängen, in denen Kenntnisse entsprechend der Anlage 1 vermittelt werden, teilgenommen hat.

(2) Der Abfallbeauftragte muss durch geeignete Fortbildung über den für seine Tätigkeit notwendigen aktuellen Wissensstand verfügen. Dazu hat der zur Bestellung Verpflichtete sicherzustellen, dass der Abfallbeauftragte regelmäßig, mindestens alle zwei Jahre, an von der zuständigen Behörde anerkannten Lehrgängen, in denen Kenntnisse entsprechend Anlage 1 vermittelt werden, teilnimmt.

(3) Zum Nachweis der Fachkunde sind dem zur Bestellung Verpflichteten bei der Bestellung und wenn eine Überprüfung der Fachkunde aus anderen Gründen erforderlich ist, folgende Unterlagen vorzulegen:

1. ein Nachweis der beruflichen Qualifikation nach Absatz 1 Nummer 1,

2. ein Nachweis über die einjährige praktische Tätigkeit nach Absatz 1 Nummer 2 und

3. eine Bescheinigung über die Teilnahme an dem zuletzt besuchten Lehrgang nach Absatz 1 Nummer 3 oder Absatz 2 Satz 2.

Der zur Bestellung Verpflichtete hat die Unterlagen der zuständigen Behörde auf Verlangen vorzulegen.

(4) Nachweise aus einem anderen Mitgliedstaat der Europäischen Union oder einem anderen Vertragsstaat des Abkommens über den Europäischen Wirtschaftsraum über die Erfüllung der Anforderungen nach den Absätzen 1 und 2 stehen inländischen Nachweisen gleich, wenn aus ihnen hervorgeht, dass die betreffenden Anforderungen oder die auf Grund ihrer Zielsetzung im Wesentlichen vergleichbaren Anforderungen des Ausstellungsstaates erfüllt sind. Unterlagen nach Satz 1 sind auf Verlangen im Original oder in Kopie vorzulegen. Eine Beglaubigung der Kopie sowie eine beglaubigte deutsche Übersetzung können verlangt werden.

§ 10 Übergangsvorschriften

(1) Die Anforderungen des § 9 Absatz 1 gelten nicht für Abfallbeauftragte, die am 1. Juni 2017 bereits bestellt worden sind. Die Pflicht zur Teilnahme an einem von der zuständigen Behörde anerkannten Lehrgang gemäß § 9 Absatz 2 ist spätestens am 1. Juni 2019 erstmals zu erfüllen.

(2) Abfallbeauftragte, die nach den Vorschriften dieser Verordnung erstmals bestellt werden, haben die Pflicht zur Teilnahme an einem von der zuständigen Behörde anerkannten Lehrgang gemäß § 9 Absatz 1 Nummer 3 spätestens am 1. Juni 2019 zu erfüllen.

Anlage 1
(zu § 9 Absatz 1 Nummer 3 und Absatz 2 Satz 2)

Lehrgangsinhalte

Die Lehrgänge sollen Kenntnisse vermitteln, die für die Erfüllung der Aufgaben eines Abfallbeauftragten bei dem Anlagenbetreiber oder Besitzer nach § 27 des Kreislaufwirtschaftsgesetzes, den der Abfallbeauftragte in für die Abfallvermeidung und Abfallbewirtschaftung bedeutsamen Angelegenheiten beraten soll, erforderlich sind. In diesem Rahmen sollen Grundkenntnisse in folgenden Bereichen vermittelt werden:

I. Kenntnisse des Abfallrechts und der Abfalltechnik

1. Das Kreislaufwirtschaftsgesetz, insbesondere
   a) den Anwendungsbereich,
   b) die wichtigsten Begriffsbestimmungen,
   c) die Abfallhierarchie,
   d) die Grundpflichten (Vermeiden, Verwerten und Beseitigen von Abfällen),
   e) die Getrennthaltungspflichten und Vermischungsverbote,
   f) die Überlassungspflichten,
   g) das Anzeigeverfahren für gemeinnützige und gewerbliche Sammlungen,
   h) die Rechte und Pflichten der öffentlich-rechtlichen Entsorgungsträger,
   i) die Beauftragung Dritter,
   j) die Produktverantwortung,
   k) die Bedeutung von Abfallwirtschaftsplänen und Abfallvermeidungsprogrammen,
   l) die abfallrechtliche Überwachung,
   m) die Register- und Nachweispflichten,
   n) das Anzeige- und Erlaubnisverfahren für Sammler, Beförderer, Händler und Makler von Abfällen,
   o) die Kennzeichnung von Fahrzeugen,
   p) die Zertifizierung von Entsorgungsfachbetrieben,
   q) die Bußgeldvorschriften,
2. die auf Grund des Kreislaufwirtschaftsgesetzes ergangenen Rechtsverordnungen,
3. die weiteren abfallrechtlichen Gesetze, insbesondere
   a) das Elektro- und Elektronikgerätegesetz,
   b) das Batteriegesetz und
   c) das Verpackungsgesetz,
4. das Recht der Abfallverbringung,
5. die für die Abfallwirtschaft einschlägigen EU-rechtlichen Grundlagen,

6. die für die Abfallwirtschaft einschlägigen inter- und supranationalen Übereinkommen,
7. die für die Abfallwirtschaft einschlägigen landesrechtlichen Grundlagen,
8. das für die Abfallwirtschaft einschlägige kommunale Satzungsrecht,
9. die für die Abfallwirtschaft einschlägigen Verwaltungsvorschriften, Vollzugshilfen (insbesondere der Bund/Länder-Arbeitsgemeinschaft Abfall), technische Anleitungen, Merkblätter und Regeln (insbesondere zum Stand der Technik und zur besten verfügbaren Technik),
10. das Verhältnis des Abfallrechts zu anderen Rechtsbereichen, insbesondere zum
    a) Baurecht,
    b) Immissionsschutzrecht,
    c) Chemikalienrecht,
    d) Wasserrecht,
    e) Bodenschutzrecht und
    f) Seuchen- und Hygienerecht,
11. die Vorschriften der betrieblichen Haftung,
12. die Vorschriften des Arbeitsschutzes,
13. die betrieblichen Risiken und die einschlägigen Versicherungen,
14. die Bezüge zum Güterkraftverkehrs- und Gefahrgutrecht,
15. Art und Beschaffenheit von gefährlichen Abfällen,
16. schädliche Umwelteinwirkungen und sonstige Gefahren, erhebliche Nachteile und erhebliche Belästigungen, die von Abfällen ausgehen können, und Maßnahmen zu ihrer Verhinderung oder Beseitigung,
17. anlagen-, verfahrenstechnische und sonstige Maßnahmen der Vermeidung, der ordnungsgemäßen und schadlosen Verwertung und Beseitigung von Abfällen unter Berücksichtigung des Standes der Technik.

II. Kenntnisse über die Pflichten und Rechte des Abfallbeauftragten

1. die Pflichten des Abfallbeauftragten, insbesondere
    a) die Kontrolle der Einhaltung abfallrechtlicher Vorschriften,
    b) die Information der Betriebsangehörigen über Belange der Vermeidung und Bewirtschaftung von Abfällen,
    c) die Abgabe von Stellungnahmen zu Investitionsentscheidungen und Vorschläge zur Einführung umweltfreundlicher und abfallarmer Verfahren sowie zur Herstellung umweltfreundlicher und abfallarmer Erzeugnisse,
    d) die Erstellung eines jährlichen, schriftlichen Berichtes an den zur Bestellung Verpflichteten über die nach § 60 Absatz 1 Satz 2 Nummer 1 bis 5 des Kreislaufwirtschaftsgesetzes getroffenen und beabsichtigten Maßnahmen,

e) Optimierungspotenziale bei Abfällen: Reduzierung von Entsorgungskosten durch Methoden zur kostenoptimalen Abfallwirtschaft,

2. die Rechte des Abfallbeauftragten, insbesondere

   a) das Vortragsrecht,

   b) das Benachteiligungsverbot und den Kündigungsschutz,

3. das Verfahren zur Bestellung von Abfallbeauftragten.

Verordnung über die Verwertung von Klärschlamm, Klärschlammgemisch und Klärschlammkompost

(Klärschlammverordnung – AbfKlärV)

Vom 27. September 2017 (BGBl. I S. 3465)
zuletzt geändert am 19. Juni 2020 (BGBl. I S. 1328)

Weitere Änderungen zur AbfKlärV treten am 01.01.2023, 01.01.2029 und 01.01.2032 in Kraft. Diese Änderungen sind am Ende dieser Verordnung abgedruckt.

Inhaltsübersicht

Abschnitt 3
Abgabe und Auf- oder Einbringung von Klärschlamm

Abschnitt 4
Anzeige- und Lieferscheinverfahren

Teil 3
Anforderungenan die regelmäßige Qualitätssicherung

Abschnitt 1
Träger der Qualitätssicherung

Abschnitt 2
Qualitätszeichennehmer

Teil 1
Allgemeine Vorschriften

§ 1 Anwendungsbereich

(1) Diese Verordnung regelt

1. das Auf- oder Einbringen von Klärschlamm, Klärschlammgemisch und Klärschlammkompost zur Verwertung als Stoff nach § 2 Nummer 1 und 6 bis 8 des Düngegesetzes vom 9. Januar 2009 (BGBl. I S. 54, 136), das zuletzt durch Artikel 1 des Gesetzes vom 5. Mai 2017 (BGBl. I S. 1068) geändert worden ist, in der jeweils geltenden Fassung, auf oder in einen Boden
   a) mit landwirtschaftlicher Nutzung,
   b) bei Maßnahmen des Landschaftsbaus,
   c) mit einer Nutzung zu forstwirtschaftlichen Zwecken und
   d) mit einer Nutzung als Haus-, Nutz- oder Kleingarten;
2. die Abgabe von Klärschlamm zur Herstellung eines Klärschlammgemischs oder eines Klärschlammkomposts;
3. die Abgabe von Klärschlamm, Klärschlammgemisch und Klärschlammkompost zu den in Nummer 1 genannten Zwecken;
4. die Behandlung und Untersuchung solchen Klärschlamms, Klärschlammgemischs und Klärschlammkomposts sowie
5. die Untersuchung des Bodens, auf oder in den Klärschlamm, Klärschlammgemisch und Klärschlammkompost auf- oder eingebracht werden sollen.

(2) Diese Verordnung gilt für

1. Klärschlammerzeuger,
2. Gemischhersteller,
3. Komposthersteller,
4. Klärschlammnutzer,
5. Träger der Qualitätssicherung im Sinne des § 12 Absatz 5 des Kreislaufwirtschaftsgesetzes,
6. Qualitätszeichennehmer im Sinne des § 12 Absatz 2 des Kreislaufwirtschaftsgesetzes sowie
7. Beförderer.

(3) Im Fall der Verbringung eines Klärschlamms, Klärschlammgemischs oder Klärschlammkomposts in den Geltungsbereich des Kreislaufwirtschaftsgesetzes gelten die für den Klärschlammerzeuger, Gemischhersteller oder Komposthersteller geltenden Bestimmungen dieser Verordnung entsprechend für den Importeur dieses Klärschlamms, Klärschlammgemischs oder Klärschlammkomposts.

(4) Diese Verordnung gilt nicht für die in Anhang 1 der Bioabfallverordnung in der Fassung der Bekanntmachung vom 4. April 2013 (BGBl. I S. 658), die durch Artikel 5 der Verordnung vom 5. Dezember 2013 (BGBl. I S. 4043) geändert worden ist, genannten Abwasserschlämme, sofern

1. das hierbei behandelte Abwasser nicht mit häuslichem oder kommunalem Abwasser nach § 2 Absatz 4 Nummer 1 vermischt wurde und

2. die Abwasserschlämme die Bestimmungen der Bioabfallverordnung einhalten.

(5) Die Vorschriften des Düngerechts bleiben unberührt.

§ 2 Begriffsbestimmungen

(1) Für diese Verordnung gelten die Begriffsbestimmungen der Absätze 2 bis 19.

(2) Klärschlamm ist ein Abfall aus der abgeschlossenen Behandlung von Abwasser in Abwasserbehandlungsanlagen, der aus Wasser sowie aus organischen und mineralischen Stoffen, ausgenommen Rechen-, Sieb- und Sandfangrückständen, besteht, auch wenn der Abfall entwässert oder getrocknet sowie in Pflanzenbeeten oder in sonstiger Form behandelt worden ist. Kein Klärschlamm ist ein aus Klärschlamm gewonnener Stoff, der durch Behandlungsverfahren so verändert worden ist, dass klärschlammtypische, stoffcharakteristische Merkmale nicht mehr vorhanden sind.

(3) Rohschlamm ist nicht stabilisierter oder teilstabilisierter Schlamm, der Abwasserbehandlungsanlagen vor Abschluss der Abwasserbehandlung entnommen wird.

(4) Abwasser ist

1. häusliches und kommunales Abwasser, das in den Anwendungsbereich des Anhangs 1 der Abwasserverordnung in der Fassung der Bekanntmachung vom 17. Juni 2004 (BGBl. I S. 1108, 2625), die zuletzt durch Artikel 121 des Gesetzes vom 29. März 2017 (BGBl. I S. 626) geändert worden ist, in der jeweils geltenden Fassung, fällt, und
2. Abwasser, das in einer betriebseigenen Abwasserbehandlungsanlage behandelt wurde und in seiner stofflichen Zusammensetzung mit dem Abwasser nach Nummer 1 vergleichbar ist.

(5) Abwasserbehandlungsanlage ist eine ortsfeste Einrichtung, in der die Schädlichkeit des Abwassers physikalisch, biologisch oder chemisch vermindert oder beseitigt wird.

(6) Kleinkläranlage ist eine Abwasserbehandlungsanlage, aus der weniger als acht Kubikmeter je Tag Schmutzwasser aus Haushaltungen und ähnliches Schmutzwasser eingeleitet wird.

(7) Klärschlammgemisch ist ein Gemisch aus Klärschlamm und anderen Materialien nach Anlage 2 Tabelle 7 und 8 der Düngemittelverordnung vom 5. Dezember 2012 (BGBl. I S. 2482), die zuletzt durch Artikel 3 der Verordnung vom 26. Mai 2017 (BGBl. I S. 1305) geändert worden ist, in der jeweils geltenden Fassung; kein Klärschlammgemisch ist ein Gemisch aus verschiedenen Klärschlämmen.

(8) Klärschlammkompost ist ein Stoff, der durch den gesteuerten biologischen Abbau der organischen Substanz eines Klärschlammgemischs unter aeroben Bedingungen entsteht.

(9) Klärschlammbehandlung umfasst Maßnahmen zur biologischen, physikalischen oder chemischen Stabilisierung von Klärschlamm.

(10) Abgabe von Klärschlamm ist

1. die Abgabe des Klärschlamms durch den Klärschlammerzeuger an den Klärschlammnutzer, den Gemischhersteller oder den Komposthersteller sowie
2. die Abgabe des hergestellten Klärschlammgemischs oder des hergestellten Klärschlammkomposts durch den Gemischhersteller oder den Komposthersteller an den Klärschlammnutzer.

Keine Abgabe von Klärschlamm ist eine Zwischenlagerung der in Satz 1 Nummer 1 und 2 genannten Stoffe durch den Klärschlammerzeuger, den Gemischhersteller oder den Komposthersteller oder durch einen Dritten, der von einer dieser Personen mit der Zwischenlagerung beauftragt ist.

(11) Klärschlammerzeuger ist der Betreiber einer Abwasserbehandlungsanlage.

(12) Gemischhersteller ist jede natürliche oder juristische Person oder Personenvereinigung, die ein Klärschlammgemisch herstellt.

(13) Komposthersteller ist jede natürliche oder juristische Person oder Personenvereinigung, die Klärschlammkompost herstellt.

(14) Landwirtschaftlich genutzte Flächen sind pflanzenbaulich genutztes Ackerland, gartenbaulich genutzte Flächen, Grünland, Dauergrünland, Obstflächen, Flächen, die der Erzeugung schnellwüchsiger Forstgehölze zur energetischen Nutzung dienen, weinbaulich genutzte Flächen, Hopfenflächen und Baumschulflächen; zur landwirtschaftlich genutzten Fläche gehören auch befristet aus der landwirtschaftlichen Erzeugung genommene Flächen, soweit diesen Flächen Düngemittel, Bodenhilfsstoffe, Kultursubstrate oder Pflanzenhilfsmittel zugeführt werden. Nicht zu landwirtschaftlich genutzten Flächen gehören Flächen in geschlossenen oder bodenunabhängigen Kulturverfahren sowie Flächen in Gewächshäusern, soweit durch eine gesteuerte Wasserzufuhr eine Auswaschung von Nährstoffen verhindert wird.

(15) Böden bei Maßnahmen des Landschaftsbaus sind Flächen,

1. die ohne land- oder forstwirtschaftliche Nutzung gepflegt werden oder

2. auf denen eine durchwurzelbare Bodenschicht hergestellt wird.

Zu den Böden des Landschaftsbaus zählen insbesondere Rekultivierungsflächen, Straßenbegleitflächen, Dämme, Lärmschutzwälle und Sportanlagen sowie innerhalb der im Zusammenhang bebauten Ortsteile gelegene öffentliche Parkanlagen.

(16) Importeur ist jede natürliche oder juristische Person oder Personenvereinigung, die Klärschlamm, Klärschlammgemisch oder Klärschlammkompost zur Verwertung auf oder in einen Boden in den Geltungsbereich des Kreislaufwirtschaftsgesetzes verbringt oder verbringen lässt. Kein Importeur ist, wer lediglich einen Transitverkehr durchführt, bei dem keine Behandlung oder Verarbeitung des Klärschlamms, Klärschlammgemischs oder Klärschlammkomposts durchgeführt wird.

(17) Klärschlammnutzer ist jede natürliche oder juristische Person oder Personenvereinigung als Eigentümer oder Pächter eines Bodens, auf oder in den Klärschlamm, Klärschlammgemisch oder Klärschlammkompost auf- oder eingebracht wird oder werden soll.

(18) Beförderer ist jede natürliche oder juristische Person, die gewerbsmäßig oder im Rahmen wirtschaftlicher Unternehmungen und damit aus Anlass einer gewerblichen oder wirtschaftlichen Tätigkeit, die nicht auf die Beförderung von Klärschlamm gerichtet ist, Klärschlamm, Klärschlammgemisch oder Klärschlammkompost mit Fahrzeugen zur Güterbeförderung befördert. Die Beförderung schließt auch eine grenzüberschreitende Verbringung ein. Beförderer ist auch der Importeur, der Klärschlamm, Klärschlammgemisch oder Klärschlammkompost selbst verbringt.

(19) Das erstmalige Auf- oder Einbringen von Klärschlamm, Klärschlammgemisch oder Klärschlammkompost auf oder in einen Boden bezeichnet den Zeitpunkt, zu dem zum ersten Mal Klärschlamm, Klärschlammgemisch oder Klärschlammkompost nach dem 1. April 1983 auf- oder eingebracht wurde.

§ 3 Kreislaufwirtschaft von Klärschlamm, Klärschlammgemisch und Klärschlammkompost

(1) Der Klärschlammerzeuger hat den in seiner Abwasserbehandlungsanlage anfallenden Klärschlamm möglichst hochwertig zu verwerten, soweit dies technisch möglich und wirtschaftlich zumutbar ist. Hierbei sind eine Rückgewinnung von Phosphor und eine Rückführung des gewonnenen Phosphors oder der phosphorhaltigen Klärschlammverbrennungsasche in den Wirtschaftskreislauf anzustreben.

(2) Ein Klärschlammerzeuger, Gemischhersteller oder Komposthersteller, der Klärschlamm, Klärschlammgemisch oder Klärschlammkompost auf oder in einem Boden verwertet, hat die Verwertung nach Maßgabe der Anforderungen dieser Verordnung vorzunehmen.

Teil 2
Anforderungen an die Verwertung von Klärschlamm, Klärschlammgemisch und Klärschlammkompost auf und in Böden

Abschnitt 1
Untersuchungspflichten

§ 4 Bodenbezogene Untersuchungspflichten

(1) Der Klärschlammerzeuger hat vor der erstmaligen Auf- oder Einbringung des Klärschlamms auf der durch den Klärschlammnutzer nach § 16 Absatz 1 Satz 1 mitgeteilten Auf- oder Einbringungsfläche

1. die Bodenart der Auf- oder Einbringungsfläche nach DIN 19682–2 „Bodenbeschaffenheit – Felduntersuchungen – Teil 2: Bestimmung der Bodenart“, Ausgabe Juli 2014, bestimmen zu lassen sowie
2. eine Bodenuntersuchung auf die in Nummer 4.1 des Anhangs 2 der Bundes-Bodenschutz- und Altlastenverordnung genannten Schwermetalle, auf den pH-Wert und auf den Phosphatgehalt nach den Bestimmungen des § 32 Absatz 1 und 2 durchführen zu lassen.

Im Fall der erstmaligen Auf- oder Einbringung eines Klärschlammgemischs oder eines Klärschlammkomposts gelten die Pflichten nach Satz 1 für den Gemischhersteller oder den Komposthersteller. Wurde bereits eine ordnungsgemäße Bodenuntersuchung nach der Bioabfallverordnung durchgeführt, kann der Verpflichtete nach Satz 1 oder 2 die Ergebnisse dieser Untersuchung verwenden, sofern sie nicht älter als zehn Jahre sind.

(2) Der Verpflichtete nach Absatz 1 Satz 1 oder 2 hat vor der Auf- oder Einbringung eines Klärschlamms, Klärschlammgemischs oder Klärschlammkomposts nach dem 3. April 2018 auch den Gehalt des Bodens an polychlorierten Biphenylen und Benzo(a)pyren nach den Bestimmungen des § 32 Absatz 1 und 2 untersuchen zu lassen.

(3) Sofern im Einzelfall Anhaltspunkte dafür bestehen, dass der für die Auf- oder Einbringung von Klärschlamm, Klärschlammgemisch oder Klärschlammkompost vorgesehene Boden einen überhöhten Gehalt an anderen als den in Absatz 1 Satz 1 Nummer 2 genannten Schadstoffen aufweist, soll die zuständige Behörde, im Fall der Auf- oder Einbringung auf oder in landwirtschaftlich genutzten Boden im Einvernehmen mit der zuständigen landwirtschaftlichen Fachbehörde, eine Untersuchung des Bodens auf diese Schadstoffe anordnen. Die zuständige Behörde entscheidet über das weitere Vorgehen. Bis zur Entscheidung der zuständigen Behörde ist die

Auf- oder Einbringung eines Klärschlamms, Klärschlammgemischs oder Klärschlammkomposts nicht zulässig.

(4) Die Bodenuntersuchungen nach Absatz 1 Satz 1 Nummer 2 und Absatz 2 sind mindestens alle zehn Jahre zu wiederholen.

(5) Die zuständige Behörde kann, im Fall der Aufoder Einbringung auf oder in landwirtschaftlich genutzten Boden im Einvernehmen mit der zuständigen landwirtschaftlichen Fachbehörde, den Abstand zwischen den Untersuchungen verkürzen sowie auf Antrag des nach Absatz 1 Satz 1 und 2 Verpflichteten die Bodenuntersuchungen auf einzelne der in Absatz 1 Satz 1 Nummer 2 genannten Schwermetalle oder auf den pH-Wert beschränken.

(6) Bei der Auf- oder Einbringung von Klärschlamm aus der eigenen Kleinkläranlage eines landwirtschaftlichen Betriebs auf oder in selbst bewirtschafteten Boden findet Absatz 1 Satz 1 keine Anwendung.

(7) Mit Zustimmung der zuständigen Behörde, im Fall der Auf- oder Einbringung auf oder in landwirtschaftlich genutzten Boden im Einvernehmen mit der zuständigen landwirtschaftlichen Fachbehörde, können bei einer Auf- oder Einbringung von Klärschlamm aus Abwasserbehandlungsanlagen mit einer genehmigten Ausbaugröße von weniger als 1 000 Einwohnerwerten die Wiederholungsuntersuchungen nach Absatz 4 entfallen.

§ 5 Klärschlammbezogene Untersuchungspflichten

(1) Vor der Abgabe des Klärschlamms an den Klärschlammnutzer, den Gemischhersteller oder den Komposthersteller hat der Klärschlammerzeuger Proben des Klärschlamms auf folgende Parameter nach den Bestimmungen des § 32 Absatz 1, 3 und 4 untersuchen zu lassen:

1. Gehalte an Arsen, Blei, Cadmium, Chrom, Chrom(VI), Kupfer, Nickel, Quecksilber, Thallium und Zink,
2. die Summe der organischen Halogenverbindungen als adsorbierte organisch gebundene Halogene,
3. den Gesamtstickstoffgehalt und Ammoniumgehalt,
4. den Phosphorgehalt,
5. den Trockenrückstand,
6. die organische Substanz,
7. den Gehalt an basisch wirksamen Stoffen insgesamt, bewertet als Calciumoxid,
8. den Eisengehalt und
9. den pH-Wert.

Die Untersuchung des Klärschlamms nach Satz 1 ist je angefangene 250 Tonnen Trockenmasse, höchstens jedoch einmal monatlich durchführen zu lassen. Bei Abwasserbehandlungsanlagen, bei denen jährlich 750 Tonnen oder weniger an Klärschlamm Trockenmasse anfallen, ist eine Untersuchung nach Satz 1 mindestens alle drei Monate durchführen zu lassen.

(2) Vor der Abgabe des Klärschlamms an den Klärschlammnutzer, den Gemischhersteller oder den Komposthersteller hat der Klärschlammerzeuger Proben des Klärschlamms auf den Gehalt an folgenden organischen Schadstoffen nach den Bestimmungen des § 32 Absatz 1 und 3 untersuchen zu lassen:

1. polychlorierte Biphenyle,
2. polychlorierte Dibenzodioxine und Dibenzofurane einschließlich dioxinähnlicher polychlorierter Biphenyle,
3. Benzo(a)pyren und
4. polyfluorierte Verbindungen mit den Einzelsubstanzen Perfluoroctansäure und Perfluoroctansulfonsäure.

Die Untersuchung nach Satz 1 ist mindestens alle zwei Jahre zu wiederholen.

(3) Die Untersuchungspflichten nach den Absätzen 1 und 2 gelten im Fall der Herstellung eines Klärschlammgemischs oder eines Klärschlammkomposts für den Gemischhersteller oder den Komposthersteller mit der Maßgabe, dass die Untersuchung nach Absatz 1 Satz 2 je angefangene 500 Tonnen Trockenmasse durchführen zu lassen ist.

(4) Der zur Untersuchung Verpflichtete hat die Untersuchungsergebnisse innerhalb von vier Wochen nach Durchführung der jeweiligen Untersuchung der zuständigen Behörde vorzulegen.

(5) Sofern im Einzelfall Anhaltspunkte dafür bestehen, dass ein Klärschlamm, Klärschlammgemisch oder Klärschlammkompost einen überhöhten Gehalt an anderen als den in den Absätzen 1 und 2 genannten Inhaltsstoffen aufweist, kann die zuständige Behörde, im Fall der Auf- oder Einbringung auf oder in landwirtschaftlich genutzten Boden im Einvernehmen mit der zuständigen landwirtschaftlichen Fachbehörde, die Untersuchung des Klärschlamms, des Klärschlammkomposts oder des Klärschlammgemischs auf diese Inhaltsstoffe anordnen sowie den Abstand zwischen den Untersuchungen nach Absatz 2 verkürzen. Gehalte an den in Satz 1 bezeichneten anderen Inhaltsstoffen sind überhöht, wenn durch sie bei bestimmungsgemäßer Verwendung des Klärschlamms, Klärschlammgemischs oder Klärschlammkomposts oder der zur Gemisch- und Kompostherstellung vorgesehenen Materialien nach Anlage 2 Tabelle 7 und 8 der Düngemittelverordnung in unvermischter Form die Gesundheit von Menschen oder Haus- und Nutztieren, die Gesundheit, das Wachstum und die Qualität von Nutzpflanzen, die Beschaffenheit und Fruchtbarkeit des Bodens oder der Naturhaushalt gefährdet werden können. Die zuständige Behörde entscheidet über das weitere Vorgehen. Bis zur Entscheidung der zuständigen Behörde ist die Auf- oder Einbringung eines Klärschlamms, Klärschlammgemischs oder Klärschlammkomposts nicht zulässig.

§ 6 Beschränkte Klärschlammuntersuchung

(1) Bei der Auf- oder Einbringung von Klärschlamm aus der eigenen Kleinkläranlage eines landwirtschaftlichen Betriebs auf oder in selbst bewirtschafteten Boden findet § 5 Absatz 2 keine Anwendung. Der Klärschlammerzeuger hat die Untersuchungen nach § 5 Absatz 1 Satz 1 abweichend von § 5 Absatz 1 Satz 2 einmalig vor der erstmaligen Auf- oder Einbringung des Klärschlamms durchführen zu lassen. Die Ergebnisse der Untersuchungen hat der Klärschlammerzeuger abweichend von § 5 Absatz 4 unverzüglich der zuständigen Behörde vorzulegen.

(2) Bei der Auf- oder Einbringung von Klärschlamm aus Abwasserbehandlungsanlagen mit einer genehmigten Ausbaugröße von weniger als 1 000 Einwohnerwerten ist die Untersuchung des Klärschlamms nach § 5 Absatz 1 Satz 1 mindestens alle zwei Jahre durchführen zu lassen. Die zuständige Behörde kann den Abstand zwischen den Untersuchungen bis auf sechs Monate verkürzen oder ihn bis auf 48 Monate verlängern sowie die Untersuchung auf weitere Inhaltsstoffe ausdehnen. Mit Zustimmung der zuständigen Behörde, im Fall der Auf- oder Einbringung auf oder in landwirtschaftlich genutzten Boden im Einvernehmen mit der zuständigen landwirtschaft-

lichen Fachbehörde, kann die Untersuchung nach § 5 Absatz 2 Satz 1 nach einer Erstuntersuchung entfallen.

Abschnitt 2
Grenzwerte; Seuchen – und Phytohygiene

§ 7 Bodenbezogene Grenzwerte

(1) Das Auf- oder Einbringen des Klärschlamms, des Klärschlammgemischs oder des Klärschlammkomposts auf oder in den Boden ist nur zulässig, wenn die Bodenuntersuchung nach § 4 Absatz 1 Satz 1 Nummer 2, Absatz 2 und 4 unter Berücksichtigung des § 10 ergibt, dass die Vorsorgewerte für Metalle nach Nummer 4.1 und für die organischen Stoffe polychlorierte Biphenyle und Benzo(a)pyren nach Nummer 4.2 des Anhangs 2 der Bundes-Bodenschutz- und Altlastenverordnung vom 12. Juli 1999 (BGBl. I S. 1554), die zuletzt durch Artikel 102 der Verordnung vom 31. August 2015 (BGBl. I S. 1474) geändert worden ist, nicht überschritten werden. Für die Anwendung der Vorsorgewerte gilt Nummer 4.3 des Anhangs 2 der Bundes-Bodenschutzund Altlastenverordnung entsprechend.

(2) Bei kleinräumig wechselnden Bodenarten kann die zuständige Behörde, im Fall der geplanten Aufoder Einbringung von Klärschlamm auf oder in landwirtschaftlich genutzten Boden im Einvernehmen mit der zuständigen landwirtschaftlichen Fachbehörde, auf Antrag des Klärschlammerzeugers die Anwendung der Vorsorgewerte nach Absatz 1 nach der überwiegenden Bodenart festlegen. Im Fall der Auf- oder Einbringung eines Klärschlammgemischs oder eines Klärschlammkomposts gilt Satz 1 für den Gemischhersteller oder den Komposthersteller entsprechend.

(3) Bei geogen bedingt erhöhten Schwermetall-Hintergrundwerten des Bodens kann die zuständige Behörde, im Fall der geplanten Auf- oder Einbringung auf oder in landwirtschaftlich genutzten Boden im Einvernehmen mit der zuständigen landwirtschaftlichen Fachbehörde, auf Antrag des Klärschlammerzeugers trotz Überschreitung der in Absatz 1 Satz 1 genannten Vorsorgewerte, mit Ausnahme des Vorsorgewertes für Cadmium, eine Auf- oder Einbringung zulassen, sofern die Auf- oder Einbringungsfläche im Zuständigkeitsbereich der am Sitz der Abwasserbehandlungsanlage für den Vollzug dieser Verordnung zuständigen Behörde liegt. Im Fall der Aufoder Einbringung eines Klärschlammgemischs oder eines Klärschlammkomposts gilt Satz 1 für den Gemischhersteller oder den Komposthersteller entsprechend.

§ 8 Klärschlammbezogene Grenzwerte

(1) Die Abgabe des Klärschlamms durch den Klärschlammerzeuger sowie die Auf- oder Einbringung des Klärschlamms auf oder in den Boden ist nur zulässig, wenn die Untersuchungen nach § 5 Absatz 1 und 2 ergeben, dass die Grenzwerte nach Anlage 2 Tabelle 1.4 Spalte 4 der Düngemittelverordnung sowie die zusätzlichen Grenzwerte nach Anlage 1 nicht überschritten werden. Für das Schwermetall Kupfer gilt als Grenzwert der zulässige Höchstgehalt nach Anlage 1 Abschnitt 4.1 Nummer 4.1.1 Spalte 6 Absatz 2 der Düngemittelverordnung.

(2) Bei der Herstellung eines Klärschlammgemischs oder eines Klärschlammkomposts sind die Grenzwerte nach Absatz 1 mit der Maßgabe anzuwenden, dass diese sowohl für den Klärschlamm vor der Vermischung als auch für das hergestellte Klärschlammgemisch oder den hergestellten Klärschlammkompost gelten. Bei den zur Herstellung eines Klärschlammgemischs oder eines Klärschlammkomposts eingesetzten Materialien nach § 2 Absatz 7 hat der Gemischhersteller oder der Komposthersteller die Anforderungen der Düngemittelverordnung zu beachten.

§ 9 Rückstellprobe

(1) Die zuständige Behörde kann den Klärschlammerzeuger, den Gemischhersteller und den Komposthersteller verpflichten, zur Überwachung der in § 8 Absatz 1 genannten Grenzwerte eine Rückstellprobe aus dem für eine Abgabe oder Auf- oder Einbringung vorgesehenen Klärschlamm, Klärschlammgemisch oder Klärschlammkompost zu entnehmen. Die Probennahme hat nach § 32 Absatz 3 zu erfolgen.

(2) Der Klärschlammerzeuger, der Gemischhersteller und der Komposthersteller haben die Rückstellprobe ab dem Zeitpunkt der Entnahme mindestens fünf Jahre zu lagern. Die Rückstellprobe ist so aufzubereiten und zu lagern, dass sie ihre Beschaffenheit in der Zeit der Lagerung nicht ändert.

(3) Die zuständige Behörde kann die Untersuchung einer Rückstellprobe auf die in § 5 Absatz 1 und 2 genannten Inhaltsstoffe nach den Bestimmungen des § 32 anordnen. Sofern im Einzelfall Anhaltspunkte dafür bestehen, dass die Rückstellprobe einen überhöhten Gehalt an anderen als den in Satz 1 genannten Inhaltsstoffen aufweist, kann die zuständige Behörde die Untersuchung der Rückstellprobe auf diese anderen Inhaltsstoffe anordnen.

(4) Die nach Absatz 1 zur Aufbewahrung von Rückstellproben Verpflichteten haben die Rückstellproben der zuständigen Behörde auf Verlangen herauszugeben.

§ 10 Analysefehler und Messtoleranzen

Bei der Untersuchung der Einhaltung eines Grenzwertes nach § 7 Absatz 1 oder nach § 8 dürfen vom festgelegten Grenzwert pauschale Abzüge wegen möglicher Analysefehler oder Messtoleranzen nicht vorgenommen werden.

§ 11 Anforderungen an die Seuchen- und die Phytohygiene

Die Abgabe eines Klärschlamms, Klärschlammgemischs oder Klärschlammkomposts und die Auf- oder Einbringung eines Klärschlamms, Klärschlammgemischs oder Klärschlammkomposts auf oder in den Boden sind nur zulässig, wenn der Klärschlamm, das Klärschlammgemisch oder der Klärschlammkompost den Anforderungen an die Seuchen- und die Phytohygiene nach § 5 Absatz 1 bis 3 der Düngemittelverordnung in der jeweils geltenden Fassung entspricht.

Abschnitt 3
Abgabe und Auf – oder Einbringung von Klärschlamm

§ 12 Abgabe von Klärschlamm

(1) Der Klärschlammerzeuger hat den Klärschlamm unmittelbar an einen Klärschlammnutzer abzugeben. Der Klärschlammerzeuger hat den Klärschlamm in Abstimmung mit dem Klärschlammnutzer auf- oder einzubringen. Einer unmittelbaren Abgabe steht nicht entgegen, wenn ein Dritter mit der Beförderung oder der Auf- oder Einbringung des Klärschlamms beauftragt wird. Der Klärschlammerzeuger bleibt auch im Falle der Beauftragung eines Dritten für die Klärschlammverwertung verantwortlich.

(2) Abweichend von Absatz 1 darf der Klärschlammerzeuger den Klärschlamm

1. an einen Gemischhersteller zur Herstellung eines Klärschlammgemischs oder an einen Komposthersteller zur Herstellung eines Klärschlammkomposts abgeben oder
2. an einen Qualitätszeichennehmer zur Durchführung einer regelmäßigen Qualitätssicherung des Klärschlamms abgeben,

sofern sichergestellt ist, dass der Gemischhersteller das hergestellte Klärschlammgemisch, der Komposthersteller den hergestellten Klärschlammkompost oder der Qualitätszeichennehmer den einer regelmäßigen Qualitätssicherung unterzogenen Klärschlamm unmittelbar an den Klärschlammnutzer abgibt. Der Gemischhersteller hat das hergestellte Klärschlammgemisch, der Komposthersteller den hergestellten Klärschlammkompost oder der Qualitätszeichennehmer den einer regelmäßigen Qualitätssicherung unterzogenen Klärschlamm auf- oder einzubringen.

§ 13 Bereitstellung von Klärschlamm

(1) Der Klärschlammerzeuger, Gemischhersteller oder Komposthersteller, der die Auf- oder Einbringung eines Klärschlamms, eines Klärschlammgemischs oder eines Klärschlammkomposts auf oder in einen Boden beabsichtigt, darf den Klärschlamm, das Klärschlammgemisch oder den Klärschlammkompost nur wie folgt bereitstellen:

1. nur auf dem für die Auf- oder Einbringung vorgesehenen Boden oder auf einer angrenzenden Ackerfläche,
2. nur in der für die Auf- oder Einbringung auf oder in den Boden benötigten Menge und
3. längstens für einen Zeitraum von einer Woche vor der Auf- oder Einbringung.

Die Bereitstellung hat so zu erfolgen, dass ein oberflächiger Abfluss des Klärschlamms, Klärschlammgemischs oder Klärschlammkomposts ausgeschlossen ist.

(2) Eine Überschreitung der Frist nach Absatz 1 Satz 1 Nummer 3 ist nur zulässig, sofern die Auf- oder Einbringung des bereitgestellten Klärschlamms, Klärschlammgemischs oder Klärschlammkomposts auf Grund einer nicht vorhersehbaren Unbefahrbarkeit des Bodens zum vorgesehenen Zeitpunkt der Auf- oder Einbringung unmöglich ist.

§ 14 Auf- oder Einbringungsmenge

(1) Innerhalb von drei Kalenderjahren dürfen nicht mehr als 5 Tonnen Klärschlamm Trockenmasse je Hektar auf oder in einen Boden auf- oder eingebracht werden. Abweichend von Satz 1 ist auf oder in einen Boden bei landschaftsbaulichen Maßnahmen eine einmalige Auf- oder Einbringung von Klärschlamm von bis zu 10 Tonnen Trockenmasse je Hektar zulässig, sofern auf diesem Boden in den letzten sechs Jahren vor der Auf- oder Einbringung keine Auf- oder Einbringung erfolgt ist.

(2) Findet keine Auf- oder Einbringung von Klärschlamm auf oder in den Boden nach Absatz 1 statt, dürfen innerhalb von drei Kalenderjahren auf oder in jeden Hektar Boden Klärschlammgemische oder Klärschlammkomposte mit einem Klärschlammanteil von nicht mehr als 5 Tonnen Trockenmasse auf- oder eingebracht werden. Abweichend von Satz 1 dürfen Klärschlammkomposte mit einem Klärschlammanteil von bis zu 10 Tonnen Trockenmasse innerhalb von sechs Kalenderjahren auf oder in jeden Hektar der Auf- oder Einbringungsfläche auf- oder eingebracht werden. Abweichend von den Sätzen 1 und 2 dürfen auf oder in einen Boden bei landschaftsbaulichen Maßnahmen auf oder in jeden Hektar der Auf- oder Einbringungsfläche Klärschlammgemische oder Klärschlammkomposte mit einem Klärschlammanteil von bis zu 20 Tonnen Trockenmasse auf- oder eingebracht werden, sofern auf dieser Fläche innerhalb von zehn Kalenderjahren vor der Auf- oder Einbringung keine Auf- oder Einbringung erfolgt ist. Bei der Herstellung einer durchwurzelbaren Bodenschicht dürfen Klärschlammgemische und Klärschlammkomposte nur für die oberste Bodenschicht mit einer Mächtigkeit von höchstens 30 Zentimetern eingesetzt werden.

(3) § 12 Absatz 7 der Bundes-Bodenschutz- und Altlastenverordnung gilt für Anwendungen im Landschaftsbau entsprechend.

§ 15 Beschränkung der Klärschlammverwertung

(1) Die Abgabe und das Auf- oder Einbringen von Klärschlamm aus anderen Anlagen als aus Abwasserbehandlungsanlagen sowie von Rohschlamm ist nicht zulässig.

(2) Die Abgabe und das Auf- oder Einbringen von Klärschlamm aus einer Kleinkläranlage ist nicht zulässig, sofern der Klärschlamm vom wasserrechtlich geregelten Anschluss- und Benutzungszwang zur Abwasserbeseitigung erfasst wird.

(3) Die Abgabe und das Auf- oder Einbringen eines Klärschlamms, der mit Klärschlämmen aus Abwasserbehandlungsanlagen mit einer genehmigten Ausbaugröße ab 1 000 Einwohnerwerten vermischt wurde, ist nur zulässig, wenn es sich um Klärschlämme aus Abwasserbehandlungsanlagen desselben Klärschlammerzeugers handelt und die Klärschlämme die Anforderungen des § 8 Absatz 1 und 2 Satz 1 und des § 11 vor der Vermischung erfüllen.

(4) Das Auf- oder Einbringen eines Klärschlamms, eines Klärschlammgemischs oder eines Klärschlammkomposts auf oder in einen Boden mit landwirtschaftlicher Nutzung ist nicht zulässig, wenn der Klärschlamm in einer Abwasserbehandlungsanlage angefallen ist, in der Abwasser aus der industriellen Kartoffelverarbeitung behandelt wurde.

(5) Das Auf- oder Einbringen eines Klärschlamms, eines Klärschlammgemischs oder eines Klärschlammkomposts ist nicht zulässig auf oder in einen Boden mit einer Nutzung

1. als Grünland und Dauergrünland,
2. als Ackerfutteranbaufläche,
3. als Anbaufläche für Mais, ausgenommen zur Körnernutzung und zur Verwendung in der Biogaserzeugung, sofern keine Einarbeitung des Klärschlamms vor der Saat erfolgt ist,
4. als Anbaufläche für Zuckerrüben, sofern die Zuckerrübenblätter verfüttert werden sollen und im Anbaujahr keine Auf- oder Einbringung des Klärschlamms vor der Saat erfolgt ist,
5. als Anbaufläche für Gemüse, Obst oder Hopfen,
6. als Haus-, Nutz- oder Kleingarten oder
7. zu forstwirtschaftlichen Zwecken.

Das Auf- oder Einbringen eines Klärschlamms, Klärschlammgemischs oder Klärschlammkomposts auf oder in eine Ackerfläche, die auch zum Anbau von Feldgemüse genutzt wird, ist nur zulässig, sofern zwischen der letzten Auf- oder Einbringung eines Klärschlamms, Klärschlammgemischs oder Klärschlammkomposts und dem nächsten Anbau von Feldgemüse ein zeitlicher Abstand von mindestens 24 Monaten eingehalten wird.

(6) Das Auf- oder Einbringen eines Klärschlamms, eines Klärschlammgemischs oder eines Klärschlammkomposts ist nicht zulässig auf oder in einen Boden

1. in Wasserschutzgebieten der Schutzzonen I, II und III und
2. in Naturschutzgebieten, Nationalparks, nationalen Naturmonumenten, Naturdenkmälern, geschützten Landschaftsbestandteilen und gesetzlich geschützten Biotopen.

Abweichend von Satz 1 Nummer 2 kann die zuständige Behörde im Einvernehmen mit der zuständigen Naturschutzbehörde und der landwirtschaftlichen Fachbehörde auf Antrag des Klärschlammnutzers die Auf- oder Einbringung eines Klärschlamms, eines Klärschlammgemischs oder eines Klärschlammkomposts auf oder in einen Boden mit landwirtschaftlicher Nutzung zulassen.

Abschnitt 4
Anzeige- und Lieferscheinverfahren

§ 16 Anzeigeverfahren

(1) Der Klärschlammnutzer hat dem Klärschlammerzeuger die genaue Bezeichnung der für eine Auf- oder Einbringung von Klärschlamm vorgesehenen Auf- oder Einbringungsfläche nach Gemarkung, Flur, Flurstücksnummer und Größe in Hektar sowie die derzeitige und nächste beabsichtigte Bodennutzung mitzuteilen. Die für die Auf- oder Einbringungsfläche zuständige Behörde kann, im Fall der Auf- oder Einbringung auf oder in einen landwirtschaftlich genutzten Boden im Einvernehmen mit der zuständigen landwirtschaftlichen Fachbehörde, auf Antrag auch einen anderen Flächennachweis zulassen, wenn hierbei die Auf- oder Einbringungsfläche mit vergleichbarer Genauigkeit erfasst wird. Sofern die Auf- oder Einbringung eines Klärschlammgemischs oder eines Klärschlammkomposts beabsichtigt ist, so hat der Klärschlammnutzer dem Gemischhersteller oder dem Komposthersteller die konkrete Auf- oder Einbringungsfläche nach Satz 1 mitzuteilen.

(2) Der Klärschlammerzeuger hat spätestens drei Wochen vor Auf- oder Einbringung des Klärschlamms der für die Auf- oder Einbringungsfläche zuständigen Behörde, im Fall der Auf- oder Einbringung auf oder in landwirtschaftlich genutzten Boden auch der landwirtschaftlichen Fachbehörde, die beabsichtigte Auf- oder Einbringung anzuzeigen. Beabsichtigt der Gemischhersteller oder der Komposthersteller die Auf- oder Einbringung eines Klärschlammgemischs oder eines Klärschlammkomposts, so gilt Satz 1 für den Gemischhersteller oder den Komposthersteller. Die zuständige Behörde kann, im Fall der Auf- oder Einbringung auf oder in landwirtschaftlich genutzten Boden im Einvernehmen mit der landwirtschaftlichen Fachbehörde, zulassen, dass die Anzeige nach Satz 1 oder 2 bis spätestens eine Woche vor der beabsichtigten Auf- oder Einbringung erfolgt.

(3) Die Anzeige nach Absatz 2 Satz 1 hat die Angaben nach Anlage 3 Abschnitt 1 Nummer 1 und die Anzeige nach Absatz 2 Satz 2 die Angaben nach Anlage 3 Abschnitt 2 Nummer 1 zu enthalten. Die Änderung des in der Anzeige angegebenen Zeitpunkts der beabsichtigten Auf- oder Einbringung des Klärschlamms, des Klärschlammgemischs oder des Klärschlammkomposts oder der in der Anzeige angegebenen Auf- oder Einbringungsfläche hat der Klärschlammerzeuger, Gemischhersteller oder Komposthersteller der zuständigen Behörde unverzüglich mitzuteilen.

§ 17 Lieferscheinverfahren bei bodenbezogener Klärschlammverwertung

(1) Der Klärschlammerzeuger hat vor der Abgabe des Klärschlamms einen Lieferschein zu verwenden oder zu erstellen, der die Angaben nach Anlage 3 Abschnitt 1 Nummer 2.1 bis 2.6 enthalten muss. Der Lieferschein ist richtig und vollständig auszufüllen. Bei Abgabe des Klärschlamms hat der Klärschlammerzeuger den Zeitpunkt der Abgabe auf dem Lieferschein nach Anlage 3 Abschnitt 1 Nummer 2.7 zu vermerken und, sofern der Transport nicht von ihm selbst durchgeführt wird, dem Beförderer den Lieferschein zu übergeben. Der Klärschlammerzeuger hat eine Kopie des Lieferscheins zu behalten, sofern der Transport nicht von ihm selbst durchgeführt wird. Der Klärschlammerzeuger hat die Kopie des Lieferscheins nach Satz 4 bis zum Zeitpunkt des Zugangs des Originals nach Absatz 5 Satz 1 aufzubewahren und anschließend zu löschen.

(2) Der Klärschlammerzeuger, sofern er die Beförderung des Klärschlamms selbst durchführt, oder der Beförderer hat den Lieferschein und, soweit erforderlich, die nach Anlage 3 Abschnitt 1 Nummer 2.4.6 und 2.6.3 beizufügenden Nachweise während der Beförderung des Klärschlamms mitzuführen.

(3) Der Klärschlammnutzer hat die Anlieferung und das Auf- oder Einbringen des Klärschlamms auf oder in den Boden unverzüglich durch Angaben auf dem Lieferschein nach Anlage 3 Abschnitt 1 Nummer 2.8 zu bestätigen. Im Fall der geplanten Herstellung eines Klärschlammgemischs oder Klärschlammkomposts hat der Gemischhersteller oder der Komposthersteller die Anlieferung des Klärschlamms als Ausgangsstoff zur Herstellung eines Klärschlammgemischs oder eines Klärschlammkomposts unverzüglich durch Angabe auf dem Lieferschein nach Anlage 3 Abschnitt 1 Nummer 2.8 zu bestätigen. Sofern die Auf- oder Einbringung des Klärschlamms nach Satz 1 wegen einer Klärschlammbereitstellung nach § 13 Absatz 2 erst zu einem späteren Zeitpunkt erfolgen soll, hat der Klärschlammerzeuger dies unverzüglich bei der Anlieferung des Klärschlamms auf dem Lieferschein zu bestätigen. Der Klärschlammerzeuger hat in diesem Fall dem Klärschlammnutzer spätestens fünf Werktage nach der Aufoder Einbringung den Zeitpunkt der erfolgten späteren Auf- oder Einbringung nach Satz 3 mitzuteilen.

(4) Wird der Klärschlamm eines Klärschlammerzeugers auf oder in einen Boden auf- oder eingebracht, den dieser Klärschlammerzeuger selbst nutzt, findet Absatz 1 Satz 3 keine Anwendung.

(5) Nach Eintragung der Angaben über die erfolgte Anlieferung und das Auf- oder Einbringen des Klärschlamms nach Absatz 3 Satz 1 bis 3 hat der Beförderer, soweit der Transport nicht durch den Klärschlammerzeuger selbst durchgeführt wurde, den vollständig ausgefüllten und mit den notwendigen Unterschriften versehenen Lieferschein unverzüglich an den Klärschlammerzeuger zu übersenden. Eine Kopie dieses Lieferscheins verbleibt beim Beförderer.

(6) Der Klärschlammerzeuger hat spätestens innerhalb von drei Wochen nach der Auf- oder Einbringung jeweils eine Kopie des vollständig ausgefüllten und mit den notwendigen Unterschriften versehenen Lieferscheins zu übersenden an

1. den Klärschlammnutzer,
2. den Beförderer, sofern die Beförderung nicht durch den Klärschlammerzeuger selbst durchgeführt wurde,
3. den Qualitätszeichennehmer, sofern dieser anstelle des Klärschlammerzeugers eine Qualitätssicherung nach Teil 3 dieser Verordnung durchgeführt hat,
4. den Gemischhersteller oder den Komposthersteller, sofern der Klärschlamm als Ausgangsstoff zur Herstellung eines Klärschlammgemischs oder eines Klärschlammkomposts eingesetzt wird,
5. die für den Klärschlammerzeuger zuständige Behörde,
6. die für die Auf- oder Einbringungsfläche nach § 16 Absatz 1 Satz 1 zuständige Behörde und
7. die landwirtschaftliche Fachbehörde, sofern der Klärschlamm auf landwirtschaftlich genutzten Boden auf- oder eingebracht wurde.

(7) Der Klärschlammerzeuger hat das Original des vollständig ausgefüllten und mit den notwendigen Unterschriften versehenen Lieferscheins zwölf Jahre, gerechnet vom Zeitpunkt der Abgabe des Klärschlamms an, aufzubewahren und den zuständigen Behörden auf Verlangen vorzulegen. Für die Aufbewahrung und Vorlage der Kopie des Lieferscheins durch den Klärschlammnutzer, Beförderer, Gemischhersteller, Komposthersteller oder Qualitätszeichennehmer gilt Satz 1

entsprechend. Nach Ablauf des in Satz 1 genannten Zeitraums haben die in den Sätzen 1 und 2 genannten Aufbewahrungsverpflichteten die dort genannten Unterlagen zu löschen.

§ 18 Lieferscheinverfahren bei bodenbezogener Verwertung von Klärschlammgemisch und Klärschlammkompost

(1) Der Gemischhersteller oder der Komposthersteller hat vor der Abgabe eines mit Klärschlamm nach § 17 Absatz 3 Satz 2 hergestellten Klärschlammgemischs oder Klärschlammkomposts einen Lieferschein zu verwenden oder zu erstellen, der die Angaben nach Anlage 3 Abschnitt 2 Nummer 2.1 bis 2.9 enthalten muss. Der Lieferschein ist richtig und vollständig auszufüllen. Bei Abgabe des hergestellten Klärschlammgemischs oder des hergestellten Klärschlammkomposts an einen Klärschlammnutzer hat der Gemischhersteller oder der Komposthersteller den Zeitpunkt der Abgabe auf dem Lieferschein nach Anlage 3 Abschnitt 2 Nummer 2.10 zu vermerken und, soweit der Transport nicht durch den Gemischhersteller oder den Komposthersteller durchgeführt wird, dem Beförderer den Lieferschein zu übergeben. Eine Kopie des Lieferscheins verbleibt beim Gemischhersteller oder Komposthersteller, sofern der Transport nicht von ihm selbst durchgeführt wird. Der Gemischhersteller oder Komposthersteller hat die Kopie des Lieferscheins nach Satz 4 bis zum Zeitpunkt des Zugangs des Originals nach Absatz 5 Satz 1 aufzubewahren und anschließend zu löschen.

(2) Der Gemischhersteller oder der Komposthersteller, sofern diese die Beförderung selbst durchführen, oder der Beförderer hat den Lieferschein und soweit erforderlich, die nach Anlage 3 Abschnitt 2 Hinweis vor Nummer 2.1, Nummer 2.5.7 und 2.9.3 dem Lieferschein beizufügenden Lieferscheine und Nachweise während der Beförderung des Klärschlammgemischs oder Klärschlammkomposts mitzuführen.

(3) Der Klärschlammnutzer hat die Anlieferung und das Auf- oder Einbringen des Klärschlammgemischs oder Klärschlammkomposts auf oder in den Boden unverzüglich durch Angaben auf dem Lieferschein nach Anlage 3 Abschnitt 2 Nummer 2.11 zu bestätigen. Sofern das Klärschlammgemisch oder der Klärschlammkompost nach § 13 Absatz 2 bereitgestellt wird und die Auf- oder Einbringung erst zu einem späteren Zeitpunkt erfolgen soll, hat der Gemischhersteller oder Komposthersteller dies unverzüglich auf dem Lieferschein zu bestätigen. Der Gemischhersteller oder Komposthersteller hat dem Klärschlammnutzer spätestens fünf Werktage nach der Auf- oder Einbringung den Zeitpunkt der erfolgten späteren Auf- oder Einbringung nach Satz 2 mitzuteilen.

(4) Wird das Klärschlammgemisch eines Gemischherstellers auf oder in einen Boden auf- oder eingebracht, den dieser Gemischhersteller selbst nutzt, oder wird der Klärschlammkompost eines Kompostherstellers auf oder in einen Boden auf- oder eingebracht, den dieser Komposthersteller selbst nutzt, findet Absatz 1 Satz 3 keine Anwendung.

(5) Nach Eintragung der Angaben über die erfolgte Abgabe des Klärschlammgemischs oder des Klärschlammkomposts nach Absatz 3 Satz 1 und 2 hat der Beförderer, soweit der Transport des Klärschlammgemischs oder des Klärschlammkomposts nicht durch den Gemischhersteller oder den Komposthersteller durchgeführt wurde, den vollständig ausgefüllten und mit den notwendigen Unterschriften versehenen Lieferschein unverzüglich an den Gemischhersteller oder den Komposthersteller zu übersenden. Eine Kopie dieses Lieferscheins verbleibt beim Beförderer.

(6) Der Gemischhersteller oder der Komposthersteller hat spätestens innerhalb von drei Wochen nach der Auf- oder Einbringung jeweils eine Kopie des vollständig ausgefüllten und mit den notwendigen Unterschriften versehenen Lieferscheins zu übersenden an

1. den Klärschlammnutzer,

2. den Beförderer des Klärschlammgemischs oder des Klärschlammkomposts, sofern der Transport nicht durch den Gemischhersteller oder den Komposthersteller selbst durchgeführt wurde,
3. den Klärschlammerzeuger, dessen Klärschlamm als Ausgangsstoff zur Herstellung des Klärschlammgemischs oder des Klärschlammkomposts eingesetzt worden ist,
4. den Qualitätszeichennehmer, sofern dieser anstelle des Gemischherstellers oder des Kompostherstellers eine Qualitätssicherung nach Teil 3 dieser Verordnung durchgeführt hat,
5. die für den Gemischhersteller oder den Komposthersteller zuständige Behörde,
6. die für den Klärschlammerzeuger nach Nummer 3 zuständige Behörde,
7. die für die Auf- oder Einbringungsfläche nach § 16 Absatz 1 Satz 3 zuständige Behörde und
8. die landwirtschaftliche Fachbehörde, sofern das Klärschlammgemisch oder der Klärschlammkompost auf oder in einen landwirtschaftlich genutzten Boden auf- oder eingebracht wurde.

(7) Der Gemischhersteller oder der Komposthersteller hat das Original des Lieferscheins ab dem Zeitpunkt der Abgabe des Klärschlammgemischs oder des Klärschlammkomposts zwölf Jahre aufzubewahren und den zuständigen Behörden auf Verlangen vorzulegen. Für die Aufbewahrung und die Vorlage der Kopie des Lieferscheins durch den Klärschlammnutzer, den Beförderer, den Klärschlammerzeuger und den Qualitätszeichennehmer gilt Satz 1 entsprechend. Nach Ablauf des in Satz 1 genannten Zeitraums haben die in den Sätzen 1 und 2 genannten Aufbewahrungsverpflichteten die dort genannten Unterlagen zu löschen.

Teil 3
Anforderungen an die regelmäßige Qualitätssicherung

§ 19 Regelmäßige Qualitätssicherung

Eine regelmäßige Qualitätssicherung im Sinne von § 12 Absatz 1 des Kreislaufwirtschaftsgesetzes muss den in den §§ 20 bis 31 geregelten Mindestanforderungen entsprechen.

Abschnitt 1
Träger der Qualitätssicherung

§ 20 Anerkennung des Trägers der Qualitätssicherung

(1) Die für die Anerkennung eines Trägers der Qualitätssicherung zuständige Behörde im Sinne des § 12 Absatz 5 Satz 2 des Kreislaufwirtschaftsgesetzes ist die für die Abfallwirtschaft zuständige oberste Landesbehörde desjenigen Landes, in dem der Träger der Qualitätssicherung seinen Hauptsitz hat, oder die von ihr bestimmte Behörde.

(2) Ein rechtsfähiger Zusammenschluss im Sinne des § 12 Absatz 5 Satz 1 des Kreislaufwirtschaftsgesetzes ist als Träger der Qualitätssicherung anzuerkennen, wenn er

1. eine für die Leitung und Beaufsichtigung des Trägers verantwortliche Person benannt hat und deren Vertretungsbefugnis gegenüber der zuständigen Behörde nachweist,
2. nachweist, dass eine technische Leitung und eine Stellvertretung bestellt sind,
3. nachweist, dass das in den Nummern 1 und 2 genannte Personal sowie das sonstige Personal über die für seine Tätigkeit erforderliche Fach- und Sachkunde verfügt und von zu prüfen-

den Qualitätszeichennehmern, von Gesellschaftern des Trägers der Qualitätssicherung sowie von Untersuchungsstellen nach § 33 unabhängig ist,

4. nachweist, dass eine ausreichende Anzahl von Sachverständigen bestellt ist, die die in § 22 genannten Anforderungen erfüllen,
5. nachweist, dass ein unabhängiger Ausschuss eingerichtet ist, der die in § 23 Absatz 1 genannten Anforderungen erfüllt,
6. ein Managementhandbuch verpflichtend eingeführt hat; das Managementhandbuch beinhaltet insbesondere Informationen über die Strategie, die Planung und die Umsetzung der Qualitätssicherung einschließlich der für die Organisation gültigen und verbindlichen Regelungen und Vorlagen, und
7. abgestufte Maßnahmen bis hin zum befristeten oder dauerhaften Entzug des Qualitätszeichens festgelegt hat, um die Einhaltung der Anforderungen an die Qualitätssicherung durch den Qualitätszeichennehmer sicherzustellen.

(3) Über einen Antrag auf Anerkennung als Träger einer Qualitätssicherung ist innerhalb einer Frist von drei Monaten zu entscheiden; § 42a Absatz 2 Satz 2 bis 4 des Verwaltungsverfahrensgesetzes ist anzuwenden.

(4) Die Anerkennung als Träger einer Qualitätssicherung gilt für das gesamte Bundesgebiet. Sie kann mit Bedingungen, Auflagen und dem Vorbehalt von Auflagen versehen werden, soweit dies zur Sicherstellung der in Absatz 2 genannten Anerkennungsvoraussetzungen erforderlich ist.

§ 21 Pflichten des Trägers der Qualitätssicherung

(1) Der Träger der Qualitätssicherung hat sicherzustellen, dass jeder Qualitätszeichennehmer ein individuelles Konzept zur Minderung von Schadstoffeinträgen im Vorfeld der Klärschlammentstehung in einer Abwasserbehandlungsanlage und zur Minderung von hygienischen Risiken des Klärschlamms erstellt. In dem Konzept ist insbesondere festzulegen, dass der Qualitätszeichennehmer

1. das Indirekteinleiterkataster und die Indirekteinleiterüberwachung der Abwasserbehandlungsanlage zu bewerten und im Bedarfsfall dem Klärschlammerzeuger Maßnahmen zur Optimierung vorzugeben hat,
2. den Klärschlammerzeuger zur prüffähigen Dokumentation der zur Abwasserbehandlung und Klärschlammbehandlung eingesetzten Zuschlagstoffe und zur prüffähigen Dokumentation der Direktanlieferung anderer für die Mitbehandlung vorgesehener Stoffe zu verpflichten hat,
3. eine Bewertung des Einsatzes der zur Abwasserbehandlung eingesetzten Zuschlagstoffe und der für die Mitbehandlung vorgesehenen Stoffe hinsichtlich deren Schadstoffgehalte durchzuführen und im Bedarfsfall dem Klärschlammerzeuger die Verwendung besser geeigneter Zuschlagstoffe vorzugeben hat,
4. den Klärschlammerzeuger zur Einrichtung und Anwendung eines Kontroll- und Abweismechanismus für Direktanlieferungen anderer für die Mitbehandlung vorgesehener Stoffe nach Nummer 2 zu verpflichten hat,
5. den Klärschlammerzeuger zur Unterrichtung der zuständigen Behörde über absehbare Veränderungen der Abwasserzusammensetzung im Einzugsgebiet der Abwasserbehandlungsanlage zu verpflichten hat,

6. den Gemischhersteller und den Komposthersteller dazu zu verpflichten hat, als Ausgangsstoff zur Gemisch- und Kompostherstellung einen Klärschlamm einzusetzen, der einer Qualitätssicherung im Sinne dieser Verordnung unterzogen wurde, und
7. den Gemischhersteller und den Komposthersteller dazu zu verpflichten hat, die zur Gemisch- und Kompostherstellung vorgesehenen Materialien nach Anlage 2 Tabelle 7 und 8 der Düngemittelverordnung prüffähig zu dokumentieren.

Der Träger der Qualitätssicherung hat die Umsetzung des Konzepts durch den Klärschlammerzeuger, den Gemischhersteller und den Komposthersteller zu überwachen. Er hat einen Sachverständigen nach § 22 damit zu beauftragen, die Erfüllung der Anforderungen nach Satz 2 Nummer 1 und 3 zu überprüfen.

(2) Der Träger der Qualitätssicherung hat zur fortlaufenden Überwachung des Qualitätszeichennehmers im Sinne von § 12 Absatz 3 Nummer 3 des Kreislaufwirtschaftsgesetzes einen für jeden Qualitätszeichennehmer individuellen Plan zur Untersuchung der Inhaltsstoffe des Klärschlamms, des Klärschlammgemischs und des Klärschlammkomposts des Qualitätszeichennehmers zu erstellen und den Qualitätszeichennehmer zur Ausführung des Untersuchungsplans nach § 32 zu verpflichten.

(3) Der Träger der Qualitätssicherung hat den fachlichen Rahmen zur fachgerechten Anwendung des Klärschlamms, Klärschlammgemischs oder Klärschlammkomposts festzulegen. Hierbei werden besondere Vorgaben zum Gewässerschutz, zum Bodenschutz, zur Reduzierung seuchenhygienischer und phytohygienischer Risiken sowie zur Bemessung der Aufwandmenge nach guter fachlicher Praxis bestimmt. Der Qualitätszeichennehmer hat die Umsetzung dieser Vorgaben sicherzustellen. Der Qualitätszeichennehmer hat vor Auf- oder Einbringung des Klärschlamms, des Klärschlammgemischs oder des Klärschlammkomposts die Anwendungsempfehlungen nach Satz 1 zu dokumentieren und eine Kopie der Empfehlungen dem Klärschlammnutzer zu übergeben.

(4) Der Träger der Qualitätssicherung hat die Mindestanforderungen nach den §§ 20 bis 31 in einer Satzung, einem Überwachungsvertrag oder einer sonstigen für den Qualitätszeichennehmer verbindlichen Regelung festzulegen.

(5) Der Träger der Qualitätssicherung hat der zuständigen Behörde innerhalb von vier Wochen Folgendes anzuzeigen:

1. die Bestellung von Sachverständigen, ihre Tätigkeitsbereiche, die Änderung ihrer Tätigkeitsbereiche sowie das Erlöschen der Bestellung der Sachverständigen,
2. Änderungen der Organisationsstruktur des Trägers der Qualitätssicherung und
3. die Auflösung des Trägers der Qualitätssicherung.

(6) Der Träger der Qualitätssicherung hat ein aktuelles Verzeichnis der Qualitätszeichennehmer zu führen, die zur Führung seines Qualitätszeichens berechtigt sind. Das Verzeichnis hat der Träger der Qualitätssicherung in geeigneter Weise öffentlich zugänglich zu machen.

§ 22 Sachverständige

(1) Sachverständige nach § 12 Absatz 6 des Kreislaufwirtschaftsgesetzes besitzen die für die Wahrnehmung ihrer Aufgaben im Sinne dieser Verordnung erforderliche Zuverlässigkeit, Unabhängigkeit und Fachkunde, wenn sie die Anforderungen erfüllen, die in den §§ 5 bis 7 des Umweltauditgesetzes in der Fassung der Bekanntmachung vom 4. September 2002 (BGBl. I S. 3490), das zuletzt durch Artikel 13 des Gesetzes vom 27. Juni 2017 (BGBl. I S. 1966) geän-

dert worden ist, in der jeweils geltenden Fassung, genannt sind. Der Träger der Qualitätssicherung hat die Nachweise der Eignung und Fachkunde eines Sachverständigen vor Aufnahme der Tätigkeit des Sachverständigen der für die Anerkennung des Trägers der Qualitätssicherung zuständigen Behörde vorzulegen.

(2) Jeder Sachverständige ist verpflichtet, ein Prüftagebuch zu führen, aus dem sich Art, Umfang und Ergebnisse aller durchgeführten Prüfungen ergeben. Das Prüftagebuch hat der Sachverständige dem Träger der Qualitätssicherung auf Verlangen vorzulegen. Der Träger der Qualitätssicherung hat das Prüftagebuch der zuständigen Behörde auf Verlangen vorzulegen.

§ 23 Unabhängiger Ausschuss beim Träger der Qualitätssicherung

(1) Der unabhängige Ausschuss beim Träger der Qualitätssicherung setzt sich wie folgt zusammen:

1. mehrheitlich aus Vertretern, die nicht Qualitätszeichennehmer sind,
2. aus Vertretern sowohl aus dem Bereich der Abwasserbehandlung und der Klärschlammverwertung als auch aus dem Bereich qualifizierter Einrichtungen der Landwirtschaft und des Landschaftsbaus und
3. aus Vertretern von Einrichtungen und Institutionen, die in den Bereichen Forschung, Analytik und Verwertung von Klärschlamm sowie in der Beratung zur Klärschlammverwertung beschäftigt sind.

(2) Der unabhängige Ausschuss hat

1. den Antrag auf Erteilung des Qualitätszeichens nach § 27 Absatz 1 zu bewerten,
2. die Ergebnisse der im Verfahren zur Erteilung des Qualitätszeichens durchgeführten Überwachungsmaßnahmen nach § 28 zu bewerten,
3. die Ergebnisse der Eigen- und Fremdüberwachung nach den Bestimmungen des § 30 zu bewerten und
4. im Fall eines nicht ordnungsgemäßen Führens des Qualitätszeichens durch den Qualitätszeichennehmer über das Ergreifen von Maßnahmen nach § 20 Absatz 2 Nummer 7 zu beraten und dem Träger der Qualitätssicherung einen Entscheidungsvorschlag zu unterbreiten.

(3) Die Mitglieder des Ausschusses sind hinsichtlich ihrer Entscheidungen nicht weisungsgebunden. Mitglieder, bei denen Befangenheit zu besorgen ist, dürfen bei Entscheidungen nicht beteiligt werden. Die Mitglieder des Ausschusses haben über die bei ihrer Tätigkeit bekanntgewordenen Tatsachen Verschwiegenheit zu bewahren.

(4) Das Verfahren zum Ausschluss eines Mitglieds ist in einer Satzung, einem Überwachungsvertrag oder einer sonstigen verbindlichen Regelung festzulegen.

§ 24 Behördliche Überwachung des Trägers der Qualitätssicherung

(1) Die nach § 20 Absatz 1 für die Anerkennung eines Trägers der Qualitätssicherung zuständige Behörde überprüft in Abständen von längstens fünf Jahren, ob der anerkannte Träger der Qualitätssicherung die Anerkennungsvoraussetzungen weiterhin erfüllt.

(2) Der Träger der Qualitätssicherung hat der zuständigen Behörde für jedes Kalenderjahr bis zum 31. März eines jeden Folgejahres unaufgefordert über die im Kalenderjahr erfolgte Überwachung der Qualitätszeichennehmer sowie über die Erteilung und den Entzug von Qualitätszeichen zu berichten. Der Bericht hat auch ein aktuelles Verzeichnis der Qualitätszeichennehmer

nach § 21 Absatz 6 Satz 1 zu enthalten. Die zuständige Behörde kann die Frist zur Vorlage des Berichts verkürzen.

§ 25 Widerruf der Anerkennung; Auflösung des Trägers der Qualitätssicherung

(1) Die Anerkennung eines Trägers der Qualitätssicherung kann unbeschadet des § 49 des Verwaltungsverfahrensgesetzes widerrufen werden, wenn der Träger der Qualitätssicherung eine der Anforderungen nach § 20 Absatz 2 oder wiederholt eine oder mehrere Pflichten nach § 21 nicht oder nicht ordnungsgemäß erfüllt.

(2) Mit der Auflösung des Trägers der Qualitätssicherung oder der Entscheidung über die Eröffnung des Insolvenzverfahrens erlischt die Anerkennung. Im Fall der Eröffnung des Insolvenzverfahrens kann die zuständige Behörde den Träger der Qualitätssicherung auf Antrag für einen befristeten Zeitraum erneut anerkennen.

(3) Ist die Anerkennung eines Trägers der Qualitätssicherung erloschen, verliert der Qualitätszeichennehmer die Berechtigung zum Führen des Qualitätszeichens des Trägers der Qualitätssicherung. Abweichend von Satz 1 kann die für die Anerkennung zuständige Behörde dem Qualitätszeichennehmer die weitere Führung des Qualitätszeichens für eine angemessene Übergangszeit genehmigen.

Abschnitt 2
Qualitätszeichennehmer

§ 26 Anforderungen an die Zuverlässigkeit sowie an die Fach- und Sachkunde des Qualitätszeichennehmers

(1) Die nach § 12 Absatz 3 Nummer 1 des Kreislaufwirtschaftsgesetzes erforderliche Zuverlässigkeit und Fachkunde ist gegeben, wenn die für die Leitung und Beaufsichtigung des Betriebs des Qualitätszeichennehmers verantwortlichen Personen die Anforderungen an die Zuverlässigkeit und die Fachkunde nach § 9 der Entsorgungsfachbetriebeverordnung vom 2. Dezember 2016 (BGBl. I S. 2770), die durch Artikel 2 Absatz 2 des Gesetzes vom 5. Juli 2017 (BGBl. I S. 2234) geändert worden ist, in der jeweils geltenden Fassung, erfüllen.

(2) Die nach § 12 Absatz 3 Nummer 1 des Kreislaufwirtschaftsgesetzes erforderliche Sachkunde ist gegeben, wenn das sonstige Personal die Anforderungen an die Sachkunde nach § 10 der Entsorgungsfachbetriebeverordnung erfüllt.

§ 27 Antrag auf Erteilung des Qualitätszeichens

(1) Der Antrag auf Erteilung eines Qualitätszeichens ist schriftlich bei einem Träger der Qualitätssicherung zu stellen. Dem Antrag sind folgende prüffähige Unterlagen beizufügen:

1. Nachweis über die Zuverlässigkeit und Fachkunde nach § 26 Absatz 1,
2. Nachweis über die Sachkunde nach § 26 Absatz 2,
3. Angaben zu Standort und Art der Betriebsstätte, einschließlich der gerätetechnischen Ausstattung,
4. Beschreibung des Abwasserbehandlungsverfahrens der Abwasserbehandlungsanlage, deren Klärschlamm im Rahmen einer regelmäßigen Qualitätssicherung abgegeben werden soll,
5. im Fall der Herstellung eines Klärschlammgemischs oder eines Klärschlammkomposts eine Beschreibung des Behandlungsverfahrens der Anlage zur Herstellung eines Klärschlammgemischs oder zur Herstellung eines Klärschlammkomposts,

6. Angaben zu Art und Menge der je Quartal für die Abwasserbehandlung in der Abwasserbehandlungsanlage eingesetzten Zuschlagstoffe und der für die Mitbehandlung vorgesehenen Stoffe,
7. Angaben zur Menge des jährlich insgesamt zur Entsorgung abgegebenen Klärschlamms und zur Art der bisherigen Entsorgung und
8. Konzept zur Bestimmung von Empfehlungen zur fachgerechten Anwendung von Klärschlamm, Klärschlammgemisch und Klärschlammkompost nach § 21 Absatz 3 Satz 1 und 2 sowie ein Beispiel einer Anwendungsempfehlung nach § 21 Absatz 3 Satz 4.

(2) Wird der Antrag von einer natürlichen oder juristischen Person oder von einer Personenvereinigung gestellt, die kein Klärschlammerzeuger, Gemischhersteller oder Komposthersteller ist, hat diese Person schriftlich eine Erklärung des Klärschlammerzeugers, Gemischherstellers oder Kompostherstellers vorzulegen, die ihr den uneingeschränkten Zugang zu allen technischen Anlagen und zu den Daten sowie die Erlaubnis zur uneingeschränkten Prüfung der Anlagen und Daten, die zur Umsetzung einer regelmäßigen Qualitätssicherung erforderlich sind, zusichert.

(3) Nach Eingang des Antrags hat der Träger der Qualitätssicherung die Vollständigkeit des Antrags zu überprüfen. Ist der Antrag vollständig, stellt der Träger der Qualitätssicherung dem Antragsteller unverzüglich nach Eingang des Antrags eine Empfangsbestätigung aus. In der Empfangsbestätigung ist das Datum des Eingangs mitzuteilen und darauf hinzuweisen, dass nunmehr die vor Erteilung des Qualitätszeichens einmalig durchzuführende Überwachung des Antragstellers beginnt und sich die Überwachung über mindestens sechs Monate erstreckt. Die Prüfung des Antrags auf Erteilung eines Qualitätszeichens muss innerhalb von drei Monaten nach Beendigung der Überwachung nach Satz 3 abgeschlossen sein. § 42a Absatz 2 Satz 3 und 4 des Verwaltungsverfahrensgesetzes findet Anwendung.

(4) Der Träger der Qualitätssicherung hat den Antrag auf Erteilung des Qualitätszeichens sowie den Nachweis nach § 28 dem unabhängigen Ausschuss zur Bewertung nach § 23 Absatz 2 Nummer 1 und 2 vorzulegen.

§ 28 Nachweis der Erfüllung der Anforderungen der regelmäßigen Qualitätssicherung

(1) Der nach § 12 Absatz 3 Nummer 2 des Kreislaufwirtschaftsgesetzes für die Erteilung des Qualitätszeichens erforderliche Nachweis der Erfüllung der Anforderungen an die Qualitätssicherung setzt voraus, dass vor Antragstellung

1. mindestens drei gleichmäßig über den Zeitraum von sechs Monaten verteilte Untersuchungen des Klärschlamms auf die Gehalte an Schwermetallen und die Summe der organischen Halogenverbindungen als adsorbierte organisch gebundene Halogene nach § 5 Absatz 1 Satz 1 durchgeführt wurden und
2. mindestens einmal im Zeitraum von sechs Monaten eine Untersuchung des Klärschlamms auf die Gehalte an folgenden organischen Schadstoffen nach § 5 Absatz 2 Satz 1 durchgeführt wurde:
   a) polychlorierte Biphenyle,
   b) polychlorierte Dibenzodioxine und Dibenzofurane einschließlich dioxinähnlicher polychlorierter Biphenyle,
   c) Benzo(a)pyren und
   d) perfluorierte Verbindungen mit den Einzelsubstanzen Perfluoroctansäure und Perfluoroctansulfonsäure.

Der Antragsteller hat die Untersuchungen des Klärschlamms nach den Bestimmungen des § 32 durchführen zu lassen.

(2) Der Nachweis nach Absatz 1 hat zudem eine prüffähige Dokumentation zu enthalten über

1. die Ergebnisse der in dem Zeitraum von drei Jahren vor Antragstellung erfolgten Untersuchungen des Klärschlamms auf die Gehalte an Schwermetallen und die Summe der organischen Halogenverbindungen, angegeben als adsorbierte organisch gebundene Halogene, nach § 5 Absatz 1 Satz 1 sowie der organischen Schadstoffe polychlorierte Biphenyle und polychlorierte Dibenzodioxine und Dibenzofurane einschließlich dioxinähnlicher polychlorierter Biphenyle nach § 5 Absatz 2 Satz 1. Bei den Parametern polychlorierte Biphenyle und polychlorierte Dibenzodioxine und Dibenzofurane sind die Ergebnisse von mindestens zwei in diesem Zeitraum durchgeführten Untersuchungen zu dokumentieren, wobei der zeitliche Abstand zwischen den beiden Untersuchungen mindestens 18 Monate betragen muss,
2. die zur Abwasserbehandlung und zur Klärschlammbehandlung eingesetzten Zuschlagsstoffe sowie der Direktanlieferung anderer für die Mitbehandlung vorgesehener Stoffe,
3. die Einrichtung und Anwendung eines Kontroll- und Abweismechanismus für Direktanlieferungen anderer für die Mitbehandlung vorgesehener Stoffe nach Nummer 2,
4. die durchgeführten Maßnahmen und die Ergebnisse der eigenverantwortlichen Überwachung durch den Klärschlammerzeuger.

Für den untersuchten Klärschlamm nach Satz 1 Nummer 1 gelten die Grenzwerte nach § 8 Absatz 1.

(3) Im Fall der Verwertung eines Klärschlammgemischs oder eines Klärschlammkomposts gelten die Anforderungen nach den Absätzen 1 und 2 für den zur Herstellung des Klärschlammgemischs oder des Klärschlammkomposts vorgesehenen Klärschlamm sowie die Anforderungen nach Absatz 1 sowie Absatz 2 Satz 1 Nummer 4 für das hergestellte Klärschlammgemisch und den hergestellten Klärschlammkompost entsprechend. Der Nachweis hat zudem eine prüffähige Dokumentation der zur Herstellung des Klärschlammgemischs oder des Klärschlammkomposts eingesetzten anderen Materialien nach Anlage 2 Tabelle 7 und 8 der Düngemittelverordnung zu beinhalten. Für das hergestellte Klärschlammgemisch und den hergestellten Klärschlammkompost gelten die Grenzwerte nach § 8 Absatz 2.

(4) Der Träger der Qualitätssicherung hat sicherzustellen, dass ihm die Untersuchungsergebnisse nach Absatz 1 von der Untersuchungsstelle nach § 33 unmittelbar zugeleitet werden. Für den untersuchten Klärschlamm gelten die Grenzwerte nach § 8 Absatz 1. Der Träger der Qualitätssicherung hat die Untersuchungen nach Absatz 1 und Absatz 2 Satz 1 Nummer 1 zu überprüfen und die Prüfungsergebnisse zu dokumentieren.

(5) Der Träger der Qualitätssicherung hat einen Sachverständigen zu beauftragen, der die Einhaltung der Anforderungen nach Absatz 2 Satz 1 Nummer 2 bis 4 überprüft und die Ergebnisse der Prüfung dokumentiert.

Abschnitt 3
Fortlaufende Überwachung nach Erteilung des Qualitätszeichens

§ 29 Fortlaufende Überwachung

(1) Die fortlaufende Überwachung nach § 12 Absatz 3 Nummer 3 des Kreislaufwirtschaftsgesetzes besteht aus der Eigen- und der Fremdüberwachung nach § 30.

(2) Der Träger der Qualitätssicherung hat dem Qualitätszeichennehmer im Rahmen der fortlaufenden Überwachung mindestens einmal jährlich eine Prüfbescheinigung als Nachweis der regelmäßigen Qualitätssicherung auszustellen.

§ 30 Anforderungen an die Eigen- und die Fremdüberwachung in der fortlaufenden Überwachung

(1) Die Eigenüberwachung hat der Qualitätszeichennehmer durchzuführen. Durch die Eigenüberwachung sind folgende Maßnahmen sicherzustellen:

1. sofern der Qualitätszeichennehmer Klärschlammerzeuger ist, die Umsetzung der in § 21 Absatz 1 Satz 2 Nummer 2, 4 und 5 genannten Maßnahmen,
2. sofern der Qualitätszeichennehmer Gemischhersteller oder Komposthersteller ist, die Umsetzung der in § 21 Absatz 1 Satz 2 Nummer 6 und 7 genannten Maßnahmen, und
3. die Umsetzung der in § 21 Absatz 3 genannten Maßnahmen.

(2) Der Qualitätszeichennehmer hat eine Übersicht zu führen, die folgende Angaben zu enthalten hat:

1. die belieferten Klärschlammnutzer,
2. die Böden, auf und in die qualitätsgesicherter Klärschlamm, qualitätsgesichertes Klärschlammgemisch oder qualitätsgesicherter Klärschlammkompost aufoder eingebracht wurde, mit Angabe der Gemarkung, Flur, Flurstücksnummer und Größe der Aufoder Einbringungsfläche in Hektar,
3. die Menge an Klärschlamm, Klärschlammgemisch oder Klärschlammkompost, die auf und in Böden nach Nummer 2 auf- oder eingebracht wurde, jeweils in Tonnen Frischmasse und Tonnen Trockenmasse, und
4. die Technik der Auf- oder Einbringung von Klärschlamm, Klärschlammgemisch und Klärschlammkompost.

Die für die Auf- oder Einbringungsfläche zuständige Behörde kann, im Fall der Auf- oder Einbringung auf oder in landwirtschaftlich genutzten Boden im Einvernehmen mit der zuständigen landwirtschaftlichen Fachbehörde, abweichend von Satz 1 Nummer 2 auf Antrag auch die Vorlage anderer Flächennachweise zulassen, wenn hierbei die Auf- oder Einbringungsfläche mit vergleichbarer Genauigkeit erfasst wird.

(3) Die durchgeführten Überwachungsmaßnahmen hat der Qualitätszeichennehmer in einer prüffähigen Dokumentation nachzuweisen.

(4) Die Fremdüberwachung umfasst

1. die Durchführung der im Untersuchungsplan nach § 21 Absatz 2 festgelegten Untersuchungen und
2. die regelmäßig in Abständen von längstens drei Jahren durchzuführende Prüfung der Erfüllung der Anforderungen, insbesondere an die Eigenüberwachung nach Absatz 1.

Der Träger der Qualitätssicherung hat sicherzustellen, dass die Erfüllung der Anforderungen nach Satz 1 Nummer 2 durch einen Sachverständigen nach § 22 Absatz 1 überprüft wird.

(5) Der Träger der Qualitätssicherung hat sicherzustellen, dass ihm folgende Unterlagen unmittelbar zugeleitet werden:

1. die Ergebnisse der Untersuchungen des Klärschlamms nach Absatz 4 Satz 1 Nummer 1 durch die Untersuchungsstelle nach § 33 und
2. die Ergebnisse der Fremdüberwachung nach Absatz 4 Satz 1 Nummer 2 durch den Sachverständigen nach § 22 Absatz 1.

(6) Der Träger der Qualitätssicherung hat die Ergebnisse der Eigenüberwachung nach Absatz 1 und der Fremdüberwachung nach Absatz 4 zu kontrollieren und dem unabhängigen Ausschuss zur Bewertung nach § 23 Absatz 2 Nummer 3 vorzulegen. Die Bewertung der Überwachungsergebnisse hat der Träger der Qualitätssicherung halbjährlich zu dokumentieren und dem Qualitätszeichennehmer mitzuteilen. Die Dokumentation hat auch Angaben über festgestellte Säumnisse, Unregelmäßigkeiten und Mängel sowie Maßnahmen nach § 20 Absatz 2 Nummer 7 zu berücksichtigen.

§ 31 Abweichende Regelungen bei Abgabe eines qualitätsgesicherten Klärschlamms, Klärschlammgemischs oder Klärschlammkomposts

(1) Bei Abgabe eines qualitätsgesicherten Klärschlamms, Klärschlammgemischs oder Klärschlammkomposts gilt Folgendes:

1. die Untersuchung des Klärschlamms ist abweichend von § 5 Absatz 1 Satz 2 und 3 je angefangene 500 Tonnen Trockenmasse, höchstens jedoch alle zwei Monate durchzuführen;
2. die Untersuchung des Klärschlamms, Klärschlammgemischs oder Klärschlammkomposts ist abweichend von § 5 Absatz 2 Satz 2 in Abständen von längstens drei Jahren durchzuführen;
3. die Untersuchung des Klärschlammgemischs oder Klärschlammkomposts ist abweichend von § 5 Absatz 3 je angefangene 1 000 Tonnen Trockenmasse durchzuführen;
4. die am Ort der Abwasserbehandlungsanlage zuständige Behörde kann, im Fall der Auf- oder Einbringung auf oder in landwirtschaftlich genutzten Boden im Einvernehmen mit der zuständigen landwirtschaftlichen Fachbehörde, auf Antrag die Verlängerung der Frist zur Vorlage der Untersuchungsergebnisse nach § 5 Absatz 4 zulassen oder eine Befreiung von der Pflicht zur Vorlage der Untersuchungsergebnisse nach § 5 Absatz 4 erteilen;
5. eine Vermischung von Klärschlämmen aus Abwasserbehandlungsanlagen unterschiedlicher Klärschlammerzeuger ist abweichend von § 15 Absatz 3 zulässig, wenn
   a) die Abwasserbehandlungsanlagen im Zuständigkeitsbereich einer für den Vollzug der Verordnung zuständigen Behörde liegen,
   b) die Zusammensetzung des in den Abwasserbehandlungsanlagen behandelten Abwassers vergleichbar ist,
   c) eine verbindliche Regelung zwischen den Klärschlammerzeugern über die weitere Verwendung ihrer Klärschlämme vorliegt; eine Kopie der Regelung ist der zuständigen Behörde auf deren Verlangen vorzulegen und
   d) die Grenzwerte nach § 8 eingehalten werden.

(2) Absatz 1 ist nur anzuwenden, wenn der Qualitätszeichennehmer von der zuständigen Behörde auf der Grundlage des Nachweises der Berechtigung zur Führung des Qualitätszeichens und der Prüfbescheinigung des Trägers der Qualitätssicherung als Nachweis der regelmäßigen Qualitätssicherung nach § 29 Absatz 2 auf Antrag vom Regelverfahren befreit ist. Eine Befreiung kann in begründeten Fällen auch nur von einzelnen Pflichten erteilt werden. Die zuständige Behörde kann im Einzelfall die Vorlage aller, die Qualitätssicherung und die landwirtschaftliche Ver-

wertung betreffenden Unterlagen der Klärschlammerzeuger, Gemischhersteller, Komposthersteller oder des Trägers der Qualitätssicherung verlangen sowie die Befreiung jederzeit widerrufen.

(3) Der Träger der Qualitätssicherung kann im Einzelfall die Anwendung des Absatzes 1 von Bedingungen abhängig machen, zeitlich befristen oder mit Auflagen versehen.

(4) Die zuständige Behörde kann Klärschlammerzeuger, Gemischhersteller und Komposthersteller, im Fall der Auf- oder Einbringung von Klärschlamm, Klärschlammgemisch oder Klärschlammkompost auf oder in landwirtschaftlich genutzten Boden im Einvernehmen mit der zuständigen landwirtschaftlichen Fachbehörde, auf Antrag von der Pflicht zur Erstellung und Übersendung des Lieferscheins nach § 17 oder § 18 befreien. Voraussetzung hierfür ist, dass eine Auf- oder Einbringung auf oder in einen Boden erfolgen soll, der im Zuständigkeitsbereich der am Sitz der Abwasserbehandlungsanlage zuständigen Behörde liegt. Im Fall der Erteilung einer Befreiung nach Satz 1 hat der Klärschlammerzeuger, Gemischhersteller oder Komposthersteller der zuständigen Behörde, im Fall der Aufoder Einbringung auf oder in landwirtschaftlich genutzten Boden auch der zuständigen landwirtschaftlichen Fachbehörde, bis spätestens zum 15. Februar eines Folgejahres Nachweise über die im vorangegangenen Kalenderjahr erfolgten Auf- oder Einbringungen vorzulegen. Die Nachweise müssen folgende Angaben enthalten:

1. Name und Anschrift des Klärschlammerzeugers, des Gemischherstellers und des Kompostherstellers,
2. Name und Anschrift des Beförderers,
3. Name und Anschrift des Nutzers,
4. abgegebene Menge in Tonnen Trockenmasse,
5. Datum der Abgabe und Datum der Auf- oder Einbringung,
6. Bezeichnung der Böden, auf oder in die qualitätsgesicherter Klärschlamm, qualitätsgesichertes Klärschlammgemisch oder qualitätsgesicherter Klärschlammkompost auf- oder eingebracht wurde, mit Angabe der Gemarkung, Flur, Flurstücksnummer und Größe der Auf- oder Einbringungsfläche in Hektar.

(5) Wird eine Befreiung nach Absatz 4 Satz 1 von einem Qualitätszeichennehmer beantragt, der kein Klärschlammerzeuger, Gemischhersteller oder Komposthersteller ist, so ist bei Antragstellung eine Erklärung des Klärschlammerzeugers, Gemischherstellers oder Kompostherstellers vorzulegen, in der dieser zusichert, bei der Erbringung der Nachweise nach Absatz 4 Satz 3 und 4 mitzuwirken. Die Vorlage der Nachweise nach Absatz 4 Satz 3 und 4 hat durch den Qualitätszeichennehmer zu erfolgen.

Teil 4
Gemeinsame Bestimmungen zur Probenuntersuchung und zur Registerführung

§ 32 Probenuntersuchung

(1) Die Probenuntersuchung umfasst Probennahmen, Probenvorbereitungen und Probenanalysen für alle nach dieser Verordnung erforderlichen Untersuchungen von Boden, Klärschlamm, Klärschlammgemisch und Klärschlammkompost. Der zur Probenuntersuchung Verpflichtete hat eine unabhängige und notifizierte Untersuchungsstelle nach § 33 mit der Probenuntersuchung zu beauftragen.

(2) Die Probennahme aus dem für eine Auf- oder Einbringung von Klärschlamm, Klärschlammgemisch oder Klärschlammkompost vorgesehenen Boden ist nach Anlage 2 Nummer 1.1 durchzuführen; die Vorbereitung und die Analyse der Proben sind nach Anlage 2 Nummer 1.2 und 1.3 durchzuführen.

(3) Die Probennahme aus dem für eine Abgabe vorgesehenen Klärschlamm, Klärschlammgemisch oder Klärschlammkompost ist nach Anlage 2 Nummer 2.1, die Vorbereitung der Proben nach Anlage 2 Nummer 2.2 und die Analyse der Proben nach einer der in Anlage 2 Nummer 2.3 aufgeführten Untersuchungsmethoden durchzuführen.

(4) Die Untersuchung eines Klärschlamms, Klärschlammgemischs oder Klärschlammkomposts auf in § 5 Absatz 1 genannte Parameter, die nach den Bestimmungen der Düngemittel-Probenahme- und Analyseverordnung in der Fassung der Bekanntmachung vom 27. Juli 2006 (BGBl. I S. 1822), die durch Artikel 3 der Verordnung vom 6. Februar 2009 (BGBl. I S. 153) geändert worden ist, durchgeführt wurde, wird als gleichwertig zu den in Absatz 3 genannten Untersuchungsmethoden anerkannt.

(5) Die Untersuchungsergebnisse hat der zur Untersuchung Verpflichtete zehn Jahre lang aufzubewahren. Er hat diese auf Verlangen der zuständigen Behörde vorzulegen.

§ 33 Unabhängige Untersuchungsstellen

(1) Eine Untersuchungsstelle bedarf der Notifizierung nach Maßgabe dieser Vorschrift.

(2) Eine Untersuchungsstelle ist auf Antrag zu notifizieren, wenn sie nachgewiesen hat, dass sie die Anforderungen nach dem Fachmodul Abfall zur Verwaltungsvereinbarung über den Kompetenznachweis und die Notifizierung von Prüflaboratorien und Messstellen (Untersuchungsstellen) im abfallrechtlich geregelten Umweltbereich vom 30. Oktober 2002 (BAnz. S. 25 450) erfüllt. Die Notifizierung erfolgt durch die zuständige Behörde des Landes, in dem der Antragsteller seinen Hauptsitz hat, und gilt für das gesamte Bundesgebiet; besteht kein Hauptsitz im Inland, ist die Behörde desjenigen Landes zuständig, in dem die Untersuchungstätigkeit vorrangig ausgeübt werden soll.

(3) Die Notifizierung kann mit einem Vorbehalt des Widerrufs, einer Befristung, mit Bedingungen, Auflagen und dem Vorbehalt von Auflagen versehen werden. Die zuständige Behörde kann von einer überregional tätigen Untersuchungsstelle verlangen, dass sie eine gültige Akkreditierung über die Erfüllung der Anforderungen der DIN EN ISO/IEC 17025, Ausgabe August 2005, die bei der Beuth-Verlag GmbH, Berlin, zu beziehen und bei der Deutschen Nationalbibliothek archivmäßig gesichert niedergelegt ist, vorlegt. Die Akkreditierung muss sich auf die Parameter und Untersuchungsverfahren nach Anlage 2 beziehen. Notifizierungsverfahren nach dieser Vorschrift können über eine einheitliche Stelle abgewickelt werden. Die Prüfung des Antrags auf Notifizierung einer Stelle muss innerhalb von drei Monaten abgeschlossen sein; § 42a Absatz 2 Satz 2 bis 4 des Verwaltungsverfahrensgesetzes findet Anwendung.

(4) Notifizierungen aus einem anderen Mitgliedstaat der Europäischen Union oder aus einem anderen Vertragsstaat des Abkommens über den Europäischen Wirtschaftsraum stehen Notifizierungen nach Absatz 2 Satz 1 gleich, wenn sie diesen gleichwertig sind. Bei der Prüfung des Antrags auf Notifizierung nach Absatz 2 Satz 1 stehen Nachweise aus einem anderen Mitgliedstaat der Europäischen Union oder aus einem anderen Vertragsstaat des Abkommens über den Europäischen Wirtschaftsraum inländischen Nachweisen gleich, wenn aus ihnen hervorgeht, dass die Untersuchungsstelle die betreffenden Anforderungen nach Absatz 2 Satz 1 oder die auf Grund ihrer Zielsetzung im Wesentlichen vergleichbaren Anforderungen des Ausstellungsstaates erfüllt. Nachweise über Notifizierungen im Sinne des Satzes 1 oder sonstige Nachweise nach

Satz 2 sind der zuständigen Behörde vor Aufnahme der Untersuchungstätigkeit im Original oder in Kopie vorzulegen. Eine Beglaubigung der Kopie sowie eine beglaubigte deutsche Übersetzung können verlangt werden.

§ 34 Registerführung

(1) Der Klärschlammerzeuger hat für das jeweilige Kalenderjahr ein Register zu führen, das folgende Angaben zu enthalten hat:

1. die Ergebnisse der durchgeführten Bodenuntersuchungen nach § 4 Absatz 1, mit genauer Bezeichnung der Böden, auf oder in die Klärschlamm, Klärschlammgemisch oder Klärschlammkompost aufoder eingebracht wurde,
2. die insgesamt in einer Abwasserbehandlungsanlage erzeugte Klärschlammmenge in Tonnen Trockenmasse,
3. die Klärschlammmenge in Tonnen Trockenmasse, die nach den Teilen 2 und 3 dieser Verordnung zur Verwertung auf oder in landwirtschaftlich genutzten Böden auf- oder eingebracht wurde, angegeben als
   a) Klärschlammmenge, ohne die in Klärschlammgemischen und Klärschlammkomposten nach den Buchstaben b und c eingesetzte Klärschlammmenge,
   b) Menge an Klärschlammgemischen, mit Angabe der zur Gemischherstellung eingesetzten Klärschlammmenge, und
   c) Menge an Klärschlammkomposten, mit Angabe der zur Kompostherstellung eingesetzten Klärschlammmenge,
4. Klärschlammmenge in Tonnen Trockenmasse, die nach den Teilen 2 und 3 dieser Verordnung zur Verwertung auf oder in Böden bei Maßnahmen des Landschaftsbaus auf- oder eingebracht wurde, angegeben als
   a) Klärschlammmenge, ohne die in Klärschlammgemischen und Klärschlammkomposten nach den Buchstaben b und c eingesetzte Klärschlammmenge,
   b) Menge an Klärschlammgemischen, mit Angabe der zur Gemischherstellung eingesetzten Klärschlammmenge, und
   c) Menge an Klärschlammkomposten, mit Angabe der zur Kompostherstellung eingesetzten Klärschlammmenge,
5. Klärschlammmenge in Tonnen Trockenmasse, die einer Qualitätssicherung nach Teil 3 dieser Verordnung unterzogen wurde,
6. Eigenschaften der Klärschlämme nach § 5 Absatz 1 und 2,
7. Art der Behandlung der zur Verwertung auf oder in landwirtschaftlich genutzten Böden und auf oder in Böden bei Maßnahmen des Landschaftsbaus aufoder eingebrachten Klärschlämme, Klärschlammgemische oder Klärschlammkomposte in Tonnen Trockenmasse,
8. Namen und Anschriften der Klärschlammnutzer, der Gemischhersteller und der Komposthersteller.

(2) Von den Pflichten nach Absatz 1 Nummer 8 sind diejenigen Klärschlammerzeuger ausgenommen, die Abwasserbehandlungsanlagen mit einer genehmigten Ausbaugröße von weniger als 1 000 Einwohnerwerten betreiben.

(3) Der Klärschlammerzeuger hat die Angaben nach Absatz 1, Nummer 1 bis 7 bis zum 15. März des Folgejahres für das vorherige Kalenderjahr an die für die Aufoder Einbringungsfläche zuständige Behörde elektronisch zu übermitteln. Die zuständige Behörde übermittelt elektronisch die Angaben nach Absatz 1 Nummer 2 bis 7 und zur gesamten Auf- oder Einbringungsfläche, anzugeben in Hektar und unter Angabe des Landes, in dem die Auf- oder Einbringung erfolgte, bis zum 31. Mai eines Folgejahres für das vorherige Kalenderjahr an die zuständige oberste Landesbehörde. Die oberste Landesbehörde übermittelt elektronisch die zusammengefassten Daten spätestens bis zum 15. Juli des Folgejahres für das vorherige Kalenderjahr an das Statistische Bundesamt. Das Bundesministerium für Umwelt, Naturschutz und nukleare Sicherheit erstellt auf Grundlage der vom Statistischen Bundesamt erfassten Daten alle drei Jahre einen zusammenfassenden Bericht und übermittelt diesen, das nächste Mal bis zum 30. September 2019, an die Europäische Kommission.

(4) Auf die Verwertung von Klärschlamm, für den die Bestimmungen dieser Verordnung gelten, sind die Bestimmungen der Nachweisverordnung vom 20. Oktober 2006 (BGBl. I S. 2298), die zuletzt durch Artikel 7 der Verordnung vom 2. Dezember 2016 (BGBl. I S. 2770) geändert worden ist, in der jeweils geltenden Fassung, nicht anzuwenden; davon ausgenommen sind § 2 Absatz 1 Nummer 2 und § 23 Nummer 2 der Nachweisverordnung.

§ 35 Auf- oder Einbringungsplan

Die zuständige Behörde hat jährlich einen Auf- oder Einbringungsplan über den im Verlauf des Kalenderjahres auf- oder eingebrachten Klärschlamm, über das im Verlauf des Kalenderjahres auf- oder eingebrachte Klärschlammgemisch und über den im Verlauf des Kalenderjahres auf- oder eingebrachten Klärschlammkompost zu erstellen. Bei der Erstellung des Auf- oder Einbringungsplans sollen die Möglichkeiten der elektronischen Datenverarbeitung genutzt werden.

Teil 5
Schlussbestimmungen

§ 36 Ordnungswidrigkeiten

(1) Ordnungswidrig im Sinne des § 69 Absatz 1 Nummer 8 des Kreislaufwirtschaftsgesetzes handelt, wer vorsätzlich oder fahrlässig

1. entgegen § 4 Absatz 1 Satz 1 Nummer 1, auch in Verbindung mit § 4 Absatz 1 Satz 2, die Bodenart nicht, nicht richtig, nicht vollständig oder nicht rechtzeitig bestimmen lässt,
2. entgegen § 4 Absatz 1 Satz 1 Nummer 2, auch in Verbindung mit § 4 Absatz 1 Satz 2, oder entgegen § 4 Absatz 2 eine Bodenuntersuchung nicht, nicht richtig, nicht vollständig oder nicht rechtzeitig durchführen lässt,
3. entgegen § 4 Absatz 4 oder § 5 Absatz 2 Satz 2 eine Untersuchung nicht oder nicht rechtzeitig wiederholt,
4. entgegen § 5 Absatz 1 oder 2 Satz 1, jeweils auch in Verbindung mit Absatz 3, eine dort genannte Untersuchung nicht, nicht richtig, nicht vollständig oder nicht rechtzeitig durchführen lässt,
5. entgegen § 7 Absatz 1 Satz 1 einen Klärschlamm, ein Klärschlammgemisch oder einen Klärschlammkompost auf- oder einbringt,

6. entgegen § 8 Absatz 1, auch in Verbindung mit Absatz 2 Satz 1, oder § 15 Absatz 2 oder 3 einen Klärschlamm abgibt, auf- oder einbringt oder ein Klärschlammgemisch oder einen Klärschlammkompost herstellt,
7. entgegen § 11 einen Klärschlamm, ein Klärschlammgemisch oder einen Klärschlammkompost abgibt oder auf- oder einbringt,
8. entgegen § 12 Absatz 1 Satz 1 einen Klärschlamm nicht richtig abgibt,
9. entgegen § 13 Absatz 1 einen Klärschlamm, ein Klärschlammgemisch oder einen Klärschlammkompost bereitstellt,
10. entgegen § 14 Absatz 1 Satz 1 oder Absatz 2 Satz 1 mehr als die dort genannte Menge an Klärschlamm Trockenmasse, ein Klärschlammgemisch oder einen Klärschlammkompost auf- oder einbringt,
11. entgegen § 14 Absatz 2 Satz 4 ein Klärschlammgemisch oder einen Klärschlammkompost einsetzt,
12. entgegen § 15 Absatz 1 einen Klärschlamm oder einen Rohschlamm abgibt oder auf- oder einbringt,
13. entgegen § 15 Absatz 4, 5 oder 6 Satz 1 einen Klärschlamm, ein Klärschlammgemisch oder einen Klärschlammkompost auf- oder einbringt oder
14. entgegen § 24 Absatz 2 Satz 1 der zuständigen Behörde nicht, nicht richtig, nicht vollständig oder nicht rechtzeitig berichtet.

(2) Ordnungswidrig im Sinne des § 69 Absatz 2 Nummer 15 des Kreislaufwirtschaftsgesetzes handelt, wer vorsätzlich oder fahrlässig

1. entgegen § 5 Absatz 4 oder § 6 Absatz 1 Satz 3 ein Untersuchungsergebnis nicht oder nicht rechtzeitig vorlegt,
2. entgegen § 9 Absatz 2 eine Rückstellprobe nicht oder nicht mindestens fünf Jahre lagert,
3. entgegen § 17 Absatz 1 Satz 1 oder § 18 Absatz 1 Satz 1 einen Lieferschein nicht, nicht richtig, nicht vollständig oder nicht rechtzeitig erstellt,
4. entgegen § 17 Absatz 1 Satz 3 oder § 18 Absatz 1 Satz 3 einen dort genannten Zeitpunkt nicht oder nicht rechtzeitig vermerkt oder den Lieferschein nicht oder nicht rechtzeitig übergibt,
5. entgegen § 17 Absatz 2 oder § 18 Absatz 2 den Lieferschein oder einen dort genannten Nachweis nicht, nicht richtig oder nicht vollständig mitführt,
6. entgegen § 17 Absatz 3 Satz 1, 2 oder 3 oder § 18 Absatz 3 Satz 1 oder 2 die Anlieferung und das Aufoder Einbringen nicht, nicht richtig, nicht vollständig oder nicht rechtzeitig bestätigt,
7. entgegen § 17 Absatz 5 Satz 1 oder Absatz 6 oder § 18 Absatz 5 Satz 1 oder Absatz 6 den Lieferschein oder eine Kopie nicht oder nicht rechtzeitig übersendet,
8. entgegen § 17 Absatz 7 Satz 1, auch in Verbindung mit Satz 2, oder § 18 Absatz 7 Satz 1 das Original des Lieferscheins oder eine Kopie nicht oder nicht mindestens zwölf Jahre aufbewahrt,
9. entgegen § 34 Absatz 1 ein Register nicht, nicht richtig oder nicht vollständig führt oder

10. entgegen § 34 Absatz 3 Satz 1 eine Angabe nicht oder nicht rechtzeitig übermittelt.

§ 37 Bereits erteilte Qualitätszeichen

(1) Ein Klärschlammerzeuger, ein Gemischhersteller oder ein Komposthersteller oder eine andere natürliche oder juristische Person oder Personenvereinigung, der oder die am 2. Oktober 2017 berechtigt war, das Qualitätszeichen eines bestehenden Trägers einer Qualitätssicherung zu führen, gilt bis zum 3. Oktober 2020 als Qualitätszeichennehmer im Sinne dieser Verordnung, solange die Anforderungen nach § 27 Absatz 1 und 2 erfüllt sind und der bestehende Träger einer Qualitätssicherung die Erfüllung der Anforderungen überwacht.

(2) Hat ein Qualitätszeichennehmer eines vor Ablauf der Frist nach Absatz 1 vergebenen Qualitätszeichens bereits Anforderungen an die Erteilung des Qualitätszeichens nach den §§ 26 bis 30 erfüllt und dies nachgewiesen, können die Nachweise bei dem Antrag auf Erteilung eines Qualitätszeichens nach § 27 anerkannt werden.

§ 38 Verwendung vorliegender Untersuchungsergebnisse

(1) Abweichend von § 4 Absatz 1 Satz 1 Nummer 2 können Ergebnisse von Untersuchungen, die vor dem 3. Oktober 2017 durchgeführt wurden, verwendet werden, wenn diese Ergebnisse nicht älter als zehn Jahre sind.

(2) Abweichend von § 5 Absatz 2 Satz 1 können Ergebnisse von Untersuchungen, die vor dem 3. Oktober 2017 durchgeführt wurden, verwendet werden, wenn diese Ergebnisse nicht älter als zwei Jahre sind.

(3) Abweichend von § 28 Absatz 2 Satz 1 Nummer 1 können Ergebnisse von Untersuchungen auf die Gehalte der organischen Schadstoffe polychlorierte Biphenyle und polychlorierte Dibenzodioxine und Dibenzofurane einschließlich dioxinähnliche polychlorierte Biphenyle, die vor dem 3. Oktober 2017 auf der Grundlage von § 3 Absatz 6 der Klärschlammverordnung vom 15. April 1992 (BGBl. I S. 912), die zuletzt durch Artikel 74 der Verordnung vom 31. August 2015 (BGBl. I S. 1474) geändert worden ist, durchgeführt wurden, für eine prüffähige Dokumentation verwendet werden. Die Ergebnisse dürfen nur verwendet werden, sofern die Grenzwerte nach § 8 Absatz 1 nicht überschritten werden.

§ 39 Bestehende Untersuchungsstellen

Eine Stelle, die nach § 3 Absatz 11 Satz 1 der Klärschlammverordnung vom 15. April 1992 (BGBl. I S. 912), die zuletzt durch Artikel 74 der Verordnung vom 31. August 2015 (BGBl. I S. 1474) geändert worden ist, als Untersuchungsstelle bestimmt worden ist, gilt als unabhängige Untersuchungsstelle nach § 33 Absatz 2 Satz 1 fort. Soweit § 33 Anforderungen enthält, die über die Anforderungen der bisherigen landesrechtlichen Vorschriften hinausgehen, sind diese Anforderungen ab dem 1. April 2018 zu erfüllen. Wurde die Bestimmung nach Satz 1 befristet und endet diese Befristung vor dem 1. April 2018, so gilt sie bis zum 1. April 2018 als Notifizierung im Sinne des § 33 fort.

Anlage 1
(zu § 8 Absatz 1)

Zusätzliche Grenzwerte für im Klärschlamm, Klärschlammgemisch und Klärschlammkompost enthaltene Schadstoffe

Neben den Grenzwerten nach Anlage 2 Tabelle 1.4 Spalte 4 der Düngemittelverordnung und dem Höchstgehalt für Kupfer nach Anlage 1 Abschnitt 4.1 Nummer 4.1.1 Spalte 6 Absatz 2 der Düngemittelverordnung sind nach § 8 Absatz 1 Satz 1 folgende zusätzliche Grenzwerte einzuhalten:

Nr.	Stoffbezeichnung	Grenzwert (in Milligramm je Kilogramm Klärschlamm Trockenmasse)
1	Zink	4 000
2	Summe organischer Halogenverbindungen als adsorbierte organisch gebundene Halogene (AOX)	400
3	Benzo(a)pyren (B(a)P)	1
4	Polychlorierte Biphenyle (PCB), jeweils für die Kongenere 28, 52, 101, 138, 153, 180	0,1

Anlage 2
(zu § 32 Absatz 2 und 3)

Probenuntersuchung

1. Bodenproben

1.1 Probennahme

Für die Probennahme aus einem Boden ist der Zeitraum nach der Ernte bis zur nächsten Klärschlammaufbringung zu wählen.

Von jedem einheitlich bewirtschafteten Boden, z. B. Schlag, ist bei der Größe bis zu einem Hektar mindestens eine Mischprobe zu ziehen. Auf größeren Flächen sind Proben aus Teilen von circa einem Hektar, bei einheitlicher Bodenbeschaffenheit und gleicher Bewirtschaftung aus Teilen bis zu drei Hektar, eine Mischprobe entsprechend den Beprobungstiefen zu nehmen. Die Probennahme erfolgt nach den Regeln der Probennahme auf landwirtschaftlich genutzten Böden nach DIN ISO 10381-1 „Bodenbeschaffenheit – Probenahme – Teil 1: Anleitung zur Aufstellung von Probenahmeprogrammen", Ausgabe August 2003, DIN ISO 10381-4 „Bodenbeschaffenheit – Probenahme – Teil 4: Anleitung für das Vorgehen bei der Untersuchung von natürlichen, naturnahen und Kulturstandorten", Ausgabe April 2004. Für eine Mischprobe sollen 15 bis 25 Einzeleinstiche je Teilfläche jeweils bis zur Bearbeitungstiefe genommen werden. Die Einstiche sind gleichmäßig über die Fläche zu verteilen.

Für die Eignung von Geräten zur Probennahme ist DIN ISO 10381-2 „Bodenbeschaffenheit – Probenahme – Teil 2: Anleitung für Probenahmeverfahren", Ausgabe August 2003, maßgebend. Für die Auswahl von Probengefäßen sowie für Probenkonservierung, -transport und -lagerung ist die DIN ISO 10381-1 „Bodenbeschaffenheit – Probenahme – Teil 1: Anleitung zur Aufstellung von Probenahmeprogrammen", Ausgabe August 2003, zu beachten. Der Transport der Bodenproben für die Untersuchung auf die Gehalte an organischen Schadstoffen sowie die Lagerung dieser Proben erfolgt nach DIN 19747 „Untersuchung von Feststoffen – Probenvorbehandlung, -vorbereitung und -aufarbeitung für chemische, biologische und physikalische Untersuchungen", Ausgabe Juli 2009.

1.2 Probenvorbereitung

Die Probenvorbereitung einschließlich der Trocknung des Probenmaterials hat nach DIN 19747 „Untersuchung von Feststoffen – Probenvorbehandlung, -vorbereitung und -aufarbeitung für chemische, biologische und physikalische Untersuchungen", Ausgabe Juli 2009, zu erfolgen. Die Mischproben werden durch Siebung über ein Sieb mit einer Maschenweite von 2 Millimetern in einen Grob- und einen Feinanteil aufgeteilt. Der Feinanteil ist zu homogenisieren und für die Untersuchung methodenspezifisch zu zerkleinern und zu untersuchen. Bestehen Anhaltspunkte für einen erhöhten Schadstoffgehalt der Fraktion von mehr als 2 Millimetern, ist diese Fraktion nach Vorzerkleinerung und Homogenisierung ebenfalls zu untersuchen.

1.3 Probenanalyse

Die Bestimmung des pH-Werts und von Phosphat sowie von Cadmium, Chrom, Kupfer, Nickel, Blei, Zink, Quecksilber, polychlorierte Biphenyle und Benzo(a)pyren in Böden und Bodenmaterial ist nach den in der Tabelle 1 aufgeführten Analysemethoden auszuführen.

Dabei sind hinsichtlich Mittelwertbildung und der Nachweis- und Bestimmungsgrenzen die Regelungen nach Nummer 2.3 zu beachten.

Gleichwertige Analysemethoden nach dem Stand der Technik sind mit Zustimmung der zuständigen Behörde zulässig. Soweit weitere, in Tabelle 1 nicht genannte Parameter zu untersuchen sind, legt die zuständige Behörde die Analysemethode fest.

Der Nachweis, dass die geforderten Analysen ordnungsgemäß durchgeführt wurden, ist durch die vom Klärschlammerzeuger, Gemischhersteller oder Komposthersteller beauftragte Untersuchungsstelle zu erbringen und vom Klärschlammerzeuger, Gemischhersteller oder Komposthersteller vorzulegen.

Die Schadstoffgehalte sind auf die Trockenmasse, die bei 105 Grad Celsius gewonnen wurde, zu beziehen. Sie müssen in der gleichen Einheit wie die entsprechenden Prüf-, Maßnahmen- und Vorsorgewerte in Anlage 1 angegeben werden.

Tabelle 1
Analysemethoden für Böden

Parameter	Analysemethode(n)
pH-Wert	DIN EN 15933 Schlamm, behandelter Bioabfall und Boden – Bestimmung des pH-Werts, Ausgabe November 2012
Trockenrückstand	DIN EN 15934 Schlamm, behandelter Bioabfall, Boden und Abfall – Berechnung des Trockenmassenanteils nach Bestimmung des Trockenrückstands oder des Wassergehalts, Ausgabe November 2012
Phosphat	VDLUFA-Methodenbuch, Band I, Methode A 6.2.1.1 Bestimmung von Phosphor und Kalium im Calcium-Acetat-Lactat-Auszug, 6. Teillfg. 2012 VDLUFA-Methodenbuch, Band I, Methode A 6.2.1.2 Bestimmung von Phosphor und Kalium im Doppellactat(DL)-Auszug, Grundwerk DIN EN ISO 10304–1 Wasserbeschaffenheit – Bestimmung von gelösten Anionen mittels Flüssigkeits- Ionenchromatographie – Teil 1: Bestimmung von Bromid, Chlorid, Fluorid, Nitrat, Nitrit, Phosphat und Sulfat (ISO 10304–1:2007), Ausgabe Juli 2009
Extraktion von Blei (Pb), Cadmium (Cd), Chrom (Cr), Kupfer (Cu), Nickel (Ni), Zink (Zn)	DIN EN 16174 Schlamm, behandelter Bioabfall und Boden – Aufschluss von mit Königswasser löslichen Anteilen von Elementen, Ausgabe November 2012
Blei (Pb), Cadmium (Cd), Chrom (Cr), Kupfer (Cu), Nickel (Ni), Zink (Zn)	DIN ISO 11047 Bodenbeschaffenheit – Bestimmung von Cadmium, Chrom, Cobalt, Kupfer, Blei, Mangan, Nickel und Zink im Königswasserextrakt – Flammen- und elektrothermisches atomabsorptionsspektrometrisches Verfahren, Ausgabe Mai 2003 DIN ISO 22036 Bodenbeschaffenheit – Bestimmung von Spurenelementen in Bodenextrakten mittels Atomemissionsspektrometrie mit induktiv gekoppeltem Plasma (ICP-AES), Ausgabe Juni 2009 DIN EN ISO 17294–2 Wasserbeschaffenheit – Anwendung der induktiv gekoppelten Plasma- Massenspektrometrie (ICP-MS) – Teil 2: Bestimmung von ausgewählten Elementen einschließlich Uran-Isotope, Ausgabe Januar 2017 DIN EN 16170 Schlamm, behandelter Bioabfall und Boden – Bestim-

	mung von Elementen mittels optischer Emissionsspektrometrie mit induktiv gekoppeltem Plasma (ICP-OES), Ausgabe Januar 2017 DIN EN 16171 Schlamm, behandelter Bioabfall und Boden – Bestimmung von Elementen mittels Massenspektrometrie mit induktiv gekoppeltem Plasma (ICP-MS), Ausgabe Januar 2017
Quecksilber (Hg)	DIN ISO 16772 Bodenbeschaffenheit – Bestimmung von Quecksilber in Königswasserextrakten von Boden durch Kaltdampf-Atomabsorptionsspektrometrie oder Kaltdampf-Atomfluoreszenzspektrometrie, Ausgabe Juni 2005 DIN EN 16175–1 Schlamm, behandelter Bioabfall und Boden – Bestimmung von Quecksilber – Teil 1: Kaltdampf-Atomabsorptionsspektrometrie (CV-AAS), Ausgabe Dezember 2016 DIN EN 16175–2 Schlamm, behandelter Bioabfall und Boden – Bestimmung von Quecksilber – Teil 2: Kaltdampf-Atomfluoreszenzspektrometrie (CV-AFS), Ausgabe Dezember 2016 DIN EN 12846 Bestimmung von Quecksilber – Verfahren mittels Atomabsorptionsspektrometrie (AAS) mit und ohne Anreicherung, Ausgabe August 2012 DIN EN 16171 Schlamm, behandelter Bioabfall und Boden – Bestimmung von Elementen mittels Massenspektrometrie mit induktiv gekoppeltem Plasma (ICP-MS), Ausgabe Januar 2017
Polychlorierte Biphenyle (PCB) (PCB-Kongenere 28, 52, 101, 138, 153, 180 nach Ballschmiter)	DIN ISO 10382 Bodenbeschaffenheit – Bestimmung von Organochlorpestiziden und polychlorierten Biphenylen – Gaschromatographisches Verfahren mit Elektroneneinfang-Detektor, Ausgabe Mai 2003 DIN EN 16167 Schlamm, behandelter Bioabfall und Boden – Bestimmung von polychlorierten Biphenylen (PCB) mittels Gaschromatographie mit massenspektrometrischer Detektion (GC-MS) und Gaschromatographie mit Elektroneneinfangdetektion (GC-ECD), Ausgabe November 2012
Benzo(a)pyren (B(a)P)	DIN ISO 18287 Bodenbeschaffenheit – Bestimmung der polycyclischen aromatischen Kohlenwasserstoffe (PAK) – Gaschroma-

	tographisches Verfahren mit Nachweis durch Massenspektrometrie (GC-MS), Ausgabe Mai 2006 DIN CEN TS 16181; DIN SPEC 91243 Schlamm, behandelter Bioabfall und Boden – Bestimmung von polycyclischen aromatischen Kohlenwasserstoffen (PAK) – mittels Gaschromatographie (GC) und Hochleistungs-Flüssigkeitschromatographie (HPLC), Ausgabe Dezember 2013 DIN 38414–23 Deutsche Einheitsverfahren zur Wasser-, Abwasser- und Schlammuntersuchung – Schlamm und Sedimente (Gruppe S) – Teil 23: Bestimmung von 15 polycyclischen aromatischen Kohlenwasserstoffen (PAK) durch Hochleistungs- Flüssigkeitschromatographie (HPLC) und Fluoreszenzdetektion (S 23), Ausgabe Februar 2002

2. Klärschlammproben

2.1 Probennahme

Die Probennahme aus einem Klärschlamm ist nach DIN EN ISO 5667–13 „Wasserbeschaffenheit – Probenahme – Teil 13: Anleitung zur Probenahme von Schlämmen“, Ausgabe August 2011, durchzuführen. Die Probennahme aus einem Klärschlammgemisch und Klärschlammkompost hat nach DIN 19698–1 „Untersuchung von Feststoffen – Probenahme von festen und stichfesten Materialien – Teil 1: Anleitung für die segmentorientierte Entnahme von Proben aus Haufwerken“, Ausgabe Mai 2014, zu erfolgen.

2.2 Probenvorbereitung

Die Probenvorbereitung ist nach DIN 19747 „Untersuchung von Feststoffen – Probenvorbehandlung, -vorbereitung und -aufarbeitung für chemische, biologische und physikalische Untersuchungen“, Ausgabe Juli 2009, durchzuführen.

Die zu analysierende Probe ist unmittelbar vor der Entnahme einer Teilprobe zu mischen. Wenn die Gefahr einer Entmischung besteht, ist die Teilprobe während des Mischens zu entnehmen.

Für jeden Analyseparameter, der aus der Trockenmasse zu bestimmen ist, ist eine Teilprobe zu entnehmen, die mindestens ausreicht, um vier parallele Analysen durchführen zu können. Die Gefriertrocknung einer zu analysierenden Probe ist so durchzuführen, dass Verdampfungsverluste bei den zu analysierenden Stoffen vermieden werden. Insbesondere ist darauf zu achten, dass die Probe während der Gefriertrocknung nicht antaut.

2.3 Probenanalyse

Beim Arbeiten mit frischen und gefriergetrockneten Proben sind die üblichen Sicherheitsregeln für das Arbeiten in mikrobiologischen Laboratorien, insbesondere nach der Verordnung über Sicherheit und Gesundheitsschutz bei Tätigkeiten mit biologischen Arbeitsstoffen (Biostoffverordnung – BioStoffV), einzuhalten. Gegebenenfalls kann eine

Teilmenge der frischen oder gefriergetrockneten Probe für die entsprechenden Analysen sterilisiert werden (z. B. durch 20-minütiges Erhitzen der Probe bei 121 Grad Celsius im Autoklaven). Es ist jedoch zu gewährleisten, dass durch die Sterilisation die Analyseergebnisse in keinem Fall beeinflusst werden.

Für jeden Untersuchungsparameter sind mindestens zwei parallele Untersuchungen durchzuführen; als Ergebnis ist das arithmetische Mittel der beiden Einzelwerte anzugeben. Die Mittelwertbildung ist jedoch nur zulässig, wenn die Differenz zwischen den beiden Einzelwerten die methodenübliche Wiederholbarkeit nicht überschreitet. Im Falle einer derartigen Überschreitung muss geprüft werden, welche Ursachen der überhöhten Differenz zugrunde liegen können und es muss eine dritte Analyse durchgeführt werden. Sofern die Prüfung keine eindeutigen Ursachen erbracht hat, ist als Endergebnis der mittlere der drei der Größe nach geordneten Einzelwerte (Median) anzugeben. Zur Ermittlung der Werte ist insbesondere die DIN ISO 5725 „Genauigkeit (Richtigkeit und Präzision) von Messverfahren und Messergebnissen“ mit folgenden Teilen zu beachten:

- DIN ISO 5725-1
  „Allgemeine Grundlagen und Begriffe“, berichtigte Ausgabe September 1998,
- DIN ISO 5725-2
  „Grundlegende Methode für Ermittlung der Wiederhol- und Vergleichpräzision eines vereinheitlichten Messverfahrens“, Ausgabe Dezember 2002,
- DIN ISO 5725-3
  „Präzisionsmaße eines vereinheitlichten Messverfahrens unter Zwischenbedingungen“, Ausgabe Februar 2003,
- DIN ISO 5725-4
  „Grundlegende Methoden für die Ermittlung der Richtigkeit eines vereinheitlichten Messverfahrens“, Ausgabe Januar 2003,
- DIN ISO 5725-5
  „Alternative Methoden für die Ermittlung der Präzision eines vereinheitlichten Messverfahrens“, Ausgabe November 2002.

Für die Bestimmung des pH-Werts, des Trockenrückstands, des Glühverlusts, der Nährstoffe, der basisch wirksamen Bestandteile, der Schwermetalle und der organischen Schadstoffe ist eine der in Tabelle 2 aufgeführten Untersuchungsmethoden anzuwenden. Dabei muss die Bestimmungsgrenze eines gewählten Analyseverfahrens um mindestens einen Faktor von drei kleiner sein als der Grenzwert des entsprechenden Parameters. Die Ermittlung der Nachweis- und Bestimmungsgrenze erfolgt nach DIN 38402-60 „Deutsche Einheitsverfahren zur Wasser-, Abwasser- und Schlammuntersuchung – Allgemeine Angaben (Gruppe A) – Teil 60: Analytische Qualitätssicherung für die chemische und physikalisch-chemische Wasseruntersuchung (A 60)“, Ausgabe Dezember 2013.

Gleichwertige Analysemethoden nach dem Stand der Technik sind mit Zustimmung der zuständigen Behörde zulässig. Untersuchungen nach § 32 Absatz 4 werden als gleichwertig anerkannt und sind auch ohne Zustimmung der zuständigen Behörde zulässig. Soweit weitere, in Tabelle 2 nicht genannte Parameter zu analysieren sind, legt die zuständige Behörde die Analysemethode fest.

Der Nachweis, dass die geforderten Analysen ordnungsgemäß durchgeführt wurden, ist durch die vom Klärschlammerzeuger, Gemischhersteller oder Komposthersteller beauftragte Untersuchungsstelle zu erbringen und vom Klärschlammerzeuger, Gemischhersteller oder Komposthersteller vorzulegen.

Zur Berechnung der 2,3,7,8-TCDD-Toxizitätsäquivalente (TEQ) werden die jeweiligen Massenkonzentrationen mit den Toxizitätsäquivalentfaktoren aus Tabelle 3 multipliziert und die Produkte addiert. Bei der Addition bleiben Einzelstoffkonzentrationen unterhalb der analytischen Nachweisgrenze unberücksichtigt; Einzelstoffkonzentrationen, die oberhalb der Nachweisgrenze, aber unterhalb der Bestimmungsgrenze liegen, gehen mit der Hälfte des Werts der Bestimmungsgrenze in die Addition ein.

Tabelle 2
Analysemethoden für Klärschlamm, Klärschlammgemisch und Klärschlammkompost

Parameter	Analysemethode(n)
pH-Wert	DIN EN 15933 Schlamm, behandelter Bioabfall und Boden – Bestimmung des pH-Werts, Deutsche Fassung EN 15933, Ausgabe November 2012
Trockenrückstand	DIN EN 15934 Schlamm, behandelter Bioabfall, Boden und Abfall – Berechnung des Trockenmassenanteils nach Bestimmung des Trockenrückstands oder des Wassergehalts, Ausgabe November 2012
Glühverlust (organische Substanz)	DIN EN 15935 Schlamm, behandelter Bioabfall, Boden und Abfall – Bestimmung des Glühverlusts, Ausgabe November 2012
Gesamt-Stickstoff (N)	DIN EN 13342 Charakterisierung von Schlämmen – Bestimmung des Stickstoffs nach Kjeldahl, Ausgabe Januar 2001 DIN EN 16169 Schlamm, behandelter Bioabfall und Boden – Bestimmung des Kjeldahl-Stickstoffs, Ausgabe November 2012
Ammonium-Stickstoff	DIN 38406–5 Deutsche Einheitsverfahren zur Wasser-, Abwasser- und Schlammuntersuchung; Kationen (Gruppe E); Bestimmung des Ammonium-Stickstoffs (E 5), Ausgabe Oktober 1983
Basisch wirksame Bestandteile	VDLUFA-Methodenhandbuch, Band II.2, Methode 4.5.1 Bestimmung von basisch wirksamen Bestandteilen in Hüttenkalk, Konverterkalk, Kalkdüngern aus [...] sowie organischen und organisch-mineralischen Düngemitteln
Extraktion von Arsen (As), Blei (Pb), Cadmium (Cd), Chrom (Cr), Kupfer (Cu), Nickel (Ni), Phosphor (P), Quecksilber (Hg), Zink (Zn)	DIN EN 13346 Charakterisierung von Schlämmen – Bestimmung von Spurenelementen und Phosphor – Extraktionsverfahren mit Königswasser, Extraktion nach Verfahren A, Ausgabe April 2001 DIN EN 16174 Schlamm, behandelter Bioabfall und Boden – Aufschluss von mit Königswasser löslichen Anteilen von Elementen, Ausgabe November 2012
Arsen (As), Blei (Pb), Cadmium (Cd), Chrom (Cr), Eisen (Fe), Kupfer (Cu), Nickel (Ni), Thallium (Tl), Zink (Zn)	DIN ISO 11047 Bodenbeschaffenheit – Bestimmung von Cadmium, Chrom, Kobalt, Kupfer, Blei, Mangan, Nickel und Zink im Königswasserextrakt – Flammen- und elek-

	trothermisches atomabsorptionsspektrometrisches Verfahren, Ausgabe Mai 2003 DIN EN ISO 11885 Wasserbeschaffenheit – Bestimmung von 33 Elementen durch induktiv gekoppelte Plasma-Atom-Emissionsspektrometrie, Ausgabe September 2009 DIN EN ISO 17294–2 Wasserbeschaffenheit – Anwendung der induktiv gekoppelten Plasma- Massenspektrometrie (ICP-MS) – Teil 2: Bestimmung von ausgewählten Elementen einschließlich Uran-Isotope, Ausgabe Januar 2017 DIN 38406–26 Deutsche Einheitsverfahren zur Wasser-, Abwasser- und Schlammuntersuchung – Kationen (Gruppe E) – Teil 26: Bestimmung von Thallium mittels Atomabsorptionsspektrometrie (AAS) im Graphitrohrofen (E 26), Ausgabe Juli 1997 DIN EN 16170 Schlamm, behandelter Bioabfall und Boden – Bestimmung von Elementen mittels optischer Emissionsspektrometrie mit induktiv gekoppeltem Plasma (ICP-OES), Ausgabe Januar 2017 DIN EN 16171 Schlamm, behandelter Bioabfall und Boden – Bestimmung von Elementen mittels Massenspektrometrie mit induktiv gekoppeltem Plasma (ICP-MS), Ausgabe Januar 2017 CEN/TS 16172; DIN SPEC 91258 Schlamm, behandelter Bioabfall und Boden – Bestimmung von Elementen mittels Graphitrohrofen-Atomabsorptionsspektrometrie (GF-AAS), Ausgabe April 2013
Chrom(VI) (Cr^{VI})	DIN EN 16318 Düngemittel und Kalkdünger – Bestimmung von Chrom(VI) mit Photometrie (Verfahren A) und mit Ionenchromatographie mit spektrometrischer Detektion (Verfahren B), Ausgabe Juli 2016
Quecksilber (Hg)	DIN EN ISO 17852 Wasserbeschaffenheit – Bestimmung von Quecksilber – Verfahren mittels Atomfluoreszenzspektrometrie, Ausgabe April 2008 DIN EN 16175–1 Schlamm, behandelter Bioabfall und Boden – Be-

	stimmung von Quecksilber – Teil 1: Kaltdampf-Atomabsorptionsspektrometrie (CV-AAS), Ausgabe Dezember 2016 DIN EN 16175-2 Schlamm, behandelter Bioabfall und Boden – Bestimmung von Quecksilber – Teil 2: Kaltdampf-Atomfluoreszenzspektrometrie (CV-AFS), Ausgabe Dezember 2016 DIN EN 16171 Schlamm, behandelter Bioabfall und Boden – Bestimmung von Elementen mittels Massenspektrometrie mit induktiv gekoppeltem Plasma (ICP-MS), Ausgabe Januar 2017
Phosphor (P) (Umrechnung: Phosphor (P) = 2,291 für Phosphorpentoxid (P_2O_5))	DIN EN ISO 6878 Wasserbeschaffenheit – Bestimmung von Phosphor – Photometrisches Verfahren mittels Ammoniummolybdat, Ausgabe September 2004 DIN EN ISO 11885 Wasserbeschaffenheit – Bestimmung von ausgewählten Elementen durch induktiv gekoppelte Plasma-Atom-Emissionsspektrometrie, Ausgabe September 2009 DIN EN ISO 17294-2 Wasserbeschaffenheit – Anwendung der induktiv gekoppelten Plasma- Massenspektrometrie (ICP-MS) – Teil 2: Bestimmung von ausgewählten Elementen einschließlich Uran-Isotope, Ausgabe Januar 2017 DIN EN 16171 Schlamm, behandelter Bioabfall und Boden – Bestimmung von Elementen mittels Massenspektrometrie mit induktiv gekoppeltem Plasma (ICP-MS), Ausgabe Januar 2017
Adsorbierte organisch gebundene Halogene (AOX)	DIN 38414-18 Deutsche Einheitsverfahren zur Wasser-, Abwasser- und Schlammuntersuchung; Schlamm und Sedimente (Gruppe S); Bestimmung von adsorbierten, organisch gebundenen Halogenen (AOX) (S 18), Ausgabe November 1989 DIN EN 16166 Schlamm, behandelter Bioabfall und Boden – Bestimmung von adsorbierbaren organisch gebundenen Halogenen (AOX), Ausgabe November 2012
Benzo(a)pyren (B(a)P)	DIN EN 15527 Charakterisierung von Abfällen – Bestimmung von polycyclischen aromatischen Kohlenwasserstoffen

	(PAK) in Abfall mittels Gaschromatographie- Massenspektrometrie (GC/MS), Ausgabe September 2008 DIN 38414-23 Deutsche Einheitsverfahren zur Wasser-, Abwasser- und Schlammuntersuchung – Schlamm und Sedimente (Gruppe S) – Teil 23: Bestimmung von 15 polycyclischen aromatischen Kohlenwasserstoffen (PAK) durch Hochleistungs- Flüssigkeitschromatographie (HPLC) und Fluoreszenzdetektion (S 23), Ausgabe Februar 2002 DIN CEN/TS 16181; DIN SPEC 91243 Schlamm, behandelter Bioabfall und Boden – Bestimmung von polycyclischen aromatischen Kohlenwasserstoffen (PAK) mittels Gaschromatographie (GC) und Hochleistungs-Flüssigkeitschromatographie (HPLC), Ausgabe Dezember 2013
Polychlorierte Biphenyle (PCB)	DIN 38414-20 Deutsche Einheitsverfahren zur Wasser-, Abwasser- und Schlammuntersuchung – Schlamm und Sedimente (Gruppe S) – Teil 20: Bestimmung von 6 polychlorierten Biphenylen (PCB) (S 20), Ausgabe Januar 1996 DIN EN 16167 Schlamm, behandelter Bioabfall und Boden – Bestimmung von polychlorierten Biphenylen (PCB) mittels Gaschromatographie mit massenspektrometrischer Detektion (GC-MS) und Gaschromatographie mit Elektroneneinfangdetektion (GC-ECD), Ausgabe November 2012
Polychlorierte Dibenzodioxine (PCDD) und -furane (PCDF) sowie dioxinähnliche polychlorierte Biphenyle (dl-PCB)	DIN CEN/TS 16190; DIN SPEC 91267 Schlamm, behandelter Bioabfall und Boden – Bestimmung von Dioxinen und Furanen sowie Dioxin vergleichbaren polychlorierten Biphenylen mittels Gaschromatographie und hochauflösender massenspektrometrischer Detektion (HR GC-MS), Ausgabe Mai 2012
Polyfluorierte Verbindungen (PFC)	DIN 38414-14 Deutsche Einheitsverfahren zur Wasser-, Abwasser- und Schlammuntersuchung – Schlamm und Sedimente (Gruppe S) – Teil 14: Bestimmung ausgewählter polyfluorierter Verbindungen (PFC) in Schlamm, Kompost und Boden – Verfahren mittels Hochleistungs-Flüssigkeitschromatographie und massenspektrometrischer Detektion (HPLC-MS/MS) (S 14), Ausgabe August 2011

Tabelle 32,3,7,8-TCDD-Toxizitätsäquivalentfaktoren (TEF – WHO 2005)

Kongener	TEF
2,3,7,8-Tetra-CDD	1,0
1,2,3,7,8-Penta-CDD	1,0
1,2,3,4,7,8-Hexa-CDD	0,1
1,2,3,6,7,8-Hexa-CDD	0,1
1,2,3,7,8,9-Hexa-CDD	0,1
1,2,3,4,6,7,8-Hepta-CDD	0,01
1,2,3,4,6,7,8,9-Octa-CDD	0,0003
2,3,7,8-Tetra-CDF	0,1
1,2,3,7,8-Penta-CDF	0,03
2,3,4,7,8-Penta-CDF	0,3
1,2,3,4,7,8-Hexa-CDF	0,1
1,2,3,6,7,8-Hexa-CDF	0,1
1,2,3,7,8,9-Hexa-CDF	0,1
2,3,4,6,7,8-Hexa-CDF	0,1
1,2,3,4,6,7,8-Hepta-CDF	0,01
1,2,3,4,7,8,9-Hepta-CDF	0,01
1,2,3,4,6,7,8,9-Octa-CDF	0,0003
3,3′,4,4′-TCB (77)	0,0001
3,4,4′,5-TCB (81)	0,0003
3,3′,4,4′,5-PeCB (126)	0,1
3,3′,4,4′,5,5-HxCB (169)	0,03
2,3,3′,4,4′-PeCB (105)	0,00003
2,3,4,4′,5-PeCB (114)	0,00003
2,3′,4,4′,5-PeCB (118)	0,00003
2′,3,4,4′,5-PeCB (123)	0,00003
2,3,3′,4,4′,5-HxCB (156)	0,00003
2,3,3′,4,4′,5′-HxCB (157)	0,00003
2,3′,4,4′,5′-HxCB (167)	0,00003
2,3,3′,4,4′,5,5′-HpCB (189)	0,00003

3. Zugänglichkeit von technischen Regelwerken

Die in den Nummern 1 und 2 genannten Regelwerke sind in der Deutschen Nationalbibliothek in Leipzig archivmäßig gesichert niedergelegt und können wie folgt bezogen werden:

a) die DIN-Normen über die Beuth-Verlag GmbH, Berlin und Köln,

b) das Handbuch der landwirtschaftlichen Versuchs- und Untersuchungsmethodik (Methodenbuch), Band I – Die Untersuchung von Böden und Band II.2 – Die Untersuchung von Sekundärrohstoffdüngern, Kultursubstraten und Bodenhilfsstoffen, über den VDLUFA-Verlag in Darmstadt.

Anlage 3
(zu § 16 Absatz 3, § 17 Absatz 1, 3 und 4 und § 18 Absatz 1, 3 und 4)
Anzeigen, Lieferscheine, Bestätigungen

Abschnitt 1
Bodenbezogene Klärschlammverwertung

1. **Anzeige über die vorgesehene Abgabe oder Auf- oder Einbringung von Klärschlamm** nach § 16 Absatz 3 Satz 1 der Klärschlammverordnung (AbfKlärV)

1.1 Klärschlammerzeuger (Name, Anschrift; im Fall des § 31 Absatz 1 Nummer 5 AbfKlärV auch Angaben zu den übrigen Anlagenbetreibern): ....

1.2 Angaben zur vorgesehenen Klärschlammverwertung

Am .... werde ich aus meiner Abwasserbehandlungsanlage

(Name und Anschrift der Betriebsstätte): ....
(im Fall des § 31 Absatz 1 Nummer 5 hier auch Angaben zu den übrigen Abwasserbehandlungsanlagen)

................Kubikmeter/................Tonnen Klärschlamm mit einem Trockensubstanzgehalt von .... Prozent (das entspricht..................... Tonnen Trockenmasse) zur Verwertung

☐ abgeben. ☐ aufbringen/einbringen,

und zwar auf oder in den Boden

☐ mit landwirtschaftlicher Nutzung ☐ bei Maßnahmen des Landschaftsbaus

in der Gemarkung ...., Flur...., Flurstücksnummer ...., Größe: .... Hektar

(statt der Angaben zu Gemarkung, Flur, Flurstücksnummer und Größe kann ein anderer von der zuständigen Behörde, im Fall der Auf- oder Einbringung auf oder in den landwirtschaftlich genutzten Boden im Einvernehmen mit der zuständigen landwirtschaftlichen Fachbehörde, zugelassener Flächennachweis mit vergleichbarer Genauigkeit beigefügt werden).

1.3 Klärschlammnutzer bzw. Gemischhersteller oder Komposthersteller, der den Klärschlamm zur Herstellung eines Klärschlammgemischs oder Klärschlammkomposts einsetzen wird

(Name, Anschrift): ....

1.4 Bodenbezogene Angaben

Hinweis: Die folgenden Angaben unter Nummer 1.4 entfallen, wenn der Klärschlamm zur Herstellung eines Klärschlammgemischs oder Klärschlammkomposts abgegeben wird.

1.4.1 Aufbringung/Einbringung erfolgt zu folgender Kultur: ....

1.4.2 Bodenart der Auf- oder Einbringungsfläche nach § 4 Absatz 1 Satz 1 Nummer 1 AbfKlärV: ....

1.4.3 Untersuchungsstelle für die Untersuchung des Bodens der Auf- oder Einbringungsfläche nach § 32 Absatz 1 Satz 2 AbfKlärV:

(Name, Anschrift): ....

1.4.4 Datum der Probennahme: .... Analyse-Nummer: ....

1.4.5 Ergebnisse der Bodenuntersuchung nach § 4 Absatz 1 Satz 1 Nummer 2, Absatz 2 und Absatz 4 AbfKlärV

Der Boden mit einem pH-Wert von .... und einem Phosphatgehalt von .... mg/kg Trockenmasse enthält im Mittel:

Schadstoffgehalt (mg/kg TM)							
Blei (Pb)		Chrom (Cr)		Nickel (Ni)		Zink (Zn)	
Cadmium (Cd)		Kupfer (Cu)		Quecksilber (Hg)			
Polychlorierte Biphenyle (PCB)				Benzo(a)pyren (B(a)P)			

Ergebnisse zusätzlich untersuchter Schadstoffe nach § 4 Absatz 3 Satz 1 AbfKlärV:

....

1.4.6 Die Bodenuntersuchung hat eine Überschreitung der zulässigen Vorsorgewerte für Metalle oder organische Stoffe nach § 7 Absatz 1 Satz 1 AbfKlärV

☐ nicht ergeben.

☐ ergeben.

☐ ergeben, die von der zuständigen Behörde nach § 7 Absatz 3 AbfKlärV zugelassen wurde. (Nachweis ist beizufügen).

1.5 Klärschlammbezogene Angaben

1.5.1 Untersuchungsstelle für die Untersuchung des Klärschlamms nach § 32 Absatz 1 Satz 2 AbfKlärV
(Name, Anschrift): ....

1.5.2 Datum der Probennahme: .... Analyse-Nummer: ....

1.5.3 Ergebnisse der Klärschlammuntersuchungen nach § 5 Absatz 1 und 2 und § 6 Absatz 1 Satz 2 und Absatz 2 Satz 1 AbfKlärV:

pH-Wert		Eisen (mg/kg TM)	

Stoffbezeichnung	a) Nährstoffgehalt (% in Frischmasse – FM)	b) Nährstoffgehalt (% in Trockenmasse – TM)
Organische Substanz		
Gesamtstickstoff (N)		
Ammonium (NH_4^+)		
Phosphor (P_{ges})		
Phosphat (P_2O_5)		
Basisch wirksame Stoffe (Calciumoxid – CaO)		

Stoffbezeichnung	Schadstoffgehalt (mg/kg TM)	
Arsen (As)		
Blei (Pb)		
Cadmium (Cd)		
Chrom (Cr)		
Chrom(VI) (Cr^{VI})		
Kupfer (Cu)		
Nickel (Ni)		
Quecksilber (Hg)		
Thallium (Tl)		
Zink (Zn)		
Summe der organischen Halogenverbindungen (als adsorbierte organisch gebundene Halogene – AOX)		
Benzo(a)pyren (B(a)P)		
Polychlorierte Biphenyle (PCB)[1], Kongener	28:	
	52:	
	101:	
	138:	
	153:	
	180:	
Polychlorierte Dibenzodioxine und Dibenzofurane (PCDD, PCDF)[2], einschließlich dioxinähnlicher polychlorierter Biphenyle (dl-PCB) – in ng TE/kg TM		
Polyfluorierte Verbindungen (PFC – als Summe der Einzelsubstanzen Perfluoroctansäure [PFOA] und Perfluoroctansulfonsäure [PFOS])		

[1] Systematische Nummerierung der PCB-Komponenten nach den Regeln der Internationalen Union für Reine und Angewandte Chemie (IUPAC).

[2] Gemäß Berechnungsvorschrift in Anlage 2 Nummer 2.3 der Klärschlammverordnung.

1.5.4 Ergebnisse zusätzlich untersuchter Inhaltsstoffe nach § 5 Absatz 5 AbfKlärV:

....

1.5.5 Die Klärschlammuntersuchung hat eine Überschreitung der zulässigen Schadstoffgehalte nach § 8 Absatz 1 AbfKlärV

☐ nicht ergeben.

☐ ergeben.

1.5.6 Seuchen- und phytohygienische Beschaffenheit des hergestellten Klärschlammgemischs/Klärschlammkomposts nach § 11 AbfKlärV:

Der Klärschlamm entspricht den Anforderungen an die Seuchen- und Phytohygiene nach § 5 Absatz 1 bis 3 der Düngemittelverordnung.

1.6 Regelmäßige Qualitätssicherung (falls nach den §§ 19 bis 31 AbfKlärV durchgeführt)

1.6.1 Träger der regelmäßigen Qualitätssicherung

(Name, Anschrift): ....

1.6.2 Qualitätszeichennehmer ist

☐ der Klärschlammerzeuger nach Nummer 1.1.

☐ eine natürliche oder juristische Person oder eine Personenvereinigung, die den Klärschlamm des Klärschlammerzeugers behandelt oder verwertet

(Name, Anschrift): ....

1.6.3 Das Klärschlammgemisch oder der Klärschlammkompost erfüllt die Anforderungen an eine regelmäßige Qualitätssicherung (Nachweis über die kontinuierliche Qualitätssicherung nach § 29 Absatz 2 AbfKlärV ist beizufügen).

Ich versichere, dass der für eine Verwertung vorgesehene Klärschlamm sämtlichen Anforderungen der Klärschlammverordnung in der jeweils geltenden Fassung entspricht.

....

(Datum)

(Unterschrift des Klärschlammerzeugers
– sofern die Anzeige in Papierform erfolgt)

2. Lieferschein für die Lieferung von Klärschlamm
nach § 17 Absatz 1 Satz 1 der Klärschlammverordnung (AbfKlärV)

Hinweis: Im Fall der Herstellung und Verwertung eines Klärschlammgemischs oder Klärschlammkomposts ist der Lieferschein nach Abschnitt 2 zu verwenden.

2.1 Lieferschein-Nummer: .... Lieferschein-Datum: ....

2.2 Klärschlammerzeuger (Name, Anschrift; im Fall des § 31 Absatz 1 Nummer 5 AbfKlärV hier auch Angaben zu den übrigen Anlagenbetreibern):

....

Standort der Abwasserbehandlungsanlage (Name, Anschrift; im Fall des § 31 Absatz 1 Nummer 5 AbfKlärV hier auch Angaben zu den übrigen Abwasserbehandlungsanlagen):

....

2.3 Klärschlammnutzer bzw. Gemischhersteller oder Komposthersteller, der den Klärschlamm zur Herstellung eines Klärschlammgemischs oder Klärschlammkomposts einsetzen wird

(Name, Anschrift): ....

2.4 Bodenbezogene Angaben

Hinweis: Die folgenden Angaben unter Nummer 2.4 entfallen, wenn der Klärschlamm zur Herstellung eines Klärschlammgemischs oder Klärschlammkomposts abgegeben wird.

2.4.1 Aufbringung/Einbringung erfolgt zu folgender Kultur: ....

2.4.2 Bodenart der Auf- oder Einbringungsfläche nach § 4 Absatz 1 Satz 1 Nummer 1 AbfKlärV: ....

2.4.3 Untersuchungsstelle für die Untersuchung des Bodens der Auf- oder Einbringungsfläche nach § 32 Absatz 1 Satz 2 AbfKlärV

(Name, Anschrift): ....

2.4.4 Datum der Probennahme: .... Analyse-Nummer: ....

2.4.5 Ergebnisse der Bodenuntersuchung nach § 4 Absatz 1 Satz 1 Nummer 2, Absatz 2 und Absatz 4 AbfKlärV

Der Boden mit einem pH-Wert von .... und einem Phosphatgehalt von .... mg/kg Trockenmasse enthält im Mittel:

Schadstoffgehalt (mg/kg TM)							
Blei (Pb)		Chrom (Cr)		Nickel (Ni)		Zink (Zn)	
Cadmium (Cd)		Kupfer (Cu)		Quecksilber (Hg)			
Polychlorierte Biphenyle (PCB)				Benzo(a)pyren (B(a)P)			

Ergebnisse zusätzlich untersuchter Schadstoffe nach § 4 Absatz 3 Satz 1 AbfKlärV:

....

2.4.6 Die Bodenuntersuchung hat eine Überschreitung der zulässigen Vorsorgewerte für Metalle oder organische Stoffe nach § 7 Absatz 1 Satz 1 AbfKlärV

- ☐ nicht ergeben.
- ☐ ergeben.
- ☐ ergeben, die von der zuständigen Behörde nach § 7 Absatz 3 AbfKlärV zugelassen wurde (Nachweis ist beizufügen).

2.5 Klärschlammbezogene Angaben

2.5.1 Untersuchungsstelle für die Untersuchung des Klärschlamms nach § 32 Absatz 1 Satz 2 AbfKlärV

(Name, Anschrift): ....

2.5.2 Datum der Probennahme: .... Analyse-Nummer: ....

2.5.3 Ergebnisse der Klärschlammuntersuchungen nach § 5 Absatz 1 und 2 und § 6 Absatz 1 Satz 2 und Absatz 2 Satz 1 AbfKlärV:

pH-Wert		Eisen (mg/kg TM)	

Stoffbezeichnung	a) Nährstoffgehalt (% in Frischmasse – FM)	b) Nährstoffgehalt (% in Trockenmasse – TM)
Organische Substanz		
Gesamtstickstoff (N)		
Ammonium (NH_4^+)		
Phosphor (P_{ges})		
Phosphat (P_2O_5)		
Basisch wirksame Stoffe (Calciumoxid – CaO)		

Stoffbezeichnung		Schadstoffgehalt (mg/kg TM)
Arsen (As)		
Blei (Pb)		
Cadmium (Cd)		
Chrom (Cr)		
Chrom(VI) (Cr^{VI})		
Kupfer (Cu)		
Nickel (Ni)		
Quecksilber (Hg)		
Thallium (Tl)		
Zink (Zn)		
Summe der organischen Halogenverbindungen (als adsorbierte organisch gebundene Halogene – AOX)		
Benzo(a)pyren (B(a)P)		
Polychlorierte Biphenyle (PCB)[1], Kongener	28:	
	52:	
	101:	
	138:	
	153:	
	180:	
Polychlorierte Dibenzodioxine und Dibenzofurane (PCDD, PCDF)[2], einschließlich dioxinähnlicher polychlorierter Biphenyle (dl-PCB) – in ng TE/kg TM		
Polyfluorierte Verbindungen (PFC – als Summe der Einzelsubstanzen Perfluoroctansäure [PFOA] und Perfluoroctansulfonsäure [PFOS])		

[1] Systematische Nummerierung der PCB-Komponenten nach den Regeln der Internationalen Union für Reine und Angewandte Chemie (IUPAC).

[2] Gemäß Berechnungsvorschrift in Anlage 2 Nummer 2.3 der Klärschlammverordnung.

2.5.4 Ergebnisse zusätzlich untersuchter Inhaltsstoffe nach § 5 Absatz 5 AbfKlärV:

....

2.5.5 Die Klärschlammuntersuchung hat eine Überschreitung der zulässigen Schadstoffgehalte nach § 8 Absatz 1 AbfKlärV

☐ nicht ergeben.

☐ ergeben.

2.5.6 Seuchen- und phytohygienische Beschaffenheit des hergestellten Klärschlammgemischs/Klärschlammkomposts nach § 11 AbfKlärV:

Der Klärschlamm entspricht den Anforderungen an die Seuchen- und Phytohygiene nach § 5 Absatz 1 bis 3 der Düngemittelverordnung.

2.6 Regelmäßige Qualitätssicherung (falls nach den §§ 19 bis 31 AbfKlärV durchgeführt)

2.6.1 Träger der regelmäßigen Qualitätssicherung

(Name, Anschrift): ....

2.6.2 Qualitätszeichennehmer ist

☐ der Klärschlammerzeuger.

☐ eine natürliche oder juristische Person oder eine Personenvereinigung, die den Klärschlamm eines Klärschlammerzeugers behandelt oder verwertet

(Name, Anschrift): ....

2.6.3 Der Klärschlamm entspricht den Anforderungen an eine regelmäßige Qualitätssicherung (Nachweis über die kontinuierliche Qualitätssicherung nach § 29 Absatz 2 AbfKlärV ist beizufügen).

Ich versichere, dass der Klärschlamm gemäß den vorstehenden Angaben nach Maßgabe der Klärschlammverordnung in der jeweils geltenden Fassung und gegebenenfalls nach bestehenden ergänzenden Vorgaben der zuständigen obersten Landesbehörde auf Böden verwertet werden kann.

....
(Datum) (Unterschrift des Klärschlammerzeugers)

2.7 Bestätigung der Klärschlammabgabe nach § 17 Absatz 1 Satz 3 AbfKlärV

Klärschlammerzeuger

(Name, Anschrift): ....

Heute habe ich aus meiner Abwasserbehandlungsanlage

(Name und Anschrift der Betriebsstätte): ....

................Kubikmeter/ ....Tonnen Klärschlamm mit einem Trockensubstanzgehalt von .... Prozent (das entspricht ....Tonnen Trockenmasse) nach den Angaben des Lieferscheins Nummer ...., Lieferschein-Datum: ...., abgegeben

☐ zur Auf- oder Einbringung auf oder in den Boden des Klärschlammnutzers in der Gemarkung ...., Flur ...., Flurstücksnummer ...., Größe .... Hektar (statt der Angaben zu Gemarkung, Flur, Flurstücksnummer und Größe kann ein anderer von der zuständigen Behörde, im Fall der Auf- oder Einbringung auf oder in den landwirtschaftlich genutzten Boden im Einvernehmen mit der zuständigen landwirtschaftlichen Fachbehörde, zugelassener Flächennachweis mit vergleichbarer Genauigkeit beigefügt werden).

Der Klärschlamm wurde

☐ unmittelbar nach Anlieferung auf/in den Boden aufgebracht/eingebracht.

☐ nach § 13 AbfKlärV zur späteren Auf- oder Einbringung bereitgestellt.

☐ zur Herstellung eines Klärschlammgemischs oder Klärschlammkomposts.

Klärschlammnutzer oder Gemischhersteller oder Komposthersteller

(Name, Anschrift): ....

Klärschlammbeförderer

(Name, Anschrift): ....

Amtliches Kennzeichen des Transportfahrzeugs, sofern der Transport auf der Straße erfolgt: ....

....
(Datum) (Unterschrift des Klärschlammerzeugers)

2.8 Bestätigung der Klärschlammanlieferung und der Klärschlammauf- oder -einbringung nach § 17 Absatz 3 Satz 1 und 2 AbfKlärV

Klärschlammnutzer oder Gemischhersteller oder Komposthersteller

(Name, Anschrift): ....

Am .... wurde/n durch den Klärschlammerzeuger (oder den von diesem beauftragten Dritten)

(Name, Anschrift): ....

................Kubikmeter/ ....Tonnen Klärschlamm mit einem Trockensubstanzgehalt von .... Prozent (das entspricht .... Tonnen Trockenmasse) nach den Angaben des Lieferscheins Nummer ...., Lieferschein-Datum: ....,

☐ zur Verwertung auf oder in den Boden

☐ mit landwirtschaftlicher Nutzung

☐ bei Maßnahmen des Landschaftsbaus

in der Gemarkung ...., Flur ...., Flurstücksnummer ...., Größe: ...... Hektar (statt der Angaben zu Gemarkung, Flur, Flurstücksnummer und Größe kann ein anderer von der zuständigen Behörde, im Fall der Auf- oder Einbringung auf oder in den landwirtschaftlich genutzten Boden im Einvernehmen mit der zuständigen landwirtschaftlichen Fachbehörde, zugelassener Flächennachweis mit vergleichbarer Genauigkeit beigefügt werden) auf- oder eingebracht.

Die Lieferung erfolgte aufgrund der Anzeige nach Nummer 1 vom ....

Die nach § 14 Absatz 1 AbfKlärV zulässige Aufbringungsmenge wurde nicht überschritten.

☐ zur Herstellung eines Klärschlammgemischs oder eines Klärschlammkomposts angeliefert.

....
(Datum) (Unterschrift des Klärschlammnutzers/Gemischherstellers/Komposthersteller)

Abschnitt 2
Bodenbezogene Verwertung
eines Klärschlammgemischs oder eines Klärschlammkomposts

1. **Anzeige über die vorgesehene Abgabe oder die vorgesehene Auf- oder Einbringung eines Klärschlammgemischs oder Klärschlammkomposts**
nach § 16 Absatz 2 Satz 2 der Klärschlammverordnung (AbfKlärV)

1.1 Gemischhersteller oder Komposthersteller
(Name, Anschrift): ....

1.2 Angaben zur vorgesehenen Verwertung eines Klärschlammgemischs oder Klärschlammkomposts
Am .... werde ich aus meiner Anlage (Name und Anschrift der Betriebsstätte):
....
...... Kubikmeter/...... Tonnen
☐ Klärschlammgemisch
☐ Klärschlammkompost
mit einem Klärschlammanteil von ..... Prozent (das entspricht .... Tonnen Klärschlamm Trockenmasse) zur Verwertung

☐ abgeben. ☐ aufbringen/einbringen, und zwar auf oder in den Boden

☐ mit landwirtschaftlicher Nutzung ☐ bei Maßnahmen des Landschaftsbaus

in der Gemarkung ...., Flur ...., Flurstücksnummer ...., Größe: .... Hektar (statt der Angaben zu Gemarkung, Flur, Flurstücksnummer und Größe kann ein anderer von der zuständigen Behörde, im Fall der Auf- oder Einbringung auf oder in den landwirtschaftlich genutzten Boden im Einvernehmen mit der zuständigen landwirtschaftlichen Fachbehörde, zugelassener Flächennachweis mit vergleichbarer Genauigkeit beigefügt werden).

1.3 Klärschlammnutzer (als Nutzer des Klärschlammgemischs oder Klärschlammkomposts)
(Name, Anschrift): ....

1.4 Bodenbezogene Angaben

1.4.1 Aufbringung/Einbringung erfolgt zu folgender Kultur: ....

1.4.2 Bodenart der Auf- oder Einbringungsfläche nach § 4 Absatz 1 Satz 1 Nummer 1 AbfKlärV: ....

1.4.3 Untersuchungsstelle für die Untersuchung des Bodens der Auf- oder Einbringungsfläche (§ 32 Absatz 1 Satz 2 AbfKlärV)
(Name, Anschrift): ....

1.4.4 Datum der Probennahme: .... Analyse-Nummer: ....

1.4.5 Ergebnisse der Bodenuntersuchung nach § 4 Absatz 1 Satz 1 Nummer 2, Absatz 2 und 4 AbfKlärV
Der Boden mit einem pH-Wert von .... und einem Phosphatgehalt von .... mg/kg Trockenmasse enthält im Mittel:

Schadstoffgehalt (mg/kg TM)							
Blei (Pb)		Chrom (Cr)		Nickel (Ni)		Zink (Zn)	
Cadmium (Cd)		Kupfer (Cu)		Quecksilber (Hg)			
Polychlorierte Biphenyle (PCB)				Benzo(a)pyren (B(a)P)			

1.4.6 Ergebnisse zusätzlich untersuchter Schadstoffe nach § 4 Absatz 3 Satz 1 AbfKlärV:
....

1.4.7 Die Bodenuntersuchung hat eine Überschreitung der zulässigen Vorsorgewerte für Metalle oder organische Stoffe nach § 7 Absatz 1 Satz 1 AbfKlärV
☐ nicht ergeben.
☐ ergeben.
☐ ergeben, die von der zuständigen Behörde nach § 7 Absatz 3 AbfKlärV zugelassen wurde (Nachweis ist beizufügen).

1.5 Klärschlammbezogene Angaben:
Die zur Gemischherstellung oder Kompostherstellung insgesamt eingesetzte Klärschlammmenge umfasst .... Kubikmeter/ ....Tonnen Klärschlamm mit einem Trockensubstanzgehalt von ...... Prozent (das entspricht ......Tonnen Trockenmasse). Zur Gemischherstellung oder Kompostherstellung wird/wurde folgender Klärschlamm nach Anlage 3 Abschnitt 1 Nummer 2.1 AbfKlärV eingesetzt:
Lieferschein-Nummer: ...., Lieferschein-Datum: ....
(Wurden weitere Klärschlämme eingesetzt: Bitte die jeweilige Lieferschein-Nummer und das jeweilige Lieferschein-Datum angeben).

1.6 Angaben zu den Materialien, die zur Herstellung des Klärschlammgemischs oder Klärschlammkomposts nach § 2 Absatz 7 oder nach § 2 Absatz 8 AbfKlärV eingesetzt wurden (Art, Bezugsquelle, Anfallstelle, Bezugszeitpunkt und Bezugsmenge in unvermischter Form mit Angabe in Kubikmeter, Tonnen, Prozent Trockenmasse):

....

1.7 Angaben zum Klärschlammgemisch oder Klärschlammkompost

1.7.1 Untersuchungsstelle für die Untersuchung des Klärschlammgemischs/Klärschlammkomposts nach § 32 Absatz 1 Satz 2 AbfKlärV

(Name, Anschrift): ....

1.7.2 Datum der Probennahme: .... Analyse-Nummer: ....

1.7.3 Ergebnisse der Untersuchung des Klärschlammgemischs/Klärschlammkomposts nach § 5 Absatz 3 in Verbindung mit Absatz 1 und 2 AbfKlärV:

pH-Wert		Eisen (mg/kg TM)	

Stoffbezeichnung	a) Nährstoffgehalt (% in Frischmasse – FM)	b) Nährstoffgehalt (% in Trockenmasse – TM)
Organische Substanz		
Gesamtstickstoff (N)		
Ammonium (NH_4^+)		
Phosphor (P_{ges})		
Phosphat (P_2O_5)		
Basisch wirksame Stoffe (Calciumoxid – CaO)		

Stoffbezeichnung	Schadstoffgehalt (mg/kg TM)	
Arsen (As)		
Blei (Pb)		
Cadmium (Cd)		
Chrom (Cr)		
Chrom(VI) (Cr^{VI})		
Kupfer (Cu)		
Nickel (Ni)		
Quecksilber (Hg)		
Thallium (Tl)		
Zink (Zn)		
Summe der organischen Halogenverbindungen (als adsorbierte organisch gebundene Halogene – AOX)		
Benzo(a)pyren (B(a)P)		
Polychlorierte Biphenyle (PCB)[1], Kongener	28:	
	52:	
	101:	
	138:	
	153:	
	180:	
Polychlorierte Dibenzodioxine und Dibenzofurane (PCDD, PCDF)[2], einschließlich dioxinähnlicher polychlorierter Biphenyle (dl-PCB) – in ng TE/kg TM		
Polyfluorierte Verbindungen (PFC – als Summe der Einzelsubstanzen Perfluoroctansäure [PFOA] und Perfluoroctansulfonsäure [PFOS])		

[1] Systematische Nummerierung der PCB-Komponenten nach den Regeln der Internationalen Union für Reine und Angewandte Chemie (IUPAC).

[2] Gemäß Berechnungsvorschrift in Anlage 2 Nummer 2.3 der Klärschlammverordnung.

1.7.4 Ergebnisse zusätzlich untersuchter Inhaltsstoffe nach § 5 Absatz 5 AbfKlärV)

....

1.7.5 Die Untersuchung des Klärschlammgemischs/Klärschlammkomposts hat eine Überschreitung der zulässigen Schadstoffgehalte nach § 8 Absatz 2 Satz 1 in Verbindung mit Absatz 1 AbfKlärV

☐ nicht ergeben.

☐ ergeben.

1.7.6 Seuchen- und phytohygienische Beschaffenheit des hergestellten Klärschlammgemischs oder Klärschlammkomposts nach § 11 AbfKlärV:

Das Klärschlammgemisch oder der Klärschlammkompost erfüllt die Anforderungen an die Seuchen- und Phytohygiene nach § 5 Absatz 1 bis 3 der Düngemittelverordnung.

1.8 Regelmäßige Qualitätssicherung (falls nach den §§ 19 bis 31 AbfKlärV durchgeführt)

1.8.1 Träger der regelmäßigen Qualitätssicherung

(Name, Anschrift): ....

1.8.2 Qualitätszeichennehmer ist

☐ der Gemischhersteller oder Komposthersteller nach Nummer 1.1.

☐ eine natürliche oder juristische Person oder eine Personenvereinigung, die das Klärschlammgemisch oder den Klärschlammkompost eines Gemischherstellers oder Kompostherstellers behandelt oder verwertet

(Name, Anschrift): ....

1.8.3 Das Klärschlammgemisch oder der Klärschlammkompost erfüllt die Anforderungen an eine regelmäßige Qualitätssicherung (Nachweis über die kontinuierliche Qualitätssicherung gemäß § 29 Absatz 2 AbfKlärV ist beizufügen).

Ich versichere, dass das Klärschlammgemisch oder der Klärschlammkompost zur Verwertung sämtlichen Anforderungen der Klärschlammverordnung in der geltenden Fassung entspricht.

....

(Datum) (Unterschrift des Klärschlammnutzers/Gemischherstellers/Kompostherstellers – sofern die Anzeige in Papierform erfolgt)

2. Lieferschein für die Lieferung eines Klärschlammgemischs oder eines Klärschlammkomposts
nach § 18 Absatz 1 Satz 1 der Klärschlammverordnung (AbfKlärV)

Hinweis: Dem Lieferschein sind als Anlage sämtliche Lieferscheine (Kopien) über die bei der Gemischherstellung oder Kompostherstellung eingesetzten Klärschlämme beizufügen.

2.1 Lieferschein-Nummer: .... Lieferschein-Datum: ....

2.2 Gemischhersteller oder Komposthersteller

(Name, Anschrift): ....

Standort der Anlage zur Gemischherstellung oder Kompostherstellung

(Name und Anschrift der Betriebsstätte): ....

2.3 Klärschlammerzeuger des zur Gemischherstellung oder Kompostherstellung eingesetzten Klärschlamms (Name, Anschrift; im Fall der Abgabe qualitätsgesicherter Materialien Angabe aller Klärschlammerzeuger, deren Klärschlämme zur Gemischherstellung oder Kompostherstellung eingesetzt wurden):

....

2.4 Klärschlammnutzer (als Nutzer des Klärschlammgemischs oder Klärschlammkomposts)

(Name, Anschrift): ....

2.5 Bodenbezogene Angaben

2.5.1 Aufbringung/Einbringung erfolgt zu folgender Kultur: ....

2.5.2 Bodenart der Auf- oder Einbringungsfläche nach § 4 Absatz 1 Satz 1 Nummer 1 AbfKlärV: ....

2.5.3 Untersuchungsstelle für die Untersuchung des Bodens der Auf- oder Einbringungsfläche nach § 32 Absatz 1 Satz 2 AbfKlärV

(Name, Anschrift): ....

2.5.4 Datum der Probennahme: .... Analyse-Nummer: ....

2.5.5 Ergebnisse der Bodenuntersuchung nach § 4 Absatz 1 Satz 1 Nummer 2, Absatz 2 und 4 AbfKlärV

Der Boden mit einem pH-Wert von .... und einem Phosphatgehalt von .... mg/kg Trockenmasse enthält im Mittel:

Schadstoffgehalt (mg/kg TM)							
Blei (Pb)		Chrom (Cr)		Nickel (Ni)		Zink (Zn)	
Cadmium (Cd)		Kupfer (Cu)		Quecksilber (Hg)			
Polychlorierte Biphenyle (PCB)				Benzo(a)pyren (B(a)P)			

2.5.6 Ergebnisse zusätzlich untersuchter Schadstoffe nach § 4 Absatz 3 Satz 1 AbfKlärV:

....

2.5.7 Die Bodenuntersuchung hat eine Überschreitung der zulässigen Vorsorgewerte für Metalle oder organische Stoffe nach § 7 Absatz 1 Satz 1 AbfKlärV

☐ nicht ergeben.
☐ ergeben.
☐ ergeben, die von der zuständigen Behörde nach § 7 Absatz 3 AbfKlärV zugelassen wurde (Nachweis ist beizufügen).

2.6 Klärschlammbezogene Angaben:

Die zur Gemischherstellung oder Kompostherstellung insgesamt eingesetzte Klärschlammmenge umfasst .... Kubikmeter/ .... Tonnen Klärschlamm mit einem Trockensubstanzgehalt von ..... Prozent (das entspricht ..... Tonnen Trockenmasse). Zur Gemischherstellung oder Kompostherstellung wurde folgender Klärschlamm nach Anlage 3 Abschnitt 1 Nummer 2.1 AbfKlärV eingesetzt:

Lieferschein-Nummer: ...., Lieferschein-Datum: ....

(Wurden weitere Klärschlämme eingesetzt: Bitte die jeweilige Lieferschein-Nummer und das jeweilige Lieferschein-Datum angeben).

2.7 Angaben zu den Materialien, die zur Herstellung des Klärschlammgemischs oder Klärschlammkomposts nach § 2 Absatz 7 oder 8 AbfKlärV eingesetzt wurden (Art, Bezugsquelle, Anfallstelle, Bezugszeitpunkt und Bezugsmenge in unvermischter Form mit Angabe in Kubikmeter, Tonnen, Prozent Trockenmasse):

....

2.8 Angaben zum Klärschlammgemisch oder Klärschlammkompost

2.8.1 Untersuchungsstelle für die Untersuchung des Klärschlammgemischs/Klärschlammkomposts nach § 32 Absatz 1 Satz 2 AbfKlärV

(Name, Anschrift): ....

2.8.2 Datum der Probennahme: .... Analyse-Nummer: ....

2.8.3 Ergebnisse der Untersuchung des Klärschlammgemischs/Klärschlammkomposts nach § 5 Absatz 3 in Verbindung mit Absatz 1 und 2 AbfKlärV:

pH-Wert		Eisen (mg/kg TM)	

Stoffbezeichnung	a) Nährstoffgehalt (% in Frischmasse – FM)	b) Nährstoffgehalt (% in Trockenmasse – TM)
Organische Substanz		
Gesamtstickstoff (N)		
Ammonium (NH_4^+)		
Phosphor (P_{ges})		
Phosphat (P_2O_5)		
Basisch wirksame Stoffe (Calciumoxid – CaO)		

Stoffbezeichnung	Schadstoffgehalt (mg/kg TM)	
Arsen (As)		
Blei (Pb)		
Cadmium (Cd)		
Chrom (Cr)		
Chrom(VI) (Cr^{VI})		
Kupfer (Cu)		
Nickel (Ni)		
Quecksilber (Hg)		
Thallium (Tl)		
Zink (Zn)		
Summe der organischen Halogenverbindungen (als adsorbierte organisch gebundene Halogene – AOX)		
Benzo(a)pyren (B(a)P)		
Polychlorierte Biphenyle (PCB)[1], Kongener	28:	
	52:	
	101:	
	138:	
	153:	
	180:	
Polychlorierte Dibenzodioxine und Dibenzofurane (PCDD, PCDF)[2], einschließlich dioxinähnlicher polychlorierter Biphenyle (dl-PCB) – in ng TE/kg TM		
Polyfluorierte Verbindungen (PFC – als Summe der Einzelsubstanzen Perfluoroctansäure [PFOA] und Perfluoroctansulfonsäure [PFOS])		

[1] Systematische Nummerierung der PCB-Komponenten nach den Regeln der Internationalen Union für Reine und Angewandte Chemie (IUPAC).

[2] Gemäß Berechnungsvorschrift in Anlage 2 Nummer 2.3 der Klärschlammverordnung.

2.8.4 Ergebnisse zusätzlich untersuchter Inhaltsstoffe nach § 5 Absatz 5 AbfKlärV:

....

2.8.5 Die Untersuchung des Klärschlammgemischs/Klärschlammkomposts hat eine Überschreitung der zulässigen Schadstoffgehalte nach § 8 Absatz 2 Satz 1 in Verbindung mit Absatz 1 AbfKlärV

☐ nicht ergeben.
☐ ergeben.

2.8.6 Seuchen- und phytohygienische Beschaffenheit des hergestellten Klärschlammgemischs oder Klärschlammkomposts nach § 11 AbfKlärV:

Das Klärschlammgemisch oder der Klärschlammkompost erfüllt die Anforderungen an die Seuchen- und Phytohygiene nach § 5 Absatz 1 bis 3 der Düngemittelverordnung.

2.9 Regelmäßige Qualitätssicherung (falls nach den §§ 19 bis 31 AbfKlärV durchgeführt)

2.9.1 Träger der regelmäßigen Qualitätssicherung
(Name, Anschrift): ....

2.9.2 Qualitätszeichennehmer ist

☐ der Gemischhersteller oder Komposthersteller nach Nummer 2.2.
☐ eine natürliche oder juristische Person oder eine Personenvereinigung, die das Klärschlammgemisch oder den Klärschlammkompost eines Gemischherstellers oder Kompostherstellers behandelt oder verwertet
(Name, Anschrift): ....

2.9.3 Das Klärschlammgemisch oder der Klärschlammkompost erfüllt die Anforderungen an eine regelmäßige Qualitätssicherung (Nachweis über die kontinuierliche Qualitätssicherung gemäß § 29 Absatz 2 AbfKlärV ist beizufügen).

Ich versichere, dass

☐ das hergestellte Klärschlammgemisch
☐ der hergestellte Klärschlammkompost

aus meiner Anlage (Name und Anschrift der Betriebsstätte):

....

nach den vorstehenden Angaben nach Maßgabe der Klärschlammverordnung in der jeweils geltenden Fassung und gegebenenfalls bestehenden ergänzenden Vorgaben der zuständigen obersten Landesbehörde auf Böden verwertet werden kann.

....

(Datum) (Unterschrift des Gemischherstellers/Kompostherstellers)

2.10 Bestätigung der Abgabe des Klärschlammgemischs oder Klärschlammkomposts nach § 18 Absatz 1 Satz 3 AbfKlärV

Gemischhersteller oder Komposthersteller
(Name, Anschrift): ....

Heute habe ich ...... Kubikmeter/...... Tonnen

☐ Klärschlammgemisch

☐ Klärschlammkompost

mit einem Klärschlammanteil von .... Prozent (das entspricht .... Tonnen Klärschlamm Trockenmasse) nach den Angaben des Lieferscheins Nummer ......, Lieferschein-Datum: ...., zur Auf- oder Einbringung auf oder in den Boden des Klärschlammnutzers in der Gemarkung ...., Flur ...., Flurstücksnummer ...., Größe: .... Hektar (statt der Angaben zu Gemarkung, Flur, Flurstücksnummer und Größe kann ein anderer von der zuständigen Behörde, im Fall der Auf- oder Einbringung auf oder in den landwirtschaftlich genutzten Boden im Einvernehmen mit der zuständigen landwirtschaftlichen Fachbehörde, zugelassener Flächennachweis mit vergleichbarer Genauigkeit beigefügt werden) abgegeben.

Das Klärschlammgemisch oder der Klärschlammkompost wurde

☐ unmittelbar nach Anlieferung aufgebracht/eingebracht.

☐ nach § 13 AbfKlärV zur späteren Auf- oder Einbringung bereitgestellt.

Klärschlammnutzer (als Nutzer des Klärschlammgemischs oder Klärschlammkomposts)
(Name und Anschrift): ....

Beförderer des Klärschlammgemischs oder des Klärschlammkomposts

(Name, Anschrift): ....

Amtliches Kennzeichen des Transportfahrzeugs, soweit der Transport auf der Straße erfolgt: ....

....

(Datum) (Unterschrift des Gemischherstellers/Kompostherstellers)

2.11 Bestätigung der Anlieferung und der Auf- oder Einbringung des Klärschlammgemischs oder des Klärschlammkomposts
nach § 18 Absatz 3 Satz 1 AbfKlärV

Klärschlammnutzer (als Nutzer des Klärschlammgemischs oder Klärschlammkomposts)

(Name, Anschrift): ....

Heute habe ich vom Gemischhersteller oder Komposthersteller

(Name, Anschrift): ....

.... Kubikmeter/ .... Tonnen

☐ Klärschlammgemisch

☐ Klärschlammkompost

mit einem Trockensubstanzgehalt von Prozent (das entspricht Tonnen Trockenmasse) nach den Angaben des Lieferscheins Nummer ...... , Lieferschein-Datum: .... , zur Auf- oder Einbringung auf oder in den Boden

☐ mit landwirtschaftlicher Nutzung

☐ bei Maßnahmen des Landschaftsbaus

in der Gemarkung ...., Flur ...., Flurstücksnummer ...., Größe: .... Hektar (statt der Angaben zu Gemarkung, Flur, Flurstücksnummer und Größe kann ein anderer von der zuständigen Behörde, im Fall der Auf- oder Einbringung auf oder in den landwirtschaftlich genutzten Boden im Einvernehmen mit der zuständigen landwirtschaftlichen Fachbehörde, zugelassener Flächennachweis mit vergleichbarer Genauigkeit beigefügt werden) erhalten.

Die Lieferung erfolgte aufgrund der Anzeige vom ....

Die Auf- oder Einbringung des Klärschlammgemischs oder Klärschlammkomposts ist am .... erfolgt durch

(Name, Anschrift): ....

Die nach § 14 Absatz 2 AbfKlärV zulässige Aufbringungsmenge wurde nicht überschritten.

....

(Datum) (Unterschrift des Klärschlammnutzers)

Änderung der Klärschlammverordnung (gem. Artikel 4 der Verordnung zur Neuordnung der Klärschlammverwertung (BGBl. I S. 3465 vom 27. September 2017))

– tritt am 1. Januar 2023 in Kraft –

Die Klärschlammverordnung vom 27. September 2017 (BGBl. I S. 3465) wird wie folgt geändert:

1. In der Inhaltsübersicht wird nach der Angabe zu § 3 die Angabe

   „§ 3a Berichtspflichten; Phosphoruntersuchungen"

   eingefügt.

2. Nach § 3 wird folgender § 3a eingefügt:

„§ 3a

Berichtspflichten; Phosphoruntersuchungen

(1) Klärschlammerzeuger, die im Kalenderjahr 2023 eine Abwasserbehandlungsanlage betreiben, haben der zuständigen Behörde bis spätestens 31. Dezember 2023 einen Bericht über die geplanten und eingeleiteten Maßnahmen zur Sicherstellung der ab 1. Januar 2029 durchzuführenden Phosphorrückgewinnung, zur Auf- oder Einbringung von Klärschlamm auf oder in Böden oder zur sonstigen Klärschlammentsorgung im Sinne des Kreislaufwirtschaftsgesetzes vorzulegen. Klärschlammerzeuger, die eine Abwasserbehandlungsanlage erstmals nach dem 31. Dezember 2023 in Betrieb nehmen, haben den Bericht nach Satz 1 spätestens sechs Monate nach der Betriebsaufnahme der Abwasserbehandlungsanlage vorzulegen.

(2) Klärschlammerzeuger, die im Kalenderjahr 2023 eine Abwasserbehandlungsanlage betreiben, haben Proben des anfallenden Klärschlamms im Kalenderjahr 2023 nach den Bestimmungen des § 32 Absatz 1 und 3 auf den Phosphorgehalt und den Gehalt an basisch wirksamen Stoffen insgesamt, bewertet als Calciumoxid, untersuchen zu lassen. Das Untersuchungsergebnis ist dem Bericht nach Absatz 1 Satz 1 beizufügen. Wurde der Klärschlamm bereits nach § 5 Absatz 1 Satz 1 Nummer 4 ordnungsgemäß auf den Phosphorgehalt untersucht, kann der Klärschlammerzeuger die Ergebnisse dieser Untersuchung verwenden, wenn die Ergebnisse nicht älter als ein Jahr sind.

(3) Klärschlammerzeuger, die nach dem 31. Dezember 2023 eine Abwasserbehandlungsanlage in Betrieb nehmen, haben Proben des anfallenden Klärschlamms innerhalb von sechs Monaten nach der Betriebsaufnahme der Abwasserbehandlungsanlage nach den Bestimmungen des § 32 Absatz 1 und 3 untersuchen zu lassen. Das Untersuchungsergebnis ist dem Bericht nach Absatz 1 Satz 2 beizufügen.

(4) Die Klärschlammuntersuchung nach den Absätzen 2 und 3 ist im Kalenderjahr 2027 zu wiederholen. Absatz 2 Satz 3 gilt entsprechend. Der Klärschlammerzeuger hat das Untersuchungsergebnis innerhalb von vier Wochen nach Durchführung der Untersuchung der zuständigen Behörde vorzulegen."

3. § 36 Absatz 1 wird wie folgt geändert:

   a) Folgende Nummern 1 bis 3 werden eingefügt:

      „1. entgegen § 3a Absatz 1 einen Bericht nicht, nicht richtig, nicht vollständig oder nicht rechtzeitig vorlegt,

2. entgegen § 3a Absatz 2 Satz 1 oder Absatz 3 Satz 1 oder § 5 Absatz 1 oder 2 Satz 1, jeweils auch in Verbindung mit Absatz 3, eine dort genannte Untersuchung nicht, nicht richtig, nicht vollständig oder nicht rechtzeitig durchführen lässt,

3. entgegen § 3a Absatz 4 Satz 1, § 4 Absatz 4 oder § 5 Absatz 2 Satz 2 eine Untersuchung nicht oder nicht rechtzeitig wiederholt,".

b) Die bisherigen Nummern 1 und 2 werden die Nummern 4 und 5 und die bisherigen Nummern 5 bis 14 werden die Nummern 6 bis 15.

c) Die bisherigen Nummern 3 und 4 werden aufgehoben.

Weitere Änderung der Klärschlammverordnung (gem. Artikel 5 der Verordnung zur Neuordnung der Klärschlammverwertung (BGBl. I S. 3465 vom 27. September 2017))

– tritt am 1. Januar 2029 in Kraft –

Die Klärschlammverordnung, die zuletzt durch Artikel 4 dieser Verordnung *(siehe vorherige Seiten)* geändert worden ist, wird wie folgt geändert:

1. Die Inhaltsübersicht der Verordnung wird wie folgt geändert:

   a) Die Angabe „§ 3a Berichtspflichten; Phosphoruntersuchungen" wird durch die Angaben

   „Teil 1a
   Anforderungen an die Rückgewinnung von Phosphor aus Klärschlamm

   § 3a Phosphorrückgewinnung aus Klärschlamm

   § 3b Phosphorrückgewinnung aus Klärschlammverbrennungsasche oder aus kohlenstoffhaltigen Rückständen

   § 3c Untersuchungspflichten

   § 3d Nachweispflichten

   § 3e Registerpflicht bei Phosphorrückgewinnung"

   ersetzt.

   b) In Teil 2 wird die Angabe zu Abschnitt 4 wie folgt gefasst:

   „Anzeige- und Lieferscheinverfahren; Registerpflicht".

   c) Nach der Angabe zu § 18 wird die Angabe „§ 18a Registerpflicht bei bodenbezogener Verwertung"

   d) Die Angaben zu „Teil 5 Schlussbestimmungen" werden wie folgt geändert:

   Die Angaben zu den §§ 37 bis 39 werden gestrichen.

   e) Die Angaben zu Anlage 3 werden wie folgt geändert:

   aa) Nach der Angabe „Anlage 3" wird in der Klammer vor der Angabe „§ 16 Absatz 3" die Angabe „§ 3d Absatz 3," eingefügt.

   bb) Vor dem Wort „Anzeigen" wird das Wort „Nachweise," eingefügt.

2. § 1 wird wie folgt geändert:

   a) Absatz 1 wird wie folgt geändert:

   aa) Nach dem Wort „regelt" werden die Wörter

   „1. die Rückgewinnung von Phosphor aus

   a) Klärschlamm und

   b) der bei der Vorbehandlung von Klärschlamm in einer Klärschlammverbrennungsanlage oder einer Klärschlammmitverbrennungsanlage anfallenden Klärschlammverbrennungsasche oder aus dem kohlenstoffhaltigen Rückstand,"

   eingefügt.

bb) Die bisherige Nummer 1 wird die Nummer 1a.

b) In Absatz 2 werden nach der Angabe „1. Klärschlammerzeuger" die Wörter

„1a. Betreiber einer Klärschlammverbrennungsanlage,

1b. Betreiber einer Klärschlammmitverbrennungsanlage,"

eingefügt.

3. § 2 wird wie folgt geändert:

a) Nach Absatz 4 wird folgender Absatz 4a eingefügt:

„(4a) Phosphorrückgewinnung ist jedes Verwertungsverfahren, durch das Phosphor

1. aus Klärschlamm oder
2. aus Klärschlammverbrennungsasche des in einer Klärschlammverbrennungsanlage oder Klärschlammmitverbrennungsanlage eingesetzten Klärschlamms oder aus kohlenstoffhaltigem Rückstand

zurückgewonnen wird."

b) Nach Absatz 11 werden folgende Absätze 11a bis 11d eingefügt:

„(11a) Klärschlammverbrennungsanlage ist eine Feuerungsanlage nach § 2 Absatz 4 der Verordnung über die Verbrennung und die Mitverbrennung von Abfällen vom 2. Mai 2013 (BGBl. I S. 1021, 1044, 3754), in der jeweils geltenden Fassung, in der Klärschlamm zum Zweck der Vorbehandlung verbrannt wird, wobei das in der Feuerungsanlage verwendete thermische Verfahren auch andere vergleichbare Verfahren wie Vergasung, Teilverbrennung und thermische Behandlungsverfahren mit indirekter Beheizung des Behandlungsreaktors oder eine Kombination daraus umfassen kann, sofern die aus der Vorbehandlung des Klärschlamms entstehenden festen kohlenstoffhaltigen Rückstände einer Phosphorrückgewinnung oder einer Verwertung oder Aufbereitung vor einer Verwertung zugeführt werden.

(11b) Klärschlammmitverbrennungsanlage ist eine Feuerungsanlage oder Großfeuerungsanlage nach § 2 Absatz 2 oder 3 der Verordnung über die Verbrennung und die Mitverbrennung von Abfällen, in der Klärschlamm zum Zweck der Vorbehandlung mitverbrannt wird.

(11c) Langzeitlager ist ein Lager nach § 23 Absatz 1 und 6 der Deponieverordnung, in dem Klärschlammverbrennungsaschen aus einer Klärschlammverbrennungsanlage oder aus einer Klärschlammmitverbrennungsanlage sowie kohlenstoffhaltige Rückstände gelagert werden.

(11d) Kohlenstoffhaltiger Rückstand ist das kohlenstoff- und phosphorhaltige Material nach thermischer Vorbehandlung des Klärschlamms in einer Anlage mit Vergasung, Teilverbrennung oder thermischer Behandlung mit indirekter Beheizung des Behandlungsreaktors, auch bei Kombinationen dieser Vorbehandlungen."

4. § 3 Absatz 1 und 2 wird durch die folgenden Absätze 1 bis 4 ersetzt:

„(1) Der Klärschlammerzeuger hat den in seiner Abwasserbehandlungsanlage anfallenden Klärschlamm unmittelbar

1. einer Phosphorrückgewinnung nach Maßgabe des § 3a Absatz 1 zuzuführen, wenn der Klärschlamm einen Phosphorgehalt von 20 Gramm oder mehr je Kilogramm Trockenmasse aufweist, oder
2. einer thermischen Vorbehandlung in einer Klärschlammverbrennungsanlage oder einer Klärschlammmitverbrennungsanlage zuzuführen.

(2) Der Betreiber einer Klärschlammverbrennungsanlage und der Betreiber einer Klärschlammmitverbrennungsanlage haben die Klärschlammverbrennungsasche und den kohlenstoffhaltigen Rückstand, die nach einer Vorbehandlung des Klärschlamms nach Absatz 1 Nummer 2 anfallen, unmittelbar

1. einer Phosphorrückgewinnung oder
2. einer stofflichen Verwertung unter Nutzung des Phosphorgehalts der Verbrennungsasche oder des kohlenstoffhaltigen Rückstands

nach Maßgabe des § 3b Absatz 1 zuzuführen. Von der Pflicht nach Satz 1 sind ausgenommen Betreiber einer Klärschlammverbrennnungsanlage und Betreiber einer Klärschlammmitverbrennungsanlage, in denen ausschließlich Klärschlamm mit einem Phosphorgehalt von weniger als 20 Gramm je Kilogramm Trockenmasse eingesetzt wird. Wurde bereits eine ordnungsgemäße Phosphorrückgewinnung aus einem Klärschlamm nach Absatz 1 Nummer 1 durchgeführt, ist im Fall einer Zuführung des Klärschlamms in eine Klärschlammverbrennungsanlage oder eine Klärschlammmitverbrennungsanlage eine Phosphorrückgewinnung nach Satz 1 nicht erforderlich.

(3) Abweichend von Absatz 1 kann der Klärschlammerzeuger, der eine Abwasserbehandlungsanlage mit einer genehmigten Ausbaugröße von bis zu 100 000 Einwohnerwerten betreibt, den in dieser Anlage anfallenden Klärschlamm unabhängig vom Phosphorgehalt nach Maßgabe der in den Teilen 2 und 3 genannten Anforderungen auf oder in Böden verwerten oder nach Zustimmung der zuständigen Behörde einer anderweitigen Abfallentsorgung im Sinne des Kreislaufwirtschaftsgesetzes zuführen. Eine Verwertung des Klärschlamms auf oder in Böden ist nicht zulässig, sofern der Klärschlamm einer ordnungsgemäßen Phosphorrückgewinnung nach Absatz 1 Nummer 1 zugeführt wurde.

(4) Der Klärschlammerzeuger, der eine Abwasserbehandlungsanlage mit einer genehmigten Ausbaugröße von mehr als 100 000 Einwohnerwerten betreibt, kann den in dieser Anlage anfallenden Klärschlamm einer anderweitigen Abfallentsorgung zuführen, sofern der Klärschlamm

1. einen Phosphorgehalt von weniger als 20 Gramm je Kilogramm Trockenmasse aufweist oder
2. bereits einer Phosphorrückgewinnung nach Absatz 1 Nummer 1 unterzogen wurde.

Eine Verwertung des Klärschlamms auf oder in Böden ist nicht zulässig."

5. Nach § 3 wird folgende Überschrift eingefügt:

„Teil 1a
Anforderungen an die Rückgewinnung von Phosphor aus Klärschlamm".

6. § 3a wird durch die folgenden §§ 3a bis 3e ersetzt:

„§ 3a
Phosphorrückgewinnung aus Klärschlamm

(1) Zur Phosphorrückgewinnung aus Klärschlamm nach § 3 Absatz 1 Nummer 1 ist ein Verfahren anzuwenden, das eine Reduzierung des nach § 3c Absatz 1 gemessenen Phosphorgehalts des behandelten Klärschlamms

1. um mindestens 50 Prozent oder

2. auf weniger als 20 Gramm je Kilogramm Trockenmasse

gewährleistet. Ist bei einem Phosphorgehalt von mehr als 40 Gramm je Kilogramm Klärschlamm Trockenmasse ein Rückgewinnungsverfahren nicht geeignet, den Phosphorgehalt des behandelten Klärschlamms auf weniger als 20 Gramm je Kilogramm Trockenmasse zu reduzieren, findet Satz 1 Nummer 2 keine Anwendung.

(2) Vor Durchführung der Phosphorrückgewinnung ist eine Vermischung des Klärschlamms mit anderen Klärschlämmen nur zulässig, sofern der jeweils zugemischte Klärschlamm einen Phosphorgehalt von 20 Gramm oder mehr je Kilogramm Trockenmasse aufweist. Die Vermischung von Klärschlämmen aus Abwasserbehandlungsanlagen unterschiedlicher Klärschlammerzeuger darf erst nach Abschluss eines Vertrags zwischen den beteiligten Klärschlammerzeugern erfolgen. In dem Vertrag ist insbesondere ein Klärschlammerzeuger zu benennen, dem die verantwortliche Durchführung der Phosphorrückgewinnung obliegt. Eine Kopie des Vertrages ist der zuständigen Behörde auf deren Verlangen vorzulegen.

§ 3b
Phosphorrückgewinnung aus Klärschlammverbrennungsasche
oder aus kohlenstoffhaltigen Rückständen

(1) Zur Phosphorrückgewinnung aus der Klärschlammverbrennungsasche und aus dem kohlenstoffhaltigen Rückstand nach § 3 Absatz 2 Satz 1 Nummer 1 ist ein Verfahren anzuwenden, durch das mindestens 80 Prozent des Phosphorgehalts der Verbrennungsasche oder des kohlenstoffhaltigen Rückstands zurückgewonnen werden.

(2) Der Betreiber einer Anlage zur Klärschlammmitverbrennung nach § 3 Absatz 1 Nummer 2 hat diese mit Kohle oder Gas zu befeuern.

(3) Vor Durchführung einer der in § 3 Absatz 2 Satz 1 genannten Maßnahmen ist die Lagerung der Klärschlammverbrennungsasche und des kohlenstoffhaltigen Rückstands in einem Langzeitlager nach § 23 Absatz 6 der Deponieverordnung nur zulässig, sofern

1. eine Vermischung mit anderen Abfällen, Stoffen oder Materialien und ein oberflächiger Abfluss der Klärschlammverbrennungsasche und des kohlenstoffhaltigen Rückstands ausgeschlossen sind und

2. die Möglichkeit einer späteren Phosphorrückgewinnung aus der Klärschlammverbrennungsasche und dem kohlenstoffhaltigen Rückstand oder die Möglichkeit einer stofflichen Verwertung unter Nutzung des Phosphorgehalts der Klärschlammverbrennungsasche und des kohlenstoffhaltigen Rückstands gewährleistet bleibt.

§ 3c
Untersuchungspflichten

(1) Der Klärschlammerzeuger hat je angefangene 500 Tonnen Klärschlamm Trockenmasse, höchstens jedoch in Abständen von sechs Monaten, Proben des in seiner Abwasserbehandlungsanlage erzeugten Klärschlamms nach den Bestimmungen des § 32 Absatz 1 und 3 auf den Phosphorgehalt und den Gehalt an basisch wirksamen Stoffen insgesamt, bewertet als Calciumoxid, untersuchen zu lassen. Wurde der Klärschlamm bereits nach § 5 Absatz 1

Satz 1 Nummer 4 ordnungsgemäß auf den Phosphorgehalt untersucht, kann der Klärschlammerzeuger die Ergebnisse dieser Untersuchung verwenden.

(2) Abweichend von Absatz 1 Satz 1 ist nach einer Erstuntersuchung eine erneute Untersuchung nicht erforderlich, solange der Klärschlamm in einer Klärschlammverbrennungsanlage oder in einer Klärschlammmitverbrennungsanlage nach § 3b Absatz 1 vorbehandelt wird.

(3) Der Klärschlammerzeuger hat die Ergebnisse der Untersuchungen nach Absatz 1 innerhalb von vier Wochen nach Durchführung der Untersuchungen der zuständigen Behörde vorzulegen.

§ 3d
Nachweispflichten

(1) Der Klärschlammerzeuger hat einen Nachweis nach Absatz 3 zu führen über

1. das Ergebnis der durchgeführten Phosphorrückgewinnung nach § 3 Absatz 1 Nummer 1,
2. die Zuführung des Klärschlamms zu einer Klärschlammverbrennungsanlage oder zu einer Klärschlammmitverbrennungsanlage nach § 3 Absatz 1 Nummer 2,
3. die zur Vermischung eingesetzten Klärschlämme nach § 3a Absatz 2 Satz 1 und
4. das Ergebnis der Klärschlammuntersuchung nach § 3c Absatz 1.

(2) Der Betreiber einer Klärschlammverbrennungsanlage oder einer Klärschlammmitverbrennungsanlage hat einen Nachweis nach Absatz 3 zu führen über

1. das Ergebnis der durchgeführten Phosphorrückgewinnung nach § 3 Absatz 2 Satz 1 Nummer 1,
2. die stoffliche Verwertung der Verbrennungsasche und des kohlenstoffhaltigen Rückstands nach § 3 Absatz 2 Satz 1 Nummer 2 und
3. die Langzeitlagerung der Verbrennungsasche und des kohlenstoffhaltigen Rückstands nach § 3b Absatz 3.

(3) Der Nachweis nach den Absätzen 1 und 2 hat die in Anlage 3 Abschnitt 1 vorgesehenen Angaben zu enthalten. Der Nachweis ist richtig und vollständig auszufüllen.

(4) Der Klärschlammerzeuger hat eine Kopie des Nachweises nach Absatz 1 unverzüglich an die für den Klärschlammerzeuger zuständige Behörde zu übersenden. Der Betreiber der Klärschlammverbrennungsanlage oder der Klärschlammmitverbrennungsanlage hat eine Kopie des Nachweises nach Absatz 2 unverzüglich an denjenigen Klärschlammerzeuger, dessen Klärschlamm in der Verbrennungsanlage vorbehandelt worden ist, und an die für diesen Klärschlammerzeuger zuständige Behörde zu übersenden.

(5) Der Klärschlammerzeuger, der Betreiber der Klärschlammverbrennungsanlage und der Betreiber der Klärschlammmitverbrennungsanlage haben die Nachweise jeweils zehn Jahre ab dem Zeitpunkt der abgeschlossenen Phosphorrückgewinnung und der stofflichen Verwertung der Verbrennungsasche und des kohlenstoffhaltigen Rückstands aufzubewahren. Im Fall der Langzeitlagerung der Klärschlammverbrennungsasche und des kohlenstoffhaltigen Rückstands nach § 3b Absatz 3 beginnt die Aufbewahrungsfrist nach Abschluss der Phosphorrückgewinnung aus der gelagerten Verbrennungsasche und nach Abschluss der stofflichen Verwertung der gelagerten Verbrennungsasche und des kohlenstoffhaltigen Rückstands. Nach Ablauf des in den Sätzen 1 und 2 genannten Zeitraums haben die Aufbewahrungsverpflichteten die dort genannten Unterlagen unverzüglich zu löschen.

§ 3e
Registerpflicht bei Phosphorrückgewinnung

Der Klärschlammerzeuger hat ein Register zu führen über

1. die Durchführung der Phosphorrückgewinnung aus Klärschlamm nach § 3 Absatz 1 Nummer 1 und aus Klärschlammverbrennungsaschen und den kohlenstoffhaltigen Rückständen nach § 3 Absatz 2 Satz 1 Nummer 1,
2. die stoffliche Verwertung der Verbrennungsaschen und der kohlenstoffhaltigen Rückstände nach § 3 Absatz 2 Satz 1 Nummer 2 oder
3. die Lagerung der Verbrennungsaschen und der kohlenstoffhaltigen Rückstände in einem Langzeitlager nach § 3b Absatz 3.

Das Register hat die nach § 34 Absatz 1 vorgesehenen Angaben zu enthalten."

7. § 15 wird wie folgt geändert:

a) Nach Absatz 1 wird folgender Absatz 1a eingefügt:

„(1a) Die Abgabe und das Auf- oder Einbringen von Klärschlamm aus Abwasserbehandlungsanlagen mit einer genehmigten Ausbaugröße von mehr als 100 000 Einwohnerwerten und das Auf- oder Einbringen eines unter Verwendung von Klärschlamm aus solchen Anlagen hergestellten Klärschlammgemischs oder Klärschlammkomposts auf oder in Böden ist nicht zulässig. Soweit die Entsorgung des Klärschlamms nicht oder nur mit erheblichen Mehrkosten möglich ist, kann die für die Auf- oder Einbringungsfläche zuständige Behörde, im Fall der Auf- oder Einbringung auf oder in landwirtschaftlich genutzten Boden im Einvernehmen mit der zuständigen landwirtschaftlichen Fachbehörde, im Einzelfall eine zeitlich begrenzte Ausnahme vom Auf- oder Einbringungsverbot nach Satz 1 zulassen."

b) In Absatz 3 werden die Wörter „ab 1 000 Einwohnerwerten" durch die Wörter „von 1 000 bis 100 000 Einwohnerwerten" ersetzt.

8. Der Überschrift des Abschnitts 4 wird ein Semikolon und das Wort „Registerpflicht" angefügt.

9. In § 16 Absatz 3 Satz 1 wird die Angabe „Abschnitt 1" durch die Angabe „Abschnitt 2" und die Angabe „Abschnitt 2" durch die Angabe „Abschnitt 3" ersetzt.

10. In § 17 Absatz 1 Satz 1 und 3, Absatz 2 und Absatz 3 Satz 3 wird jeweils die Angabe „Abschnitt 1" durch die Angabe „Abschnitt 2" ersetzt.

11. In § 18 Absatz 1 Satz 1 und 3, Absatz 2 und Absatz 3 Satz 2 wird jeweils die Angabe „Abschnitt 2" durch die Angabe „Abschnitt 3" ersetzt.

12. Nach § 18 wird folgender § 18a eingefügt:

„§ 18a
Registerpflicht bei bodenbezogener Verwertung

Der Klärschlammerzeuger hat ein Register über die Durchführung der bodenbezogenen Verwertung von Klärschlamm, Klärschlammgemisch und Klärschlammkompost zu führen, das die nach § 34 Absatz 1a vorgesehenen Angaben zu enthalten hat."

13. § 34 wird wie folgt geändert:

a) Absatz 1 wird wie folgt neu gefasst:

„(1) Das zu Teil 1a dieser Verordnung für das jeweilige Kalenderjahr zu führende Register hat folgende Angaben zu enthalten:

1. die insgesamt im Kalenderjahr in einer Abwasserbehandlungsanlage erzeugte Klärschlammmenge in Tonnen Trockenmasse,
2. die von Nummer 1 anteilige Klärschlammmenge in Tonnen Trockenmasse, die
   a) einer Phosphorrückgewinnung nach § 3 Absatz 1 Nummer 1 zugeführt wurde,
   b) einer Klärschlammverbrennungsanlage oder einer Klärschlammmitverbrennungsanlage nach § 3 Absatz 1 Nummer 2 zugeführt wurde, aufgeteilt nach der anteiligen Klärschlammmenge in Tonnen Trockenmasse,
      aa) aus deren Klärschlammverbrennungsasche oder aus dem kohlenstoffhaltigem Rückstand Phosphor nach § 3 Absatz 2 Satz 1 Nummer 1 zurückgewonnen wurde,
      bb) deren Klärschlammverbrennungsasche oder kohlenstoffhaltiger Rückstand unter Nutzung des Phosphorgehalts nach § 3 Absatz 2 Satz 1 Nummer 2 verwertet wurde,
   c) in einem Langzeitlager nach § 3b Absatz 3 gelagert wurde,
3. die bei Untersuchungen nach § 3c Absatz 1 gemessenen Gehalte an Phosphor in Klärschlamm, in Gramm je Kilogramm Klärschlamm Trockenmasse."

b) Der bisherige Absatz 1 wird Absatz 1a.

c) In Absatz 1a wird der erste Teilsatz wie folgt gefasst:

„Das zu den Teilen 2 und 3 dieser Verordnung für das jeweilige Kalenderjahr zu führende Register hat folgende Angaben zu enthalten:".

d) In Absatz 2 wird die Angabe „Absatz 1" durch die Angabe „Absatz 1a" ersetzt.

e) Absatz 3 wird wie folgt geändert:

aa) Satz 1 wird wie folgt gefasst:

„Der Klärschlammerzeuger hat die Angaben nach den Absätzen 1 und 1a bis zum 15. März des Folgejahres für das vorherige Kalenderjahr an folgende zuständige Behörde elektronisch zu übermitteln:

1. Angaben nach Absatz 1 an die für den Klärschlammerzeuger zuständige Behörde,
2. Angaben nach Absatz 1a Nummer 1 bis 7 an die für die Auf- oder Einbringungsfläche zuständige Behörde."

bb) In Satz 2 wird nach der Angabe „Absatz 1" die Angabe „sowie Absatz 1a" eingefügt.

14. § 36 wird wie folgt geändert:

a) Absatz 1 wird wie folgt geändert:

aa) Die Nummern 1 bis 3 werden durch folgende Nummern 1 bis 5 ersetzt:

„1. entgegen § 3 Absatz 1 oder Absatz 2 Satz 1 einen Klärschlamm einer Phosphorrückgewinnung nicht, nicht richtig oder nicht rechtzeitig zuführt,

2. entgegen § 3a Absatz 2 Satz 1 Klärschlamm vermischt,

3. entgegen § 3b Absatz 2 eine dort genannte Anlage nicht richtig betreibt,

4. entgegen § 3b Absatz 3 eine Klärschlammverbrennungsasche oder einen kohlenstoffhaltigen Rückstand lagert,

5. entgegen § 3c Absatz 1 Satz 1 oder § 5 Absatz 1 oder 2 Satz 1, jeweils auch in Verbindung mit Absatz 3, eine dort genannte Untersuchung nicht, nicht richtig, nicht vollständig oder nicht rechtzeitig durchführen lässt,".

bb) Die bisherigen Nummern 4 und 5 werden die Nummern 6 und 7.

cc) Nach der neuen Nummer 7 wird folgende Nummer 8 eingefügt:

„8. entgegen § 4 Absatz 4 oder § 5 Absatz 2 Satz 2 eine Untersuchung nicht oder nicht rechtzeitig wiederholt,".

dd) Die bisherigen Nummern 6 bis 13 werden die Nummern 9 bis 16.

ee) Die bisherige Nummer 14 wird Nummer 17 und wie folgt gefasst:

„17. entgegen § 15 Absatz 1a Satz 1, Absatz 4, 5 oder 6 Satz 1 einen Klärschlamm, ein Klärschlammgemisch oder einen Klärschlammkompost aufbringt oder einbringt oder".

ff) Die bisherige Nummer 15 wird Nummer 18.

b) Absatz 2 wird wie folgt geändert:

aa) Nummer 1 wird wie folgt gefasst:

„1. entgegen § 3a Absatz 2 Satz 4, § 3c Absatz 3, § 5 Absatz 4 oder § 6 Absatz 1 Satz 3 eine Kopie oder ein Untersuchungsergebnis nicht oder nicht rechtzeitig vorlegt,".

bb) Nach Nummer 1 werden folgende Nummern 2 bis 5 eingefügt:

„2. entgegen § 3d Absatz 1 oder 2 einen Nachweis nicht, nicht richtig oder nicht vollständig führt,

3. entgegen § 3d Absatz 4, § 17 Absatz 5 Satz 1 oder Absatz 6 oder § 18 Absatz 5 Satz 1 oder Absatz 6 den Lieferschein oder eine Kopie nicht oder nicht rechtzeitig übersendet,

4. entgegen § 3d Absatz 5 Satz 1 oder 2, § 17 Absatz 7 Satz 1, auch in Verbindung mit Satz 2, oder § 18 Absatz 7 Satz 1 einen Nachweis, das Original des Lieferscheins oder eine Kopie nicht oder nicht für die vorgeschriebene Dauer aufbewahrt,

5. entgegen § 3e oder § 18a ein Register nicht, nicht richtig oder nicht vollständig führt,".

cc) Die bisherigen Nummern 2 bis 6 werden die Nummern 6 bis 10.

dd) In der neuen Nummer 10 wird das Wort „bestätigt," durch die Wörter „bestätigt oder" ersetzt.

ee) Die bisherigen Nummern 7 bis 9 werden aufgehoben.

ff) Die bisherige Nummer 10 wird Nummer 11.

15. Die §§ 37 bis 39 werden aufgehoben.

16. Anlage 3 wird wie folgt geändert:

a) Nach der Angabe „Anlage 3“ wird in der Klammer vor der Angabe „§ 16 Absatz 3“ die Angabe „§ 3d Absatz 3,“ eingefügt.

b) In der Überschrift wird vor dem Wort „Anzeigen“ das Wort „Nachweise,“ eingefügt.

c) Dem bisherigen Abschnitt 1 werden folgende Angaben vorangestellt:

Abschnitt 1
Phosphorrückgewinnung aus Klärschlamm

Der nachfolgende Nachweis ist im Original vom Klärschlammerzeuger vollständig auszufüllen und weiterzuleiten.
Nachweis über die Phosphorrückgewinnung aus Klärschlamm
nach § 3d Absatz 3 der Klärschlammverordnung (AbfKlärV)

1. Klärschlammerzeuger:
   Betreiber der Klärschlammverbrennungsanlage:
   Betreiber der Klärschlammmitverbrennungsanlage:
   (Name, Anschrift, Standort der Abwasserbehandlungsanlage bzw. Verbrennungsanlage): ....
2. Klärschlammuntersuchung nach § 3c Absatz 1 AbfKlärV

2.1 Untersuchungsstelle für die Untersuchung des Klärschlamms nach § 32 Absatz 1 Satz 2 AbfKlärV
(Name, Anschrift): ....

2.2 Datum der Probennahme: .... Analyse-Nummer: ....

2.3 Ergebnis der Klärschlammuntersuchung nach § 3c Absatz 1 AbfKlärV:

Phosphor (P_{ges})	... mg/kg TM (= P_2O_5-Gehalt ... mg/kg TM)

3. Der Klärschlamm wurde mit folgenden Klärschlämmen nach § 3a Absatz 2 Satz 1 AbfKlärV vermischt
   (Angaben über die Klärschlammerzeuger sowie über Bezugsquelle, Bezugszeitpunkt und Bezugsmenge der für die Vermischung eingesetzten Klärschlämme in m³, Tonnen, % Trockenmasse):
   ....
4. Zur Phosphorrückgewinnung wurden ...... Kubikmeter/...... Tonnen Klärschlamm mit einem Trockensubstanzgehalt von ...... Prozent (das entspricht einer Menge von ...... Tonnen Trockenmasse) eingesetzt.
   Die Phosphorrückgewinnung ist am .... erfolgt
   - ☐ aus dem Klärschlamm nach § 3 Absatz 1 Nummer 1 AbfKlärV.
   - ☐ aus der Klärschlammverbrennungsasche/aus dem kohlenstoffhaltigen Rückstand nach § 3 Absatz 2 Satz 1 Nummer 1 AbfKlärV.
   - ☐ durch eine stoffliche Verwertung der Klärschlammverbrennungsasche/des kohlenstoffhaltigen Rückstands unter Nutzung des Phosphorgehalts nach § 3 Absatz 2 Satz 1 Nummer 2.

   Es wurde folgende Menge Phosphor gewonnen: .... Tonnen.
5. Nach Durchführung der Phosphorrückgewinnung enthält der Klärschlamm/die Klärschlammverbrennungsasche/der kohlenstoffhaltige Rückstand .... Gramm Phosphor je Kilogramm, bei Klärschlamm Angabe in Trockenmasse.
6. Die Klärschlammverbrennungsasche/Der kohlenstoffhaltige Rückstand wurde am .... in einer Menge von .... Tonnen einer Langzeitlagerung nach § 3b Absatz 3 AbfKlärV zugeführt
   (Name und Anschrift der Lagerstätte): ....
7. Die gelagerte Klärschlammverbrennungsasche/Der kohlenstoffhaltige Rückstand nach § 3b Absatz 3 AbfKlärV wurde am .... in einer Menge von ...... Tonnen
   - ☐ einer Phosphorrückgewinnung nach § 3 Absatz 2 Satz 1 Nummer 1 AbfKlärV unterzogen.
   - ☐ einer stofflichen Verwertung unter Nutzung des Phosphorgehalts der Verbrennungsasche/des kohlenstoffhaltigen Rückstands nach § 3 Absatz 2 Satz 1 Nummer 2 AbfKlärV zugeführt.

   Es wurde folgende Menge Phosphor gewonnen: .... Tonnen.

....
(Datum) (Unterschrift des Klärschlammerzeugers/Betreibers einer Klärschlammverbrennungsanlage oder Klärschlammmitverbrennungsanlage)".

d) Der bisherige Abschnitt 1 wird Abschnitt 2 und der bisherige Abschnitt 2 wird Abschnitt 3.

Weitere Änderung der Klärschlammverordnung (gem. Artikel 6 der Verordnung zur Neuordnung der Klärschlammverwertung (BGBl. I S. 3465 vom 27. September 2017))

– tritt am 1. Januar 2032 in Kraft –

Die Klärschlammverordnung, die zuletzt durch Artikel 5 dieser Verordnung *(siehe vorherige Seiten)* geändert worden ist, wird wie folgt geändert:

In § 3 Absatz 3 Satz 1 und Absatz 4 und § 15 Absatz 1a und 3 wird jeweils die Angabe „100 000 Einwohnerwerten“ durch die Angabe „50 000 Einwohnerwerten“ ersetzt.

RICHTLINIE 2008/98/EG DES EUROPÄISCHEN PARLAMENTS UND DES RATES über Abfälle

(Abfallrahmenrichtlinie – AbfRRL)

Vom 19. November 2008 (Amtsblatt der Europäischen Union L 312/3)

Zuletzt geändert am 30. Mai 2018 (Abl. Nr. L 150/109)

KAPITEL I GEGENSTAND, ANWENDUNGSBEREICH UND BEGRIFFSBESTIMMUNGEN

Artikel 1 Gegenstand und Anwendungsbereich

Mit dieser Richtlinie werden Maßnahmen festgelegt, die dem Schutz der Umwelt und der menschlichen Gesundheit dienen, indem die Erzeugung von Abfällen und die schädlichen Auswirkungen der Erzeugung und Bewirtschaftung von Abfällen vermieden oder verringert, die Gesamtauswirkungen der Ressourcennutzung reduziert und die Effizienz der Ressourcennutzung verbessert werden, und welche für den Übergang zu einer Kreislaufwirtschaft und für die Sicherstellung der langfristigen Wettbewerbsfähigkeit der Union entscheidend sind.

Artikel 2 Ausnahmen vom Anwendungsbereich

(1) Folgendes fällt nicht in den Anwendungsbereich dieser Richtlinie:

a) gasförmige Ableitungen in die Atmosphäre;

b) Böden (in situ), einschließlich nicht ausgehobener kontaminierter Böden und dauerhaft mit dem Boden verbundener Gebäude;

c) nicht kontaminierte Böden und andere natürlich vorkommende Materialien, die im Zuge von Bauarbeiten ausgehoben wurden, sofern sicher ist, dass die Materialien in ihrem natürlichen Zustand an dem Ort, an dem sie ausgehoben wurden, für Bauzwecke verwendet werden;

d) radioaktive Abfälle;

e) ausgesonderte Sprengstoffe;

f) Fäkalien, sofern nicht durch Absatz 2 Buchstabe b abgedeckt, Stroh und andere natürliche nicht gefährliche land- oder forstwirtschaftliche Materialien, die in der Land- oder Forstwirtschaft oder zur Energieerzeugung aus solcher Biomasse durch Verfahren oder Methoden, die die Umwelt nicht schädigen oder die menschliche Gesundheit nicht gefährden, verwendet werden.

(2) Folgendes ist aus dem Anwendungsbereich dieser Richtlinie ausgeschlossen, soweit es bereits von anderen gemeinschaftlichen Rechtsvorschriften abgedeckt ist:

a) Abwässer;

b) tierische Nebenprodukte einschließlich verarbeitete Erzeugnisse, die unter die Verordnung (EG) Nr. 1774/2002 fallen, mit Ausnahme derjenigen, die zur Verbrennung, Lagerung auf einer Deponie oder Verwendung in einer Biogas- oder Kompostieranlage bestimmt sind;

c) Körper von Tieren, die nicht durch Schlachtung zu Tode gekommen sind, einschließlich Tieren, die zur Tilgung von Tierseuchen getötet wurden und im Einklang mit der Verordnung (EG) Nr. 1774/2002 beseitigt werden;

d) Abfälle, die beim Aufsuchen, Gewinnen, Aufbereiten und Lagern mineralischer Ressourcen sowie beim Betrieb von Steinbrüchen entstehen und unter die Richtlinie 2006/21/EG des Europäischen Parlaments und des Rates vom 15. März 2006 über die Bewirtschaftung von Abfällen aus der mineralgewinnenden Industrie[1] fallen.

e) Stoffe, die für die Verwendung als Einzelfuttermittel gemäß Artikel 3 Absatz 2 g der Verordnung (EG) Nr. 767/2009 des Europäischen Parlaments und des Rates[2] bestimmt sind, die weder aus tierischen Nebenprodukten bestehen, noch tierische Nebenprodukte enthalten.

(3) Unbeschadet der Verpflichtungen aus anderen einschlägigen Rechtsvorschriften der Gemeinschaft sind Sedimente, die zum Zweck der Bewirtschaftung von Gewässern und Wasserstraßen oder der Vorbeugung gegen Überschwemmungen oder der Abschwächung der Auswirkungen von Überschwemmungen und Dürren oder zur Landgewinnung innerhalb von Oberflächengewässern umgelagert wurden, aus dem Anwendungsbereich dieser Richtlinie ausgeschlossen, sofern die Sedimente erwiesenermaßen nicht gefährlich sind.

(4) Zur Regelung der Bewirtschaftung bestimmter Abfallgruppen können in Einzelrichtlinien besondere oder ergänzende Vorschriften erlassen werden.

***Artikel 3* Begriffsbestimmungen**

Im Sinne dieser Richtlinie bezeichnet der Ausdruck

1. „Abfall" jeden Stoff oder Gegenstand, dessen sich sein Besitzer entledigt, entledigen will oder entledigen muss;

2. „gefährlicher Abfall" Abfall, der eine oder mehrere der in Anhang III aufgeführten gefährlichen Eigenschaften aufweist;

2a. „nicht gefährlicher Abfall" Abfall, der nicht unter Nummer 2 fällt;

2b. „Siedlungsabfall"

a) gemischte Abfälle und getrennt gesammelte Abfälle aus Haushalten, einschließlich Papier und Karton, Glas, Metall, Kunststoff, Bioabfälle, Holz, Textilien, Verpackungen, Elektro- und Elektronik-Altgeräte, Altbatterien und Altakkumulatoren sowie Sperrmüll, einschließlich Matratzen und Möbel;

b) gemischte Abfälle und getrennt gesammelte Abfälle aus anderen Herkunftsbereichen, sofern diese Abfälle in ihrer Beschaffenheit und Zusammensetzung Abfällen aus Haushalten ähnlich sind;

Siedlungsabfall umfasst keine Abfälle aus Produktion, Landwirtschaft, Forstwirtschaft, Fischerei, Klärgruben, Kanalisation und Kläranlagen, einschließlich Klärschlämme, Altfahrzeuge und aus Bau- und Abbruch.

Diese Definition gilt unbeschadet der Verteilung der Verantwortlichkeiten für die Abfallbewirtschaftung auf öffentliche und private Akteure;

2c. „Bau- und Abbruchabfälle" Abfälle, die durch Bau- und Abbruchtätigkeiten entstehen;

---

[1] ABl. L 102 vom 11.4.2006, S. 15.

[2] Verordnung (EG) Nr. 767/2009 des Europäischen Parlaments und des Rates vom 13. Juli 2009 über das Inverkehrbringen und die Verwendung von Futtermitteln, zur Änderung der Verordnung (EG) Nr. 1831/2003 des Europäischen Parlaments und des Rates und zur Aufhebung der Richtlinien 79/373/EWG des Rates, 80/511/EWG der Kommission, 82/471/EWG des Rates, 83/228/EWG des Rates, 93/74/EWG des Rates, 93/113/EG des Rates und 96/25/EG des Rates und der Entscheidung 2004/217/EG der Kommission (ABl. L 229 vom 1.9.2009, S. 1).

3. „Altöl" alle mineralischen oder synthetischen Schmier- oder Industrieöle, die für den Verwendungszweck, für den sie ursprünglich bestimmt waren, ungeeignet geworden sind, wie z. B. gebrauchte Verbrennungsmotoren- und Getriebeöle, Schmieröle, Turbinen- und Hydrauliköle;

4. „Bioabfall" biologisch abbaubare Garten- und Parkabfälle, Nahrungsmittel- und Küchenabfälle aus Haushalten, Büros, Gaststätten, Großhandel, Kantinen, Cateringgewerbe und aus dem Einzelhandel sowie vergleichbare Abfälle aus Nahrungsmittelverarbeitungsbetrieben;

4a. „Lebensmittelabfall" alle Lebensmittel gemäß Artikel 2 der Verordnung (EG) Nr. 178/2002 des Europäischen Parlaments und des Rates[1], die zu Abfall geworden sind.

5. „Abfallerzeuger" jede Person, durch deren Tätigkeit Abfälle anfallen (Abfallersterzeuger/Ersterzeuger) oder jede Person, die eine Vorbehandlung, Mischung oder sonstige Behandlung vornimmt, die eine Veränderung der Natur oder der Zusammensetzung dieser Abfälle bewirkt;

6. „Abfallbesitzer" den Erzeuger der Abfälle oder die natürliche oder juristische Person, in deren Besitz sich die Abfälle befinden;

7. „Händler" jedes Unternehmen, das in eigener Verantwortung handelt, wenn es Abfälle kauft und anschließend verkauft, einschließlich solcher Händler, die die Abfälle nicht physisch in Besitz nehmen;

8. „Makler" jedes Unternehmen, das für die Verwertung oder die Beseitigung von Abfällen für andere sorgt, einschließlich solcher Makler, die die Abfälle nicht physisch in Besitz nehmen;

9. „Abfallbewirtschaftung" die Sammlung, den Transport, die Verwertung (einschließlich der Sortierung) und die Beseitigung von Abfällen, einschließlich der Überwachung dieser Verfahren sowie der Nachsorge von Beseitigungsanlagen und einschließlich der Handlungen, die von Händlern oder Maklern vorgenommen werden;

10. „Sammlung" das Einsammeln von Abfällen, einschließlich deren vorläufiger Sortierung und vorläufiger Lagerung zum Zwecke des Transports zu einer Abfallbehandlungsanlage;

11. „getrennte Sammlung" die Sammlung, bei der ein Abfallstrom nach Art und Beschaffenheit des Abfalls getrennt gehalten wird, um eine bestimmte Behandlung zu erleichtern;

12. „Vermeidung" Maßnahmen, die ergriffen werden, bevor ein Stoff, ein Material oder ein Erzeugnis zu Abfall geworden ist, und die Folgendes verringern:

    a) die Abfallmenge, auch durch die Wiederverwendung von Erzeugnissen oder die Verlängerung ihrer Lebensdauer;

    b) die schädlichen Auswirkungen des erzeugten Abfalls auf die Umwelt und die menschliche Gesundheit oder

    c) den Gehalt an gefährlichen Stoffen in Materialien und Produkten;

13. „Wiederverwendung" jedes Verfahren, bei dem Erzeugnisse oder Bestandteile, die keine Abfälle sind, wieder für denselben Zweck verwendet werden, für den sie ursprünglich bestimmt waren;

[1] Verordnung (EG) Nr. 178/2002 des Europäischen Parlaments und des Rates vom 28. Januar 2002 zur Festlegung der allgemeinen Grundsätze und Anforderungen des Lebensmittelrechts, zur Errichtung der Europäischen Behörde für Lebensmittelsicherheit und zur Festlegung von Verfahren zur Lebensmittelsicherheit (ABl. L 31 vom 1. 2. 2002, S. 1).

14. „Behandlung“ Verwertungs- oder Beseitigungsverfahren, einschließlich Vorbereitung vor der Verwertung oder Beseitigung;

15. „Verwertung“ jedes Verfahren, als dessen Hauptergebnis Abfälle innerhalb der Anlage oder in der weiteren Wirtschaft einem sinnvollen Zweck zugeführt werden, indem sie andere Materialien ersetzen, die ansonsten zur Erfüllung einer bestimmte Funktion verwendet worden wären, oder die Abfälle so vorbereitet werden, dass sie diese Funktion erfüllen. Anhang II enthält eine nicht erschöpfende Liste von Verwertungsverfahren;

15a. „stoffliche Verwertung“ jedes Verwertungsverfahren, ausgenommen die energetische Verwertung und die Aufbereitung zu Materialien, die als Brennstoff oder anderes Mittel der Energieerzeugung verwendet werden sollen. Dazu zählen unter anderem die Vorbereitung zur Wiederverwendung, Recycling und Verfüllung;

16. „Vorbereitung zur Wiederverwendung“ jedes Verwertungsverfahren der Prüfung, Reinigung oder Reparatur, bei dem Erzeugnisse oder Bestandteile von Erzeugnissen, die zu Abfällen geworden sind, so vorbereitet werden, dass sie ohne weitere Vorbehandlung wiederverwendet werden können;

17. „Recycling“ jedes Verwertungsverfahren, durch das Abfallmaterialien zu Erzeugnissen, Materialien oder Stoffen entweder für den ursprünglichen Zweck oder für andere Zwecke aufbereitet werden. Es schließt die Aufbereitung organischer Materialien ein, aber nicht die energetische Verwertung und die Aufbereitung zu Materialien, die für die Verwendung als Brennstoff oder zur Verfüllung bestimmt sind;

17a. „Verfüllung“ jedes Verwertungsverfahren, bei dem geeignete nicht gefährliche Abfälle zum Zweck der Rekultivierung von Abgrabungen oder zu bautechnischen Zwecken bei der Landschaftsgestaltung verwendet werden. Die für die Verfüllung verwendeten Abfälle müssen Materialien, die keine Abfälle sind, ersetzen, für die vorstehend genannten Zwecke geeignet sein und auf die für die Erfüllung dieser Zwecke unbedingt erforderlichen Mengen beschränkt sein;

18. „Aufbereitung von Altölen“ jedes Recyclingverfahren, bei dem Basisöle durch Raffination von Altölen gewonnen werden können, insbesondere durch Abtrennung der Schadstoffe, der Oxidationsprodukte und der Additive, die in solchen Ölen enthalten sind;

19. „Beseitigung“ jedes Verfahren, das keine Verwertung ist, auch wenn das Verfahren zur Nebenfolge hat, dass Stoffe oder Energie zurück gewonnen werden. Anhang I enthält eine nicht erschöpfende Liste von Beseitigungsverfahren;

20. „beste verfügbare Techniken“ die besten verfügbaren Techniken im Sinne von Artikel 2 Absatz 11 der Richtlinie 96/61/EG.

21. „Regime der erweiterten Herstellerverantwortung“ ein Bündel von Maßnahmen, die von Mitgliedstaaten getroffen werden, um sicherzustellen, dass die Hersteller der Erzeugnisse die finanzielle Verantwortung oder die finanzielle und organisatorische Verantwortung für die Bewirtschaftung in der Abfallphase des Produktlebenszyklus übernehmen.

Artikel 4 **Abfallhierarchie**

(1) Folgende Abfallhierarchie liegt den Rechtsvorschriften und politischen Maßnahmen im Bereich der Abfallvermeidung und -bewirtschaftung als Prioritätenfolge zugrunde:

a) Vermeidung

b) Vorbereitung zur Wiederverwendung,

c) Recycling,

d) sonstige Verwertung, z. B. energetische Verwertung,

e) Beseitigung.

(2) Bei Anwendung der Abfallhierarchie nach Absatz 1 treffen die Mitgliedstaaten Maßnahmen zur Förderung derjenigen Optionen, die insgesamt das beste Ergebnis unter dem Aspekt des Umweltschutzes erbringen. Dies kann erfordern, dass bestimmte Abfallströme von der Abfallhierarchie abweichen, sofern dies durch Lebenszyklusdenken hinsichtlich der gesamten Auswirkungen der Erzeugung und Bewirtschaftung dieser Abfälle gerechtfertigt ist.

Die Mitgliedstaaten stellen sicher, dass die Entwicklung von Abfallrecht und Abfallpolitik vollkommen transparent durchgeführt wird, wobei die bestehenden nationalen Regeln über die Konsultation und Beteiligung der Bürger und der beteiligten Kreise beachtet werden.

Die Mitgliedstaaten berücksichtigen die allgemeinen Umweltschutzgrundsätze der Vorsorge und der Nachhaltigkeit, der technischen Durchführbarkeit und der wirtschaftlichen Vertretbarkeit, des Schutzes von Ressourcen, und die Gesamtauswirkungen auf die Umwelt und die menschliche Gesundheit sowie die wirtschaftlichen und sozialen Folgen gemäß den Artikeln 1 und 13.

(3) Die Mitgliedstaaten nutzen wirtschaftliche Instrumente und andere Maßnahmen, um Anreize für die Anwendung der Abfallhierarchie zu schaffen, wie etwa die in Anhang IVa aufgeführten Maßnahmen oder sonstige geeignete Instrumente und Maßnahmen.

Artikel 5 Nebenprodukte

(1) Die Mitgliedstaaten treffen geeignete Maßnahmen, um sicherzustellen, dass ein Stoff oder Gegenstand, der das Ergebnis eines Herstellungsverfahrens ist, dessen Hauptziel nicht die Herstellung des betreffenden Stoffes oder Gegenstands ist, nicht als Abfall, sondern als Nebenprodukt betrachtet wird, wenn die folgenden Voraussetzungen erfüllt sind:

a) es ist sicher, dass der Stoff oder Gegenstand weiter verwendet wird,

b) der Stoff oder Gegenstand kann direkt ohne weitere Verarbeitung, die über die normalen industriellen Verfahren hinausgeht, verwendet werden,

c) der Stoff oder Gegenstand wird als integraler Bestandteil eines Herstellungsprozesses erzeugt und

d) die weitere Verwendung ist rechtmäßig, d. h. der Stoff oder Gegenstand erfüllt alle einschlägigen Produkt-, Umwelt- und Gesundheitsschutzanforderungen für die jeweilige Verwendung und führt insgesamt nicht zu schädlichen Umwelt- oder Gesundheitsfolgen.

(2) Die Kommission kann Durchführungsrechtsakte zur Festlegung detaillierter Kriterien für die einheitliche Anwendung der in Absatz 1 festgelegten Bedingungen auf spezifische Stoffe und Gegenstände erlassen.

Diese detaillierten Kriterien müssen ein hohes Maß an Schutz für Mensch und Umwelt sicherstellen und die umsichtige und rationelle Verwendung der natürlichen Ressourcen ermöglichen.

Diese Durchführungsrechtsakte werden nach dem Prüfverfahren gemäß Artikel 39 Absatz 2 erlassen. Bei Erlass dieser Durchführungsrechtsakte dienen der Kommission die strengsten und die Umwelt am besten schützenden Kriterien, die von Mitgliedstaaten gemäß Absatz 3 des vorliegenden Artikels erlassen wurden, als Ausgangspunkt und sie gibt reproduzierbaren Industriesymbioseverfahren bei der Erarbeitung der detaillierten Kriterien den Vorrang.

(3) Wurden auf Unionsebene keine Kriterien gemäß Absatz 2 festgelegt, können die Mitgliedstaaten detaillierte Kriterien für die Anwendung der in Absatz 1 festgelegten Bedingungen auf spezifische Stoffe und Gegenstände festlegen.

Die Mitgliedstaaten teilen der Kommission diese detaillierten Kriterien gemäß der Richtlinie (EU) 2015/1535 des Europäischen Parlaments und des Rates[1] mit, sofern jene Richtlinie dies erfordert.

Artikel 6 **Ende der Abfalleigenschaft**

(1) Die Mitgliedstaaten treffen geeignete Maßnahmen, um sicherzustellen, dass Abfälle, die ein Recyclingverfahren oder ein anderes Verwertungsverfahren durchlaufen haben, nicht mehr als Abfälle betrachtet werden, wenn die folgenden Bedingungen erfüllt sind:

a) Der Stoff oder der Gegenstand soll für bestimmte Zwecke verwendet werden;

b) es besteht ein Markt für diesen Stoff oder Gegenstand oder eine Nachfrage danach;

c) der Stoff oder Gegenstand erfüllt die technischen Anforderungen für die bestimmten Zwecke und genügt den bestehenden Rechtsvorschriften und Normen für Erzeugnisse und

d) die Verwendung des Stoffs oder Gegenstands führt insgesamt nicht zu schädlichen Umwelt- oder Gesundheitsfolgen.

(2) Die Kommission überwacht die Erarbeitung nationaler Kriterien für das Ende der Abfalleigenschaft in den Mitgliedstaaten und prüft auf dieser Grundlage, ob unionsweit geltende Kriterien erarbeitet werden müssen. Zu diesem Zweck erlässt die Kommission gegebenenfalls Durchführungsrechtsakte zur Festlegung detaillierter Kriterien für die einheitliche Anwendung der in Absatz 1 festgelegten Bedingungen auf bestimmte Abfallarten.

Mit diesen detaillierten Kriterien muss ein hohes Maß an Schutz für Mensch und Umwelt sichergestellt und die umsichtige und rationelle Verwendung der natürlichen Ressourcen ermöglicht werden. Sie beinhalten:

a) Abfallmaterialien, die der Verwertung zugeführt werden dürfen,

b) zulässige Behandlungsverfahren und -methoden,

c) Qualitätskriterien im Einklang mit den geltenden Produktnormen, erforderlichenfalls auch Schadstoffgrenzwerte, für das Ende der Abfalleigenschaft bei Materialien, die durch das Verwertungsverfahren gewonnen werden,

d) Anforderungen an Managementsysteme zum Nachweis der Einhaltung der Kriterien für das Ende der Abfalleigenschaft, einschließlich an die Qualitätskontrolle und Eigenüberwachung sowie gegebenenfalls Akkreditierung, und

e) das Erfordernis einer Konformitätserklärung.

Diese Durchführungsrechtsakte werden nach dem Prüfverfahren gemäß Artikel 39 Absatz 2 erlassen.

[1] Richtlinie (EU) 2015/1535 des Europäischen Parlaments und des Rates vom 9. September 2015 über ein Informationsverfahren auf dem Gebiet der technischen Vorschriften und der Vorschriften für die Dienste der Informationsgesellschaft (ABl. L 241 vom 17.9.2015, S. 1).

Bei Erlass dieser Durchführungsrechtsakte berücksichtigt die Kommission die relevanten Kriterien, die die Mitgliedstaaten gemäß Absatz 3 entsprechend festgelegt haben, wobei ihr die strengsten und die Umwelt am besten schützenden dieser Kriterien als Ausgangspunkt dienen.

(3) Wurden keine Kriterien auf Unionsebene gemäß Absatz 2 festgelegt, können die Mitgliedstaaten detaillierte Kriterien für die Anwendung der in Absatz 1 festgelegten Bedingungen auf spezifische Stoffe und Gegenstände festlegen. Diese detaillierten Kriterien tragen etwaigen nachteiligen Auswirkungen des Stoffes oder Gegenstands auf Umwelt und Gesundheit Rechnung und entsprechen den Anforderungen gemäß Absatz 2 Buchstaben a bis e.

Die Mitgliedstaaten teilen der Kommission diese Kriterien gemäß der Richtlinie (EU) 2015/1535 des Europäischen Parlaments und des Rates mit, sofern jene Richtlinie dies erfordert.

(4) Wurden weder auf Unions- noch auf nationaler Ebene gemäß Absatz 2 oder 3 Kriterien festgelegt, kann ein Mitgliedstaat im Einzelfall entscheiden oder geeignete Maßnahmen treffen, um zu überprüfen, ob bestimmte Abfälle aufgrund der Bedingungen nach Absatz 1 und gegebenenfalls unter Berücksichtigung der Anforderungen gemäß Absatz 2 Buchstaben a bis e sowie unter Berücksichtigung der Grenzwerte für Schadstoffe und etwaiger nachteiliger Auswirkungen auf Umwelt und Gesundheit keine Abfälle mehr sind. Solche Entscheidungen im Einzelfall müssen der Kommission gemäß der Richtlinie (EU) 2015/1535 nicht mitgeteilt werden.

Die Mitgliedstaaten können Informationen zu Einzelfallentscheidungen und zu den Ergebnissen der Prüfung durch die zuständigen Behörden der Öffentlichkeit elektronisch zugänglich machen.

(5) Natürliche oder juristische Personen, die

a) erstmalig ein Material verwenden, das kein Abfall mehr ist und nicht in Verkehr gebracht wurde, oder

b) ein Material erstmalig in Verkehr bringen, nachdem es kein Abfall mehr ist,

sorgen dafür, dass das Material den einschlägigen Anforderungen des Chemikalien- und Produktrechts entspricht. Bevor für Material, das kein Abfall mehr ist, die Rechtsvorschriften für Chemikalien und Produkte zur Anwendung kommen, müssen die Bedingungen gemäß Absatz 1 erfüllt sein.

Artikel 7 Abfallverzeichnis

(1) Der Kommission wird die Befugnis übertragen, gemäß Artikel 38a delegierte Rechtsakte zu erlassen, um zur Ergänzung dieser Richtlinie gemäß Absatz 2 und 3 des vorliegenden Artikels ein Abfallverzeichnis zu erstellen und zu überprüfen. Das Abfallverzeichnis schließt gefährliche Abfälle ein und berücksichtigt den Ursprung und die Zusammensetzung der Abfälle und erforderlichenfalls die Grenzwerte der Konzentration gefährlicher Stoffe. Das Abfallverzeichnis ist hinsichtlich der Festlegung der Abfälle, die als gefährliche Abfälle einzustufen sind, verbindlich. Die Aufnahme eines Stoffs oder eines Gegenstands in die Liste bedeutet nicht, dass dieser Stoff oder Gegenstand unter allen Umständen als Abfall anzusehen ist. Ein Stoff oder Gegenstand ist nur als Abfall anzusehen, wenn er der Begriffsbestimmung in Artikel 3 Nummer 1 entspricht.

(2) Ein Mitgliedstaat kann einen Abfall auch dann als gefährlichen Abfall einstufen, wenn er nicht als solcher im Abfallverzeichnis ausgewiesen ist, sofern er eine oder mehrere der in Anhang III aufgelisteten Eigenschaften aufweist. Der Mitgliedstaat teilt der Kommission alle einschlä-

gigen Fälle unverzüglich mit und übermittelt der Kommission alle erforderlichen Informationen. Das Verzeichnis wird unter Berücksichtigung der eingegangenen Mitteilungen überprüft, um über eine etwaige Anpassung zu beschließen.

(3) Kann ein Mitgliedstaat nachweisen, dass ein im Verzeichnis als gefährlich eingestufter Abfall keine der in Anhang III aufgelisteten Eigenschaften aufweist, so kann er diesen Abfall als nicht gefährlichen Abfall einstufen. Der Mitgliedstaat teilt der Kommission alle einschlägigen Fälle unverzüglich mit und übermittelt der Kommission alle erforderlichen Nachweise. Das Verzeichnis wird unter Berücksichtigung der eingegangenen Mitteilungen überprüft, um über eine etwaige Anpassung zu beschließen.

(4) Die Neueinstufung von gefährlichem Abfall als nicht gefährlicher Abfall darf nicht durch Verdünnung oder Mischung des Abfalls zu dem Zweck, die ursprünglichen Konzentrationen an gefährlichen Stoffen unter die Schwellenwerte zu senken, die einen Abfall zu gefährlichem Abfall machen, erreicht werden.

(5) (gestrichen)

(6) Die Mitgliedstaaten können den betreffenden Abfall in Übereinstimmung mit dem in Absatz 1 genannten Abfallverzeichnis als nicht gefährlichen Abfall einstufen.

(7) Die Kommission sorgt dafür, dass das Abfallverzeichnis und Überarbeitungen dieses Verzeichnisses, soweit angemessen, den Grundsätzen der Eindeutigkeit, der Verständlichkeit und der Zugänglichkeit für die Nutzer, insbesondere für kleine und mittlere Unternehmen (KMU), entsprechen.

KAPITEL II ALLGEMEINE VORSCHRIFTEN

Artikel 8 Erweiterte Herstellerverantwortung

(1) Zur Verbesserung der Wiederverwendung und der Vermeidung, des Recyclings und der sonstigen Verwertung von Abfällen können die Mitgliedstaaten Maßnahmen mit und ohne Gesetzescharakter erlassen, um sicherzustellen, dass jede natürliche oder juristische Person, die gewerbsmäßig Erzeugnisse entwickelt, herstellt, verarbeitet, behandelt, verkauft oder einführt (Hersteller des Erzeugnisses), eine erweiterte Herstellerverantwortung trägt.

Diese Maßnahmen können die Rücknahme zurückgegebener Erzeugnisse und von Abfällen, die nach der Verwendung dieser Erzeugnisse übrig bleiben, sowie die anschließende Bewirtschaftung der Abfälle und die finanzielle Verantwortung für diese Tätigkeiten umfassen. Diese Maßnahmen können die Verpflichtung umfassen, öffentlich zugängliche Informationen darüber zur Verfügung zu stellen, inwieweit das Produkt wiederverwendbar und recyclebar ist.

Umfassen diese Maßnahmen auch die Einrichtung von Regimen der erweiterten Herstellerverantwortung, gelten die allgemeinen Mindestanforderungen nach Artikel 8a.

Die Mitgliedstaaten können beschließen, dass Hersteller von Erzeugnissen, die in der Abfallphase des Produktlebenszyklus in Eigeninitiative die finanzielle Verantwortung oder die finanzielle und organisatorische Verantwortung für die Abfallbewirtschaftung übernehmen, einige oder alle der allgemeinen Mindestanforderungen nach Artikel 8a anwenden sollten.

(2) Die Mitgliedstaaten können geeignete Maßnahmen ergreifen, um zu fördern, dass Produkte und Bestandteile von Produkten so gestaltet werden, dass bei deren Herstellung und anschließendem Gebrauch die Umweltfolgen und das Abfallaufkommen verringert werden, und

um zu gewährleisten, dass die Verwertung und Beseitigung der Produkte, die zu Abfällen geworden sind, gemäß den Artikeln 4 und 13 stattfindet.

Um die ordnungsgemäße Umsetzung der Abfallhierarchie zu erleichtern, können diese Maßnahmen unter anderem die Entwicklung, die Herstellung und das Inverkehrbringen von Produkten und Bestandteilen von Produkten fördern, die mehrfach verwendbar sind, recycelte Materialien enthalten, technisch langlebig sowie leicht reparierbar und, nachdem sie zu Abfall geworden sind, zur Vorbereitung zur Wiederverwendung und zum Recycling geeignet sind. Bei diesen Maßnahmen sind die Auswirkungen von Produkten während ihres gesamten Lebenszyklus, die Abfallhierarchie sowie gegebenenfalls das Potenzial für mehrfaches Recycling zu berücksichtigen.

(3) Bei Anwendung der erweiterten Herstellerverantwortung berücksichtigen die Mitgliedstaaten die technische und wirtschaftliche Durchführbarkeit und die Gesamtauswirkungen auf die Umwelt und die menschliche Gesundheit sowie die sozialen Folgen, wobei sie darauf achten, dass das ordnungsgemäße Funktionieren des Binnenmarkts gewährleistet bleibt.

(4) Die erweiterte Herstellerverantwortung wird unbeschadet der Verantwortung für die Abfallbewirtschaftung gemäß Artikel 15 Absatz 1 und unbeschadet der geltenden abfallstrom- und produktspezifischen Rechtsvorschriften angewandt.

(5) Die Kommission organisiert einen Informationsaustausch zwischen den Mitgliedstaaten und den an Systemen der erweiterten Herstellerverantwortung beteiligten Akteuren über die praktische Anwendung der allgemeinen Mindestanforderungen gemäß Artikel 8a. Dies umfasst unter anderem den Austausch von Informationen zu bewährten Verfahren, die die angemessene Steuerung von Regimen der erweiterten Herstellerverantwortung sicherstellen, zur grenzüberschreitenden Zusammenarbeit in Bezug auf diese Regime und in Bezug auf ein reibungsloses Funktionieren des Binnenmarkts, über die organisatorischen Merkmale und die Überwachung von Organisationen, die die Verpflichtungen der erweiterten Herstellerverantwortung im Auftrag von Herstellern von Erzeugnissen wahrnehmen, über die Gestaltung der finanziellen Beiträge, die Auswahl von Abfallbewirtschaftungseinrichtungen sowie die Vermeidung der Vermüllung. Die Kommission veröffentlicht die Ergebnisse des Informationsaustauschs und kann dazu sowie zu anderen relevanten Aspekten Leitlinien bereitstellen.

Die Kommission veröffentlicht nach Konsultation der Mitgliedstaaten Leitlinien für die grenzüberschreitende Zusammenarbeit in Bezug auf Regime der erweiterten Herstellerverantwortung und für die Gestaltung der finanziellen Beiträge gemäß Artikel 8a Absatz 4 Buchstabe b.

Sofern das notwendig ist, um Verzerrungen am Binnenmarkt zu vermeiden, kann die Kommission Durchführungsrechtsakte erlassen, um Kriterien für die einheitliche Anwendung von Artikel 8a Absatz 4 Buchstabe b festzulegen, jedoch ohne dabei die genaue Höhe der Beiträge zu bestimmen. Diese Durchführungsrechtsakte werden nach dem Prüfverfahren gemäß Artikel 39 Absatz 2 erlassen.

Artikel 8a Allgemeine Mindestanforderungen an Regime der erweiterten Herstellerverantwortung

(1) Wenn gemäß Artikel 8 Absatz 1 sowie nach anderen Gesetzgebungsakten der Union Regime der erweiterten Herstellerverantwortung eingerichtet werden, sorgen die Mitgliedstaaten für

a) die genaue Definition der Rollen und Verantwortlichkeiten aller einschlägigen beteiligten Akteure, einschließlich Hersteller von Erzeugnissen, die Produkte in dem Mitgliedstaat in Verkehr bringen, Organisationen, die für diese Hersteller eine erweiterte Herstellerverantwortung wahrnehmen, private und öffentliche Abfallbewirtschaftungseinrichtungen, örtliche Behörden und gegebenenfalls Einrichtungen für die Wiederverwendung und für die Vorbereitung zur Wiederverwendung sowie gemeinnützige Unternehmen;

b) die Festlegung messbarer Abfallbewirtschaftungsziele im Einklang mit der Abfallhierarchie, mit denen mindestens die für das Regime der erweiterten Herstellerverantwortung relevanten quantitativen Zielvorgaben gemäß der vorliegenden Richtlinie, der Richtlinie 94/62/EG, der Richtlinie 2000/53/EG, der Richtlinie 2006/66/EG und der Richtlinie 2012/19/EU des Europäischen Parlaments und des Rates[1] erreicht werden sollen, und die Festlegung anderer quantitativer Vorgaben und/oder qualitativer Zielsetzungen, die in Bezug auf das System der erweiterten Herstellerverantwortung für relevant erachtet werden;

c) ein Berichterstattungssystem zur Erhebung von Daten über die Produkte, die von den unter die erweiterte Herstellerverantwortung fallenden Herstellern von Erzeugnissen in dem Mitgliedstaat in Verkehr gebracht werden, von Daten über die Sammlung und Behandlung von Abfällen, die durch diese Produkte entstehen, gegebenenfalls mit Angabe der Abfallmaterialströme, und von anderen Daten, die für die Zwecke der unter Buchstabe b genannten Verpflichtungen relevant sind;

d) die Gewährleistung der Gleichbehandlung von Herstellern von Erzeugnissen unabhängig von Herkunftsland und Größe und ohne übermäßigen Regulierungsaufwand für die Hersteller, einschließlich kleiner und mittlerer Unternehmen, die Produkte in geringen Mengen herstellen.

(2) Die Mitgliedstaaten treffen die erforderlichen Maßnahmen, damit die unter die gemäß Artikel 8 Absatz 1 eingerichteten Regime der erweiterten Herstellerverantwortung fallenden Abfallbesitzer über Abfallvermeidungsmaßnahmen, Wiederverwendungszentren, Zentren für die Vorbereitung zur Wiederverwendung, Rücknahme- und Sammelsysteme und die Vermeidung von Vermüllung informiert werden. Ferner treffen die Mitgliedstaaten Maßnahmen zur Schaffung von Anreizen für die Abfallbesitzer, damit diese ihrer Verantwortung nachkommen, ihre Abfälle den vorhandenen Systemen der getrennten Abfallsammlung zuzuführen, insbesondere — soweit angebracht — durch wirtschaftliche Anreize oder Regelungen.

(3) Die Mitgliedstaaten treffen die erforderlichen Maßnahmen, um sicherzustellen, dass Hersteller von Erzeugnissen oder Organisationen, die für diese Verpflichtungen der erweiterten Herstellerverantwortung wahrnehmen,

a) eine klar definierten Abdeckung in Bezug auf ein geografisches Gebiet, Produkte und Materialien haben, der sich nicht auf die Bereiche beschränkt, in denen die Sammlung und Bewirtschaftung von Abfällen am profitabelsten ist;

b) in den Bereichen im Sinne des Absatzes 3 Buchstabe a Abfallsammelsysteme im gebotenen Umfang bereitstellen;

c) über die erforderlichen finanziellen Mittel oder finanziellen und organisatorischen Mittel verfügen, um ihren Verpflichtungen im Rahmen der erweiterten Herstellerverantwortung nachzukommen;

d) einen geeigneten Eigenkontrollmechanismus einrichten, gegebenenfalls unterstützt durch regelmäßig erfolgende unabhängige Prüfungen zur Bewertung

[1] Richtlinie 2012/19/EU des Europäischen Parlaments und des Rates vom 4. Juli 2012 über Elektro- und Elektronik-Altgeräte (ABl. L 197 vom 24.7.2012, S. 38).

i) ihrer Finanzverwaltung, einschließlich der Einhaltung der Anforderungen gemäß Absatz 4 Buchstaben a und b;

ii) der Qualität der gemäß Absatz 1 Buchstabe c des vorliegenden Artikels erhobenen und übermittelten Daten sowie der Anforderungen der Verordnung (EG) Nr. 1013/2006;

e) Informationen zur Erfüllung der Zielvorgaben für die Abfallbewirtschaftung gemäß Absatz 1 Buchstabe b öffentlich zugänglich machen, sowie im Fall der gemeinsamen Wahrnehmung der erweiterten Herstellerverantwortung auch Informationen zu

i) ihren Eigentums- und Mitgliederverhältnissen;

ii) den von den Herstellern von Erzeugnissen pro verkaufter Einheit oder pro in Verkehr gebrachter Tonne des Produkts geleisteten finanziellen Beiträgen und

iii) dem Verfahren für die Auswahl von Abfallbewirtschaftungseinrichtungen.

(4) Die Mitgliedstaaten treffen die erforderlichen Maßnahmen, um sicherzustellen, dass die von den Herstellern von Erzeugnissen geleisteten finanziellen Beiträge zur Einhaltung ihrer Verpflichtungen im Rahmen der erweiterten Herstellerverantwortung

a) die folgenden Kosten für die vom Hersteller in dem jeweiligen Mitgliedstaat in Verkehr gebrachten Produkte decken:

— Kosten der getrennten Sammlung von Abfällen und des anschließenden Transports sowie der Behandlung der Abfälle, einschließlich derjenigen Behandlung, die erforderlich ist, um die Abfallbewirtschaftungsziele der Union zu erreichen, sowie Kosten, die mit der Verwirklichung der anderen Vorgaben und Zielsetzungen gemäß Absatz 1 Buchstabe b verbunden sind, wobei die Einnahmen aus der Wiederverwendung, dem Verkauf von aus ihren Produkten gewonnenen Sekundärrohstoffen und nicht ausgezahlten Pfandgebühren zu berücksichtigen sind;

— Kosten der Bereitstellung geeigneter Informationen für die Abfallbesitzer gemäß Absatz 2;

— Kosten der Erhebung und Übermittlung von Daten gemäß Absatz 1 Buchstabe c.

Dieser Buchstabe gilt nicht für Regime der erweiterten Herstellerverantwortung, die nach den Richtlinien 2000/53/EG, 2006/66/EG oder 2012/19/EU eingerichtet wurden;

b) bei gemeinsamer Wahrnehmung der Verpflichtungen im Rahmen der erweiterten Herstellerverantwortung nach Möglichkeit für einzelne Produkte oder Gruppen vergleichbarer Produkte festgesetzt werden, wobei insbesondere deren Langlebigkeit, Reparierbarkeit, Wiederverwendbarkeit und Recycelbarkeit sowie das Vorhandensein gefährlicher Stoffe zu berücksichtigen sind, also ein vom Lebenszyklus ausgehender Ansatz verfolgt wird, der auf die in den einschlägigen Unionsrechtsvorschriften festgelegten Anforderungen abgestimmt ist, und der gegebenenfalls auf harmonisierten Kriterien beruht, damit dafür gesorgt ist, dass der Binnenmarkt reibungslos funktioniert, und

c) nicht höher ausfallen als die Kosten, die mit der kosteneffizienten Bereitstellung von Dienstleistungen der Abfallbewirtschaftung verbunden sind. Diese Kosten werden zwischen den betroffenen Akteuren transparent festgelegt.

Wenn das aufgrund des Erfordernisses, die ordnungsgemäße Abfallbewirtschaftung und die Wirtschaftlichkeit des Regimes der erweiterten Herstellerverantwortung sicherzustellen, gerechtfertigt ist, können die Mitgliedstaaten von der in Buchstabe a vorgesehenen Verteilung der finanziellen Verantwortung abweichen, sofern Folgendes gegeben ist:

i) Wenn Regime der erweiterten Herstellerverantwortung eingerichtet wurden, um die aufgrund von Gesetzgebungsakten der Union festgelegten Vorgaben und Zielsetzungen für die Abfallbewirtschaftung zu erreichen, tragen die Hersteller von Erzeugnissen mindestens 80 % der anfallenden Kosten;

ii) wenn Regime der erweiterten Herstellerverantwortung am 4. Juli 2018 oder später eingerichtet wurden, um die ausschließlich im Recht des Mitgliedstaats festgelegten Vorgaben und Zielsetzungen für die Abfallbewirtschaftung zu erreichen, tragen die Hersteller von Erzeugnissen mindestens 80 % der anfallenden Kosten;

iii) wenn Regime der erweiterten Herstellerverantwortung vor dem 4. Juli 2018 eingerichtet wurden, um die ausschließlich im Recht des Mitgliedstaats festgelegten Vorgaben und Zielsetzungen für die Abfallbewirtschaftung zu erreichen, tragen die Hersteller von Erzeugnissen mindestens 50 % der anfallenden Kosten,

sofern die übrigen Kosten von den ursprünglichen Abfallerzeugern oder Vertreibern getragen werden.

Diese Ausnahmeregelung darf nicht in Anspruch genommen werden, um den Kostenanteil zu senken, den die Hersteller von Erzeugnissen im Rahmen von Regimen der erweiterten Herstellerverantwortung, die vor dem 4. Juli 2018 eingerichtet wurden, zu tragen haben.

(5) Die Mitgliedstaaten schaffen einen geeigneten Überwachungs- und Durchsetzungsrahmen, um sicherzustellen, dass Hersteller von Erzeugnissen und Organisationen, die für diese Verpflichtungen der erweiterten Herstellerverantwortung wahrnehmen, ihren Verpflichtungen im Rahmen der erweiterten Herstellerverantwortung — auch im Fernabsatz — nachkommen, dass die finanziellen Mittel ordnungsgemäß verwendet werden und dass alle an der Umsetzung der Regime der erweiterten Herstellerverantwortung beteiligten Akteure verlässliche Daten übermitteln.

Setzen im Hoheitsgebiet eines Mitgliedstaats verschiedene Organisationen Verpflichtungen im Rahmen der erweiterten Herstellerverantwortung für die Hersteller von Erzeugnissen um, so benennt der betreffende Mitgliedstaat mindestens eine von privaten Interessen unabhängige Stelle oder beauftragt eine Behörde, die die Umsetzung der Verpflichtungen im Rahmen der erweiterten Herstellerverantwortung überwacht.

Jeder Mitgliedstaat gestattet den in einem anderen Mitgliedstaat niedergelassenen Herstellern von Erzeugnissen, die in seinem Hoheitsgebiet Produkte in Verkehr bringen, eine in seinem Hoheitsgebiet ansässige natürliche oder juristische Person als Bevollmächtigten zu benennen, der in seinem Hoheitsgebiet die mit den Regimen der erweiterten Herstellerverantwortung verbundenen Verpflichtungen wahrnimmt.

Um die Einhaltung der Verpflichtungen des Herstellers des Erzeugnisses im Rahmen des Regimes der erweiterten Herstellerverantwortung zu überwachen und zu überprüfen, können die Mitgliedstaaten Anforderungen, beispielsweise in Bezug auf Registrierung, Informationen und Berichterstattung, festlegen, die als Bevollmächtigte zu benennende juristische oder natürliche Personen in ihrem Hoheitsgebiet erfüllen müssen.

(6) Die Mitgliedstaaten stellen einen regelmäßigen Dialog zwischen den einschlägigen an der Umsetzung der Regime der erweiterten Herstellerverantwortung beteiligten Akteuren sicher, einschließlich Hersteller und Vertreiber, privater und öffentlicher Abfallbewirtschaftungseinrichtungen, örtlicher Behörden, zivilgesellschaftlicher Organisationen und gegebenenfalls gemeinnütziger Akteure, Netzwerke für die Wiederverwendung und Reparatur sowie Einrichtungen für die Vorbereitung zur Wiederverwendung.

(7) Die Mitgliedstaaten treffen Maßnahmen, um zu gewährleisten, dass Regime der erweiterten Herstellerverantwortung, die vor dem 4. Juli 2018 errichtet wurden, bis zum 5. Januar 2023 diesem Artikel entsprechen.

(8) Die nach diesem Artikel vorgesehene Bereitstellung von Informationen für die Öffentlichkeit berührt nicht die Vertraulichkeit wirtschaftlich sensibler Informationen gemäß den einschlägigen Unionsrechtsvorschriften und dem nationalen Recht.

Artikel 9 Abfallvermeidung

(1) Die Mitgliedstaaten treffen Maßnahmen, um die Entstehung von Abfällen zu vermeiden. Die Maßnahmen zielen mindestens darauf ab,

a) nachhaltige Produktions- und Konsummodelle zu fördern und zu unterstützen;

b) das Design, die Herstellung und die Verwendung von Produkten zu fördern, die ressourceneffizient, langlebig (auch in Bezug auf ihre Lebensdauer, und auf den Ausschluss geplanter Obsoleszenz), reparierbar, wiederverwendbar oder aktualisierbar sind;

c) Produkte, die kritische Rohstoffe enthalten, gezielt ausfindig zu machen, um zu verhindern, dass diese Materialien zu Abfall werden;

d) die Wiederverwendung von Produkten und die Schaffung von Systemen zur Förderung von Aktivitäten zur Reparatur und der Wiederverwendung, insbesondere von Elektro- und Elektronikgeräten, Textilien und Möbeln, Verpackungs- sowie Baumaterialien und -produkten, zu unterstützen;

e) in angemessener Weise und unbeschadet der Rechte des geistigen Eigentums die Verfügbarkeit von Ersatzteilen, Bedienungsanleitungen, technischen Informationen oder anderen Mitteln und Geräten sowie Software zu fördern, die es ermöglichen, Produkte ohne Beeinträchtigung ihrer Qualität und Sicherheit zu reparieren und wiederzuverwenden;

f) die Abfallerzeugung bei Prozessen im Zusammenhang mit der industriellen Produktion, der Gewinnung von Mineralen, der Herstellung, Bau- und Abbruchtätigkeiten unter Berücksichtigung der besten verfügbaren Techniken zu verringern;

g) die Verschwendung von Lebensmitteln in der Primärerzeugung, Verarbeitung und Herstellung, im Einzelhandel und anderen Formen des Vertriebs von Lebensmitteln, in Gaststätten und Verpflegungsdienstleistungen sowie in privaten Haushalten zu verringern, um zu dem Ziel der Vereinten Nationen für nachhaltige Entwicklung beizutragen, bis 2030 die weltweit auf Ebene des Einzelhandels und auf Verbraucherebene pro Kopf anfallenden Lebensmittelabfälle zu halbieren und die Verluste von Lebensmitteln entlang der Produktions- und Lieferkette zu reduzieren;

h) Lebensmittelspenden und andere Formen der Umverteilung von Lebensmitteln für den menschlichen Verzehr zu fördern, damit der Gebrauch durch den Menschen Vorrang gegenüber dem Einsatz als Tierfutter und der Verarbeitung zu Non-food-Erzeugnissen hat;

i) unbeschadet der harmonisierten Rechtsvorschriften, die auf Unionsebene für die betreffenden Materialien und Produkte gelten, die Senkung Gehalts an gefährlichen Stoffen in Materialien und Produkten zu fördern sowie sicherzustellen, dass der Lieferant eines Erzeugnisses im Sinne von Artikel 3 Nummer 33 der Verordnung (EG) Nr. 1907/2006 des Europäischen Parlaments und des Rates[1] der Europäischen Chemikalienagentur ab dem

[1] Verordnung (EG) Nr. 1907/2006 des Europäischen Parlaments und des Rates vom 18. Dezember 2006 zur Registrierung,

5. Januar 2021 die Informationen gemäß Artikel 33 Absatz 1 der vorstehend genannten Verordnung zur Verfügung stellt;

j) die Entstehung von Abfällen zu reduzieren, insbesondere von Abfällen, die sich nicht für die Vorbereitung zur Wiederverwendung oder für das Recycling eignen;

k) die Produkte zu ermitteln, die Hauptquellen der Vermüllung insbesondere der Natur und der Meeresumwelt sind, und zur Vermeidung und Reduzierung des durch diese Produkte verursachten Müllaufkommens geeignete Maßnahmen zu treffen; wenn Mitgliedstaaten beschließen, diese Verpflichtung durch Marktbeschränkungen umzusetzen, müssen sie sicherstellen, dass die Beschränkungen angemessen und diskriminierungsfrei sind;

l) auf die Beendigung der Entstehung von Meeresmüll abzuzielen, als Beitrag zu dem Ziel der Vereinten Nationen für nachhaltige Entwicklung, jegliche Formen der Meeresverschmutzung zu vermeiden und deutlich zu reduzieren sowie

m) Informationskampagnen zu entwickeln und zu unterstützen, in deren Rahmen für Abfallvermeidung und Vermüllung sensibilisiert wird.

(2) Die Europäische Chemikalienagentur richtet bis zum 5. Januar 2020 eine Datenbank für die ihr im Einklang mit Absatz 1 Buchstabe i zu übermittelnden Daten ein und pflegt sie. Die Europäische Chemikalienagentur gewährt den Abfallbehandlungseinrichtungen Zugang zu dieser Datenbank. Außerdem gewährt sie auf Anfrage auch Verbrauchern Zugang zu der Datenbank.

(3) Die Mitgliedstaaten überwachen und bewerten die Durchführung der Maßnahmen zur Abfallvermeidung. Zu diesem Zweck verwenden sie geeignete qualitative und quantitative Indikatoren und Zielvorgaben, insbesondere in Bezug auf die erzeugte Abfallmenge.

(4) Die Mitgliedstaaten überwachen und bewerten die Durchführung ihrer Maßnahmen zur Wiederverwendung, indem sie den Umfang der Wiederverwendung auf der Grundlage der mit dem Durchführungsrechtsakt gemäß Absatz 7 festgelegten gemeinsamen Methode messen, und zwar ab dem ersten vollen Kalenderjahr nach Annahme des genannten Durchführungsrechtsakts.

(5) Die Mitgliedstaaten überwachen und bewerten die Durchführung ihrer Maßnahmen zur Vermeidung von Lebensmittelabfällen, indem sie den Umfang der Abfälle von Lebensmitteln auf der Grundlage der gemäß dem delegierten Rechtsakt gemäß Absatz 8 festgelegten Methode messen, und zwar ab dem ersten vollen Kalenderjahr nach Annahme des genannten delegierten Rechtsakts.

(6) Die Kommission prüft bis zum 31. Dezember 2023 die von den Mitgliedstaaten gemäß Artikel 37 Absatz 3 zur Verfügung gestellten Daten zu Lebensmittelabfällen, um festzustellen, ob auf der Grundlage der von Mitgliedstaaten im Einklang mit der gemeinsamen Methode nach Absatz 8 des vorliegenden Artikels übermittelten Daten für das Jahr 2030 unionsweit geltende Zielvorgaben für die Verringerung von Lebensmittelabfällen aufgestellt werden können. Zu diesem Zweck legt die Kommission dem Europäischen Parlament und dem Rat einen Bericht vor, der gegebenenfalls von einem Gesetzgebungsvorschlag begleitet wird.

Bewertung, Zulassung und Beschränkung chemischer Stoffe (REACH), zur Schaffung einer Europäischen Chemikalienagentur, zur Änderung der Richtlinie 1999/45/EG und zur Aufhebung der Verordnung (EWG) Nr. 793/93 des Rates, der Verordnung (EG) Nr. 1488/94 der Kommission, der Richtlinie 76/769/EWG des Rates sowie der Richtlinien 91/155/EWG, 93/67/EWG, 93/105/EG und 2000/21/EG der Kommission (ABl. L 396 vom 30.12.2006, S. 1).

(7) Die Kommission erlässt Durchführungsrechtsakte, um Indikatoren zur Messung der allgemeinen Fortschritte bei der Umsetzung der Maßnahmen zur Abfallvermeidung festzulegen, und sie erlässt bis zum 31. März 2019 einen Durchführungsrechtsakt zur Festlegung einer gemeinsamen Methode für die Messung des Umfangs der Wiederverwendung von Produkten. Diese Durchführungsrechtsakte werden nach dem Prüfverfahren gemäß Artikel 39 Absatz 2 erlassen.

(8) Die Kommission erlässt bis zum 31. März 2019 auf der Grundlage des Ergebnisses der Arbeit der EU-Plattform zu Lebensmittelverlusten und -verschwendung einen delegierten Rechtsakt gemäß Artikel 38a, um diese Richtlinie durch die Festlegung einer gemeinsamen Methode und von Mindestqualitätsanforderungen für die einheitliche Messung des Umfangs der Lebensmittelabfälle zu ergänzen.

(9) Die Kommission prüft bis zum 31. Dezember 2024 die von den Mitgliedstaaten im Einklang mit Artikel 37 Absatz 3 zur Verfügung gestellten Daten zur Wiederverwendung, um festzustellen, ob Maßnahmen zur Förderung der Wiederverwendung von Produkten ergriffen werden können, darunter auch die Festlegung von quantitativen Zielvorgaben. Die Kommission prüft darüber hinaus, ob andere Maßnahmen zur Abfallvermeidung ergriffen werden können, wie die Festlegung von Zielvorgaben für die Verringerung der Abfälle. Zu diesem Zweck legt die Kommission dem Europäischen Parlament und dem Rat einen Bericht vor, der gegebenenfalls von einem Gesetzgebungsvorschlag begleitet wird.

Artikel 10 Verwertung

(1) Die Mitgliedstaaten treffen die erforderlichen Maßnahmen, um sicherzustellen, dass Abfälle im Einklang mit Artikel 4 und 13 zur Wiederverwendung vorbereitet, recycelt oder sonstig verwertet werden.

(2) Falls dies zur Einhaltung von Absatz 1 und zur Erleichterung oder Verbesserung der Vorbereitung zur Wiederverwendung, des Recyclings oder anderer Verwertungsverfahren erforderlich ist, werden Abfälle getrennt gesammelt und nicht mit anderen Abfällen oder anderen Materialien mit andersartigen Eigenschaften vermischt.

(3) Die Mitgliedstaaten können Abweichungen von Absatz 2 gestatten, wenn mindestens eine der folgenden Bedingungen erfüllt ist:

a) Die gemeinsame Sammlung bestimmter Abfallarten beeinträchtigt nicht ihre Möglichkeit, im Einklang mit Artikel 4 zur Wiederverwendung vorbereitet, recycelt oder sonstig verwertet zu werden, und die Qualität des Outputs dieser Verfahren ist mit der Qualität des Outputs bei getrennter Sammlung vergleichbar.

b) Die getrennte Sammlung führt unter Berücksichtigung der Gesamtauswirkungen auf die Umwelt, die mit der Bewirtschaftung der entsprechenden Abfallströme verbunden sind, nicht zum bestmöglichen Ergebnis unter dem Aspekt des Umweltschutzes.

c) Die getrennte Sammlung ist unter Berücksichtigung der bewährten Verfahren der Abfallsammlung technisch nicht möglich.

d) Die getrennte Sammlung würde unverhältnismäßig hohe wirtschaftliche Kosten mit sich bringen unter Berücksichtigung der Kosten im Zusammenhang mit den nachteiligen Auswirkungen der Sammlung und Behandlung gemischter Abfälle auf die Umwelt und die Gesundheit, der Möglichkeit für Effizienzverbesserungen der Abfallsammlung und -behandlung, der Einnahmen aus dem Verkauf von Sekundärrohstoffen sowie der Anwendung des Verursacherprinzips und der erweiterten Herstellerverantwortung.

Die Mitgliedstaaten prüfen Ausnahmeregelungen gemäß diesem Absatz regelmäßig und tragen dabei den bewährten Verfahren der getrennten Abfallsammlung und anderen Entwicklungen der Abfallbewirtschaftung Rechnung.

(4) Die Mitgliedstaaten treffen Maßnahmen, um sicherzustellen, dass Abfälle, die gemäß Artikel 11 Absatz 1 und Artikel 22 für die Vorbereitung zur Wiederverwendung oder das Recycling getrennt gesammelt wurden, nicht verbrannt werden, es sei denn, es handelt sich um Abfälle, die bei der anschließenden Behandlung der getrennt gesammelten Abfälle entstehen und für die die Verbrennung gemäß Artikel 4 für den Umweltschutz zum bestmöglichen Ergebnis führt.

(5) Falls dies zur Einhaltung von Absatz 1 des vorliegenden Artikels und zur Erleichterung oder Verbesserung der Verwertung erforderlich ist, treffen die Mitgliedstaaten die notwendigen Maßnahmen, um vor oder während der Verwertung gefährliche Stoffe, Gemische oder Bestandteile aus gefährlichen Abfällen zu entfernen um sie anschließend im Einklang mit Artikel 4 und 13 zu behandeln.

(6) Die Mitgliedstaaten legen der Kommission bis zum 31. Dezember 2021 einen Bericht über die Umsetzung dieses Artikels in Bezug auf Siedlungs- und Bioabfälle vor und geben darin auch an, für welche Materialien und ihn welchen geografischen Gebieten eine getrennte Sammlung erfolgt und welche Ausnahmeregelungen gemäß Absatz 3 bestehen.

Artikel 11 **Vorbereitung zur Wiederverwendung und Recycling**

(1) Die Mitgliedstaaten ergreifen Maßnahmen zur Förderung der Vorbereitung zur Wiederverwendung, insbesondere durch Förderung der Errichtung und Unterstützung von Netzwerken für die Vorbereitung zur Wiederverwendung und die Reparatur, durch Erleichterung — sofern dies mit einer ordnungsgemäßen Abfallbewirtschaftung vereinbar ist — des Zugangs solcher Netzwerke zu Abfällen, die sich bei Sammelsystemen oder bei Sammelstellen befinden und die zur Wiederverwendung vorbereitet werden können, von diesen Systemen oder Stellen aber nicht für die Vorbereitung zur Wiederverwendung bestimmt sind, sowie durch Förderung des Einsatzes von wirtschaftlichen Instrumenten, Beschaffungskriterien, quantitativen Zielen oder durch andere Maßnahmen.

Die Mitgliedstaaten ergreifen Maßnahmen zur Förderung eines qualitativ hochwertigen Recyclings; hierzu führen sie vorbehaltlich des Artikels 10 Absätze 2 und 3 die getrennte Sammlung von Abfällen ein.

Vorbehaltlich des Artikels 10 Absätze 2 und 3 führen die Mitgliedstaaten die getrennte Sammlung von zumindest Papier, Metall, Kunststoffen und Glas sowie, bis zum 1. Januar 2025, von Textilien ein.

Die Mitgliedstaaten ergreifen Maßnahmen zur Förderung des selektiven Abbruchs, damit gefährliche Stoffe entfernt und sicher gehandhabt werden können sowie die Wiederverwendung und das hochwertige Recycling durch die selektive Entfernung der Materialien gefördert wird, und zur Einrichtung von Sortiersystemen für Bau- und Abbruchabfälle mindestens für Holz, mineralische Fraktionen (Beton, Back-und Ziegelstein, Fliesen, Keramik und Steine), Metall, Glas, Kunststoffe und Gips.

(2) Zur Erfüllung der Ziele dieser Richtlinie und im Interesse der Entwicklung zu einer europäischen Kreislaufwirtschaft mit einem hohen Maß an Ressourceneffizienz ergreifen die Mitgliedstaaten die zur Erreichung der folgenden Zielvorgaben nötigen Maßnahmen:

a) bis 2020 wird die Vorbereitung zur Wiederverwendung und das Recycling von Abfallmaterialien wie — zumindest — Papier, Metall, Kunststoff und Glas aus Haushalten und gegebenenfalls aus anderen Quellen, soweit die betreffenden Abfallströme Haushaltsabfällen ähnlich sind, auf mindestens 50 Gewichtsprozent insgesamt erhöht;

b) bis 2020 wird die Vorbereitung zur Wiederverwendung, des Recyclings und die sonstige stoffliche Verwertung (einschließlich der Verfüllung, bei der Abfälle als Ersatz für andere Materialien genutzt werden) von nicht gefährlichen Bau- und Abbruchabfällen — mit Ausnahme von in der Natur vorkommenden Materialien, die in Kategorie 17 05 04 des Europäischen Abfallkatalogs definiert sind — auf mindestens 70 Gewichtsprozent erhöht;

c) bis 2025 werden die Vorbereitung zur Wiederverwendung und das Recycling von Siedlungsabfällen auf mindestens 55 Gewichtsprozent erhöht;

d) bis 2030 werden die Vorbereitung zur Wiederverwendung und das Recycling von Siedlungsabfällen auf mindestens 60 Gewichtsprozent erhöht;

e) bis 2035 werden die Vorbereitung zur Wiederverwendung und das Recycling von Siedlungsabfällen auf mindestens 65 Gewichtsprozent erhöht.

(3) Ein Mitgliedstaat kann die Fristen für die Erreichung der Zielvorgaben gemäß Absatz 2 Buchstaben c, d und e um bis zu fünf Jahre verlängern, sofern dieser Mitgliedstaat

a) den im gemeinsamen Fragebogen von OECD und Eurostat zur Verfügung gestellten Daten zufolge weniger als 20 % seines im Jahr 2013 erzeugten Siedlungsabfalls zur Wiederverwendung vorbereitet und recycelt oder mehr als 60 % seines Siedlungsabfalls auf Deponien abgelagert hat, und

b) der Kommission mindestens 24 Monate vor Ablauf der jeweiligen Frist gemäß Absatz 2 Buchstabe c, d oder e seine Absicht mitgeteilt hat, die entsprechende Frist zu verlängern, und einen Umsetzungsplan gemäß Anhang IVb vorlegt.

(4) Innerhalb von drei Monaten ab dem Eingang des im Einklang mit Absatz 3 Buchstabe b vorgelegten Umsetzungsplans kann die Kommission einen Mitgliedstaat auffordern, den Umsetzungsplan zu überarbeiten, falls sie der Ansicht ist, dass der Plan nicht den Anforderungen nach Anhang IVb entspricht. Der betreffende Mitgliedstaat legt innerhalb von drei Monaten ab Eingang der Aufforderung der Kommission einen überarbeiteten Plan vor.

(5) Im Falle einer Verlängerung der Frist für die Erreichung der Zielvorgaben gemäß Absatz 3 trifft der betreffende Mitgliedstaat die erforderlichen Maßnahmen, um die Vorbereitung zur Wiederverwendung und das Recycling von Siedlungsabfällen wie folgt zu erhöhen:

a) bis 2025 auf mindestens 50 %, falls die Frist für die Erreichung der Zielvorgabe nach Absatz 2 Buchstabe c verlängert wird,

b) bis 2030 auf mindestens 55 %, falls die Frist für die Erreichung der Zielvorgabe nach Absatz 2 Buchstabe d verlängert wird,

c) bis 2035 auf mindestens 60 %, falls die Frist für die Erreichung der Zielvorgabe nach Absatz 2 Buchstabe e verlängert wird.

(6) Bis zum 31. Dezember 2024 zieht die Kommission die Festlegung von Zielvorgaben für die Vorbereitung zur Wiederverwendung und das Recycling für Bau- und Abbruchabfälle und ihre materialspezifischen Fraktionen, Textilabfälle, Gewerbeabfälle, nicht gefährliche Industrieabfälle und weitere Abfallströme sowie die Festlegung von Zielvorgaben für die Vorbereitung zur Wiederverwendung für Siedlungsabfälle und von Zielvorgaben für das Recycling für

biologische Siedlungsabfälle in Betracht. Zu diesem Zweck legt die Kommission dem Europäischen Parlament und dem Rat einen Bericht vor, der gegebenenfalls von einem Gesetzgebungsvorschlag begleitet wird.

(7) Bis zum 31. Dezember 2028 überprüft die Kommission die Zielvorgabe gemäß Absatz 2 Buchstabe e. Zu diesem Zwecklegt die Kommission dem Europäischen Parlament und dem Rat einen Bericht vor, der gegebenenfalls von einem Gesetzgebungsvorschlag begleitet wird.

Die Kommission überprüft die Technologie für die gemeinsame Verarbeitung, die die Einbeziehung von mineralischen Stoffen aus der Mitverbrennung von Siedlungsabfällen ermöglicht. Wenn im Rahmen dieser Überprüfung ein zuverlässiges Verfahren gefunden wird, prüft die Kommission, ob solche Minerale auf die Recyclingziele angerechnet werden können.

***Artikel 11a* Bestimmungen für die Berechnung der Erreichung der Zielvorgaben**

(1) Für die Zwecke der Berechnung, ob die Zielvorgaben gemäß Artikel 11 Absatz 2 Buchstaben c, d und e sowie Artikel 11 Absatz 3 erreicht wurden,

a) berechnen die Mitgliedstaaten das Gewicht der in einem gegebenen Kalenderjahr erzeugten und zur Wiederverwendung vorbereiteten oder recycelten Siedlungsabfälle,

b) wird als Gewicht der zur Wiederverwendung vorbereiteten Siedlungsabfälle das Gewicht der Produkte und Produktbestandteile herangezogen, die zu Siedlungsabfällen geworden sind und alle erforderlichen Prüf-, Reinigungs- und Reparaturvorgänge durchlaufen haben, die eine Wiederverwendung ohne weitere Sortierung oder Vorbehandlung ermöglichen,

c) wird als Gewicht der recycelten Siedlungsabfälle das Gewicht der Abfälle herangezogen, die dem Recyclingverfahren unterworfen werden, durch das Abfallmaterialien tatsächlich zu Produkten, Materialien oder Stoffen weiterverarbeitet werden, nachdem sie alle erforderlichen Prüf-, Sortier- und sonstige vorbereitende Verfahren durchlaufen haben, die dazu dienen, Abfallmaterialien zu entfernen, die anschließend nicht weiterverarbeitet werden, und für ein hochwertiges Recycling zu sorgen.

(2) Für die Zwecke von Absatz 1 Buchstabe c wird das Gewicht der recycelten Siedlungsabfälle bestimmt, wenn die Abfälle dem Recyclingverfahren zugeführt werden.

Abweichend von Unterabsatz 1 kann das Gewicht der recycelten Siedlungsabfälle anhand des Outputs eines Abfallsortierverfahrens bestimmt werden, sofern

a) dieser Output anschließend recycelt wird,

b) das Gewicht der Materialien und Stoffe, die im Rahmen weiterer Verfahren vor dem Recycling entfernt und anschließend nicht recycelt werden, nicht für das Gewicht der als recycelt gemeldeten Abfälle berücksichtigt werden.

(3) Die Mitgliedstaaten errichten ein wirksames System für die Qualitätskontrolle und Rückverfolgbarkeit von Siedlungsabfällen, um die Einhaltung der Bedingungen gemäß Absatz 1 Buchstabe c dieses Artikels und Absatz 2 dieses Artikels sicherzustellen. Zur Sicherstellung der Zuverlässigkeit und Genauigkeit der über recycelte Abfälle erhobenen Daten kann das System gemäß Artikel 35 Absatz 4 eingerichtete elektronische Register, technische Spezifikationen für die Qualitätsanforderungen für getrennte Abfälle oder durchschnittliche Verlustquoten für sortierte Abfälle für die einzelnen Abfallarten bzw. Verfahren der Abfallbewirtschaftung umfassen. Die durchschnittlichen Verlustquoten werden nur in Fällen verwendet, in denen auf keinem anderen Wege zuverlässige Daten erhalten werden können, und anhand der

Berechnungsmethode berechnet, die in dem gemäß Absatz 10 dieses Artikels erlassenen delegierten Rechtsakt festgelegt ist.

(4) Für die Zwecke der Berechnung, ob die Zielvorgaben nach Absatz 11 Absatz 2 Buchstaben c, d und e sowie Artikel 11 Absatz 3 erreicht wurden, können biologisch abbaubare Siedlungsabfälle, die aerob oder anaerob behandelt werden, als recycelte Abfälle angerechnet werden, wenn durch diese Behandlung Kompost, Gärrückstände oder ein anderer Output mit einem im Verhältnis zu dem Input vergleichbaren Recyclinganteil erzeugt werden, die als recycelte Produkte, Materialien oder Stoffe verwendet werden. Wenn der Output auf Flächen aufgebracht wird, können ihn die Mitgliedstaaten als recyceltes Material anrechnen, wenn diese Verwendung Vorteile für die Landwirtschaft oder eine Verbesserung des Umweltzustands bewirkt.

Ab dem 1. Januar 2027 können Mitgliedstaaten biologische Siedlungsabfälle, die aerob oder anaerob behandelt werden, als recycelte Abfälle anrechnen, wenn sie im Einklang mit Artikel 22 getrennt gesammelt oder an der Anfallstelle getrennt wurden.

(5) Für die Zwecke der Berechnung, ob die Zielvorgaben nach Artikel 11 Absatz 2 Buchstaben c, d und e sowie Artikel 11 Absatz 3 erreicht wurden, können Abfälle, die aufgrund einer Vorbereitung für die Weiterverarbeitung nicht mehr als Abfälle anzusehen sind, nur dann als recycelte Abfälle angerechnet werden, wenn diese Materialien für eine anschließende Weiterverarbeitung in Produkte, Materialien oder Stoffe bestimmt sind, die für den ursprünglichen oder einen anderen Zweck verwendet werden. Materialien, die das Ende der Abfalleigenschaft erreicht haben und als Brennstoffe oder anderes Mittel der Energieerzeugung verwendet, verbrannt, verfüllt oder auf Deponien abgelagert werden sollen, werden jedoch nicht für die Erreichung der Recyclingziele angerechnet.

(6) Für die Zwecke der Berechnung, ob die Zielvorgaben gemäß Artikel 11 Absatz 2 Buchstaben c, d und e sowie Artikel 11 Absatz 3 erreicht wurden, können die Mitgliedstaaten das Recycling von Metallen berücksichtigen, die im Anschluss an die Verbrennung von Siedlungsabfällen von den Verbrennungsrückständen getrennt wurden, sofern die recycelten Metalle bestimmten Qualitätsanforderungen entsprechen, die in dem gemäß Absatz 9 dieses Artikels erlassenen Durchführungsrechtsakt festgelegt wurden.

(7) Abfälle, die in einen anderen Mitgliedstaat verbracht werden, um in diesem anderen Mitgliedstaat zur Wiederverwendung vorbereitet, recycelt oder verfüllt zu werden, können nur für die Erreichung der Zielvorgaben gemäß Artikel 11 Absätze 2 und 3 durch den Mitgliedstaat, in dem die Abfälle gesammelt wurden, angerechnet werden.

(8) Abfälle, die zur Vorbereitung zur Wiederverwendung oder zum Recycling aus der Union ausgeführt werden, werden im Hinblick auf die Erreichung der Zielvorgaben gemäß Artikel 11 Absätze 2 und 3 dieser Richtlinie durch den Mitgliedstaat, in dem sie gesammelt wurden, nur dann angerechnet, wenn die Anforderungen von Absatz 3 dieses Artikels erfüllt sind und wenn der Ausführer im Einklang mit der Verordnung (EG) Nr. 1013/2006 nachweisen kann, dass die Verbringung der Abfälle den Anforderungen der genannten Verordnung entspricht und die Behandlung der Abfälle außerhalb der Union unter Bedingungen erfolgte, die den Anforderungen des einschlägigen Umweltrechts der Union weitgehend entsprechen.

(9) Um einheitliche Bedingungen für die Anwendung dieses Artikels sicherzustellen, erlässt die Kommission bis zum 31. März 2019 Durchführungsrechtsakte, mit denen Vorschriften für die Berechnung, die Prüfung und die Übermittlung von Daten festgelegt werden, vor allem mit Blick auf Folgendes:

a) eine gemeinsame Methode für die Berechnung des Gewichts der Metalle, die im Einklang mit Absatz 6 recycelt wurden, sowie die Qualitätskriterien für die recycelten Metalle, und

b) Bioabfälle, die an der Anfallstelle getrennt und recycelt wurden.

Diese Durchführungsrechtsakte werden nach dem Prüfverfahren gemäß Artikel 39 Absatz 2 erlassen.

(10) Die Kommission erlässt bis zum 31. März 2019 einen delegierten Rechtsakt gemäß Artikel 38a, um diese Richtlinie durch die Festlegung von Vorschriften für die Berechnung, die Prüfung und die Übermittlung des Gewichts von Materialien oder Stoffen, die nach einem Sortierprozess entfernt und anschließend nicht recycelt werden, auf der Grundlage der durchschnittlichen Verlustquote für sortierte Abfälle zu ergänzen.

Artikel 11b **Frühwarnbericht**

(1) Die Kommission erstellt in Zusammenarbeit mit der Europäischen Umweltagentur spätestens drei Jahre vor Ablauf der in Artikel 11 Absatz 2 Buchstaben c, d und e sowie Artikel 11 Absatz 3 genannten Fristen Berichte über die Fortschritte bei der Erreichung der in diesen Bestimmungen festgesetzten Zielvorgaben.

(2) Die Berichte nach Absatz 1 enthalten Folgendes:

a) eine Schätzung, inwieweit die einzelnen Mitgliedstaaten die Zielvorgaben erreicht haben,

b) eine Liste der Mitgliedstaaten, bei denen die Gefahr besteht, dass sie diese Zielvorgaben nicht innerhalb der jeweiligen Fristen erreichen werden, sowie geeignete Empfehlungen für die betreffenden Mitgliedstaaten,

c) Beispiele bewährter Verfahren, die in der gesamten Union Anwendung finden, die eine Orientierungshilfe für Fortschritte bei der Erreichung der Zielvorgaben bieten könnten.

Artikel 12 **Beseitigung**

(1) Die Mitgliedstaaten stellen sicher, dass Abfälle, die nicht gemäß Artikel 10 Absatz 1 verwertet werden, Verfahren der unbedenklichen Beseitigung unterzogen werden, die den Bestimmungen des Artikels 13 zum Schutz der menschlichen Gesundheit und der Umwelt genügen.

(2) Die Kommission bewertet die in Anhang I aufgeführten Beseitigungsverfahren bis zum 31. Dezember 2024, vor allem im Zusammenhang mit Artikel 13, und legt dem Europäischen Parlament und dem Rat einen Bericht vor der gegebenenfalls von einem Gesetzgebungsvorschlag begleitet wird, in dem Vorschriften und möglicherweise Beschränkungen für die Beseitigungsverfahren festgelegt werden und eine Zielvorgabe für die Verringerung der Beseitigung in Betracht gezogen wird, damit eine umweltgerechte Abfallbewirtschaftung sichergestellt ist.

Artikel 13 **Schutz der menschlichen Gesundheit und der Umwelt**

Die Mitgliedstaaten treffen die erforderlichen Maßnahmen, um sicherzustellen, dass die Abfallbewirtschaftung ohne Gefährdung der menschlichen Gesundheit oder Schädigung der Umwelt erfolgt und insbesondere

a) ohne Gefährdung von Wasser, Luft, Boden, Tieren und Pflanzen,

b) ohne Verursachung von Geräusch- oder Geruchsbelästigungen und

c) ohne Beeinträchtigung der Landschaft oder von Orten von besonderem Interesse.

Artikel 14 Kosten

(1) Gemäß dem Verursacherprinzip sind die Kosten der Abfallbewirtschaftung einschließlich der notwendigen Infrastruktur und deren Betrieb von dem Abfallersterzeuger oder von dem derzeitigen Abfallbesitzer oder den früheren Abfallbesitzern zu tragen.

(2) Unbeschadet der Artikel 8 und 8a können die Mitgliedstaaten beschließen, dass die Kosten der Abfallbewirtschaftung teilweise oder vollständig von dem Hersteller des Erzeugnisses, dem der Abfall entstammt, zu tragen sind, und dass die Vertreiber eines derartigen Erzeugnisses sich an diesen Kosten beteiligen.

KAPITEL III ABFALLBEWIRTSCHAFTUNG

Artikel 15 Verantwortung für die Abfallbewirtschaftung

(1) Die Mitgliedstaaten treffen die erforderlichen Maßnahmen, um sicherzustellen, dass jeder Abfallersterzeuger oder sonstiger Abfallbesitzer die Abfallbehandlung selbst durchführt oder sie durch einen Händler oder eine Einrichtung oder ein Unternehmen, der/die/das auf dem Gebiet der Abfallbehandlung tätig ist, oder durch einen privaten oder öffentlichen Abfallsammler im Einklang mit den Artikeln 4 und 13 durchführen lässt.

(2) Werden die Abfälle vom Ersterzeuger oder Besitzer zur vorläufigen Behandlung zu einer der in Absatz 1 genannten natürlichen oder juristischen Personen verbracht, endet ihre Verantwortung für die Durchführung eines vollständigen Verwertungs- oder Beseitigungsverfahrens in der Regel nicht.

Unbeschadet der Verordnung (EG) Nr. 1013/2006 können die Mitgliedstaaten die Bedingungen für die Verantwortung im Einzelnen festlegen und entscheiden, in welchen Fällen der Ersterzeuger für die gesamte Behandlungskette verantwortlich bleibt oder in welchen Fällen die Verantwortung des Erzeugers und des Besitzers zwischen den Akteuren der Behandlungskette geteilt oder delegiert werden kann.

(3) Die Mitgliedstaaten können gemäß Artikel 8 beschließen, dass die Verantwortung für die Durchführung der Abfallbewirtschaftung teilweise oder vollständig beim Hersteller des Erzeugnisses, dem der Abfall entstammt, liegt, und dass Vertreiber eines derartigen Erzeugnisses diese Verantwortung teilen.

(4) Die Mitgliedstaaten ergreifen die erforderlichen Maßnahmen, um in ihrem Hoheitsgebiet sicherzustellen, dass die Einrichtungen oder Unternehmen, die gewerbsmäßig Abfälle sammeln oder befördern, die gesammelten und beförderten Abfälle an geeignete Behandlungsanlagen liefern, die die Bestimmungen des Artikels 13 erfüllen.

Artikel 16 Grundsätze der Entsorgungsautarkie und der Nähe

(1) Die Mitgliedstaaten treffen — in Zusammenarbeit mit anderen Mitgliedstaaten, wenn dies notwendig oder zweckmäßig ist — geeignete Maßnahmen, um ein integriertes und angemessenes Netz von Abfallbeseitigungsanlagen und Anlagen zur Verwertung von gemischten Siedlungsabfällen, die von privaten Haushaltungen eingesammelt worden sind, zu errichten, auch wenn dabei Abfälle anderer Erzeuger eingesammelt werden; die besten verfügbaren Techniken sind dabei zu berücksichtigen.

Abweichend von der Verordnung (EG) Nr. 1013/2006 können die Mitgliedstaaten zum Schutz ihres Netzes eingehende Abfallverbringungen zu Verbrennungsanlagen, die als Verwertung eingestuft sind, begrenzen, wenn erwiesen ist, dass solche Verbringungen zur Folge hätten, dass inländische Abfälle beseitigt werden müssten oder dass Abfälle in einer Weise zu behandeln wären, die nicht mit ihren Abfallbewirtschaftungsplänen vereinbar ist. Die Mitgliedstaaten unterrichten die Kommission über diesbezügliche Entscheidungen. Die Mitgliedstaaten können auch ausgehende Verbringungen von Abfällen aus Umweltschutzgründen gemäß der Verordnung (EG) Nr. 1013/2006 begrenzen.

(2) Das Netz ist so zu konzipieren, dass es der Gemeinschaft insgesamt ermöglicht, die Autarkie bei der Abfallbeseitigung sowie bei der Verwertung von Abfällen nach Absatz 1 zu erreichen, und dass es jedem einzelnen Mitgliedstaat ermöglicht, dieses Ziel selbst anzustreben, wobei die geografischen Gegebenheiten oder der Bedarf an Spezialanlagen für bestimmte Abfallarten berücksichtigt werden.

(3) Das Netz muss es gestatten, dass die Abfälle in einer der am nächsten gelegenen geeigneten Anlagen beseitigt bzw. — im Falle der in Absatz 1 genannten Abfälle — verwertet werden, und zwar unter Einsatz von Verfahren und Technologien, die am besten geeignet sind, um ein hohes Niveau des Gesundheits- und Umweltschutzes zu gewährleisten.

(4) Die Grundsätze der Nähe und der Entsorgungsautarkie bedeuten nicht, dass jeder Mitgliedstaat über die gesamte Bandbreite von Anlagen zur endgültigen Verwertung verfügen muss.

Artikel 17 Überwachung gefährlicher Abfälle

Die Mitgliedstaaten ergreifen die erforderlichen Maßnahmen, damit die Erzeugung, die Sammlung und die Beförderung gefährlicher Abfälle sowie ihre Lagerung und ihre Behandlung unter Bedingungen vorgenommen werden, die den Schutz der Umwelt und der menschlichen Gesundheit sicherstellen, um die Bestimmungen des Artikels 13 einzuhalten; dazu gehören Maßnahmen zur Sicherstellung der Rückverfolgbarkeit gefährlicher Abfälle von der Erzeugung bis zum endgültigen Bestimmungsort und zu ihrer Überwachung im Hinblick auf die Einhaltung der Anforderungen der Artikel 35 und 36.

Artikel 18 Verbot der Vermischung gefährlicher Abfälle

(1) Die Mitgliedstaaten ergreifen alle erforderlichen Maßnahmen, um sicherzustellen, dass gefährliche Abfälle nicht mit anderen Kategorien von gefährlichen Abfällen oder mit anderen Abfällen, Stoffen oder Materialien vermischt werden. Die Vermischung schließt die Verdünnung gefährlicher Stoffe ein.

(2) Abweichend von Absatz 1 können die Mitgliedstaaten unter folgenden Bedingungen eine Vermischung gestatten:

a) das Mischverfahren wird von Einrichtungen oder Unternehmen vorgenommen, die eine Genehmigung gemäß Artikel 23 erhalten haben;

b) die Bestimmungen des Artikels 13 sind erfüllt und die schädlichen Auswirkungen der Abfallbewirtschaftung auf die menschliche Gesundheit und die Umwelt werden nicht verstärkt und

c) das Mischverfahren steht in Einklang mit den besten verfügbaren Techniken.

(3) Wurden gefährliche Abfälle entgegen diesem Artikel rechtswidrig vermischt, stellen die Mitgliedstaaten unbeschadet des Artikels 36 sicher, dass eine Trennung erfolgt, sofern dies technisch möglich und notwendig ist, um die Bestimmungen von Artikel 13 zu erfüllen.

Wenn keine Trennung gemäß Unterabsatz 1 dieses Absatzes erforderlich ist, stellen die Mitgliedstaaten sicher, dass die gemischten Abfälle in einer Anlage behandelt werden, die über eine Genehmigung gemäß Artikel 23 für die Behandlung derartiger Gemische verfügt.

Artikel 19 Kennzeichnung gefährlicher Abfälle

(1) Die Mitgliedstaaten ergreifen die erforderlichen Maßnahmen, um sicherzustellen, dass gefährliche Abfälle bei der Sammlung, beim Transport und bei der zeitweiligen Lagerung gemäß den geltenden internationalen und gemeinschaftlichen Standards verpackt und gekennzeichnet werden.

(2) Wenn gefährliche Abfälle innerhalb eines Mitgliedstaats verbracht werden, ist ihnen ein Identifikationsdokument — wahlweise in elektronischem Format — beizufügen, das die geeigneten Daten gemäß Anhang IB der Verordnung (EG) Nr. 1013/2006 enthält.

Artikel 20 Gefährliche Abfälle aus Haushaltungen

(1) Die Mitgliedstaaten richten bis zum 1. Januar 2025 eine getrennte Abfallsammlung für in Haushalten anfallende gefährliche Abfallfraktionen ein, um sicherzustellen, dass diese im Einklang mit Artikel 4 und 13 behandelt werden und andere Siedlungsabfallströme nicht kontaminieren.

(2) Die Artikel 17, 18, 19 und 35 gelten nicht für gemischte Abfälle aus Haushaltungen.

(3) Die Artikel 19 und 35 gelten für einzelne Fraktionen gefährlicher Abfälle aus Haushaltungen erst, wenn sie von einer Einrichtung oder einem Unternehmen zur Sammlung, Beseitigung oder Verwertung entgegengenommen werden, die bzw. das eine Genehmigung oder eine Registrierung nach Artikel 23 oder 26 erhalten hat.

(4) Die Kommission erstellt bis zum 5. Januar 2020 Leitlinien, um die Mitgliedstaaten bei der getrennten Sammlung gefährlicher Abfallfraktionen, die in Haushalten anfallen, zu unterstützen und dies zu fördern.

Artikel 21 Altöl

(1) Unbeschadet der Verpflichtungen hinsichtlich der Bewirtschaftung gefährlicher Abfälle gemäß den Artikeln 18 und 19 ergreifen die Mitgliedstaaten alle erforderlichen Maßnahmen, um sicherzustellen, dass

a) Altöl getrennt gesammelt wird, außer wenn eine getrennte Sammlung unter Berücksichtigung der bewährten Verfahren technisch nicht möglich ist,

b) Altöl gemäß Artikel 4 und 13 behandelt wird, wobei der Aufbereitung oder alternativ anderen Recyclingverfahren Vorrang eingeräumt wird, die für den Umweltschutz zu einem gleichwertigen oder besseren Ergebnis führen als die Aufbereitung,

c) Altöle mit unterschiedlichen Eigenschaften nicht vermischt werden und Altöle nicht mit anderen Abfallarten oder Stoffen vermischt werden, wenn diese Vermischung ihre Aufbereitung oder andere Recyclingverfahren behindert, die für den Umweltschutz zu einem gleichwertigen oder besseren Ergebnis führen als die Aufbereitung.

(2) Zum Zwecke der Getrenntsammlung von Altölen und ihrer ordnungsgemäßen Behandlung können die Mitgliedstaaten gemäß ihrer nationalen Gegebenheiten zusätzliche Maßnahmen, wie technische Anforderungen, die Herstellerverantwortung, wirtschaftliche Instrumente oder freiwillige Vereinbarungen, anwenden.

(3) Gilt für Altöl gemäß den nationalen Rechtsvorschriften das Erfordernis der Aufbereitung, so können die Mitgliedstaaten vorschreiben, dass dieses Altöl aufbereitet wird, sofern dies technisch durchführbar ist, und — wenn Artikel 11 oder 12 der Verordnung (EG) Nr. 1013/2006 Anwendung findet — die grenzüberschreitende Verbringung von Altölen von ihrem Hoheits-

gebiet zu Verbrennungs- oder Mitverbrennungsanlagen beschränken, um der Aufbereitung von Altöl Vorrang einzuräumen.

(4) Die Kommission prüft bis zum 31. Dezember 2022 die von den Mitgliedstaaten im Einklang mit Artikel 37 Absatz 4 zur Verfügung gestellten Daten zu Altöl, um festzustellen, ob Maßnahmen zur Behandlung von Altöl getroffen werden können, darunter auch die Festlegung von quantitativen Zielvorgaben für die Aufbereitung von Altöl und alle anderen Maßnahmen zur Förderung der Aufbereitung von Altöl. Zu diesem Zweck legt die Kommission dem Europäischen Parlament und dem Rat einen Bericht vor, der gegebenenfalls von einem Gesetzgebungsvorschlag begleitet wird.

Artikel 22 Bioabfall

(1) Die Mitgliedstaaten sorgen dafür, dass bis zum 31. Dezember 2023 und vorbehaltlich des Artikels 10 Absätze 2 und 3 Bioabfall entweder an der Anfallstelle getrennt und recycelt oder getrennt gesammelt und nicht mit anderen Abfallarten vermischt wird.

Die Mitgliedstaaten können es gestatten, dass Abfälle mit ähnlichen Eigenschaften hinsichtlich der biologischen Abbaubarkeit und Kompostierbarkeit, die den einschlägigen europäischen oder jedweden gleichwertigen nationalen Normen für kompostierbare und biologisch abbaubare Verpackungen entsprechen, gemeinsam mit Bioabfällen gesammelt werden.

(2) Die Mitgliedstaaten treffen im Einklang mit den Artikeln 4 und 13 Maßnahmen, um:

a) das Recycling, einschließlich Kompostierung und Vergärung von Bioabfällen so zu fördern, dass ein hohes Maß an Umweltschutz gegeben ist und der Output den entsprechenden hohen Qualitätsstandards genügt,

b) die Eigenkompostierung zu fördern,

c) die Verwendung von aus Bioabfällen hergestellten Materialien zu fördern.

(3) Die Kommission beauftragt die europäischen Normungsgremien bis zum 31. Dezember 2018, auf der Grundlage der besten verfügbaren Verfahren europäische Normen für Bioabfälle, die biologischen Recyclingverfahren zugeführt werden, für Kompost und für Gärrückstände zu erarbeiten.

KAPITEL IV GENEHMIGUNGEN UND REGISTRIERUNG

Artikel 23 Erteilung von Genehmigungen

(1) Die Mitgliedstaaten sorgen dafür, dass Anlagen und Unternehmen, die beabsichtigen, Abfallbehandlungen durchzuführen, bei der zuständigen Behörde eine Genehmigung einholen.

In diesen Genehmigungen ist mindestens Folgendes festzulegen:

a) Art und Menge der Abfälle, die behandelt werden dürfen;

b) für jede genehmigte Tätigkeit die technischen und alle sonstigen Anforderungen an den betreffenden Standort;

c) zu ergreifende Sicherheits- und Vorsorgemaßnahmen;

d) die für jede Tätigkeit anzuwendende Methode;

e) Überwachungs- und Kontrollverfahren, sofern erforderlich;

f) Bestimmungen betreffend Schließung und Nachsorge, sofern erforderlich.

(2) Die Genehmigungen können für einen bestimmten Zeitraum erteilt werden und können erneuerbar sein.

(3) Ist die zuständige nationale Behörde der Ansicht, dass die beabsichtigte Behandlungsmethode aus Sicht des Umweltschutzes nicht annehmbar ist, insbesondere wenn die Methode nicht mit Artikel 13 im Einklang steht, so verweigert sie die Genehmigung.

(4) Genehmigungen, die eine Verbrennung oder Mitverbrennung mit energetischer Verwertung umfassen, werden nur unter der Voraussetzung erteilt, dass bei der energetischen Verwertung ein hoher Grad an Energieeffizienz erreicht wird.

(5) Sofern die Bestimmungen dieses Artikels eingehalten werden, können Genehmigungen, die auf der Grundlage anderer innerstaatlicher oder gemeinschaftlicher Rechtsvorschriften erteilt wurden, mit der gemäß Absatz 1 erforderlichen Genehmigung zu einer einzigen Genehmigung zusammengefasst werden, wenn dadurch unnötige Doppelangaben und Doppelarbeit seitens des Betreibers oder der zuständigen Behörde vermieden werden.

Artikel 24 Ausnahmen von der Genehmigungspflicht

Die Mitgliedstaaten können Anlagen oder Unternehmen von der Anforderung des Artikel 23 Absatz 1 für folgende Tätigkeiten befreien:

a) Beseitigung ihrer eigenen nicht gefährlichen Abfälle am Anfallort oder

b) Verwertung von Abfällen.

Artikel 25 Bedingungen für Ausnahmen

(1) Beabsichtigt ein Mitgliedstaat die Gewährung von Ausnahmen gemäß Artikel 24, so muss er im Hinblick auf jede Tätigkeit allgemeine Vorschriften erlassen, die festlegen, für welche Abfallarten und -mengen eine Ausnahme gelten kann und welche Behandlungsmethode anzuwenden ist.

Diese Vorschriften werden so konzipiert, dass Abfälle in Einklang mit Artikel 13 behandelt werden. Im Falle der Beseitigungstätigkeiten gemäß Artikel 24 Buchstabe a sollten die Vorschriften die besten verfügbaren Techniken berücksichtigen.

(2) Die Mitgliedstaaten legen neben den in Absatz 1 genannten allgemeinen Vorschriften besondere Bedingungen für Ausnahmen für gefährliche Abfälle fest, einschließlich der Art der Tätigkeiten, sowie alle anderen notwendigen Anforderungen an die Durchführung verschiedener Arten der Verwertung und gegebenenfalls die Grenzwerte für den Schadstoffgehalt der Abfälle sowie die Emissionsgrenzwerte.

(3) Die Mitgliedstaaten unterrichten die Kommission über die gemäß den Absätzen 1 und 2 erlassenen allgemeinen Vorschriften.

Artikel 26 Registrierung

Besteht in den nachfolgend aufgeführten Fällen keine Genehmigungspflicht, so stellen die Mitgliedstaaten sicher, dass die zuständige Behörde ein Register führt über:

a) Anlagen oder Unternehmen, die gewerbsmäßig Abfälle sammeln oder befördern;

b) Händler oder Makler; und

c) Anlagen oder Unternehmen, die gemäß Artikel 24 von der Genehmigungspflicht befreit wurden.

Bei der zuständigen Behörde vorliegende Aufzeichnungen werden verwendet, um relevante Informationen für diesen Registrierungsvorgang zu erhalten und die Verwaltungsbelastung zu verringern.

***Artikel 27* Mindestanforderungen**

(1) Die Kommission erlässt gemäß Artikel 38a delegierte Rechtsakte, um diese Richtlinie durch die Festlegung der technischen Mindestkriterien für Behandlungstätigkeiten, für die eine Genehmigung nach Artikel 23 erforderlich ist, darunter auch die Abfallsortierung und das Recycling, zu ergänzen, wenn sich erweist, dass durch diese Mindestkriterien Vorteile für den Schutz der menschlichen Gesundheit oder der Umwelt entstehen würden.

(2) Diese Mindestanforderungen gelten nur für solche Abfallbehandlungstätigkeiten, die nicht von der Richtlinie 96/61/EG erfasst sind oder nicht für deren Geltungsbereich in Betracht kommen.

(3) Die Mindestanforderungen

a) sind auf die wichtigsten Umweltauswirkungen der Abfallbehandlungstätigkeit ausgerichtet;

b) gewährleisten, dass die Abfälle gemäß Artikel 13 behandelt werden;

c) berücksichtigen die besten verfügbaren Techniken; und

d) enthalten gegebenenfalls Elemente hinsichtlich der Qualität der Behandlung und der Anforderungen an das Verfahren.

(4) Die Kommission erlässt gemäß Artikel 38a delegierte Rechtsakte, um diese Richtlinie durch die Festlegung der Mindestkriterien für Tätigkeiten, für die eine Registrierung auf der Grundlage von Artikel 26 Buchstaben a und b erforderlich ist, zu ergänzen, wenn sich erweist, dass durch diese Mindestkriterien Vorteile für den Schutz der menschlichen Gesundheit oder der Umwelt entstehen würden oder Störungen des Binnenmarkts vermieden werden können.

KAPITEL V PLÄNE UND PROGRAMME

***Artikel 28* Abfallbewirtschaftungspläne**

(1) Die Mitgliedstaaten stellen sicher, dass ihre zuständigen Behörden in Einklang mit den Artikeln 1, 4, 13 und 16 einen oder mehrere Abfallbewirtschaftungspläne aufstellen.

Diese Pläne müssen — allein oder zusammen — das gesamte geografische Gebiet des betreffenden Mitgliedstaats abdecken.

(2) Die Abfallbewirtschaftungspläne beinhalten eine Analyse der aktuellen Situation der Abfallbewirtschaftung in der betreffenden geografischen Einheit sowie die erforderlichen Maßnahmen für eine Verbesserung der umweltverträglichen Vorbereitung zur Wiederverwendung, sowie des Recyclings, der Verwertung und der Beseitigung von Abfall und eine Bewertung, wie der Plan die Erfüllung der Ziele und der Bestimmungen dieser Richtlinie unterstützen wird.

(3) Soweit zweckmäßig und unter Berücksichtigung der geografischen Ebene und der geographischen Erfassung des Planungsgebiets enthalten die Abfallbewirtschaftungspläne mindestens Folgendes:

a) Art, Menge und Herkunft der im Gebiet erzeugten Abfälle, die Abfälle, die wahrscheinlich aus dem oder in das Hoheitsgebiet verbracht werden, sowie eine Abschätzung der zukünftigen Entwicklung der Abfallströme;

b) bestehende bedeutende Beseitigungs- und Verwertungsanlagen, einschließlich spezieller Vorkehrungen für Altöl, gefährliche Abfälle, Abfälle, die erhebliche Mengen kritischer Rohstoffe enthalten, oder Abfallströme, für die spezielle Rechtsvorschriften der Union gelten;

c) Beurteilung der Notwendigkeit der Stilllegung bestehender Abfallanlagen und zusätzlicher Infrastrukturen von Abfallanlagen gemäß Artikel 16.

Die Mitgliedstaaten stellen sicher, dass die Investitionen und anderen Finanzmittel, auch für die lokalen Behörden, bewertet werden, die für die im Einklang mit Buchstabe c ermittelten notwendigen Maßnahmen benötigt werden. Diese Bewertung wird in die entsprechenden Abfallbewirtschaftungspläne oder anderen für das gesamte Hoheitsgebiet des betreffenden Mitgliedstaats geltenden strategischen Dokumente aufgenommen.

ca) Informationen zu den Maßnahmen für die Erreichung der in Artikel 5 Absatz 3a der Richtlinie 1999/31/EG oder in anderen für das gesamte Hoheitsgebiet des betreffenden Mitgliedstaats geltenden strategischen Dokumenten festgelegten Zielvorgaben;

cb) Beurteilung der bestehenden Abfallsammelsysteme, einschließlich der Materialien, die getrennt gesammelt werden, der geografischen Gebiete, in denen die getrennte Sammlung erfolgt, und der Maßnahmen zur Verbesserung der getrennten Sammlung, aller im Einklang mit Artikel 10 Absatz 3 gewährten Ausnahmen und der Notwendigkeit neuer Sammelsysteme.

d) erforderlichenfalls ausreichende Informationen über die Ortsmerkmale für die Standortbestimmung und über die Kapazität künftiger Beseitigungsanlagen oder bedeutender Verwertungsanlagen;

e) allgemeine Abfallbewirtschaftungsstrategien, einschließlich geplanter Abfallbewirtschaftungstechnologien und -methoden, oder Strategien für Abfälle, die besondere Bewirtschaftungsprobleme aufwerfen.

f) Maßnahmen zur Bekämpfung und Verhinderung jeglicher Form von Vermüllung sowie zur Säuberung von Abfällen jeder Art;

g) geeignete qualitative und quantitative Indikatoren und Zielvorgaben, auch in Bezug auf die Menge des anfallenden Abfalls und seine Behandlung und auf die Siedlungsabfälle, die beseitigt oder energetisch verwertet werden.

(4) Unter Berücksichtigung der geografischen Ebene und des Erfassungsbereichs des Planungsgebiets können die Abfallwirtschaftspläne Folgendes enthalten:

a) organisatorische Aspekte der Abfallbewirtschaftung, einschließlich einer Beschreibung der Aufteilung der Verantwortlichkeiten zwischen öffentlichen und privaten Akteuren, die die Abfallbewirtschaftung durchführen;

b) eine Bewertung von Nutzen und Eignung des Einsatzes wirtschaftlicher und anderer Instrumente zur Bewältigung verschiedener Abfallprobleme unter Berücksichtigung der Notwendigkeit, ein reibungsloses Funktionieren des Binnenmarkts aufrecht zu erhalten;

c) den Einsatz von Sensibilisierungskampagnen und die Bereitstellung von Informationen für die breite Öffentlichkeit oder eine bestimmte Verbrauchergruppe;

d) geschlossene kontaminierte Abfallbeseitigungsstandorte und Maßnahmen zu ihrer Sanierung.

(5) Abfallbewirtschaftungspläne müssen den in Artikel 14 der Richtlinie 94/62/EG formulierten Anforderungen an die Abfallplanung, den Zielvorgaben gemäß Artikel 11 Absätze 2 und 3 der

vorliegenden Richtlinie sowie den Anforderungen nach Artikel 5 der Richtlinie 1999/31/EG und für die Zwecke der Vermeidung von Vermüllung den Anforderungen gemäß Artikel 13 der Richtlinie 2008/56/EG des Europäischen Parlaments und des Rates[1] und gemäß Artikel 11 der Richtlinie 2000/60/EG des Europäischen Parlaments und des Rates[2] genügen.

Artikel 29 Abfallvermeidungsprogramme

(1) Die Mitgliedstaaten stellen Abfallvermeidungsprogramme auf, in denen mindestens die Abfallvermeidungsmaßnahmen gemäß Artikel 9 Absatz 1 und im Einklang mit den Artikeln 1 und 4 vorgesehen sind.

Die Programme werden gegebenenfalls entweder in die von Artikel 28 vorgeschriebenen Abfallbewirtschaftungspläne oder in andere umweltpolitische Programme aufgenommen oder als gesonderte Programme durchgeführt. Wird ein solches Programm in den Abfallbewirtschaftungsplan oder diese anderen Programme aufgenommen, sind die Abfallvermeidungsziele und -maßnahmen eindeutig anzugeben.

(2) Bei der Aufstellung solcher Programme beschreiben die Mitgliedstaaten sofern relevant den Beitrag, den die in Anhang IVa aufgeführten Instrumente und Maßnahmen zur Abfallvermeidung leisten, und bewerten die Zweckmäßigkeit der in Anhang IV angegebenen Beispielsmaßnahmen oder anderer geeigneter Maßnahmen. Im Rahmen der Programme werden auch bestehende Abfallvermeidungsmaßnahmen und ihr Beitrag zur Abfallvermeidung beschrieben.

Zweck solcher Ziele und Maßnahmen ist es, das Wirtschaftswachstum von den mit der Abfallerzeugung verbundenen Umweltauswirkungen zu entkoppeln.

(2a) Die Mitgliedstaaten erlassen im Rahmen ihrer Abfallvermeidungsprogramme spezielle Programme zur Vermeidung von Lebensmittelabfällen.

(3) (gestrichen)

(4) (gestrichen)

(5) Die Kommission schafft ein System für den Austausch von Informationen über die bewährte Praxis im Bereich der Abfallvermeidung und erarbeitet Leitlinien, um die Mitgliedstaaten bei der Ausarbeitung der Programme zu unterstützen.

Artikel 30 Bewertung und Überarbeitung der Pläne und Programme

(1) Die Mitgliedstaaten gewährleisten, dass die Abfallwirtschaftspläne und Abfallvermeidungsprogramme mindestens alle sechs Jahre bewertet und gegebenenfalls — soweit erforderlich, gemäß den Artikeln 9 und 11 — überarbeitet werden.

(2) Die Europäische Umweltagentur veröffentlicht alle zwei Jahre einen Bericht mit einer Übersicht über die Fortschritte beim Abschluss und bei der Umsetzung von Abfallvermeidungsprogrammen und bewertet in diesem Rahmen auch die Entwicklung, die in den einzelnen Mitgliedstaaten und in der Union insgesamt bezüglich der Vermeidung der Entstehung von

---

[1] Richtlinie 2008/56/EG des Europäischen Parlaments und des Rates vom 17. Juni 2008 zur Schaffung eines Ordnungsrahmens für Maßnahmen der Gemeinschaft im Bereich der Meeresumwelt (Meeresstrategie-Rahmenrichtlinie) (ABl. L 164 vom 25.6.2008, S. 19).

[2] Richtlinie 2000/60/EG des Europäischen Parlaments und des Rates vom 23. Oktober 2000 zur Schaffung eines Ordnungsrahmens für Maßnahmen der Gemeinschaft im Bereich der Wasserpolitik (ABl. L 327 vom 22.12.2000, S. 1).

Abfällen, der Entkoppelung der Abfallerzeugung vom Wirtschaftswachstum und des Übergangs zu einer Kreislaufwirtschaft zu verzeichnen ist.

Artikel 31 Beteiligung der Öffentlichkeit

Die Mitgliedstaaten gewährleisten im Einklang mit der Richtlinie 2003/35/EG oder, falls einschlägig, mit der Richtlinie 2001/42/EG des Europäischen Parlaments und des Rates vom 27. Juni 2001 über die Prüfung der Umweltauswirkungen bestimmter Pläne und Programme [1], dass die relevanten Interessenvertreter und Behörden sowie die breite Öffentlichkeit die Möglichkeit erhalten, an der Ausarbeitung der Abfallbewirtschaftungspläne und Abfallvermeidungsprogramme mitzuwirken, und dass sie diese einsehen können, sobald sie vorliegen. Sie veröffentlichen die Pläne und Programme auf einer öffentlich zugänglichen Webseite.

Artikel 32 Zusammenarbeit

Die Mitgliedstaaten arbeiten bei der Erstellung der in den Artikeln 28 und 29 vorgesehenen Abfallbewirtschaftungspläne und Abfallvermeidungsprogramme gegebenenfalls mit den anderen betroffenen Mitgliedstaaten und der Kommission zusammen.

Artikel 33 Der Kommission zu übermittelnde Informationen

(1) Die Mitgliedstaaten unterrichten die Kommission über die in den Artikeln 28 und 29 vorgesehenen Abfallbewirtschaftungspläne und Abfallvermeidungsprogramme, sobald sie angenommen sind, sowie über wesentliche Änderungen der Pläne und Programme.

(2) Die Kommission erlässt Durchführungsrechtsakte zur Festlegung des Formats für die Mitteilungen über die Annahme und die wesentlichen Überarbeitungen der Abfallbewirtschaftungspläne und der Abfallvermeidungsprogramme. Diese Durchführungsrechtsakte werden gemäß dem in Artikel 39 Absatz 2 genannten Prüfverfahren erlassen.

KAPITEL VI INSPEKTIONEN UND AUFZEICHNUNGEN

Artikel 34 Inspektionen

(1) Anlagen oder Unternehmen, die Abfallbehandlungsverfahren durchführen, Anlagen oder Unternehmen, die gewerbsmäßig Abfälle sammeln oder befördern, Makler und Händler sowie Anlagen oder Unternehmen, die gefährliche Abfälle erzeugen, werden in regelmäßigen Abständen angemessenen Inspektionen durch die zuständigen Behörden unterzogen.

(2) Inspektionen bezüglich der Sammlungs- und Beförderungstätigkeiten erstrecken sich auf den Ursprung, die Art, Menge und den Bestimmungsort der gesammelten und transportierten Abfälle.

(3) Die Mitgliedstaaten können Eintragungen in das Register des Gemeinschaftssystems für das Umweltmanagement und die Umweltbetriebsprüfung (EMAS), insbesondere in Bezug auf Häufigkeit und Intensität der Inspektionen, berücksichtigen.

Artikel 35 Führen von Aufzeichnungen

(1) Anlagen und Unternehmen im Sinne von Artikel 23 Absatz 1, Erzeuger gefährlicher Abfälle sowie Anlagen und Unternehmen, die gewerbsmäßig gefährliche Abfälle sammeln oder

[1] ABl. L 197 vom 21.7.2001, S. 30.

transportieren oder als Händler oder Makler gefährlicher Abfälle fungieren, führen chronologische Aufzeichnungen über

a) Menge, Art und Ursprung dieser Abfälle und die Menge der Produkte und Materialien, die aus der Vorbereitung zur Wiederverwendung, dem Recycling oder anderen Verwertungsverfahren stammen, und,

b) sofern relevant, die Bestimmung, die Häufigkeit der Sammlung, die Transportart und die vorgesehene Abfallbehandlungsmethode für diese Abfälle.

Sie stellen diese Daten den zuständigen Behörden über das bzw. die gemäß Absatz 4 dieses Artikels einzurichtenden elektronischen Register zur Verfügung.

(2) Für gefährliche Abfälle sind die Aufzeichnungen mindestens drei Jahre lang aufzubewahren, mit Ausnahme der Anlagen und Unternehmen, die gefährliche Abfälle transportieren; diese müssen solche Aufzeichnungen mindestens 12 Monate lang aufbewahren.

Auf Anfrage der zuständigen Behörden oder eines früheren Besitzers sind Belege über die Durchführung der Bewirtschaftungstätigkeiten vorzulegen.

(3) Die Mitgliedstaaten können auch von Erzeugern nicht gefährlicher Abfälle verlangen, dass sie die Absätze 1 und 2 einhalten.

(4) Die Mitgliedstaaten richten ein elektronisches Register oder koordinierte Register ein, um für das gesamte geografische Gebiet des betreffenden Mitgliedstaats die in Absatz 1 genannten Daten über gefährliche Abfälle zu erfassen. Die Mitgliedstaaten können solche Register für andere Abfallströme einrichten, insbesondere für solche Abfallströme, für die in Gesetzgebungsakten der Union Zielvorgaben festgelegt sind. Die Mitgliedstaaten verwenden die Daten über Abfälle, die die Betreiber von Industrieanlagen in dem gemäß der Verordnung (EG) Nr. 166/2006 des Europäischen Parlaments und des Rates[1] eingerichteten Europäischen Schadstofffreisetzungs- und -verbringungsregister melden.

(5) Die Kommission kann Durchführungsrechtsakte erlassen, um einheitliche Mindestbedingungen für den Betrieb dieser Register festzulegen. Diese Durchführungsrechtsakte werden nach dem in Artikel 39 Absatz 2 genannten Prüfverfahren erlassen.

Artikel 36 Durchsetzung und Sanktionen

(1) Die Mitgliedstaaten ergreifen die erforderlichen Maßnahmen, um eine unkontrollierte Ablagerung oder Ableitung oder eine unkontrollierte Bewirtschaftung von Abfällen einschließlich Vermüllung zu untersagen.

(2) Die Mitgliedstaaten legen Vorschriften über Sanktionen für Verstöße gegen die Vorschriften dieser Richtlinie fest und treffen alle zu ihrer Anwendung erforderlichen Maßnahmen. Die Sanktionen müssen wirksam, verhältnismäßig und abschreckend sein.

KAPITEL VII SCHLUSSBESTIMMUNGEN

Artikel 37 Berichterstattung

(1) Die Mitgliedstaaten übermitteln der Kommission für jedes Kalenderjahr die Daten zur Umsetzung von Artikel 11 Absatz 2 Buchstaben a bis e sowie von Artikel 11 Absatz 3.

---

[1] Verordnung (EG) Nr. 166/2006 des Europäischen Parlaments und des Rates vom 18. Januar 2006 über die Schaffung eines Europäischen Schadstofffreisetzungs- und verbringungsregisters und zur Änderung der Richtlinien 91/689/EWG und 96/61/EG des Rates (ABl. L 33 vom 4. 2. 2006, S. 1).

Sie übermitteln die Daten auf elektronischem Wege binnen 18 Monaten nach dem Ende des Berichtsjahres, für das die Daten erhoben wurden. Die Daten werden in dem von der Kommission gemäß Absatz 7 des vorliegenden Artikels festgelegten Format übermittelt.

Der erste Berichtszeitraum beginnt im ersten vollen Kalenderjahr nach Erlass des Durchführungsrechtsakts, mit dem gemäß Absatz 7 des vorliegenden Artikels das Format für die Berichterstattung festgelegt wird.

(2) Um die Einhaltung von Artikel 11 Absatz 2 Buchstabe b zu prüfen, melden die Mitgliedstaaten die Menge der zur Verfüllung und für andere Vorgänge der stofflichen Verwertung verwendeten Abfälle getrennt von der Menge, die zur Wiederverwendung vorbereitet oder recycelt wurde. Die Mitgliedstaaten melden die Aufbereitung von Abfällen zu Materialien, die zu Verfüllungszwecken verwendet werden sollen, als Verfüllung.

Um die Einhaltung von Artikel 11 Absatz 2 Buchstaben c, d und e und von Artikel 11 Absatz 3 zu prüfen, melden die Mitgliedstaaten die Menge der zur Wiederverwendung vorbereiteten Abfälle getrennt von der Menge der recycelten Abfälle.

(3) Die Mitgliedstaaten übermitteln der Kommission jährlich die Daten zur Durchführung von Artikel 9 Absatz 4 und 5.

Sie übermitteln die Daten auf elektronischem Wege binnen 18 Monaten nach dem Ende des Berichtsjahres, für den die Daten erhoben wurden. Die Daten werden in dem von der Kommission gemäß Absatz 7 des vorliegenden Artikels festgelegten Format übermittelt.

Der erste Berichtszeitraum beginnt im ersten vollen Kalenderjahr nach Erlass des Durchführungsrechtsakts, mit dem gemäß Absatz 7 des vorliegenden Artikels das Format für die Berichterstattung festgelegt wird.

(4) Die Mitgliedstaaten übermitteln der Kommission für jedes Kalenderjahr die Daten zu in Verkehr gebrachtem mineralischen oder synthetischen Schmier- oder Industrieöl und getrennt gesammeltem und behandelten Altöl.

Sie übermitteln die Daten auf elektronischem Wege binnen 18 Monaten nach dem Ende des Berichtsjahres, für das die Daten erhoben wurden. Die Daten werden in dem von der Kommission gemäß Absatz 7 festgelegten Format übermittelt.

Der erste Berichtszeitraum beginnt im ersten vollen Kalenderjahr nach Erlass des Durchführungsrechtsakts, mit dem gemäß Absatz 7 das Format für die Berichterstattung festgelegt wird.

(5) Den nach diesem Artikel von den Mitgliedstaaten übermittelten Daten werden ein Qualitätskontrollbericht sowie ein Bericht über die gemäß Artikel 11a Absätze 3 und 8 getroffenen Maßnahmen, gegebenenfalls einschließlich detaillierter Angaben zur durchschnittlichen Verlustquote, beigefügt. Diese Angaben werden in dem von der Kommission gemäß Absatz 7 des vorliegenden Artikels festgelegten Format für die Berichterstattung übermittelt.

(6) Die Kommission prüft die gemäß diesem Artikel übermittelten Daten und veröffentlicht einen Bericht über die Ergebnisse ihrer Prüfung. In dem Bericht werden die Organisation der Datenerhebung, die in den Mitgliedstaaten verwendeten Datenquellen und Methoden sowie die Vollständigkeit, Zuverlässigkeit, Aktualität und Kohärenz der Daten bewertet. Die Bewertung kann auch spezifische Empfehlungen für Verbesserungen enthalten. Der Bericht wird nach der ersten Datenübermittlung durch die Mitgliedstaaten und anschließend alle vier Jahre erstellt.

(7) Die Kommission erlässt bis zum 31. März 2019 Durchführungsrechtsakte zur Festlegung des Formats für die Übermittlung der Daten gemäß den Absätzen 1, 3, 4 und 5 dieses Artikels. Für die Zwecke der Berichterstattung über die Umsetzung von Artikel 11 Absatz 2 Buchstaben a und b verwenden die Mitgliedstaaten das Format, das im Durchführungsbeschluss der Kommission vom 18. April 2012 zur Einführung eines Fragebogens für Berichte der Mitgliedstaaten über die Umsetzung der Richtlinie 2008/98/EG des Europäischen Parlaments und des Rates über Abfälle festgelegt wurden. Für die Zwecke der Berichterstattung über die Verschwendung von Lebensmitteln werden bei der Erarbeitung des Formats für die Berichterstattung die gemäß Artikel 9 Absatz 8 entwickelten Methoden berücksichtigt. Diese Durchführungsrechtsakte werden gemäß dem in Artikel 39 Absatz 2 der vorliegenden Richtlinie genannten Prüfverfahren erlassen.

Artikel 38 Austausch von Informationen und bewährten Verfahren, Auslegung und Anpassung an den technischen Fortschritt

(1) Die Kommission organisiert den regelmäßigen Austausch von Informationen und bewährten Verfahren zwischen den Mitgliedstaaten, gegebenenfalls auch mit regionalen und kommunalen Behörden, zur praktischen Umsetzung und Durchsetzung der Anforderungen dieser Richtlinie, einschließlich

a) der Anwendung der in Artikel 11a festgelegten Bestimmungen für die Berechnung und der Ausarbeitung von Maßnahmen und Systemen zur Verfolgung von Siedlungsabfallströmen von der Trennung bis zum Recycling;

b) der angemessenen Steuerung, Durchsetzung, grenzüberschreitenden Zusammenarbeit;

c) der Innovation im Bereich Abfallbewirtschaftung;

d) der nationalen Kriterien für Nebenprodukte und das Ende der Abfalleigenschaft im Sinne des Artikels 5 Absatz 3 und des Artikels 6 Absätze 3 und 4, ermöglicht durch ein von der Kommission einzurichtendes, unionsweites elektronisches Register;

e) der wirtschaftlichen Instrumente und anderer Maßnahmen, die gemäß Artikel 4 Absatz 3 eingesetzt werden, um die dort festgelegten Ziele besser zu verwirklichen;

f) der in Artikel 8 Absätze 1 und 2 festgelegten Maßnahmen;

g) der Abfallvermeidung und der Einrichtung von Systemen, mit denen Wiederverwendungsaktivitäten und die Verlängerung der Lebensdauer gefördert werden;

h) der Umsetzung der Verpflichtungen im Zusammenhang mit der getrennten Sammlung;

i) der Instrumente und Anreize in Bezug auf die Erfüllung der Zielvorgaben gemäß Artikel 11 Absatz 2 Buchstaben c, d und e.

Die Kommission macht die Ergebnisse dieses Austauschs von Informationen und bewährten Verfahren öffentlich zugänglich.

(2) Die Kommission kann Leitlinien für die Auslegung der in dieser Richtlinie festgelegten Anforderungen, einschließlich der Definitionen der Begriffe ‚Abfall', ‚Vermeidung', ‚Wiederverwendung', ‚Vorbereitung zur Wiederverwendung', ‚Verwertung', ‚Recycling' und ‚Beseitigung' und für die Anwendung der in Artikel 11a festgelegten Bestimmungen für die Berechnung erarbeiten.

Die Kommission erarbeitet Leitlinien für die Definitionen der Begriffe ‚Siedlungsabfall' und ‚Verfüllung'.

Der Kommission wird die Befugnis übertragen, gemäß Artikel 38a delegierte Rechtsakte zur Änderung dieser Richtlinie durch Präzisierung der Anwendung der Formel für die in Anhang II unter R1 genannten Verbrennungsanlagen zu erlassen. Die örtlichen klimatischen Gegebenheiten wie etwa die Intensität der Kälte und der Heizbedarf können insoweit berücksichtigt werden, als sie einen Einfluss auf die Energiemenge haben, die in Form von Elektrizität, Heizungswärme, Kühlmedium oder Prozessdampf technisch genutzt oder erzeugt werden kann. Ferner können die örtlichen Gegebenheiten der Gebiete in äußerster Randlage im Sinne von Artikel 349 Unterabsatz 3 des Vertrags über die Arbeitsweise der Europäischen Union sowie der Gebiete, die in Artikel 25 der Beitrittsakte von 1985 genannt sind, berücksichtigt werden.

(3) Der Kommission wird die Befugnis übertragen, gemäß Artikel 38a delegierte Rechtsakte zur Änderung der Anhänge IV und V zur Berücksichtigung des wissenschaftlichen und technischen Fortschritts zu erlassen.

Artikel 38a Ausübung der Befugnisübertragung

(1) Die Befugnis zum Erlass delegierter Rechtsakte wird der Kommission unter den in diesem Artikel festgelegten Bedingungen übertragen.

(2) Die Befugnis zum Erlass delegierter Rechtsakte gemäß Artikel 7 Absatz 1, Artikel 9 Absatz 8, Artikel 11a Absatz 10, Artikel 27 Absätze 1 und 4 sowie Artikel 38 Absätze 2 und 3 wird der Kommission für einen Zeitraum von fünf Jahren ab dem 4. Juli 2018 übertragen. Die Kommission erstellt spätestens neun Monate vor Ablauf des Zeitraums von fünf Jahren einen Bericht über die Befugnisübertragung. Die Befugnisübertragung verlängert sich stillschweigend um Zeiträume gleicher Länge, es sei denn, das Europäische Parlament oder der Rat widersprechen einer solchen Verlängerung spätestens drei Monate vor Ablauf des jeweiligen Zeitraums.

(3) Die Befugnisübertragung gemäß Artikel 7 Absatz 1, Artikel 9 Absatz 8, Artikel 11a Absatz 10, Artikel 27 Absätze 1 und 4 sowie Artikel 38 Absätze 1 und 2 kann vom Europäischen Parlament oder vom Rat jederzeit widerrufen werden. Der Beschluss über den Widerruf beendet die Übertragung der in diesem Beschluss angegebenen Befugnis. Er wird am Tag nach seiner Veröffentlichung im Amtsblatt der Europäischen Union oder zu einem im Beschluss über den Widerruf angegebenen späteren Zeitpunkt wirksam. Die Gültigkeit von delegierten Rechtsakten, die bereits in Kraft sind, wird von dem Beschluss über den Widerruf nicht berührt.

(4) Vor dem Erlass eines delegierten Rechtsakts konsultiert die Kommission die von den einzelnen Mitgliedstaaten benannten Sachverständigen, im Einklang mit den in der Interinstitutionellen Vereinbarung vom 13. April 2016 über bessere Rechtsetzung[1] enthaltenen Grundsätzen.

(5) Sobald die Kommission einen delegierten Rechtsakt erlässt, übermittelt sie ihn gleichzeitig dem Europäischen Parlament und dem Rat.

(6) Ein delegierter Rechtsakt, der gemäß Artikel 7 Absatz 1, Artikel 9 Absatz 8, Artikel 11a Absatz 10, Artikel 27 Absätze 1 und 4 sowie Artikel 38 Absätze 2 und 3 erlassen wurde, tritt nur in Kraft, wenn weder das Europäische Parlament noch der Rat innerhalb einer Frist von zwei Monaten nach Übermittlung dieses Rechtsakts an das Europäische Parlament und den Rat Einwände erhoben haben oder wenn vor Ablauf dieser Frist das Europäische Parlament und der Rat beide

[1] ABl. L 123 vom 12.5.2016, S. 1.

der Kommission mitgeteilt haben, dass sie keine Einwände erheben werden. Auf Initiative des Europäischen Parlaments oder des Rates wird diese Frist um zwei Monate verlängert.

Artikel 39 **Ausschussverfahren**

(1) Die Kommission wird von einem Ausschuss unterstützt. Dieser Ausschuss ist ein Ausschuss im Sinne der Verordnung (EU) Nr. 182/2011 des Europäischen Parlaments und des Rates[2].

(2) Wird auf diesen Absatz Bezug genommen, so gilt Artikel 5 der Verordnung (EU) Nr. 182/2011.

Gibt der Ausschuss keine Stellungnahme ab, so erlässt die Kommission den im Entwurf vorgesehenen Durchführungsrechtsakt nicht, und Artikel 5 Absatz 4 Unterabsatz 3 der Verordnung (EU) Nr. 182/2011 findet Anwendung.

Artikel 40 **Umsetzung**

(1) Die Mitgliedstaaten setzen die Rechts- und Verwaltungsvorschriften in Kraft, die erforderlich sind, um dieser Richtlinie ab dem 12. Dezember 2010 nachzukommen.

Wenn die Mitgliedstaaten diese Vorschriften erlassen, nehmen sie in den Vorschriften selbst oder durch einen Hinweis bei der amtlichen Veröffentlichung auf diese Richtlinie Bezug. Die Mitgliedstaaten regeln die Einzelheiten der Bezugnahme.

(2) Die Mitgliedstaaten teilen der Kommission den Wortlaut der wichtigsten nationalen Rechtsvorschriften mit, die sie auf dem unter diese Richtlinie fallenden Gebiet erlassen.

Artikel 41 **Aufhebung und Übergangsbestimmungen**

Die Richtlinien 75/439/EWG, 91/689/EWG und 2006/12/EG werden mit Wirkung vom 12. Dezember 2010 aufgehoben.

Artikel 42 **Inkrafttreten**

Diese Richtlinie tritt am zwanzigsten Tag nach ihrer Veröffentlichung im *Amtsblatt der Europäischen Union* in Kraft.

Artikel 43 **Adressaten**

Diese Richtlinie ist an die Mitgliedstaaten gerichtet.

Geschehen zu Straßburg am 19. November 2008.

Im Namen des Europäischen Parlaments	*Im Namen des Rates*
Der Präsident	*Der Präsident*
H.-G. PÖTTERING	J.-P. JOUYET

[2] Verordnung (EU) Nr. 182/2011 des Europäischen Parlaments und des Rates vom 16. Februar 2011 zur Festlegung der allgemeinen Regeln und Grundsätze, nach denen die Mitgliedstaaten die Wahrnehmung der Durchführungsbefugnisse durch die Kommission kontrollieren (ABl. L 55 vom 28.2.2011, S. 13).

ANHANG I
BESEITIGUNGSVERFAHREN

D 1 Ablagerungen in oder auf dem Boden (z. B. Deponien usw.)

D 2 Behandlung im Boden (z. B. biologischer Abbau von flüssigen oder schlammigen Abfällen im Erdreich usw.)

D 3 Verpressung (z. B. Verpressung pumpfähiger Abfälle in Bohrlöcher, Salzdome oder natürliche Hohlräume usw.)

D 4 Oberflächenaufbringung (z. B. Ableitung flüssiger oder schlammiger Abfälle in Gruben, Teiche oder Lagunen usw.)

D 5 Speziell angelegte Deponien (z. B. Ablagerung in abgedichteten, getrennten Räumen, die gegeneinander und gegen die Umwelt verschlossen und isoliert werden, usw.)

D 6 Einleitung in ein Gewässer mit Ausnahme von Meeren/Ozeanen

D 7 Einleitung in Meere/Ozeane einschließlich Einbringung in den Meeresboden

D 8 Biologische Behandlung, die nicht an anderer Stelle in diesem Anhang beschrieben ist und durch die Endverbindungen oder Gemische entstehen, die mit einem der unter D 1 bis D 12 aufgeführten Verfahren entsorgt werden

D 9 Chemisch-physikalische Behandlung, die nicht an anderer Stelle in diesem Anhang beschrieben ist und durch die Endverbindungen oder Gemische entstehen, die mit einem der unter D 1 bis D 12 aufgeführten Verfahren entsorgt werden (z. B. Verdampfen, Trocknen, Kalzinieren usw.)

D 10 Verbrennung an Land

D 11 Verbrennung auf See*

D 12 Dauerlagerung (z. B. Lagerung von Behältern in einem Bergwerk usw.)

D 13 Vermengung oder Vermischung vor Anwendung eines der unter D 1 bis D 12 aufgeführten Verfahren**

D 14 Neuverpacken vor Anwendung eines der unter D 1 bis D 13 aufgeführten Verfahren

D 15 Lagerung bis zur Anwendung eines der unter D 1 bis D 14 aufgeführten Verfahren (ausgenommen zeitweilige Lagerung – bis zur Sammlung – auf dem Gelände der Entstehung der Abfälle***

* Nach EU-Recht und internationalen Übereinkünften verbotenes Verfahren.

** Falls sich kein anderer D-Code für die Einstufung eignet, kann dies vorbereitende Verfahren einschließen, die der Beseitigung einschließlich der Vorbehandlung vorangehen – wie z. B. Sortieren, Zerkleinern, Verdichten, Pelletieren, Trocknen, Schreddern, Konditionierung oder Trennung vor Anwendung eines der unter D1 bis D12 aufgeführten Verfahren.

*** Unter einer zeitweiligen Lagerung ist eine vorläufige Lagerung im Sinne des Artikels 3 Nummer 10 zu verstehen.

ANHANG II

VERWERTUNGSVERFAHREN

R 1 Hauptverwendung als Brennstoff oder als anderes Mittel der Energieerzeugung[1]

R 2 Rückgewinnung/Regenerierung von Lösemitteln

R 3 Recycling/Rückgewinnung organischer Stoffe, die nicht als Lösemittel verwendet werden (einschließlich der Kompostierung und sonstiger biologischer Umwandlungsverfahren) [2]

R 4 Recycling/Rückgewinnung von Metallen und Metallverbindungen[3]

R 5 Recycling/Rückgewinnung von anderen anorganischen Stoffen[4]

R 6 Regenerierung von Säuren und Basen

R 7 Wiedergewinnung von Bestandteilen, die der Bekämpfung von Verunreinigungen dienen

R 8 Wiedergewinnung von Katalysatorenbestandteilen

---

1 Hierunter fallen Verbrennungsanlagen, deren Zweck in der Behandlung fester Siedlungsabfälle besteht, nur dann, wenn deren Energieeffizienz mindestens folgende Werte beträgt:
— 0,60 für in Betrieb befindliche Anlagen, die nach geltendem Gemeinschaftsrecht vor dem 1. Januar 2009 genehmigt werden,
— 0,65 für Anlagen, die nach dem 31. Dezember 2008 genehmigt werden,
wobei folgende Formel verwendet wird:
Energieeffizienz = (Ep – (Ef + Ei)) / (0,97 x (Ew + Ef))
Dabei ist:
Ep die jährlich als Wärme oder Strom erzeugte Energie. Der Wert wird berechnet, indem Elektroenergie mit dem Faktor 2,6 und für gewerbliche Zwecke erzeugte Wärme mit dem Faktor 1,1 (GJ/Jahr) multipliziert wird.
Ef der jährliche Input von Energie in das System aus Brennstoffen, die zur Erzeugung von Dampf eingesetzt werden (GJ/Jahr).
Ew die jährliche Energiemenge, die im behandelten Abfall enthalten ist, berechnet anhand des unteren Heizwerts des Abfalls (GJ/Jahr).
Ei die jährliche importierte Energiemenge ohne Ew und Ef (GJ/Jahr).
0,97 ist ein Faktor zur Berechnung der Energieverluste durch Rost- und Kesselasche sowie durch Strahlung.
Diese Formel ist entsprechend dem Referenzdokument zu den besten verfügbaren Techniken für die Abfallverbrennung zu verwenden.
Der Wert der Energieeffizienzformel wird mit einem Klimakorrekturfaktor (Climate Correction Factor, CCF) wie folgt multipliziert:
1.CCF für vor dem 1. September 2015 in Betrieb befindliche und nach geltendem EU-Recht genehmigte Anlagen:
CCF = 1, wenn HDD > = 3 350
CCF = 1,25, wenn HDD < = 2 150
CCF = – (0,25/1 200) × HDD + 1,698, wenn 2 150 < HDD < 3 350
2.CCF für nach dem 31. August 2015 genehmigte Anlagen und für Anlagen gemäß Nummer 1 ab 31. Dezember 2029:
CCF = 1, wenn HDD > = 3 350
CCF = 1,12, wenn HDD < = 2 150
CCF = – (0,12/1 200) × HDD + 1,335, wenn 2 150 < HDD < 3 350
(Der sich daraus ergebende CCF-Wert wird auf drei Dezimalstellen gerundet).
Der HDD-Wert (Heizgradtage) sollte dem Durchschnitt der jährlichen HDD-Werte für den Standort der Verbrennungsanlage entsprechen, berechnet für einen Zeitraum von 20 aufeinanderfolgenden Jahren vor dem Jahr, für das der CCF bestimmt wird. Der HDD-Wert sollte nach der folgenden Eurostat-Methode berechnet werden: HDD = (18 °C – Tm) × d, wenn Tm weniger als oder gleich 15 °C (Heizschwelle) beträgt, und HDD = null, wenn Tm über 15 °C beträgt; dabei ist Tm die mittlere Außentemperatur (Tmin + Tmax)/2 über einen Zeitraum von d Tagen. Die Berechnungen sind täglich durchzuführen (d = 1) und auf ein Jahr hochzurechnen.

2 Dies schließt die Vorbereitung zur Wiederverwendung, Vergasung und Pyrolyse unter Verwendung der Bestandteile als Chemikalien und die Verwertung organischer Stoffe zur Verfüllung ein.

3 Dies schließt die Vorbereitung zur Wiederverwendung ein.

4 Dies schließt die Vorbereitung zur Wiederverwendung, das Recycling anorganischer Baustoffe, die Verwertung anorganischer Stoffe zur Verfüllung und die Bodenreinigung, die zu einer Verwertung des Bodens führt, ein.

R 9 Erneute Ölraffination oder andere Wiederverwendungen von Öl

R 10 Aufbringung auf den Boden zum Nutzen der Landwirtschaft oder zur ökologischen Verbesserung

R 11 Verwendung von Abfällen, die bei einem der unter R 1 bis R 10 aufgeführten Verfahren gewonnen werden

R 12 Austausch von Abfällen, um sie einem der unter R 1 bis R 11 aufgeführten Verfahren zu unterziehen[5]

R 13 Lagerung von Abfällen bis zur Anwendung eines der unter R 1 bis R 12 aufgeführten Verfahren (ausgenommen zeitweilige Lagerung – bis zur Sammlung – auf dem Gelände der Entstehung der Abfälle) [6]

[5] Falls sich kein anderer R-Code für die Einstufung eignet, kann dies vorbereitende Verfahren einschließen, die der Verwertung einschließlich der Vorbehandlung vorangehen – wie z. B. Demontage, Sortieren, Zerkleinern, Verdichten, Pelletieren, Trocknen, Schreddern, Konditionierung, Neuverpacken, Trennung, Vermengen oder Vermischen vor Anwendung eines der unter R1 bis R11 aufgeführten Verfahren.

[6] Unter einer zeitweiligen Lagerung ist eine vorläufige Lagerung im Sinne des Artikels 3 Nummer 10 zu verstehen.

ANHANG III

GEFAHRENRELEVANTE EIGENSCHAFTEN DER ABFÄLLE

HP 1 ‚explosiv': Abfall, der durch chemische Reaktion Gase solcher Temperatur, solchen Drucks und solcher Geschwindigkeit erzeugen kann, dass hierdurch Zerstörungen in der Umgebung eintreten. Hierzu gehören pyrotechnische Abfälle, explosive Abfälle in Form von organischen Peroxiden und explosive selbstzersetzliche Abfälle.

Enthält ein Abfall einen oder mehrere Stoffe, denen einer der Gefahrenklasse- und Gefahrenkategorie-Codes sowie Gefahrenhinweis-Codes der Tabelle 1 zugeordnet ist, so ist der Abfall, soweit es angebracht und verhältnismäßig ist, nach Maßgabe von Prüfmethoden in Bezug auf HP 1 zu beurteilen. Deutet das Vorhandensein eines Stoffs, eines Gemischs oder eines Erzeugnisses darauf hin, dass der Abfall explosiv ist, ist er nach HP 1 als gefährlich einzustufen.

Tabelle 1: Gefahrenklasse- und Gefahrenkategorie-Code sowie Codierung der Gefahrenhinweise für Abfallkomponenten zwecks Einstufung von Abfällen als gefährlich nach HP 1:

Gefahrenklasse- und Gefahrenkategorie-Code	Codierung der Gefahrenhinweise
Inst. Expl.	H200
Expl. 1.1	H201
Expl. 1.2	H202
Expl. 1.3	H203
Expl. 1.4	H204
Selbstzers. A	H240
Org. Perox. A	
Selbstzers. B	H241
Org. Perox. B	

HP 2 ‚brandfördernd': Abfall, der in der Regel durch Zufuhr von Sauerstoff die Verbrennung anderer Materialien verursachen oder begünstigen kann.

Enthält ein Abfall einen oder mehrere Stoffe, denen einer der Gefahrenklasse- und Gefahrenkategorie-Codes sowie Gefahrenhinweis-Codes der Tabelle 2 zugeordnet ist, so ist der Abfall, soweit es angebracht und verhältnismäßig ist, nach Maßgabe von Prüfmethoden in Bezug auf HP 2 zu beurteilen. Deutet das Vorhandensein eines Stoffs darauf hin, dass der Abfall brandfördernd ist, so ist er nach HP 2 als gefährlich einzustufen.

Tabelle 2: Gefahrenklasse- und Gefahrenkategorie-Code sowie Codierung der Gefahrenhinweise für die Einstufung von Abfällen als gefährlich nach HP 2:

Gefahrenklasse- und Gefahrenkategorie-Code	Codierung der Gefahrenhinweise
Oxid. Gas 1	H270
Oxid. Fl. 1	H271
Oxid. Festst. 1	

(Fortsetzung)

Gefahrenklasse- und Gefahrenkategorie-Code	Codierung der Gefahrenhinweise
Oxid. Fl. 2, Oxid. Fl. 3	H272
Oxid. Festst. 2, Oxid. Festst. 3	

HP 3 ‚entzündbar':

–entzündbarer flüssiger Abfall:flüssiger Abfall mit einem Flammpunkt von unter 60 °C oder Abfälle von Gasöl, Diesel und leichten Heizölen mit einem Flammpunkt von $>$ 55 °C und $\leq$ 75 °C;

–entzündbare pyrophore Flüssigkeiten und fester Abfall:fester oder flüssiger Abfall, der selbst in kleinen Mengen dazu neigt, sich in Berührung mit Luft innerhalb von fünf Minuten zu entzünden;

–entzündbarer fester Abfall:fester Abfall, der leicht brennbar ist oder durch Reibung Brand verursachen oder fördern kann;

–entzündbarer gasförmiger Abfall:gasförmiger Abfall, der an der Luft bei 20 °C und einem Standarddruck von 101,3 kPa entzündbar ist;

–mit Wasser reagierender Abfall:Abfall, der bei Berührung mit Wasser gefährliche Mengen entzündbarer Gase abgibt;

–sonstiger entzündbarer Abfall:entzündbare Aerosole, entzündbarer selbsterhitzungsfähiger Abfall, entzündbare organische Peroxide und entzündbarer selbstzersetzlicher Abfall.

Enthält ein Abfall einen oder mehrere Stoffe, denen einer der Gefahrenklasse- und Gefahrenkategorie-Codes sowie Gefahrenhinweis-Codes der Tabelle 3 zugeordnet ist, so ist der Abfall, soweit es angebracht und verhältnismäßig ist, nach Maßgabe von Prüfmethoden zu beurteilen. Deutet das Vorhandensein eines Stoffs darauf hin, dass der Abfall entzündbar ist, so ist er nach HP 3 als gefährlich einzustufen.

Tabelle 3: Gefahrenklasse- und Gefahrenkategorie-Code sowie Codierung der Gefahrenhinweise für Abfallkomponenten zwecks Einstufung von Abfällen als gefährlich nach HP 3:

Gefahrenklasse- und Gefahrenkategorie-Code	Codierung der Gefahrenhinweise
Entz. Gas 1	H220
Entz. Gas 2	H221
Aerosol 1	H222
Aerosol 2	H223
Entz. Fl. 1	H224
Entz. Fl 2	H225
Entz. Fl. 3	H226
Entz. Festst. 1	H228
Entz. Festst. 2	

(Fortsetzung)

<table>
<tr><th>Gefahrenklasse- und Gefahrenkategorie-Code</th><th>Codierung der Gefahrenhinweise</th></tr>
<tr><td>Selbstzers. CD</td><td rowspan="4">H242</td></tr>
<tr><td>Selbstzers. EF</td></tr>
<tr><td>Org. Perox. CD</td></tr>
<tr><td>Org. Perox. EF</td></tr>
<tr><td>Pyr. FL. 1</td><td rowspan="2">H250</td></tr>
<tr><td>Pyr. Festst. 1</td></tr>
<tr><td>Selbsterh. 1</td><td>H251</td></tr>
<tr><td>Selbsterh. 2</td><td>H252</td></tr>
<tr><td>Wasserreakt. 1</td><td>H260</td></tr>
<tr><td>Wasserreakt. 2
Wasserreakt. 3</td><td>H261</td></tr>
</table>

HP 4 ‚reizend – Hautreizung und Augenschädigung‘: Abfall, der bei Applikation Hautreizungen oder Augenschädigungen verursachen kann.

Enthält ein Abfall einen oder mehrere Stoffe, denen einer der folgenden Gefahrenklasse- und Gefahrenkategorie-Codes sowie Gefahrenhinweis-Codes zugeordnet ist und bei denen eine oder mehrere der folgenden Konzentrationsgrenzen erreicht oder überschritten werden, in Konzentrationen über dem Berücksichtigungsgrenzwert, so ist der Abfall nach HP 4 als gefährlich einzustufen.

Der bei einer Beurteilung auf Hautverätzung 1 A (H314), Hautreizung 2 (H315), Augenschäden 1 (H318) und Augenreizung 2 (H319) zugrunde zu legende Berücksichtigungsgrenzwert beträgt 1 %.

Beträgt die Summe der Konzentrationen aller Stoffe, denen Hautverätzung 1 A (H314) zugeordnet ist, 1 % oder mehr, so ist der Abfall nach HP 4 als gefährlich einzustufen.

Beträgt die Summe der Konzentrationen aller Stoffe, denen H318 zugeordnet ist, 10% oder mehr, so ist der Abfall nach HP 4 als gefährlich einzustufen.

Beträgt die Summe der Konzentrationen aller Stoffe, denen H315 und H319 zugeordnet sind, 20% oder mehr, so ist der Abfall nach HP 4 als gefährlich einzustufen.

Es ist zu beachten, dass Abfälle, die Stoffe, denen H314 (Hautverätzung 1 A, 1B oder 1C) zugeordnet ist, in Mengen von 5% oder mehr enthalten, nach HP 8 als gefährlich eingestuft werden. HP 4 findet keine Anwendung, wenn der Abfall als HP 8 eingestuft ist.

HP 5 ‚Spezifische Zielorgan-Toxizität (STOT)/Aspirationsgefahr‘: Abfall, der nach einmaliger oder nach wiederholter Exposition Toxizität für ein spezifisches Zielorgan verursachen kann oder akute toxische Wirkungen nach Aspiration verursacht.

Enthält ein Abfall einen oder mehrere Stoffe, denen einer oder mehrere der folgenden Gefahrenklasse- und Gefahrenkategorie-Codes sowie Gefahrenhinweis-Codes der Tabelle 4 zugeordnet sind, und bei denen eine oder mehrere der Konzentrationsgrenzen gemäß Tabelle 4 erreicht oder überschritten werden, so ist der Abfall nach HP 5 als gefährlich einzustufen. Enthält ein Abfall Stoffe, die als STOT eingestuft sind, so wird der Abfall nur dann nach HP 5 als gefährlich eingestuft, wenn ein einzelner Stoff die Konzentrationsgrenze erreicht oder überschreitet.

Enthält ein Abfall einen oder mehrere Stoffe, die als Aspirationsgefahr 1 eingestuft sind, und erreicht oder überschreitet die Summe dieser Stoffe die Konzentrationsgrenze, so ist der Abfall nur dann nach HP 5 als gefährlich einzustufen, wenn die kinematische Viskosität[1] insgesamt (bei 40 °C) 20,5 mm²/s nicht übersteigt.

Tabelle 4: Gefahrenklasse- und Gefahrenkategorie-Code sowie Codierung der Gefahrenhinweise für Abfallkomponenten und die entsprechenden Konzentrationsgrenzen für die Einstufung von Abfällen als gefährlich nach HP 5

Gefahrenklasse- und Gefahrenkategorie-Code	Codierung der Gefahrenhinweise	Konzentrationsgrenze
STOT einm. 1	H370	1 %
STOT einm. 2	H371	10 %
STOT einm. 3	H335	20 %
STOT wdh. 1	H372	1 %
STOT wdh. 2	H373	10 %
Asp. 1	H304	10 %

HP 6 ‚akute Toxizität‘: Abfall, der nach oraler, dermaler oder Inhalationsexposition akute toxische Wirkungen verursachen kann.

Erreicht oder überschreitet die Summe der Konzentrationen aller in einem Abfall enthaltenen Stoffe, denen ein Gefahrenklasse- und Gefahrenkategorie-Code ‚akut toxisch‘ sowie ein Gefahrenhinweiscode der Tabelle 5 zugeordnet ist, die in dieser Tabelle angegebene Schwelle, so ist der Abfall nach HP 6 als gefährlich einzustufen. Enthält ein Abfall mehr als einen als akut toxisch eingestuften Stoff, so ist die Summe der Konzentrationen nur für Stoffe innerhalb derselben Gefahrenkategorie erforderlich.

Für die Berücksichtigung in einer Beurteilung gelten die folgenden Berücksichtigungsgrenzwerte:

- für akute Toxizität 1, 2 oder 3 (H300, H310, H330, H301, H311, H331): 0,1 %;
- für akute Toxizität 4 (H302, H312, H332): 1 %.

Tabelle 5: Gefahrenklasse- und Gefahrenkategorie-Code und Codierung der Gefahrenhinweise für Abfallkomponenten und die entsprechenden Konzentrationsgrenzen für die Einstufung von Abfällen als gefährlich nach HP 6

[1] Die kinematische Viskosität ist nur für Flüssigkeiten zu bestimmen.

Gefahrenklasse- und Gefahrenkategorie-Code	Codierung der Gefahrenhinweise	Konzentrationsgrenze
Akut Tox.1 (Oral)	H300	0,1 %
Akut Tox. 2 (Oral)	H300	0,25 %
Akut Tox. 3 (Oral)	H301	5 %
Akut Tox. 4 (Oral)	H302	25 %
Akut Tox.1 (Dermal)	H310	0,25 %
Akut Tox.2 (Dermal)	H310	2,5 %
Akut Tox. 3 (Dermal)	H311	15 %
Akut Tox. 4 (Dermal)	H312	55 %
Akut Tox. 1 (Inhal.)	H330	0,1 %
Akut Tox.2 (Inhal.)	H330	0,5 %
Akut Tox. 3 (Inhal.)	H331	3,5 %
Akut Tox. 4 (Inhal.)	H332	22,5 %

HP 7 ‚karzinogen': Abfall, der Krebs erzeugen oder die Krebshäufigkeit erhöhen kann.

Enthält ein Abfall einen Stoff, dem einer der folgenden Gefahrenklasse- und Gefahrenkategorie-Codes sowie Gefahrenhinweis-Codes zugeordnet ist und bei dem eine der folgenden Konzentrationsgrenzen der Tabelle 6 erreicht oder überschritten wird, so ist der Abfall nach HP 7 als gefährlich einzustufen. Enthält ein Abfall mehr als einen als karzinogen eingestuften Stoff, wird der Abfall nur dann nach HP 7 als gefährlich eingestuft, wenn ein einzelner Stoff die Konzentrationsgrenze erreicht oder überschreitet.

Tabelle 6: Gefahrenklasse- und Gefahrenkategorie-Code und Codierung der Gefahrenhinweise für Abfallkomponenten und die entsprechenden Konzentrationsgrenzen für die Einstufung von Abfällen als gefährlich nach HP 7

Gefahrenklasse- und Gefahrenkategorie-Code	Codierung der Gefahrenhinweise	Konzentrationsgrenze
Karz. 1 A	H350	0,1 %
Karz. 1B		
Karz. 2	H351	1,0 %

HP 8 ‚ätzend': Abfall, der bei Applikation Hautverätzungen verursachen kann.

Enthält ein Abfall einen oder mehrere Stoffe, die als hautätzend 1 A, 1B oder 1C (H314) eingestuft sind, und beträgt die Summe ihrer Konzentrationen 5 % oder mehr, so ist der Abfall nach HP 8 als gefährlich einzustufen.

Der Berücksichtigungsgrenzwert in einer Beurteilung auf Hautätzung 1 A, 1B, 1C (H314) beträgt 1,0 %.

HP 9 ‚infektiös': Abfall, der lebensfähige Mikroorganismen oder ihre Toxine enthält, die im Menschen oder anderen Lebewesen erwiesenermaßen oder vermutlich eine Krankheit hervorrufen.

Die Zuordnung von HP 9 ist nach den Regeln zu beurteilen, die in Referenzdokumenten oder in den Rechtsvorschriften der Mitgliedstaaten festgelegt sind.

HP 10 ‚reproduktionstoxisch': Abfall, der Sexualfunktion und Fruchtbarkeit bei Mann und Frau beeinträchtigen und Entwicklungstoxizität bei den Nachkommen verursachen kann.

Enthält ein Abfall einen Stoff, dem einer der folgenden Gefahrenklasse- und Gefahrenkategorie-Codes sowie Gefahrenhinweis-Codes zugeordnet ist und bei dem eine der folgenden Konzentrationsgrenzen der Tabelle 7 erreicht oder überschritten wird, so ist der Abfall nach HP 10 als gefährlich einzustufen. Enthält ein Abfall einen oder mehrere Stoffe, die als reproduktionstoxisch eingestuft sind, so wird der Abfall nur dann nach HP 10 als gefährlich eingestuft, wenn ein einzelner Stoff die Konzentrationsgrenze erreicht oder überschreitet.

Tabelle 7: Gefahrenklasse- und Gefahrenkategorie-Code sowie Codierung der Gefahrenhinweise für Abfallkomponenten und die entsprechenden Konzentrationsgrenzen für die Einstufung von Abfällen als gefährlich nach HP 10

Gefahrenklasse- und Gefahrenkategorie-Code	Codierung der Gefahrenhinweise	Konzentrationsgrenze
Repr. 1 A	H360	0,3%
Repr. 1B		
Repr. 2	H361	3%

HP 11 ‚mutagen': Abfall, der eine Mutation, d. h. eine dauerhafte Veränderung von Menge oder Struktur des genetischen Materials in einer Zelle verursachen kann.

Enthält ein Abfall einen Stoff, dem einer der folgenden Gefahrenklasse- und Gefahrenkategorie-Codes sowie Gefahrenhinweis-Codes zugeordnet ist und bei dem eine der folgenden Konzentrationsgrenzen der Tabelle 8 erreicht oder überschritten wird, so ist der Abfall nach HP 11 als gefährlich einzustufen. Enthält ein Abfall mehr als einen als mutagen eingestuften Stoff, so wird der Abfall nur dann nach HP 11 als gefährlich eingestuft, wenn ein einzelner Stoff die Konzentrationsgrenze erreicht oder überschreitet.

Tabelle 8: Gefahrenklasse- und Gefahrenkategorie-Code sowie Codierung der Gefahrenhinweise für Abfallkomponenten und die entsprechenden Konzentrationsgrenzen für die Einstufung von Abfällen als gefährlich nach HP 11

Gefahrenklasse- und Gefahrenkategorie-Code	Codierung der Gefahrenhinweise	Konzentrationsgrenze
Mutag. 1 A	H340	0,1%
Mutag. 1B		
Mutag. 2	H341	1,0%

HP 12 ‚Freisetzung eines akut toxischen Gases': Abfall, der bei Berührung mit Wasser oder einer Säure akut toxische Gase freisetzt (Akute Toxizität 1, 2 oder 3).

Enthält ein Abfall einen Stoff, dem eine der folgenden zusätzlichen Gefahren EUH029, EUH031 und EUH032 zugeordnet ist, so ist er nach Maßgabe von Prüfmethoden oder Leitlinien als gefährlich nach HP 12 einzustufen.

HP 13 ‚sensibilisierend': Abfall, der einen oder mehrere Stoffe enthält, die bekanntermaßen sensibilisierend für die Haut oder die Atemwege sind.

Enthält ein Abfall einen Stoff, dem eine der folgenden zusätzlichen Gefahren EUH029, EUH031 und EUH032 zugeordnet ist, so ist er nach Maßgabe von Prüfmethoden oder Leitlinien als gefährlich nach HP 12 einzustufen.

HP 14 ‚ökotoxisch': Abfall, der unmittelbare oder mittelbare Gefahren für einen oder mehrere Umweltbereiche darstellt oder darstellen kann.

Abfälle, die mindestens eine der folgenden Bedingungen erfüllen, werden nach HP 14 als gefährlich eingestuft:

- Abfälle, die einen als ‚die Ozonschicht schädigend' eingestuften Stoff enthalten, dem der Gefahrenhinweis H420 gemäß der Verordnung (EG) Nr. 1272/2008 des Europäischen Parlaments und des Rates[2] zugeordnet ist, sofern die Konzentration dieses Stoffes den Konzentrationsgrenzwert von 0,1 % erreicht oder überschreitet.
  [c(H420) $\geq$ 0,1 %]
- Abfälle, die einen oder mehrere als ‚akut gewässergefährdend' eingestufte Stoffe enthalten, denen der Gefahrenhinweis H400 gemäß der Verordnung (EG) Nr. 1272/2008 zugeordnet ist, sofern die Summe der Konzentrationen dieser Stoffe den Konzentrationsgrenzwert von 25 % erreicht oder überschreitet. Für diese Stoffe gilt ein Berücksichtigungsgrenzwert von 0,1 %.
  [Σ c (H400) $\geq$ 25 %]
- Abfälle, die einen oder mehrere als ‚chronisch gewässergefährdend, Kategorie 1, 2 oder 3' eingestufte Stoffe enthalten, denen die Gefahrenhinweise H410, H411 oder H412 gemäß der Verordnung (EG) Nr. 1272/2008 zugeordnet sind, sofern die Summe der Konzentrationen aller als ‚chronisch gewässergefährdend, Kategorie 1' (H410) eingestuften Stoffe, multipliziert mit 100, zuzüglich der Summe der Konzentrationen aller als ‚chronisch gewässergefährdend, Kategorie 2' (H411) eingestuften Stoffe, multipliziert mit 10, zuzüglich der Summe der Konzentrationen aller als ‚chronisch gewässergefährdend, Kategorie 3' (H412) eingestuften Stoffe, den Konzentrationsgrenzwert von 25 % erreicht oder überschreitet. Für Stoffe, denen der Gefahrenhinweis H410 zugeordnet ist, gilt ein Berücksichtigungsgrenzwert von 0,1 %, und für Stoffe, denen der Gefahrenhinweis H411 oder H412 zugeordnet ist, gilt ein Berücksichtigungsgrenzwert von 1 %.
  [$100 \times \Sigma c$ (H410) $+ 10 \times \Sigma c$ (H411) $+ \Sigma c$ (H412) $\geq$ 25 %]
- Abfälle, die einen oder mehrere als ‚chronisch gewässergefährdend, Kategorie 1, 2, 3 oder 4' eingestufte Stoffe enthalten, denen die Gefahrenhinweise H410, H411, H412 oder H413 gemäß der Verordnung (EG) Nr. 1272/2008 zugeordnet sind, sofern die Summe der Konzentra-

[2] Verordnung (EG) Nr. 1272/2008 des Europäischen Parlaments und des Rates vom 16. Dezember 2008 über die Einstufung, Kennzeichnung und Verpackung von Stoffen und Gemischen, zur Änderung und Aufhebung der Richtlinien 67/548/EWG und 1999/45/EG und zur Änderung der Verordnung (EG) Nr. 1907/2006 (ABl. L 353 vom 31. 12. 2008, S. 1)."

tionen aller als ‚chronisch gewässergefährdend' eingestuften Stoffe den Konzentrationsgrenzwert von 25 % erreicht oder überschreitet. Für Stoffe, denen der Gefahrenhinweis H410 zugeordnet ist, gilt ein Berücksichtigungsgrenzwert von 0,1 %, und für Stoffe, denen der Gefahrenhinweis H411, H412 oder H413 zugeordnet ist, gilt ein Berücksichtigungsgrenzwert von 1 %.

$[\Sigma \text{ c H410} + \Sigma \text{ c H411} + \Sigma \text{ c H412} + \Sigma \text{ c H413} \geq 25\%]$

Dabei ist: Σ = Summe und c = Konzentrationen der Stoffe.

HP 15 ‚Abfall, der eine der oben genannten gefahrenrelevanten Eigenschaften entwickeln kann, die der ursprüngliche Abfall nicht unmittelbar aufweist.'

Enthält ein Abfall einen oder mehrere Stoffe, denen einer der Gefahrenhinweise oder eine der zusätzlichen Gefahren der Tabelle 9 zugeordnet ist, so ist der Abfall nach HP 15 als gefährlich einzustufen, es sei denn, der Abfall liegt in einer Form vor, die unter keinen Umständen explosive oder potenziell explosive Eigenschaften zeigt.

Tabelle 9: Gefahrenhinweise und zusätzliche Gefahren für Abfallkomponenten zwecks Einstufung von Abfällen als gefährlich nach HP 15

Gefahrenhinweis(e)/Zusätzliche Gefahr(en)	
Gefahr der Massenexplosion bei Feuer.	H205
In trockenem Zustand explosiv.	EUH001
Kann explosionsfähige Peroxide bilden.	EUH019
Explosionsgefahr bei Erhitzen unter Einschluss.	EUH044

Darüber hinaus können die Mitgliedstaaten einen Abfall auf der Grundlage anderer anwendbarer Kriterien nach HP 15 als gefährlich einstufen, z. B. aufgrund einer Beurteilung von Sickerwasser.

Prüfmethoden

Die anzuwendenden Prüfmethoden sind in der Verordnung (EG) Nr. 440/2008 der Kommission[3] und in anderen CEN- Normen oder international anerkannten Prüfmethoden und Leitlinien beschrieben."

[3] Verordnung (EG) Nr. 440/2008 der Kommission vom 30. Mai 2008 zur Festlegung von Prüfmethoden gemäß der Verordnung (EG) Nr. 1907/2006 des Europäischen Parlaments und des Rates zur Registrierung, Bewertung, Zulassung und Beschränkung chemischer Stoffe (REACH) (ABl. L 142 vom 31. 5. 2008, S. 1).

ANHANG IV
BEISPIELE FÜR ABFALLVERMEIDUNGSMASSNAHMEN NACH ARTIKEL 29

Maßnahmen, die sich auf die Rahmenbedingungen im Zusammenhang mit der Abfallerzeugung auswirken können

1. Einsatz von Planungsmaßnahmen oder sonstigen wirtschaftlichen Instrumenten, die die Effizienz der Ressourcennutzung fördern.
2. Förderung einschlägiger Forschung und Entwicklung mit dem Ziel, umweltfreundlichere und weniger abfallintensive Produkte und Technologien hervorzubringen, sowie Verbreitung und Einsatz dieser Ergebnisse aus Forschung und Entwicklung.
3. Entwicklung wirksamer und aussagekräftiger Indikatoren für die Umweltbelastungen im Zusammenhang mit der Abfallerzeugung als Beitrag zur Vermeidung der Abfallerzeugung auf sämtlichen Ebenen, vom Produktvergleich auf Gemeinschaftsebene über Aktivitäten kommunaler Behörden bis hin zu nationalen Maßnahmen.

Maßnahmen, die sich auf die Konzeptions-, Produktions- und Vertriebsphase auswirken können

4. Förderung von Ökodesign (systematische Einbeziehung von Umweltaspekten in das Produktdesign mit dem Ziel, die Umweltbilanz des Produkts über den gesamten Lebenszyklus hinweg zu verbessern).
5. Bereitstellung von Informationen über Techniken zur Abfallvermeidung im Hinblick auf einen erleichterten Einsatz der besten verfügbaren Techniken in der Industrie.
6. Schulungsmaßnahmen für die zuständigen Behörden hinsichtlich der Einbeziehung der Abfallvermeidungsanforderungen bei der Erteilung von Genehmigungen auf der Grundlage dieser Richtlinie und der Richtlinie 96/61/EG.
7. Einbeziehung von Maßnahmen zur Vermeidung der Abfallerzeugung in Anlagen, die nicht unter die Richtlinie 96/61/EG fallen. Hierzu könnten gegebenenfalls Maßnahmen zur Bewertung der Abfallvermeidung und zur Aufstellung von Plänen gehören.
8. Sensibilisierungsmaßnahmen bzw. Unterstützung von Unternehmen bei der Finanzierung, Entscheidungsfindung o. ä. Besonders wirksam dürften derartige Maßnahmen sein, wenn sie sich gezielt an kleine und mittlere Unternehmen richten und auf diese zugeschnitten sind und auf bewährte Netzwerke des Wirtschaftslebens zurückgreifen.
9. Rückgriff auf freiwillige Vereinbarungen, Verbraucher- und Herstellergremien oder branchenbezogene Verhandlungen, damit die jeweiligen Unternehmen oder Branchen eigene Abfallvermeidungspläne bzw. -ziele festlegen oder abfallintensive Produkte oder Verpackungen verbessern.
10. Förderung anerkannter Umweltmanagementsysteme, einschließlich EMAS und ISO 14001.

Maßnahmen, die sich auf die Verbrauchs- und Nutzungsphase auswirken können

11. Wirtschaftliche Instrumente wie zum Beispiel Anreize für umweltfreundlichen Einkauf oder die Einführung eines vom Verbraucher zu zahlenden Aufpreises für einen Verpackungsartikel oder Verpackungsteil, der sonst unentgeltlich bereitgestellt werden würde.
12. Sensibilisierungsmaßnahmen und Informationen für die breite Öffentlichkeit oder eine bestimmte Verbrauchergruppe.
13. Förderung glaubwürdiger Ökozeichen.

14. Vereinbarungen mit der Industrie, wie der Rückgriff auf Produktgremien etwa nach dem Vorbild der integrierten Produktpolitik, oder mit dem Einzelhandel über die Bereitstellung von Informationen über Abfallvermeidung und umweltfreundliche Produkte.

15. Einbeziehung von Kriterien des Umweltschutzes und der Abfallvermeidung in Ausschreibungen des öffentlichen und privaten Beschaffungswesens im Sinne des Handbuchs für eine umweltgerechte öffentliche Beschaffung, das von der Kommission am 29. Oktober 2004 veröffentlicht wurde.

16. Förderung der Wiederverwendung und/oder Reparatur geeigneter entsorgter Produkte oder ihrer Bestandteile, vor allem durch den Einsatz pädagogischer, wirtschaftlicher, logistischer oder anderer Maßnahmen wie Unterstützung oder Einrichtung von akkreditierten Zentren und Netzen für Reparatur und Wiederverwendung, insbesondere in dicht besiedelten Regionen.

ANHANG IVa

BEISPIELE FÜR WIRTSCHAFTLICHE INSTRUMENTE UND ANDERE MASSNAHMEN ZUR SCHAFFUNG VON ANREIZEN FÜR DIE ANWENDUNG DER ABFALLHIERARCHIE GEMÄSS ARTIKEL 4 ABSATZ 3[1]

1. Gebühren und Beschränkungen für die Ablagerung von Abfällen auf Deponien und Verbrennung von Abfällen als Anreiz für Abfallvermeidung und Recycling, wobei die Ablagerung von Abfällen auf Deponien die am wenigsten bevorzugte Abfallbewirtschaftungsoption bleibt;
2. verursacherbezogene Gebührensysteme (‚Pay-as-you-throw'), in deren Rahmen Abfallerzeugern ausgehend von der tatsächlich verursachten Abfallmenge Gebühren in Rechnung gestellt werden und die Anreize für die Trennung recycelbarer Abfälle an der Anfallstelle und für die Verringerung gemischter Abfälle schaffen;
3. steuerliche Anreize für die Spende von Produkten, insbesondere von Lebensmitteln;
4. Regime der erweiterten Herstellerverantwortung für verschiedene Arten von Abfällen und Maßnahmen zur Optimierung der Wirksamkeit, Kosteneffizienz und Steuerung dieser Regime;
5. Pfandsysteme und andere Maßnahmen zur Förderung der effizienten Sammlung gebrauchter Produkte und Materialien;
6. solide Planung von Investitionen in Infrastruktur zur Abfallbewirtschaftung, auch über die Unionsfonds;
7. ein auf Nachhaltigkeit ausgerichtetes öffentliches Beschaffungswesen zur Förderung einer besseren Abfallbewirtschaftung und des Einsatzes von recycelten Produkten und Materialien;
8. schrittweise Abschaffung von Subventionen, die nicht mit der Abfallhierarchie vereinbar sind;
9. Einsatz steuerlicher Maßnahmen oder anderer Mittel zur Förderung des Absatzes von Produkten und Materialien, die zur Wiederverwendung vorbereitet oder recycelt wurden;
10. Förderung von Forschung und Innovation im Bereich moderne Recycling- und Generalüberholungstechnologie;
11. Nutzung der besten verfügbaren Verfahren der Abfallbehandlung;
12. wirtschaftliche Anreize für regionale und kommunale Behörden, insbesondere zur Förderung der Abfallvermeidung und zur verstärkten Einführung von Systemen der getrennten Sammlung, bei gleichzeitiger Vermeidung der Förderung der Ablagerung von Abfällen auf Deponien und Verbrennung von Abfällen;
13. Kampagnen zur Sensibilisierung der Öffentlichkeit, insbesondere in Bezug auf getrennte Sammlung, Abfallvermeidung und Vermeidung von Vermüllung, sowie durchgängige Berücksichtigung dieser Fragen im Bereich Aus- und Weiterbildung;
14. Systeme für die Koordinierung, auch mit digitalen Mitteln, aller an der Abfallbewirtschaftung beteiligten zuständigen Behörden;
15. Förderung des fortgesetzten Dialogs und der Zusammenarbeit zwischen allen Interessenträgern der Abfallbewirtschaftung sowie Unterstützung von freiwilligen Vereinbarungen und der Berichterstattung über Abfälle durch Unternehmen.

[1] Diese Instrumente und Maßnahmen können als Anreize für die Abfallvermeidung, die oberste Ebene der Abfallhierarchie, dienen; eine umfassende Liste konkreterer Beispiele für Abfallvermeidungsmaßnahmen ist Anhang IV zu entnehmen.

ANHANG IVb

NACH ARTIKEL 11 ABSATZ 3 VORZULEGENDER UMSETZUNGSPLAN

Der nach Artikel 11 Absatz 3 vorzulegende Umsetzungsplan enthält

1. eine Bewertung der in der Vergangenheit erreichten, aktuellen und prognostizierten Quoten bei Recycling, Ablagerung von Abfällen auf Deponien und anderen Arten der Behandlung von Siedlungsabfällen und der Abfallströme, aus denen sie sich zusammensetzen;
2. eine Bewertung der Umsetzung der bestehenden Abfallbewirtschaftungspläne und Abfallvermeidungsprogramme nach Artikel 28 und 29;
3. die Gründe, aus denen der Mitgliedstaat der Auffassung ist, dass er die betreffende, in Artikel 11 Absatz 2 festgelegte Zielvorgabe in der dort festgelegten Frist möglicherweise nicht erreichen wird, und eine Bewertung der zur Erfüllung dieser Zielvorgabe nötigen Fristverlängerung;
4. die zur Erfüllung der Zielvorgaben nach Artikel 11 Absätze 2 und 5 notwendigen Maßnahmen, die während der Fristverlängerung für den Mitgliedstaat gelten, einschließlich geeigneter wirtschaftlicher Instrumente und anderer Maßnahmen, die Anreize für die Anwendung der Abfallhierarchie gemäß Artikel 4 Absatz 1 und Anhang IVa bieten;
5. einen Zeitplan für die Durchführung der in Nummer 4 genannten Maßnahmen, die Festlegung der für deren Durchführung zuständigen Stelle und eine Bewertung, wie diese Maßnahmen jeweils zur Erfüllung der im Fall einer Fristverlängerung geltenden Zielvorgaben beitragen;
6. Informationen zu Finanzmitteln für die Abfallbewirtschaftung nach dem Verursacherprinzip;
7. gegebenenfalls Maßnahmen zur Verbesserung der Datenqualität im Sinne besserer Planbarkeit und Überwachungsergebnisse im Bereich Abfallbewirtschaftung.

ANHANG V
ENTSPRECHUNGSTABELLE

Richtlinie 2006/12/EG	Diese Richtlinie
Artikel 1 Absatz 1 Buchstabe a	Artikel 3 Nummer 1
Artikel 1 Absatz 1 Buchstabe b	Artikel 3 Nummer 5
Artikel 1 Absatz 1 Buchstabe c	Artikel 3 Nummer 6
Artikel 1 Absatz 1 Buchstabe d	Artikel 3 Nummer 9
Artikel 1 Absatz 1 Buchstabe e	Artikel 3 Nummer 19
Artikel 1 Absatz 1 Buchstabe f	Artikel 3 Nummer 15
Artikel 1 Absatz 1 Buchstabe g	Artikel 3 Nummer 10
Artikel 1 Absatz 2	Artikel 7
Artikel 2 Absatz 1	Artikel 2 Absatz 1
Artikel 2 Absatz 1 Buchstabe a	Artikel 2 Absatz 1 Buchstabe a
Artikel 2 Absatz 1 Buchstabe b	Artikel 2 Absatz 2
Artikel 2 Absatz 1 Buchstabe b Ziffer i	Artikel 2 Absatz 1 Buchstabe d
Artikel 2 Absatz 1 Buchstabe b Ziffer ii	Artikel 2 Absatz 2 Buchstabe d
Artikel 2 Absatz 1 Buchstabe b Ziffer iii	Artikel 2 Absatz 1 Buchstabe f und Absatz 2 Buchstabe c
Artikel 2 Absatz 1 Buchstabe b Ziffer iv	Artikel 2 Absatz 2 Buchstabe a
Artikel 2 Absatz 1 Buchstabe b Ziffer v	Artikel 2 Absatz 1 Buchstabe e
Artikel 2 Absatz 2	Artikel 2 Absatz 4
Artikel 3 Absatz 1	Artikel 4
Artikel 4 Absatz 1	Artikel 13
Artikel 4 Absatz 2	Artikel 36 Absatz 1
Artikel 5	Artikel 16
Artikel 6	—
Artikel 7	Artikel 28
Artikel 8	Artikel 15
Artikel 9	Artikel 23
Artikel 10	Artikel 23
Artikel 11	Artikel 24 und 25
Artikel 12	Artikel 26
Artikel 13	Artikel 34

(Fortsetzung)

Richtlinie 2006/12/EG	Diese Richtlinie
Artikel 14	Artikel 35
Artikel 15	Artikel 14
Artikel 16	Artikel 37
Artikel 17	Artikel 38
Artikel 18 Absatz 1	Artikel 39 Absatz 1
—	Artikel 39 Absatz 2
Artikel 18 Absatz 2	—
Artikel 18 Absatz 3	Artikel 39 Absatz 3
Artikel 19	Artikel 40
Artikel 20	—
Artikel 21	Artikel 42
Artikel 22	Artikel 43
Anhang I	—
Anhang IIA	Anhang I
Anhang IIB	Anhang II

Richtlinie 75/439/EWG	Diese Richtlinie
Artikel 1 Absatz 1	Artikel 3 Nummer 18
Artikel 2	Artikel 13 und 21
Artikel 3 Absätze 1 und 2	—
Artikel 3 Absatz 3	Artikel 13
Artikel 4	Artikel 13
Artikel 5 Absatz 1	—
Artikel 5 Absatz 2	—
Artikel 5 Absatz 3	—
Artikel 5 Absatz 4	Artikel 26 und 34
Artikel 6	Artikel 23
Artikel 7 Buchstabe a	Artikel 13
Artikel 7 Buchstabe b	—
Artikel 8 Absatz 1	—
Artikel 8 Absatz 2 Buchstabe a	—

(Fortsetzung)

Richtlinie 75/439/EWG	Diese Richtlinie
Artikel 8 Absatz 2 Buchstabe b	—
Artikel 8 Absatz 3	—
Artikel 9	—
Artikel 10 Absatz 1	Artikel 18
Artikel 10 Absatz 2	Artikel 13
Artikel 10 Absätze 3 und 4	—
Artikel 10 Absatz 5	Artikel 19, 21, 25, 34 und 35
Artikel 11	—
Artikel 12	Artikel 35
Artikel 13 Absatz 1	Artikel 34
Artikel 13 Absatz 2	—
Artikel 14	—
Artikel 15	—
Artikel 16	—
Artikel 17	—
Artikel 18	Artikel 37
Artikel 19	—
Artikel 20	—
Artikel 21	—
Artikel 22	—
Anhang I	—

Richtlinie 91/689/EWG	Diese Richtlinie
Artikel 1 Absatz 1	—
Artikel 1 Absatz 2	—
Artikel 1 Absatz 3	—
Artikel 1 Absatz 4	Artikel 3 Nummer 2 und Artikel 7
Artikel 1 Absatz 5	Artikel 20
Artikel 2 Absatz 1	Artikel 23
Artikel 2 Absätze 2 bis 4	Artikel 18
Artikel 3	Artikel 24, 25 und 26

(Fortsetzung)

Richtlinie 91/689/EWG	Diese Richtlinie
Artikel 4 Absatz 1	Artikel 34 Absatz 1
Artikel 4 Absätze 2 und 3	Artikel 35
Artikel 5 Absatz 1	Artikel 19 Absatz 1
Artikel 5 Absatz 2	Artikel 34 Absatz 2
Artikel 5 Absatz 3	Artikel 19 Absatz 2
Artikel 6	Artikel 28
Artikel 7	—
Artikel 8	—
Artikel 9	—
Artikel 10	—
Artikel 11	—
Artikel 12	—
Anhänge I und II	—
Anhang III	Anhang III

Gesetz zur Ausführung der Verordnung (EG) Nr. 1013/2006 des Europäischen Parlaments und des Rates vom 14. Juni 2006 über die Verbringung von Abfällen[1] und des Basler Übereinkommens vom 22. März 1989 über die Kontrolle der grenzüberschreitenden Verbringung gefährlicher Abfälle und ihrer Entsorgung[2]

(Abfallverbringungsgesetz – AbfVerbrG)

Vom 19. Juli 2007 (BGBl. I S. 1462)

Zuletzt geändert am 19. Juni 2020 (BGBl. I S. 1328)

§ 1 Geltungsbereich

Dieses Gesetz gilt für:

1. die Verbringung von Abfällen in das, aus dem oder durch das Bundesgebiet,
2. die Verbringung von Abfällen zwischen Orten im Bundesgebiet, die mit einer Durchfuhr durch andere Staaten verbunden ist,
3. die Verbringung von Abfällen, bei deren Notifizierung eine deutsche zuständige Behörde gemäß Artikel 15 Buchstabe f Nr. ii der Verordnung (EG) Nr. 1013/2006 als ursprüngliche zuständige Behörde im ursprünglichen Versandstaat zu beteiligen ist, sowie
4. die mit der Verbringung verbundene Verwertung oder Beseitigung.

§ 2 Grundsatz der Autarkie

(1) Bei Abfällen, die aus dem Bundesgebiet verbracht werden sollen und zur Beseitigung bestimmt sind, hat die Beseitigung im Inland Vorrang vor der Beseitigung im Ausland. Sofern eine Beseitigung von Abfällen im Ausland entsprechend Satz 1 und den Bestimmungen der Verordnung (EG) Nr. 1013/2006 zulässig ist, hat die Beseitigung in einem Mitgliedstaat der Europäischen Union Vorrang vor der Beseitigung in einem anderen Staat.

(2) Absatz 1 gilt in Ausführung von Artikel 3 Abs. 5 der Verordnung (EG) Nr. 1013/2006 entsprechend für gemischte Siedlungsabfälle (Abfallschlüssel 20 03 01), die in privaten Haushaltungen eingesammelt worden sind, auch wenn dabei solche Abfälle anderer Erzeuger mit eingesammelt worden sind.

§ 3 Bestimmungen im Verfahren der vorherigen schriftlichen Notifizierung und Zustimmung, die die Behörden betreffen

(1) Die zuständige Behörde kann erlauben, dass Sicherheitsleistungen oder entsprechende Versicherungen gemäß Artikel 4 Abs. 2 Nr. 5 und Artikel 6 der Verordnung (EG) Nr. 1013/2006 oder, sofern die zuständige Behörde dies gestattet, der Nachweis über diese Sicherheitsleistungen oder entsprechenden Versicherungen spätestens zusammen mit der vorherigen Mitteilung des tatsächlichen Beginns der Verbringung gemäß Artikel 16 Buchstabe b der Verordnung (EG) Nr. 1013/2006 vorgelegt werden.

[1] Verordnung (EG) Nr. 1013/2006 des Europäischen Parlaments und des Rates vom 14. Juni 2006 über die Verbringung von Abfällen (ABl. EU Nr. L 190 S. 1) in der jeweils geltenden Fassung.

[2] Basler Übereinkommen vom 22. März 1989 über die Kontrolle der grenzüberschreitenden Verbringung gefährlicher Abfälle und ihrer Entsorgung (BGBl. 1994 II S. 2703), geändert durch Beschlüsse vom 22. September 1995 und vom 27. Februar 1998 (BGBl. 2002 II S. 89), vom 9. bis 13. Dezember 2003 (BGBl. 2003 II S. 1626) und vom 25. bis 29. Oktober 2004 (BGBl. 2005 II S. 1122), in der jeweils geltenden Fassung.

(2) Soweit bei einer Verbringung durch das Bundesgebiet, die zugleich eine Durchfuhr durch die Gemeinschaft ist, von der zuständigen Behörde am Versandort oder am Bestimmungsort

1. keine Sicherheitsleistungen oder entsprechenden Versicherungen festgelegt wurden, legt das Umweltbundesamt die Sicherheitsleistungen oder entsprechenden Versicherungen gemäß Artikel 6 der Verordnung (EG) Nr. 1013/2006 einschließlich Form, Wortlaut und Deckungsbeitrag fest,

2. Sicherheitsleistungen oder entsprechende Versicherungen festgelegt wurden, kann das Umweltbundesamt den Deckungsbeitrag überprüfen und erforderlichenfalls zusätzliche Sicherheitsleistungen oder entsprechende Versicherungen gemäß Artikel 6 der Verordnung (EG) Nr. 1013/2006 festlegen.

(3) Die zuständigen Behörden können gemäß Artikel 4 Abs. 2 Nr. 3 in Verbindung mit Anhang II Teil 3 Nr. 14 der Verordnung (EG) Nr. 1013/2006 sonstige Informationen verlangen, die für die Beurteilung einer Notifizierung sachdienlich und erforderlich sind.

(4) Die zuständige Behörde darf eine Verbringung nach Artikel 11 Abs. 1 Buchstabe c oder Artikel 12 Abs. 1 Buchstabe d der Verordnung (EG) Nr. 1013/2006 aus Gründen, die sich aus einem rechtskräftigen Urteil ergeben, nicht mehr ablehnen, wenn zum Zeitpunkt der behördlichen Entscheidung

1. im Falle der Verurteilung wegen einer Straftat die Frist zur Tilgung der entsprechenden Eintragung im Bundeszentralregister abgelaufen ist,

2. in sonstigen Fällen seit Rechtskraft des Urteils mehr als fünf Jahre verstrichen sind.

§ 4 Pflichten der übrigen Beteiligten im Verfahren der vorherigen schriftlichen Notifizierung und Zustimmung

(1) Der Notifizierende hat die gemäß Artikel 10 Abs. 1 oder 2, jeweils auch in Verbindung mit Artikel 35 Abs. 1, Artikel 37 Abs. 2 Unterabs. 2, Artikel 37 Abs. 5, Artikel 38 Abs. 1, Artikel 40 Abs. 3, Artikel 42 Abs. 1, Artikel 44 Abs. 1, Artikel 45, Artikel 46 Abs. 1, Artikel 47 oder Artikel 48, der Verordnung (EG) Nr. 1013/2006 festgelegten Auflagen, die ihn betreffen, zu erfüllen und sicherzustellen, dass der Empfänger und der Betreiber der Anlage die Auflagen, die diese betreffen, erfüllen und dass der Beförderer die Auflagen für den Transport der Abfälle erfüllt.

(2) Bei Verbringungen, die von Artikel 4 bis 17, auch in Verbindung mit Artikel 35 Abs. 1, Artikel 37 Abs. 2 Unterabs. 2, Artikel 37 Abs. 5, Artikel 38 Abs. 1, Artikel 40 Abs. 3, Artikel 42 Abs. 1, Artikel 44 Abs. 1, Artikel 45, Artikel 46 Abs. 1, Artikel 47 oder Artikel 48, der Verordnung (EG) Nr. 1013/2006 erfasst werden,

1. hat der Notifizierende das Begleitformular an den entsprechenden Stellen gemäß Anhang IC der Verordnung (EG) Nr. 1013/2006 auszufüllen und zu unterzeichnen sowie sicherzustellen, dass das nach Artikel 16 Satz 1 und 2 Buchstabe a der Verordnung (EG) Nr. 1013/2006 von ihm an den entsprechenden Stellen soweit wie möglich ausgefüllte und unterzeichnete Begleitformular sowie Kopien des Notifizierungsformulars, die die von den betroffenen Behörden erteilten schriftlichen Zustimmungen sowie die entsprechenden Auflagen enthalten, mitgeführt werden,

2. hat der Notifizierende sicherzustellen, dass das Begleitformular sowie Kopien des Notifizierungsformulars, die die von den betroffenen Behörden erteilten schriftlichen Zustimmungen sowie die entsprechenden Auflagen enthalten, mitgeführt werden,

3. hat der Beförderer das Begleitformular an den entsprechenden Stellen gemäß Anhang IC der Verordnung (EG) Nr. 1013/2006 auszufüllen, es bei der Übernahme der betreffenden Abfälle zu unterzeichnen, es gegebenenfalls einem weiteren Beförderer oder dem Empfänger bei der Übergabe der Abfälle auszuhändigen und eine Kopie davon selbst zu behalten; dabei trifft die Pflicht zur Mitführung und Aushändigung auch die den Transport unmittelbar durchführende Person, und
4. hat der Empfänger, soweit er nicht Betreiber der Anlage ist, die die Abfälle erhält, das Begleitformular an den entsprechenden Stellen auszufüllen, es bei der Übernahme der betreffenden Abfälle zu unterzeichnen, es dem Betreiber der Anlage, die die Abfälle erhält, bei der Übergabe der Abfälle auszuhändigen und eine Kopie davon selbst zu behalten.

Für die elektronische Mitführung, Übermittlung, Ausfüllung und Unterzeichnung gilt Artikel 26 Abs. 2 Buchstabe c, Abs. 3 und 4 der Verordnung (EG) Nr. 1013/2006 entsprechend.

(3) Der Beförderer hat der Ausfuhrzollstelle gemäß Artikel 35 Abs. 3 Buchstabe c, auch in Verbindung mit Artikel 37 Abs. 2 Unterabs. 2 und Artikel 37 Abs. 5, und Artikel 38 Abs. 3 Buchstabe b der Verordnung (EG) Nr. 1013/2006 eine Kopie des Begleitformulars bei der Abgabe der Zollanmeldung vorzulegen. Der Beförderer hat der Ausgangszollstelle gemäß Artikel 35 Abs. 3 Buchstabe c, auch in Verbindung mit Artikel 37 Abs. 2 Unterabs. 2 und Artikel 37 Abs. 5, sowie Artikel 38 Abs. 3 Buchstabe b, Artikel 47 und Artikel 48 und der Eingangszollstelle gemäß Artikel 42 Abs. 3 Buchstabe c, auch in Verbindung mit Artikel 44 Abs. 3 und Artikel 45, sowie Artikel 47 und Artikel 48 der Verordnung (EG) Nr. 1013/2006 eine Kopie des Begleitformulars vorzulegen, wenn die Abfälle bei der Zollstelle vorgeführt werden.

(4) Der Betreiber einer Anlage, die die Abfälle erhält, hat unverzüglich die Abfälle und das Begleitformular zu prüfen. Falls diese Prüfung ergibt, dass die Abfälle nicht dem Begleitformular oder dem Vertrag gemäß Artikel 5 der Verordnung (EG) Nr. 1013/2006 entsprechen, hat der Betreiber unverzüglich die zuständige Behörde gemäß § 14 Abs. 1 Satz 1 zu unterrichten.

(5) Der Betreiber der Anlage hat die Verwertung oder Beseitigung von Abfällen gemäß Artikel 9 Abs. 7, auch in Verbindung mit Artikel 40 Abs. 3, Artikel 42 Abs. 1, Artikel 44 Abs. 1, Artikel 45 und Artikel 46 Abs. 1, der Verordnung (EG) Nr. 1013/2006 innerhalb der dort genannten Frist abzuschließen.

(6) Der Notifizierende hat der zuständigen Behörde, falls diese ihre Zustimmung zu einer Sammelnotifizierung gemäß Artikel 13 Abs. 3, auch in Verbindung mit Artikel 35 Abs. 1, Artikel 37 Abs. 2 Unterabs. 2, Artikel 37 Abs. 5, Artikel 38 Abs. 1, Artikel 40 Abs. 3, Artikel 42 Abs. 1, Artikel 44 Abs. 1, Artikel 45, Artikel 46 Abs. 1, Artikel 47 oder Artikel 48, der Verordnung (EG) Nr. 1013/2006 von der späteren Vorlage von zusätzlichen Informationen und Unterlagen gemäß Artikel 4 Abs. 2 Nr. 2 und 3 der Verordnung (EG) Nr. 1013/2006 abhängig gemacht hat, zu Zeitpunkten, die von der Behörde festgelegt sind, solche Informationen und Unterlagen zu übermitteln.

§ 5 Pflichten im Rahmen der allgemeinen Informationspflichten

(1) Bei Verbringungen, die von Artikel 18, auch in Verbindung mit Artikel 37 Abs. 3, Artikel 38 Abs. 1, Artikel 40 Abs. 3, Artikel 42 Abs. 1, Artikel 44 Abs. 1, Artikel 45, Artikel 46 Abs. 1, Artikel 47 oder Artikel 48, der Verordnung (EG) Nr. 1013/2006 erfasst werden,

1. hat die Person, die die Verbringung veranlasst, sicherzustellen, dass das von ihr an den entsprechenden Stellen soweit wie möglich ausgefüllte und unterzeichnete in Anhang VII der Verordnung (EG) Nr. 1013/2006 enthaltene Dokument mitgeführt wird,

2. hat der Beförderer das in Anhang VII der Verordnung (EG) Nr. 1013/2006 enthaltene Dokument an den ihn betreffenden Stellen auszufüllen, es bei der Übernahme der betreffenden Abfälle zu unterzeichnen, es mitzuführen und es gegebenenfalls einem weiteren Beförderer oder dem Empfänger bei der Übergabe der Abfälle auszuhändigen; dabei trifft die Pflicht zur Mitführung und Aushändigung auch die den Transport unmittelbar durchführende Person,

3. hat der Empfänger, soweit er nicht Betreiber der Verwertungsanlage oder des Labors ist, das in Anhang VII der Verordnung (EG) Nr. 1013/2006 enthaltene Dokument nach Unterzeichnung gemäß Artikel 18 Abs. 1 Buchstabe b der Verordnung (EG) Nr. 1013/2006 dem Betreiber der Verwertungsanlage oder des Labors bei der Übergabe der Abfälle auszuhändigen, und

4. haben die Person, die die Verbringung veranlasst, und der Empfänger vor Beginn einer Verbringung einen Vertrag gemäß Artikel 18 Abs. 2 Unterabs. 1 der Verordnung (EG) Nr. 1013/2006 zu schließen und diesen mindestens drei Jahre ab dem Zeitpunkt des Beginns der Verbringung aufzubewahren; davon ausgenommen sind Abfälle nach Artikel 3 Abs. 4 der Verordnung (EG) Nr. 1013/2006.

(2) Der Betreiber einer Anlage, die die Abfälle erhält, hat unverzüglich die Abfälle und das mitgeführte Dokument zu prüfen, das in Anhang VII der Verordnung (EG) Nr. 1013/2006 enthalten ist. Falls diese Prüfung ergibt, dass die Abfälle nicht dem mitgeführten Dokument oder dem Vertrag gemäß Artikel 18 Abs. 2 Unterabs. 1 der Verordnung (EG) Nr. 1013/2006 entsprechen, hat der Betreiber unverzüglich die zuständige Behörde gemäß § 14 Abs. 1 Satz 1 zu unterrichten.

(3) Der Betreiber eines Labors, das die Abfälle erhält, hat unverzüglich die Abfälle und das mitgeführte Dokument zu prüfen, das in Anhang VII der Verordnung (EG) Nr. 1013/2006 enthalten ist. Falls diese Prüfung ergibt, dass die Abfälle nicht dem mitgeführten Dokument entsprechen oder die Menge der Abfälle die Menge überschreitet, die gemäß Artikel 3 Abs. 4 der Verordnung (EG) Nr. 1013/2006 erlaubt ist, hat der Betreiber unverzüglich die zuständige Behörde gemäß § 14 Abs. 1 Satz 1 zu unterrichten.

(4) Für die elektronische Mitführung, Ausfüllung und Unterzeichnung gilt Artikel 26 Abs. 3 der Verordnung (EG) Nr. 1013/2006 bezüglich Absatz 1 Nr. 1, 2 und 3 entsprechend.

§ 6 Verordnungsermächtigungen

Die Bundesregierung wird ermächtigt, durch Rechtsverordnung

1. mit Zustimmung des Bundesrates Vorschriften zu erlassen über grundsätzliche Vereinbarungen zur Durchführung der Verordnung (EG) Nr. 1013/2006, die bei Zusammenkünften der Anlaufstellen gemäß Artikel 57 der Verordnung (EG) Nr. 1013/2006 verabschiedet wurden,
2. mit Zustimmung des Bundesrates Abkommen nach Artikel 30 der Verordnung (EG) Nr. 1013/2006 in Kraft zu setzen, die sich im Rahmen der Ziele dieser Verordnung halten, und
3. ohne Zustimmung des Bundesrates nach Anhörung der beteiligten Kreise gemäß Artikel 36 Abs. 3 der Verordnung (EG) Nr. 1013/2006 Vorschriften zu erlassen über die Ausnahmen von dem Ausfuhrverbot in Bezug auf bestimmte in Anhang V aufgeführte Abfälle.

§ 7 Gebührenschuldnerschaft[3]

Durch Besondere Gebührenverordnung des Bundesministeriums für Umwelt, Naturschutz und nukleare Sicherheit nach § 22 Absatz 4 des Bundesgebührengesetzes kann für den Bereich der

[3] Gültige Fassung ab 1. Oktober 2021

Bundesverwaltung die Gebührenschuldnerschaft abweichend von den Vorschriften des Bundesgebührengesetzes geregelt werden.

§ 8 Ergänzende Bestimmungen zu den Rücknahmeverpflichtungen

(1) Soweit eine Rücknahmeverpflichtung gemäß Artikel 22 Abs. 2 Unterabs. 1 oder Abs. 3 Unterabs. 1 oder Artikel 24 Abs. 2 Buchstabe c, d oder e der Verordnung (EG) Nr. 1013/2006 eine zuständige Behörde im Bundesgebiet trifft, obliegt die Erfüllung der Verpflichtung dem Land, in dem die Verbringung begonnen hat. Soweit Behörden mehrerer Länder zuständig wären, haben die betroffenen Länder eine zuständige Behörde zu bestimmen. Soweit sich keine zuständige Behörde bestimmen oder so rechtzeitig ermitteln lässt, dass der Rücknahmeverpflichtung fristgemäß nachgekommen werden kann, obliegt die Verpflichtung dem Land, das bei sukzessiver Zuordnung dieser Fälle zu der alphabetisch geordneten Liste der Länderbezeichnungen als nächstes zuständig ist. Die Länder können die Erfüllung der Verpflichtung einer gemeinsamen Einrichtung übertragen.

(2) Soweit eine Verpflichtung zur Übernahme von Kosten der Rücknahme gemäß Artikel 23 oder 25 der Verordnung (EG) Nr. 1013/2006 für Abfälle besteht, die aus dem Bundesgebiet verbracht werden sollen oder werden, trifft diese Verpflichtung auch die Person, die eine Verbringung veranlasst, vermittelt oder durchgeführt hat oder in sonstiger Weise daran beteiligt war, und den Erzeuger der Abfälle. Abweichend von Satz 1 trifft diese Verpflichtung nicht

1. den Erzeuger der Abfälle, falls er nachweisen kann, dass er bei der Abgabe der Abfälle an eine dritte Person im Inland ordnungsgemäß gehandelt hat und an der Verbringung nicht beteiligt gewesen ist, und
2. Einrichtungen oder Börsen von Selbstverwaltungskörperschaften oder Verbänden der Wirtschaft, welche die Abfälle zur Verwertung vermittelt haben, soweit dies auf den Austausch von Adressen veröffentlichter Angebote und Nachfragen beschränkt ist.

Diejenigen, die zur Übernahme von Kosten für die Rücknahme verpflichtet sind, sind untereinander nach den Grundsätzen der Gesamtschuld zum Ausgleich verpflichtet.

(3) Die Kosten, die den zuständigen Behörden im Zusammenhang mit der Rücknahme und der Verwertung oder Beseitigung oder der Verwertung oder Beseitigung auf andere Weise entstehen, hat die kostenpflichtige Person gemäß Artikel 23 oder 25 der Verordnung (EG) Nr. 1013/2006 in Verbindung mit Absatz 2 zu tragen. Es kann bestimmt werden, dass die kostenpflichtige Person die voraussichtlichen Kosten, die im Zusammenhang mit der Rücknahme oder der Verwertung oder Beseitigung auf andere Weise entstehen, im Voraus zu zahlen hat.

(4) Soweit eine kostenpflichtige Person gemäß Artikel 23 oder 25 der Verordnung (EG) Nr. 1013/2006 in Verbindung mit Absatz 2 nicht in Anspruch genommen werden kann, trägt das Land, in dem die nach Absatz 1 Satz 1 bis 3 zuständige Behörde liegt, die Kosten für die Rücknahme oder die Verwertung oder Beseitigung auf andere Weise, abzüglich der von den Verursachenden und sonstigen erstattungspflichtigen dritten Personen gegenüber der nach Absatz 1 zuständigen Behörde erstatteten Kosten. Für Fälle der Erfüllung der Rücknahmeverpflichtung durch eine gemeinsame Einrichtung gemäß Absatz 1 Satz 4 können die Länder eine Kostenverteilung vereinbaren.

(5) Widerspruch und Anfechtungsklage gegen Entscheidungen betreffend die Rückführung der Abfälle oder die Festsetzung von Kosten nach Absatz 3 haben keine aufschiebende Wirkung.

§ 9 Datenerhebung und -verwendung

(1) Für die folgenden Aufgaben dürfen personenbezogene Daten erhoben werden:

1. Kontrolle von Verbringungen von Abfällen und der damit verbundenen Verwertung oder Beseitigung,
2. Bekämpfung illegaler Verbringungen,
3. Erfüllung der Informationspflichten gegenüber den zuständigen Behörden anderer Staaten, dem Sekretariat des Basler Übereinkommens und der Kommission,
4. Durchführung der Abfallwirtschaftsplanung, soweit dabei Verbringungen aus dem oder in das Bundesgebiet einbezogen werden.

Folgende Behörden dürfen den Namen und die Anschrift, Geburtsdatum und -ort, Telefon- und Telefaxnummern, E-Mail-Adressen und den Bereich der Abfallverbringungen betreffende Versicherungen von Personen, die an der Verbringung von Abfällen und der damit verbundenen Verwertung oder Beseitigung beteiligt sind, und deren im genannten Bereich tätigen Unternehmen, einschließlich der Erzeuger und Betreiber von Anlagen, erheben, soweit dies zur Erfüllung der in Satz 1 genannten Aufgaben erforderlich ist:

1. die Anlaufstelle nach § 15, die für die Abfallwirtschaft nach Bundes- oder Landesrecht zuständigen Behörden, die durch Rechtsverordnung mit öffentlich-rechtlichen Aufgaben der Abfallwirtschaft beauftragten Träger, die obersten Landesumweltbehörden, die gemeinsame Einrichtung nach § 8 Abs. 1 Satz 4,
2. die Behörden der Zollverwaltung,
3. die zuständigen Polizeibehörden einschließlich des Bundeskriminalamtes und der Landeskriminalämter,
4. das Bundesamt für Güterverkehr, das Bundesamt für Wirtschaft und Ausfuhrkontrolle (BAFA), das Bundesamt für Verbraucherschutz und Lebensmittelsicherheit, die Bundesanstalt für Landwirtschaft und Ernährung und das Auswärtige Amt.

(2) Soweit in diesem Gesetz und in den Abfallgesetzen des Bundes und der Länder nichts anderes bestimmt ist, dürfen personenbezogene Daten nur bei den betroffenen Personen erhoben werden. Ohne deren Mitwirkung dürfen sie nur erhoben werden,

1. wenn dies zur Erfüllung der in Absatz 1 Satz 1 genannten Aufgaben erforderlich ist und
2. wenn
   a) diese Aufgaben ihrer Art nach eine Erhebung bei anderen Personen oder Stellen erforderlich machen oder
   b) die Erhebung bei der betroffenen Person einen unverhältnismäßigen Aufwand erfordern würde und keine Anhaltspunkte dafür bestehen, dass überwiegende schutzwürdige Interessen der betroffenen Person beeinträchtigt werden.

(3) Die in Absatz 1 Satz 2 genannten Stellen dürfen die erhobenen Daten an die anderen in Absatz 1 Satz 2 genannten Stellen sowie an die Bundesministerien der Finanzen, des Innern, für Bau und Heimat, für Wirtschaft und Energie, für Verkehr und digitale Infrastruktur, für Ernährung und Landwirtschaft, für Umwelt, Naturschutz, Bau und Reaktorsicherheit und an das Umweltbundesamt übermitteln, soweit dies zur Erfüllung der in Absatz 1 Satz 1 genannten Aufgaben erforderlich ist. Personenbezogene Daten, die von den in Absatz 4 genannten oder anderen ausländischen Stellen übermittelt worden sind, dürfen an die in Satz 1 genannten Stellen übermittelt

werden, soweit dies zur Erfüllung der in Absatz 1 Satz 1 genannten Aufgaben erforderlich ist. Die nach Absatz 1 Satz 2 erhobenen Daten und personenbezogene Daten, die von den in Absatz 4 genannten oder anderen ausländischen Stellen übermittelt worden sind, dürfen an Gerichte und Strafverfolgungsbehörden übermittelt werden, ohne dass diese schriftlich darum gebeten haben, soweit aus Sicht der übermittelnden Stellen tatsächliche Anhaltspunkte dafür vorliegen, dass die Kenntnis der Daten für die Verfolgung von Straftaten oder Ordnungswidrigkeiten erforderlich ist.

(4) Wenn die Anlaufstellen und die für die Abfallwirtschaft zuständigen Stellen anderer Staaten, das Sekretariat des Basler Übereinkommens sowie die Kommission schriftlich oder elektronisch um die nach Absatz 1 Satz 2 erhobenen Daten gebeten und begründet haben, wozu sie sie benötigen, dürfen ihnen die Daten übermittelt werden, soweit die Kenntnis der Daten für die Erfüllung der Aufgaben nach Absatz 1 Satz 1 Nr. 1 bis 3 erforderlich ist.

(5) Die dritte Person, an die Daten nach den Absätzen 3 und 4 übermittelt worden sind, darf die Daten nur für die Aufgabe verwenden, für die sie ihr übermittelt worden sind. Darüber hinaus ist eine Verwendung nur zulässig, soweit es zur Abwehr erheblicher Nachteile für das Gemeinwohl oder einer sonst drohenden Gefahr für die öffentliche Sicherheit oder zur Verfolgung von Straftaten und Ordnungswidrigkeiten erforderlich ist. Die übermittelnde Stelle hat die dritte Person in den Fällen des Absatzes 4 darauf hinzuweisen.

§ 10 Kennzeichnung der Fahrzeuge

(1) Beförderer und den Transport unmittelbar durchführende Personen haben Fahrzeuge,mit denen sie Abfälle auf öffentlichen Straßen befördern, vor Antritt der Fahrt mit zwei rechteckigen, rückstrahlenden, weißen Warntafeln von mindestens 40 Zentimetern Breite und mindestens 30 Zentimetern Höhe zu versehen. Die Warntafeln müssen in schwarzer Farbe die Aufschrift „A“ (Buchstabenhöhe 20 Zentimeter, Schriftstärke 2 Zentimeter) tragen. Die Warntafeln müssen während der Beförderung außen am Fahrzeug deutlich sichtbar angebracht sein, und zwar vorn und hinten. Bei Zügen muss die hintere Tafel an der Rückseite des Anhängers angebracht sein.

(2) Absatz 1gilt nicht für Fahrzeuge, mit denen Abfälle im Rahmen wirtschaftlicher Unternehmen, das heißt, aus Anlass einer anderweitigen gewerblichen oder wirtschaftlichen Tätigkeit, die nicht auf die Beförderung von Abfällen gerichtet ist, befördert werden.

(3) Die Bundesregierung wird ermächtigt, in einer Rechtsverordnung nach § 53 Absatz 6 oder § 54 Absatz 7 des Kreislaufwirtschaftsgesetzes Ausnahmen von der Kennzeichnungspflicht nach Absatz 1 zuzulassen.

§ 11 Kontrollen

(1) Die zuständigen Landesbehörden führen gemäß Artikel 34 der Richtlinie 2008/98/EG des Europäischen Parlaments und des Rates vom 19. November 2008 über Abfälle und zur Aufhebung bestimmter Richtlinien (ABl. L 312 vom 22.11.2008, S. 3, L 127 vom 26.5.2009, S. 24), die zuletzt durch die Richtlinie (EU) 2015/1127 (ABl. L 184 vom 11.7.2015, S. 13) geändert worden ist, Kontrollen von Einrichtungen, Unternehmen, Maklern und Händlern gemäß Artikel 50 Absatz 2 der Verordnung (EG) Nr. 1013/2006 und auf der Grundlage von nach § 11a erstellten Kontrollplänen durch.

(2) Die gemäß § 14 Absatz 1 und 2 Satz 1 zuständigen Behörden kontrollieren die Verbringung von Abfällen und die damit verbundene Verwertung oder Beseitigung gemäß Artikel 50 Absatz 2 und 3 bis 4d der Verordnung (EG) Nr. 1013/2006 und auf der Grundlage von nach § 11a erstellten Kontrollplänen. Bei der Kontrolle von Verbringungen von Abfällen wirken die vom Bundesministerium der Finanzen bestimmten Zollbehörden sowie das Bundesamt für Güterverkehr im

Rahmen ihrer bestehenden Aufgaben mit. Die Zollbehörden und das Bundesamt für Güterverkehr arbeiten im Rahmen ihrer Möglichkeiten mit den zuständigen Landesbehörden zusammen.

(3) Besteht der Verdacht eines Verstoßes gegen Bestimmungen der Verordnung (EG) Nr. 1013/2006 oder dieses Gesetzes, insbesondere der Verdacht einer illegalen Verbringung, unterrichten die in den Absätzen 1 und 2 genannten Behörden die Landesbehörde, die für das Gebiet zuständig ist, in dem die Kontrolle durchgeführt wurde, sowie

1. im Falle der Verbringung in das Bundesgebiet die zuständige Behörde am Bestimmungsort gemäß § 14 Abs. 1 Satz 1,
2. im Falle der Verbringung aus dem Bundesgebiet die zuständige Behörde am Versandort gemäß § 14 Abs. 1 Satz 2 oder
3. im Falle der Verbringung durch das Bundesgebiet die für die Durchfuhr zuständige Behörde gemäß § 14 Abs. 4 unverzüglich in schriftlich oder elektronisch über den Verdacht und die Gründe dafür.

Dies gilt nicht, falls das Bundesamt für Güterverkehr den alleinigen Verdacht eines Verstoßes gegen die Kennzeichnungspflicht gemäß § 10 Absatz 1 Satz 1 hat und entweder für dessen Verfolgung nach § 18 Absatz 5 zuständig ist oder den Vorgang an die zuständige Behörde des jeweiligen Landes abgibt.

(4) Nachdem die Landesbehörde, die für das Gebiet zuständig ist, in dem die Kontrolle durchgeführt wurde, gemäß Absatz 3 unterrichtet wurde und den Verdacht und die Gründe dafür als stichhaltig erachtet, stellt sie auf Kosten und Gefahr der verfügungsberechtigten Person sicher, dass Vorkehrungen für die sichere Lagerung getroffen werden, bis

1. die zuständige Behörde am Versandort im Falle des Artikels 24 Abs. 2 Unterabs. 1 der Verordnung (EG) Nr. 1013/2006,
2. die zuständige Behörde am Bestimmungsort im Falle des Artikels 24 Abs. 3 Unterabs. 1 der Verordnung (EG) Nr. 1013/2006 oder
3. die in den Nummern 1 und 2 genannten Behörden zusammen im Falle des Artikels 24 Abs. 5 der Verordnung (EG) Nr. 1013/2006

anderweitig entschieden hat oder haben und ihr ihre Entscheidung schriftlich oder elektronisch mitgeteilt hat oder haben.

(5) Im Falle des Absatzes 3 und im Falle einer Entdeckung gemäß Artikel 22 Abs. 9, Artikel 24 Abs. 7, Artikel 35 Abs. 6, auch in Verbindung mit Artikel 37 Abs. 2 Unterabs. 2 und Artikel 37 Abs. 5, Artikel 38 Abs. 7, Artikel 42 Abs. 5, auch in Verbindung mit Artikel 45, Artikel 47 und Artikel 48 Abs. 1, sowie Artikel 44 Abs. 5, auch in Verbindung mit Artikel 48 Abs. 2, der Verordnung (EG) Nr. 1013/2006 können die in den Absätzen 1 und 2 genannten Behörden Abfälle sowie deren Transport- und Verpackungsmittel auf Kosten und Gefahr der verfügungsberechtigten Person bis zur Behebung der festgestellten Mängel oder bis zur sicheren Lagerung sicherstellen.

(6) Die Absätze 3 und 4 lassen die Artikel 22 Abs. 9, Artikel 24 Abs. 2 Unterabs. 2, Abs. 3 Unterabs. 2 und Abs. 7, Artikel 35 Abs. 6, auch in Verbindung mit Artikel 37 Abs. 2 Unterabs. 2 und Artikel 37 Abs. 5, Artikel 38 Abs. 7, Artikel 42 Abs. 5, auch in Verbindung mit Artikel 45, Artikel 47 und Artikel 48 Abs. 1, sowie Artikel 44 Abs. 5, auch in Verbindung mit Artikel 48 Abs. 2, der Verordnung (EG) Nr. 1013/2006 unberührt.

(7) Widerspruch und Anfechtungsklage gegen Entscheidungen betreffend die sichere Lagerung von Abfällen oder die Sicherstellung nach Absatz 4 oder Absatz 5 haben keine aufschiebende Wirkung.

§ 11a Kontrollpläne

(1) Die Länder erstellen für ihr Gebiet bis zum 1. Januar 2017 Kontrollpläne gemäß Artikel 50 Absatz 2a Satz 1 bis 4 der Verordnung (EG) Nr. 1013/2006 für Kontrollen gemäß § 11 Absatz 1 und 2. Sie überprüfen diese Pläne mindestens alle drei Jahre und aktualisieren diese gegebenenfalls gemäß Artikel 50 Absatz 2a Satz 5 und 6 der Verordnung (EG) Nr. 1013/2006.

(2) Bei der Erstellung und Aktualisierung der Kontrollpläne

1. beteiligen sich die Länder untereinander, soweit die Inhalte der Kontrollpläne andere Länder betreffen, und
2. führen die Länder das Einvernehmen mit den zuständigen Zollbehörden und dem Bundesamt für Güterverkehr herbei bezüglich der Inhalte der Kontrollpläne, die die Zollbehörden und das Bundesamt für Güterverkehr betreffen; die Generalzolldirektion und das Bundesamt für Güterverkehr teilen den Ländern hierfür die jeweiligen Kontaktstellen mit.

§ 12 Maßnahmen zur Überwachung

(1) Insbesondere die zuständigen Behörden gemäß § 14 Abs. 1, 2 und 4 arbeiten bei der Verhinderung und Ermittlung illegaler Verbringungen untereinander sowie bilateral und multilateral mit den zuständigen Behörden anderer Staaten gemäß Artikel 50 Abs. 5 der Verordnung (EG) Nr. 1013/2006 zusammen.

(2) Für die Ergreifung von Durchsetzungsmaßnahmen auf Bitten eines anderen Mitgliedstaates gemäß Artikel 50 Abs. 7 der Verordnung (EG) Nr. 1013/2006 sind insbesondere die zuständigen Landesbehörden und die in § 11 Abs. 2 Satz 2 genannten Bundesbehörden zuständig.

(3) § 47 des Kreislaufwirtschaftsgesetzes ist anzuwenden. Insbesondere kann die zuständige Behörde auch Proben der transportierten Abfälle entnehmen und untersuchen sowie folgende Unterlagen prüfen

1. das Begleitformular sowie Kopien des Notifizierungsformulars, die die von den betroffenen Behörden erteilten schriftlichen Zustimmungen sowie die entsprechenden Auflagen enthalten, und
2. das in Anhang VII der Verordnung (EG) Nr. 1013/2006 enthaltene Dokument.

(4) Auf Verlangen hat den für die Kontrolle zuständigen Behörden auszuhändigen:

1. der Notifizierende die in Absatz 3 Satz 2 Nr. 1 genannten Unterlagen,
2. die Person, die die Verbringung veranlasst, die in Absatz 3 Satz 2 Nr. 2 genannten Unterlagen und
3. der Beförderer, die den Transport unmittelbar durchführende Person, der Empfänger und der Betreiber der Anlage, die die Abfälle erhält, die in Absatz 3 Satz 2 Nr. 1 und 2 genannten Unterlagen.

(5) Die zuständigen Behörden können zum Zwecke der Kontrolle und Durchsetzung die in Artikel 18 Abs. 1 der Verordnung (EG) Nr. 1013/2006 genannten Informationen über Verbringungen anfordern, die von Artikel 18, auch in Verbindung mit Artikel 37 Abs. 3, Artikel 38 Abs. 1, Artikel 40 Abs. 3, Artikel 42 Abs. 1, Artikel 44 Abs. 1, Artikel 45 oder Artikel 46 Abs. 1, der Verord-

nung (EG) Nr. 1013/2006 erfasst werden. Die Person, die die Verbringung veranlasst, der Empfänger und der Betreiber der Anlage, die die Abfälle erhält, haben der zuständigen Behörde auf Anforderung zu Zeitpunkten, die von der Behörde festgelegt sind, die in Satz 1 genannten Informationen zu übermitteln.

§ 13 Anordnungen im Einzelfall

Die zuständige Behörde kann im Einzelfall die erforderlichen Anordnungen zur Durchführung der Verordnung (EG) Nr. 1013/2006, anderer unmittelbar geltender Vorschriften in Rechtsakten der Europäischen Gemeinschaft über die Verbringung von Abfällen, dieses Gesetzes und der auf Grund dieses Gesetzes erlassenen Rechtsverordnungen treffen. Sie kann insbesondere Anordnungen zur Erfüllung der Rücknahmeverpflichtung gemäß Artikel 22 oder 24, jeweils auch in Verbindung mit Artikel 35 Abs. 1, Artikel 37 Abs. 2 Unterabs. 2, Artikel 37 Abs. 3, Artikel 37 Abs. 5, Artikel 38 Abs. 1, Artikel 40 Abs. 3, Artikel 42 Abs. 1, Artikel 44 Abs. 1, Artikel 45 oder Artikel 46 Abs. 1 der Verordnung (EG) Nr. 1013/2006 und zur Sicherstellung gemäß Artikel 22 Abs. 9, Artikel 24 Abs. 7, Artikel 35 Abs. 6, auch in Verbindung mit Artikel 37 Abs. 2 Unterabs. 2 und Artikel 37 Abs. 5, Artikel 38 Abs. 7, Artikel 42 Abs. 5, auch in Verbindung mit Artikel 45, Artikel 47 und 48 Abs. 1, sowie Artikel 44 Abs. 5, auch in Verbindung mit Artikel 48 Abs. 2, der Verordnung (EG) Nr. 1013/2006 sowie gemäß § 11 Abs. 5 treffen.

§ 14 Zuständige Behörden

(1) Für Maßnahmen im Zusammenhang mit der Verbringung von Abfällen in das Bundesgebiet und der damit verbundenen Verwertung oder Beseitigung, einschließlich der Pflichten, die für die zuständige Behörde am Bestimmungsort gemäß Verordnung (EG) Nr. 1013/2006 gelten, ist die Behörde des Landes zuständig, in dem die Abfälle erstmals verwertet oder beseitigt werden sollen oder werden. Für Maßnahmen im Zusammenhang mit der Verbringung von Abfällen aus dem Bundesgebiet und der damit verbundenen Verwertung oder Beseitigung, einschließlich der Pflichten, die für die zuständige Behörde am Versandort gemäß Verordnung (EG) Nr. 1013/2006 gelten, ist die Behörde des Landes zuständig, in dem die Verbringung der Abfälle beginnen soll oder beginnt.

(2) Zusätzlich zu Absatz 1 sind auch die Behörden des Landes, in dessen Gebiet sich die Abfälle befinden, befugt, Verbringungen von Abfällen in das, aus dem oder durch das Bundesgebiet zu kontrollieren. Befugt sind auch die in § 11 Abs. 2 Satz 2 genannten Bundesbehörden.

(3) Für das betreffende Gebiet zuständige Behörde gemäß Artikel 22 Abs. 9 der Verordnung (EG) Nr. 1013/2006 ist die Landesbehörde, die für das Gebiet zuständig ist, in dem die Verbringung, die nicht abgeschlossen werden kann, entdeckt wurde. Für das betreffende Gebiet zuständige Behörde gemäß Artikel 24 Abs. 7 der Verordnung (EG) Nr. 1013/2006 und zuständige Behörde im Staat der Zollstelle gemäß Artikel 35 Abs. 6, auch in Verbindung mit Artikel 37 Abs. 2 Unterabs. 2 und Artikel 37 Abs. 5, Artikel 38 Abs. 7, Artikel 42 Abs. 5, auch in Verbindung mit Artikel 45, Artikel 47 und Artikel 48 Abs. 1, sowie Artikel 44 Abs. 5, auch in Verbindung mit Artikel 48 Abs. 2, der Verordnung (EG) Nr. 1013/2006 ist die Landesbehörde, die für das Gebiet zuständig ist, in dem die illegale Verbringung entdeckt wurde.

(4) Für die Entscheidung über Abfallverbringungen, die durch das Bundesgebiet erfolgen sollen oder erfolgen, und die damit verbundene Verwertung oder Beseitigung, die dem Verfahren der vorherigen schriftlichen Notifizierung und Zustimmung unterliegen, ist das Umweltbundesamt zuständig. Das Umweltbundesamt ist auch für weitere Pflichten zuständig, die für die Behörden gelten, welche gemäß Verordnung (EG) Nr. 1013/2006 die für die Durchfuhr zuständigen Behörden sind.

§ 15 Anlaufstelle

(1) Das Umweltbundesamt ist Anlaufstelle im Sinne des Artikels 5 Nr. 1 des Basler Übereinkommens und im Sinne des Artikels 54 der Verordnung (EG) Nr. 1013/2006.

(2) Die in diesem Gesetz genannten Bundes- und Landesbehörden tauschen unter Beachtung von § 9 über die Anlaufstelle Informationen aus über illegale Verbringungen und Verbringungen, die nicht wie vorgesehen abgeschlossen werden können, sowie über laufende Ermittlungs- und Strafverfahren. Die Anlaufstelle nimmt Anfragen entgegen, die sich auf das Ausland beziehen, und leitet sie an die zuständigen Stellen weiter.

(3) Die Anlaufstelle stellt Informationen, die für die Verbringung von Abfällen relevant sind, auf ihrer Webseite ein. Hiervon unberührt bleibt, dass die zuständigen Behörden am Versand- und Bestimmungsort gemäß Artikel 21 der Verordnung (EG) Nr. 1013/2006 Informationen über die Notifizierungen von Verbringungen, denen sie zugestimmt haben, öffentlich zugänglich machen können.

(4) Die Anlaufstelle unterrichtet die Kommission über die Benennungen und die diesbezüglichen Informationen gemäß Artikel 50 Abs. 6 und Artikel 56 Abs. 1 Buchstabe a und b in Verbindung mit Abs. 2 bis 4 der Verordnung (EG) Nr. 1013/2006.

§ 16 Berichte und Übermittlung von Informationen

(1) Für die Übermittlung von Informationen nach Artikel 13 des Basler Übereinkommens an das Sekretariat des Basler Übereinkommens ist das Umweltbundesamt zuständig. Auf Anfrage übermitteln die Länder dem Umweltbundesamt rechtzeitig auf elektronischem Weg die Informationen, die nach Artikel 13 des Basler Übereinkommens erforderlich sind. Dazu gehören insbesondere die Informationen zur Fertigung des Berichts nach Artikel 13 Abs. 3 des Basler Übereinkommens, vor allem die Angaben im Notifizierungsformular. Das Umweltbundesamt übermittelt der Kommission eine Kopie dieses Berichts gemäß Artikel 51 Abs. 1 der Verordnung (EG) Nr. 1013/2006.

(2) Für die Erstellung des Berichts gemäß Artikel 51 Abs. 2 Satz 1 der Verordnung (EG) Nr. 1013/2006 und die Übermittlung an die Kommission ist das Umweltbundesamt zuständig. Auf Anfrage übermitteln die Länder, die Generalzolldirektion und das Bundesamt für Güterverkehr dem Umweltbundesamt rechtzeitig auf elektronischem Weg die Informationen, die zur Fertigung dieses Berichts gemäß Anhang IX der Verordnung (EG) Nr. 1013/2006 erforderlich sind. Das Umweltbundesamt veröffentlicht den in Artikel 51 Absatz 2 Satz 2 der Verordnung (EG) Nr. 1013/2006 genannten Abschnitt dieses Berichts zusammen mit zweckmäßigen Erläuterungen dazu innerhalb eines Monats nach der Übermittlung dieses Berichts an die Kommission auf seiner Webseite.

§ 17 Zollstellen

Das Bundesministerium für Umwelt, Naturschutz und nukleare Sicherheit, gibt im Einvernehmen mit der Generalzolldirektion gemäß Artikel 55 der Verordnung (EG) Nr. 1013/2006 die Zollstellen für die Bundesrepublik Deutschland bekannt, über die Abfälle beim Eingang oder beim Verlassen der Europäischen Gemeinschaft verbracht werden dürfen.

§ 18 Bußgeldvorschriften

(1) Ordnungswidrig handelt, wer vorsätzlich oder fahrlässig

1. entgegen § 4 Abs. 1 eine vollziehbare Auflage nicht, nicht richtig, nicht vollständig oder nicht rechtzeitig erfüllt oder nicht sicherstellt, dass eine dort genannte Person eine solche Auflage erfüllt,
2. entgegen § 4 Abs. 2 Satz 1 Nr. 1 nicht sicherstellt, dass eine dort genannte Unterlage mitgeführt wird,
3. entgegen § 4 Abs. 2 Satz 1 Nr. 2 oder 3 das Begleitformular nicht, nicht richtig, nicht vollständig oder nicht rechtzeitig aushändigt,
4. entgegen § 4 Abs. 3 eine Unterlage nicht oder nicht rechtzeitig vorlegt,
5. entgegen § 4 Abs. 4 Satz 2 oder § 5 Abs. 2 Satz 2 oder Abs. 3 Satz 2 die zuständige Behörde nicht oder nicht rechtzeitig unterrichtet,
6. entgegen § 4 Abs. 5 eine Verwertung oder Beseitigung nicht oder nicht rechtzeitig abschließt,
7. entgegen § 4 Abs. 6 eine Information oder Unterlage nicht, nicht richtig, nicht vollständig oder nicht rechtzeitig übermittelt,

7a. entgegen § 5 Absatz 1 Nummer 1 nicht sicherstellt, dass ein dort genanntes Dokument mitgeführt wird,

8. entgegen § 5 Abs. 1 Nr. 2 oder Nr. 3 das dort genannte Dokument nicht, nicht richtig oder nicht vollständig mitführt oder nicht oder nicht rechtzeitig aushändigt,
9. entgegen § 5 Abs. 1 Nr. 4 einen Vertrag nicht, nicht richtig oder nicht rechtzeitig schließt,
10. einer Rechtsverordnung nach § 6 Nr. 1 oder 2 zuwiderhandelt, soweit sie für einen bestimmten Tatbestand auf diese Bußgeldvorschrift verweist,
11. entgegen § 10 Absatz 1 Satz 1 ein Fahrzeug nicht, nicht richtig, nicht vollständig oder nicht rechtzeitig mit Watntafeln versieht,
12. entgegen § 12 Abs. 3 Satz 1 in Verbindung mit § 47 Abs. 3 Satz 1 des Kreislaufwirtschaftsgesetzes eine Auskunft nicht, nicht richtig, nicht vollständig oder nicht rechtzeitig erteilt,
13. entgegen § 12 Abs. 3 Satz 1 in Verbindung mit § 47 Abs. 3 Satz 2 oder 3 des Kreislaufwirtschaftsgesetzes das Betreten eines Grundstückes oder eines Wohn-, Geschäfts- oder Betriebsraumes, die Einsicht in Unterlagen oder die Vornahme einer technischen Ermittlung oder Prüfung nicht gestattet,
14. entgegen § 12 Abs. 3 Satz 1 in Verbindung mit § 47 Abs. 4 des Kreislaufwirtschaftsgesetzes Arbeitskräfte, Werkzeuge oder Unterlagen nicht zur Verfügung stellt,
15. entgegen § 12 Abs. 4 eine Unterlage nicht oder nicht rechtzeitig aushändigt,
16. entgegen § 12 Abs. 5 Satz 2 eine Information nicht, nicht richtig, nicht vollständig oder nicht rechtzeitig übermittelt,
17. einer vollziehbaren Anordnung nach § 13 Satz 2 zuwiderhandelt oder
18. einer unmittelbar geltenden Vorschrift in Rechtsakten der Europäischen Gemeinschaft oder der Europäischen Union über die Verbringung von Abfällen zuwiderhandelt, die
    a) bestimmt, dass eine Verbringung nur so lange erfolgen darf, wie die Zustimmungen aller zuständigen Behörden gültig sind, oder dass die Ausfuhr oder Einfuhr von Abfällen verboten ist,

b) bestimmt, dass Abfälle während der Verbringung nicht mit anderen Abfällen vermischt werden dürfen, oder

c) inhaltlich einem in Nummer 2 bis 5, 7 bis 10, 16 oder 17 bezeichneten Tatbestand entspricht,

soweit eine Rechtsverordnung nach Absatz 6 für einen bestimmten Tatbestand auf diese Bußgeldvorschrift verweist.

(2) Ordnungswidrig handelt, wer vorsätzlich oder fahrlässig eine illegale Verbringung im Sinne des Artikels 2 Nummer 35 Buchstabe d, e oder Buchstabe g Ziffer iii der Verordnung (EG) Nr. 1013/2006

1. von gefährlichen Abfällen im Sinne des Artikels 3 Nummer 2 der Richtlinie 2008/98/EG oder
2. von Abfällen im Sinne des Artikels 3 Nummer 1 der Richtlinie 2008/98/EG, die keine gefährlichen Abfälle im Sinne des Artikels 3 Nummer 2 der Richtlinie 2008/98/EG sind,

durchführt.

(3) Der Versuch einer Ordnungswidrigkeit nach Absatz 1 Nr. 18 Buchstabe a kann geahndet werden.

(4) Die Ordnungswidrigkeit kann in den Fällen des Absatzes 1 Nummer 1, 6, 10, 17 und 18 Buchstabe a und b und des Absatzes 2 Nummer 1 mit einer Geldbuße bis zu fünfzigtausend Euro, in den Fällen des Absatzes 1 Nummer 5, 9, 12, 13 und 14 und des Absatzes 2 Nummer 2 mit einer Geldbuße bis zu zwanzigtausend Euro und in den übrigen Fällen mit einer Geldbuße bis zu zehntausend Euro geahndet werden.

(5) Verwaltungsbehörde im Sinne des § 36 Abs. 1 Nr. 1 des Gesetzes über Ordnungswidrigkeiten ist das Bundesamt für Güterverkehr bei Transporten von Abfällen auf der Straße, soweit die Zuwiderhandlung in einem Unternehmen begangen wird, das im Inland weder seinen Sitz noch eine geschäftliche Niederlassung hat, und soweit die betroffene Person im Inland keinen Wohnsitz hat.

(6) Soweit dies zur Durchsetzung der Rechtsakte der Europäischen Gemeinschaft oder der Europäischen Union erforderlich ist, wird das Bundesministerium für Umwelt, Naturschutz und nukleare Sicherheit, ermächtigt, durch Rechtsverordnung ohne Zustimmung des Bundesrates die Tatbestände zu bezeichnen, die als Ordnungswidrigkeit nach Absatz 1 Nr. 18 geahndet werden können.

§ 18a Strafvorschriften im Fall illegaler Verbringungen gefährlicher Abfälle

(1) Mit Freiheitsstrafe bis zu fünf Jahren oder mit Geldstrafe wird bestraft, wer eine illegale Verbringung im Sinne des Artikels 2 Nummer 35

1. Buchstabe a, b, c oder Buchstabe g Ziffer i oder Ziffer ii der Verordnung (EG) Nr. 1013/2006 oder
2. Buchstabe f in Verbindung mit
   a) Artikel 34 Absatz 1 oder Absatz 3, Artikel 39, Artikel 40 Absatz 1, Artikel 41 Absatz 1 erster Halbsatz oder Artikel 43 Absatz 1 der Verordnung (EG) Nr. 1013/2006 oder
   b) Artikel 36 Absatz 1, auch in Verbindung mit Artikel 40 Absatz 2, der Verordnung (EG) Nr. 1013/2006

von gefährlichen Abfällen im Sinne des Artikels 3 Nummer 2 der Richtlinie 2008/98/EG durchführt.

(2) Ebenso wird bestraft, wer durch eine in § 18 Absatz 2 Nummer 1 bezeichnete vorsätzliche Handlung Leben oder Gesundheit eines anderen, Tiere oder Pflanzen, Gewässer, die Luft oder den Boden oder fremde Sachen von bedeutendem Wert gefährdet.

(3) Mit Freiheitsstrafe von sechs Monaten bis zu fünf Jahren wird bestraft, wer

1. eine in Absatz 1 bezeichnete Handlung beharrlich wiederholt oder
2. in den Fällen des Absatzes 1 aus Gewinnsucht handelt.

(4) Mit Freiheitsstrafe von einem Jahr bis zu zehn Jahren wird bestraft, wer in den Fällen des Absatzes 1 einen anderen Menschen in die Gefahr des Todes oder einer schweren Gesundheitsschädigung oder eine große Zahl von Menschen in die Gefahr einer Gesundheitsschädigung bringt.

(5) In minder schweren Fällen des Absatzes 4 ist die Strafe Freiheitsstrafe von sechs Monaten bis zu fünf Jahren.

(6) Mit Freiheitsstrafe nicht unter drei Jahren wird bestraft, wer in den Fällen des Absatzes 1 den Tod eines anderen Menschen verursacht.

(7) In minder schweren Fällen des Absatzes 6 ist die Strafe Freiheitsstrafe von einem Jahr bis zu zehn Jahren.

(8) Handelt der Täter in den Fällen des Absatzes 1 oder 2 fahrlässig, so ist die Strafe Freiheitsstrafe bis zu drei Jahren oder Geldstrafe.

(9) Das Gericht kann in den Fällen der Absätze 1, 2 und 8 die Strafe nach § 49 Absatz 2 des Strafgesetzbuches mildern oder von Strafe absehen, wenn der Täter freiwillig die Gefahr abwendet oder den von ihm verursachten Zustand beseitigt, bevor ein erheblicher Schaden entsteht. Wird ohne Zutun des Täters die Gefahr abgewendet oder der rechtswidrig verursachte Zustand beseitigt, so genügt ein freiwilliges und ernsthaftes Bemühen, dieses Ziel zu erreichen.

(10) Die Tat ist nicht nach den Absätzen 1 bis 8 strafbar, wenn die Handlung eine unerhebliche Menge von gefährlichen Abfällen betrifft.

§ 18b Strafvorschriften im Fall illegaler Verbringungen nicht gefährlicher Abfälle

(1) Mit Freiheitsstrafe bis zu zwei Jahren oder mit Geldstrafe wird bestraft, wer eine illegale Verbringung im Sinne des Artikels 2 Nummer 35

1. Buchstabe a, b, c oder Buchstabe g Ziffer i oder Ziffer ii der Verordnung (EG) Nr. 1013/2006 oder
2. Buchstabe f in Verbindung mit
   a) Artikel 34 Absatz 1 oder Absatz 3, Artikel 39, Artikel 40 Absatz 1, Artikel 41 Absatz 1 erster Halbsatz oder Artikel 43 Absatz 1 der Verordnung (EG) Nr. 1013/2006 oder
   b) Artikel 36 Absatz 1 Buchstabe b, f oder Buchstabe g, jeweils auch in Verbindung mit Artikel 40 Absatz 2, der Verordnung (EG) Nr. 1013/2006

von Abfällen im Sinne des Artikels 3 Nummer 1 der Richtlinie 2008/98/EG, die keine gefährlichen Abfälle im Sinne des Artikels 3 Nummer 2 der Richtlinie 2008/98/EG sind, durchführt.

(2) Ebenso wird bestraft, wer durch eine in § 18 Absatz 2 Nummer 2 bezeichnete vorsätzliche Handlung Leben oder Gesundheit eines anderen, Tiere oder Pflanzen, Gewässer, die Luft oder den Boden oder fremde Sachen von bedeutendem Wert gefährdet.

(3) Mit Freiheitsstrafe bis zu fünf Jahren oder mit Geldstrafe wird bestraft, wer

1. eine in Absatz 1 bezeichnete Handlung beharrlich wiederholt oder
2. in den Fällen des Absatzes 1 aus Gewinnsucht handelt.

(4) Mit Freiheitsstrafe von einem Jahr bis zu zehn Jahren wird bestraft, wer in den Fällen des Absatzes 1 einen anderen Menschen in die Gefahr des Todes oder einer schweren Gesundheitsschädigung oder eine große Zahl von Menschen in die Gefahr einer Gesundheitsschädigung bringt.

(5) In minder schweren Fällen des Absatzes 4 ist die Strafe Freiheitsstrafe von sechs Monaten bis zu fünf Jahren.

(6) Mit Freiheitsstrafe nicht unter drei Jahren wird bestraft, wer in den Fällen des Absatzes 1 den Tod eines anderen Menschen verursacht.

(7) In minder schweren Fällen des Absatzes 6 ist die Strafe Freiheitsstrafe von einem Jahr bis zu zehn Jahren.

(8) Handelt der Täter in den Fällen des Absatzes 1 oder 2 fahrlässig, so ist die Strafe Freiheitsstrafe bis zu einem Jahr oder Geldstrafe.

(9) Das Gericht kann in den Fällen der Absätze 1, 2 und 8 die Strafe nach § 49 Absatz 2 des Strafgesetzbuches mildern oder von Strafe absehen, wenn der Täter freiwillig die Gefahr abwendet oder den von ihm verursachten Zustand beseitigt, bevor ein erheblicher Schaden entsteht. Wird ohne Zutun des Täters die Gefahr abgewendet oder der rechtswidrig verursachte Zustand beseitigt, so genügt ein freiwilliges und ernsthaftes Bemühen, dieses Ziel zu erreichen.

(10) Die Tat ist nicht nach den Absätzen 1 bis 8 strafbar, wenn die Handlung eine unerhebliche Menge von Abfällen betrifft.

§ 18c Verweisungen auf Vorschriften des Rechts der Europäischen Gemeinschaft oder der Europäischen Union

(1) Verweisungen in § 18 Absatz 2, § 18a Absatz 1 und § 18b Absatz 1 dieses Gesetzes auf Vorschriften der Europäischen Gemeinschaft oder der Europäischen Union beziehen sich auf die in dem Anhang zu dieser Vorschrift angegebenen Fassungen.

(2) Das Bundesministerium für Umwelt, Naturschutz und nukleare Sicherheit, wird ermächtigt, durch Rechtsverordnung ohne Zustimmung des Bundesrates das Fundstellenverzeichnis in dem Anhang zu dieser Vorschrift zu ändern.

§ 19 Einziehung

Ist eine Straftat nach § 18a oder § 18b oder eine Ordnungswidrigkeit nach § 18 Absatz 1 oder Absatz 2 begangen worden, so können

1. Gegenstände, die durch die Straftat oder Ordnungswidrigkeit hervorgebracht oder zu ihrer Begehung oder Vorbereitung gebraucht worden oder bestimmt gewesen sind, und
2. Gegenstände, auf die sich die Straftat oder Ordnungswidrigkeit bezieht,

eingezogen werden. § 74a des Strafgesetzbuches und § 23 des Gesetzes über Ordnungswidrigkeiten sind anzuwenden.

§ 20 Bestimmungen zum Verwaltungsverfahren

Von den in diesem Gesetz und auf Grund dieses Gesetzes getroffenen Regelungen des Verwaltungsverfahrens kann durch Landesrecht nicht abgewichen werden.

Anhang
(zu § 18c)

Fundstellenverzeichnis der Vorschriften des Rechts der Europäischen Gemeinschaft oder der Europäischen Union

1. Verordnung (EG) Nr. 1013/2006 des Europäischen Parlaments und des Rates vom 14. Juni 2006 über die Verbringung von Abfällen (ABl. L 190 vom 12.7.2006, S. 1, L 318 vom 28.11.2008, S. 15, L 334 vom 13.12.2013, S. 46, L 277 vom 22.10.2015, S. 61), die zuletzt durch die Verordnung (EU) 2015/2002 (ABl. L 294 vom 11.11.2015, S. 1) geändert worden ist,

2. Richtlinie 2008/98/EG des Europäischen Parlaments und des Rates vom 19. November 2008 über Abfälle und zur Aufhebung bestimmter Richtlinien (ABl. L 312 vom 22.11.2008, S. 3, L 127 vom 26.5.2009, S. 24), die zuletzt durch die Richtlinie (EU) 2015/1127 (ABl. L 184 vom 11.7.2015, S. 13) geändert worden ist.

VERORDNUNG (EG) Nr. 1013/2006 DES EUROPÄISCHEN PARLAMENTS UND DES RATES über die Verbringung von Abfällen

(AbfVerbrV)

Vom 14. Juni 2006 (Amtsblatt der Europäischen Union L 190/1)

Zuletzt geändert am 19. Oktober 2020 (Amtsblatt der Europäischen Union L 433/11)

DAS EUROPÄISCHE PARLAMENT UND DER RAT DER EUROPÄISCHEN UNION

. . .

HABEN FOLGENDE VERORDNUNG ERLASSEN:

TITEL I
GELTUNGSBEREICH UND BEGRIFFSBESTIMMUNGEN

Artikel 1
Geltungsbereich

(1) In dieser Verordnung werden Verfahren und Kontrollregelungen für die Verbringung von Abfällen festgelegt, die von dem Ursprung, der Bestimmung, dem Transportweg, der Art der verbrachten Abfälle und der Behandlung der verbrachten Abfälle am Bestimmungsort abhängen.

(2) Diese Verordnung gilt für die Verbringung von Abfällen:

1. zwischen Mitgliedstaaten innerhalb der Gemeinschaft oder mit Durchfuhr durch Drittstaaten;
2. aus Drittstaaten in die Gemeinschaft;
3. aus der Gemeinschaft in Drittstaaten;
4. mit Durchfuhr durch die Gemeinschaft von und nach Drittstaaten.

(3) Diese Verordnung gilt nicht für

a) das Abladen von Abfällen an Land, einschließlich der Abwässer und Rückstände, aus dem normalen Betrieb von Schiffen und Offshore-Bohrinseln, sofern diese Abfälle unter das Internationale Übereinkommen zur Verhütung der Meeresverschmutzung durch Schiffe von 1973 in der Fassung des Protokolls von 1978 (Marpol 73/78) oder andere bindende internationale Übereinkünfte fallen;

b) Abfälle, die in Fahrzeugen und Zügen sowie an Bord von Luftfahrzeugen und Schiffen anfallen, und zwar bis zum Zeitpunkt des Abladens dieser Abfälle zwecks Verwertung oder Beseitigung;

c) die Verbringung radioaktiver Abfälle im Sinne des Artikels 2 der Richtlinie 92/3/Euratom des Rates vom 3. Februar 1992 zur Überwachung und Kontrolle der Verbringungen radioaktiver Abfälle von einem Mitgliedstaat in einen anderen, in die Gemeinschaft und aus der Gemeinschaft[1];

d) Verbringungen, die unter die Zulassungsanforderungen der Verordnung (EG) Nr. 1774/2002 fallen;

---

1 ABl. L 35 vom 12.2.1992, S. 24.

e) die Verbringung von Abfällen im Sinne des Artikels 2 Absatz 1 Buchstabe b Ziffern ii, iv und v der Richtlinie 2006/12/EG, sofern für diese Verbringung bereits andere gemeinschaftsrechtliche Vorschriften mit ähnlichen Bestimmungen gelten;

f) die Verbringung von Abfällen aus der Antarktis in die Gemeinschaft im Einklang mit dem Umweltschutzprotokoll zum Antarktis-Vertrag (1991);

g) die Einfuhr in die Gemeinschaft von Abfällen, die beim Einsatz von Streitkräften oder Hilfsorganisationen in Krisensituationen oder im Rahmen friedenschaffender oder friedenserhaltender Maßnahmen anfallen, sofern diese Abfälle von den betreffenden Streitkräften oder Hilfsorganisationen oder in ihrem Auftrag direkt oder indirekt in den Empfängerstaat verbracht werden. In diesen Fällen ist jede für die Durchfuhr zuständige Behörde sowie die zuständige Behörde am Bestimmungsort in der Gemeinschaft im Voraus über die Verbringung und den Bestimmungsort zu unterrichten.

(4) Die Verbringung von Abfällen aus der Antarktis in Staaten außerhalb der Gemeinschaft mit Durchfuhr durch die Gemeinschaft unterliegt den Bestimmungen der Artikel 36 und 49.

(5) Die Verbringung von Abfällen ausschließlich innerhalb eines Mitgliedstaates unterliegt lediglich Artikel 33.

Artikel 2
Begriffsbestimmungen

Im Sinne dieser Verordnung bezeichnet der Ausdruck:

1. „Abfälle“ Abfälle im Sinne des Artikels 1 Absatz 1 Buchstabe a der Richtlinie 2006/12/EG;
2. „gefährliche Abfälle“ Abfälle im Sinne des Artikels 1 Absatz 4 der Richtlinie 91/689/EWG des Rates vom 12. Dezember 1991 über gefährliche Abfälle[2];
3. „Abfallgemisch“ Abfälle, die aus der absichtlichen oder unabsichtlichen Vermischung von zwei oder mehr unterschiedlichen Abfällen resultieren, wobei es für das Gemisch keinen Einzeleintrag in den Anhängen III, IIIB, IV und IVA gibt. Eine einzelne Verbringung von Abfällen, die zwei oder mehr voneinander getrennte Abfälle umfasst, ist kein Abfallgemisch;
4. „Beseitigung“ die Beseitigung im Sinne des Artikels 1 Absatz 1 Buchstabe e der Richtlinie 2006/12/EG;
5. „vorläufige Beseitigung“ die Beseitigungsverfahren D 13 bis D 15 im Sinne des Anhangs IIA der Richtlinie 2006/12/EG;
6. „Verwertung“ die Verwertung im Sinne des Artikels 1 Absatz 1 Buchstabe f der Richtlinie 2006/12/EG;
7. „vorläufige Verwertung“ die Verwertungsverfahren R 12 und R 13 im Sinne des Anhangs IIB der Richtlinie 2006/12/EG;

7a. „Wiederverwendung“ Wiederverwendung im Sinne des Artikels 3 Nummer 13 der Richtlinie 2008/98/EG des Europäischen Parlaments und des Rates[3];

---

[2] ABl. L 377 vom 31.12.1991, S. 20. Geändert durch die Richtlinie 94/31/EG (ABl. L 168 vom 2.7.1994, S. 28).

[3] Richtlinie 2008/98/EG des Europäischen Parlaments und des Rates vom 19. November 2008 über Abfälle und zur Aufhebung bestimmter Richtlinien (ABl. L 312 vom 22.11.2008, S. 3).

8. „umweltgerechte Behandlung" das Ergreifen aller praktisch durchführbaren Maßnahmen, die sicherstellen, dass Abfälle so behandelt werden, dass der Schutz der menschlichen Gesundheit und der Umwelt vor den nachteiligen Auswirkungen, die solche Abfälle haben können, sichergestellt ist;

9. „Erzeuger" jede Person, durch deren Tätigkeit Abfälle anfallen („Ersterzeuger"), und/oder jede Person, die Vorbehandlungen, Vermischungen oder sonstige Behandlungen vornimmt, die eine Veränderung der Natur oder der Zusammensetzung dieser Abfälle bewirken („Neuerzeuger") (im Sinne des Artikels 1 Absatz 1 Buchstabe b der Richtlinie 2006/12/EG);

10. „Besitzer" den Erzeuger der Abfälle oder die natürliche oder juristische Person, in deren Besitz sich die Abfälle befinden (im Sinne des Artikels 1 Absatz 1 Buchstabe c der Richtlinie 2006/12/EG);

11. „Einsammler" jede Person, die das Abfalleinsammeln im Sinne des Artikels 1 Absatz 1 Buchstabe g der Richtlinie 2006/12/EG durchführt;

12. „Händler" jede Person, die in eigener Verantwortung handelt, wenn sie Abfälle kauft und anschließend verkauft, auch solche Händler, die die Abfälle nicht materiell in Besitz nehmen, und wie in Artikel 12 der Richtlinie 2006/12/EG aufgeführt;

13. „Makler" jede Person, die für die Verwertung oder die Beseitigung von Abfällen für andere sorgt, auch solche Makler, die die Abfälle nicht materiell in Besitz nehmen, wie in Artikel 12 der Richtlinie 2006/12/EG aufgeführt;

14. „Empfänger" die Person oder das Unternehmen, die bzw. das der Gerichtsbarkeit des Empfängerstaats unterliegt und zu der bzw. dem die Abfälle zur Verwertung oder Beseitigung verbracht werden;

15. „Notifizierender"

    a) im Falle einer Verbringung, die in einem Mitgliedstaat beginnt, eine der Gerichtsbarkeit dieses Mitgliedstaates unterliegende natürliche oder juristische Person, die beabsichtigt, eine Verbringung von Abfällen durchzuführen oder durchführen zu lassen, und zur Notifizierung verpflichtet ist. Der Notifizierende ist eine der nachfolgend aufgeführten Personen oder Einrichtungen in der Rangfolge der Nennung:

        i) der Ersterzeuger oder

        ii) der zugelassene Neuerzeuger, der vor der Verbringung Verfahren durchführt, oder

        iii) ein zugelassener Einsammler, der aus verschiedenen kleinen Mengen derselben Abfallart aus verschiedenen Quellen Abfälle für eine Verbringung zusammengestellt hat, die an einem bestimmten, in der Notifizierung genannten Ort beginnen soll, oder

        iv) ein eingetragener Händler, der von einem Ersterzeuger, Neuerzeuger oder zugelassenen Einsammler im Sinne der Ziffern i, ii und iii schriftlich ermächtigt wurde, in dessen Namen als Notifizierender aufzutreten, oder

        v) ein eingetragener Makler, der von einem Ersterzeuger, Neuerzeuger oder zugelassenen Einsammler im Sinne der Ziffern i, ii und iii schriftlich ermächtigt wurde, in dessen Namen als Notifizierender aufzutreten, oder

        vi) wenn alle in den Ziffern i, ii, iii, iv und v — soweit anwendbar — genannten Personen unbekannt oder insolvent sind, der Besitzer.

Sollte ein Notifizierender im Sinne der Ziffern iv oder v es versäumen, eine der in den Artikeln 22 bis 25 festgelegten Rücknahmeverpflichtungen zu erfüllen, so gilt der Ersterzeuger, Neuerzeuger bzw. zugelassene Einsammler im Sinne der Ziffern i, ii oder iii, der diesen Händler oder Makler ermächtigt hat, in seinem Namen aufzutreten, für die Zwecke der genannten Rücknahmeverpflichtungen als Notifizierender. Bei illegaler Verbringung, die von einem Händler oder Makler im Sinne der Ziffern iv oder v notifiziert wurde, gilt die in den Ziffern i, ii oder iii genannte Person, die diesen Händler oder Makler ermächtigt hat, in ihrem Namen aufzutreten, für die Zwecke dieser Verordnung als Notifizierender;

b) im Falle der Einfuhr in oder der Durchfuhr durch die Gemeinschaft von nicht aus einem Mitgliedstaat stammenden Abfällen jede der folgenden der Gerichtsbarkeit des Versandstaats unterliegenden natürlichen oder juristischen Personen, die eine Verbringung von Abfällen durchzuführen oder durchführen zu lassen beabsichtigen oder durchführen ließen, d. h. entweder

   i) die von den Rechtsvorschriften des Versandstaats bestimmte Person oder in Ermangelung einer solchen Bestimmung

   ii) die Person, die während der Ausfuhr Besitzer der Abfälle war;

16. „Basler Übereinkommen" das Basler Übereinkommen vom 22. März 1989 über die Kontrolle der grenzüberschreitenden Verbringung von gefährlichen Abfällen und ihrer Entsorgung;

17. „OECD-Beschluss" den Beschluss C(2001)107 endg. des OECD-Rates zur Änderung des Beschlusses C(92)39 endg. über die Kontrolle der grenzüberschreitenden Verbringung von zur Verwertung bestimmten Abfällen;

18. „zuständige Behörde"

    a) im Falle von Mitgliedstaaten die von einem Mitgliedstaat nach Artikel 53 benannte Stelle oder

    b) im Falle eines Nichtmitgliedstaats, der Vertragspartei des Basler Übereinkommens ist, die von diesem Nichtmitgliedstaat für die Zwecke des Übereinkommens gemäß Artikel 5 desselben als zuständige Behörde benannte Stelle oder

    c) im Falle eines weder in Buchstabe a noch in Buchstabe b genannten Staates die Stelle, die von dem betreffenden Staat oder der betreffenden Region als zuständige Behörde bestimmt wurde, oder, in Ermangelung einer solchen Bestimmung, diejenige Behörde des Staates bzw. der Region, in deren Zuständigkeitsbereich die Verbringung von zur Verwertung, Beseitigung bzw. Durchfuhr bestimmten Abfällen fällt;

19. „*zuständige Behörde* am Versandort" die zuständige Behörde des Gebiets, von dem aus die Verbringung beginnen soll oder beginnt;

20. „zuständige Behörde am Bestimmungsort" die zuständige Behörde des Gebiets, in das die Verbringung erfolgen soll oder erfolgt oder in dem Abfälle vor der Verwertung oder Beseitigung in einem Gebiet, das nicht der Gerichtsbarkeit eines Staates unterliegt, verladen werden;

21. „für die Durchfuhr zuständige Behörde" die zuständige Behörde des Staats — mit Ausnahme des Staats der zuständigen Behörde am Versand- oder am Bestimmungsort —, durch den die Verbringung erfolgen soll oder erfolgt;

22. „Versandstaat“ jeden Staat, von dem aus eine Verbringung von Abfällen beginnen soll oder beginnt;

23. „Empfängerstaat“ jeden Staat, in den Abfälle zur Verwertung oder Beseitigung oder zur Verladung vor der Verwertung oder Beseitigung in einem Gebiet, das nicht der Gerichtsbarkeit eines Staates unterliegt, verbracht werden sollen oder verbracht werden;

24. „Durchfuhrstaat“ jeden Staat mit Ausnahme des Versand und des Empfängerstaats, durch den die Verbringung von Abfällen erfolgen soll oder erfolgt;

25. „der Gerichtsbarkeit eines Staates unterliegendes Gebiet“ jedes Land- oder Meeresgebiet, innerhalb dessen ein Staat im Einklang mit dem Völkerrecht Verwaltungs- und Regelungsbefugnisse in Bezug auf den Schutz der menschlichen Gesundheit oder der Umwelt ausübt;

26. „überseeische Länder und Gebiete“ die in Anhang IA des Beschlusses 2001/822/EG aufgeführten überseeischen Länder und Gebiete;

27. „Ausfuhrzollstelle der Gemeinschaft“ die Zollstelle im Sinne des Artikels 161 Absatz 5 der Verordnung (EWG) Nr. 2913/92 des Rates vom 12. Oktober 1992 zur Festlegung des Zollkodex der Gemeinschaften[4];

28. „Ausgangszollstelle der Gemeinschaft“ die Zollstelle im Sinne des Artikels 793 Absatz 2 der Verordnung (EWG) Nr. 2454/93 der Kommission vom 2. Juli 1993 mit Durchführungsvorschriften zu der Verordnung (EWG) Nr. 2913/92 des Rates zur Festlegung des Zollkodex der Gemeinschaften[5];

29. „Eingangszollstelle der Gemeinschaft“ die Zollstelle, zu der in das Zollgebiet der Gemeinschaft verbrachte Abfälle gemäß Artikel 38 Absatz 1 der Verordnung (EWG) Nr. 2913/92 zu befördern sind;

30. „Einfuhr“ jede Verbringung von Abfällen in die Gemeinschaft mit Ausnahme der Durchfuhr durch die Gemeinschaft;

31. „Ausfuhr“ eine Verbringung von Abfällen aus der Gemeinschaft mit Ausnahme der Durchfuhr durch die Gemeinschaft;

32. „Durchfuhr“ eine Verbringung von Abfällen, die durch einen oder mehrere Staaten mit Ausnahme des Versand oder Empfängerstaats erfolgt oder erfolgen soll;

33. „Transport“ die Beförderung von Abfällen auf der Straße, der Schiene, dem Luftweg, dem Seeweg oder Binnengewässern;

34. „Verbringung“ den Transport von zur Verwertung oder Beseitigung bestimmten Abfällen, der erfolgt oder erfolgen soll:

    a) zwischen zwei Staaten oder

    b) zwischen einem Staat und überseeischen Ländern und Gebieten oder anderen Gebieten, die unter dem Schutz dieses Staates stehen, oder

    c) zwischen einem Staat und einem Landgebiet, das völkerrechtlich keinem Staat angehört, oder

---

[4] ABl. L 302 vom 19.10.1992, S. 1. Zuletzt geändert durch die Verordnung (EG) Nr. 648/2005 des Europäischen Parlaments und des Rates (ABl. L 117 vom 4.5.2005, S. 13).

[5] ABl. L 253 vom 11.10.1993, S. 1. Zuletzt geändert durch die Verordnung (EG) Nr. 215/2006 (ABl. L 38 vom 9.2.2006, S. 11).

d) zwischen einem Staat und der Antarktis oder

e) aus einem Staat durch eines der oben genannten Gebiete oder

f) innerhalb eines Staates durch eines der oben genannten Gebiete und der in demselben Staat beginnt und endet, oder

g) aus einem geografischen Gebiet, das nicht der Gerichtsbarkeit eines Staates unterliegt, in einen Staat;

35. „illegale Verbringung" jede Verbringung von Abfällen, die

a) ohne Notifizierung an alle betroffenen zuständigen Behörden gemäß dieser Verordnung erfolgt oder

b) ohne die Zustimmung der betroffenen zuständigen Behörden gemäß dieser Verordnung erfolgt oder

c) mit einer durch Fälschung, falsche Angaben oder Betrug erlangten Zustimmung der betroffenen zuständigen Behörden erfolgt oder

d) in einer Weise erfolgt, die den Notifizierungs- oder Begleitformularen sachlich nicht entspricht, oder

e) in einer Weise erfolgt, die eine Verwertung oder Beseitigung unter Verletzung gemeinschaftlicher oder internationaler Bestimmungen bewirkt, oder

f) den Artikeln 34, 36, 39, 40, 41 und 43 widerspricht oder

g) in Bezug auf eine Verbringung von Abfällen im Sinne des Artikel 3 Absätze 2 und 4 dadurch gekennzeichnet ist, dass

i) die Abfälle offensichtlich nicht in den Anhängen III, IIIA oder IIIB aufgeführt sind oder

ii) Artikel 3 Absatz 4 verletzt wurde oder

iii) die Verbringung der Abfälle auf eine Weise geschieht, die dem in Anhang VII aufgeführten Dokument sachlich nicht entspricht.

35a. „Kontrolle" Maßnahmen, die von den beteiligten Behörden unternommen werden, um festzustellen, ob eine Einrichtung, ein Unternehmen, ein Makler, ein Händler, eine Abfallverbringung oder die damit verbundene Verwertung oder Beseitigung die einschlägigen Vorschriften dieser Verordnung erfüllt.

TITEL II
VERBRINGUNG INNERHALB DER GEMEINSCHAFT MIT ODER OHNE DURCHFUHR DURCH DRITTSTAATEN

Artikel 3
Allgemeiner Verfahrensrahmen

(1) Die Verbringung folgender Abfälle unterliegt dem Verfahren der vorherigen schriftlichen Notifizierung und Zustimmung im Sinne der Bestimmungen dieses Titels:

a) falls zur Beseitigung bestimmt:
alle Abfälle;

b) falls zur Verwertung bestimmt:

i) in Anhang IV aufgeführte Abfälle, einschließlich u. a. der in den Anhängen II und VIII des Basler Übereinkommens aufgeführten Abfälle;

ii) in Anhang IVA aufgeführte Abfälle;

iii) nicht als Einzeleintrag in Anhang III, IIIB, IV oder IVA eingestufte Abfälle;

iv) nicht als Einzeleintrag in Anhang III, III B, IV oder IVA eingestufte Abfallgemische, sofern sie nicht in Anhang IIIA aufgeführt sind.

(2) Die Verbringung folgender zur Verwertung bestimmter Abfälle unterliegt den allgemeinen Informationspflichten gemäß Artikel 18, sofern die verbrachte Abfallmenge mehr als 20 kg beträgt:

a) in Anhang III oder IIIB aufgeführte Abfälle;

b) nicht als Einzeleintrag in Anhang III eingestufte Gemische aus zwei oder mehr in Anhang III aufgeführten Abfällen, sofern die Zusammensetzung dieser Gemische ihre umweltgerechte Verwertung nicht erschwert und solche Gemische gemäß Artikel 58 in Anhang IIIA aufgeführt sind.

(3) Auf die in Anhang III aufgeführten Abfälle werden die einschlägigen Bestimmungen in Ausnahmefällen so angewandt, als wären sie in Anhang IV aufgeführt, wenn sie eine der in Anhang III der Richtlinie 91/689/EWG aufgeführten gefährlichen Eigenschaften aufweisen. Diese Fälle werden gemäß Artikel 58 behandelt.

(4) Die Verbringung von Abfällen, die ausdrücklich zur Laboranalyse bestimmt sind, um ihre physikalischen oder chemischen Eigenschaften zu prüfen oder ihre Eignung für Verwertungs- oder Beseitigungsverfahren zu ermitteln, unterliegt nicht dem Verfahren der vorherigen schriftlichen Notifizierung und Zustimmung gemäß Absatz 1. Stattdessen gelten die Verfahrensvorschriften des Artikels 18. Die von der Ausnahmeregelung gedeckte Abfallmenge der ausdrücklich zur Laboranalyse bestimmten Abfälle bemisst sich nach der Mindestmenge, die zur ordnungsgemäßen Durchführung der Analyse in jedem Einzelfall notwendig ist, und darf 25 kg nicht übersteigen.

(5) Die Verbringung von gemischten Siedlungsabfällen (Abfallschlüssel 20 03 01), die in privaten Haushaltungen eingesammelt worden sind — einschließlich wenn dabei auch solche Abfälle anderer Erzeuger eingesammelt werden —, zu Verwertungs- oder Beseitigungsanlagen unterliegt gemäß dieser Verordnung den gleichen Bestimmungen wie die Verbringung von zur Beseitigung bestimmten Abfällen.

KAPITEL 1
Vorherige schriftliche Notifizierung und Zustimmung

Artikel 4
Notifizierung

Beabsichtigt der Notifizierende die Verbringung von Abfällen gemäß Artikel 3 Absatz 1 Buchstabe a oder b, so muss er bei und über die zuständige Behörde am Versandort eine vorherige schriftliche Notifizierung einreichen und im Falle einer Sammelnotifizierung Artikel 13 beachten.

Bei der Einreichung einer Notifizierung sind folgende Voraussetzungen zu erfüllen:

1. Notifizierungs- und Begleitformulare:

   Die Notifizierung erfolgt anhand folgender Unterlagen:

   a) Notifizierungsformular gemäß Anhang IA und

   b) Begleitformular gemäß Anhang IB.

Bei der Einreichung einer Notifizierung füllt der Notifizierende das Notifizierungsformular und — soweit relevant — das Begleitformular aus.

Ist der Notifizierende nicht der Ersterzeuger gemäß Artikel 2 Nummer 15 Buchstabe a Ziffer i, so sorgt der Notifizierende dafür, dass auch dieser Erzeuger oder eine der in Artikel 2 Nummer 15 Buchstabe a Ziffer ii oder iii genannten Personen, sofern dies durchführbar ist, das Notifizierungsformular gemäß Anhang IA unterzeichnet.

Das Notifizierungsformular und das Begleitformular werden an den Notifizierenden von der zuständigen Behörde am Versandort herausgegeben.

2. Informationen und Unterlagen im Notifizierungs- und Begleitformular:

   Der Notifizierende gibt die in Anhang II Teil 1 aufgeführten Informationen und Unterlagen im Notifizierungsformular an oder fügt sie diesem bei. Der Notifizierende gibt die in Anhang II Teil 2 aufgeführten Informationen und Unterlagen im Begleitformular an oder fügt sie diesem soweit möglich bei der Notifizierung bei.
   Eine Notifizierung gilt als ordnungsgemäß ausgeführt, wenn die zuständige Behörde am Versandort der Auffassung ist, dass das Notifizierungs- und das Begleitformular gemäß Unterabsatz 1 ausgefüllt worden sind.

3. Zusätzliche Informationen und Unterlagen:

   Ersucht eine der betroffenen zuständigen Behörden um zusätzliche Informationen und Unterlagen, so werden diese vom Notifizierenden zur Verfügung gestellt. In Anhang II Teil 3 sind zusätzliche Informationen und Unterlagen aufgeführt, die verlangt werden können.

   Eine Notifizierung gilt als ordnungsgemäß abgeschlossen, wenn die zuständige Behörde am Bestimmungsort der Auffassung ist, dass das Notifizierungs- und das Begleitformular ausgefüllt und die in Anhang II Teil 1 und Teil 2 aufgeführten Informationen und Unterlagen sowie etwaige nach diesem Absatz verlangte zusätzliche Informationen und Unterlagen gemäß Anhang II Teil 3 vom Notifizierenden bereitgestellt wurden.

4. Abschluss eines Vertrags zwischen Notifizierendem und Empfänger:

   Der Notifizierende schließt mit dem Empfänger gemäß Artikel 5 einen Vertrag über die Verwertung oder Beseitigung der notifizierten Abfälle.

   Den beteiligten zuständigen Behörden ist bei der Notifizierung der Nachweis über den Abschluss dieses Vertrages oder eine Erklärung zur Bestätigung seines Bestehens nach Anhang IA vorzulegen. Der Notifizierende oder der Empfänger hat der zuständigen Behörde auf Ersuchen eine Kopie dieses Vertrages oder den für die betroffene zuständige Behörde als zufrieden stellend geltenden Nachweis zu übermitteln.

5. Hinterlegung von Sicherheitsleistungen oder Abschluss entsprechender Versicherungen:

   Gemäß Artikel 6 werden Sicherheitsleistungen hinterlegt oder entsprechende Versicherungen abgeschlossen. Der Notifizierende gibt zu diesem Zweck durch Ausfüllen des entsprechenden Teils des Notifizierungsformulars nach Anhang IA eine entsprechende Erklärung ab.

   Die Sicherheitsleistungen oder entsprechenden Versicherungen (oder sofern die zuständige Behörde dies gestattet, der Nachweis über diese Sicherheitsleistungen oder entsprechenden Versicherungen oder eine Erklärung zur Bestätigung ihres Bestehens) sind bei der Notifizierung als Teil des Notifizierungsformulars oder, falls die zuständige Behörde dies auf der Grundlage nationaler Rechtsvorschriften erlaubt, vor Beginn der Verbringung vorzulegen.

6. Geltungsbereich der Notifizierung:

Eine Notifizierung muss die Verbringung der Abfälle vom ursprünglichen Versandort einschließlich ihrer vorläufigen und nicht vorläufigen Verwertung oder Beseitigung umfassen.

Erfolgen die anschließenden vorläufigen oder nicht vorläufigen Verfahren in einem anderen Staat als dem ersten Empfängerstaat, so sind das nicht vorläufige Verfahren und sein Bestimmungsort in der Notifizierung anzugeben und Artikel 15 Buchstabe f einzuhalten.
Jede Notifizierung betrifft nur einen einzigen Abfallidentifizierungscode, mit Ausnahme von:

a. nicht als Einzeleintrag in Anhang III, IIIB, IV oder IVA eingestufte Abfälle. In diesem Fall ist nur eine Abfallart anzugeben;

b. nicht als Einzeleintrag in Anhang III, IIIB, IV oder IVA eingestufte Abfallgemische, es sei denn, sie sind in Anhang IIIA aufgeführt. In diesem Fall ist der Code jedes Abfallanteils in der Reihenfolge seiner Bedeutung anzugeben.

Artikel 5
Vertrag

(1) Jede notifizierungspflichtige Verbringung von Abfällen muss Gegenstand eines Vertrags zwischen dem Notifizierenden und dem Empfänger über die Verwertung oder Beseitigung der notifizierten Abfälle sein.

(2) Der Vertrag muss bei der Notifizierung für die Dauer der Verbringung abgeschlossen und wirksam sein, bis eine Bescheinigung gemäß Artikel 15 Buchstabe e, Artikel 16 Buchstabe e oder gegebenenfalls Artikel 15 Buchstabe d ausgestellt wird.

(3) Der Vertrag umfasst die Verpflichtung

a) des Notifizierenden zur Rücknahme der Abfälle gemäß Artikel 22 und Artikel 24 Absatz 2, falls die Verbringung oder die Verwertung oder Beseitigung nicht in der vorgesehenen Weise abgeschlossen wurde oder illegal erfolgt ist;

b) des Empfängers zur Verwertung oder Beseitigung der Abfälle gemäß Artikel 24 Absatz 3, falls ihre Verbringung illegal erfolgt ist;

c) der Anlage zur Vorlage einer Bescheinigung gemäß Artikel 16 Buchstabe e darüber, dass die Abfälle gemäß der Notifizierung und den darin festgelegten Bedingungen sowie den Vorschriften dieser Verordnung verwertet oder beseitigt wurden.

(4) Sind die verbrachten Abfälle zur vorläufigen Verwertung oder Beseitigung bestimmt, so umfasst der Vertrag folgende zusätzliche Verpflichtungen:

a) die Verpflichtung der Empfängeranlage zur Vorlage der Bescheinigungen gemäß Artikel 15 Buchstabe d und gegebenenfalls Buchstabe e darüber, dass die Abfälle gemäß der Notifizierung und den darin festgelegten Bedingungen sowie den Vorschriften dieser Verordnung verwertet oder beseitigt wurden, und

b) soweit anwendbar, die Verpflichtung des Empfängers zur Einreichung einer Notifizierung bei der ursprünglich zuständigen Behörde am Versandort des ursprünglichen Versandstaats gemäß Artikel 15 Buchstabe f Ziffer ii.

(5) Werden die Abfälle zwischen zwei Einrichtungen, die derselben juristischen Person zuzurechnen sind, verbracht, so kann der Vertrag durch eine Erklärung der juristischen Person ersetzt werden, in der diese sich zur Verwertung oder Beseitigung der notifizierten Abfälle verpflichtet.

Artikel 6
Sicherheitsleistung

(1) Für jede notifizierungspflichtige Verbringung von Abfällen müssen Sicherheitsleistungen hinterlegt oder entsprechende Versicherungen abgeschlossen werden, die Folgendes abdecken:

a) Transportkosten;

b) Kosten der Verwertung oder Beseitigung, einschließlich aller erforderlichen vorläufigen Verfahren, und

c) Lagerkosten für 90 Tage.

(2) Die Sicherheitsleistungen oder entsprechenden Versicherungen sind dazu bestimmt, die Kosten zu decken, die anfallen,

a) wenn eine Verbringung oder die Verwertung oder Beseitigung nicht in der vorgesehenen Weise abgeschlossen werden kann; dieser Fall ist in Artikel 22 geregelt;

b) wenn eine Verbringung oder die Verwertung oder Beseitigung illegal ist; dieser Fall ist in Artikel 24 geregelt.

(3) Die Sicherheitsleistungen oder entsprechenden Versicherungen müssen von dem Notifizierenden oder von einer anderen in seinem Namen handelnden natürlichen oder juristischen Person bei der Notifizierung oder, falls die zuständige Behörde, die die Sicherheitsleistungen oder entsprechenden Versicherungen genehmigt, dies gestattet, spätestens bei Beginn der Verbringung hinterlegt bzw. abgeschlossen werden, wirksam sein und spätestens bei Beginn der notifizierten Verbringung für diese gültig sein.

(4) Die zuständige Behörde am Versandort genehmigt die Sicherheitsleistungen oder entsprechenden Versicherungen einschließlich Form, Wortlaut und Deckungsbetrag.

Bei einer Einfuhr in die Gemeinschaft überprüft die zuständige Behörde am Bestimmungsort jedoch den Deckungsbetrag und genehmigt erforderlichenfalls zusätzliche Sicherheitsleistungen oder entsprechende Versicherungen.

(5) Die Sicherheitsleistungen oder entsprechenden Versicherungen müssen für die notifizierte Verbringung und die Durchführung der Verwertung oder Beseitigung der notifizierten Abfälle gültig sein und diese abdecken.

Die Sicherheitsleistungen oder entsprechenden Versicherungen sind freizugeben, wenn die betroffene zuständige Behörde die Bescheinigung gemäß Artikel 16 Buchstabe e oder bei vorläufiger Verwertung oder Beseitigung gegebenenfalls gemäß Artikel 15 Buchstabe e erhalten hat.

(6) Abweichend von Absatz 5 können die Sicherheitsleistungen oder entsprechenden Versicherungen für den Fall, dass die verbrachten Abfälle zur vorläufigen Verwertung oder Beseitigung bestimmt sind und ein weiteres Verwertungs- oder Beseitigungsverfahren im Empfängerstaat erfolgt, freigegeben werden, wenn die Abfälle die vorläufige Anlage verlassen und die betroffene zuständige Behörde die in Artikel 15 Buchstabe d genannte Bescheinigung erhalten hat. In diesem Fall muss jede weitere Verbringung zu einer Verwertungs- oder Beseitigungsanlage durch eine neue Sicherheitsleistung oder entsprechende Versicherung abgedeckt sein, es sei denn, die zuständige Behörde des Bestimmungsortes ist der Auffassung, dass eine solche Sicherheitsleistung oder entsprechende Versicherung nicht erforderlich ist. In diesem Fall ist die zuständige Behörde am Bestimmungsort für die Verpflichtungen, die sich bei illegaler Verbringung ergeben, oder für die Rücknahme verantwortlich, wenn die Verbringung oder das weitere Beseitigungs- oder Verwertungsverfahren nicht wie vorgesehen abgeschlossen werden können.

(7) Die zuständige Behörde innerhalb der Gemeinschaft, die die Sicherheitsleistung oder entsprechende Versicherung genehmigt hat, hat Zugriff darauf und nimmt die entsprechenden Mittel zur Einhaltung der sich aus den Artikeln 23 und 25 ergebenden Verpflichtungen, einschließlich für Zahlungen an andere betroffene Behörden, in Anspruch.

(8) Bei einer Sammelnotifizierung gemäß Artikel 13 können anstelle einer Sicherheitsleistung oder entsprechenden Versicherung für die gesamte Sammelnotifizierung mehrere einzelne Sicherheitsleistungen oder entsprechende Versicherungen für Teile der Sammelnotifizierung hinterlegt bzw. abgeschlossen werden. In derartigen Fällen müssen die Sicherheitsleistungen oder entsprechenden Versicherungen spätestens bei Beginn der notifizierten Verbringung, die abzudecken ist, gültig sein.

Die Sicherheitsleistungen oder entsprechenden Versicherungen sind freizugeben, wenn die betroffene zuständige Behörde die Bescheinigung für die betreffenden Abfälle gemäß Artikel 16 Buchstabe e oder bei vorläufiger Verwertung oder Beseitigung gegebenenfalls gemäß Artikel 15 Buchstabe e erhalten hat. Absatz 6 gilt entsprechend.

(9) Die Mitgliedstaaten unterrichten die Kommission über die von ihnen nach diesem Artikel erlassenen nationalen Rechtsvorschriften.

Artikel 7
Übermittlung der Notifizierung durch die zuständige Behörde am Versandort

(1) Ist die Notifizierung nach Artikel 4 Absatz 2 Nummer 2 ordnungsgemäß ausgeführt worden, so behält die zuständige Behörde am Versandort eine Kopie der Notifizierung und übermittelt die Notifizierung der zuständigen Behörde am Bestimmungsort mit Kopien an die für die Durchfuhr zuständige(n) Behörde(n) und setzt den Notifizierenden hiervon in Kenntnis. Dies muss innerhalb von drei Werktagen nach Eingang der Notifizierung erfolgen.

(2) Ist die Notifizierung nicht ordnungsgemäß ausgeführt, so muss die zuständige Behörde am Versandort den Notifizierenden gemäß Artikel 4 Absatz 2 Nummer 2 um weitere Informationen und Unterlagen ersuchen.

Dies muss innerhalb von drei Werktagen nach Eingang der Notifizierung erfolgen.

In diesen Fällen verfügt die zuständige Behörde am Versandort über drei Werktage ab Eingang der ersuchten Informationen und Unterlagen, um der Anforderung nach Absatz 1 nachzukommen.

(3) Ist die Notifizierung nach Artikel 4 Absatz 2 Nummer 2 ordnungsgemäß ausgeführt worden, so kann die zuständige Behörde am Versandort innerhalb von drei Werktagen beschließen, nicht mit der Notifizierung fortzufahren, falls sie Einwände gegen die Verbringung im Sinne der Artikel 11 und 12 hat.

Sie unterrichtet den Notifizierenden unverzüglich von ihrer Entscheidung und diesen Einwänden.

(4) Hat die zuständige Behörde am Versandort die Notifizierung nicht gemäß Absatz 1 innerhalb von 30 Tagen ab ihrem Eingang weitergeleitet, so hat sie dem Notifizierenden auf dessen Antrag hin eine mit Gründen versehene Erklärung zu übermitteln. Dies gilt nicht, wenn dem Ersuchen um Informationen gemäß Absatz 2 nicht nachgekommen worden ist.

Artikel 8
Ersuchen der betroffenen zuständigen Behörden um Informationen und Unterlagen und Empfangsbestätigung der zuständigen Behörde am Bestimmungsort

(1) Ist eine der betroffenen zuständigen Behörden nach Übermittlung der Notifizierung durch die zuständige Behörde am Versandort der Auffassung, dass zusätzliche Informationen und Unterlagen gemäß Artikel 4 Absatz 2 Nummer 3 erforderlich sind, so ersucht sie den Notifizierenden um diese Informationen und Unterlagen und unterrichtet die anderen zuständigen Behörden von diesem Ersuchen. Dies muss innerhalb von drei Werktagen nach Eingang der Notifizierung erfolgen. In diesen Fällen verfügen die betroffenen zuständigen Behörden über drei Werktage ab Eingang der ersuchten Informationen und Unterlagen, um die zuständige Behörde des Bestimmungsortes zu unterrichten.

(2) Ist die zuständige Behörde am Bestimmungsort der Auffassung, dass die Notifizierung gemäß Artikel 4 Absatz 2 Nummer 3 ordnungsgemäß abgeschlossen wurde, so übermittelt sie dem Notifizierenden eine Empfangsbestätigung und den anderen betroffenen zuständigen Behörden Kopien davon. Dies muss innerhalb von drei Werktagen nach Eingang der ordnungsgemäß abgeschlossenen Notifizierung erfolgen.

(3) Hat die zuständige Behörde am Bestimmungsort den Eingang der Notifizierung nicht gemäß Absatz 2 innerhalb von 30 Tagen ab ihrem Eingang bestätigt, so hat sie dem Notifizierenden auf dessen Antrag hin eine mit Gründen versehene Erklärung zu übermitteln.

Artikel 9
Zustimmungen durch die zuständigen Behörden am Versandort und am Bestimmungsort sowie durch die für die Durchfuhr zuständigen Behörden und Fristen für Transport, Verwertung oder Beseitigung

(1) Die zuständigen Behörden am Bestimmungsort und am Versandort sowie die für die Durchfuhr zuständigen Behörden verfügen nach der Übermittlung der Empfangsbestätigung durch die zuständige Behörde am Bestimmungsort gemäß Artikel 8 über eine Frist von 30 Tagen, um in Bezug auf die notifizierte Verbringung schriftlich eine der folgenden ordnungsgemäß mit Gründen versehenen Entscheidungen zu treffen:

a) Zustimmung ohne Auflagen;

b) mit Auflagen gemäß Artikel 10 verbundene Zustimmung oder

c) Erhebung von Einwänden gemäß den Artikeln 11 und 12.

Werden innerhalb der genannten Frist von 30 Tagen keine Einwände erhoben, so gilt eine stillschweigende Zustimmung der für die Durchfuhr zuständigen Behörde als erteilt.

(2) Die zuständigen Behörden am Bestimmungsort und am Versandort sowie gegebenenfalls die für die Durchfuhr zuständigen Behörden übermitteln dem Notifizierenden innerhalb der in Absatz 1 genannten Frist von 30 Tagen schriftlich ihre Entscheidung und die Gründe dafür; Kopien der Schreiben werden den anderen betroffenen zuständigen Behörden übersandt.

(3) Die zuständigen Behörden am Bestimmungsort und am Versandort sowie gegebenenfalls die für die Durchfuhr zuständigen Behörden erteilen ihre schriftliche Zustimmung durch entsprechendes Abstempeln, Unterzeichnen und Datieren des Notifizierungsformulars oder der ihnen übermittelten Kopien dieses Formulars.

(4) Die schriftliche Zustimmung zu einer geplanten Verbringung erlischt nach Ablauf von einem Kalenderjahr ab dem Datum ihrer Erteilung oder ab einem in dem Notifizierungsformular ange-

gebenen späteren Datum. Dies gilt jedoch nicht, falls von den betroffenen zuständigen Behörden ein kürzerer Zeitraum angegeben wird.

(5) Eine stillschweigende Zustimmung zu einer geplanten Verbringung erlischt ein Kalenderjahr nach Ablauf der in Absatz 1 genannten Frist von 30 Tagen.

(6) Die geplante Verbringung darf nur erfolgen, wenn die in Artikel 16 Buchstaben a und b genannten Anforderungen erfüllt sind, und nur so lange, wie die stillschweigenden oder schriftlichen Zustimmungen aller zuständigen Behörden gültig sind.

(7) Die Verwertung oder Beseitigung von Abfällen im Zusammenhang mit einer geplanten Verbringung muss spätestens ein Kalenderjahr nach Erhalt der Abfälle durch die Anlage abgeschlossen sein, sofern von den betroffenen zuständigen Behörden kein kürzerer Zeitraum angegeben wird.

(8) Die zuständigen Behörden widerrufen ihre Zustimmung, wenn sie davon Kenntnis erlangen, dass

a) die Zusammensetzung der Abfälle nicht der Notifizierung entspricht oder

b) die mit der Verbringung verbundenen Auflagen nicht erfüllt werden oder

c) die Abfälle nicht entsprechend der Genehmigung für die Anlage, in der das betreffende Verfahren durchgeführt wird, verwertet oder beseitigt werden oder

d) die Abfälle in einer Weise verbracht, verwertet oder beseitigt werden oder wurden, die nicht den Informationen entspricht, die im Notifizierungsformular und im Begleitformular angegeben oder diesen beigefügt sind.

(9) Jeder Widerruf einer Zustimmung erfolgt mittels einer förmlichen Nachricht an den Notifizierenden, von der den anderen betroffenen zuständigen Behörden sowie dem Empfänger Kopien übermittelt werden.

Artikel 10
Auflagen für eine Verbringung

(1) Die zuständigen Behörden am Versandort und am Bestimmungsort und die für die Durchfuhr zuständigen Behörden verfügen über eine Frist von 30 Tagen ab dem Zeitpunkt der Übermittlung der Empfangsbestätigung durch die zuständige Behörde am Bestimmungsort gemäß Artikel 8, um ihre Zustimmung zur notifizierten Verbringung mit Auflagen zu verbinden. Diese Auflagen können sich auf einen oder mehrere der in Artikel 11 oder Artikel 12 aufgeführten Gründe stützen.

(2) Die zuständigen Behörden am Versandort und am Bestimmungsort und die für die Durchfuhr zuständigen Behörden können innerhalb der in Absatz 1 genannten Frist von 30 Tagen auch Auflagen für den Transport der Abfälle in ihrem Zuständigkeitsbereich festlegen. Diese Transportauflagen dürfen nicht strenger sein als die Auflagen für ähnliche Verbringungen, die ausschließlich in ihrem Zuständigkeitsbereich durchgeführt werden, und müssen geltenden Vereinbarungen, insbesondere einschlägigen internationalen Übereinkünften, angemessen Rechnung tragen.

(3) Die zuständigen Behörden am Versandort und am Bestimmungsort und die für die Durchfuhr zuständigen Behörden können innerhalb der in Absatz 1 genannten Frist von 30 Tagen auch festlegen, dass ihre Zustimmung als widerrufen gilt, falls die Sicherheitsleistungen oder entsprechenden Versicherungen nicht gemäß Artikel 6 Absatz 3 spätestens bei Beginn der Verbringung gültig sind.

(4) Auflagen werden dem Notifizierenden von der zuständigen Behörde, die diese festlegt, schriftlich mitgeteilt; die betroffenen zuständigen Behörden erhalten Kopien hiervon.

Die Auflagen werden von der betreffenden zuständigen Behörde im Notifizierungsformular angegeben oder diesem beigefügt.

(5) Die zuständige Behörde am Bestimmungsort kann innerhalb der in Absatz 1 genannten Frist von 30 Tagen auch vorschreiben, dass die Anlage, die die Abfälle erhält, die Eingänge, Ausgänge und/oder den Bestand der Abfälle sowie die damit verbundenen Verwertungs- und Beseitigungsverfahren, so, wie sie in der Notifizierung angegeben sind, für die Geltungsdauer der Notifizierung regelmäßig aufzeichnet. Diese Aufzeichnungen sind von einer rechtlich für die Anlage verantwortlichen Person zu unterzeichnen und innerhalb eines Monats nach Abschluss der notifizierten Verwertung oder Beseitigung an die zuständige Behörde am Bestimmungsort zu übermitteln.

Artikel 11
Einwände gegen die Verbringung von zur Beseitigung bestimmten Abfällen

(1) Bei der Notifizierung einer geplanten Verbringung von zur Beseitigung bestimmten Abfällen können die zuständigen Behörden am Bestimmungsort und am Versandort innerhalb einer Frist von 30 Tagen ab dem Zeitpunkt der Übermittlung der Empfangsbestätigung durch die zuständige Behörde am Bestimmungsort gemäß Artikel 8 im Einklang mit dem Vertrag begründete Einwände erheben, die sich auf einen oder mehrere der folgenden Gründe stützen:

a) Die geplante Verbringung oder Beseitigung würde nicht im Einklang mit Maßnahmen stehen, die zur Umsetzung der Grundsätze der Nähe, des Vorrangs der Verwertung und der Entsorgungsautarkie auf gemeinschaftlicher und nationaler Ebene gemäß der Richtlinie 2006/12/EG ergriffen wurden, um die Verbringung von Abfällen allgemein oder teilweise zu verbieten oder um gegen jegliche Verbringungen Einwände zu erheben; oder

b) die geplante Verbringung oder Beseitigung würde nicht im Einklang mit nationalen Rechtsvorschriften zum Schutz der Umwelt, zur Wahrung der öffentlichen Sicherheit und Ordnung oder zum Schutz der Gesundheit stehen, die in dem Einwände erhebenden Staat vorgenommene Handlungen betreffen; oder

c) der Notifizierende oder der Empfänger wurde in der Vergangenheit wegen illegaler Verbringungen oder anderer rechtswidriger Handlungen auf dem Gebiet des Umweltschutzes verurteilt. In diesem Fall können die zuständigen Behörden am Versandort und am Bestimmungsort jede Verbringung, an der die betreffende Person beteiligt ist, gemäß nationalen Rechtsvorschriften ablehnen; oder

d) der Notifizierende oder die Anlage hat bei früheren Verbringungen wiederholt die Artikel 15 und 16 nicht eingehalten; oder

e) der Mitgliedstaat möchte sein Recht nach Artikel 4 Absatz 1 des Basler Übereinkommens wahrnehmen, die Einfuhr von gefährlichen Abfällen oder von in Anhang II dieses Übereinkommens genannten Abfällen zu verbieten; oder

f) die geplante Verbringung oder Beseitigung verstößt gegen Verpflichtungen aus internationalen Übereinkommen, die von einem oder mehreren betroffenen Mitgliedstaaten oder der Gemeinschaft geschlossen wurden; oder

g) die geplante Verbringung oder Beseitigung steht unter Berücksichtigung geografischer Gegebenheiten oder der Notwendigkeit besonderer Anlagen für bestimmte Abfallarten nicht im Einklang mit der Richtlinie 2006/12/EG, insbesondere den Artikeln 5 und 7,

i) wonach der Grundsatz der Entsorgungsautarkie auf gemeinschaftlicher und nationaler Ebene angewendet werden muss oder

ii) wenn die besondere Anlage Abfälle zu beseitigen hat, die an einem näher gelegenen Ort anfallen, und die zuständige Behörde solchen Abfällen Vorrang eingeräumt hat oder

iii) wonach sichergestellt werden muss, dass die Verbringung im Einklang mit Abfallbewirtschaftungsplänen steht; oder

h) die Abfälle sollen in einer Anlage behandelt werden, die unter die Richtlinie 96/61/EG fällt, aber nicht die besten verfügbaren Techniken im Sinne des Artikels 9 Absatz 4 der genannten Richtlinie in Übereinstimmung mit der für die Anlage erteilten Genehmigung anwendet; oder

i) es handelt sich um gemischte Siedlungsabfälle aus privaten Haushaltungen (Abfallschlüssel 20 03 01); oder

j) die betreffenden Abfälle werden nicht im Einklang mit verbindlichen gemeinschaftsrechtlichen Umweltschutzstandards für die Beseitigung behandelt, und zwar auch in Fällen, in denen befristete Ausnahmen gewährt werden.

(2) Die für die Durchfuhr zuständige(n) Behörde(n) kann (können) innerhalb der in Absatz 1 genannten Frist von 30 Tagen nur auf Absatz 1 Buchstaben b, c, d und f gestützte begründete Einwände erheben.

(3) Werden in einem Mitgliedstaat, der Versandstaat ist, gefährliche Abfälle in so geringen jährlichen Gesamtmengen erzeugt, dass die Einrichtung neuer besonderer Beseitigungsanlagen in diesem Mitgliedstaat unwirtschaftlich wäre, so gilt Absatz 1 Buchstabe a nicht.

Die zuständige Behörde am Bestimmungsort arbeitet mit der zuständigen Behörde am Versandort, die der Auffassung ist, dass der vorliegende Absatz und nicht Absatz 1 Buchstabe a Anwendung finden sollte, zusammen, um das Problem bilateral zu lösen.

Wird keine zufrieden stellende Lösung gefunden, so kann jeder Mitgliedstaat die Angelegenheit an die Kommission verweisen. Die Kommission entscheidet dann nach dem in Artikel 18 Absatz 3 der Richtlinie 2006/12/EG genannten Verfahren.

(4) Sind die zuständigen Behörden der Auffassung, dass die Probleme, die zu den Einwänden geführt haben, innerhalb der in Absatz 1 genannten Frist von 30 Tagen gelöst wurden, so unterrichten sie den Notifizierenden unverzüglich schriftlich hierüber und senden dem Empfänger und den anderen betroffenen zuständigen Behörden Kopien.

(5) Werden die Probleme, die zu den Einwänden geführt haben, nicht innerhalb der in Absatz 1 genannten Frist von 30 Tagen gelöst, so wird die Notifizierung ungültig. Beabsichtigt der Notifizierende weiterhin, die Verbringung vorzunehmen, so ist eine erneute Notifizierung einzureichen, es sei denn, alle betroffenen zuständigen Behörden und der Notifizierende treffen eine anders lautende Übereinkunft.

(6) Maßnahmen, die ein Mitgliedstaat gemäß Absatz 1 Buchstabe a ergreift, um die Verbringung von zur Beseitigung bestimmten Abfällen ganz oder teilweise zu verbieten oder gegen jegliche Verbringung von Abfällen Einwände zu erheben, oder Maßnahmen nach Absatz 1 Buchstabe e sind der Kommission unverzüglich mitzuteilen, die die anderen Mitgliedstaaten informiert.

Artikel 12
Einwände gegen die Verbringung von zur Verwertung bestimmten Abfällen

(1) Bei der Notifizierung einer geplanten Verbringung von zur Verwertung bestimmten Abfällen können die zuständigen Behörden am Bestimmungsort und am Versandort innerhalb einer Frist von 30 Tagen ab dem Zeitpunkt der Übermittlung der Empfangsbestätigung durch die zuständige Behörde am Bestimmungsort gemäß Artikel 8 im Einklang mit dem Vertrag begründete Einwände erheben, die sich auf einen oder mehrere der folgenden Gründe stützen:

a) Die geplante Verbringung oder Verwertung würde nicht im Einklang mit der Richtlinie 2006/12/EG, insbesondere den Artikeln 3, 4, 7 und 10 der genannten Richtlinie stehen; oder

b) die geplante Verbringung oder Verwertung würde nicht im Einklang mit nationalen Rechtsvorschriften zum Schutz der Umwelt, zur Wahrung der öffentlichen Sicherheit und Ordnung oder zum Schutz der Gesundheit stehen, die in dem Einwände erhebenden Staat vorgenommene Handlungen betreffen; oder

c) die geplante Verbringung oder Verwertung würde nicht im Einklang mit nationalen Rechtsvorschriften im Versandstaat betreffend die Abfallverwertung stehen, auch dann, wenn die geplante Verbringung Abfälle betreffen würde, die zur Verwertung in einer Anlage bestimmt sind, deren Standards für die Behandlung dieser bestimmten Abfälle weniger streng sind als im Versandstaat, wobei die Notwendigkeit eines reibungslosen Funktionierens des Binnenmarktes zu beachten ist.
Dies gilt nicht, sofern

i) eine entsprechende Gemeinschaftsgesetzgebung insbesondere für Abfälle besteht und sofern Anforderungen, die mindestens so streng sind wie die in der Gemeinschaftsgesetzgebung enthaltenen, in die nationalen Rechtsvorschriften zur Umsetzung dieser Gemeinschaftsgesetzgebung aufgenommen worden sind;

ii) das Verwertungsverfahren im Empfängerstaat unter Bedingungen erfolgt, die weitgehend den in den nationalen Rechtsvorschriften des Versandstaats genannten Bedingungen entsprechen;

iii) die nationalen Rechtsvorschriften im Versandstaat, die nicht unter Ziffer i fallen, nicht gemäß der Richtlinie 98/34/EG des Europäischen Parlaments und des Rates vom 22. Juni 1998 über ein Informationsverfahren auf dem Gebiet der Normen und technischen Vorschriften und der Vorschriften für die Dienste der Informationsgesellschaft[6] notifiziert worden sind, wenn die genannte Richtlinie dies verlangt; oder

d) der Notifizierende oder der Empfänger wurde in der Vergangenheit wegen illegaler Verbringungen oder anderer rechtswidriger Handlungen auf dem Gebiet des Umweltschutzes verurteilt. In diesem Fall können die zuständigen Behörden am Versandort und am Bestimmungsort jede Verbringung, an der die betreffende Person beteiligt ist, nach nationalen Rechtsvorschriften ablehnen; oder

e) der Notifizierende oder die Anlage hat bei früheren Verbringungen wiederholt die Artikel 15 und 16 nicht eingehalten; oder

f) die geplante Verbringung oder Verwertung verstößt gegen Verpflichtungen aus internationalen Übereinkommen, die von einem oder mehreren betroffenen Mitgliedstaaten oder der Gemeinschaft geschlossen wurden; oder

[6] ABl. L 204 vom 21.7.1998, S. 37. Zuletzt geändert durch die Beitrittsakte von 2003.

g) der Anteil an verwertbarem und nicht verwertbarem Abfall, der geschätzte Wert der letztlich verwertbaren Stoffe oder die Kosten der Verwertung und die Kosten der Beseitigung des nicht verwertbaren Anteils rechtfertigen unter wirtschaftlichen und/oder ökologischen Gesichtspunkten keine Verwertung; oder

h) die verbrachten Abfälle sind zur Beseitigung und nicht zur Verwertung bestimmt; oder

i) die Abfälle sollen in einer Anlage behandelt werden, die unter die Richtlinie 96/61/EG fällt, aber nicht die besten verfügbaren Techniken im Sinne des Artikels 9 Absatz 4 der genannten Richtlinie in Übereinstimmung mit der für die Anlage erteilten Genehmigung anwendet; oder

j) die betreffenden Abfälle werden nicht im Einklang mit verbindlichen Umweltschutzstandards für Verwertungsverfahren oder verbindlichen gemeinschaftsrechtlichen Verwertungs- oder Recyclingverpflichtungen behandelt, und zwar auch in den Fällen, in denen befristete Ausnahmen gewährt werden; oder

k) die betreffenden Abfälle werden nicht nach Abfallbewirtschaftungsplänen behandelt, die gemäß Artikel 7 der Richtlinie 2006/12/EG erstellt wurden, um die Einhaltung verbindlicher Verwertungs- und Recyclingverpflichtungen des Gemeinschaftsrechts zu gewährleisten.

(2) Die für die Durchfuhr zuständige(n) Behörde(n) kann (können) innerhalb der in Absatz 1 genannten Frist von 30 Tagen auf Absatz 1 Buchstaben b, d, e und f gestützte begründete Einwände gegen die geplante Verbringung erheben.

(3) Sind die zuständigen Behörden der Auffassung, dass die Probleme, die zu den Einwänden geführt haben, innerhalb der in Absatz 1 genannten Frist von 30 Tagen gelöst wurden, so unterrichten sie den Notifizierenden unverzüglich schriftlich darüber und senden dem Empfänger und den anderen betroffenen zuständigen Behörden Kopien.

(4) Werden die Probleme, die zu den Einwänden geführt haben, nicht innerhalb der in Absatz 1 genannten Frist von 30 Tagen gelöst, so wird die Notifizierung ungültig. Beabsichtigt der Notifizierende weiterhin, die Verbringung vorzunehmen, so ist eine erneute Notifizierung einzureichen, es sei denn, alle betroffenen zuständigen Behörden und der Notifizierende treffen eine anders lautende Übereinkunft.

(5) Einwände, die von den zuständigen Behörden gemäß Absatz 1 Buchstabe c erhoben werden, müssen der Kommission von den Mitgliedstaaten gemäß Artikel 51 mitgeteilt werden.

(6) Der Mitgliedstaat, der Versandstaat ist, unterrichtet die Kommission und die anderen Mitgliedstaaten über die nationalen Rechtsvorschriften, auf die sich die von den zuständigen Behörden gemäß Absatz 1 Buchstabe c erhobenen Einwände stützen können, und gibt dabei an, für welche Abfälle und Verwertungsverfahren diese Einwände gelten, bevor diese Rechtsvorschriften zur Erhebung begründeter Einwände herangezogen werden.

Artikel 13
Sammelnotifizierung

(1) Der Notifizierende kann eine Sammelnotifizierung, die mehrere Verbringungen abdeckt, einreichen, falls für jede einzelne Verbringung Folgendes gilt:

a) die Abfälle weisen im Wesentlichen ähnliche physikalische und chemische Eigenschaften auf, und

b) die Abfälle werden zum gleichen Empfänger und zur gleichen Anlage verbracht, und

c) der im Notifizierungsformular angegebene Transportweg ist der gleiche.

(2) Kann aufgrund unvorhergesehener Umstände nicht der gleiche Transportweg eingehalten werden, so teilt der Notifizierende dies den betroffenen zuständigen Behörden so bald wie möglich und nach Möglichkeit vor Beginn der Verbringung mit, falls die Notwendigkeit einer Änderung bereits bekannt ist.

Ist die Änderung des Transportwegs vor Beginn der Verbringung bekannt und sind andere als die von der Sammelnotifizierung betroffenen zuständigen Behörden daran beteiligt, so darf die Sammelnotifizierung nicht verwendet werden, und es ist eine neue Notifizierung einzureichen.

(3) Die betroffenen zuständigen Behörden können ihre Zustimmung zu einer Sammelnotifizierung von der späteren Vorlage zusätzlicher Informationen und Unterlagen gemäß Artikel 4 Absatz 2 Nummern 2 und 3 abhängig machen.

Artikel 14
Verwertungsanlagen mit Vorabzustimmung

(1) Die zuständigen Behörden am Bestimmungsort, in deren Zuständigkeit spezielle Verwertungsanlagen fallen, können beschließen, dafür Vorabzustimmungen auszustellen.

Solche Entscheidungen sind auf einen bestimmten Zeitraum begrenzt und können jederzeit widerrufen werden.

(2) Im Falle einer gemäß Artikel 13 eingereichten Sammelnotifizierung kann die zuständige Behörde am Bestimmungsort die in Artikel 9 Absätze 4 und 5 genannte Gültigkeitsdauer für die Zustimmung im Einvernehmen mit den anderen betroffenen zuständigen Behörden auf bis zu drei Jahre verlängern.

(3) Zuständige Behörden, die beschließen, eine Vorabzustimmung gemäß den Absätzen 1 und 2 auszustellen, übermitteln der Kommission und gegebenenfalls dem OECD-Sekretariat folgende Angaben:

a) den Namen, die Registriernummer und die Anschrift der Verwertungsanlage,

b) die Beschreibung der angewandten Technologien einschließlich R-Code(s),

c) die in den Anhängen IV und IVA aufgeführten Abfälle oder die Abfälle, für die der Beschluss gilt,

d) die von der Vorabzustimmung betroffene Gesamtmenge,

e) die Gültigkeitsdauer,

f) etwaige Änderungen der Vorabzustimmung,

g) etwaige Änderungen der notifizierten Informationen und

h) etwaige Widerrufe der Vorabzustimmung.

Dazu wird das Formular in Anhang VI verwendet.

(4) Abweichend von den Artikeln 9, 10, und 12 unterliegen gemäß Artikel 9 erteilte Zustimmungen, gemäß Artikel 10 erteilte Auflagen und gemäß Artikel 12 erhobene Einwände der betroffenen zuständigen Behörden einer Frist von sieben Werktagen ab dem Zeitpunkt der Übermittlung der Empfangsbestätigung durch die zuständige Behörde am Bestimmungsort gemäß Artikel 8.

(5) Unbeschadet des Absatzes 4 kann die zuständige Behörde am Versandort entscheiden, dass mehr Zeit notwendig ist, um vom Notifizierenden weitere Informationen oder Unterlagen zu erhalten.

In diesem Fall teilt die zuständige Behörde dies dem Notifizierenden innerhalb von sieben Werktagen schriftlich mit; Kopien werden den anderen betroffenen zuständigen Behörden übersandt.

Der insgesamt benötigte Zeitraum darf 30 Tage ab dem Zeitpunkt der Übermittlung der Empfangsbestätigung durch die zuständige Behörde am Bestimmungsort gemäß Artikel 8 nicht überschreiten.

Artikel 15
Zusätzliche Bestimmungen zur vorläufigen Verwertung und Beseitigung

Die Verbringung von Abfällen, die zur vorläufigen Verwertung oder Beseitigung bestimmt sind, unterliegt folgenden zusätzlichen Bestimmungen:

a) Ist eine Verbringung von Abfällen zur vorläufigen Verwertung oder Beseitigung bestimmt, so müssen alle Anlagen, in denen die nachfolgende vorläufige und nicht vorläufige Verwertung oder Beseitigung vorgesehen ist, zusätzlich zu der ersten vorläufigen Verwertung oder Beseitigung ebenfalls im Notifizierungsformular angegeben werden.

b) Die zuständigen Behörden am Versandort und am Bestimmungsort dürfen einer Verbringung von zur vorläufigen Verwertung oder Beseitigung bestimmten Abfällen nur dann zustimmen, wenn nach Artikel 11 oder 12 keine Gründe gegen die Verbringung von Abfällen zu den Anlagen, in denen die nachfolgende vorläufige oder nicht vorläufige Verwertung oder Beseitigung erfolgen soll, vorliegen.

c) Die betroffene Anlage, die die vorläufige Verwertung oder Beseitigung vornimmt, bestätigt die Entgegennahme der Abfälle schriftlich innerhalb von drei Tagen nach deren Erhalt.

Diese Bestätigung ist im Begleitformular anzugeben oder diesem beizufügen. Die besagte Anlage übermittelt dem Notifizierenden und den betroffenen zuständigen Behörden unterzeichnete Kopien des um diese Bestätigung ergänzten Begleitformulars.

d) Die Anlage, die die vorläufige Verwertung oder Beseitigung der Abfälle vornimmt, bescheinigt unter ihrer Verantwortung so bald wie möglich, spätestens jedoch 30 Tage nach Abschluss der vorläufigen Verwertung oder Beseitigung und nicht später als ein Kalenderjahr nach Erhalt der Abfälle oder innerhalb eines kürzeren Zeitraums gemäß Artikel 9 Absatz 7, den Abschluss der vorläufigen Verwertung oder Beseitigung.

Diese Bescheinigung ist im Begleitformular anzugeben oder diesem beizufügen.

Die besagte Anlage übermittelt dem Notifizierenden und den betroffenen zuständigen Behörden unterzeichnete Kopien des um diese Bescheinigung ergänzten Begleitformulars.

e) Liefert eine Anlage zur Verwertung oder Beseitigung von Abfällen, die die vorläufige Verwertung oder Beseitigung von Abfällen vornimmt, die Abfälle zur nachfolgenden vorläufigen oder nicht vorläufigen Verwertung oder Beseitigung an eine im Empfängerstaat gelegene Anlage, so muss sie so bald wie möglich, spätestens jedoch ein Kalenderjahr nach Lieferung der Abfälle oder innerhalb eines kürzeren Zeitraums gemäß Artikel 9 Absatz 7, eine Bescheinigung von dieser Anlage über die Durchführung der nachfolgenden nicht vorläufigen Verwertung oder Beseitigung erhalten.

Die besagte Anlage, die die vorläufige Verwertung oder Beseitigung vornimmt, übermittelt dem Notifizierenden und den betroffenen zuständigen Behörden unverzüglich die entsprechende(n) Bescheinigung(en) unter Angabe der Verbringung(en), auf die die Bescheinigung(en) sich bezieht bzw. beziehen.

f) Eine Lieferung gemäß Buchstabe e an eine Anlage

ii) im ursprünglichen Versandstaat oder in einem anderen Mitgliedstaat bedarf einer erneuten Notifizierung gemäß den Bestimmungen dieses Titels oder

ii) in einem Drittstaat bedarf einer erneuten Notifizierung gemäß den Bestimmungen dieser Verordnung, wobei die Bestimmungen in Bezug auf die betroffenen zuständigen Behörden auch für die ursprüngliche zuständige Behörde im ursprünglichen Versandstaat gelten.

Artikel 16
Nach der Zustimmung zu einer Verbringung greifende Vorschriften

Nach der Zustimmung zu einer notifizierten Verbringung durch die betroffenen zuständigen Behörden füllen alle beteiligten Unternehmen das Begleitformular oder im Falle einer Sammelnotifizierung die Begleitformulare an den entsprechenden Stellen aus, unterzeichnen es bzw. sie und behalten selbst eine Kopie bzw. Kopien davon. Folgende Anforderungen sind zu erfüllen:

a) Ausfüllen des Begleitformulars durch den Notifizierenden: Sobald der Notifizierende die Zustimmung der zuständigen Behörden am Versandort und am Bestimmungsort sowie der für die Durchfuhr zuständigen Behörden erhalten hat bzw. die stillschweigende Zustimmung der Letzteren voraussetzen kann, trägt er das tatsächliche Datum der Verbringung in das Begleitformular ein und füllt dieses ansonsten soweit wie möglich aus.

b) Vorherige Mitteilung des tatsächlichen Beginns der Verbringung: Der Notifizierende übermittelt den betroffenen zuständigen Behörden und dem Empfänger mindestens drei Werktage vor Beginn der Verbringung unterzeichnete Kopien des gemäß Buchstabe a ausgefüllten Begleitformulars.

c) Bei jedem Transport mitzuführende Unterlagen: Der Notifizierende behält eine Kopie des Begleitformulars. Bei jedem Transport sind das Begleitformular sowie Kopien des Notifizierungsformulars, die die von den betroffenen zuständigen Behörden erteilten schriftlichen Zustimmungen sowie die entsprechenden Auflagen enthalten, mitzuführen. Das Begleitformular wird von der Anlage, die die Abfälle erhält, aufbewahrt.

d) Schriftliche Bestätigung des Erhalts der Abfälle durch die Anlage: Die Anlage bestätigt die Entgegennahme der Abfälle schriftlich innerhalb von drei Tagen nach deren Erhalt.

Diese Bestätigung ist im Begleitformular anzugeben oder diesem beizufügen.

Die Anlage übermittelt dem Notifizierenden und den betroffenen zuständigen Behörden unterzeichnete Kopien des um diese Bestätigung ergänzten Begleitformulars.

e) Bescheinigung der nicht vorläufigen Verwertung oder Beseitigung durch die Anlage: Die Anlage, die die nicht vorläufige Verwertung oder Beseitigung vornimmt, bescheinigt unter ihrer Verantwortung so bald wie möglich, spätestens jedoch 30 Tage nach Abschluss der nicht vorläufigen Verwertung oder Beseitigung und nicht später als ein Kalenderjahr nach Erhalt der Abfälle oder innerhalb eines kürzeren Zeitraums gemäß Artikel 9 Absatz 7, den Abschluss der nicht vorläufigen Verwertung oder Beseitigung der Abfälle.

Diese Bescheinigung ist im Begleitformular anzugeben oder diesem beizufügen.

Die Anlage übermittelt dem Notifizierenden und den betroffenen zuständigen Behörden unterzeichnete Kopien des um diese Bescheinigung ergänzten Begleitformulars.

Artikel 17
Änderungen der Verbringung nach der Zustimmung

(1) Bei erheblichen Änderungen der Einzelheiten und/oder Bedingungen einer Verbringung mit Zustimmung, einschließlich Änderungen der vorgesehenen Menge, des Transportwegs, der Beförderung, des Zeitpunkts der Verbringung oder des Transportunternehmens, unterrichtet der Notifizierende die betroffenen zuständigen Behörden und den Empfänger unverzüglich und, sofern möglich, vor Beginn der Verbringung.

(2) In solchen Fällen ist eine erneute Notifizierung einzureichen, es sei denn, alle betroffenen zuständigen Behörden sind der Ansicht, dass die beabsichtigten Änderungen keine erneute Notifizierung erfordern.

(3) Berühren derartige Änderungen andere zuständige Behörden als die von der ursprünglichen Notifizierung betroffenen, so ist eine erneute Notifizierung einzureichen.

KAPITEL 2
Allgemeine Informationspflichten

Artikel 18
Abfälle, für die bestimmte Informationen mitzuführen sind

(1) Die beabsichtigte Verbringung von Abfällen im Sinne des Artikels 3 Absätze 2 und 4 unterliegt folgenden Verfahrensvorschriften:

a) Damit die Verbringung solcher Abfälle besser verfolgt werden kann, hat die der Gerichtsbarkeit des Versandstaats unterliegende Person, die die Verbringung veranlasst, sicherzustellen, dass das in Anhang VII enthaltene Dokument mitgeführt wird.

b) Das in Anhang VII enthaltene Dokument ist von der Person, die die Verbringung veranlasst, vor Durchführung derselben und von der Verwertungsanlage oder dem Labor und dem Empfänger bei der Übergabe der betreffenden Abfälle zu unterzeichnen.

(2) Der in Anhang VII genannte Vertrag über die Verwertung der Abfälle zwischen der Person, die die Verbringung veranlasst, und dem Empfänger muss bei Beginn der Verbringung wirksam sein und für den Fall, dass die Verbringung oder Verwertung der Abfälle nicht in der vorgesehenen Weise abgeschlossen werden kann oder dass sie als illegale Verbringung durchgeführt wurde, für die Person, die die Verbringung veranlasst, oder, falls diese zur Durchführung der Verbringung oder der Verwertung der Abfälle nicht in der Lage ist (z. B. bei Insolvenz), für den Empfänger die Verpflichtung enthalten,

a) die Abfälle zurückzunehmen oder deren Verwertung auf andere Weise sicherzustellen und

b) erforderlichenfalls in der Zwischenzeit für deren Lagerung zu sorgen.

Der betreffenden zuständigen Behörde ist auf Ersuchen von der Person, die die Verbringung veranlasst, oder vom Empfänger eine Kopie dieses Vertrages zu übermitteln.

(3) Die Mitgliedstaaten können zum Zwecke der Kontrolle, Durchsetzung, Planung und statistischen Erhebung nach nationalem Recht die in Absatz 1 genannten Informationen über Verbringungen anfordern, die von diesem Artikel erfasst werden.

(4) Die in Absatz 1 genannten Informationen sind vertraulich zu behandeln, sofern dies nach Gemeinschafts- und nationalem Recht erforderlich ist.

KAPITEL 3
Allgemeine Vorschriften

Artikel 19
Verbot der Vermischung von Abfällen bei der Verbringung

Ab dem Beginn der Verbringung bis zur Entgegennahme in einer Verwertungs- oder Beseitigungsanlage dürfen im Notifizierungsformular oder in Artikel 18 genannte Abfälle nicht mit anderen Abfällen vermischt werden.

Artikel 20
Aufbewahrung von Unterlagen und Informationen

(1) Alle in Bezug auf eine notifizierte Verbringung an die zuständigen Behörden gerichteten oder von diesen verschickten Unterlagen sind von den zuständigen Behörden, vom Notifizierenden, vom Empfänger und von der Anlage, die die Abfälle erhält, mindestens drei Jahre lang, gerechnet ab Beginn der Verbringung, innerhalb der Gemeinschaft aufzubewahren.

(2) Gemäß Artikel 18 Absatz 1 angegebene Informationen sind von der Person, die die Verbringung veranlasst, vom Empfänger und von der Anlage, die die Abfälle erhält, mindestens drei Jahre lang ab dem Zeitpunkt des Beginns der Verbringung innerhalb der Gemeinschaft aufzubewahren.

Artikel 21
Zugang der Öffentlichkeit zu Notifizierungen

Die zuständigen Behörden am Versand- bzw. Bestimmungsort können auf geeigneten Wegen wie dem Internet Informationen über die Notifizierungen von Verbringungen, denen sie zugestimmt haben, öffentlich zugänglich machen, sofern diese Angaben nach nationalem oder Gemeinschaftsrecht nicht vertraulich sind.

KAPITEL 4
Rücknahmeverpflichtungen

Artikel 22
Rücknahme, wenn eine Verbringung nicht wie vorgesehen abgeschlossen werden kann

(1) Erhält eine der betroffenen zuständigen Behörden Kenntnis davon, dass eine Verbringung von Abfällen, einschließlich ihrer Verwertung oder Beseitigung, nicht gemäß den Bedingungen des Notifizierungs- und des Begleitformulars und/oder des in Artikel 4 Absatz 2 Nummer 4 und Artikel 5 genannten Vertrags abgeschlossen werden kann, so unterrichtet sie unverzüglich die zuständige Behörde am Versandort. Weist eine Verwertungs- oder Beseitigungsanlage zu ihr verbrachte Abfälle zurück, so unterrichtet sie unverzüglich die zuständige Behörde am Bestimmungsort hiervon.

(2) Die zuständige Behörde am Versandort stellt außer in den in Absatz 3 genannten Fällen sicher, dass die betreffenden Abfälle von dem Notifizierenden gemäß der in Artikel 2 Nummer 15 festgelegten Rangfolge oder, falls dies nicht möglich ist, von der zuständigen Behörde selbst oder von einer in ihrem Namen handelnden natürlichen oder juristischen Person in das Gebiet ihrer Gerichtsbarkeit oder ein anderes Gebiet im Versandstaat zurückgenommen werden.

Dies erfolgt innerhalb von 90 Tagen oder innerhalb eines anderen, von den betroffenen zuständigen Behörden einvernehmlich festgelegten Zeitraums, nachdem die zuständige Behörde am Versandort von der Undurchführbarkeit der Verbringung mit Zustimmung der Abfälle oder ihrer

Verwertung oder Beseitigung und den Gründen hierfür Kenntnis erhalten hat oder von der zuständigen Behörde am Bestimmungsort oder den für die Durchfuhr zuständigen Behörden schriftlich davon benachrichtigt wurde. Ausgangspunkt entsprechender Benachrichtigungen können Informationen sein, die den zuständigen Behörden am Bestimmungsort oder den für die Durchfuhr zuständigen Behörden unter anderem durch die übrigen zuständigen Behörden übermittelt wurden.

(3) Die Rücknahmeverpflichtung gemäß Absatz 2 gilt nicht, wenn die am Versand- und Bestimmungsort sowie für die Durchfuhr jeweils zuständigen Behörden, die mit der Beseitigung oder Verwertung der Abfälle befasst sind, der Auffassung sind, dass die Abfälle auf andere Weise im Empfängerstaat oder andernorts vom Notifizierenden oder, falls dies nicht möglich ist, von der zuständigen Behörde am Versandort oder von einer in ihrem Namen handelnden natürlichen oder juristischen Person verwertet oder beseitigt werden können.

Die Rücknahmeverpflichtung gemäß Absatz 2 gilt nicht, wenn die verbrachten Abfälle im Laufe des in der betreffenden Einrichtung durchgeführten Verfahrens in irreversibler Weise mit anderen Abfällen vermischt wurden, bevor eine betroffene zuständige Behörde Kenntnis davon erlangt hat, dass die notifizierte Verbringung nicht wie in Absatz 1 vorgesehen abgeschlossen werden kann. Diese Gemische sind auf andere Weise gemäß Unterabsatz 1 zu verwerten oder zu beseitigen.

(4) Im Falle der Rücknahme gemäß Absatz 2 ist eine erneute Notifizierung einzureichen, es sei denn, alle beteiligten zuständigen Behörden sind der Ansicht, dass ein hinreichend begründeter Antrag der ursprünglich zuständigen Behörde am Versandort ausreicht.

Eine neue Notifizierung ist gegebenenfalls vom ursprünglichen Notifizierenden oder, falls dies nicht möglich ist, von jeder anderen natürlichen oder juristischen Person im Sinne des Artikels 2 Nummer 15 oder, falls dies nicht möglich ist, von der ursprünglich zuständigen Behörde am Versandort oder von einer in ihrem Namen handelnden natürlichen oder juristischen Person einzureichen.

Die zuständigen Behörden dürfen sich weder der Rückfuhr von Abfällen, deren Verbringung nicht abgeschlossen werden kann, noch den entsprechenden Verwertungs- oder Beseitigungsverfahren widersetzen.

(5) Im Falle alternativer Vorkehrungen außerhalb des ursprünglichen Empfängerstaats gemäß Absatz 3 ist gegebenenfalls eine neue Notifizierung vom ursprünglichen Notifizierenden oder, falls dies nicht möglich ist, von jeder anderen natürlichen oder juristischen Person im Sinne des Artikels 2 Nummer 15 oder, falls dies nicht möglich ist, von der ursprünglich zuständigen Behörde am Versandort oder von einer in ihrem Namen handelnden natürlichen oder juristischen Person einzureichen. Erfolgt eine solche neue Notifizierung durch den Notifizierenden, so ist sie auch bei der zuständigen Behörde des ursprünglichen Versandstaats einzureichen.

(6) Im Falle alternativer Vorkehrungen im ursprünglichen Empfängerstaat gemäß Absatz 3 bedarf es keiner erneuten Notifizierung, und ein hinreichend begründeter Antrag ist ausreichend. Solch ein hinreichend begründeter Antrag, mit dem um Zustimmung zu der alternativen Vorkehrung ersucht wird, ist von dem ursprünglich Notifizierenden an die zuständige Behörde am Bestimmungsort und am Versandort oder, falls dies nicht möglich ist, von der ursprünglich zuständigen Behörde am Versandort an die zuständige Behörde am Bestimmungsort zu übermitteln.

(7) Bedarf es keiner erneuten Notifizierung gemäß Absatz 4 oder 6, so ist vom ursprünglichen Notifizierenden oder, falls dies nicht möglich ist, von jeder anderen natürlichen oder juristischen Person im Sinne des Artikels 2 Nummer 15 oder, falls dies nicht möglich ist, von der ursprünglich

zuständigen Behörde am Versandort oder von einer in ihrem Namen handelnden natürlichen oder juristischen Person ein neues Begleitformular gemäß Artikel 15 bzw. Artikel 16 auszufüllen.

Wird von der ursprünglich zuständigen Behörde am Versandort gemäß Absatz 4 oder 5 eine erneute Notifizierung eingereicht, so bedarf es keiner neuen Sicherheitsleistungen oder entsprechender Versicherungen.

(8) Die Verpflichtung des Notifizierenden und die ergänzende Verpflichtung des Versandstaats, die Abfälle zurückzunehmen oder für eine andere Verwertung oder Beseitigung zu sorgen, enden, wenn die Anlage die in Artikel 16 Buchstabe e oder gegebenenfalls in Artikel 15 Buchstabe e genannte Bescheinigung über die nicht vorläufige Verwertung oder Beseitigung ausgestellt hat. Im Falle einer vorläufigen Verwertung oder Beseitigung gemäß Artikel 6 Absatz 6 endet die ergänzende Verpflichtung des Versandstaats, wenn die Anlage die in Artikel 15 Buchstabe d genannte Bescheinigung ausgestellt hat.

Stellt eine Anlage eine Bescheinigung über die Beseitigung oder Verwertung aus, die zu einer illegalen Verbringung führt und in deren Folge die Sicherheitsleistungen freigegeben werden, so finden die Artikel 24 Absatz 3 und Artikel 25 Absatz 2 Anwendung.

(9) Werden in einem Mitgliedstaat Abfälle aus einer Verbringung einschließlich ihrer Verwertung oder Beseitigung entdeckt, die nicht abgeschlossen werden kann, so obliegt es der für das betreffende Gebiet zuständigen Behörde, sicherzustellen, dass Vorkehrungen für die sichere Lagerung der Abfälle bis zu deren Rückfuhr oder alternativen nicht vorläufigen Verwertung oder Beseitigung in anderer Weise getroffen werden.

Artikel 23
Kosten der Rücknahme, wenn eine Verbringung nicht abgeschlossen werden kann

(1) Die Kosten der Rückfuhr von Abfällen, deren Verbringung nicht abgeschlossen werden kann, einschließlich der Kosten des Transports, der Verwertung oder der Beseitigung gemäß Artikel 22 Absatz 2 oder 3, sowie ab dem Zeitpunkt, zu dem die zuständige Behörde am Versandort von der Undurchführbarkeit einer Verbringung von Abfällen oder ihrer Verwertung oder Beseitigung Kenntnis erhalten hat, die Kosten der Lagerung gemäß Artikel 22 Absatz 9, werden folgendermaßen angelastet:

a) dem Notifizierenden gemäß der in Artikel 2 Nummer 15 festgelegten Rangfolge oder, falls dies nicht möglich ist,

b) gegebenenfalls anderen natürlichen oder juristischen Personen oder, falls dies nicht möglich ist,

c) der zuständigen Behörde am Versandort oder, falls dies nicht möglich ist,

d) nach anderweitiger Vereinbarung der betroffenen zuständigen Behörden.

(2) Gemeinschaftliche oder nationale haftungsrechtliche Vorschriften bleiben von diesem Artikel unberührt.

Artikel 24
Rücknahme von Abfällen bei illegaler Verbringung

(1) Entdeckt eine zuständige Behörde eine Verbringung, die sie für illegal hält, so unterrichtet sie unverzüglich die anderen betroffenen zuständigen Behörden.

(2) Hat der Notifizierende die illegale Verbringung zu verantworten, so sorgt die zuständige Behörde am Versandort dafür, dass die betreffenden Abfälle

a) vom Notifizierenden de facto zurückgenommen werden oder, falls keine Notifizierung eingereicht wurde,

b) vom Notifizierenden de jure zurückgenommen werden oder, falls dies nicht möglich ist,

c) von der zuständigen Behörde am Versandort selbst oder einer in ihrem Namen handelnden natürlichen oder juristischen Person zurückgenommen werden oder, falls dies nicht möglich ist,

d) von der zuständigen Behörde am Versandort selbst oder einer in ihrem Namen handelnden natürlichen oder juristischen Person im Empfängerstaat oder im Versandstaat auf andere Weise verwertet oder beseitigt werden oder, falls dies nicht möglich ist,

e) mit dem Einverständnis aller betroffenen zuständigen Behörden von der zuständigen Behörde am Versandort selbst oder einer in ihrem Namen handelnden natürlichen oder juristischen Person in einem anderen Staat auf andere Weise verwertet oder beseitigt werden.

Diese Rücknahme, Verwertung oder Beseitigung erfolgt innerhalb von 30 Tagen oder innerhalb eines anderen, von den betroffenen zuständigen Behörden einvernehmlich festgelegten Zeitraums, nachdem die zuständige Behörde am Versandort von der illegalen Verbringung Kenntnis erhalten hat oder von der zuständigen Behörde am Bestimmungsort oder den für die Durchfuhr zuständigen Behörden schriftlich von der illegalen Verbringung und den Gründen dafür benachrichtigt wurde. Ausgangspunkt entsprechender Benachrichtigungen können Informationen sein, die den zuständigen Behörden am Bestimmungsort oder den für die Durchfuhr zuständigen Behörden unter anderem durch die übrigen zuständigen Behörden übermittelt wurden.

Im Falle der Rücknahme gemäß Buchstaben a, b und c ist eine erneute Notifizierung einzureichen, es sei denn, alle betroffenen zuständigen Behörden sind der Ansicht, dass ein hinreichend begründeter Antrag der ursprünglich zuständigen Behörde am Versandort ausreicht.

Die erneute Notifizierung ist von den in Buchstabe a, b oder c genannten Personen oder Behörden in dieser Reihenfolge einzureichen.

Keine zuständige Behörde darf sich der Rückfuhr von illegal verbrachten Abfällen widersetzen. Im Falle alternativer Vorkehrungen gemäß Buchstaben d und e durch die zuständige Behörde am Versandort reicht die ursprünglich zuständige Behörde am Versandort oder eine in ihrem Namen handelnde natürliche oder juristische Person eine erneute Notifizierung ein, es sei denn, alle beteiligten zuständigen Behörden sind der Ansicht, dass ein hinreichend begründeter Antrag derselben ausreicht.

(3) Hat der Empfänger die illegale Verbringung zu verantworten, so sorgt die zuständige Behörde am Bestimmungsort dafür, dass die betreffenden Abfälle auf umweltgerechte Weise

a) vom Empfänger oder, falls dies nicht möglich ist,

b) von der zuständigen Behörde selbst oder einer in ihrem Namen handelnden natürlichen oder juristischen Person

verwertet oder beseitigt werden.

Die Verwertung oder Beseitigung erfolgt innerhalb von 30 Tagen oder innerhalb eines anderen, von den betroffenen zuständigen Behörden einvernehmlich festgelegten Zeitraums, nachdem die zuständige Behörde am Bestimmungsort von der illegalen Verbringung Kenntnis erhalten hat oder von den zuständigen Behörden am Versandort oder den für die Durchfuhr zuständigen Behörden schriftlich von der illegalen Verbringung und den Gründen dafür benachrichtigt wurde. Ausgangspunkt entsprechender Benachrichtigungen können Informationen sein, die den zuständigen Behörden am Versandort oder den für die Durchfuhr zuständigen Behörden unter anderem durch die anderen zuständigen Behörden übermittelt wurden.

Zu diesem Zweck arbeiten die betroffenen zuständigen Behörden erforderlichenfalls bei der Verwertung oder Beseitigung der Abfälle zusammen.

(4) Bedarf es keiner erneuten Notifizierung, so ist von der für die Rücknahme verantwortlichen Person oder, falls dies nicht möglich ist, von der ursprünglich zuständigen Behörde am Versandort ein neues Begleitformular gemäß Artikel 15 oder Artikel 16 auszufüllen.

Wird von der ursprünglich zuständigen Behörde am Versandort eine erneute Notifizierung eingereicht, so bedarf es keiner neuen Sicherheitsleistungen oder entsprechender Versicherungen.

(5) Insbesondere in Fällen, in denen weder der Notifizierende noch der Empfänger für die illegale Verbringung verantwortlich gemacht werden kann, arbeiten die betroffenen zuständigen Behörden zusammen um sicherzustellen, dass die betreffenden Abfälle verwertet oder beseitigt werden.

(6) Wird im Falle einer vorläufigen Verwertung oder Beseitigung gemäß Artikel 6 Absatz 6 eine illegale Verbringung nach Abschluss der vorläufigen Verwertung oder Beseitigung festgestellt, so endet die ergänzende Verpflichtung des Versandstaats, die Abfälle zurückzunehmen oder für eine andere Verwertung oder Beseitigung zu sorgen, wenn die Anlage die in Artikel 15 Buchstabe d genannte Bescheinigung ausgestellt hat.

Stellt die Anlage eine Bescheinigung über die Verwertung oder Beseitigung aus, die zu einer illegalen Verbringung führt und in deren Folge die Sicherheitsleistungen freigegeben werden, so finden Absatz 3 und Artikel 25 Absatz 2 Anwendung.

(7) Werden Abfälle aus einer illegalen Verbringung entdeckt, so obliegt es der für das betreffende Gebiet zuständigen Behörde, sicherzustellen, dass Vorkehrungen für die sichere Lagerung der Abfälle bis zu deren Rückfuhr oder nicht vorläufigen Verwertung oder Beseitigung auf andere Weise getroffen werden.

(8) Die Artikel 34 und 36 gelten nicht für die Rückfuhr illegal verbrachter Abfälle in einen Versandstaat, der unter die in diesen Artikeln enthaltenen Verbote fällt.

(9) Im Falle einer illegalen Verbringung im Sinne des Artikels 2 Nummer 35 Buchstabe g unterliegt die Person, die die Verbringung veranlasst, den gleichen im vorliegenden Artikel begründeten Verpflichtungen wie der Notifizierende.

(10) Gemeinschaftliche oder nationale haftungsrechtliche Vorschriften bleiben von diesem Artikel unberührt.

Artikel 25
Kosten der Rücknahme von Abfällen bei illegaler Verbringung

(1) Die Kosten der Rückfuhr von Abfällen aus einer illegalen Verbringung einschließlich der Kosten des Transports, der Verwertung oder der Beseitigung gemäß Artikel 24 Absatz 2 sowie ab dem Zeitpunkt, zu dem die zuständige Behörde am Versandort von der illegalen Verbringung Kenntnis erhalten hat, die Kosten der Lagerung gemäß Artikel 24 Absatz 7 werden folgendermaßen angelastet:

a) dem Notifizierenden de facto gemäß der in Artikel 2 Nummer 15 festgelegten Rangfolge oder, falls keine Notifizierung eingereicht wurde,

b) dem Notifizierenden de jure oder gegebenenfalls anderen natürlichen oder juristischen Personen oder, falls dies nicht möglich ist,

c) der zuständigen Behörde am Versandort.

(2) Die Kosten der Verwertung oder Beseitigung gemäß Artikel 24 Absatz 3 einschließlich der möglichen Kosten des Transports und der Lagerung gemäß Artikel 24 Absatz 7 werden folgendermaßen angelastet:

a) dem Empfänger oder, falls dies nicht möglich ist,

b) der zuständigen Behörde am Bestimmungsort.

(3) Die Kosten der Verwertung oder Beseitigung gemäß Artikel 24 Absatz 5 einschließlich der möglichen Kosten des Transports und der Lagerung gemäß Artikel 24 Absatz 7 werden folgendermaßen angelastet:

a) dem Notifizierenden gemäß der in Artikel 2 Nummer 15 festgelegten Rangfolge und/oder dem Empfänger nach Maßgabe der Entscheidung der beteiligten zuständigen Behörden oder, falls dies nicht möglich ist,

b) gegebenenfalls anderen natürlichen oder juristischen Personen oder, falls dies nicht möglich ist,

c) den zuständigen Behörden am Versandort und am Bestimmungsort.

(4) Im Falle einer illegalen Verbringung im Sinne des Artikels 2 Nummer 35 Buchstabe g unterliegt die Person, die die Verbringung veranlasst, den gleichen im vorliegenden Artikel begründeten Verpflichtungen wie der Notifizierende.

(5) Gemeinschaftliche oder nationale haftungsrechtliche Vorschriften bleiben von diesem Artikel unberührt.

KAPITEL 5
Allgemeine Verwaltungsvorschriften

Artikel 26
Form der Benachrichtigungen

(1) Die unten aufgeführten Unterlagen und Informationen können per Post versandt werden:

a) die Notifizierung einer beabsichtigten Verbringung gemäß den Artikeln 4 und 13;

b) ein Ersuchen um Informationen und Unterlagen gemäß den Artikeln 4, 7 und 8;

c) die Übermittlung von Informationen und Unterlagen gemäß den Artikeln 4, 7 und 8;

d) die schriftliche Zustimmung zu einer notifizierten Verbringung gemäß Artikel 9;

e) Auflagen für eine Verbringung gemäß Artikel 10;

f) Einwände gegen eine Verbringung gemäß den Artikeln 11 und 12;

g) Angaben zu Entscheidungen über die Ausstellung von Vorabzustimmungen für bestimmte Verwertungsanlagen gemäß Artikel 14 Absatz 3;

h) die schriftliche Bestätigung des Erhalts der Abfälle gemäß den Artikeln 15 und 16;

i) die Bescheinigung über die Verwertung oder Beseitigung der Abfälle gemäß den Artikeln 15 und 16;

j) Vorabinformationen zum tatsächlichen Beginn der Verbringung gemäß Artikel 16;

k) Informationen über Änderungen in Bezug auf die Verbringung nach der Zustimmung gemäß Artikel 17 und

l) die gemäß den Titeln IV, V und VI zu übermittelnden schriftlichen Zustimmungen und Begleitformulare.

(2) Mit Zustimmung der betroffenen zuständigen Behörden und des Notifizierenden können die in Absatz 1 aufgeführten Unterlagen alternativ auf folgende Weise übermittelt werden:

a) per Fax oder

b) per Fax mit nachträglicher Übersendung per Post oder

c) per E-Mail mit digitaler Unterschrift. In diesem Falle gilt anstelle der geforderten Stempelung und Unterzeichnung die digitale Unterschrift, oder

d) per E-Mail ohne digitale Unterschrift mit nachträglicher Übersendung per Post.

(3) Die gemäß Artikel 16 Buchstabe c und Artikel 18 bei jedem Transport mitzuführenden Unterlagen können in elektronischer Form mit digitalen Unterschriften erstellt werden, sofern sie während des Transports jederzeit lesbar gemacht werden können und dies für die betroffenen zuständigen Behörden annehmbar ist.

(4) Die in Absatz 1 aufgeführten Unterlagen und Informationen können mit Zustimmung der betroffenen zuständigen Behörden und des Notifizierenden per elektronischem Datenaustausch mit elektronischer Signatur oder elektronischer Authentifizierung gemäß der Richtlinie 1999/93/EG des Europäischen Parlaments und des Rates[7] oder mit einem vergleichbaren elektronischen Authentifizierungssystem, das das gleiche Sicherheitsniveau bietet, eingereicht und ausgetauscht werden.

Um die Umsetzung des ersten Unterabsatzes zu erleichtern, erlässt die Kommission, soweit machbar, Durchführungsrechtsakte zur Festlegung der technischen und organisatorischen Vorschriften für die praktische Durchführung des elektronischen Datenaustauschs zur Übermittlung von Unterlagen und Informationen. Die Kommission berücksichtigt dabei alle einschlägigen internationalen Normen und stellt sicher, dass diese Vorschriften mit der Richtlinie 1999/93/EG im Einklang stehen oder mindestens das gleiche Sicherheitsniveau wie nach dieser Richtlinie bieten. Diese Durchführungsrechtsakte werden gemäß dem in Artikel 59a Absatz 2 genannten Prüfverfahren erlassen.

Artikel 27
Sprache

(1) Alle gemäß den Bestimmungen dieses Titels übermittelten Notifizierungen, Informationen, Unterlagen oder sonstigen Nachrichten sind in einer Sprache bereitzustellen, die für die betroffenen zuständigen Behörden annehmbar ist.

(2) Auf Verlangen der betroffenen zuständigen Behörden hat der Notifizierende beglaubigte Übersetzungen in einer Sprache vorzulegen, die für diese Behörden annehmbar ist.

---

[7] Richtlinie 1999/93/EG des Europäischen Parlaments und des Rates vom 13. Dezember 1999 über gemeinschaftliche Rahmenbedingungen für elektronische Signaturen (ABl. L 13 vom 19. 1. 2000, S. 12).

Artikel 28
Differenzen bezüglich der Einstufung

(1) Können die zuständigen Behörden am Versandort und am Bestimmungsort kein Einvernehmen über die Unterscheidung zwischen Abfällen und Nichtabfällen erzielen, so wird das betreffende Material als Abfälle behandelt. Das Recht des Bestimmungslandes, das verbrachte Material nach seinem Eintreffen gemäß seinen nationalen Rechtsvorschriften zu behandeln, bleibt hiervon unberührt, sofern diese Rechtsvorschriften mit dem Gemeinschaftsrecht oder dem Völkerrecht vereinbar sind.

(2) Können die zuständigen Behörden am Versandort und am Bestimmungsort kein Einvernehmen darüber erzielen, ob notifizierte Abfälle als in Anhang III, IIIA, IIIB oder IV aufgeführte Abfälle einzustufen sind, so werden die betreffenden Abfälle als in Anhang IV aufgeführte Abfälle angesehen.

(3) Können die zuständigen Behörden am Versandort und am Bestimmungsort kein Einvernehmen darüber erzielen, ob eine Abfallbehandlung als Verwertung oder als Beseitigung einzustufen ist, so gelten die Bestimmungen für die Beseitigung.

(4) Die Absätze 1 bis 3 gelten nur für die Zwecke dieser Verordnung; die Rechte der Beteiligten zur gerichtlichen Klärung etwaiger diesbezüglicher Streitigkeiten bleiben hiervon unberührt.

Artikel 29
Verwaltungskosten

Dem Notifizierenden können angemessene und verhältnismäßige Verwaltungskosten für die Durchführung des Notifizierungs- und Überwachungsverfahrens sowie übliche Kosten angemessener Analysen und Kontrollen auferlegt werden.

Artikel 30
Abkommen für Grenzgebiete

(1) In Ausnahmefällen, wenn die spezifische geografische oder demografische Situation es erfordert, können die Mitgliedstaaten bilaterale Abkommen zur Erleichterung des Notifizierungsverfahrens für Verbringungen spezifischer Abfallströme bezüglich der grenzüberschreitenden Verbringung zur nächstgelegenen geeigneten Anlage, die sich im Grenzgebiet zwischen diesen Mitgliedstaaten befindet, abschließen.

(2) Solche bilateralen Abkommen können auch abgeschlossen werden, wenn die Verbringung von Abfällen aus einem Versandstaat und ihre Behandlung im Versandstaat mit einer Durchfuhr durch einen anderen Mitgliedstaat verbunden ist.

(3) Die Mitgliedstaaten können solche Abkommen auch mit Staaten abschließen, die Vertragsparteien des Abkommens über den Europäischen Wirtschaftsraum sind.

(4) Diese Abkommen werden der Kommission vor Beginn ihrer Anwendung notifiziert.

KAPITEL 6
Verbringung innerhalb der Gemeinschaft mit Durchfuhr durch Drittstaaten

Artikel 31
Verbringung von zur Beseitigung bestimmten Abfällen

Bei der Verbringung von zur Beseitigung bestimmten Abfällen innerhalb der Gemeinschaft mit Durchfuhr durch einen oder mehrere Drittstaaten hat die zuständige Behörde am Versandort zusätzlich zu den Bestimmungen dieses Titels bei der zuständigen Behörde der Drittstaaten anzufragen, ob sie eine schriftliche Zustimmung für die geplante Verbringung erteilen möchte:

a) für Vertragsparteien des Basler Übereinkommens innerhalb von 60 Tagen, es sei denn, sie hat auf dieses Recht nach den Bestimmungen dieses Übereinkommens verzichtet, oder

b) für Staaten, die nicht Vertragsparteien des Basler Übereinkommens sind, innerhalb eines zwischen den zuständigen Behörden vereinbarten Zeitraums.

Artikel 32
Verbringung von zur Verwertung bestimmten Abfällen

(1) Bei der Verbringung von zur Verwertung bestimmten Abfällen innerhalb der Gemeinschaft mit Durchfuhr durch einen oder mehrere Drittstaaten, für die der OECD-Beschluss nicht gilt, findet Artikel 31 Anwendung.

(2) Bei einer Verbringung von zur Verwertung bestimmten Abfällen innerhalb der Gemeinschaft, einschließlich der Verbringung zwischen Orten im selben Mitgliedstaat, mit Durchfuhr durch einen oder mehrere Drittstaaten, für die der OECD-Beschluss gilt, kann die in Artikel 9 genannte Zustimmung stillschweigend erteilt werden; werden keine Einwände erhoben oder Auflagen erteilt, so kann die Verbringung 30 Tage ab dem Zeitpunkt der Übermittlung der Empfangsbestätigung durch die zuständige Behörde am Bestimmungsort gemäß Artikel 8 beginnen.

TITEL III
VERBRINGUNGEN AUSSCHLIESSLICH INNERHALB DER MITGLIEDSTAATEN

Artikel 33
Anwendung dieser Verordnung auf Verbringungen ausschließlich innerhalb der Mitgliedstaaten

(1) Die Mitgliedstaaten legen eine geeignete Regelung für die Überwachung und Kontrolle der Verbringung von Abfällen ausschließlich innerhalb ihres Zuständigkeitsgebiets fest. Hierbei ist der erforderlichen Kohärenz zwischen dieser Regelung und der gemeinschaftlichen Regelung nach den Titeln II und VII Rechnung zu tragen.

(2) Die Mitgliedstaaten teilen der Kommission ihre Regelungen für die Überwachung und Kontrolle der Verbringung von Abfällen mit. Die Kommission unterrichtet die anderen Mitgliedstaaten hiervon.

(3) Die Mitgliedstaaten können die Regelung nach den Titeln II und VII in ihrem Zuständigkeitsgebiet anwenden.

TITEL IV
AUSFUHR AUS DER GEMEINSCHAFT IN DRITTSTAATEN

KAPITEL 1
Ausfuhr von zur Beseitigung bestimmten Abfällen

Artikel 34
Ausfuhrverbot unter Ausnahme der EFTA-Staaten

(1) Jegliche Ausfuhr von zur Beseitigung bestimmten Abfällen aus der Gemeinschaft ist verboten.

(2) Das Ausfuhrverbot in Absatz 1 gilt nicht für die Ausfuhr von zur Beseitigung bestimmten Abfällen in EFTA-Staaten, die auch Vertragsparteien des Basler Übereinkommens sind.

(3) Die Ausfuhr von zur Beseitigung bestimmten Abfällen in EFTA-Staaten, die auch Vertragsparteien des Basler Übereinkommens sind, ist jedoch auch verboten,

a) wenn der betreffende EFTA-Staat die Einfuhr derartiger Abfälle verbietet oder

b) wenn die zuständige Behörde am Versandort Grund zu der Annahme hat, dass die Abfälle im betreffenden Empfängerstaat nicht auf umweltgerechte Weise im Sinne des Artikels 49 behandelt werden.

(4) Die Rücknahmeverpflichtungen gemäß Artikel 22 und 24 werden von dieser Bestimmung nicht berührt.

Artikel 35
Verfahren bei der Ausfuhr in EFTA-Staaten

(1) Bei der Ausfuhr von zur Beseitigung bestimmten Abfällen aus der Gemeinschaft in EFTA-Staaten, die Vertragsparteien des Basler Übereinkommens sind, gelten die Bestimmungen des Titels II entsprechend mit den in den Absätzen 2 und 3 aufgeführten Anpassungen und Ergänzungen.

(2) Es gelten folgende Anpassungen:

a) Die für die Durchfuhr zuständige Behörde außerhalb der Gemeinschaft verfügt ab dem Zeitpunkt der Übermittlung ihrer Bestätigung des Empfangs der Notifizierung über eine Frist von 60 Tagen, um zusätzliche Informationen zu der notifizierten Verbringung anzufordern, um ihre stillschweigende Zustimmung zu erteilen, wenn der betroffene Staat beschlossen hat, keine vorherige schriftliche Zustimmung zu verlangen, und die anderen Vertragsparteien gemäß Artikel 6 Absatz 4 des Basler Übereinkommens davon unterrichtet hat, oder ihre schriftliche Zustimmung mit oder ohne Auflagen zu erteilen; und

b) die zuständige Behörde am Versandort in der Gemeinschaft trifft ihre Entscheidung über die Erteilung der Zustimmung für die Verbringung gemäß Artikel 9 erst, nachdem sie die schriftliche Zustimmung der zuständigen Behörde am Bestimmungsort und gegebenenfalls die stillschweigende oder schriftliche Zustimmung der für die Durchfuhr zuständigen Behörde außerhalb der Gemeinschaft erhalten hat, frühestens jedoch 61 Tage nach Übermittlung der Empfangsbestätigung der für die Durchfuhr zuständigen Behörde. Die zuständige Behörde am Versandort kann ihre Entscheidung vor Ablauf der Frist von 61 Tagen treffen, wenn sie die schriftliche Zustimmung der anderen betroffenen zuständigen Behörden erhalten hat.

(3) Es gelten folgende zusätzliche Bestimmungen:

a) Die für die Durchfuhr zuständige Behörde in der Gemeinschaft bestätigt dem Notifizierenden den Empfang der Notifizierung;

b) die zuständige Behörde am Versandort und gegebenenfalls die für die Durchfuhr zuständigen Behörden in der Gemeinschaft übermitteln der Ausfuhrzollstelle und der Ausgangszollstelle der Gemeinschaft eine abgestempelte Kopie ihrer Entscheidungen zur Zustimmung zu der betreffenden Verbringung;

c) der Transporteur legt der Ausfuhrzollstelle und der Ausgangszollstelle der Gemeinschaft eine Kopie des Begleitformulars vor;

d) sobald die Abfälle die Gemeinschaft verlassen haben, übermittelt die Ausgangszollstelle der Gemeinschaft der zuständigen Behörde am Versandort in der Gemeinschaft eine abgestempelte Kopie des Begleitformulars, worin festgestellt wird, dass die Abfälle die Gemeinschaft verlassen haben;

e) hat die zuständige Behörde am Versandort in der Gemeinschaft 42 Tage, nachdem die Abfälle die Gemeinschaft verlassen haben, von der Anlage noch keine Nachricht über den Eingang der Abfälle erhalten, so teilt sie dies unverzüglich der zuständigen Behörde am Bestimmungsort mit; und

f) der in Artikel 4 Absatz 2 Nummer 4 und Artikel 5 genannte Vertrag muss folgende Bestimmungen enthalten:

i) Stellt eine Anlage eine unrichtige Bescheinigung über die Beseitigung aus, in deren Folge die Sicherheitsleistungen freigegeben werden, so trägt der Empfänger die Kosten, die sich aus der Verpflichtung zur Rückfuhr der Abfälle in das Zuständigkeitsgebiet der zuständigen Behörde am Versandort und aus der Verwertung oder Beseitigung der Abfälle auf eine andere, umweltgerechte Weise ergeben;

ii) innerhalb von drei Tagen nach Erhalt der zur Beseitigung bestimmten Abfälle übermittelt die Anlage dem Notifizierenden und den betroffenen zuständigen Behörden unterzeichnete Kopien des vervollständigten Begleitformulars, mit Ausnahme der in Ziffer iii genannten Bescheinigung über die Beseitigung; und

iii) die Anlage bescheinigt unter ihrer Verantwortung so bald wie möglich, spätestens jedoch 30 Tage nach Abschluss der Beseitigung und nicht später als ein Kalenderjahr nach Erhalt der Abfälle, dass die Beseitigung der Abfälle abgeschlossen ist, und übermittelt dem Notifizierenden und den betroffenen zuständigen Behörden unterzeichnete Kopien des Begleitformulars, die diese Bescheinigung enthalten.

(4) Die Verbringung darf nur erfolgen, wenn

a) der Notifizierende eine schriftliche Zustimmung der zuständigen Behörde am Versandort, am Bestimmungsort und gegebenenfalls der für die Durchfuhr zuständigen Behörden außerhalb der Gemeinschaft erhalten hat und die erteilten Auflagen erfüllt sind;

b) ein wirksamer Vertrag gemäß Artikel 4 Absatz 2 Nummer 4 und Artikel 5 zwischen dem Notifizierenden und dem Empfänger geschlossen wurde;

c) wirksame Sicherheitsleistungen oder entsprechende Versicherungen gemäß Artikel 4 Absatz 2 Nummer 5 und Artikel 6 hinterlegt bzw. abgeschlossen wurden; und

d) die umweltgerechte Behandlung gemäß Artikel 49 sichergestellt ist.

(5) Im Falle der Ausfuhr von Abfällen müssen diese zur Beseitigung in einer Anlage bestimmt sein, die gemäß dem geltenden nationalen Recht im Empfängerstaat in Betrieb ist oder dafür eine Genehmigung besitzt.

(6) Entdeckt eine Ausfuhrzollstelle oder eine Ausgangszollstelle der Gemeinschaft eine illegale Verbringung, so unterrichtet sie unverzüglich die zuständige Behörde im Staat der Zollstelle, die ihrerseits

a) unverzüglich die zuständige Behörde am Versandort in der Gemeinschaft unterrichtet und

b) sicherstellt, dass die Abfälle so lange in Verwahrung genommen werden, bis die zuständige Behörde am Versandort anderweitig entschieden und ihre Entscheidung der zuständigen Behörde im Staat der Zollstelle, in dem die Abfälle verwahrt werden, schriftlich mitgeteilt hat.

KAPITEL 2
Ausfuhr von zur Verwertung bestimmten Abfällen

Abschnitt 1
Ausfuhr in Staaten, für die der OECD-Beschluss nicht gilt

Artikel 36
Ausfuhrverbot

(1) Die Ausfuhr folgender zur Verwertung bestimmter Abfälle aus der Gemeinschaft in Staaten, für die der OECD-Beschluss nicht gilt, ist verboten:

a) in Anhang V aufgeführte gefährliche Abfälle;

b) in Anhang V Teil 3 aufgeführte Abfälle;

c) gefährliche Abfälle, die nicht in einem Einzeleintrag in Anhang V eingestuft sind;

d) Gemische gefährlicher Abfälle sowie Gemische gefährlicher und nicht gefährlicher Abfälle, die nicht in einem Einzeleintrag in Anhang V eingestuft sind;

e) Abfälle, die vom Empfängerstaat gemäß Artikel 3 des Basler Übereinkommens als gefährlich notifiziert worden sind;

f) Abfälle, deren Einfuhr der Empfängerstaat verboten hat, oder

g) Abfälle, die nach der begründeten Annahme der zuständigen Behörde am Versandort im betreffenden Empfängerstaat nicht auf umweltgerechte Weise im Sinne des Artikels 49 behandelt werden.

(2) Die Rücknahmeverpflichtungen gemäß Artikel 22 und 24 werden von dieser Bestimmung nicht berührt.

(3) Die Mitgliedstaaten können in Ausnahmefällen auf der Grundlage von Belegen, die von dem Notifizierenden in geeigneter Weise vorzulegen sind, festlegen, dass bestimmte in Anhang V aufgeführte gefährliche Abfälle von dem Ausfuhrverbot auszunehmen sind, wenn sie keine der in Anhang III der Richtlinie 91/689/EWG genannten Eigenschaften aufweisen, wobei hinsichtlich der in dem genannten Anhang aufgeführten Eigenschaften H3 bis H8, H10 und H11 die Grenzwerte der Entscheidung 2000/532/EG der Kommission vom 3. Mai 2000 zur Ersetzung der Entscheidung 94/3/EG über ein Abfallverzeichnis gemäß Artikel 1 Buchstabe a der Richtlinie 75/442/EWG des Rates über Abfälle und der Entscheidung 94/904/EG des Rates über ein Verzeichnis gefährlicher Abfälle im Sinne von Artikel 1 Absatz 4 der Richtlinie 91/689/EWG des Rates über gefährliche Abfälle[8] zu berücksichtigen sind.

(4) Die Tatsache, dass ein Abfall nicht in Anhang V als gefährlicher Abfall aufgeführt ist oder dass er in Anhang V Teil 1 Liste B aufgeführt ist, steht in Ausnahmefällen der Einstufung als gefährlich nicht entgegen, so dass er unter das Ausfuhrverbot fällt, wenn er eine der in Anhang III der Richtlinie 91/689/EWG aufgeführten Eigenschaften aufweist, wobei hinsichtlich der in dem genannten Anhang aufgeführten Eigenschaften H3 bis H8, H10 und H11 die Grenzwerte der Entscheidung 2000/532/EG der Kommission zu berücksichtigen sind, wie dies in Artikel 1 Absatz 4 zweiter Gedankenstrich der Richtlinie 91/689/EWG und im einleitenden Absatz des Anhangs III der vorliegenden Verordnung vorgesehen ist.

[8] ABl. L 226 vom 6.9.2000, S. 3. Zuletzt geändert durch die Entscheidung 2001/573/EG des Rates (ABl. L 203 vom 28.7.2001, S. 18).

(5) In den in den Absätzen 3 und 4 genannten Fällen unterrichtet der betreffende Mitgliedstaat vor seiner Entscheidung den vorgesehenen Empfängerstaat. Die Mitgliedstaaten teilen der Kommission solche Fälle vor Ende jeden Kalenderjahres mit. Die Kommission leitet diese Informationen an alle Mitgliedstaaten und an das Sekretariat des Basler Übereinkommens weiter. Aufgrund der erhaltenen Informationen kann die Kommission Stellung nehmen und gegebenenfalls Anhang V gemäß Artikel 58 anpassen.

Artikel 37
Verfahren bei der Ausfuhr von in den Anhängen III oder IIIA aufgeführten Abfällen

(1) In Bezug auf Abfälle, die in den Anhängen III oder IIIA aufgeführt sind und deren Ausfuhr nicht gemäß Artikel 36 verboten ist, ersucht die Kommission innerhalb von 20 Tagen ab Inkrafttreten dieser Verordnung schriftlich jeden Staat, für den der OECD-Beschluss nicht gilt,

i) um die schriftliche Bestätigung, dass die Abfälle zur Verwertung in diesem Staat aus der Gemeinschaft ausgeführt werden dürfen, und

ii) um Hinweise zum etwaigen Kontrollverfahren, das im Empfängerstaat angewandt würde.

Die Staaten, für die der OECD-Beschluss nicht gilt, können zwischen folgenden Optionen wählen:

a) Verbot oder

b) Verfahren der vorherigen schriftlichen Notifizierung und Zustimmung gemäß Artikel 35 oder

c) keine Kontrolle im Empfängerstaat.

(2) Vor dem Beginn der Anwendung der vorliegenden Verordnung erlässt die Kommission eine Verordnung, die alle gemäß Absatz 1 eingegangenen Antworten berücksichtigt, und unterrichtet den mit Artikel 18 der Richtlinie 2006/12/EG eingesetzten Ausschuss.

Hat ein Staat keine Bestätigung gemäß Absatz 1 erteilt oder ist aus irgendwelchen Gründen an einen Staat kein Ersuchen ergangen, so gilt Absatz 1 Buchstabe b.

Die Kommission aktualisiert die erlassene Verordnung regelmäßig.

(3) Gibt ein Staat an, dass die Verbringung bestimmter Abfälle keinerlei Kontrolle unterliegt, so gilt Artikel 18 für solche Verbringungen entsprechend.

(4) Im Falle der Ausfuhr von Abfällen müssen diese zur Verwertung in einer Anlage bestimmt sein, die gemäß dem geltenden nationalen Recht im Empfängerstaat in Betrieb ist oder dafür eine Genehmigung besitzt.

(5) Auf die Verbringung von Abfällen, die nicht als Einzeleintrag in Anhang III eingestuft sind, oder die Verbringung von Abfallgemischen, die nicht als Einzeleintrag in Anhang III oder IIIA eingestuft sind, oder die Verbringung von in Anhang IIIB eingestuften Abfällen findet Absatz 1 Buchstabe b Anwendung, sofern die Ausfuhr dieser Abfälle bzw. Abfallgemische nicht nach Artikel 36 verboten ist.

Abschnitt 2
Ausfuhr in Staaten, für die der OECD-Beschluss gilt

Artikel 38
Ausfuhr von in den Anhängen III, IIIA, IIIB, IV und IVA aufgeführten Abfällen

(1) Bei der Ausfuhr von in den Anhängen III, IIIA, IIIB, IV und IVA aufgeführten Abfällen sowie von nicht als Einzeleintrag in Anhang III, IV oder IVA eingestuften Abfällen oder Abfallgemischen

aus der Gemeinschaft, die zur Verwertung in Staaten bestimmt sind, für die der OECD-Beschluss gilt, mit oder ohne Durchfuhr durch Staaten, für die der OECD-Beschluss gilt, gelten die Bestimmungen von Titel II entsprechend mit den in den Absätzen 2, 3 und 5 genannten Anpassungen und Ergänzungen.

(2) Es gelten die folgenden Anpassungen:

a) Die in Anhang IIIA aufgeführten für ein vorläufiges Verfahren bestimmten Abfallgemische unterliegen dem Verfahren der vorherigen schriftlichen Notifizierung und Zustimmung, wenn eine nachfolgende vorläufige oder nicht vorläufige Verwertung oder Beseitigung in einem Staat erfolgen soll, für den der OECD-Beschluss nicht gilt;

b) die in Anhang IIIB aufgeführten Abfälle unterliegen dem Verfahren der vorherigen schriftlichen Notifizierung und Zustimmung;

c) die gemäß Artikel 9 erforderliche Zustimmung kann von der zuständigen Behörde am Bestimmungsort außerhalb der Gemeinschaft in Form einer stillschweigenden Zustimmung erteilt werden.

(3) Für die Ausfuhr von in Anhang IV und IVA aufgeführten Abfällen gelten folgende zusätzliche Bestimmungen:

a) Die zuständige Behörde am Versandort und gegebenenfalls die für die Durchfuhr zuständigen Behörden in der Gemeinschaft übermitteln der Ausfuhrzollstelle und der Ausgangszollstelle der Gemeinschaft eine abgestempelte Kopie ihrer Entscheidung zur Zustimmung der Verbringung;

b) der Transporteur legt der Ausfuhrzollstelle und der Ausgangszollstelle der Gemeinschaft eine Kopie des Begleitformulars vor;

c) sobald die Abfälle die Gemeinschaft verlassen haben, übermittelt die Ausgangszollstelle der Gemeinschaft der zuständigen Behörde am Versandort in der Gemeinschaft eine abgestempelte Kopie des Begleitformulars, worin festgestellt wird, dass die Abfälle die Gemeinschaft verlassen haben;

d) hat die zuständige Behörde am Versandort in der Gemeinschaft 42 Tage nachdem die Abfälle die Gemeinschaft verlassen haben von der Anlage noch keine Nachricht über den Eingang der Abfälle erhalten, so teilt sie dies unverzüglich der zuständigen Behörde am Bestimmungsort mit; und

e) der in Artikel 4 Absatz 2 Nummer 4 und Artikel 5 genannte Vertrag muss folgende Bestimmungen enthalten:

   i) Stellt eine Anlage eine unrichtige Bescheinigung über die Verwertung aus, in deren Folge die Sicherheitsleistungen freigegeben werden, so trägt der Empfänger die Kosten, die sich aus der Verpflichtung zur Rückfuhr der Abfälle in das Zuständigkeitsgebiet der zuständigen Behörde am Versandort und aus der Verwertung oder Beseitigung der Abfälle auf eine andere, umweltgerechte Weise ergeben;

   ii) innerhalb von drei Tagen nach Erhalt der zur Verwertung bestimmten Abfälle übermittelt die Anlage dem Notifizierenden und den betroffenen zuständigen Behörden unterzeichnete Kopien des vervollständigten Begleitformulars, mit Ausnahme der in Ziffer iii genannten Bescheinigung über die Verwertung; und

   iii) die Anlage bescheinigt unter ihrer Verantwortung so bald wie möglich, spätestens jedoch 30 Tage nach Abschluss der Verwertung und nicht später als ein Kalenderjahr nach Erhalt der Abfälle, dass die Verwertung der Abfälle abgeschlossen ist, und übermittelt dem Notifizierenden und den betroffenen zuständigen Behörden unterzeichnete Kopien des Begleitformulars, die diese Bescheinigung enthalten.

(4) Die Verbringung darf nur erfolgen, wenn

a) der Notifizierende die schriftliche Zustimmung der zuständigen Behörden am Versandort, am Bestimmungsort und gegebenenfalls der für die Durchfuhr zuständigen Behörden erhalten hat oder die stillschweigende Zustimmung der zuständigen Behörde am Bestimmungsort und der für die Durchfuhr zuständigen Behörden außerhalb der Gemeinschaft erteilt wurde oder vorausgesetzt werden kann und die erteilten Auflagen erfüllt sind;

b) Artikel 35 Absatz 4 Buchstaben b, c und d erfüllt ist.

(5) Umfasst die in Absatz 1 beschriebene Ausfuhr von in den Anhängen IV und IVA aufgeführten Abfällen die Durchfuhr durch einen Staat, für den der OECD-Beschluss nicht gilt, so gelten folgende Anpassungen:

a) Die für die Durchfuhr zuständige Behörde, für die der OECD-Beschluss nicht gilt, verfügt ab dem Zeitpunkt der Übermittlung ihrer Bestätigung des Empfangs der Notifizierung über eine Frist von 60 Tagen, um zusätzliche Informationen zu der notifizierten Verbringung anzufordern, um ihre stillschweigende Zustimmung zu erteilen, wenn der betroffene Staat beschlossen hat, keine vorherige schriftliche Zustimmung zu verlangen, und die anderen Vertragsparteien gemäß Artikel 6 Absatz 4 des Basler Übereinkommens davon unterrichtet hat, oder ihre schriftliche Zustimmung mit oder ohne Auflagen zu erteilen; und

b) die zuständige Behörde am Versandort in der Gemeinschaft trifft ihre Entscheidung über die Erteilung der Zustimmung für die Verbringung gemäß Artikel 9 erst, nachdem sie die stillschweigende oder schriftliche Zustimmung der für die Durchfuhr zuständigen Behörde, für die der OECDBeschluss nicht gilt, erhalten hat, frühestens jedoch 61 Tage ab dem Zeitpunkt der Übermittlung der Empfangsbestätigung der für die Durchfuhr zuständigen Behörde. Die zuständige Behörde am Versandort kann ihre Entscheidung vor Ablauf der Frist von 61 Tagen treffen, wenn sie die schriftliche Zustimmung der anderen betroffenen zuständigen Behörden erhalten hat.

(6) Im Falle der Ausfuhr von Abfällen müssen diese zur Verwertung in einer Anlage bestimmt sein, die gemäß dem geltenden nationalen Recht im Empfängerstaat in Betrieb ist oder dafür eine Genehmigung besitzt.

(7) Entdeckt eine Ausfuhrzollstelle oder eine Ausgangszollstelle der Gemeinschaft eine illegale Verbringung, so unterrichtet sie unverzüglich die zuständige Behörde im Staat der Zollstelle, die ihrerseits

a) unverzüglich die zuständige Behörde am Versandort in der Gemeinschaft unterrichtet und

b) sicherstellt, dass die betreffenden Abfälle so lange in Verwahrung genommen werden, bis die zuständige Behörde am Versandort anderweitig entschieden und ihre Entscheidung der zuständigen Behörde im Staat der Zollstelle, in dem die Abfälle verwahrt werden, schriftlich mitgeteilt hat.

KAPITEL 3
Allgemeine Vorschriften

Artikel 39
Ausfuhren in die Antarktis

Die Ausfuhr von Abfällen aus der Gemeinschaft in die Antarktis ist verboten.

Artikel 40
Ausfuhr in überseeische Länder und Gebiete

(1) Die Ausfuhr von zur Beseitigung bestimmten Abfällen aus der Gemeinschaft in überseeische Länder und Gebiete ist verboten.

(2) Für Ausfuhren von zur Verwertung bestimmten Abfällen in überseeische Länder und Gebiete gilt das Verbot des Artikels 36 entsprechend.

(3) Für Ausfuhren von zur Verwertung bestimmten Abfällen in überseeische Länder und Gebiete, die nicht unter das in Absatz 2 genannte Verbot fallen, gelten die Bestimmungen von Titel II entsprechend.

TITEL V
EINFUHR IN DIE GEMEINSCHAFT AUS DRITTSTAATEN

KAPITEL 1
Einfuhr von zur Beseitigung bestimmten Abfällen

Artikel 41
Einfuhrverbot unter Ausnahme von Vertragsparteien des Basler Übereinkommens oder von Staaten, mit denen Übereinkünfte bestehen, sowie von anderen Gebieten während Krisen- oder Kriegssituationen

(1) Die Einfuhr von zur Beseitigung bestimmten Abfällen in die Gemeinschaft ist verboten; mit Ausnahme von Einfuhren aus

a) Staaten, die Vertragsparteien des Basler Übereinkommens sind, oder

b) anderen Staaten, mit denen die Gemeinschaft oder die Gemeinschaft und ihre Mitgliedstaaten bilaterale oder multilaterale Übereinkünfte oder Vereinbarungen gemäß Artikel 11 des Basler Übereinkommens geschlossen haben, die mit dem Gemeinschaftsrecht vereinbar sind, oder

c) anderen Staaten, mit denen einzelne Mitgliedstaaten gemäß Absatz 2 bilaterale Übereinkünfte oder Vereinbarungen geschlossen haben, oder

d) anderen Gebieten in Fällen, in denen ausnahmsweise während Krisen- oder Kriegssituationen oder bei friedenschaffenden oder friedenserhaltenden Einsätzen keine bilaterale Übereinkunft oder Vereinbarung gemäß Buchstabe b oder c geschlossen werden kann oder im Versandstaat keine zuständige Behörde benannt wurde bzw. handlungsfähig ist.

(2) Einzelne Mitgliedstaaten können in Ausnahmefällen für die Beseitigung besonderer Abfälle in diesen Mitgliedstaaten bilaterale Übereinkünfte und Vereinbarungen schließen, wenn die Behandlung dieser Abfälle im Versandstaat nicht in umweltgerechter Weise im Sinne des Artikels 49 erfolgen würde.

Diese Übereinkünfte und Vereinbarungen müssen mit dem Gemeinschaftsrecht vereinbar sein und mit Artikel 11 des Basler Übereinkommens in Einklang stehen.

Diese Übereinkünfte und Vereinbarungen müssen gewährleisten, dass die Beseitigung in einer genehmigten Anlage durchgeführt wird und den Anforderungen einer umweltgerechten Behandlung genügt.

Die Übereinkünfte und Vereinbarungen müssen ferner gewährleisten, dass die Abfälle im Versandstaat erzeugt werden und die Beseitigung ausschließlich in dem Mitgliedstaat erfolgt, der das Abkommen oder die Vereinbarung geschlossen hat.

Diese Übereinkünfte und Vereinbarungen sind der Kommission vor ihrem Abschluss zu notifizieren. In Notfällen können sie jedoch bis spätestens einen Monat nach Abschluss notifiziert werden.

(3) Den gemäß Absatz 1 Buchstaben b und c geschlossenen bilateralen oder multilateralen Übereinkünften oder Vereinbarungen sind die Verfahrensvorschriften des Artikels 42 zugrunde zu legen.

(4) Die in Absatz 1 Buchstaben a, b und c genannten Staaten müssen der zuständigen Behörde des Empfängermitgliedstaats zuvor einen hinreichend begründeten Antrag unterbreiten, der sich darauf stützt, dass sie die technische Kapazität und die erforderlichen Anlagen für die umweltgerechte Beseitigung der Abfälle nicht besitzen und billigerweise nicht erwerben können.

Artikel 42
Verfahrensvorschriften für Einfuhren aus einer Vertragspartei des Basler Übereinkommens oder aus anderen Gebieten während Krisen- oder Kriegssituationen

(1) Bei der Einfuhr von zur Beseitigung bestimmten Abfällen in die Gemeinschaft aus Staaten, die Vertragsparteien des Basler Übereinkommens sind, gelten die Bestimmungen von Titel II entsprechend mit den in den Absätzen 2 und 3 aufgeführten Anpassungen und Ergänzungen.

(2) Es gelten folgende Anpassungen:

a) Die für die Durchfuhr zuständige Behörde außerhalb der Gemeinschaft verfügt ab dem Zeitpunkt der Übermittlung ihrer Bestätigung des Empfangs der Notifizierung über eine Frist von 60 Tagen, um zusätzliche Informationen zu der notifizierten Verbringung anzufordern, um ihre stillschweigende Zustimmung zu erteilen, wenn der betroffene Staat beschlossen hat, keine vorherige schriftliche Zustimmung zu verlangen, und die anderen Vertragsparteien gemäß Artikel 6 Absatz 4 des Basler Übereinkommens davon unterrichtet hat, oder ihre schriftliche Zustimmung mit oder ohne Auflagen zu erteilen, und

b) während Krisen- oder Kriegssituationen oder bei friedenschaffenden oder friedenserhaltenden Einsätzen gemäß Artikel 41 Absatz 1 Buchstabe d ist keine Zustimmung der zuständigen Behörden am Versandort erforderlich.

(3) Es gelten folgende zusätzlichen Bestimmungen:

a) Die für die Durchfuhr zuständige Behörde in der Gemeinschaft bestätigt dem Notifizierenden den Empfang der Notifizierung; die betroffenen zuständigen Behörden erhalten Kopien hiervon;

b) die zuständige Behörde am Bestimmungsort und gegebenenfalls die für die Durchfuhr zuständigen Behörden in der Gemeinschaft übermitteln der Eingangszollstelle der Gemeinschaft eine abgestempelte Kopie ihrer Entscheidungen zur Zustimmung zu der betreffenden Verbringung;

c) der Transporteur legt der Eingangszollstelle der Gemeinschaft eine Kopie des Begleitformulars vor; und

d) nach Erledigung der erforderlichen Zollförmlichkeiten übermittelt die Eingangszollstelle der Gemeinschaft der zuständigen Behörde am Bestimmungsort und den für die Durchfuhr zuständigen Behörden in der Gemeinschaft eine abgestempelte Kopie des Begleitformulars, worin festgestellt wird, dass die Abfälle in die Gemeinschaft verbracht wurden.

(4) Die Verbringung darf erst erfolgen, wenn:

a) der Notifizierende eine schriftliche Zustimmung der zuständigen Behörden am Versandort, am Bestimmungsort und gegebenenfalls der für die Durchfuhr zuständigen Behörden erhalten hat und die erteilten Auflagen erfüllt sind;

b) ein wirksamer Vertrag gemäß Artikel 4 Absatz 2 Nummer 4 und Artikel 5 zwischen dem Notifizierenden und dem Empfänger geschlossen wurde;

c) eine wirksame Sicherheitsleistung oder entsprechende Versicherung gemäß Artikel 4 Absatz 2 Nummer 5 und Artikel 6 hinterlegt bzw. abgeschlossen wurde und

d) die umweltgerechte Behandlung gemäß Artikel 49 sichergestellt ist.

(5) Entdeckt eine Eingangszollstelle der Gemeinschaft eine illegale Verbringung, so unterrichtet sie unverzüglich die zuständige Behörde im Staat der Zollstelle, die ihrerseits

a) unverzüglich die zuständige Behörde am Bestimmungsort in der Gemeinschaft unterrichtet, die die zuständige Behörde am Versandort außerhalb der Gemeinschaft unterrichtet, und

b) sicherstellt, dass die betreffenden Abfälle so lange in Verwahrung genommen werden, bis die zuständige Behörde am Versandort außerhalb der Gemeinschaft anderweitig entschieden und ihre Entscheidung der zuständigen Behörde im Staat der Zollstelle, in dem die Abfälle verwahrt werden, schriftlich mitgeteilt hat.

KAPITEL 2
Einfuhr von zur Verwertung bestimmten Abfällen

Artikel 43
Einfuhrverbot unter Ausnahme von Staaten, für die der OECD-Beschluss gilt, von Vertragsparteien des Basler Übereinkommens, von Staaten, mit denen Übereinkünfte bestehen sowie von anderen Gebieten während Krisen- oder Kriegssituationen

(1) Die Einfuhr von zur Verwertung bestimmten Abfällen in die Gemeinschaft ist verboten, mit Ausnahme von Einfuhren aus

a) Staaten, für die der OECD-Beschluss gilt, oder

b) anderen Staaten, die Vertragsparteien des Basler Übereinkommens sind, oder

c) anderen Staaten, mit denen die Gemeinschaft oder die Gemeinschaft und ihre Mitgliedstaaten bilaterale oder multilaterale Übereinkünfte oder Vereinbarungen gemäß Artikel 11 des Basler Übereinkommens geschlossen haben, die mit dem Gemeinschaftsrecht vereinbar sind, oder

d) anderen Staaten, mit denen einzelne Mitgliedstaaten gemäß Absatz 2 bilaterale Übereinkünfte oder Vereinbarungen geschlossen haben, oder

e) anderen Gebieten in den Fällen, in denen ausnahmsweise in Krisen- oder Kriegssituationen oder bei friedenschaffenden oder friedenserhaltenden Einsätzen keine bilaterale Übereinkunft oder Vereinbarung gemäß Buchstabe c oder d geschlossen werden kann oder im Versandstaat keine zuständige Behörde benannt wurde bzw. handlungsfähig ist.

(2) Einzelne Mitgliedstaaten können in Ausnahmefällen bilaterale Übereinkünfte oder Vereinbarungen für die Verwertung besonderer Abfälle in diesen Mitgliedstaaten schließen, wenn die Behandlung dieser Abfälle im Versandstaat nicht in umweltgerechter Weise gemäß Artikel 49 erfolgen würde.

In solchen Fällen findet Artikel 41 Absatz 2 Anwendung.

(3) Den gemäß Absatz 1 Buchstaben c und d geschlossenen bilateralen oder multilateralen Übereinkünften oder Vereinbarungen sind, soweit relevant, die Verfahrensvorschriften nach Artikel 42 zugrunde zu legen.

Artikel 44
Verfahrensvorschriften für Einfuhren aus einem Staat, für den der OECD-Beschluss gilt, oder aus anderen Gebieten während Krisen- oder Kriegssituationen

(1) Bei der Einfuhr von zur Verwertung bestimmten Abfällen in die Gemeinschaft aus bzw. durch Staaten, für die der OECD-Beschluss gilt, gelten die Bestimmungen von Titel II entsprechend mit den in den Absätzen 2 und 3 aufgeführten Anpassungen und Ergänzungen.

(2) Es gelten folgende Anpassungen:

a) Die gemäß Artikel 9 erforderliche Zustimmung kann von der zuständigen Behörde am Versandort außerhalb der Gemeinschaft stillschweigend erteilt werden;

b) die vorherige schriftliche Notifizierung gemäß Artikel 4 kann vom Notifizierenden eingereicht werden und

c) in den in Artikel 43 Absatz 1 Buchstabe e genannten Krisen- oder Kriegssituationen oder bei friedenschaffenden oder friedenserhaltenden Einsätzen ist keine Zustimmung der zuständigen Behörden am Versandort erforderlich.

(3) Darüber hinaus ist Artikel 42 Absatz 3 Buchstaben b, c und d einzuhalten.

(4) Die Verbringung darf erst erfolgen, wenn

a) der Notifizierende die schriftliche Zustimmung der zuständigen Behörden am Versandort, am Bestimmungsort und gegebenenfalls der für die Durchfuhr zuständigen Behörden erhalten hat oder die stillschweigende Zustimmung der zuständigen Behörde am Versandort außerhalb der Gemeinschaft erteilt wurde oder vorausgesetzt werden kann und die erteilten Auflagen erfüllt sind;

b) ein wirksamer Vertrag gemäß Artikel 4 Absatz 2 Nummer 4 und Artikel 5 zwischen dem Notifizierenden und dem Empfänger geschlossen wurde;

c) eine wirksame Sicherheitsleistung oder entsprechende Versicherung gemäß Artikel 4 Absatz 2 Nummer 5 und Artikel 6 hinterlegt bzw. abgeschlossen wurde und

d) die umweltgerechte Behandlung gemäß Artikel 49 sichergestellt ist.

(5) Entdeckt eine Eingangszollstelle der Gemeinschaft eine illegale Verbringung, so unterrichtet sie unverzüglich die zuständige Behörde im Staat der Zollstelle, die ihrerseits

a) unverzüglich die zuständige Behörde am Bestimmungsort in der Gemeinschaft unterrichtet, die die zuständige Behörde am Versandort außerhalb der Gemeinschaft unterrichtet, und

b) sicherstellt, dass die betreffenden Abfälle so lange in Verwahrung genommen werden, bis die zuständige Behörde am Versandort außerhalb der Gemeinschaft anderweitig entschieden und ihre Entscheidung der zuständigen Behörde im Staat der Zollstelle, in dem die Abfälle verwahrt werden, schriftlich mitgeteilt hat.

Artikel 45
Verfahrensvorschriften für Einfuhren aus einem Staat, für den der OECD-Beschluss nicht gilt und der Vertragspartei des Basler Übereinkommens ist, oder aus anderen Gebieten während Krisen- oder Kriegssituationen

Bei der Einfuhr von zur Verwertung bestimmten Abfällen in die Gemeinschaft

a) aus einem Staat, für den der OECD-Beschluss nicht gilt, oder

b) durch einen Staat, für den der OECD-Beschluss nicht gilt und der Vertragspartei des Basler Übereinkommens ist, gilt Artikel 42 entsprechend.

KAPITEL 3
Allgemeine Vorschriften

Artikel 46
Einfuhr aus überseeischen Ländern und Gebieten

(1) Für Einfuhren von Abfällen aus überseeischen Ländern und Gebieten in die Gemeinschaft gilt Titel II entsprechend.

(2) Ein oder mehrere überseeische Länder und Gebiete und die Mitgliedstaaten, mit denen sie verbunden sind, können auf Verbringungen aus den überseeischen Ländern und Gebieten in den betreffenden Mitgliedstaat nationale Verfahren anwenden.

(3) Mitgliedstaaten, die Absatz 2 anwenden, unterrichten die Kommission über die angewandten nationalen Verfahren.

TITEL VI
DURCHFUHR DURCH DIE GEMEINSCHAFT AUS UND NACH DRITTSTAATEN

KAPITEL 1
Durchfuhr von zur Beseitigung bestimmten Abfällen

Artikel 47
Durchfuhr von zur Beseitigung bestimmten Abfällen durch die Gemeinschaft

Für die Durchfuhr von zur Beseitigung bestimmten Abfällen durch Mitgliedstaaten von und nach Drittstaaten gilt Artikel 42 entsprechend mit den nachstehenden Anpassungen und Ergänzungen:

a) Die erste und die letzte für die Durchfuhr zuständige Behörde in der Gemeinschaft übermitteln gegebenenfalls der Eingangs- und der Ausgangszollstelle der Gemeinschaft jeweils eine abgestempelte Kopie der Entscheidungen zur Zustimmung zu der Verbringung oder, falls sie ihre stillschweigende Zustimmung erteilt haben, eine Kopie der Empfangsbestätigung gemäß Artikel 42 Absatz 3 Buchstabe a und

b) sobald die Abfälle die Gemeinschaft verlassen haben, übermittelt die Ausgangszollstelle der Gemeinschaft den für die Durchfuhr zuständigen Behörden in der Gemeinschaft eine abgestempelte Kopie des Begleitformulars, worin festgestellt wird, dass die Abfälle die Gemeinschaft verlassen haben.

KAPITEL 2
Durchfuhr von zur Verwertung bestimmten Abfällen

Artikel 48
Durchfuhr von zur Verwertung bestimmten Abfällen durch die Gemeinschaft

(1) Für die Durchfuhr von zur Verwertung bestimmten Abfällen durch Mitgliedstaaten von und nach Staaten, für die der OECD-Beschluss nicht gilt, gilt Artikel 47 entsprechend.

(2) Für die Durchfuhr von zur Verwertung bestimmten Abfällen durch die Mitgliedstaaten von und nach Staaten, für die der OECD-Beschluss gilt, gilt Artikel 44 entsprechend mit den nachstehenden Anpassungen und Ergänzungen:

a) Die erste und die letzte für die Durchfuhr zuständige Behörde in der Gemeinschaft übermitteln gegebenenfalls der Eingangs- und der Ausgangszollstelle der Gemeinschaft jeweils eine abgestempelte Kopie der Entscheidungen zur Zustimmung zu der Verbringung oder, falls sie ihre stillschweigende Zustimmung erteilt haben, eine Kopie der Empfangsbestätigung gemäß Artikel 42 Absatz 3 Buchstabe a und

b) sobald die Abfälle die Gemeinschaft verlassen haben, übermittelt die Ausgangszollstelle der Gemeinschaft der/den für die Durchfuhr zuständigen Behörde(n) in der Gemeinschaft eine abgestempelte Kopie des Begleitformulars, worin festgestellt wird, dass die Abfälle die Gemeinschaft verlassen haben.

(3) Für die Durchfuhr von zur Verwertung bestimmten Abfällen durch Mitgliedstaaten von einem Staat, für den der OECD-Beschluss nicht gilt, nach einem Staat, für den der OECD-Beschluss gilt, oder umgekehrt, ist Absatz 1 in Bezug auf den Staat, für den der OECD-Beschluss nicht gilt, und Absatz 2 in Bezug auf den Staat, für den der OECD-Beschluss gilt, anwendbar.

TITEL VII
SONSTIGE BESTIMMUNGEN

KAPITEL 1
Zusätzliche Verpflichtungen

Artikel 49
Umweltschutz

(1) Der Erzeuger, der Notifizierende und andere an der Verbringung von Abfällen und/oder ihrer Verwertung oder Beseitigung beteiligte Unternehmen treffen die erforderlichen Maßnahmen, um sicherzustellen, dass alle verbrachten Abfälle während der gesamten Verbringung und während ihrer Verwertung und Beseitigung ohne Gefährdung der menschlichen Gesundheit und in umweltgerechter Weise behandelt werden. Dazu gehört insbesondere — wenn die Verbringung innerhalb der Gemeinschaft erfolgt — die Einhaltung der Bestimmungen des Artikels 4 der Richtlinie 2006/12/EG sowie der anderen Abfallgesetzgebung der Gemeinschaft.

(2) Im Falle der Ausfuhr aus der Gemeinschaft verfährt die zuständige Behörde am Versandort in der Gemeinschaft folgendermaßen:

a) Sie schreibt vor und bemüht sich sicherzustellen, dass alle ausgeführten Abfälle während der gesamten Verbringung einschließlich der Verwertung gemäß Artikel 36 und 38 oder Beseitigung gemäß Artikel 34 im Empfängerdrittstaat in umweltgerechter Weise behandelt werden;

b) sie untersagt die Ausfuhr von Abfällen in Drittstaaten, wenn sie Grund zu der Annahme hat, dass die Abfälle nicht gemäß den Anforderungen des Buchstaben a behandelt werden.

Bei dem betroffenen Abfallverwertungs- oder -beseitigungsverfahren kann eine umweltgerechte Behandlung unter anderem dann angenommen werden, wenn der Notifizierende oder die zuständige Behörde im Empfängerstaat nachweisen kann, dass die Anlage, die die Abfälle erhält, im Einklang mit Standards zum Schutz der menschlichen Gesundheit und der Umwelt betrieben wird, die den im Gemeinschaftsrecht festgelegten Standards weitgehend entsprechen.

Diese Annahme lässt die Gesamtbeurteilung der umweltgerechten Behandlung während der gesamten Verbringung einschließlich der Verwertung oder Beseitigung im Empfängerdrittstaat unberührt.

Als Hinweise für die umweltgerechte Behandlung von Abfällen können die in Anhang VIII aufgeführten Leitlinien herangezogen werden.

(3) Im Falle der Einfuhr in die Gemeinschaft verfährt die zuständige Behörde am Bestimmungsort in der Gemeinschaft folgendermaßen:

a) Sie schreibt vor und stellt durch Ergreifen der erforderlichen Maßnahmen sicher, dass alle in ihr Zuständigkeitsgebiet verbrachten Abfälle während der gesamten Verbringung einschließlich der Verwertung oder Beseitigung im Empfängerstaat gemäß Artikel 4 der Richtlinie 2006/12/EG und der übrigen Abfallgesetzgebung der Gemeinschaft ohne Gefährdung der menschlichen Gesundheit und ohne Verwendung von Verfahren oder Methoden behandelt werden, die die Umwelt schädigen können;

b) sie untersagt die Einfuhr von Abfällen aus Drittstaaten, wenn sie Grund zu der Annahme hat, dass die Abfälle nicht gemäß den Anforderungen des Buchstaben a behandelt werden.

Artikel 50
Durchsetzung der Vorschriften in den Mitgliedstaaten

(1) Die Mitgliedstaaten legen Vorschriften für Sanktionen fest, die bei einem Verstoß gegen diese Verordnung zu verhängen sind, und treffen alle erforderlichen Maßnahmen zur Sicherstellung ihrer Anwendung. Die Sanktionen müssen wirksam, verhältnismäßig und abschreckend sein. Die Mitgliedstaaten unterrichten die Kommission über ihre nationalen Rechtsvorschriften zur Verhinderung und Ermittlung von illegalen Verbringungen und über die für derartige Verbringungen vorgesehenen Sanktionen.

(2) Die Mitgliedstaaten sehen im Zuge der Maßnahmen zur Durchsetzung dieser Verordnung unter anderem Kontrollen von Einrichtungen, Unternehmen, Maklern und Händlern gemäß Artikel 34 der Richtlinie 2008/98/EG und Kontrollen von Verbringungen von Abfällen und der damit verbundenen Verwertung oder Beseitigung vor.

(2a) Bis zum 1. Januar 2017 stellen die Mitgliedstaaten sicher, dass für ihr gesamtes geografisches Gebiet ein oder mehrere Pläne – entweder getrennt oder als klar abgegrenzter Teil von anderen Plänen – für gemäß Absatz 2 durchzuführende Kontrollen erstellt werden (im Folgenden,Kontrollplan). Die Kontrollpläne basieren auf einer Risikobewertung für spezifische Abfallströme und Ursprünge illegaler Verbringungen unter Berücksichtigung, sofern verfügbar und angebracht, nachrichtendienstlicher Daten, z. B. Daten über Ermittlungen von Polizei und Zollbehörden sowie Analysen krimineller Tätigkeiten. Mit der Risikobewertung soll unter anderem die erforderliche Mindestzahl von Kontrollen ermittelt werden, einschließlich materieller Kontrollen von Einrichtungen, Unternehmen, Maklern, Händlern und Abfallverbringungen oder von der damit verbundenen Verwertung oder Beseitigung. Ein Kontrollplan enthält folgende Elemente:

a) die Ziele und Prioritäten der Kontrollen, einschließlich einer Beschreibung, wie diese Prioritäten ausgewählt wurden,

b) das geografische Gebiet, für das der Kontrollplan gilt,

c) Angaben zu den geplanten Kontrollen, einschließlich Angaben zu materiellen Kontrollen,

d) die den einzelnen an Kontrollen beteiligten Behörden zugewiesenen Aufgaben,

e) Regelungen für die Zusammenarbeit zwischen den an Kontrollen beteiligten Behörden,

f) Angaben zu den Schulungen der Kontrolleure zu Fragen in Bezug auf Kontrollen und

g) Angaben zu den personellen, finanziellen und sonstigen Ressourcen für die Umsetzung des Kontrollplans.

Ein Kontrollplan wird mindestens alle drei Jahre überprüft und gegebenenfalls aktualisiert. Bei dieser Überprüfung wird bewertet, in welchem Umfang die Ziele und andere Elemente dieses Kontrollplans umgesetzt wurden.

(3) Die Kontrolle von Verbringungen kann insbesondere folgendermaßen vorgenommen werden:

a) am Herkunftsort mit dem Erzeuger, Besitzer oder Notifizierenden,

b) am Bestimmungsort, einschließlich der vorläufigen und der nicht vorläufigen Verwertung oder Beseitigung, mit dem Empfänger oder der Anlage,

c) an den Außengrenzen der Union und/oder

d) während der Verbringung innerhalb der Union.

(4) Die Kontrollen von Verbringungen umfassen die Prüfung von Unterlagen, Identitätsprüfungen und gegebenenfalls die Kontrolle der Beschaffenheit der Abfälle.

(4a) Um festzustellen, ob es sich bei Stoffen oder Gegenständen, die auf der Straße, der Schiene, dem Luftweg, dem Seeweg oder auf Binnengewässern befördert werden, nicht um Abfälle handelt, können die an Kontrollen beteiligten Behörden die natürliche oder juristische Person, in deren Besitz sich der Stoff oder Gegenstand befindet oder die die Beförderung des Stoffes oder Gegenstands veranlasst, unbeschadet der Richtlinie 2012/19/EU des Europäischen Parlaments und des Rates[9] auffordern, folgende schriftliche Nachweise zu übermitteln:

a) Nachweis über den Herkunfts- und Bestimmungsort des betreffenden Stoffes oder Gegenstands und

b) Nachweis, dass es sich nicht um Abfälle handelt, gegebenenfalls einschließlich eines Nachweises der Funktionsfähigkeit.

Für die Zwecke des Unterabsatzes 1 ist ferner der Schutz des betreffenden Stoffes oder Gegenstands vor Beschädigung während der Beförderung, Verladung und Entladung, etwa durch sachgemäße Verpackung und geeignete Lagerung, festzustellen.

(4b) Die an Kontrollen beteiligten Behörden können zu dem Schluss kommen, dass es sich bei den betreffenden Stoffen oder Gegenständen um Abfälle handelt, wenn

– die in Absatz 4a genannten oder gemäß anderen Rechtsvorschriften der Union erforderlichen Nachweise, um festzustellen, dass es sich bei Stoffen oder Gegenständen nicht um Abfälle handelt, nicht innerhalb der von ihnen festgelegten Frist übermittelt wurden oder

[9] Richtlinie 2012/19/EU des Europäischen Parlaments und des Rates vom 4. Juli 2012 über Elektro- und Elektronik-Altgeräte (ABl. L 197 vom 24.7.2012, S. 38).

– sie der Auffassung sind, dass die ihnen zur Verfügung stehenden Nachweise und Informationen nicht ausreichend für eine Beurteilung sind oder sie der Auffassung sind, dass der Schutz vor Beschädigung nach Absatz 4a Unterabsatz 2 nicht ausreichend ist.

Unter solchen Umständen wird die Beförderung des betreffenden Stoffes oder Gegenstands oder die Verbringung der betreffenden Abfälle als illegale Verbringung angesehen. Folglich wird sie gemäß den Artikeln 24 und 25 behandelt, und die an Kontrollen beteiligten Behörden informieren unverzüglich die zuständige Behörde des Landes, in dem die betreffende Kontrolle stattgefunden hat, darüber.

(4c) Um festzustellen, ob eine Verbringung von Abfällen im Einklang mit dieser Verordnung steht, können die an Kontrollen beteiligten Behörden von dem Notifizierenden, der die Verbringung veranlassenden Person, dem Besitzer, dem Transporteur, dem Empfänger und der die Abfälle entgegennehmenden Anlage verlangen, innerhalb einer von ihnen festgelegten Frist die betreffenden schriftlichen Nachweise an sie zu übermitteln.

Um festzustellen, ob eine Verbringung von Abfällen, die den allgemeinen Informationspflichten nach Artikel 18 unterliegt, zur Verwertung im Einklang mit Artikel 49 bestimmt ist, können die an Kontrollen beteiligten Behörden die Person, die die Verbringung veranlasst, auffordern, die betreffenden schriftlichen Nachweise zu übermitteln, die von der vorläufigen und nicht vorläufigen Verwertungsanlage stammen und, falls nötig, von der zuständigen Behörde am Bestimmungsort bestätigt wurden.

(4d) Wurden die in Absatz 4c genannten Nachweise bei den an Kontrollen beteiligten Behörden nicht innerhalb der von ihnen festgelegten Frist übermittelt oder sind diese Behörden der Auffassung, dass die ihnen zur Verfügung stehenden Nachweise und Informationen nicht ausreichend für eine Beurteilung sind, wird die betreffende Verbringung als illegale Verbringung angesehen. Folglich wird sie gemäß den Artikeln 24 und 25 behandelt, und die an Kontrollen beteiligten Behörden informieren unverzüglich die zuständige Behörde des Landes, in dem die Kontrolle stattgefunden hat, darüber.

(4e) Bis zum 18. Juli 2015 erlässt die Kommission im Wege von Durchführungsrechtsakten eine vorläufige Entsprechungstabelle zwischen den in der Verordnung (EWG) Nr. 2658/87 des Rates[10] enthaltenen Codes der Kombinierten Nomenklatur und den Einträgen der in den Anhängen III, IIIA, IIIB, IV, IVA und V der vorliegenden Verordnung aufgeführten Abfällen. Die Kommission hält diese Entsprechungstabelle auf dem neuesten Stand, um Änderungen an dieser Nomenklatur und an den in diesen Anhängen aufgeführten Einträgen Rechnung zu tragen, sowie um etwaige von der Weltzollorganisation neu festgelegte abfallbezogene Codes der Nomenklatur des Harmonisierten Systems aufzunehmen.

Diese Durchführungsrechtsakte werden gemäß dem in Artikel 59a Absatz 2 genannten Prüfverfahren erlassen.

(5) Die Mitgliedstaaten erleichtern die Verhinderung und Erkennung illegaler Verbringungen durch bilaterale und multilaterale Zusammenarbeit. Sie tauschen relevante Informationen über Verbringungen von Abfällen, Abfallströme, Wirtschaftsteilnehmer und Anlagen sowie Erfahrungen und Kenntnisse über Durchsetzungsmaßnahmen, einschließlich der gemäß Absatz 2a dieses Artikels durchgeführten Risikobewertung, im Rahmen der etablierten Strukturen, insbesondere des Netzes der gemäß Artikel 54 benannten Anlaufstellen, aus.

10 Verordnung (EWG) Nr. 2658/87 des Rates vom 23. Juli 1987 über die zolltarifliche und statistische Nomenklatur sowie den Gemeinsamen Zolltarif (ABl. L 256 vom 7.9.1987, S. 1).

(6) Die Mitgliedstaaten benennen die Personen in ihren Dienststellen, die für die in Absatz 5 genannte Zusammenarbeit verantwortlich sind, und benennen die Kontaktstelle(n) für die in Absatz 4 genannten Kontrollen der Beschaffenheit der Abfälle. Diese Informationen werden an die Kommission übermittelt, die den in Artikel 54 genannten Anlaufstellen ein zusammengestelltes Verzeichnis zuleitet.

(7) Auf Ersuchen eines anderen Mitgliedstaates kann ein Mitgliedstaat Durchsetzungsmaßnahmen gegen Personen ergreifen, die der illegalen Verbringung von Abfällen verdächtig sind und sich in seinem Hoheitsgebiet befinden.

Artikel 51
Berichte der Mitgliedstaaten

(1) Zum Ende jedes Kalenderjahres übermittelt jeder Mitgliedstaat der Kommission eine Kopie des Berichts für das vorangegangene Kalenderjahr, den er gemäß Artikel 13 Absatz 3 des Basler Übereinkommens erstellt und dem Sekretariat des Basler Übereinkommens übermittelt hat.

(2) Zum Ende jedes Kalenderjahres erstellen die Mitgliedstaaten einen auf den zusätzlichen Fragebogen in Anhang IX gestützten Bericht über das vorangegangene Jahr und übermitteln ihn der Kommission. Innerhalb eines Monats nach der Übermittlung dieses Berichts an die Kommission machen die Mitgliedstaaten auch den Abschnitt des Berichts zu Artikel 24 und Artikel 50 Absätze 1, 2 und 2a einschließlich der Tabelle 5 des Anhangs IX, zusammen mit ihnen zweckmäßig erscheinenden Erläuterungen – auch auf elektronischem Wege über das Internet – öffentlich zugänglich. Die Kommission erstellt ein Verzeichnis der Hyperlinks der Mitgliedstaaten, die in dem Abschnitt zu Artikel 50 Absatz 2 und Absatz 2a des Anhangs IX aufgeführt sind, und macht es auf ihrer Website öffentlich zugänglich.

(3) Die von den Mitgliedstaaten gemäß den Absätzen 1 und 2 erstellten Berichte werden der Kommission in elektronischer Form übermittelt.

(4) Die Kommission erstellt anhand dieser Berichte alle drei Jahre einen Bericht über die Durchführung dieser Verordnung durch die Gemeinschaft und ihre Mitgliedstaaten.

Artikel 52
Internationale Zusammenarbeit

Die Mitgliedstaaten arbeiten — soweit angemessen und erforderlich im Benehmen mit der Kommission — mit anderen Vertragsparteien des Basler Übereinkommens und mit zwischenstaatlichen Organisationen zusammen, indem sie unter anderem Informationen austauschen und/oder gemeinsam nutzen, umweltgerechte Technologien fördern und entsprechende Regeln bewährter Verfahren entwickeln.

Artikel 53
Benennung der zuständigen Behörden

Die Mitgliedstaaten benennen die für die Durchführung dieser Verordnung zuständige(n) Behörde(n). Jeder Mitgliedstaat benennt nur eine einzige für die Durchfuhr zuständige Behörde.

Artikel 54
Benennung von Anlaufstellen

Die Mitgliedstaaten und die Kommission benennen jeweils eine oder mehrere Anlaufstellen, die um Auskunft ersuchende Personen oder Unternehmen informieren oder beraten. Die Anlaufstelle der Kommission leitet alle an sie gerichteten Anfragen, die die Anlaufstellen der Mitgliedstaaten betreffen, an diese weiter; dasselbe gilt in umgekehrter Richtung.

Artikel 55
Benennung von Eingangs- und Ausgangszollstellen der Gemeinschaft

Die Mitgliedstaaten können bestimmte Eingangs- und Ausgangszollstellen der Gemeinschaft für die Verbringung von Abfällen in die bzw. aus der Gemeinschaft benennen. Entscheiden sich die Mitgliedstaaten für die Benennung solcher Zollstellen, so dürfen Abfallverbringungen weder beim Eingang noch beim Verlassen der Gemeinschaft andere Grenzübergangsstellen in einem Mitgliedstaat passieren.

Artikel 56
Notifizierung von Benennungen und diesbezügliche Informationen

(1) Die Mitgliedstaaten unterrichten die Kommission über die Benennungen

a) der zuständigen Behörden gemäß Artikel 53,

b) der Anlaufstellen gemäß Artikel 54 und

c) gegebenenfalls der Eingangs- und Ausgangszollstellen der Gemeinschaft gemäß Artikel 55.

(2) Bezüglich dieser Benennungen übermitteln die Mitgliedstaaten der Kommission folgende Informationen:

a) Name(n),

b) Anschrift(en),

c) E-Mail-Adresse(n),

d) Telefonnummer(n),

e) Faxnummer(n) und

f) Sprachen, die für die zuständigen Behörden annehmbar sind.

(3) Die Mitgliedstaaten teilen der Kommission unverzüglich alle Änderungen dieser Informationen mit.

(4) Diese Informationen sowie alle Änderungen derselben werden der Kommission in elektronischer Form und auf Ersuchen auch auf Papier übermittelt.

(5) Die Kommission veröffentlicht auf ihrer Webseite Listen der benannten zuständigen Behörden, Anlaufstellen und Eingangsund Ausgangszollstellen der Gemeinschaft und aktualisiert diese erforderlichenfalls.

KAPITEL 2
Sonstige Bestimmungen

Artikel 57
Zusammenkünfte der Anlaufstellen

Die Kommission hält auf Ersuchen der Mitgliedstaaten oder wenn anderweitig Bedarf hierfür besteht regelmäßig Zusammenkünfte der Anlaufstellen ab, um Fragen im Zusammenhang mit der Durchführung dieser Verordnung zu erörtern. Betroffene Kreise sind zu diesen Zusammenkünften oder Teilen dieser Zusammenkünfte einzuladen, sofern alle Mitgliedstaaten und die Kommission dies für angemessen halten.

Artikel 58
Änderung der Anhänge

(1) Der Kommission wird die Befugnis übertragen, delegierte Rechtsakte nach Artikel 58a zu erlassen, um Folgendes zu ändern:

a) die Anhänge IA, IB, IC, II, III, IIIA, IIIB, IV, V, VI und VII, um den im Rahmen des Basler Übereinkommens und des OECD-Beschlusses vereinbarten Änderungen Rechnung zu tragen;

b) Anhang V, um den vereinbarten Änderungen des Abfallverzeichnisses gemäß Artikel 7 der Richtlinie 2008/98/EG Rechnung zu tragen;

c) Anhang VIII, um im Rahmen von einschlägigen internationalen Übereinkommen und Vereinbarungen gefassten Beschlüssen Rechnung zu tragen.

Artikel 58a
Ausübung der Befugnisübertragung

(1) Die Befugnis zum Erlass delegierter Rechtsakte wird der Kommission unter den in diesem Artikel festgelegten Bedingungen übertragen.

(2) Die Befugnis zum Erlass delegierter Rechtsakte gemäß Artikel 58 wird der Kommission für einen Zeitraum von fünf Jahren ab dem 17. Juli 2014 übertragen. Die Kommission erstellt spätestens neun Monate vor Ablauf des Zeitraums von fünf Jahren einen Bericht über die Befugnisübertragung. Die Befugnisübertragung verlängert sich stillschweigend um Zeiträume gleicher Länge, es sei denn, das Europäische Parlament oder der Rat widersprechen einer solchen Verlängerung spätestens drei Monate vor Ablauf des jeweiligen Zeitraums.

(3) Die Befugnisübertragung gemäß Artikel 58 kann vom Europäischen Parlament oder vom Rat jederzeit widerrufen werden. Der Beschluss über den Widerruf beendet die Übertragung der in diesem Beschluss angegebenen Befugnis. Er wird am Tag nach seiner Veröffentlichung im *Amtsblatt der Europäischen Union* oder zu einem im Beschluss über den Widerruf angegebenen späteren Zeitpunkt wirksam. Die Gültigkeit von delegierten Rechtsakten, die bereits in Kraft sind, wird von dem Beschluss über den Widerruf nicht berührt.

(4) Sobald die Kommission einen delegierten Rechtsakt erlässt, übermittelt sie ihn gleichzeitig dem Europäischen Parlament und dem Rat.

(5) Ein delegierter Rechtsakt, der gemäß Artikel 58 erlassen wurde, tritt nur in Kraft, wenn weder das Europäische Parlament noch der Rat innerhalb einer Frist von zwei Monaten nach Übermittlung dieses Rechtsakts an das Europäische Parlament und den Rat Einwände erhoben haben oder wenn vor Ablauf dieser Frist das Europäische Parlament und der Rat beide der Kommission mitgeteilt haben, dass sie keine Einwände erheben werden. Auf Initiative des Europäischen Parlaments oder des Rates wird diese Frist um zwei Monate verlängert.

Artikel 59
(gestrichen)

Artikel 59a
Ausschussverfahren

(1) Die Kommission wird von dem durch Artikel 39 der Richtlinie 2008/98/EG eingesetzten Ausschuss unterstützt. Dieser Ausschuss ist ein Ausschuss im Sinne der Verordnung (EU) Nr. 182/2011.

(2) Wird auf diesen Absatz Bezug genommen, so gilt Artikel 5 der Verordnung (EU) Nr. 182/2011.

Gibt der Ausschuss keine Stellungnahme ab, so erlässt die Kommission den Durchführungsrechtsakt nicht und Artikel 5 Absatz 4 Unterabsatz 3 der Verordnung (EU) Nr. 182/2011 findet Anwendung.

Artikel 60
Überprüfung

(1) Bis zum 15. Juli 2006 schließt die Kommission ihre Überprüfung des Verhältnisses zwischen bestehenden sektoriellen Regelungen für die Gesundheit von Tier und Mensch, einschließlich der die Verbringung von Abfällen betreffenden Regelungen der Verordnung (EG) Nr. 1774/2002, und den Vorschriften dieser Verordnung ab. Erforderlichenfalls sind im Rahmen dieser Überprüfung geeignete Vorschläge vorzulegen, um in Bezug auf die Verfahren und die Kontrollregelungen für die Verbringung solcher Abfälle ein gleichwertiges Niveau zu erreichen.

(2) Innerhalb von fünf Jahren nach dem 12. Juli 2007 überprüft die Kommission die Anwendung von Artikel 12 Absatz 1 Buchstabe c einschließlich seiner Auswirkungen auf den Umweltschutz und das Funktionieren des Binnenmarktes. Dem Bericht werden erforderlichenfalls geeignete Vorschläge zur Änderung dieser Bestimmung beigefügt.

(2a) Bis zum 31. Dezember 2020 führt die Kommission unter Berücksichtigung unter anderem der gemäß Artikel 51 erstellten Berichte eine Überprüfung dieser Verordnung durch und legt die Ergebnisse dem Europäischen Parlament und dem Rat vor, gegebenenfalls zusammen mit einem Legislativvorschlag. Bei dieser Überprüfung betrachtet die Kommission insbesondere die Wirksamkeit des Artikels 50 Absatz 2a bei der Bekämpfung illegaler Verbringungen unter Berücksichtigung umweltbezogener, sozialer und wirtschaftlicher Aspekte.

Artikel 61
Aufhebungen

(1) Die Verordnung (EWG) Nr. 259/93 und die Entscheidung 94/774/EG werden mit Wirkung ab dem 12. Juli 2007 aufgehoben.

(2) Verweisungen auf die aufgehobene Verordnung (EWG) Nr. 259/93 gelten als Verweisungen auf die vorliegende Verordnung.

(3) Die Entscheidung 1999/412/EG wird mit Wirkung vom 1. Januar 2008 aufgehoben.

Artikel 62
Übergangsbestimmungen

(1) Jede Verbringung, die notifiziert wurde und für die die zuständige Behörde am Bestimmungsort vor dem 12. Juli 2007 eine Empfangsbestätigung ausgestellt hat, unterliegt den Bestimmungen der Verordnung (EWG) Nr. 259/93.

(2) Verbringungen, denen die betroffenen zuständigen Behörden gemäß der Verordnung (EWG) Nr. 259/93 zugestimmt haben, sind spätestens ein Jahr nach dem 12. Juli 2007 abzuschließen.

(3) Die Berichterstattung gemäß Artikel 41 Absatz 2 der Verordnung (EWG) Nr. 259/93 und Artikel 51 der vorliegenden Verordnung erfolgt für das Jahr 2007 auf der Grundlage des in der Entscheidung 1999/412/EG vorgesehenen Fragebogens.

Artikel 63
Übergangsregelungen für bestimmte Mitgliedstaaten

(1) Bis zum 31. Dezember 2010 unterliegen alle Verbringungen nach Lettland von zur Verwertung bestimmten Abfällen, die in den Anhängen III und IV aufgeführt sind, sowie Verbringungen von zur Verwertung bestimmten Abfällen, die in diesen Anhängen nicht aufgeführt sind, dem Verfahren der vorherigen schriftlichen Notifizierung und Zustimmung gemäß Titel II.

Abweichend von Artikel 12 erheben die zuständigen Behörden Einwände gegen Verbringungen von zur Verwertung bestimmten Abfällen, die in den Anhängen III und IV aufgeführt sind, sowie gegen Verbringungen von zur Verwertung bestimmten Abfällen, die in diesen Anhängen nicht aufgeführt sind, die für eine Anlage bestimmt sind, für die eine vorübergehende Ausnahme von bestimmten Vorschriften der Richtlinie 96/61/EG gilt; dies gilt für die Dauer der vorübergehenden Ausnahme für die Bestimmungsanlage.

(2) Bis zum 31. Dezember 2012 unterliegen alle Verbringungen nach Polen von zur Verwertung bestimmten Abfällen, die in Anhang III aufgeführt sind, dem Verfahren der vorherigen schriftlichen Notifizierung und Zustimmung gemäß Titel II.

Abweichend von Artikel 12 können die zuständigen Behörden aus den in Artikel 11 genannten Gründen bis zum 31. Dezember 2007 Einwände gegen Verbringungen der folgenden in den Anhängen III und IV aufgeführten und zur Verwertung bestimmten Abfälle nach Polen erheben:

B2020 und GE020 (Glasabfälle)
B2070
B2080
B2100
B2120
B3010 und GH013 (Feste Kunststoffabfälle)
B3020 (Abfälle aus Papier)
B3140 (Altreifen)
Y46
Y47
A1010 und A1030 (nur die auf Arsen und Quecksilber bezogenen Gedankenstriche)
A1060
A1140
A2010
A2020
A2030
A2040

A3030
A3040
A3070
A3120
A3130
A3160
A3170
A3180 (gilt nur für polychlorierte Naphthaline (PCN))
A4010
A4050
A4060
A4070
A4090
AB030
AB070
AB120
AB130
AB150
AC060
AC070
AC080
AC150
AC160
AC260
AD150

Außer für Glasabfälle und Abfälle aus Papier sowie Altreifen kann dieser Zeitraum nach dem in Artikel 18 Absatz 3 der Richtlinie 2006/12/EG genannten Verfahren bis spätestens zum 31. Dezember 2012 verlängert werden.

Abweichend von Artikel 12 können die zuständigen Behörden aus den in Artikel 11 genannten Gründen bis zum 31. Dezember 2012 Einwände gegen Verbringungen folgender Abfälle nach Polen erheben:

a) folgende zur Verwertung bestimmte Abfälle, die in Anhang IV aufgeführt sind:

A2050
A3030
A3180 mit Ausnahme von polychlorierten Naphthalinen (PCN)
A3190
A4110
A4120
RB020
und

b) von zur Verwertung bestimmten Abfällen, die in den Anhängen nicht aufgeführt sind.

Abweichend von Artikel 12 erheben die zuständigen Behörden Einwände gegen Verbringungen von zur Verwertung bestimmten Abfällen, die in den Anhängen III und IV der Verordnung aufgeführt sind, sowie gegen Verbringungen von zur Verwertung bestimmten Abfällen, die in diesen Anhängen nicht aufgeführt sind, die für eine Anlage bestimmt sind, für die eine vorübergehende Ausnahme von bestimmten Vorschriften der Richtlinie 96/61/EG gilt; dies gilt für die Dauer der vorübergehenden Ausnahme für die Bestimmungsanlage.

(3) Bis zum 31. Dezember 2011 unterliegen alle Verbringungen in die Slowakei von zur Verwertung bestimmten Abfällen, die in den Anhängen III und IV aufgeführt sind, sowie Verbringungen von zur Verwertung bestimmten Abfällen, die in diesen Anhängen nicht aufgeführt sind, dem Verfahren der vorherigen schriftlichen Notifizierung und Zustimmung gemäß Titel II.

Abweichend von Artikel 12 erheben die zuständigen Behörden Einwände gegen Verbringungen von zur Verwertung bestimmten Abfällen, die in den Anhängen III und IV aufgeführt sind, sowie gegen Verbringungen von zur Verwertung bestimmten Abfällen, die in diesen Anhängen nicht aufgeführt sind, die für eine Anlage bestimmt sind, für die eine vorübergehende Ausnahme von bestimmten Vorschriften der Richtlinien 94/67/EG[11] und 96/61/EG, der Richtlinie 2000/76/EG des Europäischen Parlaments und des Rates vom 4. Dezember 2000 über die Verbrennung von Abfällen[12] und der Richtlinie 2001/80/EG des Europäischen Parlaments und des Rates vom 23. Oktober 2001 zur Begrenzung von Schadstoffemissionen von Großfeuerungsanlagen in die Luft[13] gilt; dies gilt für die Dauer der vorübergehenden Ausnahme für die Bestimmungsanlage.

(4) Bis zum 31. Dezember 2014 unterliegen alle Verbringungen nach Bulgarien von zur Verwertung bestimmten Abfällen, die in Anhang III aufgeführt sind, dem Verfahren der vorherigen schriftlichen Notifizierung und Zustimmung gemäß Titel II.

Abweichend von Artikel 12 können die zuständigen bulgarischen Behörden aus den in Artikel 11 genannten Gründen bis zum 31. Dezember 2009 Einwände gegen Verbringungen der folgenden in den Anhängen III und IV aufgeführten und zur Verwertung bestimmten Abfälle nach Bulgarien erheben:

B2070
B2080
B2100
B2120
Y46
Y47
A1010 und A1030 (nur die auf Arsen und Quecksilber bezogenen Gedankenstriche)
A1060
A1140
A2010
A2020
A2030
A2040
A3030
A3040
A3070
A3120
A3130
A3160
A3170
A3180 (gilt nur für polychlorierte Naphthaline (PCN))
A4010
A4050

[11] ABl. L 365 vom 31.12.1994, S. 34.

[12] ABl. L 332 vom 28.12.2000, S. 91.

[13] ABl. L 309 vom 27.11.2001, S. 1. Geändert durch die Beitrittsakte von 2003.

A4060
A4070
A4090
AB030
AB070
AB120
AB130
AB150
AC060
AC070
AC080
AC150
AC160
AC260
AD150

Dieser Zeitraum kann nach dem in Artikel 18 Absatz 3 der Richtlinie 2006/12/EG genannten Verfahren bis spätestens zum 31. Dezember 2012 verlängert werden.

Abweichend von Artikel 12 können die zuständigen bulgarischen Behörden aus den in Artikel 11 genannten Gründen bis zum 31. Dezember 2009 Einwände gegen Verbringungen folgender Abfälle nach Bulgarien erheben:

a) folgende zur Verwertung bestimmte Abfälle, die in Anhang IV aufgeführt sind:

A2050
A3030
A3180 mit Ausnahme von polychlorierten Naphthalinen (PCN)
A3190
A4110
A4120
RB020
und

b) von zur Verwertung bestimmten Abfällen, die nicht in den Anhängen aufgeführt sind.

Abweichend von Artikel 12 erheben die zuständigen bulgarischen Behörden Einwände gegen Verbringungen von zur Verwertung bestimmten Abfällen, die in den Anhängen III und IV aufgeführt sind, sowie gegen Verbringungen von zur Verwertung bestimmten Abfällen, die in diesen Anhängen nicht aufgeführt sind, die für eine Anlage bestimmt sind, für die eine vorübergehende Ausnahme von bestimmten Vorschriften der Richtlinie 96/61/EG oder der Richtlinie 2001/80/EG gilt; dies gilt für die Dauer der vorübergehenden Ausnahme für die Bestimmungsanlage.

(5) Bis zum 31. Dezember 2015 unterliegen alle Verbringungen nach Rumänien von zur Verwertung bestimmten Abfällen, die in Anhang III aufgeführt sind, dem Verfahren der vorherigen schriftlichen Notifizierung und Zustimmung gemäß Titel II.

Abweichend von Artikel 12 können die zuständigen rumänischen Behörden aus den in Artikel 11 genannten Gründen bis zum 31. Dezember 2011 Einwände gegen Verbringungen der folgenden in den Anhängen III und IV aufgeführten und zur Verwertung bestimmten Abfälle nach Rumänien erheben:

B2070
B2100 mit Ausnahme von Aluminiumoxidabfällen

B2120
B4030
Y46
Y47
A1010 und A1030 (nur die auf Arsen, Quecksilber und Thallium bezogenen Gedankenstriche)
A1060
A1140
A2010
A2020
A2030
A3030
A3040
A3050
A3060
A3070
A3120
A3130
A3140
A3150
A3160
A3170
A3180 (gilt nur für polychlorierte Naphthaline (PCN))
A4010
A4030
A4040
A4050
A4080
A4090
A4100
A4160
AA060
AB030
AB120
AC060
AC070
AC080
AC150
AC160
AC260
AC270
AD120
AD150

Dieser Zeitraum kann nach dem in Artikel 18 Absatz 3 der Richtlinie 2006/12/EG genannten Verfahren bis spätestens zum 31. Dezember 2015 verlängert werden.

Abweichend von Artikel 12 können die zuständigen rumänischen Behörden aus den in Artikel 11 genannten Gründen bis zum 31. Dezember 2011 Einwände gegen Verbringungen folgender Abfälle nach Rumänien erheben:

a) folgende zur Verwertung bestimmte Abfälle, die in Anhang IV aufgeführt sind:

A2050
A3030
A3180 mit Ausnahme von polychlorierten Naphthalinen (PCN)
A3190
A4110
A4120
RB020
und

b) von zur Verwertung bestimmten Abfällen, die nicht in den Anhängen aufgeführt sind.

Dieser Zeitraum kann nach dem in Artikel 18 Absatz 3 der Richtlinie 2006/12/EG genannten Verfahren bis spätestens zum 31. Dezember 2015 verlängert werden.

Abweichend von Artikel 12 erheben die zuständigen rumänischen Behörden Einwände gegen Verbringungen von zur Verwertung bestimmten Abfällen, die in den Anhängen III und IV der Verordnung aufgeführt sind, sowie gegen Verbringungen von zur Verwertung bestimmten Abfällen, die in diesen Anhängen nicht aufgeführt sind, die für eine Anlage bestimmt sind, für die eine vorübergehende Ausnahme von bestimmten Vorschriften der Richtlinien 96/61/EG, 2000/76/EG oder 2001/80/EG gilt; dies gilt für die Dauer der vorübergehenden Ausnahme für die Bestimmungsanlage.

(6) Wird in diesem Artikel im Zusammenhang mit den in Anhang III aufgeführten Abfällen Bezug auf Titel II genommen, so finden Artikel 3 Absatz 2, Artikel 4 Absatz 2 Nummer 5 und die Artikel 6, 11, 22, 23, 24, 25 und 31 keine Anwendung.

Artikel 64
Inkrafttreten und Anwendung

(1) Diese Verordnung tritt am dritten Tag nach ihrer Veröffentlichung im *Amtsblatt der Europäischen Union* in Kraft. Sie gilt ab dem 12. Juli 2007.

(2) Sollte das Datum des Beitritts von Bulgarien oder Rumänien später liegen als das Datum der in Absatz 1 genannten Anwendung, so gilt Artikel 63 Absätze 4 und 5 abweichend von Absatz 1 des vorliegenden Artikels ab dem Datum des Beitritts.

(3) Sofern die betreffenden Mitgliedstaaten dem zustimmen, kann Artikel 26 Absatz 4 vor dem 12. Juli 2007 angewandt werden.

Diese Verordnung ist in allen ihren Teilen verbindlich und gilt unmittelbar in jedem Mitgliedstaat.

Geschehen zu Straßburg am 14. Juni 2006.

Im Namen des Europäischen Parlaments	*Im Namen des Rates*
Der Präsident	*Der Präsident*
J. BORRELL FONTELLES	H. WINKLER

ANHANG IA

Notifizierungsformular für grenzüberschreitende Verbringungen von Abfällen EU

1. Exporteur — Notifizierender Registriernummer:
Name:
Anschrift:
Kontaktperson:
Tel.: Fax:
E-Mail:

2. Importeur — Empfänger
Registriernummer:
Name:
Anschrift:
Kontaktperson:
Tel.: Fax:
E-Mail:

3. Notifizierung Nr.:
Notifizierung betreffend
A. i) Einmalige Verbringung: ☐
ii) Mehrmalige Verbringungen: ☐
B. i) Beseitigung (1): ☐
ii) Verwertung: ☐
C. Verwertungsanlage mit Vorabzustimmung (2)(3) Ja ☐ Nein ☐

4. Vorgesehene Gesamtzahl der Verbringungen:

5. Vorgesehene Gesamtmenge (kg/l) (4):

6. Vorgesehener Zeitraum für die Verbringung(en) (4):
Erster Beginn: Letzter Beginn:

7. Verpackungsart(en) (5):
Besondere Handhabungsvorschriften (6): Ja ☐ Nein ☐

8. Vorgesehene(s) Transportunternehmen
Registriernummer:
Name (7):
Anschrift:
Kontaktperson:
Tel.: Fax:
E-Mail:
Transportart (5):

9. Abfallerzeuger (1)(7)(8)
Registriernummer:
Name:
Anschrift:
Kontaktperson:
Tel.: Fax:
E-Mail:
Ort und Art der Abfallerzeugung (6):

10. Beseitigungsanlage (2): ☐ **oder Verwertungsanlage** (2): ☐
Registriernummer:
Name:
Anschrift:
Kontaktperson:
Tel.: Fax:
E-Mail:
Ort der tatsächlichen Beseitigung/Verwertung:

11. Beseitigungs-/Verwertungsverfahren (2)
D-Code / R-Code (5):
Angewandte Technologie (6):
Grund für die Ausfuhr (1)(6):

12. Bezeichnung und Zusammensetzung des Abfalls (6):

13. Physikalische Eigenschaften (5):

14. Abfallidentifizierung (einschlägige Codes angeben)
i) Basler Übereinkommen — Anlage VIII (oder IX, falls anwendbar):
ii) OECD-Code (falls abweichend von i):
iii) EU-Abfallverzeichnis:
iv) Nationaler Code im Ausfuhrland:
v) Nationaler Code im Einfuhrland:
vi) Sonstige (bitte angeben):
vii) Y-Code:
viii) H-Code (5):
ix) UN-Klasse (5):
x) UN-Kennnummer:
xi) UN-Versandname:
xii) Zollnummer(n) (HS):

15. Betroffene Staaten (a), Codenummern der zuständigen Behörden, sofern zutreffend (b), Ein- und Ausfuhrorte (c)

	Ausfuhrstaat/Versandstaat	Durchfuhrstaaten (Ein- und Ausgang)			Einfuhrstaat/Empfängerstaat
a)					
b)					
c)					

16. Eingangs- und/oder Ausgangs- und/oder Ausfuhrzollstellen: **(Europäische Gemeinschaft)**

Eingang: Ausgang: Ausfuhr:

17. Erklärung des Exporteurs — Notifizierenden/Erzeugers (1):

Ich erkläre hiermit, dass die obigen Informationen nach meinem besten Wissen vollständig sind und der Wahrheit entsprechen. Ich erkläre ferner, dass rechtlich durchsetzbare vertragliche Verpflichtungen schriftlich eingegangen wurden und alle für die grenzüberschreitende Verbringung erforderlichen Versicherungen oder sonstigen Sicherheitsleistungen abgeschlossen bzw. hinterlegt wurden oder werden.

Name des Exporteurs/Notifizierenden: Unterschrift: Datum

Name des Erzeugers: Unterschrift: Datum

18. Anzahl der beigefügten Anhänge

VON DEN ZUSTÄNDIGEN BEHÖRDEN AUSZUFÜLLEN

19. Bestätigung der zuständigen Behörde des Einfuhrstaats — Empfängerstaats/ Durchfuhrstaats (1)/**Ausfuhrstaats — Versandstaats** (9):

Land:

Eingang der Notifizierung am:

Eingang bestätigt am:

Name der zuständigen Behörde:

Stempel und/oder Unterschrift:

20. Schriftliche Zustimmung (1)(8) **der Verbringung durch die zuständige Behörde von** (Land):

Zustimmung erteilt am:

Zustimmung gültig vom: bis:

Besondere Auflagen: Nein: ☐ Falls Ja, siehe Nr. 21 (6): ☐

Name der zuständigen Behörde:

Stempel und/oder Unterschrift:

21. BESONDERE AUFLAGEN FÜR DIE ZUSTIMMUNG ZU DER VERBRINGUNG ODER GRÜNDE FÜR DIE EINWANDSERHEBUNG

(1) Gemäß dem Basler Übereinkommen erforderlich.
(2) Bei R12/R13- oder D13-D15-Verfahren auch einschlägige Informationen zu den nachfolgenden R1-R11- bzw. D1-D12-Anlagen beifügen, sofern erforderlich.
(3) Bei Verbringungen innerhalb der OECD auszufüllen, falls B.ii) anwendbar.
(4) Bei mehrmaligen Verbringungen detaillierte Liste beifügen
(5) Siehe Liste der Abkürzungen und Codes auf der folgenden Seite.
(6) Erforderlichenfalls Einzelheiten angeben.
(7) Liste beifügen, falls mehr als ein Transportunternehmen bzw. Erzeuger.
(8) Wenn aufgrund nationaler Rechtsvorschriften erforderlich.
(9) Falls gemäß dem OECD-Beschluss erforderlich.

Verzeichnis der im Notifizierungsformular verwendeten Abkürzungen und Codes

BESEITIGUNGSVERFAHREN (Nr. 11)

D1 Ablagerungen in oder auf dem Boden (z. B. Deponien usw.)

D2 Behandlung im Boden (z. B. biologischer Abbau von flüssigen oder schlammigen Abfällen im Erdreich usw.)

D3 Verpressung (z. B. Verpressung pumpfähiger Abfälle in Bohrlöcher, Salzdome oder natürliche Hohlräume usw.)

D4 Oberflächenaufbringung (z. B. Ableitung flüssiger oder schlammiger Abfälle in Gruben, Teiche oder Lagunen usw.)

D5 Speziell angelegte Deponien (z. B. Ablagerung in abgedichteten, getrennten Räumen, die gegeneinander und gegen die Umwelt verschlossen und isoliert werden, usw.)

D6 Einleitung in ein Gewässer mit Ausnahme von Meeren/Ozeanen

D7 Einleitung in Meere/Ozeane, einschließlich Einbringung in den Meeresboden

D8 Biologische Behandlung, die nicht an anderer Stelle in dieser Liste beschrieben ist und durch die Endverbindungen oder Gemische entstehen, die mit einem der in dieser Liste aufgeführten Verfahren entsorgt werden

D9 Chemisch-physikalische Behandlung, die nicht an anderer Stelle in dieser Liste beschrieben ist und durch die Endverbindungen oder Gemische entstehen, die mit einem der in dieser Liste aufgeführten Verfahren entsorgt werden (z. B. Verdampfen, Trocknen, Kalzinieren usw.)

D10 Verbrennung an Land

D11 Verbrennung auf See

D12 Dauerlagerung (z. B. Lagerung von Behältern in einem Bergwerk usw.)

D13 Vermengung oder Vermischung vor Anwendung eines der in dieser Liste aufgeführten Verfahrens

D14 Rekonditionierung vor Anwendung eines der in dieser Liste aufgeführten Verfahrens

D15 Lagerung bis zur Anwendung eines der in dieser Liste aufgeführten Verfahrens

VERWERTUNGSVERFAHREN (Nr. 11)

R1 Verwendung als Brennstoff (außer bei Direktverbrennung) oder andere Mittel der Energieerzeugung//Hauptverwendung als Brennstoff oder andere Mittel der Energieerzeugung

R2 Rückgewinnung/Regenerierung von Lösemitteln

R3 Verwertung/Rückgewinnung organischer Stoffe, die nicht als Lösemittel verwendet werden

R4 Verwertung/Rückgewinnung von Metallen und Metallverbindungen

R5 Verwertung/Rückgewinnung von anderen anorganischen Stoffen

R6 Regenerierung von Säuren und Basen

R7 Wiedergewinnung von Bestandteilen, die der Bekämpfung der Verunreinigung dienen

R8 Wiedergewinnung von Katalysatorbestandteilen

R9 Altölraffination oder andere Wiederverwendungsmöglichkeiten von Altöl

R10 Aufbringung auf den Boden zum Nutzen der Landwirtschaft oder der Ökologie

R11 Verwendung von Rückständen, die bei einem der unter R1 bis R10 aufgeführten Verfahren gewonnen werden

R12 Austausch von Abfällen, um sie einem der unter R1 bis R11 aufgeführten Verfahren zu unterziehen

R13 Ansammlung von Stoffen, die für eines der in dieser Liste aufgeführten Verfahren vorgesehen sind

VERPACKUNGSARTEN (Nr. 7)

1. Trommel/Fass
2. Holzfass
3. Kanister
4. Kiste/Kasten
5. Sack/Beutel
6. Verbundverpackung
7. Druckbehälter
8. Schüttgut
9. Sonstige (bitte angeben)

TRANSPORTART (Nr. 8)

St = Straße

Sc = Schiene

Se = Seeweg

Lu = Luftweg

Bw = Binnenwasserstraßen

PHYSIKALISCHE EIGENSCHAFTEN (Nr. 13)

1. Staub- oder pulverförmig
2. Fest
3. Pastös/breiig
4. Schlammig
5. Flüssig
6. Gasförmig
7. Andere Erscheinungsform (bitte angeben)

H-CODE UND UN-KLASSE (Nr. 14)

UN-Klasse	H-Code	Eigenschaften
1	H1	Explosivstoffe
3	H3	Entzündbare Flüssigkeiten
4.1	H4.1	Entzündbare Feststoffe
4.2	H4.2	Selbstentzündbare Stoffe oder Abfälle
4.3	H4.3	Stoffe oder Abfälle, die bei Berührung mit Wasser entzündbare Gase entwickeln
5.1	H5.1	Oxidierende Stoffe
5.2	H5.2	Organische Peroxide
6.1	H6.1	Giftige Stoffe (mit akuter Wirkung)
6.2	H6.2	Infektiöse Stoffe
8	H8	Ätzende Stoffe
9	H10	Freisetzung toxischer Gase bei Kontakt mit Luft oder Wasser
9	H11	Toxische Stoffe (mit verzögerter oder chronischer Wirkung)
9	H12	Ökotoxische Stoffe
9	H13	Stoffe, die auf irgendeine Weise nach der Entsorgung andere Substanzen erzeugen können, wie etwa Sickerstoffe, die eine der vorstehend aufgeführten Eigenschaften besitzen

Weitere Informationen — insbesondere zur Abfallidentifizierung (Nr. 14), d. h. den Codes der Anlagen VIII und IX des Basler Übereinkommens, den OECD-Codes und den Y-Codes — können den Handbüchern entnommen werden, die bei der OECD und dem Sekretariat des Basler Übereinkommens erhältlich sind.

ANHANG IB

Begleitformular für grenzüberschreitende Verbringungen von Abfällen EU

1. Entspricht der Notifizierung Nr.:	**2. Fortlaufende Nummer/Gesamtzahl der Verbringungen:** /
3. Exporteur — Notifizierender Registriernummer: Name: Anschrift: Kontaktperson: Tel.: Fax: E-Mail:	**4. Importeur — Empfänger** Registriernummer: Name: Anschrift: Kontaktperson: Tel.: Fax: E-Mail:
5. Tatsächliche Menge: kg: Liter:	**6. Tatsächliches Datum der Verbringung:**
7. Verpackung Art(en) *(1)*: Anzahl der Frachtstücke:: **Besondere Handhabungsvorschriften** *(2)* Ja ☐ Nein: ☐	

8 a) 1. Transportunternehmen *(3)*:	**8 b) 2. Transportunternehmen:**	**8 c) Letztes Transportunternehmen:**
Registriernummer: Name: Anschrift: Tel.: Fax: E-Mail:	Registriernummer: Name: Anschrift: Tel.: Fax: E-Mail:	Registriernummer: Name: Anschrift: Tel.: Fax: E-Mail:
------- ***Vom Beauftragten des Transportunternehmens auszufüllen*** -------		*Mehr als 3 Transportunternehmen (2)*
Transportart *(1)*: Versanddatum: Unterschrift:	Transportart *(1)*: Versanddatum: Unterschrift:	Transportart *(1)*: Versanddatum: Unterschrift:

9. Abfallerzeuger *(4)(5)(6)*: Registriernummer: Name: Anschrift: Kontaktperson: Tel.: Fax: E-Mail: Ort der Abfallerzeugung *(2)*:	**12. Bezeichnung und Zusammensetzung des Abfalls** *(2)*: **13. Physikalische Eigenschaften** *(1)*:
10. Beseitigungsanlage ☐ **oder Verwertungsanlage** ☐ Registriernummer: Name: Anschrift: Kontaktperson: Tel.: Fax: E-Mail: Ort der tatsächlichen Beseitigung/Verwertung *(2)*:	**14.** Abfallidentifizierung (einschlägige Codes angeben) i) Basler Übereinkommen — Anlage VIII (oder IX, falls anwendbar): ii) OECD-Code (falls abweichend von i): iii) EU-Abfallverzeichnis: iv) Nationaler Code im Ausfuhrland: v) Nationaler Code im Einfuhrland: vi) Overige (specificeren): vii) Y-Code: viii) H-Code *(1)*: ix) UN-Klasse *(1)* x) UN-Kennnummer: xi) UN-Versandname: xii) Zollnummer(n) (HS):
11. Beseitigungs-/Verwertungsverfahren D-Code / R-Code *(1)*:	

15. Erklärung des Exporteurs — Notifizierenden/Erzeugers (4):

Ich erkläre hiermit, dass die obigen Informationen nach meinem besten Wissen vollständig sind und der Wahrheit entsprechen. Ich erkläre ferner, dass rechtlich durchsetzbare vertragliche Verpflichtungen schriftlich eingegangen wurden, alle für die grenzüberschreitende Verbringung erforderlichen Versicherungen oder sonstigen Sicherheitsleistungen abgeschlossen bzw. hinterlegt wurden und alle erforderlichen Zustimmungen der zuständigen Behörden der betreffenden Staaten vorliegen

Name: Unterschrift:

Datum:

16. Von sonstigen an der grenzüberschreitenden Verbringung beteiligten Personen auszufüllen, falls zusätzliche Informationen verlangt werden:

VON DER BESEITIGUNGS-/VERWERTUNGSANLAGE AUSZUFÜLLEN

17. Eingang bei der Beseitigungsanlage ☐ oder Verwertungsanlage ☐	18. Ich bescheinige hiermit, dass die oben beschriebenen Abfälle beseitigt/ verwertet worden sind.
Eingangsdatum: In Empfang genommen: ☐ Empfang verweigert*: ☐	
In Empfang genommene Menge: kg: Liter: * zuständige Behörden unverzüglich informieren	Datum:
Ungefähres Datum der Beseitigung/Verwertung:	Name:
Beseitigungs-/Verwertungsverfahren (1):	
Datum:	Unterschrift und Stempel:
Name:	
Unterschrift:	

(1) Siehe Liste der Abkürzungen und Codes auf der folgenden Seite.
(2) Erforderlichenfalls Einzelheiten angeben.
(3) Bei mehr als 3 Transportunternehmen sind die unter Nr. 8 (a, b, c) verlangten Informationen beizufügen.
(4) Gemäß dem Basler Übereinkommen erforderlich.
(5) Liste beifügen, falls mehr als ein Abfallerzeuger.
(6) Wenn aufgrund nationaler Rechtsvorschriften erforderlich.

<table>
<tr><th colspan="4">VON DER ZOLLSTELLE AUSZUFÜLLEN (gemäß nationalen Rechtsvorschriften)</th></tr>
<tr><td colspan="2">19. AUSFUHRSTAAT/VERSANDSTAAT ODER AUSGANGSZOLLSTELLE
Die in diesem Begleitformular beschriebenen Abfälle wurden
aus dem Land ausgeführt am:
Unterschrift:
Stempel:</td><td colspan="2">20. EINFUHRSTAAT/EMPFÄNGERSTAAT ODER EINGANGSZOLLSTELLE
Die in diesem Begleitformular beschriebenen Abfälle wurden
in das Land eingeführt am:
Unterschrift:
Stempel:</td></tr>
<tr><td colspan="4">21. STEMPEL DER ZOLLSTELLEN DER DURCHFUHRSTAATEN</td></tr>
<tr><td colspan="2">Name des Staates:</td><td colspan="2">Name des Staates:</td></tr>
<tr><td>Eingang:</td><td>Ausgang:</td><td>Eingang:</td><td>Ausgang:</td></tr>
<tr><td colspan="2">Name des Staates:</td><td colspan="2">Name des Staates:</td></tr>
<tr><td>Eingang:</td><td>Ausgang:</td><td>Eingang:</td><td>Ausgang:</td></tr>
</table>

Verzeichnis der im Begleitformular verwendeten Abkürzungen und Codes

BESEITIGUNGSVERFAHREN (Nr. 11)

- D1 Ablagerungen in oder auf dem Boden (d. h. Deponien usw.)
- D2 Behandlung im Boden (z. B. biologischer Abbau von flüssigen oder schlammigen Abfällen im Erdreich usw.)
- D3 Verpressung (z. B. Verpressung pumpfähiger Abfälle in Bohrlöcher, Salzdome oder natürliche Hohlräume usw.)
- D4 Oberflächenaufbringung (z. B. Ableitung flüssiger oder schlammiger Abfälle in Gruben, Teiche oder Lagunen usw.)
- D5 Speziell angelegte Deponien (z. B. Ablagerung in abgedichteten, getrennten Räumen, die verschlossen und gegeneinander und gegen die Umwelt isoliert werden)
- D6 Einleitung in ein Gewässer mit Ausnahme von Meeren/Ozeanen
- D7 Einleitung in Meere/Ozeane, einschließlich Einbringung in den Meeresboden
- D8 Biologische Behandlung, die nicht an anderer Stelle in dieser Liste beschrieben ist und durch die Endverbindungen oder Gemische entstehen, die mit einem der in D1 bis D12 aufgeführten Verfahren entsorgt werden
- D9 Chemisch-physikalische Behandlung, die nicht an anderer Stelle in dieser Liste beschrieben ist und durch die Endverbindungen oder Gemische entstehen, die mit einem der in der in dieser Liste aufgeführten Verfahren entsorgt werden (z. B. Verdampfen, Trocknen, Kalzinieren)
- D10 Verbrennung an Land
- D11 Verbrennung auf See
- D12 Dauerlagerung (z. B. Lagerung von Behältern in einem Bergwerk usw.)
- D13 Vermengung oder Vermischung vor Anwendung eines der in D1 bis D12 aufgeführten Verfahren.
- D14 Rekonditionierung vor Anwendung eines der in D1 bis D12 aufgeführten Verfahren
- D15 Lagerung bis zur Anwendung eines der in D1 bis D12 aufgeführten Verfahren

VERWERTUNGSVERFAHREN (Nr. 11)

- R1 Verwendung als Brennstoff (außer bei Direktverbrennung) oder andere Mittel der Energieerzeugung/ Hauptverwendung als Brennstoff oder andere Mittel der Energieerzeugung
- R2 Rückgewinnung/Regenerierung von Lösemitteln
- R3 Verwertung/Rückgewinnung organischer Stoffe, die nicht als Lösemittel verwendet werden
- R4 Verwertung/Rückgewinnung von Metallen und Metallverbindungen
- R5 Verwertung/Rückgewinnung von anderen organischen Stoffen
- R6 Regenerierung von Säuren und Basen
- R7 Wiedergewinnung von Bestandteilen, die der Bekämpfung der Verunreinigung dienen
- R8 Wiedergewinnung von Katalysatorbestandteilen
- R9 Altölraffination oder andere Wiederverwendungsmöglich keiten von Altöl
- R10 Aufbringung auf den Boden zum Nutzen der Landwirtschaft oder der Ökologie
- R11 Verwendung von Rückständen, die bei einem der unter R1 bis R10 aufgeführten Verfahren gewonnen werden
- R12 Austausch von Abfällen, um sie einem der unter R1 bis R11 aufgeführten Verfahren zu unterziehen
- R13 Ansammlung von Stoffen, die für eines der in dieser Liste aufgeführten Verfahren vorgesehen sind.

VERPACKUNGSARTEN (Nr. 7)	H-CODE UND UN-KLASSE (Nr. 14)		
1. Trommel/Fass	VN-klasse	H-Code	Eigenschaften
2. Holzfass	1	H1	Explosivstoffe
3. Kanister	3	H3	Entzündbare Flüssigkeiten
4. Kiste/Kasten	4.1	H4.1	Entzündbare Feststoffe
5. Sack/Beutel	4.2	H4.2	Selbstentzündbare Stoffe oder Abfälle
6. Verbundverpackung	4.3	H4.3	Stoffe oder Abfälle, die bei Berührung mit Wasser entzündbare Gase entwickeln
7. Druckbehälter			
8. Schüttgut	5.1	H5.1	Oxidierende Stoffe
9. Sonstige (bitte angeben)	5.2	H5.2	Organische Peroxide
	6.1	H6.1	Giftige Stoffe (mit akuter Wirkung)
TRANSPORTART (Nr. 8)	6.2	H6.2	Infektiöse Stoffe
St = Straße; Lu = Luftweg	8	H8	Ätzende Stoffe
Sc = Schiene; Bw = Binnenwasserstraßen	9	H10	Freisetzung toxischer Gase bei Kontakt mit Luft oder Wasser
Se = Seeweg	9	H11	Toxische Stoffe (mit verzögerter oder chronischer Wirkung)
PHYSIKALISCHE EIGENSCHAFTEN (Nr. 13)	9	H12	Ökotoxische Stoffe
1. Staub- oder pulverförmig	9	H13	Stoffe, die auf irgendeine Weise nach der Entsorgung andere Substanzen erzeugenkönnen, wie etwa Sickerstoffe, die eine der vorstehend aufgeführten Eigenschaften besitzen
2. Fest			
3. Pastös/breiig			
4. Schlammig			
5. Flüssig			
6. Gasförmig			
7. Andere Erscheinungsform (bitte angeben)			

Weitere Informationen — insbesondere zur Abfallidentifizierung (Nr. 14), d. h. den Codes der Anlagen VIII und IX des Basler Übereinkommens, den OECD-Codes und den Y-Codes — können den Handbüchern entnommen werden, die bei der OECD und dem Sekretariat des Basler Übereinkommens erhältlich sind.

ANHANG IC
SPEZIFISCHE ANWEISUNGEN FÜR DAS AUSFÜLLEN DER NOTIFIZIERUNGS- UND BEGLEITFORMULARE

I. Einleitung

1. Die vorliegenden Anweisungen enthalten die für das Ausfüllen der Notifizierungs- und Begleitformulare notwendigen Erläuterungen. Beide Formulare sind mit dem Basler Übereinkommen (27), dem OECD-Beschluss (28) (der nur für die Verbringung von zur Verwertung bestimmten Abfällen innerhalb des Gebiets der OECD gilt) und dieser Verordnung vereinbar, da sie die besonderen Anforderungen dieser drei Rechtsinstrumente berücksichtigen. Die Formulare sind allgemein gehalten, um den Bestimmungen aller drei genannten Rechtsinstrumente gerecht zu werden. Aus diesem Grund beziehen sich auch nicht alle Felder auf alle Rechtsinstrumente, und es brauchen in einem konkreten Fall möglicherweise nicht alle Felder ausgefüllt zu werden. Auf etwaige spezifische Anforderungen, die lediglich ein Kontrollsystem betreffen, wird in Fußnoten hingewiesen. Unter Umständen unterscheidet sich auch die Terminologie nationaler Durchführungsvorschriften von den im Basler Übereinkommen und im OECD-Beschluss benutzten Begriffen. In der englischsprachigen Fassung dieser Verordnung wird zum Beispiel „Verbringung" mit „shipment" und nicht mit „movement" wiedergegeben. Dem wird in den Überschriften der Notifizierungs- und Begleitformulare in englischer Sprache Rechnung getragen, indem beide Begriffe nebeneinander gestellt („movement/shipment") werden.
2. In den Formularen sind die Begriffe „Beseitigung" (disposal) und „Verwertung" (recovery) enthalten, da sie in den drei Rechtsinstrumenten unterschiedlich definiert werden. Nach dieser Verordnung und nach dem OECD-Beschluss bezeichnet der Begriff „Beseitigung" (disposal) die in Anhang IV A des Basler Übereinkommens und in Anlage 5.A des OECD-Beschlusses aufgeführten Beseitigungsverfahren und der Begriff „Verwertung" (recovery) die in Anhang IV B des Basler Übereinkommens und in Anlage 5.B des OECD-Beschlusses aufgeführten Verwertungsverfahren. Im Basler Übereinkommen hingegen sind mit dem Begriff „Entsorgung" (disposal) sowohl Beseitigungs- als auch Verwertungsverfahren gemeint.
3. Die Notifizierungs- und Begleitformulare werden (sowohl als Papierfassung als auch in elektronischer Form) von den zuständigen Behörden am Versandort bereitgestellt und herausgegeben, die hierbei ein Nummerierungssystem anwenden, das die Rückverfolgbarkeit einer bestimmten Abfalllieferung ermöglicht. Die Nummer sollte mit dem Ländercode des Versandstaats beginnen, der in der Liste der Länderkürzel der ISO-Norm 3166 nachgeschlagen werden kann. Innerhalb der EU muss auf den zweistelligen Ländercode eine Leerstelle folgen. Darauf kann fakultativ ein Code von bis zu vier Stellen gemäß den Angaben der zuständigen Behörde am Versandort folgen, ebenfalls gefolgt von einer Leerstelle. Die Nummerierung muss mit einer sechsstelligen Zahl enden. Beispiel: Wenn der Ländercode XY lautet und die sechsstellige Zahl 123456, wäre die Notifizierungsnummer ohne Angabe eines fakultativen Codes XY 123456. Mit fakultativem Code (z. B. 12) wäre die Notifizierungsnummer XY 12 123456. Bei elektronischer Übermittlung eines Notifizierungs- oder Begleitformulars ohne Angabe eines fakultativen Codes sollte an der Stelle des Codes „0000" eingefügt werden (z. B. XY 0000 123456). Bei Verwendung eines fakultativen Codes von weniger als vier Stellen (z. B. 12) wäre die Notifizierungsnummer XY 0012 123456.
4. Falls Staaten die Formulare in einem ihren nationalen Normen entsprechenden Papierformat (in der Regel nach den Empfehlungen der Vereinten Nationen: ISO/DIN A4) herausgeben

möchten, ist zu beachten, dass die Rahmengröße der Formulare die Maße 183 × 262 mm nicht überschreiten sollte und die Ränder an der oberen und linken Seite des Blattes auszurichten sind, um die internationale Verwendbarkeit der Formulare zu gewährleisten und dem Unterschied zwischen dem ISO/DIN-Format A4 und dem in Nordamerika üblichen Format Rechnung zu tragen. Beim Notifizierungsformular ist zu beachten, dass die Felder 1 bis 21 einschließlich der Fußnoten auf ein Blatt passen sollen und das Verzeichnis der im Notifizierungsformular verwendeten Abkürzungen und Codes auf ein zweites Blatt. Beim Begleitformular sollten die Felder 1 bis 19 einschließlich der Fußnoten auf einem Blatt stehen und die Felder 20 bis 22 sowie das Verzeichnis der im Begleitformular verwendeten Abkürzungen und Codes auf einem zweiten Blatt.

II. Zweck der Notifizierungs- und Begleitformulare

5. Das Notifizierungsformular soll den betroffenen zuständigen Behörden die Informationen liefern, die sie benötigen, um die Zulässigkeit von notifizierten Abfallverbringungen beurteilen zu können. In dem Formular sind Felder vorgesehen, in denen der Eingang der Notifizierung bestätigt und erforderlichenfalls die schriftliche Zustimmung zu der betreffenden Verbringung gegeben werden kann.

6. Das Begleitformular soll eine Abfalllieferung während des gesamten Transports vom Abfallerzeuger bis zu ihrem Eintreffen in einer Beseitigungs- oder Verwertungsanlage in einem anderen Staat begleiten. Jede Person, die für eine Verbringung die Verantwortung übernimmt (Transportunternehmen und möglicherweise der Empfänger (29)), hat das Begleitformular entweder bei Übergabe oder bei Empfang der betreffenden Abfälle zu unterschreiben. Außerdem gibt es im Begleitformular Felder, um die Durchfuhr der Lieferung durch die Zollstellen aller betroffenen Staaten festzuhalten (wie es diese Verordnung vorschreibt). Schließlich sollen die entsprechenden Beseitigungs- oder Verwertungsanlagen in diesem Formular die Übernahme der Abfälle und den Abschluss des Verwertungs- oder Beseitigungsverfahrens bestätigen.

III. Allgemeine Anforderungen

7. Eine geplante Verbringung, die dem Verfahren der vorherigen schriftlichen Notifizierung und Zustimmung unterliegt, kann erst erfolgen, nachdem die Notifizierungs- und Begleitformulare in Übereinstimmung mit dieser Verordnung gemäß Artikel 16 Buchstaben a und b ausgefüllt wurden, und nur so lange, wie die schriftlichen oder stillschweigenden Zustimmungen aller betroffenen zuständigen Behörden gültig sind.

8. Papierformulare sind durchgehend mit der Schreibmaschine oder von Hand in Blockschrift und mit dauerhaft haltbarer Tinte auszufüllen. Für Unterschriften ist stets dauerhaft haltbare Tinte zu verwenden, und der Name des bevollmächtigten Vertreters ist in Blockschrift neben die Unterschrift zu setzen. Kleine Fehler, wie die Verwendung eines falschen Codes für einen Abfall, können mit Zustimmung der zuständigen Behörden korrigiert werden. Der neue Eintrag muss markiert, abgezeichnet oder mit Stempel versehen und datiert (Datum der Berichtigung) werden. Bei größeren Änderungen oder Korrekturen muss ein neues Formular ausgefüllt werden.

9. Bei der Erstellung der Formulare wurde darauf geachtet, dass sie problemlos elektronisch ausgefüllt werden können. Wenn elektronische Formulare verwendet werden, sind geeignete Sicherheitsvorkehrungen gegen jede missbräuchliche Verwendung zu treffen. Etwaige Änderungen, die an einem bereits ausgefüllten Formular mit Zustimmung der zuständigen Behör-

den vorgenommen werden, sind kenntlich zu machen. Bei der Verwendung elektronischer Formulare, die per E-Mail übermittelt werden, ist eine digitale Unterschrift erforderlich.

10. Zur Vereinfachung der Übersetzung sind in mehreren Feldern der Formulare Codes anstelle von Text einzutragen. Wenn Textangaben erforderlich sind, ist eine Sprache zu wählen, die für die zuständigen Behörden im Empfängerstaat und erforderlichenfalls für die übrigen betroffenen Behörden annehmbar ist.

11. Das Datum ist sechsstellig anzugeben. Der 29. Januar 2006 beispielsweise ist wie folgt anzugeben: 29.01.06 (Tag.Monat.Jahr).

12. Wenn den Formularen Anhänge mit zusätzlichen Informationen beigefügt werden müssen, ist jeder Anhang mit der Bezugsnummer des betreffenden Formulars zu versehen und mit der Nummer des Feldes, auf das er sich bezieht.

IV. Besondere Hinweise für das Ausfüllen des Notifizierungsformulars

13. Bei der Einreichung der Notifizierung füllt der Notifizierende (30) die Felder 1 bis 18 (mit Ausnahme der Notifizierungsnummer in Feld 3) aus. In einigen Drittstaaten, die nicht OECD-Mitgliedsländer sind, kann auch die zuständige Behörde am Versandort diese Felder ausfüllen. Ist der Notifizierende nicht identisch mit dem Ersterzeuger, hat dieser Erzeuger oder eine der in Artikel 2 Nummer 15 Buchstabe a Ziffer ii oder iii genannten Personen gemäß Artikel 4 Absatz 2 Nummer 1 und Anhang II Teil 1 Nummer 26 auch in Feld 17 zu unterschreiben, sofern dies durchführbar ist.

14. **Felder 1** (siehe Anhang II Teil 1 Nummern 2 und 4) **und 2** (Anhang II Teil 1 Nummer 6): Tragen Sie hier bitte die verlangten Informationen ein (Registriernummer nur falls anwendbar, Anschrift mit Angabe des Landes, Telefon- und Faxnummern mit Ländervorwahl; die Kontaktperson sollte für die Verbringung verantwortlich sein, auch bei Zwischenfällen während der Verbringung). In einigen Drittstaaten können auch Angaben zu der zuständigen Behörde am Versandort gemacht werden. Gemäß Artikel 2 Nummer 15 dieser Verordnung kann ein Händler oder Makler als Notifizierender auftreten. In diesem Fall ist eine Kopie des Vertrags zwischen dem Erzeuger, Neuerzeuger oder Einsammler und dem Makler oder Händler oder der Nachweis des Vertrags (oder eine Erklärung, mit der dessen Bestehen bestätigt wird) als Anlage beizufügen (siehe Anhang II Teil 1 Nummer 23). Mithilfe der Telefon- und Faxnummern und der E-Mail-Adresse sollte es möglich sein, bei einem Zwischenfall während der Verbringung jederzeit zu allen betroffenen Personen Kontakt aufzunehmen.

15. In der Regel ist der Empfänger die in Feld 10 angegebene Beseitigungs- oder Verwertungsanlage. Empfänger kann jedoch auch in einigen Fällen eine andere Person sein, zum Beispiel ein Händler oder Makler (31) oder eine juristische Person wie der Hauptsitz oder die Postanschrift der in Feld 10 angegebenen, die Abfälle übernehmende Beseitigungs- oder Verwertungsanlage. Um als Empfänger auftreten zu können, muss ein Händler oder Makler oder eine juristische Person der Gerichtsbarkeit des Empfängerstaats unterliegen und Besitzer der Abfälle sein oder eine sonstige Form der rechtlichen Kontrolle über die Abfälle zum Zeitpunkt des Eintreffens der Lieferung im Empfängerstaat haben. In einem solchen Fall sind in Feld 2 die Angaben zu dem Händler oder Makler oder der juristischen Person einzutragen.

16. **Feld 3** (siehe Anhang II Teil 1 Nummern 1, 5, 11 und 19): Bei der Herausgabe eines Notifizierungsformulars teilt die zuständige Behörde entsprechend ihrem eigenen System eine Kennnummer zu, die in dieses Feld eingetragen wird (siehe Nummer 3 dieser Anweisungen). Unter Buchstabe A bezieht sich „Einmalige Verbringung" auf eine Einzelnotifizierung, und „Mehrmalige Verbringungen" bezieht sich auf eine Sammelnotifizierung. Unter Buchstabe B

ist die Art des Verfahrens anzugeben, für das die zu verbringenden Abfälle bestimmt sind. „Vorabzustimmung" unter Buchstabe C bezieht sich auf Artikel 14 dieser Verordnung.

17. **Felder 4** (siehe Anhang II Teil 1 Nummer 1), **5** (siehe Anhang II Teil 1 Nummer 17) **und 6** (siehe Anhang II Teil 1 Nummer 12): Tragen Sie bitte die Anzahl der Verbringungen in Feld 4 und den vorgesehenen Termin einer einmaligen Verbringung bzw. bei mehrmaligen Verbringungen die Termine der ersten und der letzten Verbringung in Feld 6 ein. In Feld 5 geben Sie bitte die geschätzten Mindest- und Höchstmengen der Abfälle in Tonnen an (1 Tonne (t) entspricht 1 Megagramm (Mg) oder 1 000 kg). In einigen Drittstaaten können auch Mengenangaben in Kubikmetern (1 m3 entspricht 1 000 Liter) oder anderen metrischen Einheiten, wie Kilogramm oder Liter, akzeptiert werden. Wenn andere metrische Einheiten verwendet werden, ist die Maßeinheit anzugeben, und die im Formular vorgegebene Einheit kann durchgestrichen werden. Die verbrachte Gesamtmenge darf die in Feld 5 angegebene Höchstmenge nicht überschreiten. Der in Feld 6 angegebene vorgesehene Zeitraum für Verbringungen darf nicht länger als 1 Jahr sein, außer bei mehrmaligen Verbringungen zu Verwertungsanlagen mit Vorabzustimmung gemäß Artikel 14 dieser Verordnung (siehe Nummer 16 dieser Anweisungen), für die der vorgesehene Zeitraum maximal 3 Jahre betragen darf. Alle Verbringungen müssen innerhalb des Zeitraums erfolgen, in dem die stillschweigenden oder schriftlichen Zustimmungen aller zuständigen Behörden gemäß Artikel 9 Absatz 6 dieser Verordnung gültig sind. Bei mehrmaligen Verbringungen können einige Drittstaaten auf der Grundlage des Basler Übereinkommens verlangen, dass die voraussichtlichen Termine oder die voraussichtliche Häufigkeit und die geschätzte Menge der einzelnen Verbringungen in den Feldern 5 und 6 oder in einem Anhang angegeben werden. Wenn eine zuständige Behörde eine schriftliche Zustimmung zu der Verbringung erteilt und sich die in Feld 20 angegebene Dauer der Gültigkeit dieser Zustimmung von dem in Feld 6 angegebenen Zeitraum unterscheidet, hat die Entscheidung der zuständigen Behörde Vorrang vor der Angabe in Feld 6.

18. **Feld 7** (siehe Anhang II Teil 1 Nummer 18): Bei der Angabe zu den Verpackungsarten sind die Codes des dem Notifizierungsformular beigefügten Verzeichnisses der Abkürzungen und Codes zu verwenden. Wenn bei der Handhabung besondere Vorsichtsmaßnahmen zu treffen sind, wie sie beispielsweise in den für Arbeitnehmer bestimmten Anweisungen der Erzeuger für die Handhabung vorgeschrieben sind, in Sicherheits- und Gesundheitsschutzinformationen, unter anderem Informationen über den Umgang mit ausgelaufenen/verschütteten Abfällen, und in schriftlichen Weisungen für den Transport gefährlicher Güter, kreuzen Sie bitte das entsprechende Kästchen an und fügen Sie die Informationen als Anlage bei.

19. **Feld 8** (siehe Anhang II Teil 1 Nummern 7 und 13): Tragen Sie hier bitte die verlangten Informationen ein (Registriernummer nur falls anwendbar, Anschrift mit Angabe des Landes, Telefon- und Faxnummern mit Ländervorwahl; die für die Verbringung verantwortliche Kontaktperson). Sind mehrere Transportunternehmen beteiligt, fügen Sie bitte dem Notifizierungsformular eine vollständige Liste mit den notwendigen Angaben zu jedem einzelnen Transportunternehmen als Anlage bei. Wenn der Transport von einem Speditionsbeauftragten organisiert wird, sind die Angaben zu diesem Beauftragten und die entsprechenden Angaben zu den tatsächlichen Transportunternehmen als Anlage beizufügen. Der Nachweis der Registrierung des bzw. der Transportunternehmen(s) für Abfalltransporte (z. B. Erklärung, mit der deren Bestehen bestätigt wird) ist als Anlage beizufügen (siehe Anhang II Teil 1 Nummer 15). Bei der Angabe der Transportart sind die Abkürzungen des dem Notifizierungsformular beigefügten Verzeichnisses der Abkürzungen und Codes zu verwenden.

20. **Feld 9** (siehe Anhang II Teil 1 Nummern 3 und 16): Tragen Sie hier bitte die verlangten Angaben zum Abfallerzeuger (32) ein. Die Registriernummer des Erzeugers ist gegebenenfalls anzugeben. Ist der Notifizierende der Abfallerzeuger, genügt der Vermerk „siehe Angaben in

Feld 1". Stammen die Abfälle von mehreren Erzeugern, ist der Vermerk „siehe beigefügte Liste" einzutragen und eine Liste mit den verlangten Angaben zu jedem einzelnen Erzeuger als Anlage beizufügen. Ist der Erzeuger unbekannt, tragen Sie bitte hier den Namen der Person ein, die im Besitz der Abfälle ist bzw. die Kontrolle über die Abfälle hat (Besitzer). Machen Sie bitte auch Angaben zum Verfahren, bei dem die Abfälle angefallen sind, und zum Ort der Abfallerzeugung.

21. **Feld 10** (siehe Anhang II Teil 1 Nummer 5): Tragen Sie hier bitte die verlangten Angaben ein (Bestimmung der Verbringung durch Ankreuzen des Kästchens nach „Beseitigungsanlage" oder nach „Verwertungsanlage"; Registriernummer nur falls anwendbar; Ort der tatsächlichen Beseitigung/Verwertung nur, wenn er nicht mit der Anschrift der Anlage übereinstimmt). Falls der Beseitiger oder Verwerter mit dem Empfänger identisch ist, tragen Sie bitte hier den Vermerk „siehe Angaben in Feld 2" ein. Wenn es sich bei dem Beseitigungs- oder Verwertungsverfahren um ein in D13—D15, R12 oder R13 aufgeführtes Verfahren (gemäß Anhang IIA oder IIB der Richtlinie 2006/12/EG über Abfälle) handelt, sind die Anlage, in der dieses Verfahren angewandt wird, und der Ort, an dem dies geschieht, in Feld 10 anzugeben. In einem solchen Fall sind entsprechende Angaben zu der/den nachfolgenden Anlage/n, in der/denen etwaige nachfolgende in R12/R13 oder D13—D15 aufgeführte Verfahren und das/die in D1—D12 oder R1—R11 aufgeführte/n Verfahren angewandt wird/werden oder angewandt werden kann/können, als Anlage beizufügen. Ist die Verwertungs- oder Beseitigungsanlage in Anhang I Kategorie 5 der Richtlinie 96/61/EG des Rates vom 24. September 1996 über die integrierte Vermeidung und Verminderung der Umweltverschmutzung aufgeführt, so ist der Nachweis für eine gültige Genehmigung im Sinne der Artikel 4 und 5 der genannten Richtlinie beizufügen (z. B. durch eine Erklärung, mit der deren Bestehen bestätigt wird), wenn eine Anlage sich in der Europäischen Gemeinschaft befindet.

22. **Feld 11** (siehe Anhang II Teil 1 Nummern 5, 19 und 20): Geben Sie bitte die Art des Verwertungs- oder Beseitigungsverfahrens unter Verwendung der R-Codes oder D-Codes in Anhang IIA oder IIB der Richtlinie 2006/12/EG über Abfälle an (siehe auch das dem Notifizierungsformular beigefügte Verzeichnis der Abkürzungen und Codes) (33). Falls es sich bei dem Beseitigungs- oder Verwertungsverfahren um ein in D13—D15, R12 oder R13 aufgeführtes Verfahren handelt, sind entsprechende Angaben zu nachfolgenden (etwaige in R12/13 oder D13—D15 wie auch die in D1—D12 oder R1—R11 aufgeführten) Verfahren als Anlage beizufügen. Geben Sie bitte auch die jeweils anzuwendende Technologie an. Wenn der Abfall zur Verwertung bestimmt ist, fügen Sie bitte Angaben zur geplanten Methode der Beseitigung des nicht verwertbaren Anteils nach der Verwertung, zur Menge der verwerteten Stoffe im Verhältnis zum nicht verwertbaren Abfall, zum geschätzten Wert der verwerteten Stoffe, zu den Kosten der Verwertung und den Kosten der Beseitigung des nicht verwertbaren Anteils als Anlage bei. Verweisen Sie bitte außerdem bei Einfuhren von zur Beseitigung bestimmten Abfällen in die Gemeinschaft unter „Grund für die Ausfuhr" auf den zuvor gestellten hinreichend begründeten Antrag des Versandstaats gemäß Artikel 41 Absatz 4 dieser Verordnung und fügen Sie diesen Antrag als Anlage bei. Einige Drittstaaten außerhalb der OECD können auf der Grundlage des Basler Übereinkommens ebenfalls nähere Angaben zum Grund für die Ausfuhr verlangen.

23. **Feld 12** (siehe Anhang II Teil 1 Nummer 16): Geben Sie bitte hier die Bezeichnung/en an, unter der/denen die Abfälle allgemein bekannt sind, oder die Handelsbezeichnung und die Bezeichnungen der Hauptbestandteile (in Bezug auf die Menge beziehungsweise die Gefährdung) und ihre jeweiligen Konzentrationen (ausgedrückt als Prozentsatz), falls bekannt. Handelt es sich um ein Abfallgemisch, machen Sie bitte dieselben Angaben zu den verschiedenen Anteilen und geben Sie dabei an, welche Anteile zur Verwertung bestimmt sind. Ge-

mäß Anhang II Teil 3 Nummer 7 dieser Verordnung kann eine chemische Analyse der Zusammensetzung der Abfälle verlangt werden. Fügen Sie bitte weitere Informationen erforderlichenfalls als Anlage bei.

24. **Feld 13** (siehe Anhang II Teil 1 Nummer 16): Geben Sie bitte hier die physikalischen Eigenschaften der Abfälle bei Normaltemperatur und Normaldruck an.

25. **Feld 14** (siehe Anhang II Teil 1 Nummer 16): Geben Sie bitte hier den Code an, der den Abfall gemäß Anhang III, IIIA, IIIB, IV oder IVA dieser Verordnung identifiziert. Geben Sie bitte den Code nach dem im Basler Übereinkommen vereinbarten System an (in Feld 14 Unterposition i) und gegebenenfalls nach den im OECD-Beschluss vereinbarten Systemen (in Unterposition ii) und sonstigen anerkannten Klassifizierungssystemen (in Unterpositionen iii bis xii). Geben Sie bitte gemäß Artikel 4 Absatz 2 Nummer 6 dieser Verordnung nur einen Abfallcode (aus Anhang III, IIIA, IIIB, IV oder IVA dieser Verordnung) an. Hierbei gelten die folgenden zwei Ausnahmen: Bei Abfällen, die nicht als Einzeleintrag in Anhang III, IIIB, IV oder IVA eingestuft sind, geben Sie bitte nur eine Abfallart an. Bei Abfallgemischen, die nicht als Einzeleintrag in Anhang III, IIIB, IV oder IVA eingestuft sind, geben Sie bitte den Code jedes Abfallanteils in der Reihenfolge seiner Bedeutung (erforderlichenfalls in einem Anhang) an, es sei denn, sie sind in Anhang IIIA aufgeführt.

    a) *Unterposition i:* Bei Abfällen, die dem Verfahren der vorherigen schriftlichen Notifizierung und Zustimmung unterliegen, sind die Codes im Anhang VIII zum Basler Übereinkommen anzugeben (siehe Anhang IV Teil I dieser Verordnung); bei Abfällen, die zwar in der Regel nicht dem Verfahren der vorherigen schriftlichen Notifizierung und Zustimmung unterliegen, jedoch aus einem bestimmten Grund, wie der Kontaminierung durch gefährliche Stoffe (siehe Anhang III Absatz 1 dieser Verordnung), einer anderen Klassifizierung gemäß Artikel 63 dieser Verordnung oder nationalen Bestimmungen (34), diesem Verfahren unterliegen, sind die Codes in Anhang IX zum Basler Übereinkommen anzugeben. Die Anhänge VIII und IX zum Basler Übereinkommen finden sich in Anhang V dieser Verordnung, im Text des Basler Übereinkommens sowie in dem beim Sekretariat des Basler Übereinkommens erhältlichen Leitfaden (Instruction Manual). Falls Abfälle nicht in Anhang VIII oder IX zum Basler Übereinkommen aufgeführt sind, tragen Sie bitte den Vermerk „nicht gelistet“ ein.

    b) *Unterposition ii:* OECD-Mitgliedsländer sollten die OECD-Codes für Abfälle verwenden, die in Anhang III Teil II und Anhang IV Teil II dieser Verordnung aufgeführt sind, das heißt, für Abfälle, die keinem Eintrag in den Anhängen zum Basler Übereinkommen entsprechen bzw. gemäß dieser Verordnung einem anderen Kontrollniveau als dem nach dem Basler Übereinkommen erforderlichen Kontrollniveau zuzuordnen sind. Falls Abfälle nicht in Anhang III Teil II und Anhang IV Teil II dieser Verordnung aufgeführt sind, tragen Sie bitte den Vermerk „nicht gelistet“ ein.

    c) *Unterposition iii:* Mitgliedstaaten der Europäischen Union sollten die Codes des Abfallverzeichnisses der Europäischen Gemeinschaft verwenden (siehe Entscheidung Nr. 2000/532/EG der Kommission in der geänderten Fassung) (35).

    d) *Unterpositionen iv und v:* Gegebenenfalls sind andere, nicht im EG-Abfallverzeichnis enthaltene nationale Identifizierungscodes des Versandstaats und, falls bekannt, des Empfängerstaats anzugeben.

e) *Unterposition vi:* Falls hilfreich oder von den jeweiligen zuständigen Behörden verlangt, tragen Sie bitte hier einen anderen Code ein oder machen Sie zusätzliche Angaben, die die Identifizierung des Abfalls erleichtern.

Solche Codes können in Anhang IIIA, IIIB, IV (EU48) oder IVA dieser Verordnung enthalten sein. In diesem Fall sollte den Codes die Nummer des Anhangs vorangestellt werden. Was Anhang IIIA anbelangt, so sollte(n) der/die entsprechend(n) Code(s), wie in Anhang IIIA angegeben, ■ gegebenenfalls hintereinander ■ verwendet werden. Bestimmte Einträge des Basler Übereinkommens wie B1100 und B3020 sind, wie in Anhang IIIA angegeben, auf bestimmte Abfallströme beschränkt.

f) *Unterposition vii:* Geben Sie bitte, falls vorhanden, den oder die passenden Y-Code/s der „Gruppen der zu kontrollierenden Abfälle" (siehe Anhang I zum Basler Übereinkommen und Anlage 1 des OECD-Beschlusses) oder der „Gruppen von Abfällen, die besonderer Prüfung bedürfen" in Anhang II zum Basler Übereinkommen (siehe Anhang IV Teil I dieser Verordnung oder Anlage 2 des Leitfadens zum Basler Übereinkommen) an. Diese Verordnung und der OECD-Beschluss schreiben die Angabe von Y-Codes nicht vor, ausgenommen bei der Verbringung von Abfällen, die einer der beiden im Basler Übereinkommen aufgeführten „Gruppen von Abfällen, die besonderer Prüfung bedürfen", zuzurechnen sind (Y46 und Y47 oder Abfälle des Anhangs II), bei denen der Y-Code des Basler Übereinkommens anzugeben ist. Geben Sie bitte dennoch den/die Y-Code/s bei Abfällen an, die als gefährlich gemäß Artikel 1 Absatz 1 Buchstabe a des Basler Übereinkommens gelten, um den Berichtspflichten des Basler Übereinkommens gerecht zu werden.

g) *Unterposition viii:* Falls anwendbar, geben Sie bitte hier den/die passenden H-Code/s an, das heißt, die Codes, die Auskunft über die gefährlichen Eigenschaften der Abfälle geben (siehe dem Notifizierungsformular beigefügtes Verzeichnis der Abkürzungen und Codes). Sollten die Abfälle keine der im Basler Übereinkommen aufgeführten gefährlichen Eigenschaften haben, aber nach Anhang III der Richtlinie 2008/98/EG als gefährlich einzustufen sein, geben Sie bitte den/die HP-Code/s gemäß diesem Anhang III an und setzen Sie die Buchstaben „EU" hinter den HP-Code (Beispiel: HP14 EU).

h) *Unterposition ix:* Falls anwendbar, geben Sie bitte hier die UN-Klasse/n an, die Auskunft über die gefährlichen Eigenschaften des Abfalls nach der Klassifikation der Vereinten Nationen geben (siehe dem Notifizierungsformular beigefügtes Verzeichnis der Abkürzungen und Codes) und zur Einhaltung internationaler Bestimmungen für die Beförderung von gefährlichen Gütern notwendig sind (siehe United Nations Recommendations on the Transport of Dangerous Goods. Model Regulations (Empfehlungen der Vereinten Nationen über die Beförderung gefährlicher Güter, Musterregelungen), (Orange Book) neueste Ausgabe) (36).

i) *Unterpositionen x und xi:* Falls anwendbar, geben Sie bitte hier die entsprechende/n UN-Kennnummer/n und den/die UN-Versandnamen an. Diese Angaben ermöglichen die Identifizierung des Abfalls nach dem Klassifizierungssystem der Vereinten Nationen und sind für die Einhaltung internationaler Bestimmungen für die Beförderung von gefährlichen Gütern notwendig (siehe United Nations Recommendations on the Transport of Dangerous Goods. Model Regulations (Empfehlungen der Vereinten Nationen über die Beförderung gefährlicher Güter, Musterregelungen), (Orange Book) neueste Ausgabe).

j) *Unterposition xii:* Falls anwendbar, geben Sie bitte hier die Zollnummer/n an, die eine Identifizierung der Abfälle durch die Zollstellen gestattet/n (siehe Liste der Codes und Waren des „Harmonisierten Systems zur Bezeichnung und Codierung der Waren" der Weltzollorganisation).

26. **Feld 15** (siehe Anhang II Teil 1 Nummern 8—10 und 14): Geben Sie bitte in Feld 15 Zeile a den Namen der Versand-, Durchfuhr- und Empfängerstaaten (37) (38) an oder den Code für die einzelnen Länder unter Verwendung der Kürzel der ISO-Norm 3166. In Zeile b geben Sie bitte gegebenenfalls die Codenummer der jeweiligen zuständigen Behörde in den einzelnen Staaten und in Zeile c den Namen des Grenzübergangs oder Hafens und gegebenenfalls die Codenummer der Eingangszollstelle bei der Einreise in ein bestimmtes Land oder der Ausgangszollstelle bei der Ausreise aus einem bestimmten Land an. Zu Durchfuhrstaaten sind in Zeile c die entsprechenden Angaben zur Eingangs- und Ausgangsstelle zu machen. Sind mehr als drei Durchfuhrstaaten von einer bestimmten Verbringung betroffen, fügen Sie die entsprechenden Angaben als Anlage bei. Machen Sie bitte in einem Anhang Angaben zum vorgesehenen Transportweg zwischen den Eingangs- und Ausgangsorten und zu möglichen Alternativen, auch für den Fall unvorhergesehener Umstände.

27. **Feld 16** (siehe Anhang II Teil 1 Nummer 14): Tragen Sie hier bitte die verlangten Informationen zu Verbringungen in oder durch die Europäische Union bzw. aus der Europäischen Union ein.

28. **Feld 17** (siehe Anhang II Teil 1 Nummern 21—22 und 24—26): Der Notifizierende (beziehungsweise der als Notifizierender auftretende Händler oder Makler) hat jede Kopie des Notifizierungsformulars zu unterschreiben und zu datieren, bevor sie den zuständigen Behörden der betroffenen Länder vorgelegt werden. In einigen Drittstaaten kann die zuständige Behörde am Versandort das Formular unterzeichnen und datieren. Wenn der Notifizierende nicht mit dem Ersterzeuger identisch ist, hat dieser Erzeuger, der Neuerzeuger oder der Einsammler ebenfalls zu unterschreiben und zu datieren, sofern dies durchführbar ist. Zu beachten ist, dass dies in Fällen mit mehreren Erzeugern möglicherweise nicht durchführbar ist (wobei in nationalen Rechtsvorschriften vorgegeben sein kann, was als durchführbar gilt). Ist der Erzeuger nicht bekannt, sollte die Person, die im Besitz der Abfälle ist oder die Kontrolle über die Abfälle hat (Besitzer), unterschreiben. Mit dieser Erklärung sollte auch das Bestehen einer Versicherung für die Haftung bei Schäden gegenüber Dritten bestätigt werden. Einige Drittstaaten können verlangen, dass dem Notifizierungsformular der Nachweis einer Versicherung oder sonstiger Sicherheitsleistungen und ein Vertrag beigefügt sein muss.

29. **Feld 18:** Geben Sie bitte hier die Zahl der beigefügten Anhänge an, in denen zusätzliche Angaben zum Notifizierungsformular gemacht werden (39). Jeder Anhang ist mit einer Verweisung auf die Nummer des Notifizierungsformulars, auf das er sich bezieht, zu versehen. Diese Nummer steht in der rechten oberen Ecke von Feld 3.

30. **Feld 19:** Nach dem Basler Übereinkommen erfolgt diese Bestätigung durch die zuständige Behörde des Empfängerstaats (gegebenenfalls) und die zuständige/n Behörde/n des Durchfuhrstaats/der Durchfuhrstaaten. Gemäß OECD-Beschluss erfolgt die Bestätigung durch die zuständige Behörde des Empfängerstaats. Einige Drittstaaten können auf der Grundlage ihrer nationalen Rechtsvorschriften verlangen, dass auch die zuständige Behörde am Versandort eine solche Bestätigung erteilt.

31. **Felder 20 und 21:** In Feld 20 erteilen die zuständigen Behörden eines betroffenen Landes eine schriftliche Zustimmung. Das Basler Übereinkommen sieht in jedem Fall eine schriftliche Zustimmung vor (es sei denn, ein Staat hat beschlossen, auf eine vorherige schriftliche Zustimmung zu einer Durchfuhr zu verzichten, und hat die übrigen Vertragsparteien gemäß Artikel 6 Absatz 4 des Basler Übereinkommens unterrichtet), wie auch bestimmte Staaten in jedem Fall eine schriftliche Zustimmung verlangen (gemäß Artikel 9 Absatz 1 dieser Verordnung kann eine für die Durchfuhr zuständige Behörde eine stillschweigende Zustimmung erteilen). Demgegenüber wird im OECD-Beschluss keine schriftliche Zustimmung verlangt.

Tragen Sie bitte hier den Namen des Staates ein (oder den entsprechenden Code der ISO-Norm 3166). Wenn für die Verbringung bestimmte Auflagen gelten, sollte die betreffende zuständige Behörde das entsprechende Kästchen ankreuzen und die Auflagen in Feld 21 oder in einem Anhang zum Notifizierungsformular im Einzelnen aufführen. Wenn eine zuständige Behörde Einwände gegen die Verbringung erheben möchte, sollte sie dies durch den Eintrag des Vermerks „EINWAND" in Feld 20 tun. In Feld 21 oder in einem gesonderten Schreiben können dann die Gründe für den Einwand dargelegt werden.

V. Besondere Hinweise für das Ausfüllen des Begleitformulars

32. Bei Einreichung der Notifizierung hat der Notifizierende die Felder 3, 4 und 9—14 auszufüllen. Nach Erhalt der Zustimmungen der zuständigen Behörden am Versandort und am Bestimmungsort sowie der für die Durchfuhr zuständigen Behörde/n bzw. wenn im Falle der für die Durchfuhr zuständigen Behörde von deren stillschweigenden Zustimmung ausgegangen werden kann, und vor dem tatsächlichen Beginn der Verbringung hat der Notifizierende die Felder 2, 5—8 (mit Ausnahme der Angabe der Transportart, des Übergabedatums und der Unterschrift), 15 und gegebenenfalls 16 auszufüllen. In einigen Drittstaaten, die keine OECD-Mitgliedsländer sind, kann die zuständige Behörde am Versandort diese Felder anstelle des Notifizierenden ausfüllen. Zum Zeitpunkt der Übernahme der Lieferung hat das Transportunternehmen oder sein Vertreter in den Feldern 8 a bis 8 c und gegebenenfalls 16 die Transportart und das Übergabedatum einzutragen und zu unterschreiben. Wenn der Empfänger nicht der Beseitiger oder der Verwerter ist und wenn er für eine Abfallverbringung nach Eintreffen im Empfängerstaat die Verantwortung übernimmt, muss er Feld 17 und gegebenenfalls Feld 16 ausfüllen.

33. **Feld 1:** Die zuständige Behörde am Versandort trägt die Notifizierungsnummer ein (die von Feld 3 des Notifizierungsformulars übertragen wird).

34. **Feld 2** (siehe Anhang II Teil 2 Nummer 1): Bei einer Sammelnotifizierung für mehrmalige Verbringungen tragen Sie bitte hier die fortlaufende Nummer der Verbringung und die geplante Gesamtzahl der Verbringungen aus Feld 4 des Notifizierungsformulars ein (Beispiel: für die vierte von insgesamt elf im Rahmen der betreffenden Sammelnotifizierung geplanten Verbringungen ist „4/11" einzutragen). Bei einer Einzelnotifizierung tragen Sie bitte „1/1" ein.

35. **Felder 3 und 4:** Übertragen Sie bitte die Angaben zum Notifizierenden (40) und zum Empfänger aus den Feldern 1 und 2 des Notifizierungsformulars in diese Felder.

36. **Feld 5** (siehe Anhang II Teil 2 Nummer 6): Geben Sie bitte das tatsächliche Gewicht des Abfalls in Tonnen an (1 Tonne (t) entspricht 1 Megagramm (Mg) oder 1 000 kg). In einigen Drittstaaten können auch Mengenangaben in Kubikmetern (1 m3 entspricht 1 000 Liter) oder anderen metrischen Einheiten, wie Kilogramm oder Liter, akzeptiert werden. Wenn andere metrische Einheiten verwendet werden, kann die Maßeinheit angegeben und die im Formular vorgegebene Einheit durchgestrichen werden. Fügen Sie nach Möglichkeit Kopien von Wiegekarten bei.

37. **Feld 6** (siehe Anhang II Teil 2 Nummer 2): Geben Sie bitte hier das Datum des tatsächlichen Beginns der Verbringung an (beachten Sie auch die Anweisungen zu Feld 6 des Notifizierungsformulars.)

38. **Feld 7** (siehe Anhang II Teil 2 Nummern 7 und 8): Die Verpackungsarten sind unter Verwendung der Codes des dem Begleitformular beigefügten Verzeichnisses der Abkürzungen und Codes anzugeben. Wenn bei der Handhabung besondere Vorsichtsmaßnahmen zu treffen sind, wie sie beispielsweise in den für Arbeitnehmer bestimmten Anweisungen der Erzeuger

für die Handhabung vorgeschrieben sind, in Sicherheits- und Gesundheitsschutzinformationen, unter anderem Informationen über den Umgang mit ausgelaufenen/verschütteten Abfällen, und in Merkblättern mit Anweisungen für Unfälle bei der Beförderung („Tremcard"), kreuzen Sie bitte das entsprechende Kästchen an und fügen Sie die Informationen als Anlage bei. Geben Sie bitte auch die Anzahl der Frachtstücke an, aus denen die Lieferung besteht.

39. **Felder 8 a, b und c** (siehe Anhang II Teil 2 Nummern 3 und 4): Tragen Sie hier bitte die verlangten Informationen ein (Registriernummer nur falls anwendbar, Anschrift mit Angabe des Landes, Telefon- und Faxnummern mit Ländervorwahl). Wenn mehr als drei Transportunternehmen beteiligt sind, sollten die entsprechenden Angaben zu jedem einzelnen Transportunternehmen dem Begleitformular als Anlage beigefügt werden. Die Angaben zur Transportart und das Übergabedatum sollte das Transportunternehmen bzw. sein Vertreter, der die Lieferung übernimmt, machen und an dieser Stelle auch unterschreiben. Eine Kopie des unterschriebenen Begleitformulars verbleibt beim Notifizierenden. Bei jeder nachfolgenden Übergabe der Lieferung hat das neue Transportunternehmen oder sein Vertreter, das oder der die Lieferung übernimmt, dieselben Angaben zu machen und das Formular zu unterschreiben. Eine Kopie des unterschriebenen Formulars verbleibt bei dem jeweils vorherigen Transportunternehmen.

40. **Feld 9:** Tragen Sie bitte hier die Angaben aus Feld 9 des Notifizierungsformulars ein.

41. **Felder 10 und 11:** Tragen Sie bitte hier die Angaben aus den Feldern 10 und 11 des Notifizierungsformulars ein. Wenn der Beseitiger oder Verwerter identisch mit dem Empfänger ist, tragen Sie bitte in Feld 10 den Vermerk „siehe Angaben in Feld 4" ein. Falls es sich bei dem Beseitigungs- oder Verwertungsverfahren um ein in D13—D15, R12 oder R13 aufgeführtes Verfahren handelt (gemäß Anhang IIA oder IIB der Richtlinie 2006/12/EG über Abfälle), genügen die Angaben zur Anlage, in der dieses Verfahren angewandt wird, in Feld 10. Sonstige Angaben zu etwaigen nachfolgenden Anlagen, in denen in R12/R13 oder D13—D15 aufgeführte Verfahren angewandt werden, und zu der/den nachfolgenden Anlage/n, in der/denen das/die in D1—D12 oder R1—R11 aufgeführte/n Verfahren angewandt wird/werden, brauchen im Begleitformular nicht gemacht zu werden.

42. **Felder 12, 13 und 14:** Tragen Sie bitte hier die Angaben aus den Feldern 12, 13 und 14 des Notifizierungsformulars ein.

43. **Feld 15** (siehe Anhang II Teil 2 Nummer 9): Bei Beginn der Verbringung hat der Notifizierende (oder der als Notifizierender auftretende Händler oder Makler) das Begleitformular zu unterschreiben und zu datieren. In einigen Drittstaaten kann die zuständige Behörde am Versandort oder der Abfallerzeuger gemäß dem Basler Übereinkommen das Begleitformular unterschreiben und datieren. Gemäß Artikel 16 Buchstabe c dieser Verordnung sind Kopien des Notifizierungsformulars mit der schriftlichen Zustimmung, einschließlich etwaiger Auflagen, der betroffenen zuständigen Behörden dem Begleitformular beizufügen. Einige Drittstaaten können verlangen, dass Originale beigefügt werden.

44. **Feld 16** (siehe Anhang II Teil 2 Nummer 5): In diesem Feld kann jede an einer Verbringung beteiligte Person (der Notifizierende oder gegebenenfalls die zuständige Behörde am Versandort, der Empfänger, jede sonstige zuständige Behörde, das Transportunternehmen) Einträge in besonderen Fällen vornehmen, in denen die nationalen Rechtsvorschriften ausführlichere Angaben zu einer bestimmten Position vorschreiben (z. B. Angaben zu dem Hafen, in dem ein Wechsel des Verkehrsträgers erfolgt, zu der Anzahl der Container und ihren Kennnummern oder zusätzliche Nachweise oder Stempel, um kenntlich zu machen, dass die zuständigen Behörden der Verbringung zugestimmt haben). Geben Sie bitte die Beförderung (Ein- und Ausgangsorte aller betroffenen Staaten, einschließlich Eingangszollstelle und/oder

Ausgangszollstelle und/oder Ausfuhrzollstelle der Gemeinschaft) sowie den Transportweg (Transportweg zwischen den Eingangs- und Ausgangsorten), einschließlich möglicher Alternativen, auch für den Fall unvorhergesehener Umstände, in Feld 16 an oder fügen Sie eine Anlage mit diesen Angaben bei.

45. **Feld 17:** Dieses Feld hat der Empfänger auszufüllen, wenn er nicht mit dem Beseitiger oder Verwerter identisch ist (vgl. Nummer 15 dieser Anweisungen) und wenn er für den Abfall nach Eintreffen der Lieferung im Empfängerstaat Verantwortung übernimmt.

46. **Feld 18:** Dieses Feld hat der bevollmächtigte Vertreter der Beseitigungs- oder Verwertungsanlage bei Erhalt der Abfalllieferung auszufüllen. Kreuzen Sie bitte an, um welche Art der Anlage es sich handelt. In Bezug auf die in Empfang genommene Abfallmenge beachten Sie bitte die besonderen Hinweise für Feld 5 (Nummer 36 dieser Anweisungen). Das letzte Transportunternehmen erhält eine unterschriebene Kopie des Begleitformulars. Wird der Empfang der Lieferung aus irgendeinem Grund verweigert, muss der Vertreter der Beseitigungs- oder Verwertungsanlage unverzüglich die für ihn zuständigen Behörden informieren. Gemäß Artikel 16 Buchstabe d oder, falls anwendbar, Artikel 15 Buchstabe c dieser Verordnung und gemäß OECD-Beschluss sind dem Notifizierenden und den zuständigen Behörden in den betroffenen Ländern (mit Ausnahme der OECD-Durchfuhrstaaten, die das Sekretariat der OECD darüber informiert haben, dass sie keine Kopien des Begleitformulars übermittelt bekommen möchten) innerhalb von drei Tagen unterschriebene Kopien des Begleitformulars zu übermitteln. Das Original des Begleitformulars verbleibt bei der Beseitigungs- oder Verwertungsanlage.

47. Jede Anlage, die ein Beseitigungs- oder Verwertungsverfahren, auch ein in D13—D15, R12 oder R13 aufgeführtes Verfahren, anwendet, muss den Empfang der Abfalllieferung bestätigen. Eine Anlage, die ein in D13—D15 oder R12/R13 bzw. ein in D1—D12 oder R1—R11 aufgeführtes Verfahren im Anschluss an ein in D13—D15, R12 oder R13 aufgeführtes Verfahren im selben Land anwendet, braucht hingegen den Empfang der Lieferung von einer D13—D15-, R12- oder R-13-Anlage nicht zu bestätigen. In einem solchen Fall braucht der endgültige Empfang der Lieferung nicht in Feld 18 bestätigt zu werden. Geben Sie bitte die Art des Beseitigungs- oder Verwertungsverfahrens unter Verwendung der R- oder D-Codes der Anhänge IIA oder IIB der Richtlinie 2006/12/EG über Abfälle an sowie den ungefähren Termin, zu dem die Beseitigung oder Verwertung des Abfalls abgeschlossen sein wird.

48. **Feld 19:** Dieses Feld muss vom Beseitiger oder Verwerter zur Bescheinigung des Abschlusses der Beseitigung oder Verwertung des Abfalls ausgefüllt werden. Gemäß Artikel 16 Buchstabe e oder, falls anwendbar, Artikel 15 Buchstabe d dieser Verordnung und gemäß OECD-Beschluss sind dem Notifizierenden und den zuständigen Behörden am Versandort und am Bestimmungsort und der für die Durchfuhr zuständigen Behörde (gemäß OECD-Beschluss nicht erforderlich) so bald wie möglich, spätestens jedoch 30 Tage nach Abschluss der Verwertung oder Beseitigung und nicht später als 1 Kalenderjahr nach Erhalt der Abfälle, unterschriebene Kopien des Begleitformulars mit ausgefülltem Feld 19 zu übermitteln. Einige Drittstaaten, die nicht OECD-Mitgliedsländer sind, können nach dem Basler Übereinkommen verlangen, dass dem Notifizierenden und der zuständigen Behörde am Versandort unterschriebene Kopien des Formulars mit ausgefülltem Feld 19 übermittelt werden. Bei in D13—D15, R12 oder R13 aufgeführten Beseitigungs- oder Verwertungsverfahren genügen die Angaben zu der Anlage, die dieses Verfahren anwendet, in Feld 10, und sonstige Angaben zu etwaigen nachfolgenden Anlagen, die in R12/R13 oder D13—D15 aufgeführte Verfahren anwenden, und zu der/den nachfolgenden Anlage/n, die in D1—D12 oder R1—R11 aufgeführte Verfahren anwendet/anwenden, brauchen im Begleitformular nicht gemacht zu werden.

49. Die Beseitigung oder Verwertung von Abfällen muss von der Anlage, die ein Beseitigungs- oder Verwertungsverfahren, auch ein in D13—D15, R12 oder R13 aufgeführtes Verfahren anwendet, bescheinigt werden. Deshalb sollte eine Anlage, die ein in D13—D15 oder R12/R13 aufgeführtes Verfahren oder ein in D1—D12 oder R1—R11 aufgeführtes Verfahren im Anschluss an ein in D13—D15, R12- oder R13 aufgeführtes Verfahren im selben Land anwendet, Feld 19 nicht zur Bescheinigung der Verwertung oder Beseitigung des Abfalls verwenden, da dieses Feld bereits von der Anlage ausgefüllt worden sein muss, die das in D13—D15, R12 oder R13 aufgeführte Verfahren angewandt hat. Die Art und Weise der Bescheinigung der Beseitigung und Verwertung ist in diesem speziellen Fall von jedem Staat gesondert zu bestimmen.

50. **Felder 20, 21 und 22:** Die Felder sind den Zollstellen an den Grenzen der Gemeinschaft zu Kontrollzwecken vorbehalten.

ANHANG II
INFORMATIONEN UND UNTERLAGEN FÜR DIE NOTIFIZIERUNG

Teil 1
IM NOTIFIZIERUNGSFORMULAR ANZUGEBENDE ODER DIESEM BEIZUFÜGENDE INFORMATIONEN:

1. Fortlaufende Nummer oder andere anerkannte Identifizierung des Notifizierungsformulars und vorgesehene Gesamtzahl der Verbringungen;
2. Name, Anschrift, Telefonnummer, Faxnummer, E-Mail-Adresse, Registriernummer und Kontaktperson des Notifizierenden;
3. Wenn der Notifizierende nicht der Erzeuger ist: Name, Anschrift, Telefonnummer, Faxnummer, E-Mail-Adresse und Kontaktperson des Erzeugers;
4. Name, Anschrift, Telefonnummer, Faxnummer, E-Mail-Adresse und Kontaktperson des Händlers oder Maklers, falls dieser vom Notifizierenden gemäß Artikel 2 Nummer 15 ermächtigt wurde;
5. Name, Anschrift, Telefonnummer, Faxnummer, E-Mail-Adresse, Registriernummer, Kontaktperson, angewandte Technologien und gegebenenfalls Vorabzustimmung – gemäß Artikel 14 – der Verwertungs- oder Beseitigungsanlage.

Sind die Abfälle für eine vorläufige Verwertung oder Beseitigung bestimmt, so müssen ähnliche Informationen für alle Anlagen angegeben werden, in denen nachfolgende vorläufige und nicht vorläufige Beseitigungs- oder Verwertungsverfahren vorgesehen sind.

Ist die Beseitigungs- oder Verwertungsanlage in Anhang I Kategorie 5 der Richtlinie 96/61/EG aufgeführt, so ist eine gültige Genehmigung im Sinne der Artikel 4 und 5 der genannten Richtlinie nachzuweisen (z. B. durch eine Erklärung, mit der deren Bestehen bestätigt wird);

6. Name, Anschrift, Telefonnummer, Faxnummer, E-Mail-Adresse, Registriernummer und Kontaktperson des Empfängers;
7. Name, Anschrift, Telefonnummer, Faxnummer, E-Mail-Adresse, Registriernummer und Kontaktperson des bzw. der vorgesehenen Transportunternehmen und/oder von dessen/deren Beauftragten;
8. Versandstaat und betroffene zuständige Behörde;
9. Durchfuhrstaaten und betroffene zuständige Behörden;
10. Empfängerstaat und betroffene zuständige Behörde;
11. Einzelnotifizierung oder Sammelnotifizierung. Bei Sammelnotifizierung ist die Angabe der Gültigkeitsdauer erforderlich;
12. Vorgesehene(r) Zeitpunkt(e) für den Beginn der Verbringung(en);
13. Vorgesehene Transportart;
14. Vorgesehene Beförderung (Ein- und Ausgangsorte aller betroffenen Staaten, einschließlich der Eingangszollstelle und/oder Ausgangszollstelle und/oder Ausfuhrzollstelle der Gemeinschaft) sowie vorgesehener Transportweg (Transportweg zwischen den Ein- und Ausgangsorten), einschließlich möglicher Alternativen, auch für den Fall unvorhergesehener Umstände;
15. Nachweis der Registrierung des bzw. der Transportunternehmen(s) für Abfalltransporte (z. B. Erklärung, mit der deren Bestehen bestätigt wird);

16. Bezeichnung der Abfälle auf der entsprechenden Liste, Anfallorte, Beschreibung, Zusammensetzung und alle Gefahreneigenschaften. Bei Abfällen aus verschiedenen Quellen auch ein detailliertes Verzeichnis der Abfälle;
17. Geschätzte Höchst- und Mindestmengen;
18. Vorgesehene Verpackungsart;
19. Genaue Angabe des/der Verwertungs- oder Beseitigungsverfahren(s) gemäß Anhang IIA und II B der Richtlinie 2006/12/EG;
20. Wenn der Abfall zur Verwertung bestimmt ist:
    a) geplante Methode zur Beseitigung des nicht verwertbaren Anteils nach der Verwertung,
    b) Menge der verwerteten Stoffe im Verhältnis zum nicht verwertbaren Abfall,
    c) geschätzter Wert der verwerteten Stoffe,
    d) Kosten der Verwertung und der Beseitigung des nicht verwertbaren Anteils;
21. Nachweis einer Versicherung für die Haftung bei Schäden gegenüber Dritten (z. B. Erklärung, mit der deren Bestehen bestätigt wird);
22. Nachweis eines Vertrags (oder Erklärung, mit der dessen Bestehen bestätigt wird) zwischen dem Notifizierenden und dem Empfänger über die Verwertung oder Beseitigung des Abfalls, der gemäß Artikel 4 Absatz 2 Nummer 4 und Artikel 5 bei der Notifizierung geschlossen und wirksam ist;
23. Kopie des Vertrags oder Nachweis eines Vertrags (oder Erklärung, mit der dessen Bestehen bestätigt wird) zwischen dem Erzeuger, Neuerzeuger oder Einsammler und dem Makler oder Händler, falls der Makler oder Händler als Notifizierender auftritt;
24. Nachweis von Sicherheitsleistungen oder entsprechenden Versicherungen (oder Erklärung, mit der deren Bestehen bestätigt wird, sofern die zuständige Behörde dies gestattet), die gemäß Artikel 4 Absatz 2 Nummer 5 und Artikel 6 bei der Notifizierung, oder, falls die zuständige Behörde, die die Sicherheitsleistungen oder entsprechenden Versicherungen genehmigt, dies gestattet, spätestens bei Beginn der Verbringung hinterlegt bzw. abgeschlossen wurde und wirksam sind;
25. Erklärung des Notifizierenden, dass die Informationen nach seinem besten Wissen vollständig sind und der Wahrheit entsprechen;
26. Wenn der Notifizierende nicht der Erzeuger gemäß Artikel 2 Nummer 15 Buchstabe a Ziffer i ist, sorgt der Notifizierende dafür, dass auch der Erzeuger oder eine der in Artikel 2 Nummer 15 Buchstabe a Ziffern ii oder iii genannten Personen, sofern dies durchführbar ist, das Notifizierungsformular nach Anhang IA unterzeichnet.

Teil 2
IM BEGLEITFORMULAR ANZUGEBENDE ODER DIESEM BEIZUFÜGENDE INFORMATIONEN:

Es sind alle unter Teil 1 aufgeführten Informationen, die gemäß den nachstehenden Nummern zu aktualisieren sind, und die sonstigen zusätzlichen Informationen anzugeben.

1. Fortlaufende Nummer und Gesamtzahl der Verbringungen;
2. Datum des Beginns der Verbringung;

3. Transportart;
4. Name, Anschrift, Telefonnummer, Faxnummer, E-Mail-Adresse des bzw. der Transportunternehmen;
5. Beförderung (Ein- und Ausgangsorte aller betroffenen Staaten, einschließlich der Eingangszollstelle und/oder Ausgangszollstelle und/oder Ausfuhrzollstelle der Gemeinschaft) sowie Transportweg (Transportweg zwischen den Ein- und Ausgangsorten), einschließlich möglicher Alternativen, auch für den Fall unvorhergesehener Umstände;
6. Mengen;
7. Verpackungsart;
8. Sämtliche von dem bzw. den Transportunternehmen zu treffenden besonderen Vorsichtsmaßnahmen;
9. Erklärung des Notifizierenden, dass alle erforderlichen Zustimmungen von den zuständigen Behörden der betroffenen Staaten erhalten wurden. Diese Erklärung muss vom Notifizierenden unterzeichnet werden;
10. Entsprechende Unterschriften für jede Abfallübergabe.

Teil 3
ZUSÄTZLICHE INFORMATIONEN UND UNTERLAGEN, DIE VON DEN ZUSTÄNDIGEN BEHÖRDEN VERLANGT WERDEN KÖNNEN:

1. Art und Gültigkeitsdauer der Genehmigung der Verwertungs- oder Beseitigungsanlage;
2. Kopie der gemäß den Artikeln 4 und 5 der Richtlinie 96/61/EG erteilten Genehmigung;
3. Informationen über Maßnahmen, die zur Sicherstellung der Transportsicherheit erforderlich sind;
4. Transportentfernung(en) zwischen Notifizierendem und Anlage, einschließlich möglicher anderer Transportwege, auch für den Fall unvorhergesehener Umstände, und, beim Transport im kombinierten Verkehr, Angabe des Ortes, an dem die Umladung erfolgt;
5. Informationen über die Kosten des Transports vom Notifizierenden zur Anlage;
6. Kopie der Registrierung des bzw. der Transportunternehmen(s) für den Abfalltransport;
7. Chemische Analyse der Zusammensetzung des Abfalls;
8. Beschreibung des Prozesses der Abfallerzeugung;
9. Beschreibung des Behandlungsprozesses in der Anlage, die die Abfälle entgegennimmt;
10. Sicherheitsleistungen oder Versicherungen oder eine Kopie davon;
11. Informationen über die Berechnung der in Artikel 4 Absatz 2 Nummer 5 und Artikel 6 geforderten Sicherheitsleistungen oder entsprechenden Versicherungen;
12. Kopien der in Teil 1 Nummern 22 und 23 genannten Verträge;
13. Kopie der Versicherungspolice für die Haftung bei Schäden gegenüber Dritten;
14. Alle sonstigen Informationen, die für die Beurteilung der Notifizierung nach dieser Verordnung und den nationalen Rechtsvorschriften sachdienlich sind.

ANHANG III
LISTE DER ABFÄLLE, DIE DEN ALLGEMEINEN INFORMATIONSPFLICHTEN NACH ARTIKEL 18 UNTERLIEGEN („GRÜNE“ ABFALLLISTE)

Unabhängig davon, ob Abfälle in dieser Liste aufgeführt sind oder nicht, dürfen diese Abfälle nicht den allgemeinen Informationspflichten nach Artikel 18 unterliegen, wenn aufgrund der Kontaminierung durch andere Materialien

a) die Risiken im Zusammenhang mit den Abfällen so weit erhöht sind, dass unter Berücksichtigung der in Anhang III der Richtlinie 91/689/EWG genannten gefährlichen Eigenschaften die Anwendung des Verfahrens der schriftlichen Notifizierung und Zustimmung angemessen erscheint, oder

b) die umweltgerechte Verwertung der Abfälle verhindert wird.

Teil I

Folgende Abfälle unterliegen den allgemeinen Informationspflichten nach Artikel 18:

In Anlage IX des Basler Übereinkommens aufgeführte Abfälle[14].

Für die Zwecke dieser Verordnung gilt Folgendes:

a) In Anlage IX des Basler Übereinkommens enthaltene Verweisungen auf Liste A sind als Verweisungen auf Anhang IV dieser Verordnung zu verstehen.

b) Der in Eintrag B1020 des Basler Übereinkommens verwendete Begriff „in massiver, bearbeiteter Form“ umfasst alle metallischen nicht dispersiblen[15] Formen des darin aufgeführten Schrotts.

c) Der Teil des Eintrags B1100 des Basler Übereinkommens, der sich auf „Schlacken aus der Kupferproduktion“ usw. bezieht, gilt nicht; stattdessen gilt der OECD-Eintrag GB040 in Teil II.

d) Der Eintrag B1110 des Basler Übereinkommens gilt nicht; stattdessen gelten die OECD-Einträge GC010 und GC020 in Teil II.

e) Der Eintrag B2050 des Basler Übereinkommens gilt nicht; stattdessen gilt der OECD-Eintrag GG040 in Teil II.

f) Der in Eintrag B3010 des Basler Übereinkommens enthaltene Verweis auf fluorierte Polymerabfälle umfasst Polymere und Copolymere fluorierten Ethylens (PTFE).

g) Für innerhalb der Union verbrachte Abfälle gilt der Eintrag B3011 des Basler Übereinkommens nicht; stattdessen gilt folgender Eintrag:

EU3011 Kunststoffabfälle (siehe den entsprechenden Eintrag AC300 in Anhang IV Teil II und den entsprechenden Eintrag EU48 in Anhang IV Teil I):

nachstehend aufgeführte Kunststoffabfälle, sofern sie nahezu frei von Verunreinigungen und anderen Arten von Abfällen[16] sind:

14 Anlage IX des Basler Übereinkommens ist in Anhang V Teil I Liste B dieser Verordnung aufgeführt.

15 „Nicht dispersibel“ umfasst nicht Abfälle in Form von Pulver, Schlamm, Staub oder feste Materialien, die eingehüllte gefährliche Abfallanteile in flüssiger Form enthalten.

16 In Bezug auf den Begriff ‚nahezu frei von Verunreinigungen und anderen Arten von Abfällen‘ können internationale und nationale Spezifikationen als Anhaltspunkt dienen.

- Kunststoffabfälle, die nahezu ausschließlich[17] aus einem nicht halogenierten Polymer bestehen, einschließlich, aber nicht begrenzt auf folgende Polymere:
  - Polyethylen (PE)
  - Polypropylen (PP)
  - Polystyrol (PS)
  - Acrylnitril-Butadienstyrol (ABS)
  - Polyethylenterephthalat (PET)
  - Polycarbonate (PC)
  - Polyether
- Kunststoffabfälle, die nahezu ausschließlich[17] aus einem ausgehärteten Harz oder Kondensationsprodukt bestehen, einschließlich, aber nicht begrenzt auf folgende Harze:
  - Harnstoff-Formaldehyd-Harze
  - Phenol-Formaldehyd-Harze
  - Melamin-Formaldehyd-Harze
  - Epoxidharze
  - Alkydharze
- Kunststoffabfälle, die nahezu ausschließlich[17] aus einem der folgenden fluorierten Polymere bestehen[18]
  - Perfluorethylen/-propylen (FEP)
  - Perfluoralkoxyalkane:
    - Tetrafluorethylen/Perfluoralkylvinylether (PFA)
    - Tetrafluorethylen/Perfluormethylvinylether (MFA)
    - Polyvinylfluorid (PVF)
    - Polyvinylidenfluorid (PVDF)
    - Polytetrafluorethylen (PTFE)
  - Polyvinylchlorid (PVC).

[17] In Bezug auf den Begriff ‚nahezu ausschließlich' können internationale und nationale Spezifikationen als Anhaltspunkt dienen.

[18] Verbraucherabfälle sind ausgeschlossen.

Teil II

Folgende Abfälle unterliegen ebenfalls den allgemeinen Informationspflichten nach Artikel 18:

Metallhaltige Abfälle, die beim Gießen, Schmelzen und Raffinieren von Metallen anfallen

GB040	7112	Schlacken, aus der Behandlung von Edelmetallen und Kupfer, zur späteren Raffination
	262030	
	262090	

Sonstige metallhaltige Abfälle

GC010		Ausschließlich aus Metallen oder Legierungen bestehende elektrische Geräte und Bauteile
GC020		Elektronikschrott (z. B. gedruckte Schaltungen auf Platten, elektronische Bauteile, Draht usw.) und wieder verwertete elektronische Bauteile, die sich zur Rückgewinnung von unedlen und Edelmetallen eignen
GC030	ex 890800	Schiffe und andere schwimmende Vorrichtungen, zum Abwracken, ohne Ladung und andere aus dem Betreiben des Schiffes herrührende Stoffe, die als gefährlicher Stoff oder Abfall eingestuft sein könnten
GC050		Verbrauchte Katalysatoren aus dem katalytischen Kracken im Fließbett (z. B. Aluminiumoxid, Zeolithe)

Glasabfälle in nicht dispersibler Form

GE020	ex 7001	Glasfaserabfälle
	ex 701939	

Keramikabfälle in nicht dispersibler Form

GF010		Abfälle von keramischen Waren, die nach vorheriger Formgebung gebrannt wurden, einschließlich Keramikbehältnisse (vor und nach Verwendung)

Andere Abfälle aus vorwiegend anorganischen Bestandteilen, die Metalle und organische Stoffe enthalten können

GG030	ex 2621	Schwere Asche und Feuerungsschlacken aus Kohlekraftwerken
GG040	ex 2621	Flugasche aus Kohlekraftwerken

Beim Gerben, der Pelzfellverarbeitung und der Häute- und Fellbehandlung anfallende Abfälle

GN010	ex 050200	Abfälle von Borsten von Hausschweinen oder Wildschweinen, Dachshaaren und anderen Tierhaaren zur Herstellung von Besen, Bürsten und Pinseln
GN020	ex 050300	Rosshaarabfälle, auch in Lagen, mit oder ohne Unterlage
GN030	ex 050590	Abfälle von Vogelbälgen und anderen Vogelteilen, mit ihren Federn oder Daunen, Federn und Teilen von Federn (auch beschnitten), Daunen, roh oder nur gering gereinigt, desinfiziert oder zum Haltbarmachen behandelt

ANHANG IIIA
GEMISCHE AUS ZWEI ODER MEHR IN ANHANG III AUFGEFÜHRTEN ABFÄLLEN, DIE NICHT ALS EINZELEINTRAG EINGESTUFT SIND
(ARTIKEL 3 ABSATZ 2)

(hier nicht abgedruckt)

ANHANG IIIB
ABFÄLLE DER GRÜNEN LISTE, DIE ZUSÄTZLICH AUFGEFÜHRT WERDEN, BIS GEMÄSS ARTIKEL 58 ABSATZ 1 BUCHSTABE b ÜBER IHRE AUFNAHME IN DIE ENTSPRECHENDEN ANHÄNGE DES BASLER ÜBEREINKOMMENS ODER DES OECD-BESCHLUSSES ENTSCHIEDEN IST

ANHANG IV
LISTE VON ABFÄLLEN, DIE DEM VERFAHREN DER VORHERIGEN SCHRIFTLICHEN NOTIFIZIERUNG UND ZUSTIMMUNG UNTERLIEGEN („GELBE" ABFALLLISTE)

Teil I

Folgende Abfälle unterliegen dem Verfahren der vorherigen schriftlichen Notifizierung und Zustimmung:

In den Anlagen II und VIII des Basler Übereinkommens[19] aufgeführte Abfälle.

Für die Zwecke dieser Verordnung gilt Folgendes:

a) In Anlage VIII des Basler Übereinkommens enthaltene Verweisungen auf Liste B sind als Verweisungen auf Anhang III dieser Verordnung zu verstehen.

b) Im Eintrag A1010 des Basler Übereinkommens sind die Worte „ausgenommen der in Liste B (Anlage IX) ausdrücklich aufgeführten Abfälle" als Verweisung auf den Eintrag B1020 des Basler Übereinkommens und auf die Anmerkung zum Eintrag B1020 in Anhang III Teil I Buchstabe b dieser Verordnung zu verstehen.

c) Die Einträge A1180 und A2060 des Basler Übereinkommens gelten nicht; stattdessen gelten die OECD-Einträge GC010, GC020 und GG040 in Anhang III Teil II, sofern zutreffend.

d) Der Eintrag A4050 des Basler Übereinkommens umfasst auch verbrauchte Tiegelauskleidungen aus der Aluminiumschmelze, da diese anorganische Cyanide (Y33) enthalten. Wurden die Cyanide zerstört, so werden verbrauchte Tiegelauskleidungen dem Eintrag AB120 in Teil II zugeordnet, da sie anorganische Fluorverbindungen mit Ausnahme von Kalziumfluorid (Y32) enthalten.

e) Der Eintrag A3210 des Basler Übereinkommens gilt nicht; stattdessen gilt der Eintrag AC300 in Teil II.

f) Für innerhalb der Union verbrachte Abfälle gilt der Eintrag Y48 des Basler Übereinkommens nicht; stattdessen gilt folgender Eintrag:

EU48: Kunststoffabfälle, die nicht unter den Eintrag AC300 in Teil II oder den Eintrag EU3011 in Anhang III Teil I fallen, sowie Gemische aus Kunststoffabfällen, die nicht unter Anhang IIIA Nummer 4 fallen.

---

[19] Anlage VIII des Basler Übereinkommens ist in Anhang V Teil 1 Liste A dieser Verordnung aufgeführt. Anlage II des Basler Übereinkommens ist in Anhang V Teil 3 Liste A dieser Verordnung aufgeführt.

Teil II

Folgende Abfälle unterliegen ebenfalls dem Verfahren der vorherigen schriftlichen Notifizierung und Zustimmung:

Metallhaltige Abfälle

AA010	261900	Krätzen, Zunder und andere Abfälle aus der Eisen- und Stahlherstellung[20]
AA060	262050	vanadiumhaltige Aschen und Rückstände[17]
AA190	810420 ex 810430	brennbare und selbstentzündliche Abfälle und Schrott aus Magnesium oder solche, die bei Berührung mit Wasser gefährliche Mengen brennbarer Gase emittieren

Vorwiegend anorganische Stoffe enthaltende Abfälle, eventuell vermischt mit Metallen und organischen Stoffen

AB030		andere Abfälle als solche aus Systemen auf Cyanidbasis aus der Oberflächenbehandlung von Metallen
AB070		Gießereisand
AB120	ex 281290 ex 3824	anderweitig nicht aufgeführte oder eingeschlossene anorganische Halogenidverbindungen
AB130		Sandstrahlrückstände
AB150	ex 382490	nichtraffiniertes Calciumsulfit und Calciumsulfat aus der Rauchgasentschwefelung

Vorwiegend organische Stoffe enthaltende Abfälle, eventuell vermischt mit Metallen und anorganischen Stoffen

AC060	ex 381900	Hydraulikflüssigkeit
AC070	ex 381900	Bremsflüssigkeit
AC080	ex 382000	Frostschutzmittel
AC150		Fluorchlorkohlenwasserstoffe
AC160		Halone
AC170	ex 440310	Abfälle von behandeltem Kork und behandeltem Holz
AC250		Grenzflächenaktive Stoffe
AC260	ex 3101	Flüssiger Schweinemist; Fäkalien
AC270		Abwasserschlamm
AC300		Kunststoffabfälle, einschließlich Gemische solcher Abfälle, die in Anlage I genannte Bestandteile in solchen Mengen enthalten oder damit in einem solchen Ausmaß verunreinigt sind, dass sie eine der in Anlage III festgelegten Eigenschaften aufweisen (siehe den entsprechenden Eintrag EU3011 in Anhang III Teil I sowie den entsprechenden Eintrag EU48 in Teil I)

Abfälle, die sowohl anorganische als auch organische Stoffe enthalten können

AD090	ex 382490	anderweitig nicht aufgeführte oder eingeschlossene Abfälle aus der Herstellung, Zubereitung und Verwendung von reprografischen oder fotografischen Materialien
AD100		Abfälle aus Systemen auf anderer als Cyanidbasis, die bei der Oberflächenbehandlung von Kunststoffen anfallen

20 Diese Aufzählung umfasst Abfälle in Form von Asche, Rückstand, Schlacke, Krätze, Abschaum, Zunder, Staub, Schlamm und Kuchen, sofern diese anderweitig nicht ausdrücklich aufgeführt sind.

AD120	ex 391400 ex 3915	Ionenaustauschharze
AD150		als Filter verwendete, natürlich vorkommende organische Stoffe (z. B. Biofilter)

Vorwiegend anorganische Stoffe enthaltende Abfälle, eventuell vermischt mit Metallen und organischen Stoffen

RB020	ex 6815	Keramikfasern mit ähnlichen chemisch-physikalischen Eigenschaften wie Asbest

ANHANG IVA
IN ANHANG III AUFGEFÜHRTE ABFÄLLE, DIE DEM VERFAHREN DER VORHERIGEN SCHRIFTLICHEN NOTIFIZIERUNG UND ZUSTIMMUNG UNTERLIEGEN (ARTIKEL 3 ABSATZ 3)

(hier nicht abgedruckt)

ANHANG V
ABFÄLLE, FÜR DIE DAS AUSFUHRVERBOT DES ARTIKELS 36 GILT

Einleitende Bemerkungen

1. Dieser Anhang gilt unbeschadet der Richtlinie 91/689/EWG und der Richtlinie 2006/12/EG.

2. Dieser Anhang besteht aus drei Teilen, wobei die Teile 2 und 3 nur gelten, wenn Teil 1 keine Anwendung findet. Um festzustellen, ob ein bestimmter Abfall in diesem Anhang aufgeführt ist, muss daher zuerst geprüft werden, ob der Abfall in Teil 1 dieses Anhangs aufgeführt ist, wenn das nicht der Fall ist, ob er in Teil 2 aufgeführt ist, und wenn das nicht zutrifft, ob er in Teil 3 aufgeführt ist.

   Teil 1 ist in zwei Abschnitte unterteilt. Liste A führt Abfälle auf, die gemäß Artikel 1 Absatz 1 Buchstabe a des Basler Übereinkommens als gefährliche Abfälle eingestuft sind und daher unter das Ausfuhrverbot fallen; Liste B führt Abfälle auf, die nicht von Artikel 1 Absatz 1 Buchstabe a des Basler Übereinkommens erfasst werden und daher nicht unter das Ausfuhrverbot fallen.

   Ist ein Abfall in Teil 1 aufgeführt, so muss geprüft werden, ob er in Liste A oder B aufgeführt ist. Nur wenn ein Abfall weder in Liste A noch in Liste B von Teil 1 aufgeführt ist, muss geprüft werden, ob er entweder unter den gefährlichen Abfällen in Teil 2 (d. h. den mit einem Sternchen gekennzeichneten Abfälle) oder in Teil 3 aufgeführt ist; trifft das zu, fällt er unter das Ausfuhrverbot.

3. Abfälle, die in Teil 1 Liste B aufgeführt sind oder die zu den in Teil 2 aufgeführten nicht gefährlichen Abfällen gehören (d. h. die nicht mit einem Sternchen gekennzeichneten Abfälle), fallen unter das Ausfuhrverbot, wenn aufgrund der Kontaminierung durch andere Materialien

   a) die Risiken im Zusammenhang mit den Abfällen so weit erhöht sind, dass unter Berücksichtigung der in Anhang III der Richtlinie 91/689/EWG genannten gefährlichen Eigenschaften die Anwendung des Verfahrens der schriftlichen Notifizierung und Zustimmung angemessen erscheint, oder

   b) die umweltgerechte Verwertung der Abfälle verhindert wird.

Teil 1[21]

Liste A (Anlage VIII des Basler Übereinkommens)

A1 METALLE UND METALLHALTIGE ABFÄLLE

A1010 Metallabfälle und Abfälle von Legierungen mit einem der folgenden Elemente:

— Antimon

— Arsen

— Beryllium

— Cadmium

— Blei

— Quecksilber

— Selen

— Tellur

— Thallium

jedoch ausgenommen die in Liste B ausdrücklich aufgeführten Abfälle.

A1020 Abfälle, ausgenommen Metallabfälle in massiver Form, die als Bestandteile oder als Verunreinigungen Folgendes enthalten:

— Antimon; Antimonverbindungen

— Beryllium; Berylliumverbindungen

— Cadmium; Cadmiumverbindungen

— Blei; Bleiverbindungen

— Selen; Selenverbindungen

— Tellur; Tellurverbindungen

A1030 Abfälle, die als Bestandteile oder als Verunreinigungen Folgendes enthalten:

— Arsen; Arsenverbindungen

— Quecksilber; Quecksilberverbindungen

— Thallium; Thalliumverbindungen

A1040 Abfälle, die als Bestandteile Folgendes enthalten:

— Metallcarbonyle

— Chrom(VI)-Verbindungen

A1050 Galvanikschlämme

A1060 Beim Beizen von Metallen anfallende flüssige Abfälle

A1070 Laugungsrückstände aus der Zinkbearbeitung, Staub und Schlamm wie Jarosit, Hämatit usw.

A1080 Abfälle von in Liste B nicht aufgeführten Zinkrückständen, die Blei und Cadmium in solchen Konzentrationen enthalten, dass sie in Anlage III festgelegte Eigenschaften aufweisen

[21] Verweisungen in Liste A und Liste B auf die Anlagen I, III und IV sind als Verweisungen auf die Anlagen des Basler Übereinkommens zu verstehen.

A1090 Asche aus der Verbrennung von isoliertem Kupferdraht

A1100 Staub und Rückstände aus den Abgasreinigungsanlagen von Kupferschmelzöfen

A1110 Verbrauchte Elektrolytlösungen aus der elektrolytischen Gewinnung oder Reinigung von Kupfer

A1120 Schlammförmiger Abfall, ausgenommen Anodenschlamm, aus der elektrolytischen Gewinnung oder Reinigung von Kupfer

A1130 Gelöstes Kupfer enthaltende, verbrauchte Ätzlösungen

A1140 Abfälle von Kupfer(II)-chlorid- und Kupfercyanidkatalysatoren

A1150 Edelmetallasche aus der Verbrennung von Leiterplatten, soweit sie nicht in Liste B[22] aufgeführt sind

A1160 Abfälle von Bleiakkumulatoren, ganz oder zerkleinert

A1170 Abfälle von nicht sortierten Batterien, ausgenommen Gemische, die ausschließlich aus in Liste B aufgeführten Batterien bestehen. In Liste B nicht aufgeführte Batterien, die in Anlage I genannte Bestandteile in solchen Mengen enthalten, dass sie dadurch gefährlich werden

A1180 Abfälle oder Schrott von elektrischen und elektronischen Geräten[23], die Komponenten enthalten wie etwa Akkumulatoren und andere in Liste A aufgeführte Batterien, Quecksilberschalter, Glas von Kathodenstrahlröhren und sonstige beschichtete Gläser und PCB-haltige Kondensatoren oder die mit in Anlage I genannten Bestandteilen (z. B. Cadmium, Quecksilber, Blei, polychlorierte Biphenyle) in einem solchen Ausmaß verunreinigt sind, dass sie eine der in Anlage III festgelegten Eigenschaften aufweisen (siehe den diesbezüglichen Eintrag in Liste B, B1110)[24]

A1190 Altkabel, die mit Kunststoffen ummantelt oder isoliert sind, welche Kohlenteer, PCB[25], Blei, Cadmium, andere organische Halogenverbindungen oder andere in Anlage I genannte Bestandteile in solchen Mengen enthalten oder damit in einem solchen Ausmaß verunreinigt sind, dass sie in Anlage III festgelegte Eigenschaften aufweisen

A2 ABFÄLLE AUS VORWIEGEND ANORGANISCHEN BESTANDTEILEN, DIE METALLE ODER ORGANISCHE STOFFE ENTHALTEN KÖNNEN

A2010 Glasabfälle aus Kathodenstrahlröhren oder sonstigen beschichteten Gläsern

A2020 Abfälle von anorganischen — flüssigen oder schlammförmigen — Fluorverbindungen, jedoch mit Ausnahme der in Liste B aufgeführten Abfälle

A2030 Abfälle von Katalysatoren, jedoch mit Ausnahme der in Liste B aufgeführten Abfälle

A2040 Bei Verfahren der chemischen Industrie anfallende Gipsabfälle, wenn sie in Anlage I genannte Bestandteile in solchen Mengen enthalten, dass sie eine der in Anlage III festgelegten gefährlichen Eigenschaften aufweisen (siehe den diesbezüglichen Eintrag in Liste B, B2080)

A2050 Asbestabfälle (Staub und Fasern)

A2060 Flugasche aus kohlebefeuerten Kraftwerken, die in Anlage I genannte Stoffe in solchen Konzentrationen enthalten, dass sie eine der in Anlage III festgelegten Eigenschaften aufweisen (siehe den diesbezüglichen Eintrag in Liste B, B2050)

A3 ABFÄLLE AUS VORWIEGEND ORGANISCHEN BESTANDTEILEN, DIE METALLE ODER ANORGANISCHE STOFFE ENTHALTEN KÖNNEN

A3010 Abfälle aus der Herstellung oder Behandlung von Petrolkoks und Bitumen

---

[22] Es wird darauf hingewiesen, dass der Spiegeleintrag in Liste B (B1160) keine Ausnahme erwähnt.

[23] Dieser Eintrag umfasst nicht Schrott von Kraftwerkseinrichtungen.

[24] PCB mit einer Konzentration von $\geq$ 50 mg/kg.

[25] PCB mit einer Konzentration von $\geq$ 50 mg/kg.

A3020 Mineralölabfälle, die für ihren ursprünglichen Verwendungszweck nicht mehr geeignet sind

A3030 Abfälle, die Schlämme von verbleitem Antiklopfmittel enthalten, aus solchen bestehen oder mit solchen verunreinigt sind

A3040 Abfälle von (Wärmeübertragungs-)Heizflüssigkeiten

A3050 Abfälle aus der Herstellung, Zubereitung und Verwendung von Harzen, Latex, Weichmachern oder Leimen/Klebstoffen, mit Ausnahme der in Liste B aufgeführten Abfälle (siehe den diesbezüglichen Eintrag in Liste B, B4020)

A3060 Nitrocelluloseabfälle

A3070 Abfälle von Phenolen und Phenolverbindungen, einschließlich Chlorphenolen in Form von Flüssigkeiten oder Schlämmen

A3080 Etherabfälle, mit Ausnahme der in Liste B aufgeführten Abfälle

A3090 Abfälle aus Lederstaub, -asche, -schlamm und -mehl, die Chrom(VI)-Verbindungen oder Biozide enthalten (siehe den diesbezüglichen Eintrag in Liste B, B3100)

A3100 Schnitzel und sonstige Abfälle von Leder oder Lederverbunde, die zur Herstellung von Lederartikeln nicht geeignet sind und Chrom(VI)-Verbindungen oder Biozide enthalten (siehe den diesbezüglichen Eintrag in Liste B, B3090)

A3110 Abfälle aus der Pelzverarbeitung, die Chrom(VI)-Verbindungen, Biozide oder infektiöse Stoffe enthalten (siehe den diesbezüglichen Eintrag in Liste B, B3110)

A3120 FLUFF — Schredderleichtfraktion

A3130 Abfälle von phosphororganischen Verbindungen

A3140 Abfälle von nichthalogenierten organischen Lösungsmitteln, ausgenommen die in Liste B aufgeführten Abfälle

A3150 Abfälle von halogenierten organischen Lösungsmitteln

A3160 Abfälle von halogenierten und nichthalogenierten nichtwässrigen Destillationsrückständen aus der Rückgewinnung von organischen Lösungsmitteln

A3170 Abfälle aus der Herstellung von halogenierten aliphatischen Kohlenwasserstoffen (wie Chlormethan, Dichlorethan, Vinylchlorid, Vinylidenchlorid, Allylchlorid und Epichlorhydrin)

A3180 Abfälle, Stoffe und Zubereitungen, die polychlorierte Biphenyle (PCB), polychlorierte Terphenyle (PCT), polychlorierte Naphthaline (PCN), polybromierte Biphenyle (PBB) oder analoge polybromierte Verbindungen enthalten, aus solchen bestehen oder damit verunreinigt sind, und zwar in Konzentrationen von $\geq$ 50 mg/kg[26]

A3190 Bei Raffination, Destillation und pyrolytischer Behandlung von organischen Stoffen anfallende Teerabfälle (ausgenommen bituminöser Asphaltaufbruch)

A3200 Bituminöses teerhaltiges Material (Asphaltabfälle) aus Straßenbau und -erhaltung (siehe den diesbezüglichen Eintrag in Liste B, B2130)

A3210 Kunststoffabfälle, einschließlich Gemische solcher Abfälle, die in Anlage I genannte Bestandteile in solchen Mengen enthalten oder damit in einem solchen Ausmaß verunreinigt sind, dass sie eine der in Anlage III festgelegten Eigenschaften aufweisen (siehe den entsprechenden Eintrag B3011 in Liste B dieses Teils sowie den Eintrag Y48 in Teil 3 Liste A)

[26] Der Grenzwert von 50 mg/kg wird als ein für alle Abfälle international anwendbarer Wert betrachtet. Viele Länder haben für bestimmte Abfallarten jedoch einen niedrigeren Grenzwert eingeführt (z. B. 20 mg/kg).

A4 ABFÄLLE, DIE SOWOHL ANORGANISCHE ALS AUCH ORGANISCHE BESTANDTEILE ENTHALTEN KÖNNEN

A4010 Abfälle aus der Herstellung, Zubereitung und Verwendung von Arzneimitteln, mit Ausnahme der in Liste B aufgeführten Abfälle

A4020 Klinischer Abfall und ähnliche Abfälle, d.h. Abfälle, die bei ärztlicher Behandlung, Krankenpflege, Zahnbehandlung, tierärztlicher und ähnlicher Behandlung oder in Krankenhäusern oder sonstigen Anlagen bei der Untersuchung oder Behandlung von Patienten oder im Rahmen von Forschungsvorhaben anfallen

A4030 Abfälle aus der Herstellung, Zubereitung und Verwendung von Bioziden und Pflanzenschutzmitteln, einschließlich Abfällen von Pestiziden und Herbiziden, die den Spezifikationen nicht genügen, deren Verfallsdatum überschritten[27] ist oder die für den ursprünglich vorgesehenen Zweck nicht geeignet sind

A4040 Abfälle aus der Herstellung, Zubereitung und Verwendung chemischer Holzschutzmittel[28]

A4050 Abfälle, die aus folgenden Stoffen bestehen, solche enthalten oder damit verunreinigt sind:

— anorganische Cyanide mit Ausnahme von festen, Edelmetalle enthaltenden Rückständen mit Spuren anorganischer Cyanide

— organische Cyanide

A4060 Abfälle von Öl/Wasser- und Kohlenwasserstoff/Wassergemischen und -emulsionen

A4070 Abfälle aus der Herstellung, Zubereitung und Verwendung von Tinten, Farbstoffen, Pigmenten, Farben, Lacken und Firnissen, ausgenommen die in Liste B aufgeführten Abfälle (siehe den diesbezüglichen Eintrag in Liste B, B4010)

A4080 Abfälle explosiver Art (ausgenommen die in Liste B aufgeführten Abfälle)

A4090 Säure- oder Laugenabfälle, ausgenommen die in dem entsprechenden Eintrag in Liste B aufgeführten (siehe den diesbezüglichen Eintrag in Liste B, B2120)

A4100 Abfälle aus industriellen Abgasreinigungsanlagen, ausgenommen die in Liste B aufgeführten Abfälle

A4110 Abfälle, die folgende Stoffe enthalten, aus solchen bestehen oder damit verunreinigt sind:

— alle Isomere von polychlorierten Dibenzofuranen

— alle Isomere von polychlorierten Dibenzo-p-Dioxinen

A4120 Abfälle, die aus Peroxiden bestehen, solche enthalten oder damit verunreinigt sind

A4130 Verpackungsabfall und Behälter, die in Anlage I genannte Stoffe in solchen Konzentrationen enthalten, dass sie eine der in Anlage III festgelegten Gefahreneigenschaften aufweisen

A4140 Abfälle, die aus Chemikalien bestehen, welche ihren Spezifikationen nicht entsprechen oder deren Verfallsdatum überschritten[29] ist und welche den Gruppen in Anlage I entsprechen sowie eine der in Anlage III festgelegten Gefahreneigenschaften aufweisen, oder die mit solchen Chemikalien verunreinigt sind

A4150 Chemikalienabfälle, die bei Forschungs-, Entwicklungs- oder Lehrtätigkeiten anfallen und nicht identifiziert sind und/oder neu sind und deren Auswirkungen auf die menschliche Gesundheit und/oder Umwelt unbekannt sind

[27] „Verfallsdatum überschritten" bedeutet, dass sie binnen der vom Hersteller empfohlenen Frist nicht verwendet wurden.

[28] Dieser Eintrag schließt mit chemischen Holzschutzmitteln behandeltes Holz nicht ein.

[29] „Verfallsdatum überschritten" bedeutet, dass sie binnen der vom Hersteller empfohlenen Frist nicht verwendet wurden.

A4160 In Liste B nicht aufgeführte gebrauchte Aktivkohle (siehe den diesbezüglichen Eintrag in Liste B, B2060)

Liste B (Anlage IX des Basler Übereinkommens)

B1 METALLE UND METALLHALTIGE ABFÄLLE

B1010 Abfälle aus Metallen und Metalllegierungen in metallischer nichtdisperser Form:

— Edelmetalle (Gold, Silber, Platingruppe, jedoch nicht Quecksilber)

— Eisen- und Stahlschrott

— Kupferschrott

— Nickelschrott

— Aluminiumschrott

— Zinkschrott

— Zinnschrott

— Wolframschrott

— Molybdänschrott

— Tantalschrott

— Magnesiumschrott

— Kobaltschrott

— Bismutschrott

— Titanschrott

— Zirconiumschrott

— Manganschrott

— Germaniumschrott

— Vanadiumschrott

— Hafnium-, Indium-, Niob-, Rhenium- und Galliumschrott

— Thoriumschrott

— Schrott von Seltenerdmetallen

— Chromschrott

B1020 Reiner, nichtkontaminierter Metallschrott, einschließlich Legierungen in massiver, bearbeiteter Form (Bleche, Grobblech, Träger, Stäbe usw.):

— Antimonschrott

— Berylliumschrott

— Cadmiumschrott

— Bleischrott (ausgenommen Bleiakkumulatoren)

— Selenschrott

— Tellurschrott

B1030 Refraktärmetallhaltige Rückstände (hochschmelzende Metalle)

B1031 Abfälle aus Molybdän-, Wolfram-, Titan-, Tantal-, Niob- und Rheniummetallen und ihren Legierungen (Metallpulver) in metallischer disperser Form, ausgenommen die in Liste A in Eintrag A1050 aufgeführten Abfälle, Galvanikschlämme

B1040 Verschrottete Kraftwerkseinrichtungen, soweit sie nicht in einem solchen Ausmaß mit Schmieröl, PCB oder PCT verunreinigt sind, dass sie dadurch gefährlich werden

B1050 Gemischte Nicht-Eisenmetalle, Schwerfraktion (Schredderschrott), die keine der in Anlage I genannten Stoffe in solchen Konzentrationen enthalten, dass sie eine der in Anlage III festgelegten Eigenschaften[30] aufweisen

B1060 Selen- und Tellurabfälle in elementarer metallischer Form einschließlich Pulver

B1070 Disperse Kupfer- und Kupferlegierungsabfälle, die keine der in Anlage I genannten Bestandteile in solchen Mengen enthalten, dass sie eine der in Anlage III festgelegten Eigenschaften aufweisen

B1080 Zinkaschen und -rückstände, einschließlich Rückständen von Zinklegierungen in disperser Form, sofern sie nicht in Anlage I genannte Bestandteile in solchen Konzentrationen enthalten, dass sie eine der in Anlage III festgelegten Eigenschaften aufweisen[31]

B1090 Einer Spezifikation entsprechende Batterieabfälle, ausgenommen Blei-, Cadmium- und Quecksilber-Batterien

B1100 Beim Schmelzen und Raffinieren von Metallen anfallende metallhaltige Abfälle:

- Hartzinkabfälle
- zinkhaltige Oberflächenschlacke:
  - Oberflächenschlacke aus dem Badverzinken (> 90 % Zn)
  - Bodenschlacke aus dem Badverzinken (> 92 % Zn)
  - Zinkrückstände aus dem Druckguss (> 85 % Zn)
  - Zinkrückstände aus dem Feuerverzinken (in der Masse) (> 92 % Zn)
  - Zinkkrätze
- Alukrätze (oder Abschöpfungen), ausgenommen Salzschlacke
- zur Weiterverarbeitung oder Raffination bestimmte Schlacken aus der Kupferproduktion, die weder Arsen noch Blei noch Cadmium in solchen Mengen enthalten, dass sie eine der in Anlage III festgelegten Gefahreneigenschaften aufweisen
- Abfälle von feuerfesten Auskleidungen, einschließlich Schmelztiegeln aus der Verhüttung von Kupfer
- zur Raffination bestimmte Schlacken aus der Edelmetallproduktion
- tantalhaltige Zinnschlacken mit einem Zinngehalt von weniger als 0,5 %

B1110 Elektrische und elektronische Geräte

- nur aus Metallen oder Legierungen bestehende elektronische Geräte

[30] Es wird darauf hingewiesen, dass selbst im Falle niedriger anfänglicher Verunreinigung mit in Anlage I genannten Stoffen spätere Prozesse einschließlich der Verwertung solcher Abfälle dazu führen können, dass einzelne Fraktionen signifikant erhöhte Konzentrationen solcher Stoffe enthalten.

[31] Der Status von Zinkasche wird zurzeit überprüft; die Konferenz der Vereinten Nationen für Handel und Entwicklung (UNCTAD) empfiehlt, Zinkaschen nicht als gefährlich einzustufen.

— Abfälle oder Schrott[32] von elektrischen und elektronischen Geräten (einschließlich Leiterplatten), soweit sie keine Komponenten wie etwa Akkumulatoren oder andere in Liste A enthaltene Batterien, Quecksilberschalter, Glas aus Kathodenstrahlröhren, sonstiges beschichtetes Glas oder PCB-haltige Kondensatoren enthalten oder die nicht durch in Anlage I genannte Bestandteile (z. B. Cadmium, Quecksilber, Blei, PCB) verunreinigt sind oder von solchen Bestandteilen oder Verunreinigungen soweit befreit wurden, dass sie keine der in Anlage III festgelegten Eigenschaften aufweisen (siehe den diesbezüglichen Eintrag in Liste A, A1180)

— zur unmittelbaren Wiederverwendung[33], jedoch nicht zur Verwertung oder Beseitigung[34] bestimmte elektrische und elektronische Geräte (einschließlich Leiterplatten, elektronische Bauteile und Leitungsdraht)

B1115 Altkabel, die mit Kunststoffen ummantelt oder isoliert und nicht in Liste A1190 aufgeführt sind, unter Ausschluss solcher, die für Verfahren nach Anlage IV Abschnitt A oder andere Entsorgungsverfahren bestimmt sind, die in einem beliebigen Verfahrensschritt unkontrollierte thermische Prozesse wie offene Verbrennung einschließen

B1120 Verbrauchte Katalysatoren, ausgenommen die als Katalysatoren verwendeten Flüssigkeiten, die Folgendes enthalten:

— Übergangsmetalle, ausgenommen Katalysatorabfälle (verbrauchte Katalysatoren, gebrauchte flüssige oder sonstige Katalysatoren) der Liste A:	Scandium	Titan
	Vanadium	Chrom
	Mangan	Eisen
	Kobalt	Nickel
	Kupfer	Zink
	Yttrium	Zirconium
	Niob	Molybdän
	Hafnium	Tantal
	Wolfram	Rhenium
— Lanthanoide (Seltenerdmetalle):	Lanthan	Cer
	Praseodym	Neodym
	Samarium	Europium
	Gadolinium	Terbium
	Dysprosium	Holmium
	Erbium	Thulium
	Ytterbium	Lutetium

B1130 Gereinigte, verbrauchte edelmetallhaltige Katalysatoren

B1140 Feste Edelmetallrückstände, die Spuren von anorganischen Cyaniden enthalten

B1150 Abfälle von Edelmetallen (Gold, Silber, Platingruppe, jedoch nicht Quecksilber) und ihren Legierungen, in disperser, nichtflüssiger Form mit geeigneter Verpackung und Kennzeichnung

B1160 Edelmetallhaltige Asche aus der Verbrennung von Leiterplatten (siehe den diesbezüglichen Eintrag in Liste A, A1150)

B1170 Edelmetallhaltige Asche aus der Verbrennung von fotografischen Filmen

B1180 Abfälle von fotografischen Filmen, die Silberhalogenide oder Silber in metallischer Form enthalten

B1190 Fotopapierabfälle, die Silberhalogenide oder Silber in metallischer Form enthalten

---

[32] Dieser Eintrag erstreckt sich nicht auf Kraftwerkschrott.

[33] Die Wiederverwendung kann die Reparatur, Erneuerung oder Aufrüstung umfassen, jedoch nicht größeren Zusammenbau.

[34] In einigen Ländern werden die zur unmittelbaren Wiederverwendung bestimmten Gegenstände nicht als Abfälle eingestuft.

B1200 Granulierte Schlacke aus der Eisen- und Stahlherstellung

B1210 Schlacke aus der Eisen- und Stahlherstellung, einschließlich solcher, die zur Herstellung von TiO_2 und Vanadium verwendet wird

B1220 Chemisch stabilisierte Schlacke aus der Zinkherstellung mit hohem Eisengehalt (über 20 %), nach Industriespezifikation behandelt (z. B. DIN 4301), hauptsächlich zur Verwendung im Baugewerbe

B1230 Walzzunder aus der Eisen- und Stahlherstellung

B1240 Kupferoxid-Walzzunder

B1250 Altkraftfahrzeuge, die weder Flüssigkeiten noch andere gefährliche Komponenten enthalten

B2 ABFÄLLE AUS VORWIEGEND ANORGANISCHEN BESTANDTEILEN, DIE METALLE ODER ORGANISCHE STOFFE ENTHALTEN KÖNNEN

B2010 Abfälle aus dem Bergbau in nichtdisperser Form:

— Abfälle von natürlichem Grafit

— Abfälle von Tonschiefer, auch grob behauen oder durch Sägen oder auf andere Weise zerteilt

— Glimmerabfall

— Abfälle aus Leuzit, Nephelin und Nephelinsyenit

— Feldspatabfälle

— Flussspatabfälle

— feste Siliciumdioxidabfälle mit Ausnahme solcher, die in Gießereien verwendet werden

B2020 Glasabfälle in nichtdisperser Form

— Bruchglas und andere Abfälle und Scherben, ausgenommen Glas von Kathodenstrahlröhren und anderen beschichteten Gläsern

B2030 Keramikabfälle in nichtdisperser Form

— Abfälle und Scherben von Cermets (Metallkeramik-Verbundwerkstoffe)

— unter keiner anderen Position aufgeführte oder enthaltene Keramikfasern

B2040 Andere Abfälle aus vorwiegend anorganischen Bestandteilen

— teilweise gereinigtes Calciumsulfat aus der Rauchgasentschwefelung

— beim Abbruch von Gebäuden anfallende Gipskartonabfälle

— chemisch stabilisierte Schlacke mit hohem Eisengehalt (über 20 %) aus der Kupferherstellung, nach Industriespezifikation behandelt (z. B. DIN 4301 und DIN 8201), vor allem zur Verwendung als Baustoff und Schleifmittel+

— fester Schwefel

— Calciumcarbonat aus der Herstellung von Calciumcyanamid ($pH < 9$)

— Natrium-, Kalium- und Calciumchloride

— Carborundum (Siliciumcarbid)

— Betonbruchstücke

— Lithium-Tantal-Glasschrott und Lithium-Niob-Glasschrott

B2050 Nicht in Liste A aufgeführte Flugasche aus kohlebefeuerten Kraftwerken (siehe den diesbezüglichen Eintrag in Liste A, A2060)

B2060 Verbrauchte Aktivkohle, die keine der in Anlage I genannten Bestandteile in solchen Mengen enthält, dass sie eine der in Anlage III festgelegten Eigenschaften aufweisen, zum Beispiel Aktivkohle aus der Trinkwasserbehandlung, Lebensmittelverarbeitung und Vitaminherstellung (siehe den diesbezüglichen Eintrag in Liste A, A4160)

B2070 Calciumfluoridschlamm

B2080 In Liste A nicht enthaltene, in der chemischen Industrie anfallende Gipsabfälle (siehe den diesbezüglichen Eintrag in Liste A, A2040)

B2090 Verbrauchte Anoden aus Petrolkoks oder Bitumen aus der Stahl- oder Aluminiumherstellung, nach üblichen Industriespezifikationen gereinigt (ausgenommen Anoden aus der Chloralkalielektrolyse und der metallurgischen Industrie)

B2100 Abfälle aus Aluminiumhydraten, Aluminiumoxid und Rückständen aus der Aluminiumoxidherstellung, ausgenommen Stoffe, die zur Gasreinigung oder zu Flockungs- und Filtrierprozessen verwendet wurden

B2110 Bauxitrückstände (Rotschlamm) (nach Einstellung auf $pH < 11,5$)

B2120 Nicht korrosive oder sonstwie gefährliche Säure- oder Laugenabfälle mit einem $pH > 2$ und $< 11,5$ (siehe den diesbezüglichen Eintrag in Liste A, A4090)

B2130 Bituminöses teerfreies[35] Material (Asphaltabfälle) aus Straßenbau und -erhaltung (siehe den diesbezüglichen Eintrag in Liste A, A3200)

B3 ABFÄLLE AUS VORWIEGEND ORGANISCHEN BESTANDTEILEN, DIE METALLE ODER ANORGANISCHE STOFFE ENTHALTEN KÖNNEN

B3011 Kunststoffabfälle (siehe den entsprechenden Eintrag A3210 in Liste A dieses Teils sowie den Eintrag Y48 in Teil 3 Liste A)

- Nachstehend aufgeführte Kunststoffabfälle, sofern sie zum umweltgerechten Recycling[36] bestimmt und nahezu frei von Verunreinigungen und anderen Arten von Abfällen[37] sind:
- Kunststoffabfälle, die nahezu ausschließlichKunststoffabfälle, die nahezu ausschließlich[38] aus einem nicht halogenierten Polymer bestehen, einschließlich, aber nicht begrenzt auf folgende Polymere:
  - Polyethylen (PE)
  - Polypropylen (PP)
  - Polystyrol (PS)
  - Acrylnitril-Butadienstyrol (ABS)
  - Polyethylenterephthalat (PET)
  - Polycarbonate (PC)
  - Polyether

[35] Die Konzentration von Benzo[a]pyren sollte weniger als 50 mg/kg betragen.

[36] Verwertung/Rückgewinnung organischer Stoffe, die nicht als Lösungsmittel verwendet werden (R3 in Anlage IV Abschnitt B) oder erforderlichenfalls vorübergehende, einmalige Lagerung, sofern sich das Verfahren R3 an sie anschließt und dies durch vertragliche oder einschlägige amtliche Unterlagen nachgewiesen wird.

[37] In Bezug auf den Begriff ‚nahezu frei von Verunreinigungen und anderen Arten von Abfällen' können internationale und nationale Spezifikationen als Bezugspunkt dienen.

[38] In Bezug auf den Begriff ‚nahezu ausschließlich' können internationale und nationale Spezifikationen als Bezugspunkt dienen.

— Kunststoffabfälle, die nahezu ausschließlich[38] aus einem ausgehärteten Harz oder Kondensationsprodukt bestehen, einschließlich, aber nicht begrenzt auf folgende Harze:

  — Harnstoff-Formaldehyd-Harze

  — Phenol-Formaldehyd-Harze

  — Melamin-Formaldehyd-Harze

  — Epoxidharze

  — Alkydharze

— Kunststoffabfälle, die nahezu ausschließlich[38] aus einem der folgenden fluorierten Polymere bestehen:[39]

  — Perfluorethylen/-propylen (FEP)

  — Perfluoralkoxyalkane:

    — Tetrafluorethylen/Perfluoralkylvinylether (PFA)

    — Tetrafluorethylen/Perfluormethylvinylether (MFA)

  — Polyvinylfluorid (PVF)

  — Polyvinylidenfluorid (PVDF)

  — Gemische aus Kunststoffabfällen, die aus Polyethylen (PE), Polypropylen (PP) und/oder Polyethylenterephthalat (PET) bestehen, sofern sie zum getrennten und umweltgerechten Recycling[40] jedes Materials bestimmt und nahezu frei von Verunreinigungen und anderen Arten von Abfällen[37] sind.

B3020 Abfälle aus Papier, Pappe (Karton) und Papierwaren

Folgende Stoffe, sofern sie nicht mit gefährlichen Abfällen vermischt sind:

Abfälle und Ausschuss von Papier und Pappe:

— ungebleichtes Papier und Wellpapier und ungebleichte Pappe und Wellpappe

— hauptsächlich aus gebleichter, nicht in der Masse gefärbter Holzcellulose bestehendes anderes Papier und daraus bestehende andere Pappe

— hauptsächlich aus mechanischen Halbstoffen bestehendes Papier und daraus bestehende Pappe (beispielsweise Zeitungen, Zeitschriften und ähnliche Drucksachen)

— andere, einschließlich, aber nicht begrenzt auf:

  1. geklebte/laminierte Pappe (Karton)

  2. nicht sortierter Ausschuss

B3030 Textilabfälle

Folgende nach einer Spezifikation aufbereitete Stoffe, sofern sie nicht mit anderen Abfällen vermischt sind:

— Seidenabfälle (einschließlich nicht abhaspelbare Kokons, Garnabfälle und Reißspinnstoff)

---

39 Verbraucherabfälle sind ausgeschlossen.

40 Verwertung/Rückgewinnung organischer Stoffe, die nicht als Lösungsmittel verwendet werden (R3 in Anlage IV Abschnitt B) mit vorheriger Sortierung und erforderlichenfalls vorübergehender, einmaliger Lagerung, sofern sich das Verfahren R3 an sie anschließt und dies durch vertragliche oder einschlägige amtliche Unterlagen nachgewiesen wird.

— weder gekrempelt noch gekämmt

— andere

— Abfälle von Wolle oder feinen oder groben Tierhaaren, einschließlich Garnabfälle, jedoch ausschließlich Reißspinnstoff

— Kämmlinge von Wolle oder feinen Tierhaaren

— andere Abfälle von Wolle oder feinen Tierhaaren

— Abfälle von groben Tierhaaren

— Abfälle von Baumwolle (einschließlich Garnabfälle und Reißspinnstoff)

— Garnabfälle

— Reißspinnstoff

— andere

— Flachswerg und -abfälle

— Werg und Abfälle (einschließlich Garnabfälle und Reißspinnstoff) von Hanf (*Cannabis sativa L.*)

— Werg und Abfälle (einschließlich Garnabfälle und Reißspinnstoff) von Jute und anderen Basttextilfasern (ausschließlich Flachs, Hanf und Ramie)

— Werg und Abfälle (einschließlich Garnabfälle und Reißspinnstoff) von Sisal und anderen Agavetextilfasern

— Werg, Kämmlinge und Abfälle (einschließlich Garnabfälle und Reißspinnstoff) von Kokos

— Werg, Kämmlinge und Abfälle (einschließlich Garnabfälle und Reißspinnstoff) von Abaca (Manilahanf oder *Musa textilis Nee*)

— Werg, Kämmlinge und Abfälle (einschließlich Garnabfälle und Reißspinnstoff) von Ramie und anderen Pflanzentextilfasern, die anderweitig weder genannt noch inbegriffen sind

— Abfälle von Chemiefasern (einschließlich Kämmlinge, Garnabfälle und Reißspinnstoff)

— aus synthetischen Chemiefasern

— aus künstlichen Chemiefasern

— Altwaren

— Lumpen, Zwirnabfälle, Bindfäden, Taue und Kabel sowie Textilwaren daraus

— sortiert

— andere

B3035 Teppichboden- und Teppichabfälle

B3040 Gummiabfälle

Folgende Stoffe, sofern sie nicht mit anderen Abfällen vermischt sind:

— Abfälle und Schnitzel von Hartgummi (z. B. Ebonit)

— andere Gummiabfälle (sofern nicht unter einer anderen Position aufgeführt)

B3050 Abfälle aus nicht behandeltem Kork und Holz

— Sägespäne und Holzabfälle, auch zu Pellets, Briketts, Scheiten oder ähnlichen Formen verpresst

— Korkabfälle: Korkschott, Korkmehl und Korkplatten

B3060 Abfälle aus der Agro- und Nahrungsmittelindustrie, sofern nicht infektiös:

- Weintrub
- getrocknete und sterilisierte pflanzliche Abfälle, Rückstände und Nebenerzeugnisse, auch Pellets oder Viehfutter, sofern nicht unter einer anderen Position aufgeführt oder enthalten
- Degras: Rückstände aus der Verarbeitung von Fettstoffen oder tierischen oder pflanzlichen Wachsen
- Abfälle aus Knochen und Hornteilen, unverarbeitet, entfettet, nur zubereitet, jedoch nicht zugeschnitten, mit Säure behandelt oder entgelatiniert
- Fischabfälle
- Kakaoschalen, Kakaohäutchen und anderer Kakaoabfall
- andere Abfälle aus der Agro- und Nahrungsmittelindustrie, ausgenommen Nebenerzeugnisse, die den für menschliche und tierische Ernährung geltenden nationalen bzw. internationalen Auflagen und Normen genügen

B3065 Altspeisefette und -öle tierischen oder pflanzlichen Ursprungs (z. B. Frittieröle), sofern sie keine der in Anlage III festgelegten Eigenschaften aufweisen

B3070 Folgende Abfälle:

- Abfälle von Menschenhaar
- Strohabfälle
- bei der Herstellung von Penicillin anfallendes und zur Tierfütterung bestimmtes, inaktiviertes Pilzmyzel

B3080 Bruch und Schnitzel von Gummiabfällen

B3090 Schnitzel und sonstige Abfälle von Leder oder Verbundleder, ausgenommen Lederschlamm, die sich zur Herstellung von Lederartikeln nicht eignen und keine Chrom(VI)-Verbindungen oder Biozide enthalten (siehe den diesbezüglichen Eintrag in Liste A, A3100)

B3100 Lederstaub, -asche, -schlämme oder -mehl, die keine Chrom(VI)-Verbindungen oder Biozide enthalten (siehe den diesbezüglichen Eintrag in Liste A, A3090)

B3110 Abfälle aus der Pelzverarbeitung, die keine Chrom(VI)-Verbindungen, Biozide oder infektiösen Stoffe enthalten (siehe den diesbezüglichen Eintrag in Liste A, A3110)

B3120 Abfälle von Lebensmittelfarben

B3130 Abfälle von polymerisierten Ethern und nicht gefährlichen Monomerethern, die keine Peroxide bilden können

B3140 Altreifen, sofern sie nicht für ein in Anlage IV Abschnitt A festgelegtes Verfahren bestimmt sind

B4 ABFÄLLE, DIE SOWOHL ANORGANISCHE ALS AUCH ORGANISCHE BESTANDTEILE ENTHALTEN KÖNNEN

B4010 Abfälle, die vorwiegend aus wasserverdünnbaren Dispersionsfarben, Tinten und ausgehärteten Lacken bestehen und die keine organischen Lösemittel, Schwermetalle oder Biozide in solchen Mengen enthalten, dass sie dadurch gefährlich werden (siehe den diesbezüglichen Eintrag in Liste A, A4070)

B4020 Abfälle aus der Herstellung, Formulierung und Verwendung von Harzen, Latex, Weichmachern, Leimen/Klebstoffen, soweit sie nicht in Liste A aufgeführt sind und keine Lösungsmittel und andere Verunreinigungen in solchen Mengen enthalten, dass sie eine der in Anlage III festgelegten Eigenschaften aufweisen, beispielsweise wasserlösliche Produkte oder Klebstoffe auf der Grundlage von Casein, Stärke, Dextrin, Celluloseethern, Polyvinylalkoholen (siehe den diesbezüglichen Eintrag in Liste A, A3050)

B4030 Gebrauchte Einwegfotoapparate mit nicht in Liste A enthaltenen Batterien

Teil 2

Im Anhang der Entscheidung 2000/532/EG aufgeführte Abfälle[41]

01	ABFÄLLE, DIE BEIM AUFSUCHEN, AUSBEUTEN UND GEWINNEN SOWIE BEI DER PHYSIKALISCHEN UND CHEMISCHEN BEHANDLUNG VON BODENSCHÄTZEN ENTSTEHEN
01 01	Abfälle aus dem Abbau von Bodenschätzen
01 01 01	Abfälle aus dem Abbau von metallhaltigen Bodenschätzen
01 01 02	Abfälle aus dem Abbau von nicht metallhaltigen Bodenschätzen
01 03	Abfälle aus der physikalischen und chemischen Verarbeitung von metallhaltigen Bodenschätzen
01 03 04*	Säure bildende Aufbereitungsrückstände aus der Verarbeitung von sulfidischem Erz
01 03 05*	andere Aufbereitungsrückstände, die gefährliche Stoffe enthalten
01 03 06	Aufbereitungsrückstände mit Ausnahme derjenigen, die unter 01 03 04 und 01 03 05 fallen
01 03 07*	andere, gefährliche Stoffe enthaltende Abfälle aus der physikalischen und chemischen Verarbeitung von metallhaltigen Bodenschätzen
01 03 08	staubende und pulvrige Abfälle mit Ausnahme derjenigen, die unter 01 03 07 fallen
01 03 09	Rotschlamm aus der Aluminiumoxidherstellung mit Ausnahme von Abfällen, die unter 01 03 10 fallen
01 03 10*	Rotschlamm aus der Aluminiumoxidherstellung, der gefährliche Stoffe enthält, mit Ausnahme der unter 01 03 07 genannten Abfälle
01 03 99	Abfälle a. n. g.
01 04	Abfälle aus der physikalischen und chemischen Weiterverarbeitung von nicht metallhaltigen Bodenschätzen
01 04 07*	gefährliche Stoffe enthaltende Abfälle aus der physikalischen und chemischen Weiterverarbeitung von nicht metallhaltigen Bodenschätzen
01 04 08	Abfälle von Kies- und Gesteinsbruch mit Ausnahme derjenigen, die unter 01 04 07 fallen
01 04 09	Abfälle von Sand und Ton
01 04 10	staubende und pulvrige Abfälle mit Ausnahme derjenigen, die unter 01 04 07 fallen
01 04 11	Abfälle aus der Verarbeitung von Kali- und Steinsalz mit Ausnahme derjenigen, die unter 01 04 07 fallen
01 04 12	Aufbereitungsrückstände und andere Abfälle aus der Wäsche und Reinigung von Bodenschätzen mit Ausnahme derjenigen, die unter 01 04 07 und 01 04 11 fallen
01 04 13	Abfälle aus Steinmetz- und -sägearbeiten mit Ausnahme derjenigen, die unter 01 04 07 fallen
01 04 99	Abfälle a. n. g.
01 05	Bohrschlämme und andere Bohrabfälle
01 05 04	Schlämme und Abfälle aus Süßwasserbohrungen
01 05 05*	ölhaltige Bohrschlämme und -abfälle

[41] Mit einem Sternchen gekennzeichnete Abfälle gelten als gefährliche Abfälle im Sinne der Richtlinie 2008/98/EG. Bei der Identifizierung von Abfällen in der nachstehenden Liste sind die Abschnitte unter „Begriffsbestimmungen", „Bewertung und Einstufung" und „Abfallverzeichnis" im Anhang der Entscheidung 2000/532/EG maßgeblich.

01 05 06*	Bohrschlämme und andere Bohrabfälle, die gefährliche Stoffe enthalten
01 05 07	barythaltige Bohrschlämme und -abfälle mit Ausnahme derjenigen, die unter 01 05 05 und 01 05 06 fallen
01 05 08	chloridhaltige Bohrschlämme und -abfälle mit Ausnahme derjenigen, die unter 01 05 05 und 01 05 06 fallen
01 05 99	Abfälle a. n. g.
02	ABFÄLLE AUS LANDWIRTSCHAFT, GARTENBAU, TEICHWIRTSCHAFT, FORSTWIRTSCHAFT, JAGD UND FISCHEREI SOWIE DER HERSTELLUNG UND VERARBEITUNG VON NAHRUNGSMITTELN
02 01	Abfälle aus Landwirtschaft, Gartenbau, Teichwirtschaft, Forstwirtschaft, Jagd und Fischerei
02 01 01	Schlämme von Wasch- und Reinigungsvorgängen
02 01 02	Abfälle aus tierischem Gewebe
02 01 03	Abfälle aus pflanzlichem Gewebe
02 01 04	Kunststoffabfälle (ohne Verpackungen)
02 01 06	tierische Ausscheidungen, Gülle/Jauche und Stallmist (einschließlich verdorbenes Stroh), Abwässer, getrennt gesammelt und extern behandelt
02 01 07	Abfälle aus der Forstwirtschaft
02 01 08*	Abfälle von Chemikalien für die Landwirtschaft, die gefährliche Stoffe enthalten
02 01 09	Abfälle von Chemikalien für die Landwirtschaft mit Ausnahme derjenigen, die unter 02 01 08 fallen
02 01 10	Metallabfälle
02 01 99	Abfälle a. n. g.
02 02	Abfälle aus der Zubereitung und Verarbeitung von Fleisch, Fisch und anderen Nahrungsmitteln tierischen Ursprungs
02 02 01	Schlämme von Wasch- und Reinigungsvorgängen
02 02 02	Abfälle aus tierischem Gewebe
02 02 03	für Verzehr oder Verarbeitung ungeeignete Stoffe
02 02 04	Schlämme aus der betriebseigenen Abwasserbehandlung
02 02 99	Abfälle a. n. g.
02 03	Abfälle aus der Zubereitung und Verarbeitung von Obst, Gemüse, Getreide, Speiseölen, Kakao, Kaffee, Tee und Tabak, aus der Konservenherstellung, der Herstellung von Hefe und Hefeextrakt sowie der Zubereitung und Fermentierung von Melasse
02 03 01	Schlämme aus Wasch-, Reinigungs-, Schäl-, Zentrifugier- und Abtrennprozessen
02 03 02	Abfälle von Konservierungsstoffen
02 03 03	Abfälle aus der Extraktion mit Lösemitteln
02 03 04	für Verzehr oder Verarbeitung ungeeignete Stoffe
02 03 05	Schlämme aus der betriebseigenen Abwasserbehandlung
02 03 99	Abfälle a. n. g.
02 04	Abfälle aus der Zuckerherstellung

02 04 01	Rübenerde
02 04 02	nicht spezifikationsgerechter Calciumcarbonatschlamm
02 04 03	Schlämme aus der betriebseigenen Abwasserbehandlung
02 04 99	Abfälle a. n. g.
02 05	Abfälle aus der Milchverarbeitung
02 05 01	für Verzehr oder Verarbeitung ungeeignete Stoffe
02 05 02	Schlämme aus der betriebseigenen Abwasserbehandlung
02 05 99	Abfälle a. n. g.
02 06	Abfälle aus der Herstellung von Back- und Süßwaren
02 06 01	für Verzehr oder Verarbeitung ungeeignete Stoffe
02 06 02	Abfälle von Konservierungsstoffen
02 06 03	Schlämme aus der betriebseigenen Abwasserbehandlung
02 06 99	Abfälle a. n. g.
02 07	Abfälle aus der Herstellung von alkoholischen und alkoholfreien Getränken (ohne Kaffee, Tee und Kakao)
02 07 01	Abfälle aus der Wäsche, Reinigung und mechanischen Zerkleinerung des Rohmaterials
02 07 02	Abfälle aus der Alkoholdestillation
02 07 03	Abfälle aus der chemischen Behandlung
02 07 04	für Verzehr oder Verarbeitung ungeeignete Stoffe
02 07 05	Schlämme aus der betriebseigenen Abwasserbehandlung
02 07 99	Abfälle a. n. g.
03	ABFÄLLE AUS DER HOLZBEARBEITUNG UND DER HERSTELLUNG VON PLATTEN, MÖBELN, ZELLSTOFFEN, PAPIER UND PAPPE
03 01	Abfälle aus der Holzbearbeitung und der Herstellung von Platten und Möbeln
03 01 01	Rinden- und Korkabfälle
03 01 04*	Sägemehl, Späne, Abschnitte, Holz, Spanplatten und Furniere, die gefährliche Stoffe enthalten
03 01 05	Sägemehl, Späne, Abschnitte, Holz, Spanplatten und Furniere mit Ausnahme derjenigen, die unter 03 01 04 fallen
03 01 99	Abfälle a. n. g.
03 02	Abfälle aus der Holzkonservierung
03 02 01*	halogenfreie organische Holzschutzmittel
03 02 02*	chlororganische Holzschutzmittel
03 02 03*	metallorganische Holzschutzmittel
03 02 04*	anorganische Holzschutzmittel
03 02 05*	andere Holzschutzmittel, die gefährliche Stoffe enthalten
03 02 99	Holzschutzmittel a. n. g.

03 03	Abfälle aus der Herstellung und Verarbeitung von Zellstoff, Papier, Karton und Pappe
03 03 01	Rinden- und Holzabfälle
03 03 02	Sulfitschlämme (aus der Rückgewinnung von Kochlaugen)
03 03 05	De-inking-Schlämme aus dem Papierrecycling
03 03 07	mechanisch abgetrennte Abfälle aus der Auflösung von Papier- und Pappabfällen
03 03 08	Abfälle aus dem Sortieren von Papier und Pappe für das Recycling
03 03 09	Kalkschlammabfälle
03 03 10	Faserabfälle, Faser-, Füller- und Überzugsschlämme aus der mechanischen Abtrennung
03 03 11	Schlämme aus der betriebseigenen Abwasserbehandlung mit Ausnahme derjenigen, die unter 03 03 10 fallen
03 03 99	Abfälle a. n. g.
04	ABFÄLLE AUS DER LEDER-, PELZ- UND TEXTILINDUSTRIE
04 01	Abfälle aus der Leder- und Pelzindustrie
04 01 01	Fleischabschabungen und Häuteabfälle
04 01 02	geäschertes Leimleder
04 01 03*	Entfettungsabfälle, lösemittelhaltig, ohne flüssige Phase
04 01 04	chromhaltige Gerbereibrühe
04 01 05	chromfreie Gerbereibrühe
04 01 06	chromhaltige Schlämme, insbesondere aus der betriebseigenen Abwasserbehandlung
04 01 07	chromfreie Schlämme, insbesondere aus der betriebseigenen Abwasserbehandlung
04 01 08	chromhaltige Abfälle aus gegerbtem Leder (Abschnitte, Schleifstaub, Falzspäne)
04 01 09	Abfälle aus der Zurichtung und dem Finish
04 01 99	Abfälle a. n. g.
04 02	Abfälle aus der Textilindustrie
04 02 09	Abfälle aus Verbundmaterialien (imprägnierte Textilien, Elastomer, Plastomer)
04 02 10	organische Stoffe aus Naturstoffen (z. B. Fette, Wachse)
04 02 14*	Abfälle aus dem Finish, die organische Lösungsmittel enthalten
04 02 15	Abfälle aus dem Finish mit Ausnahme derjenigen, die unter 04 02 14 fallen
04 02 16*	Farbstoffe und Pigmente, die gefährliche Stoffe enthalten
04 02 17	Farbstoffe und Pigmente mit Ausnahme derjenigen, die unter 04 02 16 fallen
04 02 19*	Schlämme aus der betriebseigenen Abwasserbehandlung, die gefährliche Stoffe enthalten
04 02 20	Schlämme aus der betriebseigenen Abwasserbehandlung mit Ausnahme derjenigen, die unter 04 02 19 fallen
04 02 21	Abfälle aus unbehandelten Textilfasern
04 02 22	Abfälle aus verarbeiteten Textilfasern
04 02 99	Abfälle a. n. g.

05	ABFÄLLE AUS DER ERDÖLRAFFINATION, ERDGASREINIGUNG UND KOHLEPYROLYSE
05 01	Abfälle aus der Erdölraffination
05 01 02*	Entsalzungsschlämme
05 01 03*	Bodenschlämme aus Tanks
05 01 04*	saure Alkylschlämme
05 01 05*	verschüttetes Öl
05 01 06*	ölhaltige Schlämme aus Betriebsvorgängen und Instandhaltung
05 01 07*	Säureteere
05 01 08*	andere Teere
05 01 09*	Schlämme aus der betriebseigenen Abwasserbehandlung, die gefährliche Stoffe enthalten
05 01 10	Schlämme aus der betriebseigenen Abwasserbehandlung mit Ausnahme derjenigen, die unter 05 01 09 fallen
05 01 11*	Abfälle aus der Brennstoffreinigung mit Basen
05 01 12*	säurehaltige Öle
05 01 13	Schlämme aus der Kesselspeisewasseraufbereitung
05 01 14	Abfälle aus Kühlkolonnen
05 01 15*	gebrauchte Filtertone
05 01 16	schwefelhaltige Abfälle aus der Ölentschwefelung
05 01 17	Bitumen
05 01 99	Abfälle a. n. g.
05 06	Abfälle aus der Kohlepyrolyse
05 06 01*	Säureteere
05 06 03*	andere Teere
05 06 04	Abfälle aus Kühlkolonnen
05 06 99	Abfälle a. n. g.
05 07	Abfälle aus Erdgasreinigung und -transport
05 07 01*	quecksilberhaltige Abfälle
05 07 02	schwefelhaltige Abfälle
05 07 99	Abfälle a. n. g.
06	ABFÄLLE AUS ANORGANISCH-CHEMISCHEN PROZESSEN
06 01	Abfälle aus Herstellung, Zubereitung, Vertrieb und Anwendung (HZVA) von Säuren
06 01 01*	Schwefelsäure und schweflige Säure
06 01 02*	Salzsäure
06 01 03*	Flusssäure
06 01 04*	Phosphorsäure und phosphorige Säure
06 01 05*	Salpetersäure und salpetrige Säure

06 01 06*	andere Säuren
06 01 99	Abfälle a. n. g.
06 02	Abfälle aus HZVA von Basen
06 02 01*	Calciumhydroxid
06 02 03*	Ammoniumhydroxid
06 02 04*	Natrium- und Kaliumhydroxid
06 02 05*	andere Basen
06 02 99	Abfälle a. n. g.
06 03	Abfälle aus HZVA von Salzen, Salzlösungen und Metalloxiden
06 03 11*	feste Salze und Lösungen, die Cyanid enthalten
06 03 13*	feste Salze und Lösungen, die Schwermetalle enthalten
06 03 14	feste Salze und Lösungen mit Ausnahme derjenigen, die unter 06 03 11 und 06 03 13 fallen
06 03 15*	Metalloxide, die Schwermetalle enthalten
06 03 16	Metalloxide mit Ausnahme derjenigen, die unter 06 03 15 fallen
06 03 99	Abfälle a. n. g.
06 04	Metallhaltige Abfälle mit Ausnahme derjenigen, die unter 06 03 fallen
06 04 03*	arsenhaltige Abfälle
06 04 04*	quecksilberhaltige Abfälle
06 04 05*	Abfälle, die andere Schwermetalle enthalten
06 04 99	Abfälle a. n. g.
06 05	Schlämme aus der betriebseigenen Abwasserbehandlung
06 05 02*	Schlämme aus der betriebseigenen Abwasserbehandlung, die gefährliche Stoffe enthalten
06 05 03	Schlämme aus der betriebseigenen Abwasserbehandlung mit Ausnahme derjenigen, die unter 06 05 02 fallen
06 06	Abfälle aus HZVA von schwefelhaltigen Chemikalien, aus Schwefelchemie und Entschwefelungsprozessen
06 06 02*	Abfälle, die gefährliche Sulfide enthalten
06 06 03	sulfidhaltige Abfälle mit Ausnahme derjenigen, die unter 06 06 02 fallen
06 06 99	Abfälle a. n. g.
06 07	Abfälle aus HZVA von Halogenen und aus der Halogenchemie
06 07 01*	asbesthaltige Abfälle aus der Elektrolyse
06 07 02*	Aktivkohle aus der Chlorherstellung
06 07 03*	quecksilberhaltige Bariumsulfatschlämme
06 07 04*	Lösungen und Säuren, z. B. Kontaktsäure
06 07 99	Abfälle a. n. g.
06 08	Abfälle aus HZVA von Silicium und Siliciumverbindungen

06 08 02*	Abfälle, die gefährliche Chlorsilane enthalten
06 08 99	Abfälle a. n. g.
06 09	Abfälle aus HZVA von phosphorhaltigen Chemikalien aus der Phosphorchemie
06 09 02	phosphorhaltige Schlacke
06 09 03*	Reaktionsabfälle auf Calciumbasis, die gefährliche Stoffe enthalten oder durch gefährliche Stoffe verunreinigt sind
06 09 04	Reaktionsabfälle auf Calciumbasis mit Ausnahme derjenigen, die unter 06 09 03 fallen
06 09 99	Abfälle a. n. g.
06 10	Abfälle aus HZVA von stickstoffhaltigen Chemikalien aus der Stickstoffchemie und der Herstellung von Düngemitteln
06 10 02*	Abfälle, die gefährliche Stoffe enthalten
06 10 99	Abfälle a. n. g.
06 11	Abfälle aus der Herstellung von anorganischen Pigmenten und Farbgebern
06 11 01	Reaktionsabfälle auf Calciumbasis aus der Titandioxidherstellung
06 11 99	Abfälle a. n. g.
06 13	Abfälle aus anorganischen-chemischen Prozessen a. n. g.
06 13 01*	anorganische Pflanzenschutzmittel, Holzschutzmittel und andere Biozide
06 13 02*	gebrauchte Aktivkohle (außer 06 07 02)
06 13 03	Industrieruß
06 13 04*	Abfälle aus der Asbestverarbeitung
06 13 05*	Ofen- und Kaminruß
06 13 99	Abfälle a. n. g.
07	ABFÄLLE AUS ORGANISCH-CHEMISCHEN PROZESSEN
07 01	Abfälle aus Herstellung, Zubereitung, Vertrieb und Anwendung (HZVA) organischer Grundchemikalien
07 01 01*	wässrige Waschflüssigkeiten und Mutterlaugen
07 01 03*	halogenorganische Lösemittel, Waschflüssigkeiten und Mutterlaugen
07 01 04*	andere organische Lösemittel, Waschflüssigkeiten und Mutterlaugen
07 01 07*	halogenierte Reaktions- und Destillationsrückstände
07 01 08*	andere Reaktions- und Destillationsrückstände
07 01 09*	halogenierte Filterkuchen, gebrauchte Aufsaugmaterialien
07 01 10*	andere Filterkuchen, gebrauchte Aufsaugmaterialien
07 01 11*	Schlämme aus der betriebseigenen Abwasserbehandlung, die gefährliche Stoffe enthalten
07 01 12	Schlämme aus der betriebseigenen Abwasserbehandlung mit Ausnahme derjenigen, die unter 07 01 11 fallen
07 01 99	Abfälle a. n. g.
07 02	Abfälle aus HZVA von Kunststoffen, synthetischem Gummi und Kunstfasern

07 02 01*	wässrige Waschflüssigkeiten und Mutterlaugen
07 02 03*	halogenorganische Lösemittel, Waschflüssigkeiten und Mutterlaugen
07 02 04*	andere organische Lösemittel, Waschflüssigkeiten und Mutterlaugen
07 02 07*	halogenierte Reaktions- und Destillationsrückstände
07 02 08*	andere Reaktions- und Destillationsrückstände
07 02 09*	halogenierte Filterkuchen, gebrauchte Aufsaugmaterialien
07 02 10*	andere Filterkuchen, gebrauchte Aufsaugmaterialien
07 02 11*	Schlämme aus der betriebseigenen Abwasserbehandlung, die gefährliche Stoffe enthalten
07 02 12	Schlämme aus der betriebseigenen Abwasserbehandlung mit Ausnahme derjenigen, die unter 07 02 11 fallen
07 02 13	Kunststoffabfälle
07 02 14*	Abfälle von Zusatzstoffen, die gefährliche Stoffe enthalten
07 02 15	Abfälle von Zusatzstoffen mit Ausnahme derjenigen, die unter 07 02 14 fallen
07 02 16*	Abfälle, die gefährliche Silicone enthalten
07 02 17	siliconhaltige Abfälle, andere als die in 07 02 16 genannten
07 02 99	Abfälle a. n. g.
07 03	Abfälle aus HZVA von organischen Farbstoffen und Pigmenten (außer 06 11)
07 03 01*	wässrige Waschflüssigkeiten und Mutterlaugen
07 03 03*	halogenorganische Lösemittel, Waschflüssigkeiten und Mutterlaugen
07 03 04*	andere organische Lösemittel, Waschflüssigkeiten und Mutterlaugen
07 03 07*	halogenierte Reaktions- und Destillationsrückstände
07 03 08*	andere Reaktions- und Destillationsrückstände
07 03 09*	halogenierte Filterkuchen, gebrauchte Aufsaugmaterialien
07 03 10*	andere Filterkuchen, gebrauchte Aufsaugmaterialien
07 03 11*	Schlämme aus der betriebseigenen Abwasserbehandlung, die gefährliche Stoffe enthalten
07 03 12	Schlämme aus der betriebseigenen Abwasserbehandlung mit Ausnahme derjenigen, die unter 07 03 11 fallen
07 03 99	Abfälle a. n. g.
07 04	Abfälle aus HZVA von organischen Pflanzenschutzmitteln (außer 02 01 08 und 02 01 09), Holzschutzmitteln (außer 03 02) und anderen Bioziden
07 04 01*	wässrige Waschflüssigkeiten und Mutterlaugen
07 04 03*	halogenorganische Lösemittel, Waschflüssigkeiten und Mutterlaugen
07 04 04*	andere organische Lösemittel, Waschflüssigkeiten und Mutterlaugen
07 04 07*	halogenierte Reaktions- und Destillationsrückstände
07 04 08*	andere Reaktions- und Destillationsrückstände
07 04 09*	halogenierte Filterkuchen, gebrauchte Aufsaugmaterialien

07 04 10*	andere Filterkuchen, gebrauchte Aufsaugmaterialien
07 04 11*	Schlämme aus der betriebseigenen Abwasserbehandlung, die gefährliche Stoffe enthalten
07 04 12	Schlämme aus der betriebseigenen Abwasserbehandlung mit Ausnahme derjenigen, die unter 07 04 11 fallen
07 04 13*	feste Abfälle, die gefährliche Stoffe enthalten
07 04 99	Abfälle a. n. g.
07 05	Abfälle aus HZVA von Pharmazeutika
07 05 01*	wässrige Waschflüssigkeiten und Mutterlaugen
07 05 03*	halogenorganische Lösemittel, Waschflüssigkeiten und Mutterlaugen
07 05 04*	andere organische Lösemittel, Waschflüssigkeiten und Mutterlaugen
07 05 07*	halogenierte Reaktions- und Destillationsrückstände
07 05 08*	andere Reaktions- und Destillationsrückstände
07 05 09*	halogenierte Filterkuchen, gebrauchte Aufsaugmaterialien
07 05 10*	andere Filterkuchen, gebrauchte Aufsaugmaterialien
07 05 11*	Schlämme aus der betriebseigenen Abwasserbehandlung, die gefährliche Stoffe enthalten
07 05 12	Schlämme aus der betriebseigenen Abwasserbehandlung mit Ausnahme derjenigen, die unter 07 05 11 fallen
07 05 13*	feste Abfälle, die gefährliche Stoffe enthalten
07 05 14	feste Abfälle mit Ausnahme derjenigen, die unter 07 05 13 fallen
07 05 99	Abfälle a. n. g.
07 06	Abfälle aus HZVA von Fetten, Schmierstoffen, Seifen, Waschmitteln, Desinfektionsmitteln und Körperpflegemitteln
07 06 01*	wässrige Waschflüssigkeiten und Mutterlaugen
07 06 03*	halogenorganische Lösemittel, Waschflüssigkeiten und Mutterlaugen
07 06 04*	andere organische Lösemittel, Waschflüssigkeiten und Mutterlaugen
07 06 07*	halogenierte Reaktions- und Destillationsrückstände
07 06 08*	andere Reaktions- und Destillationsrückstände
07 06 09*	halogenierte Filterkuchen, gebrauchte Aufsaugmaterialien
07 06 10*	andere Filterkuchen, gebrauchte Aufsaugmaterialien
07 06 11*	Schlämme aus der betriebseigenen Abwasserbehandlung, die gefährliche Stoffe enthalten
07 06 12	Schlämme aus der betriebseigenen Abwasserbehandlung mit Ausnahme derjenigen, die unter 07 06 11 fallen
07 06 99	Abfälle a. n. g.
07 07	Abfälle aus HZVA von Feinchemikalien und Chemikalien a. n. g.
07 07 01*	wässrige Waschflüssigkeiten und Mutterlaugen
07 07 03*	halogenorganische Lösemittel, Waschflüssigkeiten und Mutterlaugen
07 07 04*	andere organische Lösemittel, Waschflüssigkeiten und Mutterlaugen

07 07 07* halogenierte Reaktions- und Destillationsrückstände

07 07 08* andere Reaktions- und Destillationsrückstände

07 07 09* halogenierte Filterkuchen, gebrauchte Aufsaugmaterialien

07 07 10* andere Filterkuchen, gebrauchte Aufsaugmaterialien

07 07 11* Schlämme aus der betriebseigenen Abwasserbehandlung, die gefährliche Stoffe enthalten

07 07 12 Schlämme aus der betriebseigenen Abwasserbehandlung mit Ausnahme derjenigen, die unter 07 07 11 fallen

07 07 99 Abfälle a. n. g.

08 ABFÄLLE AUS HERSTELLUNG, ZUBEREITUNG, VERTRIEB UND ANWENDUNG (HZVA) VON BESCHICHTUNGEN (FARBEN, LACKE, EMAIL), KLEBSTOFFEN, DICHTMASSEN UND DRUCKFARBEN

08 01 Abfälle aus HZVA und Entfernung von Farben und Lacken

08 01 11* Farb- und Lackabfälle, die organische Lösemittel oder andere gefährliche Stoffe enthalten

08 01 12 Farb- und Lackabfälle mit Ausnahme derjenigen, die unter 08 01 11 fallen

08 01 13* Farb- und Lackschlämme, die organische Lösemittel oder andere gefährliche Stoffe enthalten

08 01 14 Farb- und Lackschlämme mit Ausnahme derjenigen, die unter 08 01 13 fallen

08 01 15* wässrige Schlämme, die Farben oder Lacke mit organischen Lösemitteln oder anderen gefährlichen Stoffen enthalten

08 01 16 wässrige Schlämme, die Farben oder Lacke enthalten, mit Ausnahme derjenigen, die unter 08 01 15 fallen

08 01 17* Abfälle aus der Farb- oder Lackentfernung, die organische Lösemittel oder andere gefährliche Stoffe enthalten

08 01 18 Abfälle aus der Farb- oder Lackentfernung mit Ausnahme derjenigen, die unter 08 01 17 fallen

08 01 19* wässrige Suspensionen, die Farben oder Lacke mit organischen Lösemitteln oder anderen gefährlichen Stoffen enthalten

08 01 20 wässrige Suspensionen, die Farben oder Lacke enthalten, mit Ausnahme derjenigen, die unter 08 01 19 fallen

08 01 21* Farb- oder Lackentfernerabfälle

08 01 99 Abfälle a. n. g.

08 02 Abfälle aus HZVA anderer Beschichtungen (einschließlich keramischer Werkstoffe)

08 02 01 Abfälle von Beschichtungspulver

08 02 02 wässrige Schlämme, die keramische Werkstoffe enthalten

08 02 03 wässrige Suspensionen, die keramische Werkstoffe enthalten

08 02 99 Abfälle a. n. g.

08 03 Abfälle aus HZVA von Druckfarben

08 03 07 wässrige Schlämme, die Druckfarben enthalten

08 03 08 wässrige flüssige Abfälle, die Druckfarben enthalten

08 03 12* Druckfarbenabfälle, die gefährliche Stoffe enthalten

08 03 13	Druckfarbenabfälle mit Ausnahme derjenigen, die unter 08 03 12 fallen
08 03 14*	Druckfarbenschlämme, die gefährliche Stoffe enthalten
08 03 15	Druckfarbenschlämme mit Ausnahme derjenigen, die unter 08 03 14 fallen
08 03 16*	Abfälle von Ätzlösungen
08 03 17*	Tonerabfälle, die gefährliche Stoffe enthalten
08 03 18	Tonerabfälle mit Ausnahme derjenigen, die unter 08 03 17 fallen
08 03 19*	Dispersionsöl
08 03 99	Abfälle a. n. g.
08 04	Abfälle aus HZVA von Klebstoffen und Dichtmassen (einschließlich Wasser abweisender Materialien)
08 04 09*	Klebstoff- und Dichtmassenabfälle, die organische Lösemittel oder andere gefährliche Stoffe enthalten
08 04 10	Klebstoff- und Dichtmassenabfälle mit Ausnahme derjenigen, die unter 08 04 09 fallen
08 04 11*	klebstoff- und dichtmassenhaltige Schlämme, die organische Lösemittel oder andere gefährliche Stoffe enthalten
08 04 12	klebstoff- und dichtmassenhaltige Schlämme mit Ausnahme derjenigen, die unter 08 04 11 fallen
08 04 13*	wässrige Schlämme, die Klebstoffe oder Dichtmassen mit organischen Lösemitteln oder anderen gefährlichen Stoffen enthalten
08 04 14	wässrige Schlämme, die Klebstoffe oder Dichtmassen enthalten, mit Ausnahme derjenigen, die unter 08 04 13 fallen
08 04 15*	wässrige flüssige Abfälle, die Klebstoffe oder Dichtmassen mit organischen Lösemitteln oder anderen gefährlichen Stoffen enthalten
08 04 16	wässrige flüssige Abfälle, die Klebstoffe oder Dichtmassen enthalten, mit Ausnahme derjenigen, die unter 08 04 15 fallen
08 04 17*	Harzöle
08 04 99	Abfälle a. n. g.
08 05	Nicht unter 08 aufgeführte Abfälle
08 05 01*	Isocyanatabfälle
09	ABFÄLLE AUS DER FOTOGRAFISCHEN INDUSTRIE
09 01	Abfälle aus der fotografischen Industrie
09 01 01*	Entwickler und Aktivatorenlösungen auf Wasserbasis
09 01 02*	Offsetdruckplatten-Entwicklerlösungen auf Wasserbasis
09 01 03*	Entwicklerlösungen auf Lösemittelbasis
09 01 04*	Fixierbäder
09 01 05*	Bleichlösungen und Bleich-Fixier-Bäder
09 01 06*	silberhaltige Abfälle aus der betriebseigenen Behandlung fotografischer Abfälle
09 01 07	Filme und fotografische Papiere, die Silber oder Silberverbindungen enthalten
09 01 08	Filme und fotografische Papiere, die kein Silber und keine Silberverbindungen enthalten

09 01 10	Einwegkameras ohne Batterien
09 01 11*	Einwegkameras mit Batterien, die unter 16 06 01, 16 06 02 oder 16 06 03 fallen
09 01 12	Einwegkameras mit Batterien mit Ausnahme derjenigen, die unter 09 01 11 fallen
09 01 13*	wässrige flüssige Abfälle aus der betriebseigenen Silberrückgewinnung mit Ausnahme derjenigen, die unter 09 01 06 fallen
09 01 99	Abfälle a. n. g.
10	ABFÄLLE AUS THERMISCHEN PROZESSEN
10 01	Abfälle aus Kraftwerken und anderen Verbrennungsanlagen (außer 19)
10 01 01	Rost- und Kesselasche, Schlacken und Kesselstaub mit Ausnahme von Kesselstaub, der unter 10 01 04 fällt
10 01 02	Filterstäube aus Kohlefeuerung
10 01 03	Filterstäube aus Torffeuerung und Feuerung mit unbehandeltem Holz
10 01 04*	Filterstäube und Kesselstaub aus Ölfeuerung
10 01 05	Reaktionsabfälle auf Calciumbasis aus der Rauchgasentschwefelung in fester Form
10 01 07	Reaktionsabfälle auf Calciumbasis aus der Rauchgasentschwefelung in Form von Schlämmen
10 01 09*	Schwefelsäure
10 01 13*	Filterstäube aus emulgierten, als Brennstoffe verwendeten Kohlenwasserstoffen
10 01 14*	Rost- und Kesselasche, Schlacken und Kesselstaub aus der Abfallmitverbrennung, die gefährliche Stoffe enthalten
10 01 15	Rost- und Kesselasche, Schlacken und Kesselstaub aus der Abfallmitverbrennung mit Ausnahme derjenigen, die unter 10 01 14 fallen
10 01 16*	Filterstäube aus der Abfallmitverbrennung, die gefährliche Stoffe enthalten
10 01 17	Filterstäube aus der Abfallmitverbrennung mit Ausnahme derjenigen, die unter 10 01 16 fallen
10 01 18*	Abfälle aus der Abgasbehandlung, die gefährliche Stoffe enthalten
10 01 19	Abfälle aus der Abgasbehandlung mit Ausnahme derjenigen, die unter 10 01 05, 10 01 07 und 10 01 18 fallen
10 01 20*	Schlämme aus der betriebseigenen Abwasserbehandlung, die gefährliche Stoffe enthalten
10 01 21	Schlämme aus der betriebseigenen Abwasserbehandlung mit Ausnahme derjenigen, die unter 10 01 20 fallen
10 01 22*	wässrige Schlämme aus der Kesselreinigung, die gefährliche Stoffe enthalten
10 01 23	wässrige Schlämme aus der Kesselreinigung mit Ausnahme derjenigen, die unter 10 01 22 fallen
10 01 24	Sande aus der Wirbelschichtfeuerung
10 01 25	Abfälle aus der Lagerung und Vorbereitung von Brennstoffen für Kohlekraftwerke
10 01 26	Abfälle aus der Kühlwasserbehandlung
10 01 99	Abfälle a. n. g.
10 02	Abfälle aus der Eisen- und Stahlindustrie
10 02 01	Abfälle aus der Verarbeitung von Schlacke

10 02 02 unbearbeitete Schlacke

10 02 07* feste Abfälle aus der Abgasbehandlung, die gefährliche Stoffe enthalten

10 02 08 feste Abfälle aus der Abgasbehandlung mit Ausnahme derjenigen, die unter 10 02 07 fallen

10 02 10 Walzzunder

10 02 11* ölhaltige Abfälle aus der Kühlwasserbehandlung

10 02 12 Abfälle aus der Kühlwasserbehandlung mit Ausnahme derjenigen, die unter 10 02 11 fallen

10 02 13* Schlämme und Filterkuchen aus der Abgasbehandlung, die gefährliche Stoffe enthalten

10 02 14 Schlämme und Filterkuchen aus der Abgasbehandlung mit Ausnahme derjenigen, die unter 10 02 13 fallen

10 02 15 andere Schlämme und Filterkuchen

10 02 99 Abfälle a. n. g.

10 03 Abfälle aus der thermischen Aluminium-Metallurgie

10 03 02 Anodenschrott

10 03 04* Schlacken aus der Erstschmelze

10 03 05 Aluminiumoxidabfälle

10 03 08* Salzschlacken aus der Zweitschmelze

10 03 09* schwarze Krätzen aus der Zweitschmelze

10 03 15* Abschaum, der entzündlich ist oder in Kontakt mit Wasser entzündliche Gase in gefährlicher Menge abgibt

10 03 16 Abschaum mit Ausnahme desjenigen, der unter 10 03 15 fällt

10 03 17* teerhaltige Abfälle aus der Anodenherstellung

10 03 18 Abfälle aus der Anodenherstellung, die Kohlenstoff enthalten, mit Ausnahme derjenigen, die unter 10 03 17 fallen

10 03 19* Filterstaub, der gefährliche Stoffe enthält

10 03 20 Filterstaub mit Ausnahme von Filterstaub, der unter 10 03 19 fällt

10 03 21* andere Teilchen und Staub (einschließlich Kugelmühlenstaub), die gefährliche Stoffe enthalten

10 03 22 Teilchen und Staub (einschließlich Kugelmühlenstaub) mit Ausnahme derjenigen, die unter 10 03 21 fallen

10 03 23* feste Abfälle aus der Abgasbehandlung, die gefährliche Stoffe enthalten

10 03 24 feste Abfälle aus der Abgasbehandlung mit Ausnahme derjenigen, die unter 10 03 23 fallen

10 03 25* Schlämme und Filterkuchen aus der Abgasbehandlung, die gefährliche Stoffe enthalten

10 03 26 Schlämme und Filterkuchen aus der Abgasbehandlung mit Ausnahme derjenigen, die unter 10 03 25 fallen

10 03 27* ölhaltige Abfälle aus der Kühlwasserbehandlung

10 03 28 Abfälle aus der Kühlwasserbehandlung mit Ausnahme derjenigen, die unter 10 03 27 fallen

10 03 29* gefährliche Stoffe enthaltende Abfälle aus der Behandlung von Salzschlacken und schwarzen Krätzen

10 03 30	Abfälle aus der Behandlung von Salzschlacken und schwarzen Krätzen mit Ausnahme derjenigen, die unter 10 03 29 fallen
10 03 99	Abfälle a. n. g.
10 04	Abfälle aus der thermischen Bleimetallurgie
10 04 01*	Schlacken (Erst- und Zweitschmelze)
10 04 02*	Krätzen und Abschaum (Erst- und Zweitschmelze)
10 04 03*	Calciumarsenat
10 04 04*	Filterstaub
10 04 05*	andere Teilchen und Staub
10 04 06*	feste Abfälle aus der Abgasbehandlung
10 04 07*	Schlämme und Filterkuchen aus der Abgasbehandlung
10 04 09*	ölhaltige Abfälle aus der Kühlwasserbehandlung
10 04 10	Abfälle aus der Kühlwasserbehandlung mit Ausnahme derjenigen, die unter 10 04 09 fallen
10 04 99	Abfälle a. n. g.
10 05	Abfälle aus der thermischen Zinkmetallurgie
10 05 01	Schlacken (Erst- und Zweitschmelze)
10 05 03*	Filterstaub
10 05 04	andere Teilchen und Staub
10 05 05*	feste Abfälle aus der Abgasbehandlung
10 05 06*	Schlämme und Filterkuchen aus der Abgasbehandlung
10 05 08*	ölhaltige Abfälle aus der Kühlwasserbehandlung
10 05 09	Abfälle aus der Kühlwasserbehandlung mit Ausnahme derjenigen, die unter 10 05 08 fallen
10 05 10*	Krätzen und Abschaum, die entzündlich sind oder in Kontakt mit Wasser entzündliche Gase in gefährlicher Menge abgeben
10 05 11	Krätzen und Abschaum mit Ausnahme derjenigen, die unter 10 05 10 fallen
10 05 99	Abfälle a. n. g.
10 06	Abfälle aus der thermischen Kupfermetallurgie
10 06 01	Schlacken (Erst- und Zweitschmelze)
10 06 02	Krätzen und Abschaum (Erst- und Zweitschmelze)
10 06 03*	Filterstaub
10 06 04	andere Teilchen und Staub
10 06 06*	feste Abfälle aus der Abgasbehandlung
10 06 07*	Schlämme und Filterkuchen aus der Abgasbehandlung
10 06 09*	ölhaltige Abfälle aus der Kühlwasserbehandlung
10 06 10	Abfälle aus der Kühlwasserbehandlung mit Ausnahme derjenigen, die unter 10 06 09 fallen
10 06 99	Abfälle a. n. g.

10 07	Abfälle aus der thermischen Silber-, Gold- und Platinmetallurgie
10 07 01	Schlacken (Erst- und Zweitschmelze)
10 07 02	Krätzen und Abschaum (Erst- und Zweitschmelze)
10 07 03	feste Abfälle aus der Abgasbehandlung
10 07 04	andere Teilchen und Staub
10 07 05	Schlämme und Filterkuchen aus der Abgasbehandlung
10 07 07*	ölhaltige Abfälle aus der Kühlwasserbehandlung
10 07 08	Abfälle aus der Kühlwasserbehandlung mit Ausnahme derjenigen, die unter 10 07 07 fallen
10 07 99	Abfälle a. n. g.
10 08	Abfälle aus sonstiger thermischer Nichteisenmetallurgie
10 08 04	Teilchen und Staub
10 08 08*	Salzschlacken (Erst- und Zweitschmelze)
10 08 09	andere Schlacken
10 08 10*	Krätzen und Abschaum, die entzündlich sind oder in Kontakt mit Wasser entzündliche Gase in gefährlicher Menge abgeben
10 08 11	Krätzen und Abschaum mit Ausnahme derjenigen, die unter 10 08 10 fallen
10 08 12*	teerhaltige Abfälle aus der Anodenherstellung
10 08 13	Abfälle aus der Anodenherstellung, die Kohlenstoff enthalten, mit Ausnahme derjenigen, die unter 10 08 12 fallen
10 08 14	Anodenschrott
10 08 15*	Filterstaub, der gefährliche Stoffe enthält
10 08 16	Filterstaub mit Ausnahme desjenigen, der unter 10 08 15 fällt
10 08 17*	Schlämme und Filterkuchen aus der Abgasbehandlung, die gefährliche Stoffe enthalten
10 08 18	Schlämme und Filterkuchen aus der Abgasbehandlung mit Ausnahme derjenigen, die unter 10 08 17 fallen
10 08 19*	ölhaltige Abfälle aus der Kühlwasserbehandlung
10 08 20	Abfälle aus der Kühlwasserbehandlung mit Ausnahme derjenigen, die unter 10 08 19 fallen
10 08 99	Abfälle a. n. g.
10 09	Abfälle vom Gießen von Eisen und Stahl
10 09 03	Ofenschlacke
10 09 05*	gefährliche Stoffe enthaltende Gießformen und -sande vor dem Gießen
10 09 06	Gießformen und -sande vor dem Gießen mit Ausnahme derjenigen, die unter 10 09 05 fallen
10 09 07*	gefährliche Stoffe enthaltende Gießformen und -sande nach dem Gießen
10 09 08	Gießformen und -sande nach dem Gießen mit Ausnahme derjenigen, die unter 10 09 07 fallen
10 09 09*	Filterstaub, der gefährliche Stoffe enthält
10 09 10	Filterstaub mit Ausnahme desjenigen, der unter 10 09 09 fällt

10 09 11*	andere Teilchen, die gefährliche Stoffe enthalten
10 09 12	andere Teilchen mit Ausnahme derjenigen, die unter 10 09 11 fallen
10 09 13*	Abfälle von Bindemitteln, die gefährliche Stoffe enthalten
10 09 14	Abfälle von Bindemitteln mit Ausnahme derjenigen, die unter 10 09 13 fallen
10 09 15*	Abfälle aus rissanzeigenden Substanzen, die gefährliche Stoffe enthalten
10 09 16	Abfälle aus rissanzeigenden Substanzen mit Ausnahme derjenigen, die unter 10 09 15 fallen
10 09 99	Abfälle a. n. g.
10 10	Abfälle vom Gießen von Nichteisenmetallen
10 10 03	Ofenschlacke
10 10 05*	gefährliche Stoffe enthaltende Gießformen und –sande vor dem Gießen
10 10 06	Gießformen und –sande vor dem Gießen mit Ausnahme derjenigen, die unter 10 10 05 fallen
10 10 07*	gefährliche Stoffe enthaltende Gießformen und –sande nach dem Gießen
10 10 08	Gießformen und –sande nach dem Gießen mit Ausnahme derjenigen, die unter 10 10 07 fallen
10 10 09*	Filterstaub, der gefährliche Stoffe enthält
10 10 10	Filterstaub mit Ausnahme desjenigen, der unter 10 10 09 fällt
10 10 11*	andere Teilchen, die gefährliche Stoffe enthalten
10 10 12	andere Teilchen mit Ausnahme derjenigen, die unter 10 10 11 fallen
10 10 13*	Abfälle von Bindemitteln, die gefährliche Stoffe enthalten
10 10 14	Abfälle von Bindemitteln mit Ausnahme derjenigen, die unter 10 10 13 fallen
10 10 15*	Abfälle aus rissanzeigenden Substanzen, die gefährliche Stoffe enthalten
10 10 16	Abfälle aus rissanzeigenden Substanzen mit Ausnahme derjenigen, die unter 10 10 15 fallen
10 10 99	Abfälle a. n. g.
10 11	Abfälle aus der Herstellung von Glas und Glaserzeugnissen
10 11 03	Glasfaserabfall
10 11 05	Teilchen und Staub
10 11 09*	Gemengeabfall mit gefährlichen Stoffen vor dem Schmelzen
10 11 10	Gemengeabfall vor dem Schmelzen mit Ausnahme desjenigen, der unter 10 11 09 fällt
10 11 11*	Glasabfall in kleinen Teilchen und Glasstaub, die Schwermetalle enthalten (z. B. aus Kathodenstrahlröhren)
10 11 12	Glasabfall mit Ausnahme desjenigen, das unter 10 11 11 fällt
10 11 13*	Glaspolier- und Glasschleifschlämme, die gefährliche Stoffe enthalten
10 11 14	Glaspolier- und Glasschleifschlämme mit Ausnahme derjenigen, die unter 10 11 13 fallen
10 11 15*	feste Abfälle aus der Abgasbehandlung, die gefährliche Stoffe enthalten
10 11 16	feste Abfälle aus der Abgasbehandlung mit Ausnahme derjenigen, die unter 10 11 15 fallen
10 11 17*	Schlämme und Filterkuchen aus der Abgasbehandlung, die gefährliche Stoffe enthalten

10 11 18	Schlämme und Filterkuchen aus der Abgasbehandlung mit Ausnahme derjenigen, die unter 10 11 17 fallen
10 11 19*	feste Abfälle aus der betriebseigenen Abwasserbehandlung, die gefährliche Stoffe enthalten
10 11 20	feste Abfälle aus der betriebseigenen Abwasserbehandlung mit Ausnahme derjenigen, die unter 10 11 19 fallen
10 11 99	Abfälle a. n. g.
10 12	Abfälle aus der Herstellung von Keramikerzeugnissen und keramischen Baustoffen wie Ziegeln, Fliesen, Steinzeug
10 12 01	Rohmischungen vor dem Brennen
10 12 03	Teilchen und Staub
10 12 05	Schlämme und Filterkuchen aus der Abgasbehandlung
10 12 06	verworfene Formen
10 12 08	Abfälle aus Keramikerzeugnissen, Ziegeln, Fliesen und Steinzeug (nach dem Brennen)
10 12 09*	feste Abfälle aus der Abgasbehandlung, die gefährliche Stoffe enthalten
10 12 10	feste Abfälle aus der Abgasbehandlung mit Ausnahme derjenigen, die unter 10 12 09 fallen
10 12 11*	Glasurabfälle, die Schwermetalle enthalten
10 12 12	Glasurabfälle mit Ausnahme derjenigen, die unter 10 12 11 fallen
10 12 13	Schlämme aus der betriebseigenen Abwasserbehandlung
10 12 99	Abfälle a. n. g.
10 13	Abfälle aus der Herstellung von Zement, Branntkalk, Gips und Erzeugnissen aus diesen
10 13 01	Abfälle von Rohgemenge vor dem Brennen
10 13 04	Abfälle aus der Kalzinierung und Hydratisierung von Branntkalk
10 13 06	Teilchen und Staub (außer 10 13 12 und 10 13 13)
10 13 07	Schlämme und Filterkuchen aus der Abgasbehandlung
10 13 09*	asbesthaltige Abfälle aus der Herstellung von Asbestzement
10 13 10	Abfälle aus der Herstellung von Asbestzement mit Ausnahme derjenigen, die unter 10 13 09 fallen
10 13 11	Abfälle aus der Herstellung anderer Verbundstoffe auf Zementbasis mit Ausnahme derjenigen, die unter 10 13 09 und 10 13 10 fallen
10 13 12*	feste Abfälle aus der Abgasbehandlung, die gefährliche Stoffe enthalten
10 13 13	feste Abfälle aus der Abgasbehandlung mit Ausnahme derjenigen, die unter 10 13 12 fallen
10 13 14	Betonabfälle und Betonschlämme
10 13 99	Abfälle a. n. g.
10 14	Abfälle aus Krematorien
10 14 01*	quecksilberhaltige Abfälle aus der Gasreinigung
11	ABFÄLLE AUS DER CHEMISCHEN OBERFLÄCHENBEARBEITUNG UND BESCHICHTUNG VON METALLEN UND ANDEREN WERKSTOFFEN; NICHTEISENHYDROMETALLURGIE

11 01	Abfälle aus der chemischen Oberflächenbearbeitung und Beschichtung von Metallen und anderen Werkstoffen (z. B. Galvanik, Verzinkung, Beizen, Ätzen, Phosphatieren, alkalisches Entfetten und Anodisierung)
11 01 05*	saure Beizlösungen
11 01 06*	Säuren a. n. g.
11 01 07*	alkalische Beizlösungen
11 01 08*	Phosphatierschlämme
11 01 09*	Schlämme und Filterkuchen, die gefährliche Stoffe enthalten
11 01 10	Schlämme und Filterkuchen mit Ausnahme derjenigen, die unter 11 01 09 fallen
11 01 11*	wässrige Spülflüssigkeiten, die gefährliche Stoffe enthalten
11 01 12	wässrige Spülflüssigkeiten mit Ausnahme derjenigen, die unter 11 01 11 fallen
11 01 13*	Abfälle aus der Entfettung, die gefährliche Stoffe enthalten
11 01 14	Abfälle aus der Entfettung mit Ausnahme derjenigen, die unter 11 01 13 fallen
11 01 15*	Eluate und Schlämme aus Membransystemen oder Ionenaustauschsystemen, die gefährliche Stoffe enthalten
11 01 16*	gesättigte oder verbrauchte Ionenaustauscherharze
11 01 98*	andere Abfälle, die gefährliche Stoffe enthalten
11 01 99	Abfälle a. n. g.
11 02	Abfälle aus Prozessen der Nichteisen-Hydrometallurgie
11 02 02*	Schlämme aus der Zink-Hydrometallurgie (einschließlich Jarosit, Goethit)
11 02 03	Abfälle aus der Herstellung von Anoden für wässrige elektrolytische Prozesse
11 02 05*	Abfälle aus Prozessen der Kupfer-Hydrometallurgie, die gefährliche Stoffe enthalten
11 02 06	Abfälle aus Prozessen der Kupfer-Hydrometallurgie mit Ausnahme derjenigen, die unter 11 02 05 fallen
11 02 07*	andere Abfälle, die gefährliche Stoffe enthalten
11 02 99	Abfälle a. n. g.
11 03	Schlämme und Feststoffe aus Härteprozessen
11 03 01*	cyanidhaltige Abfälle
11 03 02*	andere Abfälle
11 05	Abfälle aus Prozessen der thermischen Verzinkung
11 05 01	Hartzink
11 05 02	Zinkasche
11 05 03*	feste Abfälle aus der Abgasbehandlung
11 05 04*	gebrauchte Flussmittel
11 05 99	Abfälle a.n.g.

12 ABFÄLLE AUS PROZESSEN DER MECHANISCHEN FORMGEBUNG SOWIE DER PHYSIKALISCHEN UND MECHANISCHEN OBERFLÄCHENBEARBEITUNG VON METALLEN UND KUNSTSTOFFEN

12 01 Abfälle aus Prozessen der mechanischen Formgebung sowie der physikalischen und mechanischen Oberflächenbearbeitung von Metallen und Kunststoffen

12 01 01 Eisenfeil- und -drehspäne

12 01 02 Eisenstaub und -teilchen

12 01 03 NE-Metallfeil- und -drehspäne

12 01 04 NE-Metallstaub und -teilchen

12 01 05 Kunststoffspäne und -drehspäne

12 01 06* halogenhaltige Bearbeitungsöle auf Mineralölbasis (außer Emulsionen und Lösungen)

12 01 07* halogenfreie Bearbeitungsöle auf Mineralölbasis (außer Emulsionen und Lösungen)

12 01 08* halogenhaltige Bearbeitungsemulsionen und -lösungen

12 01 09* halogenfreie Bearbeitungsemulsionen und -lösungen

12 01 10* synthetische Bearbeitungsöle

12 01 12* gebrauchte Wachse und Fette

12 01 13 Schweißabfälle

12 01 14* Bearbeitungsschlämme, die gefährliche Stoffe enthalten

12 01 15 Bearbeitungsschlämme mit Ausnahme derjenigen, die unter 12 01 14 fallen

12 01 16* Strahlmittelabfälle, die gefährliche Stoffe enthalten

12 01 17 Strahlmittelabfälle mit Ausnahme derjenigen, die unter 12 01 16 fallen

12 01 18* ölhaltige Metallschlämme (Schleif-, Hon- und Läppschlämme)

12 01 19* biologisch leicht abbaubare Bearbeitungsöle

12 01 20* gebrauchte Hon- und Schleifmittel, die gefährliche Stoffe enthalten

12 01 21 gebrauchte Hon- und Schleifmittel mit Ausnahme derjenigen, die unter 12 01 20 fallen

12 01 99 Abfälle a. n. g.

12 03 Abfälle aus der Wasser- und Dampfentfettung (außer 11)

12 03 01* wässrige Waschflüssigkeiten

12 03 02* Abfälle aus der Dampfentfettung

13 ÖLABFÄLLE UND ABFÄLLE AUS FLÜSSIGEN BRENNSTOFFEN (AUSSER SPEISEÖLE UND ÖLABFÄLLE, DIE UNTER DIE KAPITEL 05, 12 UND 19 FALLEN)

13 01 Abfälle von Hydraulikölen

13 01 01* Hydrauliköle, die PCB enthalten

13 01 04* chlorierte Emulsionen

13 01 05* nichtchlorierte Emulsionen

13 01 09* chlorierte Hydrauliköle auf Mineralölbasis

13 01 10* nichtchlorierte Hydrauliköle auf Mineralölbasis

13 01 11*	synthetische Hydrauliköle
13 01 12*	biologisch leicht abbaubare Hydrauliköle
13 01 13*	andere Hydrauliköle
13 02	Abfälle von Maschinen-, Getriebe- und Schmierölen
13 02 04*	chlorierte Maschinen-, Getriebe- und Schmieröle auf Mineralölbasis
13 02 05*	nichtchlorierte Maschinen-, Getriebe- und Schmieröle auf Mineralölbasis
13 02 06*	synthetische Maschinen-, Getriebe- und Schmieröle
13 02 07*	biologisch leicht abbaubare Maschinen-, Getriebe- und Schmieröle
13 02 08*	andere Maschinen-, Getriebe- und Schmieröle
13 03	Abfälle von Isolier- und Wärmeübertragungsölen
13 03 01*	Isolier- und Wärmeübertragungsöle, die PCB enthalten
13 03 06*	chlorierte Isolier- und Wärmeübertragungsöle auf Mineralölbasis mit Ausnahme derjenigen, die unter 13 03 01 fallen
13 03 07*	nichtchlorierte Isolier- und Wärmeübertragungsöle auf Mineralölbasis
13 03 08*	synthetische Isolier- und Wärmeübertragungsöle
13 03 09*	biologisch leicht abbaubare Isolier- und Wärmeübertragungsöle
13 03 10*	andere Isolier- und Wärmeübertragungsöle
13 04	Bilgenöle
13 04 01*	Bilgenöle aus der Binnenschifffahrt
13 04 02*	Bilgenöle aus Molenablaufkanälen
13 04 03*	Bilgenöle aus der übrigen Schifffahrt
13 05	Inhalte von Öl-/Wasserabscheidern
13 05 01*	feste Abfälle aus Sandfanganlagen und Öl-/Wasserabscheidern
13 05 02*	Schlämme aus Öl-/Wasserabscheidern
13 05 03*	Schlämme aus Einlaufschächten
13 05 06*	Öle aus Öl-/Wasserabscheidern
13 05 07*	öliges Wasser aus Öl-/Wasserabscheidern
13 05 08*	Abfallgemische aus Sandfanganlagen und Öl-/Wasserabscheidern
13 07	Abfälle aus flüssigen Brennstoffen
13 07 01*	Heizöl und Diesel
13 07 02*	Benzin
13 07 03*	andere Brennstoffe (einschließlich Gemische)
13 08	Ölabfälle a. n. g.
13 08 01*	Schlämme oder Emulsionen aus Entsalzern
13 08 02*	andere Emulsionen
13 08 99*	Abfälle a. n. g.

14	ABFÄLLE AUS ORGANISCHEN LÖSEMITTELN, KÜHLMITTELN UND TREIBGASEN (AUSSER 07 UND 08)
14 06	Abfälle aus organischen Lösemitteln, Kühlmitteln sowie Schaum- und Aerosoltreibgasen
14 06 01*	Fluorchlorkohlenwasserstoffe, HFCKW, HFKW
14 06 02*	andere halogenierte Lösemittel und Lösemittelgemische
14 06 03*	andere Lösemittel und Lösemittelgemische
14 06 04*	Schlämme oder feste Abfälle, die halogenierte Lösemittel enthalten
14 06 05*	Schlämme oder feste Abfälle, die andere Lösemittel enthalten
15	VERPACKUNGSABFALL, AUFSAUGMASSEN, WISCHTÜCHER, FILTERMATERIALIEN UND SCHUTZKLEIDUNG (A. N. G.)
15 01	Verpackungen (einschließlich getrennt gesammelter kommunaler Verpackungsabfälle)
15 01 01	Verpackungen aus Papier und Pappe
15 01 02	Verpackungen aus Kunststoff
15 01 03	Verpackungen aus Holz
15 01 04	Verpackungen aus Metall
15 01 05	Verbundverpackungen
15 01 06	gemischte Verpackungen
15 01 07	Verpackungen aus Glas
15 01 09	Verpackungen aus Textilien
15 01 10*	Verpackungen, die Rückstände gefährlicher Stoffe enthalten oder durch gefährliche Stoffe verunreinigt sind
15 01 11*	Verpackungen aus Metall, die eine gefährliche feste poröse Matrix (z. B. Asbest) enthalten, einschließlich geleerter Druckbehältnisse
15 02	Aufsaug- und Filtermaterialien, Wischtücher und Schutzkleidung
15 02 02*	Aufsaug- und Filtermaterialien (einschließlich Ölfilter a. n. g.), Wischtücher und Schutzkleidung, die durch gefährliche Stoffe verunreinigt sind
15 02 03	Aufsaug- und Filtermaterialien, Wischtücher und Schutzkleidung mit Ausnahme derjenigen, die unter 15 02 02 fallen
16	ABFÄLLE, DIE NICHT ANDERSWO IM VERZEICHNIS AUFGEFÜHRT SIND
16 01	Altfahrzeuge verschiedener Verkehrsträger (einschließlich mobiler Maschinen) und Abfälle aus der Demontage von Altfahrzeugen sowie der Fahrzeugwartung (außer 13, 14, 16 06 und 16 08)
16 01 03	Altreifen
16 01 04*	Altfahrzeuge
16 01 06	Altfahrzeuge, die weder Flüssigkeiten noch andere gefährliche Bestandteile enthalten
16 01 07*	Ölfilter
16 01 08*	quecksilberhaltige Bauteile
16 01 09*	Bauteile, die PCB enthalten
16 01 10*	explosive Bauteile (z. B. aus Airbags)

16 01 11* asbesthaltige Bremsbeläge

16 01 12 Bremsbeläge mit Ausnahme derjenigen, die unter 16 01 11 fallen

16 01 13* Bremsflüssigkeiten

16 01 14* Frostschutzmittel, die gefährliche Stoffe enthalten

16 01 15 Frostschutzmittel mit Ausnahme derjenigen, die unter 16 01 14 fallen

16 01 16 Flüssiggasbehälter

16 01 17 Eisenmetalle

16 01 18 Nichteisenmetalle

16 01 19 Kunststoff

16 01 20 Glas

16 01 21* gefährliche Bauteile mit Ausnahme derjenigen, die unter 16 01 07 bis 16 01 11, 16 01 13 und 16 01 14 fallen

16 01 22 Bauteile a. n. g.

16 01 99 Abfälle a. n. g.

16 02 Abfälle aus elektrischen und elektronischen Geräten

16 02 09* Transformatoren und Kondensatoren, die PCB enthalten

16 02 10* gebrauchte Geräte, die PCB enthalten oder damit verunreinigt sind, mit Ausnahme derjenigen, die unter 16 02 09 fallen

16 02 11* gebrauchte Geräte, die Fluorchlorkohlenwasserstoffe, HFCKW oder HFKW enthalten

16 02 12* gebrauchte Geräte, die freies Asbest enthalten

16 02 13* gefährliche Bauteile[42] enthaltende gebrauchte Geräte mit Ausnahme derjenigen, die unter 16 02 09 bis 16 02 12 fallen

16 02 14 gebrauchte Geräte mit Ausnahme derjenigen, die unter 16 02 09 bis 16 02 13 fallen

16 02 15* aus gebrauchten Geräten entfernte gefährliche Bauteile

16 02 16 aus gebrauchten Geräten entfernte Bauteile mit Ausnahme derjenigen, die unter 16 02 15 fallen

16 03 Fehlchargen und ungebrauchte Erzeugnisse

16 03 03* anorganische Abfälle, die gefährliche Stoffe enthalten

16 03 04 anorganische Abfälle mit Ausnahme derjenigen, die unter 16 03 03 fallen

16 03 05* organische Abfälle, die gefährliche Stoffe enthalten

16 03 06 organische Abfälle mit Ausnahme derjenigen, die unter 16 03 05 fallen

16 03 07* metallisches Quecksilber

16 04 Explosivabfälle

16 04 01* Munitionsabfälle

16 04 02* Feuerwerkskörperabfälle

[42] Gefährliche Bauteile elektrischer und elektronischer Geräte umfassen z. B. Akkumulatoren und Batterien, die unter 16 06 aufgeführt und als gefährlich eingestuft sind, Quecksilberschalter, Glas aus Kathodenstrahlröhren und sonstiges beschichtetes Glas.

16 04 03*	andere Explosivabfälle
16 05	Gase in Druckbehältern und gebrauchte Chemikalien
16 05 04*	gefährliche Stoffe enthaltende Gase in Druckbehältern (einschließlich Halonen)
16 05 05	Gase in Druckbehältern mit Ausnahme derjenigen, die unter 16 05 04 fallen
16 05 06*	Laborchemikalien, die aus gefährlichen Stoffen bestehen oder solche enthalten, einschließlich Gemische von Laborchemikalien
16 05 07*	gebrauchte anorganische Chemikalien, die aus gefährlichen Stoffen bestehen oder solche enthalten
16 05 08*	gebrauchte organische Chemikalien, die aus gefährlichen Stoffen bestehen oder solche enthalten
16 05 09	gebrauchte Chemikalien mit Ausnahme derjenigen, die unter 16 05 06, 16 05 07 oder 16 05 08 fallen
16 06	Batterien und Akkumulatoren
16 06 01*	Bleibatterien
16 06 02*	Ni-Cd-Batterien
16 06 03*	Quecksilber enthaltende Batterien
16 06 04	Alkalibatterien (außer 16 06 03)
16 06 05	andere Batterien und Akkumulatoren
16 06 06*	getrennt gesammelte Elektrolyte aus Batterien und Akkumulatoren
16 07	Abfälle aus der Reinigung von Transport- und Lagertanks und Fässern (außer 05 und 13)
16 07 08*	ölhaltige Abfälle
16 07 09*	Abfälle, die sonstige gefährliche Stoffe enthalten
16 07 99	Abfälle a. n. g.
16 08	Gebrauchte Katalysatoren
16 08 01	gebrauchte Katalysatoren, die Gold, Silber, Rhenium, Rhodium, Palladium, Iridium oder Platin enthalten (außer 16 08 07)
16 08 02*	gebrauchte Katalysatoren, die gefährliche Übergangsmetalle oder deren Verbindungen enthalten
16 08 03	gebrauchte Katalysatoren, die Übergangsmetalle oder deren Verbindungen enthalten, a. n. g.
16 08 04	gebrauchte Katalysatoren von Crackprozessen (außer 16 08 07)
16 08 05*	gebrauchte Katalysatoren, die Phosphorsäure enthalten
16 08 06*	gebrauchte Flüssigkeiten, die als Katalysatoren verwendet wurden
16 08 07*	gebrauchte Katalysatoren, die durch gefährliche Stoffe verunreinigt sind
16 09	oxidierende Stoffe
16 09 01*	Permanganate, z. B. Kaliumpermanganat
16 09 02*	Chromate, z. B. Kaliumchromat, Kalium- oder Natriumdichromat
16 09 03*	Peroxide, z. B. Wasserstoffperoxid
16 09 04*	oxidierende Stoffe a. n. g.
16 10	wässrige flüssige Abfälle zur externen Behandlung

16 10 01* wässrige flüssige Abfälle, die gefährliche Stoffe enthalten

16 10 02 wässrige flüssige Abfälle mit Ausnahme derjenigen, die unter 16 10 01 fallen

16 10 03* wässrige Konzentrate, die gefährliche Stoffe enthalten

16 10 04 wässrige Konzentrate mit Ausnahme derjenigen, die unter 16 10 03 fallen

16 11 gebrauchte Auskleidungen und feuerfeste Materialien

16 11 01* Auskleidungen und feuerfeste Materialien auf Kohlenstoffbasis aus metallurgischen Prozessen, die gefährliche Stoffe enthalten

16 11 02 Auskleidungen und feuerfeste Materialien auf Kohlenstoffbasis aus metallurgischen Prozessen mit Ausnahme derjenigen, die unter 16 11 01 fallen

16 11 03* andere Auskleidungen und feuerfeste Materialien aus metallurgischen Prozessen, die gefährliche Stoffe enthalten

16 11 04 andere Auskleidungen und feuerfeste Materialien aus metallurgischen Prozessen mit Ausnahme derjenigen, die unter 16 11 03 fallen

16 11 05* Auskleidungen und feuerfeste Materialien aus nichtmetallurgischen Prozessen, die gefährliche Stoffe enthalten

16 11 06 Auskleidungen und feuerfeste Materialien aus nichtmetallurgischen Prozessen mit Ausnahme derjenigen, die unter 16 11 05 fallen

17 BAU- UND ABBRUCHABFÄLLE (EINSCHLIESSLICH AUSHUB VON VERUNREINIGTEN STANDORTEN)

17 01 Beton, Ziegel, Fliesen und Keramik

17 01 01 Beton

17 01 02 Ziegel

17 01 03 Fliesen und Keramik

17 01 06* Gemische aus oder getrennte Fraktionen von Beton, Ziegeln, Fliesen und Keramik, die gefährliche Stoffe enthalten

17 01 07 Gemische aus Beton, Ziegeln, Fliesen und Keramik mit Ausnahme derjenigen, die unter 17 01 06 fallen

17 02 Holz, Glas und Kunststoff

17 02 01 Holz

17 02 02 Glas

17 02 03 Kunststoff

17 02 04* Glas, Kunststoff und Holz, die gefährliche Stoffe enthalten oder durch gefährliche Stoffe verunreinigt sind

17 03 Bitumengemische, Kohlenteer und teerhaltige Produkte

17 03 01* kohlenteerhaltige Bitumengemische

17 03 02 Bitumengemische mit Ausnahme derjenigen, die unter 17 03 01 fallen

17 03 03* Kohlenteer und teerhaltige Produkte

17 04 Metalle (einschließlich Legierungen)

17 04 01 Kupfer, Bronze, Messing

17 04 02	Aluminium
17 04 03	Blei
17 04 04	Zink
17 04 05	Eisen und Stahl
17 04 06	Zinn
17 04 07	gemischte Metalle
17 04 09*	Metallabfälle, die durch gefährliche Stoffe verunreinigt sind
17 04 10*	Kabel, die Öl, Kohlenteer oder andere gefährliche Stoffe enthalten
17 04 11	Kabel mit Ausnahme derjenigen, die unter 17 04 10 fallen
17 05	Boden (einschließlich Aushub von verunreinigten Standorten), Steine und Baggergut
17 05 03*	Boden und Steine, die gefährliche Stoffe enthalten
17 05 04	Boden und Steine mit Ausnahme derjenigen, die unter 17 05 03 fallen
17 05 05*	Baggergut, das gefährliche Stoffe enthält
17 05 06	Baggergut mit Ausnahme desjenigen, das unter 17 05 05 fällt
17 05 07*	Gleisschotter, der gefährliche Stoffe enthält
17 05 08	Gleisschotter mit Ausnahme desjenigen, der unter 17 05 07 fällt
17 06	Dämmmaterial und asbesthaltige Baustoffe
17 06 01*	Dämmmaterial, das Asbest enthält
17 06 03*	anderes Dämmmaterial, das aus gefährlichen Stoffen besteht oder solche Stoffe enthält
17 06 04	Dämmmaterial mit Ausnahme desjenigen, das unter 17 06 01 und 17 06 03 fällt
17 06 05*	asbesthaltige Baustoffe
17 08	Baustoffe auf Gipsbasis
17 08 01*	Baustoffe auf Gipsbasis, , die durch gefährliche Stoffe verunreinigt sind
17 08 02	Baustoffe auf Gipsbasis mit Ausnahme derjenigen, die unter 17 08 01 fallen
17 09	Sonstige Bau- und Abbruchabfälle
17 09 01*	Bau- und Abbruchabfälle, die Quecksilber enthalten
17 09 02*	Bau- und Abbruchabfälle, die PCB enthalten (z. B. PCB-haltige Dichtungsmassen, PCB-haltige Bodenbeläge auf Harzbasis, PCB-haltige Isolierverglasungen, PCB-haltige Kondensatoren)
17 09 03*	sonstige Bau- und Abbruchabfälle (einschließlich gemischter Abfälle), die gefährliche Stoffe enthalten
17 09 04	gemischte Bau- und Abbruchabfälle mit Ausnahme derjenigen, die unter 17 09 01, 17 09 02 und 17 09 03 fallen
18	ABFÄLLE AUS DER HUMANMEDIZINISCHEN ODER TIERÄRZTLICHEN VERSORGUNG UND FORSCHUNG (OHNE KÜCHEN- UND RESTAURANTABFÄLLE, DIE NICHT AUS DER UNMITTELBAREN KRANKENPFLEGE STAMMEN)
18 01	Abfälle aus der Geburtshilfe, Diagnose, Behandlung oder Vorbeugung von Krankheiten beim Menschen

18 01 01 spitze oder scharfe Gegenstände (außer 18 01 03)

18 01 02 Körperteile und Organe, einschließlich Blutbeutel und Blutkonserven (außer 18 01 03)

18 01 03* Abfälle, an deren Sammlung und Entsorgung aus infektionspräventiver Sicht besondere Anforderungen gestellt werden

18 01 04 Abfälle, an deren Sammlung und Entsorgung aus infektionspräventiver Sicht keine besonderen Anforderungen gestellt werden (z. B. Wund- und Gipsverbände, Wäsche, Einwegkleidung, Windeln)

18 01 06* Chemikalien, die aus gefährlichen Stoffen bestehen oder solche enthalten

18 01 07 Chemikalien mit Ausnahme derjenigen, die unter 18 01 06 fallen

18 01 08* zytotoxische und zytostatische Arzneimittel

18 01 09 Arzneimittel mit Ausnahme derjenigen, die unter 18 01 08 fallen

18 01 10* Amalgamabfälle aus der Zahnmedizin

18 02 Abfälle aus Forschung, Diagnose, Krankenbehandlung und Vorsorge bei Tieren

18 02 01 spitze oder scharfe Gegenstände mit Ausnahme derjenigen, die unter 18 02 02 fallen

18 02 02* Abfälle, an deren Sammlung und Entsorgung aus infektionspräventiver Sicht besondere Anforderungen gestellt werden

18 02 03 Abfälle, an deren Sammlung und Entsorgung aus infektionspräventiver Sicht keine besondere Anforderungen gestellt werden

18 02 05* Chemikalien, die aus gefährlichen Stoffen bestehen oder solche enthalten

18 02 06 Chemikalien mit Ausnahme derjenigen, die unter 18 02 05 fallen

18 02 07* zytotoxische und zytostatische Arzneimittel

18 02 08 Arzneimittel mit Ausnahme derjenigen, die unter 18 02 07 fallen

19 ABFÄLLE AUS ABFALLBEHANDLUNGSANLAGEN, ÖFFENTLICHEN ABWASSERBEHANDLUNGSANLAGEN SOWIE DER AUFBEREITUNG VON WASSER FÜR DEN MENSCHLICHEN GEBRAUCH UND WASSER FÜR INDUSTRIELLE ZWECKE

19 01 Abfälle aus der Verbrennung oder Pyrolyse von Abfällen

19 01 02 Eisenteile, aus der Rost- und Kesselasche entfernt

19 01 05* Filterkuchen aus der Abgasbehandlung

19 01 06* wässrige flüssige Abfälle aus der Abgasbehandlung und andere wässrige flüssige Abfälle

19 01 07* feste Abfälle aus der Abgasbehandlung

19 01 10* gebrauchte Aktivkohle aus der Abgasbehandlung

19 01 11* Rost- und Kesselaschen sowie Schlacken, die gefährliche Stoffe enthalten

19 01 12 Rost- und Kesselaschen sowie Schlacken mit Ausnahme derjenigen, die unter 19 01 11 fallen

19 01 13* Flugasche, die gefährliche Stoffe enthält

19 01 14 Flugasche, mit Ausnahme derjenigen, die unter 19 01 13 fällt

19 01 15* Kesselstaub, der gefährliche Stoffe enthält

19 01 16 Kesselstaub mit Ausnahme desjenigen, der unter 19 01 15 fällt

19 01 17* Pyrolyseabfälle, die gefährliche Stoffe enthalten

19 01 18	Pyrolyseabfälle mit Ausnahme derjenigen, die unter 19 01 17 fallen
19 01 19	Sande aus der Wirbelschichtfeuerung
19 01 99	Abfälle a. n. g.
19 02	Abfälle aus der physikalisch-chemischen Behandlung von Abfällen (einschließlich Dechromatisierung, Cyanidentfernung, Neutralisation)
19 02 03	vorgemischte Abfälle, die ausschließlich aus nichtgefährlichen Abfällen bestehen
19 02 04*	vorgemischte Abfälle, die wenigstens einen gefährlichen Abfall enthalten
19 02 05*	Schlämme aus der physikalisch-chemischen Behandlung, die gefährliche Stoffe enthalten
19 02 06	Schlämme aus der physikalisch-chemischen Behandlung mit Ausnahme derjenigen, die unter 19 02 05 fallen
19 02 07*	Öl und Konzentrate aus Abtrennprozessen
19 02 08*	flüssige brennbare Abfälle, die gefährliche Stoffe enthalten
19 02 09*	feste brennbare Abfälle, die gefährliche Stoffe enthalten
19 02 10	brennbare Abfälle mit Ausnahme derjenigen, die unter 19 02 08 und 19 02 09 fallen
19 02 11*	sonstige Abfälle, die gefährliche Stoffe enthalten
19 02 99	Abfälle a. n. g.
19 03	Stabilisierte und verfestigte Abfälle
19 03 04*	als gefährlich eingestufte teilweise stabilisierte Abfälle mit Ausnahme derjenigen, die unter 19 03 08 fallen
19 03 05	stabilisierte Abfälle mit Ausnahme derjenigen, die unter 19 03 04 fallen
19 03 06*	als gefährlich eingestufte verfestigte Abfälle
19 03 07	verfestigte Abfälle mit Ausnahme derjenigen, die unter 19 03 06 fallen
19 03 08*	teilweise stabilisiertes Quecksilber
19 04	Verglaste Abfälle und Abfälle aus der Verglasung
19 04 01	verglaste Abfälle
19 04 02*	Filterstaub und andere Abfälle aus der Abgasbehandlung
19 04 03*	nicht verglaste Festphase
19 04 04	wässrige flüssige Abfälle aus dem Tempern
19 05	Abfälle aus der aeroben Behandlung von festen Abfällen
19 05 01	nicht kompostierte Fraktion von Siedlungs- und ähnlichen Abfällen
19 05 02	nicht kompostierte Fraktion von tierischen und pflanzlichen Abfällen
19 05 03	nicht spezifikationsgerechter Kompost
19 05 99	Abfälle a. n. g.
19 06	Abfälle aus der anaeroben Behandlung von Abfällen
19 06 03	Flüssigkeiten aus der anaeroben Behandlung von Siedlungsabfällen
19 06 04	Gärrückstand/-schlamm aus der anaeroben Behandlung von Siedlungsabfällen

19 06 05	Flüssigkeiten aus der anaeroben Behandlung von tierischen und pflanzlichen Abfällen
19 06 06	Gärrückstand/-schlamm aus der anaeroben Behandlung von tierischen und pflanzlichen Abfällen
19 06 99	Abfälle a. n. g.
19 07	Deponiesickerwasser
19 07 02*	Deponiesickerwasser, das gefährliche Stoffe enthält
19 07 03	Deponiesickerwasser mit Ausnahme desjenigen, das unter 19 07 02 fällt
19 08	Abfälle aus Abwasserbehandlungsanlagen a. n. g.
19 08 01	Sieb- und Rechenrückstände
19 08 02	Sandfangrückstände
19 08 05	Schlämme aus der Behandlung von kommunalem Abwasser
19 08 06*	gesättigte oder verbrauchte Ionenaustauscherharze
19 08 07*	Lösungen und Schlämme aus der Regeneration von Ionenaustauschern
19 08 08*	schwermetallhaltige Abfälle aus Membransystemen
19 08 09	Fett- und Ölmischungen aus Ölabscheidern, die ausschließlich Speiseöle und -fette enthalten
19 08 10*	Fett- und Ölmischungen aus Ölabscheidern mit Ausnahme derjenigen, die unter 19 08 09 fallen
19 08 11*	Schlämme aus der biologischen Behandlung von industriellem Abwasser, die gefährliche Stoffe enthalten
19 08 12	Schlämme aus der biologischen Behandlung von industriellem Abwasser mit Ausnahme derjenigen, die unter 19 08 11 fallen
19 08 13*	Schlämme, die gefährliche Stoffe aus einer anderen Behandlung von industriellem Abwasser enthalten
19 08 14	Schlämme aus einer anderen Behandlung von industriellem Abwasser mit Ausnahme derjenigen, die unter 19 08 13 fallen
19 08 99	Abfälle a. n. g.
19 09	Abfälle aus der Zubereitung von Wasser für den menschlichen Gebrauch oder industriellem Brauchwasser
19 09 01	feste Abfälle aus der Erstfiltration und Siebrückstände
19 09 02	Schlämme aus der Wasserklärung
19 09 03	Schlämme aus der Dekarbonatisierung
19 09 04	gebrauchte Aktivkohle
19 09 05	gesättigte oder verbrauchte Ionenaustauscherharze
19 09 06	Lösungen und Schlämme aus der Regeneration von Ionenaustauschern
19 09 99	Abfälle a. n. g.
19 10	Abfälle aus dem Schreddern von metallhaltigen Abfällen
19 10 01	Eisen und Stahlabfälle
19 10 02	NE-Metall-Abfälle
19 10 03*	Schredderleichtfraktionen und Staub, die gefährliche Stoffe enthalten

19 10 04	Schredderleichtfraktionen und Staub mit Ausnahme derjenigen, die unter 19 10 03 fallen
19 10 05*	andere Fraktionen, die gefährliche Stoffe enthalten
19 10 06	andere Fraktionen mit Ausnahme derjenigen, die unter 19 10 05 fallen
19 11	Abfälle aus der Altölaufbereitung
19 11 01*	gebrauchte Filtertone
19 11 02*	Säureteere
19 11 03*	wässrige flüssige Abfälle
19 11 04*	Abfälle aus der Brennstoffreinigung mit Basen
19 11 05*	Schlämme aus der betriebseigenen Abwasserbehandlung, die gefährliche Stoffe enthalten
19 11 06	Schlämme aus der betriebseigenen Abwasserbehandlung mit Ausnahme derjenigen, die unter 19 11 05 fallen
19 11 07*	Abfälle aus der Abgasreinigung
19 11 99	Abfälle a. n. g.
19 12	Abfälle aus der mechanischen Behandlung von Abfällen (z. B. Sortieren, Zerkleinern, Verdichten, Pelletieren) a. n. g.
19 12 01	Papier und Pappe
19 12 02	Eisenmetalle
19 12 03	Nichteisenmetalle
19 12 04	Kunststoff und Gummi
19 12 05	Glas
19 12 06*	Holz, das gefährliche Stoffe enthält
19 12 07	Holz mit Ausnahme desjenigen, das unter 19 12 06 fällt
19 12 08	Textilien
19 12 09	Mineralien (z. B. Sand, Steine)
19 12 10	brennbare Abfälle (Brennstoffe aus Abfällen)
19 12 11*	sonstige Abfälle (einschließlich Materialmischungen) aus der mechanischen Behandlung von Abfällen, die gefährliche Stoffe enthalten
19 12 12	sonstige Abfälle (einschließlich Materialmischungen) aus der mechanischen Behandlung von Abfällen mit Ausnahme derjenigen, die unter 19 12 11 fallen
19 13	Abfälle aus der Sanierung von Böden und Grundwasser
19 13 01*	feste Abfälle aus der Sanierung von Böden, die gefährliche Stoffe enthalten
19 13 02	feste Abfälle aus der Sanierung von Böden mit Ausnahme derjenigen, die unter 19 13 01 fallen
19 13 03*	Schlämme aus der Sanierung von Böden, die gefährliche Stoffe enthalten
19 13 04	Schlämme aus der Sanierung von Böden mit Ausnahme derjenigen, die unter 19 13 03 fallen
19 13 05*	Schlämme aus der Sanierung von Grundwasser, die gefährliche Stoffe enthalten
19 13 06	Schlämme aus der Sanierung von Grundwasser mit Ausnahme derjenigen, die unter 19 13 05 fallen

19 13 07* wässrige flüssige Abfälle und wässrige Konzentrate aus der Sanierung von Grundwasser, die gefährliche Stoffe enthalten

19 13 08 wässrige flüssige Abfälle und wässrige Konzentrate aus der Sanierung von Grundwasser mit Ausnahme derjenigen, die unter 19 13 07 fallen

20 SIEDLUNGSABFÄLLE (HAUSHALTSABFÄLLE UND ÄHNLICHE GEWERBLICHE UND INDUSTRIELLE ABFÄLLE SOWIE ABFÄLLE AUS EINRICHTUNGEN), EINSCHLIESSLICH GETRENNT GESAMMELTER FRAKTIONEN

20 01 getrennt gesammelte Fraktionen (außer 15 01)

20 01 01 Papier und Pappe

20 01 02 Glas

20 01 08 biologisch abbaubare Küchen- und Kantinenabfälle

20 01 10 Bekleidung

20 01 11 Textilien

20 01 13* Lösemittel

20 01 14* Säuren

20 01 15* Laugen

20 01 17* Fotochemikalien

20 01 19* Pestizide

20 01 21* Leuchtstoffröhren und andere quecksilberhaltige Abfälle

20 01 23* gebrauchte Geräte, die Fluorchlorkohlenwasserstoffe enthalten

20 01 25 Speiseöle und -fette

20 01 26* Öle und Fette mit Ausnahme derjenigen, die unter 20 01 25 fallen

20 01 27* Farben, Druckfarben, Klebstoffe und Kunstharze, die gefährliche Stoffe enthalten

20 01 28 Farben, Druckfarben, Klebstoffe und Kunstharze mit Ausnahme derjenigen, die unter 20 01 27 fallen

20 01 29* Reinigungsmittel, die gefährliche Stoffe enthalten

20 01 30 Reinigungsmittel mit Ausnahme derjenigen, die unter 20 01 29 fallen

20 01 31* zytotoxische und zytostatische Arzneimittel

20 01 32 Arzneimittel mit Ausnahme derjenigen, die unter 20 01 31 fallen

20 01 33* Batterien und Akkumulatoren, die unter 16 06 01, 16 06 02 oder 16 06 03 fallen, sowie gemischte Batterien und Akkumulatoren, die solche Batterien enthalten

20 01 34 Batterien und Akkumulatoren mit Ausnahme derjenigen, die unter 20 01 33 fallen

20 01 35* gebrauchte elektrische und elektronische Geräte, die gefährliche Bauteile[43] enthalten, mit Ausnahme derjenigen, die unter 20 01 21 und 20 01 23 fallen

20 01 36 gebrauchte elektrische und elektronische Geräte mit Ausnahme derjenigen, die unter 20 01 21, 20 01 23 und 20 01 35 fallen

---

[43] Gefährliche Bauteile elektrischer und elektronischer Geräte umfassen z. B. Akkumulatoren und Batterien, die unter 16 06 aufgeführt und als gefährlich eingestuft sind, Quecksilberschalter, Glas aus Kathodenstrahlröhren und sonstiges beschichtetes Glas.

20 01 37*	Holz, das gefährliche Stoffe enthält
20 01 38	Holz mit Ausnahme desjenigen, das unter 20 01 37 fällt
20 01 39	Kunststoffe
20 01 40	Metalle
20 01 41	Abfälle aus der Reinigung von Schornsteinen
20 01 99	sonstige Fraktionen a. n. g.
20 02	Garten- und Parkabfälle (einschließlich Friedhofsabfällen)
20 02 01	biologisch abbaubare Abfälle
20 02 02	Boden und Steine
20 02 03	andere nicht biologisch abbaubare Abfälle
20 03	andere Siedlungsabfälle
20 03 01	gemischte Siedlungsabfälle
20 03 02	Marktabfälle
20 03 03	Straßenkehricht
20 03 04	Fäkalschlamm
20 03 06	Abfälle aus der Kanalisationsreinigung
20 03 07	Sperrmüll
20 03 99	Siedlungsabfälle a. n. g.

Teil 3

Liste A (Anlage II des Basler Übereinkommens)

Y46 Haushaltsabfälle[44]

Y47 Rückstände aus der Verbrennung von Haushaltsabfällen

Y48 Kunststoffabfälle, einschließlich Gemische aus solchen Abfällen, mit Ausnahme der folgenden:

- Kunststoffabfälle, bei denen es sich um gefährliche Abfälle handelt (siehe Eintrag A3210 in Anhang V Liste A Teil 1)
- Nachstehend aufgeführte Kunststoffabfälle, sofern sie zum umweltgerechten Recycling[45] bestimmt und nahezu frei von Verunreinigungen und anderen Arten von Abfällen[46] sind:
  - Kunststoffabfälle, die nahezu ausschließlich[47] aus einem nicht halogenierten Polymer bestehen, einschließlich, aber nicht begrenzt auf folgende Polymere:
    - Polyethylen (PE)
    - Polypropylen (PP)
    - Polystyrol (PS)
    - Acrylnitril-Butadienstyrol (ABS)
    - Polyethylenterephthalat (PET)
    - Polycarbonate (PC)
    - Polyether
  - Kunststoffabfälle, die nahezu ausschließlich[47] aus einem ausgehärteten Harz oder Kondensationsprodukt bestehen, einschließlich, aber nicht begrenzt auf folgende Harze:
    - Harnstoff-Formaldehyd-Harze
    - Phenol-Formaldehyd-Harze
    - Melamin-Formaldehyd-Harze
    - Epoxidharze
    - Alkydharze
  - Kunststoffabfälle, die nahezu ausschließlich[47] aus einem der folgenden fluorierten Polymere bestehen:[48]
    - Perfluorethylen/-propylen (FEP)
    - Perfluoralkoxyalkane:
      - Tetrafluorethylen/Perfluoralkylvinylether (PFA)

---

44 Es sei denn, diese sind als Einzeleintrag in Anhang III ordnungsgemäß eingestuft.

45 Verwertung/Rückgewinnung organischer Stoffe, die nicht als Lösungsmittel verwendet werden (R3 in Anlage IV Abschnitt B) oder erforderlichenfalls vorübergehende, einmalige Lagerung, sofern sich das Verfahren R3 an sie anschließt und dies durch vertragliche oder einschlägige amtliche Unterlagen nachgewiesen wird.

46 In Bezug auf den Begriff ‚nahezu frei von Verunreinigungen und anderen Arten von Abfällen' können internationale und nationale Spezifikationen als Bezugspunkt dienen.

47 In Bezug auf den Begriff ‚nahezu ausschließlich' können internationale und nationale Spezifikationen als Bezugspunkt dienen.

48 Verbraucherabfälle sind ausgeschlossen.

— Tetrafluorethylen/Perfluormethylvinylether (MFA)

— Polyvinylfluorid (PVF) — Polyvinylidenfluorid (PVDF)

— Gemische aus Kunststoffabfällen, die aus Polyethylen (PE), Polypropylen (PP) und/oder Polyethylenterephthalat (PET) bestehen, sofern sie zum getrennten und umweltgerechten Recycling[49] jedes Materials bestimmt und nahezu frei von Verunreinigungen und anderen Arten von Abfällen[46] sind.

Liste B (Abfälle von Anlage 4 Teil II des OECD-Beschlusses)[50]

Metallhaltige Abfälle

AA010	261900	Krätzen, Zunder und andere Abfälle aus der Eisen- und Stahlherstellung[51]
AA060	262050	vanadiumhaltige Aschen und Rückstände[45]
AA190	810420 ex 810430	brennbare und selbstentzündliche Abfälle und Schrott aus Magnesium oder solche, die bei Berührung mit Wasser gefährliche Mengen brennbarer Gase emittieren

Vorwiegend anorganische Stoffe enthaltende Abfälle, eventuell vermischt mit Metallen und organischen Stoffen

AB030		andere Abfälle als solche aus Systemen auf Cyanidbasis aus der Oberflächenbehandlung von Metallen
AB070		Gießereisand
AB120	ex 281290	anderweitig nicht aufgeführte oder eingeschlossene anorganische Halogenidverbindungen
	ex 3824	
AB150	ex 382490	nichtraffiniertes Calciumsulfit und Calciumsulfat aus der Rauchgasentschwefelung

Vorwiegend organische Stoffe enthaltende Abfälle, eventuell vermischt mit Metallen und anorganischen Stoffen

AC060	ex 381900	Hydraulikflüssigkeit
AC070	ex 381900	Bremsflüssigkeit
AC080	ex 382000	Frostschutzmittel
AC150		Fluorchlorkohlenwasserstoffe
AC160		Halone
AC170	ex 440310	Abfälle von behandeltem Kork und behandeltem Holz

Abfälle, die sowohl anorganische als auch organische Stoffe enthalten können

---

[49] Verwertung/Rückgewinnung organischer Stoffe, die nicht als Lösungsmittel verwendet werden (R3 in Anlage IV Abschnitt B) mit vorheriger Sortierung und erforderlichenfalls vorübergehender, einmaliger Lagerung, sofern sich das Verfahren R3 an sie anschließt und dies durch vertragliche oder einschlägige amtliche Unterlagen nachgewiesen wird.

[50] Die unter den Einträgen AB130, AC250, AC260 und AC270 aufgeführten Abfälle wurden gestrichen, da sie nach dem in Artikel 18 der Richtlinie 2006/12/EG des Europäischen Parlaments und des Rates vom 5. April 2006 über Abfälle (ABl. L 114 vom 27.4.2006, S. 9, aufgehoben durch die Richtlinie 2008/98/EG) genannten Verfahren als nicht gefährlich eingestuft wurden und damit nicht unter das Ausfuhrverbot gemäß Artikel 36 dieser Verordnung fallen. Die unter dem Eintrag AC300 aufgeführten Abfälle wurden gestrichen, da die betreffenden Abfälle unter den Eintrag A3210 in Teil 1 Liste A fallen.

[51] Diese Aufzählung umfasst Abfälle in Form von Asche, Rückstand, Schlacke, Krätze, Abschaum, Zunder, Staub, Pulver, Schlamm und Kuchen, sofern diese anderweitig nicht ausdrücklich aufgeführt sind.

AD090	ex 382490	anderweitig nicht aufgeführte oder eingeschlossene Abfälle aus der Herstellung, Zubereitung und Verwendung von reprografischen oder fotografischen Materialien
AD100		Abfälle aus Systemen auf anderer als Cyanidbasis, die bei der Oberflächenbehandlung von Kunststoffen anfallen
AD120	ex 391400 ex 3915	Ionenaustauschharze
AD150		als Filter verwendete, natürlich vorkommende organische Stoffe (z. B. Biofilter)

Vorwiegend anorganische Stoffe enthaltende Abfälle, eventuell vermischt mit Metallen und organischen Stoffen

RB020	ex 6815	Keramikfasern mit ähnlichen chemisch-physikalischen Eigenschaften wie Asbest

ANHANG VI

FORMBLATT FÜR ANLAGEN MIT VORABZUSTIMMUNG (ARTIKEL 14)

Zuständige Behörde	Verwertungsanlage				Abfallidentifizierung	Gültigkeitsdauer		Von der Vorabzustimmung betroffene Gesamtmenge
	Name und Nr. der Verwertungs-anlage	Anschrift	Verwertungsverfahren (+ R-Code)	Angewandte Technologie	(Code)	von	bis	(kg/Liter)

ANHANG VII

MITZUFÜHRENDE INFORMATIONEN FÜR DIE VERBRINGUNG DER IN ARTIKEL 3 ABSÄTZE 2 UND 4 GENANNTEN ABFÄLLE (Art. 18)

Versandinformationen *(1)*

1. Person, die die Verbringung veranlasst: Name: Anschrift: Kontaktperson: Tel.: Fax E-Mail:	**2. Importeur/Empfänger** Name: Anschrift: Kontaktperson: Tel.: Fax E-Mail:
3. Tatsächliche Menge: Tonnen (Mg): m^3:	**4. Tatsächliches Datum der Verbringung:**

5. (a) 1. Transportunternehmen *(2)* Name: Anschrift: Kontaktperson: Tel.: Fax E-Mail: Transportart: Übergabedatum: Unterschrift:	**5. (b) 2. Transportunternehmen** Name: Anschrift: Kontaktperson: Tel.: Fax E-Mail: Transportart: Übergabedatum: Unterschrift:	**5. (c) 3. Transportunternehmen** Name: Anschrift: Kontaktperson: Tel.: Fax E-Mail: Transportart: Übergabedatum: Unterschrift:

6. Abfallerzeuger *(3)* **Ersterzeuger, Neuerzeuger oder Einsammler:** Name: Anschrift: Kontaktperson: Tel.: Fax E-Mail:	**8. Verwertungsverfahren (oder gegebenenfalls Beseitigungsverfahren bei in Artikel 3 Absatz 4 genannten Abfällen):** R-Code/D-Code: **9. Übliche Bezeichnung der Abfälle:**
7. Verwertungsanlage ☐ **Labor** ☐ Name: Anschrift: Kontaktperson: Tel.: Fax E-Mail:	**10. Abfallidentifizierung** *(einschlägige Codes angeben):* i) Basel Anlage IX: ii) OECD *(falls abweichend von i):* iii) Anhang IIIA *(4)*: iv) Anhang IIIB *(5)*: v) EU-Abfallverzeichnis: vi) Nationaler Code: vii) Sonstiges (bitte angeben)

11. Betroffene Staaten:

Ausfuhrstaat/Versandstaat	Durchfuhrstaat(en)			Einfuhrstaat/Empfängerstaat

12. Erklärung der die Verbringung veranlassenden Person: Ich erkläre hiermit, dass die obigen Informationen nach meinem besten Wissen vollständig sind und der Wahrheit entsprechen. Ich erkläre ferner, dass mit dem Empfänger wirksame vertragliche Verpflichtungen schriftlich eingegangen wurden *(ist bei den in Artikel 3 Absatz 4 genannten Abfällen nicht erforderlich):*

Name: Datum: Unterschrift:

13. Unterschrift des Empfängers bei Entgegennahme der Abfälle:

Name: Datum: Unterschrift:

VON DER VERWERTUNGSANLAGE ODER VOM LABOR AUSZUFÜLLEN:

14. Eingang bei der Verwertungsanlage ☐ **oder beim Labor** ☐ in Empfang genommene Menge: Tonnen (Mg): m^3:

Name: Datum: Unterschrift:

(1) Mitzuführende Informationen bei der Verbringung der in der grünen Liste aufgeführten Abfälle, die zur Verwertung bestimmt sind, oder von Abfällen, die für eine Laboranalyse bestimmt sind, gemäß der Verordnung (EG) Nr. 1013/2006. Beim Ausfüllen dieses Formulars sind auch die spezifischen Anweisungen in Anhang IC der Verordnung (EG) Nr. 1013/2006 zu berücksichtigen.

(2) Bei mehr als drei Transportunternehmen sind die unter Nr. 5 (a, b, c) verlangten Informationen beizufügen.

(3) Wenn es sich bei der Person, die die Verbringung veranlasst, nicht um den Erzeuger oder Einsammler handelt, sind auch Informationen zum Erzeuger oder Einsammler anzugeben.

(4) Der/die entsprechende(n) Code(s) gemäß Anhang IIIA der Verordnung (EG) Nr. 1013/2006 ist/sind – gegebenenfalls hintereinander – anzugeben. Bestimmte Einträge des Basler Übereinkommens wie B1100, B3010 oder B3020 sind, wie in Anhang IIIA angegeben, auf bestimmte Abfallströme beschränkt.

(5) Es sind die in Anhang IIIB der Verordnung (EG) Nr. 1013/2006 aufgeführten BEU-Codes zu verwenden.

ANHANG VIII

LEITLINIEN FÜR EINE UMWELTGERECHTE BEHANDLUNG (ARTIKEL 49)

I. Im Rahmen des Basler Übereinkommens verabschiedete Leitlinien und Leitfäden:

1. Technische Leitlinien für die umweltgerechte Behandlung von biomedizinischen Abfällen und Abfällen aus der Gesundheitsfürsorge (Y1; Y3) [1)]
2. Technische Leitlinien für die umweltgerechte Behandlung von Abfällen aus Bleiakkumulatoren [1)]
3. Technische Leitlinien für die umweltgerechte Behandlung von Abfällen aus dem vollständigen und teilweisen Abwracken von Schiffen [1)]
4. Technische Leitlinien für die umweltgerechte Verwertung/Rückgewinnung von Metallen und Metallverbindungen (R4) [2)]
5. Allgemeine technische Leitlinien für die umweltgerechte Behandlung von Abfällen, die aus persistenten organischen Schadstoffen bestehen, diese enthalten oder mit diesen verunreinigt sind [3)]
6. Technische Leitlinien für die umweltgerechte Behandlung von Abfällen, die aus 1,1,1-Trichlor-2,2-bis(4-chlorphenyl) ethan (DDT) bestehen, dieses enthalten oder mit diesem verunreinigt sind [4)]
7. Technische Leitlinien für die umweltgerechte Behandlung von Abfällen, die aus Hexabromcyclododecan (HBCD) bestehen, dieses enthalten oder mit diesem verunreinigt sind [5)]
8. Technische Leitlinien für die umweltgerechte Behandlung von Abfällen, die aus Perfluoroctansulfonsäure (PFOS), ihren Salzen und Perfluoroctansulfonylfluorid (PFOSF) bestehen, diese enthalten oder mit diesen verunreinigt sind [5)]
9. Technische Leitlinien für die umweltgerechte Behandlung von Abfällen, die aus Pentachlorphenol und seinen Salzen und Estern (PCP) bestehen, diese enthalten oder mit diesen verunreinigt sind [6)]
10. Technische Leitlinien für die umweltgerechte Behandlung von Abfällen, die aus den Pestiziden Aldrin, Alpha- Hexachlorcyclohexan, Beta-Hexachlorcyclohexan, Chlordan, Chlordecon, Dieldrin, Endrin, Heptachlor, Hexachlorbenzol, Hexachlorbutadien, Lindan, Mirex, Pentachlorbenzol, Pentachlorphenol und seinen Salzen, Perfluoroctansulfonsäure, technischem Endosulfan und verwandten Isomeren oder Toxaphen oder aus Hexachlorbenzol als Industriechemikalie (POP-Pestizide) bestehen, diese enthalten oder mit diesen verunreinigt sind [6)]
11. Technische Leitlinien für die umweltgerechte Behandlung von Abfällen, die aus polychlorierten Biphenylen, polychlorierten Terphenylen, polychlorierten Naphthalinen oder polybromierten Biphenylen einschließlich Hexabrombiphenyl (PCB, PCT, PCN oder PBB, einschließlich HBB) bestehen, diese enthalten oder mit diesen verunreinigt sind [6)]
12. Technische Leitlinien für die umweltgerechte Behandlung von Abfällen, die aus Hexabromdiphenylether und Heptabromdiphenylether oder Tetrabromdiphenylether und Pentabromdiphenylether oder Decabromdiphenylether (POP-BDE) bestehen, diese enthalten oder mit diesen verunreinigt sind [3)]
13. Technische Leitlinien für die umweltgerechte Behandlung von Abfällen, die unbeabsichtigt produzierte polychlorierte Dibenzo-p-Dioxine, polychlorierte Dibenzofurane, Hexachlorben-

zol, polychlorierte Biphenyle, Pentachlorbenzol, polychlorierte Naphthaline oder Hexachlorbutadien enthalten oder mit diesen verunreinigt sind [3)]

14. Technische Leitlinien für die umweltgerechte Behandlung von Abfällen, die aus Hexachlorbutadien bestehen, dieses enthalten oder mit diesem verunreinigt sind [3)]
15. Technische Leitlinien für die umweltgerechte Behandlung von Abfällen, die aus kurzkettigen chlorierten Paraffinen bestehen, diese enthalten oder mit diesen verunreinigt sind [3)]
16. Technische Leitlinien für die umweltgerechte Behandlung von Gebraucht- und Altreifen [7)]
17. Technische Leitlinien für die umweltgerechte Behandlung von Abfällen, die aus Quecksilber oder Quecksilberverbindungen bestehen, diese enthalten oder mit diesen verunreinigt sind [5)]
18. Technische Leitlinien für die umweltverträgliche Mitverwertung von gefährlichen Abfällen in Zementöfen [7)]
19. Leitfaden zur umweltgerechten Behandlung von gebrauchten und Alt-EDV-Geräten [6)]
20. Leitfaden zur umweltgerechten Behandlung von gebrauchten und Alt-Mobiltelefonen [7)]
21. Rahmen für die umweltgerechte Behandlung gefährlicher Abfälle und anderer Abfälle [8)]
22. Praktische Handbücher zur Förderung einer umweltgerechten Behandlung von Abfällen [9)]

II. Von der OECD verabschiedete Leitlinien:

Technische Hinweise für die umweltgerechte Behandlung von bestimmten Abfallströmen: Alt-Personal-Computer und entsprechender Schrott [10)]

III. Von der Internationalen Seeschifffahrtsorganisation (IMO) verabschiedete Leitlinien:

Leitlinien für das Recycling von Schiffen [11)]

IV. Vom Internationalen Arbeitsamt (IAA) verabschiedete Leitlinien:

Sicherheit und Gesundheit beim Abwracken von Schiffen: Leitlinien für asiatische Länder und die Türkei [12)]

---

1) Verabschiedet auf der 6. Tagung der Konferenz der Vertragsparteien des Basler Übereinkommens über die Kontrolle der grenzüberschreitenden Verbringung gefährlicher Abfälle und ihrer Entsorgung, Dezember 2002.

2) Verabschiedet auf der 7. Tagung der Konferenz der Vertragsparteien des Basler Übereinkommens über die Kontrolle der grenzüberschreitenden Verbringung gefährlicher Abfälle und ihrer Entsorgung, Oktober 2004.

3) Verabschiedet auf der 14. Tagung der Konferenz der Vertragsparteien des Basler Übereinkommens über die Kontrolle der grenzüberschreitenden Verbringung gefährlicher Abfälle und ihrer Entsorgung, Mai 2019.

4) Verabschiedet auf der 8. Tagung der Konferenz der Vertragsparteien des Basler Übereinkommens über die Kontrolle der grenzüberschreitenden Verbringung gefährlicher Abfälle und ihrer Entsorgung, Dezember 2006.

5) Verabschiedet auf der 12. Tagung der Konferenz der Vertragsparteien des Basler Übereinkommens über die Kontrolle der grenzüberschreitenden Verbringung gefährlicher Abfälle und ihrer Entsorgung, Mai 2015.

6) Verabschiedet auf der 13. Tagung der Konferenz der Vertragsparteien des Basler Übereinkommens über die Kontrolle der grenzüberschreitenden Verbringung gefährlicher Abfälle und ihrer Entsorgung, Mai 2017.

7) Verabschiedet auf der 10. Tagung der Konferenz der Vertragsparteien des Basler Übereinkommens über die Kontrolle der grenzüberschreitenden Verbringung gefährlicher Abfälle und ihrer Entsorgung, Oktober 2013.

8) Verabschiedet auf der 11. Tagung der Konferenz der Vertragsparteien des Basler Übereinkommens über die Kontrolle der grenzüberschreitenden Verbringung gefährlicher Abfälle und ihrer Entsorgung, Oktober 2013.

9) Verabschiedet auf der 13. und 14. Tagung der Konferenz der Vertragsparteien des Basler Übereinkommens über die Kontrolle der grenzüberschreitenden Verbringung gefährlicher Abfälle und ihrer Entsorgung, Mai 2017 und Mai 2019.

10) Vom Ausschuss für Umweltpolitik der OECD im Februar 2003 verabschiedet (ENV/EPOC/WGWPR(2001)3/FINAL).

11) Entschließung A.962 (verabschiedet von der Versammlung der IMO auf ihrer 23. ordentlichen Tagung vom 24. November bis 5. Dezember 2003).

12) Die Veröffentlichung der Leitlinien wurde vom Verwaltungsrat des IAA auf seiner 289. Tagung vom 11. bis 26. März 2004 gebilligt.

ANHANG IX
ZUSÄTZLICHER FRAGEBOGEN FÜR DIE BERICHTERSTATTUNG DURCH DIE MITGLIEDSTAATEN GEMÄSS ARTIKEL 51 ABSATZ 2

Artikel 11 Absatz 1 Buchstabe a	**Angaben zu Maßnahmen, die ergriffen wurden, um die Verbringung von Abfällen zwischen Mitgliedstaaten allgemein oder teilweise zu verbieten** **Anwendung der Grundsätze der Nähe, des Vorrangs für die Verwertung und der Entsorgungsautarkie auf gemeinschaftlicher und nationaler Ebene im Einklang mit der Richtlinie 2006/12/EG** Wurde diese Bestimmung angewandt? Ja Nein *(Bitte entsprechend ankreuzen)* ☐ ☐ **Falls ja, bitte Angaben zu den betreffenden Maßnahmen:** .... Zusätzliche Bemerkungen: .... **Angaben zu Maßnahmen, die ergriffen wurden, um gegen jede Verbringung von Abfällen zwischen Mitgliedstaaten Einwände zu erheben** **Anwendung der Grundsätze der Nähe, des Vorrangs für die Verwertung und der Entsorgungsautarkie auf gemeinschaftlicher und nationaler Ebene im Einklang mit der Richtlinie 2006/12/EG** Wurde diese Bestimmung angewandt? Ja Nein *(Bitte entsprechend ankreuzen)* ☐ ☐ Falls ja, bitte Angaben zu den betreffenden Maßnahmen: .... Zusätzliche Bemerkungen: ....
Artikel 11 Absatz 1 Buchstabe e	**Angaben zu dem Verbot der Einfuhr von Abfällen** Wurde diese Bestimmung angewandt? Ja Nein *(Bitte entsprechend ankreuzen)* ☐ ☐ Falls ja, bitte Angaben zu den betreffenden Maßnahmen: ....

<table>
<tr><td>Artikel 11 Absatz 3</td><td>Angaben zu Ausnahmen von der Anwendung der Grundsätze der Nähe, des Vorrangs für die Verwertung und der Entsorgungsautarkie
Bei Erzeugung von gefährlichen Abfällen in einem Mitgliedstaat, der Versandstaat ist, in so geringen jährlichen Gesamtmengen, dass die Einrichtung neuer besonderer Beseitigungsanlagen in diesem Staat unwirtschaftlich wäre

Haben Sie einen Mitgliedstaat ersucht, diese Ausnahme anzuwenden? Ja ☐ Nein ☐
(Bitte entsprechend ankreuzen)

Falls ja, füllen Sie bitte Tabelle 1 aus und beschreiben Sie etwaige bilaterale Lösungen gemäß Artikel 11 Absatz 3:
....
....
....
....
....
....
....

Wurden Sie von einem Mitgliedstaat ersucht, diese Ausnahme anzuwenden? Ja ☐ Nein ☐
(Bitte entsprechend ankreuzen)

Falls ja, füllen Sie bitte Tabelle 1 aus und beschreiben Sie etwaige bilaterale Lösungen gemäß Artikel 11 Absatz 3:
....
....
....
....
............</td></tr>
<tr><td>Artikel 11
Absatz 1
Buchstabe g</td><td>Angaben zu Einwänden gegen geplante Verbringungen oder die Beseitigung wegen mangelnder Vereinbarkeit mit der Richtlinie 2006/12/EG

Wurde diese Bestimmung angewandt? Ja ☐ Nein ☐
(Bitte entsprechend ankreuzen)

Falls ja, bitte Tabelle 2 ausfüllen.</td></tr>
<tr><td>Artikel 12
Absatz 5</td><td>Angaben zu Einwänden gegen geplante Verbringungen oder die Verwertung wegen mangelnder Vereinbarkeit mit Artikel 12 Absatz 1 Buchstabe c

Wurde diese Bestimmung angewandt? Ja ☐ Nein ☐
(Bitte entsprechend ankreuzen)

Falls ja, bitte Tabelle 3 ausfüllen.</td></tr>
<tr><td>Artikel 14</td><td>Angaben zu Entscheidungen zuständiger Behörden, in deren Zuständigkeit spezielle Verwertungsanlagen fallen, diesen Anlagen eine Vorabzustimmung auszustellen
Gab es einschlägige Fälle? Ja ☐ Nein ☐
(Bitte entsprechend ankreuzen)
Falls ja, bitte Tabelle 4 ausfüllen.</td></tr>
</table>

Artikel 33	**Angaben zu Regelungen der Mitgliedstaaten für die Überwachung und Kontrolle der Verbringung von Abfällen ausschließlich in ihrem Zuständigkeitsgebiet** Gibt es eine Regelung für die Überwachung und Kontrolle der Verbringung von Abfällen in Ihrem Zuständigkeitsgebiet? Ja ☐ Nein ☐ *(Bitte entsprechend ankreuzen)* Falls es eine solche Regelung gibt, wenden Sie dann die in Titel II und VII der Verordnung vorgesehenen Regelungen an? Ja ☐ Nein ☐ *(Bitte entsprechend ankreuzen)* Falls Sie eine andere als die in Titel II und VII der Verordnung vorgesehene Regelung anwenden, bitte Angaben zu dieser Regelung: ………… ………… ………… ………… …………
Artikel 24 und Artikel 50 Absatz 1	**Angaben zur illegalen Verbringung von Abfällen** Gab es einschlägige Fälle? Ja ☐ Nein ☐ *(Bitte entsprechend ankreuzen)* Falls ja, bitte Tabelle 5 ausfüllen. Bitte geben Sie an, wie die illegale Verbringung von Abfällen gemäß nationalem Recht verhindert, ermittelt und sanktioniert wird: ………… ………… ………… ………… …………
Artikel 50 Absatz 2	**Zusammenfassende Angaben zu den Ergebnissen der gemäß Artikel 50 Absatz 2 durchgeführten Kontrollen, einschließlich** – Anzahl der Kontrollen, einschließlich materieller Kontrollen, von Einrichtungen, Unternehmen, Maklern und Händlern im Zusammenhang mit Verbringungen von Abfällen: – Anzahl der Kontrollen von Verbringungen von Abfällen, einschließlich der Kontrollen der Beschaffenheit der Abfälle: – Anzahl der mutmaßlichen Rechtsverstöße betreffend Einrichtungen, Unternehmen, Maklern und Händlern im Zusammenhang mit Verbringungen von Abfällen: – Anzahl der mutmaßlichen illegalen Verbringungen, die bei den Kontrollen festgestellt wurden: Zusätzliche Anmerkungen: ………… ………… ………… …………
Artikel 50 Absatz 2a	**Angaben zum Kontrollplan/zu den Kontrollplänen** Anzahl der Kontrollpläne für das gesamte geografische Gebiet: Datum der Annahme des Kontrollplans/der Kontrollpläne und seine/ihre Gültigkeitsdauer: Datum der letzten Überprüfung des Kontrollplans/der Kontrollpläne: an Kontrollen beteiligte Behörden und Zusammenarbeit zwischen diesen Behörden: Angabe der Personen oder Stellen, denen Probleme oder Unregelmäßigkeiten gemeldet werden können:
Artikel 50 Absatz 2 und 2a	Link, über den die von den Mitgliedstaaten gemäß Artikel 51 Absatz 2 über das Internet öffentlich zugänglich gemachten Informationen auf elektronischem Weg abgerufen werden können:

Artikel 6	**Angaben zu Sicherheitsleistungen oder entsprechenden Versicherungen zur Deckung der Kosten für den Transport, die Verwertung oder Beseitigung und die Lagerung von Abfällen, einschließlich der in den Artikeln 22 und 24 genannten Fälle** Beschreiben Sie bitte im Einzelnen die gemäß diesem Artikel erlassenen nationalen Rechtsvorschriften: ....
Artikel 55	**Angaben zu den durch die Mitgliedstaaten benannten Zollstellen für die Verbringung von Abfällen in die bzw. aus der Gemeinschaft** Sind entsprechende Zollstellen benannt worden? Ja ☐ Nein ☐ *(Bitte entsprechend ankreuzen)* Falls ja, bitte Tabelle 6 ausfüllen.

Hinweise für das Ausfüllen der Tabellen:

D-Codes und R-Codes: Siehe Anhänge IIA und IIB der Richtlinie 2006/12/EG.

Abfallidentifizierungscodes: Siehe Anhänge III, IIIA, IIIB, IV und IVA der vorliegenden Verordnung.

Tabelle 1
ANGABEN ZU AUSNAHMEN VON DER ANWENDUNG DER GRUNDSÄTZE DER NÄHE, DES VORRANGS FÜR DIE VERWERTUNG UND DER ENTSORGUNGSAUTARKIE
(Artikel 11 Absatz 3)

Abfall-identifizierung (Code)	Menge (kg/Liter)	Empfängerstaat (De)/ Versandstaat (Di)	Beseitigungs-verfahren D-Code	Befassung der Kommission (Ja/Nein)

Tabelle 2
EINWÄNDE GEGEN GEPLANTE VERBRINGUNGEN ODER DIE BESEITIGUNG
(Artikel 11 Absatz 1 Buchstabe g)

Abfall-identifizierung (Code)	Menge (kg/Liter)	Durchfuhrstaat (T)/ Versandstaat (Di)	Gründe für die Einwände (bitte entsprechend ankreuzen)			Anlage	
			Art. 11 Abs. 1 Buchst.g Ziffer i	Art. 11 Abs. 1 Buchst.g Ziffer ii	Art. 11 Abs. 1 Buchst.g Ziffer iii	Name (bei Art. 11 Abs. 1 Buchst.g Ziffer ii)	Beseitigungs-verfahren D-Code

Tabelle 3
EINWÄNDE GEGEN GEPLANTE VERBRINGUNGEN ODER DIE VERWERTUNG
(Artikel 12 Absatz 1 Buchstabe c)

Abfall-identifizierung (Code)	Menge (kg/Liter)	Bestimmungsstaat	Gründe für die Einwände und Einzelheiten der einschlägigen nationalen Rechtsvorschriften	Anlage (im Bestimmungsstaat)	
				Name	Verwertungsverfahren R-Code

Tabelle 4
ANGABEN ZU ENTSCHEIDUNGEN ZUSTÄNDIGER BEHÖRDEN ÜBER DIE ERTEILUNG VON VORABZUSTIMMUNGEN
(Artikel 14)

Zuständige Behörde	Verwertungsanlage				Abfallidentifizierung (Code)	Gültigkeitsdauer		Widerruf (Datum)
	Name und Nr.	Anschrift	Verwertungsverfahren R-Code	Angewandte Technologien		von	bis	

Tabelle 5
ANGABEN ZUR ILLEGALEN VERBRINGUNG VON ABFÄLLEN[52]
(Artikel 24 und Artikel 50 Absatz 1)

Abfall-identifizierung (Code)	Menge (in kg/ Liter)	Empfängerstaat (De) und Versandstaat (Di)	Begründung der Illegalität (eventuell Verweis auf Artikel, gegen die verstoßen wurde)	Verantwortlicher für die illegale Verbringung (Bitte entsprechend ankreuzen)			Ergriffene Maßnahmen einschließlich etwaiger verhängter Sanktionen
				Notifizierender	Empfänger	Andere	

Tabelle 6
ANGABEN ZU ALLEN DURCH DIE MITGLIEDSTAATEN BENANNTEN SPEZIFISCHEN ZOLLSTELLEN FÜR DIE VERBRINGUNG VON ABFÄLLEN IN DIE BZW. AUS DER GEMEINSCHAFT
(Artikel 55)

Zollstelle		
Stelle	Ort	Zuständig für die Kontrolle bei folgenden Einfuhr-/Ausfuhrstaaten

Verordnung über die Überlassung, Rücknahme und umweltverträgliche Entsorgung von Altfahrzeugen

(Altfahrzeug-Verordnung – AltfahrzeugV)

Vom 4. Juli 1997 (in der Fassung der Bekanntmachung vom 21. Juni 2002 (BGBl. I S. 2214)

zuletzt geändert am 18. November 2020 (BGBl. I S. 2451)

§ 1 Anwendungsbereich

(1) Diese Verordnung gilt für Fahrzeuge und Altfahrzeuge einschließlich ihrer Bauteile und Werkstoffe. Unbeschadet von § 3 Absatz 4 gilt dies unabhängig davon, wie das Fahrzeug während seiner Nutzung gewartet oder repariert worden ist und ob es mit vom Hersteller gelieferten Bauteilen oder mit anderen Bauteilen bestückt ist, wenn deren Einbau als Ersatz-, Austausch- oder Nachrüstteile den einschlägigen Vorschriften über die Zulassung von Fahrzeugen zum Verkehr auf öffentlichen Straßen entspricht.

(2) Die §§ 9 und 10 gelten nicht für einen Hersteller, der ausschließlich Fahrzeuge im Sinne von Artikel 8 Absatz 2 Buchstabe a der Richtlinie 70/156/EWG des Rates vom 6. Februar 1970 zur Angleichung der Rechtsvorschriften der Mitgliedstaaten über die Betriebserlaubnis für Kraftfahrzeuge und Kraftfahrzeuganhänger (ABl. EG Nr. L 42 S. 1, Nr. L 225 S. 6) herstellt oder importiert, und nicht für die von ihm hergestellten oder importierten Fahrzeuge (Kleinserienregelung). Ob die Voraussetzungen nach Satz 1 zutreffen, entscheidet das Kraftfahrt-Bundesamt auf Antrag.

(3) Fahrzeuge mit besonderer Zweckbestimmung im Sinne von Artikel 4 Absatz 1 Buchstabe a zweiter Anstrich der Richtlinie 70/156/EWG vom 6. Februar 1970 zur Angleichung der Rechtsvorschriften der Mitgliedstaaten über die Betriebserlaubnis für Kraftfahrzeuge und Kraftfahrzeuganhänger (ABl. EG Nr. L 42 S. 1, Nr. L 225 S. 4) sind von den Anforderungen nach § 5 Absatz 1 Satz 1 ausgenommen. Ausgenommen von den Anforderungen nach § 8 Absatz 2 sind Ausrüstungsgegenstände, die nicht speziell für den Einsatz der in Satz 1 bezeichneten Fahrzeuge hergestellt wurden.

(4) Für dreirädrige Kraftfahrzeuge gelten nur die §§ 1 bis 5.

(5) Den Vorschriften dieser Verordnung unterliegen die Wirtschaftsbeteiligten sowie die Besitzer, Eigentümer und Letzthalter von Altfahrzeugen.

§ 2 Begriffsbestimmungen

(1) Im Sinne dieser Verordnung bezeichnet der Begriff

1. „Fahrzeug“ Fahrzeuge der Klasse M1 (Fahrzeuge zur Personenbeförderung mit höchstens acht Sitzplätzen außer dem Fahrersitz) oder N1 (Fahrzeuge zur Güterbeförderung mit einem Höchstgewicht bis zu 3,5 Tonnen) gemäß Anhang II Abschnitt A der Richtlinie 70/156/EWG des Rates vom 6. Februar 1970 zur Angleichung der Rechtsvorschriften der Mitgliedstaaten über die Betriebserlaubnis für Kraftfahrzeuge und Kraftfahrzeuganhänger (ABl. EG Nr. L 42 S. 1, Nr. L 225 S. 34) sowie dreirädrige Kraftfahrzeuge gemäß der Richtlinie 92/61/EWG (ABl. EG Nr. L 225 S. 72), jedoch unter Ausschluss von dreirädrigen Krafträdern;
2. „Altfahrzeug“ Fahrzeuge, die Abfall nach § 3 Absatz 1 des Kreislaufwirtschaftsgesetzes sind;
3. „Hersteller“ den Hersteller von Fahrzeugen laut Fahrzeugbrief oder laut Zulassungsbescheinigung Teil II oder den gewerblichen Importeur eines Fahrzeugs und den Hersteller oder gewerblichen Importeur von Fahrzeugteilen und -werkstoffen sowie deren Rechtsnachfolger;

3a. „Bevollmächtigter“ ist jede im Geltungsbereich der Verordnung niedergelassene natürliche oder juristische Person oder Personengesellschaft, die ein Hersteller ohne Niederlassung im Geltungsbereich der Verordnung beauftragt hat, in eigenem Namen sämtliche Aufgaben wahrzunehmen, um die Herstellerpflichten nach dieser Verordnung zu erfüllen;

4. „Vermeidung“ Maßnahmen zur Verringerung der Menge und der Umweltschädlichkeit von Altfahrzeugen, ihren Werkstoffen und Substanzen;

5. „Behandlung“ Tätigkeiten, die nach der Übergabe des Altfahrzeugs an einen Demontagebetrieb oder der Restkarosse an eine Schredderanlage oder eine sonstige Anlage zur weiteren Behandlung mit dem Ziel der Entfrachtung von Schadstoffen, der Demontage, des Schredderns, der Verwertung oder der Vorbereitung der Beseitigung der Schredderabfälle durchgeführt werden, sowie alle sonstigen Tätigkeiten im Zusammenhang mit der Verwertung oder Beseitigung von Altfahrzeugen und Altfahrzeugbauteilen;

6. „Vorbehandlung“ die Entfernung oder das Unschädlichmachen der gefährlichen Bauteile sowie die Trockenlegung;

7. „Trockenlegung“ die Entfernung der Betriebsflüssigkeiten;

8. „Verdichtung“ jede Maßnahme zur Volumenreduzierung, durch die die Restkarosse in ihrer Beschaffenheit verändert wird, z. B. durch Eindrücken des Daches, Pressen oder Zerschneiden;

9. „Wiederverwendung“ Maßnahmen, bei denen Altfahrzeugbauteile zu dem gleichen Zweck verwendet werden, für den sie entworfen wurden;

10. „stoffliche Verwertung“ die in einem Produktionsprozess erfolgende Wiederaufarbeitung der Abfallmaterialien für den ursprünglichen Zweck oder für andere Zwecke (Nutzung der stofflichen Eigenschaften, rohstoffliche Verwertung), jedoch mit Ausnahme der energetischen Verwertung;

11. „Verwertung“ jedes der anwendbaren in Anlage 2 des Kreislaufwirtschaftsgesetzes genannten Verfahren;

12. „Beseitigung“ jedes der anwendbaren in Anlage 1 des Kreislaufwirtschaftsgesetzes genannten Verfahren;

13. „gefährlicher Stoff“ jeden Stoff, der die Kriterien für eine der folgenden in Anhang I der Verordnung (EG) Nr. 1272/2008 des Europäischen Parlaments und des Rates vom 16. Dezember 2008 über die Einstufung, Kennzeichnung und Verpackung von Stoffen und Gemischen, zur Änderung und Aufhebung der Richtlinien 67/548/EWG und 1999/45/EG und zur Änderung der Verordnung (EG) Nr. 1907/2006 (ABl. L 353 vom 31. 12. 2008, S. 1) dargelegten Gefahrenklassen oder -kategorien erfüllt:

   a) Gefahrenklassen 2.1 bis 2.4, 2.6 und 2.7, 2.8 Typen A und B, 2.9, 2.10, 2.12, 2.13 Kategorien 1 und 2, 2.14 Kategorien 1 und 2, 2.15 Typen A bis F,

   b) Gefahrenklassen 3.1 bis 3.6, 3.7 mit Ausnahme von Wirkungen auf oder über die Laktation, 3.8 mit Ausnahme von narkotisierenden Wirkungen, 3.9 und 3.10,

   c) Gefahrenklasse 4.1,

   d) Gefahrenklasse 5.1;

14. „Annahmestelle“ Betriebe oder Betriebsteile, die Altfahrzeuge zur Bereitstellung und Weiterleitung an Demontagebetriebe annehmen, ohne selbst Demontagebetrieb zu sein;

15. „Rücknahmestelle“ Annahmestellen, bei denen Altfahrzeuge durch den Hersteller, dessen Bevollmächtigten oder durch von diesen beauftragte Dritte zurückgenommen werden, ohne dass dort die Altfahrzeuge behandelt werden;
16. „Demontagebetrieb“ Betriebe oder Betriebsteile, in denen Altfahrzeuge zum Zweck der nachfolgenden Verwertung behandelt werden; dies kann auch die Rücknahme einschließen;
17. „Restkarosse“ das in einem Demontagebetrieb zum Zweck der weiteren Verwertung nach den Bestimmungen des Anhangs Nummer 3 behandelte Altfahrzeug;
18. „Schredderanlage“ Anlagen, die dazu dienen, Restkarossen oder sonstige metallische oder metallhaltige Abfälle zu zertrümmern oder zu zerkleinern zum Zweck der Gewinnung von unmittelbar wieder einsetzbarem Metallschrott sowie gegebenenfalls weiteren verwertbaren Stofffraktionen;
19. „sonstige Anlagen zur weiteren Behandlung“ Anlagen, die keine Schredderanlagen sind und dazu dienen, Metalle aus Restkarossen sowie gegebenenfalls weitere verwertbare Stofffraktionen zurückzugewinnen;
20. „Demontageinformationen“ alle Informationen, die zur sach- und umweltgerechten Behandlung eines Altfahrzeugs notwendig sind; sie werden den anerkannten Demontagebetrieben von den Herstellern von Fahrzeugen oder deren Bevollmächtigten und von den Zulieferern in Form von Handbüchern oder elektronischen Medien (z. B. CD-ROM, Online- Dienste) zur Verfügung gestellt;
21. „Letzthalter“ letzter im Fahrzeugbrief oder in der Zulassungsbescheinigung Teil II eingetragener Halter eines Fahrzeugs, auf den das Fahrzeug gemäß Fahrzeug-Zulassungsverordnung zugelassen ist oder zugelassen war;
22. „Wirtschaftsbeteiligte“ Hersteller, deren Bevollmächtigte, Vertreiber sowie Betreiber von Rücknahmestellen, Annahmestellen, Demontagebetrieben, Schredderanlagen, sonstigen Anlagen zur weiteren Behandlung, Verwertungsbetrieben und sonstigen Betrieben zur Behandlung von Altfahrzeugen einschließlich ihrer Bauteile und Werkstoffe sowie Kfz-Versicherungsgesellschaften;
23. „Fahrzeugleergewicht“ maßgebliches Leergewicht eines Kraftfahrzeugs zur Ermittlung der Verwertungsziele, das wie folgt bestimmt wird:
    - für Kraftfahrzeuge der Klasse M1, die bis zum 31. Dezember 1996 zugelassen worden sind: Leergewicht gemäß Fahrzeugbrief oder Zulassungsbescheinigung Teil I abzüglich Gewicht des Tankinhalts bei einer 90-prozentigen Füllung,
    - für Kraftfahrzeuge der Klasse M1, die ab dem 1. Januar 1997 zugelassen worden sind: Leergewicht gemäß Fahrzeugbrief oder Zulassungsbescheinigung Teil I abzüglich Gewicht des Tankinhalts bei einer 90-prozentigen Füllung und abzüglich Gewicht des Fahrers (75 kg),
    - für Kraftfahrzeuge der Klasse N1: Leergewicht gemäß Fahrzeugbrief oder Zulassungsbescheinigung Teil I abzüglich Gewicht des Tankinhalts bei einer 90-prozentigen Füllung und abzüglich Gewicht des Fahrers (75 kg).

(2) Annahmestellen, Rücknahmestellen, Demontagebetriebe, Schredderanlagen und sonstige Anlagen zur weiteren Behandlung sind im Sinne dieser Verordnung anerkannt, wenn

1. der jeweilige Betrieb über die erforderliche Bescheinigung nach § 5 Absatz 3 verfügt oder

2. der Betrieb Entsorgungsfachbetrieb ist und die Einhaltung der Anforderungen dieser Verordnung geprüft und dies im Überwachungszertifikat ausgewiesen ist.

§ 3 Rücknahmepflichten

(1) Hersteller von Fahrzeugen sind verpflichtet, alle Altfahrzeuge ihrer Marke vom Letzthalter zurückzunehmen. Satz 1 gilt im Fall der Bevollmächtigung nach § 10a für den Bevollmächtigten mit der Maßgabe, dass alle Altfahrzeuge der Marke des jeweils vertretenen Herstellers vom Letzthalter zurückzunehmen sind. Die Hersteller von Fahrzeugen oder im Fall der Bevollmächtigung nach § 10a die Bevollmächtigten müssen die in Satz 1 bezeichneten Altfahrzeuge ab Überlassung an eine anerkannte Rücknahmestelle oder an einen anerkannten Demontagebetrieb, der vom Hersteller oder im Fall der Bevollmächtigung nach § 10a vom Bevollmächtigten zur Rücknahme bestimmt worden ist, unentgeltlich zurücknehmen.

(2) Dem Letzthalter gleichgestellt sind die öffentlich-rechtlichen Entsorgungsträger im Sinne des § 20 Absatz 1 des Kreislaufwirtschaftsgesetzes in den Fällen, in denen der Halter oder Eigentümer der in § 20 Absatz 4 des Kreislaufwirtschaftsgesetzes bezeichneten Kraftfahrzeuge nicht festgestellt werden konnte. Absatz 4 Nummer 1, 2 und 5 gilt in diesen Fällen nicht.

(3) Die Hersteller von Fahrzeugen oder deren Bevollmächtigte sind verpflichtet, einzeln oder gemeinsam, selbst oder durch Beauftragung Dritter flächendeckend Rückgabemöglichkeiten durch anerkannte Rücknahmestellen oder von ihnen hierzu bestimmte anerkannte Demontagebetriebe zu schaffen. Die Rücknahmestellen müssen für den Letzthalter in zumutbarer Entfernung erreichbar sein. Die Flächendeckung ist dann ausreichend, wenn die Entfernung zwischen Wohnsitz des Letzthalters und Rücknahmestelle oder von einem Hersteller oder von seinem Bevollmächtigten hierzu bestimmten anerkannten Demontagebetrieb nicht mehr als 50 Kilometer beträgt.

(4) Absatz 1 Satz 2 gilt nicht, wenn

1. das Altfahrzeug nicht innerhalb der Europäischen Union zugelassen ist oder zuletzt zugelassen war,
2. das Altfahrzeug innerhalb der Europäischen Union vor der Stilllegung weniger als einen Monat zugelassen war,
3. das Altfahrzeug wesentliche Bauteile oder Komponenten, insbesondere Antrieb, Karosserie, Fahrwerk, Katalysator oder elektronische Steuergeräte für Fahrzeugfunktionen, nicht mehr enthält,
4. dem Altfahrzeug Abfälle hinzugefügt wurden,
5. der Fahrzeugbrief, die Zulassungsbescheinigung Teil II oder ein vergleichbares Zulassungsdokument nach der Richtlinie 1999/37/EG des Rates vom 29. April 1999 über Zulassungsdokumente für Fahrzeuge (ABl. L 138 vom 1.6.1999, S. 57), die zuletzt durch die Richtlinie 2006/103/EG (ABl. L 363 vom 20.12.2006, S. 344) geändert worden ist, oder im Zusammenhang mit einem Antrag nach der Richtlinie zur Förderung des Absatzes von Personenkraftwagen vom 20. Februar 2009 (BAnz. S. 835) eine Kopie des jeweiligen Dokumentes nicht übergeben wird.
6. (weggefallen)

(5) Die Hersteller von Fahrzeugen oder deren Bevollmächtigte stellen die erforderlichen Informationen über die von ihnen eingerichteten Rücknahmestellen in geeigneter Weise zur Verfügung, um den Letzthalter auf Anfrage über eine für ihn geeignete Rücknahmestelle zu unterrichten. Die

Hersteller von Fahrzeugen oder deren Bevollmächtigte sind verpflichtet, die Letzthalter über ihre Verpflichtung nach § 4 Absatz 1 zur Entsorgung von Altfahrzeugen, über die Erfassung der Altfahrzeuge durch anerkannte Annahmestellen, anerkannte Rücknahmestellen oder anerkannte Demontagebetriebe und über die Bedeutung des Verwertungsnachweises nach § 4 Absatz 2 zu informieren.

(6) Hersteller und Vertreiber von Bauteilen für Personenkraftwagen haben sicherzustellen, dass Altteile aus Reparaturen, die in Kfz-Werkstätten oder in vergleichbaren gewerblichen Einrichtungen anfallen, zum Zweck der ordnungsgemäßen und schadlosen Verwertung oder der gemeinwohlverträglichen Beseitigung zurückgenommen werden. Die Beteiligten können Vereinbarungen über die erforderlichen Maßnahmen und die Tragung der Kosten treffen.

(7) Hersteller von Fahrzeugen der Klasse M1 oder N1, die nicht im einstufigen Verfahren hergestellt und genehmigt wurden, können die Entsorgungskosten auf den Teil ihrer Herstellungsstufe begrenzen und die übrigen Entsorgungskosten den Herstellern weiterer Stufen in Rechnung stellen. Diejenigen, die Fahrzeugteile zu Aufbauten zusammenfügen und diese in Verbindung mit einem Basisfahrzeug in Verkehr bringen, müssen sich vor dem Inverkehrbringen im Rahmen ihrer Produktverantwortung mit den Herstellern von Basis- oder Chassisfahrzeugen in Verbindung setzen.

(8) Die Hersteller von Fahrzeugen sind verpflichtet, die finanziellen und organisatorischen Mittel vorzuhalten, um ihren Pflichten nach dieser Verordnung nachzukommen. Zur Bewertung ihrer Finanzverwaltung haben sie geeignete Mechanismen zur Selbstkontrolle einzurichten.

§ 4 Überlassungspflichten

(1) Wer sich eines Fahrzeugs entledigt, entledigen will oder entledigen muss, ist verpflichtet, dieses nur einer anerkannten Annahmestelle, einer anerkannten Rücknahmestelle oder einem anerkannten Demontagebetrieb zu überlassen.

(2) Betreiber von Demontagebetrieben sind verpflichtet, die Überlassung nach Absatz 1 unverzüglich durch einen Verwertungsnachweis zu bescheinigen. Hierzu ist das Muster in Abschnitt 2 der Anlage 8 der Fahrzeug-Zulassungsverordnung zu verwenden. Verwertungsnachweise dürfen nur von Betreibern anerkannter Demontagebetriebe ausgestellt werden. Betreiber von Demontagebetrieben dürfen nur anerkannte Annahmestellen oder anerkannte Rücknahmestellen beauftragen, den Verwertungsnachweis auszuhändigen. Mit Ausstellung oder Aushändigung des Verwertungsnachweises dürfen Altfahrzeuge nur einer ordnungsgemäßen Verwertung nach den Vorschriften dieser Verordnung zugeführt werden. Dieses wird mit Ausstellung oder Aushändigung des Verwertungsnachweises versichert.

(3) Betreiber von Annahmestellen und Rücknahmestellen sind verpflichtet, Altfahrzeuge nur einem anerkannten Demontagebetrieb zu überlassen.

(4) Betreiber von Demontagebetrieben sind verpflichtet, Restkarossen nur einer anerkannten Schredderanlage zu überlassen. Abweichend von Satz 1 kann die für die Überwachung des Demontagebetriebs zuständige Behörde nach Vorlage einer Stellungnahme eines Sachverständigen (§ 6) erlauben, dass Restkarossen auch einer sonstigen Anlage zur weiteren Behandlung überlassen werden.

(5) Die Überlassung von Altfahrzeugen nach den Absätzen 1 bis 3 ist von der nach § 2 Absatz 1 Nummer 1 der Nachweisverordnung bestimmten Nachweispflicht ausgenommen.

§ 5 Entsorgungspflichten

(1) Die Wirtschaftsbeteiligten stellen sicher, dass bezogen auf das durchschnittliche Fahrzeugleergewicht aller pro Jahr überlassenen Altfahrzeuge folgende Zielvorgaben erreicht werden:

1. spätestens ab 1. Januar 2006
   a) Wiederverwendung und Verwertung mindestens 85 Gewichtsprozent,
   b) Wiederverwendung und stoffliche Verwertung mindestens 80 Gewichtsprozent und
2. spätestens ab 1. Januar 2015
   a) Wiederverwendung und Verwertung mindestens 95 Gewichtsprozent,
   b) Wiederverwendung und stoffliche Verwertung mindestens 85 Gewichtsprozent.

Die Hersteller von Fahrzeugen oder deren Bevollmächtigte veröffentlichen jährlich Daten über die Erreichung der Zielvorgaben nach Satz 1.

(2) Betreiber von Annahmestellen, Rücknahmestellen, Demontagebetrieben, Schredderanlagen und sonstigen Anlagen zur weiteren Behandlung müssen die für sie jeweils geltenden Anforderungen des Anhangs erfüllen. Die in Satz 1 genannten Betreiber dürfen Altfahrzeuge oder Restkarossen nur annehmen oder behandeln, wenn die Betriebe im Sinne von § 2 Absatz 2 anerkannt sind.

(3) Die Einhaltung der in Absatz 2 Satz 1 bezeichneten Anforderungen ist durch einen Sachverständigen (§ 6) zu bescheinigen. Die Bescheinigung darf nur erteilt werden, wenn die Anforderungen des Anhangs erfüllt werden. Die Bescheinigung gilt längstens für die Dauer von 18 Monaten. Die Bescheinigung ist durch den Sachverständigen zu entziehen, wenn er sich durch die mindestens jährlich durchzuführende Prüfung und Kontrolle der entsprechenden betriebsspezifischen Anforderungen des Anhangs davon überzeugt hat, dass die Voraussetzungen zur Erteilung der Bescheinigung auch nach einer von ihm gesetzten, drei Monate nicht überschreitenden Frist nicht erfüllt werden. Die Sätze 2 und 4 gelten nicht hinsichtlich der Erfüllung der Anforderungen nach Anhang Nummer 3.2.4.1 Absatz 3 und Nummer 4.1.2. Der Sachverständige hat die Entziehung der Bescheinigung sowie die Nichterfüllung der Anforderungen nach Anhang Nummer 3.2.4.1 Absatz 3 oder Nummer 4.1.2 unverzüglich der für den Betrieb zuständigen Überwachungsbehörde mitzuteilen. Bei Annahmestellen und Rücknahmestellen, die Kfz-Werkstätten sind, erfolgt die Bescheinigung durch die jeweils zuständige Kraftfahrzeug-Innung. Die Sätze 2 bis 6 gelten entsprechend für Kraftfahrzeug-Innungen. Bei der Überprüfung der Anforderungen sind Ergebnisse von Prüfungen zu berücksichtigen, die

1. durch einen unabhängigen Umweltgutachter oder eine Umweltgutachterorganisation gemäß Artikel 4 Absatz 3 der Verordnung (EWG) Nummer 1836/93 des Rates vom 29. Juni 1993 über die freiwillige Beteiligung gewerblicher Unternehmen an einem Gemeinschaftssystem für das Umweltmanagement und die Umweltbetriebsprüfung (ABl. EG Nummer L 168 S. 1) oder gemäß Artikel 3 Absatz 2 Buchstabe d und Absatz 3 Buchstabe a der Verordnung (EG) Nummer 761/2001 des Europäischen Parlaments und des Rates über die freiwillige Beteiligung von Organisationen an einem Gemeinschaftssystem für das Umweltmanagement und die Umweltbetriebsprüfung (ABl. EG Nummer L 114 S. 1),
2. durch eine nach DIN EN 45012 akkreditierte Stelle im Rahmen der Zertifizierung eines Qualitätsmanagements nach DIN EN ISO 9001 oder 9004 oder

3. auf Grund wasserrechtlicher Vorschriften durch Sachverständige im Rahmen der Überprüfung von Anlagen im Sinne von § 62 Absatz 1 des Wasserhaushaltsgesetzes vorgenommen worden sind.

(4) Absatz 3 Satz 1 bis 6 gilt bei der Anerkennung gemäß § 2 Absatz 2 Nummer 2 entsprechend.

(5) Das Bundesministerium für Umwelt, Naturschutz und nukleare Sicherheit kann im Einvernehmen mit dem Bundesministerium für Wirtschaft und Energie Empfehlungen zur einheitlichen Durchführung der Überprüfung bekanntgeben.

§ 6 Sachverständige

Bescheinigungen nach § 5 Absatz 3 Satz 1 darf nur erteilen, wer

1. nach § 36 der Gewerbeordnung öffentlich bestellt ist,
2. als Umweltgutachter oder Umweltgutachterorganisation auf Grund einer Zulassung nach den §§ 9 und 10 oder nach Maßgabe des § 18 des Umweltauditgesetzes in der Fassung der Bekanntmachung vom 4. September 2002 (BGBl. I S. 3490), das zuletzt durch Artikel 10 des Gesetzes vom 11. August 2010 (BGBl. I S. 1163) geändert worden ist, in der jeweils geltenden Fassung, in dem Bereich tätig werden darf, der näher bestimmt wird durch Anhang I Abschnitt E Gruppe 38.3 der Verordnung (EG) Nummer 1893/2006 des Europäischen Parlaments und des Rates vom 20. Dezember 2006 zur Aufstellung der statistischen Systematik der Wirtschaftszweige NACE Revision 2 und zur Änderung der Verordnung (EWG) Nummer 3037/90 des Rates sowie einiger Verordnungen der EG über bestimmte Bereiche der Statistik (ABl. L 393 vom 30.12.2006, S. 1), die zuletzt durch Verordnung (EG) Nummer 295/2008 (ABl. L 97 vom 9.4.2008, S. 13) geändert worden ist, in der jeweils geltenden Fassung, oder
3. in einem anderen Mitgliedstaat der Europäischen Union oder in einem anderen Vertragsstaat des Abkommens über den Europäischen Wirtschaftsraum niedergelassen ist, seine Tätigkeit im Inland nur vorübergehend und gelegentlich ausüben will und seine Berufsqualifikation vor Aufnahme der Tätigkeit entsprechend den §§ 13a und 13b der Gewerbeordnung hat nachprüfen lassen; Verfahren nach dieser Nummer können über eine einheitliche Stelle abgewickelt werden.

§ 7 Mitteilungspflichten

(1) Die Betreiber von Annahmestellen, Rücknahmestellen, Demontagebetrieben, Schredderanlagen und sonstigen Anlagen zur weiteren Behandlung haben die jeweils gültige Bescheinigung nach § 5 Absatz 3 Satz 1 einschließlich des Prüfberichts oder das jeweils gültige Überwachungszertifikat einer technischen Überwachungsorganisation oder einer Entsorgergemeinschaft einschließlich des Prüfberichts sowie die gemäß § 28 Absatz 1 der Nachweisverordnung vom 20. Oktober 2006 (BGBl. I S. 2298), die zuletzt durch Artikel 5 Absatz 5 des Gesetzes vom 23. Oktober 2020 (BGBl. I S. 2232) geändert worden ist, erteilte Nummer der für die Überwachung des jeweiligen Betriebs zuständigen Behörde unverzüglich vorzulegen. Sind Annahmestellen oder Rücknahmestellen Kraftfahrzeugwerkstätten, legt die jeweils zuständige Kraftfahrzeug- Innung die Bescheinigung einschließlich des Prüfberichts der für die Überwachung des Betriebs zuständigen Behörde vor.

(2) Die nach § 6 für die Zulassung von Sachverständigen und Sachverständigenorganisationen zuständigen Stellen geben die von ihnen erteilten Zulassungen und Änderungen von Zulassungen der in § 32 Absatz 2 des Umweltauditgesetzes bezeichneten gemeinsamen Stelle unverzüg-

lich bekannt. Die gemeinsame Stelle erstellt aus diesen Angaben regelmäßig zu aktualisierende Listen und gibt diese in geeigneter Weise öffentlich bekannt.

(2a) Die Sachverständigen nach § 6 haben einer von den Ländern einzurichtenden gemeinsamen Stelle für die von ihnen anerkannten Demontagebetriebe, Schredderanlagen und sonstigen Anlagen zur weiteren Behandlung unverzüglich eine Durchschrift der von ihnen erteilten Bescheinigung oder des Entzugs der von ihnen erteilten Bescheinigung zu übermitteln. Diese muss mindestens folgende Angaben enthalten:

1. Name und Anschrift der Firma,
2. Anschrift des anerkannten Betriebs oder Betriebsteils,
3. Betriebsnummer nach § 28 Absatz 1 der Nachweisverordnung für die in Nummer 2 bezeichneten Betriebe oder Betriebsteile,
4. Kommunikationseinrichtungen,
5. Ansprechpartner,
6. zuständige Genehmigungsbehörde,
7. Datum der Ausstellung und des Ablaufs der Bescheinigung.

Bei Demontagebetrieben, die von einem oder mehreren Herstellern oder deren Bevollmächtigten für die unentgeltliche Rücknahme von Altfahrzeugen bestimmt worden sind, sind zusätzlich die Hersteller oder deren Bevollmächtigte anzugeben, die den Demontagebetrieb hierzu bestimmt haben. Die Anforderungen nach den Sätzen 1 bis 3 gelten auch für Sachverständige, technische Überwachungsorganisationen oder Entsorgergemeinschaften, die die in Satz 1 genannten Betriebe als Entsorgungsfachbetriebe anerkennen. Die in Satz 1 genannte Stelle erstellt nach den Angaben aus Satz 2 Nummer 1 bis 5 und Satz 3 regelmäßig zu aktualisierende Listen und gibt diese in geeigneter Weise öffentlich bekannt.

(3) Der Sachverständige (§ 6) teilt der für die Überwachung des jeweiligen Betriebs zuständigen Behörde mindestens 14 Tage vor der Überprüfung zur Erteilung der Bescheinigung nach § 5 Absatz 3 den Überprüfungstermin mit. Satz 1 gilt entsprechend bei Betrieben gemäß § 2 Absatz 2 Nummer 2.

§ 8 Abfallvermeidung

(1) Zur Förderung der Abfallvermeidung sind

1. die Verwendung gefährlicher Stoffe in Fahrzeugen zu begrenzen und bereits ab der Konzeptentwicklung von Fahrzeugen so weit wie möglich zu reduzieren, insbesondere um ihrer Freisetzung in die Umwelt vorzubeugen, die stoffliche Verwertung zu erleichtern und die Notwendigkeit der Beseitigung gefährlicher Abfälle zu vermeiden,
2. bei der Konstruktion und Produktion von neuen Fahrzeugen der Demontage, Wiederverwendung und Verwertung, insbesondere der stofflichen Verwertung von Altfahrzeugen, ihren Bauteilen und Werkstoffen umfassend Rechnung zu tragen,
3. bei der Herstellung von Fahrzeugen und anderen Produkten verstärkt Recyclingmaterial zu verwenden.

(2) Werkstoffe und Bauteile von Fahrzeugen, die nach dem 1. Juli 2003 in Verkehr gebracht werden, dürfen kein Blei, Quecksilber, Kadmium oder sechswertiges Chrom enthalten. Satz 1 gilt nicht in den in Anhang II der Richtlinie 2000/53/EG des Europäischen Parlaments und des Rates

vom 18. September 2000 über Altfahrzeuge (ABl. EG Nummer L 269 S. 34) in der jeweils geltenden Fassung genannten Fällen unter den dort genannten Bedingungen, wobei die Entscheidung 2005/438/EG der Kommission in der jeweils geltenden Fassung zu beachten ist.

§ 9 Kennzeichnungsnormen und Demontageinformationen

(1) Die Hersteller von Fahrzeugen sind verpflichtet, in Absprache mit der Werkstoff- und Zulieferindustrie Kennzeichnungsnormen für Bauteile und Werkstoffe nach Festlegung durch die Europäische Kommission gemäß Artikel 8 Absatz 2 der Richtlinie 2000/53/EG des Europäischen Parlaments und des Rates vom 18. September 2000 über Altfahrzeuge (ABl. EG Nummer L 269 S. 34) zu verwenden, um insbesondere die Identifizierung derjenigen Bauteile und Werkstoffe zu erleichtern, die wiederverwendet oder verwertet werden können.

(2) Die Hersteller von Fahrzeugen oder ihre Bevollmächtigten sind verpflichtet, für jeden in Verkehr gebrachten neuen Fahrzeugtyp binnen sechs Monaten nach Inverkehrbringen den anerkannten Demontagebetrieben Demontageinformationen bereitzustellen. In diesen Informationen sind insbesondere im Hinblick auf die Erreichung der Ziele gemäß § 5 die einzelnen Fahrzeugbauteile und -werkstoffe sowie die Stellen aufzuführen, an denen sich gefährliche Stoffe im Fahrzeug befinden, soweit dies für die Demontagebetriebe zur Einhaltung der Anforderungen nach dieser Verordnung erforderlich ist.

(3) Unbeschadet der Wahrung der Geschäfts- und Betriebsgeheimnisse sind die Hersteller von Fahrzeugbauteilen verpflichtet, den anerkannten Demontagebetrieben auf Anforderung angemessene Informationen zur Demontage, Lagerung und Prüfung von wiederverwendbaren Teilen zur Verfügung zu stellen.

§ 10 Informationspflichten

(1) Die Hersteller von Fahrzeugen oder deren Bevollmächtigte sind verpflichtet, in Zusammenarbeit mit den jeweiligen Wirtschaftsbeteiligten in geeigneter Weise Informationen zu veröffentlichen über

1. die verwertungs- und recyclinggerechte Konstruktion von Fahrzeugen und ihren Bauteilen;
2. die umweltverträgliche Behandlung von Altfahrzeugen, insbesondere die Entfernung aller Flüssigkeiten und die Demontage;
3. die Entwicklung und Optimierung von Möglichkeiten zur Wiederverwendung und zur stofflichen oder sonstigen Verwertung von Altfahrzeugen und ihren Bauteilen;
4. die bei der stofflichen und sonstigen Verwertung erzielten Fortschritte zur Verringerung des zu entsorgenden Abfalls und zur Erhöhung der Rate der stofflichen und sonstigen Verwertung.

Die jeweiligen Wirtschaftsbeteiligten sind verpflichtet, den Herstellern oder deren Bevollmächtigten die entsprechenden Informationen zu den Nummern 2 bis 4 zur Verfügung zu stellen.

(2) Der Hersteller von Fahrzeugen oder dessen Bevollmächtigter hat diese Informationen den potenziellen Fahrzeugkäufern zugänglich zu machen. Die Informationen sind in die Werbeschriften für das neue Fahrzeug aufzunehmen.

§ 10a Bevollmächtigung

Hersteller von Fahrzeugen, die keine Niederlassung im Geltungsbereich dieser Verordnung haben, können einen Bevollmächtigten mit der Wahrnehmung ihrer Pflichten nach § 3 Absatz 1, 3 und 5, § 5 Absatz 1 Satz 2, § 9 Absatz 2 und § 10 beauftragen. Die Aufgabenerfüllung durch den

Bevollmächtigten erfolgt im eigenen Namen. Jeder Hersteller darf nur einen Bevollmächtigten beauftragen. Die Beauftragung nach Satz 1 hat schriftlich und in deutscher Sprache zu erfolgen.

§ 11 Ordnungswidrigkeiten

(1) Ordnungswidrig im Sinne des § 69 Absatz 1 Nummer 8 des Kreislaufwirtschaftsgesetzes handelt, wer vorsätzlich oder fahrlässig

1. entgegen § 3 Absatz 1 Satz 1, auch in Verbindung mit Satz 2, oder entgegen § 3 Absatz 1 Satz 3 ein Altfahrzeug nicht, nicht richtig oder nicht vollständig zurücknimmt,
2. *(aufgehoben)*
3. entgegen § 3 Absatz 6 Satz 1 nicht sicherstellt, dass Altteile aus Kfz-Reparaturen zurückgenommen werden,
4. entgegen § 4 Absatz 1, 3 oder Absatz 4 Satz 1 ein Fahrzeug, ein Altfahrzeug oder eine Restkarosse überlässt,
5. entgegen § 4 Absatz 2 Satz 5 ein Altfahrzeug einer anderen als der dort genannten Verwertung zuführt,
6. entgegen § 5 Absatz 2 Satz 1 in Verbindung mit Anhang Nummer 2.1.2 Satz 1 ein Altfahrzeug behandelt,
7. entgegen § 5 Absatz 2 Satz 1 in Verbindung mit Anhang Nummer 3.2.2.1 Satz 1 eine Batterie nicht oder nicht rechtzeitig entnimmt, einen Flüssiggastank nicht oder nicht rechtzeitig behandelt oder ein Bauteil nicht oder nicht rechtzeitig demontiert oder nicht oder nicht rechtzeitig entsorgen lässt und nicht oder nicht rechtzeitig unschädlich macht,
8. entgegen § 5 Absatz 2 Satz 1 in Verbindung mit Anhang Nummer 3.2.2.1 Satz 2 eine dort genannte Betriebsflüssigkeit oder ein dort genanntes Betriebsmittel nicht oder nicht rechtzeitig entfernt oder nicht, nicht in der vorgeschriebenen Weise oder nicht rechtzeitig sammelt,
9. entgegen § 5 Absatz 2 Satz 1 in Verbindung mit Anhang Nummer 3.2.3.2 Satz 1 dort genannte Stoffe, Materialien oder Bauteile nicht oder nicht rechtzeitig entfernt,
10. entgegen § 5 Absatz 2 Satz 1 in Verbindung mit Anhang Nummer 3.2.3.3 Satz 1 dort genannte Stoffe, Materialien oder Bauteile nicht oder nicht rechtzeitig abbaut und nicht oder nicht rechtzeitig ausbaut oder nicht oder nicht rechtzeitig der Wiederverwendung oder stofflichen Verwertung zuführt,
11. entgegen § 5 Absatz 2 Satz 1 in Verbindung mit Anhang Nummer 3.2.4.1 Satz 6 dort genannte Materialien, Bauteile oder Betriebsflüssigkeiten der Wiederverwendung oder der stofflichen Verwertung nicht oder nicht rechtzeitig zuführt,
12. entgegen § 5 Absatz 2 Satz 1 in Verbindung mit Anhang Nummer 4.1.1 Satz 3 eine Restkarosse annimmt oder schreddert,
13. entgegen § 5 Absatz 2 Satz 1 in Verbindung mit Anhang Nummer 4.1.2 Satz 1 die dort genannten Gewichtsprozente der Verwertung oder der stofflichen Verwertung nicht zuführt,
14. entgegen § 5 Absatz 2 Satz 2 ein Altfahrzeug oder eine Restkarosse annimmt oder behandelt oder
15. entgegen § 8 Absatz 2 Satz 1 Werkstoffe oder Bauteile in den Verkehr bringt.

(2) Ordnungswidrig im Sinne des § 69 Absatz 2 Nummer 15 des Kreislaufwirtschaftsgesetzes handelt, wer vorsätzlich oder fahrlässig

1. entgegen § 4 Absatz 2 Satz 1 die Überlassung nicht, nicht richtig, nicht vollständig oder nicht rechtzeitig bescheinigt,
2. entgegen § 4 Absatz 2 Satz 3einen Verwertungsnachweis ausstellt,
3. entgegen § 4 Absatz 2 Satz4 eine Annahmestelleoder eine Rücknahmestelle beauftragt,
4. entgegen § 5 Absatz 2 Satz1 in Verbindung mit Anhang Nummer 3.2.4.1 Satz 6 oder Nummer 4.1.2 Satz 1 nicht belegt, dassder entsprechende Anteil verwertet wurde,
5. entgegen § 6 eine Bescheinigung erteilt oder
6. entgegen § 7 Absatz 1eine Bescheingung oder ein Überwachungzertifikat nicht, nicht richtig, nicht vollständig oder nicht rechtzeitig vorlegt.

§ 12 Übergangsvorschriften

(1) § 5 Absatz 1 Satz 2 gilt erstmals für die Daten des Kalenderjahres 2019.

(2) Bescheinigungen nach § 5 Absatz 3 Satz 1, die bei Inkrafttreten der Verordnung rechtmäßig erteilt waren, gelten bis zu ihrem Ablauf fort.

(3) Sachverständige und Sachverständigenorganisationen, die aufgrund von § 6 nicht mehr über die erforderliche Zulassung verfügen und deren Befähigung zur Erteilung der Bescheinigungen nach § 5 Absatz 3 Satz 1 vor Inkrafttreten dieser Verordnung rechtmäßig festgestellt war, dürfen noch bis zum Ablauf von zwei Monaten nach Inkrafttreten der Verordnung Bescheinigungen erteilen. Diese müssen mit einer Geltungsdauer von längstens sechs Monaten befristet werden.

Anhang
Anforderungen an die Annahme und Rücknahme von Altfahrzeugen, an die ordnungsgemäße und schadlose Verwertung von Altfahrzeugen und Restkarossen sowie an die ordnungsgemäße und schadlose Entsorgung der dabei anfallenden Abfälle

1. Allgemeine Anforderungen

Die Vorschriften der §§ 62, 63 des Wasserhaushaltsgesetzes sowie der Rechtsverordnung nach § 23 Absatz 1 Nummer 6 in Verbindung mit § 62 Absatz 4 des Wasserhaushaltsgesetzes bleiben unberührt.

2. Anforderungen an Annahmestellen und Rücknahmestellen

2.1 Allgemeines

2.1.1 Annahmestellen haben den Zweck, Altfahrzeuge vom Besitzer zu übernehmen, für den Abtransport bereitzustellen und einem anerkannten Demontagebetrieb zuzuführen. Die Zusammenarbeit mit den Demontagebetrieben ist durch Verträge zu regeln.

2.1.2 Annahmestellen dürfen Altfahrzeuge nicht behandeln, insbesondere nicht trockenlegen und demontieren. Durch die Vereinbarung eines geeigneten Abholrhythmus zwischen Demontagebetrieb und Annahmestelle ist sicherzustellen, dass lagerungsbedingte Umweltschäden vermieden werden.

2.1.3 Annahmestellen müssen über eine erforderliche, dem Betriebszweck entsprechende baurechtliche Nutzungsgenehmigung verfügen und die einschlägigen rechtlichen Regelungen, insbesondere zum Umwelt- und Arbeitsschutz, einhalten.

2.1.4 Die angenommenen Altfahrzeuge dürfen nicht direkt übereinander geschichtet und nicht auf der Seite oder auf dem Dach liegend bereitgestellt werden. Die Bereitstellung hat so zu erfolgen, dass Beschädigungen flüssigkeitstragender Bauteile (z. B. Ölwanne, Tank, Bremsleitungen) oder demontierbarer Teile, wie z. B. Glasscheiben, vermieden werden.

2.2 Platzgröße, Platzaufteilung und Ausrüstung von Annahmestellen

2.2.1 Die zur Annahme vorgesehene Gesamtfläche muss sich in die Bereiche Anlieferung und Bereitstellung zum Abtransport gliedern. Diese Fläche ist stoffundurchlässig gemäß den allgemein anerkannten Regeln der Technik für die Anforderungen nach Wasserrecht zu befestigen und mindestens über einen Leichtflüssigkeitsabscheider (z. B. nach DIN 1999[1]) zu entwässern. Bei Überdachung der Fläche ist die Entwässerung über einen Leichtflüssigkeitsabscheider nicht erforderlich.

2.2.2 Zur Begutachtung und zum Transport nicht mehr rollfähiger Altfahrzeuge erforderliche Geräte müssen vorhanden sein.

2.2.3 Bindemittel für ausgetretene Betriebsflüssigkeiten sind in ausreichender Menge an einem witterungsgeschützten Lagerort vorzuhalten.

2.2.4 Ausreichende Feuerlöscheinrichtungen sind vorzuhalten.

2.2.5 Durch eine Einfriedung der Anlage ist unbefugter Zutritt zu verhindern.

2.2.6 Im Bereich der Einfahrt ist ein Hinweisschild mit Name, Anschrift und Öffnungszeiten des Betriebes zu befestigen.

---

[1] Zu beziehen bei Beuth-Verlag GmbH, Berlin.

2.3 Dokumentation

In einem Betriebstagebuch sind sämtliche Zu- und Abgänge von Altfahrzeugen schriftlich festzuhalten. Darüber hinaus sind festzuhalten:

- Durchschriften der Verwertungsnachweise für alle entgegengenommenen Altfahrzeuge,
- besondere Vorkommnisse und Betriebsstörungen einschließlich der Ursachen und der durchgeführten Abhilfemaßnahmen.

Das Betriebstagebuch ist auf Verlangen der überwachenden Kfz-Innung, dem Sachverständigen oder der zuständigen Behörde vorzulegen. Außerdem ist die Zusammenarbeit mit den Demontagebetrieben durch Verträge zu dokumentieren.

2.4 Rücknahmestellen

Die Anforderungen der Nummern 2.1 bis 2.3 gelten für Rücknahmestellen entsprechend.

3. Anforderungen an Demontagebetriebe

3.1 Anforderungen an die Errichtung und Ausrüstung

3.1.1 Platzgröße und Platzaufteilung für die Altfahrzeugbehandlung müssen der Anzahl der anfallenden Altfahrzeuge und der Art ihrer Behandlung angepasst und so gewählt sein, dass die Anforderungen dieses Anhangs eingehalten werden.

Die Betriebsfläche ist in folgende Bereiche zu gliedern:

- Anlieferung (Annahme und Erfassung),
- Eingangslager für nicht vorbehandelte Altfahrzeuge,
- Betriebsteile zur Vorbehandlung von Altfahrzeuge,
- Lager für vorbehandelte Altfahrzeuge,
- Demontage,
- Lager für gebrauchsfähige Kraftfahrzeugteile, die keine Flüssigkeiten enthalten,
- Lager für gebrauchsfähige flüssigkeitstragende Kraftfahrzeugteile,
- Lager für feste Abfälle zur Verwertung oder Beseitigung,
- Lager für flüssige Abfälle zur Verwertung oder Beseitigung,
- Lager für Restkarossen zum Abtransport,
- Fläche zur Verdichtung, sofern Maßnahmen zur Verdichtung durchgeführt werden.

Die verschiedenen Arbeitsbereiche sind deutlich zu kennzeichnen.

Die angelieferten Altfahrzeuge dürfen vor ihrer Vorbehandlung nur auf Flächen zwischengelagert werden, die dafür geeignet sind.

3.1.2 Platzausrüstung

3.1.2.1 Die Bereiche Anlieferung und Eingangslager sind ausreichend zu bemessen und gemäß den allgemein anerkannten Regeln der Technik nach Wasserrecht zu befestigen.

3.1.2.2 Für die Bereiche Vorbehandlung, Demontage, Lager für Flüssigkeiten und flüssigkeitstragende Teile und Flächen zur Verdichtung sind ausreichende Vorkehrungen zu treffen, um zu gewährleisten, dass die verwertbaren Abfälle nicht in ihrer Beschaffenheit beeinträchtigt werden und eine Gefährdung der Umwelt ausgeschlossen wird, z. B. Einhausung, Überdachung oder Verdichtung in mobilen Pressen mit integriertem Auffangsystem. Flächen der in Satz 1 bezeichneten Bereiche müssen stoffundurchlässig gemäß den allgemein anerkannten Regeln der Technik nach Wasserrecht befestigt sein. Sind die Flächen nicht überdacht, müssen diese mindestens über einen Leichtflüssigkeitsabscheider (z. B. nach DIN 1999 1) entwässert werden.

3.1.2.3 Die Lagerung von vorbehandelten Altfahrzeugen und Restkarossen hat so zu erfolgen, dass eine Verunreinigung des Bodens und der Gewässer nicht zu besorgen ist.

3.1.2.4 Batterien sind gesondert in säurebeständigen Behältern oder auf einer abflusslosen und säurebeständigen Fläche zu lagern.

3.2 Anforderungen an den Betrieb

3.2.1 Allgemeines

3.2.1.1 Der Betreiber des Demontagebetrieb muss über die zum Errichten und zum Betrieb erforderliche Genehmigung nach dem Bundes-Immissionsschutzgesetz oder über die nach § 67 des Bundes- Immissionsschutzgesetzes erforderlichen Anzeigen verfügen und die einschlägigen rechtlichen Regelungen insbesondere zum Umwelt- und Arbeitsschutz einhalten. Der Betrieb ist so zu errichten, zu betreiben und zu unterhalten, dass die Anforderungen an die ordnungsgemäße und schadlose Verwertung sowie die gemeinwohlverträgliche Beseitigung von Abfällen eingehalten werden. Dies gilt entsprechend für diejenigen Demontagebetriebe, die keiner immissionsschutzrechtlichen Genehmigung bedürfen und insofern baurechtlich zu genehmigen sind.

3.2.1.2 Altfahrzeuge dürfen vor der Vorbehandlung nicht auf der Seite oder auf dem Dach gelagert werden, um den Austritt von Flüssigkeiten zu verhindern. Eine Stapelung ist nur zulässig, wenn geeignete Einrichtungen vorhanden sind, die eine Verformung und eine Beschädigung flüssigkeitstragender Bauteile wie Bremsleitungen, Ölwannen oder demontierbarer Teile, wie z. B. Glasscheiben, sicher verhindern.

3.2.1.3 Bei gestapelten, vorbehandelten Altfahrzeugen muss die Standsicherheit des Stapels gewährleistet sein. Ohne besondere Sicherungsmaßnahmen dürfen nicht mehr als drei Altfahrzeuge übereinander gestapelt werden.

3.2.1.4 Die Anforderungen nach den Nummern 3.2.1.2 und 3.2.1.3 gelten für den innerbetrieblichen Transport entsprechend.

3.2.1.5 Der Betreiber hat ein Betriebstagebuch schriftlich zu führen und ein Betriebshandbuch schriftlich zu erstellen. Die Anforderungen an das Betriebstagebuch ergeben sich aus den Dokumentationspflichten nach Nummer 3.3. Das Betriebshandbuch muss insbesondere die Bestimmungen über die Behandlung und Lagerung der Altfahrzeuge sowie Arbeits- und Betriebsanweisungen enthalten. Die Anforderungen gemäß TA Abfall Nummer 5.4 (GMBl. 1991 S. 147) gelten entsprechend.

An die Stelle von Nummer 5.4.3.1 der TA Abfall treten die Anforderungen nach § 5 Absatz 1 der Entsorgungsfachbetriebeverordnung vom 2. Dezember 2016 in der jeweils geltenden Fassung.

3.2.2 Vorbehandlung

3.2.2.1 Betreiber von Demontagebetrieben müssen nach der Anlieferung bei jedem Altfahrzeug unverzüglich

- die Batterien entnehmen,
- den Flüssiggastank nach Vorgaben des Herstellers sachgerecht behandeln und
- die pyrotechnischen Bauteile durch geschultes Fachpersonal nach Vorgabe der Hersteller entweder demontieren und in zugelassenen Anlagen entsorgen lassen oder durch Auslösung im eingebauten Zustand unschädlich machen.

Betreiber von Demontagebetrieben müssen vor der weiteren Behandlung folgende Betriebsflüssigkeiten und Betriebsmittel entfernen und getrennt sammeln:

- Kraftstoff (dazu zählt auch Flüssiggas für den Fahrzeugantrieb),
- Kühlerflüssigkeit,
- Bremsflüssigkeit,
- Scheibenwaschflüssigkeit,
- Kältemittel aus Klimaanlagen (FCKW u. a.),
- Ölfilter,
- Motorenöl, Getriebeöl, Differenzialöl, Hydrauliköl und Stoßdämpferöl, sofern keine Demontage der Stoßdämpfer erfolgt; diese Öle können miteinander vermischt werden, sofern sie nach den Bestimmungen der Altölverordnung der Sammelkategorie 1 zuzuordnen sind.

Satz 2 gilt nicht für Bauteile, die als Ersatzteile wiederverwendet werden sollen, z. B. Motoren und Getriebe, wenn diese anschließend unverzüglich ausgebaut werden.

Bauteile und Materialien, von denen eine Gefahr für Grund- und Oberflächenwasser ausgehen kann, sind auf den dafür vorgesehenen befestigten und überdachten Flächen zu lagern. Stoffe, die nach der Allgemeinen Verwaltungsvorschrift zum Wasserhaushaltsgesetz über die Einstufung wassergefährdender Stoffe in Wassergefährdungsklassen (VwVwS, BAnz. Nummer 98a vom 29. Mai 1999) als wassergefährdend eingestuft werden oder einzustufen sind, sind in dafür zugelassenen Behältern unter Beachtung der erlassenen Verordnungen der Länder zum Umgang mit wassergefährdenden Stoffen und über Fachbetriebe (AnlagenV – VAwS) abzufüllen und zu lagern.

3.2.2.2 Die Vorbehandlung nach Nummer 3.2.2.1 hat nach dem Stand der Technik zu erfolgen. Bei der Trockenlegung ist insbesondere die Tropffreiheit aller Aggregate zu erzielen. Alle Öffnungen, aus denen Flüssigkeiten austreten können, sind dicht zu verschließen. Von Satz 3 kann abgewichen werden, wenn die Restkarossen auf einer stoffundurchlässigen Fläche gelagert werden, die den allgemein anerkannten Regeln nach Wasserrecht entspricht.

Das Bundesministerium für Umwelt, Naturschutz und nukleare Sicherheit kann im Einvernehmen mit dem Bundesministerium für Wirtschaft und Energie den jeweiligen Stand der Technik bekannt geben.

3.2.2.3 Für die Entnahme der Kraftstoffe sind dem Stand der Technik entsprechende, für die Entnahme von Kältemitteln geschlossene Systeme zu verwenden. Beim Umgang mit brennbaren Flüssigkeiten sind die einschlägigen Bestimmungen einzuhalten wie z. B. die Gefahrstoffverordnung, die Verordnung über brennbare Flüssigkeiten und Regelungen zum Explosionsschutz.

3.2.2.4 Die Tanklagerbefüllung und die Förderanlagen sind mit Sicherheitsverriegelungen auszustatten. Die Funktionsfähigkeit der vorgenannten Einrichtungen ist durch gesetzlich vorgeschriebene technische Gutachten nachzuweisen. Insbesondere für die Handhabung und Lagerung wassergefährdender Stoffe und von Gefahrstoffen sind Betriebsanweisungen für jeden Einzelstoff zu erstellen.

3.2.3 Demontage

3.2.3.1 Der Betrieb muss technisch, organisatorisch und personell in der Lage sein, diejenigen Kraftfahrzeugteile zerstörungsfrei auszubauen, die als ganze Bauteile oder Baugruppen wiederverwendet werden sollen.

3.2.3.2 Betreiber von Demontagebetrieben müssen vor der weiteren Behandlung folgende Stoffe, Materialien und Bauteile wegen ihres Schad- und Störstoffcharakters entfernen:

- den Latentwärmespeicher nach Vorgabe des Herstellers,
- Stoßdämpfer, wenn nicht trockengelegt,
- asbesthaltige Bauteile,
- quecksilberhaltige Bauteile wie z. B. Schalter, soweit durchführbar,
- nach Anhang II der Richtlinie 2000/53/EG des Europäischen Parlaments und des Rates vom 18. September 2000 über Altfahrzeuge (ABl. EG Nummer L 269 S. 34) in der jeweils geltenden Fassung gekennzeichnete Bauteile und Werkstoffe, die nach dem 1. Juli 2003 in Verkehr gebracht wurden,
- kraftfahrzeugfremde Stoffe.

Bei ausgebauten Stoßdämpfern, die nicht als Bauteile wiederverwendet werden, ist vor der Verwertung der metallischen Anteile die Trockenlegung sicherzustellen.

3.2.3.3 Betreiber von Demontagebetrieben müssen vor der Überlassung der Restkarosse an eine Schredderanlage oder eine sonstige Anlage zur weiteren Behandlung folgende Bauteile, Stoffe und Materialien entfernen und vorrangig der Wiederverwendung oder der stofflichen Verwertung zuführen:

- Katalysatoren,
- Auswuchtgewichte,
- Aluminiumfelgen,
- Front-, Heck- und Seitenscheiben sowie Glasdächer,
- Reifen,
- große Kunststoffbauteile wie z. B. Stoßfänger, Radkappen und Kühlergrille, wenn die entsprechenden Materialien beim oder nach dem Schreddern nicht in einer Weise getrennt werden, die eine stoffliche Verwertung ermöglicht,
- kupfer-, aluminium- und magnesiumhaltige Metallbauteile, wenn die entsprechenden Metalle nicht beim oder nach dem Schreddern getrennt werden.

3.2.4 Wiederverwendung, Verwertung und Beseitigung

3.2.4.1 Die aus dem Altfahrzeug gewonnenen Bauteile und Stoffe sind vorrangig einer Wiederverwendung oder Verwertung zuzuführen. Es ist dafür Sorge zu tragen, dass ein größtmöglicher Anteil der demontierten Bauteile der Wiederverwendung zugeführt wird. Bremsflüssigkeit, Hydraulikflüssigkeit, Kältemittel aus Klimaanlagen und Kühlerflüssigkeit sind, soweit technisch möglich und wirtschaftlich zumutbar, einer Verwertung zuzuführen. Altöle sind nach Maßgabe der einschlägigen Bestimmungen der Aufarbeitung oder sonstigen Entsorgung zuzuführen.

Abfälle zur Verwertung und Abfälle zur Beseitigung sind in eindeutig gekennzeichneten Behältnissen getrennt zu lagern.

Betreiber von Demontagebetrieben müssen vor der Überlassung der Restkarosse an eine Schredderanlage oder eine sonstige Anlage zur weiteren Behandlung spätestens ab dem 1. Januar 2006 Bauteile, Materialien und Betriebsflüssigkeiten mit einem Anteil von durchschnittlich mindestens 10 Gewichtsprozent im Jahresmittel bezogen auf die Summe der Fahrzeugleergewichte der angenommenen Altfahrzeuge ausbauen oder entfernen und der Wiederverwendung oder der stofflichen Verwertung zuführen und belegen, dass der entsprechende Anteil stofflich verwertet wurde. Metallische Bauteile und Materialien, wie z. B. Restkarossen, Kernschrott, Ersatzteile, und Kraftstoffe dürfen bei der Berechnung nach Satz 6 nicht in Ansatz gebracht werden. Batterien dürfen bei der Berechnung nach Satz 6 in Ansatz gebracht werden, wenn sie einem für die Verwertung dieser Abfälle zertifizierten Entsorgungsfachbetrieb überlassen wurden. Altreifen dürfen bei der Berechnung nach Satz 6 in Ansatz gebracht werden, wenn die stoffliche Verwertung in nachvollziehbarer Weise dokumentiert ist. Die Pflichten nach Satz 6 gelten nicht, soweit nachgewiesen wird, dass die Anforderungen an die stoffliche Verwertung gemäß § 5 Absatz 1 Satz 1 Nummer 1 Buchstabe b im Jahresmittel bezogen auf die Summe der Fahrzeugleergewichte der angenommenen Altfahrzeuge auf andere geeignete Weise erfüllt werden. In diesem Fall ist der Nachweis der Erfüllung der Pflichten nach Satz 6 von allen beteiligten Betrieben gemeinsam zu erbringen und durch einen Sachverständigen nach § 6 zu überprüfen.

Für Bauteile ist zur Berechnung nach Satz 6 die Verwendung von Richtwerten oder Angaben der Hersteller zulässig.

Die Anforderungen nach Satz 6 können auch durch mehrere Demontagebetriebe gemeinsam erfüllt werden. In diesem Fall ist der Nachweis der Erfüllung der Pflichten nach Satz 6 von allen beteiligten Betrieben gemeinsam zu erbringen und durch einen Sachverständigen nach § 6 zu überprüfen.

3.2.4.2 Nicht verwertbare Abfälle sind einer gemeinwohlverträglichen Beseitigung zuzuführen. Die Weitergabe von Abfall zur Beseitigung darf nur erfolgen, wenn der annehmende Betrieb eine entsprechende Zulassung nachweist.

3.2.4.3 Vorbehandelte und demontierte Altfahrzeuge können zum Transport mit dafür geeigneten Anlagen verdichtet werden, wenn keine Bauteilentnahme zur weiteren Verwendung oder Verwertung mehr erfolgt.

Die Altfahrzeuge dürfen zur Volumenreduzierung nur auf der dafür vorgesehenen Fläche zur Verdichtung gestaucht oder in der sonst vorgesehenen Anlage (Paketierpresse, Schrottschere) behandelt werden.

3.3 Dokumentation

3.3.1 Betreiber von Demontagebetrieben haben entsprechend den allgemeinen Anforderungen nach Nummer 3.2.1.5 ein Betriebstagebuch über Erfassung, Trockenlegung, Demontage, Wiederverwendung, stoffliche und energetische Verwertung, thermische Behandlung und über den sonstigen Verbleib der Bauteile, der Materialien und Stoffe zu führen.

3.3.2 In diesem Betriebstagebuch sind alle für den Betrieb der Anlage wesentlichen Daten festzuhalten, die zur Transparenz und Nachvollziehbarkeit einer umweltverträglichen Altfahrzeugverwertung erforderlich sind. Sämtliche ein- und ausgehenden Mengenströme mit entsprechenden Entsorgungsnachweisen, Begleitscheinen, Anzeigen und Erlaubnissen zum Sammeln und Befördern von Abfällen und Übernahmescheinen sowie Betriebsstörungen, deren Ursache und daraus gezogene Konsequenzen müssen im Betriebstagebuch notiert werden.

3.3.3 Zu den erforderlichen Dokumentationspflichten gehören insbesondere

- chronologisch sortierte Durchschriften der Verwertungsnachweise sowie die jeweiligen Unterlagen nach § 7 Absatz 1 Satz 1,
- Bestand und Verbleib der entnommenen Stoffe, Materialien und Teile nach Art und Menge,
- Bilanzierung der Abfälle zur Verwertung und zur Beseitigung sowie Angaben über zur Wiederverwendung abgegebene Teile,
- Angaben zu Materialströmen aus anderen Betriebsteilen, die gemeinsam mit den Materialströmen aus der Entsorgung von Altfahrzeugen entsorgt werden,
- besondere Vorkommnisse und Betriebsstörungen, einschließlich der Ursachen und der durchgeführten Abhilfemaßnahmen.

4. Anforderungen an Schredderanlagen und sonstige Anlagen zur weiteren Behandlung

4.1 Allgemeines

4.1.1 Der Betreiber der Anlage muss im Geltungsbereich der Verordnung über die zum Errichten und zum Betrieb erforderliche Genehmigung nach dem Bundes-Immissionsschutzgesetz oder über die nach § 67 des Bundes-Immissionsschutzgesetzes erforderlichen Anzeigen verfügen und die einschlägigen rechtlichen Regelungen, insbesondere zum Umwelt- und Arbeitsschutz einhalten. Die Anlage ist so zu errichten, zu betreiben und zu unterhalten, dass die Anforderungen an die ordnungsgemäße und schadlose Verwertung sowie die gemeinwohlverträgliche Beseitigung von Abfällen eingehalten werden. Betreiber von Schredderanlagen dürfen Restkarossen nur annehmen und schreddern, wenn die Altfahrzeuge gemäß den Anforderungen nach Nummer 3.2.2.2 Satz 1 und 2, den Nummern 3.2.3.2 und 3.2.3.3 des Anhangs in anerkannten Demontagebetrieben behandelt wurden.

4.1.2 Betreiber von Schredderanlagen müssen, bezogen auf die Summe des Fahrzeugleergewichtes, vom nichtmetallischen Anteil der Schredderrückstände im Jahresmittel

a) ab dem 1. Januar 2006 5 Gewichtsprozent einer Verwertung und

b) ab dem 1. Januar 2015 5 Gewichtsprozent einer stofflichen Verwertung und weitere 10 Gewichtsprozent einer Verwertung zuführen und belegen, dass der entsprechende

Anteil verwertet wurde. Die Summe des Fahrzeugleergewichtes wird ermittelt aus der Summe der Fahrzeugleergewichte, die in den Verwertungsnachweisen der einzelnen Restkarossen ausgewiesen sind, die in dem Bezugsjahr von einer Schredderanlage angenommen worden sind.

Wird die Schredderleichtfraktion einer qualifizierten Aufbereitung zugeführt, kann der Gewichtsanteil der dabei abgetrennten Metalle bei der Berechnung nach Satz 1 in Ansatz gebracht werden, wenn diese Metalle einer stofflichen Verwertung zugeführt werden.

Die Anforderungen nach dieser Nummer können auch durch mehrere Schredderanlagen gemeinsam erfüllt werden. In diesem Fall ist der Nachweis der Erfüllung der Pflichten nach Satz 1 von allen beteiligten Betrieben gemeinsam zu erbringen und durch einen Sachverständigen nach § 6 zu überprüfen.

4.2 Dokumentation

4.2.1 Der Betreiber einer Schredderanlage hat entsprechend den allgemeinen Anforderungen nach Nummer 3.2.1.5 des Anhangs ein Betriebstagebuch über die Erfassung und Verarbeitung sowie über den sonstigen Verbleib der Material- und Stoffströme schriftlich zu führen.

4.2.2 In diesem Betriebstagebuch sind alle für den Betrieb der Anlage wesentlichen Daten festzuhalten, die zur Transparenz und Nachvollziehbarkeit eines umweltverträglichen Umgangs mit den angelieferten und bei der Behandlung entstandenen Abfällen erforderlich sind. Sämtliche ein- und ausgehenden Mengenströme sowie Betriebsstörungen, deren Ursachen und daraus gezogene Konsequenzen müssen im Betriebstagebuch nachprüfbar notiert werden.

4.3 Anforderungen an sonstige Anlagen zur weiteren Behandlung

Für die Betreiber von sonstigen Anlagen zur weiteren Behandlung gelten die Anforderungen nach den Nummern 4.1 und 4.2 entsprechend. Darüber hinaus sind die Bestimmungen der Erlaubnis nach § 4 Absatz 4 Satz 2 einzuhalten.

5. Ausnahmeregelungen

Abweichungen von den in den Nummern 2 bis 4 festgelegten Anforderungen sind zulässig, wenn der Nachweis erbracht wird, dass durch andere geeignete Maßnahmen das Wohl der Allgemeinheit – gemessen an den Anforderungen dieser Verordnung – nicht beeinträchtigt wird. Über die Zulässigkeit von Abweichungen entscheidet die zuständige Behörde auf Antrag im Hinblick auf die Erteilung der Bescheinigung nach § 5 Absatz 3.

Verordnung über Anforderungen an die Verwertung und Beseitigung von Altholz (Altholzverordnung – AltholzV)

Vom 15. August 2002(BGBl. I S. 3302)

Zuletzt geändert am 19. Juni 2020 (BGBl. I S. 1328)

§ 1 Anwendungsbereich

(1) Diese Verordnung gilt für

1. die stoffliche Verwertung,
2. die energetische Verwertung und
3. die Beseitigung

von Altholz.

(2) Diese Verordnung gilt für

1. Erzeuger und Besitzer von Altholz,
2. Betreiber von Anlagen, in denen Altholz verwertet oder beseitigt wird,
3. öffentlich-rechtliche Entsorgungsträger, soweit sie Altholz verwerten oder beseitigen und
4. Dritte, Verbände und Selbstverwaltungskörperschaften der Wirtschaft, denen nach § 16 Abs. 2, § 17 Abs. 3 oder § 18 Abs. 2 des Kreislaufwirtschafts- und Abfallgesetzes vom 27. September 1994 (BGBl. I S. 2705), das zuletzt durch Art. 5 des Gesetzes vom 6. Oktober 2011 (BGBl. I S. 1986) geändert worden ist, Pflichten zur Verwertung oder Beseitigung von Altholz übertragen worden sind.

(3) Diese Verordnung gilt nicht für eine stoffliche Verwertung von Altholz, die von Absatz 1 in Verbindung mit § 2 Nr. 7 nicht erfasst wird. Diese Verordnung gilt auch nicht für Anlagen nach § 5 der Verordnung über kleine und mittlere Feuerungsanlagen.

§ 2 Begriffsbestimmungen

Im Sinne dieser Verordnung bedeuten die Begriffe

1. Altholz:
   Industrierestholz und Gebrauchtholz, soweit diese Abfall im Sinne des § 3 Abs. 1 des Kreislaufwirtschaftsgesetzes sind;
2. Industrierestholz:
   die in Betrieben der Holzbe- oder -verarbeitung anfallenden Holzreste einschließlich der in Betrieben der Holzwerkstoffindustrie anfallenden Holzwerkstoffreste sowie anfallende Verbundstoffe mit überwiegendem Holzanteil (mehr als 50 Masseprozent);
3. Gebrauchtholz:
   gebrauchte Erzeugnisse aus Massivholz, Holzwerkstoffen oder aus Verbundstoffen mit überwiegendem Holzanteil (mehr als 50 Masseprozent);
4. Altholzkategorie:
   a) Altholzkategorie A I:
      naturbelassenes oder lediglich mechanisch bearbeitetes Altholz, das bei seiner Verwendung nicht mehr als unerheblich mit holzfremden Stoffen verunreinigt wurde,

b) Altholzkategorie A II:
verleimtes, gestrichenes, beschichtetes, lackiertes oder anderweitig behandeltes Altholz ohne halogenorganische Verbindungen in der Beschichtung und ohne Holzschutzmittel,

c) Altholzkategorie A III:
Altholz mit halogenorganischen Verbindungen in der Beschichtung ohne Holzschutzmittel,

d) Altholzkategorie A IV:
mit Holzschutzmitteln behandeltes Altholz, wie Bahnschwellen, Leitungsmasten, Hopfenstangen, Rebpfähle, sowie sonstiges Altholz, das aufgrund seiner Schadstoffbelastung nicht den Altholzkategorien A I, A II oder A III zugeordnet werden kann, ausgenommen PCB-Altholz;

5. PCB-Altholz:
Altholz, das PCB im Sinne der PCB/PCT-Abfallverordnung ist und nach deren Vorschriften zu entsorgen ist, insbesondere Dämm- und Schallschutzplatten, die mit Mitteln behandelt wurden, die polychlorierte Biphenyle enthalten;

6. Holzschutzmittel:
bei der Be- und Verarbeitung des Holzes eingesetzte Stoffe mit biozider Wirkung gegen Holz zerstörende Insekten oder Pilze sowie Holz verfärbende Pilze, ferner Stoffe zur Herabsetzung der Entflammbarkeit von Holz;

7. stoffliche Verwertung von Altholz:
a) Aufbereitung von Altholz zu Holzhackschnitzeln und Holzspänen für die Herstellung von Holzwerkstoffen,
b) Gewinnung von Synthesegas zur weiteren chemischen Nutzung und
c) Herstellung von Aktivkohle/Industrieholzkohle;

8. energetische Verwertung von Altholz:
Verwertung von Altholz im Sinne des § 3 Abs. 23 in Verbindung mit dem Verfahren R 1 der Anlage 2 des Kreislaufwirtschaftsgesetzes;

9. Altholzbehandlungsanlage:
Anlage zur stofflichen oder energetischen Verwertung von Altholz sowie Anlagen zur Sortierung oder sonstigen Behandlung von Altholz einschließlich jeweils zugehöriger Lagerung;

10. Störstoffe:
anorganische oder organische holzfremde Stoffe, insbesondere Bodenmaterial, Steine, Beton, Metallteile, Papier, Pappe, Textilien, Kunststoffe oder Folien, die dem Altholz anhaften, beigemengt oder mit diesem verbunden sind, soweit diese die Verwertung behindern.

§ 3 Anforderungen an die Verwertung

(1) Zur Gewährleistung einer schadlosen stofflichen Verwertung von Altholz sind die Anforderungen des Anhangs I einzuhalten. Gemäß Anhang I dürfen für die in Spalte 1 bezeichneten Verwertungsverfahren nur die in Spalte 2 genannten Altholzkategorien unter Beachtung der in Spalte 3 aufgeführten besonderen Anforderungen an die stoffliche Verwertung eingesetzt werden. Die zum Zwecke der Herstellung von Holzwerkstoffen aufbereiteten Holzhackschnitzel und Holzspäne dürfen die in Anhang II genannten Grenzwerte nicht überschreiten. Diese gelten als eingehalten, wenn der Grenzwert im gleitenden Durchschnitt der vier zuletzt nach § 6 Abs. 2 durchgeführten Untersuchungen nicht überschritten wird und kein Analyseergebnis den Grenzwert um mehr als 25 von Hundert überschreitet.

(2) Die energetische Verwertung von Altholz hat entsprechend den Regelungen des Bundes-Immissionsschutzgesetzes und den auf seiner Grundlage ergangenen Rechtsverordnungen zu erfolgen.

(3) Bei einem Gemisch von Altholz unterschiedlicher Altholzkategorien richten sich die Anforderungen an die Verwertung nach den Absätzen 1 und 2 nach der jeweils höchsten Altholzkategorie. Für die Herstellung von Holzwerkstoffen dürfen unterschiedliche Altholzkontingente nur miteinander vermischt werden, wenn für jedes der Kontingente die Anforderungen des Anhangs II erfüllt sind.

§ 4 Hochwertigkeit der Verwertung

Die Verfahren zur stofflichen Verwertung von Altholz sind hochwertig. Satz 1 gilt entsprechend für die Verfahren zur energetischen Verwertung von Altholz.

§ 5 Zuordnung zu Altholzkategorien

(1) Zur Erfüllung der Anforderungen nach § 3 hat der Betreiber einer Altholzbehandlungsanlage sicherzustellen, dass bei der vorgesehenen Verwertung nur die hierfür zugelassenen Altholzkategorien eingesetzt werden und das eingesetzte Altholz entfrachtet von Störstoffen und frei von PCB-Altholz ist. Zur Einhaltung der Anforderungen nach Satz 1 hat der Betreiber der Altholzbehandlungsanlage folgende Maßnahmen durchzuführen:

1. Durch Sichtkontrolle und Sortierung ist das Altholz den für den vorgesehenen Verwertungsweg zugelassenen Altholzkategorien zuzuordnen. Bei Verdacht auf Teerölbehandlung ist Altholz der Altholzkategorie A IV zuzuordnen. Bei der Zuordnung sind Sortiment und Herkunft des Altholzes gemäß Anhang III als Regelvermutung zu beachten. Die Einstufung in eine andere Altholzkategorie ist in besonders begründeten Ausnahmefällen zulässig. Sie ist im Betriebstagebuch zu begründen und zu dokumentieren.
2. Störstoffe sind auszusortieren.
3. Lässt sich Altholz nicht eindeutig einer Altholzkategorie zuordnen, ist es in eine höhere Altholzkategorie einzustufen.
4. Das für die Zuordnung eingesetzte Personal muss über die erforderliche Sachkunde verfügen. Die Sachkunde erfordert eine betriebliche Einarbeitung auf der Grundlage eines Einarbeitungsplanes.

(2) Aussortiertes Altholz und Störstoffe, für deren weitere Entsorgung die Anlage nicht zugelassen ist, sind unverzüglich gesondert bereitzustellen und einer zulässigen Entsorgung zuzuführen.

§ 6 Kontrolle von Altholz zur Holzwerkstoffherstellung

(1) Zur Prüfung der Einhaltung der Anforderungen nach § 3 Abs. 1 Satz 3 und § 3 Abs. 3 sowie § 5 Abs. 1 an die Aufbereitung von Altholz zu Holzhackschnitzeln und Holzspänen für die Holzwerkstoffherstellung hat der Betreiber der Altholzbehandlungsanlage nach Maßgabe der Absätze 2 und 3 eine Eigenüberwachung durchzuführen und nach Maßgabe des Absatzes 6 Satz 1 bis 3 und 5 eine regelmäßige Fremdüberwachung sicherzustellen.

(2) Der Betreiber der Altholzbehandlungsanlage hat im Zuge der Aufbereitung die erzeugten Holzhackschnitzel und Holzspäne in Chargen von jeweils nicht mehr als 500 Tonnen zu beproben. Die entnommenen Proben sind einer Prüfung auf Färbung zur Feststellung von Teerölen zu unterziehen sowie auf die Einhaltung der Grenzwerte des Anhangs II, ausgenommen die Grenz-

werte für Quecksilber und polychlorierte Biphenyle, zu untersuchen. Die Entnahme, Untersuchung und Aufbewahrung der Proben erfolgt nach den in Anhang IV beschriebenen Verfahren.

(3) Abweichend von Absatz 2 Satz 3 können Betreiber von Altholzbehandlungsanlagen mit Zustimmung der zuständigen Behörde einfache Prüfverfahren mit ausreichender Empfindlichkeit nach dem Stand der Technik einsetzen. Das Bundesministerium für Umwelt, Naturschutz und nukleare Sicherheit gibt entsprechende Prüfverfahren im Bundesanzeiger bekannt.

(4) Holzhackschnitzel oder Holzspäne dürfen nachfolgend der Verwendung in der Holzwerkstoffherstellung nur zugeführt werden, wenn die Prüfung und Untersuchung nach den Absätzen 2 und 3 keine Belastung mit Teerölen und keine Überschreitung der Grenzwerte des Anhangs II ergeben. Ergeben die Prüfung und Untersuchung eine Belastung mit Teerölen oder eine Überschreitung eines der Grenzwerte des Anhangs II, ist die beprobte Charge der Altholzkategorie A IV zuzuordnen.

(5) Für die Einstufung von Altholz als gefährlicher Abfall gilt die Abfallverzeichnis-Verordnung. Als Regelvermutung können die Hinweise auf den Abfallschlüssel in Anhang III herangezogen werden. Enthält ein Altholzgemisch Altholz, welches als gefährlicher Abfall einzustufen ist, so ist das gesamte Gemisch als gefährlicher Abfall einzustufen.

(6) Vierteljährlich hat der Betreiber der Altholzbehandlungsanlage die Prüfung und Untersuchung einer Charge durch eine von der zuständigen obersten Landesbehörde oder der nach Landesrecht zuständigen Behörde bekannt gegebene Stelle durchführen zu lassen. Dieser Stelle sind die Aufzeichnungen und Ergebnisse zur Eigenüberwachung nach den Absätzen 2 und 3 vorzulegen. Für die Prüfung und Untersuchung gilt Absatz 2 mit der Maßgabe, dass auch die Einhaltung der Grenzwerte für Quecksilber und polychlorierte Biphenyle zu untersuchen ist. Bei Nichteinhaltung der Grenzwerte für Quecksilber und polychlorierte Biphenyle kann die Untersuchung dieser Parameter nach Absatz 2 durch die zuständige Behörde angeordnet werden. Der Betreiber der Altholzbehandlungsanlage hat sicherzustellen, dass ihm die Ergebnisse unverzüglich mitgeteilt werden. Ergeben die Prüfung und Untersuchung eine Belastung mit Teerölen oder eine Überschreitung der Grenzwerte nach Anhang II, so hat er hierüber unverzüglich die zuständige Behörde zu unterrichten.

(7) Eine Stelle nach Absatz 6 Satz 1 ist bekanntzugeben, wenn der Antragsteller über die erforderliche Fachkunde, Unabhängigkeit, Zuverlässigkeit und gerätetechnische Ausstattung verfügt. Die Bekanntgabe erfolgt durch die zuständige Behörde des Landes, in dem der Antragsteller seinen Geschäftssitz hat, und gilt für das gesamte Bundesgebiet; besteht kein Geschäftssitz im Inland, so ist das Land zuständig, in dem die Tätigkeit nach Absatz 6 vorrangig ausgeübt werden soll. Die Bekanntgabe kann mit einem Vorbehalt des Widerrufes, einer Befristung, mit Bedingungen, Auflagen und dem Vorbehalt von Auflagen versehen werden. Die zuständige Behörde kann von einem überregional tätigen Antragsteller verlangen, dass er eine gültige Akkreditierung über die Einhaltung der Anforderungen der DIN EN ISO/IEC 17025:2005 (zu beziehen bei der Beuth-Verlag GmbH, 10772 Berlin, und archivmäßig gesichert niedergelegt bei der Deutschen Nationalbibliothek in Leipzig) vorlegt, die sich auf die Parameter und Untersuchungsverfahren gemäß Anhang IV bezieht. Verfahren nach diesem Absatz können über eine einheitliche Stelle abgewickelt werden. Die Prüfung des Antrags auf Bekanntgabe einer Stelle muss innerhalb von drei Monaten abgeschlossen sein; § 42a Absatz 2 Satz 2 bis 4 des Verwaltungsverfahrensgesetzes findet Anwendung.

(8) Gleichwertige Anerkennungen aus einem anderen Mitgliedstaat der Europäischen Union oder einem anderen Vertragsstaat des Abkommens über den Europäischen Wirtschaftsraum stehen Bekanntgaben nach Absatz 6 Satz 1 gleich. Bei der Prüfung des Antrags auf Bekanntgabe nach Absatz 6 Satz 1 stehen Nachweise aus einem anderen Mitgliedstaat der Europäischen

Union oder einem anderen Vertragsstaat des Abkommens über den Europäischen Wirtschaftsraum inländischen Nachweisen gleich, wenn aus ihnen hervorgeht, dass der Antragsteller die betreffenden Anforderungen des Absatzes 7 Satz 1 oder die auf Grund ihrer Zielsetzung im Wesentlichen vergleichbaren Anforderungen des Ausstellungsstaates erfüllt. Die Nachweise sind der zuständigen Behörde vor Aufnahme der Tätigkeit im Original oder in Kopie vorzulegen. Eine Beglaubigung der Kopie sowie eine beglaubigte deutsche Übersetzung können verlangt werden.

§ 7 Kontrolle von Altholz zur energetischen Verwertung

(1) Soweit die Zulässigkeit des Einsatzes von Altholz in einer nach dem Bundes-Immissionsschutzgesetz genehmigten Anlage auf bestimmte Altholzkategorien beschränkt ist, hat der Betreiber der Altholzbehandlungsanlage das vorgebrochene Altholz in Chargen von jeweils nicht mehr als 500 Tonnen jedes nach § 5 Abs. 1 Satz 2 Nr. 1 Satz 1 für einen bestimmten Verwertungsweg zugeordneten Altholzes auf dessen ordnungsgemäße Zuordnung zu untersuchen. Die Untersuchung ist gemäß Anhang V durchzuführen.

(2) Die beprobte Charge darf nachfolgend der weiteren energetischen Verwertung nur zugeführt werden, wenn der Anteil von Altholz höherer Altholzkategorien insgesamt 2 Prozent je entnommener Altholzprobe nicht überschreitet. Ergibt die Untersuchung einen Anteil von Altholz höherer Altholzkategorien von insgesamt mehr als 2 Prozent je entnommener Altholzprobe, so findet § 3 Abs. 3 entsprechende Anwendung, soweit nicht eine erneute Zuordnung nach § 5 Abs. 1 Satz 2 Nr. 1 Satz 1 durchgeführt wird. § 6 Abs. 5 gilt entsprechend.

(3) Soweit Altholz in Anlagen energetisch verwertet werden soll, die keiner Genehmigung nach dem Bundes- Immissionsschutzgesetz bedürfen, darf die beprobte Charge abweichend von Absatz 2 nur dann nachfolgend der weiteren energetischen Verwertung zugeführt werden, wenn kein Altholz höherer Kategorien enthalten ist. Absatz 2 Satz 2 gilt entsprechend.

(4) In Anlagen, mit deren Abgas oder Flammen Futter in unmittelbarer Berührung getrocknet wird, ist der Einsatz von Altholz auf die Altholzkategorie A I beschränkt.

(5) Weitergehende Anforderungen nach dem Bundes-Immissionsschutzgesetz und der darauf beruhenden Regelungen bleiben unberührt.

§ 8 Inverkehrbringen von Altholz

Altholz darf zum Zwecke der stofflichen und energetischen Verwertung nur in den Verkehr gebracht werden, um es einer Altholzbehandlungsanlage zuzuführen, in der die Anforderungen nach den §§ 3, 5 bis 7 und 12 eingehalten werden.

§ 9 Beseitigung von Altholz

Die nach § 1 Abs. 2 Verpflichteten haben Altholz, das nicht verwertet wird, zum Zwecke der Beseitigung einer dafür zugelassenen thermischen Behandlungsanlage zuzuführen.

§ 10 Pflichten der Erzeuger und Besitzer zur Getrennthaltung von Altholz

Die nach § 1 Abs. 2 Verpflichteten haben Altholz, das in Mengen von insgesamt mehr als 1 Kubikmeter loses Schüttvolumen oder 0,3 Tonnen pro Tag anfällt, sowie PCB-Altholz, kyanisiertes oder mit Teeröl behandeltes Altholz an der Anfallstelle nach Herkunft und Sortiment gemäß Anhang III oder nach Altholzkategorien getrennt zu erfassen sowie getrennt zu sammeln, bereitzustellen, zu überlassen, einzusammeln, zu befördern und zu lagern, soweit dies zur Erfüllung der Anforderungen nach den §§ 3, 8 und 9 erforderlich ist.

§ 11 Hinweis- und Kennzeichnungspflichten

(1) Wer Altholz einer Altholzbehandlungsanlage zuführt, hat das angelieferte Altholz nach Altholzkategorie und Menge zu deklarieren. Für die Deklaration des Altholzes ist der Anlieferungsschein gemäß Anhang VI zu verwenden.

(2) Der Betreiber einer Altholzbehandlungsanlage darf das Altholz nur entgegennehmen, wenn ihm ein Anlieferungsschein ausgehändigt wird.

(3) Die Absätze 1 und 2 gelten nicht für die Anlieferung von Kleinmengen bis zu 100 Kilogramm.

(4) Abweichend von den Absätzen 1 und 2 kann die Deklaration von Altholz auch mit Hilfe von Praxisbelegen, insbesondere von Liefer- und Wiegescheinen geführt werden, wenn diese Belege die zur Deklaration erforderlichen Angaben enthalten.

(5) Sind über die Entsorgung von Altholz Begleit- oder Übernahmescheine nach der Nachweisverordnung zu führen, so kann die Deklaration des Altholzes auch im Feld „Frei für Vermerke" des Begleit- oder Übernahmescheines erfolgen. Absatz 4 gilt entsprechend. Die Bestimmungen zur elektronischen Nachweisführung nach der Nachweisverordnung finden entsprechende Anwendung.

§ 12 Betriebstagebuch

(1) Der Betreiber einer genehmigungsbedürftigen Altholzbehandlungsanlage hat zur Überprüfung der ordnungsgemäßen Durchführung der Altholzentsorgung nach den Bestimmungen dieser Verordnung ein Betriebstagebuch gemäß Satz 2 zu führen. Folgende Angaben sind in das Betriebstagebuch unverzüglich einzustellen:

1. bei der Zuordnung nach § 5 Abs. 1 Satz 2 Nr. 1 Satz 1 festgestellte erhebliche Abweichungen von der Deklaration nach § 11 Abs. 1 Satz 1,
2. die Ergebnisse der Eigen- und Fremdüberwachung nach § 6 Abs. 1 einschließlich der dazugehörigen Dokumentation der Probenahmen,
3. die Ergebnisse der Kontrolle von Altholz zur energetischen Verwertung nach § 7 Abs. 1,
4. die Anlieferungsscheine nach § 11 Abs. 1 Satz 2,
5. Art, Menge und Altholzkategorie des verwerteten oder beseitigten Altholzes sowie bei anderweitiger Entsorgung Art, Menge, Altholzkategorie und Verbleib des abgegebenen Altholzes,
6. besondere Vorkommnisse, insbesondere Betriebsstörungen, die Auswirkungen auf die ordnungsgemäße Verwertung und Beseitigung von Altholz haben können einschließlich der möglichen Ursachen, und
7. die erforderlichenfalls aufgrund der Ergebnisse der Prüfungen nach § 5 Abs. 1 Satz 2 Nr. 1 Satz 1, § 6 Abs. 1 und § 7 Abs. 1 oder aufgrund besonderer Vorkommnisse im Sinne der Nummer 6 getroffenen Abhilfemaßnahmen.

(2) Das Betriebstagebuch ist von der für die Leitung und Beaufsichtigung des Betriebes verantwortlichen Person oder einer von ihr beauftragten Person regelmäßig zu überprüfen. Es kann durch Speicherung der Angaben nach Absatz 1 mittels elektronischer Datenverarbeitung oder in Form von Einzelblättern, auch für verschiedene Tätigkeitsbereiche oder Betriebsteile, geführt werden, wenn die Angaben nach Absatz 1 leserlich in deutscher Sprache mit Druck, Schreibmaschine, Kugelschreiber oder einem sonstigen Schreibgerät mit dauerhafter Schrift eingetragen und die Blätter täglich zusammengefasst werden. Es ist dokumentensicher anzulegen und vor

unbefugtem Zugriff zu schützen. Das Betriebstagebuch muss jederzeit einsehbar sein und in Klarschrift vorgelegt werden können.

(3) Der Betreiber der Altholzbehandlungsanlage hat die in das Betriebstagebuch eingestellten Angaben, beginnend mit dem Datum der Einstellung der einzelnen Angaben fünf Jahre lang zu speichern oder die Einzelblätter, auf denen die Angaben eingetragen sind, fünf Jahre lang aufzubewahren und auf Verlangen der zuständigen Behörde die gespeicherten Angaben in Klarschrift oder die Einzelblätter vorzulegen.

(4) Sofern nach anderen Bestimmungen Betriebstagebücher zu führen sind, können die erforderlichen Angaben in einem Betriebstagebuch zusammengefasst werden.

(5) Die Vorschriften der Nachweisverordnung, § 4 der PCB/PCT-Abfallverordnung sowie § 5 Absatz 1 der Entsorgungsfachbetriebeverordnung vom 2. Dezember 2016 in der jeweils geltenden Fassung bleiben unberührt.

§ 13 Ordnungswidrigkeiten

(1) Ordnungswidrig im Sinne des § 69 Abs. 1 Nr. 8 des Kreislaufwirtschaftsgesetzes handelt, wer vorsätzlich oder fahrlässig

1. entgegen § 3 Abs. 1 Satz 2 eine Altholzkategorie einsetzt,
2. entgegen § 3 Abs. 3 Satz 2 Altholzkontingente vermischt,
3. entgegen § 5 Abs. 1 Satz 1 nicht sicherstellt, dass nur zugelassene Altholzkategorien eingesetzt werden und dass Altholz entfrachtet von Störstoffen und frei von PCB-Altholz ist,
4. entgegen § 6 Abs. 1 eine Eigenüberwachung nicht, nicht richtig oder nicht vollständig durchführt oder eine Fremdüberwachung nicht sicherstellt,
5. entgegen § 6 Abs. 4 Satz 1 Holzhackschnitzel oder Holzspäne der Verwendung in der Holzwerkstoffherstellung zuführt,
6. entgegen § 7 Abs. 2 Satz 1 oder Abs. 3 Satz 1 eine beprobte Charge der weiteren energetischen Verwertung zuführt,
7. entgegen § 8 Altholz in den Verkehr bringt,
8. entgegen § 9 Altholz einer thermischen Behandlungsanlage nicht zuführt oder
9. entgegen § 11 Abs. 2 Altholz entgegennimmt,

(2) Ordnungswidrig im Sinne des § 69 Abs. 2 Nr. 15 des Kreislaufwirtschaftsgesetzes handelt, wer vorsätzlich oder fahrlässig

1. entgegen § 6 Abs. 6 Satz 6 die zuständige Behörde nicht, nicht richtig, nicht vollständig oder nicht rechtzeitig unterrichtet,
2. entgegen § 11 Absatz 1 Satz 1 Altholz nicht, nicht richtig, nicht vollständig oder nicht rechtzeitig deklariert,
3. entgegen § 12 Abs. 1 Satz 1 ein Betriebstagebuch nicht, nicht richtig oder nicht vollständig führt oder
4. entgegen § 12 Abs. 3 eine Angabe nicht oder nicht mindestens fünf Jahre speichert und ein Einzelblatt nicht oder nicht mindestens fünf Jahre aufbewahrt oder eine Angabe oder ein Einzelblatt nicht oder nicht rechtzeitig vorlegt.

Anhang I (zu § 3 Abs. 1) Verfahren für die stoffliche Verwertung von Altholz

Spalte 1		Spalte 2				Spalte 3
Nr.	Verwertungsverfahren	Zugelassene Altholzkategorien				Besondere Anforderungen
		A I	A II	A III	A IV	
1	Aufbereitung von Altholz zu Holzhackschnitzeln und Holzspänen für die Herstelung von Holzwerkstoffen	ja	ja	(ja)		Die Aufbereitung von Altholz der Altholzkategorie A III ist nur zulässig, wenn Lackierungen und Beschichtungen durch eine Vorbehandlung weitgehend entfernt wurden oder im Rahmen des Aufbereitungsprozesses entfernt werden.
2	Gewinnung von Synthesegas zur weiteren chemischen Nutzung	ja	ja	ja	ja	Eine Verwertung ist nur in hierfür nach § 4 des Bundesimmissionsschutzgesetzes genehmigten Anlagen zulässig.
3	Herstellung von Aktivkohle/Industrieholzkohle	ja	ja	ja	ja	Eine Verwertung ist nur in hierfür nach § 4 des Bundesimmissionsschutzgesetzes genehmigten Anlagen zulässig.

Anhang II (zu § 3 Abs. 1)
Grenzwerte für Holzhackschnitzel und Holzspäne zur Herstellung von Holzwerkstoffen

Spalte 1	Spalte 2
Element/Verbindung	**Konzentration (Milligramm je Kilogramm Trockenmasse)**
Arsen	2
Blei	30
Cadmium	2
Chrom	30
Kupfer	20
Quecksilber	0,4
Chlor	600
Fluor	100
Pentachlorphenol	3
Polychlorierte Biphenyle	5

Anhang III (zu § 5 Abs. 1)
Zuordnung gängiger Altholzsortimente im Regelfall

Gängige Altholzsortimente			Zuordnung im Regelfall	Abfallschlüssel
Holzabfälle aus der Holzbe- und -verarbeitung		Verschnitt, Abschnitte, Späne von naturbelassenemVollholz	A I	03 01 05
		Verschnitt, Abschnitte, Späne von Holzwerkstoffen und sonstigem behandeltem Holz (ohne schädliche Verunreinigungen)	A II	03 01 05
Verpackungen	Paletten	Paletten aus Vollholz, wie z.B.: Europaletten, Industriepaletten aus Vollholz	A I	15 01 03
		Paletten aus Holzwerkstoffen	A II	15 01 03
		Sonstige Paletten, mit Verbundmaterialien	A III	15 01 03
	Transportkisten, Verschläge aus Vollholz		A I	15 01 03
	Transportkisten aus Holzwerkstoffen		A II	15 01 03
	Obst-, Gemüse- und Zierpflanzenkisten sowie ähnliche Kisten aus Vollholz		A I	15 01 03
	Munitionskisten		A IV	15 01 10*
	Kabeltrommeln aus Vollholz (Herstellung vor 1989)		A IV	15 01 10*
	Kabeltrommeln aus Vollholz (Herstellung nach 1989)		A I	15 01 03
Altholz aus dem Baubereich	Baustellensortimente	naturbelassenes Vollholz	A I	17 02 01
		Holzwerkstoffe, Schalhölzer, behandeltes Vollholz (ohne schädliche Verunreinigungen)	A II	17 02 01
	Altholz aus dem Abbruch und Rückbau	Dielen, Fehlböden, Bretterschalungen aus dem Innenausbau (ohne schädliche Verunreinigungen)	A II	17 02 01
		Türblätter und Zargen von Innentüren (ohne schädliche Verunreinigungen)	A II	17 02 01

Gängige Altholzsortimente			Zuordnung im Regelfall	Abfallschlüssel
Altholz aus dem Baubereich *(Fortsetzung)*	Altholz aus dem Abbruch und Rückbau *(Fortsetzung)*	Profilblätter für die Raumausstattung, Deckenpaneele, Zierbalken usw. (ohne schädliche Verunreinigungen)	A II	17 02 01
		Dämm- und Schallschutzplatten, die mit Mitteln behandelt wurden, die polychlorierte Biphenyle enthalten	Beseitigung	17 06 03*
		Bauspanplatten	A II	17 02 01
		Konstruktionshölzer für tragende Teile	A IV	17 02 04*
		Holzfachwerk und Dachsparren	A IV	17 02 04*
		Fenster, Fensterstöcke, Außentüren	A IV	17 02 04*
		Imprägnierte Bauhölzer aus dem Außenbereich	A IV	17 02 04*
	Bau- und Abbruchholz mit schädlichen Verunreinigungen		A IV	17 02 04*
Imprägniertes Altholz aus dem Außenbereich		Bahnschwellen	A IV	17 02 04*
		Leitungsmasten	A IV	17 02 04*
		Sortimente aus dem Garten- und Landschaftsbau, imprägnierte Gartenmöbel	A IV	17 02 04*
		Sortimente aus der Landwirtschaft	A IV	17 02 04*
Möbel		Möbel, naturbelassenes Vollholz	A I	20 01 38
		Möbel, ohne halogenorganische Verbindungen in der Beschichtung	A II	20 01 38
		Möbel, mit halogenorganischen Verbindungen in der Beschichtung	A III	20 01 38
Altholz aus dem Sperrmüll (Mischsortiment)			A III	20 03 07
Altholz aus industrieller Anwendung (z.B. Industriefußböden, Kühltürme)			A IV	17 02 04*
Altholz aus dem Wasserbau			A IV	17 02 04*
Altholz von abgewrackten Schiffen und Waggons			A IV	17 02 04*
Altholz aus Schadensfällen (z.B. Brandholz)			A IV	17 02 04*
Feinfraktion aus der Aufarbeitung von Altholz zu Holzwerkstoffen			A IV	19 12 06*

Anhang IV (zu § 6)
Vorgaben zur Analytik für Holzhackschnitzel und Holzspäne zur Herstellung von Holzwerkstoffen

1 Untersuchung von Holzhackschnitzeln und Holzspänen

1.1 Probenahme

Die Probenahme nach § 6 ist von Personen durchzuführen, die über die für die Durchführung der Probenahme erforderliche Fachkunde verfügen. Die zu untersuchenden Proben sind aus der laufenden Produktion zu entnehmen. Aus dem Materialstrom ist wenigstens alle 10 t eine

Einzelprobe von mindestens 2 l zu entnehmen, zum Beispiel mit einem Gefäß mit Stiel, das in den Abwurf des Förderbandes gehalten wird. Die Probenahme ist schriftlich oder elektronisch zu dokumentieren. Die Dokumentation enthält mindestens das Datum der Probenahme, die Angabe der beprobten Charge sowie den Namen des Probenehmers. Probentransport und Probenlagerung haben so zu erfolgen, dass eine Beeinflussung der chemischen, physikalischen und biologischen Beschaffenheit des Probenmaterials soweit wie möglich ausgeschlossen wird.

1.2 Herstellung der Laborprobe

Je zu untersuchender Charge ist eine Laborprobe für die analytischen Untersuchungen zu erstellen. Dazu werden die Einzelproben auf einer sauberen, glatten Unterlage zu einer Mischprobe vereinigt und durch wiederholtes Umsetzen homogenisiert. Aus der Mischprobe ist eine Laborprobe von 500 g mit geeigneten Probenteilern oder durch Aufkegeln und Vierteln nach DIN 51701, Teil 3 (Ausgabe August 1985) zu entnehmen. Die Laborprobe ist nach Trocknung zu teilen. Eine Hälfte der Laborprobe ist als Rückstellprobe zu verwenden. Diese ist mit Datum und Analysennummer zu kennzeichnen und mindestens sechs Monate aufzubewahren.

1.3 Probenvorbereitung

Die für die Analyse aufzubereitende Laborprobe soll lufttrocken sein. Feuchtes Material ist vor der Aufbereitung an einem gut belüfteten Platz oder in einem Labortrockenschrank (Trocknungstemperatur maximal 40 Grad C) zu trocknen. Die Laborprobe wird in einer geeigneten Mühle (Kreuzschlag- oder Schneidmühle) gegebenenfalls unter Kühlung mit flüssigem Stickstoff auf eine Korngröße von < 2 mm gemahlen.

1.4 Durchführung der Untersuchungen

Für jeden Untersuchungsparameter sind mindestens zwei parallele Bestimmungen durchzuführen.

1.4.1 Bestimmung des Feuchtigkeitsgehaltes

Die Bestimmung des Feuchtigkeitsgehaltes erfolgt nach DIN 52183 (Ausgabe November 1977). Die Ergebnisse sind in Gewichtsprozent anzugeben.

1.4.2 Bestimmung des Chlor- und Fluorgehaltes

Die lufttrockenen, gemahlenen Altholzproben werden nach DIN 51727 (Ausgabe Juni 2001) oxidativ aufgeschlossen. Die Chlorid- und Fluoridgehalte in der Aufschlusslösung werden mit Ionenchromatographie gemäß DIN EN ISO 10304, Teil 1 (Ausgabe April 1995) bestimmt. Die Ergebnisse sind in Milligramm je Kilogramm Trockenmasse anzugeben.

1.4.3 Bestimmung der Elemente Arsen, Blei, Cadmium, Chrom, Kupfer und Quecksilber

Die lufttrockenen, gemahlenen Altholzproben werden nach DIN EN 13657 (Entwurf Oktober 1999) mit Königswasser aufgeschlossen. Die Messung der Elementkonzentrationen in der Aufschlusslösung erfolgt nach einer der folgenden Untersuchungsmethoden:

Element	Untersuchungsmethode(n)
Arsen	DIN EN ISO 11969 (Ausgabe November 1996)
Blei	DIN 38406, Teil 6 (Ausgabe Juli 1998)
	DIN EN ISO 11885 (Ausgabe April 1998)
	DIN ISO 11047 (Ausgabe Mai 1998)
Cadmium	DIN EN ISO 5961 (Ausgabe Mai 1995)
	DIN EN ISO 11885 (Ausgabe April 1998)
	DIN ISO 11047 (Ausgabe Juni 1995)
Chrom	DIN EN 1233 (Ausgabe August 1996)
	DIN EN ISO 11885 (Ausgabe April 1998)
	DIN ISO 11047 (Ausgabe Juni 1995)
Kupfer	DIN 38406, Teil 7 (Ausgabe September 1991)
	DIN EN ISO 11885 (Ausgabe April 1998)
	DIN ISO 11047 (Ausgabe Juni 1995)
Quecksilber	DIN EN 1483 (Ausgabe August 1997)
	DIN EN ISO 12338 (Ausgabe Oktober 1998).

Die Ergebnisse sind in Milligramm je Kilogramm Trockenmasse anzugeben.

1.4.4 Bestimmung von Pentachlorphenol (PCP)

1.4.4.1 Verfahrensprinzip

Pentachlorphenol und seine Salze werden mit Methanol im Ultraschallbad extrahiert und nach Acetylierung mittels Gaschromatographie mit Elektroneneinfangdetektion (GC-ECD) quantifiziert. Dieses Verfahren ist anwendbar für die Bestimmung von PCP in zerkleinertem Holz im Konzentrationsbereich von 0,1 mg/kg bis 100 mg/kg.

1.4.4.2 Geräte

- Ultraschallbad mit Thermostat
- Gaschromatograph mit Elektroneneinfangdetektor und Autosampler

1.4.4.3 Chemikalien und Standards

- Methanol zur Rückstandsanalyse
- Cyclohexan und n-Hexan zur Rückstandsanalyse
- Na_2SO_4, wasserfrei, granuliert
- PCP als Standard in methanolischer Lösung
- 2,4,6-Tribromphenol (TBP) in methanolischer Lösung als interner Standard 1 (ISTD 1)
- PCB 52 als Standard in Cyclohexan als interner Standard 2 (ISTD 2)
- Essigsäureanhydrid zur Analyse
- K_2CO_3-Lösung (0,1 mol/l)
- Seesand, gereinigt

1.4.4.4 Maßnahmen zur Probenvorbereitung

1.4.4.4.1 Reinigung der Geräte

Die Reinigung der Glasgeräte erfolgt durch Waschen mit reinigungsmittelhaltigem Wasser und destilliertem Wasser sowie anschließendes Spülen mit Aceton und n-Hexan.

1.4.4.4.2 Herstellung der Kalibrierlösungen

Die Stammlösungen werden durch Einwaage fester Substanzen höchster Reinheit hergestellt und bei -20 Grad C im Dunkeln aufbewahrt.

Konzentrationen der Stammlösungen:	PCP in Methanol	0,5 mg/ml
	TBP in Methanol	0,5 mg/ml
	PCB 52 in Cyclohexan	0,5 mg/ml.

Aus den Stammlösungen werden durch Verdünnen (1:10) Standardlösungen mit der Konzentration von 0,05 mg/ml hergestellt.

1.4.4.4.3 Kalibrierung

Die Kalibrierung erfolgt über das gesamte Verfahren. Dazu werden 20 myl, 50 myl, 100 myl, 200 myl und 500 myl der PCP-Standardlösung jeweils mit 250 myl der TBP-Standardlösung auf 5 g Seesand gegeben und wie nachfolgend für die Durchführung der Analyse beschrieben aufgearbeitet (das heißt, statt Holz wird Seesand verwendet).

Beispiel einer Kalibrierung:

Kalibrierlösung	PCP (ng/ml)	TBP (ng/ml) ISTD 1	PCB 52 (ng/ml) ISTD 2
1	1,0	10,0	20,0
2	2,0	10,0	20,0
3	5,0	10,0	20,0
4	10,0	10,0	20,0
5	20,0	10,0	20,0

1.4.4.5 Probenvorbereitung

1.4.4.5.1 Extraktion

Es werden je nach der zu erwartenden Konzentration 1 g, 3 g oder 4 g Holz jeweils in einen Erlenmeyerkolben eingewogen. Auf das Holz werden 250 myl TBP-Lösung (ISTD 1) gegeben. Diese Lösung lässt man 30 Minuten einwirken. Nun wird das Holz mit 50 ml Methanol versetzt und zwei Stunden bei 40 Grad C einer Ultraschallbehandlung unterworfen. Nach dem Absetzen der Feststoffe wird der Extrakt (cirka 25 ml) vorsichtig mit einer Pasteurpipette abgenommen, in ein verschließbares Glasgefäß überführt und für die Weiteraufarbeitung aufbewahrt.

1.4.4.5.2 Acetylierung

In einem 150 ml Schütteltrichter werden 30 ml einer 0,1 molaren K_2CO_3-Lösung vorgelegt, mit einem Aliquot des Extraktes (zum Beispiel 1 ml) versetzt und fünf Minuten geschüttelt. Auf die Zugabe von 2 ml Essigsäureanhydrid erfolgt zweiminütiges Schütteln. Dann sind 20 ml Cyclohexan hinzuzufügen und zehn Minuten zu schütteln. Die wässrige Phase wird verworfen; die organische Phase wird über eine mit Na_2SO_4 gefüllte Glassäule in einen 25 ml Messkolben filtriert. Nach Zugabe von 10 myl der Lösung des ISTD 2 wird auf 25 ml genau aufgefüllt. Diese Lösung wird für die GC-ECD-Analyse verwendet. Die PCP-Konzentration im Extrakt muss innerhalb des von den Kalibrierlösungen abgedeckten Bereiches liegen.

1.4.4.6 Analyse mittels GC-ECD

GC-Bedingungen (Beispiel):

Säule: HP-5 30 m; 0,25 mym; 0,32 mm ID

		20 Grad C/min
Ofentemperatur:	50 Grad C (1 min)	… 160 Grad C (0 min)
		8 Grad C/min
		… 310 Grad C (5 min)
Detektor-Temperatur:	350 Grad C	
Injektor-Temperatur:	250 Grad C	
Injektionsmodus:	split/splitless	
Trägergas:	H_2-Säulenvordruck (35 kPa)	
Make up – Gas:	N_2 (60 ml/min)	

Folgende Messungen sind durchzuführen:

- Blindwerte: Geräteblindwert (reines Cyclohexan)
  - * Chemikalienblindwert (Durchführung des gesamten Verfahrens ohne Holzprobe)
  - * Analyse eines kontaminationsfreien Holzes
- Kalibrierlösungen
- Probenextrakte nach beschriebener Aufarbeitung.

Für die Qualitätssicherung der Analysenergebnisse sollen die Wiederfindungsraten des acetylierten internen Standards 1 (Tribromphenol) ständig gegen die des internen Standards 2 (PCB 52) überprüft werden.

1.4.4.7 Auswertung

1.4.4.7.1 Prinzip

Zunächst erfolgt die Erstellung einer Kalibriergeraden mit den Standardlösungen (siehe Abschnitt 1.4.4.7.2), nachfolgend schließt sich die Bestimmung des PCP-Gehaltes in einem Probenextrakt mittels dieser Kalibriergeraden an (siehe Abschnitt 1.4.4.7.3).

1.4.4.7.2 Kalibrierung über das gesamte Verfahren

Zur Erstellung der Kalibriergeraden wird das Peakflächenverhältnis von acetyliertem PCP- Standard zu acetyliertem TBP gegen das entsprechende Konzentrationsverhältnis gemäß folgender Gleichung aufgetragen:

$$\frac{a_{PCP}}{a_{TBP}} = s \times \frac{c_{PCP}}{c_{TBP}} + b$$

wobei:

a_{PCP} gemessene Anzeige des acetylierten PCP-Standards (zum Beispiel Peakfläche)

a_{TBP} gemessene Anzeige des acetylierten TBP-Standards (zum Beispiel Peakfläche)

s die Steigung der Kalibriergeraden

c_{PCP} die Massenkonzentration des acetylierten PCP in den Kalibrierlösungen in ng/ml

c_{TBP} die Massenkonzentration des acetylierten TBP in den Kalibrierlösungen in ng/ml

b der Ordinatenabschnitt der Kalibriergeraden

bedeuten.

Berechnung des PCP-Gehaltes:

Der PCP-Gehalt in der Holzprobe kann nach folgender Gleichung aus der Mehrpunktkalibriergeraden ermittelt werden:

$$\text{Gehalt}_{PCP} = \frac{a_{PCP}/aTBP - b}{s \times m} \times c_{TBP} \times f \times v : 1000$$

wobei:

Gehalt_{PCP} Gehalt an PCP in der Probe in mg/kg

c_{TBP} die Massenkonzentration des TBP in dem Probenextrakt in ng/ml

m die Masse des eingesetzten Holzes für die Extraktion in g

a_{TBP} gemessene Anzeige des TBP-Standards im Probenextrakt (zum Beispiel Peakfläche)

a_{PCP} gemessene Anzeige des analysierten PCP im Probenextrakt (zum Beispiel Peakfläche)

f das Verhältnis des gesamten Volumens des Extraktes zu dem Volumen des Aliquots zur Derivatisierung (zum Beispiel 50 ml/2 ml = 25)

v das Volumen der Endlösung zur Analyse in ml (zum Beispiel 25 ml)

s die Steigung der Kalibriergeraden

b der Ordinatenabschnitt der Kalibriergeraden

bedeuten.

1.4.4.7.3 Angabe der Ergebnisse

Die Ergebnisse sind in Milligramm je Kilogramm Trockenmasse anzugeben.

1.4.5 Bestimmung von polychlorierten Biphenylen (PCB)

Die lufttrockene, gemahlene Altholzprobe wird nach Zugabe eines internen Standards mit n- Hexan im Soxhlet oder durch ein vergleichbares Extraktionsverfahren extrahiert. Im Extrakt enthaltene PCB-Kongenere werden durch geeignete Reinigungsschritte, insbesondere eine Kombination einer Benzolsulfonsäure-Trennsäule mit einer Silicagel-Säule, von störenden Begleitstoffen weitgehend befreit. Die Bestimmung der PCB-Kongenere (Ballschmiter Nr. 28, 52, 101, 138, 153, 180) erfolgt durch Kapillargaschromatographie mit Elektroneneinfangdetektor (ECD) in Anwendung von DIN 38414, Teil 20 (Ausgabe Januar 1996). Der Gesamtgehalt an PCB ergibt sich aus der Summe des für jedes der PCB-Kongenere ermittelten Massenanteils, bezogen auf die Trockenmasse der Altholzprobe, multipliziert mit dem Faktor fünf und auf 0,1 mg/kg gerundet. Das Bundesministerium für Umwelt, Naturschutz, Bau und Reaktorsicherheit kann für die Bestimmung von polychlorierten Biphenylen andere wissenschaftlich anerkannte Prüfverfahren im Bundesanzeiger bekannt geben, wenn entsprechende wissenschaftliche Erkenntnisse vorliegen.

1.5 Andere Methoden

Die zuständige Behörde soll andere Methoden zulassen, wenn deren Gleichwertigkeit nachgewiesen wird.

2 Angabe und Berechnung der Ergebnisse

Die Ergebnisse der jeweiligen zwei parallelen Bestimmungen und ihr arithmetischer Mittelwert sind anzugeben. Zur Prüfung der Einhaltung der in Anhang II genannten Grenzwerte ist auf den arithmetischen Mittelwert abzustellen. Die Mittelwertbildung ist nur zulässig, wenn die Differenz der beiden Einzelwerte die methodenübliche Wiederholbarkeit nach DIN ISO 5725, Teil 1 (Ausgabe November 1997) nicht überschreitet. Im Falle einer derartigen Überschreitung sind eine Überprüfung auf mögliche Ursachen der überhöhten Differenz und eine dritte Messung erforderlich. Sofern die Überprüfung der überhöhten Differenz keine eindeutige Ursache erbracht hat, ist für die Prüfung der Einhaltung der in Anhang II genannten Grenzwerte der mittlere der drei der Größe nach geordneten Einzelwerte (Median) heranzuziehen.

3 Qualitätssicherung und -kontrolle

Die Untersuchungsstellen sind verpflichtet, die Analysenergebnisse durch geeignete Maßnahmen zur internen und externen Qualitätssicherung nach DIN EN ISO/IEC 17025 (Ausgabe April 2000) abzusichern. Dazu gehören unter anderem die Führung von Qualitätsregelkarten, der Einsatz von Referenzmaterialien und die erfolgreiche Teilnahme an Ringversuchen.

4 Bekanntmachungen sachverständiger Stellen

ISO-Normen, EN-Normen und DIN-Normen, auf die in diesem Anhang verwiesen wird, sind im Beuth-Verlag GmbH, Berlin und Köln, erschienen und beim Deutschen Patentamt in München archivmäßig gesichert niedergelegt.

Anhang V (zu § 7)
Untersuchung von Altholz zur energetischen Verwertung

Die Probenahme nach § 7 ist von Personen durchzuführen, die über die für die Durchführung der Probenahme erforderliche Fachkunde verfügen. Die zu untersuchenden Proben sind aus dem laufenden Altholzdurchsatz von vorgebrochenem Altholz zu entnehmen. Je höchstens 10 t der zu beprobenden Charge ist aus dem Materialstrom jeweils mindestens 20 kg Altholz über eine Abwurfeinrichtung zu entnehmen. Aus der so entnommenen Altholzprobe sind Altholzanteile nicht zugelassener Altholzkategorien entsprechend den Vorgaben nach § 5 auszusortieren und deren Masse festzustellen.

Anhang VI (zu § 11)
Anlieferungsschein für Altholz

(hier nicht abgedruckt, siehe BGBl. I 2002 S. 3314–3315)

Altölverordnung

(AltölV)

Vom 27. Oktober 1987
(in der Fassung der Bekanntmachung vom 16. April 2002 (BGBl. I S. 1368))

Zuletzt geändert am 5. Oktober 2020 (BGBl. I S. 2091)

Erster Abschnitt
Allgemeine Bestimmungen

§ 1 Anwendungsbereich

(1) Diese Verordnung gilt für

1. die stoffliche Verwertung,

2. die energetische Verwertung und

3. die Beseitigung von Altöl.

(2) Diese Verordnung gilt für

1. Erzeuger, Besitzer, Sammler und Beförderer von Altöl,

2. Betreiber von Altölentsorgungsanlagen und

3. öffentlich-rechtliche Entsorgungsträger.

(3) Diese Verordnung gilt nicht für PCB/PCT-haltiges Altöl, das zugleich PCB nach § 1 Absatz 2 Nummer 2 der PCB/PCT- Abfallverordnung ist und nach den Vorschriften dieser Verordnung zu beseitigen ist.

§ 1a Definitionen

(1) Altöle im Sinne dieser Verordnung sind Öle, die als Abfall anfallen und die ganz oder teilweise aus Mineralöl, synthetischem oder biogenem Öl bestehen.

(2) Aufbereitung ist jedes Verfahren, bei dem Basisöle durch Raffinationsverfahren aus Altölen erzeugt werden und bei denen insbesondere die Abtrennung der Schadstoffe, der Oxidationsprodukte und der Zusätze in diesen Ölen erfolgt.

(3) Basisöle sind unlegierte Grundöle zur Herstellung der folgenden nach Sortengruppen spezifizierten Erzeugnisse:

Sortengruppe 01	Motorenöle
Sortengruppe 02	Getriebeöle
Sortengruppe 03	Hydrauliköle
Sortengruppe 04	Turbinenöle
Sortengruppe 05	Elektroisolieröle
Sortengruppe 06	Kompressorenöle
Sortengruppe 07	Maschinenöle
Sortengruppe 08	Andere Industrieöle, nicht für Schmierzwecke

Sortengruppe 09 Prozessöle

Sortengruppe 10 Metallbearbeitungsöle

Sortengruppe 11 Schmierfette.

(4) PCB im Sinne dieser Verordnung sind die in § 1 Absatz 2 Nummer 1 der PCB/PCT-Abfallverordnung bezeichneten Stoffe.

§ 2 Vorrang der Aufbereitung

(1) Die stoffliche Verwertung von Altölen hat Vorrang vor der energetischen Verwertung und der Beseitigung, soweit dies technisch möglich und wirtschaftlich zumutbar ist. Im Rahmen der stofflichen Verwertung hat die Aufbereitung Vorrang vor alternativ in Frage kommenden Recyclingverfahren nach Maßgabe von § 6 Absatz 2 des Kreislaufwirtschaftsgesetzes.

(2) Altöle der Sammelkategorie 1 der Anlage 1 sind zur Aufbereitung geeignet.

§ 3 Grenzwerte

Altöle dürfen nicht stofflich verwertet werden, wenn sie mehr als 20 mg PCB/kg, ermittelt nach den in Anlage 2 Abschnitt 2 festgelegten Untersuchungsverfahren, oder mehr als 2 g Gesamthalogen/kg nach einem der in Anlage 2 Abschnitt 3 festgelegten Untersuchungsverfahren enthalten. Dies gilt nicht, wenn diese Schadstoffe durch stoffliche Verwertung zerstört werden oder zumindest die Konzentration dieser Schadstoffe in den Produkten der stofflichen Verwertung unterhalb der in Satz 1 genannten Grenzwerte liegt.

§ 4 Getrennte Entsorgung, Vermischungsverbote

(1) Es ist verboten, Altöle im Sinne des § 1a Absatz 1 mit anderen Abfällen zu vermischen.

(2) Öle auf der Basis von PCB, die insbesondere in Transformatoren, Kondensatoren und Hydraulikanlagen enthalten sein können, müssen von Besitzern, Sammlern und Beförderern getrennt gesammelt, getrennt befördert und getrennt einer Entsorgung zugeführt werden. Die zuständige Behörde kann Ausnahmen von Satz 1 zulassen, wenn eine Getrenntsammlung an der Anfallstelle aus betriebstechnischen Gründen nur mit einem unverhältnismäßig hohen Aufwand durchführbar ist und eine Entsorgung in einer dafür nach § 4 des Bundes-Immissionsschutzgesetzes zugelassenen Anlage vom Altölbesitzer nachgewiesen wird.

(3) Altöle unterschiedlicher Sammelkategorien nach Anlage 1 dürfen nicht untereinander gemischt werden.

(4) In nach § 4 des Bundes-Immissionsschutzgesetzes zugelassenen Anlagen zur stofflichen und energetischen Verwertung oder sonstigen Entsorgung von Altölen oder Abfällen gelten die Verbote nach den Absätzen 1 bis 3 nicht, soweit eine Getrenntsammlung der Altöle zur Einhaltung der Pflicht zur ordnungsgemäßen und schadlosen Verwertung sowie zur vorrangigen Aufbereitung der Altöle nicht erforderlich und eine Vermischung der Altöle in der Zulassung der Entsorgungsanlage vorgesehen ist.

(5) Das Verbot nach Absatz 3 gilt nicht für Erzeuger, Besitzer, Sammler oder Beförderer von Altölen der Sammelkategorien 2 bis 4 nach Anlage 1, soweit eine Getrenntsammlung der Altöle nicht erforderlich ist, die Entsorgung der Altöle in einer Entsorgungsanlage erfolgt, in deren Zulassung eine Vermischung der Altöle nach Absatz 4 vorgesehen ist und die ordnungsgemäße Entsorgung der vermischten Altöle durch einen Entsorgungsnachweis oder Sammelentsor-

gungsnachweis nach den Bestimmungen der Nachweisverordnung bestätigt worden ist. Satz 1 gilt für die Erzeuger, Besitzer oder Beförderer von Altölen entsprechend, soweit die Entsorgung vermischter Altöle in der Anlage eines Altölentsorgers erfolgt, der nach § 7 Absatz 1 Nummer 1, 2 oder 3 der Nachweisverordnung von der Bestätigungspflicht freigestellt ist. Die Bestätigung nach § 5 oder § 9 Absatz 3 in Verbindung mit § 5 oder die Freistellung nach § 7 Absatz 1 Nummer 2 sowie die Annahmeerklärung nach § 3 Absatz 3, auch in Verbindung mit § 7 Absatz 4 Satz 1 und § 9 Absatz 3 Satz 2 der Nachweisverordnung für die Entsorgung gemischter Altöle, darf nur unter Beachtung der Absätze 1 und 2 sowie des Absatzes 2 Satz 2 und Absatz 4 erteilt werden.

(6) Abweichend von Absatz 3 sind Altöle der Sammelkategorien 1 bis 4 nach Anlage 1 von Erzeugern, Sammlern, Beförderern und Entsorgern nach Abfallschlüsseln getrennt zu sammeln, soweit dies in der Genehmigung nach § 4 Absatz 1 des Bundes-Immissionsschutzgesetzes für die Altölentsorgungsanlage oder in der Bestätigung des Entsorgungsnachweises nach § 5 Absatz 1 Satz 1 oder in der Bestätigung des Sammelentsorgungsnachweises nach § 9 Absatz 3 in Verbindung mit § 5 Absatz 1 Satz 1 oder der Freistellung nach § 7 Absatz 1 Nummer 2 der Nachweisverordnung angeordnet ist.

(7) § 30 der Nachweisverordnung findet entsprechende Anwendung.

§ 5 Entnahme, Untersuchung und Aufbewahrung von Proben

(1) Unternehmen der Altölsammlung haben bei der Übernahme von Altölen der Sammelkategorien 1 und 2 eine Probe zu entnehmen. Je eine Teilmenge dieser Probe (Rückstellprobe) ist von der Anfallstelle und vom Unternehmen der Altölsammlung aufzubewahren, bis die nach Absatz 2 vorgeschriebene Untersuchung durchgeführt worden ist und feststeht, dass die Altöle ordnungsgemäß entsorgt werden können.

(2) Wer Altöle stofflich oder energetisch verwertet, muss die Gehalte an PCB und Gesamthalogen in diesen Abfällen untersuchen oder untersuchen lassen. Nimmt der Betreiber einer Altölentsorgungsanlage die Untersuchung nicht selbst vor, ist sie von einer notifizierten Untersuchungsstelle durchzuführen. Grundlage für diese Notifizierung ist eine Akkreditierung nach DIN EN ISO 17025. Nimmt der Betreiber einer Altölentsorgungsanlage die Untersuchung selbst vor, ohne regelmäßig mit Erfolg an Ringversuchen teilzunehmen, kann die zuständige Behörde die Untersuchung durch eine bestimmte Untersuchungsstelle vorschreiben.

(3) Aus den zu untersuchenden Altölen ist eine Probe zu entnehmen. Eine Teilmenge dieser Probe (Rückstellprobe) ist von dem nach Absatz 2 Untersuchungspflichtigen drei Jahre aufzubewahren. Die Entnahme, Untersuchung und Aufbewahrung von Proben zur Überwachung der in § 3 festgesetzten Grenzwerte erfolgt nach dem in Anlage 2 beschriebenen Verfahren.

(4) Ergibt die Untersuchung nach Absatz 2, dass die Grenzwerte nach § 3 Satz 1 überschritten sind, hat der nach Absatz 2 Satz 1 Untersuchungspflichtige die für das Unternehmen des Altölsammlers zuständige Behörde unverzüglich zu unterrichten. Die nach Absatz 1 Satz 2 und Absatz 3 Satz 2 zur Aufbewahrung von Rückstellproben Verpflichteten haben die Rückstellproben der zuständigen Behörde auf Verlangen zu überlassen.

§ 6 Ergänzende Erklärungen zur Nachweisführung

(1) Wer Altöle

1. als Altölsammler zum Zwecke der stofflichen oder energetischen Verwertung abgibt oder

2. gewerbsmäßig, im Rahmen wirtschaftlicher Unternehmen oder als öffentliche Einrichtung an Unternehmen der Altölsammlung zum Zwecke der stofflichen oder energetischen Verwertung abgibt,

hat gleichzeitig mit der Abgabe oder vor der Verbringung eine Erklärung nach dem in Anlage 3 enthaltenen Muster abzugeben. Die Vorschriften der Nachweisverordnung bleiben unberührt.

(2) Wer Altöle nach § 5 Absatz 2 Satz 1 untersuchen muss, hat die ermittelten Gehalte an PCB und Gesamthalogen ergänzend in die Erklärung nach Anlage 3 einzutragen, auch soweit er nicht nach Absatz 1 verpflichtet ist.

(3) Je eine Ausfertigung der Erklärung ist von dem nach Absatz 1 Satz 1 Verpflichteten und dem Unternehmen, welches das Altöl übernimmt, drei Jahre aufzubewahren.

(4) Der nach Absatz 1 Nummer 1 zur Erklärung Verpflichtete kann die Erklärung nach Absatz 1 statt in Anlage 3 im Formblatt Deklarationsanalyse des Entsorgungsnachweises eintragen. Der nach Absatz 1 Nummer 2 zur Erklärung Verpflichtete kann die Erklärung nach Absatz 1 statt in Anlage 3 in den Übernahmescheinen nach § 12 der Nachweisverordnung im Feld „Frei für Vermerke" eintragen.

(5) Der nach Absatz 2 zur Untersuchung Verpflichtete kann die ermittelten Gehalte an PCB und Gesamthalogen statt in Anlage 3 auf den Begleitscheinen nach § 10 der Nachweisverordnung im Feld „Frei für Vermerke" eintragen.

(6) Für die Abgabe der ergänzenden Erklärungen zur Nachweisführung nach Absatz 4 Satz 1 und 2 und Absatz 5 finden die Bestimmungen der Nachweisverordnung zur elektronischen Führung von Nachweisen entsprechende Anwendung, einschließlich des § 30 der Nachweisverordnung.

Zweiter Abschnitt
Anforderungen an die Abgabe von Verbrennungsmotoren- oder Getriebeölen

§ 7 Kennzeichnung der Gebinde

Verbrennungsmotoren- oder Getriebeöle dürfen in Gebinden nur in Verkehr gebracht werden, wenn sie durch Aufdruck oder Aufkleber folgendermaßen gekennzeichnet sind:

„Dieses Öl gehört nach Gebrauch in eine Altölannahmestelle! Unsachgemäße Beseitigung von Altöl gefährdet die Umwelt! Jede Beimischung von Fremdstoffen wie Lösemitteln, Benzin, Brems- und Kühlflüssigkeiten ist verboten."

§ 8 Altölannahmestelle bei Abgabe an Endverbraucher

(1) Wer gewerbsmäßig Verbrennungsmotoren- oder Getriebeöl an Endverbraucher abgibt, hat vor einer Abgabe eine Annahmestelle nach Absatz 2 für solche gebrauchten Öle einzurichten oder eine solche durch entsprechende vertragliche Vereinbarung nachzuweisen. Bei der Abgabe an private Endverbraucher ist durch leicht erkennbare und lesbare Schrifttafeln am Ort des Verkaufs auf die Annahmestelle nach Absatz 2 hinzuweisen.

(2) Die Annahmestelle muss gebrauchte Verbrennungsmotoren- oder Getriebeöle bis zur Menge der im Einzelfall abgegebenen Verbrennungsmotoren- und Getriebeöle kostenlos annehmen. Sie muss über eine Einrichtung verfügen, die es ermöglicht, den Ölwechsel fachgerecht durchzuführen.

(3) Befindet sich die Annahmestelle nicht am Verkaufsort, so muss sie in einem solchen räumlichen Zusammenhang zum Verkaufsort stehen, dass ihre Inanspruchnahme für den Käufer zumutbar ist.

(4) Die Absätze 1 bis 2 gelten sinngemäß auch für Ölfilter und beim Ölwechsel regelmäßig anfallende ölhaltige Abfälle.

(5) Die Absätze 1 bis 4 gelten entsprechend, wenn für den gewerbsmäßigen Verkauf von Verbrennungsmotoren- und Getriebeölen an Endverbraucher Fernkommunikationsmittel verwendet werden.

§ 9 Ausnahmen für gewerbliche Endverbraucher, Schiffahrt

(1) Soweit gewerbliche oder sonstige wirtschaftliche Unternehmen oder öffentliche Einrichtungen Verbrennungsmotoren- oder Getriebeöle unmittelbar beim Hersteller oder Mineralölhandel erwerben, muss die Annahmestelle nicht am Verkaufsort oder in dessen Nähe eingerichtet oder nachgewiesen werden. Der Verkäufer kann sich zur Erfüllung seiner Annahmeverpflichtung Dritter bedienen.

(2) Für den Bereich der Binnenschiffahrt und der Seeschifffahrt gilt die Annahmeverpflichtung des Verkäufers als erfüllt, wenn der Käufer die Einrichtungen der Bilgenentölung oder die Auffanganlagen gemäß des Internationalen Übereinkommens zur Verhütung der Meeresverschmutzung durch den Schiffsbetrieb (MARPOL) in Anspruch nimmt.

Dritter Abschnitt
Schlussbestimmungen

§ 10 Ordnungswidrigkeiten

(1) Ordnungswidrig im Sinne des § 69 Absatz 1 Nummer 8 des Kreislaufwirtschaftsgesetzes handelt, wer vorsätzlich oder fahrlässig

1. entgegen § 3 Satz 1 Altöle stofflich verwertet,
2. entgegen § 4 Absatz 1 Altöle mit anderen Abfällen vermischt,
3. entgegen § 4 Absatz 2 Satz 1 dort genannte Öle nicht getrennt sammelt, nicht getrennt befördert oder nicht getrennt einer Entsorgung zuführt,
4. entgegen § 4 Absatz 3 Altöle untereinander mischt,
5. entgegen § 4 Absatz 6 Satz 1 Altöle nicht getrennt sammelt oder
6. entgegen § 8 Absatz 1 eine Annahmestelle nicht oder nicht rechtzeitig einrichtet und nicht, nicht richtig oder nicht rechtzeitig nachweist oder einen Hinweis nicht, nicht richtig oder nicht in der vorgeschriebenen Weise gibt.

(2) Ordnungswidrig im Sinne des § 69 Absatz 2 Nummer 15 des Kreislaufwirtschaftsgesetzes handelt, wer vorsätz-lich oder fahrlässig

1. entgegen § 5 Absatz 4 die zuständige Behörde nicht oder nicht rechtzeitig unterrichtet oder die Rückstellprobe nicht oder nicht rechtzeitig überlässt oder
2. entgegen § 7 Verbrennungsmotorenöle oder Getriebeöle in Gebinden in den Verkehr bringt.

§ 11 (aufgehoben)

§§ 12 und 13 (weggefallen)

§ 14 (Inkrafttreten)

Anlage 1 (zu § 2 Absatz 2 und § 4 Absatz 3 und 6)
Zuordnung von Abfallschlüsseln zu einer Sammelkategorie

Sammelkategorie 1:

13 01 10* nichtchlorierte Hydrauliköle auf Mineralölbasis

13 02 05* nichtchlorierte Maschinen-, Getriebe- und Schmieröle auf Mineralölbasis

13 02 06* synthetische Maschinen-, Getriebe- und Schmieröle

13 02 08* andere Maschinen-, Getriebe- und Schmieröle

13 03 07* nichtchlorierte Isolier- und Wärmeübertragungsöle auf Mineralölbasis

Sammelkategorie 2:

12 01 07* halogenfreie Bearbeitungsöle auf Mineralölbasis (außer Emulsionen und Lösungen)

12 01 10* synthetische Bearbeitungsöle

13 01 11* synthetische Hydrauliköle

13 01 13* andere Hydrauliköle

Sammelkategorie 3:

12 01 06* halogenhaltige Bearbeitungsöle auf Mineralölbasis (außer Emulsionen und Lösungen)

13 01 01* Hydrauliköle, die PCB enthalten[1)]

13 01 09* chlorierte Hydrauliköle auf Mineralölbasis

13 02 04* chloriere Maschinen-, Getriebe- und Schmieröle auf Mineralölbasis

13 03 01* Isolier- und Wärmeübertragungsöle, die PCB enthalten[1)]

13 03 06* chlorierte Isolier- und Wärmeübertragungsöle auf Mineralölbasis mit Ausnahme derjenigen, die unter 13 03 01 fallen

1) Mit einem PCB-Gehalt von nicht mehr als 50 mg/kg.

Sammelkategorie 4:

13 01 12* biologisch leicht abbaubare Hydrauliköle

13 02 07* biologisch leicht abbaubare Maschinen-, Getriebe- und Schmieröle

13 03 08* synthetische Isolier- und Wärmeübertragungsöle

13 03 09* biologisch leicht abbaubare Isolier- und Wärmeübertragungsöle

13 03 10* andere Isolier- und Wärmeübertragungsöle

13 05 06* Öle aus Öl-/Wasserabscheidern

13 07 01* Heizöl und Diesel

Anlage 2 (zu § 5 Absatz 3)
Probenahme und Untersuchung von Altöl

1 Entnahme und Aufbewahrung der Proben

Die Probenahme für die Untersuchung eines Altöls auf die Gehalte an Gesamthalogen und polychlorierten Biphenylen (PCB) wird nach DIN EN ISO 3170, Ausgabe Juni 2004 (und DIN EN ISO 3170 Berichtigung 1, Ausgabe Dezember 2007) und DIN EN ISO 3171, Ausgabe November 2000, durchgeführt. Ergänzend zu den Vorschriften der Norm DIN EN ISO 3170 und DIN EN ISO 3171 wird auf Folgendes hingewiesen:

1.1 Einsatz von Vakuum-Tankwagen

Bei Einsatz von Vakuum-Tankwagen kann die Probenahme wie nachfolgend beschrieben (siehe Abbildung) erfolgen.

Probenahmevorrichtung an Vakuum-Tankwagen

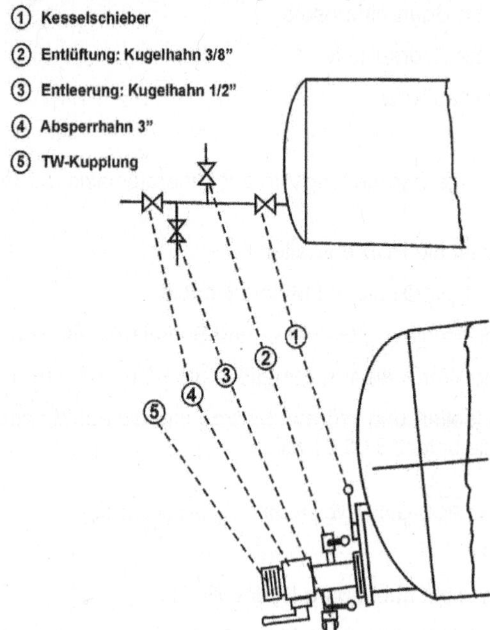

Der Saugschlauch wird an den Entnahmestutzen des Altöltanks angeschlossen oder in andere Behälter eingehängt. Nachdem der Tank des Fahrzeugs unter Vakuum gesetzt wurde, werden die Schieber 1 und 4 bei geschlossenen Hähnen 2 und 3 geöffnet und der Übernahmevorgang beginnt. Am Anfang und mehrfach wiederholt bis zum Ende, werden die Schieber 1 und 4 geschlossen, das dazwischenliegende Rohrstück mittels des Hahnes 2 belüftet und anschließend über den Hahn 3 der Inhalt dieses Rohrstutzens in ein Probenahmegefäß abgelassen. Aus mehreren solchen Entnahmen wird eine Gesamtprobe von mindestens 1 l erhalten. Die Probenahme soll nicht sofort mit Beginn der Altölübernahme erfolgen, da sonst durch Verschleppungseffekte Probenverfälschungen eintreten können.

1.2 Probenahmegefäße

Zur Probenahme und zum Aufbewahren der Proben sind Glas- oder Metallgefäße zu verwenden. Gefäße aus anderen Werkstoffen sind dann zugelassen, wenn nachgewiesen ist, dass keine das Messergebnis beeinflussende Aufnahme von PCB durch die Gefäßwandung erfolgt.

1.3 Probemenge

Die jeweilige Probenmenge beträgt mindestens 1 l.

1.4 Probenahme an der Anfallstelle

Bei der Probenahme an einer Altölanfallstelle gemäß § 5 Absatz 1 Satz 1 verbleiben von der Probe 250 ml bei der Anfallstelle und 250 ml beim Altölsammler.

1.5 Probenahme an der Aufarbeitungsstelle

Bei der Probenahme für Zwecke des § 5 Absatz 2 dieser Verordnung ist die Probe in vier Teilproben zu unterteilen. Hiervon ist je eine Probe für das Untersuchungslaboratorium, eine Probe für den Anlieferer, eine Probe für den Aufbereiter und eine Probe für etwaige Schiedsanalysen (Rückstellproben) bestimmt. Soweit im konkreten Fall mehrere Proben für ein und dieselbe Stelle bestimmt sind, reduziert sich die Zahl der Teilproben entsprechend.

1.6 Beachtung von Sicherheitsvorschriften

Bei der Probenahme sowie beim Umgang mit der Probe sind die einschlägigen Sicherheitsbestimmungen, insbesondere die des Brandschutzes, zu beachten.

1.7 Probenahmeprotokoll

Über die Probenahme ist ein Protokoll in Anlehnung an das Muster der Norm 51 750 Teil 1 zu fertigen.

1.8 Aufbewahrung von Proben

Die Aufbewahrung von nach dieser Verordnung entnommenen Proben richtet sich nach § 5 Absatz 1 und 3. Im Falle eines Straf- oder Bußgeldverfahrens sind die für die Schiedsprobe (Schiedsverfahren nach DIN EN ISO 4259–2, Ausgabe Februar 2020) vorgesehenen Probenbehälter bis zum Abschluss des Verfahrens aufzubewahren.
Die gezogenen Proben sind so zu sichern (z. B. durch Plombieren), dass die Probemenge unverändert bleibt, sowie Ort und Zeit der Entnahme jederzeit nachgewiesen werden können.

2 Bestimmung des Gehaltes an polychlorierten Biphenylen (PCB)

2.1 Grundsatz

Es werden die Einzelgehalte der folgenden 6 Congenere
2,4,4'-Trichlorbiphenyl (PCB 28)
2,2',5,5'-Tetrachlorbiphenyl (PCB 52)
2,2',4,5,5'-Pentachlorbiphenyl (PCB 101)
2,2',3,4',4',5'-Hexachlorbiphenyl (PCB 138)
2,2',4,4',5,5'-Hexachlorbiphenyl (PCB 153)
2,2',3,4,4',5,5'-Heptachlorbiphenyl (PCB 180)
im Altöl bestimmt und hieraus der PCB-Gehalt berechnet.

2.2 Untersuchungsverfahren

Die Bestimmung der Einzelgehalte der in Abschnitt 2.1 genannten 6 Congenere hat nach DIN EN 12 766 Teil 1, Ausgabe November 2000, zu erfolgen.

2.3 Berechnungsverfahren

Die Berechnung des PCB-Gehaltes hat nach DIN EN 12 766 Teil 2, Ausgabe Dezember 2001, Verfahren B, zu erfolgen.

2.4 Überschreitung des Grenzwertes

Bei einem berechneten Gehalt von 28,5 mg PCB/kg Altöl gilt der nach § 3 einzuhaltende Grenzwert von 20 mg PCB/kg Altöl als überschritten. Gemäß den Präzisionsangaben der DIN EN 12 766 Teil 2, Ausgabe Dezember 2001, ist bei diesem Wert eine Überschreitung des Grenzwertes mit einer statistischen Sicherheit von 95 % gegeben.

3 Bestimmung des Gesamthalogengehaltes

3.1 Grundsatz

Unter dem Gehalt eines Altöles an Gesamthalogen wird der Massenanteil an den anorganisch und organisch gebundenen Halogenen Chlor und Brom in der wasserfreien Ölphase verstanden.

Die zur Bestimmung des Gesamthalogengehaltes geeigneten Methoden sind in Abschnitt 3.3 aufgeführt.

Gleichwertige Methoden sind zugelassen.

3.2 Probenvorbereitung

Die Probenvorbereitung ist derart durchzuführen, dass die ermittelten Gehalte sich auf die wasserfreie Ölphase beziehen. Die zu untersuchende flüssige Probe wird auf etwa vorhandenes Absetzwasser hin geprüft. Falls eine Wasserphase erkennbar ist, wird diese mittels eines Scheidetrichters abgetrennt.

Die erhaltene Ölphase oder Proben mit geringen Anteilen freien Wassers oder Emulsionen werden homogenisiert.

Die Wasseranteile der homogenisierten Proben werden mit wasserfreiem Natriumsulfat entfernt, das in eine Probemenge von 5 bis 30 g portionsweise eingerührt wird.

Sofern erforderlich, werden das Natriumsulfat sowie andere Feststoffe vom Öl abzentrifugiert.

Anmerkung:
Die Trocknung der Altölprobe ist so durchzuführen, dass Verdampfungsverluste durch leichtflüchtige Bestandteile vermieden werden.

3.3 Analysenverfahren

3.3.1 Vortest mit energiedispersiver Röntgenfluoreszenz-Analyse

Bestimmung des Chlor- und Bromgehaltes mit energiedispersiver Röntgenfluoreszenz-Analyse nach DIN 51 577 Teil 4, Ausgabe Februar 1994.

3.3.2 Referenzverfahren

3.3.2.1 Verbrennung und Bestimmung des Halogenidgehaltes in der Aufschlusslösung

Aufschluss der Probe in Anlehnung an das Verbrennungsverfahren zur Bestimmung des Halogen- und Schwefelgehalts in Materialien durch Verbrennung in einem geschlossenen, Sauerstoff enthaltenen System nach DIN EN 14 582, Ausgabe Dezember 2016, oder durch ein anderes, gleichwertiges Verfahren und nachfolgende Bestimmung des Halogenidgehaltes (gemäß Abschnitt 3.1) in der Aufschlusslösung auf Basis einer argentometrischen Titration z. B. nach DIN 51 408 Teil 1, Ausgabe Juni 1983, oder nach DIN 38 405 Teil 1, Ausgabe Dezember 1985, oder mittels Ionenchromatographie nach DIN EN ISO 10 304 Teil 1, Ausgabe Juli 2009, oder durch ein anderes, gleichwertiges Verfahren.

3.3.2.2 Wellenlängendispersive Röntgenfluoreszenz-Analyse

Bestimmung des Chlor- und Bromgehaltes mit wellenlängendispersiver Röntgenfluoreszenz-Analyse nach DIN ISO 15 597, Ausgabe Januar 2006.

3.4 Überschreitung des Grenzwertes

Eine Überschreitung des nach § 3 Absatz 1 zulässigen Gesamthalogengehaltes ist grundsätzlich nachgewiesen, wenn der nach einem Referenzverfahren ermittelte Gehalt um mehr als 5 % über dem Grenzwert liegt. Die Untersuchung nach einem der Referenzverfahren kann entfallen, wenn bei dem Vortest ein Gesamthalogengehalt von 1,4 g/kg nicht überschritten wird.

4 Qualitätssicherung und -kontrolle

Die Untersuchungsstellen sind verpflichtet, die Verlässlichkeit der Analysenergebnisse durch geeignete Maßnahmen zur Qualitätssicherung und -kontrolle abzusichern. Dazu gehört unter anderem der Nachweis über die regelmäßige erfolgreiche Teilnahme an Ringversuchen.

5. G Bekanntmachung sachverständiger Stellen

Die in den Abschnitten 1, 2 und 3 genannten Bekanntmachungen sachverständiger Stellen sind beim Deutschen Patent- und Markenamt in München archivmäßig gesichert niedergelegt. Die DIN- Normen sind in der Beuth-Verlag GmbH, Berlin und Köln erschienen.

Anlage 3 (zu § 6 Absatz 1 und 2)
Formblatt: Erklärung über die Entsorgung von Altölen

Passer für die EDV

Formblatt: Erklärung über die Entsorgung von Altöl **AÖ**

Zutreffendes bitte ausfüllen!

Begleitschein-Nr.

Hier ist die Nummer des Begleitscheins einzutragen, soweit der Erklärungspflichtige nach § 50 Abs. 1 des Kreislaufwirtschaftsgesetzes in Verbindung mit der Nachweisverordnung Begleitscheine auszufüllen hat.

Erklärung über die Entsorgung von Altölen

Die Erklärung über die Entsorgung von Altölen ist vom Erklärungspflichtigen (§ 6 Abs. 1 der Altölverordnung) und gegebenenfalls vom Untersuchungspflichtigen (§ 5 Abs. 2 Satz 1, § 6 Abs. 2 der Altölverordnung) nach Maßgabe der nachstehenden Felder abzugeben.

Altölart Bitte die entsprechende Abfallbezeichnung bzw. den Abfallschlüssel nach der AVV eintragen.

Abfallschlüssel **Angaben zur Altölmenge in t oder m³ eintragen** **Menge in t** , **Menge in m³** ,

Für interne Vermerke der Behörde

1 Angaben zum Erklärungspflichtigen

Hier die zutreffende Ziffer in den Kasten eintragen:
1 = Tankstelle; 2 = sonstiger Gewerbe- oder Industriebetrieb / öffentliche Einrichtung; 3 = Kaufhaus / Ladengeschäft; 4 = Hersteller / Großhandel; 5 = Altölsammler

Firma / Körperschaft (max. 35 Zeichen je Zeile beschriften)

1.1

Straße Hausnummer

1.2

Postleitzahl Ort

1.3

1.4 Dem Altöl wurden im Betrieb weder Fremdstoffe, wie synthetische Öle auf der Basis von PCB oder deren Ersatzprodukte, beigefügt noch Abfälle, die dazu führen, dass Altöle nicht mehr stofflich verwertet werden können.

Ort — Datum Tag Monat Jahr — Rechtsverbindliche Unterschrift / Firmenstempel

1.5

Wenn handschriftlich ausgefüllt wird, neben Ziffern bitte nur Großbuchstaben verwenden!

2 Angaben zum Untersuchungspflichtigen

2.1 Die folgenden Angaben sind vom Untersuchungspflichtigen (§ 5 Abs. 2 Satz 1, § 6 Abs. 2 der Altölverordnung) zu machen (Altölbesitzer, welche die Altöle stofflich oder energetisch verwerten). Die Angaben sind auch zu machen, soweit die Untersuchungen auf PCB und Gesamthalogen durch Dritte im Auftrag des Untersuchungspflichtigen oder durch eine von der zuständigen Behörde bestimmten Untersuchungsstelle erfolgen.

Untersuchungsstelle (max. 35 Zeichen je Zeile beschriften)

2.2

Straße Hausnummer

2.3

Postleitzahl Ort

2.4

2.5 Das Altöl enthält ______ mg/kg PCB ______ g/kg Gesamthalogen

nach dem Analyseergebnis vom (Tag Monat Jahr) ______ der Untersuchungsstelle.

Ort — Datum Tag Monat Jahr — Rechtsverbindliche Unterschrift des Untersuchungspflichtigen

2.6

Verordnung über das Europäische Abfallverzeichnis (Abfallverzeichnis-Verordnung – AVV)

Vom 10. Dezember 2001 (BGBl. I S. 3379)

Zuletzt geändert am 30. Juni 2020 (BGBl. I S. 1533)

§ 1 Anwendungsbereich

Diese Verordnung gilt für

1. die Bezeichnung von Abfällen,
2. die Einstufung von Abfällen nach ihrer Gefährlichkeit.

§ 2 Abfallbezeichnung

(1) Soweit Abfälle nach anderen Rechtsvorschriften zu bezeichnen sind, sind die Bezeichnungen nach der Anlage (Abfallverzeichnis) zu dieser Verordnung (sechsstelliger Abfallschlüssel und Abfallbezeichnung) zu verwenden.

(2) Zur Bezeichnung sind die Abfälle den im Abfallverzeichnis mit einem sechsstelligen Abfallschlüssel und der Abfallbezeichnung gekennzeichneten Abfallarten zuzuordnen. Die Zuordnung zu den Abfallarten erfolgt unter den im Abfallverzeichnis vorgegebenen Kapiteln (zweistellige Kapitelüberschrift) und Gruppen (vierstellige Kapitelüberschrift). Innerhalb einer Gruppe ist die speziellere vor der allgemeineren Abfallart maßgebend. Für die Bezeichnung der Abfälle sind die Begriffsbestimmungen in Nummer 1 der Einleitung des Abfallverzeichnisses anzuwenden und die Vorgaben in Nummer 3 der Einleitung des Abfallverzeichnisses einzuhalten.

(3) Die zuständigen Behörden können die Anordnungen treffen, die zur Umstellung behördlicher Entscheidungen auf die Abfallschlüssel und -bezeichnungen nach der Anlage zu dieser Verordnung erforderlich sind.

§ 3 Gefährlichkeit von Abfällen

(1) Die Abfallarten im Abfallverzeichnis, deren Abfallschlüssel mit einem Sternchen (*) versehen sind, sind gefährlich im Sinne des § 48 des Kreislaufwirtschaftsgesetzes. Dies gilt auch für die von den öffentlich-rechtlichen Entsorgungsträgern nach § 20 des Kreislaufwirtschaftsgesetzes gesammelten Abfälle.

(2) Von als gefährlich eingestuften Abfällen wird angenommen, dass sie eine oder mehrere der Eigenschaften aufweisen, die in Anhang III der Richtlinie 2008/98/EG des Europäischen Parlaments und des Rates vom 19. November 2008 über Abfälle und zur Aufhebung bestimmter Richtlinien (ABl. L 312 vom 22.11.2008, S. 3, L 127 vom 26.5.2009, S. 24), die durch die Verordnung (EG) Nr. 1357/2014 (ABl. L 365 vom 19.12.2014, S. 89) geändert worden ist, in der jeweils geltenden Fassung aufgeführt sind. Für die Einstufung der Abfälle sind die Begriffsbestimmungen in Nummer 1 der Einleitung des Abfallverzeichnisses anzuwenden und die Vorgaben in Nummer 2 der Einleitung des Abfallverzeichnisses einzuhalten.

(3) Die zuständige Behörde kann im Einzelfall oder aufgrund neuer Erkenntnisse für Abfälle eine von Absatz 1 abweichende Einstufung vornehmen, wenn der Abfallbesitzer nachweist, dass der im Abfallverzeichnis als gefährlich aufgeführte Abfall keine der in Anhang III der Richtlinie 2008/98/EG genannten Eigenschaften (Gefährlichkeitskriterien) aufweist. Die zuständige Behörde

kann im Einzelfall oder aufgrund neuer Erkenntnisse Abfälle als gefährlich einstufen, wenn ein im Abfallverzeichnis als nicht gefährlich aufgeführter Abfall eines oder mehrere der vorgenannten Gefährlichkeitskriterien aufweist. Die Länder haben solche Einstufungen mit allen erforderlichen Informationen, insbesondere den gefährlichen Stoffen, deren Gehalt und deren relevanten Eigenschaften, unverzüglich an das Bundesministerium für Umwelt, Naturschutz und nukleare Sicherheit zu melden.

Anlage (zu § 2 Abs. 1) Abfallverzeichnis

Einleitung

1. Begriffsbestimmungen

Für diese Anlage gelten die folgenden Begriffsbestimmungen:

1.1 gefährlicher Stoff: ein Stoff, der als gefährlich eingestuft ist, da er die Kriterien gemäß Anhang I Teil 2 bis 5 der Verordnung (EG) Nr. 1272/2008 des Europäischen Parlaments und des Rates vom 16. Dezember 2008 über die Einstufung, Kennzeichnung und Verpackung von Stoffen und Gemischen, zur Änderung und Aufhebung der Richtlinien 67/548/EWG und 1999/45/EG und zur Änderung der Verordnung (EG) Nr. 1907/2006 (ABl. L 353 vom 31.12.2008, S. 1) erfüllt;

1.2 Schwermetall: jede Verbindung von Antimon, Arsen, Cadmium, Chrom (VI), Kupfer, Blei, Quecksilber, Nickel, Selen, Tellur, Thallium oder Zinn sowie diese Stoffe in metallischer Form, sofern die Verbindung oder der Stoff als gefährlicher Stoff nach Nummer 1.1 eingestuft ist;

10

1.3 polychlorierte Biphenyle und polychlorierte Terphenyle (PCB): PCB gemäß der Begriffsbestimmung in Artikel 2 Buchstabe a der Richtlinie 96/59/EG des Rates vom 16. September 1996 über die Beseitigung polychlorierter Biphenyle und polychlorierter Terphenyle (PCB/PCT) (ABl. L 243 vom 16.9.1996, S. 31);

1.4 Übergangsmetall: jede Verbindung von Scandium, Vanadium, Mangan, Cobalt, Kupfer, Yttrium, Niob, Hafnium, Wolfram, Titan, Chrom, Eisen, Nickel, Zink, Zirconium, Molybdän oder Tantal sowie diese Stoffe in metallischer Form, sofern die Verbindung oder der Stoff als gefährlicher Stoff nach Nummer 1.1 eingestuft ist;

1.5 Stabilisierung: Prozesse, die die Gefährlichkeit der Bestandteile des Abfalls ändern und gefährlichen Abfall in nicht gefährlichen Abfall umwandeln;

1.6 Verfestigung: Prozesse, die lediglich die physikalische Beschaffenheit des Abfalls durch die Verwendung von Zusatzstoffen ändern, ohne die chemischen Eigenschaften des Abfalls zu berühren;

1.7 teilweise stabilisierte Abfälle: Abfälle, die nach erfolgtem Stabilisierungsprozess gefährliche Bestandteile enthalten, die nicht vollständig in nicht gefährliche Bestandteile umgewandelt wurden und die kurz-, mittel- oder langfristig in die Umwelt abgegeben werden könnten;

2. Bewertung und Einstufung

2.1 Bewertung der gefahrenrelevanten Eigenschaften von Abfällen

Bei der Bewertung der gefahrenrelevanten Eigenschaften von Abfällen gelten die Kriterien des Anhangs III der Richtlinie 2008/98/EG. Bei der Bewertung der gefahrenrelevanten Eigenschaften HP 4, HP 6, HP 8 und HP 14 gelten die Berücksichtigungsgrenzwerte für einzelne Stoffe gemäß Anhang III der Richtlinie 2008/98/EG. Ist ein Stoff im Abfall in einer Konzentration unterhalb des Berücksichtigungsgrenzwerts vorhanden, so wird er bei der Berechnung eines Schwellenwerts nicht berücksichtigt. Wurde eine gefahrenrelevante Eigenschaft eines Abfalls sowohl durch eine Prüfung nach Nummer 2.2.2 als auch anhand der Konzentrationen gefährlicher Stoffe gemäß

Anhang III der Richtlinie 2008/98/EG bewertet, so sind die Ergebnisse der Prüfung nach Nummer 2.2.2 ausschlaggebend.

2.2 Einstufung von Abfällen als gefährliche Abfälle

Für die Einstufung von Abfällen als gefährliche oder nicht gefährliche Abfallarten gilt Folgendes:

2.2.1 Ein Abfall wird im Abfallverzeichnis als gefährlich eingestuft, wenn dieser Abfall relevante gefährliche Stoffe enthält, aufgrund derer er eine oder mehrere der in Anhang III der Richtlinie 2008/98/EG aufgeführten gefahrenrelevanten Eigenschaften HP 1 bis HP 8 oder HP 10 bis HP 15 aufweist. Das Vorliegen der gefahrenrelevanten Eigenschaft HP 9 wird angenommen bei Abfällen, die mit meldepflichtigen Krankheitserregern nach den §§ 6 oder 7, auch in Verbindung mit § 15 des Infektionsschutzgesetzes vom 20. Juli 2000 (BGBl. I S. 1045), zuletzt geändert durch Artikel 2 des Gesetzes vom 19. Mai 2020 (BGBl. I S. 1018) behaftet und als infektiös einzustufen sind, sowie bei Abfällen mit Erregern (Ansteckungsstoffen) der Tierkrankheiten, die in der Verordnung über anzeigepflichtige Tierseuchen in der Fassung der Bekanntmachung vom 19. Juli 2011 (BGBl. I S. 1404), die zuletzt durch Artikel 6 der Verordnung vom 29. Dezember 2014 (BGBl. I S. 2481) geändert worden ist, oder der Anlage zu § 1 der Verordnung über meldepflichtige Tierkrankheiten in der Fassung der Bekanntmachung vom 11. Februar 2011 (BGBl. I S. 252), die zuletzt durch Artikel 381 der Verordnung vom 31. August 2015 (BGBl. I S. 1474) geändert worden ist, genannt werden.

2.2.2 Eine gefahrenrelevante Eigenschaft kann anhand der Konzentrationen von Stoffen im Abfall gemäß Anhang III der Richtlinie 2008/98/EG oder – sofern die Verordnung (EG) Nr. 1272/2008 nichts anderes bestimmt – anhand einer Prüfung im Einklang mit der Verordnung (EG) Nr. 440/2008 der Kommission vom 30. Mai 2008 zur Festlegung von Prüfmethoden gemäß der Verordnung (EG) Nr. 1907/2006 des Europäischen Parlaments und des Rates zur Registrierung, Bewertung, Zulassung und Beschränkung chemischer Stoffe (REACH) (ABl. L 142 vom 31.5.2008, S. 1) oder anhand anderer international anerkannter Prüfmethoden und Leitlinien bewertet werden, wobei Artikel 7 der Verordnung (EG) Nr. 1272/2008 in Bezug auf Tierversuche und Versuche am Menschen zu berücksichtigen ist.

2.2.3 Abfälle, die polychlorierte Dibenzo-p-dioxine (PCDD) und polychlorierte Dibenzofurane (PCDF), 1,1,1-Trichlor-2,2-bis(4-chlorphenyl)ethan (DDT), Chlordan, Hexachlorcyclohexane (einschließlich Lindan), Dieldrin, Endrin, Heptachlor, Hexachlorbenzol, Chlordecon, Aldrin, Pentachlorbenzol, Mirex, Toxaphen, Hexabrombiphenyl oder PCB in Konzentrationen oberhalb der Konzentrationsgrenzwerte gemäß Anhang IV der Verordnung (EU) 2019/1021 des Europäischen Parlaments und des Rates vom 20. Juni 2019 über persistente organische Schadstoffe (ABl. L 169 vom 25.6.2019, S. 45) enthalten, werden als gefährlich eingestuft.

2.2.4 Die in Anhang III der Richtlinie 2008/98/EG festgelegten Konzentrationsgrenzwerte gelten für reine Metalllegierungen in massiver Form nur dann, sofern diese durch gefährliche Stoffe verunreinigt sind.

2.2.5 Bei der Feststellung der gefahrenrelevanten Eigenschaften von Abfällen können die folgenden Anmerkungen in Anhang VI der Verordnung (EG) Nr. 1272/2008 berücksichtigt werden:

2.2.5.1 Verordnung (EG) Nr. 1272/2008, Anhang VI, die in Ziffer 1.1.3.1 genannten Anmerkungen zur Identifizierung, Einstufung und Kennzeichnung von Stoffen:

Anmerkungen B, D, F, J, L, M, P, Q, R und U,

2.2.5.2 Verordnung (EG) Nr. 1272/2008, Anhang VI, die in Ziffer 1.1.3.2 genannten Anmerkungen zur Einstufung und Kennzeichnung von Gemischen: Anmerkungen 1, 2, 3 und 5.

2.2.6 Nach der Bewertung der gefahrenrelevanten Eigenschaften eines Abfalls im Einklang mit den vorgenannten Verfahrensschritten wird dem Abfall ein passender gefahrenrelevanter oder nicht gefahrenrelevanter Eintrag aus dem Abfallverzeichnis zugewiesen.

2.2.7 Bei der Einstufung nach HP 4 und HP 8 kommt einem pH-Wert ≤ 2 oder einem pH-Wert $\geq 11{,}5$ Indizwirkung zu.

3. Abfallverzeichnis

Die verschiedenen Abfallarten in diesem Abfallverzeichnis sind vollständig definiert durch die zweistelligen Kapitel, die vierstelligen Gruppen, den sechsstelligen Abfallschlüssel und die Abfallbezeichnung. Die Aufnahme eines Stoffes oder Gegenstandes in das Abfallverzeichnis bedeutet nicht, dass dieser Stoff oder Gegenstand unter allen Umständen Abfall ist. Stoffe oder Gegenstände sind nur dann Abfälle, wenn sie unter die Begriffsbestimmung des § 3 Absatz 1 des Kreislaufwirtschaftsgesetzes fallen.

Ein Abfall ist gemäß der Systematik des Abfallverzeichnisses nach den folgenden vier Schritten einer Abfallart zuzuordnen:

3.1 Bestimmung der Abfallart nach der Herkunft in den Kapiteln 01 bis 12 oder 17 bis 20 und des entsprechenden sechsstelligen Abfallschlüssels (ohne die auf 99 endenden Abfallschlüssel dieser Kapitel). Abfälle aus einer bestimmten Anlage sind je nach Herkunft entsprechend der Tätigkeit gegebenenfalls mehreren Kapiteln zuzuordnen. So kann z. B. ein Automobilhersteller seine Abfälle je nach Prozessstufe unter Kapitel 12 (Abfälle aus Prozessen der mechanischen Formgebung und Oberflächenbearbeitung von Metallen), 11 (anorganische metallhaltige Abfälle aus der Metallbearbeitung und –beschichtung) und 08 (Abfälle aus der Anwendung von Überzügen) finden.

3.2 Lässt sich in den Kapiteln 01 bis 12 und 17 bis 20 keine passende Abfallart finden, so müssen zur Bestimmung des Abfalls die Kapitel 13, 14 und 15 geprüft werden.

3.3 Passt auch keine dieser Abfallarten, so ist der Abfall gemäß Kapitel 16 zu bestimmen.

3.4 Fällt der Abfall auch nicht unter Kapitel 16, so ist die Abfallart, deren Abfallschlüssel mit den Ziffern 99 (Abfälle anderweitig nicht genannt (a. n. g.)) endet, in dem Teil des Abfallverzeichnisses zu verwenden, der der in Schritt 1 bestimmten abfallerzeugenden Tätigkeit entspricht.

Index
Kapitel des Abfallverzeichnisses

03 Abfälle aus der Holzbearbeitung und der Herstellung von Platten, Möbeln, Zellstoffen, Papier und Pappe

04 Abfälle aus der Leder-, Pelz- und Textilindustrie

05 Abfälle aus der Erdölraffination, Erdgasreinigung und Kohlepyrolyse

06 Abfälle aus anorganisch-chemischen Prozessen

07 Abfälle aus organisch-chemischen Prozessen

08 Abfälle aus Herstellung, Zubereitung, Vertrieb und Anwendung (HZVA) von Beschichtungen (Farben, Lacke, Email), Klebstoffen, Dichtmassen und Druckfarben

09 Abfälle aus der fotografischen Industrie

10 Abfälle aus thermischen Prozessen

11 Abfälle aus der chemischen Oberflächenbearbeitung und Beschichtung von Metallen und anderen Werkstoffen; Nichteisenhydrometallurgie

12 Abfälle aus Prozessen der mechanischen Formgebung sowie der physikalischen und mechanischen Oberflächenbearbeitung von Metallen und Kunststoffen

13 Ölabfälle und Abfälle aus flüssigen Brennstoffen (außer Speiseöle und Ölabfälle, die unter Kapitel 05, 12 oder 19 fallen)

14 Abfälle aus organischen Lösemitteln, Kühlmitteln und Treibgasen (außer Abfälle, die unter Kapitel 07 oder 08 fallen)

15 Verpackungsabfall, Aufsaugmassen, Wischtücher, Filtermaterialien und Schutzkleidung (a.n.g.)

16 Abfälle, die nicht anderswo im Verzeichnis aufgeführt sind

17 Bau- und Abbruchabfälle (einschließlich Aushub von verunreinigten Standorten)

18 Abfälle aus der humanmedizinischen oder tierärztlichen Versorgung und Forschung (ohne Küchen- und Restaurantabfälle, die nicht aus der unmittelbaren Krankenpflege stammen)

19 Abfälle aus Abfallbehandlungsanlagen, öffentlichen Abwasserbehandlungsanlagen sowie der Aufbereitung von Wasser für den menschlichen Gebrauch und Wasser für industrielle Zwecke

20 Siedlungsabfälle (Haushaltsabfälle und ähnliche gewerbliche und industrielle Abfälle sowie Abfälle aus Einrichtungen), einschließlich getrennt gesammelter Fraktionen

Abfallschlüssel	Abfallbezeichnung
01	Abfälle, die beim Aufsuchen, Ausbeuten und Gewinnen sowie bei der physikalischen und chemischen Behandlung von Bodenschätzen entstehen
01 01	Abfälle aus dem Abbau von Bodenschätzen
01 01 01	Abfälle aus dem Abbau von metallhaltigen Bodenschätzen
01 01 02	Abfälle aus dem Abbau von nichtmetallhaltigen Bodenschätzen
01 03	Abfälle aus der physikalischen und chemischen Verarbeitung von metallhaltigen Bodenschätzen
01 03 04*	Säure bildende Aufbereitungsrückstände aus der Verarbeitung von sulfidischem Erz
01 03 05*	andere Aufbereitungsrückstände, die gefährliche Stoffe enthalten
01 03 06	Aufbereitungsrückstände mit Ausnahme derjenigen, die unter 01 03 04 und 01 03 05 fallen

(Fortsetzung)

Abfallschlüssel	Abfallbezeichnung
01 03 07*	andere, gefährliche Stoffe enthaltende Abfälle aus der physikalischen und chemischen Verarbeitung von metallhaltigen Bodenschätzen
01 03 08	staubende und pulvrige Abfälle mit Ausnahme derjenigen, die unter 01 03 07 fallen
01 03 09	Rotschlamm aus der Aluminiumoxidherstellung mit Ausnahme von Abfällen, die unter 01 03 10 fallen
01 03 10*	Rotschlamm aus der Aluminiumoxidherstellung, der gefährliche Stofe enthält, mit Ausnahme der unter 01 03 07 genannten Abfälle
01 03 99	Abfälle a. n. g.
01 04	Abfälle aus der physikalischen und chemischen Weiterverarbeitung von nichtmetallhaltigen Bodenschätzen
01 04 07*	gefährliche Stoffe enthaltende Abfälle aus der physikalischen und chemischen Weiterverarbeitung von nichtmetallhaltigen Bodenschätzen
01 04 08	Abfälle von Kies- und Gesteinsbruch mit Ausnahme derjenigen, die unter 01 04 07 fallen
01 04 09	Abfälle von Sand und Ton
01 04 10	staubende und pulvrige Abfälle mit Ausnahme derjenigen, die unter 01 04 07 fallen
01 04 11	Abfälle aus der Verarbeitung von Kali- und Steinsalz mit Ausnahme derjenigen, die unter 01 04 07 fallen
01 04 12	Aufbereitungsrückstände und andere Abfälle aus der Wäsche und Reinigung von Bodenschätzen mit Ausnahme derjenigen, die unter 01 04 07 und 01 04 11 fallen
01 04 13	Abfälle aus Steinmetz- und -sägearbeiten mit Ausnahme derjenigen, die unter 01 04 07 fallen
01 04 99	Abfälle a. n. g.
01 05	Bohrschlämme und andere Bohrabfälle
01 05 04	Schlämme und Abfälle aus Süßwasserbohrungen
01 05 05*	ölhaltige Bohrschlämme und -abfälle
01 05 06*	Bohrschlämme und andere Bohrabfälle, die gefährliche Stoffe enthalten
01 05 07	barythaltige Bohrschlämme und -abfälle mit Ausnahme derjenigen, die unter 01 05 05 und 01 05 06 fallen
01 05 08	chloridhaltige Bohrschlämme und -abfälle mit Ausnahme derjenigen, die unter 01 05 05 und 01 05 06 fallen
01 05 99	Abfälle a. n. g.
02	Abfälle aus Landwirtschaft, Gartenbau, Teichwirtschaft, Forstwirtschaft, Jagd und Fischerei sowie der Herstellung und Verarbeitung von Nahrungsmitteln
02 01	Abfälle aus Landwirtschaft, Gartenbau, Teichwirtschaft, Forstwirtschaft, Jagd und Fischerei
02 01 01	Schlämme von Wasch- und Reinigungsvorgängen
02 01 02	Abfälle aus tierischem Gewebe
02 01 03	Abfälle aus pflanzlichem Gewebe
02 01 04	Kunststoffabfälle (ohne Verpackungen)
02 01 06	tierische Ausscheidungen, Gülle/Jauche und Stallmist (einschließlich verdorbenes Stroh), Abwässer, getrennt gesammelt und extern behandelt
02 01 07	Abfälle aus der Forstwirtschaft
02 01 08*	Abfälle von Chemikalien für die Landwirtschaft, die gefährliche Stoffe enthalten
02 01 09	Abfälle von Chemikalien für die Landwirtschaft mit Ausnahme derjenigen, die unter 02 01 08 fallen
02 01 10	Metallabfälle
02 01 99	Abfälle a. n. g.
02 02	Abfälle aus der Zubereitung und Verarbeitung von Fleisch, Fisch und anderen Nahrungsmitteln tierischen Ursprungs
02 02 01	Schlämme von Wasch- und Reinigungsvorgängen
02 02 02	Abfälle aus tierischem Gewebe

(Fortsetzung)

Abfallschlüssel	Abfallbezeichnung
02 02 03	für Verzehr oder Verarbeitung ungeeignete Stoffe
02 02 04	Schlämme aus der betriebseigenen Abwasserbehandlung
02 02 99	Abfälle a. n. g.
02 03	Abfälle aus der Zubereitung und Verarbeitung von Obst, Gemüse, Getreide, Speiseölen, Kakao, Kaffee, Tee und Tabak, aus der Konservenherstellung, der Herstellung von Hefe und Hefeextrakt sowie der Zubereitung und Fermentierung von Melasse
02 03 01	Schlämme aus Wasch-, Reinigungs-, Schäl-, Zentrifugier- und Abtrennprozessen
02 03 02	Abfälle von Konservierungsstoffen
02 03 03	Abfälle aus der Extraktion mit Lösemitteln
02 03 04	für Verzehr oder Verarbeitung ungeeignete Stoffe
02 03 05	Schlämme aus der betriebseigenen Abwasserbehandlung
02 03 99	Abfälle a. n. g.
02 04	Abfälle aus der Zuckerherstellung
02 04 01	Rübenerde
02 04 02	nicht spezifikationsgerechter Calciumcarbonatschlamm
02 04 03	Schlämme aus der betriebseigenen Abwasserbehandlung
02 04 99	Abfälle a. n. g.
02 05	Abfälle aus der Milchverarbeitung
02 05 01	für Verzehr oder Verarbeitung ungeeignete Stoffe
02 05 02	Schlämme aus der betriebseigenen Abwasserbehandlung
02 05 99	Abfälle a. n. g.
02 06	Abfälle aus der Herstellung von Back- und Süßwaren
02 06 01	für Verzehr oder Verarbeitung ungeeignete Stoffe
02 06 02	Abfälle von Konservierungsstoffen
02 06 03	Schlämme aus der betriebseigenen Abwasserbehandlung
02 06 99	Abfälle a. n. g.
02 07	Abfälle aus der Herstellung von alkoholischen und alkoholfreien Getränken (ohne Kaffee, Tee und Kakao)
02 07 01	Abfälle aus der Wäsche, Reinigung und mechanischen Zerkleinerung des Rohmaterials
02 07 02	Abfälle aus der Alkoholdestillation
02 07 03	Abfälle aus der chemischen Behandlung
02 07 04	für Verzehr oder Verarbeitung ungeeignete Stoffe
02 07 05	Schlämme aus der betriebseigenen Abwasserbehandlung
02 07 99	Abfälle a. n. g.
03	Abfälle aus der Holzbearbeitung und der Herstellung von Platten, Möbeln, Zellstoffen, Papier und Pappe
03 01	Abfälle aus der Holzbearbeitung und der Herstellung von Platten und Möbeln
03 01 01	Rinden- und Korkabfälle
03 01 04*	Sägemehl, Späne, Abschnitte, Holz, Spanplatten und Furniere, die gefährliche Stoffe enthalten
03 01 05	Sägemehl, Späne, Abschnitte, Holz, Spanplatten und Furniere mit Ausnahme derjenigen, die unter 03 01 04 fallen
03 01 99	Abfälle a. n. g.
03 02	Abfälle aus der Holzkonservierung
03 02 01*	halogenfreie organische Holzschutzmittel
03 02 02*	chlororganische Holzschutzmittel
03 02 03*	metallorganische Holzschutzmittel
03 02 04*	anorganische Holzschutzmittel
03 02 05*	andere Holzschutzmittel, die gefährliche Stoffe enthalten
03 02 99	Holzschutzmittel a. n. g.
03 03	Abfälle aus der Herstellung und Verarbeitung von Zellstoff, Papier, Karton und Pappe

(Fortsetzung)

Abfallschlüssel	Abfallbezeichnung
03 03 01	Rinden- und Holzabfälle
03 03 02	Sulfitschlämme (aus der Rückgewinnung von Kochlaugen)
03 03 05	De-inking-Schlämme aus dem Papierrecycling
03 03 07	mechanisch abgetrennte Abfälle aus der Auflösung von Papier- und Pappabfällen
03 03 08	Abfälle aus dem Sortieren von Papier und Pappe für das Recycling
03 03 09	Kalkschlammabfälle
03 03 10	Faserabfälle, Faser-, Füller- und Überzugsschlämme aus der mechanischen Abtrennung
03 03 11	Schlämme aus der betriebseigenen Abwasserbehandlung mit Ausnahme derjenigen, die unter 03 03 10 fallen
03 03 99	Abfälle a. n. g.
04	Abfälle aus der Leder-, Pelz- und Textilindustrie
04 01	Abfälle aus der Leder- und Pelzindustrie
04 01 01	Fleischabschabungen und Häuteabfälle
04 01 02	geäschertes Leimleder
04 01 03*	Entfettungsabfälle, lösemittelhaltig, ohne flüssige Phase
04 01 04	chromhaltige Gerbereibrühe
04 01 05	chromfreie Gerbereibrühe
04 01 06	chromhaltige Schlämme, insbesondere aus der betriebseigenen Abwasserbehandlung
04 01 07	chromfreie Schlämme, insbesondere aus der betriebseigenen Abwasserbehandlung
04 01 08	chromhaltige Abfälle aus gegerbtem Leder (Abschnitte, Schleifstaub, Falzspäne)
04 01 09	Abfälle aus der Zurichtung und dem Finish
04 01 99	Abfälle a. n. g.
04 02	Abfälle aus der Textilindustrie
04 02 09	Abfälle aus Verbundmaterialien (imprägnierte Textilien, Elastomer, Plastomer)
04 02 10	organische Stoffe aus Naturstoffen (z. B. Fette, Wachse)
04 02 14*	Abfälle aus dem Finish, die organische Lösungsmittel enthalten
04 02 15	Abfälle aus dem Finish mit Ausnahme derjenigen, die unter 04 02 14 fallen
04 02 16*	Farbstoffe und Pigmente, die gefährliche Stoffe enthalten
04 02 17	Farbstoffe und Pigmente mit Ausnahme derjenigen, die unter 04 02 16 fallen
04 02 19*	Schlämme aus der betriebseigenen Abwasserbehandlung, die gefährliche Stoffe enthalten
04 02 20	Schlämme aus der betriebseigenen Abwasserbehandlung mit Ausnahme derjenigen, die unter 04 02 19 fallen
04 02 21	Abfälle aus unbehandelten Textilfasern
04 02 22	Abfälle aus verarbeiteten Textilfasern
04 02 99	Abfälle a. n. g.
05	Abfälle aus der Erdölraffination, Erdgasreinigung und Kohlepyrolyse
05 01	Abfälle aus der Erdölraffination
05 01 02*	Entsalzungsschlämme
05 01 03*	Bodenschlämme aus Tanks
05 01 04*	saure Alkylschlämme
05 01 05*	verschüttetes Öl
05 01 06*	ölhaltige Schlämme aus Betriebsvorgängen und Instandhaltung
05 01 07*	Säureteere
05 01 08*	andere Teere
05 01 09*	Schlämme aus der betriebseigenen Abwasserbehandlung, die gefährliche Stoffe enthalten
05 01 10	Schlämme aus der betriebseigenen Abwasserbehandlung mit Ausnahme derjenigen, die unter 05 01 09 fallen
05 01 11*	Abfälle aus der Brennstoffreinigung mit Basen
05 01 12*	säurehaltige Öle
05 01 13	Schlämme aus der Kesselspeisewasseraufbereitung
05 01 14	Abfälle aus Kühlkolonnen

(Fortsetzung)

Abfallschlüssel	Abfallbezeichnung
05 01 15*	gebrauchte Filtertone
05 01 16	schwefelhaltige Abfälle aus der Ölentschwefelung
05 01 17	Bitumen
05 01 99	Abfälle a. n. g.
05 06	Abfälle aus der Kohlepyrolyse
05 06 01*	Säureteere
05 06 03*	andere Teere
05 06 04	Abfälle aus Kühlkolonnen
05 06 99	Abfälle a. n. g.
05 07	Abfälle aus Erdgasreinigung und -transport
05 07 01*	quecksilberhaltige Abfälle
05 07 02	schwefelhaltige Abfälle
05 07 99	Abfälle a. n. g.
06	Abfälle aus anorganisch-chemischen Prozessen
06 01	Abfälle aus Herstellung, Zubereitung, Vertrieb und Anwendung (HZVA) von Säuren
06 01 01*	Schwefelsäure und schweflige Säure
06 01 02*	Salzsäure
06 01 03*	Flusssäure
06 01 04*	Phosphorsäure und phosphorige Säure
06 01 05*	Salpetersäure und salpetrige Säure
06 01 06*	andere Säuren
06 01 99	Abfälle a. n. g.
06 02	Abfälle aus HZVA von Basen
06 02 01*	Calciumhydroxid
06 02 03*	Ammoniumhydroxid
06 02 04*	Natrium- und Kaliumhydroxid
06 02 05*	andere Basen
06 02 99	Abfälle a. n. g.
06 03	Abfälle aus HZVA von Salzen, Salzlösungen und Metalloxiden
06 03 11*	feste Salze und Lösungen, die Cyanid enthalten
06 03 13*	feste Salze und Lösungen, die Schwermetalle enthalten
06 03 14	feste Salze und Lösungen mit Ausnahme derjenigen, die unter 06 03 11 und 06 03 13 fallen
06 03 15*	Metalloxide, die Schwermetalle enthalten
06 03 16	Metalloxide mit Ausnahme derjenigen, die unter 06 03 15 fallen
06 03 99	Abfälle a. n. g.
06 04	Metallhaltige Abfälle mit Ausnahme derjenigen, die unter 06 03 fallen
06 04 03*	arsenhaltige Abfälle
06 04 04*	quecksilberhaltige Abfälle
06 04 05*	Abfälle, die andere Schwermetalle enthalten
06 04 99	Abfälle a. n. g.
06 05	Schlämme aus der betriebseigenen Abwasserbehandlung
06 05 02*	Schlämme aus der betriebseigenen Abwasserbehandlung, die gefährliche Stoffe enthalten
06 05 03	Schlämme aus der betriebseigenen Abwasserbehandlung mit Ausnahme derjenigen, die unter 06 05 02 fallen
06 06	Abfälle aus HZVA von schwefelhaltigen Chemikalien, aus Schwefelchemie und Entschwefelungsprozessen
06 06 02*	Abfälle, die gefährliche Sulfide enthalten
06 06 03	sulfidhaltige Abfälle mit Ausnahme derjenigen, die unter 06 06 02 fallen
06 06 99	Abfälle a. n. g.
06 07	Abfälle aus HZVA von Halogenen und aus der Halogenchemie
06 07 01*	asbesthaltige Abfälle aus der Elektrolyse

(Fortsetzung)

Abfallschlüssel	Abfallbezeichnung
06 07 02*	Aktivkohle aus der Chlorherstellung
06 07 03*	quecksilberhaltige Bariumsulfatschlämme
06 07 04*	Lösungen und Säuren, z. B. Kontaktsäure
06 07 99	Abfälle a. n. g.
06 08	Abfälle aus HZVA von Silicium und Siliciumverbindungen
06 08 02*	Abfälle, die gefährliche Chlorsilane enthalten
06 08 99	Abfälle a. n. g.
06 09	Abfälle aus HZVA von phosphorhaltigen Chemikalien und aus der Phosphorchemie
06 09 02	phosphorhaltige Schlacke
06 09 03*	Reaktionsabfälle auf Calciumbasis, die gefährliche Stoffe enthalten oder durch gefährliche Stoffe verunreinigt sind
06 09 04	Reaktionsabfälle auf Calciumbasis mit Ausnahme derjenigen, die unter 06 09 03 fallen
06 09 99	Abfälle a. n. g.
06 10	Abfälle aus HZVA von stickstoffhaltigen Chemikalien, aus der Stickstoffchemie und der Herstellung von Düngemitteln
06 10 02*	Abfälle, die gefährliche Stoffe enthalten
06 10 99	Abfälle a. n. g.
06 11	Abfälle aus der Herstellung von anorganischen Pigmenten und Farbgebern
06 11 01	Reaktionsabfälle auf Calciumbasis aus der Titandioxidherstellung
06 11 99	Abfälle a. n. g.
06 13	Abfälle aus anorganisch-chemischen Prozessen a. n. g.
06 13 01*	anorganische Pflanzenschutzmittel, Holzschutzmittel und andere Biozide
06 13 02*	gebrauchte Aktivkohle (außer 06 07 02)
06 13 03	Industrieruß
06 13 04*	Abfälle aus der Asbestverarbeitung
06 13 05*	Ofen- und Kaminruß
06 13 99	Abfälle a. n. g.
07	Abfälle aus organisch-chemischen Prozessen
07 01	Abfälle aus Herstellung, Zubereitung, Vertrieb und Anwendung (HZVA) organischer Grundchemikalien
07 01 01*	wässrige Waschflüssigkeiten und Mutterlaugen
07 01 03*	halogenorganische Lösemittel, Waschflüssigkeiten und Mutterlaugen
07 01 04*	andere organische Lösemittel, Waschflüssigkeiten und Mutterlaugen
07 01 07*	halogenierte Reaktions- und Destillationsrückstände
07 01 08*	andere Reaktions- und Destillationsrückstände
07 01 09*	halogenierte Filterkuchen, gebrauchte Aufsaugmaterialien
07 01 10*	andere Filterkuchen, gebrauchte Aufsaugmaterialien
07 01 11*	Schlämme aus der betriebseigenen Abwasserbehandlung, die gefährliche Stoffe enthalten
07 01 12	Schlämme aus der betriebseigenen Abwasserbehandlung mit Ausnahme derjenigen, die unter 07 01 11 fallen
07 01 99	Abfälle a. n. g.
07 02	Abfälle aus HZVA von Kunststoffen, synthetischem Gummi und Kunstfasern
07 02 01*	wässrige Waschflüssigkeiten und Mutterlaugen
07 02 03*	halogenorganische Lösemittel, Waschflüssigkeiten und Mutterlaugen
07 02 04*	andere organische Lösemittel, Waschflüssigkeiten und Mutterlaugen
07 02 07*	halogenierte Reaktions- und Destillationsrückstände
07 02 08*	andere Reaktions- und Destillationsrückstände
07 02 09*	halogenierte Filterkuchen, gebrauchte Aufsaugmaterialien
07 02 10*	andere Filterkuchen, gebrauchte Aufsaugmaterialien
07 02 11*	Schlämme aus der betriebseigenen Abwasserbehandlung, die gefährliche Stoffe enthalten

(Fortsetzung)

Abfallschlüssel	Abfallbezeichnung
07 02 12	Schlämme aus der betriebseigenen Abwasserbehandlung mit Ausnahme derjenigen, die unter 07 02 11 fallen
07 02 13	Kunststoffabfälle
07 02 14*	Abfälle von Zusatzstoffen, die gefährliche Stoffe enthalten
07 02 15	Abfälle von Zusatzstoffen mit Ausnahme derjenigen, die unter 07 02 14 fallen
07 02 16*	Abfälle, die gefährliche Silicone enthalten
07 02 17	siliconhaltige Abfälle, andere als die in 07 02 16 genannten
07 02 99	Abfälle a. n. g.
07 03	Abfälle aus HZVA von organischen Farbstoffen und Pigmenten (außer 06 11)
07 03 01*	wässrige Waschflüssigkeiten und Mutterlaugen
07 03 03*	halogenorganische Lösemittel, Waschflüssigkeiten und Mutterlaugen
07 03 04*	andere organische Lösemittel, Waschflüssigkeiten und Mutterlaugen
07 03 07*	halogenierte Reaktions- und Destillationsrückstände
07 03 08*	andere Reaktions- und Destillationsrückstände
07 03 09*	halogenierte Filterkuchen, gebrauchte Aufsaugmaterialien
07 03 10*	andere Filterkuchen, gebrauchte Aufsaugmaterialien
07 03 11*	Schlämme aus der betriebseigenen Abwasserbehandlung, die gefährliche Stoffe enthalten
07 03 12	Schlämme aus der betriebseigenen Abwasserbehandlung mit Ausnahme derjenigen, die unter 07 03 11 fallen
07 03 99	Abfälle a. n. g.
07 04	Abfälle aus HZVA von organischen Pflanzenschutzmitteln (außer 02 01 08 und 02 01 09), Holzschutzmitteln (außer 03 02) und anderen Bioziden
07 04 01*	wässrige Waschflüssigkeiten und Mutterlaugen
07 04 03*	halogenorganische Lösemittel, Waschflüssigkeiten und Mutterlaugen
07 04 04*	andere organische Lösemittel, Waschflüssigkeiten und Mutterlaugen
07 04 07*	halogenierte Reaktions- und Destillationsrückstände
07 04 08*	andere Reaktions- und Destillationsrückstände
07 04 09*	halogenierte Filterkuchen, gebrauchte Aufsaugmaterialien
07 04 10*	andere Filterkuchen, gebrauchte Aufsaugmaterialien
07 04 11*	Schlämme aus der betriebseigenen Abwasserbehandlung, die gefährliche Stoffe enthalten
07 04 12	Schlämme aus der betriebseigenen Abwasserbehandlung mit Ausnahme derjenigen, die unter 07 04 11 fallen
07 04 13*	feste Abfälle, die gefährliche Stoffe enthalten
07 04 99	Abfälle a. n. g.
07 05	Abfälle aus HZVA von Pharmazeutika
07 05 01*	wässrige Waschflüssigkeiten und Mutterlaugen
07 05 03*	halogenorganische Lösemittel, Waschflüssigkeiten und Mutterlaugen
07 05 04*	andere organische Lösemittel, Waschflüssigkeiten und Mutterlaugen
07 05 07*	halogenierte Reaktions- und Destillationsrückstände
07 05 08*	andere Reaktions- und Destillationsrückstände
07 05 09*	halogenierte Filterkuchen, gebrauchte Aufsaugmaterialien
07 05 10*	andere Filterkuchen, gebrauchte Aufsaugmaterialien
07 05 11*	Schlämme aus der betriebseigenen Abwasserbehandlung, die gefährliche Stoffe enthalten
07 05 12	Schlämme aus der betriebseigenen Abwasserbehandlung mit Ausnahme derjenigen, die unter 07 05 11 fallen
07 05 13*	feste Abfälle, die gefährliche Stoffe enthalten
07 05 14	feste Abfälle mit Ausnahme derjenigen, die unter 07 05 13 fallen
07 05 99	Abfälle a. n. g.
07 06	Abfälle aus HZVA von Fetten, Schmierstoffen, Seifen, Waschmitteln, Desinfektionsmitteln und Körperpflegemitteln
07 06 01*	wässrige Waschflüssigkeiten und Mutterlaugen

(Fortsetzung)

Abfallschlüssel	Abfallbezeichnung
07 06 03*	halogenorganische Lösemittel, Waschflüssigkeiten und Mutterlaugen
07 06 04*	andere organische Lösemittel, Waschflüssigkeiten und Mutterlaugen
07 06 07*	halogenierte Reaktions- und Destillationsrückstände
07 06 08*	andere Reaktions- und Destillationsrückstände
07 06 09*	halogenierte Filterkuchen, gebrauchte Aufsaugmaterialien
07 06 10*	andere Filterkuchen, gebrauchte Aufsaugmaterialien
07 06 11*	Schlämme aus der betriebseigenen Abwasserbehandlung, die gefährliche Stoffe enthalten
07 06 12	Schlämme aus der betriebseigenen Abwasserbehandlung mit Ausnahme derjenigen, die unter 07 06 11 fallen
07 06 99	Abfälle a. n. g.
07 07	Abfälle aus HZVA von Feinchemikalien und Chemikalien a. n. g.
07 07 01*	wässrige Waschflüssigkeiten und Mutterlaugen
07 07 03*	halogenorganische Lösemittel, Waschflüssigkeiten und Mutterlaugen
07 07 04*	andere organische Lösemittel, Waschflüssigkeiten und Mutterlaugen
07 07 07*	halogenierte Reaktions- und Destillationsrückstände
07 07 08*	andere Reaktions- und Destillationsrückstände
07 07 09*	halogenierte Filterkuchen, gebrauchte Aufsaugmaterialien
07 07 10*	andere Filterkuchen, gebrauchte Aufsaugmaterialien
07 07 11*	Schlämme aus der betriebseigenen Abwasserbehandlung, die gefährliche Stoffe enthalten
07 07 12	Schlämme aus der betriebseigenen Abwasserbehandlung mit Ausnahme derjenigen, die unter 07 07 11 fallen
07 07 99	Abfälle a. n. g.
08	Abfälle aus Herstellung, Zubereitung, Vertrieb und Anwendung (HZVA) von Beschichtungen (Farben, Lacke, Email), Klebstoffen, Dichtmassen und Druckfarben
08 01	Abfälle aus HZVA und Entfernung von Farben und Lacken
08 01 11*	Farb- und Lackabfälle, die organische Lösemittel oder andere gefährliche Stoffe enthalten
08 01 12	Farb- und Lackabfälle mit Ausnahme derjenigen, die unter 08 01 11 fallen
08 01 13*	Farb- und Lackschlämme, die organische Lösemittel oder andere gefährliche Stoffe enthalten
08 01 14	Farb- und Lackschlämme mit Ausnahme derjenigen, die unter 08 01 13 fallen
08 01 15*	wässrige Schlämme, die Farben oder Lacke mit organischen Lösemitteln oder anderen gefährlichen Stoffen enthalten
08 01 16	wässrige Schlämme, die Farben oder Lacke enthalten, mit Ausnahme derjenigen, die unter 08 01 15 fallen
08 01 17*	Abfälle aus der Farb- oder Lackentfernung, die organische Lösemittel oder andere gefährliche Stoffe enthalten
08 01 18	Abfälle aus der Farb- oder Lackentfernung mit Ausnahme derjenigen, die unter 08 01 17 fallen
08 01 19*	wässrige Suspensionen, die Farben oder Lacke mit organischen Lösemitteln oder anderen gefährlichen Stoffen enthalten
08 01 20	wässrige Suspensionen, die Farben oder Lacke enthalten, mit Ausnahme derjenigen, die unter 08 01 19 fallen
08 01 21*	Farb- oder Lackentfernerabfälle
08 01 99	Abfälle a. n. g.
08 02	Abfälle aus HZVA anderer Beschichtungen (einschließlich keramischer Werkstoffe)
08 02 01	Abfälle von Beschichtungspulver
08 02 02	wässrige Schlämme, die keramische Werkstoffe enthalten
08 02 03	wässrige Suspensionen, die keramische Werkstoffe enthalten
08 02 99	Abfälle a. n. g.
08 03	Abfälle aus HZVA von Druckfarben
08 03 07	wässrige Schlämme, die Druckfarben enthalten

(Fortsetzung)

Abfallschlüssel	Abfallbezeichnung
08 03 08	wässrige flüssige Abfälle, die Druckfarben enthalten
08 03 12*	Druckfarbenabfälle, die gefährliche Stoffe enthalten
08 03 13	Druckfarbenabfälle mit Ausnahme derjenigen, die unter 08 03 12 fallen
08 03 14*	Druckfarbenschlämme, die gefährliche Stoffe enthalten
08 03 15	Druckfarbenschlämme mit Ausnahme derjenigen, die unter 08 03 14 fallen
08 03 16*	Abfälle von Ätzlösungen
08 03 17*	Tonerabfälle, die gefährliche Stoffe enthalten
08 03 18	Tonerabfälle mit Ausnahme derjenigen, die unter 08 03 17 fallen
08 03 19*	Dispersionsöl
08 03 99	Abfälle a. n. g.
08 04	Abfälle aus HZVA von Klebstoffen und Dichtmassen (einschließlich wasserabweisender Materialien)
08 04 09*	Klebstoff- und Dichtmassenabfälle, die organische Lösemittel oder andere gefährliche Stoffe enthalten
08 04 10	Klebstoff- und Dichtmassenabfälle mit Ausnahme derjenigen, die unter 08 04 09 fallen
08 04 11*	klebstoff- und dichtmassenhaltige Schlämme, die organische Lösemittel oder andere gefährliche Stoffe enthalten
08 04 12	klebstoff- und dichtmassenhaltige Schlämme mit Ausnahme derjenigen, die unter 08 04 11 fallen
08 04 13*	wässrige Schlämme, die Klebstoffe oder Dichtmassen mit organischen Lösemitteln oder anderen gefährlichen Stoffen enthalten
08 04 14	wässrige Schlämme, die Klebstoffe oder Dichtmassen enthalten, mit Ausnahme derjenigen, die unter 08 04 13 fallen
08 04 15*	wässrige flüssige Abfälle, die Klebstoffe oder Dichtmassen mit organischen Lösemitteln oder anderen gefährlichen Stoffen enthalten
08 04 16	wässrige flüssige Abfälle, die Klebstoffe oder Dichtmassen enthalten, mit Ausnahme derjenigen, die unter 08 04 15 fallen
08 04 17*	Harzöle
08 04 99	Abfälle a. n. g.
08 05	Nicht unter 08 aufgeführte Abfälle
08 05 01*	Isocyanatabfälle
09	Abfälle aus der fotografischen Industrie
09 01	Abfälle aus der fotografischen Industrie
09 01 01*	Entwickler und Aktivatorenlösungen auf Wasserbasis
09 01 02*	Offsetdruckplatten-Entwicklerlösungen auf Wasserbasis
09 01 03*	Entwicklerlösungen auf Lösemittelbasis
09 01 04*	Fixierbäder
09 01 05*	Bleichlösungen und Bleich-Fixier-Bäder
09 01 06*	silberhaltige Abfälle aus der betriebseigenen Behandlung fotografischer Abfälle
09 01 07	Filme und fotografische Papiere, die Silber oder Silberverbindungen enthalten
09 01 08	Filme und fotografische Papiere, die kein Silber und keine Silberverbindungen enthalten
09 01 10	Einwegkameras ohne Batterien
09 01 11*	Einwegkameras mit Batterien, die unter 16 06 01, 16 06 02 oder 16 06 03 fallen
09 01 12	Einwegkameras mit Batterien mit Ausnahme derjenigen, die unter 09 01 11 fallen
09 01 13*	wässrige flüssige Abfälle aus der betriebseigenen Silberrückgewinnung mit Ausnahme derjenigen, die unter 09 01 06 fallen
09 01 99	Abfälle a. n. g.
10	Abfälle aus thermischen Prozessen
10 01	Abfälle aus Kraftwerken und anderen Verbrennungsanlagen (außer 19)
10 01 01	Rost- und Kesselasche, Schlacken und Kesselstaub mit Ausnahme von Kesselstaub, der unter 10 01 04 fällt

(Fortsetzung)

Abfallschlüssel	Abfallbezeichnung
10 01 02	Filterstäube aus Kohlefeuerung
10 01 03	Filterstäube aus Torffeuerung und Feuerung mit (unbehandeltem) Holz
10 01 04*	Filterstäube und Kesselstaub aus Ölfeuerung
10 01 05	Reaktionsabfälle auf Calciumbasis aus der Rauchgasentschwefelung in fester Form
10 01 07	Reaktionsabfälle auf Calciumbasis aus der Rauchgasentschwefelung in Form von Schlämmen
10 01 09*	Schwefelsäure
10 01 13*	Filterstäube aus emulgierten, als Brennstoffe verwendeten Kohlenwasserstoffen
10 01 14*	Rost- und Kesselasche, Schlacken und Kesselstaub aus der Abfallmitverbrennung, die gefährliche Stoffe enthalten
10 01 15	Rost- und Kesselasche, Schlacken und Kesselstaub aus der Abfallmitverbrennung mit Ausnahme derjenigen, die unter 10 01 14 fallen
10 01 16*	Filterstäube aus der Abfallmitverbrennung, die gefährliche Stoffe enthalten
10 01 17	Filterstäube aus der Abfallmitverbrennung mit Ausnahme derjenigen, die unter 10 01 16 fallen
10 01 18*	Abfälle aus der Abgasbehandlung, die gefährliche Stoffe enthalten
10 01 19	Abfälle aus der Abgasbehandlung mit Ausnahme derjenigen, die unter 10 01 05, 10 01 07 und 10 01 18 fallen
10 01 20*	Schlämme aus der betriebseigenen Abwasserbehandlung, die gefährliche Stoffe enthalten
10 01 21	Schlämme aus der betriebseigenen Abwasserbehandlung mit Ausnahme derjenigen, die unter 10 01 20 fallen
10 01 22*	wässrige Schlämme aus der Kesselreinigung, die gefährliche Stoffe enthalten
10 01 23	wässrige Schlämme aus der Kesselreinigung mit Ausnahme derjenigen, die unter 10 01 22 fallen
10 01 24	Sande aus der Wirbelschichtfeuerung
10 01 25	Abfälle aus der Lagerung und Vorbereitung von Brennstoffen für Kohlekraftwerke
10 01 26	Abfälle aus der Kühlwasserbehandlung
10 01 99	Abfälle a. n. g.
10 02	Abfälle aus der Eisen- und Stahlindustrie
10 02 01	Abfälle aus der Verarbeitung von Schlacke
10 02 02	unbearbeitete Schlacke
10 02 07*	feste Abfälle aus der Abgasbehandlung, die gefährliche Stoffe enthalten
10 02 08	feste Abfälle aus der Abgasbehandlung mit Ausnahme derjenigen, die unter 10 02 07 fallen
10 02 10	Walzzunder
10 02 11*	ölhaltige Abfälle aus der Kühlwasserbehandlung
10 02 12	Abfälle aus der Kühlwasserbehandlung mit Ausnahme derjenigen, die unter 10 02 11 fallen
10 02 13*	Schlämme und Filterkuchen aus der Abgasbehandlung, die gefährliche Stoffe enthalten
10 02 14	Schlämme und Filterkuchen aus der Abgasbehandlung mit Ausnahme derjenigen, die unter 10 02 13 fallen
10 02 15	andere Schlämme und Filterkuchen
10 02 99	Abfälle a. n. g.
10 03	Abfälle aus der thermischen Aluminium-Metallurgie
10 03 02	Anodenschrott
10 03 04*	Schlacken aus der Erstschmelze
10 03 05	Aluminiumoxidabfälle
10 03 08*	Salzschlacken aus der Zweitschmelze
10 03 09*	schwarze Krätzen aus der Zweitschmelze
10 03 15*	Abschaum, der entzündlich ist oder in Kontakt mit Wasser entzündliche Gase in gefährlicher Menge abgibt
10 03 16	Abschaum mit Ausnahme desjenigen, der unter 10 03 15 fällt
10 03 17*	teerhaltige Abfälle aus der Anodenherstellung

(Fortsetzung)

Abfallschlüssel	Abfallbezeichnung
10 03 18	Abfälle aus der Anodenherstellung, die Kohlenstoff enthalten, mit Ausnahme derjenigen, die unter 10 03 17 fallen
10 03 19*	Filterstaub, der gefährliche Stoffe enthält
10 03 20	Filterstaub mit Ausnahme von Filterstaub, der unter 10 03 19 fällt
10 03 21*	andere Teilchen und Staub (einschließlich Kugelmühlenstaub), die gefährliche Stoffe enthalten
10 03 22	andere Teilchen und Staub (einschließlich Kugelmühlenstaub) mit Ausnahme derjenigen, die unter 10 03 21 fallen
10 03 23*	feste Abfälle aus der Abgasbehandlung, die gefährliche Stoffe enthalten
10 03 24	feste Abfälle aus der Abgasbehandlung mit Ausnahme derjenigen, die unter 10 03 23 fallen
10 03 25*	Schlämme und Filterkuchen aus der Abgasbehandlung, die gefährliche Stoffe enthalten
10 03 26	Schlämme und Filterkuchen aus der Abgasbehandlung mit Ausnahme derjenigen, die unter 10 03 25 fallen
10 03 27*	ölhaltige Abfälle aus der Kühlwasserbehandlung
10 03 28	Abfälle aus der Kühlwasserbehandlung mit Ausnahme derjenigen, die unter 10 03 27 fallen
10 03 29*	gefährliche Stoffe enthaltende Abfälle aus der Behandlung von Salzschlacken und schwarzen Krätzen
10 03 30	Abfälle aus der Behandlung von Salzschlacken und schwarzen Krätzen mit Ausnahme derjenigen, die unter 10 03 29 fallen
10 03 99	Abfälle a. n. g.
10 04	Abfälle aus der thermischen Bleimetallurgie
10 04 01*	Schlacken (Erst- und Zweitschmelze)
10 04 02*	Krätzen und Abschaum (Erst- und Zweitschmelze)
10 04 03*	Calciumarsenat
10 04 04*	Filterstaub
10 04 05*	andere Teilchen und Staub
10 04 06*	feste Abfälle aus der Abgasbehandlung
10 04 07*	Schlämme und Filterkuchen aus der Abgasbehandlung
10 04 09*	ölhaltige Abfälle aus der Kühlwasserbehandlung
10 04 10	Abfälle aus der Kühlwasserbehandlung mit Ausnahme derjenigen, die unter 10 04 09 fallen
10 04 99	Abfälle a. n. g.
10 05	Abfälle aus der thermischen Zinkmetallurgie
10 05 01	Schlacken (Erst- und Zweitschmelze)
10 05 03*	Filterstaub
10 05 04	andere Teilchen und Staub
10 05 05*	feste Abfälle aus der Abgasbehandlung
10 05 06*	Schlämme und Filterkuchen aus der Abgasbehandlung
10 05 08*	ölhaltige Abfälle aus der Kühlwasserbehandlung
10 05 09	Abfälle aus der Kühlwasserbehandlung mit Ausnahme derjenigen, die unter 10 05 08 fallen
10 05 10*	Krätzen und Abschaum, die entzündlich sind oder in Kontakt mit Wasser entzündliche Gase in gefährlicher Menge abgeben
10 05 11	Krätzen und Abschaum mit Ausnahme derjenigen, die unter 10 05 10 fallen
10 05 99	Abfälle a. n. g.
10 06	Abfälle aus der thermischen Kupfermetallurgie
10 06 01	Schlacken (Erst- und Zweitschmelze)
10 06 02	Krätzen und Abschaum (Erst- und Zweitschmelze)
10 06 03*	Filterstaub
10 06 04	andere Teilchen und Staub
10 06 06*	feste Abfälle aus der Abgasbehandlung
10 06 07*	Schlämme und Filterkuchen aus der Abgasbehandlung
10 06 09*	ölhaltige Abfälle aus der Kühlwasserbehandlung

(Fortsetzung)

Abfallschlüssel	Abfallbezeichnung
10 06 10	Abfälle aus der Kühlwasserbehandlung mit Ausnahme derjenigen, die unter 10 06 09 fallen
10 06 99	Abfälle a. n. g.
10 07	Abfälle aus der thermischen Silber-, Gold- und Platinmetallurgie
10 07 01	Schlacken (Erst- und Zweitschmelze)
10 07 02	Krätzen und Abschaum (Erst- und Zweitschmelze)
10 07 03	feste Abfälle aus der Abgasbehandlung
10 07 04	andere Teilchen und Staub
10 07 05	Schlämme und Filterkuchen aus der Abgasbehandlung
10 07 07*	ölhaltige Abfälle aus der Kühlwasserbehandlung
10 07 08	Abfälle aus der Kühlwasserbehandlung mit Ausnahme derjenigen, die unter 10 07 07 fallen
10 07 99	Abfälle a. n. g.
10 08	Abfälle aus sonstiger thermischer Nichteisenmetallurgie
10 08 04	Teilchen und Staub
10 08 08*	Salzschlacken (Erst- und Zweitschmelze)
10 08 09	andere Schlacken
10 08 10*	Krätzen und Abschaum, die entzündlich sind oder in Kontakt mit Wasser entzündliche Gase in gefährlicher Menge abgeben
10 08 11	Krätzen und Abschaum mit Ausnahme derjenigen, die unter 10 08 10 fallen
10 08 12*	teerhaltige Abfälle aus der Anodenherstellung
10 08 13	Abfälle aus der Anodenherstellung, die Kohlenstoff enthalten, mit Ausnahme derjenigen, die unter 10 08 12 fallen
10 08 14	Anodenschrott
10 08 15*	Filterstaub, der gefährliche Stoffe enthält
10 08 16	Filterstaub mit Ausnahme desjenigen, der unter 10 08 15 fällt
10 08 17*	Schlämme und Filterkuchen aus der Abgasbehandlung, die gefährliche Stoffe enthalten
10 08 18	Schlämme und Filterkuchen aus der Abgasbehandlung mit Ausnahme derjenigen, die unter 10 08 17 fallen
10 08 19*	ölhaltige Abfälle aus der Kühlwasserbehandlung
10 08 20	Abfälle aus der Kühlwasserbehandlung mit Ausnahme derjenigen, die unter 10 08 19 fallen
10 08 99	Abfälle a. n. g.
10 09	Abfälle vom Gießen von Eisen und Stahl
10 09 03	Ofenschlacke
10 09 05*	gefährliche Stoffe enthaltende Gießformen und -sande vor dem Gießen
10 09 06	Gießformen und -sande vor dem Gießen mit Ausnahme derjenigen, die unter 10 09 05 fallen
10 09 07*	gefährliche Stoffe enthaltende Gießformen und -sande nach dem Gießen
10 09 08	Gießformen und -sande nach dem Gießen mit Ausnahme derjenigen, die unter 10 09 07 fallen
10 09 09*	Filterstaub, der gefährliche Stoffe enthält
10 09 10	Filterstaub mit Ausnahme desjenigen, der unter 10 09 09 fällt
10 09 11*	andere Teilchen, die gefährliche Stoffe enthalten
10 09 12	andereTeilchen mit Ausnahme derjenigen, die unter 10 09 11 fallen
10 09 13*	Abfälle von Bindemitteln, die gefährliche Stoffe enthalten
10 09 14	Abfälle von Bindemitteln mit Ausnahme derjenigen, die unter 10 09 13 fallen
10 09 15*	Abfälle aus rissanzeigenden Substanzen, die gefährliche Stoffe enthalten
10 09 16	Abfälle aus rissanzeigenden Substanzen mit Ausnahme derjenigen, die unter 10 09 15 fallen
10 09 99	Abfälle a. n. g.
10 10	Abfälle vom Gießen von Nichteisenmetallen
10 10 03	Ofenschlacke
10 10 05*	gefährliche Stoffe enthaltende Gießformen und -sande vor dem Gießen
10 10 06	Gießformen und -sande vor dem Gießen mit Ausnahme derjenigen, die unter 10 10 05 fallen
10 10 07*	gefährliche Stoffe enthaltende Gießformen und -sande nach dem Gießen

(Fortsetzung)

Abfallschlüssel	Abfallbezeichnung
10 10 08	Gießformen und -sande nach dem Gießen mit Ausnahme derjenigen, die unter 10 10 07 fallen
10 10 09*	Filterstaub, der gefährliche Stoffe enthält
10 10 10	Filterstaub mit Ausnahme desjenigen, der unter 10 10 09 fällt
10 10 11*	andere Teilchen, die gefährliche Stoffe enthalten
10 10 12	andere Teilchen mit Ausnahme derjenigen, die unter 10 10 11 fallen
10 10 13*	Abfälle von Bindemitteln, die gefährliche Stoffe enthalten
10 10 14	Abfälle von Bindemitteln mit Ausnahme derjenigen, die unter 10 10 13 fallen
10 10 15*	Abfälle aus rissanzeigenden Substanzen, die gefährliche Stoffe enthalten
10 10 16	Abfälle aus rissanzeigenden Substanzen mit Ausnahme derjenigen, die unter 10 10 15 fallen
10 10 99	Abfälle a. n. g.
10 11	Abfälle aus der Herstellung von Glas und Glaserzeugnissen
10 11 03	Glasfaserabfall
10 11 05	Teilchen und Staub
10 11 09*	Gemengeabfall mit gefährlichen Stoffen vor dem Schmelzen
10 11 10	Gemengeabfall vor dem Schmelzen mit Ausnahme desjenigen, der unter 10 11 09 fällt
10 11 11*	Glasabfall in kleinen Teilchen und Glasstaub, die Schwermetalle enthalten (z. B. aus Kathodenstrahlröhren)
10 11 12	Glasabfall mit Ausnahme desjenigen, der unter 10 11 11 fällt
10 11 13*	Glaspolier- und Glasschleifschlämme, die gefährliche Stoffe enthalten
10 11 14	Glaspolier- und Glasschleifschlämme mit Ausnahme derjenigen, die unter 10 11 13 fallen
10 11 15*	feste Abfälle aus der Abgasbehandlung, die gefährliche Stoffe enthalten
10 11 16	feste Abfälle aus der Abgasbehandlung mit Ausnahme derjenigen, die unter 10 11 15 fallen
10 11 17*	Schlämme und Filterkuchen aus der Abgasbehandlung, die gefährliche Stoffe enthalten
10 11 18	Schlämme und Filterkuchen aus der Abgasbehandlung mit Ausnahme derjenigen, die unter 10 11 17 fallen
10 11 19*	feste Abfälle aus der betriebseigenen Abwasserbehandlung, die gefährliche Stoffe enthalten
10 11 20	feste Abfälle aus der betriebseigenen Abwasserbehandlung mit Ausnahme derjenigen, die unter 10 11 19 fallen
10 11 99	Abfälle a. n. g.
10 12	Abfälle aus der Herstellung von Keramikerzeugnissen und keramischen Baustoffen wie Ziegeln, Fliesen, Steinzeug
10 12 01	Rohmischungen vor dem Brennen
10 12 03	Teilchen und Staub
10 12 05	Schlämme und Filterkuchen aus der Abgasbehandlung
10 12 06	verworfene Formen
10 12 08	Abfälle aus Keramikerzeugnissen, Ziegeln, Fliesen und Steinzeug (nach dem Brennen)
10 12 09*	feste Abfälle aus der Abgasbehandlung, die gefährliche Stoffe enthalten
10 12 10	feste Abfälle aus der Abgasbehandlung mit Ausnahme derjenigen, die unter 10 12 09 fallen
10 12 11*	Glasurabfälle, die Schwermetalle enthalten
10 12 12	Glasurabfälle mit Ausnahme derjenigen, die unter 10 12 11 fallen
10 12 13	Schlämme aus der betriebseigenen Abwasserbehandlung
10 12 99	Abfälle a. n. g.
10 13	Abfälle aus der Herstellung von Zement, Branntkalk, Gips und Erzeugnissen aus diesen
10 13 01	Abfälle von Rohgemenge vor dem Brennen
10 13 04	Abfälle aus der Kalzinierung und Hydratisierung von Branntkalk
10 13 06	Teilchen und Staub (außer 10 13 12 und 10 13 13)
10 13 07	Schlämme und Filterkuchen aus der Abgasbehandlung
10 13 09*	asbesthaltige Abfälle aus der Herstellung von Asbestzement
10 13 10	Abfälle aus der Herstellung von Asbestzement mit Ausnahme derjenigen, die unter 10 13 09 fallen

(Fortsetzung)

Abfallschlüssel	Abfallbezeichnung
10 13 11	Abfälle aus der Herstellung anderer Verbundstoffe auf Zementbasis mit Ausnahme derjenigen, die unter 10 13 09 und 10 13 10 fallen
10 13 12*	feste Abfälle aus der Abgasbehandlung, die gefährliche Stoffe enthalten
10 13 13	feste Abfälle aus der Abgasbehandlung mit Ausnahme derjenigen, die unter 10 13 12 fallen
10 13 14	Betonabfälle und Betonschlämme
10 13 99	Abfälle a. n. g.
10 14	Abfälle aus Krematorien
10 14 01*	quecksilberhaltige Abfälle aus der Gasreinigung
11	Abfälle aus der chemischen Oberflächenbearbeitung und Beschichtung von Metallen und anderen Werkstoffen; Nichteisenhydrometallurgie
11 01	Abfälle aus der chemischen Oberflächenbearbeitung und Beschichtung von Metallen und anderen Werkstoffen (z. B. Galvanik, Verzinkung, Beizen, Ätzen, Phosphatieren, alkalisches Entfetten und Anodisierung)
11 01 05*	saure Beizlösungen
11 01 06*	Säuren a. n. g.
11 01 07*	alkalische Beizlösungen
11 01 08*	Phosphatierschlämme
11 01 09*	Schlämme und Filterkuchen, die gefährliche Stoffe enthalten
11 01 10	Schlämme und Filterkuchen mit Ausnahme derjenigen, die unter 11 01 09 fallen
11 01 11*	wässrige Spülflüssigkeiten, die gefährliche Stoffe enthalten
11 01 12	wässrige Spülflüssigkeiten mit Ausnahme derjenigen, die unter 11 01 11 fallen
11 01 13*	Abfälle aus der Entfettung, die gefährliche Stoffe enthalten
11 01 14	Abfälle aus der Entfettung mit Ausnahme derjenigen, die unter 11 01 13 fallen
11 01 15*	Eluate und Schlämme aus Membransystemen oder Ionenaustauschsystemen, die gefährliche Stoffe enthalten
11 01 16*	gesättigte oder verbrauchte Ionenaustauscherharze
11 01 98*	andere Abfälle, die gefährliche Stoffe enthalten
11 01 99	Abfälle a. n. g.
11 02	Abfälle aus Prozessen der Nichteisen-Hydrometallurgie
11 02 02*	Schlämme aus der Zink-Hydrometallurgie (einschließlich Jarosit, Goethit)
11 02 03	Abfälle aus der Herstellung von Anoden für wässrige elektrolytische Prozesse
11 02 05*	Abfälle aus Prozessen der Kupfer-Hydrometallurgie, die gefährliche Stoffe enthalten
11 02 06	Abfälle aus Prozessen der Kupfer-Hydrometallurgie mit Ausnahme derjenigen, die unter 11 02 05 fallen
11 02 07*	andere Abfälle, die gefährliche Stoffe enthalten
11 02 99	Abfälle a. n. g.
11 03	Schlämme und Feststoffe aus Härteprozessen
11 03 01*	cyanidhaltige Abfälle
11 03 02*	andere Abfälle
11 05	Abfälle aus Prozessen der thermischen Verzinkung
11 05 01	Hartzink
11 05 02	Zinkasche
11 05 03*	feste Abfälle aus der Abgasbehandlung
11 05 04*	gebrauchte Flussmittel
11 05 99	Abfälle a. n. g.
12	Abfälle aus Prozessen der mechanischen Formgebung sowie der physikalischen und mechanischen Oberflächenbearbeitung vom Metallen und Kunststoffen
12 01	Abfälle aus Prozessen der mechanischen Formgebung sowie der physikalischen und mechanischen Oberflächenbearbeitung von Metallen und Kunststoffen
12 01 01	Eisenfeil- und -drehspäne
12 01 02	Eisenstaub und -teilchen

(Fortsetzung)

Abfallschlüssel	Abfallbezeichnung
12 01 03	NE-Metallfeil- und -drehspäne
12 01 04	NE-Metallstaub und -teilchen
12 01 05	Kunststoffspäne und -drehspäne
12 01 06*	halogenhaltige Bearbeitungsöle auf Mineralölbasis (außer Emulsionen und Lösungen)
12 01 07*	halogenfreie Bearbeitungsöle auf Mineralölbasis (außer Emulsionen und Lösungen)
12 01 08*	halogenhaltige Bearbeitungsemulsionen und -lösungen
12 01 09*	halogenfreie Bearbeitungsemulsionen und -lösungen
12 01 10*	synthetische Bearbeitungsöle Abfall-Abfallbezeichnung Schlüssel
12 01 12*	gebrauchte Wachse und Fette
12 01 13	Schweißabfälle
12 01 14*	Bearbeitungsschlämme, die gefährliche Stoffe enthalten
12 01 15	Bearbeitungsschlämme mit Ausnahme derjenigen, die unter 12 01 14 fallen
12 01 16*	Strahlmittelabfälle, die gefährliche Stoffe enthalten
12 01 17	Strahlmittelabfälle mit Ausnahme derjenigen, die unter 12 01 16 fallen
12 01 18*	ölhaltige Metallschlämme (Schleif-, Hon- und Läppschlämme)
12 01 19*	biologisch leicht abbaubare Bearbeitungsöle
12 01 20*	gebrauchte Hon- und Schleifmittel, die gefährliche Stoffe enthalten
12 01 21	gebrauchte Hon- und Schleifmittel mit Ausnahme derjenigen, die unter 12 01 20 fallen
12 01 99	Abfälle a. n. g.
12 03	Abfälle aus der Wasser- und Dampfentfettung (außer 11)
12 03 01*	wässrige Waschflüssigkeiten
12 03 02*	Abfälle aus der Dampfentfettung
13	Ölabfälle und Abfälle aus flüssigen Brennstoffen (außer Speiseöle und Ölabfälle, die unter Kapitel 05, 12 oder 19 fallen)
13 01	Abfälle von Hydraulikölen
13 01 01*	Hydrauliköle, die PCB enthalten
13 01 04*	chlorierte Emulsionen
13 01 05*	nichtchlorierte Emulsionen
13 01 09*	chlorierte Hydrauliköle auf Mineralölbasis
13 01 10*	nichtchlorierte Hydrauliköle auf Mineralölbasis
13 01 11*	synthetische Hydrauliköle
13 01 12*	biologisch leicht abbaubare Hydrauliköle
13 01 13*	andere Hydrauliköle
13 02	Abfälle von Maschinen-, Getriebe- und Schmierölen
13 02 04*	chlorierte Maschinen-, Getriebe- und Schmieröle auf Mineralölbasis
13 02 05*	nichtchlorierte Maschinen-, Getriebe- und Schmieröle auf Mineralölbasis
13 02 06*	synthetische Maschinen-, Getriebe- und Schmieröle
13 02 07*	biologisch leicht abbaubare Maschinen-, Getriebe- und Schmieröle
13 02 08*	andere Maschinen-, Getriebe- und Schmieröle
13 03	Abfälle von Isolier- und Wärmeübertragungsölen
13 03 01*	Isolier- und Wärmeübertragungsöle, die PCB enthalten
13 03 06*	chlorierte Isolier- und Wärmeübertragungsöle auf Mineralölbasis mit Ausnahme derjenigen, die unter 13 03 01 fallen
13 03 07*	nichtchlorierte Isolier- und Wärmeübertragungsöle auf Mineralölbasis
13 03 08*	synthetische Isolier- und Wärmeübertragungsöle
13 03 09*	biologisch leicht abbaubare Isolier- und Wärmeübertragungsöle
13 03 10*	andere Isolier- und Wärmeübertragungsöle
13 04	Bilgenöle
13 04 01*	Bilgenöle aus der Binnenschifffahrt
13 04 02*	Bilgenöle aus Molenablaufkanälen
13 04 03*	Bilgenöle aus der übrigen Schifffahrt

(Fortsetzung)

Abfallschlüssel	Abfallbezeichnung
13 05	Inhalte von Öl-/Wasserabscheidern
13 05 01*	feste Abfälle aus Sandfanganlagen und Öl-/Wasserabscheidern
13 05 02*	Schlämme aus Öl-/Wasserabscheidern
13 05 03*	Schlämme aus Einlaufschächten
13 05 06*	Öle aus Öl-/Wasserabscheidern
13 05 07*	öliges Wasser aus Öl-/Wasserabscheidern
13 05 08*	Abfallgemische aus Sandfanganlagen und Öl-/Wasserabscheidern
13 07	Abfälle aus flüssigen Brennstoffen
13 07 01*	Heizöl und Diesel
13 07 02*	Benzin
13 07 03*	andere Brennstoffe (einschließlich Gemische)
13 08	Ölabfälle a. n. g.
13 08 01*	Schlämme oder Emulsionen aus Entsalzern
13 08 02*	andere Emulsionen
13 08 99*	Abfälle a. n. g.
14	Abfälle aus organischen Lösemitteln, Kühlmitteln und Treibgasen (außer Abfälle, die unter Kapitel 07 oder 08 fallen)
14 06	Abfälle aus organischen Lösemitteln, Kühlmitteln sowie Schaum- und Aerosoltreibgasen
14 06 01*	Fluorchlorkohlenwasserstoffe, HFCKW, HFKW
14 06 02*	andere halogenierte Lösemittel und Lösemittelgemische
14 06 03*	andere Lösemittel und Lösemittelgemische
14 06 04*	Schlämme oder feste Abfälle, die halogenierte Lösemittel enthalten
14 06 05*	Schlämme oder feste Abfälle, die andere Lösemittel enthalten
15	Verpackungsabfall, Aufsaugmassen, Wischtücher, Filtermaterialien und Schutzkleidung (a. n. g.)
15 01	Verpackungen (einschließlich getrennt gesammelter kommunaler Verpackungsabfälle)
15 01 01	Verpackungen aus Papier und Pappe
15 01 02	Verpackungen aus Kunststoff
15 01 03	Verpackungen aus Holz
15 01 04	Verpackungen aus Metall
15 01 05	Verbundverpackungen
15 01 06	gemischte Verpackungen
15 01 07	Verpackungen aus Glas
15 01 09	Verpackungen aus Textilien
15 01 10*	Verpackungen, die Rückstände gefährlicher Stoffe enthalten oder durch gefährliche Stoffe verunreinigt sind
15 01 11*	Verpackungen aus Metall, die eine gefährliche feste poröse Matrix (z. B. Asbest) enthalten, einschließlich geleerter Druckbehältnisse
15 02	Aufsaug- und Filtermaterialien, Wischtücher und Schutzkleidung
15 02 02*	Aufsaug- und Filtermaterialien (einschließlich Ölfilter a. n. g.), Wischtücher und Schutzkleidung, die durch gefährliche Stoffe verunreinigt sind
15 02 03	Aufsaug- und Filtermaterialien, Wischtücher und Schutzkleidung mit Ausnahme derjenigen, die unter 15 02 02 fallen
16	Abfälle, die nicht anderswo im Verzeichnis aufgeführt sind
16 01	Altfahrzeuge verschiedener Verkehrsträger (einschließlich mobiler Maschinen) und Abfälle aus der Demontage von Altfahrzeugen sowie der Fahrzeugwartung (außer 13, 14, 16 06 und 16 08)
16 01 03	Altreifen
16 01 04*	Altfahrzeuge
16 01 06	Altfahrzeuge, die weder Flüssigkeiten noch andere gefährliche Bestandteile enthalten
16 01 07*	Ölfilter

(Fortsetzung)

Abfallschlüssel	Abfallbezeichnung
16 01 08*	quecksilberhaltige Bauteile
16 01 09*	Bauteile, die PCB enthalten
16 01 10*	explosive Bauteile (z. B. aus Airbags)
16 01 11*	asbesthaltige Bremsbeläge
16 01 12	Bremsbeläge mit Ausnahme derjenigen, die unter 16 01 11 fallen
16 01 13*	Bremsflüssigkeiten
16 01 14*	Frostschutzmittel, die gefährliche Stoffe enthalten
16 01 15	Frostschutzmittel mit Ausnahme derjenigen, die unter 16 01 14 fallen
16 01 16	Flüssiggasbehälter
16 01 17	Eisenmetalle
16 01 18	Nichteisenmetalle
16 01 19	Kunststoffe
16 01 20	Glas
16 01 21*	gefährliche Bauteile mit Ausnahme derjenigen, die unter 16 01 07 bis 16 01 11, 16 01 13 und 16 01 14 fallen
16 01 22	Bauteile a.n.g.
16 01 99	Abfälle a. n. g.
16 02	Elektrische und elektronische Geräte und deren Bauteile
16 02 09*	Transformatoren und Kondensatoren, die PCB enthalten
16 02 10*	gebrauchte Geräte, die PCB enthalten oder damit verunreinigt sind, mit Ausnahme derjenigen, die unter 16 02 09 fallen
16 02 11*	gebrauchte Geräte, die Fluorchlorkohlenwasserstoffe, HFCKW oder HFKW enthalten
16 02 12*	gebrauchte Geräte, die freies Asbest enthalten
16 02 13*	gefährliche Bauteile [22] enthaltende gebrauchte Geräte mit Ausnahme derjenigen, die unter 16 02 09 bis 16 02 12 fallen
16 02 14	gebrauchte Geräte mit Ausnahme derjenigen, die unter 16 02 09 bis 16 02 13 fallen
16 02 15*	aus gebrauchten Geräten entfernte gefährliche Bauteile
16 02 16	aus gebrauchten Geräten entfernte Bauteile mit Ausnahme derjenigen, die unter 16 02 15 fallen
16 03	Fehlchargen und ungebrauchte Erzeugnisse
16 03 03*	anorganische Abfälle, die gefährliche Stoffe enthalten
16 03 04	anorganische Abfälle mit Ausnahme derjenigen, die unter 16 03 03 fallen
16 03 05*	organische Abfälle, die gefährliche Stoffe enthalten
16 03 06	organische Abfälle mit Ausnahme derjenigen, die unter 16 03 05 fallen
16 03 07*	metallisches Quecksilber
16 04	Explosivabfälle
16 04 01*	Munitionsabfälle
16 04 02*	Feuerwerkskörperabfälle
16 04 03*	andere Explosivabfälle
16 05	Gase in Druckbehältern und gebrauchte Chemikalien
16 05 04*	gefährliche Stoffe enthaltende Gase in Druckbehältern (einschließlich Halonen)
16 05 05	Gase in Druckbehältern mit Ausnahme derjenigen, die unter 16 05 04 fallen
16 05 06*	Laborchemikalien, die aus gefährlichen Stoffen bestehen oder solche enthalten, einschließlich Gemische von Laborchemikalien
16 05 07*	gebrauchte anorganische Chemikalien, die aus gefährlichen Stoffen bestehen oder solche enthalten
16 05 08*	gebrauchte organische Chemikalien, die aus gefährlichen Stoffen bestehen oder solche enthalten
16 05 09	gebrauchte Chemikalien mit Ausnahme derjenigen, die unter 16 05 06, 16 05 07 oder 16 05 08 fallen
16 06	Batterien und Akkumulatoren

(Fortsetzung)

Abfallschlüssel	Abfallbezeichnung
16 06 01*	Bleibatterien
16 06 02*	Ni-Cd-Batterien
16 06 03*	Quecksilber enthaltende Batterien
16 06 04	Alkalibatterien (außer 16 06 03)
16 06 05	andere Batterien und Akkumulatoren
16 06 06*	getrennt gesammelte Elektrolyte aus Batterien und Akkumulatoren
16 07	Abfälle aus der Reinigung von Transport- und Lagertanks und Fässern (außer 05 und 13)
16 07 08*	ölhaltige Abfälle
16 07 09*	Abfälle, die sonstige gefährliche Stoffe enthalten
16 07 99	Abfälle a. n. g.
16 08	Gebrauchte Katalysatoren
16 08 01	gebrauchte Katalysatoren, die Gold, Silber, Rhenium, Rhodium, Palladium, Iridium oder Platin enthalten (außer 16 08 07)
16 08 02*	gebrauchte Katalysatoren, die gefährliche Übergangsmetalle oder deren Verbindungen enthalten
16 08 03	gebrauchte Katalysatoren, die Übergangsmetalle oder deren Verbindungen enthalten, a. n. g.
16 08 04	gebrauchte Katalysatoren von Crackprozessen (außer 16 08 07)
16 08 05*	gebrauchte Katalysatoren, die Phosphorsäure enthalten
16 08 06*	gebrauchte Flüssigkeiten, die als Katalysatoren verwendet wurden
16 08 07*	gebrauchte Katalysatoren, die durch gefährliche Stoffe verunreinigt sind
16 09	Oxidierende Stoffe
16 09 01*	Permanganate, z. B. Kaliumpermanganat
16 09 02*	Chromate, z. B. Kaliumchromat, Kalium- oder Natriumdichromat
16 09 03*	Peroxide, z. B. Wasserstoffperoxid
16 09 04*	oxidierende Stoffe a. n. g.
16 10	Wässrige flüssige Abfälle zur externen Behandlung
16 10 01*	wässrige flüssige Abfälle, die gefährliche Stoffe enthalten
16 10 02	wässrige flüssige Abfälle mit Ausnahme derjenigen, die unter 16 10 01 fallen
16 10 03*	wässrige Konzentrate, die gefährliche Stoffe enthalten
16 10 04	wässrige Konzentrate mit Ausnahme derjenigen, die unter 16 10 03 fallen
16 11	Gebrauchte Auskleidungen und feuerfeste Materialien
16 11 01*	Auskleidungen und feuerfeste Materialien auf Kohlenstoffbasis aus metallurgischen Prozessen, die gefährliche Stoffe enthalten
16 11 02	Auskleidungen und feuerfeste Materialien auf Kohlenstoffbasis aus metallurgischen Prozessen mit Ausnahme derjenigen, die unter 16 11 01 fallen
16 11 03*	andere Auskleidungen und feuerfeste Materialien aus metallurgischen Prozessen, die gefährliche Stoffe enthalten
16 11 04	andere Auskleidungen und feuerfeste Materialien aus metallurgischen Prozessen mit Ausnahme derjenigen, die unter 16 11 03 fallen
16 11 05*	Auskleidungen und feuerfeste Materialien aus nichtmetallurgischen Prozessen, die gefährliche Stoffe enthalten
16 11 06	Auskleidungen und feuerfeste Materialien aus nichtmetallurgischen Prozessen mit Ausnahme derjenigen, die unter 16 11 05 fallen
17	Bau- und Abbruchabfälle (einschließlich Aushub von verunreinigten Standorten)
17 01	Beton, Ziegel, Fliesen und Keramik
17 01 01	Beton
17 01 02	Ziegel
17 01 03	Fliesen und Keramik
17 01 06*	Gemische aus oder getrennte Fraktionen von Beton, Ziegeln, Fliesen und Keramik, die gefährliche Stoffe enthalten

(Fortsetzung)

Abfallschlüssel	Abfallbezeichnung
17 01 07	Gemische aus Beton, Ziegeln, Fliesen und Keramik mit Ausnahme derjenigen, die unter 17 01 06 fallen
17 02	Holz, Glas und Kunststoff
17 02 01	Holz
17 02 02	Glas
17 02 03	Kunststoff
17 02 04*	Glas, Kunststoff und Holz, die gefährliche Stoffe enthalten oder durch gefährliche Stoffe verunreinigt sind
17 03	Bitumengemische, Kohlenteer und teerhaltige Produkte
17 03 01*	kohlenteerhaltige Bitumengemische
17 03 02	Bitumengemische mit Ausnahme derjenigen, die unter 17 03 01 fallen
17 03 03*	Kohlenteer und teerhaltige Produkte
17 04	Metalle (einschließlich Legierungen)
17 04 01	Kupfer, Bronze, Messing
17 04 02	Aluminium
17 04 03	Blei
17 04 04	Zink
17 04 05	Eisen und Stahl
17 04 06	Zinn
17 04 07	gemischte Metalle
17 04 09*	Metallabfälle, die durch gefährliche Stoffe verunreinigt sind
17 04 10*	Kabel, die Öl, Kohlenteer oder andere gefährliche Stoffe enthalten
17 04 11	Kabel mit Ausnahme derjenigen, die unter 17 04 10 fallen
17 05	Boden (einschließlich Aushub von verunreinigten Standorten), Steine und Baggergut
17 05 03*	Boden und Steine, die gefährliche Stoffe enthalten
17 05 04	Boden und Steine mit Ausnahme derjenigen, die unter 17 05 03 fallen
17 05 05*	Baggergut, das gefährliche Stoffe enthält
17 05 06	Baggergut mit Ausnahme desjenigen, das unter 17 05 05 fällt
17 05 07*	Gleisschotter, der gefährliche Stoffe enthält
17 05 08	Gleisschotter mit Ausnahme desjenigen, der unter 17 05 07 fällt
17 06	Dämmmaterial und asbesthaltige Baustoffe
17 06 01*	Dämmmaterial, das Asbest enthält
17 06 03*	anderes Dämmmaterial, das aus gefährlichen Stoffen besteht oder solche Stoffe enthält
17 06 04	Dämmmaterial mit Ausnahme desjenigen, das unter 17 06 01 und 17 06 03 fällt
17 06 05*	asbesthaltige Baustoffe
17 08	Baustoffe auf Gipsbasis
17 08 01*	Baustoffe auf Gipsbasis, die durch gefährliche Stoffe verunreinigt sind
17 08 02	Baustoffe auf Gipsbasis mit Ausnahme derjenigen, die unter 17 08 01 fallen
17 09	Sonstige Bau- und Abbruchabfälle
17 09 01*	Bau- und Abbruchabfälle, die Quecksilber enthalten
17 09 02*	Bau- und Abbruchabfälle, die PCB enthalten (z. B. PCB-haltige Dichtungsmassen, PCB-haltige Bodenbeläge auf Harzbasis, PCB-haltige Isolierverglasungen, PCB-haltige Kondensatoren)
17 09 03*	sonstige Bau- und Abbruchabfälle (einschließlich gemischte Abfälle), die gefährliche Stoffe enthalten
17 09 04	gemischte Bau- und Abbruchabfälle mit Ausnahme derjenigen, die unter 17 09 01, 17 09 02 und 17 09 03 fallen
18	Abfälle aus der humanmedizinischen oder tierärztlichen Versorgung und Forschung (ohne Küchen- und Restaurantabfälle, die nicht aus der unmittelbaren Krankenpflege stammen)
18 01	Abfälle aus der Geburtshilfe, Diagnose, Behandlung oder Vorbeugung von Krankheiten beim Menschen

(Fortsetzung)

Abfallschlüssel	Abfallbezeichnung
18 01 01	spitze oder scharfe Gegenstände (außer 18 01 03)
18 01 02	Körperteile und Organe, einschließlich Blutbeutel und Blutkonserven (außer 18 01 03)
18 01 03*	Abfälle, an deren Sammlung und Entsorgung aus infektionspräventiver Sicht besondere Anforderungen gestellt werden
18 01 04	Abfälle, an deren Sammlung und Entsorgung aus infektionspräventiver Sicht keine besonderen Anforderungen gestellt werden (z. B. Wund- und Gipsverbände, Wäsche, Einwegkleidung, Windeln)
18 01 06*	Chemikalien, die aus gefährlichen Stoffen bestehen oder solche enthalten
18 01 07	Chemikalien mit Ausnahme derjenigen, die unter 18 01 06 fallen
18 01 08*	zytotoxische und zytostatische Arzneimittel
18 01 09	Arzneimittel mit Ausnahme derjenigen, die unter 18 01 08 fallen
18 01 10*	Amalgamabfälle aus der Zahnmedizin
18 02	Abfälle aus Forschung, Diagnose, Krankenbehandlung und Vorsorge bei Tieren
18 02 01	spitze oder scharfe Gegenstände mit Ausnahme derjenigen, die unter 18 02 02 fallen
18 02 02*	Abfälle, an deren Sammlung und Entsorgung aus infektionspräventiver Sicht besondere Anforderungen gestellt werden
18 02 03	Abfälle, an deren Sammlung und Entsorgung aus infektionspräventiver Sicht keine besonderen Anforderungen gestellt werden
18 02 05*	Chemikalien, die aus gefährlichen Stoffen bestehen oder solche enthalten
18 02 06	Chemikalien mit Ausnahme derjenigen, die unter 18 02 05 fallen
18 02 07*	zytotoxische und zytostatische Arzneimittel
18 02 08	Arzneimittel mit Ausnahme derjenigen, die unter 18 02 07 fallen
19	Abfälle aus Abfallbehandlungsanlagen, öffentlichen Abwasserbehandlungsanlagen sowie der Aufbereitung von Wasser für den menschlichen Gebrauch und Wasser für industrielle Zwecke
19 01	Abfälle aus der Verbrennung oder Pyrolyse von Abfällen
19 01 02	Eisenteile, aus der Rost- und Kesselasche entfernt
19 01 05*	Filterkuchen aus der Abgasbehandlung
19 01 06*	wässrige flüssige Abfälle aus der Abgasbehandlung und andere wässrige flüssige Abfälle
19 01 07*	feste Abfälle aus der Abgasbehandlung
19 01 10*	gebrauchte Aktivkohle aus der Abgasbehandlung
19 01 11*	Rost- und Kesselaschen sowie Schlacken, die gefährliche Stoffe enthalten
19 01 12	Rost- und Kesselaschen sowie Schlacken mit Ausnahme derjenigen, die unter 19 01 11 fallen
19 01 13*	Filterstaub, der gefährliche Stoffe enthält
19 01 14	Filterstaub mit Ausnahme desjenigen, der unter 19 01 13 fällt
19 01 15*	Kesselstaub, der gefährliche Stoffe enthält
19 01 16	Kesselstaub mit Ausnahme desjenigen, der unter 19 01 15 fällt
19 01 17*	Pyrolyseabfälle, die gefährliche Stoffe enthalten
19 01 18	Pyrolyseabfälle mit Ausnahme derjenigen, die unter 19 01 17 fallen
19 01 19	Sande aus der Wirbelschichtfeuerung
19 01 99	Abfälle a. n. g.
19 02	Abfälle aus der physikalisch-chemischen Behandlung von Abfällen (einschließlich Dechromatisierung, Cyanidentfernung, Neutralisation)
19 02 03	vorgemischte Abfälle, die ausschließlich aus nicht gefährlichen Abfällen bestehen
19 02 04*	vorgemischte Abfälle, die wenigstens einen gefährlichen Abfall enthalten
19 02 05*	Schlämme aus der physikalisch-chemischen Behandlung, die gefährliche Stoffe enthalten
19 02 06	Schlämme aus der physikalisch-chemischen Behandlung mit Ausnahme derjenigen, die unter 19 02 05 fallen
19 02 07*	Öl und Konzentrate aus Abtrennprozessen
19 02 08*	flüssige brennbare Abfälle, die gefährliche Stoffe enthalten

(Fortsetzung)

Abfallschlüssel	Abfallbezeichnung
19 02 09*	feste brennbare Abfälle, die gefährliche Stoffe enthalten
19 02 10	brennbare Abfälle mit Ausnahme derjenigen, die unter 19 02 08 und 19 02 09 fallen
19 02 11*	sonstige Abfälle, die gefährliche Stoffe enthalten
19 02 99	Abfälle a. n. g.
19 03	Stabilisierte und verfestigte Abfälle
19 03 04*	als gefährlich eingestufte teilweise stabilisierte Abfälle, mit Ausnahme derjenigen, die unter 19 03 08 fallen
19 03 05	stabilisierte Abfälle mit Ausnahme derjenigen, die unter 19 03 04 fallen
19 03 06*	als gefährlich eingestufte verfestigte Abfälle
19 03 07	verfestigte Abfälle mit Ausnahme derjenigen, die unter 19 03 06 fallen
19 03 08*	teilweise stabilisiertes Quecksilber
19 04	Verglaste Abfälle und Abfälle aus der Verglasung
19 04 01	verglaste Abfälle
19 04 02*	Filterstaub und andere Abfälle aus der Abgasbehandlung
19 04 03*	nicht verglaste Festphase
19 04 04	wässrige flüssige Abfälle aus dem Tempern
19 05	Abfälle aus der aeroben Behandlung von festen Abfällen
19 05 01	nicht kompostierte Fraktion von Siedlungs- und ähnlichen Abfällen
19 05 02	nicht kompostierte Fraktion von tierischen und pflanzlichen Abfällen
19 05 03	nicht spezifikationsgerechter Kompost
19 05 99	Abfälle a. n. g.
19 06	Abfälle aus der anaeroben Behandlung von Abfällen
19 06 03	Flüssigkeiten aus der anaeroben Behandlung von Siedlungsabfällen
19 06 04	Gärrückstand/-schlamm aus der anaeroben Behandlung von Siedlungsabfällen
19 06 05	Flüssigkeiten aus der anaeroben Behandlung von tierischen und pflanzlichen Abfällen
19 06 06	Gärrückstand/-schlamm aus der anaeroben Behandlung von tierischen und pflanzlichen Abfällen
19 06 99	Abfälle a. n. g.
19 07	Deponiesickerwasser
19 07 02*	Deponiesickerwasser, das gefährliche Stoffe enthält
19 07 03	Deponiesickerwasser mit Ausnahme desjenigen, das unter 19 07 02 fällt
19 08	Abfälle aus Abwasserbehandlungsanlagen a. n. g.
19 08 01	Sieb- und Rechenrückstände
19 08 02	Sandfangrückstände
19 08 05	Schlämme aus der Behandlung von kommunalem Abwasser
19 08 06*	gesättigte oder verbrauchte Ionenaustauscherharze
19 08 07*	Lösungen und Schlämme aus der Regeneration von Ionenaustauschern
19 08 08*	schwermetallhaltige Abfälle aus Membransystemen
19 08 09	Fett- und Ölmischungen aus Ölabscheidern, die ausschließlich Speiseöle und -fette enthalten
19 08 10*	Fett- und Ölmischungen aus Ölabscheidern mit Ausnahme derjenigen, die unter 19 08 09 fallen
19 08 11*	Schlämme aus der biologischen Behandlung von industriellem Abwasser, die gefährliche Stoffe enthalten
19 08 12	Schlämme aus der biologischen Behandlung von industriellem Abwasser mit Ausnahme derjenigen, die unter 19 08 11 fallen
19 08 13*	Schlämme aus einer anderen Behandlung von industriellem Abwasser, die gefährliche Stoffe enthalten
19 08 14	Schlämme aus einer anderen Behandlung von industriellem Abwasser mit Ausnahme derjenigen, die unter 19 08 13 fallen
19 08 99	Abfälle a. n. g.

(Fortsetzung)

Abfallschlüssel	Abfallbezeichnung
19 09	Abfälle aus der Zubereitung von Wasser für den menschlichen Gebrauch oder industriellem Brauchwasser
19 09 01	feste Abfälle aus der Erstfiltration und Siebrückstände
19 09 02	Schlämme aus der Wasserklärung
19 09 03	Schlämme aus der Dekarbonatisierung
19 09 04	gebrauchte Aktivkohle
19 09 05	gesättigte oder gebrauchte Ionenaustauscherharze
19 09 06	Lösungen und Schlämme aus der Regeneration von Ionenaustauschern
19 09 99	Abfälle a. n. g.
19 10	Abfälle aus dem Schreddern von metallhaltigen Abfällen
19 10 01	Eisen- und Stahlabfälle
19 10 02	NE-Metall-Abfälle
19 10 03*	Schredderleichtfraktionen und Staub, die gefährliche Stoffe enthalten
19 10 04	Schredderleichtfraktionen und Staub mit Ausnahme derjenigen, die unter 19 10 03 fallen
19 10 05*	andere Fraktionen, die gefährliche Stoffe enthalten
19 10 06	andere Fraktionen mit Ausnahme derjenigen, die unter 19 10 05 fallen
19 11	Abfälle aus der Altölaufbereitung
19 11 01*	gebrauchte Filtertone
19 11 02*	Säureteere
19 11 03*	wässrige flüssige Abfälle
19 11 04*	Abfälle aus der Brennstoffreinigung mit Basen
19 11 05*	Schlämme aus der betriebseigenen Abwasserbehandlung, die gefährliche Stoffe enthalten
19 11 06	Schlämme aus der betriebseigenen Abwasserbehandlung mit Ausnahme derjenigen, die unter 19 11 05 fallen
19 11 07*	Abfälle aus der Abgasreinigung
19 11 99	Abfälle a. n. g.
19 12	Abfälle aus der mechanischen Behandlung von Abfällen (z. B. Sortieren, Zerkleinern, Verdichten, Pelletieren) a. n. g.
19 12 01	Papier und Pappe
19 12 02	Eisenmetalle
19 12 03	Nichteisenmetalle
19 12 04	Kunststoff und Gummi
19 12 05	Glas
19 12 06*	Holz, das gefährliche Stoffe enthält
19 12 07	Holz mit Ausnahme desjenigen, das unter 19 12 06 fällt
19 12 08	Textilien
19 12 09	Mineralien (z. B. Sand, Steine)
19 12 10	brennbare Abfälle (Brennstoffe aus Abfällen)
19 12 11*	sonstige Abfälle (einschließlich Materialmischungen) aus der mechanischen Behandlung von Abfällen, die gefährliche Stoffe enthalten
19 12 12	sonstige Abfälle (einschließlich Materialmischungen) aus der mechanischen Behandlung von Abfällen mit Ausnahme derjenigen, die unter 19 12 11 fallen
19 13	Abfälle aus der Sanierung von Böden und Grundwasser
19 13 01*	feste Abfälle aus der Sanierung von Böden, die gefährliche Stoffe enthalten
19 13 02	feste Abfälle aus der Sanierung von Böden mit Ausnahme derjenigen, die unter 19 13 01 fallen
19 13 03*	Schlämme aus der Sanierung von Böden, die gefährliche Stoffe enthalten
19 13 04	Schlämme aus der Sanierung von Böden mit Ausnahme derjenigen, die unter 19 13 03 fallen
19 13 05*	Schlämme aus der Sanierung von Grundwasser, die gefährliche Stoffe enthalten

(Fortsetzung)

Abfallschlüssel	Abfallbezeichnung
19 13 06	Schlämme aus der Sanierung von Grundwasser mit Ausnahme derjenigen, die unter 19 13 05 fallen
19 13 07*	wässrige flüssige Abfälle und wässrige Konzentrate aus der Sanierung von Grundwasser, die gefährliche Stoffe enthalten
19 13 08	wässrige flüssige Abfälle und wässrige Konzentrate aus der Sanierung von Grundwasser mit Ausnahme derjenigen, die unter 19 13 07 fallen
20	Siedlungsabfälle (Haushaltsabfälle und ähnliche gewerbliche und industrielle Abfälle sowie Abfälle aus Einrichtungen), einschließlich getrennt gesammelter Fraktionen
20 01	Getrennt gesammelte Fraktionen (außer 15 01)
20 01 01	Papier und Pappe
20 01 02	Glas
20 01 08	biologisch abbaubare Küchen- und Kantinenabfälle
20 01 10	Bekleidung
20 01 11	Textilien
20 01 13*	Lösemittel
20 01 14*	Säuren
20 01 15*	Laugen
20 01 17*	Fotochemikalien
20 01 19*	Pestizide
20 01 21*	Leuchtstoffröhren und andere quecksilberhaltige Abfälle
20 01 23*	gebrauchte Geräte, die Fluorchlorkohlenwasserstoffe enthalten
20 01 25	Speiseöle und -fette
20 01 26*	Öle und Fette mit Ausnahme derjenigen, die unter 20 01 25 fallen
20 01 27*	Farben, Druckfarben, Klebstoffe und Kunstharze, die gefährliche Stoffe enthalten
20 01 28	Farben, Druckfarben, Klebstoffe und Kunstharze mit Ausnahme derjenigen, die unter 20 01 27 fallen
20 01 29*	Reinigungsmittel, die gefährliche Stoffe enthalten
20 01 30	Reinigungsmittel mit Ausnahme derjenigen, die unter 20 01 29 fallen
20 01 31*	zytotoxische und zytostatische Arzneimittel
20 01 32	Arzneimittel mit Ausnahme derjenigen, die unter 20 01 31 fallen
20 01 33*	Batterien und Akkumulatoren, die unter 16 06 01, 16 06 02 oder 16 06 03 fallen, sowie gemischte Batterien und Akkumulatoren, die solche Batterien enthalten
20 01 34	Batterien und Akkumulatoren mit Ausnahme derjenigen, die unter 20 01 33 fallen
20 01 35*	gebrauchte elektrische und elektronische Geräte, die gefährliche Bauteile [66] enthalten, mit Ausnahme derjenigen, die unter 20 01 21 und 20 01 23 fallen
20 01 36	gebrauchte elektrische und elektronische Geräte mit Ausnahme derjenigen, die unter 20 01 21, 20 01 23 und 20 01 35 fallen
20 01 37*	Holz, das gefährliche Stoffe enthält
20 01 38	Holz mit Ausnahme desjenigen, das unter 20 01 37 fällt
20 01 39	Kunststoffe
20 01 40	Metalle
20 01 41	Abfälle aus der Reinigung von Schornsteinen
20 01 99	sonstige Fraktionen a. n. g.
20 02	Garten- und Parkabfälle (einschließlich Friedhofsabfälle)
20 02 01	biologisch abbaubare Abfälle
20 02 02	Boden und Steine
20 02 03	andere nicht biologisch abbaubare Abfälle
20 03	Andere Siedlungsabfälle
20 03 01	gemischte Siedlungsabfälle
20 03 02	Marktabfälle
20 03 03	Straßenkehricht

(Fortsetzung)

Abfallschlüssel	Abfallbezeichnung
20 03 04	Fäkalschlamm
20 03 06	Abfälle aus der Kanalreinigung
20 03 07	Sperrmüll
20 03 99	Siedlungsabfälle a. n. g.

66) Gefährliche Bauteile elektrischer und elektronischer Geräte umfassen z. B. unter 16 06 aufgeführte und als gefährlich eingestufte Akkumulatoren und Batterien, Quecksilberschalter, Glas aus Kathodenstrahlröhren und sonstiges beschichtetes Glas.

22) Gefährliche Bauteile elektrischer und elektronischer Geräte umfassen z. B. Akkumulatoren und unter 16 06 aufgeführte und als gefährlich eingestufte Batterien, Quecksilberschalter, Glas aus Kathodenstrahlröhren und sonstiges beschichtetes Glas.

Gesetz über das Inverkehrbringen, die Rücknahme und die umweltverträgliche Entsorgung von Batterien und Akkumulatoren

(Batteriegesetz – BattG)

Vom 25. Juni 2009 (BGBl. I S. 1582)

Zuletzt geändert am 3. November 2020 (BGBl. I S. 2280)

Inhaltsübersicht

Abschnitt 1
Allgemeine Vorschriften

§ 1 Anwendungsbereich

(1) Dieses Gesetz gilt für alle Arten von Batterien, unabhängig von Form, Größe, Masse, stofflicher Zusammensetzung oder Verwendung. Es gilt auch für Batterien, die in andere Produkte eingebaut oder anderen Produkten beigefügt sind. Das Elektro- und Elektronikgerätegesetz vom 20. Oktober 2015 (BGBl. I S. 1739), das zuletzt durch Artikel 12 des Gesetzes vom 28. April 2020 (BGBl. I S. 960) geändert worden ist, in der jeweils geltenden Fassung, das Produktsicherheitsgesetz vom 8. November 2011 (BGBl. I S. 2178, 2179; 2012 I S. 131), das durch Artikel 301 der Verordnung vom 19. Juni 2020 (BGBl. I S. 1328) geändert worden ist, in der jeweils geltenden Fassung und die Altfahrzeug-Verordnung in der Fassung der Bekanntmachung vom 21. Juni 2002 (BGBl. I S. 2214), die zuletzt durch Artikel 118 der Verordnung vom 19. Juni 2020 (BGBl. I S. 1328) geändert worden ist, in der jeweils geltenden Fassung bleiben unberührt.

(2) Dieses Gesetz ist nicht anzuwenden auf Batterien, die verwendet werden

1. in Ausrüstungsgegenständen, die mit dem Schutz der wesentlichen Sicherheitsinteressen der Bundesrepublik Deutschland in Zusammenhang stehen,
2. in Waffen, Munition oder Wehrmaterial, ausgenommen Erzeugnisse, die nicht speziell für militärische Zwecke beschafft oder eingesetzt werden, oder
3. in Ausrüstungsgegenständen für den Einsatz im Weltraum.

(3) Soweit dieses Gesetz und die auf Grundlage dieses Gesetzes erlassenen Rechtsverordnungen keine abweichenden Vorschriften enthalten, sind das Kreislaufwirtschaftsgesetz mit Ausnahme von § 17 Abs. 4 und § 54 und die auf Grund des Kreislaufwirtschaftsgesetzes oder des bis zum 1. Juni 2012 geltenden Kreislaufwirtschafts- und Abfallgesetzes erlassenen Rechtsverordnungen in der jeweils geltenden Fassung anzuwenden. Die §§ 27, 50 Absatz 3, § 59 Absatz 1 Satz 1 und Absatz 2 sowie die §§ 60 und 66 des Kreislaufwirtschaftsgesetzes gelten entsprechend. Rechtsvorschriften, die besondere Anforderungen an die Rücknahme, Wiederverwendung oder Entsorgung von Altbatterien enthalten, sowie solche, die aus Gründen der Sicherheit im Zusammenhang mit der Beförderung gefährlicher Güter erlassen sind, bleiben unberührt.

§ 2 Begriffsbestimmungen

(1) Für dieses Gesetz gelten die in den Absätzen 2 bis 22 geregelten Begriffsbestimmungen.

(2) „Batterien" sind aus einer oder mehreren nicht wiederaufladbaren Primärzellen oder aus wiederaufladbaren Sekundärzellen bestehende Quellen elektrischer Energie, die durch unmittelbare Umwandlung chemischer Energie gewonnen wird.

(3) „Batteriesatz" ist eine Gruppe von Batterien, die so miteinander verbunden oder in einem Außengehäuse zusammengebaut sind, dass sie eine vollständige, vom Endnutzer nicht zu trennende oder zu öffnende Einheit bilden. Batteriesätze sind Batterien im Sinne dieses Gesetzes.

(4) „Fahrzeugbatterien" sind Batterien, die für den Anlasser, die Beleuchtung oder für die Zündung von Fahrzeugen bestimmt sind. Fahrzeuge im Sinne von Satz 1 sind Landfahrzeuge, die durch Maschinenkraft bewegt werden, ohne an Bahngleise gebunden zu sein.

(5) „Industriebatterien" sind Batterien, die ausschließlich für industrielle, gewerbliche oder landwirtschaftliche Zwecke, für Elektrofahrzeuge jeder Art oder zum Vortrieb von Hybridfahrzeugen bestimmt sind. Fahrzeugbatterien sind keine Industriebatterien. Auf Batterien, die keine Fahr-

zeug-, Industrie- oder Gerätebatterien sind, sind die Vorschriften dieses Gesetzes über Industriebatterien anzuwenden.

(6) „Gerätebatterien" sind Batterien, die gekapselt sind und in der Hand gehalten werden können. Fahrzeug- und Industriebatterien sind keine Gerätebatterien.

(7) „Knopfzellen" sind kleine, runde Gerätebatterien, deren Durchmesser größer ist als ihre Höhe.

(8) „Schnurlose Elektrowerkzeuge" sind handgehaltene, mit einer Batterie betriebene Elektro- und Elektronikgeräte im Anwendungsbereich des Elektro- und Elektronikgerätegesetzes, die für Instandhaltungs-, Bau-, Garten- oder Montagearbeiten bestimmt sind.

(9) „Altbatterien" sind Batterien, die Abfall im Sinne von § 3 Absatz 1 Satz 1 des Kreislaufwirtschaftsgesetzes sind.

(10) „Behandlung" ist jede Tätigkeit, die an Abfällen nach der Übergabe an eine Einrichtung zur Sortierung, zur Vorbereitung der Verwertung oder zur Vorbereitung der Beseitigung durchgeführt wird.

(11) „Stoffliche Verwertung" ist die in einem Produktionsprozess erfolgende Wiederaufarbeitung von Abfallmaterialien für ihren ursprünglichen Zweck oder für andere Zwecke, jedoch unter Ausschluss der energetischen Verwertung.

(12) „Beseitigung" ist die Abfallbeseitigung im Sinne von § 3 Absatz 26 des Kreislaufwirtschaftsgesetzes.

(13) „Endnutzer" ist derjenige, der Batterien oder Produkte mit eingebauten Batterien nutzt und in der an ihn gelieferten Form nicht mehr weiterveräußert.

(14) „Vertreiber" ist, wer, unabhängig von der Vertriebsmethode, im Geltungsbereich dieses Gesetzes Batterien gewerbsmäßig für den Endnutzer anbietet. Anbieten von Batterien im Sinne des Satzes 1 ist das auf den Abschluss eines Kaufvertrages gerichtete Präsentieren oder öffentliche Zugänglichmachen von Batterien; dies umfasst auch die Aufforderung, ein Angebot abzugeben.

(15) „Hersteller" ist jeder, der, unabhängig von der Vertriebsmethode, gewerbsmäßig Batterien im Geltungsbereich dieses Gesetzes erstmals in Verkehr bringt. Vertreiber und Zwischenhändler, die vorsätzlich oder fahrlässig Batterien von Herstellern anbieten, die oder deren Bevollmächtigte nicht oder nicht ordnungsgemäß nach § 4 Absatz 1 Satz 1 registriert sind, gelten als Hersteller im Sinne dieses Gesetzes. Satz 1 und Absatz 14 bleiben unberührt.

(15a) „Bevollmächtigter" ist jede im Geltungsbereich dieses Gesetzes niedergelassene natürliche oder juristische Person oder Personengesellschaft, die ein Hersteller ohne Niederlassung im Geltungsbereich dieses Gesetzes beauftragt hat, in eigenem Namen sämtliche Aufgaben wahrzunehmen, um die Herstellerpflichten nach diesem Gesetz zu erfüllen.

(16) „Inverkehrbringen" ist die entgeltliche oder unentgeltliche Abgabe an Dritte mit dem Ziel des Vertriebs, des Verbrauchs oder der Verwendung. Die gewerbsmäßige Einfuhr in den Geltungsbereich dieses Gesetzes gilt als Inverkehrbringen. Dies gilt nicht für Batterien, die nachweislich aus dem Geltungsbereich dieses Gesetzes wieder ausgeführt werden. Die Abgabe von unter der Marke oder nach den speziellen Anforderungen eines Auftraggebers gefertigten und zum Weitervertrieb bestimmten Batterien an den Auftraggeber gilt nicht als Inverkehrbringen im Sinne von Satz 1.

(16a) „Freiwillige Rücknahmestelle" ist jedes gemeinnützige Unternehmen, gewerbliche oder sonstige wirtschaftliche Unternehmen oder jede öffentliche Einrichtung, das oder die an der

Rücknahme von Geräte-Altbatterien mitwirkt, indem es oder sie die bei sich anfallenden Geräte-Altbatterien oder Geräte-Altbatterien anderer Endnutzer zurücknimmt, ohne hierzu verpflichtet zu sein.

(17) „Gewerbliche Altbatterieentsorger“ sind für den Umgang mit Altbatterien zertifizierte Entsorgungsfachbetriebe im Sinne des § 56 des Kreislaufwirtschaftsgesetzes, deren Geschäftsbetrieb die getrennte Erfassung, Behandlung, Verwertung oder Beseitigung von Altbatterien umfasst.

(18) „Sachverständiger“ ist, wer

1. nach § 36 der Gewerbeordnung öffentlich bestellt ist,
2. als Umweltgutachter oder Umweltgutachterorganisation auf Grund einer Zulassung nach den §§ 9 und 10 oder nach Maßgabe des § 18 des Umweltauditgesetzes in der Fassung der Bekanntmachung vom 4. September 2002 (BGBl. I S. 3490), das zuletzt durch Artikel 11 des Gesetzes vom 17. März 2008 (BGBl. I S. 399) geändert worden ist, in der jeweils geltenden Fassung, in dem Bereich tätig werden darf, der näher bestimmt wird durch Anhang I Abschnitt E Abteilung 38 der Verordnung (EG) Nr. 1893/2006 des Europäischen Parlaments und des Rates vom 20. Dezember 2006 zur Aufstellung der statistischen Systematik der Wirtschaftszweige NACE Revision 2 und zur Änderung der Verordnung (EWG) Nr. 3037/90 des Rates sowie einiger Verordnungen der EG über bestimmte Bereiche der Statistik (ABl. L 393 vom 30. 12. 2006, S. 1), die zuletzt durch die Verordnung (EG) Nr. 295/2008 (ABl. L 97 vom 9. 4. 2008, S. 13) geändert worden ist, in der jeweils geltenden Fassung, oder
3. in einem anderen Mitgliedstaat der Europäischen Union oder in einem anderen Vertragsstaat des Abkommens über den Europäischen Wirtschaftsraum niedergelassen ist und eine Tätigkeit im Inland nur vorübergehend und gelegentlich ausüben will und seine Berufsqualifikation vor Aufnahme der Tätigkeit entsprechend den §§ 13a und 13b der Gewerbeordnung hat nachprüfen lassen; Verfahren nach dieser Nummer können über eine einheitliche Stelle abgewickelt werden.

(19) „Verwertungsquote“ ist der Prozentsatz, den die Masse der in einem Kalenderjahr einer ordnungsgemäßen stofflichen Verwertung zugeführten Altbatterien im Verhältnis zur Masse der in diesem Kalenderjahr gesammelten Altbatterien ausmacht. Aus dem Geltungsbereich dieses Gesetzes mit dem Ziel der Verwertung ausgeführte Altbatterien sind nur insoweit zu berücksichtigen, als den Anforderungen aus § 14 Absatz 3 entsprochen worden ist.

(20) „Recyclingeffizienz“ eines Verwertungsverfahrens ist der Quotient aus der Masse der mit dem Verwertungsverfahren hergestellten Stoffe, die ohne weitere Behandlung kein Abfall mehr sind oder die für ihren ursprünglichen Zweck oder für andere Zwecke verwendet werden, mit Ausnahme der energetischen Verwertung, und der Masse der dem Verwertungsverfahren zugeführten Altbatterien.

(21) „Chemisches System“ ist die Zusammensetzung der für die Energiespeicherung in einer Batterie maßgeblichen Stoffe.

(22) „Typengruppe“ ist die Zusammenfassung vergleichbarer Baugrößen von Batterien mit dem gleichen chemischen System.

Abschnitt 2
Vertrieb und Rücknahme von Batterien

§ 3 Verkehrsverbote

(1) Das Inverkehrbringen von Batterien, die mehr als 0,0005 Gewichtsprozent Quecksilber enthalten, ist verboten.

(2) Das Inverkehrbringen von Gerätebatterien, die mehr als 0,002 Gewichtsprozent Cadmium enthalten, ist verboten. Von dem Verbot ausgenommen sind Gerätebatterien, die für Not- oder Alarmsysteme einschließlich Notbeleuchtung und für medizinische Ausrüstung bestimmt sind. Satz 1 gilt nicht für Batterien, die nach Anhang II der Richtlinie 2000/53/EG des Europäischen Parlaments und des Rates vom 18. September 2000 über Altfahrzeuge (ABl. L 269 vom 21.10. 2000, S. 34), die zuletzt durch die Richtlinie 2008/33/ EG (ABl. L 81 vom 20.3.2008, S. 62) geändert worden ist, in der jeweils geltenden Fassung vom Cadmiumverbot des Artikels 4 Absatz 2 Buchstabe a der Richtlinie 2000/53/EG ausgenommen sind.

(3) Hersteller dürfen Batterien im Geltungsbereich dieses Gesetzes nur in Verkehr bringen, wenn sie oder deren Bevollmächtigte

1. nach § 4 Absatz 1 Satz 1 bei der zuständigen Behörde ordnungsgemäß registriert sind und
2. durch Erfüllung der ihnen nach § 5 in Verbindung mit § 7 Absatz 1 Satz 1 für Gerätebatterien oder nach § 5 in Verbindung mit § 8 Absatz 1 Satz 1 für Fahrzeug- und Industriebatterien jeweils obliegenden Rücknahmepflichten sicherstellen, dass Altbatterien nach Maßgabe dieses Gesetzes zurückgegeben werden können.

(4) Vertreiber dürfen Batterien im Geltungsbereich dieses Gesetzes für den Endnutzer nur anbieten, wenn sie durch Erfüllung der ihnen nach § 9 Absatz 1 Satz 1 obliegenden Rücknahmepflichten sicherstellen, dass der Endnutzer Altbatterien nach Maßgabe dieses Gesetzes zurückgeben kann. Das Anbieten von Batterien ist untersagt, wenn deren Hersteller oder deren Bevollmächtigte entgegen § 4 Absatz 1 Satz 1 nicht oder nicht ordnungsgemäß registriert sind.

(5) Batterien, die entgegen den Absätzen 1 und 2 im Geltungsbereich dieses Gesetzes in Verkehr gebracht werden, sind durch den jeweiligen Hersteller wieder vom Markt zu nehmen.

§ 4 Registrierung der Hersteller

(1) Bevor ein Hersteller Batterien im Geltungsbereich dieses Gesetzes in Verkehr bringt, ist er oder im Fall der Bevollmächtigung nach § 26 Absatz 2 sein Bevollmächtigter verpflichtet, sich bei der zuständigen Behörde mit der Marke und der jeweiligen Batterieart nach § 2 Absatz 4 bis 6 registrieren zu lassen. Die Registrierung ist auf Antrag bei Vorliegen aller Voraussetzungen nach Absatz 2 und § 20 Absatz 1 zu erteilen. Der Registrierungsantrag muss die Angaben nach Absatz 2 enthalten. Änderungen von im Registrierungsantrag enthaltenen Angaben sowie die dauerhafte Aufgabe des Inverkehrbringens sind der zuständigen Behörde unverzüglich mitzuteilen.

(2) Bei der Registrierung nach Absatz 1 Satz 1 sind folgende Angaben zu machen:

1. Name und Anschrift des Herstellers oder des Bevollmächtigten, insbesondere Postleitzahl und Ort, Straße und Hausnummer, Land, Telefon- und Faxnummer, Internetadresse sowie E-Mail-Adresse; im Fall der Bevollmächtigung auch Name und Kontaktdaten des Herstellers, der vertreten wird,
2. Vor- und Nachname einer vertretungsberechtigten natürlichen Person,

3. Handelsregisternummer oder vergleichbare amtliche Registernummer des Herstellers, einschließlich der europäischen oder der nationalen Steuernummer des Herstellers,
4. im Fall der Bevollmächtigung: die Beauftragung durch den Hersteller,
5. Marke, unter der der Hersteller die Batterien in Verkehr zu bringen beabsichtigt,
6. Batterieart nach § 2 Absatz 4 bis 6, die der Hersteller in Verkehr zu bringen beabsichtigt,
7. beim Inverkehrbringen von Gerätebatterien: Name und Anschrift des Rücknahmesystems nach § 7 sowie im Fall der Beauftragung eines Dritten nach § 7 Absatz 3 Name und Handelsregisternummer oder vergleichbare amtliche Registernummer des beauftragten Dritten,
8. beim Inverkehrbringen von Fahrzeug- oder Industriebatterien: eine Erklärung über die erfolgte Einrichtung einer den Anforderungen nach § 8 entsprechenden Rückgabemöglichkeit und über die Zugriffsmöglichkeiten der Rückgabeberechtigten auf das Angebot,
9. Erklärung, dass die Angaben der Wahrheit entsprechen.

(3) Der Antrag auf Registrierung nach Absatz 1 Satz 2 und die Übermittlung der Angaben nach Absatz 2 erfolgen über das auf der Internetseite der zuständigen Behörde zur Verfügung gestellte elektronische Datenverarbeitungssystem nach Maßgabe der jeweils geltenden Verfahrensanweisung für das elektronische Datenverarbeitungssystem. Die zuständige Behörde kann Ausnahmen von Satz 1 zulassen. Sie kann für die sonstige Kommunikation mit den Herstellern oder mit deren Bevollmächtigten die elektronische Übermittlung, eine bestimmte Verschlüsselung sowie die Eröffnung eines Zugangs für die Übermittlung elektronischer Dokumente verlangen. Die Verfahrensanweisung nach Satz 1 und die Anforderungen nach Satz 3 sind auf der Internetseite der zuständigen Behörde zu veröffentlichen.

§ 5 Rücknahmepflichten der Hersteller

(1) Die Hersteller oder im Fall der Bevollmächtigung nach § 26 Absatz 2 deren Bevollmächtigte sind verpflichtet, die von den Vertreibern nach § 9 Absatz 1 Satz 1 zurückgenommenen Altbatterien sowie die von öffentlich-rechtlichen Entsorgungsträgern nach § 13 Absatz 1 erfassten und die von den freiwilligen Rücknahmestellen nach § 13a zurückgenommenen Geräte-Altbatterien unentgeltlich zurückzunehmen und nach § 14 zu behandeln und zu verwerten. Nicht verwertbare Altbatterien sind nach § 14 zu beseitigen.

(2) Absatz 1 gilt auch für Altbatterien, die bei der Behandlung von Altgeräten nach den Vorschriften des Elektro- und Elektronikgerätegesetzes und bei der Behandlung von Altfahrzeugen nach den Vorschriften der Altfahrzeug-Verordnung anfallen.

§ 6 *(aufgehoben)*

§ 7 Rücknahmesysteme für Geräte-Altbatterien

(1) Jeder Hersteller von Gerätebatterien oder dessen Bevollmächtigter hat zur Erfüllung seiner Rücknahmepflichten nach § 5 ein eigenes Rücknahmesystem für Geräte-Altbatterien einzurichten und zu betreiben. Die Errichtung und der Betrieb des Rücknahmesystems bedürfen der Genehmigung durch die zuständige Behörde. Die Genehmigung ist auf Antrag nach Maßgabe der Absätze 2 und 3 zu erteilen. Hat die Behörde nicht innerhalb einer Frist von drei Monaten über die Genehmigung entschieden, gilt diese als erteilt. Die Frist nach Satz 4 beginnt mit Eingang der vollständigen Unterlagen bei der zuständigen Behörde.

(2) Ein Rücknahmesystem darf nur genehmigt werden, wenn nachgewiesen ist, dass das in § 16 vorgeschriebene Sammelziel erreicht wird. Die Genehmigung darf nur erteilt werden, wenn das Rücknahmesystem

1. allen Vertreibern, allen öffentlich-rechtlichen Entsorgungsträgern, allen Behandlungsanlagen nach § 12 Absatz 1 und 2 und allen freiwilligen Rücknahmestellen die unentgeltliche Abholung von Geräte-Altbatterien anbietet,
2. die flächendeckende Rücknahme von Geräte-Altbatterien bei allen Vertreibern, allen öffentlich-rechtlichen Entsorgungsträgern, allen Behandlungsanlagen nach § 12 Absatz 1 und 2 und allen freiwilligen Rücknahmestellen, die vom Angebot nach Nummer 1 Gebrauch gemacht haben (angeschlossene Rücknahmestellen), gewährleistet,
3. den angeschlossenen Rücknahmestellen unentgeltlich geeignete Rücknahmebehälter und den gefahrgutrechtlichen Anforderungen entsprechende Transportbehälter bereitstellt,
4. die von den angeschlossenen Rücknahmestellen bereitgestellten Geräte-Altbatterien, unabhängig von ihrer Beschaffenheit, Art, Marke oder Herkunft, innerhalb von 15 Werktagen unentgeltlich abholt, sobald
   a) Vertreiber und freiwillige Rücknahmestellen eine Abholmasse von 90 Kilogramm erreicht und gemeldet haben und
   b) öffentlich-rechtliche Entsorgungsträger und Behandlungsanlagen nach § 12 Absatz 1 und 2 eine Abholmasse von 180 Kilogramm erreicht und gemeldet haben,

   sofern keine geringere Abholmasse vereinbart ist; bei der Festlegung der Abholmassen zwischen dem Rücknahmesystem und der angeschlossenen Rücknahmestelle sind die Lagerkapazität und die Gefährlichkeit der Lagerung von Geräte-Altbatterien zu berücksichtigen; erreicht ein Vertreiber in einem Kalenderjahr die geforderte Abholmasse nicht, so kann er vom Rücknahmesystem dennoch die einmalige Abholung der zurückgenommenen Altbatterien fordern; sowie
5. die bei den angeschlossenen Rücknahmestellen abgeholten Geräte-Altbatterien einer Verwertung nach § 14 oder einer Beseitigung zuführt.

Das Vorliegen der notwendigen Voraussetzungen für die voraussichtliche Erreichung des Ziels nach Satz 1 und die Einhaltung der Vorgaben aus Satz 2 sind im Rahmen des Genehmigungsverfahrens durch Gutachten eines unabhängigen Sachverständigen glaubhaft zu machen. Die Genehmigung eines Rücknahmesystems kann auch nachträglich mit Auflagen verbunden werden, die erforderlich sind, um die Einhaltung der Verwertungsanforderungen nach § 14 und der Vorgaben aus Satz 2 dauerhaft sicherzustellen.

(3) Bei Einrichtung und Betrieb eines Rücknahmesystems nach Absatz 1 Satz 1 können mehrere Hersteller oder deren Bevollmächtigte zusammenwirken. Wirken mehrere Hersteller oder deren Bevollmächtigte bei Einrichtung und Betrieb ihres Rücknahmesystems durch Beauftragung eines Dritten zusammen, so kann die Genehmigung nach Absatz 1 dem Dritten mit Wirkung für die zusammenwirkenden Hersteller oder deren Bevollmächtigte erteilt werden. Der Genehmigungsantrag muss die zusammenwirkenden Hersteller oder deren Bevollmächtigte eindeutig benennen. Der gemeinsame Dritte hat die Geheimhaltung der ihm vorliegenden Daten insoweit sicherzustellen, als es sich um herstellerspezifische Informationen oder um Informationen handelt, die einzelnen Herstellern oder deren Bevollmächtigten unmittelbar zurechenbar sind oder zugerechnet werden können.

(4) Der Betreiber eines Rücknahmesystems hat der zuständigen Behörde Änderungen von im Genehmigungsantrag enthaltenen Angaben sowie die dauerhafte Aufgabe des Betriebs unverzüglich mitzuteilen.

(5) Die Rücknahmesysteme haben unter Wahrung der Betriebs- und Geschäftsgeheimnisse die folgenden Informationen jährlich bis zum Ablauf des 31. Mai auf ihren Internetseiten zu veröffentlichen:

1. die Eigentums- und Mitgliederverhältnisse,
2. die von den Mitgliedern geleisteten finanziellen Beiträge je in Verkehr gebrachter Gerätebatterie oder je in Verkehr gebrachter Masse an Gerätebatterien,
3. das Verfahren für die Auswahl der Entsorgungsleistung sowie
4. die im eigenen System erreichten Recyclingeffizienzen.

(6) Der Genehmigungsantrag nach Absatz 1 Satz 2 und die Übermittlung der Angaben nach Absatz 2 erfolgen über das auf der Internetseite der zuständigen Behörde zur Verfügung gestellte elektronische Datenverarbeitungssystem nach Maßgabe der jeweils geltenden Verfahrensanweisung für das elektronische Datenverarbeitungssystem. Die zuständige Behörde kann Ausnahmen von Satz 1 zulassen. Sie kann für die sonstige Kommunikation mit den Herstellern oder mit deren Bevollmächtigten und mit den Rücknahmesystemen die elektronische Übermittlung, eine bestimmte Verschlüsselung sowie die Eröffnung eines Zugangs für die Übermittlung elektronischer Dokumente verlangen. Die Verfahrensanweisung nach Satz 1 und die Anforderungen nach Satz 3 sind auf der Internetseite der zuständigen Behörde zu veröffentlichen. 11

§ 7a Ökologische Gestaltung der Beiträge

Die Rücknahmesysteme sind verpflichtet, im Rahmen der Bemessung der Beiträge der Hersteller oder der Bevollmächtigten Anreize dafür zu schaffen, dass bei der Herstellung von Gerätebatterien die Verwendung von gefährlichen Stoffen minimiert wird. Bei der Bemessung der Beiträge sind auch die Langlebigkeit, die Wiederverwendbarkeit und die Recyclingfähigkeit der Gerätebatterien zu berücksichtigen. Der jeweilige Beitrag hat sich dabei an den einzelnen chemischen Systemen der Gerätebatterien zu orientieren.

§ 8 Rücknahme von Fahrzeug- und Industrie-Altbatterien

(1) Die Hersteller von Fahrzeug- und Industriebatterien oder deren Bevollmächtigte stellen die Erfüllung ihrer Pflichten aus § 5 dadurch sicher, dass sie

1. den Vertreibern für die von diesen nach § 9 Absatz 1 Satz 1 zurückgenommenen Fahrzeug- und Industrie-Altbatterien und
2. den Behandlungseinrichtungen nach § 12 Absatz 1 und 2 für die dort anfallenden Fahrzeug- und Industrie-Altbatterien

eine zumutbare und kostenfreie Möglichkeit der Rückgabe anbieten und die zurückgenommenen Altbatterien nach § 14 verwerten. Die Hersteller von Fahrzeug- und Industriebatterien oder deren Bevollmächtigte sind verpflichtet, die finanziellen und organisatorischen nach Satz 1 nachzukommen. Eine Verpflichtung der Vertreiber oder der Behandlungseinrichtungen zur Überlassung dieser Altbatterien an die Hersteller oder an deren Bevollmächtigte besteht nicht.

(2) Für Fahrzeug- und Industrie-Altbatterien können die jeweils betroffenen Hersteller oder deren Bevollmächtigte, Vertreiber, Behandlungseinrichtungen nach § 12 Absatz 1 und 2 und Endnutzer von Absatz 1 Satz 1 abweichende Vereinbarungen treffen.

(3) Soweit Fahrzeug- und Industrie-Altbatterien durch Vertreiber, Behandlungseinrichtungen nach § 12 Absatz 1 und 2, öffentlich-rechtliche Entsorgungsträger oder gewerbliche Altbatterieentsorger nach § 14 verwertet werden, gilt die Verpflichtung der Hersteller oder von deren Bevollmächtigten aus § 5 als erfüllt.

§ 9 Pflichten der Vertreiber

(1) Jeder Vertreiber ist verpflichtet, vom Endnutzer Altbatterien an oder in unmittelbarer Nähe des Handelsgeschäfts unentgeltlich zurückzunehmen. Die Rücknahmeverpflichtung nach Satz 1 beschränkt sich auf Altbatterien der Art im Sinne von § 2 Absatz 2 bis 6, die der Vertreiber als Neubatterien in seinem Sortiment führt oder geführt hat, sowie auf die Menge, derer sich Endnutzer üblicherweise entledigen. Satz 1 erstreckt sich nicht auf Produkte mit eingebauten Altbatterien; das Elektro- und Elektronikgerätegesetz und die Altfahrzeug-Verordnung bleiben unberührt. Im Versandhandel ist Handelsgeschäft im Sinne von Satz 1 das Versandlager.

(2) Die Vertreiber nach Absatz 1 Satz 1 sind verpflichtet, zurückgenommene Geräte-Altbatterien einem Rücknahmesystem nach § 7 Absatz 1Satz 1 zu überlassen. Die Bindung an ein Rücknahmesystem erfolgt für mindestens zwölf Monate. Eine Kündigung ist nur zulässig bis drei Monate vor Ablauf der vereinbarten Laufzeit oder, falls keine Laufzeit vereinbart ist, bis drei Monate vor Ablauf der zwölf Monate. Wird die Kündigungsfrist nicht eingehalten oder keine Kündigung erklärt, verlängert sich die Laufzeit um mindestens zwölf weitere Monate. Die Sätze 2 und 3 gelten nicht, sofern die Genehmigungdes Rücknahmesystems während der Laufzeit entfällt.

(3) Soweit ein Vertreiber vom Angebot nach § 8 Absatz 1 keinen Gebrauch macht und Fahrzeug- und Industriebatterien selbst verwertet oder Dritten zur Verwertung überlässt, hat er sicherzustellen, dass die Anforderungen des § 14 erfüllt werden. Für Fahrzeug- und Industriebatterien, die der Vertreiber einem gewerblichen Altbatterieentsorger mit dem Ziel der Verwertung überlässt, gelten die Anforderungen des § 14 zu Gunsten des Vertreibers als erfüllt. Satz 2 gilt auch für Fahrzeugbatterien, die der Vertreiber einem öffentlich-rechtlichen Entsorgungsträger mit dem Ziel der Verwertung überlässt.

(4) Die Kosten für die Rücknahme, Sortierung, Verwertung und Beseitigung von Geräte-Altbatterien dürfen beim Vertrieb neuer Gerätebatterien gegenüber dem Endnutzer nicht getrennt ausgewiesen werden.

§ 10 Pfandpflicht für Fahrzeugbatterien

(1) Vertreiber, die Fahrzeugbatterien an Endnutzer abgeben, sind verpflichtet, je Fahrzeugbatterie ein Pfand in Höhe von 7,50 Euro einschließlich Umsatzsteuer zu erheben, wenn der Endnutzer zum Zeitpunkt des Kaufs einer neuen Fahrzeugbatterie keine Fahrzeug-Altbatterie zurückgibt. Der Vertreiber, der das Pfand erhoben hat, ist bei Rückgabe einer Fahrzeug-Altbatterie zur Erstattung des Pfandes verpflichtet. Der Vertreiber kann bei der Pfanderhebung eine Pfandmarke ausgeben und die Pfanderstattung von der Rückgabe der Pfandmarke abhängig machen. Wird die Fahrzeug-Altbatterie nicht dem Pfand erhebenden Vertreiber zurückgegeben, ist derjenige Erfassungsberechtigte nach § 11 Absatz 3, der die Fahrzeug-Altbatterie zurücknimmt, verpflichtet, auf Verlangen des Endnutzers schriftlich oder elektronisch zu bestätigen, dass eine Rücknahme ohne Pfanderstattung erfolgt ist. Ein Vertreiber, der Fahrzeugbatterien unter Verwendung von Fernkommunikationsmitteln anbietet, ist abweichend von Satz 2 zur Erstattung des Pfandes auch bei Vorlage eines schriftlichen oder elektronischen Rückgabenachweises nach Satz 4, der zum Zeitpunkt der Vorlage nicht älter als zwei Wochen ist, verpflichtet.

(2) Werden in Fahrzeuge eingebaute Fahrzeugbatterien an den Endnutzer ab- oder weitergegeben, so entfällt die Pfandpflicht.

§ 11 Pflichten des Endnutzers

(1) Besitzer von Altbatterien haben diese einer vom unsortierten Siedlungsabfall getrennten Erfassung zuzuführen. Satz 1 gilt nicht für Altbatterien, die in andere Produkte eingebaut sind; das Elektro- und Elektronikgerätegesetz und die Altfahrzeug-Verordnung bleiben unberührt.

(2) Geräte-Altbatterien werden ausschließlich über Rücknahmestellen, die den Rücknahmesystemen nach § 7 Absatz 1 Satz 1 angeschlossen sind, erfasst.

(3) Fahrzeug-Altbatterien werden ausschließlich über die Vertreiber, die öffentlich-rechtlichen Entsorgungsträger und über die Behandlungseinrichtungen nach § 12 Absatz 2 erfasst. Abweichend von Satz 1 können Endnutzer, die gewerbliche oder sonstige wirtschaftliche Unternehmen oder öffentliche Einrichtungen sind, die bei ihnen anfallenden Fahrzeug-Altbatterien unmittelbar den Herstellern oder gewerblichen Altbatterieentsorgern überlassen.

(4) Industrie-Altbatterien werden ausschließlich über die Vertreiber, die Behandlungseinrichtungen nach § 12 Absatz 2 und über gewerbliche Altbatterieentsorger erfasst, soweit nicht abweichende Vereinbarungen nach § 8 Absatz 2 getroffen worden sind; die Erfüllung der Anforderungen aus § 14 ist sicherzustellen.

§ 12 Überlassungs- und Verwertungspflichten Dritter

(1) Die Betreiber von Behandlungseinrichtungen für Altgeräte nach dem Elektro- und Elektronikgerätegesetz sind verpflichtet, bei der Behandlung anfallende Geräte-Altbatterien einem Rücknahmesystem nach § 7 Absatz 1 Satz 1 zu überlassen.

(2) Die Betreiber von Behandlungseinrichtungen für Altfahrzeuge nach der Altfahrzeug-Verordnung sind verpflichtet, bei der Behandlung anfallende Geräte-Altbatterien einem Rücknahmesystem nach § 7 Absatz 1 Satz 1 zu überlassen.

(3) Die Bindung an ein Rücknahmesystem erfolgt für mindestens zwölf Monate. Eine Kündigung ist nur zulässig bis drei Monate vor Ablauf der vereinbarten Laufzeit oder, falls keine Laufzeit vereinbart ist, bis drei Monate vor Ablauf der zwölf Monate. Wird die Kündigungsfrist nicht eingehalten oder keine Kündigung erklärt, verlängert sich die Laufzeit um mindestens zwölf weitere Monate. Die Sätze 1 und 2 gelten nicht, sofern die Genehmigung des Rücknahmesystems während der Laufzeit entfällt.

(4) Für die bei der Behandlung nach den Absätzen 1 und 2 anfallenden Fahrzeug- und Industrie-Altbatterien ist § 9 Absatz 3 entsprechend anzuwenden.

§ 13 Mitwirkung der öffentlich-rechtlichen Entsorgungsträger

(1) Die öffentlich-rechtlichen Entsorgungsträger sind verpflichtet, Geräte-Altbatterien, die gemäß § 10 Absatz 1 Satz 2 des Elektro- und Elektronikgerätegesetzes durch den Endnutzer vom Elektrooder Elektronikgerät zu trennen sind, unentgeltlich zurückzunehmen. Diese Geräte-Altbatterien sind einem Rücknahmesystem nach § 7 Absatz 1 Satz 1 zu überlassen. Satz 2 gilt auch, sofern sich öffentlich-rechtliche Entsorgungsträger freiwillig an der Rücknahme sonstiger Geräte-Altbatterien beteiligen. Die Bindung an ein Rücknahmesystem erfolgt für mindestens zwölf Monate. Eine Kündigung ist nur zulässig bis drei Monate vor Ablauf der vereinbarten Laufzeit oder, falls keine Laufzeit vereinbart ist, bis drei Monate vor Ablauf der zwölf Monate. Wird die Kündigungsfrist nicht eingehalten oder keine Kündigung erklärt, verlängert sich die Laufzeit um mindestens zwölf weitere Monate. Die Sätze 3 und 4 gelten nicht, sofern die Genehmigung des Rücknahmesystems während der Laufzeit entfällt.

(2) Öffentlich-rechtliche Entsorgungsträger können sich an der Rücknahme von Fahrzeug-Altbatterien beteiligen. Sofern eine Beteiligung erfolgt, sind sie verpflichtet, die erfassten Fahrzeug-Altbatterien nach § 14 zu verwerten.

§ 13a Mitwirkung von freiwilligen Rücknahmestellen

Freiwillige Rücknahmestellen haben die anfallenden und zurückgenommenen Geräte-Altbatterien einem Rücknahmesystem nach § 7 Absatz 1 Satz 1 zu überlassen. Die Bindung an ein Rücknahmesystem erfolgt für mindestens zwölf Monate. Eine Kündigung ist nur zulässig bis drei Monate vor Ablauf der vereinbarten Laufzeit oder, falls keine Laufzeit vereinbart ist, bis drei Monate vor Ablauf der zwölf Monate. Wird die Kündigungsfrist nicht eingehalten oder keine Kündigung erklärt, verlängert sich die Laufzeit um mindestens zwölf weitere Monate. Die Sätze 2 und 3 gelten nicht, sofern die Genehmigung des Rücknahmesystems während der Laufzeit entfällt. In der Vereinbarung mit dem jeweiligen Rücknahmesystem sind mindestens Regelungen zur Art und zum Ort der Rückgabe zu treffen.

§ 14 Verwertung und Beseitigung

(1) Alle gesammelten und identifizierbaren Altbatterien sind nach dem Stand der Technik zu behandeln und stofflich zu verwerten. Die Behandlung muss mindestens die Entfernung aller Flüssigkeiten und Säuren umfassen. Es sind die folgenden Recyclingeffizienzen zu erreichen:

1. 65 Prozent der durchschnittlichen Masse von Blei-Säure-Altbatterien beim höchsten Maß an stofflicher Verwertung des Bleigehalts, das wirtschaftlich zumutbar und technisch erreichbar ist,
2. 75 Prozent der durchschnittlichen Masse von Nickel-Cadmium-Altbatterien beim höchsten Maß an stofflicher Verwertung des Cadmiumgehalts, das wirtschaftlich zumutbar und technisch erreichbar ist,
3. 50 Prozent der durchschnittlichen Masse sonstiger Altbatterien.

Dabei ist insbesondere die Berechnung der Recyclingeffizienzen zu beachten, die durch die Verordnung (EU) Nr. 493/2012 der Kommission vom 11. Juni 2012 mit Durchführungsbestimmungen zur Berechnung der Recyclingeffizienzen von Recyclingverfahren für Altbatterien und Altakkumulatoren gemäß der Richtlinie 2006/66/EG des Europäischen Parlaments und des Rates (ABl. L 151 vom 12. 6. 2012, S. 9) vorgegeben ist. Zuständige Behörde im Sinne von Artikel 3 Absatz 4 der Verordnung ist das Umweltbundesamt. Das Umweltbundesamt übermittelt die Meldungen nach Artikel 3 Absatz 4 der Verordnung (EU) Nr. 493/2012 nachrichtlich den Ländern. Nicht identifizierbare Altbatterien sowie Rückstände von zuvor ordnungsgemäß behandelten und stofflich verwerteten Altbatterien sind nach dem Stand der Technik gemeinwohlverträglich zu beseitigen.

(2) Die Beseitigung von Fahrzeug- und Industrie-Altbatterien durch Verbrennung oder Deponierung ist untersagt. Dies gilt nicht für Rückstände von zuvor ordnungsgemäß behandelten und stofflich verwerteten Altbatterien.

(2a) Die Behandlung und die Lagerung von Altbatterien in Behandlungsanlagen dürfen nur erfolgen

1. an Standorten mit undurchlässigen Oberflächen und geeigneter, wetterbeständiger Abdeckung oder
2. in geeigneten Behältnissen.

Satz 1 gilt auch für eine nur vorübergehende Lagerung.

(3) Behandlung und stoffliche Verwertung nach Absatz 1 können außerhalb des Geltungsbereichs dieses Gesetzes vorgenommen werden, wenn die Verbringung der Altbatterien den Anforderungen der Verordnung (EG) Nr. 1013/2006 des Europäischen Parlaments und des Rates vom 14. Juni 2006 über die Verbringung von Abfällen (ABl. L 190 vom 12.7.2006, S. 1, L 318 vom 28. 11.2008, S. 15), die zuletzt durch die Verordnung (EG) Nr. 669/2008 (ABl. L 188 vom 16.7. 2008, S. 7) geändert worden ist, in der jeweils geltenden Fassung sowie den Vorgaben der Rechtsverordnung nach § 27 Nummer 2 entspricht.

(4) Altbatterien, die nach der Verordnung (EG) Nr. 1013/2006 und der Verordnung (EG) Nr. 1418/2007 der Kommission vom 29. November 2007 über die Ausfuhr von bestimmten in Anhang III oder IIIA der Verordnung (EG) Nr. 1013/2006 des Europäischen Parlaments und des Rates aufgeführten Abfällen, die zur Verwertung bestimmt sind, in bestimmte Staaten, für die der OECD-Beschluss über die Kontrolle der grenzüberschreitenden Verbringung von Abfällen nicht gilt (ABl. L 316 vom 4.12.2007, S. 6), die durch die Verordnung (EG) Nr. 740/2008 (ABl. L 201 vom 30.7. 2008, S. 36) geändert worden ist, in der jeweils geltenden Fassung aus der Europäischen Gemeinschaft ausgeführt werden, sind für die Erfüllung der Verpflichtungen nach Absatz 1 nur zu berücksichtigen, wenn stichhaltige Beweise dafür vorliegen, dass die Verwertung unter Bedingungen erfolgt ist, die den Anforderungen dieses Gesetzes und der nach diesem Gesetz erlassenen Rechtsverordnungen entsprechen.

§ 15 Erfolgskontrolle

(1) Jedes Rücknahmesystem nach § 7 Absatz 1 Satz 1 hat dem Umweltbundesamt jährlich bis zum Ablauf des 30. April eine Dokumentation gemäß Satz 3 vorzulegen, die Auskunft gibt über

1. die Masse der Gerätebatterien, die im vorangegangenen Jahr von seinen Mitgliedern oder im Fall der Bevollmächtigung von den durch die Bevollmächtigten jeweils vertretenen Hersteller im Geltungsbereich dieses Gesetzes in Verkehr gebracht wurden und im Geltungsbereich dieses Gesetzes verblieben sind, untergliedert nach chemischen Systemen und Typengruppen,
2. die Masse der von ihm im vorangegangenen Jahr zurückgenommenen Geräte-Altbatterien, untergliedert nach chemischen Systemen und Typengruppen; dabei sind selbst zurückgenommene Massen und Massen, die von anderen Rücknahmesystemen zurückgenommen und diesen abgekauft wurden, getrennt auszuweisen,
3. die Masse der von ihm im vorangegangenen Jahr stofflich verwerteten Geräte-Altbatterien, untergliedert nach chemischen Systemen und Typengruppen; dabei sind ausgeführte und außerhalb des Geltungsbereichs dieses Gesetzes verwertete Geräte-Altbatterien gesondert auszuweisen,
4. die nach Maßgabe des § 16 im eigenen System erreichte Sammelquote für Geräte-Altbatterien,
5. die nach Maßgabe des § 2 Absatz 19 im eigenen System erreichte Verwertungsquote für Geräte-Altbatterien sowie
6. die qualitativen und quantitativen Verwertungsund Beseitigungsergebnisse.

Jeder Hersteller oder dessen Bevollmächtigter ist verpflichtet, dem Rücknahmesystem, das er betreibt, die zur Erfüllung der Berichtspflichten nach Satz 1 erforderlichen Informationen auf Verlangen des Rücknahmesystems bereitzustellen. Die Dokumentation nach Satz 1 ist durch die Rücknahmesysteme nach § 7 Absatz 1 Satz 1 in einer von einem unabhängigen Sachverständigen geprüften und bestätigten Fassung vorzulegen. Die Rücknahmesysteme haben sicherzustellen, dass spätestens nach fünf Jahren der durchgängigen Prüfung durch denselben Sachverständigen ein anderer unabhängiger Sachverständiger die Prüfung und Bestätigung der Dokumentation durchführt. Jedes Rücknahmesystem veröffentlicht die nach Satz 1 vorzulegende Dokumentation innerhalb eines Monats nach Vorlage beim Umweltbundesamt auf seiner Internetseite. Im Fall der Beleihung nach § 23 übermittelt das Umweltbundesamt die Dokumentationen der Rücknahmesysteme nach deren Erhalt an die Beliehene.

(2) Die Rücknahmesysteme nach § 7 Absatz 1 Satz 1 haben dem Umweltbundesamt jährlich bis zum Ablauf des 30. April über die ökologische Gestaltung der Beiträge ihrer Hersteller oder von deren Bevollmächtigten zu berichten, insbesondere berichten sie, wie sie die Vorgaben nach § 7a bei der Bemessung der Beiträge umgesetzt haben.

(3) Für die Vertreiber von Fahrzeug- und Industriebatterien ist Absatz 1 Satz 1 Nummer 2, 3, 5 und 6 mit der Maßgabe anzuwenden, dass über die Rücknahme und Verwertung von Fahrzeugund Industrie-Altbatterien zu berichten ist. Die Dokumentation ist auf Verlangen des Umweltbundesamtes in einer von einem unabhängigen Sachverständigen geprüften und bestätigten Fassung vorzulegen. Hersteller von Fahrzeug- und Industriebatterien oder deren Bevollmächtigte können für mehrere Vertreiber gemeinsam eine Dokumentation vorlegen. Sie haben jährlich bis zum Ablauf des 31. Mai die Daten über die im vorangegangenen Jahr erreichten Verwertungsquoten für Fahrzeugund Industrie-Altbatterien auf Ihrer Internetseite zu veröffentlichen.

(3a) Im Fall des § 13 Absatz 2 ist für den öffentlich-rechtlichen Entsorgungsträger Absatz 1 Satz 1 Nummer 2, 3 und 6 mit der Maßgabe anzuwenden, dass über die Rücknahme und Verwertung von Fahrzeug-Altbatterien zu berichten ist.

(4) Das Umweltbundesamt kann im Bundesanzeiger Empfehlungen für das Format und den Aufbau der Dokumentationen nach den Absätzen 1 und 2 veröffentlichen. Das Umweltbundesamt ist befugt, im Einvernehmen mit dem Bundesministerium für Umwelt, Naturschutz und nukleare Sicherheit Prüfleitlinien zu entwickeln, die von den unabhängigen Sachverständigen bei der Prüfung und Bestätigung der Dokumentationen nach Absatz 1 zu beachten sind.

§ 16 Sammelziel

(1) Die Rücknahmesysteme nach § 7 Absatz 1 Satz 1 müssen jeweils im eigenen System für Geräte- Altbatterien eine Sammelquote von mindestens 50 Prozent erreichen und dauerhaft sicherstellen.

(2) Zur Berechnung der Sammelquote nach Absatz 1 ist die Masse der Geräte-Altbatterien, die im Geltungsbereich dieses Gesetzes in einem Kalenderjahr zurückgenommen wurde, ins Verhältnis zu setzen zu der Masse an Gerätebatterien, die im Durchschnitt des betreffenden und der beiden vorangegangenen Kalenderjahre im Geltungsbereich dieses Gesetzes erstmals in Verkehr gebracht worden ist und im Geltungsbereich dieses Gesetzes für eine getrennte Erfassung zur Verfügung steht. Bei der Berechnung nach Satz 1 darf die Masse der zurückgenommenen Blei-Säure-Geräte-Altbatterien nur insoweit herangezogen werden, als sie die Masse der erstmals in Verkehr gebrachten Blei- Säure-Gerätebatterien, die im Geltungsbereich dieses Gesetzes für eine getrennte Erfassung zur Verfügung steht, nicht übersteigt.

(3) Bei einem Wechsel eines Herstellers von einem Rücknahmesystem zu einem anderen Rücknahmesystem wird die in Verkehr gebrachte Masse an Gerätebatterien bei der Berechnung der Sammelquote nach Absatz 2 erst ab dem Zeitpunkt des Wechsels dem neuen Rücknahmesystem zugerechnet. Zuvor in Verkehr gebrachte Gerätebatterien verbleiben für die Berechnung der Sammelquote beim bisherigen Rücknahmesystem.

Abschnitt 3
Kennzeichnung, Hinweispflichten

§ 17 Kennzeichnung

(1) Der Hersteller ist verpflichtet, Batterien vor dem erstmaligen Inverkehrbringen gemäß den Vorgaben nach den Absätzen 4 und 5 mit dem Symbol nach der Anlage zu kennzeichnen.

(2) Das Symbol nach Absatz 1 muss mindestens 3 Prozent der größten Fläche der Batterie, höchstens jedoch eine Fläche von 5 Zentimeter Länge und 5 Zentimeter Breite, einnehmen. Bei zylindrischer Form des zu kennzeichnenden Objekts muss das Symbol nach Absatz 1 mindestens 1,5 Prozent der Oberfläche des Objekts, höchstens jedoch eine Fläche von 5 Zentimeter Länge und 5 Zentimeter Breite, einnehmen.

(3) Der Hersteller ist verpflichtet, Batterien, die mehr als 0,0005 Masseprozent Quecksilber, mehr als 0,002 Masseprozent Cadmium oder mehr als 0,004 Masseprozent Blei enthalten, vor dem erstmaligen Inverkehrbringen gemäß den Vorgaben nach den Sätzen 2 und 3 sowie nach den Absätzen 4 und 5 mit den chemischen Zeichen der Metalle (Hg, Cd, Pb) zu kennzeichnen, bei denen der Grenzwert überschritten wird. Die Zeichen nach Satz 1 sind unterhalb des Symbols nach Absatz 1 aufzubringen. Jedes Zeichen muss mindestens eine Fläche von einem Viertel der Fläche des Symbols nach Absatz 1 einnehmen. 11

(4) Nimmt das Symbol nach Absatz 1 oder das Zeichen nach Absatz 3 eine Fläche von weniger als einem halben Zentimeter Länge und einem halben Zentimeter Breite ein, kann auf die entsprechende Kennzeichnung verzichtet werden. Stattdessen sind Symbol und Zeichen in einer Größe von jeweils mindestens einem Zentimeter Länge und einem Zentimeter Breite auf die Verpackung aufzubringen. Die Sätze 1 und 2 gelten entsprechend, wenn eine Kennzeichnung der Batterie technisch nicht möglich ist.

(5) Symbol und Zeichen müssen gut sichtbar, lesbar und dauerhaft aufgebracht werden.

(6) Der Hersteller ist verpflichtet, Fahrzeug- und Gerätebatterien vor dem erstmaligen Inverkehrbringen mit einer sichtbaren, lesbaren und unauslöschlichen Kapazitätsangabe zu versehen. Bei der Bestimmung der Kapazität und der Gestaltung der Kapazitätsangabe sind die durch Rechtsverordnung nach § 27 Nummer 3 und nach der Verordnung (EU) Nr. 1103/2010 der Kommission vom 29. November 2010 zur Festlegung – gemäß der Richtlinie 2006/66/EG des Europäischen Parlaments und des Rates – von Vorschriften für die Angabe der Kapazität auf sekundären (wiederaufladbaren) Gerätebatterien und -akkumulatoren sowie auf Fahrzeugbatterien und -akkumulatoren (ABl. L 313 vom 30.11.2010, S. 3) festgelegten Vorgaben zu beachten.

(7) Zusätzliche freiwillige Kennzeichnungen sind zulässig, soweit sie nicht im Widerspruch zu einer Kennzeichnung nach Absatz 1, 3 oder 6 stehen.

§ 18 Hinweis- und Informationspflichten

(1) Vertreiber haben ihre Kunden durch gut sicht- und lesbare, im unmittelbaren Sichtbereich des Hauptkundenstroms platzierte Schrift- oder Bildtafeln darauf hinzuweisen,

1. dass Batterien nach Gebrauch im Handelsgeschäft unentgeltlich zurückgegeben werden können,
2. dass der Endnutzer zur Rückgabe von Altbatterien gesetzlich verpflichtet ist und
3. welche Bedeutung das Symbol nach § 17 Absatz 1 und die Zeichen nach § 17 Absatz 3 haben.

Wer Batterien im Versandhandel an den Endnutzer abgibt, hat die Hinweise nach Satz 1 in den von ihm verwendeten Darstellungsmedien zu geben oder sie der Warensendung schriftlich beizufügen.

(2) Die Hersteller sind verpflichtet, die Endnutzer zu informieren über

1. die in Absatz 1 Satz 1 genannten Bestimmungen,
2. Abfallvermeidungsmaßnahmen und über Maßnahmen zur Vermeidung von Vermüllung,
3. die Möglichkeiten der Vorbereitung zur Wiederverwendung von Altbatterien,
4. die möglichen Auswirkungen der in Batterien enthaltenen Stoffe auf die Umwelt und die menschliche Gesundheit, insbesondere über die Risiken beim Umgang mit lithiumhaltigen Batterien, sowie
5. die Bedeutung der getrennten Sammlung und der Verwertung von Altbatterien für Umwelt und Gesundheit.

(3) Die Rücknahmesysteme nach § 7 Absatz 1 Satz 1 sind verpflichtet, gemeinsam die Endnutzer in angemessenem Umfang zu informieren über

1. die Verpflichtung nach § 11 Absatz 1 zur Entsorgung von Geräte-Altbatterien,
2. Sinn und Zweck der getrennten Sammlung von Geräte-Altbatterien,
3. die eingerichteten Rücknahmesysteme sowie
4. die Rücknahmestellen.

Die Information nach Satz 1 hat in regelmäßigen Zeitabständen zu erfolgen und soll sowohl lokale als auch überregionale Maßnahmen beinhalten. Zur Erfüllung ihrer Pflichten aus Satz 1 haben die Rücknahmesysteme nach § 7 Absatz 1 Satz 1 gemeinschaftlich einen Dritten zu beauftragen. Der beauftragte Dritte hat einen Beirat einzurichten, dem folgende Vertreter angehören:

1. Vertreter der öffentlich-rechtlichen Entsorgungsträger,
2. Vertreter der Verbraucherschutzorganisationen,
3. Vertreter der Hersteller- und Handelsverbände,
4. Vertreter der Entsorgungswirtschaft sowie
5. Vertreter der Länder und des Bundes.

Der Beirat gibt sich eine Geschäftsordnung. Die Rücknahmesysteme nach § 7 Absatz 1 Satz 1 tragen die Kosten entsprechend dem Marktanteil der in Verkehr gebrachten Masse an Gerätebatterien der jeweils bei ihnen selbst oder über einen Bevollmächtigten beteiligten Hersteller.

(4) Die Rücknahmesysteme nach § 7 Absatz 1 Satz 1 haben eine gemeinsame einheitliche Kennzeichnung für Rücknahmestellen zu entwerfen, diese den Rücknahmestellen unentgeltlich zur Verfügung zu stellen und bei den Rücknahmestellen dauerhaft für deren Nutzung zu werben. Die Rücknahmesysteme nach § 7 Absatz 1 Satz 1 können auch gemeinschaftlich einen Dritten mit der Wahrnehmung der Pflicht aus Satz 1 beauftragen. Absatz 3 Satz 6 gilt entsprechend.

Abschnitt 4
Zuständige Behörde

§ 19 Zuständige Behörde

Zuständige Behörde ist das Umweltbundesamt.

§ 20 Aufgaben der zuständigen Behörde

(1) Die zuständige Behörde registriert den Hersteller auf dessen Antrag mit der Marke, der Firma, dem Ort der Niederlassung oder dem Sitz, der Anschrift und dem Namen des Vertretungsberechtigten sowie der Batterieart im Sinne von § 2 Absatz 4 bis 6 und erteilt dem Hersteller eine Registrierungsnummer. Im Fall des § 26 Absatz 2 registriert die zuständige Behörde den Bevollmächtigten mit den in Satz 1 genannten Angaben sowie mit den Kontaktdaten des vertretenen Herstellers und erteilt je vertretenen Hersteller eine Registrierungsnummer. Herstellern von Gerätebatterien oder deren Bevollmächtigten darf die Registrierung nur erteilt werden, wenn der Hersteller oder der Bevollmächtigte ein Rücknahmesystem nach § 7 Absatz 1 Satz 1 eingerichtet hat und betreibt, das mit Wirkung für ihn genehmigt ist.

(2) Die zuständige Behörde genehmigt die Rücknahmesysteme nach § 7 Absatz 1 Satz 1 auf Antrag des Herstellers oder des Bevollmächtigten oder auf Antrag des beauftragten Dritten nach Maßgabe des § 7 Absatz 2 und 3. Die zuständige Behörde überprüft regelmäßig, spätestens alle drei Jahre, ob die Voraussetzungen für die Genehmigung erfüllt werden.

11

(3) Die zuständige Behörde veröffentlicht die folgenden Angaben zu den registrierten Herstellern und den registrierten Bevollmächtigten auf ihrer Internetseite:

1. Name, Anschrift und Internetadresse des Herstellers oder von dessen Bevollmächtigten,
2. im Fall der Bevollmächtigung: Name und Anschrift des vertretenen Herstellers,
3. die Batterieart nach § 2 Absatz 4 bis 6, die der Hersteller in Verkehr bringt,
4. die Marke, unter der der Hersteller die Batterien in Verkehr bringt,
5. bei Gerätebatterien: Name und Rechtsform des Rücknahmesystems nach § 7 Absatz 1 Satz 1, das der Hersteller oder dessen Bevollmächtigter eingerichtet hat und betreibt,
6. bei Fahrzeug- oder Industriebatterien: die Erklärung über die erfolgte Einrichtung von Rückgabemöglichkeiten und die Zugriffsmöglichkeiten der Rückgabeberechtigten auf das Angebot.

Die Veröffentlichung ist zu untergliedern nach Herstellern von Geräte-, Fahrzeug- und Industriebatterien und muss für jeden Hersteller die Angaben nach Satz 1 sowie das Datum der Registrierung enthalten. Für Hersteller, die aus dem Markt ausgetreten sind, ist zusätzlich das Datum des Marktaustritts anzugeben. Die Angaben nach Satz 1 sind drei Jahre nach dem Datum des angezeigten Marktaustritts des Herstellers im Internet zu löschen. Die Sätze 2 bis 4 gelten im Fall der Bevollmächtigung mit der Maßgabe, dass die Daten zum Bevollmächtigten je vertretenen Hersteller zu veröffentlichen sind.

(4) Die zuständige Behörde veröffentlicht den Namen und die Anschrift der genehmigten Rücknahmesysteme nach § 7 Absatz 1 Satz 1 auf ihren Internetseiten.

§ 21 Befugnisse der zuständigen Behörde

(1) Die zuständige Behörde kann unbeschadet des § 49 des Verwaltungsverfahrensgesetzes die Registrierung einschließlich der Registrierungsnummer widerrufen, wenn

1. der Hersteller oder dessen Bevollmächtigter entgegen § 7 Absatz 1 Satz 1 kein Rücknahmesystem einrichtet und betreibt,
2. der Hersteller entgegen § 17 Absatz 1 bis 6 Batterien wiederholt nicht oder nicht richtig kennzeichnet oder
3. über das Vermögen des Herstellers oder von dessen Bevollmächtigten das Insolvenzverfahren eröffnet wird oder die Eröffnung des Insolvenzverfahrens mangels Masse abgelehnt wird.

In den Fällen des Satzes 1 Nummer 3 ist bei Eröffnung des Insolvenzverfahrens über das Vermögen des Herstellers die Registrierung einschließlich der Registrierungsnummer zu widerrufen, sofern der Insolvenzverwalter oder bei Anordnung der Eigenverwaltung der Hersteller nicht unverzüglich gegenüber der zuständigen Behörde verbindlich erklärt, den Herstellerpflichten nach diesem Gesetz nachzukommen. Satz 2 gilt entsprechend, sofern im Fall der Bevollmächtigung das Insolvenzverfahren über das Vermögen des Bevollmächtigten eröffnet wird.

(2) Die zuständige Behörde kann unbeschadet des § 49 des Verwaltungsverfahrensgesetzes die Genehmigung eines Rücknahmesystems nach § 7 Absatz 1 Satz 1 widerrufen, wenn

1. der Betreiber des Rücknahmesystems seine Pflichten nach § 7 Absatz 2 Satz 2 schwerwiegend verletzt,
2. der Betreiber des Rücknahmesystems nicht nur unwesentlich gegen eine Auflage nach § 7 Absatz 2 Satz 4 oder eine Anordnung nach § 28 Absatz 1 verstößt,
3. im Fall des § 7 Absatz 3 kein Hersteller oder kein Bevollmächtigter das Rücknahmesystem mehr betreibt oder
4. der Betreiber des Rücknahmesystems das Sammelziel nach § 16 in einem Kalenderjahr nicht erreicht.

Die zuständige Behörde soll die Genehmigung eines Rücknahmesystems nach § 7 Absatz 1 Satz 1 widerrufen, wenn über das Vermögen des Rücknahmesystems das Insolvenzverfahren eröffnet wird oder die Eröffnung des Insolvenzverfahrens mangels Masse abgelehnt wird. Die Genehmigung eines Rücknahmesystems ist zu widerrufen, wenn die zuständige Behörde feststellt, dass der Betrieb des Rücknahmesystems eingestellt wurde.

§ 22 Vollständig automatisierter Erlass von Verwaltungsakten

Verwaltungsakte der zuständigen Behörde nach den §§ 20, 21 und 28 Absatz 1 können unbeschadet des § 24 Absatz 1 Satz 3 des Verwaltungsverfahrensgesetzes vollständig durch automatische Einrichtungen erlassen werden, sofern kein Anlass besteht, den Einzelfall durch Amtsträger zu bearbeiten.

Abschnitt 5
Beleihung

§ 23 Ermächtigung zur Beleihung

(1) Die zuständige Behörde wird ermächtigt, die Gemeinsame Stelle der Hersteller nach dem Elektro- und Elektronikgerätegesetz mit den Aufgaben und Befugnissen nach § 4 Absatz 3, § 7 Absatz 6, den §§ 20 bis 22 und 28 Absatz 1 zu beleihen. Die Aufgaben schließen die Vollstreckung, die Rücknahme und den Widerruf der hierzu ergehenden Verwaltungsakte ein. Die zu Beleihende hat die notwendige Gewähr für die ordnungsgemäße Erfüllung der ihr übertragenen Aufgaben zu bieten. Dies ist gewährleistet, wenn

1. die Personen, die nach Gesetz, nach dem Gesellschaftsvertrag oder nach der Satzung die Geschäftsführung und Vertretung ausüben, zuverlässig und fachlich geeignet sind,
2. die zu Beleihende die zur Erfüllung ihrer Aufgaben notwendige Ausstattung und Organisation hat und
3. sichergestellt ist, dass die Vorschriften zum Schutz personenbezogener Daten sowie zum Schutz von Betriebs- und Geschäftsgeheimnissen eingehalten werden.

(2) Die zuständige Behörde kann der Beliehenen die Befugnis übertragen, für die Erfüllung der in Absatz 1 genannten Aufgaben Gebühren und Auslagen nach dem Bundesgebührengesetz zu erheben und festzulegen, wie die Gebühren und Auslagen vom Gebührenschuldner zu zahlen sind. Soweit bei der Beliehenen im Rahmen der Erfüllung der Aufgaben nach Absatz 1 Aufwand für nicht individuelle zurechenbare öffentliche Leistungen oder sonstiger Aufwand entsteht, der nicht durch die Gebühren- und Auslagenerhebung der Beliehenen gedeckt ist, oder soweit die Befugnis nach Satz 1 nicht übertragen wird, ersetzt die zuständige Behörde der Beliehenen die für die Erfüllung der Aufgaben nach Absatz 1 entstehenden Kosten und Auslagen.

(3) Die Beleihung ist durch die zuständige Behörde im Bundesanzeiger bekannt zu machen.

§ 24 Aufsicht

(1) Die Beliehene untersteht der Rechts- und Fachaufsicht der zuständigen Behörde.

(2) Erfüllt die Beliehene die ihr übertragenen Aufgaben nicht oder nicht ausreichend, ist die zuständige Behörde befugt, die Aufgaben selbst durchzuführen oder im Einzelfall durch einen Beauftragten durchführen zu lassen.

(3) Die zuständige Behörde kann von der Beliehenen Ersatz für die Kosten verlangen, die ihr für die Rechts- und Fachaufsicht nach Absatz 1 entstehen. Der Anspruch darf der Höhe nach die im Haushaltsplan des Bundes für die Durchführung der Rechts- und Fachaufsicht veranschlagten Einnahmen nicht übersteigen.

§ 25 Beendigung der Beleihung

(1) Die Beleihung endet, wenn die Beliehene aufgelöst ist.

(2) Die zuständige Behörde kann unbeschadet des § 49 des Verwaltungsverfahrensgesetzes die Beleihung widerrufen, wenn die Beliehene die übertragenen Aufgaben nicht sachgerecht wahrnimmt.

(3) Die Beliehene kann die Beendigung der Beleihung jederzeit schriftlich von der zuständigen Behörde verlangen. Dem Begehren ist innerhalb einer Frist, die zur Übernahme und Fortführung der Aufgabenerfüllung nach § 4 Absatz 3, § 7 Absatz 6, den §§ 20 bis 22 und 28 Absatz 1 durch die zuständige Behörde erforderlich ist, zu entsprechen.

Abschnitt 6
Beauftragung Dritter, Verordnungsermächtigung, Vollzug

§ 26 Beauftragung Dritter und Bevollmächtigung

(1) Die nach diesem Gesetz Verpflichteten können Dritte mit der Erfüllung ihrer Pflichten beauftragen; § 22 Satz 2 und 3 des Kreislaufwirtschaftsgesetzes gilt entsprechend.

(2) Hersteller, die keine Niederlassung im Geltungsbereich dieses Gesetzes haben, können einen Bevollmächtigten mit der Wahrnehmung ihrer Verpflichtungen nach den §§ 4, 5, 7 Absatz 1

Satz 1, § 8 sowie § 15 Absatz 3 Satz 3 und 4 beauftragen. Die Aufgabenerfüllung durch den Bevollmächtigten erfolgt im eigenen Namen. Jeder Hersteller darf nur einen Bevollmächtigten beauftragen. Die Beauftragung nach Satz 1 hat schriftlich und in deutscher Sprache zu erfolgen.

§ 27 Ermächtigung zum Erlass von Rechtsverordnungen

Das Bundesministerium für Umwelt, Naturschutz und nukleare Sicherheit wird ermächtigt, durch Rechtsverordnung, die nicht der Zustimmung des Bundesrates bedarf,

1. Mindestanforderungen für die Behandlung und Verwertung von Altbatterien festzulegen,
2. Vorschriften zur Umsetzung von Durchführungsbestimmungen gemäß Artikel 15 Absatz 3 der Richtlinie 2006/66/EG zu erlassen,
3. Vorgaben für die Bestimmung der Kapazität von Fahrzeug- und Gerätebatterien sowie für die Gestaltung der Kapazitätsangabe festzulegen und
4. Ausnahmen von § 17 Absatz 1 bis 6 zuzulassen.

§ 28 Vollzug

(1) Die zuständige Behörde soll gegenüber den Rücknahmesystemen nach § 7 Absatz 1 Satz 1 die Anordnungen treffen, die erforderlich sind, um die Einhaltung der Vorgaben nach § 7 Absatz 2 und der Verwertungsanforderungen nach § 14 dauerhaft sicherzustellen.

(2) Für den Vollzug dieses Gesetzes sind § 47 Absatz 1 bis 6 und § 62 des Kreislaufwirtschaftsgesetzes entsprechend anzuwenden. Das Grundrecht auf Unverletzlichkeit der Wohnung (Artikel 13 Absatz 1 des Grundgesetzes) wird insoweit eingeschränkt.

Abschnitt 7
Bußgeldvorschriften, Schlussbestimmungen

§ 29 Bußgeldvorschriften

(1) Ordnungswidrig handelt, wer vorsätzlich oder fahrlässig

1. entgegen § 3 Absatz 1 oder 2 Satz 1 Batterien in Verkehr bringt,
2. entgegen § 3 Absatz 3 Batterien in Verkehr bringt,
3. entgegen § 3 Absatz 4 Satz 1 Batterien an den Endnutzer abgibt,

3a. entgegen § 3 Absatz 4 Satz 2 Batterien anbietet,

4. entgegen § 4 Absatz 1 Satz 1 sich nicht, nicht richtig, nicht vollständig oder nicht rechtzeitig registrieren lässt,
5. entgegen § 4 Absatz 1 Satz 4 eine Änderungsmitteilung nicht, nicht richtig, nicht vollständig oder nicht rechtzeitig macht,
6. entgegen § 5 Absatz 1 Satz 1 in Verbindung mit § 14 Absatz 1 Satz 1, 2 oder 3, jeweils auch in Verbindung mit § 5 Absatz 2, dort genannte Altbatterien nicht, nicht richtig oder nicht vollständig verwertet,
7. entgegen § 5 Absatz 1 Satz 2 in Verbindung mit § 14 Absatz 1 Satz 7, jeweils auch in Verbindung mit § 5 Absatz 2, dort genannte Altbatterien nicht, nicht richtig oder nicht vollständig beseitigt,
8. *(aufgehoben)*

9. *(aufgehoben)*

10. entgegen § 9 Absatz 2 Satz 1 oder § 12 Absatz 1 oder Absatz 2 Geräte-Altbatterien einem Rücknahmesystem nicht überlässt,

11. entgegen § 9 Absatz 4 die dort genannten Kosten getrennt ausweist,

12. entgegen § 10 Absatz 1 Satz 1, 2 oder Satz 5 ein Pfand nicht erhebt oder nicht erstattet,

13. entgegen § 14 Absatz 2 Satz 1 Fahrzeug- oder Industrie-Altbatterien durch Verbrennung oder Deponierung beseitigt,

14. entgegen § 15 Absatz 1 Satz 1, auch in Verbindung mit Absatz 3 Satz 1 eine Dokumentation nicht, nicht richtig, nicht vollständig oder nicht rechtzeitig vorlegt,

14a. entgegen § 15 Absatz 2 einen Bericht nicht oder nicht rechtzeitig erstattet,

14b. entgegen § 16 Absatz 1 das Erreichen der dort genannten Sammelquote nicht sicherstellt,

15. entgegen § 17 Absatz 1 Satz 1 oder Absatz 3 Satz 1 eine Batterie nicht, nicht richtig oder nicht rechtzeitig kennzeichnet,

16. entgegen § 17 Absatz 6, auch in Verbindung mit einer Rechtsverordnung nach § 27 Nummer 3 eine Fahrzeug- oder Gerätebatterie nicht, nicht richtig, nicht vollständig oder nicht rechtzeitig mit einer Kapazitätsangabe versieht oder

17. entgegen § 18 Absatz 1 Satz 1 oder Satz 2 einen Hinweis nicht, nicht richtig, nicht vollständig oder nicht in der vorgeschriebenen Weise gibt oder einer Warensendung nicht beifügt.

(2) Die Ordnungswidrigkeit kann in den Fällen des Absatzes 1 Nummer 1 bis 7, 10, 13, 14 und 14b mit einer Geldbuße bis zu hunderttausend Euro, in den übrigen Fällen mit einer Geldbuße bis zu zehntausend Euro geahndet werden.

(3) Verwaltungsbehörde im Sinne des § 36 Absatz 1 Nummer 1 des Gesetzes über Ordnungswidrigkeiten ist in den Fällen des Absatzes 1 Nummer 2, 3a bis 5 und 14 bis 14b das Umweltbundesamt.

(4) In den Fällen des Absatzes 3 fließen auch die im gerichtlichen Verfahren angeordneten Geldbußen und die Geldbeträge, deren Einziehung nach § 29a des Gesetzes über Ordnungswidrigkeiten gerichtlich angeordnet wurde, der Bundeskasse zu, die auch die der Staatskasse auferlegten Kosten trägt.

§ 30 Einziehung

Ist eine Ordnungswidrigkeit nach § 29 Absatz 1 begangen worden, so können Gegenstände eingezogen werden,

1. auf die sich die Ordnungswidrigkeit bezieht oder

2. die zu ihrer Begehung oder Vorbereitung gebraucht worden oder bestimmt gewesen sind.

§ 23 des Gesetzes über Ordnungswidrigkeiten ist anzuwenden.

§ 31 Übergangsvorschriften

(1) § 2 Absatz 15 Satz 2, § 3 Absatz 1 und 2 und § 17 Absatz 1, 3 und 6 Satz 1 gelten nicht für Batterien, die bereits vor dem 1. Dezember 2009 in einem Mitgliedstaat der Europäischen Union erstmals in Verkehr gebracht worden sind. § 3 Absatz 1 gilt nicht für Knopfzellen und aus Knopf-

zellen aufgebaute Batteriesätze mit einem Quecksilbergehalt von höchstens 2 Gewichtsprozent, die vor dem 1. Oktober 2015 erstmals in Verkehr gebracht worden sind. § 3 Absatz 2 Satz 1 gilt nicht für Batterien, die für die Verwendung in schnurlosen Elektrowerkzeugen bestimmt sind und die vor dem 1. Januar 2017 erstmalig in Verkehr gebracht worden sind.

(2) Abweichend von § 3 Absatz 3 müssen Hersteller, die das Inverkehrbringen bereits nach § 4 Absatz 1 Satz 1 des Batteriegesetzes vom 25. Juni 2009 in Verbindung mit der Verordnung zur Durchführung des Batteriegesetzes vom 12. November 2009, jeweils in der bis zum Ablauf des 31. Dezember 2020 geltenden Fassung, beim Umweltbundesamt angezeigt haben, erst ab dem 1. Januar 2022 nach § 4 bei der zuständigen Behörde registriert sein, sofern sich nicht zuvor gegenüber den angezeigten Angaben Änderungen ergeben haben.

(3) Das Umweltbundesamt veröffentlicht bis zum Ablauf des 31. Dezember 2021 die folgenden bis zum Ablauf des 31. Dezember 2020 von den angezeigten Herstellern gemäß § 4 in der bis zum Ablauf des 31. Dezember 2020 geltenden Fassung mitgeteilten Daten auf seinen Internetseiten:

1. Name und Rechtsform des Herstellers,
2. Anschrift des Herstellers, bestehend aus Postleitzahl, Ort und Staat,
3. Internetadresse des Herstellers,
4. Art der Batterie nach § 2 Absatz 4 bis 6, die der Hersteller in den Verkehr zu bringen beabsichtigt, und Marke, unter der er dabei tätig ist,
5. beim Inverkehrbringen von Gerätebatterien: eine Erklärung über die Einrichtung eines herstellereigenen Rücknahmesystems für Geräte-Altbatterien durch den Hersteller sowie Name und Rechtsform des vom Hersteller mit dem Betrieb seines herstellereigenen Rücknahmesystems beauftragten Dritten,
6. beim Inverkehrbringen von Fahrzeug- und Industriebatterien: eine Erklärung über die erfolgte Einrichtung einer den Anforderungen des § 8 entsprechenden Rückgabemöglichkeit für Altbatterien sowie Angaben über die Art der eingerichteten Rückgabemöglichkeit und den Zugriff der Rückgabeberechtigten auf das Angebot.

(4) Rücknahmesysteme nach § 7 Absatz 1 Satz 1, die bis zum Ablauf des 31. Dezember 2020 bereits durch die am Sitz des Herstellers für Abfallwirtschaft zuständige Behörde oder durch eine von dieser bestimmten Behörde genehmigt sind, gelten längstens bis zum Ablauf des 31. Dezember 2021 weiterhin als genehmigt. Änderungen von bereits erteilten Genehmigungen sowie Anordnungen nach § 28 Absatz 1 werden bis zum Ablauf des 31. Dezember 2021 durch die am Sitz des Herstellers für Abfallwirtschaft zuständige Behörde oder durch eine von dieser bestimmten Behörde vorgenommen.

(5) Die §§ 7a und 15 Absatz 2 sind erst ab dem 1. Januar 2023 anzuwenden.

(6) Für die Ermittlung der Sammelquote nach § 15 Absatz 1 Satz 1 Nummer 4, Absatz 2 und 3 gilt § 16 für das erste Kalenderjahr der Tätigkeit als Rücknahmesystem mit der Maßgabe, dass die Masse der in diesem Kalenderjahr zurückgenommenen Geräte-Altbatterien zur Masse der in diesem Kalenderjahr erstmals in den Verkehr gebrachten Gerätebatterien ins Verhältnis zu setzen ist.

(7) Für das zweite Kalenderjahr der Tätigkeit eines Rücknahmesystems gilt § 16 mit der Maßgabe, dass die Masse der im zweiten Kalenderjahr zurückgenommenen Geräte-Altbatterien zur Masse der im Durchschnitt der ersten beiden Kalenderjahre der Tätigkeit des Rücknahmesystems erstmals in Verkehr gebrachten Gerätebatterien ins Verhältnis zu setzen ist.

Anlage zu § 17

Anlage zu § 17

Gesetz zum Schutz vor schädlichen Umwelteinwirkungen durch Luftverunreinigungen, Geräusche, Erschütterungen und ähnliche Vorgänge

(Bundes-Immissionsschutzgesetz – BImSchG)

Vom 15. März 1974 (in der Fassung der Bekanntmachung vom 17. Mai 2013 (BGBl. I S. 1274) berichtigt am 25. Januar 2021 (BGBl. I S. 123))
zuletzt geändert am 9. Dezember 2020 (BGBl. I S. 2873)

Inhaltsübersicht

Zweiter Abschnitt
Nicht genehmigungsbedürftige Anlagen

Dritter Abschnitt
Ermittlung von Emissionen und Immissionen, sicherheitstechnische Prüfungen

Dritter Teil
Beschaffenheit von Anlagen, Stoffen, Erzeugnissen, Brennstoffen, Treibstoffen und Schmierstoffen; Treibhausgasminderung bei Kraftstoffen

Erster Abschnitt
Beschaffenheit von Anlagen, Stoffen, Erzeugnissen, Brennstoffen, Treibstoffen und Schmierstoffen

Erster Teil
Allgemeine Vorschriften

§ 1 Zweck des Gesetzes

(1) Zweck dieses Gesetzes ist es, Menschen, Tiere und Pflanzen, den Boden, das Wasser, die Atmosphäre sowie Kultur- und sonstige Sachgüter vor schädlichen Umwelteinwirkungen zu schützen und dem Entstehen schädlicher Umwelteinwirkungen vorzubeugen.

(2) Soweit es sich um genehmigungsbedürftige Anlagen handelt, dient dieses Gesetz auch

- der integrierten Vermeidung und Verminderung schädlicher Umwelteinwirkungen durch Emissionen in Luft, Wasser und Boden unter Einbeziehung der Abfallwirtschaft, um ein hohes Schutzniveau für die Umwelt insgesamt zu erreichen, sowie
- dem Schutz und der Vorsorge gegen Gefahren, erhebliche Nachteile und erhebliche Belästigungen, die auf andere Weise herbeigeführt werden.

§ 2 Geltungsbereich

(1) Die Vorschriften dieses Gesetzes gelten für

1. die Errichtung und den Betrieb von Anlagen,
2. das Herstellen, Inverkehrbringen und Einführen von Anlagen, Brennstoffen und Treibstoffen, Stoffen und Erzeugnissen aus Stoffen nach Maßgabe der §§ 32 bis 37,
3. die Beschaffenheit, die Ausrüstung, den Betrieb und die Prüfung von Kraftfahrzeugen und ihren Anhängern und von Schienen-, Luft- und Wasserfahrzeugen sowie von Schwimmkörpern und schwimmenden Anlagen nach Maßgabe der §§ 38 bis 40 und
4. den Bau öffentlicher Straßen sowie von Eisenbahnen, Magnetschwebebahnen und Straßenbahnen nach Maßgabe der §§ 41 bis 43.

(2) Die Vorschriften dieses Gesetzes gelten nicht für Flugplätze, soweit nicht die sich aus diesem Gesetz ergebenden Anforderungen für Betriebsbereiche oder der Sechste Teil betroffen sind, und für Anlagen, Geräte, Vorrichtungen sowie Kernbrennstoffe und sonstige radioaktive Stoffe, die den Vorschriften des Atomgesetzes oder einer hiernach erlassenen Rechtsverordnung unterliegen, soweit es sich um den Schutz vor den Gefahren der Kernenergie und der schädlichen Wirkung ionisierender Strahlen handelt. Sie gelten ferner nicht, soweit sich aus wasserrechtlichen Vorschriften des Bundes und der Länder zum Schutz der Gewässer oder aus Vorschriften des Düngemittel- und Pflanzenschutzrechts etwas anderes ergibt.

(3) Die Vorschriften dieses Gesetzes über Abfälle gelten nicht für

1. Luftverunreinigungen,
2. Böden am Ursprungsort (Böden in situ) einschließlich nicht ausgehobener, kontaminierter Böden und Bauwerke, die dauerhaft mit dem Boden verbunden sind,
3. nicht kontaminiertes Bodenmaterial und andere natürlich vorkommende Materialien, die bei Bauarbeiten ausgehoben wurden, sofern sichergestellt ist, dass die Materialien in ihrem natürlichen Zustand an dem Ort, an dem sie ausgehoben wurden, für Bauzwecke verwendet werden.

§ 3 Begriffsbestimmungen

(1) Schädliche Umwelteinwirkungen im Sinne dieses Gesetzes sind Immissionen, die nach Art, Ausmaß oder Dauer geeignet sind, Gefahren, erhebliche Nachteile oder erhebliche Belästigungen für die Allgemeinheit oder die Nachbarschaft herbeizuführen.

(2) Immissionen im Sinne dieses Gesetzes sind auf Menschen, Tiere und Pflanzen, den Boden, das Wasser, die Atmosphäre sowie Kultur- und sonstige Sachgüter einwirkende Luftverunreinigungen, Geräusche, Erschütterungen, Licht, Wärme, Strahlen und ähnliche Umwelteinwirkungen.

(3) Emissionen im Sinne dieses Gesetzes sind die von einer Anlage ausgehenden Luftverunreinigungen, Geräusche, Erschütterungen, Licht, Wärme, Strahlen und ähnlichen Erscheinungen.

(4) Luftverunreinigungen im Sinne dieses Gesetzes sind Veränderungen der natürlichen Zusammensetzung der Luft, insbesondere durch Rauch, Ruß, Staub, Gase, Aerosole, Dämpfe oder Geruchsstoffe.

(5) Anlagen im Sinne dieses Gesetzes sind

1. Betriebsstätten und sonstige ortsfeste Einrichtungen,
2. Maschinen, Geräte und sonstige ortsveränderliche technische Einrichtungen sowie Fahrzeuge, soweit sie nicht der Vorschrift des § 38 unterliegen, und
3. Grundstücke, auf denen Stoffe gelagert oder abgelagert oder Arbeiten durchgeführt werden, die Emissionen verursachen können, ausgenommen öffentliche Verkehrswege.

(5a) Ein Betriebsbereich ist der gesamte unter der Aufsicht eines Betreibers stehende Bereich, in dem gefährliche Stoffe im Sinne des Artikels 3 Nummer 10 der Richtlinie 2012/18/EU des Europäischen Parlaments und des Rates vom 4. Juli 2012 zur Beherrschung der Gefahren schwerer Unfälle mit gefährlichen Stoffen, zur Änderung und anschließenden Aufhebung der Richtlinie 96/82/EG des Rates (ABl. L 197 vom 24.7.2012, S. 1) in einer oder mehreren Anlagen einschließlich gemeinsamer oder verbundener Infrastrukturen oder Tätigkeiten auch bei Lagerung im Sinne des Artikels 3 Nummer 16 der Richtlinie in den in Artikel 3 Nummer 2 oder Nummer 3 der Richtlinie bezeichneten Mengen tatsächlich vorhanden oder vorgesehen sind oder vorhanden sein werden, soweit vernünftigerweise vorhersehbar ist, dass die genannten gefährlichen Stoffe bei außer Kontrolle geratenen Prozessen anfallen; ausgenommen sind die in Artikel 2 Absatz 2 der Richtlinie 2012/18/EU angeführten Einrichtungen, Gefahren und Tätigkeiten, es sei denn, es handelt sich um eine in Artikel 2 Absatz 2 Unterabsatz 2 der Richtlinie 2012/18/EU genannte Einrichtung, Gefahr oder Tätigkeit.

(5b) Eine störfallrelevante Errichtung und ein Betrieb oder eine störfallrelevante Änderung einer Anlage oder eines Betriebsbereichs ist eine Errichtung und ein Betrieb einer Anlage, die Betriebsbereich oder Bestandteil eines Betriebsbereichs ist, oder eine Änderung einer Anlage oder eines Betriebsbereichs einschließlich der Änderung eines Lagers, eines Verfahrens oder der Art oder physikalischen Form oder der Mengen der gefährlichen Stoffe im Sinne des Artikels 3 Nummer 10 der Richtlinie 2012/18/EU, aus der sich erhebliche Auswirkungen auf die Gefahren schwerer Unfälle ergeben können. Eine störfallrelevante Änderung einer Anlage oder eines Betriebsbereichs liegt zudem vor, wenn eine Änderung dazu führen könnte, dass ein Betriebsbereich der unteren Klasse zu einem Betriebsbereich der oberen Klasse wird oder umgekehrt.

(5c) Der angemessene Sicherheitsabstand im Sinne dieses Gesetzes ist der Abstand zwischen einem Betriebsbereich oder einer Anlage, die Betriebsbereich oder Bestandteil eines Betriebsbereichs ist, und einem benachbarten Schutzobjekt, der zur gebotenen Begrenzung der Auswirkungen auf das benachbarte Schutzobjekt, welche durch schwere Unfälle im Sinne des Artikels 3 Nummer 13 der Richtlinie 2012/18/EU hervorgerufen werden können, beiträgt. Der angemessene Sicherheitsabstand ist anhand störfallspezifischer Faktoren zu ermitteln.

(5d) Benachbarte Schutzobjekte im Sinne dieses Gesetzes sind ausschließlich oder überwiegend dem Wohnen dienende Gebiete, öffentlich genutzte Gebäude und Gebiete, Freizeitgebiete, wichtige Verkehrswege und unter dem Gesichtspunkt des Naturschutzes besonders wertvolle oder besonders empfindliche Gebiete.

(6) Stand der Technik im Sinne dieses Gesetzes ist der Entwicklungsstand fortschrittlicher Verfahren, Einrichtungen oder Betriebsweisen, der die praktische Eignung einer Maßnahme zur Begrenzung von Emissionen in Luft, Wasser und Boden, zur Gewährleistung der Anlagensicherheit, zur Gewährleistung einer umweltverträglichen Abfallentsorgung oder sonst zur Vermeidung oder Verminderung von Auswirkungen auf die Umwelt zur Erreichung eines allgemein hohen Schutzniveaus für die Umwelt insgesamt gesichert erscheinen lässt. Bei der Bestimmung des Standes der Technik sind insbesondere die in der Anlage aufgeführten Kriterien zu berücksichtigen.

(6a) BVT-Merkblatt im Sinne dieses Gesetzes ist ein Dokument, das auf Grund des Informationsaustausches nach Artikel 13 der Richtlinie 2010/75/EU des Europäischen Parlaments und des Rates vom 24. November 2010 über Industrieemissionen (integrierte Vermeidung und Verminderung der Umweltverschmutzung) (Neufassung) (ABl. L 334 vom 17.12.2010, S. 17) für bestimmte Tätigkeiten erstellt wird und insbesondere die angewandten Techniken, die derzeitigen Emissions- und Verbrauchswerte, alle Zukunftstechniken sowie die Techniken beschreibt, die für die Festlegung der besten verfügbaren Techniken sowie der BVT-Schlussfolgerungen berücksichtigt wurden.

(6b) BVT-Schlussfolgerungen im Sinne dieses Gesetzes sind ein nach Artikel 13 Absatz 5 der Richtlinie 2010/75/EU von der Europäischen Kommission erlassenes Dokument, das die Teile eines BVT-Merkblatts mit den Schlussfolgerungen in Bezug auf Folgendes enthält:

1. die besten verfügbaren Techniken, ihrer Beschreibung und Informationen zur Bewertung ihrer Anwendbarkeit,
2. die mit den besten verfügbaren Techniken assoziierten Emissionswerte,
3. die zu den Nummern 1 und 2 gehörigen Überwachungsmaßnahmen,
4. die zu den Nummern 1 und 2 gehörigen Verbrauchswerte sowie
5. die gegebenenfalls einschlägigen Standortsanierungsmaßnahmen.

(6c) Emissionsbandbreiten im Sinne dieses Gesetzes sind die mit den besten verfügbaren Techniken assoziierten Emissionswerte.

(6d) Die mit den besten verfügbaren Techniken assoziierten Emissionswerte im Sinne dieses Gesetzes sind der Bereich von Emissionswerten, die unter normalen Betriebsbedingungen unter Ver-

12

wendung einer besten verfügbaren Technik oder einer Kombination von besten verfügbaren Techniken entsprechend der Beschreibung in den BVT-Schlussfolgerungen erzielt werden, ausgedrückt als Mittelwert für einen vorgegebenen Zeitraum unter spezifischen Referenzbedingungen.

(6e) Zukunftstechniken im Sinne dieses Gesetzes sind neue Techniken für Anlagen nach der Industrieemissions-Richtlinie, die bei gewerblicher Nutzung entweder ein höheres allgemeines Umweltschutzniveau oder zumindest das gleiche Umweltschutzniveau und größere Kostenersparnisse bieten könnten als der bestehende Stand der Technik.

(7) Dem Herstellen im Sinne dieses Gesetzes steht das Verarbeiten, Bearbeiten oder sonstige Behandeln, dem Einführen im Sinne dieses Gesetzes das sonstige Verbringen in den Geltungsbereich dieses Gesetzes gleich.

(8) Anlagen nach der Industrieemissions-Richtlinie im Sinne dieses Gesetzes sind die in der Rechtsverordnung nach § 4 Absatz 1 Satz 4 gekennzeichneten Anlagen.

(9) Gefährliche Stoffe im Sinne dieses Gesetzes sind Stoffe oder Gemische gemäß Artikel 3 der Verordnung (EG) Nr. 1272/2008 des Europäischen Parlaments und des Rates vom 16. Dezember 2008 über die Einstufung, Kennzeichnung und Verpackung von Stoffen und Gemischen, zur Änderung und Aufhebung der Richtlinien 67/548/EWG und 1999/45/EG und zur Änderung der Verordnung (EG) Nr. 1907/2006 (ABl. L 353 vom 31.12.2008, S. 1), die zuletzt durch die Verordnung (EG) Nr. 286/2011 (ABl. L 83 vom 30.3.2011, S. 1) geändert worden ist.

(10) Relevante gefährliche Stoffe im Sinne dieses Gesetzes sind gefährliche Stoffe, die in erheblichem Umfang in der Anlage verwendet, erzeugt oder freigesetzt werden und die ihrer Art nach eine Verschmutzung des Bodens oder des Grundwassers auf dem Anlagengrundstück verursachen können.

Zweiter Teil
Errichtung und Betrieb von Anlagen

Erster Abschnitt
Genehmigungsbedürftige Anlagen

§ 4 Genehmigung

(1) Die Errichtung und der Betrieb von Anlagen, die auf Grund ihrer Beschaffenheit oder ihres Betriebs in besonderem Maße geeignet sind, schädliche Umwelteinwirkungen hervorzurufen oder in anderer Weise die Allgemeinheit oder die Nachbarschaft zu gefährden, erheblich zu benachteiligen oder erheblich zu belästigen, sowie von ortsfesten Abfallentsorgungsanlagen zur Lagerung oder Behandlung von Abfällen bedürfen einer Genehmigung. Mit Ausnahme von Abfallentsorgungsanlagen bedürfen Anlagen, die nicht gewerblichen Zwecken dienen und nicht im Rahmen wirtschaftlicher Unternehmungen Verwendung finden, der Genehmigung nur, wenn sie in besonderem Maße geeignet sind, schädliche Umwelteinwirkungen durch Luftverunreinigungen oder Geräusche hervorzurufen. Die Bundesregierung bestimmt nach Anhörung der beteiligten Kreise (§ 51) durch Rechtsverordnung mit Zustimmung des Bundesrates die Anlagen, die einer Genehmigung bedürfen (genehmigungsbedürftige Anlagen); in der Rechtsverordnung kann auch vorgesehen werden, dass eine Genehmigung nicht erforderlich ist, wenn eine Anlage insgesamt oder in ihren in der Rechtsverordnung bezeichneten wesentlichen Teilen der Bauart nach zugelassen ist und in Übereinstimmung mit der Bauartzulassung errichtet und betrieben wird. Anlagen nach Artikel 10 in Verbindung mit Anhang I der Richtlinie 2010/75/EU sind in der Rechtsverordnung nach Satz 3 zu kennzeichnen.

(2) Anlagen des Bergwesens oder Teile dieser Anlagen bedürfen der Genehmigung nach Absatz 1 nur, soweit sie über Tage errichtet und betrieben werden. Keiner Genehmigung nach Absatz 1 bedürfen Tagebaue und die zum Betrieb eines Tagebaus erforderlichen sowie die zur Wetterführung unerlässlichen Anlagen.

§ 5 Pflichten der Betreiber genehmigungsbedürftiger Anlagen

(1) Genehmigungsbedürftige Anlagen sind so zu errichten und zu betreiben, dass zur Gewährleistung eines hohen Schutzniveaus für die Umwelt insgesamt

1. schädliche Umwelteinwirkungen und sonstige Gefahren, erhebliche Nachteile und erhebliche Belästigungen für die Allgemeinheit und die Nachbarschaft nicht hervorgerufen werden können;
2. Vorsorge gegen schädliche Umwelteinwirkungen und sonstige Gefahren, erhebliche Nachteile und erhebliche Belästigungen getroffen wird, insbesondere durch die dem Stand der Technik entsprechenden Maßnahmen;
3. Abfälle vermieden, nicht zu vermeidende Abfälle verwertet und nicht zu verwertende Abfälle ohne Beeinträchtigung des Wohls der Allgemeinheit beseitigt werden; Abfälle sind nicht zu vermeiden, soweit die Vermeidung technisch nicht möglich oder nicht zumutbar ist; die Vermeidung ist unzulässig, soweit sie zu nachteiligeren Umweltauswirkungen führt als die Verwertung; die Verwertung und Beseitigung von Abfällen erfolgt nach den Vorschriften des Kreislaufwirtschaftsgesetzes und den sonstigen für die Abfälle geltenden Vorschriften;
4. Energie sparsam und effizient verwendet wird.

12

(2) Soweit genehmigungsbedürftige Anlagen dem Anwendungsbereich des Treibhausgas-Emissionshandelsgesetzes unterliegen, sind Anforderungen zur Begrenzung von Emissionen von Treibhausgasen nur zulässig, um zur Erfüllung der Pflichten nach Absatz 1 Nummer 1 sicherzustellen, dass im Einwirkungsbereich der Anlage keine schädlichen Umwelteinwirkungen entstehen; dies gilt nur für Treibhausgase, die für die betreffende Tätigkeit nach Anhang 1 des Treibhausgas-Emissionshandelsgesetzes umfasst sind. Bei diesen Anlagen dürfen zur Erfüllung der Pflicht zur effizienten Verwendung von Energie in Bezug auf die Emissionen von Kohlendioxid, die auf Verbrennungs- oder anderen Prozessen der Anlage beruhen, keine Anforderungen gestellt werden, die über die Pflichten hinausgehen, welche das Treibhausgas-Emissionshandelsgesetz begründet.

(3) Genehmigungsbedürftige Anlagen sind so zu errichten, zu betreiben und stillzulegen, dass auch nach einer Betriebseinstellung

1. von der Anlage oder dem Anlagengrundstück keine schädlichen Umwelteinwirkungen und sonstige Gefahren, erhebliche Nachteile und erhebliche Belästigungen für die Allgemeinheit und die Nachbarschaft hervorgerufen werden können,
2. vorhandene Abfälle ordnungsgemäß und schadlos verwertet oder ohne Beeinträchtigung des Wohls der Allgemeinheit beseitigt werden und
3. die Wiederherstellung eines ordnungsgemäßen Zustandes des Anlagengrundstücks gewährleistet ist.

(4) Wurden nach dem 7. Januar 2013 auf Grund des Betriebs einer Anlage nach der Industrieemissions-Richtlinie erhebliche Bodenverschmutzungen oder erhebliche Grundwasserverschmutzungen durch relevante gefährliche Stoffe im Vergleich zu dem im Bericht über den Ausgangszustand angegebenen Zustand verursacht, so ist der Betreiber nach Einstellung des Betriebs der Anlage verpflichtet, soweit dies verhältnismäßig ist, Maßnahmen zur Beseitigung

dieser Verschmutzung zu ergreifen, um das Anlagengrundstück in jenen Ausgangszustand zurückzuführen. Die zuständige Behörde hat der Öffentlichkeit relevante Informationen zu diesen vom Betreiber getroffenen Maßnahmen zugänglich zu machen, und zwar auch über das Internet. Soweit Informationen Geschäfts- oder Betriebsgeheimnisse enthalten, gilt § 10 Absatz 2 entsprechend.

§ 6 Genehmigungsvoraussetzungen

(1) Die Genehmigung ist zu erteilen, wenn

1. sichergestellt ist, dass die sich aus § 5 und einer auf Grund des § 7 erlassenen Rechtsverordnung ergebenden Pflichten erfüllt werden, und
2. andere öffentlich-rechtliche Vorschriften und Belange des Arbeitsschutzes der Errichtung und dem Betrieb der Anlage nicht entgegenstehen.

(2) Bei Anlagen, die unterschiedlichen Betriebsweisen dienen oder in denen unterschiedliche Stoffe eingesetzt werden (Mehrzweck- oder Vielstoffanlagen), ist die Genehmigung auf Antrag auf die unterschiedlichen Betriebsweisen und Stoffe zu erstrecken, wenn die Voraussetzungen nach Absatz 1 für alle erfassten Betriebsweisen und Stoffe erfüllt sind.

(3) Eine beantragte Änderungsgenehmigung darf auch dann nicht versagt werden, wenn zwar nach ihrer Durchführung nicht alle Immissionswerte einer Verwaltungsvorschrift nach § 48 oder einer Rechtsverordnung nach § 48a eingehalten werden, wenn aber

1. der Immissionsbeitrag der Anlage unter Beachtung des § 17 Absatz 3a Satz 3 durch das Vorhaben deutlich und über das durch nachträgliche Anordnungen nach § 17 Absatz 1 durchsetzbare Maß reduziert wird,
2. weitere Maßnahmen zur Luftreinhaltung, insbesondere Maßnahmen, die über den Stand der Technik bei neu zu errichtenden Anlagen hinausgehen, durchgeführt werden,
3. der Antragsteller darüber hinaus einen Immissionsmanagementplan zur Verringerung seines Verursacheranteils vorlegt, um eine spätere Einhaltung der Anforderungen nach § 5 Absatz 1 Nummer 1 zu erreichen, und
4. die konkreten Umstände einen Widerruf der Genehmigung nicht erfordern.

§ 7 Rechtsverordnungen über Anforderungen an genehmigungsbedürftige Anlagen

(1) Die Bundesregierung wird ermächtigt, nach Anhörung der beteiligten Kreise (§ 51) durch Rechtsverordnung mit Zustimmung des Bundesrates vorzuschreiben, dass die Errichtung, die Beschaffenheit, der Betrieb, der Zustand nach Betriebseinstellung und die betreibereigene Überwachung genehmigungsbedürftiger Anlagen zur Erfüllung der sich aus § 5 ergebenden Pflichten bestimmten Anforderungen genügen müssen, insbesondere, dass

1. die Anlagen bestimmten technischen Anforderungen entsprechen müssen,
2. die von Anlagen ausgehenden Emissionen bestimmte Grenzwerte nicht überschreiten dürfen oder Anlagen äquivalenten Parametern oder äquivalenten technischen Maßnahmen entsprechen müssen,

2a. der Einsatz von Energie bestimmten Anforderungen entsprechen muss,

3. die Betreiber von Anlagen Messungen von Emissionen und Immissionen nach in der Rechtsverordnung näher zu bestimmenden Verfahren vorzunehmen haben oder vornehmen lassen müssen,

4. die Betreiber von Anlagen bestimmte sicherheitstechnische Prüfungen sowie bestimmte Prüfungen von sicherheitstechnischen Unterlagen nach in der Rechtsverordnung näher zu bestimmenden Verfahren

   a) während der Errichtung oder sonst vor der Inbetriebnahme der Anlage,

   b) nach deren Inbetriebnahme oder einer Änderung im Sinne des § 15 oder des § 16,

   c) in regelmäßigen Abständen oder

   d) bei oder nach einer Betriebseinstellung,

   durch einen Sachverständigen nach § 29a vornehmen lassen müssen, soweit solche Prüfungen nicht in Rechtsverordnungen nach § 34 des Produktsicherheitsgesetzes vorgeschrieben sind, und

5. die Rückführung in den Ausgangszustand nach § 5 Absatz 4 bestimmten Anforderungen entsprechen muss, insbesondere in Bezug auf den Ausgangszustandsbericht und die Feststellung der Erheblichkeit von Bodenund Grundwasserverschmutzungen.

Bei der Festlegung der Anforderungen nach Satz 1 sind insbesondere mögliche Verlagerungen von nachteiligen Auswirkungen von einem Schutzgut auf ein anderes zu berücksichtigen; ein hohes Schutzniveau für die Umwelt insgesamt ist zu gewährleisten.

(1a) Nach jeder Veröffentlichung einer BVT-Schlussfolgerung ist unverzüglich zu gewährleisten, dass für Anlagen nach der Industrieemissions-Richtlinie bei der Festlegung von Emissionsgrenzwerten nach Absatz 1 Satz 1 Nummer 2 die Emissionen unter normalen Betriebsbedingungen die in den BVT-Schlussfolgerungen genannten Emissionsbandbreiten nicht überschreiten. Im Hinblick auf bestehende Anlagen ist

1. innerhalb eines Jahres nach Veröffentlichung von BVT-Schlussfolgerungen zur Haupttätigkeit eine Überprüfung und gegebenenfalls Anpassung der Rechtsverordnung vorzunehmen und

2. innerhalb von vier Jahren nach Veröffentlichung von BVT-Schlussfolgerungen zur Haupttätigkeit sicherzustellen, dass die betreffenden Anlagen die Emissionsgrenzwerte der Rechtsverordnung einhalten.

(1b) Abweichend von Absatz 1a

1. können in der Rechtsverordnung weniger strenge Emissionsgrenzwerte und Fristen festgelegt werden, wenn

   a) wegen technischer Merkmale der betroffenen Anlagenart die Anwendung der in den BVT-Schlussfolgerungen genannten Emissionsbandbreiten unverhältnismäßig wäre und dies begründet wird oder

   b) in Anlagen Zukunftstechniken für einen Gesamtzeitraum von höchstens neun Monaten erprobt oder angewendet werden sollen, sofern nach dem festgelegten Zeitraum die Anwendung der betreffenden Technik beendet wird oder in der Anlage mindestens die mit den besten verfügbaren Techniken assoziierten Emissionsbandbreiten erreicht werden, oder

2. kann in der Rechtsverordnung bestimmt werden, dass die zuständige Behörde weniger strenge Emissionsbegrenzungen und Fristen festlegen kann, wenn

   a) wegen technischer Merkmale der betroffenen Anlagen die Anwendung der in den BVT-Schlussfolgerungen genannten Emissionsbandbreiten unverhältnismäßig wäre oder

b) in Anlagen Zukunftstechniken für einen Gesamtzeitraum von höchstens neun Monaten erprobt oder angewendet werden sollen, sofern nach dem festgelegten Zeitraum die Anwendung der betreffenden Technik beendet wird oder in der Anlage mindestens die mit den besten verfügbaren Techniken assoziierten Emissionsbandbreiten erreicht werden.

Absatz 1 Satz 2 bleibt unberührt. Emissionsgrenzwerte und Emissionsbegrenzungen nach Satz 1 dürfen die in den Anhängen der Richtlinie 2010/75/EU festgelegten Emissionsgrenzwerte nicht überschreiten und keine schädlichen Umwelteinwirkungen hervorrufen.

(2) In der Rechtsverordnung kann bestimmt werden, inwieweit die nach Absatz 1 zur Vorsorge gegen schädliche Umwelteinwirkungen festgelegten Anforderungen nach Ablauf bestimmter Übergangsfristen erfüllt werden müssen, soweit zum Zeitpunkt des Inkrafttretens der Rechtsverordnung in einem Vorbescheid oder einer Genehmigung geringere Anforderungen gestellt worden sind. Bei der Bestimmung der Dauer der Übergangsfristen und der einzuhaltenden Anforderungen sind insbesondere Art, Menge und Gefährlichkeit der von den Anlagen ausgehenden Emissionen sowie die Nutzungsdauer und technische Besonderheiten der Anlagen zu berücksichtigen. Die Sätze 1 und 2 gelten entsprechend für Anlagen, die nach § 67 Absatz 2 oder § 67a Absatz 1 anzuzeigen sind oder vor Inkrafttreten dieses Gesetzes nach § 16 Absatz 4 der Gewerbeordnung anzuzeigen waren.

(3) Soweit die Rechtsverordnung Anforderungen nach § 5 Absatz 1 Nummer 2 festgelegt hat, kann in ihr bestimmt werden, dass bei in Absatz 2 genannten Anlagen von den auf Grund der Absätze 1 und 2 festgelegten Anforderungen zur Vorsorge gegen schädliche Umwelteinwirkungen abgewichen werden darf. Dies gilt nur, wenn durch technische Maßnahmen an Anlagen des Betreibers oder Dritter insgesamt eine weitergehende Minderung von Emissionen derselben oder in ihrer Wirkung auf die Umwelt vergleichbaren Stoffen erreicht wird als bei Beachtung der auf Grund der Absätze 1 und 2 festgelegten Anforderungen und hierdurch der in § 1 genannte Zweck gefördert wird. In der Rechtsverordnung kann weiterhin bestimmt werden, inwieweit zur Erfüllung von zwischenstaatlichen Vereinbarungen mit Nachbarstaaten der Bundesrepublik Deutschland Satz 2 auch für die Durchführung technischer Maßnahmen an Anlagen gilt, die in den Nachbarstaaten gelegen sind.

(4) Zur Erfüllung von bindenden Rechtsakten der Europäischen Gemeinschaften oder der Europäischen Union kann die Bundesregierung zu dem in § 1 genannten Zweck mit Zustimmung des Bundesrates durch Rechtsverordnung Anforderungen an die Errichtung, die Beschaffenheit und den Betrieb, die Betriebseinstellung und betreibereigene Überwachung genehmigungsbedürftiger Anlagen vorschreiben. Für genehmigungsbedürftige Anlagen, die vom Anwendungsbereich der Richtlinie 1999/31/EG des Rates vom 26. April 1999 über Abfalldeponien (ABl. EG Nr. L 182 S. 1) erfasst werden, kann die Bundesregierung durch Rechtsverordnung mit Zustimmung des Bundesrates dieselben Anforderungen festlegen wie für Deponien im Sinne des § 3 Absatz 27 des Kreislaufwirtschaftsgesetzes, insbesondere Anforderungen an die Erbringung einer Sicherheitsleistung, an die Stilllegung und die Sach- und Fachkunde des Betreibers.

(5) Wegen der Anforderungen nach Absatz 1 Nummer 1 bis 4, auch in Verbindung mit Absatz 4, kann auf jedermann zugängliche Bekanntmachungen sachverständiger Stellen verwiesen werden; hierbei ist

1. in der Rechtsverordnung das Datum der Bekanntmachung anzugeben und die Bezugsquelle genau zu bezeichnen,
2. die Bekanntmachung bei dem Deutschen Patentamt archivmäßig gesichert niederzulegen und in der Rechtsverordnung darauf hinzuweisen.

§ 8 Teilgenehmigung

Auf Antrag soll eine Genehmigung für die Errichtung einer Anlage oder eines Teils einer Anlage oder für die Errichtung und den Betrieb eines Teils einer Anlage erteilt werden, wenn

1. ein berechtigtes Interesse an der Erteilung einer Teilgenehmigung besteht,
2. die Genehmigungsvoraussetzungen für den beantragten Gegenstand der Teilgenehmigung vorliegen und
3. eine vorläufige Beurteilung ergibt, dass der Errichtung und dem Betrieb der gesamten Anlage keine von vornherein unüberwindlichen Hindernisse im Hinblick auf die Genehmigungsvoraussetzungen entgegenstehen.

Die Bindungswirkung der vorläufigen Gesamtbeurteilung entfällt, wenn eine Änderung der Sach- oder Rechtslage oder Einzelprüfungen im Rahmen späterer Teilgenehmigungen zu einer von der vorläufigen Gesamtbeurteilung abweichenden Beurteilung führen.

§ 8a Zulassung vorzeitigen Beginns

(1) In einem Verfahren zur Erteilung einer Genehmigung soll die Genehmigungsbehörde auf Antrag vorläufig zulassen, dass bereits vor Erteilung der Genehmigung mit der Errichtung einschließlich der Maßnahmen, die zur Prüfung der Betriebstüchtigkeit der Anlage erforderlich sind, begonnen wird, wenn

1. mit einer Entscheidung zugunsten des Antragstellers gerechnet werden kann,
2. ein öffentliches Interesse oder ein berechtigtes Interesse des Antragstellers an dem vorzeitigen Beginn besteht und
3. der Antragsteller sich verpflichtet, alle bis zur Entscheidung durch die Errichtung der Anlage verursachten Schäden zu ersetzen und, wenn das Vorhaben nicht genehmigt wird, den früheren Zustand wiederherzustellen.

(2) Die Zulassung kann jederzeit widerrufen werden. Sie kann mit Auflagen verbunden oder unter dem Vorbehalt nachträglicher Auflagen erteilt werden. Die zuständige Behörde kann die Leistung einer Sicherheit verlangen, soweit dies erforderlich ist, um die Erfüllung der Pflichten des Antragstellers zu sichern.

(3) In einem Verfahren zur Erteilung einer Genehmigung nach § 16 Absatz 1 kann die Genehmigungsbehörde unter den in Absatz 1 genannten Voraussetzungen auch den Betrieb der Anlage vorläufig zulassen, wenn die Änderung der Erfüllung einer sich aus diesem Gesetz oder einer auf Grund dieses Gesetzes erlassenen Rechtsverordnung ergebenden Pflicht dient.

§ 9 Vorbescheid

(1) Auf Antrag soll durch Vorbescheid über einzelne Genehmigungsvoraussetzungen sowie über den Standort der Anlage entschieden werden, sofern die Auswirkungen der geplanten Anlage ausreichend beurteilt werden können und ein berechtigtes Interesse an der Erteilung eines Vorbescheides besteht.

(2) Der Vorbescheid wird unwirksam, wenn der Antragsteller nicht innerhalb von zwei Jahren nach Eintritt der Unanfechtbarkeit die Genehmigung beantragt; die Frist kann auf Antrag bis auf vier Jahre verlängert werden.

(3) Die Vorschriften der §§ 6 und 21 gelten sinngemäß.

12

§ 10 Genehmigungsverfahren

(1) Das Genehmigungsverfahren setzt einen schriftlichen oder elektronischen Antrag voraus. Dem Antrag sind die zur Prüfung nach § 6 erforderlichen Zeichnungen, Erläuterungen und sonstigen Unterlagen beizufügen. Reichen die Unterlagen für die Prüfung nicht aus, so hat sie der Antragsteller auf Verlangen der zuständigen Behörde innerhalb einer angemessenen Frist zu ergänzen. Erfolgt die Antragstellung elketronisch, kann die zuständige Behörde Mehrfertigungen sowie die Übermittlung der dem Antrag beizufügenden Unterlagen auch in schriftlicher Form verlangen.

(1a) Der Antragsteller, der beabsichtigt, eine Anlage nach der Industrieemissions-Richtlinie zu betreiben, in der relevante gefährliche Stoffe verwendet, erzeugt oder freigesetzt werden, hat mit den Unterlagen nach Absatz 1 einen Bericht über den Ausgangszustand vorzulegen, wenn und soweit eine Verschmutzung des Bodens oder des Grundwassers auf dem Anlagengrundstück durch die relevanten gefährlichen Stoffe möglich ist. Die Möglichkeit einer Verschmutzung des Bodens oder des Grundwassers besteht nicht, wenn auf Grund der tatsächlichen Umstände ein Eintrag ausgeschlossen werden kann.

(2) Soweit Unterlagen Geschäfts- oder Betriebsgeheimnisse enthalten, sind die Unterlagen zu kennzeichnen und getrennt vorzulegen. Ihr Inhalt muss, soweit es ohne Preisgabe des Geheimnisses geschehen kann, so ausführlich dargestellt sein, dass es Dritten möglich ist, zu beurteilen, ob und in welchem Umfang sie von den Auswirkungen der Anlage betroffen werden können.

(3) Sind die Unterlagen des Antragstellers vollständig, so hat die zuständige Behörde das Vorhaben in ihrem amtlichen Veröffentlichungsblatt und außerdem entweder im Internet oder in örtlichen Tageszeitungen, die im Bereich des Standortes der Anlage verbreitet sind, öffentlich bekannt zu machen. Der Antrag und die vom Antragsteller vorgelegten Unterlagen, mit Ausnahme der Unterlagen nach Absatz 2 Satz 1, sowie die entscheidungserheblichen Berichte und Empfehlungen, die der Behörde im Zeitpunkt der Bekanntmachung vorliegen, sind nach der Bekanntmachung einen Monat zur Einsicht auszulegen. Weitere Informationen, die für die Entscheidung über die Zulässigkeit des Vorhabens von Bedeutung sein können und die der zuständigen Behörde erst nach Beginn der Auslegung vorliegen, sind der Öffentlichkeit nach den Bestimmungen über den Zugang zu Umweltinformationen zugänglich zu machen. Bis zwei Wochen nach Ablauf der Auslegungsfrist kann die Öffentlichkeit gegenüber der zuständigen Behörde schriftlich oder elektronisch Einwendungen erheben; bei Anlagen nach der Industrieemissions-Richtlinie gilt eine Frist von einem Monat. Mit Ablauf der Einwendungsfrist sind für das Genehmigungsverfahren alle Einwendungen ausgeschlossen, die nicht auf besonderen privatrechtlichen Titeln beruhen. Einwendungen, die auf besonderen privatrechtlichen Titeln beruhen, sind auf den Rechtsweg vor den ordentlichen Gerichten zu verweisen.

(3a) Nach dem Umwelt-Rechtsbehelfsgesetz anerkannte Vereinigungen sollen die zuständige Behörde in einer dem Umweltschutz dienenden Weise unterstützen.

(4) In der Bekanntmachung nach Absatz 3 Satz 1 ist

1. darauf hinzuweisen, wo und wann der Antrag auf Erteilung der Genehmigung und die Unterlagen zur Einsicht ausgelegt sind;
2. dazu aufzufordern, etwaige Einwendungen bei einer in der Bekanntmachung zu bezeichnenden Stelle innerhalb der Einwendungsfrist vorzubringen; dabei ist auf die Rechtsfolgen nach Absatz 3 Satz 5 hinzuweisen;
3. ein Erörterungstermin zu bestimmen und darauf hinzuweisen, dass er auf Grund einer Ermessensentscheidung der Genehmigungsbehörde nach Absatz 6 durchgeführt wird und dass

dann die formgerecht erhobenen Einwendungen auch bei Ausbleiben des Antragstellers oder von Personen, die Einwendungen erhoben haben, erörtert werden;

4. darauf hinzuweisen, dass die Zustellung der Entscheidung über die Einwendungen durch öffentliche Bekanntmachung ersetzt werden kann.

(5) Die für die Erteilung der Genehmigung zuständige Behörde (Genehmigungsbehörde) holt die Stellungnahmen der Behörden ein, deren Aufgabenbereich durch das Vorhaben berührt wird. Soweit für das Vorhaben selbst oder für weitere damit unmittelbar in einem räumlichen oder betrieblichen Zusammenhang stehende Vorhaben, die Auswirkungen auf die Umwelt haben können und die für die Genehmigung Bedeutung haben, eine Zulassung nach anderen Gesetzen vorgeschrieben ist, hat die Genehmigungsbehörde eine vollständige Koordinierung der Zulassungsverfahren sowie der Inhalts- und Nebenbestimmungen sicherzustellen.

(6) Nach Ablauf der Einwendungsfrist kann die Genehmigungsbehörde die rechtzeitig gegen das Vorhaben erhobenen Einwendungen mit dem Antragsteller und denjenigen, die Einwendungen erhoben haben, erörtern.

(6a) Über den Genehmigungsantrag ist nach Eingang des Antrags und der nach Absatz 1 Satz 2 einzureichenden Unterlagen innerhalb einer Frist von sieben Monaten, in vereinfachten Verfahren innerhalb einer Frist von drei Monaten, zu entscheiden. Die zuständige Behörde kann die Frist um jeweils drei Monate verlängern, wenn dies wegen der Schwierigkeit der Prüfung oder aus Gründen, die dem Antragsteller zuzurechnen sind, erforderlich ist. Die Fristverlängerung soll gegenüber dem Antragsteller begründet werden.

12

(7) Der Genehmigungsbescheid ist schriftlich zu erlassen, schriftlich zu begründen und dem Antragsteller und den Personen, die Einwendungen erhoben haben, zuzustellen. Er ist, soweit die Zustellung nicht nach Absatz 8 erfolgt, öffentlich bekannt zu machen. Die öffentliche Bekanntmachung erfolgt nach Maßgabe des Absatzes 8.

(8) Die Zustellung des Genehmigungsbescheids an die Personen, die Einwendungen erhoben haben, kann durch öffentliche Bekanntmachung ersetzt werden. Die öffentliche Bekanntmachung wird dadurch bewirkt, dass der verfügende Teil des Bescheides und die Rechtsbehelfsbelehrung in entsprechender Anwendung des Absatzes 3 Satz 1 bekannt gemacht werden; auf Auflagen ist hinzuweisen. In diesem Fall ist eine Ausfertigung des gesamten Bescheides vom Tage nach der Bekanntmachung an zwei Wochen zur Einsicht auszulegen. In der öffentlichen Bekanntmachung ist anzugeben, wo und wann der Bescheid und seine Begründung eingesehen und nach Satz 6 angefordert werden können. Mit dem Ende der Auslegungsfrist gilt der Bescheid auch gegenüber Dritten, die keine Einwendung erhoben haben, als zugestellt; darauf ist in der Bekanntmachung hinzuweisen. Nach der öffentlichen Bekanntmachung können der Bescheid und seine Begründung bis zum Ablauf der Widerspruchsfrist von den Personen, die Einwendungen erhoben haben, schriftlich oder elektronisch angefordert werden.

(8a) Unbeschadet der Absätze 7 und 8 sind bei Anlagen nach der Industrieemissions-Richtlinie folgende Unterlagen im Internet öffentlich bekannt zu machen:

1. der Genehmigungsbescheid mit Ausnahme in Bezug genommener Antragsunterlagen und des Berichts über den Ausgangszustand sowie

2. die Bezeichnung des für die betreffende Anlage maßgeblichen BVT-Merkblatts.

Soweit der Genehmigungsbescheid Geschäfts- oder Betriebsgeheimnisse enthält, sind die entsprechenden Stellen unkenntlich zu machen. Absatz 8 Satz 3, 5 und 6 gilt entsprechend.

(9) Die Absätze 1 bis 8 gelten entsprechend für die Erteilung eines Vorbescheides.

(10) Die Bundesregierung wird ermächtigt, durch Rechtsverordnung mit Zustimmung des Bundesrates das Genehmigungsverfahren zu regeln; in der Rechtsverordnung kann auch das Verfahren bei Erteilung einer Genehmigung im vereinfachten Verfahren (§ 19) sowie bei der Erteilung eines Vorbescheides (§ 9), einer Teilgenehmigung (§ 8) und einer Zulassung vorzeitigen Beginns (§ 8a) geregelt werden. In der Verordnung ist auch näher zu bestimmen, welchen Anforderungen das Genehmigungsverfahren für Anlagen genügen muss, für die nach dem Gesetz über die Umweltverträglichkeitsprüfung eine Umweltverträglichkeitsprüfung durchzuführen ist.

(11) Das Bundesministerium der Verteidigung wird ermächtigt, im Einvernehmen mit dem Bundesministerium für Umwelt, Naturschutz und nukleare Sicherheit durch Rechtsverordnung mit Zustimmung des Bundesrates das Genehmigungsverfahren für Anlagen, die der Landesverteidigung dienen, abweichend von den Absätzen 1 bis 9 zu regeln.

§ 11 Einwendungen Dritter bei Teilgenehmigung und Vorbescheid

Ist eine Teilgenehmigung oder ein Vorbescheid erteilt worden, können nach Eintritt ihrer Unanfechtbarkeit im weiteren Verfahren zur Genehmigung der Errichtung und des Betriebs der Anlage Einwendungen nicht mehr auf Grund von Tatsachen erhoben werden, die im vorhergehenden Verfahren fristgerecht vorgebracht worden sind oder nach den ausgelegten Unterlagen hätten vorgebracht werden können.

§ 12 Nebenbestimmungen zur Genehmigung

(1) Die Genehmigung kann unter Bedingungen erteilt und mit Auflagen verbunden werden, soweit dies erforderlich ist, um die Erfüllung der in § 6 genannten Genehmigungsvoraussetzungen sicherzustellen. Zur Sicherstellung der Anforderungen nach § 5 Absatz 3 soll bei Abfallentsorgungsanlagen im Sinne des § 4 Absatz 1 Satz 1 auch eine Sicherheitsleistung auferlegt werden.

(1a) Für den Fall, dass eine Verwaltungsvorschrift nach § 48 für die jeweilige Anlagenart keine Anforderungen vorsieht, ist bei der Festlegung von Emissionsbegrenzungen für Anlagen nach der Industrieemissions-Richtlinie in der Genehmigung sicherzustellen, dass die Emissionen unter normalen Betriebsbedingungen die in den BVT-Schlussfolgerungen genannten Emissionsbandbreiten nicht überschreiten.

(1b) Abweichend von Absatz 1a kann die zuständige Behörde weniger strenge Emissionsbegrenzungen festlegen, wenn

1. eine Bewertung ergibt, dass wegen technischer Merkmale der Anlage die Anwendung der in den BVTSchlussfolgerungen genannten Emissionsbandbreiten unverhältnismäßig wäre, oder
2. in Anlagen Zukunftstechniken für einen Gesamtzeitraum von höchstens neun Monaten erprobt oder angewendet werden sollen, sofern nach dem festgelegten Zeitraum die Anwendung der betreffenden Technik beendet wird oder in der Anlage mindestens die mit den besten verfügbaren Techniken assoziierten Emissionsbandbreiten erreicht werden.

Bei der Festlegung der Emissionsbegrenzungen nach Satz 1 sind insbesondere mögliche Verlagerungen von nachteiligen Auswirkungen von einem Schutzgut auf ein anderes zu berücksichtigen; ein hohes Schutzniveau für die Umwelt insgesamt ist zu gewährleisten. Emissionsbegrenzungen nach Satz 1 dürfen die in den Anhängen der Richtlinie 2010/75/EU festgelegten Emissionsgrenzwerte nicht überschreiten und keine schädlichen Umwelteinwirkungen hervorrufen.

(2) Die Genehmigung kann auf Antrag für einen bestimmten Zeitraum erteilt werden. Sie kann mit einem Vorbehalt des Widerrufs erteilt werden, wenn die genehmigungsbedürftige Anlage lediglich Erprobungszwecken dienen soll.

(2a) Die Genehmigung kann mit Einverständnis des Antragstellers mit dem Vorbehalt nachträglicher Auflagen erteilt werden, soweit hierdurch hinreichend bestimmte, in der Genehmigung bereits allgemein festgelegte Anforderungen an die Errichtung oder den Betrieb der Anlage in einem Zeitpunkt nach Erteilung der Genehmigung näher festgelegt werden sollen. Dies gilt unter den Voraussetzungen des Satzes 1 auch für den Fall, dass eine beteiligte Behörde sich nicht rechtzeitig äußert.

(2b) Im Falle des § 6 Absatz 2 soll der Antragsteller durch eine Auflage verpflichtet werden, der zuständigen Behörde unverzüglich die erstmalige Herstellung oder Verwendung eines anderen Stoffes innerhalb der genehmigten Betriebsweise mitzuteilen.

(2c) Der Betreiber kann durch Auflage verpflichtet werden, den Wechsel eines im Genehmigungsverfahren dargelegten Entsorgungswegs von Abfällen der zuständigen Behörde anzuzeigen. Das gilt ebenso für in Abfallbehandlungsanlagen erzeugte Abfälle. Bei Abfallbehandlungsanlagen können außerdem Anforderungen an die Qualität und das Schadstoffpotential der angenommenen Abfälle sowie der die Anlage verlassenden Abfälle gestellt werden.

(3) Die Teilgenehmigung kann für einen bestimmten Zeitraum oder mit dem Vorbehalt erteilt werden, dass sie bis zur Entscheidung über die Genehmigung widerrufen oder mit Auflagen verbunden werden kann.

§ 13 Genehmigung und andere behördliche Entscheidungen

Die Genehmigung schließt andere die Anlage betreffende behördliche Entscheidungen ein, insbesondere öffentlich-rechtliche Genehmigungen, Zulassungen, Verleihungen, Erlaubnisse und Bewilligungen mit Ausnahme von Planfeststellungen, Zulassungen bergrechtlicher Betriebspläne, behördlichen Entscheidungen auf Grund atomrechtlicher Vorschriften und wasserrechtlichen Erlaubnissen und Bewilligungen nach § 8 in Verbindung mit § 10 des Wasserhaushaltsgesetzes.

§ 14 Ausschluss von privatrechtlichen Abwehransprüchen

Auf Grund privatrechtlicher, nicht auf besonderen Titeln beruhender Ansprüche zur Abwehr benachteiligender Einwirkungen von einem Grundstück auf ein benachbartes Grundstück kann nicht die Einstellung des Betriebs einer Anlage verlangt werden, deren Genehmigung unanfechtbar ist; es können nur Vorkehrungen verlangt werden, die die benachteiligenden Wirkungen ausschließen. Soweit solche Vorkehrungen nach dem Stand der Technik nicht durchführbar oder wirtschaftlich nicht vertretbar sind, kann lediglich Schadensersatz verlangt werden.

§ 14a Vereinfachte Klageerhebung

Der Antragsteller kann eine verwaltungsgerichtliche Klage erheben, wenn über seinen Widerspruch nach Ablauf von drei Monaten seit der Einlegung nicht entschieden ist, es sei denn, dass wegen besonderer Umstände des Falles eine kürzere Frist geboten ist.

§ 15 Änderung genehmigungsbedürftiger Anlagen

(1) Die Änderung der Lage, der Beschaffenheit oder des Betriebs einer genehmigungsbedürftigen Anlage ist, sofern eine Genehmigung nicht beantragt wird, der zuständigen Behörde mindestens einen Monat, bevor mit der Änderung begonnen werden soll, schriftlich oder elektronisch anzuzeigen, wenn sich die Änderung auf in § 1 genannte Schutzgüter auswirken kann. Der Anzeige sind Unterlagen im Sinne des § 10 Absatz 1 Satz 2 beizufügen, soweit diese für die Prüfung erforderlich sein können, ob das Vorhaben genehmigungsbedürftig ist. Die zuständige Behörde hat dem Träger des Vorhabens den Eingang der Anzeige und der beigefügten Unterlagen

unverzüglich schriftlich oder elektronisch zu bestätigen; sie kann bei einer elektronischen Anzeige Mehrausfertigungen sowie die Übermittlung der Unterlagen, die der Anzeige beizufügen sind, auch in schriftlicher Form verlangen. Sie teilt dem Träger des Vorhabens nach Eingang der Anzeige unverzüglich mit, welche zusätzlichen Unterlagen sie zur Beurteilung der Voraussetzungen des § 16 Absatz 1 und des § 16a benötigt. Die Sätze 1 bis 4 gelten entsprechend für eine Anlage, die nach § 67 Absatz 2 oder § 67a Absatz 1 anzuzeigen ist oder vor Inkrafttreten dieses Gesetzes nach § 16 Absatz 4 der Gewerbeordnung anzuzeigen war.

(2) Die zuständige Behörde hat unverzüglich, spätestens innerhalb eines Monats nach Eingang der Anzeige und der nach Absatz 1 Satz 2 erforderlichen Unterlagen, zu prüfen, ob die Änderung einer Genehmigung bedarf. Der Träger des Vorhabens darf die Änderung vornehmen, sobald die zuständige Behörde ihm mitteilt, dass die Änderung keiner Genehmigung bedarf, oder sich innerhalb der in Satz 1 bestimmten Frist nicht geäußert hat. Absatz 1 Satz 3 gilt für nachgereichte Unterlagen entsprechend.

(2a) Bei einer störfallrelevanten Änderung einer genehmigungsbedürftigen Anlage, die Betriebsbereich oder Bestandteil eines Betriebsbereichs ist, hat die zuständige Behörde unverzüglich, spätestens innerhalb von zwei Monaten nach Eingang der Anzeige und der nach Absatz 1 Satz 2 erforderlichen Unterlagen zu prüfen, ob diese Änderung einer Genehmigung bedarf. Soweit es zur Ermittlung des angemessenen Sicherheitsabstands erforderlich ist, kann die zuständige Behörde ein Gutachten zu den Auswirkungen verlangen, die bei schweren Unfällen durch die Anlage hervorgerufen werden können. Der Träger des Vorhabens darf die störfallrelevante Änderung vornehmen, sobald ihm die zuständige Behörde mitteilt, dass sie keiner Genehmigung bedarf.

(3) Beabsichtigt der Betreiber, den Betrieb einer genehmigungsbedürftigen Anlage einzustellen, so hat er dies unter Angabe des Zeitpunktes der Einstellung der zuständigen Behörde unverzüglich anzuzeigen. Der Anzeige sind Unterlagen über die vom Betreiber vorgesehenen Maßnahmen zur Erfüllung der sich aus § 5 Absatz 3 und 4 ergebenden Pflichten beizufügen. Die Sätze 1 und 2 gelten für die in Absatz 1 Satz 5 bezeichneten Anlagen entsprechend.

(4) In der Rechtsverordnung nach § 10 Absatz 10 können die näheren Einzelheiten für das Verfahren nach den Absätzen 1 bis 3 geregelt werden.

§ 16 Wesentliche Änderung genehmigungsbedürftiger Anlagen

(1) Die Änderung der Lage, der Beschaffenheit oder des Betriebs einer genehmigungsbedürftigen Anlage bedarf der Genehmigung, wenn durch die Änderung nachteilige Auswirkungen hervorgerufen werden können und diese für die Prüfung nach § 6 Absatz 1 Nummer 1 erheblich sein können (wesentliche Änderung); eine Genehmigung ist stets erforderlich, wenn die Änderung oder Erweiterung des Betriebs einer genehmigungsbedürftigen Anlage für sich genommen die Leistungsgrenzen oder Anlagengrößen des Anhangs zur Verordnung über genehmigungsbedürftige Anlagen erreichen. Eine Genehmigung ist nicht erforderlich, wenn durch die Änderung hervorgerufene nachteilige Auswirkungen offensichtlich gering sind und die Erfüllung der sich aus § 6 Absatz 1 Nummer 1 ergebenden Anforderungen sichergestellt ist.

(2) Die zuständige Behörde soll von der öffentlichen Bekanntmachung des Vorhabens sowie der Auslegung des Antrags und der Unterlagen absehen, wenn der Träger des Vorhabens dies beantragt und erhebliche nachteilige Auswirkungen auf in § 1 genannte Schutzgüter nicht zu besorgen sind. Dies ist insbesondere dann der Fall, wenn erkennbar ist, dass die Auswirkungen durch die getroffenen oder vom Träger des Vorhabens vorgesehenen Maßnahmen ausgeschlossen werden oder die Nachteile im Verhältnis zu den jeweils vergleichbaren Vorteilen gering sind. Betrifft die wesentliche Änderung eine in einem vereinfachten Verfahren zu genehmigende Anlage,

ist auch die wesentliche Änderung im vereinfachten Verfahren zu genehmigen. § 19 Absatz 3 gilt entsprechend.

(3) Über den Genehmigungsantrag ist innerhalb einer Frist von sechs Monaten, im Falle des Absatzes 2 in drei Monaten zu entscheiden. Im Übrigen gilt § 10 Absatz 6a Satz 2 und 3 entsprechend.

(4) Für nach § 15 Absatz 1 anzeigebedürftige Änderungen kann der Träger des Vorhabens eine Genehmigung beantragen. Diese ist im vereinfachten Verfahren zu erteilen; Absatz 3 und § 19 Absatz 3 gelten entsprechend.

(5) Einer Genehmigung bedarf es nicht, wenn eine genehmigte Anlage oder Teile einer genehmigten Anlage im Rahmen der erteilten Genehmigung ersetzt oder ausgetauscht werden sollen.

§ 16a Störfallrelevante Änderung genehmigungsbedürftiger Anlagen

Die störfallrelevante Änderung einer genehmigungsbedürftigen Anlage, die Betriebsbereich oder Bestandteil eines Betriebsbereichs ist, bedarf der Genehmigung, wenn durch die störfallrelevante Änderung der angemessene Sicherheitsabstand zu benachbarten Schutzobjekten erstmalig unterschritten wird, der bereits unterschrittene Sicherheitsabstand räumlich noch weiter unterschritten wird oder eine erhebliche Gefahrenerhöhung ausgelöst wird und die Änderung nicht bereits durch § 16 Absatz 1 Satz 1 erfasst ist. Einer Genehmigung bedarf es nicht, soweit dem Gebot, den angemessenen Sicherheitsabstand zu wahren, bereits auf Ebene einer raumbedeutsamen Planung oder Maßnahme durch verbindliche Vorgaben Rechnung getragen worden ist. 12

§ 17 Nachträgliche Anordnungen

(1) Zur Erfüllung der sich aus diesem Gesetz und der auf Grund dieses Gesetzes erlassenen Rechtsverordnungen ergebenden Pflichten können nach Erteilung der Genehmigung sowie nach einer nach § 15 Absatz 1 angezeigten Änderung Anordnungen getroffen werden. Wird nach Erteilung der Genehmigung sowie nach einer nach § 15 Absatz 1 angezeigten Änderung festgestellt, dass die Allgemeinheit oder die Nachbarschaft nicht ausreichend vor schädlichen Umwelteinwirkungen oder sonstigen Gefahren, erheblichen Nachteilen oder erheblichen Belästigungen geschützt ist, soll die zuständige Behörde nachträgliche Anordnungen treffen.

(1a) Bei Anlagen nach der Industrieemissions-Richtlinie ist vor dem Erlass einer nachträglichen Anordnung nach Absatz 1 Satz 2, durch welche Emissionsbegrenzungen neu festgelegt werden sollen, der Entwurf der Anordnung öffentlich bekannt zu machen. § 10 Absatz 3 und 4 Nummer 1 und 2 gilt für die Bekanntmachung entsprechend. Einwendungsbefugt sind Personen, deren Belange durch die nachträgliche Anordnung berührt werden, sowie Vereinigungen, welche die Anforderungen von § 3 Absatz 1 oder § 2 Absatz 2 des Umwelt- Rechtsbehelfsgesetzes erfüllen. Für die Entscheidung über den Erlass der nachträglichen Anordnung gilt § 10 Absatz 7 bis 8a entsprechend.

(1b) Absatz 1a gilt für den Erlass einer nachträglichen Anordnung entsprechend, bei der von der Behörde auf Grundlage einer Verordnung nach § 7 Absatz 1b oder einer Verwaltungsvorschrift nach § 48 Absatz 1b weniger strenge Emissionsbegrenzungen festgelegt werden sollen.

(2) Die zuständige Behörde darf eine nachträgliche Anordnung nicht treffen, wenn sie unverhältnismäßig ist, vor allem wenn der mit der Erfüllung der Anordnung verbundene Aufwand außer Verhältnis zu dem mit der Anordnung angestrebten Erfolg steht; dabei sind insbesondere Art, Menge und Gefährlichkeit der von der Anlage ausgehenden Emissionen und der von ihr verursachten Immissionen sowie die Nutzungsdauer und technische Besonderheiten der Anlage zu berücksichtigen. Darf eine nachträgliche Anordnung wegen Unverhältnismäßigkeit nicht getrof-

fen werden, soll die zuständige Behörde die Genehmigung unter den Voraussetzungen des § 21 Absatz 1 Nummer 3 bis 5 ganz oder teilweise widerrufen; § 21 Absatz 3 bis 6 sind anzuwenden.

(2a) § 12 Absatz 1a gilt für Anlagen nach der Industrieemissions-Richtlinie entsprechend.

(2b) Abweichend von Absatz 2a kann die zuständige Behörde weniger strenge Emissionsbegrenzungen festlegen, wenn

1. wegen technischer Merkmale der Anlage die Anwendung der in den BVT-Schlussfolgerungen genannten Emissionsbandbreiten unverhältnismäßig wäre und die Behörde dies begründet oder

2. in Anlagen Zukunftstechniken für einen Gesamtzeitraum von höchstens neun Monaten erprobt oder angewendet werden sollen, sofern nach dem festgelegten Zeitraum die Anwendung der betreffenden Technik beendet wird oder in der Anlage mindestens die mit den besten verfügbaren Techniken assoziierten Emissionsbandbreiten erreicht werden.

§ 12 Absatz 1b Satz 2 und 3 gilt entsprechend. Absatz 1a gilt entsprechend.

(3) Soweit durch Rechtsverordnung die Anforderungen nach § 5 Absatz 1 Nummer 2 abschließend festgelegt sind, dürfen durch nachträgliche Anordnungen weitergehende Anforderungen zur Vorsorge gegen schädliche Umwelteinwirkungen nicht gestellt werden.

(3a) Die zuständige Behörde soll von nachträglichen Anordnungen absehen, soweit in einem vom Betreiber vorgelegten Plan technische Maßnahmen an dessen Anlagen oder an Anlagen Dritter vorgesehen sind, die zu einer weitergehenden Verringerung der Emissionsfrachten führen als die Summe der Minderungen, die durch den Erlass nachträglicher Anordnungen zur Erfüllung der sich aus diesem Gesetz oder den auf Grund dieses Gesetzes erlassenen Rechtsverordnungen ergebenden Pflichten bei den beteiligten Anlagen erreichbar wäre und hierdurch der in § 1 genannte Zweck gefördert wird. Dies gilt nicht, soweit der Betreiber bereits zur Emissionsminderung auf Grund einer nachträglichen Anordnung nach Absatz 1 oder einer Auflage nach § 12 Absatz 1 verpflichtet ist oder eine nachträgliche Anordnung nach Absatz 1 Satz 2 getroffen werden soll. Der Ausgleich ist nur zwischen denselben oder in der Wirkung auf die Umwelt vergleichbaren Stoffen zulässig. Die Sätze 1 bis 3 gelten auch für nicht betriebsbereite Anlagen, für die die Genehmigung zur Errichtung und zum Betrieb erteilt ist oder für die in einem Vorbescheid oder einer Teilgenehmigung Anforderungen nach § 5 Absatz 1 Nummer 2 festgelegt sind. Die Durchführung der Maßnahmen des Plans ist durch Anordnung sicherzustellen.

(4) Ist es zur Erfüllung der Anordnung erforderlich, die Lage, die Beschaffenheit oder den Betrieb der Anlage wesentlich zu ändern und ist in der Anordnung nicht abschließend bestimmt, in welcher Weise sie zu erfüllen ist, so bedarf die Änderung der Genehmigung nach § 16. Ist zur Erfüllung der Anordnung die störfallrelevante Änderung einer Anlage erforderlich, die Betriebsbereich oder Bestandteil eines Betriebsbereichs ist, und wird durch diese Änderung der angemessene Sicherheitsabstand erstmalig unterschritten, wird der bereits unterschrittene Sicherheitsabstand räumlich noch weiter unterschritten oder wird eine erhebliche Gefahrenerhöhung ausgelöst, so bedarf die Änderung einer Genehmigung nach § 16 oder § 16a, wenn in der Anordnung nicht abschließend bestimmt ist, in welcher Weise sie zu erfüllen ist.

(4a) Zur Erfüllung der Pflichten nach § 5 Absatz 3 soll bei Abfallentsorgungsanlagen im Sinne des § 4 Absatz 1 Satz 1 auch eine Sicherheitsleistung angeordnet werden. Nach der Einstellung des gesamten Betriebs können Anordnungen zur Erfüllung der sich aus § 5 Absatz 3 ergebenden Pflichten nur noch während eines Zeitraums von einem Jahr getroffen werden.

(4b) Anforderungen im Sinne des § 12 Absatz 2c können auch nachträglich angeordnet werden.

(5) Die Absätze 1 bis 4b gelten entsprechend für Anlagen, die nach § 67 Absatz 2 anzuzeigen sind oder vor Inkrafttreten dieses Gesetzes nach § 16 Absatz 4 der Gewerbeordnung anzuzeigen waren.

§ 18 Erlöschen der Genehmigung

(1) Die Genehmigung erlischt, wenn

1. innerhalb einer von der Genehmigungsbehörde gesetzten angemessenen Frist nicht mit der Errichtung oder dem Betrieb der Anlage begonnen oder
2. eine Anlage während eines Zeitraums von mehr als drei Jahren nicht mehr betrieben worden ist.

(2) Die Genehmigung erlischt ferner, soweit das Genehmigungserfordernis aufgehoben wird.

(3) Die Genehmigungsbehörde kann auf Antrag die Fristen nach Absatz 1 aus wichtigem Grunde verlängern, wenn hierdurch der Zweck des Gesetzes nicht gefährdet wird.

§ 19 Vereinfachtes Verfahren

(1) Durch Rechtsverordnung nach § 4 Absatz 1 Satz 3 kann vorgeschrieben werden, dass die Genehmigung von Anlagen bestimmter Art oder bestimmten Umfangs in einem vereinfachten Verfahren erteilt wird, sofern dies nach Art, Ausmaß und Dauer der von diesen Anlagen hervorgerufenen schädlichen Umwelteinwirkungen und sonstigen Gefahren, erheblichen Nachteilen und erheblichen Belästigungen mit dem Schutz der Allgemeinheit und der Nachbarschaft vereinbar ist. Satz 1 gilt für Abfallentsorgungsanlagen entsprechend.

(2) In dem vereinfachten Verfahren sind § 10 Absatz 2, 3, 3a, 4, 6, 7 Satz 2 und 3, Absatz 8 und 9 sowie die §§ 11 und 14 nicht anzuwenden.

(3) Die Genehmigung ist auf Antrag des Trägers des Vorhabens abweichend von den Absätzen 1 und 2 nicht in einem vereinfachten Verfahren zu erteilen.

(4) Die Genehmigung einer Anlage, die Betriebsbereich oder Bestandteil eines Betriebsbereichs ist, kann nicht im vereinfachten Verfahren erteilt werden, wenn durch deren störfallrelevante Errichtung und Betrieb der angemessene Sicherheitsabstand zu benachbarten Schutzobjekten unterschritten wird oder durch deren störfallrelevante Änderung der angemessene Sicherheitsabstand zu benachbarten Schutzobjekten erstmalig unterschritten wird, der bereits unterschrittene Sicherheitsabstand räumlich noch weiter unterschritten wird oder eine erhebliche Gefahrenerhöhung ausgelöst wird. In diesen Fällen ist das Verfahren nach § 10 mit Ausnahme von Absatz 4 Nummer 3 und Absatz 6 anzuwenden. § 10 Absatz 3 Satz 4 ist mit der Maßgabe anzuwenden, dass nur die Personen Einwendungen erheben können, deren Belange berührt sind oder Vereinigungen, welche die Anforderungen des § 3 Absatz 1 oder des § 2 Absatz 2 des Umwelt-Rechtsbehelfsgesetzes erfüllen. Bei störfallrelevanten Änderungen ist § 16 Absatz 3 entsprechend anzuwenden. Die Sätze 1 bis 4 gelten nicht, soweit dem Gebot, den angemessenen Sicherheitsabstand zu wahren, bereits auf Ebene einer raumbedeutsamen Planung oder Maßnahme durch verbindliche Vorgaben Rechnung getragen worden ist.

§ 20 Untersagung, Stilllegung und Beseitigung

(1) Kommt der Betreiber einer genehmigungsbedürftigen Anlage einer Auflage, einer vollziehbaren nachträglichen Anordnung oder einer abschließend bestimmten Pflicht aus einer Rechtsverordnung nach § 7 nicht nach und betreffen die Auflage, die Anordnung oder die Pflicht die Beschaffenheit oder den Betrieb der Anlage, so kann die zuständige Behörde den Betrieb ganz

oder teilweise bis zur Erfüllung der Auflage, der Anordnung oder der Pflichten aus der Rechtsverordnung nach § 7 untersagen. Die zuständige Behörde hat den Betrieb ganz oder teilweise nach Satz 1 zu untersagen, wenn ein Verstoß gegen die Auflage, Anordnung oder Pflicht eine unmittelbare Gefährdung der menschlichen Gesundheit verursacht oder eine unmittelbare erhebliche Gefährdung der Umwelt darstellt.

(1a) Die zuständige Behörde hat die Inbetriebnahme oder Weiterführung einer genehmigungsbedürftigen Anlage, die Betriebsbereich oder Bestandteil eines Betriebsbereichs ist und gewerblichen Zwecken dient oder im Rahmen wirtschaftlicher Unternehmungen Verwendung findet, ganz oder teilweise zu untersagen, solange und soweit die von dem Betreiber getroffenen Maßnahmen zur Verhütung schwerer Unfälle im Sinne des Artikels 3 Nummer 13 der Richtlinie 2012/18/EU oder zur Begrenzung der Auswirkungen derartiger Unfälle eindeutig unzureichend sind. Bei der Entscheidung über eine Untersagung berücksichtigt die zuständige Behörde auch schwerwiegende Unterlassungen in Bezug auf erforderliche Folgemaßnahmen, die in einem Überwachungsbericht nach § 16 Absatz 2 Nummer 1 der Störfall-Verordnung festgelegt worden sind. Die zuständige Behörde kann die Inbetriebnahme oder Weiterführung einer Anlage im Sinne des Satzes 1 ganz oder teilweise untersagen, wenn der Betreiber die in einer zur Umsetzung der Richtlinie 2012/18/EU erlassenen Rechtsverordnung vorgeschriebenen Mitteilungen, Berichte oder sonstigen Informationen nicht fristgerecht übermittelt.

(2) Die zuständige Behörde soll anordnen, dass eine Anlage, die ohne die erforderliche Genehmigung errichtet, betrieben oder wesentlich geändert wird, stillzulegen oder zu beseitigen ist. Sie hat die Beseitigung anzuordnen, wenn die Allgemeinheit oder die Nachbarschaft nicht auf andere Weise ausreichend geschützt werden kann.

(3) Die zuständige Behörde kann den weiteren Betrieb einer genehmigungsbedürftigen Anlage durch den Betreiber oder einen mit der Leitung des Betriebs Beauftragten untersagen, wenn Tatsachen vorliegen, welche die Unzuverlässigkeit dieser Personen in Bezug auf die Einhaltung von Rechtsvorschriften zum Schutz vor schädlichen Umwelteinwirkungen dartun, und die Untersagung zum Wohl der Allgemeinheit geboten ist. Dem Betreiber der Anlage kann auf Antrag die Erlaubnis erteilt werden, die Anlage durch eine Person betreiben zu lassen, die die Gewähr für den ordnungsgemäßen Betrieb der Anlage bietet. Die Erlaubnis kann mit Auflagen verbunden werden.

§ 21 Widerruf der Genehmigung

(1) Eine nach diesem Gesetz erteilte rechtmäßige Genehmigung darf, auch nachdem sie unanfechtbar geworden ist, ganz oder teilweise mit Wirkung für die Zukunft nur widerrufen werden,

1. wenn der Widerruf gemäß § 12 Absatz 2 Satz 2 oder Absatz 3 vorbehalten ist;
2. wenn mit der Genehmigung eine Auflage verbunden ist und der Begünstigte diese nicht oder nicht innerhalb einer ihm gesetzten Frist erfüllt hat;
3. wenn die Genehmigungsbehörde auf Grund nachträglich eingetretener Tatsachen berechtigt wäre, die Genehmigung nicht zu erteilen, und wenn ohne den Widerruf das öffentliche Interesse gefährdet würde;
4. wenn die Genehmigungsbehörde auf Grund einer geänderten Rechtsvorschrift berechtigt wäre, die Genehmigung nicht zu erteilen, soweit der Betreiber von der Genehmigung noch keinen Gebrauch gemacht hat, und wenn ohne den Widerruf das öffentliche Interesse gefährdet würde;
5. um schwere Nachteile für das Gemeinwohl zu verhüten oder zu beseitigen.

(2) Erhält die Genehmigungsbehörde von Tatsachen Kenntnis, welche den Widerruf einer Genehmigung rechtfertigen, so ist der Widerruf nur innerhalb eines Jahres seit dem Zeitpunkt der Kenntnisnahme zulässig.

(3) Die widerrufene Genehmigung wird mit dem Wirksamwerden des Widerrufs unwirksam, wenn die Genehmigungsbehörde keinen späteren Zeitpunkt bestimmt.

(4) Wird die Genehmigung in den Fällen des Absatzes 1 Nummer 3 bis 5 widerrufen, so hat die Genehmigungsbehörde den Betroffenen auf Antrag für den Vermögensnachteil zu entschädigen, den dieser dadurch erleidet, dass er auf den Bestand der Genehmigung vertraut hat, soweit sein Vertrauen schutzwürdig ist. Der Vermögensnachteil ist jedoch nicht über den Betrag des Interesses hinaus zu ersetzen, das der Betroffene an dem Bestand der Genehmigung hat. Der auszugleichende Vermögensnachteil wird durch die Genehmigungsbehörde festgesetzt. Der Anspruch kann nur innerhalb eines Jahres geltend gemacht werden; die Frist beginnt, sobald die Genehmigungsbehörde den Betroffenen auf sie hingewiesen hat.

(5) Die Länder können die in Absatz 4 Satz 1 getroffene Bestimmung des Entschädigungspflichtigen abweichend regeln.

(6) Für Streitigkeiten über die Entschädigung ist der ordentliche Rechtsweg gegeben.

(7) Die Absätze 1 bis 6 gelten nicht, wenn eine Genehmigung, die von einem Dritten angefochten worden ist, während des Vorverfahrens oder während des verwaltungsgerichtlichen Verfahrens aufgehoben wird, soweit dadurch dem Widerspruch oder der Klage abgeholfen wird.

Zweiter Abschnitt
Nicht genehmigungsbedürftige Anlagen

§ 22 Pflichten der Betreiber nicht genehmigungsbedürftiger Anlagen

(1) Nicht genehmigungsbedürftige Anlagen sind so zu errichten und zu betreiben, dass

1. schädliche Umwelteinwirkungen verhindert werden, die nach dem Stand der Technik vermeidbar sind,
2. nach dem Stand der Technik unvermeidbare schädliche Umwelteinwirkungen auf ein Mindestmaß beschränkt werden und
3. die beim Betrieb der Anlagen entstehenden Abfälle ordnungsgemäß beseitigt werden können.

Die Bundesregierung wird ermächtigt, nach Anhörung der beteiligten Kreise (§ 51) durch Rechtsverordnung mit Zustimmung des Bundesrates auf Grund der Art oder Menge aller oder einzelner anfallender Abfälle die Anlagen zu bestimmen, für die die Anforderungen des § 5 Absatz 1 Nummer 3 entsprechend gelten. Für Anlagen, die nicht gewerblichen Zwecken dienen und nicht im Rahmen wirtschaftlicher Unternehmungen Verwendung finden, gilt die Verpflichtung des Satzes 1 nur, soweit sie auf die Verhinderung oder Beschränkung von schädlichen Umwelteinwirkungen durch Luftverunreinigungen, Geräusche oder von Funkanlagen ausgehende nichtionisierende Strahlen gerichtet ist.

(1a) Geräuscheinwirkungen, die von Kindertageseinrichtungen, Kinderspielplätzen und ähnlichen Einrichtungen wie beispielsweise Ballspielplätzen durch Kinder hervorgerufen werden, sind im Regelfall keine schädliche Umwelteinwirkung. Bei der Beurteilung der Geräuscheinwirkungen dürfen Immissionsgrenz- und -richtwerte nicht herangezogen werden.

(2) Weitergehende öffentlich-rechtliche Vorschriften bleiben unberührt.

§ 23 Anforderungen an die Errichtung, die Beschaffenheit und den Betrieb nicht genehmigungsbedürftiger Anlagen

(1) Die Bundesregierung wird ermächtigt, nach Anhörung der beteiligten Kreise (§ 51) durch Rechtsverordnung mit Zustimmung des Bundesrates vorzuschreiben, dass die Errichtung, die Beschaffenheit und der Betrieb nicht genehmigungsbedürftiger Anlagen bestimmten Anforderungen zum Schutz der Allgemeinheit und der Nachbarschaft vor schädlichen Umwelteinwirkungen und, soweit diese Anlagen gewerblichen Zwecken dienen oder im Rahmen wirtschaftlicher Unternehmungen Verwendung finden und Betriebsbereiche oder Bestandteile von Betriebsbereichen sind, vor sonstigen Gefahren zur Verhütung schwerer Unfälle im Sinne des Artikels 3 Nummer 13 der Richtlinie 2012/18/EU und zur Begrenzung der Auswirkungen derartiger Unfälle für Mensch und Umwelt sowie zur Vorsorge gegen schädliche Umwelteinwirkungen genügen müssen, insbesondere dass

1. die Anlagen bestimmten technischen Anforderungen entsprechen müssen,
2. die von Anlagen ausgehenden Emissionen bestimmte Grenzwerte nicht überschreiten dürfen,
3. die Betreiber von Anlagen Messungen von Emissionen und Immissionen nach in der Rechtsverordnung näher zu bestimmenden Verfahren vorzunehmen haben oder von einer in der Rechtsverordnung zu bestimmenden Stelle vornehmen lassen müssen,
4. die Betreiber bestimmter Anlagen der zuständigen Behörde unverzüglich die Inbetriebnahme oder eine Änderung einer Anlage, die für die Erfüllung von in der Rechtsverordnung vorgeschriebenen Pflichten von Bedeutung sein kann, anzuzeigen haben,

4a. die Betreiber von Anlagen, die Betriebsbereiche oder Bestandteile von Betriebsbereichen sind, innerhalb einer angemessenen Frist vor Errichtung, vor Inbetriebnahme oder vor einer Änderung dieser Anlagen, die für die Erfüllung von in der Rechtsverordnung vorgeschriebenen Pflichten von Bedeutung sein kann, dies der zuständigen Behörde anzuzeigen haben und

5. bestimmte Anlagen nur betrieben werden dürfen, nachdem die Bescheinigung eines von der nach Landesrecht zuständigen Behörde bekannt gegebenen Sachverständigen vorgelegt worden ist, dass die Anlage den Anforderungen der Rechtsverordnung oder einer Bauartzulassung nach § 33 entspricht.

In der Rechtsverordnung nach Satz 1 können auch die Anforderungen bestimmt werden, denen Sachverständige hinsichtlich ihrer Fachkunde, Zuverlässigkeit und gerätetechnischen Ausstattung genügen müssen. Wegen der Anforderungen nach Satz 1 Nummer 1 bis 3 gilt § 7 Absatz 5 entsprechend.

(1a) Für bestimmte nicht genehmigungsbedürftige Anlagen kann durch Rechtsverordnung nach Absatz 1 vorgeschrieben werden, dass auf Antrag des Trägers des Vorhabens ein Verfahren zur Erteilung einer Genehmigung nach § 4 Absatz 1 Satz 1 in Verbindung mit § 6 durchzuführen ist. Im Falle eines Antrags nach Satz 1 sind für die betroffene Anlage an Stelle der für nicht genehmigungsbedürftige Anlagen geltenden Vorschriften die Vorschriften über genehmigungsbedürftige Anlagen anzuwenden. Für das Verfahren gilt § 19 Absatz 2 und 3 entsprechend.

(2) Soweit die Bundesregierung von der Ermächtigung keinen Gebrauch macht, sind die Landesregierungen ermächtigt, durch Rechtsverordnung Vorschriften im Sinne des Absatzes 1 zu erlassen. Die Landesregierungen können die Ermächtigung auf eine oder mehrere oberste Landesbehörden übertragen.

§ 23a Anzeigeverfahren für nicht genehmigungsbedürftige Anlagen, die Betriebsbereich oder Bestandteil eines Betriebsbereichs sind

(1) Die störfallrelevante Errichtung und der Betrieb oder die störfallrelevante Änderung einer nicht genehmigungsbedürftigen Anlage, die Betriebsbereich oder Bestandteil eines Betriebsbereichs ist, ist der zuständigen Behörde vor ihrer Durchführung schriftlich oder elektronisch anzuzeigen, sofern eine Genehmigung nach Absatz 3 in Verbindung mit § 23b nicht beantragt wird. Der Anzeige sind alle Unterlagen beizufügen, die für die Feststellung nach Absatz 2 erforderlich sein können; die zuständige Behörde kann bei einer elektronischen Anzeige Mehrausfertigungen sowie die Übermittlung der der Anzeige beizufügenden Unterlagen auch in schriftlicher Form verlangen. Soweit es zur Ermittlung des angemessenen Sicherheitsabstands erforderlich ist, kann die zuständige Behörde ein Gutachten zu den Auswirkungen verlangen, die bei schweren Unfällen durch die Anlage hervorgerufen werden können. Die zuständige Behörde hat dem Träger des Vorhabens den Eingang der Anzeige und der beigefügten Unterlagen unverzüglich schriftlich oder elektronisch zu bestätigen. Sie teilt dem Träger des Vorhabens nach Eingang der Anzeige unverzüglich mit, welche zusätzlichen Unterlagen sie für die Feststellung nach Absatz 2 benötigt.

(2) Die zuständige Behörde hat festzustellen, ob durch die störfallrelevante Errichtung und den Betrieb oder die störfallrelevante Änderung der Anlage der angemessene Sicherheitsabstand zu benachbarten Schutzobjekten erstmalig unterschritten wird, räumlich noch weiter unterschritten wird oder eine erhebliche Gefahrenerhöhung ausgelöst wird. Diese Feststellung ist dem Träger des Vorhabens spätestens zwei Monate nach Eingang der Anzeige und der erforderlichen Unterlagen bekannt zu geben und der Öffentlichkeit nach den Bestimmungen des Bundes und der Länder über den Zugang zu Umweltinformationen zugänglich zu machen. Wird kein Genehmigungsverfahren nach § 23b durchgeführt, macht die zuständige Behörde dies in ihrem amtlichen Veröffentlichungsblatt und entweder im Internet oder in örtlichen Tageszeitungen, die im Bereich des Standortes des Betriebsbereichs verbreitet sind, öffentlich bekannt. Der Träger des Vorhabens darf die Errichtung und den Betrieb oder die Änderung vornehmen, sobald die zuständige Behörde ihm mitteilt, dass sein Vorhaben keiner Genehmigung bedarf.

(3) Auf Antrag des Trägers des Vorhabens führt die zuständige Behörde das Genehmigungsverfahren nach § 23b auch ohne die Feststellung nach Absatz 2 Satz 1 durch.

§ 23b Störfallrechtliches Genehmigungsverfahren

(1) Ergibt die Feststellung nach § 23a Absatz 2 Satz 1, dass der angemessene Sicherheitsabstand erstmalig unterschritten wird, räumlich noch weiter unterschritten wird oder eine erhebliche Gefahrenerhöhung ausgelöst wird, bedarf die störfallrelevante Errichtung und der Betrieb oder die störfallrelevante Änderung einer nicht genehmigungsbedürftigen Anlage, die Betriebsbereich oder Bestandteil eines Betriebsbereichs ist, einer störfallrechtlichen Genehmigung. Dies gilt nicht, soweit dem Gebot, den angemessenen Sicherheitsabstand zu wahren, bereits auf Ebene einer raumbedeutsamen Planung oder Maßnahme durch verbindliche Vorgaben Rechnung getragen worden ist. Die Genehmigung setzt einen schriftlichen oder elektronischen Antrag voraus. § 10 Absatz 1 Satz 4 und Absatz 2 gilt entsprechend. Die Genehmigung ist zu erteilen, wenn sichergestellt ist, dass die Anforderungen des § 22 und der auf Grundlage des § 23 erlassenen Rechtsverordnungen eingehalten werden und andere öffentlichrechtliche Vorschriften und Belange des Arbeitsschutzes nicht entgegenstehen. Die Genehmigung kann unter Bedingungen erteilt und mit Auflagen verbunden werden, soweit dies erforderlich ist, um die Erfüllung der Genehmigungsvoraussetzungen sicherzustellen. Die Genehmigung schließt andere die Anlage betreffende behördliche Entscheidungen ein mit Ausnahme von Planfeststellungen, Zulassungen bergrechtlicher Betriebspläne, behördlichen Entscheidungen auf Grund atomrechtlicher Vorschriften

und wasserrechtlichen Erlaubnissen und Bewilligungen nach § 8 in Verbindung mit § 10 des Wasserhaushaltsgesetzes. Die §§ 8, 8a, 9 und 18 gelten entsprechend.

(2) Im Genehmigungsverfahren ist die Öffentlichkeit zu beteiligen. Dazu macht die zuständige Behörde das Vorhaben öffentlich bekannt und legt den Antrag, die vom Antragsteller vorgelegten Unterlagen mit Ausnahme der Unterlagen nach Absatz 1 Satz 4 sowie die entscheidungserheblichen Berichte und Empfehlungen, die der Behörde im Zeitpunkt der Bekanntmachung vorliegen, einen Monat zur Einsicht aus. Personen, deren Belange durch das Vorhaben berührt werden sowie Vereinigungen, welche die Anforderungen von § 3 Absatz 1 oder § 2 Absatz 2 des Umwelt-Rechtsbehelfsgesetzes erfüllen, können innerhalb der in § 10 Absatz 3 Satz 4 erster Halbsatz genannten Frist gegenüber der zuständigen Behörde schriftlich oder elektronisch Einwendungen erheben. § 10 Absatz 3 Satz 5 und Absatz 3a gilt entsprechend. Einwendungen, die auf besonderen privatrechtlichen Titeln beruhen, sind auf den Rechtsweg vor den ordentlichen Gerichten zu verweisen.

(3) Die Genehmigungsbehörde holt die Stellungnahmen der Behörden ein, deren Aufgabenbereich durch das Vorhaben berührt wird. Soweit für das Vorhaben selbst oder für weitere damit unmittelbar in Zusammenhang stehende Vorhaben, die Auswirkungen auf die Umwelt haben können und die für die Genehmigung Bedeutung haben, eine Zulassung nach anderen Gesetzen vorgeschrieben ist, hat die Genehmigungsbehörde eine vollständige Koordinierung der Zulassungsverfahren sowie der Inhalts- und Nebenbestimmungen sicherzustellen.

(4) Über den Antrag auf störfallrelevante Errichtung und Betrieb einer Anlage hat die zuständige Behörde innerhalb einer Frist von sieben Monaten nach Eingang des Antrags und der erforderlichen Unterlagen zu entscheiden. Über den Antrag auf störfallrelevante Änderung einer Anlage ist innerhalb einer Frist von sechs Monaten nach Eingang des Antrags und der erforderlichen Unterlagen zu entscheiden. Die zuständige Behörde kann die jeweilige Frist um drei Monate verlängern, wenn dies wegen der Schwierigkeit der Prüfung oder aus Gründen, die dem Antragsteller zuzurechnen sind, erforderlich ist. Die Fristverlängerung soll gegenüber dem Antragsteller begründet werden. § 10 Absatz 7 Satz 1 gilt entsprechend.

(5) Die Bundesregierung wird ermächtigt, durch Rechtsverordnung mit Zustimmung des Bundesrates weitere Einzelheiten des Verfahrens nach den Absätzen 1 bis 4 zu regeln, insbesondere

1. Form und Inhalt des Antrags,
2. Verfahren und Inhalt der Bekanntmachung und Auslegung des Vorhabens durch die zuständige Behörde sowie
3. Inhalt und Bekanntmachung des Genehmigungsbescheids.

§ 23c Betriebsplanzulassung nach dem Bundesberggesetz

Die §§ 23a und 23b Absatz 1, 3 und 4 gelten nicht für die störfallrelevante Errichtung und den Betrieb oder die störfallrelevante Änderung einer nicht genehmigungsbedürftigen Anlage, die Betriebsbereich oder Bestandteil eines Betriebsbereichs ist, wenn für die Errichtung und den Betrieb oder die Änderung eine Betriebsplanzulassung nach dem Bundesberggesetz erforderlich ist. § 23b Absatz 2 ist für die in Satz 1 genannten Vorhaben unter den in § 57d des Bundesberggesetzes genannten Bedingungen entsprechend anzuwenden. Die Regelungen, die auf Grundlage des § 23b Absatz 5 durch Rechtsverordnung getroffen werden, gelten für die in Satz 1 genannten Vorhaben, soweit § 57d des Bundesberggesetzes dies anordnet.

§ 24 Anordnungen im Einzelfall

Die zuständige Behörde kann im Einzelfall die zur Durchführung des § 22 und der auf dieses Gesetz gestützten Rechtsverordnungen erforderlichen Anordnungen treffen. Kann das Ziel der Anordnung auch durch eine Maßnahme zum Zwecke des Arbeitsschutzes erreicht werden, soll diese angeordnet werden.

§ 25 Untersagung

(1) Kommt der Betreiber einer Anlage einer vollziehbaren behördlichen Anordnung nach § 24 Satz 1 nicht nach, so kann die zuständige Behörde den Betrieb der Anlage ganz oder teilweise bis zur Erfüllung der Anordnung untersagen.

(1a) Die zuständige Behörde hat die Inbetriebnahme oder Weiterführung einer nicht genehmigungsbedürftigen Anlage, die Betriebsbereich oder Bestandteil eines Betriebsbereichs ist und gewerblichen Zwecken dient oder im Rahmen wirtschaftlicher Unternehmungen Verwendung findet, ganz oder teilweise zu untersagen, solange und soweit die von dem Betreiber getroffenen Maßnahmen zur Verhütung schwerer Unfälle im Sinne des Artikels 3 Nummer 13 der Richtlinie 2012/18/EU oder zur Begrenzung der Auswirkungen derartiger Unfälle eindeutig unzureichend sind. Bei der Entscheidung über eine Untersagung berücksichtigt die zuständige Behörde auch schwerwiegende Unterlassungen in Bezug auf erforderliche Folgemaßnahmen, die in einem Überwachungsbericht nach § 16 Absatz 2 Nummer 1 der Störfall-Verordnung festgelegt worden sind. Die zuständige Behörde kann die Inbetriebnahme oder die Weiterführung einer Anlage im Sinne des Satzes 1 außerdem ganz oder teilweise untersagen, wenn der Betreiber

1. die in einer zur Umsetzung der Richtlinie 2012/18/EU erlassenen Rechtsverordnung vorgeschriebenen Mitteilungen, Berichte oder sonstige Informationen nicht fristgerecht übermittelt oder
2. eine nach § 23a erforderliche Anzeige nicht macht oder die Anlage ohne die nach § 23b erforderliche Genehmigung störfallrelevant errichtet, betreibt oder störfallrelevant ändert.

(2) Wenn die von einer Anlage hervorgerufenen schädlichen Umwelteinwirkungen das Leben oder die Gesundheit von Menschen oder bedeutende Sachwerte gefährden, soll die zuständige Behörde die Errichtung oder den Betrieb der Anlage ganz oder teilweise untersagen, soweit die Allgemeinheit oder die Nachbarschaft nicht auf andere Weise ausreichend geschützt werden kann.

§ 25a Stilllegung und Beseitigung nicht genehmigungsbedürftiger Anlagen, die Betriebsbereich oder Bestandteil eines Betriebsbereichs sind

Die zuständige Behörde kann anordnen, dass eine Anlage, die Betriebsbereich oder Bestandteil eines Betriebsbereichs ist und ohne die erforderliche Genehmigung nach § 23b störfallrelevant errichtet oder geändert wird, ganz oder teilweise stillzulegen oder zu beseitigen ist. Sie soll die Beseitigung anordnen, wenn die Allgemeinheit oder die Nachbarschaft nicht auf andere Weise ausreichend geschützt werden kann.

Dritter Abschnitt
Ermittlung von Emissionen und Immissionen, sicherheitstechnische Prüfungen

§ 26 Messungen aus besonderem Anlass

Die zuständige Behörde kann anordnen, dass der Betreiber einer genehmigungsbedürftigen Anlage oder, soweit § 22 Anwendung findet, einer nicht genehmigungsbedürftigen Anlage Art und

12

Ausmaß der von der Anlage ausgehenden Emissionen sowie die Immissionen im Einwirkungsbereich der Anlage durch eine der von der zuständigen Behörde eines Landes bekannt gegebenen Stellen ermitteln lässt, wenn zu befürchten ist, dass durch die Anlage schädliche Umwelteinwirkungen hervorgerufen werden. Die zuständige Behörde ist befugt, Einzelheiten über Art und Umfang der Ermittlungen sowie über die Vorlage des Ermittlungsergebnisses vorzuschreiben.

§ 27 Emissionserklärung

(1) Der Betreiber einer genehmigungsbedürftigen Anlage ist verpflichtet, der zuständigen Behörde innerhalb einer von ihr zu setzenden Frist oder zu dem in der Rechtsverordnung nach Absatz 4 festgesetzten Zeitpunkt Angaben zu machen über Art, Menge, räumliche und zeitliche Verteilung der Luftverunreinigungen, die von der Anlage in einem bestimmten Zeitraum ausgegangen sind, sowie über die Austrittsbedingungen (Emissionserklärung); er hat die Emissionserklärung nach Maßgabe der Rechtsverordnung nach Absatz 4 entsprechend dem neuesten Stand zu ergänzen. § 52 Absatz 5 gilt sinngemäß. Satz 1 gilt nicht für Betreiber von Anlagen, von denen nur in geringem Umfang Luftverunreinigungen ausgehen können.

(2) Auf die nach Absatz 1 erlangten Kenntnisse und Unterlagen sind die §§ 93, 97, 105 Absatz 1, § 111 Absatz 5 in Verbindung mit § 105 Absatz 1 sowie § 116 Absatz 1 der Abgabenordnung nicht anzuwenden. Dies gilt nicht, soweit die Finanzbehörden die Kenntnisse für die Durchführung eines Verfahrens wegen einer Steuerstraftat sowie eines damit zusammenhängenden Besteuerungsverfahrens benötigen, an deren Verfolgung ein zwingendes öffentliches Interesse besteht, oder soweit es sich um vorsätzlich falsche Angaben des Auskunftspflichtigen oder der für ihn tätigen Personen handelt.

(3) Der Inhalt der Emissionserklärung ist Dritten auf Antrag bekannt zu geben. Einzelangaben der Emissionserklärung dürfen nicht veröffentlicht oder Dritten bekannt gegeben werden, wenn aus diesen Rückschlüsse auf Betriebs- oder Geschäftsgeheimnisse gezogen werden können. Bei Abgabe der Emissionserklärung hat der Betreiber der zuständigen Behörde mitzuteilen und zu begründen, welche Einzelangaben der Emissionserklärung Rückschlüsse auf Betriebs- oder Geschäftsgeheimnisse erlauben.

(4) Die Bundesregierung wird ermächtigt, durch Rechtsverordnung mit Zustimmung des Bundesrates Inhalt, Umfang, Form und Zeitpunkt der Abgabe der Emissionserklärung, das bei der Ermittlung der Emissionen einzuhaltende Verfahren und den Zeitraum, innerhalb dessen die Emissionserklärung zu ergänzen ist, zu regeln. In der Rechtsverordnung wird auch bestimmt, welche Betreiber genehmigungsbedürftiger Anlagen nach Absatz 1 Satz 3 von der Pflicht zur Abgabe einer Emissionserklärung befreit sind. Darüber hinaus kann zur Erfüllung der Pflichten aus bindenden Rechtsakten der Europäischen Gemeinschaften oder der Europäischen Union in der Rechtsverordnung vorgeschrieben werden, dass die zuständigen Behörden über die nach Landesrecht zuständige Behörde dem Bundesministerium für Umwelt, Naturschutz und nukleare Sicherheit zu einem festgelegten Zeitpunkt Emissionsdaten zur Verfügung stellen, die den Emissionserklärungen zu entnehmen sind.

§ 28 Erstmalige und wiederkehrende Messungen bei genehmigungsbedürftigen Anlagen

Die zuständige Behörde kann bei genehmigungsbedürftigen Anlagen

1. nach der Inbetriebnahme oder einer Änderung im Sinne des § 15 oder des § 16 und sodann
2. nach Ablauf eines Zeitraums von jeweils drei Jahren

Anordnungen nach § 26 auch ohne die dort genannten Voraussetzungen treffen. Hält die Behörde wegen Art, Menge und Gefährlichkeit der von der Anlage ausgehenden Emissionen Ermittlungen auch während des in Nummer 2 genannten Zeitraums für erforderlich, so soll sie auf Antrag des Betreibers zulassen, dass diese Ermittlungen durch den Immissionsschutzbeauftragten durchgeführt werden, wenn dieser hierfür die erforderliche Fachkunde, Zuverlässigkeit und gerätetechnische Ausstattung besitzt.

§ 29 Kontinuierliche Messungen

(1) Die zuständige Behörde kann bei genehmigungsbedürftigen Anlagen anordnen, dass statt durch Einzelmessungen nach § 26 oder § 28 oder neben solchen Messungen bestimmte Emissionen oder Immissionen unter Verwendung aufzeichnender Messgeräte fortlaufend ermittelt werden. Bei Anlagen mit erheblichen Emissionsmassenströmen luftverunreinigender Stoffe sollen unter Berücksichtigung von Art und Gefährlichkeit dieser Stoffe Anordnungen nach Satz 1 getroffen werden, soweit eine Überschreitung der in Rechtsvorschriften, Auflagen oder Anordnungen festgelegten Emissionsbegrenzungen nach der Art der Anlage nicht ausgeschlossen werden kann.

(2) Die zuständige Behörde kann bei nicht genehmigungsbedürftigen Anlagen, soweit § 22 anzuwenden ist, anordnen, dass statt durch Einzelmessungen nach § 26 oder neben solchen Messungen bestimmte Emissionen oder Immissionen unter Verwendung aufzeichnender Messgeräte fortlaufend ermittelt werden, wenn dies zur Feststellung erforderlich ist, ob durch die Anlage schädliche Umwelteinwirkungen hervorgerufen werden.

12

§ 29a Anordnung sicherheitstechnischer Prüfungen

(1) Die zuständige Behörde kann anordnen, dass der Betreiber einer genehmigungsbedürftigen Anlage oder einer Anlage innerhalb eines Betriebsbereichs nach § 3 Absatz 5a einen der von der zuständigen Behörde eines Landes bekannt gegebenen Sachverständigen mit der Durchführung bestimmter sicherheitstechnischer Prüfungen sowie Prüfungen von sicherheitstechnischen Unterlagen beauftragt. In der Anordnung kann die Durchführung der Prüfungen durch den Störfallbeauftragten (§ 58a), eine zugelassene Überwachungsstelle nach § 37 Absatz 1 des Produktsicherheitsgesetzes oder einen in einer für Anlagen nach § 2 Nummer 30 des Produktsicherheitsgesetzes erlassenen Rechtsverordnung genannten Sachverständigen gestattet werden, wenn diese die Anforderungen nach § 29b Absatz 2 Satz 2 und 3 erfüllen; das Gleiche gilt für einen nach § 36 Absatz 1 der Gewerbeordnung bestellten Sachverständigen oder für Sachverständige, die im Rahmen von § 13a der Gewerbeordnung ihre gewerbliche Tätigkeit nur vorübergehend und gelegentlich im Inland ausüben wollen, soweit eine besondere Sachkunde im Bereich sicherheitstechnischer Prüfungen nachgewiesen wird. Die zuständige Behörde ist befugt, Einzelheiten über Art und Umfang der sicherheitstechnischen Prüfungen sowie über die Vorlage des Prüfungsergebnisses vorzuschreiben.

(2) Prüfungen können angeordnet werden

1. für einen Zeitpunkt während der Errichtung oder sonst vor der Inbetriebnahme der Anlage,
2. für einen Zeitpunkt nach deren Inbetriebnahme,
3. in regelmäßigen Abständen,
4. im Falle einer Betriebseinstellung oder
5. wenn Anhaltspunkte dafür bestehen, dass bestimmte sicherheitstechnische Anforderungen nicht erfüllt werden.

Satz 1 gilt entsprechend bei einer Änderung im Sinne des § 15 oder des § 16.

(3) Der Betreiber hat die Ergebnisse der sicherheitstechnischen Prüfungen der zuständigen Behörde spätestens einen Monat nach Durchführung der Prüfungen vorzulegen; er hat diese Ergebnisse unverzüglich vorzulegen, sofern dies zur Abwehr gegenwärtiger Gefahren erforderlich ist.

§ 29b Bekanntgabe von Stellen und Sachverständigen

(1) Die Bekanntgabe von Stellen im Sinne von § 26, von Stellen im Sinne einer auf Grund dieses Gesetzes erlassenen Rechtsverordnung oder von Sachverständigen im Sinne von § 29a durch die zuständige Behörde eines Landes berechtigt die bekannt gegebenen Stellen und Sachverständigen, die in der Bekanntgabe festgelegten Ermittlungen oder Prüfungen auf Antrag eines Anlagenbetreibers durchzuführen.

(2) Die Bekanntgabe setzt einen Antrag bei der zuständigen Behörde des Landes voraus. Sie ist zu erteilen, wenn der Antragsteller oder die Antragstellerin über die erforderliche Fachkunde, Unabhängigkeit, Zuverlässigkeit und gerätetechnische Ausstattung verfügt sowie die für die Aufgabenerfüllung erforderlichen organisatorischen Anforderungen erfüllt. Sachverständige im Sinne von § 29a müssen über eine Haftpflichtversicherung verfügen.

(3) Die Bundesregierung wird ermächtigt, nach Anhörung der beteiligten Kreise (§ 51) durch Rechtsverordnung mit Zustimmung des Bundesrates Anforderungen an die Bekanntgabe von Stellen und Sachverständigen sowie an bekannt gegebene Stellen und Sachverständige zu regeln. In der Rechtsverordnung nach Satz 1 können insbesondere

1. Anforderungen an die Gleichwertigkeit nicht inländischer Anerkennungen und Nachweise bestimmt werden,
2. Anforderungen an das Verfahren der Bekanntgabe und ihrer Aufhebung bestimmt werden,
3. Anforderungen an den Inhalt der Bekanntgabe bestimmt werden, insbesondere dass sie mit Nebenbestimmungen versehen und für das gesamte Bundesgebiet erteilt werden kann,
4. Anforderungen an die Organisationsform der bekannt zu gebenden Stellen bestimmt werden,
5. Anforderungen an die Struktur bestimmt werden, die die Sachverständigen der Erfüllung ihrer Aufgaben zugrunde legen,
6. Anforderungen an die Fachkunde, Zuverlässigkeit, Unabhängigkeit und gerätetechnische Ausstattung der bekannt zu gebenden Stellen und Sachverständigen bestimmt werden,
7. Pflichten der bekannt gegebenen Stellen und Sachverständigen festgelegt werden.

§ 30 Kosten der Messungen und sicherheitstechnischen Prüfungen

Die Kosten für die Ermittlungen der Emissionen und Immissionen sowie für die sicherheitstechnischen Prüfungen trägt der Betreiber der Anlage. Bei nicht genehmigungsbedürftigen Anlagen trägt der Betreiber die Kosten für Ermittlungen nach § 26 oder § 29 Absatz 2 nur, wenn die Ermittlungen ergeben, dass

1. Auflagen oder Anordnungen nach den Vorschriften dieses Gesetzes oder der auf dieses Gesetz gestützten Rechtsverordnungen nicht erfüllt worden sind oder
2. Anordnungen oder Auflagen nach den Vorschriften dieses Gesetzes oder der auf dieses Gesetz gestützten Rechtsverordnungen geboten sind.

§ 31 Auskunftspflichten des Betreibers

(1) Der Betreiber einer Anlage nach der Industrieemissions-Richtlinie hat nach Maßgabe der Nebenbestimmungen der Genehmigung oder auf Grund von Rechtsverordnungen der zuständigen Behörde jährlich Folgendes vorzulegen:

1. eine Zusammenfassung der Ergebnisse der Emissionsüberwachung,
2. sonstige Daten, die erforderlich sind, um die Einhaltung der Genehmigungsanforderungen gemäß § 6 Absatz 1 Nummer 1 zu überprüfen.

Die Pflicht nach Satz 1 besteht nicht, soweit die erforderlichen Angaben der zuständigen Behörde bereits auf Grund anderer Vorschriften vorzulegen sind. Wird in einer Rechtsverordnung nach § 7 ein Emissionsgrenzwert nach § 7 Absatz 1a, in einer Verwaltungsvorschrift nach § 48 ein Emissionswert nach § 48 Absatz 1a oder in einer Genehmigung nach § 12 Absatz 1 oder einer nachträglichen Anordnung nach § 17 Absatz 2a eine Emissionsbegrenzung nach § 12 Absatz 1a oder § 17 Absatz 2a oberhalb der in den BVT-Schlussfolgerungen genannten Emissionsbandbreiten bestimmt, so hat die Zusammenfassung nach Satz 1 Nummer 1 einen Vergleich mit den in den BVT-Schlussfolgerungen genannten Emissionsbandbreiten zu ermöglichen.

(2) Der Betreiber einer Anlage nach der Industrieemissions-Richtlinie kann von der zuständigen Behörde verpflichtet werden, diejenigen Daten zu übermitteln, deren Übermittlung nach einem Durchführungsrechtsakt nach Artikel 72 Absatz 2 der Richtlinie 2010/75/EU vorgeschrieben ist und die zur Erfüllung der Berichtspflicht nach § 61 Absatz 1 erforderlich sind, soweit solche Daten nicht bereits auf Grund anderer Vorschriften bei der zuständigen Behörde vorhanden sind. § 3 Absatz 1 Satz 2 und § 5 Absatz 2 bis 6 des Gesetzes zur Ausführung des Protokolls über Schadstofffreisetzungs- und -verbringungsregister vom 21. Mai 2003 sowie zur Durchführung der Verordnung (EG) Nr. 166/2006 vom 6. Juni 2007 (BGBl. I S. 1002), das durch Artikel 1 des Gesetzes vom 9. Dezember 2020 (BGBl. I S. 2873) geändert worden ist, gelten entsprechend.

(2a) Der Betreiber von Anlagen, die Betriebsbereich oder Bestandteil eines Betriebsbereichs sind, kann von der zuständigen Behörde verpflichtet werden, diejenigen Daten zu übermitteln, deren Übermittlung nach einem Durchführungsrechtsakt nach Artikel 21 Absatz 5 der Richtlinie 2012/18/EU vorgeschrieben ist und die zur Erfüllung der Berichtspflicht nach § 61 Absatz 2 erforderlich sind, soweit solche Daten nicht bereits auf Grund anderer Vorschriften bei der zuständigen Behörde vorhanden sind. Absatz 2 Satz 2 gilt entsprechend.

(3) Wird bei einer Anlage nach der Industrieemissions-Richtlinie festgestellt, dass Anforderungen gemäß § 6 Absatz 1 Nummer 1 nicht eingehalten werden, hat der Betreiber dies der zuständigen Behörde unverzüglich mitzuteilen.

(4) Der Betreiber einer Anlage nach der Industrieemissions-Richtlinie hat bei allen Ereignissen mit schädlichen Umwelteinwirkungen die zuständige Behörde unverzüglich zu unterrichten, soweit er hierzu nicht bereits nach § 4 des Umweltschadensgesetzes oder nach § 19 der Störfall-Verordnung verpflichtet ist.

(5) Der Betreiber der Anlage hat das Ergebnis der auf Grund einer Anordnung nach § 26, § 28 oder § 29 getroffenen Ermittlungen der zuständigen Behörde auf Verlangen mitzuteilen und die Aufzeichnungen der Messgeräte nach § 29 fünf Jahre lang aufzubewahren. Die zuständige Behörde kann die Art der Übermittlung der Messergebnisse vorschreiben. Die Ergebnisse der Überwachung der Emissionen, die bei der Behörde vorliegen, sind für die Öffentlichkeit nach den Bestimmungen des Umweltinformationsgesetzes mit Ausnahme des § 12 zugänglich; für Landesbehörden gelten die landesrechtlichen Vorschriften.

Dritter Teil
Beschaffenheit von Anlagen, Stoffen, Erzeugnissen, Brennstoffen, Treibstoffen und Schmierstoffen; Treibhausgasminderung bei Kraftstoffen

Erster Abschnitt
Beschaffenheit von Anlagen, Stoffen, Erzeugnissen, Brennstoffen, Treibstoffen und Schmierstoffen

§ 32 Beschaffenheit von Anlagen

(1) Die Bundesregierung wird ermächtigt, nach Anhörung der beteiligten Kreise (§ 51) durch Rechtsverordnung mit Zustimmung des Bundesrates vorzuschreiben, dass serienmäßig hergestellte Teile von Betriebsstätten und sonstigen ortsfesten Einrichtungen sowie die in § 3 Absatz 5 Nummer 2 bezeichneten Anlagen und hierfür serienmäßig hergestellte Teile gewerbsmäßig oder im Rahmen wirtschaftlicher Unternehmungen nur in den Verkehr gebracht oder eingeführt werden dürfen, wenn sie bestimmten Anforderungen zum Schutz vor schädlichen Umwelteinwirkungen durch Luftverunreinigungen, Geräusche, Erschütterungen oder nichtionisierende Strahlen genügen. In den Rechtsverordnungen nach Satz 1 kann insbesondere vorgeschrieben werden, dass

1. die Emissionen der Anlagen oder der serienmäßig hergestellten Teile bestimmte Werte nicht überschreiten dürfen,
2. die Anlagen oder die serienmäßig hergestellten Teile bestimmten technischen Anforderungen zur Begrenzung der Emissionen entsprechen müssen.

Emissionswerte nach Satz 2 Nummer 1 können unter Berücksichtigung der technischen Entwicklung auch für einen Zeitpunkt nach Inkrafttreten der Rechtsverordnung festgesetzt werden. Wegen der Anforderungen nach den Sätzen 1 bis 3 gilt § 7 Absatz 4 entsprechend.

(2) In einer Rechtsverordnung kann ferner vorgeschrieben werden, dass die Anlagen oder die serienmäßig hergestellten Teile gewerbsmäßig oder im Rahmen wirtschaftlicher Unternehmungen nur in den Verkehr gebracht oder eingeführt werden dürfen, wenn sie mit Angaben über die Höhe ihrer Emissionen gekennzeichnet sind.

§ 33 Bauartzulassung

(1) Die Bundesregierung wird ermächtigt, zum Schutz vor schädlichen Umwelteinwirkungen sowie zur Vorsorge gegen schädliche Umwelteinwirkungen nach Anhörung der beteiligten Kreise (§ 51) durch Rechtsverordnung mit Zustimmung des Bundesrates

1. zu bestimmen, dass in § 3 Absatz 5 Nummer 1 oder 2 bezeichnete Anlagen oder bestimmte Teile von solchen Anlagen nach einer Bauartprüfung allgemein zugelassen und dass mit der Bauartzulassung Auflagen zur Errichtung und zum Betrieb verbunden werden können;
2. vorzuschreiben, dass bestimmte serienmäßig hergestellte Anlagen oder bestimmte hierfür serienmäßig hergestellte Teile gewerbsmäßig oder im Rahmen wirtschaftlicher Unternehmungen nur in Verkehr gebracht werden dürfen, wenn die Bauart der Anlage oder des Teils allgemein zugelassen ist und die Anlage oder der Teil dem zugelassenen Muster entspricht;
3. das Verfahren der Bauartzulassung zu regeln;
4. zu bestimmen, welche Gebühren und Auslagen für die Bauartzulassung zu entrichten sind; die Gebühren werden nur zur Deckung des mit den Prüfungen verbundenen Personal- und Sachaufwandes erhoben, zu dem insbesondere der Aufwand für die Sachverständigen, die Prüfeinrichtungen und -stoffe sowie für die Entwicklung geeigneter Prüfverfahren und für den

Erfahrungsaustausch gehört; es kann bestimmt werden, dass eine Gebühr auch für eine Prüfung erhoben werden kann, die nicht begonnen oder nicht zu Ende geführt worden ist, wenn die Gründe hierfür von demjenigen zu vertreten sind, der die Prüfung veranlasst hat; die Höhe der Gebührensätze richtet sich nach der Zahl der Stunden, die ein Sachverständiger durchschnittlich für die verschiedenen Prüfungen der bestimmten Anlagenart benötigt; in der Rechtsverordnung können die Kostenbefreiung, die Kostengläubigerschaft, die Kostenschuldnerschaft, der Umfang der zu erstattenden Auslagen und die Kostenerhebung abweichend von den Vorschriften des Verwaltungskostengesetzes vom 23. Juni 1970 (BGBl. I S. 821) geregelt werden.

(2) Die Zulassung der Bauart darf nur von der Erfüllung der in § 32 Absatz 1 und 2 genannten oder in anderen Rechtsvorschriften festgelegten Anforderungen sowie von einem Nachweis der Höhe der Emissionen der Anlage oder des Teils abhängig gemacht werden.

§ 34 Beschaffenheit von Brennstoffen, Treibstoffen und Schmierstoffen

(1) Die Bundesregierung wird ermächtigt, nach Anhörung der beteiligten Kreise (§ 51) durch Rechtsverordnung mit Zustimmung des Bundesrates vorzuschreiben, dass Brennstoffe, Treibstoffe, Schmierstoffe oder Zusätze zu diesen Stoffen gewerbsmäßig oder im Rahmen wirtschaftlicher Unternehmungen nur hergestellt, in den Verkehr gebracht oder eingeführt werden dürfen, wenn sie bestimmten Anforderungen zum Schutz vor schädlichen Umwelteinwirkungen durch Luftverunreinigungen genügen. In den Rechtsverordnungen nach Satz 1 kann insbesondere bestimmt werden, dass

1. natürliche Bestandteile oder Zusätze von Brennstoffen, Treibstoffen oder Schmierstoffen nach Satz 1, die bei bestimmungsgemäßer Verwendung der Brennstoffe, Treibstoffe, Schmierstoffe oder Zusätze Luftverunreinigungen hervorrufen oder die Bekämpfung von Luftverunreinigungen behindern, nicht zugesetzt werden oder einen bestimmten Höchstgehalt nicht überschreiten dürfen,

1a. Zusätze zu Brennstoffen, Treibstoffen oder Schmierstoffen bestimmte Stoffe, die Luftverunreinigungen hervorrufen oder die Bekämpfung von Luftverunreinigungen behindern, nicht oder nur in besonderer Zusammensetzung enthalten dürfen,

2. Brennstoffe, Treibstoffe oder Schmierstoffe nach Satz 1 bestimmte Zusätze enthalten müssen, durch die das Entstehen von Luftverunreinigungen begrenzt wird,

3. Brennstoffe, Treibstoffe, Schmierstoffe oder Zusätze nach Satz 1 einer bestimmten Behandlung, durch die das Entstehen von Luftverunreinigungen begrenzt wird, unterworfen werden müssen,

4. derjenige, der gewerbsmäßig oder im Rahmen wirtschaftlicher Unternehmungen flüssige Brennstoffe, Treibstoffe, Schmierstoffe oder Zusätze zu diesen Stoffen herstellt, einführt oder sonst in den Geltungsbereich dieses Gesetzes verbringt, der zuständigen Bundesoberbehörde
   a) Zusätze zu flüssigen Brennstoffen, Treibstoffen oder Schmierstoffen, die in ihrer chemischen Zusammensetzung andere Elemente als Kohlenstoff, Wasserstoff und Sauerstoff enthalten, anzuzeigen hat und
   b) näher zu bestimmende Angaben über die Art und die eingesetzte Menge sowie die möglichen schädlichen Umwelteinwirkungen der Zusätze und deren Verbrennungsprodukte zu machen hat.

Anforderungen nach Satz 2 können unter Berücksichtigung der technischen Entwicklung auch für einen Zeitpunkt nach Inkrafttreten der Rechtsverordnungen festgesetzt werden. Wegen der Anforderungen nach den Sätzen 1 bis 3 gilt § 7 Absatz 5 entsprechend.

(2) Die Bundesregierung wird ermächtigt, durch Rechtsverordnung mit Zustimmung des Bundesrates vorzuschreiben,

1. dass bei der Einfuhr von Brennstoffen, Treibstoffen, Schmierstoffen oder Zusätzen, für die Anforderungen nach Absatz 1 Satz 1 festgesetzt worden sind, eine schriftliche Erklärung des Herstellers über die Beschaffenheit der Brennstoffe, Treibstoffe, Schmierstoffe oder Zusätze den Zolldienststellen vorzulegen, bis zum ersten Bestimmungsort der Sendung mitzuführen und bis zum Abgang der Sendung vom ersten Bestimmungsort dort verfügbar zu halten ist,
2. dass der Einführer diese Erklärung zu seinen Geschäftspapieren zu nehmen hat,
3. welche Angaben über die Beschaffenheit der Brennstoffe, Treibstoffe, Schmierstoffe oder Zusätze die schriftliche Erklärung enthalten muss,
4. dass Brennstoffe, Treibstoffe, Schmierstoffe oder Zusätze nach Absatz 1 Satz 1, die in den Geltungsbereich dieses Gesetzes, ausgenommen in Zollausschlüsse, verbracht werden, bei der Verbringung von dem Einführer den zuständigen Behörden des Bestimmungsortes zu melden sind,
5. dass bei der Lagerung von Brennstoffen, Treibstoffen, Schmierstoffen oder Zusätzen nach Absatz 1 Satz 1 Tankbelegbücher zu führen sind, aus denen sich die Lieferer der Brennstoffe, Treibstoffe, Schmierstoffe oder Zusätze nach Absatz 1 Satz 1 ergeben,
6. dass derjenige, der gewerbsmäßig oder im Rahmen wirtschaftlicher Unternehmungen an den Verbraucher Stoffe oder Zusätze nach Absatz 1 Satz 1 veräußert, diese deutlich sichtbar und leicht lesbar mit Angaben über bestimmte Eigenschaften kenntlich zu machen hat und
7. dass derjenige, der Stoffe oder Zusätze nach Absatz 1 Satz 1 gewerbsmäßig oder im Rahmen wirtschaftlicher Unternehmungen in den Verkehr bringt, den nach Nummer 6 Auszeichnungspflichtigen über bestimmte Eigenschaften zu unterrichten hat.

(3) Die Bundesregierung wird ermächtigt, nach Anhörung der beteiligten Kreise (§ 51) durch Rechtsverordnung mit Zustimmung des Bundesrates vorzuschreiben, dass, wer gewerbsmäßig oder im Rahmen wirtschaftlicher Unternehmungen Treibstoffe in den Verkehr bringt, zur Vermeidung von Schäden an Fahrzeugen verpflichtet werden kann, auch Treibstoffe mit bestimmten Eigenschaften, insbesondere mit nicht zu überschreitenden Höchstgehalten an Sauerstoff und Biokraftstoff, in den Verkehr zu bringen. In der Rechtsverordnung nach Satz 1 kann darüber hinaus die Unterrichtung der Verbraucher über biogene Anteile der Treibstoffe und den geeigneten Einsatz der verschiedenen Treibstoffmischungen geregelt werden; für die Regelung der Pflicht zur Unterrichtung gilt Absatz 2 Nummer 6 und 7 entsprechend.

(4) Die Bundesregierung wird ermächtigt, nach Anhörung der beteiligten Kreise (§ 51) durch Rechtsverordnung ohne Zustimmung des Bundesrates zu regeln, dass Unternehmen, die Treibstoffe in Verkehr bringen, jährlich folgende Daten der in der Rechtsverordnung zu bestimmenden Bundesbehörde vorzulegen haben:

a) die Gesamtmenge der jeweiligen Art von geliefertem Treibstoff unter Angabe des Erwerbsortes und des Ursprungs des Treibstoffs und

b) die Lebenszyklustreibhausgasemissionen pro Energieeinheit.

§ 35 Beschaffenheit von Stoffen und Erzeugnissen

(1) Die Bundesregierung wird ermächtigt, nach Anhörung der beteiligten Kreise (§ 51) durch Rechtsverordnung mit Zustimmung des Bundesrates vorzuschreiben, dass bestimmte Stoffe oder Erzeugnisse aus Stoffen, die geeignet sind, bei ihrer bestimmungsgemäßen Verwendung oder bei der Verbrennung zum Zwecke der Beseitigung oder der Rückgewinnung einzelner Bestandteile schädliche Umwelteinwirkungen durch Luftverunreinigungen hervorzurufen, gewerbsmäßig oder im Rahmen wirtschaftlicher Unternehmungen nur hergestellt, eingeführt oder sonst in den Verkehr gebracht werden dürfen, wenn sie zum Schutz vor schädlichen Umwelteinwirkungen durch Luftverunreinigungen bestimmten Anforderungen an ihre Zusammensetzung und das Verfahren zu ihrer Herstellung genügen. Die Ermächtigung des Satzes 1 erstreckt sich nicht auf Anlagen, Brennstoffe, Treibstoffe und Fahrzeuge.

(2) Anforderungen nach Absatz 1 Satz 1 können unter Berücksichtigung der technischen Entwicklung auch für einen Zeitpunkt nach Inkrafttreten der Rechtsverordnung festgesetzt werden. Wegen der Anforderungen nach Absatz 1 und Absatz 2 Satz 1 gilt § 7 Absatz 5 entsprechend.

(3) Soweit dies mit dem Schutz der Allgemeinheit vor schädlichen Umwelteinwirkungen durch Luftverunreinigungen vereinbar ist, kann in der Rechtsverordnung nach Absatz 1 an Stelle der Anforderungen über die Zusammensetzung und das Herstellungsverfahren vorgeschrieben werden, dass die Stoffe und Erzeugnisse deutlich sichtbar und leicht lesbar mit dem Hinweis zu kennzeichnen sind, dass bei ihrer bestimmungsgemäßen Verwendung oder bei ihrer Verbrennung schädliche Umwelteinwirkungen entstehen können oder dass bei einer bestimmten Verwendungsart schädliche Umwelteinwirkungen vermieden werden können.

§ 36 Ausfuhr

In den Rechtsverordnungen nach den §§ 32 bis 35 kann vorgeschrieben werden, dass die Vorschriften über das Herstellen, Einführen und das Inverkehrbringen nicht gelten für Anlagen, Stoffe, Erzeugnisse, Brennstoffe und Treibstoffe, die zur Lieferung in Gebiete außerhalb des Geltungsbereichs dieses Gesetzes bestimmt sind.

§ 37 Erfüllung von zwischenstaatlichen Vereinbarungen und Rechtsakten der Europäischen Gemeinschaften oder der Europäischen Union

Zur Erfüllung von Verpflichtungen aus zwischenstaatlichen Vereinbarungen oder von bindenden Rechtsakten der Europäischen Gemeinschaften oder der Europäischen Union kann die Bundesregierung zu dem in § 1 genannten Zweck durch Rechtsverordnung mit Zustimmung des Bundesrates bestimmen, dass Anlagen, Stoffe, Erzeugnisse, Brennstoffe oder Treibstoffe gewerbsmäßig oder im Rahmen wirtschaftlicher Unternehmungen nur in den Verkehr gebracht werden dürfen, wenn sie nach Maßgabe der §§ 32 bis 35 bestimmte Anforderungen erfüllen. In einer Rechtsverordnung nach Satz 1, die der Erfüllung bindender Rechtsakte der Europäischen Gemeinschaften oder der Europäischen Union über Maßnahmen zur Bekämpfung der Emission von gasförmigen Schadstoffen und luftverunreinigenden Partikeln aus Verbrennungsmotoren für mobile Maschinen und Geräte dient, kann das Kraftfahrt-Bundesamt als Genehmigungsbehörde bestimmt und insoweit der Fachaufsicht des Bundesministeriums für Umwelt, Naturschutz und nukleare Sicherheit unterstellt werden.

Zweiter Abschnitt
Treibhausgasminderung bei Kraftstoffen

§ 37a Mindestanteil von Biokraftstoffen an der Gesamtmenge des in Verkehr gebrachten Kraftstoffs; Treibhausgasminderung

(1) Wer gewerbsmäßig oder im Rahmen wirtschaftlicher Unternehmungen nach § 2 Absatz 1 Nummer 1 und 4 des Energiesteuergesetzes zu versteuernde Otto- oder Dieselkraftstoffe in Verkehr bringt, hat sicherzustellen, dass für die gesamte im Lauf eines Kalenderjahres (Verpflichtungsjahr) von ihm in Verkehr gebrachte Menge Kraftstoffs die Vorgaben der Absätze 3 und 4 eingehalten werden. Kraftstoff gilt mit dem Entstehen der Energiesteuer nach § 8 Absatz 1, § 9 Absatz 1, § 9a Absatz 4, § 15 Absatz 1 oder Absatz 2, auch jeweils in Verbindung mit § 15 Absatz 4, § 19b Absatz 1, § 22 Absatz 1 oder § 23 Absatz 1 oder Absatz 2, § 38 Absatz 1, § 42 Absatz 1 oder § 43 Absatz 1 des Energiesteuergesetzes als in Verkehr gebracht. Die Abgabe von fossilem Otto- und fossilem Dieselkraftstoff an die Bundeswehr zu Zwecken der Verteidigung oder der Erfüllung zwischenstaatlicher Verpflichtungen gilt nicht als Inverkehrbringen im Sinne der Sätze 1 und 2. Dies gilt auch für den Erwerb von fossilem Otto- und fossilem Dieselkraftstoff durch die Bundeswehr zu einem in Satz 3 genannten Zweck. Der Bundeswehr gleichgestellt sind auf Grund völkerrechtlicher Verträge in der Bundesrepublik Deutschland befindliche Truppen sowie Einrichtungen, die die Bundeswehr oder diese Truppen zur Erfüllung ihrer jeweiligen Aufgaben einsetzt oder einsetzen. Die Abgabe von Kraftstoff im Eigentum des Erdölbevorratungsverbandes auf Grund einer Freigabe nach § 12 Absatz 1 des Erdölbevorratungsgesetzes durch den Erdölbevorratungsverband, Mitglieder des Erdölbevorratungsverbandes oder Dritte sowie nachfolgende Abgaben gelten nicht als Inverkehrbringen im Sinne der Sätze 1 und 2. Dies gilt auch für die Abgabe von Kraftstoff in den in Satz 6 genannten Fällen im Rahmen von Delegationen nach § 7 Absatz 1 des Erdölbevorratungsgesetzes durch Mitglieder des Erdölbevorratungsverbandes oder Dritte sowie für nachfolgende Abgaben. Die Abgabe von Ausgleichsmengen an unterversorgte Unternehmen zum Versorgungsausgleich im Sinne von § 1 Absatz 1 der Mineralölausgleichs-Verordnung vom 13. Dezember 1985 (BGBl. I S. 2267), die zuletzt durch Artikel 5 Absatz 3 des Gesetzes vom 26. Juni 2013 (BGBl. I S. 1738) geändert worden ist, in der jeweils geltenden Fassung gilt nicht als Inverkehrbringen im Sinne der Sätze 1 und 2. Ein Inverkehrbringen im Sinne der Sätze 1 und 2 liegt ebenfalls nicht vor, wenn der Erdölbevorratungsverband Kraftstoff aus seinem Eigentum abgibt und dieser Abgabe keine Rücklieferung am Abgabeort gegenüber steht oder er dafür Mineralölprodukte erwirbt, die nicht unter die Vorschrift des Satzes 1 fallen. Satz 9 gilt auch für die nachfolgenden Abgaben des Kraftstoffs.

(2) Verpflichteter nach Absatz 1 Satz 1 und 2 ist der jeweilige Steuerschuldner im Sinne des Energiesteuergesetzes. Abweichend von Satz 1 ist in den Fällen des § 7 Absatz 4 Satz 1 des Energiesteuergesetzes der Dritte (Einlagerer) Verpflichteter. In den Fällen des § 22 Absatz 1 des Energiesteuergesetzes gilt allein derjenige als Verpflichteter im Sinne von Satz 1, der eine der dort jeweils genannten Handlungen zuerst vornimmt.

(3) Verpflichtete nach Absatz 1 Satz 1 und 2 in Verbindung mit Absatz 2 (Verpflichtete), die Dieselkraftstoff in Verkehr bringen, haben bis zum 31. Dezember 2014 einen Anteil Dieselkraftstoff ersetzenden Biokraftstoffs von mindestens 4,4 Prozent sicherzustellen. Verpflichtete, die Ottokraftstoff in Verkehr bringen, haben einen Anteil Ottokraftstoff ersetzenden Biokraftstoffs von mindestens 1,2 Prozent für das Jahr 2007, von mindestens 2 Prozent für das Jahr 2008 und von mindestens 2,8 Prozent jeweils für die Jahre 2009 bis 2014 sicherzustellen. Unbeschadet der Sätze 1 und 2 beträgt der Mindestanteil von Biokraftstoff an der Gesamtmenge Otto- und Dieselkraftstoffs, die von Verpflichteten in Verkehr gebracht wird, im Jahr 2009 5,25 Prozent und in den Jahren 2010 bis 2014 jeweils 6,25 Prozent. Satz 3 gilt entsprechend für Verpflichtete, die ausschließlich Ottokraftstoff oder ausschließlich Dieselkraftstoff in Verkehr bringen. Die Mindestan-

teile von Biokraftstoff beziehen sich in den Fällen der Sätze 1, 2 und 4 jeweils auf den Energiegehalt der Menge fossilen Otto- oder fossilen Dieselkraftstoffs zuzüglich des Biokraftstoffanteils, in den Fällen des Satzes 3 auf den Energiegehalt der Menge fossilen Otto- und fossilen Dieselkraftstoffs zuzüglich des Biokraftstoffanteils. Die Gesamtmengen nach Satz 5 sind um die Mengen zu berichtigen, für die eine Steuerentlastung nach § 46 Absatz 1 Satz 1 Nummer 1 oder Nummer 3 oder nach § 47 Absatz 1 Nummer 1, 2 oder Nummer 6 des Energiesteuergesetzes gewährt wurde oder wird.

(4) Verpflichtete haben ab dem Jahr 2015 sicherzustellen, dass die Treibhausgasemissionen der von ihnen in Verkehr gebrachten fossilen Otto- und fossilen Dieselkraftstoffe zuzüglich der Treibhausgasemissionen der von ihnen in Verkehr gebrachten Biokraftstoffe um einen festgelegten Prozentsatz gegenüber dem Referenzwert nach Satz 3 gemindert werden. Die Höhe des in Satz 1 genannten Prozentsatzes beträgt

1. ab dem Jahr 2015 3,5 Prozent,
2. ab dem Jahr 2017 4 Prozent und
3. ab dem Jahr 2020 6 Prozent.

Der Referenzwert, gegenüber dem die Treibhausgasminderung zu erfolgen hat, berechnet sich durch Multiplikation des Basiswertes mit der vom Verpflichteten in Verkehr gebrachten energetischen Menge fossilen Otto- und fossilen Dieselkraftstoffs zuzüglich der vom Verpflichteten in Verkehr gebrachten energetischen Menge Biokraftstoffs. Der Basiswert beträgt 83,8 Kilogramm Kohlenstoffdioxid-Äquivalent pro Gigajoule. Die Treibhausgasemissionen von fossilen Otto- und fossilen Dieselkraftstoffen berechnen sich durch Multiplikation des Basiswertes mit der vom Verpflichteten in Verkehr gebrachten energetischen Menge fossilen Otto- und fossilen Dieselkraftstoffs. Die Treibhausgasemissionen von Biokraftstoffen berechnen sich durch Multiplikation der in den anerkannten Nachweisen nach § 14 der Biokraftstoff-Nachhaltigkeitsverordnung vom 30. September 2009 (BGBl. I S. 3182), die zuletzt durch Artikel 2 der Verordnung vom 26. November 2012 (BGBl. I S. 2363) geändert worden ist, in der jeweils geltenden Fassung ausgewiesenen Treibhausgasemissionen in Kilogramm Kohlenstoffdioxid-Äquivalent pro Gigajoule mit der vom Verpflichteten in Verkehr gebrachten energetischen Menge Biokraftstoffs. Biokraftstoffe werden wie fossile Otto- oder fossile Dieselkraftstoffe behandelt, sofern

1. für die Biokraftstoffe anerkannte Nachweise nach § 14 der Biokraftstoff-Nachhaltigkeitsverordnung nicht vorgelegt werden,
2. für die Biokraftstoffe anerkannte Nachweise nach § 14 der Biokraftstoff-Nachhaltigkeitsverordnung vorgelegt werden, die keine Treibhausgasemissionen ausweisen,
3. für die Biokraftstoffe anerkannte Nachweise nach § 14 der Biokraftstoff-Nachhaltigkeitsverordnung vorgelegt werden, die unwirksam im Sinne der Biokraftstoff-Nachhaltigkeitsverordnung sind und nicht anerkannt werden dürfen,
4. die Biokraftstoffe nach § 37b Absatz 8 Satz 1 von der Anrechenbarkeit ausgeschlossen sind oder
5. die Europäische Kommission nach Artikel 18 Absatz 8 der Richtlinie 2009/28/EG des Europäischen Parlaments und des Rates vom 23. April 2009 zur Förderung der Nutzung von Energie aus erneuerbaren Quellen und zur Änderung und anschließenden Aufhebung der Richtlinien 2001/77/EG und 2003/30/EG (ABl. L 140 vom 5.6.2009, S. 16), die zuletzt durch die Richtlinie 2013/18/EU (ABl. L 158 vom 10.6.2013, S. 230) geändert worden ist, oder nach Artikel 7c Absatz 8 der Richtlinie 98/70/EG des Europäischen Parlaments und des Rates vom 13. Oktober 1998 über die Qualität von Otto- und Dieselkraftstoffen und zur Änderung der Richtlinie

93/12/EWG des Rates (ABl. L 350 vom 28.12.1998, S. 58), die zuletzt durch die delegierte Richtlinie 2014/77/EU (ABl. L 170 vom 11.6.2014, S. 62) geändert worden ist, entschieden hat, dass die Bundesrepublik Deutschland den Biokraftstoff für die in Artikel 17 Absatz 1 Buchstabe a, b und c der Richtlinie 2009/28/EG oder für die in Artikel 7a der Richtlinie 98/70/EG genannten Zwecke nicht berücksichtigen darf.

Satz 7 erster Halbsatz gilt entsprechend für die in § 37b Absatz 2 bis 6 genannten Energieerzeugnisse, wenn diese keine Biokraftstoffe im Sinne dieses Gesetzes sind. Bei der Berechnung des Referenzwertes nach den Sätzen 3 und 4 sowie der Treibhausgasemissionen nach den Sätzen 5 und 6 sind Kraftstoffmengen, für die dem Verpflichteten eine Steuerentlastung nach § 46 Absatz 1 Satz 1 Nummer 1 oder Nummer 3 oder nach § 47 Absatz 1 Nummer 1, 2 oder Nummer 6 des Energiesteuergesetzes gewährt wurde oder wird, nicht zu berücksichtigen. In den Fällen des Absatzes 5 Satz 1 Nummer 2 und 3 gilt Satz 9 unabhängig von der Person des Entlastungsberechtigten.

(5) Die Verpflichtungen nach Absatz 1 Satz 1 und 2 in Verbindung mit den Absätzen 3 und 4 können von Verpflichteten

1. durch Inverkehrbringen von Biokraftstoff, der fossilem Otto- oder fossilem Dieselkraftstoff, welcher nach § 2 Absatz 1 Nummer 1 und 4 des Energiesteuergesetzes zu versteuern ist, beigemischt wurde,
2. durch Inverkehrbringen reinen Biokraftstoffs, der nach § 2 Absatz 1 Nummer 1 und 4 des Energiesteuergesetzes zu versteuern ist, und
3. in den Fällen des Absatzes 3 Satz 2 und 3 sowie des Absatzes 4 durch Inverkehrbringen von
   a) Biokraftstoff nach § 37b Absatz 6, der fossilem Erdgaskraftstoff, welcher nach § 2 Absatz 1 Nummer 7 oder Absatz 2 Nummer 1 des Energiesteuergesetzes zu versteuern ist, zugemischt wurde, und
   b) reinem Biokraftstoff nach § 37b Absatz 6, der nach § 2 Absatz 1 Nummer 7 oder Absatz 2 Nummer 1 des Energiesteuergesetzes zu versteuern ist,

erfüllt werden. Elektrischer Strom zur Verwendung in Straßenfahrzeugen kann zur Erfüllung von Verpflichtungen nach Absatz 1 Satz 1 und 2 in Verbindung mit den Absätzen 3 und 4 eingesetzt werden, sofern eine Rechtsverordnung der Bundesregierung nach § 37d Absatz 2 Satz 1 Nummer 11 dies zulässt und gegenüber der zuständigen Stelle nachgewiesen wird, dass der Strom ordnungsgemäß gemessen und überwacht wurde. Andere Kraftstoffe und Upstream-Emissionsminderungen können zur Erfüllung der Verpflichtungen nach Absatz 1 Satz 1 und 2 in Verbindung mit Absatz 4 angerechnet werden, sofern eine Rechtsverordnung der Bundesregierung nach § 37d Absatz 2 Satz 1 Nummer 13 dies zulässt.

(6) Die Erfüllung von Verpflichtungen nach Absatz 1 Satz 1 und 2 in Verbindung mit den Absätzen 3 und 4 kann durch Vertrag, der der Schriftform bedarf, auf einen Dritten, der nicht selbst Verpflichteter ist, übertragen werden. Im Fall des Absatzes 1 Satz 1 und 2 in Verbindung mit Absatz 3 muss der Vertrag mengenmäßige Angaben zum Umfang der vom Dritten gegenüber dem Verpflichteten eingegangenen Verpflichtung sowie Angaben dazu enthalten, für welche Biokraftstoffe die Übertragung gilt. Im Fall des Absatzes 1 Satz 1 und 2 in Verbindung mit Absatz 4 muss der Vertrag außerdem Angaben zu den Treibhausgasemissionen der Biokraftstoffe in Kilogramm Kohlenstoffdioxid-Äquivalent enthalten. Der Dritte kann Verträge nach Satz 1 ausschließlich durch Biokraftstoffe erfüllen, die er im Verpflichtungsjahr in Verkehr bringt oder gebracht hat. Abweichend von Satz 4 kann der Dritte ab dem Verpflichtungsjahr 2016 Verträge nach Satz 3 auch durch Biokraftstoffe erfüllen, die er bereits im Vorjahr des Verpflichtungsjahres in Verkehr ge-

bracht hat, wenn die Biokraftstoffe nicht bereits Gegenstand eines Vertrages nach Satz 1 waren und der Dritte im Vorjahr des Verpflichtungsjahres nicht selbst Verpflichteter gewesen ist. Absatz 1 Satz 2 und Absatz 5 Satz 1 gelten entsprechend. Bei Vorliegen der Voraussetzungen nach den Sätzen 1 bis 6 ist der Verpflichtete so zu behandeln, als hätte er die vom Dritten in Verkehr gebrachten Biokraftstoffe im Verpflichtungsjahr selbst in Verkehr gebracht. Absatz 3 Satz 6 und Absatz 4 Satz 3 bis 10 gelten entsprechend. Die vom Dritten zur Erfüllung einer nach Satz 1 übertragenen Verpflichtung eingesetzten Biokraftstoffe können nicht zur Erfüllung der Verpflichtung eines weiteren Verpflichteten eingesetzt werden.

(7) Die Erfüllung von Verpflichtungen nach Absatz 1 Satz 1 und 2 in Verbindung mit den Absätzen 3 und 4 kann durch Vertrag, der der Schriftform bedarf, auf einen Dritten, der selbst Verpflichteter ist, übertragen werden. Absatz 6 Satz 2 gilt entsprechend. Im Fall des Absatzes 1 Satz 1 und 2 in Verbindung mit Absatz 4 muss der Vertrag Angaben zum Umfang der vom Dritten im Verpflichtungsjahr sicherzustellenden Treibhausgasminderungsmenge in Kilogramm Kohlenstoffdioxid-Äquivalent enthalten. Der Dritte kann Verträge nach den Sätzen 2 und 3 ausschließlich durch Biokraftstoffe erfüllen, die er im Verpflichtungsjahr in Verkehr bringt oder gebracht hat. Absatz 1 Satz 2 und Absatz 5 Satz 1 gelten entsprechend. Bei Vorliegen der Voraussetzungen nach den Sätzen 1 bis 5 werden

1. im Fall des Absatzes 1 Satz 1 und 2 in Verbindung mit Absatz 3 die vom Dritten in Verkehr gebrachten Biokraftstoffe ausschließlich bei der Ermittlung der Mindestanteile von Biokraftstoff nach Absatz 3 Satz 5 und
2. im Fall des Absatzes 1 Satz 1 und 2 in Verbindung mit Absatz 4 die vom Dritten erreichte Treibhausgasminderungsmenge ausschließlich bei der Berechnung der Treibhausgasemissionen nach Absatz 4 Satz 5 und 6

zugunsten des Verpflichteten berücksichtigt. Im Fall des Satzes 6 Nummer 2 berechnet sich die Treibhausgasminderungsmenge in entsprechender Anwendung des Absatzes 4 Satz 3 bis 10. Die vom Dritten zur Erfüllung einer nach Satz 1 übertragenen Verpflichtung eingesetzten Biokraftstoff- oder Treibhausgasminderungsmengen können nicht zur Erfüllung der eigenen Verpflichtung des Dritten oder der Verpflichtung eines weiteren Verpflichteten eingesetzt werden.

(8) Biokraftstoff- oder Treibhausgasminderungsmengen, die den nach den Absätzen 3 und 4 vorgeschriebenen Mindestanteil oder Prozentsatz für ein bestimmtes Verpflichtungsjahr übersteigen und für die keine Steuerentlastung nach § 50 Absatz 1 Satz 1 Nummer 1, 2 und 4 des Energiesteuergesetzes beantragt wurde, werden auf Antrag des Verpflichteten auf den Mindestanteil oder Prozentsatz des Folgejahres angerechnet. Bei Biokraftstoffmengen, die den nach Absatz 3 vorgeschriebenen Mindestanteil im Verpflichtungsjahr 2014 übersteigen und deren Anrechnung auf das Verpflichtungsjahr 2015 vom Verpflichteten beantragt wird, ist die anrechenbare Treibhausgasminderungsmenge auf der Grundlage eines Durchschnittswertes von 43,58 Kilogramm Kohlendioxid-Äquivalent pro Gigajoule zu ermitteln.

§ 37b Begriffsbestimmungen und Anrechenbarkeit von Biokraftstoffen

(1) Biokraftstoffe sind unbeschadet der Absätze 2 bis 6 Energieerzeugnisse ausschließlich aus Biomasse im Sinne der Biomasseverordnung vom 21. Juni 2001 (BGBl. I S. 1234), die zuletzt durch Artikel 12 des Gesetzes vom 21. Juli 2014 (BGBl. I S. 1066) geändert worden ist, in der jeweils geltenden Fassung. Energieerzeugnisse, die anteilig aus Biomasse hergestellt werden, gelten in Höhe dieses Anteils als Biokraftstoff.

(2) Fettsäuremethylester (Biodiesel) sind abweichend von Absatz 1 nur dann Biokraftstoffe, wenn sie aus biogenen Ölen oder Fetten gewonnen werden, die selbst Biomasse im Sinne der

12

Biomasseverordnung sind, und wenn ihre Eigenschaften mindestens den Anforderungen für Biodiesel nach § 5 der Verordnung über die Beschaffenheit und die Auszeichnung der Qualitäten von Kraft- und Brennstoffen vom 8. Dezember 2010 (BGBl. I S. 1849), die durch Artikel 8 Absatz 1 der Verordnung vom 2. Mai 2013 (BGBl. I S. 1021) geändert worden ist, in der jeweils geltenden Fassung entsprechen. Biodiesel ist unter diesen Voraussetzungen in vollem Umfang als Biokraftstoff zu behandeln.

(3) Bioethanol ist abweichend von Absatz 1 nur dann Biokraftstoff, wenn es sich um Ethylalkohol ex Unterposition 2207 10 00 der Kombinierten Nomenklatur im Sinne des § 1a Satz 1 Nummer 2 des Energiesteuergesetzes handelt. Im Fall von Bioethanol, das fossilem Ottokraftstoff beigemischt wird, müssen die Eigenschaften des Bioethanols außerdem mindestens den Anforderungen der DIN EN 15376, Ausgabe März 2008 oder Ausgabe November 2009 oder Ausgabe April 2011, entsprechen. Im Fall von Bioethanol, das im Ethanolkraftstoff (E85) enthalten ist, müssen die Eigenschaften des Ethanolkraftstoffs (E85) außerdem mindestens den Anforderungen für Ethanolkraftstoff (E85) nach § 6 der Verordnung über die Beschaffenheit und die Auszeichnung der Qualitäten von Kraft- und Brennstoffen entsprechen. Für Energieerzeugnisse, die anteilig aus Bioethanol hergestellt werden, gelten für den Bioethanolanteil die Sätze 1 und 2 entsprechend.

(4) Pflanzenöl ist abweichend von Absatz 1 nur dann Biokraftstoff, wenn seine Eigenschaften mindestens den Anforderungen für Pflanzenölkraftstoff nach § 9 der Verordnung über die Beschaffenheit und die Auszeichnung der Qualitäten von Kraft- und Brennstoffen entsprechen.

(5) Hydrierte biogene Öle sind abweichend von Absatz 1 nur dann Biokraftstoffe, wenn sie aus biogenen Ölen oder Fetten gewonnen werden, die selbst Biomasse im Sinne der Biomasseverordnung sind, und wenn die Hydrierung nicht in einem raffinerietechnischen Verfahren gemeinsam mit mineralölstämmigen Ölen erfolgt ist. Hydrierte biogene Öle sind unter diesen Voraussetzungen in vollem Umfang als Biokraftstoff zu behandeln.

(6) Biomethan ist abweichend von Absatz 1 nur dann Biokraftstoff, wenn es den Anforderungen für Erdgas nach § 8 der Verordnung über die Beschaffenheit und die Auszeichnung der Qualitäten von Kraft- und Brennstoffen entspricht.

(7) Für die Kraftstoffe nach den Absätzen 1 bis 6 gilt § 11 der Verordnung über die Beschaffenheit und die Auszeichnung der Qualitäten von Kraft- und Brennstoffen entsprechend. Die in Satz 1 sowie den Absätzen 2 bis 4 und 6 genannten oder in Bezug genommenen Normen sind im Beuth Verlag GmbH, Berlin, erschienen und bei der Deutschen Nationalbibliothek archivmäßig gesichert niedergelegt.

(8) Nicht auf die Erfüllung von Verpflichtungen nach § 37a Absatz 1 Satz 1 und 2 in Verbindung mit § 37a Absatz 3 und 4 angerechnet werden können

1. biogene Öle, die in einem raffinerietechnischen Verfahren gemeinsam mit mineralölstämmigen Ölen hydriert wurden,
2. der Biokraftstoffanteil von Energieerzeugnissen mit einem Bioethanolanteil von weniger als 70 Volumenprozent, denen Bioethanol enthaltende Waren der Unterposition 3824 90 99 der Kombinierten Nomenklatur zugesetzt wurden,
3. Biokraftstoffe, die vollständig oder teilweise aus tierischen Ölen oder Fetten hergestellt wurden, und
4. Biokraftstoffe, für die eine Steuerentlastung nach § 50 Absatz 1 Satz 1 Nummer 1, 2 oder 4 des Energiesteuergesetzes gewährt wurde oder wird.

Im Fall des § 37a Absatz 1 Satz 1 und 2 in Verbindung mit § 37a Absatz 3 werden Biokraftstoffe, für die eine Steuerentlastung nach § 46 Absatz 1 Satz 1 Nummer 1 oder Nummer 3 oder nach § 47 Absatz 1 Nummer 1, 2 oder Nummer 6 des Energiesteuergesetzes gewährt wurde oder wird, nicht auf die Erfüllung der Verpflichtungen angerechnet.

(9) Das Bundesministerium für Umwelt, Naturschutz und nukleare Sicherheit gibt den Energiegehalt der verschiedenen Kraftstoffe sowie Änderungen ihres Energiegehaltes im Bundesanzeiger bekannt.

§ 37c Mitteilungs- und Abgabepflichten

(1) Verpflichtete haben der zuständigen Stelle jeweils bis zum 15. April des auf das Verpflichtungsjahr folgenden Jahres die im Verpflichtungsjahr von ihnen in Verkehr gebrachte Menge fossilen Otto- und fossilen Dieselkraftstoffs, die im Verpflichtungsjahr von ihnen in Verkehr gebrachte Menge Biokraftstoffs, bezogen auf die verschiedenen jeweils betroffenen Biokraftstoffe, und für die Verpflichtungsjahre ab dem Kalenderjahr 2015 außerdem die Treibhausgasemissionen in Kilogramm Kohlenstoffdioxid-Äquivalent der jeweiligen Mengen schriftlich mitzuteilen. In der Mitteilung sind darüber hinaus die Firma des Verpflichteten, der Ort der für das Inverkehrbringen verantwortlichen Niederlassung oder der Sitz des Unternehmens, die jeweils zugehörige Anschrift sowie der Name und die Anschrift des Vertretungsberechtigten anzugeben. Soweit die Erfüllung von Verpflichtungen nach § 37a Absatz 6 Satz 1 oder nach § 37a Absatz 7 Satz 1 vertraglich auf Dritte übertragen wurde, haben Verpflichtete der zuständigen Stelle zusätzlich die Angaben nach § 37a Absatz 6 Satz 2 oder Satz 3 oder § 37a Absatz 7 Satz 2 oder Satz 3 schriftlich mitzuteilen und eine Kopie des Vertrags mit dem Dritten vorzulegen. Im Fall des § 37a Absatz 6 hat der Dritte der zuständigen Stelle die auf Grund seiner vertraglichen Verpflichtung von ihm im Verpflichtungsjahr in Verkehr gebrachte Menge Biokraftstoffs, bezogen auf die verschiedenen jeweils betroffenen Biokraftstoffe, und für die Verpflichtungsjahre ab dem Kalenderjahr 2015 außerdem die Treibhausgasemissionen in Kilogramm Kohlenstoffdioxid-Äquivalent der jeweiligen Mengen schriftlich mitzuteilen. Im Fall des § 37a Absatz 6 Satz 5 gilt dies entsprechend für die im Vorjahr des Verpflichtungsjahres vom Dritten in Verkehr gebrachten Biokraftstoffe. Im Fall des § 37a Absatz 7 hat der Dritte der zuständigen Stelle die auf Grund seiner vertraglichen Verpflichtung von ihm im Verpflichtungsjahr in Verkehr gebrachte Menge Biokraftstoffs, bezogen auf die verschiedenen jeweils betroffenen Biokraftstoffe, und für die Verpflichtungsjahre ab dem Kalenderjahr 2015 die auf Grund seiner vertraglichen Verpflichtung im Verpflichtungsjahr sichergestellte Treibhausgasminderungsmenge in Kilogramm Kohlenstoffdioxid-Äquivalent schriftlich mitzuteilen. Die zuständige Stelle erteilt jedem Verpflichteten eine Registriernummer und führt ein elektronisches Register, das für alle Verpflichteten die nach den Sätzen 1 bis 6 erforderlichen Angaben enthält.

(2) Soweit Verpflichtete einer Verpflichtung nach § 37a Absatz 1 Satz 1 und 2 in Verbindung mit § 37a Absatz 3 und 4 nicht nachkommen, setzt die zuständige Stelle in den Fällen des § 37a Absatz 3 für die nach dem Energiegehalt berechnete Fehlmenge Biokraftstoffs oder in den Fällen des § 37a Absatz 4 für die Fehlmenge der zu mindernden Treibhausgasemissionen eine Abgabe fest. Die Abgabenschuld des Verpflichteten entsteht am 15. April des auf das Verpflichtungsjahr folgenden Kalenderjahres. In den Fällen des § 37a Absatz 3 Satz 1 oder Satz 3, auch in Verbindung mit § 37a Absatz 3 Satz 4, beträgt die Höhe der Abgabe 19 Euro pro Gigajoule. In den Fällen des § 37a Absatz 3 Satz 2 beträgt die Höhe der Abgabe 43 Euro pro Gigajoule. In den Fällen des § 37a Absatz 3 Satz 3, auch in Verbindung mit § 37a Absatz 3 Satz 4, wird die Abgabe nicht für die Fehlmengen Biokraftstoffs festgesetzt, für die bereits nach Satz 3 oder Satz 4 eine Abgabe festzusetzen ist. In den Fällen des § 37a Absatz 4 wird die Abgabe nach der Fehlmenge der zu mindernden Treibhausgasemissionen berechnet und beträgt 0,47 Euro pro Ki-

logramm Kohlenstoffdioxid-Äquivalent. Soweit im Falle des § 37a Absatz 6 Satz 1 oder des § 37a Absatz 7 Satz 1 der Dritte seine vertragliche Verpflichtung nicht erfüllt, setzt die zuständige Stelle die Abgabe gegen den Verpflichteten fest.

(3) Soweit der Verpflichtete der zuständigen Stelle die nach Absatz 1 Satz 1 und 3 erforderlichen Angaben nicht oder nicht ordnungsgemäß mitgeteilt hat, schätzt die zuständige Stelle die vom Verpflichteten im Verpflichtungsjahr in Verkehr gebrachten Mengen fossilen Otto- und fossilen Dieselkraftstoffs und Biokraftstoffs sowie ab dem Jahr 2015 auch die Treibhausgasminderung. Die Schätzung ist unwiderlegliche Basis für die Verpflichtung nach § 37a Absatz 1 Satz 1 und 2 in Verbindung mit § 37a Absatz 3 und 4. Die Schätzung unterbleibt, soweit der Verpflichtete im Rahmen der Anhörung zum Festsetzungsbescheid nach Absatz 2 Satz 1 in Verbindung mit Absatz 2 Satz 3, 4 oder Satz 6 die Mitteilung nachholt. Soweit ein Dritter die nach Absatz 1 Satz 4 bis 6 erforderlichen Angaben nicht ordnungsgemäß mitgeteilt hat, geht die zuständige Stelle davon aus, dass der Dritte die von ihm eingegangene Verpflichtung nicht erfüllt hat. Satz 4 gilt nicht, soweit der Dritte im Rahmen der Anhörung zum Festsetzungsbescheid gegen den Verpflichteten nach Absatz 2 Satz 7 diese Mitteilung nachholt.

(4) In den Fällen des § 37a Absatz 2 Satz 2 hat der Steuerlagerinhaber seinem zuständigen Hauptzollamt mit der monatlichen Energiesteueranmeldung die für jeden Verpflichteten in Verkehr gebrachte Menge fossilen Otto- und fossilen Dieselkraftstoffs zuzüglich des Biokraftstoffanteils schriftlich mitzuteilen.

(5) Hinsichtlich der Absätze 1 bis 4 finden die für die Verbrauchsteuern geltenden Vorschriften der Abgabenordnung entsprechende Anwendung. Die Mitteilungen nach Absatz 1 und Absatz 4 gelten als Steueranmeldungen im Sinne der Abgabenordnung. § 170 Absatz 2 Satz 1 Nummer 1 der Abgabenordnung findet Anwendung. In den Fällen des Absatzes 2 ist der Verpflichtete vor der Festsetzung der Abgabe anzuhören.

§ 37d Zuständige Stelle, Rechtsverordnungen

(1) Innerhalb der Bundesverwaltung werden eine oder mehrere Stellen errichtet, denen die Aufgaben übertragen werden, die Erfüllung der Verpflichtungen nach § 37a zu überwachen, die in § 37c geregelten Aufgaben zu erfüllen und die Berichte nach § 37f zu überprüfen.

(2) Die Bundesregierung wird ermächtigt, nach Anhörung der beteiligten Kreise (§ 51) durch Rechtsverordnung ohne Zustimmung des Bundesrates

1. unter Berücksichtigung der technischen Entwicklung
   a) auch in Abweichung von § 37b Absatz 1 bis 6 Energieerzeugnisse als Biokraftstoffe zu bestimmen,
   b) in Abweichung von § 37b Absatz 1 bis 6 festzulegen, dass bestimmte Energieerzeugnisse nicht oder nicht mehr in vollem Umfang als Biokraftstoffe gelten,
   c) die Anrechenbarkeit von biogenen Ölen im Sinne von § 37b Absatz 8 Satz 1 Nummer 1 auf die Erfüllung von Verpflichtungen nach § 37a Absatz 1 Satz 1 und 2 in Verbindung mit § 37a Absatz 3 und 4 abweichend von § 37b Absatz 8 Satz 1 Nummer 1 zu regeln, soweit landwirtschaftliche Rohstoffe, Abfälle oder Reststoffe, die bei der Herstellung von biogenen Ölen verwendet werden sollen, nachhaltig erzeugt worden sind,
   d) die Anrechenbarkeit von Biomethan auf die Erfüllung von Verpflichtungen nach § 37a Absatz 1 Satz 1 und 2 in Verbindung mit § 37a Absatz 3 und 4 zu konkretisieren,

e) die Anrechenbarkeit von Biomethan, das in das Erdgasnetz eingespeist wird, auf die Erfüllung von Verpflichtungen nach § 37a Absatz 1 Satz 1 und 2 in Verbindung mit § 37a Absatz 3 und 4 näher zu regeln,

f) zu bestimmen, wie im Falle der Einspeisung von Biomethan in das Erdgasnetz der Nachweis über die Treibhausgasemissionen zu führen ist, sowie

g) das Nachweisverfahren für die Anrechenbarkeit von Biomethan insgesamt näher zu regeln,

2. zu bestimmen, dass der mengenmäßige Anteil eines bestimmten Biokraftstoffs nach Nummer 1 oder § 37b Absatz 1 bis 7 am Gesamtkraftstoffabsatz im Rahmen der Erfüllung von Verpflichtungen nach § 37a Absatz 1 Satz 1 und 2 in Verbindung mit § 37a Absatz 3 nach Maßgabe einer Multiplikation der tatsächlich in Verkehr gebrachten Menge des jeweiligen Biokraftstoffs mit einem bestimmten Rechenfaktor zu berechnen ist, der unter Berücksichtigung der Treibhausgasbilanz des jeweiligen Biokraftstoffs festzulegen ist,

3. vorzuschreiben, dass Biokraftstoffe nur dann auf die Erfüllung von Verpflichtungen nach § 37a Absatz 1 Satz 1 und 2 in Verbindung mit § 37a Absatz 3 und 4 angerechnet werden, wenn bei der Erzeugung der eingesetzten Biomasse nachweislich bestimmte ökologische und soziale Anforderungen an eine nachhaltige Produktion der Biomasse sowie zum Schutz natürlicher Lebensräume erfüllt werden und wenn der Biokraftstoff eine bestimmte Treibhausgasminderung aufweist,

4. die Anforderungen im Sinne der Nummer 3 festzulegen,

5. die Höhe der Abgabe nach § 37c Absatz 2 Satz 3, 4 oder Satz 6 zu ändern, um im Fall von Änderungen des Preisniveaus für Kraftstoffe eine vergleichbare wirtschaftliche Belastung aller Verpflichteten sicherzustellen,

6. den Basiswert abweichend von § 37a Absatz 4 Satz 4 zu bestimmen,

7. die Anrechenbarkeit bestimmter Biokraftstoffe auf die Verpflichtungen nach § 37a Absatz 1 Satz 1 und 2 in Verbindung mit § 37a Absatz 3 und 4 zu begrenzen, sofern die Richtlinie 2009/28/EG eine Begrenzung der Anrechenbarkeit dieser Biokraftstoffe auf das Ziel von Artikel 3 Absatz 4 der Richtlinie 2009/28/EG vorsieht, sowie das Nachweisverfahren zu regeln,

8. einen Mindestanteil bestimmter Biokraftstoffe oder anderer erneuerbarer Kraftstoffe zur Erfüllung der Verpflichtungen nach § 37a Absatz 1 Satz 1 und 2 in Verbindung mit § 37a Absatz 3 oder 4 festzulegen sowie das Nachweisverfahren zu regeln,

9. das Berechnungsverfahren für die Treibhausgasemissionen von fossilen Otto- und fossilen Dieselkraftstoffen abweichend von § 37a Absatz 4 Satz 5 festzulegen und das Nachweisverfahren zu regeln,

10. das Berechnungsverfahren für die Treibhausgasemissionen von Biokraftstoffen abweichend von § 37a Absatz 4 Satz 6 festzulegen und das Nachweisverfahren zu regeln,

11. die Anrechenbarkeit von elektrischem Strom zur Verwendung in Straßenfahrzeugen gemäß § 37a Absatz 5 Satz 2 zu regeln und dabei insbesondere

    a) das Berechnungsverfahren für die Treibhausgasemissionen der eingesetzten Mengen elektrischen Stroms festzulegen und

    b) das Nachweisverfahren zu regeln,

12. unter Berücksichtigung der technischen Entwicklung den Anwendungsbereich in § 37a Absatz 1 Satz 1 auf weitere Kraftstoffe auszudehnen und dabei insbesondere

12

a) das Berechnungsverfahren für die Treibhausgasemissionen dieser Kraftstoffe festzulegen und

b) das Nachweisverfahren zu regeln,

13. unter Berücksichtigung der technischen Entwicklung die Vorgaben nach § 37a Absatz 5 Satz 1 um weitere Maßnahmen zur Treibhausgasminderung, die zur Erfüllung von Verpflichtungen nach § 37a Absatz 1 Satz 1 und 2 in Verbindung mit § 37a Absatz 3 und 4 eingesetzt werden können, zu ergänzen und dabei insbesondere

    a) das Berechnungsverfahren für die Treibhausgasemissionen dieser Maßnahmen festzulegen und

    b) das Nachweisverfahren sowie die Übertragbarkeit der Nachweise zu regeln,

14. die Berichtspflicht nach § 37f Absatz 1 insbesondere zu Art, Form und Inhalt des Berichts näher auszugestalten sowie die zur Sicherstellung einer ordnungsgemäßen Berichterstattung erforderlichen Anordnungen der zuständigen Stelle zu regeln,

15. ein Nachweisverfahren festzulegen für die Voraussetzungen

    a) nach § 37a Absatz 4 Satz 7 Nummer 5,

    b) nach § 37b Absatz 1 bis 7, gegebenenfalls in Verbindung mit der Verordnung nach Nummer 1 Buchstabe a oder Buchstabe b,

    c) nach § 37b Absatz 8 Satz 1,

    d) der Verordnung nach Nummer 1 Buchstabe c und

    e) der Verordnung nach den Nummern 2 bis 4,

16. Ausnahmen von den Vorgaben nach § 37b Absatz 8 Satz 1 Nummer 3 festzulegen, sofern dies dem Sinn und Zweck der Regelung nicht entgegensteht,

17. von § 37c Absatz 1 und 3 bis 5 abweichende Verfahrensregelungen zu treffen,

18. Ausnahmen von der in § 37a Absatz 6 Satz 5 und Absatz 8 Satz 1 vorgesehenen Möglichkeit der Anrechnung von Übererfüllungen auf den Mindestanteil des Folgejahres festzulegen, sofern dies zur Einhaltung von Zielvorgaben aus bindenden Rechtsakten der Europäischen Gemeinschaften oder der Europäischen Union erforderlich ist.

In Rechtsverordnungen nach Satz 1 kann die Zuständigkeit zur Durchführung einer in einer Rechtsverordnung nach Absatz 1 Satz 2 bestimmten Stelle übertragen werden.

Rechtsverordnungen nach Satz 1 Nummer 1 Buchstabe c bedürfen der Zustimmung des Deutschen Bundestages. Rechtsverordnungen nach Satz 1 Nummer 13 bedürfen der Zustimmung des Deutschen Bundestages, sofern Regelungen zu strombasierten Kraftstoffen getroffen werden. Hat sich der Deutsche Bundestag nach Ablauf von vier Sitzungswochen seit Eingang der Rechtsverordnung nach Satz 3 oder 4 nicht mit ihr befasst, gilt die Zustimmung zu der unveränderten Rechtsverordnung als erteilt.

(3) Die Bundesregierung wird ermächtigt, durch Rechtsverordnung ohne Zustimmung des Bundesrates nähere Bestimmungen zur Durchführung der §§ 37a bis 37c sowie der auf Absatz 2 beruhenden Rechtsverordnungen zu erlassen und darin insbesondere

1. das Verfahren zur Sicherung und Überwachung der Erfüllung der Quotenverpflichtung in den Fällen des § 37a Absatz 6 und 7 und hinsichtlich der für die Ermittlung der Mindestanteile an Biokraftstoff oder der Treibhausgasminderung benötigten Daten näher zu regeln,

2. zur Sicherung und Überwachung der Erfüllung der Quotenverpflichtung abweichende Bestimmungen zu § 37a Absatz 4 Satz 9 und 10 sowie zu § 37a Absatz 6 und 7 zu erlassen,
3. die erforderlichen Nachweise und die Überwachung der Einhaltung der Anforderungen an Biokraftstoffe sowie die hierfür erforderlichen Probenahmen näher zu regeln,
4. zu bestimmen, dass das Entstehen von Verpflichtungen nach § 37a Absatz 1 Satz 1 und 2 in Verbindung mit § 37a Absatz 3 und 4 an das Inverkehrbringen einer bestimmten Mindestmenge an Kraftstoff geknüpft wird.

§ 37e Gebühren und Auslagen; Verordnungsermächtigung

(1) Für Amtshandlungen, die auf Rechtsverordnungen beruhen

1. die auf der Grundlage des § 37d Absatz 2 Satz 1 Nummer 3 und 4 erlassen worden sind oder
2. die auf der Grundlage des § 37d Absatz 2 Satz 1 Nummer 13 erlassen worden sind, werden zur Deckelung des Verwaltungsaufwands Gebühren und Auslagen erhoben.

(2) Das Bundesministerium für Ernährung und Landwirtschaft wird ermächtigt, im Einvernehmen mit dem Bundesministerium für Umwelt, Naturschutz und nukleare Sicherheit und dem Bundesministerium der Finanzen durch Rechtsverordnung ohne Zustimmung des Bundesrates die gebührenpflichtigen Tatbestände und Gebührensätze für Amtshandlungen im Sinne von Absatz 1 Nummer 1 zu bestimmen und dabei feste Sätze, auch in Form von Zeitgebühren oder Rahmensätzen, vorzusehen. In der Rechtsverordnung kann die Erstattung von Auslagen abweichend vom Verwaltungskostengesetz in der bis zum 14. August 2013 geltenden Fassung oder von § 12 Absatz 1 des Bundesgebührengesetzes vom 7. August 2013 (BGBl. I S. 3154), das zuletzt durch Artikel 3 des Gesetzes vom 31. März 2016 (BGBl. I S. 518) geändert worden ist, geregelt werden.

(3) Das Bundesministerium für Umwelt, Naturschutz und nukleare Sicherheit wird ermächtigt, durch Rechtsverordnung ohne Zustimmung des Bundesrates die gebührenpflichtigen Tatbestände und Gebührensätze für Amtshandlungen im Sinne von Absatz 1 Nummer 2 zu bestimmen und dabei feste Sätze, auch in Form von Zeitgebühren oder Rahmensätzen, vorzusehen. In der Rechtsverordnung kann die Erstattung von Auslagen auch abweichend von § 12 Absatz 1 des Bundesgebührengesetzes geregelt werden.

§ 37f Berichte über Kraftstoffe und Energieerzeugnisse

(1) Verpflichtete haben der zuständigen Stelle jährlich bis zum 31. März einen Bericht über die im vorangegangenen Verpflichtungsjahr in Verkehr gebrachten Kraftstoffe und Energieerzeugnisse vorzulegen, sofern eine Rechtsverordnung nach § 37d Absatz 2 Satz 1 Nummer 14 dies vorsieht. Der Bericht enthält zumindest folgende Angaben:

1. die Gesamtmenge jedes Typs von in Verkehr gebrachten Kraftstoffen und Energieerzeugnissen unter Angabe des Erwerbsortes und des Ursprungs und
2. die Treibhausgasemissionen pro Energieeinheit.

(2) Die zuständige Stelle überprüft die Berichte. Der Verpflichtete hat der zuständigen Stelle auf Verlangen die Auskünfte zu erteilen und die Unterlagen vorzulegen, die zur Überprüfung der Berichte erforderlich sind.

§ 37g Bericht der Bundesregierung

Nachdem der Bericht nach Artikel 22 der Richtlinie 2009/28/EG der Europäischen Kommission vorgelegt wurde, übermittelt die Bundesregierung den Bericht nach § 64 der Biokraftstoff-Nachhaltigkeitsverordnung dem Deutschen Bundestag und dem Bundesrat.

Vierter Teil
Beschaffenheit und Betrieb von Fahrzeugen, Bau und Änderung von Straßen und Schienenwegen

§ 38 Beschaffenheit und Betrieb von Fahrzeugen

(1) Kraftfahrzeuge und ihre Anhänger, Schienen-, Luft- und Wasserfahrzeuge sowie Schwimmkörper und schwimmende Anlagen müssen so beschaffen sein, dass ihre durch die Teilnahme am Verkehr verursachten Emissionen bei bestimmungsgemäßem Betrieb die zum Schutz vor schädlichen Umwelteinwirkungen einzuhaltenden Grenzwerte nicht überschreiten. Sie müssen so betrieben werden, dass vermeidbare Emissionen verhindert und unvermeidbare Emissionen auf ein Mindestmaß beschränkt bleiben.

(2) Das Bundesministerium für Verkehr und digitale Infrastruktur und das Bundesministerium für Umwelt, Naturschutz und nukleare Sicherheit bestimmen nach Anhörung der beteiligten Kreise (§ 51) durch Rechtsverordnung mit Zustimmung des Bundesrates die zum Schutz vor schädlichen Umwelteinwirkungen notwendigen Anforderungen an die Beschaffenheit, die Ausrüstung, den Betrieb und die Prüfung der in Absatz 1 Satz 1 genannten Fahrzeuge und Anlagen, auch soweit diese den verkehrsrechtlichen Vorschriften des Bundes unterliegen. Dabei können Emissionsgrenzwerte unter Berücksichtigung der technischen Entwicklung auch für einen Zeitpunkt nach Inkrafttreten der Rechtsverordnung festgesetzt werden.

(3) Wegen der Anforderungen nach Absatz 2 gilt § 7 Absatz 5 entsprechend.

§ 39 Erfüllung von zwischenstaatlichen Vereinbarungen und Rechtsakten der Europäischen Gemeinschaften oder der Europäischen Union

Zur Erfüllung von Verpflichtungen aus zwischenstaatlichen Vereinbarungen oder von bindenden Rechtsakten der Europäischen Gemeinschaften oder der Europäischen Union können zu dem in § 1 genannten Zweck das Bundesministerium für Verkehr und digitale Infrastruktur und das Bundesministerium für Umwelt, Naturschutz und nukleare Sicherheit durch Rechtsverordnung mit Zustimmung des Bundesrates bestimmen, dass die in § 38 genannten Fahrzeuge bestimmten Anforderungen an Beschaffenheit, Ausrüstung, Prüfung und Betrieb genügen müssen. Wegen der Anforderungen nach Satz 1 gilt § 7 Absatz 5 entsprechend.

§ 40 Verkehrsbeschränkungen

(1) Die zuständige Straßenverkehrsbehörde beschränkt oder verbietet den Kraftfahrzeugverkehr nach Maßgabe der straßenverkehrsrechtlichen Vorschriften, soweit ein Luftreinhalteplan oder ein Plan für kurzfristig zu ergreifende Maßnahmen nach § 47 Absatz 1 oder 2 dies vorsehen. Die Straßenverkehrsbehörde kann im Einvernehmen mit der für den Immissionsschutz zuständigen Behörde Ausnahmen von Verboten oder Beschränkungen des Kraftfahrzeugverkehrs zulassen, wenn unaufschiebbare und überwiegende Gründe des Wohls der Allgemeinheit dies erfordern.

(2) Die zuständige Straßenverkehrsbehörde kann den Kraftfahrzeugverkehr nach Maßgabe der straßenverkehrsrechtlichen Vorschriften auf bestimmten Straßen oder in bestimmten Gebieten verbieten oder beschränken, wenn der Kraftfahrzeugverkehr zur Überschreitung von in Rechtsverordnungen nach § 48a Absatz 1a festgelegten Immissionswerten beiträgt und soweit die für

den Immissionsschutz zuständige Behörde dies im Hinblick auf die örtlichen Verhältnisse für geboten hält, um schädliche Umwelteinwirkungen durch Luftverunreinigungen zu vermindern oder deren Entstehen zu vermeiden. Hierbei sind die Verkehrsbedürfnisse und die städtebaulichen Belange zu berücksichtigen. § 47 Absatz 6 Satz 1 bleibt unberührt.

(3) Die Bundesregierung wird ermächtigt, nach Anhörung der beteiligten Kreise (§ 51) durch Rechtsverordnung mit Zustimmung des Bundesrates zu regeln, dass Kraftfahrzeuge mit geringem Beitrag zur Schadstoffbelastung von Verkehrsverboten ganz oder teilweise ausgenommen sind oder ausgenommen werden können, sowie die hierfür maßgebenden Kriterien und die amtliche Kennzeichnung der Kraftfahrzeuge festzulegen. Die Verordnung kann auch regeln, dass bestimmte Fahrten oder Personen ausgenommen sind oder ausgenommen werden können, wenn das Wohl der Allgemeinheit oder unaufschiebbare und überwiegende Interessen des Einzelnen dies erfordern.

§ 41 Straßen und Schienenwege

(1) Bei dem Bau oder der wesentlichen Änderung öffentlicher Straßen sowie von Eisenbahnen, Magnetschwebebahnen und Straßenbahnen ist unbeschadet des § 50 sicherzustellen, dass durch diese keine schädlichen Umwelteinwirkungen durch Verkehrsgeräusche hervorgerufen werden können, die nach dem Stand der Technik vermeidbar sind.

(2) Absatz 1 gilt nicht, soweit die Kosten der Schutzmaßnahme außer Verhältnis zu dem angestrebten Schutzzweck stehen würden.

12

§ 42 Entschädigung für Schallschutzmaßnahmen

(1) Werden im Falle des § 41 die in der Rechtsverordnung nach § 43 Absatz 1 Satz 1 Nummer 1 festgelegten Immissionsgrenzwerte überschritten, hat der Eigentümer einer betroffenen baulichen Anlage gegen den Träger der Baulast einen Anspruch auf angemessene Entschädigung in Geld, es sei denn, dass die Beeinträchtigung wegen der besonderen Benutzung der Anlage zumutbar ist. Dies gilt auch bei baulichen Anlagen, die bei Auslegung der Pläne im Planfeststellungsverfahren oder bei Auslegung des Entwurfs der Bauleitpläne mit ausgewiesener Wegeplanung bauaufsichtlich genehmigt waren.

(2) Die Entschädigung ist zu leisten für Schallschutzmaßnahmen an den baulichen Anlagen in Höhe der erbrachten notwendigen Aufwendungen, soweit sich diese im Rahmen der Rechtsverordnung nach § 43 Absatz 1 Satz 1 Nummer 3 halten. Vorschriften, die weitergehende Entschädigungen gewähren, bleiben unberührt.

(3) Kommt zwischen dem Träger der Baulast und dem Betroffenen keine Einigung über die Entschädigung zustande, setzt die nach Landesrecht zuständige Behörde auf Antrag eines der Beteiligten die Entschädigung durch schriftlichen Bescheid fest. Im Übrigen gelten für das Verfahren die Enteignungsgesetze der Länder entsprechend.

§ 43 Rechtsverordnung der Bundesregierung

(1) Die Bundesregierung wird ermächtigt, nach Anhörung der beteiligten Kreise (§ 51) durch Rechtsverordnung mit Zustimmung des Bundesrates die zur Durchführung des § 41 und des § 42 Absatz 1 und 2 erforderlichen Vorschriften zu erlassen, insbesondere über

1. bestimmte Grenzwerte, die zum Schutz der Nachbarschaft vor schädlichen Umwelteinwirkungen durch Geräusche nicht überschritten werden dürfen, sowie über das Verfahren zur Ermittlung der Emissionen oder Immissionen,

2. bestimmte technische Anforderungen an den Bau von Straßen, Eisenbahnen, Magnetschwebebahnen und Straßenbahnen zur Vermeidung von schädlichen Umwelteinwirkungen durch Geräusche und

3. Art und Umfang der zum Schutz vor schädlichen Umwelteinwirkungen durch Geräusche notwendigen Schallschutzmaßnahmen an baulichen Anlagen.

Der in den Rechtsverordnungen auf Grund des Satzes 1 zur Berücksichtigung der Besonderheiten des Schienenverkehrs vorgesehene Abschlag von 5 Dezibel (A) ist ab dem 1. Januar 2015 und für Schienenbahnen, die ausschließlich der Verordnung über den Bau und Betrieb der Straßenbahnen vom 11. Dezember 1987 (BGBl. I S. 2648) unterliegen, ab dem 1. Januar 2019 nicht mehr anzuwenden, soweit zu diesem Zeitpunkt für den jeweiligen Abschnitt eines Vorhabens das Planfeststellungsverfahren noch nicht eröffnet ist und die Auslegung des Plans noch nicht öffentlich bekannt gemacht wurde. Von der Anwendung des in Satz 2 genannten Abschlags kann bereits vor dem 1. Januar 2015 abgesehen werden, wenn die damit verbundenen Mehrkosten vom Vorhabenträger oder dem Bund getragen werden.

(2) Wegen der Anforderungen nach Absatz 1 gilt § 7 Absatz 5 entsprechend.

Fünfter Teil
Überwachung und Verbesserung der Luftqualität, Luftreinhalteplanung, Lärmminderungspläne

§ 44 Überwachung der Luftqualität

(1) Zur Überwachung der Luftqualität führen die zuständigen Behörden regelmäßige Untersuchungen nach den Anforderungen der Rechtsverordnungen nach § 48a Absatz 1 oder 1a durch.

(2) Die Landesregierungen oder die von ihnen bestimmten Stellen werden ermächtigt, durch Rechtsverordnungen Untersuchungsgebiete festzulegen, in denen Art und Umfang bestimmter nicht von Absatz 1 erfasster Luftverunreinigungen in der Atmosphäre, die schädliche Umwelteinwirkungen hervorrufen können, in einem bestimmten Zeitraum oder fortlaufend festzustellen sowie die für die Entstehung der Luftverunreinigungen und ihrer Ausbreitung bedeutsamen Umstände zu untersuchen sind.

§ 45 Verbesserung der Luftqualität

(1) Die zuständigen Behörden ergreifen die erforderlichen Maßnahmen, um die Einhaltung der durch eine Rechtsverordnung nach § 48a festgelegten Immissionswerte sicherzustellen. Hierzu gehören insbesondere Pläne nach § 47.

(2) Die Maßnahmen nach Absatz 1

a) müssen einem integrierten Ansatz zum Schutz von Luft, Wasser und Boden Rechnung tragen;

b) dürfen nicht gegen die Vorschriften zum Schutz von Gesundheit und Sicherheit der Arbeitnehmer am Arbeitsplatz verstoßen;

c) dürfen keine erheblichen Beeinträchtigungen der Umwelt in anderen Mitgliedstaaten verursachen.

§ 46 Emissionskataster

Soweit es zur Erfüllung von bindenden Rechtsakten der Europäischen Gemeinschaften oder der Europäischen Union erforderlich ist, stellen die zuständigen Behörden Emissionskataster auf.

§ 46a Unterrichtung der Öffentlichkeit

Die Öffentlichkeit ist nach Maßgabe der Rechtsverordnungen nach § 48a Absatz 1 über die Luftqualität zu informieren. Überschreitungen von in Rechtsverordnungen nach § 48a Absatz 1 festgelegten Informations- oder Alarmschwellen sind der Öffentlichkeit von der zuständigen Behörde unverzüglich durch Rundfunk, Fernsehen, Presse oder auf andere Weise bekannt zu geben.

§ 47 Luftreinhaltepläne, Pläne für kurzfristig zu ergreifende Maßnahmen, Landesverordnungen

(1) Werden die durch eine Rechtsverordnung nach § 48a Absatz 1 festgelegten Immissionsgrenzwerte einschließlich festgelegter Toleranzmargen überschritten, hat die zuständige Behörde einen Luftreinhalteplan aufzustellen, welcher die erforderlichen Maßnahmen zur dauerhaften Verminderung von Luftverunreinigungen festlegt und den Anforderungen der Rechtsverordnung entspricht. Satz 1 gilt entsprechend, soweit eine Rechtsverordnung nach § 48a Absatz 1 zur Einhaltung von Zielwerten die Aufstellung eines Luftreinhalteplans regelt. Die Maßnahmen eines Luftreinhalteplans müssen geeignet sein, den Zeitraum einer Überschreitung von bereits einzuhaltenden Immissionsgrenzwerten so kurz wie möglich zu halten.

(2) Besteht die Gefahr, dass die durch eine Rechtsverordnung nach § 48a Absatz 1 festgelegten Alarmschwellen überschritten werden, hat die zuständige Behörde einen Plan für kurzfristig zu ergreifende Maßnahmen aufzustellen, soweit die Rechtsverordnung dies vorsieht. Besteht die Gefahr, dass durch eine Rechtsverordnung nach § 48a Absatz 1 festgelegte Immissionsgrenzwerte oder Zielwerte überschritten werden, kann die zuständige Behörde einen Plan für kurzfristig zu ergreifende Maßnahmen aufstellen, soweit die Rechtsverordnung dies vorsieht. Die im Plan festgelegten Maßnahmen müssen geeignet sein, die Gefahr der Überschreitung der Werte zu verringern oder den Zeitraum, während dessen die Werte überschritten werden, zu verkürzen. Ein Plan für kurzfristig zu ergreifende Maßnahmen kann Teil eines Luftreinhalteplans nach Absatz 1 sein.

(3) Liegen Anhaltspunkte dafür vor, dass die durch eine Rechtsverordnung nach § 48a Absatz 1a festgelegten Immissionswerte nicht eingehalten werden, oder sind in einem Untersuchungsgebiet im Sinne des § 44 Absatz 2 sonstige schädliche Umwelteinwirkungen zu erwarten, kann die zuständige Behörde einen Luftreinhalteplan aufstellen. Bei der Aufstellung dieser Pläne sind die Ziele der Raumordnung zu beachten; die Grundsätze und sonstigen Erfordernisse der Raumordnung sind zu berücksichtigen.

(4) Die Maßnahmen sind entsprechend des Verursacheranteils unter Beachtung des Grundsatzes der Verhältnismäßigkeit gegen alle Emittenten zu richten, die zum Überschreiten der Immissionswerte oder in einem Untersuchungsgebiet im Sinne des § 44 Absatz 2 zu sonstigen schädlichen Umwelteinwirkungen beitragen. Werden in Plänen nach Absatz 1 oder 2 Maßnahmen im Straßenverkehr erforderlich, sind diese im Einvernehmen mit den zuständigen Straßenbau- und Straßenverkehrsbehörden festzulegen. Werden Immissionswerte hinsichtlich mehrerer Schadstoffe überschritten, ist ein alle Schadstoffe erfassender Plan aufzustellen. Werden Immissionswerte durch Emissionen überschritten, die außerhalb des Plangebiets verursacht werden, hat in den Fällen der Absätze 1 und 2 auch die dort zuständige Behörde einen Plan aufzustellen.

(4a) Verbote des Kraftfahrzeugverkehrs für Kraftfahrzeuge mit Selbstzündungsmotor kommen wegen der Überschreitung des Immissionsgrenzwertes für Stickstoffdioxid in der Regel nur in Gebieten in Betracht, in denen der Wert von 50 Mikrogramm Stickstoffdioxid pro Kubikmeter Luft im Jahresmittel überschritten worden ist. Folgende Kraftfahrzeuge sind von Verkehrsverboten ausgenommen:

1. Kraftfahrzeuge der Schadstoffklasse Euro 6,
2. Kraftfahrzeuge der Schadstoffklassen Euro 4 und Euro 5, sofern diese im praktischen Fahrbetrieb in entsprechender Anwendung des Artikels 2 Nummer 41 in Verbindung mit Anhang IIIa der Verordnung (EG) Nr. 692/2008 der Kommission vom 18. Juli 2008 zur Durchführung und Änderung der Verordnung (EG) Nr. 715/2007 des Europäischen Parlaments und des Rates über die Typgenehmigung von Kraftfahrzeugen hinsichtlich der Emissionen von leichten Personenkraftwagen und Nutzfahrzeugen (Euro 5 und Euro 6) und über den Zugang zu Reparatur- und Wartungsinformationen für Fahrzeuge (ABl. L 199 vom 28.7.2008, S. 1), die zuletzt durch die Verordnung (EU) 2017/1221 (ABl. L 174 vom 7.7.2017, S. 3) geändert worden ist, weniger als 270 Milligramm Stickstoffoxide pro Kilometer ausstoßen,
3. Kraftomnibusse mit einer Allgemeinen Betriebserlaubnis für ein Stickstoffoxid-Minderungssystem mit erhöhter Minderungsleistung, sofern die Nachrüstung finanziell aus einem öffentlichen Titel des Bundes gefördert worden ist, oder die die technischen Anforderungen erfüllen, die für diese Förderung erforderlich gewesen wären,
4. schwere Kommunalfahrzeuge mit einer Allgemeinen Betriebserlaubnis für ein Stickstoffoxid-Minderungssystem mit erhöhter Minderungsleistung, sofern die Nachrüstung finanziell aus einem öffentlichen Titel des Bundes gefördert worden ist, oder die die technischen Anforderungen erfüllen, die für diese Förderung erforderlich gewesen wären, sowie Fahrzeuge der privaten Entsorgungswirtschaft von mehr als 3,5 Tonnen mit einer Allgemeinen Betriebserlaubnis für ein Stickstoffoxid-Minderungssystem mit erhöhter Minderungsleistung, die die technischen Anforderungen erfüllen, die für diese Förderung erforderlich gewesen wären,
5. Handwerker- und Lieferfahrzeuge zwischen 2,8 und 7,5 Tonnen mit einer Allgemeinen Betriebserlaubnis für ein Stickstoffoxid-Minderungssystem mit erhöhter Minderungsleistung, sofern die Nachrüstung finanziell aus einem öffentlichen Titel des Bundes gefördert worden ist, oder die die technischen Anforderungen erfüllen, die für diese Förderung erforderlich gewesen wären,
6. Kraftfahrzeuge der Schadstoffklasse Euro VI und
7. Kraftfahrzeuge im Sinne von Anhang 3 Nummer 5, 6 und 7 der Verordnung zur Kennzeichnung der Kraftfahrzeuge mit geringem Beitrag zur Schadstoffbelastung vom 10. Oktober 2006 (BGBl. I S. 2218), die zuletzt durch Artikel 85 der Verordnung vom 31. August 2015 (BGBl. I S. 1474) geändert worden ist.

Im Einzelfall kann der Luftreinhalteplan im Fall des Satzes 2 Nummer 6 auch für diese Kraftfahrzeuge ein Verbot des Kraftfahrzeugverkehrs vorsehen, wenn die schnellstmögliche Einhaltung des Immissionsgrenzwertes für Stickstoffdioxid anderenfalls nicht sichergestellt werden kann. Weitere Ausnahmen von Verboten des Kraftfahrzeugverkehrs, insbesondere nach § 40 Absatz 1 Satz 2, können durch die zuständigen Behörden zugelassen werden. Die Vorschriften zu ergänzenden technischen Regelungen, insbesondere zu Nachrüstmaßnahmen bei Kraftfahrzeugen, im Straßenverkehrsgesetz und in der Straßenverkehrs-Zulassungs-Ordnung bleiben unberührt.

(5) Die nach den Absätzen 1 bis 4 aufzustellenden Pläne müssen den Anforderungen des § 45 Absatz 2 entsprechen. Die Öffentlichkeit ist bei der Aufstellung von Plänen nach den Absätzen 1 und 3 zu beteiligen. Die Pläne müssen für die Öffentlichkeit zugänglich sein.

(5a) Bei der Aufstellung oder Änderung von Luftreinhalteplänen nach Absatz 1 ist die Öffentlichkeit durch die zuständige Behörde zu beteiligen. Die Aufstellung oder Änderung eines Luftreinhalteplanes sowie Informationen über das Beteiligungsverfahren sind in einem amtlichen Veröffentlichungsblatt und auf andere geeignete Weise öffentlich bekannt zu machen. Der Entwurf des neuen oder geänderten Luftreinhalteplanes ist einen Monat zur Einsicht auszulegen; bis zwei Wochen nach Ablauf der Auslegungsfrist kann gegenüber der zuständigen Behörde schriftlich oder elektronisch Stellung genommen werden; der Zeitpunkt des Fristablaufs ist bei der Bekanntmachung nach Satz 2 mitzuteilen. Fristgemäß eingegangene Stellungnahmen werden von der zuständigen Behörde bei der Entscheidung über die Annahme des Plans angemessen berücksichtigt. Der aufgestellte Plan ist von der zuständigen Behörde in einem amtlichen Veröffentlichungsblatt und auf andere geeignete Weise öffentlich bekannt zu machen. In der öffentlichen Bekanntmachung sind das überplante Gebiet und eine Übersicht über die wesentlichen Maßnahmen darzustellen. Eine Ausfertigung des Plans, einschließlich einer Darstellung des Ablaufs des Beteiligungsverfahrens und der Gründe und Erwägungen, auf denen die getroffene Entscheidung beruht, wird zwei Wochen zur Einsicht ausgelegt. Dieser Absatz findet keine Anwendung, wenn es sich bei dem Luftreinhalteplan nach Absatz 1 um einen Plan handelt, für den nach dem Gesetz über die Umweltverträglichkeitsprüfung eine Strategische Umweltprüfung durchzuführen ist.

(5b) Werden nach Absatz 2 Pläne für kurzfristig zu ergreifende Maßnahmen aufgestellt, macht die zuständige Behörde der Öffentlichkeit sowohl die Ergebnisse ihrer Untersuchungen zur Durchführbarkeit und zum Inhalt solcher Pläne als auch Informationen über die Durchführung dieser Pläne zugänglich.

(6) Die Maßnahmen, die Pläne nach den Absätzen 1 bis 4 festlegen, sind durch Anordnungen oder sonstige Entscheidungen der zuständigen Träger öffentlicher Verwaltung nach diesem Gesetz oder nach anderen Rechtsvorschriften durchzusetzen. Sind in den Plänen planungsrechtliche Festlegungen vorgesehen, haben die zuständigen Planungsträger dies bei ihren Planungen zu berücksichtigen.

(7) Die Landesregierungen oder die von ihnen bestimmten Stellen werden ermächtigt, bei der Gefahr, dass Immissionsgrenzwerte überschritten werden, die eine Rechtsverordnung nach § 48a Absatz 1 festlegt, durch Rechtsverordnung vorzuschreiben, dass in näher zu bestimmenden Gebieten bestimmte

1. ortsveränderliche Anlagen nicht betrieben werden dürfen,
2. ortsfeste Anlagen nicht errichtet werden dürfen,
3. ortsveränderliche oder ortsfeste Anlagen nur zu bestimmten Zeiten betrieben werden dürfen oder erhöhten betriebstechnischen Anforderungen genügen müssen,
4. Brennstoffe in Anlagen nicht oder nur beschränkt verwendet werden dürfen,

soweit die Anlagen oder Brennstoffe geeignet sind, zur Überschreitung der Immissionswerte beizutragen. Absatz 4 Satz 1 und § 49 Absatz 3 gelten entsprechend.

Sechster Teil
Lärmminderungsplanung

§ 47a Anwendungsbereich des Sechsten Teils

Dieser Teil des Gesetzes gilt für den Umgebungslärm, dem Menschen insbesondere in bebauten Gebieten, in öffentlichen Parks oder anderen ruhigen Gebieten eines Ballungsraums, in ruhigen Gebieten auf dem Land, in der Umgebung von Schulgebäuden, Krankenhäusern und anderen lärmempfindlichen Gebäuden und Gebieten ausgesetzt sind. Er gilt nicht für Lärm, der von der davon betroffenen Person selbst oder durch Tätigkeiten innerhalb von Wohnungen verursacht wird, für Nachbarschaftslärm, Lärm am Arbeitsplatz, in Verkehrsmitteln oder Lärm, der auf militärische Tätigkeiten in militärischen Gebieten zurückzuführen ist.

§ 47b Begriffsbestimmungen

Im Sinne dieses Gesetzes bezeichnen die Begriffe

1. „Umgebungslärm" belästigende oder gesundheitsschädliche Geräusche im Freien, die durch Aktivitäten von Menschen verursacht werden, einschließlich des Lärms, der von Verkehrsmitteln, Straßenverkehr, Eisenbahnverkehr, Flugverkehr sowie Geländen für industrielle Tätigkeiten ausgeht;

2. „Ballungsraum" ein Gebiet mit einer Einwohnerzahl von über 100 000 und einer Bevölkerungsdichte von mehr als 1 000 Einwohnern pro Quadratkilometer;

3. „Hauptverkehrsstraße" eine Bundesfernstraße, Landesstraße oder auch sonstige grenzüberschreitende Straße, jeweils mit einem Verkehrsaufkommen von über drei Millionen Kraftfahrzeugen pro Jahr;

4. „Haupteisenbahnstrecke" ein Schienenweg von Eisenbahnen nach dem Allgemeinen Eisenbahngesetz mit einem Verkehrsaufkommen von über 30 000 Zügen pro Jahr;

5. „Großflughafen" ein Verkehrsflughafen mit einem Verkehrsaufkommen von über 50 000 Bewegungen pro Jahr, wobei mit „Bewegung" der Start oder die Landung bezeichnet wird, hiervon sind ausschließlich der Ausbildung dienende Bewegungen mit Leichtflugzeugen ausgenommen.

§ 47c Lärmkarten

(1) Die zuständigen Behörden arbeiten bis zum 30. Juni 2007 bezogen auf das vorangegangene Kalenderjahr Lärmkarten für Ballungsräume mit mehr als 250 000 Einwohnern sowie für Hauptverkehrsstraßen mit einem Verkehrsaufkommen von über sechs Millionen Kraftfahrzeugen pro Jahr, Haupteisenbahnstrecken mit einem Verkehrsaufkommen von über 60 000 Zügen pro Jahr und Großflughäfen aus. Gleiches gilt bis zum 30. Juni 2012 und danach alle fünf Jahre für sämtliche Ballungsräume sowie für sämtliche Hauptverkehrsstraßen und Haupteisenbahnstrecken.

(2) Die Lärmkarten haben den Mindestanforderungen des Anhangs IV der Richtlinie 2002/49/EG des Europäischen Parlaments und des Rates vom 25. Juni 2002 über die Bewertung und Bekämpfung von Umgebungslärm (ABl. EG Nr. L 189 S. 12) zu entsprechen und die nach Anhang VI der Richtlinie 2002/49/EG an die Kommission zu übermittelnden Daten zu enthalten.

(2a) Öffentliche Eisenbahninfrastrukturunternehmen sind verpflichtet, den für die Ausarbeitung von Lärmkarten zuständigen Behörden folgende für die Erarbeitung von Lärmkarten erforderlichen Daten unentgeltlich zur Verfügung zu stellen:

1. Daten zur Eisenbahninfrastruktur und

2. Daten zum Verkehr der Eisenbahnen auf den Schienenwegen.

(3) Die zuständigen Behörden arbeiten bei der Ausarbeitung von Lärmkarten für Grenzgebiete mit den zuständigen Behörden anderer Mitgliedstaaten der Europäischen Union zusammen.

(4) Die Lärmkarten werden mindestens alle fünf Jahre nach dem Zeitpunkt ihrer Erstellung überprüft und bei Bedarf überarbeitet.

(5) Die zuständigen Behörden teilen dem Bundesministerium für Umwelt, Naturschutz und nukleare Sicherheit oder einer von ihm benannten Stelle zum 30. Juni 2005 und danach alle fünf Jahre die Ballungsräume mit mehr als 250 000 Einwohnern, die Hauptverkehrsstraßen mit einem Verkehrsaufkommen von über sechs Millionen Kraftfahrzeugen pro Jahr, die Haupteisenbahnstrecken mit einem Verkehrsaufkommen von über 60 000 Zügen pro Jahr und die Großflug-

häfen mit. Gleiches gilt zum 31. Dezember 2008 für sämtliche Ballungsräume sowie sämtliche Hauptverkehrsstraßen und Haupteisenbahnstrecken.

(6) Die zuständigen Behörden teilen Informationen aus den Lärmkarten, die in der Rechtsverordnung nach § 47f bezeichnet werden, dem Bundesministerium für Umwelt, Naturschutz und nukleare Sicherheit oder einer von ihm benannten Stelle mit.

§ 47d Lärmaktionspläne

(1) Die zuständigen Behörden stellen bis zum 18. Juli 2008 Lärmaktionspläne auf, mit denen Lärmprobleme und Lärmauswirkungen geregelt werden für

1. Orte in der Nähe der Hauptverkehrsstraßen mit einem Verkehrsaufkommen von über sechs Millionen Kraftfahrzeugen pro Jahr, der Haupteisenbahnstrecken mit einem Verkehrsaufkommen von über 60 000 Zügen pro Jahr und der Großflughäfen,
2. Ballungsräume mit mehr als 250 000 Einwohnern.

Gleiches gilt bis zum 18. Juli 2013 für sämtliche Ballungsräume sowie für sämtliche Hauptverkehrsstraßen und Haupteisenbahnstrecken. Die Festlegung von Maßnahmen in den Plänen ist in das Ermessen der zuständigen Behörden gestellt, sollte aber auch unter Berücksichtigung der Belastung durch mehrere Lärmquellen insbesondere auf die Prioritäten eingehen, die sich gegebenenfalls aus der Überschreitung relevanter Grenzwerte oder aufgrund anderer Kriterien ergeben, und insbesondere für die wichtigsten Bereiche gelten, wie sie in den Lärmkarten ausgewiesen werden.

(2) Die Lärmaktionspläne haben den Mindestanforderungen des Anhangs V der Richtlinie 2002/49/EG zu entsprechen und die nach Anhang VI der Richtlinie 2002/49/EG an die Kommission zu übermittelnden Daten zu enthalten. Ziel dieser Pläne soll es auch sein, ruhige Gebiete gegen eine Zunahme des Lärms zu schützen.

(2a) Öffentliche Eisenbahninfrastrukturunternehmen sind verpflichtet, an der Aufstellung von Lärmaktionsplänen für Orte in der Nähe der Haupteisenbahnstrecken und für Ballungsräume mit Eisenbahnverkehr mitzuwirken.

(3) Die Öffentlichkeit wird zu Vorschlägen für Lärmaktionspläne gehört. Sie erhält rechtzeitig und effektiv die Möglichkeit, an der Ausarbeitung und der Überprüfung der Lärmaktionspläne mitzuwirken. Die Ergebnisse der Mitwirkung sind zu berücksichtigen. Die Öffentlichkeit ist über die getroffenen Entscheidungen zu unterrichten. Es sind angemessene Fristen mit einer ausreichenden Zeitspanne für jede Phase der Beteiligung vorzusehen.

(4) § 47c Absatz 3 gilt entsprechend.

(5) Die Lärmaktionspläne werden bei bedeutsamen Entwicklungen für die Lärmsituation, ansonsten jedoch alle fünf Jahre nach dem Zeitpunkt ihrer Aufstellung überprüft und erforderlichenfalls überarbeitet.

(6) § 47 Absatz 3 Satz 2 und Absatz 6 gilt entsprechend.

(7) Die zuständigen Behörden teilen Informationen aus den Lärmaktionsplänen, die in der Rechtsverordnung nach § 47f bezeichnet werden, dem Bundesministerium für Umwelt, Naturschutz und nukleare Sicherheit oder einer von ihm benannten Stelle mit.

§ 47e Zuständige Behörden

(1) Zuständige Behörden für die Aufgaben dieses Teils des Gesetzes sind die Gemeinden oder die nach Landesrecht zuständigen Behörden, soweit nicht nachstehend Abweichendes geregelt ist.

(2) Die obersten Landesbehörden oder die von ihnen benannten Stellen sind zuständig für die Mitteilungen nach § 47c Absatz 5 und 6 sowie nach § 47d Absatz 7.

(3) Das Eisenbahn-Bundesamt ist zuständig für die Ausarbeitung der Lärmkarten für Schienenwege von Eisenbahnen des Bundes nach § 47c sowie insoweit für die Mitteilung der Haupteisenbahnstrecken nach § 47c Absatz 5, für die Mitteilung der Informationen nach § 47c Absatz 6 und für die Information der Öffentlichkeit über Lärmkarten nach § 47f Absatz 1 Satz 1 Nummer 3.

(4) Abweichend von Absatz 1 ist ab dem 1. Januar 2015 das Eisenbahn-Bundesamt zuständig für die Aufstellung eines bundesweiten Lärmaktionsplanes für die Haupteisenbahnstrecken des Bundes mit Maßnahmen in Bundeshoheit. Bei Lärmaktionsplänen für Ballungsräume wirkt das Eisenbahn-Bundesamt an der Lärmaktionsplanung mit.

§ 47f Rechtsverordnungen

(1) Die Bundesregierung wird ermächtigt, nach Anhörung der beteiligten Kreise (§ 51) durch Rechtsverordnung mit Zustimmung des Bundesrates weitere Regelungen zur Umsetzung der Richtlinie 2002/49/EG in deutsches Recht zu erlassen, insbesondere

1. zur Definition von Lärmindizes und zu ihrer Anwendung,
2. zu den Berechnungsmethoden für Lärmindizes und zur Bewertung gesundheitsschädlicher Auswirkungen,
3. zur Information der Öffentlichkeit über zuständige Behörden sowie Lärmkarten und Lärmaktionspläne,
4. zu Kriterien für die Festlegung von Maßnahmen in Lärmaktionsplänen.

Passt die Kommission gemäß Artikel 12 der Richtlinie 2002/49/EG deren Anhang I Abschnitt 3, Anhang II und Anhang III nach dem Verfahren des Artikels 13 Absatz 2 der Richtlinie 2002/49/EG an den wissenschaftlichen und technischen Fortschritt an, gilt Satz 1 auch insoweit.

(2) Die Bundesregierung wird ermächtigt, nach Anhörung der beteiligten Kreise (§ 51) durch Rechtsverordnung mit Zustimmung des Bundesrates weitere Regelungen zu erlassen

1. zum Format und Inhalt von Lärmkarten und Lärmaktionsplänen,
2. zur Datenerhebung und Datenübermittlung.

Siebenter Teil
Gemeinsame Vorschriften

§ 48 Verwaltungsvorschriften

(1) Die Bundesregierung erlässt nach Anhörung der beteiligten Kreise (§ 51) mit Zustimmung des Bundesrates zur Durchführung dieses Gesetzes und der auf Grund dieses Gesetzes erlassenen Rechtsverordnungen des Bundes allgemeine Verwaltungsvorschriften, insbesondere über

1. Immissionswerte, die zu dem in § 1 genannten Zweck nicht überschritten werden dürfen,
2. Emissionswerte, deren Überschreiten nach dem Stand der Technik vermeidbar ist,

3. das Verfahren zur Ermittlung der Emissionen und Immissionen,
4. die von der zuständigen Behörde zu treffenden Maßnahmen bei Anlagen, für die Regelungen in einer Rechtsverordnung nach § 7 Absatz 2 oder 3 vorgesehen werden können, unter Berücksichtigung insbesondere der dort genannten Voraussetzungen,
5. äquivalente Parameter oder äquivalente technische Maßnahmen zu Emissionswerten,
6. angemessene Sicherheitsabstände gemäß § 3 Absatz c.

Bei der Festlegung der Anforderungen sind insbesondere mögliche Verlagerungen von nachteiligen Auswirkungen von einem Schutzgut auf ein anderes zu berücksichtigen; ein hohes Schutzniveau für die Umwelt insgesamt ist zu gewährleisten.

(1a) Nach jeder Veröffentlichung einer BVTSchlussfolgerung ist unverzüglich zu gewährleisten, dass für Anlagen nach der Industrieemissions-Richtlinie bei der Festlegung von Emissionswerten nach Absatz 1 Satz 1 Nummer 2 die Emissionen unter normalen Betriebsbedingungen die in den BVT-Schlussfolgerungen genannten Emissionsbandbreiten nicht überschreiten. Im Hinblick auf bestehende Anlagen ist innerhalb eines Jahres nach Veröffentlichung von BVT-Schlussfolgerungen zur Haupttätigkeit eine Überprüfung und gegebenenfalls Anpassung der Verwaltungsvorschrift vorzunehmen.

(1b) Abweichend von Absatz 1a

1. können in der Verwaltungsvorschrift weniger strenge Emissionswerte festgelegt werden, wenn
   a) wegen technischer Merkmale der betroffenen Anlagenart die Anwendung der in den BVT-Schlussfolgerungen genannten Emissionsbandbreiten unverhältnismäßig wäre und dies begründet wird oder
   b) in Anlagen Zukunftstechniken für einen Gesamtzeitraum von höchstens neun Monaten erprobt oder angewendet werden sollen, sofern nach dem festgelegten Zeitraum die Anwendung der betreffenden Technik beendet wird oder in der Anlage mindestens die mit den besten verfügbaren Techniken assoziierten Emissionsbandbreiten erreicht werden, oder
2. kann in der Verwaltungsvorschrift bestimmt werden, dass die zuständige Behörde weniger strenge Emissionsbegrenzungen festlegen kann, wenn
   a) wegen technischer Merkmale der betroffenen Anlagen die Anwendung der in den BVT-Schlussfolgerungen genannten Emissionsbandbreiten unverhältnismäßig wäre oder
   b) in Anlagen Zukunftstechniken für einen Gesamtzeitraum von höchstens neun Monaten erprobt oder angewendet werden sollen, sofern nach dem festgelegten Zeitraum die Anwendung der betreffenden Technik beendet wird oder in der Anlage mindestens die mit den besten verfügbaren Techniken assoziierten Emissionsbandbreiten erreicht werden.

Absatz 1 Satz 2 bleibt unberührt. Emissionswerte und Emissionsbegrenzungen nach Satz 1 dürfen die in den Anhängen der Richtlinie 2010/75/EU festgelegten Emissionsgrenzwerte nicht überschreiten.

§ 48a Rechtsverordnungen über Emissionswerte und Immissionswerte

(1) Zur Erfüllung von bindenden Rechtsakten der Europäischen Gemeinschaften oder der Europäischen Union kann die Bundesregierung zu dem in § 1 genannten Zweck mit Zustimmung des Bundesrates Rechtsverordnungen über die Festsetzung von Immissions- und Emissionswerten einschließlich der Verfahren zur Ermittlung sowie Maßnahmen zur Einhaltung dieser Werte und

zur Überwachung und Messung erlassen. In den Rechtsverordnungen kann auch geregelt werden, wie die Bevölkerung zu unterrichten ist.

(1a) Über die Erfüllung von bindenden Rechtsakten der Europäischen Gemeinschaften oder der Europäischen Union hinaus kann die Bundesregierung zu dem in § 1 genannten Zweck mit Zustimmung des Bundesrates Rechtsverordnungen über die Festlegung von Immissionswerten für weitere Schadstoffe einschließlich der Verfahren zur Ermittlung sowie Maßnahmen zur Einhaltung dieser Werte und zur Überwachung und Messung erlassen. In den Rechtsverordnungen kann auch geregelt werden, wie die Bevölkerung zu unterrichten ist.

(2) Die in Rechtsverordnungen nach Absatz 1 festgelegten Maßnahmen sind durch Anordnungen oder sonstige Entscheidungen der zuständigen Träger öffentlicher Verwaltung nach diesem Gesetz oder nach anderen Rechtsvorschriften durchzusetzen; soweit planungsrechtliche Festlegungen vorgesehen sind, haben die zuständigen Planungsträger zu befinden, ob und inwieweit Planungen in Betracht zu ziehen sind.

(3) Zur Erfüllung von bindenden Rechtsakten der Europäischen Gemeinschaften oder der Europäischen Union kann die Bundesregierung zu dem in § 1 genannten Zweck mit Zustimmung des Bundesrates in Rechtsverordnungen von Behörden zu erfüllende Pflichten begründen und ihnen Befugnisse zur Erhebung, Verarbeitung und Nutzung personenbezogener Daten einräumen, soweit diese für die Beurteilung und Kontrolle der in den Beschlüssen gestellten Anforderungen erforderlich sind.

§ 48b Beteiligung des Bundestages beim Erlass von Rechtsverordnungen

Rechtsverordnungen nach § 7 Absatz 1 Satz 1 Nummer 2, § 23 Absatz 1 Satz 1 Nummer 2, § 43 Absatz 1 Satz 1 Nummer 1, § 48a Absatz 1 und § 48a Absatz 1a dieses Gesetzes sind dem Bundestag zuzuleiten. Die Zuleitung erfolgt vor der Zuleitung an den Bundesrat. Die Rechtsverordnungen können durch Beschluss des Bundestages geändert oder abgelehnt werden. Der Beschluss des Bundestages wird der Bundesregierung zugeleitet. Hat sich der Bundestag nach Ablauf von vier Sitzungswochen seit Eingang der Rechtsverordnung nicht mit ihr befasst, wird die unveränderte Rechtsverordnung dem Bundesrat zugeleitet. Die Sätze 1 bis 5 gelten nicht bei Rechtsverordnungen nach § 7 Absatz 1 Satz 1 Nummer 2 für den Fall, dass wegen der Fortentwicklung des Standes der Technik die Umsetzung von BVT-Schlussfolgerungen nach § 7 Absatz 1a erforderlich ist.

§ 49 Schutz bestimmter Gebiete

(1) Die Landesregierungen werden ermächtigt, durch Rechtsverordnung vorzuschreiben, dass in näher zu bestimmenden Gebieten, die eines besonderen Schutzes vor schädlichen Umwelteinwirkungen durch Luftverunreinigungen oder Geräusche bedürfen, bestimmte

1. ortsveränderliche Anlagen nicht betrieben werden dürfen,
2. ortsfeste Anlagen nicht errichtet werden dürfen,
3. ortsveränderliche oder ortsfeste Anlagen nur zu bestimmten Zeiten betrieben werden dürfen oder erhöhten betriebstechnischen Anforderungen genügen müssen oder
4. Brennstoffe in Anlagen nicht oder nur beschränkt verwendet werden dürfen,

soweit die Anlagen oder Brennstoffe geeignet sind, schädliche Umwelteinwirkungen durch Luftverunreinigungen oder Geräusche hervorzurufen, die mit dem besonderen Schutzbedürfnis dieser Gebiete nicht vereinbar sind, und die Luftverunreinigungen und Geräusche durch Auflagen nicht verhindert werden können.

(2) Die Landesregierungen werden ermächtigt, durch Rechtsverordnung Gebiete festzusetzen, in denen während austauscharmer Wetterlagen ein starkes Anwachsen schädlicher Umwelteinwirkungen durch Luftverunreinigungen zu befürchten ist. In der Rechtsverordnung kann vorgeschrieben werden, dass in diesen Gebieten

1. ortsveränderliche oder ortsfeste Anlagen nur zu bestimmten Zeiten betrieben oder
2. Brennstoffe, die in besonderem Maße Luftverunreinigungen hervorrufen, in Anlagen nicht oder nur beschränkt verwendet

werden dürfen, sobald die austauscharme Wetterlage von der zuständigen Behörde bekannt gegeben wird.

(3) Landesrechtliche Ermächtigungen für die Gemeinden und Gemeindeverbände zum Erlass von ortsrechtlichen Vorschriften, die Regelungen zum Schutz der Bevölkerung vor schädlichen Umwelteinwirkungen durch Luftverunreinigungen oder Geräusche zum Gegenstand haben, bleiben unberührt.

§ 50 Planung

Bei raumbedeutsamen Planungen und Maßnahmen sind die für eine bestimmte Nutzung vorgesehenen Flächen einander so zuzuordnen, dass schädliche Umwelteinwirkungen und von schweren Unfällen im Sinne des Artikels 3 Nummer 13 der Richtlinie 2012/18/EU in Betriebsbereichen hervorgerufene Auswirkungen auf die ausschließlich oder überwiegend dem Wohnen dienenden Gebiete sowie auf sonstige schutzbedürftige Gebiete, insbesondere öffentlich genutzte Gebiete, wichtige Verkehrswege, Freizeitgebiete und unter dem Gesichtspunkt des Naturschutzes besonders wertvolle oder besonders empfindliche Gebiete und öffentlich genutzte Gebäude, so weit wie möglich vermieden werden. Bei raumbedeutsamen Planungen und Maßnahmen in Gebieten, in denen die in Rechtsverordnungen nach § 48a Absatz 1 festgelegten Immissionsgrenzwerte und Zielwerte nicht überschritten werden, ist bei der Abwägung der betroffenen Belange die Erhaltung der bestmöglichen Luftqualität als Belang zu berücksichtigen.

§ 51 Anhörung beteiligter Kreise

Soweit Ermächtigungen zum Erlass von Rechtsverordnungen und allgemeinen Verwaltungsvorschriften die Anhörung der beteiligten Kreise vorschreiben, ist ein jeweils auszuwählender Kreis von Vertretern der Wissenschaft, der Betroffenen, der beteiligten Wirtschaft, des beteiligten Verkehrswesens und der für den Immissionsschutz zuständigen obersten Landesbehörden zu hören.

§ 51a Kommission für Anlagensicherheit

(1) Beim Bundesministerium für Umwelt, Naturschutz und nukleare Sicherheit wird zur Beratung der Bundesregierung oder des zuständigen Bundesministeriums eine Kommission für Anlagensicherheit gebildet.

(2) Die Kommission für Anlagensicherheit soll gutachtlich in regelmäßigen Zeitabständen sowie aus besonderem Anlass Möglichkeiten zur Verbesserung der Anlagensicherheit aufzeigen. Sie schlägt darüber hinaus dem Stand der Sicherheitstechnik entsprechende Regeln (sicherheitstechnische Regeln) unter Berücksichtigung der für andere Schutzziele vorhandenen Regeln vor. Nach Anhörung der für die Anlagensicherheit zuständigen obersten Landesbehörden kann das Bundesministerium für Umwelt, Naturschutz und nukleare Sicherheit diese Regeln im Bundesanzeiger veröffentlichen. Die Kommission für Anlagensicherheit überprüft innerhalb angemessener Zeitabstände, spätestens nach jeweils fünf Jahren, ob die veröffentlichten sicherheitstechnischen Regeln weiterhin dem Stand der Sicherheitstechnik entsprechen.

(3) In die Kommission für Anlagensicherheit sind im Einvernehmen mit dem Bundesministerium für Arbeit und Soziales neben Vertreterinnen oder Vertretern der beteiligten Bundesbehörden sowie der für den Immissionsund Arbeitsschutz zuständigen Landesbehörden insbesondere Vertreterinnen oder Vertreter der Wissenschaft, der Umweltverbände, der Gewerkschaften, der Sachverständigen nach § 29a und der zugelassenen Überwachungsstellen nach § 37 Absatz 5 des Produktsicherheitsgesetzes, der Berufsgenossenschaften, der beteiligten Wirtschaft sowie Vertreterinnen oder Vertreter der nach § 24 der Betriebssicherheitsverordnung und § 21 der Gefahrstoffverordnung eingesetzten Ausschüsse zu berufen.

(4) Die Kommission für Anlagensicherheit wählt aus ihrer Mitte eine Vorsitzende oder einen Vorsitzenden und gibt sich eine Geschäftsordnung. Die Wahl der oder des Vorsitzenden und die Geschäftsordnung bedürfen der im Einvernehmen mit dem Bundesministerium für Arbeit und Soziales zu erteilenden Zustimmung des Bundesministeriums für Umwelt, Naturschutz und nukleare Sicherheit.

§ 51b Sicherstellung der Zustellungsmöglichkeit

Der Betreiber einer genehmigungsbedürftigen Anlage hat sicherzustellen, dass für ihn bestimmte Schriftstücke im Geltungsbereich dieses Gesetzes zugestellt werden können. Kann die Zustellung nur dadurch sichergestellt werden, dass ein Bevollmächtigter bestellt wird, so hat der Betreiber den Bevollmächtigten der zuständigen Behörde zu benennen.

§ 52 Überwachung

(1) Die zuständigen Behörden haben die Durchführung dieses Gesetzes und der auf dieses Gesetz gestützten Rechtsverordnungen zu überwachen. Sie können die dafür erforderlichen Maßnahmen treffen und bei der Durchführung dieser Maßnahmen Beauftragte einsetzen. Sie haben Genehmigungen im Sinne des § 4 regelmäßig zu überprüfen und soweit erforderlich durch nachträgliche Anordnungen nach § 17 auf den neuesten Stand zu bringen. Eine Überprüfung im Sinne von Satz 2 wird in jedem Fall vorgenommen, wenn

1. Anhaltspunkte dafür bestehen, dass der Schutz der Nachbarschaft und der Allgemeinheit nicht ausreichend ist und deshalb die in der Genehmigung festgelegten Begrenzungen der Emissionen überprüft oder neu festgesetzt werden müssen,
2. wesentliche Veränderungen des Standes der Technik eine erhebliche Verminderung der Emissionen ermöglichen,
3. eine Verbesserung der Betriebssicherheit erforderlich ist, insbesondere durch die Anwendung anderer Techniken, oder
4. neue umweltrechtliche Vorschriften dies fordern.

Bei Anlagen nach der Industrieemissions-Richtlinie ist innerhalb von vier Jahren nach der Veröffentlichung von BVT-Schlussfolgerungen zur Haupttätigkeit

1. eine Überprüfung und gegebenenfalls Aktualisierung der Genehmigung im Sinne von Satz 3 vorzunehmen und
2. sicherzustellen, dass die betreffende Anlage die Genehmigungsanforderungen nach § 6 Absatz 1 Nummer 1 und der Nebenbestimmungen nach § 12 einhält.

Satz 5 gilt auch für Genehmigungen, die nach Veröffentlichung von BVT-Schlussfolgerungen auf der Grundlage der bislang geltenden Rechts- und Verwaltungsvorschriften erteilt worden sind. Wird festgestellt, dass eine Einhaltung der nachträglichen Anordnung nach § 17 oder der Genehmigung innerhalb der in Satz 5 bestimmten Frist wegen technischer Merkmale der betroffenen Anlage unverhältnismäßig wäre, kann die zuständige Behörde einen längeren Zeitraum festlegen. Als Teil jeder Überprüfung der Genehmigung hat die zuständige Behörde die Festlegung weniger strenger Emissionsbegrenzungen nach § 7 Absatz 1b Satz 1 Nummer 2 Buchstabe a, § 12 Absatz 1b Satz 1 Nummer 1, § 17 Absatz 2b Satz 1 Nummer 1 und § 48 Absatz 1b Satz 1 Nummer 2 Buchstabe a erneut zu bewerten.

(1a) Im Falle des § 31 Absatz 1 Satz 3 hat die zuständige Behörde mindestens jährlich die Ergebnisse der Emissionsüberwachung zu bewerten, um sicherzustellen, dass die Emissionen unter normalen Betriebsbedingungen die in den BVT-Schlussfolgerungen festgelegten Emissionsbandbreiten nicht überschreiten.

(1b) Zur Durchführung von Absatz 1 Satz 1 stellen die zuständigen Behörden zur regelmäßigen Überwachung von Anlagen nach der Industrieemissions-Richtlinie in ihrem Zuständigkeitsbereich Überwachungspläne und Überwachungsprogramme gemäß § 52a auf. Zur Überwachung nach Satz 1 gehören insbesondere Vor-Ort- Besichtigungen, Überwachung der Emissionen und Überprüfung interner Berichte und Folgedokumente, Überprüfung der Eigenkontrolle, Prüfung der angewandten Techniken und der Eignung des Umweltmanagements der Anlage zur Sicherstellung der Anforderungen nach § 6 Absatz 1 Nummer 1.

(2) Eigentümer und Betreiber von Anlagen sowie Eigentümer und Besitzer von Grundstücken, auf denen Anlagen betrieben werden, sind verpflichtet, den Angehörigen der zuständigen Behörde und deren Beauftragten den Zutritt zu den Grundstücken und zur Verhütung dringender Gefahren für die öffentliche Sicherheit oder Ordnung auch zu Wohnräumen und die Vornahme von Prüfungen einschließlich der Ermittlung von Emissionen und Immissionen zu gestatten sowie die Auskünfte zu erteilen und die Unterlagen vorzulegen, die zur Erfüllung ihrer Aufgaben erforderlich sind. Das Grundrecht der Unverletzlichkeit der Wohnung (Artikel 13 des Grundgesetzes) wird insoweit eingeschränkt. Betreiber von Anlagen, für die ein Immissionsschutzbeauftragter oder ein Störfallbeauftragter bestellt ist, haben diesen auf Verlangen der zuständigen Behörde zu Überwachungsmaßnahmen nach Satz 1 hinzuzuziehen. Im Rahmen der Pflichten nach Satz 1 haben die Eigentümer und Betreiber der Anlagen Arbeitskräfte sowie Hilfsmittel, insbesondere Treibstoffe und Antriebsaggregate, bereitzustellen.

(3) Absatz 2 gilt entsprechend für Eigentümer und Besitzer von Anlagen, Stoffen, Erzeugnissen, Brennstoffen, Treibstoffen und Schmierstoffen, soweit diese den §§ 37a bis 37c oder der Regelung der nach den §§ 32 bis 35, 37 oder 37d erlassenen Rechtsverordnung unterliegen. Die Eigentümer und Besitzer haben den Angehörigen der zuständigen Behörde und deren Beauftragten die Entnahme von Stichproben zu gestatten, soweit dies zur Erfüllung ihrer Aufgaben erforderlich ist.

(4) Kosten, die durch Prüfungen im Rahmen des Genehmigungsverfahrens entstehen, trägt der Antragsteller. Kosten, die bei der Entnahme von Stichproben nach Absatz 3 und deren Untersuchung entstehen, trägt der Auskunftspflichtige. Kosten, die durch sonstige Überwachungsmaßnahmen nach Absatz 2 oder 3 entstehen, trägt der Auskunftspflichtige, es sei denn, die Maßnahme betrifft die Ermittlung von Emissionen und Immissionen oder die Überwachung einer nicht genehmigungsbedürftigen Anlage außerhalb des Überwachungssystems nach der Zwölften Verordnung zur Durchführung des Bundes-Immissionsschutzgesetzes; in diesen Fällen sind die Kosten dem Auskunftspflichtigen nur aufzuerlegen, wenn die Ermittlungen ergeben, dass

1. Auflagen oder Anordnungen nach den Vorschriften dieses Gesetzes oder der auf dieses Gesetz gestützten Rechtsverordnungen nicht erfüllt worden oder

2. Auflagen oder Anordnungen nach den Vorschriften dieses Gesetzes oder der auf dieses Gesetz gestützten Rechtsverordnungen geboten

sind.

(5) Der zur Auskunft Verpflichtete kann die Auskunft auf solche Fragen verweigern, deren Beantwortung ihn selbst oder einen der in § 383 Absatz 1 Nummer 1 bis 3 der Zivilprozessordnung bezeichneten Angehörigen der Gefahr strafgerichtlicher Verfolgung oder eines Verfahrens nach dem Gesetz über Ordnungswidrigkeiten aussetzen würde.

(6) Soweit zur Durchführung dieses Gesetzes oder der auf dieses Gesetz gestützten Rechtsverordnungen Immissionen zu ermitteln sind, haben auch die Eigentümer und Besitzer von Grundstücken, auf denen Anlagen nicht betrieben werden, den Angehörigen der zuständigen Behörde und deren Beauftragten den Zutritt zu den Grundstücken und zur Verhütung dringender Gefahren für die öffentliche Sicherheit oder Ordnung auch zu Wohnräumen und die Vornahme der Prüfungen zu gestatten. Das Grundrecht der Unverletzlichkeit der Wohnung (Artikel 13 des Grundgesetzes) wird insoweit eingeschränkt. Bei Ausübung der Befugnisse nach Satz 1 ist auf die berechtigten Belange der Eigentümer und Besitzer Rücksicht zu nehmen; für entstandene Schäden hat das Land, im Falle des § 59 Absatz 1 der Bund, Ersatz zu leisten. Waren die Schäden unvermeidbare Folgen der Überwachungsmaßnahmen und haben die Überwachungsmaßnahmen zu Anordnungen der zuständigen Behörde gegen den Betreiber einer Anlage geführt, so hat dieser die Ersatzleistung dem Land oder dem Bund zu erstatten.

(7) Auf die nach den Absätzen 2, 3 und 6 erlangten Kenntnisse und Unterlagen sind die §§ 93, 97, 105 Absatz 1, § 111 Absatz 5 in Verbindung mit § 105 Absatz 1 sowie § 116 Absatz 1 der Abgabenordnung nicht anzuwenden. Dies gilt nicht, soweit die Finanzbehörden die Kenntnisse für die Durchführung eines Verfahrens wegen einer Steuerstraftat sowie eines damit zusammenhängenden Besteuerungsverfahrens benötigen, an deren Verfolgung ein zwingendes öffentliches Interesse besteht, oder soweit es sich um vorsätzlich falsche Angaben des Auskunftspflichtigen oder der für ihn tätigen Personen handelt.

§ 52a Überwachungspläne, Überwachungsprogramme für Anlagen nach der Industrieemissions-Richtlinie

(1) Überwachungspläne haben Folgendes zu enthalten:

1. den räumlichen Geltungsbereich des Plans,
2. eine allgemeine Bewertung der wichtigen Umweltprobleme im Geltungsbereich des Plans,
3. ein Verzeichnis der in den Geltungsbereich des Plans fallenden Anlagen,
4. Verfahren für die Aufstellung von Programmen für die regelmäßige Überwachung,
5. Verfahren für die Überwachung aus besonderem Anlass sowie
6. soweit erforderlich, Bestimmungen für die Zusammenarbeit zwischen verschiedenen Überwachungsbehörden.

Die Überwachungspläne sind von den zuständigen Behörden regelmäßig zu überprüfen und, soweit erforderlich, zu aktualisieren.

(2) Auf der Grundlage der Überwachungspläne erstellen oder aktualisieren die zuständigen Behörden regelmäßig Überwachungsprogramme, in denen auch die Zeiträume angegeben sind, in denen Vor-Ort-Besichtigungen stattfinden müssen. In welchem zeitlichen Abstand Anlagen vor

Ort besichtigt werden müssen, richtet sich nach einer systematischen Beurteilung der mit der Anlage verbundenen Umweltrisiken insbesondere anhand der folgenden Kriterien:

1. mögliche und tatsächliche Auswirkungen der betreffenden Anlage auf die menschliche Gesundheit und auf die Umwelt unter Berücksichtigung der Emissionswerte und -typen, der Empfindlichkeit der örtlichen Umgebung und des von der Anlage ausgehenden Unfallrisikos,
2. bisherige Einhaltung der Genehmigungsanforderungen nach § 6 Absatz 1 Nummer 1 und der Nebenbestimmungen nach § 12,
3. Eintragung eines Unternehmens in ein Verzeichnis gemäß den Artikeln 13 bis 15 der Verordnung (EG) Nr. 1221/2009 des Europäischen Parlaments und des Rates vom 25. November 2009 über die freiwillige Teilnahme von Organisationen an einem Gemeinschaftssystem für Umweltmanagement und Umweltbetriebsprüfung und zur Aufhebung der Verordnung (EG) Nr. 761/2001, sowie der Beschlüsse der Kommission 2001/681/EG und 2006/193/EG (ABl. L 342 vom 22.12.2009, S. 1).

(3) Der Abstand zwischen zwei Vor-Ort-Besichtigungen darf die folgenden Zeiträume nicht überschreiten:

1. ein Jahr bei Anlagen, die der höchsten Risikostufe unterfallen, sowie
2. drei Jahre bei Anlagen, die der niedrigsten Risikostufe unterfallen.

Wurde bei einer Überwachung festgestellt, dass der Betreiber einer Anlage in schwerwiegender Weise gegen die Genehmigung verstößt, hat die zuständige Behörde innerhalb von sechs Monaten nach der Feststellung des Verstoßes eine zusätzliche Vor-Ort-Besichtigung durchzuführen.

(4) Die zuständigen Behörden führen unbeschadet des Absatzes 2 bei Beschwerden wegen ernsthafter Umweltbeeinträchtigungen, bei Ereignissen mit erheblichen Umweltauswirkungen und bei Verstößen gegen die Vorschriften dieses Gesetzes oder der auf Grund dieses Gesetzes erlassenen Rechtsverordnungen eine Überwachung durch.

(5) Nach jeder Vor-Ort-Besichtigung einer Anlage erstellt die zuständige Behörde einen Bericht mit den relevanten Feststellungen über die Einhaltung der Genehmigungsanforderungen nach § 6 Absatz 1 Nummer 1 und der Nebenbestimmungen nach § 12 sowie mit Schlussfolgerungen, ob weitere Maßnahmen notwendig sind. Der Bericht ist dem Betreiber innerhalb von zwei Monaten nach der Vor-Ort-Besichtigung durch die zuständige Behörde zu übermitteln. Der Bericht ist der Öffentlichkeit nach den Vorschriften über den Zugang zu Umweltinformationen innerhalb von vier Monaten nach der Vor-Ort-Besichtigung zugänglich zu machen.

§ 52b Mitteilungspflichten zur Betriebsorganisation

(1) Besteht bei Kapitalgesellschaften das vertretungsberechtigte Organ aus mehreren Mitgliedern oder sind bei Personengesellschaften mehrere vertretungsberechtigte Gesellschafter vorhanden, so ist der zuständigen Behörde anzuzeigen, wer von ihnen nach den Bestimmungen über die Geschäftsführungsbefugnis für die Gesellschaft die Pflichten des Betreibers der genehmigungsbedürftigen Anlage wahrnimmt, die ihm nach diesem Gesetz und nach den auf Grund dieses Gesetzes erlassenen Rechtsverordnungen und allgemeinen Verwaltungsvorschriften obliegen. Die Gesamtverantwortung aller Organmitglieder oder Gesellschafter bleibt hiervon unberührt.

(2) Der Betreiber der genehmigungsbedürftigen Anlage oder im Rahmen ihrer Geschäftsführungsbefugnis die nach Absatz 1 Satz 1 anzuzeigende Person hat der zuständigen Behörde mitzuteilen, auf welche Weise sichergestellt ist, dass die dem Schutz vor schädlichen Umwelteinwir-

kungen und vor sonstigen Gefahren, erheblichen Nachteilen und erheblichen Belästigungen dienenden Vorschriften und Anordnungen beim Betrieb beachtet werden.

§ 53 Bestellung eines Betriebsbeauftragten für Immissionsschutz

(1) Betreiber genehmigungsbedürftiger Anlagen haben einen oder mehrere Betriebsbeauftragte für Immissionsschutz (Immissionsschutzbeauftragte) zu bestellen, sofern dies im Hinblick auf die Art oder die Größe der Anlagen wegen der

1. von den Anlagen ausgehenden Emissionen,
2. technischen Probleme der Emissionsbegrenzung oder
3. Eignung der Erzeugnisse, bei bestimmungsgemäßer Verwendung schädliche Umwelteinwirkungen durch Luftverunreinigungen, Geräusche oder Erschütterungen hervorzurufen,

erforderlich ist. Das Bundesministerium für Umwelt, Naturschutz und nukleare Sicherheit bestimmt nach Anhörung der beteiligten Kreise (§ 51) durch Rechtsverordnung mit Zustimmung des Bundesrates die genehmigungsbedürftigen Anlagen, deren Betreiber Immissionsschutzbeauftragte zu bestellen haben.

(2) Die zuständige Behörde kann anordnen, dass Betreiber genehmigungsbedürftiger Anlagen, für die die Bestellung eines Immissionsschutzbeauftragten nicht durch Rechtsverordnung vorgeschrieben ist, sowie Betreiber nicht genehmigungsbedürftiger Anlagen einen oder mehrere Immissionsschutzbeauftragte zu bestellen haben, soweit sich im Einzelfall die Notwendigkeit der Bestellung aus den in Absatz 1 Satz 1 genannten Gesichtspunkten ergibt.

§ 54 Aufgaben

(1) Der Immissionsschutzbeauftragte berät den Betreiber und die Betriebsangehörigen in Angelegenheiten, die für den Immissionsschutz bedeutsam sein können. Er ist berechtigt und verpflichtet,

1. auf die Entwicklung und Einführung
   a) umweltfreundlicher Verfahren, einschließlich Verfahren zur Vermeidung oder ordnungsgemäßen und schadlosen Verwertung der beim Betrieb entstehenden Abfälle oder deren Beseitigung als Abfall sowie zur Nutzung von entstehender Wärme,
   b) umweltfreundlicher Erzeugnisse, einschließlich Verfahren zur Wiedergewinnung und Wiederverwendung, hinzuwirken,
2. bei der Entwicklung und Einführung umweltfreundlicher Verfahren und Erzeugnisse mitzuwirken, insbesondere durch Begutachtung der Verfahren und Erzeugnisse unter dem Gesichtspunkt der Umweltfreundlichkeit,
3. soweit dies nicht Aufgabe des Störfallbeauftragten nach § 58b Absatz 1 Satz 2 Nummer 3 ist, die Einhaltung der Vorschriften dieses Gesetzes und der auf Grund dieses Gesetzes erlassenen Rechtsverordnungen und die Erfüllung erteilter Bedingungen und Auflagen zu überwachen, insbesondere durch Kontrolle der Betriebsstätte in regelmäßigen Abständen, Messungen von Emissionen und Immissionen, Mitteilung festgestellter Mängel und Vorschläge über Maßnahmen zur Beseitigung dieser Mängel,
4. die Betriebsangehörigen über die von der Anlage verursachten schädlichen Umwelteinwirkungen aufzuklären sowie über die Einrichtungen und Maßnahmen zu ihrer Verhinderung unter

Berücksichtigung der sich aus diesem Gesetz oder Rechtsverordnungen auf Grund dieses Gesetzes ergebenden Pflichten.

(2) Der Immissionsschutzbeauftragte erstattet dem Betreiber jährlich einen Bericht über die nach Absatz 1 Satz 2 Nummer 1 bis 4 getroffenen und beabsichtigten Maßnahmen.

§ 55 Pflichten des Betreibers

(1) Der Betreiber hat den Immissionsschutzbeauftragten schriftlich zu bestellen und die ihm obliegenden Aufgaben genau zu bezeichnen. Der Betreiber hat die Bestellung des Immissionsschutzbeauftragten und die Bezeichnung seiner Aufgaben sowie Veränderungen in seinem Aufgabenbereich und dessen Abberufung der zuständigen Behörde unverzüglich anzuzeigen. Dem Immissionsschutzbeauftragten ist eine Abschrift der Anzeige auszuhändigen.

(1a) Der Betreiber hat den Betriebs- oder Personalrat vor der Bestellung des Immissionsschutzbeauftragten unter Bezeichnung der ihm obliegenden Aufgaben zu unterrichten. Entsprechendes gilt bei Veränderungen im Aufgabenbereich des Immissionsschutzbeauftragten und bei dessen Abberufung.

(2) Der Betreiber darf zum Immissionsschutzbeauftragten nur bestellen, wer die zur Erfüllung seiner Aufgaben erforderliche Fachkunde und Zuverlässigkeit besitzt. Werden der zuständigen Behörde Tatsachen bekannt, aus denen sich ergibt, dass der Immissionsschutzbeauftragte nicht die zur Erfüllung seiner Aufgaben erforderliche Fachkunde oder Zuverlässigkeit besitzt, kann sie verlangen, dass der Betreiber einen anderen Immissionsschutzbeauftragten bestellt. Das Bundesministerium für Umwelt, Naturschutz und nukleare Sicherheit wird ermächtigt nach Anhörung der beteiligten Kreise (§ 51) durch Rechtsverordnung mit Zustimmung des Bundesrates vorzuschreiben, welche Anforderungen an die Fachkunde und Zuverlässigkeit des Immissionsschutzbeauftragten zu stellen sind. 12

(3) Werden mehrere Immissionsschutzbeauftragte bestellt, so hat der Betreiber für die erforderliche Koordinierung in der Wahrnehmung der Aufgaben, insbesondere durch Bildung eines Ausschusses für Umweltschutz, zu sorgen. Entsprechendes gilt, wenn neben einem oder mehreren Immissionsschutzbeauftragten Betriebsbeauftragte nach anderen gesetzlichen Vorschriften bestellt werden. Der Betreiber hat ferner für die Zusammenarbeit der Betriebsbeauftragten mit den im Bereich des Arbeitsschutzes beauftragten Personen zu sorgen.

(4) Der Betreiber hat den Immissionsschutzbeauftragten bei der Erfüllung seiner Aufgaben zu unterstützen und ihm insbesondere, soweit dies zur Erfüllung seiner Aufgaben erforderlich ist, Hilfspersonal sowie Räume, Einrichtungen, Geräte und Mittel zur Verfügung zu stellen und die Teilnahme an Schulungen zu ermöglichen.

§ 56 Stellungnahme zu Entscheidungen des Betreibers

(1) Der Betreiber hat vor Entscheidungen über die Einführung von Verfahren und Erzeugnissen sowie vor Investitionsentscheidungen eine Stellungnahme des Immissionsschutzbeauftragten einzuholen, wenn die Entscheidungen für den Immissionsschutz bedeutsam sein können.

(2) Die Stellungnahme ist so rechtzeitig einzuholen, dass sie bei den Entscheidungen nach Absatz 1 angemessen berücksichtigt werden kann; sie ist derjenigen Stelle vorzulegen, die über die Einführung von Verfahren und Erzeugnissen sowie über die Investition entscheidet.

§ 57 Vortragsrecht

Der Betreiber hat durch innerbetriebliche Organisationsmaßnahmen sicherzustellen, dass der Immissionsschutzbeauftragte seine Vorschläge oder Bedenken unmittelbar der Geschäftsleitung vortragen kann, wenn er sich mit dem zuständigen Betriebsleiter nicht einigen konnte und er wegen der besonderen Bedeutung der Sache eine Entscheidung der Geschäftsleitung für erforderlich hält. Kann der Immissionsschutzbeauftragte sich über eine von ihm vorgeschlagene Maßnahme im Rahmen seines Aufgabenbereichs mit der Geschäftsleitung nicht einigen, so hat diese den Immissionsschutzbeauftragten umfassend über die Gründe ihrer Ablehnung zu unterrichten.

§ 58 Benachteiligungsverbot, Kündigungsschutz

(1) Der Immissionsschutzbeauftragte darf wegen der Erfüllung der ihm übertragenen Aufgaben nicht benachteiligt werden.

(2) Ist der Immissionsschutzbeauftragte Arbeitnehmer des zur Bestellung verpflichteten Betreibers, so ist die Kündigung des Arbeitsverhältnisses unzulässig, es sei denn, dass Tatsachen vorliegen, die den Betreiber zur Kündigung aus wichtigem Grund ohne Einhaltung einer Kündigungsfrist berechtigen. Nach der Abberufung als Immissionsschutzbeauftragter ist die Kündigung innerhalb eines Jahres, vom Zeitpunkt der Beendigung der Bestellung an gerechnet, unzulässig, es sei denn, dass Tatsachen vorliegen, die den Betreiber zur Kündigung aus wichtigem Grund ohne Einhaltung einer Kündigungsfrist berechtigen.

§ 58a Bestellung eines Störfallbeauftragten

(1) Betreiber genehmigungsbedürftiger Anlagen haben einen oder mehrere Störfallbeauftragte zu bestellen, sofern dies im Hinblick auf die Art und Größe der Anlage wegen der bei einer Störung des bestimmungsgemäßen Betriebs auftretenden Gefahren für die Allgemeinheit und die Nachbarschaft erforderlich ist. Die Bundesregierung bestimmt nach Anhörung der beteiligten Kreise (§ 51) durch Rechtsverordnung mit Zustimmung des Bundesrates die genehmigungsbedürftigen Anlagen, deren Betreiber Störfallbeauftragte zu bestellen haben.

(2) Die zuständige Behörde kann anordnen, dass Betreiber genehmigungsbedürftiger Anlagen, für die die Bestellung eines Störfallbeauftragten nicht durch Rechtsverordnung vorgeschrieben ist, einen oder mehrere Störfallbeauftragte zu bestellen haben, soweit sich im Einzelfall die Notwendigkeit der Bestellung aus dem in Absatz 1 Satz 1 genannten Gesichtspunkt ergibt.

§ 58b Aufgaben des Störfallbeauftragten

(1) Der Störfallbeauftragte berät den Betreiber in Angelegenheiten, die für die Sicherheit der Anlage bedeutsam sein können. Er ist berechtigt und verpflichtet,

1. auf die Verbesserung der Sicherheit der Anlage hinzuwirken,
2. dem Betreiber unverzüglich ihm bekannt gewordene Störungen des bestimmungsgemäßen Betriebs mitzuteilen, die zu Gefahren für die Allgemeinheit und die Nachbarschaft führen können,
3. die Einhaltung der Vorschriften dieses Gesetzes und der auf Grund dieses Gesetzes erlassenen Rechtsverordnungen sowie die Erfüllung erteilter Bedingungen und Auflagen im Hinblick auf die Verhinderung von Störungen des bestimmungsgemäßen Betriebs der Anlage zu überwachen, insbesondere durch Kontrolle der Betriebsstätte in regelmäßigen Abständen, Mitteilung festgestellter Mängel und Vorschläge zur Beseitigung dieser Mängel,

4. Mängel, die den vorbeugenden und abwehrenden Brandschutz sowie die technische Hilfeleistung betreffen, unverzüglich dem Betreiber zu melden.

(2) Der Störfallbeauftragte erstattet dem Betreiber jährlich einen Bericht über die nach Absatz 1 Satz 2 Nummer 1 bis 3 getroffenen und beabsichtigten Maßnahmen. Darüber hinaus ist er verpflichtet, die von ihm ergriffenen Maßnahmen zur Erfüllung seiner Aufgaben nach Absatz 1 Satz 2 Nummer 2 schriftlich oder elektronisch aufzuzeichnen. Er muss diese Aufzeichnungen mindestens fünf Jahre aufbewahren.

§ 58c Pflichten und Rechte des Betreibers gegenüber dem Störfallbeauftragten

(1) Die in den §§ 55 und 57 genannten Pflichten des Betreibers gelten gegenüber dem Störfallbeauftragten entsprechend; in Rechtsverordnungen nach § 55 Absatz 2 Satz 3 kann auch geregelt werden, welche Anforderungen an die Fachkunde und Zuverlässigkeit des Störfallbeauftragten zu stellen sind.

(2) Der Betreiber hat vor Investitionsentscheidungen sowie vor der Planung von Betriebsanlagen und der Einführung von Arbeitsverfahren und Arbeitsstoffen eine Stellungnahme des Störfallbeauftragten einzuholen, wenn diese Entscheidungen für die Sicherheit der Anlage bedeutsam sein können. Die Stellungnahme ist so rechtzeitig einzuholen, dass sie bei den Entscheidungen nach Satz 1 angemessen berücksichtigt werden kann; sie ist derjenigen Stelle vorzulegen, die die Entscheidungen trifft.

(3) Der Betreiber kann dem Störfallbeauftragten für die Beseitigung und die Begrenzung der Auswirkungen von Störungen des bestimmungsgemäßen Betriebs, die zu Gefahren für die Allgemeinheit und die Nachbarschaft führen können oder bereits geführt haben, Entscheidungsbefugnisse übertragen.

§ 58d Verbot der Benachteiligung des Störfallbeauftragten, Kündigungsschutz

§ 58 gilt für den Störfallbeauftragten entsprechend.

§ 58e Erleichterungen für auditierte Unternehmensstandorte

(1) Die Bundesregierung wird ermächtigt, zur Förderung der privaten Eigenverantwortung für EMAS-Standorte durch Rechtsverordnung mit Zustimmung des Bundesrates Erleichterungen zum Inhalt der Antragsunterlagen im Genehmigungsverfahren sowie überwachungsrechtliche Erleichterungen vorzusehen, soweit die entsprechenden Anforderungen der Verordnung (EG) Nr. 1221/2009 gleichwertig mit den Anforderungen sind, die zur Überwachung und zu den Antragsunterlagen nach diesem Gesetz oder nach den auf Grund dieses Gesetzes erlassenen Rechtsverordnungen vorgesehen sind oder soweit die Gleichwertigkeit durch die Rechtsverordnung nach dieser Vorschrift sichergestellt wird.

(2) Durch Rechtsverordnung nach Absatz 1 können weitere Voraussetzungen für die Inanspruchnahme und die Rücknahme von Erleichterungen oder die vollständige oder teilweise Aussetzung von Erleichterungen für Fälle festgelegt werden, in denen die Voraussetzungen für deren Gewährung nicht mehr vorliegen.

(3) Durch Rechtsverordnung nach Absatz 1 können ordnungsrechtliche Erleichterungen gewährt werden, wenn der Umweltgutachter oder die Umweltgutachterorganisation die Einhaltung der Umweltvorschriften geprüft hat, keine Abweichungen festgestellt hat und dies in der Validierung bescheinigt. Dabei können insbesondere Erleichterungen vorgesehen werden zu

1. Kalibrierungen, Ermittlungen, Prüfungen und Messungen,

2. Messberichten sowie sonstigen Berichten und Mitteilungen von Ermittlungsergebnissen,
3. Aufgaben des Immissionsschutz- und Störfallbeauftragten,
4. Mitteilungspflichten zur Betriebsorganisation und
5. der Häufigkeit der behördlichen Überwachung.

§ 59 Zuständigkeit bei Anlagen der Landesverteidigung

Die Bundesregierung wird ermächtigt, durch Rechtsverordnung mit Zustimmung des Bundesrates zu bestimmen, dass der Vollzug dieses Gesetzes und der auf dieses Gesetz gestützten Rechtsverordnungen bei Anlagen, die der Landesverteidigung dienen, Bundesbehörden obliegt.

§ 60 Ausnahmen für Anlagen der Landesverteidigung

(1) Das Bundesministerium der Verteidigung kann für Anlagen nach § 3 Absatz 5 Nummer 1 und 3, die der Landesverteidigung dienen, in Einzelfällen, auch für bestimmte Arten von Anlagen, Ausnahmen von diesem Gesetz und von den auf dieses Gesetz gestützten Rechtsverordnungen zulassen, soweit dies zwingende Gründe der Verteidigung oder die Erfüllung zwischenstaatlicher Verpflichtungen erfordern. Dabei ist der Schutz vor schädlichen Umwelteinwirkungen zu berücksichtigen.

(2) Die Bundeswehr darf bei Anlagen nach § 3 Absatz 5 Nummer 2, die ihrer Bauart nach ausschließlich zur Verwendung in ihrem Bereich bestimmt sind, von den Vorschriften dieses Gesetzes und der auf dieses Gesetz gestützten Rechtsverordnungen abweichen, soweit dies zur Erfüllung ihrer besonderen Aufgaben zwingend erforderlich ist. Die auf Grund völkerrechtlicher Verträge in der Bundesrepublik Deutschland stationierten Truppen dürfen bei Anlagen nach § 3 Absatz 5 Nummer 2, die zur Verwendung in deren Bereich bestimmt sind, von den Vorschriften dieses Gesetzes und der auf dieses Gesetz gestützten Rechtsverordnungen abweichen, soweit dies zur Erfüllung ihrer besonderen Aufgaben zwingend erforderlich ist.

§ 61 Berichterstattung an die Europäische Kommission

(1) Die Länder übermitteln dem Bundesministerium für Umwelt, Naturschutz und nukleare Sicherheit nach dessen Vorgaben Informationen über die Umsetzung der Richtlinie 2010/75/EU, insbesondere über repräsentative Daten über Emissionen und sonstige Arten von Umweltverschmutzung, über Emissionsgrenzwerte und darüber, inwieweit der Stand der Technik angewendet wird. Die Länder stellen diese Informationen auf elektronischem Wege zur Verfügung. Art und Form der von den Ländern zu übermittelnden Informationen sowie der Zeitpunkt ihrer Übermittlung richten sich nach den Anforderungen, die auf der Grundlage von Artikel 72 Absatz 2 der Richtlinie 2010/75/EU festgelegt werden. § 5 Absatz 1 Satz 2 und Absatz 2 bis 6 des Gesetzes zur Ausführung des Protokolls über Schadstofffreisetzungs- und -verbringungsregister vom 21. Mai 2003 sowie zur Durchführung der Verordnung (EG) Nr. 166/2006 vom 6. Juni 2007 (BGBl. I S. 1002), das durch Artikel 1 des Gesetzes vom 9. Dezember 2020 (BGBl. I S. 2873) geändert worden ist, gilt entsprechend.

(2) Die Länder übermitteln dem Bundesministerium für Umwelt, Naturschutz und nukleare Sicherheit nach dessen Vorgaben Informationen über die Umsetzung der Richtlinie 2012/18/EU sowie über die unter diese Richtlinie fallenden Betriebsbereiche. Art und Form der von den Ländern zu übermittelnden Informationen sowie der Zeitpunkt ihrer Übermittlung richten sich nach den Anforderungen, die auf der Grundlage von Artikel 21 Absatz 5 der Richtlinie 2012/18/EU festgelegt werden. Absatz 1 Satz 2 und 4 gilt entsprechend.

§ 62 Ordnungswidrigkeiten

(1) Ordnungswidrig handelt, wer vorsätzlich oder fahrlässig

1. eine Anlage ohne die Genehmigung nach § 4 Absatz 1 errichtet,
2. einer auf Grund des § 7 erlassenen Rechtsverordnung oder auf Grund einer solchen Rechtsverordnung erlassenen vollziehbaren Anordnung zuwiderhandelt, soweit die Rechtsverordnung für einen bestimmten Tatbestand auf diese Bußgeldvorschrift verweist,
3. eine vollziehbare Auflage nach § 8a Absatz 2 Satz 2 oder § 12 Absatz 1 nicht, nicht richtig, nicht vollständig oder nicht rechtzeitig erfüllt,
4. die Lage, die Beschaffenheit oder den Betrieb einer genehmigungsbedürftigen Anlage ohne die Genehmigung nach § 16 Absatz 1 wesentlich ändert,

4a. ohne Genehmigung nach § 16a Satz 1 oder § 23b Absatz 1 Satz 1 eine dort genannte Anlage störfallrelevant ändert oder störfallrelevant errichtet,

5. einer vollziehbaren Anordnung nach § 17 Absatz 1 Satz 1 oder 2, jeweils auch in Verbindung mit Absatz 5, § 24 Satz 1, § 26, § 28 Satz 1 oder § 29 nicht, nicht richtig, nicht vollständig oder nicht rechtzeitig nachkommt,
6. eine Anlage entgegen einer vollziehbaren Untersagung nach § 25 Absatz 1 betreibt,
7. einer auf Grund der §§ 23, 32, 33 Absatz 1 Nummer 1 oder 2, §§ 34, 35, 37, 38 Absatz 2, § 39 oder § 48a Absatz 1 Satz 1 oder 2, Absatz 1a oder 3 erlassenen Rechtsverordnung oder einer auf Grund einer solchen Rechtsverordnung ergangenen vollziehbaren Anordnung zuwiderhandelt, soweit die Rechtsverordnung für einen bestimmten Tatbestand auf diese Bußgeldvorschrift verweist,

7a. entgegen § 38 Absatz 1 Satz 2 Kraftfahrzeuge und ihre Anhänger, die nicht zum Verkehr auf öffentlichen Straßen zugelassen sind, Schienen-, Luft- und Wasserfahrzeuge sowie Schwimmkörper und schwimmende Anlagen nicht so betreibt, dass vermeidbare Emissionen verhindert und unvermeidbare Emissionen auf ein Mindestmaß beschränkt bleiben oder

8. entgegen einer Rechtsverordnung nach § 49 Absatz 1 Nummer 2 oder einer auf Grund einer solchen Rechtsverordnung ergangenen vollziehbaren Anordnung eine ortsfeste Anlage errichtet, soweit die Rechtsverordnung für einen bestimmten Tatbestand auf diese Bußgeldvorschrift verweist,
9. entgegen § 37c Absatz 1 Satz 1 bis 3 der zuständigen Stelle die dort genannten Angaben nicht, nicht richtig, nicht vollständig oder nicht rechtzeitig mitteilt oder nicht oder nicht rechtzeitig eine Kopie des Vertrages mit dem Dritten vorlegt,
10. entgegen § 37c Absatz 1 Satz 4, auch in Verbindung mit Satz 5, oder Satz 6 der zuständigen Stelle die dort genannten Angaben nicht richtig mitteilt,
11. entgegen § 37f Absatz 1 Satz 1, auch in Verbindung mit einer Rechtsverordnung nach § 37d Absatz 2 Satz 1 Nummer 14, der zuständigen Stelle einen Bericht nicht, nicht richtig, nicht vollständig oder nicht rechtzeitig vorlegt.

(2) Ordnungswidrig handelt ferner, wer vorsätzlich oder fahrlässig

1. entgegen § 15 Absatz 1 oder 3 eine Anzeige nicht, nicht richtig, nicht vollständig oder nicht rechtzeitig macht,

1a. entgegen § 15 Absatz 2 Satz 2 eine Änderung vornimmt,

1b. entgegen § 23a Absatz 1 Satz 1 eine Anzeige nicht, nicht richtig, nicht vollständig oder nicht rechtzeitig macht,

2. entgegen § 27 Absatz 1 Satz 1 in Verbindung mit einer Rechtsverordnung nach Absatz 4 Satz 1 eine Emissionserklärung nicht, nicht richtig, nicht vollständig oder nicht rechtzeitig abgibt oder nicht, nicht richtig, nicht vollständig oder nicht rechtzeitig ergänzt,

3. entgegen § 31 Absatz 1 Satz 1 eine dort genannte Zusammenfassung oder dort genannte Daten nicht, nicht richtig, nicht vollständig oder nicht rechtzeitig vorlegt,

3a. entgegen § 31 Absatz 5 Satz 1 eine Mitteilung nicht, nicht richtig, nicht vollständig oder nicht rechtzeitig macht,

4. entgegen § 52 Absatz 2 Satz 1, 3 oder 4, auch in Verbindung mit Absatz 3 Satz 1 oder Absatz 6 Satz 1 Auskünfte nicht, nicht richtig, nicht vollständig oder nicht rechtzeitig erteilt, eine Maßnahme nicht duldet, Unterlagen nicht vorlegt, beauftragte Personen nicht hinzuzieht oder einer dort sonst genannten Verpflichtung zuwiderhandelt,

5. entgegen § 52 Absatz 3 Satz 2 die Entnahme von Stichproben nicht gestattet,

6. eine Anzeige nach § 67 Absatz 2 Satz 1 nicht, nicht richtig, nicht vollständig oder nicht rechtzeitig erstattet oder

7. entgegen § 67 Absatz 2 Satz 2 Unterlagen nicht, nicht richtig, nicht vollständig oder nicht rechtzeitig vorlegt.

(3) Ordnungswidrig handelt, wer vorsätzlich oder fahrlässig

1. einer unmittelbar geltenden Vorschrift in Rechtsakten der Europäischen Union zuwiderhandelt, die inhaltlich

   a) einem in Absatz 1 Nummer 1, 3, 4, 5, 6, 7a, 9 oder Nummer 10 oder

   b) einem in Absatz 2

   bezeichneten Gebot oder Verbot entspricht, soweit eine Rechtsverordnung nach Satz 2 für einen bestimmten Tatbestand auf diese Bußgeldvorschrift verweist, oder

2. einer unmittelbar geltenden Vorschrift in Rechtsakten der Europäischen Union zuwiderhandelt, die inhaltlich einer Regelung entspricht, zu der die in Absatz 1 Nummer 2, 7 oder Nummer 8 genannten Vorschriften ermächtigen, soweit eine Rechtsverordnung nach Satz 2 für einen bestimmten Tatbestand auf diese Bußgeldvorschrift verweist.

Das Bundesministerium für Umwelt, Naturschutz und nukleare Sicherheit wird ermächtigt, soweit dies zur Durchsetzung der Rechtsakte der Europäischen Union erforderlich ist, durch Rechtsverordnung mit Zustimmung des Bundesrates die Tatbestände zu bezeichnen, die als Ordnungswidrigkeit geahndet werden können.

(4) Die Ordnungswidrigkeit kann in den Fällen der Absätze 1 und 3 Nummer 1 Buchstabe a und Nummer 2 mit einer Geldbuße bis zu fünfzigtausend Euro und in den übrigen Fällen mit einer Geldbuße bis zu zehntausend Euro geahndet werden.

(5) Verwaltungsbehörde im Sinne des § 36 Absatz 1 Nummer 1 des Gesetzes über Ordnungswidrigkeiten ist in den Fällen des Absatzes 1 Nummer 9 bis 11 die zuständige Stelle.

§ 63 Entfall der aufschiebenden Wirkung

Widerspruch und Anfechtungsklage eines Dritten gegen die Zulassung einer Windenergieanlage an Land mit einer Gesamthöhe von mehr als 50 Metern haben keine aufschiebende Wirkung.

§§ 64 bis 65 (weggefallen)

Achter Teil
Schlussvorschriften

§ 66 Fortgeltung von Vorschriften

(1) (weggefallen)

(2) Bis zum Inkrafttreten von entsprechenden Rechtsverordnungen oder allgemeinen Verwaltungsvorschriften nach diesem Gesetz ist die Allgemeine Verwaltungsvorschrift zum Schutz gegen Baulärm – Geräuschimmissionen – vom 19. August 1970 (Beilage zum BAnz. Nr. 160 vom 1. September 1970) maßgebend.

§ 67 Übergangsvorschrift

(1) Eine Genehmigung, die vor dem Inkrafttreten dieses Gesetzes nach § 16 oder § 25 Absatz 1 der Gewerbeordnung erteilt worden ist, gilt als Genehmigung nach diesem Gesetz fort.

(2) Eine genehmigungsbedürftige Anlage, die bei Inkrafttreten der Verordnung nach § 4 Absatz 1 Satz 3 errichtet oder wesentlich geändert ist, oder mit deren Errichtung oder wesentlichen Änderung begonnen worden ist, muss innerhalb eines Zeitraums von drei Monaten nach Inkrafttreten der Verordnung der zuständigen Behörde angezeigt werden, sofern die Anlage nicht nach § 16 Absatz 1 oder § 25 Absatz 1 der Gewerbeordnung genehmigungsbedürftig war oder nach § 16 Absatz 4 der Gewerbeordnung angezeigt worden ist. Der zuständigen Behörde sind innerhalb eines Zeitraums von zwei Monaten nach Erstattung der Anzeige Unterlagen gemäß § 10 Absatz 1 über Art, Lage, Umfang und Betriebsweise der Anlage im Zeitpunkt des Inkrafttretens der Verordnung nach § 4 Absatz 1 Satz 3 vorzulegen.

(3) Die Anzeigepflicht nach Absatz 2 gilt nicht für ortsveränderliche Anlagen, die im vereinfachten Verfahren (§ 19) genehmigt werden können.

(4) Bereits begonnene Verfahren sind nach den Vorschriften dieses Gesetzes und der auf dieses Gesetz gestützten Rechts- und Verwaltungsvorschriften zu Ende zu führen.

(5) Soweit durch das Gesetz zur Umsetzung der Richtlinie über Industrieemissionen vom 8. April 2013 (BGBl. I S. 734) neue Anforderungen festgelegt worden sind, sind diese Anforderungen von Anlagen nach der Industrieemissions-Richtlinie erst ab dem 7. Januar 2014 zu erfüllen, wenn vor dem 7. Januar 2013

1. die Anlage sich im Betrieb befand oder
2. eine Genehmigung für die Anlage erteilt wurde oder vom Vorhabenträger ein vollständiger Genehmigungsantrag gestellt wurde.

Bestehende Anlagen nach Satz 1, die nicht von Anhang I der Richtlinie 2008/1/EG des Europäischen Parlaments und des Rates vom 15. Januar 2008 über die integrierte Vermeidung und Verminderung der Umweltverschmutzung (ABl. L 24 vom 29. 1. 2008, S. 8), die durch die Richtlinie 2009/31/EG (ABl. L 140 vom 5. 6. 2009, S. 114) geändert worden ist, erfasst wurden, haben abweichend von Satz 1 die dort genannten Anforderungen ab dem 7. Juli 2015 zu erfüllen.

(6) Eine nach diesem Gesetz erteilte Genehmigung für eine Anlage zum Umgang mit

1. gentechnisch veränderten Mikroorganismen,
2. gentechnisch veränderten Zellkulturen, soweit sie nicht dazu bestimmt sind, zu Pflanzen regeneriert zu werden,
3. Bestandteilen oder Stoffwechselprodukten von Mikroorganismen nach Nummer 1 oder Zellkulturen nach Nummer 2, soweit sie biologisch aktive, rekombinante Nukleinsäure enthalten,

ausgenommen Anlagen, die ausschließlich Forschungszwecken dienen, gilt auch nach dem Inkrafttreten eines Gesetzes zur Regelung von Fragen der Gentechnik fort. Absatz 4 gilt entsprechend.

(7) Eine Planfeststellung oder Genehmigung nach dem Abfallgesetz gilt als Genehmigung nach diesem Gesetz fort. Eine Anlage, die nach dem Abfallgesetz angezeigt wurde, gilt als nach diesem Gesetz angezeigt. Abfallentsorgungsanlagen, die weder nach dem Abfallgesetz planfestgestellt oder genehmigt noch angezeigt worden sind, sind unverzüglich bei der zuständigen Behörde anzuzeigen. Absatz 2 Satz 2 gilt entsprechend.

(8) Für die für das Jahr 1996 abzugebenden Emissionserklärungen ist § 27 in der am 14. Oktober 1996 geltenden Fassung weiter anzuwenden.

(9) Baugenehmigungen für Windkraftanlagen mit einer Gesamthöhe von mehr als 50 Metern, die bis zum 1. Juli 2005 erteilt worden sind, gelten als Genehmigungen nach diesem Gesetz. Nach diesem Gesetz erteilte Genehmigungen für Windfarmen gelten als Genehmigungen für die einzelnen Windkraftanlagen. Verfahren auf Erteilung einer Baugenehmigung für Windkraftanlagen, die vor dem 1. Juli 2005 rechtshängig geworden sind, werden nach den Vorschriften der Verordnung über genehmigungsbedürftige Anlagen und der Anlage 1 des Gesetzes über die Umweltverträglichkeitsprüfung in der bisherigen Fassung abgeschlossen; für die in diesem Zusammenhang erteilten Baugenehmigungen gilt Satz 1 entsprechend. Sofern ein Verfahren nach Satz 3 in eine Klage auf Erteilung einer Genehmigung nach diesem Gesetz geändert wird, gilt diese Änderung als sachdienlich.

(10) § 47 Absatz 5a gilt für die Verfahren zur Aufstellung oder Änderung von Luftreinhalteplänen nach § 47, die nach dem 25. Juni 2005 eingeleitet worden sind.

(11) Für Kraftstoffe, die bis zum 31. Dezember 2014 in Verkehr gebracht werden, finden die §§ 37a bis 37f in der am 31. Dezember 2014 geltenden Fassung Anwendung. Die weitere Behandlung von Biokraftstoffmengen, die den Mindestanteil für das Kalenderjahr 2014 übersteigen und deren Anrechnung auf das Verpflichtungsjahr 2015 vom Verpflichteten beantragt wurde, richtet sich ausschließlich nach den am 1. Januar 2015 geltenden Regelungen.

§ 67a Überleitungsregelung aus Anlass der Herstellung der Einheit Deutschlands

(1) In dem in Artikel 3 des Einigungsvertrages genannten Gebiet muss eine genehmigungsbedürftige Anlage, die vor dem 1. Juli 1990 errichtet worden ist oder mit deren Errichtung vor diesem Zeitpunkt begonnen wurde, innerhalb von sechs Monaten nach diesem Zeitpunkt der zuständigen Behörde angezeigt werden. Der Anzeige sind Unterlagen über Art, Umfang und Betriebsweise beizufügen.

(2) In dem in Artikel 3 des Einigungsvertrages genannten Gebiet darf die Erteilung einer Genehmigung zur Errichtung und zum Betrieb oder zur wesentlichen Änderung der Lage, Beschaffenheit oder des Betriebs einer genehmigungsbedürftigen Anlage wegen der Überschreitung eines Immissionswertes durch die Immissionsvorbelastung nicht versagt werden, wenn

1. die Zusatzbelastung geringfügig ist und mit einer deutlichen Verminderung der Immissionsbelastung im Einwirkungsbereich der Anlage innerhalb von fünf Jahren ab Genehmigung zu rechnen ist oder
2. im Zusammenhang mit dem Vorhaben Anlagen stillgelegt oder verbessert werden und dadurch eine Verminderung der Vorbelastung herbeigeführt wird, die im Jahresmittel mindestens doppelt so groß ist wie die von der Neuanlage verursachte Zusatzbelastung.

(3) Soweit die Technische Anleitung zur Reinhaltung der Luft vom 27. Februar 1986 (GMBl. S. 95, 202) die Durchführung von Maßnahmen zur Sanierung von Altanlagen bis zu einem bestimmten Termin vorsieht, verlängern sich die hieraus ergebenden Fristen für das in Artikel 3 des Einigungsvertrages genannte Gebiet um ein Jahr; als Fristbeginn gilt der 1. Juli 1990.

§§ 68 bis 72 (Änderung von Rechtsvorschriften, Überleitung von Verweisungen, Aufhebung von Vorschriften)

(Änderung von Rechtsvorschriften, Überleitung von Verweisungen, Aufhebung von Vorschriften)

§ 73 Bestimmungen zum Verwaltungsverfahren

Von den in diesem Gesetz und auf Grund dieses Gesetzes getroffenen Regelungen des Verwaltungsverfahrens kann durch Landesrecht nicht abgewichen werden.

Anlage (zu § 3 Abs. 6)
Kriterien zur Bestimmung des Standes der Technik

Bei der Bestimmung des Standes der Technik sind unter Berücksichtigung der Verhältnismäßigkeit zwischen Aufwand und Nutzen möglicher Maßnahmen sowie des Grundsatzes der Vorsorge und der Vorbeugung, jeweils bezogen auf Anlagen einer bestimmten Art, insbesondere folgende Kriterien zu berücksichtigen:

1. Einsatz abfallarmer Technologie,
2. Einsatz weniger gefährlicher Stoffe,
3. Förderung der Rückgewinnung und Wiederverwertung der bei den einzelnen Verfahren erzeugten und verwendeten Stoffe und gegebenenfalls der Abfälle,
4. vergleichbare Verfahren, Vorrichtungen und Betriebsmethoden, die mit Erfolg im Betrieb erprobt wurden,
5. Fortschritte in der Technologie und in den wissenschaftlichen Erkenntnissen,
6. Art, Auswirkungen und Menge der jeweiligen Emissionen,
7. Zeitpunkte der Inbetriebnahme der neuen oder der bestehenden Anlagen,
8. für die Einführung einer besseren verfügbaren Technik erforderliche Zeit,
9. Verbrauch an Rohstoffen und Art der bei den einzelnen Verfahren verwendeten Rohstoffe (einschließlich Wasser) sowie Energieeffizienz,
10. Notwendigkeit, die Gesamtwirkung der Emissionen und die Gefahren für den Menschen und die Umwelt so weit wie möglich zu vermeiden oder zu verringern,
11. Notwendigkeit, Unfällen vorzubeugen und deren Folgen für den Menschen und die Umwelt zu verringern,
12. Informationen, die von internationalen Organisationen veröffentlicht werden,
13. Informationen, die in BVT-Merkblättern enthalten sind.

Vierte Verordnung zur Durchführung des Bundes-Immissionsschutzgesetzes (Verordnung über genehmigungsbedürftige Anlagen – 4. BImSchV)

Neufassung vom 31. Mai 2017 (BGBl. I S. 1440)

Geändert am 12. Januar 2021 (BGBl. I S. 69)

§ 1 Genehmigungsbedürftige Anlagen

(1) Die Errichtung und der Betrieb der im Anhang 1 genannten Anlagen bedürfen einer Genehmigung, soweit den Umständen nach zu erwarten ist, dass sie länger als während der zwölf Monate, die auf die Inbetriebnahme folgen, an demselben Ort betrieben werden. Für die in Nummer 8 des Anhangs 1 genannten Anlagen, ausgenommen Anlagen zur Behandlung am Entstehungsort, gilt Satz 1 auch, soweit sie weniger als während der zwölf Monate, die auf die Inbetriebnahme folgen, an demselben Ort betrieben werden sollen. Für die in den Nummern 2.10.2, 7.4, 7.5, 7.25, 7.28, 9.1, 9.3 und 9.11 des Anhangs 1 genannten Anlagen gilt Satz 1 nur, soweit sie gewerblichen Zwecken dienen oder im Rahmen wirtschaftlicher Unternehmungen verwendet werden. Hängt die Genehmigungsbedürftigkeit der im Anhang 1 genannten Anlagen vom Erreichen oder Überschreiten einer bestimmten Leistungsgrenze oder Anlagengröße ab, ist jeweils auf den rechtlich und tatsächlich möglichen Betriebsumfang der durch denselben Betreiber betriebenen Anlage abzustellen.

(2) Das Genehmigungserfordernis erstreckt sich auf alle vorgesehenen

1. Anlagenteile und Verfahrensschritte, die zum Betrieb notwendig sind, und
2. Nebeneinrichtungen, die mit den Anlagenteilen und Verfahrensschritten nach Nummer 1 in einem räumlichen und betriebstechnischen Zusammenhang stehen und die von Bedeutung sein können für
   a) das Entstehen schädlicher Umwelteinwirkungen,
   b) die Vorsorge gegen schädliche Umwelteinwirkungen oder
   c) das Entstehen sonstiger Gefahren, erheblicher Nachteile oder erheblicher Belästigungen.

(3) Die im Anhang 1 bestimmten Voraussetzungen sind auch erfüllt, wenn mehrere Anlagen derselben Art in einem engen räumlichen und betrieblichen Zusammenhang stehen (gemeinsame Anlage) und zusammen die maßgebenden Leistungsgrenzen oder Anlagengrößen erreichen oder überschreiten werden. Ein enger räumlicher und betrieblicher Zusammenhang ist gegeben, wenn die Anlagen

1. auf demselben Betriebsgelände liegen,
2. mit gemeinsamen Betriebseinrichtungen verbunden sind und
3. einem vergleichbaren technischen Zweck dienen.

(4) Gehören zu einer Anlage Teile oder Nebeneinrichtungen, die je gesondert genehmigungsbedürftig wären, so bedarf es lediglich einer Genehmigung.

(5) Soll die für die Genehmigungsbedürftigkeit maßgebende Leistungsgrenze oder Anlagengröße durch die Erweiterung einer bestehenden Anlage erstmals überschritten werden, bedarf die gesamte Anlage der Genehmigung.

(6) Keiner Genehmigung bedürfen Anlagen, soweit sie der Forschung, Entwicklung oder Erprobung neuer Einsatzstoffe, Brennstoffe, Erzeugnisse oder Verfahren im Labor- oder Technikumsmaßstab dienen; hierunter fallen auch solche Anlagen im Labor- oder Technikumsmaßstab, in

denen neue Erzeugnisse in der für die Erprobung ihrer Eigenschaften durch Dritte erforderlichen Menge vor der Markteinführung hergestellt werden, soweit die neuen Erzeugnisse noch weiter erforscht oder entwickelt werden.

(7) Keiner Genehmigung bedürfen Anlagen zur Lagerung von Stoffen, die eine Behörde in Erfüllung ihrer gesetzlichen Aufgabe zur Gefahrenabwehr sichergestellt hat.

§ 2 Zuordnung zu den Verfahrensarten

(1) Das Genehmigungsverfahren wird durchgeführt nach

1. § 10 des Bundes-Immissionsschutzgesetzes für
   a) Anlagen, die in Spalte c des Anhangs 1 mit dem Buchstaben G gekennzeichnet sind,
   b) Anlagen, die sich aus in Spalte c des Anhangs 1 mit dem Buchstaben G und dem Buchstaben V gekennzeichneten Anlagen zusammensetzen,
   c) Anlagen, die in Spalte c des Anhangs 1 mit dem Buchstaben V gekennzeichnet sind und zu deren Genehmigung nach den §§ 3a bis 3f des Gesetzes über die Umweltverträglichkeitsprüfung eine Umweltverträglichkeitsprüfung durchzuführen ist,
2. § 19 des Bundes-Immissionsschutzgesetzes im vereinfachten Verfahren für in Spalte c des Anhangs 1 mit dem Buchstaben V gekennzeichnete Anlagen.

Soweit die Zuordnung zu den Genehmigungsverfahren von der Leistungsgrenze oder Anlagengröße abhängt, gilt § 1 Absatz 1 Satz 4 entsprechend.

(2) Kann eine Anlage vollständig verschiedenen Anlagenbezeichnungen im Anhang 1 zugeordnet werden, so ist die speziellere Anlagenbezeichnung maßgebend.

(3) Für in Spalte c des Anhangs 1 mit dem Buchstaben G gekennzeichnete Anlagen, die ausschließlich oder überwiegend der Entwicklung und Erprobung neuer Verfahren, Einsatzstoffe, Brennstoffe oder Erzeugnisse dienen (Versuchsanlagen), wird das vereinfachte Verfahren durchgeführt, wenn die Genehmigung für einen Zeitraum von höchstens drei Jahren nach Inbetriebnahme der Anlage erteilt werden soll; dieser Zeitraum kann auf Antrag um höchstens ein Jahr verlängert werden. Satz 1 ist auf Anlagen der Anlage 1 (Liste „UVP-pflichtige Vorhaben") zum Gesetz über die Umweltverträglichkeitsprüfung nur anzuwenden, soweit nach den Vorschriften dieses Gesetzes keine Umweltverträglichkeitsprüfung durchzuführen ist. Soll die Lage, die Beschaffenheit oder der Betrieb einer nach Satz 1 genehmigten Anlage für einen anderen Entwicklungs- oder Erprobungszweck geändert werden, ist ein Verfahren nach Satz 1 durchzuführen.

(4) Wird die für die Zuordnung zu einer Verfahrensart maßgebende Leistungsgrenze oder Anlagengröße durch die Errichtung und den Betrieb einer weiteren Teilanlage oder durch eine sonstige Erweiterung der Anlage erreicht oder überschritten, so wird die Genehmigung für die Änderung in dem Verfahren erteilt, dem die Anlage nach der Summe ihrer Leistung oder Größe entspricht.

§ 3 Anlagen nach der Industrieemissions-Richtlinie

Anlagen nach Artikel 10 in Verbindung mit Anhang I der Richtlinie 2010/75/EU des Europäischen Parlaments und des Rates vom 24. November 2010 über Industrieemissionen (integrierte Vermeidung und Verminderung der Umweltverschmutzung) (Neufassung) (ABl. L 334 vom 17.12. 2010, S. 17) sind Anlagen, die in Spalte d des Anhangs 1 mit dem Buchstaben E gekennzeichnet sind.

Anhang 1

Rohstoffbegriff in Nummer 7

Der in Anlagenbeschreibungen unter Nummer 7 verwendete Begriff „Rohstoff" gilt unabhängig davon, ob dieser zuvor verarbeitet wurde oder nicht.

Abfallbegriff in Nummer 8

Der in den Anlagenbeschreibungen unter den Nummern 8.2 bis 8.15 verwendete Begriff „Abfall" betrifft jeweils ausschließlich Abfälle, auf die die Vorschriften des Kreislaufwirtschaftsgesetzes Anwendung finden.

Mischungsregel

Wird in Anlagenbeschreibungen unter Nummer 7 auf diese Mischungsregel Bezug genommen, errechnet sich die Produktionskapazität **P** beim Einsatz tierischer und pflanzlicher Rohstoffe wie folgt:

$$\mathbf{P} = \begin{cases} 75 & \text{für } \mathbf{A} \geq 10 \\ [300 - (22{,}5 \cdot \mathbf{A})] & \text{für } \mathbf{A} < 10 \end{cases}$$

wobei **A** den gewichtsprozentualen Anteil der tierischen Rohstoffe an den insgesamt eingesetzten Rohstoffen darstellt.

Legende

Nr.:
Ordnungsnummer der Anlagenart

Anlagenbeschreibung:

Die vollständige Beschreibung der Anlagenart ergibt sich aus dem fortlaufenden Text von der 2. bis zur jeweils letzten Gliederungsebene der Ordnungsnummer.
(z. B. ergibt sich die vollständige Beschreibung der Anlagenart von Nummer 1.2.4.1 aus dem fortlaufenden Text der Nummern 1.2, 1.2.4 und 1.2.4.1)

Verfahrensart:

G: **G**enehmigungsverfahren gemäß § 10 BImSchG (mit Öffentlichkeitsbeteiligung)

V: **V**ereinfachtes Verfahren gemäß § 19 BImSchG (ohne Öffentlichkeitsbeteiligung)

Anlage gemäß Art. 10 der Richtlinie 2010/75/EU:

E: Anlage gemäß § 3

Nr.	Anlagenbeschreibung	Verfahrensart	Anlage gemäß Art. 10 der RL 2010/75/EU
a	b	c	d
1.	**Wärmeerzeugung, Bergbau und Energie**		
1.1	Anlagen zur Erzeugung von Strom, Dampf, Warmwasser, Prozesswärme oder erhitztem Abgas durch den Einsatz von Brennstoffen in einer Verbrennungseinrichtung (wie Kraftwerk, Heizkraftwerk, Heizwerk, Gasturbinenanlage, Verbrennungsmotoranlage, sonstige Feuerungsanlage), einschließlich zugehöriger Dampfkessel, mit einer Feuerungswärmeleistung von 50 Megawatt oder mehr;	**G**	**E**
1.2	Anlagen zur Erzeugung von Strom, Dampf, Warmwasser, Prozesswärme oder erhitztem Abgas in einer Verbrennungseinrichtung (wie Kraftwerk, Heizkraftwerk, Heizwerk, Gasturbinenanlage, Verbrennungsmotoranlage, sonstige Feuerungsanlage), einschließlich zugehöriger Dampfkessel, ausgenommen Verbrennungsmotoranlagen für Bohranlagen und Notstromaggregate, durch den Einsatz von		
1.2.1	Kohle, Koks einschließlich Petrolkoks, Kohlebriketts, Torfbriketts, Brenntorf, naturbelassenem Holz sowie in der eigenen Produktionsanlage anfallendem gestrichenem, lackiertem oder beschichtetem Holz oder Sperrholz, Spanplatten, Faserplatten oder sonst verleimtem Holz sowie daraus anfallenden Resten, soweit keine Holzschutzmittel aufgetragen oder infolge einer Behandlung enthalten sind und Beschichtungen keine halogenorganischen Verbindungen oder Schwermetalle enthalten, emulgiertem Naturbitumen, Heizölen, ausgenommen Heizöl EL, mit einer Feuerungswärmeleistung von 1 Megawatt bis weniger als 50 Megawatt,	**V**	
1.2.2	gasförmigen Brennstoffen (insbesondere Koksofengas, Grubengas, Stahlgas, Raffineriegas, Synthesegas, Erdölgas aus der Tertiärförderung von Erdöl, Klärgas, Biogas), ausgenommen naturbelassenem Erdgas, Flüssiggas, Gasen der öffentlichen Gasversorgung oder Wasserstoff, mit einer Feuerungswärmeleistung von		
1.2.2.1	10 Megawatt bis weniger als 50 Megawatt,	**V**	
1.2.2.2	1 Megawatt bis weniger als 10 Megawatt, bei Verbrennungsmotoranlagen oder Gasturbinenanlagen,	**V**	
1.2.3	Heizöl EL, Dieselkraftstoff, Methanol, Ethanol, naturbelassenen Pflanzenölen oder Pflanzenölmethylestern, naturbelassenem Erdgas, Flüssiggas, Gasen der öffentlichen		

(Fortsetzung)

Nr.	Anlagenbeschreibung	Verfahrens-art	Anlage gemäß Art. 10 der RL 2010/75/EU
a	b	c	d
	Gasversorgung oder Wasserstoff mit einer Feuerungswärmeleistung von		
1.2.3.1	20 Megawatt bis weniger als 50 Megawatt,	V	
1.2.3.2	1 Megawatt bis weniger als 20 Megawatt, bei Verbrennungsmotoranlagen oder Gasturbinenanlagen,	V	
1.2.4	anderen als in Nummer 1.2.1 oder 1.2.3 genannten festen oder flüssigen Brennstoffen mit einer Feuerungswärmeleistung von 100 Kilowatt bis weniger als 50 Megawatt;	V	
1.3	(nicht besetzt)		
1.4	Verbrennungsmotoranlagen oder Gasturbinenanlagen zum Antrieb von Arbeitsmaschinen für den Einsatz von		
1.4.1	Heizöl EL, Dieselkraftstoff, Methanol, Ethanol, naturbelassenen Pflanzenölen, Pflanzenölmethylestern, Koksofengas, Grubengas, Stahlgas, Raffineriegas, Synthesegas, Erdölgas aus der Tertiärförderung von Erdöl, Klärgas, Biogas, naturbelassenem Erdgas, Flüssiggas, Gasen der öffentlichen Gasversorgung oder Wasserstoff mit einer Feuerungswärmeleistung von		
1.4.1.1	50 Megawatt oder mehr,	G	E
1.4.1.2	1 Megawatt bis weniger als 50 Megawatt, ausgenommen Verbrennungsmotoranlagen für Bohranlagen,	V	
1.4.2	anderen als in Nummer 1.4.1 genannten Brennstoffen mit einer Feuerungswärmeleistung von		
1.4.2.1	50 Megawatt oder mehr,	G	E
1.4.2.2	100 Kilowatt bis weniger als 50 Megawatt;	V	
1.5	(nicht besetzt)		
1.6	Anlagen zur Nutzung von Windenergie mit einer Gesamthöhe von mehr als 50 Metern und		
1.6.1	20 oder mehr Windkraftanlagen,	G	
1.6.2	weniger als 20 Windkraftanlagen;	V	
1.7	(nicht besetzt)		
1.8	Elektroumspannanlagen mit einer Oberspannung von 220 Kilovolt oder mehr einschließlich der Schaltfelder, ausgenommen eingehauste Elektroumspannanlagen;	V	

(Fortsetzung)

Nr.	Anlagenbeschreibung	Verfahrensart	Anlage gemäß Art. 10 der RL 2010/75/EU
a	b	c	d
1.9	Anlagen zum Mahlen oder Trocknen von Kohle mit einer Kapazität von 1 Tonne oder mehr je Stunde;	V	
1.10	Anlagen zum Brikettieren von Braun- oder Steinkohle;	G	
1.11	Anlagen zur Trockendestillation (z. B. Kokereien, Gaswerke und Schwelereien), insbesondere von Steinkohle oder Braunkohle, Holz, Torf oder Pech, ausgenommen Holzkohlenmeiler;	G	E
1.12	Anlagen zur Destillation oder Weiterverarbeitung von Teer oder Teererzeugnissen oder von Teer- oder Gaswasser;	G	
1.13	(nicht besetzt)		
1.14	Anlagen zur Vergasung oder Verflüssigung von		
1.14.1	Kohle,	G	E
1.14.2	bituminösem Schiefer mit einem Energieäquivalent von		
1.14.2.1	20 Megawatt oder mehr,	G	E
1.14.2.2	weniger als 20 Megawatt,	G	
1.14.3	anderen Brennstoffen als Kohle oder bituminösem Schiefer, insbesondere zur Erzeugung von Generator-, Wasser-, oder Holzgas, mit einer Produktionskapazität an Stoffen, entsprechend einem Energieäquivalent von		
1.14.3.1	20 Megawatt oder mehr,	G	E
1.14.3.2	1 Megawatt bis weniger als 20 Megawatt;	V	
1.15	Anlagen zur Erzeugung von Biogas, soweit nicht von Nummer 8.6 erfasst, mit einer Produktionskapazität von 1,2 Million Normkubikmetern je Jahr Rohgas oder mehr;	V	
1.16	Anlagen zur Aufbereitung von Biogas mit einer Verarbeitungskapazität von 1,2 Million Normkubikmetern je Jahr Rohgas oder mehr;	V	
2.	**Steine und Erden, Glas, Keramik, Baustoffe**		
2.1	Steinbrüche mit einer Abbaufläche von		
2.1.1	10 Hektar oder mehr,	G	
2.1.2	weniger als 10 Hektar, soweit Sprengstoffe verwendet werden;	V	
2.2	Anlagen zum Brechen, Trocknen, Mahlen oder Klassieren von natürlichem oder künstlichem Gestein, ausgenommen	V	

(Fortsetzung)

Nr.	Anlagenbeschreibung	Verfahrensart	Anlage gemäß Art. 10 der RL 2010/75/EU
a	b	c	d
	Klassieranlagen für Sand oder Kies sowie Anlagen, die nicht mehr als zehn Tage im Jahr betrieben werden;		
2.3	Anlagen zur Herstellung von Zementklinker oder Zementen mit einer Produktionskapazität von		
2.3.1	500 Tonnen oder mehr je Tag,	G	E
2.3.2	50 Tonnen bis weniger als 500 Tonnen je Tag, soweit nicht in Drehrohröfen hergestellt,	G	E
2.3.3	weniger als 500 Tonnen je Tag, soweit in Drehrohröfen hergestellt,	V	
2.3.4	weniger als 50 Tonnen je Tag, soweit nicht in Drehrohröfen hergestellt;	V	
2.4	Anlagen zum Brennen von		
2.4.1	Kalkstein, Magnesit oder Dolomit mit einer Produktionskapazität von		
2.4.1.1	50 Tonnen oder mehr Branntkalk oder Magnesiumoxid je Tag,	G	E
2.4.1.2	weniger als 50 Tonnen Branntkalk oder Magnesiumoxid je Tag,	V	
2.4.2	Bauxit, Gips, Kieselgur, Quarzit oder Ton zu Schamotte;	V	
2.5	Anlagen zur Gewinnung von Asbest;	G	E
2.6	Anlagen zur Be- oder Verarbeitung von Asbest oder Asbesterzeugnissen;	G	E
2.7	Anlagen zum Blähen von Perlite oder Schiefer;	V	
2.8	Anlagen zur Herstellung von Glas, auch soweit es aus Altglas hergestellt wird, einschließlich Anlagen zur Herstellung von Glasfasern, mit einer Schmelzkapazität von		
2.8.1	20 Tonnen oder mehr je Tag,	G	E
2.8.2	100 Kilogramm bis weniger als 20 Tonnen je Tag, ausgenommen in Anlagen zur Herstellung von Glasfasern, die für medizinische oder fernmeldetechnische Zwecke bestimmt sind;	V	
2.9	(nicht besetzt)		
2.10	Anlagen zum Brennen keramischer Erzeugnisse (einschließlich Anlagen zum Blähen von Ton) mit einer Produktionskapazität von		

13

(Fortsetzung)

Nr.	Anlagenbeschreibung	Verfahrensart	Anlage gemäß Art. 10 der RL 2010/75/EU
a	b	c	d
2.10.1	75 Tonnen oder mehr je Tag,	G	E
2.10.2	weniger als 75 Tonnen je Tag, soweit der Rauminhalt der Brennanlage 4 Kubikmeter oder mehr beträgt oder die Besatzdichte mehr als 100 Kilogramm je Kubikmeter Rauminhalt der Brennanlage beträgt, ausgenommen elektrisch beheizte Brennöfen, die diskontinuierlich und ohne Abluftführung betrieben werden;	V	
2.11	Anlagen zum Schmelzen mineralischer Stoffe einschließlich Anlagen zur Herstellung von Mineralfasern mit einer Schmelzkapazität von		
2.11.1	20 Tonnen oder mehr je Tag,	G	E
2.11.2	weniger als 20 Tonnen je Tag;	V	
2.12	(nicht besetzt)		
2.13	(nicht besetzt)		
2.14	Anlagen zur Herstellung von Formstücken unter Verwendung von Zement oder anderen Bindemitteln durch Stampfen, Schocken, Rütteln oder Vibrieren mit einer Produktionskapazität von 10 Tonnen oder mehr je Stunde;	V	
2.15	Anlagen zur Herstellung oder zum Schmelzen von Mischungen aus Bitumen oder Teer mit Mineralstoffen, ausgenommen Anlagen, die Mischungen in Kaltbauweise herstellen, einschließlich Aufbereitungsanlagen für bituminöse Straßenbaustoffe und Teersplittanlagen;	V	
3.	**Stahl, Eisen und sonstige Metalle einschließlich Verarbeitung**		
3.1	Anlagen zum Rösten (Erhitzen unter Luftzufuhr zur Überführung in Oxide), Schmelzen oder Sintern (Stückigmachen von feinkörnigen Stoffen durch Erhitzen) von Erzen;	G	E
3.2	Anlagen zur Herstellung oder zum Erschmelzen von Roheisen		
3.2.1	und zur Weiterverarbeitung zu Rohstahl, bei denen sich Gewinnungs- und Weiterverarbeitungseinheiten nebeneinander befinden und in funktioneller Hinsicht miteinander verbunden sind (Integrierte Hüttenwerke), mit einer Schmelzkapazität von		
3.2.1.1	2,5 Tonnen oder mehr je Stunde,	G	E
3.2.1.2	weniger als 2,5 Tonnen je Stunde,	G	

(Fortsetzung)

Nr.	Anlagenbeschreibung	Verfahrensart	Anlage gemäß Art. 10 der RL 2010/75/EU
a	b	c	d
3.2.2	oder Stahl, einschließlich Stranggießen, auch soweit Konzentrate oder sekundäre Rohstoffe eingesetzt werden, mit einer Schmelzkapazität von		
3.2.2.1	2,5 Tonnen oder mehr je Stunde,	G	E
3.2.2.2	weniger als 2,5 Tonnen je Stunde;	V	
3.3	Anlagen zur Herstellung von Nichteisenrohmetallen aus Erzen, Konzentraten oder sekundären Rohstoffen durch metallurgische, chemische oder elektrolytische Verfahren;	G	E
3.4	Anlagen zum Schmelzen, zum Legieren oder zur Raffination von Nichteisenmetallen mit einer Schmelzkapazität von		
3.4.1	4 Tonnen je Tag oder mehr bei Blei und Cadmium oder von 20 Tonnen je Tag oder mehr bei sonstigen Nichteisenmetallen,	G	E
3.4.2	0,5 Tonnen bis weniger als 4 Tonnen je Tag bei Blei und Cadmium oder von 2 Tonnen bis weniger als 20 Tonnen je Tag bei sonstigen Nichteisenmetallen, ausgenommen 1. Vakuum-Schmelzanlagen, 2. Schmelzanlagen für Gusslegierungen aus Zinn und Wismut oder aus Feinzink und Aluminium in Verbindung mit Kupfer oder Magnesium, 3. Schmelzanlagen, die Bestandteil von Druck- oder Kokillengießmaschinen sind oder die ausschließlich im Zusammenhang mit einzelnen Druck- oder Kokillengießmaschinen gießfertige Nichteisenmetalle oder gießfertige Legierungen niederschmelzen, 4. Schmelzanlagen für Edelmetalle oder für Legierungen, die nur aus Edelmetallen oder aus Edelmetallen und Kupfer bestehen, 5. Schwalllötbäder und 6. Heißluftverzinnungsanlagen;	V	
3.5	Anlagen zum Abziehen der Oberflächen von Stahl, insbesondere von Blöcken, Brammen, Knüppeln, Platinen oder Blechen, durch Flämmen;	V	
3.6	Anlagen zur Umformung von		
3.6.1	Stahl durch Warmwalzen mit einer Kapazität je Stunde von		
3.6.1.1	20 Tonnen oder mehr,	G	E
3.6.1.2	weniger als 20 Tonnen,	V	

(Fortsetzung)

Nr.	Anlagenbeschreibung	Verfahrens-art	Anlage gemäß Art. 10 der RL 2010/75/EU
a	b	c	d
3.6.2	Stahl durch Kaltwalzen mit einer Bandbreite von 650 Millimetern oder mehr,	V	
3.6.3	Schwermetallen, ausgenommen Eisen oder Stahl, durch Walzen mit einer Kapazität von 1 Tonne oder mehr je Stunde,	V	
3.6.4	Leichtmetallen durch Walzen mit einer Kapazität von 0,5 Tonnen oder mehr je Stunde;	V	
3.7	Eisen-, Temper- oder Stahlgießereien mit einer Verarbeitungskapazität an Flüssigmetall von		
3.7.1	20 Tonnen oder mehr je Tag,	G	E
3.7.2	2 Tonnen bis weniger als 20 Tonnen je Tag;	V	
3.8	Gießereien für Nichteisenmetalle mit einer Verarbeitungskapazität an Flüssigmetall von		
3.8.1	4 Tonnen oder mehr je Tag bei Blei und Cadmium oder 20 Tonnen oder mehr je Tag bei sonstigen Nichteisenmetallen,	G	E
3.8.2	0,5 Tonnen bis weniger als 4 Tonnen je Tag bei Blei und Cadmium oder 2 Tonnen bis weniger als 20 Tonnen je Tag bei sonstigen Nichteisenmetallen, ausgenommen 1. Gießereien für Glocken- oder Kunstguss, 2. Gießereien, in denen in metallische Formen abgegossen wird, und 3. Gießereien, in denen das Material in ortsbeweglichen Tiegeln niedergeschmolzen wird;	V	
3.9	Anlagen zum Aufbringen von metallischen Schutzschichten		
3.9.1	mit Hilfe von schmelzflüssigen Bädern auf Metalloberflächen mit einer Verarbeitungskapazität von		
3.9.1.1	2 Tonnen oder mehr Rohstahl je Stunde,	G	E
3.9.1.2	2 Tonnen oder mehr Rohgut je Stunde, soweit nicht von der Nummer 3.9.1.1 erfasst,	G	
3.9.1.3	500 Kilogramm bis weniger als 2 Tonnen Rohgut je Stunde, ausgenommen Anlagen zum kontinuierlichen Verzinken nach dem Sendzimirverfahren,	V	
3.9.2	durch Flamm-, Plasma- oder Lichtbogenspritzen		

(Fortsetzung)

Nr.	Anlagenbeschreibung	Verfahrensart	Anlage gemäß Art. 10 der RL 2010/75/EU
a	b	c	d
3.9.2.1	auf Metalloberflächen mit einer Verarbeitungskapazität von 2 Tonnen oder mehr Rohstahl je Stunde,	G	E
3.9.2.2	auf Metall- oder Kunststoffoberflächen mit einem Durchsatz an Blei, Zinn, Zink, Nickel, Kobalt oder ihren Legierungen von 2 Kilogramm oder mehr je Stunde;	V	
3.10	Anlagen zur Oberflächenbehandlung mit einem Volumen der Wirkbäder von		
3.10.1	30 Kubikmeter oder mehr bei der Behandlung von Metall- oder Kunststoffoberflächen durch ein elektrolytisches oder chemisches Verfahren,	G	E
3.10.2	1 Kubikmeter bis weniger als 30 Kubikmeter bei der Behandlung von Metalloberflächen durch Beizen oder Brennen unter Verwendung von Fluss- oder Salpetersäure;	V	
3.11	Anlagen, die aus einem oder mehreren maschinell angetriebenen Hämmern oder Fallwerken bestehen, wenn die Schlagenergie eines Hammers oder Fallwerkes		
3.11.1	50 Kilojoule oder mehr und die Feuerungswärmeleistung der Wärmebehandlungsöfen 20 Megawatt oder mehr beträgt,	G	E
3.11.2	50 Kilojoule oder mehr beträgt, soweit nicht von Nummer 3.11.1 erfasst,	G	
3.11.3	1 Kilojoule bis weniger als 50 Kilojoule beträgt;	V	
3.12	(nicht besetzt)		
3.13	Anlagen zur Sprengverformung oder zum Plattieren mit Sprengstoffen bei einem Einsatz von 10 Kilogramm Sprengstoff oder mehr je Schuss;	V	
3.14–3.15	(nicht besetzt)		
3.16	Anlagen zur Herstellung von warmgefertigten nahtlosen oder geschweißten Rohren aus Stahl mit einer Produktionskapazität von		
3.16.1	20 Tonnen oder mehr je Stunde,	G	E
3.16.2	weniger als 20 Tonnen je Stunde;	G	
3.17	(nicht besetzt)		
3.18	Anlage zur Herstellung oder Reparatur von Schiffskörpern oder -sektionen (Schiffswerft) aus Metall mit einer Länge von 20 Metern oder mehr;	G	

(Fortsetzung)

Nr.	Anlagenbeschreibung	Verfahrens-art	Anlage gemäß Art. 10 der RL 2010/75/EU
a	b	c	d
3.19	Anlagen zum Bau von Schienenfahrzeugen mit einer Produktionskapazität von 600 Schienenfahrzeugeinheiten oder mehr je Jahr; 1 Schienenfahrzeugeinheit entspricht 0,5 Lokomotiven, 1 Straßenbahn, 1 Wagen eines Triebzuges, 1 Triebkopf, 1 Personenwagen oder 3 Güterwagen;	**G**	
3.20	Anlagen zur Oberflächenbehandlung von Gegenständen aus Stahl, Blech oder Guss mit festen Strahlmitteln, die außerhalb geschlossener Räume betrieben werden, ausgenommen nicht begehbare Handstrahlkabinen sowie Anlagen mit einem Luftdurchsatz von weniger als 300 Kubikmetern je Stunde;	**V**	
3.21	Anlagen zur Herstellung von Bleiakkumulatoren;	**V**	
3.22	Anlagen zur Behandlung von Schrotten in Schredderanlagen, sofern nicht von Nummer 8.9 erfasst, mit einer Durchsatzkapazität an Eingangsstoffen von		
3.22.1	50 Tonnen oder mehr je Tag,	**G**	
3.22.2	10 Tonnen bis weniger als 50 Tonnen je Tag;	**V**	
3.23	Anlagen zur Herstellung von Metallpulvern oder -pasten, insbesondere Aluminium-, Eisen- oder Magnesiumpulver oder -pasten oder blei- oder nickelhaltigen Pulvern oder Pasten, ausgenommen Anlagen zur Herstellung von Edelmetallpulver;	**V**	
3.24	Anlagen für den Bau und die Montage von Kraftfahrzeugen oder Anlagen für den Bau von Kraftfahrzeugmotoren mit einer Kapazität von jeweils 100 000 Stück oder mehr je Jahr;	**G**	
3.25	Anlagen für Bau und Instandhaltung, ausgenommen die Wartung einschließlich kleinerer Reparaturen, von Luftfahrzeugen,		
3.25.1	soweit je Jahr mehr als 50 Luftfahrzeuge hergestellt werden können,	**G**	
3.25.2	soweit je Jahr mehr als 50 Luftfahrzeuge instand gehalten werden können;	**V**	
4.	**Chemische Erzeugnisse, Arzneimittel, Mineralölraffination und Weiterverarbeitung**		
4.1	Anlagen zur Herstellung von Stoffen oder Stoffgruppen durch chemische, biochemische oder biologische Umwandlung in industriellem Umfang, ausgenommen Anlagen zur Erzeugung oder Spaltung von Kernbrennstoffen		

(Fortsetzung)

Nr.	Anlagenbeschreibung	Verfahrensart	Anlage gemäß Art. 10 der RL 2010/75/EU
a	b	c	d
	oder zur Aufarbeitung bestrahlter Kernbrennstoffe, zur Herstellung von		
4.1.1	Kohlenwasserstoffen (lineare oder ringförmige, gesättigte oder ungesättigte, aliphatische oder aromatische),	G	E
4.1.2	sauerstoffhaltigen Kohlenwasserstoffen wie Alkohole, Aldehyde, Ketone, Carbonsäuren, Ester, Acetate, Ether, Peroxide, Epoxide,	G	E
4.1.3	schwefelhaltigen Kohlenwasserstoffen,	G	E
4.1.4	stickstoffhaltigen Kohlenwasserstoffen wie Amine, Amide, Nitroso-, Nitro- oder Nitratverbindungen, Nitrile, Cyanate, Isocyanate,	G	E
4.1.5	phosphorhaltigen Kohlenwasserstoffen,	G	E
4.1.6	halogenhaltigen Kohlenwasserstoffen,	G	E
4.1.7	metallorganischen Verbindungen,	G	E
4.1.8	Kunststoffen (Kunstharzen, Polymeren, Chemiefasern, Fasern auf Zellstoffbasis),	G	E
4.1.9	synthetischen Kautschuken,	G	E
4.1.10	Farbstoffen und Pigmenten sowie von Ausgangsstoffen für Farben und Anstrichmittel,	G	E
4.1.11	Tensiden,	G	E
4.1.12	Gasen wie Ammoniak, Chlor und Chlorwasserstoff, Fluor und Fluorwasserstoff, Kohlenstoffoxiden, Schwefelverbindungen, Stickstoffoxiden, Wasserstoff, Schwefeldioxid, Phosgen,	G	E
4.1.13	Säuren wie Chromsäure, Flusssäure, Phosphorsäure, Salpetersäure, Salzsäure, Schwefelsäure, Oleum, schweflige Säuren,	G	E
4.1.14	Basen wie Ammoniumhydroxid, Kaliumhydroxid, Natriumhydroxid,	G	E
4.1.15	Salzen wie Ammoniumchlorid, Kaliumchlorat, Kaliumkarbonat, Natriumkarbonat, Perborat, Silbernitrat,	G	E
4.1.16	Nichtmetallen, Metalloxiden oder sonstigen anorganischen Verbindungen wie Kalziumkarbid, Silizium, Siliziumkarbid, anorganische Peroxide, Schwefel,	G	E

(Fortsetzung)

Nr.	Anlagenbeschreibung	Verfahrens-art	Anlage gemäß Art. 10 der RL 2010/75/EU
a	b	c	d
4.1.17	phosphor-, stickstoff- oder kaliumhaltigen Düngemitteln (Einnährstoff- oder Mehrnährstoffdünger),	G	E
4.1.18	Pflanzenschutzmittel oder Biozide,	G	E
4.1.19	Arzneimittel einschließlich Zwischenerzeugnisse,	G	E
4.1.20	Explosivstoffen,	G	E
4.1.21	Stoffen oder Stoffgruppen, die keiner oder mehreren der Nummern 4.1.1 bis 4.1.20 entsprechen,	G	E
4.1.22	– organischen Grundchemikalien, – anorganischen Grundchemikalien, – phosphor-, stickstoff- oder kaliumhaltigen Düngemitteln (Einnährstoff oder Mehrnährstoff), – Ausgangsstoffen für Pflanzenschutzmittel und Bioziden, – Grundarzneimitteln unter Verwendung eines chemischen oder biologischen Verfahrens oder – Explosivstoffen, im Verbund, bei denen sich mehrere Einheiten nebeneinander befinden und in funktioneller Hinsicht miteinander verbunden sind (integrierte chemische Anlagen);	G	E
4.2	Anlagen, in denen Pflanzenschutzmittel, Biozide oder ihre Wirkstoffe gemahlen oder maschinell gemischt, abgepackt oder umgefüllt werden, soweit diese Stoffe in einer Menge von 5 Tonnen je Tag oder mehr gehandhabt werden;	V	
4.3	Anlagen zur Herstellung von Arzneimitteln oder Arzneimittelzwischenprodukten im industriellen Umfang, soweit nicht von Nummer 4.1.19 erfasst, ausgenommen Anlagen, die ausschließlich der Herstellung der Darreichungsform dienen, in denen		
4.3.1	Pflanzen, Pflanzenteile oder Pflanzenbestandteile extrahiert, destilliert oder auf ähnliche Weise behandelt werden, ausgenommen Extraktionsanlagen mit Ethanol ohne Erwärmen,	V	
4.3.2	Tierkörper, auch lebender Tiere, sowie Körperteile, Körperbestandteile und Stoffwechselprodukte von Tieren eingesetzt werden;	V	
4.4	Anlagen zur Destillation oder Raffination oder sonstigen Weiterverarbeitung von Erdöl oder Erdölerzeugnissen in		
4.4.1	Mineralölraffinerien,	G	E
4.4.2	Schmierstoffraffinerien,	G	

(Fortsetzung)

Nr.	Anlagenbeschreibung	Verfahrens-art	Anlage gemäß Art. 10 der RL 2010/75/EU
a	b	c	d
4.4.3	Gasraffinerien,	G	E
4.4.4	petrochemischen Werken oder bei der Gewinnung von Paraffin;	G	
4.5	Anlagen zur Herstellung von Schmierstoffen, wie Schmieröle, Schmierfette, Metallbearbeitungsöle;	V	
4.6	Anlagen zur Herstellung von Ruß;	G	E
4.7	Anlagen zur Herstellung von Kohlenstoff (Hartbrandkohle) oder Elektrographit durch Brennen oder Graphitieren, zum Beispiel für Elektroden, Stromabnehmer oder Apparateteile;	G	E
4.8	Anlagen zum Destillieren von flüchtigen organischen Verbindungen, die bei einer Temperatur von 293,15 Kelvin einen Dampfdruck von mindestens 0,01 Kilopascal haben, mit einer Durchsatzkapazität von 1 Tonne oder mehr je Stunde;	V	
4.9	Anlagen zum Erschmelzen von Naturharzen oder Kunstharzen mit einer Kapazität von 1 Tonne oder mehr je Tag;	V	
4.10	Anlagen zur Herstellung von Anstrich- oder Beschichtungsstoffen (Lasuren, Firnis, Lacke, Dispersionsfarben) oder Druckfarben unter Einsatz von 25 Tonnen oder mehr je Tag an flüchtigen organischen Verbindungen, die bei einer Temperatur von 293,15 Kelvin einen Dampfdruck von mindestens 0,01 Kilopascal haben;	G	
5.	**Oberflächenbehandlung mit organischen Stoffen, Herstellung von bahnenförmigen Materialien aus Kunststoffen, sonstige Verarbeitung von Harzen und Kunststoffen**		
5.1	Anlagen zur Behandlung von Oberflächen, ausgenommen Anlagen, soweit die Farben oder Lacke ausschließlich hochsiedende Öle (mit einem Dampfdruck von weniger als 0,01 Kilopascal bei einer Temperatur von 293,15 Kelvin) als organische Lösungsmittel enthalten und die Lösungsmittel unter den jeweiligen Verwendungsbedingungen keine höhere Flüchtigkeit aufweisen,		
5.1.1	von Stoffen, Gegenständen oder Erzeugnissen einschließlich der dazugehörigen Trocknungsanlagen unter Verwendung von organischen Lösungsmitteln, insbesondere zum Appretieren, Bedrucken, Beschichten, Entfetten, Imprägnieren, Kaschieren, Kleben, Lackieren, Reinigen oder		

13

(Fortsetzung)

Nr.	Anlagenbeschreibung	Verfahrensart	Anlage gemäß Art. 10 der RL 2010/75/EU
a	b	c	d
	Tränken mit einem Verbrauch an organischen Lösungsmitteln von		
5.1.1.1	150 Kilogramm oder mehr je Stunde oder 200 Tonnen oder mehr je Jahr,	G	E
5.1.1.2	25 Kilogramm bis weniger als 150 Kilogramm je Stunde oder 15 Tonnen bis weniger als 200 Tonnen je Jahr, ausgenommen zum Bedrucken,	V	
5.1.2	von bahnen- oder tafelförmigen Materialien mit Rotationsdruckmaschinen einschließlich der zugehörigen Trocknungsanlagen, soweit die Farben oder Lacke		
5.1.2.1	organische Lösungsmittel mit einem Anteil von mehr als 50 Gew.–% an Ethanol enthalten und in der Anlage insgesamt 50 Kilogramm bis weniger als 150 Kilogramm je Stunde oder 30 Tonnen bis weniger als 200 Tonnen je Jahr an organischen Lösungsmitteln verbraucht werden,	V	
5.1.2.2	sonstige organische Lösungsmittel enthalten und in der Anlage insgesamt 25 Kilogramm bis weniger als 150 Kilogramm organische Lösungsmittel je Stunde oder 15 Tonnen bis weniger als 200 Tonnen je Jahr an organischen Lösungsmitteln verbraucht werden,	V	
5.1.3	zum Isolieren von Drähten unter Verwendung von phenol- oder kresolhaltigen Drahtlacken mit einem Verbrauch an organischen Lösungsmitteln von weniger als 150 Kilogramm je Stunde oder von weniger als 200 Tonnen je Jahr;	V	
5.2	Anlagen zum Beschichten, Imprägnieren, Kaschieren, Lackieren oder Tränken von Gegenständen, Glas- oder Mineralfasern oder bahnen- oder tafelförmigen Materialien einschließlich der zugehörigen Trocknungsanlagen mit Kunstharzen, die unter weitgehender Selbstvernetzung ausreagieren (Reaktionsharze), wie Melamin-, Harnstoff-, Phenol-, Epoxid-, Furan-, Kresol-, Resorcin- oder Polyesterharzen, ausgenommen Anlagen für den Einsatz von Pulverbeschichtungsstoffen, mit einem Harzverbrauch von		
5.2.1	25 Kilogramm oder mehr je Stunde,	G	
5.2.2	10 Kilogramm bis weniger als 25 Kilogramm je Stunde;	V	
5.3	Anlagen zur Konservierung von Holz oder Holzerzeugnissen mit Chemikalien, ausgenommen die ausschließliche Bläueschutzbehandlung, mit einer Produktionskapazität von mehr als 75 Kubikmetern je Tag;	G	E

(Fortsetzung)

Nr.	Anlagenbeschreibung	Verfahrensart	Anlage gemäß Art. 10 der RL 2010/75/EU
a	b	c	d
5.4	Anlagen zum Tränken oder Überziehen von Stoffen oder Gegenständen mit Teer, Teeröl oder heißem Bitumen, soweit die Menge dieser Kohlenwasserstoffe 25 Kilogramm oder mehr je Stunde beträgt, ausgenommen Anlagen zum Tränken oder Überziehen von Kabeln mit heißem Bitumen;	V	
5.5	(nicht besetzt)		
5.6	Anlagen zur Herstellung von bahnenförmigen Materialien auf Streichmaschinen einschließlich der zugehörigen Trocknungsanlagen unter Verwendung von Gemischen aus Kunststoffen und Weichmachern oder von Gemischen aus sonstigen Stoffen und oxidiertem Leinöl;	V	
5.7	Anlagen zur Verarbeitung von flüssigen ungesättigten Polyesterharzen mit Styrol-Zusatz oder flüssigen Epoxidharzen mit Aminen zu Formmassen (zum Beispiel Harzmatten oder Faserformmassen) oder Formteilen oder Fertigerzeugnissen, soweit keine geschlossenen Werkzeuge (Formen) verwendet werden, für einen Harzverbrauch von 500 Kilogramm oder mehr je Woche;	V	
5.8	Anlagen zur Herstellung von Gegenständen unter Verwendung von Amino- oder Phenoplasten, wie Furan-, Harnstoff-, Phenol-, Resorcin- oder Xylolharzen mittels Wärmebehandlung, soweit die Menge der Ausgangsstoffe 10 Kilogramm oder mehr je Stunde beträgt;	V	
5.9	Anlagen zur Herstellung von Reibbelägen unter Verwendung von 10 Kilogramm oder mehr je Stunde an Phenoplasten oder sonstigen Kunstharzbindemitteln, soweit kein Asbest eingesetzt wird;	V	
5.10	Anlagen zur Herstellung von künstlichen Schleifscheiben, -körpern, -papieren oder -geweben unter Verwendung organischer Binde- oder Lösungsmittel, ausgenommen Anlagen, die von Nummer 5.1 erfasst werden;	V	
5.11	Anlagen zur Herstellung von Polyurethanformteilen, Bauteilen unter Verwendung von Polyurethan, Polyurethanblöcken in Kastenformen oder zum Ausschäumen von Hohlräumen mit Polyurethan, soweit die Menge der Polyurethan-Ausgangsstoffe 200 Kilogramm oder mehr je Stunde beträgt, ausgenommen Anlagen zum Einsatz von thermoplastischem Polyurethangranulat;	V	
5.12	Anlagen zur Herstellung von PVC-Folien durch Kalandrieren unter Verwendung von Gemischen aus Kunststoffen	V	

(Fortsetzung)

Nr.	Anlagenbeschreibung	Verfahrensart	Anlage gemäß Art. 10 der RL 2010/75/EU
a	b	c	d
	und Zusatzstoffen mit einer Kapazität von 10 000 Tonnen oder mehr je Jahr;		
6.	**Holz, Zellstoff**		
6.1	Anlagen zur Gewinnung von Zellstoff aus Holz, Stroh oder ähnlichen Faserstoffen;	G	E
6.2	Anlagen zur Herstellung von Papier, Karton oder Pappe mit einer Produktionskapazität von		
6.2.1	20 Tonnen oder mehr je Tag,	G	E
6.2.2	weniger als 20 Tonnen je Tag, ausgenommen Anlagen, die aus einer oder mehreren Maschinen zur Herstellung von Papier, Karton oder Pappe bestehen, soweit die Bahnlänge des Papiers, des Kartons oder der Pappe bei allen Maschinen weniger als 75 Meter beträgt;	V	
6.3	Anlagen zur Herstellung von Holzspanplatten, Holzfaserplatten oder Holzfasermatten mit einer Produktionskapazität von		
6.3.1	600 Kubikmetern oder mehr je Tag,	G	E
6.3.2	weniger als 600 Kubikmetern je Tag;	V	
6.4	Anlagen zur Herstellung von Holzpresslingen (z. B. Holzpellets, Holzbriketts) mit einer Produktionskapazität von 10 000 Tonnen oder mehr je Jahr;	V	
7.	**Nahrungs-, Genuss- und Futtermittel, landwirtschaftliche Erzeugnisse**		
7.1	Anlagen zum Halten oder zur Aufzucht von		
7.1.1	Hennen mit		
7.1.1.1	40 000 oder mehr Hennenplätzen,	G	E
7.1.1.2	15 000 bis weniger als 40 000 Hennenplätzen,	V	
7.1.2	Junghennen mit		
7.1.2.1	40 000 oder mehr Junghennenplätzen,	G	E
7.1.2.2	30 000 bis weniger als 40 000 Junghennenplätzen,	V	
7.1.3	Mastgeflügel mit		
7.1.3.1	40 000 oder mehr Mastgeflügelplätzen,	G	E
7.1.3.2	30 000 bis weniger als 40 000 Mastgeflügelplätzen,	V	

(Fortsetzung)

Nr.	Anlagenbeschreibung	Verfahrens-art	Anlage gemäß Art. 10 der RL 2010/75/EU
a	b	c	d
7.1.4	Truthühnern mit		
7.1.4.1	40 000 oder mehr Truthühnermastplätzen,	G	E
7.1.4.2	15 000 bis weniger als 40 000 Truthühnermastplätzen,	V	
7.1.5	Rindern (ausgenommen Plätze für Mutterkuhhaltung mit mehr als sechs Monaten Weidehaltung je Kalenderjahr) mit 600 oder mehr Rinderplätzen,	V	
7.1.6	Kälbern mit 500 oder mehr Kälbermastplätzen,	V	
7.1.7	Mastschweinen (Schweine von 30 Kilogramm oder mehr Lebendgewicht) mit		
7.1.7.1	2 000 oder mehr Mastschweineplätzen,	G	E
7.1.7.2	1 500 bis weniger als 2 000 Mastschweineplätzen,	V	
7.1.8	Sauen einschließlich dazugehörender Ferkelaufzuchtplätze (Ferkel bis weniger als 30 Kilogramm Lebendgewicht) mit		
7.1.8.1	750 oder mehr Sauenplätzen,	G	E
7.1.8.2	560 bis weniger als 750 Sauenplätzen,	V	
7.1.9	Ferkeln für die getrennte Aufzucht (Ferkel von 10 Kilogramm bis weniger als 30 Kilogramm Lebendgewicht) mit		
7.1.9.1	6 000 oder mehr Ferkelplätzen,	G	
7.1.9.2	4 500 bis weniger als 6 000 Ferkelplätzen,	V	
7.1.10	Pelztieren mit		
7.1.10.1	1 000 oder mehr Pelztierplätzen,	G	
7.1.10.2	750 bis weniger als 1 000 Pelztierplätzen,	V	
7.1.11	gemischten Beständen mit einem Wert von 100 oder mehr der Summe der Vom Hundert-Anteile, bis zu denen die Platzzahlen jeweils ausgeschöpft werden		
7.1.11.1	in den Nummern 7.1.1.1, 7.1.2.1, 7.1.3.1, 7.1.4.1, 7.1.7.1 oder 7.1.8.1,	G	E
7.1.11.2	in den Nummern 7.1.1.1, 7.1.2.1, 7.1.3.1, 7.1.4.1, 7.1.7.1, 7.1.8.1 in Verbindung mit den Nummern 7.1.9.1 oder 7.1.10.1, soweit nicht von Nummer 7.1.11.1 erfasst,	G	

13

(Fortsetzung)

Nr.	Anlagenbeschreibung	Verfahrens-art	Anlage gemäß Art. 10 der RL 2010/75/EU
a	b	c	d
7.1.11.3	in den Nummern 7.1.1.2, 7.1.2.2, 7.1.3.2, 7.1.4.2, 7.1.5, 7.1.6, 7.1.7.2, 7.1.8.2, 7.1.9.2 oder 7.1.10.2, soweit nicht von Nummer 7.1.11.1 oder 7.1.11.2 erfasst;	V	
7.2	Anlagen zum Schlachten von Tieren mit einer Kapazität von		
7.2.1	50 Tonnen Lebendgewicht oder mehr je Tag,	G	E
7.2.2	0,5 Tonnen bis weniger als 50 Tonnen Lebendgewicht je Tag bei Geflügel,	V	
7.2.3	4 Tonnen bis weniger als 50 Tonnen Lebendgewicht je Tag bei sonstigen Tieren;	V	
7.3	Anlagen		
7.3.1	zur Erzeugung von Speisefetten aus tierischen Rohstoffen, ausgenommen bei Verarbeitung von ausschließlich Milch, mit einer Produktionskapazität von		
7.3.1.1	75 Tonnen Fertigerzeugnissen oder mehr je Tag,	G	E
7.3.1.2	weniger als 75 Tonnen Fertigerzeugnissen je Tag, ausgenommen Anlagen zur Erzeugung von Speisefetten aus selbst gewonnenen tierischen Fetten in Fleischereien mit einer Kapazität von weniger als 200 Kilogramm Speisefett je Woche,	V	
7.3.2	zum Schmelzen von tierischen Fetten mit einer Produktionskapazität von		
7.3.2.1	75 Tonnen Fertigerzeugnissen oder mehr je Tag,	G	E
7.3.2.2	weniger als 75 Tonnen Fertigerzeugnissen je Tag, ausgenommen Anlagen zur Verarbeitung von selbst gewonnenen tierischen Fetten zu Speisefetten in Fleischereien mit einer Kapazität von weniger als 200 Kilogramm Speisefett je Woche;	V	
7.4	Anlagen zur Herstellung von Nahrungs- oder Futtermittelkonserven aus		
7.4.1	tierischen Rohstoffen, allein, ausgenommen bei Verarbeitung von ausschließlich Milch, oder mit pflanzlichen Rohstoffen, mit einer Produktionskapazität von		
7.4.1.1	**P** Tonnen Konserven oder mehr je Tag gemäß Mischungsregel,	G	E
7.4.1.2	1 Tonne bis weniger als **P** Tonnen Konserven je Tag gemäß Mischungsregel, ausgenommen Anlagen zum Sterili-	V	

(Fortsetzung)

Nr.	Anlagenbeschreibung	Verfahrensart	Anlage gemäß Art. 10 der RL 2010/75/EU
a	b	c	d
	sieren oder Pasteurisieren von Nahrungs- oder Futtermitteln in geschlossenen Behältnissen,		
7.4.2	ausschließlich pflanzlichen Rohstoffen mit einer Produktionskapazität von		
7.4.2.1	300 Tonnen Konserven oder mehr je Tag oder 600 Tonnen Konserven oder mehr je Tag, sofern die Anlage an nicht mehr als 90 aufeinander folgenden Tagen im Jahr in Betrieb ist,	G	E
7.4.2.2	10 Tonnen bis weniger als 300 Tonnen Konserven je Tag, ausgenommen Anlagen zum Sterilisieren oder Pasteurisieren dieser Nahrungsmittel in geschlossenen Behältnissen oder weniger als 600 Tonnen Konserven je Tag, sofern die Anlage an nicht mehr als 90 aufeinander folgenden Tagen im Jahr in Betrieb ist;	V	
7.5	Anlagen zum Räuchern von Fleisch- oder Fischwaren mit einer Produktionskapazität von		
7.5.1	75 Tonnen geräucherten Waren oder mehr je Tag,	G	E
7.5.2	weniger als 75 Tonnen geräucherten Waren je Tag, ausgenommen 1. Anlagen in Gaststätten oder 2. Räuchereien mit einer Produktionskapazität von weniger als 1 Tonne Fleisch- oder Fischwaren je Woche;	V	
7.6	(nicht besetzt)		
7.7	(nicht besetzt)		
7.8	Anlagen zur Herstellung von Gelatine mit einer Produktionskapazität je Tag von		
7.8.1	75 Tonnen Fertigerzeugnissen oder mehr,	G	E
7.8.2	weniger als 75 Tonnen Fertigerzeugnissen, sowie Anlagen zur Herstellung von Hautleim, Lederleim oder Knochenleim;	V	
7.9	Anlagen zur Herstellung von Futter- oder Düngemitteln oder technischen Fetten aus den Schlachtnebenprodukten Knochen, Tierhaare, Federn, Hörner, Klauen oder Blut, soweit nicht durch Nummer 9.11 erfasst, mit einer Produktionskapazität von		
7.9.1	75 Tonnen oder mehr Fertigerzeugnissen je Tag,	G	E
7.9.2	weniger als 75 Tonnen Fertigerzeugnissen je Tag;	G	

(Fortsetzung)

Nr.	Anlagenbeschreibung	Verfahrens-art	Anlage gemäß Art. 10 der RL 2010/75/EU
a	b	c	d
7.10	(nicht besetzt)		
7.11	Anlagen zum Lagern unbehandelter Knochen, ausgenommen Anlagen für selbst gewonnene Knochen in 1. Fleischereien mit einer Verarbeitungskapazität von weniger als 4 000 Kilogramm Fleisch je Woche, 2. Anlagen, die nicht durch Nummer 7.2 erfasst werden;	**V**	
7.12	Anlagen zur		
7.12.1	Beseitigung oder Verwertung von Tierkörpern oder tierischen Abfällen mit einer Verarbeitungskapazität von		
7.12.1.1	10 Tonnen oder mehr je Tag,	**G**	**E**
7.12.1.2	50 Kilogramm je Stunde bis weniger als 10 Tonnen je Tag,	**G**	
7.12.1.3	weniger als 50 Kilogramm je Stunde und weniger als 50 Kilogramm je Charge,	**V**	
7.12.2	Sammlung oder Lagerung von Tierkörpern, Tierkörperteilen oder Abfällen tierischer Herkunft zum Einsatz in Anlagen nach Nummer 7.12.1, ausgenommen die Aufbewahrung gemäß § 10 des Tierische Nebenprodukte-Beseitigungsgesetzes vom 25. Januar 2004 (BGBl. I S. 82), das zuletzt durch Artikel 1 des Gesetzes vom 4. August 2016 (BGBl. I S. 1966) geändert worden ist, und Anlagen mit einem gekühlten Lagervolumen von weniger als 2 Kubikmetern;	**G**	
7.13	Anlagen zum Trocknen, Einsalzen oder Lagern ungegerbter Tierhäute oder Tierfelle, ausgenommen Anlagen, in denen weniger Tierhäute oder Tierfelle je Tag behandelt werden können als beim Schlachten von weniger als 4 Tonnen sonstiger Tiere nach Nummer 7.2.3 anfallen;	**V**	
7.14	Anlagen zum Gerben einschließlich Nachgerben von Tierhäuten oder Tierfellen mit einer Verarbeitungskapazität von		
7.14.1	12 Tonnen Fertigerzeugnissen oder mehr je Tag,	**G**	**E**
7.14.2	weniger als 12 Tonnen Fertigerzeugnissen je Tag, ausgenommen Anlagen, in denen weniger Tierhäute oder Tierfelle behandelt werden können als beim Schlachten von weniger als 4 Tonnen sonstiger Tiere nach Nummer 7.2.3 anfallen;	**V**	
7.15	Kottrocknungsanlagen;	**V**	

(Fortsetzung)

Nr.	Anlagenbeschreibung	Verfahrens-art	Anlage gemäß Art. 10 der RL 2010/75/EU
a	b	c	d
7.16	Anlagen zur Herstellung von Fischmehl oder Fischöl mit einer Produktionskapazität von		
7.16.1	75 Tonnen oder mehr je Tag,	G	E
7.16.2	weniger als 75 Tonnen je Tag;	G	
7.17	Anlagen zur Aufbereitung, Verarbeitung, Lagerung oder zum Umschlag von Fischmehl oder Fischöl		
7.17.1	mit einer Aufbereitungs- oder Verarbeitungskapazität von 75 Tonnen oder mehr je Tag,	G	E
7.17.2	mit einer Aufbereitungs- oder Verarbeitungskapazität von weniger als 75 Tonnen je Tag,	V	
7.17.3	in denen Fischmehl ungefasst gelagert wird,	V	
7.17.4	mit einer Umschlagkapazität für ungefasstes Fischmehl von 200 Tonnen oder mehr je Tag;	V	
7.18	Anlagen zum Brennen von Melasse, soweit nicht von Nummer 4.1.2 erfasst, mit einer Produktionskapazität von		
7.18.1	300 Tonnen oder mehr je Tag oder 600 Tonnen oder mehr je Tag, sofern die Anlage an nicht mehr als 90 aufeinanderfolgenden Tagen im Jahr in Betrieb ist,	G	E
7.18.2	weniger als 300 Tonnen je Tag oder weniger als 600 Tonnen je Tag, sofern die Anlage an nicht mehr als 90 aufeinanderfolgenden Tagen im Jahr in Betrieb ist;	V	
7.19	Anlagen zur Herstellung von Sauerkraut mit einer Produktionskapazität von		
7.19.1	300 Tonnen Sauerkraut oder mehr je Tag oder 600 Tonnen Sauerkraut oder mehr je Tag, sofern die Anlage an nicht mehr als 90 aufeinander folgenden Tagen im Jahr in Betrieb ist,	G	E
7.19.2	10 Tonnen bis weniger als 300 Tonnen Sauerkraut je Tag oder weniger als 600 Tonnen Sauerkraut je Tag, sofern die Anlage an nicht mehr als 90 aufeinander folgenden Tagen im Jahr in Betrieb ist;	V	
7.20	Anlagen zur Herstellung von Braumalz (Mälzereien) mit einer Produktionskapazität von		
7.20.1	300 Tonnen Darrmalz oder mehr je Tag oder 600 Tonnen Braumalz oder mehr je Tag, sofern die Anlage an nicht mehr als 90 aufeinander folgenden Tagen im Jahr in Betrieb ist,	G	E

(Fortsetzung)

Nr.	Anlagenbeschreibung	Verfahrens-art	Anlage gemäß Art. 10 der RL 2010/75/EU
a	b	c	d
7.20.2	weniger als 300 Tonnen Darrmalz je Tag oder weniger als 600 Tonnen Braumalz je Tag, sofern die Anlage an nicht mehr als 90 aufeinander folgenden Tagen im Jahr in Betrieb ist;	V	
7.21	Anlagen zum Mahlen von Nahrungsmitteln, Futtermitteln oder ähnlichen nicht als Nahrungs- oder Futtermittel bestimmten pflanzlichen Stoffen (Mühlen) mit einer Produktionskapazität von 300 Tonnen Fertigerzeugnissen oder mehr je Tag oder 600 Tonnen Fertigerzeugnissen oder mehr je Tag, sofern die Anlage an nicht mehr als 90 aufeinander folgenden Tagen im Jahr in Betrieb ist;	G	E
7.22	Anlagen zur Herstellung von Hefe oder Stärkemehlen mit einer Produktionskapazität von		
7.22.1	300 Tonnen oder mehr Hefe oder Stärkemehlen je Tag oder 600 Tonnen Hefe oder Stärkemehlen oder mehr je Tag, sofern die Anlage an nicht mehr als 90 aufeinander folgenden Tagen im Jahr in Betrieb ist,	G	E
7.22.2	1 Tonne bis weniger als 300 Tonnen Hefe oder Stärkemehlen je Tag oder weniger als 600 Tonnen Hefe oder Stärkemehlen je Tag, sofern die Anlage an nicht mehr als 90 aufeinander folgenden Tagen im Jahr in Betrieb ist;	V	
7.23	Anlagen zur Herstellung oder Raffination von Ölen oder Fetten aus pflanzlichen Rohstoffen mit einer Produktionskapazität von		
7.23.1	300 Tonnen Fertigerzeugnissen oder mehr je Tag oder 600 Tonnen Fertigerzeugnissen oder mehr je Tag, sofern die Anlage an nicht mehr als 90 aufeinander folgenden Tagen im Jahr in Betrieb ist,	G	E
7.23.2	weniger als 300 Tonnen Fertigerzeugnissen je Tag mit Hilfe von Extraktionsmitteln, soweit die Menge des eingesetzten Extraktionsmittels 1 Tonne oder mehr beträgt oder weniger als 600 Tonnen Fertigerzeugnissen je Tag mit Hilfe von Extraktionsmittel, sofern die Anlage an nicht mehr als 90 aufeinander folgenden Tagen im Jahr in Betrieb ist;	V	
7.24	Anlagen zur Herstellung oder Raffination von Zucker unter Verwendung von Zuckerrüben oder Rohzucker mit einer Produktionskapazität je Tag von		
7.24.1	300 Tonnen Fertigerzeugnissen oder mehr oder 600 Tonnen Fertigerzeugnissen oder mehr je Tag, sofern die Anlage an nicht mehr als 90 aufeinander folgenden Tagen im Jahr in Betrieb ist,	G	E

(Fortsetzung)

Nr.	Anlagenbeschreibung	Verfahrens-art	Anlage gemäß Art. 10 der RL 2010/75/EU
a	b	c	d
7.24.2	weniger als 300 Tonnen Fertigerzeugnissen oder weniger als 600 Tonnen Fertigerzeugnissen je Tag, sofern die Anlage an nicht mehr als 90 aufeinander folgenden Tagen im Jahr in Betrieb ist;	G	
7.25	Anlagen zur Trocknung von Grünfutter mit einer Produktionskapazität von		
7.25.1	300 Tonnen oder mehr je Tag oder 600 Tonnen oder mehr je Tag, sofern die Anlage an nicht mehr als 90 aufeinanderfolgenden Tagen im Jahr in Betrieb ist,	G	E
7.25.2	weniger als 300 Tonnen je Tag oder weniger als 600 Tonnen je Tag, sofern die Anlage an nicht mehr als 90 aufeinanderfolgenden Tagen im Jahr in Betrieb ist, ausgenommen Anlagen zur Trocknung von selbst gewonnenem Grünfutter im landwirtschaftlichen Betrieb;	V	
7.26	Anlagen zur Trocknung von Biertreber mit einer Produktionskapazität von		
7.26.1	300 Tonnen oder mehr je Tag oder 600 Tonnen oder mehr je Tag, sofern die Anlage an nicht mehr als 90 aufeinanderfolgenden Tagen im Jahr in Betrieb ist,	G	E
7.26.2	weniger als 300 Tonnen je Tag oder weniger als 600 Tonnen je Tag, sofern die Anlage an nicht mehr als 90 aufeinanderfolgenden Tagen im Jahr in Betrieb ist;	V	
7.27	Brauereien mit einer Produktionskapazität von		
7.27.1	3 000 Hektoliter Bier oder mehr je Tag oder 6 000 Hektoliter Bier oder mehr je Tag, sofern die Anlage an nicht mehr als 90 aufeinander folgenden Tagen im Jahr in Betrieb ist,	G	E
7.27.2	200 Hektoliter Bier oder mehr je Tag als Vierteljahresdurchschnittswert, soweit nicht durch Nummer 7.27.1 erfasst;	V	
7.28	Anlagen zur Herstellung von Speisewürzen aus		
7.28.1	tierischen Rohstoffen, allein, ausgenommen bei Verarbeitung von ausschließlich Milch, oder mit pflanzlichen Rohstoffen mit einer Produktionskapazität von		
7.28.1.1	**P** Tonnen Speisewürzen oder mehr je Tag gemäß Mischungsregel,	G	E
7.28.1.2	weniger als **P** Tonnen Speisewürzen je Tag gemäß Mischungsregel,	V	

(Fortsetzung)

Nr.	Anlagenbeschreibung	Verfahrensart	Anlage gemäß Art. 10 der RL 2010/75/EU
a	b	c	d
7.28.2	ausschließlich pflanzlichen Rohstoffen mit einer Produktionskapazität von		
7.28.2.1	300 Tonnen Speisewürzen oder mehr je Tag oder 600 Tonnen Speisewürzen oder mehr je Tag, sofern die Anlage an nicht mehr als 90 aufeinander folgenden Tagen im Jahr in Betrieb ist,	G	E
7.28.2.2	weniger als 300 Tonnen Speisewürzen je Tag oder weniger als 600 Tonnen Speisewürzen je Tag, sofern die Anlage an nicht mehr als 90 aufeinander folgenden Tagen im Jahr in Betrieb ist;	V	
7.29	Anlagen zum Rösten oder Mahlen von Kaffee oder Abpacken von gemahlenem Kaffee mit einer Produktionskapazität von		
7.29.1	300 Tonnen geröstetem Kaffee oder mehr je Tag oder 600 Tonnen geröstetem Kaffee oder mehr je Tag, sofern die Anlage an nicht mehr als 90 aufeinander folgenden Tagen im Jahr in Betrieb ist,	G	E
7.29.2	0,5 Tonnen bis weniger als 300 Tonnen geröstetem Kaffee je Tag oder weniger als 600 Tonnen geröstetem Kaffee je Tag, sofern die Anlage an nicht mehr als 90 aufeinander folgenden Tagen im Jahr in Betrieb ist;	V	
7.30	Anlagen zum Rösten von Kaffee-Ersatzprodukten, Getreide, Kakaobohnen oder Nüssen mit einer Produktionskapazität von		
7.30.1	300 Tonnen gerösteten Erzeugnissen oder mehr je Tag oder 600 Tonnen Erzeugnissen oder mehr je Tag, sofern die Anlage an nicht mehr als 90 aufeinander folgenden Tagen im Jahr in Betrieb ist,	G	E
7.30.2	1 Tonne bis weniger als 300 Tonnen gerösteten Erzeugnissen je Tag oder weniger als 600 Tonnen Erzeugnissen je Tag, sofern die Anlage an nicht mehr als 90 aufeinander folgenden Tagen im Jahr in Betrieb ist;	V	
7.31	Anlagen zur Herstellung von		
7.31.1	Süßwaren oder Sirup mit einer Produktionskapazität von		
7.31.1.1	**P** Tonnen oder mehr je Tag gemäß Mischungsregel bei der Verwendung von tierischen Rohstoffen, allein, ausgenommen bei Verarbeitung von ausschließlich Milch, oder mit pflanzlichen Rohstoffen,	G	E

(Fortsetzung)

Nr.	Anlagenbeschreibung	Verfahrens-art	Anlage gemäß Art. 10 der RL 2010/75/EU
a	b	c	d
7.31.1.2	300 Tonnen oder mehr je Tag bei der Verwendung ausschließlich pflanzlicher Rohstoffe oder 600 Tonnen oder mehr je Tag bei der Verwendung ausschließlich pflanzlicher Rohstoffe, sofern die Anlage an nicht mehr als 90 aufeinander folgenden Tagen im Jahr in Betrieb ist,	G	E
7.31.2	Kakaomasse aus Rohkakao oder thermischen Veredelung von Kakao oder Schokoladenmasse mit einer Produktionskapazität von		
7.31.2.1	50 Kilogramm bis weniger als **P** Tonnen je Tag gemäß Mischungsregel bei der Verwendung tierischer Rohstoffe, allein, ausgenommen bei Verarbeitung von ausschließlich Milch, oder mit pflanzlichen Rohstoffen,	V	
7.31.2.2	50 Kilogramm bis weniger als 300 Tonnen je Tag bei der Verwendung ausschließlich pflanzlicher Rohstoffe oder weniger als 600 Tonnen je Tag bei der Verwendung ausschließlich pflanzlicher Rohstoffe, sofern die Anlage an nicht mehr als 90 aufeinander folgenden Tagen im Jahr in Betrieb ist,	V	
7.31.3	Lakritz mit einer Produktionskapazität von		
7.31.3.1	50 Kilogramm bis weniger als **P** Tonnen je Tag gemäß Mischungsregel bei der Verwendung tierischer Rohstoffe, allein, ausgenommen bei Verarbeitung von ausschließlich Milch, oder mit pflanzlichen Rohstoffen,	V	
7.31.3.2	weniger als 300 Tonnen je Tag bei der Verwendung ausschließlich pflanzlicher Rohstoffe oder weniger als 600 Tonnen je Tag bei der Verwendung ausschließlich pflanzlicher Rohstoffe, sofern die Anlage an nicht mehr als 90 aufeinander folgenden Tagen im Jahr in Betrieb ist;	V	
7.32	Anlagen zur Behandlung oder Verarbeitung von		
7.32.1	ausschließlich Milch mit einer Kapazität der eingehenden Milchmenge als Jahresdurchschnittswert von 200 Tonnen oder mehr Milch je Tag,	G	E
7.32.2	ausschließlich Milch in Sprühtrocknern mit einer Kapazität der eingehenden Milchmenge als Jahresdurchschnittswert von 5 Tonnen bis weniger als 200 Tonnen je Tag,	V	
7.32.3	Milcherzeugnissen oder Milchbestandteilen in Sprühtrocknern mit einer Produktionskapazität von 5 Tonnen oder mehr je Tag, soweit nicht von Nummer 7.34.1 erfasst;	V	
7.33	(nicht besetzt)		

13

(Fortsetzung)

Nr.	Anlagenbeschreibung	Verfahrensart	Anlage gemäß Art. 10 der RL 2010/75/EU
a	b	c	d
7.34	Anlagen zur Herstellung von sonstigen Nahrungs- oder Futtermittelerzeugnissen aus		
7.34.1	tierischen Rohstoffen, allein, ausgenommen bei Verarbeitung von ausschließlich Milch, oder mit pflanzlichen Rohstoffen mit einer Produktionskapazität von **P** Tonnen Fertigerzeugnissen oder mehr je Tag gemäß Mischungsregel,	G	E
7.34.2	ausschließlich pflanzlichen Rohstoffen mit einer Produktionskapazität von 300 Tonnen Fertigerzeugnissen oder mehr je Tag;	G	E
7.35	(nicht besetzt)		
8.	**Verwertung und Beseitigung von Abfällen und sonstigen Stoffen**		
8.1	Anlagen zur Beseitigung oder Verwertung fester, flüssiger oder in Behältern gefasster gasförmiger Abfälle, Deponiegas oder anderer gasförmiger Stoffe mit brennbaren Bestandteilen durch		
8.1.1	thermische Verfahren, insbesondere Entgasung, Plasmaverfahren, Pyrolyse, Vergasung, Verbrennung oder eine Kombination dieser Verfahren mit einer Durchsatzkapazität von		
8.1.1.1	10 Tonnen gefährlichen Abfällen oder mehr je Tag,	G	E
8.1.1.2	weniger als 10 Tonnen gefährlichen Abfällen je Tag,	G	
8.1.1.3	3 Tonnen nicht gefährlichen Abfällen oder mehr je Stunde,	G	E
8.1.1.4	weniger als 3 Tonnen nicht gefährlichen Abfällen je Stunde, ausgenommen die Verbrennung von Altholz der Altholzkategorie A I und A II nach der Altholzverordnung vom 15. August 2002 (BGBl. I S. 3302), die zuletzt durch Artikel 6 der Verordnung vom 2. Dezember 2016 (BGBl. I S. 2770) geändert worden ist,	V	
8.1.1.5	weniger als 3 Tonnen nicht gefährlichen Abfällen je Stunde, soweit ausschließlich Altholz der Altholzkategorie A I und A II nach der Altholzverordnung verbrannt wird und die Feuerungswärmeleistung 1 Megawatt oder mehr beträgt,	V	
8.1.2	Verbrennen von Altöl oder Deponiegas in einer Verbrennungsmotoranlage mit einer Feuerungswärmeleistung von		
8.1.2.1	50 Megawatt oder mehr,	G	E
8.1.2.2	weniger als 50 Megawatt,	V	

(Fortsetzung)

Nr.	Anlagenbeschreibung	Verfahrensart	Anlage gemäß Art. 10 der RL 2010/75/EU
a	b	c	d
8.1.3	Abfackeln von Deponiegas oder anderen gasförmigen Stoffen, ausgenommen über Notfackeln, die für den nicht bestimmungsgemäßen Betrieb erforderlich sind;	V	
8.2	(nicht besetzt)		
8.3	Anlagen zur		
8.3.1	thermischen Aufbereitung von Stahlwerksstäuben für die Gewinnung von Metallen oder Metallverbindungen im Drehrohr oder in einer Wirbelschicht,	G	
8.3.2	Behandlung zum Zweck der Rückgewinnung von Metallen oder Metallverbindungen durch thermische Verfahren, insbesondere Pyrolyse, Verbrennung oder eine Kombination dieser Verfahren, sofern diese Abfälle nicht gefährlich sind, von		
8.3.2.1	edelmetallhaltigen Abfällen, einschließlich der Präparation, soweit die Menge der Einsatzstoffe 10 Kilogramm oder mehr je Tag beträgt,	V	
8.3.2.2	von mit organischen Verbindungen verunreinigten Metallen, Metallspänen oder Walzzunder;	V	
8.4	Anlagen, in denen Stoffe aus in Haushaltungen anfallenden oder aus hausmüllähnlichen Abfällen durch Sortieren für den Wirtschaftskreislauf zurückgewonnen werden, mit einer Durchsatzkapazität von 10 Tonnen Einsatzstoffen oder mehr je Tag;	V	
8.5	Anlagen zur Erzeugung von Kompost aus organischen Abfällen mit einer Durchsatzkapazität an Einsatzstoffen von		
8.5.1	75 Tonnen oder mehr je Tag,	G	E
8.5.2	10 Tonnen bis weniger als 75 Tonnen je Tag;	V	
8.6	Anlagen zur biologischen Behandlung, soweit nicht durch Nummer 8.5 oder 8.7 erfasst, von		
8.6.1	gefährlichen Abfällen mit einer Durchsatzkapazität an Einsatzstoffen von		
8.6.1.1	10 Tonnen oder mehr je Tag,	G	E
8.6.1.2	1 Tonne bis weniger als 10 Tonnen je Tag,	V	
8.6.2	nicht gefährlichen Abfällen, soweit nicht durch Nummer 8.6.3 erfasst, mit einer Durchsatzkapazität an Einsatzstoffen von		

(Fortsetzung)

Nr.	Anlagenbeschreibung	Verfahrens-art	Anlage gemäß Art. 10 der RL 2010/75/EU
a	b	c	d
8.6.2.1	50 Tonnen oder mehr je Tag,	G	E
8.6.2.2	10 Tonnen bis weniger als 50 Tonnen je Tag,	V	
8.6.3	Gülle, soweit die Behandlung ausschließlich zur Verwertung durch anaerobe Vergärung (Biogaserzeugung) erfolgt, mit einer Durchsatzkapazität von		
8.6.3.1	100 Tonnen oder mehr je Tag,	G	E
8.6.3.2	weniger als 100 Tonnen je Tag, soweit die Produktionskapazität von Rohgas 1,2 Mio. Normkubikmetern je Jahr oder mehr beträgt;	V	
8.7	Anlagen zur Behandlung von verunreinigtem Boden durch biologische Verfahren, Entgasen, Strippen oder Waschen mit einem Einsatz an verunreinigtem Boden bei		
8.7.1	gefährlichen Abfällen von		
8.7.1.1	10 Tonnen oder mehr je Tag,	G	E
8.7.1.2	1 Tonne bis weniger als 10 Tonnen je Tag,	V	
8.7.2	nicht gefährlichen Abfällen von		
8.7.2.1	50 Tonnen oder mehr je Tag,	G	E
8.7.2.2	10 Tonnen bis weniger als 50 Tonnen je Tag;	V	
8.8	Anlagen zur chemischen Behandlung, insbesondere zur chemischen Emulsionsspaltung, Fällung, Flockung, Kalzinierung, Neutralisation oder Oxidation, von		
8.8.1	gefährlichen Abfällen mit einer Durchsatzkapazität an Einsatzstoffen von		
8.8.1.1	10 Tonnen oder mehr je Tag,	G	E
8.8.1.2	weniger als 10 Tonnen je Tag,	G	
8.8.2	nicht gefährlichen Abfällen mit einer Durchsatzkapazität an Einsatzstoffen von		
8.8.2.1	50 Tonnen oder mehr je Tag,	G	E
8.8.2.2	10 Tonnen bis weniger als 50 Tonnen je Tag;	V	
8.9	Anlagen zur Behandlung von		
8.9.1	nicht gefährlichen metallischen Abfällen in Schredderanlagen mit einer Durchsatzkapazität an Einsatzstoffen von		
8.9.1.1	50 Tonnen oder mehr je Tag,	G	E

(Fortsetzung)

Nr.	Anlagenbeschreibung	Verfahrens-art	Anlage gemäß Art. 10 der RL 2010/75/EU
a	b	c	d
8.9.1.2	10 Tonnen bis weniger als 50 Tonnen je Tag,	V	
8.9.2	Altfahrzeugen, sonstigen Nutzfahrzeugen, Bussen oder Sonderfahrzeugen (einschließlich der Trockenlegung) mit einer Durchsatzkapazität je Woche von 5 oder mehr Altfahrzeugen, sonstigen Nutzfahrzeugen, Bussen oder Sonderfahrzeugen;	V	
8.10	Anlagen zur physikalisch-chemischen Behandlung, insbesondere zum Destillieren, Trocknen oder Verdampfen, mit einer Durchsatzkapazität an Einsatzstoffen bei		
8.10.1	gefährlichen Abfällen von		
8.10.1.1	10 Tonnen je Tag oder mehr,	G	E
8.10.1.2	1 Tonne bis weniger als 10 Tonnen je Tag,	V	
8.10.2	nicht gefährlichen Abfällen von		
8.10.2.1	50 Tonnen je Tag oder mehr,	G	E
8.10.2.2	10 Tonnen bis weniger als 50 Tonnen je Tag;	V	
8.11	Anlagen zur		
8.11.1	Behandlung von gefährlichen Abfällen, ausgenommen Anlagen, die durch die Nummern 8.1 und 8.8 erfasst werden, 1. durch Vermengung oder Vermischung sowie durch Konditionierung, 2. zum Zweck der Hauptverwendung als Brennstoff oder der Energieerzeugung durch andere Mittel, 3. zum Zweck der Ölraffination oder anderer Wiedergewinnungsmöglichkeiten von Öl, 4. zum Zweck der Regenerierung von Basen oder Säuren, 5. zum Zweck der Rückgewinnung oder Regenerierung von organischen Lösungsmitteln oder 6. zum Zweck der Wiedergewinnung von Bestandteilen, die der Bekämpfung von Verunreinigungen dienen, einschließlich der Wiedergewinnung von Katalysatorbestandteilen, mit einer Durchsatzkapazität an Einsatzstoffen von		
8.11.1.1	10 Tonnen oder mehr je Tag,	G	E
8.11.1.2	1 Tonne bis weniger als 10 Tonnen je Tag,	V	
8.11.2	sonstigen Behandlung, ausgenommen Anlagen, die durch die Nummern 8.1 bis 8.10 erfasst werden, mit einer Durchsatzkapazität von		

(Fortsetzung)

Nr.	Anlagenbeschreibung	Verfahrens-art	Anlage gemäß Art. 10 der RL 2010/75/EU
a	b	c	d
8.11.2.1	gefährlichen Abfällen von 10 Tonnen oder mehr je Tag,	G	E
8.11.2.2	gefährlichen Abfällen von 1 Tonne bis weniger als 10 Tonnen je Tag,	V	
8.11.2.3	nicht gefährlichen Abfällen, soweit diese für die Verbrennung oder Mitverbrennung vorbehandelt werden oder es sich um Schlacken oder Aschen handelt, von 50 Tonnen oder mehr je Tag,	G	E
8.11.2.4	nicht gefährlichen Abfällen, soweit nicht durch die Nummer 8.11.2.3 erfasst, von 10 Tonnen oder mehr je Tag;	V	
8.12	Anlagen zur zeitweiligen Lagerung von Abfällen, auch soweit es sich um Schlämme handelt, ausgenommen die zeitweilige Lagerung bis zum Einsammeln auf dem Gelände der Entstehung der Abfälle und Anlagen, die durch Nummer 8.14 erfasst werden bei		
8.12.1	gefährlichen Abfällen mit einer Gesamtlagerkapazität von		
8.12.1.1	50 Tonnen oder mehr,	G	E
8.12.1.2	30 Tonnen bis weniger als 50 Tonnen,	V	
8.12.2	nicht gefährlichen Abfällen mit einer Gesamtlagerkapazität von 100 Tonnen oder mehr,	V	
8.12.3	Eisen- oder Nichteisenschrotten, einschließlich Autowracks, mit		
8.12.3.1	einer Gesamtlagerfläche von 15 000 Quadratmetern oder mehr oder einer Gesamtlagerkapazität von 1 500 Tonnen oder mehr,	G	
8.12.3.2	einer Gesamtlagerfläche von 1 000 bis weniger als 15 000 Quadratmetern oder einer Gesamtlagerkapazität von 100 bis weniger als 1 500 Tonnen;	V	
8.13	Anlagen zur zeitweiligen Lagerung von nicht gefährlichen Abfällen, soweit es sich um Gülle oder Gärreste handelt, mit einer Lagerkapazität von 6 500 Kubikmetern oder mehr;	V	
8.14	Anlagen zum Lagern von Abfällen über einen Zeitraum von jeweils mehr als einem Jahr mit		
8.14.1	einer Gesamtlagerkapazität von mehr als 50 Tonnen, soweit die Lagerung untertägig erfolgt,	G	E

(Fortsetzung)

Nr.	Anlagenbeschreibung	Verfahrens-art	Anlage gemäß Art. 10 der RL 2010/75/EU
a	b	c	d
8.14.2	einer Aufnahmekapazität von 10 Tonnen oder mehr je Tag oder einer Gesamtlagerkapazität von 25 000 Tonnen oder mehr,		
8.14.2.1	für andere Abfälle als Inertabfälle,	G	E
8.14.2.2	für Inertabfälle,	G	
8.14.3	einer Aufnahmekapazität von weniger als 10 Tonnen je Tag und einer Gesamtlagerkapazität von		
8.14.3.1	weniger als 25 000 Tonnen, soweit es sich um gefährliche Abfälle handelt,	G	
8.14.3.2	150 Tonnen bis weniger als 25 000 Tonnen, soweit es sich um nicht gefährliche Abfälle handelt,	G	
8.14.3.3	weniger als 150 Tonnen, soweit es sich um nicht gefährliche Abfälle handelt;	V	
8.15	Anlagen zum Umschlagen von Abfällen, ausgenommen Anlagen zum Umschlagen von Erdaushub oder von Gestein, das bei der Gewinnung oder Aufbereitung von Bodenschätzen anfällt, soweit nicht von Nummer 8.12 oder 8.14 erfasst, mit einer Kapazität von		
8.15.1	10 Tonnen oder mehr gefährlichen Abfällen je Tag,	G	
8.15.2	1 Tonne bis weniger als 10 Tonnen gefährlichen Abfällen je Tag,	V	
8.15.3	100 Tonnen oder mehr nicht gefährlichen Abfällen je Tag;	V	
9.	**Lagerung, Be- und Entladen von Stoffen und Gemischen**		
9.1	Anlagen, die der Lagerung von Stoffen oder Gemischen, die bei einer Temperatur von 293,15 Kelvin und einem Standarddruck von 101,3 Kilopascal vollständig gasförmig vorliegen und dabei einen Explosionsbereich in Luft haben (entzündbare Gase), in Behältern oder von Erzeugnissen, die diese Stoffe oder Gemische z. B. als Treibmittel oder Brenngas enthalten, dienen, ausgenommen Erdgasröhrenspeicher und Anlagen, die von Nummer 9.3 erfasst werden,		
9.1.1	soweit es sich nicht ausschließlich um Einzelbehältnisse mit einem Volumen von jeweils nicht mehr als 1 000 Kubikzentimeter handelt, mit einem Fassungsvermögen von		
9.1.1.1	30 Tonnen oder mehr,	G	

13

(Fortsetzung)

Nr.	Anlagenbeschreibung	Verfahrensart	Anlage gemäß Art. 10 der RL 2010/75/EU
a	b	c	d
9.1.1.2	3 Tonnen bis weniger als 30 Tonnen,	V	
9.1.2	soweit es sich ausschließlich um Einzelbehältnisse mit einem Volumen von jeweils nicht mehr als 1 000 Kubikzentimeter handelt, mit einem Fassungsvermögen entzündbarer Gase von 30 Tonnen oder mehr;	V	
9.2	Anlagen, die der Lagerung von Flüssigkeiten dienen, ausgenommen Anlagen, die von Nummer 9.3 erfasst werden, mit einem Fassungsvermögen von		
9.2.1	10 000 Tonnen oder mehr, soweit die Flüssigkeiten einen Flammpunkt von 373,15 Kelvin oder weniger haben,	G	
9.2.2	5 000 Tonnen bis weniger als 10 000 Tonnen, soweit die Flüssigkeiten einen Flammpunkt unter 294,15 Kelvin haben und deren Siedepunkt bei Normaldruck (101,3 Kilopascal) über 293,15 Kelvin liegt;	V	
9.3	Anlagen, die der Lagerung von in der Stoffliste zu Nummer 9.3 (Anhang 2) genannten Stoffen dienen, mit einer Lagerkapazität von		
9.3.1	den in Spalte 4 der Stoffliste (Anhang 2) ausgewiesenen Mengen oder mehr,	G	
9.3.2	den in Spalte 3 der Stoffliste (Anhang 2) bis weniger als den in Spalte 4 der Anlage ausgewiesenen Mengen;	V	
9.4–9.10	(nicht besetzt)		
9.11	Offene oder unvollständig geschlossene Anlagen, ausgenommen Anlagen die von Nummer 9.3 erfasst werden,		
9.11.1	zum Be- oder Entladen von Schüttgütern, die im trockenen Zustand stauben können, durch Kippen von Wagen oder Behältern oder unter Verwendung von Baggern, Schaufelladegeräten, Greifern, Saughebern oder ähnlichen Einrichtungen, soweit 400 Tonnen Schüttgüter oder mehr je Tag bewegt werden können, ausgenommen Anlagen zum Be- oder Entladen von Erdaushub oder von Gestein, das bei der Gewinnung oder Aufbereitung von Bodenschätzen anfällt, sowie Anlagen zur Erfassung von Getreide, Ölsaaten oder Hülsenfrüchten,	V	
9.11.2	zur Erfassung von Getreide, Ölsaaten oder Hülsenfrüchten, soweit 400 Tonnen oder mehr je Tag bewegt werden können und 25 000 Tonnen oder mehr je Kalenderjahr umgeschlagen werden können;	V	
9.12–9.35	(nicht besetzt)		

(Fortsetzung)

Nr.	Anlagenbeschreibung	Verfahrensart	Anlage gemäß Art. 10 der RL 2010/75/EU
a	b	c	d
9.36	Anlagen zur Lagerung von Gülle oder Gärresten mit einer Lagerkapazität von 6 500 Kubikmetern oder mehr;	V	
9.37	Anlagen, die der Lagerung von Erdöl, petrochemischen oder chemischen Stoffen oder Erzeugnissen dienen, ausgenommen Anlagen, die von den Nummern 9.1, 9.2 oder 9.3 erfasst werden, mit einem Fassungsvermögen von 25 000 Tonnen oder mehr;	G	
10.	**Sonstige Anlagen**		
10.1	Anlagen, in denen mit explosionsgefährlichen oder explosionsfähigen Stoffen im Sinne des Sprengstoffgesetzes umgegangen wird zur 1. Herstellung, Bearbeitung oder Verarbeitung dieser Stoffe, zur Verwendung als Sprengstoffe, Zündstoffe, Treibstoffe, pyrotechnische Sätze oder zur Herstellung derselben, ausgenommen Anlagen im handwerklichen Umfang und zur Herstellung von Zündhölzern sowie ortsbewegliche Mischladegeräte, oder 2. Wiedergewinnung oder Vernichtung dieser Stoffe;	G	
10.2	(nicht besetzt)		
10.3	Eigenständig betriebene Anlagen zur Behandlung der Abgase (Verminderung von Luftschadstoffen) aus nach den Nummern dieses Anhangs genehmigungsbedürftigen Anlagen,		
10.3.1	soweit in Spalte d mit dem Buchstaben **E** gekennzeichnet,	G	E
10.3.2	soweit in Spalte d mit dem Buchstaben **E** nicht gekennzeichnet und		
10.3.2.1	in Spalte c mit dem Buchstaben **G** gekennzeichnet,	G	
10.3.2.2	in Spalte c mit dem Buchstaben **V** gekennzeichnet;	V	
10.4	Eigenständig betriebene Anlagen zur Abscheidung von Kohlendioxid-Strömen aus nach den Nummern dieses Anhangs genehmigungsbedürftiger Anlagen zum Zwecke der dauerhaften geologischen Speicherung, soweit in Spalte d mit dem Buchstaben **E** gekennzeichnet;	G	E
10.5	(nicht besetzt)		
10.6	Anlagen zur Herstellung von Klebemitteln, ausgenommen Anlagen, die diese Mittel ausschließlich unter Verwendung von Wasser als Verdünnungsmittel herstellen, mit einer Kapazität von 1 Tonne oder mehr je Tag;	V	

(Fortsetzung)

Nr.	Anlagenbeschreibung	Verfahrensart	Anlage gemäß Art. 10 der RL 2010/75/EU
a	b	c	d
10.7	Anlagen zum Vulkanisieren von Natur- oder Synthesekautschuk unter Verwendung von		
10.7.1	Schwefel oder Schwefelverbindungen mit einem Einsatz von		
10.7.1.1	25 Tonnen oder mehr Kautschuk je Stunde,	G	
10.7.1.2	weniger als 25 Tonnen Kautschuk je Stunde, ausgenommen Anlagen, in denen weniger als 50 Kilogramm Kautschuk je Stunde verarbeitet werden oder ausschließlich vorvulkanisierter Kautschuk eingesetzt wird,	V	
10.7.2	halogenierten Peroxiden mit einem Einsatz von		
10.7.2.1	25 Tonnen oder mehr Kautschuk je Stunde,	G	
10.7.2.2	weniger als 25 Tonnen Kautschuk je Stunde, ausgenommen Anlagen, in denen weniger als 30 Kilogramm Kautschuk je Stunde verarbeitet werden;	V	
10.8	Anlagen zur Herstellung von Bautenschutz-, Reinigungs- oder Holzschutzmitteln, soweit diese Produkte organische Lösungsmittel enthalten und von diesen 20 Tonnen oder mehr je Tag eingesetzt werden;	V	
10.9	Anlagen zur Herstellung von Holzschutzmitteln unter Verwendung von halogenierten aromatischen Kohlenwasserstoffen;	V	
10.10	Anlagen zur Vorbehandlung (Waschen, Bleichen, Mercerisieren) oder zum Färben von Fasern oder Textilien mit		
10.10.1	einer Verarbeitungskapazität von 10 Tonnen oder mehr Fasern oder Textilien je Tag,	G	E
10.10.2	einer Färbekapazität von 2 Tonnen bis weniger als 10 Tonnen Fasern oder Textilien je Tag bei Anlagen zum Färben von Fasern oder Textilien unter Verwendung von Färbebeschleunigern einschließlich der Spannrahmenanlagen, ausgenommen Anlagen, die unter erhöhtem Druck betrieben werden,	V	
10.10.3	einer Bleichkapazität von weniger als 10 Tonnen Fasern oder Textilien je Tag bei Anlagen zum Bleichen von Fasern oder Textilien unter Verwendung von Chlor oder Chlorverbindungen;	V	
10.11 – 10.14	(nicht besetzt)		
10.15	Prüfstände für oder mit		

(Fortsetzung)

Nr.	Anlagenbeschreibung	Verfahrens-art	Anlage gemäß Art. 10 der RL 2010/75/EU
a	b	c	d
10.15.1	Verbrennungsmotoren, ausgenommen 1. Rollenprüfstände, die in geschlossenen Räumen betrieben werden, und 2. Anlagen, in denen mit Katalysator oder Dieselrußfilter ausgerüstete Serienmotoren geprüft werden, mit einer Feuerungswärmeleistung von insgesamt 300 Kilowatt oder mehr,	V	
10.15.2	Gasturbinen oder Triebwerken mit einer Feuerungswärmeleistung von insgesamt		
10.15.2.1	200 Megawatt oder mehr,	G	
10.15.2.2	weniger als 200 Megawatt;	V	
10.16	Prüfstände für oder mit Luftschrauben;	V	
10.17	Renn- oder Teststrecken für Kraftfahrzeuge,		
10.17.1	als ständige Anlagen,	G	
10.17.2	zur Übung oder Ausübung des Motorsports an fünf Tagen oder mehr je Jahr, ausgenommen Anlagen mit Elektromotorfahrzeugen und Anlagen in geschlossenen Hallen sowie Modellsportanlagen;	V	
10.18	Schießstände für Handfeuerwaffen, ausgenommen solche in geschlossenen Räumen und solche für Schusswaffen bis zu einem Kaliber von 5,6 mm lfB (.22 l.r.) für Munition mit Randfeuerzündung, wenn die Mündungsenergie der Geschosse höchstens 200 Joule (J) beträgt, (Kleinkaliberwaffen) und Schießplätze, ausgenommen solche für Kleinkaliberwaffen;	V	
10.19	(nicht besetzt)		
10.20	Anlagen zur Reinigung von Werkzeugen, Vorrichtungen oder sonstigen metallischen Gegenständen durch thermische Verfahren, soweit der Rauminhalt des Ofens 1 Kubikmeter oder mehr beträgt;	V	
10.21	Anlagen zur Innenreinigung von Eisenbahnkesselwagen, Straßentankfahrzeugen, Tankschiffen oder Tankcontainern sowie Anlagen zur automatischen Reinigung von Fässern einschließlich zugehöriger Aufarbeitungsanlagen, soweit die Behälter von organischen Stoffen gereinigt werden, ausgenommen Anlagen, in denen Behälter ausschließlich von Nahrungs-, Genuss- oder Futtermitteln gereinigt werden;	V	

(Fortsetzung)

Nr.	Anlagenbeschreibung	Verfahrens-art	Anlage gemäß Art. 10 der RL 2010/75/EU
a	b	c	d
10.22	Anlagen zur Begasung, Sterilisation oder Entgasung,		
10.22.1	mit einem Rauminhalt der Begasungs- oder Sterilisationskammer oder des zu begasenden Behälters von 1 Kubikmeter oder mehr, soweit Stoffe oder Gemische eingesetzt werden, die gemäß der Verordnung (EG) Nr. 1272/2008 des Europäischen Parlaments und des Rates vom 16. Dezember 2008 über die Einstufung, Kennzeichnung und Verpackung von Stoffen und Gemischen, zur Änderung und Aufhebung der Richtlinie 67/548/EWG und 1999/45/EG und zur Änderung der Verordnung (EG) Nr. 1907/2006 (ABl. L 353 vom 31. 12. 2008, S. 1), die zuletzt durch die Verordnung (EU) Nr. 2016/918 (ABl. L 156 vom 14. 6. 2016, S. 1) geändert worden ist, in die Gefahrenklassen „akute Toxizität" Kategorien 1, 2 oder 3, „spezifische Zielorgan-Toxizität (einmalige Exposition)" Kategorie 1 oder „Spezifische Zielorgan-Toxizität (wiederholte Exposition)" Kategorie 1 einzustufen sind,	V	
10.22.2	soweit 40 Entgasungen oder mehr je Jahr gemäß TRGS 512 Nummer 5.4.3 durchzuführen sind;	V	
10.23	Anlagen zur Textilveredlung durch Sengen, Thermofixieren, Thermosolieren, Beschichten, Imprägnieren oder Appretieren, einschließlich der zugehörigen Trocknungsanlagen, ausgenommen Anlagen, in denen weniger als 500 Quadratmeter Textilien je Stunde behandelt werden;	V	
10.24	(nicht besetzt)		
10.25	Kälteanlagen mit einem Gesamtinhalt an Kältemittel von 3 Tonnen Ammoniak oder mehr.	V	

Anhang 2

Stoffliste zu Nr. 9.3 des Anhangs 1

Nr.	Stoffe	Mengenschwelle Nr. 9.3.2 Anhang 1 (Tonnen)	Mengenschwelle Nr. 9.3.1 Anhang 1 (Tonnen)
Spalte 1	Spalte 2	Spalte 3	Spalte 4
1	Acrylnitril	20	200
2	Chlor	10	75
3	Schwefeldioxid	20	250
4	Sauerstoff	200	2 000
5	Ammoniumnitrat oder ammoniumnitrathaltige Zubereitungen der Gruppe A nach Anhang I Nummer 5 der Gefahrstoffverordnung	25	500
6	Alkalichlorat	5	100
7	Schwefeltrioxid	15	100
8	ammoniumnitrathaltige Zubereitungen der Gruppe B nach Anhang I Nummer 5 der Gefahrstoffverordnung	100	2 500
9	Ammoniak	3	30
10	Phosgen	0,075	0,75
11	Schwefelwasserstoff	5	50
12	Fluorwasserstoff	5	50
13	Cyanwasserstoff	5	20
14	Schwefelkohlenstoff	20	200
15	Brom	20	200
16	Acetylen (Ethin)	5	50
17	Wasserstoff	3	30
18	Ethylenoxid	5	50
19	Propylenoxid	5	50
20	Acrolein	20	200
21	Formaldehyd oder Paraformaldehyd (Konzentration $\geq$ 90 %)	5	50
22	Brommethan	20	200
23	Methylisocyanat	0,015	0,15

(Fortsetzung)

Nr.	Stoffe	Mengenschwelle Nr. 9.3.2 Anhang 1 (Tonnen)	Mengenschwelle Nr. 9.3.1 Anhang 1 (Tonnen)
Spalte 1	Spalte 2	Spalte 3	Spalte 4
24	Tetraethylblei oder Tetramethylblei	5	50
25	1,2-Dibromethan	5	50
26	Chlorwasserstoff (verflüssigtes Gas)	20	200
27	Diphenylmethandiisocyanat (MDI)	20	200
28	Toluylendiisocyanat (TDI)	10	100
29	Stoffe oder Gemische, die gemäß der Verordnung (EG) Nr. 1272/2008 in die Gefahrenklasse „akute Toxizität" Kategorien 1 oder 2 einzustufen sind	2	20
30	1. Stoffe oder Gemische, die gemäß der Verordnung (EG) Nr. 1272/2008 in die Gefahrenklassen – „akute Toxizität" Kategorien 1, 2 oder 3, – „spezifische Zielorgan-Toxizität (einmalige Exposition)" Kategorie 1, – „spezifische Zielorgan-Toxizität (wiederholte Exposition)" Kategorie 1, – „explosive Stoffe, Gemische und Erzeugnisse mit Explosivstoff", – „selbstzersetzliche Stoffe und Gemische", – „organische Peroxide", – „oxidierende Gase", – „oxidierende Flüssigkeiten" oder – „oxidierende Feststoffe" einzustufen sind, ausgenommen Stoffe oder Gemische, die in die Gefahrenklassen – „explosive Stoffe, Gemische und Erzeugnisse mit Explosivstoff", Unterklasse 1.6, – „selbstzersetzliche Stoffe und Gemische", Typ G, oder – „organische Peroxide", Typ G, einzustufen sind, sowie 2. Stoffe und Gemische mit explosiven Eigenschaften nach Methode A.14 der Verordnung (EG) Nr. 440/2008 der Kommission vom 30. Mai 2008 zur Festlegung von Prüfmethoden gemäß der Verordnung (EG) Nr. 1907/2006 des Europäischen Parlaments und des Rates zur Registrie-	10	200

(Fortsetzung)

Nr.	Stoffe	Mengenschwelle Nr. 9.3.2 Anhang 1 (Tonnen)	Mengenschwelle Nr. 9.3.1 Anhang 1 (Tonnen)
Spalte 1	Spalte 2	Spalte 3	Spalte 4
	rung, Bewertung, Zulassung und Beschränkung chemischer Stoffe (REACH) (ABl. L 142 vom 31.5.2008, S. 1), die zuletzt durch die Verordnung (EU) Nr. 2016/266 (ABl. L 54 vom 1.3.2016, S. 1) geändert worden ist, die nicht einzustufen sind in die Gefahrenklassen – „explosive Stoffe, Gemische und Erzeugnisse mit Explosivstoff", – „selbstzersetzliche Stoffe und Gemische" oder – „organische Peroxide" – gemäß der Verordnung (EG) Nr. 1272/2008.		

Fünfte Verordnung zur Durchführung des Bundes-Immissionsschutzgesetzes

(Verordnung über Immissionsschutz- und Störfallbeauftragte – 5. BImSchV)

Vom 30. Juli 1993 (BGBl. I S. 1433)

Zuletzt geändert am 28. April 2015 (BGBl. I S. 670)

Eingangsformel

Aufgrund des § 58a Abs. 1 Satz 2 des Bundes-Immissionsschutzgesetzes in der Fassung der Bekanntmachung vom 14. Mai 1990 (BGBl. I S. 880) verordnet die Bundesregierung und auf Grund des § 53 Abs. 1 Satz 2 und des § 55 Abs. 2 Satz 3 in Verbindung mit § 58c Abs. 1 dieses Gesetzes verordnet das Bundesministerium für Umwelt, Naturschutz und Reaktorsicherheit, jeweils nach Anhörung der beteiligten Kreise:

Abschnitt 1

Bestellung von Beauftragten

§ 1 Pflicht zur Bestellung

(1) Betreiber der im Anhang I zu dieser Verordnung bezeichneten genehmigungsbedürftigen Anlagen haben einen betriebsangehörigen Immissionsschutzbeauftragten zu bestellen.

(2) Betreiber genehmigungsbedürftiger Anlagen, die Betriebsbereich oder Teil eines Betriebsbereichs nach § 1 Abs. 1 Satz 2 oder eines diesem nach § 1 Abs. 2 insoweit gleichgestellten Betriebsbereichs nach der Störfall-Verordnung sind, haben einen betriebsangehörigen Störfallbeauftragten zu bestellen. Die zuständige Behörde kann auf Antrag des Betreibers gestatten, dass die Bestellung eines Störfallbeauftragten unterbleibt, wenn offensichtlich ausgeschlossen ist, dass von der betreffenden genehmigungsbedürftigen Anlage die Gefahr eines Störfalls ausgehen kann.

(3) Der Betreiber kann dieselbe Person zum Immissionsschutz- und Störfallbeauftragten bestellen, soweit hierdurch die sachgemäße Erfüllung der Aufgaben nicht beeinträchtigt wird.

§ 2 Mehrere Beauftragte

Die zuständige Behörde kann anordnen, daß der Betreiber einer Anlage im Sinne des § 1 mehrere Immissionsschutz- oder Störfallbeauftragte zu bestellen hat; die Zahl der Beauftragten ist so zu bemessen, daß eine sachgemäße Erfüllung der in den §§ 54 und 58b des Bundes-Immissionsschutzgesetzes bezeichneten Aufgaben gewährleistet ist.

§ 3 Gemeinsamer Beauftragter

Werden von einem Betreiber mehrere Anlagen im Sinne des § 1 betrieben, so kann er für diese Anlagen einen gemeinsamen Immissionsschutz- oder Störfallbeauftragten bestellen, wenn hierdurch eine sachgemäße Erfüllung der in den §§ 54 und 58b des Bundes-Immissionsschutzgesetzes bezeichneten Aufgaben nicht gefährdet wird. § 1 Abs. 3 gilt entsprechend.

§ 4 Beauftragter für Konzerne

Die zuständige Behörde kann einem Betreiber oder mehreren Betreibern von Anlagen im Sinne des § 1, die unter der einheitlichen Leitung eines herrschenden Unternehmens zusammengefaßt sind (Konzern), auf Antrag die Bestellung eines Immissionsschutz- oder Störfallbeauftragten für den Konzernbereich gestatten, wenn

1. das herrschende Unternehmen den Betreibern gegenüber zu Weisungen hinsichtlich der in § 54 Abs. 1 Satz 2 Nr. 1, § 56 Abs. 1, § 58b Abs. 1 Satz 2 Nr. 1 und § 58c Abs. 2 Satz 1 des Bundes-Immissionsschutzgesetzes genannten Maßnahmen berechtigt ist und
2. der Betreiber für seine Anlage eine oder mehrere Personen bestellt, deren Fachkunde und Zuverlässigkeit eine sachgemäße Erfüllung der Aufgaben eines betriebsangehörigen Immissionsschutz- oder Störfallbeauftragten gewährleistet.

§ 5 Nicht betriebsangehörige Beauftragte

(1) Betreibern von Anlagen im Sinne des § 1 Abs. 1 soll die zuständige Behörde auf Antrag die Bestellung eines oder mehrerer nicht betriebsangehöriger Immissionsschutzbeauftragter gestatten, wenn hierdurch eine sachgemäße Erfüllung der in § 54 des Bundes-Immissionsschutzgesetzes bezeichneten Aufgaben nicht gefährdet wird.

(2) Betreibern von Anlagen im Sinne des § 1 Abs. 2 kann die zuständige Behörde auf Antrag die Bestellung eines oder mehrerer nicht betriebsangehöriger Störfallbeauftragter gestatten, wenn hierdurch eine sachgemäße Erfüllung der in § 58b des Bundes-Immissionsschutzgesetzes bezeichneten Aufgaben nicht gefährdet wird.

§ 6 Ausnahmen

Die zuständige Behörde hat auf Antrag den Betreiber einer Anlage im Sinne des § 1 von der Verpflichtung zur Bestellung eines Immissionsschutz- oder Störfallbeauftragten zu befreien, wenn die Bestellung im Einzelfall aus den in § 53 Abs. 1 Satz 1 und § 58a Abs. 1 Satz 1 des Bundes-Immissionsschutzgesetzes genannten Gesichtspunkten nicht erforderlich ist.

Abschnitt 2
Fachkunde und Zuverlässigkeit von Beauftragten

§ 7 Anforderungen an die Fachkunde

Die Fachkunde im Sinne des § 55 Abs. 2 Satz 1 und des § 58c Abs. 1 des Bundes-Immissionsschutzgesetzes erfordert

1. den Abschluß eines Studiums auf den Gebieten des Ingenieurwesens, der Chemie oder der Physik an einer Hochschule,
2. die Teilnahme an einem oder mehreren von der nach Landesrecht zuständigen Behörde anerkannten Lehrgängen, in denen Kenntnisse entsprechend dem Anhang II zu dieser Verordnung vermittelt worden sind, die für die Aufgaben des Beauftragten erforderlich sind, und
3. während einer zweijährigen praktischen Tätigkeit erworbene Kenntnisse über die Anlage, für die der Beauftragte bestellt werden soll, oder über Anlagen, die im Hinblick auf die Aufgaben des Beauftragten vergleichbar sind.

§ 8 Voraussetzung der Fachkunde in Einzelfällen

(1) Soweit im Einzelfall eine sachgemäße Erfüllung der gesetzlichen Aufgaben der Beauftragten gewährleistet ist, kann die zuständige Behörde auf Antrag des Betreibers als Voraussetzung der Fachkunde anerkennen:

1. eine technische Fachschulausbildung oder im Falle des Immissionsschutzbeauftragten die Qualifikation als Meister auf einem Fachgebiet, dem die Anlage hinsichtlich ihrer Anlagen- und Verfahrenstechnik oder ihres Betriebs zuzuordnen ist, und zusätzlich

2. während einer mindestens vierjährigen praktischen Tätigkeit erworbene Kenntnisse im Sinne des § 7 Nr. 2 und 3, wobei jeweils mindestens zwei Jahre lang Aufgaben der in § 54 oder § 58b des Bundes-Immissionsschutzgesetzes bezeichneten Art wahrgenommen worden sein müssen.

(2) Die zuständige Behörde kann die Ausbildung in anderen als den in § 7 Nr. 1 oder Absatz 1 Nr. 1 genannten Fachgebieten anerkennen, wenn die Ausbildung in diesem Fach im Hinblick auf die Aufgabenstellung im Einzelfall als gleichwertig anzusehen ist.

§ 9 Anforderungen an die Fortbildung

(1) Der Betreiber hat dafür Sorge zu tragen, daß der Beauftragte regelmäßig, mindestens alle zwei Jahre, an Fortbildungsmaßnahmen teilnimmt. Zur Fortbildung ist auch die Teilnahme an Lehrgängen im Sinne des § 7 Nr. 2 erforderlich.

(2) Fortbildungsmaßnahmen nach Absatz 1 erstrecken sich auf die in Anhang II zu dieser Verordnung genannten Sachbereiche. Auf Verlangen der zuständigen Behörde ist die Teilnahme des Beauftragten an im Betrieb durchgeführten Fortbildungsmaßnahmen oder an Lehrgängen nachzuweisen.

§ 10 Anforderungen an die Zuverlässigkeit

(1) Die Zuverlässigkeit im Sinne des § 55 Abs. 2 Satz 1 und des § 58c Abs. 1 des Bundes-Immissionsschutzgesetzes erfordert, daß der Beauftragte auf Grund seiner persönlichen Eigenschaften, seines Verhaltens und seiner Fähigkeiten zur ordnungsgemäßen Erfüllung der ihm obliegenden Aufgaben geeignet ist.

(2) Die erforderliche Zuverlässigkeit ist in der Regel nicht gegeben, wenn der Immissionsschutzbeauftragte oder der Störfallbeauftragte

1. wegen Verletzung der Vorschriften
   a) des Strafrechts über gemeingefährliche Delikte oder Delikte gegen die Umwelt,
   b) des Natur- und Landschaftsschutz-, Chemikalien-, Gentechnik- oder Strahlenschutzrechts,
   c) des Lebensmittel-, Arzneimittel-, Pflanzenschutz- oder Infektionsschutzrechts,
   d) des Gewerbe-, Produktsicherheits- oder Arbeitsschutzrechts oder
   e) des Betäubungsmittel-, Waffen- oder Sprengstoffrechts

   zu einer Freiheitsstrafe, Jugendstrafe oder Geldstrafe rechtskräftig verurteilt worden ist,
2. wegen Verletzung der Vorschriften
   a) des Immissionsschutz-, Abfall-, Wasser-, Natur- und Landschaftsschutz-, Bodenschutz-, Chemikalien-, Gentechnik- oder Atom- und Strahlenschutzrechts,
   b) des Lebensmittel-, Arzneimittel-, Pflanzenschutz- oder Infektionsschutzrechts,
   c) des Gewerbe-, Produktsicherheits- oder Arbeitsschutzrechts oder
   d) des Betäubungsmittel-, Waffen- oder Sprengstoffrechts

   innerhalb der letzten fünf Jahre mit einer Geldbuße in Höhe von mehr als fünfhundert Euro belegt worden ist,

3. wiederholt und grob pflichtwidrig gegen Vorschriften nach Nummer 2 verstoßen hat oder
4. seine Pflichten als Immissionsschutzbeauftragter, als Störfallbeauftragter oder als Betriebsbeauftragter nach anderen Vorschriften verletzt hat.

§ 10a Nachweise nicht betriebsangehöriger Personen

Nachweise nicht betriebsangehöriger Personen aus einem anderen Mitgliedstaat der Europäischen Union oder einem anderen Vertragsstaat des Abkommens über den Europäischen Wirtschaftsraum über die Erfüllung der Anforderungen dieses Abschnitts stehen inländischen Nachweisen gleich, wenn aus ihnen hervorgeht, dass die Person die betreffenden Anforderungen oder die auf Grund ihrer Zielsetzung im Wesentlichen vergleichbaren Anforderungen des Ausstellungsstaates erfüllt. Sie sind auf Verlangen der zuständigen Behörde im Original oder in Kopie vorzulegen. Eine Beglaubigung der Kopie kann verlangt werden. Die zuständige Behörde kann darüber hinaus verlangen, dass gleichwertige Nachweise in beglaubigter deutscher Übersetzung vorgelegt werden. Für den Fall der vorübergehenden und nur gelegentlichen Tätigkeit eines Staatsangehörigen eines anderen Mitgliedstaates der Europäischen Union oder eines anderen Vertragsstaates des Abkommens über den Europäischen Wirtschaftsraum, der zur Ausübung einer solchen Tätigkeit in einem dieser Staaten niedergelassen ist, im Inland gilt § 13a Absatz 2 Satz 2 bis 5 und Absatz 3 der Gewerbeordnung entsprechend. Für den Fall der Niederlassung eines solchen Staatsangehörigen gilt hinsichtlich der erforderlichen Fachkunde § 36a Absatz 1 Satz 2 und Absatz 2 der Gewerbeordnung entsprechend.

Abschnitt 3

Schlußvorschriften

§ 11 Übergangsregelung

Die Anforderungen der §§ 7 und 8 gelten nicht für Immissionsschutzbeauftragte, die in Übereinstimmung mit den bisher geltenden Vorschriften bestellt worden sind.

§ 12 Inkrafttreten, Außerkrafttreten

Diese Verordnung tritt am Tage nach der Verkündung, § 7 Nr. 2 am ersten Tage des sechsten auf die Verkündung folgenden Kalendermonats in Kraft; .... Behördliche Entscheidungen auf Grund der bisherigen Fünften und der bisherigen Sechsten Verordnung zur Durchführung des Bundes-Immissionsschutzgesetzes gelten als Entscheidungen nach dieser Verordnung fort.

Schlußformel

Der Bundesrat hat zugestimmt.

Anhang I (zu § 1 Absatz 1)

Für genehmigungsbedürftige Anlagen, die in den folgenden Nummern des Anhangs 1 der Verordnung über genehmigungsbedürftige Anlagen vom 2. Mai 2013 (BGBl. S. 973) aufgeführt sind, ist ein Immissionsschutzbeauftragter zu bestellen:

1. Anlagen nach Nr. 1.1 mit einer Feuerungswärmeleistung bei
   a) festen oder flüssigen Brennstoffen von 150 Megawatt oder mehr oder
   b) gasförmigen Brennstoffen von 250 Megawatt oder mehr;
2. Anlagen nach Nr. 1.2.4 mit einer Feuerungswärmeleistung von 10 Megawatt oder mehr;

3. Anlagen nach Nr. 1.10;
4. Anlagen nach Nr. 1.11;
5. Anlagen nach Nr. 1.12;
6. Anlagen nach Nr. 1.14.1;
7. Anlagen nach Nr. 1.14.2;
8. Anlagen nach Nr. 2.3;
9. Anlagen nach Nr. 2.5 und Nr. 2.6;
10. Anlagen nach Nr. 2.8;
11. Anlagen nach Nr. 3.1;
12. Anlagen nach Nr. 3.2.2.1;
13. Anlagen nach Nr. 3.3;
14. Anlagen nach Nr. 3.4 mit einer Schmelzkapazität von
    a) 10 Tonnen Zink oder Zinklegierungen oder mehr je Tag,
    b) 5 Tonnen Leichtmetall oder mehr je Tag oder
    c) 10 Tonnen Schwermetall oder mehr je Tag;
15. Anlagen nach Nr. 3.7;
16. Anlagen nach Nr. 3.8;
17. Anlagen nach Nr. 3.9.1.1, ausgenommen Anlagen zum kontinuierlichen Verzinken nach dem Sendzimirverfahren, mit einer Verarbeitungskapazität von 10 Tonnen oder mehr Rohgut je Stunde;
18. Anlagen nach Nr. 3.9.2 mit einem Durchsatz von 50 Kilogramm oder mehr je Stunde;
19. Anlagen nach Nr. 3.18;
20. Anlagen nach Nr. 3.21 mit einer Produktionskapazität von 1 500 Stück oder mehr Starterbatterien oder Industriebatteriezellen je Tag;
21. Anlagen nach Nr. 4.1;
22. Anlagen nach Nr. 4.2;
23. Anlagen nach Nr. 4.4;
24. Anlagen nach Nr. 4.5;
25. Anlagen nach Nr. 4.6;
26. Anlagen nach Nr. 4.7;
27. Anlagen nach Nr. 5.1.1.1, in denen organische Lösungsmittel nach Nr. 5.1.2.1 eingesetzt werden, mit einem Verbrauch an solchen organischen Lösungsmitteln von 500 Kilogramm oder mehr je Stunde;
28. Anlagen nach Nr. 5.1.1.1, soweit nicht von Nr. 27 erfasst, mit einem Verbrauch an organischen Lösungsmitteln von 250 Kilogramm oder mehr je Stunde;

29. Anlagen nach Nr. 5.2.1;
30. Anlagen nach Nr. 6.1;
31. Anlagen nach Nr. 6.3;
32. Anlagen nach Nr. 7.3.2;
33. Anlagen nach Nr. 7.8;
34. Anlagen nach Nr. 7.9;
35. Anlagen nach Nr. 7.12;
36. Anlagen nach Nr. 7.16;
37. Anlagen nach Nr. 8.1;
38. Anlagen nach Nr. 8.3.1;
39. Anlagen nach Nr. 8.4;
40. Anlagen nach Nr. 8.5.1;
41. Anlagen nach Nr. 8.7;
42. Anlagen nach Nr. 8.8;
43. Anlagen nach Nr. 8.9.1;
44. Anlagen nach Nr. 8.12.1;
45. Anlagen nach Nr. 8.14, soweit gefährliche Abfälle gelagert werden;
46. Anlagen nach Nr. 8.15 mit einer Kapazität von 100 Tonnen oder mehr Abfällen je Tag.

Anhang II

Fundstelle des Originaltextes: BGBl. I 1993, 1439

A. Fachkunde von Immissionsschutzbeauftragten

Die Kenntnisse müssen sich auf folgende Bereiche erstrecken:

1. Anlagen- und Verfahrenstechnik unter Berücksichtigung des Standes der Technik;
2. Überwachung und Begrenzung von Emissionen sowie Verfahren zur Ermittlung und Bewertung von Immissionen und schädlichen Umwelteinwirkungen;
3. vorbeugender Brand- und Explosionsschutz;
4. umwelterhebliche Eigenschaften von Erzeugnissen einschließlich Verfahren zur Wiedergewinnung und Wiederverwertung;
5. chemische und physikalische Eigenschaften von Schadstoffen;
6. Vermeidung sowie ordnungsgemäße und schadlose Verwertung und Beseitigung von Abfall;
7. Energieeinsparung, Nutzung entstehender Wärme in der Anlage, im Betrieb oder durch Dritte;
8. Vorschriften des Umweltrechts insbesondere des Immissionsschutzrechts.

Während der praktischen Tätigkeit soll die Fähigkeit vermittelt werden, Stellungnahmen zu Investitionsentscheidungen und der Einführung neuer Verfahren und Erzeugnisse abzugeben und die Betriebsangehörigen über Belange des Immissionsschutzes zu informieren.

B. Fachkunde von Störfallbeauftragten

Die Kenntnisse müssen sich auf folgende Bereiche erstrecken:

1. Anlagen- und Verfahrenstechnik unter Berücksichtigung des Standes der Sicherheitstechnik;
2. chemische, physikalische, human- und ökotoxikologische Eigenschaften der Stoffe und Gemische, die in der Anlage bestimmungsgemäß vorhanden sind oder bei einer Störung entstehen können sowie deren mögliche Auswirkungen im Störfall;
3. betriebliche Sicherheitsorganisation;
4. Verhinderung von Störfällen und Begrenzung von Störfallauswirkungen;
5. vorbeugender Brand- und Explosionsschutz;
6. Anfertigung, Fortschreibung und Beurteilung von Sicherheitsberichten (Grundkenntnisse) sowie von betrieblichen Alarm- und Gefahrenabwehrplänen;
7. Beurteilung sicherheitstechnischer Unterlagen und Nachweise zur Errichtung, Betriebsüberwachung, Wartung, Instandhaltung und Betriebsunterbrechung von Anlagen;
8. Überwachung, Beurteilung und Begrenzung von Emissionen und Immissionen bei Störungen des bestimmungsgemäßen Betriebs;
9. Vorschriften des Umweltrechts, insbesondere des Immissionsschutzrechts, des Rechts der technischen Sicherheit und des technischen Arbeitsschutzes, des Gefahrstoffrechts sowie des Katastrophenschutzrechts;
10. Information der Öffentlichkeit nach § 11 der Störfall-Verordnung.

Während der praktischen Tätigkeit soll auch die Fähigkeit vermittelt werden, Stellungnahmen zu Investitionsentscheidungen und zur Planung von Betriebsanlagen sowie der Einführung von Arbeitsverfahren und Arbeitsstoffen abzugeben.

Siebzehnte Verordnung zur Durchführung des Bundes-Immissionsschutzgesetzes

(Verordnung über die Verbrennung und die Mitverbrennung von Abfällen – 17. BImSchV)

vom 02. Mai 2013 (BGBl. I S. 1021, 1044, 3754)

Die V wurde als Artikel 3 der V vom 2.5.2013 BGBl. I S. 1021 von der Bundesregierung und dem Bundesministerium für Verkehr, Bau und Stadtentwicklung, nach Anhörung der beteiligten Kreise, im Einvernehmen mit dem Bundesministerium der Finanzen und dem Bundesministerium für Wirtschaft und Technologie, unter Wahrung der Rechte des Bundestages gemäß § 48b des Bundes-Immissionsschutzgesetzes sowie mit Zustimmung des Bundesrates beschlossen. Sie ist gem. Art. 10 Abs. 1 dieser V am 2.5.2013 in Kraft getreten.

Inhaltsübersicht

Anlage 4 (zu § 15 Absatz 1, § 16 Absatz 1 und § 17 Absatz 5)	Anforderungen an die kontinuierlichen Messeinrichtungen und die Validierung der Messergebnisse
Anlage 5 (zu § 2 Absatz 10)	Umrechnungsformel

Abschnitt 1

Allgemeine Vorschriften

§ 1 Anwendungsbereich

(1) Diese Verordnung gilt für die Errichtung, die Beschaffenheit und den Betrieb von Abfallverbrennungs- und Abfallmitverbrennungsanlagen, die nach § 4 des Bundes-Immissionsschutzgesetzes in Verbindung mit der in Nummer 2 genannten Verordnung genehmigungsbedürftig sind und in denen folgende Abfälle und Stoffe eingesetzt werden:

1. feste, flüssige oder in Behältern gefasste gasförmige Abfälle oder
2. ähnliche feste oder flüssige brennbare Stoffe, die nicht in den Nummern 1.2.1, 1.2.2 oder Nummer 1.2.3 des Anhangs 1 der Verordnung über genehmigungsbedürftige Anlagen vom 2. Mai 2013 (BGBl. I S. 973) aufgeführt sind, ausgenommen ähnliche flüssige brennbare Stoffe, soweit bei ihrer Verbrennung keine anderen oder keine höheren Emissionen als bei der Verbrennung von leichtem Heizöl auftreten können, oder
3. feste, flüssige oder gasförmige Stoffe, die bei der Pyrolyse oder Vergasung von Abfällen entstehen.

(2) Diese Verordnung gilt weder für Abfallverbrennungs- oder -mitverbrennungsanlagen noch für einzelne Abfallverbrennungs- oder -mitverbrennungslinien, die, abgesehen vom Einsatz der in den Nummern 1.2.1, 1.2.2 und 1.2.3 des Anhangs 1 der Verordnung über genehmigungsbedürftige Anlagen aufgeführten Stoffe, ausschließlich bestimmt sind für den Einsatz von

1. Biobrennstoffen gemäß § 2 Absatz 6 Nummer 2 der Verordnung über Großfeuerungs-, Gasturbinen- und Verbrennungsmotoranlagen vom 2. Mai 2013 (BGBl. I S. 1021, 1023) in der jeweils geltenden Fassung,
2. Tierkörpern im Sinne der Verordnung (EG) Nr. 1069/2009 des Europäischen Parlaments und des Rates vom 21. Oktober 2009 mit Hygienevorschriften für nicht für den menschlichen Verzehr bestimmte tierische Nebenprodukte und zur Aufhebung der Verordnung (EG) Nr. 1774/2002 (Verordnung über tierische Nebenprodukte) (ABl. L 300 vom 14.11.2009, S. 1), die durch die Richtlinie 2010/63/EU (ABl. L 276 vom 20.10.2010, S. 33) geändert worden ist, oder
3. Abfällen, die beim Aufsuchen von Erdöl- und Erdgasvorkommen und deren Förderung auf Bohrinseln entstehen und dort verbrannt werden.

(3) Die Verordnung ist nicht anzuwenden auf

1. Abfallverbrennungs- oder -mitverbrennungslinien, die für Forschungs-, Entwicklungs- und Prüfzwecke zur Verbesserung des Verbrennungsprozesses weniger als 50 Megagramm Abfälle im Jahr behandeln, und

2. gasförmige Stoffe nach Absatz 1 Nummer 3, die in Abfallmitverbrennungsanlagen eingesetzt werden, wenn ihre Verbrennung auf Grund ihrer Zusammensetzung keine anderen oder höheren Emissionen verursacht als die Verbrennung von Erdgas.

(4) Diese Verordnung enthält Anforderungen an Abfallverbrennungs- und Abfallmitverbrennungsanlagen,

1. die nach § 5 Absatz 1 Nummer 1 bis 4 des Bundes-Immissionsschutzgesetzes zu erfüllen sind bei der Errichtung und beim Betrieb der Anlagen zur
   a) Bekämpfung von Brandgefahren,
   b) Vorsorge gegen schädliche Umwelteinwirkungen,
   c) Behandlung von Abfällen und
   d) Nutzung der entstehenden Wärme sowie
2. zur Erfüllung von Luftqualitätsanforderungen der Europäischen Gemeinschaften oder Europäischen Union nach § 48a Absatz 1 und 3 des Bundes-Immissionsschutzgesetzes.

§ 2 Begriffsbestimmungen

(1) „Abfall" im Sinne dieser Verordnung sind Stoffe oder Gegenstände, die gemäß den Bestimmungen des Kreislaufwirtschaftsgesetzes vom 24. Februar 2012 (BGBl. I S. 212) in der jeweils geltenden Fassung Abfälle sind.

(2) „Abfallmitverbrennende Großfeuerungsanlage" im Sinne dieser Verordnung ist eine Abfallmitverbrennungsanlage mit einer Feuerungswärmeleistung von 50 Megawatt oder mehr.

(3) „Abfallmitverbrennungsanlage" im Sinne dieser Verordnung ist eine Feuerungsanlage, deren Hauptzweck in der Energiebereitstellung oder der Produktion stofflicher Erzeugnisse besteht und in der Abfälle oder Stoffe nach § 1 Absatz 1, bei gemischten Siedlungsabfällen nur soweit es sich um aufbereitete gemischte Siedlungsabfälle handelt,

1. als regelmäßige oder zusätzliche Brennstoffe verwendet werden oder
2. mit dem Ziel der Beseitigung thermisch behandelt werden.

Die Anlage in diesem Sinne erstreckt sich auf die gesamte Abfallmitverbrennungsanlage, dazu gehören alle Abfallmitverbrennungslinien, die Annahme und Lagerung der Abfälle und Stoffe nach § 1 Absatz 1, die auf dem Gelände befindlichen Vorbehandlungsanlagen, das Zufuhrsystem für Abfälle und Stoffe nach § 1 Absatz 1, für Brennstoffe und Luft, der Kessel, die Abgasbehandlungsanlagen, die auf dem Gelände befindlichen Anlagen zur Behandlung und Lagerung von Abfällen und Abwässern, die bei der Abfallmitverbrennung entstehen, der Schornstein, die Vorrichtungen und Systeme zur Kontrolle der Verbrennungsvorgänge, zur Aufzeichnung und zur Überwachung der Verbrennungsbedingungen. Falls die Abfallmitverbrennung in solch einer Weise erfolgt, dass der Hauptzweck der Anlage nicht in der Energiebereitstellung oder der Produktion stofflicher Erzeugnisse, sondern in der thermischen Behandlung von Abfällen besteht, gilt die Anlage als Abfallverbrennungsanlage im Sinne des Absatzes 4.

(4) „Abfallverbrennungsanlage" im Sinne dieser Verordnung ist eine Feuerungsanlage, deren Hauptzweck darin besteht, thermische Verfahren zur Behandlung von Abfällen oder Stoffen nach § 1 Absatz 1 zu verwenden. Diese Verfahren umfassen die Verbrennung durch Oxidation der oben genannten Stoffe und andere vergleichbare thermische Verfahren wie Pyrolyse, Vergasung oder Plasmaverfahren, soweit die bei den vorgenannten thermischen Verfahren aus Abfällen entstehenden festen, flüssigen oder gasförmigen Stoffe verbrannt werden. Die Anlage in diesem

Sinne erstreckt sich auf die gesamte Abfallverbrennungsanlage, dazu gehören alle Abfallverbrennungslinien, die Annahme und Lagerung der Abfälle und Stoffe nach § 1 Absatz 1, die auf dem Gelände befindlichen Vorbehandlungsanlagen, das Zufuhrsystem für Abfälle und Stoffe nach § 1 Absatz 1, für Brennstoffe und Luft, der Kessel, die Abgasbehandlungsanlagen, die auf dem Gelände befindlichen Anlagen zur Behandlung und Lagerung von Abfällen und Abwässern, die bei der Abfallverbrennung entstehen, der Schornstein, die Vorrichtungen und Systeme zur Kontrolle der Verbrennungsvorgänge, zur Aufzeichnung und zur Überwachung der Verbrennungsbedingungen.

(5) „Abfallverbrennungs- oder -mitverbrennungslinie" im Sinne dieser Verordnung ist die jeweilige technische Einrichtung der Abfallverbrennungs- oder -mitverbrennungsanlage; dazu gehören ein Brennraum, gegebenenfalls ein Brenner, und die dazugehörige Steuerungseinheit, eine Abgasreinigungseinrichtung sowie sonstige Nebeneinrichtungen entsprechend § 1 Absatz 2 Nummer 2 der Verordnung über genehmigungsbedürftige Anlagen.

(6) „Abgas" im Sinne dieser Verordnung ist das Trägergas mit den festen, flüssigen oder gasförmigen Emissionen, angegeben als Volumenstrom in der Einheit Kubikmeter je Stunde (m3/h) und bezogen auf das Abgasvolumen im Normzustand (Temperatur 273,15 Kelvin (K), Druck 101,3 Kilopascal (kPa)) nach Abzug des Feuchtegehalts an Wasserdampf.

(7) „Aufbereitete gemischte Siedlungsabfälle" im Sinne dieser Verordnung sind gemischte Siedlungsabfälle, für die zum Zwecke der Mitverbrennung Maßnahmen ergriffen wurden, die eine Belastung mit anorganischen Schadstoffen, insbesondere Schwermetallen, deutlich reduzieren; Trocknen, Pressen oder Mischen zählen in der Regel nicht zu diesen Maßnahmen.

13

(8) „Bestehende abfallmitverbrennende Großfeuerungsanlage" im Sinne dieser Verordnung ist eine abfallmitverbrennende Großfeuerungsanlage,

1. die nach § 67 Absatz 2 oder § 67a Absatz 1 des Bundes-Immissionsschutzgesetzes oder vor Inkrafttreten des Bundes-Immissionsschutzgesetzes nach § 16 Absatz 4 der Gewerbeordnung anzuzeigen war,
2. für die die erste Genehmigung zur Errichtung und zum Betrieb nach § 4 oder § 16 des Bundes-Immissionsschutzgesetzes vor dem 7. Januar 2013 erteilt worden ist und die vor dem 7. Januar 2014 in Betrieb gegangen ist, oder
3. für die der Betreiber vor dem 7. Januar 2013 einen vollständigen Genehmigungsantrag zur Errichtung und zum Betrieb nach § 4 oder § 16 des Bundes-Immissionsschutzgesetzes gestellt hat und die vor dem 7. Januar 2014 in Betrieb gegangen ist.

(9) „Bestehende Abfallverbrennungs- oder -mitverbrennungsanlage" im Sinne dieser Verordnung ist eine Abfallverbrennungs- oder -mitverbrennungsanlage, ausgenommen abfallmitverbrennende Großfeuerungsanlagen, die vor dem 2. Mai 2013 genehmigt oder errichtet wurde.

(10) „Bezugssauerstoffgehalt" im Sinne dieser Verordnung ist der jeweils vorgegebene oder zu berechnende Volumengehalt an Sauerstoff im Abgas, auf den der jeweilige Emissionsgrenzwert unter Berücksichtigung von Anlage 5 zu beziehen ist.

(11) „Biobrennstoffe" im Sinne dieser Verordnung sind Biobrennstoffe gemäß § 2 Absatz 6 der Verordnung über Großfeuerungs-, Gasturbinen- und Verbrennungsmotoranlagen.

(12) „Emissionen" im Sinne dieser Verordnung sind die von einer Anlage ausgehenden Luftverunreinigungen; angegeben als Massenkonzentration in der Einheit Milligramm je Kubikmeter Abgas (mg/m3) oder Nanogramm je Kubikmeter Abgas (ng/m3) oder als Massenstrom in der Einheit Megagramm pro Jahr (Mg/a).

(13) „Emissionsgrenzwert" im Sinne dieser Verordnung ist die Emission einer Anlage, die zulässigerweise in die Luft abgeleitet werden darf, angegeben als Massenkonzentration und bezogen auf den jeweiligen Bezugssauerstoffgehalt.

(14) „Erdgas" im Sinne dieser Verordnung sind

1. natürlich vorkommendes Methangas mit nicht mehr als 20 Volumenprozent an Inertgasen und sonstigen Bestandteilen, das den Anforderungen des DVGW-Arbeitsblattes G 260 vom Mai 2008 für Gase der 2. Gasfamilie entspricht, sowie

2. Klär-, Bio- und Grubengase nach DVGW-Arbeitsblatt G 262 vom September 2011, die die Bedingungen des DVGW-Arbeitsblattes G 260 als Austauschgas oder als Zusatzgas zur Konditionierung erfüllen und insoweit die Grundgase der 2. Gasfamilie in der öffentlichen Gasversorgung ersetzen oder ergänzen.

(15) „Feuerungsanlage" im Sinne dieser Verordnung ist jede Anlage, in der Brennstoff zur Nutzung der erzeugten Wärme oxidiert wird.

(16) „Feuerungswärmeleistung" im Sinne dieser Verordnung ist der auf den unteren Heizwert bezogene Wärmeinhalt der Brenn- oder Einsatzstoffe, der einer Anlage im Dauerbetrieb je Zeiteinheit zugeführt wird, angegeben in Megawatt (MW).

(17) „Gemischte Siedlungsabfälle" im Sinne dieser Verordnung sind Abfälle aus Haushaltungen sowie gewerbliche, industrielle Abfälle und Abfälle aus Einrichtungen, die auf Grund ihrer Beschaffenheit oder Zusammensetzung den Abfällen aus Haushaltungen ähnlich sind. Zu den gemischten Siedlungsabfällen im Sinne dieser Verordnung gehören weder die unter der Abfallgruppe 20 01 der Abfallverzeichnis-Verordnung[1] genannten Abfallfraktionen, die am Entstehungsort getrennt eingesammelt werden, noch die unter der Abfallgruppe 20 02 derselben Verordnung genannten Abfälle.

(18) „Gefährliche Abfälle" im Sinne dieser Verordnung sind gefährliche Abfälle gemäß der Abfallverzeichnis-Verordnung.

(19) „Leichtes Heizöl" im Sinne dieser Verordnung ist Heizöl EL nach DIN 51603–1, Ausgabe August 2008.

Abschnitt 2
Anforderungen an die Errichtung, die Beschaffenheit und den Betrieb

§ 3 Anforderungen an die Anlieferung, die Annahme und die Zwischenlagerung der Einsatzstoffe

(1) Der Betreiber einer Abfallverbrennungs- oder -mitverbrennungsanlage hat alle erforderlichen Vorsichtsmaßnahmen hinsichtlich der Anlieferung und Annahme der Abfälle zu ergreifen, um die Verschmutzung der Luft, des Bodens, des Oberflächenwassers und des Grundwassers, andere Belastungen der Umwelt, Geruchs- und Lärmbelästigungen sowie direkte Gefahren für die menschliche Gesundheit zu vermeiden oder, so weit wie möglich zu begrenzen.

(2) Der Betreiber trägt vor Annahme gefährlicher Abfälle in der Abfallverbrennungs- oder -mitverbrennungsanlage die verfügbaren Angaben über die Abfälle zusammen, damit festgestellt wer-

[1] Hinweis der Schriftleitung:
Abfallverzeichnis-Verordnung vom 10. Dezember 2001 (BGBl. I S. 3379), die zuletzt durch Artikel 5 Absatz 22 des Gesetzes vom 24. Februar 2012 (BGBl. I S. 212) geändert worden ist.

den kann, ob die Genehmigungsbedingungen erfüllt sind. Diese Angaben müssen Folgendes umfassen:

1. alle verwaltungsmäßigen Angaben über den Entstehungsprozess der Abfälle, die in den in Absatz 3 Satz 1 Nummer 1 genannten Dokumenten enthalten sind,
2. die physikalische und soweit praktikabel die chemische Zusammensetzung der Abfälle,
3. alle sonstigen erforderlichen Angaben zur Beurteilung der Eignung der Abfälle für den vorgesehenen Verbrennungsprozess,
4. Gefahrenmerkmale der Abfälle, Stoffe, mit denen sie nicht vermischt werden dürfen, und Vorsichtsmaßnahmen beim Umgang mit diesen Abfällen.

(3) Der Betreiber muss vor Annahme gefährlicher Abfälle in der Abfallverbrennungs- oder -mitverbrennungsanlage mindestens folgende Maßnahmen durchführen:

1. Prüfung der Dokumente, die in der Richtlinie 2008/98/EG des Europäischen Parlaments und des Rates vom 19. November 2008 über Abfälle und zur Aufhebung bestimmter Richtlinien (ABl. L 312 vom 22.11.2008, S. 3, L 127 vom 26.5.2009, S. 24) (Abfallrahmenrichtlinie) und gegebenenfalls in der Verordnung (EG) Nr. 1013/2006 des Europäischen Parlaments und des Rates vom 14. Juni 2006 über die Verbringung von Abfällen (ABl. L 190 vom 12.7.2006, S. 1, L 318 vom 28.11.2008, S. 15), die zuletzt durch die Verordnung (EU) Nr. 135/2012 (ABl. L 46 vom 17.2.2012, S. 30) geändert worden ist, sowie den Rechtsvorschriften für Gefahrguttransporte vorgeschrieben sind, sowie
2. Entnahme von repräsentativen Proben und Kontrolle der entnommenen Proben, um zu überprüfen, ob die Abfälle den Angaben nach Absatz 2 entsprechen und den zuständigen Behörden die Feststellung der Art der behandelten Abfälle zu ermöglichen; die Proben sind vor dem Abladen zu entnehmen, sofern dies nicht mit unverhältnismäßigem Aufwand verbunden ist. 13

Die Proben gemäß Satz 1 Nummer 2 sind nach der Verbrennung oder Mitverbrennung des betreffenden Abfalls mindestens einen Monat lang aufzubewahren.

(4) Der Betreiber der Anlage hat vor der Annahme des Abfalls in der Abfallverbrennungs- oder -mitverbrennungsanlage die Masse einer jeden Abfallart gemäß der Abfallverzeichnis-Verordnung zu bestimmen.

(5) Die zuständige Behörde kann auf Antrag des Betreibers für Abfallverbrennungs- oder -mitverbrennungsanlagen Ausnahmen von den Absätzen 2 bis 4 zulassen, wenn diese Anlagen

1. Teil einer in Anhang 1 der Verordnung über genehmigungsbedürftige Anlagen in Spalte d mit dem Buchstaben E gekennzeichneten Anlage sind und
2. nur Abfälle verbrennen oder mitverbrennen, die innerhalb der Anlage entstanden sind.

(6) Flüssige Abfälle oder Stoffe nach § 1 Absatz 1 sind in geschlossenen, gegen Überdruck gesicherten Behältern zu lagern. Bei der Befüllung der Behälter ist das Gaspendelverfahren anzuwenden oder die Verdrängungsluft zu erfassen. Der Betreiber hat vor Inbetriebnahme einer Abfallverbrennungs- oder –mitverbrennungsanlage offene Übergabestellen mit einer Luftabsaugung auszurüsten. Die Verdrängungsluft aus den Behältern sowie die abgesaugte Luft sind der Feuerung zuzuführen. Bei Stillstand der Feuerung ist eine Annahme an offenen Übergabestellen oder ein Füllen von Lagertanks nur zulässig, wenn emissionsmindernde Maßnahmen, insbesondere die Gaspendelung oder eine Abgasreinigung, angewandt werden.

§ 4 Errichtung und Beschaffenheit der Anlagen

(1) Abfallverbrennungs- oder -mitverbrennungsanlagen sind so auszulegen, zu errichten und zu betreiben, dass ein unerlaubtes und unbeabsichtigtes Freisetzen von Schadstoffen in den Boden, in das Oberflächenwasser oder das Grundwasser vermieden wird. Außerdem muss für das auf dem Gelände der Abfallverbrennungs- oder -mitverbrennungsanlage anfallende verunreinigte Regenwasser und für verunreinigtes Wasser, das bei Störungen oder bei der Brandbekämpfung anfällt, eine ausreichende Speicherkapazität vorgesehen werden. Sie ist ausreichend, wenn das anfallende Wasser geprüft und erforderlichenfalls vor der Ableitung behandelt werden kann.

(2) Der Betreiber hat eine Abfallverbrennungsanlage für feste Abfälle oder Stoffe nach § 1 Absatz 1 vor Inbetriebnahme mit einem Bunker auszurüsten, der mit einer Absaugung zu versehen ist und dessen abgesaugte Luft der Feuerung zuzuführen ist. Für den Fall, dass die Feuerung nicht in Betrieb ist, sind Maßnahmen zur Reinigung und Ableitung der abgesaugten Luft vorzusehen.

(3) Der Betreiber hat eine Abfallmitverbrennungsanlage für feste Abfälle oder Stoffe nach § 1 Absatz 1 vor Inbetriebnahme mit geschlossenen Lagereinrichtungen für diese Stoffe auszurüsten. Die bei der Lagerung entstehende Abluft ist zu fassen.

(4) Die Absätze 2 und 3 gelten nicht für Abfallverbrennungs- oder -mitverbrennungsanlagen, soweit die Abfälle oder Stoffe nach § 1 Absatz 1 der Abfallverbrennung oder Abfallmitverbrennung ausschließlich in geschlossenen Einwegbehältnissen oder aus Mehrwegbehältnissen zugeführt werden.

(5) Für Abfallverbrennungs- oder -mitverbrennungsanlagen sind Maßnahmen und Einrichtungen zur Erkennung und Bekämpfung von Bränden vorzusehen. Die Brandschutzeinrichtungen und -maßnahmen sind so auszulegen, dass im Abfallbunker entstehende oder eingetragene Brände erkannt und bekämpft werden können.

(6) Sind auf Grund der Zusammensetzung der Abfälle oder Stoffe nach § 1 Absatz 1 Explosionen im Lagerbereich nicht auszuschließen, sind abweichend von Absatz 4 andere geeignete Maßnahmen durchzuführen. Die Maßnahmen werden von der zuständigen Behörde näherer bestimmt.

(7) Der Betreiber hat vor der Inbetriebnahme jede Abfallverbrennungs- oder -mitverbrennungslinie einer Abfallverbrennungs- oder -mitverbrennungsanlage mit einem oder mehreren Brennern auszurüsten. Satz 1 ist nicht anzuwenden, sofern die Voraussetzungen des § 9 Absatz 1 Satz 1 Nummer 1 erfüllt sind.

(8) Der Betreiber hat eine Abfallverbrennungs- oder -mitverbrennungsanlage vor der Inbetriebnahme mit automatischen Vorrichtungen auszurüsten, durch die sichergestellt wird, dass

1. eine Beschickung der Anlagen mit Abfällen oder Stoffen nach § 1 Absatz 1 erst möglich ist, wenn beim Anfahren die Mindesttemperatur erreicht ist,
2. eine Beschickung der Anlagen mit Abfällen oder Stoffen nach § 1 Absatz 1 nur so lange erfolgen kann, wie die Mindesttemperatur aufrechterhalten wird,
3. eine Beschickung der Anlagen mit Abfällen oder Stoffen nach § 1 Absatz 1 unterbrochen wird, wenn infolge eines Ausfalls oder einer Störung von Abgasreinigungseinrichtungen eine Überschreitung eines kontinuierlich überwachten Emissionsgrenzwertes eintreten kann; dabei sind sicherheitstechnische Belange des Brand- und Explosionsschutzes zu beachten.

(9) Die Abfallverbrennungs- oder -mitverbrennungsanlagen sind mit Registriereinrichtungen auszurüsten, durch die Verriegelungen oder Abschaltungen durch die automatischen Vorrichtungen nach Absatz 8 registriert werden.

(10) Sonstige Anforderungen, die sich aus der Verordnung über Großfeuerungs-, Gasturbinen- und Verbrennungsmotoranlagen oder aus § 5 Absatz 1 Nummer 2 des Bundes-Immissionsschutzgesetzes unter Beachtung der Ersten Allgemeinen Verwaltungsvorschrift zum Bundes-Immissionsschutzgesetz (Technische Anleitung zur Reinhaltung der Luft – TA Luft) vom 24. Juli 2002 (GMBl. S. 511) in der jeweils geltenden Fassung ergeben, bleiben unberührt.

§ 5 Betriebsbedingungen

(1) Eine Abfallverbrennungsanlage ist so zu errichten und zu betreiben, dass

1. ein weitgehender Ausbrand der Abfälle oder der Stoffe nach § 1 Absatz 1 erreicht wird und
2. in der Schlacke und in der Rostasche ein Gehalt an organisch gebundenem Gesamtkohlenstoff von weniger als 3 Prozent oder ein Glühverlust von weniger als 5 Prozent des Trockengewichtes eingehalten wird.

(2) Soweit es zur Erfüllung der Anforderungen nach Absatz 1 erforderlich ist, sind die Abfälle oder Stoffe nach § 1 Absatz 1 vorzubehandeln. Die Vorbehandlung erfolgt in der Regel durch Zerkleinern oder Mischen oder durch das Öffnen von Einwegbehältnissen.

(3) Entgegen den Anforderungen nach Absatz 2 sollen infektiöse krankenhausspezifische Abfälle in die Feuerung gebracht werden, ohne vorher mit anderen Abfallarten vermischt oder anderweitig vorbehandelt worden zu sein.

(4) Die Abfallmitverbrennungsanlagen sind so zu betreiben, dass eine möglichst vollständige Verbrennung von Abfällen und Stoffen nach § 1 Absatz 1 erreicht wird. 13

(5) Flugascheablagerungen sind möglichst gering zu halten, insbesondere durch geeignete Abgasführung sowie häufige Reinigung von Kesseln, Heizflächen, Kesselspeisewasser-Vorwärmern und Abgaszügen.

§ 6 Verbrennungsbedingungen für Abfallverbrennungsanlagen

(1) Abfallverbrennungsanlagen sind so zu errichten und zu betreiben, dass für die Verbrennungsgase, die bei der Verbrennung von Abfällen oder Stoffen nach § 1 Absatz 1 entstehen, nach der letzten Verbrennungsluftzuführung eine Mindesttemperatur von 850 Grad Celsius eingehalten wird.

(2) Bei der Verbrennung von gefährlichen Abfällen mit einem Halogengehalt aus halogenorganischen Stoffen von mehr als 1 Prozent des Gewichts, berechnet als Chlor, hat der Betreiber dafür zu sorgen, dass abweichend von Absatz 1 eine Mindesttemperatur von 1 100 Grad Celsius eingehalten wird.

(3) Die Mindesttemperatur muss auch unter ungünstigsten Bedingungen bei gleichmäßiger Durchmischung der Verbrennungsgase mit der Verbrennungsluft für eine Verweilzeit von mindestens zwei Sekunden eingehalten werden.

(4) Die Messung der Mindesttemperatur hat in der Nähe der Innenwand des Brennraums zu erfolgen. Die zuständige Behörde kann genehmigen, dass die Messung an einer anderen repräsentativen Stelle des Brennraums oder Nachverbrennungsraums erfolgen kann. Die Überprüfung und gegebenenfalls Anpassung der repräsentativen Stelle erfolgt mit Zustimmung der zuständigen Behörde im Rahmen der Inbetriebnahme der Anlage.

(5) Die Einhaltung der Mindesttemperatur und der Mindestverweilzeit ist zumindest einmal bei Inbetriebnahme der Anlage durch Messungen oder durch ein von der zuständigen Behörde anerkanntes Gutachten nachzuweisen.

(6) Abweichend von den Absätzen 1 bis 3 können die zuständigen Behörden andere Mindesttemperaturen oder Mindestverweilzeiten (Verbrennungsbedingungen) zulassen, sofern

1. die sonstigen Anforderungen dieser Verordnung eingehalten werden und
2. nachgewiesen wird, dass durch die Änderung der Verbrennungsbedingungen keine größeren Abfallmengen und keine Abfälle mit einem höheren Gehalt an organischen Schadstoffen, insbesondere an polyzyklischen aromatischen Kohlenwasserstoffen, polyhalogenierten Dibenzodioxinen, polyhalogenierten Dibenzofuranen oder polyhalogenierten Biphenylen, entstehen, als unter den in den Absätzen 1 bis 3 festgelegten Bedingungen zu erwarten wären.

Der Nachweis nach Satz 1 Nummer 2 ist zumindest einmal bei der Inbetriebnahme der Abfallverbrennungsanlage unter den geänderten Verbrennungsbedingungen durch Messungen oder durch ein von der zuständigen Behörde anerkanntes Gutachten zu erbringen. Die zuständigen Behörden haben Ausnahmegenehmigungen nach Satz 1 den zuständigen obersten Immissionsschutzbehörden der Länder zur Weiterleitung an die Europäische Kommission vorzulegen.

(7) Für bestehende Anlagen gilt der Nachweis für ausreichende Verbrennungsbedingungen auch als erbracht, sofern zumindest einmal nach der Inbetriebnahme der Anlage durch Messungen nachgewiesen wird, dass keine höheren Emissionen, insbesondere an polyzyklischen aromatischen Kohlenwasserstoffen, polyhalogenierten Dibenzodioxinen, polyhalogenierten Dibenzofuranen oder polyhalogenierten Biphenylen, entstehen als bei den jeweils nach den Absätzen 1 bis 3 festgelegten Verbrennungsbedingungen.

(8) Während des Anfahrens und bei drohender Unterschreitung der Mindesttemperatur müssen die Brenner mit Erdgas, Flüssiggas, Wasserstoff, gasförmigen Brennstoffen nach Nummer 1.2.2 des Anhangs 1 der Verordnung über genehmigungsbedürftige Anlagen, leichtem Heizöl oder sonstigen flüssigen Stoffen nach § 1 Absatz 1, soweit auf Grund ihrer Zusammensetzung keine anderen oder höheren Emissionen als bei der Verbrennung von leichtem Heizöl auftreten können, betrieben werden.

(9) Beim Abfahren von Abfallverbrennungsanlagen oder einzelnen Abfallverbrennungslinien müssen die Brenner zur Aufrechterhaltung der Verbrennungsbedingungen so lange betrieben werden, bis sich keine Abfälle oder Stoffe nach § 1 Absatz 1 mehr im Feuerraum befinden. Die Brenner sind ausschließlich mit den in Absatz 8 genannten Brennstoffen zu betreiben. Satz 1 ist nicht auf die sonstigen flüssigen Stoffe nach § 1 Absatz 1 anzuwenden, soweit auf Grund ihrer Zusammensetzung keine anderen oder keine höheren Emissionen als bei der Verbrennung von leichtem Heizöl auftreten können und sie zur Aufrechterhaltung der Verbrennungsbedingungen eingesetzt werden.

§ 7 Verbrennungsbedingungen für Abfallmitverbrennungsanlagen

(1) Abfallmitverbrennungsanlagen sind so zu errichten und zu betreiben, dass für die Verbrennungsgase, die bei der Abfallmitverbrennung entstehen, eine Mindesttemperatur von 850 Grad Celsius eingehalten wird.

(2) Bei der Verbrennung von gefährlichen Abfällen mit einem Halogengehalt aus halogenorganischen Stoffen von mehr als 1 Prozent des Gewichts, berechnet als Chlor, hat der Betreiber dafür zu sorgen, dass abweichend von Absatz 1 eine Mindesttemperatur von 1 100 Grad Celsius eingehalten wird.

(3) Die Mindesttemperatur muss auch unter ungünstigsten Bedingungen für eine Verweilzeit von mindestens zwei Sekunden eingehalten werden.

(4) Die Messung der Mindesttemperatur hat an einer durch die zuständige Behörde in der Genehmigung festgelegten repräsentativen Stelle des Brennraums oder Nachverbrennungsraums zu erfolgen. Die Überprüfung und gegebenenfalls Anpassung der repräsentativen Stelle erfolgt mit Zustimmung der zuständigen Behörde im Rahmen der Inbetriebnahme der Anlage.

(5) Die Einhaltung der Mindesttemperatur und der Mindestverweilzeit ist zumindest einmal bei Inbetriebnahme der Anlage durch Messungen oder durch ein von der zuständigen Behörde anerkanntes Gutachten nachzuweisen.

(6) Abweichend von den Absätzen 1 bis 3 kann die zuständige Behörde andere Verbrennungsbedingungen zulassen, sofern

1. die sonstigen Anforderungen dieser Verordnung eingehalten werden und
2. die Emissionsgrenzwerte nach § 8 Absatz 1 für organische Stoffe, angegeben als Gesamtkohlenstoff, und für Kohlenmonoxid eingehalten werden.

Die zuständigen Behörden haben Ausnahmegenehmigungen nach Satz 1 den zuständigen obersten Immissionsschutzbehörden der Länder zur Weiterleitung an die Europäische Kommission vorzulegen.

§ 8 Emissionsgrenzwerte für Abfallverbrennungsanlagen

(1) Abfallverbrennungsanlagen sind so zu errichten und zu betreiben, dass

1. kein Tagesmittelwert die folgenden Emissionsgrenzwerte überschreitet:

a) Gesamtstaub	5 mg/m³,
b) organische Stoffe, angegeben als Gesamtkohlenstoff,	10 mg/m³,
c) gasförmige anorganische Chlorverbindungen, angegeben als Chlorwasserstoff,	10 mg/m³,
d) gasförmige anorganische Fluorverbindungen, angegeben als Fluorwasserstoff,	1 mg/m³,
e) Schwefeldioxid und Schwefeltrioxid, angegeben als Schwefeldioxid,	50 mg/m³,
f) Stickstoffmonoxid und Stickstoffdioxid, angegeben als Stickstoffdioxid,	150 mg/m³,
g) Quecksilber und seine Verbindungen, angegeben als Quecksilber,	0,03 mg/m³,
h) Kohlenmonoxid	50 mg/m³,
i) Ammoniak, sofern zur Minderung der Emissionen von Stickstoffoxiden ein Verfahren zur selektiven katalytischen oder nichtkatalytischen Reduktion eingesetzt wird	10 mg/m³;

2. kein Halbstundenmittelwert die folgenden Emissionsgrenzwerte überschreitet:

a) Gesamtstaub	20 mg/m³,

13

b) organische Stoffe, angegeben als Gesamtkohlenstoff, 20 mg/m³,

c) gasförmige anorganische Chlorverbindungen, angegeben als Chlorwasserstoff, 60 mg/m³,

d) gasförmige anorganische Fluorverbindungen, angegeben als Fluorwasserstoff, 4 mg/m³,

e) Schwefeldioxid und Schwefeltrioxid, angegeben als Schwefeldioxid, 200 mg/m³,

f) Stickstoffmonoxid und Stickstoffdioxid, angegeben als Stickstoffdioxid, 400 mg/m³,

g) Quecksilber und seine Verbindungen, angegeben als Quecksilber, 0,05 mg/m³,

h) Kohlenmonoxid 100 mg/m³,

i) Ammoniak, sofern zur Minderung der Emissionen von Stickstoffoxiden ein Verfahren zur selektiven katalytischen oder nichtkatalytischen Reduktion eingesetzt wird 15 mg/m³;

3. kein Mittelwert, der über die jeweilige Probenahmezeit gebildet ist, die Emissionsgrenzwerte nach Anlage 1 überschreitet.

(2) Für Abfallverbrennungsanlagen mit einer Feuerungswärmeleistung von weniger als 50 MW gilt

1. abweichend von Absatz 1 Nummer 1 Buchstabe a ein Emissionsgrenzwert für Gesamtstaub von 10 mg/m3 für den Tagesmittelwert und

2. abweichend von Absatz 1 Nummer 1 Buchstabe f ein Emissionsgrenzwert für Stickstoffmonoxid und Stickstoffdioxid, angegeben als Stickstoffdioxid, von 200 mg/m3 für den Tagesmittelwert.

(3) Die Emissionsgrenzwerte nach Absatz 1 beziehen sich auf einen Bezugssauerstoffgehalt von 11 Prozent. Soweit ausschließlich gasförmige Stoffe, die bei der Pyrolyse oder Vergasung von Abfällen entstehen, oder Altöle im Sinne von § 1a Absatz 1 der Altölverordnung in der Fassung der Bekanntmachung vom 16. April 2002 (BGBl. I S. 1368), die zuletzt durch Artikel 5 Absatz 14 des Gesetzes vom 24. Februar 2012 (BGBl. I S. 212) geändert worden ist, eingesetzt werden, beträgt der Bezugssauerstoffgehalt 3 Prozent.

§ 9 Emissionsgrenzwerte für Abfallmitverbrennungsanlagen

(1) Abfallmitverbrennungsanlagen sind so zu errichten und zu betreiben, dass folgende Emissionsgrenzwerte in den Abgasen eingehalten werden:

1. die Emissionsgrenzwerte nach Anlage 3, sofern

   a) die Anlage nicht mehr als 25 Prozent der jeweils gefahrenen Feuerungswärmeleistung einer Abfallmitverbrennungslinie aus Mitverbrennungsstoffen erzeugt, und

b) bei Einsatz gemischter Siedlungsabfälle nur aufbereitete gemischte Siedlungsabfälle eingesetzt werden,

sowie

2. die Emissionsgrenzwerte nach § 8 Absatz 1 und § 10 Absatz 1, sofern

   a) die Anlage mehr als 25 Prozent der jeweils gefahrenen Feuerungswärmeleistung einer Abfallmitverbrennungslinie aus Mitverbrennungsstoffen erzeugt oder

   b) bei Einsatz gemischter Siedlungsabfälle keine aufbereiteten gemischten Siedlungsabfälle eingesetzt werden.

Mitverbrennungsstoffe sind dabei die eingesetzten Abfälle und Stoffe nach § 1 Absatz 1 sowie die für ihre Mitverbrennung zusätzlich benötigten Brennstoffe.

(2) Für Anlagen zur Herstellung von Zementklinker oder Zementen oder für Anlagen zum Brennen von Kalkstein gemäß Nummer 2.3 oder 2.4 des Anhangs 1 der Verordnung über genehmigungsbedürftige Anlagen gelten die Regelungen in der Anlage 3 Nummer 2 auch dann, wenn abweichend von Absatz 1 Satz 1 Nummer 1 Buchstabe a der Anteil der Mitverbrennungsstoffe an der jeweils gefahrenen Feuerungswärmeleistung 25 Prozent übersteigt.

(3) Werden in Anlagen nach Absatz 2 mehr als 40 Prozent der jeweils gefahrenen Feuerungswärmeleistung aus gefährlichen Abfällen einschließlich des für deren Verbrennung zusätzlich benötigten Brennstoffs erzeugt, gelten abweichend von Absatz 2 die Grenzwerte nach § 8 Absatz 1 und § 10 Absatz 1. Für die Ermittlung des prozentualen Anteils nach Satz 1 unberücksichtigt bleiben flüssige brennbare Abfälle und Stoffe nach § 1 Absatz 1, wenn

13

1. deren Massengehalt an polychlorierten aromatischen Kohlenwasserstoffen, wie zum Beispiel polychlorierte Biphenyle oder Pentachlorphenol, weniger als 10 Milligramm je Kilogramm und deren unterer Heizwert mindestens 30 Megajoule je Kilogramm beträgt oder

2. auf Grund ihrer Zusammensetzung keine anderen oder keine höheren Emissionen als bei der Verbrennung von leichtem Heizöl auftreten können.

(4) Die Emissionsgrenzwerte beziehen sich auf einen Volumengehalt an Sauerstoff im Abgas, wie er in Anlage 3 festgelegt oder nach dem in Anlage 3 vorgegebenen Verfahren ermittelt wurde. Soweit in Anlage 3 nicht anders festgelegt ist, dürfen die Halbstundenmittelwerte das Zweifache der jeweils festgelegten Tagesmittelwerte nicht überschreiten. Soweit Emissionsgrenzwerte nach Anlage 3 Nummer 3 von der Feuerungswärmeleistung abhängig sind, ist für abfallmitverbrennende Großfeuerungsanlagen die Feuerungswärmeleistung gemäß § 3 der Verordnung über Großfeuerungs-, Gasturbinen- und Verbrennungsmotoranlagen maßgeblich.

(5) Die zuständige Behörde hat die jeweiligen Emissionsgrenzwerte, insbesondere soweit sie nach Anlage 3 rechnerisch zu ermitteln sind oder abweichend festgelegt werden können, im Genehmigungsbescheid oder in einer nachträglichen Anordnung festzusetzen.

§ 10 Im Jahresmittel einzuhaltende Emissionsgrenzwerte

(1) Abfallverbrennungsanlagen sind so zu errichten und zu betreiben, dass kein Jahresmittelwert folgende Emissionsgrenzwerte überschreitet:

1. Stickstoffmonoxid und Stickstoffdioxid, angegeben als Stickstoffdioxid, 100 mg/m3,

2. Quecksilber und seine Verbindungen, angegeben als Quecksilber, 0,01 mg/m3.

(2) Abfallmitverbrennungsanlagen sind so zu errichten und zu betreiben, dass kein Jahresmittelwert die Emissionsgrenzwerte gemäß Anlage 3 Nummer 2.3, 3.7 oder 4.3 überschreitet.

(3) Die Absätze 1 und 2 sind für bestehende Anlagen mit einer Feuerungswärmeleistung von 50 MW oder weniger nicht anzuwenden.

§ 11 Ableitungsbedingungen für Abgase

Die Abgase sind in kontrollierter Weise so abzuleiten, dass ein ungestörter Abtransport mit der freien Luftströmung ermöglicht wird. Zur Ermittlung der Ableitungshöhen sind die Anforderungen der Technischen Anleitung zur Reinhaltung der Luft zu berücksichtigen. Die näheren Bestimmungen sind in der Genehmigung festzulegen.

§ 12 Behandlung der bei der Abfallverbrennung und Abfallmitverbrennung entstehenden Rückstände

(1) Rückstände, wie Schlacken, Rostaschen, Filter- und Kesselstäube sowie Reaktionsprodukte und sonstige Abfälle der Abgasbehandlung, sind nach § 5 Absatz 1 Nummer 3 des Bundes-Immissionsschutzgesetzes zu vermeiden, zu verwerten oder zu beseitigen. Soweit die Verwertung der Rückstände technisch nicht möglich oder unzumutbar ist, sind sie ohne Beeinträchtigung des Wohls der Allgemeinheit zu beseitigen.

(2) Der Betreiber hat dafür zu sorgen, dass Filter- und Kesselstäube, die bei der Abgasentstaubung sowie bei der Reinigung von Kesseln, Heizflächen und Abgaszügen anfallen, getrennt von anderen festen Abfällen erfasst werden. Satz 1 gilt nicht für Anlagen mit einer Wirbelschichtfeuerung.

(3) Soweit es zur Erfüllung der Pflichten nach Absatz 1 erforderlich ist, sind die Bestandteile an organischen und löslichen Stoffen in den Abfällen und sonstigen Stoffen zu vermindern.

(4) Die Förder- und Lagersysteme für schadstoffhaltige, staubförmige Rückstände sind so auszulegen und zu betreiben, dass hiervon keine relevanten diffusen Emissionen ausgehen können. Dies gilt besonders hinsichtlich notwendiger Wartungs- und Reparaturarbeiten an verschleißanfälligen Anlagenteilen. Der Betreiber hat dafür zu sorgen, dass trockene Filter- und Kesselstäube, Reaktionsprodukte der Abgasbehandlung und trocken abgezogene Schlacken in geschlossenen Behältnissen befördert oder zwischengelagert werden.

(5) Vor der Festlegung der Verfahren für die Verwertung oder Beseitigung der bei der Abfallverbrennung oder -mitverbrennung entstehenden Abfälle, insbesondere der Schlacken, Rostaschen und der Filter- und Kesselstäube, ist ihr Schadstoffpotenzial, insbesondere deren physikalische und chemische Eigenschaften sowie deren Gehalt an schädlichen Verunreinigungen, durch geeignete Analysen zu ermitteln. Die Analysen sind für die gesamte lösliche Fraktion und die Schwermetalle im löslichen und unlöslichen Teil durchzuführen.

§ 13 Wärmenutzung

Wärme, die in Abfallverbrennungs- oder -mitverbrennungsanlagen entsteht und die nicht an Dritte abgegeben wird, ist in Anlagen des Betreibers zu nutzen, soweit dies nach Art und Standort dieser Anlagen technisch möglich und zumutbar ist. Der Betreiber hat, soweit aus entstehender Wärme, die nicht an Dritte abgegeben wird oder die nicht in Anlagen des Betreibers genutzt wird, eine elektrische Klemmenleistung von mehr als einem halben Megawatt erzeugbar ist, elektrischen Strom zu erzeugen.

Abschnitt 3

Messung und Überwachung

§ 14 Messplätze

Der Betreiber hat vor Inbetriebnahme einer Anlage für die Messungen zur Feststellung der Emissionen oder der Verbrennungsbedingungen sowie zur Ermittlung der Bezugs- oder Betriebsgrößen Messplätze einzurichten. Die Messplätze nach Satz 1 sollen ausreichend groß, leicht begehbar und so beschaffen sein sowie so ausgewählt werden, dass repräsentative und einwandfreie Messungen gewährleistet sind. Näheres bestimmt die zuständige Behörde.

§ 15 Messverfahren und Messeinrichtungen

(1) Der Betreiber hat sicherzustellen, dass für Messungen die dem Stand der Messtechnik entsprechenden Messverfahren angewendet und geeignete Messeinrichtungen, die den Anforderungen der Anlage 4 Nummer 1 bis 4 entsprechen, verwendet werden. Näheres bestimmt die zuständige Behörde.

(2) Der Betreiber hat sicherzustellen, dass die Probenahme und Analyse aller Schadstoffe sowie die Qualitätssicherung von automatischen Messsystemen und die Referenzmessverfahren zur Kalibrierung automatischer Messsysteme nach CEN-Normen des Europäischen Komitees für Normung durchgeführt werden. Sind keine CEN-Normen verfügbar, so werden ISO-Normen, nationale Normen oder sonstige internationale Normen angewandt, die sicherstellen, dass Daten von gleichwertiger wissenschaftlicher Qualität ermittelt werden.

(3) Der Betreiber hat den ordnungsgemäßen Einbau von Mess- und Auswerteeinrichtungen zur kontinuierlichen Überwachung vor der Inbetriebnahme der Abfallverbrennungs- oder -mitverbrennungsanlage der zuständigen Behörde durch die Bescheinigung einer Stelle für Kalibrierungen nachzuweisen, die von der zuständigen Landesbehörde oder der nach Landesrecht bestimmten Behörde nach § 29b Absatz 2 des Bundes-Immissionsschutzgesetzes bekannt gegeben wurde.

(4) Der Betreiber hat Messeinrichtungen, die zur kontinuierlichen Feststellung der Emissionen oder der Verbrennungsbedingungen sowie zur Ermittlung der Bezugs- oder Betriebsgrößen eingesetzt werden, durch eine Stelle, die von einer nach Landesrecht zuständigen Behörde nach § 29b Absatz 2 des Bundes-Immissionsschutzgesetzes bekannt gegeben wurde, gemäß Absatz 5

1. kalibrieren zu lassen und
2. auf Funktionsfähigkeit prüfen zu lassen.

(5) Die Funktionsfähigkeit ist jährlich mittels Parallelmessung unter Verwendung der Referenzmethode prüfen zu lassen. Die Kalibrierung ist jeweils nach der Errichtung und jeder wesentlichen Änderung durchführen zu lassen, sobald der ungestörte Betrieb erreicht ist, jedoch frühestens drei Monate und spätestens sechs Monate nach Inbetriebnahme. Die Kalibrierung ist mindestens alle drei Jahre zu wiederholen.

(6) Der Betreiber hat die Berichte über das Ergebnis der Kalibrierung und der Prüfung der Funktionsfähigkeit der zuständigen Behörde innerhalb von zwölf Wochen nach Kalibrierung und Prüfung vorzulegen.

§ 16 Kontinuierliche Messungen

(1) Der Betreiber hat unter Berücksichtigung der Anforderungen gemäß Anlage 4 folgende Parameter kontinuierlich zu ermitteln, zu registrieren und auszuwerten:

1. die Massenkonzentration der Emissionen nach § 8 Absatz 1 Nummer 1 und 2 sowie der Nummern 2.1, 2.2, 2.3, 3.1 bis 3.6 sowie 4.1 und 4.2 gemäß Anlage 3,
2. den Volumengehalt an Sauerstoff im Abgas,
3. die Temperaturen nach § 6 Absatz 1 oder Absatz 2 sowie § 7 Absatz 1 oder Absatz 2 und
4. die zur Beurteilung des ordnungsgemäßen Betriebs erforderlichen Betriebsgrößen, insbesondere die Abgastemperatur, das Abgasvolumen, den Feuchtegehalt und den Druck.

Der Betreiber hat hierzu die Abfallverbrennungs- oder -mitverbrennungsanlagen vor Inbetriebnahme mit geeigneten Messeinrichtungen und Messwertrechnern auszurüsten. Satz 1 Nummer 1 in Verbindung mit Satz 2 gilt nicht, soweit Emissionen einzelner Stoffe nach § 8 Absatz 1 Nummer 1 oder nach Nummer 2.1, 2.3, 3.1 bis 3.5 sowie 4.1 der Anlage 3 nachweislich auszuschließen oder allenfalls in geringen Konzentrationen zu erwarten sind und soweit die zuständige Behörde eine entsprechende Ausnahme erteilt hat.

(2) Messeinrichtungen für den Feuchtegehalt sind nicht notwendig, wenn das Abgas vor der Ermittlung der Massenkonzentration der Emissionen getrocknet wird.

(3) Ergibt sich auf Grund der eingesetzten Abfälle oder Stoffe nach § 1 Absatz 1, der Bauart, der Betriebsweise oder von Einzelmessungen, dass der Anteil des Stickstoffdioxids an den Stickstoffdioxidemissionen unter 10 Prozent liegt, soll die zuständige Behörde auf die kontinuierliche Messung des Stickstoffdioxids verzichten und die Bestimmung des Anteils durch Berechnung zulassen. In diesem Fall hat der Betreiber Nachweise über den Anteil des Stickstoffdioxids bei der Kalibrierung zu führen und der zuständigen Behörde auf Verlangen vorzulegen. Der Betreiber hat die Nachweise jeweils fünf Jahre nach der Kalibrierung aufzubewahren.

(4) Absatz 1 Satz 1 Nummer 1 ist auf gasförmige anorganische Fluorverbindungen nicht anzuwenden, wenn Reinigungsstufen für gasförmige anorganische Chlorverbindungen betrieben werden, die sicherstellen, dass die Emissionsgrenzwerte nach § 8 Absatz 1 Nummer 1 Buchstabe c und Nummer 2 Buchstabe c oder nach Nummer 2.1, 2.2, 3.5, 3.6, 4.1 und 4.2 gemäß Anlage 3 nicht überschritten werden.

(5) Der Betreiber hat auf Verlangen der zuständigen Behörde Massenkonzentrationen der Emissionen nach § 8 Absatz 1 Nummer 3 kontinuierlich zu messen, wenn geeignete Messeinrichtungen verfügbar sind.

(6) Abweichend von Absatz 1 Satz 1 Nummer 1 können die zuständigen Behörden auf Antrag des Betreibers Einzelmessungen für Chlorwasserstoff, Fluorwasserstoff, Schwefeltrioxid und Schwefeldioxid zulassen, wenn durch den Betreiber sichergestellt ist, dass die Emissionen dieser Schadstoffe nicht höher sind als die dafür festgelegten Emissionsgrenzwerte.

(7) Der Betreiber hat zur Feststellung des Schwefelabscheidegrades neben der Messung der Emissionen an Schwefeldioxid und Schwefeltrioxid im Abgas den Schwefelgehalt im eingesetzten Brennstoff regelmäßig zu ermitteln. Dabei bestimmt die zuständige Behörde näher, wie nachgewiesen wird, dass die Schwefelabscheidegrade als Tagesmittelwert eingehalten werden.

(8) Für Quecksilber und seine Verbindungen, angegeben als Quecksilber, soll die zuständige Behörde auf Antrag auf die kontinuierliche Messung verzichten, wenn zuverlässig nachgewiesen ist, dass die Emissionsgrenzwerte nach § 8 Absatz 1 Nummer 1 Buchstabe g und Nummer 2

Buchstabe g oder nach Anlage 3 Nummer 2.1, 2.2, 3.5, 3.6, 4.1 und 4.2 nur zu weniger als 20 vom Hundert in Anspruch genommen werden.

§ 17 Auswertung und Beurteilung von kontinuierlichen Messungen

(1) Während des Betriebs der Abfallverbrennungs- oder -mitverbrennungsanlagen ist aus den nach § 16 ermittelten Messwerten für jede aufeinander folgende halbe Stunde jeweils der Halbstundenmittelwert zu bilden und nach Anlage 5 auf den Bezugssauerstoffgehalt umzurechnen. Für die Stoffe, deren Emissionen durch Abgasreinigungseinrichtungen gemindert und begrenzt werden, darf die Umrechnung der Messwerte nur für die Zeiten erfolgen, in denen der gemessene Sauerstoffgehalt über dem Bezugssauerstoffgehalt liegt. Aus den Halbstundenmittelwerten ist für jeden Tag der Tagesmittelwert, bezogen auf die tägliche Betriebszeit einschließlich der An- oder Abfahrvorgänge, zu bilden.

(2) Über die Ergebnisse der kontinuierlichen Messungen hat der Betreiber für jedes Kalenderjahr einen Messbericht zu erstellen und der zuständigen Behörde bis zum 31. März des Folgejahres vorzulegen. Der Betreiber hat den Bericht nach Satz 1 sowie die zugehörigen Aufzeichnungen der Messgeräte fünf Jahre nach Ende des Berichtszeitraums nach Satz 1 aufzubewahren. Soweit die Messergebnisse der zuständigen Behörde durch geeignete telemetrische Übermittlung vorliegen, entfällt die Pflicht nach Satz 1, ihr den Messbericht vorzulegen.

(3) Der Betreiber hat in den Messbericht nach Absatz 2 Folgendes aufzunehmen:

1. die Häufigkeit und die Dauer einer Nichteinhaltung der Anforderungen nach § 6 Absatz 1 bis 3 oder nach § 7 Absatz 1 bis 3 und
2. die Aufzeichnungen der Registriereinrichtungen nach § 4 Absatz 9.

(4) Der Betreiber hat die Jahresmittelwerte gemäß § 10 werden auf der Grundlage der nach Anlage 4 validierten Tagesmittelwerte zu berechnen; hierzu sind die Tagesmittelwerte eines Kalenderjahres zusammenzuzählen und durch die Anzahl der Tagesmittelwerte zu teilen. Der Betreiber hat für jedes Kalenderjahr einen Nachweis über die Jahresmittelwerte zu führen und der zuständigen Behörde bis zum 31. März des Folgejahres auf Verlangen vorzulegen. Die Nachweise sind fünf Jahre nach Ende des Nachweiszeitraums aufzubewahren.

(5) Die Emissionsgrenzwerte sind eingehalten, wenn

1. kein Ergebnis eines nach Anlage 4 validierten Tagesmittelwertes den jeweils maßgebenden Emissionsgrenzwert nach § 8 Absatz 1 Nummer 1 und Anlage 3 Nummer 2.1, 2.3, 3.1 bis 3.5 sowie 4.1 überschreitet,
2. kein Ergebnis eines nach Anlage 4 validierten Halbstundenmittelwertes den jeweils maßgebenden Emissionsgrenzwert nach § 8 Absatz 1 Nummer 2 und Anlage 3 Nummer 2.2, 2.3, 3.4, 3.6 sowie 4.2 überschreitet,
3. kein Ergebnis den jeweils maßgebenden Schwefelabscheidegrad nach Anlage 3 Nummer 3.1 und 3.3 unterschreitet und
4. kein nach Absatz 4 ermittelter Jahresmittelwert den jeweils maßgebenden Emissionsgrenzwert nach § 10 und Anlage 3 Nummer 2.3, 3.7 sowie 4.3 überschreitet.

§ 18 Einzelmessungen

(1) Der Betreiber hat nach Errichtung oder wesentlicher Änderung einer Abfallverbrennungs- oder -mitverbrennungsanlage bei der Inbetriebnahme durch Messungen einer nach § 29b Absatz 2 in Verbindung mit § 26 des Bundes-Immissionsschutzgesetzes bekannt gegebenen Stelle

überprüfen zu lassen, ob die Verbrennungsbedingungen nach § 6 Absatz 1 bis 3 oder nach § 7 Absatz 1 bis 3 erfüllt werden.

(2) Der Betreiber hat nach Errichtung oder wesentlicher Änderung einer Abfallverbrennungs- oder -mitverbrennungsanlage Messungen einer nach § 29b Absatz 2 in Verbindung mit § 26 des Bundes-Immissionsschutzgesetzes bekannt gegebenen Stelle zur Feststellung, ob die Anforderungen nach § 8 Absatz 1 Nummer 3 oder, bei Vorliegen der Voraussetzungen nach § 16 Absatz 6, nach § 8 Absatz 1 Nummer 1 und 2 oder Anlage 3 Nummer 2.1, 2.2, 3.1 bis 3.6 sowie 4.1 und 4.2 festgelegten Anforderungen erfüllt werden, nach Absatz 3 und 4 durchführen zu lassen.

(3) Die Messungen sind im Zeitraum von zwölf Monaten nach Inbetriebnahme alle zwei Monate mindestens an einem Tag und anschließend wiederkehrend spätestens alle zwölf Monate mindestens an drei Tagen durchführen zu lassen.

(4) Die Messungen sind vorzunehmen, wenn die Anlage mit der höchsten Leistung betrieben wird, für die sie bei den während der Messung verwendeten Abfällen oder Stoffen nach § 1 Absatz 1 für den Dauerbetrieb zugelassen ist.

(5) Zur Überwachung der Anforderungen nach § 8 Absatz 1 Nummer 3 beträgt die Probenahmezeit für Messungen zur Bestimmung der Emissionen an Stoffen nach

1. Anlage 1 Buchstabe a bis c mit Ausnahme von Benzo(a)pyren mindestens eine halbe Stunde; sie soll zwei Stunden nicht überschreiten,
2. Anlage 1 Buchstabe d sowie Benzo(a)pyren mindestens sechs Stunden; sie soll acht Stunden nicht überschreiten.

Für die in Anlage 1 Buchstabe d oder Anlage 2 genannten Stoffe soll die Nachweisgrenze des eingesetzten Analyseverfahrens nicht über 0,005 Nanogramm je Kubikmeter Abgas liegen.

§ 19 Berichte und Beurteilung von Einzelmessungen

(1) Der Betreiber hat über die Ergebnisse der Einzelmessungen nach § 18 einen Messbericht zu erstellen und diesen der zuständigen Behörde spätestens acht Wochen nach den Messungen vorzulegen. Der Messbericht muss Folgendes enthalten:

1. Angaben über die Messplanung,
2. das Ergebnis jeder Einzelmessung,
3. das verwendete Messverfahren und
4. die Betriebsbedingungen, die für die Beurteilung der Messergebnisse von Bedeutung sind.

(2) Die Emissionsgrenzwerte gelten als eingehalten, wenn kein Ergebnis einer Einzelmessung einen Mittelwert nach § 8 Absatz 1 oder gemäß Anlage 3 überschreitet.

§ 20 Besondere Überwachung der Emissionen an Schwermetallen

(1) Soweit auf Grund der Zusammensetzung der Abfälle oder Stoffe nach § 1 Absatz 1 oder anderer Erkenntnisse, insbesondere auf Grund der Beurteilung von Einzelmessungen, Emissionskonzentrationen an Stoffen nach Anlage 1 Buchstabe a und b zu erwarten sind, die 60 Prozent der Emissionsgrenzwerte überschreiten können, hat der Betreiber die Massenkonzentrationen dieser Stoffe einmal wöchentlich zu ermitteln und zu dokumentieren. § 18 Absatz 5 gilt entsprechend.

(2) Auf die Ermittlung der Massenkonzentrationen nach Absatz 1 kann verzichtet werden, wenn durch andere Prüfungen, zum Beispiel durch Funktionskontrollen der Abgasreinigungseinrichtungen, mit ausreichender Sicherheit festgestellt werden kann, dass die Emissionsbegrenzungen nicht überschritten werden.

§ 21 Störungen des Betriebs

(1) Ergibt sich aus Messungen, dass Anforderungen an den Betrieb einer Abfallverbrennungs- oder -mitverbrennungsanlage oder zur Begrenzung von Emissionen nicht erfüllt werden, hat der Betreiber dies der zuständigen Behörde unverzüglich mitzuteilen. Er hat unverzüglich die erforderlichen Maßnahmen für einen ordnungsgemäßen Betrieb zu treffen; § 4 Absatz 8 Nummer 2 und 3 bleiben unberührt.

(2) Die zuständige Behörde trägt durch entsprechende Überwachungsmaßnahmen dafür Sorge, dass der Betreiber

1. seinen rechtlichen Verpflichtungen zu einem ordnungsgemäßen Betrieb nachkommt oder
2. die Anlage außer Betrieb nimmt.

(3) Bei Abfallverbrennungs- oder -mitverbrennungsanlagen, die aus einer oder mehreren Abfallverbrennungslinien mit gemeinsamen Abgaseinrichtungen bestehen, soll die Behörde für technisch unvermeidbare Ausfälle der Abgasreinigungseinrichtungen in der Anlagengenehmigung den Zeitraum festlegen, währenddessen von den Emissionsgrenzwerten nach § 8 und Anlage 3 unter bestimmten Voraussetzungen abgewichen werden darf. Nicht abgewichen werden darf von den Emissionsgrenzwerten für organische Stoffe, angegeben als Gesamtkohlenstoff, und für Kohlenmonoxid nach 13

1. § 8 Absatz 1 Nummer 1 Buchstabe b und h,
2. § 8 Absatz 1 Nummer 2 Buchstabe b und h und
3. Anlage 3 Nummer 2.1, 3.1, 3.2, 3.3, 3.5 und 4.1.

(4) Die Anlage darf in Fällen des Absatzes 3 nicht länger weiterbetrieben werden als,

1. vier aufeinander folgende Stunden und
2. innerhalb eines Kalenderjahres 60 Stunden.

Die Emissionsbegrenzung für den Gesamtstaub darf eine Massenkonzentration von 150 mg/m^3 Abgas, gemessen als Halbstundenmittelwert, nicht überschreiten. § 4 Absatz 8 und 9, § 8 Absatz 3 sowie § 9 Absatz 4 gelten entsprechend.

§ 22 Jährliche Berichte über Emissionen

(1) Der Betreiber einer abfallmitverbrennenden Großfeuerungsanlage hat der zuständigen Behörde erstmals für das Jahr 2016 und dann jährlich jeweils bis zum 31. Mai des Folgejahres für jede einzelne Anlage unter Beachtung von § 9 Absatz 4 Satz 3 zu berichten:

1. die installierte Feuerungswärmeleistung der Feuerungsanlage, in Megawatt,
2. die Art der Feuerungsanlage: Kesselfeuerung, Gasturbine, Gasmotor, Dieselmotor, andere Feuerungsanlage mit genauer Angabe der Art der Feuerungsanlage,
3. das Datum der Betriebsaufnahme und der letzten wesentlichen Änderung der Feuerungsanlage, inklusive Benennung der wesentlichen Änderung,

4. die Jahresgesamtemissionen, in Megagramm pro Jahr, an Schwefeloxiden, angegeben als Schwefeldioxid, Stickstoffoxiden, angegeben als Stickstoffdioxid, und Staub, angegeben als Schwebstoffe insgesamt,
5. die jährlichen Betriebsstunden der Feuerungsanlage,
6. den jährlichen Gesamtenergieeinsatz, in Terajoule pro Jahr, bezogen auf den unteren Heizwert, aufgeschlüsselt in die folgenden Brennstoffkategorien:
   a) Steinkohle,
   b) Braunkohle,
   c) Biobrennstoffe,
   d) Torf,
   e) andere feste Brennstoffe mit genauer Angabe der Bezeichnung des festen Brennstoffs,
   f) flüssige Brennstoffe,
   g) Erdgas,
   h) sonstige Gase mit genauer Angabe der Bezeichnung des Gases,
7. für Feuerungsanlagen, auf die Nummer 3.1.2 der Anlage 3 anzuwenden ist, den Schwefelgehalt der verwendeten heimischen festen Brennstoffe und den erzielten Schwefelabscheidegrad, gemittelt über jeden Monat und im ersten Jahr der Anwendung von Nummer 3.1.2 der Anlage 3 auch die technische Begründung dafür, warum die Einhaltung mit den in Nummer 3.1 der Anlage 3 genannten Regel-Emissionsgrenzwerten nicht durchführbar ist,
8. für Feuerungsanlagen, die im gleitenden Durchschnitt über einen Zeitraum von fünf Jahren nicht mehr als 1 500 Betriebsstunden pro Jahr in Betrieb sind, die Zahl der Betriebsstunden pro Jahr für das Berichtsjahr und die vorangegangenen vier Kalenderjahre,
9. die Angabe, ob die Feuerungsanlage Teil einer Raffinerie ist.

(2) Bis einschließlich für das Berichtsjahr 2015 hat der Betreiber einer abfallmitverbrennenden Großfeuerungsanlage der zuständigen Behörde jährlich jeweils bis zum 31. Mai des Folgejahres für jede einzelne Anlage gemäß Absatz 1 Nummer 4, 6 und 9 zu berichten.

(3) Die nach Landesrecht zuständigen obersten Landesbehörden oder die von ihnen bestimmten Behörden prüfen den Bericht nach den Absätzen 1 und 2 auf Plausibilität und leiten diesen dem Umweltbundesamt bis zum 31. Oktober des auf das Berichtsjahr folgenden Jahres auf elektronischem Weg zur Weiterleitung an die Europäische Kommission zu. Das Umweltbundesamt hat die Berichte zu Aufstellungen für jedes einzelne Berichtsjahr und Dreijahreszeiträume zusammenzustellen, wobei die Angaben zu Feuerungsanlagen in Raffinerien gesondert aufzuführen sind.

Abschnitt 4

Gemeinsame Vorschriften

§ 23 Veröffentlichungspflichten

Der Betreiber einer Abfallverbrennungs- oder -mitverbrennungsanlage hat nach erstmaliger Kalibrierung der Messeinrichtungen und danach einmal jährlich Folgendes zu veröffentlichen:

1. die Ergebnisse der Emissionsmessungen,

2. einen Vergleich der Ergebnisse der Emissionsmessungen mit den Emissionsgrenzwerten und
3. eine Beurteilung der Verbrennungsbedingungen.

Satz 1 gilt nicht für solche Angaben, aus denen Rückschlüsse auf Betriebs- oder Geschäftsgeheimnisse gezogen werden können. Die zuständige Behörde legt Art und Form der Veröffentlichung fest.

§ 24 Zulassung von Ausnahmen

(1) Die zuständige Behörde kann auf Antrag des Betreibers Ausnahmen von Vorschriften dieser Verordnung zulassen, soweit unter Berücksichtigung der besonderen Umstände des Einzelfalls

1. einzelne Anforderungen der Verordnung nicht oder nur mit unverhältnismäßigem Aufwand erfüllbar sind,
2. im Übrigen die dem Stand der Technik entsprechenden Maßnahmen zur Emissionsbegrenzung angewandt werden,
3. die Ableitungshöhe nach der Technischen Anleitung zur Reinhaltung der Luft auch für den als Ausnahme zugelassenen Emissionsgrenzwert ausgelegt ist, es sei denn, auch insoweit liegen die Voraussetzungen der Nummer 1 vor, und
4. die Anforderungen folgender Richtlinien eingehalten werden:
   a) Richtlinie 2008/98/EG des Europäischen Parlaments und des Rates vom 19. November 2008 über Abfälle und zur Aufhebung bestimmter Richtlinien (ABl. L 312 vom 22.11.2008, S. 3, L 127 vom 26.5.2009, S. 24) (Abfallrahmenrichtlinie),
   b) Richtlinie 96/59/EG des Rates vom 16. September 1996 über die Beseitigung polychlorierter Biphenyle und polychlorierter Terphenyle (PCB/PCT) (ABl. L 243 vom 24.9.1996, S. 31), die durch die Verordnung (EG) Nr. 596/2009 (ABl. L 188 vom 18.7.2009, S. 14) geändert worden ist, und
   c) Richtlinie 2010/75/EU des Europäischen Parlaments und des Rates vom 24. November 2010 über Industrieemissionen (integrierte Vermeidung und Verminderung der Umweltverschmutzung) (Neufassung) (ABl. L 334 vom 17.12.2010, S. 17).

(2) Abweichend von § 4 Absatz 2 kann die zuständige Behörde Abfallverbrennungsanlagen ohne Abfallbunker oder eine zum Teil offene Bunkerbauweise in Verbindung mit einer gezielten Luftabsaugung zulassen, wenn durch bauliche oder betriebliche Maßnahmen oder auf Grund der Beschaffenheit der Abfälle oder Stoffe nach § 1 Absatz 1 die Entstehung von Staub- und Geruchsemissionen so gering wie möglich gehalten wird.

(3) Die zuständige Behörde dokumentiert die Gründe für die Zulassung von Ausnahmen im Anhang des Genehmigungsbescheids, einschließlich der Begründung der festgelegten Auflagen. Diese Informationen sind der Öffentlichkeit zugänglich zu machen.

§ 25 Weitergehende Anforderungen und wesentliche Änderungen

(1) Die Befugnis der zuständigen Behörde, andere oder weitergehende Anforderungen, insbesondere zur Vermeidung schädlicher Umwelteinwirkungen nach § 5 Absatz 1 Nummer 1 des Bundes-Immissionsschutzgesetzes, zu stellen, bleibt unberührt.

(2) Hat die zuständige Behörde bei einer Anlage im Einzelfall bereits Anforderungen zur Vorsorge gegen schädliche Umwelteinwirkungen durch Luftverunreinigungen gestellt, die über die An-

forderungen dieser Verordnung hinausgehen, sind diese weiterhin maßgeblich. Weitergehende Anforderungen, die sich aus anderen Rechtsvorschriften oder diese konkretisierenden Verwaltungsvorschriften ergeben, bleiben unberührt.

(3) Der Einsatz gefährlicher Abfälle in einer Anlage, die nur für den Einsatz nicht gefährlicher Abfälle genehmigt ist, ist nach Maßgabe von § 16 Absatz 1 Satz 1 des Bundes-Immissionsschutzgesetzes als eine wesentliche Änderung der Anlage einzustufen.

(4) Nach Maßgabe von § 20 Absatz 3 des Bundes-Immissionsschutzgesetzes kann die zuständige Behörde den Betrieb einer Abfallverbrennungs- oder -mitverbrennungsanlage untersagen, wenn nicht sichergestellt ist, dass die mit der Leitung der Anlage betraute Person zur Leitung der Anlage geeignet ist und die Gewähr für den ordnungsgemäßen Betrieb der Anlage bietet.

Abschnitt 5

Schlussvorschriften

§ 26 Zugänglichkeit und Gleichwertigkeit von Normen und Arbeitsblättern

(1) Die in § 2 Absatz 19 genannten DIN-Normen sind bei der Beuth Verlag GmbH, Berlin, zu beziehen. Die in § 2 Absatz 14 genannten DVGW-Arbeitsblätter sind bei der Wirtschafts- und Verlagsgesellschaft Gas und Wasser mbH, Bonn, zu beziehen. Die genannten DIN-Normen sind in der Deutschen Nationalbibliothek, die genannten Arbeitsblätter sind beim Deutschen Patent- und Markenamt in München archivmäßig gesichert niedergelegt.

(2) Den in § 2 genannten DIN-Normen und DVGW-Arbeitsblättern stehen diesen entsprechende einschlägige CEN-Normen und soweit keine solchen CEN-Normen verfügbar sind, ISO-Normen oder sonstige internationale Normen, die den nationalen Normen nachgewiesenermaßen gleichwertige Anforderungen stellen, gleich.

§ 27 Ordnungswidrigkeiten

(1) Ordnungswidrig im Sinne des § 62 Absatz 1 Nummer 2 des Bundes-Immissionsschutzgesetzes handelt, wer vorsätzlich oder fahrlässig

1. entgegen § 3 Absatz 6 Satz 3, § 4 Absatz 2 Satz 1, § 4 Absatz 3 Satz 1, § 4 Absatz 7 Satz 1, § 4 Absatz 8 oder § 16 Absatz 1 Satz 2 eine dort genannte Übergabestelle oder eine dort genannte Anlage nicht, nicht richtig oder nicht rechtzeitig ausrüstet,
2. entgegen § 4 Absatz 1 Satz 1, § 5 Absatz 1, § 5 Absatz 4, § 6 Absatz 1, 2, 3, 8 oder Absatz 9 Satz 1, § 7 Absatz 1, 2 oder Absatz 3, § 8 Absatz 1, § 9 Absatz 1 Satz 1, § 13 Satz 1 oder Satz 2, § 24 Absatz 4 Satz 1 oder Satz 2 oder § 28 Absatz 2 eine Abfallverbrennungs- oder -mitverbrennungsanlage nicht richtig errichtet oder nicht richtig betreibt,
3. entgegen § 12 Absatz 2 Satz 1 nicht dafür sorgt, dass dort genannte Abfälle nicht getrennt erfasst werden,
4. entgegen § 12 Absatz 4 Satz 3 nicht dafür sorgt, dass dort genannter Abfall in geschlossenen Behältnissen befördert oder zwischengelagert wird,
5. entgegen § 13 Satz 2 aus der dort genannten Wärme Strom nicht erzeugt,
6. entgegen § 14 einen Messplatz nicht oder nicht richtig einrichtet,
7. entgegen § 15 Absatz 1 Satz 1 nicht sicherstellt, dass ein dort genanntes Messverfahren angewendet oder eine dort genannte Messeinrichtung verwendet wird,

8. entgegen § 15 Absatz 2 Satz 1 nicht sicherstellt, dass eine Probenahme oder Analyse oder die Qualitätssicherung nach den dort genannten Normen durchgeführt werden,
9. entgegen § 15 Absatz 3 einen dort genannten Nachweis nicht oder nicht rechtzeitig vorlegt,
10. entgegen § 15 Absatz 4 eine Messeinrichtung nicht oder nicht rechtzeitig kalibrieren lässt oder nicht oder nicht rechtzeitig auf Funktionsfähigkeit prüfen lässt,
11. entgegen § 15 Absatz 6, § 17 Absatz 2 Satz 1, § 19 Absatz 1 Satz 1 oder § 22 Absatz 1 oder Absatz 2 einen Bericht nicht, nicht richtig, nicht vollständig oder nicht rechtzeitig vorlegt,
12. entgegen § 16 Absatz 1 Satz 1, § 16 Absatz 5 oder § 20 Absatz 1 Satz 1 eine dort genannte Massenkonzentration der Emissionen, den dort genannten Volumengehalt an Sauerstoff, eine dort genannte Temperatur oder eine dort genannte Betriebsgröße nicht, nicht richtig oder nicht rechtzeitig ermittelt, nicht, nicht richtig oder nicht rechtzeitig registriert, nicht, nicht richtig oder nicht rechtzeitig auswertet, oder nicht, nicht richtig oder nicht rechtzeitig dokumentiert,
13. entgegen § 16 Absatz 3 Satz 2 oder Satz 3 einen Nachweis nicht, nicht richtig oder nicht vollständig führt, nicht oder nicht rechtzeitig vorlegt oder nicht oder nicht mindestens fünf Jahre aufbewahrt,
14. einer vollziehbaren Anordnung nach § 16 Absatz 7 Satz 2 zuwiderhandelt,
15. entgegen § 17 Absatz 1 Satz 2 einen Messwert für andere als die dort genannten Zeiten umrechnet,
16. entgegen § 17 Absatz 2 Satz 2 einen Bericht oder eine dort genannte Aufzeichnung nicht oder nicht mindestens fünf Jahre aufbewahrt,
17. entgegen § 18 Absatz 1 eine dort genannte Verbrennungsbedingung nicht oder nicht rechtzeitig überprüfen lässt,
18. entgegen § 18 Absatz 2 eine dort genannte Messung nicht, nicht in der vorgeschriebenen Weise oder nicht rechtzeitig durchführen lässt,
19. entgegen § 21 Absatz 1 Satz 1 eine Mitteilung nicht, nicht richtig oder nicht rechtzeitig macht,
20. entgegen § 23 Satz 1 eine Veröffentlichung nicht, nicht richtig, nicht vollständig oder nicht rechtzeitig macht.

(2) Ordnungswidrig im Sinne des § 62 Absatz 1 Nummer 7 des Bundes-Immissionsschutzgesetzes handelt, wer vorsätzlich oder fahrlässig

1. entgegen § 10 Absatz 1 oder Absatz 2 eine Anlage nicht richtig errichtet oder nicht richtig betreibt, oder
2. entgegen § 17 Absatz 4 Satz 2 oder Satz 3 einen Nachweis nicht, nicht richtig oder nicht vollständig führt, nicht, nicht richtig, nicht vollständig oder nicht rechtzeitig vorlegt oder nicht oder nicht mindestens fünf Jahre aufbewahrt.

§ 28 Übergangsregelungen

(1) Für bestehende Anlagen gelten

1. die Anforderungen dieser Verordnung, ausgenommen § 10, ab dem 1. Januar 2016,
2. die Anforderungen nach § 10 ab dem 1. Januar 2019.

(2) Bei bestehenden Anlagen, bei denen die in § 6 Absatz 3 festgelegte Verweilzeit wegen besonderer technischer Schwierigkeiten nicht erreicht werden kann, ist diese Anforderung spätestens bei einer Neuerrichtung der Verbrennungslinie oder des Abhitzekessels zu erfüllen.

(3) Wird eine Abfallverbrennungs- oder -mitverbrennungsanlage durch Zubau einer oder mehrerer Abfallverbrennungs- oder -mitverbrennungslinien in der Weise erweitert, dass die vorhandenen und die neu zu errichtenden Linien eine gemeinsame Anlage bilden, so bestimmen sich die Anforderungen für die neu zu errichtenden Linien nach den Vorschriften des Zweiten und Dritten Abschnitts, für die vorhandenen Linien richten sich die Anforderungen nach dieser Vorschrift.

(4) Abweichend von Absatz 1 müssen bestehende Abfallverbrennungsanlagen die Anforderungen nach § 8 Absatz 1 Nummer 1 Buchstabe f sowie § 8 Absatz 1 Nummer 2 Buchstabe f für Stickstoffmonoxid und Stickstoffdioxid, angegeben als Stickstoffdioxid, erst ab dem 1. Januar 2019 erfüllen.

(5) Abweichend von Absatz 1 müssen bestehende Anlagen zur Herstellung von Zementklinker und Zementen sowie Anlagen zum Brennen von Kalk die Anforderungen nach Anlage 3 Nummer 2.1 Buchstabe d spätestens ab dem 1. Januar 2019 erfüllen; bis zu diesem Datum sind die Anforderungen der Verordnung über die Verbrennung und die Mitverbrennung von Abfällen in der Fassung der Bekanntmachung vom 14. August 2003 (BGBl. I S. 1633), die durch Artikel 2 der Verordnung vom 27. Januar 2009 (BGBl. I S. 129) geändert worden ist in ihrer bis zum 2. Mai 2013 geltenden Fassung anzuwenden.

(6) Abweichend von Absatz 1 Nummer 2 sind auf bestehende Abfallverbrennungsanlagen die Anforderungen nach § 10 Absatz 1 Nummer 1 nicht anzuwenden.

(7) Abweichend von Absatz 1 Nummer 2 sind auf bestehende abfallmitverbrennende Großfeuerungsanlagen die Anforderungen nach Anlage 3 Nummer 3.7 Buchstabe a nicht anzuwenden.

Anlage 1 (zu § 8 Absatz 1, § 18 Absatz 5 und § 20 Absatz 1)

Emissionsgrenzwerte für krebserzeugende Stoffe

(Fundstelle: BGBl. I 2013, 1057)

Für die in den Buchstaben a bis d genannten krebserzeugenden Stoffe gelten folgende Emissionsgrenzwerte:

a) Cadmium und seine Verbindungen, angegeben als Cadmium,
Thallium und seine Verbindungen, angegeben als Thallium, — insgesamt 0,05 mg/m³,

b) Antimon und seine Verbindungen, angegeben als Antimon,
Arsen und seine Verbindungen, angegeben als Arsen,
Blei und seine Verbindungen, angegeben als Blei,
Chrom und seine Verbindungen, angegeben als Chrom,
Cobalt und seine Verbindungen, angegeben als Cobalt,
Kupfer und seine Verbindungen, angegeben als Kupfer,

Mangan und seine Verbindungen, angegeben als Mangan,

Nickel und seine Verbindungen, angegeben als Nickel,

Vanadium und seine Verbindungen, angegeben als Vanadium,

Zinn und seine Verbindungen, angegeben als Zinn, insgesamt 0,5 mg/m^3,

c) Arsen und seine Verbindungen (außer Arsenwasserstoff), angegeben als Arsen,

Benzo(a)pyren,

Cadmium und seine Verbindungen, angegeben als Cadmium,

wasserlösliche Cobaltverbindungen, angegeben als Cobalt,

Chrom(VI)verbindungen (außer Bariumchromat und Bleichromat), angegeben als Chrom insgesamt 0,05 mg/m^3

oder

Arsen und seine Verbindungen, angegeben als Arsen,

Benzo(a)pyren,

Cadmium und seine Verbindungen, angegeben als Cadmium,

Cobalt und seine Verbindungen, angegeben als Cobalt,

Chrom und seine Verbindungen, angegeben als Chrom, insgesamt 0,05 mg/m^3

und

d) Dioxine und Furane gemäß Anlage 2 insgesamt 0,1 ng/m^3.

Anlage 2 (zu Anlage 1 Buchstabe d)

Äquivalenzfaktoren

(Fundstelle: BGBl. I 2013, 1058)

Für den nach Anlage 1 zu bildenden Summenwert für polychlorierte Dibenzodioxine, Dibenzofurane und di-PCB sind die im Abgas ermittelten Konzentrationen der nachstehend genannten Dioxine, Furane und di-PCB mit den angegebenen Äquivalenzfaktoren zu multiplizieren und zu summieren.

	Stoff	Äquivalenzfaktor
Polychlorierte Dibenzodioxine (PCDD)		**WHO-TEF 2005**
2,3,7,8	– Tetrachlordibenzodioxin (TCDD)	1
1,2,3,7,8	– Pentachlordibenzodioxin (PeCDD)	1
1,2,3,4,7,8	– Hexachlordibenzodioxin (HxCDD)	0,1
1,2,3,7,8,9	– Hexachlordibenzodioxin (HxCDD)	0,1

1,2,3,6,7,8	– Hexachlordibenzodioxin (HxCDD)	0,1
1,2,3,4,6,7,8	– Heptachlordibenzodioxin (HpCDD)	0,01
Octachlordibenzodioxin (OCDD)		0,0003

Polychlorierte Dibenzofurane (PCDF)		**WHO-TEF 2005**
2,3,7,8	– Tetrachlordibenzofuran (TCDF)	0,1
2,3,4,7,8	– Pentachlordibenzofuran (PeCDF)	0,3
1,2,3,7,8	– Pentachlordibenzofuran (PeCDF)	0,03
1,2,3,4,7,8	– Hexachlordibenzofuran (HxCDF)	0,1
1,2,3,7,8,9	– Hexachlordibenzofuran (HxCDF)	0,1
1,2,3,6,7,8	– Hexachlordibenzofuran (HxCDF)	0,1
2,3,4,6,7,8	– Hexachlordibenzofuran (HxCDF)	0,1
1,2,3,4,6,7,8	– Heptachlordibenzofuran (HpCDF)	0,01
1,2,3,4,7,8,9	– Heptachlordibenzofuran (HpCDF)	0,01
Octachlordibenzofuran (OCDF)		0,0003

Stoff	Äquivalenzfaktor
Polychlorierte Biphenyle	**WHO-TEF 2005**
Non ortho PCB	
PCB 77	0,0001
PCB 81	0,0003
PCB 126	0,1
PCB 169	0,03
Mono ortho PCB	
PCB 105	0,00003
PCB 114	0,00003
PCB 118	0,00003
PCB 123	0,00003
PCB 156	0,00003
PCB 157	0,00003
PCB 167	0,00003
PCB 189	0,00003

Anlage 3
(zu § 9, § 10 Absatz 2, § 16 Absatz 1 und 4, § 17 Absatz 1 und 5, § 18 Absatz 2, § 19 Absatz 2, § 21 Absatz 3, § 22 Absatz 1 und § 28 Absatz 5 und 6)

Emissionsgrenzwerte für die Mitverbrennung von Abfällen

(Fundstelle: BGBl. I 2013, 1059–1065)

Die Anlage 3 dient der Festlegung von Emissionsgrenzwerten für Abfallmitverbrennungsanlagen. Wenn in dieser Anlage für bestimmte Emissionsparameter ein fester Emissionsgrenzwert oder ein fester Bezugssauerstoffgehalt bereits vorgegeben wird, ersetzt dieser Emissionsgrenzwert oder Bezugssauerstoffgehalt die rechnerische Ermittlung des Emissionsgrenzwerts oder des Bezugssauerstoffgehalts für diesen Emissionsparameter. Die in dieser Anlage vorgegebenen festen Emissionsgrenzwerte gelten für die jeweiligen Abfallmitverbrennungsanlagen unter Berücksichtigung der dort genannten Ausnahmen.

1. Rechnerische Festlegung der Emissionsgrenzwerte für die Mitverbrennung

Soweit in dieser Anlage keine festen Emissionsgrenzwerte oder feste Bezugssauerstoffgehalte vorgegeben sind, ist die folgende Formel (Mischungsregel) anzuwenden. Die Mischungsregel ist zur Berechnung der Emissionsgrenzwerte für jeden unter § 5 Absatz 1 geregelten Emissionsparameter sowie zur Berechnung des Bezugssauerstoffgehalts anzuwenden. Emissionsparameter im Sinne dieser Anlage sind die in § 5 Absatz 1 aufgeführten Schadstoffe, für die Tagesmittelwerte, Halbstundenmittelwerte oder Mittelwerte über die

$$\frac{{}^{V}\text{Abfall} \times {}^{C}\text{Abfall} + {}^{V}\text{Abfall} \times {}^{C}\text{Verfahren}}{{}^{V}\text{Abfall} + {}^{V}\text{Verfahren}} = C$$

jeweilige Probenahmezeit festgelegt sind.

^{V}Abfall: Abgasstrom, der bei der Verbrennung des höchstzulässigen Anteils der Abfälle oder Stoffe nach § 1 Absatz 1 einschließlich des für die Verbrennung dieser Stoffe zusätzlich benötigten Brennstoffs entsteht. Beträgt der zulässige Anteil der Abfälle oder Stoffe nach § 1 Absatz 1 weniger als 10 Prozent an der unverändert zugrunde gelegten Gesamtfeuerungswärmeleistung einer Mitverbrennungsanlage, so ist der zugehörige Abgasstrom anhand einer angenommenen Menge von 10 Prozent dieser Abfälle oder Stoffe nach § 1 Absatz 1 zu berechnen.

^{V}Verfahren: Verbleibender Teil des normierten Abgasstroms.

^{C}Abfall: Emissionsgrenzwert für die in § 8 Absatz 1 aufgeführten Emissionsparameter oder Bezugssauerstoffgehalt für die in § 8 Absatz 2 festgelegten Bezugssauerstoffgehalte.

^{C}Verfahren: Emissionswert und Bezugssauerstoffgehalt gemäß den Tabellen in diesem Anhang. Für alle anderen Emissionsparameter, für die in diesem Anhang keine festen Emissionsgrenzwerte oder festen Bezugssauerstoffgehalte vorgegeben werden, gelten die nach den einschlägigen Vorschriften – wie 13. BImSchV oder TA Luft – bei der Verbrennung der üblicherweise zugelassenen Brennstoffe festgelegten Emissionswerte bzw. Bezugssauerstoffgehalte. Bestehen solche Vorgaben nicht, so sind die in der Genehmigung festgelegten Emissionsbegrenzungen bzw. Bezugssauerstoffgehalte zu verwenden. Fehlen derartige Festlegungen, sind die tatsächlichen Emissionen oder Sauerstoffgehalte beim Betrieb der Anlage ohne Einsatz von Abfällen oder Stoffen nach § 1 Absatz 1 zugrunde zu legen.

C: Berechneter Emissionsgrenzwert oder berechneter Bezugssauerstoffgehalt für Mitverbrennungsanlagen, der sich aus der Anwendung der oben aufgeführten Formel ergibt.

2. Anlagen zur Herstellung von Zementklinker oder Zementen sowie Anlagen zum Brennen von Kalk, in denen Abfälle oder Stoffe nach § 1 Absatz 1 mitverbrannt werden

Die Emissionen sind zur Überprüfung, ob die Emissionsgrenzwerte eingehalten werden, auf einen festen Bezugssauerstoffgehalt von 10 Prozent zu beziehen. Die in § 8 Absatz 1 Nummer 3 festgelegten Emissionsgrenzwerte für die zu Gruppen zusammengefassten Schadstoffe (Schwermetalle, Benzo(a)pyren, polychlorierte Dibenzodioxine und Dibenzofurane) gelten unter Berücksichtigung des in Satz 1 festgelegten Bezugssauerstoffgehalts.

2.1 Feste Emissionsgrenzwerte (Tagesmittelwerte in mg/m³)

Emissionsparameter	C
a) Gesamtstaub	10
b) gasförmige anorganische Chlorverbindungen, angegeben als Chlorwasserstoff	10
c) gasförmige anorganische Fluorverbindungen, angegeben als Fluorwasserstoff	1
d) Stickstoffmonoxid und Stickstoffdioxid, angegeben als Stickstoffdioxid in	
aa) Anlagen zur Herstellung von Zementklinkern und Zement	200
bb) Anlagen zum Brennen von Kalk	350
e) Schwefeldioxid und Schwefeltrioxid, angegeben als Schwefeldioxid	50
f) organische Stoffe, angegeben als Gesamtkohlenstoff	10
g) Quecksilber und seine Verbindungen, angegeben als Quecksilber	0,03
h) Ammoniak, sofern zur Minderung der Emissionen von Stickstoffoxiden ein Verfahren zur selektiven katalytischen oder nichtkatalytischen Reduktion eingesetzt wird	30

2.1.1 Bei wesentlichen Änderungen dieser Anlagen bis zum 31. Dezember 2018 ist zu prüfen, ob die Anforderungen zur Begrenzung von Stickstoffmonoxid und Stickstoffdioxid für Neuanlagen unter verhältnismäßigem Aufwand eingehalten werden können. Die Möglichkeiten, die Emissionen an Stickstoffmonoxid und Stickstoffdioxid aus dem Abgas in Anlagen durch feuerungstechnische oder andere dem Stand der Technik entsprechende Maßnahmen weiter zu vermindern, sind auszuschöpfen.

2.1.2 Die zuständige Behörde kann auf Antrag des Betreibers Ausnahmen für Schwefeldioxid und Gesamtkohlenstoff genehmigen, sofern diese Ausnahmen auf Grund der Zusammensetzung der natürlichen Rohstoffe erforderlich sind und ausgeschlossen werden kann, dass durch den Einsatz von Abfällen oder Stoffen nach § 1 Absatz 1 zusätzliche Emissionen an Gesamtkohlenstoff und Schwefeldioxid entstehen.

2.1.3 Die zuständige Behörde kann auf Antrag des Betreibers Ausnahmen für Quecksilber und seine Verbindungen genehmigen, sofern diese Ausnahmen auf Grund der Zusammensetzung der natürlichen Rohstoffe erforderlich sind und ausgeschlossen werden kann, dass durch den Einsatz von Abfällen und Stoffen nach § 1 Absatz 1 zusätzliche Emissionen an Quecksilber entstehen und ein Tagesmittelwert von bis zu 0,05 mg/m3 nicht überschritten wird. Die Möglichkeiten, die Emissionen an Quecksilber und seinen Verbindungen, angegeben als Quecksilber, aus dem Abgas durch feuerungstechnische oder andere dem Stand der Technik entsprechende Maßnahmen weiter zu vermindern, sind auszuschöpfen.

2.1.4 Die zuständige Behörde kann auf Antrag des Betreibers Ausnahmen für Ammoniak genehmigen, sofern diese Ausnahmen auf Grund der Zusammensetzung der natürlichen Rohstoffe erforderlich sind und ausgeschlossen werden kann, dass durch den Einsatz von Abfällen oder Stoffen nach § 1 Absatz 1 zusätzliche Emissionen an Ammoniak entstehen. In diesem Fall sind dem Ammoniakgrenzwert die durch Vergleichsmessungen zu ermittelnden rohstoffbedingten Ammoniakemissionen hinzuzurechnen; die aus Abfällen resultierenden Emissionen bleiben dabei unberücksichtigt.

13

2.2 Feste Emissionsgrenzwerte (Halbstundenmittelwerte in mg/m^3)

Emissionsparameter	C
a) Gesamtstaub	30
b) gasförmige anorganische Chlorverbindungen, angegeben als Chlorwasserstoff	60
c) gasförmige anorganische Fluorverbindungen, angegeben als Fluorwasserstoff	4
d) Schwefeldioxid und Schwefeltrioxid, angegeben als Schwefeldioxid	200
e) Quecksilber und seine Verbindungen, angegeben als Quecksilber	0,05

2.2.1 Die zuständige Behörde kann auf Antrag des Betreibers Ausnahmen für Schwefeldioxid und Gesamtkohlenstoff genehmigen, sofern diese Ausnahmen auf Grund der Zusammensetzung der natürlichen Rohstoffe erforderlich sind und ausgeschlossen werden kann, dass durch die Verbrennung von Abfällen oder Stoffen nach § 1 Absatz 1 zusätzliche Emissionen an Gesamtkohlenstoff und Schwefeldioxid entstehen.

2.2.2 Die zuständige Behörde kann auf Antrag des Betreibers Ausnahmen für Quecksilber und seine Verbindungen genehmigen, sofern diese Ausnahmen auf Grund der Zusammensetzung der natürlichen Rohstoffe erforderlich sind und ausgeschlossen werden kann, dass durch den Einsatz von Abfällen und Stoffen nach § 1 Absatz 1 zusätzliche Emissionen an Quecksilber entstehen und ein Halbstundenmittelwert von bis zu 0,1 mg/m3 nicht überschritten wird. Die Möglichkeiten, die Emissionen an Quecksilber und seinen Verbindungen, angegeben als Quecksilber, aus dem Abgas durch feuerungstechnische oder andere dem Stand der Technik entsprechende Maßnahmen weiter zu vermindern, sind auszuschöpfen.

2.3 Feste Emissionsgrenzwerte (Jahresmittelwerte in mg/m³)

Emissionsparameter	C
Stickstoffmonoxid und Stickstoffdioxid, angegeben als Stickstoffdioxid	200

Abweichend von dem Emissionsgrenzwert für Stickstoffmonoxid und Stickstoffdioxid, angegeben als Stickstoffdioxid, gilt für Anlagen zum Brennen von Kalk in Drehrohröfen mit Rostvorwärmer ein Emissionsgrenzwert von 350 mg/m³.

2.4 Emissionsgrenzwert für Kohlenmonoxid

2.4.1 Die zuständige Behörde hat einen Emissionsgrenzwert für Kohlenmonoxid unter Berücksichtigung der Anforderungen nach § 8 Absatz 1 festzulegen.

2.4.2 Die zuständige Behörde kann auf Antrag des Betreibers von dem in § 8 Absatz 1 für Kohlenmonoxid festgelegten Emissionsgrenzwert abweichen, sofern diese Ausnahmen auf Grund der Zusammensetzung der natürlichen Rohstoffe erforderlich sind und ausgeschlossen werden kann, dass durch den Einsatz von Abfällen oder sonstigen Stoffen nach § 1 Absatz 1 zusätzliche Emissionen an Kohlenmonoxid entstehen.

3. Feuerungsanlagen, in denen Abfälle oder Stoffe gemäß § 1 Absatz 1 mitverbrannt werden

Die Emissionen sind zur Überprüfung, ob die Emissionsgrenzwerte eingehalten werden, auf folgende Bezugssauerstoffgehalte zu beziehen:

a) bei der Verwendung von festen fossilen Brennstoffen oder Biobrennstoffen auf einen festen Bezugssauerstoffgehalt von 6 Prozent

b) bei der Verwendung von flüssigen oder gasförmigen Brennstoffen auf einen festen Bezugssauerstoffgehalt von 3 Prozent oder

c) für Emissionswerte nach Anlage 3 Nummer 3.1, 3.2 und 3.3 auf den nach Anlage 3 Nummer 1 zu berechnenden Bezugssauerstoffgehalt.

Die in § 8 Absatz 1 Nummer 3 festgelegten Emissionsgrenzwerte für die zu Gruppen zusammengefassten Schadstoffe (Schwermetalle, Benzo(a)pyren, polychlorierte Dibenzodioxine und Dibenzofurane) gelten unter Berücksichtigung der in Satz 1 für die jeweiligen Brennstoffe festgelegten Bezugssauerstoffgehalte.

3.1 Emissionswerte ([C]Verfahren) bei Verwendung von festen fossilen Brennstoffen (Tagesmittelwerte in mg/m³) bei unterschiedlichen Feuerungswärmeleistungen (in MW):

<table>
<tr><th>Emissionsparameter</th><th></th><th>1 MW bis < 10 MW</th><th>10 MW bis < 50 MW</th><th>50 MW bis 100 MW</th><th>> 100 MW bis 300 MW</th><th>> 300 MW</th></tr>
<tr><td rowspan="3">SO_2 und SO_3</td><td>Steinkohle</td><td colspan="2">1.300</td><td rowspan="2">400</td><td rowspan="3">200 und Schwefelabscheidegrad ≥ 85 Prozent</td><td rowspan="2">150 und Schwefelminderungsgrad ≥ 85 Prozent</td></tr>
<tr><td>Braunkohle</td><td colspan="2">1.000</td></tr>
<tr><td>Wirbelschicht</td><td colspan="2">350 oder Schwefelabscheidegrad ≥ 75 Prozent</td><td>350 und Schwefelabscheidegrad ≥ 75 Prozent</td><td>200 und Schwefelabscheidegrad ≥ 85 Prozent</td></tr>
<tr><td>NO_x</td><td></td><td>500, bei Wirbelschichtfeuerung 300</td><td>400, bei Wirbelschichtfeuerung 300</td><td>300</td><td>200</td><td>150, bei Braunkohlestaubfeuerungen 200</td></tr>
<tr><td>CO</td><td></td><td>150*</td><td>150</td><td>150</td><td colspan="2">200</td></tr>
</table>

* Bei Einzelfeuerungen mit einer Feuerungswärmeleistung von weniger als 2,5 MW gilt der Emissionswert nur im Betrieb mit Nennlast.

3.1.1 Soweit bei Anlagen mit einer Feuerungswärmeleistung von 100 MW oder mehr die Anforderung an den Schwefelabscheidegrad zu Emissionen von weniger als 50 mg/m³ für den Tagesmittelwert führt, ist mindestens ein Schwefelabscheidegrad einzuhalten, der zu Emissionen von nicht mehr als 50 mg/m³ für den Tagesmittelwert führt.

3.1.2 Soweit auf Grund des erhöhten Schwefelgehalts der eingesetzten Brennstoffe die in der Tabelle aufgeführten Emissionswerte für Steinkohle, Braunkohle und Wirbelschicht mit einem verhältnismäßigen Aufwand nicht eingehalten werden können, kann die zuständige Behörde auf Antrag im Einzelfall höhere Emissionswerte als Berechnungsgrundlage verwenden, soweit bei einer Feuerungswärmeleistung von

a) 50 MW bis 100 MW alternativ ein Schwefelabscheidegrad von 93 Prozent nicht unterschritten wird;

b) mehr als 100 MW bis 300 MW ein Emissionsgrenzwert von 300 mg/m³ nicht überschritten und zusätzlich ein Schwefelabscheidegrad von mindestens 93 Prozent nicht unterschritten wird;

c) mehr als 300 MW ein Emissionsgrenzwert von 400 mg/m^3 nicht überschritten und zusätzlich ein Schwefelabscheidegrad von mindestens 97 Prozent nicht unterschritten wird.

Abweichend von Satz 1 kann die zuständige Behörde bei bestehenden abfallmitverbrennenden Großfeuerungsanlagen auf Antrag im Einzelfall höhere Emissionswerte als Berechnungsgrundlage verwenden, soweit bei einer Feuerungswärmeleistung von

a) 50 MW bis 100 MW alternativ ein Schwefelabscheidegrad von 92 Prozent nicht unterschritten wird;

b) mehr als 100 MW bis 300 MW ein Emissionsgrenzwert von 300 mg/m^3 nicht überschritten und zusätzlich ein Schwefelabscheidegrad von mindestens 92 Prozent nicht unterschritten wird;

c) mehr als 300 MW ein Emissionsgrenzwert von 400 mg/m^3 nicht überschritten und zusätzlich ein Schwefelabscheidegrad von mindestens 96 Prozent nicht unterschritten wird.

Im Fall der Anwendung von Satz 1 oder 2 beträgt $^{C}{}_{Abfall}$ 0 mg/m^3.

3.1.3 Abweichend von den in der Tabelle aufgeführten Emissionswerten gilt für Schwefeldioxid und Schwefeltrioxid, angegeben als Schwefeldioxid, bei bestehenden abfallmitverbrennenden Großfeuerungsanlagen mit einer Feuerungswärmeleistung von 300 MW oder mehr ein Emissionsgrenzwert von 200 mg/m^3 für den Tagesmittelwert und von 400 mg/m^3 für den Halbstundenmittelwert. Die Anforderungen an den Schwefelabscheidegrad bleiben unberührt.

3.1.4 Abweichend von den in der Tabelle aufgeführten Emissionswerten gilt für Stickstoffmonoxid und Stickstoffdioxid, angegeben als Stickstoffdioxid, bei bestehenden abfallmitverbrennenden Großfeuerungsanlagen mit einer Feuerungswärmeleistung von 300 MW oder mehr ein Emissionsgrenzwert von 200 mg/m^3 für den Tagesmittelwert und von 400 mg/m^3 für den Halbstundenmittelwert.

3.2 Emissionswerte (^{C}Verfahren) bei Verwendung von Biobrennstoffen (Tagesmittelwerte in mg/m^3) bei unterschiedlichen Feuerungswärmeleistungen (in MW):

Emissions-parameter		< 50 MW	50 MW bis 100 MW	> 100 MW bis 300 MW	> 300 MW
SO_2 und SO_3	naturbelassenes Holz	200	200	200	150
	sonstiger Biobrennstoff	350			
NO_x	naturbelassenes Holz	250	250	200	150
	sonstiger Biobrennstoff	400			
CO	naturbelassenes Holz sowie Holzabfälle	150*	150	200	200
	sonstiger Biobrennstoff	250*	250	250	250

* Bei Einzelfeuerungen mit einer Feuerungswärmeleistung von weniger als 2,5 MW gilt der Emissionswert nur im Betrieb mit Nennlast.

3.2.1 Abweichend von den in der Tabelle aufgeführten Emissionswerten gilt für Schwefeldioxid und Schwefeltrioxid, angegeben als Schwefeldioxid, bei bestehenden abfallmitverbrennenden Großfeuerungsanlagen mit einer Feuerungswärmeleistung von 300 MW oder mehr ein Emissionsgrenzwert von 200 mg/m^3 für den Tagesmittelwert und von 400 mg/m^3 für den Halbstundenmittelwert.

3.2.2 Abweichend von den in der Tabelle aufgeführten Emissionswerten gilt für Stickstoffmonoxid und Stickstoffdioxid, angegeben als Stickstoffdioxid, bei bestehenden abfallmitverbrennenden Großfeuerungsanlagen mit einer Feuerungswärmeleistung von

a) 50 MW bis 100 MW ein Emissionsgrenzwert von 300 mg/m^3 für den Tagesmittelwert und von 600 mg/m^3 für den Halbstundenmittelwert;

b) mehr als 100 MW bis 300 MW ein Emissionsgrenzwert von 250 mg/m^3 für den Tagesmittelwert und von 500 mg/m^3 für den Halbstundenmittelwert;

c) mehr als 300 MW ein Emissionsgrenzwert von 200 mg/m^3 für den Tagesmittelwert und von 400 mg/m^3 für den Halbstundenmittelwert.

3.3 Emissionswerte ([C]Verfahren) bei Verwendung von flüssigen Brennstoffen (Tagesmittelwerte in mg/m³) bei unterschiedlichen Feuerungswärmeleistungen (in MW):

Emissionsparameter		< 50 MW	50 MW bis 100 MW	> 100 MW bis 300 MW	> 300 MW
SO_2 und SO_3	Heizöl EL	10. BImSchV			
	sonstiger Brennstoff	850	350	200 und Schwefelminderungsgrad ≥ 85 Prozent	150 und Schwefelminderungsgrad ≥ 85 Prozent
NO_x	Heizöl EL	250	200	150	100
	sonstiger Brennstoff	350	300		
CO		80	80	80	80

3.3.1 Beim Einsatz von leichtem Heizöl gilt als Emissionswert ([C]Verfahren) für Schwefeldioxid und Schwefeltrioxid, angegeben als Schwefeldioxid, der jeweils für den Betrieb ohne Einsatz von Abfällen oder Stoffen nach § 1 Absatz 1 gemessene Emissionswert. Bei Anlagen mit einer Feuerungswärmeleistung mit mehr als 300 MW ist für Schwefeldioxid und Schwefeltrioxid, angegeben als Schwefeldioxid, der Emissionswert ([C]Verfahren) von 150 mg/m³ anzuwenden.

3.3.2 Soweit bei Anlagen mit einer Feuerungswärmeleistung von 100 MW oder mehr die Anforderung an den Schwefelabscheidegrad zu Emissionen von weniger als 50 mg/m³ für den Tagesmittelwert führt, ist mindestens ein Schwefelabscheidegrad einzuhalten, der zu Emissionen von nicht mehr als 50 mg/m³ für den Tagesmittelwert führt.

3.3.3 Abweichend von den in der Tabelle aufgeführten Emissionswerten gilt für Schwefeldioxid und Schwefeltrioxid, angegeben als Schwefeldioxid, bei bestehenden abfallmitverbrennenden Großfeuerungsanlagen, ausgenommen bei Einsatz von leichtem Heizöl, mit einer Feuerungswärmeleistung von

a) mehr als 100 MW bis 300 MW ein Emissionsgrenzwert 250 mg/m³ für den Tagesmittelwert und von 500 mg/m³ für den Halbstundenmittelwert;

b) mehr als 300 MW ein Emissionsgrenzwert 200 mg/m³ für den Tagesmittelwert und von 400 mg/m³ für den Halbstundenmittelwert.

3.3.4 Abweichend von den in der Tabelle aufgeführten Emissionswerten gilt für Stickstoffmonoxid und Stickstoffdioxid, angegeben als Stickstoffdioxid, bei bestehenden abfallmitverbrennenden Großfeuerungsanlagen mit einer Feuerungswärmeleistung von

a) 50 MW bis 100 MW und Einsatz von anderen flüssigen Brennstoffen als leichtem Heizöl ein Emissionsgrenzwert von 350 mg/m^3 für den Tagesmittelwert und von 700 mg/m^3 für den Halbstundenmittelwert;

b) mehr als 100 MW bis 300 MW ein Emissionsgrenzwert von 200 mg/m^3 für den Tagesmittelwert und von 400 mg/m^3 für den Halbstundenmittelwert;

c) mehr als 300 MW ein Emissionsgrenzwert von 150 mg/m^3 für den Tagesmittelwert und von 300 mg/m^3 für den Halbstundenmittelwert.

3.4 Feuerungsanlagen für gasförmige Brennstoffe

Beim Einsatz von gasförmigen Stoffen aus der Pyrolyse oder Vergasung von festen oder flüssigen Abfällen in Feuerungsanlagen für gasförmige Brennstoffe hat die zuständige Behörde einen kontinuierlich zu überwachenden Emissionsgrenzwert (Tagesmittelwert und Halbstundenmittelwert) für SO2 und SO3 sowie für NOX unter Berücksichtigung der spezifischen Brennstoffe gemäß der Verordnung über Großfeuerungs-, Gasturbinen- und Verbrennungsmotoranlagen sowie einen entsprechenden Bezugssauerstoffgehalt in der Genehmigung festzusetzen. Für alle weiteren Emissionsparameter kommen die Nummern 3.5 bis 3.7 sowie als ^{C}Verfahren ein Emissionswert für Kohlenmonoxid als Tagesmittelwert von 80 mg/m^3 oder bei Einsatz von Erdgas von 50 mg/m^3 jeweils bei einem Bezugssauerstoffgehalt von 3 Prozent zur Anwendung.

3.5 Feste Emissionsgrenzwerte für alle Brennstoffe (Tagesmittelwert in mg/m^3)

Emissionsparameter	C
a) Gesamtstaub	10
b) gasförmige anorganische Chlorverbindungen, angegeben als Chlorwasserstoff	20
c) gasförmige anorganische Fluorverbindungen, angegeben als Fluorwasserstoff	1
d) organische Stoffe, angegeben als Gesamtkohlenstoff	10
e) Quecksilber und seine Verbindungen, angegeben als Quecksilber	0,03

3.5.1 Abweichend von den bestimmten Emissionsgrenzwerten gilt bei Wirbelschichtfeuerungen ein Tagesmittelwert für gasförmige anorganische Chlorverbindungen, angegeben als Chlorwasserstoff, von 100 mg/m^3.

3.5.2 Abweichend von den bestimmten Emissionsgrenzwerten für gasförmige anorganische Fluorverbindungen, angegeben als Fluorwasserstoff, gilt bei bestehenden abfallmitverbrennenden Großfeuerungsanlagen, bei denen es zum Betrieb der Abgasentschwefelungsanlage erforderlich ist, dem Abgasstrom vor der Abgasentschwefelungsanlage mittels rotierender oder feststehender Speichermassen als Wärmeübertragungsmedium Wärme zu entziehen, wobei diese zur Wiederaufheizung des Abgasstroms nach der Abgasentschwefelungsanlage genutzt wird, ein Tagesmittelwert für gasförmige anorganische Fluorverbindungen, angegeben als Fluorwasserstoff, von 10 mg/m^3.

3.6 Feste Emissionsgrenzwerte für alle Brennstoffe (Halbstundenmittelwerte in mg/m³)

Emissionsparameter	C
a) Gesamtstaub	20
b) gasförmige anorganische Chlorverbindungen, angegeben als Chlorwasserstoff	60
c) gasförmige anorganische Fluorverbindungen, angegeben als Fluorwasserstoff	4
d) Quecksilber und seine Verbindungen, angegeben als Quecksilber	0,05

Abweichend von den bestimmten Emissionsgrenzwerten gilt bei Wirbelschichtfeuerungen ein Halbstundenmittelwert für gasförmige anorganische Chlorverbindungen, angegeben als Chlorwasserstoff, von 200 mg/m³. Abweichend von den bestimmten Emissionsgrenzwerten für gasförmige anorganische Fluorverbindungen, angegeben als Fluorwasserstoff, gilt bei bestehenden abfallmitverbrennenden Großfeuerungsanlagen, bei denen es zum Betrieb der Abgasentschwefelungsanlage erforderlich ist, dem Abgasstrom vor der Abgasentschwefelungsanlage mittels rotierender oder feststehender Speichermassen als Wärmeübertragungsmedium Wärme zu entziehen, wobei diese zur Wiederaufheizung des Abgasstroms nach der Abgasentschwefelungsanlage genutzt wird, ein Halbstundenmittelwert für gasförmige anorganische Fluorverbindungen, angegeben als Fluorwasserstoff von 15 mg/m³.

3.7 Feste Emissionsgrenzwerte bei Einsatz von festen Brennstoffen, Biobrennstoffen und flüssigen Brennstoffen in Anlagen mit einer Feuerwärmeleistung von 50 MW oder mehr (Jahresmittelwerte in mg/m³)

Emissionsparameter	C
a) Stickstoffmonoxid und Stickstoffdioxid, angegeben als Stickstoffdioxid, bei einer Feuerungswärmeleistung von	
aa) 50 MW bis 100 MW	250
bb) mehr als 100 MW	100
b) Quecksilber und seine Verbindungen, angegeben als Quecksilber	0,01

Die Überwachung der vorgeschriebenen Begrenzungen der Emissionen an Quecksilber und seinen Verbindungen, angegeben als Quecksilber, beginnt sechs Monate nach der Bekanntgabe einer geeigneten Messeinrichtung, spätestens jedoch zum 1. Januar 2019.

4. Sonstige Anlagen, d. h. Anlagen, die nicht in Nummer 2 oder 3 aufgeführt sind in denen Abfälle oder Stoffe nach § 1 Absatz 1 mitverbrannt werden

Die Emissionen sind zur Überprüfung, ob die Emissionsgrenzwerte eingehalten werden, auf einen für das jeweilige Verfahren relevanten Bezugssauerstoffgehalt, der jedoch höchstens

11 Prozent betragen darf, zu beziehen. Bei Anlagen, die mit einem überwiegenden Anteil an betriebsbedingter Nebenluft sowie im Fall der Verbrennung mit reinem Sauerstoff oder signifikant mit Sauerstoff angereicherter Luft betrieben werden, soll die Behörde auf Antrag des Betreibers die Emissionsgrenzwerte auf einen an die Verfahrensbedingungen der Anlage angepassten Bezugssauerstoffgehalt beziehen oder auf die Festlegung eines Bezugssauerstoffgehalts verzichten. Die in § 8 Absatz 1 Nummer 3 festgelegten Emissionsgrenzwerte für die zu Gruppen zusammengefassten Schadstoffe (Schwermetalle, Benzo(a)pyren, polychlorierte Dibenzodioxine und Dibenzofurane) gelten unter Berücksichtigung des nach Satz 1 oder Satz 2 festgelegten Bezugssauerstoffgehalts.

4.1 Feste Emissionsgrenzwerte (Tagesmittelwert in mg/m^3)

Emissionsparameter	C
a) Gesamtstaub	10
b) gasförmige anorganische Chlorverbindungen, angegeben als Chlorwasserstoff	10
c) organische Stoffe angegeben als Gesamtkohlenstoff	10
d) Quecksilber und seine Verbindungen, angegeben als Quecksilber	0,03

4.2 Feste Emissionsgrenzwerte (Halbstundenmittelwerte in mg/m3)

Emissionsparameter	C
a) gasförmige anorganische Chlorverbindungen, angegeben als Chlorwasserstoff	60
b) Quecksilber und seine Verbindungen, angegeben als Quecksilber	0,05

4.3 Feste Emissionsgrenzwerte für feste (ausgenommen bei ausschließlichem Einsatz von Biobrennstoffen) und flüssige Brennstoffe für Anlagen mit einer Feuerungswärmeleistung von mehr als 50 MW (Jahresmittelwerte in mg/m3)

Emissionsparameter	C
Stickstoffmonoxid und Stickstoffdioxid, angegeben als Stickstoffdioxid, bei einer Feuerungswärmeleistung von	
a) 50 MW bis 100 MW	250
b) mehr als 100 MW	100

Anlage 4 (zu § 15 Absatz 1, § 16 Absatz 1 und § 17 Absatz 5)

Anforderungen an die kontinuierlichen Messeinrichtungen und die Validierung der Messergebnisse

(Fundstelle: BGBl. I 2013, 1066)

1. Der Wert des Konfidenzintervalls von 95 Prozent eines einzelnen Messergebnisses darf an der für den Tagesmittelwert festgelegten Emissionsbegrenzung die folgenden Prozentsätze dieser Emissionsbegrenzung nicht überschreiten:

a) Kohlenmonoxid	10 Prozent,
b) Schwefeldioxid	20 Prozent,
c) Stickstoffoxid	20 Prozent,
d) Gesamtstaub	30 Prozent,
e) Organisch gebundener Gesamtkohlenstoff	30 Prozent,
f) Chlorwasserstoff	40 Prozent,
g) Fluorwasserstoff	40 Prozent,
h) Quecksilber	40 Prozent.

2. Für Gesamtstaub bezieht sich abweichend von Nummer 1 der genannte Prozentsatz auf die für den Halbstundenmittelwert festgelegte Emissionsbegrenzung, sofern die Emissionsbegrenzung einen Tagesmittelwert von 10 mg/m3 unterschreitet.
3. Die validierten Halbstunden- und Tagesmittelwerte werden auf Grund der gemessenen Halbstundenmittelwerte und nach Abzug des in der Kalibrierung bestimmten Konfidenzintervalls bestimmt.
4. Die Halbstundenmittelwerte vor Abzug der in der Kalibrierung ermittelten Messunsicherheit (normierte Werte) müssen für die Zwecke der nach § 22 zu ermittelnden Jahresemissionsfrachten verfügbar sein.

Anlage 5 (zu § 2 Absatz 10)

Umrechnungsformel

(Fundstelle: BGBl. I 2013, 1067)

Soweit Emissionsgrenzwerte auf Bezugssauerstoffgehalte im Abgas bezogen sind, sind die im Abgas gemessenen Massenkonzentrationen nach folgender Gleichung umzurechnen:

$$E_B = \frac{21 - O_B}{21 - O_M} \times E_M$$

E_B = Massenkonzentration, bezogen auf den Bezugssauerstoffgehalt
E_M = gemessene Massenkonzentration
O_B = Bezugssauerstoffgehalt
O_M = gemessener Sauerstoffgehalt

Dreißigste Verordnung zur Durchführung des Bundes-Immissionsschutzgesetzes

(Verordnung über Anlagen zur biologischen Behandlung von Abfällen – 30. BImSchV)

vom 20. Februar 2001 (BGBl. I S. 305, 317)

zuletzt geändert durch Artikel 2 der Verordnung vom 13. Dezember 2019 (BGBl. I S. 2739)

Inhaltsübersicht

Erster Teil

Allgemeine Vorschriften

§ 1 Anwendungsbereich

(1) Diese Verordnung gilt für die Errichtung, die Beschaffenheit und den Betrieb von Anlagen, in denen Siedlungsabfälle und Abfälle, die wie Siedlungsabfälle entsorgt werden können, mit biologischen oder einer Kombination von biologischen mit physikalischen Verfahren behandelt werden, soweit

- biologisch stabilisierte Abfälle als Vorbehandlung zur Ablagerung oder vor einer thermischen Behandlung erzeugt,
- heizwertreiche Fraktionen oder Ersatzbrennstoffe gewonnen oder
- Biogase zur energetischen Nutzung erzeugt

werden (biologische Abfallbehandlungsanlagen) und sie nach § 4 des Bundes-Immissionsschutzgesetzes in Verbindung mit der Verordnung über genehmigungsbedürftige Anlagen genehmigungsbedürftig sind.

(2) Diese Verordnung gilt nicht für Anlagen, die

1. für die Erzeugung von verwertbarem Kompost oder Biogas ausschließlich aus Bioabfällen gemäß § 2 Nr. 1 der Bioabfallverordnung vom 21. September 1998 (BGBl. I S. 2955) oder aus Erzeugnissen oder Nebenerzeugnissen aus der Land-, Forst- oder Fischwirtschaft oder aus Klärschlamm nach § 2 Absatz 2, Klärschlammgemisch nach § 2 Absatz 7 oder Klärschlammkompost nach § 2 Absatz 8 der Klärschlammverordnung vom 27. September 2017 (BGBl. I S. 3465), in der jeweils geltenden Fassung, sowie aus einem Gemisch der vorgenannten Stoffe in Kofermentationsanlagen oder
2. für die Ausfaulung von Klärschlamm

bestimmt sind.

(3) Diese Verordnung enthält insbesondere Anforderungen, die nach § 5 Abs. 1 Nr. 2 des Bundes-Immissionsschutzgesetzes bei der Errichtung und beim Betrieb der Anlagen zur Vorsorge gegen schädliche Umwelteinwirkungen durch Luftverunreinigungen zu erfüllen sind.

§ 2 Begriffsbestimmungen

Im Sinne dieser Verordnung sind:

1. Abgase
   die Trägergase mit festen, flüssigen oder gasförmigen Emissionen;

2. Abgasreinigungseinrichtung
Einrichtungen zur Emissionsminderung von emissionsrelevanten Luftverunreinigungen im Abgas der biologischen Abfallbehandlungsanlage, insbesondere zur Emissionsbegrenzung für Geruchsstoffe, klimarelevante Gase, organische Stoffe und Stäube und zur Reduzierung lebens- und vermehrungsfähiger Mikroorganismen;

3. Altanlagen
biologische Abfallbehandlungsanlagen, für die bis zum Zeitpunkt des Inkrafttretens dieser Verordnung

   a) eine Anzeige nach § 67 Abs. 2 oder 7 oder § 67a Abs. 1 des Bundes-Immissionsschutzgesetzes oder vor Inkrafttreten des Bundes-Immissionsschutzgesetzes nach § 16 Abs. 4 der Gewerbeordnung erfolgen musste,

   b) der Planfeststellungsbeschluss nach § 7 Abs. 1 des Abfallgesetzes vom 27. August 1986 (BGBl. I S. 1410, 1501) zur Errichtung und zum Betrieb ergangen ist,

   c) der Planfeststellungsbeschluss nach § 31 Abs. 2 oder die Genehmigung nach § 31 Abs. 3 des Kreislaufwirtschafts- und Abfallgesetzes vom 27. September 1994 (BGBl. I S. 2705) zur Errichtung und zum Betrieb ergangen ist,

   d) in einem Planfeststellungsverfahren nach § 31 Abs. 2 des Kreislaufwirtschafts- und Abfallgesetzes der Beginn der Ausführung nach § 33 Abs. 1 des Kreislaufwirtschafts- und Abfallgesetzes vor Feststellung des Planes zugelassen worden ist,

   e) die Genehmigung nach § 4 oder § 16 des Bundes-Immissionsschutzgesetzes zur Errichtung und zum Betrieb erteilt ist oder

   f) eine Teilgenehmigung nach § 8, eine Zulassung vorzeitigen Beginns nach § 8a oder ein Vorbescheid nach § 9 des Bundes-Immissionsschutzgesetzes erteilt ist, soweit darin Anforderungen nach § 5 Abs. 1 Nr. 2 des Bundes-Immissionsschutzgesetzes festgelegt sind;

4. Anfallende Abfälle
alle festen oder flüssigen Abfälle, die in der biologischen Abfallbehandlungsanlage anfallen;

5. Abfälle mit biologisch abbaubaren Anteilen
Abfälle mit hohem organischen Anteil im Sinne der in Anhang 1 Nr. 1 der Bioabfallverordnung genannten Abfälle sowie andere Abfälle mit hohem biologisch abbaubaren Anteil, die aufgrund ihrer Beschaffenheit oder Zusammensetzung wie Siedlungsabfälle entsorgt werden, insbesondere Klärschlämme aus Abwasserbehandlungsanlagen zur Behandlung von kommunalem Abwasser oder Abwässern mit ähnlich geringer Schadstoffbelastung, Fäkalien, Fäkalschlamm, Rückstände aus Abwasseranlagen, Wasserreinigungsschlämme, Bauabfälle und produktionsspezifische Abfälle. Hierunter fallen auch Abfälle aus der Behandlung von Siedlungsabfällen und von Abfällen nach Satz 1;

6. Biologische Abfallbehandlungsanlage
Abfallbehandlungsanlage, in der Siedlungsabfälle oder andere Abfälle mit biologisch abbaubaren Anteilen mit biologischen oder einer Kombination von biologischen mit physikalischen Verfahren behandelt werden, soweit biologisch stabilisierte Abfälle, heizwertreiche Fraktionen, Ersatzbrennstoffe oder Biogase erzeugt werden. Zur biologischen Abfallbehandlungsanlage gehören insbesondere

   – die Einrichtungen zur biologischen Behandlung der Einsatzstoffe oder der anfallenden Abfälle unter aeroben Bedingungen (Verrottung) oder unter anaeroben Bedingungen

(Vergärung) mit ihren Austrags-, Eintrags-, Luft- und Abgasführungs- und Umsetzsystemen und

- die Einrichtungen zur mechanischen Aufbereitung oder zur physikalischen Trennung der Einsatzstoffe oder der anfallenden Abfälle als Vorbehandlungs- und Nachbehandlungseinrichtungen vor und nach der biologischen Behandlung (wie zum Abscheiden oder Aussortieren von Metallen, Folien oder anderen Stör- oder Wertstoffen, zum Entwässern, zum Homogenisieren oder Mischen, zum Klassieren oder Sortieren durch Sieben, Windsichten oder hydraulisches Trennen, zum Pelletieren, zum Trocknen, zum Verpressen oder zum Zerkleinern),
- die Einrichtungen zur Anlieferung, Eingangskontrolle und Entladung der Einsatzstoffe, zur Lagerung der Einsatzstoffe und der anfallenden Abfälle sowie zu ihrem Transport, ihrem Umschlag und ihrer Dosierung,
- die Einrichtungen für die Abgaserfassung,
- die Einrichtungen für die Abgasreinigung und für die Behandlung von Prozesswässern und Brüdenkondensaten,
- die Einrichtungen für die Abgasableitungen in die Atmosphäre,
- die Einrichtungen zur Betriebskontrolle der Behandlungsvorgänge und der Zwischenlagerung sowie zur Überwachung der Behandlungs- und Lagerungsbedingungen und
- die Einrichtungen zur Überwachung der Emissionen;

7. Einsatzstoffe
alle einer biologischen Abfallbehandlungsanlage zugeführten Siedlungsabfälle oder anderen Abfälle mit biologisch abbaubaren Anteilen;

8. Emissionen
die von einer biologischen Abfallbehandlungsanlage ausgehenden Luftverunreinigungen; sie werden angegeben als:

a) Massenkonzentration in der Einheit Milligramm je Kubikmeter (mg/cbm), bezogen auf das Abgasvolumen im Normzustand (273 K, 1013 hPa) nach Abzug des Feuchtegehaltes an Wasserdampf,

b) Massenverhältnis in der Einheit Gramm je Megagramm (g/Mg) als Verhältnis der Masse der emittierten Stoffe zu der Masse der zugeführten Einsatzstoffe im Anlieferungszustand,

c) Geruchsstoffkonzentration in der Einheit Geruchseinheit je Kubikmeter (GE/cbm) als olfaktometrisch gemessenes Verhältnis der Volumenströme bei Verdünnung einer Abgasprobe mit Neutralluft bis zur Geruchsschwelle, angegeben als Vielfaches der Geruchsschwelle;

9. Emissionsgrenzwerte
zulässige Emissionen im Abgas, die nach den in § 10 Abs. 4 und § 12 Abs. 2 festgelegten Kriterien beurteilt werden;

10. Siedlungsabfälle
Abfälle aus Haushaltungen sowie Abfälle aus anderen Herkunftsbereichen, die aufgrund ihrer Beschaffenheit oder Zusammensetzung den Abfällen aus Haushaltungen ähnlich sind, insbesondere Hausmüll, Sperrmüll, hausmüllartige Gewerbeabfälle, Garten- und Parkabfälle, Marktabfälle und Straßenreinigungsabfälle.

Zweiter Teil

Anforderungen an die Errichtung, die Beschaffenheit und den Betrieb

§ 3 Mindestabstand

Bei der Errichtung von biologischen Abfallbehandlungsanlagen soll ein Mindestabstand von 300 Meter zur nächsten vorhandenen oder in einem Bebauungsplan festgesetzten Wohnbebauung nicht unterschritten werden.

§ 4 Emissionsbezogene Anforderungen für Anlieferung, Aufbereitung, Stofftrennung und Lagerung und Transport

(1) Entladestellen, Aufgabe- oder Aufnahmebunker oder andere Einrichtungen für Anlieferung, Transport und Lagerung der Einsatzstoffe sind in geschlossenen Räumen mit Schleusen oder funktionell gleichwertigen Einrichtungen, zum Beispiel mitLuftschleieranlagen in Kombination mit Schnelllauftoren, zu errichten, in denen der Luftdruck durch Absaugung im Schleusenbereich oder im Bereich der Be- und Entladung und der Lagerung kleiner als der Atmosphärendruck zu halten ist. Das abgesaugte Abgas ist einer Abgasreinigungseinrichtung zuzuführen.

(2) Maschinen, Geräte oder sonstige Einrichtungen zur mechanischen Aufbereitung oder zur physikalischen Trennung der Einsatzstoffe oder der anfallenden Abfälle (zum Beispiel durch Zerkleinern, Klassieren, Sortieren, Mischen, Homogenisieren, Entwässern, Trocknen, Pelletieren, Verpressen) sind zu kapseln. Soweit eine abgasdichte Ausführung, insbesondere an den Aufgabe-, Austrags- oder Übergabestellen, nicht oder nur teilweise möglich ist, sind die Abgasströme dieser Einrichtungen zu erfassen und einer Abgasreinigungseinrichtung zuzuführen.

13

(3) Die Abgasströme nach Absatz 1 Satz 2 und Absatz 2 Satz 2 können auch als Zuluft für die beim Rottevorgang benötigte Prozessluft dienen.

(4) Für den Abtransport staubender Güter sind geschlossene Behälter zu verwenden.

(5) Die Fahrwege im Bereich der biologischen Abfallbehandlungsanlage sind mit einer Deckschicht aus Asphalt-Straßenbaustoffen, in Zementbeton oder gleichwertigem Material auszuführen und entsprechend dem Verschmutzungsgrad zu säubern. Es ist sicherzustellen, dass erhebliche Verschmutzungen durch Fahrzeuge nach Verlassen des Anlagenbereichs vermieden oder beseitigt werden, zum Beispiel durch Reifenwaschanlagen oder regelmäßiges Säubern der Fahrwege.

§ 5 Emissionsbezogene Anforderungen für biologische Behandlung, Prozesswässer und Brüdenkondensate

(1) Einrichtungen zur biologischen Behandlung von Einsatzstoffen oder von anfallenden Abfällen unter aeroben Bedingungen (Verrottung) oder unter anaeroben Bedingungen (Vergärung) sind zu kapseln oder in geschlossenen Räumen mit Schleusen zu errichten, in denen der Luftdruck durch Absaugung im Schleusenbereich oder im Bereich der biologischen Behandlung kleiner als der Atmosphärendruck zu halten ist. Soweit eine abgasdichte Ausführung an den Aufgabe-, Austrags- oder Übergabestellen und beim Umsetzen des Rottegutes nicht oder nur teilweise möglich ist, sind die Abgasströme zu erfassen und einer Abgasreinigungseinrichtung zuzuführen.

(2) Das beim Rottevorgang in den Rottesystemen entstehende Abgas ist vollständig einer Abgasreinigungseinrichtung zuzuführen.

(3) Die beim Vergärungsvorgang in Einrichtungen zur Nass- oder Trockenfermentation entstehenden Biogase sind einer Gasreinigungsanlage zur Umwandlung in ein nutzbares Gas zuzu-

führen, soweit sie nicht unmittelbar in einer Verbrennungsanlage energetisch genutzt werden können.

(4) Möglichkeiten, die Emissionen durch denEinsatz emissionsarmer Verfahren und Technologienzu mindern, zum Beispiel durch eine Getrennthaltung unterschiedlich belasteter Abgasströme, eineMehrfachnutzung von Abgas als Prozessluft beimRottevorgang oder eine prozessintegrierte Rückführung anfallender Prozesswässer oder schlammförmiger Rückstände, sind auszuschöpfen.

(5) Die Förder- und Lagersysteme sowie die anlageninternen Behandlungseinrichtungen für Prozesswässer und Brüdenkondensate sind so auszulegen und zu betreiben, dass hiervon keine relevanten diffusen Emissionen ausgehen können.

§ 6 Emissionsgrenzwerte

Der Betreiber hat die biologische Abfallbehandlungsanlage so zu errichten und zu betreiben, dass in den zur Ableitung in die Atmosphäre bestimmten Abgasströmen nach § 4 Abs. 1 Satz 2 und Abs. 2 Satz 2 und § 5 Abs. 1 Satz 2 und Abs. 2

1. kein Tagesmittelwert die folgenden Emissionsgrenzwerte überschreitet:
   a) Gesamtstaub — 5 mg/cbm
   b) organische Stoffe, angegeben als Gesamtkohlenstoff, — 20 mg/cbm

2. kein Halbstundenmittelwert die folgenden Emissionsgrenzwerte überschreitet:
   a) Gesamtstaub — 30 mg/cbm
   b) organische Stoffe, angegeben als Gesamtkohlenstoff, — 40 mg/cbm

3. kein Monatsmittelwert, bestimmt als Massenverhältnis nach § 10 Abs. 2, die folgenden Emissionsgrenzwerte überschreitet:
   a) Distickstoffoxid — 100 g/Mg
   b) organische Stoffe, angegeben als Gesamtkohlenstoff, — 55 g/Mg

4. kein Messwert einer Probe den folgenden Emissionsgrenzwert überschreitet:
   Geruchsstoffe — 500 GE/cbm
   und

5. kein Mittelwert, der über die jeweilige Probenahmezeit gebildet ist, den folgenden Emissionsgrenzwerte überschreitet:
   Dioxine/Furane, angegeben als Summenwert gemäß Anhang zur 17. BImSchV, — 0,1 ng/cbm.

§ 7 Ableitbedingungen für Abgase

Der Betreiber hat die Abgasströme nach § 4 Abs. 1 Satz 2 und Abs. 2 Satz 2 und § 5 Abs. 1 Satz 2 und Abs. 2 so abzuleiten, dass ein ungestörter Abtransport mit der freien Luftströmung erfolgt; eine Ableitung über Schornsteine ist erforderlich.

Dritter Teil

Messung und Überwachung

§ 8 Messverfahren und Messeinrichtungen

(1) Für die Messungen sind nach näherer Bestimmung der zuständigen Behörde Messplätze einzurichten; diese sollen ausreichend groß, leicht zugänglich und so beschaffen sein sowie so ausgewählt werden, dass repräsentative und einwandfreie Messungen gewährleistet sind.

(2) Für Messungen zur Feststellung der Emissionen und zur Ermittlung der Bezugs- und Betriebsgrößen sind die dem Stand der Messtechnik entsprechenden Messverfahren und geeignete Messeinrichtungen nach näherer Bestimmung der zuständigen Behörde anzuwenden oder zu verwenden.

(3) Über den ordnungsgemäßen Einbau von Messeinrichtungen zur kontinuierlichen Überwachung ist eineBescheinigung einer von der nach Landesrecht zuständigen Behörde bekannt gegebenen Stelle zu erbringen.

(4) Der Betreiber hat Messeinrichtungen, die zur kontinuierlichen Feststellung der Emissionen eingesetzt werden, durch eine von der nach Landesrecht zuständigen Behörde bekannt gegebenen Stelle vor Inbetriebnahme der Anlage kalibrieren und jährlich einmal auf Funktionsfähigkeit prüfen zu lassen; die Kalibrierung ist vor Inbetriebnahme einer wesentlich geänderten Anlage, im Übrigen im Abstand von drei Jahren zu wiederholen. Die Berichte über das Ergebnis der Kalibrierung und der Prüfung der Funktionsfähigkeit sind der zuständigen Behörde innerhalb von acht Wochen nach Eingang der Berichte vorzulegen.

13

§ 9 Kontinuierliche Messungen

Der Betreiber hat

1. die Massenkonzentrationen der Emissionen nach § 6 Nr. 1 und 2,
2. die Massenkonzentrationen der Emissionen an Distickstoffoxid und
3. die zur Auswertung und Beurteilung des ordnungsgemäßen Betriebes erforderlichen Bezugsgrößen, insbesondere Abgastemperatur, Abgasvolumenstrom, Druck, Feuchtegehalt an Wasserdampf sowie Masse der zugeführten Einsatzstoffe im Anlieferungszustand kontinuierlich zu ermitteln, zu registrieren und gemäß § 10 Abs. 1 und 2 auszuwerten. Messeinrichtungen für den Feuchtegehalt an Wasserdampf sind nicht notwendig, soweit das Abgas vor der Ermittlung der Massenkonzentration der Emissionen getrocknet wird.

§ 10 Auswertung und Beurteilung von kontinuierlichen Messungen

(1) Während des Betriebes der biologischen Abfallbehandlungsanlage ist aus den Messwerten nach § 9 Satz 1 für jede aufeinander folgende halbe Stunde der Halbstundenmittelwert zu bilden und auf die Bedingungen nach § 2 Nr. 8 Buchstabe a umzurechnen. Aus den Halbstundenmittelwerten ist für jeden Tag der Tagesmittelwert, bezogen auf die tägliche Betriebszeit einschließlich der Anfahr- oder Abstellvorgänge, zu bilden.

(2) Aus den nach Absatz 1 Satz 2 gebildeten Tagesmittelwerten der Massenkonzentrationen für organische Stoffe, angegeben als Gesamtkohlenstoff, und für Distickstoffoxid und der Abgasmenge als Tagessumme der Abgasströme nach § 4 Abs. 1 Satz 2 und Abs. 2 Satz 2 und § 5 Abs. 1 Satz 2 und Abs. 2 sind die emittierten Tagesmassen dieser Luftverunreinigungen zu ermitteln. Aus den emittierten Tagesmassen sind die während des Betriebes der biologischen Abfallbehandlungsanlage emittierten Monatsmassen zu bilden. Die monatliche Einsatzstoffmenge ist als Monatssumme der zugeführten Einsatzstoffe im Anlieferungszustand zu erfassen. Aus den emittierten Monatsmassen nach Satz 2 und der monatlichen Einsatzstoffmenge nach Satz 3 ist das Massenverhältnis nach § 2 Nr. 8 Buchstabe b zu berechnen.

(3) Über die Auswertung der kontinuierlichen Messungen und die Bestimmung der Massenverhältnisse hat der Betreiber einen Messbericht zu erstellen und innerhalb von drei Monaten nach Ablauf eines jeden Kalenderjahres der zuständigen Behörde vorzulegen. Der Betreiber muss die Aufzeichnungen der Messgeräte nach dem Erstellen des Messberichtes fünf Jahre aufbewahren. Satz 1 gilt nicht, soweit die zuständige Behörde die telemetrische Übermittlung der Messergebnisse vorgeschrieben hat.

(4) Die Emissionsgrenzwerte sind eingehalten, wenn kein Tagesmittelwert nach § 6 Nr. 1, kein Halbstundenmittelwert nach § 6 Nr. 2 und kein Monatsmittelwert nach § 6 Nr. 3 den jeweiligen Emissionsgrenzwert überschreitet.

§ 11 Einzelmessungen

(1) Der Betreiber hat nach Errichtung oder wesentlicher Änderung der biologischen Abfallbehandlungsanlage Messungen einer nach § 26 des Bundes-Immissionsschutzgesetzes bekannt gegebenen Stelle zur Feststellung, ob die Anforderungen nach § 6 Nr. 4 und 5 erfüllt werden, durchführen zu lassen. Die Messungen sind im Zeitraum von zwölf Monaten nach Inbetriebnahme alle zwei Monate mindestens an einem Tag und anschließend wiederkehrend spätestens alle zwölf Monate mindestens an drei Tagen durchführen zu lassen. Diese sollen vorgenommen werden, wenn die Anlagen mit der höchsten Leistung betrieben werden, für die sie bei den während der Messung verwendeten Einsatzstoffen für den Dauerbetrieb zugelassen sind. Auf Einzelmessungen nach § 6 Nummer 5 kannverzichtet werden, wenn der Betreiber mit ausreichender Sicherheit nachweist, dass die dortgenannten Emissionsbegrenzungen nicht überschritten werden, zum Beispiel durch das Ergebnis einer Prüfung der Wirksamkeit von Einrichtungen zur Emissionsminderung, der Zusammensetzung der Einsatzstoffe oder der Art der Prozessbedingungen.

(2) Für jede Einzelmessung sollen je Emissionsquelle mindestens drei Proben genommen werden. Die olfaktometrische Analyse hat unmittelbar nach der Probenahme zu erfolgen.

(3) Nach Errichtung oder wesentlicher Änderung der biologischen Abfallbehandlungsanlage kann die zuständige Behörde vom Betreiber die Durchführung von Messungen einer nach § 26 des Bundes-Immissionsschutzgesetzes bekannt gegebenen Stelle zur Feststellung, ob durch den Betrieb der Anlage in der Nachbarschaft Geruchsimmissionen hervorgerufen werden, die eine erhebliche Belästigung im Sinne des § 3 Abs. 1 des Bundes-Immissionsschutzgesetzes darstellen, verlangen. Für die Ermittlung der Immissionsbelastung sind olfaktorische Feststellungen im Rahmen von Begehungen vorzunehmen. Die Messungen sind nach Erreichen des ungestörten Betriebes, jedoch spätestens zwölf Monate nach Inbetriebnahme durchführen zu lassen. Diese sollen vorgenommen werden, wenn die Anlagen mit der höchsten Leistung betrieben werden, für die sie bei den während der Messung verwendeten Einsatzstoffen für den Dauerbetrieb zugelassen sind.

(4) Werden in Abgaseinrichtungen Verbrennungstemperaturen von mehr als 800 Grad Celsius eingesetzt, soll für den betreffenden Abgasstrom auf die Festlegung einer Geruchsstoffkonzentration als Emissionsbegrenzung verzichtetwerden.

§ 12 Berichte und Beurteilung von Einzelmessungen

(1) Über die Ergebnisse der Messungen nach § 11 hat der Betreiber einen Messbericht zu erstellen und der zuständigen Behörde unverzüglich vorzulegen. Der Messbericht muss Angaben über die Messplanung, das Ergebnis jeder Einzelmessung, das verwendete Messverfahren und die Betriebsbedingungen, die für die Beurteilung der Messergebnisse von Bedeutung sind, enthalten.

(2) Die Emissionsgrenzwerte nach § 6 Nr. 4 und 5 gelten als eingehalten, wenn kein Ergebnis einer Einzelmessung diese Emissionsgrenzwerte überschreitet.

§ 13 Störungen des Betriebes

(1) Ergibt sich aus Messungen und sonstigen offensichtlichen Wahrnehmungen, dass Anforderungen an den Betrieb der Anlagen oder zur Begrenzung von Emissionen nicht erfüllt werden, hat der Betreiber dies den zuständigen Behörden unverzüglich mitzuteilen. Er hat unverzüglich die erforderlichen Maßnahmen für einen ordnungsgemäßen Betrieb zu treffen.

(2) Die Behörde soll für technisch unvermeidbare Abschaltungen, Störungen oder Ausfälle der Abgasreinigungseinrichtungen den Zeitraum festlegen, währenddessen von den Emissionsgrenzwerten nach § 6 unter bestimmten Voraussetzungen abgewichen werden darf. Der Weiterbetrieb der biologischen Abfallbehandlungsanlage darf unter den in Satz 1 genannten Bedingungen acht aufeinander folgende Stunden und innerhalb eines Kalenderjahres 96 Stunden nicht überschreiten. Die Emission von Gesamtstaub darf eine Massenkonzentration von 100 Milligramm je Kubikmeter Abgas, gemessen als Halbstundenmittelwert, nicht überschreiten; § 2 Nr. 8 findet entsprechende Anwendung.

(3) Bei Stillstand der Abgasreinigungseinrichtungen ist das abgesaugte Abgas nach Maßgabe des § 7 abzuleiten. Sind Stillstandszeiten von mehr als acht Stunden zu erwarten, hat der Betreiber zusätzliche Maßnahmen zu treffen und die zuständige Behörde hierüber unverzüglich zu unterrichten.

Vierter Teil

Anforderungen an Altanlagen

§ 14 Übergangsregelungen

(1) Für Altanlagen gelten die Anforderungen dieser Verordnung nach Ablauf von fünf Jahren seit Inkrafttreten dieser Verordnung.

(2) Wird eine biologische Abfallbehandlungsanlage durch Zubau einer oder mehrerer weiterer Behandlungseinrichtungen in der Weise erweitert, dass die vorhandenen und die neu zu errichtenden Behandlungseinrichtungen eine gemeinsame Anlage bilden, so bestimmen sich die Anforderungen für die neu zu errichtenden Behandlungseinrichtungen nach den Vorschriften des zweiten und dritten Teils und die Anforderungen für die vorhandenen Einrichtungen nach den Vorschriften des vierten Teils dieser Verordnung.

Fünfter Teil

Gemeinsame Vorschriften

§ 15 Unterrichtung der Öffentlichkeit

Der Betreiber der biologischen Abfallbehandlungsanlage hat die Öffentlichkeit nach erstmaliger Kalibrierung der Messeinrichtung zur kontinuierlichen Feststellung der Emissionen nach § 8 Abs. 4 und erstmaligen Einzelmessungen nach § 11 Abs. 1 einmal jährlich sowie nach Messungen nach § 11 Abs. 3 über die Beurteilung der Messungen von Emissionen zu unterrichten. Die zuständige Behörde kann Art und Form der Öffentlichkeitsunterrichtung festlegen. Die Sätze 1 und 2 gelten nicht für solche Angaben, aus denen Rückschlüsse auf Betriebs- oder Geschäftsgeheimnisse gezogen werden können. Abweichend von den Sätzen 1 und 2 können Betreiber von Unternehmen, die in das Verzeichnis der Verordnung (EWG) Nr. 1836/93 des Rates vom 29. Juni 1993 über die freiwillige Beteiligung gewerblicher Unternehmen an einem Gemeinschaftssystem für das Umweltmanagement und die Umweltbetriebsprüfung (ABl. EG Nr. L 168 S. 1) eingetragen sind, die Unterrichtung der Öffentlichkeit durch Dokumente ersetzen, die im Rahmen des Umweltmanagementsystems erarbeitet wurden, sofern die erforderlichen Angaben enthalten sind.

§ 16 Zulassung von Ausnahmen

Abweichend von der in § 5 Abs. 1 Satz 1 festgelegten Kapselung von Einrichtungen zur biologischen Behandlung oder ihrer Ausführung in geschlossenen Räumen mit Schleusen und der in § 5 Abs. 2 festgelegten vollständigen Zuführung des beim Rottevorgang entstehenden Abgases zu einer Abgasreinigung kann die zuständige Behörde auf Antrag des Betreibers bei einer mehrstufigen biologischen Behandlung eine Nachbehandlung unter aeroben Bedingungen (Nachrotte) in nicht gekapselten Einrichtungen oder in nicht geschlossenen Räumen ohne Abgaserfassung und Abgasreinigung zulassen, wenn der zur Nachrotte vorgesehene Abfall den Wert von 20 mg 0_2/g Trockenmasse, bestimmt als Atmungsaktivität gemäß Anhang 4 Nummer 3.3.1 der Deponieverordnung vom 27. April 2009 (BGBl. I S. 900), unterschreitet und durch sonstige betriebliche Maßnahmen sichergestellt wird, dass der Vorsorge gegen schädliche Umwelteinwirkungen auf andere Weise Genüge getan ist.

§ 17 Weitergehende Anforderungen

Die Befugnis der zuständigen Behörde, andere oder weitergehende Anforderungen, insbesondere zur Vermeidung schädlicher Umwelteinwirkungen nach § 5 Abs. 1 Nr. 1 des Bundes-Immissionsschutzgesetzes zu treffen, bleibt unberührt.

§ 18 Ordnungswidrigkeiten

Ordnungswidrig im Sinne des § 62 Abs. 1 Nr. 2 des Bundes-Immissionsschutzgesetzes handelt, wer vorsätzlich oder fahrlässig

1. entgegen § 6 eine Anlage nicht richtig errichtet oder nicht richtig betreibt,
2. entgegen § 8 Abs. 4 Satz 1 eine Messeinrichtung nicht oder nicht rechtzeitig kalibrieren oder nicht oder nicht rechtzeitig prüfen lässt oder die Kalibrierung nicht oder nicht rechtzeitig wiederholt,
3. entgegen § 8 Abs. 4 Satz 2, § 10 Abs. 3 Satz 1 oder § 12 Abs. 1 Satz 1 einen Bericht nicht oder nicht rechtzeitig vorlegt,

4. entgegen § 9 Satz 1 die Massenkonzentrationen der Emissionen oder eine dort genannte Bezugsgröße nicht, nicht richtig oder nicht vollständig auswertet,
5. entgegen § 10 Abs. 3 Satz 2 eine Aufzeichnung nicht oder nicht mindestens fünf Jahre aufbewahrt,
6. entgegen § 11 Abs. 1 Satz 1 oder 2 eine Messung nicht oder nicht rechtzeitig durchführen lässt,
7. entgegen § 13 Abs. 1 Satz 1 eine Mitteilung nicht, nicht richtig, nicht vollständig oder nicht rechtzeitig macht

oder

8. entgegen § 15 Satz 1 die Öffentlichkeit nicht, nicht richtig, nicht vollständig oder nicht rechtzeitig unterrichtet.

Verordnung über die Verwertung von Bioabfällen auf landwirtschaftlich, forstwirtschaftlich und gärtnerisch genutzten Böden

(Bioabfallverordnung – BioAbfV)

Vom 21. September 1998 (BGBl. I S. 2955)

Neufassung vom 4. April 2013 (BGBl. I S. 658)

Zuletzt geändert am 27. September 2017 (BGBl. I S. 3465)

§ 1 Anwendungsbereich

(1) Diese Verordnung gilt für

1. unbehandelte und behandelte Bioabfälle und Gemische, die zur Verwertung als Düngemittel auf landwirtschaftlich, forstwirtschaftlich oder gärtnerisch genutzte Böden aufgebracht oder zum Zweck der Aufbringung abgegeben werden sowie
2. die Behandlung und Untersuchung solcher Bioabfälle und Gemische.

(2) Diese Verordnung gilt für

1. öffentlich-rechtliche Entsorgungsträger und Dritte, Verbände oder Selbstverwaltungskörperschaften der Wirtschaft, denen nach § 16 Absatz 2, § 17 Absatz 3 oder § 18 Absatz 2 des Kreislaufwirtschaftsund Abfallgesetzes vom 27. September 1994 (BGBl. I S. 2705), das zuletzt durch Artikel 5 des Gesetzes vom 6. Oktober 2011 (BGBl. I S. 1986) geändert worden ist, Pflichten zur Verwertung von Bioabfällen übertragen worden sind (Entsorgungsträger),
2. Erzeuger oder Besitzer von Bioabfällen oder Gemischen, soweit sie diese Abfälle nicht einem Entsorgungsträger überlassen,

2a. denjenigen, der Bioabfälle einsammelt und transportiert (Einsammler),

3. denjenigen, der Bioabfälle behandelt (Bioabfallbehandler),
4. Hersteller von Gemischen unter Verwendung von Bioabfällen (Gemischhersteller),

4a. denjenigen, der Bioabfälle oder Gemische zur Aufbringung annimmt und diese ohne weitere Veränderung abgibt (Zwischenabnehmer) sowie

5. Bewirtschafter von landwirtschaftlich, gärtnerisch oder forstwirtschaftlich genutzten Böden, auf denen unbehandelte oder behandelte Bioabfälle oder Gemische aufgebracht werden sollen oder aufgebracht werden.

(3) Diese Verordnung gilt nicht

1. für Haus-, Nutz- und Kleingärten,
2. für die Eigenverwertung von Bioabfällen pflanzlicher Herkunft in landwirtschaftlichen Betrieben oder Betrieben des Garten- und Landschaftsbaus, wenn die Verwertung nach Maßgabe der §§ 6 bis 8 auf selbst bewirtschafteten Betriebsflächen gewährleistet ist,
3. soweit die Klärschlammverordnung Anwendung findet,

3a. für tierische Nebenprodukte, die nach der Verordnung (EG) Nr. 1069/2009 des Europäischen Parlaments und des Rates vom 21. Oktober 2009 mit Hygienevorschriften für nicht für den menschlichen Verzehr bestimmte tierische Nebenprodukte und zur Aufhebung der Verordnung (EG) Nr. 1774/2002 (Verordnung über tierische Nebenprodukte) (ABl. L 300 vom 14. 11.2009, S. 1), die durch die Richtlinie 2010/63/EU (ABl. L 276 vom 20.10.2010, S. 33) geändert worden ist, in der jeweils geltenden Fassung, nach den zu ihrer Durchführung ergangenen Rechtsakten der Europäischen Union, nach dem Tierische Nebenprodukte-Beseitigungsgesetz vom 25. Januar 2004 (BGBl. I S. 82), das zuletzt durch Artikel 2 Absatz 91 des Gesetzes vom 22. Dezember 2011 (BGBl. I S. 3044) geändert worden ist, in der jeweils geltenden Fassung oder nach den auf Grund des Tierische Nebenprodukte-Beseitigungsgesetzes erlassenen Rechtsverordnungen abzuholen, zu sammeln, zu befördern, zu lagern, zu behandeln, zu verarbeiten, zu verwenden, zu beseitigen oder in Verkehr zu bringen sind, oder

4. für Stoffe, die nach anderen Rechtsvorschriften entsorgt werden müssen.

(4) Die Vorschriften des Düngemittelrechts und des Pflanzenschutzrechts bleiben unberührt. Werden Bioabfälle und tierische Nebenprodukte im Sinne des Absatzes 3 Nummer 3a gemeinsam behandelt oder zur Gemischherstellung verwendet und auf Böden aufgebracht, gelten die Vorschriften dieser Verordnung neben den in Absatz 3 Nummer 3a genannten Vorschriften.

(5) Die in Absatz 2 Genannten wirken darauf hin, dass die in dieser Verordnung genannten Schadstoffhöchstwerte für unbehandelte und behandelte Bioabfälle und Gemische soweit wie möglich unterschritten werden. Generelle Anbaubeschränkungen oder sonstige in dieser Verordnung nicht genannte Beschränkungen lassen sich aus dem Erreichen oder Überschreiten der Bodenwerte nach § 9 Absatz 2 nicht herleiten.

§ 2 Begriffsbestimmungen

Im Sinne dieser Verordnung bedeuten die Begriffe

1. Bioabfälle:
Abfälle tierischer oder pflanzlicher Herkunft oder aus Pilzmaterialien zur Verwertung, die durch Mikroorganismen, bodenbürtige Lebewesen oder Enzyme abgebaut werden können, einschließlich Abfälle zur Verwertung mit hohem organischen Anteil tierischer oder pflanzlicher Herkunft oder an Pilzmaterialien; zu den Bioabfällen gehören insbesondere die in Anhang 1 Nummer 1 in Spalte 1 genannten, in Spalte 2 weiter konkretisierten und durch die ergänzenden Bestimmungen in Spalte 3 näher gekennzeichneten Abfälle; Bodenmaterial ohne wesentliche Anteile an Bioabfällen gehört nicht zu den Bioabfällen; Pflanzenreste, die auf forst- oder landwirtschaftlich genutzten Flächen anfallen und auf diesen Flächen verbleiben, sind keine Bioabfälle;

2. Hygienisierende Behandlung:
Biotechnologische Aufbereitung biologisch abbaubarer Materialien zum Zweck der Hygienisierung durch

   a) Pasteurisierung gemäß Anhang 2 Nummer 2.2.1,

   b) aerobe hygienisierende Behandlung gemäß Anhang 2 Nummer 2.2.2 (thermophile Kompostierung),

   c) anaerobe hygienisierende Behandlung gemäß Anhang 2 Nummer 2.2.3 (thermophile Vergärung) oder

   d) anderweitige hygienisierende Behandlung gemäß Anhang 2 Nummer 2.2.4;

2a. Biologisch stabilisierende Behandlung:
Biotechnologische Aufbereitung biologisch abbaubarer Materialien zum Zweck des biologischen Abbaus der organischen Substanz unter aeroben Bedingungen (Kompostierung) oder

anaeroben Bedingungen (Vergärung) oder andere Maßnahmen zur biologischen Stabilisierung der organischen Substanz; eine hygienisierende Behandlung nach Nummer 2 Buchstabe b oder c ist gleichzeitig eine biologisch stabilisierende Behandlung;

3. Unbehandelte Bioabfälle:
Bioabfälle, die keiner Behandlung unterzogen wurden;

4. Behandelte Bioabfälle:
Bioabfälle, die einer hygienisierenden und biologisch stabilisierenden Behandlung unterzogen wurden, einschließlich in Anhang 1 Nummer 2 in Spalte 1 genannter, in Spalte 2 weiter konkretisierter und durch die ergänzenden Bestimmungen in Spalte 3 näher gekennzeichneter mitbehandelter Abfälle oder in Spalte 2 genannter und durch die ergänzenden Bestimmungen in Spalte 3 näher gekennzeichneter mitbehandelter biologisch abbaubarer Materialien;

5. Gemische:
Mischung von behandelten und gemäß § 10 unbehandelten, hygienisierend oder biologisch stabilisierend behandelten Bioabfällen miteinander und mit in Anhang 1 Nummer 2 in Spalte 1 genannten, in Spalte 2 weiter konkretisierten und durch die ergänzenden Bestimmungen in Spalte 3 näher gekennzeichneten Abfälle oder in Spalte 2 genannten und durch die ergänzenden Bestimmungen in Spalte 3 näher gekennzeichneten biologisch abbaubaren Materialien und mineralischen Stoffe sowie die Mischung von einem aus vorgenannten Bestandteilen hergestellten Gemisch mit Kalk im Rahmen der Aufbringung; eine im Rahmen einer gemeinsamen hygienisierenden oder biologisch stabilisierenden Behandlung erfolgende Vermischung von Bioabfällen miteinander und mit in Anhang 1 Nummer 2 genannten Materialien ist kein Gemisch;

6. Eigenverwertung:
Aufbringung der auf selbst bewirtschafteten Betriebsflächen angefallenen pflanzlichen Bioabfälle auf selbst bewirtschaftete Betriebsflächen.
Als Eigenverwertung gilt auch die Aufbringung von

   a) bei gärtnerischen Dienstleistungen auf fremden Flächen angefallenen pflanzlichen Bioabfällen auf selbst bewirtschaftete Betriebsflächen des Dienstleistungsbetriebes,

   b) anteilig zurückgenommenen unbehandelten pflanzlichen Bioabfällen durch Mitglieder von Erzeugerzusammenschlüssen des Wein-, Obst- und Gemüseanbaus auf selbst bewirtschaftete Betriebsflächen, soweit die pflanzlichen Ausgangserzeugnisse auf Betriebsflächen von Mitgliedern des jeweiligen Erzeugerzusammenschlusses erzeugt wurden.

§ 3 Anforderungen an die hygienisierende Behandlung

(1) Entsorgungsträger, Erzeuger und Besitzer haben, soweit nicht von einer Freistellung nach § 10 Absatz 1 oder Absatz 2 erfasst, Bioabfälle vor einer Aufbringung oder vor der Herstellung von Gemischen einer hygienisierenden Behandlung zuzuführen, welche die seuchen- und phytohygienische Unbedenklichkeit gewährleistet.

(2) Die seuchen- und phytohygienische Unbedenklichkeit nach Absatz 1 ist gegeben, wenn keine Beeinträchtigung der Gesundheit von Mensch oder Tier durch Freisetzung oder Übertragung von Krankheitserregern und keine Schäden an Pflanzen, Pflanzenerzeugnissen oder Böden durch die Verbreitung von Schadorganismen zu besorgen sind. Die im Einzelnen einzuhaltenden Anforderungen an die hygienisierende Behandlung und die Materialien sind im Anhang 2 festgelegt.

(3) Der Bioabfallbehandler hat die hygienisierende Behandlung der Bioabfälle nach den in Anhang 2 festgelegten Vorgaben durchzuführen, um die seuchen- und phytohygienische Unbe-

denklichkeit der Bioabfälle nach der Behandlung und bei der Abgabe oder der Aufbringung auf selbst bewirtschaftete Betriebsflächen sicherzustellen. Die zuständige Behörde kann im Einvernehmen mit der zuständigen landwirtschaftlichen und tierärztlichen Fachbehörde bei aerober oder anaerober hygienisierender Behandlung von Bioabfällen in Anlagen mit einer jährlichen Kapazität von bis zu 3 000 Tonnen Einsatzmaterialien Ausnahmen von den in Absatz 4 Satz 1 Nummer 1 und Anhang 2 enthaltenen Anforderungen an die Prozessprüfung im Einzelfall zulassen. Voraussetzung dafür ist, dass durch ausgleichende Maßnahmen die seuchen- und phytohygienische Unbedenklichkeit gewährleistet wird oder nach Art, Beschaffenheit und Herkunft der Bioabfälle keine Beeinträchtigung seuchen- und phytohygienischer Belange zu erwarten ist. Die zuständige Behörde kann im Einvernehmen mit der zuständigen landwirtschaftlichen und tierärztlichen Fachbehörde eine anderweitige hygienisierende Behandlung nach § 2 Nummer 2 Buchstabe d im Einzelfall zulassen, wenn eine gleichwertige Wirksamkeit der Hygienisierung gemessen an den Anforderungen des Anhangs 2 nachgewiesen wird. Nach anderen Vorgaben behandelte Bioabfälle gelten als anderweitig hygienisierend behandelt gemäß § 2 Nummer 2 Buchstabe d, soweit diese andere Möglichkeit der Bioabfallbehandlung in Anhang 1 Nummer 1 Spalte 3 mit einem Verweis auf diesen Satz aufgeführt ist.

(4) Der Bioabfallbehandler hat, soweit nicht von einer Freistellung nach § 10 Absatz 1 oder Absatz 2 erfasst, Untersuchungen nach Maßgabe der Absätze 5 bis 9 durchführen zu lassen auf

1. die Wirksamkeit des Hygienisierungsverfahrens durch eine Prozessprüfung, davon abweichend bei Pasteurisierungsanlagen durch eine technische Abnahme,
2. die Einhaltung der erforderlichen Temperatur über die notwendige Dauer während der hygienisierenden Behandlung durch Prozessüberwachung und
3. die Einhaltung der höchstzulässigen Grenzwerte für Krankheitserreger, keimfähige Samen und austriebsfähige Pflanzenteile nach der hygienisierenden Behandlung am abgabefertigen Material durch Prüfungen der hygienisierten Bioabfälle.

Für die Untersuchungen sind die in Anhang 2 Nummer 4 festgelegten Methoden anzuwenden.

(5) Der Bioabfallbehandler hat die Prozessprüfung gemäß Absatz 4 Satz 1 Nummer 1 innerhalb von zwölf Monaten nach Inbetriebnahme einer neu errichteten Behandlungsanlage zur Hygienisierung nach den Vorgaben des Anhangs 2 Nummer 3.1 durchführen zu lassen. Dies gilt entsprechend für bereits geprüfte Anlagen bei Einsatz neuer Verfahren oder wesentlicher technischer Änderung der Verfahren oder der Prozessführung. Bei neu errichteten Pasteurisierungsanlagen hat der Bioabfallbehandler anstelle der Prozessprüfung vor der Inbetriebnahme eine technische Abnahme nach den Vorgaben des Anhangs 2 Nummer 2.2.1.2 durch die für die Anlage zuständige Behörde durchführen zu lassen, die hierüber eine Abnahmebescheinigung ausstellt. Bei neu errichteten Anlagen zur anderweitigen hygienisierenden Behandlung sind vor Durchführung der Prozessprüfung die Anforderungen an die Prozessführung und die Prozessprüfung in Abstimmung mit der zuständigen Behörde festzulegen. Bis zum erfolgreichen Abschluss der Prozessprüfung darf der Bioabfallbehandler die Materialien aus der Behandlungsanlage zur Hygienisierung mit Zustimmung der zuständigen Behörde zur Verwertung abgeben, wenn die Vorgaben der Prozessüberwachung gemäß Absatz 4 Satz 1 Nummer 2 und der Prüfungen der hygienisierten Bioabfälle gemäß Absatz 4 Satz 1 Nummer 3 erfüllt werden und keine Anhaltspunkte bestehen, die gegen die hygienische Unbedenklichkeit dieser Materialien sprechen.

(6) Der Bioabfallbehandler hat die Prozessüberwachung gemäß Absatz 4 Satz 1 Nummer 2 nach den Vorgaben des Anhangs 2 Nummer 3.2 durchzuführen und dabei folgende Aufzeichnungen zu führen:

1. bei Pasteurisierung über den Temperaturverlauf,
2. bei aerober hygienisierender Behandlung (thermophile Kompostierung) über den Temperaturverlauf und die Umsetzungszeitpunkte,
3. bei anaerober hygienisierender Behandlung (thermophile Vergärung) über den Temperaturverlauf und die Beschickungs- und Entnahmeintervalle,
4. bei anderweitiger hygienisierender Behandlung über die in Abstimmung mit der zuständigen Behörde festgelegten verfahrenspezifischen Parameter.

Der Temperaturverlauf während der hygienisierenden Behandlung ist mit einer ständigen und eingriffsfreien direkten Temperaturmessung im zu behandelnden Material und automatisierter Temperaturaufzeichnung zu erfassen. Anstelle der direkten Temperaturmessung kann die zuständige Behörde bei geschlossener aerober hygienisierender Behandlung zulassen, dass die Behandlungstemperatur im Abluftstrom des Kompostmaterials ermittelt wird. Abweichend von Satz 2 kann die zuständige Behörde bei offener aerober hygienisierender Behandlung zulassen, dass die Behandlungstemperatur in regelmäßigen Abständen, mindestens ein Mal pro Werktag, gemessen und dokumentiert wird. Geräte zur Temperaturmessung müssen regelmäßig, mindestens ein Mal pro Jahr, kalibriert werden; die Kalibrierung ist zu dokumentieren. Stellt der Bioabfallbehandler durch die Prozessüberwachung fest, dass die jeweiligen Anforderungen an die Prozessführung nicht eingehalten wurden, hat er die zuständige Behörde hierüber und über die eingeleiteten Maßnahmen unverzüglich zu informieren. Die zuständigen Behörde ordnet Maßnahmen zum Verbleib der unzureichend hygienisierend behandelten Bioabfälle sowie zur Behebung der Mängel an, sofern die vom Bioabfallbehandler eingeleiteten Maßnahmen nicht ausreichend oder nicht zweckmäßig sind.

(7) Der Bioabfallbehandler hat die Prüfungen der hygienisierten Bioabfälle gemäß Absatz 4 Satz 1 Nummer 3 pro angefangener 2 000 Tonnen Frischmasse im Rahmen der hygienisierenden Behandlung verwendeter Bioabfälle einschließlich in Anhang 1 Nummer 2 genannter Materialien nach den Vorgaben des Anhangs 2 Nummer 3.3 durchführen zu lassen. Die zuständige Behörde kann im Einvernehmen mit der zuständigen landwirtschaftlichen Fachbehörde zulassen, dass Prüfungen der hygienisierten Bioabfälle erst ab einer Menge von mehr als 2 000 Tonnen durchgeführt werden, wenn sich die Zusammensetzung nach Art, Beschaffenheit und Herkunft der verwendeten Bioabfälle nicht oder kaum verändert. Die zuständige Behörde kann bei sich erheblich verändernder Zusammensetzung nach Art, Beschaffenheit oder Herkunft der verwendeten Bioabfälle anordnen, dass Prüfungen der hygienisierten Bioabfälle für Mengen von weniger als 2 000 Tonnen durchgeführt werden. Unbeschadet der Sätze 1 bis 3 hat der Bioabfallbehandler eine Prüfung der hygienisierten Bioabfälle in einem Abstand von längstens drei Monaten durchzuführen. Werden bei einer Prüfung der hygienisierten Bioabfälle die Grenzwerte gemäß Anhang 2 Nummer 4.2.2 oder 4.3.2 überschritten, hat der Bioabfallbehandler die zuständige Behörde über das Untersuchungsergebnis und die eingeleiteten Maßnahmen unverzüglich zu informieren. Wenn die Wiederholung der Prüfung zum gleichen Ergebnis führt oder wiederholt in verschiedenen untersuchten Proben die Grenzwerte überschritten werden, ordnet die zuständige Behörde Maßnahmen zur Behebung der Mängel an.

(7a) Abweichend von Absatz 7 Satz 1 können Bioabfallbehandler, die im Jahr mehr als 24 000 Tonnen Frischmasse Bioabfälle einschließlich in Anhang 1 Nummer 2 genannter Materialien behandeln und nach § 11 Absatz 3 Satz 1 von der Vorlage von Untersuchungsergebnissen oder von Nachweispflichten befreit sind, die Prüfungen der hygienisierten Bioabfälle ein Mal pro Monat durchführen lassen. Absatz 7 Satz 2 bis 6 gilt entsprechend.

(8) Die Untersuchungen bei der Prozessprüfung nach Absatz 4 Satz 1 Nummer 1 und bei den Prüfungen der hygienisierten Bioabfälle nach Absatz 4 Satz 1 Nummer 3 sind durch unabhängige, von der zuständigen Behörde bestimmte Untersuchungsstellen durchzuführen. Der Bioabfallbehandler hat die Untersuchungsergebnisse innerhalb von vier Wochen nach Durchführung der Untersuchung der zuständigen Behörde vorzulegen und zehn Jahre aufzubewahren. Die Aufzeichnungen über die Prozessüberwachung und die Dokumentationen über die Kalibrierung der Temperaturmessgeräte nach Absatz 6 hat der Bioabfallbehandler drei Jahre aufzubewahren und der zuständigen Behörde auf Verlangen vorzulegen. Wird bei der Prüfung der hygienisierten Bioabfälle eine Überschreitung der Grenzwerte für Krankheitserreger, keimfähige Samen und austriebsfähige Pflanzenteile festgestellt, sind die Untersuchungsergebnisse von der untersuchenden Stelle unverzüglich an den Bioabfallbehandler zu übermitteln, der diese unverzüglich an die zuständige Behörde weiterleitet. Diese leitet die Untersuchungsergebnisse unverzüglich an die zuständige landwirtschaftliche und tierärztliche Fachbehörde weiter.

(8a) Eine Untersuchungsstelle nach Absatz 8 Satz 1 ist zu bestimmen, wenn der Antragsteller über die erforderliche Fachkunde, Unabhängigkeit, Zuverlässigkeit und gerätetechnische Ausstattung verfügt und die erforderlichen Unterlagen vorlegt. Die Bestimmung erfolgt durch die zuständige Behörde des Landes, in dem der Antragsteller seinen Geschäftssitz hat, und gilt für das gesamte Bundesgebiet; besteht kein Geschäftssitz im Inland, so ist das Land zuständig, in dem die Tätigkeit nach Absatz 4 vorrangig ausgeübt werden soll. Die Bestimmung kann mit einem Vorbehalt des Widerrufes, einer Befristung, mit Bedingungen, Auflagen und dem Vorbehalt von Auflagen versehen werden. Die zuständige Behörde kann von einem überregional tätigen Antragsteller verlangen, dass er eine gültige Akkreditierung über die Einhaltung der Anforderungen der DIN EN ISO/IEC 17025:2005 (zu beziehen bei der Beuth-Verlag GmbH, 10772 Berlin, und archivmäßig gesichert niedergelegt bei der Deutschen Nationalbibliothek in Leipzig) vorlegt, die sich auf die Parameter und Untersuchungsverfahren gemäß den Anhängen 2 und 3 bezieht. Verfahren nach diesem Absatz können über eine einheitliche Stelle abgewickelt werden. Die Prüfung des Antrags auf Bestimmung einer Untersuchungsstelle muss innerhalb von drei Monaten abgeschlossen sein; § 42a Absatz 2 Satz 2 bis 4 des Verwaltungsverfahrensgesetzes findet Anwendung.

(8b) Gleichwertige Anerkennungen aus einem anderen Mitgliedstaat der Europäischen Union oder einem anderen Vertragsstaat des Abkommens über den Europäischen Wirtschaftsraum stehen Bestimmungen nach Absatz 8 Satz 1 gleich. Bei der Prüfung des Antrags auf Bestimmung nach Absatz 8 Satz 1 stehen Nachweise aus einem anderen Mitgliedstaat der Europäischen Union oder einem anderen Vertragsstaat des Abkommens über den Europäischen Wirtschaftsraum inländischen Nachweisen gleich, wenn aus ihnen hervorgeht, dass der Antragsteller die betreffenden Anforderungen des Absatzes 8a Satz 1 oder die auf Grund ihrer Zielsetzung im Wesentlichen vergleichbaren Anforderungen des Ausstellungsstaates erfüllt. Die Nachweise sind der zuständigen Behörde vor Aufnahme der Tätigkeit im Original oder in Kopie vorzulegen. Eine Beglaubigung der Kopie sowie eine beglaubigte deutsche Übersetzung können verlangt werden.

(9) Die in Anhang 1 Nummer 1 Spalte 3 für die Getrennthaltung, Behandlung und Aufbringung von Bioabfällen festgelegten ergänzenden Bestimmungen sind zu beachten.

(10) Die Absätze 1 bis 9 sind bei gemeinsamer hygienisierender Behandlung von Bioabfällen mit in Anhang 1 Nummer 2 genannten Materialien auf das gesamte Material entsprechend anzuwenden. Werden bereits hygienisierend behandelte Bioabfälle zusammen mit in Anhang 1 Nummer 2 genannten Materialien einer nachfolgenden biologisch stabilisierenden Behandlung unterzogen, gilt Absatz 4 Satz 1 Nummer 3 mit der Maßgabe, dass die Prüfungen der hygienisierten Bioabfälle erst nach der biologisch stabilisierenden Behandlung am abgabefertigen Material durchzuführen sind. Abweichend von Satz 2 können die Prüfungen der hygienisierten Bioabfälle

bereits nach der hygienisierenden Behandlung am abgabefertigen Material durchgeführt werden, wenn die nachfolgende biologisch stabilisierende Behandlung der bereits hygienisierend behandelten Bioabfällen in einem landwirtschaftlichen Betrieb zusammen mit dort angefallenen biologisch abbaubaren Materialien erfolgt und die behandelten Materialien auf selbst bewirtschaftete Betriebsflächen aufgebracht werden.

§ 3a Anforderungen an die biologisch stabilisierende Behandlung

Entsorgungsträger, Erzeuger und Besitzer haben, soweit nicht von einer Freistellung nach § 10 Absatz 1 oder Absatz 2 erfasst, Bioabfälle vor einer Aufbringung oder vor der Herstellung von Gemischen einer biologisch stabilisierenden Behandlung zuzuführen. Die Bioabfälle sind unter Berücksichtigung der vorgesehenen Verwendung so weit biologisch zu stabilisieren, dass das Wohl der Allgemeinheit insbesondere durch Zersetzungsprozesse und Geruchsbelastungen der aufgebrachten Bioabfälle oder Gemische nicht beeinträchtigt wird.

§ 3b Behandlung von Bioabfällen in Betrieben mit Nutztierhaltung

(1) In Betrieben mit Nutztierhaltung ist das Verbringen von Bioabfällen tierischer Herkunft nur nach einer hygienisierenden Behandlung zulässig. Werden Nutztiere in einem Betrieb in abgetrennten Bereichen gehalten, gilt Satz 1 nur für diese Betriebsbereiche.

(2) Eine Behandlung von Bioabfällen tierischer Herkunft gemäß den §§ 3 und 3a darf in Betrieben mit Nutztierhaltung nur durchgeführt werden, wenn sich die Behandlungsanlage in einem zum Schutz vor der Übertragung von Seuchenerregern ausreichenden Abstand von dem Betriebsbereich befindet, in dem die Tiere gehalten werden. Der Betriebsbereich zur Behandlung der Bioabfälle einschließlich Annahme, Aufbereitung, Aufbewahrung und Abgabe ist von dem Bioabfallbehandler von Tieren, Futtermitteln und Einstreu vollständig räumlich zu trennen, um sicherzustellen, dass die Nutztiere weder unmittelbar noch mittelbar mit den Bioabfällen tierischer Herkunft in Berührung kommen. Satz 1 und 2 gilt entsprechend für Anlagen zur Behandlung von Bioabfällen tierischer Herkunft in Betrieben, die an Betriebe oder Betriebsbereiche mit Nutztierhaltung angrenzen.

§ 4 Anforderungen hinsichtlich der Schadstoffe und weiterer Parameter

(1) Der Bioabfallbehandler darf nur Bioabfälle und in Anhang 1 Nummer 2 genannte Materialien verwenden, von denen in unvermischter Form auf Grund ihrer Art, Beschaffenheit oder Herkunft angenommen werden kann, dass sie nach einer Behandlung die Anforderungen nach den Absätzen 3 und 4 einhalten und bei denen keine Anhaltspunkte für überhöhte Gehalte an anderen als den von Absatz 3 erfassten Schadstoffen bestehen. In Anhang 1 Nummer 2 genannte Materialien dürfen auch verwendet werden, wenn sie als Düngemittel, Bodenhilfsstoffe oder Kultursubstrate die Anforderungen der Düngemittelverordnung an die stoffliche Zusammensetzung erfüllen und keine Anhaltspunkte für überhöhte Gehalte an anderen als von der Düngemittelverordnung erfassten Schadstoffen bestehen. Gehalte an den in den Sätzen 1 und 2 bezeichneten anderen Schadstoffen sind überhöht, wenn durch sie bei bestimmungsgemäßer Verwendung der Bioabfälle oder in Anhang 1 Nummer 2 genannten Materialien in unvermischter Form die Gesundheit von Menschen oder Haus- und Nutztieren, die Gesundheit, das Wachstum und die Qualität von Nutzpflanzen, die Beschaffenheit und Fruchtbarkeit des Bodens oder der Naturhaushalt gefährdet werden können.

(2) Der Bioabfallbehandler darf die behandelten Bioabfälle einschließlich in Anhang 1 Nummer 2 genannter mitbehandelter Materialien nur nach Maßgabe der Absätze 3 bis 5 abgeben oder auf selbst bewirtschafteten Betriebsflächen aufbringen.

(3) Die folgenden Schwermetallgehalte (Milligramm je Kilogramm Trockenmasse des aufzubringenden Materials) dürfen bei Aufbringung gemäß § 6 Absatz 1 Satz 1 nicht überschritten werden:

Blei	150
Cadmium	1,5
Chrom	100
Kupfer	100
Nickel	50
Quecksilber	1
Zink	400 .

Bei Aufbringung gemäß § 6 Absatz 1 Satz 2 dürfen folgende Schwermetallgehalte (Milligramm je Kilogramm Trockenmasse des aufzubringenden Materials) nicht überschritten werden:

Blei	100
Cadmium	1
Chrom	70
Kupfer	70
Nickel	35
Quecksilber	0,7
Zink	300 .

Die Werte für Kupfer und Zink nach Satz 1 und 2 gelten als eingehalten, wenn der jeweilige Wert im gleitenden Durchschnitt der vier zuletzt nach Absatz 5 durchgeführten Untersuchungen nicht überschritten wird und kein Analysenergebnis den Wert um mehr als 25 vom Hundert überschreitet. Die für die Aufbringungsfläche zuständige Behörde kann im Einvernehmen mit der zuständigen landwirtschaftlichen Fachbehörde eine Überschreitung einzelner Schwermetallgehalte nach Satz 1 mit Ausnahme von Cadmium und Quecksilber zulassen, wenn Beeinträchtigungen des Wohls der Allgemeinheit nicht zu erwarten sind.

(4) Der Anteil an Fremdstoffen, insbesondere Glas, Kunststoff, Metall, mit einem Siebdurchgang von mehr als 2 Millimetern darf einen Höchstwert von 0,5 vom Hundert, bezogen auf die Trockenmasse des aufzubringenden Materials, nicht überschreiten. Der Anteil an Steinen mit einem Siebdurchgang von mehr als 10 Millimetern darf einen Anteil von 5 vom Hundert, bezogen auf die Trockenmasse des aufzubringenden Materials, nicht überschreiten.

(5) Der Bioabfallbehandler hat, soweit nicht von einer Freistellung nach § 10 Absatz 1 oder Absatz 2 erfasst, pro angefangener 2 000 Tonnen Frischmasse im Rahmen der Behandlung verwendeter Bioabfälle einschließlich in Anhang 1 Nummer 2 genannter Materialien Untersuchungen der behandelten Bioabfälle durchführen zu lassen auf

1. die Gehalte der Schwermetalle Blei, Cadmium, Chrom, Kupfer, Nickel, Quecksilber und Zink sowie
2. den pH-Wert, den Salzgehalt, den Gehalt der organischen Substanz (Glühverlust), den Trockenrückstand und den Anteil an Fremdstoffen und Steinen.

Die zuständige Behörde kann im Einvernehmen mit der zuständigen landwirtschaftlichen Fachbehörde zulassen, dass Untersuchungen der behandelten Bioabfälle erst ab einer Menge von mehr als 2 000 Tonnen durchgeführt werden, wenn sich die Zusammensetzung nach Art, Beschaffenheit und Herkunft der verwendeten Bioabfälle nicht oder kaum verändert. Die zuständige Behörde kann bei sich erheblich verändernder Zusammensetzung nach Art, Beschaffenheit oder Herkunft der verwendeten Bioabfälle anordnen, dass Untersuchungen der behandelten Bioabfälle für Mengen von weniger als 2 000 Tonnen durchgeführt werden. Unbeschadet der Sätze 1 bis 3 sind Untersuchungen der behandelten Bioabfälle im Abstand von längstens drei Monaten durchzuführen.

(6) Abweichend von Absatz 5 Satz 1 können Bioabfallbehandler, die im Jahr mehr als 24 000 Tonnen Frischmasse Bioabfälle einschließlich in Anhang 1 Nummer 2 genannter Materialien behandeln und nach § 11 Absatz 3 Satz 1 von der Vorlage von Untersuchungsergebnissen oder von Nachweispflichten befreit sind, die Untersuchungen der behandelten Bioabfälle ein Mal pro Monat durchführen lassen. Absatz 5 Satz 2 bis 4 gilt entsprechend.

(7) Der Bioabfallbehandler hat für die in Absatz 1 Satz 1 genannten unvermischten Einsatzmaterialien zusätzliche Untersuchungen auf die Gehalte der in Absatz 5 Satz 1 Nummer 1 genannten Schwermetalle durchführen zu lassen, wenn Anhaltspunkte dafür bestehen, dass die in Absatz 3 Satz 1 genannten Anforderungen nicht eingehalten werden. Werden nach den Ergebnissen die Anforderungen nach Absatz 3 Satz 1 nicht eingehalten, sind die Ergebnisse der zuständigen Behörde unverzüglich vorzulegen. Die zuständige Behörde entscheidet über das weitere Vorgehen. Bis zur Entscheidung der zuständigen Behörde ist die Behandlung der Materialien untersagt. Absatz 3 Satz 4 gilt entsprechend.

(8) Der Bioabfallbehandler hat für die in Absatz 1 Satz 1 genannten unvermischten Einsatzmaterialien oder die behandelten Bioabfälle einschließlich in Anhang 1 Nummer 2 genannter mitbehandelter Materialien Untersuchungen auf andere als die von Absatz 3 erfassten Schadstoffe durchführen zu lassen, wenn insbesondere nach Art, Beschaffenheit oder Herkunft der unvermischten Einzelmaterialien oder behandelten Bioabfälle Anhaltspunkte für überhöhte Gehalte an diesen Schadstoffen im Sinne des Absatzes 1 Satz 3 bestehen. Werden überhöhte Gehalte an diesen Schadstoffen festgestellt, sind die Ergebnisse der zuständigen Behörde unverzüglich vorzulegen. Die zuständige Behörde entscheidet über das weitere Vorgehen. Bis zur Entscheidung der zuständigen Behörde ist die Behandlung, Abgabe und Aufbringung dieser Materialien untersagt. 14

(9) Die Probenahmen, Probevorbereitungen und Untersuchungen nach den Absätzen 5 bis 8 sind gemäß den Vorgaben des Anhangs 3 und durch unabhängige, von der zuständigen Behörde bestimmte Untersuchungsstellen durchzuführen. Der Bioabfallbehandler hat die Untersuchungsergebnisse zu sammeln und der zuständigen Behörde halbjährlich vorzulegen. Die Untersuchungsergebnisse sind zehn Jahre aufzubewahren. Wird bei der Untersuchung der behandelten Bioabfälle eine Überschreitung der Grenzwerte für Schadstoffe nach Absatz 3 festgestellt, sind die Untersuchungsergebnisse von der untersuchenden Stelle unverzüglich an den Bioabfallbehandler zu übermitteln, dieser leitet sie unverzüglich an die zuständige Behörde weiter.

(10) Für die Bestimmung einer Untersuchungsstelle nach Absatz 9 Satz 1 gilt § 3 Absatz 8a und 8b entsprechend.

§ 5 Anforderungen an Gemische

(1) Der Gemischhersteller darf behandelte Bioabfälle, gemäß § 10 unbehandelte, hygienisierend oder biologisch stabilisierend behandelte Bioabfälle sowie in Anhang 1 Nummer 2 genannte Materialien verwenden, von denen in unvermischter Form auf Grund ihrer Art, Beschaffenheit oder

Herkunft angenommen werden kann, dass sie die Anforderungen nach § 4 Absatz 3 und 4 einhalten und bei denen keine Anhaltspunkte für überhöhte Gehalte an anderen als den von § 4 Absatz 3 erfassten Schadstoffen bestehen. In Anhang 1 Nummer 2 genannte Materialien dürfen auch verwendet werden, wenn sie als Düngemittel, Bodenhilfsstoffe oder Kultursubstrate die Anforderungen der Düngemittelverordnung an die stoffliche Zusammensetzung erfüllen und keine Anhaltspunkte für überhöhte Gehalte an anderen als von der Düngemittelverordnung erfassten Schadstoffen bestehen. § 4 Absatz 1 Satz 3 gilt entsprechend.

(2) Der Gemischhersteller darf Gemische nur nach Maßgabe der Sätze 2 bis 4 abgeben oder auf selbst bewirtschaftete Betriebsflächen aufbringen. § 4 Absatz 3 bis 6 und 9 sind entsprechend anzuwenden. § 4 Absatz 4 Satz 2 gilt mit der Maßgabe, dass sich bei Gemischen der Anteil an Steinen auf den verwendeten Bioabfall und das Gemisch bezieht. § 4 Absatz 5 und 6 gilt mit der Maßgabe, dass Untersuchungen des Gemisches je angefangener 2 000 Tonnen hergestellten Gemisches durchführen zu lassen sind.

(3) Der Gemischhersteller hat für die in Absatz 1 genannten unvermischten Materialien zusätzliche Untersuchungen auf die Gehalte der in § 4 Absatz 5 Satz 1 Nummer 1 genannten Schwermetalle durchführen zu lassen, wenn Anhaltspunkte dafür bestehen, dass die Anforderungen nach § 4 Absatz 3 Satz 1 nicht eingehalten werden. § 4 Absatz 7 Satz 2 bis 5 und Absatz 9 gilt entsprechend.

(4) Der Gemischhersteller hat für die in Absatz 1 genannten unvermischten Materialien oder die Gemische nach Absatz 2 Untersuchungen auf andere als die von § 4 Absatz 3 erfassten Schadstoffe durchführen zu lassen, wenn insbesondere nach Art, Beschaffenheit oder Herkunft Anhaltspunkte für überhöhte Gehalte an diesen Schadstoffen im Sinne des § 4 Absatz 1 Satz 3 bestehen. § 4 Absatz 8 Satz 2 bis 4 und Absatz 9 gilt entsprechend.

(5) Die in Anhang 1 Nummer 1 und 2 in der jeweiligen Spalte 3 für die Getrennthaltung, Behandlung und Verwendung der Einsatzmaterialien sowie die Aufbringung von Gemischen festgelegten ergänzenden Bestimmungen sind zu beachten.

§ 5a Rückstellprobe

(1) Die zuständige Behörde kann den Bioabfallbehandler und den Gemischhersteller verpflichten, zur Überwachung der in § 4 Absatz 3 und 4 genannten Grenzwerte eine Rückstellprobe aus den behandelten und unbehandelten Bioabfällen und Gemischen, die für die Verwertung als Düngemittel auf landwirtschaftlich, forstwirtschaftlich oder gärtnerisch genutzten Böden aufgebracht oder zum Zweck der Aufbringung abgegeben werden, zu entnehmen. Satz 1 gilt entsprechend für die in Anhang 1 Nummer 2 genannten Materialien. Die Probenahme hat nach § 4 Absatz 9 zu erfolgen.

(2) Der Bioabfallbehandler und der Gemischhersteller haben die Rückstellprobe ab dem Zeitpunkt der Entnahme mindestens fünf Jahre zu lagern. Die Rückstellprobe ist so aufzubereiten und zu lagern, dass sie ihre Beschaffenheit in der Zeit der Lagerung nicht ändert.

(3) Die zuständige Behörde kann die Untersuchung der Rückstellprobe auf die in § 4 Absatz 3 und 4 genannten Inhaltsstoffe nach § 4 Absatz 9 in Verbindung mit Anhang 3 anordnen. Sofern Anhaltspunkte dafür bestehen, dass die Rückstellprobe einen überhöhten Gehalt an anderen als in Satz 1 genannten Inhaltsstoffen aufweist, kann die zuständige Behörde die Untersuchung der Rückstellprobe auf diese anderen Inhaltsstoffe anordnen.

(4) Die nach Absatz 1 zur Aufbewahrung von Rückstellproben Verpflichteten haben die Rückstellproben der zuständigen Behörde auf Verlangen herauszugeben.

§ 6 Beschränkungen und Verbote der Aufbringung

(1) Unbeschadet düngemittelrechtlicher Regelungen dürfen auf Böden innerhalb von drei Jahren nicht mehr als 20 Tonnen Trockenmasse Bioabfälle oder Gemische je Hektar aufgebracht werden. Die gemäß Satz 1 zulässige Aufbringungsmenge kann bis zu 30 Tonnen je Hektar innerhalb von drei Jahren betragen, wenn die gemäß § 4 Absatz 5 und 6 oder § 5 Absatz 2 gemessenen Schwermetallgehalte die in § 4 Absatz 3 Satz 2 festgelegten Grenzwerte nicht überschreiten. Die für die Aufbringungsfläche zuständige Behörde kann im Einvernehmen mit der zuständigen landwirtschaftlichen Fachbehörde weitere Ausnahmen im Einzelfall zulassen, wenn die in § 4 Absatz 3 Satz 2 genannten Schwermetallgrenzwerte deutlich unterschritten werden und Beeinträchtigungen des Wohls der Allgemeinheit nicht zu erwarten sind.

(2) Das Aufbringen auf Böden von anderen als in Anhang 1 Nummer 1 genannten Bioabfällen oder von Gemischen, die solche Bioabfälle enthalten, bedarf der Zustimmung der für die Bioabfallbehandlungsanlage oder Gemischherstellungsanlage zuständigen Behörde im Einvernehmen mit der für die Aufbringungsfläche zuständigen landwirtschaftlichen Fachbehörde. Die zuständige Behörde hat vor Erteilung der Zustimmung im Einvernehmen mit der zuständigen landwirtschaftlichen Fachbehörde gegenüber den nach § 4 Absatz 2 und § 5 Absatz 2 Verpflichteten die Durchführung von Untersuchungen auf andere Schadstoffe im Sinne des § 4 Absatz 8 Satz 1 unter Berücksichtigung der Art, Beschaffenheit oder Herkunft der Bioabfälle und die Vorlage der Ergebnisse anzuordnen.

(2a) Auf Tabakanbauflächen, Tomatenanbauflächen im Freiland sowie für Gemüse- und Zierpflanzenarten im geschützten Anbau dürfen nur aerob hygienisierend behandelte Bioabfälle und Gemische, die solche Bioabfälle enthalten, aufgebracht werden.

(2b) Bioabfälle und Gemische dürfen auf oder in der Nähe der Aufbringungsfläche nur bereit gestellt werden, soweit dies für die Aufbringung erforderlich ist. 14

(3) Das Aufbringen von Bioabfällen und Gemischen auf forstwirtschaftlich genutzte Böden darf nur im begründeten Ausnahmefall mit Zustimmung der zuständigen Behörde im Einvernehmen mit der zuständigen Forstbehörde erfolgen.

§ 7 Zusätzliche Anforderungen bei der Aufbringung auf Grünlandflächen sowie Feldfutter- und Feldgemüseanbauflächen

(1) Auf Grünlandflächen und mehrschnittigen Feldfutterflächen dürfen nur diejenigen Bioabfälle und Gemische aufgebracht werden, die in Anhang 1 Nummer 1 Spalte 3 und Nummer 2 Spalte 3 mit einem Verweis auf diesen Satz aufgeführt sind. Im Übrigen dürfen Bioabfälle und Gemische auf Feldfutterflächen aufgebracht werden, wenn diese vor dem Anbau des Feldfutters aufgebracht und in den Boden eingearbeitet werden.

(2) Auf Feldgemüseflächen dürfen Bioabfälle und Gemische aufgebracht werden, wenn sie vor dem Anbau des Feldgemüses aufgebracht und in den Boden eingearbeitet werden.

(3) Bioabfälle und Gemische dürfen bei Aufbringung auf Grünlandflächen oder auf Feldfutterflächen keine Gegenstände enthalten, die bei der Aufnahme durch Haus- oder Nutztiere zu Verletzungen führen können.

(4) Werden Bioabfälle tierischer Herkunft oder Gemische, die solche Bioabfälle enthalten, auf Grünlandflächen oder auf Feldfutterflächen aufgebracht, darf eine Beweidung durch Nutztiere oder eine Futtermittelgewinnung erst 21 Tage nach der Aufbringung erfolgen. Die für die Aufbringungsfläche zuständige Behörde kann den Zeitraum nach Satz 1 verlängern, sofern dies zur Vorbeugung einer Gefahr für die menschliche oder tierische Gesundheit erforderlich ist.

§ 8 Zusammentreffen von Bioabfall- und Klärschlammaufbringung

Innerhalb des Zeitraumes nach § 6 Absatz 1 ist auf derselben Fläche nur die Aufbringung von Bioabfällen und Gemischen nach dieser Verordnung oder die Aufbringung von Klärschlamm nach der Klärschlammverordnung zulässig.

§ 9 Bodenuntersuchungen

(1) Der Bewirtschafter oder ein beauftragter Dritter hat der zuständigen Behörde innerhalb von zwei Wochen nach der ersten nach dem 1. Oktober 1998 erfolgenden Aufbringung von Bioabfällen oder Gemischen die Aufbringungsflächen anzugeben. Die zuständige Behörde teilt der zuständigen landwirtschaftlichen Fachbehörde diese Flächen mit.

(2) Bei der erstmaligen Aufbringung von Bioabfällen oder Gemischen ist eine Bodenuntersuchung auf Schwermetalle nach § 4 Absatz 5 Satz 1 Nummer 1 und auf den pH-Wert durchzuführen. Die Bodenuntersuchungsergebnisse sind spätestens drei Monate nach der Aufbringung der zuständigen Behörde vorzulegen. Liegt für die Aufbringungsfläche eine gültige Bodenuntersuchung nach der Klärschlammverordnung vor, kann diese entsprechend herangezogen werden. Satz 1 gilt nicht für die Aufbringung von Bioabfällen und Gemischen, die von Bioabfallbehandlern und Gemischherstellern abgegeben werden, die nach § 11 Absatz 3 Satz 1 von der Vorlage von Untersuchungsergebnissen oder von Nachweispflichten befreit sind. Bestehen Anhaltspunkte, dass die Bodenwerte einer Aufbringungsfläche die Vorsorgewerte für Böden nach Anhang 2 Nummer 4.1 in Verbindung mit Nummer 4.3 der Bundes-Bodenschutz- und Altlastenverordnung vom 12. Juli 1999 (BGBl. I S. 1554), die zuletzt durch Artikel 16 des Gesetzes vom 31. Juli 2009 (BGBl. I S. 2585) geändert worden ist, überschreiten, soll die zuständige Behörde im Einvernehmen mit der zuständigen landwirtschaftlichen Fachbehörde die erneute Aufbringung von Bioabfällen oder Gemischen untersagen. Die Probenahme, Probevorbereitung und Untersuchung ist nach Anlage 2 der Klärschlammverordnung vom 27. September 2017 (BGBl. I S. 3465) und durch eine unabhängige, von der zuständigen Behörde bestimmte Untersuchungsstelle durchführen zu lassen.

(2a) Für die Bestimmung einer Untersuchungsstelle nach Absatz 2 Satz 6 gilt § 3 Absatz 8a und 8b entsprechend.

(3) Die für die Aufbringungsfläche zuständige Behörde kann im Einvernehmen mit der zuständigen landwirtschaftlichen Fachbehörde im Einzelfall Ausnahmen von der Untersuchungspflicht nach Absatz 2 zulassen, wenn Bioabfälle oder Gemische im Sinne des § 6 Absatz 1 Satz 3 aufgebracht werden.

(4) Die zuständige Behörde kann im Einvernehmen mit der zuständigen landwirtschaftlichen Fachbehörde im Rahmen der regionalen Verwertung bei geogen bedingt erhöhten Schwermetallgehalten von Böden zulassen, dass Bioabfälle oder Gemische auch auf Böden aufgebracht werden, bei denen die in Absatz 2 genannten Werte überschritten werden, wenn keine Beeinträchtigungen des Wohls der Allgemeinheit zu erwarten sind. Satz 1 gilt nicht für Cadmium.

§ 9a Zusätzliche Anforderungen an die Verwertung von bestimmten Bioabfällen

(1) Entsorgungsträger, Erzeuger und Besitzer dürfen die in Anhang 1 Nummer 1 Buchstabe b genannten Bioabfälle nur mit Zustimmung der für sie zuständigen Behörde abgeben oder auf selbst bewirtschaftete Betriebsflächen aufbringen. Die Bioabfälle sind der zuständigen Behörde nach Art, Beschaffenheit, Bezugsquelle und Anfallstelle vor der erstmaligen Abgabe oder erstmaligen Aufbringung auf selbst bewirtschaftete Betriebsflächen sowie bei sich erheblich verändernder Zusammensetzung nach Art, Beschaffenheit oder Herkunft anzugeben. Die zuständige

Behörde kann zur Bewertung der Eignung dieser Bioabfälle für die Verwertung verlangen, dass Untersuchungsergebnisse über Schwermetallgehalte und Fremdstoffanteile nach § 4 Absatz 3 und 4, über andere als die von § 4 Absatz 3 erfassten Schadstoffe und über zusätzliche Inhaltsstoffe sowie weitere Unterlagen vorgelegt werden. Eine Zustimmung der zuständigen Behörde ist für Erzeuger nicht erforderlich, wenn bei ihnen nicht mehr als insgesamt zwei Tonnen der in Anhang 1 Nummer 1 Buchstabe b genannten Bioabfälle (Kleinmengen) jährlich anfallen.

(2) Für die Angaben nach Absatz 1 Satz 2 und 3 sind die Formblätter Deckblatt Entsorgungsnachweise (DEN), Verantwortliche Erklärung (VE) und Deklarationsanalyse (DA) der Anlage 1 der Nachweisverordnung vom 20. Oktober 2006 (BGBl. I S. 2298), die durch Artikel 4 des Gesetzes vom 19. Juli 2007 (BGBl. I S. 1462) geändert worden ist, zu verwenden. Die Zustimmung der zuständigen Behörde nach Absatz 1 Satz 1 erfolgt unter Verwendung des Formblatts Behördenbestätigung (BB) der Anlage 1 der Nachweisverordnung. Auf die nach den Sätzen 1 und 2 vorgesehenen Formblätter finden die Hinweise zur Gestaltung der Formblätter aus der Fußnote zur Anlage 1 der Nachweisverordnung keine Anwendung. Für die erforderlichen Kennnummern ist § 28 der Nachweisverordnung entsprechend anzuwenden.

(3) Die nach Absatz 1 Satz 1 Verpflichteten haben eine Kopie der vollständigen Formblätter nach Absatz 2 Satz 1 und 2 einmalig im Geltungszeitraum der Behördenzustimmung bei der ersten Abgabe von Bioabfällen dem Bioabfallbehandler oder Einsammler oder im Falle von der Behandlung freigestellter Bioabfälle nach § 10 dem Gemischhersteller oder Bewirtschafter der Aufbringungsfläche auszuhändigen.

§ 10 Freistellung von den Anforderungen an die Behandlung und Untersuchung von bestimmten Bioabfällen

(1) Bioabfälle dürfen unvermischt abgegeben, zur Gemischherstellung verwendet oder aufgebracht werden, soweit diese in Anhang 1 Nummer 1 Spalte 3 aufgeführt werden und hierbei auf eine der folgenden Nummern verwiesen wird,

1. auch ohne Behandlung, ohne hygienisierende Behandlung oder ohne biologisch stabilisierende Behandlung nach den §§ 3 und 3a sowie
2. in behandelter, hygienisierend behandelter, biologisch stabilisierend behandelter oder unbehandelter Form auch ohne Untersuchungen nach den §§ 3 und 4.

(2) Die zuständige Behörde kann im Einvernehmen mit der zuständigen landwirtschaftlichen Fachbehörde im Rahmen der regionalen Verwertung im Einzelfall für weitere unvermischte, homogen zusammengesetzte Bioabfälle Freistellungen nach Absatz 1 zulassen. Die Freistellung von Behandlungen nach den §§ 3 und 3a kann erteilt werden, wenn auf Grund der Art, Beschaffenheit oder Herkunft der Bioabfälle angenommen werden kann, dass die in den §§ 3 und 4 festgelegten Anforderungen an die Hygiene sowie hinsichtlich der Schadstoffe und Fremdstoffe eingehalten werden und das Wohl der Allgemeinheit im Sinne des § 3a Absatz 1 Satz 2 nicht beeinträchtigt wird. Die Freistellung von Untersuchungspflichten behandelter, hygienisierend behandelter, biologisch stabilisierend behandelter oder unbehandelter Bioabfälle darf nur erteilt werden, wenn auf Grund der Art, Beschaffenheit oder Herkunft der Bioabfälle angenommen werden kann, dass die in den §§ 3 und 4 festgelegten Anforderungen an die Hygiene sowie hinsichtlich der Schadstoffe und Fremdstoffe eingehalten werden. Die zuständige Behörde kann vor Erteilung der Freistellungen von Behandlungen und Untersuchungen nach den §§ 3, 3a und 4 verlangen, dass die hygienische Unbedenklichkeit durch Untersuchungen entsprechend der Prüfungen der hygienisierten Bioabfälle nach § 3 Absatz 4 Satz 1 Nummer 3, Satz 2 und Absatz 8 Satz 1 sowie die Schwermetallgehalte und Gehalte an anderen Schadstoffen durch Unter-

suchungen nach § 4 Absatz 5, 8 und 9 Satz 1 nachgewiesen werden. Die Freistellungen können jederzeit widerrufen werden.

(3) Soweit nicht von einer Freistellung nach Absatz 1 oder Absatz 2 erfasst, sind für die Abgabe, Verwendung zur Gemischherstellung und Aufbringung von unbehandelten Bioabfällen die folgenden Bestimmungen entsprechend anzuwenden:

1. über die Prüfungen der hygienisierten Bioabfälle gemäß § 3 Absatz 4 Satz 1 Nummer 3, Satz 2, Absatz 7 und 8 Satz 1 und 2,
2. über die Untersuchungen gemäß § 4 Absatz 5, 6, 8 und 9 sowie
3. über die Dokumentations- und Nachweispflichten gemäß § 11 Absatz 1 Satz 1 und 2, Absatz 1 b Satz 2 und 3 und Absatz 2 und 2a Satz 1 und 3.

Die sich aus Satz 1 ergebenden Pflichten des Bioabfallbehandlers sind durch den Entsorgungsträger, den Erzeuger und den Besitzer der Bioabfälle zu erfüllen. Bei Aufbringung unbehandelter, nach § 9a zustimmungspflichtiger Bioabfälle sind die Aufbewahrungs- und Vorlagepflichten nach § 11 Absatz 1 b Satz 2 und 3 durch den Bewirtschafter der Aufbringungsfläche unter Verwendung der Kopie der vollständigen Formblätter nach § 9a Absatz 3 zu erfüllen.

(4) Soweit nicht von einer Freistellung nach Absatz 1 oder Absatz 2 erfasst, sind für die Abgabe, Verwendung zur Gemischherstellung und Aufbringung von ausschließlich biologisch stabilisierend behandelten Bioabfällen die Bestimmungen über die Prüfungen der hygienisierten Bioabfälle gemäß § 3 Absatz 4 Satz 1 Nummer 3, Satz 2, Absatz 7 und 8 Satz 1 und 2 entsprechend anzuwenden. Die sich aus Satz 1 ergebenden Pflichten sind durch den Bioabfallbehandler zu erfüllen, der die biologisch stabilisierende Behandlung der Bioabfälle durchführt.

§ 11 Nachweispflichten

(1) Der Bioabfallbehandler hat die bei der Behandlung verwendeten Materialien nach Art, Bezugsquelle, -menge und Anfallstelle von der ursprünglichen Anfallstelle bis zum letzten Besitzer sowie aufgeteilt nach Chargen behandelten Bioabfalls gemäß Satz 2 und 3 aufzulisten. Jede Charge behandelten Bioabfalls ist mit einer fortlaufenden Chargennummer zu versehen, die mindestens das Jahr und den Monat der Behandlung sowie eine für das Behandlungsjahr fortlaufende Nummerierung enthalten muss. Handelt es sich um eine Behandlungsanlage mit einer kontinuierlichen Zuführung und Entnahme des behandelten Materials, legt die zuständige Behörde eine bestimmte Zeitspanne fest, in der der Bioabfallbehandler Chargen nach Satz 2 zu bestimmen hat. Verwendet der Bioabfallbehandler bei einer Behandlung bereits hygienisierend behandelte oder biologisch stabilisierend behandelte Materialien, hat er diese im Sinne des Satzes 1 mit den Angaben nach Absatz 2 Satz 2 des vorhergehenden Bioabfallbehandlers aufzulisten. Werden dem Bioabfallbehandler die Materialien von einem Einsammler angeliefert, hat dieser die eingesammelten Materialien nach Satz 1 aufgeteilt nach Anlieferungen aufzulisten und dem Bioabfallbehandler nach Art und Menge anzugeben. Im Falle des Satzes 4 und 5 entfällt für den Bioabfallbehandler die Dokumentationspflicht der Anfallstelle nach Satz 1.

(1a) Der Gemischhersteller hat die bei den Mischvorgängen verwendeten Materialien aufgeteilt nach Chargen hergestellten Gemisches im Sinne des Absatzes 1 Satz 1 aufzulisten. Absatz 1 Satz 2 und 4 bis 6 gilt entsprechend.

(1b) Die nach Absatz 1 und 1a Verpflichteten haben den Listen die bei der Übernahme der Materialien erhaltenen Lieferscheine, Handelspapiere oder sonstige geeignete Unterlagen sowie die Kopie der vollständigen Formblätter nach § 9a Absatz 3 beizufügen. Sie haben die Listen und die beizufügenden Unterlagen ab dem Zeitpunkt der Erstellung der Listen zehn Jahre lang aufzubewahren. Auf Verlangen sind diese Listen und Unterlagen der zuständigen Behörde vorzulegen.

(2) Bioabfallbehandler und Gemischhersteller haben bei jeder Abgabe von Bioabfällen oder Gemischen zur Aufbringung auf Flächen einen Lieferschein gemäß Anhang 4 mit den Angaben nach Satz 2 auszustellen und dem Bewirtschafter der Aufbringungsfläche oder einem Zwischenabnehmer auszuhändigen. Der Lieferschein muss folgende Angaben enthalten:

1. Name und Anschrift des abgebenden Bioabfallbehandlers oder Gemischherstellers (Aussteller),
2. Name und Anschrift des Bewirtschafters der Aufbringungsfläche oder des Zwischenabnehmers,
3. Chargennummer und abgegebene Menge,
4. Abgabe als unbehandelter, hygienisierend behandelter oder biologisch stabilisierend behandelter Bioabfall, als behandelter Bioabfall oder als Gemisch sowie Beschreibung des Bioabfalls oder Gemisches nach Art der unvermischt verwendeten Materialien,
5. Versicherung der Einhaltung der Anforderungen
   a) zur seuchen- und phytohygienischen Unbedenklichkeit nach § 3 Absatz 2 und 3 sowie
   b) an die Schwermetallgehalte nach § 4 Absatz 3, auch in Verbindung mit § 5 Absatz 2 Satz 2,
6. gemessene Schwermetallgehalte und gemessener pH-Wert, Salzgehalt, Glühverlust, Trockenrückstand und Anteil an Fremdstoffen und Steinen gemäß § 4 Absatz 5 und 6, auch in Verbindung mit § 5 Absatz 2 Satz 2 und 4; eine Begründung, wenn bei unbehandelten, hygienisierend behandelten oder biologisch stabilisierend behandelten Bioabfällen einzelne Untersuchungen der in § 4 Absatz 5 Satz 1 Nummer 2 genannten weiteren Parameter nicht durchführbar sind, 14
7. Untersuchungsstellen und Zeitpunkt der Durchführung der Untersuchungen gemäß § 3 Absatz 4 Satz 1 Nummer 3, Absatz 7, 7a und 8 sowie § 4 Absatz 5, 6 und 9, auch in Verbindung mit § 5 Absatz 2 Satz 2 und 4,
8. höchstzulässige Aufbringungsmenge gemäß § 6 Absatz 1 Satz 1, 2 oder 3,
9. Zulässigkeit der Aufbringung auf Grünlandflächen und auf mehrschnittigen Feldfutterflächen gemäß § 7 Absatz 1 Satz 1,
10. Datum der Abgabe und der Annahme sowie Unterschriften des abgebenden Bioabfallbehandlers oder Gemischherstellers (Aussteller) und des Bewirtschafters der Aufbringungsfläche oder des Zwischenabnehmers.

Die Angaben nach Satz 2 Nummer 5 bis 7 sind nicht erforderlich, soweit nach § 10 die §§ 3, 3a und 4 nicht anzuwenden sind. Der Zwischenabnehmer hat die Angaben nach Satz 2 Nummer 2 und 10 im Original des Lieferscheines vor der weiteren Abgabe der Materialien zu ergänzen und den Lieferschein dem Bewirtschafter der Aufbringungsfläche oder einem weiteren Zwischenabnehmer auszuhändigen.

(2a) Der Bioabfallbehandler, der Gemischhersteller und der Zwischenabnehmer, der die Bioabfälle und Gemische an den Bewirtschafter der Aufbringungsfläche abgibt, haben der für die Aufbringungsfläche zuständigen Behörde sowie der zuständigen landwirtschaftlichen Fachbehörde unverzüglich nach der Abgabe eine Kopie des vollständig ausgefüllten Lieferscheines zu übersenden. Der Bewirtschafter der Aufbringungsfläche hat unverzüglich nach der Aufbringung im Original des Lieferscheines die eindeutige Bezeichnung der Aufbringungsfläche mit den Angaben Gemarkung, Flur, Flurstücksnummer oder alternativ Schlagbezeichnung und die Größe in Hektar sowie die Bodenuntersuchung nach § 9 Absatz 2 einzutragen und der für die Aufbringungsfläche zuständigen Behörde sowie der zuständigen landwirtschaftlichen Fachbehörde eine Kopie des vollständig ausgefüllten Lieferscheines zu übersenden. Der Bioabfallbehandler, der Gemischhersteller, der Zwischenabnehmer und der Bewirtschafter der Aufbringungsfläche haben die bei ihnen verbleibenden Ausfertigungen des Lieferscheins ab dem Zeitpunkt der Übersendung der Kopie an die zuständige Behörde zehn Jahre lang aufzubewahren.

(3) Die zuständige Behörde kann Bioabfallbehandler und Gemischhersteller von der Vorlage der Untersuchungsergebnisse nach § 3 Absatz 4 und 8, § 4 Absatz 5 und 9, auch in Verbindung mit § 5 Absatz 2 Satz 2, sowie vom Lieferscheinverfahren nach Absatz 2 befreien; eine Befreiung kann auch von einzelnen Pflichten erteilt werden. Eine Befreiung nach Satz 1 darf nur erteilt werden, wenn der Bioabfallbehandler oder Gemischhersteller hinsichtlich der Behandlungsanlage oder Gemischherstellungsanlage Mitglied eines Trägers einer regelmäßigen Güteüberwachung (Gütegemeinschaft) ist, nach deren Bestimmungen eine verbindliche und kontinuierliche Gütesicherung nachgewiesen wird, und wenn die Behandlungsanlage oder Gemischherstellungsanlage

1. als Entsorgungsfachbetrieb zertifiziert ist oder
2. als EMAS-Standort nach § 32 Absatz 1 Satz 1 des Umweltauditgesetzes in der Fassung der Bekanntmachung vom 4. September 2002 (BGBl. I S. 3490), das zuletzt durch Artikel 1 des Gesetzes vom 6. Dezember 2011 (BGBl. I S. 2509) geändert worden ist, in das EMAS-Register eingetragen ist; die Eintragung ist der zuständigen Behörde mitzuteilen.

Die zuständige Behörde kann im Einvernehmen mit der zuständigen landwirtschaftlichen Fachbehörde die Bestimmung des Satzes 1 auch für Bioabfallbehandler und Gemischhersteller anwenden, die Mitglieder einer Gütegemeinschaft sind, jedoch die Voraussetzungen des Satzes 2 Nummer 1 oder 2 nicht erfüllen. Die zuständige Behörde kann im Einvernehmen mit der zuständigen landwirtschaftlichen Fachbehörde die Bestimmungen des Satzes 1 auch für Bioabfälle anwenden, welche nach § 10 Absatz 1 oder Absatz 2 von den Behandlungs- und Untersuchungspflichten freigestellt sind.

(3a) Bei einer Befreiung vom Lieferscheinverfahren gemäß Absatz 3 Satz 1 haben Bioabfallbehandler und Gemischhersteller die gütegesicherten Bioabfälle und Gemische sowie die nach § 10 Absatz 1 oder Absatz 2 von den Behandlungs- und Untersuchungspflichten freigestellten Bioabfälle bei der Abgabe mit folgenden Angaben zu kennzeichnen:

1. Name und Anschrift des abgebenden Bioabfallbehandlers oder Gemischherstellers sowie Gütezeichen der Gütegemeinschaft,
2. Chargennummer,
3. Abgabe als unbehandelter, hygienisierend behandelter oder biologisch stabilisierend behandelter Bioabfall, als behandelter Bioabfall oder als Gemisch,
4. höchstzulässige Aufbringungsmenge gemäß § 6 Absatz 1 Satz 1, 2 oder 3,
5. Zulässigkeit der Aufbringung auf Grünlandflächen, und auf mehrschnittigen Feldfutterflächen gemäß § 7 Absatz 1 Satz 1.

Vom Lieferscheinverfahren befreite Bioabfallbehandler und Gemischhersteller, die gütegesicherte Bioabfälle und Gemische an die Bewirtschafter der Aufbringungsflächen abgeben, haben der für die Aufbringungsfläche zuständigen Behörde einmal jährlich für die vergangenen 12 Monate Nachweise vorzulegen, die folgende Angaben enthalten müssen:

1. Name und Anschrift des abgebenden Bioabfallbehandlers oder Gemischherstellers,

2. Name und Anschrift des Abnehmers,

3. abgegebene Menge in Tonnen Trockenmasse (t TM),

4. Datum der Abgabe.

Satz 2 gilt für Zwischenabnehmer entsprechend, die gütegesicherte Bioabfälle und Gemische von Bioabfallbehandlern und Gemischherstellern, die vom Lieferscheinverfahren befreit sind, an die Bewirtschafter der Aufbringungsflächen abgeben; in diesen Fällen ist zu Nummer 1 zusätzlich Name und Anschrift des Bioabfallbehandlers oder Gemischherstellers, der Mitglied der Gütegemeinschaft ist, einschließlich aller Zwischenabnehmer anzugeben. Die Nachweise sind zehn Jahre lang aufzubewahren. Die für die Aufbringungsfläche zuständige Behörde kann die Vorlage der Untersuchungsergebnisse nach § 3 Absatz 4 und 8 sowie nach § 4 Absatz 5 und 9, auch in Verbindung mit § 5 Absatz 2 Satz 2, und sonstige geeignete Nachweise vom Bioabfallbehandler, Gemischhersteller, Zwischenabnehmer oder dem Träger der regelmäßigen Güteüberwachung verlangen sowie die Befreiung jederzeit widerrufen oder die Frist und den Zeitraum für die Vorlage der Nachweise nach Satz 2, auch in Verbindung mit Satz 3, verkürzen. Der Bewirtschafter der Aufbringungsfläche hat unverzüglich nach der Aufbringung gütegesicherter Bioabfälle oder Gemische von Bioabfallbehandlern oder Gemischherstellern, die vom Lieferscheinverfahren befreit sind, die aufgebrachten Materialien, die aufgebrachte Menge in Tonnen Trockenmasse (t TM) und die eindeutige Bezeichnung der Aufbringungsfläche mit den Angaben Gemarkung, Flur, Flurstücksnummer oder alternativ Schlagbezeichnung und die Größe in Hektar zu dokumentieren und die Dokumentation der zuständigen Behörde auf Verlangen vorzulegen.

(4) Auf die Verwertung von Bioabfällen, für die die Bestimmungen dieser Verordnung gelten, finden die Bestimmungen der Nachweisverordnung mit Ausnahme des § 2 Absatz 1 Nummer 2 und des § 23 Nummer 2 der Nachweisverordnung keine Anwendung.

§ 12 Ausnahmen für Kleinflächen

§ 9 Absatz 1 und 2 und § 11 Absatz 2a Satz 2 gelten nicht, wenn unbehandelte oder behandelte Bioabfälle oder Gemische auf Flächen von Bewirtschaftern aufgebracht werden, die insgesamt nicht mehr als 1 Hektar landwirtschaftlich oder gärtnerisch genutzte Flächen bewirtschaften. § 11 Absatz 2a Satz 3 und Absatz 3a Satz 6 gilt nicht für den Bewirtschafter dieser Flächen.

§ 12a Elektronische Datenverarbeitung und -übermittlung

Die in dieser Verordnung vorgeschriebenen Dokumentationen und Nachweise können mit Hilfe elektronischer Datenverarbeitung erstellt und mit Zustimmung der zuständigen Behörde elektronisch oder in elektronischer Form vorgelegt oder übermittelt werden.

§ 13 Ordnungswidrigkeiten

(1) Ordnungswidrig im Sinne des § 69 Absatz 1 Nummer 8 des Kreislaufwirtschaftsgesetzes handelt, wer vorsätzlich oder fahrlässig

1. entgegen § 3 Absatz 1 oder § 3a Absatz 1 Satz 1 Bioabfall einer Behandlung nicht, nicht richtig oder nicht rechtzeitig zuführt,

2. entgegen § 3 Absatz 3 Satz 1 eine hygienisierende Behandlung nicht oder nicht richtig durchführt,

3. entgegen § 3b Absatz 1 Satz 1 Bioabfall verbringt,

4. entgegen § 3b Absatz 2 Satz 2 einen dort genannten Betriebsbereich nicht oder nicht richtig trennt,
5. entgegen § 4 Absatz 2 oder § 5 Absatz 2 Satz 1 Bioabfall oder ein Gemisch abgibt oder aufbringt,
6. entgegen § 4 Absatz 7 Satz 1 oder Absatz 8 Satz 1, auch in Verbindung mit § 10 Absatz 3 Satz 1 Nummer 2 und Satz 2, oder § 5 Absatz 3 Satz 1 oder Absatz 4 Satz 1 eine Untersuchung nicht oder nicht rechtzeitig durchführen lässt,
7. entgegen § 6 Absatz 1 Satz 1 oder Absatz 2a oder § 7 Absatz 1 Satz 1 Bioabfall oder ein Gemisch aufbringt,
8. ohne Zustimmung nach § 6 Absatz 2 Satz 1 Bioabfall oder ein Gemisch aufbringt,
9. entgegen § 8 Bioabfall oder ein Gemisch und Klärschlamm auf derselben Fläche aufbringt,
10. einer vollziehbaren Anordnung nach § 9 Absatz 2 Satz 5 zuwiderhandelt oder
11. ohne Zustimmung nach § 9a Absatz 1 Satz 1 Bioabfall abgibt oder aufbringt.

(2) Ordnungswidrig im Sinne des § 69 Absatz 2 Nummer 15 des Kreislaufwirtschaftsgesetzes handelt, wer vorsätzlich oder fahrlässig

1. entgegen § 3 Absatz 6 Satz 6 die Behörde nicht, nicht richtig, nicht vollständig oder nicht rechtzeitig informiert,
2. entgegen
   a) § 3 Absatz 8 Satz 2, auch in Verbindung mit § 10 Absatz 3 Satz 1 Nummer 1 und Satz 2 oder Absatz 4,
   b) § 3 Absatz 8 Satz 3 oder
   c) § 4 Absatz 9 Satz 2, auch in Verbindung mit § 5 Absatz 2 Satz 2 oder § 10 Absatz 3 Satz 1 Nummer 2 und Satz 2

   ein Untersuchungsergebnis, eine Aufzeichnung oder eine Dokumentation nicht, nicht vollständig oder nicht rechtzeitig vorlegt,
3. entgegen § 3 Absatz 8 Satz 4 oder § 4 Absatz 9 Satz 4 ein Untersuchungsergebnis nicht, nicht richtig, nicht vollständig oder nicht rechtzeitig übermittelt oder nicht, nicht richtig, nicht vollständig oder nicht rechtzeitig weiterleitet,
4. entgegen § 9 Absatz 1 Satz 1 eine Angabe nicht, nicht richtig, nicht vollständig oder nicht rechtzeitig macht,
5. entgegen
   a) § 11 Absatz 1 Satz 1, auch in Verbindung mit § 10 Absatz 3 Satz 1 Nummer 3 und Satz 2,
   b) § 11 Absatz 1 Satz 4 oder Satz 5, jeweils auch in Verbindung mit Absatz 1a Satz 2, oder
   c) § 11 Absatz 1a Satz 1

   dort genannte Materialien nicht, nicht richtig oder nicht vollständig auflistet,
6. entgegen § 11 Absatz 1b Satz 2, auch in Verbindung mit § 10 Absatz 3 Satz 1 Nummer 3 und Satz 2, eine Liste oder eine Unterlage nicht oder nicht mindestens zehn Jahre lang aufbewahrt,

7. einer vollziehbaren Anordnung nach § 11 Absatz 1b Satz 3, auch in Verbindung mit § 10 Absatz 3 Satz 1 Nummer 3 und Satz 2, zuwiderhandelt,
8. entgegen § 11 Absatz 2 Satz 1 oder Satz 4 oder Absatz 2a Satz 1 oder Satz 3, jeweils auch in Verbindung § 10 Absatz 3 Satz 1 Nummer 3 und Satz 2, einen Lieferschein, nicht richtig, nicht vollständig oder nicht rechtzeitig aushändigt, eine Kopie des Lieferscheines einer dort genannten Behörde nicht, nicht richtig, nicht vollständig oder nicht rechtzeitig übersendet oder eine Ausfertigung des Lieferscheines nicht oder nicht mindestens zehn Jahre lang aufbewahrt,
9. entgegen § 11 Absatz 2a Satz 2 eine Kopie des Lieferscheines einer dort genannten Behörde nicht, nicht richtig, nicht vollständig oder nicht rechtzeitig übersendet oder
10. entgegen § 11 Absatz 3a Satz 6 eine Dokumentation nicht, nicht richtig, nicht vollständig oder nicht rechtzeitig vorlegt.

§ 13a Bestimmungen für bestehende Anlagen

(1) Bei den am 1. Mai 2012 bestehenden Anlagen, in denen von den Anforderungen an die Behandlung freigestellte Bioabfälle nach § 10 Absatz 1 in der bis zu diesem Datum geltenden Fassung eingesetzt worden sind und die als Behandlungsanlage zur Hygienisierung fortgeführt werden, ist eine Prozessprüfung gemäß § 3 Absatz 4 Satz 1 Nummer 1 und Satz 2 innerhalb von 18 Monaten nach dem 1. Mai 2012 durchzuführen. Satz 1 gilt nicht, soweit nach dem 30. September 1993 für die Anlage oder das eingesetzte Verfahren eine Hygieneprüfung nach den Vorgaben für die Prozessprüfung oder nach vergleichbaren Vorgaben durchgeführt worden ist oder begonnen wurde und innerhalb von 12 Monaten nach dem 1. Mai 2012 abgeschlossen wird. Im Falle des Satzes 2 hat der Bioabfallbehandler die Untersuchungsergebnisse über die Hygieneprüfung nach den Vorgaben für die Prozessprüfung oder den Nachweis über die Vergleichbarkeit der Hygieneprüfung sowie die Untersuchungsergebnisse dieser Hygieneprüfung der zuständigen Behörde innerhalb von drei Monaten nach dem 1. Mai 2012 vorzulegen und zehn Jahre aufzubewahren; bei begonnener Hygieneprüfung sind der Nachweis und die Untersuchungsergebnisse innerhalb von drei Monaten nach Abschluss der Prüfung vorzulegen und zehn Jahre aufzubewahren. Die zuständige Behörde kann im Einvernehmen mit der zuständigen landwirtschaftlichen Fachbehörde bei Behandlungsanlagen nach Satz 1 von Bioabfallbehandlern, die die Voraussetzungen des § 11 Absatz 3 Satz 2 oder 3 erfüllen, anstelle der Hygieneprüfung nach Satz 1 oder 2 eine vom Träger der Gütegemeinschaft zwischen dem 1. Oktober 1998 und 1. Mai 2012 im Rahmen des Gütesicherungsverfahrens durchgeführte Konformitätsprüfung zulassen. Mit der Konformitätsprüfung muss nachgewiesen werden, dass die Behandlungsanlage oder das eingesetzte Hygienisierungsverfahren einer geprüften Anlage oder einem geprüften Verfahren nach den Vorgaben für die Prozessprüfung oder nach vergleichbaren Vorgaben entspricht. Die Zulassung darf nur erteilt werden, wenn nach Art, Beschaffenheit oder Herkunft der eingesetzten Bioabfälle einschließlich in Anhang 1 Nummer 2 genannter Materialien keine Beeinträchtigung seuchen- und phytohygienischer Belange zu erwarten ist.

(2) Bei den am 1. Mai 2012 bestehenden Pasteurisierungsanlagen, die als Behandlungsanlage zur Hygienisierung fortgeführt werden, ist eine technische Abnahme gemäß § 3 Absatz 4 Satz 1 Nummer 1 und Satz 2 innerhalb von 12 Monaten nach dem 1. Mai 2012 durchzuführen. Satz 1 gilt nicht, soweit für die Anlage oder das eingesetzte Verfahren eine technische Abnahme nach den Vorgaben des § 3 Absatz 4 Satz 1 Nummer 1 und Satz 2 oder nach vergleichbaren Vorgaben durchgeführt worden ist. Im Falle des Satzes 2 hat der Bioabfallbehandler die Bescheinigung über die technische Abnahme nach den Vorgaben dieser Verordnung oder den Nachweis

über die Vergleichbarkeit der technischen Abnahme der zuständigen Behörde innerhalb von drei Monaten nach dem 1. Mai 2012 vorzulegen und zehn Jahre aufzubewahren.

(3) Bei den am 1. Mai 2012 bestehenden Anlagen hat der Bioabfallbehandler die Anforderungen an die Prozessüberwachung und an die Prüfungen der hygienisierten Bioabfälle gemäß § 3 Absatz 4 Satz 1 Nummer 2 und 3 und Satz 2 nach spätestens 12 Monaten einzuhalten.

§ 13b Übergangsbestimmungen für geltende und vergleichbare Hygieneprüfungen sowie für geltende Ausnahmezulassungen

(1) Direkte Prozessprüfungen, die vor dem 1. Mai 2012 nach § 3 Absatz 4 Satz 1 Nummer 1 in der bis zu diesem Datum geltenden Fassung durchgeführt worden sind, gelten bis zum Ablauf ihrer Geltungsdauer, längstens jedoch bis zum Einsatz eines neuen Verfahrens oder wesentlicher technischer Änderung des Verfahrens oder der Prozessführung, als Prozessprüfung im Sinne des § 3 Absatz 4 Satz 1 Nummer 1 für Behandlungsanlagen zur Hygienisierung fort. Mit der direkten Prozessprüfung vergleichbare Hygieneprüfungen, die vor dem 1. Mai 2012 nach § 3 Absatz 5 Satz 3 und Absatz 8 Satz 3 in der bis zu diesem Datum geltenden Fassung bei bereits bestehenden Anlagen durchgeführt und der zuständigen Behörde nachgewiesen worden sind, gelten bis zum Ablauf ihrer Geltungsdauer, längstens jedoch bis zum Einsatz eines neuen Verfahrens oder wesentlicher technischer Änderung des Verfahrens oder der Prozessführung, als Prozessprüfung im Sinne des § 3 Absatz 4 Satz 1 Nummer 1 für Behandlungsanlagen zur Hygienisierung fort.

(2) Ausnahmezulassungen, die vor dem 1. Mai 2012 nach § 3 Absatz 3 Satz 2 in der bis zu diesem Datum geltenden Fassung von den in Anhang 2 enthaltenen Vorgaben an die direkte Prozessprüfung für Behandlungsanlagen erteilt worden sind, gelten bis zum Ablauf ihrer Geltungsdauer fort, längstens jedoch bis zum Einsatz eines neuen Verfahrens oder wesentlicher technischer Änderung des Verfahrens oder der Prozessführung. Ausnahmezulassungen, die vor dem 1. Mai 2012 nach § 3 Absatz 3 Satz 2 in der bis zu diesem Datum geltenden Fassung von den in Anhang 2 enthaltenen Vorgaben an die indirekte Prozessprüfung und an die Endprüfung der behandelten Bioabfälle für Behandlungsanlagen erteilt worden sind, soll die zuständige Behörde nachträglich auf längstens zwölf Monate befristen; nach Ablauf der Befristung sind die Anforderungen an die Prozessüberwachung und an die Prüfungen der hygienisierten Bioabfälle gemäß § 3 Absatz 4 Satz 1 Nummer 2 und 3 und Satz 2 einzuhalten.

§ 14 (Inkrafttreten)

Anhang 1

(zu § 2 Nummer 1, 4, 5, § 3 Absatz 3, 7, 7a, 9, 10, § 4 Absatz 1, 2, 5, 6, 8, § 5 Absatz 1, 5, § 6 Absatz 2, § 7 Absatz 1, § 9a Absatz 1, § 10 Absatz 1, § 13a Absatz 1)

Liste der für eine Verwertung auf Flächen geeigneten Bioabfälle sowie der dafür geeigneten anderen Abfälle, biologisch abbaubaren Materialien und mineralischen Stoffe

1. Bioabfälle gemäß § 2 Nummer 1

a) Bioabfälle, die keiner Zustimmung nach § 9a zur Verwertung bedürfen

Abfallbezeichnung gemäß der Anlage der AVV[1] (in Klammern: Abfallschlüssel)	Geeignete Abfälle[2] aus den in Spalte 1 genannten Abfallbezeichnungen	Ergänzende Bestimmungen (in Klammern: Abfallherkunft gemäß Gruppenüberschrift der Anlage der AVV[1])
Schlämme von Wasch- und Reinigungsvorgängen (02 01 01)	– Fischteichschlamm, Fischteichsedimente und Filterschlämme aus der Fischproduktion	(Abfälle aus Landwirtschaft, Gartenbau, Teichwirtschaft, Forstwirtschaft, Jagd und Fischerei) Die Materialien sind geeignete Abfälle gemäß Spalte 2, wenn diese an der Anfallstelle nicht mit Abwässern oder Schlämmen außerhalb der spezifischen Produktion vermischt werden. Die Materialien sind bei Aufbringung im Rahmen der regionalen Verwertung nach § 10 Absatz 1 Nummer 1 und 2 von den Behandlungs- und Untersuchungspflichten freigestellt.
Abfälle aus pflanzlichem Gewebe (02 01 03)	– Hanf- und Flachsschäben – Kokosfasern – Pflanzliche Abfälle aus dem Gartenbau – Pflanzliche Abfälle aus der Gewässerunterhaltung – Pflanzliche Abfälle aus der Landwirtschaft – Pflanzliche Abfälle aus der Teichwirtschaft und Fischerei – Pflanzliche Filtermaterialien aus der biologischen Abluftreinigung – Reet – Spelze, Spelzen- und Getreidestaub	(Abfälle aus Landwirtschaft, Gartenbau, Teichwirtschaft, Forstwirtschaft, Jagd und Fischerei) Pflanzliche Filtermaterialien aus der biologischen Abluftreinigung sind geeignete Abfälle gemäß Spalte 2, wenn diese im Rahmen der Herstellung und Verarbeitung von Lebens- und Futtermitteln, tierischen Nebenprodukten und von Ställen anfallen. Die Materialien dürfen, auch als Bestandteil eines Gemisches, nach § 7 Absatz 1 Satz 1 auf Grünlandflächen und auf mehrschnittigen Feldfutterflächen aufgebracht werden; davon ausgenommen sind pflanzliche Filtermaterialien aus der biologischen Abluftreinigung.
Kunststoffabfälle (ohne Verpackungen) (02 01 04)	– Biologisch abbaubare Werkstoffe (Kunststoffe) aus überwiegend nachwachsenden Rohstoffen	(Abfälle aus Landwirtschaft, Gartenbau, Teichwirtschaft, Forstwirtschaft, Jagd und Fischerei) Geeignete Abfälle gemäß Spalte 2 sind z. B. Abdeckfolien.

14

(Fortsetzung)

Abfallbezeichnung gemäß der Anlage der AVV[1] (in Klammern: Abfallschlüssel)	Geeignete Abfälle[2] aus den in Spalte 1 genannten Abfallbezeichnungen	Ergänzende Bestimmungen (in Klammern: Abfallherkunft gemäß Gruppenüberschrift der Anlage der AVV[1])
		Die Materialien sind geeignete Abfälle gemäß Spalte 2, wenn diese nach DIN EN 13432 (Ausgabe 2000–12) und DIN EN 13432 Berichtigung 2 (Ausgabe 2007–10) oder DIN EN 14995 (Ausgabe 2007–03) zertifiziert sind. Die Materialien sind nach § 10 Absatz 1 Nummer 1 und 2 von den Behandlungs- und Untersuchungspflichten freigestellt, wenn sie an der Anfallstelle in den Boden eingearbeitet werden.
Tierische Ausscheidungen, Gülle/ Jauche und Stallmist (einschließlich verdorbenes Stroh), Abwässer, getrennt gesammelt und extern behandelt (02 01 06)	– Altstroh – Tierische Ausscheidungen, auch mit Einstreu	(Abfälle aus Landwirtschaft, Gartenbau, Teichwirtschaft, Forstwirtschaft, Jagd und Fischerei) Die Bestimmungen dieser Verordnung sind für tierische Ausscheidungen, auch mit Einstreu, nur anwendbar, soweit diese nicht als tierische Nebenprodukte (Gülle von Nutztieren) der Verordnung (EG) Nr. 1069/2009[3] unterliegen. Infektiöse Materialien sind keine geeigneten Abfälle gemäß Spalte 2. Altstroh und tierische Ausscheidungen, auch mit Einstreu, getrennt erfasst oder miteinander vermischt, sind bei Aufbringung im Rahmen der regionalen Verwertung nach § 10 Absatz 1 Nummer 1 und 2 von den Behandlungs- und Untersuchungspflichten freigestellt. Die Materialien dürfen, auch als Bestandteil eines Gemisches, nach § 7 Absatz 1 Satz 1 auf Grünlandflächen und auf mehrschnittigen Feldfutterflächen aufgebracht werden.
Abfälle aus der Forstwirtschaft (02 01 07)	– Pflanzliche Abfälle aus der Forstwirtschaft	(Abfälle aus Landwirtschaft, Gartenbau, Teichwirtschaft, Forstwirtschaft, Jagd und Fischerei) Naturbelassene pflanzliche Abfälle aus der Forstwirtschaft, auch unvermischt weiterverarbeitet, sind nach § 10 Absatz 1 Nummer 1 von den Behandlungspflichten freigestellt.

(Fortsetzung)

Abfallbezeichnung gemäß der Anlage der AVV[1] (in Klammern: Abfallschlüssel)	Geeignete Abfälle[2] aus den in Spalte 1 genannten Abfallbezeichnungen	Ergänzende Bestimmungen (in Klammern: Abfallherkunft gemäß Gruppenüberschrift der Anlage der AVV[1])
		Im Rahmen einer Kompostierung sind die Materialien so zu zerkleinern oder der Kompost so abzusieben, dass im Kompost keine stückigen Materialien über 40 mm (Siebmaschenweite) enthalten sind. Die Materialien dürfen, auch als Bestandteil eines Gemisches, nach § 7 Absatz 1 Satz 1 auf Grünlandflächen und auf mehrschnittigen Feldfutterflächen aufgebracht werden.
Abfälle a. n. g. (02 02 99)	– Pflanzliche Filtermaterialien aus der biologischen Abluftreinigung	(Abfälle aus der Zubereitung und Verarbeitung von Fleisch, Fisch und anderen Nahrungsmitteln tierischen Ursprungs) Pflanzliche Filtermaterialien aus der biologischen Abluftreinigung sind geeignete Abfälle gemäß Spalte 2, wenn diese im Rahmen der Herstellung und Verarbeitung von Lebens- und Futtermitteln und von tierischen Nebenprodukten anfallen.
Abfälle aus der Extraktion mit Lösemitteln (02 03 03)	– Pflanzliche Rückstände aus der Extraktion mit Alkohol	(Abfälle aus der Zubereitung und Verarbeitung von Obst, Gemüse, Getreide, Speiseölen, Kakao, Kaffee, Tee und Tabak, aus der Konservenherstellung, der Herstellung von Hefe und Hefeextrakt sowie der Zubereitung und Fermentierung von Melasse) Die Materialien dürfen, auch als Bestandteil eines Gemisches, nach § 7 Absatz 1 Satz 1 auf Grünlandflächen und auf mehrschnittigen Feldfutterflächen aufgebracht werden.
Für Verzehr oder Verarbeitung ungeeignete Stoffe (02 03 04)	– Altmehl – Fermentationsrückstände aus der Enzym- und Vitaminproduktion – Getreideabfälle – Hefe und hefeähnliche Rückstände – Kokosfasern – Melasserückstände	(Abfälle aus der Zubereitung und Verarbeitung von Obst, Gemüse, Getreide, Speiseölen, Kakao, Kaffee, Tee und Tabak, aus der Konservenherstellung, der Herstellung von Hefe und Hefeextrakt sowie der Zubereitung und Fermentierung von Melasse) Die Bestimmungen dieser Verord-

14

(Fortsetzung)

Abfallbezeichnung gemäß der Anlage der AVV[1] (in Klammern: Abfallschlüssel)	Geeignete Abfälle[2] aus den in Spalte 1 genannten Abfallbezeichnungen	Ergänzende Bestimmungen (in Klammern: Abfallherkunft gemäß Gruppenüberschrift der Anlage der AVV[1])
	– Ölsaatenrückstände – Pflanzliche Aminosäuren – Pflanzliche Speiseöle und -fette – Rapsextraktionsschrot, Rapskuchen – Rizinusschrot – Rückstände aus der Kartoffel-, Mais- oder Reisstärkeherstellung – Rückstände aus der Zubereitung und Verarbeitung von Kaffee, Tee und Kakao – Rückstände aus der Zubereitung und Verarbeitung von Obst, Gemüse und Getreide – Rückstände aus Konservenfabrikation – Rückstände von Gewürzpflanzen und pflanzlichen Würzmitteln – Rückstände von Kartoffelschälbetrieben – Spelze, Spelzen- und Getreidestaub – Tabakstaub, -grus und -rippen – Überlagerte Genussmittel – Überlagerte Nahrungsmittel – Verbrauchte Filter- und Aufsaugmassen (Bleicherden, entölt, Cellite, Kieselgur, Perlite) – Vinasse und Vinasserückstände – Zigarettenfehlchargen	nung sind für überlagerte Nahrungsmittel, Rückstände aus Konservenfabrikation und überlagerte Genussmittel tierischer Herkunft nur anwendbar, soweit diese oder wesentliche Materialbestandteile nicht als tierische Nebenprodukte der Verordnung (EG) Nr. 1069/2009[3] unterliegen. Fermentationsrückstände aus der Vitaminproduktion sind geeignete Abfälle gemäß Spalte 2, wenn diese im Rahmen der Herstellung von Vitamin B2 anfallen. Die Verwertung von pflanzlichen Speiseölen und -fetten ist nur mit anaerober Behandlung zulässig. Rizinusschrot ist geeigneter Abfall gemäß Spalte 2, wenn dieser unbedenkliche Gehalte an Ricin (keine akute orale Toxizität bei Aufnahme von bis zu 2 000 mg Rizinusschrot/kg Körpergewicht bei Ratten) aufweist. Rizinusschrot ist so mit Mitteln (Vergällung) zu behandeln, dass eine Aufnahme durch Tiere unterbunden wird; er darf nicht mit Stoffen vermischt werden, die einen Anreiz für die Aufnahme durch Tiere darstellen. Getrennt erfasste Kieselgur ist bei Aufbringung im Rahmen der regionalen Verwertung nach § 10 Absatz 1 Nummer 1 und 2 von den Behandlungs- und Untersuchungspflichten freigestellt. Kieselgur und Kieselgur enthaltende Gemische dürfen nicht in getrocknetem Zustand aufgebracht werden und sind bei der Aufbringung sofort in den Boden einzuarbeiten. Zigarettenfehlchargen sind geeignete Abfälle gemäß Spalte 2, wenn diese keinen Filter und keine Verpackung enthalten. Die Materialien dürfen, auch als Bestandteil eines Gemisches, nach § 7 Absatz 1 Satz 1 auf Grünlandflächen und auf mehrschnittigen Feldfutterflächen aufge-

(Fortsetzung)

Abfallbezeichnung gemäß der Anlage der AVV[1] (in Klammern: Abfallschlüssel)	Geeignete Abfälle[2] aus den in Spalte 1 genannten Abfallbezeichnungen	Ergänzende Bestimmungen (in Klammern: Abfallherkunft gemäß Gruppenüberschrift der Anlage der AVV[1])
		bracht werden; davon ausgenommen sind Fermentationsrückstände aus der Enzym- und Vitaminproduktion, pflanzliche Aminosäuren, Rizinusschrot, Rückstände aus der Zubereitung und Verarbeitung von Kaffee, Tee und Kakao, Tabakstaub, -grus und -rippen, Kieselgur sowie Zigarettenfehlchargen.
Abfälle a. n. g. (02 03 99)	– Pflanzliche Filtermaterialien aus der biologischen Abluftreinigung	(Abfälle aus der Zubereitung und Verarbeitung von Obst, Gemüse, Getreide, Speiseölen, Kakao, Kaffee, Tee und Tabak, aus der Konservenherstellung, der Herstellung von Hefe und Hefeextrakt sowie der Zubereitung und Fermentierung von Melasse) Pflanzliche Filtermaterialien aus der biologischen Abluftreinigung sind geeignete Abfälle gemäß Spalte 2, wenn diese im Rahmen der Herstellung und Verarbeitung von Lebens- und Futtermitteln und von tierischen Nebenprodukten anfallen.
Abfälle a. n. g. (02 04 99)	– Melasserückstände – Pflanzliche Filtermaterialien aus der biologischen Abluftreinigung – Press-, Nass- und Trockenschnitzel – Rübenkleinteile und Rübenkraut – Vinasse und Vinasserückstände – Zuckerrübenschnitzel und -presskuchen	(Abfälle aus der Zuckerherstellung) Pflanzliche Filtermaterialien aus der biologischen Abluftreinigung sind geeignete Abfälle gemäß Spalte 2, wenn diese im Rahmen der Herstellung und Verarbeitung von Lebens- und Futtermitteln anfallen. Die Materialien dürfen, auch als Bestandteil eines Gemisches, nach § 7 Absatz 1 Satz 1 auf Grünlandflächen und auf mehrschnittigen Feldfutterflächen aufgebracht werden; davon ausgenommen sind pflanzliche Filtermaterialien aus der biologischen Abluftreinigung.
Abfälle a. n. g. (02 05 99)	– Pflanzliche Filtermaterialien aus der biologischen Abluftreinigung	(Abfälle aus der Milchverarbeitung) Pflanzliche Filtermaterialien aus der biologischen Abluftreinigung sind geeignete Abfälle gemäß Spalte 2, wenn diese im Rahmen der Herstellung und Verarbeitung von Lebens-

14

(Fortsetzung)

Abfallbezeichnung gemäß der Anlage der AVV[1] (in Klammern: Abfallschlüssel)	Geeignete Abfälle[2] aus den in Spalte 1 genannten Abfallbezeichnungen	Ergänzende Bestimmungen (in Klammern: Abfallherkunft gemäß Gruppenüberschrift der Anlage der AVV[1])
		und Futtermitteln und von tierischen Nebenprodukten anfallen.
Für Verzehr oder Verarbeitung ungeeignete Stoffe (02 06 01)	– Altmehl – Fermentationsrückstände aus der Enzymproduktion – Hefe und hefeähnliche Rückstände – Teigabfälle – Überlagerte Genussmittel – Überlagerte Nahrungsmittel	(Abfälle aus der Herstellung von Back- und Süßwaren) Die Bestimmungen dieser Verordnung sind für überlagerte Lebensmittel und Teigabfälle tierischer Herkunft nur anwendbar, soweit diese oder wesentliche Materialbestandteile nicht als tierische Nebenprodukte der Verordnung (EG) Nr. 1069/2009[3] unterliegen. Die Materialien dürfen, auch als Bestandteil eines Gemisches, nach § 7 Absatz 1 Satz 1 auf Grünlandflächen und auf mehrschnittigen Feldfutterflächen aufgebracht werden.
Abfälle a. n. g. (02 06 99)	– Pflanzliche Filtermaterialien aus der biologischen Abluftreinigung	(Abfälle aus der Herstellung von Back- und Süßwaren) Pflanzliche Filtermaterialien aus der biologischen Abluftreinigung sind geeignete Abfälle gemäß Spalte 2, wenn diese im Rahmen der Herstellung und Verarbeitung von Lebens- und Futtermitteln und von tierischen Nebenprodukten anfallen.
Abfälle aus der Alkoholdestillation (02 07 02)	– Obst-, Getreide- und Kartoffelschlempen	(Abfälle aus der Herstellung von alkoholischen und alkoholfreien Getränken [ohne Kaffee, Tee und Kakao]) Die Materialien dürfen, auch als Bestandteil eines Gemisches, nach § 7 Absatz 1 Satz 1 auf Grünlandflächen und auf mehrschnittigen Feldfutterflächen aufgebracht werden.
Für Verzehr oder Verarbeitung ungeeignete Stoffe (02 07 04)	– Biertreber – Hefe und hefeähnliche Rückstände – Hopfentreber – Malztreber, Malzkeime, Malzstaub – Melasserückstände – Trester	(Abfälle aus der Herstellung von alkoholischen und alkoholfreien Getränken [ohne Kaffee, Tee und Kakao]) Getrennt erfasste Kieselgur ist bei Aufbringung im Rahmen der regionalen Verwertung nach § 10 Absatz 1 Nummer 1 und 2 von den Be-

(Fortsetzung)

Abfallbezeichnung gemäß der Anlage der AVV[1] (in Klammern: Abfallschlüssel)	Geeignete Abfälle[2] aus den in Spalte 1 genannten Abfallbezeichnungen	Ergänzende Bestimmungen (in Klammern: Abfallherkunft gemäß Gruppenüberschrift der Anlage der AVV[1])
	– Überlagerte Genussmittel – Überlagerte Getränke – Verbrauchte Filter- und Aufsaugmassen (Cellite, Kieselgur, Perlite) – Vinasse und Vinasserückstände	handlungs- und Untersuchungspflichten freigestellt. Kieselgur und Kieselgur enthaltende Gemische dürfen nicht in getrocknetem Zustand aufgebracht werden und sind bei der Aufbringung sofort in den Boden einzuarbeiten. Die Materialien dürfen, auch als Bestandteil eines Gemisches, nach § 7 Absatz 1 Satz 1 auf Grünlandflächen und auf mehrschnittigen Feldfutterflächen aufgebracht werden; davon ausgenommen ist Kieselgur.
Abfälle a. n. g. (02 07 99)	– Pflanzliche Filtermaterialien aus der biologischen Abluftreinigung	(Abfälle aus der Herstellung von alkoholischen und alkoholfreien Getränken [ohne Kaffee, Tee und Kakao]) Pflanzliche Filtermaterialien aus der biologischen Abluftreinigung sind geeignete Abfälle gemäß Spalte 2, wenn diese im Rahmen der Herstellung und Verarbeitung von Lebens- und Futtermitteln anfallen.
Rinden- und Korkabfälle (03 01 01)	– Rinden	(Abfälle aus der Holzbearbeitung und der Herstellung von Platten und Möbeln) Getrennt erfasste, naturbelassene Rinden, auch unvermischt weiterverarbeitet, sind nach § 10 Absatz 1 Nummer 1 von den Behandlungspflichten freigestellt. Im Rahmen einer Kompostierung sind die Materialien so zu zerkleinern oder der Kompost so abzusieben, dass im Kompost keine stückigen Materialien über 40 mm (Siebmaschenweite) enthalten sind. Die Materialien dürfen, auch als Bestandteil eines Gemisches, nach § 7 Absatz 1 Satz 1 auf Grünlandflächen und auf mehrschnittigen Feldfutterflächen aufgebracht werden.
Sägemehl, Späne, Abschnitte, Holz, Spanplatten und Furniere	– Holzwolle – Sägemehl und Sägespäne	(Abfälle aus der Holzbearbeitung und der Herstellung von Platten und

(Fortsetzung)

Abfallbezeichnung gemäß der Anlage der AVV[1] (in Klammern: Abfallschlüssel)	Geeignete Abfälle[2] aus den in Spalte 1 genannten Abfallbezeichnungen	Ergänzende Bestimmungen (in Klammern: Abfallherkunft gemäß Gruppenüberschrift der Anlage der AVV[1])
mit Ausnahme derjenigen, die unter 03 01 04 fallen (03 01 05)		Möbeln) Holzwolle, Sägemehl und Sägespäne sind geeignete Abfälle gemäß Spalte 2, wenn diese aus unbehandeltem Holz hergestellt oder angefallen sind. Im Rahmen einer Kompostierung sind Sägespäne so zu zerkleinern oder der Kompost so abzusieben, dass im Kompost keine stückigen Materialien über 40 mm (Siebmaschenweite) enthalten sind. Sägemehl und Sägespäne aus naturbelassenem Holz aus dem Bereich der Holzverarbeitung dürfen, auch als Bestandteil eines Gemisches, nach § 7 Absatz 1 Satz 1 auf Grünlandflächen und auf mehrschnittigen Feldfutterflächen aufgebracht werden.
Rinden- und Holzabfälle (03 03 01)	– Rinden	(Abfälle aus der Herstellung und Verarbeitung von Zellstoff, Papier, Karton und Pappe) Getrennt erfasste, naturbelassene Rinden und unvermischt weiterverarbeitete Rinden sind nach § 10 Absatz 1 Nummer 1 von den Behandlungspflichten freigestellt. Im Rahmen einer Kompostierung sind die Materialien so zu zerkleinern oder der Kompost so abzusieben, dass im Kompost keine stückigen Materialien über 40 mm (Siebmaschenweite) enthalten sind. Die Materialien dürfen, auch als Bestandteil eines Gemisches, nach § 7 Absatz 1 Satz 1 auf Grünlandflächen und auf mehrschnittigen Feldfutterflächen aufgebracht werden.
Geäschertes Leimleder (04 01 02)	– Geäschertes Leimleder	(Abfälle aus der Leder- und Pelzindustrie) Geäschertes Leimleder ist geeigneter Abfall gemäß Spalte 2, wenn dieses aus der Verarbeitung von Häuten der Kategorie 3 gemäß Verordnung (EG) Nr. 1069/2009[3]

(Fortsetzung)

Abfallbezeichnung gemäß der Anlage der AVV[1] (in Klammern: Abfallschlüssel)	Geeignete Abfälle[2] aus den in Spalte 1 genannten Abfallbezeichnungen	Ergänzende Bestimmungen (in Klammern: Abfallherkunft gemäß Gruppenüberschrift der Anlage der AVV[1])
		stammt. Geäschertes Leimleder gemäß Anhang XIII Kapitel V Buchstabe C Nummer 2 Buchstabe d der Verordnung (EU) Nr. 142/2011[4] gilt gemäß § 3 Absatz 3 Satz 5 in Verbindung mit § 2 Nummer 2 Buchstabe d als anderweitig hygienisierend behandelt und ist gemäß § 10 Absatz 1 Nummer 2 von den Untersuchungspflichten nach § 3 freigestellt. Die Verwertung der Materialien ist nur mit anaerober Behandlung zulässig.
Abfälle aus unbehandelten Textilfasern (04 02 21)	– Pflanzenfaserabfälle – Wollabfälle – Zellulosefaserabfälle	(Abfälle aus der Textilindustrie) Die Bestimmungen dieser Verordnung sind für Wollabfälle tierischer Herkunft nur anwendbar, soweit diese nicht als tierische Nebenprodukte (Rohmaterialien) der Verordnung (EG) Nr. 1069/2009[3] unterliegen.
Abfälle a. n. g. (07 01 99)	– Fett, Fettrückstände und Öl aus der Herstellung von Biodiesel – Schlempen aus der Herstellung technischer Alkohole	(Abfälle aus Herstellung, Zubereitung, Vertrieb und Anwendung organischer Grundchemikalien) Die Bestimmungen dieser Verordnung sind für Fett, Fettrückstände und Öl tierischer Herkunft aus der Herstellung von Biodiesel nur anwendbar, soweit diese nicht als tierische Nebenprodukte der Verordnung (EG) Nr. 1069/2009[3]) unterliegen. Die Verwertung von Fett, Fettrückständen und Öl aus der Herstellung von Biodiesel ist nur mit anaerober Behandlung zulässig.
Feste Abfälle mit Ausnahme derjenigen, die unter 07 05 13 fallen (07 05 14)	– Arznei- und Heilpflanzen und Heilkräuter – Pilzmyzel – Pilzsubstratrückstände – Pflanzliche Aminosäuren – Pflanzliches Eiweißhydrolysat – Pflanzliche Proteinabfälle – Rückstände von Arznei- und Heilpflanzen und Heilkräutern	(Abfälle aus Herstellung, Zubereitung, Vertrieb und Anwendung von Pharmazeutika) Pilzmyzel aus der Arzneimittelherstellung darf nur nach Einzelfallprüfung verwertet werden und ist geeigneter Abfall gemäß Spalte 2, wenn keine wirksamen Arzneimittelreste enthalten sind. Pilzsubstratrückstände, bei denen die Pilzkulturen nachweislich durch

14

(Fortsetzung)

Abfallbezeichnung gemäß der Anlage der AVV[1] (in Klammern: Abfallschlüssel)	Geeignete Abfälle[2] aus den in Spalte 1 genannten Abfallbezeichnungen	Ergänzende Bestimmungen (in Klammern: Abfallherkunft gemäß Gruppenüberschrift der Anlage der AVV[1])
	– Trester von Arznei- und Heilpflanzen	Dämpfung abgetötet werden, gelten gemäß § 3 Absatz 3 Satz 5 in Verbindung mit § 2 Nummer 2 Buchstabe d als anderweitig hygienisierend behandelt und sind gemäß § 10 Absatz 1 Nummer 2 von den Untersuchungspflichten nach § 3 freigestellt. Die Materialien dürfen, auch als Bestandteil eines Gemisches, nach § 7 Absatz 1 Satz 1 auf Grünlandflächen und auf mehrschnittigen Feldfutterflächen aufgebracht werden; davon ausgenommen sind Pilzmyzel, pflanzliche Aminosäuren, pflanzliches Eiweißhydrolysat sowie pflanzliche Proteinabfälle.
Abfälle, an deren Sammlung und Entsorgung aus infektionspräventiver Sicht keine besonderen Anforderungen gestellt werden (z. B. Wund- und Gipsverbände, Wäsche, Einwegkleidung, Windeln) (18 01 04)	– Moorschlamm und Heilerde	(Abfälle aus der Geburtshilfe, Diagnose, Behandlung oder Vorbeugung von Krankheiten beim Menschen) Moorschlamm und Heilerde sind geeignete Abfälle gemäß Spalte 2, wenn diese keine Medikamentenrückstände enthalten. Die Materialien dürfen, auch als Bestandteil eines Gemisches, nach § 7 Absatz 1 Satz 1 auf Grünlandflächen und auf mehrschnittigen Feldfutterflächen aufgebracht werden.
Fett- und Ölmischungen aus Ölabscheidern, die ausschließlich Speiseöle und -fette enthalten (19 08 09)	– Inhalt von Fettabscheidern	(Abfälle aus Abwasserbehandlungsanlagen a. n. g.) Die Verwertung der Materialien ist nur mit anaerober Behandlung zulässig. Die Materialien dürfen, auch als Bestandteil eines Gemisches, nach § 7 Absatz 1 Satz 1 auf Grünlandflächen und auf mehrschnittigen Feldfutterflächen aufgebracht werden.
Papier und Pappe (20 01 01)	– Altpapier	(Getrennt gesammelte Fraktionen der Siedlungsabfälle [außer 15 01]) Altpapier darf nur in geringen Mengen (max. 0,5 %) zur Kompostie-

(Fortsetzung)

Abfallbezeichnung gemäß der Anlage der AVV[1] (in Klammern: Abfallschlüssel)	Geeignete Abfälle[2] aus den in Spalte 1 genannten Abfallbezeichnungen	Ergänzende Bestimmungen (in Klammern: Abfallherkunft gemäß Gruppenüberschrift der Anlage der AVV[1])
		rung zugegeben werden. Die Zugabe von Altpapier ist in kleinen Mengen zusammen mit getrennt erfassten Bioabfällen (Abfallschlüssel 20 03 01) zulässig, wenn dies aus hygienischen oder praktischen Gründen zweckmäßig ist (z. B. bei sehr feuchten Bioabfällen). Die Verwertung von Hochglanzpapier und von Papier aus Alttapeten ist nicht zulässig.
Biologisch abbaubare Küchen- und Kantinenabfälle (20 01 08)	– Biologisch abbaubare Küchen- und Kantinenabfälle – Inhalt von Fettabscheidern	(Getrennt gesammelte Fraktionen der Siedlungsabfälle [außer 15 01]) Die Bestimmungen dieser Verordnung sind für biologisch abbaubare Küchen- und Kantinenabfälle tierischer Herkunft nur anwendbar, soweit diese nicht als tierische Nebenprodukte der Verordnung (EG) Nr. 1069/2009[3] unterliegen. Die Verwertung der Inhalte von Fettabscheidern ist nur mit anaerober Behandlung zulässig. Die Materialien dürfen, auch als Bestandteil eines Gemisches, nach § 7 Absatz 1 Satz 1 auf Grünlandflächen und auf mehrschnittigen Feldfutterflächen aufgebracht werden.
Speiseöle und -fette (20 01 25)	– Speiseöle und -fette	(Getrennt gesammelte Fraktionen der Siedlungsabfälle [außer 15 01]) Die Bestimmungen dieser Verordnung sind für Speiseöle und -fette tierischer Herkunft nur anwendbar, soweit diese nicht als tierische Nebenprodukte (Küchen- und Kantinenabfälle oder überlagerte Lebensmittel) der Verordnung (EG) Nr. 1069/2009[3] unterliegen. Die Verwertung der Materialien ist nur mit anaerober Behandlung zulässig. Speiseöle und -fette pflanzlicher Herkunft dürfen, auch als Bestandteil eines Gemisches, nach § 7 Absatz 1 Satz 1 auf Grünlandflächen und auf mehrschnittigen Feldfutterflächen aufgebracht werden.

(Fortsetzung)

Abfallbezeichnung gemäß der Anlage der AVV[1] (in Klammern: Abfallschlüssel)	Geeignete Abfälle[2] aus den in Spalte 1 genannten Abfallbezeichnungen	Ergänzende Bestimmungen (in Klammern: Abfallherkunft gemäß Gruppenüberschrift der Anlage der AVV[1])
Kunststoffe (20 01 39)	– Biologisch abbaubare Werkstoffe (Kunststoffe) aus überwiegend nachwachsenden Rohstoffen	(Getrennt gesammelte Fraktionen der Siedlungsabfälle [außer 15 01]) Die Materialien sind geeignete Abfälle gemäß Spalte 2, wenn diese nach DIN EN 13432 (Ausgabe 2000–12) und DIN EN 13432 Berichtigung 2 (Ausgabe 2007–10) oder DIN EN 14995 (Ausgabe 2007–03) zertifiziert sind; Abfalltüten, die zur Sammlung biologisch abbaubarer Abfälle wie z. B. von Küchen- und Kantinenabfällen bestimmt sind.
Biologisch abbaubare Abfälle (20 02 01)	– Biologisch abbaubare Abfälle von Sportanlagen, -plätzen, -stätten und Kinderspielplätzen (soweit nicht Garten- und Parkabfälle)[5] – Biologisch abbaubare Friedhofsabfälle – Biologisch abbaubare Garten- und Parkabfälle – Gehölzrodungsrückstände (soweit nicht Garten- und Parkabfälle)[5] – Landschaftspflegeabfälle[5] – Pflanzliche Abfälle aus der Gewässerunterhaltung (soweit nicht Garten- und Parkabfälle)[5] – Pflanzliche Bestandteile des Treibsels (einschließlich von Küsten- und Uferbereichen)[5]	(Garten- und Parkabfälle [einschließlich Friedhofsabfälle]) Im Rahmen einer Kompostierung sind holzige Materialien so zu zerkleinern oder der Kompost so abzusieben, dass im Kompost keine stückigen Materialien über 40 mm (Siebmaschenweite) enthalten sind. Die Materialien dürfen, auch als Bestandteil eines Gemisches, nach § 7 Absatz 1 Satz 1 auf Grünlandflächen und auf mehrschnittigen Feldfutterflächen aufgebracht werden; davon ausgenommen sind pflanzliche Materialien von Verkehrswegebegleitflächen (an Straßen, Wegen, Schienentrassen, Flughäfen) und von Industriestandorten.
Gemischte Siedlungsabfälle[6] (20 03 01)	– Getrennt erfasste Bioabfälle[6]	(Andere Siedlungsabfälle) Geeignete Abfälle gemäß Spalte 2 sind getrennt erfasste Bioabfälle privater Haushalte und des Kleingewerbes (insbesondere Biotonne).
Marktabfälle (20 03 02)	– Pflanzliche Marktabfälle	(Andere Siedlungsabfälle) Die Materialien dürfen, auch als Bestandteil eines Gemisches, nach § 7 Absatz 1 Satz 1 auf Grünlandflächen und auf mehrschnittigen Feldfutterflächen aufgebracht werden.

b) **Bioabfälle, die einer Zustimmung nach § 9a zur Verwertung bedürfen**

Abfallbezeichnung gemäß der Anlage der AVV[1] (in Klammern: Abfallschlüssel)	Geeignete Abfälle[2] aus den in Spalte 1 genannten Abfallbezeichnungen	Ergänzende Bestimmungen (in Klammern: Abfallherkunft gemäß Gruppenüberschrift der Anlage der AVV[1])
Schlämme von Wasch- und Reinigungsvorgängen (02 01 01)	– Sonstige schlammförmige Nahrungsmittelabfälle	(Abfälle aus Landwirtschaft, Gartenbau, Teichwirtschaft, Forstwirtschaft, Jagd und Fischerei) Die Bestimmungen dieser Verordnung sind für sonstige schlammförmige Nahrungsmittelabfälle tierischer Herkunft nur anwendbar, soweit diese nicht als tierische Nebenprodukte der Verordnung (EG) Nr. 1069/2009[3] unterliegen. Die Materialien sind geeignete Abfälle gemäß Spalte 2, wenn diese an der Anfallstelle nicht mit Abwässern oder Schlämmen außerhalb der spezifischen Produktion vermischt werden. Sonstige schlammförmige Nahrungsmittelabfälle dürfen, auch als Bestandteil eines Gemisches, nach § 7 Absatz 1 Satz 1 auf Grünlandflächen und auf mehrschnittigen Feldfutterflächen aufgebracht werden.
Abfälle a. n. g. (02 01 99)	– Pilzsubstratrückstände	(Abfälle aus Landwirtschaft, Gartenbau, Teichwirtschaft, Forstwirtschaft, Jagd und Fischerei) Geeignete Abfälle gemäß Spalte 2 sind abgetragene Substrate aus der Speisepilzherstellung. Pilzsubstratrückstände, bei denen die Pilzkulturen nachweislich durch Dämpfung abgetötet werden, gelten gemäß § 3 Absatz 3 Satz 5 in Verbindung mit § 2 Nummer 2 Buchstabe d als anderweitig hygienisierend behandelt und sind gemäß § 10 Absatz 1 Nummer 2 von den Untersuchungspflichten nach § 3 freigestellt. Die Materialien dürfen, auch als Bestandteil eines Gemisches, nach § 7 Absatz 1 Satz 1 auf Grünlandflächen und auf mehrschnittigen Feldfutterflächen aufgebracht werden.
Schlämme aus der betriebseigenen Abwasserbehandlung (02 02 04)	– Inhalt von Fettabscheidern und Flotate – Produktionsspezifischer Schlamm aus der betriebseigenen Abwasserbehandlung	(Abfälle aus der Zubereitung und Verarbeitung von Fleisch, Fisch und anderen Nahrungsmitteln tierischen Ursprungs) Die Materialien sind geeignete Abfälle gemäß Spalte 2, wenn diese an der

(Fortsetzung)

Abfallbezeichnung gemäß der Anlage der AVV[1] (in Klammern: Abfallschlüssel)	**Geeignete Abfälle[2] aus den in Spalte 1 genannten Abfallbezeichnungen**	**Ergänzende Bestimmungen (in Klammern: Abfallherkunft gemäß Gruppenüberschrift der Anlage der AVV[1])**
	– Schlämme aus der Gelatineherstellung	Anfallstelle nicht mit Abwässern oder Schlämmen außerhalb der spezifischen Produktion vermischt werden. Die Verwertung der Inhalte von Fettabscheidern und der Flotate ist nur mit anaerober Behandlung zulässig. Getrennt erfasste Gelatinekalkschlämme, die mit Natronlauge und Kalk nachweislich hygienisiert werden, gelten gemäß § 3 Absatz 3 Satz 5 in Verbindung mit § 2 Nummer 2 Buchstabe d als anderweitig hygienisierend behandelt und sind gemäß § 10 Absatz 1 Nummer 2 von den Untersuchungspflichten nach § 3 freigestellt. Die Materialien dürfen, auch als Bestandteil eines Gemisches, nach § 7 Absatz 1 Satz 1 auf Grünlandflächen und auf mehrschnittigen Feldfutterflächen aufgebracht werden.
Schlämme aus Wasch-, Reinigungs-, Schäl-, Zentrifugier- und Abtrennprozessen (02 03 01)	– Sonstige schlammförmige Nahrungsmittelabfälle	(Abfälle aus der Zubereitung und Verarbeitung von Obst, Gemüse, Getreide, Speiseölen, Kakao, Kaffee, Tee und Tabak, aus der Konservenherstellung, der Herstellung von Hefe und Hefeextrakt sowie der Zubereitung und Fermentierung von Melasse) Die Bestimmungen dieser Verordnung sind für sonstige schlammförmige Nahrungsmittelabfälle tierischer Herkunft nur anwendbar, soweit diese nicht als tierische Nebenprodukte der Verordnung (EG) Nr. 1069/2009[3] unterliegen. Die Materialien sind geeignete Abfälle gemäß Spalte 2, wenn diese an der Anfallstelle nicht mit Abwässern oder Schlämmen außerhalb der spezifischen Produktion vermischt werden. Die Materialien dürfen, auch als Bestandteil eines Gemisches, nach § 7 Absatz 1 Satz 1 auf Grünlandflächen und auf mehrschnittigen Feldfutterflächen aufgebracht werden.
Für Verzehr oder Verarbeitung ungeeignete Stoffe (02 03 04)	– Schlamm aus der Herstellung pflanzlicher Speisefette – Schlamm aus der Herstellung pflanzlicher Speiseöle	(Abfälle aus der Zubereitung und Verarbeitung von Obst, Gemüse, Getreide, Speiseölen, Kakao, Kaffee, Tee und Tabak, aus der Konservenherstel-

(Fortsetzung)

Abfallbezeichnung gemäß der Anlage der AVV[1] (in Klammern: Abfallschlüssel)	Geeignete Abfälle[2] aus den in Spalte 1 genannten Abfallbezeichnungen	Ergänzende Bestimmungen (in Klammern: Abfallherkunft gemäß Gruppenüberschrift der Anlage der AVV[1])
	– Stärkeschlamm – Tabakschlamm	lung, der Herstellung von Hefe und Hefeextrakt sowie der Zubereitung und Fermentierung von Melasse) Die Materialien sind geeignete Abfälle gemäß Spalte 2, wenn diese an der Anfallstelle nicht mit Abwässern oder Schlämmen außerhalb der spezifischen Produktion vermischt werden. Die Verwertung von Schlämmen aus der Speisefett- und der Speiseölherstellung ist nur mit anaerober Behandlung zulässig. Die Materialien dürfen, auch als Bestandteil eines Gemisches, nach § 7 Absatz 1 Satz 1 auf Grünlandflächen und auf mehrschnittigen Feldfutterflächen aufgebracht werden; davon ausgenommen ist Tabakschlamm.
Schlämme aus der betriebseigenen Abwasserbehandlung (02 03 05)	– Inhalt von Fettabscheidern und Flotate – Produktionsspezifischer Schlamm aus der betriebseigenen Abwasserbehandlung	(Abfälle aus der Zubereitung und Verarbeitung von Obst, Gemüse, Getreide, Speiseölen, Kakao, Kaffee, Tee und Tabak, aus der Konservenherstellung, der Herstellung von Hefe und Hefeextrakt sowie der Zubereitung und Fermentierung von Melasse) Die Materialien sind geeignete Abfälle gemäß Spalte 2, wenn diese an der Anfallstelle nicht mit Abwässern oder Schlämmen außerhalb der spezifischen Produktion vermischt werden. Die Materialien dürfen, auch als Bestandteil eines Gemisches, nach § 7 Absatz 1 Satz 1 auf Grünlandflächen und auf mehrschnittigen Feldfutterflächen aufgebracht werden.
Schlämme aus der betriebseigenen Abwasserbehandlung (02 04 03)	– Produktionsspezifischer Schlamm aus der betriebseigenen Abwasserbehandlung	(Abfälle aus der Zuckerherstellung) Die Materialien sind geeignete Abfälle gemäß Spalte 2, wenn diese an der Anfallstelle nicht mit Abwässern oder Schlämmen außerhalb der spezifischen Produktion vermischt werden. Die Materialien dürfen, auch als Bestandteil eines Gemisches, nach § 7 Absatz 1 Satz 1 auf Grünlandflächen und auf mehrschnittigen Feldfutterflächen aufgebracht werden.

(Fortsetzung)

Abfallbezeichnung gemäß der Anlage der AVV[1] (in Klammern: Abfallschlüssel)	Geeignete Abfälle[2] aus den in Spalte 1 genannten Abfallbezeichnungen	Ergänzende Bestimmungen (in Klammern: Abfallherkunft gemäß Gruppenüberschrift der Anlage der AVV[1])
Schlämme aus der betriebseigenen Abwasserbehandlung (02 05 02)	– Inhalt von Fettabscheidern und Flotate – Produktionsspezifischer Schlamm aus der betriebseigenen Abwasserbehandlung	(Abfälle aus der Milchverarbeitung) Die Materialien sind geeignete Abfälle gemäß Spalte 2, wenn diese an der Anfallstelle nicht mit Abwässern oder Schlämmen außerhalb der spezifischen Produktion vermischt werden. Die Materialien dürfen, auch als Bestandteil eines Gemisches, nach § 7 Absatz 1 Satz 1 auf Grünlandflächen und auf mehrschnittigen Feldfutterflächen aufgebracht werden.
Schlämme aus der betriebseigenen Abwasserbehandlung (02 06 03)	– Inhalt von Fettabscheidern und Flotate – Produktionsspezifischer Schlamm aus der betriebseigenen Abwasserbehandlung	(Abfälle aus der Herstellung von Back- und Süßwaren) Die Materialien sind geeignete Abfälle gemäß Spalte 2, wenn diese an der Anfallstelle nicht mit Abwässern oder Schlämmen außerhalb der spezifischen Produktion vermischt werden. Die Materialien dürfen, auch als Bestandteil eines Gemisches, nach § 7 Absatz 1 Satz 1 auf Grünlandflächen und auf mehrschnittigen Feldfutterflächen aufgebracht werden.
Abfälle aus der Alkoholdestillation (02 07 02)	– Schlamm aus Brennerei	(Abfälle aus der Herstellung von alkoholischen und alkoholfreien Getränken [ohne Kaffee, Tee und Kakao]) Die Materialien dürfen, auch als Bestandteil eines Gemisches, nach § 7 Absatz 1 Satz 1 auf Grünlandflächen und auf mehrschnittigen Feldfutterflächen aufgebracht werden.
Für Verzehr oder Verarbeitung ungeeignete Stoffe (02 07 04)	– Trub und Schlamm aus Brauereien – Trub und Schlamm aus Fruchtsaftherstellung – Trub und Schlamm aus Weinherstellung	(Abfälle aus der Herstellung von alkoholischen und alkoholfreien Getränken [ohne Kaffee, Tee und Kakao]) Die Materialien dürfen, auch als Bestandteil eines Gemisches, nach § 7 Absatz 1 Satz 1 auf Grünlandflächen und auf mehrschnittigen Feldfutterflächen aufgebracht werden.
Schlämme aus der betriebseigenen Abwasserbehandlung (02 07 05)	– Produktionsspezifischer Schlamm aus der betriebseigenen Abwasserbehandlung	(Abfälle aus der Herstellung von alkoholischen und alkoholfreien Getränken [ohne Kaffee, Tee und Kakao]) Die Materialien sind geeignete Abfälle gemäß Spalte 2, wenn diese an der Anfallstelle nicht mit Abwässern oder

(Fortsetzung)

Abfallbezeichnung gemäß der Anlage der AVV[1] (in Klammern: Abfallschlüssel)	Geeignete Abfälle[2] aus den in Spalte 1 genannten Abfallbezeichnungen	Ergänzende Bestimmungen (in Klammern: Abfallherkunft gemäß Gruppenüberschrift der Anlage der AVV[1])
		Schlämmen außerhalb der spezifischen Produktion vermischt werden. Die Materialien dürfen, auch als Bestandteil eines Gemisches, nach § 7 Absatz 1 Satz 1 auf Grünlandflächen und auf mehrschnittigen Feldfutterflächen aufgebracht werden.
Abfälle a. n. g. (07 01 99)	– Glycerin aus der Herstellung von Biodiesel	(Abfälle aus Herstellung, Zubereitung, Vertrieb und Anwendung organischer Grundchemikalien) Glycerin aus der Herstellung von Biodiesel ist geeigneter Abfall gemäß Spalte 2, wenn dieses einen Mindestgehalt von 70 % Rohglycerin und einen Restmethanolgehalt von höchstens 3 % aufweist. Die Verwertung der Materialien ist nur mit anaerober Behandlung zulässig.

2. Andere Abfälle sowie biologisch abbaubare Materialien und mineralische Stoffe, die für eine gemeinsame Behandlung mit Bioabfällen (§ 2 Nummer 4) und für die Herstellung von Gemischen (§ 2 Nummer 5) geeignet sind

Sofern Abfälle, Abfallbezeichnung gemäß der Anlage der AVV[1] (in Klammern: Abfallschlüssel)	Zulässige andere Abfälle[2] aus den in Spalte 1 genannten Abfallbezeichnungen, biologisch abbaubare Materialien und mineralische Stoffe	Ergänzende Bestimmungen (bedarfsweise in Klammern: Abfallherkunft gemäß Gruppenüberschrift der Anlage der AVV[1])
Abfälle von Kies- und Gesteinsbruch mit Ausnahme derjenigen, die unter 01 04 07 fallen (01 04 08)	– Dolomitabfälle – Kalksteinabfälle	(Abfälle aus der physikalischen und chemischen Weiterverarbeitung von nichtmetallhaltigen Bodenschätzen)
Abfälle von Sand und Ton (01 04 09)	– Sand – Ton	(Abfälle aus der physikalischen und chemischen Weiterverarbeitung von nichtmetallhaltigen Bodenschätzen)
Staubende und pulvrige Abfälle mit Ausnahme derjenigen, die unter 01 04 07 fallen (01 04 10)	– Gesteinsmehl	(Abfälle aus der physikalischen und chemischen Weiterverarbeitung von nichtmetallhaltigen Bodenschätzen)
Nicht spezifikationsgerechter Calciumcarbonatschlamm (02 04 02)	– Carbonatationsschlamm	(Abfälle aus der Zuckerherstellung) Die Materialien dürfen nach § 7 Absatz 1 Satz 1 auch Bioabfällen und Gemischen zugegeben werden, die auf Grünlandflächen und auf mehrschnittigen Feldfutterflächen aufgebracht werden.
Kalkschlammabfälle (03 03 09)	– Faserkalk	(Abfälle aus der Herstellung und Verarbeitung von Zellstoff, Papier, Karton und Pappe) Faserkalk ist zulässiger anderer Abfall gemäß Spalte 2, wenn dieser aus der Aufbereitung von Frischfasern der Weißpapierherstellung stammt und keine Fällungsmittel (ausgenommen Kalk) zugegeben werden.
Rost- und Kesselasche, Schlacken und Kesselstaub mit Ausnahme von Kesselstaub, der unter 10 01 04 fällt (10 01 01)	– Asche aus der Verbrennung von Braunkohle – Asche aus der Verbrennung von naturbelassenen pflanzlichen Materialien – Asche aus der Verbrennung von Materialien tierischer Herkunft – Asche aus der Verbrennung von Papier	(Abfälle aus Kraftwerken und anderen Verbrennungsanlagen [außer 19]) Asche aus der Verbrennung von Papier ist zulässiger anderer Abfall gemäß Spalte 2, wenn diese im Rahmen der energetischen Nutzung von Papierreststoffen aus der Papierherstellung anfällt. Die Materialien sind zulässige andere Abfälle gemäß Spalte 2, wenn diese als Feuerraumaschen

(Fortsetzung)

Sofern Abfälle, Abfallbezeichnung gemäß der Anlage der AVV[1] (in Klammern: Abfallschlüssel)	Zulässige andere Abfälle[2] aus den in Spalte 1 genannten Abfallbezeichnungen, biologisch abbaubare Materialien und mineralische Stoffe	Ergänzende Bestimmungen (bedarfsweise in Klammern: Abfallherkunft gemäß Gruppenüberschrift der Anlage der AVV[1])
		oder als Aschen aus der Wirbelschichtverbrennung anfallen. Materialien, die als Aschen aus der letzten filternden Einheit im Rauchgasweg oder als Kondensatfilterschlämme anfallen, sind keine zulässigen anderen Abfälle gemäß Spalte 2.
Gebrauchte Chemikalien mit Ausnahme derjenigen, die unter 16 05 06, 16 05 07 oder 16 05 08 fallen (16 05 09)	– ABC-Feuerlöschpulver	(Gase in Druckbehältern und gebrauchte Chemikalien)
Rost- und Kesselaschen sowie Schlacken mit Ausnahme derjenigen, die unter 19 01 11 fallen (19 01 12)	– Asche aus der Verbrennung von naturbelassenen pflanzlichen Materialien – Asche aus der Verbrennung von Materialien tierischer Herkunft – Asche aus der Verbrennung von Klärschlämmen – Asche aus der Verbrennung von Papier	(Abfälle aus der Verbrennung oder Pyrolyse von Abfällen) Asche aus der Verbrennung von Klärschlämmen ist zulässiger anderer Abfall gemäß Spalte 2, wenn die Klärschlämme aus der Behandlung von kommunalen Abwässern entsprechend der Klärschlammverordnung stammen. Asche aus der Verbrennung von Papier ist zulässiger anderer Abfall gemäß Spalte 2, wenn diese im Rahmen der energetischen Nutzung von Papierreststoffen aus der Papierherstellung anfällt. Die Materialien sind zulässige andere Abfälle gemäß Spalte 2, wenn diese als Feuerraumaschen oder als Aschen aus der Wirbelschichtverbrennung anfallen. Materialien, die als Aschen aus der letzten filternden Einheit im Rauchgasweg oder als Kondensatfilterschlämme anfallen, sind keine zulässigen anderen Abfälle gemäß Spalte 2.
Abfälle a. n. g. (19 08 99)	– Schlamm aus der Phosphatfällung mit Kalk	(Abfälle aus Abwasserbehandlungsanlagen a. n. g.) Schlamm aus der Phosphatfällung mit Kalk ist zulässiger anderer Abfall gemäß Spalte 2, wenn dieser aus kommunalen Abwasserbe-

(Fortsetzung)

Sofern Abfälle, Abfallbezeichnung gemäß der Anlage der AVV[1] (in Klammern: Abfallschlüssel)	Zulässige andere Abfälle[2] aus den in Spalte 1 genannten Abfallbezeichnungen, biologisch abbaubare Materialien und mineralische Stoffe	Ergänzende Bestimmungen (bedarfsweise in Klammern: Abfallherkunft gemäß Gruppenüberschrift der Anlage der AVV[1])
		handlungsanlagen stammt. Die Materialien dürfen nach § 7 Absatz 1 Satz 1 auch Bioabfällen und Gemischen zugegeben werden, die auf Grünlandflächen und auf mehrschnittigen Feldfutterflächen aufgebracht werden.
Schlämme aus der Dekarbonatisierung (19 09 03)	– Schlamm aus Wasserenthärtung	(Abfälle aus der Zubereitung von Wasser für den menschlichen Gebrauch oder industriellem Brauchwasser) Materialien, die als Schlämme aus der Enteisenung und der Entmanganung anfallen, sind keine zulässigen anderen Abfälle gemäß Spalte 2. Die Materialien dürfen nach § 7 Absatz 1 Satz 1 auch Bioabfällen und Gemischen zugegeben werden, die auf Grünlandflächen und auf mehrschnittigen Feldfutterflächen aufgebracht werden.
(Sofern Materialien im Einzelfall Abfälle gemäß Kreislaufwirtschafts- und Abfallgesetz sind, Zuordnung zu einer Abfallbezeichnung)	– Materialien gemäß Düngemittelverordnung[7] ● Düngemittel gemäß § 3 DüMV sowie Wirtschaftsdünger, Bodenhilfsstoffe und Kultursubstrate gemäß § 4 DüMV ● Stoffe gemäß der Tabellen 6, 7 (mit Ausnahme von Klärschlämmen nach Nummer 7.4.3) und 8 (mit Ausnahme von Schadstoffen nach Nummer 8.3.11 Spalte 3 letzter Satz) der Anlage 2 DüMV	Materialien gemäß Düngemittelverordnung[7] sind zulässige andere Abfälle, biologisch abbaubare Materialien und mineralische Stoffe gemäß Spalte 2, soweit diese nicht als Bioabfälle in Nummer 1 oder als zulässige andere Abfälle in anderen Tabellenzeilen dieser Nummer genannt sind. Soweit Düngemittel und Ausgangsstoffe tierischer Herkunft als tierische Nebenprodukte der Verordnung (EG) Nr. 1069/2009[3] unterliegen, sind auch deren Bestimmungen anzuwenden. Die Materialien dürfen nach § 7 Absatz 1 Satz 1 auch Bioabfällen und Gemischen zugegeben werden, die auf Grünlandflächen und auf mehrschnittigen Feldfutterflächen aufgebracht werden, soweit die Aufbringung der Materialien auf diese Flächen nach der Düngemittelverordnung[7] oder der Düngeverordnung[7] zulässig ist.

(Fortsetzung)

Sofern Abfälle, Abfallbezeichnung gemäß der Anlage der AVV[1] (in Klammern: Abfallschlüssel)	Zulässige andere Abfälle[2] aus den in Spalte 1 genannten Abfallbezeichnungen, biologisch abbaubare Materialien und mineralische Stoffe	Ergänzende Bestimmungen (bedarfsweise in Klammern: Abfallherkunft gemäß Gruppenüberschrift der Anlage der AVV[1])
–	– Tierische Nebenprodukte gemäß Verordnung (EG) Nr. 1069/2009[3]: • der Kategorie 3 gemäß Artikel 10 Verordnung (EG) Nr. 1069/2009, • der Kategorie 2 gemäß Artikel 9 Buchstabe a Verordnung (EG) Nr. 1069/2009 (Gülle, nicht mineralisierter Guano, Magen- und Darminhalte sowie Panseninhalte)	Magen- und Darminhalte sowie Panseninhalte sind zulässige biologisch abbaubare Materialien gemäß Spalte 2, wenn diese von Tieren stammen, die als genusstauglich für den menschlichen Verzehr eingestuft sind. Die Materialien dürfen nach § 7 Absatz 1 Satz 1 auch Bioabfällen und Gemischen zugegeben werden, die auf Grünlandflächen und auf mehrschnittigen Feldfutterflächen aufgebracht werden, soweit die Aufbringung der Materialien auf diese Flächen nach der Verordnung (EG) Nr. 1069/2009[3] zulässig ist.
–	– Nachwachsende Rohstoffe	Nachwachsende Rohstoffe sind zulässige biologisch abbaubare Materialien gemäß Spalte 2, soweit diese nicht als Bioabfälle in Nummer 1 genannt sind. Im Rahmen einer Kompostierung sind holzige Materialien so zu zerkleinern oder der Kompost so abzusieben, dass im Kompost keine stückigen Materialien über 40 mm (Siebmaschenweite) enthalten sind. Die Materialien dürfen nach § 7 Absatz 1 Satz 1 auch Bioabfällen und Gemischen zugegeben werden, die auf Grünlandflächen und auf mehrschnittigen Feldfutterflächen aufgebracht werden.
–	– Bodenmaterialien	Bodenmaterialien sind zulässige biologisch abbaubare Materialien und mineralische Stoffe gemäß Spalte 2, wenn diese die Vorsorgewerte für Böden nach Anhang 2 Nummer 4 der Bundes-Bodenschutz- und Altlastenverordnung nicht überschreiten. Die Materialien dürfen nach § 7 Absatz 1 auch Bioabfällen und Gemischen zugegeben werden, die auf Grünlandflächen aufgebracht werden.

14

3. **Bekanntmachungen sachverständiger Stellen**
DIN-Normen, auf die in diesem Anhang verwiesen wird, wurden in der Beuth-Verlag GmbH, Berlin, veröffentlicht und sind beim Deutschen Patent- und Markenamt in München archivmäßig gesichert niedergelegt.

---

[1] Abfallverzeichnis-Verordnung (AVV) vom 10. Dezember 2001 (BGBl. I S. 3379), die zuletzt durch Artikel 5 Absatz 22 des Gesetzes vom 24. Februar 2012 (BGBl. I S. 212) geändert worden ist.

[2] Abfälle in Anlehnung an den Abfallartenkatalog der Länderarbeitsgemeinschaft Abfall, 16. Länderarbeitsgemeinschaft Abfall: LAGA-Informationsschrift Abfallarten – 1991, Mitteilungen der Länderarbeitsgemeinschaften Abfall (LAGA) – Erich Schmidt Verlag, Berlin.

[3] Verordnung (EG) Nr. 1069/2009 des Europäischen Parlaments und des Rates vom 21. Oktober 2009 mit Hygienevorschriften für nicht für den menschlichen Verzehr bestimmte tierische Nebenprodukte und zur Aufhebung der Verordnung (EG) Nr. 1774/2002 (Verordnung über tierische Nebenprodukte) ABl. L 300 vom 14. 11. 2009, S. 1), die zuletzt durch die Richtlinie 2010/63/EU (ABl. L 276 vom 20. 10. 2010, S. 33) geändert worden ist, in der jeweils geltenden Fassung.

[4] Verordnung (EU) Nr. 142/2011 der Kommission vom 25. Februar 2011 zur Durchführung der Verordnung (EG) Nr. 1069/2009 des Europäischen Parlaments und des Rates mit Hygienevorschriften für nicht für den menschlichen Verzehr bestimmte tierische Nebenprodukte sowie zur Durchführung der Richtlinie 97/78/ EG des Rates hinsichtlich bestimmter gemäß der genannten Richtlinie von Veterinärkontrollen an der Grenze befreiter Proben und Waren (ABl. L 54 vom 26. 2. 2011, S. 1).

[5] Die Abfallstoffe werden dieser Abfallbezeichnung zugeordnet, da die AVV keine spezielle Abfallbezeichnung für außerhalb von Gärten und Parks anfallende biologisch abbaubar Abfälle von Sportanlagen, -plätzen, -stätten und Kinderspielplätzen, Gehölzrodungsrückstände und pflanzliche Abfälle aus der Gewässerunterhaltung sowie für Landschaftspflegeabfälle und pflanzliche Bestandteile des Treibsels enthält.

[6] Die Abfallstoffe werden dieser Abfallbezeichnung zugeordnet, da die AVV keine spezielle Abfallbezeichnung für getrennt erfasste Bioabfälle, insbesondere Biotonnen, enthält.

[7] Düngemittelverordnung und Düngeverordnung in der jeweils geltenden Fassung.

Anhang 2

(zu § 2 Nummer 2, § 3 Absatz 2 bis 7)

Anforderungen an die hygienisierende Behandlung von Bioabfällen zur Gewährleistung der seuchen- und phytohygienischen Unbedenklichkeit

Inhaltsverzeichnis

1 Allgemeine Anmerkungen

In diesem Anhang sind die Anforderungen und die Vorgaben an die hygienisierende Behandlung (Anlagen und Verfahren) und Prüfungen der hygienisierten Bioabfälle beschrieben.

Werden Bioabfälle einer Behandlung zugeführt, die den Anforderungen an die Hygienisierung nicht entspricht (z. B. mesophile Vergärung), ist die hygienisierende Behandlung der Bioabfälle nach den Vorgaben dieses Anhangs zusätzlich durchzuführen.

Die Anlage ist so zu führen und die Behandlung ist so durchzuführen, dass eine Rekontamination der hygienisierend behandelten Materialien vermieden wird.

2 Hygienisierende Behandlung

2.1 Behandlungsverfahren zur Hygienisierung (zu § 2 Nummer 2)

Die hygienisierende Behandlung der Bioabfälle erfolgt durch

a) Pasteurisierung (Nummer 2.2.1),

b) aerobe hygienisierende Behandlung (thermophile Kompostierung) (Nummer 2.2.2),

c) anaerobe hygienisierende Behandlung (thermophile Vergärung) (Nummer 2.2.3) oder

d) anderweitige Hygienisierungsbehandlung (Nummer 2.2.4).

2.2 Anforderungen an die hygienisierende Behandlung

2.2.1 Pasteurisierung

Die Pasteurisierung kann vor oder nach einer zusätzlichen, insbesondere biologisch stabilisierenden Behandlung (z. B. mesophile Vergärung) durchgeführt werden.

2.2.1.1 Anforderungen an die Prozessführung

Vor der Pasteurisierung sind die Bioabfälle auf eine Teilchengröße mit einer Kantenlänge (zweidimensional) von jeweils maximal 12 mm zu zerkleinern. Das Material ist bei der Erhitzung zu homogenisieren und muss einen Wassergehalt aufweisen, der einen hinreichenden Wärmeübergang zwischen und innerhalb der Teilchen gewährleistet.

Die Prozesssteuerung in Pasteurisierungsanlagen muss für die Hygienisierung der Bioabfälle so vorgenommen werden, dass eine Temperatur von mindestens 70 °C über einen zusammenhängenden Zeitraum von mindestens 1 Stunde auf das gesamte Material einwirkt.

2.2.1.2 Prozessprüfung (zu § 3 Absatz 4 Satz 1 Nummer 1 i.V.m. Absatz 5)

Für Pasteurisierungsanlagen ist keine Prozessprüfung gemäß Nummer 3.1 erforderlich. Stattdessen sind Pasteurisierungsanlagen vor der Inbetriebnahme durch die zuständige Behörde, ggf. unter Hinzuziehung eines Sachverständigen, technisch abzunehmen (§ 3 Absatz 5 Satz 3). Die zuständige Behörde stellt eine Abnahmebescheinigung aus, wenn sie festgestellt hat, dass die Pasteurisierungsanlage die Anforderungen an die Prozessführung nach Nummer 2.2.1.1 erfüllt und mit den erforderlichen Einrichtungen und Geräten ausgestattet ist, insbesondere mit

a) Geräten zur Überwachung der Temperatur,

b) Geräten zur ständigen Aufzeichnung der Messergebnisse und

c) einem angemessenen Sicherheitssystem zur Vermeidung einer unzulänglichen Erhitzung.

2.2.1.3 Prozessüberwachung
(zu § 3 Absatz 4 Satz 1 Nummer 2 i.V.m. Absatz 6)

Die Prozessüberwachung ist nach den Vorgaben der Nummer 3.2 durchzuführen.

2.2.1.4 Prüfungen der hygienisierten Bioabfälle
(zu § 3 Absatz 4 Satz 1 Nummer 3 i.V.m. Absatz 7 und 7a)

Die Prüfungen der hygienisierten Bioabfälle sind nach den Vorgaben der Nummer 3.3 und den Methoden gemäß Nummer 4.2.2 (Seuchenhygiene) und Nummer 4.3.2 (Phytohygiene) durchzuführen.

2.2.2 Aerobe hygienisierende Behandlung (thermophile Kompostierung)

2.2.2.1 Anforderungen an die Prozessführung

Die Prozesssteuerung in Kompostierungsanlagen muss für die Hygienisierung der Bioabfälle so vorgenommen werden, dass über mehrere Wochen ein thermophiler Temperaturbereich und eine hohe biologische Aktivität bei günstigen Feuchte- und Nährstoffverhältnissen sowie eine optimale Struktur und Luftführung gewährleistet sind. Der Wassergehalt soll mindestens 40 % betragen und der pH-Wert um 7 liegen. Im Verlauf der aeroben hygienisierenden Behandlung muss eine Temperatur von mindestens 55 °C über einen möglichst zusammenhängenden Zeitraum von 2 Wochen, von 60 °C über 6 Tage oder von 65 °C über 3 Tage auf das gesamte Rottematerial einwirken.

2.2.2.2 Prozessprüfung
(zu § 3 Absatz 4 Satz 1 Nummer 1 i.V.m. Absatz 5)

Für Kompostierungsanlagen zur Hygienisierung ist die Prozessprüfung nach den Vorgaben der Nummer 3.1.1 und der Nummer 3.1.2 durchzuführen.

Zur Verwendung von Testorganismen (Test- und Indikatorkeime) und zur Prüfung ihrer Abtötung oder Inaktivierung sind folgende Methoden anzuwenden:

a) für die Seuchenhygiene die Methoden gemäß Nummer 4.2.1 (außer Nummer 4.2.1.3) und

b) für die Phytohygiene die Methoden gemäß Nummer 4.3.1 (außer Nummer 4.3.1.2.2).

2.2.2.3 Prozessüberwachung
(zu § 3 Absatz 4 Satz 1 Nummer 2 i.V.m. Absatz 6)

Die Prozessüberwachung ist nach den Vorgaben der Nummer 3.2 durchzuführen.

2.2.2.4 Prüfungen der hygienisierten Bioabfälle
(zu § 3 Absatz 4 Satz 1 Nummer 3 i.V.m. Absatz 7 und 7a)

Die Prüfungen der hygienisierten Bioabfälle sind nach den Vorgaben der Nummer 3.3 und den Methoden gemäß Nummer 4.2.2 (Seuchenhygiene) und Nummer 4.3.2 (Phytohygiene) durchzuführen.

2.2.3 Anaerobe hygienisierende Behandlung (thermophile Vergärung)

2.2.3.1 Anforderungen an die Prozessführung

Die Prozesssteuerung in Vergärungsanlagen muss für die Hygienisierung der Bioabfälle so vorgenommen werden, dass über den zusammenhängenden Zeitraum der Mindestverweilzeit die Behandlungstemperatur im thermophilen Bereich (mindestens 50 °C) auf das gesamte Material einwirkt. Hierbei dürfen die bei der bestandenen Prozessprüfung (s. Nummer 2.2.3.3) verwendete technisch vorgegebene oder nachgewiesene Mindestverweilzeit (s. Nummer 2.2.3.2) und die verwendete Behandlungstemperatur nicht unterschritten werden.

2.2.3.2 Ermittlung der Mindestverweilzeit

Sofern die Mindestverweilzeit im Fermenter nicht technisch mittels einer hydraulischen Absperrung innerhalb der Beschickungs- und Entnahmeintervalle vorgegeben ist, muss sie durch eine Traceruntersuchung nach einer Methode gemäß Nummer 4.1 vor der Prozessprüfung (s. Nummer 2.2.3.3) nachgewiesen werden.

Mit der Traceruntersuchung wird diejenige Zeitspanne an der Vergärungsanlage zur Hygienisierung ermittelt, die alle Substratteile (fest und flüssig) als kürzeste Aufenthaltszeit im Fermenter haben. Dabei wird das zu vergärende Substrat vor der Zugabe in den Fermenter mit Indikatoren (Tracer) markiert. Die Mindestverweilzeit des zu vergärenden Materials im Fermenter ist die Zeitspanne, die bis zur letzten Probe ohne Befund vor erstmaligem Nachweis des Tracers ermittelt wurde.

Bis zum Vorliegen der Ergebnisse der Traceruntersuchung darf bei der Anlage die vom Anlagenhersteller und -planer berechnete Mindestverweildauer nicht unterschritten werden. Damit die Mindestverweildauer nicht unterschritten wird, darf nach Erreichen des Sollfüllstandes in dem für die Hygienisierung relevanten Fermenter die vom Anlagenhersteller und -planer ermittelte maximale tägliche Inputmenge nicht dauerhaft überschritten werden. Liegt eine entsprechende Berechnung nicht vor, ist sie in Abstimmung mit der zuständigen Behörde zu erstellen, ggf. unter Hinzuziehung eines Sachverständigen.

2.2.3.3 Prozessprüfung
(zu § 3 Absatz 4 Satz 1 Nummer 1 i.V.m. Absatz 5)

Für Vergärungsanlagen zur Hygienisierung ist die Prozessprüfung nach den Vorgaben der Nummer 3.1.1 und der Nummer 3.1.3 durchzuführen.

Bei der Prozessprüfung ist eine im thermophilen Temperaturbereich (mindestens 50 °C) erforderliche Behandlungstemperatur zu verwenden. Die Prozessprüfung ist mit der technisch vorgegebenen oder nachgewiesenen Mindestverweilzeit (s. Nummer 2.2.3.2) durchzuführen.

Zur Verwendung von Testorganismen (Test- und Indikatorkeime) und zur Prüfung ihrer Abtötung oder Inaktivierung sind folgende Methoden anzuwenden:

a) für die Seuchenhygiene die Methoden gemäß Nummer 4.2.1 (außer Nummer 4.2.1.2) sowie
b) für die Phytohygiene die Methoden gemäß Nummer 4.3.1.1 (außer Testorganismus Tabakmosaikvirus gemäß Buchstabe c), Nummer 4.3.1.2 (außer Nummer 4.3.1.2.1) und Nummer 4.3.1.3.

Wird die Prozessprüfung nicht bestanden, ist sie mit einer höheren Behandlungstemperatur oder verlängerten Mindestverweilzeit zu wiederholen.

2.2.3.4 Prozessüberwachung
(zu § 3 Absatz 4 Satz 1 Nummer 2 i.V.m. Absatz 6)

Die Prozessüberwachung ist nach den Vorgaben der Nummer 3.2 durchzuführen.

2.2.3.5 Prüfungen der hygienisierten Bioabfälle
(zu § 3 Absatz 4 Satz 1 Nummer 3 i.V.m. Absatz 7 und 7a)

Die Prüfungen der hygienisierten Bioabfälle sind nach den Vorgaben der Nummer 3.3 und den Methoden gemäß Nummer 4.2.2 (Seuchenhygiene) und Nummer 4.3.2 (Phytohygiene) durchzuführen.

2.2.4 Anderweitige hygienisierende Behandlung

Für ein anderweitiges hygienisierendes Behandlungsverfahrens ist, ggf. unter Hinzuziehung eines Sachverständigen, die gleichwertige Wirksamkeit der Hygienisierung gemessen an den Anforderungen dieses Anhangs nachzuweisen (§ 3 Absatz 3 Satz 4).

2.2.4.1 Anforderungen an die Prozessführung

Die Anforderungen an die Prozessführung zur hygienisierenden Behandlung der Bioabfälle sind in Abstimmung mit der zuständigen Behörde, ggf. unter Hinzuziehung eines Sachverständigen, so zu bestimmen und zu beschreiben, dass ein gleichwertiges Hygienisierungsniveau erreicht wird.

2.2.4.2 Prozessprüfung
(zu § 3 Absatz 4 Satz 1 Nummer 1 i.V.m. Absatz 5)

Die Anforderungen an die Prozessprüfung sind in Abstimmung mit der zuständigen Behörde, ggf. unter Hinzuziehung eines Sachverständigen, so zu bestimmen und zu beschreiben, dass ein gleichwertiges Hygienisierungsniveau unter Berücksichtigung der Vorgaben der Nummer 3.1.1 sowie der Methoden gemäß Nummer 4.2.1 (Seuchenhygiene) und Nummer 4.3.1 (Phytohygiene) erreicht wird.

2.2.4.3 Prozessüberwachung
(zu § 3 Absatz 4 Satz 1 Nummer 2 i.V.m. Absatz 6)

Die Anforderungen an die Prozessüberwachung sind in Abstimmung mit der zuständigen Behörde, ggf. unter Hinzuziehung eines Sachverständigen, so zu bestimmen und zu beschreiben, dass ein gleichwertiges Hygienisierungsniveau unter Berücksichtigung der Vorgaben der Nummer 3.2 erreicht wird.

2.2.4.4 Prüfungen der hygienisierten Bioabfälle
(zu § 3 Absatz 4 Satz 1 Nummer 3 i.V.m. Absatz 7 und 7a)

Die Prüfungen der hygienisierten Bioabfälle sind nach den Vorgaben der Nummer 3.3 und den Methoden gemäß Nummer 4.2.2 (Seuchenhygiene) und Nummer 4.3.2 (Phytohygiene) durchzuführen.

3 Prüfungen der seuchen- und phytohygienischen Unbedenklichkeit

Die hygienische Unbedenklichkeit der Bioabfälle wird festgestellt mit Hilfe der

a) Prozessprüfung gemäß § 3 Absatz 4 Satz 1 Nummer 1 i.V.m. Absatz 5 und nach Maßgabe der Beschreibungen in Nummer 3.1,

b) Prozessüberwachung gemäß § 3 Absatz 4 Satz 1 Nummer 2 i.V.m. Absatz 6 und nach Maßgabe der Beschreibungen in Nummer 3.2 und

c) Prüfungen der hygienisierten Bioabfälle gemäß § 3 Absatz 4 Satz 1 Nummer 3 i.V.m. Absatz 7 und 7a und nach Maßgabe der Beschreibungen in Nummer 3.3.

Die seuchen- und phytohygienischen Untersuchungen sind nach Möglichkeit gleichzeitig durchzuführen.

Die behandelten Bioabfälle sind erst dann als hygienisch unbedenklich einzustufen, wenn alle Prüfungen gemäß den Nummern 3.1 bis 3.3 bestanden sind.

3.1 Prozessprüfung
(zu § 3 Absatz 4 Satz 1 Nummer 1 i.V.m. Absatz 5)

3.1.1 Allgemeine Anforderungen

Die Prozessprüfung ist eine Untersuchung der einzelnen Behandlungsanlage zur Hygienisierung, die jeweils einmalig bei Neuerrichtung der Anlage und bei wesentlicher Änderung des Verfahrens durchzuführen ist. Hiermit wird die Wirksamkeit des Hygienisierungsverfahrens ermittelt. Dazu werden mit dem Bioabfall seuchen- und phytohygienisch relevante Test- oder Indikatororganismen in die Anlage eingebracht; anhand von Untersuchungen der behandelten Materialien wird dann überprüft, ob durch die Hygienisierung die Testorganismen abgetötet oder inaktiviert worden sind.

Für eine anderweitige hygienisierende Behandlung (Nummer 2.2.4) sind die Anforderungen an die Prozessprüfung in Abstimmung mit der zuständigen Behörde, ggf. unter Hinzuziehung eines Sachverständigen, so zu bestimmen und zu beschreiben, dass ein gleichwertiges Hygienisierungsniveau unter Berücksichtigung der Vorgaben dieses Abschnitts sowie der Methoden gemäß Nummer 4.2.1 (Seuchenhygiene) und Nummer 4.3.1 (Phytohygiene) erreicht wird.

Für die Prozessprüfung sind die Methoden (Probenahme, -vorbereitung, Untersuchungen und einzuhaltende höchstzulässige Grenzwerte) in der Seuchenhygiene gemäß Nummer 4.2.1 und in der Phytohygiene gemäß Nummer 4.3.1 und nach Maßgabe der nachfolgend für die jeweilige Anlage näheren Beschreibungen (s. Nummer 3.1.2 und 3.1.3) anzuwenden (§ 3 Absatz 4 Satz 2).

Die Prozessprüfung ist erfolgreich abgeschlossen, wenn die Grenzwerte gemäß Nummer 4.2.1.1 (Seuchenhygiene) und Nummer 4.3.1.1 (Phytohygiene) in den zwei aufeinanderfolgenden Untersuchungsgängen jeweils nach dem für die Hygienisierung relevanten Verfahrensschritt nicht überschritten werden.

3.1.2 Anlagen zur aeroben hygienisierenden Behandlung (thermophile Kompostierungsanlagen)

Die Prozessprüfung umfasst zwei zeitlich getrennte Untersuchungsgänge in einem Mindestabstand von 3 Monaten, wovon einer im Winter stattzufinden hat.

Die Testorganismen werden in charakteristische Rottebereiche oder in die für die thermische Inaktivierung der Testorganismen repräsentativen Prozessabschnitte eingebracht und nach der Entnahme auf überlebende oder infektiöse Testorganismen geprüft.

3.1.2.1 Mietenkompostierung

Bei jedem Untersuchungsgang werden insgesamt 60 Einzelproben untersucht, wovon 24 Proben auf die Prüfung der Seuchenhygiene und 36 Proben auf die Prüfung der Phytohygiene entfallen. Die Anzahl der Einzelproben ergibt sich dabei wie folgt:

a) Bei der Prüfung der Seuchenhygiene wird 1 Testorganismus (s. Nummer 4.2.1) in Doppelproben in drei verschiedene Rottezonen (Rand-, Kern- und Basis-Bereich) sowie an vier verschiedenen Stellen der Miete eingebracht.

b) Bei der Prüfung der Phytohygiene werden 3 Testorganismen (s. Nummer 4.3.1) als Einzelproben in drei verschiedene Rottezonen (Rand-, Kern- und Basis-Bereich) sowie an vier verschiedenen Stellen der Miete eingebracht.

Die Proben am Rand dürfen mit ca. 10 cm Rottegut überdeckt werden. Die Proben bleiben bis zum Ende der Prüfung in den jeweiligen Bereichen.

Für kleine Anlagen mit einer jährlichen Kapazität von bis zu 3 000 Tonnen Einsatzmaterialien ist nur ein reduzierter Untersuchungsumfang mit einer Halbierung der zu untersuchenden Einzelproben erforderlich. Dabei werden die Testorganismen nur an zwei verschiedenen Stellen der Miete eingebracht.

3.1.2.2 Andere Kompostierungsverfahren

Bei jedem Untersuchungsgang werden insgesamt 60 Einzelproben untersucht, wovon 24 Proben auf die Prüfung der Seuchenhygiene (1 Testorganismus, s. Nummer 4.2.1) und 36 Proben auf die Prüfung der Phytohygiene (3 Testorganismen, s. Nummer 4.3.1) entfallen. Die Testorganismen werden in charakteristische Bereiche des Rottekörpers eingelegt oder bei dynamischen Verfahren in geeigneten Probebehältern mit dem Materialstrom durch den praxisüblichen Rotte- und Verfahrensprozess geschleust. Die eingesetzten Probenbehälter müssen eine ausreichende Perforation aufweisen, so dass die Stoffumsetzungsbedingungen innerhalb der Probenbehälter denen des zu prüfenden Kompostierungsprozesses zur Hygienisierung entsprechen.

Bei dynamischen Verfahren ist darauf zu achten, dass alle Prüforganismen während des gesamten Einbringvorgangs zeitlich möglichst gleichmäßig zugegeben werden, so dass sie sich möglichst homogen im Rotteaggregat verteilen. Zusätzlich muss die Form der verwendeten Probenbehälter sicherstellen, dass sie bezüglich des Verhaltens im Materialstrom und der Verweilzeit dem zu kompostierenden Material entsprechen.

Sofern die spezifische Anlagentechnik die Größe der Probenbehälter nicht begrenzt (z. B. freie Durchgänge bei Schnecken usw.), werden insgesamt 12 Probenbehälter in das Rotteaggregat eingebracht (durchgeschleust); jeder Probenbehälter enthält

a) einen Testorganismus in Doppelproben zur Prüfung der Seuchenhygiene (siehe Nummer 4.2.1) und

b) drei Testorganismen als Einzelproben zur Prüfung der Phytohygiene (siehe Nummer 4.3.1).

Ist die Einbringung (Durchschleusung) entsprechend großer Probenbehälter nicht möglich, müssen die Einzelproben auf eine entsprechend größere Anzahl kleinerer Probenbehälter verteilt werden.

Für kleine Anlagen mit einer jährlichen Kapazität von bis zu 3 000 Tonnen Einsatzmaterialien ist nur ein reduzierter Untersuchungsumfang mit einer Halbierung der zu untersuchenden Einzelproben erforderlich. Dabei werden statt der 12 nur 6 Probenbehälter eingebracht und durchgeschleust.

3.1.3 Anlagen zur anaeroben hygienisierenden Behandlung (thermophile Vergärungsanlagen)

Die Prozessprüfung umfasst zwei zeitlich getrennte Untersuchungsgänge in einem Mindestabstand von 3 Monaten.

Bei jedem Untersuchungsgang werden insgesamt 24 Einzelproben untersucht, wovon 8 Proben auf die Prüfung der Seuchenhygiene und 16 Proben auf die Prüfung der Phytohygiene entfallen. Die Anzahl der Einzelproben ergibt sich dabei wie folgt:

a) Bei der Prüfung der Seuchenhygiene wird 1 Testorganismus (s. Nummer 4.2.1) in Doppelproben sowie an vier verschiedenen Stellen im Fermenter (bei stehenden Fermentern in vertikaler und bei liegenden Fermentern in horizontaler Richtung) eingebracht.

b) Bei der Prüfung der Phytohygiene werden 2 Testorganismen (s. Nummer 4.3.1 mit Ausnahme des Tabakmosaikvirus) in Doppelproben sowie an vier verschiedenen Stellen im Fermenter (bei stehenden Fermentern in vertikaler und bei liegenden Fermentern in horizontaler Richtung) eingebracht.

Für kleine Anlagen mit einer jährlichen Kapazität von bis zu 3 000 Tonnen Einsatzmaterialien ist nur ein reduzierter Untersuchungsumfang mit einer Halbierung der zu untersuchenden Einzelproben erforderlich. Dabei werden die Testorganismen nur an zwei verschiedenen Stellen im Fermenter eingebracht.

Die Testorganismen werden für die technisch vorgegebene oder nachgewiesene Mindestverweilzeit (s. Nummer 2.2.3.2) in den Fermenter eingebracht und nach Entnahme untersucht.

Für die Durchführung der Prozessprüfung müssen für die Einlage und Entnahme von Proben geeignete Öffnungen in den Gärbehältern vorhanden sein.

3.2 Prozessüberwachung
(zu § 3 Absatz 4 Satz 1 Nummer 2 i.V.m. Absatz 6)

Die Prozessüberwachung ist eine kontinuierliche Prüfung und Aufzeichnung der Temperatur während der Behandlung zur Hygienisierung. Hiermit wird nachgewiesen, ob während der Behandlung die für die Hygienisierung erforderliche Temperatur und die notwendige Einwirkungsdauer eingehalten wird.

Für eine anderweitige hygienisierende Behandlung (Nummer 2.2.4) sind die Anforderungen an die Prozessüberwachung in Abstimmung mit der zuständigen Behörde, ggf. unter Hinzuziehung eines Sachverständigen, so zu bestimmen und zu beschreiben, dass ein gleichwertiges Hygienisierungsniveau unter Berücksichtigung der Vorgaben dieses Abschnitts erreicht wird.

Wird in einer geschlossenen Kompostierungsanlage zur Hygienisierung die Temperatur im Abluftstrom der Kompostmiete gemessen und aufgezeichnet (§ 3 Absatz 6 Satz 3), ist die Behandlungstemperatur über einen anlagenspezifischen Korrekturfaktor gegenüber der direkten Temperaturmessung im Rottegut zu ermitteln. Der anlagenspezifische Korrekturfaktor ist regelmäßig durch parallele direkte Temperaturmessungen im Rottegut zu überprüfen. Für die Temperaturmessung im Abluftstrom sind die Anforderungen in Abstimmung mit der zuständigen Behörde, ggf. unter Hinzuziehung eines Sachverständigen, festzulegen.

Die Temperaturmessungen sind in repräsentativen Zonen der für die Hygienisierung relevanten Prozessabschnitte oder Anlageteile vorzunehmen.

Die Prozessüberwachung ist erfolgreich durchlaufen, wenn die für das jeweilige Verfahren vorgegebene Temperatur und Einwirkungsdauer (vgl. Nummer 2.2.1.1, 2.2.2.1, 2.2.3.1 und 2.2.4.1) bei der hygienisierenden Behandlung des Materials eingehalten wurden.

3.3 Prüfungen der hygienisierten Bioabfälle
(zu § 3 Absatz 4 Satz 1 Nummer 3 i.V.m. Absatz 7 und 7a)

Die Prüfungen der hygienisierten Bioabfälle sind regelmäßige Untersuchungen der Materialien nach der Behandlung zur Hygienisierung auf Krankheitserreger, keimfähige Samen und austriebsfähige Pflanzenteile.

Die Prüfungen der hygienisierten Bioabfälle erfolgen nach der Hygienisierungsbehandlung (s. Nummer 2) am abgabefertigen Material. Bei jeder Prüfung der hygienisierten Bioabfälle ist jeweils eine Probe in der Seuchenhygiene und in der Phytohygiene zu untersuchen.

Für die Prüfungen sind die Methoden (Probenahme, -vorbereitung, Untersuchungen und einzuhaltende höchstzulässige Grenzwerte) in der Seuchenhygiene gemäß Nummer 4.2.2 und in der Phytohygiene gemäß Nummer 4.3.2 anzuwenden (§ 3 Absatz 4 Satz 2).

Die Prüfungen der hygienisierten Bioabfälle sind erfolgreich abgeschlossen, wenn die Grenzwerte gemäß Nummer 4.2.2 letzter Absatz (Seuchenhygiene) und Nummer 4.3.2 letzter Absatz (Phytohygiene) in keiner der entnommenen Proben überschritten werden.

4 Methoden zur Prüfung der seuchen- und phytohygienischen Unbedenklichkeit

4.1 Traceruntersuchungen zur Ermittlung der Mindestverweilzeit bei anaeroben hygienisierenden Behandlungsverfahren (thermophile Vergärung)

Um die hygienisierende Wirkungsweise von anaeroben Behandlungsverfahren beurteilen zu können, ist die Kenntnis der Mindestverweilzeit der Abfallsuspension im Fermenter von Bedeutung. Muss die Mindestverweilzeit ermittelt werden, ist hierfür eine Traceruntersuchung durchzuführen (s. Nummer 2.2.3.2). Bei der Traceruntersuchung wird die Abfallsuspension vor dem Eintritt in den Fermenter mit Indikatoren (Tracern) markiert und deren erstmaliges Auftreten am Auslauf erfasst.

Für die Traceruntersuchung in anaeroben Behandlungsanlagen zur Hygienisierung biologisch abbaubarer Abfälle sind biologische Tracer mit den Sporen von *Bacillus globigii* (s. Nummer 4.1.1) oder chemische Tracer mit Lithium (s. Nummer 4.1.2) geeignet.

14

4.1.1 Traceruntersuchung mit Sporen von *Bacillus globigii*

Als biologischer Tracer werden die Sporen von *Bacillus globigii* verwendet. Sporen dieses Testbakteriums kommen natürlicherweise nicht in den biologischen Substraten vor, sie sind apathogen für Mensch und Tier, überstehen die Prozesseinwirkungen in anaeroben Behandlungsanlagen und sind problemlos nachweisbar.

4.1.1.1 Vorbereitung

Benötigte Materialien und Reagenzien

- Trypton-Glucose-Bouillon (TGB),

  zur Herstellung der Impfkultur von *Bacillus globigii*-Sporen:

  Hefeextrakt: 2,5 g,

  Trypton: 5,0 g,

  Glucose: 1,0 g,

  Wasser (destilliert): 1 000 ml;

- Hefeextrakt-Agar (MYA),

  zur Herstellung von *Bacillus globigii*-Sporen:

  Pepton aus Fleisch: 10,0 g,

  Hefeextrakt: 2,0 g,

Mangansulfat-Monohydrat: 0,04 g,

Agar: 15 g,

Wasser (destilliert): 1 000 ml;

- *Bacillus globigii* Stammkultur,

  zur Herstellung der *Bacillus globigii* Stammkulturen-Sporensuspension:

  Bacillus globigii (DSM[1] No. 675 [*Bac. Atrophaeus*]) oder

  Bacillus globigii (DSM[1] No. 2277 [*Bac. Atrophaeus*]) oder

  Bacillus globigii (Stammsammlung der Universität Hohenheim[2]);

- Zentrifuge mit einer Beschleunigung von 10 000 g.

Probenherstellung

Trypton-Glucose-Bouillon (TGB):

Die Bouillon wird in Portionen von je 10 oder 100 ml in Prüfröhrchen gegeben. Es wird im Autoklaven sterilisiert. Nach der Sterilisation muss der pH-Wert des Mediums 7,2 (± 0,2), gemessen bei 20 °C, betragen.

Hefeextrakt-Agar (MYA):

Der Agar wird in Roux-Flaschen oder Petrischalen gegeben. Es wird im Autoklaven sterilisiert. Nach der Sterilisation muss der pH-Wert des Mediums 7,0 (± 0,2), gemessen bei 20 °C, betragen.

Bacillus globigii Stammkulturen:

Die *Bacillus globigii*-Stammkulturen (Glycerinkultur, Lagerungstemperatur -80 °C) werden aufgetaut und in Trypton-Glucose-Bouillon (TGB) bei 37 °C über 24 Stunden bebrütet.

Aus der TGB-Bouillon werden 6 ml auf MYA-Platten übertragen; der Überstand wird abpipettiert. Die MYA-Platten werden bei 37 (± 1) °C bebrütet. Nach dem dritten Bebrütungstag wird der Zustand der Kulturen mit Hilfe einer Sporenfärbung (z. B. Racket-Färbung) beurteilt. Anschließend erfolgt eine weitere Inkubation der MYA-Platten bei 30 °C über 7 bis 10 Tage. Danach werden die Kolonien von den MYA-Platten mit 3 ml sterilem destillierten Wasser (aqua dest.) abgeschwemmt.

Die gewonnene Sporensuspension wird zentrifugiert (3 000 Umdrehungen/min über 10 Minuten), der Überstand wird verworfen und das Pellet wird mit aqua dest. resuspendiert.

Zur Ermittlung der Anzahl der Sporen wird die Suspension zuerst bei 75 (± 1) °C über 10 Minuten erhitzt, anschließend wird mit dem Koch'schen Oberflächenverfahren die Sporenzahl pro Milliliter Suspension festgestellt.

4.1.1.2 Durchführung der Untersuchung

Der biologische Tracer wird einmalig in Form einer Sporensuspension gleichmäßig während eines Beschickungsintervalls dem Fermenter zugegeben. Es wird einer Beschickungscharge so-

[1] DSM: Deutsche Stammsammlung für Mikroorganismen, Marscheroder Weg 1b, 38124 Braunschweig

[2] Universität Hohenheim, Institut für Umwelt- und Tierhygiene, Garbenstrasse 30, 70599 Stuttgart

viel Sporensuspension beigemischt, dass pro Gramm Fermenterinhalt mindestens 10^6 Sporen vorhanden sind.

Die Konzentration der *Bacillus globigii*-Sporen in der Suspension ist zu kontrollieren.

Nach der Zuführung der Sporensuspension erfolgt die Probennahme (Einzelprobe von ca. 1 kg) im Austrag so lange, bis der Tracer erstmals in einer Probe nachgewiesen wird, und zwar mindestens

a) jede Stunde bis einschließlich der 24. Stunde,

b) darauf folgend alle zwei Stunden bis einschließlich der 36. Stunde,

c) darauf folgend alle vier Stunden bis einschließlich der 48. Stunde,

d) darauf folgend alle sechs Stunden.

4.1.1.3 Nachweismethode

Aus den zu untersuchenden Proben werden zur Vorverdünnung 20 g in 180 ml Natriumchlorid (0,9 %-ige Kochsalzlösung) eingewogen und ca. 20 Stunden bei 4 °C auf dem Schüttler durchmischt. Nach einer ausreichenden Durchmischung wird je 1 ml der Probe in geometrischer Reihe bis zur Verdünnungsstufe 10^{-8} in jeweils 9 ml NaCl-Lösung pipettiert. Anschließend werden jeweils 0,1 ml jeder Verdünnungsstufe auf zwei parallele Standard-I-Agarplatten pipettiert und mit einem ausgeglühten Drahtspatel gleichmäßig verteilt (Inkubation 37 °C/24 Stunden).

Ausgezählt werden auf den Nährbodenplatten nur jene Kolonien, die ein typisches orange-rotes Wachstum zeigen.

4.1.1.4 Mindestverweilzeit

Die Mindestverweilzeit ergibt sich aus dem Zeitraum zwischen der Zugabe der *Bacillus globigii*-Sporensuspension und der letzten Probe ohne Befund vor dem erstmaligen Nachweis des biologischen Tracers im Austrag des Fermenters.

4.1.2 Traceruntersuchung mit Lithium

4.1.2.1 Vorbereitung

Bestimmung der Lithium-Grundbelastung in der Abfallsuspension

Zunächst ist die natürliche Lithium-Grundbelastung in der Abfallsuspension zu bestimmen. Hierzu wird vor Prüfungsbeginn mindestens 5 Tage lang täglich eine repräsentative Probe am Austrag des Fermenters entnommen und der Lithiumgehalt bestimmt. Je nach Bioabfallzusammensetzung beträgt die Grundbelastung an Lithium in der Regel zwischen 1 und 5 mg je kg Trockenmasse.

Benötigte Materialien

Tracer: *Lithiumhydroxid-Monohydrat*

4.1.2.2 Durchführung der Untersuchung

Für die Untersuchung ist die Lithiumkonzentration von 50 mg/kg Trockenmasse bezogen auf den gesamten Fermenterinhalt (vollständige Durchmischung) einzustellen. Die erforderliche Lithiummenge ist abhängig vom Fermenternutzvolumen der zu überprüfenden Vergärungsanlage zur Hygienisierung. Der Tracer wird in gelöster Form während eines Beschickungsintervalls gleichmäßig dem Fermenter zugegeben.

Von dieser Lithiumsuspension ist eine Rückstellprobe bis zum Vorliegen der Ergebnisse aufzubewahren.

Nach der Zuführung des Tracers erfolgt die Probennahme (Einzelprobe von ca. 1 kg) im Austrag so lange, bis der Tracer erstmals in einer Probe nachgewiesen wird (Lithiumkonzentration > Grundbelastung), und zwar mindestens

a) jede Stunde bis einschließlich der 24. Stunde,

b) darauf folgend alle zwei Stunden bis einschließlich der 36. Stunde,

c) darauf folgend alle vier Stunden bis einschließlich der 48. Stunde,

d) darauf folgend alle sechs Stunden.

4.1.2.3 Nachweismethode

Zur Ermittlung der Lithiumkonzentration werden die Proben nach DIN EN ISO 11885:2009[3] analysiert.

4.1.2.4 Mindestverweilzeit

Die Mindestverweilzeit ergibt sich aus dem Zeitraum zwischen der Zugabe des Lithiumtracers und der letzten Probe ohne Konzentrationserhöhung vor dem erstmaligen Nachweis des Tracers im Austrag des Fermenters. Der Tracer ist nachgewiesen, wenn die festgestellte Konzentration von Lithium die ermittelte Grundbelastung um die doppelte Standardabweichung übersteigt, die bei den gemäß Nummer 4.1.2.1 entnommenen Proben ermittelt wird.

4.2 Prüfungen der Seuchenhygiene

4.2.1 Prozessprüfung

4.2.1.1 Testorganismus und Grenzwert

Die Prozessprüfung in der Seuchenhygiene wird mit dem Testkeim *Salmonella senftenberg* W_{775} *(H_2S-negativ)* durchgeführt.

Die Prozessprüfung ist in der Seuchenhygiene erfolgreich abgeschlossen, wenn in den zwei aufeinanderfolgenden Untersuchungsgängen jeweils nach dem für die Hygienisierung relevanten Verfahrensschritt in keiner Probe Salmonellen nachweisbar sind.

4.2.1.2 Einlageproben für aerobe hygienisierende Verfahren (thermophile Kompostierung)

Der Testkeim *Salmonella senftenberg* W_{775} *(H_2S-negativ)* wird in Standard-I-Bouillon bei 37 °C über 18 bis 24 Stunden inkubiert. Die so erzeugte Keimsuspension soll eine Mikroorganismenkonzentration von mindestens 10^7 bis 10^8 KBE/ml enthalten. Die Konzentration ist durch Vergleich mit einem Standard (z. B. McFarland) oder dem Oberflächenverfahren oder MPN-Verfahren (Most Probable Number) zu bestimmen.

[3] Veröffentlicht in der Beuth-Verlag GmbH, Berlin; archivmäßig gesichert niedergelegt beim Deutschen Patent- und Markenamt in München

Bei der Kompostierung zur Hygienisierung wird pro Probe ca. 225 g frisches, homogenisiertes und zerkleinertes Bioabfallmaterial aus der zu überprüfenden Anlage mit 25 ml dieser Keimsuspension getränkt und anschließend in sterile Zwiebel- oder Kunststoffsäckchen verpackt. Die Einlage der Proben in das Kompostiergut erfolgt entweder in dieser Form oder in grob perforierten stabilen Probenbehältern, die für den jeweiligen Prozess geeignet sind. Nachdem der für die Hygienisierung relevante Verfahrensabschnitt durchlaufen ist, werden die Probenbehälter wieder entnommen und jeweils 50 g des homogenisierten Inhalts eines Probensäckchens in 450 ml gepuffertem Peptonwasser mit Novobiocin über 30 Minuten bei 4 °C langsam ausgeschüttelt (150 rpm) und anschließend über 22 (± 2) Stunden bei 36 (± 2) °C inkubiert. Die so erhaltene Suspensionslösung wird für die Identifizierung von Salmonellen benutzt.

4.2.1.3 Einlageproben für anaerobe hygienisierende Verfahren (thermophile Vergärung)

Die Keimsuspension mit dem Testkeim *Salmonella senftenberg* W_{775} *(H_2S-negativ)* wird hergestellt wie in Nummer 4.2.1.2 Absatz 1 beschrieben.

In Vergärungsanlagen zur Hygienisierung wird jeweils 1 ml der Keimsuspension von *Salmonella senftenberg* W_{775} *(H_2S-negativ)* mit Diffusionskeimträgern[4] in den Prozess eingeschleust. Die Diffusionskeimträger werden außer mit 1 ml der Keimsuspension auch mit 9 ml Gärrückstand angefüllt und in die für die thermische Inaktivierung relevanten Prozessabschnitte oder Anlageteile jeweils für die ermittelte Mindestverweilzeit (s. Nummer 4.1) und Hygienisierungstemperatur eingebracht. Nachdem das Verfahren durchlaufen ist, wird der jeweilige Gesamtinhalt der Diffusionskeimträger (10 ml) in 90 ml gepuffertes Peptonwasser mit Novobiocin (Voranreicherung) gegeben, kurz geschüttelt (150 rpm) und über 22 (± 2) Stunden bei 36 (± 2) °C inkubiert. Die so erhaltene Suspensionslösung wird für die Identifizierung von Salmonellen benutzt.

4.2.1.4 Nachweismethode

Vorhandene Salmonellen werden mit den Suspensionslösungen identifiziert, die nach den oben beschriebenen Methoden hergestellt worden sind (s. Nummer 4.2.1.2 und 4.2.1.3). Hierzu werden jeweils 0,1 ml aus der gut durchmischten Voranreicherung in 10 ml Anreicherungsbouillon nach Rappaport bei 36 (± 2) °C und bei 42 (± 1) °C über 22 (± 2) Stunden inkubiert. Anschließend werden Parallelausstriche auf Xylose-Lysin-Desoxycholat-Agar (XLD) und einem weiteren Salmonella-Differenzial-Nährboden mit der Nachweismöglichkeit anderer biochemischer Eigenschaften als XLD-Agar angelegt. Salmonellenverdächtige Kolonien werden auf Nutrient-Agar überimpft und bei 36 (± 2) °C für 22 (± 2) Stunden inkubiert. Die Identifizierung erfolgt biochemisch oder serologisch auf Grund der Körper- und Geißelantigene (O- und H-Antigene).

Zur Kontrolle der Überlebensfähigkeit (Tenazität) des Teststammes werden parallel zur Prozessprüfung vier Kontrollproben hergestellt. Diese Kontrollproben werden nicht in das Hygienisierungsverfahren eingebracht, sondern während des Prüfungszeitraums in feuchtem Sand (z. B. Eimer mit Quarzsand, Befeuchtung mit deionisiertem Wasser) bei Raumtemperatur (20 bis 25 °C) gelagert und nach Abbruch der Prozessprüfung aufgearbeitet. Mindestens drei der vier Kontrollproben sollen positive Salmonellenbefunde liefern; anderenfalls ist die Tenazität des Teststammes nicht als ausreichend anzusehen.

[4] Methode nach Schwarz, Michael, Vergleichende seuchenhygienisch-mikrobiologische Untersuchungen an horizontal und vertikal beschickten, bewachsenen Bodenfiltern mit vorgeschalteter Mehrkammerausfallgrube bzw. einem als Grobstoff – Fang dienenden Rottebehälter (Rottefilter), S. 45, vetrinärmedizinische Dissertation, FU Berlin, 2003; archivmäßig gesichert niedergelegt bei der Deutschen Nationalbibliothek in Leipzig.

4.2.2 Prüfungen der hygienisierten Bioabfälle

Für die Prüfung der hygienisierten Bioabfälle in der Seuchenhygiene werden aus einer gut durchmischten Sammelprobe (ca. 3 kg) jeweils 50 g Material nach der oben angegebenen Methode (s. Nummer 4.2.1.2) auf das Vorhandensein von Salmonellen untersucht. Die Sammelmischprobe setzt sich aus mindestens fünf verschiedenen Teilproben einer Charge des hygienisierend behandelten, gemäß Nummer 3.3 zu untersuchenden Materials zusammen.

Die Prüfung der hygienisierten Bioabfälle ist in der Seuchenhygiene erfolgreich abgeschlossen, wenn in jeweils 50 g der entnommenen Sammelproben keine Salmonellen nachweisbar sind.

4.3 Prüfungen der Phytohygiene

4.3.1 Prozessprüfung

4.3.1.1 Testorganismen und Grenzwerte

Aus der Vielzahl von Phytopathogenen und Pflanzensamen, die im Ausgangsmaterial von Bioabfallbehandlungsanlagen vorkommen, werden folgende Leit- oder Indikatororganismen in Prozessprüfungen in der Phytohygiene verwendet:

a) *Plasmodiophora brassicae* (Kohlhernie) mit einer einwöchigen Wärmetoleranz von 50 °C,
Grenzwert im Biotest: Befallsindex $\leq$ 0,5 je Prüfbereich,

b) Tomatensamen,
Grenzwert im Biotest: $\leq$ 2 % keimfähige Samen je Prüfbereich,

c) zusätzlich bei aerober hygienisierender Behandlung (thermophile Kompostierung) gemäß Nummer 2.2.2:
Tabakmosaikvirus (TMV),
Grenzwert im Biotest: $\leq$ 4 % Restinfektiosität (Relativwert zur Positivkontrolle) je Prüfbereich.

Die Prozessprüfung ist in der Phytohygiene erfolgreich abgeschlossen, wenn in den zwei aufeinanderfolgenden Untersuchungsgängen jeweils nach dem für die Hygienisierung relevanten Verfahrensschritt in den Proben je Prüfbereich die angegebenen Grenzwerte

– bei den Parametern *Plasmodiophora brassicae* und Tomatensamen nicht überschritten sowie

– bei dem Parameter Tabakmosaikvirus um nicht mehr als maximal 30 % überschritten werden.

4.3.1.2 Testorganismus Plasmodiophora brassicae

Die Prozessprüfung in der Phytohygiene mit dem Testorganismus *Plasmodiophora brassicae* wird nach folgender beschriebener Methodik durchgeführt.

4.3.1.2.1 Herstellung der Einlageproben für aerobe hygienisierende Behandlungsverfahren (thermophile Kompostierung)

Das Gallenmaterial (Infektionsmaterial mit dem Erreger *Plasmodiophora brassicae*) wird bis zur Herstellung der Einlageproben bei -25 °C tiefgefroren. Es ist nachweislich infektiöses, wärmetolerantes Gallenmaterial mit dem Erreger *Plasmodiophora brassicae* von befallenen Kohlpflanzen zu verwenden. Die Wärmetoleranz ist nachgewiesen, wenn das Gallenmaterial bei Bebrütung von 50 °C über 7 Tage eine hohe Infektiosität (Befallsgrad $\geq$ 2) aufweist.

Jede in den Kompostierungsprozess zur Hygienisierung eingesetzte Probe enthält 30 g Gallenmaterial, 430 g Boden und 200 g des jeweiligen Kompostrohmaterials. Dies entspricht einem Verhältnis von ca. 5 % Gallenmaterial zu 65 % Boden und 30 % Kompost. Die einzelnen Probenanteile werden intensiv gemischt und in rottebeständige Beutel (Maschenweite max. 1 × 1 mm) eingefüllt; dabei ist sicherzustellen, dass nichts von der Probe in den umgebenden Kompost ausgetragen wird.

Entsprechend hergestellte Kontrollproben werden während des Versuchszeitraums in feuchtem, sterilisiertem Sand bei Zimmertemperatur gelagert.

4.3.1.2.2 Herstellung der Einlageproben für anaerobe hygienisierende Behandlungsverfahren (thermophile Vergärung)

Für das zu verwendende Gallenmaterial (Infektionsmaterial mit dem Erreger *Plasmodiophora brassicae*) gilt Nummer 4.3.1.2.1 Absatz 1 entsprechend.

Bei Vergärungsanlagen zur Hygienisierung werden 30 g Gallenmaterial in Gazebeutel (Maschenweite max. 1 × 1 mm) in die für die thermische Inaktivierung relevanten Prozessabschnitte oder Anlageteile eingebracht.

Entsprechend hergestellte Kontrollproben werden während des Versuchszeitraums in feuchtem, sterilisiertem Sand bei Zimmertemperatur gelagert.

4.3.1.2.3 Nachweis der Infektiosität durch einen Biotest

Eine vorhandene Restinfektion von *Plasmodiophora brassicae* in den Einlageproben wird durch die nachfolgend beschriebene Prüfung festgestellt.

Benötigte Materialien

- Mischwanne,
- Messbecher (1 000 ml),
- Kunststofftöpfe (13 × 13 × 13 cm, ca. 1 l), passende Untersetzer,
- zertifiziertes Saatgut von Sarepta-Senf (Brassica juncea),
- Substratdämpfer,
- Sand, Körnung 0,8–1,2 mm (z. B. Buntsandstein mit guter Pufferkapazität, pH-Wert ca. 6,5),
- Weißtorf (pH-Wert ca. 3,5),
- pH-Meter,
- Einmalhandschuhe (für jede Probe ein Paar),
- wasserlöslicher Volldünger (fest oder flüssig).

Probenaufbereitung

Nach Rückgewinnung aus dem geprüften Hygienisierungsverfahren werden die Einlageproben mit dem Erreger *Plasmodiophora brassicae* sorgfältig zerkleinert und mit einem Sand-Torfgemisch (5 Stunden bei 80 °C gedämpft) auf ein Volumen von 1 000 ml aufgefüllt und gut homogenisiert.

Da der pH-Wert einen starken Einfluss auf die Infektiosität von *Plasmodiophora brassicae* ausübt (Optimum: pH-Wert 6,0 ± 0,2), ist der pH-Wert der hergestellten Substratmischung zu überprüfen und gegebenenfalls durch Erhöhung des Torfanteils zu korrigieren.

Biotest

Als Versuchsgefäße werden 13 × 13 × 13 cm große Kunststofftöpfe verwendet. Für jede reisolierte Erregerprobe, die mit dem Sand-Torf-Gemisch auf je 1 000 ml aufgefüllt wurde, wird ein

14

Gefäß mit 16 Nachweispflanzen Sarepta-Senf (*Brassica juncea*) angelegt; dabei werden in jedes Gefäß vorgezogene Keimpflanzen (1. Laubblattbildung) einpikiert. Der Biotest wird als randomisierter Versuch im Gewächshaus oder in einer Klimakammer bei 6 000 bis 9 000 Lux und einer Temperatur von mindestens 20 °C aufgestellt. Die Pflanzen werden ab der dritten Woche wöchentlich einmal gedüngt. Die Vegetationszeit des Biotests bis zur Bonitur der Nachweispflanzen beträgt 4 bis 5 Wochen.

Nach Beendigung des Biotests wird zum einen die Anzahl der befallenen Pflanzen gezählt und zum anderen die Wurzelgallenbildung nach einer Boniturskala von 0 bis 3 bewertet:

Befallsklasse	Beschreibung der Symptome
0	Keine sichtbaren Symptome
1	Leichte Gallenbildung an Haupt- und Nebenwurzeln
2	Mittlere Gallenbildung an Haupt- und Nebenwurzeln
3	Starke Gallenbildung am gesamten Wurzelsystem

Bewertung der Boniturnoten

Für jede einzelne Erregerprobe (Wiederholung) werden die Boniturnoten für den Befall der Einzelpflanzen (Befallsklasse = Kl) nach folgender Formel im Befallsindex zusammengefasst:

$$\text{Befallsindex je Erregerprobe (Wiederholung)} = \frac{\Sigma \text{ Pflanzen} \times \text{Kl } 1^{5} + \Sigma \text{ Pflanzen} \times \text{Kl } 2^{6} + \Sigma \text{ Pflanzen} \times \text{Kl } 3^{7}}{\Sigma \text{ Pflanzen je Erregerprobe (Wiederholung)}}$$

Der Befallsindex für einen Prüfbereich ergibt sich aus dem arithmetischen Mittel des Befallsindex aller Wiederholungen (Erregerproben) des jeweiligen Prüfbereichs:

$$\text{Befallsindex je Prüfbereich}^{8} = \frac{\Sigma \text{ Befallsindices je Erregerprobe (Wiederholung)}}{\Sigma \text{ Wiederholung je Prüfbereich}}$$

Ist der Befallsindex je Prüfbereich $\leq 0{,}5$, so ist die Prüfung bestanden.

4.3.1.3 Testorganismus Tomatensamen

Die Prozessprüfung in der Phytohygiene mit dem Testorganismus Tomatensamen wird nach folgender beschriebener Methodik durchgeführt.

Für die Herstellung der Einlageprobe und die Bestimmung der Keimrate durch einen Biotest werden folgende Materialien benötigt:

– Kunststoff-Petrischalen mit Deckel (Ø 9 cm),

– Rundfilterpapier,

[5] Boniturklasse 1, 2 bw. 3

[6] Boniturklasse 1, 2 bw. 3

[7] Boniturklasse 1, 2 bw. 3

[8] Einlagebereich bei Prozessprüfungen, z.B. Kompostierung: Rand, Kern, Basis; Vergärung: unterschiedliche Bereiche des Fermenters

- Tomatensaatgut (*Lycopersicon lycopersicum [L.] Karsten ex Farw.*), Sorte Saint-Pierre (Synonym: San Pedro).

4.3.1.3.1 Herstellung der Einlageprobe

Etwa 1 g oder 400 Tomatensamen (*Lycopersicon lycopersicum [L.] Karsten ex Farw.*) der Sorte Saint-Pierre (Synonym: San Pedro) werden in einen kleinen Beutel aus unverrottbarem Gazestoff (Maschenweite 1 × 1 mm) gefüllt und vor dem Verschließen auf der gesamten Gazefläche verteilt, um eine möglichst geringe Schichtdicke der Tomatensamen zu erreichen. Die Keimfähigkeit der Tomatensamen muss vor den Untersuchungen bestimmt werden. Zur Prüfung darf nur Saatgut mit einer Mindestkeimfähigkeit von 90 % verwendet werden.

4.3.1.3.2 Bestimmung der Keimrate durch einen Biotest

Nach Beendigung der Untersuchung wird der Testorganismus aus den Einlageproben entnommen und umgehend einer Keimfähigkeitsprüfung unterzogen.

Biotest

Die Tomatensamen werden aus der Einlageprobe entnommen und 200 Samen werden abgezählt. Die restlichen Samen werden 1 bis 2 Tage unter Wohnraumbedingungen (20 bis 50 % rel. Luftfeuchte, etwa 20 °C) zurückgetrocknet, luftdicht verschlossen und für etwaige Wiederholungen der Keimfähigkeitsbestimmung im Kühlschrank aufbewahrt (Rückhalteprobe). Die abgezählten Samen werden in sauberem Zustand, falls erforderlich abgewaschen, zur Keimfähigkeitsbestimmung ausgelegt, z. B. 4 × 50 Samen auf 4 Lagen angefeuchtetem Filterpapier in abgedeckten Petrischalen mit 9 cm Durchmesser bei 25 °C und Belichtung in einem geeigneten Raum oder Klimaschrank[9].

14

Alle sieben Tage werden die gekeimten Tomatensamen so lange ausgezählt, bis keine weiteren Samen keimen. Als gekeimt gilt der Samen, bei dem die Wurzel oder der Spross sichtbar ausgetreten ist. Sind nach 21 Tagen keine Samen gekeimt, wird die Keimfähigkeitsprüfung abgeschlossen.

Bewertung der Ergebnisse

Die Gesamtzahl gekeimter Samen wird festgestellt und als Prozentsatz der verwendeten Samen in der geprüften Aliquote (200 Samen) angegeben. Die Keimfähigkeit der Tomatensamen für einen Prüfbereich ergibt sich aus dem arithmetischen Mittel der Keimfähigkeitsraten aller Wiederholungen (Erregerproben) des Prüfbereichs.

4.3.1.4 Testorganismus Tabakmosaikvirus bei aeroben hygienisierenden Behandlungsverfahren (thermophile Kompostierung)

Die Prozessprüfung in der Phytohygiene mit dem Testorganismus Tabakmosaikvirus wird nach folgender dargestellter Methode durchgeführt.

Für die Herstellung der Einlageproben und den Nachweis durch einen Biotest werden folgende Materialien und Reagenzien benötigt:

- Kunststofftöpfe mit einem Volumen von 500 ml mit Bodenlochung und Unterschalen,
- wasserlösliche Mehrnährstoffdünger,

[9] Methode nach „Internationale Vorschriften für die prüfung von Saatgut, Seed Science and Technology 21, Supplement, Internationale Vereinigung für die Prüfung von Saatgut" (ISTA – International Seed Testing Association, Hrsg.), 1993; archivmäßig gesicehrt niedergelegt bei der Deutschen Nationalbibliothek in Leipzig

- Tabaksaatgut (*Nicotiana tabacum „Samsun"*),
- Tabaksaatgut (*Nicotiana glutinosa L.*),
- Einheitserde 0 (EE0) als Pflanzsubstrat,
- Mörser und Pistill,
- Karborund-Bentonit-Gemisch (Verhältnis 1 : 1),
- Phosphatpuffer nach Sörensen (pH-Wert 7) oder ein entsprechendes handelsübliches Produkt,
- TMV-haltige Suspension (Pflanzenpresssaft aus TMV-infizierten Tabakpflanzen),
- Filtriergaze,
- handelsübliche Wattestäbchen,
- verschließbare Glas- oder Kunststoffgefäße,
- Aufbewahrungsgefäße und Feuchteschalen.

4.3.1.4.1 Herstellung der Einlageproben

Die Vermehrung des Virus erfolgt in Tabakpflanzen (*Nicotiana tabacum „Samsun"*), in denen es sich systemisch ausbreitet. Dazu werden die Tabakpflanzen bei 18 bis 22 °C unter Gewächshausbedingungen bis zum 5-Blattstadium herangezogen. Zur Inokulation werden 2 oder 3 untere Blätter mit einem Gemisch aus Karborund und Bentonit (1 : 1) dünn eingepudert und die TMV-haltige Suspension (Pflanzenpresssaft aus TMV-infizierten Tabakpflanzen) in 0,05 mol/l Phosphatpuffer nach Sörensen oder entsprechend (pH-Wert 7) auf die bestäubten Blätter aufgetragen. 2 bis 3 Wochen nach der Inokulation können dann virushaltige Blätter mit mosaikartigen Verfärbungen für die Untersuchungen verwendet werden.

Jede in den Kompostierungsprozess zur Hygienisierung eingeschleuste Probe enthält 10 g TMV-infizierte Tabakblätter (*Nicotiana tabacum „Samsun"*), die in ein rottebeständiges Gazesäckchen (Maschenweite 1 × 1 mm) gefüllt werden. Damit die Rottebedingungen auf die TMV-infizierten Tabakblätter einwirken können, ist das Gazesäckchen der Einlageprobe vollständig mit Kompostrohmaterial zu umgeben.

Es sind Positivkontrollen aus 10 g mit TMV infizierten Tabakblättern (*Nicotiana tabacum „Samsun"*) derselben Charge herzustellen, die bei -18 °C aufbewahrt werden.

4.3.1.4.2 Nachweis der Infektiosität durch einen Biotest

Die Inaktivierung der durch den Hygienisierungsprozess der thermophilen Kompostierung geleiteten Erregerproben wird durch einen Biotest nach folgender beschriebener Methode untersucht.

Probenaufarbeitung

Nach Beendigung des hygienisierenden Verfahrensschritts (z. B. Entnahme nach Beendigung der Prozessprüfung auf einer thermophilen Kompostierungsanlage) wird die TMV-Erregerprobe von eventuell vorhandenen nicht verrotteten groben Bestandteilen befreit. Unter Zusatz von 30 ml Phosphatpuffer nach Sörensen oder entsprechend (0,05 mol/l; pH-Wert 7) wird die Probe in einem Mörser zerkleinert. Die Probensuspension wird auf die Filtriergaze gegeben und ausgepresst. Der Probenextrakt wird in ein verschließbares Glas- oder Kunststoffgefäß überführt.

Mit den mitgeführten Positiv-Kontrollproben wird in gleicher Weise verfahren.

Biotest

Als Nachweis für die Infektion werden die Extrakte aus den Proben und aus den Kontrollen auf Blätter der Testpflanze (*Nicotiana glutinosa L.*) aufgetragen. Der Biotest wird an Nachweispflanzen durchgeführt, die sich im 6–8-Blattstadium befinden.

Für die Inokulation der 12 reisolierten TMV-Erregerproben werden insgesamt 12 Nachweispflanzen benötigt, wobei je Prüfbereich vier Proben an vier Pflanzen getestet werden.

An den Nachweispflanzen werden die Vegetationsspitze und die unteren älteren Blätter entfernt, so dass jeweils vier voll ausgebildete Blätter für die Inokulation an den Pflanzen verbleiben. Für die bessere Vergleichbarkeit bei Lokalläsionen an Pflanzen mit Blättern unterschiedlicher Größe und unterschiedlichen Alters ist das lateinische Quadrat als Versuchsanordnung zu wählen. Voraussetzung hierfür ist die gleiche Anzahl an TMV-Proben, Testpflanzen und Blättern. Bei der Prozessprüfung werden die drei charakteristischen Prüfbereiche des Rottekörpers in jeweils vierfacher Wiederholung überprüft. Das folgende Schema verdeutlicht die Versuchsanordnung der Halbblattmethode unter Einbeziehung der Positiv-Kontrollprobe (P) für die vier zu prüfenden TMV-Proben (A, B, C, D) eines Prüfbereichs:

	Pflanze 1		**Pflanze 2**		**Pflanze 3**		**Pflanze 4**	
	Blatthälfte (aus Richtung Blattspitze)		**Blatthälfte (aus Richtung Blattspitze)**		**Blatthälfte (aus Richtung Blattspitze)**		**Blatthälfte (aus Richtung Blattspitze)**	
Blattposition	**links**	**rechts**	**links**	**rechts**	**links**	**rechts**	**links**	**rechts**
1. Blatt	**A**	**P**	**P**	**D**	**C**	**P**	**P**	**B**
2. Blatt	**B**	**P**	**P**	**A**	**D**	**P**	**P**	**C**
3. Blatt	**C**	**P**	**P**	**B**	**A**	**P**	**P**	**D**
4. Blatt	**D**	**P**	**P**	**C**	**B**	**P**	**P**	**A**

Die Blätter können im Hinblick auf die durchzuführenden Behandlungen auf der Blattunterseite mit einem wasserfesten Filzstift gekennzeichnet werden. Zuerst wird immer die Untersuchungsprobe aufgetragen und anschließend die Kontrollprobe.

Dann werden die Blätter der Nachweispflanzen mit einem Gemisch aus Karborund und Bentonit (1 : 1) dünn eingepudert. Die Proben- und Kontrollextrakte werden mit einem Wattestäbchen auf die Blätter aufgetragen, wobei die bestäubten Blatthälften mit dem Extrakt zweimal gleichmäßig mit leichtem Druck und mit Handbewegungen, die von der Mittelader zum Blattrand verlaufen, bestrichen werden. Dabei wird das Blatt mit einer Hand von der Blattunterseite her unterstützt.

Sofort nach der Behandlung werden die Tabakblätter direkt am Spross abgeschnitten und die anhaftenden Karborund-/Bentonit-Reste von der Blattoberfläche mit Leitungswasser vollständig entfernt (Sprühflasche oder Brause). Für die Inkubation werden die behandelten Blätter entweder in ein mit Wasser gefülltes Gefäß gestellt oder in entsprechende Feuchteschalen gelegt. Im Anschluss werden die behandelten Blätter bis zur Symptomausbildung in eine Klimakammer oder ein klimatisiertes Gewächshaus bei 22 bis 25 °C gestellt. Während des Inkubationszeitraums werden die behandelten Blätter täglich für 16 Stunden beleuchtet (Belichtungsstärke mindestens 2 000 Lux).

Spätestens 5 Tage nach der Inokulation sind die Infektionsherde in Form von nekrotischen Lokalläsionen deutlich zu erkennen. Hierbei handelt es sich um kleine runde Flecken von 2 bis 3 mm Durchmesser, deren Zentren aus abgestorbenem Gewebe bestehen.

Bewertung der Ergebnisse

Für die Bewertung werden die gebildeten Läsionen einer jeden Blatthälfte getrennt ausgezählt. Die Auswertung erfolgt durch Addition der Läsionen der jeweiligen vier Blatthälften, die jeweils mit der Proben- und Kontrolllösung inokuliert worden sind. Die Restinfektiosität der Erregerproben wird prozentual in Relation zur Positiv-Kontrolle ausgedrückt.

Für jede einzelne Erregerprobe (Wiederholung) wird die relative Restinfektion auf vier inokulierten Tabakblättern nach folgender Formel zusammengefasst:

$$\text{Restinfektion [relativ] je Erregerprobe (Wiederholung)} = \frac{\text{B1 (LE x 100)/LK} + \text{B2 (LE x 100)/LK} + \text{B3 (LE x 100)/LK} + \text{B4 (LE x 100)/LK}}{\Sigma \text{ inokulierter Tabakblätter}}$$

B1 = inokuliertes Blatt der ersten Pflanze

B2 = inokuliertes Blatt der zweiten Pflanze

B3 = inokuliertes Blatt der dritten Pflanze

B4 = inokuliertes Blatt der vierten Pflanze

LE = Läsionszahl der Erregerprobe

LK = Läsionszahl der Positiv-Kontrollprobe

Die Restinfektion [Relativwert] des Erregers Tabakmosaikvirus für einen Prüfbereich ergibt sich aus dem arithmetischen Mittel der relativen Restinfektionen aller Wiederholungen (Erregerproben) des jeweiligen Prüfbereichs:

$$\text{Restinfektion [relativ] je Prüfbereich}^{10} = \frac{\Sigma \text{ Restinfektion [relativ] je Erregerprobe (Wiederholung)}}{\Sigma \text{ Wiederholung je Prüfbereich}}$$

Ist die Restinfektion [Relativwert] je Prüfbereich $\leq$ 4 %, so ist die Prüfung bestanden.

4.3.2 Prüfungen der hygienisierten Bioabfälle

Bei der Prüfung der hygienisierten Bioabfälle in der Phytohygiene wird der Gehalt an keimfähigen Samen und austriebsfähigen Pflanzenteilen im hygienisierend behandelten Material mit der Kultivierungsmethode bestimmt.

Die Prüfung wird mit Material aus einer gut durchmischten Sammelprobe (ca. 3 kg) durchgeführt. Die Sammelmischprobe setzt sich aus mindestens fünf verschiedenen Teilproben einer

[10] Einlagebereich bei Prozessprüfungen von Kompostierverfahren: Rand, Kern, Basis

[11] Methode nach Methodenbuch zur Analyse organischer Düngemittel, Bodenverbesserungsmittel und Substrate, Kapitel III. C2, Bundesgütegemeinschaft Kompost e.V. (Hrsg.), 5. Auflage 2006, Selbstverlag, Köln; archivmäßig gesichert niedergelegt bei der Deutschen Nationalbibliothek in Leipzig.

Charge des hygienisierend behandelten, gemäß Nummer 3.3 zu untersuchenden Materials zusammen.

Probenvorbehandlung

Das Volumengewicht und der Salzgehalt des Prüfsubstrats sind zu bestimmen. Bei Komposten wird die Originalprobe < 10 mm gesiebt. Zu nasse und nicht siebfähige Komposte werden vorgetrocknet (Lufttrocknung). Pasteurisierte Materialien und flüssige Gärrückstände werden ungesiebt und als flüssiges Prüfsubstrat verwendet.

Benötigte Materialien

- Kunststoffschalen mit Bodenlochung oder gleichwertige Versuchsbehältnisse,
- Gießmatten,
- Nadellochfolie,
- geeignetes Mischsubstrat (z. B. schwach zersetzter Hochmoortorf mit ca. 4 g kohlensaurem Kalk pro Liter, welches frei von keimfähigen Samen und austriebsfähigen Pflanzenteilen ist).

Durchführung

3 l gesiebtes (FS < 10 mm) Prüfsubstrat werden für feste Proben und 0,5 l flüssiges Prüfsubstrat für flüssige Proben eingesetzt. Nach Bestimmung des Salzgehaltes[11] wird das Prüfsubstrat mit einer geeigneten Mischkomponente (KCl-Gehalt = 0 g/l) so verdünnt, dass die Prüfmischung einen Salzgehalt von < 2 g KCl pro Liter aufweist. Als Mischkomponente, die frei von keimfähigen Samen und austriebsfähigen Pflanzenteilen sein muss, eignet sich Hochmoortorf mit ca. 4 g kohlensaurem Kalk pro Liter. Die Prüfmischung wird in einer Schichtdicke von ca. 10 mm in Versuchsschalen (Kunststoffschalen mit Bodenlochung oder gleichwertige Behältnisse, die mit einer Gießmatte und einer Nadellochfolie als Verschmutzungsschutz ausgelegt sind) gleichmäßig ausgebracht, leicht angedrückt und durch Gießen auf volle Wasserkapazität gebracht. Danach werden die Versuchsbehältnisse über einen Zeitraum von 15 Tagen bei einer Beleuchtungsstärke von mindestens 1 000 Lux und einer Temperatur von 18 bis 20 °C ohne direkte Sonneneinstrahlung belassen. Der Wasserverlust wird regelmäßig durch Überbrausen ausgeglichen. Um eine Austrocknung zu vermeiden, sollen die Schalen mit Glas- oder Kunststoffscheiben so abgedeckt werden, dass ein Luftaustausch weiterhin möglich ist.

Berechnung

Nach 15 Tagen Kulturdauer werden die aufgelaufenen Pflanzen gezählt und ihre Anzahl wird, bezogen auf einen Liter Prüfsubstrat, auf 2 Kommastellen genau angegeben.

Die Prüfung der hygienisierten Bioabfälle ist in der Phytohygiene erfolgreich abgeschlossen, wenn der Gehalt an keimfähigen Samen und austriebsfähigen Pflanzenteilen maximal 2 pro Liter Prüfsubstrat ist.

Anhang 3

(zu § 4 Absatz 9)

Vorgaben zur Analytik (Probenahme, Probevorbereitung und Untersuchung von unbehandelten und behandelten Bioabfällen)

1 Untersuchung von unbehandelten und behandelten Bioabfällen

1.1 Probenahme

Für die nach § 4 vorgeschriebenen Untersuchungen der Bioabfälle erfolgt die Probenahme in dem Zustand der Bioabfälle, wie diese in Verkehr gebracht oder auf die landwirtschaftlich, forstwirtschaftlich oder gärtnerisch genutzten Böden aufgebracht werden. Die Probenahme fester unbehandelter oder behandelter Bioabfälle erfolgt nach DIN EN 12579 (Ausgabe Januar 2000), Bodenverbesserungsmittel und Kultursubstrate – Probenahme.

Für flüssige unbehandelte oder behandelte Bioabfälle erfolgt die Probenahme in Anlehnung an DIN 51750-1 (Ausgabe Dezember 1990), Prüfung von Mineralölen; Probenahme; Allgemeines, und an DIN 51750-2 (Ausgabe Dezember 1990), Prüfung von Mineralölen; Probenahme; Flüssige Stoffe.

Für pastöse und schlammige unbehandelte oder behandelte Bioabfälle erfolgt die Probenahme in Anlehnung an DIN EN ISO 5667-13 (Ausgabe August 2011) Wasserbeschaffenheit – Probenahme – Teil 13: Anleitung zur Probenahme von Schlämmen.

Die Teilmenge wird in einen geeigneten, gut verschließbaren Behälter abgefüllt und umgehend der Untersuchungsstelle zugestellt.

1.2 Probevorbereitung

Die zur Untersuchung gelangende Probe wird unmittelbar vor der Entnahme einer Teilprobe sorgfältig gemischt.

Für die Untersuchungsparameter, die aus der Trockenmasse bestimmt werden, wird eine Teilprobe entnommen, die mindestens ausreicht, um vier parallele Untersuchungen zu gewährleisten. Diese Teilprobe wird in Anlehnung an DIN EN 13040 (Ausgabe Februar 2007), Bodenverbesserungsmittel und Kultursubstrate – Probenherstellung für chemische und physikalische Untersuchungen, Bestimmung des Trockenrückstands, des Feuchtigkeitsgehaltes und der Laborschüttdichte, bei 105 °C bis zur Gewichtskonstanz getrocknet. Für die Bestimmung des Glühverlustes werden feste Bioabfälle gemäß DIN EN 13040 (Ausgabe Februar 2007), Bodenverbesserungsmittel und Kultursubstrate – Probenherstellung für chemische und physikalische Untersuchungen, Bestimmung des Trockenrückstands, des Feuchtigkeitsgehaltes und der Laborschüttdichte, auf eine Korngröße < 2 Millimeter zerkleinert. Für die Bestimmung der Schwermetallgehalte werden feste Bioabfälle gemäß DIN EN 13650 (Ausgabe Januar 2002), Bodenverbesserungsmittel und Kultursubstrate – Extraktion von in Königswasser löslichen Elementen, auf eine Korngröße < 0,5 Millimeter zerkleinert.

Für die Untersuchungsparameter, die aus der Frischmasse bestimmt werden, wird ebenfalls eine Teilprobe entnommen, die mindestens ausreicht, um vier parallele Untersuchungen zu gewährleisten. Feste Teilproben werden auf eine Korngröße < 10 Millimeter zerkleinert, homogenisiert und durch ein Sieb mit der Maschenweite 10 Millimeter gesiebt; der Siebdurchgang wird für die Untersuchungen verwendet.

1.3 Durchführung der Untersuchungen

Für jeden Untersuchungsparameter sind mindestens zwei parallele Messungen auszuführen. Gleichwertige Methoden sind zugelassen.

Sind bei unbehandelten Bioabfällen einzelne Untersuchungen der in § 4 Absatz 5 Satz 1 Nummer 2 genannten weiteren Parameter nicht durchführbar, so ist dies im Lieferschein zu begründen.

1.3.1 Bestimmung des Trockenrückstandes

Die Bestimmung des Trockenrückstandes erfolgt aus der ungesiebten Teilprobe nach DIN EN 13040 (Ausgabe: Februar 2007), Bodenverbesserungsmittel und Kultursubstrate – Probenherstellung für chemische und physikalische Untersuchungen, Bestimmung des Trockenrückstands, des Feuchtigkeitsgehaltes und der Laborschüttdichte. Die Ergebnisse sind in Gewichtsprozent anzugeben.

1.3.2 Bestimmung des Gehaltes der organischen Substanz (Glühverlust)

Die Bestimmung des Glühverlustes erfolgt aus der Trockenmasse nach DIN EN 13039 (Ausgabe Februar 2000), Bodenverbesserungsmittel und Kultursubstrate – Bestimmung des Gehaltes an organischer Substanz und Asche.

Die Ergebnisse sind in Gewichtsprozent anzugeben.

1.3.3 Bestimmung des Anteils an Steinen und Fremdstoffen

Die Bestimmung des Anteils an Steinen > 10 Millimeter und Fremdstoffen > 2 Millimeter (Glas, Kunststoffe und Metalle) wird gemäß Methodenbuch zur Analyse organischer Düngemittel, Bodenverbesserungsmittel und Substrate[1] in der Trockenmasse (105 °C) der ungesiebten Teilprobe durchgeführt.

14

Die Ergebnisse sind in Gewichtsprozent anzugeben.

1.3.4 Bestimmung des pH-Wertes und des Salzgehaltes

Die Bestimmungen erfolgen aus der Frischmasse.

Die Bestimmung des pH-Wertes wird gemäß DIN EN 13037 (Ausgabe Februar 2000), Bodenverbesserungsmittel und Kultursubstrate – Bestimmung des pH-Wertes, durchgeführt.

Der Salzgehalt wird gemäß DIN EN 13038 (Ausgabe Februar 2000), Bodenverbesserungsmittel und Kultursubstrate – Bestimmung der elektrischen Leitfähigkeit, bestimmt.

Die Ergebnisse sind in Milligramm je 100 Gramm Frischmasse anzugeben.

1.3.5 Bestimmung der Schwermetalle Blei, Cadmium, Chrom, Kupfer, Nickel, Quecksilber und Zink

Die Bestimmung der Schwermetalle erfolgt aus dem Königswasseraufschluss nach DIN EN 13650 (Ausgabe Januar 2002), Bodenverbesserungsmittel und Kultursubstrate – Extraktion von in Königswasser löslichen Elementen, der Trockenmasse nach einer der folgenden Untersuchungsmethoden:

[1] Methodenbuch zur Analyse organischer Düngemittel, Bodenverbesserungsmittel und Substrate, Kapitel III. C2, Bundesgütegemeinschaft Kompost e.V. (Hrsg.), 5. Auflage 2006, Selbstverlag, Köln

Schwermetall	Untersuchungsmethode(n)
Blei	DIN 38406, Teil 6 (Ausgabe Juli 1998) DIN EN ISO 11885 (Ausgabe April 1998) DIN ISO 11047 (Ausgabe Mai 2003) DIN EN ISO 17294-2 (Ausgabe Februar 2005)
Cadmium	DIN EN ISO 5961 (Ausgabe Mai 1995) DIN EN ISO 11885 (Ausgabe April 1998) DIN ISO 11047 (Ausgabe Mai 2003) DIN EN ISO 17294-2 (Ausgabe Februar 2005)
Chrom	DIN EN 1233 (Ausgabe August 1996) DIN EN ISO 11885 (Ausgabe April 1998) DIN ISO 11047 (Ausgabe Mai 2003) DIN EN ISO 17294-2 (Ausgabe Februar 2005)
Kupfer	DIN 38406, Teil 7 (Ausgabe September 1991) DIN EN ISO 11885 (Ausgabe April 1998) DIN ISO 11047 (Ausgabe Mai 2003) DIN EN ISO 17294-2 (Ausgabe Februar 2005)
Nickel	DIN 38406, Teil 11 (Ausgabe September 1991) DIN EN ISO 11885 (Ausgabe April 1998) DIN ISO 11047 (Ausgabe Mai 2003) DIN EN ISO 17294-2 (Ausgabe Februar 2005)
Quecksilber	DIN EN 1483 (Ausgabe Juli 2007) DIN EN 12338 (Ausgabe Oktober 1998)
Zink	DIN 38406, Teil 8 (Ausgabe Oktober 2004) DIN EN ISO 11885 (Ausgabe April 1998) DIN ISO 11047 (Ausgabe Mai 2003) DIN EN ISO 17294-2 (Ausgabe Februar 2005)

Die Ergebnisse sind in Milligramm je Kilogramm Trockenmasse anzugeben.

Anmerkung:

Kann bei unbehandelten Bioabfällen ein Aufschluss mit Königswasser nicht durchgeführt werden, so sind die Proben vor dem Aufschluss unter Vermeidung von Schwermetallverlusten bei 450 °C zu mineralisieren oder ein anderes gleichwertiges Aufschlussverfahren anzuwenden.

2 Angabe und Berechnung der Ergebnisse

Soweit es bei den einzelnen Untersuchungsparametern dieses Anhangs nicht anders vorgeschrieben ist, sind die Ergebnisse der jeweiligen zwei parallelen Messungen und ihr arithmetischer Mittelwert anzugeben. Die Mittelwertbildung ist nur zulässig, wenn die Differenz der beiden Einzelwerte die methodenübliche Wiederholbarkeit[2] nicht überschreitet. Im Falle einer derartigen Überschreitung sind eine Überprüfung auf mögliche Ursachen der überhöhten Differenz und eine dritte Messung erforderlich. Sofern die Überprüfung der überhöhten Differenz keine eindeutige Ursache erbracht hat, ist als Endergebnis der mittlere der drei der Größe nach geordneten Einzelwerte (Median) anzugeben.

3 Qualitätssicherung und -kontrolle

Die Untersuchungsstellen sind verpflichtet, die Analysenergebnisse durch geeignete Maßnahmen zur Qualitätssicherung und Qualitätskontrolle[3] abzusichern. Dazu gehört u. a. der Nachweis über die regelmäßige erfolgreiche Teilnahme an Ringversuchen.

4 Bekanntmachungen sachverständiger Stellen

Die im Abschnitt 1 genannten DIN-Normen wurden in der Beuth-Verlag GmbH, Berlin und Köln, veröffentlicht und sind beim Deutschen Patent- und Markenamt in München archivmäßig gesichert niedergelegt.

Das in Nummer 1.3.3 genannte Methodenbuch zur Analyse organischer Düngemittel, Bodenverbesserungsmittel und Substrate wurde im Selbstverlag der Bundesgütegemeinschaft Kompost e.V., Köln, veröffentlicht und ist bei der Deutschen Nationalbibliothek in Leipzig archivmäßig gesichert niedergelegt.

[2] Zur Ermittlung siehe insbesondere DIN ISO 5725 Genauigkeit (Richtigkeit und Präzision) von Messverfahren und Messergebnissen -
- Teil 1: Allgemeine Grundlagen und Begriffe (DIN ISO 5725–1, Berichtigte Ausgabe September 1998),
- Teil 2: Grundlegende Methode für Ermittlung der Wiederhol- und Vergleichpräzision eines vereinheitlichten Messverfahrens (DIN ISO 5725–2, Ausgabe Dezember 2002),
- Teil 3: Präzisionsmaße eines vereinheitlichten Messverfahrens unter Zwischenbedingungen (DIN ISO 5725–3, Ausgabe Februar 2003),
- Teil 4: Grundlegende Methoden für die Ermittlung der Richtigkeit eines vereinheitlichten Messverfahrens (DIN ISO 5725–4, Ausgabe Januar 2003),
- Teil 5: Alternative Methoden für die Ermittlung der Präzision eines vereinheitlichten Messverfahrens (DIN ISO 5725–5, Ausgabe November 2002).

[3] Siehe insbesondere:
- AQS – analytische Qualitätssicherung, Rahmenempfehlungen der Länderarbeitsgemeinschaft Wasser (LAWA) für Wasser-, Abwasser- und Schlammuntersuchungen, Länderarbeitsgemeinschaft Wasser (Hrsg.), Erich Schmidt Verlag, Berlin, April 2006,
- Richtlinie zur analytischen Qualitätssicherung in der Wasseranalytik, DIN V ENV ISO 13530 (Ausgabe Oktober 1999)

Anhang 4*

(zu § 11 Absatz 2)

Lieferschein gemäß § 11 Absatz 2 der Bioabfallverordnung

Der Lieferschein ist vom Bioabfallbehandler oder Gemischhersteller (§ 11 Absatz 2 Satz 2 Nummer 1) bzw. bei unbehandelten Bioabfällen vom Entsorgungsträger, Erzeuger oder Besitzer (§ 10 Absatz 3 Satz 1 Nummer 3 und Satz 2) auszustellen; das Original ist bis zum Bewirtschafter der Aufbringungsfläche (§ 11 Absatz 2 Satz 2 Nummer 2) weiterzugeben. Eine Kopie (Aussteller und Zwischenabnehmer) und das Original (Bewirtschafter der Aufbringungsfläche) des jeweils vollständig ausgefüllten Lieferscheines ist 10 Jahre lang aufzubewahren.

* tritt am 1. August 2012 in Kraft.

Aussteller des Lieferscheines (§ 11 Abs. 2 Satz 2 Nr. 1 bzw. § 10 Abs. 3 Satz 1 Nr. 3 und Satz 2) – Name und Anschrift:	Lieferschein-Nr.: Lieferschein-Datum: Chargennummer des Bioabfalls/Gemischs (§ 11 Abs. 2 Satz 2 Nr. 3): Höchstzulässige Aufbringungsmenge (§ 11 Abs. 2 Satz 2 Nr. 8) t TM/ha/3 Jahre: ☐ 20 ☐ 30 ☐ Abgegebene Menge in t (§ 11 Abs. 2 Satz 2 Nr. 3):
Falls Zwischenabnehmer (§ 11 Abs. 2 Satz 2 Nr. 2) (ggf. weitere Zwischenabnehmer auf zusätzlichem Blatt) – Name und Anschrift:	Bewirtschafter der Aufbringungsfläche (§ 11 Abs. 2 Satz 2 Nr. 2) – Name und Anschrift:
Abgabe (§ 11 Abs. 2 Satz 2 Nr. 4) als unbehandelter Bioabfall ☐ hygienisierend behandelter Bioabfall ☐ biologisch stabilisierend behandelter Bioabfall ☐ behandelter Bioabfall ☐ Gemisch ☐ (Gemisch mit Bioabfällen wie vorstehend angekreuzt)	Beschreibung (§ 11 Abs. 2 Satz 2 Nr. 4) der unvermischt verwendeten Materialien ist beigefügt ☐ oder siehe Düngemittelkennzeichnung ☐ Auflistung anderer als in Anhang 1 Nr. 1 genannter Bioabfälle (§ 6 Abs. 2) ist beigefügt ☐

Ergebnisse der Untersuchungen Bioabfälle oder Gemische (§ 11 Abs. 2 Satz 2 Nr. 6)

Probenahme-Datum:		Analysen-Nr.:	
Blei	mg/kg TM	pH-Wert	
Cadmium	mg/kg TM	Salzgehalt	mg KCl / 100 g FM
Chrom	mg/kg TM	OS als Glühverlust	Gew. % TM
Kupfer	mg/kg TM	Trockenrückstand	Gew. %
Nickel	mg/kg TM	Fremdstoffe:	
Quecksilber	mg/kg TM	– Glas, Kunststoff, Metall > 2 mm	Gew. % TM
Zink	mg/kg TM	– Steine > 10 mm	Gew. % TM

Begründung (§ 11 Abs. 2 Satz 2 Nr. 6), wenn bei unbehandelten, hygienisierend oder biologisch stabilisierend behandelten Bioabfällen einzelne Untersuchungen der Parameter nach § 4 Abs. 5 Satz 1 Nr. 2 nicht durchführbar sind, ist beigefügt. ☐

<table>
<tr><td colspan="3">Untersuchungsstelle Prüfung Schadstoffe und weitere Parameter (§ 11 Abs. 2 Satz 2 Nr. 7) – Name und Anschrift:</td><td colspan="3">Untersuchungsstelle Prüfung der hygienisierten Bioabfälle (§ 11 Abs. 2 Satz 2 Nr. 7) – Name und Anschrift:

Probenahme-Datum:
Analysen-Nr.:</td></tr>
<tr><td colspan="6">Der Aussteller versichert, dass die Anforderungen
a) zur seuchen- und phytohygienischen Unbedenklichkeit nach § 3 Abs. 2 und 3 sowie
b) an die Schwermetallgehalte nach § 4 Abs. 3, auch in Verbindung mit § 5 Abs. 2 Satz 2
eingehalten sind (§ 11 Abs. 2 Satz 2 Nr. 5).</td></tr>
<tr><td colspan="6">Bioabfälle/Gemisch für die Aufbringung auf Grünlandflächen und auf mehrschnittigen Feldfutterflächen zulässig (§ 11 Abs. 2 Satz 2 Nr. 9) ☐</td></tr>
<tr><td colspan="6">Ergebnisse der Bodenuntersuchung (§ 11 Abs. 2a Satz 2; vom Bewirtschafter im Original des Lieferscheines auszufüllen)
Keine Bodenuntersuchung erforderlich (§ 9 Abs. 2 Satz 4) ☐
Bodenuntersuchung gemäß Klärschlammverordnung ist beigefügt (§ 9 Abs. 2 Satz 3) ☐
Probenahme-Datum: Analysen-Nr.:</td></tr>
<tr><td colspan="3">Blei mg/kg TM
Cadmium mg/kg TM
Chrom mg/kg TM
Kupfer mg/kg TM
Nickel mg/kg TM
Quecksilber mg/kg TM
Zink mg/kg TM</td><td colspan="3">Bodenart Ton ☐
Bodenart Lehm ☐
Bodenart Sand ☐
pH-Wert</td></tr>
<tr><td colspan="6">Untersuchungsstelle Bodenuntersuchung (§ 11 Abs. 2a Satz 2; vom Bewirtschafter im Original des Lieferscheines auszufüllen) – Name und Anschrift:</td></tr>
<tr><td colspan="6">Aufbringungsfläche (§ 11 Abs. 2a Satz 2; vom Bewirtschafter im Original des Lieferscheines auszufüllen)
(ggf. weitere Aufbringungsflächen auf zusätzlichem Blatt)
Gemarkung Flur Flurstücks-Nr.
oder alternativ Schlagbezeichnung Größe ha</td></tr>
<tr><td colspan="2">Datum der Abgabe und Unterschrift des Ausstellers</td><td colspan="2">/
Falls Zwischenabnehmer, Datum der Annahme/Weitergabe und Unterschrift
(ggf. weitere Zwischenabnehmer auf zusätzlichem Blatt)</td><td colspan="2">Datum der Annahme und Unterschrift des Bewirtschafters der Aufbringungsfläche</td></tr>
</table>

Verordnung über Deponien und Langzeitlager

(Deponieverordnung – DepV)

Vom 27. April 2009 (BGBl. I S. 900)

Zuletzt geändert am 9. Juli 2021 (BGBl. I S. 2598)
[diese Änderung der DepV tritt am 1. August 2023 in Kraft]

Inhaltsübersicht

Teil 1
Allgemeine Bestimmungen

§ 1 Anwendungsbereich

(1) Diese Verordnung gilt für

1. die Errichtung, den Betrieb, die Stilllegung und die Nachsorge von Deponien,
2. die Behandlung von Abfällen zum Zwecke der Ablagerung auf Deponien und des Einsatzes als Deponieersatzbaustoff,
3. die Ablagerung von Abfällen auf Deponien,
4. den Einsatz von Abfällen als und zur Herstellung von Deponieersatzbaustoff,
5. die Errichtung, den Betrieb, die Stilllegung und die Nachsorge von Langzeitlagern sowie
6. die Lagerung von Abfällen in Langzeitlagern.

(2) Diese Verordnung gilt für

1. Träger eines Deponievorhabens,
2. Betreiber und Inhaber von Deponien (Deponiebetreiber),
3. Betreiber von Langzeitlagern,
4. Erzeuger und Besitzer von Abfällen sowie
5. Betreiber von Anlagen zur Behandlung von Abfällen
   a) zur Ablagerung auf Deponien und
   b) zur Herstellung von Deponieersatzbaustoffen.

15

(3) Diese Verordnung gilt nicht für

1. private Haushaltungen,
2. die Lagerung und die Ablagerung von Baggergut (Abfallschlüssel 17 05 06 gemäß Anlage zur Abfallverzeichnis-Verordnung) entlang von Wasserstraßen und oberirdischen Gewässern, aus denen es ausgebaggert wurde, ausgenommen die Wasserstraßen Donau, Elbe, Ems unterhalb von Papenburg, Mosel, Neckar, Oder, Rhein und Weser,
3. Deponien und Deponieabschnitte, auf denen die Stilllegungsphase
   a) vor dem 1. Januar 1997 begonnen hat, mit Ausnahme der §§ 14 bis 17, oder
   b) vor dem 16. Juli 2001 begonnen hat und Festlegungen für die Stilllegungsphase vor dem 16. Juli 2001 in einer Planfeststellung, einer Plangenehmigung oder einer behördlichen Anordnung getroffen worden sind, mit Ausnahme der §§ 14 bis 17,
4. Deponien und Deponieabschnitte, die am 16. Juli 2009 nach § 36 Absatz 3 des Kreislaufwirtschafts- und Abfallgesetzes durch bestandskräftigen Bescheid endgültig stillgelegt sind,
5. die Lagerung von Abfällen in Langzeitlagern, soweit die Abfälle vor der Verwertung über einen Zeitraum von weniger als drei Jahren gelagert werden, und
6. die ausschließliche Lagerung oder Ablagerung von Abfällen, die unmittelbar und üblicherweise beim Aufsuchen, Gewinnen, Aufbereiten und Weiterverarbeiten sowie bei der damit zusammenhängenden Lagerung von Bodenschätzen anfallen.

§ 2 Begriffsbestimmungen

In dieser Verordnung gelten folgende Begriffsbestimmungen:

1. Ablagerungsbereich:
   Bereich einer Deponie, auf oder in dem Abfälle zeitlich unbegrenzt abgelagert werden;
2. Ablagerungsphase:
   Zeitraum von der Abnahme der für den Betrieb einer Deponie oder eines Deponieabschnittes erforderlichen Einrichtungen durch die zuständige Behörde bis zu dem Zeitpunkt, an dem die Ablagerung von Abfällen beendet wird;
3. Altdeponie:
   Eine Deponie, die sich am 16. Juli 2009 in der Ablagerungs-, Stilllegungs- oder Nachsorgephase befindet;
4. Auslöseschwelle:
   Grundwasserüberwachungswerte, bei deren Überschreitung Maßnahmen zum Schutz des Grundwassers eingeleitet werden müssen;
5. Behandlung:
   Mechanische, physikalische, thermische, chemische oder biologische Verfahren oder Verfahrenskombinationen, die das Volumen oder die schädlichen Eigenschaften der Abfälle verringern, ihre Handhabung erleichtern, ihre Verwertung oder Beseitigung begünstigen oder die Einhaltung der Zuordnungskriterien nach Anhang 3 gewährleisten;
6. Deponie der Klasse 0 (Deponieklasse 0, DK 0):
   Oberirdische Deponie für Inertabfälle, die die Zuordnungskriterien nach Anhang 3 Nummer 2 für die Deponieklasse 0 einhalten;
7. Deponie der Klasse I (Deponieklasse I, DK I):
   Oberirdische Deponie für Abfälle, die die Zuordnungskriterien nach Anhang 3 Nummer 2 für die Deponieklasse I einhalten;
8. Deponie der Klasse II (Deponieklasse II, DK II):
   Oberirdische Deponie für Abfälle, die die Zuordnungskriterien nach Anhang 3 Nummer 2 für die Deponieklasse II einhalten;
9. Deponie der Klasse III (Deponieklasse III, DK III):
   Oberirdische Deponie für nicht gefährliche Abfälle und gefährliche Abfälle, die die Zuordnungskriterien nach Anhang 3 Nummer 2 für die Deponieklasse III einhalten;
10. Deponie der Klasse IV (Deponieklasse IV, DK IV):
    Untertagedeponie, in der Abfälle
    a) in einem Bergwerk mit eigenständigem Ablagerungsbereich, der getrennt von einer Mineralgewinnung angelegt ist, oder
    b) in einer Kaverne, vollständig im Gestein eingeschlossen, abgelagert werden;
11. Deponieabschnitt:
    Räumlich oder bautechnisch abgegrenzter Teil des Ablagerungsbereiches einer Deponie, der einer bestimmten Deponieklasse zugeordnet ist und der getrennt betrieben werden kann;

12. Deponiebetreiber:
    Natürliche oder juristische Person, die die rechtliche oder tatsächliche Verfügungsgewalt über eine Deponie innehat;
13. Deponieersatzbaustoff:
    Für Maßnahmen nach § 15 auf oberirdischen Deponien
    a) unmittelbar einsetzbare Abfälle sowie
    b) unter Verwendung von Abfällen hergestellte Materialien;
14. Deponiegas:
    Durch Reaktionen der abgelagerten Abfälle entstandene Gase;
15. Eingangsbereich:
    Bereich auf dem Betriebsgelände der Deponie, in dem die Abfälle angeliefert, gewichts- oder volumenmäßig erfasst und identifiziert werden;
16. Entgasung:
    Erfassung des Deponiegases in Fassungselementen und dessen Ableitung mittels Absaugung (aktive Entgasung) oder durch Nutzung des Druckgradienten an Durchlässen im Oberflächenabdichtungssystem (passive Entgasung);
17. Flüssige Abfälle:
    Abfälle mit flüssiger Konsistenz mit Ausnahme von pastösen, schlammigen und breiigen Abfällen;
18. Grundlegende Charakterisierung:
    Ermittlung und Bewertung aller für eine langfristig sichere Deponierung eines Abfalls erforderlichen Informationen, insbesondere Angaben über Art, Herkunft, Zusammensetzung, Homogenität, Auslaugbarkeit, sonstige typische Eigenschaften sowie Vorschlag für Festlegung der Schlüsselparameter, der Untersuchungsverfahren und der Untersuchungshäufigkeit;
19. Klärschlammverbrennungsanlage:
    Feuerungsanlage nach § 2 Absatz 4 der Verordnung über die Verbrennung und die Mitverbrennung von Abfällen vom 2. Mai 2013 (BGBl. I S. 1021, 1044, 3754), in der jeweils geltenden Fassung, in der Klärschlamm zum Zweck der Vorbehandlung verbrannt wird;

19a. Anlage zur thermischen Vorbehandlung des Klärschlamms:
    Feuerungsanlage nach § 2 Absatz 4 der Verordnung über die Verbrennung und die Mitverbrennung von Abfällen, in der Klärschlamm durch Verfahren wie Vergasung, Teilverbrennung und thermische Behandlungsverfahren mit indirekter Beheizung des Behandlungsreaktors oder eine Kombination daraus behandelt wird;

20. Klärschlammmitverbrennungsanlage:
    Feuerungsanlage oder Großfeuerungsanlage nach § 2 Absatz 2 oder 3 der Verordnung über die Verbrennung und die Mitverbrennung von Abfällen, in der Klärschlamm zum Zweck der Vorbehandlung mitverbrannt wird;
21. Kohlenstoffhaltiger Rückstand:
    Kohlenstoff- und phosphorhaltiges Material nach thermischer Vorbehandlung des Klärschlamms in einer Anlage mit Vergasung, Teilverbrennung oder thermischer Behandlung mit indirekter Beheizung des Behandlungsreaktors, auch bei Kombination dieser Vorbehandlungen;

22. Langzeitlager:
Anlage zur Lagerung von Abfällen nach § 4 Absatz 1 des Bundes-Immissionsschutzgesetzes in Verbindung mit Nummer 8.14 des Anhangs 1 zur Verordnung über genehmigungsbedürftige Anlagen;

23. Langzeitlager der Klasse 0 (Langzeitlagerklasse 0, LK 0):
Oberirdisches Langzeitlager für Inertabfälle, die die Zuordnungskriterien nach Anhang 3 Nummer 2 für die Deponieklasse 0 einhalten;

24. Langzeitlager der Klasse I (Langzeitlagerklasse I, LK I):
Oberirdisches Langzeitlager für nicht gefährliche Abfälle, die die Zuordnungskriterien nach Anhang 3 Nummer 2 für die Deponieklasse I einhalten;

25. Langzeitlager der Klasse II (Langzeitlagerklasse II, LK II):
Oberirdisches Langzeitlager für nicht gefährliche Abfälle, die die Zuordnungskriterien nach Anhang 3 Nummer 2 für die Deponieklasse II einhalten;

26. Langzeitlager der Klasse III (Langzeitlagerklasse III, LK III):
Oberirdisches Langzeitlager für gefährliche Abfälle, die die Zuordnungskriterien nach Anhang 3 Nummer 2 für die Deponieklasse III einhalten;

27. Langzeitlager der Klasse IV (Langzeitlagerklasse IV, LK IV):
Untertägiges Langzeitlager für gefährliche Abfälle in einem Bergwerk mit eigenständigem Lagerbereich, der getrennt von einer Mineralgewinnung angelegt ist;

28. Mechanisch-biologisch behandelte Abfälle:
Abfälle aus der Aufbereitung oder Umwandlung von Haushaltsabfällen und ähnlichen gewerblichen und industriellen Abfällen mit hohem biologisch abbaubaren Anteil in Anlagen, die unter den Anwendungsbereich der Verordnung über Anlagen zur biologischen Behandlung von Abfällen fallen;

29. Monodeponie:
Deponie oder Deponieabschnitt der Deponieklasse 0, I, II, III oder IV, in der oder in dem ausschließlich spezifische Massenabfälle, die nach Art, Schadstoffgehalt und Reaktionsverhalten ähnlich und untereinander verträglich sind, abgelagert werden;

30. Nachsorgephase:
Zeitraum nach der endgültigen Stilllegung einer Deponie oder eines Deponieabschnittes bis zu dem Zeitpunkt, zu dem die zuständige Behörde nach § 40 Absatz 5 des Kreislaufwirtschaftsgesetzes den Abschluss der Nachsorge der Deponie feststellt;

31. Profilierung:
Gestaltung der Oberfläche des Deponiekörpers einer Deponie oder eines Deponieabschnittes, um darauf das Oberflächenabdichtungssystem in dem für die Entwässerung erforderlichen Gefälle aufbringen zu können;

32. Schlüsselparameter:
Parameter mit hoher Bedeutung für die im Rahmen der Annahmekontrolle durchzuführende Prüfung der Zulässigkeit der Ablagerung und der Übereinstimmung des Abfalls mit dem grundlegend charakterisierten Abfall;

33. Sickerwasser:
Jede Flüssigkeit, die die abgelagerten Abfälle durchsickert und aus der Deponie ausgetragen oder in der Deponie eingeschlossen wird;

34. Spezifische Massenabfälle:
Straßenaufbruch sowie mineralische Abfälle, die bei definierten Prozessen in großen Mengen bei gleicher Zusammensetzung entstehen, insbesondere Boden und Steine, Baggergut, Aschen, Schlacken und Stäube aus thermischen Prozessen, Abfälle aus der Abgasbehandlung, Schlämme aus industriellen Prozessen;

35. Stilllegungsphase:
Zeitraum vom Ende der Ablagerungsphase der Deponie oder eines Deponieabschnittes bis zur endgültigen Stilllegung der Deponie oder eines Deponieabschnittes nach § 40 Absatz 3 des Kreislaufwirtschaftsgesetzes;

36. Träger eines Vorhabens:
Natürliche oder juristische Person, die Adressat des Zulassungsbescheides ist;

37. Zuordnungskriterien:
Zuordnungswerte unter Einbeziehung der Fußnoten nach Anhang 3 Nummer 2 Tabelle 2 bei Anwendung des Eingangstextes von Anhang 3 Nummer 2.

Teil 2
Errichtung, Betrieb, Stilllegung und Nachsorge von Deponien

§ 3 Errichtung

(1) Deponien oder Deponieabschnitte der Klasse 0, I, II oder III sind so zu errichten, dass die Anforderungen nach Absatz 3 sowie nach Anhang 1 an den Standort, die geologische Barriere und das Basisabdichtungssystem eingehalten werden.

(2) Deponien der Klasse IV sind nur im Salzgestein und so zu errichten, dass die Anforderungen nach Absatz 3 und nach Anhang 2 Nummer 1 an Standort und geologische Barriere sowie nach Anhang 2 Nummer 2 zur standortbezogenen Sicherheitsbeurteilung eingehalten werden.

(3) Der Deponiebetreiber hat auf der Deponie außer einem Ablagerungsbereich mindestens einen Eingangsbereich einzurichten. Er hat die Deponie so zu sichern, dass ein unbefugter Zugang zu der Anlage verhindert wird. Die zuständige Behörde kann für Deponien der Klasse 0 und Monodeponien Ausnahmen von den Anforderungen nach den Sätzen 1 und 2 zulassen, wenn eine Beeinträchtigung des Wohles der Allgemeinheit nicht zu besorgen ist.

(4) Hat die zuständige Behörde bei Deponien der Klasse 0 auf Grund einer Bewertung der Risiken für die Umwelt entschieden, dass die Sammlung und Behandlung von Sickerwasser nicht erforderlich ist, oder wurde festgestellt, dass die Deponie keine Gefährdung für Boden, Grundwasser oder Oberflächenwasser darstellt, so können die Anforderungen nach Absatz 1 entsprechend herabgesetzt werden.

§ 4 Organisation und Personal

Der Deponiebetreiber hat die Organisation einer Deponie so auszugestalten, dass

1. jederzeit ausreichend Personal, das über die für ihre jeweilige Tätigkeit erforderliche Fach- und Sachkunde verfügt, für die wahrzunehmenden Aufgaben vorhanden ist,
2. die für die Leitung verantwortlichen Personen mindestens alle zwei Jahre an von der zuständigen Behörde oder Stelle anerkannten Lehrgängen nach Anhang 5 Nummer 9 teilnehmen,
3. das Personal über den für die Tätigkeit erforderlichen aktuellen Wissensstand verfügt und mindestens alle vier Jahre an einer fachspezifischen Fortbildung teilnimmt,

4. die erforderliche Überwachung und Kontrolle der durchgeführten abfallwirtschaftlichen Tätigkeiten sichergestellt ist sowie

5. Unfälle vermieden und eventuelle Unfallfolgen begrenzt werden.

§ 5 Inbetriebnahme

Der Deponiebetreiber darf die Deponie oder einen Deponieabschnitt erst in Betrieb nehmen, wenn die zuständige Behörde die für den Betrieb erforderlichen Einrichtungen abgenommen hat. Satz 1 gilt für wesentliche Änderungen der Deponie oder eines Deponieabschnittes entsprechend.

§ 6 Voraussetzungen für die Ablagerung

(1) Abfälle dürfen auf Deponien oder Deponieabschnitten nur abgelagert werden, wenn die jeweiligen Annahmekriterien nach den Absätzen 3 bis 5, bei vollständig stabilisierten Abfällen (Abfallschlüssel 19 03 05 der Anlage zur Abfallverzeichnis-Verordnung) zusätzlich die Anforderungen nach Absatz 2, bereits bei der Anlieferung eingehalten werden. Die Annahmekriterien sind im einzelnen Abfall, ohne Vermischung mit anderen Stoffen oder Abfällen, einzuhalten. Soweit es zur Einhaltung der Annahmekriterien erforderlich ist, sind Abfälle vor der Ablagerung zu behandeln. Die Behandlung ist ausreichend, wenn das Behandlungsergebnis irreversibel ist und die Annahmekriterien durch die Behandlung dauerhaft eingehalten werden. Satz 2 gilt bei vorgemischten Abfällen (Abfallschlüssel 19 02 03, 19 02 04 der Anlage zur Abfallverzeichnis-Verordnung) sowie bei teilweise stabilisierten und verfestigten Abfällen (Abfallschlüssel 19 03 04, 19 03 06, 19 03 07 der Anlage zur Abfallverzeichnis-Verordnung) für den jeweiligen Abfall vor der Behandlung.

(1a)[1] Folgende mineralische Ersatzbaustoffe im Sinne von § 2 Nummer 1 der Ersatzbaustoffverordnung vom 9. Juli 2021 (BGBl. I S. 2598), die als Abfall anfallen und die nach Abschnitt 3 Unterabschnitt 1 der Ersatzbaustoffverordnung güteüberwacht und klassifiziert sind oder nicht aufbereitetes Bodenmaterial und nicht aufbereitetes Baggergut, das nach Abschnitt 3 Unterabschnitt 2 der Ersatzbaustoffverordnung untersucht und klassifiziert ist, gelten ohne Beprobung nach Anhang 4 bei Anlieferung zur Deponie als

1. nicht gefährliche Abfälle, die die Zuordnungskriterien des Anhangs 3 Nummer 2 für die Deponieklasse I einhalten
   a) Bodenmaterial der Klasse F2 oder F3 – BM-F2, BM-F3 –,
   b) Baggergut der Klasse F2 oder F3 – BG-F2, BG-F3 –,
   c) Stahlwerksschlacke der Klasse 1 oder 2 – SWS-1, SWS-2,
   d) Hochofenstückschlacke der Klasse 1 oder 2 – HOS-1, HOS-2 –,
   e) Hüttensand – HS –,
   f) Gießereikupolofenschlacke – GKOS –,
   g) Gießereirestsand der Klasse 1 – GRS-1 –,

[1] **§ 6 Absatz 1a tritt am 1. August 2023 in Kraft.**

h) Kupferhüttenmaterial der Klasse 1 oder 2 – CUM-1, CUM-2 –,

i) Steinkohlenkesselasche – SKA –,

j) Braunkohlenflugasche – BFA –,

k) Hausmüllverbrennungsasche der Klasse 1 oder 2 – HMVA-1, HMVA-2,

l) Recycling-Baustoff der Klasse 1, 2 oder 3 – RC-1, RC-2, RC-3 –

m) Gleisschotter der Klasse 2 oder 3 – GS-2, GS-3 –

oder

2. als Inertabfälle, die die Zuordnungskriterien des Anhangs 3 Nummer 2 für die Deponieklasse 0 einhalten

   a) Bodenmaterial der Klasse 0, 0*, F0* oder F1 – BM-0, BM-0*, BM-F0*, BM-F1 –,

   b) Baggergut der Klasse 0, 0*, F0* oder F1 – BG-0, BG-0*, BG-F0*, BG-F1 –,

   c) Gleisschotter der Klasse 0 oder 1 – GS-0, GS-1 – und

   d) Schmelzkammergranulat – SKG –.

Eine andere Zuordnung der in Satz 1 Nummer 1 und 2 genannten mineralischen Ersatzbaustoffe zu den Deponieklassen kann durch eine Beprobung und Abfalluntersuchung nach Anhang 4 erfolgen.

(2) Für vollständig stabilisierte Abfälle (Abfallschlüssel 19 03 05 der Anlage zur Abfallverzeichnis-Verordnung) gilt, dass nach der Stabilisierung

1. die Bestimmung aller Zuordnungswerte nach Anhang 3 Nummer 2 aus einem Eluat bei jeweils konstantem pH-Wert 4 und 11 nach Anhang 4 Nummer 3.2.1.2 erfolgt,

2. die Abfallproben nach der Aushärtung bei einer Aushärtungszeit von längstens 28 Tagen für die Elution auf die Korngröße kleiner oder gleich 10 Millimeter zerkleinert werden und

3. bei der Bewertung der Messergebnisse (Feststoff- und Eluatwerte) die Masse der zugesetzten Stoffe berücksichtigt wird,

es sei denn, die jeweiligen Abfälle halten die Annahmekriterien vor der Stabilisierung ein.

(3) Gefährliche Abfälle dürfen nur abgelagert werden

1. auf Deponien oder Deponieabschnitten, die alle Anforderungen für die Deponieklasse III erfüllen und wenn die Zuordnungskriterien des Anhangs 3 Nummer 2 für die Deponieklasse III eingehalten werden, oder

2. auf Deponien, die alle Anforderungen für die Deponieklasse IV erfüllen.

Abweichend von Satz 1 können gefährliche Abfälle, die die Zuordnungskriterien des Anhangs 3 Nummer 2

1. für die Deponieklasse II einhalten, auf einer Deponie oder einem Deponieabschnitt der Klasse II oder

2. für die Deponieklasse I einhalten, auf einer Deponie oder einem Deponieabschnitt der Klasse I

abgelagert werden. Satz 1 und 2 gilt für asbesthaltige Abfälle und Abfälle, die andere gefährliche Mineralfasern enthalten, mit der Maßgabe, dass

1. keine Anhaltspunkte bestehen, dass die Abfälle die Zuordnungskriterien des Anhangs 3 Nummer 2 für die jeweilige Deponieklasse nicht einhalten und
2. die Ablagerung in einem gesonderten Teilabschnitt eines Deponieabschnittes oder in einem eigenen Deponieabschnitt erfolgt.

(4) Nicht gefährliche Abfälle dürfen nur abgelagert werden auf Deponien oder Deponieabschnitten, die

1. mindestens alle Anforderungen für die Deponieklasse I erfüllen und wenn die Zuordnungskriterien des Anhangs 3 Nummer 2 für die Deponieklasse I eingehalten werden, oder
2. mindestens alle Anforderungen für die Deponieklasse II erfüllen und wenn die Zuordnungskriterien des Anhangs 3 Nummer 2 für die Deponieklasse II eingehalten werden, oder
3. mindestens alle Anforderungen für die Deponieklasse III erfüllen und wenn die Zuordnungskriterien des Anhangs 3 Nummer 2 für die Deponieklasse III eingehalten werden, oder
4. alle Anforderungen für die Deponieklasse IV erfüllen.

Satz 1 gilt für mechanisch-biologisch behandelte Abfälle mit der Maßgabe, dass

1. die Ablagerung nur auf Deponien oder Deponieabschnitten der Klasse II erfolgt,
2. auf der Deponie oder dem Deponieabschnitt keine gefährlichen Abfälle oder gipshaltige Abfälle abgelagert werden und
3. im Rahmen der mechanisch-biologischen Behandlung heizwertreiche Abfälle zur Verwertung oder thermischen Behandlung sowie sonstige verwertbare oder schadstoffhaltige Fraktionen weitgehend abgetrennt wurden.

Für vollständig stabilisierte Abfälle (Abfallschlüssel 19 03 05 der Anlage zur Abfallverzeichnis-Verordnung) gilt Satz 1 bei einer Ablagerung auf einer Deponie oder einem Deponieabschnitt der Deponieklasse I oder II mit der Maßgabe, dass organische Schadstoffe, durch die die stabilisierten ursprünglichen Abfälle gefährliche Eigenschaften oder Merkmale nach § 3 Absatz 2 der Abfallverzeichnis-Verordnung aufwiesen, durch die Stabilisierung zerstört worden sind.

(5) Inertabfälle dürfen nur abgelagert werden auf

1. Deponien oder Deponieabschnitten, die mindestens alle Anforderungen für die Deponieklasse 0 erfüllen und wenn die Zuordnungskriterien des Anhangs 3 Nummer 2 für die Deponieklasse 0 eingehalten werden, oder
2. auf Deponien, die alle Anforderungen für die Deponieklasse IV erfüllen.

(6) Mit Zustimmung der zuständigen Behörde dürfen auch bei Überschreitung einzelner Zuordnungswerte, insbesondere des TOC und des Glühverlustes,

1. abweichend von Absatz 3 Satz 1 Nummer 1 in Verbindung mit Absatz 1 Satz 1 gefährliche Abfälle aus Schadensfällen wie Brände und Naturkatastrophen auf einem gesonderten Teilabschnitt eines Deponieabschnittes der Klasse III, bei der Einstufung als gefährlicher Abfall ausschließlich auf Grund enthaltener gefährlicher Mineralfasern jedoch auf einem gesonderten Teilabschnitt eines Deponieabschnittes der Klasse II,

2. abweichend von Absatz 4 Satz 1 Nummer 2 in Verbindung mit Absatz 1 Satz 1 nicht gefährliche Abfälle aus Schadensfällen wie Brände und Naturkatastrophen auf einem gesonderten Teilabschnitt eines Deponieabschnittes der Klasse II und

3. abweichend von Absatz 4 Satz 1 Nummer 3 in Verbindung mit Absatz 1 Satz 1 nicht gefährliche Abfälle aus Schadensfällen wie Brände und Naturkatastrophen auf einem gesonderten Teilabschnitt eines Deponieabschnittes der Klasse III

abgelagert werden, soweit zuvor eine möglichst weitgehende Aussortierung organischer Anteile erfolgt ist und das Wohl der Allgemeinheit durch die Ablagerung nicht beeinträchtigt wird. Satz 1 gilt auch

1. für Abfälle, die Asbest oder andere gefährliche Mineralfasern enthalten oder vermischt mit ihnen anfallen, wenn der Nachweis erbracht wird, dass eine Abtrennung der Fasern nicht möglich oder wirtschaftlich nicht zumutbar ist oder kein anderes Entsorgungsverfahren zur Verfügung steht, sowie

2. für Abfälle, die aus dem Rückbau einer Deponie oder einer Altlast nach § 2 Absatz 5 des Bundes-Bodenschutzgesetzes vom 17. März 1998 (BGBl. I S. 502), das zuletzt durch Artikel 3 des Gesetzes vom 9. Dezember 2004 (BGBl. I S. 3214) geändert worden ist, stammen, wenn die heizwertreichen Abfallanteile vor der Ablagerung weitgehend abgetrennt werden.

§ 7 Nicht zugelassene Abfälle

(1) Folgende Abfälle dürfen nicht auf einer Deponie der Klasse 0, I, II oder III abgelagert werden:

1. flüssige Abfälle,

2. Abfälle, die nach Anhang III der Richtlinie 2008/98/EG des Europäischen Parlaments und des Rates vom 19. November 2008 über Abfälle und zur Aufhebung bestimmter Richtlinien (ABl. L 312 vom 22.11.2008, S. 3, L 127 vom 26.5.2009, S. 24), die durch die Verordnung (EU) Nr. 1357/2014 (ABl. L 365 vom 19.12.2014, S. 89) geändert worden ist, als explosiv, brandfördernd, entzündbar oder ätzend eingestuft werden,

3. infektiöse Abfälle (Abfallschlüssel 18 01 03 und 18 02 02 der Anlage zur Abfallverzeichnis-Verordnung), Körperteile und Organe (Abfallschlüssel 18 01 02 der Anlage zur Abfallverzeichnis-Verordnung),

4. nicht identifizierte oder neue chemische Abfälle aus Forschungs-, Entwicklungs- und Ausbildungstätigkeiten, deren Auswirkungen auf den Menschen und die Umwelt nicht bekannt sind,

5. ganze oder zerteilte Altreifen,

6. Abfälle, die zu erheblichen Geruchsbelästigungen für die auf der Deponie Beschäftigten und für die Nachbarschaft führen, und

7. Abfälle nach Anhang V Teil 2 der Verordnung (EU) 2019/1021 des Europäischen Parlaments und des Rates vom 20. Juni 2019 über persistente organische Schadstoffe (ABl. L 169 vom 25.6.2019, S. 45) in der jeweils geltenden Fassung, bei denen die Konzentrationsgrenzen der in Anhang IV derselben Verordnung aufgelisteten Stoffe überschritten sind, sowie andere Abfälle, bei denen auf Grund der Herkunft oder Beschaffenheit durch die Ablagerung wegen ihres Gehaltes an langlebigen oder bioakkumulierbaren toxischen Stoffen eine Beeinträchtigung des Wohles der Allgemeinheit zu besorgen ist.

(2) Folgende Abfälle dürfen nicht in einer Deponie der Klasse IV abgelagert werden:

1. die in Absatz 1 Nummer 1, 3 bis 6 genannten Abfälle,

2. biologisch abbaubare Abfälle,
3. Abfälle mit einem Brennwert (H_o) von mehr als 6 000 Kilojoule pro Kilogramm Trockenmasse (TM), es sei denn, die zuständige Behörde hat einem höheren Brennwert zugestimmt, weil
   a) er durch elementaren Kohlenstoff, anorganische Stoffe oder prozessbedingt in Reaktions- und Destillationsrückständen, die in einem Eluat nach Anhang 4 Nummer 3.2.1.1 einen Gesamtgehalt an gelösten Feststoffen von mehr als 10 000 Milligramm pro Liter aufweisen, verursacht und jeweils nachgewiesen wird, dass keine anderweitige Behandlung technisch möglich oder wirtschaftlich zumutbar ist,
   b) es sich um schwermetallbelastete Ionenaustauscherharze aus der Trinkwasserbehandlung oder um quecksilberhaltige Abfälle handelt oder
   c) die Ablagerung in einer Deponie der Klasse IV die umweltverträglichste Lösung ist,
4. Abfälle, die unter Ablagerungsbedingungen durch Reaktionen untereinander oder mit dem Gestein zu
   a) Volumenvergrößerungen,
   b) einer Bildung selbstentzündlicher, toxischer oder explosiver Stoffe oder Gase oder zu
   c) anderen gefährlichen Reaktionen

   führen, soweit die Betriebssicherheit und die Integrität der Barrieren dadurch in Frage gestellt werden,
5. Abfälle, die unter Ablagerungsbedingungen
   a) explosionsgefährlich, hoch entzündlich oder leicht entzündlich sind,
   b) stechenden Geruch freisetzen oder
   c) keine ausreichende Stabilität gegenüber den geomechanischen Bedingungen aufweisen.

(3)[2] Folgende Abfälle dürfen nicht durch den Abfallerzeuger und Abfallbesitzer einer Deponie der Klasse 0, I, II, III oder IV zur Ablagerung zugeführt werden:

1. Abfälle, die zur Vorbereitung zur Wiederverwendung oder zum Recycling getrennt gesammelt werden; ausgenommen hiervon sind diejenigen Abfälle,
   a) die bei der anschließenden Behandlung getrennt gesammelter Abfälle entstehen und
   b) bei denen eine Ablagerung auf Deponien den Schutz von Mensch und Umwelt am besten oder in gleichwertiger Weise wie die Vorbereitung zur Wiederverwendung und das Recycling gewährleistet,

oder

2. Abfälle, die einer Verwertung zugeführt werden können; ausgenommen hiervon sind diejenigen Abfälle, bei denen eine Ablagerung auf Deponien den Schutz von Mensch und Umwelt am besten oder in gleichwertiger Weise wie die Vorbereitung zur Wiederverwendung und das Recycling gewährleistet.

[2] **§ 7 Absatz 3 tritt am 1. Januar 2024 in Kraft.**

Die in § 6 Absatz 2 Satz 2 und 3 des Kreislaufwirtschaftsgesetzes festgelegten Kriterien sind zu berücksichtigen. § 7 Absatz 4 des Kreislaufwirtschaftsgesetzes gilt entsprechend.

§ 8 Annahmeverfahren

(1) Der Abfallerzeuger, bei Sammelentsorgung der Einsammler, hat dem Deponiebetreiber rechtzeitig vor der ersten Anlieferung die grundlegende Charakterisierung des Abfalls mit mindestens folgenden Angaben vorzulegen:

1. Abfallherkunft (Abfallerzeuger oder Einsammlungsgebiet),
2. Abfallbeschreibung (betriebsinterne Abfallbezeichnung, Abfallschlüssel und Abfallbezeichnung nach der Anlage zur Abfallverzeichnis-Verordnung),

2a. Ergebnis der Prüfung der Verwertbarkeit und Verwertungsmöglichkeiten,

3. Art der Vorbehandlung, soweit durchgeführt,
4. Aussehen, Konsistenz, Geruch und Farbe,
5. Masse des Abfalls als Gesamtmenge oder Menge pro Zeiteinheit,
6. Probenahmeprotokoll nach Anhang 4 Nummer 2,
7. Protokoll über die Probenvorbereitung nach Anhang 4 Nummer 3.1.1,
8. zugehörige Analysenberichte über die Einhaltung der Zuordnungskriterien nach Anhang 3 Nummer 2 für die jeweilige Deponie, bei vorgemischten sowie bei teilweise stabilisierten und verfestigten Abfällen unter Beachtung von § 6 Absatz 1 Satz 5, bei vollständig stabilisierten Abfällen unter Beachtung von § 6 Absatz 2,
9. bei gefährlichen Abfällen zusätzlich Angaben über den Gesamtgehalt ablagerungsrelevanter Inhaltsstoffe im Feststoff, soweit dies für eine Beurteilung der Ablagerbarkeit erforderlich ist,
10. bei gefährlichen Abfällen im Fall von Spiegeleinträgen zusätzlich die relevanten gefährlichen Eigenschaften,
11. bei Abfällen nach Anhang V Teil 2 der Verordnung (EU) 2019/1021 in der jeweils geltenden Fassung, bei denen die Konzentrationsgrenzen der in Anhang IV derselben Verordnung aufgelisteten Stoffe überschritten sind und die auf einer Deponie der Klasse IV abgelagert werden sollen, ein von der zuständigen Behörde genehmigter Nachweis nach Artikel 7 Absatz 4 Buchstabe b Ziffer i der Verordnung (EG) Nr. 850/2004,
12. Vorschlag für die Schlüsselparameter und deren Untersuchungshäufigkeit.

Soweit nach § 50 oder § 51 des Kreislaufwirtschaftsgesetzes in Verbindung mit Teil 2 der Nachweisverordnung Entsorgungsnachweise oder Sammelentsorgungsnachweise zu führen sind, können die nach Satz 1 Nummer 1 bis 5 vorzulegenden Angaben durch die verantwortliche Erklärung nach der Nachweisverordnung ersetzt werden. Soweit im Fall von Satz 2 Deklarationsanalysen vorzulegen sind, sind die Analysenberichte nach Satz 1 Nummer 8 nur für die darüber hinaus erforderlichen Zuordnungskriterien gesondert vorzulegen. Zum 16. Juli 2009 vorliegende grundlegende Charakterisierungen und festgelegte Schlüsselparameter gelten bis zum Ende einer eventuellen Befristung fort. Der Deponiebetreiber hat vor der ersten Annahme eines Abfalls

[, ausgenommen Abfälle nach § 6 Absatz 1a Nummer 1 und Nummer 2,][3] die Schlüsselparameter für die Kontrolluntersuchungen festzulegen. Führen Änderungen im abfallerzeugenden Prozess zu relevanten Änderungen des Auslaugverhaltens oder der Zusammensetzung des Abfalls, hat der Erzeuger, bei Sammelentsorgung der Einsammler, dem Deponiebetreiber erneut die nach Satz 1 erforderlichen Angaben vorzulegen. Der Deponiebetreiber hat in diesem Fall die Schlüsselparameter für die Kontrolluntersuchungen erneut festzulegen. Die Beprobung sowie die Abfalluntersuchungen für die Angaben nach den Sätzen 1, 3 und 6 sind nach Maßgabe des Anhangs 4 durchzuführen.

(2) Abfalluntersuchungen für die grundlegende Charakterisierung nach Absatz 1 sind nicht erforderlich

1. bei asbesthaltigen Abfällen,
2. bei Abfällen, die andere gefährliche Mineralfasern enthalten, [bei Abfällen nach § 6 Absatz 1a Nummer 1 und Nummer 2][4] sowie
3. bei Abfällen, über die alle notwendigen Informationen zum Auslaugverhalten und zur Zusammensetzung bekannt und gegenüber der für die Deponie zuständigen Behörde nachgewiesen sind.

Bei geringen Mengen kann auch bei anderen Abfällen, soweit Art und Herkunft bekannt sind, mit Zustimmung der für die Deponie zuständigen Behörde auf die Abfalluntersuchungen nach Satz 1 verzichtet werden. Satz 1 Nummer 1 und 2 gilt bei asbesthaltigen Abfällen und bei Abfällen, die andere gefährliche Mineralfasern enthalten, nur, wenn keine Anhaltspunkte dafür vorliegen, dass diese Abfälle andere schädliche Verunreinigungen enthalten.

(3) Der Abfallerzeuger, bei Sammelentsorgung der Einsammler, hat die Abfälle, die abgelagert werden sollen, stichprobenhaft je angefangene 1 000 Megagramm, mindestens aber jährlich, zu beproben und die Schlüsselparameter auf Einhaltung der Zuordnungskriterien des Anhangs 3 Nummer 2 für die jeweilige Deponie zu überprüfen. Bei Abfällen, die nicht regelmäßig anfallen, ist eine Untersuchung nach Satz 1 nicht erforderlich, wenn die gesamte zu deponierende Abfallmenge im Rahmen der grundlegenden Charakterisierung nach Anhang 4 beprobt und untersucht worden ist. Bei spezifischen Massenabfällen oder bei Abfällen, die eine Zustimmung der zuständigen Behörde nach § 6 Absatz 6 erfordern, kann die Häufigkeit der Beprobungen mit Zustimmung der für die Deponie zuständigen Behörde auf einmal alle drei Monate reduziert werden. Für die Probenahme gilt Anhang 4 Nummer 1 und 2. Die Probenvorbereitung ist nach Anhang 4 Nummer 3.1.1 durchzuführen. Die Überprüfung der Einhaltung der Zuordnungskriterien ist nach Anhang 3 Nummer 2, bei vorgemischten sowie bei teilweise stabilisierten und verfestigten Abfällen unter Beachtung der Voraussetzungen von § 6 Absatz 1 Satz 5, bei vollständig stabilisierten Abfällen unter Beachtung der Voraussetzungen von § 6 Absatz 2 durchzuführen und zu protokollieren. Bei Anlieferung des Abfalls sind dem Deponiebetreiber die Protokolle nach Satz 6 oder eine Erklärung der akkreditierten Untersuchungsstelle nach Anhang 4 Nummer 1 vorzulegen, dass sich Auslaugverhalten und Zusammensetzung des Abfalls gegenüber der grundlegenden Charakterisierung nicht geändert haben.

(4) Der Deponiebetreiber hat bei jeder Abfallanlieferung unverzüglich eine Annahmekontrolle durchzuführen, die mindestens umfasst:

1. Prüfung, ob für den Abfall die grundlegende Charakterisierung vorliegt,

[3] **Diese Änderung tritt am 1. August 2023 in Kraft.**

[4] **Diese Änderung tritt am 1. August 2023 in Kraft.**

2. Feststellung der Masse, Kontrolle des Abfallschlüssels und der Abfallbezeichnung gemäß Anlage zur Abfallverzeichnis- Verordnung,
3. Kontrolle der Unterlagen nach Absatz 3 Satz 6 auf Übereinstimmung mit den Angaben der grundlegenden Charakterisierung,
4. Sichtkontrolle vor und nach dem Abladen,
5. Kontrolle auf Aussehen, Konsistenz, Farbe und Geruch.

Soweit nach § 49 des Kreislaufwirtschaftsgesetzes in Verbindung mit Teil 3 der Nachweisverordnung Register zu führen sind, können die nach Satz 1 Nummer 2 zu kontrollierenden Maßgaben durch die Angaben im Register nach der Nachweisverordnung ersetzt werden.

(5) Der Deponiebetreiber hat bei einem Abfall, der erstmalig nach Absatz 1 Satz 1 oder erneut nach Absatz 1 Satz 6 charakterisiert worden ist, bei einer Anlieferungsmenge von mehr als

1. 50 Megagramm bei gefährlichen Abfällen oder
2. 500 Megagramm bei nicht gefährlichen Abfällen und Inertabfällen

von den ersten 50 beziehungsweise 500 Megagramm eine Kontrolluntersuchung auf Einhaltung der Zuordnungskriterien durchzuführen. In begründeten Einzelfällen ist eine Kontrolluntersuchung auf die Schlüsselparameter ausreichend. Die zuständige Behörde kann im Einzelfall eine höhere Anzahl von Kontrolluntersuchungen festlegen. Der Deponiebetreiber hat eine Kontrolluntersuchung auf Einhaltung der Zuordnungskriterien durchzuführen, wenn sich bei der Annahmekontrolle nach Absatz 4 Anhaltspunkte dafür ergeben, dass die Anforderungen an die Beschaffenheit der Abfälle für die vorgesehene Ablagerung nicht erfüllt sind oder wenn Unstimmigkeiten zwischen Begleitpapieren und angeliefertem Abfall bestehen. Im Übrigen hat der Deponiebetreiber bei nicht gefährlichen Abfällen von mehr als 500 Megagramm stichprobenartig eine Kontrolluntersuchung der Schlüsselparameter je angefangene 5 000 Megagramm desselben jeweils grundlegend charakterisierten und des nachfolgend angelieferten Abfalls, mindestens aber eine Kontrolluntersuchung jährlich durchzuführen. Bei gefährlichen Abfällen von mehr als 50 Megagramm hat er stichprobenartig eine Kontrolluntersuchung der Schlüsselparameter je angefangene 2 500 Megagramm desselben jeweils grundlegend charakterisierten und des nachfolgend angelieferten Abfalls, mindestens aber eine Kontrolluntersuchung jährlich durchzuführen. Bei spezifischen Massenabfällen und Abfällen nach § 6 Absatz 6 kann die Anzahl der Kontrolluntersuchungen abweichend von den Sätzen 5 und 6 mit Zustimmung der zuständigen Behörde auf eine Untersuchung jährlich reduziert werden. Die Kontrolluntersuchungen sind nach Maßgabe des Anhangs 4 Nummer 3, bei vorgemischten sowie bei teilweise stabilisierten und verfestigten Abfällen unter Beachtung von § 6 Absatz 1 Satz 5, bei vollständig stabilisierten Abfällen unter Beachtung von § 6 Absatz 2 durchzuführen und nach Anhang 4 Nummer 4 zu bewerten. Bei asbesthaltigen Abfällen und Abfällen, die andere gefährliche Mineralfasern enthalten, kann auf eine Kontrolluntersuchung verzichtet werden. In diesem Fall ist vom Abfallerzeuger eine Erklärung abzugeben, dass der angelieferte Abfall dem grundlegend charakterisierten Abfall entspricht und eine Überschreitung der Zuordnungskriterien der jeweiligen Deponieklasse nicht zu erwarten ist.

(6) Wird eine Deponie am Standort eines Unternehmens direkt und ausschließlich mit Abfällen dieses Unternehmens beschickt, kann die zuständige Behörde auf Antrag des Deponiebetreibers Abweichungen von den Absätzen 4 und 5 zulassen.

(7) Wird nach Maßgabe des Absatzes 5 eine Kontrolluntersuchung durchgeführt, hat der Deponiebetreiber bei der Abfallanlieferung von dem angelieferten Abfall eine Rückstellprobe zu nehmen und mindestens einen Monat aufzubewahren.

(8) Abweichend von den Absätzen 1, 3 und 5 sind bei den in der nachfolgenden Tabelle aufgeführten Inertabfällen Untersuchungen für die grundlegende Charakterisierung sowie Kontrolluntersuchungen nicht erforderlich, wenn

1. der Abfall von nur einer Anfallstelle stammt,
2. keine Anhaltspunkte bestehen, dass die Zuordnungskriterien des Anhangs 3 für die Deponieklasse 0 überschritten werden,
3. keine Anhaltspunkte bestehen, dass der Abfall durch Schadstoffe, für die in Anhang 3 keine Zuordnungskriterien festgelegt sind, so verunreinigt ist, dass das Wohl der Allgemeinheit bei einer Ablagerung beeinträchtigt wird, und
4. der Abfall nicht mehr als 5 Volumenprozent an mineralischen oder inerten Fremdstoffen enthält.

Abfallschlüssel gemäß Anlage zur Abfallverzeichnis-Verordnung	Beschreibung	Einschränkungen
10 11 03	Glasfaserabfall	Nur ohne organische Bindemittel
15 01 07	Verpackungen aus Glas	
17 01 01	Beton	Nur ausgewählte Abfälle aus Bau- und Abbruchmaßnahmen
17 01 02	Ziegel	Nur ausgewählte Abfälle aus Bau- und Abbruchmaßnahmen
17 01 03	Fliesen, Ziegel und Keramik	Nur ausgewählte Abfälle aus Bau- und Abbruchmaßnahmen
17 01 07	Gemische aus Beton, Ziegeln, Fliesen und Keramik	Nur ausgewählte Abfälle aus Bau- und Abbruchmaßnahmen
17 02 02	Glas	
17 05 04	Boden und Steine	Ausgenommen Oberboden und Torf sowie Boden und Steine aus Flächen mit schädlichen Bodenveränderungen im Sinne von § 2 Absatz 3 des Bundes-Bodenschutzgesetzes
19 12 05	Glas	
20 01 02	Glas	Nur getrennt gesammeltes Glas
20 02 02	Boden und Steine	Nur Abfälle aus Gärten und Parkanlagen; ausgenommen Oberboden und Torf

(8a)[5] Überprüfungen nach Absatz 3 und Kontrollen nach Absatz 5, ausgenommen diejenigen nach Satz 4, sind für Abfälle nach § 6 Absatz 1a Nummer 1 und Nummer 2 nicht erforderlich. Abweichend von Absatz 1 Satz 1 Nummer 6 bis 8 und Nummer 12 sowie von Absatz 4 Satz 1 Nummer 3 ist für diese Abfälle die Einhaltung der Materialwerte der Anlage 1 der Ersatzbaustoffverordnung und gegebenenfalls die Klasse des mineralischen Ersatzbaustoffs jeweils durch die Dokumentation nach § 12 Absatz 1 Satz 1 der Ersatzbaustoffverordnung nachzuweisen. Für nicht aufbereitetes Bodenmaterial und nicht aufbereitetes Baggergut ist die Einhaltung der Materialwerte der Anlage 1 der Ersatzbaustoffverordnung und die Klasse des Bodenmaterials oder des Baggerguts durch die Dokumente nach § 17 der Ersatzbaustoffverordnung nachzuweisen.

(9) Der Deponiebetreiber hat für jede Abfallanlieferung eine Eingangsbestätigung unter Angabe der festgestellten Masse und des sechsstelligen Abfallschlüssels gemäß der Anlage zur Abfallverzeichnis- Verordnung auszustellen. Wird die Übergabe der Abfälle mittels Begleitschein oder Übernahmeschein nach der Nachweisverordnung bestätigt, so ersetzen diese Nachweise die Eingangsbestätigung nach Satz 1. Bei Deponien der Klasse 0 und bei Monodeponien kann die zuständige Behörde auf Antrag des Betreibers davon abweichende Regelungen treffen.

(10) Der Deponiebetreiber hat die zuständige Behörde unverzüglich über angelieferte, zur Ablagerung auf der Deponie nicht zugelassene Abfälle zu informieren.

(11) Für die Annahme von Abfällen in Anlagen, in denen diese Abfälle durch Vermischung oder Behandlung zu den in § 6 Absatz 1 Satz 5 und Absatz 2 genannten Abfällen aufbereitet werden, bevor sie auf einer Deponie abgelagert werden, gelten die Absätze 1, 3, 4 und 5 entsprechend. Darüber hinaus hat der Zweiterzeuger den aufbereiteten Abfall oder Deponieersatzbaustoff gegenüber dem Deponiebetreiber grundlegend zu charakterisieren und diesem zusätzlich folgende Angaben vorzulegen: 15

1. Abfallschlüssel und Abfallbezeichnung nach § 2 Absatz 1 der Abfallverzeichnis-Verordnung der Abfälle, die in dem aufbereiteten Abfall enthalten sind,
2. Erklärung, dass die Abfälle, die in dem aufbereiteten Abfall enthalten sind, die Zuordnungskriterien vor dem Vermischen oder der Behandlung eingehalten haben.

Die Erklärung nach Satz 2 Nummer 2 entfällt, wenn die Einhaltung der Zuordnungskriterien mit dem Verfahren nach § 6 Absatz 2 Nummer 1 bis 3 nachgewiesen wird.

§ 9 Handhabung der Abfälle

Der Betreiber einer Deponie der Klasse 0, I, II oder III hat sicherzustellen, dass durch die abgelagerten Abfälle eine Beeinträchtigung der Standsicherheit des Deponiekörpers nicht zu besorgen ist. Im Übrigen hat er die abzulagernden Abfälle nach Anhang 5 Nummer 4 zu handhaben. Der Betreiber einer Deponie der Klasse IV hat Abfälle nach Anhang 5 Nummer 5 zu handhaben.

§ 10 Stilllegung

(1) In der Stilllegungsphase hat der Betreiber

[5] **§ 8 Absatz 8a tritt am 1. August 2023 in Kraft.**

1. einer Deponie der Klasse 0, I, II oder III unverzüglich alle erforderlichen Maßnahmen zur Errichtung des Oberflächenabdichtungssystems nach Anhang 1 Nummer 2,
2. einer Deponie der Klasse IV unverzüglich alle erforderlichen Maßnahmen nach Anhang 2 Nummer 3

durchzuführen, um eine Beeinträchtigung des Wohles der Allgemeinheit zu verhindern.

(2) Der Deponiebetreiber hat die endgültige Stilllegung der Deponie oder eines Deponieabschnittes nach § 40 Absatz 3 des Kreislaufwirtschaftsgesetzes bei der zuständigen Behörde zu beantragen. Dem Antrag sind mindestens bewertende Zusammenfassungen der Jahresberichte nach § 13 Absatz 5 und der Bestandspläne nach § 13 Absatz 6 sowie Bescheinigungen der zum Zeitpunkt der Errichtung zuständigen Überwachungsbehörde oder gleichwertige Nachweise über die ordnungsgemäße Errichtung des Oberflächenabdichtungssystems beizufügen.

(3) Die zuständige Behörde hat bei einer Stilllegung einer Deponie oder eines Deponieabschnittes die einzelnen Deponieabschnitte und die dazugehörigen technischen Einrichtungen abzunehmen. Die Abnahme erfolgt nach der Errichtung des Oberflächenabdichtungssystems.

§ 11 Nachsorge

(1) Der Deponiebetreiber hat in der Nachsorgephase alle Maßnahmen, insbesondere die Kontroll- und Überwachungsmaßnahmen, nach § 12 durchzuführen, die zur Verhinderung von Beeinträchtigungen des Wohles der Allgemeinheit erforderlich sind.

(2) Kommt die zuständige Behörde unter Berücksichtigung

1. der Prüfkriterien nach Anhang 5 Nummer 10 zu dem Schluss, dass aus dem Verhalten einer Deponie der Klasse 0, I, II oder III oder
2. der Dokumentation über den Zustand der Verwahrung der Tageszugänge nach Anhang 2 Nummer 4 zu dem Schluss, dass aus dem Verhalten einer Deponie der Klasse IV

zukünftig keine Beeinträchtigungen des Wohles der Allgemeinheit zu erwarten sind, kann sie auf Antrag des Deponiebetreibers die Kontroll- und Überwachungsmaßnahmen nach § 12 aufheben und nach § 40 Absatz 5 des Kreislaufwirtschaftsgesetzes den Abschluss der Nachsorgephase feststellen.

§ 12 Maßnahmen zur Kontrolle, Verminderung und Vermeidung von Emissionen, Immissionen, Belästigungen und Gefährdungen

(1) Zur Feststellung, ob von einer Deponie die Besorgnis einer schädlichen Verunreinigung des Grundwassers oder sonstigen nachteiligen Veränderung seiner Eigenschaften ausgeht, legt die zuständige Behörde vor Beginn der Ablagerungsphase unter Berücksichtigung der jeweiligen hydrologischen Gegebenheiten am Standort der Deponie und der Grundwasserqualität entsprechende Auslöseschwellen und geeignete Grundwasser-Messstellen zur Kontrolle dieser Schwellen nach Anhang 5 Nummer 3.1 Ziffer 1 fest. Auf Antrag des Deponiebetreibers kann die zuständige Behörde bei Deponien der Klasse 0 Ausnahmen von den Anforderungen nach Satz 1 zur Festlegung von Auslöseschwellen zulassen.

(2) Der Betreiber einer Deponie der Klasse 0, I, II oder III hat vor Beginn der Ablagerungsphase Grundwasser- Messstellen nach Absatz 1 sowie sonstige Messeinrichtungen nach Anhang 5 Nummer 3.1 zu schaffen. Er hat die Grundwasser-Messstellen sowie sonstigen Messeinrichtungen bis zum Ende der Nachsorgephase zu erhalten. Der Betreiber einer Deponie der Klasse IV

hat vor Beginn der Ablagerungsphase Grundwasser-Messstellen nach Absatz 1 zu schaffen. Er hat die Grundwasser-Messstellen bis zum Ende der Nachsorgephase zu erhalten.

(3) Der Deponiebetreiber hat bis zum Ende der Nachsorgephase Messungen und Kontrollen nach Anhang 5 Nummer 3.2 durchzuführen. Ergänzend hat der Betreiber einer Deponie der Klasse 0, I, II oder III bis zum Ende der Nachsorgephase

1. Sickerwasser nach Anhang 5 Nummer 6 zu handhaben,
2. Deponiegas nach Anhang 5 Nummer 7 zu handhaben und
3. sonstige von der Deponie ausgehende Belästigungen und Gefährdungen nach Anhang 5 Nummer 8 zu minimieren.

Auf Antrag des Deponiebetreibers kann die zuständige Behörde bei Deponien der Klasse 0 und bei Monodeponien Ausnahmen von den Anforderungen nach den Sätzen 1 und 2 zulassen.

(4) Der Deponiebetreiber hat die Maßnahmen, die bei Überschreiten der Auslöseschwellen durchgeführt werden, in Maßnahmenplänen zu beschreiben und der zuständigen Behörde zur Zustimmung vorzulegen. Werden die Auslöseschwellen überschritten, hat der Deponiebetreiber

1. die zuständige Behörde unverzüglich zu informieren und
2. nach den Maßnahmenplänen zu verfahren.

(5) Die zuständige Behörde kann anordnen, dass der Deponiebetreiber eventuelle Emissionen in Luft, Wasser oder Boden, die von der Deponie ausgehen, durch eine der Stellen, die von ihr bestimmt werden, ermitteln lässt, wenn zu besorgen ist, dass durch die Deponie das Wohl der Allgemeinheit beeinträchtigt wird. Die Länder können Einzelheiten der Messungen und Kontrollen und über die Informationen nach Absatz 4 Satz 2 Nummer 1 regeln.

(6) Bei allen Ereignissen mit erheblichen Beeinträchtigungen des Wohls der Allgemeinheit hat der Deponiebetreiber unverzüglich die erforderlichen Maßnahmen zur Begrenzung der Beeinträchtigungen des Wohls der Allgemeinheit sowie zur Vermeidung weiterer möglicher Ereignisse dieser Art zu ergreifen. Die zuständige Behörde verpflichtet den Deponiebetreiber, alle weiteren geeigneten Maßnahmen zu ergreifen, die zur Begrenzung der Umweltauswirkungen und zur Vermeidung weiterer möglicher Ereignisse im Sinne des Satzes 1 erforderlich sind. 15

§ 13 Information und Dokumentation

(1) Der Deponiebetreiber hat vor Beginn der Ablagerungsphase folgende Unterlagen zu erstellen:

1. eine Betriebsordnung nach Anhang 5 Nummer 1.1 und
2. ein Betriebshandbuch nach Anhang 5 Nummer 1.2.

Er hat die Unterlagen bei Bedarf fortzuschreiben und auf Verlangen der zuständigen Behörde vorzulegen.

(2) Der Betreiber einer Deponie der Klasse I, II, III oder IV hat ein Abfallkataster nach Anhang 5 Nummer 1.3 anzulegen und die dort geforderten Angaben zu dokumentieren. Die zuständige Behörde kann bei Monodeponien den Deponiebetreiber von den Anforderungen nach Satz 1 freistellen, wenn auf der Deponie oder einem Deponieabschnitt nur eine Abfallart abgelagert wird.

(3) Der Deponiebetreiber hat ein Betriebstagebuch nach Anhang 5 Nummer 1.4 zu führen und bis zum Ende der Nachsorgephase aufzubewahren. Auf Verlangen der zuständigen Behörde hat er das Betriebstagebuch vorzulegen.

(4) Der Deponiebetreiber hat die zuständige Behörde unverzüglich zu unterrichten über

1. alle festgestellten nachteiligen Auswirkungen der Deponie auf die Umwelt,
2. Störungen, die zu einer erheblichen Abweichung vom ordnungsgemäßen Deponiebetrieb führen und
3. Feststellungen, dass die Anforderungen der Deponiezulassung nicht eingehalten werden.

(5) Der Deponiebetreiber hat der zuständigen Behörde bis zum 31. März des Folgejahres einen Jahresbericht nach Anhang 5 Nummer 2 vorzulegen. Die Länder können Einzelheiten der Anforderungen, die an die Jahresberichte zu stellen sind, und über deren Vorlage regeln. Auf Antrag des Deponiebetreibers kann die zuständige Behörde die Frist zur Vorlage des Jahresberichts oder einzelner Teile verlängern.

(6) Der Deponiebetreiber hat bis spätestens sechs Monate nach Verfüllung eines Deponieabschnittes einen Bestandsplan zu erstellen. Im Bestandsplan ist der gesamte Deponieabschnitt einschließlich der technischen Barrieren aufzunehmen und zu dokumentieren. Ist ein Abfallkataster nach Absatz 2 zu erstellen, ist es in den Bestandsplan mit aufzunehmen.

(7) Unbeschadet der Informations- und Dokumentationspflichten nach den Absätzen 1 bis 6 übermittelt der Deponiebetreiber auf Verlangen der zuständigen Behörde die für die Überprüfung der Zulassung der Deponie erforderlichen Informationen, insbesondere die Ergebnisse der Messungen und Kontrollen und sonstige Daten, die der Behörde einen Vergleich des Betriebes der Deponie mit dem Stand der Technik im Sinne des § 3 Absatz 28 des Kreislaufwirtschaftsgesetzes sowie der in § 36 Absatz 1 Nummer 1 bis 3 und 5 des Kreislaufwirtschaftsgesetzes genannten Anforderungen ermöglichen.

Teil 3
Verwertung von Deponieersatzbaustoffen

§ 14 Grundsätze

(1) Deponieersatzbaustoffe dürfen für Einsatzbereiche im Sinne des § 15 auf Deponien der Klasse 0, I, II oder III nur verwendet werden, soweit hierdurch das Wohl der Allgemeinheit nicht beeinträchtigt wird. Insbesondere dürfen Deponieersatzbaustoffe nur in einer Menge eingesetzt werden, die für die Durchführung eines geordneten Deponiebetriebes und die hierfür erforderlichen Baumaßnahmen erforderlich ist. Als Deponieersatzbaustoff oder als Ausgangsstoff zur Herstellung von Deponieersatzbaustoffen sind, außer für die Rekultivierungsschicht des Oberflächenabdichtungssystems, ausschließlich mineralische Abfälle zugelassen.

(2) Zur Herstellung von Deponieersatzbaustoff sowie unmittelbar als Deponieersatzbaustoff dürfen nicht verwendet werden:

1. Abfälle nach § 7 Absatz 1 sowie Abfälle, die Asbest oder andere gefährliche Mineralfasern enthalten,
2. Abfälle, die die in Anlage 1 der Versatzverordnung vom 24. Juli 2002 (BGBl. I S. 2833), die zuletzt durch Artikel 11 des Gesetzes vom 15. Juli 2006 (BGBl. I S. 1619) geändert worden ist, aufgeführten Metallgehalte erreichen, wenn die Gewinnung der Metalle aus den Abfällen technisch möglich und wirtschaftlich zumutbar sowie unter Einhaltung der Anforderungen an die Zulässigkeit einer solchen Verwertung durchführbar ist, und
3. Abfälle, bei denen infolge der Art, Beschaffenheit oder Beständigkeit nicht gewährleistet ist, dass diese funktional oder bautechnisch geeignet sind, wie insbesondere gipshaltige Abfälle,

für deren Verwendung keine Eignung nach Anhang 1 Nummer 2.1.2 Satz 1 nachgewiesen wurde.

(3) Die Zuordnungskriterien und Zuordnungswerte nach Anhang 3 Nummer 2 in Verbindung mit Nummer 1 sind im einzelnen Abfall, ohne Vermischung mit anderen Stoffen oder Abfällen, einzuhalten. Satz 1 gilt bei vorgemischten sowie bei teilweise stabilisierten und verfestigten Abfällen (Abfallschlüssel 19 02 03, 19 02 04, 19 03 04, 19 03 06, 19 03 07 nach der Anlage zur Abfallverzeichnis-Verordnung) für den jeweiligen Abfall vor der Vermischung. Satz 1 gilt für vollständig stabilisierte Abfälle (Abfallschlüssel 19 03 05 der Anlage zur Abfallverzeichnis-Verordnung) mit der Maßgabe, dass die Zuordnungskriterien nach § 6 Absatz 2 bestimmt und bereits bei der Anlieferung eingehalten werden. § 6 Absatz 4 Satz 3 gilt entsprechend.

§ 15 Einsatzbereiche und Zuordnung

Die Verwendung von Deponieersatzbaustoffen ist nur zulässig, wenn die Anforderungen des Anhangs 3 eingehalten werden. Beim Einsatz von Deponieersatzbaustoffen zur Profilierung ist ergänzend zu beachten, dass

1. sich die Deponie oder der Deponieabschnitt in der Stilllegungsphase befindet und die Ablagerungsphase auf Grund der Anforderungen der Abfallablagerungsverordnung vom 20. Februar 2001 (BGBl. I S. 305), die zuletzt durch Artikel 1 der Verordnung vom 13. Dezember 2006 (BGBl. I S. 2860) geändert worden ist, oder der Deponieverordnung vom 24. Juli 2002 (BGBl. I S. 2807), die zuletzt durch Artikel 2 der Verordnung vom 13. Dezember 2006 (BGBl. I S. 2860) geändert worden ist, beendet worden ist, ohne dass die Deponie oder der Deponieabschnitt vollständig verfüllt ist, und
2. die Profilierung deponiebautechnisch erforderlich und nicht durch Änderung der zugelassenen Deponieform oder Umlagerung bereits abgelagerter Abfälle – soweit technisch möglich und wirtschaftlich zumutbar – zu erreichen ist.

§ 16 Inverkehrbringen von Abfällen

Abfälle dürfen zur Herstellung von Deponieersatzbaustoffen nur in Verkehr gebracht werden, wenn sie die Anforderungen nach § 14 Absatz 2 und 3 einhalten. Deponieersatzbaustoffe und unmittelbar als Deponieersatzbaustoff zu verwendende Abfälle dürfen nur in Verkehr gebracht werden, um sie Deponien zuzuführen, in denen die Anforderungen nach den §§ 14 und 15 eingehalten werden.

§ 17 Annahmeverfahren und Dokumentation

(1) Für die Annahme von Deponieersatzbaustoffen gilt § 8 entsprechend.

(2) Der Deponiebetreiber registriert die Herkunft der Deponieersatzbaustoffe in dem Register nach § 24 der Nachweisverordnung. Für die Dokumentation der Deponieersatzbaustoffe im Abfallkataster gilt § 13 Absatz 2 entsprechend.

(3) Der Betreiber von Anlagen zur Herstellung von Deponieersatzbaustoffen hat die Abfallherkunft und Angaben über den Entsorgungsweg in das Register nach § 24 der Nachweisverordnung zu übernehmen.

Teil 4
Sonstige Vorschriften

§ 18 Sicherheitsleistung

(1) Der Deponiebetreiber hat vor Beginn der Ablagerungsphase der zuständigen Behörde die Sicherheit für die Erfüllung von Inhaltsbestimmungen, Auflagen und Bedingungen zu leisten, die mit dem Planfeststellungsbeschluss oder der Plangenehmigung für die Ablagerungs-, Stilllegungs- oder Nachsorgephase zur Verhinderung oder Beseitigung von Beeinträchtigungen des Wohles der Allgemeinheit angeordnet wird. Satz 1 gilt zur Erfüllung der Auflagen und Bedingungen einer Änderungsgenehmigung entsprechend.

(2) Die zuständige Behörde setzt Art und Umfang der Sicherheit fest. Neben den in § 232 Absatz 1 des Bürgerlichen Gesetzbuchs vorgesehenen Arten der Sicherheit kann die zuständige Behörde zulassen, dass die Sicherheit bewirkt wird durch

1. die Stellung eines tauglichen Bürgen, insbesondere einer Bankbürgschaft,

2. eine Garantie oder ein Zahlungsversprechen eines Kreditinstituts oder

3. eine gleichwertige Sicherheit.

Bürgen nach Satz 2 Nummer 1 und Kreditinstitute nach Satz 2 Nummer 2 haben sich unwiderruflich gegenüber der zuständigen Behörde zu verpflichten, auf deren erstes Anfordern den festgesetzten Betrag zu zahlen. Die zuständige Behörde kann vom Deponiebetreiber verlangen, die Tauglichkeit eines Bürgen nachzuweisen. Bei der Festsetzung des Umfangs der Sicherheit ist ein planmäßiger Nachsorgebetrieb zu Grunde zu legen und bei Deponien der Klasse 0 von einem Nachsorgezeitraum von mindestens zehn Jahren, bei den Deponien der Klassen I bis IV von mindestens 30 Jahren auszugehen.

(3) Die finanzielle Sicherheit ist regelmäßig von der zuständigen Behörde mit dem Ziel der Erhaltung des realen Wertes der Sicherheit zu überprüfen. Sie ist erneut festzusetzen, wenn sich das Verhältnis zwischen Sicherheit und angestrebtem Sicherungszweck erheblich geändert hat. Hat sich das Verhältnis zwischen Sicherheit und angestrebtem Sicherungszweck erheblich geändert, kann der Deponiebetreiber bei der zuständigen Behörde eine Überprüfung der Sicherheit beantragen. Gebildete Rücklagen sollen bei der Höhe der erforderlichen Sicherheit angerechnet werden, soweit die zurückgelegten Beträge auf ein gesondertes Konto des Unternehmens eingezahlt werden und der Anspruch auf Auszahlung des Guthabens der zuständigen Behörde zur Sicherheit abgetreten oder verpfändet wird. Ergibt die Überprüfung, dass die Sicherheit zu erhöhen ist, kann die zuständige Behörde dem Deponiebetreiber für die Stellung der erhöhten Sicherheit eine Frist von längstens sechs Monaten setzen. Ergibt die Überprüfung, dass die Sicherheit zu verringern ist, hat die zuständige Behörde die nicht mehr erforderliche Sicherheit umgehend freizugeben. Die Sicherheit ist insgesamt freizugeben, wenn die zuständige Behörde den Abschluss der Nachsorgephase festgestellt hat.

(4) Abweichend von Absatz 1 soll die zuständige Behörde von der Stellung einer Sicherheit absehen, wenn eine öffentlich-rechtliche Körperschaft, ein Eigenbetrieb oder eine Eigengesellschaft einer öffentlich-rechtlichen Körperschaft, ein Zweckverband oder eine Anstalt des öffentlichen Rechts die Deponie betreibt und sichergestellt ist, dass über Einstandspflichten von Bund, Ländern oder Kommunen der angestrebte Sicherungszweck jederzeit gewährleistet ist.

§ 19 Antrag, Anzeige

(1) Für Errichtung und Betrieb einer Deponie nach § 35 Absatz 2 und 3 des Kreislaufwirtschaftsgesetzes sowie für die Zulassung vorzeitigen Beginns nach § 37 des Kreislaufwirtschaftsgeset-

zes hat der Träger des Vorhabens einen schriftlichen Antrag bei der zuständigen Behörde einzureichen, der mindestens enthalten muss:

1. den Namen und Wohnsitz oder Sitz des Trägers des Vorhabens, des Betreibers und des Entwurfsverfassers,
2. die Angabe, ob eine Planfeststellung oder eine Plangenehmigung oder ob eine Zulassung des vorzeitigen Beginns beantragt wird,
3. Standort und Bezeichnung der Deponie,
4. Begründung der Notwendigkeit der Maßnahme,
5. Kapazität der Deponie,
6. Liste der Abfälle mit Angabe der Abfallschlüssel und Abfallbezeichnungen nach der Anlage zur Abfallverzeichnis-Verordnung und einer Beschreibung nach Art und Beschaffenheit,
7. Angaben zu den planungsrechtlichen Ausweisungen des Standortes, den Standortverhältnissen, der Hydrologie, der Hydrogeologie, den geologischen Verhältnissen, den ingenieurgeologischen und geotechnischen Verhältnissen,
8. Maßnahmen der Bau- und Ablagerungsphase einschließlich der vorgesehenen Maßnahmen zur Verhütung und Bekämpfung von Verschmutzungen sowie der Kontroll- und Überwachungsmaßnahmen,
9. Maßnahmen der Stilllegungs- und Nachsorgephase,
10. Angaben zur Sicherheitsleistung,
11. bei einem Einsatz von Deponieersatzbaustoffen eine Liste der zu verwendenden Abfälle mit Angabe der Abfallschlüssel und Abfallbezeichnungen nach der Anlage zur Abfallverzeichnis-Verordnung einschließlich Angaben über die einzusetzende Gesamtmenge und Beschaffenheit sowie Beschreibung der Einsatzbereiche und Begründung der Notwendigkeit des Einsatzes.

Der Antrag auf Erteilung der Zulassung des vorzeitigen Beginns muss zusätzlich enthalten:

1. die Darlegung des öffentlichen Interesses oder des berechtigten Interesses des Vorhabensträgers an dem vorzeitigen Beginn und
2. die Verpflichtung des Vorhabensträgers, alle bis zur Erteilung der Genehmigung durch die Errichtung, den Probebetrieb und den Betrieb der Anlage verursachten Schäden zu ersetzen und, falls das Vorhaben nicht genehmigt wird, den früheren Zustand wiederherzustellen.

Satz 1 gilt für die wesentliche Änderung einer Deponie oder ihres Betriebes entsprechend, beschränkt auf die die Änderung betreffenden Angaben. Die Antragstellung kann mit Zustimmung der zuständigen Behörde elektronisch oder in elektronischer Form erfolgen. Die Anforderungen nach § 6 des Gesetzes über die Umweltverträglichkeitsprüfung an die vorzulegenden Unterlagen bleiben unberührt.

(2) Für die anzeigebedürftige Änderung einer Deponie oder ihres Betriebes nach § 35 Absatz 4 und 5 des Kreislaufwirtschaftsgesetzes hat der Träger des Vorhabens mindestens einen Monat vor der beabsichtigten Änderung eine schriftliche Anzeige bei der zuständigen Behörde einzureichen. Absatz 1 Satz 1, 4 und 5 gilt entsprechend, beschränkt auf die die Änderung betreffenden Angaben.

(3) Die Stilllegung einer Deponie oder eines Deponieabschnittes nach § 40 Absatz 1 des Kreislaufwirtschaftsgesetzes hat der Deponiebetreiber mindestens ein Jahr vor dem beabsichtigten Ende der Ablagerungsphase bei der zuständigen Behörde schriftlich anzuzeigen. Absatz 1 Satz 1, 4 und 5 gilt entsprechend, beschränkt auf die die Stilllegung betreffenden Angaben.

§ 20 Grenzüberschreitende Behörden- und Öffentlichkeitsbeteiligung

Kann ein nach § 35 Absatz 2 des Kreislaufwirtschaftsgesetzes planfeststellungspflichtiges Vorhaben erhebliche Auswirkungen in einem anderen Staat haben, die in den Antragsunterlagen zu beschreiben sind, oder ersucht ein anderer Staat, der möglicherweise von den Auswirkungen erheblich berührt wird, darum, hat die zuständige Behörde die von dem anderen Staat benannten Behörden zum gleichen Zeitpunkt und im gleichen Umfang über das Vorhaben zu unterrichten wie die nach § 73 Absatz 2 des Verwaltungsverfahrensgesetzes zu beteiligenden Behörden. Für das weitere Verfahren der grenzüberschreitenden Behörden- und Öffentlichkeitsbeteiligung ist § 11a der Verordnung über das Genehmigungsverfahren entsprechend anzuwenden.

§ 21 Behördliche Entscheidungen

(1) Im Planfeststellungsbeschluss oder in der Plangenehmigung nach § 35 Absatz 2 oder Absatz 3 des Kreislaufwirtschaftsgesetzes hat die zuständige Behörde für eine Deponie mindestens festzulegen:

1. die Angabe des Namens und des Wohnsitzes oder des Sitzes des Trägers des Vorhabens und des Deponiebetreibers,
2. die Angabe, dass eine Planfeststellung oder eine Plangenehmigung erteilt wird, und die Angabe der Rechtsgrundlage,
3. die Deponieklasse,
4. die Bezeichnung der Deponie,
5. die Standortangaben,
6. die Abfallarten durch Angabe der Abfallschlüssel und Abfallbezeichnungen nach der Anlage zur Abfallverzeichnis-Verordnung,
7. Zuordnungskriterien,
8. das zulässige Deponievolumen sowie bei oberirdischen Deponien die zulässige Größe der Ablagerungsfläche und die Oberflächengestaltung und Endhöhen,
9. die Anforderungen vor Inbetriebnahme der Deponie,
10. die Anforderungen an den Deponiebetrieb während der Ablagerungsphase, die Mess- und Überwachungsverfahren, einschließlich der Maßnahmenpläne,
11. die Anforderungen an die Stilllegungs- und Nachsorgephase,
12. die Verpflichtung des Trägers des Vorhabens, der zuständigen Behörde Jahresberichte vorzulegen,
13. die Art und Höhe der Sicherheit oder des gleichwertigen Sicherungsmittels, soweit erforderlich,
14. die Auslöseschwellen sowie

15. bei einem Einsatz von Deponieersatzbaustoffen diese nach Art, Menge und Beschaffenheit und die Baumaßnahmen nach Art und Umfang, in denen Deponieersatzbaustoffe verwendet werden dürfen.

(1a) Der Planfeststellungsbeschluss für ein Vorhaben, das nach dem Gesetz über die Umweltverträglichkeitsprüfung einer Umweltverträglichkeitsprüfung bedarf (UVP-pflichtiges Vorhaben), muss neben den nach Absatz 1 erforderlichen Angaben zumindest noch folgende Angaben enthalten:

1. die umweltbezogenen Nebenbestimmungen, die mit dem Planfeststellungsbeschluss verbunden sind,
2. eine Beschreibung der vorgesehenen Überwachungsmaßnahmen und
3. eine Begründung, aus der die wesentlichen tatsächlichen und rechtlichen Gründe hervorgehen, die die Behörde zu ihrer Entscheidung bewogen haben; hierzu gehören
   a) Angaben über das Verfahren zur Beteiligung der Öffentlichkeit,
   b) die zusammenfassende Darstellung gemäß § 24 des Gesetzes über die Umweltverträglichkeitsprüfung,
   c) die begründete Bewertung gemäß § 25 Absatz 1 des Gesetzes über die Umweltverträglichkeitsprüfung sowie
   d) eine Erläuterung, wie die begründete Bewertung gemäß § 25 Absatz 1 des Gesetzes über die Umweltverträglichkeitsprüfung, insbesondere die Angaben des UVP-Berichts gemäß § 16 des Gesetzes über die Umweltverträglichkeitsprüfung, die behördlichen Stellungnahmen nach § 17 Absatz 2 und § 55 Absatz 4 des Gesetzes über die Umweltverträglichkeitsprüfung sowie die Äußerungen der Öffentlichkeit nach den §§ 21 und 56 des Gesetzes über die Umweltverträglichkeitsprüfung, im Planfeststellungsbeschluss berücksichtigt wurden oder wie ihnen anderweitig Rechnung getragen wurde.

Wird ein UVP-pflichtiges Vorhaben nicht zugelassen, müssen im Bescheid die dafür wesentlichen Gründe erläutert werden.

(2) Im Bescheid über die Zulassung des vorzeitigen Beginns nach § 37 des Kreislaufwirtschaftsgesetzes hat die zuständige Behörde mindestens festzulegen:

1. die Angabe des Namens und des Wohnsitzes oder des Sitzes des Trägers des Vorhabens,
2. die Angabe, dass der vorzeitige Beginn zugelassen wird, und die Angabe der Rechtsgrundlage,
3. die Nebenbestimmungen der Zulassung des vorzeitigen Beginns einschließlich der Bezeichnung der Deponie und der Standortangaben und eine Sicherheitsleistung gemäß § 37 Absatz 2 des Kreislaufwirtschaftsgesetzes.

(3) Absatz 1 gilt bei einer Planfeststellung oder Plangenehmigung zur Änderung einer Deponie entsprechend, beschränkt auf die die Änderung betreffenden Angaben.

(4) Die zuständige Behörde kann zur Vorbereitung des Bescheides über die Zulassung des vorzeitigen Beginns, des Planfeststellungsbeschlusses oder der Plangenehmigung Teile der oder die gesamten Antragsunterlagen durch einen Sachverständigen überprüfen lassen, den sie nach Anhörung des Trägers des Vorhabens bestimmt.

§ 21a Öffentliche Bekanntmachung

(1) Die Entscheidung über den Antrag auf Planfeststellung einer Deponie ist im Internet öffentlich bekannt zu machen; davon ausgenommen sind die mit dem Antrag eingereichten Unterlagen. Sofern der Planfeststellungsbeschluss Hinweise auf Geschäfts- oder Betriebsgeheimnisse enthält, sind die entsprechenden Stellen unkenntlich zu machen.

(2) Absatz 1 gilt entsprechend für Anordnungen zur Stilllegung einer planfeststellungsbedürftigen Deponie nach § 40 Absatz 2 und 3 des Kreislaufwirtschaftsgesetzes.

§ 22 Überprüfung behördlicher Entscheidungen

(1) Die zuständige Behörde hat durch geeignete Maßnahmen zu überwachen, dass die Deponie im Einklang mit den umweltbezogenen Bestimmungen der behördlichen Entscheidung nach § 21 errichtet, betrieben und stillgelegt wird.

(2) Die zuständige Behörde hat die behördlichen Entscheidungen nach § 21 alle vier Jahre darauf zu überprüfen, ob zur Einhaltung des Standes der Technik im Sinne des § 3 Absatz 28 des Kreislaufwirtschaftsgesetzes sowie der in § 36 Absatz 1 Nummer 1 bis 3 und 5 des Kreislaufwirtschaftsgesetzes genannten Anforderungen weitere Bedingungen, Auflagen oder Befristungen angeordnet oder bestehende geändert werden müssen. Die zuständige Behörde nimmt Prüfungen entsprechend Satz 1 sowie Anordnungen oder Änderungen der behördlichen Entscheidungen vor, soweit die von der Deponie verursachten Beeinträchtigungen des Wohls der Allgemeinheit, die Betriebssicherheit oder neue umweltrechtliche Vorschriften dies erfordern.

§ 22a Überwachungspläne, Überwachungsprogramme

(1) Überwachungspläne im Sinne des § 47 Absatz 7 Satz 1 des Kreislaufwirtschaftsgesetzes haben Folgendes zu enthalten:

1. den räumlichen Geltungsbereich des Plans,
2. eine allgemeine Bewertung der wichtigen Umweltprobleme im Geltungsbereich des Plans,
3. ein Verzeichnis der in den Geltungsbereich des Plans fallenden Deponien,
4. Verfahren für die Aufstellung von Programmen für die regelmäßige Überwachung,
5. Verfahren für die Überwachung aus besonderem Anlass sowie
6. soweit erforderlich, Bestimmungen für die Zusammenarbeit zwischen verschiedenen Überwachungsbehörden.

Die Überwachungspläne sind von den zuständigen Behörden regelmäßig zu überprüfen und soweit erforderlich zu aktualisieren.

(2) Auf der Grundlage der Überwachungspläne erstellen oder aktualisieren die zuständigen Behörden regelmäßig Überwachungsprogramme, in denen auch die Zeiträume angegeben sind, in denen Vor-Ort-Besichtigungen stattfinden müssen. In welchem zeitlichen Abstand Deponien vor Ort besichtigt werden müssen, richtet sich nach einer systematischen Beurteilung der mit der Deponie verbundenen Umweltrisiken insbesondere anhand der folgenden Kriterien:

1. mögliche und tatsächliche Auswirkungen der betreffenden Deponie auf die menschliche Gesundheit und auf die Umwelt unter Berücksichtigung der Emissionswerte und -typen, der Empfindlichkeit der örtlichen Umgebung und des von der Deponie ausgehenden Unfallrisikos;
2. bisherige Einhaltung der Zulassungsanforderungen;

3. Eintragung eines Unternehmens in ein Verzeichnis gemäß Artikel 5 der Verordnung (EG) Nr. 1221/2009 des Europäischen Parlaments und des Rates vom 25. November 2009 über die freiwillige Teilnahme von Organisationen an einem Gemeinschaftssystem für Umweltmanagement und Umweltbetriebsprüfung und zur Aufhebung der Verordnung (EG) Nr. 761/2001, sowie der Beschlüsse der Kommission 2001/681/EG und 2006/193/EG (ABl. L 342 vom 22.12. 2009, S. 1).

(3) Der Abstand zwischen zwei Vor-Ort-Besichtigungen darf die folgenden Zeiträume nicht überschreiten:

1. ein Jahr bei Deponien der Klasse III und IV,
2. zwei Jahre bei Deponien der Klasse II sowie
3. drei Jahre bei Deponien der Klasse I.

Wurde bei einer Überwachung festgestellt, dass der Deponiebetreiber in schwerwiegender Weise gegen die Zulassung verstößt, hat die zuständige Behörde innerhalb von sechs Monaten nach der Feststellung des Verstoßes eine zusätzliche Vor-Ort-Besichtigung durchzuführen.

(4) Die zuständigen Behörden führen unbeschadet des Absatzes 2 bei Beschwerden wegen ernsthafter Umweltbeeinträchtigungen, bei Ereignissen mit erheblichen Beeinträchtigungen des Wohls der Allgemeinheit und bei Verstößen gegen Vorschriften des Kreislaufwirtschaftsgesetzes, dieser Verordnung oder einer auf Grund des Kreislaufwirtschaftsgesetzes erlassenen Rechtsverordnung eine Überwachung durch.

(5) Nach jeder Vor-Ort-Besichtigung einer planfeststellungsbedürftigen Deponie, für die eine Pflicht zur Erstellung eines Überwachungsplans und Überwachungsprogramms besteht, erstellt die zuständige Behörde einen Bericht mit den relevanten Feststellungen über die Einhaltung der Zulassungsanforderungen und mit Schlussfolgerungen, ob weitere Maßnahmen notwendig sind. Der Bericht ist dem Deponiebetreiber innerhalb von zwei Monaten nach der Vor-Ort-Besichtigung durch die zuständige Behörde zu übermitteln. Der Bericht ist der Öffentlichkeit nach den Vorschriften des Bundes und der Länder über den Zugang zu Umweltinformationen innerhalb von vier Monaten nach der Vor-Ort-Besichtigung zugänglich zu machen.

Teil 5
Langzeitlager

§ 23 Errichtung und Betrieb

(1) Für die Errichtung und den Betrieb von Langzeitlagern gelten die folgenden Vorschriften entsprechend:

1. für die Klassen 0, I, II oder III der § 3 Absatz 1, 3 und 4, die §§ 4 bis 6, § 7 Absatz 1 sowie die §§ 8, 9, 12, 13 und 18,
2. für die Klasse IV der § 3 Absatz 2 und 3, die §§ 4 bis 6, § 7 Absatz 2 sowie die §§ 8, 9, 12, 13 und 18.

§ 8 Absatz 4 gilt mit der Maßgabe, dass nur Abfälle angenommen werden dürfen, für die ein schriftlicher Nachweis darüber vorliegt, dass die nachfolgende ordnungsgemäße und schadlose Verwertung oder gemeinwohlverträgliche Beseitigung gesichert ist. § 18 Absatz 2 gilt mit der Maßgabe, dass für die Berechnung der Höhe der Sicherheit kein Nachsorgezeitraum berücksichtigt wird, sondern die Kosten für die umweltverträgliche Entsorgung der maximal zugelassenen Lagermenge und die Kosten der Wiederherrichtung des Anlagengeländes rechnerisch zu erfassen sind.

(2) Abweichend vom Verbot der Langzeitlagerung flüssiger Abfälle nach Absatz 1 Satz 1 Nummer 1 in Verbindung mit § 7 Absatz 1 Nummer 1 dürfen in einem Langzeitlager der Klasse III metallische Quecksilberabfälle gelagert werden, wenn

1. das Langzeitlager nach § 4 Absatz 1 des Bundes-Immissionsschutzgesetzes oder nach § 35 Absatz 2 des Kreislaufwirtschaftsgesetzes dafür zugelassen ist,
2. der Betreiber des Langzeitlagers die Anforderungen des Anhangs 6 Nummer 1 und 4 sowie des Absatzes 5 erfüllt und
3. der für die Befüllung der Behälter mit metallischen Quecksilberabfällen Verantwortliche (Befüller) die Anforderungen des Anhangs 6 Nummer 2 und 3 sowie der Absätze 3 und 4 einhält.

Über die Anforderungen des Satzes 1 hinaus sind bei Langzeitlagern der Klasse III auch die Anforderungen der Störfall-Verordnung einzuhalten. Absatz 1 Satz 2 und § 8 Absatz 1, Absatz 3, Absatz 4 Satz 1 Nummer 1 und 3 bis 5 sowie Absatz 5 sind bei der zeitweiligen Lagerung metallischer Quecksilberabfälle in Langzeitlagern der Klasse III nicht anzuwenden. Abweichend von § 2 Nummer 26 und Absatz 1 Satz 1 Nummer 1 in Verbindung mit § 6 Absatz 3 Satz 1 Nummer 1 ist bei der zeitweiligen Lagerung metallischer Quecksilberabfälle in Langzeitlagern der Klasse III die Einhaltung der Zuordnungskriterien des Anhangs 3 Nummer 2 nicht erforderlich.

(3) Der Befüller hat die Einhaltung der Anforderungen nach Anhang 6 Nummer 2 Buchstabe a und b stichprobenartig durch eine Kontrolluntersuchung je angefangene 10 Megagramm metallischer Quecksilberabfälle durch einen im Einvernehmen mit der zuständigen Behörde bestimmten Sachverständigen prüfen und schriftlich bestätigen zu lassen; § 24 Absatz 2 und 3 gilt entsprechend. Der Befüller hat dem Betreiber des Langzeitlagers, der die nach Satz 1 untersuchten metallischen Quecksilberabfälle annimmt, die Bestätigung des Sachverständigen unverzüglich zuzuleiten. Eine zweite Ausfertigung hat der Befüller fünf Jahre seit der Erstellung aufzubewahren.

(4) Der Befüller hat für jeden Behälter mit metallischen Quecksilberabfällen eine mit der Identifikationsnummer des Behälters gekennzeichnete Bescheinigung zu erstellen, die folgende Angaben enthalten muss:

1. Name und Anschrift des Abfallerzeugers,
2. Name und Anschrift des für die Befüllung Verantwortlichen,
3. Ort und Datum der Befüllung,
4. Quecksilberabfallmenge und Befüllungsgrad,
5. Analysebericht über den Reinheitsgrad des Quecksilberabfalls nach Anhang 6 Nummer 2 Buchstabe a und gegebenenfalls Beschreibung der Verunreinigungen,
6. Bestätigung, dass der Behälter nach der Befüllung keine aufgeschwommenen Verunreinigungen in Form einer wässrigen oder öligen Phase enthält,
7. Bestätigung, dass der Behälter ausschließlich für die Beförderung oder Lagerung von metallischen Quecksilberabfällen verwendet wurde,
8. Bestätigung der Einhaltung der Anforderungen des Anhangs 6 Nummer 3 Buchstabe a und c sowie
9. soweit im Einzelfall erforderlich, weitere für die Entsorgung relevante Anmerkungen.

Bei Anlieferung der metallischen Quecksilberabfälle ist dem Betreiber des Langzeitlagers die Bescheinigung zusammen mit dem Behälter vorzulegen. Eine zweite Ausfertigung hat der Befüller fünf Jahre seit der Erstellung aufzubewahren.

(5) Der Betreiber des Langzeitlagers hat nach der Beendigung der Lagerung folgende Unterlagen drei Jahre lang aufzubewahren:

1. die Bestätigung des Sachverständigen nach Absatz 3 Satz 1,
2. die Bescheinigung nach Absatz 4 Satz 1,
3. die Dokumentation der Wartung nach Anhang 6 Nummer 1 Buchstabe d Doppelbuchstabe cc,
4. die Protokolle der Sichtkontrollen nach Anhang 6 Nummer 4 Buchstabe c,
5. die Meldungen über Freisetzungen von Quecksilber nach Anhang 6 Nummer 4 Buchstabe e sowie
6. die Aufzeichnungen über die Entnahme und Versendung der metallischen Quecksilberabfälle nach ihrer zeitweiligen Lagerung sowie über den Bestimmungsort und die vorgesehene Behandlung.

(6) Bei Aschen aus der Klärschlammverbrennung und aus der Klärschlammmitverbrennung sowie bei kohlenstoffhaltigen Rückständen aus der Vorbehandlung von Klärschlamm durch vergleichbare thermische Verfahren, die nicht gemeinsam und ohne Vermischung mit anderen Abfällen zum Zwecke einer späteren Rückgewinnung des Phosphors in einem Langzeitlager gelagert werden, kann auf Antrag eine Ausnahme von der Nachweispflicht gemäß Absatz 1 Satz 2 zugelassen werden. Die Ausnahme ist auf maximal fünf Jahre zu befristen; sie kann befristet verlängert werden. Für eine Lagerung über den 30. Juni 2023 hinaus ist eine Ausnahme gemäß Satz 1 nicht zulässig.

§ 24 Stilllegung und Nachsorge

(1) Besteht die Besorgnis, dass nach Stilllegung des Langzeitlagers von der Anlage oder dem Anlagengrundstück schädliche Umwelteinwirkungen oder sonstige Gefahren, erhebliche Nachteile und erhebliche Belästigungen für die Allgemeinheit und die Nachbarschaft im Sinne von § 5 Absatz 3 Nummer 1 des Bundes-Immissionsschutzgesetzes hervorgerufen werden können, hat der Betreiber auf Verlangen der zuständigen Behörde durch einen im Einvernehmen mit der zuständigen Behörde bestimmten Sachverständigen überprüfen zu lassen, ob die Anforderungen nach § 5 Absatz 3 Nummer 1 des Bundes-Immissionsschutzgesetzes erfüllt sind. Die sonstigen Anforderungen des Bundes-Immissionsschutzgesetzes an Stilllegung und Nachsorge bleiben unberührt.

(2) Ein Sachverständiger kann nach Absatz 1 Satz 1 bestimmt werden, wenn er über die erforderliche Fachkunde, Unabhängigkeit, Zuverlässigkeit und gerätetechnische Ausstattung verfügt. Die Bestimmung erfolgt durch die zuständige Behörde des Landes, in dem der Antragsteller seinen Geschäftssitz hat und gilt für das gesamte Bundesgebiet; besteht kein Geschäftssitz im Inland, so ist das Land zuständig, in dem die Tätigkeit nach Absatz 1 vorrangig ausgeübt werden soll. Die Bestimmung kann mit einem Vorbehalt des Widerrufes, einer Befristung, mit Bedingungen, Auflagen und dem Vorbehalt von Auflagen versehen werden. Verfahren nach dieser Vorschrift können über eine einheitliche Stelle abgewickelt werden. Die Prüfung des Antrags auf Bekanntgabe einer Stelle muss innerhalb von drei Monaten abgeschlossen sein; § 42a Absatz 2 Satz 2 bis 4 des Verwaltungsverfahrensgesetzes findet Anwendung.

(3) Bei der Prüfung des Antrags auf Bestimmung nach Absatz 1 Satz 1 stehen Nachweise aus einem anderen Mitgliedstaat der Europäischen Union oder einem anderen Vertragsstaat des Abkommens über den Europäischen Wirtschaftsraum inländischen Nachweisen gleich, wenn aus ihnen hervorgeht, dass der Antragsteller die betreffenden Anforderungen des Absatzes 2 Satz 1 oder die auf Grund ihrer Zielsetzung im Wesentlichen vergleichbaren Anforderungen des Aus-

15

stellungsstaates erfüllt. Nachweise nach Satz 1 sind der zuständigen Behörde vor Aufnahme der Tätigkeit im Original oder in Kopie vorzulegen. Eine Beglaubigung der Kopie sowie eine beglaubigte deutsche Übersetzung können verlangt werden. Hinsichtlich der Überprüfung der erforderlichen Fachkunde des Antragstellers gilt § 36a Absatz 1 Satz 2 und Absatz 2 der Gewerbeordnung entsprechend; bei vorübergehender und nur gelegentlicher Tätigkeit eines Staatsangehörigen eines anderen Mitgliedstaates der Europäischen Union oder eines anderen Vertragsstaates des Abkommens über den Europäischen Wirtschaftsraum, der zur Ausübung einer solchen Tätigkeit in einem dieser Staaten niedergelassen ist, gilt hinsichtlich der erforderlichen Fachkunde § 13a Absatz 2 Satz 2 bis 5 und Absatz 3 der Gewerbeordnung entsprechend.

Teil 6
Schlussvorschriften

§ 25 In der Ablagerungsphase befindliche Altdeponien

(1) Abweichend von den §§ 3 bis 6, § 9, § 12 Absatz 1 und 2, § 13 Absatz 1 und 2 sowie den §§ 14 bis 16 kann eine Deponie oder ein Deponieabschnitt, die oder der sich am 16. Juli 2009 im Bau oder in der Ablagerungsphase befand und für die Festlegungen für die Errichtung und für die weitere Ablagerungsphase nach

1. der Abfallablagerungsverordnung vom 20. Februar 2001 (BGBl. I S. 305), die zuletzt durch Artikel 1 der Verordnung vom 13. Dezember 2006 (BGBl. I S. 2860) geändert worden ist,
2. der Deponieverordnung vom 24. Juli 2002 (BGBl. I S. 2807), die zuletzt durch Artikel 2 der Verordnung vom 13. Dezember 2006 (BGBl. I S. 2860) geändert worden ist, oder
3. der Deponieverwertungsverordnung vom 25. Juli 2005 (BGBl. I S. 2252), die zuletzt durch Artikel 3 der Verordnung vom 13. Dezember 2006 (BGBl. I S. 2860) geändert worden ist,

in einer Planfeststellung nach § 31 Absatz 2, einer Plangenehmigung nach § 31 Absatz 3 oder einer Anordnung nach § 35 oder § 36 Absatz 2 des Kreislaufwirtschafts- und Abfallgesetzes bestandskräftig getroffen wurden oder für die eine Anzeige nach § 14 Absatz 1 Satz 1 der Deponieverordnung vom 24. Juli 2002 (BGBl. I S. 2807), die zuletzt durch Artikel 2 der Verordnung vom 13. Dezember 2006 (BGBl. I S. 2860) geändert worden ist, vorliegt, weiter betrieben werden. Satz 1 gilt mit der Maßgabe, dass die abzulagernden Abfälle oder die zu verwendenden Deponieersatzbaustoffe die Zuordnungskriterien für den Glühverlust oder den Gesamtkohlenstoff (TOC) und den gelösten organischen Kohlenstoff (DOC) nach Anhang 3 Nummer 2 für die jeweilige Deponieklasse einhalten. Sind Festlegungen nach Satz 1 auch für die Stilllegungsphase, die endgültige Stilllegung und die Nachsorgephase getroffen worden, kann die Deponie oder der Deponieabschnitt nach diesen Festlegungen stillgelegt und nachgesorgt werden. Ungeachtet der Sätze 1 und 3 sind die allgemeinen Anforderungen an die Abdichtungssysteme nach Anhang 1 Nummer 2.1 einzuhalten.

(2) Eine vor dem 16. Juli 2009 von der zuständigen Behörde anerkannte oder zugelassene Sicherheit gilt bei einer Deponie oder einem Deponieabschnitt nach Absatz 1 Satz 1 als Sicherheit nach § 18 Absatz 1 weiter. Satz 1 gilt auch für handelsrechtlich gebildete betriebliche Rückstellungen.

(3) Bei Deponien oder Deponieabschnitten, auf denen Hausmüll, hausmüllähnliche Gewerbeabfälle, Klärschlämme und andere Abfälle mit hohen organischen Anteilen abgelagert worden sind, kann die zuständige Behörde abweichend von § 10 Absatz 1 zulassen, dass bis zum Abklingen der Hauptsetzungen eine temporäre Abdeckung eingebaut wird, wenn große Setzungen erwartet werden. Diese temporäre Abdeckung soll Sickerwasserneubildung und Deponiegasfreisetzungen minimieren.

(4) Bei Deponien oder Deponieabschnitten nach Absatz 3 kann die zuständige Behörde auf Antrag des Deponiebetreibers zur Beschleunigung biologischer Abbauprozesse und zur Verbesserung des Langzeitverhaltens ergänzend zu den Anforderungen nach den §§ 6 und 9 eine gezielte Befeuchtung durch Infiltration von Wasser oder, abweichend von § 7 Absatz 1 Nummer 1, von deponieeigenem Sickerwasser, eine Belüftung des Abfallkörpers oder eine Kombination der Verfahren zulassen, wenn nachfolgende Mindestanforderungen erfüllt sind:

1. Bei einer gezielten Befeuchtung durch Infiltration
   a) wird anfallendes Sickerwasser gefasst,
   b) werden Maßnahmen zur aktiven Fassung von Deponiegas und zur weitgehenden Verhinderung von Deponiegasfreisetzungen und zu dessen Kontrolle getroffen,
   c) sind relevante Mengen noch biologisch abbaubarer organischer Substanz im Deponiekörper nachgewiesen,
   d) sind Einrichtungen zur geregelten und kontrollierten Infiltration und zur Kontrolle des Gas- und Wasserhaushalts der Deponie vorhanden und
   e) ist der Nachweis der ausreichenden Standsicherheit des Deponiekörpers unter Berücksichtigung der zusätzlichen Wasserzugaben erbracht.
2. Bei einer Belüftung des Abfallkörpers
   a) sind Einrichtungen zur gezielten und kontrollierten Belüftung und Ablufterfassung und -behandlung vorhanden, sodass unkontrollierte gasförmige Emissionen weitgehend vermieden werden,
   b) wird eine an die Abluftbeschaffenheit angepasste Abluftbehandlung durchgeführt, sodass schädliche Emissionen weitgehend vermieden werden,
   c) sind relevante Mengen noch biologisch abbaubarer organischer Substanz im Deponiekörper nachgewiesen.
3. Bei einer gezielten Befeuchtung oder Belüftung des Abfallkörpers sind der Wasserhaushalt, der Gashaushalt, die Temperaturentwicklung und die Setzungen des Deponiekörpers zu kontrollieren, um nachzuweisen, dass keine nachteiligen Auswirkungen auf den Deponiekörper und die Umwelt auftreten und ausreichend intensivierte oder beschleunigte biologische Abbauprozesse stattfinden.

§ 26 In der Stilllegungsphase befindliche Altdeponien

(1) Abweichend von den §§ 10, 11, 12 Absatz 1 und 2, § 13 Absatz 1 und 2 sowie den §§ 14 bis 16 kann eine Deponie oder ein Deponieabschnitt, die oder der sich am 16. Juli 2009 in der Stilllegungsphase befand und für die oder den Festlegungen für die weitere Stilllegungsphase nach § 12 oder § 14 der Deponieverordnung vom 24. Juli 2002 (BGBl. I S. 2807), die zuletzt durch Artikel 2 der Verordnung vom 13. Dezember 2006 (BGBl. I S. 2860) geändert worden ist, und der Deponieverwertungsverordnung vom 25. Juli 2005 (BGBl. I S. 2252), die zuletzt durch Artikel 2 der Verordnung vom 13. Dezember 2006 (BGBl. I S. 2860) geändert worden ist, in einer Planfeststellung nach § 31 Absatz 2, einer Plangenehmigung nach § 31 Absatz 3 oder einer Anordnung nach § 35 oder § 36 Absatz 2 des Kreislaufwirtschafts- und Abfallgesetzes vom 27. September 1994 (BGBl. I S. 2705), das zuletzt durch Artikel 5 des Gesetzes vom 6. Oktober 2011 (BGBl. I S. 1986) geändert worden ist, bestandskräftig getroffen wurden, nach den getroffenen Festlegungen weiterhin stillgelegt werden. Sind Festlegungen nach Satz 1 auch für die endgültige Stilllegung und die Nachsorgephase getroffen worden, kann die Deponie oder der Deponieabschnitt nach diesen Festlegungen endgültig stillgelegt und nachgesorgt werden. Ungeachtet

des Satzes 1 sind die allgemeinen Anforderungen an die Abdichtungssysteme nach Anhang 1 Nummer 2.1 einzuhalten.

(2) § 25 Absatz 3 und 4 gilt für Deponien oder Deponieabschnitte nach Absatz 1 entsprechend.

§ 27 Ordnungswidrigkeiten

(1) Ordnungswidrig im Sinne des § 69 Absatz 1 Nummer 8 des Kreislaufwirtschaftsgesetzes handelt, wer vorsätzlich oder fahrlässig

1. entgegen § 5 Satz 1, auch in Verbindung mit Satz 2, eine Deponie, einen Deponieabschnitt oder eine wesentliche Änderung einer solchen Anlage in Betrieb nimmt,
2. entgegen § 6 Absatz 1 Satz 1 oder § 7 Absatz 1, Absatz 2 Nummer 1, 2 oder Nummer 3 oder Absatz 3 Satz 1 Nummer 1 Satzteil vor dem zweiten Halbsatz oder Nummer 2 Satzteil vor dem zweiten Halbsatz Abfälle ablagert,
3. entgegen § 8 Absatz 4 Satz 1, auch in Verbindung mit § 17 Absatz 1, eine Annahmekontrolle nicht, nicht richtig, nicht vollständig oder nicht rechtzeitig durchführt,
4. entgegen § 9 Satz 2 in Verbindung mit Anhang 5 Nummer 4 Ziffer 2 oder 3 Abfälle nicht besprengt oder nicht oder nicht rechtzeitig abdeckt,
5. entgegen § 9 Satz 2 in Verbindung mit Anhang 5 Nummer 4 Ziffer 4 Satz 1 die Deponie so aufbaut, dass nachteilige Reaktionen erfolgen,
6. entgegen § 9 Satz 2 in Verbindung mit Anhang 5 Nummer 4 Ziffer 5 nicht dafür Sorge trägt, dass Abfälle entwässern, konsolidieren oder sich verfestigen,
7. entgegen § 9 Satz 2 in Verbindung mit Anhang 5 Nummer 4 Ziffer 6 Abfälle nicht richtig einbaut,
8. entgegen § 9 Satz 3 in Verbindung mit Anhang 5 Nummer 5 Ziffer 2 Abfälle nicht richtig konditioniert,
9. entgegen § 9 Satz 3 in Verbindung mit Anhang 5 Nummer 5 Ziffer 4 Abfälle so handhabt, dass sie nach Ablagerung untereinander reagieren,
10. entgegen § 10 Absatz 1 Nummer 1 in Verbindung mit Anhang 1 Nummer 2.1 Satz 1 einen Geokunststoff, ein Polymer, ein Dichtungskontrollsystem, einen Baustoff, eine Abdichtungskomponente oder ein Abdichtungssystem einsetzt,
11. entgegen § 10 Absatz 1 Nummer 1 in Verbindung mit Anhang 1 Nummer 2.3 Satz 2 eine Trag- und Ausgleichsschicht nicht, nicht richtig oder nicht rechtzeitig einbaut,
12. entgegen § 10 Absatz 1 Nummer 1 in Verbindung mit Anhang 1 Nummer 2.3 Satz 4 oder Satz 5 ein Kontrollfeld nicht, nicht richtig oder nicht rechtzeitig einrichtet oder nicht oder nicht für die vorgesehene Dauer betreibt,
13. entgegen § 10 Absatz 1 Nummer 1 in Verbindung mit Anhang 1 Nummer 2.3.1 Ziffer 1 Satz 1 oder Satz 2 oder Nummer 2.3.1.1 Ziffer 1 die Dicke der Rekultivierungsschicht nicht oder nicht richtig bemisst,
14. entgegen § 10 Absatz 1 Nummer 1 in Verbindung mit Anhang 1 Nummer 2.3.1 Ziffer 4 Satz 2 oder Nummer 2.3.2 Satz 3 Nummer 2 nicht sicherstellt, dass nur dort genanntes Material eingesetzt wird,

15. entgegen § 10 Absatz 1 Nummer 2 in Verbindung mit Anhang 2 Nummer 3.1 Satz 1 oder Satz 2 eine Abschlussmaßnahme nicht, nicht richtig, nicht vollständig oder nicht rechtzeitig durchführt,
16. entgegen § 10 Absatz 1 Nummer 2 in Verbindung mit Anhang 2 Nummer 3.1 Satz 3 eine Sicherheitszone nicht oder nicht rechtzeitig anlegt,
17. entgegen § 12 Absatz 2 eine Messstelle oder Messeinrichtung nicht oder nicht rechtzeitig schafft oder nicht oder nicht für die vorgeschriebene Dauer erhält,
18. entgegen § 12 Absatz 3 Satz 1 eine Messung oder eine Kontrolle nicht oder nicht rechtzeitig durchführt,
19. entgegen § 12 Absatz 3 Satz 2 Nummer 1 oder Nummer 2 in Verbindung mit Anhang 5 Nummer 6 oder Nummer 7 Satz 1, 2 oder 3 Sickerwasser oder Deponiegas nicht oder nicht richtig handhabt,
20. entgegen § 12 Absatz 4 Satz 2 Nummer 2 nicht nach den Maßnahmenplänen verfährt,
21. entgegen § 13 Absatz 1 Satz 1 eine Betriebsordnung oder ein Betriebshandbuch nicht oder nicht rechtzeitig erstellt,
22. entgegen § 14 Absatz 2 oder § 15 Satz 1 Abfälle oder einen Deponieersatzbaustoff verwendet.

(2) Ordnungswidrig im Sinne des § 69 Absatz 2 Nummer 15 des Kreislaufwirtschaftsgesetzes handelt, wer vorsätzlich oder fahrlässig

1. entgegen § 8 Absatz 1 Satz 1 oder Satz 6 eine grundlegende Charakterisierung nicht, nicht richtig, nicht vollständig oder nicht rechtzeitig vorlegt,
2. entgegen § 8 Absatz 1 Satz 5 oder Satz 7 Schlüsselparameter nicht oder nicht rechtzeitig festlegt,
3. entgegen § 8 Absatz 3 Satz 1, auch in Verbindung mit § 17 Absatz 1, Abfälle nicht oder nicht rechtzeitig überprüft,
4. entgegen § 8 Absatz 5 Satz 1, 4, 5 oder Satz 6, jeweils auch in Verbindung mit § 17 Absatz 1, eine Kontrolluntersuchung nicht, nicht richtig, nicht vollständig oder nicht rechtzeitig durchführt,
5. entgegen § 8 Absatz 7, auch in Verbindung mit § 17 Absatz 1, eine Rückstellprobe nicht oder nicht rechtzeitig nimmt oder nicht oder nicht mindestens einen Monat aufbewahrt,
6. entegen § 12 Absatz 4 Satz 2 Nummer 1 die zuständige Behörde nicht oder nicht rechtzeitig informiert,
7. entgegen § 13 Absatz 2 Satz 1 in Verbindung mit Anhang 5 Nummer 1.3 Satz 5, jeweils in Verbindung mit § 17 Absatz 2 Satz 2, eine dort genannte Angabe nicht, nicht richtig oder nicht vollständig dokumentiert,
8. entgegen § 13 Absatz 3 Satz 1 ein Betriebstagebuch nicht, nicht richtig oder nicht vollständig führt,
9. entgegen § 13 Absatz 4 eine Unterrichtung nicht, nicht richtig, nicht vollständig oder nicht rechtzeitig vornimmt,
10. entgegen § 13 Absatz 5 Satz 1 den Jahresbericht nicht, nicht richtig, nicht vollständig oder nicht rechtzeitig vorlegt,

11. entgegen § 13 Absatz 6 Satz 1 einen Bestandsplan nicht, nicht richtig, nicht vollständig oder nicht rechtzeitig erstellt oder

12. entgegen § 13 Absatz 7 eine Information nicht, nicht richtig, nicht vollständig oder nicht rechtzeitig übermittelt.

(3) Die Bestimmungen des Absatzes 1 Nummer 1 bis 9 und 17 bis 21 sowie des Absatzes 2 Nummer 1 bis 12 gelten auch für Langzeitlager im Sinne des § 23 Absatz 1 Satz 1.

§ 28 (aufgehoben)

Anhang 1
Anforderungen an den Standort, die geologische Barriere, Basis- und Oberflächenabdichtungssysteme von Deponien der Klasse 0, I, II und III (zu § 3 Absatz 1, § 10 Absatz 1, den §§ 23, 28)

1. Standort und geologische Barriere

1.1 Eignung des Standortes

Die Eignung des Standortes für eine Deponie ist eine notwendige Voraussetzung dafür, dass das Wohl der Allgemeinheit nach § 15 Absatz 2 des Kreislaufwirtschaftsgesetzes durch die Deponie nicht beeinträchtigt wird. Bei der Wahl des Standortes ist insbesondere Folgendes zu berücksichtigen:

1. geologische und hydrogeologische Bedingungen des Gebietes einschließlich eines permanent zu gewährleistenden Abstandes der Oberkante der geologischen Barriere vom höchsten zu erwartenden freien Grundwasserspiegel von mindestens 1 m,
2. besonders geschützte oder schützenswerte Flächen wie Trinkwasser- und Heilquellenschutzgebiete, Wasservorranggebiete, Wald- und Naturschutzgebiete, Biotopflächen,
3. ausreichender Schutzabstand zu sensiblen Gebieten wie z. B. zu Wohnbebauungen, Erholungsgebieten,
4. Gefahr von Erdbeben, Überschwemmungen, Bodensenkungen, Erdfällen, Hangrutschen oder Lawinen auf dem Gelände,
5. Ableitbarkeit gesammelten Sickerwassers im freien Gefälle.

1.2 Untergrund einer Deponie

Der Untergrund einer Deponie muss folgende Anforderungen erfüllen:

1. Der Untergrund muss sämtliche bodenmechanischen Belastungen aus der Deponie aufnehmen können, auftretende Setzungen dürfen keine Schäden am Basisabdichtungs- und Sickerwassersammelsystem verursachen.
2. Der Untergrund der Deponie und der im weiteren Umfeld soll auf Grund seiner geringen Durchlässigkeit, seiner Mächtigkeit und Homogenität sowie seines Schadstoffrückhaltevermögens eine Schadstoffausbreitung aus der Deponie maßgeblich behindern können (Wirkung als geologische Barriere), sodass eine schädliche Verunreinigung des Grundwassers oder sonstige nachteilige Veränderung seiner Beschaffenheit nicht zu besorgen ist.
3. Die Mindestanforderungen an die Wasserdurchlässigkeit (k) und Dicke (d) der geologischen Barriere gemäß Ziffer 2 ergeben sich aus Tabelle 1 Nummer 1. Erfüllt die geologische Barriere in ihrer natürlichen Beschaffenheit nicht diese Anforderungen, kann sie durch technische Maßnahmen geschaffen, vervollständigt oder verbessert werden. Im Fall von Satz 2 kann die Dicke (d) auf eine Mindestdicke von 0,5 Meter reduziert werden, wenn über eine entsprechend geringere Wasserdurchlässigkeit die gleiche Schutzwirkung wie nach Satz 1 erzielt wird.
4. Abweichend von Ziffer 2 gilt bei einer Deponie, die über keine geologische Barriere gemäß Ziffer 2 verfügt, die Ziffer 3 Satz 2 mit der Maßgabe, dass die technischen Maßnahmen in der Mindestdicke nach Tabelle 1 Nummer 1 ausgeführt werden.

2. Abdichtungssysteme und technische Maßnahmen betreffend die geologische Barriere

2.1 Allgemeine Anforderungen

Für die Verbesserung der geologischen Barriere und technische Maßnahmen als Ersatz für die geologische Barriere sowie das Abdichtungssystem dürfen Materialien, Komponenten oder Systeme nur eingesetzt werden, wenn sie dem Stand der Technik nach Nummer 2.1.1 entsprechen und wenn dies der zuständigen Behörde nachgewiesen worden ist. Zum Nachweis sind der zuständigen Behörde prüffähige Unterlagen vorzulegen.

Als Nachweis nach Satz 1 ist für Geokunststoffe, Polymere und serienmäßig hergestellte Dichtungskontrollsysteme die Zulassung dieser Materialien, Komponenten oder Systeme durch die Bundesanstalt für Materialforschung und -prüfung nach Nummer 2.4 erforderlich.

Für sonstige Materialien, Komponenten oder Systeme kann der Nachweis nach Satz 1 dadurch erbracht werden, dass für diese eine bundeseinheitliche Eignungsbeurteilung der Länder vorliegt. Bundeseinheitliche Eignungsbeurteilungen sind unter https://www.laga-online.de/Publikationen-50-Informationen.html abrufbar.
Die Länder können bundeseinheitliche Eignungsbeurteilungen ändern oder für ungültig erklären.

Abweichend von Satz 3 bis 6 können für Deponieabdichtungssysteme Materialien, Komponenten oder Systeme eingesetzt werden, die

1. nach harmonisierten technischen Spezifikationen nach der Verordnung (EU) Nr. 305/2011 des Europäischen Parlaments und des Rates vom 9. März 2011 zur Festlegung harmonisierter Bedingungen für die Vermarktung von Bauprodukten und zur Aufhebung der Richtlinie 89/106/EWG des Rates (ABl. L 88 vom 4.4. 2011, S. 5) in der jeweils geltenden Fassung deklariert worden sind, wenn die durch die genannten harmonisierten technischen Spezifikationen festgelegten Material-, Komponenten- und Systemeigenschaften im Wesentlichen denen gleichwertig sind, die sich aus den Anforderungen des Satzes 1 ergeben, oder
2. keine CE-Kennzeichnung nach der Verordnung (EU) Nr. 305/2011 tragen und die entweder in einem anderen Mitgliedstaat der Europäischen Union oder in der Republik Türkei gemäß den dort geltenden Regelungen oder Anforderungen rechtmäßig hergestellt oder in Verkehr gebracht wurden oder die in einem anderen Vertragsstaat des Abkommens über den Europäischen Wirtschaftsraum gemäß den dort geltenden Regelungen oder Anforderungen rechtmäßig hergestellt und in Verkehr gebracht wurden, wenn die mit den Prüfungen und Überwachungen im Herstellerstaat nachgewiesenen Material-, Komponenten- und Systemeigenschaften das nach Satz 1 geforderte Schutzniveau gleichermaßen dauerhaft gewährleisten.

Bei der Prüfung des Nachweises nach Satz 1 stehen Nachweise und Unterlagen aus einem anderen Mitgliedstaat der Europäischen Union, aus der Republik Türkei oder einem anderen Vertragsstaat des Abkommens über den Europäischen Wirtschaftsraum im Sinne des Satzes 7 Nummer 2 inländischen Nachweisen und Unterlagen nach Satz 1 und 2 gleich, wenn aus ihnen hervorgeht, dass die betreffenden Anforderungen des Satzes 1 oder die auf Grund ihrer Zielsetzung im Wesentlichen vergleichbaren Anforderungen des Ausstellungsstaats erfüllt sind. Eine Beglaubigung von Kopien sowie beglaubigte Übersetzungen ins Deutsche können verlangt werden.

Die Herstellbarkeit der Abdichtungskomponenten und des Abdichtungssystems sowie der durch technische Maßnahmen geschaffenen, vervollständigten oder verbesserten geologischen Barriere ist vor deren Errichtung unter Baustellenbedingungen durch Ausführung von Probefeldern gegenüber der zuständigen Behörde nachzuweisen. Die zuständige Behörde kann hiervon Ausnahmen zulassen, soweit die Herstellbarkeit unter Baustellenbedingungen durch andere Nachweise belegt werden kann. Sämtliche Bauteile sind standsicher zu errichten. Hierüber ist der zuständigen Behörde ein Nachweis vorzulegen, der insbesondere die Gleitsicherheit der Schichten berücksichtigt.

Die Verbesserung der geologischen Barriere und die technischen Maßnahmen als Ersatz für die geologische Barriere sowie die Herstellung der Komponenten der Abdichtungssysteme sind in der Vorfertigung und während der Bauausführung einem Qualitätsmanagement zu unterwerfen. Das Qualitätsmanagement besteht für die Vorfertigung aus Eigenüberwachung des Herstellers und Fremdüberwachung eines beauftragten Dritten, für die Bauausführung aus Eigenprüfung der ausführenden Firma, der Fremdprüfung durch einen beauftragten Dritten und aus der Überwachung durch die zuständige Behörde. Die fremdprüfende Stelle muss als Inspektionsstelle für die Fremdprüfung im Deponiebau nach DIN EN ISO/IEC 17020:2012–07 (Konformitätsbewertung – Anforderungen an den Betrieb verschiedener Typen von Stellen, die Inspektionen durchführen) akkreditiert sein und über ein nach DIN EN ISO/IEC 17025:2018–03 (Allgemeine Anforderungen an die Kompetenz von Prüf- und Kalibrierlaboratorien) akkreditiertes Prüflaboratorium verfügen. Spezielle Prüfungen können vom Fremdprüfer an eine unabhängige Institution vergeben werden, die für diese Prüfungen akkreditiert ist. Die fremdprüfende Stelle und der Leistungsumfang der Fremdprüfungen sind mit der zuständigen Behörde abzustim-men. Die Kosten der Fremdprüfung trägt der Deponiebetreiber.

Es ist ein Qualitätsmanagementplan nach den Grundsätzen des Qualitätsmanagements Kapitel E5–1 der GDA-Empfehlungen des Arbeitskreises 6.1 – Geotechnik der Deponiebauwerke – der Deutschen Gesellschaft für Geotechnik e. V., Stand Dezember 2016, abrufbar unter
https://www.laga-online.de/Publikationen-50-Informationen-Bundeseinheitliche-Qualitaetsstandards.html,
aufzustellen. Dieser soll die speziellen Elemente des Qualitätsmanagements sowie die Verantwortlichkeiten, sachlichen Mittel und Tätigkeiten so festlegen, dass die in diesem Anhang genannten Qualitätsmerkmale der Deponieabdichtungssysteme eingehalten werden. Der Qualitätsmanagementplan bedarf der Zustimmung der zuständigen Behörde.

2.1.1 Anforderungen zum Stand der Technik

Die Verbesserung der geologischen Barriere und die technischen Maßnahmen als Ersatz für die geologische Barriere, das Abdichtungssystem, die Materialien und die Herstellung der Systemkomponenten und deren Einbau sowie die Eigenschaften dieser Komponenten im Einbauzustand müssen so gewählt werden, dass die Funktionserfüllung der einzelnen Komponenten und des Gesamtsystems unter allen äußeren und gegenseitigen Einwirkungen über einen Zeitraum von mindestens 100 Jahren nachgewiesen ist. Abweichend hiervon gilt bei serienmäßig hergestellten Dichtungskontrollsystemen ein Zeitraum von mindestens 30 Jahren.

Im Übrigen sind mindestens folgende Kriterien und Einwirkmechanismen unter den besonderen Randbedingungen in Deponieabdichtungssystemen zu berücksichtigen:

1. Dichtigkeit, gemessen an den Anforderungen der Tabellen 1 und 2,
2. Verformungsvermögen, um unvermeidbare Setzungen aufzunehmen,
3. Widerstandsfähigkeit gegenüber mechanisch einwirkenden Kräften,
4. Widerstandsfähigkeit gegen hydraulische Einwirkungen (Suffosion und Erosion),
5. Beständigkeit gegenüber chemischen und biologischen Einwirkungen,
6. Beständigkeit gegenüber Witterungseinflüssen,
7. Beständigkeit gegenüber alterungsbedingten nachteiligen Materialveränderungen,
8. gesicherte, reproduzierbare und qualitätsüberwachte Vorfertigung von Abdichtungskomponenten,
9. gesicherte, die Funktionalität wahrende und qualitätsüberwachte Herstellung sowie Einbau der Systemkomponenten und des Abdichtungssystems, insbesondere unter Einbeziehung geeigneter Maßnahmen zum Schutz vor auflastbedingten Beschädigungen,
10. bei Vorgabe einer einzuhaltenden Durchflussrate: geeignete Nachweise,
11. bei mineralischen Abdichtungskomponenten: Materialzusammensetzung, Einbautechnik und Einbindung im Abdichtungssystem, um eine sehr niedrige Durchlässigkeit zu erreichen und die Gefahr einer Trockenrissbildung zu minimieren,
12. bei Deponieersatzbaustoffen: Einhaltung der zusätzlichen Anforderungen der §§ 14 und 15 dieser Verordnung,
13. bei einer Entwässerung an der Deponiebasis: DIN 19667, Ausgabe August 2015, Dränung von Deponien – Planung, Bauausführung und Betrieb.

Für die Herstellung des Abdichtungssystems soll ein einziger verantwortlicher Auftragnehmer bestellt werden.

2.1.2 Bundeseinheitliche Qualitätsstandards

Für die bundeseinheitlichen Eignungsbeurteilungen nach Nummer 2.1 Satz 4 sowie für den Einsatz von natürlichem, ggf. vergütetem Boden- und Gesteinsmaterial aus der Umgebung sowie von Abfällen definieren die Länder Prüfkriterien und legen Anforderungen an den fachgerechten Einbau sowie an das Qualitätsmanagement in bundeseinheitlichen Qualitätsstandards fest.

Bundeseinheitliche Qualitätsstandards konkretisieren den Stand der Technik nach Nummer 2.1.1. Sie sind unter https://www.laga-online.de/Publikationen-50-Informationen.html abrufbar.

2.2 Besondere Anforderungen an die geologische Barriere und das Basisabdichtungssystem

Der dauerhafte Schutz des Bodens und des Grundwassers ist durch die Kombination aus geologischer Barriere nach Nummer 1.2 und einem Basisabdichtungssystem im Ablagerungsbereich nach Tabelle 1 Nummer 2 bis 4 zu erreichen. Beim Erfordernis von zwei Abdichtungskomponenten sollen diese aus einer Konvektionssperre (Kunststoffdichtungsbahn oder Asphaltdichtung) über einer mineralischen Komponente bestehen. Die mineralische Komponente ist mehrlagig herzustellen. Die Abdichtungskomponenten sind vor auflastbedingten Beschädigungen zu schützen.

Tabelle 1
Aufbau der geologischen Barriere und des Basisabdichtungssystems

Nr.	Systemkomponente	DK 0	DK I	DK II	DK III
1	Geologische Barriere[1)]	$k \leq 1x10^{-7}m/s$ $d \geq 1,00$ m	$k \leq 1x10^{-9}m/s$ $d \geq 1,00$ m	$k \leq 1x10^{-9}m/s$ $d \geq 1,00$ m	$k \leq 1x10^{-9}m/s$ $d \geq 5,00$ m
2	Erste Abdichtungskomponente[2)]	nicht erforderlich	erforderlich	erforderlich	erforderlich
3	Zweite Abdichtungskomponente[2)]	nicht erforderlich	nicht erforderlich	erforderlich	erforderlich
4	Mineralische Entwässerungsschicht[3)], Körnung gemäß DIN 19667	$d \geq 0,30$ m	$d \geq 0,50$ m	$d \geq 0,50$ m	$d \geq 0,50$ m

1) Der Durchlässigkeitsbeiwert k ist bei einem Druckgradienten $i = 30$ (Laborwert nach DIN EN ISO 17892-11, Ausgabe Mai 2019, Geotechnische Erkundung und Untersuchung – Laborversuche an Bodenproben – Teil 11: Bestimmung der Wasserdurchlässigkeit (ISO 17892-11:2019) einzuhalten.

2) Werden Abdichtungskomponenten aus mineralischen Bestandteilen hergestellt, müssen diese eine Mindestdicke von 0,50 m und einen Durchlässigkeitsbeiwert von $k \leq 5 \times 10-10$ m/s bei einem Druckgradienten von $i = 30$ (Laborwert nach DIN EN ISO 17892-11, Ausgabe Mai 2019, Geotechnische Erkundung und Untersuchung – Laborversuche an Bodenproben – Teil 11: Bestimmung der Wasserdurchlässigkeit (ISO 17892-11:2019) einhalten. Werden Kunststoffdichtungsbahnen als Abdichtungskomponente eingesetzt, darf ihre Dicke 2,5 mm nicht unterschreiten.

3) Wenn nachgewiesen wird, dass es langfristig zu keinem Wasseranstau im Deponiekörper kommt, kann mit Zustimmung der zuständigen Behörde bei Deponien der Klasse I, II und III die Entwässerungsschicht mit einer geringeren Schichtstärke oder anderer Körnung hergestellt werden.

2.3 Besondere Anforderungen an das Oberflächenabdichtungssystem

Das Oberflächenabdichtungssystem ist nach Tabelle 2 zu errichten.

Müssen Unebenheiten der Oberfläche des abgelagerten Abfalls ausgeglichen oder bestimmte Tragfähigkeiten hergestellt werden, um die Abdichtungskomponenten ordnungsgemäß einbauen zu können, ist auf der Oberfläche eine ausreichend dimensionierte Trag- und Ausgleichsschicht einzubauen. Beim Erfordernis von zwei Systemkomponenten sollen diese Komponenten aus verschiedenen Materialien bestehen, die auf eine Einwirkung (z. B. Austrocknung, mechanische Perforation) so unterschiedlich reagieren, dass sie hinsichtlich der Dichtigkeit fehlerausgleichend wirken.

Wird das Oberflächenabdichtungssystem ohne eine Konvektionssperre hergestellt, ist bei Deponien der Klasse I, II und III ein Kontrollfeld von wenigstens 300 m2 Größe an repräsentativer Stelle im Oberflächenabdichtungssystem einzurichten, mit dem der Durchfluss durch das Oberflächenabdichtungssystem bestimmt werden kann. Das Kontrollfeld ist bis zum Ende der Nachsorgephase zu betreiben.

Für den Fall, dass es die angestrebte und zulässige Folgenutzung erfordert, kann die Rekultivierungsschicht durch eine auf die entsprechende Nutzung abgestimmte technische Funktionsschicht ersetzt werden.

2.3.1 Rekultivierungsschicht

Für eine Rekultivierungsschicht, die nicht als technische Funktionsschicht genutzt wird, gilt Folgendes:

1. Die Dicke, die Materialauswahl und der Bewuchs der Rekultivierungsschicht sind nach den Schutzerfordernissen der darunter liegenden Systemkomponenten (weitestgehende Vermeidung einer Durchwurzelung der Entwässerungsschicht, keine sonstige Beeinträchtigung der langfristigen Funktionsfähigkeit der Entwässerungsschicht, Schutz der Systemkomponenten vor Wurzel- und Frosteinwirkung sowie vor Austrocknung) zu bemessen. Eine Mindestdicke von 1 m darf nicht unterschritten werden.

   Folgenutzungen dürfen die langfristige Funktionsfähigkeit der Entwässerungsschicht und der Abdichtungskomponenten nicht beeinträchtigen.
2. Das Material soll eine nutzbare Feldkapazität von wenigstens 140 mm, bezogen auf die Gesamtdicke der Rekultivierungsschicht, aufweisen.
3. Durch die Auswahl eines geeigneten Bewuchses soll die Oberfläche vor Wind- und Wassererosion geschützt und eine möglichst hohe Evapotranspiration erreicht werden.
4. Das eingesetzte Material muss Anhang 3 entsprechen. Es muss sichergestellt sein, dass nur solches Material eingesetzt wird, dass das in der Entwässerungsschicht gefasste Wasser nach den wasserrechtlichen Vorschriften eingeleitet werden kann.

2.3.1.1 Wasserhaushaltsschicht

Wird die Rekultivierungsschicht als Wasserhaushaltsschicht ausgeführt, gilt:

1. Abweichend von Nummer 2.3.1 Ziffer 1 Satz 2 muss die Mindestdicke 1,50 m betragen.
2. Abweichend von Nummer 2.3.1 Ziffer 2 soll die Wasserhaushaltsschicht eine nutzbare Feldkapazität von wenigstens 220 mm, bezogen auf die Gesamtdicke der Wasserhaushaltsschicht, aufweisen.
3. Im fünfjährigen Mittel darf die Durchsickerung höchstens 10 Prozent vom langjährigen Mittel des Niederschlags (in der Regel 30 Jahre), höchstens 60 mm pro Jahr, spätestens fünf Jahre nach Herstellung betragen.

Die zuständige Behörde kann auf Antrag des Deponiebetreibers bei niederschlagsarmen Standorten (weniger als 600 mm pro Jahr) Abweichungen von der nutzbaren Feldkapazität nach Ziffer 2 zulassen, wenn nachgewiesen wird, dass eine gleichwertige Dicht- und Schutzwirkung erreicht wird.

2.3.1.2 Methanoxidationsschicht

Soll die Rekultivierungsschicht zugleich Aufgaben einer Methanoxidation von Restgasen übernehmen, sind zusätzliche Anforderungen an die Schicht mit der zuständigen Behörde abzustimmen. Wechselwirkungen der Methanoxidation und des Wasserhaushalts der Rekultivierungsschicht sind zu bewerten.

2.3.2 Technische Funktionsschicht

Wird die Deponieoberfläche nach endgültiger Stilllegung als Verkehrsfläche, Parkplatz, zur Bebauung oder in ähnlicher Weise genutzt, kann die Rekultivierungsschicht durch eine technische Funktionsschicht ersetzt werden, wenn die Folgenutzung dies erfordert. Dabei muss das in diese technische Funktionsschicht einzubauende Material mindestens die Anforderungen an Schadstoffgehalt und Auslaugbarkeit einhalten, unter denen eine Verwendung außerhalb des Deponiestandortes unter vergleichbaren Randbedingungen zulässig wäre. Für die technische Funktionsschicht gilt:

1. Die Dicke ist nach den Schutzerfordernissen der darunter liegenden Systemkomponenten (keine Beeinträchtigung der langfristigen Funktionsfähigkeit der Entwässerungsschicht, Schutz der Abdichtungskomponenten vor Wurzel- und Frosteinwirkung sowie vor Austrocknung) zu bemessen.
2. Es muss sichergestellt sein, dass nur solches Material eingesetzt wird, dass das in der Entwässerungsschicht gefasste Wasser nach den wasserrechtlichen Vorschriften eingeleitet werden kann.
3. Nach Aufgabe der die technische Funktionsschicht begründenden Nutzung ist die Rekultivierungsschicht so herzustellen, dass die Anforderungen der Nummer 2.3.1 erfüllt werden.

Tabelle 2
Aufbau des Oberflächenabdichtungssystems

Nr.	Systemkomponente	DK 0	DK I[5)]	DK II[6)]	DK III
1	Trag- und Ausgleichsschicht[1)]	nicht erforderlich	ggf.[7)] erforderlich	ggf.[7)] erforderlich	ggf.[7)] erforderlich
2	Gasdränschicht[1)]	nicht erforderlich	nicht erforderlich	ggf.[8)] erforderlich	ggf.[8)] erforderlich
3	Erste Abdichtungskomponente	nicht erforderlich	erforderlich[2)]	erforderlich[2)]	erforderlich[3)]
4	Zweite Abdichtungskomponente	nicht erforderlich	nicht erforderlich	erforderlich[2)]	erforderlich[3)]
5	Dichtungskontrollsystem	nicht erforderlich	nicht erforderlich	nicht erforderlich	erforderlich
6	Entwässerungsschicht[4)] $d \geq 0{,}30$ m, $k \geq 1 \times 10^{-3}$ m/s, Gefälle > 5 %	nicht erforderlich	erforderlich	erforderlich	erforderlich
7	Rekultivierungsschicht/ technische Funktionsschicht	erforderlich	erforderlich	erforderlich	erforderlich

1) Die Trag- und Ausgleichsschicht kann bei ausreichender Gasdurchlässigkeit und Dicke die Funktion der Gasdränschicht nach Nummer 2 mit erfüllen.

2) Werden Abdichtungskomponenten aus mineralischen Materialien verwendet, darf deren rechnerische Permeationsrate bei einem permanenten Wasserstau von 0,30 m nicht größer sein als die einer 50 cm dicken mineralischen Dichtung mit einem Durchlässigkeitsbeiwert von $k \leq 5 \times 10^{-9}$ m/s (Laborwert nach DIN EN ISO 17892-11, Ausgabe Mai 2019, Geotechnische Erkundung und Untersuchung – Laborversuche an Bodenproben – Teil 11: Bestimmung der Wasserdurchlässigkeit (ISO 17892-11:2019); bei einem Druck-

gradienten von i = 30). Abweichend von Satz 1 können mineralische Abdichtungskomponenten, deren Wirksamkeit nicht mit Durchlässigkeitsbeiwerten beschrieben werden kann, eingesetzt werden, wenn sie im fünfjährigen Mittel nicht mehr als 20 mm/Jahr Durchsickerung aufweisen. Werden Kunststoffdichtungsbahnen als Abdichtungskomponente eingesetzt, darf ihre Dicke 2,5 mm nicht unterschreiten.

3) Werden Abdichtungskomponenten aus mineralischen Materialien verwendet, darf deren rechnerische Permeationsrate bei einem permanenten Wasserstau von 0,30 m nicht größer sein als die einer 50 cm dicken mineralischen Dichtung mit einem Durchlässigkeitsbeiwert von $k \leq 5 \times 10^{-10}$ m/s (Laborwert nach DIN EN ISO 17892–11, Ausgabe Mai 2019, Geotechnische Erkundung und Untersuchung – Laborversuche an Bodenproben – Teil 11: Bestimmung der Wasserdurchlässigkeit (ISO 17892–11:2019); bei einem Druckgradienten von i = 30). Abweichend von Satz 1 können mineralische Abdichtungskomponenten, deren Wirksamkeit nicht mit Durchlässigkeitsbeiwerten beschrieben werden kann, eingesetzt werden, wenn sie im fünfjährigen Mittel nicht mehr als 10 mm/Jahr Durchsickerung aufweisen. Werden Kunststoffdichtungsbahnen als Abdichtungskomponente eingesetzt, darf ihre Dicke 2,5 mm nicht unterschreiten.

4) Die zuständige Behörde kann auf Antrag des Deponiebetreibers Abweichungen von Mindestdicke, Durchlässigkeitsbeiwert und Gefälle der Entwässerungsschicht zulassen, wenn nachgewiesen wird, dass die hydraulische Leistungsfähigkeit der Entwässerungsschicht und die Standsicherheit der Rekultivierungsschicht dauerhaft gewährleistet sind.

5) Anstelle der Abdichtungskomponente, der Entwässerungsschicht und der Rekultivierungsschicht kann eine als Wasserhaushaltsschicht ausgeführte Rekultivierungsschicht zugelassen werden, wenn abweichend von den Anforderungen nach Nummer 2.3.1.1 Ziffer 3 der Durchfluss durch die Wasserhaushaltsschicht im fünfjährigen Mittel nicht mehr als 20 mm/Jahr spätestens fünf Jahre nach Herstellung beträgt.

6) Anstelle der zweiten Abdichtungskomponente und der Rekultivierungsschicht kann eine als Wasserhaushaltsschicht nach Nummer 2.3.1.1 bemessene Rekultivierungsschicht eingebaut werden. Wird die erste Abdichtungskomponente als Konvektionssperre ausgeführt, kann anstelle der zweiten Abdichtungskomponente auch ein Kontrollsystem für die Konvektionssperre eingebaut werden. In diesem Fall ist im Bereich von Stellen, an denen das Dränwasser gesammelt und abgeleitet wird, unmittelbar unter der Konvektionssperre eine zweite Abdichtungskomponente einzubauen oder gleichwertige Systeme vorzusehen. Die Sätze 1 bis 3 gelten bei Deponien oder Deponieabschnitten, auf denen Hausmüll, hausmüllähnliche Gewerbeabfälle, Klärschlämme und andere Abfälle mit hohen organischen Anteilen abgelagert worden sind, mit der Maßgabe, dass der Deponiebetreiber Maßnahmen nach § 25 Absatz 4 zur Beschleunigung biologischer Abbauprozesse und zur Verbesserung des Langzeitverhaltens nachweislich erfolgreich durchführt oder durchgeführt hat.

7) Das Erfordernis richtet sich nach Nummer 2.3 Satz 2.

8) Das Erfordernis richtet sich nach Anhang 5 Nummer 7.

2.4 Zulassung von Geokunststoffen, Polymeren und Dichtungskontrollsystemen

2.4.1 Zuständigkeiten und Aufgaben

Die Bundesanstalt für Materialforschung und -prüfung ist zuständig für die Prüfung und Zulassung von Geokunststoffen wie Kunststoffdichtungsbahnen, Schutzschichten, Kunststoff-Dränelemente, Bewehrungsgitter aus Kunststoff, von Polymeren und von Dichtungskontrollsystemen für die Anwendung in Basis- und Oberflächenabdichtungen von Deponien auf der Basis eigener Untersuchungen und von Ergebnissen akkreditierter Stellen. Sie hat in diesem Zusammenhang folgende Aufgaben:

1. Definition von Prüfkriterien,
2. Aufnahme von Nebenbestimmungen in die Zulassung,
3. Festlegung von Anforderungen an den fachgerechten Einbau und das Qualitätsmanagement.

2.4.2 Zulassung

Die Bundesanstalt für Materialforschung und -prüfung berücksichtigt bei der Zulassung von Geokunststoffen, Polymeren und Kontrollsystemen mindestens die Kriterien und Einwirkmechanismen nach Nummer 2.1.1 zum Stand der Technik.

2.4.3 Antrag

Die Zulassung wird vom Hersteller des Geokunststoff-, Polymer- oder Kontrollsystem-Produkts beantragt.

2.4.4 Fachbeirat

Bei der Bearbeitung der Zulassungsrichtlinien, die die Voraussetzungen und Anforderungen der Zulassung der Bundesanstalt für Materialforschung und -prüfung beschreiben, wirkt ein Fachbeirat beratend mit, in dem Vertreter der Länderfachbehörden, des Umweltbundesamtes und Fachleute aus anderen relevanten Bereichen vertreten sind. Die Geschäftsführung des Fachbeirats liegt bei der Bundesanstalt für Materialforschung und -prüfung.

2.4.5 Veröffentlichung

Die Zulassungsrichtlinien sowie die Zulassungsscheine bestandskräftiger Zulassungen werden von der Bundesanstalt für Materialforschung und -prüfung in geeigneter Form öffentlich zugänglich gemacht.

3. Monodeponien

Hat die zuständige Behörde bei einer Monodeponie für Baggergut aus Gewässern, bei einer Monodeponie für regionalspezifisch belastetes Bodenmaterial oder bei einer betriebseigenen Monodeponie, auf der ausschließlich betriebseigene spezifische Massenabfälle oder spezifische Massenabfälle eines verbundenen Unternehmens abgelagert werden, auf Grund einer Bewertung der Risiken für die Umwelt entschieden, dass die Sammlung und Behandlung von Sickerwasser nicht erforderlich ist, oder wurde festgestellt, dass die Monodeponie keine Gefährdung für Boden, Grundwasser oder Oberflächenwasser darstellt, können die Anforderungen nach den Nummern 1 und 2 entsprechend herabgesetzt werden.

4. Bekanntmachungen sachverständiger Stellen

DIN-Normen sind bei der Beuth-Verlag GmbH, Berlin, erschienen und zu beziehen, beim Deutschen Patent- und Markenamt in München archivmäßig gesichert niedergelegt.

Anhang 2
Anforderungen an den Standort, geologische Barriere, Langzeitsicherheitsnachweis und Stilllegungsmaßnahmen von Deponien der Klasse IV im Salzgestein (zu § 3 Absatz 2, § 10 Absatz 1, § 11 Absatz 2)

1. Standort und geologische Barriere

Bei der Standortwahl für eine Deponie der Klasse IV im Salzgestein (Untertagedeponie) ist zu berücksichtigen, dass die Abfälle dauerhaft von der Biosphäre ferngehalten werden und die Ablagerung so erfolgen kann, dass keine Nachsorgemaßnahmen erforderlich sind. Das Salzgestein als maßgebliche geologische Barriere am Standort muss

1. gegenüber Flüssigkeiten und Gasen dicht sein,
2. eine ausreichende räumliche Ausdehnung besitzen,
3. im ausgewählten Ablagerungsbereich eine ausreichende unverritzte Salzmächtigkeit besitzen, die so groß ist, dass die Barrierefunktion auf Dauer nicht beeinträchtigt wird und
4. durch sein Konvergenzverhalten die Abfälle allmählich umschließen und am Ende des Verformungsprozesses kraftschlüssig einschließen.

Darüber hinaus müssen

5. die mit der Deponie genutzten untertägigen Hohlräume mindestens für die Dauer der Ablagerungs- und Stilllegungsphase standsicher sein und
6. Standorte, in denen die regionale Erdbebenintensität mit einer Wahrscheinlichkeit von 99 Prozent den Wert 8 nach der Medwedjew-Sponheuer-Karnik-Skala (MSK-Skala) überschritten wird, gemieden werden.

2. Standortbezogene Sicherheitsbeurteilung

Der Nachweis der Eignung des Gebirges für die Anlage einer Untertagedeponie muss durch eine standortbezogene Sicherheitsbeurteilung erbracht werden. Grundlage der standortbezogenen Sicherheitsbeurteilung ist die Analyse der zu beachtenden Gefährdungsmöglichkeiten bei Errichtung, beim Betrieb und in der Nachbetriebsphase. Hieraus sind die erforderlichen Kontroll- und Schutzmaßnahmen abzuleiten. Zur standortbezogenen Sicherheitsbeurteilung sind folgende Einzelnachweise zu führen:

1. geotechnischer Standsicherheitsnachweis,
2. Sicherheitsnachweis für die Ablagerungs- und Stilllegungsphase und
3. Langzeitsicherheitsnachweis.

Für die Führung der Einzelnachweise sind die Hinweise nach Nummer 2.1 zu beachten.

2.1 Hinweise zur Durchführung des Langzeitsicherheitsnachweises

2.1.1 Umfang und Anforderungen

Bei der Beseitigung von gefährlichen Abfällen in Deponien der Klasse IV ist der Langzeitsicherheitsnachweis für das Gesamtsystem „Abfall/Untertagebauwerk/Gebirgskörper" unter Berücksichtigung planmäßiger und außerplanmäßiger (hypothetischer) Ereignisabläufe zu führen, wobei den standortspezifischen Gegebenheiten Rechnung zu tragen ist.

Der Langzeitsicherheitsnachweis als übergreifender und zusammenfassender Einzelnachweis im Rahmen der standortbezogenen Sicherheitsbeurteilung basiert im Wesentlichen auf den Ergebnissen der beiden Einzelnachweise,

1. dem geotechnischen Standsicherheitsnachweis und
2. dem Sicherheitsnachweis für die Ablagerungs- und Stilllegungsphase.

Insbesondere dem geotechnischen Standsicherheitsnachweis kommt zur Beurteilung der langfristigen Wirksamkeit und Integrität der Salzbarriere eine entscheidende Bedeutung zu.

Ist der vollständige Einschluss durch den geotechnischen Standsicherheitsnachweis belegt, kann auf Modellrechnungen zu nicht planbaren Ereignisabläufen verzichtet werden, sofern plausibel dargelegt wird, ob und wie sich nicht planbare Ereignisse auswirken werden. Hierzu wird in der Regel eine verbal-argumentative Betrachtung als ausreichend angesehen, die jedoch standortbezogen zu verifizieren ist. Ist der vollständige Einschluss im geotechnischen Standsicherheitsnachweis belegt, kann auch beim Langzeitsicherheitsnachweis auf Modellrechnungen zur Schadstoffausbreitung im Deckgebirge verzichtet werden.

2.1.2 Notwendige Basisinformationen

Für die Beurteilung der Langzeitsicherheit sind detaillierte Basisinformationen zu den geologischen, geotechnischen, hydrogeologischen und geochemischen Parametern des Standortes sowie zur Konzentration und zum Mobilitätsverhalten der einzubringenden Schadstoffe erforderlich. Dazu gehören u. a.:

2.1.2.1 Geologische Verhältnisse

1. Geologische Barriere; vertikaler Abstand Hangendzone Salz bis zu den nächstgelegenen obersten Grubenbauen; horizontale Hohlraumabstände zu den Salzgesteinsflanken und vertikaler Abstand zum Liegenden; Mächtigkeit der gesamten Salzlagerstätte oder des Salzgesteinskörpers;
2. Aufschlussgrad der Lagerstätte;
3. Aufschlussbohrungen von über Tage und unter Tage;
4. Stratigraphie im Grubenfeld (incl. Mächtigkeiten, fazielle Übergänge);
5. Stoffbestand der Salzlagerstätte mit Verhältnis von Steinsalz zu Kalisalzen, Tonen, Anhydriten, Karbonatgesteinen;
6. Salzlagerstättenstruktur/Innenbau, Strukturentwicklung einschließlich Bewegungen der Salzlagerstätte und ihrer Umgebung, Konvergenz, Streichen und Einfallen der Lagerstätte, Flankenausbildung, Umwandlungen an der Oberfläche der Salzlagerstätte, Lage und Ausbildung potenzieller Laugenreservoire (z. B. Hauptanhydrit);
7. Grad der tektonischen Beanspruchung der Salzstruktur, vorherrschende Störungsrichtungen;
8. Geologische Schnitte durch das Grubengebäude;
9. Geothermische Tiefenstufe;
10. Regionale seismische Aktivität in Vergangenheit und Gegenwart;

11. Subrosion, Ausbildung von Erdfällen an der Oberfläche;
12. Halokinese;

2.1.2.2 Angaben zum Grubengebäude

1. Zuschnitt (Teufe der Grubenbaue, Hohlraumvolumen, Streckenquerschnitte, Schächte, Blindschächte, Wendeln und Rampen, horizontale Ausdehnung des Grubengebäudes, Lage und Teufe aller Schächte des Grubengebäudes, Grundflächen und Lage der Sohlen oder Teilsohlen, Sohlen- oder Teilsohlenabstand, Sohlen, die mit einem Füllort am Tagesschacht angeschlossen sind, Lage und Größe der geplanten Ablagerungsräume);
2. Sicherheit:
   a) Standsicherheit der Schächte, Strecken, Blindschächte und Abbauräume,
   b) ggf. Firstfälle, Stoßabschalungen und Liegendaufbrüche im Bereich des Grubenfeldes,
   c) ggf. Lösungszuflüsse (Orte, Mengen je Zeiteinheit, Auftreten, Temperatur/Dichte, gesättigt/ungesättigt, pH-Wert/chemische Analyse, Auswirkungen auf Grubenbetrieb, ggf. einzelne Grubenteile), Ursache und Herkunft,
   d) ggf. Gasfreisetzung/-gefährdung (Ort, Menge, Zusammensetzung, Ursache),
   e) ggf. Erdöl-/Erdgasvorkommen (im Innern oder im Salzhang/Flankenbereich von Salzlagerstätten),
   f) Sicherheitspfeiler zu Deckgebirge/Flanken/Basis/Lösungsnestern/Bohrungen/Schächten/ Nachbarbergwerken,
   g) vorhandene Erkundungsbohrungen von über Tage und unter Tage (siehe auch Nummer 2.1.2.1),
   h) abgedämmte oder abzudämmende Teile des Grubengebäudes;

2.1.2.3 Hydrogeologische Verhältnisse

1. Stratigraphie, Petrographie, Tektonik, Mächtigkeit und Lagerungsverhältnisse der Schichten im Deckgebirge und Nebengestein;
2. Angaben zum Aufbau von Grundwasserstockwerken und zur Grundwasserbewegung;
3. Durchlässigkeiten und Fließgeschwindigkeiten;
4. Mineralisation des Grundwassers, Grundwasserchemismus, Lage der Salz-/Süßwassergrenze;
5. Nutzung des Grundwassers, festgesetzte oder geplante Trinkwasser- und Heilquellenschutzgebiete sowie Vorranggebiete;
6. Lage, Ausbildung und Beschaffenheit von oberirdischen Fließ- und Standgewässern und in wassererfüllten unterirdischen Kavernen;

2.1.2.4 Abfalleinbringung

1. Abfallarten und -mengen, Abfallbeschaffenheit;

2. Ablagerungskonzept und -technik;
3. Geomechanisches Verhalten der Abfälle;
4. Reaktionsverhalten der Abfälle im Fall des Zutritts von Wasser und salinaren Lösungen:
   a) Löslichkeitsverhalten,
   b) Gasentwicklung bei erhöhter Temperatur unter Tage,
   c) Wechselwirkungen untereinander oder mit dem Wirtsgestein.

2.1.3 Entwicklung eines Sicherheitskonzeptes

Auf der Grundlage der Basisinformationen nach Nummer 2.1.2 soll zunächst ein Sicherheitskonzept aufgestellt werden. Hierbei erfolgt im Rahmen der standortbezogenen Sicherheitsbeurteilung eine erste Bewertung, ob ein Nachweis des vollständigen Einschlusses der eingebrachten Abfälle unter den Standortbedingungen langzeitlich möglich erscheint. Gleichzeitig wird erkennbar, ob ggf. ergänzende oder zusätzliche Erkundungsarbeiten erforderlich sind.

2.1.4 Geotechnischer Standsicherheitsnachweis

Um den dauerhaften Abschluss der Abfälle von der Biosphäre zu gewährleisten, ist für die Standsicherheit der Hohlräume im Einzelnen nachzuweisen, dass

1. während und nach der Erstellung der Hohlräume keine Verformungen – weder im Hohlraum selbst noch an der Tagesoberfläche – zu erwarten sind, die die Funktionsfähigkeit des Bergwerkes beeinträchtigen können,
2. das Tragverhalten des Gebirges ausreicht, um Verbrüche von Hohlräumen zu verhindern, die die Langzeitsicherheit der Deponie der Klasse IV beeinträchtigen können, und
3. dass die eingebrachten Abfälle auf längere Sicht stabilisierend wirken.

Der Nachweis der Standsicherheit in der Ablagerungs-, Stilllegungs- und Nachsorgephase ist durch ein gebirgsmechanisches Gutachten zu erbringen. Dabei sind insbesondere folgende Aufgabenstellungen abzuarbeiten:

1. Einordnung und Bewertung der geologischen/tektonischen und hydrogeologischen/hydrologischen Kenntnisse hinsichtlich ihrer Relevanz für die angetroffene und zu prognostizierende gebirgsmechanische Situation im Bereich des Grubengebäudes;
2. Analyse der bergbaulichen Situation anhand von Betriebserfahrungen (soweit vorhanden), insbesondere zur Dimensionierung der untertägigen Grubenbaue und zur Bewertung der Standsicherheit;
3. Analyse des Gebirgsverhaltens auf der Basis von Messungen über Tage und unter Tage, von Ergebnissen geotechnischer Laborversuche sowie auf Grund markscheiderischer Prognosen und gebirgsmechanischer Bewertungen. Vorhandene Ergebnisse und Datenbestände eines Bergwerksbetriebes können genutzt werden;
4. Ableitung der Darlegung eventueller gebirgsmechanischer Gefährdungssituationen auf der Basis der durchgeführten Analysen;

5. Erstellung eines Sicherheitsplanes zum Nachweis der Standsicherheit sowie zur gebirgsmechanischen Bewertung der Langzeitsicherheit (Integrität/Intaktheit) der geologischen Barrieren; dabei sind die möglichen Risiken zu beschreiben und die zu beachtenden Gefährdungsmöglichkeiten zu definieren, die den rechnerischen Nachweisen zu Grunde zu legen sind;
6. Festlegung der zu berücksichtigenden möglichen Einwirkungsfaktoren geologischer/tektonischer Art (u. a. Primärspannungszustand, Temperaturfeld, Erdbeben) oder anthropogener Art (z. B. durch Hohlraumauffahrungen, Abfalleinbringung);
7. Durchführung von Laborversuchen zur Ermittlung der gesteinsmechanischen Eigenschaften (Festigkeits- und Verformungseigenschaften) der anstehenden Salzgesteine, ggf. auch der einzubringenden Abfälle;
8. In-situ-Messungen zur Bewertung des Beanspruchungszustandes (Verformungs- und Spannungszustand) der Lagerstätte infolge des durchgeführten Bergbaus; in kritischen Bereichen auch in-situ-Messungen zur Permeabilität;
9. Rechnerische gebirgsmechanische Modellierung zur Simulation des Beanspruchungszustandes des Gebirges und des Langzeitverhaltens des Einlagerungsbereiches und des Grubengebäudes unter Berücksichtigung der langfristigen Konvergenz, der stabilisierenden Wirkung der Abfälle sowie seismologisch bedingter dynamischer Wirkungen;
10. Bewertung von gebirgsmechanischen Gegebenheiten:
    a) Standsicherheit (Einschätzung der Möglichkeit eines Festigkeits-Verformungsversagens, seismische Systemstabilität),
    b) Konvergenz des Grubengebäudes und Oberflächenabsenkungen und
    c) langfristige Wirksamkeit der geologischen Barrieren;
11. Erarbeitung der aus gebirgsmechanischer Sicht erforderlichen Maßnahmen während des Einlagerungsbetriebes und zum Betriebsabschluss durch:
    a) betriebsbegleitende geotechnische Messungen und
    b) gebirgsmechanische Grundsätze für die Verwahrung und für Abschlussbauwerke.

2.1.5 Nachweis der Langzeitsicherheit

Aufbauend auf den vorlaufenden Untersuchungsergebnissen sind in dem übergreifenden und zusammenfassenden Langzeitsicherheitsnachweis für das Gesamtsystem „Abfall/Untertagebauwerk/Gebirgskörper" auf der Grundlage des Mehrbarrierensystems folgende Einzelsysteme zu bewerten:

1. Bewertung der natürlichen Barrieren – Verhalten des Wirtsgesteins, des Nebengesteins und des Deckgebirges;
2. Bewertung von technischen Eingriffen:
    a) Schächte,
    b) andere Grubenbaue (z. B. Strecken, Blindschächte),
    c) Übertagebohrungen,
    d) Untertagebohrungen und

e) bergbaubedingte Gebirgsauflockerungen

auf die natürlichen Barrieren;

3. Bewertung der Barrieren:

a) Abfallbeschaffenheit und ggf. Konditionierung,

b) Art der Einbringung,

c) Streckendämme und

d) Schachtverschlüsse;

4. Bewertung von natürlich bedingten Ereignissen, sofern sie den vollständigen Einschluss der Abfälle gefährden und ggf. eine Schadstoffmobilisierung bewirken können:

a) Diapirismus und Subrosion,

b) Erdbeben;

5. Bewertung von technisch bedingten Ereignissen und Prozessen, sofern sie den vollständigen Einschluss der Abfälle gefährden und ggf. eine Schadstoffmobilisierung bewirken können:

a) Undichtwerden von Erkundungsbohrungen,

b) Wassereinbruch während der Ablagerungs- und Stilllegungsphase, z. B. über die Schächte,

c) Laugen- oder Gaseinbruch während der Ablagerungs- und Stilllegungsphase,

d) Versagen der Schachtverschlüsse,

e) bergbaubedingte Gebirgsauflockerungen,

f) Bohrungen oder sonstige Eingriffe in der Nachbetriebsphase;

Die Auswahl zusätzlicher Ereignisse hat sich an den jeweiligen standortspezifischen Gegebenheiten auszurichten;

6. Zusammenfassende Bewertung des Gesamtsystems unter Berücksichtigung aller sicherheitsrelevanten Gesichtspunkte.

3. Stilllegung

3.1 Allgemeines

Im Zuge der Stilllegung einer Deponie der Klasse IV sind Abschlussmaßnahmen durchzuführen, die gewährleisten, dass die abgelagerten Abfälle der Biosphäre zuverlässig entzogen sind. Hierzu sind die Anforderungen der Nummer 3.2 oder 3.3 zu beachten.

Um Schachtparzellen und sonstige Zugänge der Deponie ist eine Sicherheitszone anzulegen, die abzusperren und dauerhaft zu markieren ist. Diese Bereiche sind einer eventuellen Nutzung auf dem Gelände nicht zugänglich und zusätzlich durch eine Bauverbotszone zu sichern. Nach Abschluss der Maßnahmen ist das übrige Gelände wieder nutzbar zu machen.

Mit der Anzeige der Beendigung der Ablagerung von Abfällen sind der zuständigen Behörde prüffähige Unterlagen für die Abschlussmaßnahmen vorzulegen.

3.2 Bergwerke

Vor Beginn der Abschlussmaßnahmen ist unter Tage eine Gebirgsüberwachungs-Schlussmessung durchzuführen.

Die Schächte sind voll zu verfüllen.

Der technische Aufbau der Verfüllsäule ist unter Berücksichtigung des geologischen Profils und des Ausbaus im Einzelnen so festzulegen, dass eine Verbindung zwischen Ablagerungsbereich und Biosphäre langzeitsicher verhindert wird.

Im Bereich der Geländeoberfläche sind die Schächte und sonstigen Zugänge sicher abzudecken. Die Abdeckung ist so auszuführen, dass die unterliegende Verfüllsäule kontrolliert werden kann. Wird eine Deponie der Klasse IV im Verbund mit einem Salzbergwerk betrieben und überdauert die Mineralgewinnung den Ablagerungsbetrieb, muss nach Beendigung der Ablagerung ein hydraulisch dichter und gegen den zu erwartenden Druck berechneter untertägiger Abschluss des Ablagerungsbereiches gegen den Gewinnungsbereich erfolgen, der in seiner technischen Auslegung die im Langzeitsicherheitsnachweis betrachteten Ereignisse nach Nummer 2.1.5 Ziffer 4 und 5 zu berücksichtigen hat.

Für den Entwurf des technischen Aufbaus der Verfüllsäule von Schächten, die Qualitätssicherung und die Maßnahmen nach Abschluss der Verfüllung sind die Hinweise des Leitfadens für das Verwahren von Tagesschächten vom 5.12.2007, insbesondere Anhang 2, heranzuziehen.

3.3 Kavernen

Im Bereich des Kavernendaches und des Kavernenhalses ist ein Verschlussbauwerk zu errichten. Aus der Kavernenbohrung sind alle ziehbaren Verrohrungen zu entfernen. Die letzte zementierte Rohrtour ist vollständig mit geeignetem Dichtungsmaterial zu verfüllen. Der Verschluss der Kavernenbohrung ist so herzustellen, dass der Zufluss von Grund- und Formationswasser zu den abgelagerten Abfällen und die Freisetzung von Schadstoffen in die Biosphäre verhindert werden. Er muss mindestens den folgenden Anforderungen genügen:

1. Die Langzeitstabilität und die Wartungsfreiheit des Verschlusses müssen gewährleistet sein.
2. Die Dichtwirkung des Verschlusses muss der des natürlichen Salz- oder Nebengesteins nahe kommen.
3. Zur Erzielung einer schnellen Dichtwirkung muss ein schneller Form- und Kraftschluss zwischen Verschluss und Salzgestein gewährleistet sein.
4. Das Verschlussmaterial muss den festigkeitsmechanischen Eigenschaften der Umgebung angeglichen sein.
5. Der Volumenschwund des Verschlussmaterials muss nach Einbringung gering sein.

4. Dokumentation der Verwahrung der Tageszugänge

Über die Verwahrung der Tageszugänge ist eine Dokumentation anzufertigen und der zuständigen Bergbehörde zu übergeben. Die Dokumentation muss mindestens folgende Unterlagen enthalten:

1. Gesamtprojekt einschließlich rechtlicher Rahmenbedingungen sowie Zielvorgaben,

2. Zustand des Schachtes oder der Bohrung und des relevanten Umfeldes vor dem Beginn der Verwahrung oder des Verschlusses,
3. Zustand des Schachtes oder der Bohrung und des relevanten Umfeldes nach der Herrichtung zur Verfüllung oder zum Verschluss einschließlich der durchgeführten Arbeitsschritte und der ausführenden Firmen,
4. Zustand des Schachtes oder der Bohrung und des relevanten Umfeldes nach der Verwahrung oder dem Verschluss einschließlich der durchgeführten Arbeitsschritte und der ausführenden Firmen,
5. textliche Erläuterung der Verwahrungs- oder Verschlussmaßnahmen mit dem Ergebnis der Ermittlung eines möglicherweise verbleibenden Gefährdungsbereiches,
6. zeichnerische Darstellungen (Lageplan mit Darstellung des Schachtes oder der Bohrung, Schacht- oder Bohrungsprofil mit Aufbau der Verfüllung, ggf. Gefährdungsbereich),
7. Mengennachweise,
8. Nachweis der qualitätsgerechten Ausführung der Verwahrung oder des Verschlusses,
9. Fotodokumentation.

Die Ergebnisse fortlaufender Messungen zur Höhenlage der Oberkante der Verfüllsäule entsprechend Anhang 5 Nummer 3.2 Tabelle Nummer 6 sowie die Mengennachweise bei gegebenenfalls erforderlichen Nachverfüllungen in der Nachsorgephase sind gesondert zu dokumentieren und der zuständigen Bergbehörde zu übergeben.

5. Bekanntmachungen sachverständiger Stellen

1. Die MSK-Skala ist veröffentlicht im Brockhaus Naturwissenschaft und Technik, Bibliographisches Institut & F. A. Brockhaus AG, Mannheim, 2003.
2. Der Leitfaden für das Verwahren von Tagesschächten ist veröffentlicht im Sammelblatt der Bezirksregierung Arnsberg, Abteilung 6, Az.: 86.18.13.1–8-35.

Anhang 3
Zulässigkeits- und Zuordnungskriterien (zu § 2 Nummer 5 bis 9, 23 bis 26, 37, § 6 Absatz 2 bis 5, § 8 Absatz 1, 3, 5 und 8, § 14 Absatz 3, den §§ 15, 23, 25 Absatz 1).

1. Verwendung von Abfällen zur Herstellung von Deponieersatzbaustoff sowie für den unmittelbaren Einsatz als Deponieersatzbaustoff bei Deponien der Klasse 0, I, II oder III

Bei der Verwendung von Abfällen zur Herstellung von Deponieersatzbaustoff sowie für die unmittelbare Verwendung als Deponieersatzbaustoff für die in Tabelle 1 Nummer 2.2, 2.3 und 3 beschriebenen Einsatzbereiche sind die Zuordnungskriterien nach Nummer 2, für die Einsatzbereiche nach Tabelle 1 Nummer 1.1, 2.1, 4.1 und 4.4.1 die Zuordnungswerte nach Tabelle 2 und für die Einsatzbereiche nach Tabelle 1 Nummer 2.1 und 4.1 zusätzlich die Zuordnungskriterien nach Nummer 2 Satz 11 einzuhalten. Die Zahlen 4 bis 9, die in den Spalten 3 bis 6 zu den Einsatzbereichen der Nummern 1 bis 4 der Tabelle 1 stehen, stehen für die jeweiligen Zuordnungswerte, die in den Spalten 4 bis 9 der Tabelle 2 aufgenommen sind.

Tabelle 1
Zulässigkeitskriterien für den Einsatz von Deponieersatzbaustoffen

1	2	3	4	5	6
Nr.	**Einsatzbereich**	**DK 0**	**DK I**	**DK II**	**DK III**
1	**Geologische Barriere**				
1.1	Technische Maßnahmen zur Schaffung, Vervollständigung oder Verbesserung der geologischen Barriere	4	4	4	4
2	**Basisabdichtungssystem**				
2.1	Mineralische Abdichtungskomponente		5	5	5
2.2	Schutzlage/Schutzschicht		6	7	8
2.3	Mineralische Entwässerungsschicht	5	6	7	8
3	**Deponietechnisch notwendige Baumaßnahmen im Deponiekörper (z. B. Trenndämme, Fahrstraßen, Gaskollektoren), Profilierung des Deponiekörpers sowie Trag- und Ausgleichsschicht und Gasdränschicht des Oberflächenabdichtungssystems bei Deponien oder Deponieabschnitten, die[1)]**				
3.1	alle Anforderungen an die geologische Barriere und das Basisabdichtungssystem nach Anhang 1 einhalten	5	6	7	8
3.2	mindestens alle Anforderungen an die geologische Barriere oder an das Basisabdichtungssystem nach Anhang 1 einhalten	5	5[2)]	6	7
3.3	weder die Anforderungen an die geologische Barriere noch die Anforderungen an das Basisabdichtungssystem nach Anhang 1 vollständig einhalten	3	5[2)]	5[2)]	5[2)]
4	**Oberflächenabdichtungssystem**				
4.1	Mineralische Abdichtungskomponente		5[2)]	5[2)]	5[2)]

Tabelle 1
Zulässigkeitskriterien für den Einsatz von Deponieersatzbaustoffen (Fortsetzung)

1	2	3	4	5	6
Nr.	Einsatzbereich	DK 0	DK I	DK II	DK III
4.2	Schutzlage/Schutzschicht			[4)]	[4)]
4.3	Entwässerungsschicht		[4)]	[4)]	[4)]
4.4.1	Rekultivierungsschicht	9	9	9	9
4.4.2	Technische Funktionsschicht	Anhang 1 Nr. 2.3.2	Anhang 1 Nr. 2.3.2	Anhang 1 Nr. 2.3.2	Anhang 1 Nr. 2.3.2

1) Bei erhöhten Gehalten des natürlich anstehenden Bodens im Umfeld von Deponien kann die zuständige Behörde zulassen, dass Bodenmaterial aus diesem Umfeld für die genannten Einsatzbereiche verwendet wird, auch wenn einzelne Zuordnungswerte nach Nummer 2 Tabelle 2 überschritten werden. Dabei dürfen keine nachteiligen Auswirkungen auf das Deponieverhalten zu erwarten sein.

2) Kann der Deponiebetreiber gegenüber der zuständigen Behörde auf Grund einer Bewertung der Risiken für die Umwelt den Nachweis erbringen, dass die Verwendung von Deponieersatzbaustoffen, die einzelne Zuordnungswerte nach Nummer 2 Tabelle 2 Spalte 5 nicht einhalten, keine Gefährdung für Boden oder Grundwasser darstellt, kann sie auch höher belastete Deponieersatzbaustoffe zulassen. Im Fall von Satz 1 müssen die Deponieersatzbaustoffe aber mindestens die Anforderungen einhalten, unter denen eine Verwertung entsprechender Abfälle außerhalb des Deponiekörpers in technischen Bauwerken mit definierten technischen Sicherungsmaßnahmen zulässig wäre. Im Fall von Satz 1 müssen Deponieersatzbaustoffe bei einem Einsatz in der ersten Abdichtungskomponente unter einer zweiten Abdichtungskomponente aber mindestens die Zuordnungswerte nach Tabelle 2 Spalte 6 einhalten. Unberührt von der Begrenzung nach Satz 2 bleibt der Einsatz in Bereichen nach Nummer 3, wenn im Fall von Satz 1 bei einer Deponie der Klasse II mindestens die Zuordnungswerte nach Tabelle 2 Spalte 6 und bei einer Deponie der Klasse III mindestens die Zuordnungswerte nach Tabelle 2 Spalte 7 eingehalten werden.

3) Deponieersatzbaustoffe müssen bei einem Einsatz auf einer Deponie der Klasse 0, die über keine vollständige geologische Barriere nach Anhang 1 Tabelle 1 verfügt, mindestens die Anforderungen einhalten, unter denen eine Verwertung entsprechender Abfälle außerhalb des Deponiekörpers zulässig wäre.

4) In diesen Einsatzbereichen müssen die Deponieersatzbaustoffe mindestens die Anforderungen für ein vergleichbares Einsatzgebiet außerhalb von Deponien in technischen Bauwerken ohne besondere Anforderungen an den Standort und ohne technische Sicherungsmaßnahmen einhalten.

2. Zuordnungskriterien für Deponien der Klasse 0, I, II oder III

Bei der Zuordnung von Abfällen und von Deponieersatzbaustoffen zu Deponien oder Deponieabschnitten der Klasse 0, I, II oder III sind die Zuordnungswerte der Tabelle 2 einzuhalten.

Abweichend von Satz 1 dürfen Abfälle und Deponieersatzbaustoffe im Einzelfall mit Zustimmung der zuständigen Behörde auch bei Überschreitung einzelner Zuordnungswerte abgelagert oder eingesetzt werden, wenn der Deponiebetreiber nachweist, dass das Wohl der Allgemeinheit – gemessen an den Anforderungen dieser Verordnung – nicht beeinträchtigt wird.

Bei einer Überschreitung nach Satz 2 darf der den Zuordnungswert überschreitende Messwert maximal das Dreifache des jeweiligen Zuordnungswertes betragen, soweit nicht durch die Fußnoten der Tabelle höhere Überschreitungen zugelassen werden.

Abweichend von Satz 3 gilt für spezifische Massenabfälle, die auf einer Monodeponie oder einem Monodeponieabschnitt der Klasse I beseitigt werden, Satz 2 mit der Maßgabe, dass die Überschreitung maximal das Dreifache des jeweiligen Zuordnungswertes für die Klasse II (Tabelle 2 Spalte 7) betragen darf, soweit nicht durch die Fußnoten der Tabelle höhere Überschreitungen zugelassen werden.

Abweichend von Satz 3 dürfen die Zuordnungswerte der Parameter Gesamtgehalt an gelösten Feststoffen, Chlorid oder Sulfat bei den Deponieklassen I, II und III jeweils um maximal 100 % überschritten werden, soweit Satz 4 nicht zur Anwendung kommt.

Bei erhöhten Gehalten des natürlich anstehenden Bodens im Umfeld von Deponien kann die zuständige Behörde zulassen, dass Bodenmaterial aus diesem Umfeld abgelagert wird. Dabei dürfen keine nachteiligen Auswirkungen auf das Deponieverhalten zu erwarten sein.

Eine Überschreitung nach den Sätzen 2 bis 4 ist nicht zulässig bei den Parametern Glühverlust, TOC, BTEX, PCB, Mineralölkohlenwasserstoffe, PAK, pH-Wert und DOC, soweit nicht durch die Fußnoten der Tabelle Überschreitungen zugelassen werden.

Eine Überschreitung nach den Sätzen 2 bis 4 ist nicht zulässig bei mechanisch-biologisch behandelten Abfällen. Satz 9 gilt für mechanisch-biologisch behandelte Abfälle mit folgenden Maßgaben:

a) der organische Anteil des Trockenrückstandes der Originalsubstanz gilt als eingehalten, wenn ein TOC von 18 Masseprozent oder ein Brennwert (H_o) von 6 000 kJ/kg TM nicht überschritten wird,

b) es gilt ein DOC von max. 300 mg/l und

c) die biologische Abbaubarkeit des Trockenrückstandes der Originalsubstanz von 5 mg/g (bestimmt als Atmungsaktivität – AT_4) oder von 20 l/kg (bestimmt als Gasbildungsrate im Gärtest – GB_{21}) wird nicht überschritten.

Abweichend von den Sätzen 3 und 8 sind Überschreitungen bei den Parametern Glühverlust oder TOC mit Zustimmung der zuständigen Behörde zulässig, wenn die Überschreitungen durch elementaren Kohlenstoff verursacht werden oder wenn

a) der jeweilige Zuordnungswert für den DOC, jeweils unter Berücksichtigung der Fußnoten 9, 10 oder 11 zur Tabelle 2, eingehalten wird,

b) die biologische Abbaubarkeit des Trockenrückstandes der Originalsubstanz von 5 mg/g (bestimmt als Atmungsaktivität – AT_4) oder von 20 l/kg (bestimmt als Gasbildungsrate – GB_{21}) unterschritten wird,

c) der Brennwert (H_o) von 6 000 kJ/kg TM nicht überschritten wird, es sei denn, es handelt sich um schwermetallbelastete Ionentauscherharze aus der Trinkwasserbehandlung,

d) es sich bei Ablagerung auf Deponien der Klasse 0 um Boden und Baggergut handelt und ein TOC von 6 Masseprozent nicht überschritten wird und

e) der Abfall nicht für den Bau der geologischen Barriere verwendet wird.

Abweichend von Satz 8 ist mit Zustimmung der zuständigen Behörde bei einer Deponie der Klasse III eine Überschreitung des DOC im Eluat bis 200 mg/l zulässig, wenn das Wohl der Allgemeinheit nicht beeinträchtigt wird.

Weitere Parameter sowie die Feststoff-Gesamtgehalte ausgewählter Parameter können von der zuständigen Behörde im Einzelfall im Hinblick auf die Abfallart, auf Vorbehandlungsschritte und auf besondere Ablagerungs- oder Einsatzbedingungen festgelegt werden.

Für Probenahme, Probenvorbereitung und Untersuchung ist Anhang 4 und bei vollständig stabilisierten Abfällen zusätzlich § 6 Absatz 2 zu beachten.

Soweit nicht anders vorgegeben, ist das Eluat nach Anhang 4 Nummer 3.2.1.1 herzustellen. Die zuständige Behörde führt ein Register über die nach Satz 2 getroffenen Entscheidungen.

Tabelle 2 Zuordnungswerte

1	2	3	4	5	6	7	8	9[1]
Nr.	**Parameter**	**Maßeinheit**	**Geologische Barriere**	**DK 0**	**DK I**	**DK II**	**DK III**	**Rekultivierungsschicht**
1	**organischer Anteil des Trockenrückstandes der Originalsubstanz[2)]**							
1.01	bestimmt als Glühverlust	Masse% TM	≤ 3[2a)]	≤ 3[2a)]	≤ 3[2a)3)4)5)]	≤ 5[3)4)5)]	≤ 10[4)5)]	
1.02	bestimmt als TOC	Masse% TM	≤ 1[2a)]	≤ 1[2a)]	≤ 1[2a)3)4)5)]	≤ 3[3)4)5)]	≤ 6[4)5)]	
2	**Feststoffkriterien**							
2.01	Summe BTEX (Benzol,Toluol, Ethylbenzol, o-, m-, p-Xylol, Styrol, Cumol)	mg/kg TM	≤1	≤ 6				
2.02	PCB (Summe der 7 PCB-Kongenere, PCB-28, -52, -101, -118, -138, -153, -180)	mg/kg TM	≤ 0,02	≤ 1				≤ 0,1
2.03	Mineralölkohlenwasserstoffe (C 10 bis C 40)	mg/kg TM	≤ 100	≤ 500				
2.04	Summe PAK nach EPA	mg/kg TM	≤ 1	≤ 30				≤ 5[6)]
2.05	Benzo(a)pyren	mg/kg TM						≤ 0,6
2.06	Säureneutralisationskapazität	mmol/kg			muss bei gefährlichen Abfällen ermittelt werden[7)]	muss bei gefährlichen Abfällen ermittelt werden[7)]	muss ermittelt werden	
2.07	extrahierbare lipophile Stoffe in der Originalsubstanz	Masse% TM		≤ 0,1	≤ 0,4[5)]	≤ 0,8[5)]	≤ 4[5)]	
2.08	Blei	mg/kg TM						≤ 140

Tabelle 2 Zuordnungswerte (Fortsetzung)

1	2	3	4	5	6	7	8	9[1]
Nr.	Parameter	Maßeinheit	Geologische Barriere	DK 0	DK I	DK II	DK III	Rekultivierungsschicht
2.09	Cadmium	mg/kg TM						≤ 1,0
2.10	Chrom	mg/kg TM						≤ 120
2.11	Kupfer	mg/kg TM						≤ 80
2.12	Nickel	mg/kg TM						≤ 100
2.13	Quecksilber	mg/kg TM						≤ 1,0
2.14	Zink	mg/kg TM						≤ 300
3	**Eluatkriterien**							
3.01	pH-Wert[8]		6,5–9	5,5–13	5,5–13	5,5–13	4–13	6,5–9
3.02	DOC[9]	mg/l		≤ 50	≤ 50[3)10)]	≤ 80[3)10)11)]	≤ 100	
3.03	Phenole	mg/l	≤ 0,05	≤ 0,1	≤ 0,2	≤ 50	≤ 100	
3.04	Arsen	mg/l	≤ 0,01	≤ 0,05	≤ 0,2	≤ 0,2	≤ 2,5	≤ 0,01
3.05	Blei	mg/l	≤ 0,02	≤ 0,05	≤ 0,2	≤ 1	≤ 5	≤ 0,04
3.06	Cadmium	mg/l	≤ 0,002	≤ 0,004	≤ 0,05	≤ 0,1	≤ 0,5	≤ 0,002
3.07	Kupfer	mg/l	≤ 0,05	≤ 0,2	≤ 1	≤ 5	≤ 10	≤ 0,05
3.08	Nickel	mg/l	≤ 0,04	≤ 0,04	≤ 0,2	≤ 1	≤ 4	≤ 0,05
3.09	Quecksilber	mg/l	≤ 0,0002	≤ 0,001	≤ 0,005	≤ 0,02	≤ 0,2	≤ 0,0002

Tabelle 2 Zuordnungswerte (Fortsetzung)

1	2	3	4	5	6	7	8	9[1]
Nr.	Parameter	Maßeinheit	Geologische Barriere	DK 0	DK I	DK II	DK III	Rekultivierungsschicht
3.10	Zink	mg/l	≤ 0,1	≤ 0,4	≤ 2	≤ 5	≤ 20	≤ 0,1
3.11	Chlorid[12]	mg/l	≤ 10	≤ 80	≤ 1 500[13]	≤ 1 500[13]	≤ 2 500	≤ 10[14]
3.12	Sulfat[12]	mg/l	≤ 50	≤ 100[15]	≤ 2 000[13]	≤ 2 000[13]	≤ 5 000	≤ 50[14]
3.13	Cyanid, leicht freisetzbar	mg/l	≤ 0,01	≤ 0,01	≤ 0,1	≤ 0,5	≤ 1	
3.14	Fluorid	mg/l		≤ 1	≤ 5	≤ 15	≤ 50	
3.15	Barium	mg/l		≤ 2	≤ 5[13]	≤ 10[13]	≤ 30	
3.16	Chrom, gesamt	mg/l		≤ 0,05	≤ 0,3	≤ 1	≤ 7	≤ 0,03
3.17	Molybdän	mg/l		≤ 0,05	≤ 0,3[13]	≤ 1[13]	≤ 3	
3.18a	Antimon[16]	mg/l		≤ 0,006	≤ 0,03[13]	≤ 0,07[13]	≤ 0,5	
3.18b	Antimon – C_o-Wert[16]	mg/l		≤ 0,1	≤ 0,12[13]	≤ 0,15[13]	≤ 1,0	
3.19	Selen	mg/l		≤ 0,01	≤ 0,03[13]	≤ 0,05[13]	≤ 0,7	
3.20	Gesamtgehalt an gelösten Feststoffen[12]	mg/l	≤ 400	≤ 400	≤ 3 000	≤ 6 000	≤ 10 000	
3.21	elektrische Leitfähigkeit	µS/cm						≤ 500

[1] In Gebieten mit naturbedingt oder großflächig siedlungsbedingt erhöhten Schadstoffgehalten in Böden ist eine Verwendung von Bodenmaterial aus diesen Gebieten zulässig, welches die Hintergrundgehalte des Gebietes nicht überschreitet, sofern die Funktion der Rekultivierungsschicht nicht beeinträchtigt wird.

[2] Nummer 1.01 kann gleichwertig zu Nummer 1.02 angewandt werden.

[2a] Für Bodenmaterial ohne Fremdbestandteile sind Überschreitungen beim Glühverlust bis 5 Masse% oder beim TOC bis 3 Masse% zulässig, wenn die Überschreitung ausschließlich auf natürliche Bestandteile des Bodenmaterials zurückgeht.

[3] Eine Überschreitung des Zuordnungswertes ist mit Zustimmung der zuständigen Behörde bei Bodenaushub (Abfallschlüssel 17 05 04 und 20 02 02 nach der Anlage zur Abfallverzeichnis-Verordnung) und bei Baggergut (Abfallschlüssel 17 05 06 nach der Anlage zur Abfallverzeichnis-Verordnung) zulässig, wenn

a) die Überschreitung ausschließlich auf natürliche Bestandteile des Bodenaushubes oder des Baggergutes zurückgeht,

b) sonstige Fremdbestandteile nicht mehr als 5 Volumenprozent ausmachen,

c) bei der gemeinsamen Ablagerung mit gipshaltigen Abfällen der DOC-Wert maximal 80 mg/l beträgt,

d) auf der Deponie, dem Deponieabschnitt oder dem gesonderten Teilabschnitt eines Deponieabschnitts ausschließlich nicht gefährliche Abfälle abgelagert werden und

e) das Wohl der Allgemeinheit – gemessen an den Anforderungen dieser Verordnung – nicht beeinträchtigt wird.

[4] Der Zuordnungswert gilt nicht für Aschen aus der Braunkohlefeuerung sowie für Abfälle oder Deponieersatzbaustoffe aus Hochtemperaturprozessen; zu Letzteren gehören insbesondere Abfälle aus der Verarbeitung von Schlacke, unbearbeitete Schlacke, Stäube und Schlämme aus der Abgasreinigung von Sinteranlagen, Hochöfen, Schachtöfen und Stahlwerken der Eisen- und Stahlindustrie. Bei gemeinsamer Ablagerung mit gipshaltigen Abfällen darf der TOC-Wert der in Satz 1 genannten Abfälle oder Deponieersatzbaustoffe maximal 5 Masseprozent betragen. Eine Überschreitung dieses TOC-Wertes ist zulässig, wenn der DOC-Wert maximal 80 mg/l beträgt.

[5] Gilt nicht für Asphalt auf Bitumen- oder auf Teerbasis.

[6] Bei PAK-Gehalten von mehr als 3 mg/kg ist mit Hilfe eines Säulenversuches nach Anhang 4 Nummer 3.2.2 nachzuweisen, dass in dem Säuleneluat bei einem Flüssigkeits-Feststoffverhältnis von 2:1 ein Wert von 0,2 µg/l nicht überschritten wird.

[7] Nicht erforderlich bei asbesthaltigen Abfällen und Abfällen, die andere gefährliche Mineralfasern enthalten.

[8] Abweichende pH-Werte stellen allein kein Ausschlusskriterium dar. Bei Über- oder Unterschreitungen ist die Ursache zu prüfen. Werden jedoch auf Deponien der Klassen I und II gefährliche Abfälle abgelagert, muss deren pH-Wert mindestens 6,0 betragen.

[9] Der Zuordnungswert für DOC ist auch eingehalten, wenn der Abfall oder der Deponieersatzbaustoff den Zuordnungswert nicht bei seinem eigenen pH-Wert, aber bei einem pH-Wert zwischen 7,5 und 8,0 einhält.

[10] Auf Abfälle oder Deponieersatzbaustoffe auf Gipsbasis nur anzuwenden, wenn sie gemeinsam mit gefährlichen Abfällen abgelagert oder eingesetzt werden.

[11] Überschreitungen des DOC-Wertes bis maximal 100 mg/l sind zulässig, wenn auf der Deponie oder dem Deponieabschnitt keine gipshaltigen Abfälle und seit dem 16. Juli 2005 ausschließlich nicht gefährliche Abfälle oder Deponieersatzbaustoffe abgelagert oder eingesetzt werden.

[12] Nummer 3.20 kann, außer in den Fällen gemäß Spalte 9 (Rekultivierungsschicht), gleichwertig zu den Nummern 3.11 und 3.12 angewandt werden.

[13] Der Zuordnungswert gilt nicht, wenn auf der Deponie oder dem Deponieabschnitt seit dem 16. Juli 2005 ausschließlich nicht gefährliche Abfälle oder Deponieersatzbaustoffe abgelagert oder eingesetzt werden.

[14] Untersuchung entfällt bei Bodenmaterial ohne mineralische Fremdbestandteile.

[15] Überschreitungen des Sulfatwertes bis zu einem Wert von 600 mg/l sind zulässig, wenn der Co-Wert der Perkolationsprüfung den Wert von 1 500 mg/l bei L/S = 0,1 l/kg nicht überschreitet.

[16] Überschreitungen des Antimonwertes nach Nummer 3.18a sind zulässig, wenn der Co-Wert der Perkolationsprüfung bei L/S = 0,1 l/kg nach Nummer 3.18b nicht überschritten wird.

Anhang 4
Vorgaben zur Beprobung
(Probenahme, Probevorbereitung und Untersuchung von Abfällen und Deponieersatzbaustoffen)
(zu § 6 Absatz 2, § 8 Absatz 1, 3 und 5, § 23)

1. Fachkunde und Akkreditierung

Die Probenahme ist von Personen durchzuführen, die über die für die Durchführung der Probenahme erforderliche Fachkunde verfügen. Die Fachkunde ist durch eine qualifizierte technische Ausbildung, insbesondere ein abgeschlossenes Studium an einer (Fach-) Hochschule oder Universität, oder durch eine langjährige praktische Erfahrung jeweils in Verbindung mit einer erfolgreichen Teilnahme an einem Probenahmelehrgang nach PN 98 nachzuweisen. Die Fachkunde ist durch eine regelmäßige, mindestens alle fünf Jahre stattfindende Schulung oder Weiterbildung aufrecht zu erhalten. Für die Entnahme von Proben bei der Anlieferung von Abfällen auf Deponien ist entgegen Satz 1 Sachkunde beim Probenehmer ausreichend. Die Sachkunde kann durch eine erfolgreiche Teilnahme an einem Probenehmerlehrgang nach PN 98 nachgewiesen werden. Für die Probenahme ist zusätzlich zum Fachkunde- oder Sachkundenachweis stets eine abfallartenspezifische Einweisung des Probenehmers durch das akkreditierte Labor erforderlich. Die Unterzeichnung des Probenahmeprotokolls darf nur durch Fachkundige erfolgen. Die Probenuntersuchungen sind von unabhängigen, nach DIN EN ISO/IEC 17025, Ausgabe März 2018, Allgemeine Anforderungen an die Kompetenz von Prüf- und Kalibrierlaboratorien; akkreditierten Untersuchungsstellen durchzuführen. Die Akkreditierung einer Untersuchungsstelle muss alle in diesem Anhang aufgeführten und gleichwertigen Verfahren beinhalten, die von dieser Untersuchungsstelle angewandt werden.

2. Probenahme

15

Die Probenahme für die Durchführung der Untersuchungen hat nach der LAGA PN 98 – Richtlinie für das Vorgehen bei physikalischen, chemischen und biologischen Untersuchungen im Zusammenhang mit der Verwertung/Beseitigung von Abfällen, Stand Mai 2019, abrufbar unter
https://www.laga-online.de/Publikationen-50-Mitteilungen.html,
zu erfolgen. Ergänzend kann die DIN 19698 Untersuchung von Feststoffen – Probenahme von festen und stichfesten Materialien – Teile 1 (2014–05), 2 (2016–12), 5 (2018–06), 6 (2019–01) herangezogen werden. Die Probenahme ist zu protokollieren. Die Probenahmeprotokolle sind fünf Jahre aufzubewahren und der zuständigen Behörde auf Verlangen vorzulegen.

3. Bestimmung der Gesamtgehalte im Feststoff sowie des eluierbaren Anteils

Die Bestimmung der in Anhang 3 aufgeführten Zuordnungswerte ist nach folgenden Verfahren durchzuführen. Gleichwertige Verfahren nach dem Stand der Technik sind mit Zustimmung der zuständigen Behörde am Sitz der Untersuchungsstelle zulässig. Dabei kann als Entscheidungshilfe die Methodensammlung Feststoffuntersuchung der LAGA herangezogen werden, abrufbar unter
https://www.laga-online.de/Publikationen-50-Informationen.html,
wobei insbesondere die grün gekennzeichneten Verfahren heranzuziehen sind. Soweit weitere, nachfolgend nicht genannte Parameter zu untersuchen sind, legt die zuständige Behörde das Untersuchungsverfahren fest. Dabei muss die Bestimmungs-

grenze eines gewählten Analysenverfahrens um mindestens einen Faktor von drei kleiner sein als der Wert des entsprechenden Parameters. Die Ermittlung der Nachweis- und Bestimmungsgrenze erfolgt nach DIN 32645, Ausgabe November 2008, Chemische Analytik – Nachweis-, Erfassungs- und Bestimmungsgrenze unter Wiederholbedingungen –, Begriffe, Verfahren, Auswertung.

3.1 Bestimmung der Gesamtgehalte im Feststoff

3.1.1 Probenvorbereitung

Die Probe von festen Abfällen ist gemäß DIN 19747, Ausgabe Juli 2009 (Untersuchung von Feststoffen – Probenvorbehandlung, -vorbereitung und -aufarbeitung für chemische, biologische und physikalische Untersuchungen) durch Vierteln, Brechen und Mahlen so aufzubereiten, dass aus einer Ausgangsprobe von 5 bis 50 kg eine homogene Probe von 1 000 g gewonnen wird. Die Probe von pastösen und schlammigen Abfällen ist durch Kollern so aufzubereiten, dass aus einer Ausgangsprobe von 5 bis 50 kg eine homogene Probe von 1 000 g gewonnen wird. Die Trockenmasse der Probe ist gemäß Nummer 3.2.24 zu bestimmen. Die Probenvorbereitung ist zu protokollieren.

3.1.2 Aufschlussverfahren

DIN EN 13657, Ausgabe Januar 2003

Charakterisierung von Abfällen – Aufschluss zur anschließenden Bestimmung des in Königswasser löslichen Anteils an Elementen in Abfällen.

3.1.3 Organischer Anteil des Trockenrückstandes der Originalsubstanz

3.1.3.1 Glühverlust

DIN EN 15169, Ausgabe Mai 2007

Charakterisierung von Abfall – Bestimmung des Glühverlustes in Abfall, Schlamm und Sedimenten

3.1.3.2 TOC (Total organic carbon – gesamter organischer Kohlenstoff)

DIN EN 15936, Ausgabe November 2012

Schlamm, behandelter Bioabfall, Boden und Abfall – Bestimmung des gesamten organischen Kohlenstoffs (TOC) mittels trockener Verbrennung

3.1.4 BTEX (Benzol, Toluol, Ethylbenzol, o-, m-, p-Xylol, Styrol, Cumol)

DIN EN ISO 22155, Ausgabe Juli 2016

Bodenbeschaffenheit – Gaschromatographische Bestimmung flüchtiger aromatischer Kohlenwasserstoffe, Halogenkohlenwasserstoffe und ausgewählter Ether – Statistisches Dampfraum-Verfahren

3.1.5 PCB (Polychlorierte Biphenyle – Summe der 7 PCB-Kongenere, PCB-28, -52, -101, -118, -138, -153, -180)

DIN EN 15308, Ausgabe Dezember 2016

Charakterisierung von Abfällen – Bestimmung ausgewählter polychlorierter Biphenyle (PCB) in festem Abfall mittels Gaschromatopraphie mit Elektroneneinfang-Detektion oder massenspektrometrischer Detektion

3.1.6 Mineralölkohlenwasserstoffe (C 10 bis C 40)

DIN EN 14039, Ausgabe Januar 2005

Charakterisierung von Abfällen – Bestimmung des Gehalts an Kohlenwasserstoffen von C 10 bis C 40 mittels Gaschromatographie in Verbindung mit

LAGA-Mitteilung 35, Bestimmung des Gehaltes an Kohlenwasserstoffen in Abfällen – Untersuchungs- und Analysenstrategie (LAGA-Richtlinie KW/04),
Stand: September 2019, abrufbar unter
https://www.laga-online.de/Publikationen-50-Mitteilungen.html

3.1.7 PAK (Polycyclische aromatische Kohlenwasserstoffe)

DIN ISO 18287, Ausgabe Mai 2006

Bodenbeschaffenheit – Bestimmung der polycyclischen aromatischen Kohlenwasserstoffe (PAK) – Gaschromatographisches Verfahren mit Nachweis durch Massenspektrometrie (GC-MS)

3.1.8 Dichte

DIN 18125–2, Ausgabe März 2011

Baugrund, Untersuchung von Bodenproben – Bestimmung der Dichte des Bodens – Teil 2: Feldversuche

3.1.9 Brennwert

DIN EN 15170, Ausgabe Mai 2009

Charakterisierung von Schlämmen – Bestimmung des Brenn- und Heizwertes

3.1.10 Cadmium, Chrom, Kupfer, Nickel, Blei, Zink

DIN EN ISO 17294–2, Ausgabe Januar 2017

Wasserbeschaffenheit – Anwendung der induktiv gekoppelten Plasma-Massenspektrometrie (ICP-MS) – Teil 2: Bestimmung von ausgewählten Elementen einschließlich Uran-Isotope

Alternativ:

DIN ISO 22036, Ausgabe Juni 2009

Bodenbeschaffenheit – Bestimmung von Spurenelementen in Bodenextrakten mittels Atomemissionsspektroskopie mit induktiv gekoppeltem Plasma (ICP-AES)

Alternativ:

DIN ISO 22036, Ausgabe Juni 2009

Bodenbeschaffenheit – Bestimmung von Spurenelementen in Bodenextrakten mittels Atomemissionsspektroskopie mit induktiv gekoppeltem Plasma (ICP-AES)

Alternativ:

DIN EN ISO 11885, Ausgabe September 2009

Wasserbeschaffenheit – Bestimmung von ausgewählten Elementen durch induktiv gekoppelte Plasma-Atom-Emissionsspektroskopie (ICP-OES)

3.1.11 Quecksilber

DIN EN ISO 12846, Ausgabe August 2012

Wasserbeschaffenheit – Bestimmung von Quecksilber – Verfahren mittels Atomabsorptionsspektrometrie (AAS) mit und ohne Anreicherung

Alternativ:

DIN EN ISO 17852, Ausgabe April 2008

Wasserbeschaffenheit – Bestimmung von Quecksilber – Verfahren mittels Atomfluor eszenzspektrometrie

Alternativ:

DIN EN ISO 17852, Ausgabe April 2008

Wasserbeschaffenheit – Bestimmung von Quecksilber – Verfahren mittels Atomfluor eszenzspektrometrie

3.1.12 Extrahierbare lipophile Stoffe

LAGA-Richtlinie KW/04 – Bestimmung des Gehaltes an Kohlenwasserstoffen in Abfällen – Untersuchungs- und Analysestrategie, Kurzbezeichnung: KW/04, Stand: September 2019, abrufbar unter https://www.laga-online.de/Publikationen-50-Mitteilungen.html

3.2 Bestimmung der Gehalte im Eluat

3.2.1 Eluatherstellung

3.2.1.1 Eluatherstellung mit Flüssigkeits-/Feststoffverhältnis 10/1

DIN EN 12457-4, Ausgabe Januar 2003

Charakterisierung von Abfällen – Auslaugung; Übereinstimmungsuntersuchung für die Auslaugung von körnigen Abfällen und Schlämmen – Teil 4: Einstufiges Schüttelverfahren mit einem Flüssigkeits-/Feststoffverhältnis von 10 l/kg für Materialien mit einer Korngröße unter 10 mm (ohne oder mit Korngrößenreduzierung)

3.2.1.2 Eluatherstellung mit jeweils konstantem pH-Wert 4 und 11/ Säureneutralisationskapazität

Bestimmung der Eluierbarkeit mit wässrigen Medien bei konstantem pH-Wert – Kapitel 5 der von der Länderarbeitsgemeinschaft Abfall herausgegebenen Richtlinie für das Vorgehen bei physikalischen und chemischen Untersuchungen von Abfällen, verunreinigten Böden und Materialien aus dem Altlastenbereich (LAGA-Richtlinie EW 98), Stand September 2017, abrufbar unter https://www.laga-online.de/Publikationen-50-Mitteilungen.html

3.2.2 Perkolationsprüfung im Aufwärtsstrom

DIN 19528, Ausgabe Januar 2009

Elution von Feststoffen – Perkolationsverfahren zur gemeinsamen Untersuchung des Elutionsverhaltens von organischen und anorganischen Stoffen

Alternativ:

DIN EN 14405, Ausgabe Mai 2017

Charakterisierung von Abfällen – Untersuchung des Elutionsverhaltens – Perkolationsprüfung im Aufwärtsstrom (unter festgelegten Bedingungen)

3.2.3 pH-Wert

DIN EN ISO 10523, Ausgabe April 2012

Wasserbeschaffenheit – Bestimmung des pH-Werts (ISO 10523:2008)

3.2.4 DOC (Gelöster organischer Kohlenstoff)

3.2.4.1 DOC

DIN EN 1484, Ausgabe April 2019

Wasseranalytik – Anleitungen zur Bestimmung des gesamten organischen Kohlenstoffs (TOC) und des gelösten organischen Kohlenstoffs (DOC)

3.2.4.2 DOC bei einem pH-Wert zwischen 7,5 und 8

Bestimmung der Eluierbarkeit mit wässrigen Medien bei konstantem pH-Wert – Kapitel 5 der Richtlinie für das Vorgehen bei physikalischen und chemischen Untersuchungen von Abfällen, verunreinigten Böden und Materialien aus dem Altlastenbereich – Herstellung und Untersuchung von wässrigen Eluaten (LAGA-Richtlinie EW 98), Stand September 2017, abrufbar unter https://www.laga-online.de/Publikationen-50-Mitteilungen.html

3.2.5 Phenole

DIN 38409–16, Ausgabe Juni 1984

Deutsche Einheitsverfahren zur Wasser-, Abwasser- und Schlammuntersuchung; Summarische Wirkungs- und Stoffkenngrößen (Gruppe H); Bestimmung des Phenol-Index (H 16).

Alternativ:
DIN EN ISO 14402, Ausgabe Dezember 1999

Wasserbeschaffenheit – Bestimmung des Phenolindex mit der Fließanalytik (FIA und CFA)

3.2.6 Arsen

DIN EN ISO 17294–2, Ausgabe Januar 2017

Wasserbeschaffenheit – Anwendung der induktiv gekoppelten Plasma-Massenspektrometrie (ICP-MS) – Teil 2: Bestimmung von 62 Elementen

Alternativ:

DIN ISO 22036, Ausgabe Juni 2009

Bodenbeschaffenheit – Bestimmung von Spurenelementen in Bodenextrakten mittels Atomemissionsspektroskopie mit induktiv gekoppelten Plasma (ICP-AES)

Alternativ:

DIN EN ISO 11885, Ausgabe September 2009

Wasserbeschaffenheit – Bestimmung von ausgewählten Elementen durch induktiv gekoppelte Plasma-Atom-Emissionsspektrometrie (ICP-OES)

3.2.7 Blei

DIN EN ISO 17294-2, Ausgabe Januar 2017

Wasserbeschaffenheit – Anwendung der induktiv gekoppelten Plasma-Massenspektrometrie (ICP- MS) – Teil 2: Bestimmung von 62 Elementen

Alternativ:
DIN ISO 22036, Ausgabe Juni 2009

Bodenbeschaffenheit – Bestimmung von Spurenelementen in Bodenextrakten mittels Atomemissionsspektroskopie mit induktiv gekoppeltem Plasma (ICP-AES)

Alternativ:
DIN EN ISO 11885, Ausgabe September 2009

Wasserbeschaffenheit – Bestimmung von ausgewählten Elementen durch induktiv gekoppelte Plasma-Atom-Emissionsspektrometrie (ICP-OES)

3.2.8 Cadmium

DIN EN ISO 17294-2, Ausgabe Januar 2017

Wasserbeschaffenheit – Anwendung der induktiv gekoppelten Plasma-Massenspektrometrie (ICP- MS) – Teil 2: Bestimmung von 62 Elementen

Alternativ:
DIN ISO 22036, Ausgabe Juni 2009

Bodenbeschaffenheit – Bestimmung von Spurenelementen in Bodenextrakten mittels Atomemissionsspektroskopie mit induktiv gekoppeltem Plasma (ICP-AES)

Alternativ:
DIN EN ISO 11885, Ausgabe September 2009

Wasserbeschaffenheit – Bestimmung von ausgewählten Elementen durch induktiv gekoppelte Plasma-Atom-Emissionsspektrometrie (ICP-OES)

3.2.9 Kupfer

DIN EN ISO 17294-2, Ausgabe Januar 2017

Wasserbeschaffenheit – Anwendung der induktiv gekoppelten Plasma-Massenspektrometrie (ICP- MS) – Teil 2: Bestimmung von 62 Elementen

Alternativ:
DIN ISO 22036, Ausgabe Juni 2009

Bodenbeschaffenheit – Bestimmung von Spurenelementen in Bodenextrakten mittels Atomemissionsspektroskopie mit induktiv gekoppeltem Plasma (ICP-AES)

Alternativ:
DIN EN ISO 11885, Ausgabe September 2009

Wasserbeschaffenheit – Bestimmung von ausgewählten Elementen durch induktiv gekoppelte Plasma-Atom-Emissionsspektrometrie (ICP-OES)

3.2.10 Nickel

DIN EN ISO 17294–2, Ausgabe Januar 2017

Wasserbeschaffenheit – Anwendung der induktiv gekoppelten Plasma-Massenspektrometrie (ICP- MS) – Teil 2: Bestimmung von 62 Elementen

Alternativ:
DIN ISO 22036, Ausgabe Juni 2009

Bodenbeschaffenheit – Bestimmung von Spurenelementen in Bodenextrakten mittels Atomemissionsspektroskopie mit induktiv gekoppeltem Plasma (ICP-AES)

Alternativ:
DIN EN ISO 11885, Ausgabe September 2009

Wasserbeschaffenheit – Bestimmung von ausgewählten Elementen durch induktiv gekoppelte Plasma-Atom-Emissionsspektrometrie (ICP-OES)

3.2.11 Quecksilber

DIN EN ISO 12846, Ausgabe August 2012

Wasserbeschaffenheit – Bestimmung von Quecksilber – Verfahren mittels Atomabsorptionsspektrometrie (AAS) mit und ohne Anreicherung

Alternativ:

DIN EN ISO 17852, Ausgabe April 2008

Wasserbeschaffenheit – Bestimmung von Quecksilber – Verfahren mittels Atomfluor eszenzspektrometrie

3.2.12 Zink

DIN EN ISO 17294–2, Ausgabe Januar 2017

Wasserbeschaffenheit – Anwendung der induktiv gekoppelten Plasma-Massenspektrometrie (ICP- MS) – Teil 2: Bestimmung von 62 Elementen

Alternativ:
DIN ISO 22036, Ausgabe Juni 2009

Bodenbeschaffenheit – Bestimmung von Spurenelementen in Bodenextrakten mittels Atomemissionsspektroskopie mit induktiv gekoppeltem Plasma (ICP-AES)

Alternativ:
DIN EN ISO 11885, Ausgabe September 2009

Wasserbeschaffenheit – Bestimmung von ausgewählten Elementen durch induktiv gekoppelte Plasma-Atom-Emissionsspektrometrie (ICP-OES)

3.2.13 Chlorid

DIN EN ISO 10304–1, Ausgabe Juli 2009

Wasserbeschaffenheit – Bestimmung von gelösten Anionen mittels Flüssigkeits-Ionenchromatographie – Teil 1: Bestimmung von Bromid, Chlorid, Fluorid, Nitrat, Nitrit, Phosphat und Sulfat

Alternativ:
DIN EN ISO 15682, Ausgabe Januar 2002

Wasserbeschaffenheit – Bestimmung von Chlorid mittels Fließanalyse (CFA und FIA) und photometrischer oder potentiometrischer Detektion

3.2.14 Sulfat

DIN EN ISO 10304-1, Ausgabe Juli 2009

Wasserbeschaffenheit – Bestimmung von gelösten Anionen mittels Flüssigkeits-Ionenchromatographie – Teil 1: Bestimmung von Bromid, Chlorid, Fluorid, Nitrat, Nitrit, Phosphat und Sulfat

3.2.15 Cyanide, leicht freisetzbar

DIN 38405-13, Ausgabe April 2011

Deutsche Einheitsverfahren zur Wasser-, Abwasser- und Schlammuntersuchung – Anionen (Gruppe D) – Teil 13: Bestimmung von Cyaniden (D 13)

Bei sulfidhaltigen Abfällen erfolgt die Bestimmung nach DIN ISO 17380, Ausgabe Mai 2006 Bodenbeschaffenheit – Bestimmung des Gehalts an gesamtem Cyanid und leicht freisetzbarem Cyanid – Verfahren mit kontinuierlicher Fließanalyse

Alternativ:

DIN EN ISO 14403-1, Ausgabe Oktober 2012

Wasserbeschaffenheit – Bestimmung von Gesamtcyanid und freiem Cyanid mittels Fließanalytik (FIA und CFA) – Teil 1: Verfahren mittels Fließinjektionsanalyse (FIA)

Alternativ:

DIN EN ISO 14403-2, Ausgabe Oktober 2012

Wasserbeschaffenheit – Bestimmung von Gesamtcyanid und freiem Cyanid mittels Fließanalytik (FIA und CFA) – Teil 2: Verfahren mittels kontinuierlicher Durchflussanalyse (CFA)

3.2.16 Fluorid

DIN 38405-4, Ausgabe Juli 1985

Deutsche Einheitsverfahren zur Wasser-, Abwasser- und Schlammuntersuchung; Anionen (Gruppe D); Bestimmung von Fluorid (D 4)

Alternativ:
DIN EN ISO 10304-1, Ausgabe Juli 2009

Wasserbeschaffenheit – Bestimmung von gelösten Anionen mittels Flüssigkeits-Ionenchromatographie – Teil 1: Bestimmung von Bromid, Chlorid, Fluorid, Nitrat, Nitrit, Phosphat und Sulfat

3.2.17 Barium

DIN ISO 22036, Ausgabe Juni 2009

Bodenbeschaffenheit – Bestimmung von Spurenelementen in Bodenextrakten mittels Atomemissionsspektroskopie mit induktiv gekoppeltem Plasma (ICP-AES)

Alternativ:
DIN EN ISO 11885, Ausgabe September 2009

Wasserbeschaffenheit – Bestimmung von ausgewählten Elementen durch induktiv gekoppelte Plasma-Atom-Emissionsspektrometrie (ICP-OES)

Alternativ:
DIN EN ISO 17294–2, Ausgabe Januar 2017

Wasserbeschaffenheit – Anwendung der induktiv gekoppelten Plasma-Massenspektrometrie (ICP- MS) – Teil 2: Bestimmung von 62 Elementen

3.2.18 Chrom, gesamt

DIN ISO 22036, Ausgabe Juni 2009

Bodenbeschaffenheit – Bestimmung von Spurenelementen in Bodenextrakten mittels Atomemissionsspektroskopie mit induktiv gekoppeltem Plasma (ICP-AES)

Alternativ:
DIN EN ISO 11885, Ausgabe September 2009

Wasserbeschaffenheit – Bestimmung von ausgewählten Elementen durch induktiv gekoppelte Plasma-Atom-Emissionsspektrometrie (ICP-OES)

Alternativ:
DIN EN ISO 17294–2, Ausgabe Januar 2017

Wasserbeschaffenheit – Anwendung der induktiv gekoppelten Plasma-Massenspektrometrie (ICP- MS) – Teil 2: Bestimmung von 62 Elementen

3.2.19 Molybdän

DIN ISO 22036, Ausgabe Juni 2009

Bodenbeschaffenheit – Bestimmung von Spurenelementen in Bodenextrakten mittels Atomemissionsspektroskopie mit induktiv gekoppeltem Plasma (ICP-AES)

Alternativ:
DIN EN ISO 11885, Ausgabe September 2009

Wasserbeschaffenheit – Bestimmung von ausgewählten Elementen durch induktiv gekoppelte Plasma-Atom-Emissionsspektrometrie (ICP-OES)

Alternativ:
DIN EN ISO 17294–2, Ausgabe Januar 2017

Wasserbeschaffenheit – Anwendung der induktiv gekoppelten Plasma-Massenspektrometrie (ICP- MS) – Teil 2: Bestimmung von 62 Elementen

3.2.20 Antimon

DIN ISO 22036, Ausgabe Juni 2009

Bodenbeschaffenheit – Bestimmung von Spurenelementen in Bodenextrakten mittels Atomemissionsspektroskopie mit induktiv gekoppeltem Plasma (ICP-AES)

Alternativ:
DIN EN ISO 11885, Ausgabe September 2009

Wasserbeschaffenheit – Bestimmung von ausgewählten Elementen durch induktiv gekoppelte Plasma-Atom-Emissionsspektrometrie (ICP-OES)

Alternativ:
DIN 38405–32, Ausgabe Mai 2000

Deutsche Einheitsverfahren zur Wasser-, Abwasser- und Schlammuntersuchung; Anionen (Gruppe D) – Bestimmung von Antimon mittels Atomabsorptionsspektrometrie (D 32)

Alternativ:
DIN EN ISO 17294–2, Ausgabe Februar 2017

Wasserbeschaffenheit – Anwendung der induktiv gekoppelten Plasma-Massenspektrometrie (ICP- MS) – Teil 2: Bestimmung von 62 Elementen

3.2.21 Selen

DIN ISO 22036, Ausgabe Juni 2009

Bodenbeschaffenheit – Bestimmung von Spurenelementen in Bodenextrakten mittels Atomemissionsspektroskopie mit induktiv gekoppeltem Plasma (ICP-AES)

Alternativ:
DIN EN ISO 11885, Ausgabe September 2009

Wasserbeschaffenheit – Bestimmung von ausgewählten Elementen durch induktiv gekoppelte Plasma-Atom-Emissionsspektrometrie (ICP-OES)

Alternativ:
DIN EN ISO 17294–2, Ausgabe Januar 2017

Wasserbeschaffenheit – Anwendung der induktiv gekoppelten Plasma-Massenspektrometrie (ICP- MS) – Teil 2: Bestimmung von 62 Elementen

3.2.22 Gesamtgehalt an gelösten Feststoffen

DIN EN 15216, Ausgabe Januar 2008 – Charakterisierung von Abfällen – Bestimmung des Gesamtgehaltes an gelösten Feststoffen (TDS) in Wasser und Eluaten

Alternativ:
DIN 38409–1, Ausgabe Januar 1987

Deutsche Einheitsverfahren zur Wasser-, Abwasser- und Schlammuntersuchung; Summarische Wirkungs- und Stoffkenngrößen (Gruppe H); Bestimmung des Gesamttrockenrückstandes, des Filtrattrockenrückstandes und des Glührückstandes (H 1)

Alternativ:
DIN 38409–2, Ausgabe März 1987

Deutsche Einheitsverfahren zur Wasser-, Abwasser- und Schlammuntersuchung; Summarische Wirkungs- und Stoffkenngrößen (Gruppe H); Bestimmung der abfiltrierbaren Stoffe und des Glührückstandes (H 2)

3.2.23 Leitfähigkeit des Eluats

DIN EN 27888, Ausgabe November 1993

Wasserbeschaffenheit – Bestimmung der elektrischen Leitfähigkeit

3.2.24 Bestimmung des Trockenrückstandes

DIN EN 14346, Ausgabe März 2007

Charakterisierung von Abfällen – Berechnung der Trockenmasse durch Bestimmung des Trockenrückstandes oder des Wassergehaltes

3.3 Biologische Abbaubarkeit des Trockenrückstandes der Originalsubstanz

3.3.1 Atmungsaktivität, bestimmt über 4 Tage im Laborversuch (AT_4):

Dieses Prüfverfahren ist nur anwendbar bei Abfällen, die einen pH-Wert, bestimmt im 1 : 10-Eluat des Abfalls gemäß Anhang 4 Nummer 3.2.1.1, im Bereich von pH 6,8 bis pH 8,2 aufweisen. Bei Abfällen mit davon abweichenden pH-Werten ist die biologische Abbaubarkeit des Trockenrückstandes der Originalsubstanz nach Nummer 3.3.2 zu bestimmen.

3.3.1.1 Testgerät:

Die Bestimmung des AT_4 erfolgt mit einem Sapromat, Respiromat oder einem gleichwertigen Gerät. Alle Abweichungen von der nachfolgend aufgeführten Methode sind zu dokumentieren.

3.3.1.2 Temperatur:

20 ± 1 °C im temperierten Wasserbad oder Klimaraum.

3.3.1.3 Probenlagerung:

Innerhalb von 48 Stunden nach der Probennahme müssen die Probenaufbereitungen abgeschlossen und der Test gestartet sein. In diesem Zeitraum sind Temperaturen über 4 °C maximal 24 Stunden zulässig. Ist diese Vorgehensweise nicht zu gewährleisten, so ist die Probe innerhalb von 24 Stunden nach der Probennahme bei –18 bis –20 °C einzufrieren. Das Einfrieren der Probe ist bei der Auswertung zu dokumentieren. Das schonende Auftauen der Probe soll innerhalb von 24 Stunden erfolgen, dabei darf die Temperatur 20 °C nicht überschreiten.

3.3.1.4 Probenaufbereitung:

Die Originalprobe ist in ihrer Gesamtheit feucht auf eine Korngröße kleiner oder gleich 10 mm zu zerkleinern. Gegebenenfalls können Störstoffe (Glas, Steine und Metalle) vor dem Zerkleinern ausgeschleust werden. Ihre Massenanteile sind bei der Auswertung des Versuchs zu berücksichtigen.

3.3.1.5 Einstellung des Wassergehaltes:

300 g der aufbereiteten Probe werden mit 300 ml Leitungswasser angefeuchtet und in die in Bild 1 beschriebene Apparatur überführt. Nach Auflegen des Deckels und Abdichtung wird ein Unterdruck von ca. 100 000 Pa (Wasserstrahlvakuum) angelegt und über 30 Minuten gehalten. Das abfiltrierte Wasservolumen ist zu bestimmen und von den zugegebenen 300 ml Leitungswasser abzuziehen.

Die so ermittelte Wassermasse ist dem Teil der Probe zuzugeben, der in die Testapparatur eingebaut wird.

Liegt der Wassergehalt der einzusetzenden Probe über dem ermittelten Wassergehalt, so ist die Probe ohne weiteres Anfeuchten in die in Bild 1 beschriebene Apparatur zu überführen, über 30 Minuten dem Unterdruck in der Saugnutsche auszusetzen und in die Testapparatur einzubauen.

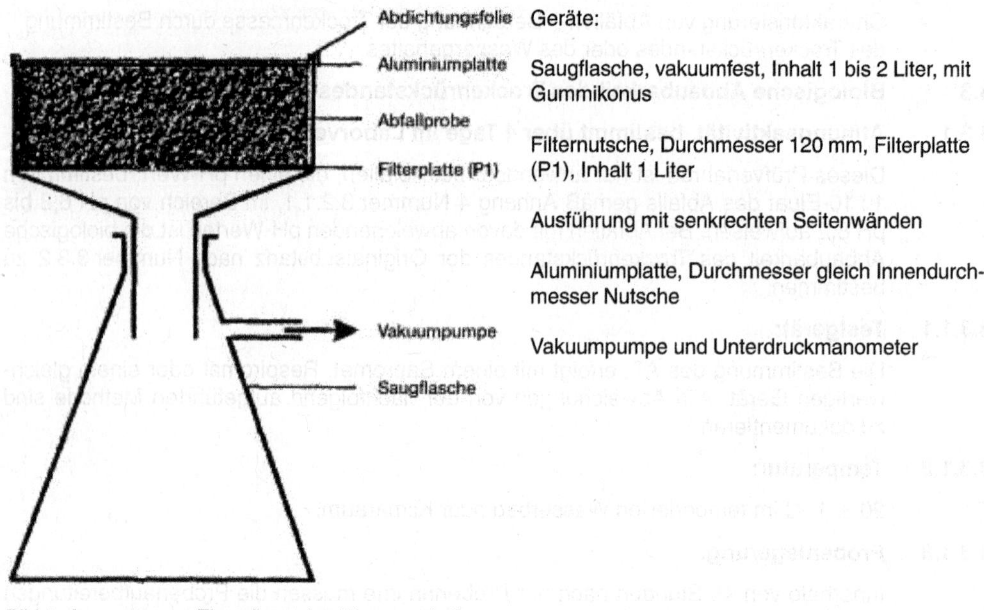

Bild 1: Apparatur zur Einstellung des Wassergehaltes

3.3.1.6 Probemenge:

Es werden 40 g Probe, die auf den oben ermittelten Wassergehalt eingestellt wurde, eingesetzt.

3.3.1.7 Anzahl der Parallelansätze:

Die Proben werden in drei Parallelansätzen untersucht.

3.3.1.8 Versuchsdauer und Auswertung:

Der Bewertungszeitraum beträgt vier Tage und beginnt nach der anfänglichen lag-Phase. Die lag- Phase ist beendet, wenn der mittlere Sauerstoffverbrauch, ausgedrückt als Drei-Stunden-Mittelwert, 25 Prozent des Wertes beträgt, der sich als Drei-Stunden-Mittelwert im Bereich der größten Steigung des Sauerstoffverbrauchs innerhalb der ersten vier Tage ergibt.

Die Masse des in der lag-Phase verbrauchten Sauerstoffs wird von der Masse des in der gesamten Versuchsdauer (lag-Phase plus vier Tage) verbrauchten Sauerstoffs abgezogen und darf nicht mehr als 10 Prozent des Gesamtwertes betragen. Ansonsten darf die Bestimmung nicht gewertet werden. Die Messwerte sind stündlich zu erfassen.

Zur Darstellung der Analysenfunktion und der Drei-Stunden-Mittelwerte werden auf der x-Achse die Versuchsdauer (in Stunden) und auf der y-Achse die summierten Sauerstoffmassen (in mg O_2 je g Trockenmasse) aufgetragen.

3.3.1.9 Angabe des Ergebnisses:

Das Ergebnis wird mit zwei signifikanten Stellen in mg O_2 je g Trockenmasse angegeben. Es sind der Mittelwert und die Standardabweichung anzugeben. Weicht ein einzelner Wert der Dreifachbestimmung mehr als 20 Prozent vom Mittelwert ab, so ist der Wert als Ausreißer zu eliminieren. Die Berechnung des neuen Mittelwertes erfolgt aus den zwei verbleibenden Werten.

3.3.2 Gasbildung, bestimmt über 21 Tage im Laborversuch (GB_{21}):

3.3.2.1 Allgemeines:

Der Gärtest wird auf Grundlage der DIN 38414–8, Ausgabe Juni 1985, Deutsche Einheitsverfahren zur Wasser-, Abwasser- und Schlammuntersuchung; Schlamm und Sedimente (Gruppe S); Bestimmung des Faulverhaltens (S8) mit Modifikationen (siehe die Nummern 3.3.2.4 bis 3.3.2.11) durchgeführt. Alle Abweichungen von der nachfolgend aufgeführten Methode sind zu dokumentieren.

3.3.2.2 Versuchsaufbau und Gasmessung:

Für die Durchführung der Bestimmung wird eine Apparatur nach Bild 2 verwendet. „Sie besteht aus einem Eudiometerrohr (B) mit einem Volumen von 300 bis 400 ml, das von oben nach unten graduiert ist (Skalenteilungswert 5 ml) und mit einem Glasschliff auf die Standflasche (A), Volumen etwa 500 ml, aufgesetzt wird. Durch den Boden des Eudiometerrohres geht ein Verbindungsrohr (C), das dem in der Standflasche entwickelten Faulgas den Eintritt in das Messrohr ermöglicht.

Das Verbindungsrohr wird durch vierseitig angebrachte Glasstäbe in der Position gehalten (E).

Am unteren Ende des Eudimeterrohres ist eine Glasolive angebracht, von der eine ausreichend lang bemessene Schlauchverbindung (F) zu einem Niveaugefäß (G) aus Glas oder Kunststoff (Volumen mindestens 750 ml) führt. Am oberen Ende des Eudiometerrohres ist ein Kegelhahn (H) zur Entnahme von Gasproben und zur Einstellung des Nullpunktes (D) angebracht.“ [DIN 38414–8, Seite 3 (Ausgabe Juni 1985)]

„Sperrflüssigkeit: 30 ml Schwefelsäure, H_2SO_4 ($p = 1{,}84$ g/ml), werden zu 1 l destilliertem Wasser gegeben; in dieser Mischung werden unter leichtem Erwärmen 200 g Natriumsulfat-Decahydrat, $Na_2SO_4 * 10\ H_2O$, gelöst. Die Lösung wird durch Zugabe einiger Tropfen Methylorange-Lösung (0,1 g Methylorange-Natriumsalz gelöst in 100 ml destilliertem Wasser) rotorange gefärbt.

Die Sperrflüssigkeit ist bei Raumtemperatur aufzubewahren. Bei niedrigen Temperaturen kann Natriumsulfat auskristallisieren, das erst durch Erwärmen der Mischung wieder in Lösung gebracht werden muss.“ [DIN 38414–8, Seite 3, Ausgabe Juni 1985]

„Die Standflasche (A) wird mit der angegebenen ...“ Menge Probe, Impfschlamm und Wasser „... gefüllt; die in der Flasche enthaltene Luft wird mit Stickstoff verdrängt und das Eudiometerrohr (B) aufgesetzt. Mit Hilfe des Niveaugefäßes (G) wird bei geöffnetem Hahn (H) des Eudiometerrohres das Niveau der Sperrflüssigkeit auf die 0-Marke eingestellt. Dabei darf auf keinen Fall Sperrflüssigkeit in das Verbindungsrohr (C) und damit in …" den Probenraum „… übertreten. Das Niveaugefäß muss noch etwa zu einem Viertel gefüllt sein. Anschließend wird der Hahn (H) geschlossen. Die Standflasche (A) mit der …" Probenmischung „… ist im Dunkeln aufzubewahren. Das entwickelte Gasvolumen wird jeweils bei Niveaugleichheit der Sperrflüssigkeit mit dem Eudiometerrohr und Niveaugefäß abgelesen, nachdem vorher der Inhalt der Standflasche (A) vorsichtig umgeschwenkt wurde." [DIN 38414–8, Seite 5, Ausgabe Juni 1985]

„Bei jeder Ablesung des Gasvolumens im Eudiometerrohr sind Temperatur und Luftdruck zu bestimmen, um das Gasvolumen auf den Normzustand umrechnen zu können. Das Niveau der Sperrflüssigkeit wird – je nach Gasentwicklung – nach jeder oder nach mehreren Ablesungen bei geöffnetem Hahn (H) auf 0 eingestellt; dabei darf keine Luft durch den Hahn (H) angesaugt werden." [DIN 38414–8, Seite 5, Ausgabe Juni 1985]

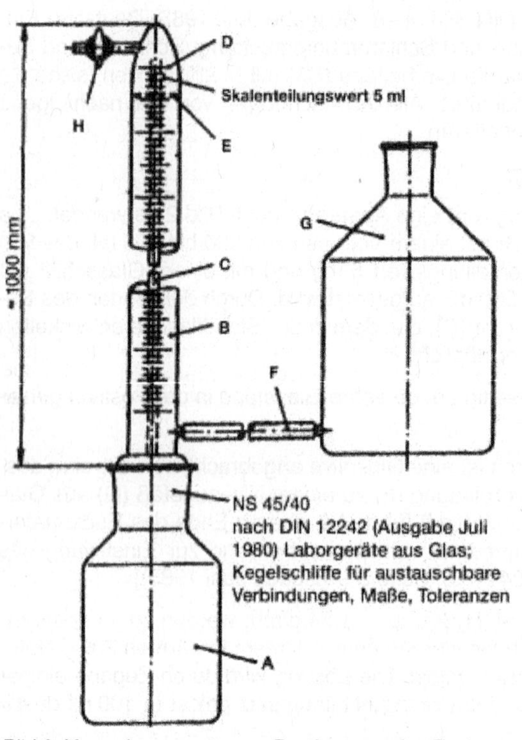

- A Standflasche mit Schlammprobe, Inhalt 500 ml
- B Eudiometerrohr, Inhalt 300 bis 400 ml, Durchmesser 30 bis 35 mm, Skalenteilungswert 5 ml
- C Verbindungsrohr, Durchmesser etwa 6 mm
- D Nullmarke
- E Haltestifte bzw. Abstandshalter oder Lochverbindung zwischen Mantel des Eudiometerrohres und Verbindungsrohr
- F Schlauchverbindung
- G Niveaugefäß, Inhalt min. 750 ml
- H Einweg-Kegelhahn, z. B. Küken

Bild 2: Versuchsapparatur zur Bestimmung des Faulverhaltens von Schlämmen nach DIN 38414–8, Seite 6, Ausgabe Juni 1985

3.3.2.3 Temperatur:

35 ± 1 °C im temperierten Wasserbad oder Klimaraum [nach DIN 38414–8, Ausgabe Juni 1985].

3.3.2.4 Probenlagerung:

Innerhalb von 48 Stunden nach der Probennahme müssen die Probenaufbereitungen abgeschlossen und der Test gestartet sein. In diesem Zeitraum sind Temperaturen über 4 °C maximal 24 Stunden zulässig. Ist diese Vorgehensweise nicht zu gewährleisten, so ist die Probe innerhalb von 24 Stunden nach der Probennahme bei –18 bis –20 °C einzufrieren. Das Einfrieren der Probe ist bei der Auswertung zu dokumentieren. Das schonende Auftauen der Probe soll innerhalb von 24 Stunden erfolgen, dabei darf die Temperatur 35 °C nicht überschreiten.

3.3.2.5 Probenaufbereitung:

Die Originalprobe ist in ihrer Gesamtheit feucht auf eine Korngröße kleiner oder gleich 10 mm zu zerkleinern. Gegebenenfalls können Störstoffe (Glas, Steine und Metalle) vor dem Zerkleinern ausgeschleust werden. Ihre Massenanteile sind bei der Auswertung des Versuchs zu berücksichtigen.

3.3.2.6 Impfschlamm:

„Als Impfschlamm eignet sich Faulschlamm einer kommunalen Kläranlage, der keiner messbaren Hemmung während der Faulung unterlegen ist und der etwa einen Monat unter den nachstehenden Bedingungen gehalten wurde. Er darf keine gröberen Teile enthalten und soll möglichst wenig Gas entwickeln. Es ist zweckmäßig, ein größeres Volumen (etwa 10 Liter) des Impfschlammes mit etwa 5 Prozent Trockenrückstand unter anaeroben Bedingungen im geschlossenen System bei (35 ± 1) °C bereitzuhalten, um eine größere Anzahl von Untersuchungen gleichzeitig durchführen zu können. Im letzten Fall ist dafür Sorge zu tragen, dass die Umgebungstemperatur keinen größeren Schwankungen unterliegt (z. B. Abdeckung der Apparatur durch eine Haube o. Ä.). Dem Impfschlamm kann bei der weiteren Lagerung alle zwei Wochen ein geringer Volumenanteil an faulfähigen Stoffen (etwa 0,1 Prozent) in Form von Rohschlamm zugesetzt werden. Der Rohschlamm muss frei von toxischen Stoffen sein und sollte keine größeren Teile enthalten. Nach jeder Zugabe muss gründlich gemischt werden. Dieser Impfschlamm darf erst 1 Woche nach der letzten Rohschlammzugabe für den Versuchsansatz verwendet werden.“ [DIN 38414–8, Seite 4, Ausgabe Juni 1985]

3.3.2.7 Probenmasse:

Es werden 50 g der aufbereiteten Probe in die Versuchsapparatur eingesetzt. Die Proben werden mit 50 ml Impfschlamm versetzt und der Ansatz mit Leitungswasser auf 300 ml aufgefüllt.

3.3.2.8 Referenzansatz:

Zur Kontrolle der Gasbildung des Impfschlammes wird mikrokristalline Cellulose eingesetzt. Dazu werden 1 g Cellulose mit 50 ml Impfschlamm versetzt und der Ansatz mit Leitungswasser auf 300 ml aufgefüllt. Der Referenzansatz kann während der gesamten Versuchsdauer gerührt werden.

Bei dem Referenzansatz müssen mindestens 400 Nl/kg erreicht werden, anderenfalls sind die Ergebnisse zu verwerfen und die Versuchsbedingungen und der Impfschlamm müssen überprüft werden.

3.3.2.9 pH-Wert:

Der pH-Wert des Testansatzes muss bei Beginn und Ende gemessen werden.

Wird ein pH-Wert von 6,8 unter- oder von 8,2 überschritten, so darf die Bestimmung nicht gewertet werden. Wird der pH-Wert schon zu Beginn über- oder unterschritten und zur Einstellung des pH- Wertes ein Alkalisierungsmittel (Natronlauge oder Kalilauge) oder Salzsäure zum Senken des pH- Wertes verwendet, so ist dies bei der Angabe des Ergebnisses zu dokumentieren.

3.3.2.10 Anzahl der Parallelansätze:

Die Proben werden in drei Parallelansätzen untersucht.

Impfschlamm und Cellulose werden in zwei Parallelansätzen untersucht.

3.3.2.11 Versuchsdauer und Auswertung:

Die Ermittlung der gebildeten Gasvolumina erfolgt analog DIN 38414–8, Nr. 10, Ausgabe Juni 1985: Vorlage für die Datensammlung und Berechnung für jeden Ansatz ist Tabelle 1. Mit folgender Gleichung ist die Berechnung des Normvolumens des in den einzelnen Zeitabschnitten gebildeten Gases durchzuführen:

$$V_O = V \cdot \frac{(P_L - P_W) \cdot T_O}{P_O \cdot T}$$

Formel 1 nach DIN 38414–8, Seite 8, Ausgabe Juni 1985

V_O Gasvolumen, in ml

V gebildetes Gasvolumen, in ml

P_L Luftdruck zum Zeitpunkt der Ablesung, in mbar

P_W Dampfdruck des Wassers bei der Temperatur des umgebenden Raumes, in mbar

T_O Normtemperatur, $T_O = 273$ K

P_O Normdruck, $P_O = 1\,013$ mbar

T Temperatur des Gases bzw. des umgebenden Raumes, in K

Tabelle 1
Muster für die Auswertung des Tests
[nach DIN 38414–8, Seite 9 (Ausgabe Juni 1985)]

1	2	3	4	5	6	7
Datum	Uhrzeit	Gebildetes Gasvolumen V ml	Temperatur T K	Dampfdruck des Wassers P_W mbar	Luftdruck P_L mbar	Normvolumen V_O Nml

Das Versuchsprotokoll nach Tabelle 1 ist für jede angesetzte Mischung aus der Probe ($V_O \equiv V_P$), dem Referenzansatz ($V_O \equiv V_R$) und dem Impfschlamm ($V_O \equiv V_{IS}$) zu führen. Das angefallene Gasvolumen wird schrittweise in der Reihenfolge der Ablesungen summiert. Änderungen des Totvolumens, aufgrund veränderter Temperatur- und Druckverhältnisse zwischen den Ablesungen, sind unerheblich und können deshalb vernachlässigt werden (DIN 38414–8). Für die weitere Berechnung sind die Gasvolumina der Probe sowie des Impfschlammes (als arithmetische

Mittel des Doppelansatzes) in Tabelle 2 einzutragen. Das Netto-Gasvolumen (V_N) der Probe ergibt sich für gleiche Versuchszeiten als Differenz der Gasvolumina von Probe sowie des arithmetischen Mittels des Doppelansatzes für den Impfschlamm. Die spezifische Gasbildung V_S von der Probe während der Versuchsdauer berechnet man von Ablesung zu Ablesung schrittweise nach der Gleichung:

$$V_S = \frac{\Sigma V_n \cdot 10^2}{m \cdot W_T}$$

Formel 2 nach DIN 38414–8, Seite 8, Ausgabe Juni 1985

V_S spezifisches, auf die Trockenmasse bezogenes gebildetes Gasvolumen während der Versuchszeit, in l/kg

ΣV_n gebildetes Netto-Gasvolumen für die betrachtete Versuchsdauer, in ml

m Masse der eingewogenen Probe, in g

W_T Trockenmasse der Probe, in Prozent

15

Tabelle 2
Muster für die Ermittlung der auf die Trockenmasse bezogenen Gasbildung [nach DIN 38414–8, Seite 10, Ausgabe Juni 1985]

1	2	3	4	5
Versuchsdauer d	Summe der Normvolumina V_P Nml	Anteiliges aus dem Impfschlamm entwickeltes Normvolumen V_{IS} Nml	Netto-Gas-volumen der Probe (Spalte 2 – Spalte 3) V_N Nml	Spezifische Gasbildung, bezogen auf die Trockenmasse V_S Nl/kg

Bezugsgröße für die Gasbildung ist die Trockenmasse der Probe [Nl/kg TS].

Der Bewertungszeitraum beträgt 21 Tage und beginnt nach der anfänglichen lag-Phase. Die lag-Phase ist beendet, wenn die mittlere Gasbildung, ausgedrückt als Drei-Tage-Mittelwert, 25 Prozent des Wertes beträgt, der sich als Drei-Tage-Mittelwert im Bereich der größten Steigung der Gasbildungsfunktion innerhalb der ersten 21 Tage ergibt.

Das Volumen des in der lag-Phase gebildeten Gases wird vom Volumen des in der gesamten Versuchsdauer (lag-Phase plus 21 Tage) gebildeten Gases abgezogen und darf nicht mehr als 10 Prozent des Gesamtwertes betragen. Ansonsten darf die Bestimmung nicht gewertet werden. Bis zum Erreichen der maximalen Gasbildungsrate ist arbeitstäglich abzulesen.

Zur Darstellung der Analysenfunktion und der Drei-Tage-Mittelwerte werden auf der x-Achse die Versuchsdauer (in Tagen) und auf der y-Achse die summierten Gasvolumina (in Nl/kg Trockenmasse) aufgetragen.

3.3.2.12 Angabe des Ergebnisses:

Das Ergebnis wird mit zwei signifikanten Stellen in Nl/kg Trockenmasse angegeben. Es sind der Mittelwert und die Standardabweichung der Dreifachbestimmung anzugeben. Weicht ein einzelner Wert der Dreifachbestimmung mehr als 20 Prozent vom Mittelwert ab, so ist der Wert als Ausreißer zu eliminieren. Die Berechnung des neuen Mittelwertes erfolgt aus den zwei verbleibenden Werten. Das Ergebnis für die Referenzansätze ist anzugeben.

4. Bewertung der Messergebnisse

Für die Bewertung der Analysenberichte, die im Rahmen der grundlegenden Charakterisierung nach § 8 Absatz 1 Nummer 8 vorzulegen sind, sind die Regelungen unter II.11 der Methodensammlung Feststoffuntersuchung der LAGA
(abrufbar unter https://www.laga-online.de/Publikationen-50-Mitteilungen.html)
zur Beurteilung der Stoffverteilung in Haufwerken heranzuziehen. Dabei sind die ermittelten Messwerte ohne Berücksichtigung der Messunsicherheit zugrunde zu legen. Bei Überprüfungen und Kontrolluntersuchungen nach § 8 Absatz 3 und 5 gelten die Zulässigkeits- und Zuordnungskriterien nach Anhang 3 dieser Verordnung noch als eingehalten, wenn

1. die Abweichung des Messwertes des untersuchten Parameters vom Zuordnungswert, der für die Deponie in der behördlichen Entscheidung nach § 21 oder im Einzelfall nach Anhang 3 Nummer 2 dieser Verordnung festgelegt wurde, den entspre-

chenden Wert der maximal zulässigen Abweichung der nachstehenden Tabelle nicht überschreitet und

2. der Median aller Messwerte der letzten 24 Monate den entsprechenden Zuordnungswert eingehalten hat, der für die Deponie in der behördlichen Entscheidung nach § 21 oder im Einzelfall nach Anhang 3 Nummer 2 dieser Verordnung festgelegt wurde.

Parameter nach Anhang 3 Nummer 2	Maximal zulässige Abweichung*)
Glühverlust	100 Prozent
TOC	100 Prozent
Brennwert (H_o)	1 000 kJ/kg TM
sonstige Feststoffkriterien	jeweils 100 Prozent
pH-Wert	1,0 pH-Einheit
Eluatkriterien	jeweils 100 Prozent
weitere Parameter: Eluatkriterien Feststoffgesamtgehalte	jeweils 100 Prozent
AT_4 und GB_{21}	jeweils 50 Prozent

*) Bei Parametern, die in Prozent angegeben sind: relative Abweichungsmöglichkeit.

Abweichend von Satz 3 gelten bei Überprüfungen und Kontrolluntersuchungen für mechanisch-biologisch behandelte Abfälle die Zuordnungskriterien für folgende Parameter als noch eingehalten, wenn ein Parameter den nachfolgend aufgeführten jeweiligen Zuordnungswert zwar überschreitet, aber dieser Zuordnungswert vom Perzentilwert P_{80} aller Messwerte nicht überschritten wurde und der Median aller Messwerte der letzten 24 Monate den entsprechenden Zuordnungswert eingehalten hat, der für die Deponie in der behördlichen Entscheidung nach § 21 dieser Verordnung festgelegt wurde:

1. TOC: = 21 Masseprozent
2. DOC: = 600 mg/l
3. AT_4: = 10 mg/g
4. GB_{21}: = 30 l/kg
5. Brennwert (H_o) = 7 000 kJ/kg TM.

5. Bekanntmachungen sachverständiger Stellen

Die in diesem Anhang genannten Bekanntmachungen sachverständiger Stellen sind beim Deutschen Patent- und Markenamt in München archivmäßig gesichert niedergelegt. Es sind erschienen:

1. ISO-Normen, EN-Normen und DIN-Normen im Beuth Verlag GmbH, Berlin.
2. LAGA-Mitteilung 32, LAGA PN 98 – Richtlinie für das Vorgehen bei physikalischen, chemischen und biologischen Untersuchungen im Zusammenhang mit der Verwertung/Be-

seitigung von Abfällen, Stand Mai 2019, abrufbar unter https://www.laga-online.de/Publikationen-50-Mitteilungen.html.

3. LAGA-Mitteilung 33, LAGA EW 98 – Richtlinie für das Vorgehen bei physikalischen und chemischen Untersuchungen von Abfällen, verunreinigten Böden und Materialien aus dem Altlastenbereich – Herstellung und Untersuchung von wässrigen Eluaten – Kapitel 5 Bestimmung der Eluierbarkeit mit wässrigen Medien bei konstantem pH-Wert (Kurzbezeichnung EW 98 p), Stand September 2017, abrufbar unter https://www.laga-online.de/Publikationen-50-Mitteilungen.html.

4. LAGA-Mitteilung 35, Bestimmung des Gehaltes an Kohlenwasserstoffen in Abfällen – Untersuchungs- und Analysenstrategie (Kurzbezeichnung KW/04), Stand September 2019 abrufbar unter https://www.laga-online.de/Publikationen-50-Mitteilungen.html.

Anhang 5
Information, Dokumentation, Kontrollen, Betrieb
(zu § 4 Nummer 2, den §§ 9, 10 Absatz 2, § 11 Absatz 2, § 12 Absatz 1 bis 3, § 13 Absatz 1 bis 3 und 5, § 17 Absatz 2, § 23 Satz 1)

1. Information und Dokumentation

1.1 Betriebsordnung

Die Betriebsordnung hat die für einen sicheren und ordnungsgemäßen Betrieb notwendigen Vorschriften zu enthalten. Sie gilt auch für Benutzer der Deponie und muss an geeigneter Stelle im Eingangsbereich der Deponie gut sichtbar ausgehängt sein.

1.2 Betriebshandbuch

Im Betriebshandbuch sind festzulegen:

1. für den Normalbetrieb, für die Instandhaltung und für Betriebsstörungen die für eine gemeinwohlverträgliche Ablagerung der Abfälle und für die Betriebssicherheit der Deponie erforderlichen Maßnahmen, die mit den Alarm- und Notfallplänen abzustimmen sind,
2. Maßnahmen nach § 12 Absatz 4, die bei Überschreiten der Auslöseschwellen durchzuführen sind,
3. die Aufgaben und Verantwortungsbereiche des Personals, die Arbeitsanweisungen, die Kontroll- und Wartungsmaßnahmen sowie Informations-, Dokumentations- und Aufbewahrungspflichten.

1.3 Abfallkataster

Eine Deponie oder ein Deponieabschnitt der Klasse I, II oder III ist in Raster aufzuteilen, die bei Abfällen unterschiedlicher Zusammensetzung höchstens 2 500 m^2 Grundfläche haben dürfen. Bei Abfällen gleichbleibender Zusammensetzung sind größere Rasterweiten zulässig. Bei einer Deponie der Klasse IV in einem Bergwerk ist die Deponie oder der Deponieabschnitt in Ablagerungskammern zu unterteilen. Bei einer Deponie der Klasse IV in einer Kaverne ist die Deponie in Höhenraster aufzuteilen, die bei Abfällen unterschiedlicher Zusammensetzung höchstens 10 m Höhe haben dürfen.

Der Deponiebetreiber hat mindestens folgende Angaben für die in jedem Raster oder in jeder Ablagerungskammer abgelagerten Abfälle oder Deponieersatzbaustoffe im Abfallkataster zu dokumentieren:

1. Masse, Abfallschlüssel und Abfallbezeichnung gemäß Anlage zur Abfallverzeichnis-Verordnung, Abfallherkunft,
2. Ort der Ablagerung/des Einbaus (Angabe der Rasternummern bzw. Angabe der Ablagerungskammernummern),
3. Art der Ablagerung/des Einbaus,
4. Zeitpunkt der Ablagerung/des Einbaus.

1.4 Betriebstagebuch

Das Betriebstagebuch hat alle für die Deponie wesentlichen Daten zu enthalten, insbesondere:

1. Abfallkataster,

2. grundlegende Charakterisierung der angelieferten Abfälle oder Deponieersatzbaustoffe sowie die festgelegten Schlüsselparameter,
3. Protokolle oder Erklärungen nach § 8 Absatz 3,
4. Angaben zur Annahmekontrolle nach § 8 Absatz 4,
5. Ergebnisse der Kontrolluntersuchung nach § 8 Absatz 5 sowie Angabe der getroffenen Maßnahmen bei fehlender Übereinstimmung des Abfalls oder Deponieersatzbaustoffs mit den Angaben der grundlegenden Charakterisierung oder bei Verzicht auf Kontrolluntersuchungen nach § 8 Absatz 5 die Erklärung des Abfallerzeugers,
6. Angaben über Art, Menge und Herkunft zurückgewiesener Abfälle oder Deponieersatzbaustoffe,
7. Protokolle der Abnahme der für den Ablagerungsbetrieb erforderlichen Einrichtungen,
8. besondere Vorkommnisse, insbesondere Betriebsstörungen, die Auswirkungen auf die ordnungsgemäße Ablagerung haben können, einschließlich der möglichen Ursachen und erfolgter Abhilfemaßnahmen,
9. die Ergebnisse von sonstigen anlagen- und stoffbezogenen Kontrollen (Eigen- und Fremdkontrollen).

Zur Erfüllung der Anforderungen nach Satz 1 kann auf Nachweise und Register nach der Nachweisverordnung und Aufzeichnungen nach der Entsorgungsfachbetriebeverordnung zurückgegriffen werden, soweit diese die erforderlichen Angaben enthalten. Das Betriebstagebuch ist dokumentensicher anzulegen. Es muss jederzeit von der zuständigen Behörde eingesehen werden können.

2. Jahresbericht

Der Jahresbericht besteht aus:

1. Stammdaten (Nummer 2.1),
2. Auswertung der Messungen und Kontrollen sowie Darstellung der Ergebnisse (Nummer 2.2),
3. Erklärung zum Deponieverhalten (Nummer 2.3),
4. Auswertung zu angenommenen und abgegebenen Abfällen (Nummer 2.4).

2.1 Stammdaten

Stammdaten sind:

1. Name, Anschrift, Telefonnummer, Telefaxnummer und E-Mail-Adresse der Deponie, des Deponiebetreibers, des Inhabers der Deponie (soweit abweichend) und des Ansprechpartners oder der Ansprechpartnerin sowie des Betreibers von Nebenanlagen auf der Deponie,
2. Lagebezeichnung der Deponie und des zugelassenen Einzugsgebietes,
3. Laufzeiten und Kapazitäten,
4. zugelassene Abfallarten mit Bezeichnung und Abfallschlüssel, ggf. zugelassene Deponieersatzbaustoffe,

5. geologische Barriere und Basisabdichtung und ggf. technische Nachbesserungen oder Vertikalabdichtung,
6. durchgeführte Einsatzfälle von Deponieersatzbaustoffen,
7. ausgeführte Oberflächenabdichtungen, temporäre Abdeckungen und Endabdeckungen,
8. Sicker- und Oberflächenwasserfassungs- und -behandlungseinrichtungen,
9. Messstellen und Messeinrichtungen nach Nummer 3.1,
10. Deponiegasfassungs- und -behandlungs- oder -verwertungsanlagen,
11. Abfallbehandlungsanlagen und Zwischenlager,
12. Nebenanlagen (z. B. Fackeln, Blockheizkraftwerke),
13. sonstige Infrastruktureinrichtungen (z. B. Bahnanschluss, Fahrzeugwaage, Tankanlage),
14. Kurzbeschreibung der erteilten, beantragten und gegebenenfalls geplanten Zulassungen zum Betrieb der Deponie mit Datum und Art des Bescheides,
15. Lageplan mit Darstellung aller relevanten Überwachungseinrichtungen und Angabe der Grundwasserfließrichtung.

Der Jahresbericht hat bei Deponien der Klassen 0, I, II und III die Stammdaten nach Satz 1 Nummer 1 bis 15, bei Deponien der Klasse IV die Stammdaten nach Satz 1 Nummer 1 bis 5, 9 (nur Grundwassermessstellen) und 11 bis 15 zu enthalten. Bei Veränderungen gegenüber dem Vorjahr sind nur die aktualisierten Stammdaten neu aufzunehmen, im Übrigen kann auf die Stammdaten des Vorjahresberichtes verwiesen werden.

2.2 Auswertung der Messungen und Kontrollen sowie Darstellung der Ergebnisse

15

Der Betreiber einer Deponie der Klasse I, II oder III hat die nach Nummer 3.2 und der Tabelle ermittelten Daten auszuwerten und hierbei mindestens die folgenden Kriterien und Zusammenhänge nach Ort, Zeit und ggf. Ablagerungsverfahren zu berücksichtigen und darzustellen:

1. Niederschlagsmengen – Sickerwassermengen,
2. Sickerwassermenge und -zusammensetzung einschließlich Frachtenabschätzung,
3. Grundwasserbeschaffenheit – Einhaltung der Auslöseschwellen,
4. charakteristische Querprofile von der Deponie mit den aktuellen und zugelassenen Einbauhöhen sowie den Vorjahreshöhen; Ermittlung des Restvolumens,
5. Temperaturprofile an der Basis,
6. Setzungen, Verformungen und Gefälle der Entwässerungsleitungen an der Deponiebasis,
7. Setzungen und Setzungsgeschwindigkeit der Deponieoberfläche und ggf. des Deponiekörpers,
8. gefasste Gasmengen und -qualitäten,
9. Emissionen über die Deponieoberfläche und Gaskonzentrationen im näheren Umfeld der Deponie,
10. Ergebnisse der Kamerabefahrung in den Sickerwasserrohren/-schächten.

Satz 1 gilt für den Betreiber einer Deponie der Klasse 0 oder IV mit der Maßgabe, dass nur die Kriterien und Zusammenhänge nach Ziffer 3 zu berücksichtigen und darzustellen sind.

Über die Auswertung der Daten soll der zeitliche Verlauf des Deponieverhaltens vom Beginn der Ablagerungsphase an dargestellt und mit den in der abfallrechtlichen Zulassung getroffenen Annahmen verglichen werden. Abweichend kann sich bei einer Deponie, die sich am 16. Juli 2009 in der Ablagerungsphase befindet, der Beginn der Darstellung auf die letzten sechs Jahre vor diesem Termin beschränken.

2.3 Erklärung zum Deponieverhalten

Der Deponiebetreiber hat auf Grund der in Nummer 2.2 ausgewerteten Kriterien und Zusammenhänge den Zustand der Deponie zu beurteilen und zu erklären, dass sich die Deponie in einem plangemäßen Zustand befindet. Andernfalls hat er darzustellen, ob und welche Maßnahmen erforderlich sind bzw. eingeleitet oder getroffen wurden.

2.4 Auswertung zu angenommenen und abgegebenen Abfällen

Der Deponiebetreiber hat eine Auswertung nach Art, Menge und Herkunft über die Summe der im Berichtsjahr angenommenen und abgegebenen Abfallmengen jeweils bezogen auf den sechsstelligen Abfallschlüssel gemäß der Anlage zur Abfallverzeichnis-Verordnung zu erstellen. Die Auswertung ist nach den folgenden Kriterien zu differenzieren:

1. auf der Deponie abgelagerte Abfälle,
2. auf der Deponie innerhalb von Baumaßnahmen verwertete Abfälle,
3. abgegebene Abfälle zu Verwertung,
4. abgegebene Abfälle zur Beseitigung.

3. Messeinrichtungen, Messungen und Kontrollen

3.1 Messeinrichtungen

Der Betreiber einer Deponie der Klasse 0, I, II oder III hat mindestens die für die in den Ziffern 1 bis 6, der Betreiber einer Deponie der Klasse IV die für die in Ziffer 1 aufgeführten Messungen und Kontrollen erforderlichen Messeinrichtungen herzustellen und funktionstüchtig zu erhalten oder die Bereitstellung der Daten abzusichern:

1. Grundwasserüberwachung mit mindestens einer geeigneten Messstelle im Grundwasseranstrom und einer ausreichenden Zahl von Messstellen, mindestens aber zwei Messstellen, im Grundwasserabstrom der Deponie; die Grundwassermessstellen müssen Informationen über den Grundwasserkörper liefern, der durch die Ablagerung von Abfällen beeinträchtigt werden könnte. Dies gilt nicht für Deponien der Klasse 0, auf denen nur nicht verunreinigter Boden abgelagert wird. Ausbaudaten und Schichtenverzeichnisse der Grundwassermessstellen sind zu dokumentieren.
2. Überwachung der Setzungen und Verformungen der nach Anhang 1 erforderlichen Deponieabdichtungssysteme.
3. Überwachung der Setzungen und Verformungen sowie Verfüllzustände des Deponiekörpers. Auf Ergebnisse der Datenauswertung von Flug- oder Satellitenüberwachungen kann zurückgegriffen werden.

4. Menge und Qualität von in einer Entwässerungsschicht nach Anhang 1 gefasstem Sickerwasser und sonstigem von Oberflächen stammenden gefassten Abwasser (Oberflächenwasser). Falls die Mengenerfassung des Oberflächenwassers einen nicht verhältnismäßigen Aufwand darstellt, kann hierauf mit Zustimmung der zuständigen Behörde verzichtet werden.
5. Erfassung von folgenden meteorologischen Daten:
   a) Niederschlag,
   b) Temperatur,
   c) Windrichtung und -geschwindigkeit,
   d) Verdunstung.

   Auf die Datenerfassung von meteorologischen Messstationen an einem vergleichbaren Standort in der Umgebung kann zurückgegriffen werden.
6. Überwachung von Deponiegas und Deponiegasemissionen nach Maßgabe von Nummer 7.

Soweit auf Grund der Verordnung (EG) Nr. 166/2006 des Europäischen Parlaments und des Rates vom 18. Januar 2006 über die Schaffung eines Europäischen Schadstofffreisetzungs- und -verbringungsregisters und zur Änderung der Richtlinien 91/689/EWG und 96/61/EG des Rates (ABl. L 33 vom 4.2.2006, S. 1) eine Emissionserklärung über die von der Deponie ausgehenden Schadstoffemissionen abzugeben ist, und die Emissionen auf der Grundlage von Messungen ermittelt worden sind, hat der Deponiebetreiber dies bei der Schaffung und Erhaltung der Voraussetzungen nach Satz 1 zu beachten.

3.2 Mess- und Kontrollprogramm

Der Betreiber einer Deponie der Klasse 0, I, II oder III hat die in der Tabelle Nummer 1 bis 5, der Betreiber einer Deponie der Klasse IV hat die in der Tabelle Nummer 3 und 6 genannten Kontrollen und Messungen in der dort genannten Häufigkeit durchzuführen oder durchführen zu lassen, soweit diese Messungen und Kontrollen nach dieser Verordnung vorgeschrieben werden. Die mit den Kontrollen und Messungen beauftragten Personen müssen über die erforderliche Sach- und Fachkunde verfügen. Mit Zustimmung der zuständigen Behörde können bei Deponien oder Deponieabschnitten Abweichungen von Umfang und Häufigkeit der nach Satz 1 durchzuführenden Kontrollen und Messungen festgelegt werden.

15

Tabelle

Nr.	Messung/Kontrolle	Häufigkeit/Darstellung	
		Ablagerungs- und Stilllegungsphase	Nachsorgephase
1	**Meteorologische Daten**		
1.1	Niederschlagsmenge	täglich, als Tagessummenwert	täglich, summiert zu Monatswerten
1.2	Temperatur (min., max., um 14:00 Uhr MEZ/15.00 Uhr MESZ)	täglich	Monatsdurchschnittswert
1.3	Windrichtung und -geschwindigkeit des vorherrschenden Windes	täglich	nicht erforderlich
1.4	Verdunstung	täglich	täglich, summiert zu Monatswerten
2	**Emissionsdaten**		
2.1	Sickerwassermenge	täglich, als Tagessummenwert	halbjährlich
2.2	Zusammensetzung des Sickerwassers[1)]	vierteljährlich	halbjährlich
2.3	Menge und Zusammensetzung des Oberflächenwassers[1)]	vierteljährlich	halbjährlich
2.4	Aktiv gefasste Gasmenge und Zusammensetzung (CH_4, CO_2, O_2, N_2, ausgewählte Spurengase)	Gasmenge täglich, als Tagessummenwert; Zusammensetzung einmal monatlich; ausgewählte Spurengase einmal halbjährlich	Gasmenge wöchentlich, als Halbjahressummenwert; Zusammensetzung einmal halbjährlich
2.5	Wirksamkeitskontrollen der Entgasung[2)]	wöchentlich bzw. halbjährlich	halbjährlich
2.6	Geruchsemissionen	bei Geruchsproblemen	bei Geruchsproblemen
3	**Grundwasserdaten**		
3.1	Grundwasserstände	halbjährlich[3)]	halbjährlich[3)]
3.2	Grundwasserbeschaffenheit/ Kontrolle der Auslöseschwellen[4)]	vierteljährlich	halbjährlich
4	**Daten zum Deponiekörper**		
4.1	Setzungsmessungen und Stabilitätsuntersuchungen[5)6)]	jährlich	jährlich
4.2	Struktur und Zusammensetzung des Deponiekörpers[7)]	jährlich	
5	**Abdichtungssysteme**		
5.1	Verformung des Basisabdichtungssystems[6)8)]	jährlich	jährlich

Tabelle (Fortsetzung)

Nr.	Messung/Kontrolle	Häufigkeit/Darstellung	
5.2	Prüfung der Entwässerungsleitungen und der zugehörigen Schächte durch Kamerabefahrung	jährlich	jährlich
5.3	Temperaturen im Deponiebasisabdichtungssystem[9)]	standortspezifische Häufigkeit	standortspezifische Häufigkeit
5.4	Funktionsfähigkeit und Verformung des Oberflächenabdichtungssystems[5)6)]	jährlich[2)]	jährlich
5.5	Dichtungskontrollsystem	vierteljährlich	vierteljährlich
6	**Untertagedeponie**		
	Höhenlage der Oberkante der Verfüllsäule nach Anhang 2 Nummer 3.2	nicht relevant	jährlich[10)]

1) Die zu messenden Parameter sind in der Deponiezulassung festzulegen. Mit Ausnahme der Häufigkeit der Kontrollen ist die LAGA-Mitteilung 28 „Technische Regeln für die Überwachung von Grund-, Sicker- und Oberflächenwasser sowie oberirdischer Gewässer bei Deponien" (Stand April 2019, redaktionell ergänzt November 2019, abrufbar unter https://www.laga-online.de/Publikationen-50-Mitteilungen.html), zu beachten.

2) Organoleptische Kontrollen sind an noch offenen Deponieabschnitten wöchentlich vom Deponiebetreiber durchzuführen. An temporär oder endgültig abgedeckten oder abgedichteten Deponieabschnitten oder Deponien hat der Deponiebetreiber die Wirksamkeit einer eventuellen Entgasung oder der Restgasoxidation halbjährlich mittels Messungen mit Flammenionisationsdetektor, Laser-Absorptionsspektrometrie oder mittels anderer gleichwertiger Verfahren auf der Deponieoberfläche und an Gaspegeln im näheren Deponieumfeld zu kontrollieren.

3) Die Grundwasserstände sind mindestens bei jeder Probennahme für die Bestimmung der Grundwasserbeschaffenheit zu messen. Bei stark schwankendem Grundwasserspiegel sind die Messungen häufiger vorzunehmen.

4) Es ist eine Nullmessung vor dem Beginn der Ablagerungsphase durchzuführen, die mindestens die Parameter des zu erwartenden Sickerwassers umfasst. Danach ergeben sich die zu messenden Parameter auf Grund der Zusammensetzung des Sickerwassers und der Grundwasserqualität. Die Untersuchungen für Nummer 3.2 sind von Prüflaboratorien durchzuführen, die für die betreffenden Untersuchungen nach DIN EN ISO/IEC 17025: 2018–03 (Allgemeine Anforderungen an die Kompetenz von Prüf- und Kalibrierlaboratorien) akkreditiert und gegebenenfalls nach landesspezifischen Vorgaben notifiziert oder anerkannt sind. Die von der Länderarbeitsgemeinschaft Abfall herausgegebenen Technischen Regeln für die Überwachung von Grund-, Sicker- und Oberflächenwasser sowie oberirdischer Gewässer bei Deponien (LAGA Mitteilung 28, Stand April 2019, redaktionell ergänzt November 2019, abrufbar unter https://www.laga-online.de/Publikationen-50-Mitteilungen.html), sind zu beachten.

5) Setzungsmessungen sind an repräsentativen Schnitten der Deponie durchzuführen.

6) Die Messergebnisse müssen auch bei einem Wechsel des Messverfahrens miteinander verglichen werden können und als Zeitreihen der Höhenlinien darstellbar sein. Bei größeren Abweichungen von den Setzungsprognosen sind die Ursachen zu klären und die Prognosen zu korrigieren.

7) Daten für den Bestandsplan der betreffenden Deponie: Fläche, die mit Abfällen bedeckt ist, Volumen und Zusammensetzung der Abfälle, Arten der Ablagerung, Zeitpunkt und Dauer der Ablagerung, Berechnung der noch verfügbaren Restkapazität der Deponie.

8) Höhenvermessungen der Sickerrohre im Entwässerungssystem oder in speziell für diesen Zweck verlegten Rohren.

9) Durchgehende Temperaturprofile des Rohrmaterials gemessen am Scheitel der Sickerrohre; bis zu 5 m Überdeckung alle sechs Monate, danach nur noch bei Vorkommnissen, durch die es zu einer wesentlichen Erwärmung des Deponiekörpers kommt wie Deponiebränden, Deponiebelüftung.

10) Nach 20 Jahren ohne auffälligen Befund genügt eine fünfjährliche Kontrolle.

4. Abfallablagerung in einer Deponie der Klasse 0, I, II oder III

Der Betreiber einer Deponie der Klasse 0, I, II oder III hat mindestens Folgendes sicherzustellen:

1. Abfälle oder Deponieersatzbaustoffe, die erheblich stauben, sind so zu handhaben, dass von ihnen keine erheblichen Emissionen ausgehen. Hinweise zur Minderung der Staubemissionen enthält die VDI- Richtlinie, VDI 3790 Blatt 2, (Ausgabe Juni 2017 – Umweltmeteorologie – Emissionen von Gasen, Gerüchen und Stäuben aus diffusen Quellen – Deponien, Beuth Verlag, Berlin).
2. Unverpackte Abfälle, die gefährliche Mineralfasern enthalten, müssen ausreichend besprengt werden, bevor es zu einer Faserausbreitung kommen kann. Sie sind vor jeder Verdichtung, mindestens aber arbeitstäglich, mit geeigneten Materialien abzudecken.
3. Verpackte asbesthaltige Abfälle sowie verpackte Abfälle, die andere gefährliche Mineralfasern enthalten, sind vor jeder Verdichtung, mindestens einmal wöchentlich, mit geeigneten Materialien abzudecken. Für Abfälle in beschädigten Verpackungen gilt Ziffer 2 entsprechend.
4. Die Deponie ist so aufzubauen, dass keine nachteiligen Reaktionen der Abfälle oder Deponieersatzbaustoffe untereinander oder mit dem Sickerwasser erfolgen. Insbesondere ist dafür Sorge zu tragen, dass Temperaturentwicklungen im Deponiekörper nicht zu Beeinträchtigungen der deponietechnischen Einrichtungen führen. Erforderlichenfalls sind getrennt zu entwässernde oder getrennt zu entgasende Bereiche für Abfälle, bei denen Reaktionen nach Satz 1 zu besorgen sind, einzurichten.
5. Werden pastöse, schlammige und breiige Abfälle abgelagert, ist dafür Sorge zu tragen, dass die Abfälle unter Ablagerungsbedingungen entwässern und konsolidieren oder sich verfestigen, so dass unter Berücksichtigung des Deponieaufbaus eine Beeinträchtigung der Standsicherheit des Deponiekörpers nicht zu besorgen ist und die Funktion des Entwässerungssystems der Basisabdichtung nicht beeinträchtigt wird.
6. Die Abfälle oder Deponieersatzbaustoffe sind in der Deponie hohlraumarm einzubauen. Der Einbau hat so zu erfolgen, dass langfristig nur geringe Setzungen des Deponiekörpers zu erwarten sind.
7. Der Deponiekörper muss in sich selber und in Bezug zu seiner Umgebung in allen Verfüllzuständen standsicher sein. Hierzu hat der Deponiebetreiber einen Standsicherheitsnachweis zu führen. Die Länder legen hierfür bundeseinheitliche Qualitätsstandards fest. Sofern die Standsicherheit von Dichtungskomponenten auf der Wirkung nicht dauerhaft beständiger Baustoffe beruht, muss der Nachweis auch die Dauer der nachgewiesenen Standsicherheit erkennen lassen. Die Richtigkeit der Planungsannahmen insbesondere der Abfallkenndaten für den Standsicherheitsnachweis ist regelmäßig zu überprüfen.

5. Abfallablagerung in einer Deponie der Klasse IV

Der Betreiber einer Deponie der Klasse IV hat mindestens Folgendes sicherzustellen:

1. Abfälle, die stauben, sind so zu handhaben und abzulagern, dass von ihnen keine Emissionen ausgehen.
2. Werden Abfälle im pumpfähigen Zustand in den Ablagerungsbereich gefördert, sind sie so zu konditionieren, dass sie die erforderliche Endfestigkeit nach der Ablagerung erreichen.

3. Zur Gewährleistung eines störungsfreien Förderbetriebs sind geeignete Vorkehrungen gegen ein Verstopfen der Befüllleitung zu treffen.
4. Abfälle dürfen nach Ablagerung nicht untereinander reagieren. Sind Reaktionen möglich oder nicht auszuschließen, sind die verschiedenen Abfälle entweder in getrennten Hohlräumen abzulagern oder in den Hohlräumen sind durch bauliche Maßnahmen getrennte Abschnitte zu schaffen. Das gilt auch für Abfälle, die in Behältnissen abgelagert werden.

6. Sickerwasser

Der Deponiebetreiber hat den Anfall von Sickerwasser so gering zu halten, wie dies nach dem Stand der Technik möglich ist. Wird eine Entwässerungsschicht nach Anhang 1 Nummer 2.2 Tabelle 1 Nummer 4 errichtet, hat der Deponiebetreiber das anfallende Sickerwasser zu fassen und nach Maßgabe von Nummer 3.2 Tabelle Nummer 2.1 und 2.2 zu kontrollieren. Gefasstes Sickerwasser und eventuelle Rückstände aus einer Sickerwasserreinigung sind ordnungsgemäß unter Beachtung von Anhang 51 der Abwasserverordnung zu entsorgen, soweit es nicht in den Deponiekörper nach § 25 Absatz 4 infiltriert wird.

7. Deponiegas

Entsteht auf einer Deponie auf Grund biologischer Abbauprozesse Deponiegas in relevanten Mengen, hat der Betreiber einer Deponie der Klasse I, II oder III dieses Deponiegas schon in der Ablagerungsphase zu fassen und zu behandeln, nach Möglichkeit energetisch zu verwerten. Deponiegaserfassung, -behandlung und -verwertung sind nach dem Stand der Technik durchzuführen. Quantität und Qualität des Deponiegases sind nach Nummer 3.2 Tabelle Nummer 2.4 zu untersuchen. Abweichend von Satz 1 kann der Deponiebetreiber mit Zustimmung der zuständigen Behörde auf die Fassung geringer Restemissionen an Deponiegas verzichten. In diesem Fall hat er gegenüber der zuständigen Behörde nachzuweisen, dass das im Deponiegas enthaltene Methan vor Austritt in die Atmosphäre weitestgehend oxidiert wird.

8. Belästigungen und Gefährdungen

Der Deponiebetreiber hat Maßnahmen zu treffen, um folgende von der Deponie ausgehende Belästigungen und Gefährdungen zu minimieren:

1. Geruchs- und Staubemissionen,
2. Brände,
3. Aerosolbildung,
4. Vögel, Ungeziefer, Insekten,
5. Lärm und Verkehr.

Die Deponie ist so zu betreiben, dass eine Verschmutzung öffentlicher Straßen und umliegender Gebiete vermieden wird. Sollte es dennoch zu Verschmutzungen kommen, hat der Deponiebetreiber unverzüglich für deren Beseitigung zu sorgen.

9. Lehrgänge zur Weiterbildung des Leitungspersonals

Die Lehrgänge zur Weiterbildung des Leitungspersonals müssen mindestens Kenntnisse zu folgenden Sachgebieten vermitteln:

1. Vorschriften des Abfallrechts und des für die abfallrechtlichen Tätigkeiten geltenden sonstigen Umweltrechts,

2. Deponieerrichtung, -betrieb, -stilllegung und -nachsorge,
3. Umwelteinwirkungen und sonstige Gefahren und Belästigungen, die von Deponien ausgehen können, und Maßnahmen zu ihrer Verhinderung oder Beseitigung,
4. Art und Beschaffenheit, Verhalten und Reaktionen von Abfällen,
5. Bezüge zum Gefahrgutrecht,
6. Vorschriften der betrieblichen Haftung und
7. Arbeits- und Gesundheitsschutz.

10. Kriterien für die Feststellung des Abschlusses der Nachsorgephase

In Abhängigkeit der jeweiligen Deponieklasse sind insbesondere die nachfolgenden Kriterien für die Feststellung des Abschlusses der Nachsorgephase zu Grunde zu legen:

1. Umsetzungs- oder Reaktionsvorgänge sowie biologische Abbauprozesse sind weitgehend abgeklungen.
2. Eine Gasbildung findet nicht statt oder ist so weit zum Erliegen gekommen, dass keine aktive Entgasung erforderlich ist, austretende Restgase ausreichend oxidiert werden und schädliche Einwirkungen auf die Umgebung durch Gasmigration ausgeschlossen werden können. Eine ausreichende Methanoxidation des Restgases ist nachzuweisen.
3. Setzungen sind so weit abgeklungen, dass setzungsbedingte Beschädigungen des Oberflächenabdichtungssystems für die Zukunft ausgeschlossen werden können. Hierzu ist die Setzungsentwicklung der letzten zehn Jahre zu bewerten.
4. Das Oberflächenabdichtungssystem ist in einem funktionstüchtigen und stabilen Zustand, der durch die derzeitige und geplante Nutzung nicht beeinträchtigt werden kann; es ist sicherzustellen, dass dies auch bei Nutzungsänderungen gewährleistet ist.
5. Die Deponie ist insgesamt dauerhaft standsicher.
6. Die Unterhaltung baulicher und technischer Einrichtungen ist nicht mehr erforderlich; ein Rückbau ist gegebenenfalls erfolgt.
7. Das in ein oberirdisches Gewässer eingeleitete Sickerwasser hält ohne Behandlung die Konzentrationswerte des Anhangs 51 Abschnitt C Absatz 1 und Abschnitt D Absatz 1 der Abwasserverordnung ein.
8. Das Sickerwasser, das in den Untergrund versickert, verursacht keine Überschreitung der Auslöseschwellen in den nach § 12 Absatz 1 festgelegten Grundwasser-Messstellen, und eine Überschreitung ist auch für die Zukunft nicht zu besorgen.
9. Wurden auf der Deponie asbesthaltige Abfälle oder Abfälle, die andere gefährliche Mineralfasern enthalten, abgelagert, müssen geeignete Maßnahmen getroffen worden sein, um zu vermeiden, dass Menschen in Kontakt mit diesem Abfall geraten können.

11. Bekanntmachungen sachverständiger Stellen

Die in diesem Anhang genannten Bekanntmachungen sachverständiger Stellen sind beim Deutschen Patent- und Markenamt in München archivmäßig gesichert niedergelegt.

Anhang 6
Besondere Anforderungen an die zeitweilige Lagerung von metallischen Quecksilberabfällen bei einer Lagerdauer von mehr als einem Jahr in Langzeitlagern (zu § 23 Absatz 2 Satz 1)

1. Anforderungen an die Errichtung und den Betrieb

   a) Die Behälter mit metallischen Quecksilberabfällen sind getrennt von anderen Abfällen so zu lagern, dass sie sich leicht wieder entnehmen lassen.

   b) Die Behälter sind in Auffangbecken zu stellen, die für Quecksilber undurchlässig sind und über ein Fassungsvermögen verfügen, das jeweils für die darin gelagerte Gesamtmenge metallischer Quecksilberabfälle ausreicht.

   c) Die Aufstandsflächen der Auffangbecken müssen aus einem quecksilberbeständigen Material bestehen oder mit einem solchen abgedeckt und so geneigt sein, dass aus den Behältern ausgetretenes Quecksilber einem Sammelsumpf zuläuft.

   d) In jedem Bereich der zeitweiligen Lagerung metallischer Quecksilberabfälle muss ein System zur kontinuierlichen Überwachung der Innenraumluft auf Quecksilberdämpfe installiert und betrieben werden, bei dem

      aa) in Boden- und in Deckennähe Sensoren angebracht sind, die bei einer Raumluftkonzentration von höchstens 0,02 mg Quecksilber/m^3 eine optische und akustische Warnung auslösen,

      bb) durch bauliche Maßnahmen gewährleistet wird, dass die Messergebnisse der Innenraumluftüberwachung nicht durch Luftaustausch verändert werden, unabhängig davon darf eine erforderliche Bewetterung oder Belüftung während der Einlagerungskampagne sowie der Sichtkontrolle nach Nummer 4 Buchstabe c durchgeführt werden, und

      cc) einmal jährlich eine Wartung durchzuführen ist, deren Ergebnisse zu dokumentieren sind.

2. Anforderungen an metallische Quecksilberabfälle und Befüllung der Behälter

   a) Der Quecksilbergehalt muss mehr als 99,9 Gewichtsprozent betragen. Eine dafür erforderliche Reinigung der Quecksilberabfälle ist mit einem Verfahren durchzuführen, das diese Reinheit sicher erreicht. Die Einhaltung der Anforderung nach Satz 1 ist durch die beiden folgenden vom Befüller durchzuführenden Analysen nachzuweisen und im Analysebericht zu dokumentieren:

      aa) Gravimetrische Bestimmung des Rückstandes nach vollständiger Verdampfung des Quecksilbers im Vakuum bei 300 °C plus/minus 25 °C mit Auffangvorrichtung für das Quecksilber und

      bb) Bestimmung der Summe der Metallgehalte von Blei, Cadmium, Calcium, Chrom, Eisen, Kalium, Kupfer, Molybdän, Natrium, Nickel, Vanadium, Wolfram und Zink nach einem der alternativ genannten Verfahren gemäß Anhang 4 Nummer 3.1.10 nach vollständigem Königswasseraufschluss gemäß Anhang 4 Nummer 3.1.2 mit gegebenenfalls erforderlicher Anpassung des Feststoff-Säure-Verhältnisses.

   Beide Verfahren sind voneinander unabhängig durchzuführen und dürfen jeweils den Wert von 0,1 Gewichtsprozent bzw. 1 g/kg nicht überschreiten.

b) Die Behälter dürfen neben dem metallischen Quecksilber keine wässrige oder ölige Phase enthalten.

c) Die Behälter dürfen nur zu höchstens 80 Volumenprozent befüllt sein.

3. Anforderungen an die Behälter

a) Die Behälter müssen aus Kohlenstoffstahl, der mindestens die Anforderungen an die Stahlsorte 1.0044 nach DIN EN 10025–2, Ausgabe April 2005, erfüllt, oder aus rostfreiem Stahl, der mindestens die Anforderungen an die Stahlsorte 1.4301, 1.4404, 1.4432 oder 1.4435 nach DIN EN 10088–1, Ausgabe Januar 2012, erfüllt, bestehen.

b) Die Außenseite der Behälter muss widerstandsfähig gegen die Lagerungsbedingungen sein; Schweißnähte sind so weit wie technisch möglich zu vermeiden.

c) Das Baumuster des Behälters muss die Fallprüfung und die Dichtheitsprüfung bestanden haben entsprechend den Unterabschnitten 6.1.5.3 bzw. 6.1.5.4 der Anlage zur Bekanntmachung der Neufassung der Anlagen A und B des Europäischen Übereinkommens über die internationale Beförderung gefährlicher Güter auf der Straße (ADR) vom 25. November 2010 (BGBl. 2010 II S. 1412, Anlageband) in der jeweils geltenden Fassung.

d) Jeder Behälter muss mit einer dauerhaften Kennzeichnung versehen sein, der die Identifikationsnummer des Behälters, das Fertigungsmaterial, das Leergewicht, der Hersteller und das Datum der Herstellung des Behälters zu entnehmen ist.

4. Anforderungen an die Abfallannahme, Kontrolle und Dokumentation

a) Die Behälter müssen bei der Anlieferung einer Sichtkontrolle unterzogen werden, mit der sichergestellt wird, dass beschädigte, undichte oder korrodierte Behälter nicht angenommen werden.

b) Es dürfen nur Behälter angenommen werden, die jeweils über eine dauerhafte Kennzeichnung nach Nummer 3 Buchstabe d und über eine vom Befüller erstellte und mit der Identifikationsnummer des Behälters gekennzeichnete Bescheinigung nach § 23 Absatz 4 Satz 1 verfügen.

c) Der Bereich der zeitweiligen Lagerung metallischer Quecksilberabfälle und die gelagerten Behälter müssen mindestens einmal monatlich von einer hierzu befugten Person, die über die erforderliche Fachkunde verfügt, einer Sichtkontrolle unterzogen werden und bei Feststellung undichter Stellen, aus denen Quecksilber freigesetzt wird, müssen unverzüglich alle erforderlichen Maßnahmen ergriffen werden, um eine Emission von Quecksilber in die Umwelt zu verhindern und die Sicherheit der Quecksilberlagerung wiederherzustellen. Das Ergebnis der Sichtkontrolle ist zu protokollieren.

d) Mindestens eine Person des Personals muss die Fachkunde im Umgang mit Gefahrstoffen, insbesondere mit Quecksilber, besitzen. Gerätschaft zum Atemschutz und Sicherheitskleidung sind vorzuhalten.

e) Alle Freisetzungen von Quecksilber sind nach § 13 Absatz 4 der zuständigen Behörde zu melden.

Verordnung über Entsorgungsfachbetriebe, technische Überwachungsorganisationen und Entsorgergemeinschaften

(Entsorgungsfachbetriebeverordnung – EfbV)

Vom 2. Dezember 2016 (BGBl. I S. 2770)

Zuletzt geändert am 20. Mai 2021 (BGBl. I S. 1145)

Inhaltsübersicht

Abschnitt 1 Allgemeine Vorschriften

§ 1 Anwendungsbereich

Diese Verordnung regelt die Anforderungen an Entsorgungsfachbetriebe nach § 56 Absatz 2 des Kreislaufwirtschaftsgesetzes sowie die Überwachung und Zertifizierung von Entsorgungsfachbetrieben durch technische Überwachungsorganisationen nach § 56 Absatz 5 des Kreislaufwirtschaftsgesetzes und durch Entsorgergemeinschaften nach § 56 Absatz 6 des Kreislaufwirtschaftsgesetzes.

§ 2 Begriffsbestimmungen

(1) Inhaber im Sinne dieser Verordnung ist diejenige natürliche oder juristische Person oder Personenvereinigung, die den Entsorgungsfachbetrieb betreibt. Sofern es sich bei dem Inhaber um eine juristische Person oder Personenvereinigung handelt, kommt es für die Erfüllung der personenbezogenen Anforderungen dieser Verordnung an den Inhaber auf die nach Gesetz, Satzung oder Gesellschaftsvertrag zur Vertretung oder Geschäftsführung des Betriebes berechtigten Personen an.

(2) Für die Leitung und Beaufsichtigung des Betriebes verantwortliche Personen im Sinne dieser Verordnung sind diejenigen natürlichen Personen, die vom Inhaber mit der fachlichen Leitung, Überwachung und Kontrolle der vom Betrieb durchgeführten abfallwirtschaftlichen Tätigkeiten, insbesondere im Hinblick auf die Beachtung der hierfür geltenden Vorschriften und Anordnungen, beauftragt worden sind. Die Beauftragung setzt die Übertragung der für die in Satz 1 beschriebenen Aufgaben erforderlichen Entscheidungs- und Mitwirkungsbefugnisse voraus.

(3) Sonstiges Personal im Sinne dieser Verordnung sind diejenigen Arbeitnehmerinnen und Arbeitnehmer und anderen im Betrieb beschäftigten Personen, die bei der Ausführung der abfallwirtschaftlichen Tätigkeiten mitwirken.

Abschnitt 2 Anforderungen an die Organisation, die Ausstattung und die Tätigkeit eines Entsorgungsfachbetriebes

16

§ 3 Anforderungen an die Betriebsorganisation

(1) Die Organisation des Entsorgungsfachbetriebes ist so auszugestalten, dass die erforderliche Überwachung und Kontrolle der vom Betrieb durchgeführten abfallwirtschaftlichen Tätigkeiten sichergestellt ist. Bei der Gestaltung der Betriebsorganisation sind insbesondere zu berücksichtigen:

1. der Zweck des Betriebes,
2. die Tätigkeiten und die Größe des Betriebes,
3. die Tätigkeiten der im Betrieb beschäftigten Personen sowie
4. die Art, Menge und Herkunft der Abfälle, auf die sich die Tätigkeiten beziehen, insbesondere Gefährlichkeit und Beschaffenheit dieser Abfälle.

(2) Für die im Betrieb durchgeführten abfallwirtschaftlichen Tätigkeiten sind die Verantwortung sowie die Entscheidungs- und Mitwirkungsbefugnisse folgender Personen festzulegen:

1. des Inhabers,
2. der für die Leitung und Beaufsichtigung des Betriebes verantwortlichen Personen,
3. des sonstigen Personals sowie

4. der Betriebsbeauftragten, die nach Umwelt- oder Gefahrgutvorschriften für den Betrieb zu bestellen sind.

Die Festlegungen nach Satz 1 sind schriftlich, elektronisch oder in gleich geeigneter Weise in Form von Funktionsbeschreibungen und Organisationsplänen darzustellen und den betroffenen Mitarbeitern bekannt zu geben.

(3) Die Arbeitsabläufe für die im Betrieb durchgeführten abfallwirtschaftlichen Tätigkeiten sind schriftlich, elektronisch oder in gleich geeigneter Weise durch Arbeitsanweisungen festzulegen.

§ 4 Anforderungen an die personelle, gerätetechnische und sonstige Ausstattung

(1) Der Entsorgungsfachbetrieb hat für jeden zu zertifizierenden Standort mindestens eine für die Leitung und Beaufsichtigung des Betriebes verantwortliche Person zu bestellen, soweit der Inhaber nicht selbst für die Leitung und Beaufsichtigung des Betriebes verantwortlich ist. Hat ein Entsorgungsfachbetrieb mehrere Standorte oder sind mehrere Entsorgungsfachbetriebe Teile des gleichen Betriebes, so kann abweichend von Satz 1 für diese eine gemeinsame für die Leitung und Beaufsichtigung verantwortliche Person bestellt werden, wenn hierdurch die sachgemäße Erfüllung der ihr obliegenden Aufgaben nicht beeinträchtigt wird.

(2) Der Entsorgungsfachbetrieb muss über ausreichend sonstiges Personal verfügen. Diese Anforderung ist erfüllt, wenn mit dem vorhandenen sonstigen Personal ein fach- und sachgerechter Betriebsablauf sichergestellt ist.

(3) Der Nachweis der ausreichenden Personalstärke nach den Absätzen 1 und 2 erfolgt auf der Grundlage eines Einsatzplanes, der schriftlich, elektronisch oder in gleich geeigneter Weise zu erstellen ist. Bei der Erstellung des Einsatzplanes sind übliche Ausfälle einzelner Personen durch Urlaub, Krankheit und Fortbildungsmaßnahmen zu berücksichtigen.

(4) Der Entsorgungsfachbetrieb hat an jedem zu zertifizierenden Standort und für jede zu zertifizierende Tätigkeit über die gerätetechnische Ausstattung und über die sonstigen Betriebsmittel zu verfügen, die zur fach- und sachgerechten Ausführung der abfallwirtschaftlichen Tätigkeit notwendig sind.

§ 5 Betriebstagebuch

(1) Zum Nachweis einer fach- und sachgerechten Durchführung der abfallwirtschaftlichen Tätigkeiten hat der Entsorgungsfachbetrieb für jeden zu zertifizierenden Standort ein Betriebstagebuch zu führen. Das Betriebstagebuch hat alle Informationen zu enthalten, die für den Nachweis einer ordnungsgemäßen Bewirtschaftung der Abfälle wesentlich sind, insbesondere

1. Angaben über Art, Menge, Herkunft und Verbleib der vom Entsorgungsfachbetrieb gesammelten, beförderten, gelagerten, behandelten, verwerteten, beseitigten, gehandelten oder gemakelten Abfälle einschließlich einer Dokumentation der erbrachten Leistungen,

2. besondere Vorkommnisse, insbesondere Betriebsstörungen, die Auswirkungen auf die ordnungsgemäße Abfallbewirtschaftung haben können, einschließlich der möglichen Ursachen und der zur Abhilfe getroffenen Maßnahmen,

3. die Dokumentation einer fehlenden Übereinstimmung des gesammelten, beförderten, gelagerten, behandelten, verwerteten, beseitigten, gehandelten oder gemakelten Abfalls mit den Angaben des Abfallbesitzers oder -erzeugers sowie die Angabe der getroffenen Maßnahmen,

4. die Angabe der mit dem Vorgang des Sammelns, Beförderns, Lagerns, Behandelns, Verwertens, Beseitigens, Handelns oder Makelns beauftragten Person sowie im Fall der Beauftra-

gung eines nicht zertifizierten Betriebes gemäß § 7 Absatz 3 die Angabe des jeweiligen Umfangs der Beauftragung und

5. bei Anlagen die Ergebnisse von anlagen- und stoffbezogenen Kontrolluntersuchungen einschließlich Funktionskontrollen im Rahmen der Eigen- und Fremdkontrollen.

(2) Das Betriebstagebuch kann in Papierform oder elektronisch geführt werden. Wenn für verschiedene Tätigkeitsbereiche oder Betriebsteile Einzelblätter geführt werden, sind diese wöchentlich zusammenzufassen. Das Betriebstagebuch ist dokumentensicher anzulegen und vor unbefugtem Zugriff zu schützen. Es muss jederzeit an dem betroffenen Standort einsehbar sein. Die im Betriebstagebuch enthaltenen Informationen sind nach ihrem Eintrag fünf Jahre lang aufzubewahren. Die in Absatz 1 Satz 2 Nummer 4 genannten personenbezogenen Daten sind nach Ablauf der Frist zu löschen.

(3) Das Betriebstagebuch ist von dem Inhaber, soweit er für die Leitung und Beaufsichtigung des Betriebes verantwortlich ist, oder von der für die Leitung und Beaufsichtigung des Betriebes verantwortlichen Person regelmäßig auf Richtigkeit und Vollständigkeit zu überprüfen. Die Überprüfung ist zu dokumentieren.

§ 6 Versicherungsschutz

Der Entsorgungsfachbetrieb muss über einen für seine abfallwirtschaftlichen Tätigkeiten ausreichenden Versicherungsschutz verfügen. Art und Umfang des erforderlichen Versicherungsschutzes sind auf der Grundlage einer betrieblichen Risikoabschätzung zu bestimmen. Der Versicherungsschutz muss Folgendes umfassen:

1. bei Betrieben, die Abfälle lagern, behandeln, verwerten oder beseitigen, mit Abfällen handeln oder diese makeln, mindestens eine Betriebshaftpflichtversicherung und, sofern mit der Tätigkeit auch der Besitz dieser Abfälle verbunden ist, eine Umwelthaftpflichtversicherung sowie eine Umweltschadenversicherung,
2. bei Betrieben, die Abfälle sammeln oder befördern, mindestens eine Kraftfahrzeug-Haftpflichtversicherung einschließlich einer auf den Sammlungs- und Beförderungsvorgang bezogenen Umwelthaftpflichtversicherung sowie eine Umweltschadenversicherung. 16

§ 7 Anforderungen an die Durchführung der abfallwirtschaftlichen Tätigkeit

(1) Der Entsorgungsfachbetrieb hat die für seine abfallwirtschaftliche Tätigkeit geltenden öffentlich-rechtlichen Vorschriften zu beachten. Der Inhaber hat den Nachweis zu erbringen, dass die für die abfallwirtschaftliche Tätigkeit des Entsorgungsfachbetriebes erforderlichen behördlichen Entscheidungen, insbesondere Planfeststellungen, Genehmigungen, Zulassungen, Erlaubnisse und Bewilligungen, vorliegen und die mit ihnen verbundenen Auflagen und sonstigen Anordnungen der zuständigen Behörden erfüllt werden.

(2) Der Entsorgungsfachbetrieb darf im Rahmen der zertifizierten Tätigkeit einen Dritten nur beauftragen, wenn dieser hinsichtlich der übernommenen Tätigkeit ebenfalls als Entsorgungsfachbetrieb zertifiziert ist oder die Anforderungen des Absatzes 3 erfüllt sind. Die Verantwortlichkeit des beauftragenden Entsorgungsfachbetriebes für die ordnungsgemäße Durchführung der Tätigkeiten bleibt hiervon unberührt.

(3) Der Entsorgungsfachbetrieb darf Dritte, die hinsichtlich ihrer jeweiligen Tätigkeiten nicht als Entsorgungsfachbetriebe zertifiziert sind, nur in einem insgesamt unerheblichen Umfang mit der Durchführung von zertifizierten Tätigkeiten beauftragen. Der beauftragende Entsorgungsfachbe-

trieb hat durch eine sorgfältige Auswahl und ausreichende Kontrolle eine fachund sachgerechte Durchführung dieser Tätigkeiten sicherzustellen. Dies setzt insbesondere voraus, dass

1. der Entsorgungsfachbetrieb sich vor der Beauftragung vergewissert, dass
   a) der Dritte für die durchzuführende Tätigkeit die Anforderungen des Absatzes 1 erfüllt,
   b) beim Dritten die erforderliche Überwachung und Kontrolle der durchzuführenden Tätigkeit sichergestellt ist und
   c) der Dritte und sein Personal die für die durchzuführende Tätigkeit notwendige Zuverlässigkeit, Fach- und Sachkunde besitzen,
2. der Versicherungsschutz des Entsorgungsfachbetriebes sich auch auf die Tätigkeit des Dritten erstreckt oder der Dritte dem Entsorgungsfachbetrieb einen eigenen, dem § 6 entsprechenden Versicherungsschutz nachweist,
3. vertraglich oder in anderer Weise verbindlich festgelegt ist, in welcher Weise die jeweilige Tätigkeit ausgeführt werden soll und wo die Abfälle verbleiben sollen,
4. der Entsorgungsfachbetrieb gegenüber dem Dritten vertraglich zu Weisungen hinsichtlich der Art und Weise der ordnungsgemäßen Durchführung der jeweiligen Tätigkeit berechtigt ist,
5. dem Entsorgungsfachbetrieb vertraglich die Befugnisse zur Kontrolle der fach- und sachgerechten Durchführung der übertragenen Tätigkeiten eingeräumt werden sowie
6. der Dritte sich verpflichtet,
   a) Nachweise zu führen, die den in § 5 vorgeschriebenen Nachweisen entsprechen, und
   b) dem Entsorgungsfachbetrieb unaufgefordert eine Kopie dieser Nachweise zu überlassen.

Abschnitt 3 Anforderungen an den Inhaber und die im Entsorgungsfachbetrieb beschäftigten Personen

§ 8 Zuverlässigkeit des Inhabers und der für die Leitung und Beaufsichtigung des Betriebes verantwortlichen Personen

(1) Der Inhaber und die für die Leitung und Beaufsichtigung des Betriebes verantwortlichen Personen müssen zuverlässig sein. Die erforderliche Zuverlässigkeit ist gegeben, wenn die betroffene Person auf Grund ihrer persönlichen Eigenschaften, ihres Verhaltens und ihrer Fähigkeiten zur ordnungsgemäßen Erfüllung der ihr obliegenden Aufgaben geeignet ist.

(2) Die erforderliche Zuverlässigkeit ist in der Regel nicht gegeben, wenn die betroffene Person

1. wegen Verletzung der Vorschriften
   a) des Strafrechts über gemeingefährliche Delikte oder Delikte gegen die Umwelt,
   b) des Immissionsschutz-, Abfall-, Wasser-, Natur- und Landschaftsschutz-, Chemikalien-, Gentechnik- oder Atom- und Strahlenschutzrechts,
   c) des Lebensmittel-, Arzneimittel-, Pflanzenschutz- oder Infektionsschutzrechts,
   d) des Gewerbe-, Arbeitsschutz-, Transport- oder Gefahrgutrechts oder
   e) des Betäubungsmittel-, Waffen- oder Sprengstoffrechts

innerhalb der letzten fünf Jahre mit einer Geldbuße in Höhe von mehr als zweitausendfünfhundert Euro belegt oder zu einer Strafe verurteilt worden ist oder

2. wiederholt oder grob pflichtwidrig gegen die in Nummer 1 genannten Vorschriften verstoßen hat.

(3) Zum Nachweis der Zuverlässigkeit der in Absatz 1 Satz 1 genannten Personen sind der technischen Überwachungsorganisation oder der Entsorgergemeinschaft folgende Unterlagen vorzulegen:

1. bei der erstmaligen und im Übrigen bei jeder dritten jährlichen Überprüfung nach § 56 Absatz 3 Satz 5 des Kreislaufwirtschaftsgesetzes sowie bei einem Wechsel der in Absatz 1 Satz 1 genannten Personen

   a) ein Führungszeugnis, Belegart N,

   b) eine personenbezogene Auskunft aus dem Gewerbezentralregister, Belegart 1, und

   c) eine firmenbezogene Auskunft aus dem Gewerbezentralregister, Belegart 1, sowie

2. bei den nicht in Nummer 1 genannten jährlichen Überprüfungen nach § 56 Absatz 3 Satz 5 des Kreislaufwirtschaftsgesetzes eine schriftliche Zuverlässigkeitserklärung.

Die Nachweise nach Satz 1 dürfen zum Zeitpunkt der Überprüfung durch die technische Überwachungsorganisation oder die Entsorgergemeinschaft nicht älter als sechs Monate sein. Wird eine Überprüfung der Zuverlässigkeit aus anderen Gründen erforderlich, entscheidet die technische Überwachungsorganisation oder die Entsorgergemeinschaft über Art und Umfang der Nachweise.

(4) Nachweise aus einem anderen Mitgliedstaat der Europäischen Union oder einem anderen Vertragsstaat des Abkommens über den Europäischen Wirtschaftsraum über die Erfüllung der Anforderungen nach den Absätzen 1 bis 3 stehen inländischen Nachweisen gleich, wenn aus ihnen hervorgeht, dass die betreffenden Anforderungen oder die auf Grund ihrer Zielsetzung im Wesentlichen vergleichbaren Anforderungen des Ausstellungsstaates erfüllt sind. Unterlagen nach Satz 1 sind auf Verlangen im Original oder in Kopie vorzulegen. Eine Beglaubigung der Kopie sowie eine beglaubigte deutsche Übersetzung können verlangt werden.

§ 9 Fachkunde des Inhabers und der für die Leitung und Beaufsichtigung des Betriebes verantwortlichen Personen

(1) Der Inhaber, soweit er für die Leitung und Beaufsichtigung des Betriebes verantwortlich ist, und die für die Leitung und Beaufsichtigung des Betriebes verantwortlichen Personen müssen die für ihren Tätigkeitsbereich erforderliche Fachkunde besitzen. Die erforderliche Fachkunde ist gegeben, wenn die betroffene Person

1. auf einem Fachgebiet, dem der Betrieb hinsichtlich seiner Betriebsvorgänge zuzuordnen ist,

   a) ein Hochschul- oder Fachhochschulstudium abgeschlossen hat,

   b) eine kaufmännische oder technische Fachschul- oder Berufsausbildung besitzt oder

   c) eine Qualifikation als Meister vorweisen kann,

2. während einer zweijährigen praktischen Tätigkeit Kenntnisse über die abfallwirtschaftliche Tätigkeit, für die die Übertragung einer Leitungs- oder Beaufsichtigungsfunktion beabsichtigt ist, erworben hat und

3. an einem oder mehreren von der zuständigen Behörde anerkannten Lehrgängen, in denen Kenntnisse entsprechend der Anlage 1 vermittelt werden, teilgenommen hat.

(2) Die in Absatz 1 Satz 2 Nummer 1 und 2 genannten Anforderungen an die Fachkunde sind erfüllt, wenn die betroffene Person

1. vor dem 1. Juni 2017 als für die Leitung und Beaufsichtigung des Betriebes verantwortliche Person tätig war und
2. die Voraussetzungen des § 9 Absatz 2 bis 5 der bis zum 1. Juni 2017 geltenden Entsorgungsfachbetriebeverordnung erfüllt.

(3) Der Inhaber, soweit er für die Leitung und Beaufsichtigung des Betriebes verantwortlich ist, und die für die Leitung und Beaufsichtigung des Betriebes verantwortlichen Personen müssen durch geeignete Fortbildung über den für ihre Tätigkeit notwendigen aktuellen Wissensstand verfügen. Dazu haben sie regelmäßig, mindestens alle zwei Jahre, an von der zuständigen Behörde anerkannten Lehrgängen, in denen Kenntnisse entsprechend der Anlage 1 vermittelt werden, teilzunehmen.

(4) Zum Nachweis der Fachkunde sind der technischen Überwachungsorganisation oder der Entsorgergemeinschaft bei der erstmaligen Überprüfung und bei einem Wechsel der in Absatz 1 Satz 1 genannten Personen folgende Unterlagen vorzulegen:

1. ein Nachweis
   a) der beruflichen Qualifikation nach Absatz 1 Satz 2 Nummer 1 und über die zweijährige praktische Tätigkeit nach Absatz 1 Satz 2 Nummer 2 oder
   b) über die Erfüllung der Anforderungen des Absatzes 2 sowie
2. eine Bescheinigung über die Teilnahme an einem Lehrgang nach Absatz 1 Satz 2 Nummer 3.

Bei nachfolgenden jährlichen Überprüfungen nach § 56 Absatz 3 Satz 5 des Kreislaufwirtschaftsgesetzes genügt die Vorlage der Bescheinigung über die Teilnahme an dem zuletzt besuchten Lehrgang nach Absatz 3 Satz 2. Wird eine Überprüfung der Fachkunde aus anderen Gründen erforderlich, entscheidet die technische Überwachungsorganisation oder die Entsorgergemeinschaft über Art und Umfang der Nachweise.

(5) Nachweise aus einem anderen Mitgliedstaat der Europäischen Union oder einem anderen Vertragsstaat des Abkommens über den Europäischen Wirtschaftsraum über die Erfüllung der Anforderungen nach den Absätzen 1 bis 3 stehen inländischen Nachweisen gleich, wenn aus ihnen hervorgeht, dass die betreffenden Anforderungen oder die auf Grund ihrer Zielsetzung im Wesentlichen vergleichbaren Anforderungen des Ausstellungsstaates erfüllt sind. Unterlagen nach Satz 1 sind auf Verlangen im Original oder in Kopie vorzulegen. Eine Beglaubigung der Kopie sowie eine beglaubigte deutsche Übersetzung können verlangt werden.

§ 10 Zuverlässigkeit und Sachkunde des sonstigen Personals

(1) Das sonstige Personal muss zuverlässig sein. § 8 Absatz 1 Satz 2 ist entsprechend anzuwenden.

(2) Das sonstige Personal muss sachkundig sein. Die erforderliche Sachkunde ist gegeben, wenn die betroffene Person auf der Grundlage eines schriftlich oder elektronisch erstellten Einarbeitungsplanes betrieblich eingearbeitet worden ist und über den für die jeweilige Tätigkeit notwendigen aktuellen Wissensstand verfügt.

(3) Den Fortbildungsbedarf des sonstigen Personals ermitteln der Inhaber, soweit er für die Leitung und Beaufsichtigung des Betriebes verantwortlich ist, oder die für die Leitung und Beaufsichtigung des Betriebes verantwortlichen Personen.

Abschnitt 4 Abschluss eines Überwachungsvertrages mit einer technischen Überwachungsorganisation

§ 11 Überwachungsvertrag

(1) Der Überwachungsvertrag nach § 56 Absatz 5 Satz 2 des Kreislaufwirtschaftsgesetzes bedarf der Schriftform. Er hat mindestens die in den §§ 3 bis 10 geregelten Anforderungen an Entsorgungsfachbetriebe zu enthalten.

(2) Die technische Überwachungsorganisation muss sich im Überwachungsvertrag verpflichten,

1. den Betrieb hinsichtlich seiner zu zertifizierenden Tätigkeit nach § 56 Absatz 2 Nummer 1 des Kreislaufwirtschaftsgesetzes einzustufen; zu der Einstufung gehört eine Beschreibung der abfallwirtschaftlichen Tätigkeit, insbesondere die Bezeichnung der verwendeten Anlagentechnik; bei der Tätigkeit des Verwertens gehört zu der Einstufung ferner die Festlegung, welche Verwertungsmaßnahme nach § 6 Absatz 1 Nummer 2 bis 4 des Kreislaufwirtschaftsgesetzes vorliegt sowie ob es sich um ein vorbereitendes oder abschließendes Verfahren handelt,
2. die dort festgelegten Anforderungen an Entsorgungsfachbetriebe vor der Erstzertifizierung, nach wesentlichen Änderungen des Betriebes und im Übrigen mindestens jährlich zu überprüfen,
3. bei der Überprüfung nach Nummer 2 neben den einschlägigen Rechtsvorschriften auch die hierzu ergangenen amtlich veröffentlichten Verwaltungsvorschriften des Bundes und der Länder zu berücksichtigen,
4. den Verlauf und das Ergebnis der Überprüfung nach Nummer 2 gegenüber dem Betrieb schriftlich in einem Überwachungsbericht zu dokumentieren,
5. soweit auf Grund der Überprüfung nach Nummer 2 festgestellt wird, dass die in dieser Verordnung genannten Anforderungen nicht erfüllt sind, dem Betrieb gegenüber die festgestellten Mängel konkret zu bezeichnen und
6. alle Unterlagen und Informationen, einschließlich des Inhalts und der Ergebnisse von Gesprächen, Untersuchungen und Überprüfungen, von denen die technische Überwachungsorganisation oder die von ihr beauftragten Sachverständigen im Rahmen der Durchführung des Überwachungsvertrages Kenntnis erlangt haben, vertraulich zu behandeln und Dritten nicht zugänglich zu machen; öffentlichrechtliche Pflichten zur Mitteilung gegenüber Behörden bleiben hiervon unberührt.

(3) Der Betrieb muss sich im Überwachungsvertrag verpflichten,

1. den von der technischen Überwachungsorganisation beauftragten Sachverständigen alle Informationen, Unterlagen und Nachweise zur Verfügung zu stellen, die für die Überprüfung der in dieser Verordnung genannten Anforderungen benötigt werden,
2. den von der technischen Überwachungsorganisation beauftragten Sachverständigen, soweit es zur Überprüfung der im Überwachungsvertrag festgelegten Anforderungen erforderlich ist, das Betreten des Grundstücks, der Geschäfts- und Betriebsräume, die Einsicht in Unterlagen und die Vornahme von technischen Ermittlungen und Überprüfungen zu gestatten sowie Arbeitskräfte und Werkzeuge zur Verfügung zu stellen und
3. der technischen Überwachungsorganisation alle Änderungen im Betrieb, die für die Erfüllung der in dieser Verordnung genannten Anforderungen an Entsorgungsfachbetriebe erheblich sind, unverzüglich anzuzeigen.

(4) Die Vertragsparteien können weitergehende oder ergänzende Vereinbarungen treffen, soweit diese den Anforderungen des § 56 des Kreislaufwirtschaftsgesetzes und dieser Verordnung nicht widersprechen.

(5) Die technische Überwachungsorganisation darf den Überwachungsvertrag mit einem noch nicht zertifizierten Betrieb nur abschließen, wenn eine Vorprüfung ergibt, dass der Betrieb die Gewähr dafür bietet, die in dieser Verordnung festgelegten Anforderungen an Entsorgungsfachbetriebe zu erfüllen. Die Vorprüfung umfasst folgende Bereiche:

1. Anforderungen an die Betriebsorganisation nach § 3 Absatz 1,
2. Anforderungen an die Durchführung der abfallwirtschaftlichen Tätigkeit nach § 7 Absatz 1 Satz 2 im Hinblick auf die erforderlichen behördlichen Entscheidungen, insbesondere Planfeststellungen, Genehmigungen, Zulassungen, Erlaubnisse und Bewilligungen,
3. Anforderungen an die Zuverlässigkeit des Inhabers und der für die Leitung und Beaufsichtigung des Betriebes verantwortlichen Personen nach § 8 Absatz 1 und 2 sowie
4. Anforderungen an die Fachkunde des Inhabers und der für die Leitung und Beaufsichtigung des Betriebes verantwortlichen Personen nach § 9 Absatz 1 Satz 1 und 2 Nummer 1 und 2 sowie Absatz 2.

Die technische Überwachungsorganisation entscheidet, ob zur Überprüfung der Voraussetzungen des Satzes 2 ein Vor-Ort-Termin erforderlich ist. Die Ergebnisse der Vorprüfung sowie die abschließende Einschätzung der technischen Überwachungsorganisation, ob der Betrieb die Gewähr dafür bietet, die in dieser Verordnung festgelegten Anforderungen an Entsorgungsfachbetriebe zu erfüllen, sind zu dokumentieren und der Zustimmungsbehörde mit dem Antrag auf Zustimmung zum Überwachungsvertrag vorzulegen.

§ 12 Zustimmung zum Überwachungsvertrag, Widerruf

(1) Die nach § 56 Absatz 5 Satz 3 des Kreislaufwirtschaftsgesetzes für die Zustimmung zum Überwachungsvertrag zuständige Behörde (Zustimmungsbehörde) ist die Behörde am Hauptsitz der technischen Überwachungsorganisation. Die Zustimmungsbehörde trifft ihre Entscheidung hinsichtlich der Frage, ob die Anforderung des § 11 Absatz 5 Satz 2 Nummer 2 erfüllt ist, im Benehmen mit der für die Überwachung des Betriebes zuständigen Behörde (Überwachungsbehörde). Dazu übersendet die Zustimmungsbehörde der Überwachungsbehörde die Dokumentation über die Ergebnisse der Vorprüfung. Die Überwachungsbehörde hat sich innerhalb einer Frist von vier Wochen nach der Aufforderung zur Erteilung des Benehmens gegenüber der Zustimmungsbehörde zu äußern.

(2) Die Zustimmung zum Überwachungsvertrag ist zu erteilen, wenn

1. der Überwachungsvertrag den in § 11 Absatz 1 bis 4 genannten Anforderungen entspricht,
2. die Vorprüfung der technischen Überwachungsorganisation nach § 11 Absatz 5 Satz 1 und 2 ergeben hat, dass der Betrieb die Gewähr dafür bietet, die in dieser Verordnung festgelegten Anforderungen an Entsorgungsfachbetriebe zu erfüllen, und
3. die von der technischen Überwachungsorganisation mit der Durchführung des Überwachungsauftrages beauftragten Sachverständigen die in den §§ 17 bis 20 genannten Anforderungen erfüllen.

(3) Die Zustimmung kann unter Bedingungen erteilt sowie mit Auflagen und Auflagenvorbehalten verbunden werden, soweit dies erforderlich ist, um die Erfüllung der in Absatz 2 genannten Anforderungen sicherzustellen.

(4) Die Zustimmung zum Überwachungsvertrag kann widerrufen werden,

1. wenn mit der Zustimmung eine Auflage verbunden ist und die Vertragspartei, der die Auflage erteilt worden ist, sie nicht oder nicht innerhalb einer gesetzten Frist erfüllt hat,
2. wenn die Zustimmungsbehörde auf Grund nachträglich eingetretener Tatsachen berechtigt wäre, die Zustimmung nicht zu erteilen,
3. wenn die technische Überwachungsorganisation ihre Pflichten aus dem Überwachungsvertrag nicht ordnungsgemäß wahrnimmt,
4. wenn die technische Überwachungsorganisation ihre Pflichten nach § 56 Absatz 8 Satz 1 des Kreislaufwirtschaftsgesetzes in Verbindung mit § 26 Absatz 1 Satz 1 dieser Verordnung nicht erfüllt oder
5. um schwere Nachteile für das Wohl der Allgemeinheit zu verhindern oder zu beseitigen.

Abschnitt 5 Mitgliedschaft in einer Entsorgergemeinschaft

§ 13 Satzung oder sonstige Regelung der Entsorgergemeinschaft

(1) Die Satzung oder sonstige Regelung der Entsorgergemeinschaft nach § 56 Absatz 6 Satz 3 des Kreislaufwirtschaftsgesetzes bedarf der Schriftform. Sie muss die in § 11 Absatz 1 Satz 2 und Absatz 2 und 3 festgelegten Inhalte entsprechend regeln.

(2) In der Satzung oder sonstigen Regelung können weitergehende oder ergänzende Regelungen getroffen werden, soweit diese den Anforderungen des § 56 des Kreislaufwirtschaftsgesetzes und dieser Verordnung nicht widersprechen.

§ 14 Überwachungsausschuss

(1) Die Entsorgergemeinschaft hat einen Überwachungsausschuss zu bilden. Der Überwachungsausschuss hat die Aufgabe, die Überwachung von Mitgliedsbetrieben zu sichern. Er entscheidet insbesondere über die Erteilung und den Entzug von Zertifikaten und der Berechtigung zum Führen von Überwachungszeichen auf der Grundlage von Gutachten der mit der Überwachung beauftragten Sachverständigen und ahndet Verstöße gegen die Bestimmungen über das Überwachungsverfahren und über das Führen von Überwachungszeichen. 16

(2) Der Ausschuss besteht aus mindestens drei und höchstens zehn Mitgliedern. Die Zusammensetzung der Mitglieder im Ausschuss soll die Tätigkeitsbereiche der in der Entsorgergemeinschaft vereinigten Entsorgungsfachbetriebe repräsentieren. Gehören Personen, die zugleich die Geschäfte der Entsorgergemeinschaft leiten, dem Ausschuss an, müssen die übrigen Mitglieder die Mehrheit im Ausschuss bilden. Die Mitglieder müssen entweder Inhaber eines der in der Entsorgergemeinschaft vereinigten Entsorgungsfachbetriebe sein, die die Leitung und Beaufsichtigung des Betriebes selbst wahrnehmen, oder für die Leitung und Beaufsichtigung eines solchen Betriebes verantwortliche Personen sein. Die Mitglieder müssen die für die Leitung und Beaufsichtigung eines Entsorgungsfachbetriebes erforderliche Zuverlässigkeit und Fachkunde besitzen.

(3) Der Überwachungsausschuss fasst seine Beschlüsse mit einer Mehrheit von mindestens zwei Dritteln der sich an der Abstimmung beteiligenden Mitglieder. Der Überwachungsausschuss ist beschlussfähig, wenn sich die Hälfte seiner Mitglieder an der Abstimmung beteiligt.

(4) Die Mitglieder des Überwachungsausschusses sind hinsichtlich der Entscheidungen im Ausschuss nicht an Weisungen gebunden. Mitglieder des Überwachungsausschusses, bei denen Befangenheit zu besorgen ist, sind von der Entscheidung ausgeschlossen. Die Mitglieder des

Überwachungsausschusses haben über die bei ihrer Tätigkeit bekanntgewordenen Tatsachen Verschwiegenheit zu bewahren.

(5) Der Überwachungsausschuss kann für bestimmte Regionen oder für bestimmte abfallwirtschaftliche Tätigkeiten der Mitgliedsbetriebe seine Aufgaben an Unterausschüsse delegieren. In diesem Fall sind die Absätze 1 bis 4 auf die Unterausschüsse entsprechend anzuwenden.

(6) Die für die Anerkennung der Entsorgergemeinschaft zuständige Behörde (Anerkennungsbehörde) ist berechtigt, an den Sitzungen des Überwachungsausschusses und der Unterausschüsse teilzunehmen. Die Entsorgergemeinschaft hat der Anerkennungsbehörde den Termin und den Ort der Sitzung auf Verlangen mitzuteilen.

§ 15 Anforderungen an die Mitgliedschaft und Mitteilung der Aufnahme und des Austritts

(1) Die Entsorgergemeinschaft darf einen Betrieb nur als Mitglied aufnehmen, wenn eine Vorprüfung ergibt, dass der Betrieb die Gewähr dafür bietet, die in dieser Verordnung festgelegten Anforderungen an Entsorgungsfachbetriebe zu erfüllen. Für den Umfang der Vorprüfung und ihre Dokumentation gilt § 11 Absatz 5 Satz 2 bis 4 entsprechend.

(2) Die Mitgliedschaft in einer Entsorgergemeinschaft darf nicht von der Zugehörigkeit zu einem Verband oder einer sonstigen Organisation abhängig gemacht werden.

(3) Die Entsorgergemeinschaft hat der Anerkennungsbehörde Folgendes mitzuteilen:

1. unverzüglich nach der Aufnahme eines neuen Mitgliedes dessen Eintritt; die Dokumentation über die Ergebnisse der Vorprüfung ist beizufügen, und
2. unverzüglich nach der Beendigung der Mitgliedschaft den Austritt eines bisherigen Mitgliedes.

Die Anerkennungsbehörde hat die Dokumentation über die Ergebnisse der Vorprüfung auch der Überwachungsbehörde zu übermitteln.

§ 16 Anerkennung der Entsorgergemeinschaft, Widerruf

(1) Die Anerkennung nach § 56 Absatz 6 Satz 2 des Kreislaufwirtschaftsgesetzes ist zu erteilen, wenn

1. die Satzung oder sonstige Regelung den in § 13 genannten Anforderungen entspricht,
2. ein Überwachungsausschuss nach § 14 eingerichtet ist,
3. die zum Anerkennungszeitpunkt in der Entsorgergemeinschaft vereinigten Betriebe die Anforderung des § 15 Absatz 1 Satz 1 und 2 erfüllen und
4. die von der Entsorgergemeinschaft mit der Überprüfung der Mitgliedsbetriebe beauftragten Sachverständigen die Anforderungen nach den §§ 17 bis 20 erfüllen.

(2) Die Anerkennungsbehörde trifft ihre Entscheidung hinsichtlich der Frage, ob die Anforderung des § 11 Absatz 5 Satz 2 Nummer 2 erfüllt ist, im Benehmen mit den Überwachungsbehörden. Dazu übersendet sie der Überwachungsbehörde die Dokumentation über die Ergebnisse der Vorprüfung. Die Überwachungsbehörde hat sich innerhalb einer Frist von vier Wochen nach der Aufforderung zur Erteilung des Benehmens gegenüber der Anerkennungsbehörde zu äußern.

(3) Die Anerkennung als Entsorgergemeinschaft kann unter Bedingungen erteilt sowie mit Auflagen und Auflagenvorbehalten verbunden werden, soweit dies erforderlich ist, um die Erfüllung der in Absatz 1 genannten Anforderungen sicherzustellen.

(4) Die Anerkennung der Entsorgergemeinschaft kann widerrufen werden,

1. wenn mit der Anerkennung eine Auflage verbunden ist und die Entsorgergemeinschaft diese Auflage nicht oder nicht innerhalb einer ihr gesetzten Frist erfüllt hat,
2. wenn die Anerkennungsbehörde auf Grund nachträglich eingetretener Tatsachen berechtigt wäre, die Anerkennung nicht zu erteilen,
3. wenn die Entsorgergemeinschaft ihre Pflichten aus der Satzung oder sonstigen Regelung nicht ordnungsgemäß wahrnimmt,
4. wenn die Entsorgergemeinschaft ihre Pflichten nach § 56 Absatz 8 Satz 1 des Kreislaufwirtschaftsgesetzes in Verbindung mit § 26 Absatz 1 Satz 1 dieser Verordnung nicht erfüllt oder
5. um schwere Nachteile für das Wohl der Allgemeinheit zu verhindern oder zu beseitigen.

Abschnitt 6 Anforderungen an Sachverständige und Kontrolle der Sachverständigen

§ 17 Zuverlässigkeit von Sachverständigen

(1) Die nach § 56 Absatz 7 des Kreislaufwirtschaftsgesetzes erforderliche Zuverlässigkeit ist gegeben, wenn der Sachverständige auf Grund seiner persönlichen Eigenschaften, seines Verhaltens und seiner Fähigkeiten zur ordnungsgemäßen Erfüllung der ihm obliegenden Aufgaben geeignet ist.

(2) Die erforderliche Zuverlässigkeit ist in der Regel nicht gegeben, wenn die betroffene Person

1. wegen Verletzung der Vorschriften
   a) des Strafrechts über Eigentums- und Vermögensdelikte, Urkundenfälschung, Insolvenzstraftaten, gemeingefährliche Delikte oder Umweltdelikte,
   b) des Immissionsschutz-, Abfall-, Wasser-, Natur- und Landschaftsschutz-, Chemikalien-, Gentechnik- oder Atom- und Strahlenschutzrechts,
   c) des Lebensmittel-, Arzneimittel-, Pflanzenschutz- oder Infektionsschutzrechts,
   d) des Gewerbe-, Arbeitsschutz- oder Gefahrgutrechts oder
   e) des Betäubungsmittel-, Waffen- oder Sprengstoffrechts

innerhalb der letzten fünf Jahre zu einer Strafe verurteilt oder in den Fällen der Buchstaben b bis e mit einer Geldbuße in Höhe von mehr als fünfhundert Euro belegt worden ist,

2. wiederholt oder grob pflichtwidrig
   a) gegen Vorschriften nach Nummer 1 Buchstabe b bis e verstoßen hat oder
   b) seine Pflichten als Betriebsbeauftragter für Immissionsschutz, Gewässerschutz oder Abfall, als Strahlenschutzbeauftragter oder als Störfallbeauftragter verletzt hat,
3. infolge strafgerichtlicher Verurteilung die Fähigkeit zur Bekleidung öffentlicher Ämter verloren hat,
4. sich nicht in geordneten wirtschaftlichen Verhältnissen befindet, es sei denn, dass dadurch die Interessen der Auftraggeber oder anderer Personen nicht gefährdet sind, oder
5. aus gesundheitlichen Gründen nicht nur vorübergehend unfähig ist, die Sachverständigentätigkeit ordnungsgemäß auszuüben.

§ 18 Unabhängigkeit von Sachverständigen

(1) Die nach § 56 Absatz 7 des Kreislaufwirtschaftsgesetzes erforderliche Unabhängigkeit ist gegeben, wenn der Sachverständige keinem wirtschaftlichen, finanziellen oder sonstigen Druck unterliegt, der sein Urteil beeinflussen oder das Vertrauen in die unparteiische Aufgabenwahrnehmung in Frage stellen kann. Der Sachverständige darf keine Bindungen eingehen, die seine berufliche Entscheidungsfreiheit beeinträchtigen oder beeinträchtigen könnten.

(2) Die erforderliche Unabhängigkeit ist in der Regel nicht gegeben, wenn die betroffene Person

1. neben ihrer Tätigkeit

   a) Inhaber eines Entsorgungsbetriebes oder Inhaber der Mehrheit der Anteile an einem solchen Betrieb oder Inhaber von Anteilen an dem zu überprüfenden Betrieb ist,

   b) eine für die Leitung und Beaufsichtigung des Betriebes verantwortliche Person eines Entsorgungsbetriebes ist oder zum sonstigen Personal gehört,

   c) eine Tätigkeit auf Grund eines Beamtenverhältnisses, eines Soldatenverhältnisses oder eines Anstellungsvertrages mit einer juristischen Person des öffentlichen Rechts, mit Ausnahme der in Absatz 3 genannten Fälle, ausübt,

   d) eine Tätigkeit auf Grund eines Richterverhältnisses, eines öffentlich-rechtlichen Dienstverhältnisses als Wahlbeamter auf Zeit oder eines öffentlich-rechtlichen Amtsverhältnisses ausübt, es sei denn, dass die betroffene Person die ihr übertragenen Aufgaben ehrenamtlich wahrnimmt,

2. Weisungen auf Grund vertraglicher oder sonstiger Beziehungen bei der Tätigkeit als Sachverständiger auch dann zu befolgen hat, wenn diese Weisungen sie zu gutachterlichen Handlungen gegen ihre Überzeugung verpflichten,

3. organisatorisch, wirtschaftlich, kapital- oder personalmäßig mit Dritten verflochten ist, ohne dass deren Einflussnahme auf die Wahrnehmung der Aufgaben als Sachverständiger, insbesondere durch Festlegungen in Satzung, Gesellschaftsvertrag oder Anstellungsvertrag auszuschließen ist, oder

4. in dem zu überprüfenden Betrieb in den letzten zwei Jahren beratend tätig war.

(3) Vereinbar mit der Tätigkeit als Sachverständiger ist

1. eine Beratungstätigkeit als Bediensteter einer Industrie- und Handelskammer, Handwerkskammer, Berufskammer oder sonstigen Körperschaft des öffentlichen Rechts, die eine Selbsthilfeeinrichtung für Betriebe ist, die sich als Entsorgungsfachbetrieb zertifizieren lassen können,

2. die Prüfung und Erteilung von Zertifikaten

   a) des Qualitätsmanagementsystems nach DIN EN ISO 9001 oder des Umweltmanagementsystems nach DIN EN ISO 14001,

   b) des Gemeinschaftssystems für das freiwillige Umweltmanagement und die Umweltbetriebsprüfung (EMAS) oder

   c) von Qualitätsmanagementsystemen, die den in den Buchstaben a und b genannten Systemen vergleichbar sind.

§ 19 Fach- und Sachkunde von Sachverständigen

(1) Die nach § 56 Absatz 7 des Kreislaufwirtschaftsgesetzes erforderliche Fach- und Sachkunde ist gegeben, wenn der Sachverständige auf Grund seiner Ausbildung, beruflichen Bildung und praktischen Erfahrung zur ordnungsgemäßen Erfüllung der ihm obliegenden Aufgaben geeignet ist.

(2) Die Fach- und Sachkunde erfordert

1. den Abschluss eines einschlägigen Hochschul- oder Fachhochschulstudiums, insbesondere auf den Gebieten der Wirtschafts- oder Verwaltungswissenschaften, Naturwissenschaften oder Biowissenschaften oder der Technik,
2. ausreichende Fachkenntnisse über
   a) die Überwachung, Begutachtung und Zertifizierung von Entsorgungsfachbetrieben,
   b) die einschlägigen Rechtsvorschriften und einschlägigen amtlich veröffentlichten Verwaltungsvorschriften; dies schließt sehr gute Kenntnisse über die in Anlage 1 genannten Bereiche ein, und
3. während einer dreijährigen eigenverantwortlichen hauptberuflichen praktischen Tätigkeit im Bereich Überwachung und Begutachtung erworbene Kenntnisse über die Zertifizierung von Betrieben im Rahmen
   a) dieser Verordnung,
   b) des Qualitätsmanagementsystems nach DIN EN ISO 9001 oder des Umweltmanagementsystems nach DIN EN ISO 14001,
   c) von EMAS oder
   d) von Qualitätsmanagementsystemen, die den in den Buchstaben a bis c genannten Systemen vergleichbar sind.

(3) Von der Pflicht zur Erfüllung der Anforderung eines abgeschlossenen Hochschul- oder Fachhochschulstudiums nach Absatz 2 Nummer 1 kann abgesehen werden, wenn die betroffene Person

1. auf einem Fachgebiet, dem die zu begutachtenden Betriebe hinsichtlich ihrer Betriebsvorgänge zuzuordnen sind,
   a) eine kaufmännische oder technische Fachschul- oder Berufsausbildung besitzt oder
   b) eine Qualifikation als Meister vorweisen kann und
2. mindestens fünf Jahre
   a) Inhaber eines Entsorgungsfachbetriebes war oder
   b) als für die Leitung und Beaufsichtigung des Betriebes verantwortliche Person in einem Entsorgungsfachbetrieb tätig war.

(4) Die Zertifizierung einer Erstbehandlungsanlage nach § 21 Absatz 6 des Elektro- und Elektronikgerätegesetzes vom 20. Oktober 2015 (BGBl. I S. 1739), das zuletzt durch Artikel 3 des Gesetzes vom 20. Oktober 2015 (BGBl. I S. 1739) geändert worden ist, in der jeweils geltenden Fassung als Entsorgungsfachbetrieb erfordert auch die Erfüllung der Voraussetzungen nach § 21 Absatz 2 Satz 2 des Elektro- und Elektronikgerätegesetzes.

16

(5) Der Sachverständige muss durch geeignete Fortbildung über den für seine Tätigkeit notwendigen aktuellen Wissensstand verfügen.

§ 20 Zulassung als Umweltgutachter oder Umweltgutachterorganisation

(1) Die in den §§ 17 bis 19 genannten Anforderungen gelten als erfüllt, wenn

1. der Sachverständige eine Zulassung als Umweltgutachter nach § 9 des Umweltauditgesetzes in der Fassung der Bekanntmachung vom 4. September 2002 (BGBl. I S. 3490), das zuletzt durch Artikel 3 des Gesetzes vom 25. November 2015 (BGBl. I S. 2092) geändert worden ist, in der jeweils geltenden Fassung, auch in Verbindung mit § 18 des Umweltauditgesetzes, oder
2. die technische Überwachungsorganisation oder die Entsorgergemeinschaft eine Zulassung als Umweltgutachterorganisation nach § 10 des Umweltauditgesetzes

für den Unternehmensbereich der Abteilung 38 (Sammlung, Behandlung und Beseitigung von Abfällen; Rückgewinnung) oder der Abteilung 39 (Beseitigung von Umweltverschmutzungen und sonstige Entsorgung) des Anhangs I der Verordnung (EG) Nr. 1893/2006 des Europäischen Parlaments und des Rates vom 20. Dezember 2006 zur Aufstellung der statistischen Systematik der Wirtschaftszweige NACE Revision 2 und zur Änderung der Verordnung (EWG) Nr. 3037/90 des Rates sowie einiger Verordnungen der EG über bestimmte Bereiche der Statistik (ABl. L 393 vom 30.12.2006, S. 1), die durch die Verordnung (EG) Nr. 295/2008 (ABl. L 97 vom 9.4.2008, S. 13) geändert worden ist, in der jeweils geltenden Fassung, auch in Verbindung mit § 18 des Umweltauditgesetzes, besitzt.

(2) Im Fall der Zulassung nur für den Unternehmensbereich der Abteilung 39 des Anhangs I der Verordnung (EG) Nr. 1893/2006 ist die Tätigkeit als Sachverständiger auf die Überprüfung von Betrieben beschränkt, die unter diesen Unternehmensbereich fallen.

§ 21 Kontrolle der Sachverständigen

(1) Die technische Überwachungsorganisation und die Entsorgergemeinschaft haben durch Kontrollen sicherzustellen, dass die von ihnen beauftragten Sachverständigen die Anforderungen der §§ 17 bis 20 erfüllen.

(2) Die technische Überwachungsorganisation hat der Zustimmungsbehörde und die Entsorgergemeinschaft hat der Anerkennungsbehörde unverzüglich Folgendes mitzuteilen:

1. die Beauftragung eines neuen Sachverständigen und
2. die Beendigung der Beauftragung eines bisherigen Sachverständigen.

Im Fall des Satzes 1 Nummer 1 sind der Mitteilung Nachweise über die Erfüllung der in den §§ 17 bis 20 genannten Anforderungen beizufügen. Im Übrigen hat die technische Überwachungsorganisation der Zustimmungsbehörde und hat die Entsorgergemeinschaft der Anerkennungsbehörde Nachweise über die Erfüllung der in den §§ 17 bis 20 genannten Anforderungen durch die von ihnen beauftragten Sachverständigen auf Verlangen vorzulegen.

(3) Die technische Überwachungsorganisation und die Entsorgergemeinschaft haben sicherzustellen, dass jeder von ihnen beauftragte Sachverständige mindestens alle drei Jahre bei einem Vor-Ort-Termin durch einen weiteren Sachverständigen oder durch einen geeigneten Mitarbeiter der technischen Überwachungsorganisation oder der Entsorgergemeinschaft begleitet wird. Satz 1 gilt nicht, wenn der Sachverständige eine Zulassung als Umweltgutachter nach § 9 des Umweltauditgesetzes besitzt.

Abschnitt 7 Anforderungen an die Überwachung

§ 22 Erstmalige und jährliche Überprüfung

(1) Im Rahmen der erstmaligen und der jährlichen Überprüfung nach § 56 Absatz 3 Satz 5 des Kreislaufwirtschaftsgesetzes wird geprüft, ob der Betrieb die Anforderungen erfüllt, die im Überwachungsvertrag der technischen Überwachungsorganisation oder in der Satzung oder sonstigen Regelung der Entsorgergemeinschaft enthalten sind. Die Überprüfung erfolgt auf der Grundlage eines von der technischen Überwachungsorganisation oder der Entsorgergemeinschaft schriftlich oder elektronisch festgelegten Überwachungsplanes, der die Besonderheiten des jeweiligen Betriebes zu berücksichtigen hat.

(2) Die erstmalige und die jährliche Überprüfung umfassen mindestens einen Vor-Ort-Termin des beauftragten Sachverständigen an jedem zu zertifizierenden Standort, bei dem dieser die tatsächlichen Gegebenheiten im Betrieb begutachtet. Sofern es erforderlich ist, hat der beauftragte Sachverständige weitere Vor-Ort-Termine durchzuführen. Die technischen Überwachungsorganisationen und die Entsorgergemeinschaften entwickeln ein System zusätzlicher unangekündigter Vor-Ort-Termine und führen die Vor-Ort-Termine entsprechend dem System durch. Der Zeitrahmen für die Vor-Ort-Termine ist so zu bemessen, dass eine sachgerechte Überprüfung des Betriebes sichergestellt ist.

(3) Die Zustimmungsbehörde ist berechtigt, die beauftragten Sachverständigen bei Vor-Ort-Terminen zu begleiten. Die Überwachungsbehörde ist berechtigt im Rahmen der allgemeinen Überwachung nach § 47 des Kreislaufwirtschaftsgesetzes an den Vor-Ort-Terminen nach Absatz 2 teilzunehmen. Dazu hat ihnen die technische Überwachungsorganisation oder die Entsorgergemeinschaft auf Verlangen den Vor-Ort-Termin mitzuteilen.

(4) Bei der Überprüfung hat der Sachverständige die Ergebnisse von Prüfungen zu berücksichtigen, die durch folgende andere Personen vorgenommen wurden:

1. durch einen nach dem Umweltauditgesetz zugelassenen Umweltgutachter oder eine nach dem Umweltauditgesetz zugelassene Umweltgutachterorganisation im Rahmen der EMAS-Validierung oder
2. durch eine nach DIN EN ISO 17021 akkreditierte Stelle im Rahmen der Zertifizierung eines Qualitätsmanagementsystems nach DIN EN ISO 9001 oder eines Umweltmanagementsystems nach DIN EN ISO 14001.

(5) Die technische Überwachungsorganisation oder die Entsorgergemeinschaft hat sicherzustellen, dass spätestens nach fünf Jahren der durchgängigen Überprüfung durch denselben Sachverständigen ein anderer Sachverständiger die Überprüfung des Betriebes durchführt.

16

§ 23 Überwachungsbericht

Der Sachverständige dokumentiert den Verlauf und das Ergebnis der Überprüfung gegenüber dem Betrieb schriftlich in einem Überwachungsbericht. Der Mindestinhalt des Überwachungsberichts ergibt sich aus Anlage 2.

Abschnitt 8 Umfang der Zertifizierung und Gestaltung des Zertifikats

§ 24 Teilzertifizierung und Beschränkung des Zertifizierungsumfangs

(1) Das Zertifikat nach § 56 Absatz 3 des Kreislaufwirtschaftsgesetzes kann für einen Teil des Betriebes nur erteilt werden, wenn

1. die Eigenständigkeit des Betriebsteils hinsichtlich der zu zertifizierenden Tätigkeit gewährleistet ist,
2. der Betriebsteil den in den §§ 3 bis 7 genannten Anforderungen entspricht; die §§ 8 bis 10 bleiben unberührt, und
3. keine Anhaltspunkte dafür vorliegen, dass in anderen Betriebsteilen, die nicht Gegenstand der Zertifizierung sind, die Anforderungen des § 7 Absatz 1 Satz 1 nicht erfüllt werden.

(2) Die technische Überwachungsorganisation oder die Entsorgergemeinschaft kann die Zertifizierung auf Antrag des Betriebes beschränken auf

1. bestimmte Abfallarten,
2. bestimmte Tätigkeiten oder
3. bestimmte Standorte.

Im Fall des Satzes 1 Nummer 2 hat die Zertifizierung alle Standorte zu umfassen, an denen die zu zertifizierende Tätigkeit durchgeführt wird. Im Fall des Satzes 1 Nummer 3 hat die Zertifizierung alle Tätigkeiten zu umfassen, die an dem zu zertifizierenden Standort durchgeführt werden.

§ 25 Gestaltung des Zertifikats

Das Zertifikat nach § 56 Absatz 3 des Kreislaufwirtschaftsgesetzes hat den Anforderungen des Vordrucks nach Anlage 3 zu entsprechen.

Abschnitt 9 Sonstige gemeinsame Vorschriften

§ 26 Entzug des Zertifikats und des Überwachungszeichens

(1) In den Fällen des § 56 Absatz 8 Satz 1 des Kreislaufwirtschaftsgesetzes hat der Entzug des Zertifikats unverzüglich zu erfolgen und die Frist zur Rückgabe des Zertifikats und zum Nichtweiterführen des Überwachungszeichens beträgt höchstens zwei Wochen. Kommt der Betrieb der Aufforderung zur Rückgabe des Zertifikats und zum Nichtweiterführen des Überwachungszeichens nicht nach, hat die technische Überwachungsorganisation dies der Zustimmungsbehörde und die Entsorgergemeinschaft dies der Anerkennungsbehörde unverzüglich mitzuteilen. Die Zustimmungs- oder Anerkennungsbehörde trifft ihre Entscheidung nach § 56 Absatz 8 Satz 2 des Kreislaufwirtschaftsgesetzes im Benehmen mit der Überwachungsbehörde. Sie hat ihre Entscheidung der Überwachungsbehörde sowie der technischen Überwachungsorganisation oder der Entsorgergemeinschaft mitzuteilen. Sofern das Zertifikat in den Fällen des § 56 Absatz 8 des Kreislaufwirtschaftsgesetzes entzogen worden ist, hat die Zustimmungs- oder Anerkennungsbehörde dieses unverzüglich aus dem Entsorgungsfachbetrieberegister zu löschen.

(2) Wird der Überwachungsvertrag unwirksam oder wird die Zustimmung zum Überwachungsvertrag widerrufen, verliert der Entsorgungsfachbetrieb die Berechtigung, das Zertifikat und das Überwachungszeichen zu führen. Entsprechendes gilt, wenn die Entsorgergemeinschaft erlischt, die Mitgliedschaft in der Entsorgergemeinschaft endet oder wenn die Anerkennung der Entsorgergemeinschaft widerrufen wird. Die Zustimmungs- oder Anerkennungsbehörde hat das Zertifikat unverzüglich aus dem Entsorgungsfachbetrieberegister zu löschen, sofern sie nicht das weitere Führen des Zertifikats und des Überwachungszeichens nach Satz 4 gestattet. In den Fällen der Sätze 1 und 2 kann die Zustimmungs- oder Anerkennungsbehörde dem Entsorgungsfachbetrieb das weitere Führen des Zertifikats und des Überwachungszeichens für einen angemessenen Übergangszeitraum gestatten, wenn der Betrieb die Umstände, die zum Verlust der Berech-

tigung zur Führung des Zertifikats und des Überwachungszeichens führen, nicht zu vertreten hat. Der Übergangszeitraum darf die Dauer der Gültigkeit des Zertifikats nicht überschreiten.

(3) Unbeschadet des § 56 Absatz 8 Satz 1 des Kreislaufwirtschaftsgesetzes verliert der Entsorgungsfachbetrieb die Berechtigung, das Zertifikat und das Überwachungszeichen zu führen, wenn er die zertifizierte Tätigkeit auf Dauer einstellt.

§ 27 Pflicht zur Kündigung des Überwachungsvertrages oder der Mitgliedschaft

Die technische Überwachungsorganisation hat den Überwachungsvertrag oder die Entsorgergemeinschaft die Mitgliedschaft zu kündigen, wenn

1. nicht innerhalb von zwei Jahren nach der Zustimmung der Behörde zum Überwachungsvertrag oder nach der Aufnahme in die Entsorgergemeinschaft ein Zertifikat erteilt wird,
2. ein erteiltes Zertifikat
   a) nicht innerhalb von drei Monaten nach Ablauf seiner Gültigkeit neu erteilt worden ist oder
   b) vor Ablauf seiner Gültigkeit entzogen worden ist oder
3. der Betrieb die zertifizierte Tätigkeit auf Dauer eingestellt hat.

§ 28 Entsorgungsfachbetrieberegister

(1) Die technische Überwachungsorganisation hat der Zustimmungsbehörde und die Entsorgergemeinschaft hat der Anerkennungsbehörde elektronisch

1. unverzüglich nach der Erteilung
   a) das jeweilige Zertifikat und
   b) den jeweiligen Überwachungsbericht

zu übermitteln sowie

2. unverzüglich nach dem Entzug eines Zertifikats mitzuteilen, dass und aus welchen Gründen der jeweilige Betrieb die Entsorgungsfachbetriebseigenschaft verloren hat.

Die Zustimmungs- oder Anerkennungsbehörde teilt die ihr nach Satz 1 übermittelten oder mitgeteilten Informationen unverzüglich der Überwachungsbehörde mit.

(2) Für die elektronische Übermittlung und Mitteilung nach Absatz 1 Satz 1 richten die Länder ein bundesweit einheitliches informationstechnisches System ein. Das Nähere über die Einrichtung und Nutzung des bundesweit einheitlichen informationstechnischen Systems regeln die Länder durch Vereinbarung.

(3) Die Länder führen ein bundesweit einheitliches elektronisches Register über die zertifizierten Entsorgungsfachbetriebe. Sie nutzen hierzu die nach Absatz 1 Satz 1 Nummer 1 Buchstabe a übermittelten Zertifikate. Das Register ist ständig zu aktualisieren und in geeigneter Weise der Öffentlichkeit zugänglich zu machen. Das Nähere über die Einrichtung und Führung des Registers regeln die Länder durch Vereinbarung.

§ 29 Ordnungswidrigkeiten

(1) Ordnungswidrig im Sinne des § 69 Absatz 1 Nummer 8 des Kreislaufwirtschaftsgesetzes handelt, wer vorsätzlich oder fahrlässig

1. entgegen § 14 Absatz 6 Satz 2, § 15 Absatz 3 Satz 1, § 21 Absatz 2 Satz 1, § 22 Absatz 3 Satz 3 oder § 26 Absatz 1 Satz 2 eine Mitteilung nicht, nicht richtig, nicht vollständig oder nicht rechtzeitig macht oder
2. entgegen § 21 Absatz 2 Satz 3 eine Dokumentation oder einen Nachweis nicht, nicht richtig, nicht vollständig oder nicht rechtzeitig vorlegt.

(2) Ordnungswidrig im Sinne des § 69 Absatz 2 Nummer 15 des Kreislaufwirtschaftsgesetzes handelt, wer vorsätzlich oder fahrlässig

1. entgegen § 28 Absatz 1 Satz 1 Nummer 1 ein Zertifikat oder einen Überwachungsbericht nicht, nicht richtig, nicht vollständig, nicht in der vorgeschriebenen Weise oder nicht rechtzeitig übermittelt oder
2. entgegen § 28 Absatz 1 Satz 1 Nummer 2 eine Mitteilung nicht, nicht richtig, nicht vollständig, nicht in der vorgeschriebenen Weise oder nicht rechtzeitig macht.

§ 30 Zugänglichkeit privater Regelwerke

Die bezeichneten DIN-Normen können bei der Beuth Verlag GmbH, Berlin bezogen werden. Sie sind bei der Deutschen Nationalbibliothek archivmäßig gesichert niedergelegt.

§ 31 Übergangsvorschriften

(1) Die behördliche Anerkennung eines Lehrgangs nach § 9 Absatz 2 Satz 2 Nummer 3 und § 11 Satz 2 der Entsorgungsfachbetriebeverordnung vom 10. September 1996 (BGBl. I S. 1421) in der bis zum 1. Juni 2017 geltenden Fassung gilt als Anerkennung eines Lehrgangs nach § 9 Absatz 1 Satz 2 Nummer 3 und Absatz 3 Satz 2 fort, sofern der Lehrgangsträger die Lehrgangsinhalte an die in der Anlage 1 genannten Inhalte anpasst und bis zum 1. September 2017 der zuständigen Behörde das überarbeitete Lehrgangsprogramm vorlegt.

(2) Bis zum 1. Juni 2017 besuchte Lehrgänge nach § 9 Absatz 2 Satz 2 Nummer 3 und § 11 Satz 2 der Entsorgungsfachbetriebeverordnung vom 10. September 1996 (BGBl. I S. 1421) in der bis zum 1. Juni 2017 geltenden Fassung gelten als Lehrgänge im Sinne des § 9 Absatz 1 Satz 2 Nummer 3 und Absatz 3 Satz 2.

(3) Die Anforderung nach § 19 Absatz 4 gilt als erfüllt, wenn die oder der Sachverständige bis zum 1. Dezember 2017 eine entsprechende Qualifikation erworben hat.

(4) Bis zum 1. Juni 2017 nach § 56 Absatz 3 des Kreislaufwirtschaftsgesetzes erteilte Zertifikate behalten ihre Gültigkeit, auch wenn sie entgegen § 25 nicht den Anforderungen des Vordrucks nach Anlage 3 entsprechen.

Anlage 1
(zu § 9 Absatz 1 Satz 2 Nummer 3 und Absatz 3 Satz 2, § 19 Absatz 2 Nummer 2 Buchstabe b Halbsatz 2 sowie § 31 Absatz 1 und 2)

Lehrgangsinhalte

Die Lehrgänge sollen Kenntnisse insbesondere über folgende Bereiche vermitteln:

1. das Kreislaufwirtschaftsgesetz, insbesondere
   a) den Anwendungsbereich,
   b) die wichtigsten Begriffsbestimmungen,
   c) die Abfallhierarchie,
   d) die Grundpflichten (Vermeiden, Verwerten und Beseitigen von Abfall),
   e) die Getrennthaltungspflichten und Vermischungsverbote,
   f) die Überlassungspflichten,
   g) das Anzeigeverfahren für gemeinnützige und gewerbliche Sammlungen,
   h) die Rechte und Pflichten der öffentlich-rechtlichen Entsorgungsträger,
   i) die Beauftragung Dritter,
   j) die Produktverantwortung,
   k) die Bedeutung von Abfallwirtschaftsplänen und Abfallvermeidungsprogrammen,
   l) die abfallrechtliche Überwachung,
   m) die Register- und Nachweispflichten,
   n) das Anzeige- und Erlaubnisverfahren für Sammler, Beförderer, Händler und Makler von Abfällen,
   o) die Kennzeichnung von Fahrzeugen,
   p) die Zertifizierung von Entsorgungsfachbetrieben,
   q) die Anforderungen an Abfallbeauftragte sowie ihre Rechte und Pflichten sowie
   r) die Bußgeldvorschriften,
2. die auf Grund des Kreislaufwirtschaftsgesetzes ergangenen Rechtsverordnungen,
3. die weiteren abfallrechtlichen Gesetze, insbesondere
   a) das Elektro- und Elektronikgerätegesetz,
   b) das Batteriegesetz und
   c) das Verpackungsgesetz,
4. das Recht der Abfallverbringung,
5. die für die Abfallwirtschaft einschlägigen EU-rechtlichen Grundlagen,
6. die für die Abfallwirtschaft einschlägigen inter- und supranationalen Übereinkommen,
7. die für die Abfallwirtschaft einschlägigen landesrechtlichen Grundlagen,

8. das für die Abfallwirtschaft einschlägige kommunale Satzungsrecht,
9. die für die Abfallwirtschaft einschlägigen
   a) amtlich veröffentlichten Verwaltungsvorschriften,
   b) Vollzugshilfen (insbesondere der Bund/Länder-Arbeitsgemeinschaft Abfall) und
   c) technischen Anleitungen, Merkblätter und Regeln (insbesondere zum Stand der Technik und zur besten verfügbaren Technik),
10. das Verhältnis des Abfallrechts zu anderen Rechtsbereichen, insbesondere zum
    a) Baurecht,
    b) Immissionsschutzrecht,
    c) Chemikalienrecht,
    d) Wasserrecht,
    e) Bodenschutzrecht und
    f) Seuchen- und Hygienerecht,
11. Art und Beschaffenheit von gefährlichen Abfällen,
12. schädliche Umwelteinwirkungen und sonstige Gefahren, erhebliche Nachteile und erhebliche Belästigungen, die von Abfällen ausgehen können, und Maßnahmen zu ihrer Verhinderung oder Beseitigung,
13. die Vorschriften der betrieblichen Haftung,
14. die Vorschriften des Arbeitsschutzes,
15. die betrieblichen Risiken und die einschlägigen Versicherungen sowie
16. die Bezüge zum Güterkraftverkehrs- und Gefahrgutrecht.

Anlage 2
(zu § 23 Satz 2)

Mindestinhalt von Überwachungsberichten

1. Angaben zur Zertifizierungsorganisation
   a) Name und Anschrift der technischen Überwachungsorganisation oder der Entsorgergemeinschaft
   b) Name, Telefonnummer und E-Mail-Adresse eines Ansprechpartners für die Zertifizierung des Betriebes
2. Angaben zu dem oder den prüfenden Sachverständigen
   a) Name, Anschrift, Telefonnummer und E-Mail-Adresse
   b) Zeitraum der aufeinanderfolgenden Überprüfungen des Betriebes durch einen Sachverständigen
3. Angaben zum Entsorgungsfachbetrieb
   a) Name und Anschrift (Hauptsitz)
   b) Gewerbeanmeldung (Datum der Anmeldung, zuständige Behörde und Aktenzeichen)
   c) Eintrag in das Handels-, Vereins- oder Genossenschaftsregister (sofern ein Eintrag erfolgt ist)
   d) Standorte
      aa) Anzahl der Standorte
      bb) Name, Anschrift und Kennnummer(n) nach § 28 NachwV für jeden Standort
      cc) Name, Telefonnummer und E-Mail-Adresse eines Ansprechpartners für jeden Standort
      dd) Benennung der zuständigen Überwachungsbehörde für jeden Standort
      ee) Benennung wesentlicher Änderungen seit der letzten Überprüfung für jeden Standort (zum Beispiel: Änderung der zertifizierten Tätigkeiten oder Abfallarten)
4. Angaben zum Überwachungsvorgang
   a) bei technischen Überwachungsorganisationen: Datum des Abschlusses des Überwachungsvertrages und der behördlichen Zustimmung zum Überwachungsvertrag
   b) bei Entsorgergemeinschaften: Datum der Anerkennung der Entsorgergemeinschaft und des Eintritts des Betriebes in die Entsorgergemeinschaft
   c) letzter Überwachungstermin (vor dem hier dokumentierten)
   d) Anlass und Ablauf der Überwachung
   e) durchgeführte angekündigte und unangekündigte Vor-Ort-Termine im Überwachungszeitraum (Benennung von Ort, Datum, Dauer sowie der Teilnehmer und ihrer Funktion)
   f) weitere Überwachungsmaßnahmen (z. B. Sichtung von Unterlagen, Befragung von Mitarbeitern)
   g) durchgeführte andere Fremdkontrollen

5. Angaben zur Betriebsorganisation (für jeden Standort)
   a) Zweck des Betriebes
   b) Tätigkeiten des Betriebes
   c) Art, Menge und Herkunft der bewirtschafteten Abfälle
   d) Anzahl der Beschäftigten
   e) bestellte Betriebsbeauftragten (Name, Anschrift und Fachkundenachweis der Beauftragten sowie Datum der Bestellung und der Anzeige der Bestellung bei der Behörde)
   f) Vorhandensein von Funktionsbeschreibungen und Organisationsplänen
   g) Vorhandensein von Arbeitsanweisungen
6. Angaben zum Inhaber
   a) Name und Anschrift
   b) Ergebnis der Überprüfung der Zuverlässigkeit
   c) Ergebnis der Überprüfung der Fachkunde und der Fortbildung, soweit der Inhaber für die Leitung und Beaufsichtigung des Betriebes verantwortlich ist
7. Angaben zu den für die Leitung und Beaufsichtigung des Betriebes verantwortlichen Personen, sofern solche vorhanden sind
   a) Name und Anschrift
   b) Ergebnis der Überprüfung der Zuverlässigkeit
   c) Ergebnis der Überprüfung der Fachkunde und Fortbildung
8. Angaben zum sonstigen Personal
   a) Auswahl des Personals durch den Inhaber
   b) Ergebnis der Überprüfung der Zuverlässigkeit
   c) Ergebnis der Überprüfung der Fachkunde und Fortbildung
   d) Vorhandensein eines schriftlichen Einarbeitungsplanes
9. Angaben zur personellen, gerätetechnischen und sonstigen Ausstattung an jedem Standort
   a) ausreichende Ausstattung mit für die Leitung und Beaufsichtigung des Betriebes verantwortlichen Personen und sonstigem Personal
   b) Vorhandensein von Einsatzplänen
   c) notwendige gerätetechnische und sonstige Ausstattung mit Betriebsmitteln
10. Angaben zum Betriebstagebuch
   a) Betriebstagebuch für jeden Standort
   b) ordnungsgemäße Führung (Dokumentation aller vorgeschriebenen Inhalte)
   c) ordnungsgemäße Kontrolle durch den Inhaber oder der für die Leitung und Beaufsichtigung des Betriebes verantwortlichen Personen (Name und Telefonnummer der für die Kontrolle verantwortlichen Personen)

11. Angaben zum Versicherungsschutz
    a) Nachweis eines ausreichenden Versicherungsschutzes
    b) Nachweis ausreichender Versicherungssummen
12. Angaben zur betrieblichen Tätigkeit
    a) Einhaltung öffentlich-rechtlicher Vorschriften (allgemein und branchenspezifisch)
    b) Vorliegen notwendiger behördlicher Genehmigungen, Zulassungen und Erlaubnisse
    c) Einhaltung behördlicher Auflagen und Anordnungen
    d) Organisation des Arbeitsschutzes einschließlich der technischen Sicherheit
    e) Erfüllung der Anforderungen an die Fachkraft für Arbeitssicherheit und an Sicherheitsbeauftragte
    f) Erfüllung der Anforderungen an den Betriebsarzt und die Ersthelfer
    g) Vorhandensein von Notfall-, Brandschutz- und Alarmierungsplänen
13. Angaben zu beauftragten Dritten
    a) Name und Anschrift beauftragter Entsorgungsfachbetriebe (Nachweis der Entsorgungsfachbetriebseigenschaft)
    b) bei der Beauftragung von Betrieben, die keine Entsorgungsfachbetriebe sind: Name und Anschrift des beauftragten Betriebes, Umfang der Beauftragung und Erfüllung der Anforderungen an die Beauftragung
14. Überwachungsergebnis
    a) Zusammenfassung festgestellter Mängel und Abweichungen
    b) Behebung durch den Betrieb
    c) Kontrolle durch den oder die Sachverständigen
    d) Abschließende Empfehlung des oder der Sachverständigen
    e) Berichtsdatum und Unterschrift des oder der Sachverständigen

Anlage 3
(zu § 25)

Vordruck für das Zertifikat

1. Name und Anschrift der Zertifizierungsorganisation

1.1 Name: ____________________

1.2 Straße: ____________________

1.3 Staat: __________ Bundesland: __________

Postleitzahl: __________

Ort: ____________________

2. Logo der Technischen Überwachungsorganisation oder der Entsorgergemeinschaft (Überwachungszeichen)

3. Angaben zum Zertifikat

3.1 Nummer des Zertifikats (durch die Zertifizierungsorganisation frei zu vergeben): __________

3.2 Erstmalige Zertifizierung ☐ oder Folgezertifizierung ☐

3.3 Vorgangsnummer (soweit von der Behörde erteilt): __________

3.4 Das Zertifikat beinhaltet ____ Anlage(n).

3.5 ☐ Das Zertifikat wird nur für einen bestimmten Betriebsteil erteilt (siehe Anlage(n) ____).

3.6. ☐ Das Zertifikat wird nur für bestimmte Abfallarten, Tätigkeiten oder Standorte erteilt (siehe Anlage(n) ____).

3.7. Das Zertifikat ist gültig bis zum TT.MM.JJJJ.

4. Name und Anschrift des Entsorgungsfachbetriebes (Hauptsitz):

4.1 Name: ____________________

4.2 Straße: ____________________

4.3 Staat: __________ Bundesland: __________

Postleitzahl: __________ Ort: __________

4.4 Eintrag in das Handels-, Vereins- oder Genossenschaftsregister (sofern ein Eintrag erfolgt ist):

Registernummer (HRA, HRB etc.): __________ Registergericht: __________

5. Der Betrieb ist berechtigt, im Hinblick auf die in der Anlage zu diesem Zertifikat genannten Standorte, Tätigkeiten und Abfallarten das Überwachungszeichen der obengenannten technischen Überwachungsorganisation oder Entsorgergemeinschaft und die Bezeichnung

„Entsorgungsfachbetrieb"

gemäß § 56 des Kreislaufwirtschaftsgesetzes in Verbindung mit der Entsorgungsfachbetriebeverordnung zu führen.

5.1 *Nur bei zertifizierter Erstbehandlungsanlage im Sinne des § 21 ElektroG:*

Zur Zertifizierung als Erstbehandlungsanlage im Sinne des § 21 ElektroG siehe Anlage(n) ____.

5.2 *Nur bei anerkannten Stellen, Betrieben und Anlagen im Sinne des § 2 Absatz 2 AltfahrzeugV*

Zur Anerkennung als Annahmestelle/Rücknahmestelle/Demontagebetrieb/Schredderanlage/sonstige Anlage(n) zur weiteren Behandlung nach § 2 Absatz 2 AltfahrzeugV siehe Anlage(n) ____.

6. Prüfungsdatum: TT.MM.JJJJ

7. Sachverständiger, der die Überprüfung durchgeführt hat:

7.1 Name: __________ Vorname: __________

7.2 Unterschrift *(nur für die Ausstellung in Papierform)*:

____

8. Ausstellungsdatum: TT.MM.JJJJ

9. Leiter/Leiterin der Zertifizierungsorganisation:

9.1 Name: __________ Vorname: __________

9.2 Unterschrift *(nur für die Ausstellung in Papierform)*:

____

Anlage ____ zum Zertifikat mit der Nummer ______________

Name des Entsorgungsfachbetriebes: ______________________________

1. Standort (bei mehreren Standorten ist für jeden Standort eine Anlage auszufüllen):

1.1 Bezeichnung des Standorts: ______________________

1.2 Straße: ______________

1.3. Staat: _____ Bundesland: ____________ Postleitzahl: ________ Ort: ____________

2. Zertifizierte Tätigkeit

- Bei mehreren Tätigkeiten ist für jede Tätigkeit eine eigene Anlage auszufüllen, wenn nicht die gleichen Abfallarten betroffen sind.
- Die Tätigkeit des Behandelns ist immer gemeinsam mit der Tätigkeit des Verwertens und/oder des Beseitigens anzukreuzen.
- Die Tätigkeit des Lagerns ist immer gemeinsam mit der Tätigkeit des Verwertens und/oder des Beseitigens anzukreuzen.

2.1 Sammeln ☐ Kennnummer nach § 28 NachwV: ______________
 2.1.1 nur deutschlandweit ☐
 2.1.2 weltweit ☐

2.2 Befördern ☐ Kennnummer nach § 28 NachwV: ______________
 2.2.1 nur deutschlandweit ☐
 2.2.2 weltweit ☐

2.3 Lagern ☐ Kennnummer nach § 28 NachwV: ______________
 2.3.1 zwecks Verwertung (Nr. 2.5) ☐
 2.3.2 zwecks Beseitigung (Nr. 2.6) ☐

2.4 Behandeln ☐ Kennnummer nach § 28 NachwV: ______________
 2.4.1 zwecks Verwertung (Nr. 2.5) ☐
 2.4.2 zwecks Beseitigung (Nr. 2.6) ☐

2.5 Verwerten ☐ Kennnummer nach § 28 NachwV: ______________
 ☐ vorbereitend ☐ abschließend
 2.5.1 Vorbereitung zur Wiederverwendung ☐
 2.5.2 Recycling ☐
 2.5.3 sonstige Verwertung ☐

2.6 Beseitigen ☐ Kennnummer nach § 28 NachwV: ______________
 ☐ vorbereitend ☐ abschließend

2.7 Handeln ☐ Kennnummer nach § 28 NachwV: ______________
 2.7.1 nur deutschlandweit ☐
 2.7.2 weltweit ☐

2.8 Makeln ☐ Kennnummer nach § 28 NachwV: ______________
 2.8.1 nur deutschlandweit ☐
 2.8.2 weltweit ☐

3. Beschreibung der abfallwirtschaftlichen Tätigkeit, insbesondere der Anlagentechnik (bei mehreren technischen Anlagen ist für jede technische Anlage eine eigene Anlage auszufüllen):

3.1 *Nur bei zertifizierter Erstbehandlungsanlage im Sinne des § 21 ElektroG*

Die Einhaltung der Anforderungen des ElektroG wurde geprüft und die Anlage gilt als zertifizierte Erstbehandlungsanlage im Sinne des § 21 ElektroG.

3.2 *Nur bei anerkannten Stellen, Betrieben und Anlagen im Sinne des § 2 Absatz 2 AltfahrzeugV*

Die Einhaltung der Anforderungen der AltfahrzeugV wurde geprüft und die Anlage gilt als

3.2.1 Annahmestelle. ☐
3.2.2 Rücknahmestelle. ☐
3.2.3 Demontagebetrieb. ☐
3.2.4 Schredderanlage. ☐
3.2.5 sonstige Anlage zur weiteren Behandlung. ☐

4. Abfallarten nach dem Anhang zur AVV:

4.1 alle Abfallarten ☐

4.2 alle nicht gefährlichen Abfälle ☐

4.3 alle gefährlichen Abfälle ☐

4.4 bestimmte Abfallarten ☐

Abfallschlüssel (ggf. mit „*"-Eintrag)	Abfallbezeichnung	Einschränkungen/Bemerkungen

Gesetz über das Inverkehrbringen, die Rücknahme und die umweltverträgliche Entsorgung von Elektro- und Elektronikgeräten

(Elektro- und Elektronikgerätegesetz – ElektroG)

Vom 20. Oktober 2015 (BGBl. I S. 1739)

Zuletzt geändert am 20. Mai 2021 (BGBl. I S. 1145)

Inhaltsübersicht

17

§ 17b Kooperation zwischen öffentlich-rechtlichen Entsorgungsträgern und zertifizierten Erstbehandlungsanlagen

§ 18 Informationspflichten gegenüber den privaten Haushalten

Unterabschnitt 2
Rücknahme von Altgeräten anderer Nutzer als privater Haushalte

§ 19 Rücknahme durch den Hersteller

§ 19a Informationspflichten der Hersteller

Abschnitt 4
Behandlungs- und Verwertungspflichten, Verbringung

§ 20 Behandlung und Beseitigung

§ 21 Zertifizierung

§ 22 Verwertung

§ 23 Anforderungen an die Verbringung

§ 24 Verordnungsermächtigungen

Abschnitt 5
Anzeige-, Mitteilungs- und Informationspflichten

§ 25 Anzeigepflichten der öffentlich-rechtlichen Entsorgungsträger und der Betreiber von Erstbehandlungsanlagen

§ 26 Mitteilungspflichten der öffentlich-rechtlichen Entsorgungsträger

§ 27 Mitteilungspflichten der Hersteller

§ 28 Informationspflichten der Hersteller gegenüber Wiederverwendungseinrichtungen und Behandlungsanlagen

§ 29 Mitteilungspflichten der Vertreiber

§ 30 Mitteilungspflichten der Betreiber von Erstbehandlungsanlagen

Abschnitt 6
Gemeinsame Stelle

§ 31 Aufgaben der Gemeinsamen Stelle

§ 32 Mitteilungen der Gemeinsamen Stelle an das Umweltbundesamt, Landesbehörden und andere öffentliche Stellen

§ 33 Befugnisse der Gemeinsamen Stelle

§ 34 Rückgriffsanspruch der Gemeinsamen Stelle

§ 35 Organisation der Gemeinsamen Stelle

§ 35a Vollständig automatisierter Erlass von Verwaltungsakten

Abschnitt 7
Zuständige Behörde

Abschnitt 8
Beleihung

Abschnitt 9
Schlussbestimmungen

Anlagen

Abschnitt 1
Allgemeine Vorschriften

§ 1 Abfallwirtschaftliche Ziele

Dieses Gesetz legt Anforderungen an die Produktverantwortung nach § 23 des Kreislaufwirtschaftsgesetzes für Elektro- und Elektronikgeräte fest. Es bezweckt vorrangig die Vermeidung von Abfällen von Elektro- und Elektronikgeräten und darüber hinaus die Vorbereitung zur Wiederverwendung, das Recycling und andere Formen der Verwertung solcher Abfälle, um die zu beseitigende Abfallmenge zu reduzieren und dadurch die Effizienz der Ressourcennutzung zu verbessern. Um diese abfallwirtschaftlichen Ziele zu erreichen, soll das Gesetz das Marktverhalten der Verpflichteten regeln.

§ 2 Anwendungsbereich

(1) Dieses Gesetz gilt für sämtliche Elektro- und Elektronikgeräte. Sie sind in die folgenden Kategorien unterteilt:

1. Wärmeüberträger,
2. Bildschirme, Monitore und Geräte, die Bildschirme mit einer Oberfläche von mehr als 100 Quadratzentimetern enthalten,
3. Lampen,
4. Geräte, bei denen mindestens eine der äußeren Abmessungen mehr als 50 Zentimeter beträgt (Großgeräte),
5. Geräte, bei denen keine der äußeren Abmessungen mehr als 50 Zentimeter beträgt (Kleingeräte), und
6. kleine Geräte der Informations- und Telekommunikationstechnik, bei denen keine der äußeren Abmessungen mehr als 50 Zentimeter beträgt.

Elektro- und Elektronikgeräte im Sinne des Satzes 1 sind insbesondere die in Anlage 1 aufgeführten Geräte.

(2) Dieses Gesetz gilt nicht für folgende Elektro- und Elektronikgeräte:

1. Geräte, die der Wahrung der wesentlichen Sicherheitsinteressen der Bundesrepublik Deutschland dienen, einschließlich Waffen, Munition und Wehrmaterial, die nur für militärische Zwecke bestimmt sind,
2. Geräte, die
   a) als Teil eines anderen Gerätes, das vom Geltungsbereich dieses Gesetzes ausgenommen ist oder nicht in den Geltungsbereich dieses Gesetzes fällt, in dieses eingebaut sind und
   b) ihre Funktion nur speziell als Teil dieses anderen Gerätes erfüllen können,
3. Glühlampen,
4. Ausrüstungsgegenstände für einen Einsatz im Weltraum,
5. ortsfeste industrielle Großwerkzeuge,
6. ortsfeste Großanlagen; dieses Gesetz gilt jedoch für Geräte, die nicht speziell als Teil dieser Anlagen konzipiert und darin eingebaut sind,

7. Verkehrsmittel zur Personen- und Güterbeförderung; dieses Gesetz gilt jedoch für elektrische Zweiradfahrzeuge, für die eine Typgenehmigung nicht erforderlich ist,
8. bewegliche Maschinen,
9. Geräte, die ausschließlich zu Zwecken der Forschung und Entwicklung speziell entworfen wurden und nur auf zwischenbetrieblicher Ebene bereitgestellt werden, und
10. medizinische Geräte und In-vitro-Diagnostika, bei denen jeweils zu erwarten ist, dass sie vor Ablauf ihrer Lebensdauer infektiös werden, und aktive implantierbare medizinische Geräte.

(3) Soweit dieses Gesetz keine abweichenden Vorschriften enthält, sind das Kreislaufwirtschaftsgesetz, mit Ausnahme von § 17 Absatz 4 und § 54, und diejenigen Rechtsverordnungen in der jeweils geltenden Fassung anzuwenden, die auf der Grundlage des Kreislaufwirtschaftsgesetzes oder des bis zum 31. Mai 2012 geltenden Kreislaufwirtschafts- und Abfallgesetzes erlassen wurden. Die §§ 27, 47 Absatz 1 bis 6, § 50 Absatz 3, § 59 Absatz 1 Satz 1 und Absatz 2 sowie die §§ 60, 62 und 66 des Kreislaufwirtschaftsgesetzes gelten entsprechend. Rechtsvorschriften, die besondere Anforderungen an die Bewirtschaftung von Altgeräten oder an die Produktkonzeption enthalten, sowie solche, die aus Gründen der Sicherheit im Zusammenhang mit der Beförderung gefährlicher Güter erlassen sind, bleiben unberührt. Die Nachweispflichten nach § 50 Absatz 1 des Kreislaufwirtschaftsgesetzes gelten nicht für die Überlassung von Altgeräten an Einrichtungen zur Erfassung und Erstbehandlung von Altgeräten. Abweichend von Satz 1 gelten § 17 Absatz 4 Satz 1 und § 54 des Kreislaufwirtschaftsgesetzes für aus Altgeräten ausgebaute Bauteile, Unterbaugruppen und Verbrauchsmaterialien.

§ 3 Begriffsbestimmungen

Im Sinne dieses Gesetzes sind

1. Elektro- und Elektronikgeräte:
   Geräte, die für den Betrieb mit Wechselspannung von höchstens 1 000 Volt oder Gleichspannung von höchstens 1 500 Volt ausgelegt sind und
   a) zu ihrem ordnungsgemäßen Betrieb von elektrischen Strömen oder elektromagnetischen Feldern abhängig sind oder
   b) der Erzeugung, Übertragung und Messung von elektrischen Strömen und elektromagnetischen Feldern dienen;
2. Geräteart:
   Zusammenfassung von Geräten innerhalb einer Kategorie, die hinsichtlich der Art ihrer Nutzung oder ihrer Funktionen vergleichbare Merkmale aufweisen;
3. Altgeräte:
   Elektro- und Elektronikgeräte, die Abfall im Sinne des § 3 Absatz 1 Satz 1 des Kreislaufwirtschaftsgesetzes sind, einschließlich aller Bauteile, Unterbaugruppen und Verbrauchsmaterialien, die zum Zeitpunkt des Eintritts der Abfalleigenschaft Teil des Altgerätes sind;
4. historische Altgeräte:
   a) Altgeräte, die vor dem 13. August 2005 in Verkehr gebracht wurden,
   b) Leuchten aus privaten Haushalten und Photovoltaikmodule, die Altgeräte sind und vor dem 24. Oktober 2015 in Verkehr gebracht wurden, oder

c) Altgeräte, die vor dem 15. August 2018 in Verkehr gebracht wurden, soweit sie vom Anwendungsbereich dieses Gesetzes in der Fassung vom 20. Oktober 2015 nicht erfasst waren;

5. Altgeräte aus privaten Haushalten:
Altgeräte aus privaten Haushaltungen im Sinne des Kreislaufwirtschaftsgesetzes sowie Altgeräte aus sonstigen Herkunftsbereichen, soweit die Beschaffenheit und Menge der dort anfallenden Altgeräte mit der Beschaffenheit und Menge von üblicherweise in privaten Haushaltungen anfallenden Altgeräten vergleichbar ist; Elektro- und Elektronikgeräte, die potentiell sowohl von privaten Haushalten als auch von anderen Nutzern als privaten Haushalten genutzt werden, gelten, wenn sie Abfall werden, als Altgeräte aus privaten Haushalten;

6. Anbieten:
das im Rahmen einer gewerbsmäßigen Tätigkeit auf den Abschluss eines Kaufvertrages gerichtete Präsentieren oder öffentliche Zugänglichmachen von Elektro- oder Elektronikgeräten im Geltungsbereich dieses Gesetzes; dies umfasst auch die Aufforderung, ein Angebot abzugeben;

7. Bereitstellung auf dem Markt:
jede entgeltliche oder unentgeltliche Abgabe eines Elektro- oder Elektronikgerätes zum Vertrieb, Verbrauch oder zur Verwendung im Geltungsbereich dieses Gesetzes im Rahmen einer Geschäftstätigkeit;

8. Inverkehrbringen:
die erstmalige Bereitstellung eines Elektro- oder Elektronikgerätes auf dem Markt im Geltungsbereich dieses Gesetzes;
als Inverkehrbringen gilt auch die erste Wiederbereitstellung eines Elektro- oder Elektronikgerätes auf dem Markt im Geltungsbereich dieses Gesetzes, das nach der erstmaligen Bereitstellung auf dem Markt aus dem Geltungsbereich des Gesetzes ausgeführt worden war;

9. Hersteller:
jede natürliche oder juristische Person oder Personengesellschaft, die unabhängig von der Verkaufsmethode, einschließlich der Fernkommunikationsmittel im Sinne des § 312c Absatz 2 des Bürgerlichen Gesetzbuchs,

   a) Elektro- oder Elektronikgeräte

      aa) unter ihrem Namen oder ihrer Marke herstellt und innerhalb des Geltungsbereiches dieses Gesetzes anbietet oder

      bb) konzipieren oder herstellen lässt und sie unter ihrem Namen oder ihrer Marke innerhalb des Geltungsbereiches dieses Gesetzes anbietet,

   b) Elektro- oder Elektronikgeräte anderer Hersteller unter ihrem eigenen Namen oder ihrer Marke im Geltungsbereich dieses Gesetzes anbietet oder gewerbsmäßig weiterverkauft, wobei der Anbieter oder Weiterverkäufer dann nicht als Hersteller anzusehen ist, wenn der Name oder die Marke des Herstellers gemäß Buchstabe a auf dem Gerät erscheint,

   c) erstmals aus einem anderen Mitgliedstaat der Europäischen Union oder aus einem Drittland stammende Elektro- oder Elektronikgeräte auf dem Markt im Geltungsbereich dieses Gesetzes anbietet oder

   d) Elektro- oder Elektronikgeräte unter Verwendung von Fernkommunikationsmitteln direkt Endnutzern im Geltungsbereich dieses Gesetzes anbietet und in einem anderen Mitgliedstaat der Europäischen Union oder einem Drittland niedergelassen ist;

als Hersteller gilt zugleich auch jeder Vertreiber nach Nummer 11, der entgegen § 6 Absatz 2 Satz 2 Nummer 1 vorsätzlich oder fahrlässig neue Elektro- oder Elektronikgeräte nicht oder nicht ordnungsgemäß registrierter Hersteller oder von Herstellern, deren Bevollmächtigte nicht oder nicht ordnungsgemäß registriert sind, zum Verkauf anbietet; in diesem Fall gilt abweichend von Nummer 8 die Bereitstellung als Inverkehrbringen; Nummer 11 bleibt unberührt;

10. Bevollmächtigter:
jede im Geltungsbereich dieses Gesetzes niedergelassene natürliche oder juristische Person oder Personengesellschaft, die ein Hersteller ohne Niederlassung im Geltungsbereich dieses Gesetzes beauftragt hat, in eigenem Namen sämtliche Aufgaben wahrzunehmen, um die Herstellerpflichten nach diesem Gesetz zu erfüllen; Bevollmächtigter kann auch ein Hersteller nach Nummer 9 Buchstabe c oder ein Vertreiber nach Nummer 11, ein Betreiber eines elektronischen Marktplatzes nach Nummer 11b oder ein Fulfilment-Dienstleister nach Nummer 11c sein, sofern die Voraussetzungen nach dem ersten Halbsatz vorliegen;

11. Vertreiber:
jede natürliche oder juristische Person oder Personengesellschaft, die Elektro- oder Elektronikgeräte im Geltungsbereich dieses Gesetzes anbietet oder auf dem Markt bereitstellt;

11a. elektronischer Marktplatz:
eine Website oder jedes andere Instrument, mit dessen Hilfe Informationen über das Internet zur Verfügung gestellt werden, die oder das es Herstellern oder Vertreibern, die nicht Betreiber des elektronischen Marktplatzes sind, ermöglicht, Elektro- und Elektronikgeräte in eigenem Namen im Geltungsbereich dieses Gesetzes anzubieten oder bereitzustellen;

11b. Betreiber eines elektronischen Marktplatzes:
jede natürliche oder juristische Person oder Personengesellschaft, die einen elektronischen Marktplatz unterhält und es Dritten ermöglicht, auf diesem Marktplatz Elektro- und Elektronikgeräte im Geltungsbereich dieses Gesetzes anzubieten oder bereitzustellen;

11c. Fulfilment-Dienstleister:
jede natürliche oder juristische Person oder Personengesellschaft, die im Rahmen einer Geschäftstätigkeit mindestens zwei der folgenden Dienstleistungen im Geltungsbereich dieses Gesetzes anbietet:
Lagerhaltung, Verpackung, Adressierung oder Versand von Elektro- oder Elektronikgeräten, an denen sie kein Eigentumsrecht hat; Post-, Paketzustell- oder sonstige Frachtverkehrsdienstleister gelten nicht als Fulfilment-Dienstleister;

12. öffentlich-rechtlicher Entsorgungsträger: die nach Landesrecht zur Entsorgung verpflichtete juristische Person;

13. Photovoltaikmodule:
elektrische Vorrichtungen, die zur Verwendung in einem System bestimmt sind und zur Erzeugung von Strom aus solarer Strahlungsenergie entworfen, zusammengesetzt und installiert werden;

14. Lampen:
Einrichtungen zur Erzeugung von Licht;

15. Leuchten:
Geräte zur Verteilung, Filterung oder Umwandlung des von einer oder mehreren Lampen übertragenen Lichts, die alle zur Aufnahme, zur Fixierung und zum Schutz der Lampen not-

wendigen Teile und erforderlichenfalls Hilfselemente zusammen mit den Vorrichtungen zu ihrem Anschluss an die Stromquelle umfassen; dazu gehören alle Lampen, sofern diese nicht entfernt werden können, ohne dass die Einheit dauerhaft beschädigt wird;

16. ortsfeste industrielle Großwerkzeuge:
    eine groß angelegte Anordnung von industriellen Maschinen, Geräten oder Bauteilen mit einer gemeinsamen Funktion für eine bestimmte Anwendung, die
    a) von Fachpersonal dauerhaft an einem bestimmten Ort installiert und abgebaut wird und
    b) von Fachpersonal in einer industriellen Fertigungsanlage oder einer Forschungs- und Entwicklungsanlage eingesetzt und instand gehalten wird;
17. ortsfeste Großanlagen:
    eine groß angelegte Kombination von Geräten unterschiedlicher Art und gegebenenfalls weiterer Einrichtungen, die
    a) von Fachpersonal montiert, installiert und abgebaut wird,
    b) dazu bestimmt ist, auf Dauer als Teil eines Gebäudes oder Bauwerks an einem vorbestimmten und eigens dafür vorgesehenen Standort betrieben zu werden, und
    c) nur durch die gleichen, speziell konstruierten Geräte ersetzt werden kann;
18. bewegliche Maschinen:
    Maschinen mit eigener Energieversorgung, die
    a) nicht für den Straßenverkehr bestimmt sind,
    b) ausschließlich bei einer beruflichen Tätigkeit genutzt werden und
    c) beim Betrieb entweder beweglich sein müssen oder kontinuierlich oder halbkontinuierlich zu verschiedenen festen Betriebsorten bewegt werden müssen;
19. medizinisches Gerät:
    ein Medizinprodukt im Sinne von Artikel 2 Nummer 1 der Verordnung (EU) 2017/745 des Europäischen Parlaments und des Rates vom 5. April 2017 über Medizinprodukte, zur Änderung der Richtlinie 2001/83/EG, der Verordnung (EG) Nr. 178/2002 und der Verordnung (EG) Nr. 1223/2009 und zur Aufhebung der Richtlinien 90/385/EWG und 93/42/EWG des Rates (ABl. L 117 vom 5.5.2017, S. 1; L 117 vom 3.5.2019, S. 9; L 334 vom 27.12.2019, S. 165), die durch die Verordnung (EU) 2020/561 (ABl. L 130 vom 24.4.2020, S. 18) geändert worden ist, in der jeweils geltenden Fassung oder Zubehör eines Medizinproduktes im Sinne von Artikel 2 Nummer 2 der Verordnung (EU) 2017/745, das ein Elektro- oder Elektronikgerät ist;

20. In-vitro-Diagnostikum[1]:
    ein In-vitro-Diagnostikum im Sinne von § 3 Nummer 4 des Medizinproduktegesetzes oder ein Zubehör oder dessen Zubehör im Sinne von § 3 Nummer 4 oder 9 des Medizinproduktegesetzes in der bis einschließlich 25. Mai 2021 geltenden Fassung, das ein Elektro- oder Elektronikgerät ist;

21. aktives implantierbares medizinisches Gerät:
    ein aktives implantierbares Medizinprodukt im Sinne von Artikel 2 Nummer 4 und 5 der Verordnung (EU) 2017/745, das ein Elektro- oder Elektronikgerät ist;

22. Erfassung
    die Sammlung sowie die Rücknahme von Altgeräten;

23. Behandlung:
    Tätigkeiten, die nach der Übergabe von Altgeräten an eine Anlage zur Vorbereitung zur Wiederverwendung, zur Entfrachtung von Schadstoffen, zur Separierung von Wertstoffen, zur Demontage, zum Schreddern, zur Verwertung oder zur Vorbereitung der Beseitigung durchgeführt werden, sowie sonstige Tätigkeiten, die der Verwertung oder Beseitigung der Altgeräte dienen;

24. Erstbehandlung:
    die erste Behandlung von Altgeräten, bei der die Altgeräte

    a) zur Wiederverwendung vorbereitet oder

    b) von Schadstoffen entfrachtet und Wertstoffe aus den Altgeräten separiert

    werden, einschließlich hierauf bezogener Vorbereitungshandlungen; die Erstbehandlung umfasst auch die Verwertungsverfahren R 12 und R 13 nach Anlage 2 zum Kreislaufwirtschaftsgesetz; die zerstörungsfreie Entnahme von Lampen aus Altgeräten bei der Erfassung gilt nicht als Erstbehandlung; dies gilt auch für die zerstörungsfreie Entnahme von Altbatterien und Altakkumulatoren, die nicht vom Altgerät umschlossen sind, und für die zerstörungsfreie Löschung oder Vernichtung von Daten auf dem Altgerät;

25. Entfernen:
    die manuelle, mechanische, chemische oder metallurgische Bearbeitung von Altgeräten, in deren Folge im Laufe des Behandlungsverfahrens gefährliche Stoffe, Gemische oder Bestandteile einen unterscheidbaren Stoffstrom oder einen unterscheidbaren Teil eines Stoffstromes bilden; Stoffe, Gemische und Bestandteile gelten dann als unterscheidbar, wenn sie überwacht werden können, um ihre umweltgerechte Behandlung oder Entsorgung zu überprüfen;

26. gefährliche Stoffe oder gefährliche Gemische:
    Stoffe oder Gemische gemäß Artikel 3 der Verordnung (EG) Nr. 1272/2008 des Europäischen Parlaments und des Rates vom 16. Dezember 2008 über die Einstufung, Kennzeichnung und Verpackung von Stoffen und Gemischen, zur Änderung und Aufhebung der Richtli-

[1] **Gültige Fassung ab 26. Mai 2022:**
20. In-vitro-Diagnostikum:
ein In-vitro-Diagnostikum im Sinne von § 3 Nummer 4 des Medizinproduktegesetzes oder ein Zubehör oder dessen Zubehör im Sinne von Artikel 2 Nummer 2 oder 4 der Verordnung (EU) 2017/746 des Europäischen Parlaments und des Rates vom 5. April 2017 über In-vitro-Diagnostika und zur Aufhebung der Richtlinie 98/79/EG und des Beschlusses 2010/227/EU der Kommission (ABl. L 117 vom 5.5.2017, S. 176; L 117 vom 3.5.2019, S. 11; L 334 vom 27.12.2019, S. 167) in der jeweils geltenden Fassung, das ein Elektro- oder Elektronikgerät ist;

nien 67/548/EWG und 1999/45/EG und zur Änderung der Verordnung (EG) Nr. 1907/2006 (ABl. L 353 vom 31.12.2008, S. 1), die zuletzt durch die Verordnung (EG) Nr. 286/2011 (ABl. L 83 vom 30.3.2011, S. 1) geändert worden ist, in ihrer jeweils geltenden Fassung.

Abschnitt 2
Pflichten beim Inverkehrbringen von Elektro- und Elektronikgeräten

§ 4 Produktkonzeption

(1) Hersteller haben ihre Elektro- und Elektronikgeräte möglichst so zu gestalten, dass insbesondere die Wiederverwendung, die Demontage und die Verwertung von Altgeräten, ihren Bauteilen und Werkstoffen berücksichtigt und erleichtert werden. Elektro- und Elektronikgeräte, die vollständig oder teilweise mit Batterien oder Akkumulatoren betrieben werden können, sind möglichst so zu gestalten, dass Altbatterien und Altakkumulatoren durch Endnutzer problemlos und zerstörungsfrei entnommen werden können. Sind Altbatterien oder Altakkumulatoren nicht problemlos durch den Endnutzer entnehmbar, sind die Elektro- und Elektronikgeräte so zu gestalten, dass die Altbatterien und Altakkumulatoren problemlos und zerstörungsfrei und mit handelsüblichem Werkzeug durch vom Hersteller unabhängiges Fachpersonal entnommen werden können.

(2) Die Hersteller sollen die Wiederverwendung nicht durch besondere Konstruktionsmerkmale oder Herstellungsprozesse verhindern, es sei denn, dass die Konstruktionsmerkmale rechtlich vorgeschrieben sind oder die Vorteile dieser besonderen Konstruktionsmerkmale oder Herstellungsprozesse überwiegen, beispielsweise im Hinblick auf den Gesundheitsschutz, den Umweltschutz oder auf Sicherheitsvorschriften.

(3) Absatz 1 Satz 2 und 3 gilt nicht für Elektro- und Elektronikgeräte, in denen aus Gründen der Sicherheit, der Leistung, aus medizinischen Gründen oder aus Gründen der Vollständigkeit von Daten eine ununterbrochene Stromversorgung notwendig und eine ständige Verbindung zwischen dem Gerät und der Batterie oder dem Akkumulator erforderlich sind.

(4) Jeder Hersteller hat Elektro- und Elektronikgeräten, die eine Batterie oder einen Akkumulator enthalten, Angaben beizufügen, welche den Endnutzer informieren über

1. den Typ und das chemische System der Batterie oder des Akkumulators und
2. deren oder dessen sichere Entnahme.

Satz 1 gilt nicht für Elektro- und Elektronikgeräte nach Absatz 3.

§ 5 Einrichten der Gemeinsamen Stelle

(1) Die Hersteller oder im Fall der Bevollmächtigung nach § 8 deren Bevollmächtigte sind verpflichtet, eine Gemeinsame Stelle einzurichten.

(2) Ist die Gemeinsame Stelle nicht eingerichtet oder nimmt sie ihre Aufgaben nach § 31 Absatz 5 Satz 1 oder Absatz 7 Satz 1 und 3 nicht wahr, ist jeder Hersteller oder im Fall der Bevollmächtigung nach § 8 dessen Bevollmächtigter verpflichtet, den öffentlich-rechtlichen Entsorgungsträgern die Kosten für die Sammlung, Sortierung und Entsorgung seiner Altgeräte zu erstatten. Die nach Landesrecht zuständige Behörde setzt die Kosten durch Verwaltungsakt fest.

§ 6 Registrierung

(1) Bevor ein Hersteller Elektro- oder Elektronikgeräte in Verkehr bringt, ist er oder im Fall der Bevollmächtigung nach § 8 sein Bevollmächtigter verpflichtet, sich bei der zuständigen Behörde

mit der Geräteart und Marke registrieren zu lassen. Der Registrierungsantrag muss die Angaben nach Anlage 2 enthalten.

Dem Registrierungsantrag ist oder sind

1. eine Garantie nach § 7 Absatz 1 Satz 1 oder
2. eine Glaubhaftmachung nach § 7 Absatz 3 Satz 1 und ein Rücknahmekonzept nach § 7a

beizufügen.

Der Hersteller oder im Fall der Bevollmächtigung nach § 8 sein Bevollmächtigter hat der zuständigen Behörde Änderungen von im Registrierungsantrag enthaltenen Daten sowie die dauerhafte Aufgabe des Inverkehrbringens unverzüglich mitzuteilen.

(2) Hersteller dürfen Elektro- oder Elektronikgeräte nicht in Verkehr bringen, wenn sie oder im Fall der Bevollmächtigung nach § 8 deren Bevollmächtigte nicht oder nicht ordnungsgemäß registriert sind.

Ist ein Hersteller oder im Fall der Bevollmächtigung nach § 8 dessen Bevollmächtigter entgegen Absatz 1 Satz 1 nicht oder nicht ordnungsgemäß registriert, dürfen

1. Vertreiber die Elektro- oder Elektronikgeräte dieses Herstellers nicht zum Verkauf anbieten,
2. Betreiber von elektronischen Marktplätzen das Anbieten oder Bereitstellen von Elektro- oder Elektronikgeräten dieses Herstellers nicht ermöglichen und
3. Fulfilment-Dienstleister die Lagerhaltung, Verpackung, Adressierung oder den Versand in Bezug auf Elektro- oder Elektronikgeräte dieses Herstellers nicht vornehmen.

(3) Jeder Hersteller ist verpflichtet, beim Anbieten und auf Rechnungen seine Registrierungsnummer anzugeben.

§ 7 Finanzierungsgarantie

(1) Jeder Hersteller oder im Fall der Bevollmächtigung nach § 8 dessen Bevollmächtigter ist verpflichtet, der zuständigen Behörde kalenderjährlich eine insolvenzsichere Garantie für die Finanzierung der Rücknahme und Entsorgung der Elektro- und Elektronikgeräte nachzuweisen, die der Hersteller nach dem 13. August 2005 im Geltungsbereich dieses Gesetzes in Verkehr bringt oder gebracht hat und die in privaten Haushalten genutzt werden können. Die Garantie hat den Rückgriffsanspruch der Gemeinsamen Stelle gemäß § 34 Absatz 2 zu sichern. 17

(2) Für die Garantie sind folgende Formen möglich:

1. eine Bürgschaft auf erstes Anfordern eines Kreditinstituts oder Kreditversicherers,
2. eine Garantie auf erstes Anfordern eines Kreditinstituts oder Kreditversicherers,
3. die Hinterlegung von Geld zur Sicherheitsleistung im Sinne von § 232 Absatz 1 des Bürgerlichen Gesetzbuchs nach näherer Maßgabe der Hinterlegungsgesetze der Länder oder
4. die Teilnahme an Systemen, die für die Finanzierung der Entsorgung von Altgeräten geeignet sind; die Eignung eines solches Systems ist durch die zuständige Behörde gemäß § 37 Absatz 6 festzustellen.

Eine Bürgschaft oder Garantie auf erstes Anfordern kann auch formularmäßig übernommen werden, ohne dass dadurch gegen die §§ 305 bis 310 des Bürgerlichen Gesetzbuchs verstoßen wird.

(3) Absatz 1 gilt nicht für Elektro- oder Elektronikgeräte, für die der Hersteller oder im Fall der Bevollmächtigung nach § 8 dessen Bevollmächtigter glaubhaft macht, dass sie ausschließlich in anderen als privaten Haushalten genutzt werden oder dass solche Geräte gewöhnlich nicht in privaten Haushalten genutzt werden. Die Pflicht nach Absatz 1 gilt für Hersteller von Elektro- und Elektronikgeräten, die nicht vom Anwendungsbereich des Elektro- und Elektronikgerätegesetzes vom 16. März 2005 (BGBl. I S. 762), das zuletzt durch Artikel 14 des Gesetzes vom 20. September 2013 (BGBl. I S. 3642) geändert worden ist, erfasst waren, oder im Fall der Bevollmächtigung nach § 8 für ihre Bevollmächtigten nur in Bezug auf Geräte, die nach dem 24. Oktober 2015 in Verkehr gebracht wurden oder werden. Für Hersteller von Elektro- und Elektronikgeräten, die ab dem 15. August 2018 in den Anwendungsbereich dieses Gesetzes fallen, oder im Fall der Bevollmächtigung nach § 8 deren Bevollmächtigte gilt Absatz 1 in Bezug auf Geräte, die nach diesem Zeitpunkt in Verkehr gebracht werden.

(4) Der Hersteller darf die Kosten für die Entsorgung von Elektro- und Elektronikgeräten gegenüber dem Endkunden nicht ausweisen.

§ 7a Rücknahmekonzept

(1) Jeder Hersteller oder im Fall der Bevollmächtigung nach § 8 jeder Bevollmächtigte ist verpflichtet, der zuständigen Behörde für die Rücknahme und Entsorgung der Elektro- und Elektronikgeräte, für die er glaubhaft macht, dass sie ausschließlich in anderen als privaten Haushalten genutzt werden oder dass solche Geräte gewöhnlich nicht in privaten Haushalten genutzt werden, ein Rücknahmekonzept vorzulegen.

(2) Das Rücknahmekonzept muss je Geräteart die folgenden Angaben enthalten:

1. eine Erklärung über die durch den Hersteller oder im Fall der Bevollmächtigung nach § 8 durch den Bevollmächtigten erfolgte Einrichtung von Rückgabemöglichkeiten, die den Anforderungen des § 19 Absatz 1 Satz 1 entsprechen,
2. im Fall der Beauftragung eines Dritten: Name und Adresse des Dritten,
3. die Möglichkeit der Endnutzer, auf die Rückgabemöglichkeiten nach Nummer 1 zuzugreifen.

(3) Änderungen am Rücknahmekonzept sind der zuständigen Behörde unverzüglich durch den Hersteller oder im Fall der Bevollmächtigung nach § 8 durch den Bevollmächtigten mitzuteilen.

§ 8 Niederlassungspflicht, Beauftragung und Benennung eines Bevollmächtigten

(1) Ein Hersteller im Sinne von § 3 Nummer 9 Buchstabe a bis c, der keine Niederlassung im Geltungsbereich dieses Gesetzes hat, muss einen Bevollmächtigten beauftragen. Jeder Hersteller darf nur einen Bevollmächtigten beauftragen. Die Beauftragung hat schriftlich und in deutscher Sprache zu erfolgen und muss mindestens drei Monate wirksam sein.

(2) Ein Hersteller im Sinne von § 3 Nummer 9 Buchstabe d ist verpflichtet, einen Bevollmächtigten entsprechend Absatz 1 Satz 2 und 3 zu beauftragen.

(3) Der Hersteller hat den Bevollmächtigten der zuständigen Behörde unverzüglich zu benennen. Bei der Benennung ist eine Kopie der Beauftragung beizufügen. Die Benennung bedarf der Bestätigung durch die zuständige Behörde. Sie darf nur erteilt werden, wenn die Voraussetzungen nach Absatz 1 vorliegen und im Fall von bereits 20 demselben Bevollmächtigten erteilten Registrierungen die zuständige Behörde den Bevollmächtigten gemäß § 37 Absatz 7 zugelassen hat. Der Hersteller hat der zuständigen Behörde Änderungen der Beauftragung oder Berichtigungen der Angaben unverzüglich mitzuteilen.

(4) Wird die Beauftragung des Bevollmächtigten beendet, hat der Hersteller dies der zuständigen Behörde unverzüglich mitzuteilen. Die Benennung endet, sobald die zuständige Behörde das Ende der Beauftragung bestätigt. Die Pflicht des Bevollmächtigten zur Erfüllung der während der Zeit seiner Benennung entstandenen Herstellerpflichten bleibt unberührt. Ein Hersteller, dem die Beendigung der Benennung durch die zuständige Behörde bestätigt wurde, hat die von ihm belieferten Hersteller nach § 3 Nummer 9 Buchstabe c und Vertreiber unverzüglich über das Ende der Benennung eines Bevollmächtigten zu informieren. Solange die Benennung eines Bevollmächtigten nicht erfolgt, obliegen die Verpflichtungen des Herstellers dem im Inland niedergelassenen Hersteller nach § 3 Nummer 9 Buchstabe c.

(5) Eine natürliche oder juristische Person oder Personengesellschaft, die im Geltungsbereich dieses Gesetzes niedergelassen ist und Geräte gewerbsmäßig unter Verwendung von Fernkommunikationsmitteln in einem anderen Mitgliedstaat der Europäischen Union, in dem sie nicht niedergelassen ist, unmittelbar für Endnutzer bereitstellt, ist verpflichtet, vor der Bereitstellung auf dem Markt dieses Mitgliedstaates eine dort niedergelassene natürliche oder juristische Person oder Personengesellschaft zu bevollmächtigen, die dort für die Erfüllung ihrer Pflichten nach der Richtlinie 2012/19/EU des Europäischen Parlaments und des Rates vom 4. Juli 2012 über Elektro- und Elektronik-Altgeräte (ABl. L 197 vom 24.7.2012, S. 38) verantwortlich ist.

§ 9 Kennzeichnung

(1) Elektro- und Elektronikgeräte, die nach den in § 3 Nummer 4 genannten Zeitpunkten in Verkehr gebracht werden, sind vor dem Inverkehrbringen auf dem europäischen Markt dauerhaft so zu kennzeichnen, dass der Hersteller eindeutig zu identifizieren ist und festgestellt werden kann, dass das Gerät nach dem jeweiligen in § 3 Nummer 4 genannten Zeitpunkt erstmals auf dem europäischen Markt in Verkehr gebracht wurde.

(2) Die Geräte nach Absatz 1 sind außerdem mit dem Symbol nach Anlage 3 dauerhaft zu kennzeichnen. Sofern es in Ausnahmefällen auf Grund der Größe oder der Funktion des Elektro- oder Elektronikgerätes erforderlich ist, ist das Symbol statt auf dem Gerät auf die Verpackung, die Gebrauchsanweisung oder den Garantieschein für das Elektro- oder Elektronikgerät aufzudrucken. Satz 2 gilt auch für die Kennzeichnung mit Blick auf den Zeitpunkt des Inverkehrbringens nach Absatz 1, sofern die Kennzeichnung gemeinsam mit dem Symbol nach Satz 1 erfolgt. 17

Abschnitt 3
Sammlung und Rücknahme

§ 10 Getrennte Erfassung

(1) Besitzer von Altgeräten haben diese einer vom unsortierten Siedlungsabfall getrennten Erfassung zuzuführen. Sie haben Altbatterien und Altakkumulatoren, die nicht vom Altgerät umschlossen sind, sowie Lampen, die zerstörungsfrei aus dem Altgerät entnommen werden können, vor der Abgabe an einer Erfassungsstelle vom Altgerät zerstörungsfrei zu trennen. Satz 2 gilt nicht, soweit nach § 14 Absatz 4 Satz 4 oder Absatz 5 Satz 2 und 3 Altgeräte separiert werden, um sie für die Wiederverwendung vorzubereiten.

(2) Die Erfassung nach Absatz 1 hat so zu erfolgen, dass die spätere Vorbereitung zur Wiederverwendung, die Demontage und das Recycling nicht behindert und Brandrisiken minimiert werden.

(3) Ab dem 1. Januar 2019 soll das Gesamtgewicht der erfassten Altgeräte in jedem Kalenderjahr mindestens 65 Prozent des Durchschnittsgewichts der Elektro- und Elektronikgeräte, die in den drei Kalendervorjahren in Verkehr gebracht wurden, betragen.

§ 11 Verordnungsermächtigungen

Die Bundesregierung wird ermächtigt, durch Rechtsverordnung mit Zustimmung des Bundesrates

1. weiter gehende Anforderungen an die Durchführung und Organisation der getrennten Erfassung von Altgeräten, die zur Wiederverwendung vorbereitet werden sollen, und
2. Anforderungen an die Zertifizierung von Betrieben, die Altgeräte zur Wiederverwendung vorbereiten,

festzulegen.

Unterabschnitt 1
Sammlung und Rücknahme von Altgeräten aus privaten Haushalten

§ 12 Berechtigte für die Erfassung von Altgeräten aus privaten Haushalten

(1) Die Erfassung von Altgeräten aus privaten Haushalten darf nur von öffentlich-rechtlichen Entsorgungsträgern, Vertreibern, Herstellern oder im Fall der Bevollmächtigung sowie von Betreibern von nach § 21 zertifizierten Erstbehandlungsanlagen nach § 8 deren Bevollmächtigten vorgenommen werden. Die nach Satz 1 zur Erfassung Berechtigten dürfen für die Sammlung und Rücknahme auch Dritte beauftragen.

(2) Die Berechtigten nach Absatz 1 haben gegenüber den Endnutzern ihre Sammel- und Rücknahmestellen durch die von der Gemeinsamen Stelle gemäß § 31 Absatz 1 Satz 5 entworfene einheitliche Kennzeichnung kenntlich zu machen.

§ 13 Sammlung durch die öffentlich-rechtlichen Entsorgungsträger

(1) Die öffentlich-rechtlichen Entsorgungsträger richten im Rahmen ihrer Pflichten nach § 20 des Kreislaufwirtschaftsgesetzes Sammelstellen ein, an denen Altgeräte aus privaten Haushalten ihres Gebietes angeliefert werden können (Bringsystem). § 14 Absatz 2 gilt entsprechend. Altgeräte aus privaten Haushalten, die von Gewerbetreibenden oder Vertreibern angeliefert werden, gelten als Altgeräte aus privaten Haushalten des Gebietes des öffentlich-rechtlichen Entsorgungsträgers, in dem der Gewerbetreibende oder Vertreiber seine Niederlassung hat.

(2) Die öffentlich-rechtlichen Entsorgungsträger können die Annahme an einzelnen Sammelstellen auf bestimmte Altgerätegruppen nach § 14 Absatz 1 Satz 1 beschränken, wenn dies aus Platzgründen unter Berücksichtigung der sonstigen Wertstofferfassung im Einzelfall notwendig ist und die Erfassung aller Altgerätegruppen nach § 14 Absatz 1 Satz 1 im Entsorgungsgebiet des öffentlich-rechtlichen Entsorgungsträgers sichergestellt ist.

(3) Die öffentlich-rechtlichen Entsorgungsträger können die Altgeräte auch bei den privaten Haushalten abholen (Holsystem). Die Anzahl der Sammelstellen oder die Kombination mit Holsystemen ist unter Berücksichtigung der jeweiligen Bevölkerungsdichte, der sonstigen örtlichen Gegebenheiten und der abfallwirtschaftlichen Ziele nach den §§ 1 und 10 Absatz 3 festzulegen.

(4) Bei der Anlieferung von Altgeräten darf kein Entgelt erhoben werden.

(5) Die öffentlich-rechtlichen Entsorgungsträger können die kostenlose Annahme von Altgeräten ablehnen, die auf Grund einer Verunreinigung eine Gefahr für die Gesundheit und Sicherheit von Menschen darstellen. Satz 1 gilt insbesondere, sofern asbesthaltige Nachtspeicherheizgeräte nicht ordnungsgemäß durch Fachpersonal abgebaut und verpackt wurden oder beschädigt beim öffentlich-rechtlichen Entsorgungsträger angeliefert werden. Bei Anlieferungen von mehr als 20 Geräten der Gruppen 1, 4 und 6 nach § 14 Absatz 1 Satz 1 sind Anlieferungsort und -zeitpunkt vorab mit dem öffentlich-rechtlichen Entsorgungsträger abzustimmen. Die Überlassungspflichten

privater Haushaltungen nach § 17 Absatz 1 Satz 1 des Kreislaufwirtschaftsgesetzes und die Entsorgungspflichten der öffentlich-rechtlichen Entsorgungsträger für Abfälle aus privaten Haushaltungen nach § 20 Absatz 1 und 3 des Kreislaufwirtschaftsgesetzes bleiben von den Sätzen 1 und 2 unberührt.

§ 14 Bereitstellen der abzuholenden Altgeräte durch die öffentlich-rechtlichen Entsorgungsträger

(1) Die öffentlich-rechtlichen Entsorgungsträger stellen die von den Herstellern oder im Fall der Bevollmächtigung nach § 8 von deren Bevollmächtigten abzuholenden Altgeräte an von ihnen eingerichteten Übergabestellen in folgenden Gruppen in geeigneten Behältnissen unentgeltlich bereit:

1. Gruppe 1: Wärmeüberträger,
2. Gruppe 2: Bildschirme, Monitore und Geräte, die Bildschirme mit einer Oberfläche von mehr als 100 Quadratzentimetern enthalten,
3. Gruppe 3: Lampen,
4. Gruppe 4: Großgeräte,
5. Gruppe 5: Kleingeräte und kleine Geräte der Informations- und Telekommunikationstechnik,
6. Gruppe 6: Photovoltaikmodule.

In der Gruppe 4 sind Nachtspeicherheizgeräte, die Asbest oder sechswertiges Chrom enthalten, und in den Gruppen 2, 4 und 5 batteriebetriebene Altgeräte getrennt von den anderen Altgeräten in einem eigenen Behältnis zu sammeln.

(2) Die Behältnisse müssen so befüllt werden, dass ein Zerbrechen der Altgeräte, eine Freisetzung von Schadstoffen und die Entstehung von Brandrisiken vermieden werden. Die Altgeräte dürfen in den Behältnissen nicht mechanisch verdichtet werden. Die Einsortierung der Altgeräte, insbesondere der batteriebetriebenen Altgeräte, in die Behältnisse nach Absatz 1 hat an den eingerichteten Übergabestellen durch den öffentlich-rechtlichen Entsorgungsträger oder unter seiner Aufsicht zu erfolgen.

(3) Die öffentlich-rechtlichen Entsorgungsträger melden der Gemeinsamen Stelle die zur Abholung bereitgestellten Behältnisse, wenn bei den Gruppen 1, 4 und 5 eine Abholmenge von mindestens 30 Kubikmetern pro Gruppe, bei der Gruppe 2 eine Abholmenge von mindestens 20 Kubikmetern, bei Nachtspeicherheizgeräten in der Gruppe 4 und bei batteriebetriebenen Altgeräten der Gruppen 2, 4 und 5 eine Abholmenge von mindestens fünf Kubikmetern, bei der Gruppe 3 eine Abholmenge von mindestens drei Kubikmetern und bei der Gruppe 6 eine Abholmenge von mindestens zweieinhalb Kubikmetern erreicht ist. Wenn bei der Gruppe 4 ein Behältnis mit Nachtspeicherheizgeräten zur Abholung bereitgestellt wird, ist dies der Gemeinsamen Stelle bei der Meldung nach Satz 1 mitzuteilen.

(4) An der Sammelstelle sind eine Separierung von Altgeräten, eine nachträgliche Entnahme aus den Behältnissen sowie die Entfernung von Bauteilen aus oder von den Altgeräten unzulässig. Eine Veränderung des Inhalts der Behältnisse bis zum Eintreffen bei der Erstbehandlungsanlage ist unzulässig. Absatz 1 Satz 2 bleibt von dem Verbot nach Satz 1 unberührt. Die Sätze 1 und 2 gelten nicht, wenn die Altgeräte im Rahmen einer Kooperation nach § 17b einer Erstbehandlungsanlage zum Zwecke der Vorbereitung zur Wiederverwendung überlassen werden.

(5) Ein nach Landesrecht für die Verwertung und Beseitigung von Altgeräten zuständiger öffentlich-rechtlicher Entsorgungsträger kann sämtliche Altgeräte einer Gruppe für jeweils mindestens

zwei Jahre von der Bereitstellung zur Abholung ausnehmen (Optierung). Abweichend von Absatz 4 Satz 1 ist im Fall der Optierung eine Separierung von Altgeräten in der optierten Gruppe zulässig. Er hat die Altgeräte nach Satz 1 zur Wiederverwendung vorzubereiten oder nach § 20 Absatz 2 bis 4 und § 22 Absatz 1 zu behandeln und zu verwerten.

§ 15 Aufstellen von Behältnissen durch die Hersteller oder deren Bevollmächtigte

(1) Die Hersteller oder im Fall der Bevollmächtigung nach § 8 deren Bevollmächtigte müssen die Behältnisse nach § 14 unentgeltlich aufstellen und abdecken. Satz 1 gilt nicht im Fall des § 14 Absatz 5. Die öffentlichrechtlichen Entsorgungsträger können das Aufstellen nicht abdeckbarer Behältnisse ablehnen und melden die Ablehnung der zuständigen Behörde. In diesem Fall gilt das Behältnis als nicht aufgestellt.

(2) Die Behältnisse, außer denen für die Gruppen 3 und 6, müssen für die Aufnahme durch herkömmliche Abholfahrzeuge geeignet sein; Absatz 6 bleibt unberührt.

(3) Die Behältnisse müssen so beschaffen sein, dass die dort enthaltenen Altgeräte bruchsicher gesammelt werden können.

(4) Die zuständige Behörde trifft die im Einzelfall erforderlichen Anordnungen, um sicherzustellen, dass den öffentlich-rechtlichen Entsorgungsträgern die erforderliche Menge an Behältnissen zur Verfügung steht; hierbei berücksichtigt sie die von ihr geprüften Berechnungen der Gemeinsamen Stelle nach § 31 Absatz 8. Hierzu melden die öffentlich-rechtlichen Entsorgungsträger der Gemeinsamen Stelle die erforderliche Anzahl der aufzustellenden Behältnisse. Erfolgt die Aufstellung nicht bis zur von der zuständigen Behörde festgesetzten Frist, gilt eine Nachfrist bis zum Ablauf des folgenden Werktages.

(5) Im Fall des § 14 Absatz 5 gelten Absatz 1 Satz 1 und Absatz 3 für die öffentlich-rechtlichen Entsorgungsträger entsprechend.

(6) Die Bundesregierung wird ermächtigt durch Rechtsverordnung mit Zustimmung des Bundesrates weitergehende Anforderungen an die Behältnisse, in denen die Altgeräte gesammelt und transportiert werden sollen, festzulegen.

§ 16 Rücknahmepflicht der Hersteller

(1) Der Hersteller oder im Fall der Bevollmächtigung nach § 8 dessen Bevollmächtigter ist verpflichtet, die nach § 14 Absatz 1 Satz 1 bereitgestellten Behältnisse entsprechend der Zuweisung der zuständigen Behörde nach § 38 Absatz 3 Satz 1 unverzüglich abzuholen, spätestens jedoch mit Ablauf der Nachfrist nach § 38 Absatz 3 Satz 2. Für die Abholung der zugewiesenen Behältnisse gelten Absatz 5 Satz 1 und § 13 Absatz 5 Satz 1 entsprechend.

(2) Der Hersteller oder im Fall der Bevollmächtigung nach § 8 dessen Bevollmächtigter ist verpflichtet, die nach Absatz 1 abgeholten Altgeräte oder deren Bauteile zur Wiederverwendung vorzubereiten oder nach § 20 Absatz 2 bis 4 und § 22 Absatz 1 zu behandeln und zu verwerten.

(3) Der Hersteller oder im Fall der Bevollmächtigung nach § 8 dessen Bevollmächtigter ist verpflichtet,nach Abholung der Behältnisse nach Absatz 1 entsprechend der Anordnung der zuständigen Behörde nach § 15 Absatz 4 Satz 1 unverzüglich leere Behältnisse aufzustellen, spätestens jedoch mit Ablauf der Nachfrist nach § 15 Absatz 4 Satz 3.

(4) Der Hersteller oder im Fall der Bevollmächtigung nach § 8 dessen Bevollmächtigter ist verpflichtet, die Kosten der Abholung, der Entsorgung und des Aufstellens leerer Behältnisse zu tragen.

(5) Die Hersteller oder im Fall der Bevollmächtigung nach § 8 deren Bevollmächtigte können freiwillig individuelle oder kollektive Rücknahmesysteme für die unentgeltliche Rückgabe von Altgeräten aus privaten Haushalten einrichten und betreiben, sofern diese Systeme im Einklang mit den Zielen nach § 1 stehen. Absatz 2 gilt entsprechend. Rücknahmestellen dieser Rücknahmesysteme dürfen weder an Sammel- noch an Übergabestellen der öffentlich-rechtlichen Entsorgungsträger nach § 13 Absatz 1 eingerichtet und betrieben werden. Bei der Rücknahme nach Satz 1 gilt § 14 Absatz 2 entsprechend.

§ 17 Rücknahmepflicht der Vertreiber

(1) Vertreiber mit einer Verkaufsfläche für Elektro- und Elektronikgeräte von mindestens 400 Quadratmetern sowie Vertreiber von Lebensmitteln mit einer Gesamtverkaufsfläche von mindestens 800 Quadratmetern, die mehrmals im Kalenderjahr oder dauerhaft Elektro- und Elektronikgeräte anbieten und auf dem Markt bereitstellen, sind verpflichtet,

1. bei der Abgabe eines neuen Elektro- oder Elektronikgerätes an einen Endnutzer ein Altgerät des Endnutzers der gleichen Geräteart, das im Wesentlichen die gleichen Funktionen wie das neue Gerät erfüllt, am Ort der Abgabe oder in unmittelbarer Nähe hierzu unentgeltlich zurückzunehmen und
2. auf Verlangen des Endnutzers Altgeräte, die in keiner äußeren Abmessung größer als 25 Zentimeter sind, im Einzelhandelsgeschäft oder in unmittelbarer Nähe hierzu unentgeltlich zurückzunehmen; die Rücknahme darf nicht an den Kauf eines Elektro- oder Elektronikgerätes geknüpft werden und ist auf drei Altgeräte pro Geräteart beschränkt.

Ort der Abgabe im Sinne von Satz 1 Nummer 1 ist auch der private Haushalt, sofern dort durch Auslieferung die Abgabe erfolgt; in diesem Fall ist die Abholung des Altgerätes für den Endnutzer unentgeltlich auszugestalten. Der Vertreiber hat im Fall des Satzes 2 beim Abschluss des Kaufvertrages für das neue Elektro- oder Elektronikgerät den Endnutzer

1. zu informieren über die Möglichkeit
   a) zur unentgeltlichen Rückgabe nach Satz 1 Nummer 1 und
   b) der unentgeltlichen Abholung des Altgerätes nach Satz 2 und
2. nach seiner Absicht zu befragen, bei der Auslieferung des neuen Geräts ein Altgerät zurückzugeben.

(2) Absatz 1 gilt auch bei einem Vertrieb unter Verwendung von Fernkommunikationsmitteln. Absatz 1 Satz 2 gilt mit der Maßgabe, dass die unentgeltliche Abholung auf Elektro- und Elektronikgeräte der Kategorien 1, 2 und 4 beschränkt ist. Als Verkaufsfläche im Sinne von Absatz 1 Satz 1 erste Alternative gelten in diesem Fall alle Lager- und Versandflächen für Elektro- und Elektronikgeräte, als Gesamtverkaufsfläche im Sinne von Absatz 1 Satz 1 zweite Alternative gelten in diesem Fall alle Lager- und Versandflächen. Die Rücknahme im Fall eines Vertriebs unter Verwendung von Fernkommunikationsmitteln ist im Fall des Absatzes 1 Satz 1 Nummer 1 für Elektro- und Elektronikgeräte der Kategorien 3, 5 und 6 und Nummer 2 durch geeignete Rückgabemöglichkeiten in zumutbarer Entfernung zum jeweiligen Endnutzer zu gewährleisten.

(3) Unbeschadet der Pflichten aus den Absätzen 1 und 2 dürfen Vertreiber Altgeräte freiwillig unentgeltlich zurücknehmen.

(4) § 13 Absatz 5 Satz 1 gilt für die Rücknahme nach den Absätzen 1 bis 3 entsprechend. Die Rücknahme durch die Vertreiber darf weder an Sammel- noch an Übergabestellen der öffentlich-rechtlichen Entsorgungsträger nach § 13 Absatz 1 erfolgen. Bei der Rücknahme nach den Ab-

sätzen 1 bis 3 gilt § 14 Absatz 2 Satz 1 entsprechend. An der Rücknahmestelle ist die Entfernung von Bauteilen aus oder von den Altgeräten unzulässig; dies gilt nicht für die Entnahme von Altbatterien und Altakkumulatoren sowie von Lampen. Soweit die Vertreiber im Rahmen einer freiwilligen Rücknahme nach Absatz 3 zusätzlich zur Rücknahme nach den Absätzen 1 und 2 eine Abholleistung beim privaten Haushalt anbieten, können sie für diese ein Entgelt verlangen.

(5) Übergeben die Vertreiber zurückgenommene Altgeräte oder deren Bauteile nicht den Herstellern, im Fall der Bevollmächtigung nach § 8 deren Bevollmächtigten oder den öffentlich-rechtlichen Entsorgungsträgern, sind sie verpflichtet, die Altgeräte zur Wiederverwendung vorzubereiten oder nach § 20 Absatz 2 bis 4 und § 22 Absatz 1 zu behandeln und zu verwerten. Für die Übergabe, Behandlung und Entsorgung von Altgeräten nach Satz 1 darf der Vertreiber kein Entgelt von privaten Haushalten verlangen.

§ 17a Rücknahme durch zertifizierte Erstbehandlungsanlagen

(1) Betreiber von nach § 21 zertifizierten Erstbehandlungsanlagen können sich freiwillig an der Rücknahme von Altgeräten beteiligen. Macht ein Betreiber einer Erstbehandlungsanlage von dieser Möglichkeit Gebrauch,

1. hat er hierfür Rücknahmestellen einzurichten und
2. darf er bei der Anlieferung von Altgeräten durch den Endnutzer kein Entgelt erheben.

Die Rücknahme ist auf solche Altgeräte zu beschränken, für deren Behandlung das Zertifikat nach § 21 erteilt wurde.

(2) Die Rücknahme nach Absatz 1 darf weder an Sammel- noch an Übergabestellen der öffentlichrechtlichen Entsorgungsträger nach § 13 Absatz 1 erfolgen. § 14 Absatz 2 gilt entsprechend. Sofern der Betreiber der Erstbehandlungsanlage im Rahmen der Rücknahme auch eine Abholleistung beim privaten Haushalt anbietet, kann er für diese Leistung ein Entgelt verlangen.

(3) Der Betreiber der Erstbehandlungsanlage ist verpflichtet, die nach Absatz 1 zurückgenommenen Altgeräte oder deren Bauteile für die Wiederverwendung vorzubereiten oder nach § 20 Absatz 2 bis 4 und § 22 Absatz 1 zu behandeln und zu verwerten.

§ 17b Kooperation zwischen öffentlich-rechtlichen Entsorgungsträgern und zertifizierten Erstbehandlungsanlagen

(1) Öffentlich-rechtliche Entsorgungsträger und Betreiber von Erstbehandlungsanlagen, die nach § 21 Absatz 2 und 4 für die Vorbereitung zur Wiederverwendung zertifiziert sind, können zum Zweck der Vorbereitung zur Wiederverwendung von Altgeräten eine Kooperation vereinbaren.

(2) Die Vereinbarung muss folgende Angaben enthalten:

1. Angaben zur Auswahl der geeigneten Altgeräte und
2. Angaben zum Zugangsrecht von Beschäftigten der Erstbehandlungsanlage zur Sammelstelle des öffentlich-rechtlichen Entsorgungsträgers.

(3) Wenn eine Vereinbarung nach Absatz 1 vorliegt, hat der öffentlich-rechtliche Entsorgungsträger die Altgeräte, die nach Durchführung der Prüfung nach § 20 Absatz 1 Satz 2 für die Vorbereitung zur Wiederverwendung konkret geeignet sind, dem Betreiber der Erstbehandlungsanlage unentgeltlich zu überlassen. Der Betreiber der Erstbehandlungsanlage hat die geeigneten Altgeräte unentgeltlich zu übernehmen.

(4) Ergibt die Prüfung des Betreibers der Erstbehandlungsanlage, dass sich ein Altgerät nicht für die Vorbereitung zur Wiederverwendung eignet, hat dieser das Altgerät dem öffentlich-rechtlichen Entsorgungsträger unentgeltlich wieder zu überlassen.

§ 18 Informationspflichten gegenüber den privaten Haushalten

(1) Die öffentlich-rechtlichen Entsorgungsträger informieren die privaten Haushalte über Abfallvermeidungsmaßnahmen sowie die Pflicht nach § 10 Absatz 1. Sie informieren die privaten Haushalte darüber hinaus über

1. die im Gebiet des öffentlich-rechtlichen Entsorgungsträgers durch diesen eingerichteten und zur Verfügung stehenden Möglichkeiten der Rückgabe oder Sammlung von Altgeräten sowie über die Möglichkeiten der Abgabe von Geräten zum Zwecke der Wiederverwendung,

1a. die Pflicht der Vertreiber zur unentgeltlichen Rücknahme von Altgeräten nach § 17 Absatz 1 und 2,

2. den Beitrag, den die privaten Haushalte zur Wiederverwendung, zum Recycling und zu anderen Formen der Verwertung von Altgeräten dadurch leisten, dass sie ihre Altgeräte einer getrennten Erfassung entsprechend den Gruppen nach § 14 Absatz 1 Satz 1 zuführen,

3. die Notwendigkeit eines ordnungsgemäßen Abbaus sowie einer ordnungsgemäßen Verpackung von asbesthaltigen Nachtspeicherheizgeräten als Voraussetzung für eine kostenlose Abgabe bei den öffentlich-rechtlichen Entsorgungsträgern,

4. die möglichen Auswirkungen, welche die Entsorgung der in den Elektro- und Elektronikgeräten enthaltenen gefährlichen Stoffe auf die Umwelt und die menschliche Gesundheit haben kann; insbesondere die Gefahren sowie das Brandrisiko, die auf Grund nicht ordnungsgemäß bruchsicherer Erfassung durch Schadstoffe entstehen können,

5. die möglichen Auswirkungen auf die Umwelt und die menschliche Gesundheit einer Erfassung und Entsorgung durch Personen, die nicht nach § 12 zur Erfassung berechtigt sind,

6. die möglichen Auswirkungen von illegalen Verbringungen von Altgeräten im Sinne der Verordnung (EG) Nr. 1013/2006 des Europäischen Parlaments und des Rates vom 14. Juni 2006 über die Verbringung von Abfällen (ABl. L 190 vom 12.7.2006, S. 1, L 318 vom 28.11. 2008, S. 15, L 334 vom 13.12.2013, S. 46), die zuletzt durch die Verordnung (EU) Nr. 1234/ 2014 (ABl. L 332 vom 19.11.2014, S. 15) geändert worden ist, in der jeweils geltenden Fassung, insbesondere die möglichen Auswirkungen von illegalen Ausfuhren auf die Umwelt und die menschliche Gesundheit,

7. die Eigenverantwortung der Endnutzer im Hinblick auf das Löschen personenbezogener Daten auf den zu entsorgenden Altgeräten und

8. die Bedeutung des Symbols nach Anlage 3.

(2) Die öffentlich-rechtlichen Entsorgungsträger haben die privaten Haushalte an der Sammelstelle über die Entnahmepflicht für Altbatterien und Altakkumulatoren sowie für Lampen nach § 10 Absatz 1 Satz 2 und die getrennte Erfassung von batteriebetriebenen Altgeräten nach § 14 Absatz 1 Satz 2 zu informieren.

(3) Vertreiber, die nach § 17 Absatz 1 Satz 1 zur Rücknahme von Altgeräten verpflichtet sind, haben ab dem Zeitpunkt des Anbietens von Elektro- oder Elektronikgeräten die privaten Haushalte durch gut sicht- und lesbare, im unmittelbaren Sichtbereich des Kundenstroms platzierte Schrift- oder Bildtafeln über Folgendes zu informieren:

1. die Pflicht der Endnutzer nach § 10 Absatz 1,
2. die Entnahmepflicht der Endnutzer für Altbatterien und Altakkumulatoren sowie für Lampen nach § 10 Absatz 1 Satz 2,
3. die Pflicht der Vertreiber zur unentgeltlichen Rücknahme von Altgeräten nach § 17 Absatz 1 und 2,
4. die von ihnen geschaffenen Möglichkeiten der Rückgabe von Altgeräten,
5. die Eigenverantwortung der Endnutzer im Hinblick auf das Löschen der personenbezogenen Daten auf den zu entsorgenden Altgeräten und
6. die Bedeutung des Symbols nach Anlage 3.

Vertreiber, die Elektro- oder Elektronikgeräte unter Verwendung von Fernkommunikationsmitteln anbieten, haben die Informationen nach Satz 1 ab dem Zeitpunkt des Anbietens von Elektro- oder Elektronikgeräten für die privaten Haushalte gut sichtbar in den von ihnen verwendeten Darstellungsmedien zu veröffentlichen oder diese der Warensendung schriftlich beizufügen.

(4) Hersteller oder im Fall der Bevollmächtigung nach § 8 deren Bevollmächtigte haben ab dem Zeitpunkt des Anbietens von Elektro- oder Elektronikgeräten die privaten Haushalte über Folgendes zu informieren:

1. die Pflicht der Endnutzer nach § 10 Absatz 1,
2. die Entnahmepflicht der Endnutzer für Altbatterien und Altakkumulatoren sowie für Lampen nach § 10 Absatz 1 Satz 2,
3. die Pflicht der Vertreiber zur unentgeltlichen Rücknahme von Altgeräten nach § 17 Absatz 1 und 2,
4. die von ihnen geschaffenen Möglichkeiten der Rückgabe von Altgeräten,
5. die Eigenverantwortung der Endnutzer im Hinblick auf das Löschen der personenbezogenen Daten auf den zu entsorgenden Altgeräten und
6. die Bedeutung des Symbols nach Anlage 3.

Die Informationen sind den Elektro- und Elektronikgeräten in schriftlicher Form beizufügen. Hersteller oder im Fall der Bevollmächtigung nach § 8 deren Bevollmächtigte haben jährlich Informationen in Bezug auf die Erfüllung der quantitativen Zielvorgaben nach § 10 Absatz 3 und § 22 Absatz 1 zu veröffentlichen.

Unterabschnitt 2
Rücknahme von Altgeräten anderer Nutzer als privater Haushalte

§ 19 Rücknahme durch den Hersteller

(1) Jeder Hersteller oder im Fall der Bevollmächtigung nach § 8 jeder Bevollmächtigte ist verpflichtet, für Altgeräte anderer Nutzer als privater Haushalte ab den in § 3 Nummer 4 genannten Zeitpunkten eine zumutbare Möglichkeit zur Rückgabe zu schaffen. Eine Verpflichtung der Endnutzer zur Überlassung der Altgeräte an den Hersteller besteht nicht.

(2) Der Hersteller oder im Fall der Bevollmächtigung nach § 8 der Bevollmächtigten hat die Altgeräte oder deren Bauteile im Fall der Rücknahme nach Absatz 1 zur Wiederverwendung vorzubereiten oder nach § 20 Absatz 2 bis 4 und § 22 Absatz 1 zu behandeln und zu verwerten.

Satz 1 gilt für den Endnutzer entsprechend, sofern dieser die Altgeräte nicht dem Hersteller überlässt.

(3) Die Kosten der Entsorgung trägt der Hersteller oder im Fall der Bevollmächtigung nach § 8 der Bevollmächtigte. Satz 1 gilt nicht für historische Altgeräte. Die Kosten der Entsorgung von historischen Altgeräten hat der Endnutzer, der nicht privater Haushalt ist, zu tragen. Hersteller oder im Fall der Bevollmächtigung nach § 8 der Bevollmächtigte und Erwerber oder Endnutzer, der nicht privater Haushalt ist, können von Satz 1 abweichende Vereinbarungen treffen.

(4) Der Hersteller und im Fall der Bevollmächtigung nach § 8 der Bevollmächtigte ist verpflichtet, die finanziellen und organisatorischen Mittel vorzuhalten, um seinen Pflichten nach den Absätzen 1 bis 3 nachkommen zu können.

§ 19a Informationspflichten der Hersteller

Jeder Hersteller oder im Fall der Bevollmächtigung nach § 8 jeder Bevollmächtigte informiert die Endnutzer von Altgeräten anderer Nutzer als privater Haushalte über die Pflicht nach § 10 Absatz 1. Er informiert die Endnutzer darüber hinaus über

1. die von ihm geschaffenen Möglichkeiten zur Rückgabe und Entsorgung der Altgeräte,
2. die Eigenverantwortung der Endnutzer im Hinblick auf das Löschen personenbezogener Daten auf den zu entsorgenden Altgeräten und
3. die Bedeutung des Symbols nach Anlage 3.

Abschnitt 4
Behandlungs- und Verwertungspflichten, Verbringung

§ 20 Behandlung und Beseitigung

(1) Altgeräte sind vor der Durchführung weiterer Verwertungs- oder Beseitigungsmaßnahmen einer Erstbehandlung zuzuführen. Vor der Erstbehandlung ist zu prüfen, ob das Altgerät oder einzelne Bauteile einer Vorbereitung zur Wiederverwendung zugeführt werden können. Diese Prüfung ist durchzuführen, soweit sie technisch möglich und wirtschaftlich zumutbar ist.

(2) Die Erstbehandlung und weitere Behandlungstätigkeiten haben nach dem Stand der Technik im Sinne des § 3 Absatz 28 des Kreislaufwirtschaftsgesetzes zu erfolgen. Bei der Erstbehandlung sind im Rahmen der Schadstoffentfrachtung und Wertstoffseparierung die durch Rechtsverordnung nach § 24 Nummer 2 festgelegten Anforderungen an die Behandlung von Altgeräten zu erfüllen. Andere Behandlungstechniken, die mindestens das gleiche Maß an Schutz für die menschliche Gesundheit und die Umwelt sicherstellen, können nach Aufnahme in Anhang VII der Richtlinie 2012/19/EU entsprechend dem Verfahren des Artikels 20 dieser Richtlinie ergänzend zu den durch Rechtsverordnung nach § 24 Nummer 2 festgelegten Anforderungen angewandt werden. Standorte für die Lagerung und Behandlung von Altgeräten müssen mindestens die technischen Anforderungen nach Anlage 4 erfüllen.

(3) Die Behandlung von Altgeräten kann auch außerhalb Deutschlands oder außerhalb der Europäischen Union durchgeführt werden. Die Voraussetzung hierfür ist eine ordnungsgemäße Ausfuhr, die insbesondere im Einklang steht mit

1. der Verordnung (EG) Nr. 1013/2006 in der jeweils geltenden Fassung,
2. der Verordnung (EG) Nr. 1418/2007 der Kommission vom 29. November 2007 über die Ausfuhr von bestimmten in Anhang III oder IIIA der Verordnung (EG) Nr. 1013/2006 des Europäischen Parlaments und des Rates aufgeführten Abfällen, die zur Verwertung bestimmt sind, in

bestimmte Staaten, für die der OECD-Beschluss über die Kontrolle der grenzüberschreitenden Verbringung von Abfällen nicht gilt (ABl. L 316 vom 4.12.2007, S. 6), die zuletzt durch die Verordnung (EU) Nr. 733/2014 (ABl. L 197 vom 4.7.2014, S. 10) geändert worden ist, in der jeweils geltenden Fassung, und

3. dem Abfallverbringungsgesetz vom 19. Juli 2007 (BGBl. I S. 1462), das zuletzt durch Artikel 4 Absatz 34 des Gesetzes vom 7. August 2013 (BGBl. I S. 3154) geändert worden ist, in der jeweils geltenden Fassung.

(4) Altgeräte, die nicht entsprechend den Anforderungen der Absätze 1 und 2 behandelt wurden, dürfen nicht beseitigt werden.

§ 21 Zertifizierung

(1) Die Erstbehandlung von Altgeräten darf ausschließlich durch zertifizierte Erstbehandlungsanlagen durchgeführt werden.

(2) Der Betreiber einer Erstbehandlungsanlage ist verpflichtet, die Anlage jährlich durch einen geeigneten Sachverständigen zertifizieren zu lassen. Geeignet ist ein Sachverständiger, der

1. nach § 36 der Gewerbeordnung öffentlich bestellt ist,

2. als Umweltgutachter oder Umweltgutachterorganisation auf Grund einer Zulassung nach den §§ 9 und 10 oder nach Maßgabe des § 18 des Umweltauditgesetzes in der Fassung der Bekanntmachung vom 4. September 2002 (BGBl. I S. 3490), das zuletzt durch Artikel 2 Absatz 43 des Gesetzes vom 7. August 2013 (BGBl. I S. 3154) geändert worden ist, in der jeweils geltenden Fassung, in dem Bereich tätig werden darf, der näher bestimmt wird durch Anhang I Abschnitt E Abteilung 38 der Verordnung (EG) Nr. 1893/2006 des Europäischen Parlaments und des Rates vom 20. Dezember 2006 zur Aufstellung der statistischen Systematik der Wirtschaftszweige NACE Revision 2 und zur Änderung der Verordnung (EWG) Nr. 3037/90 des Rates sowie einiger Verordnungen der EG über bestimmte Bereiche der Statistik (ABl. L 393 vom 30.12.2006, S. 1), die zuletzt durch die Verordnung (EG) Nr. 295/2008 (ABl. L 97 vom 9.4.2008, S. 13) geändert worden ist, in der jeweils geltenden Fassung, oder

3. in einem anderen Mitgliedstaat der Europäischen Union oder in einem anderen Vertragsstaat des Abkommens über den Europäischen Wirtschaftsraum niedergelassen ist, seine Tätigkeit im Inland nur vorübergehend und gelegentlich ausüben will und seine Berufsqualifikation vor Aufnahme der Tätigkeit entsprechend den §§ 13a und 13b der Gewerbeordnung hat nachprüfen lassen; Verfahren nach dieser Nummer können über eine einheitliche Stelle abgewickelt werden. Der Betreiber einer Erstbehandlungsanlage hat sicherzustellen, dass spätestens nach fünf Jahren der durchgängigen Prüfung durch denselben Sachverständigen ein anderer Sachverständiger die Anlage zertifiziert.

(3) Der Sachverständige darf das Zertifikat für die Tätigkeiten der Schadstoffentfrachtung und Wertstoffseparierung nur dann erteilen, wenn

1. in der Anlage die Durchführung der Tätigkeiten einer Erstbehandlung möglich ist, wobei die Durchführung der Verwertungsverfahren R 12 und R 13 nach Anlage 2 zum Kreislaufwirtschaftsgesetz allein nicht ausreichend ist,

2. die Anlage technisch geeignet ist, die Behandlungsanforderungen nach § 20 Absatz 2 und nach der rechtsverordnung nach § 24 Nummer 2 einzuhalten,

3. der Betreiber der Anlage ein Behandlungskonzept vorlegt, das den Anforderungen nach Anlage 5 genügt,
4. der Betreiber der Anlage ein Betriebstagebuch gemäß Anlage 5a führt und
5. in der Anlage alle Primärdaten nach § 22 Absatz 3 Satz 1, die zur Berechnung und zum Nachweis der Verwertungsquoten erforderlich sind, sowie nach § 22 Absatz 4 Satz 1 und 2 in nachvollziehbarer Weise dokumentiert werden.

(4) Der Sachverständige darf das Zertifikat für die Tätigkeiten der Vorbereitung zur Wiederverwendung nur dann erteilen, wenn

1. in der Anlage nur Tätigkeiten der Vorbereitung zur Wiederverwendung durchgeführt werden,
2. die Anlage technisch geeignet ist, die Altgeräte so zu prüfen, zu reinigen und zu reparieren, dass diese ohne weitere Vorbehandlung wieder für denselben Zweck verwendet werden können, für den sie ursprünglich bestimmt waren, und
3. der Betreiber der Anlage ein Behandlungskonzept vorlegt, das den Anforderungen der Anlage 5, mit Ausnahme der Nummer 4 Buchstabe b und der Nummer 5 Buchstabe b, genügt.

Absatz 3 Nummer 4 gilt entsprechend. Absatz 3 Nummer 5 gilt mit der Maßgabe, dass an der Anlage alle Primärdaten nach § 22 Absatz 3 Satz 1 in nachvollziehbarer Weise zu dokumentieren sind.

(5) Das Zertifikat gilt längstens 18 Monate.

(6) Der Sachverständige hat bei Beanstandungen dem Betreiber zur Erfüllung der Voraussetzungen nach Absatz 3 oder 4 eine dreimonatige Frist zu setzen, die nicht verlängert werden darf.

(7) Bei der Überprüfung der Voraussetzungen nach Absatz 3 oder 4 durch den Sachverständigen sind die Ergebnisse von Prüfungen zu berücksichtigen, die durchgeführt wurden

1. von einem unabhängigen Umweltgutachter oder einer Umweltgutachterorganisation im Rahmen einer Prüfung gemäß Artikel 4 Absatz 5 und Artikel 6 Absatz 1 Buchstabe a der Verordnung (EG) Nr. 1221/2009 des Europäischen Parlaments und des Rates vom 25. November 2009 über die freiwillige Teilnahme von Organisationen an einem Gemeinschaftssystem für Umweltmanagement und Umweltbetriebsprüfung und zur Aufhebung der Verordnung (EG) Nr. 761/2001, sowie der Beschlüsse der Kommission 2001/681/EG und 2006/193/EG (ABl. L 342 vom 22.12.2009, S. 1),
2. von einer nach DIN EN ISO/IEC 17021[2] akkreditierten Stelle im Rahmen der Zertifizierung eines Qualitätsmanagements nach DIN EN ISO 9001[3] oder 9004[4] oder
3. auf Grund wasserrechtlicher Vorschriften von Sachverständigen im Rahmen der Überprüfung von Anlagen zum Umgang mit wassergefährdenden Stoffen im Sinne des Wasserhaushaltsgesetzes.

§ 22 Absatz 2 Satz 1, 2 und 4 und Absatz 3 Satz 2 der Entsorgungsfachbetriebeverordnung vom 2. Dezember 2016 (BGBl. I S. 2770), die durch Artikel 2 Absatz 2 des Gesetzes vom 5. Juli 2017

[2] Konformitätsbewertung – Anforderungen an Stellen, die Managementsysteme auditieren und zertifizieren, Ausgabe November 2015, zu beziehen über die Beuth Verlag GmbH, Berlin.

[3] Qualitätsmanagementsysteme – Anforderungen, Ausgabe November 2015, zu beziehen über die Beuth Verlag GmbH, Berlin.

[4] Leiten und Lenken für den nachhaltigen Erfolg einer Organisation – ein Qualitätsmanagementansatz, Ausgabe Dezember 2009, zu beziehen über die Beuth Verlag GmbH, Berlin.

(BGBl. I S. 2234) geändert worden ist, gilt entsprechend. Im Zertifikat ist auszuweisen, ob die Anlage nach Absatz 3 oder Absatz 4 zertifiziert wurde. Sofern Zertifizierungen nach den Absätzen 3 und 4 für eine Anlage erteilt werden, sind jeweils getrennte Zertifikate zu erstellen.

(8) Behandlungsanlagen gelten als Erstbehandlungsanlage im Sinne dieses Gesetzes zertifiziert, wenn

1. der Betrieb Entsorgungsfachbetrieb ist und
2. die Einhaltung der Anforderungen dieses Gesetzes
   a) geprüft ist und
   b) owie im Zertifikat nach § 56 Absatz 3 des Kreislaufwirtschaftsgesetzes in Verbindung mit Anlage 3 der Entsorgungsfachbetriebeverordnung ausgewiesen ist.

Absatz 7 Satz 3 bleibt unberührt. Im Fall des Satzes 1 kann das Betriebstagebuch nach Anlage 5a gemeinsam mit dem Betriebstagebuch nach § 5 der Entsorgungsfachbetriebeverordnung geführt werden.

§ 22 Verwertung

(1) Altgeräte sind so zu behandeln, dass

1. bei Altgeräten der Kategorien 1 und 4
   a) der Anteil der Verwertung mindestens 85 Prozent beträgt und
   b) der Anteil der Vorbereitung zur Wiederverwendung und des Recyclings mindestens 80 Prozent beträgt,
2. bei Altgeräten der Kategorie 2
   a) der Anteil der Verwertung mindestens 80 Prozent beträgt und
   b) der Anteil der Vorbereitung zur Wiederverwendung und des Recyclings mindestens 70 Prozent beträgt,
3. bei Altgeräten der Kategorien 5 und 6
   a) der Anteil der Verwertung mindestens 75 Prozent beträgt und
   b) der Anteil der Vorbereitung zur Wiederverwendung und des Recyclings mindestens 55 Prozent beträgt und
4. bei Altgeräten der Kategorie 3 der Anteil des Recyclings mindestens 80 Prozent beträgt.

(2) Der nach Absatz 1 jeweils geforderte Anteil wird dadurch berechnet, indem für jede Gerätekategorie die Masse der Materialien, die von Altgeräten stammen und die nach ordnungsgemäßer Erstbehandlung einem Verwertungsverfahren zugeführt werden, durch die Masse aller getrennt erfassten Altgeräte dieser Gerätekategorie geteilt wird. Vorbereitende Maßnahmen einschließlich Sortierung, Lagerung, Demontage, Schreddern oder andere Vorbehandlungen zur Entfernung von Abfallmaterialien, die nicht für eine spätere Weiterverarbeitung bestimmt sind, vor der Verwertung gelten nicht als Verwertungsverfahren und bleiben bei der Berechnung der Anteile nach Absatz 1 unberücksichtigt. Bei der Berechnung der jeweiligen Verwertungsvorgaben nach Absatz 1 ist der Durchführungsbeschluss (EU) 2019/2193 der Kommission vom 17. Dezember 2019 zur Festlegung der Vorschriften für die Berechnung, die Prüfung und die Übermittlung von Daten sowie der Datenformate für die Zwecke der Richtlinie 2012/19/EU des

Europäischen Parlaments und des Rates über Elektro- und Elektronik-Altgeräte (ABl. L 330 vom 20.12.2019, S. 72) zu berücksichtigen.

(3) Im Rahmen der Zertifizierung nach § 21 Absatz 2 bis 4 muss der Betreiber der Erstbehandlungsanlage nachweisen, dass er alle Aufzeichnungen über die Masse der Altgeräte, ihrer Bauteile, Werkstoffe und Stoffe führt, wenn diese

1. der Erstbehandlungsanlage zugeführt werden,
2. die Erstbehandlungsanlage verlassen,
3. der Verwertungsanlage zugeführt werden und
4. die Verwertungsanlage verlassen.

Die Betreiber der weiteren Behandlungs- und Verwertungsanlagen stellen zu diesem Zweck dem Betreiber der Erstbehandlungsanlage die entsprechenden Daten zur Verfügung. Der Betreiber einer Erstbehandlungsanlage ist verpflichtet, die von ihm erfassten Daten den öffentlich-rechtlichen Entsorgungsträgern, Herstellern, im Fall der Bevollmächtigung nach § 8 deren Bevollmächtigten und den Vertreibern mitzuteilen, soweit sie zur Ermittlung von Mengenströmen diese Daten für die Erfüllung ihrer Pflichten nach den §§ 26, 27 und 29 benötigen.

(4) Bei den Aufzeichnungen nach Absatz 3 Satz 1 Nummer 2 bis 4 hat der Betreiber der Erstbehandlungsanlage, der nach § 21 Absatz 2 und 3 für die Schadstoffentfrachtung und Wertstoffseparierung zertifiziert ist, gesonderte Angaben zu den in den Altgeräten enthaltenen Kunststoffen und zu ihrem jeweiligen Anteil je Kategorie zu machen. Für die Aufzeichnungen nach Absatz 3 Satz 1 Nummer 2 können diejenigen Erstbehandlungsanlagen, die Altgeräte der Kategorie 4 behandeln, die hierfür erforderlichen Daten durch einheitliche Verfahren ermitteln. Die Aufzeichnungen zu Kunststoffen nach Absatz 3 Satz 1 Nummer 3 und 4 sind in Recycling und sonstige Verwertung zu differenzieren. Absatz 3 Satz 2 gilt entsprechend. Der Betreiber der Erstbehandlungsanlage übermittelt die Daten nach den Sätzen 1 und 3 jährlich bis zum Ablauf des 30. April des Folgejahres an das Umweltbundesamt. Das Umweltbundesamt kann die Übermittlungsform, eine bestimmte Verschlüsselung und einheitliche Datenformate vorgeben. Die Vorgaben sind auf den Internetseiten des Umweltbundesamtes zu veröffentlichen. Die Bundesregierung überprüft bis zum Ablauf des 31. Dezember 2024 unter Berücksichtigung des Standes der Technik und auf der Grundlage der abfallwirtschaftlichen Entwicklung, ob und inwieweit eine Recyclingquote für Kunststoffe aus Altgeräten einzuführen ist. 17

(5) Altgeräte, die aus der Europäischen Union ausgeführt werden, dürfen nur dann bei der Berechnung der in Absatz 1 festgelegten Anteile berücksichtigt werden, wenn

1. die Ausfuhr entsprechend § 20 Absatz 3 erfolgt und
2. der Exporteur im Einklang mit der Verordnung (EG) Nr. 1013/2006 und der Verordnung (EG) Nr. 1418/2007 bewiesen hat, dass die Behandlung unter Bedingungen erfolgt ist, die den Anforderungen nach § 20 gleichwertig sind.

§ 23 Anforderungen an die Verbringung

(1) Gebrauchte Elektro- und Elektronikgeräte, bei denen es sich möglicherweise um Altgeräte handelt, dürfen nur nach Maßgabe der Anlage 6 in den, aus dem und durch den Geltungsbereich dieses Gesetzes verbracht werden.

(2) Die zuständigen Landesbehörden sowie die zuständigen Behörden nach § 14 Absatz 1 und 2 Satz 1 des Abfallverbringungsgesetzes überwachen die Einhaltung der Vorgaben des Absatzes 1. § 11 Absatz 2 Satz 2 und 3 des Abfallverbringungsgesetzes gilt entsprechend.

(3) Die Kosten angemessener Analysen und Kontrollen, einschließlich der Lagerungskosten, von gebrauchten Elektro- und Elektronikgeräten, bei denen es sich vermutlich um Altgeräte handelt, können denjenigen Herstellern oder im Fall der Bevollmächtigung nach § 8 deren Bevollmächtigten, den in ihrem Namen oder Auftrag handelnden Dritten oder anderen Personen auferlegt werden, die die Verbringung von gebrauchten Elektro- und Elektronikgeräten, bei denen es sich vermutlich um Altgeräte handelt, veranlassen.

(4) Es wird widerlegbar vermutet, dass ein Gegenstand ein Altgerät ist und eine illegale Verbringung vorliegt, wenn

1. die entsprechenden Unterlagen gemäß Anlage 6 zum Nachweis, dass es sich bei einem Gegenstand um ein gebrauchtes Elektro- oder Elektronikgerät und nicht um ein Altgerät handelt, fehlen; für diese Unterlagen hat der Besitzer, der die Beförderung veranlasst, zu sorgen,
2. die vorgelegten Unterlagen nicht ausreichend zur Beurteilung sind, oder
3. ein angemessener Schutz vor Beschädigung bei der Beförderung und beim Be- und Entladen, insbesondere durch ausreichende Verpackung und eine geeignete Stapelung der Ladung, fehlt; für den angemessenen Schutz hat der Besitzer, der die Beförderung veranlasst, zu sorgen.

In diesem Fall gelten die Artikel 24 und 25 der Verordnung (EG) Nr. 1013/2006.

(5) Die zuständigen Behörden nach § 14 Absatz 1 und 2 Satz 1 des Abfallverbringungsgesetzes überwachen die Verbringung von Altgeräten, insbesondere Ausfuhren aus der Europäischen Union, gemäß der Verordnung (EG) Nr. 1013/2006, der Verordnung (EG) Nr. 1418/2007 und dem Abfallverbringungsgesetz. § 11 Absatz 2 Satz 2 und 3 des Abfallverbringungsgesetzes gilt entsprechend.

§ 24 Verordnungsermächtigungen

Die Bundesregierung wird ermächtigt, durch Rechtsverordnung mit Zustimmung des Bundesrates

1. die näheren Anforderungen an die Prüfung nach § 20 Absatz 1 durch öffentlich-rechtliche Entsorgungsträger, Vertreiber, Hersteller, deren Bevollmächtigte und Behandlungsanlagen,
2. weiter gehende Anforderungen an die Behandlung von Altgeräten, einschließlich der Verwertung, des Recyclings und der Vorbereitung zur Wiederverwendung, sowie Anforderungen an den Schutz personenbezogener Daten bei der Vorbereitung zur Wiederverwendung,
3. die näheren Anforderungen an den Nachweis nach § 22 Absatz 5 Nummer 2, insbesondere Kriterien zur Beurteilung der Frage, ob die vorgenommene Behandlung den Anforderungen nach § 20 gleichwertig ist, und
4. zusätzliche Inspektions- und Überwachungsvorschriften bezüglich Verbringungen und einheitliche Bedingungen für die Durchführung von Anlage 6 Nummer 2

festzulegen.

Abschnitt 5
Anzeige–, Mitteilungs– und Informationspflichten

§ 25 Anzeigepflichten der öffentlich-rechtlichen Entsorgungsträger und der Betreiber von Erstbehandlungsanlagen

(1) Jeder öffentlich-rechtliche Entsorgungsträger hat die von ihm eingerichteten Übergabestellen der zuständigen Behörde anzuzeigen. Änderungen im Hinblick auf die angezeigten Übergabestellen sind unverzüglich anzuzeigen. Die Absicht der Optierung nach § 14 Absatz 5 Satz 1 hat der nach Landesrecht für die Verwertung und Beseitigung von Altgeräten zuständige öffentlich-

rechtliche Entsorgungsträger der zuständigen Behörde sechs Monate vor Beginn der eigenverantwortlichen Entsorgung anzuzeigen. Der Anzeige sind die Anschrift sowie Kontaktinformationen des optierenden öffentlich-rechtlichen Entsorgungsträgers beizufügen.

(2) Betreiber einer Erstbehandlungsanlage haben der zuständigen Behörde für jeden zertifizierten Standort die Behandlungstätigkeit anzuzeigen, bevor sie diese aufnehmen. Die Anzeige muss die Anschrift sowie die Kontaktinformationen des Betreibers, das Zertifikat nach § 21 und Angaben über die Art der Tätigkeiten sowie die behandelten Kategorien enthalten. Nach der Anzeige erfolgte Erneuerungen des Zertifikats sind der zuständigen Behörde unverzüglich zu übermitteln. Die Aufgabe der Behandlungstätigkeit ist der zuständigen Behörde unverzüglich mitzuteilen.

§ 26 Mitteilungspflichten der öffentlich-rechtlichen Entsorgungsträger

(1) Jeder öffentlich-rechtliche Entsorgungsträger hat der Gemeinsamen Stelle im Fall der Optierung nach § 14 Absatz 5 Satz 1 Folgendes mitzuteilen:

1. monatlich die von ihm je Gruppe und Kategorie an die Erstbehandlungsanlage abgegeben Altgeräte,
2. die von ihm je Kategorie im Kalenderjahr zur Wiederverwendung vorbereiteten Altgeräte,

2a. die von ihm je Kategorie im Kalenderjahr recycelten Altgeräte,

3. die von ihm je Kategorie im Kalenderjahr verwerteten Altgeräte,
4. die von ihm je Kategorie im Kalenderjahr beseitigten Altgeräte und
5. die von ihm je Kategorie im Kalenderjahr in Länder der Europäischen Union oder in Drittstaaten zur Behandlung ausgeführten Altgeräte.

Bei diesen Mitteilungen sind in den Kategorien 4 und 5 Photovoltaikmodule und andere Altgeräte gesondert auszuweisen. Soweit die öffentlich-rechtlichen Entsorgungsträger im jeweiligen Monat keine Altgeräte an die Erstbehandlungsanlage abgeben, ist der Betrag mit Null anzugeben (Nullmenge). Die Mitteilungen in den Fällen des Satzes 1 Nummer 1 haben bis zum 15. des Monats, der auf den Monat folgt, für den die jeweiligen Angaben mitzuteilen sind, zu erfolgen. Die Mitteilungen nach Satz 1 Nummer 2 bis 5 müssen der Gemeinsamen Stelle bis zum 30. April des darauf folgenden Kalenderjahres vorliegen. Die Mitteilungen müssen die Formatvorgaben der Gemeinsamen Stelle gemäß § 33 Absatz 1 Satz 4 erfüllen. 17

(2) Bei den Mitteilungen nach Absatz 1 ist das Gewicht anzugeben. Soweit das nicht möglich ist, genügt eine fundierte Schätzung. Die Gemeinsame Stelle kann verlangen, dass die Angaben nach Absatz 1 Satz 1 durch einen unabhängigen Sachverständigen innerhalb einer angemessenen Frist bestätigt werden. Sie ist berechtigt, für diese Bestätigung die Prüfkriterien festzulegen.

(3) Jeder öffentlich-rechtliche Entsorgungsträger hat darüber hinaus der Gemeinsamen Stelle jährlich bis zum 30. April die im vorangegangenen Kalenderjahr bei den Erstbehandlungsanlagen zusammengefassten Mengen nach § 22 Absatz 3 nach Gewicht zu melden.

(4) Ist die Gemeinsame Stelle nicht eingerichtet, teilt der öffentlich-rechtliche Entsorgungsträger die Daten nach den Absätzen 1 bis 3 der zuständigen Behörde mit.

§ 27 Mitteilungspflichten der Hersteller

(1) Jeder Hersteller oder im Fall der Bevollmächtigung nach § 8 dessen Bevollmächtigter hat der Gemeinsamen Stelle zu den in Absatz 2 genannten Zeitpunkten unter Angabe seiner Registrierungsnummer und des Berichtszeitraumes Folgendes gemäß den Sätzen 2 und 3 mitzuteilen:

1. monatlich die vom Hersteller je Geräteart in Verkehr gebrachten Elektro- und Elektronikgeräte; die Menge der vom Hersteller in Verkehr gebrachten Geräte, für die eine Garantie nach § 7 Absatz 1 Satz 1 erforderlich ist, ist gesondert auszuweisen,
2. monatlich die je Geräteart ins Ausland verbrachten Elektro- und Elektronikgeräte, die zuvor vom Hersteller nach Nummer 1 in Verkehr gebracht worden sind; dabei sind zurückgenommene gebrauchte Elektro- und Elektronikgeräte, die nach der Rücknahme ins Ausland ausgeführt werden, gesondert auszuweisen,
3. unverzüglich nach jeder Abholung die von ihm je Gruppe nach § 16 Absatz 1 Satz 1 bei den öffentlich-rechtlichen Entsorgungsträgern abgeholten Altgeräte,
4. monatlich die von ihm je Geräteart nach § 16 Absatz 5 zurückgenommenen Altgeräte,
5. die von ihm je Geräteart und Kategorie im Kalenderjahr zurückgenommenen Altgeräte, für die keine Garantie nach § 7 Absatz 1 Satz 1 erforderlich ist,
6. die von ihm je Kategorie im Kalenderjahr zur Wiederverwendung vorbereiteten Altgeräte,

6a. die von ihm je Kategorie im Kalenderjahr recycelten Altgeräte,

7. die von ihm je Kategorie im Kalenderjahr verwerteten Altgeräte,
8. die von ihm je Kategorie im Kalenderjahr beseitigten Altgeräte und
9. die von ihm je Kategorie im Kalenderjahr in Länder der Europäischen Union oder in Drittstaaten zur Behandlung ausgeführten Altgeräte.

Bei diesen Mitteilungen sind in den Kategorien 4 und 5 Photovoltaikmodule und andere Altgeräte gesondert auszuweisen. Soweit der Hersteller keine Geräte in Verkehr gebracht hat, ist der Betrag mit null anzugeben (Nullmenge). Die Mitteilungen müssen die Formatvorgaben der Gemeinsamen Stelle gemäß § 33 Absatz 1 Satz 4 erfüllen.

(2) Die Mitteilungen in den Fällen des Absatzes 1 Satz 1 Nummer 1, 2 und 4 haben bis zum 15. des Monats, der auf den Monat folgt, für den die jeweiligen Angaben mitzuteilen sind, zu erfolgen. Es können abweichende Mitteilungszeiträume mit der Gemeinsamen Stelle vereinbart werden. Sofern keine Garantie nach § 7 Absatz 1 Satz 1 erforderlich ist, erfolgt die Mitteilung nach Absatz 1 Satz 1 Nummer 1 und 2 jährlich bis zum 30. April des darauf folgenden Kalenderjahres. Die Mitteilungen nach Absatz 1 Satz 1 Nummer 5 bis 9 müssen der Gemeinsamen Stelle bis zum 30. April des darauf folgenden Kalenderjahres vorliegen.

(3) Bei den Mitteilungen nach Absatz 1 ist das Gewicht anzugeben. Soweit das nicht möglich ist, genügt eine fundierte Schätzung. Die Gemeinsame Stelle kann verlangen, dass die Angaben nach Absatz 1 Satz 1 durch einen unabhängigen Sachverständigen innerhalb einer angemessenen Frist bestätigt werden. Sie ist berechtigt, für diese Bestätigung die Prüfkriterien festzulegen.

(4) Jeder Hersteller oder im Fall der Bevollmächtigung nach § 8 dessen Bevollmächtigter hat darüber hinaus der Gemeinsamen Stelle jährlich bis zum 30. April die im vorangegangenen Kalenderjahr bei den Erstbehandlungsanlagen zusammengefassten Mengen nach § 22 Absatz 3 nach Gewicht zu melden. Die Mitteilung nach Satz 1 sowie nach Absatz 1 Satz 1 Nummer 3 bis 9 hat auch abzugeben, wer zu irgendeinem Zeitpunkt des Zeitraums, auf den sich die Mitteilung

bezieht, Hersteller oder Bevollmächtigter war, zum Zeitpunkt der Abgabe an die Gemeinsame Stelle aber nicht mehr als Hersteller oder Bevollmächtigter registriert ist. Die Gemeinsame Stelle eröffnet jedem Hersteller oder im Fall der Bevollmächtigung nach § 8 dessen Bevollmächtigtem die Möglichkeit, die Mitteilungen mindestens bis zum 30. April des Jahres, das auf das Jahr folgt, in dem die Registrierung des Herstellers oder im Fall der Bevollmächtigung nach § 8 dessen Bevollmächtigten weggefallen ist, abzugeben.

(5) Ist die Gemeinsame Stelle nicht eingerichtet, teilt der Hersteller oder im Fall der Bevollmächtigung nach § 8 dessen Bevollmächtigter die Daten nach den Absätzen 1 bis 4 der zuständigen Behörde mit.

§ 28 Informationspflichten der Hersteller gegenüber Wiederverwendungseinrichtungen und Behandlungsanlagen

(1) Jeder Hersteller hat den Wiederverwendungseinrichtungen und den Behandlungsanlagen Informationen über die Wiederverwendung, die Vorbereitung zur Wiederverwendung und die Behandlung für jeden in Verkehr gebrachten Typ neuer Elektro- und Elektronikgeräte kostenlos zur Verfügung zu stellen.

(2) Die Informationen sind innerhalb eines Jahres nach dem Inverkehrbringen des jeweiligen Gerätes in Form von Handbüchern oder elektronisch zur Verfügung zu stellen. Die Informationen sind in deutscher oder englischer Sprache zu verfassen.

(3) Aus den Informationen muss sich ergeben, welche verschiedenen Bauteile und Werkstoffe die Elektro- und Elektronikgeräte enthalten und an welcher Stelle sich in den Elektro- und Elektronikgeräten gefährliche Stoffe und Gemische befinden. Die Pflicht nach Satz 1 besteht nur, soweit dies für die Wiederverwendungseinrichtungen und die Behandlungsanlagen erforderlich ist, um den Bestimmungen dieses Gesetzes nachkommen zu können.

§ 29 Mitteilungspflichten der Vertreiber

(1) Jeder Vertreiber hat der Gemeinsamen Stelle im Fall des § 17 Absatz 5 bis zum 30. April des folgenden Kalenderjahres Folgendes gemäß Satz 2 mitzuteilen:

1. die von ihm je Kategorie im Kalenderjahr zurückgenommenen Altgeräte,
2. die von ihm je Kategorie im Kalenderjahr zur Wiederverwendung vorbereiteten Altgeräte,

2a. die von ihm je Kategorie im Kalenderjahr recycelten Altgeräte,

3. die von ihm je Kategorie im Kalenderjahr verwerteten Altgeräte,
4. die von ihm je Kategorie im Kalenderjahr beseitigten Altgeräte und
5. die von ihm je Kategorie im Kalenderjahr in Länder der Europäischen Union oder in Drittstaaten zur Behandlung ausgeführten Altgeräte.

Bei diesen Mitteilungen sind in den Kategorien 4 und 5 Photovoltaikmodule und andere Altgeräte gesondert auszuweisen. Die Mitteilungen müssen die Formatvorgaben der Gemeinsamen Stelle gemäß § 33 Absatz 1 Satz 4 erfüllen.

(2) Bei den Mitteilungen nach Absatz 1 ist das Gewicht anzugeben. Soweit das nicht möglich ist, genügt eine fundierte Schätzung. Die Gemeinsame Stelle kann verlangen, dass die Angaben nach Absatz 1 Satz 1 durch einen unabhängigen Sachverständigen innerhalb einer angemessenen Frist bestätigt werden. Sie ist berechtigt, für diese Bestätigung die Prüfkriterien festzulegen.

(3) Jeder Vertreiber hat im Fall des § 17 Absatz 5 darüber hinaus der Gemeinsamen Stelle jährlich bis zum 30. April die im vorangegangenen Kalenderjahr bei den Erstbehandlungsanlagen zusammengefassten Mengen nach § 22 Absatz 3 nach Gewicht zu melden.

(4) Ist die Gemeinsame Stelle nicht eingerichtet, teilt der Vertreiber die Daten nach den Absätzen 1 bis 3 der zuständigen Behörde mit.

§ 30 Mitteilungspflichten der Betreiber von Erstbehandlungsanlagen

(1) Jeder Betreiber einer Erstbehandlungsanlage hat im Fall der Rücknahme nach § 17a, der Übernahme nach § 17b und der Entsorgung im Auftrag von Endnutzern nach § 19 Absatz 2 Satz 2 der Gemeinsamen Stelle bis zum Ablauf des 30. April des folgenden Kalenderjahres Folgendes gemäß den Sätzen 2 und 3 mitzuteilen:

1. die von ihm je Kategorie im Kalenderjahr angenommenen Altgeräte,
2. die von ihm je Kategorie im Kalenderjahr zur Wiederverwendung vorbereiteten Altgeräte,
3. die von ihm je Kategorie im Kalenderjahr recycelten Altgeräte,
4. die von ihm je Kategorie im Kalenderjahr verwerteten Altgeräte,
5. die von ihm je Kategorie im Kalenderjahr beseitigten Altgeräte und
6. die von ihm je Kategorie im Kalenderjahr in Länder der Europäischen Union oder in Drittstaaten zur Behandlung ausgeführten Altgeräte.

Bei diesen Mitteilungen sind in den Kategorien 4 und 5 Photovoltaikmodule und andere Altgeräte gesondert auszuweisen. Die Mitteilungen nach Satz 1 sind nach den jeweiligen Rücknahme-, Übernahme- und Entsorgungswegen nach Satz 1 zu trennen. Die Mitteilungen müssen die Formatvorgaben der Gemeinsamen Stelle gemäß § 33 Absatz 1 Satz 4 erfüllen.

(2) Bei den Mitteilungen nach Absatz 1 ist das Gewicht anzugeben. Soweit das nicht möglich ist, genügt eine fundierte Schätzung. Die Gemeinsame Stelle kann verlangen, dass die Angaben nach Absatz 1 durch einen unabhängigen Sachverständigen innerhalb einer angemessenen Frist bestätigt werden. Sie ist berechtigt, für diese Bestätigung die Prüfkriterien festzulegen.

(3) Ist die Gemeinsame Stelle nicht eingerichtet, teilt die Erstbehandlungsanlage die Daten nach den Absätzen 1 und 2 der zuständigen Behörde mit.

Abschnitt 6
Gemeinsame Stelle

§ 31 Aufgaben der Gemeinsamen Stelle

(1) Die Gemeinsame Stelle unterstützt die zuständige Behörde bei der Vorbereitung ihrer Entscheidungen nach § 15 Absatz 4 Satz 1 und § 37 Absatz 1, 5 und 6 sowie § 38 Absatz 3 und 4. Sie ist verpflichtet, der zuständigen Behörde Auskunft zu erteilen über die Mitteilungen der öffentlich-rechtlichen Entsorgungsträger nach § 26, der Hersteller oder im Fall der Bevollmächtigung nach § 8 deren Bevollmächtigter nach § 27, der Vertreiber nach § 29 sowie der Betreiber von Erstbehandlungsanlagen nach § 30 und über die Berechnung nach den Absätzen 5 bis 7. Die Gemeinsame Stelle unterrichtet die öffentlich-rechtlichen Entsorgungsträger, Hersteller oder im Fall der Bevollmächtigung nach § 8 deren Bevollmächtigte, Vertreiber und Betreiber von Erstbehandlungsanlagen in geeigneter Weise über die Aufgaben und Pflichten aus diesem Gesetz. Die Gemeinsame Stelle informiert die Endnutzer über

1. deren Pflicht nach § 10 Absatz 1,

2. die Rückgabemöglichkeiten für Altgeräte,
3. die Eigenverantwortung der Endnutzer im Hinblick auf das Löschen personenbezogener Daten auf den zu entsorgenden Altgeräten und
4. die Bedeutung des Symbols nach Anlage 3.

Die Gemeinsame Stelle hat eine einheitliche Kennzeichnung für Sammel- und Rücknahmestellen zu entwerfen, diese den Sammelund Rücknahmestellen unentgeltlich zur Verfügung zu stellen und bei den Sammel- und Rücknahmestellen dauerhaft für deren Nutzung zu werben.

(2) Die Gemeinsame Stelle erfasst die Mitteilungen der zuständigen Behörde nach § 38 Absatz 1. Sie veröffentlicht die registrierten Hersteller und die registrierten Bevollmächtigten mit den von diesen vertretenen Herstellern mit der Marke, Geräteart und Registrierungsnummer einschließlich des Registrierungsdatums sowie das Bundesland und die Postleitzahl vom Sitz des Herstellers oder im Fall der Bevollmächtigung nach § 8 des Bevollmächtigten im Internet. Für Hersteller oder Bevollmächtigte, deren Registrierung bei der zuständigen Behörde beendet ist, ist zusätzlich das Datum des Marktaustritts anzugeben. Die im Internet veröffentlichten Daten nach den Sätzen 2 und 3 sind dort drei Jahre nach dem Ende der Registrierung des Herstellers oder des Bevollmächtigten zu löschen.

(3) Die Gemeinsame Stelle erfasst die Mitteilungen der zuständigen Behörde nach § 38 Absatz 2. Sie veröffentlicht ein Verzeichnis der Betreiber von Erstbehandlungsanlagen. Dabei hat sie je Erstbehandlungsanlage die abfallwirtschaftliche Tätigkeit und die behandelten Kategorien anzugeben. Sofern kein gültiges Zertifikat durch die Erstbehandlungsanlage nach § 25 Absatz 2 übermittelt wurde, ist der Eintrag aus dem Verzeichnis zu löschen.

(4) Die Gemeinsame Stelle nimmt die Meldungen der öffentlich-rechtlichen Entsorgungsträger nach § 14 Absatz 3 sowie § 15 Absatz 4 Satz 2 entgegen. Sie erfasst und prüft darüber hinaus die Mitteilungen der öffentlich-rechtlichen Entsorgungsträger nach § 26, der Hersteller nach § 27, der Vertreiber nach § 29 sowie der Betreiber von Erstbehandlungsanlagen nach § 30.

(5) Die Gemeinsame Stelle berechnet den Anteil der Altgeräte, die von jedem registrierten Hersteller oder im Fall der Bevollmächtigung nach § 8 dessen Bevollmächtigtem bei den öffentlich-rechtlichen Entsorgungsträgern abzuholen sind, und meldet die Ergebnisse der Berechnung der zuständigen Behörde. Für historische Altgeräte berechnet sich die Verpflichtung jedes Herstellers oder im Fall der Bevollmächtigung nach § 8 dessen Bevollmächtigten nach seinem Anteil am gesamten im jeweiligen Meldezeitraum in Verkehr gebrachten Gewicht an Elektro- und Elektronikgeräten pro Geräteart. Für die Elektro- und Elektronikgeräte, die keine historischen Altgeräte sind, berechnet sich die Verpflichtung nach Wahl des Herstellers oder im Fall der Bevollmächtigung nach § 8 seines Bevollmächtigten nach

1. dem Anteil seiner eindeutig identifizierbaren Altgeräte an der gesamten Altgerätemenge pro Geräteart; der Anteil ist durch Sortierung oder nach wissenschaftlich anerkannten, statistischen Methoden nachzuweisen,

oder

2. seinem Anteil am Gesamtgewicht von Elektro- und Elektronikgeräten pro Geräteart, die von den Herstellern, die diese Berechnungsmethode wählen, im jeweiligen Meldezeitraum in Verkehr gebracht wurden.

(6) Die Grundlage für die Berechnung sind die Mitteilungen der Hersteller oder im Fall der Bevollmächtigung nach § 8 deren Bevollmächtigter nach § 27 Absatz 1 Satz 1 Nummer 1 und Absatz 3 Satz 1 bis 4. Dabei sind die nach § 27 Absatz 1 Satz 1 Nummer 2 mitgeteilten Mengen zu

berücksichtigen. Berichtigungen der Mitteilungen nach § 27 Absatz 1 Satz 1 Nummer 1 und 2 werden berücksichtigt. Kommt der Hersteller seiner Meldepflicht nicht nach, kann die Gemeinsame Stelle die Menge seiner in Verkehr gebrachten Elektro- und Elektronikgeräte schätzen. Das Gewicht der von einem Hersteller oder im Fall der Bevollmächtigung nach § 8 dessen Bevollmächtigtem nach § 27 Absatz 1 Satz 1 Nummer 4 zurückgenommenen Altgeräte derjenigen Gerätearten, für die eine Garantie nach § 7 Absatz 1 nachzuweisen ist, wird auf seinen jeweiligen Anteil nach Absatz 5 Satz 2 oder 3 angerechnet. Satz 3 gilt entsprechend. Die Gemeinsame Stelle kann der zuständigen Behörde die von einzelnen Herstellern oder im Fall der Bevollmächtigung nach § 8 deren Bevollmächtigten nach § 27 Absatz 1 Satz 1 Nummer 2 und 4 mitgeteilten Mengen zur Entscheidung über die Berücksichtigung oder Anrechnung im Sinne der Sätze 2 und 5 vorlegen. Für nicht sortier- oder identifizierbare Altgeräte gilt Absatz 5 Satz 2 entsprechend.

(7) Die Gemeinsame Stelle berechnet die zeitlich und örtlich gleichmäßige Verteilung der Abholpflicht auf alle registrierten Hersteller und Bevollmächtigten auf der Basis einer wissenschaftlich anerkannten Berechnungsweise, die durch ein Gutachten eines unabhängigen Sachverständigen bestätigt wurde. Die Berechnungsweise ist im Internet zu veröffentlichen. Die Gemeinsame Stelle meldet der zuständigen Behörde die ermittelte Abholpflicht sowie das in der Gruppe 4 zur Abholung bereitgestellte Behältnis mit Nachtspeicherheizgeräten.

(8) Die Absätze 5 bis 7 gelten für die Berechnung der Verpflichtung zum Aufstellen von neuen Behältnissen nach § 15 Absatz 4 Satz 1 entsprechend.

§ 32 Mitteilungen der Gemeinsamen Stelle an das Umweltbundesamt, Landesbehörden und andere öffentliche Stellen

(1) Die Gemeinsame Stelle erstellt jährlich ein Verzeichnis sämtlicher registrierter Hersteller und Bevollmächtigter und leitet dieses dem Umweltbundesamt zu.

(2) Die Gemeinsame Stelle teilt dem Umweltbundesamt darüber hinaus jährlich jeweils bis zum 1. Juli bezogen auf das vorangegangene Kalenderjahr Folgendes gemäß den Sätzen 3 und 4 mit:

1. die von sämtlichen Herstellern je Geräteart und Kategorie im Geltungsbereich dieses Gesetzes in Verkehr gebrachten Elektro- und Elektronikgeräte,
2. die von sämtlichen Herstellern oder im Fall der Bevollmächtigung nach § 8 deren Bevollmächtigten je Kategorie ins Ausland verbrachten Elektro- und Elektronikgeräte, die zuvor vom Hersteller nach Nummer 1 in Verkehr gebracht wurden,
3. die von sämtlichen öffentlich-rechtlichen Entsorgungsträgern je Gruppe und Kategorie nach § 14 Absatz 5 gesammelten Altgeräte,
4. die von sämtlichen Herstellern oder im Fall der Bevollmächtigung nach § 8 deren Bevollmächtigten je Gruppe und Kategorie bei den öffentlich-rechtlichen Entsorgungsträgern abgeholten Altgeräte,
5. die von sämtlichen Herstellern oder im Fall der Bevollmächtigung nach § 8 deren Bevollmächtigten je Geräteart und Kategorie nach § 16 Absatz 5 zurückgenommenen Altgeräte,
6. die von sämtlichen Herstellern oder im Fall der Bevollmächtigung nach § 8 deren Bevollmächtigten je Geräteart und Kategorie zurückgenommenen Altgeräte, für die keine Garantie nach § 7 Absatz 1 Satz 1 erforderlich ist,

7. die von sämtlichen Vertreibern je Kategorie zurückgenommenen Altgeräte, die nach § 17 Absatz 5 Satz 1 nicht an Hersteller, deren Bevollmächtigte oder öffentlich-rechtliche Entsorgungsträger übergeben werden,

7a. die von sämtlichen Betreibern von Erstbehandlungsanlagen je Kategorie nach § 17a zurückgenommenen Altgeräte,

7b. die von sämtlichen Betreibern von Erstbehandlungsanlagen je Kategorie nach § 17b übernommenen Altgeräte,

7c. die von sämtlichen Betreibern von Erstbehandlungsanlagen je Kategorie von Endnutzern nach § 19 Absatz 2 Satz 2 übernommenen Altgeräte,

8. die von sämtlichen öffentlich-rechtlichen Entsorgungsträgern, Herstellern, im Fall der Bevollmächtigung nach § 8 deren Bevollmächtigten, Vertreibern und Betreibern von Erstbehandlungsanlagen je Kategorie zur Wiederverwendung vorbereiteten Altgeräte,

8a. die von sämtlichen öffentlichrechtlichen Entsorgungsträgern, Herstellern, im Fall der Bevollmächtigung nach § 8 deren Bevollmächtigten, Vertreibern und Betreibern von Erstbehandlungsanlagen je Kategorie recycelten Altgeräte,

9. die von sämtlichen öffentlich-rechtlichen Entsorgungsträgern, Herstellern, im Fall der Bevollmächtigung nach § 8 deren Bevollmächtigten, Vertreibern und Betreibern von Erstbehandlungsanlagen je Kategorie verwerteten Altgeräte,

10. die von sämtlichen öffentlich-rechtlichen Entsorgungsträgern, Herstellern, im Fall der Bevollmächtigung nach § 8 deren Bevollmächtigten, Vertreibern und Betreibern von Erstbehandlungsanlagen je Kategorie beseitigten Altgeräte,

11. die von sämtlichen öffentlich-rechtlichen Entsorgungsträgern, Herstellern, im Fall der Bevollmächtigung nach § 8 deren Bevollmächtigten, Vertreibern und Betreibern von Erstbehandlungsanlagen je Kategorie in Länder der Europäischen Union oder in Drittstaaten zur Behandlung ausgeführten Altgeräte.

Bei diesen Mitteilungen sind in den Kategorien 4 und 5 Photovoltaikmodule und andere Altgeräte gesondert auszuweisen. Bei den Mitteilungen ist das Gewicht anzugeben. Soweit das nicht möglich ist, genügt eine fundierte Schätzung.

(3) Darüber hinaus meldet die Gemeinsame Stelle dem Umweltbundesamt jährlich bis zum 1. Juli die von den öffentlich-rechtlichen Entsorgungsträgern nach § 26 Absatz 3, den Herstellern oder im Fall der Bevollmächtigung nach § 8 deren Bevollmächtigten nach § 27 Absatz 4 und den Vertreibern nach § 29 Absatz 3 gemeldeten Mengen.

(4) Die Gemeinsame Stelle ist ferner befugt, anderen nach Landesrecht für den Vollzug dieses Gesetzes zuständigen Behörden und öffentlich-rechtlichen Entsorgungsträgern auf deren Verlangen die zur Erfüllung ihrer jeweiligen Aufgabe erforderlichen Auskünfte und Angaben mitzuteilen. Die Kosten für eine solche Mitteilung sind ihr zu erstatten. Für die Mitteilung solcher Auskünfte und Angaben gelten die §§ 4 bis 7 des Verwaltungsverfahrensgesetzes entsprechend.

(5) Für die Zusammenarbeit und den Informationsaustausch mit Behörden und Stellen anderer Mitgliedstaaten der Europäischen Union zum Vollzug der Richtlinie 2012/19/EU, insbesondere mit Registern anderer Mitgliedstaaten, gelten die §§ 8a bis 8e des Verwaltungsverfahrensgesetzes entsprechend. Zur Zusammenarbeit und zum Informationsaustausch gehört auch die Gewährung des Zugangs zu den einschlägigen Unterlagen und Informationen über die Ergebnisse

von Inspektionen. Für die Zusammenarbeit und den Informationsaustausch sind vorrangig elektronische Kommunikationsmittel zu nutzen.

§ 33 Befugnisse der Gemeinsamen Stelle

(1) Die Gemeinsame Stelle ist berechtigt, die Zuordnung der Geräte zu den Gerätearten festzulegen. Sie legt bei einer Neuzuordnung der Geräte zu den Gerätearten fest, welchen Gerätearten der Neuzuordnung die Gerätearten der bisherigen Zuordnung für die Zukunft entsprechen. Diese Entsprechung wirkt auch für die unter der bisherigen Zuordnung gestellten Garantien nach § 7 Absatz 1. Sie kann für die Mitteilungen nach § 26 Absatz 1 bis 3, § 27 Absatz 1 bis 4, § 29 Absatz 1 bis 4 und § 30 Absatz 1 und 2 die Übermittlungsform, eine bestimmte Verschlüsselung und einheitliche Datenformate vorgeben. Die Vorgaben sind auf den Internetseiten der Gemeinsamen Stelle zu veröffentlichen.

(2) Die Gemeinsame Stelle darf Verträge über die Erbringung von Entsorgungsdienstleistungen mit Entsorgungsunternehmen weder schließen noch vermitteln.

(3) Die Gemeinsame Stelle kann von der zuständigen Behörde Ersatz für Kosten verlangen, die ihr für die

1. Ausübung der Befugnisse nach Absatz 1,
2. Leistungen nach den §§ 31 und 32 Absatz 1, 2, 3 und 5,
3. Abwicklung der Erstattungs- und Rückgriffsansprüche nach § 34,
4. Gewährleistung der Mitwirkung an der Regelsetzung nach § 35 Absatz 1 Satz 1 Nummer 3,
5. Gewährleistung des Schutzes personenbezogener Daten sowie von Betriebs- und Geschäftsgeheimnissen nach § 35 Absatz 1 Satz 1 Nummer 4 und
6. Einrichtung des Beirats nach § 35 Absatz 2

entstehen. Dieser Anspruch richtet sich im Fall der Beleihung gegen die Beliehene. Kosten im Sinne des § 9 Absatz 1 des Bundesgebührengesetzes sind auch die nach Satz 1 zu ersetzenden Kosten.

§ 34 Rückgriffsanspruch der Gemeinsamen Stelle

(1) Sofern in einer bestimmten Geräteart die Registrierung des letzten registrierten Herstellers oder im Fall der Bevollmächtigung nach § 8 dessen Bevollmächtigten, der die Berechnung seiner Verpflichtung gemäß § 31 Absatz 5 Satz 3 Nummer 2 gewählt hat, aufgehoben wird, erstattet die Gemeinsame Stelle den öffentlich-rechtlichen Entsorgungsträgern kalenderjährlich die Kosten für die Entsorgung derjenigen Altgeräte dieser Geräteart, die keine historischen Altgeräte sind. Die Erstattungspflicht nach Satz 1 gilt nicht, soweit der öffentlich-rechtliche Entsorgungsträger nach § 14 Absatz 5 Satz 1 und § 25 Absatz 1 Satz 3 für die Gruppe optiert hat, in der Altgeräte dieser Geräteart erfasst werden.

(2) Der Gemeinsamen Stelle steht im Hinblick auf die Erstattung nach Absatz 1 ein Anspruch auf Ausgleich der Kosten gegen die natürlichen und juristischen Personen und Personengesellschaften zu, die vor der Meldung nach § 14 Absatz 3 als Hersteller oder Bevollmächtigte registriert waren (ehemalige Hersteller) und die Berechnung nach § 31 Absatz 5 Satz 3 Nummer 2 gewählt hatten.

(3) Die Gemeinsame Stelle ist berechtigt, die von den öffentlich-rechtlichen Entsorgungsträgern geltend gemachten Kosten auf ihre Erforderlichkeit und Angemessenheit zu prüfen. Sofern die

insgesamt für eine bestimmte Geräteart geltend gemachten Kosten der öffentlich-rechtlichen Entsorgungsträger die Höhe der gesamten für diese Geräteart für das Kalenderjahr erhaltenen Zahlungen in Erfüllung des Rückgriffsanspruchs nach Absatz 2 oder der verwerteten Garantien im Sinne des § 7 Absatz 1 übersteigen, ist die Gemeinsame Stelle zur entsprechenden Kürzung des Erstattungsanspruchs des jeweiligen öffentlich-rechtlichen Entsorgungsträgers berechtigt. Der Erstattungsanspruch der öffentlich-rechtlichen Entsorgungsträger erlischt, sofern er nicht bis zum 30. April des darauf folgenden Kalenderjahres bei der Gemeinsamen Stelle für eine bestimmte Geräteart und in bestimmter Höhe geltend gemacht ist. Die Sätze 1 bis 3 und die Absätze 1 und 2 gelten für Altgeräte eines Herstellers entsprechend, sofern die Registrierung dieses Herstellers oder im Fall der Bevollmächtigung nach § 8 dessen Bevollmächtigten, der die Berechnung nach § 31 Absatz 5 Satz 3 Nummer 1 gewählt hat, aufgehoben wird.

(4) Der Rückgriffsanspruch der Gemeinsamen Stelle nach Absatz 2 entsteht und ist fällig mit der Geltendmachung des Erstattungsanspruchs der öffentlich-rechtlichen Entsorgungsträger gegenüber der Gemeinsamen Stelle. Für die Berechnung der Höhe des Rückgriffsanspruchs der Gemeinsamen Stelle gilt § 31 Absatz 5 Satz 3 mit der Maßgabe, dass anstatt auf die im jeweiligen Meldezeitraum in Verkehr gebrachte Menge an Elektro- und Elektronikgeräten auf die kumulierte Menge der Elektro- und Elektronikgeräte abzustellen ist, die keine historischen Altgeräte sind und deren mittlere Lebensdauer noch nicht abgelaufen ist.

(5) Die Gemeinsame Stelle kann ihren Rückgriffsanspruch nach Absatz 2 oder den Anspruch gegen den Garantiegeber unter der gewährten Sicherheit im Insolvenzverfahren über das Vermögen eines registrierten oder ehemaligen Herstellers oder Garantiegebers als Insolvenzforderung anmelden, die dazugehörigen Sicherheiten geltend machen und deren weitere Durchsetzung betreiben. Soweit der Erstattungsanspruch des öffentlich-rechtlichen Entsorgungsträgers gegenüber der Gemeinsamen Stelle noch nicht geltend gemacht ist, gelten der Rückgriffsanspruch der Gemeinsamen Stelle und der Anspruch der Gemeinsamen Stelle gegen den Garantiegeber unter der gewährten Sicherheit im Insolvenzverfahren eines registrierten oder ehemaligen Herstellers oder Garantiegebers als auf die Geltendmachung dieses Erstattungsanspruchs aufschiebend bedingte Insolvenzforderungen nach den §§ 38 und 45 der Insolvenzordnung.

(6) Ist die Gemeinsame Stelle nicht eingerichtet oder nimmt sie die Aufgaben nach Absatz 1 nicht wahr, ist im Fall des Absatzes 1 jeder ehemalige Hersteller verpflichtet, den öffentlich-rechtlichen Entsorgungsträgern die Kosten für die Entsorgung der Altgeräte entsprechend dem Rückgriffsanspruch der Gemeinsamen Stelle zu erstatten. Die nach Landesrecht zuständige Behörde setzt die Kosten durch Verwaltungsakt fest.

§ 35 Organisation der Gemeinsamen Stelle

(1) Die Gemeinsame Stelle muss durch Satzung, Gesellschaftsvertrag oder sonstige Regelung

1. ihre in § 31 Absatz 1 Satz 2 und Absatz 2, 5 bis 7 und § 32 Absatz 1, 2 und 3 genannten Aufgaben verbindlich festlegen,
2. ihre Organisation und Ausstattung so ausgestalten, dass eine ordnungsgemäße Erfüllung ihrer Aufgaben sichergestellt ist,
3. gewährleisten, dass sie für alle Hersteller oder im Fall der Bevollmächtigung nach § 8 für deren Bevollmächtigte zu gleichen Bedingungen zugänglich ist und alle Hersteller oder im Fall der Bevollmächtigung nach § 8 deren Bevollmächtigte an der internen Regelsetzung mitwirken können, und
4. gewährleisten, dass die Vorschriften zum Schutz personenbezogener Daten sowie von Betriebs- und Geschäftsgeheimnissen eingehalten werden.

Die Satzung, der Gesellschaftsvertrag oder die sonstige Regelung ist im Internet zu veröffentlichen.

(2) Die Gemeinsame Stelle richtet einen Beirat ein. Dem Beirat müssen Vertreter der Hersteller, im Fall der Bevollmächtigung nach § 8 der Bevollmächtigten, der Vertreiber, der öffentlich-rechtlichen Entsorgungsträger, des Bundes und der Länder sowie der Entsorgungswirtschaft und der Umwelt- und Verbraucherschutzverbände angehören. Der Beirat gibt sich eine Geschäftsordnung.

Abschnitt 7
Zuständige Behörde

§ 36 Zuständige Behörde

Zuständige Behörde ist das Umweltbundesamt.

§ 37 Aufgaben der zuständigen Behörde im Zusammenhang mit der Registrierung

(1) Die zuständige Behörde registriert den Hersteller auf dessen Antrag mit der Marke, der Firma, dem Ort der Niederlassung oder dem Sitz, der Anschrift, dem Namen des Vertretungsberechtigten sowie der Geräteart und erteilt eine Registrierungsnummer. Im Fall des § 8 Absatz 1 und 2 registriert die zuständige Behörde den Bevollmächtigten mit den in Satz 1 genannten Angaben sowie den Kontaktdaten des vertretenen Herstellers und erteilt je vertretenem Hersteller eine Registrierungsnummer. Ist eine Garantie nach § 7 Absatz 1 erforderlich, darf die Registrierung nur erfolgen, wenn sie der Hersteller oder im Fall der Bevollmächtigung nach § 8 dessen Bevollmächtigter nachweist. Sofern der Hersteller Elektro- oder Elektronikgeräte in Verkehr zu bringen beabsichtigt, für die er glaubhaft macht, dass sie ausschließlich in anderen als privaten Haushalten oder gewöhnlich nicht in privaten Haushalten genutzt werden, darf die Registrierung nur erteilt werden, wenn ein Rücknahmekonzept nach § 7a durch den Hersteller oder im Fall der Bevollmächtigung nach § 8 durch den Bevollmächtigten vorgelegt wurde.

(2) Die zuständige Behörde nimmt die Benennung des Bevollmächtigten nach § 8 Absatz 3 Satz 1 und die Beendigung der Beauftragung nach § 8 Absatz 4 Satz 1 entgegen. Sie bestätigt dem Hersteller und dem Bevollmächtigten die Benennung oder Änderung der Beauftragung, soweit die Voraussetzungen nach § 8 Absatz 1 und 2 vorliegen, und die Beendigung der Beauftragung.

(3) Antrag und Übermittlung der Nachweise nach den Absätzen 1, 2 und 4 erfolgen über das auf der Internetseite der zuständigen Behörde zur Verfügung gestellte elektronische Datenverarbeitungssystem nach Maßgabe der jeweils geltenden Verfahrensanweisung für das elektronische Datenverarbeitungssystem. Die zuständige Behörde kann Ausnahmen von Satz 1 zulassen. Sie kann für die sonstige Kommunikation mit den Herstellern oder im Fall der Bevollmächtigung nach § 8 mit deren Bevollmächtigten die elektronische Übermittlung, eine bestimmte Verschlüsselung sowie die Eröffnung eines Zugangs für die Übermittlung elektronischer Dokumente verlangen. Die Verfahrensanweisung nach Satz 1 und die Anforderungen nach Satz 3 sind auf der Internetseite der zuständigen Behörde zu veröffentlichen. Auf dieser Internetseite ist eine Verknüpfung zu den nationalen Registern anderer Mitgliedstaaten vorzusehen.

(4) Die Registrierung gilt auch für und gegen den Gesamtrechtsnachfolger des Herstellers oder im Fall der Bevollmächtigung nach § 8 des Bevollmächtigten. Im Fall einer nur teilweisen Gesamtrechtsnachfolge bedarf der Übergang der Zustimmung der zuständigen Behörde. Für die Zustimmung gelten die Registrierungsvoraussetzungen nach den Absätzen 1 und 3 entsprechend.

(5) Die zuständige Behörde kann unbeschadet des § 49 des Verwaltungsverfahrensgesetzes die Registrierung einschließlich der Registrierungsnummer widerrufen, wenn

1. der Hersteller oder im Fall der Bevollmächtigung nach § 8 dessen Bevollmächtigter keine nach § 7 Absatz 1 erforderliche Garantie vorlegt,

1a. der Hersteller oder im Fall der Bevollmächtigung nach § 8 dessen Bevollmächtigter kein nach § 7a erforderliches Rücknahmekonzept vorlegt,

2. der Hersteller im Fall des § 8 Absatz 1 oder 2 der zuständigen Behörde das Ende der Beauftragung nach § 8 Absatz 4 Satz 1 mitgeteilt hat,

3. der Hersteller entgegen § 9 Elektro- und Elektronikgeräte wiederholt nicht oder nicht richtig kennzeichnet,

4. der Hersteller oder im Fall der Bevollmächtigung nach § 8 dessen Bevollmächtigter seine Abholpflichten nach § 16 Absatz 1 Satz 1 oder Aufstellungspflichten nach § 16 Absatz 3 schwerwiegend verletzt,

5. der Hersteller oder im Fall der Bevollmächtigung nach § 8 dessen Bevollmächtigter entgegen § 27 Absatz 3 Satz 3 seine Angaben wiederholt nicht fristgerecht durch einen unabhängigen Sachverständigen bestätigen lässt oder

6. über das Vermögen des Herstellers oder im Fall der Bevollmächtigung nach § 8 des Bevollmächtigten das Insolvenzverfahren eröffnet wird oder dessen Eröffnung mangels Masse abgelehnt wird.

In den Fällen der Nummer 6 sind bei der Eröffnung des Insolvenzverfahrens über das Vermögen des Herstellers die Registrierung und die Registrierungsnummer zu widerrufen, sofern der Insolvenzverwalter oder bei Anordnung der Eigenverwaltung der Hersteller nicht unverzüglich gegenüber der zuständigen Behörde verbindlich erklärt, den Herstellerpflichten nach diesem Gesetz nachzukommen. Satz 2 gilt entsprechend, soweit im Fall der Bevollmächtigung nach § 8 das Insolvenzverfahren über das Vermögen des Bevollmächtigten eröffnet wird. Die zuständige Behörde kann ferner unbeschadet des § 49 des Verwaltungsverfahrensgesetzes die Registrierung im Hinblick auf die registrierte Geräteart mit Wirkung für die Zukunft ändern, soweit dies auf Grund einer Neuzuordnung der Geräte zu den Gerätearten gemäß § 33 Absatz 1 Satz 1 erforderlich ist.

(6) Die zuständige Behörde stellt auf Antrag der natürlichen oder juristischen Person oder Personengesellschaft, die Herstellern oder im Fall der Bevollmächtigung nach § 8 die Bevollmächtigten die Teilnahme an einem System im Sinne des § 7 Absatz 2 Satz 1 Nummer 4 anbieten möchte, fest, dass das System für die Finanzierung der Entsorgung von Altgeräten im Sinne des § 7 Absatz 1 Satz 1 in einem bestimmten Kalenderjahr geeignet ist. Absatz 4 gilt entsprechend. Die Feststellung ist auf der Internetseite der zuständigen Behörde zu veröffentlichen und ab der Veröffentlichung wirksam.

(7) Die zuständige Behörde lässt auf Antrag einen Bevollmächtigten für mehr als 20 zeitgleich wirksame Registrierungen im Sinne des § 6 Absatz 1 Satz 1 zu, wenn der Antragsteller die notwendige Gewähr für die ordnungsgemäße Erfüllung der Herstellerpflichten bietet. Der Antragsteller bietet die notwendige Gewähr, wenn

1. die Personen, die nach dem Gesetz, dem Gesellschaftsvertrag oder der Satzung die Geschäftsführung und Vertretung ausüben, zuverlässig sind und die für ihren Tätigkeitsbereich erforderliche Fachkunde aufweisen und

2. der Antragsteller die zur ordnungsgemäßen Erfüllung der Herstellerpflichten notwendige Ausstattung und Organisation hat.

Die Zulassung ist auf die nach Ausstattung und Organisation des Bevollmächtigten tragbare Höchstzahl von Registrierungen zu begrenzen.

17

§ 38 Weitere Aufgaben der zuständigen Behörde

(1) Die zuständige Behörde teilt der Gemeinsamen Stelle die von ihr registrierten Hersteller und Bevollmächtigten mit. Sie übermittelt dabei die Angaben nach § 37 Absatz 1 Satz 1 und 2 und teilt die nach § 6 Absatz 1 Satz 4 angezeigten Änderungen mit. Die zuständige Behörde übermittelt der Gemeinsamen Stelle die Garantienachweise nach § 7 Absatz 1. Sie teilt der Gemeinsamen Stelle darüber hinaus mit, welche Registrierungen aufgehoben wurden, sobald die Aufhebung bestandskräftig ist. Die Mitteilungen der zuständigen Behörde an die Gemeinsame Stelle haben den Formatvorgaben nach § 33 Absatz 1 Satz 4 zu entsprechen.

(2) Die zuständige Behörde nimmt folgende Meldungen und Anzeigen entgegen:

1. die Meldungen der öffentlich-rechtlichen Entsorgungsträger nach § 15 Absatz 1 Satz 3,
2. die Anzeigen der öffentlich-rechtlichen Entsorgungsträger nach § 25 Absatz 1 und
3. die Anzeigen und Übermittlungen der Betreiber von Erstbehandlungsanlagen nach § 25 Absatz 2.

Für diese Meldungen und Anzeigen gilt § 37 Absatz 3 Satz 1 bis 4 entsprechend. Die zuständige Behörde teilt die Meldungen und Anzeigen der Gemeinsamen Stelle mit. Die Mitteilungen der zuständigen Behörde an die Gemeinsame Stelle sollen den Formatvorgaben nach § 33 Absatz 1 Satz 4 entsprechen. Die zuständige Behörde prüft die Anzeigen nach § 25 Absatz 1 Satz 3 auf Plausibilität, insbesondere im Hinblick auf die Zuständigkeit des öffentlich-rechtlichen Entsorgungsträgers. Die zuständige Behörde prüft die Anzeigen nach § 25 Absatz 2 auf Plausibilität, insbesondere im Hinblick auf die Gültigkeit des übermittelten Zertifikats.

(3) Erhält die zuständige Behörde eine Meldung der Gemeinsamen Stelle nach § 31 Absatz 7 Satz 3, trifft sie die im Einzelfall erforderlichen Anordnungen zur Sicherstellung der Erfüllung der Pflichten nach § 16 Absatz 1 und Absatz 2; hierbei berücksichtigt sie die von ihr geprüften Berechnungen der Gemeinsamen Stelle nach § 31 Absatz 5 bis 7. Erfolgt die Abholung nicht bis zur von der zuständigen Behörde festgesetzten Frist, gilt eine Nachfrist bis zum Ablauf des folgenden Werktages. Bei der Zuweisung informiert sie den jeweiligen verpflichteten Hersteller oder dessen Bevollmächtigten über die Bereitstellung eines Behältnisses für Nachtspeicherheizgeräte in der Gruppe 4.

(4) Die zuständige Behörde entscheidet auf Vorlage der Gemeinsamen Stelle nach § 31 Absatz 6 Satz 7 gegenüber dem Hersteller oder im Fall der Bevollmächtigung nach § 8 dessen Bevollmächtigten über die Berücksichtigung oder Anrechnung mitgeteilter Mengen bei der Berechnung nach § 31 Absatz 5.

§ 38a Vollständig automatisierter Erlass von Verwaltungsakten

Verwaltungsakte der zuständigen Behörde nach § 15 Absatz 4 Satz 1 und nach den §§ 37 und 38 können unbeschadet des § 24 Absatz 1 Satz 3 des Verwaltungsverfahrensgesetzes vollständig durch automatische Einrichtungen erlassen werden, sofern kein Anlass besteht, den Einzelfall durch Amtsträger zu bearbeiten.

§ 39 Zusammenarbeit mit anderen Behörden

(1) Die zuständige Behörde ist befugt, anderen nach Landesrecht für den Vollzug dieses Gesetzes zuständigen Behörden und öffentlich-rechtlichen Entsorgungsträgern auf deren Verlangen die zur Erfüllung ihrer jeweiligen Aufgabe erforderlichen Auskünfte und Angaben mitzuteilen. Die Kosten für eine solche Mitteilung sind ihr zu erstatten, soweit die Auskünfte und Angaben nicht

für den Vollzug dieses Gesetzes erforderlich sind oder diese nur mit unverhältnismäßig großem Aufwand zusammengestellt werden können.

(2) Für die Zusammenarbeit und den Informationsaustausch mit anderen Behörden und Stellen anderer Mitgliedstaaten der Europäischen Union zum Vollzug der Richtlinie 2012/19/EU, insbesondere mit Registern der anderen Mitgliedstaaten, gelten die §§ 8a bis 8e des Verwaltungsverfahrensgesetzes entsprechend. Zur Zusammenarbeit und zum Informationsaustausch gehört auch die Gewährung des Zugangs zu den einschlägigen Unterlagen und Informationen über die Ergebnisse von Inspektionen. Für die Verwaltungszusammenarbeit und den Informationsaustausch sind vorrangig elektronische Kommunikationsmittel zu nutzen.

Abschnitt 8
Beleihung

§ 40 Ermächtigung zur Beleihung

(1) Die zuständige Behörde wird ermächtigt, eine juristische Person des Privatrechts, eine rechtsfähige Personengesellschaft oder eine andere geeignete Stelle, die von Herstellern und Bevollmächtigten als Gemeinsame Stelle errichtet wird, mit den Aufgaben nach § 15 Absatz 4 Satz 1 und den §§ 37 bis 39 zu beleihen. Die Aufgaben schließen die Vollstreckung, die Rücknahme und den Widerruf der hierzu ergehenden Verwaltungsakte ein. § 33 Absatz 2 gilt nicht, sofern zur Vollstreckung einer Anordnung nach § 15 Absatz 4 Satz 1 oder § 38 Absatz 3 Satz 1 der Abschluss oder die Vermittlung von Verträgen mit Entsorgungsunternehmen erforderlich ist. Die zu Beleihende hat die notwendige Gewähr für die ordnungsgemäße Erfüllung der ihr übertragenen Aufgaben zu bieten. Sie bietet die notwendige Gewähr, wenn

1. die Personen, die nach Gesetz, dem Gesellschaftsvertrag oder der Satzung die Geschäftsführung und Vertretung ausüben, zuverlässig und fachlich geeignet sind,
2. sie die zur Erfüllung ihrer Aufgaben notwendige Ausstattung und Organisation hat und
3. sichergestellt ist, dass die Vorschriften zum Schutz personenbezogener Daten sowie von Betriebs- oder Geschäftsgeheimnissen eingehalten werden.

Die Beliehene darf nur die in diesem Gesetz genannten und durch die Beleihung übertragenen Aufgaben wahrnehmen. Sofern die Voraussetzungen für eine Beleihung nach dem Batteriegesetz vom 25. Juni 2009 (BGBl. I S. 1582), das zuletzt durch Artikel 1 des Gesetzes vom 3. November 2020 (BGBl. I S. 2280) geändert worden ist, in der jeweils geltenden Fassung vorliegen, darf die nach Satz 1 Beliehene auch die im Batteriegesetz genannten und durch die Beleihung nach dem Batteriegesetz übertragenen Aufgaben wahrnehmen.

(2) Die zuständige Behörde kann der Beliehenen die Befugnis übertragen, für die Erfüllung der in Absatz 1 genannten Aufgaben Gebühren und Auslagen nach dem Bundesgebührengesetz zu erheben und festzulegen, wie die Gebühren und Auslagen vom Gebührenschuldner zu zahlen sind. Soweit bei der Beliehenen im Rahmen der Erfüllung der Aufgaben nach Absatz 1 Aufwand für nicht individuell zurechenbare öffentliche Leistungen oder sonstiger Aufwand entsteht, der nicht durch die Gebühren- und Auslagenerhebung der Beliehenen gedeckt ist, oder die Befugnis nach Satz 1 nicht übertragen wird, ersetzt die zuständige Behörde der Beliehenen die für die Erfüllung der Aufgaben nach Absatz 1 entstehenden Kosten und Auslagen.

(3) Die Beleihung ist durch die zuständige Behörde im Bundesanzeiger bekannt zu machen.

§ 41 Aufsicht

(1) Die Beliehene untersteht der Rechts- und Fachaufsicht der zuständigen Behörde.

17

(2) Erfüllt die Beliehene die ihr übertragenen Aufgaben nicht oder nicht ausreichend, ist die zuständige Behörde befugt, die Aufgaben selbst durchzuführen oder im Einzelfall durch einen Beauftragten durchführen zu lassen.

(3) Die zuständige Behörde kann von der Beliehenen Ersatz für die Kosten verlangen, die ihr für die Rechts- und Fachaufsicht nach Absatz 1 entstehen. Der Anspruch darf der Höhe nach die im Haushaltsplan des Bundes für die Durchführung der Rechts- und Fachaufsicht veranschlagten Einnahmen nicht übersteigen.

§ 42 Beendigung der Beleihung

(1) Die Beleihung endet, wenn die Beliehene aufgelöst ist.

(2) Die zuständige Behörde kann unbeschadet des § 49 des Verwaltungsverfahrensgesetzes die Beleihung widerrufen, wenn die Beliehene die übertragenen Aufgaben nicht sachgerecht wahrnimmt.

(3) Die Beliehene kann die Beendigung der Beleihung jederzeit schriftlich von der zuständigen Behörde verlangen. Dem Begehren ist innerhalb einer angemessenen Frist zu entsprechen, die zur Übernahme und Fortführung der Aufgabenerfüllung nach § 15 Absatz 4 Satz 1 und den §§ 37 bis 39 durch die zuständige Behörde erforderlich ist.

Abschnitt 9
Schlussbestimmungen

§ 43 Beauftragung Dritter

Soweit sich die nach diesem Gesetz Verpflichteten zur Erfüllung ihrer Pflichten Dritter bedienen, gilt § 22 Satz 2 und 3 des Kreislaufwirtschaftsgesetzes entsprechend.

§ 44 Widerspruch und Klage

(1) Gegen Verwaltungsakte nach § 15 Absatz 4 Satz 1 oder § 38 Absatz 3 ist ein Widerspruchsverfahren ausgeschlossen.

(2) Die Klage gegen eine Anordnung nach § 15 Absatz 4 Satz 1 oder nach § 38 Absatz 3 hat keine aufschiebende Wirkung.

§ 45 Bußgeldvorschriften

(1) Ordnungswidrig handelt, wer vorsätzlich oder fahrlässig

1. entgegen § 6 Absatz 1 Satz 1 sich nicht oder nicht rechtzeitig registrieren lässt,
2. entgegen § 6 Absatz 1 Satz 4 oder § 8 Absatz 3 Satz 5 oder Absatz 4 Satz 1 eine Mitteilung nicht, nicht richtig oder nicht rechtzeitig macht,
3. entgegen § 6 Absatz 2 Satz 1 ein Elektro- oder Elektronikgerät in Verkehr bringt,
4. entgegen § 6 Absatz 2 Satz 2 Nummer 1 ein Elektro- oder Elektronikgerät zum Verkauf anbietet,

4a. entgegen § 6 Absatz 2 Satz 2 Nummer 2 das Anbieten oder Bereitstellen eines Elektro- oder Elektronikgerätes ermöglicht,

4b. entgegen § 6 Absatz 2 Satz 2 Nummer 3 die Lagerhaltung, Verpackung, Adressierung oder den Versand eines Elektro- oder Elektronikgerätes vornimmt,

5. entgegen § 6 Absatz 3 die Registrierungsnummer nicht ausweist,
6. entgegen § 7 Absatz 4 die dort genannten Kosten ausweist,
7. entgegen § 8 Absatz 3 Satz 1 oder Absatz 5 einen Bevollmächtigten nicht benennt,
8. entgegen § 9 Elektro- oder Elektronikgeräte nicht oder nicht richtig kennzeichnet,
9. entgegen § 12 Satz 1 eine Erfassung durchführt,
10. entgegen § 16 Absatz 1 Satz 1 ein dort genanntes Behältnis nicht oder nicht rechtzeitig abholt,
11. (aufgehoben)
12. (aufgehoben)
13. entgegen § 16 Absatz 3 ein leeres Behältnis nicht oder nicht rechtzeitig aufstellt,

13a. entgegen § 17 Absatz 1 Satz 1 Nummer 1 oder 2 erster Halbsatz ein Altgerät nicht, nicht richtig, nicht vollständig oder nicht rechtzeitig zurücknimmt,

13b. entgegen § 18 Absatz 3 oder Absatz 4 Satz 1 die privaten Haushalte nicht, nicht richtig, nicht vollständig, nicht in der vorgeschriebenen Weise oder nicht rechtzeitig informiert,

14. entgegen § 21 Absatz 1 ohne Zertifizierung eine Erstbehandlung durchführt,

14a. entgegen § 23 Absatz 1 in Verbindung mit Anlage 6 Nummer 3 Stufe 1 Buchstabe a Satz 2 nicht dafür sorgt, dass eine Prüfung oder Bewertung durch eine Elektrofachkraft oder eine zertifizierte Erstbehandlungsanlage durchgeführt wird, oder

15. entgegen § 27 Absatz 1 Satz 1, § 29 Absatz 1 Satz 1 oder § 30 Absatz 1 Satz 1 eine Mitteilung nicht, nicht richtig, nicht vollständig oder nicht rechtzeitig macht.

(2) Die Ordnungswidrigkeit kann in den Fällen des Absatzes 1 Nummer 1 bis 9, 12 und 13a mit einer Geldbuße bis zu hunderttausend Euro, in den übrigen Fällen mit einer Geldbuße bis zu zehntausend Euro geahndet werden.

(3) Verwaltungsbehörde im Sinne des § 36 Absatz 1 Nummer 1 des Gesetzes über Ordnungswidrigkeiten ist in den Fällen des Absatzes 1 Nummer 1 bis 5, 7, 10, 13 und 15 das Umweltbundesamt. Für die Zusammenarbeit und den Informationsaustausch mit anderen Behörden, die Sanktionen im Sinne von Artikel 22 der Richtlinie 2012/19/EU verhängen oder Inspektionen und Überwachungen im Sinne von Artikel 23 der Richtlinie 2012/19/EU durchführen, gelten die §§ 8a bis 8e des Verwaltungsverfahrensgesetzes. Zur Zusammenarbeit und zum Informationsaustausch gehört auch die Gewährung des Zugangs zu den einschlägigen Unterlagen und Informationen über die Ergebnisse von Inspektionen. Für die Verwaltungszusammenarbeit und den Informationsaustausch sind auch elektronische Kommunikationsmittel zu nutzen.

(4) In den Fällen des Absatzes 3 Satz 1 fließen auch die im gerichtlichen Verfahren angeordneten Geldbußen und die Geldbeträge, deren Einziehung nach § 29a des Gesetzes über Ordnungswidrigkeiten gerichtlich angeordnet wurde, derjenigen Bundeskasse zu, die auch die der Staatskasse auferlegten Kosten trägt.

§ 46 Übergangsvorschriften

(1) Abweichend von § 6 Absatz 1 Satz 3 haben Hersteller, die vor dem 1. Januar 2022 bereits registriert sind, bis zum Ablauf des 30. Juni 2022 der zuständigen Behörde ein Rücknahmekonzept vorzulegen.

(2) § 6 Absatz 2 Nummer 2 und 3 gilt erst ab dem 1. Januar 2023.

(3) Abweichend von § 8 Absatz 3 Satz 4 ist eine Zulassung des Bevollmächtigten nach § 37 Absatz 7 erst ab dem 1. Januar 2023 erforderlich.

(4) Abweichend von § 9 Absatz 2 Satz 1 ist für Elektro- und Elektronikgeräte, die bis zum Ablauf des 31. Dezember 2022 in Verkehr gebracht werden oder wurden und für die eine Garantie nach § 7 Absatz 1 nicht erforderlich ist, eine Kennzeichnung mit dem Symbol nach Anlage 3 nicht erforderlich.

(5) Vertreiber von Lebensmitteln, die nach § 17 Absatz 1 und 2 zur Rücknahme verpflichtet sind, müssen die Rücknahmestellen bis zum Ablauf des 30. Juni 2022 einrichten.

(6) Für Erstbehandlungsanlagen, die bis zum Ablauf des 31. Dezember 2021 bereits nach § 21 des Elektro- und Elektronikgerätegesetzes in der bis zum Ablauf des 31. Dezember 2021 geltenden Fassung zertifiziert sind, ist § 21 Absatz 3 und 4 erstmals ab der Erneuerung des Zertifikats anzuwenden.

(7) § 22 Absatz 4 Satz 4 gilt erstmals für das Berichtsjahr 2022.

(8) Betreiber von Erstbehandlungsanlagen, die bereits nach § 25 Absatz 4 des Elektro- und Elektronikgerätegesetzes in der bis zum Ablauf des 31. Dezember 2021 geltenden Fassung angezeigt zuständigen Behörde ein aktuelles Zertifikat vorzulegen.

(9) Bei der Ermittlung der Abhol- und Aufstellungspflicht bleiben ab dem 1. Februar 2016 vorangegangene Abhol- und Aufstellungspflichten außer Betracht, soweit sie im Hinblick auf die Gruppen nach § 9 Absatz 4 Satz 1 Nummer 2 bis 5 des Elektro- und Elektronikgerätegesetzes vom 16. März 2005 ermittelt worden sind. Satz 2 gilt für die Gruppen nach § 14 Absatz 1 Nummer 1, 3 und 5 dieses Gesetzes in der Fassung vom 20. Oktober 2015 im Hinblick auf die vor dem 1. Dezember 2018 ermittelten Abhol- und Aufstellungspflichten entsprechend.

Anlage 1

(zu § 2 Absatz 1)

Nicht abschließende Liste mit Elektro- und Elektronikgeräten, die unter die Gerätekategorien des § 2 Absatz 1 fallen

1. **Wärmeüberträger**
   Kühlschränke
   Gefriergeräte
   Geräte zur automatischen Abgabe von Kaltprodukten
   Klimageräte
   Entfeuchter
   Wärmepumpen
   Wärmepumpentrockner
   ölgefüllte Radiatoren
   Boiler
   Warmwasserspeicher
   sonstige Wärmeüberträger, bei denen andere Flüssigkeiten als Wasser für die Wärmeübertragung verwendet werden

2. **Bildschirme, Monitore und Geräte, die Bildschirme mit einer Oberfläche von mehr als 100 Quadratzentimeter enthalten**
   Bildschirme
   Fernsehgeräte
   LCD-Fotorahmen und digitale Bilderrahmen
   Monitore
   Laptops
   Notebooks
   Tablets und Tablet-PCs

3. **Lampen**
   stabförmige Leuchtstofflampen
   Kompaktleuchtstofflampen
   Leuchtstofflampen
   Entladungslampen (einschließlich Hochdruck-, Natriumdampflampen und Metalldampflampen)
   Niederdruck-Natriumdampflampen
   LED-Lampen

4. **Großgeräte**
   Waschmaschinen
   Wäschetrockner
   Geschirrspüler
   Elektroherde und Elektrobacköfen
   Elektrokochplatten
   Leuchten
   Ton- oder Bildwiedergabegeräte
   Musikausrüstung (mit Ausnahme von Kirchenorgeln)
   Geräte zum Stricken und Weben
   Großrechner
   Großdrucker
   Kopiergeräte

Geldspielautomaten
medizinische Großgeräte
große Überwachungs- und Kontrollinstrumente
große Produkt- und Geldausgabeautomaten
große Photovoltaikmodule
Nachtspeicherheizgeräte
große Antennen
Pedelecs
Elektrokleinstfahrzeuge mit zwei Rädern und ohne Sitz

5. **Kleingeräte**
Staubsauger
Teppichkehrmaschinen
Nähmaschinen
Leuchten
Mikrowellengeräte
Lüftungsgeräte
Bügeleisen
Toaster
elektrische Messer
Wasserkocher
Uhren
Fitness- und Gesundheitsarmbänder
elektrische Rasierapparate
Waagen
Haar- und Körperpflegegeräte
Radiogeräte
Videokameras
Videorekorder
Hi-Fi-Anlagen
Musikinstrumente
Ton- oder Bildwiedergabegeräte
elektrisches und elektronisches Spielzeug
Sportgeräte
Fahrrad-, Tauch-, Lauf-, Rudercomputer
Rauchmelder
Heizregler
Thermostate
elektrische und elektronische Kleinwerkzeuge
medizinische Kleingeräte
kleine Überwachungs- und Kontrollinstrumente
kleine Produktausgabeautomaten
Kleingeräte mit eingebauten Photovoltaikmodulen
kleine Photovoltaikmodule
Antennen
Adapter
Reisestecker
Steckdosen
konfektionierte Stromkabel
HDMI-, Audio- und Videokabel

Schmelzsicherungen
Bekleidung mit elektrischen Funktionen
elektrische Zigaretten
elektronische Antriebe für Möbel
Bekleidung mit elektrischen Funktionen (z. B. Heiz-, Massage- oder Leuchtfunktionen)
Schuhe mit Leuchtfunktionen
beleuchtete Fliesen
Drohnen
Tonerkartuschen und Druckerpatronen

6. **Kleine IT- und Telekommunikationsgeräte (keine äußere Abmessung beträgt mehr als 50 cm)**
Mobiltelefone
GPS-Geräte
Taschenrechner
Router
PCs
Drucker
Telefone
Kommunikationsantennen
Telefon- und Netzwerkadapter
USB-Kabel
Netzwerkkabel

Anlage 2

(zu § 6 Absatz 1)

Angaben bei der Registrierung

Bei der Registrierung zu machende Angaben:

1. Name, Firmenname und Anschrift des Herstellers oder des gemäß § 8 benannten Bevollmächtigten (ten wird
2. nationale Kennnummer des Herstellers, einschließlich der europäischen oder nationalen Steuernummer des Herstellers
3. Kontaktperson des Herstellers oder des gemäß § 8 benannten Bevollmächtigten (Name, Postleitzahl und Ort, Straße und Hausnummer, Land, Telefonnummer, E-Mail-Adresse)
4. Kategorie des Elektro- oder Elektronikgerätes nach Anlage 1
5. Art des Elektro- oder Elektronikgerätes (Gerät zur Nutzung in privaten Haushalten oder zur Nutzung in anderen als privaten Haushalten)
6. Marke und Geräteart des Elektro- und Elektronikgerätes
7. für den Nachweis nach § 7 Angaben darüber, ob der Hersteller seine Verpflichtungen durch eine individuelle Garantie oder ein kollektives System erfüllt, einschließlich Informationen über Sicherheitsleistungen
8. Rücknahmekonzept nach § 7a für Elektro- und Elektronikgeräte für die Nutzung in anderen als privaten Haushalten
9. verwendete Verkaufsmethode (zum Beispiel Fernabsatz, Tätigkeiten im Sinne des § 3 Nummer 9)
10. im Fall des Vertriebs über Fernkommunikationsmittel in andere Mitgliedstaaten der Europäischen Union:
    Liste der Mitgliedstaaten und Name des jeweils benannten Bevollmächtigten in den Mitgliedstaaten, in denen der Hersteller Elektro- oder Elektronikgeräte über Fernkommunikationsmittel vertreibt
11. Erklärung, dass die Angaben der Wahrheit entsprechen

Anlage 3

(zu § 9 Absatz 2)

Symbol zur Kennzeichnung von Elektro- und Elektronikgeräten

Das Symbol für die getrennte Erfassung von Elektro- und Elektronikgeräten stellt eine durchgestrichene Abfalltonne auf Rädern dar (siehe unten). Dieses Symbol ist sichtbar, erkennbar und dauerhaft anzubringen.

Anlage 4

(zu § 20 Absatz 2 Satz 4)

Technische Anforderungen an Standorte für die Lagerung und Behandlung von Altgeräten

1. Standorte für die Lagerung (einschließlich der Zwischenlagerung) von Elektro- und Elektronik-Altgeräten vor ihrer Behandlung (unbeschadet der Deponieverordnung):

   a) geeignete Bereiche mit undurchlässiger Oberfläche und Auffangeinrichtungen mit gegebenenfalls Abscheidern für auslaufende Flüssigkeiten und fettlösende Reinigungsmittel und

   b) geeignete Bereiche mit wetterbeständiger Abdeckung.

2. Standorte und Einrichtungen für die Behandlung von Elektro- und Elektronik-Altgeräten:

   a) Waagen zur Bestimmung des Gewichts der behandelten Altgeräte,

   b) geeignete Bereiche mit undurchlässiger Oberfläche und wasserundurchlässiger Abdeckung sowie Auffangeinrichtungen mit gegebenenfalls Abscheidern für auslaufende Flüssigkeiten und fettlösende Reinigungsmittel,

   c) geeigneter Lagerraum für demontierte Einzelteile, Bauteile sowie schadstoffhaltige Fraktionen; dabei sind schadstoffhaltige Fraktionen witterungsgeschützt zu lagern,

   d) geeignete Behälter für die Lagerung von Batterien und Akkumulatoren, PCB/PCT-haltigen Kondensatoren und anderen gefährlichen Abfällen wie beispielsweise radioaktive Abfälle,

   e) Ausrüstung für die Behandlung von Wasser im Einklang mit Gesundheits- und Umweltvorschriften.

Anlage 5

(zu § 21 Absatz 3 Nummer 3 und Absatz 4 Nummer 3)

Behandlungskonzept

Der Betreiber einer Erstbehandlungsanlage hat ein Behandlungskonzept zu erstellen und bei der Zertifizierung nach § 21 dem Sachverständigen vorzulegen. Das Behandlungskonzept kann in Papierform oder elektronisch erstellt und geführt werden. Es hat folgende Angaben zu enthalten:

1. Name des zu zertifizierenden Betriebs und Adresse des Standortes
2. abfallwirtschaftliche Tätigkeit und behandelte Gerätekategorien nach § 2 Absatz 1 Satz 2
3. bewirtschaftete Altgeräte
   a) Herkunft der Altgeräte (öffentlich-rechtlicher Entsorgungsträger, Hersteller, Vertreiber, Eigenrücknahme nach § 17a, Übernahme nach § 17b, Entsorgung für einen entsorgungspflichtigen Besitzer nach § 19)
   b) Verbleib der Altgeräte (Rückgabe an den öffentlich-rechtlichen Entsorgungsträger, Übergabe an eine zertifizierte Erstbehandlungsanlage, Übergabe an Behandlungs- und Verwertungsanlagen, Eigenvermarktung zur Wiederverwendung vorbereiteter Elektro- und Elektronikgeräte, Übergabe an Vertreiber von zur Wiederverwendung vorbereiteter Elektro- und Elektronikgeräte)
4. technische und personelle Ausstattung des Standortes
   a) Prüf- und Arbeitsplätze
   b) Anlagentechnik
   c) personelle Ausstattung
5. Verfahrensablauf
   a) Sichtprüfung, Funktionsprüfung, Sicherheitsprüfung, Datenlöschung und, wenn erforderlich, Reparaturmaßnahmen
   b) Maßnahmen für die Einhaltung der in der Rechtsverordnung nach § 24 Nummer 2 enthaltenen Anforderungen
   c) Darstellung der Arbeitsanweisungen einschließlich Kriterien zur Identifikation von Schad- und Wertstoffen für die jeweiligen Abläufe

Bei Änderungen der enthaltenen Angaben ist das Behandlungskonzept zu aktualisieren.

Anlage 5a

(zu § 21 Absatz 3 Nummer 4 und Absatz 4 Satz 2)

Betriebstagebuch

Der Betreiber einer Erstbehandlungsanlage hat ein Betriebstagebuch zu führen. Das Betriebstagebuch hat alle Informationen zu enthalten, die für den Nachweis einer ordnungsgemäßen Bewirtschaftung von Altgeräten wesentlich sind, insbesondere folgende Informationen:

1. Angaben über Art, Menge, Herkunft, Kategorie und, sofern eine Behandlung von Altgeräten erfolgt, die durch einen öffentlich-rechtlichen Entsorgungsträger gesammelt wurden, auch die Sammelgruppe der der Erstbehandlungsanlage zugeführten Altgeräte
2. Angaben über Art, Menge, Verbleib und Kategorie der die Erstbehandlungsanlage verlassenden Altgeräte, ihrer Bauteile, Werkstoffe und Stoffe
3. Angaben über Art, Menge und Kategorie der zur Behandlung ins Ausland ausgeführten Altgeräte
4. Angaben zur jeweiligen Arbeitsplatzunterweisung der Mitarbeiter
5. besondere Vorkommnisse, insbesondere Betriebsstörungen, die Auswirkungen auf die ordnungsgemäße Bewirtschaftung von Altgeräten haben können, einschließlich der möglichen Ursachen und der zur Abhilfe getroffenen Maßnahmen
6. Ergebnisse von anlagen- und stoffbezogenen Kontrolluntersuchungen einschließlich Funktionskontrollen im Rahmen der Eigen- und Fremdkontrollen
7. kalenderjährlich: Jahresbilanz über zugeführte Altgeräte und verlassende Altgeräte, Bauteile, Werkstoffe und Stoffe, unterteilt nach Herkunft und vorgenommener abfallwirtschaftlicher Tätigkeit.

§ 5 Absatz 2 und 3 der Entsorgungsfachbetriebeverordnung gilt entsprechend.

Anlage 6

(zu § 23 Absatz 1)

Mindestanforderungen an die Verbringung von gebrauchten Elektro- und Elektronikgeräten, bei denen es sich möglicherweise um Altgeräte handelt

1. In Fällen, in denen der Besitzer eines Gegenstands behauptet, gebrauchte Elektro- und Elektronikgeräte und nicht Elektro- und Elektronik-Altgeräte verbringen zu wollen oder zu verbringen, hat der Besitzer

   a) zur Unterscheidung zwischen gebrauchten Geräten und Altgeräten folgende Belege zum Nachweis dieser Behauptung zur Verfügung zu halten und auf Verlangen unverzüglich einer nach § 23 Absatz 2 zuständigen Behörde vorzulegen:

      aa) eine Kopie der Rechnung und des Vertrags über den Kauf der Elektro- und Elektronikgeräte oder die Übertragung des Eigentums daran, aus der hervorgeht, dass die Geräte für die direkte Wiederverwendung bestimmt und voll funktionsfähig sind,

      bb) den Beleg einer Bewertung oder Prüfung in Form einer Kopie der Aufzeichnungen (Prüfbescheinigung, Nachweis der Funktionalität) zu jedem Packstück innerhalb der Sendung zusammen mit einem Protokoll, das sämtliche Aufzeichnungen gemäß Nummer 3 enthält, und

      cc) eine Erklärung des Besitzers, der die Beförderung der Elektro- und Elektronikgeräte veranlasst, aus der hervorgeht, dass es sich bei keinem der Materialien oder Geräte in der Sendung um Abfall im Sinne von Artikel 3 Nummer 1 der Richtlinie 2008/98/EG des Europäischen Parlaments und des Rates vom 19. November 2008 über Abfälle und zur Aufhebung bestimmter Richtlinien (ABl. L 312 vom 22. 11. 2008, S. 3) handelt,

und

   b) für angemessenen Schutz vor Beschädigung bei der Beförderung und beim Be- und Entladen zu sorgen, insbesondere durch ausreichende Verpackung und eine geeignete Stapelung der Ladung.

2. Nummer 1 Buchstabe a Doppelbuchstabe aa und bb sowie Nummer 3 gelten nicht, wenn durch schlüssige Unterlagen belegt wird, dass die Verbringung im Rahmen einer zwischenbetrieblichen Übergabevereinbarung erfolgt und dass

   a) Elektro- und Elektronikgeräte als fehlerhaft zur Instandsetzung im Rahmen der Gewährleistung oder Garantie mit der Absicht der Wiederverwendung an den Hersteller oder einen in seinem Namen handelnden Dritten zurückgesendet werden oder

   b) gebrauchte Elektro- und Elektronikgeräte für die gewerbliche Nutzung zur Überholung oder Reparatur im Rahmen eines gültigen Vertrags mit der Absicht der Wiederverwendung an den Hersteller oder einen in seinem Namen handelnden Dritten oder eine Einrichtung von Dritten in Staaten versendet werden, für die der OECD-Beschluss im Sinne von Artikel 2 Nummer 17 der Verordnung (EG) Nr. 1013/2006 gilt, oder

   c) fehlerhafte gebrauchte Elektro- und Elektronikgeräte für die gewerbliche Nutzung, beispielsweise medizinische Geräte oder Teile davon, im Rahmen eines gültigen Vertrags zur Fehler-Ursachen-Analyse an den Hersteller oder einen in seinem Namen handelnden Dritten versendet werden, sofern eine solche Analyse nur vom Hersteller oder von in seinem Namen handelnden Dritten durchgeführt werden kann.

3. Zum Nachweis dafür, dass es sich bei den in Nummer 1 genannten Gegenständen, die verbracht werden sollen oder verbracht werden, um gebrauchte Elektro- und Elektronikgeräte und nicht um Altgeräte handelt, hat der Besitzer, der die Beförderung veranlasst, dafür zu sorgen, dass gebrauchte Elektro- und Elektronikgeräte vor ihrer Verbringung die folgenden Stufen zur Prüfung und Aufzeichnung der Prüfungsergebnisse durchlaufen:

Stufe 1: Prüfung

a) Die Funktionsfähigkeit ist zu prüfen und das Vorhandensein gefährlicher Stoffe ist zu bewerten, wobei es von der Art des Elektro- bzw. Elektronikgerätes abhängt, welche Prüfungen durchgeführt werden. Die Prüfung und Bewertung ist durch eine Elektrofachkraft oder durch eine zertifizierte Erstbehandlungsanlage durchzuführen. Für die meisten gebrauchten Elektro- und Elektronikgeräte reicht es, die Funktionsfähigkeit der Hauptfunktionen zu prüfen.

b) Die Ergebnisse der Bewertung und Prüfung sind aufzuzeichnen.

Stufe 2: Aufzeichnung des Prüfungsergebnisses

a) Die Aufzeichnung ist sicher, aber nicht dauerhaft entweder auf dem Elektro- bzw. Elektronikgerät selbst (falls ohne Verpackung) oder auf der Verpackung anzubringen, damit sie gelesen werden kann, ohne dass das Gerät ausgepackt werden muss.

b) Die Aufzeichnung muss folgende Angaben enthalten:

aa) Bezeichnung des Gerätes (wenn in Anlage 1 aufgeführt mit Angabe der Kategorie gemäß § 2 Absatz 1 Satz 1);

bb) Identifikationsnummer des Gegenstands (Typennummer) (soweit vorhanden);

cc) Herstellungsjahr (soweit bekannt);

dd) Name und Anschrift des Unternehmens, das für den Nachweis der Funktionsfähigkeit zuständig ist;

ee) Ergebnisse der unter Stufe 1 beschriebenen Prüfung (einschließlich des Datums der Funktionsfähigkeitsprüfung);

ff) Art der durchgeführten Prüfung.

4. Zusätzlich zu den unter den Nummern 1 bis 3 verlangten Unterlagen muss der Besitzer, der die Beförderung veranlasst, dafür sorgen, dass jeder Ladung (z. B. Versandcontainer, Lastwagen) gebrauchter Elektro- und Elektronikgeräte Folgendes beigelegt wird:

a) ein einschlägiges Beförderungsdokument, beispielsweise CMR-Frachtbrief;

b) eine Erklärung des Besitzers, der die Beförderung veranlasst, zu seiner Verantwortung für die Verbringung.

Verordnung über Anforderungen an die Behandlung von Elektro- und Elektronik-Altgeräten

(Elektro- und Elektronik-Altgeräte-Behandlungsverordnung – EAG-BehandV)

Vom 21. Juni 2021 (BGBl. I S. 1841)

Inhaltsübersicht

Abschnitt 1
Allgemeine Vorschriften

§ 1 Anwendungsbereich

(1) Diese Verordnung regelt die Anforderungen an die Behandlung von Altgeräten im Sinne des § 3 Nummer 3 des Elektro- und Elektronikgerätegesetzes. Sie gilt für die folgenden Tätigkeiten nach der Übergabe von Altgeräten an eine Erstbehandlungsanlage:

1. Entfrachtung von Schadstoffen,
2. Separierung von Wertstoffen,
3. Demontage,
4. Zerkleinern,
5. Recycling,
6. sonstige Verwertung und
7. Vorbereitung zur Beseitigung.

(2) Diese Verordnung gilt nicht für die Tätigkeit der Vorbereitung zur Wiederverwendung ganzer Altgeräte.

(3) Rechtsvorschriften, die besondere Anforderungen an die Bewirtschaftung von Altgeräten oder an aus diesen Altgeräten entfernte Bauteile, Gemische und Stoffe enthalten, bleiben unberührt.

(4) Die Vorschriften des Arbeitsschutz- und des Chemikaliengesetzes sowie der nach diesen erlassenen Rechtsverordnungen, insbesondere der Gefahrstoffverordnung und der Betriebssicherheitsverordnung, bleiben unberührt.

§ 2 Begriffsbestimmungen

(1) Mechanische Zerkleinerung ist die Zerkleinerung von Feststoffen unter mechanischer Einwirkung in oder mit Hilfe von Maschinen auf eine Korngröße von höchstens 900 Millimetern.

(2) Feinste nichtmetallische Restfraktion ist die leichteste Behandlungsfraktion, die nicht aus der Stauberfassung stammt und deren Metallanteil unter zehn Prozent liegt.

Abschnitt 2
Anforderungen an die Behandlung von Altgeräten, Bauteilen, Gemischen und Stoffen

Unterabschnitt 1
Allgemeine Behandlungsanforderungen

§ 3 Schadstoffentfrachtung und Wertstoffseparierung

(1) Vor einer mechanischen Zerkleinerung von getrennt erfassten Altgeräten müssen aus diesen Altgeräten mindestens folgende Bauteile, Gemische und Stoffe entfernt werden:

1. Tonerkartuschen für flüssige oder pastöse Toner und Tintenpatronen, Farbtoner und Resttonerauffangbehälter;
2. cadmium- oder selenhaltige Fotoleitertrommeln;
3. berylliumoxidhaltige Bauteile;

4. Batterien und Akkumulatoren, wenn diese mit allgemein verfügbaren Werkzeugen entfernt werden können;
5. Leiterplatten mit besonders hohen Wertstoffgehalten, insbesondere aus den in der Anlage aufgeführten Altgeräten;
6. quecksilberhaltige Bauteile, wenn diese ohne Zerstörung des Altgerätes zugänglich sind und der Zustand des Altgeräts nicht auf eine Zerstörung der quecksilberhaltigen Bauteile schließen lässt;
7. quecksilberhaltige Lampen für die Hintergrundbeleuchtung und quecksilberhaltige Gasentladungslampen, wenn der Zustand des Altgeräts nicht auf eine Zerstörung der quecksilberhaltigen Lampen schließen lässt;
8. mit Quecksilber verunreinigte Bauteile aus dentalmedizinischen Geräten;
9. Kältemittel, die Fluorchlorkohlenwasserstoffe (FCKW), teilhalogenierte Fluorchlorkohlenwasserstoffe (H-FCKW) oder teilhalogenierte Fluorkohlenwasserstoffe (HFKW) oder Kohlenwasserstoffe (KW) enthalten;
10. Chrom-VI-haltige Ammoniaklösung bei Absorberkühlgeräten;
11. Polymethylmethacrylat- und Polycarbonat-Scheiben aus Flachbildschirmgeräten;
12. Flüssigkeiten und Gase;
13. Asbest und Bauteile, die Asbest enthalten;
14. Kathodenstrahlröhren;
15. Bauteile, die radioaktive Stoffe enthalten, ausgenommen Bauteile, die die Freigrenzen gemäß Anlage 4 Tabelle 1 Spalte 2 und 3 der Verordnung zum Schutz vor der schädlichen Wirkung ionisierender Strahlung (Strahlenschutzverordnung – StrlSchV) vom 29. November 2018 (BGBl. I S. 2034, 2036), die zuletzt durch Artikel 1 der Verordnung vom 20. November 2020 (BGBl. I S. 2502) geändert worden ist, unterschreiten.

(2) Nach einer mechanischen Zerkleinerung von getrennt erfassten Altgeräten müssen mindestens folgende Bauteile, Gemische und Stoffe aus getrennt erfassten Altgeräten entfernt werden:

1. quecksilberhaltige Bauteile, wenn diese nicht bereits nach Absatz 1 Nummer 6 entfernt wurden;
2. quecksilberhaltige Lampen für die Hintergrundbeleuchtung und quecksilberhaltige Gasentladungslampen, wenn diese nicht bereits nach Absatz 1 Nummer 7 entfernt wurden;
3. Batterien und Akkumulatoren, wenn diese nicht bereits nach Absatz 1 Nummer 4 entfernt wurden;
4. Leiterplatten mit einer Oberfläche von mehr als zehn Quadratzentimetern, wenn die Leiterplatten nicht bereits nach Absatz 1 Nummer 5 entfernt wurden;
5. Kunststoffe, die bromierte Flammschutzmittel enthalten;
6. Fluorchlorkohlenwasserstoffe (FCKW), teilhalogenierte Fluorchlorkohlenwasserstoffe (H-FCKW) oder teilhalogenierte Fluorkohlenwasserstoffe (HFKW), Kohlenwasserstoffe (KW), wenn diese nicht bereits nach Absatz 1 Nummer 9 entfernt wurden;

7. Flüssigkristallanzeigen, gegebenenfalls zusammen mit dem Gehäuse, mit einer Oberfläche von mehr als 100 Quadratzentimetern sowie hintergrundbeleuchtete Anzeigen mit Gasentladungslampen;
8. externe elektrische Leitungen;
9. Bauteile, die feuerfeste Keramikfasern gemäß Anhang VI der Verordnung (EG) Nr. 1272/2008 des Europäischen Parlaments und des Rates vom 16. Dezember 2008 über die Einstufung, Kennzeichnung und Verpackung von Stoffen und Gemischen, zur Änderung und Aufhebung der Richtlinien 67/548/EWG und 1999/45/EG und zur Änderung der Verordnung (EG) Nr. 1907/2006 (ABl. L 353 vom 31.12.2008, S. 1), die zuletzt durch die Delegierte Verordnung (EU) Nr. 2020/217 (ABl. L 44 vom 18.2.2020, S. 1) geändert worden ist, enthalten;
10. Elektrolyt-Kondensatoren, die bedenkliche Stoffe enthalten und eine Höhe größer als 25 Millimeter oder einen Durchmesser größer als 25 Millimeter oder ein proportional ähnliches Volumen haben;
11. Kondensatoren, die polychlorierte Biphenyle enthalten.

(3) Batterien und Akkumulatoren sind so zu entfernen, dass sie nicht beschädigt werden und nach der Entfernung identifizierbar sind, so dass eine anschließende Untergliederung nach chemischen Systemen und Typengruppen möglich ist. In der feinsten nichtmetallischen Restfraktion von mechanisch zerkleinerten Altgeräten darf ein Gehalt von 100 Milligramm Cadmium je Kilogramm nicht überschritten werden.

(4) Bei der Entfernung von Elektrolyt-Kondensatoren und Kondensatoren, die polychlorierte Biphenyle enthalten, ist sicherzustellen, dass keine Flüssigkeiten austreten. Bei der Behandlung von gemäß Absatz 2 Nummer 11 entnommenen Kondensatoren darf ein Gehalt an polychlorierten Biphenylen von 50 Milligramm je Kilogramm in der feinsten nichtmetallischen Restfraktion der Altgeräte und in der Staubfraktion nicht überschritten werden. Für Kondensatoren, die polychlorierte Biphenyle enthalten, gilt § 2 Absatz 2 Nummer 2 der PCB/PCT-Abfallverordnung.

(5) Es ist sicherzustellen, dass schadstoffhaltige Bauteile und Materialien bei der Behandlung nicht in einer Weise beschädigt werden, dass Schadstoffe in die zu verwertenden Materialströme eingetragen werden oder wertstoffhaltige Materialien mit den Restfraktionen verloren gehen. Die Vermischung, einschließlich der Verdünnung von gefährlichen Bauteilen, Gemischen und Stoffen aus Altgeräten mit anderen Bauteilen, Gemischen und Stoffen ist nicht zulässig. Bei Behandlungsprozessen mit erhöhter Staubentwicklung oder Schadstofffreisetzungsgefahr ist die Freisetzung und diffuse Verteilung von staubförmigen Emissionen zu vermeiden.

§ 4 Allgemeine Anforderungen an die weitere Behandlung von entfernten Stoffen, Gemischen und Bauteilen

(1) Die nach § 3 entfernten Bauteile, Gemische und Stoffe sind der Vorbereitung zur Wiederverwendung zuzuführen oder zu recyceln.

(2) Wenn eine Behandlung nach Absatz 1 nicht möglich oder zulässig ist, sind die entfernten Bauteile, Gemische und Stoffe in sonstiger Weise zu verwerten oder zu beseitigen, sofern diese Verordnung, das Batteriegesetz vom 25. Juni 2009 (BGBl. I S. 1582), das zuletzt durch Artikel 1 des Gesetzes vom 3. November 2020 (BGBl. I S. 2280) geändert worden ist, in der jeweils geltenden Fassung oder andere Rechtsvorschriften keine anderslautenden Anforderungen an die selektive Behandlung von diesen Bauteilen, Gemischen oder Stoffen stellen.

Unterabschnitt 2
Selektive Behandlungsanforderungen

§ 5 Anforderungen an die Behandlung von radioaktiven Bauteilen

(1) Bauteile aus Konsumgütern, die radioaktive Stoffe enthalten und

1. die unter einer Genehmigung nach § 40 Absatz 1 des Strahlenschutzgesetzes hergestellt oder nach § 42 des Strahlenschutzgesetzes verbracht wurden und
2. für die kein Rücknahmekonzept nach § 41 Absatz 1 Nummer 3 des Strahlenschutzgesetzes und entsprechend § 43 des Strahlenschutzgesetzes erforderlich ist,

dürfen ohne weitere selektive Behandlung gemäß § 15 Absatz 2 des Kreslaufwirtschaftsgesetzes beseitigt oder verwertet werden.

(2) Bauteile nach Absatz 1, für die ein Rücknahmekonzept nach § 41 Absatz 1 Nummer 3 des Strahlenschutzgesetzes und nach § 43 des Strahlenschutzgesetzes gefordert ist, sind vom Letztverbraucher nach § 44 Satz 2 des Strahlenschutzgesetzes an die in der Information nach § 41 Absatz 1 Nummer 5 des Strahlenschutzgesetzes angegebene Stelle zurückzugeben.

(3) Alle übrigen Bauteile, die radioaktive Stoffe enthalten, sind nach Maßgabe des Strahlenschutzgesetzes und der auf dessen Grundlage erlassenen Rechtsverordnungen zu entsorgen.

§ 6 Anforderungen an die Behandlung von Leiterplatten

Aluminium-Kühlkörper ab einer Masse von 100 Gramm aus den gemäß § 3 Absatz 1 Nummer 5 und Absatz 2 Nummer 4 entfernten Leiterplatten sind vor dem metallurgischen Prozess zu entfernen und einem Recycling zuzuführen, sofern durch die Entfernung nur geringfügige Edelmetallverluste entstehen.

§ 6 Anforderungen an die Behandlung von Leiterplatten

Aluminium-Kühlkörper ab einer Masse von 100 Gramm aus den gemäß § 3 Absatz 1 Nummer 5 und Absatz 2 Nummer 4 entfernten Leiterplatten sind vor dem metallurgischen Prozess zu entfernen und einem Recycling zuzuführen, sofern durch die Entfernung nur geringfügige Edelmetallverluste entstehen.

§ 7 Anforderungen an die Behandlung von Kunststoffen

(1) Wenn bei gemäß § 3 Absatz 2 Nummer 5 entfernten Kunststoffen nicht ausgeschlossen werden kann, dass die jeweiligen Konzentrationsgrenzen nach Anhang IV der Verordnung (EU) 2019/1021 des Europäischen Parlaments und des Rates vom 20. Juni 2019 über persistente organische Schadstoffe (ABl. L 169 vom 25.6.2019, S. 45), die zuletzt durch die Delegierte Verordnung (EU) 2020/784 (ABl. L 188I vom 15.6.2020, S. 1) geändert worden ist, in der jeweils geltenden Fassung erreicht oder überschritten werden, dürfen diese Kunststoffe nur dann einem Recycling zugeführt werden, wenn die persistenten organischen Schadstoffe zuvor von der zu verwertenden Fraktion getrennt wurden. Die Anforderungen des Artikels 7 der Verordnung (EU) 2019/1021 und der Verordnung über die Getrenntsammlung und Überwachung von nicht gefährlichen Abfällen mit persistenten organischen Schadstoffen vom 17. Juli 2017 (BGBl. I S. 2644) bleiben unberührt.

(2) Die nach § 3 Absatz 1 Nummer 11 entfernten Polymethylmethacrylat- und Polycarbonat-Scheiben aus Flachbildschirm-Geräten sind einer Vorbereitung zur Wiederverwendung oder einem Recycling zuzuführen.

§ 8 Anforderungen an die Behandlung von Flachbildschirm-Geräten mit quecksilberhaltiger Hintergrundbeleuchtung und von Gasentladungslampen sowie deren Fraktionen

(1) Bei Flachbildschirm-Geräten mit quecksilberhaltiger Hintergrundbeleuchtung ist die Lampenfraktion von den anderen zu verwertenden Fraktionen zu trennen. Die Trennung ist in der weiteren Behandlung aufrecht zu erhalten. Der Quecksilbergehalt der anderen zu verwertenden Fraktionen darf ein halbes Milligramm Quecksilber je Kilogramm Fraktion nicht überschreiten. Satz 1 gilt nicht, sofern Regelungen des Arbeits- und Gesundheitsschutzes in Bezug auf die zulässigen Arbeitsplatzgrenzwerte der Anforderung entgegenstehen.

(2) Aus der gemäß Absatz 1 getrennten Lampenfraktion und aus den Gasentladungslampen, die gemäß § 3 Absatz 1 Nummer 7 und Absatz 2 Nummer 2 entfernt wurden, sind Quecksilber und Leuchtpulver zu entfernen.

(3) Bei der Aufbereitung der getrennten Lampenfraktionen und der entfernten Gasentladungslampen zur Verwertung darf folgender Quecksilbergehalt nicht überschritten werden:

1. für Altglas ein Quecksilbergehalt von höchstens fünf Milligramm je Kilogramm Altglas,
2. für Aluminium-Endkappen ein Quecksilbergehalt von 20 Milligramm je Kilogramm Aluminium-Endkappen sowie
3. für die sonstigen Fraktionen zur Verwertung ein Quecksilbergehalt von 80 Milligramm je Kilogramm Fraktion.

§ 9 Anforderungen an die Behandlung von Kathodenstrahlröhren

(1) Von gemäß § 3 Absatz 1 Nummer 14 entfernten Kathodenstrahlröhren ist die fluoreszierende Beschichtung zu entfernen.

(2) Bei der Behandlung von Kathodenstrahlröhren sind Schirm- und Konusglas zu trennen. Die Trennung ist im weiteren Behandlungsprozess aufrecht zu erhalten.

(3) Glasfraktionen aus der Behandlung von Kathodenstrahlröhren, die aufgrund ihres Gehaltes an Blei, an anderen Schwermetallen oder an Arsen als gefährlich einzustufen sind, sind grundsätzlich einer sonstigen Verwertung zuzuführen oder zu beseitigen. Abweichend von Satz 1 ist ein Recycling von Glasfraktionen nur in metallurgischen Prozessen zur Schwermetallgewinnung und bei der Herstellung von bleihaltigem Strahlenschutzglas zulässig.

§ 10 Anforderungen an die Behandlung von Photovoltaikmodulen

(1) Siliziumbasierte und nicht-siliziumbasierte Photovoltaikmodule sind getrennt voneinander zu behandeln. Photovoltaikmodule aus Tandem- oder Mehrfach-Solarzellen gelten als nicht-siliziumbasierte Photovoltaikmodule.

(2) Bei der Behandlung von siliziumbasierten Photovoltaikmodulen dürfen folgende Schadstoffgehalte in den Fraktionen nicht überschritten werden:

1. in der Glasfraktion:
   a) ein Bleigehalt von 100 Milligramm je Kilogramm sowie
   b) ein Selen- und Cadmiumgehalt von jeweils einem Milligramm je Kilogramm;
2. in den weiteren Fraktionen zur Verwertung:
   a) ein Bleigehalt von 200 Milligramm je Kilogramm sowie

b) ein Selen- und Cadmiumgehalt von jeweils einem Milligramm je Kilogramm.

(3) Bei der Behandlung von nicht-siliziumbasierten Photovoltaikmodulen darf folgender Schadstoffgehalt in der Glasfraktion sowie in den weiteren Fraktionen zur Verwertung nicht überschritten werden:

1. ein Bleigehalt von zehn Milligramm je Kilogramm sowie
2. ein Selen- und Cadmiumgehalt von jeweils einem Milligramm je Kilogramm.

Satz 1 gilt nicht für die Halbleiterfraktion.

(4) Abweichend von Absatz 1 Satz 1 sind Verfahren für die gemeinsame Behandlung von siliziumbasierten und nicht-siliziumbasierten Photovoltaikmodulen zulässig, wenn folgender Schadstoffgehalt in der Glasfraktion sowie in den weiteren Fraktionen zur Verwertung nicht überschritten wird:

1. ein Bleigehalt von zehn Milligramm je Kilogramm sowie
2. ein Selen- und Cadmiumgehalt von jeweils einem Milligramm je Kilogramm.

Satz 1 gilt nicht für die Halbleiterfraktion.

(5) Bei der Behandlung von Photovoltaikmodulen sind Aluminium und Cadmium-Tellurid zu trennen und einem Recycling zuzuführen.

§ 11 Anforderungen an die Behandlung von Wärmeüberträgern

(1) Bei der Behandlung von Wärmeüberträgern sind Gase, die ozonabbauend sind oder ein Erderwärmungspotenzial (GWP100) über 15 haben, ordnungsgemäß zu entfernen und zu behandeln. Ozonabbauende Gase sind gemäß Artikel 22 der Verordnung (EG) Nr. 1005/2009 des Europäischen Parlaments und des Rates vom 16. September 2009 über Stoffe, die zum Abbau der Ozonschicht führen (ABl. L 286 vom 31.10.2009, S. 1), die zuletzt durch die Verordnung (EU) 2017/605 (ABl. L 84 vom 30.3.2017, S. 3) geändert worden ist, zu behandeln.

(2) Bei der Behandlung ammoniakhaltiger Absorberkühlgeräte ist die Chrom-VI-haltige Ammoniaklösung in einer gekapselten Anlage zu isolieren. Wenn ein Kältekreislauf nicht vollständig von chromathaltigen Lösungen gereinigt werden kann, sind eisenhaltige Bauteile des Kältekreislaufes aufgrund ihres Chromatgehaltes zur Sicherstellung der Anforderung nach § 3 Absatz 5 Satz 1 vor einer mechanischen Zerkleinerung zu entfernen und ohne weitere Behandlung einer dafür geeigneten Verwertungsanlage zuzuführen. Die entnommenen ammoniak- und Chrom-VI-haltigen Flüssigkeiten sind einer chemisch-physikalischen Behandlungsanlage zuzuführen.

Abschnitt 3
Eigenüberwachung, Inkrafttreten

§ 12 Eigenüberwachung

(1) Der Betreiber einer Erstbehandlungsanlage ist verpflichtet,

1. eine Eigenüberwachung durchzuführen, die der Einhaltung des Kontrollplans dient, insbesondere der Wirksamkeit des Behandlungskonzepts, seiner Anwendung in der betrieblichen Praxis, sowie der Einhaltung von Grenzwerten und Zielvorgaben,
2. einen Kontrollplan zu erstellen, anhand dessen sich die Einhaltung der maximal zulässigen Werte nach § 3 Absatz 3 Satz 2 und Absatz 4 Satz 2, § 7 Absatz 1 Satz 1, § 8 Absatz 1 Satz 3 und Absatz 3 sowie § 10 Absatz 2, 3 und 4 überprüfen lässt, und

3. die Ergebnisse der Überprüfung im Betriebstagebuch gemäß Anlage 5a des Elektro- und Elektronikgerätegesetzes zu dokumentieren.

(2) Bei einer Überschreitung der maximal zulässigen Werte nach § 3 Absatz 3 Satz 2 und Absatz 4 Satz 2, § 7 Absatz 1 Satz 1, § 8 Absatz 1 Satz 3 und Absatz 3 sowie § 10 Absatz 2, 3 und 4 hat der Betreiber einer Erstbehandlungsanlage

1. unverzüglich eine Defizitanalyse durchzuführen und einen Maßnahmenplan zu erstellen sowie
2. die Arbeitsanweisungen im Behandlungskonzept gemäß Anlage 5 des Elektro- und Elektronikgerätegesetzes entsprechend anzupassen.

§ 13 Inkrafttreten

Diese Verordnung tritt am 1. Januar 2022 in Kraft.

Anlage

(zu § 3 Absatz 1 Nummer 5)

Nicht abschließende Liste der Altgeräte mit besonders hohen Wertstoffgehalten in Leiterplatten

Kategorie 1 (Wärmeüberträger), Kategorie 4 (Großgeräte)

- Wärmeüberträger und Großgeräte mit kabelgebundenem oder kabellosem Internet- oder Netzwerkanschluss

Kategorie 2 (Bildschirme, Monitore und Geräte, die Bildschirme mit einer Oberfläche von mehr als 100 Quadratzentimetern enthalten)

- Flachbildschirme
- Laptops, Notebooks, Tablets und Tablet-PCs

Kategorie 4 (Großgeräte), Kategorie 6 (kleine IT- und Telekommunikationsgeräte)

- Server
- PCs
- Laserdrucker

Kategorie 5 (Kleingeräte), Kategorie 6 (kleine IT- und Telekommunikationsgeräte)

- Mobiltelefone, Smartphones
- Digital-/Videokameras
- mobile DVD/CD-Player
- Videospielkonsolen
- Navigationssysteme
- Router
- Festplatten (auch in PCs oder Servern), wenn nicht aus Datenschutzgründen komplett zerkleinert

17

Verordnung zur Beschränkung der Verwendung gefährlicher Stoffe in Elektro- und Elektronikgeräten

(Elektro- und Elektronikgeräte-Stoff-Verordnung – ElektroStoffV)

Vom 19. April 2013 (BGBl. I S. 1111)

Zuletzt geändert am 12. Mai 2021 (BGBl. I S. 1087)

§ 1 Anwendungsbereich

(1) Diese Verordnung gilt für das Inverkehrbringen und das Bereitstellen von neuen Elektro- und Elektronikgeräten auf dem Markt. Elektro- und Elektronikgeräte werden in die folgenden Kategorien unterteilt:

1. Haushaltsgroßgeräte,
2. Haushaltskleingeräte,
3. Geräte der Informations- und Telekommunikationstechnik,
4. Geräte der Unterhaltungselektronik,
5. Beleuchtungskörper,
6. elektrische und elektronische Werkzeuge,
7. Spielzeug sowie Sport- und Freizeitgeräte,
8. medizinische Geräte,
9. Überwachungs- und Kontrollinstrumente einschließlich Überwachungs- und Kontrollinstrumente in der Industrie,
10. automatische Ausgabegeräte,
11. sonstige Elektro- und Elektronikgeräte, die nicht unter die Nummern 1 bis 10 fallen.

(2) Diese Verordnung gilt nicht für folgende Elektro- und Elektronikgeräte:

1. Geräte, die für den Schutz der wesentlichen Sicherheitsinteressen der Bundesrepublik Deutschland erforderlich sind, einschließlich Waffen, Munition und Wehrmaterial für militärische Zwecke,
2. Ausrüstungsgegenstände für einen Einsatz im Weltraum,
3. Geräte, die
   a) speziell als Teil eines anderen, von dieser Verordnung ausgenommenen oder nicht in den Geltungsbereich dieser Verordnung fallenden Gerätetyps konzipiert sind und installiert werden sollen,
   b) ihre Funktion nur als Teil dieses Geräts erfüllen können und
   c) nur durch gleichartige Geräte ersetzt werden können,
4. ortsfeste industrielle Großwerkzeuge,
5. ortsfeste Großanlagen,
6. Verkehrsmittel zur Personen- oder Güterbeförderung mit Ausnahme von elektrisch angetriebenen Zweirad-Fahrzeugen, die nicht typgenehmigt sind,

7. bewegliche Maschinen,
8. aktive, implantierbare medizinische Geräte,
9. Photovoltaikmodule, die zur Verwendung in einem System bestimmt sind, das zum ständigen Betrieb an einem festen Ort zur Erzeugung von Strom aus solarer Strahlungsenergie für öffentliche, kommerzielle, industrielle und private Anwendungen von Fachpersonal entworfen, zusammengesetzt und installiert wurde,
10. Geräte, die ausschließlich zu Zwecken der Forschung und Entwicklung entworfen wurden und nur auf zwischenbetrieblicher Ebene bereitgestellt werden,
11. Pfeifenorgeln.

(3) Soweit auf Grund anderer Rechtsvorschriften besondere Anforderungen an die Verwendung der durch diese Verordnung beschränkten Stoffe in Elektro- und Elektronikgeräten bestehen, gelten diese Rechtsvorschriften.

§ 2 Begriffsbestimmungen

Im Sinne dieser Verordnung bezeichnet der Ausdruck

1. Elektro- und Elektronikgerät:
ein Gerät, das für den Betrieb mit Wechselstrom von höchstens 1 000 Volt oder für den Betrieb mit Gleichstrom von höchstens 1 500 Volt ausgelegt ist und
   a) das zu seinem ordnungsgemäßen Betrieb von elektrischen Strömen oder elektromagnetischen Feldern abhängig ist, das heißt, dass elektrische Ströme oder elektromagnetische Felder benötigt werden, um mindestens eine der beabsichtigten Funktionen des Geräts zu erfüllen,
   b) der Erzeugung, Übertragung und Messung solcher Felder und Ströme dient;
2. ortsfestes industrielles Großwerkzeug:
eine groß angelegte Anordnung mehrerer Maschinen, Geräte oder Bauteile mit einer gemeinsamen Funktion für eine bestimmte Anwendung, die
   a) von Fachpersonal dauerhaft an einem bestimmten Ort installiert und von Fachpersonal abgebaut wird und
   b) von Fachpersonal in einer industriellen Fertigungsanlage oder einer Forschungs- und Entwicklungsanlage eingesetzt und instand gehalten wird;
3. ortsfeste Großanlage:
eine groß angelegte Anordnung von Geräten unterschiedlicher Art und gegebenenfalls weiteren Einrichtungen, die
   a) von Fachpersonal montiert und installiert wird und
   b) dazu bestimmt ist, auf Dauer an einem festen Ort betrieben zu werden und von Fachpersonal abgebaut zu werden;
4. Kabel:
ein Kabel mit einer Nennspannung von weniger als 250 Volt, das als Verbindungs- oder Verlängerungskabel zum Anschluss eines Elektro- oder Elektronikgeräts an eine Steckdose oder zur Verbindung von zwei oder mehr Elektro- oder Elektronikgeräten dient;

5. Hersteller:
jede natürliche oder juristische Person oder Personengesellschaft, die ein Elektro- oder Elektronikgerät herstellt oder entwickeln oder herstellen lässt und es unter ihrem eigenen Namen oder ihrer eigenen Marke vermarktet;

6. Bevollmächtigter:
jede in der Union ansässige natürliche oder juristische Person oder Personengesellschaft, die der Hersteller schriftlich ermächtigt hat, in seinem Namen bestimmte Aufgaben wahrzunehmen;

7. Vertreiber:
jede natürliche oder juristische Person oder Personengesellschaft, die ein Elektro- oder Elektronikgerät anbietet oder auf dem Markt bereitstellt, mit Ausnahme des Herstellers und des Importeurs;

8. Importeur:
jede in der Europäischen Union ansässige natürliche oder juristische Person oder Personengesellschaft, die ein Elektro- oder Elektronikgerät aus einem Drittstaat anbietet oder in Verkehr bringt;

9. Wirtschaftsakteur:
den Hersteller, den Bevollmächtigten, den Importeur und den Vertreiber;

10. Bereitstellung auf dem Markt:
jede entgeltliche oder unentgeltliche Abgabe eines Elektro- oder Elektronikgeräts zum Vertrieb, zum Verbrauch oder zur Verwendung auf dem Markt der Europäischen Union im Rahmen einer Geschäftstätigkeit;

11. Inverkehrbringen:
die erstmalige Bereitstellung eines Elektro- oder Elektronikgeräts auf dem Markt zum Vertrieb, zum Verbrauch oder zur Verwendung;

12. harmonisierte Norm:
eine Norm, die von einem europäischen Normungsgremium im Sinne des Anhangs I der Richtlinie 98/34/ EG des Europäischen Parlaments und des Rates vom 22. Juni 1998 über ein Informationsverfahren auf dem Gebiet der Normen und technischen Vorschriften und der Vorschriften für die Dienste der Informationsgesellschaft (ABl. L 204 vom 21.7.1998, S. 37), die zuletzt durch die Richtlinie 2006/96/EG des Rates (ABl. L 363 vom 20.12.2006, S. 81) geändert worden ist, auf Ersuchen der Kommission nach Artikel 6 der Richtlinie 93/34/EG erstellt wurde;

13. technische Spezifikation:
ein Dokument, in dem die technischen Anforderungen festgelegt sind, die ein Produkt, ein Verfahren oder eine Dienstleistung erfüllen muss;

14. CE-Kennzeichnung:
die Kennzeichnung, durch die der Hersteller erklärt, dass das Elektro- oder Elektronikgerät die geltenden Anforderungen erfüllt, die in den Harmonisierungsrechtsvorschriften der Europäischen Union, die ihre Anbringung vorschreiben, festgelegt sind;

15. Konformitätsbewertung:
das Verfahren zur Bewertung, ob die Anforderungen dieser Verordnung in Bezug auf ein Elektro- oder Elektronikgerät erfüllt sind;

16. Marktüberwachung:
die von den zuständigen Behörden durchgeführten Tätigkeiten und von ihnen getroffenen Maßnahmen, durch die sichergestellt werden soll, dass ein Elektro- oder Elektronikgerät die Anforderungen dieser Verordnung erfüllt und die Sicherheit und Gesundheit von Personen oder andere im öffentlichen Interesse schützenswerte Bereiche nicht gefährdet;

17. Rückruf:
jede Maßnahme, mit der die Rückgabe eines an die Endverbraucherin oder den Endverbraucher abgegebenen Elektro- oder Elektronikgeräts bewirkt werden soll;

18. Rücknahme:
jede Maßnahme, mit der verhindert werden soll, dass ein Elektro- oder Elektronikgerät, das sich in der Lieferkette befindet, auf dem Markt bereitgestellt wird;

19. homogener Werkstoff:
einen Werkstoff von durchgehend gleichförmiger Zusammensetzung oder einen aus verschiedenen Werkstoffen bestehenden Werkstoff, der nicht durch mechanische Vorgänge wie Abschrauben, Schneiden, Zerkleinern, Mahlen und Schleifen in einzelne Werkstoffe zerlegt oder getrennt werden kann;

20. medizinisches Gerät:
ein Medizinprodukt im Sinne von Artikel 2 Nummer 1 der Verordnung (EU) 2017/745 des Europäischen Parlaments und des Rates vom 5. April 2017 über Medizinprodukte, zur Änderung der Richtlinie 2001/83/EG, der Verordnung (EG) Nr. 178/2002 und der Verordnung (EG) Nr. 1223/2009 und zur Aufhebung der Richtlinien 90/385/EWG und 93/42/EWG des Rates (ABl. L 117 vom 5.5.2017, S. 1; L 117 vom 3.5.2019, S. 9; L 334 vom 27.12.2019, S. 165), die durch die Verordnung (EU) 2020/561 (ABl. L 130 vom 24.4.2020, S. 18) geändert worden ist, in der jeweils geltenden Fassung;

21. In-vitro-Diagnostikum:[1]
ein In-vitro-Diagnostikum im Sinne von § 3 Nummer 4 des Medizinproduktegesetzes in der bis einschließlich 25. Mai 2021 geltenden Fassung geändert worden ist;

22. aktives, implantierbares medizinisches Gerät:
jedes aktive, implantierbare Medizinprodukt im Sinne von Artikel 2 Nummer 4 und 5 der Verordnung (EU) 2017/745;

23. Überwachungs- und Kontrollinstrument:
ein Überwachungs- und Kontrollinstrument, das für andere als ausschließlich industrielle und gewerbliche Zwecke bestimmt ist;

1

Gültige Fassung ab 26. Mai 2022:

21. In-vitro-Diagnostikum:
ein In-vitro-Diagnostikum im Sinne von Artikel 2 Nummer 2 der Verordnung (EU) 2017/746 des Europäischen Parlaments und des Rates vom 5. April 2017 über In-vitro-Diagnostika und zur Aufhebung der Richtlinie 98/79/EG und des Beschlusses 2010/227/EU der Kommission (ABl. L 117 vom 5.5.2017, S. 176; L 117 vom 3.5.2019, S. 11; L 334 vom 27.12.2019, S. 167) in der jeweils geltenden Fassung geändert worden ist;

24. industrielles Überwachungs- und Kontrollinstrument:
    ein Überwachungs- und Kontrollinstrument, das ausschließlich für industrielle und gewerbliche Zwecke bestimmt ist;

25. Ersatzteil:
    ein Einzelteil eines Elektro- oder Elektronikgeräts, das einen Bestandteil eines Elektro- oder Elektronikgeräts ersetzen kann und das dessen
    a) Funktionstüchtigkeit wiederherstellt oder verbessert,
    b) Wiederverwendung ermöglicht,
    c) Funktionen aktualisiert oder
    d) Leistungsvermögen erweitert;

26. bewegliche Maschinen:
    Maschinen mit eigener Energieversorgung oder mit externem Antrieb über Netzkabe, die
    a) vorrangig nicht für den Straßenverkehr bestimmt sind,
    b) ausschließlich bei einer beruflichen Tätigkeit genutzt werden und
    c) beim Betrieb entweder beweglich sind oder kontinuierlich oder halbkontinuierlich zu verschiedenen festen Betriebsorten bewegt werden.

§ 3 Voraussetzungen für das Inverkehrbringen

(1) Elektro- und Elektronikgeräte einschließlich Kabeln und Ersatzteilen dürfen nur in Verkehr gebracht werden, wenn die zulässigen Höchstkonzentrationen folgender Stoffe nicht überschritten werden:

1. 0,1 Gewichtsprozent je homogenen Werkstoff:
   a) Blei,
   b) Quecksilber,
   c) sechswertiges Chrom,
   d) polybromiertes Biphenyl (PBB),
   e) polybromierte Diphenylether (PBDE),
   f) Di(2-ethylhexyl)phthalat (DEHP),
   g) Butylbenzylphthalat (BBP),
   h) Dibutylphthalat (DBP) oder
   i) Diisobutylphthalat (DIBP) oder
2. 0,01 Gewichtsprozent Cadmium je homogenen Werkstoff.

(2) Unbeschadet des Absatzes 1 dürfen Elektro- und Elektronikgeräte nur in Verkehr gebracht werden, wenn

1. für sie die erforderlichen technischen Unterlagen erstellt wurden,
2. in Übereinstimmung mit Modul A in Anhang II des Beschlusses Nr. 768/2008/EG des Europäischen Parlaments und des Rates vom 9. Juli 2008 über einen gemeinsamen Rechtsrahmen für die Vermarktung von Produkten und zur Aufhebung des Beschlusses 93/465/EWG

des Rates (ABl. L 218 vom 13.8.2008, S. 82) durch eine interne Fertigungskontrolle nachgewiesen wurde, dass sie die Anforderungen des Absatzes 1 erfüllen,

3. für sie die EU-Konformitätserklärung gemäß § 11 ausgestellt wurde und

4. gemäß § 12 die CE-Kennzeichnung angebracht wurde.

Ist nach anderen geltenden Rechtsvorschriften der Europäischen Union die Durchführung eines Konformitätsbewertungsverfahrens erforderlich, bei dem mindestens die Anforderungen des Moduls A in Anhang II des Beschlusses Nr. 768/2008/EG erfüllt sein müssen, so kann die Erfüllung der Anforderungen gemäß Absatz 1 im Rahmen dieses alternativen Verfahrens nachgewiesen werden. Es können einheitliche technische Unterlagen erstellt werden.

(3) Absatz 1 gilt nicht für Verwendungszwecke, die in den Anhängen III und IV der Richtlinie 2011/65/EU des Europäischen Parlaments und des Rates vom 8. Juni 2011 zur Beschränkung der Verwendung bestimmter gefährlicher Stoffe in Elektro- und Elektronikgeräten (ABl. L 174 vom 1.7.2011, S. 88), die zuletzt durch die Richtlinie (EU) 2017/2102 (ABl. L 305 vom 21.11. 2017, S. 8) geändert worden ist, in der jeweils geltenden Fassung festgelegt sind. Bei diesen Verwendungszwecken hat die interne Fertigungskontrolle nach Absatz 2 Satz 1 Nummer 2 nachzuweisen, dass die Voraussetzungen für die jeweilige Ausnahme nach den Anhängen III und IVder Richtlinie 2011/65/EU erfüllt werden.

(4) Absatz 1 Nummer 1 Buchstabe f bis h gilt nicht für Spielzeug, das bereits gemäß Eintrag 51 in Anhang XVII der Verordnung (EG) Nr. 1907/2006 des Europäischen Parlaments und des Rates vom 18. Dezember 2006 zur Registrierung, Bewertung, Zulassung und Beschränkung chemischer Stoffe (REACH), zur Schaffung einer Europäischen Agentur für chemische Stoffe, zur Änderung der Richtlinie 1999/45/EG und zur Aufhebung der Verordnung (EWG) Nr. 793/93 des Rates, der Verordnung (EG) Nr. 1488/94 der Kommission, der Richtlinie 76/769/EWG des Rates sowie der Richtlinien 91/155/EWG, 93/67/EWG, 93/105/EG und 2000/21/EG der Kommission (ABl. L 396 vom 30.12.2006, S. 1), die zuletzt durch die Verordnung (EU) 2015/1494 (ABl. L 233 vom 5.9.2015, S. 2) geändert worden ist, einer Beschränkung unterliegt.

§ 4 Allgemeine Pflichten des Herstellers

(1) Der Hersteller darf nur Elektro- und Elektronikgeräte in Verkehr bringen, die die Anforderungen des § 3 Absatz 1 erfüllen.

(2) Der Hersteller ist verpflichtet, die in § 3 Absatz 2 genannten Verfahrensschritte durchzuführen. Für die Durchführung der internen Fertigungskontrolle nach § 3 Absatz 2 Satz 1 Nummer 2 oder nach § 3 Absatz 2 Satz 2 kann der Hersteller auch einen Dritten beauftragen.

(3) Der Hersteller muss die technischen Unterlagen und die EU-Konformitätserklärung über einen Zeitraum von zehn Jahren ab dem Inverkehrbringen des letzten Stücks einer Elektro- oder Elektronikgeräteserie aufbewahren.

(4) Der Hersteller hat bei Serienfertigung durch geeignete Verfahren dafür zu sorgen, dass die Erfüllung der Anforderungen des § 3 Absatz 1 stets sichergestellt ist. Er hat bei der Auswahl dieses Verfahrens Änderungen an der Gestaltung des Produkts oder an dessen Merkmalen sowie Änderungen der harmonisierten Normen oder der technischen Spezifikationen, auf die bei Erklärung der Konformität von Elektro- und Elektronikgeräten verwiesen wird, angemessen zu berücksichtigen.

(5) Besteht Grund zu der Annahme, dass ein vom Hersteller in Verkehr gebrachtes Elektro- oder Elektronikgerät nicht den Anforderungen des § 3 entspricht, hat der Hersteller unverzüglich Maßnahmen zu ergreifen, durch die die Konformität dieses Geräts hergestellt wird; wenn dies nicht

möglich ist, muss der Hersteller erforderlichenfalls das Elektro- oder Elektronikgerät vom Markt nehmen oder zurückrufen. Er muss unverzüglich die zuständigen Behörden darüber informieren und ausführliche Angaben machen, insbesondere über die Nichtkonformität und die ergriffenen Maßnahmen.

§ 5 Besondere Kennzeichnungs- und Informationspflichten des Herstellers

(1) Der Hersteller muss sicherstellen, dass seine Elektro- und Elektronikgeräte zur Identifikation eine Typen-, Chargen- oder Seriennummer oder ein anderes Kennzeichen tragen. Falls dies auf Grund der Größe oder Art des Geräts nicht möglich ist, muss der Hersteller die erforderlichen Informationen auf der Verpackung oder in den Unterlagen, die dem Gerät beigefügt sind, angeben.

(2) Der Hersteller muss sicherstellen, dass sein Name, seine eingetragene Firma oder seine eingetragene Marke und seine Anschrift nach Satz 3 auf dem Elektro- oder Elektronikgerät angegeben sind. Falls dies auf Grund der Größe oder Art des Elektro- oder Elektronikgeräts nicht möglich ist, muss der Hersteller diese Angaben auf der Verpackung oder in den Unterlagen, die dem Gerät beigefügt sind, machen. In der Anschrift muss eine zentrale Stelle angegeben sein, unter der der Hersteller kontaktiert werden kann.

(3) Der Hersteller ist verpflichtet, der zuständigen Behörde auf deren begründetes Verlangen alle Informationen und Unterlagen zur Verfügung zu stellen, die erforderlich sind, um die Konformität des in Verkehr gebrachten Elektro- oder Elektronikgeräts mit den Anforderungen des § 3 nachzuweisen. Die Informationen und Unterlagen sind in deutscher oder englischer Sprache zu verfassen. Der Hersteller hat mit dieser Behörde auf deren Verlangen bei allen erforderlichen Maßnahmen zu kooperieren, die sicherstellen sollen, dass das von ihm in Verkehr gebrachte Gerät die Anforderungen dieser Verordnung erfüllt.

(4) Der Hersteller muss ein Verzeichnis seiner nichtkonformen Elektro- und Elektronikgeräte sowie der diesbezüglichen Rückrufe und Rücknahmen führen und die Vertreiber über die in diesem Verzeichnis gelisteten Elektro- und Elektronikgeräte in regelmäßigen Abständen informieren.

§ 6 Ermächtigung eines Bevollmächtigten

(1) Ein Hersteller kann schriftlich einen Bevollmächtigten ermächtigen.

(2) Ein Bevollmächtigter nimmt die ihm vom Hersteller übertragenen Aufgaben für diesen wahr. Ein Hersteller, der einen Bevollmächtigten einsetzt, muss diesem mindestens die folgenden Aufgaben übertragen: 18

1. Bereithaltung der EU-Konformitätserklärung und der technischen Unterlagen für die zuständigen Behörden über einen Zeitraum von zehn Jahren ab dem Inverkehrbringen des letzten Stücks der Elektro- oder Elektronikgeräteserie,
2. auf begründetes Verlangen der zuständigen Behörde Aushändigung aller erforderlichen Informationen und Unterlagen an diese Behörde zum Nachweis der Konformität des Elektro- oder Elektronikgeräts mit dieser Verordnung und
3. auf Verlangen der zuständigen Behörde Zusammenarbeit mit dieser Behörde bei allen Maßnahmen, die sicherstellen sollen, dass das Elektro- oder Elektronikgerät die Anforderungen dieser Verordnung erfüllt.

(3) Nicht auf einen Bevollmächtigten übertragen werden kann vom Hersteller

1. die Verpflichtung gemäß § 4 Absatz 1 und

2. die Erstellung der technischen Unterlagen nach § 4 Absatz 2 in Verbindung mit § 3 Absatz 2 Satz 1 Nummer 1.

(4) Der Bevollmächtigte muss die ihm übertragenen Aufgaben gegenüber den Marktüberwachungsbehörden wahrnehmen.

§ 7 Verpflichtungen des Importeurs

(1) Der Importeur muss sich, bevor er ein Elektro- oder Elektronikgerät in Verkehr bringt, vergewissern, dass der Hersteller durch ein Verfahren nach § 3 Absatz 2 Satz 1 Nummer 2 oder Satz 2 nachgewiesen hat, dass das Elektro- oder Elektronikgerät die Anforderungen nach § 3 Absatz 1 erfüllt. Hierbei hat der Importeur insbesondere zu prüfen, ob

1. der Hersteller die technischen Unterlagen nach § 3 Absatz 2 Satz 1 Nummer 1 erstellt hat,
2. das Elektro- oder Elektronikgerät mit der CE-Kennzeichnung nach § 12 versehen ist und
3. der Hersteller das Elektro- oder Elektronikgerät nach § 5 Absatz 1 und 2 gekennzeichnet hat.

Besteht Grund zu der Annahme, dass ein Elektro- oder Elektronikgerät nicht die Anforderungen nach § 3 Absatz 1 erfüllt, darf der Importeur dieses Gerät nicht in Verkehr bringen. Er informiert hierüber den Hersteller und die zuständigen Behörden.

(2) Besteht Grund zu der Annahme, dass ein vom Importeur in Verkehr gebrachtes Elektro- oder Elektronikgerät nicht den Anforderungen des § 3 entspricht, hat der Importeur unverzüglich Maßnahmen zu ergreifen, durch die die Konformität dieses Geräts hergestellt wird; wenn dies nicht möglich ist, muss er das Elektro- oder Elektronikgerät erforderlichenfalls vom Markt nehmen oder zurückrufen. Er muss unverzüglich die zuständigen Behörden darüber informieren und ausführliche Angaben machen, insbesondere über die Nichtkonformität und die ergriffenen Maßnahmen.

(3) Der Importeur muss ein Verzeichnis der von ihm importierten nichtkonformen Elektro- und Elektronikgeräte sowie der diesbezüglichen Rückrufe und Rücknahmen von Elektro- und Elektronikgeräten führen und die Vertreiber über die in diesem Verzeichnis gelisteten Elektro- und Elektronikgeräte in regelmäßigen Abständen informieren.

(4) Der Importeur hat über einen Zeitraum von zehn Jahren ab dem Inverkehrbringen des letzten Stücks einer Elektro- oder Elektronikgeräteserie eine Kopie der EU-Konformitätserklärung für die zuständigen Behörden bereitzuhalten und dafür zu sorgen, dass er diesen Behörden auf Verlangen die technischen Unterlagen vorlegen kann.

(5) Der Importeur muss sicherstellen, dass sein Name, seine eingetragene Firma oder seine eingetragene Marke und seine Anschrift auf dem Elektro- oder Elektronikgerät angegeben sind. Falls dies nicht möglich ist, muss der Importeur diese Angaben auf der Verpackung oder in den Unterlagen, die dem Gerät beigefügt sind, machen.

(6) Der Importeur ist verpflichtet, der zuständigen Behörde auf deren begründetes Verlangen alle Informationen und Unterlagen zur Verfügung zu stellen, die erforderlich sind, um die Konformität des in Verkehr gebrachten Elektro- oder Elektronikgeräts mit den Anforderungen des § 3 nachzuweisen. Die Informationen und Unterlagensind in deutscher oder englischer Sprache zu verfassen. Der Importeur hat mit dieser Behörde auf deren Verlangen bei allen erforderlichen Maßnahmen zu kooperieren, die sicherstellen sollen, dass das von ihm in Verkehr gebrachte Gerät die Anforderungen dieser Verordnung einhält.

§ 8 Verpflichtungen des Vertreibers

(1) Der Vertreiber muss, bevor er ein Elektro- und Elektronikgerät auf dem Markt bereitstellt, mit der erforderlichen Sorgfalt prüfen, ob dieses die Anforderungen nach § 3 erfüllt. Er hat insbesondere zu prüfen, ob

1. das Gerät mit der CE-Kennzeichnung nach § 12 versehen ist und
2. der Hersteller die Kennzeichnungspflichten nach § 5 Absatz 1 und 2 oder der Importeur seine Kennzeichnungspflicht nach § 7 Absatz 5 erfüllt hat.

Besteht Grund zu der Annahme, dass ein Elektro- oder Elektronikgerät nicht die Anforderungen nach § 3 Absatz 1 erfüllt, darf der Vertreiber dieses Gerät nicht auf dem Markt bereitstellen. Er informiert hierüber den Hersteller oder den Importeur und die zuständigen Behörden.

(2) Besteht Grund zu der Annahme, dass ein vom Vertreiber auf dem Markt bereitgestelltes Elektro- oder Elektronikgerät nicht die Anforderungen des § 3 erfüllt, muss der Vertreiber sicherstellen, dass die Maßnahmen ergriffen werden, durch die die Konformität dieses Geräts hergestellt wird; wenn dies nicht möglich ist, muss der Vertreiber erforderlichenfalls dieses Gerät zurücknehmen oder zurückrufen. Er muss unverzüglich die zuständigen Behörden darüber informieren und ausführliche Angaben machen, insbesondere über die Nichtkonformität und die ergriffenen Maßnahmen. Er informiert hierüber auch den Hersteller oder den Importeur.

(3) Der Vertreiber hat der zuständigen Behörde auf deren begründetes Verlangen alle ihm vorliegenden Informationen und Unterlagen auszuhändigen, die für den Nachweis der Konformität von Elektro- und Elektronikgeräten mit den Anforderungen des § 3 erforderlich sind. Der Vertreiber hat mit dieser Behörde auf deren Verlangen bei allen Maßnahmen zu kooperieren, die sicherstellen sollen, dass das von ihm auf dem Markt bereitgestellte Gerät die Anforderungen des § 3 erfüllt.

§ 9 Umstände, unter denen die Verpflichtungen des Herstellers auch für den Importeur und den Vertreiber gelten

Ein Importeur oder Vertreiber gilt für die Zwecke dieser Verordnung als Hersteller und hat die Verpflichtungen für Hersteller gemäß den §§ 4, 5 und 11 einzuhalten, wenn er

1. ein Elektro- oder Elektronikgerät unter seinem eigenen Namen oder seiner eigenen Marke in Verkehr bringt oder
2. ein bereits in Verkehr gebrachtes Elektro- oder Elektronikgerät so verändert, dass die Erfüllung der sich aus dieser Verordnung ergebenden Anforderungen beeinträchtigt werden kann.

§ 10 Benennung der Wirtschaftsakteure

(1) Jeder Wirtschaftsakteur hat den zuständigen Behörden auf deren Verlangen diejenigen Wirtschaftsakteure zu benennen,

1. von denen er ein Elektro- oder Elektronikgerät bezogen hat und
2. an die er ein Elektro- oder Elektronikgerät abgegeben hat.

(2) Der Hersteller muss die in Absatz 1 genannten Informationen über einen Zeitraum von zehn Jahren ab dem Inverkehrbringen bereithalten. Die übrigen Wirtschaftsakteure müssen die in Absatz 1 genannten Informationen über einen Zeitraum von zehn Jahren nach der Abgabe des Elektro- oder Elektronikgeräts bereithalten.

§ 11 EU-Konformitätserklärung

(1) Mit der Ausstellung der EU-Konformitätserklärung bestätigt der Hersteller, dass

1. die in § 3 Absatz 1 genannten Stoffbeschränkungen eingehalten werden und
2. das in § 3 Absatz 2 Satz 1 Nummer 2 oder in § 3 Absatz 2 Satz 2 genannte Konformitätsbewertungsverfahren durchgeführt wurde.

(2) Die EU-Konformitätserklärung muss

1. in ihrem Aufbau dem Muster in Anhang VI der Richtlinie 2011/65/EU entsprechen,
2. die in Anhang VI der Richtlinie 2011/65/EU angegebenen Elemente enthalten und
3. vom Hersteller regelmäßig aktualisiert werden.

Eine unterzeichnete Version muss nach Wahl des Herstellers entweder in deutscher oder englischer Sprache vorgehalten werden. Sie ist auf Verlangen der zuständigen Behörde in die deutsche Sprache zu übersetzen.

§ 12 CE-Kennzeichnung

(1) Für die CE-Kennzeichnung gelten die allgemeinen Grundsätze gemäß Artikel 30 der Verordnung (EG) Nr. 765/2008 des Europäischen Parlaments und des Rates vom 9. Juli 2008 über die Vorschriften für die Akkreditierung und Marktüberwachung im Zusammenhang mit der Vermarktung von Produkten und zur Aufhebung der Verordnung (EWG) Nr. 339/93 des Rates (ABl. L 218 vom 13.8.2008, S. 30).

(2) Die CE-Kennzeichnung ist sichtbar, lesbar und dauerhaft auf dem fertigen Elektro- oder Elektronikgerät oder seiner Datenplakette anzubringen. Falls dies auf Grund der Größe oder Art des Elektro- oder Elektronikgeräts nicht möglich ist, wird sie auf der Verpackung und den Begleitunterlagen angebracht.

§ 13 Konformitätsvermutung

(1) Bei einem Elektro- oder Elektronikgerät, das mit der CE-Kennzeichnung versehen ist, gehen die Marktüberwachungsbehörden davon aus, dass das Gerät die Anforderungen nach § 3 Absatz 1, 2 Satz 1 Nummer 1, 2 und 3 und Satz 2 erfüllt.

(2) Für Elektro- und Elektronikgeräte sowie für deren Werkstoffe und Bauteile wird widerlegbar vermutet, dass sie die Anforderungen des § 3 Absatz 1 erfüllen, wenn

1. an ihnen durch den Hersteller oder durch ihn beauftragte Dritte Prüfungen oder Messungen vorgenommen wurden, die die Erfüllung der Anforderungen gemäß § 3 Absatz 1 nachweisen, oder
2. sie nach harmonisierten Normen bewertet wurden, deren Fundstellen im Amtsblatt der Europäischen Union veröffentlicht worden sind.

§ 14 Bußgeldvorschriften

(1) Ordnungswidrig im Sinne des § 69 Absatz 1 Nummer 8 des Kreislaufwirtschaftsgesetzes handelt, wer vorsätzlich oder fahrlässig entgegen § 3 Absatz 1 ein Elektro- oder Elektronikgerät in Verkehr bringt.

(2) Ordnungswidrig im Sinne des § 39 Absatz 1 Nummer 7 Buchstabe a des Produktsicherheitsgesetzes handelt, wer vorsätzlich oder fahrlässig

1. entgegen § 3 Absatz 2 Satz 1 Nummer 3 ein Elektro- und Elektronikgerät in Verkehr bringt,
2. entgegen § 5 Absatz 1 Satz 1 nicht sicherstellt, dass ein Elektro- oder Elektronikgerät ein dort genanntes Kennzeichen trägt,
3. entgegen § 5 Absatz 2 Satz 1 oder § 7 Absatz 5 nicht sicherstellt, dass ein dort genanntes Kennzeichen entweder auf dem dort genannten Gerät, auf der Verpackung oder in den dort genannten Unterlagen angegeben ist, oder
4. entgegen § 5 Absatz 3 Satz 1, § 7 Absatz 6 Satz 1 oder § 8 Absatz 3 Satz 1 eine dort genannte Information oder eine dort genannte Unterlage nicht, nicht vollständig oder nicht rechtzeitig aushändigt oder nicht, nicht vollständig oder nicht rechtzeitig zur Verfügung stellt.

§ 15 Übergangsvorschriften

(1) (aufgehoben)

(2) Ausgenommen von den Stoffbeschränkungen nach § 3 Absatz 1 Nummer 1 Buchstabe a bis e und Nummer 2 sind sonstige Elektro- und Elektronikgeräte, die vor dem Inkrafttreten dieser Verordnung nicht in den Anwendungsbereich des bis zum 23. Oktober 2015 geltenden Elektro- und Elektronikgerätegesetzes vom 16. März 2005 (BGBl. I S. 762), das zuletzt durch Artikel 3 des Gesetzes vom 24. Februar 2012 (BGBl. I S. 212) geändert worden ist, fielen, die bis zum Ablauf des 21. Juli 2019 in Verkehr gebracht werden.

(3) Ausgenommen von den Stoffbeschränkungen nach § 3 Absatz 1 Nummer 1 Buchstabe f bis i sind die folgenden Elektro- und Elektronikgeräte, die noch bis zu den folgenden Zeitpunkten in Verkehr gebracht werden dürfen:

1. Haushaltsgroßgeräte, Haushaltskleingeräte, Geräte der Informations- und Telekommunikationstechnik, Geräte der Unterhaltungselektronik, Beleuchtungskörper, elektrische und elektronische Werkzeuge, Spielzeuge sowie Sportund Freizeitgeräte und automatische Ausgabegeräte bis zum Ablauf des 21. Juli 2019 sowie
2. medizinische Geräte einschließlich In-vitro-Diagnostika sowie Überwachungs- und Kontrollinstrumente einschließlich industrielle Überwachungs- und Kontrollinstrumente bis zum Ablauf des 21. Juli 2021.

(4) Ausgenommen von den Stoffbeschränkungen nach § 3 Absatz 1 Nummer 1 Buchstabe a bis e und Nummer 2 sind Kabel oder Ersatzteile für die Reparatur, die Wiederverwendung, die Aktualisierung von Funktionen oder die Erweiterung des Leistungsvermögens von

1. Elektro- und Elektronikgeräten, die bis zum Ablauf des 30. Juni 2006 in Verkehr gebracht wurden,
2. medizinischen Geräten, die bis zum Ablauf des 21. Juli 2014 in Verkehr gebracht wurden,
3. In-vitro-Diagnostika, die bis zum Ablauf des 21. Juli 2016 in Verkehr gebracht wurden,
4. Überwachungs- und Kontrollinstrumenten, die bis zum Ablauf des 21. Juli 2014 in Verkehr gebracht wurden,
5. industriellen Überwachungs- und Kontrollinstrumenten, die bis zum Ablauf des 21. Juli 2017 in Verkehr gebracht wurden,
6. sonstigen Elektro- und Elektronikgeräten, die vor dem Inkrafttreten dieser Verordnung nicht in den Anwendungsbereich des bis zum 23. Oktober 2015 geltenden Elektro- und Elektronikgerätegesetzes fielen und bis zum Ablauf des 21. Juli 2019 in Verkehr gebracht wurden, und

7. Elektro- und Elektronikgeräten, soweit für diese eine Ausnahme nach dem Anhang der Richtlinie 2002/95/EG des Europäischen Parlaments und des Rates vom 27. Januar 2003 zur Beschränkung der Verwendung bestimmter gefährlicher Substanzen in Elektro- und Elektronikgeräten (ABl. L 37 vom 23. 2. 2003, S. 19) oder auf Grund des Artikels 5 dieser Richtlinie galt und die vor Auslaufen dieser Ausnahme in Verkehr gebracht wurden.

(5) Ausgenommen von den Stoffbeschränkungen nach § 3 Absatz 1 Nummer 1 Buchstabe f bis i sind Kabel oder Ersatzteile von

1. Haushaltsgroßgeräten, Haushaltskleingeräten, Geräten der Informations- und Telekommunikationstechnik, Geräten der Unterhaltungselektronik, Beleuchtungskörpern, elektrischen und elektronischen Werkzeugen, Spielzeugen sowie Sport- und Freizeitgeräten und automatischen Ausgabegeräten, die bis zum Ablauf des 21. Juli 2019 in Verkehr gebracht wurden, und

2. medizinischen Geräten einschließlich In-vitro-Diagnostika sowie Überwachungs- und Kontrollinstrumenten einschließlich industriellen Überwachungs- und Kontrollinstrumenten, die bis zum Ablauf des 21. Juli 2021 in Verkehr gebracht wurden.

(6) Sofern die Wiederverwendung in einem überprüfbaren geschlossenen zwischenbetrieblichen System erfolgt und den Verbraucherinnen und Verbrauchern kenntlich gemacht wird, dass Ersatzteile wiederverwendet wurden, gilt § 3 Absatz 1 Nummer 1 nicht für Ersatzteile, die aus

1. Elektro- und Elektronikgeräten ausgebaut werden, die bis zum Ablauf des 30. Juni 2006 in Verkehr gebracht wurden und in Elektro- und Elektronikgeräten wiederverwendet werden, die bis zum Ablauf des 30. Juni 2016 in Verkehr gebracht wurden,

2. medizinischen Geräten ausgebaut werden, die bis zum Ablauf des 21. Juli 2014 in Verkehr gebracht wurden und in Elektro- und Elektronikgeräten wiederverwendet werden, die bis zum Ablauf des 21. Juli 2024 in Verkehr gebracht werden,

3. In-vitro-Diagnostika ausgebaut werden, die bis zum Ablauf des 21. Juli 2016 in Verkehr gebracht wurden und in Elektro- und Elektronikgeräten wiederverwendet werden, die bis zum Ablauf des 21. Juli 2026 in Verkehr gebracht werden,

4. Überwachungs- und Kontrollinstrumenten ausgebaut werden, die bis zum Ablauf des 21. Juli 2014 in Verkehr gebracht wurden und in Elektro- und Elektronikgeräten wiederverwendet werden, die bis zum Ablauf des 21. Juli 2024 in Verkehr gebracht werden,

5. industriellen Überwachungs- und Kontrollinstrumenten ausgebaut werden, die bis zum Ablauf des 21. Juli 2017 in Verkehr gebracht wurden und in Elektro- und Elektronikgeräten wiederverwendet werden, die bis zum Ablauf des 21. Juli 2027 in Verkehr gebracht werden, sowie

6. sonstigen Elektro- und Elektronikgeräten ausgebaut werden, die vor dem Inkrafttreten dieser Verordnung nicht in den Anwendungsbereich des bis zum 23. Oktober 2015 geltenden Elektro- und Elektronikgerätegesetzes fielen, bis zum Ablauf des 21. Juli 2019 in Verkehr gebracht werden und in Elektro- und Elektronikgeräten wiederverwendet werden, die bis zum Ablauf des 21. Juli 2029 in Verkehr gebracht werden.

§ 16 Inkrafttreten

Diese Verordnung tritt am 9. Mai 2013 in Kraft.

Verordnung über immissionsschutz- und abfallrechtliche Überwachungserleichterungen für nach der Verordnung (EG) Nr. 761/2001 registrierte Standorte und Organisationen

(EMAS-Privilegierungs-Verordnung – EMASPrivilegV)

Vom 24. Juni 2002 (BGBl. I S. 2247)

Zuletzt geändert am 6. Juli 2021 (BGBl. I S. 2514)

§ 1 Begriffsbestimmung

Im Sinne dieser Verordnung ist eine EMAS-Anlage eine Anlage, die Bestandteil einer Organisation oder eines Standorts ist, die oder der nach den Artikeln 13 bis 15 in Verbindung mit Artikel 2 Nummer 22 der Verordnung (EG) Nr. 1221/2009 des Europäischen Parlaments und des Rates vom 25. November 2009 über die freiwillige Teilnahme von Organisationen an einem Gemeinschaftssystem für Umweltmanagement und Umweltbetriebsprüfung und zur Aufhebung der Verordnung (EG) Nr. 761/2001, sowie der Beschlüsse der Kommission 2001/681/EG und 2006/193/EG (ABl. L 342 vom 22.12.2009, S. 1) registriert ist.

§ 2 Betriebsorganisation

Die Anzeige- und Mitteilungspflichten zur Betriebsorganisation nach § 52b des Bundes-Immissionsschutzgesetzes und § 58 des Kreislaufwirtschaftsgesetzes werden bezüglich EMAS-Anlagen durch die Bereitstellung des Bescheides zur Standort- oder Organisationseintragung erfüllt. Gleiches gilt für Abfälle, die der Verpflichtete im Rahmen der Tätigkeiten einer Organisation oder eines Standorts, die oder der nach den Artikeln 13 bis 15 in Verbindung mit Artikel 2 Nummer 22 der Verordnung (EG) Nr. 1221/2009 registriert ist, nach § 27 des Kreislaufwirtschaftsgesetzes in Besitz genommen hat. Die Behörde kann im Einzelfall die Vorlage weitergehender Unterlagen verlangen.

§ 3 Betriebsbeauftragte

(1) Auf die Anordnung der Bestellung eines oder mehrerer Betriebsbeauftragten nach § 53 Abs. 2 des Bundes-Immissionsschutzgesetzes oder § 59 Abs. 2 des Kreislaufwirtschaftsgesetzes soll bei einer EMAS- Anlage oder bei einem Entsorgungsfachbetrieb im Sinne des § 56 Abs. 2 des Kreislaufwirtschaftsgesetzes verzichtet werden. Satz 1 gilt entsprechend für eine Anordnung nach § 58a Abs. 2 des Bundes-Immissionsschutzgesetzes. Im Rahmen der Entscheidung über eine Befreiung nach § 6 der Verordnung über Immissionsschutz- und Störfallbeauftragte vom 30. Juli 1993 (BGBl. I S. 1433), die zuletzt durch Artikel 2 des Gesetzes vom 9. September 2001 (BGBl. I S. 2331) geändert worden ist, in der jeweils geltenden Fassung oder nach § 7 der Verordnung über Betriebsbeauftragte für Abfall vom 2. Dezember 2016, in der jeweils geltenden Fassung, hat die zuständige Behörde zu berücksichtigen, dass es sich um eine EMAS-Anlage handelt.

(2) Jährliche Berichte nach § 54 Abs. 2, § 58b Abs. 2 Satz 1 des Bundes-Immissionsschutzgesetzes und nach § 60 Abs. 2 des Kreislaufwirtschaftsgesetzes sind nicht erforderlich, sofern sich gleichwertige Angaben aus dem Bericht über die Umweltbetriebsprüfung ergeben und der Betriebsbeauftragte für Immissionsschutz oder für Abfall oder der Störfallbeauftragte den Bericht mitgezeichnet hat und mit dem Verzicht auf die Erstellung eines gesonderten jährlichen Berichts einverstanden ist.

(3) Die Pflichten zur Anzeige nach § 55 Abs. 1 Satz 2, § 58c Abs. 1 des Bundes-Immissionsschutzgesetzes und § 60 Abs. 3 des Kreislaufwirtschaftsgesetzes in Verbindung mit § 55 Abs. 1 Satz 2 des Bundes- Immissionsschutzgesetzes werden seitens des Betreibers einer EMAS-An-

lage auch dadurch erfüllt, dass er der zuständigen Behörde im Rahmen des Umwelt-Audits erarbeitete Unterlagen zugeleitet hat, die gleichwertige Angaben enthalten.

§ 4 Ermittlungen von Emissionen

Die zuständige Behörde soll bei EMAS-Anlagen Messungen nach § 28 Satz 1 Nr. 2 des Bundes-Immissionsschutzgesetzes erst nach Ablauf eines längeren Zeitraums als drei Jahren anordnen. Darüber hinaus soll die zuständige Behörde dem Betreiber einer EMAS-Anlage gestatten, Messungen nach § 28 Satz 1 Nr. 2 des Bundes-Immissionsschutzgesetzes mit eigenem Personal durchzuführen, wenn der Betreiber, Immissionsschutzbeauftragte oder ein sonstiger geeigneter Betriebsangehöriger die hierfür erforderliche Fachkunde und Zuverlässigkeit besitzt und sichergestellt ist, dass geeignete Geräte und Einrichtungen eingesetzt werden.

§ 5 Wiederkehrende Messungen, Funktionsprüfungen

(1) Die zuständige Behörde soll dem Betreiber einer EMAS-Anlage auf Antrag gestatten, für diese Anlage wiederkehrende

1. Messungen nach § 12 Absatz 3 der Verordnung zur Emissionsbegrenzung von leichtflüchtigen halogenierten organischen Verbindungen vom 10. Dezember 1990 (BGBl. I S. 2694), die zuletzt durch Artikel 1 der Verordnung vom 2. Mai 2013 (BGBl. I S. 1021) geändert worden ist, in der jeweils geltenden Fassung,
2. Wiederholungsmessungen nach § 20 Absatz 2 der Verordnung über Großfeuerungs-, Gasturbinen- und Verbrennungsmotoranlagen,
3. Wiederholungsmessungen nach § 18 Absatz 3 der Verordnung über die Verbrennung und die Mitverbrennung von Abfällen,
4. Messungen nach § 8 Absatz 3 der Verordnung zur Begrenzung der Emissionen flüchtiger organischer Verbindungen beim Umfüllen oder Lagern von Ottokraftstoffen, Kraftstoffgemischen oder Rohbenzin vom 27. Mai 1998 (BGBl. I S. 1174), die zuletzt durch Artikel 7 der Verordnung vom 2. Mai 2013 (BGBl. I S. 1021) geändert worden ist, in der jeweils geltenden Fassung

mit eigenem Personal durchzuführen, wenn der Betreiber, Immissionsschutzbeauftragte oder ein sonstiger geeigneter Betriebsangehöriger die hierfür erforderliche Fachkunde und Zuverlässigkeit besitzt und sichergestellt ist, dass geeignete Geräte und Einrichtungen eingesetzt werden.

(2) Unter den gleichen Voraussetzungen soll die zuständige Behörde dem Betreiber einer EMAS-Anlage auf Antrag gestatten, für diese Anlage Funktionsprüfungen nach

1. § 12 Absatz 7 Satz 2 der Verordnung zur Emissionsbegrenzung von leichtflüchtigen halogenierten organischen Verbindungen,
2. § 16 Absatz 4 Nummer 2 der Verordnung über Großfeuerungs-, Gasturbinen- und Verbrennungsmotoranlagen,
3. § 15 Absatz 4 Nummer 2 der Verordnung über Verbrennung und die Mitverbrennung von Abfällen,
4. § 7 Absatz 3 der Verordnung über Anlagen zur Feuerbestattung vom 19. März 1997 (BGBl. I S. 545), die durch Artikel 11 des Gesetzes vom 3. Mai 2000 (BGBl. I S. 632) geändert worden ist, in der jeweils geltenden Fassung

mit eigenem Personal durchzuführen. Satz 1 gilt nicht für die erstmalige Funktionsprüfung.

§ 6 Sicherheitstechnische Prüfungen

Die zuständige Behörde soll dem Betreiber einer EMAS-Anlage auf Antrag gestatten, sicherheitstechnische Prüfungen nach § 29a Abs. 2 Nr. 1 bis 4 des Bundes-Immissionsschutzgesetzes mit eigenem Personal durchzuführen, wenn die Belange der Anlagensicherheit Gegenstand des Audits und der Prüfung durch einen dafür fachkundigen Umweltgutachter gewesen sind und sichergestellt ist, dass der Betreiber, Störfallbeauftragte oder ein sonstiger geeigneter Betriebsangehöriger die hierfür erforderliche Fachkunde und Zuverlässigkeit besitzt und geeignete Geräte und Einrichtungen eingesetzt werden. Die Ergebnisse der Prüfungen sind der Behörde auf deren Verlangen vorzulegen.

§ 7 Berichte

(1) Betreiber von EMAS-Anlagen können der zuständigen Behörde anstelle einer Emissionserklärung gemäß der Verordnung über Emissionserklärungen eine vom Umweltgutachter validierte Umwelterklärung vorlegen, die den Anforderungen des § 27 Abs. 1 des Bundes-Immissionsschutzgesetzes sowie der Verordnung über Emissionserklärungen genügt. In der Umwelterklärung ist zu erklären, dass die Voraussetzungen nach Satz 1 eingehalten sind.

(2) Der Betreiber einer EMAS-Anlage hat

1. eine Durchschrift des Berichts nach § 12 Abs. 6 der Verordnung zur Emissionsbegrenzung von leichtflüchtigen halogenierten organischen Verbindungen in der jeweils geltenden Fassung,
2. eine Durchschrift des Berichts nach § 8 Abs. 5 Satz 3 der Verordnung zur Begrenzung der Emissionen flüchtiger organischer Verbindungen beim Umfüllen oder Lagern von Ottokraftstoffen, Kraftstoffgemischen oder Rohbenzin in der jeweils geltenden Fassung,
3. eine Durchschrift des Berichts nach § 5 Abs. 5 Satz 3 der Verordnung zur Begrenzung der Kohlenwasserstoffemissionen bei der Betankung von Kraftfahrzeugen vom 7. Oktober 1992 (BGBl. I S. 1730) in der jeweils geltenden Fassung,
4. die Bescheinigung und die Berichte nach § 7 Abs. 3 Satz 3, § 8 Abs. 2, § 10 Abs. 1 der Verordnung über Anlagen zur Feuerbestattung in der jeweils geltenden Fassung

der zuständigen Behörde nur auf deren Verlangen vorzulegen; sind nach den Berichten die zu erfüllenden Anforderungen nicht eingehalten, so sind die Berichte unaufgefordert der zuständigen Behörde vorzulegen. Satz 1 gilt nicht für Anlagen, die dem Anwendungsbereich der Verordnung zur Emissionsbegrenzung von leichtflüchtigen halogenierten organischen Verbindungen unterliegen und der Genehmigung in einem Verfahren nach § 4 Abs. 1 des Bundes-Immissionsschutzgesetzes unter Einbeziehung der Öffentlichkeit bedürfen.

§ 8 Verlängerung von Messintervallen

Die zuständige Behörde soll die Messintervalle von Messungen an EMAS-Anlagen nach § 12 Abs. 3 der Verordnung zur Emissionsbegrenzung von leichtflüchtigen halogenierten organischen Verbindungen in der jeweils geltenden Fassung um jeweils ein Jahr verlängern.

§ 9 Unterrichtung der Öffentlichkeit

Der Verpflichtete nach § 18 der Verordnung über Verbrennungsanlagen für Abfälle und ähnliche brennbare Stoffe in der jeweils geltenden Fassung kann nach Anzeige gegenüber der zuständigen Behörde die jährliche Unterrichtung der Öffentlichkeit mittels der jeweils aktualisierten Umwelterklärung vornehmen, sofern diese die erforderlichen Angaben enthält.

§ 10 Widerruf

(1) Die zuständige Behörde kann die nach dieser Verordnung von ihr gestatteten Überwachungserleichterungen auch dann ganz oder teilweise widerrufen, wenn

1. der Betreiber Rechts- oder Strafvorschriften zum Schutz der Umwelt, einer genehmigungsrechtlichen Auflage oder einer nachträglichen Anordnung zuwiderhandelt oder
2. nachträglich Tatsachen bekannt werden, die geeignet sind, die Eintragung einer Organisation in das EMAS- Register zu verweigern, zu streichen oder auszusetzen.

(2) Soweit die zuständige Behörde von der Möglichkeit des Widerrufs gemäß Absatz 1 Gebrauch macht, hat sie die zuständige Register führende Stelle gemäß § 34 des Umweltauditgesetzes darüber zu unterrichten.

Verordnung über die Bewirtschaftung von gewerblichen Siedlungsabfällen und von bestimmten Bau- und Abbruchabfällen

(Gewerbeabfallverordnung – GewAbfV)

Neufassung vom 18. April 2017 (BGBl. I S. 896)

Zuletzt geändert am 9. Juli 2021 (BGBl. I S. 2598)
[diese Änderung der GewAbfV tritt am 1. August 2023 in Kraft]

Inhaltsübersicht

Abschnitt 1 Allgemeine Vorschriften

§ 1 Anwendungsbereich

(1) Diese Verordnung gilt für die Bewirtschaftung, insbesondere die Erfassung, die Vorbehandlung, die Vorbereitung zur Wiederverwendung, das Recycling und die sonstige Verwertung,

1. von gewerblichen Siedlungsabfällen und
2. von bestimmten Bau- und Abbruchabfällen.

(2) Diese Verordnung gilt für

1. Erzeuger und Besitzer der in Absatz 1 genannten Abfälle und
2. Betreiber von Vorbehandlungs- und Aufbereitungsanlagen.

(3) Auf Abfälle, die einer Verordnung auf Grund der §§ 24 und 25 des Kreislaufwirtschaftsgesetzes oder der §§ 23 und 24 des bis zum 1. Juni 2012 geltenden Kreislaufwirtschafts- und Abfallgesetzes oder dem Verpackungsgesetz unterliegen, findet diese Verordnung nur Anwendung, soweit Erzeuger und Besitzer solcher Abfälle diese nicht entsprechend den Regelungen der jeweiligen Verordnung oder des Verpackungsgesetzes zurückgeben.

(4) Diese Verordnung gilt nicht für Abfälle, die

1. dem Elektro- und Elektronikgerätegesetz vom 20. Oktober 2015 (BGBl. I S. 1739), das zuletzt durch Artikel 2 des Gesetzes vom 27. März 2017 (BGBl. I S. 567) geändert worden ist, in der jeweils geltenden Fassung unterliegen,
2. dem Batteriegesetz vom 25. Juni 2009 (BGBl. I S. 1582), das zuletzt durch Artikel 1 des Gesetzes vom 20. November 2015 (BGBl. I S. 2071) geändert worden ist, in der jeweils geltenden Fassung unterliegen, oder
3. einem öffentlich-rechtlichen Entsorgungsträger im Rahmen der Überlassungspflicht nach § 17 Absatz 1 Satz 2 und 3 des Kreislaufwirtschaftsgesetzes überlassen worden sind.

(5) Die Vorgaben der Altholzverordnung vom 15. August 2002 (BGBl. I S. 3302), die zuletzt durch Artikel 6 der Verordnung vom 2. Dezember 2016 (BGBl. I S. 2770) geändert worden ist, in der jeweils geltenden Fassung bleiben unberührt.

§ 2 Begriffsbestimmungen

Für diese Verordnung gelten die folgenden Begriffsbestimmungen:

1. gewerbliche Siedlungsabfälle:
   a) Siedlungsabfälle aus anderen Herkunftsbereichen als privaten Haushaltungen, die aufgeführt sind in Kapitel 20 der Anlage der Abfallverzeichnis-Verordnung vom 10. Dezember 2001 (BGBl. I S. 3379), die zuletzt durch Artikel 2 der Verordnung vom 22. Dezember 2016 (BGBl. I S. 3103) geändert worden ist, in der jeweils geltenden Fassung, insbesondere
      aa) gewerbliche und industrielle Abfälle sowie
      bb) Abfälle aus privaten und öffentlichen Einrichtungen,

      die Abfällen aus privaten Haushaltungen auf Grund ihrer Beschaffenheit oder Zusammensetzung ähnlich sind, sowie

b) weitere nicht in Kapitel 20 der Anlage der Abfallverzeichnis-Verordnung aufgeführte gewerbliche und industrielle Abfälle, die nach Art, Zusammensetzung, Schadstoffgehalt und Reaktionsverhalten Abfällen aus privaten Haushaltungen vergleichbar sind,

2. Abfälle aus privaten Haushaltungen:

   Abfälle, die in privaten Haushalten im Rahmen der privaten Lebensführung anfallen, insbesondere in Wohnungen und zugehörigen Grundstücks- oder Gebäudeteilen sowie in anderen vergleichbaren Anfallorten, wie Wohnheimen oder Einrichtungen des betreuten Wohnens,

3. Bau- und Abbruchabfälle:

   bei Bau- und Abbrucharbeiten anfallende mineralische und weitere nicht mineralische Abfälle, die in Kapitel 17 der Anlage der Abfallverzeichnis-Verordnung aufgeführt sind, mit Ausnahme der Abfälle der Abfallgruppe 17 05 der Anlage der Abfallverzeichnis-Verordnung,

4. Vorbehandlungsanlage:

   Anlage, einschließlich eines verfahrenstechnisch selbstständigen Anlagenteils einer Entsorgungsanlage, in der Abfälle vor der Verwertung vorbehandelt werden, insbesondere durch Sortierung, Zerkleinerung, Siebung, Sichtung, Verdichtung oder Pelletierung,

5. Aufbereitungsanlage:

   stationäre oder mobile Anlage, in der aus mineralischen Bau- und Abbruchabfällen definierte Gesteinskörnungen hergestellt werden, insbesondere durch Sortierung, Zerkleinerung und Klassierung,

6. Getrenntsammlungsquote:

   der Quotient der getrennt gesammelten Masse an gewerblichen Siedlungsabfällen und der Gesamtmasse der bei einem Erzeuger anfallenden gewerblichen Siedlungsabfälle multipliziert mit 100 Prozent,

7. Sortierquote:

   der Quotient der durch die Sortierung von Gemischen nach § 4 Absatz 1 Satz 1 und § 9 Absatz 1 Satz 1 Nummer 1 sowie von gemischten Bau- und Abbruchabfällen nach § 9 Absatz 3 Satz 1 für eine Verwertung ausgebrachten Masse an Abfällen und der Gesamtmasse der einer Vorbehandlungsanlage zugeführten oben genannten Gemische multipliziert mit 100 Prozent; bei hintereinandergeschaltet betriebenen Anlagen ist die für die Verwertung ausgebrachte Masse an Abfällen die Summe der in allen Anlagen zur Verwertung aussortierten Massen an Abfällen und ist die Gesamtmasse der einer Vorbehandlungsanlage zugeführten Gemische die Masse der der ersten Vorbehandlungsanlage zugeführten Gemische,

8. Recyclingquote:

   der Quotient der dem Recycling zugeführten Masse an Abfällen und der Gesamtmasse der durch die Sortierung für eine Verwertung ausgebrachten Abfälle multipliziert mit 100 Prozent; bei hintereinandergeschaltet betriebenen Anlagen ist die dem Recycling zugeführte Masse an Abfällen die Summe der aus allen Anlagen dem Recycling zugeführten Massen an Abfällen und ist die Gesamtmasse der durch die Sortierung für eine Verwertung ausgebrachten Abfälle die Summe der in allen Anlagen zur Verwertung aussortierten Massen an Abfällen.

Abschnitt 2 Gewerbliche Siedlungsabfälle

§ 3 Getrennte Sammlung, Vorbereitung zur Wiederverwendung und Recycling von gewerblichen Siedlungsabfällen

(1) Erzeuger und Besitzer von gewerblichen Siedlungsabfällen haben die folgenden Abfallfraktionen jeweils getrennt zu sammeln und zu befördern sowie nach Maßgabe des § 8 Absatz 1 und § 9 Absatz 4 des Kreislaufwirtschaftsgesetzes vorrangig der Vorbereitung zur Wiederverwendung oder dem Recycling zuzuführen:

1. Papier, Pappe und Karton mit Ausnahme von Hygienepapier,
2. Glas,
3. Kunststoffe,
4. Metalle,
5. Holz,
6. Textilien,
7. Bioabfälle nach § 3 Absatz 7 des Kreislaufwirtschaftsgesetzes und
8. weitere Abfallfraktionen, die in den in § 2 Nummer 1 Buchstabe b genannten Abfällen enthalten sind.

Erzeuger und Besitzer von gewerblichen Siedlungsabfällen nach Satz 1 können eine weitergehende getrennte Sammlung innerhalb der in Satz 1 genannten Abfallfraktionen vornehmen. Das Vermischungsverbot für gefährliche Abfälle des § 9a des Kreislaufwirtschaftsgesetzes auch in Verbindung mit § 15 Absatz 3 Satz 2 des Kreislaufwirtschaftsgesetzes bleibt unberührt.

(2) Die Pflichten nach Absatz 1 Satz 1 entfallen, soweit die getrennte Sammlung der jeweiligen Abfallfraktion technisch nicht möglich oder wirtschaftlich nicht zumutbar ist. Technisch nicht möglich ist die getrennte Sammlung insbesondere dann, wenn für eine Aufstellung der Abfallbehälter für die getrennte Sammlung nicht genug Platz zur Verfügung steht oder die Abfallbehälter an öffentlich zugänglichen Anfallstellen von einer Vielzahl von Erzeugern befüllt werden und die getrennte Sammlung aus diesem Grund durch den Besitzer nicht gewährleistet werden kann. Die getrennte Sammlung ist dann wirtschaftlich nicht zumutbar, wenn die Kosten für die getrennte Sammlung, insbesondere auf Grund einer sehr geringen Menge der jeweiligen Abfallfraktion, außer Verhältnis zu den Kosten für eine gemischte Sammlung und eine anschließende Vorbehandlung stehen.

(3) Erzeuger und Besitzer haben die Erfüllung der Pflichten nach Absatz 1 Satz 1 oder, im Fall der Abweichung von diesen Pflichten, das Vorliegen der Voraussetzungen nach Absatz 2 zu dokumentieren. Die Dokumentation ist wie folgt vorzunehmen:

1. für die getrennte Sammlung durch Lagepläne, Lichtbilder, Praxisbelege, wie Liefer- oder Wiegescheine oder ähnliche Dokumente,
2. für die Zuführung der getrennt gesammelten Abfälle zur Vorbereitung zur Wiederverwendung oder zum Recycling durch eine Erklärung desjenigen, der die Abfälle übernimmt, wobei die Erklärung dessen Namen und Anschrift sowie die Masse und den beabsichtigten Verbleib des Abfalls zu enthalten hat, und
3. für das Abweichen von der Pflicht zur getrennten Sammlung durch eine Darlegung der technischen Unmöglichkeit oder der wirtschaftlichen Unzumutbarkeit.

Die Dokumentation ist auf Verlangen der zuständigen Behörde vorzulegen; die Vorlage hat auf Verlangen der zuständigen Behörde elektronisch zu erfolgen.

§ 4 Vorbehandlung von gewerblichen Siedlungsabfällen

(1) Entfallen die Pflichten nach § 3 Absatz 1 Satz 1 unter den Voraussetzungen des § 3 Absatz 2, sind Erzeuger und Besitzer der nicht getrennt gehaltenen Abfälle verpflichtet, diese unverzüglich einer Vorbehandlungsanlage zuzuführen. In diesen Gemischen dürfen

1. Abfälle aus der humanmedizinischen oder tierärztlichen Versorgung und Forschung gemäß Kapitel 18 der Anlage der Abfallverzeichnis-Verordnung nicht enthalten sein sowie
2. Bioabfälle und Glas nur enthalten sein, soweit sie die Vorbehandlung nicht beeinträchtigen oder verhindern.

(2) Erzeuger und Besitzer haben sich bei der erstmaligen Übergabe der Gemische von dem Betreiber der Vorbehandlungsanlage in Textform bestätigen zu lassen, dass die Anlage die Anforderungen nach § 6 Absatz 1 und 3 erfüllt. Hierfür können sie sich insbesondere die Dokumentation nach § 6 Absatz 4 Satz 1 sowie die Ergebnisse der letzten Fremdkontrolle nach § 11 Absatz 1 vorlegen lassen. Beauftragt ein Erzeuger oder Besitzer einen Dritten mit der Beförderung der Gemische, so ist dieser verpflichtet, die Bestätigung einzuholen. Der Beförderer teilt dem Erzeuger oder Besitzer unverzüglich nach dem Erhalt der Bestätigung mit, ob die Anlage die Anforderungen nach § 6 Absatz 1 und 3 erfüllt.

(3) Die Pflicht nach Absatz 1 Satz 1 entfällt, soweit die Behandlung der Gemische in einer Vorbehandlungsanlage technisch nicht möglich oder wirtschaftlich nicht zumutbar ist. Die Behandlung ist dann wirtschaftlich nicht zumutbar, wenn die Kosten für die Behandlung der Gemische und die anschließende Verwertung der Abfälle außer Verhältnis zu den Kosten für eine Verwertung stehen, die keine Vorbehandlung erfordert. Die Pflicht nach Absatz 1 Satz 1 entfällt für Erzeuger ebenfalls, wenn die Getrenntsammlungsquote im vorangegangenen Kalenderjahr mindestens 90 Masseprozent betragen hat.

(4) Entfällt die Pflicht nach Absatz 1 Satz 1 unter den Voraussetzungen des Absatzes 3, so haben Erzeuger und Besitzer die Gemische von anderen Abfällen getrennt zu halten und unverzüglich vorrangig einer ordnungsgemäßen, schadlosen und hochwertigen sonstigen, insbesondere energetischen Verwertung zuzuführen. In diesen Gemischen dürfen

1. Abfälle aus der humanmedizinischen oder tierärztlichen Versorgung und Forschung gemäß Kapitel 18 der Anlage der Abfallverzeichnis-Verordnung nicht enthalten sein sowie
2. Bioabfälle, Glas, Metalle und mineralische Abfälle nur enthalten sein, soweit sie die hochwertige sonstige, insbesondere energetische Verwertung nicht beeinträchtigen oder verhindern.

(5) Erzeuger und Besitzer haben die Erfüllung der Pflicht nach Absatz 1 Satz 1 oder, im Fall der Abweichung von dieser Pflicht, das Vorliegen der Voraussetzungen nach Absatz 3 und die Einhaltung der Pflicht nach Absatz 4 zu dokumentieren. Die Dokumentation kann mit Ausnahme der Dokumentation der Getrenntsammlungsquote nach Absatz 3 Satz 3 insbesondere durch Lagepläne oder Lichtbilder, Praxisbelege, wie Liefer- oder Wiegescheine, Entsorgungsverträge oder Nachweise desjenigen, der die zuzuführenden Abfälle übernimmt, erfolgen. Die Dokumentation ist auf Verlangen der zuständigen Behörde vorzulegen; die Vorlage hat auf Verlangen der zuständigen Behörde elektronisch zu erfolgen. Zur Dokumentation der Getrenntsammlungsquote nach Absatz 3 Satz 3 hat der Erzeuger bis zum 31. März des Folgejahres einen durch einen zugelassenen Sachverständigen geprüften Nachweis zu erstellen. Der Nachweis ist der zuständi-

gen Behörde auf Verlangen vorzulegen; die Vorlage hat auf Verlangen der zuständigen Behörde elektronisch zu erfolgen.

(6) Zugelassener Sachverständiger nach Absatz 5 Satz 4 ist,

1. wessen Befähigung durch eine Akkreditierung der nationalen Akkreditierungsstelle in einem allgemein anerkannten Verfahren festgestellt ist,
2. wer als Umweltgutachter oder Umweltgutachterorganisation auf Grund einer Zulassung nach den §§ 9 und 10 oder nach Maßgabe des § 18 des Umweltauditgesetzes in der Fassung der Bekanntmachung vom 4. September 2002 (BGBl. I S. 3490), das zuletzt durch Artikel 3 des Gesetzes vom 25. November 2015 (BGBl. I S. 2092) geändert worden ist, in der jeweils geltenden Fassung, in dem Bereich tätig werden darf, der näher bestimmt wird durch Anhang I Abschnitt E Abteilung 38 der Verordnung (EG) Nr. 1893/2006 des Europäischen Parlaments und des Rates vom 20. Dezember 2006 zur Aufstellung der statistischen Systematik der Wirtschaftszweige NACE Revision 2 und zur Änderung der Verordnung (EWG) Nr. 3037/90 des Rates sowie einiger Verordnungen der EG über bestimmte Bereiche der Statistik (ABl. L 393 vom 30.12.2006, S. 1), die zuletzt durch die Verordnung (EG) Nr. 295/2008 (ABl. L 97 vom 9.4.2008, S. 13) geändert worden ist, in der jeweils geltenden Fassung, tätig werden darf,
3. wer nach § 36 der Gewerbeordnung öffentlich bestellt ist oder
4. wer in einem anderen Mitgliedstaat der Europäischen Union oder in einem Vertragsstaat des Abkommens über den Europäischen Wirtschaftsraum niedergelassen ist, seine Tätigkeit im Inland nur vorübergehend und gelegentlich ausüben will und seine Berufsqualifikation vor Aufnahme der Tätigkeit entsprechend den §§ 13a und 13b der Gewerbeordnung hat nachprüfen lassen; Verfahren nach dieser Nummer können über eine einheitliche Stelle abgewickelt werden.

§ 5 Gemeinsame Erfassung und Entsorgung von Kleinmengen

Erzeuger und Besitzer von gewerblichen Siedlungsabfällen können diese gemeinsam mit den auf dem jeweiligen Grundstück anfallenden Abfällen aus privaten Haushaltungen in den dafür vorgesehenen Abfallbehältern erfassen und im Rahmen der für die privaten Haushaltungen vorgesehenen Entsorgungswege einer Verwertung oder einer Beseitigung zuführen, wenn ihnen auf Grund der geringen Menge der angefallenen gewerblichen Siedlungsabfälle eine Erfüllung der Pflichten nach den §§ 3 und 4 wirtschaftlich nicht zumutbar ist. Für diesen Fall entfällt die Pflicht zur Benutzung von Abfallbehältern nach § 7 Absatz 2.

§ 6 Anforderungen an Vorbehandlungsanlagen

(1) Betreiber von Vorbehandlungsanlagen haben zur Gewährleistung eines ordnungsgemäßen, schadlosen und hochwertigen Recyclings, insbesondere der Abfallfraktionen Papier, Pappe und Karton, Kunststoff, Metall sowie Holz, ihre Anlagen mit mindestens den in der Anlage genannten Komponenten auszustatten. Diese Pflicht ist auch erfüllt, wenn die Komponenten auf mehrere Anlagen verteilt sind und diese Anlagen hintereinandergeschaltet betrieben werden. Sofern es sich dabei um Anlagen unterschiedlicher Betreiber handelt, ist durch Verträge zwischen den beteiligten Betreibern sicherzustellen, dass alle von der ersten Anlage zur Verwertung aussortierten Abfälle weiterbehandelt und insgesamt die Sortier- und Recyclingquoten eingehalten werden.

(2) Betreiber von Vorbehandlungsanlagen haben durch geeignete bauliche, technische oder organisatorische Maßnahmen sicherzustellen, dass in ihren Anlagen keine Vermischung der Gemische nach § 4 Absatz 1 Satz 1 und § 9 Absatz 1 Satz 1 Nummer 1 sowie der gemischten Bau-

und Abbruchabfälle nach § 9 Absatz 3 Satz 1 mit anderen als den in diesem Absatz genannten Abfällen erfolgt.

(3) Betreiber von Vorbehandlungsanlagen haben ihre Anlagen so zu betreiben, dass eine Sortierquote von mindestens 85 Masseprozent als Mittelwert im Kalenderjahr erreicht wird.

(4) Betreiber von Vorbehandlungsanlagen haben zur Feststellung der jährlichen Sortierquote die Sortierquote für jeden Monat festzustellen und unverzüglich nach Feststellung zu dokumentieren. Sobald die monatliche Sortierquote in zwei Monaten des laufenden Kalenderjahres mehr als zehn Prozentpunkte unter der jährlichen Sortierquote nach Absatz 3 liegt, haben die Betreiber die zuständige Behörde nach Satz 3 unverzüglich hierüber zu unterrichten. Dabei hat der Betreiber Folgendes mitzuteilen:

1. die Ursachen für die Unterschreitung der monatlichen Sortierquote,
2. die Maßnahmen, die erforderlich sind, um die jährliche Sortierquote einzuhalten,
3. die Schritte, die zur Umsetzung der Maßnahmen notwendig sind, und
4. den Zeitbedarf, der für die Umsetzung erforderlich ist.

Bei hintereinandergeschaltet betriebenen Anlagen unterschiedlicher Betreiber nach Absatz 1 Satz 2 und 3 hat der Betreiber der ersten Anlage die Pflichten nach den Sätzen 1 bis 3 zu erfüllen. Hierzu teilen ihm die Betreiber der nachgeschalteten Anlagen monatlich die zur Verwertung ausgebrachten Massen an Abfällen mit. Der Betreiber der ersten Anlage teilt den Betreibern der nachgeschalteten Anlagen monatlich die von ihm ermittelte monatliche Sortierquote und jährlich die jährliche Sortierquote mit.

(5) Betreiber von Vorbehandlungsanlagen haben spätestens ab dem 1. Januar 2019 eine Recyclingquote von mindestens 30 Masseprozent zu erfüllen. Die Bundesregierung überprüft bis zum 31. Dezember 2020 auf der Grundlage der abfallwirtschaftlichen Entwicklung und den bis dahin gesammelten Erfahrungen zur Vorbehandlung und zum Recycling, ob und inwieweit die Quote nach Satz 1 anzupassen ist.

(6) Betreiber von Vorbehandlungsanlagen haben die Recyclingquote für jedes Kalenderjahr festzustellen, unverzüglich nach Feststellung zu dokumentieren und die Dokumentation bis zum 31. März des Folgejahres der zuständigen Behörde vorzulegen. Wird die Recyclingquote unterschritten, haben sie im Rahmen der Vorlage nach Satz 1 zudem die Ursachen hierfür der zuständigen Behörde mitzuteilen. Bei hintereinandergeschaltet betriebenen Anlagen unterschiedlicher Betreiber nach Absatz 1 Satz 2 und 3 hat der Betreiber der ersten Anlage die Pflichten nach den Sätzen 1 und 2 zu erfüllen. Hierzu teilen ihm die Betreiber der nachgeschalteten Anlagen jährlich bis zum 1. März des Folgejahres die dem Recycling zugeführten Massen an Abfällen mit. Der Betreiber der ersten Anlage teilt den Betreibern der nachgeschalteten Anlagen jährlich bis zum 31. März des Folgejahres die Recyclingquote mit.

(7) Betreiber von Vorbehandlungsanlagen haben die aussortierten und keinem Recycling zugeführten Abfälle vorrangig einer ordnungsgemäßen, schadlosen und hochwertigen sonstigen, insbesondere energetischen Verwertung zuzuführen.

(8) Betreiber von Vorbehandlungsanlagen haben gefährliche Abfälle auszusortieren und einer ordnungsgemäßen Verwertung oder Beseitigung zuzuführen.

§ 7 Überlassung von gewerblichen Siedlungsabfällen, die nicht verwertet werden

(1) Erzeuger und Besitzer von gewerblichen Siedlungsabfällen, die nicht verwertet werden, haben diese dem zuständigen öffentlich-rechtlichen Entsorgungsträger nach Maßgabe des § 17 Absatz 1 Satz 2 des Kreislaufwirtschaftsgesetzes zu überlassen.

(2) Erzeuger und Besitzer haben für die Überlassung Abfallbehälter des öffentlich-rechtlichen Entsorgungsträgers oder eines von ihm beauftragten Dritten in angemessenem Umfang nach den näheren Festlegungen des öffentlich-rechtlichen Entsorgungsträgers, mindestens aber einen Behälter, zu nutzen.

(3) Die Absätze 1 und 2 gelten nicht, soweit der öffentlich-rechtliche Entsorgungsträger gewerbliche Siedlungsabfälle, die nicht verwertet werden, gemäß § 20 Absatz 3 des Kreislaufwirtschaftsgesetzes von der Entsorgung ausgeschlossen hat.

Abschnitt 3 Bau- und Abbruchabfälle

§ 8 Getrennte Sammlung, Vorbereitung zur Wiederverwendung und Recycling von bestimmten Bau- und Abbruchabfällen

(1) Erzeuger und Besitzer von Bau- und Abbruchabfällen haben die folgenden Abfallfraktionen jeweils getrennt zu sammeln, zu befördern und nach Maßgabe des § 8 Absatz 1 und § 9 Absatz 4 des Kreislaufwirtschaftsgesetzes vorrangig der Vorbereitung zur Wiederverwendung oder dem Recycling zuzuführen:

1. Glas (Abfallschlüssel 17 02 02),
2. Kunststoff (Abfallschlüssel 17 02 03),
3. Metalle, einschließlich Legierungen (Abfallschlüssel 17 04 01 bis 17 04 07 und 17 04 11),
4. Holz (Abfallschlüssel 17 02 01),
5. Dämmmaterial (Abfallschlüssel 17 06 04),
6. Bitumengemische (Abfallschlüssel 17 03 02),
7. Baustoffe auf Gipsbasis (Abfallschlüssel 17 08 02),
8. Beton (Abfallschlüssel 17 01 01),
9. Ziegel (Abfallschlüssel 17 01 02) und
10. Fliesen und Keramik (Abfallschlüssel 17 01 03).

Erzeuger und Besitzer von Bau- und Abbruchabfällen können eine getrennte Sammlung weiterer Abfallfraktionen und eine weitergehende getrennte Sammlung innerhalb der in Satz 1 genannten Abfallfraktionen vornehmen. Das Vermischungsverbot für gefährliche Abfälle des § 9 Absatz 2 des Kreislaufwirtschaftsgesetzes auch in Verbindung mit § 15 Absatz 3 Satz 2 des Kreislaufwirtschaftsgesetzes bleibt unberührt.

(1a)[1] Soweit beim Rückbau, bei der Sanierung oder bei der Reparatur technischer Bauwerke Stoffe nach § 2 Nummer 18 bis 29 und 32 der Ersatzbaustoffverordnung vom 9. Juli 2021 (BGBl. I S. 2598) als Abfälle anfallen, gilt für die Getrenntsammlung, die Vorbereitung zur Wiederverwendung und das Recycling dieser Abfälle ausschließlich § 24 der Ersatzbaustoffverordnung.

(2) Die Pflichten nach Absatz 1 Satz 1 entfallen, soweit die getrennte Sammlung der jeweiligen Abfallfraktion technisch nicht möglich oder wirtschaftlich nicht zumutbar ist. Technisch nicht möglich ist die getrennte Sammlung insbesondere dann, wenn für eine Aufstellung der Abfallbehälter für die getrennte Sammlung nicht genug Platz zur Verfügung steht. Die getrennte Sammlung der in Absatz 1 Satz 1 Nummer 8, 9 und 10 genannten mineralischen Abfälle ist insbesondere auch dann technisch nicht möglich, wenn sie aus rückbaustatischen oder rückbautechnischen Gründen ausscheidet. Die getrennte Sammlung ist dann wirtschaftlich nicht zumutbar, wenn die Kosten für die getrennte Sammlung, insbesondere auf Grund einer hohen Verschmutzung oder einer sehr geringen Menge der jeweiligen Abfallfraktion, außer Verhältnis zu den Kosten für eine gemischte Sammlung und eine anschließende Vorbehandlung oder Aufbereitung stehen. Kosten, die durch nicht durchgeführte aber technisch mögliche und wirtschaftlich zumutbare Maßnahmen des selektiven Abbruchs und Rückbaus hätten vermieden werden können, sind bei der Prüfung der wirtschaftlichen Zumutbarkeit von den Kosten für die getrennte Sammlung abzuziehen.

(3) Erzeuger und Besitzer haben die Erfüllung der Pflichten nach Absatz 1 Satz 1 oder, im Fall der Abweichung von diesen Pflichten, das Vorliegen der Voraussetzungen nach Absatz 2 zu dokumentieren. Die Dokumentation ist wie folgt vorzunehmen:

1. für die getrennte Sammlung durch Lagepläne, Lichtbilder, Praxisbelege, wie Liefer- oder Wiegescheine oder ähnliche Dokumente,
2. für die Zuführung der getrennt gesammelten Abfälle zur Vorbereitung zur Wiederverwendung oder zum Recycling durch eine Erklärung desjenigen, der die Abfälle übernimmt, wobei die Erklärung dessen Namen und Anschrift sowie die Masse und den beabsichtigten Verbleib des Abfalls zu enthalten hat, und
3. für das Abweichen von der Pflicht zur getrennten Sammlung durch eine Darlegung der technischen Unmöglichkeit oder der wirtschaftlichen Unzumutbarkeit.

Die Dokumentation ist auf Verlangen der zuständigen Behörde vorzulegen. Die Pflichten nach den Sätzen 1 bis 3 gelten nicht für Bau- und Abbruchmaßnahmen, bei denen das Volumen der insgesamt anfallenden Abfälle 10 Kubikmeter nicht überschreitet.

§ 9 Vorbehandlung und Aufbereitung von bestimmten Bau- und Abbruchabfällen

(1) Entfallen die Pflichten nach § 8 Absatz 1 unter den Voraussetzungen des § 8 Absatz 2 sind Erzeuger und Besitzer der nicht getrennt gehaltenen Abfälle verpflichtet,

1. Gemische, die überwiegend Kunststoffe, Metalle, einschließlich Legierungen, oder Holz enthalten, unverzüglich einer Vorbehandlungsanlage zuzuführen und

[1] **§ 8 Absatz 1a tritt am 1. August 2023 in Kraft.**

2. Gemische, die überwiegend Beton, Ziegel, Fliesen oder Keramik enthalten, unverzüglich einer Aufbereitungsanlage zuzuführen.

In den Gemischen nach Satz 1 dürfen Glas, Dämmmaterial, Bitumengemische und Baustoffe auf Gipsbasis nur enthalten sein, soweit sie die Vorbehandlung oder Aufbereitung nicht beeinträchtigen oder verhindern. In den Gemischen nach Satz 1 Nummer 1 dürfen zudem Beton, Ziegel, Fliesen und Keramik nur enthalten sein, soweit sie die Vorbehandlung nicht beeinträchtigen oder verhindern.

(2) Erzeuger und Besitzer von Gemischen nach Absatz 1 Satz 1 Nummer 2 haben sich bei der erstmaligen Übergabe von dem Betreiber der Aufbereitungsanlage in Textform bestätigen zu lassen, dass in der Aufbereitungsanlage definierte Gesteinskörnungen hergestellt werden. Beauftragt ein Erzeuger oder Besitzer einen Beförderer mit der Anlieferung dieser Gemische, so ist dieser verpflichtet, die Bestätigung einzuholen. Der Beförderer teilt dem Erzeuger oder Besitzer unverzüglich nach dem Erhalt der Bestätigung mit, ob in der Anlage definierte Gesteinskörnungen hergestellt werden. Für Erzeuger und Besitzer von Gemischen nach Absatz 1 Satz 1 Nummer 1 gilt § 4 Absatz 2 entsprechend.

(3) Erzeuger und Besitzer von gemischten Bau- und Abbruchabfällen (Abfallschlüssel 17 09 04) haben diese unverzüglich entweder einer Vorbehandlungs- oder einer Aufbereitungsanlage zuzuführen. Im Fall der Zuführung zu einer Vorbehandlungsanlage gilt § 4 Absatz 2 und im Fall der Zuführung zu einer Aufbereitungsanlage gilt Absatz 2 entsprechend.

(4) Die Pflicht zur Zuführung nach Absatz 1 Satz 1 oder Absatz 3 Satz 1 entfällt, soweit die Behandlung der Gemische in einer Vorbehandlungs- oder Aufbereitungsanlage technisch nicht möglich oder wirtschaftlich nicht zumutbar ist. Die Behandlung ist dann wirtschaftlich nicht zumutbar, wenn die Kosten für die Behandlung der Gemische und die anschließende Verwertung außer Verhältnis zu den Kosten für eine Verwertung stehen, die keine Vorbehandlung oder Aufbereitung erfordert.

(5) Entfällt die Pflicht nach Absatz 1 Satz 1 oder Absatz 3 Satz 1 unter den Voraussetzungen des Absatzes 4, so haben Erzeuger und Besitzer die Gemische von anderen Abfällen getrennt zu halten und unverzüglich vorrangig einer ordnungsgemäßen, schadlosen und hochwertigen sonstigen Verwertung zuzuführen.

(6) Erzeuger und Besitzer haben die Erfüllung der Pflicht nach Absatz 1 Satz 1 oder Absatz 3 Satz 1 oder, im Fall der Abweichung von dieser Pflicht, das Vorliegen der Voraussetzungen nach Absatz 4 und die Einhaltung der Pflicht nach Absatz 5 zu dokumentieren. Die Dokumentation kann insbesondere durch Lagepläne oder Lichtbilder, Praxisbelege, wie Liefer- oder Wiegescheine, Entsorgungsverträge oder Nachweise desjenigen, der die zuzuführenden Abfälle übernimmt, erfolgen. Die Dokumentation ist auf Verlangen der zuständigen Behörde vorzulegen. Die Pflichten nach den Sätzen 1 bis 3 gelten nicht für Bau- und Abbruchmaßnahmen, bei denen das Volumen der insgesamt anfallenden Abfälle 10 Kubikmeter nicht überschreitet.

Abschnitt 4 Gemeinsame Vorschriften

§ 10 Eigenkontrolle bei Vorbehandlungsanlagen

(1) Betreiber von Vorbehandlungsanlagen haben bei jeder Abfallanlieferung unverzüglich eine Annahmekontrolle nach Satz 2 durchzuführen und deren Ergebnis zu dokumentieren. Die Annahmekontrolle umfasst eine Sichtkontrolle sowie die Feststellung

1. des Namens und der Anschrift des Sammlers oder Beförderers,

2. der Masse und des Herkunftsbereiches des angelieferten Abfalls und

3. des Abfallschlüssels gemäß der Anlage der Abfallverzeichnis-Verordnung.

(2) Betreiber von Vorbehandlungsanlagen haben bei jeder Abfallauslieferung unverzüglich eine Ausgangskontrolle nach Satz 2 durchzuführen und deren Ergebnis zu dokumentieren. Die Ausgangskontrolle umfasst die Feststellung

1. des Namens und der Anschrift des Sammlers oder Beförderers,
2. der Masse und des beabsichtigten Verbleibs des ausgelieferten Abfalls und
3. des Abfallschlüssels gemäß der Anlage der Abfallverzeichnis-Verordnung.

(3) Betreiber von Vorbehandlungsanlagen haben sich die weitere Entsorgung der ausgelieferten Abfälle innerhalb von 30 Kalendertagen nach Auslieferung von den jeweiligen Betreibern derjenigen Anlagen nach Satz 2 in Textform bestätigen zu lassen, in denen die ausgelieferten Abfälle behandelt, verwertet oder beseitigt und nicht ausschließlich gelagert werden. In der Bestätigung sind anzugeben:

1. der Name und die Anschrift des Betreibers der Anlage,
2. im Fall der Verwertung, ob ein Recycling oder eine sonstige Verwertung vorliegt und
3. die Art der Anlage; soweit die weitere Entsorgung in einer genehmigungsbedürftigen Anlage erfolgt, auf der Grundlage der Bezeichnung im Genehmigungsbescheid.

§ 11 Fremdkontrolle bei Vorbehandlungsanlagen

(1) Betreiber von Vorbehandlungsanlagen haben für jedes Kalenderjahr innerhalb von zwei Monaten nach Jahresende eine Fremdkontrolle nach Satz 2 durch eine von der zuständigen Behörde bekannt gegebene Stelle durchführen zu lassen. Die Fremdkontrolle, die insbesondere durch die Kontrolle der vorzuhaltenden Dokumentationen erfolgen kann, umfasst die Überprüfung, ob die Anforderungen nach den §§ 6 und 10 eingehalten werden.

(2) Betreiber von Vorbehandlungsanlagen haben

1. sicherzustellen, dass ihnen die Ergebnisse der Fremdkontrolle unverzüglich nach ihrer Erstellung mitgeteilt werden und
2. die Ergebnisse der Fremdkontrolle unverzüglich der zuständigen Behörde zu übermitteln.

(3) Für Entsorgungsfachbetriebe und für nach dem Gemeinschaftssystem für das freiwillige Umweltmanagement und die Umweltbetriebsprüfung zertifizierte Betriebe, die für die Vorbehandlung oder Aufbereitung der jeweiligen Gemische zertifiziert sind, entfällt die Pflicht, eine Fremdkontrolle durchführen zu lassen.

(4) Die zuständige Behörde hat eine für die Fremdkontrolle zuständige Stelle auf deren Antrag bekannt zu geben, wenn diese über die erforderliche Fachkunde, Unabhängigkeit, Zuverlässigkeit und gerätetechnische Ausstattung verfügt. Die Bekanntgabe erfolgt durch die zuständige Behörde des Landes, in dem der Antragsteller seinen Geschäftssitz hat. Sie gilt für das gesamte Bundesgebiet. Besteht kein Geschäftssitz im Inland, so ist das Land zuständig, in dem die Fremdkontrolle vorrangig ausgeübt werden soll. Die Bekanntgabe kann mit einem Vorbehalt des Widerrufes, mit einer Befristung, mit Bedingungen, mit Auflagen und mit einem Vorbehalt von Auflagen versehen werden. Verfahren nach diesem Absatz können über eine einheitliche Stelle abgewickelt werden. Die Prüfung des Antrags auf Bekanntgabe einer Stelle muss innerhalb von drei Monaten abgeschlossen sein; § 42a Absatz 2 Satz 2 bis 4 des Verwaltungsverfahrensgesetzes findet Anwendung.

(5) Anerkennungen aus einem anderen Mitgliedstaat der Europäischen Union oder einem anderen Vertragsstaat des Abkommens über den Europäischen Wirtschaftsraum stehen Bekanntgaben nach Absatz 4 Satz 1 gleich, soweit sie ihnen gleichwertig sind. Bei der Prüfung des Antrags auf Bekanntgabe nach Absatz 1 Satz 1 stehen Nachweise aus einem anderen Mitgliedstaat der Europäischen Union oder einem anderen Vertragsstaat des Abkommens über den Europäischen Wirtschaftsraum inländischen Nachweisen gleich, wenn aus ihnen hervorgeht, dass der Antragsteller die betreffenden Anforderungen des Absatzes 4 Satz 1 oder die auf Grund ihrer Zielsetzung im Wesentlichen vergleichbaren Anforderungen des Ausstellungsstaates erfüllt. Unterlagen über die gleichwertige Anerkennung nach Satz 1 und sonstige Nachweise nach Satz 2 sind der zuständigen Behörde vor Aufnahme der Tätigkeit im Original oder in Kopie vorzulegen. Eine Beglaubigung der Kopie sowie eine beglaubigte deutsche Übersetzung können verlangt werden.

(6) Hinsichtlich der Überprüfung der erforderlichen Fachkunde eines Antragstellers aus einem anderen Mitgliedstaat der Europäischen Union oder einem anderen Vertragsstaat des Abkommens über den Europäischen Wirtschaftsraum gilt § 36a Absatz 1 Satz 2 und Absatz 2 und 4 Satz 4 der Gewerbeordnung entsprechend. Bei vorübergehender und nur gelegentlicher Tätigkeit eines Staatsangehörigen eines in einem anderen Mitgliedstaat der Europäischen Union oder in einem anderen Vertragsstaat des Abkommens über den Europäischen Wirtschaftsraum niedergelassenen Dienstleistungserbringers gilt hinsichtlich der erforderlichen Fachkunde § 13a Absatz 2 Satz 2 bis 5 und Absatz 3 der Gewerbeordnung entsprechend.

§ 12 Betriebstagebuch

(1) Betreiber von Vorbehandlungsanlagen haben ein Betriebstagebuch nach Satz 2 zu führen und dieses nach Kalenderjahren zu unterteilen. Folgende Angaben sind in das Betriebstagebuch unverzüglich einzustellen:

1. die Sortierquote nach § 6 Absatz 4 und die Recyclingquote nach § 6 Absatz 6,
2. die Angaben nach § 10 Absatz 1 und 2,
3. die Bestätigungen nach § 10 Absatz 3 sowie
4. die Ergebnisse der Fremdkontrolle nach § 11 Absatz 1 Satz 2.

(2) Zur Erfüllung der Anforderungen nach Absatz 1 kann auf Nachweise und Register nach der Nachweisverordnung, auf das Betriebstagebuch nach der Entsorgungsfachbetriebeverordnung oder auf Aufzeichnungen auf Grund anderer Bestimmungen zurückgegriffen werden.

(3) Das Betriebstagebuch kann in Papierform oder elektronisch geführt werden. Wenn für verschiedene Tätigkeitsbereiche oder Betriebsteile Einzelblätter geführt werden, sind diese wöchentlich zusammenzufassen. Das Betriebstagebuch ist dokumentensicher anzulegen und vor unbefugtem Zugriff zu schützen. Es muss jederzeit an dem betroffenen Standort einsehbar sein. Der Betreiber der Vorbehandlungsanlage hat die im Betriebstagebuch enthaltenen Informationen nach ihrem Eintrag fünf Jahre lang aufzubewahren und auf Verlangen der zuständigen Behörde vorzulegen.

(4) Das Betriebstagebuch ist von der für die Leitung und Beaufsichtigung des Betriebes verantwortlichen Person oder von einer von ihr beauftragten Person regelmäßig auf Richtigkeit und Vollständigkeit zu überprüfen. Die Überprüfung ist zu dokumentieren.

§ 13 Ordnungswidrigkeiten

(1) Ordnungswidrig im Sinne des § 69 Absatz 1 Nummer 8 des Kreislaufwirtschaftsgesetzes handelt, wer vorsätzlich oder fahrlässig

1. entgegen § 3 Absatz 1 Satz 1 oder § 8 Absatz 1 Satz 1 die dort genannten Abfallfraktionen nicht richtig sammelt oder nicht richtig befördert,
2. entgegen § 4 Absatz 1 Satz 1, § 9 Absatz 1 Satz 1 oder Absatz 3 ein dort genanntes Gemisch nicht, nicht richtig oder nicht rechtzeitig einer Vorbehandlungs- oder Aufbereitungsanlage zuführt,
3. entgegen § 4 Absatz 4 Satz 1 oder § 9 Absatz 5 ein dort genanntes Gemisch oder dort genannte Abfälle nicht getrennt hält oder nicht, nicht richtig, nicht in der vorgeschriebenen Weise oder nicht rechtzeitig einer Verwertung zuführt,
4. entgegen § 6 Absatz 2 nicht sicherstellt, dass eine Vermischung dort genannter Gemische oder dort genannter Abfälle nicht erfolgt oder
5. entgegen § 7 Absatz 2 einen dort genannten Abfallbehälter nicht oder nicht richtig nutzt.

(2) Ordnungswidrig im Sinne des § 69 Absatz 2 Nummer 15 des Kreislaufwirtschaftsgesetzes handelt, wer vorsätzlich oder fahrlässig

1. entgegen § 3 Absatz 3 Satz 1, § 4 Absatz 5 Satz 1 oder 4, § 8 Absatz 3 Satz 1 oder § 9 Absatz 6 Satz 1 eine dort genannte Dokumentation oder einen dort genannten Nachweis nicht, nicht richtig oder nicht vollständig erstellt,
2. entgegen § 3 Absatz 3 Satz 3, § 4 Absatz 5 Satz 3 oder 5, § 6 Absatz 6 Satz 1, § 8 Absatz 3 Satz 3 oder § 9 Absatz 6 Satz 3 eine dort genannte Dokumentation oder einen dort genannten Nachweis nicht, nicht richtig, nicht vollständig oder nicht rechtzeitig vorlegt,
3. entgegen § 4 Absatz 2 Satz 1, auch in Verbindung mit Satz 3, sich nicht, nicht richtig, nicht in der vorgeschriebenen Weise oder nicht rechtzeitig bestätigen lässt, dass die Anlage dort genannte Anforderungen erfüllt,
4. entgegen § 4 Absatz 2 Satz 4, § 6 Absatz 4 Satz 5 oder 6, § 6 Absatz 6 Satz 2, 4 oder 5 oder § 9 Absatz 2 Satz 3 eine Mitteilung nicht, nicht richtig oder nicht rechtzeitig macht,
5. entgegen § 6 Absatz 4 Satz 1 oder Absatz 6 Satz 1 eine dort genannte Quote nicht, nicht richtig oder nicht rechtzeitig dokumentiert,
6. entgegen § 6 Absatz 4 Satz 2 eine Unterrichtung nicht, nicht richtig, nicht vollständig oder nicht rechtzeitig vornimmt,
7. entgegen § 9 Absatz 2 Satz 1, auch in Verbindung mit Satz 2, sich nicht, nicht richtig, nicht in der vorgeschriebenen Weise oder nicht rechtzeitig bestätigen lässt, dass dort genannte Gesteinskörnungen hergestellt werden,
8. entgegen § 10 Absatz 1 Satz 1 oder Absatz 2 Satz 1 eine Annahme- oder Ausgangskontrolle nicht, nicht richtig, nicht vollständig oder nicht rechtzeitig durchführt oder eine dort genannte Dokumentation nicht, nicht richtig, nicht vollständig oder nicht rechtzeitig erstellt,
9. entgegen § 10 Absatz 3 Satz 1 sich die weitere Entsorgung nicht, nicht richtig, nicht vollständig oder nicht rechtzeitig bestätigen lässt,
10. entgegen § 11 Absatz 1 Satz 1 eine Fremdkontrolle nicht, nicht richtig, nicht vollständig oder nicht rechtzeitig durchführen lässt,
11. entgegen § 11 Absatz 2 Nummer 1 nicht sicherstellt, dass die Ergebnisse der Fremdkontrolle mitgeteilt werden,

12. entgegen § 11 Absatz 2 Nummer 2 die Ergebnisse der Fremdkontrolle nicht, nicht richtig, nicht vollständig oder nicht rechtzeitig übermittelt,
13. entgegen § 12 Absatz 1 Satz 1 ein Betriebstagebuch nicht, nicht richtig oder nicht vollständig führt oder
14. entgegen § 12 Absatz 3 Satz 5 eine dort genannte Information nicht oder nicht mindestens fünf Jahre aufbewahrt oder nicht oder nicht rechtzeitig vorlegt.

§ 14 Übergangsvorschrift

Abweichend von § 4 Absatz 3 Satz 3 ist für das Entfallen der Pflicht nach § 4 Absatz 1 Satz 1

1. im Kalenderjahr des Inkrafttretens der Verordnung nicht die Getrenntsammlungsquote aus dem vorangegangenen Kalenderjahr sondern aus den letzten drei Kalendermonaten vor dem Inkrafttreten der Verordnung maßgeblich; in diesen Fällen ist abweichend von § 4 Absatz 5 Satz 4 der Nachweis innerhalb eines Monats nach dem Inkrafttreten der Verordnung der zuständigen Behörde vorzulegen,
2. im Kalenderjahr nach dem Inkrafttreten der Verordnung nicht die Getrenntsammlungsquote aus dem vorangegangenen Kalenderjahr sondern die Getrenntsammlungsquote vom Zeitpunkt des Inkrafttretens bis zum Ende des Jahres des Inkrafttretens maßgeblich.

§ 15 Inkrafttreten, Außerkrafttreten

(1) Diese Verordnung tritt vorbehaltlich des Absatzes 2 am 1. August 2017 in Kraft. Gleichzeitig tritt die Gewerbeabfallverordnung vom 19. Juni 2002 (BGBl. I S. 1938), die zuletzt durch Artikel 4 der Verordnung vom 2. Dezember 2016 (BGBl. I S. 2770) geändert worden ist, außer Kraft.

(2) § 4 Absatz 2, § 6 Absatz 1 und Absatz 3 bis 6 treten am 1. Januar 2019 in Kraft.

Anlage
(zu § 6 Absatz 1 Satz 1)

Technische Mindestanforderungen für Vorbehandlungsanlagen

Vorbehandlungsanlagen für die Behandlung von Gemischen gemäß § 4 Absatz 1 Satz 1 und § 9 Absatz 1 Satz 1 Nummer 1 und gemischten Bau- und Abbruchabfällen nach § 9 Absatz 3 Satz 1 müssen über die folgenden Anlagenkomponenten verfügen sowie die in den Nummern 4 und 5 genannten Stoffausbringungen erfüllen:

1. Stationäre oder mobile Aggregate zum Zerkleinern, wie zum Beispiel Vorzerkleinerer,
2. Aggregate zur Separierung verschiedener Materialien, Korngrößen, Kornformen und Korndichten, wie zum Beispiel Siebe und Sichter,
3. Aggregate zur maschinell unterstützten manuellen Sortierung nach dem Stand der Technik, wie zum Beispiel Sortierband mit Sortierkabine,
4. Aggregate zur Ausbringung von Eisen und Nichteisenmetallen mit einer Metallausbringung von mindestens 95 Prozent, sofern Eisen- und Nichteisenmetalle in den zu behandelnden Gemischen enthalten sind, sowie
5. Aggregate zur Ausbringung von Kunststoff mit einer Kunststoffausbringung von mindestens 85 Prozent, von Holz oder von Papier, wie zum Beispiel Nahinfrarotaggregate.

Verordnung zur Umsetzung der Richtlinie 2006/21/ EG des Europäischen Parlaments und des Rates vom 15. März 2006 über die Bewirtschaftung von Abfällen aus der mineralgewinnenden Industrie und zur Änderung der Richtlinie 2004/35/EG

(Gewinnungsabfallverordnung – GewinnungsAbfV)

Vom 27. April 2009 (BGBl. I S. 900 und S. 947)

Zuletzt geändert am 24. Februar 2012 (BGBl. I S. 212)

§ 1 Anwendungsbereich

(1) Diese Verordnung gilt für

1. die Errichtung, den Betrieb, die Stilllegung und die Nachsorge einer Beseitigungsanlage für Gewinnungsabfälle in nicht der Bergaufsicht unterstehenden Betrieben,
2. die Lagerung und Ablagerung von Gewinnungsabfällen zu Beseitigungszwecken sowie
3. die Verwertung von Gewinnungsabfällen zu Bau- und Sanierungszwecken im Abgrabungsbetrieb.

(2) Diese Verordnung gilt für

1. den Erzeuger von Gewinnungsabfällen und
2. den Betreiber einer Beseitigungsanlage für Gewinnungsabfälle.

(3) Die Verordnung gilt nicht für

1. Beseitigungsanlagen für Gewinnungsabfälle,
   a) die vor dem 1. Mai 2008 stillgelegt worden sind oder
   b) bei denen die Annahme von Gewinnungsabfällen vor dem 1. Mai 2006 beendet worden ist, die sich am 1. Mai 2008 in der Stilllegungsphase befanden und die spätestens am 31. Dezember 2010 endgültig stillgelegt sind,
2. die Lagerung von Gewinnungsabfällen in Anlagen zur zeitweiligen Lagerung, soweit es sich um
   a) gefährliche Abfälle, die unerwartet anfallen, handelt und die Lagerung nicht länger als sechs Monate dauert,
   b) nicht gefährliche Abfälle mit Ausnahme von Inertabfällen handelt und die Lagerung nicht länger als ein Jahr dauert,
   c) nicht gefährliche Abfälle handelt, die beim Aufsuchen entstehen und die Lagerung nicht länger als drei Jahre dauert,
   d) Abfälle aus der Gewinnung, Aufbereitung und Lagerung von Torf handelt und die Lagerung nicht länger als drei Jahre dauert oder
   e) Inertabfälle oder unverschmutzter Boden handelt und die Lagerung nicht länger als drei Jahre dauert.

§ 2 Begriffsbestimmungen

Im Sinne dieser Verordnung sind:

1. Gewinnungsabfälle:
Abfälle, die unmittelbar beim Aufsuchen, Gewinnen und Aufbereiten sowie bei der damit zusammenhängenden Lagerung von Bodenschätzen anfallen.

2. Beseitigungsanlage für Gewinnungsabfälle:
Eine Anlage zur zeitweiligen Lagerung oder dauerhaften Ablagerung, in der ausschließlich Gewinnungsabfälle mit dem Ziel der Beseitigung gelagert oder abgelagert werden.

3. Anlage der Kategorie A:
Beseitigungsanlage für Gewinnungsabfälle, die nach den Kriterien aus dem Anhang III der Richtlinie 2006/21/ EG des Europäischen Parlaments und des Rates vom 15. März 2006 über die Bewirtschaftung von Abfällen aus der mineralgewinnenden Industrie und zur Änderung der Richtlinie 2004/35/EG (ABl. L 102 vom 11.4.2006, S. 15) als eine solche eingestuft wird.

§ 3 Errichtung, Betrieb, Stilllegung und Nachsorge

Eine Beseitigungsanlage für Gewinnungsabfälle ist so zu errichten, zu betreiben, stillzulegen und nachzusorgen, dass das Wohl der Allgemeinheit nicht beeinträchtigt wird. Dies ist durch eine geeignete Standortwahl und geeignete Maßnahmen zum Schutz des Bodens und des Grundwassers, die dem Stand der Technik entsprechen, zu gewährleisten. Hierzu können, in Abhängigkeit von Gefährdungspotenzial und Art der Anlage, die Kriterien nach Anhang 1 der Deponieverordnung vom 27. April 2009 (BGBl. I S. 900) herangezogen werden. Für die sonstigen Anforderungen, dass das Wohl der Allgemeinheit nach § 15 Absatz 2 des Kreislaufwirtschaftsgesetzes durch die Anlage nicht beeinträchtigt wird, gelten § 3 Absatz 3, § 4, § 7 Absatz 1, die §§ 8, 9, 11, 12 und 13 der Deponieverordnung entsprechend.

§ 4 Stabilitätsnachweis

Setzt der Erzeuger von Gewinnungsabfällen diese zu Bau- oder Sanierungszwecken im Abgrabungsbetrieb ein, hat er geeignete Maßnahmen zu treffen, durch die

1. die Stabilität der Gewinnungsabfälle am Einsatzort gewährleistet wird,
2. eine Verunreinigung des Gewässers und des Bodens verhindert wird und
3. der ordnungsgemäße Einsatz kontrolliert wird.

§ 5 Abfallbewirtschaftungsplan

Der Erzeuger von Gewinnungsabfällen hat einen Abfallbewirtschaftungsplan nach Anhang für die Entsorgung von Gewinnungsabfällen aufzustellen und diesen durch Vorlage bei der zuständigen Behörde rechtzeitig, spätestens zwei Wochen vor Aufnahme der Tätigkeiten, anzuzeigen. Er hat den Abfallbewirtschaftungsplan alle fünf Jahre zu überprüfen und anzupassen, soweit sich der Betrieb der Anlage, das Ablagerungsverfahren oder der Gewinnungsabfall wesentlich verändert haben. Alle Anpassungen nach Satz 2 sind der zuständigen Behörde anzuzeigen.

§ 6 Vermeidung schwerer Unfälle und Information

(1) Der Betreiber einer Anlage der Kategorie A hat vor Inbetriebnahme der Anlage ein schriftliches Konzept zur Vermeidung schwerer Unfälle zu erstellen, das die Faktoren nach Anhang I Abschnitt 1 der Richtlinie 2006/21/EG beinhaltet. Zur Umsetzung des Konzepts hat er ein Sicher-

heitsmanagementsystem einzuführen. Das Konzept ist alle drei Jahre zu überprüfen und nötigenfalls zu aktualisieren. Das Konzept ist für die zuständige Behörde jederzeit verfügbar zu halten.

(2) Der Betreiber einer Anlage der Kategorie A hat vor ihrer Inbetriebnahme einen internen Notfallplan zu erstellen, der mindestens die Informationen nach Anhang I Abschnitt 2 der Richtlinie 2006/21/EG enthält. Er hat den internen Notfallplan alle drei Jahre zu überprüfen. Soweit sich bei der Überprüfung herausstellt, dass sich erhebliche Auswirkungen hinsichtlich der Maßnahmen zur Vermeidung schwerer Unfälle ergeben können, hat der Betreiber den internen Notfallplan unverzüglich zu aktualisieren. Er hat die Beschäftigten vor ihrer erstmaligen Beschäftigungsaufnahme und danach in regelmäßigen Abständen über die im Notfallplan enthaltenen Verhaltensregeln zu unterrichten und hierzu anzuhören.

(3) Der Betreiber einer Anlage der Kategorie A hat einen Betriebsbeauftragten für Abfall zu bestellen, der insbesondere die ordnungsgemäße Umsetzung, Überprüfung und Aktualisierung des Konzepts nach Absatz 1 sowie die Aufstellung, Aktualisierung des internen Notfallplans und Unterweisung der Beschäftigten nach Absatz 2 überwacht.

(4) Kann eine Anlage der Kategorie A erhebliche Auswirkungen in einem anderen Staat haben oder ersucht ein anderer Staat, der möglicherweise von solchen Auswirkungen erheblich berührt wird, darum, hat die zuständige Behörde die von dem anderen Staat benannten Behörden zum gleichen Zeitpunkt und im gleichen Umfang zu informieren wie die nach § 73 Absatz 2 des Verwaltungsverfahrensgesetzes zu beteiligenden Behörden.

(5) Der Betreiber einer Anlage der Kategorie A hat die Informationen nach Absatz 2 der zuständigen Behörde für die Erstellung externer Notfallpläne zugänglich zu machen.

(6) Der Betreiber einer Anlage der Kategorie A hat im Fall eines schweren Unfalls der zuständigen Behörde unverzüglich alle erforderlichen Informationen zur Verfügung zu stellen, um die Folgen des Unfalls für das Wohl der Allgemeinheit zu minimieren.

§ 7 Sicherheitsleistung

Der Betreiber einer Anlage der Kategorie A hat vor dem Beginn der Lagerungs- oder Ablagerungsphase eine Sicherheit zur Erfüllung der Auflagen und Bedingungen, die mit der Betriebszulassung angeordnet werden, gegenüber der zuständigen Behörde zu leisten. Die zuständige Behörde kann vom Betreiber einer Beseitigungsanlage für Gewinnungsabfälle, die nicht Anlage der Kategorie A ist, die Leistung einer Sicherheit verlangen, wenn die Besorgnis besteht, dass Auflagen und Bedingungen zur Rekultivierung der Anlage, die mit der Betriebszulassung angeordnet werden, nicht erfüllt werden. Für die Sicherheit gilt § 18 der Deponieverordnung entsprechend.

§ 8 Antrag, Anzeige

(1) Für Errichtung und Betrieb sowie für die wesentliche Änderung des Betriebes einer Beseitigungsanlage für Gewinnungsabfälle hat der Betreiber einen schriftlichen Antrag bei der zuständigen Behörde einzureichen. Der Antrag muss den Abfallbewirtschaftungsplan beinhalten. Im Übrigen gilt für den Umfang der Angaben und Unterlagen § 19 Absatz 1 der Deponieverordnung entsprechend.

(2) Die Stilllegung einer Beseitigungsanlage für Gewinnungsabfälle hat der Betreiber mindestens ein Jahr vor dem beabsichtigten Ende der Lagerungs- oder Ablagerungsphase bei der zuständigen Behörde schriftlich anzuzeigen. Für die Anzeige gilt § 19 Absatz 1 Satz 1, 4 und 5 der Deponieverordnung entsprechend, beschränkt auf die die Stilllegung betreffenden Angaben.

(3) Die zuständige Behörde hat Entscheidungen über Errichtung, Betrieb oder Stilllegung einer Beseitigungsanlage für Gewinnungsabfälle alle vier Jahre darauf zu überprüfen, ob zur Einhaltung des Standes der Technik weitere Bedingungen, Auflagen oder Befristungen angeordnet oder geändert werden müssen.

§ 9 Ordnungswidrigkeiten

(1) Ordnungswidrig im Sinne des § 69 Absatz 1 Nummer 8 des Kreislaufwirtschaftsgesetzes handelt, wer vorsätzlich oder fahrlässig entgegen § 6 Abs. 2 Satz 1 oder Satz 3 einen internen Notfallplan nicht, nicht richtig, nicht vollständig oder nicht rechtzeitig erstellt oder ihn nicht oder nicht rechtzeitig aktualisiert.

(2) Ordnungswidrig im Sinne des § 69 Absatz 2 Nummer 15 des Kreislaufwirtschaftsgesetzes handelt, wer vorsätzlich oder fahrlässig entgegen § 6 Abs. 6 eine Information nicht, nicht richtig, nicht vollständig oder nicht rechtzeitig zur Verfügung stellt.

§ 10 Übergangsvorschriften

Beseitigungsanlagen für Gewinnungsabfälle, die am 1. Mai 2008 zugelassen waren oder die bis zu diesem Zeitpunkt bereits in Betrieb sind, müssen spätestens am 1. Mai 2012 die Anforderungen der §§ 3 bis 6 und bis zum 1. Mai 2014 die Anforderungen nach § 7 erfüllen.

Anhang (zu § 5) Abfallbewirtschaftungsplan

1. Der Erzeuger von Gewinnungsabfällen hat den Abfallbewirtschaftungsplan für die Entsorgung von Gewinnungsabfällen unter Berücksichtigung des Grundsatzes der Nachhaltigkeit und der in Nummer 2 aufgeführten Ziele aufzustellen. In dem Plan sind alle wesentlichen Aspekte der Entstehung und Entsorgung der Gewinnungsabfälle und die vorgesehenen Vorkehrungen und Maßnahmen zum Schutz der Umwelt und der menschlichen Gesundheit darzustellen. Sofern die für den Abfallbewirtschaftungsplan geforderten Angaben Bestandteil einer Abgrabungsgenehmigung, anderer behördlicher Verfahren oder anderer auf Grund von Rechtsvorschriften erstellter Unterlagen sind, kann auf diese im Abfallbewirtschaftungsplan verwiesen werden.
2. Ziele des Abfallbewirtschaftungsplanes sind, die Entstehung von Abfällen und deren Schadstoffpotenzial zu minimieren, die Verwertung von Gewinnungsabfällen zu fördern sowie die ordnungsgemäße Beseitigung sicherzustellen. Dazu soll die Abfallentsorgung bereits in der Planungsphase und bei der Wahl des Verfahrens zur Gewinnung und Aufbereitung, bei den Auswirkungen über Tage, der Verfüllung von Abgrabungen sowie beim Einsatz weniger schädlicher Stoffe bei der Aufbereitung berücksichtigt werden.
3. Für die Beseitigung der Gewinnungsabfälle soll bereits in der Planungsphase ein Konzept gewählt werden, das
   a) langfristig negative Auswirkungen der Beseitigungsanlage für Gewinnungsabfälle verhindert oder zumindest so weit wie möglich verringert,
   b) die geotechnische Stabilität der Anlage bis zum Ende der Nachsorgephase sicherstellt,
   c) so weit wie möglich keine Nachsorge der stillgelegten Anlage erforderlich macht.
4. Der Abfallbewirtschaftungsplan muss mindestens enthalten:
   a) die Charakterisierung der Gewinnungsabfälle nach Anhang II der Richtlinie 2006/21/EG und die voraussichtlich während der Betriebsphase anfallende Gesamtmenge der Gewinnungsabfälle,
   b) die Verfahren, bei denen diese Abfälle entstehen, und jegliche Nachbehandlung, der diese unterzogen werden,
   c) Angaben über den Standort der Beseitigungsanlage für die Gewinnungsabfälle sowie eine Erhebung der Beschaffenheit der von der Anlage betroffenen Geländeoberfläche,
   d) die Beschreibung möglicher nachteiliger Auswirkungen auf die Umwelt und die menschliche Gesundheit durch die Ablagerung der Gewinnungsabfälle und die zu treffenden Vorkehrungen zur Minimierung der Umweltauswirkungen, insbesondere durch verschmutztes Wasser, Sickerwasser, Wasser- und Winderosion, während des Betriebes und nach der Stilllegung unter Berücksichtigung der geologischen, hydrologischen und hydrogeologischen, seismischen und geotechnologischen Gegebenheiten des Standortes der Anlage,
   e) die Maßnahmen zum Schutz von Gewässern, des Bodens und der Luft, insbesondere durch Überwachung der physikalischen und chemischen Stabilität der Anlage, zum Beispiel durch stets einsatzbereite Mess- und Überwachungsgeräte, regelmäßige Reinigung von Überlaufkanälen und -rinnen,
   f) die Kontroll- und Überwachungsmaßnahmen durch verantwortliche Personen,
   g) die Konzeption zur Stilllegung, einschließlich Wiedernutzbarmachung, Nachsorge und Überwachung,

h) die Einstufung der Anlage nach den Kriterien aus dem Anhang III der Richtlinie 2006/21/EG einschließlich der erforderlichen Informationen über die maßgeblichen Tatsachen und Gründe für die Einstufung,

i) Vorkehrungen und Maßnahmen zur Begrenzung schwerer Unfälle einschließlich der für die Aufstellung interner Notfallpläne erforderlichen Informationen nach § 6 bei Anlagen der Kategorie A,

j) eine Einschätzung der möglichen Gefährdung durch Unfälle bei Anlagen, die nicht der Kategorie A zuzuordnen sind.

Verordnung über die Entsorgung gebrauchter halogenierter Lösemittel (HKWAbfV)

Vom 23. Oktober 1989 (BGBl. I S. 1918)

Zuletzt geändert am 20. Oktober 2006 (BGBl. I S. 2298)

Eingangsformel

Auf Grund des § 14 Abs. 1 Nr. 1, 2 und 3 des Abfallgesetzes vom 27. August 1986 (BGBl. I S. 1410) und des § 7 Abs. 1 des Bundes-Immissionsschutzgesetzes vom 15. März 1974 (BGBl. I S. 721), wird von der Bundesregierung nach Anhörung der beteiligten Kreise verordnet:

§ 1 Anwendungsbereich

(1) Diese Verordnung gilt für Lösemittel, die nach Gebrauch als Reststoff verwertet oder als Abfall entsorgt werden müssen und die in Anlagen eingesetzt werden, in denen

1. die Oberfläche von Gegenständen oder Materialien, insbesondere aus Metall, Glas, Keramik oder Kunststoff, gereinigt, befettet, entfettet, beschichtet, entschichtet, entwickelt, phosphatiert, getrocknet oder in ähnlicher Weise behandelt wird,
2. Behandlungsgut, insbesondere Textilien, Leder, Pelze, Felle, Fasern, Federn oder Wolle, gereinigt, entfettet, ausgerüstet, getrocknet oder in ähnlicher Weise behandelt wird,
3. Aromen, Öle, Fette oder andere Stoffe aus Pflanzen, Pflanzenteilen oder aus Tierkörpern oder Tierkörperteilen extrahiert werden oder
4. Stoffe, Zubereitungen oder Erzeugnisse mit Hilfe dieser Lösemittel gewonnen oder hergestellt werden.

(2) Lösemittel im Sinne dieser Verordnung sind flüssige Stoffe oder Zubereitungen mit einem Massegehalt von mehr als 5 vom Hundert an Halogenkohlenwasserstoffen mit einem Siedepunkt zwischen 293 K = 20 Grad C und 423 K = 150 Grad C bei jeweils 1013 hPa.

§ 2 Getrennte Haltung, Vermischungsverbote

(1) Betreiber der in § 1 Abs. 1 genannten Anlagen haben Lösemittel nach Gebrauch getrennt entsprechend dem Hauptbestandteil des jeweiligen Ausgangsproduktes wie Dichlormethan (Methylenchlorid), Trichlormethan Tetrachlormethan, 1,2-Dichlorethan, 1,1,1-Trichlorethan (Methylchloroform), Trichlorethen (Trichlorethylen, TRI), Tetrachlorethen (Perchlorethylen, PER), Trichlorfluormethan (R-11), 1,1,2,2-Tetrachlor-1,2-difluorethan (R-112) oder Trichlor-1,2,2-trifluorethan (R-113) zu halten.

(2) Es ist verboten, Lösemittel unterschiedlicher Ausgangsprodukte nach Gebrauch untereinander oder mit anderen Stoffen oder Abfällen, insbesondere solchen im Sinne des § 2 Abs. 2 des Abfallgesetzes, zu vermischen.

§ 3 Rücknahmeverpflichtung

(1) Wer als Vertreiber Lösemittel in Mengen von 10 l oder mehr innerhalb eines Monats an einen Betreiber der in § 1 Abs. 1 genannten Anlagen abgibt, ist verpflichtet, von diesem Betreiber die nach § 2 Abs. 2 unvermischten gebrauchten Lösemittel zurückzunehmen oder die Rücknahme durch einen von ihm zu bestimmenden Dritten sicherzustellen.

(2) Die Rücknahmeverpflichtung nach Absatz 1 bezieht sich auf Art und Menge der abgegebenen Lösemittel, zuzüglich der verfahrensbedingt bei ordnungsgemäßem Gebrauch hinzugekommenen oder hinzugefügten sonstigen Stoffe oder Zubereitungen.

§ 4 Erklärung über die Verwendung von Lösemitteln

Nimmt der Betreiber der in § 1 Abs. 1 genannten Anlagen nach § 3 Abs. 1 den Vertreiber auf Rücknahme gebrauchter Lösemittel in Anspruch, so hat er gegenüber dem Vertreiber oder dem von ihm bestimmten Dritten eine Erklärung über die Art und Verwendung der Lösemittel nach dem in der Anlage zu dieser Verordnung enthaltenen Muster abzugeben.

§ 5 Kennzeichnung

Lösemittel dürfen in Gebinden nur in Verkehr gebracht werden, wenn diese durch leicht erkennbaren und lesbaren Aufdruck, Prägung oder Aufkleber folgendermaßen gekennzeichnet sind:

„Dieses Lösemittel ist nach Gebrauch einer Verwertung oder Entsorgung zuzuführen! Unsachgemäße Beseitigung gefährdet die Umwelt! Nach Gebrauch ist jede Beimischung von Fremdstoffen oder Lösemitteln anderer Art verboten".

Darüber hinaus muß die Kennzeichnung den Hauptbestandteil des Ausgangsproduktes (§ 2 Abs. 1) und den Siedepunkt (§ 1 Abs. 2) ausweisen. Bei loser Ware muß die Kennzeichnung nach den Sätzen 1 und 2 in den Begleitpapieren erfolgen.

§ 6 Ordnungswidrigkeiten

(1) Ordnungswidrig im Sinne des § 18 Abs. 1 Nr. 11 des Abfallgesetzes handelt, wer vorsätzlich oder fahrlässig

1. Lösemittel, die nach Gebrauch als Abfall entsorgt werden müssen,
   a) entgegen § 2 Abs. 1 nicht getrennt hält oder
   b) entgegen § 2 Abs. 2 vermischt,
2. entgegen § 3 Abs. 1 in Verbindung mit Abs. 2 Lösemittel nicht zurücknimmt oder die Rücknahme nicht sicherstellt,
3. entgegen § 4 Satz 1 eine Erklärung über die Art und Verwendung eines in Nummer 1 genannten Lösemittels nicht, nicht richtig oder nicht vollständig abgibt oder
4. entgegen § 5 Lösemittel ohne die vorgeschriebene Kennzeichnung in Verkehr bringt.

(2) Ordnungswidrig im Sinne des § 62 Abs. 1 Nr. 2 des Bundes-Immissionsschutzgesetzes handelt, wer vorsätzlich oder fahrlässig

1. Lösemittel, die nach Gebrauch als Reststoff verwertet werden müssen,
   a) entgegen § 2 Abs. 1 nicht getrennt hält oder
   b) entgegen § 2 Abs. 2 vermischt oder
2. entgegen § 4 Satz 1 eine Erklärung über die Art und Verwendung eines in Nummer 1 genannten Lösemittels nicht, nicht richtig oder nicht vollständig abgibt.

§ 7 Berlin-Klausel

Diese Verordnung gilt nach § 14 des Dritten Überleitungsgesetzes in Verbindung mit § 31 des Abfallgesetzes und § 73 des Bundes-Immissionsschutzgesetzes auch im Land Berlin.

§ 8 Inkrafttreten

Diese Verordnung tritt mit Ausnahme des § 5 am ersten Tag des dritten auf die Verkündung folgenden Kalendermonats in Kraft. § 5 tritt am ersten Tag des sechsten auf die Verkündung folgenden Kalendermonats in Kraft.

Schlußformel

Der Bundesrat hat zugestimmt.

Anlage (zu § 4 Satz 1)

Erklärung über die Art und Verwendung von Lösemitteln

Art des Lösemittels

....

....

....

Das oben bezeichnete Lösemittel wurde für folgende, in § 1 Abs. 1 Nr. 1 I bis 4 genannten Zwecke (vgl. Rückseite) verwendet:

1. ....
2. ....
3. ....
4. ....
5. ....

Dem Lösemittel wurden nach Gebrauch keine anderen Lösemittel oder andere Stoffe oder Abfälle zugemischt.

....

(Firma/Anschrift) (Datum) (Unterschrift/Firmenstempel)

(Rückseite)

§ 1 Anwendungsbereich

(1) Diese Verordnung gilt für Lösemittel, die nach Gebrauch als Reststoff verwertet oder als Abfall entsorgt werden müssen und die in Anlagen eingesetzt werden, in denen

1. die Oberfläche von Gegenständen oder Materialien, insbesondere aus Metall, Glas, Keramik oder Kunststoff, gereinigt, befettet, entfettet, beschichtet, entschichtet, entwickelt, phosphatiert, getrocknet oder in ähnlicher Weise behandelt wird,
2. Behandlungsgut, insbesondere Textilien, Leder, Pelze, Felle, Fasern, Federn oder Wolle, gereinigt, entfettet, ausgerüstet, getrocknet oder in ähnlicher Weise behandelt wird,
3. Aromen, Öle, Fette oder andere Stoffe aus Pflanzen, Pflanzenteilen oder aus Tierkörpern oder Tierkörperteilen extrahiert werden oder
4. Stoffe, Zubereitungen oder Erzeugnisse mit Hilfe dieser Lösemittel gewonnen oder hergestellt werden.

Verordnung über die Nachweisführung bei der Entsorgung von Abfällen

(Nachweisverordnung – NachwV)

Vom 20. Oktober 2006 (BGBl. I S. 2298)

zuletzt geändert am 23. Oktober 2020 (BGBl. I S. 2232)

Inhaltsübersicht

Teil 1
Allgemeine Bestimmungen

§ 1 Anwendungsbereich

(1) Diese Verordnung gilt für die Führung von Nachweisen und Registern über die Entsorgung von gefährlichen und nicht gefährlichen Abfällen elektronisch oder unter Verwendung von Formblättern durch

1. Erzeuger oder Besitzer von Abfällen (Abfallerzeuger),
2. Einsammler oder Beförderer von Abfällen (Abfallbeförderer),
3. Betreiber von Anlagen oder Unternehmen, welche Abfälle in einem Verfahren nach Anlage 1 oder Anlage 2 des Kreislaufwirtschaftsgesetzes entsorgen (Abfallentsorger), sowie
4. Händler und Makler von Abfällen.

(2) Landesrechtliche Andienungs- und Überlassungspflichten bleiben unberührt.

(3) Diese Verordnung gilt nicht für private Haushaltungen.

(4) Diese Verordnung gilt nicht für die Verbringung von Abfällen im Sinne der Verordnung (EG) Nr. 1013/2006 des Europäischen Parlaments und des Rates vom 14. Juni 2006 über die Verbringung von Abfällen (ABl. EU Nr. L 190 S. 1) in der jeweils geltenden Fassung. Im Falle einer Verbringung von Abfällen in das Bundesgebiet, die zur vorläufigen Verwertung oder Beseitigung bestimmt sind, gilt diese Verordnung nicht bis zum Abschluss dieser vorläufigen Verwertung oder Beseitigung, wenn diese mit einer nachfolgenden vorläufigen oder nicht vorläufigen Verwertung oder Beseitigung im Bundesgebiet verbunden ist.

Teil 2
Nachweisführung über die Entsorgung von Abfällen

§ 2 Kreis der Nachweispflichtigen und Form der Nachweisführung

(1) Zur Nachweisführung nach diesem Teil verpflichtet sind Abfallerzeuger, Abfallbeförderer und Abfallentsorger, soweit eine Pflicht zur Führung von Nachweisen nach

1. § 50 Abs. 1 des Kreislaufwirtschaftsgesetzes über die Entsorgung gefährlicher Abfälle oder
2. § 51 Abs. 1 Satz 1 Nr. 1 des Kreislaufwirtschaftsgesetzes über die Entsorgung nicht gefährlicher Abfälle auf Anordnung der zuständigen Behörde

besteht.

(2) Von der Nachweispflicht nach Absatz 1 Nr. 1 ausgenommen sind Abfallerzeuger, wenn bei ihnen nicht mehr als insgesamt zwei Tonnen gefährlicher Abfälle (Kleinmengen) jährlich anfallen. Die Pflichten zur Führung der Übernahmescheine nach § 12 sowie nach § 16 bleiben unberührt.

(3) Die in den Abschnitten 1 bis 3 bestimmten Verfahren und Inhalte zur Führung der Nachweise gelten für die elektronische Nachweisführung und unter Verwendung von Formblättern, soweit nichts anderes bestimmt ist.

Abschnitt 1
Nachweis über die Zulässigkeit der vorgesehenen Entsorgung

§ 3 Entsorgungsnachweis

(1) Wer nachweispflichtige Abfälle zur Entsorgung in eine Abfallentsorgungsanlage bringen oder solche Abfälle dort annehmen will, hat vor Beginn der Abfallentsorgung die Zulässigkeit der vorgesehenen Entsorgung durch einen Entsorgungsnachweis unter Verwendung der hierfür vorgesehenen Formblätter der Anlage 1 zu belegen. Der Entsorgungsnachweis besteht aus dem Deckblatt Entsorgungsnachweise, der verantwortlichen Erklärung des Abfallerzeugers einschließlich der Deklarationsanalyse und der Annahmeerklärung des Abfallentsorgers (Nachweiserklärungen) sowie, soweit keine Freistellung von der Pflicht zur Einholung einer Bestätigung nach § 5 gemäß § 7 vorliegt, der Bestätigung der für die zur Entsorgung vorgesehenen Anlage (Entsorgungsanlage) zuständigen Behörde. Ein einziger Entsorgungsnachweis kann auch

1. für die Entsorgung von Altölen mit mehr als einem Abfallschlüssel geführt werden, wenn die Altöle derselben Sammelkategorie oder den Sammelkategorien 2 bis 4 nach der Anlage 1 der Altölverordnung angehören, sofern eine Getrennthaltung nach der Altölverordnung nicht vorgeschrieben ist,
2. für die Entsorgung von Althölzern mit mehr als einem Abfallschlüssel geführt werden, wenn die Althölzer derselben Altholzkategorie A I bis A IV des Anhangs III zu § 5 Abs. 1 der Altholzverordnung angehören, sofern eine Getrennthaltung nach der Altholzverordnung nicht vorgeschrieben ist.

In diesem Fall ist der Nachweis über die Zulässigkeit der Entsorgung für den die Altölsammelkategorie oder die Altholzkategorie prägenden Abfallschlüssel zu führen; die übrigen Abfallschlüssel, die ebenfalls vom Entsorgungsnachweis erfasst sein sollen, sind in der Deklarationsanalyse aufzuführen.

(2) Der Abfallerzeuger hat vor Zuleitung der Nachweiserklärungen an die für die Entsorgungsanlage zuständige Behörde das Deckblatt Entsorgungsnachweise sowie den Teil verantwortliche Erklärung einschließlich der Deklarationsanalyse des Entsorgungsnachweises auszufüllen und dem Abfallentsorger zuzuleiten. Eine Deklarationsanalyse ist nicht erforderlich, soweit die Art, Beschaffenheit, die den Abfall bestimmenden Parameter und Konzentrationswerte bekannt sind oder das Verfahren, bei dem der Abfall anfällt und im Falle der Vorbehandlung des Abfalls, die Art der Vorbehandlung des Abfalls angegeben wird und sich aus diesen Angaben die Art, Beschaffenheit und Zusammensetzung in einem für die weitere Durchführung des Nachweisverfahrens ausreichenden Umfang ergeben. Die Angaben nach Satz 2 sind im Feld (Weitere Angaben) des Formblattes Deklarationsanalyse einzutragen.

(3) Der Abfallentsorger hat vor Zuleitung der Nachweiserklärungen an die für die Entsorgungsanlage zuständige Behörde den Teil Annahmeerklärung auszufüllen und eine Ablichtung dem Abfallerzeuger zuzuleiten. Das Original der Nachweiserklärungen übersendet der Abfallentsorger mit dem Teil behördliche Bestätigung der für die Entsorgungsanlage zuständigen Behörde.

(4) Der Abfallerzeuger kann mit der Abgabe der verantwortlichen Erklärung einen Vertreter bevollmächtigen. Die Vollmacht ist schriftlich zu erteilen und auf Verlangen der für den Erzeuger oder der für den Entsorger zuständigen Behörde vorzulegen. Im Formblatt Deckblatt Entsorgungsnachweise DEN sind sowohl der Abfallerzeuger als auch der bevollmächtigte Vertreter anzugeben.

§ 4 Eingangsbestätigung

Die für den Abfallentsorger zuständige Behörde hat dem Abfallerzeuger und dem Abfallentsorger innerhalb von zwölf Kalendertagen den Eingang der Nachweiserklärungen unter Angabe des Eingangsdatums zu bestätigen (Eingangsbestätigung), sofern sie nicht bereits innerhalb dieser Frist die Zulässigkeit der vorgesehenen Entsorgung gemäß § 5 Abs. 1 bestätigt. Sie hat nach Eingang unverzüglich zu prüfen, ob die Nachweiserklärungen den Anforderungen entsprechen. Entsprechen die Nachweiserklärungen nicht den Anforderungen, so hat die für den Abfallentsorger zuständige Behörde den Abfallerzeuger und den Abfallentsorger unverzüglich aufzufordern, die Nachweiserklärungen innerhalb einer angemessenen Frist zu ergänzen oder weitere für die Prüfung erforderliche Unterlagen vorzulegen. Kommt der Abfallerzeuger oder der Abfallentsorger der Aufforderung zur Ergänzung der Nachweiserklärungen oder zur Vorlage weiterer Unterlagen nach, so finden im Weiteren die Sätze 1 bis 3 entsprechende Anwendung.

§ 5 Bestätigung des Entsorgungsnachweises

(1) Die für die Entsorgungsanlage zuständige Behörde bestätigt innerhalb von 30 Kalendertagen nach Eingang der Nachweiserklärungen die Zulässigkeit der vorgesehenen Entsorgung, wenn

1. die Abfälle in der vorgesehenen Entsorgungsanlage behandelt, stofflich oder energetisch verwertet, gelagert oder abgelagert werden,
2. die Ordnungsgemäßheit und Schadlosigkeit der Verwertung oder die Gemeinwohlverträglichkeit der Beseitigung der Abfälle gewährleistet ist und
3. im Falle einer Lagerung der Abfälle die weitere Entsorgung durch entsprechende Entsorgungsnachweise bereits festgelegt ist.

Der Lauf der Frist nach Satz 1 wird durch eine Aufforderung zur Ergänzung der Nachweiserklärungen oder zur Vorlage weiterer Unterlagen nach § 4 Satz 3 unterbrochen, soweit die Ergänzung oder die weiteren Unterlagen zur Bearbeitung der Nachweiserklärungen unerlässlich sind. Mit Eingang der ergänzten Nachweiserklärungen oder der weiteren Unterlagen bei der Behörde wird eine neue Frist nach Satz 1 in Gang gesetzt.

(2) Die die Entsorgungsanlage betreffenden behördlichen Entscheidungen, insbesondere Zulassungen, Genehmigungen, Planfeststellungen oder bergrechtliche Betriebspläne, welche die Einhaltung der in Absatz 1 genannten Voraussetzungen gewährleisten, sind bei der Entscheidung über die Bestätigung zu beachten. Hierbei sind die Angaben aus einer der Behörde vorliegenden Umwelterklärung gemäß Artikel 3 Abs. 2 Buchstabe c und e und Abs. 3 Buchstabe b in Verbindung mit Anhang III Abschnitt 3.2 der Verordnung (EG) Nr. 761/2001 zu berücksichtigen.

(3) Bei der Entscheidung über die Zulässigkeit der Entsorgung ist nicht zu prüfen, ob es sich bei der vorgesehenen Entsorgungsmaßnahme um eine Verwertung oder Beseitigung von Abfällen handelt oder die im Übrigen aus dem Kreislaufwirtschaftsgesetz und sonstigen Rechtsvorschriften des Bundes und der Länder folgenden Pflichten des Abfallerzeugers eingehalten sind.

(4) Die Bestätigung gilt längstens fünf Jahre. Sie kann unter Bedingungen erteilt und mit Auflagen verbunden werden sowie einen kürzeren Geltungszeitraum als nach Satz 1 vorsehen, soweit dies erforderlich ist, um die Erfüllung der in Absatz 1 Satz 1 genannten Bestätigungsvoraussetzungen sicherzustellen.

(5) Trifft die für die Entsorgungsanlage zuständige Behörde innerhalb der in Absatz 1 bestimmten Frist keine Entscheidung über die beantragte Bestätigung, so gilt die Bestätigung als erteilt.

§ 6 Handhabung nach Entscheidung

(1) Die für die Entsorgungsanlage zuständige Behörde übersendet das Original des bestätigten Entsorgungsnachweises dem Abfallerzeuger sowie eine Ablichtung dem Abfallentsorger. Das Original des Entsorgungsnachweises verbleibt beim Abfallerzeuger, der eine Ablichtung spätestens vor Beginn der Entsorgung der für ihn zuständigen Behörde zuzuleiten hat.

(2) Gilt die Bestätigung nach § 5 Abs. 5 als erteilt, so hat der Abfallerzeuger vor Übersendung der Nachweiserklärungen an die für ihn zuständige Behörde auf der ihm nach § 3 Abs. 3 Satz 1 übersandten Ablichtung der Nachweiserklärungen den Ablauf der Frist nach § 5 Abs. 1 Satz 1 zu vermerken. Er übersendet spätestens vor Beginn der Entsorgung die Ablichtung der Nachweiserklärungen sowie der Eingangsbestätigung nach § 4 der für ihn zuständigen Behörde.

(3) Der Abfallerzeuger hat dem Abfallbeförderer eine Ablichtung des Entsorgungsnachweises zu übergeben oder, soweit die Bestätigung nach § 5 Abs. 5 als erteilt gilt, eine Ablichtung der Nachweiserklärungen sowie der Eingangsbestätigung nach § 4. Der Beförderer, auch jeder weitere Beförderer, hat die in Satz 1 genannten Unterlagen bei der Beförderung mitzuführen und diese Unterlagen auf Verlangen den zur Kontrolle und Überwachung Befugten vorzulegen.

(4) Erfolgt die Beförderung mittels schienengebundener Fahrzeuge, so entfällt die Pflicht zur Mitführung von Unterlagen nach Absatz 3 Satz 2. In diesem Fall hat der Abfallbeförderer in geeigneter Weise sicherzustellen, dass bei einem Wechsel des Abfallbeförderers die in Absatz 3 Satz 2 genannten Unterlagen übergeben werden.

(5) Wird die Bestätigung abgelehnt, fertigt die für die Entsorgungsanlage zuständige Behörde für sich eine Ablichtung der Originalunterlagen an. Sie übersendet die Originalunterlagen unmittelbar an den Abfallerzeuger sowie eine Ablichtung an die für den Abfallerzeuger zuständige Behörde und den Abfallentsorger.

§ 7 Freistellung und Privilegierung

(1) Die Pflicht zur Erteilung einer Eingangsbestätigung nach § 4 und zur Einholung einer Bestätigung nach § 5 entfällt, soweit der Abfallentsorger für die von ihm betriebene Abfallentsorgungsanlage und dort durchzuführende Behandlung, stoffliche oder energetische Verwertung, Lagerung oder Ablagerung

1. als Entsorgungsfachbetrieb zertifiziert,
2. auf Antrag durch die zuständige Behörde von der Bestätigungspflicht freigestellt worden ist oder
3. die betriebene Abfallentsorgungsanlage zu einem nach der Verordnung (EG) Nr. 761/2001 vom 19. März 2001 über die freiwillige Beteiligung von Organisationen an einem Gemeinschaftssystem für das Umweltmanagement und die Umweltbetriebsprüfung (EMAS) (ABl. EG Nr. L 114 S. 1) und nach dem Umweltauditgesetz in das EMAS-Register eingetragenen Standort oder Teilstandort eines Unternehmens gehört; eine Eintragung ist der zuständigen Behörde mitzuteilen.

§ 5 Abs. 1 Satz 1 Nr. 3 findet entsprechende Anwendung.

(2) Die Freistellung nach Absatz 1 Nr. 1 gilt nur, wenn der für die Entsorgungsanlage zuständigen Behörde ein gültiges Überwachungszertifikat vorliegt, in dem die zertifizierten Tätigkeiten des Betriebes bezogen auf seine Standorte und Anlagen einschließlich der jeweiligen Abfallarten und dazugehörigen Abfallschlüssel bezeichnet sind. Die Freistellung nach Absatz 1 Nr. 3 gilt nur, wenn in der für gültig erklärten Umwelterklärung im Sinne von Artikel 3 Abs. 2 Buchstabe c und e

und Abs. 3 Buchstabe b in Verbindung mit Anhang III Abschnitt 3.2 der Verordnung (EG) Nr. 761/2001 Angaben zur Abfallentsorgungsanlage und zu den Abfallschlüsseln der in der Anlage entsorgten Abfälle enthalten sind und diese Angaben mit den entsprechenden Angaben aus den Nachweiserklärungen übereinstimmen. *[Stand: 01. 12. 2019]*

(3) Die zuständige Behörde hat auf Antrag unter Verwendung der hierfür vorgesehenen Formblätter der Anlage 1 den Abfallentsorger nach Absatz 1 Nr. 2 von der Bestätigungspflicht freizustellen, wenn

1. die Einhaltung der in § 5 Abs. 1 Satz 1 genannten Voraussetzungen hinsichtlich der im Antrag aufgelisteten Abfälle gewährleistet ist und
2. keine Anhaltspunkte vorliegen oder Tatsachen bekannt sind, dass der Abfallentsorger gegen die ihm bei der Entsorgung oder im Rahmen der Überwachung obliegenden Pflichten verstößt oder verstoßen hat.

§ 5 Abs. 2, 3 und 4 Satz 2 gilt entsprechend.

(4) Soweit die Bestätigungspflicht nach Absatz 1 entfällt, übersendet der Abfallentsorger die nach § 3 Abs. 2 und 3 zu erbringenden Nachweiserklärungen vor Beginn der vorgesehenen Entsorgung an die für die Entsorgungsanlage zuständige Behörde. Der Abfallerzeuger übersendet vor Beginn der Entsorgung eine Ablichtung der vollständigen Nachweiserklärungen an die für ihn zuständige Behörde. Die Nachweiserklärungen gelten längstens fünf Jahre ab dem Datum der Annahmeerklärung des Abfallentsorgers. Die für die Entsorgungsanlage zuständige Behörde kann in entsprechender Anwendung des § 5 Abs. 4 eine kürzere Geltungsdauer der Nachweiserklärungen sowie Auflagen für die Durchführung der Tätigkeiten bestimmen. § 6 Abs. 3 und 4 gilt entsprechend.

(5) Der Abfallentsorger hat dem Abfallerzeuger unverzüglich mitzuteilen, wenn die auf Grund des Absatzes 1 Satz 1 Nr. 2 und Absatz 3 erteilte Freistellung unwirksam wird, die Voraussetzungen der Freistellung nach Absatz 1 Satz 1 Nr. 1 oder 3 oder Absatz 2 entfallen sind oder gegenüber dem Abfallentsorger eine Anordnung oder ein Widerruf nach § 8 ergangen ist. Soweit die Voraussetzungen für eine Freistellung nach Absatz 1 Satz 1 Nr. 3 entfallen, hat dies der Abfallentsorger auch der für ihn zuständigen Behörde mitzuteilen. *[Stand: 01. 12. 2019]*

§ 8 Anordnung, Widerruf

(1) Die zuständige Behörde kann anordnen, dass der Abfallerzeuger und der nach § 7 Abs. 1 freigestellte Abfallentsorger abweichend von § 7 Abs. 4 zum Nachweis der Zulässigkeit der Entsorgung in bestimmten Fällen eine Bestätigung nach § 5 einholen, wenn

1. Tatsachen die Annahme rechtfertigen, dass der Abfallerzeuger oder der Abfallentsorger in diesen Fällen gegen die ihnen bei der Abfallentsorgung oder im Rahmen der Überwachung obliegenden Pflichten verstoßen oder verstoßen haben oder
2. sonstige Gründe des Wohls der Allgemeinheit die Anordnung der Einholung einer Bestätigung erfordern.

Sind der zuständigen Behörde Tatsachen im Sinne des Satzes 1 Nr. 1 bekannt, obliegt es dem Abfallerzeuger oder dem Abfallentsorger, diese zu widerlegen.

(2) Rechtfertigen im Falle des Absatzes 1 Nr. 1 Tatsachen die Annahme eines Pflichtenverstoßes des Abfallentsorgers, so kann die zuständige Behörde

1. gegenüber einem nach § 7 Abs. 1 Nr. 1 oder 3 freigestellten Abfallentsorger auch anordnen, dass dieser abweichend von § 7 Abs. 1 Abfälle nur nach vorhergehender Bestätigung nach § 5 annehmen darf und

2. gegenüber einem nach § 7 Abs. 1 Nr. 2 auf Antrag freigestellten Abfallentsorger die Freistellung widerrufen,

wenn der freigestellte Abfallentsorger nicht innerhalb einer von der zuständigen Behörde angemessen gesetzten Frist die Tatsachen widerlegt.

§ 9 Sammelentsorgungsnachweis

(1) Abweichend von § 3 kann der Nachweis über die Zulässigkeit der vorgesehenen Entsorgung vom Einsammler durch einen Sammelentsorgungsnachweis geführt werden, wenn die einzusammelnden Abfälle

1. denselben Abfallschlüssel haben,

2. den gleichen Entsorgungsweg haben,

3. in ihrer Zusammensetzung den im Sammelentsorgungsnachweis genannten Maßgaben für die Sammelcharge entsprechen und

4. die bei dem einzelnen Abfallerzeuger am jeweiligen Standort anfallende Abfallmenge 20 Tonnen je Abfallschlüssel und Kalenderjahr nicht übersteigt.

Satz 1 Nr. 4 gilt nicht für die Einsammlung der in Anlage 2 Buchstabe a genannten Abfälle.

(2) Abweichend von Absatz 1 Satz 1 Nr. 1 und 4 ist die Führung eines Sammelentsorgungsnachweises

1. für eingesammelte Altöle auch dann zulässig, wenn die Altöle derselben Sammelkategorie oder den Sammelkategorien 2 bis 4 nach der Anlage 1 der Altölverordnung angehören, soweit eine Getrennthaltung nach der Altölverordnung nicht vorgeschrieben ist und die bei dem einzelnen Altölerzeuger eingesammelte Altölmenge 20 Tonnen je Sammelkategorie und Kalenderjahr nicht übersteigt und

2. für eingesammelte Althölzer auch dann zulässig, wenn die Althölzer derselben Altholzkategorie A I bis A IV des Anhangs III zu § 5 Abs. 1 der Altholzverordnung angehören, soweit eine Getrennthaltung nach der Altholzverordnung nicht vorgeschrieben ist und die bei dem einzelnen Altholzerzeuger eingesammelte Altholzmenge 20 Tonnen je Altholzkategorie und Kalenderjahr nicht übersteigt.

Im Falle der Einsammlung von Altölen oder Althölzern kann der Nachweis über die Zulässigkeit der Entsorgung durch den die Altölsammelkategorie oder die Altholzkategorie prägenden Abfallschlüssel geführt werden.

(3) Auf die Führung des Sammelentsorgungsnachweises finden § 3 Abs. 1 bis 3 und die §§ 4 bis 6 entsprechende Anwendung mit der Maßgabe, dass die den Abfallerzeuger nach diesen Bestimmungen treffenden Pflichten entsprechend durch den Einsammler zu erfüllen sind. Bei Einsammlung der in Anlage 2 Buchstabe a und b genannten Abfälle finden auch die §§ 7 und 8 Anwendung; die Absätze 1, 2 und 3 Satz 1 sowie die Absätze 4 bis 6 gelten entsprechend.

(4) Soweit der Einsammlungsbereich die Grenzen des Landes überschreitet, in dem die für den Einsammler zuständige Behörde ihren Sitz hat, hat der Einsammler den Sammelentsorgungsnachweis oder bei Entfallen der Bestätigungspflicht nach Absatz 3 Satz 2 die Nachweiserklärun-

gen spätestens vor Beginn der Einsammlung zusätzlich auch den zuständigen Behörden der anderen Länder zur Kenntnis zu geben.

(5) Der Einsammler hat über die Zulässigkeit der vorgesehenen Entsorgung auch dann einen Sammelentsorgungsnachweis nach den Absätzen 1 bis 4 zu führen, wenn die Erzeuger der eingesammelten Abfälle nach § 2 Abs. 2 von Nachweispflichten ausgenommen sind.

(6) Der Sammelentsorgungsnachweis nach Absatz 1 ist nicht übertragbar.

Abschnitt 2
Nachweisführung über die durchgeführte Entsorgung

§ 10 Begleitschein

(1) Der Nachweis über die durchgeführte Entsorgung nachweispflichtiger Abfälle wird mit Hilfe der Begleitscheine unter Verwendung der hierfür vorgesehenen Formblätter der Anlage 1 geführt.

(2) Bei der Übergabe von Abfällen aus dem Besitz eines Abfallerzeugers ist für jede Abfallart ein gesonderter Satz von Begleitscheinen zu verwenden, der aus sechs Ausfertigungen besteht. Die Zahl der auszufüllenden Ausfertigungen verringert sich, sobald Abfallerzeuger oder Abfallbeförderer und Abfallentsorger ganz oder teilweise personengleich sind. Bei einem Wechsel des Abfallbeförderers ist die Übergabe der Abfälle dem Übergebenden vom übernehmenden Abfallbeförderer mittels Übernahmeschein in entsprechender Anwendung des § 12 oder in anderer geeigneter Weise zu bescheinigen. Satz 3 gilt entsprechend für die Übergabe der Abfälle an den Betreiber eines Geländes zur kurzfristigen Lagerung oder zum Umschlag und von diesem Betreiber an den weiteren Beförderer.

(3) Von den Ausfertigungen der Begleitscheine sind

1. die Ausfertigungen 1 (weiß) und 5 (altgold) als Belege für das Register des Abfallerzeugers,
2. die Ausfertigungen 2 (rosa) und 3 (blau) zur Vorlage an die zuständige Behörde,
3. die Ausfertigung 4 (gelb) als Beleg für das Register des Abfallbeförderers, bei einem Wechsel des Abfallbeförderers für das Register des letzten Abfallbeförderers,
4. die Ausfertigung 6 (grün) als Beleg für das Register des Abfallentsorgers

bestimmt.

§ 11 Ausfüllen und Handhabung der Begleitscheine

(1) Die Begleitscheine sind nach Maßgabe der für die jeweilige Person bestimmten Aufdrucke auf den Ausfertigungen auszufüllen und zu unterschreiben, und zwar

1. vom Abfallerzeuger: spätestens bei Übergabe,
2. vom Beförderer oder Einsammler sowie von jedem weiteren Beförderer: spätestens bei Übernahme,
3. vom Betreiber eines Geländes zur kurzfristigen Lagerung oder zum Umschlag: spätestens bei Übernahme und
4. vom Abfallentsorger: unverzüglich nach Annahme der Abfälle zur ordnungsgemäßen Entsorgung.

(2) Bei Übernahme der Abfälle übergibt der Abfallbeförderer dem Abfallerzeuger die Ausfertigung 1 (weiß) der Begleitscheine als Beleg für das Register, nachdem er die ordnungsgemäße Beförderung versichert und die erforderlichen Ergänzungen vorgenommen hat. Die Ausfertigungen 2 bis 6 hat der Abfallbeförderer während des Beförderungsvorganges mitzuführen und dem Abfallentsorger bei Übergabe der Abfälle auszuhändigen sowie auf Verlangen den zur Überwachung und Kontrolle Befugten vorzulegen. Satz 2 gilt entsprechend für weitere an der Beförderung Beteiligte. Bei einer kurzfristigen Lagerung oder einem Umschlag sind die Ausfertigungen 2 bis 6 vom Abfallbeförderer dem Betreiber des Lager- oder Umschlagplatzes und von diesem dem übernehmenden Beförderer jeweils bei Übergabe der Abfälle auszuhändigen.

(3) Spätestens zehn Kalendertage nach Annahme der Abfälle vom Abfallbeförderer übergibt oder übersendet der Abfallentsorger die Ausfertigungen 2 (rosa) und 3 (blau) der für die Entsorgungsanlage zuständigen Behörde als Beleg über die Annahme der Abfälle; die Ausfertigung 4 (gelb) übergibt oder übersendet er dem Abfallbeförderer, die Ausfertigung 5 (altgold) dem Abfallerzeuger als Beleg zu deren Registern. Die Ausfertigung 6 (grün) behält der Abfallentsorger als Beleg für sein Register.

(4) Spätestens zehn Kalendertage nach Erhalt übersendet die für die Entsorgungsanlage zuständige Behörde die Ausfertigung 2 (rosa) an die für den Abfallerzeuger zuständige Behörde; im Falle der Sammelentsorgung erfolgt die Übersendung an die für das jeweilige Einsammlungsgebiet zuständige Behörde.

(5) Erfolgt die Beförderung mittels schienengebundener Fahrzeuge, so entfällt die Pflicht zur Mitführung der in Absatz 2 genannten Ausfertigungen während des Beförderungsvorganges. In diesem Fall hat der Beförderer sicherzustellen, dass bei einem Wechsel des Beförderers die in Absatz 2 genannten Ausfertigungen übergeben werden.

(6) Wird der Begleitschein geändert oder ergänzt, muss der geänderte oder ergänzte Begleitschein unverzüglich erneut den zuständigen Behörden und den übrigen am Begleitscheinverfahren Beteiligten übersandt werden.

§ 12 Übernahmeschein bei Sammelentsorgung

(1) Bei der Verwendung eines Sammelentsorgungsnachweises oder der Nachweiserklärungen bei Entfallen der Bestätigungspflicht nach § 9 Abs. 3 Satz 2 wird der Nachweis über die durchgeführte Entsorgung mit Hilfe der Übernahmescheine unter Verwendung der hierfür vorgesehenen Formblätter der Anlage 1, die als Übernahmescheinsatz zu verwenden sind, und der Begleitscheine im Sinne des § 10 geführt. Auf den Übernahmeschein finden die Bestimmungen des § 10 Abs. 2 entsprechende Anwendung.

(2) Der Übernahmeschein besteht aus zwei Ausfertigungen. Davon sind

1. die Ausfertigung 1 als Beleg für das Register des Abfallerzeugers,

2. die Ausfertigung 2 als Beleg für das Register des Einsammlers

bestimmt.

(3) Der Abfallerzeuger sowie der Einsammler haben die Übernahmescheine nach Maßgabe der für ihn bestimmten Aufdrucke auf den Ausfertigungen spätestens bei Übernahme der Abfälle durch den Einsammler auszufüllen. Liegt ein Sammelentsorgungsnachweis für die Entsorgung von Altölen oder Althölzern mit mehr als einem Abfallschlüssel vor, haben der Einsammler und der Abfallerzeuger im Abfallschlüsselfeld des Übernahmescheins den prägenden Abfallschlüssel einzutragen und im Mehrzweckfeld „Frei für Vermerke“ die Abfallschlüssel der tatsächlich auf der Grundlage dieses Übernahmescheins übernommenen Abfälle.

(4) Bei der Übernahme der Abfälle übergibt der Einsammler dem Abfallerzeuger die Ausfertigung 1 des Übernahmescheins als Beleg für dessen Register. Die Ausfertigung 2 hat der Einsammler während des Beförderungsvorganges mitzuführen, auf Verlangen den zur Überwachung und Kontrolle Befugten vorzulegen und nach Übergabe der Abfälle an den Abfallentsorger zusammen mit den Ausfertigungen 4 (gelb) des Begleitscheins in sein Register einzustellen. § 11 Abs. 5 findet entsprechende Anwendung.

§ 13 Handhabung des Begleitscheins bei Sammelentsorgung

(1) Der Einsammler hat mit Beginn der Einsammlung nach Maßgabe des § 11 Abs. 1 die Begleitscheine auszufüllen und sich dabei als Abfallbeförderer einzutragen sowie insbesondere die Sammelentsorgungsnachweisnummer anzugeben. Der Einsammler hat im Erzeugerfeld ausschließlich eine fiktive Erzeugernummer einzutragen. Diese beginnt mit dem Landeskenner gemäß der Vorgaben des § 28 Abs. 6, es folgt ein „S", in die restlichen Felder werden Nullen eingetragen. Vor Übergabe der Abfälle hat er in das Mehrzweckfeld des Begleitscheines „Frei für Vermerke" die Nummern der Übernahmescheine einzutragen, aus denen sich die Sammelladung zusammensetzt. Das weitere Verfahren richtet sich nach den Bestimmungen über die Begleitscheine.

(2) Erstreckt sich die Einsammlung über die Grenzen eines Landes hinaus, so ist für jedes Land, in dem gesammelt wird, ein separater Begleitschein zu führen. Die Kennung des Einsammlungsgebietes ist, wie in Absatz 1 beschrieben, einzutragen. Nach Annahme der Abfälle durch den Abfallentsorger ist die Begleitscheinausfertigung 2 (rosa) in entsprechender Anwendung von § 11 Abs. 3 und 4 der für das jeweilige Land, in dem gesammelt wurde, zuständigen Behörde zuzuleiten.

Abschnitt 3
Sonderfälle

§ 14 Entsorgung durch Dritte, Verbände und Selbstverwaltungskörperschaften

Soweit Erzeuger- und Besitzerpflichten gemäß § 16 Abs. 2, § 17 Abs. 3 oder § 18 Abs. 2 des Kreislaufwirtschafts- und Abfallgesetzes vom 27. September 1994 (BGBl. I S. 2705). Das zuletzt durch Art. 5 des Gesetzes vom 6. Oktober 2011 (BGBl.I S. 1986) geändert worden ist, auf Dritte, Verbände oder Selbstverwaltungskörperschaften der Wirtschaft übertragen worden sind, kann die zuständige Behörde auf Antrag für diese Entsorgungsträger die Nachweisführung in entsprechender Anwendung der §§ 9, 12 und 13 zulassen. Satz 1 findet entsprechende Anwendung, soweit die Entsorgung durch öffentlich-rechtliche Entsorgungsträger erfolgt.

§ 15 Verwertung außerhalb einer Entsorgungsanlage

Wird eine Verwertung außerhalb einer Entsorgungsanlage durchgeführt, so sind in entsprechender Anwendung der Bestimmungen der Abschnitte 1 und 2 sowie dieses Abschnitts

1. die Pflichten des Abfallentsorgers durch denjenigen zu erfüllen, der die Verwertung durchführt,
2. die Aufgaben der für die Entsorgungsanlage zuständigen Behörde von der nach Landesrecht zuständigen Behörde wahrzunehmen.

§ 16 Kleinmengen

Den Nachweis über die ordnungsgemäße Entsorgung von Kleinmengen gefährlicher Abfälle im Sinne des § 2 Abs. 2 hat der Abfallerzeuger und der Abfallentsorger durch die Führung eines Übernahmescheins entsprechend den Bestimmungen des § 12 zu führen.

§ 16a Vorlage von Belegen auf Verlangen eines früheren Besitzers

(1) Sofern keine Nachweispflichten nach § 2 Absatz 1 und Absatz 2 Satz 2 bestehen, sind dem Erzeuger oder früheren Besitzer von gefährlichen Abfällen auf dessen Verlangen bei der Übergabe Belege über die Durchführung der Abfallbewirtschaftung von demjenigen vorzulegen, dem der Erzeuger oder Besitzer die gefährlichen Abfälle zur weiteren Bewirtschaftung übergibt. Der Erzeuger oder frühere Besitzer von gefährlichen Abfällen kann die Belege auch noch innerhalb von drei Jahren nach der Übergabe der gefährlichen Abfälle verlangen.

(2) Der Beleg nach Absatz 1 Satz 1 wird mit Hilfe des Formblatts „Begleitschein" nach Anlage 1 in einfacher Ausfertigung vorgelegt.

(3) Verlangt der Erzeuger oder der frühere Besitzer der Abfälle die Vorlage eines Belegs nach Absatz 1 Satz 2 erst nach Übergabe der Abfälle, so füllt er den Begleitschein im Sinne des Absatzes 2 nach Maßgabe der für den Abfallerzeuger bestimmten Aufdrucke aus, unterschreibt und übersendet ihn an denjenigen, dem er die Abfälle zur weiteren Bewirtschaftung übergeben hat. Dieser füllt den übersandten Begleitschein im Falle der Beförderung nach Maßgabe der für den Abfallbeförderer bestimmten Aufdrucke und in allen anderen Fällen nach Maßgabe der für den Abfallentsorger bestimmten Aufdrucke aus, unterschreibt ihn und übersendet ihn spätestens zehn Kalendertage nach Eingang dem Erzeuger oder früheren Besitzer der Abfälle.

(4) Die Vorlagepflicht nach Absatz 1 kann auch durch die Vorlage von Praxisbelegen, wie Wiege- oder Lieferscheinen erfüllt werden, wenn diese die im Begleitschein nach Absatz 2 vorgesehenen Angaben enthalten. Absatz 3 findet entsprechende Anwendung.

§ 16b Mitführungspflicht

Bei der Beförderung nicht nachweispflichtiger gefährlicher Abfälle hat der Abfallbeförderer Unterlagen mit folgenden Angaben mitzuführen und auf Verlangen den zur Überwachung und Kontrolle Befugten vorzulegen:

1. Menge des beförderten Abfalls in Tonnen,
2. Bezeichnung des Abfalls und der Abfallschlüssel laut Abfallverzeichnis-Verordnung,
3. Angaben zum Beförderer, insbesondere Name und Anschrift sowie die Beförderernummer, sofern vorhanden,
4. Datum der Übernahme der Abfälle zur Beförderung,
5. Angaben zum Abfallerzeuger oder Abfallbesitzer, von dem die Abfälle zur Beförderung übernommen wurden, insbesondere Name und Anschrift sowie die Erzeugernummer, sofern vorhanden, und
6. Angaben zur Entsorgungsanlage oder zum Gelände zur kurzfristigen Lagerung oder zum Umschlag, zu der oder zu dem die Abfälle befördert werden, insbesondere Anschrift und Inhaber sowie dessen Entsorgernummer, sofern vorhanden.

§ 11 Absatz 5 ist entsprechend anzuwenden.

Abschnitt 4
Elektronische Nachweisführung

§ 17 Grundsatz

(1) Abweichend von den Bestimmungen der Abschnitte 1 bis 3 haben die zur Führung von Nachweisen über die Entsorgung gefährlicher Abfälle Verpflichteten sowie die zuständigen Behörden in den dort bestimmten Fällen die zur Nachweisführung erforderlichen Erklärungen, Vermerke zum Fristablauf, Bestätigungen und Entscheidungen, Ablichtungen, Anträge und Freistellungen entsprechend nach Maßgabe dieses Abschnittes elektronisch zu übermitteln, mit einer qualifizierten elektronischen Signatur zu versehen sowie die für den Empfang erforderlichen Zugänge zu eröffnen und zu unterhalten, soweit nicht nach den Bestimmungen dieses Abschnitts oder einer auf Grund des § 26 ergangenen Entscheidung der zuständigen Behörde eine andere Form der Übermittlung unter Verwendung von Formblättern ausdrücklich zugelassen wird.

(2) Absatz 1 gilt auch für die nach § 2 Abs. 1 Nr. 2 Verpflichteten, soweit nach § 51 Absatz 1 Satz 2 des Kreislaufwirtschaftsgesetzes die elektronische Nachweisführung zugelassen oder angeordnet ist.

§ 18 Kommunikation

(1) Die zur Führung der Nachweise Verpflichteten sowie die zuständigen Behörden haben die zur Nachweisführung erforderlichen Erklärungen, Vermerke zum Fristablauf, Bestätigungen und Entscheidungen, Ausfertigungen, Ablichtungen, Anträge und Freistellungen als strukturierte Nachrichten unter Verwendung standardisierter Schnittstellen nach den Vorgaben der Anlage 3, jeweils unter Angabe des von ihnen eröffneten Empfangszugangs zu übermitteln. Das Bundesministerium für Umwelt, Naturschutz und nukleare Sicherheit gibt die aus der Anlage 3 folgenden Definitionen der Schnittstellen bis zum Ablauf des fünften auf die Verkündung der Verordnung zur Vereinfachung der abfallrechtlichen Überwachung vom 20. Oktober 2006 (BGBl. I S. 2298) folgenden Kalendermonats sowie nachfolgend erforderlich werdende Änderungen oder Berichtigungen dieser Definitionen im Internet unter
www.bmu.bund.de bekannt.

(2) Der Abfallbeförderer hat zu gewährleisten, dass die Angaben aus dem Begleitschein und Übernahmeschein, einschließlich der Angabe des Firmennamens und der Anschrift des Abfallentsorgers, während des Beförderungsvorganges mitgeführt und jederzeit dem zur Überwachung und Kontrolle Befugten entsprechend den Bestimmungen des § 11 Abs. 2 Satz 2 und § 12 Abs. 4 Satz 2 vorgelegt werden können. Weiterer Begleitpapiere bedarf es nach dieser Verordnung nicht. Die Pflicht nach Satz 1 wird auch dann erfüllt, wenn der Abfallbeförderer den zur Überwachung und Kontrolle Befugten die geforderten Angaben mittels der elektronisch zu führenden Nachweise zur Verfügung stellt.

§ 19 Signatur, Übermittlung

(1) Die zur Nachweisführung Verpflichteten sowie die zuständigen Behörden haben die zu übermittelnden elektronischen Dokumente mit einer qualifizierten elektronischen Signatur unter Angabe des Unterzeichnenden in Klarschrift in der zeitlichen Abfolge zu versehen, welche nach den Abschnitten 1 bis 3 für die zur Nachweisführung erforderliche Abgabe von Erklärungen, Erstattung von Anzeigen, Fertigung von Vermerken, Erteilung von Bestätigungen und Entscheidungen, Übergabe oder Übersendung von Ausfertigungen oder Ablichtungen, Stellung von Anträgen sowie Erteilung von Freistellungen vorgesehen ist. Insbesondere haben Abfallerzeuger, Abfallbeförderer und Abfallentsorger

1. gemäß § 3 Abs. 2 und 3 vor Einholung einer Bestätigung nach § 5 oder Übersendung von Nachweiserklärungen und Ablichtungen nach § 7 Abs. 4 die den Nachweiserklärungen entsprechenden elektronischen Dokumente sowie
2. die den Begleitscheinen entsprechenden elektronischen Dokumente spätestens zu den für das Ausfüllen und Unterschreiben der Begleitscheine gemäß § 11 Absatz 1 Satz 1 vorgesehenen Zeitpunkten

qualifiziert elektronisch zu signieren.

(2) Abweichend von § 11 Absatz 1 Satz 1 Nummer 2 und 3 kann der Begleitschein durch den Beförderer oder Einsammler, den weiteren Beförderer oder den Betreiber eines Geländes zur kurzfristigen Lagerung oder zum Umschlag auch nach der Übernahme, aber vor Übergabe der Abfälle mit der erforderlichen Signatur versehen werden, wenn dies mit demjenigen, von dem die Abfälle übernommen werden, schriftlich vereinbart ist. Die Vereinbarung ist der zuständigen Behörde auf Verlangen vorzulegen. Die Sätze 1 und 2 gelten entsprechend für die elektronische Führung des Übernahmescheins.

(3) Abweichend von § 6 Abs. 1 Satz 2 übersendet die für den Abfallentsorger zuständige Behörde den bestätigten Entsorgungsnachweis mit der Übersendung an den Abfallerzeuger und den Abfallentsorger auch an die für den Abfallerzeuger zuständige Behörde. Abweichend von § 7 Abs. 4 Satz 2 übersendet die für den Abfallentsorger zuständige Behörde die Nachweiserklärungen an die für den Abfallerzeuger zuständige Behörde. Damit entfällt die Pflicht für den Abfallerzeuger zur Vorlage einer Ablichtung des bestätigten Entsorgungsnachweises nach § 6 Abs. 1 Satz 2 oder der Nachweiserklärungen nach § 7 Abs. 4 Satz 2 an die für ihn zuständige Behörde. Die Sätze 1 bis 3 gelten entsprechend für die Übersendung

1. des bestätigten Sammelentsorgungsnachweises nach § 9 Absatz 3 Satz 1 in Verbindung mit § 6 Absatz 1 Satz 2,
2. der vollständigen Nachweiserklärungen nach § 9 Absatz 3 Satz 2 in Verbindung mit § 7 Absatz 4 Satz 2 sowie
3. der in den Nummern 1 und 2 genannten Unterlagen nach § 9 Absatz 4.

(4) Die Übernahme der Abfälle ist abweichend von § 10 Absatz 2 Satz 3 und 4 mittels Begleitschein zu bescheinigen. Der Abfallentsorger hat abweichend von § 11 Absatz 3 den Begleitschein gleichzeitig mit der Übersendung an die zuständige Behörde auch an den Abfallerzeuger und an alle Abfallbeförderer zu übersenden. Der Einsammler hat abweichend von § 13 Absatz 1 Satz 4 die Nummern der Übernahmescheine in das dafür vorgesehene Feld des elektronischen Begleitscheins einzutragen.

(5) Für die Übermittlung der elektronischen Dokumente sind § 9 des Bundesdatenschutzgesetzes entsprechende technische und organisatorische Sicherungsmaßnahmen zu ergreifen.

§ 20 Koordinierung

(1) Die Länder stellen sicher, insbesondere durch den gemeinschaftlichen Betrieb informationstechnischer Systeme und durch die Errichtung einer jeweils dazu bestimmten Einrichtung, dass die elektronische Nachweisführung von den Verpflichteten sowie den zuständigen Behörden auch im Falle einer Ländergrenzen überschreitenden Entsorgung von Abfällen eingehalten werden kann. Insoweit ist insbesondere zu gewährleisten, dass die zur Nachweisführung erforderlichen Erklärungen, Vermerke zum Fristablauf, Bestätigungen und Entscheidungen, Ablichtungen, Anträge und Freistellungen

1. jederzeit zwischen den Absendern und vorgesehenen Empfängern vermittelt werden können,
2. derart verschlüsselt werden können, dass sie nur für die vorgesehenen Empfänger zugänglich sind und
3. im Rahmen der Vermittlung nicht dauerhaft gespeichert werden.

(2) Die von den Ländern in Erfüllung der Pflichten nach Absatz 1 betriebenen informationstechnischen Systeme und Einrichtungen zur elektronischen Kommunikation dürfen von den Nachweispflichtigen nur zum Zweck der Nachweis- und Registerführung genutzt werden, sofern die Länder nichts anderes bestimmen.

(3) Sofern Erzeuger, Besitzer, Einsammler, Beförderer und Entsorger die ordnungsgemäße Entsorgung nicht nachweispflichtiger Abfälle untereinander nachweisen oder Belege nach § 16a vorlegen und dabei Nachweise nach dieser Verordnung verwenden oder informationstechnische Systeme sowie die dazu bestimmten Einrichtungen der Länder im Sinne des Absatzes 2 nutzen, sind § 17 Absatz 1, § 18 Absatz 1 sowie die §§ 19, 20 und 28 entsprechend anzuwenden.

§ 21 Ausnahmen

Abweichend von § 17 darf die Führung der Übernahmescheine nach den §§ 12 und 16 auch unter Verwendung der hierfür vorgesehenen Formblätter der Anlage 1 erfolgen. Die Pflichten zur Einhaltung der elektronischen Nachweisführung im Übrigen bleiben unberührt. Satz 1 gilt entsprechend für die Vorlage von Belegen nach § 16a.

§ 22 Störung des Kommunikationssystems

(1) Soweit infolge einer Störung des Kommunikationssystems oder aus anderen Gründen die elektronische Nachweisführung nicht uneingeschränkt möglich ist, sind die erforderlichen Nachweise nach den Abschnitten 1 bis 3, ausgenommen § 11 Absatz 3 und 4, unter Verwendung der dort vorgesehenen Formblätter oder mittels eines Quittungsbeleges an Stelle des Begleitscheins zu führen. Der Quittungsbeleg sieht von Form und Inhalt die für die Führung des Begleitscheins erforderlichen Angaben vor und wird in einer Ausfertigung verwendet. Die Bestimmungen nach § 10 Abs. 2 Satz 1 und 3, § 11 Abs. 1 Satz 1 und Abs. 5 sowie § 13 finden entsprechende Anwendung. Nach Abschluss der Verbringung der Abfälle verbleibt der Quittungsbeleg beim Abfallentsorger, der ihn entsprechend den Bestimmungen des § 24 Abs. 1 und 2 sowie des § 25 Abs. 1 aufbewahrt. Der Nachweispflichtige, der die Störung oder die sonstigen Hinderungsgründe feststellt, hat diese unverzüglich den am Nachweisverfahren Beteiligten sowie den zuständigen Behörden zu melden, es sei denn,

1. die Störung ist innerhalb einer angemessenen Frist behebbar oder
2. es ist absehbar, dass die sonstigen Hinderungsgründe innerhalb einer angemessenen Frist wegfallen.

(2) Soweit eine Störung des Kommunikationssystems wiederholt oder nicht nur kurzfristig eintritt und Tatsachen die Annahme rechtfertigen, dass die Störung aus dem Verantwortungsbereich eines bestimmten Nachweispflichtigen herrührt, kann die zuständige Behörde anordnen, dass der Nachweispflichtige

1. einen von der zuständigen Landesbehörde bekannt gegebenen Sachverständigen mit der Prüfung von Nachweisvorgängen beauftragt, an welchen der Nachweispflichtige beteiligt ist,
2. einen von der zuständigen Landesbehörde bekannt gegebenen Sachverständigen mit der Prüfung der Einrichtung und des Betriebes seines betrieblichen Kommunikationssystems be-

auftragt, soweit dieses System mittelbar oder unmittelbar der Führung von Nachweisen und Registern dient,

3. neben der elektronischen Führung von Nachweisen und Registern zusätzlich Nachweise und Register unter Verwendung der hierfür vorgesehenen Formblätter zu führen hat, wenn anders eine ordnungsgemäße Nachweisführung nicht zu gewährleisten ist.

(3) Absatz 2 Satz 1 Nr. 2 gilt entsprechend für Anordnungen gegenüber einem Dritten, den der Nachweispflichtige mit der elektronischen Führung von Nachweisen und Registern beauftragt.

(4) Spätestens zehn Kalendertage nachdem die Störung des Kommunikationssystems behoben worden ist oder die sonstigen Hinderungsgründe weggefallen sind, haben die Nachweispflichtigen

1. die nach Absatz 1 mittels Formblättern oder Quittungsbelegen übermittelten Nachweisdaten nochmals im Verfahren nach den Abschnitten 1 bis 4 elektronisch zu übermitteln oder

2. für den Fall, dass bei Eintritt der Störung oder bei Feststellung der sonstigen Hinderungsgründe bereits mit der elektronischen Nachweisführung begonnen worden war, das Verfahren ordnungsgemäß fortzuführen.

Teil 3
Registerführung über die Entsorgung von Abfällen

§ 23 Kreis der Registerpflichtigen

Zur Führung von Registern nach den Bestimmungen dieses Teils verpflichtet sind Erzeuger, Einsammler, Beförderer, Händler, Makler und Entsorger von Abfällen, soweit eine Pflicht zur Führung von Registern nach

1. § 49 des Kreislaufwirtschaftsgesetzes oder

2. § 51 Abs. 1 Satz 1 Nr. 1 des Kreislaufwirtschaftsgesetzes auf Anordnung der zuständigen Behörde besteht.

§ 24 Führung der Register

(1) Die Register bestehen aus einer den Anforderungen des § 49 Abs. 1 und 2 des Kreislaufwirtschaftsgesetzes sowie dieser Verordnung entsprechend sachlich und zeitlich geordneten Darstellung der registerpflichtigen Entsorgungsvorgänge, wobei die entsprechenden Belege oder Angaben vollständig und in der jeweils aktuellen Version im Register enthalten sein müssen.

(2) Unbeschadet des Absatzes 3 werden die Register über nachweispflichtige Abfälle geführt, indem

1. die Abfallerzeuger, Einsammler und Abfallentsorger die für sie bestimmten Ausfertigungen der Begleitscheine, insoweit der Abfallerzeuger die für ihn bestimmten Ausfertigungen 5 (altgold) und 1 (weiß) einander ohne Rücksicht auf die zeitliche Reihenfolge zugeordnet, spätestens innerhalb von zehn Kalendertagen nach Erhalt den jeweiligen Entsorgungsnachweisen, und Sammelentsorgungsnachweisen in zeitlicher Reihenfolge zuordnen,

2. die Einsammler darüber hinaus die für ihn bestimmten Ausfertigungen der Übernahmescheine spätestens zehn Kalendertage nach Erhalt den jeweiligen für ihn bestimmten Ausfertigungen der Begleitscheine in zeitlicher Reihenfolge zuordnen und

3. die Abfallbeförderer die für sie bestimmten Ausfertigungen der Begleitscheine spätestens zehn Kalendertage nach Erhalt und nach Abfallarten getrennt und in zeitlicher Reihenfolge ordnen

und abheften und in die Register einstellen. Ist der Abfallerzeuger zugleich Abfallbeförderer, so hat er die Ausfertigungen 4 und 5 (gelb und altgold) des Begleitscheins, ist er zugleich Abfallentsorger, so hat er nur die Ausfertigung 6 (grün) entsprechend Satz 1 abzuheften und in sein Register einzustellen. Entsorgt der Abfallbeförderer die Abfälle selbst, so hat er die Ausfertigung 6 (grün) entsprechend Satz 1 abzuheften und in sein Register einzustellen.

(3) Die Erzeuger von Kleinmengen gefährlicher Abfälle, die Abfallerzeuger, die gefährliche Abfälle einem Einsammler übergeben sowie die Abfallentsorger, welche Kleinmengen gefährlicher Abfälle annehmen, führen die Register, indem sie die für sie bestimmten Ausfertigungen der Übernahmescheine spätestens zehn Kalendertage nach Erhalt nach Abfallarten getrennt und in zeitlicher Reihenfolge geordnet abheften und in die Register einstellen. Satz 1 gilt entsprechend, soweit die zuständige Behörde die Pflicht zur Führung von Übernahmescheinen nach § 51 Abs. 1 Satz 1 Nr. 1 des Kreislaufwirtschaftsgesetzes angeordnet hat.

(4) Abfallentsorger, die zur Führung von Nachweisen nicht verpflichtet sind, registrieren die Anlieferungen von Abfällen, indem sie für jede Abfallart und jede Entsorgungsanlage ein eigenes Verzeichnis erstellen, in welchem sie

1. als Überschrift den Abfallschlüssel dieser Abfallart laut Abfallverzeichnis-Verordnung, den Firmennamen und die Anschrift, die Bezeichnung und Anschrift der Entsorgungsanlage und (soweit vorhanden) die Entsorgernummer angeben und
2. unterhalb dieser Angaben fortlaufend für jede angenommene Abfallcharge spätestens zehn Kalendertage nach ihrer Annahme ihre Menge, das Datum ihrer Annahme und den Namen und die Anschrift der Person, von der die Abfälle angenommen wurden, angeben und diese Angaben unterschreiben.

Die Angaben in Satz 1 Nr. 2 und die Unterschrift können in Praxisbelegen, insbesondere Liefer- oder Wiegescheinen, enthalten sein, wenn diese den Abfall erkennen lassen und den in Satz 1 Nr. 1 genannten Angaben sachlich und zeitlich geordnet zugeordnet werden. Die Abfallentsorger können für die Erfassung der in Satz 1 Nr. 1 genannten Angaben auch das Formblatt Annahmeerklärung AE und für die Erfassung der in Satz 1 Nr. 2 genannten Angaben das Formblatt Begleitschein nach Anlage 1 verwenden. Soweit Abfallentsorger die Register nach § 25 Abs. 2 Satz 2 elektronisch führen, müssen sie die Register unter Zugrundelegung dieser Formblätter in entsprechender Anwendung der §§ 17 bis 20 führen. Mit Zustimmung der zuständigen Behörde können zur Registrierung nicht nachweispflichtiger Abfälle Praxisbelege abweichend von den Sätzen 1 und 2 geordnet werden.

(5) Abfallentsorger, die Abfälle behandeln und lagern und zur Führung von Nachweisen nicht verpflichtet sind, registrieren zusätzlich jede Abgabe von behandelten und gelagerten Abfällen nach Maßgabe von Absatz 6 (§ 49 Abs. 2 Satz 1 des Kreislaufwirtschaftsgesetzes). Die Registrierungspflichten nach Satz 1 gelten nicht für Abfallentsorger, welche

1. die behandelten oder gelagerten Abfälle in eigenen, in einem engen räumlichen Zusammenhang mit der Behandlung oder Lagerung stehenden Entsorgungsanlagen verwerten oder beseitigen oder
2. infolge des Einsatzes von Abfällen in Produktionsprozessen lediglich nicht gefährliche Abfälle in mengenmäßig unbedeutendem Umfang erzeugen.

Satz 2 gilt nicht für Abfallentsorger, welche in ihren Anlagen Abfälle im Hauptzweck verwerten oder beseitigen.

(6) Abfallerzeuger, die zur Führung von Nachweisen nicht verpflichtet sind, registrieren jede Abgabe von Abfällen, indem sie für jede Abfallart und jede Anfallstelle des Abfalls ein eigenes Verzeichnis erstellen, in welchem sie

1. als Überschrift den Abfallschlüssel dieser Abfallart laut Abfallverzeichnis-Verordnung, den Firmennamen und die Anschrift, die Bezeichnung und Anschrift der Anfallstelle des Abfalls und (soweit vorhanden) die Erzeugernummer angeben und

2. unterhalb dieser Angaben fortlaufend für jede abgegebene Abfallcharge spätestens zehn Kalendertage nach ihrer Abgabe ihre Menge, das Datum ihrer Abgabe und die die Abfallcharge übernehmende Person angeben und diese Angaben unterschreiben.

Absatz 4 Satz 2 und 5 gilt entsprechend. Die Abfallerzeuger können für die Erfassung der in Satz 1 Nr. 1 genannten Angaben auch das Formblatt Deckblatt Entsorgungsnachweise DEN in Verbindung mit dem Formblatt Verantwortliche Erklärung VE, Aufdruck 1, und für die Erfassung der in Satz 1 Nr. 2 genannten Angaben das Formblatt Begleitschein nach Anlage 1 verwenden. Soweit Abfallerzeuger die Register nach § 25 Abs. 2 Satz 2 elektronisch führen, müssen sie die Register unter Zugrundelegung dieser Formblätter in entsprechender Anwendung der §§ 17 bis 20 führen, wobei im elektronischen Begleitschein die die Abfallcharge übernehmende Person im Feld „Frei für Vermerke" anzugeben ist.

(7) Abfallbeförderer, die zur Führung von Nachweisen nicht verpflichtet sind, registrieren jede Beförderung von Abfällen, indem sie für jede Abfallart ein eigenes Verzeichnis erstellen, in welchem sie

1. als Überschrift den Abfallschlüssel dieser Abfallart laut Abfallverzeichnis-Verordnung, den Firmennamen und die Anschrift und (soweit vorhanden) die Beförderernummer angeben und

2. unterhalb dieser Angaben fortlaufend spätestens zehn Kalendertage nach Abschluss der Beförderung für jede übergebene Abfallcharge ihre Menge und das Datum ihrer Übergabe angeben und diese Angaben unterschreiben.

Absatz 4 Satz 2 und 5 gilt entsprechend. Die Abfallbeförderer können für die Erfassung der in Satz 1 Nr. 1 genannten Angaben auch das Formblatt Deckblatt Entsorgungsnachweise DEN in Verbindung mit dem Formblatt Verantwortliche Erklärung VE, Aufdruck 2, und für die Erfassung der in Satz 1 Nr. 2 genannten Angaben das Formblatt Begleitschein nach Anlage 1 verwenden. Soweit Abfallbeförderer die Register nach § 25 Abs. 2 Satz 2 elektronisch führen, müssen sie die Register unter Zugrundelegung dieser Formblätter in entsprechender Anwendung der §§ 17 bis 20 führen.

(8) Abfallentsorger, die Abfälle behandeln und lagern, registrieren, unabhängig davon, ob sie zur Nachweisführung verpflichtet sind oder nicht, zusätzlich die Menge an Erzeugnissen, Materialien und Stoffen, die aus der Vorbereitung zur Wiederverwendung, aus dem Recycling oder aus einem sonstigen Verwertungsverfahren hervorgehen, indem sie für jedes Erzeugnis, Material und jede Stoffart ein eigenes Verzeichnis erstellen, in welchem sie

1. als Überschrift die Erzeugnis-, Material- oder Stoffart angeben,

2. die Menge der aus der Vorbereitung zur Wiederverwendung, aus dem Recycling oder aus einem sonstigen Verwertungsverfahren hervorgegangenen Erzeugnisse, Materialien oder Stoffe angeben und

3. unterhalb dieser Angaben fortlaufend für jede aus der Behandlung hervorgegangene Erzeugnis-, Material- oder Stoffcharge spätestens zehn Kalendertage nach Abschluss der Behandlung ihre Menge und das Datum, an dem das Ende der Abfalleigenschaft erreicht wurde, angeben und diese Angaben unterschreiben. Absatz 6 Satz 2 bis 4 gilt entsprechend.

§ 25 Dauer der Registrierung, elektronische Registerführung

(1) Die zur Einrichtung und Führung der Register Verpflichteten haben die nach § 24 Abs. 2 bis 4, Abs. 5 Satz 1, Abs. 6 oder 7 in die Register einzustellenden Belege oder Angaben drei Jahre, jeweils vom Datum ihrer Einstellung in das Register an gerechnet, in dem Register aufzubewahren oder zu belassen. Der Zulassungsbescheid für die Abfallentsorgungsanlage kann eine längere Dauer bestimmen als nach Satz 1 vorgesehen.

(2) Die Register über nachweispflichtige Abfälle sind elektronisch zu führen, soweit für die in die Register einzustellenden Nachweise die elektronische Nachweisführung zwingend bestimmt ist. Im Übrigen können die Register elektronisch geführt werden. Werden die Register elektronisch geführt, so sind jeweils die aktuellen Versionen der Belege oder Angaben in entsprechender Anwendung des Absatzes 1 und des § 24 dauerhaft und geordnet zu speichern. Soweit die zuständige Behörde gemäß § 49 Abs. 4 des Kreislaufwirtschaftsgesetzes die elektronische Vorlage des Registers oder einzelner Angaben aus dem Register anordnet, finden auf die Erfüllung dieser Anordnung die §§ 17 bis 20 sowie § 22 entsprechende Anwendung.

(3) Absatz 2 Satz 1 gilt für die vom Einsammler in sein Register einzustellenden Ausfertigungen des Übernahmescheins auch dann, wenn der Übernahmeschein nach § 21 unter Verwendung der hierfür vorgesehenen Formblätter der Anlage 1 geführt wird.

§ 25a Registerführung durch Händler und Makler

(1) Die Händler registrieren die von ihnen erworbenen Abfälle, indem sie für jede Abfallart ein eigenes Verzeichnis erstellen, in welchem sie

1. als Überschrift den Abfallschlüssel dieser Abfallart laut Abfallverzeichnis-Verordnung, den Firmennamen und die Anschrift und (soweit vorhanden) die Händlernummer angeben und
2. unterhalb dieser Angaben fortlaufend für jede erworbene Abfallcharge spätestens zehn Kalendertage nach ihrem Erwerb ihre Menge, das Datum ihres Erwerbs und den Namen und die Anschrift der Person, von der die Abfälle erworben wurden, angeben und diese Angaben unterschreiben.

Die Händler registrieren ferner die von ihnen veräußerten Abfälle, indem sie für jede Abfallart ein eigenes Verzeichnis erstellen, in welchem sie

1. als Überschrift die in Satz 1 Nummer 1 aufgeführten Angaben angeben und
2. unterhalb dieser Angaben fortlaufend für jede Abfallcharge spätestens zehn Kalendertage nach ihrer Veräußerung ihre Menge, das Datum ihrer Veräußerung und den Namen und die Anschrift der Person, an die die Abfälle veräußert wurden, angeben und diese Angaben unterschreiben.

§ 24 Absatz 4 Satz 2 und 5 ist entsprechend anzuwenden.

(2) Die Makler von Abfällen registrieren in zeitlicher Reihenfolge jeden vermittelten Vertragsabschluss über die Bewirtschaftung von Abfällen und geben dabei das Datum des Vertragsabschlusses an. Spätestens zehn Kalendertage nach Abschluss verzeichnen sie zu jedem registrierten Vertrag:

1. die Vertragsparteien mit Namen und Anschrift,
2. die Art, den Umfang und die voraussichtliche Dauer der vermittelten Bewirtschaftungstätigkeit sowie
3. die Art und die Beschaffenheit der Abfälle unter Angabe des Abfallschlüssels, auf die sich die vermittelte Bewirtschaftungstätigkeit bezieht.

Die Richtigkeit der in das Register eingestellten Angaben hat der Makler durch Unterschrift zu bestätigen.

(3) Die nach den Absätzen 1 und 2 Verpflichteten haben die in das Register eingestellten Angaben drei Jahre, jeweils vom Datum der Einstellung in das Register an gerechnet, in dem Register zu belassen. Anschließend sind die Daten unverzüglich beziehungsweise im Falle der Speicherung in elektronischer Form automatisiert zu löschen.

(4) Auf die Registerführung nach den Absätzen 1 und 2 findet § 25 Absatz 2 Satz 2 keine Anwendung.

Teil 4
Gemeinsame Bestimmungen

§ 26 Befreiung, Anordnung von Nachweis- und Registerpflichten

(1) Die zuständige Behörde kann einen nach § 49 oder § 50 des Kreislaufwirtschaftsgesetzes Verpflichteten auf Antrag oder von Amts wegen ganz oder teilweise unter dem Vorbehalt des Widerrufs von der Führung von Nachweisen oder Registern freistellen, soweit hierdurch eine Beeinträchtigung des Wohls der Allgemeinheit nicht zu befürchten ist. Die zuständige Behörde kann die Erbringung anderer geeigneter Nachweise verlangen.

(2) Die zuständige Behörde kann gegenüber einem nach § 49 des Kreislaufwirtschaftsgesetzes zur Führung von Registern über die Entsorgung nicht gefährlicher Abfälle Verpflichteten die Registrierung weiterer Angaben anordnen.

§ 27 Nachweisführung in besonderen Fällen

(1) Wer Abfälle, für die er Nachweise führen muss, von einem anderen übernimmt, der hinsichtlich dieser Abfälle nicht zur Führung von Nachweisen verpflichtet ist, hat auch dessen Namen und Anschrift auf den für ihn bestimmten und auf den von ihm weiter zu übermittelnden oder weiter zu gebenden Ausfertigungen oder Dokumenten der nach dieser Verordnung zu führenden Nachweise anzugeben. Wer Abfälle einem anderen übergibt, der insoweit nicht zur Führung von Nachweisen verpflichtet ist, hat dessen Namen und Anschrift in den nach dieser Verordnung zu führenden Nachweisen anzugeben.

(2) Ist wegen anderer als der in Absatz 1 genannten Besonderheiten eine uneingeschränkte Anwendung der Bestimmungen über die Führung von Nachweisen nicht möglich, so hat der betroffene Nachweispflichtige die Nachweise in einer von der zuständigen Behörde bestimmten Weise zu verwenden. Sind mehrere Behörden zuständig, so treffen diese die Entscheidung nach Satz 1 im Einvernehmen.

§ 28 Vergabe von Kennnummern

(1) Die zur Führung von Nachweisen und Registern erforderlichen Identifikations-, Erzeuger-, Beförderer-, Sammler-, Händler-, Makler- und Entsorgernummern werden durch die zuständige Behörde erteilt.

(2) Die zur Unterscheidung der einzelnen Nachweisvorgänge erforderlichen Nummern sowie die Freistellungsnummern erteilt die für den Entsorger zuständige Behörde. Die im Falle der Ersetzung von Einzelnachweisen nach § 50 Abs. 2 des Kreislaufwirtschaftsgesetzes erforderliche Registriernummer erteilt die für den Erzeuger zuständige Behörde. Die zuständige Behörde kann zulassen, dass die nach Satz 1 erforderlichen Kennnummern von einem Dritten, insbesondere einem freigestellten Entsorger, erteilt werden. Die nach den Sätzen 1 und 2 zu erteilenden Kennnummern erhalten in den ersten beiden Stellen folgende Kennbuchstaben:

1. „EN“ für Entsorgungsnachweis,
2. „SN“ für Sammelentsorgungsnachweis,
3. „FR“ für Freistellung,
4. „RE“ für Register.

In die dritte Stelle ist die Landeskennung aufzunehmen.

(3) Bei elektronischer Führung von Nachweisen wird die Vergabe der Kennnummern nach Absatz 2 gemäß § 20 von den Ländern sichergestellt.

(4) Für jeden elektronisch durchgeführten Entsorgungsvorgang ist nur eine Begleitschein-/ Übernahmescheinnummer zu verwenden, die von dem von den Ländern eingerichteten System (§ 20) zur Verfügung gestellt wird.

(5) Nachweise müssen die nach den Absätzen 1 bis 4 erteilten Nummern enthalten. Die Nummern dürfen von den Nachweispflichtigen ausschließlich zu den dort bestimmten Zwecken verwendet werden.

(6) Die nach dieser Verordnung erforderlichen Landeskenner sind wie folgt zu verwenden:

A Schleswig-Holstein
B Hamburg
C Niedersachsen
D Bremen
E Nordrhein-Westfalen
F Hessen
G Rheinland-Pfalz
H Baden-Württemberg
I Bayern
K Saarland
L Berlin
M Mecklenburg-Vorpommern
N Sachsen-Anhalt
P Brandenburg
R Thüringen
S Sachsen.

§ 29 Ordnungswidrigkeiten

Ordnungswidrig im Sinne des § 69 Abs. 2 Nr. 15 des Kreislaufwirtschaftsgesetzes handelt, wer vorsätzlich oder fahrlässig

1. einer vollziehbaren Auflage nach § 5 Abs. 4 Satz 2, auch in Verbindung mit § 9 Abs. 3 Satz 1 oder § 15 Nr. 1, zuwiderhandelt,
2. entgegen § 6 Abs. 3 Satz 2, auch in Verbindung mit § 9 Abs. 3 Satz 1, § 11 Abs. 2 Satz 2, § 12 Abs. 4 Satz 2 oder § 16b Satz 1 eine dort genannte Unterlage nicht mitführt oder nicht oder nicht rechtzeitig vorlegt,
3. einer vollziehbaren Anordnung nach § 8 Abs. 1 Satz 1 oder Abs. 2 Nr. 1, auch in Verbindung mit § 9 Abs. 3 Satz 2, oder § 22 Abs. 2, auch in Verbindung mit Abs. 3, zuwiderhandelt,
4. entgegen § 17 Absatz 1 einen dort genannten Zugang nicht unterhält,
5. entgegen § 18 Abs. 1 Satz 1 eine Nachricht ohne Angabe des eröffneten Empfangszugangs übermittelt,
6. entgegen § 18 Abs. 2 Satz 1 nicht gewährleistet, dass eine dort genannte Angabe vorgelegt oder mitgeteilt werden kann,
7. (aufgehoben)
8. entgegen § 22 Abs. 1 Satz 5 eine Meldung nicht, nicht richtig, nicht vollständig oder nicht rechtzeitig macht oder
9. (aufgehoben)
10. entgegen § 28 Abs. 5 Satz 2 eine Nummer verwendet.

Teil 5
Schlussbestimmungen

§ 30 Übergangsbestimmungen für geltende Freistellungen

Eine Freistellung von der Bestätigungspflicht auf Antrag des Abfallentsorgers, die bei dem nach Artikel 8 Abs. 1 der Verordnung zur Vereinfachung der abfallrechtlichen Überwachung vom 20. Oktober 2006 (BGBl. I S. 2298) bestimmten Inkrafttreten bereits nach der Nachweisverordnung in der Fassung der Bekanntmachung vom 17. Juni 2002 (BGBl. I S. 2374), zuletzt geändert durch Artikel 4 der Verordnung vom 15. August 2002 (BGBl. I S. 3302), erteilt worden ist, gilt bis zum Ablauf ihrer Geltungsdauer als Freistellung nach § 7 Abs. 1 Nr. 2 fort.

Anlage 1
Formblätter zu Teil 2 Abschnitt 1 und 2 sowie § 24 Abs. 4

Diese Anlage enthält Formblätter[1], die in den von der Verordnung geregelten Fällen der Führung von Nachweisen, der Erstattung von Anzeigen, der Einrichtung und Führung von Registern sowie der Freistellung zu verwenden sind.

Die geforderten Angaben sind gemäß den Ausfüllanweisungen zu den einzelnen Feldern einzutragen. Alle Eintragungen in den in der Anlage aufgeführten Formblättern müssen leserlich in deutscher Sprache mit Druck, Schreibmaschine, Kugelschreiber oder einem sonstigen Schreibgerät mit dauerhafter Schrift vorgenommen werden. Der ursprüngliche Inhalt einer Eintragung darf nicht unleserlich gemacht werden, ohne dass gleichzeitig kenntlich gemacht wird, ob dies bei der ursprünglichen Eintragung oder erst später erfolgt ist.

Die Formblätter sind wie folgt zu verwenden:

1. Zur Führung des Entsorgungsnachweises (§ 3) sowie des Sammelentsorgungsnachweises (§ 9) die Formblätter

- Deckblatt Entsorgungsnachweise (DEN),
- Verantwortliche Erklärung (VE),
- Deklarationsanalyse (DA),
- Annahmeerklärung (AE),
- Behördenbestätigung (BB),

2. zur Führung des Entsorgungsnachweises ohne behördliche Bestätigung (§ 7, Anzeige) die Formblätter

- Deckblatt Entsorgungsnachweise (DEN),
- Verantwortliche Erklärung (VE),
- Deklarationsanalyse (DA),
- Annahmeerklärung (AE),

3. zur Freistellung (§ 7) die Formblätter

- Deckblatt Antrag (DAN),
- Annahmeerklärung (AE),
- Behördenbestätigung (BB),

---

[1] Hinweise zur Gestaltung der Formblätter

1. Die Formblätter sind verkleinert wiedergegeben und in dieser Größe weder maschinenlesbar noch mit Schreibmaschine oder EDV zu beschriften. Zur ordnungsgemäßen Verwendung sind die Formblätter DIN A4 im Verhältnis 84 : 100 zu vergrößern. Der Übernahmeschein hat die Abmessungen 210 mm x 210 mm.
2. Sämtliche Feldbegrenzungen und Rasterflächen der Formblätter mit Ausnahme der Begleitscheine und Übernahmescheine sind vorzugsweise im Farbton HKS 6 N zu drucken. Die Rasterflächen dürfen 50 % vom Volltonwert nicht überschreiten. Sämtliche Schriften, Nummern und der EDV-Passer sind schwarz zu drucken.

4. zur Führung des Nachweises über die durchgeführte Entsorgung (§§ 10, 12) die Formblätter

- Begleitschein,
- Übernahmeschein,

5. zur Führung der Register (§ 24 Abs. 4 bis 7) die Formblätter

- Deckblatt Entsorgungsnachweise (DEN),
- Verantwortliche Erklärung (VE),
- Annahmeerklärung (AE),
- Begleitschein.

(Formblätter hier nicht abgedruckt, siehe BGBl. I 2006 S. 2311–2326))

Anlage 2
Abfälle nach § 9 Abs. 1 Satz 2 und § 9 Abs. 3

a) **Verzeichnis der Abfälle nach § 9 Abs. 1 Satz 2 und Abs. 3 Satz 2**

13 04 01 Bilgenöle aus der Binnenschifffahrt

13 04 02 Bilgenöle aus Molenablaufkanälen

13 04 03 Bilgenöle aus der übrigen Schifffahrt

16 06 01 Bleibatterien

16 07 08 ölhaltige Abfälle (aus der Schifffahrt)

b) **Verzeichnis der Abfälle nach § 9 Abs. 3 Satz 2**

09 01 01 Entwickler und Aktivatoren auf Wasserbasis

09 01 02 Offsetdruckplatten-Entwicklerlösungen auf Wasserbasis

09 01 04 Fixierbäder

09 01 05 Bleichlösungen und Bleich-Fixier-Bäder

09 01 11 Einwegkameras mit Batterien, die unter 16 06 01, 16 06 02 oder 16 06 03 fallen

12 01 06 halogenhaltige Bearbeitungsöle auf Mineralölbasis (außer Emulsionen und Lösungen)

12 01 07 halogenfreie Bearbeitungsöle auf Mineralölbasis (außer Emulsionen und Lösungen)

12 01 08 halogenhaltige Bearbeitungsemulsionen und -lösungen

12 01 09 halogenfreie Bearbeitungsemulsionen und -lösungen

12 01 10 synthetische Bearbeitungsöle

12 01 12 gebrauchte Fette und Wachse

12 01 19 biologisch leicht abbaubare Bearbeitungsöle

13 01 04 chlorierte Emulsionen

13 01 05 nichtchlorierte Emulsionen

13 01 09 chlorierte Hydrauliköle auf Mineralölbasis

13 01 10 nichtchlorierte Hydrauliköle auf Mineralölbasis

13 01 11 synthetische Hydrauliköle

13 01 12 biologisch leicht abbaubare Hydrauliköle

13 01 13 andere Hydrauliköle

13 02 04 chlorierte Maschinen-, Getriebe- und Schmieröle auf Mineralölbasis

13 02 05 nichtchlorierte Maschinen-, Getriebe- und Schmieröle auf Mineralölbasis

13 02 06 synthetische Maschinen-, Getriebe- und Schmieröle

13 02 07 biologisch leicht abbaubare Maschinen-, Getriebe- und Schmieröle

13 02 08 andere Maschinen-, Getriebe- und Schmieröle

13 03 06 chlorierte Isolier- und Wärmeübertragungsöle auf Mineralölbasis mit Ausnahme derjenigen, die unter 13 03 01 fallen

13 03 07 nichtchlorierte Isolier- und Wärmeübertragungsöle auf Mineralölbasis

13 03 08 synthetische Isolier- und Wärmeübertragungsöle

13 03 09 biologisch leicht abbaubare Isolier- und Wärmeübertragungsöle

13 03 10 andere Isolier- und Wärmeübertragungsöle

13 05 01 feste Abfälle aus Sandfanganlagen und Öl-/Wasserabscheidern

13 05 02 Schlämme aus Öl-/Wasserabscheidern

13 05 03 Schlämme aus Einlaufschächten

13 05 06 Öle aus Öl-/Wasserabscheidern

13 05 07 öliges Wasser aus Öl-/Wasserabscheidern

13 05 08 Abfallgemische aus Sandfanganlagen und Öl-/Wasserabscheidern

13 07 01 Heizöl und Diesel

13 07 02 Benzin

16 01 07 Ölfilter

16 01 11 asbesthaltige Bremsbeläge

16 01 13 Bremsflüssigkeiten

16 01 14 Frostschutzmittel, die gefährliche Stoffe enthalten

16 06 02 Ni-Cd-Batterien

16 06 03 Quecksilber enthaltende Batterien

17 06 01 Dämmmaterial, das Asbest enthält

17 06 05 asbesthaltige Baustoffe

18 01 03 Abfälle, an deren Sammlung und Entsorgung aus infektionspräventiver Sicht besondere Anforderungen gestellt werden

18 01 10 Amalgamabfälle aus der Zahnmedizin

18 02 02 Abfälle, an deren Sammlung und Entsorgung aus infektionspräventiver Sicht besondere Anforderungen gestellt werden

20 01 17 Fotochemikalien

20 01 21 Leuchtstoffröhren und andere quecksilberhaltige Abfälle

20 01 33 Batterien und Akkumulatoren, die unter 16 06 01, 16 06 02 oder 16 06 03 fallen, sowie gemischte Batterien und Akkumulatoren, die solche Batterien enthalten

Anlage 3
Vorgaben für strukturierte Nachrichten/Schnittstellen nach § 18 Abs. 1

Fundstelle des Originaltextes: BGBl. I 2006, 2329–2330

Diese Anlage enthält die Vorgaben für die strukturierten Nachrichten und Schnittstellen gemäß § 18 Abs. 1 Satz 1 (elektronische Formulare), die in den von der Verordnung geregelten Fällen der Führung von Nachweisen, der Erstattung von Anzeigen, der Einrichtung und Führung von Registern, der Freistellung und der Übermittlung weiterer im Rahmen der Nachweisführung erforderlicher Angaben und Mitteilungen zu verwenden sind.

1. Allgemeine Vorgaben

- Die elektronischen Formulare enthalten die nach der Verordnung, insbesondere in Verbindung mit der Anlage 1, erforderlichen Angaben zur Führung von Nachweisen, Erstattung von Anzeigen, Einrichtung und Führung von Registern und zur Freistellung sowie zur Übermittlung weiterer Angaben und Mitteilungen, die zur einfachen, zweckmäßigen und zügigen Durchführung der Nachweisverfahren erforderlich sind.
- Die elektronischen Formulare werden nach dem Stand der Technik auf der Basis der Beschreibungssprache Extensible Markup Language (XML) definiert und mit den entsprechenden XML- Schemata hinterlegt.
- Qualifizierte elektronische Signaturen werden in den nach § 19 Abs. 1 bestimmten Fällen in die elektronischen Formulare als XML-Signaturen gemäß dem IETF W3C-Standard XML-DSig und unter Berücksichtigung weiterer Standards, soweit diese von Bedeutung sind, einbezogen.
- Die Verschlüsselung von Einzelfeldern eines elektronischen Formulars (Verschlüsselung auf Element- Ebene) ist nicht zulässig, unbeschadet der Definition von Verschlüsselungen durch W3C-Standard auf Element-Ebene für Dokumente, die auf XML basieren.
- Zur Erleichterung der Einbindung in bestehende Hintergrundsysteme enthalten die elektronischen Formulare Längenbeschränkungen für die einzelnen Felder sowie Feldtypen und Pflichtfelder, welche über die hinterlegten XML-Schemata gesteuert werden.
- Die qualifizierte elektronische Signatur umfasst in den von § 19 Abs. 1 geregelten Fällen die Angaben, für die bei Verwendung der Formulare nach der Anlage 1 die Schriftform bestimmt ist.

2. Besondere Vorgaben

a) Der Entsorgungsnachweis/Sammelentsorgungsnachweis (§§ 3, 9) umfasst als Aggregation die Angaben aus den Formularen

– Deckblatt Entsorgungsnachweise (DEN),

– Verantwortliche Erklärung (VE),

– Deklarationsanalyse (DA),

– Annahmeerklärung (AE) und

– die Behördenbestätigung (BB).

aa) In den Nachweiserklärungen (§ 3 Abs. 1) können nach Maßgabe der zuständigen Behörde offenbare Unrichtigkeiten geändert werden, wenn mittels qualifizierter elektronischer Signatur kenntlich gemacht wird, wer die Änderung vorgenommen hat und die ursprüngliche Erklärung erkennbar bleibt. Bei Änderungen nach Satz 1 ist das für die Änderung von Begleitscheinen vorgesehene Verfahren nach Buchstabe c entsprechend anzuwenden (Layer-Technologie). Für sonstige Änderungen von Entsorgungsnachweisen und von Nachweiserklärungen während ihrer Laufzeit können abweichende Regelungen getroffen werden.

bb) In den Entsorgungsnachweis sind die Deklarationsanalyse und weitere erforderliche Anhänge als Datencontainer in die eigene Datenstruktur aufzunehmen. Abweichend von den allgemeinen Vorgaben nach Nummer 1 können die Deklarationsanalyse und weitere erforderliche Anhänge auch in anderen Formaten als XML übermittelt werden. Insoweit sind ausschließlich für die Behörde lesbare und bearbeitbare Formate zu verwenden, insbesondere Microsoft Word, Adobe PDF, TIFF, RTF und Open Office.

b) Für die Führung des Entsorgungsnachweises/Sammelentsorgungsnachweises ohne behördliche Bestätigung (§ 7) gelten die Anforderungen nach Buchstabe a entsprechend.

c) Die Anforderung, den Begleitschein als Satz im Durchschreibeverfahren zu verwenden (§ 11 Abs. 1 Satz 2) wird elektronisch wie folgt abgebildet:

Die Sichtweisen (Durchschläge) werden über einzelne, in der jeweiligen Sicht gültige Repräsentationen der Formulardaten verwirklicht (Layer-Technologie).

Es besteht eine ausgezeichnete Seite des zugrunde liegenden elektronischen Formulars (Basis-Layer), die sich aus der Ersterfassung der Formulardaten, auch mit angebrachter qualifizierter elektronischer Signatur, ergibt. Der Basis-Layer bildet die erste Sichtweise.

Änderungen und Ergänzungen einzelner Angaben werden als eigenständige Sichtweise (Folgesicht) stets in einem gesonderten Layer erfasst (Änderungs-Layer) und beziehen sich ausschließlich auf den vorhergehenden Layer (Referenz-Layer).

Änderungen überlagern jeweils die entsprechenden Angaben im Referenz-Layer. Ergänzungen erweitern den Referenz-Layer um weitere Angaben. Die Angaben des Änderungs-Layers stellen zusammen mit den Daten des zugrunde liegenden Referenz-Layers die gültige Repräsentation des elektronischen Formulars für diese Sichtweise dar.

Qualifizierte elektronische Signaturen werden als Ergänzung in den jeweiligen, der Sichtweise zugeordneten Layer einbezogen.

Die Kette der Referenz-Layer, beginnend beim Basis-Layer, bildet die zeitliche Abfolge der durchgeführten Änderungen oder Ergänzungen ab.

– Die qualifizierte elektronische Signatur des jeweils Erklärungspflichtigen umfasst dessen Erklärung als auch die Kenntnisnahme der ursprünglichen Angaben.

– Bei Bedarf können zusätzliche Änderungen (Änderungs-Layer) in den Begleitschein aufgenommen werden.

d) Für die Führung der Übernahmescheine gelten die Anforderungen nach Buchstabe c entsprechend.

e) Ein Register über Abfälle, für die keine Nachweise geführt werden (§ 24 Abs. 4 bis 7), umfasst zur Vorlage bei der zuständigen Behörde als Aggregation die Angaben aus den in Nummer 5 der Anlage 1 bestimmten Formularen:

– Deckblatt Entsorgungsnachweise (DEN),

– Verantwortliche Erklärung (VE),

– Annahmeerklärung (AE),

– Begleitschein.

f) Ein Antrag auf Freistellung (§ 7) umfasst als Aggregation die Angaben aus den Formularen:

– Deckblatt Antrag (DAN),

– Annahmeerklärung (AE),

– Behördenbestätigung (BB).

g) Die Eingangsbestätigung beinhaltet die erforderlichen Informationen gemäß § 4 der Nachweisverordnung, insbesondere die Angabe des Eingangsdatums.

Verordnung über die Entsorgung polychlorierter Biphenyle, polychlorierter Terphenyle und halogenierter Monomethyldiphenylmethane

(PCB/PCT-Abfallverordnung – PCBAbfallV)

Vom 26. Juni 2000 (BGBl. I S. 932)

Zuletzt geändert am 24. Februar 2012 (BGBl. I S. 212)

§ 1 Anwendungsbereich

(1) Die Verordnung gilt für nachfolgend definierte „PCB", die als Abfälle entsorgt werden oder entsorgt werden müssen.

(2) „PCB" bezeichnet im Sinne dieser Verordnung

1. die Stoffe
   a) polychlorierte Biphenyle: trichlorierte und höherchlorierte Biphenyle,
   b) polychlorierte Terphenyle,
   c) halogenierte Monomethyldiphenylmethane: Monomethyltetrachlordiphenylmethan, Monomethyldichlordiphenylmethan, Monomethyldibromdiphenylmethan,
2. Zubereitungen im Sinne des Chemikaliengesetzes,
   a) die insgesamt mehr als 50 mg/kg der Stoffe nach Nummer 1 enthalten,
   b) bei denen der Verdacht besteht, dass sie unter Buchstabe a fallen, solange bis das Gegenteil durch den Abfallerzeuger oder Abfallbesitzer bewiesen ist,
3. Erzeugnisse im Sinne des Chemikaliengesetzes,
   a) die Stoffe nach Nummer 1 zu insgesamt mehr als 50 mg/kg oder Zubereitungen nach Nummer 2 enthalten,
   b) bei denen der Verdacht besteht, dass sie unter Buchstabe a fallen, solange bis das Gegenteil durch den Abfallerzeuger oder Abfallbesitzer bewiesen ist.

Bei der Beurteilung, ob ein aus mehreren Einzelerzeugnissen zusammengefügtes Erzeugnis unter Buchstabe a fällt, ist das Einzelerzeugnis maßgebend, welches die Stoffe nach Nummer 1 oder Zubereitungen nach Nummer 2 enthält.

(3) (weggefallen)

§ 2 Pflichten zur Entsorgung

(1) Der Besitzer hat PCB unverzüglich zu beseitigen. Dies gilt nicht, soweit PCB im Sinne von § 1 Abs. 2 Nr. 3 nach Absatz 2 verwertet werden dürfen.

(2) Absatz 1 Satz 1 gilt nicht, soweit PCB nach § 1 Abs. 2 Nr. 1 und 2 von Erzeugnissen abgetrennt und einer Beseitigung zugeführt werden. Für die Entsorgung der nachfolgend genannten PCB-haltigen Erzeugnisse ist insbesondere zu beachten:

1. Transformatoren oder sonstige Behältnisse, die Stoffe nach § 1 Abs. 2 Nr. 1 oder Zubereitungen nach § 1 Abs. 2 Nr. 2 als Flüssigkeit enthalten, sind zu entleeren. Die metallischen Bestandteile, insbesondere das Gehäuse, die Spule und die Transformatorbleche, sind so zu behandeln, dass eine schadlose und ordnungsgemäße Verwertung dieser Bestandteile möglich ist und die PCB dabei zerstört oder beseitigt werden.

2. Aus anderen Erzeugnissen, insbesondere Geräten der Informationstechnik und der Bürokommunikation, elektrischen Geräten oder Leuchtstofflampen, sind, soweit technisch möglich und wirtschaftlich zumutbar, Bauteile, die Stoffe nach § 1 Abs. 2 Nr. 1 oder Zubereitungen nach § 1 Abs. 2 Nr. 2 enthalten, zu entfernen, getrennt zu halten und getrennt zu beseitigen.

(3) Zur Gewährleistung einer ordnungsgemäßen und schadlosen Verwertung sowie zur gemeinwohlverträglichen Abfallbeseitigung ist beim Entstehen von Abfällen, die bei Bautätigkeiten anfallen, bereits vor einer Sortierung sicherzustellen, dass die Fraktionen, die Stoffe nach § 1 Abs. 2 Nr. 1 oder Zubereitungen nach § 1 Abs. 2 Nr. 2 enthalten, zu entfernen, getrennt zu halten und getrennt zu beseitigen sind, soweit dies technisch möglich und wirtschaftlich zumutbar ist.

(4) Die Entsorgung von PCB darf nur in einer hierfür nach § 4 des Bundes-Immissionsschutzgesetzes oder § 35 Abs. 2 des Kreislaufwirtschaftsgesetzes zugelassenen Anlage erfolgen.

(5) Die Beseitigung von PCB darf nur mit den Verfahren D8, D9 oder D15, dem sich die Verfahren D10 oder D12 entsprechend Anlage 1 des Kreislaufwirtschaftsgesetzes anschließen, sowie D10 oder D12 erfolgen. Bei dem Verfahren D12 dürfen Abfälle nach § 1 Abs. 2 Nr. 3, deren Flüssigkeit abgelassen worden ist, in zugelassenen Untertagedeponien im Salzgestein nur abgelagert werden, soweit die Nutzung eines Verfahrens D9 oder D10 technisch nicht möglich oder wirtschaftlich nicht zumutbar ist.

§ 3 Brand- und Explosionsschutz

Nach Maßgabe der einschlägigen Vorschriften sind beim Bereitstellen, Überlassen, Einsammeln und innerbetrieblichen Befördern von PCB nach § 1 Abs. 2 alle notwendigen Maßnahmen zu treffen, um eine Freisetzung der Stoffe nach § 1 Abs. 2 Nr. 1 oder Zubereitungen nach § 1 Abs. 2 Nr. 2 durch Brände und Explosionen zu vermeiden.

§ 4 Nachweis- und Mitteilungspflichten

(1) Unternehmen und Betreiber von Beseitigungsanlagen, die eines der in § 2 Abs. 5 genannten Verfahren zur Beseitigung von PCB durchführen (PCB-Beseitigungsunternehmen), haben über Menge, Herkunft, Art des Abfalls und PCB-Gehalt von angelieferten PCB-Abfällen ein Register zu führen. Sie teilen diese Angaben der zuständigen Behörde vierteljährlich mit. Sie stellen den Erzeugern oder Besitzern, deren PCB-Abfälle angeliefert werden, eine Bescheinigung aus, in der Art und Menge des PCB angegeben werden.

(2) Soweit nach § 50 oder § 51 des Kreislaufwirtschaftsgesetzes in Verbindung mit Teil 2 oder Teil 3 der Nachweisverordnung Nachweise oder Register über die Beseitigung von PCB zu führen sind, können die nach Absatz 1 zu führenden Register sowie zu erteilenden Bescheinigungen durch die Begleitscheine, Übernahmescheine und Register nach der Nachweisverordnung ersetzt werden. In diesem Fall sind beim Ausfüllen der Begleitscheine außer der Menge des Abfalls, Herkunft, Art und PCB-Gehalt im Feld „Frei für Vermerke“ vom PCB-Beseitigungsunternehmen einzutragen. Erfolgt die Nachweisführung durch Sammelentsorgungsnachweis nach § 9 der Nachweisverordnung, sind die Eintragungen nach Satz 2 auf den Übernahmescheinen vorzunehmen, die dem jeweiligen Erzeuger oder Besitzer der PCB-Abfälle zum Zwecke des Absatzes 1 Satz 3 zu übergeben sind. Die Bestimmungen des § 19 der Nachweisverordnung bleiben unberührt.

(3) Das Register nach Absatz 1 und das Register nach Absatz 2 können von den örtlichen Behörden und der Öffentlichkeit eingesehen werden. Das Recht auf Einsichtnahme bezieht sich im Fall des Absatzes 2 nur auf die in die Register einzustellenden Begleit- und Übernahmescheine. Die dem Recht auf Einsichtnahme unterliegenden Register oder Teile der Register sind getrennt

von anderen der Überwachung dienenden Unterlagen oder Nachweisen zu führen und zu halten, soweit anderenfalls die Wahrnehmung des Rechts auf Einsichtnahme erschwert oder behindert würde. Werden die Begleit- oder Übernahmescheine über die Beseitigung von PCB getrennt gesammelt oder elektronisch gespeichert, so sind Ausfertigungen dieser Scheine entsprechend den §§ 23, 24 und 25 der Nachweisverordnung in die Register einzustellen und den Entsorgungsnachweisen zuzuordnen.

(4) Die Bestimmungen der Nachweisverordnung bleiben im Übrigen von den Regelungen der Absätze 1 bis 3 unberührt. § 30 der Nachweisverordnung findet entsprechende Anwendung.

(5) Die Bestimmungen des Umweltinformationsgesetzes bleiben unberührt.

§ 5 Ordnungswidrigkeiten

Ordnungswidrig im Sinne des § 69 Abs. 1 Nr. 8 des Kreislaufwirtschaftsgesetzes handelt, wer vorsätzlich oder fahrlässig entgegen § 2 Abs. 1 Satz 1 in Verbindung mit Abs. 4 oder 5 PCB nicht, nicht richtig, nicht vollständig oder nicht rechtzeitig beseitigt.

Verordnung über die Getrenntsammlung und Überwachung von nicht gefährlichen Abfällen mit persistenten organischen Schadstoffen

(POP-Abfall-Überwachungs-Verordnung – POP-Abfall-ÜberwV)

Vom 17. Juli 2017 (BGBl. I S. 2644)

zuletzt geändert am 23. Oktober 2020 (BGBl. I S. 2232)

Inhaltsübersicht

§ 1 Anwendungsbereich

(1) Diese Verordnung gilt für Erzeuger, Besitzer, Sammler, Beförderer, Händler, Makler und Entsorger von POP-haltigen Abfällen.

(2) Diese Verordnung gilt nicht für die Verbringung von Abfällen im Sinne der Verordnung (EG) Nr. 1013/2006 des Europäischen Parlaments und des Rates vom 14. Juni 2006 über die Verbringung von Abfällen (ABl. L 190 vom 12.7.2006, S. 1; L 318 vom 28.11.2008, S. 15; L 334 vom 13.12.2013, S. 46; L 277 vom 22.10.2015, S. 61), die zuletzt durch die Verordnung (EU) 2015/2002 (ABl. L 294 vom 11.11.2015, S. 1) geändert worden ist, in der jeweils geltenden Fassung. Im Fall einer Verbringung von Abfällen in das Bundesgebiet, die zur vorläufigen Verwertung oder Beseitigung bestimmt sind, gilt diese Verordnung abweichend von Satz 1 ab dem Abschluss dieser vorläufigen Verwertung oder Beseitigung, wenn sie mit einer weiteren Verwertung oder Beseitigung im Bundesgebiet verbunden ist.

§ 2 POP-haltige Abfälle

POP-haltige Abfälle im Sinne dieser Verordnung sind

1. Abfälle, die
   a) aus den in Anhang IV der Verordnung (EG) Nr. 850/2004 des Europäischen Parlaments und des Rates vom 29. April 2004 über persistente organische Schadstoffe und zur Änderung der Richtlinie 79/117/EWG (ABl. L 158 vom 30.4.2004, S. 7; L 229 vom 29.6.2004, S. 5), die zuletzt durch die Verordnung (EU) 2016/460 (ABl. L 80 vom 31.3.2016, S. 17) geändert worden ist, in der jeweils geltenden Fassung genannten persistenten organischen Schadstoffen (POP) bestehen, diese enthalten oder durch sie verunreinigt sind,
   b) mindestens eine der in Anhang IV der Verordnung (EG) Nr. 850/2004 aufgeführten Konzentrationsgrenzen erreichen oder überschreiten,
   c) als nicht gefährliche Abfälle gemäß der Abfallverzeichnis-Verordnung vom 10. Dezember 2001 (BGBl. I S. 3379), die zuletzt durch Artikel 2 der Verordnung vom 17. Juli 2017 (BGBl. I S. 2645) in der jeweils geltenden Fassung eingestuft sind und

d) einer der folgenden Abfallarten gemäß der Anlage zur Abfallverzeichnis-Verordnung zuzuordnen sind:

aa) Bauteile a. n. g. (Abfallschlüssel 16 01 22),

bb) gebrauchte Geräte mit Ausnahme derjenigen, die unter die Abfallschlüssel 16 02 09 bis 16 02 13 fallen (Abfallschlüssel 16 02 14),

cc) aus gebrauchten Geräten entfernte Bauteile mit Ausnahme derjenigen, die unter den Abfallschlüssel 16 02 15 fallen (Abfallschlüssel 16 02 16),

dd) Kunststoff (Abfallschlüssel 17 02 03),

ee) Dämmmaterial mit Ausnahme desjenigen, das unter die Abfallschlüssel 17 06 01 und 17 06 03 fällt (Abfallschlüssel 17 06 04),

ff) gemischte Bau- und Abbruchabfälle mit Ausnahme derjenigen, die unter die Abfallschlüssel 17 09 01, 17 09 02 und 17 09 03 fallen (Abfallschlüssel 17 09 04),

gg) Schredderleichtfraktionen und Staub mit Ausnahme derjenigen, die unter den Abfallschlüssel 19 10 03 fallen (Abfallschlüssel 19 10 04),

hh) andere Fraktionen mit Ausnahme derjenigen, die unter die Abfallschlüssel 19 10 05 fallen (Abfallschlüssel 19 10 06) oder

ii) gebrauchte elektrische und elektronische Geräte mit Ausnahme derjenigen, die unter die Abfallschlüssel 20 01 21, 20 01 23 und 20 01 35 fallen (Abfallschlüssel 20 01 36),

2. in einer Anlage erzeugte oder in sonstiger Weise angefallene Gemische, die die in Nummer 1 genannten Abfälle enthalten, unabhängig davon, ob diese Gemische eine der in Anhang IV der Verordnung (EG) Nr. 850/2004 aufgeführten Konzentrationsgrenzen unter- oder überschreiten und

3. in einer Anlage aussortierte Abfälle, die die in Nummer 1 Buchstabe a bis c genannten Anforderungen erfüllen und hinsichtlich der Art und Zusammensetzung den in Nummer 1 Buchstabe d genannten Abfallarten entsprechen.

§ 3 Getrennte Sammlung und Beförderung; Vermischungsverbot

(1) Erzeuger und Besitzer von POP-haltigen Abfällen haben diese getrennt von anderen Abfällen zu sammeln und zu befördern, soweit dies zur Erfüllung der Anforderungen nach § 7 Absatz 2 bis 4 und § 8 Absatz 1 oder nach § 15 Absatz 1 und 2 des Kreislaufwirtschaftsgesetzes erforderlich ist.

(2) Soweit die getrennte Sammlung nach Absatz 1 erforderlich ist, ist die Vermischung, einschließlich der Verdünnung, von POP-haltigen Abfällen mit anderen Abfällen, Stoffen oder Materialien unzulässig.

(3) Abweichend von Absatz 2 ist eine Vermischung zulässig, wenn

1. sie in einer hierfür zugelassenen Anlage erfolgt,
2. sichergestellt ist, dass das gesamte entstehende Gemisch nach § 7 Absatz 3 des Kreislaufwirtschaftsgesetzes ordnungsgemäß und schadlos verwertet oder nach § 15 Absatz 2 des Kreislaufwirtschaftsgesetzes gemeinwohlverträglich beseitigt wird sowie
3. das Vermischungsverfahren dem Stand der Technik entspricht.

(4) Soweit POP-haltige Abfälle in unzulässiger Weise vermischt worden sind, sind diese zu trennen,

1. soweit dies erforderlich ist, um
   a) eine ordnungsgemäße und schadlose Verwertung nach § 7 Absatz 3 des Kreislaufwirtschaftsgesetzes oder
   b) eine gemeinwohlverträgliche Beseitigung nach § 15 Absatz 2 des Kreislaufwirtschaftsgesetzes

   sicherzustellen, und
2. die Trennung technisch möglich und wirtschaftlich zumutbar ist.

§ 4 Nachweispflichten

(1) Erzeuger, Besitzer, Sammler, Beförderer und Entsorger von POP-haltigen Abfällen haben sowohl der zuständigen Behörde gegenüber als auch untereinander die ordnungsgemäße Entsorgung der Abfälle gemäß Satz 2 nachzuweisen. Der Nachweis wird geführt

1. vor Beginn der Entsorgung in Form einer Erklärung des Erzeugers, Besitzers, Sammlers oder Beförderers von POP-haltigen Abfällen zur vorgesehenen Entsorgung, einer Annahmeerklärung des Entsorgers von Abfällen sowie der Bestätigung der Zulässigkeit der vorgesehenen Entsorgung durch die zuständige Behörde und
2. über die durchgeführte Entsorgung oder Teilabschnitte der Entsorgung in Form von Erklärungen der nach Satz 1 Verpflichteten über den Verbleib der entsorgten POP-haltigen Abfälle; die Erklärungen sind jeweils unverzüglich nach Durchführung des jeweiligen Teilabschnitts der Entsorgung abzugeben.

Die Teile 2 und 4 der Nachweisverordnung vom 20. Oktober 2006 (BGBl. I S. 2298), die zuletzt durch Artikel 7 der Verordnung vom 2. Dezember 2016 (BGBl. I S. 2770) geändert worden ist, in der jeweils geltenden Fassung gelten mit Ausnahme von § 9 Absatz 1 Satz 1 Nummer 4 der Nachweisverordnung entsprechend.

(2) Die Nachweispflichten nach Absatz 1 gelten nicht für die Entsorgung von POP-haltigen Abfällen, welche die Erzeuger oder Besitzer in eigenen Entsorgungsanlagen entsorgen, wenn diese Entsorgungsanlagen in einem engen räumlichen und betrieblichen Zusammenhang mit den Anlagen oder Stellen stehen, in denen die zu entsorgenden Abfälle angefallen sind.

(3) Die Nachweispflichten nach Absatz 1 gelten nicht bis zum Abschluss der Rücknahme oder Rückgabe von Erzeugnissen oder von nach Gebrauch dieser Erzeugnisse verbleibenden POP-haltigen Abfällen nach § 2 Nummer 1, wenn die Erzeugnisse oder Abfälle einer gesetzlichen oder verordneten Rücknahme oder Rückgabe unterliegen. Eine Rücknahme oder Rückgabe von Erzeugnissen und der nach Gebrauch der Erzeugnisse verbleibenden Abfälle gilt spätestens mit der Annahme an einer Anlage zur weiteren Entsorgung, ausgenommen Anlagen zur Zwischenlagerung der Abfälle, als abgeschlossen, soweit kein früherer Zeitpunkt bestimmt ist. Im Fall einer freiwilligen Rücknahme gilt § 26 Absatz 2 bis 4 des Kreislaufwirtschaftsgesetzes entsprechend.

(4) Die Nachweispflichten nach Absatz 1 gelten nicht für die Überlassung von Altgeräten nach § 3 Nummer 3 des Elektro- und Elektronikgerätegesetzes vom 20. Oktober 2015 (BGBl. I S. 1739), das zuletzt durch Artikel 6 Absatz 11 des Gesetzes vom 13. April 2017 (BGBl. I S. 872) geändert worden ist, in der jeweils geltenden Fassung an Einrichtungen zur Erfassung und Erstbehandlung.

(5) In den Fällen der Absätze 2 bis 4 bleiben die Registerpflichten nach § 5 dieser Verordnung und nach § 49 des Kreislaufwirtschaftsgesetzes unberührt.

(6) Die Nachweispflichten nach Absatz 1 gelten nicht für private Haushaltungen.

§ 5 Registerpflichten

(1) Erzeuger, Besitzer, Sammler, Beförderer, Händler und Makler von POP-haltigen Abfällen haben ein Register zu führen, in dem hinsichtlich der Vorgänge nach Anlage 1 oder Anlage 2 des Kreislaufwirtschaftsgesetzes folgende Angaben verzeichnet sind:

1. die Menge, die Art und der Ursprung sowie
2. die Bestimmung der Abfälle, die Häufigkeit der Sammlung, die Beförderungsart sowie die Art der Verwertung oder Beseitigung, einschließlich der Vorbereitung vor der Verwertung oder Beseitigung, soweit diese Angaben zur Gewährleistung einer ordnungsgemäßen Abfallbewirtschaftung von Bedeutung sind.

Die Teile 3 und 4 der Nachweisverordnung gelten entsprechend.

(2) Auf Verlangen der zuständigen Behörde sind die Register vorzulegen oder Angaben aus diesen Registern mitzuteilen.

(3) In ein Register eingetragene Angaben oder eingestellte Belege über POP-haltige Abfälle haben die Erzeuger, Besitzer, Sammler, Beförderer, Händler und Makler drei Jahre jeweils ab dem Zeitpunkt der Eintragung oder Einstellung in das Register gerechnet aufzubewahren.

(4) Die Registerpflichten nach Absatz 1 gelten nicht für private Haushaltungen.

§ 6 Ordnungswidrigkeiten

Ordnungswidrig im Sinne des § 69 Absatz 2 Nummer 15 des Kreislaufwirtschaftsgesetzes handelt, wer vorsätzlich oder fahrlässig

1. entgegen § 4 Absatz 1 Satz 1 einen Nachweis nicht, nicht richtig, nicht vollständig oder nicht rechtzeitig führt,
2. entgegen § 5 Absatz 1 Satz 1 ein Register nicht, nicht richtig oder nicht vollständig führt,
3. entgegen § 5 Absatz 2 ein Register nicht, nicht richtig, nicht vollständig oder nicht rechtzeitig vorlegt oder eine Mitteilung nicht, nicht richtig, nicht vollständig oder nicht rechtzeitig macht oder
4. entgegen § 5 Absatz 3 eine Angabe oder einen Beleg nicht mindestens drei Jahre aufbewahrt.

VERORDNUNG (EU) 2019/1021 DES EUROPÄISCHEN PARLAMENTS UND DES RATES vom 20. Juni 2019 über persistente organische Schadstoffe

(Neufassung)

(EU-POP-V)

Vom 20. Juni 2019 (Amtsblatt der Europäischen Union L 169/45)

Zuletzt geändert am 16. Dezember 2020 (Abl. Nr. L 62/1)

DAS EUROPÄISCHE PARLAMENT UND DER RAT DER EUROPÄISCHEN UNION -

gestützt auf den Vertrag über die Arbeitsweise der Europäischen Union, insbesondere auf Artikel 192 Absatz 1,

auf Vorschlag der Europäischen Kommission,

nach Zuleitung des Entwurfs des Gesetzgebungsakts an die nationalen Parlamente,

nach Stellungnahme des Europäischen Wirtschafts- und Sozialausschusses[1],

nach Anhörung des Ausschusses der Regionen,

gemäß dem ordentlichen Gesetzgebungsverfahren[2],

in Erwägung nachstehende Gründe:

(1) Die Verordnung (EG) Nr. 850/2004 des Europäischen Parlaments und des Rates[3] über persistente organische Schadstoffe wurde mehrmals erheblich geändert. Da weitere Änderungen erforderlich sind, empfiehlt es sich aus Gründen der Klarheit, die genannte Verordnung neu zu fassen.

(2) Die Union ist sehr besorgt über die kontinuierliche Freisetzung persistenter organischer Schadstoffe (im Folgenden „POP") in die Umwelt. Diese chemischen Stoffe werden weit von ihrem Ursprungsort über internationale Grenzen hinweg transportiert und verbleiben in der Umwelt, reichern sich über die Nahrungskette an und begründen ein Risiko für die menschliche Gesundheit und die Umwelt. Deshalb müssen weitere Maßnahmen ergriffen werden, um die menschliche Gesundheit und die Umwelt vor diesen Schadstoffen zu schützen.

(3) Die Union hat im Bewusstsein ihrer Verantwortung für den Umweltschutz am 19. Februar 2004 das Protokoll zum Übereinkommen von 1979 über weiträumige grenzüberschreitende Luftverunreinigung betreffend persistente organische Schadstoffe[4] (im Folgenden „Protokoll") und am 14. Oktober 2004 das Stockholmer Übereinkommen über persistente organische Schadstoffe[5] (im Folgenden „Übereinkommen") genehmigt.

(4) Um die im Rahmen des Protokolls und des Übereinkommens eingegangenen Verpflichtungen der Union kohärent und wirksam zu erfüllen, muss ein gemeinsamer Rechtsrahmen geschaffen werden, auf dessen Grundlage Maßnahmen ergriffen werden können, mit de-

[1] ABl. C 367 vom 10.10.2018, S. 93.

[2] Standpunkt des Europäischen Parlaments vom 18. April 2019 (noch nicht im Amtsblatt veröffentlicht) und Beschluss des Rates vom 13. Juni 2019.

[3] Verordnung (EG) Nr. 850/2004 des Europäischen Parlaments und des Rates vom 29. April 2004 über persistente organische Schadstoffe und zur Änderung der Richtlinie 79/117/EWG (ABl. L 158 vom 30.4.2004, S. 7).

[4] ABl. L 81 vom 19.3.2004, S. 37.

[5] ABl. L 209 vom 31.7.2006, S. 3.

nen sich insbesondere die Herstellung, das Inverkehrbringen und die Verwendung absichtlich hergestellter POP unterbinden lässt. Außerdem sollten die Eigenschaften von POP in den einschlägigen Regelungen der Union zur Bewertung und Zulassung von Stoffen berücksichtigt werden.

(5) Bei der Durchführung der Bestimmungen des Übereinkommens auf Unionsebene ist es erforderlich, die Koordination und Kohärenz mit den Bestimmungen des Rotterdamer Übereinkommens über das Verfahren der vorherigen Zustimmung nach Inkenntnissetzung für bestimmte gefährliche Chemikalien sowie Pestizide im internationalen Handel[6], das die Union am 19. Dezember 2002 genehmigte, des Basler Übereinkommens über die Kontrolle der grenzüberschreitenden Verbringung von gefährlichen Abfällen und ihrer Entsorgung[7], das die Union am 1. Februar 1993 genehmigte, und des Übereinkommens von Minamata über Quecksilber[8], das die Union am 11. Mai 2017 genehmigte, sicherzustellen. Diese Koordination und Kohärenz sollte auch bei Beteiligung an der Umsetzung und weiteren Entwicklung des Strategischen Konzepts für ein internationales Chemikalienmanagement (SAICM), das bei der ersten internationalen Konferenz zum Chemikalienmanagement in Dubai am 6. Februar 2006 angenommen wurde, und bei verantwortungsvollem Chemikalien- und Abfallmanagement für die Zeit nach 2020 im Rahmen der Vereinten Nationen beibehalten werden.

(6) Da überdies den Bestimmungen dieser Verordnung das Vorsorgeprinzip im Sinne des Vertrags über die Arbeitsweise der Europäischen Union (AEUV) zugrunde liegt, im Umweltschutz das Vorsorgeprinzip gemäß Grundsatz 15 der Erklärung von Rio über Umwelt und Entwicklung gilt und angestrebt wird, die Freisetzung von POP in die Umwelt, soweit durchführbar, einzustellen, sind in bestimmten Fällen Kontrollmaßnahmen vorzusehen, die strenger sind als die entsprechenden Maßnahmen des Protokolls und des Übereinkommens.

(7) Im Zuge der Verbote unter anderem gemäß den Verordnungen (EG) Nr. 1907/2006[9], (EG) Nr. 1107/2009[10] und (EU) Nr. 528/2012[11] des Europäischen Parlaments und des Rates konnte in der Union bereits ein Ausstieg aus dem Inverkehrbringen und der Verwendung der meisten der im Protokoll oder im Übereinkommen aufgelisteten POP erreicht werden. Um die Verpflichtungen der Union nach dem Protokoll und dem Übereinkommen zu erfüllen und um die Freisetzung von POP zu minimieren, ist es jedoch notwendig und angemessen, auch die Herstellung dieser Stoffe zu verbieten und Ausnahmen auf ein Minimum zu begrenzen, damit Ausnahmen nur gelten, wenn ein Stoff für einen spezifischen Verwendungszweck eine wesentliche Funktion erfüllt.

(8) Aus Gründen der Klarheit und der Kohärenz mit anderen einschlägigen Gesetzgebungsakten der Union sollten einige Begriffsbestimmungen präzisiert werden, und die Terminologie

---

6 ABl. L 63 vom 6.3.2003, S. 29.

7 ABl. L 39 vom 16.2.1993, S. 3.

8 ABl. L 142 vom 2.6.2017, S. 4.

9 Verordnung (EG) Nr. 1907/2006 des Europäischen Parlaments und des Rates vom 18. Dezember 2006 zur Registrierung, Bewertung, Zulassung und Beschränkung chemischer Stoffe (REACH), zur Schaffung einer Europäischen Agentur für chemische Stoffe, zur Änderung der Richtlinie 1999/45/EG und zur Aufhebung der Verordnung (EWG) Nr. 793/93 des Rates, der Verordnung (EG) Nr. 1488/94 der Kommission, der Richtlinie 76/769/EWG des Rates sowie der Richtlinien 91/155/EWG, 93/67/EWG, 93/105/EG und 2000/21/EG der Kommission (ABl. L 396 vom 30.12.2006, S. 1).

10 Verordnung (EG) Nr. 1107/2009 des Europäischen Parlaments und des Rates vom 21. Oktober 2009 über das Inverkehrbringen von Pflanzenschutzmitteln und zur Aufhebung der Richtlinien 79/117/EWG und 91/414/EWG des Rates (ABl. L 309 vom 24.11.2009, S. 1).

11 Verordnung (EU) Nr. 528/2012 des Europäischen Parlaments und des Rates vom 22. Mai 2012 über die Bereitstellung auf dem Markt und die Verwendung von Biozidprodukten (ABl. L 167 vom 27.6.2012, S. 1).

sollte an diejenige in der Verordnung (EG) Nr. 1907/2006 und der Richtlinie 2008/98/EG des Europäischen Parlaments und des Rates[12] angeglichen werden.

(9) Die Ausfuhr der von dem Übereinkommen erfassten Stoffe ist in der Verordnung (EU) Nr. 649/2012 des Europäischen Parlaments und des Rates[13] geregelt und muss daher in der vorliegenden Verordnung nicht behandelt werden.

(10) Nicht mehr benötigte oder nachlässig verwaltete Lagerbestände von POP können – z.B. durch Verunreinigung von Boden und Grundwasser – erhebliche Gefährdungen für die Umwelt und die menschliche Gesundheit verursachen. Deshalb sollten strengere Bestimmungen für die Verwaltung derartiger Lagerbestände als die des Übereinkommens erlassen werden. Lagerbestände verbotener Stoffe sollten als Abfälle behandelt werden, während Lagerbestände von Stoffen, deren Herstellung oder Verwendung noch zugelassen ist, den Behörden gemeldet und ordnungsgemäß überwacht werden sollten. Vor allem sollten bestehende Lagerbestände, die aus verbotenen POP bestehen oder sie enthalten, möglichst bald als Abfälle bewirtschaftet werden. Wenn künftig weitere Stoffe verboten werden, sollten deren Bestände ebenfalls umgehend zerstört und keine neuen Lagerbestände angelegt werden.

(11) Im Einklang mit dem Protokoll und dem Übereinkommen sollten Freisetzungen von POP, die unerwünschte Nebenprodukte industrieller Verfahren sind, möglichst bald mit dem letztendlichen Ziel der Einstellung, soweit diese durchführbar ist, ermittelt und verringert werden. Um eine kontinuierliche und kostenwirksame Verringerung solcher Freisetzungen zu erreichen, sollten je nach Sachlage so rasch wie möglich entsprechende nationale Aktionspläne ausgearbeitet, aktualisiert und umgesetzt werden, die alle Quellen und Maßnahmen einschließlich jener erfassen, die in den bestehenden Rechtsvorschriften der Union vorgesehen sind. Hierzu sollten im Rahmen des Übereinkommens geeignete Instrumente geschaffen werden.

(12) Bei der Prüfung von Anträgen auf den Bau neuer Anlagen oder auf wesentliche Änderungen an bestehenden Anlagen, bei denen Prozesse zum Einsatz kommen, in deren Rahmen in Anhang III der vorliegenden Verordnung aufgelistete Chemikalien freigesetzt werden, sollten die Leitlinien für beste verfügbare Techniken und die vorläufigen Leitlinien für die beste Umweltpraxis in Bezug auf Artikel 5 und Anhang C des Stockholmer Übereinkommens über persistente organische Schadstoffe herangezogen werden, die im Anschluss an das Stockholmer Übereinkommen angenommen wurden.

(13) Es sollten geeignete Programme und Verfahren festgelegt oder erforderlichenfalls fortgeführt werden, um zuverlässige Überwachungsdaten darüber zu gewinnen, ob in Teil A des Anhangs III aufgeführte Stoffe in der Umwelt vorhanden sind. Dabei ist allerdings sicherzustellen, dass geeignete Instrumente zur Verfügung stehen und unter wirtschaftlich und technisch tragbaren Bedingungen verwendet werden können.

(14) Dem Übereinkommen zufolge müssen in Abfällen enthaltene POP zerstört oder unumkehrbar in Stoffe umgewandelt werden, die keine vergleichbaren Eigenschaften aufweisen, soweit nicht andere Verfahren unter Umweltgesichtspunkten vorzuziehen sind. Damit die Union ihren Verpflichtungen aufgrund des Übereinkommens nachkommt, ist es erforderlich, spezifische Vorschriften für diese Stoffe festzulegen. Es sollten gemeinsame Konzentrati-

[12] Richtlinie 2008/98/EG des Europäischen Parlaments und des Rates vom 19. November 2008 über Abfälle und zur Aufhebung bestimmter Richtlinien (ABl. L 312 vom 22.11.2008, S. 3).

[13] Verordnung (EU) Nr. 649/2012 des Europäischen Parlaments und des Rates vom 4. Juli 2012 über die Aus- und Einfuhr gefährlicher Chemikalien (ABl. L 201 vom 27.7.2012, S. 60).

onsgrenzwerte für diese Stoffe im Abfall festgelegt, überwacht und durchgesetzt werden, damit ein hohes Schutzniveau sichergestellt ist.

(15) Für die in dieser Verordnung aufgelisteten polybromierten Diphenylether (PBDE), einschließlich Decabromdiphenylether (DecaBDE) wird der Konzentrationsgrenzwert für die Summe dieser Stoffe im Abfall auf 1 000 mg/kg festgelegt. In Anbetracht des raschen wissenschaftlichen und technischen Fortschritts sollte die Kommission diesen Konzentrationsgrenzwert überprüfen und erforderlichenfalls einen Gesetzgebungsvorschlag zur Senkung dieses Grenzwerts auf 500 mg/kg vorlegen. Die Kommission sollte so rasch wie möglich und in jedem Fall spätestens bis zum 16. Juli 2021 tätig werden.

(16) Es ist wichtig, Abfälle, die aus POP bestehen, sie enthalten oder durch sie verunreinigt sind, zu ermitteln und an der Quelle zu trennen, um die Ausbreitung dieser Chemikalien in weitere Abfälle auf ein Minimum zu begrenzen. Mit der Richtlinie 2008/98/EG wurden Regeln über die Behandlung gefährlicher Abfälle in der Union geschaffen, mit denen die Mitgliedstaaten verpflichtet werden, die erforderlichen Maßnahmen zu ergreifen, um zu verhindern, dass Anlagen und Unternehmen, die gefährliche Abfälle beseitigen, verwerten, einsammeln oder befördern, verschiedene Kategorien von gefährlichen Abfällen vermischen oder gefährliche mit nicht gefährlichen Abfällen vermischen.

(17) Um die Rückverfolgbarkeit von POP enthaltenden Abfällen zu fördern und deren Überwachung sicherzustellen, sollten die Bestimmungen über das System zum Führen von Aufzeichnungen, das im Einklang mit Artikel 17 der Richtlinie 2008/98/EG eingerichtet wurde, auch für POP enthaltende Abfälle gelten, die nach Maßgabe des Beschlusses 2014/955/EU der Kommission[14] nicht als gefährliche Abfälle eingestuft sind.

(18) Auf Unionsebene muss die wirksame Koordinierung und Verwaltung der technischen und administrativen Aspekte dieser Verordnung sichergestellt werden. Die mit der Verordnung (EG) Nr. 1907/2006 errichtete Europäische Chemikalienagentur (im Folgenden „Agentur") hat Kompetenz und Erfahrung im Bereich der Durchführung von Rechtsvorschriften der Union und internationalen Übereinkommen über chemische Stoffe. Die Mitgliedstaaten und die Agentur sollten daher Aufgaben im Zusammenhang mit den administrativen, technischen und wissenschaftlichen Aspekten der Durchführung der vorliegenden Verordnung sowie mit dem Informationsaustausch wahrnehmen. Die Rolle der Agentur sollte die Vorbereitung und Prüfung technischer Dossiers, einschließlich Konsultationen der Interessenvertreter, und die Erstellung von Gutachten umfassen, die die Kommission bei der Prüfung der Frage, ob sie die Aufnahme eines Stoffes als POP im Übereinkommen oder im Protokoll vorschlagen soll, verwenden kann. Darüber hinaus sollten die Kommission, die Mitgliedstaaten und die Agentur zusammenarbeiten, um die internationalen Verpflichtungen der Union im Rahmen des Übereinkommens wirksam zu erfüllen.

(19) Das Übereinkommen sieht vor, dass jede Vertragspartei einen Plan für die Erfüllung ihrer Verpflichtungen aus dem Übereinkommen erarbeitet und aktualisiert und sich um dessen Durchführung bemüht. Die Mitgliedstaaten sollten bei der Erarbeitung, Verwirklichung und Aktualisierung ihrer Durchführungspläne Möglichkeiten für die Beteiligung der Öffentlichkeit schaffen. Da die Union und die Mitgliedstaaten in dieser Hinsicht gemeinsam zuständig sind, sollten Durchführungspläne sowohl auf nationaler Ebene als auch auf Unionsebene erarbeitet und aktualisiert werden. Die Zusammenarbeit und der Informationsaustausch

[14] Beschluss 2014/955/EU der Kommission vom 18. Dezember 2014 zur Änderung der Entscheidung 2000/532/EG über ein Abfallverzeichnis gemäß der Richtlinie 2008/98/EG des Europäischen Parlaments und des Rates (ABl. L 370 vom 30. 12. 2014, S. 44).

zwischen der Kommission, der Agentur und den Behörden der Mitgliedstaaten — auch über mit POP verunreinigte Standorte — sollten gefördert werden.

(20) Stoffe, die in Anhang I Teil A oder in Anhang II Teil A dieser Verordnung aufgelistet sind, sollten nur dann hergestellt und als Zwischenprodukt im standortinternen geschlossenen System verwendet werden dürfen, wenn der jeweilige Anhang ausdrücklich eine entsprechende Anmerkung enthält und wenn der Hersteller gegenüber dem jeweiligen Mitgliedstaat nachweist, dass der Stoff nur unter streng kontrollierten Bedingungen hergestellt und verwendet wird.

(21) Im Einklang mit dem Übereinkommen und dem Protokoll sollten den anderen Vertragsparteien Informationen über POP übermittelt werden. Der Informationsaustausch mit Drittländern, die nicht Vertragspartei dieser Übereinkünfte sind, sollte ebenfalls gefördert werden.

(22) Da der Öffentlichkeit die Gefahren häufig nicht bewusst sind, die POP für die Gesundheit heutiger und künftiger Generationen sowie für die Umwelt, insbesondere in Entwicklungsländern, schaffen, bedarf es umfassender Informationen, um den Vorsichtsgrad zu erhöhen und der Öffentlichkeit die Gründe für Beschränkungen und Verbote verständlich zu machen. Gemäß dem Übereinkommen sollten Programme zur Sensibilisierung der Öffentlichkeit in Bezug auf die Auswirkungen dieser Stoffe auf die Gesundheit und die Umwelt, besonders für die gefährdetsten Bevölkerungsgruppen, sowie die Ausbildung von Arbeitnehmern, Wissenschaftlern, Lehrkräften sowie Fach- und Führungskräften gefördert bzw. erleichtert werden. Die Union sollte den Zugang zu Informationen unbeschadet der Verordnungen (EG) Nr. 1049/2001[15] und (EG) Nr. 1367/2006[16] des Europäischen Parlaments und des Rates und der Richtlinie 2003/4/EG des Europäischen Parlaments und des Rates[17] gewährleisten.

(23) Um die Entwicklung einer umfassenden Wissensbasis über Chemikalienexposition und -toxizität im Einklang mit dem allgemeinen Umweltaktionsprogramm der Union für die Zeit bis 2020 mit dem Titel „Gut leben innerhalb der Belastbarkeitsgrenzen unseres Planeten" (7. UAP)[18] zu unterstützen, hat die Kommission die Informationsplattform für Chemikalienüberwachung (Information Platform for Chemical Monitoring) eingerichtet. Die Nutzung dieser Plattform sollte gefördert werden, damit die Mitgliedstaaten ihren Verpflichtungen zur Meldung von Daten über das Auftreten chemischer Stoffe nachkommen und ihre Berichtspflichten vereinfacht und verringert werden können.

(24) Die Kommission, die Agentur und die Mitgliedstaaten sollten auf Anfrage und im Rahmen der verfügbaren Mittel zusammenarbeiten, um angemessene und rechtzeitige technische Hilfe zu leisten, die insbesondere dazu dient, die zur Umsetzung des Übereinkommens erforderliche Fähigkeit von Entwicklungsländern und Ländern mit im Übergang befindlichen Wirtschaftssystemen zu stärken. Die technische Hilfe sollte die Entwicklung und Anwendung geeigneter alternativer Produkte, Verfahren und Strategien im Rahmen des Übereinkommens umfassen, damit POP nur so lange weiter eingesetzt werden, wie dem betreffen-

15 Verordnung (EG) Nr. 1049/2001 des Europäischen Parlaments und des Rates vom 30. Mai 2001 über den Zugang der Öffentlichkeit zu Dokumenten des Europäischen Parlaments, des Rates und der Kommission (ABl. L 145 vom 31.5.2001, S. 43).

16 Verordnung (EG) Nr. 1367/2006 des Europäischen Parlaments und des Rates vom 6. September 2006 über die Anwendung der Bestimmungen des Übereinkommens von Århus über den Zugang zu Informationen, die Öffentlichkeitsbeteiligung an Entscheidungsverfahren und den Zugang zu Gerichten in Umweltangelegenheiten auf Organe und Einrichtungen der Gemeinschaft (ABl. L 264 vom 25.9.2006, S. 13).

17 Richtlinie 2003/4/EG des Europäischen Parlaments und des Rates vom 28. Januar 2003 über den Zugang der Öffentlichkeit zu Umweltinformationen und zur Aufhebung der Richtlinie 90/313/EWG des Rates (ABl. L 41 vom 14.2.2003, S. 26).

18 ABl. L 354 vom 28.12.2013, S. 171.

den Staat vor Ort keine unbedenklichen, wirksamen und finanzierbaren Alternativen zur Verfügung stehen.

(25) Maßnahmen zur Verringerung der Freisetzungen von POP sollten in regelmäßigen Abständen im Hinblick auf ihre Wirksamkeit bewertet werden. Zu diesem Zweck sollten die Mitgliedstaaten der Agentur regelmäßig in standardisierter Form Bericht erstatten, insbesondere in Bezug auf Freisetzungsverzeichnisse, gemeldete Bestände sowie die Herstellung und das Inverkehrbringen beschränkter Stoffe.

(26) Um den Bedarf an Informationen über die Durchführung und die Einhaltung der Vorschriften zu decken, sollte ein alternatives System für die Sammlung und Bereitstellung von Informationen eingeführt werden, das den Ergebnissen des Kommissionsberichts über Maßnahmen zur Optimierung der Umweltberichterstattung und der entsprechenden Eignungsprüfung Rechnung trägt. Insbesondere sollten die Mitgliedstaaten alle einschlägigen Daten zugänglich machen. Dadurch sollte sichergestellt werden, dass der Verwaltungsaufwand für alle Einrichtungen möglichst gering bleibt. Voraussetzung ist, dass die aktive Verbreitung auf nationaler Ebene im Einklang mit den Richtlinien 2003/4/EG und 2007/2/EG des Europäischen Parlaments und des Rates[19] erfolgt, damit sichergestellt ist, dass die geeignete Infrastruktur für den Zugang der Öffentlichkeit, die Berichterstattung und den Datenaustausch zwischen Behörden vorhanden ist. In diesem Zusammenhang sollten die Mitgliedstaaten und die Agentur für die Spezifikationen für Geodaten die gemäß der Richtlinie 2007/2/EG erlassenen Durchführungsrechtsakte zugrunde legen.

(27) Dem Übereinkommen und dem Protokoll zufolge können die Vertragsparteien zusätzliche Stoffe vorschlagen, für die internationale Maßnahmen ergriffen werden sollen, sodass in jenen Übereinkünften zusätzliche Stoffe aufgelistet werden können. In solchen Fällen sollte diese Verordnung entsprechend geändert werden.

(28) Um bestimmte nicht wesentliche Elemente dieser Verordnung zu ändern, sollte der Kommission die Befugnis übertragen werden, im Einklang mit Artikel 290 AEUV Rechtsakte zu erlassen, um diese Verordnung dahingehend zu ändern, dass bei Bedarf die Herstellung und Verwendung eines in Anhang I Teil A oder Anhang II Teil A dieser Verordnung aufgelisteten Stoffes als Zwischenprodukt im standortinternen geschlossenen System zugelassen wird, und um die Fristen in einer in den entsprechenden Anhang zu diesem Zweck aufgenommenen Anmerkung zu ändern, sowie um den Anhang III dieser Verordnung so zu ändern, dass ein Stoff von dessen Teil B in dessen Teil A übertragen wird und, um die Anhänge I, II und III dieser Verordnung so zu ändern, dass sie an etwaige Änderungen der Liste der Stoffe in den Anhängen des Übereinkommens oder des Protokolls angepasst werden, um im Wege einer Änderung bestehender Einträge oder Bestimmungen in den Anhängen I und II dieser Verordnung dem wissenschaftlichen und technischen Fortschritt Rechnung zu tragen. Es ist von besonderer Bedeutung, dass die Kommission im Zuge ihrer Vorbereitungsarbeit angemessene Konsultationen, auch auf der Ebene von Sachverständigen, durchführt, die mit den Grundsätzen in Einklang stehen, die in der Interinstitutionellen Vereinbarung vom 13. April 2016 über bessere Rechtsetzung[20] festgelegt wurden. Um insbesondere für eine gleichberechtigte Beteiligung an der Vorbereitung delegierter Rechtsakte zu sorgen, erhalten das Europäische Parlament und der Rat alle Dokumente zur gleichen Zeit wie die Sachverständigen der Mitgliedstaaten, und ihre Sachverständigen haben syste-

[19] Richtlinie 2007/2/EG des Europäischen Parlaments und des Rates vom 14. März 2007 zur Schaffung einer Geodateninfrastruktur in der Europäischen Gemeinschaft (INSPIRE) (ABl. L 108 vom 25.4.2007, S. 1).

[20] ABl. L 123 vom 12.5.2016, S. 1.

matisch Zugang zu den Sitzungen der Sachverständigengruppen der Kommission, die mit der Vorbereitung der delegierten Rechtsakte befasst sind.

(29) Werden Anhänge dieser Verordnung geändert, um der Aufnahme zusätzlicher, absichtlich hergestellter POP in das Protokoll oder das Übereinkommen Rechnung zu tragen, so sollte der betreffende Stoff nur in Ausnahmefällen und mit gebührender Begründung in Anhang II statt in Anhang I aufgenommen werden.

(30) Zur Gewährleistung einheitlicher Bedingungen für die Durchführung dieser Verordnung sollten der Kommission Durchführungsbefugnisse zur Festlegung von Maßnahmen in Bezug auf die Abfallbewirtschaftung und die von den Mitgliedstaaten zu übermittelnden Mindestangaben über die Überwachung der Durchführung dieser Verordnung übertragen werden. Diese Befugnisse sollten im Einklang mit der Verordnung (EU) Nr. 182/2011 des Europäischen Parlaments und des Rates[21] ausgeübt werden.

(31) Um bei den Durchsetzungsmaßnahmen für Transparenz, Unparteilichkeit und Konsequenz zu sorgen, sollten die Mitgliedstaaten Vorschriften über Sanktionen erlassen, die bei Verstößen gegen diese Verordnung zu verhängen sind, und für die Anwendung der Sanktionen sorgen. Diese Sanktionen sollten wirksam, verhältnismäßig und abschreckend sein, da die menschliche Gesundheit und die Umwelt geschädigt werden können, wenn die Vorschriften nicht eingehalten werden. Damit diese Verordnung kohärent und wirksam durchgesetzt wird, sollten die Mitgliedstaaten die einschlägigen Tätigkeiten koordinieren und sich in dem mit der Verordnung (EG) Nr. 1907/2006 errichteten Forum für den Austausch von Informationen austauschen. Informationen über Verstöße gegen diese Verordnung sollten, soweit angemessen, öffentlich bekannt gemacht werden.

(32) Für die Zwecke dieser Verordnung – außer in Angelegenheiten im Zusammenhang mit Abfällen – sollte die Kommission von dem durch die Verordnung (EG) Nr. 1907/2006 eingesetzten Ausschuss unterstützt werden, damit ein einheitlicher Ansatz für die Aktualisierung des Chemikalienrechts der Union gewährleistet ist.

(33) Für die Zwecke dieser Verordnung in Angelegenheiten im Zusammenhang mit Abfällen sollte die Kommission von dem durch die Richtlinie 2008/98/EG eingesetzten Ausschuss unterstützt werden, damit ein einheitlicher Ansatz für die Aktualisierung des Abfallrechts der Union gewährleistet ist.

(34) Da das Ziel dieser Verordnung, nämlich der Schutz der Umwelt und der menschlichen Gesundheit vor POP, wegen der grenzüberschreitenden Auswirkungen dieser Schadstoffe von den Mitgliedstaaten nicht ausreichend verwirklicht werden kann, sondern vielmehr auf Unionsebene besser zu verwirklichen ist, kann die Union im Einklang mit dem in Artikel 5 des Vertrags über die Europäische Union niedergelegten Subsidiaritätsprinzip tätig werden. Entsprechend dem in demselben Artikel genannten Grundsatz der Verhältnismäßigkeit geht diese Verordnung nicht über das für die Verwirklichung dieses Ziels erforderliche Maß hinaus –

HABEN FOLGENDE VERORDNUNG ERLASSEN:

[21] Verordnung (EU) Nr. 182/2011 des Europäischen Parlaments und des Rates vom 16. Februar 2011 zur Festlegung der allgemeinen Regeln und Grundsätze, nach denen die Mitgliedstaaten die Wahrnehmung der Durchführungsbefugnisse durch die Kommission kontrollieren (ABl. L 55 vom 28.2.2011, S. 13).

Artikel 1 Ziel und Gegenstand

Unter Berücksichtigung insbesondere des Vorsorgeprinzips ist es das Ziel dieser Verordnung, die menschliche Gesundheit und die Umwelt vor persistenten organischen Schadstoffen (POP) zu schützen, und zwar durch das Verbot oder die möglichst baldige Einstellung oder die Beschränkung der Herstellung, des Inverkehrbringens und der Verwendung von Stoffen, die dem Übereinkommen von Stockholm über persistente organische Schadstoffe (im Folgenden „Übereinkommen") oder dem Protokoll zum Übereinkommen von 1979 über weiträumige grenzüberschreitende Luftverunreinigung betreffend persistente organische Schadstoffe (im Folgenden „Protokoll") unterliegen, durch die Beschränkung der Freisetzungen solcher Stoffe auf ein Minimum mit dem Ziel der möglichst baldigen Einstellung dieser Freisetzungen, soweit durchführbar, und durch die Festlegung von Bestimmungen über Abfälle, die aus solchen Stoffen bestehen, sie enthalten oder durch sie verunreinigt sind.

Im Einklang mit dem AEUV können die Mitgliedstaaten, falls angezeigt, strengere als die in dieser Verordnung festgelegten Anforderungen festlegen.

Artikel 2 Begriffsbestimmungen

Für die Zwecke dieser Verordnung gelten folgende Begriffsbestimmungen:

1. „Inverkehrbringen" ist das Inverkehrbringen im Sinne von Artikel 3 Nummer 12 der Verordnung (EG) Nr. 1907/2006.
2. „Erzeugnis" ist ein Erzeugnis im Sinne von Artikel 3 Nummer 3 der Verordnung (EG) Nr. 1907/2006.
3. „Stoff" ist ein Stoff im Sinne von Artikel 3 Nummer 1 der Verordnung (EG) Nr. 1907/2006.
4. „Gemisch" ist ein Gemisch im Sinne von Artikel 3 Nummer 2 der Verordnung (EG) Nr. 1907/2006.
5. „Herstellung" ist die Herstellung im Sinne von Artikel 3 Nummer 8 der Verordnung (EG) Nr. 1907/2006.
6. „Verwendung" ist die Verwendung im Sinne von Artikel 3 Nummer 24 der Verordnung (EG) Nr. 1907/2006.
7. „Einfuhr" ist die Einfuhr im Sinne von Artikel 3 Nummer 10 der Verordnung (EG) Nr. 1907/2006.
8. „Abfall" ist Abfall im Sinne von Artikel 3 Nummer 1 der Richtlinie 2008/98/EG.
9. „Beseitigung" ist die Beseitigung im Sinne von Artikel 3 Nummer 19 der Richtlinie 2008/98/EG.
10. „Verwertung" ist die Verwertung im Sinne von Artikel 3 Nummer 15 der Richtlinie 2008/98/EG.
11. „Zwischenprodukt im standortinternen geschlossenen System" bezeichnet einen Stoff, der für die chemische Weiterverarbeitung hergestellt und hierbei verbraucht oder verwendet wird, um in einen anderen Stoff umgewandelt zu werden (im Folgenden „Synthese"), wobei die Herstellung des Zwischenprodukts und die Synthese eines anderen Stoffes bzw. anderer Stoffe aus diesem Zwischenprodukt am selben Standort von einer oder mehreren Rechtspersonen insofern unter streng kontrollierten Bedingungen erfolgt, als der Stoff während seines gesamten Lebenszyklus durch technische Mittel strikt eingeschlossen wird.

12. „Unbeabsichtigte Spurenverunreinigung" bezeichnet einen Gehalt an einem Stoff, der unbeabsichtigt in sehr geringer Menge vorhanden ist, unterhalb dessen der Stoff nicht sinnvoll verwendet werden kann, und der oberhalb der Nachweisgrenze der zum Zwecke der Kontrolle und Durchsetzung eingesetzten Nachweismethoden liegt.

13. „Lagerbestände" bezeichnet einen Vorrat an Stoffen, Gemischen oder Erzeugnissen, der von dem Besitzer zusammengetragen wurde und der aus in Anhang I oder II aufgelisteten Stoffen besteht oder solche Stoffe enthält.

Artikel 3 Kontrolle von Herstellung, Inverkehrbringen und Verwendung und Aufnahme von Stoffen

(1) Die Herstellung, das Inverkehrbringen und die Verwendung von in Anhang I aufgelisteten Stoffen als solche, in Gemischen oder in Erzeugnissen sind vorbehaltlich Artikel 4 verboten.

(2) Die Herstellung, das Inverkehrbringen und die Verwendung von in Anhang II aufgelisteten Stoffen als solche, in Gemischen oder in Erzeugnissen sind vorbehaltlich Artikel 4 beschränkt.

(3) Die Mitgliedstaaten und die Kommission berücksichtigen im Rahmen der Bewertung und Zulassung alter und neuer Stoffe gemäß den einschlägigen Rechtsvorschriften der Union die Kriterien von Absatz 1 der Anlage D des Übereinkommens und treffen geeignete Maßnahmen, um alte Stoffe zu kontrollieren und die Herstellung, das Inverkehrbringen und die Verwendung neuer Stoffe zu verhindern, die Eigenschaften von POP aufweisen.

(4) Bei der Ausarbeitung eines Vorschlags für den Rat gemäß Artikel 218 Absatz 9 AEUV im Hinblick auf die Aufnahme eines Stoffes gemäß den Bestimmungen des Übereinkommens wird die Kommission auf die in Artikel 8 Absatz 1 Buchstabe c genannte Weise von der durch die Verordnung (EG) Nr. 1907/2006 errichteten Europäischen Chemikalienagentur (im Folgenden „Agentur") unterstützt. Die zuständigen Behörden der Mitgliedstaaten können der Kommission Vorschläge für die Aufnahme weiterleiten. In den weiteren Schritten des Aufnahmeverfahrens unterstützt die Agentur die Kommission und die zuständigen Behörden der Mitgliedstaaten auf die in Artikel 8 Absatz 1 Buchstabe e genannte Weise.

(5) In allen Abschnitten des in den Absätzen 3 und 4 genannten Verfahrens arbeiten die Kommission und die Agentur mit den zuständigen Behörden der Mitgliedstaaten zusammen und unterrichten sie.

(6) Der Umgang mit Abfällen, die aus in Anhang IV aufgelisteten Stoffen bestehen, sie enthalten oder durch sie verunreinigt sind, ist in Artikel 7 geregelt.

Artikel 4 Befreiung von Kontrollmaßnahmen

(1) Artikel 3 gilt nicht für

a) Stoffe, die für die Forschung im Labormaßstab oder als Referenzstandard verwendet werden;

b) Stoffe, die gemäß den Angaben in den einschlägigen Einträgen in Anhang I oder II als unbeabsichtigte Spurenverunreinigung in Stoffen, Gemischen oder Erzeugnissen vorhanden sind.

(2) Für Stoffe, die nach dem 15. Juli 2019 in Anhang I oder II aufgenommen werden, gilt Artikel 3 für einen Zeitraum von sechs Monaten nicht, wenn die Stoffe in Erzeugnissen vorhanden sind, die vor oder zu dem Zeitpunkt hergestellt worden sind, ab dem diese Verordnung für diese Stoffe gilt.

Artikel 3 gilt nicht für Stoffe, die in Erzeugnissen vorhanden sind, die vor oder zu dem Zeitpunkt, seit dem die vorliegende Verordnung oder die Verordnung (EG) Nr. 850/2004 auf diese Stoffe Anwendung findet – je nachdem, welcher Zeitpunkt früher eintrat –, bereits verwendet wurden.

Erlangt ein Mitgliedstaat Kenntnis von einem in den Unterabsätzen 1 und 2 genannten Erzeugnis, so unterrichtet er die Kommission und die Agentur sofort darüber.

Wenn die Kommission entsprechend unterrichtet wird oder auf anderem Wege von solchen Erzeugnissen Kenntnis erlangt, meldet sie dies gegebenenfalls unverzüglich dem Sekretariat des Übereinkommens.

(3) Will ein Mitgliedstaat bis zu der im entsprechenden Anhang festgelegten Frist die Herstellung und Verwendung eines in Anhang I Teil A oder in Anhang II Teil A aufgelisteten Stoffes als Zwischenprodukt im standortinternen geschlossenen System zulassen, so teilt er dies dem Sekretariat des Übereinkommens mit.

Eine solche Mitteilung ist nur dann möglich, wenn folgende Bedingungen erfüllt sind:

a) In dem einschlägigen Anhang wurde auf Antrag eines Mitgliedstaats oder auf Initiative der Kommission im Wege eines delegierten Rechtsakts, der auf Grundlage von Unterabsatz 4 erlassen wurde, eine Anmerkung aufgenommen.

b) Der Hersteller weist gegenüber der zuständigen Behörde seines Niederlassungsmitgliedstaats nach, dass bei dem Herstellungsverfahren der Stoff in einen oder mehrere andere Stoffe umgewandelt wird, die nicht die Eigenschaften eines POP aufweisen, und stellt sicher, dass der Stoff während seines gesamten Lebenszyklus durch technische Mittel strikt eingeschlossen wird.

c) Der Hersteller weist gegenüber der zuständigen Behörde seines Niederlassungsmitgliedstaats nach, dass es sich bei dem Stoff um ein Zwischenprodukt im standortinternen geschlossenen System handelt und dass Mensch und Umwelt bei seiner Herstellung und Verwendung voraussichtlich keinen signifikanten Mengen des Stoffes ausgesetzt werden.

d) Der Hersteller unterrichtet die Mitgliedstaaten über die Einzelheiten des tatsächlichen oder geschätzten Gesamtumfangs von Herstellung und Verwendung des jeweiligen Stoffes sowie über die Art des jeweils auf einen bestimmten Standort beschränkten Verfahrens, das im geschlossenen System durchgeführt wird, darunter auch zum Umfang einer etwaigen unbeabsichtigten Spurenverunreinigung des Endstoffs, -gemisches oder -erzeugnisses durch nicht umgewandeltes, einen POP bildendes Ausgangsmaterial.

Binnen eines Monats nach Übermittlung der Mitteilung an das Sekretariat des Übereinkommens übermittelt der Mitgliedstaat die Mitteilung den übrigen Mitgliedstaaten, der Kommission und der Agentur mit Angaben zum tatsächlichen oder geschätzten Gesamtumfang von Herstellung und Verwendung des jeweiligen Stoffes sowie zur Art des jeweils auf einen bestimmten Standort beschränkten Verfahrens, das im geschlossenen System durchgeführt wird, darunter auch zum Umfang einer etwaigen unbeabsichtigten Spurenverunreinigung des Endstoffs, -gemisches oder -erzeugnisses durch nicht umgewandeltes, einen POP bildendes Ausgangsmaterial.

Der Kommission wird die Befugnis zum Erlass delegierter Rechtsakte gemäß Artikel 18 übertragen, um die Anhänge I und II durch die Aufnahme von Anmerkungen, ausdrücklich zu dem Zweck, dass eine Herstellung und Verwendung eines Stoffes, der in Teil A des entsprechenden Anhangs aufgelistet ist, als Zwischenprodukt im standortinternen geschlossenen System zugelassen werden kann, und um die Fristen in solchen Anmerkungen zu ändern, wenn nach einer wiederholten Mitteilung des betroffenen Mitgliedstaats an das Sekretariat des Übereinkommens im Rahmen des Übereinkommens ein ausdrückliches oder stillschweigendes Einverständnis zur

Fortsetzung der Herstellung und Verwendung des Stoffes für einen weiteren Zeitraum erteilt wird.

(4) Der Umgang mit Abfällen, die aus in Anhang IV aufgelisteten Stoffen bestehen, sie enthalten oder durch sie verunreinigt sind, ist in Artikel 7 geregelt.

Artikel 5 Lagerbestände

(1) Besitzer von Lagerbeständen, die aus in Anhang I oder II aufgelisteten Stoffen bestehen oder solche Stoffe enthalten, für die kein Verwendungszweck zugelassen ist, bewirtschaften diese Bestände als Abfälle gemäß Artikel 7.

(2) Besitzer von Lagerbeständen von über 50 kg, die aus in Anhang I oder II aufgelisteten Stoffen bestehen oder solche Stoffe enthalten und deren Verwendung zugelassen ist, unterrichten die zuständige Behörde des Mitgliedstaats, in dem die Lagerbestände vorhanden sind, über Beschaffenheit und Größe dieser Lagerbestände. Diese Informationen sind innerhalb von zwölf Monaten nach dem Zeitpunkt, seit dem die vorliegende Verordnung oder die Verordnung (EG) Nr. 850/2004 auf diesen Stoff Anwendung findet — je nachdem, welcher Zeitpunkt für den Besitzer früher eintrat —, und nach einschlägigen Änderungen des Anhangs I oder II und danach jährlich bis zu der in Anhang I oder II für beschränkte Verwendungszwecke festgelegten Frist vorzulegen.

Die Besitzer der Lagerbestände bewirtschaften diese auf sichere, effiziente und umweltgerechte Weise im Einklang mit den Schwellenwerten und Anforderungen der Richtlinie 2012/18/EU des Europäischen Parlaments und des Rates[22] und treffen alle angemessenen Maßnahmen, mit denen sie sicherstellen, dass die Lagerbestände so bewirtschaftet werden, dass die menschliche Gesundheit und die Umwelt geschützt sind.

(3) Die Mitgliedstaaten überwachen die Verwendung und Bewirtschaftung der gemeldeten Lagerbestände.

Artikel 6 Verringerung, Minimierung und Einstellung von Freisetzungen

(1) Die Mitgliedstaaten erstellen für die in Anhang III aufgelisteten Stoffe innerhalb von zwei Jahren nach Inkrafttreten der vorliegenden Verordnung oder der Verordnung (EG) Nr. 850/2004 — je nachdem, welcher Zeitpunkt früher eintrat — Verzeichnisse für die Freisetzung in Luft, Gewässer und Böden entsprechend ihren Verpflichtungen aufgrund des Übereinkommens und des Protokolls und führen diese Verzeichnisse dann weiter.

(2) Die Mitgliedstaaten übermitteln im Rahmen ihrer nationalen Durchführungspläne gemäß Artikel 9 der Kommission, der Agentur und den übrigen Mitgliedstaaten ihre Aktionspläne für Maßnahmen zur Ermittlung und Beschreibung der gesamten Freisetzungen der in Anhang III aufgelisteten Stoffe, die in den entsprechend ihren Verpflichtungen aufgrund des Übereinkommens erstellten Verzeichnissen erfasst sind, sowie zu ihrer Minimierung mit dem Ziel der möglichst baldigen Einstellung, soweit durchführbar.

Solche Aktionspläne umfassen Maßnahmen zur Förderung der Entwicklung und schreiben, soweit dies für angemessen erachtet wird, die Verwendung von als Ersatz dienenden oder veränderten Stoffen, Gemischen, Erzeugnissen und Prozessen vor, durch die die Bildung und Freisetzung von in Anhang III aufgelisteten Stoffen verhindert wird.

---

22 Richtlinie 2012/18/EU des Europäischen Parlaments und des Rates vom 4. Juli 2012 zur Beherrschung der Gefahren schwerer Unfälle mit gefährlichen Stoffen, zur Änderung und anschließenden Aufhebung der Richtlinie 96/82/EG des Rates (ABl. L 197 vom 24. 7. 2012, S. 1).

(3) Unbeschadet der Richtlinie 2010/75/EU des Europäischen Parlaments und des Rates[23] berücksichtigen die Mitgliedstaaten bei der Prüfung von Anträgen auf den Bau neuer Anlagen oder auf wesentliche Änderungen an bestehenden Anlagen, bei denen Prozesse zum Einsatz kommen, in deren Rahmen in Anhang III aufgelistete Chemikalien freigesetzt werden, vorrangig alternative Prozesse, Methoden oder Verfahren, die einen ähnlichen Nutzen aufweisen, bei denen jedoch die Bildung und Freisetzung der in Anhang III aufgelisteten Stoffe vermieden werden.

Artikel 7 Abfallbewirtschaftung

(1) Die Erzeuger und Besitzer von Abfällen unternehmen alle sinnvollen Anstrengungen, um — soweit durchführbar — die Verunreinigung dieser Abfälle mit in Anhang IV aufgelisteten Stoffen zu vermeiden.

(2) Ungeachtet der Richtlinie 96/59/EG des Rates[24] werden Abfälle, die aus in Anhang IV der vorliegenden Verordnung aufgelisteten Stoffen bestehen, sie enthalten oder durch sie verunreinigt sind, ohne unnötige Verzögerung und in Übereinstimmung mit Anhang V Teil 1 der vorliegenden Verordnung so beseitigt oder verwertet, dass die darin enthaltenen POP zerstört oder unumkehrbar umgewandelt werden, damit die verbleibenden Abfälle und Freisetzungen nicht die Eigenschaften von POP aufweisen.

Bei der Durchführung einer solchen Beseitigung oder Verwertung kann jeder Stoff, der in Anhang IV aufgelistet ist, vom Abfall abgetrennt werden, sofern dieser Stoff anschließend gemäß Unterabsatz 1 beseitigt wird.

(3) Beseitigungs- oder Verwertungsverfahren, die von sich aus zur Verwertung, Wiedergewinnung, Rückgewinnung oder Wiederverwendung von in Anhang IV aufgelisteten Stoffen führen können, sind verboten.

(4) Abweichend von Absatz 2 gilt Folgendes:

a) Abfälle, die in Anhang IV aufgelistete Stoffe enthalten oder durch sie verunreinigt sind, können in anderer Weise nach einschlägigen Rechtsvorschriften der Union beseitigt oder verwertet werden, sofern der Gehalt an aufgelisteten Stoffen in den Abfällen unter den in Anhang IV festgelegten Konzentrationsgrenzwerten liegt.

b) Ein Mitgliedstaat oder die von ihm benannte zuständige Behörde kann in Ausnahmefällen zulassen, dass in Anhang V Teil 2 aufgeführte Abfälle, die einen in Anhang IV aufgelisteten Stoff bis zu den in Anhang V Teil 2 angegebenen Konzentrationsgrenzwerten enthalten oder durch ihn verunreinigt sind, in anderer Weise nach einer der in Anhang V Teil 2 aufgeführten Methoden behandelt werden, sofern die folgenden Voraussetzungen erfüllt sind:

   i) Der betroffene Besitzer hat gegenüber der zuständigen Behörde des jeweiligen Mitgliedstaats hinreichend nachgewiesen, dass die Dekontamination der Abfälle in Bezug auf die in Anhang IV aufgelisteten Stoffe nicht durchführbar war und dass die Zerstörung oder unumkehrbare Umwandlung des Gehalts an POP nach der besten Umweltschutzpraxis oder der besten verfügbaren Technik nicht die unter Umweltgesichtspunkten vorzuziehende Möglichkeit ist, und die zuständige Behörde hat anschließend das alternative Verfahren genehmigt.

---

23 Richtlinie 2010/75/EU des Europäischen Parlaments und des Rates vom 24. November 2010 über Industrieemissionen (integrierte Vermeidung und Verminderung der Umweltverschmutzung) (ABl. L 334 vom 17.12.2010, S. 17).

24 Richtlinie 96/59/EG des Rates vom 16. September 1996 über die Beseitigung polychlorierter Biphenyle und polychlorierter Terphenyle (PCB/PCT) (ABl. L 243 vom 24.9.1996, S. 31).

ii) Der betroffene Besitzer hat der zuständigen Behörde Informationen über den POP-Gehalt der Abfälle vorgelegt.

iii) Das Verfahren steht im Einklang mit den einschlägigen Rechtsvorschriften der Union und mit den Bedingungen der in Absatz 5 genannten einschlägigen Zusatzmaßnahmen.

iv) Der betroffene Mitgliedstaat hat die übrigen Mitgliedstaaten, die Agentur und die Kommission über seine Genehmigung und die Begründung dafür unterrichtet.

(5) Die Kommission kann, soweit zweckmäßig, unter Berücksichtigung von technischen Entwicklungen und von einschlägigen internationalen Leitlinien und Entscheidungen sowie von Genehmigungen, die von einem Mitgliedstaat oder der von ihm benannten zuständigen Behörde gemäß Absatz 4 und Anhang V erteilt worden sind, Durchführungsrechtsakte zu diesem Artikel erlassen. Insbesondere kann die Kommission das Format der Informationen festlegen, die gemäß Absatz 4 Buchstabe b Ziffer iv durch die Mitgliedstaaten zu übermitteln sind. Diese Durchführungsrechtsakte werden gemäß dem in Artikel 20 Absatz 3 genannten Prüfverfahren erlassen.

(6) Die Mitgliedstaaten treffen die Maßnahmen, die erforderlich sind, um im Einklang mit Artikel 17 der Richtlinie 2008/98/EG die Überwachung und Rückverfolgbarkeit von Abfällen, die aus in Anhang IV der vorliegenden Verordnung aufgelisteten Stoffen bestehen, sie enthalten oder durch sie verunreinigt sind, sicherzustellen.

Artikel 8 Aufgaben der Agentur und des Forums

(1) Die Agentur führt zusätzlich zu den ihr gemäß den Artikeln 9, 10, 11, 13 und 17 übertragenen Aufgaben die folgenden Aufgaben aus:

a) Sie stellt mit Zustimmung der Kommission den benannten zuständigen Behörden der Mitgliedstaaten und den Mitgliedern des mit der Verordnung (EG) Nr. 1907/2006 errichteten Forums für den Austausch von Informationen zur Durchsetzung (im Folgenden „Forum") sowie bei Bedarf den Interessenvertretern Unterstützung und technische und wissenschaftliche Leitlinien zur Verfügung, um die wirksame Anwendung dieser Verordnung sicherzustellen.

b) Sie liefert der Kommission auf Aufforderung technische und wissenschaftliche Beiträge und unterstützt sie, um die wirksame Umsetzung dieser Verordnung sicherzustellen.

c) Sie unterstützt die Kommission technisch und wissenschaftlich und liefert ihr Beiträge in Bezug auf Stoffe, die möglicherweise die Kriterien für die Aufnahme in das Übereinkommen oder das Protokoll erfüllen, und trägt gegebenenfalls den Ergebnissen der in Artikel 3 Absatz 3 genannten Bewertungs- und Zulassungsverfahren Rechnung.

d) Sie veröffentlicht auf ihrer Website einen Hinweis, dass die Kommission einen Vorschlag zur Aufnahme eines Stoffes in die Liste ausarbeitet, ersucht alle Interessenvertreter, binnen acht Wochen Kommentare zu übermitteln, und veröffentlicht diese Kommentare auf ihrer Website.

e) Sie unterstützt die Kommission und die Mitgliedstaaten technisch und wissenschaftlich bei der Ausarbeitung und Überprüfung des Risikoprofils und der Bewertung des Risikomanagements eines Stoffes, der für die Anwendung des Übereinkommens in Betracht kommt, ersucht alle Interessenvertreter, binnen acht Wochen Kommentare oder zusätzliche Informationen, oder beides, zu übermitteln, und veröffentlicht diese Kommentare auf ihrer Website.

f) Sie unterstützt die Kommission auf Aufforderung technisch und wissenschaftlich bei der Durchführung und Weiterentwicklung des Übereinkommens, insbesondere im Hinblick auf den Überprüfungsausschuss für persistente organische Schadstoffe.

g) Sie sammelt, erfasst und verarbeitet alle gemäß Artikel 4 Absätze 2 und 3, Artikel 7 Absatz 4 Buchstabe b Ziffer iv, Artikel 9 Absatz 2 und Artikel 13 Absatz 1 eingegangenen oder vorliegenden Informationen und macht sie der Kommission und den zuständigen Behörden der Mitgliedstaaten zugänglich. Ist eine solche Information nicht vertraulich, so macht die Agentur sie auf ihrer Website öffentlich zugänglich und erleichtert den Austausch dieser Informationen mit einschlägigen Informationsplattformen wie den in Artikel 13 Absatz 2 genannten Plattformen.

h) Sie richtet auf ihrer Website Bereiche für alle Fragen im Zusammenhang mit der Durchführung dieser Verordnung ein und pflegt diese Bereiche.

(2) Das Forum dient der Koordination des Netzes der für die Durchsetzung dieser Verordnung zuständigen Behörden der Mitgliedstaaten.
Die von den Mitgliedstaaten ernannten Mitglieder des Forums sorgen für eine angemessene Koordinierung zwischen den Aufgaben des Forums und der Arbeit der zuständigen Behörde ihres Mitgliedstaates.

Bei Angelegenheiten im Zusammenhang mit Abfällen bezieht das Forum auch die für Abfall zuständigen Durchsetzungsbehörden der Mitgliedstaaten ein.

(3) Das Sekretariat der Agentur führt die der Agentur im Rahmen dieser Verordnung übertragenen Aufgaben aus.

Artikel 9 Durchführungspläne

(1) Bei der Ausarbeitung und Aktualisierung ihrer nationalen Durchführungspläne gewähren die Mitgliedstaaten gemäß ihren nationalen Verfahren der Öffentlichkeit frühzeitig und wirkungsvoll Gelegenheit zur Beteiligung an diesem Verfahren.

(2) Sobald ein Mitgliedstaat entsprechend seinen Verpflichtungen aufgrund des Übereinkommens seinen nationalen Durchführungsplan angenommen hat, macht er ihn öffentlich zugänglich und unterrichtet die Kommission, die Agentur und die übrigen Mitgliedstaaten über seine Veröffentlichung.

(3) Bei der Ausarbeitung und Aktualisierung der Durchführungspläne durch die Mitgliedstaaten tauschen die Kommission – mit Unterstützung der Agentur – und die Mitgliedstaaten bei Bedarf Informationen über den Inhalt dieser Pläne aus, auch solche über auf nationaler Ebene ergriffene Maßnahmen zur Ermittlung und Bewertung von mit POP verunreinigten Standorten.

(4) Die Kommission führt – mit Unterstützung der Agentur – einen Plan zur Erfüllung der Verpflichtungen der Union aufgrund des Übereinkommens durch und veröffentlicht, überprüft bzw. aktualisiert diesen Plan bei Bedarf.

Artikel 10 Überwachung

(1) Die Kommission — mit Unterstützung der Agentur — und die Mitgliedstaaten erstellen in enger Zusammenarbeit geeignete und dem neuesten Stand der Technik entsprechende Programme und Verfahren zur regelmäßigen Erfassung vergleichbarer Überwachungsdaten über das Vorhandensein von in Anhang III Teil A aufgelisteten Stoffen in der Umwelt oder führen diese Programme und Verfahren erforderlichenfalls fort. Bei der Erstellung bzw. Fortführung solcher Programme und Verfahren ist den Entwicklungen im Rahmen des Protokolls und des Übereinkommens angemessen Rechnung zu tragen.

(2) Die Kommission bewertet regelmäßig, ob es notwendig ist, einen in Anhang III Teil B aufgelisteten Stoffe zu überwachen. Der Kommission wird die Befugnis übertragen, auf der Grundlage

einer solchen Bewertung und der ihr von den Mitgliedstaaten zur Verfügung gestellten Daten im Einklang mit Artikel 18 delegierte Rechtsakte zu erlassen, um im Wege einer Änderung von Anhang III einen Stoff erforderlichenfalls von dessen Teil B in dessen Teil A zu übertragen.

Artikel 11 Informationsaustausch

(1) Die Kommission, die Agentur und die Mitgliedstaaten erleichtern und übernehmen innerhalb der Union und im Umgang mit Drittländern den Austausch von Informationen über die Verringerung, Minimierung oder, soweit durchführbar, Einstellung der Herstellung, Verwendung und Freisetzung von POP sowie über Alternativen zu diesen Stoffen, einschließlich Angaben zu den damit verbundenen Risiken und wirtschaftlichen und sozialen Kosten.

(2) Die Kommission, die Agentur bzw. die Mitgliedstaaten fördern und erleichtern in Bezug auf POP:

a) Sensibilisierungsprogramme, auch solche, die sich auf die Gesundheits- und Umweltauswirkungen, die Alternativen und die Verringerung oder Einstellung der Herstellung, Verwendung und Freisetzung beziehen, insbesondere für

   i) die Träger politischer Konzepte und Entscheidungen,

   ii) besonders gefährdete Bevölkerungsgruppen;

b) die Bereitstellung von Informationen für die Öffentlichkeit;

c) die Ausbildung, auch für Arbeitnehmer, Wissenschaftler, Lehrkräfte sowie Fach- und Führungskräfte.

(3) Unbeschadet der Verordnungen (EG) Nr. 1049/2001 und (EG) Nr. 1367/2006 sowie der Richtlinie 2003/4/EG werden Informationen über die Gesundheit und Sicherheit des Menschen und über die Umwelt nicht als vertraulich betrachtet. Die Kommission, die Agentur und die Mitgliedstaaten, die Informationen mit Drittländern austauschen, schützen vertrauliche Informationen im Einklang mit den Rechtsvorschriften der Union.

Artikel 12 Technische Hilfe

Im Einklang mit den Artikeln 12 und 13 des Übereinkommens leisten die Kommission und die Mitgliedstaaten auf Anfrage und im Rahmen der verfügbaren Mittel Entwicklungsländern und Ländern mit im Übergang befindlichen Wirtschaftssystemen gemeinsam angemessene und rechtzeitige technische und finanzielle Hilfe, um diese Länder unter Berücksichtigung ihrer speziellen Bedürfnisse bei der Entwicklung und bei der Stärkung ihrer Fähigkeit zur vollständigen Erfüllung ihrer Verpflichtungen aufgrund des Übereinkommens zu unterstützen. Diese Hilfe kann auch über die in dem Übereinkommen genannten regionalen Zentren, nichtstaatliche Organisationen oder die Agentur geleistet werden.

Artikel 13 Überwachung der Durchführung

(1) Unbeschadet der Richtlinien 2003/4/EG und 2007/2/EG erstellen und veröffentlichen die Mitgliedstaaten einen Bericht, der Folgendes enthält:

a) Informationen über die Anwendung dieser Verordnung, einschließlich Informationen über Durchsetzungsmaßnahmen, Verstöße und Sanktionen;

b) Informationen aus den gemäß Artikel 4 Absätze 2 und 3, Artikel 5 Absatz 2 und Artikel 7 Absatz 4 Buchstabe b Ziffer iv eingegangenen Mitteilungen;

c) Informationen aus den gemäß Artikel 6 Absatz 1 erstellten Freisetzungsverzeichnissen;

d) Informationen über die Durchführung im Einklang mit den gemäß Artikel 9 Absatz 2 erstellten nationalen Durchführungsplänen;

e) Informationen gemäß Artikel 10 über das Vorhandensein von in Anhang III Teil A aufgelisteten Stoffen in der Umwelt;

f) jährliche Überwachungsdaten und statistische Daten über den tatsächlichen oder geschätzten Gesamtumfang der Herstellung und des Inverkehrbringens aller in Anhang I oder II aufgelisteten Stoffe, einschließlich einschlägiger Indikatoren, Übersichtskarten und Berichte.

Die Mitgliedstaaten aktualisieren den Bericht jährlich, sofern neue Daten und Informationen verfügbar sind, jedoch mindestens alle drei Jahre.

Die Mitgliedstaaten geben der Kommission und der Agentur Zugang zu den in den Berichten enthaltenen Informationen.

(2) Macht ein Mitgliedstaat die in Absatz 1 Buchstabe e genannten Informationen der Informationsplattform für Chemikalienüberwachung zugänglich, so gibt er dies in seinem Bericht an; die Berichtspflichten dieses Mitgliedstaats gemäß diesem Buchstaben gelten damit als erfüllt.

Sind die in Absatz 1 Buchstabe e genannten Informationen in dem der Agentur zur Verfügung gestellten Bericht eines Mitgliedstaats enthalten, so nutzt die Agentur die Informationsplattform für Chemikalienüberwachung zur Zusammenstellung, Speicherung und Weitergabe dieser Informationen.

(3) Die Kommission erstellt – mit Unterstützung der Agentur – für die im Übereinkommen aufgelisteten Stoffe in Abständen, die von der Konferenz der Vertragsparteien des Übereinkommens festgelegt werden, auf der Grundlage der der Agentur von den Mitgliedstaaten gemäß Absatz 1 Buchstabe f übermittelten Informationen einen Bericht und legt diesen dem Sekretariat des Übereinkommens vor.

(4) Die Agentur erstellt und veröffentlicht einen Übersichtsbericht der Union auf der Grundlage der in den Absätzen 1 und 2 genannten Daten, die von den Mitgliedstaaten veröffentlicht oder mitgeteilt werden. Der Übersichtsbericht der Union enthält die etwaigen Indikatoren für die Outputs, Ergebnisse und Auswirkungen dieser Verordnung, Unionsübersichtskarten und Berichte der Mitgliedstaaten. Die Agentur aktualisiert den Übersichtsbericht der Union mindestens alle sechs Monate oder nach Eingang einer entsprechenden Aufforderung der Kommission.

(5) Die Kommission kann Durchführungsrechtsakte über die Mindestangaben erlassen, die gemäß Absatz 1 zu übermitteln sind, einschließlich der Definition der einschlägigen Indikatoren, Übersichtskarten und Berichte gemäß Absatz 1 Buchstabe f. Diese Durchführungsrechtsakte werden gemäß dem in Artikel 20 Absatz 3 genannten Prüfverfahren erlassen.

Artikel 14 Sanktionen

Die Mitgliedstaaten erlassen Vorschriften über Sanktionen, die bei Verstößen gegen diese Verordnung zu verhängen sind, und treffen alle zu ihrer Durchsetzung erforderlichen Maßnahmen. Die vorgesehenen Sanktionen müssen wirksam, verhältnismäßig und abschreckend sein. Sofern die Mitgliedstaaten dies nicht bereits vor Inkrafttreten dieser Verordnung getan haben, teilen sie der Kommission diese Vorschriften und Maßnahmen spätestens am 16. Juli 2020 mit und melden ihr umgehend alle späteren Änderungen, die diese betreffen.

Artikel 15 Änderung der Anhänge

(1) Der Kommission wird die Befugnis zum Erlass delegierter Rechtsakte gemäß Artikel 18 übertragen, um die Anhänge I, II und III dieser Verordnung auf der Grundlage, dass die Union die jeweilige Änderung im Wege eines gemäß Artikel 218 Absatz 9 AEUV erlassenen Beschlusses des Rates unterstützt hat, zu ändern und sie an Änderungen der Liste der Stoffe in den Anhängen des Übereinkommens oder des Protokolls anzupassen bzw. um bestehende Einträge oder Bestimmungen in den Anhängen I und II dieser Verordnung zu ändern und dem wissenschaftlichen und technischen Fortschritt Rechnung zu tragen.

Wenn die Kommission Anhang I, II oder III dieser Verordnung ändert, erlässt sie für jeden Stoff einen eigenen delegierten Rechtsakt.

(2) Die Kommission unterzieht die Anhänge IV und V einer kontinuierlichen Überwachung und unterbreitet erforderlichenfalls Legislativvorschläge, um diese Anhänge zu ändern und sie an Änderungen der Liste der Stoffe in den Anhängen des Übereinkommens oder des Protokolls anzugleichen bzw. um bestehende Einträge oder Bestimmungen in den Anhängen dieser Verordnung zu ändern und dem wissenschaftlichen und technischen Fortschritt Rechnung zu tragen.

Artikel 16 Ausschuss für allgemeine Angelegenheiten

(1) Für die Zwecke dieser Verordnung setzen sich die Einnahmen der Agentur zusammen aus

a) einem Zuschuss der Union aus dem Gesamthaushaltsplan der Union (Einzelplan „Kommission“);

b) etwaigen freiwilligen Finanzbeiträgen der Mitgliedstaaten.

(2) Die Einnahmen und Ausgaben für Tätigkeiten im Rahmen dieser Verordnung werden mit den Einnahmen und Ausgaben für die Tätigkeiten im Rahmen der Verordnung (EU) Nr. 649/2012 verbunden und im Haushaltsplan der Agentur im selben Abschnitt ausgewiesen. Die Einnahmen der Agentur gemäß Absatz 1 werden zur Ausführung ihrer Aufgaben im Rahmen dieser Verordnung verwendet.

Artikel 17 Formate und Software für die Veröffentlichung oder Mitteilung von Informationen

Die Agentur legt in Zusammenarbeit mit den Mitgliedstaaten für die Veröffentlichung oder Mitteilung von Daten durch die Mitgliedstaaten gemäß dieser Verordnung Formate und Software fest und macht diese kostenlos auf ihrer Website zugänglich. Die Formate für Geodatensätze und -dienste gestalten die Mitgliedstaaten und die Agentur gemäß den Anforderungen der Richtlinie 2007/2/EG. Die Mitgliedstaaten und Dritte, für die diese Verordnung gilt, verwenden diese Formate und Software für ihre Datenverwaltung oder den Datenaustausch mit der Agentur.

Artikel 18 Ausübung der Befugnisübertragung

(1) Die Befugnis zum Erlass delegierter Rechtsakte wird der Kommission unter den in diesem Artikel festgelegten Bedingungen übertragen.

(2) Die Befugnis zum Erlass delegierter Rechtsakte gemäß Artikel 4 Absatz 3, Artikel 10 Absatz 2 und Artikel 15 Absatz 1 wird der Kommission für einen Zeitraum von fünf Jahren ab dem 15. Juli 2019 übertragen. Die Kommission erstellt spätestens neun Monate vor Ablauf des Zeitraums von fünf Jahren einen Bericht über die Befugnisübertragung. Die Befugnisübertragung verlängert sich stillschweigend um Zeiträume gleicher Länge, es sei denn, das Europäische Par-

lament oder der Rat widersprechen einer solchen Verlängerung spätestens drei Monate vor Ablauf des jeweiligen Zeitraums.

(3) Die Befugnisübertragung gemäß Artikel 4 Absatz 3, Artikel 10 Absatz 2 und Artikel 15 Absatz 1 kann vom Europäischen Parlament oder vom Rat jederzeit widerrufen werden. Der Beschluss über den Widerruf beendet die Übertragung der in diesem Beschluss angegebenen Befugnis. Er wird am Tag nach seiner Veröffentlichung im *Amtsblatt der Europäischen Union* oder zu einem im Beschluss über den Widerruf angegebenen späteren Zeitpunkt wirksam. Die Gültigkeit von delegierten Rechtsakten, die bereits in Kraft sind, wird von dem Beschluss über den Widerruf nicht berührt.

(4) Vor dem Erlass eines delegierten Rechtsakts konsultiert die Kommission die von den einzelnen Mitgliedstaaten benannten Sachverständigen, im Einklang mit den in der Interinstitutionellen Vereinbarung vom 13. April 2016 über bessere Rechtsetzung enthaltenen Grundsätzen.

(5) Sobald die Kommission einen delegierten Rechtsakt erlässt, übermittelt sie ihn gleichzeitig dem Europäischen Parlament und dem Rat.

(6) Ein delegierter Rechtsakt, der gemäß Artikel 4 Absatz 3, Artikel 10 Absatz 2 und Artikel 15 Absatz 1 erlassen wurde, tritt nur in Kraft, wenn weder das Europäische Parlament noch der Rat innerhalb einer Frist von zwei Monaten nach Übermittlung dieses Rechtsakts an das Europäische Parlament und den Rat Einwände erhoben haben oder wenn vor Ablauf dieser Frist das Europäische Parlament und der Rat beide der Kommission mitgeteilt haben, dass sie keine Einwände erheben werden. Auf Initiative des Europäischen Parlaments oder des Rates wird diese Frist um zwei Monate verlängert.

Artikel 19 Zuständige Behörden

Jeder Mitgliedstaat benennt eine zuständige Behörde bzw. die zuständigen Behörden, die die im Rahmen dieser Verordnung erforderlichen administrativen Aufgaben wahrnimmt bzw. wahrnehmen und für die Durchsetzung sorgt bzw. sorgen. Die Mitgliedstaaten teilen der Kommission spätestens drei Monate nach Inkrafttreten dieser Verordnung die benannten Behörden mit, sofern sie dies nicht bereits vor Inkrafttreten dieser Verordnung getan haben, und unterrichten die Kommission über etwaige Änderungen bei benannten zuständigen Behörden.

Artikel 20 Ausschussverfahren

(1) Mit Ausnahme der in Absatz 2 genannten Fälle wird die Kommission von dem Ausschuss, der durch Artikel 133 der Verordnung (EG) Nr. 1907/2006 eingesetzt wurde, unterstützt. Dieser Ausschuss ist ein Ausschuss im Sinne der Verordnung (EU) Nr. 182/2011.

(2) In Angelegenheiten im Zusammenhang mit Abfällen wird die Kommission von dem Ausschuss, der durch Artikel 39 der Richtlinie 2008/98/EG eingesetzt wurde, unterstützt. Dieser Ausschuss ist ein Ausschuss im Sinne der Verordnung (EU) Nr. 182/2011.

(3) Wird auf diesen Absatz Bezug genommen, so gilt Artikel 5 der Verordnung (EU) Nr. 182/2011.

Gibt der Ausschuss keine Stellungnahme ab, so erlässt die Kommission den Durchführungsrechtsakt nicht, und Artikel 5 Absatz 4 Unterabsatz 3 der Verordnung (EU) Nr. 182/2011 findet Anwendung.

Artikel 21 Aufhebung

Die Verordnung (EG) Nr. 850/2004 wird aufgehoben.

Bezugnahmen auf die aufgehobene Verordnung gelten als Bezugnahmen auf die vorliegende Verordnung und sind nach Maßgabe der Entsprechungstabelle in Anhang VII zu lesen.

Artikel 22 Inkrafttreten

Diese Verordnung tritt am zwanzigsten Tag nach ihrer Veröffentlichung im *Amtsblatt der Europäischen Union* in Kraft.

Diese Verordnung ist in allen ihren Teilen verbindlich und gilt unmittelbar in jedem Mitgliedstaat.

Geschehen zu Brüssel am 20. Juni 2019.

Im Namen des Europäischen Parlaments	*In Namen des Rates*
Der Präsident	*Der Präsident*
A. TAJANI	G. CIAMBA

ANHANG I

Teil A – Stoffe, die im Übereinkommen und im Protokoll aufgelistet sind, sowie Stoffe, die nur im Übereinkommen aufgelistet sind

Stoff	CAS-Nr.	EG-Nr.	Ausnahme für die Verwendung als Zwischenprodukt oder andere Spezifikation
Tetrabromdiphenylether $C_{12}H_6Br_4O$	40088–47–9 und andere	254–787–2 und andere	1. Für die Zwecke dieses Eintrags gilt Artikel 4 Absatz 1 Buchstabe b für Konzentrationen von Tetrabromdiphenylether von höchstens 10 mg/kg (0,001 Gew.-%), wenn Tetrabromdiphenylether in Stoffen vorhanden ist. 2. Für die Zwecke der Einträge zu Tetra-, Penta-, Hexa-, Hepta- und DecaBDE gilt Artikel 4 Absatz 1 Buchstabe b für die Summe der Konzentrationen von höchstens 500 mg/kg, wenn sie in Gemischen oder Erzeugnissen vorhanden sind, vorbehaltlich einer Überprüfung und Bewertung durch die Kommission bis zum 16. Juli 2021. Bei dieser Überprüfung werden unter anderem alle relevanten Auswirkungen auf die Gesundheit und die Umwelt bewertet. 3. Abweichend hiervon zulässig sind die Herstellung, das Inverkehrbringen und die Verwendung von Elektro- und Elektronikgeräten, die unter die Richtlinie 2011/65/EU des Europäischen Parlaments und des Rates[(1)] fallen. 4. Die Verwendung von Erzeugnissen, die in der Union bereits vor dem 25. August 2010 verwendet wurden und Tetrabromdiphenylether enthalten, ist zulässig. Artikel 4 Absatz 2 Unterabsätze 3 und 4 finden auf solche Erzeugnisse Anwendung.
Pentabromdiphenylether $C_{12}H_5Br_5O$	32534–81–9 und andere	251–084–2 und andere	1. Für die Zwecke dieses Eintrags gilt Artikel 4 Absatz 1 Buchstabe b für Konzentrationen von Pentabromdiphenylether von höchstens 10 mg/kg (0,001 Gew.-%), wenn Pentabromdiphenylether in Stoffen vorhanden ist. 2. Für die Zwecke der Einträge zu Tetra-, Penta-, Hexa-, Hepta- und DecaBDE gilt Artikel 4 Absatz 1 Buchstabe b für die Summe der Konzentrationen von höchstens 500 mg/kg, wenn sie in Gemischen oder Erzeugnissen vorhanden sind, vorbehaltlich einer Überprüfung und Be-

(Fortsetzung)

Stoff	CAS-Nr.	EG-Nr.	Ausnahme für die Verwendung als Zwischenprodukt oder andere Spezifikation
			wertung durch die Kommission bis zum 16. Juli 2021. Bei dieser Überprüfung werden unter anderem alle relevanten Auswirkungen auf die Gesundheit und die Umwelt bewertet. 3. Abweichend hiervon zulässig sind die Herstellung, das Inverkehrbringen und die Verwendung von Elektro- und Elektronikgeräten, die unter die Richtlinie 2011/65/EU des Europäischen Parlaments und des Rates[(1)] fallen. 4. Die Verwendung von Erzeugnissen, die in der Union bereits vor dem 25. August 2010 verwendet wurden und Pentabromdiphenylether enthalten, ist zulässig. Artikel 4 Absatz 2 Unterabsätze 3 und 4 finden auf solche Erzeugnisse Anwendung.
Hexabromdiphenylether $C_{12}H_4Br_6O$	36483–60–0 und andere	253–058–6 und andere	1. Für die Zwecke dieses Eintrags gilt Artikel 4 Absatz 1 Buchstabe b für Konzentrationen von Hexabromdiphenylether von höchstens 10 mg/kg (0,001 Gew.-%), wenn Hexabromdiphenylether in Stoffen vorhanden ist. 2. Für die Zwecke der Einträge zu Tetra-, Penta-, Hexa-, Hepta- und DecaBDE gilt Artikel 4 Absatz 1 Buchstabe b für die Summe der Konzentrationen von höchstens 500 mg/kg, wenn sie in Gemischen oder Erzeugnissen vorhanden sind, vorbehaltlich einer Überprüfung und Bewertung durch die Kommission bis zum 16. Juli 2021. Bei dieser Überprüfung werden unter anderem alle relevanten Auswirkungen auf die Gesundheit und die Umwelt bewertet. 3. Abweichend hiervon zulässig sind die Herstellung, das Inverkehrbringen und die Verwendung von Elektro- und Elektronikgeräten, die unter die Richtlinie 2011/65/EU fallen. 4. Die Verwendung von Erzeugnissen, die in der Union bereits vor dem 25. August 2010 verwendet wurden und Hexabromdiphenylether enthalten, ist zulässig. Artikel 4 Absatz 2 Unterabsätze 3 und 4 finden auf solche Erzeugnisse Anwendung.

(Fortsetzung)

Stoff	CAS-Nr.	EG-Nr.	Ausnahme für die Verwendung als Zwischenprodukt oder andere Spezifikation
Heptabromdiphenylether $C_{12}H_3Br_7O$	68928–80–3 und andere	273–031–2 und andere	1. Für die Zwecke dieses Eintrags gilt Artikel 4 Absatz 1 Buchstabe b für Konzentrationen von Heptabromdiphenylether von höchstens 10 mg/kg (0,001 Gew.-%), wenn Heptabromdiphenylether in Stoffen vorhanden ist. 2. Für die Zwecke der Einträge zu Tetra-, Penta-, Hexa-, Hepta- und DecaBDE gilt Artikel 4 Absatz 1 Buchstabe b für die Summe der Konzentrationen von höchstens 500 mg/kg, wenn sie in Gemischen oder Erzeugnissen vorhanden sind, vorbehaltlich einer Überprüfung und Bewertung durch die Kommission bis zum 16. Juli 2021. Bei dieser Überprüfung werden unter anderem alle relevanten Auswirkungen auf die Gesundheit und die Umwelt bewertet. 3. Abweichend hiervon zulässig sind die Herstellung, das Inverkehrbringen und die Verwendung von Elektro- und Elektronikgeräten, die unter die Richtlinie 2011/65/EU fallen. 4. Die Verwendung von Erzeugnissen, die in der Union bereits vor dem 25. August 2010 verwendet wurden und Heptabromdiphenylether enthalten, ist zulässig. Artikel 4 Absatz 2 Unterabsätze 3 und 4 finden auf solche Erzeugnisse Anwendung.
Bis(pentabromphenyl)ether (Decabromdiphenylether; DecaBDE)	1163–19–5	214–604–9	1. Für die Zwecke dieses Eintrags gilt Artikel 4 Absatz 1 Buchstabe b für Konzentrationen von DecaBDE von höchstens 10 mg/kg (0,001 Gew.-%), wenn DecaBDE in Stoffen vorhanden ist. 2. Für die Zwecke der Einträge zu Tetra-, Penta-, Hexa-, Hepta- und DecaBDE gilt Artikel 4 Absatz 1 Buchstabe b für die Summe der Konzentrationen von höchstens 500 mg/kg, wenn sie in Gemischen oder Erzeugnissen vorhanden sind, vorbehaltlich einer Überprüfung und Bewertung durch die Kommission bis zum 16. Juli 2021. Bei dieser Überprüfung werden unter anderem alle relevanten Auswirkungen auf die

(Fortsetzung)

Stoff	CAS-Nr.	EG-Nr.	Ausnahme für die Verwendung als Zwischenprodukt oder andere Spezifikation
			Gesundheit und die Umwelt bewertet. 3. Abweichend hiervon sind, sofern die Mitgliedstaaten der Kommission im Einklang mit dem Übereinkommen bis Dezember 2019 Bericht erstatten, die Herstellung, das Inverkehrbringen und die Verwendung von DecaBDE zu folgenden Zwecken zulässig: a) bei der Herstellung eines Luftfahrzeugs, für das die Typgenehmigung vor dem 2. März 2019 beantragt und vor Dezember 2022 erteilt wurde, bis zum 18. Dezember 2023 oder in Fällen, in denen der kontinuierliche Bedarf begründet ist, bis zum 2. März 2027; b) bei der Herstellung von Ersatzteilen für i) ein Luftfahrzeug, für das die Typgenehmigung vor dem 2. März 2019 beantragt und vor Dezember 2022 erteilt wurde und das vor dem 18. Dezember 2023 hergestellt wurde bzw. ein Luftfahrzeug, das in Fällen, in denen der kontinuierliche Bedarf begründet ist, vor dem 2. März 2027 hergestellt wurde, bis zum Ende der Betriebsdauer dieses Luftfahrzeugs, ii) Kraftfahrzeuge, die unter die Richtlinie 2007/46/EG des Europäischen Parlaments und des Rates[(2)] fallen und vor dem 15. Juli 2019 hergestellt wurden, entweder bis 2036 oder dem Ende der Betriebsdauer dieser Kraftfahrzeuge, je nachdem, welcher Zeitpunkt früher eintritt; c) bei Elektro- und Elektronikgeräten, die unter die Richtlinie 2011/65/EU fallen. 4. Die besonderen Ausnahmen für Ersatzteile, die für Kraftfahrzeuge im Sinne von Nummer 3 Buchstabe b Ziffer ii verwendet werden können, gelten für die Herstellung und Verwendung von gewerblich genutztem

(Fortsetzung)

Stoff	CAS-Nr.	EG-Nr.	Ausnahme für die Verwendung als Zwischenprodukt oder andere Spezifikation
			DecaBDE in einer oder mehreren der folgenden Kategorien: a) Antriebsstrang und Ausstattungen unter der Motorhaube wie Batteriemassekabel, Batterieverbindungskabel, Schlauchleitung für mobile Klimaanlagen (MAC), Antriebsstränge, Auspuffkrümmer, Motorhaubenisolierung, Verkabelung und Kabelbaum unter der Motorhaube (Motorverkabelung usw.), Geschwindigkeitssensoren, Schläuche, Ventilatormodule und Klopfsensoren; b) Kraftstoffsystemausstattungen wie Kraftstoffschläuche, Kraftstofftanks und Unterboden-Kraftstofftanks; c) pyrotechnische Geräte und damit zusammenhängende Anwendungen wie Airbag-Auslösungskabel, Sitzbezüge/Bezugsmaterial (nur falls airbag-relevant) und (vordere und seitliche) Airbags; 5. Die Verwendung von Erzeugnissen, die in der Union bereits vor dem 15. Juli 2019 verwendet wurden und DecaBDE enthalten, ist zulässig. Artikel 4 Absatz 2 Unterabsätze 3 und 4 finden auf solche Erzeugnisse Anwendung. 6. Unbeschadet der Anwendung sonstiger Unionsvorschriften für die Einstufung, Verpackung und Kennzeichnung von Stoffen und Gemischen müssen Erzeugnisse, in denen DecaBDE verwendet wurde, durch Kennzeichnung oder andere Mittel während ihres gesamten Lebenszyklus identifizierbar sein. 7. Das Inverkehrbringen und die Verwendung von Erzeugnissen, die DecaBDE enthalten und zum Zwecke der in Nummer 3 genannten spezifischen Ausnahmen eingeführt wurden, ist bis zum Ablauf der Gültigkeit dieser Ausnahmen zulässig. Nummer 6 findet Anwendung, wie wenn diese Erzeugnisse im Einklang mit der in Nummer 3 genannten Ausnahme hergestellt wurden. Erzeugnisse, die zu dem Zeitpunkt des Ablaufs der Gültigkeit der entsprechenden Ausnahme bereits ver-

(Fortsetzung)

Stoff	CAS-Nr.	EG-Nr.	Ausnahme für die Verwendung als Zwischenprodukt oder andere Spezifikation
			wendet wurden, dürfen weiterhin verwendet werden. 8. „Luftfahrzeug" bezeichnet für die Zwecke dieses Eintrags Folgendes: a) ein Zivilluftfahrzeug, das entsprechend einer nach der Verordnung (EG) Nr. 216/2008 des Europäischen Parlaments und des Rates[(3)] ausgestellten Musterzulassung oder einer nach den nationalen Vorschriften eines Vertragsstaats der ICAO erteilten Konstruktionsgenehmigung hergestellt worden ist, oder für das ein Lufttüchtigkeitszeugnis von einem Vertragsstaat der ICAO nach Anhang 8 des Abkommens über die internationale Zivilluftfahrt ausgestellt worden ist; b) ein Militärluftfahrzeug.
Perfluoroctansulfonsäure und ihre Derivate (PFOS) $C_8F_{17}SO_2X$ (X = OH, Metallsalze (O-M$^+$), Halogenide, Amide und andere Derivate einschließlich Polymere)	1763–23–1 2795–39–3 29457–72–5 29081–56–9 70225–14–8 56773–42–3 251099–16–8 4151–50–2 31506–32–8 1691–99–2 24448–09–7 307–35–7 und andere	217–179–8 220–527–1 249–644–6 249–415–0 274–460–8 260–375–3 223–980–3 250–665–8 216–887–4 246–262–1 206–200–6 und andere	1. Für die Zwecke dieses Eintrags gilt Artikel 4 Absatz 1 Buchstabe b für Konzentrationen von PFOS von höchstens 10 mg/kg (0,001 Gew.–%), wenn PFOS in Stoffen oder Gemischen vorhanden ist. 2. Für die Zwecke dieses Eintrags gilt Artikel 4 Absatz 1 Buchstabe b für Konzentrationen von PFOS in Halbfertigerzeugnissen oder Erzeugnissen oder Bestandteilen davon, wenn die PFOS-Konzentration weniger als 0,1 Gew.-% beträgt, berechnet im Verhältnis zur Masse der strukturell oder mikrostrukturell verschiedenartigen Bestandteile, die PFOS enthalten, oder – bei Textilien oder anderen beschichteten Werkstoffen – wenn der PFOS-Anteil weniger als 1 μg/m^2 des beschichteten Materials beträgt. 3. Die Verwendung von Erzeugnissen, die in der Union bereits vor dem 25. August 2010 verwendet wurden und PFOS enthalten, ist zulässig. Artikel 4 Absatz 2 Unterabsätze 3 und 4 finden auf solche Erzeugnisse Anwendung. 4. Sofern die Menge der PFOS-Emissionen in die Umwelt auf ein Mindestmaß reduziert wird, sind die Herstellung und das Inverkehrbringen für die nachstehenden beson-

(Fortsetzung)

Stoff	CAS-Nr.	EG-Nr.	Ausnahme für die Verwendung als Zwischenprodukt oder andere Spezifikation
			deren Verwendungszwecke zulässig, vorausgesetzt, die Mitgliedstaaten erstatten der Kommission alle vier Jahre über die Fortschritte bei der Eliminierung von PFOS Bericht: Mittel zur Sprühnebelunterdrückung für nicht dekoratives Hartverchromen (Chrom VI) in geschlossenen Kreislaufsystemen. Soweit eine solche Ausnahmeregelung die Herstellung oder Verwendung in einer unter die Richtlinie 2008/1/EG des Europäischen Parlaments und des Rates[(4)] fallenden Anlage betrifft, sind die einschlägigen besten verfügbaren Techniken für die Vermeidung oder größtmögliche Verminderung von PFOS-Emissionen anzuwenden, wie sie in den von der Kommission gemäß Artikel 17 Absatz 2 Unterabsatz 2 der Richtlinie 2008/1/EG veröffentlichten Informationen beschrieben sind. Sobald neue Informationen über Einzelheiten für Verwendungszwecke und über weniger bedenkliche alternative Stoffe oder Technologien für die Verwendungszwecke vorliegen, überprüft die Kommission die Ausnahmeregelung des Unterabsatzes 2, sodass a) die Verwendung von PFOS schrittweise eingestellt wird, sobald der Einsatz weniger bedenklicher Alternativen technisch und wirtschaftlich vertretbar ist, b) eine Ausnahmeregelung für wesentliche Verwendungszwecke nur dann verlängert werden kann, wenn keine weniger bedenklichen Alternativen bestehen und wenn darüber Bericht erstattet worden ist, welche Schritte unternommen wurden, um weniger bedenkliche Alternativen zu finden, c) PFOS-Emissionen in die Umwelt durch Einsatz der besten verfügbaren Techniken auf ein Mindestmaß reduziert worden sind. 5. Sobald das Europäische Komitee für Normung (CEN) Normen erlassen hat, sind diese als Analyseverfahren für den Nachweis der Übereinstimmung von Stoffen, Gemischen und Erzeugnissen mit den

(Fortsetzung)

Stoff	CAS-Nr.	EG-Nr.	Ausnahme für die Verwendung als Zwischenprodukt oder andere Spezifikation
			Nummern 1 und 2 heranzuziehen. Als Alternative zu den CEN-Normen können auch andere Analyseverfahren herangezogen werden, für die der Anwender Gleichwertigkeit nachweisen kann.
DDT (1,1,1-trichlor-2,2-bis (4-chlorphenyl)ethan)	50–29–3	200–024–3	—
Chlordan	57–74–9	200–349–0	—
Hexachlorcyclohexane, einschließlich Lindan	58–89–9 319–84–6 319–85–7 608–73–1	200–401–2 206–270–8 206–271–3 210–168–9	—
Dieldrin	60–57–1	200–484–5	—
Endrin	72–20–8	200–775–7	—
Heptachlor	76–44–8	200–962–3	—
Endosulfan	115–29–7 959–98–8 33213–65–9	204–079–4	1. Erzeugnisse, die bereits vor dem oder am 10. Juli 2012 verwendet wurden und Endosulfan enthalten, dürfen in Verkehr gebracht und verwendet werden. 2. Artikel 4 Absatz 2 Unterabsätze 3 und 4 finden auf die Erzeugnisse gemäß Nummer 1 Anwendung.
Hexachlorbenzol	118–74–1	204–273–9	—
Chlordecon	143–50–0	205–601–3	—
Aldrin	309–00–2	206–215–8	—
Pentachlorbenzol	608–93–5	210–172–0	—
Polychlorierte Biphenyle (PCB)	1336–36–3 und andere	215–648–1 und andere	Unbeschadet der Richtlinie 96/59/EG dürfen Erzeugnisse, die zum Zeitpunkt des Inkrafttretens dieser Verordnung bereits verwendet werden, weiterhin verwendet werden. So bald wie möglich, jedoch spätestens am 31. Dezember 2025, ermitteln die Mitgliedstaaten technische Geräte (z. B. Transformatoren, Kondensatoren oder andere Behälter mit darin befindlichen Flüssigkeiten), die PCB in Konzentrationen von mehr als 0,005 % und in Mengen von mehr als 0,05 dm^3 enthalten, und ziehen diese aus dem Verkehr.
Mirex	2385–85–5	219–196–6	—

(Fortsetzung)

Stoff	CAS-Nr.	EG-Nr.	Ausnahme für die Verwendung als Zwischenprodukt oder andere Spezifikation
Toxaphen	8001-35-2	232-283-3	—
Hexabrombiphenyl	36355-01-8	252-994-2	—
Hexabromcyclododecan „Hexabromcyclododecan" bezeichnet Hexabromcyclododecan, 1,2,5,6,9,10-Hexabromcyclododecan und seine wichtigsten Diastereomere: Alpha-Hexabromcyclododecan; Beta-Hexabromcyclododecan und Gamma-Hexabromcyclododecan	25637-99-4, 3194-55-6, 134237-50-6, 134237-51-7, 134237-52-8	247-148-4, 221-695-9	1. Für die Zwecke dieses Eintrags und vorbehaltlich einer Überprüfung durch die Kommission bis zum 22. März 2019 gilt Artikel 4 Absatz 1 Buchstabe b für Konzentrationen von Hexabromcyclododecan von höchstens 100 mg/kg (0,01 Gew.-%), wenn Hexabromcyclododecan in Stoffen, Gemischen, Erzeugnissen oder als Bestandteil der mit Flammschutzmittel behandelten Erzeugnisse vorhanden ist. 2. Erzeugnisse aus expandiertem Polystyrol, die Hexabromcyclododecan enthalten und im Einklang mit der Verordnung (EU) 2016/293 der Kommission[5] und dem Durchführungsbeschluss Nr. 2016/C 12/06 der Kommission[6] bereits vor dem 21. Februar 2018 in Gebäuden verwendet wurden, und Erzeugnisse aus extrudiertem Polystyrol, die Hexabromcyclododecan enthalten und bereits vor dem 23. Juni 2016 in Gebäuden verwendet wurden, dürfen weiterhin verwendet werden. Artikel 4 Absatz 2 Unterabsätze 3 und 4 finden auf solche Erzeugnisse Anwendung. 3. Unbeschadet der Anwendung sonstiger Unionsvorschriften für die Einstufung, Verpackung und Kennzeichnung von Stoffen und Gemischen muss expandiertes Polystyrol, das nach dem 23. März 2016 in Verkehr gebracht und in dem Hexabromcyclododecan verwendet wurde, durch Kennzeichnung oder andere Mittel während seines gesamten Lebenszyklus identifizierbar sein.
Hexachlorbutadien	87-68-3	201-765-5	1. Erzeugnisse, die bereits vor dem oder am 10. Juli 2012 verwendet wurden und Hexachlorbutadien enthalten, dürfen in Verkehr gebracht und verwendet werden. 2. Artikel 4 Absatz 2 Unterabsätze 3 und 4 finden auf die Erzeugnisse gemäß Nummer 1 Anwendung.

(Fortsetzung)

Stoff	CAS-Nr.	EG-Nr.	Ausnahme für die Verwendung als Zwischenprodukt oder andere Spezifikation
Pentachlorphenol und seine Salze und Ester	87–86–5 und andere	201–778–6 und andere	Für die Zwecke dieses Eintrags gilt Artikel 4 Absatz 1 Buchstabe b für Konzentrationen von Pentachlorphenol und seinen Salzen und Estern von höchstens 5 mg/kg (0,0005 Gew.–%), wenn sie in Stoffen, Gemischen oder Erzeugnissen vorhanden sind.
Polychlorierte Naphtaline[7]	70776–03–3 und andere	274–864–4 und andere	1. Erzeugnisse, die bereits vor dem oder am 10. Juli 2012 verwendet wurden und polychlorierte Naphtaline enthalten, dürfen in Verkehr gebracht und verwendet werden. 2. Artikel 4 Absatz 2 Unterabsätze 3 und 4 finden auf die Erzeugnisse gemäß Nummer 1 Anwendung.
Alkane C_{10}–C_{13}, Chlor (kurzkettige chlorierte Paraffine) (SCCP)	85535–84–8 und andere	287–476–5	1. Stoffe und Gemische, die SCCP in Konzentrationen von weniger als 1 Gew.-% oder Erzeugnisse, die SCCP in Konzentrationen von weniger als 0,15 Gew.-% enthalten, dürfen im Wege einer Ausnahme hergestellt, in Verkehr gebracht und verwendet werden. 2. Die Verwendung ist zulässig in Bezug auf a) SCCP enthaltende Förderbänder in der mineralgewinnenden Industrie und Dichtungsmassen, die bereits vor dem oder am 4. Dezember 2015 verwendet wurden, und b) andere SCCP enthaltende Erzeugnisse als die in Buchstabe a genannten, die bereits am oder vor dem 10. Juli 2012 verwendet wurden. 3. Artikel 4 Absatz 2 Unterabsätze 3 und 4 finden auf die Erzeugnisse gemäß Nummer 2 Anwendung.
Perfluoroctansäure (PFOA), ihre Salze und PFOA-verwandte Verbindungen Der Begriff „Perfluoroctansäure (PFOA), ihre Salze und PFOA-verwandte Verbindungen"umfasst i) Perfluoroctansäure, einschließlich ihrer verzweigten Isomere; ii) ihre Salze; iii) PFOA-verwandte Verbindungen, bei denen es sich für die Zwecke des Übereinkommens um Stoffe handelt, die zu PFOA abgebaut werden, einschließlich Stoffen (auch	335-67-1 und andere	206-397-9 und andere	1. Für die Zwecke dieses Eintrags gilt Artikel 4 Absatz 1 Buchstabe b für Konzentrationen von PFOA oder ihrer Salze von höchstens 0,025 mg/kg (0,0000025 Gew. %), wenn sie in Stoffen, Gemischen oder Erzeugnissen vorhanden ist bzw. sind. 2. Für die Zwecke dieses Eintrags gilt Artikel 4 Absatz 1 Buchstabe b für Konzentrationen einer einzelnen PFOA-verwandten Verbindung oder einer Kombination von PFOA-verwandten Verbindungen von höchs-

25

(Fortsetzung)

Stoff	CAS-Nr.	EG-Nr.	Ausnahme für die Verwendung als Zwischenprodukt oder andere Spezifikation

Salze und Polymere), die eine lineare oder verzweigte Perfluorheptylgruppe mit dem Bestandteil (C_7F_{15})C als Strukturelement aufweisen.
Die folgenden Verbindungen werden nicht als PFOA-verwandte Verbindungen aufgenommen:
i) C_8F_{17}-X, wobei X = F, Cl, Br;
ii) Fluorpolymere, die unter $CF_3[CF_2]_n$-R' fallen, wobei R'= jegliche Gruppe, n> 16;
iii) Perfluoralkylcarboxylsäuren (einschließlich ihrer Salze, Ester, Halide und Anhydride) mit ≥ 8 perfluorierten Kohlenstoffatomen;
iv) Perfluoralkansulfonsäuren und Perfluorphosphonsäuren (einschließlich ihrer Salze, Ester, Halide und Anhydride) mit ≥ 9 perfluorierten Kohlenstoffatomen;
v) Perfluoroctansulfonsäure und ihre Derivate (PFOS), wie in diesem Anhang aufgeführt.
			tens 1 mg/kg (0,0001 Gew.%), wenn sie in Stoffen, Gemischen oder Erzeugnissen vorhanden ist bzw. sind.
			3. Für die Zwecke dieses Eintrags gilt Artikel 4 Absatz 1 Buchstabe b für Konzentrationen von PFOA-verwandten Verbindungen von höchstens 20 mg/kg (0,002 Gew.–%), wenn sie in einem Stoff vorhanden sind, der als transportiertes isoliertes Zwischenprodukt im Sinne von Artikel 3 Nummer 15 Buchstabe c der Verordnung (EG) Nr. 1907/2006 bei der Herstellung von Fluorchemikalien mit einer Perfluorkohlenstoffkette mit höchstens sechs Atomen genutzt werden soll und die streng kontrollierte Bedingungen gemäß Artikel 18 Absatz 4 Buchstaben a bis f der genannten Verordnung erfüllt. Diese Ausnahme wird von der Kommission bis zum 5. 7. 2022 überprüft und bewertet.
			4. Für die Zwecke dieses Eintrags gilt Artikel 4 Absatz 1 Buchstabe b für Konzentrationen von PFOA und ihrer Salze von höchstens 1 mg/kg (0,0001 Gew.–%), wenn sie in durch ionisierende Strahlung oder durch thermischen Abbau hergestellten Mikropulvern aus Polytetrafluorethylen (PTFE) oder in PTFE-Mikropulver enthaltenden Gemischen und Erzeugnissen für die industrielle und gewerbliche Verwendung vorhanden ist bzw. sind. Jegliche PFOA-Emissionen bei der Herstellung und Verwendung von PTFE-Mikropulvern sind zu vermeiden bzw. – falls nicht möglich – weitestgehend zu verringern. Diese Ausnahme wird von der Kommission bis zum 5. 7. 2022 überprüft und bewertet.
			5. Abweichend hiervon sind die Herstellung, das Inverkehrbringen und die Verwendung von PFOA, ihrer Salze und von PFOA-verwandten Verbindungen zu folgenden Zwecken zulässig:
			a) fotolithografische oder Ätzverfahren bei der Halbleiterherstellung, bis zum 4. Juli 2025;
			b) fotografische Beschichtungen von Filmen, bis zum 4. Juli 2025;

(Fortsetzung)

Stoff	CAS-Nr.	EG-Nr.	Ausnahme für die Verwendung als Zwischenprodukt oder andere Spezifikation
			c) öl- und wasserabweisende Textilien zum Schutz von Arbeitnehmern vor gefährlichen Flüssigkeiten, die Risiken für ihre Gesundheit und Sicherheit darstellen, bis zum 4. Juli 2023; d) invasive und implantierbare Medizinprodukte, bis zum 4. Juli 2025; e) Herstellung von Polytetrafluorethylen (PTFE) und Polyvinylidenfluorid (PVDF) für die Herstellung von i) hochleistungsfähigen, korrosionsbeständigen Gasfiltermembranen, Wasserfiltermembranen und Membranen für medizinische Textilien, ii) industriellen Abwärmetauschern, iii) iii) industriellen Dichtungsmassen, die das Austreten von flüchtigen organischen Verbindungen sowie von PM2,5-Feinstaub verhindern können, bis zum 4. Juli 2023. 6. Abweichend hiervon ist die Verwendung von PFOA, ihrer Salze und von PFOA-verwandten Verbindungen in Feuerlöschschaum zur Bekämpfung von Dämpfen aus Flüssigbrennstoffen und Bränden von Flüssigbrennstoffen (Brandklasse B), der bereits in – mobile wie auch ortsfeste – Systeme eingefüllt ist, bis zum 4. Juli 2025 zulässig, wobei folgende Bedingungen gelten: a) Feuerlöschschaum, der PFOA, ihre Salze und/oder PFOA-verwandte Verbindungen enthält oder enthalten könnte, darf nicht für Ausbildungszwecke verwendet werden; b) Feuerlöschschaum, der PFOA, ihre Salze und/oder PFOA-verwandte Verbindungen enthält oder enthalten könnte, darf nicht für Tests verwendet werden, es sei denn, alle Freisetzungen werden aufgefangen;

(Fortsetzung)

Stoff	CAS-Nr.	EG-Nr.	Ausnahme für die Verwendung als Zwischenprodukt oder andere Spezifikation
			c) ab dem 1. Januar 2023 sind Verwendungen von Feuerlöschschaum, der PFOA, ihre Salze und/oder PFOA-verwandte Verbindungen enthält oder enthalten könnte, nur an Standorten zulässig, an denen alle Freisetzungen aufgefangen werden können; d) Bestände von Feuerlöschschaum, der PFOA, ihre Salze und/ oder PFOA-verwandte Verbindungen enthält oder enthalten könnte, sind im Einklang mit Artikel 5 zu bewirtschaften. 7. Abweichend hiervon ist die Verwendung von Perfluoroctyliodid enthaltendem Perfluoroctylbromid für die Herstellung von Arzneimitteln vorbehaltlich einer bis zum 31. Dezember 2026, danach alle vier Jahre sowie bis zum 31. Dezember 2036 durchzuführenden Überprüfung und Bewertung durch die Kommission zulässig. 8. Die Verwendung von in der Union vor dem 4. Juli 2020bereits verwendeten Erzeugnissen, die PFOA, ihre Salze und/oder PFOA-verwandte Verbindungen enthalten, ist zulässig. Artikel 4 Absatz 2 Unterabsätze 3 und 4 finden auf solche Erzeugnisse Anwendung. 9. Abweichend hiervon sind die Herstellung, das Inverkehrbringen und die Verwendung von PFOA, ihrer Salze und von PFOA-verwandten Verbindungen bis zum 3. Dezember 2020 zu folgenden Zwecken zulässig: a) andere als implantierbare Medizinprodukte im Anwendungsbereich der Verordnung (EU) 2017/745 [(8)]; b) Latexdruckfarbe; c) Plasma-Nanobeschichtungen. 10. Für die Zwecke dieses Eintrags gilt Artikel 4 Absatz 1 Buchstabe b für Konzentrationen von PFOA und ihrer Salze und/oder PFOA-verwandten Verbindungen von höchstens 2 mg/kg (0,0002 Gew.–%), wenn sie in anderen Medizinprodukten als invasiven Produkten

(Fortsetzung)

Stoff	CAS-Nr.	EG-Nr.	Ausnahme für die Verwendung als Zwischenprodukt oder andere Spezifikation
			und implantierbaren Produkten enthalten sind. Diese Ausnahme wird von der Kommission spätestens bis zum 22. Februar 2023 überprüft und bewertet.
Dicofol	115-32-2	204-082-0	Keine

(1) Richtlinie 2011/65/EU des Europäischen Parlaments und des Rates vom 8. Juni 2011 zur Beschränkung der Verwendung bestimmter gefährlicher Stoffe in Elektro- und Elektronikgeräten (ABl. L 174 vom 1.7.2011, S. 88).
(2) Richtlinie 2007/46/EG des Europäischen Parlaments und des Rates vom 5. September 2007 zur Schaffung eines Rahmens für die Genehmigung von Kraftfahrzeugen und Kraftfahrzeuganhängern sowie von Systemen, Bauteilen und selbstständigen technischen Einheiten für diese Fahrzeuge (Rahmenrichtlinie) (ABl. L 263 vom 9.10.2007, S. 1).
(3) Verordnung (EG) Nr. 216/2008 des Europäischen Parlaments und des Rates vom 20. Februar 2008 zur Festlegung gemeinsamer Vorschriften für die Zivilluftfahrt und zur Errichtung einer Europäischen Agentur für Flugsicherheit, zur Aufhebung der Richtlinie 91/670/EWG des Rates, der Verordnung (EG) Nr. 1592/2002 und der Richtlinie 2004/36/EG (ABl. L 79 vom 19.3.2008, S. 1).
(4) Richtlinie 2008/1/EG des Europäischen Parlaments und des Rates vom 15. Januar 2008 über die integrierte Vermeidung und Verminderung der Umweltverschmutzung (ABl. L 24 vom 29.1.2008, S. 8).
(5) Verordnung (EU) 2016/293 der Kommission vom 1. März 2016 zur Änderung der Verordnung (EG) Nr. 850/2004 des Europäischen Parlaments und des Rates über persistente organische Schadstoffe hinsichtlich des Anhangs I (ABl. L 55 vom 2.3.2016, S. 4).
(6) ABl. C 10 vom 13.1.2016, S. 3.
(7) Polychlorierte Naphtaline sind auf dem Naphtalinringsystem basierende chemische Verbindungen, bei denen ein oder mehrere Wasserstoffatome durch Chloratome ersetzt sind.
(8) Verordnung (EU) 2017/745 des Europäischen Parlaments und des Rates vom 5. April 2017 über Medizinprodukte, zur Änderung der Richtlinie 2001/83/EG, der Verordnung (EG) Nr. 178/2002 und der Verordnung (EG) Nr. 1223/2009 und zur Aufhebung der Richtlinien 90/385/EWG und 93/42/EWG des Rates.

Teil B – Stoffe, die nur im Protokoll aufgelistet sind

Stoff	CAS-Nr.	EG-Nr.	Ausnahme für die Verwendung als Zwischenprodukt oder andere Spezifikation

ANHANG II

LISTE DER STOFFE, DIE BESCHRÄNKUNGEN UNTERLIEGEN

Teil A – Stoffe, die im Übereinkommen und im Protokoll aufgelistet sind

Stoff	CAS-Nr.	EG-Nr.	Einzelheiten der Beschränkung

Teil B – Stoffe, die nur im Protokoll aufgelistet sind

Stoff	CAS-Nr.	EG-Nr.	Einzelheiten der Beschränkung

ANHANG III

LISTE DER STOFFE, DIE BESTIMMUNGEN ZUR VERRINGERUNG DER FREISETZUNG UNTERLIEGEN

TEIL A

Stoff (CAS-Nummer)

Polychlorierte Dibenzo-p-dioxine und Dibenzofurane (PCDD/PCDF)

Polychlorierte Biphenyle (PCB)

TEIL B

Stoff (CAS-Nummer)

Hexachlorbenzol (HCB) (CAS-Nr. 118–74–1)

Polycyclische aromatische Kohlenwasserstoffe (PAH) [(1)]

Pentachlorbenzol (CAS-Nr. 608–93–5)

Hexachlorbutadien (CAS-Nr. 87–68–3)

Polychlorierte Naphthaline (CAS-Nr. 70776–03–3 und andere)

---

(1) Für Emissionsregister sind folgende vier Verbindungen als Indikatoren heranzuziehen: Benzo(a)pyren, Benzo(b)fluoranthen, Benzo(k)fluoranthen und Indeno(1,2,3-cd)pyren.

ANHANG IV

Liste der Stoffe, die den Abfallbewirtschaftungsbestimmungen gemäß Artikel 7 unterliegen

Stoff	CAS-Nr.	EG-Nr.	Konzentrationsgrenze gemäß Artikel 7 Absatz 4 Buchstabe a
Endosulfan	115–29–7 959–98–8 33213–65–9	204–079–4	50 mg/kg
Hexachlorbutadien	87–68–3	201–765–5	100 mg/kg
Polychlorierte Naphtaline[(1)]			10 mg/kg
Alkane C_{10}–C_{13}, Chlor (kurzkettige chlorierte Paraffine) (SCCP)	85535–84–8	287–476–5	10 000 mg/kg
Tetrabromdiphenylether $C_{12}H_6Br_4O$	40088–47–9 und andere	254–787–2 und andere	Summe der Konzentrationen von Tetrabromdiphenylether, Pentabromdiphenylether, Hexabromdiphenylether, Heptabromdiphenylether und Decabromdiphenylether: 1 000 mg/kg Die Kommission überprüft diesen Konzentrationsgrenzwert und legt erforderlichenfalls und im Einklang mit den Verträgen einen Gesetzgebungsvorschlag zur Senkung dieses Grenzwerts auf 500 mg/kg vor. Die Kommission führt diese Überprüfung so rasch wie möglich und in jedem Fall spätestens bis zum 16. Juli 2021 durch.
Pentabromdiphenylether $C_{12}H_5Br_5O$	32534–81–9 und andere	251–084–2 und andere	
Hexabromdiphenylether $C_{12}H_4Br_6O$	36483–60–0 und andere	253–058–6 und andere	
Heptabromdiphenylether $C_{12}H_3Br_7O$	68928–80–3 und andere	273–031–2 und andere	
Decabromdiphenylether $C_{12}Br_{10}O$	1163–19–5 und andere	214–604–9 und andere	
Perfluoroctansulfonsäure und ihre Derivate (PFOS) $C_8F_{17}SO_2X$ (X = OH, Metallsalze (O-M^+), Halogenide, Amide und andere Derivate einschließlich Polymere)	1763–23–1 2795–39–3 29457–72–5 29081–56–9 70225–14–8 56773–42–3 251099–16–8 4151–50–2 31506–32–8 1691–99–2 24448–09–7 307–35–7 und andere	217–179–8 220–527–1 249–644–6 249–415–0 274–460–8 260–375–3 223–980–3 250–665–8 216–887–4 246–262–1 206–200–6 und andere	50 mg/kg
Polychlorierte Dibenzo-p-dioxine und Dibenzofurane (PCDD/PCDF)			15 µg/kg[(2)]
DDT (1,1,1-Trichlor-2,2-bis(4-chlorophenyl)ethan)	50–29–3	200–024–3	50 mg/kg

(Fortsetzung)

Stoff	CAS-Nr.	EG-Nr.	Konzentrationsgrenze gemäß Artikel 7 Absatz 4 Buchstabe a
Chlordan	57–74–9	200–349–0	50 mg/kg
Hexachlorcyclohexane, einschließlich Lindan	58–89–9 319–84–6 319–85–7 608–73–1	210–168–9 200–401–2 206–270–8 206–271–3	50 mg/kg
Dieldrin	60–57–1	200–484–5	50 mg/kg
Endrin	72–20–8	200–775–7	50 mg/kg
Heptachlor	76–44–8	200–962–3	50 mg/kg
Hexachlorbenzol	118–74–1	204–273–9	50 mg/kg
Chlordecon	143–50–0	205–601–3	50 mg/kg
Aldrin	309–00–2	206–215–8	50 mg/kg
Pentachlorbenzol	608–93–5	210–172–0	50 mg/kg
Polychlorierte Biphenyle (PCB)	1336–36–3 und andere	215–648–1	50 mg/kg(3)
Mirex	2385–85–5	219–196–6	50 mg/kg
Toxaphen	8001–35–2	232–283–3	50 mg/kg
Hexabrombiphenyl	36355–01–8	252–994–2	50 mg/kg
Hexabromcyclododecan(4)	25637–99–4, 3194–55–6, 134237–50–6, 134237–51–7, 134237–52–8	247–148–4 221–695–9	1 000 mg/kg, vorbehaltlich einer Überprüfung durch die Kommission bis 20.4.2019

(1) Polychlorierte Naphtaline sind auf dem Naphtalinringsystem basierende chemische Verbindungen, bei denen ein oder mehrere Wasserstoffatome durch Chloratome ersetzt sind.

(2) Die Höchstwerte für PCDD und PCDF werden auf der Grundlage der folgenden Toxizitätsäquivalenzfaktoren (TEF) berechnet:

PCDD	TEF	PCDF	TEF	PCDD	TEF
2,3,7,8-TeCDD	1	2,3,7,8-TeCDF	0,1	1,2,3,6,7,8-HxCDF	0,1
1,2,3,7,8-PeCDD	1	1,2,3,7,8-PeCDF	0,03	1,2,3,7,8,9-HxCDF	0,1
1,2,3,4,7,8-HxCDD	0,1	2,3,4,7,8-PeCDF	0,3	2,3,4,6,7,8-HxCDF	0,1
1,2,3,6,7,8-HxCDD	0,1	1,2,3,4,7,8-HxCDF	0,1	1,2,3,4,6,7,8-HpCDF	0,01
1,2,3,7,8,9-HxCDD	0,1			1,2,3,4,7,8,9-HpCDF	0,01
1,2,3,4,6,7,8-HpCDD	0,01			OCDF	0,0003
OCDD	0,0003				

(3) Das in den europäischen Normen EN 12766–1 und EN 12766–2 festgelegte Berechnungsverfahren ist anzuwenden.

(4) „Hexabromcyclododecan" bezeichnet Hexabromcyclododecan, 1,2,5,6,9,10-Hexabromcyclododecan und seine wichtigsten Diastereoisomere: Alpha-Hexabromcyclododecan, Beta-Hexabromcyclododecan und Gamma-Hexabromcyclododecan.

ANHANG V

ABFALLBEWIRTSCHAFTUNG

Teil 1 Beseitigung und Verwertung gemäß Artikel 7 Absatz 2

Folgende Beseitigungs- und Verwertungsverfahren gemäß den Anhängen I und II der Richtlinie 2008/98/EG sind für die Zwecke des Artikels 7 Absatz 2 zulässig, wenn sie so angewendet werden, dass der Gehalt an persistenten organischen Schadstoffen zerstört oder unumkehrbar umgewandelt wird:

D9	chemisch/physikalische Behandlung.
D10	Verbrennung an Land.
R1	Hauptverwendung als Brennstoff oder andere Mittel der Energieerzeugung, mit Ausnahme PCB-haltiger Abfälle.
R4	Verwertung/Rückgewinnung von Metallen und Metallverbindungen aus Rückständen der Eisen- und Stahlerzeugung wie Stäuben oder Schlämmen aus der Gasreinigung oder Walzzunder oder zinkhaltigen Filterstäuben aus Stahlwerken, Stäuben aus den Gasreinigungsanlagen von Kupferschmelzen und ähnlichen Abfällen sowie bleihaltigen Laugungsrückständen aus der NE-Metallerzeugung. PCB-haltige Abfälle sind ausgenommen. Die Vorgänge beschränken sich auf die Rückgewinnung von Eisen und Eisenlegierungen (Hochofen, Schachtofen und Herdofen) und Nichteisenmetallen (Wälzrohrverfahren, Badschmelzverfahren in vertikalen oder horizontalen Öfen), sofern diese Anlagen als Mindestanforderung die gemäß der Richtlinie 2010/75/EU des Europäischen Parlaments und des Rates[(1)] festgesetzten Grenzwerte für PCDD- und PCDF-Emissionen einhalten, unabhängig davon, ob die Anlagen unter die genannte Richtlinie fallen, und unbeschadet der sonstigen Bestimmungen der Richtlinie.
(1)	Richtlinie 2010/75/EU des Europäischen Parlaments und des Rates vom 24. November 2010 über Industrieemissionen (integrierte Vermeidung und Verminderung der Umweltverschmutzung) (ABl. L 334 vom 17.12.2010, S. 17).

Ein Vorbehandlungsverfahren vor der Zerstörung oder unumkehrbaren Umwandlung gemäß diesem Teil dieses Anhangs kann durchgeführt werden, vorausgesetzt, dass ein in Anhang IV aufgelisteter Stoff, der während der Vorbehandlung von dem Abfall isoliert wird, anschließend gemäß diesem Teil dieses Anhangs beseitigt wird. Wenn nur ein Teil eines Produkts oder Abfalls, wie ein Altgerät, persistente organische Schadstoffe enthält oder mit diesen verunreinigt ist, so wird dieser abgesondert und dann gemäß den Anforderungen dieser Verordnung entsorgt. Zusätzlich können vor der genannten Vorbehandlung oder vor der Zerstörung oder unumkehrbaren Umwandlung gemäß diesem Teil dieses Anhangs Verfahren der Umverpackung und zeitweiligen Lagerung durchgeführt werden.

Teil 2 Abfälle und Verfahren, für die Artikel 7 Absatz 4 Buchstabe b gilt

Folgende Verfahren sind für die Zwecke des Artikels 7 Absatz 4 Buchstabe b bezüglich der angegebenen Abfälle zulässig, die durch den sechsstelligen Code in der Entscheidung 2000/532/EG der Kommission[(1)] definiert sind:

Ein Vorbehandlungsverfahren vor der Dauerlagerung gemäß diesem Teil dieses Anhangs kann durchgeführt werden, vorausgesetzt, dass ein in Anhang IV aufgelisteter Stoff, der während der Vorbehandlung von dem Abfall isoliert wird, anschließend gemäß Teil 1 dieses Anhangs beseitigt wird. Zusätzlich können vor einer solchen Vorbehandlung oder vor der Dauerlagerung gemäß diesem Teil dieses Anhangs Verfahren der Umverpackung und zeitweiligen Lagerung durchgeführt werden.

---

(1) Entscheidung 2000/532/EG der Kommission vom 3. Mai 2000 zur Ersetzung der Entscheidung 94/3/EG über ein Abfallverzeichnis gemäß Artikel 1 Buchstabe a der Richtlinie 75/442/EWG des Rates über Abfälle und der Entscheidung 94/904/EG des Rates über ein Verzeichnis gefährlicher Abfälle im Sinne von Artikel 1 Absatz 4 der Richtlinie 91/689/EWG des Rates über gefährliche Abfälle (ABl. L 226 vom 6. 9. 2000, S. 3).

Abfälle, eingestuft gemäß der Entscheidung 2000/532/EG		Höchstwerte für die Konzentration der in Anhang IV[1] aufgelisteten Stoffe	Verfahren
10	ABFÄLLE AUS THERMISCHEN PROZESSEN	Alkane C_{10}–C_{13}, Chlor (kurzkettige chlorierte Paraffine) (SCCP) 10 000 mg/kg; Aldrin: 5 000 mg/kg; Chlordan: 5 000 mg/kg; Chlordecon: 5 000 mg/kg; DDT (1,1,1-Trichlor-2,2-bis(4-chlorphenyl)ethan): 5 000 mg/kg; Dieldrin: 5 000 mg/kg; Endosulfan: 5 000 mg/kg; Endrin: 5 000 mg/kg; Heptachlor: 5 000 mg/kg; Hexabrombiphenyl: 5 000 mg/kg; Hexabromcyclododecan[3]: 1 000 mg/kg; Hexachlorbenzol: 5 000 mg/kg; Hexachlorbutadien: 1 000 mg/kg; Hexachlorcyclohexane, einschließlich Lindan: 5 000 mg/kg; Mirex: 5 000 mg/kg; Pentachlorbenzol: 5 000 mg/kg; Perfluoroctansulfonsäure und ihre Derivate (PFOS) ($C_8F_{17}SO_2X$) (X = OH, Metallsalze ($O\text{-}M^+$), Halogenide, Amide und andere Derivate einschließlich Polymere) 50 mg/kg; Polychlorierte Biphenyle (PCB)[6]: 50 mg/kg; Polychlorierte Dibenzo-p-dioxine und Dibenzofurane: 5 mg/kg; Polychlorierte Naphtaline (*): 1 000 mg/kg; Summe der Konzentrationen von Tetrabromdiphenylether ($C_{12}H_6Br_4O$), Pentabromdiphenylether ($C_{12}H_5Br_5O$), Hexabromdiphenylether ($C_{12}H_4Br_6O$) und Heptabromdiphenylether ($C_{12}H_3Br_7O$): 10 000 mg/kg; Toxaphen: 5 000 mg/kg.	Die permanente Lagerung ist nur gestattet, wenn alle nachstehenden Bedingungen erfüllt sind: 1. Die Lagerung erfolgt an einem der nachstehenden Standorte: – unter Tage in sicheren, tief gelegenen Felsformationen; – in Salzbergwerken; – auf Deponien für gefährliche Abfälle (vorausgesetzt die Abfälle sind, soweit technisch durchführbar, entsprechend den Anforderungen für eine Einstufung der Abfälle in Gruppe 19 03 der Entscheidung 2000/532/EG verfestigt oder teilweise stabilisiert). 2. Die Bestimmungen der Richtlinie 1999/31/EG des Rates[4] und der Entscheidung 2003/33/EG des Rates[5] wurden eingehalten. 3. Es wurde nachgewiesen, dass das gewählte Verfahren unter Umweltgesichtspunkten vorzuziehen ist.
10 01	Abfälle aus Kraftwerken und anderen Verbrennungsanlagen (außer 19)		
10 01 14*[2]	Rost- und Kesselasche, Schlacken und Kesselstaub aus der Abfallmitverbrennung, die gefährliche Stoffe enthalten		
10 01 16*	Filterstäube aus der Abfallmitverbrennung, die gefährliche Stoffe enthalten		
10 02	Abfälle aus der Eisen- und Stahlindustrie		
10 02 07*	Feste Abfälle aus der Abgasbehandlung, die gefährliche Stoffe enthalten		
10 03	Abfälle aus der thermischen Aluminium-Metallurgie		
10 03 04*	Schlacken aus der Erstschmelze		
10 03 08*	Salzschlacken aus der Zweitschmelze		
10 03 09*	Schwarze Krätzen aus der Zweitschmelze		
10 03 19*	Filterstaub, der gefährliche Stoffe enthält		
10 03 21*	Andere Teilchen und Staub (einschließlich Kugelmühlenstaub), die gefährliche Stoffe enthalten		
10 03 29*	Gefährliche Stoffe enthaltende Abfälle aus der Behandlung von Salzschlacken und schwarzen Krätzen		
10 04	Abfälle aus der thermischen Bleimetallurgie		
10 04 01*	Schlacken (Erst- und Zweitschmelze)		
10 04 02*	Krätzen und Abschaum (Erst- und Zweitschmelze)		
10 04 04*	Filterstaub		
10 04 05*	Andere Teilchen und Staub		
10 04 06*	Feste Abfälle aus der Abgasbehandlung		
10 05	Abfälle aus der thermischen Zinkmetallurgie		
10 05 03*	Filterstaub		
10 05 05*	Feste Abfälle aus der Abgasbehandlung		
10 06	Abfälle aus der thermischen Kupfermetallurgie		
10 06 03*	Filterstaub		
10 06 06*	Feste Abfälle aus der Abgasbehandlung		
10 08	Abfälle aus sonstiger thermischer Nichteisenmetallurgie		

(Fortsetzung)

Abfälle, eingestuft gemäß der Entscheidung 2000/532/EG		Höchstwerte für die Konzentration der in Anhang IV[1] aufgelisteten Stoffe	Verfahren
10 08 08*	Salzschlacken (Erst- und Zweitschmelze)		
10 08 15*	Filterstaub, der gefährliche Stoffe enthält		
10 09	Abfälle vom Gießen von Eisen und Stahl		
10 09 09*	Filterstaub, der gefährliche Stoffe enthält		
16	ABFÄLLE, DIE NICHT ANDERSWO IM VERZEICHNIS AUFGEFÜHRT SIND		
16 11	Gebrauchte Auskleidungen und feuerfeste Materialien		
16 11 01*	Auskleidungen und feuerfeste Materialien auf Kohlenstoffbasis aus metallurgischen Prozessen, die gefährliche Stoffe enthalten		
16 11 03*	Andere Auskleidungen und feuerfeste Materialien aus metallurgischen Prozessen, die gefährliche Stoffe enthalten		
17	BAU- UND ABBRUCHABFÄLLE (EINSCHLIEẞLICH AUSHUB VON VERUNREINIGTEN STANDORTEN)		
17 01	Beton, Ziegel, Fliesen und Keramik		
17 01 06*	Gemische aus oder getrennte Fraktionen von Beton, Ziegeln, Fliesen und Keramik, die gefährliche Stoffe enthalten		
17 05	Boden (einschließlich Aushub von verunreinigten Standorten), Steine und Baggergut		
17 05 03*	Boden und Steine, die gefährliche Stoffe enthalten		
17 09	Sonstige Bau- und Abbruchabfälle		
17 09 02*	Bau- und Abbruchabfälle, die PCB enthalten, ausgenommen Geräte, die PCB enthalten		
17 09 03*	Sonstige Bau- und Abbruchabfälle (einschließlich gemischte Abfälle), die gefährliche Stoffe enthalten		
19	ABFÄLLE AUS ABFALLBEHANDLUNGSANLAGEN, ÖFFENTLICHEN ABWASSERBEHANDLUNGSANLAGEN SOWIE DER AUFBEREITUNG VON WASSER FÜR DEN MENSCHLICHEN GEBRAUCH UND WASSER FÜR INDUSTRIELLE ZWECKE		
19 01	Abfälle aus der Verbrennung oder Pyrolyse von Abfällen		
19 01 07*	Feste Abfälle aus der Abgasbehandlung		
19 01 11*	Rost- und Kesselaschen sowie Schlacken, die gefährliche Stoffe enthalten		

(Fortsetzung)

Abfälle, eingestuft gemäß der Entscheidung 2000/532/EG		Höchstwerte für die Konzentration der in Anhang IV[1] aufgelisteten Stoffe	Verfahren
19 01 13*	Filterstaub, der gefährliche Stoffe enthält		
19 01 15*	Kesselstaub, der gefährliche Stoffe enthält		
19 04	Verglaste Abfälle und Abfälle aus der Verglasung		
19 04 02*	Filterstaub und andere Abfälle aus der Abgasbehandlung		
19 04 03*	Nicht verglaste Festphase		

(1) Die Höchstwerte gelten ausschließlich für Deponien für gefährliche Abfälle und gelten nicht für permanente unterirdische Speicher für gefährliche Abfälle einschließlich Salzbergwerke.

(2) Sämtliche mit einem Sternchen „*" gekennzeichneten Abfälle gelten als gefährliche Abfälle gemäß der Richtlinie 2008/98/EG und unterliegen den Bestimmungen der genannten Richtlinie.

(3) „Hexabromcyclododecan" bezeichnet Hexabromcyclododecan, 1,2,5,6,9,10-Hexabromcyclododecan und seine wichtigsten Diastereoisomere: Alpha- Hexabromcyclododecan, Beta-Hexabromcyclododecan und Gamma-Hexabromcyclododecan.

(4) Richtlinie 1999/31/EG des Rates vom 26. April 1999 über Abfalldeponien (ABl. L 182 vom 16. 7. 1999, S. 1).

(5) Entscheidung 2003/33/EG des Rates vom 19. Dezember 2002 zur Festlegung von Kriterien und Verfahren für die Annahme von Abfällen auf Abfalldeponien gemäß Artikel 16 und Anhang II der Richtlinie 1999/31/EG (ABl. L 11 vom 16. 1. 2003, S. 27).

(6) Das in den europäischen Normen EN 12766–1 und EN 12766–2 festgelegte Berechnungsverfahren ist anzuwenden.

Die Höchstwerte für polychlorierte Dibenzo-p-Dioxine und Dibenzofurane (PCDD und PCDF) werden auf der Grundlage der folgenden Toxizitätsäquivalenzfaktoren (TEF) berechnet:

PCDD	TEF
2,3,7,8-TeCDD	1
1,2,3,7,8-PeCDD	1
1,2,3,4,7,8-HxCDD	0,1
1,2,3,6,7,8-HxCDD	0,1
1,2,3,7,8,9-HxCDD	0,1
1,2,3,4,6,7,8-HpCDD	0,01
OCDD	0,0003
PCDF	TEF
2,3,7,8-TeCDF	0,1
1,2,3,7,8-PeCDF	0,03
2,3,4,7,8-PeCDF	0,3
1,2,3,4,7,8-HxCDF	0,1
1,2,3,6,7,8-HxCDF	0,1
1,2,3,7,8,9-HxCDF	0,1
2,3,4,6,7,8-HxCDF	0,1
1,2,3,4,6,7,8-HpCDF	0,01
1,2,3,4,7,8,9-HpCDF	0,01
OCDF	0,0003

ANHANG VI

Aufgehobene Verordnung mit der Liste ihrer nachfolgenden Änderungen

Verordnung (EG) Nr. 850/2004 des Europäischen Parlaments und des Rates (ABl. L 158 vom 30.4.2004, S. 7)	
Verordnung (EG) Nr. 1195/2006 des Rates (ABl. L 217 vom 8.8.2006, S. 1)	
Verordnung (EG) Nr. 172/2007 des Rates (ABl. L 55 vom 23.2.2007, S. 1)	
Verordnung (EG) Nr. 323/2007 der Kommission (ABl. L 85 vom 27.3.2007, S. 3)	
Verordnung (EG) Nr. 219/2009 des Europäischen Parlaments und des Rates (ABl. L 87 vom 31.3.2009, S. 109)	Nur Abschnitt 3.7 des Anhangs
Verordnung (EG) Nr. 304/2009 der Kommission (ABl. L 96 vom 15.4.2009, S. 33)	
Verordnung (EU) Nr. 756/2010 der Kommission (ABl. L 223 vom 25.8.2010, S. 20)	
Verordnung (EU) Nr. 757/2010 der Kommission (ABl. L 223 vom 25.8.2010, S. 29)	
Verordnung (EU) Nr. 519/2012 der Kommission (ABl. L 159 vom 20.6.2012, S. 1)	
Verordnung (EU) Nr. 1342/2014 der Kommission (ABl. L 363 vom 18.12.2014, S. 67)	
Verordnung (EU) 2015/2030 der Kommission (ABl. L 298 vom 14.11.2015, S. 1)	
Verordnung (EU) 2016/293 der Kommission (ABl. L 55 vom 2.3.2016, S. 4)	
Verordnung (EU) 2016/460 der Kommission (ABl. L 80 vom 31.3.2016, S. 17)	

ANHANG VII

ENTSPRECHUNGSTABELLE

Verordnung (EG) Nr. 850/2004	Vorliegende Verordnung
Artikel 1 Absatz 1	Artikel 1
Artikel 2, Einleitungssatz	Artikel 2, Einleitungssatz
Artikel 2 Buchstaben a bis d	Artikel 2 Nummern 1 bis 4
—	Artikel 2 Nummern 5 bis 7
Artikel 2 Buchstabe e	Artikel 2 Nummer 8
Artikel 2 Buchstabe f	Artikel 2 Nummer 9
Artikel 2 Buchstabe g	Artikel 2 Nummer 10
—	Artikel 2 Nummern 11 bis 13
Artikel 3	Artikel 3 Absätze 1 bis 3
—	Artikel 3 Absätze 4 und 5
Artikel 1 Absatz 2	Artikel 3 Absatz 6
Artikel 4 Absätze 1 bis 3	Artikel 4 Absätze 1 bis 3
—	Artikel 4 Absatz 3 Buchstabe d
Artikel 1 Absatz 2	Artikel 4 Absatz 4
Artikel 5	Artikel 5
Artikel 6	Artikel 6
Artikel 7 Absätze 1 bis 4	Artikel 7 Absätze 1 bis 4
Artikel 7 Absatz 6	Artikel 7 Absatz 5
—	Artikel 7 Absatz 6
Artikel 7 Absatz 7	—
—	Artikel 8
Artikel 8	Artikel 9
Artikel 9	Artikel 10
Artikel 10	Artikel 11
Artikel 11	Artikel 12
Artikel 12 Absatz 1	Artikel 13 Absatz 1 Buchstabe a
Artikel 12 Absatz 3 Buchstabe a	Artikel 13 Absatz 1 Buchstabe b
Artikel 12 Absatz 3 Buchstabe b	Artikel 13 Absatz 1 Buchstabe c
—	Artikel 13 Absatz 1 Buchstabe d

25

(Fortsetzung)

Verordnung (EG) Nr. 850/2004	Vorliegende Verordnung
Artikel 12 Absatz 3 Buchstabe c	Artikel 13 Absatz 1 Buchstabe e
Artikel 12 Absatz 2	Artikel 13 Absatz 1 Buchstabe f
—	Artikel 13 Absatz 2
Artikel 12 Absatz 4	—
Artikel 12 Absatz 5	Artikel 13 Absatz 3
Artikel 12 Absatz 6	—
—	Artikel 13 Absätze 4 und 5
Artikel 13	Artikel 14
Artikel 14	Artikel 15 Absatz 1
Artikel 7 Absatz 5	Artikel 15 Absatz 2
—	Artikel 16
—	Artikel 17
—	Artikel 18
Artikel 15	Artikel 19
Artikel 16 und 17	Artikel 20
Artikel 18	—
—	Artikel 21
Artikel 19	Artikel 22
Anhänge I bis V	Anhänge I bis V
—	Anhang VI
—	Anhang VII

Strafgesetzbuch *(Auszug)*

(StGB)

Vom 13. November 1998 (BGBl. I S. 3322)

Zuletzt geändert am 1. November 2016 (BGBl. I S. 2452) *[Betrifft § 326 Absatz 2]*

...

Neunundzwanzigster Abschnitt

Straftaten gegen die Umwelt

§ 324 Gewässerverunreinigung

(1) Wer unbefugt ein Gewässer verunreinigt oder sonst dessen Eigenschaften nachteilig verändert, wird mit Freiheitsstrafe bis zu fünf Jahren oder mit Geldstrafe bestraft.

(2) Der Versuch ist strafbar.

(3) Handelt der Täter fahrlässig, so ist die Strafe Freiheitsstrafe bis zu drei Jahren oder Geldstrafe.

§ 324a Bodenverunreinigung

(1) Wer unter Verletzung verwaltungsrechtlicher Pflichten Stoffe in den Boden einbringt, eindringen läßt oder freisetzt und diesen dadurch

1. in einer Weise, die geeignet ist, die Gesundheit eines anderen, Tiere, Pflanzen oder andere Sachen von bedeutendem Wert oder ein Gewässer zu schädigen, oder
2. in bedeutendem Umfang

verunreinigt oder sonst nachteilig verändert, wird mit Freiheitsstrafe bis zu fünf Jahren oder mit Geldstrafe bestraft.

(2) Der Versuch ist strafbar.

(3) Handelt der Täter fahrlässig, so ist die Strafe Freiheitsstrafe bis zu drei Jahren oder Geldstrafe.

§ 325 Luftverunreinigung

(1) Wer beim Betrieb einer Anlage, insbesondere einer Betriebsstätte oder Maschine, unter Verletzung verwaltungsrechtlicher Pflichten Veränderungen der Luft verursacht, die geeignet sind, außerhalb des zur Anlage gehörenden Bereichs die Gesundheit eines anderen, Tiere, Pflanzen oder andere Sachen von bedeutendem Wert zu schädigen, wird mit Freiheitsstrafe bis zu fünf Jahren oder mit Geldstrafe bestraft. Der Versuch ist strafbar.

(2) Wer beim Betrieb einer Anlage, insbesondere einer Betriebsstätte oder Maschine, unter Verletzung verwaltungsrechtlicher Pflichten Schadstoffe in bedeutendem Umfang in die Luft außerhalb des Betriebsgeländes freisetzt, wird mit Freiheitsstrafe bis zu fünf Jahren oder mit Geldstrafe bestraft.

(3) Wer unter Verletzung verwaltungsrechtlicher Pflichten Schadstoffe in bedeutendem Umfang in die Luft freisetzt, wird mit Freiheitsstrafe bis zu drei Jahren oder mit Geldstrafe bestraft, wenn die Tat nicht nach Absatz 2 mit Strafe bedroht ist.

(4) Handelt der Täter in den Fällen der Absätze 1 und 2 fahrlässig, so ist die Strafe Freiheitsstrafe bis zu drei Jahren oder Geldstrafe.

(5) Handelt der Täter in den Fällen des Absatzes 3 leichtfertig, so ist die Strafe Freiheitsstrafe bis zu einem Jahr oder Geldstrafe.

(6) Schadstoffe im Sinne der Absätze 2 und 3 sind Stoffe, die geeignet sind,

1. die Gesundheit eines anderen, Tiere, Pflanzen oder andere Sachen von bedeutendem Wert zu schädigen oder
2. nachhaltig ein Gewässer, die Luft oder den Boden zu verunreinigen oder sonst nachteilig zu verändern.

(7) Absatz 1, auch in Verbindung mit Absatz 4, gilt nicht für Kraftfahrzeuge, Schienen-, Luft- oder Wasserfahrzeuge.

§ 325a Verursachen von Lärm, Erschütterungen und nichtionisierenden Strahlen

(1) Wer beim Betrieb einer Anlage, insbesondere einer Betriebsstätte oder Maschine, unter Verletzung verwaltungsrechtlicher Pflichten Lärm verursacht, der geeignet ist, außerhalb des zur Anlage gehörenden Bereichs die Gesundheit eines anderen zu schädigen, wird mit Freiheitsstrafe bis zu drei Jahren oder mit Geldstrafe bestraft.

(2) Wer beim Betrieb einer Anlage, insbesondere einer Betriebsstätte oder Maschine, unter Verletzung verwaltungsrechtlicher Pflichten, die dem Schutz vor Lärm, Erschütterungen oder nichtionisierenden Strahlen dienen, die Gesundheit eines anderen, ihm nicht gehörende Tiere oder fremde Sachen von bedeutendem Wert gefährdet, wird mit Freiheitsstrafe bis zu fünf Jahren oder mit Geldstrafe bestraft.

(3) Handelt der Täter fahrlässig, so ist die Strafe

1. in den Fällen des Absatzes 1 Freiheitsstrafe bis zu zwei Jahren oder Geldstrafe,
2. in den Fällen des Absatzes 2 Freiheitsstrafe bis zu drei Jahren oder Geldstrafe.

(4) Die Absätze 1 bis 3 gelten nicht für Kraftfahrzeuge, Schienen-, Luft- oder Wasserfahrzeuge.

§ 326 Unerlaubter Umgang mit Abfällen

(1) Wer unbefugt Abfälle, die

1. Gifte oder Erreger von auf Menschen oder Tiere übertragbaren gemeingefährlichen Krankheiten enthalten oder hervorbringen können,
2. für den Menschen krebserzeugend, fortpflanzungsgefährdend oder erbgutverändernd sind,
3. explosionsgefährlich, selbstentzündlich oder nicht nur geringfügig radioaktiv sind oder
4. nach Art, Beschaffenheit oder Menge geeignet sind,
   a) nachhaltig ein Gewässer, die Luft oder den Boden zu verunreinigen oder sonst nachteilig zu verändern oder
   b) einen Bestand von Tieren oder Pflanzen zu gefährden,

außerhalb einer dafür zugelassenen Anlage oder unter wesentlicher Abweichung von einem vorgeschriebenen oder zugelassenen Verfahren sammelt, befördert, behandelt, verwertet, lagert, ablagert, ablässt, beseitigt, handelt, makelt oder sonst bewirtschaftet, wird mit Freiheitsstrafe bis zu fünf Jahren oder mit Geldstrafe bestraft.

(2) Ebenso wird bestraft, wer Abfälle im Sinne des Absatzes 1 entgegen einem Verbot oder ohne die erforderliche Genehmigung in den, aus dem oder durch den Geltungsbereich dieses Gesetzes verbringt.

(3) Wer radioaktive Abfälle unter Verletzung verwaltungsrechtlicher Pflichten nicht abliefert, wird mit Freiheitsstrafe bis zu drei Jahren oder mit Geldstrafe bestraft.

(4) In den Fällen der Absätze 1 und 2 ist der Versuch strafbar.

(5) Handelt der Täter fahrlässig, so ist die Strafe

1. in den Fällen der Absätze 1 und 2 Freiheitsstrafe bis zu drei Jahren oder Geldstrafe,
2. in den Fällen des Absatzes 3 Freiheitsstrafe bis zu einem Jahr oder Geldstrafe.

(6) Die Tat ist dann nicht strafbar, wenn schädliche Einwirkungen auf die Umwelt, insbesondere auf Menschen, Gewässer, die Luft, den Boden, Nutztiere oder Nutzpflanzen, wegen der geringen Menge der Abfälle offensichtlich ausgeschlossen sind.

§ 327 Unerlaubtes Betreiben von Anlagen

(1) Wer ohne die erforderliche Genehmigung oder entgegen einer vollziehbaren Untersagung

1. eine kerntechnische Anlage betreibt, eine betriebsbereite oder stillgelegte kerntechnische Anlage innehat oder ganz oder teilweise abbaut oder eine solche Anlage oder ihren Betrieb wesentlich ändert oder
2. eine Betriebsstätte, in der Kernbrennstoffe verwendet werden, oder deren Lage wesentlich ändert,

wird mit Freiheitsstrafe bis zu fünf Jahren oder mit Geldstrafe bestraft.

(2) Mit Freiheitsstrafe bis zu drei Jahren oder mit Geldstrafe wird bestraft, wer

1. eine genehmigungsbedürftige Anlage oder eine sonstige Anlage im Sinne des Bundes-Immissionsschutzgesetzes, deren Betrieb zum Schutz vor Gefahren untersagt worden ist,
2. eine genehmigungsbedürftige Rohrleitungsanlage zum Befördern wassergefährdender Stoffe im Sinne des Gesetzes über die Umweltverträglichkeitsprüfung,
3. eine Abfallentsorgungsanlage im Sinne des Kreislaufwirtschaftsgesetzes oder
4. eine Abwasserbehandlungsanlage nach § 60 Absatz 3 des Wasserhaushaltsgesetzes

ohne die nach dem jeweiligen Gesetz erforderliche Genehmigung oder Planfeststellung oder entgegen einer auf dem jeweiligen Gesetz beruhenden vollziehbaren Untersagung betreibt. Ebenso wird bestraft, wer ohne die erforderliche Genehmigung oder Planfeststellung oder entgegen einer vollziehbaren Untersagung eine Anlage, in der gefährliche Stoffe oder Gemische gelagert oder verwendet oder gefährliche Tätigkeiten ausgeübt werden, in einem anderen Mitgliedstaat der Europäischen Union in einer Weise betreibt, die geeignet ist, außerhalb der Anlage Leib oder Leben eines anderen Menschen zu schädigen oder erhebliche Schäden an Tieren oder Pflanzen, Gewässern, der Luft oder dem Boden herbeizuführen.

(3) Handelt der Täter fahrlässig, so ist die Strafe

1. in den Fällen des Absatzes 1 Freiheitsstrafe bis zu drei Jahren oder Geldstrafe,

2. in den Fällen des Absatzes 2 Freiheitsstrafe bis zu zwei Jahren oder Geldstrafe.

§ 328 Unerlaubter Umgang mit radioaktiven Stoffen und anderen gefährlichen Stoffen und Gütern

(1) Mit Freiheitsstrafe bis zu fünf Jahren oder mit Geldstrafe wird bestraft,

1. wer ohne die erforderliche Genehmigung oder entgegen einer vollziehbaren Untersagung Kernbrennstoffe oder
2. wer ohne die erforderliche Genehmigung oder wer entgegen einer vollziehbaren Untersagung sonstige radioaktive Stoffe, die nach Art, Beschaffenheit oder Menge geeignet sind, durch ionisierende Strahlen den Tod oder eine schwere Gesundheitsschädigung eines anderen oder erhebliche Schäden an Tieren oder Pflanzen, Gewässern, der Luft oder dem Boden herbeizuführen,

herstellt, aufbewahrt, befördert, bearbeitet, verarbeitet oder sonst verwendet, einführt oder ausführt.

(2) Ebenso wird bestraft, wer

1. Kernbrennstoffe, zu deren Ablieferung er auf Grund des Atomgesetzes verpflichtet ist, nicht unverzüglich abliefert,
2. Kernbrennstoffe oder die in Absatz 1 Nr. 2 bezeichneten Stoffe an Unberechtigte abgibt oder die Abgabe an Unberechtigte vermittelt,
3. eine nukleare Explosion verursacht oder
4. einen anderen zu einer in Nummer 3 bezeichneten Handlung verleitet oder eine solche Handlung fördert.

(3) Mit Freiheitsstrafe bis zu fünf Jahren oder mit Geldstrafe wird bestraft, wer unter Verletzung verwaltungsrechtlicher Pflichten

1. beim Betrieb einer Anlage, insbesondere einer Betriebsstätte oder technischen Einrichtung, radioaktive Stoffe oder gefährliche Stoffe und Gemische nach Artikel 3 der Verordnung (EG) Nr. 1272/2008 des Europäischen Parlaments und des Rates vom 16. Dezember 2008 über die Einstufung, Kennzeichnung und Verpackung von Stoffen und Gemischen, zur Änderung und Aufhebung der Richtlinien 67/548/EWG und 1999/45/EG und zur Änderung der Verordnung (EG) Nr. 1907/2006 (ABl. L 353 vom 31.12.2008, S. 1), die zuletzt durch die Verordnung (EG) Nr. 790/2009 (ABl. L 235 vom 5.9.2009, S. 1) geändert worden ist, lagert, bearbeitet, verarbeitet oder sonst verwendet oder
2. gefährliche Güter befördert, versendet, verpackt oder auspackt, verlädt oder entlädt, entgegennimmt oder anderen überläßt

und dadurch die Gesundheit eines anderen, Tiere oder Pflanzen, Gewässer, die Luft oder den Boden oder fremde Sachen von bedeutendem Wert gefährdet.

(4) Der Versuch ist strafbar.

(5) Handelt der Täter fahrlässig, so ist die Strafe Freiheitsstrafe bis zu drei Jahren oder Geldstrafe.

(6) Die Absätze 4 und 5 gelten nicht für Taten nach Absatz 2 Nr. 4.

§ 329 Gefährdung schutzbedürftiger Gebiete

(1) Wer entgegen einer auf Grund des Bundes-Immissionsschutzgesetzes erlassenen Rechtsverordnung über ein Gebiet, das eines besonderen Schutzes vor schädlichen Umwelteinwirkungen durch Luftverunreinigungen oder Geräusche bedarf oder in dem während austauscharmer Wetterlagen ein starkes Anwachsen schädlicher Umwelteinwirkungen durch Luftverunreinigungen zu befürchten ist, Anlagen innerhalb des Gebiets betreibt, wird mit Freiheitsstrafe bis zu drei Jahren oder mit Geldstrafe bestraft. Ebenso wird bestraft, wer innerhalb eines solchen Gebiets Anlagen entgegen einer vollziehbaren Anordnung betreibt, die auf Grund einer in Satz 1 bezeichneten Rechtsverordnung ergangen ist. Die Sätze 1 und 2 gelten nicht für Kraftfahrzeuge, Schienen-, Luft- oder Wasserfahrzeuge.

(2) Wer entgegen einer zum Schutz eines Wasser- oder Heilquellenschutzgebietes erlassenen Rechtsvorschrift oder vollziehbaren Untersagung

1. betriebliche Anlagen zum Umgang mit wassergefährdenden Stoffen betreibt,
2. Rohrleitungsanlagen zum Befördern wassergefährdender Stoffe betreibt oder solche Stoffe befördert oder
3. im Rahmen eines Gewerbebetriebes Kies, Sand, Ton oder andere feste Stoffe abbaut,

wird mit Freiheitsstrafe bis zu drei Jahren oder mit Geldstrafe bestraft. Betriebliche Anlage im Sinne des Satzes 1 ist auch die Anlage in einem öffentlichen Unternehmen.

(3) Wer entgegen einer zum Schutz eines Naturschutzgebietes, einer als Naturschutzgebiet einstweilig sichergestellten Fläche oder eines Nationalparks erlassenen Rechtsvorschrift oder vollziehbaren Untersagung

1. Bodenschätze oder andere Bodenbestandteile abbaut oder gewinnt,
2. Abgrabungen oder Aufschüttungen vornimmt,
3. Gewässer schafft, verändert oder beseitigt,
4. Moore, Sümpfe, Brüche oder sonstige Feuchtgebiete entwässert,
5. Wald rodet,
6. Tiere einer im Sinne des Bundesnaturschutzgesetzes besonders geschützten Art tötet, fängt, diesen nachstellt oder deren Gelege ganz oder teilweise zerstört oder entfernt,
7. Pflanzen einer im Sinne des Bundesnaturschutzgesetzes besonders geschützten Art beschädigt oder entfernt oder
8. ein Gebäude errichtet

und dadurch den jeweiligen Schutzzweck nicht unerheblich beeinträchtigt, wird mit Freiheitsstrafe bis zu fünf Jahren oder mit Geldstrafe bestraft.

(4) Wer unter Verletzung verwaltungsrechtlicher Pflichten in einem Natura 2000-Gebiet einen für die Erhaltungsziele oder den Schutzzweck dieses Gebietes maßgeblichen

1. Lebensraum einer Art, die in Artikel 4 Absatz 2 oder Anhang I der Richtlinie 2009/147/EG des Europäischen Parlaments und des Rates vom 30. November 2009 über die Erhaltung der wildlebenden Vogelarten (ABl. L 20 vom 26. 1. 2010, S. 7) oder in Anhang II der Richtlinie 92/43/EWG des Rates vom 21. Mai 1992 zur Erhaltung der natürlichen Lebensräume sowie der wildlebenden Tiere und Pflanzen (ABl. L 206 vom 22. 7. 1992, S. 7), die zuletzt durch die

Richtlinie 2013/17/EU (ABl. L 158 vom 10.6.2013, S. 193) geändert worden ist, aufgeführt ist, oder

2. natürlichen Lebensraumtyp, der in Anhang I der Richtlinie 92/43/EWG des Rates vom 21. Mai 1992 zur Erhaltung der natürlichen Lebensräume sowie der wildlebenden Tiere und Pflanzen (ABl. L 206 vom 22.7.1992, S. 7), die zuletzt durch die Richtlinie 2013/17/EU (ABl. L 158 vom 10.6.2013, S. 193) geändert worden ist, aufgeführt ist,

erheblich schädigt, wird mit Freiheitsstrafe bis zu fünf Jahren oder mit Geldstrafe bestraft.

(5) Handelt der Täter fahrlässig, so ist die Strafe

1. in den Fällen der Absätze 1 und 2 Freiheitsstrafe bis zu zwei Jahren oder Geldstrafe,
2. in den Fällen des Absatzes 3 Freiheitsstrafe bis zu drei Jahren oder Geldstrafe.

(6) Handelt der Täter in den Fällen des Absatzes 4 leichtfertig, so ist die Strafe Freiheitsstrafe bis zu drei Jahren oder Geldstrafe.

§ 330 Besonders schwerer Fall einer Umweltstraftat

(1) In besonders schweren Fällen wird eine vorsätzliche Tat nach den §§ 324 bis 329 mit Freiheitsstrafe von sechs Monaten bis zu zehn Jahren bestraft. Ein besonders schwerer Fall liegt in der Regel vor, wenn der Täter

1. ein Gewässer, den Boden oder ein Schutzgebiet im Sinne des § 329 Abs. 3 derart beeinträchtigt, daß die Beeinträchtigung nicht, nur mit außerordentlichem Aufwand oder erst nach längerer Zeit beseitigt werden kann,
2. die öffentliche Wasserversorgung gefährdet,
3. einen Bestand von Tieren oder Pflanzen einer streng geschützten Art nachhaltig schädigt oder
4. aus Gewinnsucht handelt.

(2) Wer durch eine vorsätzliche Tat nach den §§ 324 bis 329

1. einen anderen Menschen in die Gefahr des Todes oder einer schweren Gesundheitsschädigung oder eine große Zahl von Menschen in die Gefahr einer Gesundheitsschädigung bringt oder
2. den Tod eines anderen Menschen verursacht,

wird in den Fällen der Nummer 1 mit Freiheitsstrafe von einem Jahr bis zu zehn Jahren, in den Fällen der Nummer 2 mit Freiheitsstrafe nicht unter drei Jahren bestraft, wenn die Tat nicht in § 330a Abs. 1 bis 3 mit Strafe bedroht ist.

(3) In minder schweren Fällen des Absatzes 2 Nr. 1 ist auf Freiheitsstrafe von sechs Monaten bis zu fünf Jahren, in minder schweren Fällen des Absatzes 2 Nr. 2 auf Freiheitsstrafe von einem Jahr bis zu zehn Jahren zu erkennen.

§ 330a Schwere Gefährdung durch Freisetzen von Giften

(1) Wer Stoffe, die Gifte enthalten oder hervorbringen können, verbreitet oder freisetzt und dadurch die Gefahr des Todes oder einer schweren Gesundheitsschädigung eines anderen Menschen oder die Gefahr einer Gesundheitsschädigung einer großen Zahl von Menschen verursacht, wird mit Freiheitsstrafe von einem Jahr bis zu zehn Jahren bestraft.

(2) Verursacht der Täter durch die Tat den Tod eines anderen Menschen, so ist die Strafe Freiheitsstrafe nicht unter drei Jahren.

(3) In minder schweren Fällen des Absatzes 1 ist auf Freiheitsstrafe von sechs Monaten bis zu fünf Jahren, in minder schweren Fällen des Absatzes 2 auf Freiheitsstrafe von einem Jahr bis zu zehn Jahren zu erkennen.

(4) Wer in den Fällen des Absatzes 1 die Gefahr fahrlässig verursacht, wird mit Freiheitsstrafe bis zu fünf Jahren oder mit Geldstrafe bestraft.

(5) Wer in den Fällen des Absatzes 1 leichtfertig handelt und die Gefahr fahrlässig verursacht, wird mit Freiheitsstrafe bis zu drei Jahren oder mit Geldstrafe bestraft.

§ 330b Tätige Reue

(1) Das Gericht kann in den Fällen des § 325a Abs. 2, des § 326 Abs. 1 bis 3, des § 328 Abs. 1 bis 3 und des § 330a Abs. 1, 3 und 4 die Strafe nach seinem Ermessen mildern (§ 49 Abs. 2) oder von Strafe nach diesen Vorschriften absehen, wenn der Täter freiwillig die Gefahr abwendet oder den von ihm verursachten Zustand beseitigt, bevor ein erheblicher Schaden entsteht. Unter denselben Voraussetzungen wird der Täter nicht nach § 325a Abs. 3 Nr. 2, § 326 Abs. 5, § 328 Abs. 5 und § 330a Abs. 5 bestraft.

(2) Wird ohne Zutun des Täters die Gefahr abgewendet oder der rechtswidrig verursachte Zustand beseitigt, so genügt sein freiwilliges und ernsthaftes Bemühen, dieses Ziel zu erreichen.

§ 330c Einziehung

Ist eine Straftat nach den §§ 326, 327 Abs. 1 oder 2, §§ 328, 329 Absatz 1, 2 oder Absatz 3, dieser auch in Verbindung mit Absatz 5, oder Absatz 4, dieser auch in Verbindung mit Absatz 6, begangen worden, so können

1. Gegenstände, die durch die Tat hervorgebracht oder zu ihrer Begehung oder Vorbereitung gebraucht worden oder bestimmt gewesen sind, und
2. Gegenstände, auf die sich die Tat bezieht,

eingezogen werden. § 74a ist anzuwenden.

§ 330d Begriffsbestimmungen

(1) Im Sinne dieses Abschnitts ist

1. ein Gewässer:
   ein oberirdisches Gewässer, das Grundwasser und das Meer;
2. eine kerntechnische Anlage:
   eine Anlage zur Erzeugung oder zur Bearbeitung oder Verarbeitung oder zur Spaltung von Kernbrennstoffen oder zur Aufarbeitung bestrahlter Kernbrennstoffe;
3. ein gefährliches Gut:
   ein Gut im Sinne des Gesetzes über die Beförderung gefährlicher Güter und einer darauf beruhenden Rechtsverordnung und im Sinne der Rechtsvorschriften über die internationale Beförderung gefährlicher Güter im jeweiligen Anwendungsbereich;
4. eine verwaltungsrechtliche Pflicht:
   eine Pflicht, die sich aus

a) einer Rechtsvorschrift,

b) einer gerichtlichen Entscheidung,

c) einem vollziehbaren Verwaltungsakt,

d) einer vollziehbaren Auflage oder

e) einem öffentlich-rechtlichen Vertrag, soweit die Pflicht auch durch Verwaltungsakt hätte auferlegt werden können,

ergibt und dem Schutz vor Gefahren oder schädlichen Einwirkungen auf die Umwelt, insbesondere auf Menschen, Tiere oder Pflanzen, Gewässer, die Luft oder den Boden, dient;

5. ein Handeln ohne Genehmigung, Planfeststellung oder sonstige Zulassung:
auch ein Handeln auf Grund einer durch Drohung, Bestechung oder Kollusion erwirkten oder durch unrichtige oder unvollständige Angaben erschlichenen Genehmigung, Planfeststellung oder sonstigen Zulassung.

(2) Für die Anwendung der §§ 311, 324a, 325, 326, 327 und 328 stehen in Fällen, in denen die Tat in einem anderen Mitgliedstaat der Europäischen Union begangen worden ist,

1. einer verwaltungsrechtlichen Pflicht,
2. einem vorgeschriebenen oder zugelassenen Verfahren,
3. einer Untersagung,
4. einem Verbot,
5. einer zugelassenen Anlage,
6. einer Genehmigung und
7. einer Planfeststellung

entsprechende Pflichten, Verfahren, Untersagungen, Verbote, zugelassene Anlagen, Genehmigungen und Planfeststellungen auf Grund einer Rechtsvorschrift des anderen Mitgliedstaats der Europäischen Union oder auf Grund eines Hoheitsakts des anderen Mitgliedstaats der Europäischen Union gleich. Dies gilt nur, soweit damit ein Rechtsakt der Europäischen Union oder ein Rechtsakt der Europäischen Atomgemeinschaft umgesetzt oder angewendet wird, der dem Schutz vor Gefahren oder schädlichen Einwirkungen auf die Umwelt, insbesondere auf Menschen, Tiere oder Pflanzen, Gewässer, die Luft oder den Boden, dient.

...

Gesetz über das Inverkehrbringen, die Rücknahme und die hochwertige Verwertung von Verpackungen

(Verpackungsgesetz – VerpackG)

Vom 5. Juli 2017 (BGBl. I S. 2234)

zuletzt geändert am 9. Juni 2021 (BGBl. I S. 1699)

Das Verpackungsgesetz trat am 1. Januar 2019 in Kraft. Gleichzeitig trat die Verpackungsverordnung außer Kraft.

Inhaltsübersicht

Abschnitt 4
Systeme

§ 18 Genehmigung und Organisation

§ 19 Gemeinsame Stelle

§ 20 Meldepflichten

§ 21 Ökologische Gestaltung der Beteiligungsentgelte

§ 22 Abstimmung

§ 23 Vergabe von Sammelleistungen

Abschnitt 5
Zentrale Stelle

§ 24 Errichtung und Rechtsform; Stiftungssatzung

§ 25 Finanzierung

§ 26 Aufgaben

§ 27 Registrierung von Sachverständigen und sonstigen Prüfern

§ 28 Organisation

§ 29 Aufsicht und Finanzkontrolle

§ 30 Teilweiser Ausschluss des Wiederspruchsverfahrens und der aufschiebenden Wirkung der Anfechtungsklage; Widerspruchsbehörde

Abschnitt 6
Getränkeverpackungen

§ 30a Mindestrezyklatanteil bei bestimmten Einwegkunststoffgetränkeflaschen

§ 31 Pfand- und Rücknahmepflichten für Einweggetränkeverpackungen

§ 32 Hinweispflichten

Abschnitt 7
Minderung des Verbrauchs bestimmter Einwegverpackungen

§ 33 Mehrwegalternative für Einwegkunststofflebensmittelverpackungen und Einweggetränkebecher

§ 34 Erleichterungen für kleine Unternehmen und Verkaufsautomaten

Abschnitt 8
Schlussbestimmungen

§ 35 Beauftragung Dritter und Bevollmächtigung

§ 36 Bußgeldvorschriften

§ 37 Einziehung

§ 38 Übergangsvorschriften

Anlagen

Abschnitt 1 Allgemeine Vorschriften

§ 1 Abfallwirtschaftliche Ziele

(1) Dieses Gesetz legt Anforderungen an die Produktverantwortung nach § 23 des Kreislaufwirtschaftsgesetzes für Verpackungen fest. Es bezweckt, die Auswirkungen von Verpackungsabfällen auf die Umwelt zu vermeiden oder zu verringern. Um dieses Ziel zu erreichen, soll das Gesetz das Verhalten der Verpflichteten so regeln, dass Verpackungsabfälle vorrangig vermieden und darüber hinaus einer Vorbereitung zur Wiederverwendung oder dem Recycling zugeführt werden. Dabei sollen die Marktteilnehmer vor unlauterem Wettbewerb geschützt werden.

(2) Durch eine gemeinsame haushaltsnahe Sammlung von Verpackungsabfällen und weiteren stoffgleichen Haushaltsabfällen sollen zusätzliche Wertstoffe für ein hochwertiges Recycling gewonnen werden.

(3) Der Anteil der in Mehrweggetränkeverpackungen abgefüllten Getränke soll mit dem Ziel der Abfallvermeidung gestärkt und das Recycling von Getränkeverpackungen in geschlossenen Kreisläufen gefördert werden. Zur Überprüfung der Wirksamkeit der in diesem Gesetz vorgesehenen Mehrwegförderung ermittelt das Bundesministerium für Umwelt, Naturschutz und nukleare Sicherheit jährlich den Anteil der in Mehrweggetränkeverpackungen abgefüllten Getränke und gibt die Ergebnisse bekannt. Ziel ist es, einen Anteil von in Mehrweggetränkeverpackungen abgefüllten Getränken in Höhe von mindestens 70 Prozent zu erreichen. Von den kalenderjährlich erstmals in Verkehr gebrachten Einwegkunststoffgetränkeflaschen sind ab dem 1. Januar 2025 mindestens 77 Masseprozent und ab dem 1. Januar 2029 mindestens 90 Masseprozent zum Zweck des Recyclings getrennt zu sammeln; ausgenommen davon sind Einwegkunststoffgetränkeflaschen nach § 30a Absatz 3.

(4) Mit diesem Gesetz soll außerdem das Erreichen der europarechtlichen Zielvorgaben der Richtlinie 94/62/EG über Verpackungen und Verpackungsabfälle sichergestellt werden. Danach sind von den im Geltungsbereich dieses Gesetzes anfallenden Verpackungsabfällen jährlich mindestens 65 Masseprozent zu verwerten und mindestens 55 Masseprozent zu recyceln. Dabei muss das Recycling der einzelnen Verpackungsmaterialien mindestens für Holz 15, für Kunststoffe 22,5, für Metalle 50 und für Glas sowie Papier und Karton 60 Masseprozent erreichen, wobei bei Kunststoffen nur Material berücksichtigt wird, das durch Recycling wieder zu Kunststoff wird. Bis spätestens 31. Dezember 2025 sind von den im Geltungsbereich dieses Ge-

setzes anfallenden Verpackungsabfällen jährlich mindestens 65 Masseprozent zu recyceln, bis spätestens 31. Dezember 2030 mindestens 70 Masseprozent. Dabei muss das Recycling der einzelnen Verpackungsmaterialien bis spätestens 31. Dezember 2025 mindestens für Holz 25, für Aluminium und Kunststoffe 50, für Eisenmetalle und Glas 70 sowie für Papier und Karton 75 Masseprozent erreichen; bis spätestens 31. Dezember 2030 mindestens für Holz 30, für Kunststoffe 55, für Aluminium 60, für Glas 75, für Eisenmetalle 80 sowie für Papier und Karton 85 Masseprozent. Zum Nachweis des Erreichens der Zielvorgaben nach den Sätzen 2 bis 5 führt die Bundesregierung die notwendigen Erhebungen durch und veranlasst die Information der Öffentlichkeit und der Marktteilnehmer.

§ 2 Anwendungsbereich

(1) Dieses Gesetz gilt für alle Verpackungen.

(2) Soweit dieses Gesetz keine abweichenden Vorschriften enthält, sind das Kreislaufwirtschaftsgesetz, mit Ausnahme von § 54, und die auf der Grundlage des Kreislaufwirtschaftsgesetzes oder des bis zum 31. Mai 2012 geltenden Kreislaufwirtschafts- und Abfallgesetzes erlassenen Rechtsverordnungen in der jeweils geltenden Fassung anzuwenden. § 17 Absatz 2 und 3, § 19 Absatz 2, § 27, § 47 Absatz 1 bis 6, § 50 Absatz 3, § 60 Absatz 1 Satz 2 Nummer 2 und die §§ 62 und 66 des Kreislaufwirtschaftsgesetzes gelten entsprechend.

(3) Soweit auf Grund anderer Rechtsvorschriften besondere Anforderungen an Verpackungen, an die Entsorgung von Verpackungsabfällen oder an die Beförderung von verpackten Waren oder von Verpackungsabfällen bestehen, bleiben diese Anforderungen unberührt.

(4) Die Vorschriften des Gesetzes gegen Wettbewerbsbeschränkungen bleiben unberührt.

(5) Die Befugnis des Bundes, der Länder, der Kreise und der Gemeinden, Dritte bei der Nutzung ihrer Einrichtungen oder Grundstücke sowie der Sondernutzung öffentlicher Straßen zur Vermeidung und Verwertung von Abfällen zu verpflichten, bleibt unberührt.

§ 3 Begriffsbestimmungen

(1) Verpackungen sind aus beliebigen Materialien hergestellte Erzeugnisse zur Aufnahme, zum Schutz, zur Handhabung, zur Lieferung oder zur Darbietung von Waren, die vom Rohstoff bis zum Verarbeitungserzeugnis reichen können, vom Hersteller an den Vertreiber oder Endverbraucher weitergegeben werden und

1. typischerweise dem Endverbraucher als Verkaufseinheit aus Ware und Verpackung angeboten werden (Verkaufsverpackungen); als Verkaufsverpackungen gelten auch Verpackungen, die erst beim Letztvertreiber befüllt werden, um
   a) die Übergabe von Waren an den Endverbraucher zu ermöglichen oder zu unterstützen (Serviceverpackungen) oder
   b) den Versand von Waren an den Endverbraucher zu ermöglichen oder zu unterstützen (Versandverpackungen),
2. eine bestimmte Anzahl von Verkaufseinheiten nach Nummer 1 enthalten und typischerweise dem Endverbraucher zusammen mit den Verkaufseinheiten angeboten werden oder zur Bestückung der Verkaufsregale dienen (Umverpackungen) oder
3. die Handhabung und den Transport von Waren in einer Weise erleichtern, dass deren direkte Berührung sowie Transportschäden vermieden werden, und typischerweise nicht zur Weiter-

gabe an den Endverbraucher bestimmt sind (Transportverpackungen); Container für den Straßen-, Schienen-, Schiffs- oder Lufttransport sind keine Transportverpackungen.

Die Begriffsbestimmung für Verpackungen wird durch die in der Anlage 1 genannten Kriterien ergänzt; die dort aufgeführten Gegenstände sind Beispiele für die Anwendung dieser Kriterien.

(2) Getränkeverpackungen sind geschlossene oder überwiegend geschlossene Verkaufsverpackungen für flüssige Lebensmittel im Sinne von Artikel 2 der Verordnung (EG) Nr. 178/2002 des Europäischen Parlaments und des Rates vom 28. Januar 2002 zur Festlegung der allgemeinen Grundsätze und Anforderungen des Lebensmittelrechts, zur Errichtung der Europäischen Behörde für Lebensmittelsicherheit und zur Festlegung von Verfahren zur Lebensmittelsicherheit (ABl. L 31 vom 1.2.2002, S. 1), die zuletzt durch die Verordnung (EU) Nr. 2019/1381 (ABl. L 231 vom 6.9.2019, S. 1) geändert worden ist, die zum Verzehr als Getränk bestimmt sind.

(3) Mehrwegverpackungen sind Verpackungen, die dazu konzipiert und bestimmt sind, nach dem Gebrauch mehrfach zum gleichen Zweck wiederverwendet zu werden und deren tatsächliche Rückgabe und Wiederverwendung durch eine ausreichende Logistik ermöglicht sowie durch geeignete Anreizsysteme, in der Regel durch ein Pfand, gefördert wird.

(4) Einwegverpackungen sind Verpackungen, die keine Mehrwegverpackungen sind.

(4a) Einwegkunststoffverpackungen sind Einwegverpackungen, die ganz oder teilweise aus Kunststoff bestehen.

(4b) Einwegkunststofflebensmittelverpackungen sind Einwegkunststoffverpackungen, also Behältnisse wie Boxen mit oder ohne Deckel, für Lebensmittel, die

1. dazu bestimmt sind, unmittelbar verzehrt zu werden, entweder vor Ort oder als Mitnahme-Gericht,
2. in der Regel aus der Verpackung heraus verzehrt werden und
3. ohne weitere Zubereitung wie Kochen, Sieden oder Erhitzen verzehrt werden können;

keine Einwegkunststofflebensmittelverpackungen in diesem Sinne sind Getränkeverpackungen, Getränkebecher, Teller sowie Tüten und Folienverpackungen, wie Wrappers, mit Lebensmittelinhalt.

(4c) Einwegkunststoffgetränkeflaschen sind Getränkeverpackungen in Flaschenform, einschließlich ihrer Verschlüsse und Deckel, mit einem Füllvolumen von bis zu 3,0 Litern, die zugleich die Voraussetzungen einer Einwegkunststoffverpackung erfüllen.

(5) Verbundverpackungen sind Verpackungen, die aus zwei oder mehr unterschiedlichen Materialarten bestehen, die nicht von Hand getrennt werden können.

(6) Restentleerte Verpackungen sind Verpackungen, deren Inhalt bestimmungsgemäß ausgeschöpft worden ist.

(7) Schadstoffhaltige Füllgüter sind die in der Anlage 2 näher bestimmten Füllgüter.

(8) Systembeteiligungspflichtige Verpackungen sind mit Ware befüllte Verkaufs- und Umverpackungen, die nach Gebrauch typischerweise beim privaten Endverbraucher als Abfall anfallen.

(9) Inverkehrbringen ist jede entgeltliche oder unentgeltliche Abgabe an Dritte im Geltungsbereich dieses Gesetzes mit dem Ziel des Vertriebs, des Verbrauchs oder der Verwendung. Nicht als Inverkehrbringen gilt die Abgabe von im Auftrag eines Dritten befüllten Verpackungen an diesen Dritten, wenn die Verpackung ausschließlich mit dem Namen oder der Marke des Dritten oder beidem gekennzeichnet ist.

(10) Endverbraucher ist derjenige, der die Ware in der an ihn gelieferten Form nicht mehr gewerbsmäßig in Verkehr bringt.

(11) Private Endverbraucher sind private Haushaltungen und diesen nach der Art der dort typischerweise anfallenden Verpackungsabfälle vergleichbare Anfallstellen. Vergleichbare Anfallstellen im Sinne von Satz 1 sind insbesondere Gaststätten, Hotels, Raststätten, Kantinen, Verwaltungen, Kasernen, Krankenhäuser, Bildungseinrichtungen, karitative Einrichtungen, Niederlassungen von Freiberuflern, typische Anfallstellen des Kulturbereichs wie Kinos, Opern und Museen, sowie des Freizeitbereichs wie Ferienanlagen, Freizeitparks und Sportstadien. Vergleichbare Anfallstellen im Sinne von Satz 1 sind außerdem landwirtschaftliche Betriebe und Handwerksbetriebe, deren Verpackungsabfälle mittels haushaltsüblicher Sammelgefäße sowohl für Papier, Pappe und Karton als auch für Kunststoff-, Metall- und Verbundverpackungen, jedoch maximal mit einem 1 100-Liter-Umleerbehälter je Sammelgruppe, im haushaltsüblichen Abfuhrrhythmus entsorgt werden können.

(12) Vertreiber ist jeder, der, unabhängig von der Vertriebsmethode oder Handelsstufe, Verpackungen gewerbsmäßig in Verkehr bringt.

(13) Letztvertreiber ist derjenige Vertreiber, der Verpackungen an den Endverbraucher abgibt.

(14) Hersteller ist derjenige Vertreiber, der Verpackungen erstmals gewerbsmäßig in Verkehr bringt. Als Hersteller gilt auch derjenige, der Verpackungen gewerbsmäßig in den Geltungsbereich dieses Gesetzes einführt.

(14a) Bevollmächtigter ist jede im Geltungsbereich dieses Gesetzes niedergelassene natürliche oder juristische Person oder rechtsfähige Personengesellschaft, die ein Hersteller ohne Niederlassung im Geltungsbereich dieses Gesetzes beauftragt hat, in eigenem Namen sämtliche Aufgaben wahrzunehmen, um die Herstellerpflichten nach diesem Gesetz zu erfüllen.

(14b) Elektronischer Marktplatz ist eine Website oder jedes andere Instrument, mit dessen Hilfe Informationen über das Internet zur Verfügung gestellt werden und die oder das es Vertreibern, die nicht Betreiber des Marktplatzes sind, ermöglicht, Waren in eigenem Namen in Verkehr zu bringen. Betreiber eines elektronischen Marktplatzes ist jede natürliche oder juristische Person oder rechtsfähige Personengesellschaft, die einen elektronischen Marktplatz unterhält und es Vertreibern ermöglicht, über diesen Marktplatz Waren in Verkehr zu bringen.

(14c) Fulfilment-Dienstleister ist jede natürliche oder juristische Person oder rechtsfähige Personengesellschaft, die im Rahmen einer Geschäftstätigkeit mindestens zwei der folgenden Dienstleistungen für Vertreiber im Geltungsbereich dieses Gesetzes anbietet: Lagerhaltung, Verpacken, Adressieren und Versand von Waren, an denen sie kein Eigentumsrecht hat. Post-, Paketzustell- oder sonstige Frachtverkehrsdienstleister gelten nicht als Fulfilment-Dienstleister.

(15) Registrierter Sachverständiger ist, wer

1. nach § 36 der Gewerbeordnung öffentlich bestellt ist,
2. als Umweltgutachter oder Umweltgutachterorganisation auf Grund einer Zulassung nach den §§ 9 und 10 oder nach Maßgabe des § 18 des Umweltauditgesetzes in der Fassung der Bekanntmachung vom 4. September 2002 (BGBl. I S. 3490), das zuletzt durch Artikel 3 des Gesetzes vom 25. November 2015 (BGBl. I S. 2092) geändert worden ist, in der jeweils geltenden Fassung, in dem Bereich tätig werden darf, der näher bestimmt wird durch Anhang I Abschnitt E Abteilung 38 der Verordnung (EG) Nr. 1893/2006 des Europäischen Parlaments und des Rates vom 20. Dezember 2006 zur Aufstellung der statistischen Systematik der Wirtschaftszweige NACE Revision 2 und zur Änderung der Verordnung (EWG) Nr. 3037/90 des Rates sowie einiger Verordnungen der EG über bestimmte Bereiche der Statistik (ABl. L 393

vom 30.12.2006, S. 1), die zuletzt durch die Verordnung (EG) Nr. 295/2008 (ABl. L 97 vom 9.4.2008, S. 13) geändert worden ist, in der jeweils geltenden Fassung,

3. seine Befähigung durch eine Akkreditierung der nationalen Akkreditierungsstelle in einem allgemein anerkannten Verfahren hat feststellen lassen oder

4. in einem anderen Mitgliedstaat der Europäischen Union oder in einem anderen Vertragsstaat des Abkommens über den Europäischen Wirtschaftsraum niedergelassen ist und eine Tätigkeit im Inland nur vorübergehend und gelegentlich ausüben will und seine Berufsqualifikation vor Aufnahme der Tätigkeit entsprechend den §§ 13a und 13b der Gewerbeordnung hat nachprüfen lassen; Verfahren nach dieser Nummer können über eine einheitliche Stelle abgewickelt werden,

und von der Zentralen Stelle in dem Prüferregister nach § 27 geführt wird.

(16) System ist eine privatrechtlich organisierte juristische Person oder Personengesellschaft, die mit Genehmigung nach § 18 in Wahrnehmung der Produktverantwortung der beteiligten Hersteller die in ihrem Einzugsgebiet beim privaten Endverbraucher als Abfall anfallenden restentleerten Verpackungen flächendeckend erfasst und einer Verwertung zuführt. Einzugsgebiet im Sinne von Satz 1 ist jeweils das gesamte Gebiet eines Landes, in dem systembeteiligungspflichtige Verpackungen eines beteiligten Herstellers in Verkehr gebracht werden.

(17) Systemprüfer sind Wirtschaftsprüfer, die gemäß § 20 Absatz 4 von den Systemen benannt worden sind und gemäß § 20 Absatz 2 Satz 1 die Zwischen- und Jahresmeldungen der Systeme prüfen und bestätigen.

(18) Zentrale Stelle ist die nach § 24 zu errichtende Stiftung.

(19) Werkstoffliche Verwertung ist die Verwertung durch Verfahren, bei denen stoffgleiches Neumaterial ersetzt wird oder das Material für eine weitere stoffliche Nutzung verfügbar bleibt.

(20) Wertstoffhof ist eine zentrale Sammelstelle zur getrennten Erfassung von Abfällen verschiedener Materialien, die typischerweise bei privaten Endverbrauchern anfallen.

(21) Kunststoff ist ein Werkstoff bestehend aus einem Polymer nach Artikel 3 Nummer 5 der Verordnung (EG) Nr. 1907/2006 des Europäischen Parlaments und des Rates vom 18. Dezember 2006 zur Registrierung, Bewertung, Zulassung und Beschränkung chemischer Stoffe (REACH), zur Schaffung einer Europäischen Chemikalienagentur, zur Änderung der Richtlinie 1999/45/EG und zur Aufhebung der Verordnung (EWG) Nr. 793/93 des Rates, der Verordnung (EG) Nr. 1488/94 der Kommission, der Richtlinie 76/769/EWG des Rates sowie der Richtlinien 91/155/EWG, 93/67/EWG, 93/105/EG und 2000/21/EG der Kommission (ABl. L 396 vom 30.12.2006, S. 1), die zuletzt durch die Verordnung (EU) 2021/57 (ABl. L 24 vom 26.1.2021, S. 19) geändert worden ist, in der jeweils geltenden Fassung, dem möglicherweise Zusatzstoffe oder andere Stoffe zugesetzt wurden und der als Hauptstrukturbestandteil von Endprodukten fungieren kann; ausgenommen sind Werkstoffe aus natürlichen Polymeren, die nicht chemisch modifiziert wurden.

§ 4 Allgemeine Anforderungen an Verpackungen

Verpackungen sind so zu entwickeln herzustellen und zu vertreiben, dass

1. Verpackungsvolumen und -masse auf das Mindestmaß begrenzt werden, das zur Gewährleistung der erforderlichen Sicherheit und Hygiene der zu verpackenden Ware und zu deren Akzeptanz durch den Verbraucher angemessen ist;

2. ihre Wiederverwendung oder Verwertung, einschließlich des Recyclings, im Einklang mit der Abfallhierarchie möglich ist und die Umweltauswirkungen bei der Wiederverwendung, der Vorbereitung zur Wiederverwendung, dem Recycling, der sonstigen Verwertung oder der Beseitigung der Verpackungsabfälle auf ein Mindestmaß beschränkt bleiben;
3. bei der Beseitigung von Verpackungen oder Verpackungsbestandteilen auftretende schädliche und gefährliche Stoffe und Materialien in Emissionen, Asche oder Sickerwasser auf ein Mindestmaß beschränkt bleiben;
4. die Wiederverwendbarkeit von Verpackungen und der Anteil von sekundären Rohstoffen an der Verpackungsmasse auf ein möglichst hohes Maß gesteigert wird, welches unter Berücksichtigung der Gewährleistung der erforderlichen Sicherheit und Hygiene der zu verpackenden Ware und unter Berücksichtigung der Akzeptanz für den Verbraucher technisch möglich und wirtschaftlich zumutbar ist.

§ 5 Beschränkungen des Inverkehrbringens

(1) Das Inverkehrbringen von Verpackungen oder Verpackungsbestandteilen, bei denen die Konzentration von Blei, Cadmium, Quecksilber und Chrom VI kumulativ den Wert von 100 Milligramm je Kilogramm überschreitet, ist verboten. Satz 1 gilt nicht für

1. Mehrwegverpackungen in eingerichteten Systemen zur Wiederverwendung,
2. Kunststoffkästen und -paletten, bei denen die Überschreitung des Grenzwertes nach Satz 1 allein auf den Einsatz von Sekundärrohstoffen zurückzuführen ist und die die in der Anlage 3 festgelegten Anforderungen erfüllen,
3. Verpackungen, die vollständig aus Bleikristallglas hergestellt sind, und
4. aus sonstigem Glas hergestellte Verpackungen, bei denen die Konzentration von Blei, Cadmium, Quecksilber und Chrom VI kumulativ den Wert von 250 Milligramm je Kilogramm nicht überschreitet und bei deren Herstellung die in der Anlage 4 festgelegten Anforderungen erfüllt werden.

(2) Letztvertreibern ist ab dem 1. Januar 2022 das Inverkehrbringen von Kunststofftragetaschen, mit oder ohne Tragegriff, mit einer Wandstärke von weniger als 50 Mikrometern, die dazu bestimmt sind, in der Verkaufsstelle mit Waren gefüllt zu werden, verboten. Satz 1 gilt nicht für Kunststofftragetaschen mit einer Wandstärke von weniger als 15 Mikrometern, sofern diese die übrigen Voraussetzungen nach Artikel 3 Nummer 1d der Richtlinie 94/62/EG des Europäischen Parlaments und des Rates vom 20. Dezember 1994 über Verpackungen und Verpackungsabfälle (ABl. L 365 vom 31.12.1994, S. 10), die zuletzt durch die Richtlinie (EU) 2018/852 (ABl. L 150 vom 14.6.2018, S. 141) geändert worden ist, erfüllen.

(3) Beschränkungen des Inverkehrbringens von Verpackungen nach § 3 der Einwegkunststoffverbotsverordnung vom 20. Januar 2021 (BGBl. I S. 95) in der jeweils geltenden Fassung bleiben unberührt.

§ 6 Kennzeichnung zur Identifizierung des Verpackungsmaterials

Verpackungen können zur Identifizierung des Materials, aus dem sie hergestellt sind, mit den in der Anlage 5 festgelegten Nummern und Abkürzungen gekennzeichnet werden. Die Verwendung von anderen als den in der Anlage 5 festgelegten Nummern und Abkürzungen zur Kennzeichnung der gleichen Materialien ist nicht zulässig.

Abschnitt 2 Inverkehrbringen von systembeteiligungspflichtigen Verpackungen

§ 7 Systembeteiligungspflicht

(1) Hersteller von systembeteiligungspflichtigen Verpackungen haben sich mit diesen Verpackungen zur Gewährleistung der flächendeckenden Rücknahme vor dem Inverkehrbringen an einem oder mehreren Systemen zu beteiligen. Dabei haben sie Materialart und Masse der zu beteiligenden Verpackungen sowie die Registrierungsnummer nach § 9 Absatz 3 Satz 2 anzugeben. Die Systeme haben den Herstellern eine erfolgte Beteiligung unter Angabe von Materialart und Masse der beteiligten Verpackungen unverzüglich schriftlich oder elektronisch zu bestätigen; dies gilt auch, wenn die Beteiligung durch einen beauftragten Dritten nach § 35 Absatz 1 vermittelt wurde.

(2) Abweichend von Absatz 1 Satz 1 kann ein Hersteller von systembeteiligungspflichtigen Serviceverpackungen von den Vorvertreibern dieser Serviceverpackungen verlangen, dass sie sich hinsichtlich der von ihnen gelieferten unbefüllten Serviceverpackungen an einem oder mehreren Systemen beteiligen. Der ursprünglich nach Absatz 1 Satz 1 verpflichtete Hersteller kann von demjenigen Vorvertreiber, auf den die Systembeteiligungspflicht übergeht, eine Bestätigung über die erfolgte Systembeteiligung verlangen. Mit der Übertragung der Systembeteiligungspflicht gehen auch die Herstellerpflichten nach den §§ 9 bis 11 insoweit auf den verpflichteten Vorvertreiber über; der Hersteller nach Absatz 1 Satz 1 bleibt jedoch zusätzlich selbst zur Registrierung gemäß § 9 verpflichtet.

(3) Soweit in Verkehr gebrachte systembeteiligungspflichtige Verpackungen wegen Beschädigung oder Unverkäuflichkeit nicht an den Endverbraucher abgegeben werden, kann der Hersteller die von ihm für die Systembeteiligung geleisteten Entgelte von den betreffenden Systemen zurückverlangen, wenn er die Verpackungen zurückgenommen und einer Verwertung entsprechend den Anforderungen des § 16 Absatz 5 zugeführt hat. Die Rücknahme und anschließende Verwertung sind in jedem Einzelfall in nachprüfbarer Form zu dokumentieren. In diesem Fall gelten die betreffenden Verpackungen nach Erstattung der Beteiligungsentgelte nicht mehr als in Verkehr gebracht.

(4) Wird die Genehmigung eines Systems vor Ablauf des Zeitraums, für den sich ein Hersteller an diesem System beteiligt hat, nach § 18 Absatz 3 widerrufen, so gilt die Systembeteiligung ab dem Zeitpunkt der Wirksamkeit des Widerrufs als nicht vorgenommen.

(5) Soweit durch die Aufnahme einer systembeteiligungspflichtigen Verpackung in ein System zu befürchten ist, dass die umweltverträgliche Abfallbewirtschaftung, insbesondere die Durchführung einer ordnungsgemäßen und schadlosen Verwertung, erheblich beeinträchtigt oder das Wohl der Allgemeinheit, insbesondere die Gesundheit, gefährdet wird, kann die Zentrale Stelle die Aufnahme der systembeteiligungspflichtigen Verpackung im Einzelfall wegen Systemunverträglichkeit untersagen. Die Untersagung ist aufzuheben, wenn ein System oder der Hersteller die Systemverträglichkeit der betreffenden Verpackung nachweist.

(6) Es ist Systembetreibern nicht gestattet, Vertreibern ein Entgelt oder sonstige wirtschaftliche Vorteile für den Fall zu versprechen oder zu gewähren, dass die Vertreiber Hersteller von systembeteiligungspflichtigen Verpackungen an ihr System vermitteln.

(7) Hersteller dürfen systembeteiligungspflichtige Verpackungen nicht in Verkehr bringen, wenn sie sich mit diesen Verpackungen nicht gemäß Absatz 1 Satz 1 an einem System beteiligt haben. Nachfolgende Vertreiber dürfen systembeteiligungspflichtige Verpackungen nicht zum Verkauf anbieten und Betreiber eines elektronischen Marktplatzes dürfen das Anbieten von systembeteiligungspflichtigen Verpackungen zum Verkauf nicht ermöglichen, wenn sich die Hersteller mit diesen Verpackungen nicht gemäß Absatz 1 Satz 1 an einem System beteiligt haben. Fulfil-

ment-Dienstleister dürfen keine der in § 3 Absatz 14c Satz 1 genannten Tätigkeiten in Bezug auf systembeteiligungspflichtige Verpackungen erbringen, wenn sich die Hersteller mit diesen Verpackungen nicht gemäß Absatz 1 Satz 1 an einem System beteiligt haben; umfasst die Tätigkeit eines Fulfilment-Dienstleisters das Verpacken von Waren in systembeteiligungspflichtige Versandverpackungen, so gilt der Vertreiber der Waren, für den der Fulfilment-Dienstleister tätig wird, hinsichtlich der Versandverpackungen als Hersteller nach Absatz 1 Satz 1.

§ 8 Branchenlösung

(1) Die Pflicht eines Herstellers nach § 7 Absatz 1 entfällt, soweit er die von ihm in Verkehr gebrachten systembeteiligungspflichtigen Verpackungen bei nach § 3 Absatz 11 Satz 2 und 3 den privaten Haushaltungen gleichgestellten Anfallstellen, die von ihm entweder selbst oder durch zwischengeschaltete Vertreiber in nachprüfbarer Weise beliefert werden, unentgeltlich zurücknimmt und einer Verwertung entsprechend den Anforderungen des § 16 Absatz 1 bis 3 zuführt (Branchenlösung). Der Hersteller muss durch Bescheinigung eines registrierten Sachverständigen nachweisen, dass er oder ein von ihm hierfür beauftragter Dritter

1. bei allen von ihm nach Satz 1 belieferten Anfallstellen eine geeignete branchenbezogene Erfassungsstruktur eingerichtet hat, die eine regelmäßige unentgeltliche Rücknahme aller von ihm dort in Verkehr gebrachten systembeteiligungspflichtigen Verpackungen gewährleistet,
2. schriftliche Bestätigungen aller von ihm nach Satz 1 belieferten Anfallstellen über deren Einbindung in diese Erfassungsstruktur vorliegen hat und
3. die Verwertung der zurückgenommenen Verpackungen entsprechend den Anforderungen des § 16 Absatz 1 bis 3 gewährleistet.

Ein Zusammenwirken mehrerer Hersteller aus einer Branche, die gleichartige Waren vertreiben, ist zulässig; in diesem Fall haben sie eine natürliche oder juristische Person oder Personengesellschaft als Träger der Branchenlösung zu bestimmen. Satz 1 gilt nicht für Hersteller von mit Getränken befüllten Einweggetränkeverpackungen, die nach § 31 Absatz 4 keiner Pfandpflicht unterliegen.

(2) Der Beginn sowie jede wesentliche Änderung der Branchenlösung sind der Zentralen Stelle mindestens einen Monat vor ihrem Wirksamwerden durch den Hersteller oder im Fall des Zusammenwirkens nach Absatz 1 Satz 3 durch den Träger der Branchenlösung schriftlich anzuzeigen. Der Anzeige sind folgende Informationen und Unterlagen beizufügen:

1. die Bescheinigung nach Absatz 1 Satz 2 einschließlich aller Bestätigungen nach Absatz 1 Satz 2 Nummer 2,
2. die Angabe des Datums, an dem die Finanzierungsvereinbarung nach § 25 Absatz 1 Satz 2 abgeschlossen wurde, und
3. im Fall des Zusammenwirkens nach Absatz 1 Satz 3 eine Liste aller die Branchenlösung betreibenden Hersteller.

Bei einer Anzeige von Änderungen der Branchenlösung genügt es, wenn sich die nach Satz 2 beizufügenden Unterlagen auf die geänderten Umstände beziehen.

(3) Der Hersteller oder im Fall des Zusammenwirkens nach Absatz 1 Satz 3 der Träger der Branchenlösung hat die Rücknahme und Verwertung entsprechend den Vorgaben des § 17 Absatz 1 und 2 in nachprüfbarer Form zu dokumentieren und durch einen registrierten Sachverständigen prüfen und bestätigen zu lassen. In dem Mengenstromnachweis sind zusätzlich die Anfallstellen nach Absatz 1 Satz 1 adressgenau zu bezeichnen; außerdem sind dem Mengen-

stromnachweis schriftliche Nachweise aller Anfallstellen nach Absatz 1 Satz 1 über die bei ihnen angelieferten Mengen an systembeteiligungspflichtigen Verpackungen des jeweiligen Herstellers beizufügen. Der Mengenstromnachweis ist spätestens bis zum 1. Juni des auf den Berichtszeitraum folgenden Kalenderjahres schriftlich bei der Zentralen Stelle zu hinterlegen.

(4) Die Pflichten nach § 15 Absatz 4 gelten für die eine Branchenlösung betreibenden Hersteller entsprechend.

(5) Die Zentrale Stelle kann von dem Hersteller oder im Fall des Zusammenwirkens nach Absatz 1 Satz 3 von dem Träger der Branchenlösung die Leistung einer Sicherheit entsprechend § 18 Absatz 4 verlangen.

§ 9 Registrierung

(1) Hersteller von mit Ware befüllten Verpackungen sind verpflichtet, sich vor dem Inverkehrbringen der Verpackungen bei der Zentralen Stelle registrieren zu lassen. Änderungen von Registrierungsdaten sowie die dauerhafte Aufgabe der Herstellertätigkeit sind der Zentralen Stelle unverzüglich mitzuteilen.

(2) Bei der Registrierung nach Absatz 1 Satz 1 sind die folgenden Angaben zu machen:

1. Name, Anschrift und Kontaktdaten des Herstellers (insbesondere Postleitzahl und Ort, Straße und Hausnummer, Land, Telefonnummer sowie die europäische oder nationale Steuernummer);
2. im Falle einer Bevollmächtigung nach § 35 Absatz 2:
   a) Name, Anschrift und Kontaktdaten des Bevollmächtigten entsprechend Nummer 1 sowie
   b) die schriftliche Beauftragung durch den Hersteller;
3. Angabe einer vertretungsberechtigten natürlichen Person;
4. nationale Kennnummer und E-Mail-Adresse des Herstellers; im Falle einer Bevollmächtigung die gleichen Angaben zum Bevollmächtigten;
5. Markennamen, unter denen der Hersteller seine Verpackungen in Verkehr bringt;
6. Angaben zu den Verpackungen, die der Hersteller in Verkehr bringt, aufgeschlüsselt nach systembeteiligungspflichtigen Verpackungen gemäß § 3 Absatz 8, den jeweiligen Verpackungen gemäß § 15 Absatz 1 Satz 1 Nummer 1 bis 5 und Einweggetränkeverpackungen, die gemäß § 31 der Pfandpflicht unterliegen;
7. Erklärung, dass sämtliche Angaben nach diesem Absatz der Wahrheit entsprechen.

Hersteller nach § 7 Absatz 1 Satz 1 haben darüber hinaus eine Erklärung abzugeben, dass sie ihre Rücknahmepflichten durch Beteiligung an einem oder mehreren Systemen oder durch eine oder mehrere Branchenlösungen erfüllen; im Falle einer vollständigen Übertragung der Systembeteiligungspflicht gemäß § 7 Absatz 2 auf einen oder mehrere Vorvertreiber haben sie stattdessen zu erklären, dass sie nur bereits systembeteiligte Serviceverpackungen in Verkehrbringen.

(3) Die erstmalige Registrierung sowie Änderungsmitteilungen haben über das auf der Internetseite der Zentralen Stelle zur Verfügung gestellte elektronische Datenverarbeitungssystem zu erfolgen. Die Zentrale Stelle bestätigt die Registrierung und teilt dem Hersteller seine Registrierungsnummer mit. Sie kann nähere Anweisungen zum elektronischen Registrierungsverfahren erteilen sowie für die sonstige Kommunikation mit den Herstellern die elektronische Übermitt-

lung, eine bestimmte Verschlüsselung sowie die Eröffnung eines Zugangs für die Übermittlung elektronischer Dokumente vorschreiben.

(4) Die Zentrale Stelle veröffentlicht die registrierten Hersteller mit den in Absatz 2 Nummer 1, 2 Buchstabe a und Nummer 5 und 6 genannten Angaben sowie mit der Registrierungsnummer und dem Registrierungsdatum im Internet. Bei Herstellern, deren Registrierung beendet ist, ist zusätzlich das Datum des Marktaustritts anzugeben. Die im Internet veröffentlichten Daten sind dort drei Jahre nach Ablauf des Jahres, in dem die Registrierung des Herstellers endet, zu löschen.

(5) Hersteller dürfen Verpackungen nicht in Verkehr bringen, wenn sie nicht oder nicht ordnungsgemäß nach Absatz 1 registriert sind. Vertreiber dürfen Verpackungen nicht zum Verkauf anbieten und Betreiber eines elektronischen Marktplatzes dürfen das Anbieten von Verpackungen zum Verkauf nicht ermöglichen, wenn die Hersteller dieser Verpackungen nicht oder nicht ordnungsgemäß nach Absatz 1 registriert sind. Fulfilment-Dienstleister dürfen keine der in § 3 Absatz 14c Satz 1 genannten Tätigkeiten in Bezug auf Verpackungen erbringen, wenn die Hersteller dieser Verpackungen nicht oder nicht ordnungsgemäß nach Absatz 1 registriert sind.

§ 10 Datenmeldung

(1) Hersteller nach § 7 Absatz 1 Satz 1 sind verpflichtet, die im Rahmen einer Systembeteiligung getätigten Angaben zu den Verpackungen unverzüglich auch der Zentralen Stelle unter Nennung mindestens der folgenden Daten zu übermitteln:

1. Registrierungsnummer;
2. Materialart und Masse der beteiligten Verpackungen;
3. Name des Systems, bei dem die Systembeteiligung vorgenommen wurde;
4. Zeitraum, für den die Systembeteiligung vorgenommen wurde.

Änderungen der Angaben sowie eventuelle Rücknahmen gemäß § 7 Absatz 3 Satz 1 sind der Zentralen Stelle entsprechend zu melden. Die Angaben nach Satz 1 Nummer 2 sind nach den in § 16 Absatz 2 Satz 1 und 2 genannten Materialarten aufzuschlüsseln; sonstige Materialien sind jeweils zu einer einheitlichen Angabe zusammenzufassen. Verbundverpackungen, die gemäß § 16 Absatz 3 Satz 4 verwertet werden, sind der entsprechenden Hauptmaterialart zuzuordnen.

(2) Die Zentrale Stelle kann für die Datenmeldung nach Absatz 1 einheitliche elektronische Formulare zur Verfügung stellen und nähere Verfahrensanweisungen erteilen.

(3) Die Zentrale Stelle kann Systemen die Möglichkeit einräumen, die sich auf ihr System beziehenden Datenmeldungen elektronisch abzurufen.

§ 11 Vollständigkeitserklärung

(1) Hersteller nach § 7 Absatz 1 Satz 1 sind verpflichtet, jährlich bis zum 15. Mai eine Erklärung über sämtliche von ihnen im vorangegangenen Kalenderjahr erstmals in Verkehr gebrachten Verkaufs- und Umverpackungen nach den Vorgaben des Absatzes 3 zu hinterlegen (Vollständigkeitserklärung). Die Vollständigkeitserklärung bedarf der Prüfung und Bestätigung durch einen registrierten Sachverständigen oder durch einen gemäß § 27 Absatz 2 registrierten Wirtschaftsprüfer, Steuerberater oder vereidigten Buchprüfer.

(2) Die Vollständigkeitserklärung hat Angaben zu enthalten

1. zu Materialart und Masse aller im vorangegangenen Kalenderjahr erstmals in Verkehr gebrachten systembeteiligungspflichtigen Verpackungen;
2. zu Materialart und Masse aller im vorangegangenen Kalenderjahr erstmals mit Ware befüllt in Verkehr gebrachten Verkaufs- und Umverpackungen, die typischerweise nicht beim privaten Endverbraucher als Abfall anfallen;
3. zur Beteiligung an einem oder mehreren Systemen hinsichtlich der im vorangegangenen Kalenderjahr erstmals in Verkehr gebrachten systembeteiligungspflichtigen Verpackungen;
4. zu Materialart und Masse aller im vorangegangenen Kalenderjahr über eine oder mehrere Branchenlösungen nach § 8 zurückgenommenen Verpackungen;
5. zu Materialart und Masse aller im vorangegangenen Kalenderjahr gemäß § 7 Absatz 3 zurückgenommenen Verpackungen;
6. zur Erfüllung der Verwertungsanforderungen hinsichtlich der im vorangegangenen Kalenderjahr zurückgenommenen Verkaufs- und Umverpackungen nach § 15 Absatz 1 Satz 1 Nummer 2;
7. zur Erfüllung der Verwertungsanforderungen hinsichtlich der im vorangegangenen Kalenderjahr gemäß § 7 Absatz 3 zurückgenommenen Verpackungen.

Die Angaben nach Satz 1 sind nach den in § 16 Absatz 2 Satz 1 und 2 genannten Materialarten aufzuschlüsseln; sonstige Materialien sind jeweils zu einer einheitlichen Angabe zusammenzufassen. Verbundverpackungen, die gemäß § 16 Absatz 3 Satz 4 verwertet wurden, sind der entsprechenden Hauptmaterialart zuzuordnen.

(3) Die Vollständigkeitserklärung ist zusammen mit den zugehörigen Prüfberichten elektronisch bei der Zentralen Stelle zu hinterlegen. Die Bestätigung nach Absatz 1 Satz 2 ist mit einer qualifizierten elektronischen Signatur zu versehen. Die Zentrale Stelle kann nähere Anweisungen zum elektronischen Hinterlegungsverfahren erteilen sowie für die sonstige Kommunikation mit den Hinterlegungspflichtigen die Verwendung bestimmter elektronischer Formulare und Eingabemasken, eine bestimmte Verschlüsselung sowie die Eröffnung eines Zugangs für die Übermittlung elektronischer Dokumente vorschreiben. Die Zentrale Stelle kann zusätzlich die Hinterlegung der Systembeteiligungsbestätigungen nach § 7 Absatz 1 Satz 3 und der Dokumente nach § 7 Absatz 3 Satz 2 verlangen. Bei Vorliegen von Anhaltspunkten für eine Unrichtigkeit oder Unvollständigkeit der hinterlegten Vollständigkeitserklärung kann sie vom Hersteller die Hinterlegung weiterer für die Prüfung im Einzelfall erforderlicher Unterlagen verlangen.

(4) Von der Pflicht nach Absatz 1 Satz 1 ist befreit, wer systembeteiligungspflichtige Verpackungen der Materialarten Glas von weniger als 80 000 Kilogramm, Papier, Pappe und Karton von weniger als 50 000 Kilogramm sowie der übrigen in § 16 Absatz 2 genannten Materialarten von weniger als 30 000 Kilogramm im vorangegangenen Kalenderjahr erstmals in Verkehr gebracht hat. Die Zentrale Stelle oder die zuständige Landesbehörde kann auch bei Unterschreiten der Schwellenwerte nach Satz 1 jederzeit verlangen, dass eine Vollständigkeitserklärung gemäß den Vorgaben der Absätze 1 bis 3 zu hinterlegen ist.

§ 12 Ausnahmen

(1) Die Vorschriften dieses Abschnitts gelten nicht für Verpackungen, die nachweislich nicht im Geltungsbereich dieses Gesetzes an Endverbraucher abgegeben werden.

(2) Die Vorschriften dieses Abschnitts, mit Ausnahme von § 9, gelten nicht für

1. Mehrwegverpackungen,

2. Einweggetränkeverpackungen, die nach § 31 der Pfandpflicht unterliegen,

3. Verkaufsverpackungen schadstoffhaltiger Füllgüter.

Abschnitt 3 Sammlung, Rücknahme und Verwertung

§ 13 Getrennte Sammlung

Beim privaten Endverbraucher als Abfall anfallende restentleerte Verpackungen sind, unbeschadet der Vorgaben nach der Gewerbeabfallverordnung, einer vom gemischten Siedlungsabfall getrennten Sammlung gemäß den nachfolgenden Vorschriften zuzuführen.

§ 14 Pflichten der Systeme zur Sammlung, Verwertung und Information

(1) Die Systeme sind verpflichtet, im Einzugsgebiet der beteiligten Hersteller eine vom gemischten Siedlungsabfall getrennte, flächendeckende Sammlung aller restentleerten Verpackungen bei den privaten Endverbrauchern (Holsystem) oder in deren Nähe (Bringsystem) oder durch eine Kombination beider Varianten in ausreichender Weise und für den privaten Endverbraucher unentgeltlich sicherzustellen. Die Sammelsysteme müssen geeignet sein, alle bei den privaten Endverbrauchern anfallenden restentleerten Verpackungen bei einer regelmäßigen Leerung aufzunehmen. Die Sammlung ist auf Abfälle privater Endverbraucher zu beschränken. Mehrere Systeme können bei der Einrichtung und dem Betrieb ihrer Sammelstrukturen zusammenwirken.

(2) Die von den Systemen erfassten Abfälle sind einer Verwertung gemäß den Anforderungen des § 16 Absatz 1 Satz 1, Absatz 2 und Absatz 4 Satz 1 zuzuführen.

(3) Unbeschadet der Regelung in § 22 Absatz 9 sind die Systeme verpflichtet, die privaten Endverbraucher in angemessenem Umfang über Sinn und Zweck der getrennten Sammlung von Verpackungsabfällen, die hierzu eingerichteten Sammelsysteme und die erzielten Verwertungsergebnisse zu informieren. Im Hinblick auf Einwegkunststoffverpackungen müssen die Systeme darüber hinaus über Folgendes informieren:

1. über die Auswirkungen einer Vermüllung auf die Umwelt, insbesondere auf die Meeresumwelt, sowie

2. über Maßnahmen zur Vermeidung dieser Vermüllung, insbesondere über die Verfügbarkeit von Mehrwegverpackungen als Alternative zu den in Teil G des Anhangs der Richtlinie (EU) 2019/904 des Europäischen Parlaments und des Rates vom 5. Juni 2019 über die Verringerung der Auswirkungen bestimmter Kunststoffprodukte auf die Umwelt (ABl. L 155 vom 12. 6. 2019, S. 1) genannten Einwegkunststoffverpackungen.

Die Information hat in regelmäßigen Zeitabständen zu erfolgen und soll sowohl lokale als auch überregionale Maßnahmen beinhalten. Bei der Vorbereitung der Informationsmaßnahmen sind die Einrichtungen der kommunalen Abfallberatung und Verbraucherschutzorganisationen zu beteiligen.

(4) Die Systeme haben die folgenden Informationen auf ihren Internetseiten zu veröffentlichen und regelmäßig zu aktualisieren:

1. ihre Eigentums- und Mitgliederverhältnisse,

2. die von den beteiligten Herstellern geleisteten Entgelte je in Verkehr gebrachter systembeteiligungspflichtiger Verpackung oder je Masseeinheit an systembeteiligungspflichtigen Verpackungen und

3. das Verfahren, das sie zur Auswahl der Abfallbewirtschaftungseinrichtungen verwenden, soweit diese nicht nach den Vorgaben des § 23 ausgewählt werden.

Dies gilt nicht, wenn es sich um ein Geschäftsgeheimnis handelt. Die Zentrale Stelle kann bei Zweifeln an dem Vorliegen eines Geschäftsgeheimnisses von den Systemen eine Begründung in Textform verlangen, warum es sich bei der nicht veröffentlichten Information um ein Geschäftsgeheimnis handelt.

§ 15 Pflichten der Hersteller und Vertreiber zur Rücknahme und Verwertung

(1) Hersteller und in der Lieferkette nachfolgende Vertreiber von

1. Transportverpackungen,
2. Verkaufs- und Umverpackungen, die nach Gebrauch typischerweise nicht bei privaten Endverbrauchern als Abfall anfallen,
3. Verkaufs- und Umverpackungen, für die wegen Systemunverträglichkeit nach § 7 Absatz 5 eine Systembeteiligung nicht möglich ist,
4. Verkaufsverpackungen schadstoffhaltiger Füllgüter oder
5. Mehrwegverpackungen

sind verpflichtet, gebrauchte, restentleerte Verpackungen der gleichen Art, Form und Größe wie die von ihnen in Verkehr gebrachten am Ort der tatsächlichen Übergabe oder in dessen unmittelbarer Nähe unentgeltlich zurückzunehmen. Für Letztvertreiber beschränkt sich die Rücknahmepflicht nach Satz 1 auf Verpackungen, die von solchen Waren stammen, die der Vertreiber in seinem Sortiment führt. Im Rahmen wiederkehrender Belieferungen kann die Rücknahme auch bei einer der nächsten Anlieferungen erfolgen. Hersteller und in der Lieferkette nachfolgende Vertreiber können untereinander sowie mit den Endverbrauchern, sofern es sich bei diesen nicht um private Haushaltungen handelt, abweichende Vereinbarungen über den Ort der Rückgabe und die Kostenregelung treffen. Letztvertreiber von Verpackungen nach Satz 1 müssen die Endverbraucher durch geeignete Maßnahmen in angemessenem Umfang über die Rückgabemöglichkeit und deren Sinn und Zweck informieren.

(2) Ist einem Hersteller oder in der Lieferkette nachfolgenden Vertreiber von Verpackungen nach Absatz 1 Satz 1 Nummer 3 und 4 eine umwelt- und gesundheitsverträgliche Rücknahme am Ort der tatsächlichen Übergabe oder in dessen unmittelbarer Nähe nicht möglich, kann die Rücknahme auch in einer zentralen Annahmestelle erfolgen, wenn diese in einer für den Rückgabeberechtigten zumutbaren Entfernung zum Ort der tatsächlichen Übergabe liegt und zu den geschäftsüblichen Öffnungszeiten des Vertreibers zugänglich ist. Letztvertreiber von Verpackungen nach Absatz 1 Satz 1 Nummer 3 und 4 müssen die Endverbraucher durch deutlich erkennbare und lesbare Schrifttafeln in der Verkaufsstelle und im Versandhandel durch andere geeignete Maßnahmen auf die Rückgabemöglichkeit hinweisen.

(3) Hersteller und in der Lieferkette nachfolgende Vertreiber, die Verpackungen nach Absatz 1 Satz 1 zurücknehmen, sind verpflichtet, diese einer Wiederverwendung oder einer Verwertung gemäß den Anforderungen des § 16 Absatz 5 zuzuführen. Die Anforderungen nach Satz 1 können auch durch die Rückgabe an einen Vorvertreiber erfüllt werden. Über die Erfüllung der Rücknahme- und Verwertungsanforderungen ist Nachweis zu führen. Sofern es sich bei den zurückgenommenen Verpackungen um solche nach Absatz 1 Satz 1 Nummer 3 und 4 handelt, ist über die Erfüllung der Rücknahme- und Verwertungsanforderungen Nachweis zu führen. Die Dokumentation ist aufgeschlüsselt nach Materialart und Masse zu erstellen. Zur Bewertung der Richtigkeit und Vollständigkeit der Dokumentation sind geeignete Mechanismen zur Selbstkontrolle

einzurichten. Die Dokumentation ist der zuständigen Landesbehörde, auf deren Gebiet der Hersteller oder Vertreiber ansässig ist, auf Verlangen vorzulegen.

(4) Hersteller und in der Lieferkette nachfolgende Vertreiber von Verpackungen nach Absatz 1 Satz 1 sind verpflichtet, die finanziellen und organisatorischen Mittel vorzuhalten, um ihren Pflichten nach dieser Vorschrift nachzukommen. Sie haben zur Bewertung ihrer Finanzverwaltung geeignete Mechanismen zur Selbstkontrolle einzurichten.

(5) Falls kein System eingerichtet ist, gelten die Rücknahmepflicht nach Absatz 1 Satz 1, die Hinweispflicht nach Absatz 2 Satz 2 sowie die Pflichten nach Absatz 4 in Bezug auf systembeteiligungspflichtige Verpackungen entsprechend. Für Letztvertreiber mit einer Verkaufsfläche von weniger als 200 Quadratmetern beschränkt sich die Rücknahmepflicht nach Satz 1 auf Verpackungen der Marken, die der Vertreiber in seinem Sortiment führt; im Versandhandel gelten als Verkaufsfläche alle Lager- und Versandflächen. Die nach den Sätzen 1 und 2 zurückgenommenen Verpackungen sind einer Wiederverwendung oder einer Verwertung entsprechend den Anforderungen des § 16 Absatz 1 bis 3 zuzuführen. Die Anforderungen nach Satz 3 können auch durch die Rückgabe an einen Vorvertreiber erfüllt werden. Über die Erfüllung der Rücknahme- und Verwertungsanforderungen ist ein Nachweis entsprechend den Vorgaben in Absatz 3 Satz 4 bis 6 zu führen und der zuständigen Landesbehörde, auf deren Gebiet der Hersteller oder Vertreiber ansässig ist, auf Verlangen vorzulegen.

§ 16 Anforderungen an die Verwertung

(1) Die Systeme haben die durch die Sammlung nach § 14 Absatz 1 erfassten restentleerten Verpackungen nach Maßgabe des § 8 Absatz 1 Satz 1 des Kreislaufwirtschaftsgesetzes vorrangig einer Vorbereitung zur Wiederverwendung oder dem Recycling zuzuführen. Soweit die Abfälle nach Satz 1 nicht verwertet werden, sind sie dem zuständigen öffentlich-rechtlichen Entsorgungsträger nach Maßgabe des § 17 Absatz 1 Satz 2 des Kreislaufwirtschaftsgesetzes zu überlassen.

(2) Die Systeme sind verpflichtet, im Jahresmittel mindestens folgende Anteile der bei ihnen beteiligten Verpackungen der Vorbereitung zur Wiederverwendung oder dem Recycling zuzuführen:

1. 80 Masseprozent bei Glas; ab dem 1. Januar 2022 90 Masseprozent,
2. 85 Masseprozent bei Papier, Pappe und Karton; ab dem 1. Januar 2022 90 Masseprozent,
3. 80 Masseprozent bei Eisenmetallen; ab dem 1. Januar 2022 90 Masseprozent,
4. 80 Masseprozent bei Aluminium; ab dem 1. Januar 2022 90 Masseprozent,
5. 75 Masseprozent bei Getränkekartonverpackungen; ab dem 1. Januar 2022 80 Masseprozent,
6. 55 Masseprozent bei sonstigen Verbundverpackungen (ohne Getränkekartonverpackungen); ab dem 1. Januar 2022 70 Masseprozent.

Kunststoffe sind zu mindestens 90 Masseprozent einer Verwertung zuzuführen. Dabei sind mindestens 65 Prozent und ab dem 1. Januar 2022 70 Prozent dieser Verwertungsquote durch werkstoffliche Verwertung sicherzustellen.

(3) Bei Verbundverpackungen nach Absatz 2 Satz 1 Nummer 5 und 6 ist insbesondere das Recycling der Hauptmaterialkomponente sicherzustellen, soweit nicht das Recycling einer anderen Materialkomponente den Zielen der Kreislaufwirtschaft besser entspricht. Soweit Verbundverpackungen einem eigenen Verwertungsweg zugeführt werden, ist ein eigenständiger Nachweis der

Quoten nach Absatz 2 Satz 1 Nummer 5 und 6 zulässig. Für Verbundverpackungen, die im Strom einer der in Absatz 2 Satz 1 und 2 genannten Hauptmaterialarten erfasst und einer Verwertung zugeführt werden, sind die Quoten nach Absatz 2 Satz 1 Nummer 5 und 6 durch geeignete Stichprobenerhebungen nachzuweisen. Wenn die Hauptmaterialkomponente einen Masseanteil von 95 Prozent an der Verbundverpackung überschreitet, ist die nach Satz 3 einer Verwertung zugeführte Verbundverpackung vollständig auf die Quote der Hauptmaterialart anzurechnen.

(4) Die Systeme sind verpflichtet, im Jahresmittel mindestens 50 Masseprozent der im Rahmen der Sammlung der restentleerten Kunststoff-, Metall- und Verbundverpackungen nach § 14 Absatz 1 insgesamt erfassten Abfälle dem Recycling zuzuführen. Im Falle einer einheitlichen Wertstoffsammlung im Sinne des § 22 Absatz 5 bezieht sich die Recyclingquote auf den Anteil des Sammelgemisches, der entsprechend dem Verhältnis der Kunststoff-, Metall- und Verbundverpackungen zu den stoffgleichen Nichtverpackungen in der einheitlichen Wertstoffsammlung den Systemen zur Verwertung zuzuordnen ist.

(5) Die gemäß § 15 Absatz 1 Satz 1 zurückgenommenen Verpackungen sind nach Maßgabe des § 8 Absatz 1 des Kreislaufwirtschaftsgesetzes vorrangig einer Vorbereitung zur Wiederverwendung oder dem Recycling zuzuführen.

(6) Verpackungsabfälle, die im Einklang mit der Verordnung (EG) Nr. 1013/2006 des Europäischen Parlaments und des Rates vom 14. Juni 2006 über die Verbringung von Abfällen (ABl. L 190 vom 12.7.2006, S. 1), die zuletzt durch die Verordnung (EU) 2020/2174 (ABl. L 433 vom 22. 12.2020, S. 11) geändert worden ist, in der jeweils geltenden Fassung und mit der Verordnung (EG) Nr. 1418/2007 der Kommission vom 29. November 2007 über die Ausfuhr von bestimmten in Anhang III oder IIIA der Verordnung (EG) Nr. 1013/2006 des Europäischen Parlaments und des Rates aufgeführten Abfällen, die zur Verwertung bestimmt sind, in bestimmte Staaten, für die der OECD-Beschluss über die Kontrolle der grenzüberschreitenden Verbringung von Abfällen nicht gilt (ABl. L 316 vom 4.12.2007, S. 6), die zuletzt durch die Verordnung (EU) Nr. 733/ 2014 (ABl. L 197 vom 4.7.2014, S. 10) geändert worden ist, in der jeweils geltenden Fassung aus der Europäischen Union ausgeführt werden, dürfen für die Erfüllung der Anforderungen nach den Absätzen 1 bis 5 und der Zielvorgaben nach § 1 Absatz 4 Satz 2 und 3 nur berücksichtigt werden, wenn nachprüfbare Beweise vorliegen, dass die Verwertung unter Bedingungen erfolgt ist, die im Wesentlichen denen entsprechen, die in den einschlägigen europäischen Vorschriften vorgesehen sind.

(7) Die Bundesregierung überprüft innerhalb von drei Jahren nach dem 1. Januar 2022 die Verwertungsergebnisse mit dem Ziel einer weiteren Erhöhung der materialspezifischen Verwertungsquoten in Absatz 2 Satz 1 und 2 und der Recyclingquote in Absatz 4 Satz 1.

§ 17 Nachweispflichten

(1) Die Systeme haben die Verwertung der durch die Sammlung nach § 14 Absatz 1 Satz 1 erfassten restentleerten Verpackungen kalenderjährlich in nachprüfbarer Form zu dokumentieren (Mengenstromnachweis). Grundlage des Mengenstromnachweises sind die an einem System beteiligten Mengen an Verpackungen sowie vollständig dokumentierte Angaben über die erfassten und über die der Vorbereitung zur Wiederverwendung, dem Recycling, der werkstofflichen oder der energetischen Verwertung zugeführten Mengen. Die dem Mengenstromnachweis zugrunde liegenden Entsorgungsnachweise müssen mindestens den Auftraggeber, das beauftragte Entsorgungsunternehmen sowie die Masse der entsorgten Abfälle unter Angabe des Abfallschlüssels und der Abfallbezeichnung nach der Anlage zur Abfallverzeichnis-Verordnung enthalten. Der Mengenstromnachweis ist nach den in § 16 Absatz 2 Satz 1 und 2 genannten

Materialarten aufzuschlüsseln; sonstige Materialien sind jeweils zu einer einheitlichen Angabe zusammenzufassen. Verbundverpackungen, die gemäß § 16 Absatz 3 Satz 4 verwertet wurden, sind der entsprechenden Hauptmaterialart zuzuordnen. Im Mengenstromnachweis ist außerdem darzustellen, welche Mengen in den einzelnen Ländern erfasst wurden. Zur Bewertung der Richtigkeit und Vollständigkeit des Mengenstromnachweises haben die Systeme geeignete Mechanismen zur Selbstkontrolle einzurichten.

(2) Der Mengenstromnachweis ist durch einen registrierten Sachverständigen zu prüfen und zu bestätigen. Die Prüfung des Mengenstromnachweises umfasst insbesondere auch die Überprüfung der den Angaben nach Absatz 1 Satz 2 zugrunde liegenden Dokumente.

(3) Die Systeme haben den Mengenstromnachweis spätestens bis zum 1. Juni des auf den Berichtszeitraum folgenden Kalenderjahres elektronisch bei der Zentralen Stelle zu hinterlegen. Die Bestätigung nach Absatz 2 Satz 1 ist mit einer qualifizierten elektronischen Signatur zu versehen. Die Zentrale Stelle kann für die Hinterlegung die Verwendung bestimmter elektronischer Formulare und Eingabemasken sowie eine bestimmte Verschlüsselung vorschreiben. Die zugehörigen Dokumente sind auf Verlangen der Zentralen Stelle im Original nachzureichen.

Abschnitt 4 Systeme

§ 18 Genehmigung und Organisation

(1) Der Betrieb eines Systems bedarf der Genehmigung durch die zuständige Landesbehörde. Die Genehmigung wird auf Antrag erteilt, wenn ein System

1. in dem betreffenden Land flächendeckend eingerichtet ist, insbesondere die notwendigen Sammelstrukturen vorhanden sind,
2. mit allen öffentlich-rechtlichen Entsorgungsträgern in dem betreffenden Land Abstimmungsvereinbarungen nach § 22 Absatz 1 abgeschlossen hat oder sich bestehenden Abstimmungsvereinbarungen unterworfen hat,
3. über die notwendigen Sortier- und Verwertungskapazitäten verfügt,
4. finanziell leistungsfähig ist und
5. mit der Zentralen Stelle eine Finanzierungsvereinbarung nach § 25 Absatz 1 Satz 2 abgeschlossen hat.

Die Genehmigung ist öffentlich bekannt zu geben und vom Zeitpunkt der öffentlichen Bekanntgabe an wirksam.

(1a) Die Anforderungen an die finanzielle Leistungsfähigkeit nach Absatz 1 Satz 2 Nummer 4 sind erfüllt, wenn das System nachweist, dass es alle bestehenden und voraussichtlichen Verpflichtungen unter realistischen Annahmen über einen Zeitraum von zwölf Monaten erfüllen kann. Die finanzielle Leistungsfähigkeit eines Systems ist nicht gegeben, wenn ein Insolvenzverfahren über dieses System eröffnet worden ist oder in erheblichem Umfang oder wiederholt Rückstände an Steuern oder Sozialversicherungsbeiträgen bestehen, die aus der Unternehmenstätigkeit resultieren. Die Behörde nach Absatz 1 Satz 1 prüft die finanzielle Leistungsfähigkeit insbesondere anhand des handelsrechtlichen Jahresabschlusses oder, falls ein System keinen handelsrechtlichen Jahresabschluss vorlegen kann, anhand einer Vermögensübersicht sowie in beiden Fällen zusätzlich anhand eines handelsrechtlichen Prüfungsberichts. Jedes System hat dabei mindestens die folgenden Angaben zu machen:

1. verfügbare Finanzmittel einschließlich Bankguthaben sowie zugesagte Überziehungskredite und Darlehen,

2. als Sicherheit verfügbare Mittel und Vermögensgegenstände,
3. Betriebskapital,
4. Belastungen des Betriebsvermögens,
5. Steuern und Sozialversicherungsbeiträge.

Die Behörde nach Absatz 1 Satz 1 kann von dem System die Übermittlung weiterer für die Prüfung im Einzelfall erforderlicher Unterlagen verlangen, insbesondere die Vorlage geeigneter Unterlagen einer Bank, einer öffentlichen Sparkasse, eines Wirtschaftsprüfers oder eines vereidigten Buchprüfers. Die Behörde nach Absatz 1 Satz 1 übermittelt der Zentralen Stelle die Unterlagen zum Nachweis der finanziellen Leistungsfähigkeit des Systems und kann dabei von der Zentralen Stelle eine Einschätzung zur finanziellen Leistungsfähigkeit des Systems anfordern.

(2) Die Genehmigung kann auch nachträglich mit Nebenbestimmungen versehen werden, die erforderlich sind, um die beim Erlass der Genehmigung vorliegenden Voraussetzungen auch während des Systembetriebs dauerhaft sicherzustellen.

(3) Die Behörde nach Absatz 1 Satz 1 kann die Genehmigung ganz oder teilweise widerrufen, wenn sie feststellt, dass ein System seinen Pflichten nach § 14 Absatz 1 und 2 nicht nachkommt oder dass eine der in Absatz 1 Satz 2 genannten Voraussetzungen nicht mehr vorliegt. Die Genehmigung ist zu widerrufen, wenn die Behörde feststellt, dass der Betrieb des Systems eingestellt wurde. Der Widerruf ist öffentlich bekannt zu geben.

(4) Die Behörde nach Absatz 1 Satz 1 soll verlangen, dass ein System eine angemessene, insolvenzfeste Sicherheit für den Fall leistet, dass es oder die von ihm beauftragten Dritten Pflichten nach diesem Gesetz, aus der Abstimmungsvereinbarung nach § 22 Absatz 1 oder aus den Vorgaben nach § 22 Absatz 2 nicht, nicht vollständig oder nicht ordnungsgemäß erfüllen und den öffentlich-rechtlichen Entsorgungsträgern oder den zuständigen Behörden dadurch zusätzliche Kosten oder finanzielle Verluste entstehen. Angemessen im Sinne von Satz 1 ist die Sicherheitsleistung in der Regel, wenn der abzusichernde Zeitraum drei Monate nicht überschreitet. Ein Überschreiten des Regelzeitraumes bedarf einer gesonderten Begründung.

(5) Die Systeme sind verpflichtet, die organisatorischen Mittel vorzuhalten, um ihren Pflichten nach diesem Gesetz nachzukommen. Sie haben zur Bewertung ihrer Finanzverwaltung geeignete Mechanismen zur Selbstkontrolle einzurichten.

§ 19 Gemeinsame Stelle

(1) Die Systeme haben sich an einer Gemeinsamen Stelle zu beteiligen. Die Genehmigung nach § 18 wird unwirksam, wenn ein System sich nicht innerhalb von drei Monaten nach Erteilung der Genehmigung an der Gemeinsamen Stelle beteiligt.

(2) Die Gemeinsame Stelle hat insbesondere die folgenden Aufgaben:

1. Aufteilung der Entsorgungskosten auf Grundlage der von der Zentralen Stelle gemäß § 26 Absatz 1 Satz 2 Nummer 14 und 15 festgestellten Marktanteile;
2. Aufteilung der gemäß § 22 Absatz 9 vereinbarten Nebenentgelte auf Grundlage der von der Zentralen Stelle gemäß § 26 Absatz 1 Satz 2 Nummer 14 und 15 festgestellten Marktanteile;
3. wettbewerbsneutrale Koordination der Ausschreibungen nach § 23, insbesondere Bestimmung der Ausschreibungsführer für jedes Sammelgebiet;
4. Festlegung der Einzelheiten zur elektronischen Ausschreibungsplattform und zum Ausschreibungsverfahren gemäß § 23 Absatz 10;

5. Benennung der gemeinsamen Vertreter gemäß § 22 Absatz 7 Satz 1;

6. Benennung der Systemprüfer gemäß § 20 Absatz 4;

7. wettbewerbsneutrale Koordination der Informationsmaßnahmen nach § 14 Absatz 3 und Aufteilung der Kosten dieser Maßnahmen auf Grundlage der von der Zentralen Stelle gemäß § 26 Absatz 1 Satz 2 Nummer 14 und 15 festgestellten Marktanteile.

(3) Die Gemeinsame Stelle muss gewährleisten, dass sie für alle Systeme zu gleichen Bedingungen zugänglich ist und die Vorschriften zum Schutz personenbezogener Daten sowie von Betriebs- und Geschäftsgeheimnissen eingehalten werden. Bei Entscheidungen, die die öffentlich-rechtlichen Entsorgungsträger betreffen, hört die Gemeinsame Stelle die kommunalen Spitzenverbände an.

§ 20 Meldepflichten

(1) Systeme sind verpflichtet, die folgenden Informationen über die bei ihnen vorgenommenen oder erwarteten Beteiligungen nach § 7 Absatz 1 Satz 1 und über eventuelle Abzüge von Verpackungsmengen aufgrund von Entgelterstattungen nach § 7 Absatz 3, jeweils aufgeschlüsselt nach den in § 16 Absatz 2 Satz 1 und 2 genannten Materialarten und der Masse der Verpackungen sowie zugeordnet nach Herstellern unter Angabe der jeweiligen Registrierungsnummer, elektronisch an die Zentrale Stelle zu melden:

1. bis zum 15. Kalendertag des letzten Monats des jeweils laufenden Quartals die für das folgende Quartal erwartete Masse an beteiligten Verpackungen (Zwischenmeldung);

2. bis zum 1. Juni eines jeden Jahres die Masse der für das vorangegangene Kalenderjahr tatsächlich beteiligten Verpackungen (Jahresmeldung).

Verbundverpackungen, die gemäß § 16 Absatz 3 Satz 4 verwertet werden, sind der entsprechenden Hauptmaterialart zuzuordnen.

(2) Die Meldungen nach Absatz 1 sind der Zentralen Stelle in einer von einem Systemprüfer geprüften und bestätigten Fassung zu übermitteln. Die Zentrale Stelle kann für die Übermittlung die Verwendung bestimmter elektronischer Formulare und Eingabemasken sowie eine bestimmte Verschlüsselung vorschreiben. Bei Vorliegen von Anhaltspunkten für eine Unrichtigkeit oder Unvollständigkeit der übermittelten Meldungen kann die Zentrale Stelle von den betroffenen Systemen die Übermittlung weiterer für die Prüfung im Einzelfall erforderlicher Unterlagen verlangen. Bei Vorliegen der Voraussetzungen nach Satz 3 kann die Zentrale Stelle außerdem im Einzelfall vorübergehend einen abweichenden Meldezeitraum bezüglich der Zwischenmeldungen festlegen. Sofern ein System keine Zwischen- oder Jahresmeldung übermittelt oder die Anhaltspunkte nach Satz 3 nicht zur Überzeugung der Zentralen Stelle ausräumen kann, ist die Zentrale Stelle befugt, die Menge der beteiligten Verpackungen des betreffenden Systems auf Grundlage der ihr vorliegenden Informationen zu schätzen.

(3) Systeme sind verpflichtet, den an ihnen beteiligten Herstellern den Inhalt der Jahresmeldung im Hinblick auf die dem jeweiligen Hersteller zuzuordnenden systembeteiligungspflichtigen Verpackungen mitzuteilen.

(4) Die Systeme benennen einvernehmlich für einen Zeitraum von höchstens fünf Jahren vier Systemprüfer. Einigen sich die Systeme nicht innerhalb von sechs Monaten nach Ablauf des Benennungszeitraums eines Systemprüfers auf die Benennung eines Nachfolgers, entscheidet die Zentrale Stelle über die Benennung des Systemprüfers.

(5) Jedes System ist verpflichtet, bis zum 1. Juli des auf das jeweilige Geschäftsjahr folgenden Kalenderjahres seinen handelsrechtlichen Jahresabschluss oder, falls ein System keinen handelsrechtlichen Jahresabschluss vorlegen kann, eine Vermögensübersicht sowie in beiden Fällen zusätzlich einen handelsrechtlichen Prüfungsbericht elektronisch an die Zentrale Stelle zu melden. Jedes System hat dabei mindestens die in § 18 Absatz 1a Satz 4 genannten Angaben zu machen. § 18 Absatz 1a Satz 1 und 2 gelten entsprechend. Bei Vorliegen von Anhaltspunkten für eine fehlende finanzielle Leistungsfähigkeit oder für die Unvollständigkeit der übermittelten Meldungen kann die Zentrale Stelle von den betroffenen Systemen die elektronische Übermittlung weiterer für die Prüfung im Einzelfall erforderlicher Unterlagen verlangen, insbesondere die Vorlage geeigneter Unterlagen einer Bank, einer öffentlichen Sparkasse, eines Wirtschaftsprüfers oder eines vereidigten Buchprüfers.

§ 21 Ökologische Gestaltung der Beteiligungsentgelte

(1) Systeme sind verpflichtet, im Rahmen der Bemessung der Beteiligungsentgelte Anreize zu schaffen, um bei der Herstellung von systembeteiligungspflichtigen Verpackungen

1. die Verwendung von Materialien und Materialkombinationen zu fördern, die unter Berücksichtigung der Praxis der Sortierung und Verwertung zu einem möglichst hohen Prozentsatz recycelt werden können, und
2. die Verwendung von Rezyklaten sowie von nachwachsenden Rohstoffen zu fördern.

(2) Jedes System hat der Zentralen Stelle und dem Umweltbundesamt jährlich bis zum 1. Juni zu berichten, wie es die Vorgaben nach Absatz 1 bei der Bemessung der Beteiligungsentgelte im vorangegangenen Kalenderjahr umgesetzt hat. Dabei ist auch anzugeben, welcher Anteil der beteiligten Verpackungen je Materialart einem hochwertigen Recycling zugeführt wurde. Die Zentrale Stelle überprüft die Berichte der Systeme auf Plausibilität. Sie kann im Einvernehmen mit dem Umweltbundesamt verbindliche Vorgaben hinsichtlich der Form der Berichte beschließen und veröffentlichen. Sofern sich aus der Prüfung keine Beanstandungen ergeben, erteilt die Zentrale Stelle im Einvernehmen mit dem Umweltbundesamt dem jeweiligen System die Erlaubnis, den Bericht zu veröffentlichen.

(3) Die Zentrale Stelle veröffentlicht im Einvernehmen mit dem Umweltbundesamt jährlich bis zum 1. September einen Mindeststandard für die Bemessung der Recyclingfähigkeit von systembeteiligungspflichtigen Verpackungen unter Berücksichtigung der einzelnen Verwertungswege und der jeweiligen Materialart.

(4) Die Bundesregierung entscheidet bis zum 1. Januar 2022 auf der Grundlage der Berichte nach Absatz 2 und unter Berücksichtigung der nach Absatz 3 veröffentlichten Mindeststandards über weiter gehende Anforderungen an die Bemessung der Beteiligungsentgelte zur Förderung der werkstofflichen Verwertbarkeit von systembeteiligungspflichtigen Verpackungen sowie zur Förderung der Verwendung von Rezyklaten und nachwachsenden Rohstoffen unter Berücksichtigung der gesamtökologischen Auswirkungen.

§ 22 Abstimmung

(1) Die Sammlung nach § 14 Absatz 1 ist auf die vorhandenen Sammelstrukturen der öffentlich-rechtlichen Entsorgungsträger, in deren Gebiet sie eingerichtet wird, abzustimmen. Die Abstimmung hat durch schriftliche Vereinbarung der Systeme mit dem jeweils zuständigen öffentlich-rechtlichen Entsorgungsträger zu erfolgen (Abstimmungsvereinbarung). Die Belange des öffentlich-rechtlichen Entsorgungsträgers sind dabei besonders zu berücksichtigen. Rahmenvorgaben nach Absatz 2 sind zwingend zu beachten. Die Abstimmungsvereinbarung darf der Vergabe von

Entsorgungsdienstleistungen im Wettbewerb und den Zielen dieses Gesetzes nicht entgegenstehen.

(2) Ein öffentlich-rechtlicher Entsorgungsträger kann durch schriftlichen Verwaltungsakt gegenüber den Systemen festlegen, wie die nach § 14 Absatz 1 durchzuführende Sammlung der restentleerten Kunststoff-, Metall- und Verbundverpackungen bei privaten Haushaltungen hinsichtlich

1. der Art des Sammelsystems, entweder Holsystem, Bringsystem oder Kombination aus beiden Sammelsystemen,
2. der Art und Größe der Sammelbehälter, sofern es sich um Standard-Sammelbehälter handelt, sowie
3. der Häufigkeit und des Zeitraums der Behälterleerungen

auszugestalten ist, soweit eine solche Vorgabe geeignet ist, um eine möglichst effektive und umweltverträgliche Erfassung der Abfälle aus privaten Haushaltungen sicherzustellen, und soweit deren Befolgung den Systemen bei der Erfüllung ihrer Aufgaben nach diesem Gesetz nicht technisch unmöglich oder wirtschaftlich unzumutbar ist (Rahmenvorgabe). Die Rahmenvorgabe darf nicht über den Entsorgungsstandard hinausgehen, welchen der öffentlich-rechtliche Entsorgungsträger der in seiner Verantwortung durchzuführenden Sammlung der gemischten Siedlungsabfälle aus privaten Haushaltungen zugrunde legt. Rahmenvorgaben können frühestens nach Ablauf von drei Jahren geändert werden. Jede Änderung ist mit einem angemessenen zeitlichen Vorlauf, mindestens jedoch ein Jahr vor ihrem Wirksamwerden, den Systemen bekannt zu geben.

(3) Sofern die Sammlung der restentleerten Kunststoff-, Metall- und Verbundverpackungen an vom öffentlich-rechtlichen Entsorgungsträger eingerichteten Wertstoffhöfen durchgeführt werden soll, kann der öffentlich-rechtliche Entsorgungsträger im Rahmen der Abstimmung von den Systemen ein angemessenes Entgelt für die Mitbenutzung verlangen. Zur Bestimmung eines angemessenen Entgelts haben sich die Parteien an den in § 9 des Bundesgebührengesetzes vom 7. August 2013 (BGBl. I S. 3154), das durch Artikel 1 des Gesetzes vom 18. Juli 2016 (BGBl. I S. 1666) geändert worden ist, in der jeweils geltenden Fassung festgelegten Gebührenbemessungsgrundsätzen zu orientieren. Ansatzfähig ist dabei nur der Anteil der Kosten, der dem Anteil der Verpackungsabfälle an der Gesamtmenge der in den Wertstoffhöfen erfassten Abfälle entspricht; der Anteil kann nach Vorgabe des öffentlich-rechtlichen Entsorgungsträgers entweder als Masseanteil oder als Volumenanteil berechnet werden.

(4) Ein öffentlich-rechtlicher Entsorgungsträger kann im Rahmen der Abstimmung von den Systemen die Mitbenutzung seiner Sammelstruktur, die für die getrennte Erfassung von Papier, Pappe und Karton eingerichtet ist, gegen ein angemessenes Entgelt verlangen. Die Systeme können im Rahmen der Abstimmung von einem öffentlich-rechtlichen Entsorgungsträger verlangen, ihnen die Mitbenutzung dieser Sammelstruktur gegen ein angemessenes Entgelt zu gestatten. Ein öffentlich-rechtlicher Entsorgungsträger kann im Rahmen der Abstimmung von den Systemen verlangen, dass sie Nichtverpackungsabfälle aus Papier, Pappe und Karton gegen ein angemessenes Entgelt mit sammeln. Zur Bestimmung eines angemessenen Entgelts haben sich die Parteien an den in § 9 des Bundesgebührengesetzes festgelegten Gebührenbemessungsgrundsätzen zu orientieren. Ansatzfähig ist dabei nur der Anteil der Kosten, der bei einer Sammlung nach den Sätzen 1 und 2 dem Anteil der Verpackungsabfälle aus Papier, Pappe und Karton und bei einer Sammlung nach Satz 3 dem Anteil der Nichtverpackungsabfälle aus Papier, Pappe und Karton an der Gesamtmenge der in den Sammelbehältern erfassten Abfälle entspricht; der Anteil kann nach Vorgabe des öffentlich-rechtlichen Entsorgungsträgers entweder als Massean-

teil oder als Volumenanteil berechnet werden. Einigen sich die Parteien zugleich auf eine gemeinsame Verwertung durch den die Sammlung Durchführenden, so ist bei der Bestimmung des angemessenen Entgelts auch der jeweilige Marktwert der Verpackungs- und Nichtverpackungsabfälle zu berücksichtigen. Sofern keine gemeinsame Verwertung vereinbart wird, kann der jeweils die Sammlung des anderen Mitnutzende die Herausgabe eines Masseanteils verlangen, der dem Anteil an der Gesamtmasse der in den Sammelbehältern erfassten Abfälle entspricht, der in seiner Verantwortung zu entsorgen ist. Derjenige, der den Herausgabeanspruch geltend macht, hat die durch die Übergabe der Abfälle zusätzlich verursachten Kosten zu tragen sowie einen Wertausgleich für den Fall zu leisten, dass der Marktwert des an ihn zu übertragenden Masseanteils an dem Sammelgemisch über dem Marktwert der Verpackungs- oder Nichtverpackungsabfälle liegt, die er bei einer getrennten Sammlung in eigener Verantwortung zu entsorgen hätte.

(5) Ein öffentlich-rechtlicher Entsorgungsträger kann mit den Systemen im Rahmen der Abstimmung vereinbaren, dass Nichtverpackungsabfälle aus Kunststoffen oder Metallen, die bei privaten Endverbrauchern anfallen, gemeinsam mit den stoffgleichen Verpackungsabfällen durch eine einheitliche Wertstoffsammlung erfasst werden. Die Einzelheiten der Durchführung der einheitlichen Wertstoffsammlung können der öffentlichrechtliche Entsorgungsträger und die Systeme im Rahmen ihrer jeweiligen Entsorgungsverantwortung näher ausgestalten. Dabei ist sicherzustellen, dass die Verwertungspflichten nach § 16 und die Nachweispflichten nach § 17 bezüglich der Verpackungsabfälle eingehalten werden. Altgeräte im Sinne des Elektro- und Elektronikgerätegesetzes sowie Altbatterien im Sinne des Batteriegesetzes dürfen in der einheitlichen Wertstoffsammlung nicht miterfasst werden.

(6) Ein öffentlich-rechtlicher Entsorgungsträger kann im Rahmen der Abstimmung verlangen, dass sich die Systeme der sofortigen Vollstreckung aus der Abstimmungsvereinbarung gemäß den jeweils geltenden Landesverwaltungsverfahrensgesetzen unterwerfen.

(7) In einem Gebiet, in dem mehrere Systeme eingerichtet werden oder eingerichtet sind, sind die Systembetreiber verpflichtet, einen gemeinsamen Vertreter zu benennen, der mit dem öffentlich-rechtlichen Entsorgungsträger die Verhandlungen über den erstmaligen Abschluss sowie jede Änderung der Abstimmungsvereinbarung führt. Der Abschluss sowie jede Änderung der Abstimmungsvereinbarung bedürfen der Zustimmung des öffentlich-rechtlichen Entsorgungsträgers sowie von mindestens zwei Dritteln der an der Abstimmungsvereinbarung beteiligten Systeme. Ein System, das in einem Gebiet mit bereits bestehender Abstimmungsvereinbarung eingerichtet wird, hat sich der vorhandenen Abstimmungsvereinbarung zu unterwerfen.

(8) Ein öffentlich-rechtlicher Entsorgungsträger kann bei jeder wesentlichen Änderung der Rahmenbedingungen für die Sammlung nach § 14 Absatz 1 sowie im Falle einer Änderung seiner Rahmenvorgaben nach Absatz 2 von den Systemen eine angemessene Anpassung der Abstimmungsvereinbarung verlangen. Für die Verhandlung und den Abschluss gilt Absatz 7 Satz 1 und 2 entsprechend.

(9) Ein System ist verpflichtet, sich entsprechend seinem Marktanteil an den Kosten zu beteiligen, die den öffentlich-rechtlichen Entsorgungsträgern durch Abfallberatung in Bezug auf die von den Systemen durchgeführte Sammlung nach § 14 Absatz 1 sowie durch die Errichtung, Bereitstellung, Unterhaltung und Sauberhaltung von Flächen, auf denen von den Systemen genutzte Sammelgroßbehältnisse aufgestellt werden, entstehen. Zur Berechnung der Kosten sind die in § 9 des Bundesgebührengesetzes festgelegten Gebührenbemessungsgrundsätze anzuwenden.

§ 23 Vergabe von Sammelleistungen

(1) Die Systeme haben die nach § 14 Absatz 1 zu erbringenden Sammelleistungen unter Beachtung der Abstimmungsvereinbarungen nach § 22 Absatz 1 und der Rahmenvorgaben nach § 22 Absatz 2 im Wettbewerb im Wege transparenter und diskriminierungsfreier Ausschreibungsverfahren über eine elektronische Ausschreibungsplattform nach Maßgabe dieser Vorschrift zu vergeben. Die Erteilung eines Sammelauftrags durch ein System ist von Anfang an unwirksam, wenn sie ohne Ausschreibungsverfahren oder ohne vorherige Information nach Absatz 6 Satz 1 und Einhaltung der Wartefrist nach Absatz 6 Satz 2 erfolgte und dieser Verstoß in einem Schiedsverfahren nach den Absätzen 8 und 9 festgestellt worden ist.

(2) Die Systeme beauftragen ein einzelnes System mit der eigenverantwortlichen Durchführung des Ausschreibungsverfahrens für ein bestimmtes Sammelgebiet (Ausschreibungsführer). Dabei soll der Ausschreibungsführer in diesem Gebiet die Hauptkostenverantwortung für die Sammlung übernehmen. Die weiteren Systeme können für ihren Anteil mit dem erfolgreichen Bieter individuelle Mitbenutzungsverträge schließen; die Ausschreibungspflicht nach Absatz 1 gilt hierbei nicht. Im Falle einer Unwirksamkeit der Auftragserteilung nach Absatz 1 Satz 2 sind die auf dem unwirksamen Sammelauftrag beruhenden Mitbenutzungsverträge ebenfalls unwirksam. Der erfolgreiche Bieter darf die weiteren Systeme bei der Vereinbarung der Mitbenutzungsverträge nicht ohne sachlich gerechtfertigten Grund unterschiedlich behandeln.

(3) Soweit Verpackungen aus Papier, Pappe und Karton zusammen mit stoffgleichen Nichtverpackungen im Wege der Mitbenutzung nach § 22 Absatz 4 in einem Sammelbehälter erfasst werden, können die Systeme und der öffentlich-rechtliche Entsorgungsträger die Sammelleistung gemeinsam ausschreiben. Die Systeme und der öffentlich-rechtliche Entsorgungsträger können in diesem Fall auch den jeweils anderen mit der Durchführung des Ausschreibungsverfahrens beauftragen. In beiden Fällen sind die vergaberechtlichen Vorgaben, die aufgrund anderer Rechtsvorschriften für den öffentlich-rechtlichen Entsorgungsträger gelten, vorrangig anzuwenden. Soweit das Ausschreibungsverfahren gemeinsam durchgeführt wird, sind alle beteiligten Auftraggeber für die Einhaltung der Bestimmungen über das Ausschreibungsverfahren gemeinsam verantwortlich.

(4) Die Auftragnehmer werden in einem offenen Ausschreibungsverfahren ermittelt. Der Ausschreibungsführer teilt seine Absicht, einen Sammelauftrag zu vergeben, in einer Auftragsbekanntmachung über die elektronische Ausschreibungsplattform öffentlich mit. Mit der Auftragsbekanntmachung hat er zugleich alle für die Abgabe eines Angebots erforderlichen Unterlagen bereitzustellen. Jedes interessierte Unternehmen kann ein Angebot abgeben. Die Frist für den Eingang der Angebote beträgt mindestens 60 Tage, gerechnet ab dem Tag nach der Veröffentlichung der Auftragsbekanntmachung. Wenn innerhalb der Frist nach Satz 4 keine geeigneten Angebote abgegeben worden sind, kann der Auftrag im Verhandlungsverfahren ohne Teilnahmewettbewerb vergeben werden; ein Angebot gilt als ungeeignet, wenn es offensichtlich nicht den in den Ausschreibungsunterlagen genannten Bedürfnissen und Anforderungen entspricht.

(5) Der Zuschlag für die einzelnen Vertragsgebiete wird jeweils auf das preislich günstigste Angebot von geeigneten Unternehmen erteilt. Dazu ermittelt der Betreiber der elektronischen Ausschreibungsplattform das preislich günstigste Angebot und gewährt dem Ausschreibungsführer Einsichtnahme in das Angebot; preisgleiche Angebote können gleichzeitig eingesehen werden. Der Ausschreibungsführer überprüft die Eignung des Bieters anhand der nach § 122 des Gesetzes gegen Wettbewerbsbeschränkungen festgelegten Eignungskriterien, das Nichtvorliegen von Ausschlussgründen nach den §§ 123 und 124 des Gesetzes gegen Wettbewerbsbeschränkungen sowie gegebenenfalls Maßnahmen des Bieters zur Selbstreinigung nach § 125 des Gesetzes gegen Wettbewerbsbeschränkungen. Er prüft darüber hinaus das Angebot auf Vollständig-

keit und fachliche und rechnerische Richtigkeit. Er darf dabei von dem Bieter nur Aufklärung über das Angebot oder dessen Eignung verlangen. Verhandlungen, insbesondere über Änderungen des Angebots oder des Preises, sind grundsätzlich unzulässig. Nur bei preisgleichen Angeboten mehrerer geeigneter Bieter darf der Ausschreibungsführer ausnahmsweise über den Preis verhandeln. Schließt er einen Bieter wegen Ungeeignetheit oder Vorliegens eines der in den §§ 123 und 124 des Gesetzes gegen Wettbewerbsbeschränkungen genannten Gründe aus oder erfüllt das Angebot nicht die vorgegebenen Mindestanforderungen, so wird ihm vom Betreiber der elektronischen Ausschreibungsplattform das nächstgünstigste Angebot zur Prüfung vorgelegt.

(6) Nach der Zuschlagsentscheidung hat der Betreiber der elektronischen Ausschreibungsplattform die Bieter, deren Angebote nicht berücksichtigt werden sollen, unverzüglich über den Namen des Unternehmens, dessen Angebot angenommen werden soll, über die Gründe der vorgesehenen Nichtberücksichtigung ihres Angebots und über den frühesten Zeitpunkt des Vertragsschlusses zu informieren; die hierfür erforderlichen Informationen erhält er vom Ausschreibungsführer. Ein Vertrag darf erst 15 Kalendertage nach Absendung der Information nach Satz 1 geschlossen werden. Die Frist beginnt am Tag nach der Absendung der Information; auf den Tag des Zugangs beim betroffenen Bieter kommt es nicht an.

(7) Der Ausschreibungsführer ist verpflichtet, den Fortgang des Ausschreibungsverfahrens jeweils zeitnah zu dokumentieren. Hierzu stellt er sicher, dass er über ausreichend Dokumentation verfügt, um Entscheidungen in allen Phasen des Ausschreibungsverfahrens, insbesondere zur Prüfung der vorgelegten Angebote und zur Zuschlagsentscheidung, nachvollziehbar zu begründen. Der Betreiber der elektronischen Ausschreibungsplattform hat die Ermittlung der preisgünstigsten Angebote gleichermaßen zu dokumentieren. Die Dokumentation ist für mindestens drei Jahre ab dem Tag des Zuschlags aufzubewahren.

(8) Jedes Unternehmen, das ein Interesse an dem Sammelauftrag hat und eine Verletzung in seinen Rechten durch Nichtbeachtung der Bestimmungen über das Ausschreibungsverfahren geltend macht, kann die Ausschreibung und die Zuschlagsentscheidung durch ein Schiedsgericht prüfen lassen. Der Antrag auf Durchführung eines Schiedsverfahrens ist schriftlich und begründet spätestens innerhalb von 15 Kalendertagen nach Absendung der Information nach Absatz 6 Satz 1 bei der Deutschen Institution für Schiedsgerichtsbarkeit e. V. (DIS) einzureichen; sofern eine solche Information unterblieben ist, ist der Antrag spätestens sechs Monate nach Vertragsschluss einzureichen. Dabei ist darzulegen, dass dem Unternehmen durch die behauptete Verletzung der Ausschreibungsvorschriften ein Schaden entstanden ist oder zu entstehen droht. Die DIS informiert unverzüglich den Ausschreibungsführer in Textform über den Antrag auf Durchführung eines Schiedsverfahrens. Während der Dauer des Schiedsverfahrens darf der Ausschreibungsführer den Zuschlag nicht erteilen.

(9) Das Schiedsverfahren wird nach der Schiedsgerichtsordnung und den ergänzenden Regeln für beschleunigte Verfahren der DIS und, soweit erforderlich, nach den Bestimmungen des deutschen Schiedsrechts gemäß den §§ 1025 bis 1066 der Zivilprozessordnung unter Ausschluss des ordentlichen Rechtswegs durch einen Schiedsrichter, der durch die DIS nach Anhörung der Parteien benannt wird, endgültig entschieden. Die Entscheidung ergeht schriftlich und nach Möglichkeit innerhalb einer Frist von acht Wochen ab Eingang des Antrags bei der DIS. Das Schiedsgericht entscheidet, ob der Antragsteller in seinen Rechten verletzt ist und trifft die geeigneten Maßnahmen, um eine Rechtsverletzung zu beseitigen und eine Schädigung der betroffenen Interessen zu verhindern. Ein wirksam erteilter Zuschlag kann nicht aufgehoben werden. Hat sich das Schiedsverfahren durch Erteilung des Zuschlags, durch Aufhebung oder durch Einstellung des Ausschreibungsverfahrens oder in sonstiger Weise erledigt, stellt das Schiedsgericht auf Antrag eines Beteiligten fest, ob eine Rechtsverletzung vorgelegen hat. Die Zuständig-

keiten der ordentlichen Gerichte für die Geltendmachung von Schadensersatzansprüchen bleiben unberührt.

(10) Einzelheiten zur elektronischen Ausschreibungsplattform und zum Ausschreibungsverfahren regeln die Systembetreiber untereinander. Sie legen die beabsichtigten Regelungen rechtzeitig vor deren Umsetzung dem Bundeskartellamt vor. Der Zugang zur elektronischen Ausschreibungsplattform wird über die Zentrale Stelle bereitgestellt. Die Systeme gewährleisten, dass die Entwicklung und der Betrieb der elektronischen Ausschreibungsplattform sowie die technische Durchführung der Ausschreibungen durch einen zur Verschwiegenheit hinsichtlich der über die Plattform abgewickelten Informationen verpflichteten neutralen Dienstleister erfolgen.

(11) Soweit in dieser Vorschrift nichts anderes geregelt ist, gelten die §§ 121 bis 126 und 128, § 132 Absatz 1 bis 4 und § 133 des Gesetzes gegen Wettbewerbsbeschränkungen sowie die §§ 5 bis 7, § 29 Absatz 1, die §§ 31 bis 34, 36 und 43 bis 47, § 48 Absatz 1, 2 und 4 bis 8, § 49, § 53 Absatz 7 bis 9, die §§ 56 und 57, § 60 Absatz 1 bis 3 sowie die §§ 61 und 63 der Vergabeverordnung vom 12. April 2016 (BGBl. I S. 624) in der jeweils geltenden Fassung entsprechend.

Abschnitt 5 Zentrale Stelle

§ 24 Errichtung und Rechtsform; Stiftungssatzung

(1) Hersteller von systembeteiligungspflichtigen Verpackungen sowie Vertreiber von noch nicht befüllten Verkaufs- oder Umverpackungen oder von ihnen getragene Interessenverbände errichten bis zum 1. Januar 2019 unter dem Namen Zentrale Stelle Verpackungsregister eine rechtsfähige Stiftung des bürgerlichen Rechts mit einem Stiftungsvermögen von mindestens 100 000 Euro.

(2) Die in Absatz 1 genannten Hersteller und Vertreiber oder Interessenverbände legen die Stiftungssatzung im Einvernehmen mit dem Bundesministerium für Umwelt, Naturschutz und nukleare Sicherheit fest. Die Stiftungssatzung muss

1. die in § 26 genannten, von der Zentralen Stelle zu erfüllenden Aufgaben verbindlich festschreiben,
2. die Organisation und Ausstattung der Zentralen Stelle so ausgestalten, dass eine ordnungsgemäße Erfüllung der in § 26 genannten Aufgaben sichergestellt ist,
3. im Rahmen der Ausgestaltung und Organisation der Zentralen Stelle sicherstellen, dass die in Satz 1 genannten Hersteller und Vertreiber ihre Interessen zu gleichen Bedingungen und in angemessenem Umfang einbringen können,
4. sicherstellen, dass die Neutralität der Zentralen Stelle gegenüber allen Marktteilnehmern stets gewahrt bleibt,
5. sicherstellen, dass die Vorschriften zum Schutz personenbezogener Daten sowie von Betriebs- und Geschäftsgeheimnissen eingehalten werden, insbesondere gegenüber den Mitgliedern des Kuratoriums, des Verwaltungsrats, des Beirats Erfassung, Sortierung und Verwertung sowie gegenüber Dritten und der Öffentlichkeit.

Die Stiftungssatzung ist im Internet zu veröffentlichen.

(3) Änderungen der Stiftungssatzung sind dem Kuratorium vorbehalten. Das Kuratorium entscheidet über Satzungsänderungen mit einer Mehrheit von mindestens zwei Dritteln der abgegebenen Stimmen. Jede Satzungsänderung bedarf der Zustimmung des Bundesministeriums für Umwelt, Naturschutz und nukleare Sicherheit.

(4) Das Bundesministerium für Umwelt, Naturschutz und nukleare Sicherheit kann das Einvernehmen nach Absatz 2 Satz 1 und die Zustimmung nach Absatz 3 Satz 3, auch nachdem sie unanfechtbar geworden sind, mit Wirkung für die Zukunft widerrufen, wenn die tatsächlichen Verhältnisse nicht mehr den Anforderungen des Absatzes 2 Satz 2 Nummer 2 bis 5 entsprechen. Es wird unwiderleglich vermutet, dass die tatsächlichen Verhältnisse nicht mehr den Anforderungen des Absatzes 2 Satz 2 Nummer 3 entsprechen, wenn der Anteil der in einem Kalenderjahr von den Mitgliedsunternehmen der im Kuratorium vertretenen Verbände an Systemen beteiligten oder über Branchenlösungen zurückgenommenen Verpackungen auf unter 75 Prozent der insgesamt in dem jeweils gleichen Kalenderjahr an Systemen beteiligten oder über Branchenlösungen zurückgenommenen Verpackungen sinkt.

§ 25 Finanzierung

(1) Die Systeme und Betreiber von Branchenlösungen sind verpflichtet, sich gemäß ihrem jeweiligen Marktanteil an der Finanzierung der Zentralen Stelle einschließlich der erforderlichen Errichtungskosten zu beteiligen. Zu diesem Zweck schließen sie mit der Zentralen Stelle vertragliche Vereinbarungen, welche die Einzelheiten der Finanzierung unter Berücksichtigung der Vorgaben der nachfolgenden Absätze regeln (Finanzierungsvereinbarungen).

(2) Die Zentrale Stelle erhält aufgrund der Finanzierungsvereinbarungen von den Systemen und Betreibern von Branchenlösungen Umlagen, die dem Äquivalenzprinzip und dem Grundsatz der Gleichbehandlung genügen müssen. Die Umlagen sind jeweils für einen Kalkulationszeitraum von höchstens einem Geschäftsjahr dergestalt zu bemessen, dass das veranschlagte Umlageaufkommen die voraussichtlichen Kosten deckt und jedes System und jeder Betreiber einer Branchenlösung jeweils nur einen Anteil der Kosten trägt, der seinem Marktanteil in dem betreffenden Kalkulationszeitraum entspricht. Maßgeblich für die Bemessung ist dabei der von der Zentralen Stelle gemäß § 26 Absatz 1 Satz 2 Nummer 16 festgestellte Marktanteil.

(3) Kosten im Sinne von Absatz 2 Satz 2 sind solche, die nach betriebswirtschaftlichen Grundsätzen ansatzfähig sind, insbesondere Personal- und Sachkosten sowie kalkulatorische Kosten. Zu den Kosten gehören auch Entgelte für in Anspruch genommene Fremdleistungen sowie die Kosten der Rechts- und Fachaufsicht.

(4) Kostenüber- und Kostenunterdeckungen werden durch eine Nachkalkulation für den dem laufenden Kalkulationszeitraum vorangehenden Kalkulationszeitraum ermittelt. Kostenüber- und Kostenunterdeckungen sind innerhalb von zwei Kalkulationszeiträumen nach Absatz 2 Satz 2 auszugleichen.

(5) Die Bemessung des Umlageaufkommens nach Absatz 2 sowie dessen Nachkalkulation nach Absatz 4 sind durch das Umweltbundesamt im Rahmen der Rechts- und Fachaufsicht zu genehmigen. Voraussetzung der Genehmigung ist jeweils eine von der Zentralen Stelle vorzulegende Bescheinigung eines Wirtschaftsprüfers über die ordnungsgemäße Ermittlung der voraussichtlichen Kosten sowie der abzurechnenden Kosten nach Absatz 3. Das Umweltbundesamt kann Auskünfte sowie die Vorlage weiterer Unterlagen und sonstiger Daten von der Zentralen Stelle verlangen, soweit dies für die Prüfung der Bescheinigungen nach Satz 2, der Dokumentation der zugrunde liegenden Methode der Bemessung des Umlageaufkommens, der Durchführung der Nachkalkulation oder deren Anwendung durch die Zentrale Stelle oder für die Prüfung der Angemessenheit der Höhe des Umlageaufkommens, einschließlich der Nachkalkulation, erforderlich ist.

(6) Die nach Absatz 1 Satz 1 Verpflichteten leisten auf Verlangen der Zentralen Stelle eine angemessene insolvenzfeste Sicherheit bis zu einer Höhe von drei Monatsumlagen.

§ 26 Aufgaben

(1) Die Zentrale Stelle ist mit der Wahrnehmung der in Satz 2 aufgeführten hoheitlichen Aufgaben beliehen. Die Zentrale Stelle

1. nimmt auf Antrag Registrierungen gemäß § 9 Absatz 1 vor, erteilt Bestätigungen nach § 9 Absatz 3 Satz 2 und veröffentlicht gemäß § 9 Absatz 4 eine Liste der registrierten Hersteller im Internet,

2. prüft die gemäß § 10 übermittelten Datenmeldungen,

3. kann den Systemen gemäß § 10 Absatz 3 die Möglichkeit einräumen, die sich auf ihr System beziehenden Datenmeldungen elektronisch abzurufen,

4. prüft die gemäß § 11 Absatz 3 hinterlegten Vollständigkeitserklärungen, insbesondere im Hinblick auf ihre Übereinstimmung mit den Registerangaben nach § 9, den Datenmeldungen nach § 10 und den Jahresmeldungen nach § 20 Absatz 1 Nummer 2, kann erforderlichenfalls Anordnungen nach § 11 Absatz 3 Satz 4 und 5 erteilen und informiert im Falle von nicht aufklärbaren Unregelmäßigkeiten die zuständigen Landesbehörden über das Ergebnis ihrer Prüfung,

5. kann gemäß § 11 Absatz 4 Satz 2 die Hinterlegung einer Vollständigkeitserklärung anordnen,

6. veröffentlicht im Internet eine Liste der Hersteller, die eine Vollständigkeitserklärung gemäß § 11 Absatz 1 Satz 1 hinterlegt haben,

6a. kann von den Systemen eine Begründung gemäß § 14 Absatz 4 Satz 3 verlangen, prüft die übermittelte Begründung und informiert im Fall fortbestehender Zweifel am Vorliegen von Geschäftsgeheimnissen unverzüglich die zuständigen Landesbehörden über das Ergebnis der Prüfung,

7. prüft die von den Systemen gemäß § 17 Absatz 3 Satz 1 hinterlegten Mengenstromnachweise, kann gemäß § 17 Absatz 3 Satz 4 die Vorlage der zugehörigen Prüfdokumente verlangen und informiert die zuständigen Landesbehörden und die Systeme über das Ergebnis ihrer Prüfung,

7a. prüft auf Anforderung der zuständigen Landesbehörden die gemäß § 18 Absatz 1a Satz 6 übermittelten Unterlagen und teilt den zuständigen Landesbehörden ihre Einschätzung zur finanziellen Leistungsfähigkeit des Systems mit,

8. prüft die gemäß § 20 Absatz 1 übermittelten Meldungen der Systeme, kann erforderlichenfalls Anordnungen nach § 20 Absatz 2 Satz 3 und 4 erteilen, nimmt erforderlichenfalls Schätzungen nach § 20 Absatz 2 Satz 5 vor und informiert im letztgenannten Falle hierüber unverzüglich die zuständigen Landesbehörden,

8a. prüft die gemäß § 20 Absatz 5 Satz 1 übermittelten Meldungen der Systeme, kann erforderlichenfalls Anordnungen nach § 20 Absatz 5 Satz 4 erteilen und informiert unverzüglich die zuständigen Landesbehörden, wenn ein System keine Meldung nach § 20 Absatz 5 Satz 1 übermittelt hat oder die Anhaltspunkte nach § 20 Absatz 5 Satz 4 nicht zur Überzeugung der Zentralen Stelle ausräumen kann,

9. benennt erforderlichenfalls Systemprüfer gemäß § 20 Absatz 4 Satz 2,

10. nimmt die Berichte der Systeme nach § 21 Absatz 2 entgegen, prüft diese auf Plausibilität und erteilt, sofern sich aus der Prüfung keine Beanstandungen ergeben, im Einvernehmen mit dem Umweltbundesamt dem jeweiligen System die Erlaubnis, den Bericht zu veröffentlichen,

10a. kann gemäß § 21 Absatz 2 Satz 3 im Einvernehmen mit dem Umweltbundesamt verbindliche Vorgaben hinsichtlich der Form der Berichte nach § 21 Absatz 2 Satz 1 beschließen und veröffentlichen,

11. entwickelt und veröffentlicht gemäß § 21 Absatz 3 im Einvernehmen mit dem Umweltbundesamt einen Mindeststandard für die Bemessung der Recyclingfähigkeit von systembeteiligungspflichtigen Verpackungen,

12. entwickelt und veröffentlicht im Einvernehmen mit dem Bundeskartellamt ein Verfahren zur Berechnung der Marktanteile der einzelnen Systeme an der Gesamtmenge der an allen Systemen beteiligten Verpackungen,

13. entwickelt und veröffentlicht im Einvernehmen mit dem Bundeskartellamt ein Verfahren zur Berechnung der Marktanteile der einzelnen Systeme und Branchenlösungen an der Gesamtmenge der an allen Systemen und Branchenlösungen beteiligten Verpackungen,

14. berechnet gemäß dem nach Nummer 12 veröffentlichten Verfahren vierteljährlich nach Erhalt der Zwischenmeldungen nach § 20 Absatz 1 Nummer 1 die den einzelnen Systemen in diesem Zeitraum vorläufig zuzuordnenden Marktanteile, stellt diese durch Verwaltungsakt fest und veröffentlicht das Ergebnis der Feststellung im Internet,

15. berechnet gemäß dem nach Nummer 12 veröffentlichten Verfahren kalenderjährlich nach Erhalt der Jahresmeldungen nach § 20 Absatz 1 Nummer 2 die den einzelnen Systemen in diesem Zeitraum zuzuordnenden Marktanteile, stellt diese durch Verwaltungsakt fest und veröffentlicht das Ergebnis der Feststellung im Internet,

16. berechnet gemäß dem nach Nummer 13 veröffentlichten Verfahren kalenderjährlich nach Erhalt der Jahresmeldungen nach § 20 Absatz 1 Nummer 2 und der Vollständigkeitserklärungen nach § 11 die den einzelnen Systemen und Branchenlösungen in diesem Zeitraum zuzuordnenden Marktanteile, stellt diese durch Verwaltungsakt fest und veröffentlicht das Ergebnis der Feststellung im Internet,

17. kann gemäß § 7 Absatz 5 die Aufnahme einer systembeteiligungspflichtigen Verpackung in ein System untersagen,

18. prüft Anzeigen nach § 8 Absatz 2 sowie Mengenstromnachweise nach § 8 Absatz 3 und trifft die zur Überwachung einer Branchenlösung im Einzelfall erforderlichen Anordnungen,

19. kann die Leistung von Sicherheiten nach § 8 Absatz 5 und § 25 Absatz 6 verlangen,

20. gewährt den zuständigen Landesbehörden auf deren Verlangen Einsicht in die bei ihr hinterlegten Datenmeldungen nach § 10, Vollständigkeitserklärungen nach § 11, Mengenstromnachweise nach § 17 und Meldungen der Systeme nach § 20 Absatz 1 und erteilt ihnen auf der Grundlage der §§ 4 bis 8 des Verwaltungsverfahrensgesetzes die zur Erfüllung ihrer Aufgaben erforderlichen Auskünfte,

21. informiert die zuständigen Landesbehörden unverzüglich, wenn ihr konkrete Anhaltspunkte für die Begehung einer Ordnungswidrigkeit nach § 36 vorliegen, und fügt vorhandene Beweisdokumente bei,

22. kann nähere Verfahrensanweisungen für die Registrierung nach § 9 Absatz 3 Satz 3, die Datenmeldungen nach § 10 Absatz 2, die Hinterlegung der Vollständigkeitserklärungen nach § 11 Absatz 3 Satz 3, die Hinterlegung der Mengenstromnachweise nach § 17 Absatz 3 Satz 3 und die Übermittlung der Zwischen- und Jahresmeldungen nach § 20 Absatz 2 Satz 2 erteilen und veröffentlichen,

23. entscheidet auf Antrag durch Verwaltungsakt über die Einordnung einer Verpackung als systembeteiligungspflichtig im Sinne von § 3 Absatz 8; sie kann hierzu Verwaltungsvorschriften erlassen,
24. entscheidet auf Antrag durch Verwaltungsakt über die Einordnung einer Verpackung als Mehrwegverpackung im Sinne von § 3 Absatz 3,
25. entscheidet auf Antrag durch Verwaltungsakt über die Einordnung einer Getränkeverpackung als pfandpflichtig im Sinne von § 31,
26. entscheidet auf Antrag durch Verwaltungsakt über die Einordnung einer Anfallstelle von Abfällen als eine mit privaten Haushaltungen vergleichbare Anfallstelle im Sinne von § 3 Absatz 11,
27. nimmt Sachverständige und sonstige Prüfer nach erfolgter Anzeige gemäß § 27 Absatz 1 oder 2 in das Prüferregister auf und veröffentlicht dieses im Internet, kann gemäß § 27 Absatz 1 Satz 2 oder Absatz 2 Satz 2 entsprechende Nachweise fordern und eine Aufnahme in das Prüferregister im Einzelfall ablehnen sowie gemäß § 27 Absatz 4 einen registrierten Sachverständigen oder sonstigen Prüfer aus dem Register entfernen,
28. ist befugt, im Einvernehmen mit dem Bundeskartellamt Prüfleitlinien zu entwickeln, die von den Systemprüfern und den registrierten Sachverständigen sowie von Wirtschaftsprüfern, Steuerberatern und vereidigten Buchprüfern bei Prüfungen im Rahmen dieses Gesetzes zu beachten sind,
29. übermittelt gemäß § 15 Absatz 2 des Umweltstatistikgesetzes vom 16. August 2005 (BGBl. I S. 2446), das zuletzt durch Artikel 1 des Gesetzes vom 26. Juli 2016 (BGBl. I S. 1839) geändert worden ist, den statistischen Ämtern der Länder auf Anforderung die zur Erhebung nach § 5 Absatz 2 des Umweltstatistikgesetzes erforderlichen Namen und Anschriften und
30. ist befugt, die mit der Erfüllung der ihr nach diesem Absatz zugewiesenen Aufgaben notwendigerweise zusammenhängenden Tätigkeiten durchzuführen.

(2) Die Zentrale Stelle nimmt die in Satz 2 aufgeführten Aufgaben in eigener Verantwortung nach den allgemeinen gesetzlichen Vorschriften wahr. Die Zentrale Stelle

1. errichtet und betreibt die für die Registrierung nach § 9 und die Übermittlung der Daten nach den §§ 10, 11 und 20 erforderlichen elektronischen Datenverarbeitungssysteme,
2. stellt für die wettbewerbsneutrale Ausschreibung von Sammelleistungen gemäß § 23 Absatz 10 Satz 2 den Zugang zu einer elektronischen Ausschreibungsplattform zur Verfügung,
3. schließt Finanzierungsvereinbarungen nach § 25 Absatz 1 Satz 2 mit den Systemen und Betreibern von Branchenlösungen,
4. kann Finanzierungsvereinbarungen nach § 25 Absatz 1 Satz 2 kündigen, wenn Systeme oder Betreiber von Branchenlösungen ihre gegenüber der Zentralen Stelle bestehenden gesetzlichen oder vertraglichen Pflichten in erheblichem Maße verletzen, insbesondere indem sie wiederholt Meldepflichten, die Auswirkungen auf die Finanzierung der Zentralen Stelle haben, trotz Aufforderung nicht, nicht richtig oder nicht vollständig erfüllen, mit der Entrichtung eines nicht unerheblichen Teils der vereinbarten Umlage im Verzug sind oder die nach § 25 Absatz 6 geforderte Sicherheit nicht leisten,
5. führt mindestens einmal jährlich eine Schulung nach § 27 Absatz 3 durch und kann im Anwendungsbereich dieses Gesetzes zusätzliche Fortbildungsveranstaltungen für registrierte Sachverständige anbieten,

6. kann sich in ihrem Aufgabenbereich mit anderen Behörden und Stellen in angemessenem Umfang austauschen und

7. informiert in ihrem Aufgabenbereich die nach diesem Gesetz Verpflichteten und die Öffentlichkeit in sachbezogenem und angemessenem Umfang, insbesondere über Entscheidungen in Bezug auf die Einordnung von Verpackungen nach Absatz 1 Satz 2 Nummer 23 bis 26.

(3) Die Zentrale Stelle darf nur die ihr durch die Absätze 1 und 2 zugewiesenen Aufgaben wahrnehmen. Mit Ausnahme der Finanzierungsvereinbarungen nach § 25 Absatz 1 Satz 2 darf sie Verträge mit Systemen oder Entsorgungsunternehmen weder schließen noch vermitteln.

§ 27 Registrierung von Sachverständigen und sonstigen Prüfern

(1) Die Zentrale Stelle nimmt Sachverständige, die ihr gegenüber anzeigen, dass sie beabsichtigen, Prüfungen nach § 8 Absatz 1 Satz 2, § 11 Absatz 1 Satz 2 oder § 17 Absatz 2 durchzuführen, in ein Prüferregister auf und veröffentlicht dieses im Internet. Die Zentrale Stelle kann die Aufnahme in das Prüferregister ablehnen, wenn der Sachverständige ihr auf Anforderung keinen geeigneten Nachweis über eine Berechtigung nach § 3 Absatz 15 Nummer 1 bis 4 vorlegt.

(2) Die Zentrale Stelle nimmt Wirtschaftsprüfer, Steuerberater und vereidigte Buchprüfer, die ihr gegenüber anzeigen, dass sie beabsichtigen, Prüfungen nach § 11 Absatz 1 Satz 2 durchzuführen, in eine gesonderte Abteilung des Prüferregisters auf. Die Zentrale Stelle kann die Aufnahme in das Prüferregister ablehnen, wenn der Wirtschaftsprüfer, Steuerberater oder vereidigte Buchprüfer ihr auf Anforderung keinen geeigneten Nachweis über seine Berufsberechtigung vorlegt.

(3) Die Zentrale Stelle bietet mindestens einmal jährlich eine Schulung zu ihrem Softwaresystem einschließlich der Datenformate sowie zur Anwendung der Prüfleitlinien nach § 26 Absatz 1 Satz 2 Nummer 28 an. Registrierte Sachverständige sind verpflichtet, innerhalb eines Jahres nach ihrer Aufnahme in das Prüferregister und sodann alle fünf Jahre an einer dieser Schulungen teilzunehmen. Kommt ein registrierter Sachverständiger seiner Pflicht nach Satz 2 nicht nach, kann die Zentrale Stelle ihn bis zur erfolgten Teilnahme an einer Schulung aus dem Prüferregister entfernen.

(4) Die Zentrale Stelle kann einen registrierten Sachverständigen oder einen nach Absatz 2 registrierten Prüfer für bis zu drei Jahre aus dem Prüferregister entfernen, wenn er wiederholt und grob pflichtwidrig gegen die Prüfleitlinien verstoßen hat.

§ 28 Organisation

(1) Organe der Zentralen Stelle sind

1. das Kuratorium,

2. der Vorstand,

3. der Verwaltungsrat und

4. der Beirat Erfassung, Sortierung und Verwertung.

Die Mitgliedschaft einer natürlichen Person in einem Organ der Zentralen Stelle schließt die Mitgliedschaft dieser natürlichen Person in einem anderen Organ der Zentralen Stelle aus. Abweichend von Satz 2 ist eine teilweise Personenidentität mit Mitgliedern des Verwaltungsrats möglich.

(2) Das Kuratorium legt die Leitlinien der Geschäftstätigkeit fest und bestellt und entlässt den Vorstand. Es setzt sich zusammen aus

1. acht Vertretern aus der Gruppe der Hersteller und Vertreiber nach § 24 Absatz 1,
2. zwei Vertretern der Länder,
3. einem Vertreter der kommunalen Spitzenverbände,
4. einem Vertreter des Bundesministeriums für Wirtschaft und Energie und
5. einem Vertreter des Bundesministeriums für Umwelt, Naturschutz und nukleare Sicherheit.

Das Kuratorium trifft Entscheidungen mit der Mehrheit der abgegebenen Stimmen. Über die Bestellung und Entlassung des Vorstands entscheidet es mit einer Mehrheit von mindestens zwei Dritteln der abgegebenen Stimmen.

(3) Der Vorstand führt die Geschäfte der Zentralen Stelle in eigener Verantwortung und vertritt diese gerichtlich und außergerichtlich. Er setzt sich aus bis zu zwei Personen zusammen.

(4) Der Verwaltungsrat berät das Kuratorium und den Vorstand bei der Erfüllung ihrer Aufgaben. Er setzt sich zusammen aus

1. zehn Vertretern aus der Gruppe der Hersteller und Vertreiber nach § 24 Absatz 1,
2. einem Vertreter des Bundesministeriums für Wirtschaft und Energie,
3. einem Vertreter des Bundesministeriums für Umwelt, Naturschutz und nukleare Sicherheit,
4. einem Vertreter des Umweltbundesamtes,
5. zwei Vertretern der Länder,
6. einem Vertreter der kommunalen Spitzenverbände,
7. einem Vertreter der kommunalen Entsorgungswirtschaft,
8. einem Vertreter der privaten Entsorgungswirtschaft,
9. einem Vertreter der Systeme und
10. zwei Vertretern der Umwelt- und Verbraucherverbände.

(5) Der Beirat Erfassung, Sortierung und Verwertung erarbeitet eigenverantwortlich Empfehlungen zur Verbesserung der Erfassung, Sortierung und Verwertung wertstoffhaltiger Abfälle einschließlich der Qualitätssicherung sowie zu Fragen von besonderer Bedeutung für die Zusammenarbeit von Kommunen und Systemen und kann diese in geeigneter Weise veröffentlichen. Er setzt sich zusammen aus

1. drei Vertretern der kommunalen Spitzenverbände,
2. einem Vertreter der kommunalen Entsorgungswirtschaft,
3. zwei Vertretern der Systeme und
4. zwei Vertretern der privaten Entsorgungswirtschaft.

(6) Nähere Regelungen bleiben der Stiftungssatzung vorbehalten.

§ 29 Aufsicht und Finanzkontrolle

(1) Die Zentrale Stelle untersteht hinsichtlich der ihr nach § 26 Absatz 1 übertragenen Aufgaben der Rechts- und Fachaufsicht des Umweltbundesamtes. Das Umweltbundesamt kann von der Zentralen Stelle Ersatz für die Kosten verlangen, die ihm für die Rechts- und Fachaufsicht ent-

stehen. Der Anspruch darf der Höhe nach die im Haushaltsplan des Bundes für die Durchführung der Rechts- und Fachaufsicht veranschlagten Einnahmen nicht übersteigen.

(2) Die Haushalts- und Wirtschaftsführung der Zentralen Stelle unterliegt der Prüfung durch den Bundesrechnungshof.

(3) Erfüllt die Zentrale Stelle die ihr nach § 26 Absatz 1 übertragenen Aufgaben nicht oder nicht ausreichend, ist das Umweltbundesamt befugt, die Aufgaben selbst durchzuführen oder im Einzelfall durch einen Beauftragten durchführen zu lassen. Die Zentrale Stelle trifft geeignete Vorkehrungen, um im Falle eines Selbsteintritts nach Satz 1 die Arbeitsfähigkeit des Umweltbundesamtes oder des von ihm beauftragten Dritten sicherzustellen. Hierzu gehört, dass die jeweils aktuellen Datenbestände sowie die für die Erledigung der hoheitlichen Aufgaben unabdingbar benötigte Software und deren Nutzungsrechte durch die Zentrale Stelle zur Verfügung gestellt werden. Im Falle der Auflösung der Zentralen Stelle gehen die aktuellen Datenbestände sowie die für die Aufgabenerfüllung unabdingbar benötigte Software und deren Nutzungsrechte an das Umweltbundesamt über.

§ 30 Teilweiser Ausschluss des Widerspruchsverfahrens und der aufschiebenden Wirkung der Anfechtungsklage; Widerspruchsbehörde

(1) Vor Erhebung einer Anfechtungsklage gegen Verwaltungsakte nach § 26 Absatz 1 Satz 2 Nummer 14 bis 16 findet ein Widerspruchsverfahren nicht statt. In den Fällen des Satzes 1 hat die Anfechtungsklage keine aufschiebende Wirkung.

(2) Soweit ein Widerspruchsverfahren stattfindet, entscheidet über den Widerspruch gegen einen Verwaltungsakt der Zentralen Stelle das Umweltbundesamt.

Abschnitt 6 Getränkeverpackungen

§ 30a Mindestrezyklatanteil bei bestimmten Einwegkunststoffgetränkeflaschen

(1) Hersteller von Einwegkunststoffgetränkeflaschen, die hauptsächlich aus Polyethylenterephthalat bestehen, dürfen diese Flaschen ab dem 1. Januar 2025 nur in Verkehr bringen, wenn sie jeweils zu mindestens 25 Masseprozent aus Kunststoffrezyklaten bestehen. Ab dem 1. Januar 2030 dürfen Hersteller von sämtlichen Einwegkunststoffgetränkeflaschen diese Flaschen nur in Verkehr bringen, wenn sie jeweils zu mindestens 30 Masseprozent aus Kunststoffrezyklaten bestehen.

(2) Ein Hersteller von Einwegkunststoffgetränkeflaschen kann die Vorgaben nach Absatz 1 auch dadurch erfüllen, dass die Gesamtmasse der von ihm in einem Kalenderjahr in Verkehr gebrachten Einwegkunststoffgetränkeflaschen einen entsprechenden Kunststoffrezyklatanteil aufweist. In diesem Fall hat er Art und Masse der von ihm für die Flaschenproduktion eingesetzten Kunststoffrezyklate sowie der insgesamt für die Flaschenproduktion verwendeten Kunststoffe in nachprüfbarer Form zu dokumentieren. Die Dokumentation ist der zuständigen Landesbehörde, auf deren Gebiet der Hersteller ansässig ist, auf Verlangen vorzulegen.

(3) Die Absätze 1 und 2 finden keine Anwendung auf Einwegkunststoffgetränkeflaschen,

1. bei denen der Flaschenkörper aus Glas oder Metall besteht und lediglich die Verschlüsse, Deckel, Etiketten, Aufkleber oder Umhüllungen aus Kunststoff sind;

2. die für flüssige Lebensmittel für besondere medizinische Zwecke gemäß Artikel 2 Absatz 2 Buchstabe g der Verordnung (EU) Nr. 609/2013 des Europäischen Parlaments und des Rates vom 12. Juni 2013 über Lebensmittel für Säuglinge und Kleinkinder, Lebensmittel für besondere medizinische Zwecke und Tagesrationen für gewichtskontrollierende Ernährung und zur

Aufhebung der Richtlinie 92/52/EWG des Rates, der Richtlinien 96/8/EG, 1999/21/EG, 2006/125/EG und 2006/141/EG der Kommission, der Richtlinie 2009/39/EG des Europäischen Parlaments und des Rates sowie der Verordnungen (EG) Nr. 41/2009 und (EG) Nr. 953/2009 des Rates und der Kommission (ABl. L 181 vom 29.6.2013, S. 35), die zuletzt durch die Verordnung (EU) 2017/1091 (ABl. L 158 vom 21.6.2017, S. 5) geändert worden ist, bestimmt sind und dafür verwendet werden.

§ 31 Pfand- und Rücknahmepflichten für Einweggetränkeverpackungen

(1) Hersteller von mit Getränken befüllten Einweggetränkeverpackungen sind verpflichtet, von ihren Abnehmern ein Pfand in Höhe von mindestens 0,25 Euro einschließlich Umsatzsteuer je Verpackung zu erheben. Das Pfand ist von jedem weiteren Vertreiber auf allen Handelsstufen bis zur Abgabe an den Endverbraucher zu erheben. Die Einweggetränkeverpackungen sind vor dem Inverkehrbringen dauerhaft, deutlich lesbar und an gut sichtbarer Stelle als pfandpflichtig zu kennzeichnen. Die Hersteller nach Satz 1 sind verpflichtet, sich an einem bundesweit tätigen, einheitlichen Pfandsystem zu beteiligen, das den Teilnehmern die Abwicklung von Pfanderstattungsansprüchen untereinander ermöglicht und auf einer Internetseite in geeignetem Umfang Informationen für den Endverbraucher zum Rücknahme- und Sammelsystem für pfandpflichtige Einweggetränkeverpackungen und zur Verwertung der zurückgenommenen Verpackungen veröffentlicht.

(2) Vertreiber von mit Getränken befüllten Einweggetränkeverpackungen sind verpflichtet, restentleerte Einweggetränkeverpackungen am Ort der tatsächlichen Übergabe oder in dessen unmittelbarer Nähe zu den geschäftsüblichen Öffnungszeiten unentgeltlich zurückzunehmen und das Pfand zu erstatten. Ohne eine Rücknahme der Verpackung darf das Pfand nicht erstattet werden. Die Rücknahmepflicht nach Satz 1 beschränkt sich auf Einweggetränkeverpackungen der jeweiligen Materialarten Glas, Metall, Papier/Pappe/Karton und Kunststoff einschließlich sämtlicher Verbundverpackungen aus diesen Hauptmaterialarten, die der rücknahmepflichtige Vertreiber in seinem Sortiment führt. Für Vertreiber mit einer Verkaufsfläche von weniger als 200 Quadratmetern beschränkt sich die Rücknahmepflicht nach Satz 1 auf Einweggetränkeverpackungen der Marken, die der Vertreiber in seinem Sortiment führt; im Versandhandel gelten als Verkaufsfläche alle Lager- und Versandflächen. Beim Verkauf aus Automaten hat der Letztvertreiber die Rücknahme durch geeignete Rückgabemöglichkeiten in zumutbarer Entfernung zu den Verkaufsautomaten zu gewährleisten. Im Versandhandel hat der Letztvertreiber die Rücknahme durch geeignete Rückgabemöglichkeiten in zumutbarer Entfernung zum Endverbraucher zu gewährleisten.

(3) Die nach Absatz 2 Satz 1 zurückgenommenen Einweggetränkeverpackungen sind durch den Zurücknehmenden einer Verwertung entsprechend den Anforderungen des § 16 Absatz 5 zuzuführen. Die Anforderungen des § 16 Absatz 5 können auch durch die Rückgabe der restentleerten Einweggetränkeverpackungen an einen Vorvertreiber erfüllt werden. § 15 Absatz 1 Satz 4 und Absatz 3 Satz 3 bis 7 gelten entsprechend.

(4) Die Absätze 1 bis 3 finden keine Anwendung auf

1. Getränkeverpackungen, die nachweislich nicht dazu bestimmt sind, im Geltungsbereich dieses Gesetzes an den Endverbraucher abgegeben zu werden;
2. Getränkeverpackungen mit einem Füllvolumen von weniger als 0,1 Litern;
3. Getränkeverpackungen mit einem Füllvolumen von mehr als 3,0 Litern;
4. Getränkekartonverpackungen, sofern es sich um Blockpackungen, Giebelpackungen oder Zylinderpackungen handelt;

5. Getränke-Polyethylen-Schlauchbeutel-Verpackungen;

6. Folien-Standbodenbeutel;

7. Getränkeverpackungen, die eines der folgenden Getränke enthalten:

   a) Sekt, Sektmischgetränke mit einem Sektanteil von mindestens 50 Prozent und schäumende Getränke aus alkoholfreiem oder alkoholreduziertem Wein;

   b) Wein und Weinmischgetränke mit einem Weinanteil von mindestens 50 Prozent und alkoholfreien oder alkoholreduzierten Wein;

   c) weinähnliche Getränke und Mischgetränke, auch in weiterverarbeiteter Form, mit einem Anteil an weinähnlichen Erzeugnissen von mindestens 50 Prozent;

   d) Alkoholerzeugnisse, die nach § 1 Absatz 1 des Alkoholsteuergesetzes vom 21. Juni 2013 (BGBl. I S. 1650, 1651), das zuletzt durch Artikel 241 der Verordnung vom 31. August 2015 (BGBl. I S. 1474) geändert worden ist, in der jeweils geltenden Fassung, der Alkoholsteuer unterliegen, es sei denn, es handelt sich um Erzeugnisse, die gemäß § 1 Absatz 2 des Alkopopsteuergesetzes vom 23. Juli 2004 (BGBl. I S. 1857), das zuletzt durch Artikel 6 des Gesetzes vom 21. Dezember 2010 (BGBl. I S. 2221) geändert worden ist, in der jeweils geltenden Fassung, der Alkopopsteuer unterliegen;

   e) sonstige alkoholhaltige Mischgetränke mit einem Alkoholgehalt von mindestens 15 Prozent;

   f) Milch und Milchmischgetränke mit einem Milchanteil von mindestens 50 Prozent;

   g) sonstige trinkbare Milcherzeugnisse gemäß § 2 Absatz 1 Nummer 2 des Milchund Margarinegesetzes vom 25. Juli 1990 (BGBl. I S. 1471), das zuletzt durch Artikel 2 des Gesetzes vom 18. Januar 2019 (BGBl. I S. 33) geändert worden ist, in der jeweils geltenden Fassung, insbesondere Joghurt und Kefir, wenn den sonstigen trinkbaren Milcherzeugnissen kein Stoff zugesetzt ist, der in der Anlage 8 der Fruchtsaft- und Erfrischungsgetränke- und Teeverordnung vom 24. Mai 2004 (BGBl. I S. 1016), die zuletzt durch Artikel 1 der Verordnung vom 18. Mai 2020 (BGBl. I S. 1075) geändert worden ist, in der jeweils geltenden Fassung aufgeführt ist;

   h) Fruchtsäfte und Gemüsesäfte;

   i) Fruchtnektare ohne Kohlensäure und Gemüsenektare ohne Kohlensäure;

   j) diätetische Getränke im Sinne des § 1 Absatz 2 Nummer 1 Buchstabe c der Diätverordnung in der Fassung der Bekanntmachung vom 28. April 2005 (BGBl. I S. 1161), die zuletzt durch Artikel 60 der Verordnung vom 31. August 2015 (BGBl. I S. 1474) geändert worden ist, in der jeweils geltenden Fassung, die ausschließlich für Säuglinge oder Kleinkinder angeboten werden.

Die Ausnahme nach Satz 1 Nummer 7 gilt nicht, wenn die in Satz 1 Nummer 7 Buchstabe a bis e, h und i genannten Getränke sowie ab dem 1. Januar 2024 außerdem die in Buchstabe f und g genannten Getränke in Einwegkunststoffgetränkeflaschen abgefüllt sind; § 30a Absatz 3 gilt entsprechend. Ferner gilt die Ausnahme nach Satz 1 Nummer 7 nicht, wenn die in Satz 1 Nummer 7 genannten Getränke in Getränkedosen abgefüllt sind.

(5) Hersteller nach Absatz 1 Satz 1 sowie Vertreiber nach Absatz 2 Satz 1 sind verpflichtet, die finanziellen und organisatorischen Mittel vorzuhalten, um ihren Pflichten nach diesem Gesetz nachzukommen. Zur Bewertung ihrer Finanzverwaltung zur ordnungsgemäßen Erfüllung ihrer Pflichten nach diesem Gesetz haben sie geeignete Mechanismen zur Selbstkontrolle einzurichten.

§ 32 Hinweispflichten

(1) Letztvertreiber von mit Getränken befüllten Einweggetränkeverpackungen, die gemäß § 31 Absatz 1 Satz 1 der Pfandpflicht unterliegen, sind verpflichtet, die Endverbraucher in der Verkaufsstelle durch deutlich sicht- und lesbare, in unmittelbarer Nähe zu den Einweggetränkeverpackungen befindliche Informationstafeln oder -schilder mit dem Schriftzeichen „EINWEG" darauf hinzuweisen, dass diese Verpackungen nach der Rückgabe nicht wiederverwendet werden.

(2) Letztvertreiber von mit Getränken befüllten Mehrweggetränkeverpackungen sind verpflichtet, die Endverbraucher in der Verkaufsstelle durch deutlich sicht- und lesbare, in unmittelbarer Nähe zu den Mehrweggetränkeverpackungen befindliche Informationstafeln oder -schilder mit dem Schriftzeichen „MEHRWEG" auf die Wiederverwendbarkeit dieser Verpackungen hinzuweisen. Satz 1 gilt nicht für Mehrweggetränkeverpackungen, deren Füllvolumen mehr als 3,0 Liter beträgt oder die eines der in § 31 Absatz 4 Nummer 7 aufgeführten Getränke enthalten.

(3) Im Versandhandel sind die Hinweise nach den Absätzen 1 und 2 in den jeweils verwendeten Darstellungsmedien entsprechend zu geben.

(4) Die nach den Absätzen 1 bis 3 vorgeschriebenen Hinweise müssen in Gestalt und Schriftgröße mindestens der Preisauszeichnung für das jeweilige Produkt entsprechen.

(5) Die Absätze 1 bis 3 gelten nicht für Letztvertreiber, die gemäß § 9 Absatz 4 Nummer 3 bis 5 der Preisangabenverordnung in der Fassung der Bekanntmachung vom 18. Oktober 2002 (BGBl. I S. 4197), die zuletzt durch Artikel 5 des Gesetzes vom 17. Juli 2017 (BGBl. I S. 2394) geändert worden ist, in der jeweils geltenden Fassung bezüglich der von ihnen in Verkehr gebrachten Getränkeverpackungen von der Pflicht zur Angabe des Grundpreises befreit sind.

Abschnitt 7 Minderung des Verbrauchs bestimmter Einwegverpackungen

§ 33 Mehrwegalternative für Einwegkunststofflebensmittelverpackungen und Einweggetränkebecher

(1) Letztvertreiber von Einwegkunststofflebensmittelverpackungen und von Einweggetränkebechern, die jeweils erst beim Letztvertreiber mit Waren befüllt werden, sind ab dem 1. Januar 2023 verpflichtet, die in diesen Einwegverpackungen angebotenen Waren am Ort des Inverkehrbringens jeweils auch in Mehrwegverpackungen zum Verkauf anzubieten. Die Letztvertreiber dürfen dabei die Verkaufseinheit aus Ware und Mehrwegverpackung nicht zu einem höheren Preis oder zu schlechteren Bedingungen anbieten als die Verkaufseinheit aus der gleichen Ware und einer Einwegverpackung. Satz 1 und 2 gelten nicht für den Vertrieb durch Verkaufsautomaten, die in Betrieben zur Versorgung der Mitarbeiter nicht öffentlich zugänglich aufgestellt sind.

(2) Letztvertreiber nach Absatz 1 Satz 1 sind verpflichtet, die Endverbraucher in der Verkaufsstelle durch deutlich sicht- und lesbare Informationstafeln oder -schilder auf die Möglichkeit, die Waren in Mehrwegverpackungen zu erhalten, hinzuweisen. Im Fall einer Lieferung von Waren ist dieser Hinweis in den jeweils verwendeten Darstellungsmedien entsprechend zu geben.

(3) Abweichend von § 15 Absatz 1 Satz 2 beschränkt sich die Rücknahmepflicht für Letztvertreiber nach Absatz 1 Satz 1 auf diejenigen Mehrwegverpackungen, die sie in Verkehr gebracht haben.

§ 34 Erleichterungen für kleine Unternehmen und Verkaufsautomaten

(1) Letztvertreiber nach § 33 Absatz 1 Satz 1 mit insgesamt nicht mehr als fünf Beschäftigten, deren Verkaufsfläche 80 Quadratmeter nicht überschreitet, können die Pflicht nach § 33 Absatz 1 Satz 1 auch erfüllen, indem sie dem Endverbraucher anbieten, die Waren in von diesem

zur Verfügung gestellte Mehrwegbehältnisse abzufüllen; im Fall einer Lieferung von Waren gelten als Verkaufsfläche zusätzlich alle Lager- und Versandflächen. Bei der Feststellung der Zahl der Beschäftigten sind Teilzeitbeschäftigte mit einer regelmäßigen wöchentlichen Arbeitszeit von nicht mehr als 20 Stunden mit 0,5 und von nicht mehr als 30 Stunden mit 0,75 zu berücksichtigen. § 33 Absatz 1 Satz 2 gilt entsprechend.

(2) Beim Vertrieb durch Verkaufsautomaten können Letztvertreiber die Pflicht nach § 33 Absatz 1 Satz 1 auch erfüllen, indem sie dem Endverbraucher anbieten, die Waren in von diesem zur Verfügung gestellte Mehrwegbehältnisse abzufüllen. § 33 Absatz 1 Satz 2 gilt entsprechend.

(3) Letztvertreiber, welche die Erleichterung nach Absatz 1 oder 2 in Anspruch nehmen, sind verpflichtet, die Endverbraucher in der Verkaufsstelle durch deutlich sicht- und lesbare Informationstafeln oder -schilder auf das Angebot, die Waren in vom Endverbraucher zur Verfügung gestellte Mehrwegbehältnisse abzufüllen, hinzuweisen. Im Falle einer Lieferung von Waren ist dieser Hinweis in den jeweils verwendeten Darstellungsmedien entsprechend zu geben.

Abschnitt 8 Schlussbestimmungen

§ 35 Beauftragung Dritter und Bevollmächtigung

(1) Die nach diesem Gesetz Verpflichteten können Dritte mit der Erfüllung ihrer Pflichten beauftragen; § 22 Satz 2 und 3 des Kreislaufwirtschaftsgesetzes gilt entsprechend. Satz 1 gilt nicht für die Registrierung nach § 9 und nicht für die Abgabe von Datenmeldungen nach § 10.

(2) Hersteller, die keine Niederlassung im Geltungsbereich dieses Gesetzes haben, können einen Bevollmächtigten mit der Wahrnehmung ihrer Verpflichtungen nach diesem Gesetz, mit Ausnahme der Registrierung nach § 9, beauftragen. Der Bevollmächtigte gilt im Hinblick auf diese Verpflichtungen als Hersteller im Sinne diesesGesetzes. Die Aufgabenerfüllung durch den Bevollmächtigten erfolgt im eigenen Namen. Jeder Hersteller darf nur einen Bevollmächtigten beauftragen. Die Beauftragung nach Satz 1 hat schriftlich und in deutscher Sprache zu erfolgen.

§ 36 Bußgeldvorschriften

(1) Ordnungswidrig handelt, wer vorsätzlich oder fahrlässig

1. entgegen § 5 Absatz 1 Satz 1 oder Absatz 2 Satz 1, § 7 Absatz 7 Satz 1 oder § 9 Absatz 5 Satz 1 eine Verpackung oder einen Verpackungsbestandteil in Verkehr bringt,
2. entgegen § 6 Satz 2 eine Nummer oder Abkürzung verwendet,
3. entgegen § 7 Absatz 1 Satz 1 sich nicht, nicht richtig oder nicht vollständig an einem System beteiligt,
4. entgegen § 7 Absatz 6 ein Entgelt oder einen Vorteil verspricht oder gewährt,
5. entgegen § 7 Absatz 7 Satz 2 oder § 9 Absatz 5 Satz 2 eine Verpackung zum Verkauf anbietet oder das Anbieten einer Verpackung zum Verkauf ermöglicht,

5a. entgegen § 7 Absatz 7 Satz 3 erster Halbsatz oder § 9 Absatz 5 Satz 3 eine in § 3 Absatz 14c Satz 1 genannte Tätigkeit erbringt,

6. entgegen § 8 Absatz 2 Satz 1 eine Anzeige nicht, nicht richtig, nicht vollständig oder nicht rechtzeitig erstattet,
7. entgegen § 8 Absatz 3 Satz 3 oder § 17 Absatz 3 Satz 1 einen Mengenstromnachweis nicht, nicht richtig, nicht vollständig, nicht in der vorgeschriebenen Weise oder nicht rechtzeitig hinterlegt,

8. entgegen § 9 Absatz 1 Satz 1 sich nicht, nicht richtig, nicht vollständig oder nicht rechtzeitig registrieren lässt,
9. entgegen § 9 Absatz 1 Satz 2 eine Mitteilung nicht, nicht richtig, nicht vollständig oder nicht rechtzeitig macht,
10. entgegen § 10 Absatz 1 Satz 1, auch in Verbindung mit Satz 2, eine Angabe nicht, nicht richtig, nicht vollständig oder nicht rechtzeitig übermittelt,
11. entgegen § 11 Absatz 1 Satz 1 eine Vollständigkeitserklärung nicht, nicht richtig, nicht vollständig oder nicht rechtzeitig hinterlegt,
12. entgegen § 14 Absatz 1 Satz 1 die Sammlung von restentleerten Verpackungen nicht sicherstellt,
13. entgegen § 14 Absatz 2 dort genannte Abfälle einer Verwertung nicht richtig zuführt,
14. entgegen § 15 Absatz 1 Satz 1, auch in Verbindung mit Absatz 5 Satz 1, eine dort genannte Verpackung nicht zurücknimmt,
15. entgegen § 15 Absatz 2 Satz 2, auch in Verbindung mit Absatz 5 Satz 1, einen Hinweis nicht, nicht richtig oder nicht vollständig gibt,
16. entgegen § 15 Absatz 3 Satz 1 oder Absatz 5 Satz 3 eine dort genannte Verpackung einer Wiederverwendung oder Verwertung nicht richtig zuführt,
17. entgegen § 15 Absatz 3 Satz 3, auch in Verbindung mit § 31 Absatz 3 Satz 3, oder § 15 Absatz 5 Satz 5 einen Nachweis nicht, nicht richtig, nicht vollständig oder nicht in der vorgeschriebenen Weise führt,
18. ohne Genehmigung nach § 18 Absatz 1 Satz 1 ein System betreibt,
19. entgegen § 20 Absatz 1 eine Meldung nicht, nicht richtig, nicht vollständig oder nicht rechtzeitig macht,
20. entgegen § 21 Absatz 2 Satz 1 einen Bericht nicht, nicht richtig, nicht vollständig oder nicht rechtzeitig erstattet,

20a. entgegen § 30a Absatz 1 eine Einwegkunststoffgetränkeflasche in Verkehr bringt,

21. entgegen § 31 Absatz 1 Satz 1, auch in Verbindung mit Satz 2, ein Pfand nicht erhebt,
22. entgegen § 31 Absatz 1 Satz 3 eine Einweggetränkeverpackung nicht, nicht richtig oder nicht rechtzeitig kennzeichnet,
23. entgegen § 31 Absatz 2 Satz 1 eine Einweggetränkeverpackung nicht zurücknimmt oder das Pfand nicht erstattet,
24. entgegen § 31 Absatz 2 Satz 2 ein Pfand ohne Rücknahme der Verpackung erstattet,
25. entgegen § 31 Absatz 3 Satz 1 eine zurückgenommene Einweggetränkeverpackung einer Verwertung nicht richtig zuführt,
26. entgegen § 31 Absatz 1 Satz 4 sich an einem bundesweiten Pfandsystem nicht beteiligt,
27. entgegen § 32 Absatz 1 oder 2 Satz 1, jeweils auch in Verbindung mit Absatz 3, einen Hinweis nicht oder nicht richtig gibt,
28. entgegen § 33 Absatz 1 Satz 1 eine Ware in einer Mehrwegverpackung nicht anbietet,

29. entgegen § 33 Absatz 1 Satz 2, auch in Verbindung mit § 34 Absatz 1 Satz 3 oder Absatz 2 Satz 2, eine Verkaufseinheit zu einem höheren Preis oder zu schlechteren Bedingungen anbietet oder

30. entgegen § 33 Absatz 2 Satz 1, auch in Verbindung mit Satz 2, oder § 34 Absatz 3 Satz 1, auch in Verbindung mit Satz 2, einen Hinweis nicht, nicht richtig, nicht vollständig oder nicht in der vorgegebenen Weise gibt.

(2) Die Ordnungswidrigkeit kann in den Fällen des Absatzes 1 Nummer 3, 4, 12, 13 und 18 mit einer Geldbuße bis zu zweihunderttausend Euro, in den Fällen des Absatzes 1 Nummer 1, 5, 5a, 6, 7, 8, 11, 14, 15, 16, 17, 19, 20, 21, 22, 23, 25 und 26 mit einer Geldbuße bis zu hunderttausend Euro und in den übrigen Fällen mit einer Geldbuße bis zu zehntausend Euro geahndet werden.

(3) Verwaltungsbehörde im Sinne des § 36 Absatz 1 Nummer 1 des Gesetzes über Ordnungswidrigkeiten ist die nach Landesrecht zuständige Behörde.

§ 37 Einziehung

Ist eine Ordnungswidrigkeit nach § 36 Absatz 1 begangen worden, so können

1. Gegenstände, auf die sich die Ordnungswidrigkeit bezieht, oder
2. Gegenstände, die zu ihrer Begehung oder Vorbereitung gebraucht worden oder bestimmt gewesen sind,

eingezogen werden. § 23 des Gesetzes über Ordnungswidrigkeiten ist anzuwenden.

§ 38 Übergangsvorschriften

(1) Systeme, die zum 1. Januar 2019 gemäß § 6 Absatz 5 Satz 1 der Verpackungsverordnung bereits wirksam festgestellt sind, gelten auch im Sinne des § 18 Absatz 1 als genehmigt, wenn sie bis zum 1. Januar 2019 mit der Zentralen Stelle eine Finanzierungsvereinbarung, die den Vorgaben des § 25 entspricht, abgeschlossen und der für die Erteilung der Genehmigung zuständigen Landesbehörde vorgelegt haben.

(2) Branchenlösungen, die bereits vor dem 1. Januar 2019 gemäß § 6 Absatz 2 Satz 4 der Verpackungsverordnung angezeigt wurden, dürfen weiter betrieben werden, wenn der Hersteller oder Träger bis zum 1. Januar 2019 mit der Zentralen Stelle eine Finanzierungsvereinbarung abgeschlossen hat, die den Vorgaben des § 25 entspricht. Wenn eine gemäß § 6 Absatz 2 Satz 3 der Verpackungsverordnung bis zum 31. Dezember 2018 für die Entgegennahme von Anzeigen zuständige Landesbehörde die bis dahin bei ihr eingereichten Anzeigeunterlagen der Zentralen Stelle nicht zur Verfügung stellt, kann die Zentrale Stelle von dem Hersteller oder Träger einer Branchenlösung die nochmalige Vorlage der vollständigen Anzeigeunterlagen verlangen.

(3) Liegt zum 1. Januar 2019 noch keine neue Abstimmungsvereinbarung, die den Vorgaben des § 22 entspricht, vor, gelten bis zum Abschluss einer solchen Vereinbarung, längstens jedoch für einen Übergangszeitraum von zwei Jahren, die auf Grundlage von § 6 Absatz 4 der Verpackungsverordnung getroffenen Abstimmungen als Abstimmungsvereinbarung im Sinne dieses Gesetzes fort. Auf Verlangen eines Systems kann ein zum 1. Januar 2019 bestehender Sammelauftrag dieses Systems bis zu seinem vertragsgemäßen Auslaufen, längstens jedoch für einen Übergangszeitraum von zwei Jahren, fortgesetzt werden. In Gebieten, in denen zum 1. Januar 2019 bereits eine einheitliche Wertstoffsammlung auf Grundlage einer freiwilligen Vereinbarung zwischen den Systemen und dem öffentlichrechtlichen Entsorgungsträger durchgeführt wird, kann diese im gegenseitigen Einvernehmen fortgesetzt werden.

(4) Die Vertreter der Hersteller und Vertreiber im ersten Kuratorium der Zentralen Stelle (Gründungskuratorium) werden ausschließlich von den Stiftern benannt. Die Amtszeit des Gründungskuratoriums darf einen Zeitraum von drei Jahren ab dem Datum der Gründung der Stiftung nicht überschreiten.

(5) Die in § 10 Absatz 5 Satz 6 der Verpackungsverordnung in der Fassung vom 17. Juli 2014 (BGBl. I S. 1061) genannte Stelle übergibt der Zentralen Stelle die bis zum 1. Januar 2019 dort hinterlegten Datensätze.

Anlage 1
(zu § 3 Absatz 1)

Verpackungskriterien und -beispiele

1. Kriterien für die Begriffsbestimmung „Verpackungen" nach § 3 Absatz 1

a) Gegenstände gelten als Verpackungen, wenn sie der in § 3 Absatz 1 genannten Begriffsbestimmung entsprechen, unbeschadet anderer Funktionen, die die Verpackung möglicherweise ebenfalls erfüllt, es sei denn, der Gegenstand ist integraler Teil eines Produkts, der zur Umschließung, Unterstützung oder Konservierung dieses Produkts während seiner gesamten Lebensdauer benötigt wird, und alle Komponenten sind für die gemeinsame Verwendung, den gemeinsamen Verbrauch oder die gemeinsame Entsorgung bestimmt.

b) Gegenstände, die dafür konzipiert und bestimmt sind, in der Verkaufsstelle gefüllt zu werden, und „Einwegartikel", die in gefülltem Zustand verkauft oder dafür konzipiert und bestimmt sind, in der Verkaufsstelle gefüllt zu werden, gelten als Verpackungen, sofern sie eine Verpackungsfunktion erfüllen.

c) Verpackungskomponenten und Zusatzelemente, die in eine Verpackung integriert sind, gelten als Teil der Verpackung, in die sie integriert sind. Zusatzelemente, die unmittelbar an einem Produkt hängen oder befestigt sind und eine Verpackungsfunktion erfüllen, gelten als Verpackungen, es sei denn, sie sind integraler Teil des Produkts und alle Komponenten sind für den gemeinsamen Verbrauch oder die gemeinsame Entsorgung bestimmt.

2. Beispiele für die genannten Kriterien

Beispiele für Kriterium Buchstabe a

Gegenstände, die als Verpackungen gelten:

- Schachteln für Süßigkeiten
- Klarsichtfolie um CD-Hüllen
- Versandhüllen, die Kataloge und Magazine enthalten
- Backförmchen für kleineres Backwerk, die mit dem Backwerk verkauft werden
- Rollen, Röhren und Zylinder, um die flexibles Material aufgespult ist (z. B. Kunststofffolie, Aluminium, Papier), ausgenommen Rollen, Röhren und Zylinder, die Teile einer Produktionsanlage sind und nicht zur Aufmachung eines Produkts als Verkaufseinheit verwendet werden
- Blumentöpfe, die nur für den Verkauf und den Transport von Pflanzen bestimmt sind und in denen die Pflanze nicht während ihrer Lebenszeit verbleiben soll
- Glasflaschen für Injektionslösungen
- CD-Spindeln, die mit CDs verkauft werden und nicht zur Lagerung verwendet werden sollen
- Kleiderbügel, die mit einem Kleidungsstück verkauft werden
- Streichholzschachteln
- Sterilbarrieresysteme (Beutel, Trays und Materialien, die zur Erhaltung der Sterilität des Produkts erforderlich sind)
- Getränkesystemkapseln (z. B. für Kaffee, Kakao, Milch), die nach Gebrauch leer sind

– wiederbefüllbare Stahlflaschen für verschiedene Arten von Gasen, ausgenommen Feuerlöscher

Gegenstände, die nicht als Verpackungen gelten:

– Blumentöpfe, in denen die Pflanze während ihrer Lebenszeit verbleibt

– Werkzeugkästen

– Teebeutel

– Wachsschichten um Käse

– Wursthäute

– Kleiderbügel, die getrennt verkauft werden

– Getränkesystemkapseln, Kaffee-Folienbeutel und Kaffeepads aus Filterpapier, die zusammen mit dem verwendeten Kaffeeprodukt entsorgt werden

– Tonerkartuschen

– CD-, DVD- und Videohüllen, die jeweils zusammen mit einer CD, DVD oder einem Video verkauft werden

– CD-Spindeln, die leer verkauft werden und zur Lagerung verwendet werden sollen

– Beutel aus wasserlöslicher Folie für Geschirrspülmittel

– Grablichtbecher (Behälter für Kerzen)

– mechanisches Mahlwerk, das in einem wiederbefüllbaren Behältnis integriert ist (z. B. in einer wiederbefüllbaren Pfeffermühle)

Beispiele für Kriterium Buchstabe b

Gegenstände, die als Verpackungen gelten, wenn sie dafür konzipiert und bestimmt sind, in der Verkaufsstelle gefüllt zu werden:

– Tragetaschen aus Papier oder Kunststoff

– Einwegteller und -tassen

– Frischhaltefolie

– Frühstücksbeutel

– Aluminiumfolie

– Kunststofffolie für gereinigte Kleidung in Wäschereien

Gegenstände, die nicht als Verpackungen gelten:

– Rührgerät

– Einwegbestecke

– Einpack- und Geschenkpapier, das getrennt verkauft wird

– Papierbackformen für größeres Backwerk, die leer verkauft werden

– Backförmchen für kleineres Backwerk, die leer verkauft werden

Beispiele für Kriterium Buchstabe c

Gegenstände, die als Verpackungen gelten:

– Etiketten, die unmittelbar am Produkt hängen oder befestigt sind

Gegenstände, die als Teil der Verpackung gelten:

– Wimperntuschebürste als Bestandteil des Packungsverschlusses

– Aufkleber, die an einem anderen Verpackungsobjekt befestigt sind

– Heftklammern

– Kunststoffumhüllung

– Dosierhilfe als Bestandteil des Verpackungsverschlusses von Waschmitteln

– mechanisches Mahlwerk, das in einem nicht wiederbefüllbaren Behältnis integriert ist (z.B. in einer mit Pfeffer gefüllten Pfeffermühle)

Gegenstände, die nicht als Verpackungen gelten:

– RFID-Tags für die Funkfrequenzkennzeichnung

Anlage 2
(zu § 3 Absatz 7)

Schadstoffhaltige Füllgüter im Sinne von § 3 Absatz 7

1. Stoffe und Gemische, die bei einem Vertrieb im Einzelhandel dem Selbstbedienungsverbot nach § 8 Absatz 4 der Chemikalien-Verbotsverordnung vom 20. Januar 2017 (BGBl. I S. 94; 2018 I S. 1389), die zuletzt durch Artikel 300 der Verordnung vom 19. Juni 2020 (BGBl. I S. 1328) geändert worden ist, unterliegen würden,
2. Pflanzenschutzmittel, die nur für die Anwendung durch berufliche Anwender nach dem Pflanzenschutzgesetz vom 6. Februar 2012 (BGBl. I S. 148, 1281), das zuletzt durch Artikel 278 der Verordnung vom 19. Juni 2020 (BGBl. I S. 1328) geändert worden ist, zugelassen sind,
3. Gemische von Diphenylmethan-4,4'-diisocyanat (MDI), soweit diese nach der Verordnung (EG) Nr. 1272/2008 des Europäischen Parlaments und des Rates vom 16. Dezember 2008 über die Einstufung, Kennzeichnung und Verpackung von Stoffen und Gemischen, zur Änderung und Aufhebung der Richtlinien 67/548/EWG und 1999/45/EG und zur Änderung der Verordnung (EG) Nr. 1907/2006 (ABl. L 353 vom 31. 12. 2008, S. 1), die zuletzt durch die Verordnung (EU) 2020/1677 (ABl. L 379 vom 13. 11. 2020, S. 3) geändert worden ist, als atemwegssensibilisierend der Kategorie 1 (Resp. Sens. 1) einzustufen sowie mit dem H-Satz H334 zu kennzeichnen sind und in Druckgaspackungen in Verkehr gebracht werden, sowie
4. Öle, flüssige Brennstoffe und sonstige ölbürtige Produkte, die als Abfall unter die Abfallschlüssel 12 01 06, 12 01 07, 12 01 10, 16 01 13 oder 16 01 14 oder unter Kapitel 13 der Anlage zur Abfallverzeichnis-Verordnung fallen würden.

Anlage 3
(zu § 5 Absatz 1 Satz 2 Nummer 2)

Anforderungen, unter denen der in § 5 Absatz 1 Satz 1 festgelegte Schwermetallgrenzwert nicht für Kunststoffkästen und -paletten gilt

1. Anwendungsbereich

Der in § 5 Absatz 1 Satz 1 festgelegte Schwermetallgrenzwert gilt nicht für Kunststoffkästen und -paletten, die in geschlossenen und kontrollierten Produktkreisläufen zirkulieren und die nachfolgend genannten Anforderungen erfüllen.

2. Begriffsbestimmungen

Für die Zwecke dieser Festlegung sind

– „bewusste Zugabe“:

der beabsichtigte Einsatz eines Stoffes in der Formel einer Verpackung oder Verpackungskomponente mit dem Ziel, durch sein Vorhandensein in der Verpackung oder Verpackungskomponente ein bestimmtes Merkmal, Aussehen oder eine bestimmte Qualität zu erzielen. Nicht als „bewusste Zugabe“ anzusehen ist, wenn bei der Herstellung neuer Verpackungsmaterialien Sekundärrohstoffe verwendet werden, die zum Teil Metalle enthalten können, die Konzentrationsgrenzwerten unterliegen,

– „zufällige Präsenz“:

das unbeabsichtigte Vorhandensein eines Stoffes in einer Verpackung oder Verpackungskomponente,

– „geschlossene und kontrollierte Produktkreisläufe“:

Kreisläufe, in denen Produkte auf Grund eines kontrollierten Vertriebs- und Mehrwegsystems zirkulieren und in denen die Sekundärrohstoffe nur aus im Kreislauf befindlichen Einheiten stammen, die Zugabe von Stoffen, die nicht aus dem Kreislauf stammen, auf das technisch mögliche Mindestmaß beschränkt ist, und aus denen die Einheiten nur durch ein zu diesem Zweck zugelassenes Verfahren entnommen werden dürfen, um eine möglichst hohe Rückgabequote zu erzielen.

3. Herstellung und Kennzeichnung

(1) Die Herstellung erfolgt in einem kontrollierten Verfahren der stofflichen Verwertung, bei dem der Sekundärrohstoff ausschließlich aus Kunststoffkästen und -paletten stammt und die Zugabe von Stoffen, die nicht aus dem Kreislauf stammen, auf das technisch mögliche Mindestmaß, höchstens jedoch auf 20 Masseprozent beschränkt bleibt.

(2) Blei, Cadmium, Quecksilber und Chrom VI dürfen weder bei der Fertigung noch beim Vertrieb bewusst als Bestandteil zugegeben werden. Die zufällige Präsenz eines dieser Stoffe bleibt hiervon unberührt.

(3) Der Grenzwert darf nur überschritten werden, wenn dies auf den Einsatz von Sekundärrohstoffen zurückzuführen ist.

(4) Neue Kunststoffkästen und -paletten, die Metalle enthalten, die Konzentrationsgrenzwerten unterliegen, sind dauerhaft und sichtbar gekennzeichnet.

4. Systemanforderungen und sonstige Entsorgung

(1) Es besteht ein Bestandserfassungs- und -kontrollsystem, das auch über die rechtliche und finanzielle Rechenschaftspflicht Aufschluss gibt, um die Einhaltung der Anforderungen der Nummern 3 und 4, einschließlich der Rückgabequote, d. h. des prozentualen Anteils an Mehrwegverpackungen, die nach Gebrauch nicht ausgesondert, sondern an ihre Hersteller oder Vertreiber oder an einen bevollmächtigten Vertreter zurückgegeben werden, nachzuweisen; diese Quote soll so hoch wie möglich sein und darf über die Lebensdauer der Kunststoffkästen und -paletten insgesamt gerechnet keinesfalls unter 90 Prozent liegen. Dieses System soll alle in Verkehr gebrachten und aus dem Verkehr gezogenen Mehrwegverpackungen erfassen.

(2) Alle zurückgegebenen Kunststoffkästen und -paletten, die nicht wiederverwendet werden können, werden entweder einem Verfahren der stofflichen Verwertung unterzogen, bei dem Kunststoffkästen und -paletten gemäß Nummer 3 hergestellt werden, oder gemeinwohlverträglich beseitigt.

5. Konformitätserklärung und Jahresbericht

(1) Der Hersteller oder sein bevollmächtigter Vertreter stellt jährlich eine schriftliche Konformitätserklärung aus, dass die nach dieser Anlage hergestellten Kunststoffkästen und -paletten die hierin beschriebenen Anforderungen erfüllen. Er erstellt ferner einen Jahresbericht, aus dem hervorgeht, wie die Bedingungen dieser Anlage eingehalten wurden. Darin sind insbesondere etwaige Veränderungen am System und jeder Wechsel bei den bevollmächtigten Vertretern anzugeben.

(2) Der Hersteller oder sein bevollmächtigter Vertreter haben diese Unterlagen mindestens vier Jahre lang aufzubewahren und der zuständigen Behörde auf Verlangen vorzulegen.

Anlage 4
(zu § 5 Absatz 1 Satz 2 Nummer 4)

Anforderungen, unter denen der in § 5 Absatz 1 Satz 1 festgelegte Schwermetallgrenzwert nicht für Glasverpackungen gilt

1. Begriffsbestimmungen

Für die Zwecke dieser Festlegung gelten für die Begriffe „bewusste Zugabe“ und „zufällige Präsenz“ die Begriffsbestimmungen in Nummer 2 der Anlage 3 zu § 5 Absatz 1 Satz 2 Nummer 2.

2. Herstellung

(1) Blei, Cadmium, Quecksilber und Chrom VI dürfen bei der Fertigung nicht bewusst als Bestandteil zugegeben werden.

(2) Der Grenzwert nach § 5 Absatz 1 Satz 1 darf nur überschritten werden, wenn dies auf den Einsatz von Sekundärrohstoffen zurückzuführen ist.

3. Kontrolle

(1) Überschreitet die durchschnittliche Schwermetallkonzentration aus in zwölf aufeinander folgenden Monaten durchgeführten monatlichen Kontrollen der Produktion jedes einzelnen Glasofens, die repräsentativ für die normale und regelmäßige Produktionstätigkeit sind, den Grenzwert von 200 mg/kg, so hat der Hersteller der Glasverpackungen oder sein bevollmächtigter Vertreter der zuständigen Behörde einen Bericht vorzulegen. Dieser Bericht muss mindestens folgende Angaben enthalten:

- Messwerte,
- Beschreibung der verwendeten Messmethode,
- mutmaßliche Quellen für die Präsenz der Schwermetallkonzentrationsgrenzwerte,
- eingehende Beschreibung der zur Verringerung der Konzentrationsgrenzwerte getroffenen Maßnahmen.

(2) Die Messergebnisse aus Produktionsstätten und die verwendeten Messmethoden sind mindestens drei Jahre lang aufzubewahren und der zuständigen Behörde auf Verlangen vorzulegen.

Anlage 5
(zu § 6)

Kennzeichnung von Verpackungen

1. Nummern und Abkürzungen* für Kunststoffe

Stoff	Abkürzung	Nummer
Polyethylenterephthalat	PET	1
Polyethylen hoher Dichte	HDPE	2
Polyvinylchlorid	PVC	3
Polyethylen niedriger Dichte	LDPE	4
Polypropylen	PP	5
Polystyrol	PS	6
		7
		8
		9
		10
		11
		12
		13
		14
		15
		16
		17
		18
		19

2. Nummern und Abkürzungen* für Papier und Pappe

Stoff	Abkürzung	Nummer
Wellpappe	PAP	20
Sonstige Pappe	PAP	21
Papier	PAP	22
		23
		24
		25
		26
		27
		28
		29
		30
		31
		32
		33
		34
		35
		36
		37
		38
		39

3. Nummern und Abkürzungen* für Metalle

Stoff	Abkürzung	Nummer
Stahl	FE	40
Aluminium	ALU	41
		42
		43
		44
		45
		46
		47
		48
		49

4. Nummern und Abkürzungen* für Holzmaterialien

Stoff	Abkürzung	Nummer
Holz	FOR	50
Kork	FOR	51
		52
		53
		54
		55
		56
		57
		58
		59

5. Nummern und Abkürzungen* für Textilien

Stoff	Abkürzung	Nummer
Baumwolle	TEX	60
Jute	TEX	61
		62
		63
		64
		65
		66
		67
		68
		69

6. Nummern und Abkürzungen* für Glas

Stoff	Abkürzung	Nummer
Farbloses Glas	GL	70
Grünes Glas	GL	71
Braunes Glas	GL	72
		73
		74
		75
		76
		77
		78
		79

7. Nummern und Abkürzungen* für Verbundstoffe

Stoff	Abkürzung[1]	Nummer
Papier und Pappe/verschiedene Metalle		80
Papier und Pappe/Kunststoff		81
Papier und Pappe/Aluminium		82
Papier und Pappe/Weißblech		83
Papier und Pappe/Kunststoff/Aluminium		84
Papier und Pappe/Kunststoff/Aluminium/Weißblech		85
		86
		87
		88
		89
Kunststoff/Aluminium		90
Kunststoff/Weißblech		91
Kunststoff/verschiedene Metalle		92
		93
		94
Glas/Kunststoff		95
Glas/Aluminium		96
Glas/Weißblech		97
Glas/verschiedene Metalle		98
		99

[1] Bei Verbundstoffen C plus Abkürzung des Hauptbestandteils angegeben (C/).
* Nur Großbuchstaben verwenden

Verordnung über den Versatz von Abfällen unter Tage

(Versatzverordnung – VersatzV)

Vom 24. Juli 2002 (BGBl. I S. 2833)

Zuletzt geändert am 24. Februar 2012 (BGBl. I S. 212)

§ 1 Anwendungsbereich

(1) Diese Verordnung gilt für die Verwertung von Abfällen, die in den unter Bergaufsicht stehenden untertägigen Grubenbauen als Versatzmaterial eingesetzt werden. Sie gilt nicht für Anlagen zur untertägigen Endlagerung von radioaktiven Abfällen.

(2) Diese Verordnung gilt für

1. Erzeuger und Besitzer von Abfällen,
2. Betreiber von der Bergaufsicht unterliegenden Grubenbetrieben und
3. Betreiber von Anlagen zur Herstellung von Versatzmaterial.

§ 2 Begriffsbestimmungen

Im Sinne dieser Verordnung sind

1. Versatzmaterial:
   Materialien, die unter Verwendung von Abfällen unter Nutzung ihrer bauphysikalischen Eigenschaften zu bergtechnischen oder bergsicherheitlichen Zwecken unter Tage eingesetzt werden. Hierunter fallen auch direkt und unvermischt eingesetzte Abfälle.
2. Langzeitsicherheitsnachweis:
   Auf den konkreten Standort bezogener Nachweis der geologischen, geochemischen, geotechnischen, hydraulischen und inneren Barrieren, die gewährleisten, dass das Versatzmaterial während der Betriebsphase und in der Nachbetriebsphase zu keiner Beeinträchtigung der Biosphäre führen kann.
3. Metallgehalt:
   Konzentration der in Anlage 1 genannten Metalle im Einzelnen unvermischten Abfall. Sind Metalle chemisch gebunden, so ist der anteilige Metallgehalt in der Verbindung ausschlaggebend.

§ 3 Vorrang der Rückgewinnung von Metallen

Abfälle, welche die in Anlage 1 aufgeführten Metallgehalte erreichen, dürfen weder zur Herstellung von Versatzmaterial noch unmittelbar als Versatzmaterial eingesetzt werden, wenn die Gewinnung der Metalle aus den Abfällen technisch möglich und wirtschaftlich zumutbar sowie unter Einhaltung der Anforderungen an die Zulässigkeit einer solchen Verwertung durchführbar ist.

§ 4 Stoffliche Anforderungen an die Abfälle

(1) Der Einsatz von Abfällen zur Herstellung von Versatzmaterial sowie unmittelbar als Versatzmaterial ist nur zulässig, wenn die in Anlage 2 Tabelle 1 und Tabelle 1a aufgeführten Feststoffgrenz- und Zuordnungswerte im jeweiligen verwendeten unvermischten Abfall nicht überschritten werden und bei dem Einsatz des Versatzmaterials keine schädliche Verunreinigung des Grundwassers oder von oberirdischen Gewässern oder eine sonstige nachteilige Veränderung der Eigenschaften der Gewässer zu besorgen ist. Hierfür darf das Versatzmaterial die in Anlage 2 Tabelle 2 aufgeführten Grenzwerte im Eluat nicht überschreiten.

(2) Abweichend von Absatz 1 ist die Überschreitung der in Anlage 2 aufgeführten Grenzwerte zulässig, soweit

1. die jeweiligen Gehalte die Gehalte des aufnehmenden Gesteins (geogene Grundgehalte) nicht überschreiten oder
2. im Kohlegestein und im Nebengestein Abfälle ausschließlich aus Kraftwerken, Heizkraftwerken und Heizwerken mit Feuerungsanlagen für den Regelbrennstoff Steinkohle oder Braunkohle eingesetzt werden, die
   a) ausschließlich aus der Kohleverfeuerung stammen oder
   b) im Falle der zugelassenen Mitverbrennung von anderen Stoffen keine höheren schädlichen Verunreinigungen enthalten als in den Fällen des Buchstaben a.

(3) Abgesehen von den Zuordnungswerten der Anlage 2 Tabelle 1a gelten die Grenzwerte der Anlage 2 nicht bei einer Verwendung des Versatzmaterials in Betrieben im Salzgestein, wenn ein Langzeitsicherheitsnachweis gegenüber der zuständigen Behörden geführt wurde. Dabei sind die in Anlage 4 aufgeführten Hinweise zur Durchführung des Langzeitsicherheitsnachweises zu beachten.

(4) Die Einhaltung der in den Anlagen 1 und 2 aufgeführten Grenz- und Zuordnungswerte ist durch die zuständige Behörde zu überwachen. Dabei sind die in Anlage 3 aufgeführten Vorschriften über die Probenahme und Analytik zu beachten. Die zuständige Behörde kann den Abfallerzeuger oder -besitzer verpflichten, entsprechende Probenahmen und Analysen durchzuführen oder durchführen zu lassen.

(5) Sonstige Anforderungen, wie sie sich aus bergrechtlichen oder gefahrstoffrechtlichen Rechtsvorschriften ergeben, bleiben unberührt.

§ 5 Inverkehrbringen von Abfällen

Abfälle dürfen zur Herstellung von Versatzmaterial sowie unmittelbar als Versatzmaterial nur in den Verkehr gebracht werden, um sie Anlagen zur Herstellung von Versatzmaterial oder untertägigen Grubenbauen zuzuführen, in denen die Anforderungen nach den §§ 3 und 4 eingehalten werden.

§ 6 Übergangsregelung

Werden aufgrund von vor dem 30. Oktober 2002 geltenden bergrechtlichen Zulassungen oder abgeschlossenen rechtsgültigen Entsorgungsverträgen Abfälle zur Herstellung von Versatzmaterial oder unmittelbar als Versatzmaterial eingesetzt, so sind die Anforderungen der §§ 3, 4 und 5 nach Ablauf der Zulassungen und der vertraglichen Bindungen, spätestens jedoch ab 1. März 2006, einzuhalten.

§ 7 Ordnungswidrigkeiten

Ordnungswidrig im Sinne des § 69 Abs. 1 Nr. 8 des Kreislaufwirtschaftsgesetzes handelt, wer vorsätzlich oder fahrlässig

1. entgegen § 3 oder § 4 Abs. 1 Satz 1 Abfälle zur Herstellung von Versatzmaterial oder als Versatzmaterial einsetzt oder
2. entgegen § 5 Abfälle in den Verkehr bringt.

Anlage 1 (zu § 2 Nr. 3, § 3, § 4 Abs. 4)

Grenzwertkonzentration (g/kg) für Metalle im Abfall

Zink	$\geq$ 100
Blei	$\geq$ 100
Kupfer	$\geq$ 10
Zinn	$\geq$ 15
Chrom	$\geq$ 150
Nickel	$\geq$ 25
Eisen	$\geq$ 500

Die angegebenen Konzentrationen beziehen sich auf den Feststoffgehalt des jeweiligen Abfalls.

Anlage 2 (zu § 4)

Tabelle 1
Grenzwerte für Feststoffe (nach § 4 Abs. 1 Satz 1)

Element/Verbindung	Konzentration (mg/kg Trockenmasse)
MKW	1.000
BTEX	5
LHKW	5
PAK	20
PCB	1
Arsen (As)	150
Blei (Pb)	1.000
Cadmium (Cd)	10
Chrom, gesamt (Cr)	600
Kupfer (Cu)	600
Nickel (Ni)	600
Quecksilber (Hg)	10
Zink (Zn)	1.500
Cyanide, gesamt (CN^-)	100

Tabelle 1a
Zuordnungswerte für Feststoffe (nach § 4 Abs. 3)

Element/Verbindung	Konzentration (Masse-%)
Organischer Anteil des Trockenrückstandes der Originalsubstanz, bestimmt als	
TOC	≤ 6 [1)]
Glühverlust	≤ 12 [1)]
1)	Eine Überschreitung des Werts ist unter der im Einzelfall festzustellenden Voraussetzung zulässig, dass sie nicht auf Abfallbestandteile zurückzuführen ist, die zu gefährlicher Gasbildung oder zu einer Erhöhung der Brandlast im Grubengebäude führen.

Tabelle 2
Grenzwerte für Eluat (nach § 4 Abs. 1 Satz 2)

Anorganische Stoffe	Konzentration (in mikrog/l)
Arsen (As)	10
Blei (Pb)	25
Cadmium (Cd)	5
Chrom, gesamt (Cr)	50
Chromat (Cr VI)	8
Kupfer (Cu)	50
Nickel (Ni)	50
Quecksilber (Hg)	1
Zink (Zn)	500
Cyanid, gesamt (CN^-)	50
Cyanid, leicht freisetzbar (CN^-)	10
PAK, gesamt [1)]	0,2
- Naphthalin	2
LHKW, gesamt [2)]	10
PCB, gesamt [3)]	0,05
Mineralölkohlenwasserstoffe [4)]	200
BTEX [5)]	20

Für Salzbelastung (SO_4^{2-}, Cl^-, F-) soll eine Gesamtleitfähigkeit von 500 mikroS/cm gelten. Der pH-Wert soll im Bereich von 5,5 bis 13 liegen. Der wasserlösliche Anteil (Abdampfrückstand) soll 3 Masse-% nicht überschreiten.

---

1) PAK, gesamt: Summe der polycyclischen aromatischen Kohlenwasserstoffe ohne Naphthalin und Methylnaphthalin, in der Regel Bestimmung über die Summe von 15 Einzelsubstanzen gemäß Liste der US Environmental Protection Agency (EPA) ohne Naphthalin; ggf. unter Berücksichtigung weiterer relevanter PAK (z. B. Chinoline).

2) LHKW, gesamt: Leichtflüchtige Halogenkohlenwasserstoffe, d. h. Summe der halogenierten C1- und C2-Kohlenwasserstoffe.

3) PCB, gesamt: Summe der polychlorierten Biphenyle; in der Regel Bestimmung über die 6 Kongenere nach Ballschmiter multipliziert mit dem Faktor 5.

4) n-Alkane (C10 … C39), Isoalkane, Cycloalkane und aromatische Kohlenwasserstoffe.

5) BTEX-Aromaten, gesamt: Leichtflüchtige aromatische Kohlenwasserstoffe (Benzol, Toluol, Xylole, Ethylbenzol, Styrol, Cumol).

Anlage 3 (zu § 4 Abs. 4) Probenahme und Analytik

1 Allgemeine Grundsätze

Die Anleitung gibt Vorgaben, wie bei der Probenahme, der Probenbehandlung, der Analytik und der Beurteilung der Analysenergebnisse im Einzelnen verfahren werden soll. Dabei sind zwei verschiedene Ebenen zu unterscheiden:

- Probenahme des zu verwertenden Abfalls am Entstehungsort (z. B. Industrie-, Aufbereitungsanlage),
- Probenahme im Zusammenhang mit der Kontrolle des angelieferten Abfalls am Ort der Verwertung.

Bei den durchzuführenden Untersuchungen sind die einschlägigen DIN-Normen sowie die im Folgenden festgelegten Anforderungen an die Probenahme, Probenvorbereitung und Analytik zu beachten.

Die standardisierten Analyseverfahren erlauben nicht immer abschließende Aussagen zu den Reaktionen der Abfälle, wenn die am Verwertungsort vorherrschenden hydrochemischen und hydrogeologischen Verhältnisse über lange Zeiträume betrachtet werden. Daher können im Einzelfall zur Bewertung der Umweltverträglichkeit weitergehende Untersuchungen erforderlich sein.

1.1 Probenahme

Die Probenahme ist so durchzuführen, dass der zu beurteilende Abfall repräsentativ erfasst wird. Die verschiedenen Untersuchungsebenen erfordern allerdings ein differenziertes Vorgehen bei der Probenahme. Dies betrifft insbesondere die Anzahl der zu entnehmenden Proben und die Wahl des geeigneten Probenahmeverfahrens.

Für die Durchführung der Probenvorbereitung ist zunächst von einer mindestens erforderlichen Menge von 1 kg auszugehen. In Abhängigkeit von der Materialkonsistenz können aber auch größere Mengen erforderlich werden.

1.1.1 Probenahmegeräte

Bei der Auswahl des Probenahmeverfahrens und des Probenahmegerätes ist darauf zu achten, dass die zu entnehmende Probe nicht durch Materialien der Geräte mit später zu untersuchenden Substanzen kontaminiert wird. Ebenso sollte das Material des Entnahmegerätes gegenüber den im zu untersuchenden Material befindlichen Substanzen und Stoffen inert sein.

1.1.2 Probenahmeprotokoll

Verfahrensweisen und Ergebnisse der Probenahme sind in geeigneter Weise zu dokumentieren. Dazu ist ein Probenahmeprotokoll anzufertigen, das mindestens die in Anhang 1 vorgegebenen Angaben enthält. Erforderlichenfalls sind diese Angaben je nach dem jeweiligen Einzelfall zu ergänzen.

1.2 Probenbehandlung

1.2.1 Konservierung, Transport und Lagerung

Die Aufbewahrung von Proben vor Ort, während des Transports und im Labor ist Teilschritt der Untersuchung und daher bis ins Detail zu planen, mit großer Sorgfalt durchzuführen und zu dokumentieren.

Für Transport und Lagerung sind geeignete, dicht schließende Gefäße erforderlich. Sie sind vor dem Einsatz sorgfältig zu reinigen. Die Gefäße müssen so beschaffen sein, dass eine Beeinflussung der Probe durch Bestandteile des Gefäßmaterials ausgeschlossen ist. Soll sich die Analyse lediglich auf anorganische Inhaltsstoffe erstrecken, so können auch Gefäße aus Kunststoff verwendet werden.

Für die Bestimmung leichtflüchtiger Komponenten sind die Einzelproben vor Ort bereits entsprechend der jeweiligen Analysenmethode zu behandeln.

Die Veränderung lichtempfindlicher Parameter ist durch Aufbewahrung in dunklen Gefäßen zu minimieren. Das Probenmaterial ist sofort nach der Entnahme in die dafür vorgesehenen Gefäße zu überführen. Beim Transport ins Labor sind die Proben zu kühlen und im Dunklen aufzubewahren.

Die Proben sind im Labor umgehend zur Analyse vorzubereiten, da viele Inhaltsstoffe Umwandlungsprozessen unterworfen sind. Sofern eine sofortige Untersuchung nicht möglich ist, ist in Abhängigkeit von den zu untersuchenden Stoffen eine geeignete Aufbewahrungsform für die aufbereitete Probe zu wählen.

1.2.2 Gewinnung der Analysenprobe und Probenvorbereitung

Zur Probenvorbereitung gehören die Vorgänge des Mischens, Trocknens, Siebens und Zerkleinerns der Proben. Wie bei der Lagerung der Proben ist auch hier darauf zu achten, dass diese nicht durch äußere Einflüsse in ihrer chemischen Beschaffenheit verändert werden.

Verfahren der Probenvorbereitung in Abhängigkeit von der Beschaffenheit (Korngröße) des zu untersuchenden Materials sind in der LAGA-Richtlinie PN 2/78 zusammengestellt. Spezielle Anforderungen an die Aufbereitung der Proben enthalten auch die folgenden Ausführungen. Für die als Versatzmaterial vorgesehenen Abfälle gilt grundsätzlich, dass das Material in der Kornverteilung zu untersuchen ist, in der es verwertet werden soll.

1.2.3 Bestimmung der Gesamtgehalte

Aufbereitung der Probe durch Teilung, Brechen und Mahlen, um von 5 bis 50 kg 50 g homogenes Material zu erhalten.

1.2.3.1 Arsen und Metalle

Nach DIN 38414, Teil 7 (Ausgabe Januar 1983) ist zunächst ein Teil der zu untersuchenden Probe (siehe 1.2.2) zu trocknen und analysenfein zu mahlen (mindestens 50 g Trockenmasse $< 0{,}2$ mm). Die Bestimmung des säurelöslichen Anteils an Arsen und Metallen erfolgt in Lösung nach Durchführung eines Königswasseraufschlusses gemäß DIN 38414, Teil 7.

1.2.3.2 Organische Inhaltsstoffe

Die Bestimmung der organischen Stoffe erfolgt in der Regel aus der Originalprobe. Die weitere Behandlung der Proben richtet sich nach den Vorschriften in den Anhängen 2 und 3 für die einzelnen Stoffe und Beschaffenheitsmerkmale.

1.2.4 Bestimmung des eluierbaren Anteils

Die Herstellung des Eluats erfolgt nach DIN 38414, Teil 4 (Ausgabe Oktober 1984) oder dem Trogverfahren nach LAGA Richtlinie EW 98 T (Stand Dezember 2001) mit den folgenden Abweichungen:

Bei den Untersuchungen zur Auslaugbarkeit der zu prüfenden Inhaltsstoffe ist in der Regel das Material in dem Zustand zu eluieren, in dem es verwertet werden soll. Eine Zerkleinerung darf im Einzelfall nur insoweit vorgenommen werden, wie es für die Durchführung der Untersuchungen unbedingt notwendig ist. Der Wassergehalt und die Korngrößenverteilung der zur Auslaugung vorgesehenen Probe sind an einer Parallelprobe nach Trocknung bei 105 Grad C entsprechend DIN 38414, Teil 2 (Ausgabe November 1985) zu ermitteln.

In Abhängigkeit vom Größtkorn der zu untersuchenden Originalprobe ist die Probenmenge für die Elution wie folgt zu wählen:

Größtkornanteil	(mehr als 5 %)	erforderliche Probenahmemenge
> 0 mm	< 2 mm	rd. 100 g
> 2 mm	≤ 11,2 mm	rd. 200 g
> 11,2 mm	≤ 22,4 mm	rd. 1.000 g
> 22,4 mm		rd. 2.500 g

Das Verhältnis Wasser/Feststoff beträgt in jedem Fall 10:1. Die Elution mehrerer Teilproben ist zulässig; vor der Weiterbearbeitung sind dann die Teileluate zu vereinigen. Zur Elution ist das Wasser/Feststoff- Gemisch 24 Stunden zu schütteln. Dabei muss sichergestellt sein, dass die gesamte Probenmenge ständig bewegt wird und Kornverfeinerungen möglichst vermieden werden (empfohlen wird eine Schüttel-Frequenz zwischen 10 und 100 Schwingungen pro Minute).

Andere Elutionsverfahren, wie das Perkolationsverfahren oder Lysimeterversuche, sind im Rahmen der Untersuchungen nicht erforderlich.

Zur Eluatgewinnung und -weiterbehandlung sind grundsätzlich Geräte aus Glas zu verwenden. Als Elutionsflüssigkeit ist demineralisiertes Wasser zu verwenden.

Im Einzelfall kann auch eine zusätzliche Elution im sauren oder basischen Bereich in Abhängigkeit von den am Verwertungsort vorherrschenden hydrochemischen Verhältnissen erforderlich sein. In jedem Fall ist eine Elution mit dem am Verwertungsort vorkommenden Grubenwasser durchzuführen, da hiervon abhängig ist, wie groß der Anteil des Feststoffes ist, der möglicherweise in Lösung geht. Das Grubenwasser kann durch eine synthetisch hergestellte Flüssigkeit, die in ihrer chemischen Zusammensetzung dem vorkommenden Grubenwasser entspricht, ersetzt werden.

Die Trennung von Feststoff und Eluat muss unmittelbar nach Beendigung der Elution erfolgen. Sollen organisch-chemische Parameter bestimmt werden, ist diese Trennung nicht durch Filtration, sondern durch Zentrifugieren zu bewerkstelligen.

Kann die weitere Bearbeitung und Analyse des Eluats nicht unmittelbar im Anschluss an die Elution erfolgen, ist eine Lagerung des Eluats möglich, sofern die in den DIN-Verfahren zur

Bestimmung der einzelnen Inhaltsstoffe genannten Konservierungsmaßnahmen durchgeführt werden.

1.3 Analyseverfahren

Die anzuwendenden Verfahren sind in den Anhängen 2 und 3 aufgeführt

Anhang 1
Protokoll für die Entnahme einer Feststoffprobe

(hier nicht abgedruckt, siehe BGBl. I 2002 S. 2839–2840)

Anhang 2
Untersuchungsmethoden – Feststoffe

Untersuchungs-parameter	Verfahrenshinweise	Norm	Ausgabe der Norm
pH-Wert	Bodenbeschaffenheit	DIN ISO 10390	Mai 1997
Trockenrückstand	Bodenbeschaffenheit Bestimmung des Trockenrückstands und des Wassergehaltes auf Grundlage der Masse, gravimetrisches Verfahren	DIN ISO 11465	Dezember 1996
Cyanid, gesamt	Bodenbeschaffenheit	E DIN ISO 11262	Juni 1995
Arsen	Hydrid-AAS	DIN EN ISO 11969	November 1996
Cadmium Chrom Kupfer Nickel Blei Zink	Atomabsorptionsspektrometrie (AAS) – für alle Metalle Atomemissionsspektrometrie mit induktiv gekoppeltem Plasma (ICP-AES) – für alle Metalle	DIN ISO 11047 DIN EN ISO 11885	Juni 1995 April 1998
Quecksilber	Wasseranalytik AAS-Kaltdampftechnik	DIN EN 1483 DIN EN ISO 12338	August 1997 Oktober 1998
Mineralölkohlen-wasserstoffe	n-Alkane (C10 bis C39), Isoalkane, Cycloalkane und aromatische Kohlenwasserstoffe (Gaschromatographie)	DIN EN 14039	Entwurf Dezember 2000
Leichtflüchtige Halogen-kohlenwasserstoffe (LHKW)	Summe der halogenierten C1- und C2-Kohlen wasserstoffe Gaschromatographie mit Elektroneneinfangdetektion (GC-ECD)	DIN EN ISO 10301	August 1997
Benzol und Derivate (BTEX)	BTEX-leichtflüchtige aromatische Kohlenwasserstoffe (Benzol, Toluol, Xylole, Ethylbenzol, Styrol, Cumol)	DIN 38407, Teil 9	Mai 1991
Polycyclische aromatische Kohlenwasserstoffe (PAK)	Bodenbeschaffenheit Hochleistungsflüssigkeitschromatographie-(HPLC) Verfahren HPLC oder Gaschromatographie mit Massenspektrometer (GC-MS)	DIN ISO 13877 Merkblatt Nr. 1 des LUA-NRW	Januar 2000 1994
Polychlorierte Biphenyle (PCB)	Deutsche Einheitsverfahren zur Wasser-, Abwasser- und Schlammuntersuchung – Schlamm und Sedimente (Gruppe S)	DIN 38414, Teil 20	Januar 1996
TOC	Bestimmung von organischem Kohlenwasserstoff und Gesamtkohlenstoff nach trockener Verbrennung (Elementaranalyse). Die sich auf den Boden beziehende Norm ist auch für mineralische Abfälle anwendbar.	DIN ISO 10694	August 1996
Glühverlust		DIN 38414, Teil 3	November 1985

ISO-Normen, EN-Normen und DIN-Normen, auf die in diesem Anhang verwiesen wird, sind im Beuth-Verlag GmbH, Berlin und Köln, erschienen und beim Deutschen Patentamt in München archivmäßig gesichert niedergelegt.

Anhang 3
Untersuchungsmethoden – Eluate

Untersuchungs-parameter	Verfahrenshinweise	Norm	Ausgabe der Norm
pH-Wert	Deutsche Einheitsverfahren zur Wasser-, Abwasser- und Schlammuntersuchung – Physikalische und physikalisch-chemische Kenngrößen (Gruppe C) Bestimmung des pH-Wertes (C5)	DIN 38404, Teil 5	Januar 1984
Elektrische Leitfähigkeit	Deutsche Einheitsverfahren zur Wasser-, Abwasser- und Schlammuntersuchung Wasserbeschaffenheit – Bestimmung der elektrischen Leitfähigkeit	DIN EN 27888	November 1993
Gesamttrockenrückstand	Deutsche Einheitsverfahren zur Wasser-, Abwasser- und Schlammuntersuchung Summarische Wirkungs- und Stoffkenngrößen (Gruppe H) – Bestimmung des Gesamttrockenrückstandes, des Filtertrockenrückstandes u. des Glührückstandes (H1)	DIN 38409, Teil 1	Januar 1987
Cyanid, gesamt	Deutsche Einheitsverfahren zur Wasser-, Abwasser- und Schlammuntersuchung Anionen (Gruppe D) – Bestimmung der Cyanide (D13)	DIN 38405, Teil 13 E DIN ISO 11262 E DIN ISO 14403	Februar 1981 Juni 1995 Mai 1998
Cyanid, leicht freisetzbar	Spektralphotometrie	DIN 38405, Teil 13 DIN 38405, Teil 14	Februar 1981 Dezember 1988
Arsen	Wasserbeschaffenheit – Bestimmung von Arsen mit AAS-Hydridverfahren	DIN EN ISO 11969	November 1996
Blei Cadmium Chrom, gesamt Chromat (Cr VI) Kupfer Nickel Zink	Deutsche Einheitsverfahren zur Wasser-, Abwasser- und Schlammuntersuchung Kationen (Gruppe D) – Bestimmung mittels AAS – Bestimmung mittels ICP-AES	DIN 34806, Teil 6 DIN EN ISO 5961 DIN EN 1233 DIN EN ISO 10304–3 DIN 38406, Teil 7 DIN 38406, Teil 11 DIN 38406, Teil 8 für alle Elemente: DIN EN ISO 11047 DIN EN ISO 11885	Juli 1998 Mai 1995 August 1996 November 1997 September 1991 September 1991 Oktober 1980 Juni 1995 April 1998
Quecksilber	Wasserbeschaffenheit AAS-Kaltdampftechnik	DIN EN 1483	August 1997
BTEX	GC-FID	DIN 38407, Teil 9	Mai 1991
PCB, gesamt	GC-ECD GC-ECD oder (GC-MS)	DIN EN ISO 6468 DIN 51527, Teil 1 DIN 38407, Teil 3	Februar 1997 Mai 1987 Juli 1998
PAK, gesamt		DIN 38407, Teil 8	Oktober 1995
Naphthalin	GC-FID oder GC-MS	DIN 38407, Teil 9	Mai 1991
Mineralölkohlenwasser-stoffe	Extraktion mit Petroläther, GC-FID	ISO/TR 11046	Juni 1994

ISO-Normen, EN-Normen und DIN-Normen, auf die in diesem Anhang verwiesen wird, sind im Beuth-Verlag GmbH, Berlin und Köln, erschienen und beim Deutschen Patentamt in München archivmäßig gesichert niedergelegt.

Anlage 4 (zu § 4 Abs. 3 Satz 2)
Hinweise zur Durchführung des Langzeitsicherheitsnachweises im Rahmen der standortbezogenen Sicherheitsbeurteilung für Bergwerke im Salzgestein, die Abfälle verwerten

1 Allgemeines

1.1 Ziel

Durch einen Langzeitsicherheitsnachweis ist zu belegen, dass die Errichtung (ggf.), der Betrieb und die Nachbetriebsphase eines Bergwerks, in das Abfälle zur Verwertung eingebracht werden sollen, zu keiner Beeinträchtigung der Biosphäre führen können.

Die TA Abfall, Teil 1, vom 12. März 1991 (GMBl S. 139, 469) definiert als Schutzziel in Nummer 10 für Untertagedeponien den vollständigen und dauerhaften Abschluss der Abfälle von der Biosphäre. Dieses Schutzziel gilt auch für den untertägigen Einsatz von Versatzmaterial.

1.2 Einbaumedium

Nach der TA Abfall, Teil 1, ist ein vollständiger Einschluss bei der Ablagerung in Untertagedeponien bisher nur im Salzgestein geregelt. Danach übernimmt das Salzgestein als Wirtsgestein gleichzeitig die alleinige Funktion des Barrieregesteins. Der Langzeitsicherheitsnachweis ist daher grundsätzlich für das Salzgestein als Barrieregestein zu führen. Weitere geologische Barrieren können gegebenenfalls eine zusätzliche Sicherheit bieten, sie sind aber nicht zwingend erforderlich.

Auch bei der untertägigen Verwertung von Abfällen im Salzgestein nach dem Prinzip des vollständigen Einschlusses sind daher die für Versatzmaßnahmen und deren Funktion zutreffenden Regelungen der TA Abfall, insbesondere zum Langzeitsicherheitsnachweis, gleichwertig anzuwenden.

1.3 Dauerhaft sicherer Einbau

Bei der Entsorgung von Abfällen in einer Untertagedeponie (UTD) gemäß TA Abfall, Teil 1, ist der vollständige und dauerhafte Abschluss der Abfälle von der Biosphäre das erklärte Ziel. Danach richten sich die Anforderungen an die Abfälle, die bergbaulichen Hohlräume, die geotechnischen Barrieren (Abschlussbauwerke) und alle anderen technischen Einrichtungen und betrieblichen Maßnahmen. Salz als Wirtsgestein hat hier die Bedingungen zu erfüllen, gas- und flüssigkeitsdicht zu sein, durch sein Konvergenzverhalten die Abfälle allmählich zu umschließen und am Ende des Verformungsprozesses kraftschlüssig einzuschließen.

Das Konvergenzverhalten von Salzgestein steht demzufolge nicht im Widerspruch zu der Forderung, dass die Hohlräume während der Betriebsphase der UTD standsicher sein müssen. Die Anforderungen an die Standsicherheit sollen einerseits die Betriebssicherheit garantieren und andererseits die Integrität der geologischen Barriere bewahren, damit die Schutzwirkung gegen die Biosphäre aufrechterhalten bleibt. So gesehen ist eine kontrollierte Absenkung des Deckgebirges dann statthaft, wenn sie nur bruchlose Verformungen hervorruft und keine Wasserwegsamkeiten öffnet. Die Möglichkeit unkontrollierter Ereignisse ist insbesondere hinsichtlich ihrer Auswirkungen auf die Eröffnung von Wasserwegsamkeiten zu bewerten. Können dabei Wasserwegsamkeiten gänzlich ausgeschlossen werden, kann dies nicht zur Beeinträchtigung der Langzeitsicherheit führen.

Wenn Abfälle als Versatzmaterial in ein Salzbergwerk nach dem Prinzip des vollständigen Einschlusses eingebracht werden, dann müssen die gleichen materiellen Anforderungen wie bei der untertägigen Ablagerung entsprechend der TA Abfall gestellt werden bzw. erfüllt sein.

1.4 Verbreitung und Mächtigkeit des Barrieregesteins

Nach der TA Abfall, Teil 1 (Nr. 10.2), muss die Barriere Salzgestein am Standort eine ausreichende räumliche Ausdehnung und im ausgewählten Ablagerungsbereich eine ausreichende Mächtigkeit besitzen. Eine „Faustformel" über die Mindestausdehnung und Mindestmächtigkeit ohne Berücksichtigung der standortspezifischen Gegebenheiten kann nicht angegeben werden. Grundsätzlich muss die vorhandene unverritzte Salzmächtigkeit so groß sein, dass die Barrierefunktion auf Dauer nicht beeinträchtigt wird.

Hilfreich kann in diesem Zusammenhang das Einhalten der Sicherheitspfeiler (z.B. Wasserwarnlinie) nach Bergrecht sein. Werden diese nicht eingehalten, ist ein standortspezifischer Nachweis zu führen, dass die Barrierefunktion nicht beeinträchtigt ist.

1.5 Verletzung des Barrieregesteins durch bergbauliche Tätigkeiten

Das Barrieregestein wird bei Bergwerken durch die erforderlichen Schächte verletzt. Daher sind diese Schächte nach Stilllegung des Bergwerkes durch Abschlussbauwerke nach dem jeweiligen Stand der Technik so zu verschließen, dass die Einhaltung der Schutzziele gewährleistet ist. Entsprechendes gilt für den Verschluss von Schächten in Bergwerken, in denen Versatzmaterial eingebracht wird. Sonstige bergbaulich notwendige Durchörterungen der geologischen Barriere (Erkundungsbohrungen, Strecken) müssen sicher erfasst, verschlossen und abgedichtet werden. Als Planungs- und Dokumentationsgrundlage ist das Risswerk nach § 63 des Bundesberggesetzes heranzuziehen.

2 Langzeitsicherheit

2.1 Umfang und Anforderungen

Bei der Beseitigung von besonders überwachungsbedürftigen Abfällen in Untertagedeponien gemäß TA Abfall, Teil 1, und bei der untertägigen Verwertung nach dem Prinzip des vollständigen Einschlusses ist der Langzeitsicherheitsnachweis für das Gesamtsystem „Abfall/Untertagebauwerk/Gebirgskörper" unter Berücksichtigung planmäßiger und außerplanmäßiger (hypothetischer) Ereignisabläufe zu führen, wobei den standortspezifischen Gegebenheiten Rechnung zu tragen ist.

Der Langzeitsicherheitsnachweis als übergreifender und zusammenfassender Einzelnachweis im Rahmen der nach TA Abfall geforderten standortbezogenen Sicherheitsbeurteilung basiert im Wesentlichen auf den Ergebnissen der beiden anderen Einzelnachweise

– Geotechnischer Standsicherheitsnachweis und

– Sicherheitsnachweis für die Betriebsphase.

Insbesondere dem geotechnischen Standsicherheitsnachweis kommt zur Beurteilung der langfristigen Wirksamkeit und Integrität der Barriere Salz eine entscheidende Bedeutung zu.

Ist der vollständige Einschluss durch den geotechnischen Standsicherheitsnachweis belegt, kann auf Modellrechnungen zu nicht planbaren Ereignisabläufen verzichtet werden, sofern plausibel dargelegt wird, ob und wie sich nicht planbare Ereignisse auswirken werden. Hierzu wird in der Regel eine verbal- argumentative Betrachtung als ausreichend angesehen, die jedoch standortbezogen zu verifizieren ist. Ist der vollständige Einschluss im geotechnischen Standsicherheitsnachweis belegt, kann auch beim Langzeitsicherheitsnachweis auf Modellrechnungen zur Schadstoffausbreitung im Deckgebirge verzichtet werden.

In den Langzeitsicherheitsnachweis für Versatzmaßnahmen ist die zeitabhängige stabilisierende Wirkung des Versatzes einzubeziehen.

2.2 Notwendige Basisinformationen

Für die Beurteilung der Langzeitsicherheit sind detaillierte Basisinformationen zu den geologischen, geotechnischen, hydrogeologischen und geochemischen Parametern des Standortes sowie zur Konzentration und zum Mobilitätsverhalten der einzubringenden Schadstoffe erforderlich. Die Basisinformationen sind auf der Grundlage des Risswerkes (§ 63 des Bundesberggesetzes) zu ermitteln.

Zu den Basisinformationen gehören u. a.:

2.2.1 Geologische Verhältnisse

- Geologische Barriere; vertikaler Abstand Hangendzone Salz bis zu den nächstgelegenen obersten Grubenbauen; horizontale Hohlraumabstände zu den Salzgesteinsflanken und vertikaler Abstand zum Liegenden; Mächtigkeit der gesamten Salzlagerstätte oder des Salzgesteinskörpers
- Aufschlussgrad der Lagerstätte
- Aufschlussbohrungen von über Tage und unter Tage
- Stratigraphie im Grubenfeld (incl. Mächtigkeiten, fazielle Übergänge)
- Stoffbestand der Salzlagerstätte mit Verhältnis von Steinsalz zu Kalisalzen, Tonen, Anhydriten, Karbonatgesteinen
- Salzlagerstättenstruktur/Innenbau, Strukturentwicklung einschließlich Bewegungen der Salzlagerstätte und ihrer Umgebung, Konvergenz, Streichen und Einfallen der Lagerstätte, Flankenausbildung, Umwandlungen an der Oberfläche der Salzlagerstätte, Lage und Ausbildung potentieller Laugenreservoire (z. B. Hauptanhydrit)
- Grad der tektonischen Beanspruchung der Salzstruktur, vorherrschende Störungsrichtungen
- Geologische Schnitte durch das Grubengebäude
- Geothermische Tiefenstufe
- Regionale seismische Aktivität in Vergangenheit und Gegenwart
- Subrosion, Ausbildung von Erdfällen an der Oberfläche
- Halokinese.

2.2.2 Angaben zum Grubengebäude

- Zuschnitt (Teufe der Grubenbaue, Hohlraumvolumen, Streckenquerschnitte, Schächte, Blindschächte, Wendeln und Rampen, horizontale Ausdehnung des Grubengebäudes, Lage und Teufe aller Schächte des Grubengebäudes, Grundflächen und Lage der Sohlen bzw. Teilsohlen, Sohlen- bzw. Teilsohlenabstand, Sohlen, die mit einem Füllort am Tagesschacht angeschlossen sind, Lage und Größe der geplanten Versatz- oder Ablagerungsräume)

- Sicherheit
  * Standsicherheit der Schächte, Strecken, Blindschächte und Abbauräume
  * Ggf. Firstfälle, Stoßabschalungen und Liegendaufbrüche im Bereich des Grubenfeldes
  * Ggf. Lösungszuflüsse (Orte, Mengen je Zeiteinheit, Auftreten, Temperatur/Dichte, gesättigt/ ungesättigt, pH-Wert/chemische Analyse, Auswirkungen auf Grubenbetrieb, ggf. einzelne Grubenteile), Ursache und Herkunft
  * Ggf. Gasfreisetzung/-gefährdung (Ort, Menge, Zusammensetzung, Ursache)
  * Ggf. Erdöl-/Erdgasvorkommen (im Innern oder im Salzhang/Flankenbereich von Salzlagerstätten)
  * Sicherheitspfeiler zu Deckgebirge/Flanken/Basis/Lösungsnestern/Bohrungen/ Schächten/ Nachbarbergwerken
  * Vorhandene Erkundungsbohrungen von über Tage und unter Tage (siehe auch 2.2.1)
  * Abgedämmte bzw. abzudämmende Teile des Grubengebäudes.

2.2.3 Hydrogeologische Verhältnisse

- Stratigraphie, Petrographie, Mächtigkeit und Lagerungsverhältnisse der Schichten im Deckgebirge und Nebengestein
- Angaben zum Aufbau von Grundwasserstockwerken und zur Grundwasserbewegung
- Durchlässigkeiten und Fließgeschwindigkeiten
- Mineralisation des Grundwassers, Grundwasserchemismus, Lage der Salz-/Süßwassergrenze
- Nutzung des Grundwassers, festgesetzte oder geplante Wasser- und Heilquellenschutzgebiete sowie Vorranggebiete
- Lage, Ausbildung und Beschaffenheit von Oberflächengewässern.

2.2.4 Abfalleinbringung

- Lage, Ausbildung und Beschaffenheit von Oberflächengewässern.
- Abfallarten und -mengen, Abfallbeschaffenheit
- Versatzkonzept und -technik
- Geomechanisches Verhalten der Abfälle
- Reaktionsverhalten der Abfälle im Falle des Zutritts von Wasser und salinaren Lösungen
  * Löslichkeitsverhalten
  * Gasentwicklung bei erhöhter Temperatur unter Tage
  * Wechselwirkungen untereinander oder mit dem Wirtsgestein.

Es ist eine möglichst lückenlose Erhebung und Dokumentation der Bestandsdaten durchzuführen, ggf. in Form von Fachgutachten.

2.3 Entwicklung eines Sicherheitskonzeptes

Auf der Grundlage der o.g. Basisinformationen bzw. Fachgutachten soll zunächst ein Sicherheitskonzept aufgestellt werden. Hierbei erfolgt im Rahmen der standortbezogenen Sicherheitsbeurteilung eine erste Bewertung, ob ein Nachweis des vollständigen Einschlusses der eingebrachten schadstoffhaltigen Abfälle unter den Standortbedingungen langzeitlich möglich erscheint.

Gleichzeitig wird erkennbar, ob ggf. ergänzende oder zusätzliche Erkundungsarbeiten erforderlich sind.

2.4 Geotechnischer Standsicherheitsnachweis

Um den dauerhaften Abschluss der Abfälle von der Biosphäre zu gewährleisten, ist für die Standsicherheit der Hohlräume im Einzelnen nachzuweisen, dass

a) während und nach der Erstellung der Hohlräume keine Verformungen – weder im Hohlraum selbst, noch an der Tagesoberfläche – zu erwarten sind, die die Funktionsfähigkeit des Bergwerkes beeinträchtigen können;

b) das Tragverhalten des Gebirges ausreicht, um Verbrüche von Hohlräumen zu verhindern, die die Langzeitsicherheit des Bergwerkes beeinträchtigen können;

c) die eingebrachten Abfälle auf längere Sicht stabilisierend wirken.

Der Nachweis der Standsicherheit sowohl in der Betriebs- als auch in der Nachbetriebsphase ist durch ein gebirgsmechanisches Gutachten zu erbringen. Dabei sind insbesondere folgende Aufgabenstellungen abzuarbeiten:

1. Einordnung und Bewertung der geologischen/tektonischen und hydrologischen Kenntnisse hinsichtlich ihrer Relevanz für die angetroffene und zu prognostizierende gebirgsmechanische Situation im Bereich des Grubengebäudes.

2. Analyse der bergbaulichen Situation anhand von Betriebserfahrungen (soweit vorhanden), insbesondere zur Dimensionierung der untertägigen Grubenbaue und zur Bewertung der Standsicherheit.

3. Analyse des Gebirgsverhaltens auf der Basis von Messungen über Tage und unter Tage, von Ergebnissen geotechnischer Laborversuche sowie auf Grund markscheiderischer Prognosen und gebirgsmechanischer Bewertungen. Vorhandene Ergebnisse und Datenbestände eines Bergwerksbetriebes können genutzt werden.

4. Ableitung der Darlegung eventueller gebirgsmechanischer Gefährdungssituationen auf der Basis der durchgeführten Analysen.

5. Erstellung eines Sicherheitsplanes zum Nachweis der Standsicherheit sowie zur gebirgsmechanischen Bewertung der Langzeitsicherheit (Integrität/Intaktheit) der geologischen Barrieren; dabei sind die möglichen Risiken zu beschreiben und die zu beachtenden Gefährdungsmöglichkeiten zu definieren, die den rechnerischen Nachweisen zugrunde zu legen sind.

6. Festlegung der zu berücksichtigenden möglichen Einwirkungsfaktoren geologisch/tektonischer Art (u.a. Primärspannungszustand, Temperaturfeld, Erdbeben) oder anthropogener Art (z.B. durch Hohlraumauffahrungen, Versatz/Abfall).

7. Durchführung von Laborversuchen zur Ermittlung der gesteinsmechanischen Eigenschaften (Festigkeits- und Verformungseigenschaften) der anstehenden Salzgesteine ggf. auch des einzubringenden Versatzes/Abfalls.
8. In-situ-Messungen zur Bewertung des Beanspruchungszustandes (Verformungs- und Spannungszustand) der Lagerstätte infolge des durchgeführten Bergbaus; in kritischen Bereichen auch in-situ-Messungen zur Permeabilität.
9. Rechnerische gebirgsmechanische Modellierung zur Simulation des Beanspruchungszustandes des Gebirges und des Langzeitverhaltens des Einlagerungsbereiches und des Grubengebäudes unter Berücksichtigung der langfristigen Konvergenz, der stabilisierenden Wirkung des Versatzes/Abfalls sowie seismologisch bedingter dynamischer Wirkungen.
10. Bewertung von gebirgsmechanischen Gegebenheiten
    - Standsicherheit (Einschätzung der Möglichkeit eines Festigkeits- bzw. Verformungsversagens, seismische Systemstabilität)
    - Konvergenz des Grubengebäudes und Oberflächenabsenkungen
    - Langfristige Wirksamkeit der geologischen Barrieren.
11. Erarbeitung der aus gebirgsmechanischer Sicht erforderlichen Maßnahmen während des Einlagerungsbetriebes und zum Betriebsabschluss
    - betriebsbegleitende geotechnische Messungen
    - gebirgsmechanische Grundsätze für die Verwahrung und für Abschlussbauwerke.

Die Empfehlungen des Arbeitskreises „Salzmechanik" der Deutschen Gesellschaft für Erd- und Grundbau e. V. zur Geotechnik der Untertagedeponierung von gefährlichen Abfällen im Salzgebirge – Ablagerung in Bergwerken – können auch bei den geotechnischen Untersuchungen in Bergwerken, in denen gefährliche Abfälle im vollständigen Einschluss verwertet werden, herangezogen werden.

2.5 Nachweis der Langzeitsicherheit

Aufbauend auf den vorlaufenden Untersuchungsergebnissen sind in dem übergreifenden und zusammenfassenden Langzeitsicherheitsnachweis für das Gesamtsystem „Abfall/Untertagebauwerk/Gebirgskörper" auf der Grundlage des Mehrbarrierensystems folgende Einzelsysteme zu betrachten und zu bewerten:

2.5.1 Bewertung der natürlichen Barrieren

- Verhalten des Wirtsgesteins, des Nebengesteins und des Deckgebirges.

2.5.2 Bewertung von technischen Eingriffen auf die natürlichen Barrieren

- Schächte
- andere Grubenbaue (z. B. Strecken, Blindschächte)
- Übertagebohrungen
- Untertagebohrungen
- Bergbaubedingte Gebirgsauflockerungen.

2.5.3 Bewertung der technischen Barrieren

- Abfallbeschaffenheit und ggf. Konditionierung
- Art der Einbringung
- Streckendämme
- Schachtverschlüsse.

2.5.4 Bewertung von Ereignissen, sofern sie den vollständigen Einschluss der Abfälle gefährden und ggf. eine Schadstoffmobilisierung bewirken können

- Natürlich bedingte Ereignisse
  * Diapirismus und Subrosion
  * Erdbeben
  * Vulkanismus
- Technisch bedingte Ereignisse und Prozesse
  * Undichtwerden von Erkundungsbohrungen
  * Wassereinbruch während der Betriebsphase, z. B. über die Schächte
  * Laugeneinbruch während der Betriebsphase
  * Versagen der Schachtverschlüsse
  * Bergbaubedingte Gebirgsauflockerungen
  * Bohrungen oder sonstige Eingriffe in der Nachbetriebsphase.

Die Auswahl zusätzlicher Ereignisse hat sich an den jeweiligen standortspezifischen Gegebenheiten auszurichten.

2.5.5 Zusammenfassende Bewertung des Gesamtsystems unter Berücksichtigung aller sicherheitsrelevanten Gesichtspunkte.

Stichwortverzeichnis